Amico Lettore

*Questa 40 esima edizione
della Guida MICHELIN ITALIA.
propone una selezione
aggiornata di alberghi e ristoranti.*

*Realizzata dai nostri ispettori
in piena autonomia
offre al viaggiatore di passaggio
un'ampia scelta
a tutti i livelli di confort e prezzo.*

*Con l'intento di fornire
ai nostri lettori l'informazione più recente,
abbiamo aggiornato questa edizione
con la massima cura.*

*Per questo solo la Guida dell'anno in corso
merita pienamente la vostra fiducia.*

*Grazie delle vostre segnalazioni sempre
gradite.*

Michelin vi augura « Buon Viaggio! »

D0098756

Sommario

La scelta
di un albergo, di un ristorante

Questa guida Vi propone una selezione di alberghi e ristoranti stabilita ad uso dell'automobilista di passaggio. Gli esercizi, classificati in base al confort che offrono, vengono citati in ordine di preferenza per ogni categoria.

CATEGORIE

🏨	Gran lusso e tradizione	XXXXX
🏨	Gran confort	XXXX
🏨	Molto confortevole	XXX
🏨	Di buon confort	XX
🏠	Abbastanza confortevole	X
⚘	Semplice, ma conveniente	
senza rist	L'albergo non ha ristorante	
	Il ristorante dispone di camere	con cam

AMENITÀ E TRANQUILLITÀ

Alcuni esercizi sono evidenziati nella guida dai simboli rossi indicati qui di seguito. Il soggiorno in questi alberghi si rivela particolarmente ameno o riposante.
Ciò grazie alle caratteristiche dell'edificio, alle decorazioni non comuni, alla sua posizione ed al servizio offerto, nonchè alla tranquillità dei luoghi.

🏨 a 🏠	Alberghi ameni
XXXXX a X	Ristoranti ameni
« Parco fiorito »	Un particolare piacevole
🦢	Albergo molto tranquillo o isolato e tranquillo
🦢	Albergo tranquillo
≼ mare	Vista eccezionale
≼	Vista interessante o estesa

Le località che possiedono degli esercizi ameni o tranquilli sono riportate sulle carte da pagina 52 a 61.

Consultatele per la preparazione dei Vostri viaggi e, al ritorno, inviateci i Vostri pareri; in tal modo agevolerete le nostre indagini.

Installazioni

Le camere degli alberghi che raccomandiamo possiedono, generalmente, delle installazioni sanitarie complete. È possibile tuttavia che nelle categorie 🏨, 🏠 e 🏡 alcune camere ne siano sprovviste.

30 cam	Numero di camere
🛗	Ascensore
▤	Aria condizionata
TV	Televisione in camera
⚒	Esercizio riservato in parte ai non fumatori
☎	Telefono in camera comunicante direttamente con l'esterno
⚒	Camere di agevole accesso per i minorati fisici
🍴	Pasti serviti in giardino o in terrazza
⚚	Cura termale, Idroterapia
🏊 🏊	Piscina : all'aperto, coperta
⚒ 🏋	Sauna – palestra
🏖 🌳	Spiaggia attrezzata – Giardino da riposo
✂ 🏌₁₈	Tennis appartenente all'albergo – Golf e numero di buche
🏛 25 a 150	Sale per conferenze : capienza minima e massima delle sale
🚗	Garage gratuito (una notte) per chi presenta la guida dell'anno
🚗	Garage a pagamento
Ⓟ	Parcheggio riservato alla clientela
🐕	Accesso vietato ai cani (in tutto o in parte dell'esercizio)
Fax	Trasmissione telefonica di documenti
20 aprile-5 ottobre	Periodo di apertura, comunicato dall'albergatore
stagionale	Probabile apertura in stagione, ma periodo non precisato. Gli esercizi senza tali menzioni sono aperti tutto l'anno.

La tavola

LE STELLE

Alcuni esercizi meritano di essere segnalati alla Vostra attenzione per la qualità tutta particolare della loro cucina. Noi li evidenziamo con le « **stelle di ottima tavola** ». Per questi ristoranti indichiamo tre specialità culinarie che potranno aiutarVi nella scelta.

❀❀❀ | **Una delle migliori tavole, vale il viaggio**
Tavola meravigliosa, grandi vini, servizio impeccabile, ambientazione accurata... Prezzi conformi.

❀❀ | **Tavola eccellente, merita una deviazione**
Specialità e vini scelti... AspettateVi una spesa in proporzione.

❀ | **Un'ottima tavola nella sua categoria**
La stella indica una tappa gastronomica sul Vostro itinerario. Non mettete però a confronto la stella di un esercizio di lusso, dai prezzi elevati, con quella di un piccolo esercizio dove, a prezzi ragionevoli, viene offerta una cucina di qualità.

PASTI ACCURATI A PREZZI CONTENUTI

Per quando desiderate trovare delle tavole più semplici a prezzi contenuti abbiamo selezionato dei ristoranti che, per un rapporto qualità-prezzo particolarmente favorevole, offrono un pasto accurato spesso a carattere tipicamente regionale. Questi ristoranti sono evidenziati nel testo con la sigla Pas, evidenziata in rosso, davanti ai prezzi.

Consultate le carte delle località con stelle e con Pas *(pagine 52 a 61).*

I vini e le vivande : vedere p. 50 e 51

I prezzi

I prezzi che indichiamo in questa guida sono stati stabiliti nell'estate 1994. Potranno pertanto subire delle variazioni in relazione ai cambiamenti dei prezzi di beni e servizi. Essi s'intendono comprensivi di tasse e servizio (salvo specifica indicazione es. 15 %).

Gli alberghi e i ristoranti vengono menzionati in carattere grassetto quando gli albergatori ci hanno comunicato tutti i loro prezzi e si sono impegnati, **sotto loro responsabilità,** ad applicarli ai turisti di passaggio, in possesso della nostra guida.

In bassa stagione, alcuniesercizi applicano condizioni più vantaggiose, informatevi al momento della prenotazione.

Entrate nell'albergo o nel ristorante con la guida in mano, dimostrando in tal modo la fiducia in chi Vi ha indirizzato.

PASTI

Pas 20/25000	**Menu a prezzo fisso ;** minimo 20000, massimo 25000
bc	Bevanda compresa
Pas carta 30/35000	**Pasto alla carta** – Il primo prezzo corrisponde ad un pasto semplice comprendente : primo, piatto del giorno e dessert. Il secondo prezzo corrisponde ad un pasto più completo (con specialità) comprendente : antipasto, due piatti, formaggio e dessert.
⛛ 10000	Prezzo della prima colazione (supplemento eventuale se servita in camera)
	Talvolta, i piatti del giorno in assenza di menu o di carta, sono proposti a voce

CAMERE

cam 45/60000	Prezzo 45 000 per una camera singola/prezzo massimo 60000 per una camera per due persone
cam ⛛ 50/80000	Prezzo della camera compresa la prima colazione
▤ 5000	Supplemento per l'aria condizionata

MEZZA PENSIONE

½ P 90/110000	Prezzo minimo e massimo della mezza pensione (camera, prima colazione ed un pasto) **per persona** e al giorno, in alta stagione. Questi prezzi sono validi per la camera doppia occupata da due persone, per un soggiorno minimo di tre giorni; **la persona singola che occupi una camera doppia, potrà talvolta vedersi applicata una maggiorazione.** La maggior parte degli alberghi pratica anche, su richiesta, la pensione completa. E'comunque consigliabile prendere accordi preventivi con l'albergatore per stabilire le condizioni definitive.

LA CAPARRA – CARTE DI CREDITO

Alcuni albergatori chiedono il versamento di una caparra. Si tratta di un deposito-garanzia che impegna tanto l'albergatore che il cliente. Vi raccomandiamo di farVi precisare le norme riguardanti la reciproca garanzia di tale caparra.

ⓐⓔ Ⓢ ⓞ E VISA JCB	Carte di credito accettate dall'esercizio American Express, Carta Si, Diners Club, Eurocard-Mastercard, Visa, Japan Card Bank

Le città

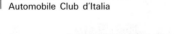

20100	Codice di Avviamento Postale
✉ 28042 Baveno	Numero di codice e sede dell'Ufficio Postale
☎ 0371	Prefisso telefonico interurbano. Dall' estero non comporre lo O
Ⓟ	Capoluogo di Provincia
Piacenza	Provincia alla quale la località appartiene
428 D9 988 ②	Numero della carta Michelin e del riquadro o numero della piega
108 872 ab	Popolazione residente al 31-12-1990
alt. 175	Altitudine
Stazione termale Sport invernali	Genere della stazione
1500/2000	Altitudine della stazione e altitudine massima raggiungibile con le risalite meccaniche
⚡ 3	Numero di funivie o cabinovie
⚡ 7	Numero di sciovie e seggiovie
⚡	Sci di fondo
a.s. luglio-settembre	Periodo di alta stagione
EX A	Lettere indicanti l'ubicazione sulla pianta
⛳ 18	Golf e numero di buche
☀ ≼	Panorama, vista
✈	Aeroporto
🚗	Località con servizio auto su treno. Informarsi al numero di telefono indicato
⛴	Trasporti marittimi
⛵	Trasporti marittimi (solo passeggeri)
🛈	Ufficio informazioni turistiche
A.C.I.	Automobile Club d'Italia

Le carte

Desiderate, per esempio, trovare un buon indirizzo nei dintorni di Siena ?

D'ora in avanti potrete consultare la carta che accompagna la pianta della città.

La « carta dei dintorni » (qui accanto) richiama la vostra attenzione su tutte le località citate nella Guida che si trovano nei dintorni della città prescelta, e in particolare su quelle raggiungibili nel raggio di 50 km (limite di colore).

In tal modo, le « carte dei dintorni » vi permettono la localizzazione rapida di tutte le risorse proposte dalla Guida nei dintorni delle metropoli regionali.

NOTA : quando una località è presente su una « carta dei dintorni », la città a cui è ricollegata è scritta in BLU nella linea delle distanze da città a città.

Esempio :

MONTEPULCIANO **53045** Siena 988 ⑮, 430 M 17 –
Vedere Città Antica ★ – Piazza Grande ★
Roma 176 – Siena 65 – Arezzo 60 – ◆Firenze 119 – ◆Perugia 74

Troverete MONTEPULCIANO sulla carta dei dintorni di SIENA.

dei dintorni

A CONSULTARLE ?

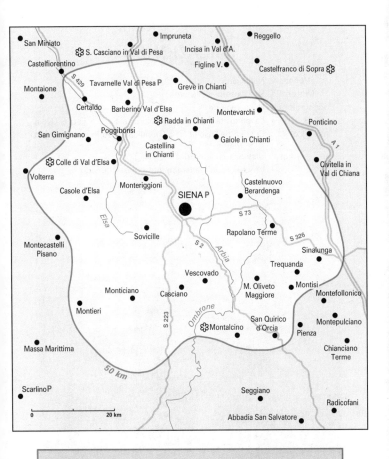

Tutte le « carte dei dintorni »
sono localizzate sull'Atlante alla fine della Guida.

Le curiosità

GRADO DI INTERESSE

★★★	Vale il viaggio
★★	Merita una deviazione
★	Interessante

UBICAZIONE

Vedere	Nella città
Dintorni	Nei dintorni della città
Escursioni	Nella regione
N, S, E, O	La curiosità è situata : a Nord, a Sud, a Est, a Ovest
per ② o ④	Ci si va dall'uscita ② o ④ indicata con lo stesso segno sulla pianta
6 km	Distanza chilometrica
	I musei sono generalmente chiusi il lunedì

Le piante

- **Alberghi**
- **Ristoranti**

Curiosità

Edificio interessante ed entrata principale

Costruzione religiosa interessante :
    Cattedrale, chiesa o cappella

Viabilità

Autostrada, strada a carreggiate separate
    numero dello svincolo

Grande via di circolazione

Senso unico

Via impraticabile, a circolazione regolamentata

Via pedonale – Tranvia

Pasteur. Via commerciale – Parcheggio

Porta – Sottopassaggio – Galleria

Stazione e ferrovia

Funicolare – Funivia, Cabinovia

Ponte mobile – Battello per auto

Simboli vari

Ufficio informazioni turistiche

Moschea – Sinagoga

Torre – Ruderi – Mulino a vento

Giardino, parco, bosco – Cimitero – Calvario

Stadio – Golf – Ippodromo

Piscina : all'aperto, coperta

Vista – Panorama

Monumento – Fontana – Centro commerciale

Porto turistico – Faro

Aeroporto – Stazione della Metropolitana – Autostazione

Trasporto con traghetto :
    passeggeri ed autovetture, solo passeggeri

Simbolo di riferimento comune alle piante
ed alle carte Michelin particolareggiate

Ufficio centrale di fermo posta – Telefono

Ospedale – Mercato coperto

Edificio pubblico indicato con lettera :

    P   H   Prefettura – Municipio

    J   Palazzo di Giustizia

    M   T   Museo – Teatro

    U   Università, grande scuola

    POL   Polizia (Questura, nelle grandi città)

A.C.I.   Automobile Club d'Italia

Le piante topografiche sono orientate col Nord in alto.

Ami lecteur

Cette 40e édition du Guide MICHELIN ITALIA
propose une sélection actualisée
d'hôtels et de restaurants.

Réalisée en toute indépendance
par nos inspecteurs,
elle offre au voyageur de passage
un large choix d'adresses
à tous les niveaux de confort et de prix.

Toujours soucieux d'apporter à nos lecteurs
l'information la plus récente,
nous avons mis à jour cette édition
avec le plus grand soin.

C'est pourquoi,
seul, le Guide de l'année en cours
mérite votre confiance.

Merci de vos commentaires
toujours appréciés.

MICHELIN vous souhaite

« Bon voyage ! ».

Sommaire

La table

LES ÉTOILES

Certains établissements méritent d'être signalés à votre attention pour la qualité de leur cuisine. Nous les distinguons par **les étoiles de bonne table.**
Nous indiquons, pour ces établissements, trois spécialités culinaires qui pourront orienter votre choix.

❀❀❀ | **Une des meilleures tables, vaut le voyage**
Table merveilleuse, grands vins, service impeccable, cadre élégant... Prix en conséquence.

❀❀ | **Table excellente, mérite un détour**
Spécialités et vins de choix... Attendez-vous à une dépense en rapport.

❀ | **Une très bonne table dans sa catégorie**
L'étoile marque une bonne étape sur votre itinéraire.
Mais ne comparez pas l'étoile d'un établissement de luxe à prix élevés avec celle d'une petite maison où à prix raisonnables, on sert également une cuisine de qualité.

REPAS SOIGNÉS A PRIX MODÉRÉS

Vous souhaitez parfois trouver des tables plus simples, à prix modérés ; c'est pourquoi nous avons sélectionné des restaurants proposant, pour un rapport qualité-prix particulièrement favorable, un repas soigné, souvent de type régional.
Ces restaurants sont signalés par les lettres Pas en rouge.

Consultez les cartes des localités (étoiles de bonne table *et* Pas) *pages 52 à 61.*

Les vins et les mets : voir p. 50 et 51

Les prix

Les prix que nous indiquons dans ce guide ont été établis en été 1994. Ils sont susceptibles de modifications, notamment en cas de variations des prix des biens et services. Ils s'entendent taxes et services compris (sauf indication spéciale, ex. 15 %).

Les hôtels et restaurants figurent en gros caractères lorsque les hôteliers nous ont donné tous leurs prix et se sont engagés, **sous leur propre responsabilité**, à les appliquer aux touristes de passage porteurs de notre guide.

Hors saison, certains établissements proposent des conditions avantageuses, renseignez-vous lors de votre réservation.

Entrez à l'hôtel le Guide à la main, vous montrerez ainsi qu'il vous conduit là en confiance.

REPAS

Pas 20/25000	**Menus à prix fixe ;** minimum 20000 maximum 25000
bc	Boisson comprise
Pas carta 30/35000	**Repas à la carte** – Le premier prix correspond à un repas normal comprenant : entrée, plat du jour et dessert. Le 2ᵉ prix concerne un repas plus complet (avec spécialité) comprenant : hors-d'œuvre, deux plats, fromage et dessert.
⌑ 10 000	Prix du petit déjeuner (supplément éventuel si servi en chambre). En l'absence de menu et de carte, les plats du jour sont proposés verbalement

CHAMBRES

cam 45/60000	Prix 45000 pour une chambre d'une personne/prix maximum 60000 pour une chambre de deux personnes.
cam ⌑ 50/80000	Prix des chambres petit déjeuner compris
▤ 5000	Supplément pour l'air conditionné

DEMI-PENSION

½ P 90/110000	Prix minimum et maximum de la demi-pension (chambre, petit déjeuner et un repas) par personne et par jour ; en saison, ces prix s'entendent pour une chambre double occupée par deux personnes, pour un séjour de trois jours minimum. Une personne seule occupant une chambre double se voit parfois appliquer une majoration. La plupart des hôtels saisonniers pratiquent également, sur demande, la pension complète. Dans tous les cas, il est indispensable de s'entendre par avance avec l'hôtelier pour conclure un arrangement définitif.

LES ARRHES – CARTES DE CRÉDIT

Certains hôteliers demandent le versement d'arrhes. Il s'agit d'un dépôt-garantie qui engage l'hôtelier comme le client. Bien faire préciser les dispositions de cette garantie.

AE S O E VISA JCB	Cartes de crédit acceptées par l'établissement American Express, Carta Si, Diners Club, Eurocard-Mastercard, Visa, Japan Card Bank

Les villes

20100	Numéro de code postal
⊠ 28042 Baveno	Numéro de code postal et nom du bureau distributeur du courrier
✆ 0371	Indicatif téléphonique interurbain (de l'étranger ne pas composer le zéro)
Ⓟ	Capitale de Province
Piacenza	Province à laquelle la localité appartient
428 D9 988 ②	Numéro de la Carte Michelin et carroyage au numéro du pli
108 872 ab	Population résidente au 31-12-1990
alt. 175	Altitude de la localité
Stazione termale	Station thermale
Sport invernali	Sports d'hiver
1500/2000 m	Altitude de la station et altitude maximum atteinte par les remontées mécaniques
✿ 3	Nombre de téléphériques ou télécabines
✚ 7	Nombre de remonte-pentes et télésièges
✗	Ski de fond
a.s. luglio-settembre	Période de haute saison
EX A	Lettres repérant un emplacement sur le plan
⌐₁₈	Golf et nombre de trous
✳ ≤	Panorama, point de vue
✈	Aéroport
🚗	Localité desservie par train-auto. Renseignements au numéro de téléphone indiqué
⛴	Transports maritimes
⛵	Transports maritimes pour passagers seulement
🅱	Information touristique
A.C.I.	Automobile Club d'Italie

Les cartes

Vous souhaitez trouver une bonne adresse, par exemple, aux environs de Siena (Sienne) ?

Consultez désormais la carte qui accompagne le plan de la ville.

La « carte de voisinage » (ci-contre) attire votre attention sur toutes les localités citées au Guide autour de la ville choisie, et particulièrement celles situées dans un rayon de 50 km (limite de couleur).

Les « cartes de voisinage » vous permettent ainsi le repérage rapide de toutes les ressources proposées par le Guide autour des métropoles régionales.

NOTA : lorsqu'une localité est présente sur une « carte de voisinage », sa métropole de rattachement est imprimée en BLEU sur la ligne des distances de ville à ville.

Exemple :

MONTEPULCIANO **53045** Siena 🄈🄈🄈 ⑮, 🄈🄈🄈 M 17 –
Vedere Città Antica ★ – Piazza Grande ★
Roma 176 – Siena 65 – Arezzo 60 – ◆Firenze 119 – ◆Perugia 74

Vous trouverez MONTEPULCIANO sur la carte de voisinage de SIENA.

de voisinage

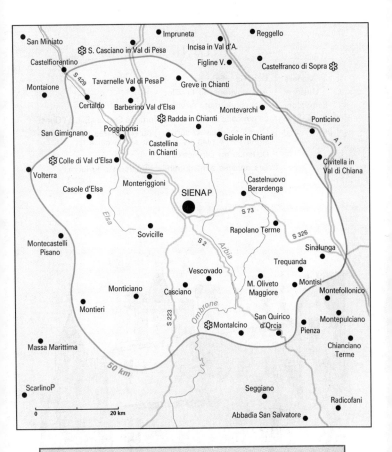

Toutes les « Cartes de voisinage »
sont localisées sur l'Atlas en fin de Guide.

Les curiosités

INTÉRÊT

★★★	Vaut le voyage
★★	Mérite un détour
★	Intéressant

SITUATION

Vedere	Dans la ville
Dintorni	Aux environs de la ville
Escursioni	Excursions dans la ville
N, S, E, O	La curiosité est située : au Nord, au Sud, à l'Est, à l'Ouest
per ① o ④	On s'y rend par la sortie ① ou ④ repérée par le même signe sur le plan du Guide et sur la carte
6 km	Distance en kilomètres
	Les musées sont généralement fermés le lundi

Les plans

●	**Hôtels**
●	**Restaurants**

Curiosités

Bâtiment intéressant et entrée principale

Édifice religieux intéressant :
    Cathédrale, église ou chapelle

Voirie

Autoroute, route à chaussées séparées
    numéro d'échangeur

Grande voie de circulation

Sens unique

Rue impraticable, réglementée

Rue piétonne – Tramway

Pasteur. Rue commerçante – Parc de stationnement

Porte – Passage sous voûte – Tunnel

Gare et voie ferrée

Funiculaire – Téléphérique, télécabine

Pont mobile – Bac pour autos

Signes divers

Information touristique

Mosquée – Synagogue

Tour – Ruines – Moulin à vent

Jardin, parc, bois – Cimetière – Calvaire

Stade – Golf – Hippodrome

Piscine de plein air, couverte

Vue – Panorama

Monument – Fontaine – Centre commercial

Port de plaisance – Phare

Aéroport – Station de métro – Gare routière

Transport par bateau :
    passagers et voitures, passagers seulement

③ Repère commun aux plans et aux cartes Michelin
détaillées

Bureau principal de poste restante – Téléphone

Hôpital – Marché couvert

Bâtiment public repéré par une lettre :

P H	Préfecture – Hôtel de ville
J	Palais de justice
M T	Musée – Théâtre
U	Université, grande école
POL.	Police (commissariat central)
A.C.I.	Automobile Club

Les plans de villes sont disposés le Nord en haut.

Lieber Leser

*Die 40. Ausgabe
des MICHELIN-Hotelführers ITALIA
bietet Ihnen eine aktualisierte Auswahl
an Hotels und Restaurants.*

*Von unseren unabhängigen
Hotelinspektoren ausgearbeitet,
bietet der Hotelführer dem Reisenden
eine große Auswahl an Hotels und
Restaurants
in jeder Kategorie sowohl was
den Preis als auch den Komfort anbelangt.*

*Stets bemüht, unseren Lesern
die neueste Information anzubieten,
wurde diese Ausgabe
mit größter Sorgfalt erstellt.*

*Deshalb sollten Sie
immer nur dem aktuellen Hotelführer
Ihr Vertrauen schenken.*

*Ihre Kommentare sind uns immer
willkommen.*

MICHELIN wünscht Ihnen

« Gute Reise ! »

Inhaltsverzeichnis

Wahl
eines Hotels, eines Restaurants

Die Auswahl der in diesem Führer aufgeführten Hotels und Restaurants ist für Durchreisende gedacht. In jeder Kategorie drückt die Reihenfolge der Betriebe (sie sind nach ihrem Komfort klassifiziert) eine weitere Rangordnung aus.

KATEGORIEN

🏨	Großer Luxus und Tradition	XXXXX
🏨	Großer Komfort	XXXX
🏨	Sehr komfortabel	XXX
🏨	Mit gutem Komfort	XX
🏠	Mit ausreichendem Komfort	X
♔	Bürgerlich	
senza rist	Hotel ohne Restaurant	
	Restaurant vermietet auch Zimmer	con cam

ANNEHMLICHKEITEN

Manche Häuser sind im Führer durch rote Symbole gekennzeichnet (s. unten.) Der Aufenthalt in diesen Hotels ist wegen der schönen, ruhigen Lage, der nicht alltäglichen Einrichtung und Atmosphäre und dem gebotenen Service besonders angenehm und erholsam.

🏨 bis 🏠	Angenehme Hotels
XXXXX bis X	Angenehme Restaurants
« Parco fiorito »	Besondere Annehmlichkeit
🦢	Sehr ruhiges, oder abgelegenes und ruhiges Hotel
🦢	Ruhiges Hotel
⩽ mare	Reizvolle Aussicht
⩽	Interessante oder weite Sicht

Die Übersichtskarten S. 52 bis 61, auf denen die Orte mit besonders angenehmen oder ruhigen Häusern eingezeichnet sind, helfen Ihnen bei der Reisevorbereitung. Teilen Sie uns bitte nach der Reise Ihre Erfahrungen und Meinungen mit. Sie helfen uns damit, den Führer weiter zu verbessern.

Einrichtung

Die meisten der empfohlenen Hotels verfügen über Zimmer, die alle oder doch zum größten Teil mit einer Naßzelle ausgestattet sind. In den Häusern der Kategorien 🏨, 🏡 und ♔ kann diese jedoch in einigen Zimmern fehlen.

30 cam	Anzahl der Zimmer
🛗	Fahrstuhl
▤	Klimaanlage
🆃🆅	Fernsehen im Zimmer
⇾	Haus teilweise reserviert für Nichtraucher
☎	Zimmertelefon mit direkter Außenverbindung
♿	Für Körperbehinderte leicht zugängliche Zimmer
🏡	Garten-, Terrassenrestaurant
♨	Thermalkur, Badeabteilung
🏊 🏊	Freibad, Hallenbad
≦ꜱ ᛚᚦ	Sauna – Fitneß-Center
🏖 🦌	Strandbad – Liegewiese, Garten
✗ 🎱	Hoteleigener Tennisplatz – Golfplatz und Lochzahl
🏛 25 a 150	Konferenzräume (Mindest- und Höchstkapazität)
🚗	Garage kostenlos (nur für eine Nacht) für die Besitzer des Michelin-Führers des laufenden Jahres
🚘	Garage wird berechnet
🅿	Parkplatz reserviert für Gäste
🐕‍🦺	Hunde sind unerwünscht (im ganzen Haus bzw. in den Zimmern oder im Restaurant)
Fax	Telefonische Dokumentenübermittlung
20 aprile-5 ottobre	Öffnungszeit, vom Hotelier mitgeteilt
stagionale	Unbestimmte Öffnungszeit eines Saisonhotels. Häuser ohne Angabe von Schließungszeiten sind ganzjährig geöffnet.

Küche

DIE STERNE

Einige Häuser verdienen wegen ihrer überdurchschnittlich guten Küche Ihre besondere Beachtung. Auf diese Häuser weisen die Sterne hin.
Bei den mit « **Stern** » ausgezeichneten Betrieben nennen wir drei kulinarische Spezialitäten, die Sie probieren sollten.

❀❀❀ | **Eine der besten Küchen : eine Reise wert**
Ein denkwürdiges Essen, edle Weine, tadelloser Service, gepflegte Atmosphäre ... entsprechende Preise.

❀❀ | **Eine hervorragende Küche : verdient einen Umweg**
Ausgesuchte Menus und Weine ... angemessene Preise.

❀ | **Eine sehr gute Küche : verdient Ihre besondere Beachtung**
Der Stern bedeutet eine angenehme Unterbrechung Ihrer Reise. Vergleichen Sie aber bitte nicht den Stern eines sehr teuren Luxusrestaurants mit dem Stern eines kleineren oder mittleren Hauses, wo man Ihnen zu einem annehmbaren Preis eine ebenfalls vorzügliche Mahlzeit reicht.

SORGFÄLTIG ZUBEREITETE, PREISWERTE MAHLZEITEN

Für Sie wird es interessant sein, auch solche Häuser kennenzulernen, die eine sehr gute, vorzugsweise regionale Küche zu einem besonders günstigen Preis/Leistungs-Verhältnis bieten. Im Text sind die betreffenden Restaurants durch die roten Buchstaben Pas vor dem Menupreis kenntlich gemacht.

Siehe Karten der Orte mit « Stern » und Pas *S. 52 bis S. 61.*

Welcher Wein zu welchem Gericht : siehe S. 50 und 51

Preise

Die in diesem Führer genannten Preise wurden uns im Sommer 1994 angegeben. Sie können sich mit den Preisen von Waren und Dienstleistungen ändern. Sie enthalten Bedienung und MWSt. (wenn kein besonderer Hinweis gegeben wird, z B 15 %)

Die Namen der Hotels und Restaurants, die ihre Preise genannt haben, sind fett gedruckt. Gleichzeitig haben sich diese Häuser verpflichtet, die von den Hoteliers selbst angegebenen Preise den Benutzern des Michelin-Führers zu berechnen.

Außerhalb der Saison bieten einige Betriebe günstigere Preise an. Erkundigen Sie sich bei Ihrer Reservierung danach.

Halten Sie beim Betreten des Hotels den Führer in der Hand. Sie zeigen damit, daß Sie aufgrund dieser Empfehlung gekommen sind.

MAHLZEITEN

Pas 20/25000	**Feste Menupreise :** Mindestpreis 20000, Höchstpreis 25000
bc	Getränke inbegriffen
Pas carta 30/35000	**Mahlzeiten « à la carte »** – Der erste Preis entspricht einer einfachen Mahlzeit und umfaßt Vorspeise, Hauptgericht, Dessert. Der zweite Preis entspricht einer reichlicheren Mahlzeit (mit Spezialität) bestehend aus : Vorspeise, zwei Hauptgängen, Käse, Dessert
⌘ 10000	Preis des Frühstücks (wenn es im Zimmer serviert wird kann ein Zuschlag erhoben werden)
	Falls weder eine Menu- noch eine « à la carte » – Karte vorhanden ist, wird das Tagesgericht mündlich angeboten

ZIMMER

cam 45/60000	Preis 45000 für ein Einzelzimmer, Höchstpreis 60000 für ein Doppelzimmer
cam ⌘ 50/80000	Zimmerpreis inkl. Frühstück
▦ 5000	Zuschlag für Klimaanlage

HALBPENSION

½ P 90/110000	Mindestpreis und Höchstpreis für Halbpension (Zimmerpreis inkl Frühstück und eine Mahlzeit) pro Person und Tag während der Hauptsaison bei einem von zwei Personen belegten Doppelzimmer für einen Aufenthalt von mindestens drei Tagen. Falls eine Einzelperson ein Doppelzimmer belegt, kann ein Preisaufschlag verlangt werden. In den meisten Hotels können Sie auf Anfrage auch Vollpension erhalten. Auf jeden Fall sollten Sie den Endpreis vorher mit dem Hotelier vereinbaren

ANZAHLUNG – KREDITKARTEN

Einige Hoteliers verlangen eine Anzahlung. Diese ist als Garantie sowohl für den Hotelier als auch für den Gast anzusehen.
Es ist ratsam, sich beim Hotelier nach den genauen Bestimmungen zu erkundigen.

AE S ⑩ | Vom Haus akzeptierte Kreditkarten
E VISA JCB | American Express, Carta Si, Diners Club, Eurocard-Mastercard, Visa, Japan Card Bank

Städte

20100	Postleitzahl
✉ 28042 Baveno	Postleitzahl und Name des Verteilerpostamtes
✆ 0371	Vorwahlnummer (bei Gesprächen vom Ausland wird die erste Null weggelassen)
ℙ	Provinzhauptstadt
Piacenza	Provinz, in der der Ort liegt
428 D9	Nummer der Michelin-Karte mit Koordinaten bzw
988 ②	Faltseite
108872 ab	Einwohnerzahl (Volkszählung vom 31.12.1990)
alt. 175	Höhe
Stazione termale	Thermalbad
Sport invernali	Wintersport
1500/2000 m	Höhe des Wintersportortes und Maximal-Höhe, die mit Kabinenbahn oder Lift erreicht werden kann
⛷ 3	Anzahl der Kabinenbahnen
⛷ 7	Anzahl der Schlepp- oder Sessellifts
⛷	Langlaufloipen
a. s. luglio-settembre	Hauptsaison von ... bis ...
EX A	Markierung auf dem Stadtplan
⌐₁₈	Golfplatz und Lochzahl
☀ ≤	Rundblick – Aussichtspunkt
✈	Flughafen
🚗	Ladestelle für Autoreisezüge – Nähere Auskunft unter der angegebenen Telefonnummer
⛴	Autofähre
⛴	Personenfähre
🛈	Informationsstelle
A.C.I.	Automobilclub von Italien

Umgebungs

DENKEN SIE DARAN

Die Umgebungskarten sollen Ihnen die Suche eines Hotels oder Restaurants in der Nähe der größeren Städte erleichtern.

Wenn Sie beispielsweise eine gute Adresse in der Nähe von Siena brauchen, gibt Ihnen die Karte schnell einen Überblick über alle Orte, die in diesem Michelin-Führer erwähnt sind. Innerhalb der in Kontrastfarbe gedruckten Grenze liegen Gemeinden, die im Umkzeis von 50 km sind.

Anmerkung: Auf der Linie der Entfernungen zu anderen Orten erscheint im Ortstext die jeweils nächste größere Stadt mit Umgebungskarte in BLAU.

Beispiel:

MONTEPULCIANO **53045** Siena 🎟🎟🎟 ⑮, 🎟🎟🎟 M 17 –
Vedere Città Antica ★ – Piazza Grande ★
Roma 176 – Siena 65 – Arezzo 60 – ◆Firenze 119 – ◆Perugia 74

Sie finden MONTEPULCIANO auf der Umgebungskarte von SIENA.

karten

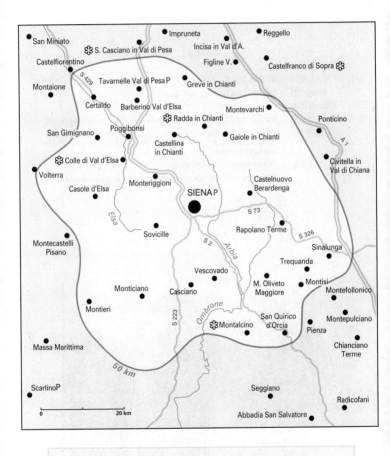

Alle Umgebungskarten sind schematisch
im Kartenteil am Ende des Bandes eingezeichnet.

Sehenswürdigkeiten

BEWERTUNG

★★★	Eine Reise wert
★★	Verdient einen Umweg
★	Sehenswert

LAGE

Vedere	In der Stadt
Dintorni	In der Umgebung der Stadt
Escursioni	Ausflugsziele
N, S, E, O	Im Norden (N), Süden (S), Osten (E), Westen (O) der Stadt
per ① o ④	Zu erreichen über die Ausfallstraße ① bzw. ④, die auf dem Stadtplan und auf der Michelin-Karte identisch gekennzeichnet sind
6 km	Entfernung in Kilometern
	Museen sind im allgemeinen montags geschlossen.

Stadtpläne

•		**Hotels**
•		**Restaurants**

Sehenswürdigkeiten

Sehenswertes Gebäude mit Haupteingang

Sehenswerter Sakralbau
Kathedrale, Kirche oder Kapelle

Straßen

Autobahn, Schnellstraße
Nummer der Anschlußstelle

Hauptverkehrsstraße

Einbahnstraße

Gesperrte Straße, mit Verkehrsbeschränkungen

Fußgängerzone – Straßenbahn

Pasteur. **P** **P**   Einkaufsstraße – Parkplatz

Tor – Passage – Tunnel

Bahnhof und Bahnlinie

Standseilbahn – Seilschwebebahn

Bewegliche Brücke – Autofähre

Sonstige Zeichen

Informationsstelle

Moschee – Synagoge

Turm – Ruine – Windmühle

Garten, Park, Wäldchen – Friedhof – Bildstock

Stadion – Golfplatz – Pferderennbahn

Freibad – Hallenbad

Aussicht – Rundblick

Denkmal – Brunnen – Einkaufszentrum

Jachthafen – Leuchtturm

Flughafen – U-Bahnstation – Autobusbahnhof

Schiffsverbindungen :
Autofähre – Personenfähre

③   Straßenkennzeichnung (identisch auf Michelin - Stadt-
plänen und – Abschnittskarten)

Hauptpostamt (postlagernde Sendungen) – Telefon

Krankenhaus – Markthalle

Öffentliches Gebäude, durch einen Buchstaben
gekennzeichnet :

P	H	Präfektur – Rathaus
	J	Gerichtsgebäude
M	T	Museum – Theater
	U	Universität, Hochschule
	POL	Polizei (in größeren Städten Polizeipräsidium)

A.C.I.   Automobilclub von Italien

Die Stadtpläne sind eingenordet (Norden = oben).

Dear Reader

*This 40th edition
of the MICHELIN Guide to ITALIA
offers the latest selection of hotels and
restaurants.*

*Independently compiled by our inspectors,
the Guide provide
travellers with a wide choice
establishments at all levels of comfort
and price*

*We are committed to providing readers
with the most up to date information
and this edition has been
produced with the greatest care.*

*That is why only this year's guide
merits your complete confidence.*

*Thank you for your comments,
which are always appreciated.*

Bon voyage

Contents

Choosing
a hotel or restaurant

This guide offers a selection of hotels and restaurants to help the motorist on his travels. In each category establishments are listed in order of preference according to the degree of comfort they offer.

CATEGORIES

🏰	Luxury in the traditional style	XXXXX
🏨	Top class comfort	XXXX
🏛	Very comfortable	XXX
🏤	Comfortable	XX
🏠	Quite comfortable	X
⚘	Simple comfort	
senza rist	The hotel has no restaurant	
	The restaurant also offers accommodation	con cam

PEACEFUL ATMOSPHERE AND SETTING

Certain establishments are distinguished in the guide by the red symbols shown below.
Your stay in such hotels will be particularly pleasant or restful, owing to the character of the building, its decor, the setting, the welcome and services offered, or simply the peace and quiet to be enjoyed there.

🏰 to 🏠	Pleasant hotels
XXXXX to X	Pleasant restaurants
« Parco fiorito »	Particularly attractive feature
⌇	Very quiet or quiet, secluded hotel
⌇	Quiet hotel
≼ mare	Exceptional view
≼	Interesting or extensive view

The maps on pages 52 to 61 indicate places with such peaceful, pleasant hotels and restaurants.
By consulting them before setting out and sending us your comments on your return you can help us with our enquiries.

Hotel facilities

In general the hotels we recommend have full bathroom and toilet facilities in each room. However, this may not be the case for certain rooms in categories 🏠, 🏠 and 🏠.

30 cam	Number of rooms
🛗	Lift (elevator)
🗏	Air conditioning
TV	Television in room
⇸✕	Hotel partly reserved for non-smokers
☎	Direct-dial phone in room
🅰	Rooms accessible to disabled people
🏠	Meals served in garden or on terrace
∯	Hydrotherapy
🏊 🏊	Outdoor or indoor swimming pool
≤s 🂡	Sauna – Exercise-room
🏖 🌿	Beach with bathing facilities – Garden
🎾 🅖₁₈	Hotel tennis court – Golf course and number of holes
🏛 25 a 150	Equipped conference hall (minimum and maximum capacity)
🚗	Free garage (one night) for those having the current Michelin Guide
🚗	Hotel garage (additional charge in most cases)
℗	Car park for customers only
🐕̸	Dogs are not allowed in all or part of the hotel
Fax	Telephone document transmission
20 aprile-5 ottobre	Dates when open, as indicated by the hotelier
stagionale	Probably open for the season – precise dates not available. Where no date or season is shown, establishments are open all year round.

Cuisine

STARS

Certain establishments deserve to be brought to your attention for the particularly fine quality of their cooking. **Michelin stars** are awarded for the standard of meals served. For each of these restaurants we indicate three culinary specialities to assist you in your choice.

ខ្លួន្លួន្លួន្ល **Exceptional cuisine, worth a special journey**
Superb food, fine wines, faultless service, elegant surroundings. One will pay accordingly !

ខ្លួន្លួន្ល **Excellent cooking, worth a detour**
Specialities and wines of first class quality. This will be reflected in the price.

ខ្លួន្ល **A very good restaurant in its category**
The star indicates a good place to stop on your journey.
But beware of comparing the star given to an expensive « de luxe » establishment to that of a simple restaurant where you can appreciate fine cuisine at a reasonable price.

GOOD FOOD AT MODERATE PRICES

You may also like to know of other restaurants with less elaborate, moderately priced menus that offer good value for money and serve carefully prepared meals, often of regional cooking.
In the guide such establishments are shown with the word Pas in red just before the price of the menu.

Please refer to the map of star-rated restaurants and good food at moderate prices Pas *(pp 52 to 61).*

Food and wine: see pages 50 and 51

Prices

Prices quoted are valid for summer 1994. Changes may arise if goods and service costs are revised. The rates include tax and service charge (unless otherwise indicated, eg. 15 %).

Hotels and restaurants in bold type have supplied details of all their rates and **have assumed responsability** for maintaining them for all travellers in possession of this Guide.

Out of season certain establishments offer special rates. Ask when booking.

Your recommendation is self-evident if you always walk into a hotel, Guide in hand.

MEALS

Pas 20/25000	**Set meals –** Lowest 20000 and highest 25000 prices for set meals
bc	House wine included
Pas carta 30/35000	**« A la carte » meals –** The first figure is for a plain meal and includes entrée, main dish of the day with vegetables and dessert. The second figure is for a fuller meal (with « spécialité ») and includes hors-d'œuvre, 2 main courses, cheese, and dessert
⌑ 10000	Price of continental breakfast (additional charge when served in the bedroom)
	When the establishment has neither table-d'hôte nor « à la carte » menus, the dishes of the day are given verbally.

ROOMS

cam 45/60000	Price 45000 for a single room and highest price 60000 for a double
cam ⌑ 50/80000	Price includes breakfast
▦ 5000	Additional charge for air conditioning

HALF BOARD

½ P 90/110000	Lowest and highest prices of half board (room, breakfast and a meal) per person, per day in the season. These prices are valid for a double room occupied by two people for a minimum stay of three days. When a single person occupies a double room he may have to pay a supplement. Most of the hotels also offer full board terms on request. It is essential to agree on terms with the hotelier before making a firm reservation.

DEPOSITS – CREDIT CARDS

Some hotels will require a deposit, which confirms the commitment of customer and hotelier alike. Make sure the terms of the agreement are clear.

AE S O E VISA JCB | Credit cards accepted by the establishment American Express, Carta Si, Diners Club, Eurocard-Mastercard, Visa, Japan Card Bank

Towns

20100	Postal number
✉ 28042 Baveno	Postal number and name of the post office serving the town
☎ 0371	Telephone dialling code. Omit O when dialling from abroad
P	Provincial capital
Piacenza	Province in which a town is situated
428 D9 988 ②	Number of the appropriate sheet and co-ordinates or fold of the Michelin road map
108872 ab	Population (figures from 31.12.90 census)
alt. 175	Altitude (in metres)
Stazione termale	Spa
Sport invernali	Winter sports
1500/2000 m	Altitude (in metres) of resort and highest point reached by lifts
🚠 3	Number of cable-cars
🎿 7	Number of ski and chair-lifts
🎿	Cross-country skiing
a. s. luglio-settembre	High season period
AX A	Letters giving the location of a place on the town plan
🏌18	Golf course and number of holes
✳ ≤	Panoramic view, viewpoint
✈	Airport
🚗	Place with a motorail connection; further information from phone no. listed
⛴	Shipping line
⛴	Passenger transport only
🛈	Tourist Information Centre
A.C.I.	Italian Automobile Club

Local

Should you be looking for a hotel or restaurant not too far from Siena, for example, you can now consult the map along with the town plan.

The local map (opposite) draws your attention to all places around the town or city selected, provided they are mentioned in the Guide. Places located within a range of 50 km are clearly identified by the use of a different coloured background.

The various facilities recommended near the different regional capitals can be located quickly and easily.

NOTE : Entries in the Guide provide information on distances to nearby towns. Whenever a place appears on one of the local maps, the name of the town or city to which it is attached is printed in BLUE.

Example :

MONTEPULCIANO **53045** Siena 988 ⑮, 430 M 17 –
Vedere Città Antica ★ – Piazza Grande ★
Roma 176 – Siena 65 – Arezzo 60 – ◆Firenze 119 – ◆Perugia 74

MONTEPULCIANO is to be found on the local map SIENA.

maps

THAT YOU CONSULT THEM.

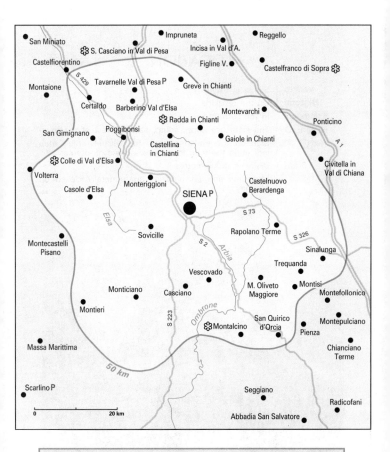

All local maps are positioned on the Atlas
at the end of the Guide.

Sights

STAR-RATING

★★★	Worth a journey
★★	Worth a detour
★	Interesting

LOCATION

Vedere	Sights in town
Dintorni	On the outskirts
Escursioni	In the surrounding area
N, S, E, O	The sight lies north, south, east or west of the town
per ①, ④	Sign on town plan and on the Michelin road map indicating the road leading to a place of interest
6 km	Distance in kilometres
	Museums and art galleries are generally closed on Mondays

Town plans

●		Hotels
●		Restaurants

Sights

■	▨		Place of interest and its main entrance
🏠	🏠	♱	Interesting place of worship: Cathedral, church or chapel

Roads

═══ ═══ ●		Motorway, dual carriageway number of interchange
▬▬ ▨▨		Major through route
← ◄		One-way street
ɪ⊏⊏⊏⊏ɪ		Unsuitable for traffic, street subject to restrictions
⊐⊏ ⊢⟶		Pedestrian street – Tramway
Pasteur. 🅿 🅿		Shopping street – Car park
╪ ⊣⊢ ⊣⊢		Gateway – Street passing under arch – Tunnel
▬▬■▬ 🚆		Station and railway
○+++++○ ○─●─●─○		Funicular – Cable-car
⟁ 🄵		Lever bridge – Car ferry

Various signs

🛈			Tourist information Centre
ŏ	⊠		Mosque – Synagogue
◉ ○	∴ ⵚ		Tower – Ruins – Windmill
⬚ ▨	✝ ✝ ✝	Garden, park, wood – Cemetery – Cross
○	🏌 🏇		Stadium – Golf course – Racecourse
⩬ 🏊 ⩥ 🄻			Outdoor or indoor swimming pool
⩤	🙣		View – Panorama
■ ◎ 🛒			Monument – Fountain – Shopping centre
� 🦽			Pleasure boat harbour – Lighthouse
✈ ◉ 🚌			Airport – Underground station – Coach station
⛴ ⛴ ⛴			Ferry services: passengers and cars, passengers only
③			Reference number common to town plans and Michelin maps
🖃 ⊠ 🕆 ◉			Main post office with poste restante – Telephone
⊞	⊟		Hospital – Covered market
▨	▭		Public buildings located by letter:
P	H		Prefecture – Town Hall
	J		Law Courts
M	T		Museum – Theatre
	U		University, College
	POL		Police (in large towns police headquarters)
A.C.I.			Italian Automobile Club

North is at the top on all town plans.

I VINI e le VIVANDE · Les VINS et les METS

Vivande e vini di una stessa regione si associano in genere con buoni risultati.

Un piatto preparato con una salsa al vino si accorda, di preferenza, con lo stesso vino.

Qualche consiglio sull' accostamento vini – vivande :

Cuisine et vins d'une même région s'associent souvent harmonieusement.

Un mets préparé avec une sauce au vin s'accommode, si possible, du même vin.

Voici quelques suggestions de vins selon les mets :

Vini bianchi secchi Vins blancs secs Herbe Weißweine Dry white wines 	1 Cortese di Gavi - Erbaluce di Caluso 2 Lugana - Pinot Oltrepò - Riesling Oltrepò 3 Gewürztraminer - Pinot Bianco - Sylvaner 4 Sauvignon - Soave - Tocai - Colli Orientali 5 Albana secco - Trebbiano 6 Montecarlo - Vernaccia di S. Gimignano 7 Colli Albani - Frascati - Torgiano Bianco 8 Martina Franca - Ostuni 9 Nuragus di Cagliari - Vermentino 10 Alcamo - Etna Bianco - Mamertino
Vini rossi leggeri Vins rouges légers Leichte Rotweine Light red wines 	1 Dolcetto - Ghemme - Grignolino 2 Barbacarlo - Bonarda d'Oltrepò - Chiaretto del Garda - Franciacorta Rosso 3 Blauburgunder - Caldaro - Lagrein Kretzer 4 Pinot Nero - Valpolicella 5 Gutturnio - Lambrusco 6 Rosato di Bolgheri 7 Cerveteri Rosso - Colli del Trasimeno Rosso 8 Castel del Monte 9 10 Ciclopi - Faro
Vini rossi robusti Vins rouges corsés Kräftige Rotweine Full bodied red wines 	1 Barbaresco - Barbera - Barolo - Gattinara 2 Barbera d'Oltrepò - Inferno - Sassella 3 Santa Maddalena - Teroldego Rotaliano 4 Amarone - Cabernet - Merlot - Refosco 5 Sangiovese 6 Brunello - Chianti - Montecarlo 7 Cesanese del Piglio - Torgiano Rosso 8 Primitivo di Gioia 9 Campidano di Terralba - Cannonau - Oliena 10 Cerasuolo di Vittoria - Corvo
Vini da dessert Vins de dessert Fessertweine Dessert wines 	1 Brachetto - Caluso Passito - Moscato 2 Moscato Oltrepò 3 Moscato - Vin Santo di Toblino 4 Picolit - Ramandolo - Recioto Bianco 5 Albana amabile 6 Aleatico di Portoferraio 7 Aleatico di Gradoli 8 Aleatico di Puglia - Moscato di Trani 9 Ogliastra - Torbato Passito 10 Malvasia di Lipari - Marsala - Passito

Welcher WEIN zu Welchem GERICHT

FOOD and WINE

Speisen und Weine aus der gleichen Region harmonieren oft geschmacklich besonders gut.
Wenn die Sauce eines Gerichts mit Wein zubereitet ist, so wählt man nach Möglichkeit diesen als Tischwein.
Nebenstehend Vorschläge zur Wahlder Weine :

Food and wines from the same region usually go very well together.
Dishes prepared with a wine sauce are best accompanied by the same kind of wine.
Here are a few hints on selecting the right wine with the right dish :

PRINCIPALI REGIONI VINICOLE
PRINCIPALES RÉGIONS VINICOLES
HAUPTWEINBAUGEBIETE
MAIN WINE REGIONS

3 Trentino Alto Adige
2 Lombardia
4 Friuli Veneto
Milano
Venezia
1 Piemonte
5 Emilia Romagna
Liguria
Firenze
Marche
6 Toscana
I. d'Elba
7 Umbria Lazio
Abruzzi
Roma
8 Puglia
Napoli
Campania
Basilicata
9 Sardegna
Palermo
Calabria
10 Sicilia

Oltre ai vini più conosciuti, esistono in molte regioni d'Italia dei vini locali che, bevuti sul posto, Vi riserveranno piacevoli sorprese.

En dehors des vins les plus connus, il existe en maintes régions d'Italie des vins locaux qui, bus sur place, vous réserveront d'heureuses surprises.

Neben den bekannten Weinen gibt es in manchen italienischen Regionen Landweine, die Sie am Anbauort trinken sollten. Sie werden angenehm überrascht sein.

In addition to the fine wines there are many Italian wines, best drunk in their region of origin and which you will find extremely pleasant.

51

LE STELLE ✿ **DIE STERNE**
LES ÉTOILES ✿ ✿ THE STARS
✿ ✿ ✿

AMENITÀ E TRANQUILLITÀ

L'AGRÉMENT

ANNEHMLICHKEIT

PEACEFUL ATMOSPHERE AND SETTING

il testo le texte Ortstext text	la carta la carte Karte map
🐦	◇
🏘 .... 🏠	◈
🏘 ... 🏠 + 🐦	◆

PASTI ACCURATI a prezzi contenuti

REPAS SOIGNÉS
à prix modérés

SORGFÄLTIG ZUBEREITETE
preiswerte MAHLZEITEN

GOOD FOOD
at moderate prices

Pasto **30000**	P

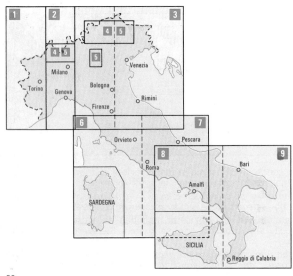

La carta tematica raggruppa l'insieme delle risorse a lato ed indica le località che ne possiedono almeno una.

La carte regroupe l'ensemble de ces ressources, elle situe les localités possédant au moins l'une d'entre elles.

Jede Ortschaft auf der Karte besitzt mindestens ein Haus, das mit einem der nebenstehenden Symbole ausgezeichnet ist.

The map shows places with at least one of these special attributes.

1

SUISSE - SVIZZERA

LAC LÉMAN

Rhône

4

Varzo

Breuil Cervinia
Champoluc

Courmayeur
Scopello

St Vincent ❀
Oropa

P Cogne ◆
Candelo ❀   ❀ ❀ ❀ Abbiategrasso

P Valsavarenche ◇
P Traversella   Chiaverano   Borgo Vercelli ❀   Cusago
❀ Loranzé   P Mortara O

❀ Cirié   ❀ Pavia O
❀ Volpiano   ❀ S. Giorgio Monferrato   Cervesina

Villar Focchiardo P   ❀ S. Mauro Torinese
Moncalvo ❀   ◆
❀ Trana   Torino ❀❀   ❀ Asti   Volped
Sauze d'Oulx   Usseaux   ❀ Isola d'Asti   Tanaro
Sestriere   P S. Damiano d'Asti   O Costigliole d'Asti ❀ ❀   O Novi Ligu
❀ Carmagnola
Sta Vittoria d'Alba ◇   ❀ Canelli O   O Gavi
Verduno   ❀ Cassinasco
Cartosio P   Came
Monforte d'Alba ❀
Roccabruna ◇   ❀ Genova
Cuneo P   S. Margherita Lig
❀ Altare   Porto
O Boves ❀ ❀   P Altare   Bergeggi ❀
O Noli ❀
O Varigotti ❀
Finale Ligure
Ranzo P   Borgio Verezzi ❀
Cenova ◇   Garlenda
❀ San Bartolomeo al Mare   O Alassio ❀ ❀
San Remo ❀   O Cervo ❀
P Apricale ◇   Impéria ❀ P
P Vallebona ◇   O Arma di Taggia ❀
O O Bordighera
❀ ❀ Ventimiglia   Camporosso Mare ❀

FRANCE

MARE

LIGURE

3   53

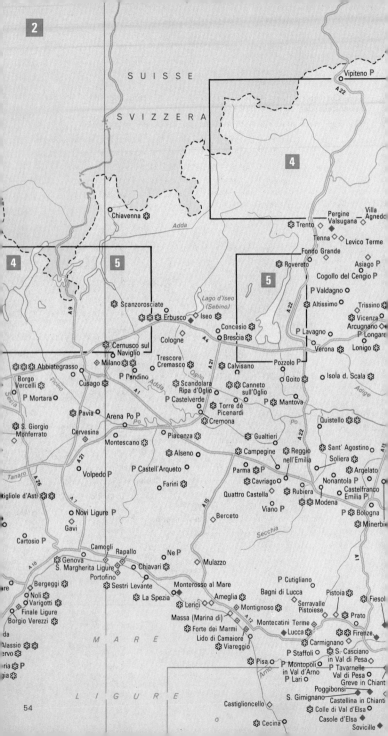

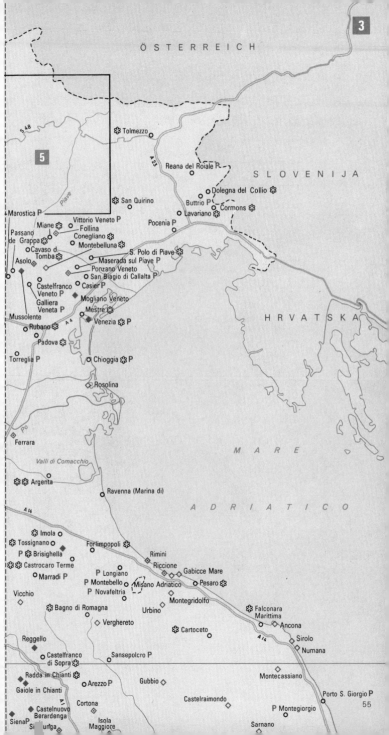

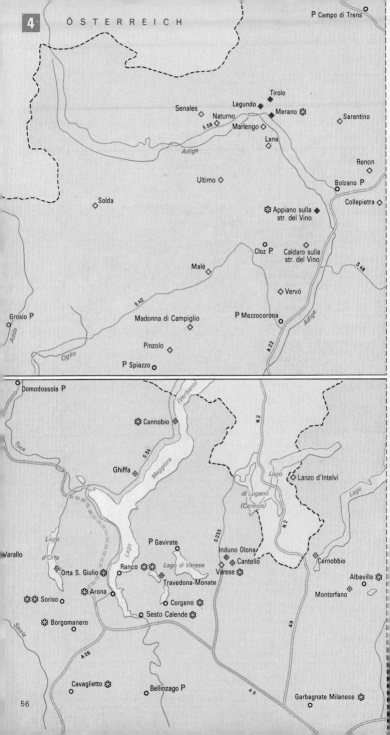

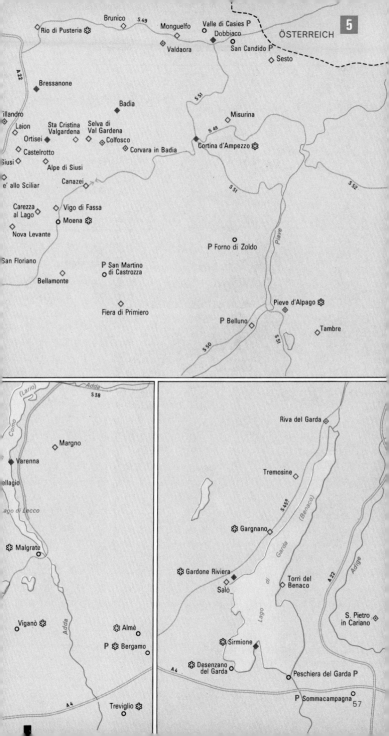

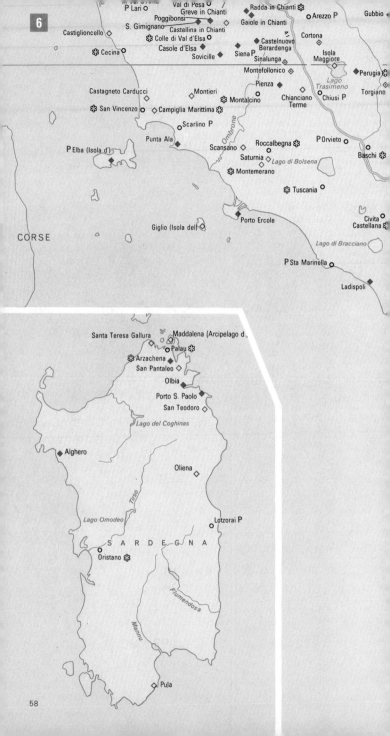

6

Val di Pesa
P Lari
Greve in Chianti ◆ Radda in Chianti ✿ ○ Arezzo P Gubbio ○
Poggibonsi ◆ Gaiole in Chianti ◇
S. Gimignano ◆ Castellina in Chianti ◇ Cortona ○
Castiglioncello ○ Colle di Val d'Elsa ○ ◆ Castelnuovo
✿ Cecina ○ Casole d'Elsa ◆ Soviticce ◆ Berardenga Isola
Soviticce ◆ Siena P ○ Sinalunga ◇ Maggiore
Montefollonico ◇
Montieri ◇ Pienza ◇ ◆ Perugia ✿
Castagneto Carducci Montalcino ○ Chianciano Lago ◇ Torgiano
✿ San Vincenzo ○ ✿ Campiglia Marittima ✿ Terme Chiusi P ○
Scarlino P ○ Ombrone P Orvieto ○
Punta Ala ◆ Scansano ◇ Roccalbegna ✿ Baschi ○ ✿
P Elba (Isola d') ◆ Saturnia ◇
✿ Montemerano Lago di Bolsena
✿ Tuscania ○
CORSE Civita ○
Giglio (Isola del) ◇ ◆ Porto Ercole Castellana ✿
Lago di Bracciano
P Sta Marinella ○
◆ Ladispoli

Santa Teresa Gallura Maddalena (Arcipelago d.,
◇ ○ Palau ✿
✿ Arzachena ○
San Pantaleo ◇
Olbia ○
Porto S. Paolo ◆
San Teodoro ◇

Lago del Coghinas

◆ Alghero

Oliena ◇

Lago Omodeo

Lotzorai P ○

S A R D E G N A

○ Oristano ✿ Flumendosa

Mannu

◇ Pula

58

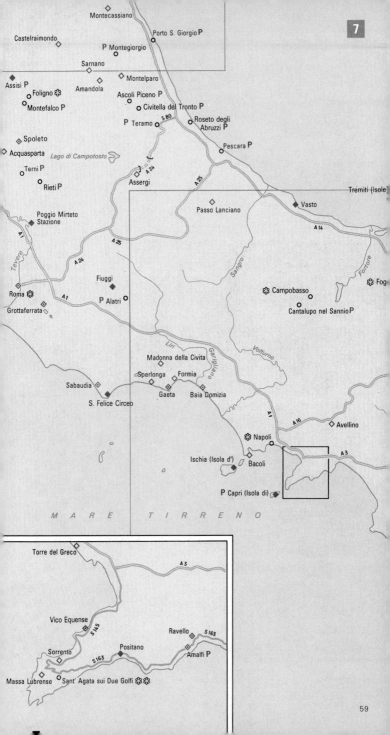

Montecassiano

Castelraimondo

Porto S. Giorgio P

P Montegiorgio

Sarnano

Assisi P

Foligno

Amandola

Montelparo

Montefalco P

Ascoli Piceno P

Civitella del Tronto P

Spoleto

P Teramo   S 80   Roseto degli Abruzzi P

Acquasparta   Lago di Campotosto

Pescara P

Terni P

Rieti P

Assergi   A 24

A 25

Tremiti (Isole

Passo Lanciano

Vasto

Poggio Mirteto Stazione

A 25

A 14

Tevere

A 24

Sangro

Fortore

Fiuggi

Campobasso   Fog

Roma   A 1

P Alatri

Cantalupo nel Sannio P

Grottaferrata

Liri

Garigliano

Volturno

Madonna della Civita

Sperlonga   Formia

Sabaudia

Gaeta   Baia Domizia

S. Felice Circeo

A 1   A 16

Avellino

Napoli

A 3

Ischia (Isola d')

Bacoli

P Capri (Isola di)

M A R E   T I R R E N O

Torre del Greco

A 3

Vico Equense   S 145

Ravello   S 163

Sorrento   Positano

Amalfi P

S 163

Massa Lubrense   Sant' Agata sui Due Golfi

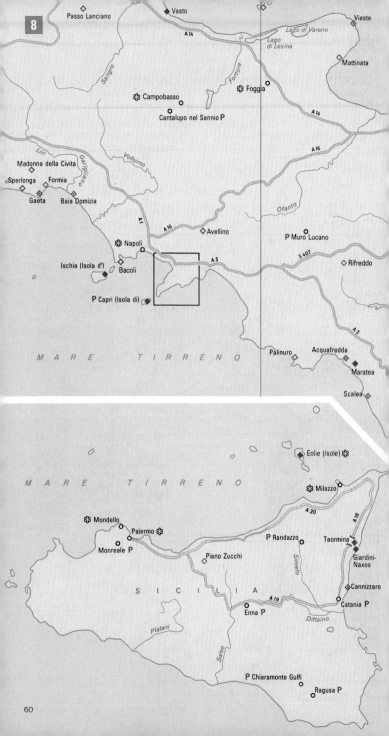

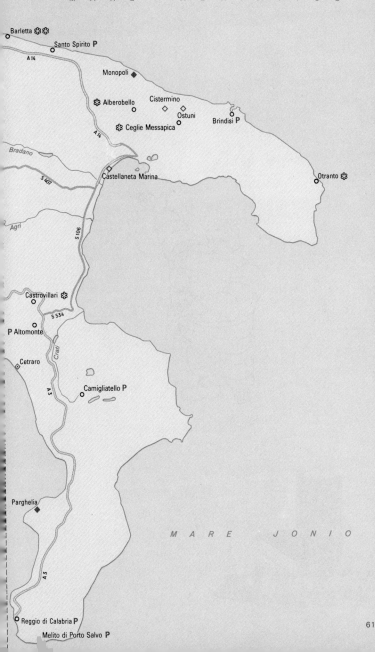

MARE ADRIATICO

Barletta ✿✿

Santo Spirito P

A 14

Monopoli ◆

✿ Alberobello   Cistermino

Ostuni

✿ Ceglie Messapica   Brindisi P

A 14

Bradano

S 407

Castellaneta Marina

Otranto ✿

Agri

S 106

Castrovillari ✿

S 534

P Altomonte

Cetraro

Crati

A 3

Camigliatello P

Parghelia ◆

MARE JONIO

A 3

Reggio di Calabria P

Melito di Porto Salvo P

61

Località

Localités
Ortsverzeichnis
Places

🖫 via Pietro d'Abano 18 ℰ 8669055, Fax 8669053.

Roma 485 ③ – ♦Venezia 56 ① – ♦Ferrara 69 ③ – ♦Milano 246 ① – ♦Padova 12 ① – Rovigo 35 ③ – Vicenza 44 ①.

Pianta pagina seguente

🏨🏨🏨 **Bristol Buja,** via Monteortone 2 ℰ 8669390, Telex 430210, Fax 667910, « Giardino-pineta con ☷ riscaldata », ₤ŏ, ≘ŝ, ☒, ℀, ♣ – 🛗 🗏 ⊡ ☎ ⅙ ⟵ ❷ – 🔬 100. 🖭 🖽 🝡 **E**
🖾 ℀ rist   AY **g**
chiuso dal 20 novembre al 20 dicembre – **Pasto** 45/60000 – ☷ 17000 – **141 cam** 127/
191000, 25 appartamenti – ½ P 136/168000.

🏨🏨🏨 **La Residence** 🦢, via Monte Ceva 8 ℰ 8668333, Fax 8668396, ₤ŏ, ☷ riscaldata, ☒, 🖛,
℀, ♣ – 🛗 🗏 ⊡ ☎ ⟵ ❷ – 🔬 40. 🖭 🖽 🝡 **E** 🖾 Ꜿᴄʙ. ℀   AY **d**
4 marzo-11 novembre – **Pasto** 55000 – ☷ 16000 – **111 cam** 150/190000, 5 appartamenti –
½ P 129/176000.

🏨🏨🏨 **President,** via Montirone 31 ℰ 8668288, Telex 430280, Fax 667909, ₤ŏ, ≘ŝ, ☷ riscaldata,
☒, 🖛, ♣ – 🛗 🗏 ⊡ ☎ ⅙ ⟵ ❷. 🖭 🖽 🝡 **E** 🖾. ℀ rist   AY **t**
Pasto 45/55000 – ☷ 15000 – **114 cam** 130/200000, 5 appartamenti – ½ P 145/170000.

🏨🏨 **Trieste e Victoria,** via Pietro d'Abano 1 ℰ 8669101, Telex 430250, Fax 8669779, « Par-co-giardino con ☷ riscaldata », ₤ŏ, ≘ŝ, ☒, ℀, ♣ – 🛗 🗏 ⊡ ☎ ⅙ ⅙. 🖭 🖽 🝡 **E** 🖾.
℀ rist   AZ **v**
13 marzo-20 novembre – **Pasto** carta 55/75000 – ☷ 14000 – **113 cam** 130/210000,
7 appartamenti – ½ P 141/208000.

🏨🏨 **Due Torri,** via Pietro d'Abano 18 ℰ 8669277, Fax 8669927, « Giardino-pineta », ☷ ris-caldata, ☒, ♣ – 🛗 🗏 ⊡ ☎ ❷. 🖭 🖽 🝡 **E** 🖾. ℀ rist   AZ **b**
18 marzo-26 novembre – **Pasto** 40/45000 – ☷ 10000 – **77 cam** 95/145000, 3 appartamenti –
½ P 125/145000.

🏨🏨 **Ritz,** via Monteortone 19 ℰ 8669990, Fax 667549, ≘ŝ, ☷ termale, ☒, 🖛, ℀, ♣ – 🛗
🗏 ⊡ ☎ ⅙ ❷ – 🔬 80. 🖭 🖽 🝡 **E** 🖾. ℀   AY **f**
Pasto 53000 – ☷ 16000 – **147 cam** 140/200000, 2 appartamenti – ½ P 140/150000.

🏨🏨 **Savoia,** via Pietro d'Abano 49 ℰ 667111, Fax 779080, « Parco giardino », ≘ŝ, ☷ ter-male, ☒, ℀, ♣ – 🛗 🗏 ⊡ ☎ ❷. 🖭 🖽 🝡 **E** 🖾. ℀   AZ **q**
chiuso dal 7 gennaio al 12 marzo e dal 21 novembre al 22 dicembre – **Pasto** 45/55000 – ☷
18000 – **171 cam** 155/192000, 6 appartamenti – ½ P 136/151000.

🏨🏨 **Metropole** 🦢, via Valerio Flacco 99 ℰ 8600777, Telex 431509, Fax 8600935, « Giardino
con ☷ riscaldata e minigolf », ₤ŏ, ≘ŝ, ☒, ℀, ♣ – 🛗 🗏 ⊡ ☎ ⟵ ❷. 🖭 🖽 🝡 **E** 🖾.
℀   BZ **n**
chiuso dal 6 gennaio al 5 marzo – **Pasto** 50/70000 – **145 cam** ☷ 122/182000, 🗏 5000 –
P 108/174000.

🏨🏨 **Mioni Pezzato,** via Marzia 34 ℰ 8668377, Fax 8669338, « Parco-giardino con ☷ riscal-data », ☒, ℀, ♣ – 🛗 🗏 ⊡ ☎ ❷. 🖭 🖽 🝡 **E** 🖾. ℀ rist   AZ **u**
15 marzo-12 novembre – **Pasto** 45000 – ☷ 15000 – **151 cam** 110/190000, 8 appartamenti –
½ P 104/148000.

🏨🏨 **Quisisana Terme,** viale delle Terme 67 ℰ 8600099, Telex 430285, Fax 8600039, « Giar-dino », ₤ŏ, ≘ŝ, ☷ riscaldata, ☒, ℀, ♣ – 🛗 🗏 ⊡ ☎ ❷ – 🔬 200. 🖭 🖽 🝡 **E** 🖾.
℀   BY **v**
Pasto *(chiuso dall'11 gennaio al 14 marzo)* 40/100000 – **91 cam** ☷ 130/200000, 4 apparta-menti – ½ P 145/190000.

🏨🏨 **Terme Astoria,** piazza Cristoforo Colombo 1 ℰ 8601530, Fax 8600730, « Giardino con
☷ riscaldata », ₤ŏ, ≘ŝ, ☒, ℀, ♣ – 🛗 🗏 ☎ ❷. 🖭 🖽 🝡 **E** 🖾. ℀   BZ **m**
chiuso dal 5 dicembre al 20 febbraio – **Pasto** 40000 – ☷ 17000 – **93 cam** 93/120000 –
½ P 101/109000.

🏨🏨 **Ariston Molino,** via Augure 5 ℰ 8669061, Fax 8669153, « Giardino con ☷ riscaldata »,
☒, ℀, ♣ – 🛗 🗏 ☎ ⟵ ❷ – 🔬 60. 🖭 🖽 🝡 **E** 🖾. ℀ rist   AZ **n**
marzo-novembre – **Pasto** 60000 – ☷ 15000 – **167 cam** 116/173000, 🗏 6000 – ½ P 91/
132000.

🏨 **Harrys' Terme,** via Marzia 50 ℰ 667011, Fax 8668500, « Grande giardino ombreggiato
con ☷ termale », ☒, ♣ – 🛗 🗏 rist ☎ ❷. 🖭 🖽 **E** 🖾. ℀ rist   AZ **a**
15 febbraio-novembre – **Pasto** 35000 – ☷ 10000 – **66 cam** 85/130000 – ½ P 80/102000.

🏨 **Smeraldo** 🦢, via Flavio Busonera 174 ℰ 8669555, Fax 8669752, ₤ŏ, ☷ riscaldata, ☒,
🖛, ℀, ♣ – 🛗 🗏 rist ☎ ❷. 🖭 🖽 🝡 **E** 🖾. ℀ rist   ABZ **c**
chiuso dal 10 gennaio al 23 febbraio e dal 28 novembre al 20 dicembre – **Pasto** (solo per
clienti alloggiati) 40000 – **132 cam** ☷ 105/170000 – ½ P 86/113000.

🏨 **Universal,** via Valerio Flacco 28 ℰ 8669349, Fax 8669772, ☷ riscaldata, ☒, 🖛, ♣ – 🛗
🗏 rist ☎ ❷. 🖭 🖽 **E** 🖾. ℀ rist   BZ **b**
Pasto 45000 – ☷ 13000 – **114 cam** 90/140000 – P 116/124000.

ABANO TERME

Jappelli (Via J.)	AZ	12
Marzia (Via)	AZ	
Pietro d'Abano (Via)	AZ	19
Repubblica (Piazza)	BY	23
Terme (Viale delle)	ABY	
Augure (Via C.)	AZ	3
Busonera (Via Flavio)	AZ	4
Caduti (Piazza)	BY	6
Flacco (Via Valerio)	BYZ	7
Gobetti (Via P.)	BY	10
Luzzatti (Via L.)	BY	13
Martiri d'Ungheria (V.)	BZ	14
Monteortone (Via)	AY	16
Nazioni Unite (Via)	BZ	17
Petrarca (Via)	AZ	18
Pio X (Via)	BY	20
Primo Maggio (Via)	BZ	22
Volta (Via A.)	BZ	24
4 Novembre (Via)	BY	26

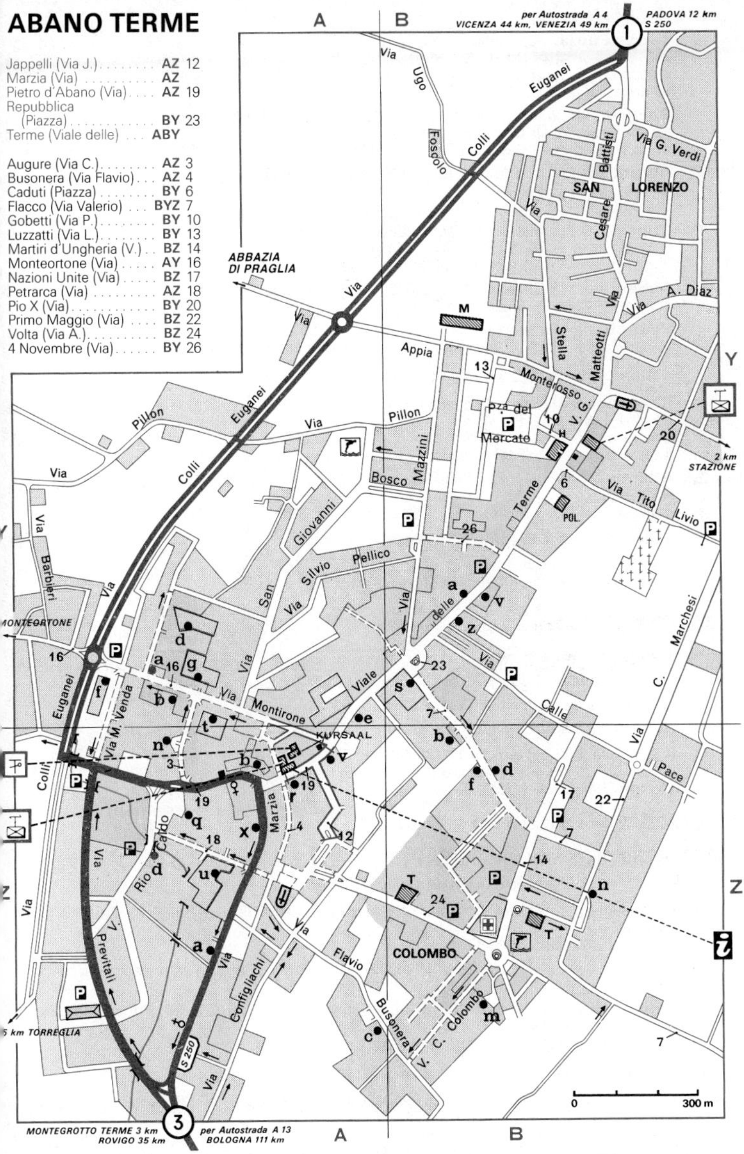

Terme Columbia, via Augure 15 ☎ 8669606, Fax 8669430, termale, – rist AY **b**
chiuso dal 10 gennaio al 23 febbraio e dal 28 novembre al 20 dicembre – **Pasto** (solo per clienti alloggiati) 40000 – **114 cam** 105/170000, 9000 – ½ P 87/115000.

Terme Salus, via Marzia 2 ☎ 8668057, Fax 8669083, termale, rist – *chiuso dal 1° al 22 dicembre* – **Pasto** 43000 – 12000 – **76 cam** 80/136000, 10000 – ½ P 75/91000. AZ **x**

Terme Milano, viale delle Terme 169 ☎ 8669444, Fax 8630244, riscaldata, rist, rist AY **e**
chiuso dall' 8 gennaio al 23 febbraio – **Pasto** 32/39000 – 10000 – **101 cam** 85/142000 – ½ P 74/93000.

🏛 **Terme Patria,** viale delle Terme 56 🕿 8600644, Fax 8600635, *Is*, 🖛, 🏊 riscaldata, 🖸, 🖤, 💥, ⬥ – 🛄 🗐 rist 🕿 🅿. 🎉 rist   BY **a**
chiuso dal 5 gennaio a febbraio e dal 1° al 20 dicembre – **Pasto** 26/35000 – ☲ 7500 –
95 cam 70/110000 – ½ P 73/77000.

🏛 **Bologna,** via Valerio Flacco 29 🕿 8669499, Fax 8668110, 🏊 riscaldata, 🖸, 🖛, ⬥ – 🛄
🗐 rist 🕿 🅿. 🕮 🗐 🗐 🌀 🌀 rist   BZ **d**
marzo-novembre – **Pasto** 35000 – ☲ 12000 – **121 cam** 85/137000 – ½ P 84/89000.

🏛 **Aurora,** via Pietro d'Abano 13 🕿 8668368, Fax 8669373, 🏊 riscaldata, 🖸, ⬥ – 🛄 🗐 rist
🕿 🖛 🅿. 🗐 🗐 🌀   AZ **r**
Pasto 30000 – ☲ 8000 – **109 cam** 90/100000 – ½ P 66/80000.

🏛 **Principe,** viale delle Terme 87 🕿 8600844, Fax 8601031, *Is*, 🖘, 🏊 riscaldata, 🖸, 🖛,
⬥ – 🛄 🗐 rist 🕿 👌 🅿. 🕮 🗐 🗐 🌀 rist   BY **z**
marzo-novembre – **Pasto** 42/45000 – ☲ 10000 – **70 cam** 80/120000 – ½ P 79/86000.

🖇 **Aubergine,** via Ghislandi 5 🕿 8669910 – 🅿. 🕮 🗐 🌀 *VISA*   AZ **d**
chiuso mercoledì – **Pasto** carta 31/64000.

🖇 **Victoria,** via Monteortone 30 🕿 667684 – 🗐. 🕮 🗐   AY **a**
chiuso lunedì e dal 20 luglio al 20 agosto – **Pasto** carta 40/57000.

a Monteortone O : 2 km AY – ☒ 35030 :

🏛 **Reve Monteortone,** 🕿 8668633, Fax 8669042, *Is*, 🖘, 🏊 riscaldata, 🖸, 🖛, 💥, ⬥ – 🛄
🗐 rist 🔟 🕿 🅿. 🗐 🌀 rist
chiuso dal 7 gennaio al 19 febbraio – **Pasto** 35000 – ☲ 12000 – **113 cam** 93/126000,
5 appartamenti – ½ P 99/109000.

🏛 **Atlantic,** 🕿 8669015, Fax 8669188, *Is*, 🖘, 🏊 riscaldata, 🖸, 🖛, ⬥ – 🛄 🗐 rist 🕿 🅿. 🗐 🗐
VISA 🌀
marzo-novembre – **Pasto** 28000 – **56 cam** ☲ 75/105000 – P 71/87000.

Vedere anche : *Torreglia* SO : 5 km AZ.

When visiting northern Italy use Michelin maps 🔢 and 🔢.

🔲 **ABBADIA ALPINA** Torino – Vedere Pinerolo.

🔲 **ABBADIA SAN SALVATORE** 53021 Siena 🔢 ⑱ ㉕, 🔢 N 17 – 7 234 ab. alt. 825 – Sport inver-
nali : al Monte Amiata : 1 350/1 730 m ≰15, ≴ – 🕸 0577.
🛈 via Mentana 97-La Piazzetta 🕿 778608, Fax 779013.
Roma 181 – Siena 73 – ◆Firenze 143 – Grosseto 80 – Orvieto 65 – Viterbo 82.

🏛 **K 2** 🤏, via del Laghetto 15 🕿 778609, Fax 776337, ≼ – 🔟 🕿 🅿. 🌀
chiuso dal 20 settembre al 10 ottobre – **Pasto** *(chiuso giovedì)* carta 26/38000 – ☲ 6000 –
14 cam 60/95000 – P 70/90000.

🔲 **ABBAZIA** Vedere nome proprio dell'abbazia.

🔲 **ABBIATEGRASSO** 20081 Milano 🔢 ③, 🔢 F 8 – 27 526 ab. alt. 120 – 🕸 02.
Roma 590 – ◆Milano 24 – Alessandria 74 – Novara 29 – Pavia 33.

🏛 **Italia** senza rist, piazza Castello 31 🕿 9462871, Fax 9462851 – ⬥ 🗐 🔟 🕿. 🕮 🗐 🗐 🗐 🗐 *VISA*
JCB. 🌀
☲ 18000 – **39 cam** 95/130000.

🖇 **Da Oreste,** piazza Castello 29 🕿 94966457, prenotare, « Servizio estivo sotto un pergola-
to » – 🗐

🖇 **Il Ristorante di Agostino Campari,** via Novara 81 🕿 9420329, 🈁, Cucina lombarda –
🗐 🅿. 🕮 🗐 🗐 🗐 🗐 *VISA*
chiuso lunedì e dal 16 al 31 agosto – **Pasto** carta 38/56000.

a Cassinetta di Lugagnano N : 3 km – ☒ 20081 :

🖇🖇 ❀❀❀ **Antica Osteria del Ponte,** 🕿 9420034, Fax 9420610, 🈁, Coperti limitati; preno-
tare – 🗐 🅿. 🕮 🗐 🗐 🗐 🗐 *VISA* 🌀
chiuso domenica, lunedì, dal 25 dicembre al 12 gennaio ed agosto – **Pasto** 75000
(a mezzogiorno) 140000 (alla sera) e carta 92/154000
Spec. Risotto allo zafferano e zucchine in fiore (aprile-ottobre), Buridda di rombo branzino e gamberi, Crepinette di
carne di capretto alle mandorle (aprile-giugno).

🔲 **ABETONE** 51021 Pistoia 🔢 ⑭, 🔢 🔢 🔢 J 14 – 758 ab. alt. 1 388 – a.s. Pasqua, 15 luglio-
agosto e Natale – Sport invernali : 1 388/1 940 m ≰3 ≰22, ≴ – 🕸 0573.
🛈 piazzale delle Piramidi 🕿 60231, Fax 60232.
Roma 361 – Pisa 85 – ◆Bologna 109 – ◆Firenze 90 – Lucca 65 – ◆Milano 271 – ◆Modena 96 – Pistoia 51.

🏛 **Regina,** 🕿 60007, Fax 60257, ≼ – 🔟 🕿 🖛 🅿. 🗐 🗐 🗐 🗐 *VISA* 🌀 rist
22 dicembre-20 aprile e luglio-10 settembre – **Pasto** carta 35/49000 – ☲ 12000 – **25 cam**
65/100000 – ½ P 80/99000.

XX La Capannina, con cam, ✆ 60562, Fax 606926 – TV ☏
7 cam.

XX **Da Pierone,** ✆ 60068, ≤ – AE 🅂 ◑ E VISA. ✻
chiuso dal 15 al 30 giugno, dal 10 al 30 ottobre e giovedì (escluso dal 23 dicembre al 2 gennaio e dal 15 luglio a settembre) – **Pasto** carta 31/50000.

a Le Regine SE : 2,5 km – ✉ **51020** :

⌂ **Da Tosca,** ✆ 60317, Fax 60317, ≤ – Ⓟ. ✻
20 dicembre-20 aprile e luglio-15 settembre – **Pasto** carta 28/40000 – ☕ 10000 – **13 cam** 50/90000 – ½ P 60/80000.

ABRUZZI (Massiccio degli) L'Aquila 988 ㉗.
Vedere Guida Verde.

ABTEI = Badia.

ACAIA Lecce 431 F 36 – Vedere Vernole.

ACCEGLIO **12021** Cuneo 988 ⑪, 428 I 2 – 235 ab. alt. 1 200 – a.s. Pasqua, luglio-agosto e Natale – ☎ 0171.
Roma 698 – Cuneo 55 – ◆Milano 269 – ◆Torino 118.

⌂ **Le Marmotte** ⛰, località Frere E : 1,5 km ✆ 99041, Fax 99041, ≤, 🌳 – 🚗 Ⓟ. ✻
chiuso novembre – **Pasto** carta 33/51000 – ☕ 12000 – **9 cam** 65/90000 – ½ P 85/95000.

ACCETTURA **75011** Matera 988 ㉙, 431 F 30 – 2 736 ab. alt. 799 – ☎ 0835.
Roma 433 – Matera 81 – Potenza 76 – ◆Taranto 134.

⌂ **San Giuliano,** ✆ 675747 – |‡| ☎. ✻
Pasto *(chiuso lunedì da ottobre a marzo)* carta 17/32000 – **15 cam** ☕ 55/65000 – ½ P 50000.

ACI CASTELLO Catania 988 ㊲, 432 O 27 – Vedere Sicilia alla fine dell'elenco alfabetico.

ACILIA **00125** Roma 430 Q 19 – alt. 50 – ☎ 06.
Roma 18 – Anzio 45 – Civitavecchia 65.

⌂⌂ Aris Garden Hotel, via Aristofane 101 ✆ 52362443, Fax 52352968, Fō, ≘s, 🏊, 🎾 – ▤ TV ☎ Ⓟ – 🏛 80 a 150. AE 🅂 ◑ E VISA
72 cam.

XX **Cavalieri del Buongusto,** via di Acilia 172 ✆ 52353889 – AE 🅂 ◑ E VISA. ✻
chiuso mercoledì e dal 5 al 31 agosto – **Pasto** carta 43/88000.

ACIREALE Catania 988 ㊲, 432 O 27 – Vedere Sicilia alla fine dell'elenco alfabetico.

ACI TREZZA Catania 988 ㊲, 432 O 27 – Vedere Sicilia (Aci Castello) alla fine dell'elenco alfabetico.

ACQUAFREDDA Potenza 431 G 29 – Vedere Maratea.

ACQUAPARTITA Forlì – Vedere Bagno di Romagna.

ACQUARIA Modena 430 J 14 – Vedere Montecreto.

ACQUASANTA TERME **63041** Ascoli Piceno 988 ⑯, 430 N 22 – 3 716 ab. alt. 392 – Stazione termale, a.s. luglio-settembre – ☎ 0736.
Roma 173 – L'Aquila 98 – Ascoli Piceno 18.

XX La Casaccia, ✆ 802141, Fax 802141

ACQUASPARTA **05021** Terni 988 ㉖, 430 N 19 – 4 414 ab. alt. 320 – ☎ 0744.
Roma 111 – Orvieto 61 – ◆Perugia 61 – Spoleto 24 – Terni 22 – Viterbo 70.

⌂ **Villa Stella** senza rist, ✆ 930758, Fax 930063, 🌳 – TV ☎ Ⓟ. ✻
aprile-settembre – ☕ 5000 – **10 cam** 60/80000.

⌂ **Martini,** ✆ 943696, Fax 943696 – TV ☎ Ⓟ. AE 🅂 ◑ E VISA JCB
Pasto 25/40000 e al Rist. ***Taverna da Franz*** *(chiuso martedì da ottobre a giugno)* carta 26/49000 – ☕ 5000 – **19 cam** 55/80000 – ½ P 65/70000.

a Selvarelle Alte N : 8 km – ✉ **05031** Acquasparta :

⌂⌂ Holiday Hill ⛰, ✆ 941061, Fax 941101, « 🏊 con ≤ valli e colline », 🌳 – |‡| ▤ TV ☎ ♿ Ⓟ
28 cam.

ACQUAVIVA Livorno – Vedere Elba (Isola d') : Portoferraio.

ACQUAVIVA PICENA 63030 Ascoli Piceno **430** N 23 – 3 080 ab. alt. 360 – ✿ 0735.

Roma 239 – ◆Ancona 96 – Ascoli Piceno 42 – Macerata 76 – ◆Pescara 75 – Teramo 57.

🏨 **Abbadetta** ॐ, 🖉 764041, Fax 764945, ≼ campagna e mare, « Terrazze-giardino con ▲ », ℀ – 🛗 🕾 **Ⓟ**. ℀ rist
15 maggio-settembre – **Pasto** 25/36000 – **53 cam** ☑ 60/90000 – ½ P 60/90000.

ACQUI TERME 15011 Alessandria **988** ⑫ ⑬, **428** H 7 – 20 333 ab. alt. 164 – Stazione termale – ✿ 0144.

🛈 corso Bagni 8 🖉 322142, Fax 322143.

Roma 573 – ◆Genova 74 – Alessandria 34 – Asti 47 – ◆Milano 130 – Savona 59 – ◆Torino 106.

XX **La Schiavia**, vicolo della Schiavia 🖉 55939, solo su prenotazione – 🟥 🛐 **E** 🆅🆂🅰
chiuso domenica e dal 6 al 21 agosto – **Pasto** carta 45/60000.

XX **Il Ciarlocco**, via Don Bosco 1 🖉 57720, Coperti limitati; prenotare – 🟥 🛐 **E** 🆅🆂🅰
chiuso domenica, febbraio ed agosto – **Pasto** carta 31/52000.

XX **Parisio 1933**, via Cesare Battisti 7 🖉 57034 – 🟥 🛐 **E** 🆅🆂🅰
chiuso lunedì, dal 24 dicembre al 10 gennaio e dal 25 luglio al 9 agosto – **Pasto** carta 33/54000.

XX **Carlo Parisio**, via Mazzini 14 🖉 56650, prenotare – 🟥 🛐 ⓞ **E** 🆅🆂🅰. ℀
chiuso lunedì e dal 10 al 24 luglio – **Pasto** carta 27/46000.

X **San Marco**, via Ghione 5 🖉 322456 – **Ⓟ**
chiuso gennaio o febbraio, dal 1° al 14 luglio e lunedì da dicembre a gennaio – **Pasto** carta 27/42000.

ACRI 87041 Cosenza **988** ㉟, **431** I 31 – 22 223 ab. alt. 700 – ✿ 0984.

Roma 560 – ◆Cosenza 41 – ◆Taranto 168.

🏨 **Panoramik** senza rist, 🖉 954885, Fax 941618 – 🛗 📺 🕾 **Ⓟ**
32 cam.

X **Panoramik**, 🖉 941551, Fax 941258 – **Ⓟ**. 🟥 🛐 **E** 🆅🆂🅰. ℀
chiuso lunedì – **Pasto** carta 24/38000.

ACUTO 03010 Frosinone **430** Q 21 – 1 824 ab. alt. 724 – ✿ 0775.

Roma 77 – Avezzano 99 – Latina 87 – ◆Napoli 180.

XXX **Colline Ciociare**, via Prenestina 27 🖉 56049, Fax 56049, ≼, Coperti limitati; prenotare – 🟥 🛐 ⓞ **E** 🆅🆂🅰
chiuso lunedì, martedì a mezzogiorno e dal 10 al 20 ottobre – **Pasto** 70000.

ADRIA 45011 Rovigo **988** ⑮, **429** G 18 – 21 221 ab. alt. 4 – ✿ 0426.

🛈 piazza Bocchi 6 🖉 42554.

Roma 478 – ◆Venezia 64 – Chioggia 33 – ◆Ferrara 55 – ◆Milano 290 – ◆Padova 49 – Rovigo 22.

X **Molteni** con cam, via Ruzzina 2 🖉 42520, 🏠 – 📺 🕾 **Ⓟ**. 🛐 **E** 🆅🆂🅰. ℀
chiuso dal 23 dicembre al 6 gennaio – **Pasto** *(chiuso sabato)* carta 36/69000 – **8 cam** ☑ 80/120000.

AGLIANO 14041 Asti **428** H 6, **219** ⑮ – 1 723 ab. alt. 262 – ✿ 0141.

Roma 603 – Asti 19 – ◆Milano 139 – ◆Torino 79.

🏨 **Fons Salutis** ॐ, O : 2 km 🖉 954018, Fax 954554, 🏠, « Parco ombreggiato », ▲, ⅃ – 📺 🕾 **Ⓟ**. 🟥 🛐 ⓞ **E** 🆅🆂🅰. ℀
chiuso dal 9 dicembre a gennaio – **Pasto** carta 35/60000 – ☑ 12000 – **30 cam** 80/100000 – ½ P 80/90000.

AGLIENTU Sassari **433** D 9 – Vedere Sardegna alla fine dell'elenco alfabetico.

AGNANO TERME Napoli **431** E 24 – Vedere Napoli.

AGNONE 86061 Isernia **988** ㉗, **430** Q 25, **431** B 25 – 6 207 ab. alt. 800 – ✿ 0865.

Roma 220 – Campobasso 71 – Isernia 45.

🏨 **Sammartino**, largo Pietro Micca 44 🖉 78239, Fax 78239 – 🛗 📺 ☎ – ▲ 100. 🛐 **E** 🆅🆂🅰. ℀
Pasto carta 22/36000 – ☑ 5000 – **22 cam** 50/70000 – ½ P 60000.

AGORDO 32021 Belluno **988** ⑤, **429** D 18 – 4 359 ab. alt. 611 – ✿ 0437.

Dintorni Valle del Cordevole★★ NO per la strada S 203.

🛈 via 4 Novembre 4 🖉 62105.

Roma 646 – Belluno 29 – ◆Bolzano 85 – Cortina d'Ampezzo 60 – ◆Milano 338 – ◆Venezia 135.

🏨 **Erice** ॐ, via 4 Novembre 13/b 🖉 65011 – 📺 🕾 🚗 **Ⓟ**. 🟥 🛐 ⓞ **E** 🆅🆂🅰. ℀
Pasto *(chiuso lunedì)* carta 35/57000 – ☑ 8000 – **15 cam** 80/100000 – ½ P 67/77000.

68

AGRATE BRIANZA 20041 Milano ⑨⑧⑧ ③, ④②⑧ F 10 – 11 977 ab. alt. 162 – ✪ 039.

Roma 587 – ◆Milano 23 – ◆Bergamo 31 – ◆Brescia 77 – Monza 7.

🏨 **Colleoni,** via Cardano 2 ℰ 68371, Fax 654495 – |‡| 🖃 📺 ☎ ⅙ ⇌ 🅿 – 🏛 25 a 200. 🖽 🛐 ⓞ 🗉 *VISA* 🛠 rist
   Pasto *(chiuso sabato e domenica a mezzogiorno)* carta 45/90000 – ⊊ 24000 – **173 cam** 210/240000, 10 appartamenti – ½ P 190/230000.

🕱🕱 **Hostaria la Carbonara,** a Cascina Offelera SO : 3 km ℰ 651896, prenotare – 🅿. 🖽 🛐 ⓞ 🗉 *VISA* 🛠
   chiuso sabato, domenica, agosto e dal 24 dicembre al 2 gennaio – **Pasto** carta 39/77000.

AGRIGENTO 🄿 ⑨⑧⑧ ㊱, ④③② P 22 – Vedere Sicilia alla fine dell'elenco alfabetico.

AGROPOLI 84043 Salerno ⑨⑧⑧ ㉘ ㊳, ④③① F 26 – 17 932 ab. – a.s. Pasqua e 15 giugno-15 settembre – ✪ 0974 – **Dintorni** Rovine di Paestum★★★ N : 11 km.

Roma 312 – Battipaglia 33 – ◆Napoli 107 – Salerno 57 – Sapri 110.

🏨 **Il Ceppo,** ℰ 825558 – |‡| 🖃 📺 ☎ ⇌ 🅿. 🖽 🛐 ⓞ 🗉 *VISA*
   Pasto vedere rist **Il Ceppo** – **4 cam** ⊊ 70/110000, 6 appartamenti 160/180000, 🖃 15000 – ½ P 85/90000.

🏠 **Serenella,** ℰ 823333, Fax 825562, ≤ – |‡| 🖃 rist ☎ 🅿. 🛠 rist
   Pasto carta 21/46000 (10 %) – ⊊ 9000 – **32 cam** 75/85000 – ½ P 75/80000.

🕱🕱 **Il Ceppo,** SE : 1,5 km ℰ 824308, 🎇, Rist. e pizzeria alla sera – 🅿. 🖽 🛐 ⓞ 🗉 *VISA*. 🛠
   chiuso mercoledì e dal 7 al 31 ottobre – **Pasto** carta 29/56000 (12 %).

🕱🕱 **Carola** con cam, ℰ 826422, « Servizio rist. estivo all'aperto » – ☎ 🅿. 🖽 🛐 ⓞ 🗉 *VISA*. 🛠
   chiuso dall'8 gennaio all'8 febbraio – **Pasto** carta 36/52000 – ⊊ 9000 – **34 cam** 77/93000 – P 100/105000.

AGUGLIANO 60020 Ancona ④③⓪ L 22 – 3 268 ab. alt. 203 – ✪ 071.

Roma 279 – ◆Ancona 16 – Macerata 44 – Pesaro 67.

🏠 **Al Belvedere,** ℰ 907190, Fax 908008, 🚗 – 📺 ☎ 🅿 – 🏛 60. 🛐 🗉 *VISA*. 🛠
   Pasto *(chiuso mercoledì)* carta 25/40000 – ⊊ 7000 – **20 cam** 55/70000 – ½ P 55/60000.

AHRNTAL = Valle Aurina.

ALA DI STURA 10070 Torino ⑨⑧⑧ ⑫, ②①⑨ ⑫ – 502 ab. alt. 1075 – a.s. dicembre-aprile – ✪ 0123.

Roma 729 – ◆Torino 44 – Balme 7,5 – ◆Milano 177 – Vercelli 117.

🏠 **Raggio di Sole,** ℰ 55191, Fax 55313, ≤ – |‡| ☎ 🅿. 🛐 🗉 *VISA*
   chiuso ottobre – **Pasto** *(chiuso giovedì)* carta 30/47000 – ⊊ 10000 – **28 cam** 90/110000 – ½ P 75000.

ALANNO 65020 Pescara ④③⓪ P 23 – 3 748 ab. alt. 295 – ✪ 085.

Roma 188 – ◆Pescara 37 – L'Aquila 84.

🕱🕱 **Villa Alessandra** ⛲ con cam, ℰ 8573108, Fax 8573687, 🚗 – 🖃 📺 ☎ 🅿. 🖽 🛐 ⓞ 🗉 *VISA*. 🛠
   Pasto *(chiuso martedì e novembre)* carta 31/46000 – ⊊ 8000 – **6 cam** 70/110000, appartamento – ½ P 70/90000.

ALASSIO 17021 Savona ⑨⑧⑧ ⑫, ④②⑧ J 6 – 11 525 ab. – ✪ 0182.

🅱 Garlenda *(chiuso mercoledì escluso luglio-agosto)* a Garlenda ✉ 17030 ℰ 580012, Fax 580561, NO : 17 km Y – 🄱 via Gibb 26 ℰ 640346, Fax 644690.

Roma 597 ① – Cuneo 117 ① – ◆Genova 98 ① – Imperia 24 ② – ◆Milano 221 ① – San Remo 47 ② – Savona 52 ① – ◆Torino 160 ①.

Pianta pagina seguente

🏩 **Gd H. Diana,** via Garibaldi 110 ℰ 642701, Fax 640304, ≤, 🎇, « Terrazza-giardino ombreggiata », 𝕝ₛ, ⇌ₛ, 🔲, 🐟ₑ – |‡| 🖃 📺 ☎ 🅿 – 🏛 100. 🖽 🛐 ⓞ 🗉 *VISA*. 🛠 rist
   chiuso dal 10 gennaio al 10 febbraio e dal 20 novembre al 24 dicembre – **Pasto** self-service *(solo a mezzogiorno)* e carta 54/96000 *(solo alla sera)* – **50 cam** ⊊ 195/280000, 9 appartamenti – ½ P 165/195000.
   Y **a**

🏩 **Spiaggia,** via Roma 78 ℰ 643403, Fax 640279, ≤, « 🏊 in terrazza panoramica », 🐟ₑ – |‡| 🖃 📺 ☎ ⅙ 🅿 – 🏛 50. 🖽 🛐 ⓞ 🗉 *VISA*. 🛠
   chiuso dal 20 ottobre al 23 dicembre – **Pasto** 50/70000 – **89 cam** ⊊ 170/270000 – ½ P 105/160000.
   Z **c**

🏨 **Regina,** viale Hanbury 220 ℰ 640215, Fax 660092, ≤, 🎇, 🐟ₑ – |‡| 📺 ☎ ⅙ 🅿 – 🏛 60. 🛠 rist
   15 marzo-ottobre – **Pasto** 35/50000 – **40 cam** ⊊ 145000 – P 85/160000.
   Y **s**

🏨 **Toscana,** via Flavio Gioia 4 ℰ 640657, Fax 643146, 𝕝ₛ, 🐟ₑ – |‡| 🖃 rist 📺 ☎ – 🏛 80. 🖽 🛐 ⓞ 🗉 *VISA*. 🛠 rist
   chiuso dal 15 ottobre al 19 dicembre – **Pasto** *(chiuso lunedì)* carta 30/41000 – **65 cam** ⊊ 70/121000, 3 appartamenti – ½ P 60/97000.
   Z **m**

69

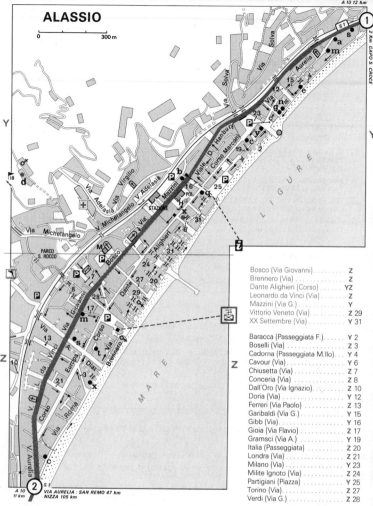

ALASSIO

0   300 m

VIA AURELIA: SAVONA 52 km, GENOVA 98 km
A 10 12 km

LIGURE

MARE

VIA AURELIA : SAN REMO 47 km
NIZZA 105 km
A 10 11 km

🏠 **Columbia,** passeggiata Cadorna 12 📞 640329, Fax 642893, ≤, 🐾 – 📺 ☎ 🔽 E *VISA*. ❀ rist   Y **n**
chiuso dal 21 ottobre al 20 dicembre – **Pasto** *(chiuso lunedì)* 35/45000 – 🍽 10000 – **26 cam** 85/150000 – ½ P 120/135000.

🏠 **Enrico,** corso Dante 368 📞 640000, Fax 640075, 🍴 – 🛗 🍴 rist 📺 ☎. 🔽 E *VISA*   Y **q**
chiuso novembre – **Pasto** *(chiuso lunedì)* carta 36/56000 (10%) – 🍽 15000 – **32 cam** 80/110000 – ½ P 85/95000.

🏠 **Dei Fiori e Ausonia,** viale Marconi 78 📞 640519, Fax 644116, 🐾 – 🛗 🍴 rist 📺 ☎ – 🔒 50. 🆎 ⓞ ⓔ E ❀ rist   Y **c**
Pasto 28/35000 – 🍽 12000 – **63 cam** 85/120000 – ½ P 60/100000.

🏠 Beau Sejour, via Garibaldi 102 📞 640303, Fax 646391, ≤, « Servizio rist. estivo in terrazza », 🐾 – 🛗 📺 ☎ 🅿   Y **m**
stagionale – **51 cam.**

🏠 **Corso,** via Diaz 28 📞 642494, Fax 642495 – 🛗 📺 ☎ 🚗. 🆎 🔽 ⓞ E *VISA*. ❀ rist Z **s**
chiuso dal 5 novembre al 23 dicembre – **Pasto** *(solo per clienti alloggiati)* 30000 – 🍽 12000 – **45 cam** 85/120000 – ½ P 56/95000.

🏨 **Lido,** via 4 Novembre 9 𝒫 640158, Fax 660198, ≼, 🐾 – 🛗 ▤ rist ☎. 🖸 **E** 𝘝𝘐𝘚𝘈.
🎉 rist
aprile-ottobre – **Pasto** (solo per clienti alloggiati) – **55 cam** ☲ 110/200000 – ½ P 92/160000.
                                                                                                        Y **g**

🏨 **Lamberti,** via Gramsci 57 𝒫 642747, Fax 642438 – 🛗 ▤ 📺 ☎ 🅿. 🖸 **E** 𝘝𝘐𝘚𝘈.
🎉 rist   Y **y**
chiuso dal 20 ottobre al 18 dicembre – **Pasto** (solo per clienti alloggiati) 30/40000 – **25 cam**
☲ 90/140000 – ½ P 65/110000.

🏨 **Nuovo Suisse,** via Mazzini 119 𝒫 640192, Fax 660267, 🐾 – 🛗 📺 ☎. 🖸 **E** 𝘝𝘐𝘚𝘈.
🎉 rist   Y **b**
chiuso dal 15 ottobre al 20 dicembre – **Pasto** 25/35000 – **49 cam** ☲ 80/140000 – ½ P 60/
110000.

🏨 **Beau Rivage** senza rist, via Roma 82 𝒫 640585, Fax 640585, ≼ – 📺 ☎ 🅿. 🖸 **E** 𝘝𝘐𝘚𝘈. 🎉
chiuso dal 2 novembre al 26 dicembre – **20 cam** ☲ 110/170000.   Z **c**

🏠 **Rosa,** via Conti 10 angolo corso Diaz 𝒫 640821, Fax 660028 – 🛗 📺 ☎ ♿ ⇔. 🖸 **E**
𝘝𝘐𝘚𝘈   Z **t**
chiuso da novembre al 9 o 15 dicembre – **Pasto** 30/50000 – ☲ 10000 – **56 cam** 70/120000 –
½ P 62/110000.

🏠 **Danio Lungomare,** via Roma 23 𝒫 640683, Fax 640347, ≼, �། – 🛗 📺 ☎. 🖭 🖸 **E** 𝘝𝘐𝘚𝘈.
🎉   Z **x**
chiuso dal 15 novembre al 26 dicembre – **Pasto** carta 30/60000 – ☲ 10000 – **27 cam**
70/130000 – ½ P 70/100000.

🏠 **Eden,** passeggiata Cadorna 20 𝒫 640281, Fax 643037, ≼, « Servizio rist. estivo in
terrazza », 🐾 – 🛗 📺 ☎. 🖸 **E** 𝘝𝘐𝘚𝘈. 🎉 rist   Y **e**
Pasto (solo per clienti alloggiati) 30/45000 – ☲ 8000 – **29 cam** 130/140000 – ½ P 80/
140000.

XXX ✪✿ **Palma,** via Cavour 5 𝒫 640314, Coperti limitati; prenotare – 🖭 🖸 🕕 **E** 𝘝𝘐𝘚𝘈
chiuso mercoledì e novembre – **Pasto** 85/120000   Y **x**
Spec. Pancotto "della nonna" alle erbette. Branzino con carciofi (inverno) o alle mandorle con pomodoro e cipollotto
(estate). Bocconcini di coda di rospo alla provenzale.

X   **Castello da Rina,** via Madonna delle Grazie 17 𝒫 642873, ≼, 🌆

Jährlich eine neue Ausgabe
Aktuellste Informationen,
jährlich für Sie!

ALATRI 03011 Frosinone 🖳🖳🖳 ㉘, 🖳🖳🖳 Q 22 – 25 079 ab. alt. 502 – ✿ 0775.
Vedere Acropoli★ : ≼★★ – Chiesa di Santa Maria Maggiore★.
Roma 93 – Avezzano 89 – Frosinone 11 – Latina 65 – Rieti 125 – Sora 39.

X   **La Rosetta** con cam, via Duomo 35 𝒫 434568 – 📺. 🖭 🖸 🕕 **E** 𝘝𝘐𝘚𝘈. 🎉
chiuso dal 5 al 30 novembre – **Pasto** *(chiuso martedì)* carta 27/39000 – ☲ 7000 – **10 cam**
38/65000 – ½ P 55/65000.

sulla strada statale 155 S : 6,5 km :

XX **Le Tre Stelle,** ✉ 03011 Alatri 𝒫 407833, Fax 409048 – ▤ 🅿 – 🏛 160. 🖭 🖸 🕕 **E** 𝘝𝘐𝘚𝘈.
🎉
chiuso lunedì – **Pasto** carta 31/52000.

ALBA 12051 Cuneo 🖳🖳🖳 ㉘, 🖳🖳🖳 H 6 – 29 354 ab. alt. 172 – ✿ 0173.
Dintorni Strada panoramica★ delle Langhe verso Ceva.
🛈 piazza Medford 𝒫 35833, Fax 363878.
Roma 644 – ◆Torino 62 – Alessandria 65 – Asti 30 – Cuneo 62 – ◆Milano 155 – Savona 99.

🏨 **Savona,** via Roma 1 𝒫 440440, Fax 364312 – 🛗 ▤ 📺 ☎ 🅿 – 🏛 70 a 150. 🖭 🖸 🕕 **E**
𝘝𝘐𝘚𝘈. 🎉
Pasto *(chiuso martedì)* carta 36/61000 – ☲ 12000 – **96 cam** 85/110000 – ½ P 95000.

🏨 **Motel Alba** senza rist, corso Asti 5 𝒫 363251, Fax 362990, ⊠, – ▤ 📺 ☎ ♿ 🅿 – 🏛 150.
🖭 🖸 🕕 **E** 𝘝𝘐𝘚𝘈. 🎉
94 cam ☲ 90/130000.

XXX **Daniel's,** corso Canale 28 (NO : 1 km) 𝒫 441977, Fax 441977, 🌆 – 🅿. 🖭 🖸 🕕 **E** 𝘝𝘐𝘚𝘈
chiuso dal 1° al 25 agosto e domenica (escluso da ottobre a dicembre) – **Pasto** carta 40/
66000.

XX **Il Violetto,** via Bertero 6 𝒫 363196, Fax 363196, Coperti limitati; prenotare – 🖭 🖸 **E**
𝘝𝘐𝘚𝘈
chiuso lunedì e dal 20 luglio al 15 agosto – **Pasto** carta 49/74000.

XX **Porta San Martino,** via Einaudi 5 𝒫 362335 – 🖭 🖸 🕕 **E** 𝘝𝘐𝘚𝘈
chiuso lunedì – **Pasto** carta 40/59000.

X   **Osteria dell'Arco,** piazza Savona 5 𝒫 363974, Coperti limitati; prenotare – ▤. 🖭 🖸 🕕
E 𝘝𝘐𝘚𝘈
chiuso domenica e lunedì a mezzogiorno (escluso dal 25 settembre al 25 novembre) – **Pasto**
carta 30/46000.

ALBA Trento 🖳🖳🖳 C 17 – Vedere Canazei.

ALBA ADRIATICA 64011 Teramo 988 ⑰, 430 N 23 – 9 372 ab. – a.s. luglio-agosto – ✿ 0861.

🏛 piazza Aldo Moro 6 ℘ 712426, Fax 713993.

Roma 219 – ◆Pescara 57 – ◆Ancona 104 – L'Aquila 110 – Ascoli Piceno 36 – Teramo 37.

🏨 **Meripol**, lungomare Marconi 390 ℘ 714744, Fax 752292, ≤, 🏊, 🐧, ☞ – 🛗 ▤ 🅃🅅 ☎ 🅟
  stagionale – **44 cam.**

🏨 **Impero**, lungomare Marconi 216 ℘ 712422, Fax 751615, ≤, 🏊, 🐧, ☞ – 🛗 ▤ rist 🅃🅅 ☎
  🅟, ⅍ rist
  maggio-settembre – **Pasto** 35000 – **60 cam** ☑ 70/120000 – P 70/110000.

🏨 **Tassoni**, lungomare Marconi 40 ℘ 712530, Fax 710736, 🏊, 🐧, ☞ – 🛗 🅃🅅 ☎ 🅟
  40 cam.

🏨 **Eden**, lungomare Marconi 328 ℘ 714251, Fax 713785, ≤, 🏊, 🐧 – 🛗 ☎ 🅟, 🖪 🄴 𝘝𝘐𝘚𝘈
  maggio-settembre – **Pasto** 34/42000 – ☑ 16000 – **52 cam** 68/115000 – ½ P 68/105000.

🏨 **Doge**, lungomare Marconi 292 ℘ 712508, Fax 711862, ≤, 🏊, 🐧 – 🛗 🅃🅅 ☎ 🅟, 𝘝𝘐𝘚𝘈
  ⅍ rist – *maggio-settembre* – **Pasto** (solo per clienti alloggiati) 25000 – ☑ 8000 – **54 cam**
  65/105000 – P 55/105000.

🏨 **Royal**, lungomare Marconi 208 ℘ 712644, Fax 712645, ≤, 🏊, 🐧 – 🛗 ▤ rist 🅃🅅 ☎ 🅟,
  ⅍ rist – *10 maggio-20 settembre* – **Pasto** 30/40000 – ☑ 15000 – **64 cam** 80/120000 –
  ½ P 70/100000.

🏨 **Riccione**, viale della Vittoria 257 ℘ 712337, Fax 710489, 🏊, 🐧, ⅍ – 🛗 ☎ 🅟, 🄰🄴 🖪 🄴
  𝘝𝘐𝘚𝘈, ⅍ rist
  28 maggio-20 settembre – **Pasto** (solo per clienti alloggiati) 20/25000 – **70 cam** ☑ 95/
  145000 – ½ P 50/95000.

ALBAIRATE 20080 Milano 428 F 8, 219 ⑱ – 3 340 ab. alt. 125 – ✿ 02.

Roma 590 – ◆Milano 23 – Novara 36 – Pavia 37.

XXX **Charlie**, via Pisani Dossi 28 ℘ 9406635, Fax 94920288, Coperti limitati; prenotare – 🅟 –
  🍴 110. 🄰🄴 🖪 ⓪ 🄴 𝘝𝘐𝘚𝘈, ⅍
  chiuso domenica sera, mercoledì, dal 1° al 10 gennaio e dal 7 al 26 agosto – **Pasto**
  carta 64/117000.

ALBANO LAZIALE 00041 Roma 988 ㉖, 430 Q 19 – 31 428 ab. alt. 384 – ✿ 06.

Vedere Villa Comunale★ – Chiesa di Santa Maria della Rotonda★.

🏛 viale Risorgimento 1 ℘ 9384081, Fax 9320040.

Roma 23 – Anzio 33 – Frosinone 75 – Latina 43 – Terracina 77.

🏨 Miralago, via dei Cappuccini 12 (NE : 1,5 km) ℘ 9322253, Fax 9322253, « Servizio rist.
  estivo in giardino », ☞ – 🅃🅅 ☎ 🅟 – **45 cam.**

ALBARELLA (Isola di) Rovigo – Vedere Rosolina.

ALBAVILLA 22031 Como 428 E 9, 219 ⑨ – 5 529 ab. alt. 331 – ✿ 031.

Roma 628 – Como 11 – Lecco 20 – ◆Milano 48 – Varese 38.

XXX ⌘ **Il Cantuccio**, ℘ 628736, Fax 627189, Coperti limitati; prenotare – 🖪 🄴 𝘝𝘐𝘚𝘈, ⅍
  chiuso lunedì, martedì a mezzogiorno ed agosto – **Pasto** carta 61/85000 (10%)
  Spec. Tagliolini con farina di castagne al ragù di capriolo (ottobre-gennaio), Lucioperca con salsa alla senape in grani
  (maggio-luglio), Tortino di gianduia con cioccolato bianco.

ALBENGA 17031 Savona 988 ⑫, 428 J 6 – 21 966 ab. – ✿ 0182. – **Vedere** Città vecchia★.

Roma 589 – Cuneo 109 – ◆Genova 90 – Imperia 34 – ◆Milano 213 – San Remo 57 – Savona 44.

🏛 **Sole e Mare**, lungomare Cristoforo Colombo 15 ℘ 51817, Fax 52752 – 🅃🅅 ☎, 🄰🄴 🖪 ⓪ 🄴
  𝘝𝘐𝘚𝘈, ⅍ *chiuso dal 15 ottobre al 15 novembre* – **Pasto** (solo per clienti alloggiati; *chiuso
  sabato e domenica escluso da maggio a settembre*) 35000 – ☑ 6000 – **26 cam** 80/150000 –
  ½ P 80/120000.

XX **Minisport**, viale Italia 35 ℘ 53458, Specialità di mare – 🄰🄴 🖪 ⓪ 🄴 𝘝𝘐𝘚𝘈 𝗝𝗖𝗕
  chiuso gennaio e mercoledì (escluso da giugno a settembre) – **Pasto** carta 56/86000.

XX **Punta San Martino**, regione San Martino ℘ 51225, ≤, « Servizio estivo in terrazza »,
  ☞ – 🅟, 🄰🄴 🖪 ⓪ 🄴 𝘝𝘐𝘚𝘈
  chiuso lunedì e dal 7 gennaio al 1° marzo – **Pasto** carta 28/62000.

X Cristallo, via Cavalieri di Vittorio Veneto 8 ℘ 50603, Specialità di mare, Coperti limitati;
  prenotare
  Vedere anche : *Zuccarello* NO : 12,5 km.

ALBEROBELLO 70011 Bari 988 ㉙, 431 E 33 – 10 622 ab. alt. 416 – ✿ 080.

Vedere Località★★★ – Trullo Sovrano★.

Roma 502 – ◆Bari 55 – ◆Brindisi 68 – Lecce 106 – Matera 69 – ◆Taranto 45.

🏨 **Dei Trulli** 🏡, via Cadore 32 ℘ 9323555, Fax 9323560, 🌴, « Caratteristiche costruzioni
  indipendenti », 🏊, ☞ – ▤ 🅃🅅 ☎ 🅟 – 🍴 200. 🄰🄴 🖪 🄴 𝘝𝘐𝘚𝘈 𝗝𝗖𝗕, ⅍ rist
  Pasto carta 40/77000 (20%) – ☑ 30000 – 19 appartamenti 220/240000 – ½ P 160/190000.

🏛 **Colle del Sole**, via Indipendenza 63 ℘ 721814, Fax 721370, 🌴 – ☎ ⇦, 🄰🄴 🖪 ⓪ 🄴 𝘝𝘐𝘚𝘈
  ⅍ – **Pasto** carta 20/33000 – ☑ 10000 – **24 cam** 60/70000 – ½ P 55/65000.

XXX ❀ **Il Poeta Contadino,** via Indipendenza 21 ℰ 721917, Fax 721917 – 🔲 🖭 ⓪ 𝘝𝘐𝘚𝘈
chiuso dal 9 al 21 gennaio, dal 26 giugno al 7 luglio, domenica sera e lunedì (escluso dal 7 luglio al 20 settembre e i giorni festivi) – **Pasto** 60/75000 e carta 54/75000
Spec. Sformato di carciofi con crema di pomodoro (gennaio-giugno), Spigola alla "Leonardo", Agnello al rosmarino.

XX **Trullo d'Oro,** via Cavallotti 27 ℰ 9323909, Fax 721820, « Cucina tipica in ambiente caratteristico » – 🔲 🖭 🕃 ⓪ 🄴 𝘝𝘐𝘚𝘈
chiuso lunedì e dal 7 al 31 gennaio – **Pasto** carta 39/64000.

XX **L'Olmo Bello,** via Indipendenza 33 ℰ 9323607, Fax 721991, « In una caratteristica casa colonica a trulli », 🚗 – ⓟ. 🕃 𝘝𝘐𝘚𝘈
chiuso novembre o gennaio e martedì (escluso agosto) – **Pasto** carta 22/45000.

sulla strada statale 172 NO : 4 km :

XX **La Chiusa di Chietri,** ✉ 70011 ℰ 9325481, Fax 9325481, « Grazioso giardino ombreggiato » – 🔲 ⓟ – 🔬 100 a 200. 🖭 🕃 🄴 𝘝𝘐𝘚𝘈. 🞕
chiuso martedì e novembre – **Pasto** carta 38/74000.

ALBIGNASEGO 35020 Padova 𝟰𝟮𝟵 F 17 – 18 075 ab. alt. 11 – ✪ 049.
Roma 487 – ♦Venezia 49 – ♦Ferrara 71 – ♦Padova 7.

sulla strada statale 16 :

🏠 **Master,** SO : 5 km ✉ 35020 ℰ 8629111 – 📳 🍴 📺 ☎ ⓟ. 🕃 🄴 𝘝𝘐𝘚𝘈
Pasto *(chiuso agosto)* carta 28/42000 – ☲ 9000 – **38 cam** 78/106000 – ½ P 90000.

X **La Cicala,** NO : 3 km ✉ 35020 ℰ 684642, 🚪, Specialità di mare – ⓟ. 🖭
Pasto carta 33/51000.

ALBINO 24021 Bergamo 𝟰𝟮𝟴 𝟰𝟮𝟵 E 11 – 15 772 ab. alt. 347 – ✪ 035.
Roma 621 – ♦Bergamo 13 – ♦Brescia 65 – ♦Milano 67.

XX **Angelo Bianco,** via Mazzini 78 ℰ 754255, solo su prenotazione la sera – 🖭 🕃 ⓪ 🄴 𝘝𝘐𝘚𝘈 𝘑𝘊𝘉. 🞕
chiuso domenica, lunedì ed agosto – **Pasto** 25000 (a mezzogiorno) 30/70000 (alla sera) e carta 40/56000.

ALBIONS Bolzano – Vedere Laion.

ALBISANO Verona – Vedere Torri del Benaco.

ALBISSOLA MARINA 17012 Savona 𝟵𝟴𝟴 ⑬, 𝟰𝟮𝟴 J 7 – 5 948 ab. – ✪ 019.
Vedere Parco★ e sala da ballo★ della Villa Faraggiana.
🛈 via dell'Oratorio 2 ℰ 481648.
Roma 541 – ♦Genova 43 – Alessandria 90 – Cuneo 103 – ♦Milano 164 – Savona 4,5 – ♦Torino 146.

Pianta : vedere Savona

🏠 **Garden,** viale Faraggiana 6 ℰ 485253, Fax 485255,, 🛁, 🛋, 🟰 – 📳 🍴 📺 ☎ 🚗 – 🔬 25 a 60. 🖭 🕃 ⓪ 🄴 𝘝𝘐𝘚𝘈. 🞕 rist   CV **b**
chiuso dal 23 al 28 dicembre – **Pasto** carta 35/45000 – **34 cam** ☲ 110/150000 – ½ P 120/135000.

🏠 **Corallo,** via Repetto 116 ℰ 481784, 🚗 – 📺 ☎. 🖭 🕃 ⓪ 🄴 𝘝𝘐𝘚𝘈. 🞕
aprile-novembre – **Pasto** *(chiuso lunedì)* 40/50000 – ☲ 8000 – **20 cam** 90/110000 – ½ P 80/95000.

XX **Al Cambusiere,** via Repetto 86 ℰ 481663, Specialità di mare – 🖭 🕃 ⓪ 🄴 𝘝𝘐𝘚𝘈 𝘑𝘊𝘉. 🞕   CV **a**
chiuso lunedì, dal 15 al 30 gennaio e dal 1° al 15 settembre – **Pasto** carta 40/75000.

XX **Da Mario,** corso Bigliati 70 ℰ 481640 – 🔲. 🖭 🕃 ⓪ 🄴 𝘝𝘐𝘚𝘈   CV **y**
chiuso mercoledì e settembre – **Pasto** carta 40/57000.

ad Albisola Superiore N : 1,5 km – ✉ 17011 :

X **Au Fundegu,** via Spotorno 87 ℰ 480341 – 🖭   CV **e**
chiuso a mezzogiorno (escluso domenica) e mercoledì – **Pasto** carta 41/65000.

ad Albisola Capo E : 2 km : – ✉ 17011

🏠 **Park Hotel,** via Alba Docilia 3 ℰ 482355, Fax 482355 – 🔲 📺 🅿 🚗. 🞕   CV **d**
15 marzo-15 novembre – **Pasto** (solo per clienti alloggiati) – ☲ 15000 – **11 cam** 98/110000 – ½ P 85/90000.

ad Ellera NO : 6 km – ✉ 17040 :

X **Trattoria del Mulino,** ℰ 49043 – 🞕
chiuso martedì – **Pasto** carta 28/48000.

ALBOGASIO Como 𝟮𝟭𝟵 ⑧ – Vedere Valsolda.

ALESSANDRIA 15100 🅿 988 ⑬, 428 H 7 – 90 694 ab. alt. 95 – ✆ 0131.

🔓 Margara (chiuso lunedì e gennaio) a Fubine ✉ 15043 ℘ 778555, Fax 778772, per ④ 17,5 km;

🔓 La Serra (chiuso lunedì) a Valenza ✉ 15048 ℘ 954778, Fax 954778, per ① : 7 km.

🅘 via Savona 26 ℘ 251021, Fax 253656.

A.C.I. corso Cavallotti 19 ℘260553.

Roma 575 ② – ♦Genova 81 ② – ♦Milano 90 ② – Piacenza 94 ② – ♦Torino 91 ④.

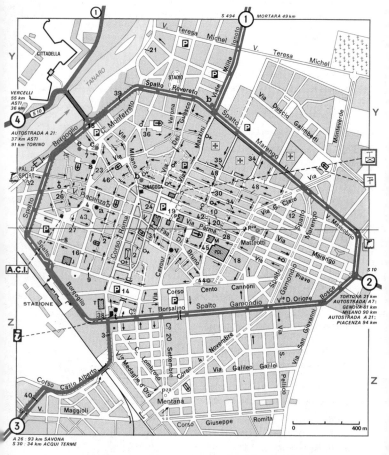

Benutzen Sie die Grünen Michelin-Reiseführer,
wenn Sie eine Stadt oder Region kennenlernen wollen.

🔼 **Alli Due Buoi Rossi,** via Cavour 32 🔗 445252 e rist 🔗 445050, Telex 211397, Fax 445255 –
│⋕│ ▦ 📺 ☎ ⟜ – 🔬 100 – **50 cam.**   Z **v**

🏠 **Domus** senza rist, via Castellani 12 🔗 43305, Fax 232019 – │⋕│ ▦ 📺 ☎. 🅱 ⴺ 𝗩𝗜𝗦𝗔 𝗝𝗖𝗕
⟷ 8000 – **27 cam** 100/160000.   Z **t**

🏠 **Lux** senza rist, via Piacenza 72 🔗 251661, Fax 441091 – │⋕│ ▦ 📺 ☎ ᴄ ⟜ – 🔬 30 a 100.
🅰🅴 🅱 ⓞ ⴺ 𝗩𝗜𝗦𝗔   Y **a**
52 cam ⟷ 110/168000.

🏛 **Europa,** via Palestro 1 🔗 236226, Fax 252498 – │⋕│ ▦ 📺 ☎ ⟜ – 🔬 35. 🅰🅴 🅱 ⓞ ⴺ 𝗩𝗜𝗦𝗔
⋘   Y **s**
Pasto *(chiuso domenica ed agosto)* carta 37/57000 (15%) – ⟷ 14000 – **30 cam** 80/120000.

✕✕ **Il Grappolo,** via Casale 28 🔗 253217 – 🅰🅴 🅱 ⴺ 𝗩𝗜𝗦𝗔. ⋘   Y **e**
chiuso lunedì sera, martedì, dal 15 al 24 gennaio e dal 1° al 21 agosto – **Pasto** carta
43/60000.

✕✕ **La Fermata,** via Casale 3 🔗 251350, prenotare – ▦   Y **c**

✕ **Il Gallo d'Oro,** via Chenna 44 🔗 43160 – 🅱 ⴺ 𝗩𝗜𝗦𝗔. ⋘   Y **b**
chiuso lunedì, dal 7 al 15 gennaio e dal 10 al 25 agosto – **Pasto** carta 25/40000.

ALFONSINE 48011 Ravenna 𝟵𝟴𝟴 ⑲, 𝟰𝟮𝟵 𝟰𝟯𝟬 I 18 – 12 146 ab. alt. 6 – ✪ 0544.
Roma 396 – ♦Ravenna 16 – ♦Bologna 73 – ♦Ferrara 57 – ♦Firenze 133 – Forlì 42 – ♦Milano 283.

✕✕ **Stella** con cam, corso Matteotti 12 🔗 81148 – ▦ rist ☎. 🅰🅴 🅱 ⓞ ⴺ 𝗩𝗜𝗦𝗔. ⋘
chiuso dal 1° al 10 gennaio e dal 7 al 28 agosto – **Pasto** *(chiuso sabato)* carta 23/41000 –
⟷ 8000 – **10 cam** 44/60000.

Benutzen Sie die **Grünen Michelin-Reiseführer.**
wenn Sie eine Stadt oder Region kennenlernen wollen.

ALGHERO Sassari 𝟵𝟴𝟴 ㉝, 𝟰𝟯𝟯 F 6 – Vedere Sardegna alla fine dell'elenco alfabetico.

ALGUND = Lagundo.

ALLEGHE 32022 Belluno 𝟵𝟴𝟴 ⑤, 𝟰𝟮𝟵 C 18 – 1 483 ab. alt. 979 – Sport invernali : 1 000/2 100 m
⚡2 ⚡22, a Caprile ⚡ (vedere anche Zoldo Alto) – ✪ 0437.
Vedere Lago★.
Escursioni Valle del Cordevole★★ Sud per la strada S 203.
🅱 piazza Kennedy 17 🔗 523333, Fax 723881.
Roma 665 – Belluno 48 – ♦Bolzano 84 – Cortina d'Ampezzo 41 – ♦Milano 357 – ♦Venezia 154.

🏠 **Sport Hotel Europa** ⌂, 🔗 523362, Fax 723906, ≼ lago e monti, 𝑓ₛ, ≋ₛ – │⋕│ ⥊ rist 📺
☎ ⟜ 🅿. 🅱 ⴺ 𝗩𝗜𝗦𝗔. ⋘ cam
15 dicembre-aprile e 20 giugno-settembre – **Pasto** *(chiuso mercoledì)* carta 36/48000 –
33 cam ⟷ 110/150000 – ½ P 55/150000.

a Caprile NO : 4 km – ✉ **32023** :

🔼 **Alla Posta,** 🔗 721171, Fax 721677, ≋ₛ, 🔲 – │⋕│ 📺 ☎ ⟜ 🅿. 🅱 ⓞ 𝗩𝗜𝗦𝗔. ⋘
20 dicembre-aprile e 15 giugno-25 settembre – **Pasto** *(chiuso mercoledì)* carta 29/53000 –
⟷ 10000 – **56 cam** 110/180000 – ½ P 60/179000.

🏠 **Monte Civetta,** 🔗 721680 – 📺 ☎ 🅿. 🅰🅴 🅱 ⓞ ⴺ 𝗩𝗜𝗦𝗔. ⋘ rist
dicembre-aprile e giugno-settembre – **Pasto** carta 30/50000 (12%) – **26 cam** ⟷ 70/140000
– ½ P 70/110000.

ALMÈ 24011 Bergamo 𝟰𝟮𝟴 E 10 – 5 785 ab. alt. 289 – ✪ 035.
Roma 610 – ♦Milano 49 – ♦Bergamo 10 – Lecco 26 – San Pellegrino Terme 15.

✕✕✕ ✿ **Frosio,** piazza Unità 1 🔗 541633, prenotare, « In un edificio del 17° secolo; servizio
estivo in giardino » – 🅰🅴 🅱 ⓞ ⴺ 𝗩𝗜𝗦𝗔
chiuso mercoledì e dal 9 al 29 agosto – **Pasto** 35/45000 (a mezzogiorno) 50/60000 (alla sera)
e carta 52/81000
Spec. Fiori di zucchine ripiene d'astice con salsa ai crostacei (maggio-agosto). Ravioli al taleggio (ottobre-gennaio).
Branzino con carciofi (novembre-marzo).

a Paladina SO : 7 km – ✉ **24030** :

✕✕ **Paladina,** via Piave 6 🔗 545603, ⋲ – 🅰🅴 🅱 ⴺ 𝗩𝗜𝗦𝗔
chiuso martedì, mercoledì a mezzogiorno, dal 7 al 17 gennaio ed agosto – **Pasto** carta
28/63000.

ALMENNO SAN SALVATORE 24031 Bergamo 𝟰𝟮𝟴 E 10, 𝟮𝟭𝟵 ⑳ – 5 638 ab. alt. 325 – ✪ 035.
Roma 612 – ♦Milano 54 – ♦Bergamo 11 – Lecco 27 – San Pellegrino Terme 17.

✕ **Palanca,** 🔗 640800, ⋲ – 🅿. 🅰🅴 🅱 ⓞ ⴺ 𝗩𝗜𝗦𝗔
chiuso martedì e luglio – **Pasto** carta 25/40000.

ALPE DI MERA Vercelli 𝟰𝟮𝟴 E 6, 𝟮𝟭𝟵 ⑤ – Vedere Scopello.

ALPE DI SIUSI **(SEISER ALM)** 39040 Bolzano – alt. 1 826 ⁴²⁹ C 16 – Sport invernali : 1 826/2 212 m ✂ 4 ✚ 21, ⬥ – 🅰 0471.

Vedere Posizione pittoresca★★.

🅱 ✆ 727904, Fax 727828.

Roma 674 – ◆Bolzano 23 – Bressanone 28 – ◆Milano 332 – Ortisei 15 – Trento 89.

🏨 **Plaza,** ✆ 727973, Fax 727820, ≼, ⊆s – 🆅 ☎ ⇦ 🅿. 🅱 🅕 𝚅𝙸𝚂𝙰. ⅏ rist
dicembre-aprile e giugno-ottobre – **Pasto** 35/75000 – **39 cam** � 169/262000, 2 apparta-
menti – ½ P 80/164000.

🏨 **Sporthotel Floralpina** ◈, a Saltria ✆ 727907, Fax 727803, ≼ monti e pinete, 🍴, ⊆s, ⬛ riscaldata, 🔲, 🛏, ⅏ – 🆅 ☎ ⇦ 🅿. ⅏ rist
20 dicembre-10 aprile e 8 giugno-12 ottobre – **Pasto** 35000 – **48 cam** solo ½ P 90/150000.

🏨 **Steger Dellai** ◈, ✆ 727964, Fax 727848, ≼, ⬛ in laghetto, 🛏 – ☎ 🅿. 🅴. ⅏ rist
dicembre-aprile e giugno-settembre – **59 cam** solo ½ P 80/140000.

ALPINO Novara ⁴²⁸ E 7, ²¹⁹ ⑤ – alt. 800 – ✉ 28040 Gignese – 🅰 0323.

🦌 (aprile-novembre; chiuso martedì escluso dal 28 giugno al 6 settembre) a Vezzo ✉ 28040 ✆ 20101, Fax 20642, SE : 1,5 km.

Roma 666 – Stresa 9 – ◆Milano 89 – Novara 65 – Orta San Giulio 17 – ◆Torino 141.

🏨 **Alpino Fiorente** ◈, ✆ 20103, Fax 20104, ≼, 🛏 – 📺 🖵 🅿. ⅏
10 giugno-10 settembre – **Pasto** carta 33/58000 – **39 cam** � 65/110000 – ½ P 70/80000.

ALSENO 29010 Piacenza ⁴²⁸ ⁴²⁹ H 11 – 4 573 ab. alt. 79 – 🅰 0523.

Roma 487 – ◆Parma 32 – ◆Milano 93 – Piacenza 29.

a Cortina Vecchia SO : 5 km – ✉ 29010 :

✕✕ ◈ **Da Giovanni,** ✆ 948304, Fax 948355, Coperti limitati; prenotare – 🅿. 🅰🅴 🅱 ⓞ 🅴 𝚅𝙸𝚂𝙰 𝙹𝙲𝙱.
chiuso lunedì sera, martedì, dal 1° al 18 gennaio e dal 15 agosto al 5 settembre – **Pasto** 46/55000 e carta 41/65000
Spec. Patata ripiena con pasta di salame e salsa al tartufo, Pisarei e fasò, Anatra muta disossata e farcita.

ALTAMURA 70022 Bari ⁹⁸⁸ ㉙, ⁴³¹ E 31 – 57 955 ab. alt. 473 – 🅰 080.

Vedere Rosone★ e portale★ della Cattedrale.

Roma 461 – ◆Bari 46 – ◆Brindisi 128 – Matera 19 – Potenza 102 – ◆Taranto 84.

🏨 **San Nicola,** via Luca De Samuele Cagnazzi 29 ✆ 8705199, Fax 844752, « Ricostruzione di un antico palazzo del 1740 » – 🖸 ⅍ cam 🖿 🆅 ☎ 🖰 – 🔬 150. 🅰🅴 🅱 ⓞ 🅴 𝚅𝙸𝚂𝙰 𝙹𝙲𝙱
Pasto *(chiuso domenica sera)* carta 50/86000 – � 18000 – **27 cam** 99/200000, apparta-
mento – ½ P 135/150000.

🏨 **Svevia,** via Matera 2/a ✆ 8712570, Fax 8712677, 🍴 – 🖸 🆅 ☎ 🅿 – 🔬 50. 🅰🅴 🅱 🅴 𝚅𝙸𝚂𝙰. ⅏ rist
Pasto carta 31/40000 – � 8000 – **22 cam** 75/105000 – ½ P 79000.

✕✕ **Del Corso,** corso Federico di Svevia 76 ✆ 841453 – 🖿. 🅰🅴 🅱 🅴 𝚅𝙸𝚂𝙰. ⅏
chiuso mercoledì e dal 15 al 30 luglio – **Pasto** carta 39/62000.

ALTARE 17041 Savona ⁴²⁸ I 7 – 2 444 ab. alt. 397 – 🅰 019.

Roma 567 – ◆Genova 68 – Asti 101 – Cuneo 80 – ◆Milano 191 – Savona 14 – ◆Torino 123.

✕✕ **Quintilio** con cam, ✆ 58000 – 🅰🅴 🅱 𝚅𝙸𝚂𝙰. ⅏
chiuso luglio – **Pasto** *(chiuso domenica sera e lunedì)* carta 36/55000 – � 5000 – **6 cam** 30/66000.

ALTAVILLA VICENTINA 36077 Vicenza ⁴²⁹ F 16 – 7 976 ab. alt. 45 – 🅰 0444.

Roma 541 – ◆Milano 198 – ◆Padova 39 – ◆Venezia 73 – ◆Verona 44 – Vicenza 8.

🏨 **Genziana,** località Selva SO : 2,5 km ✆ 572159, Fax 574310, ≼, ⬛, ⅏ – 🖿 🆅 ☎ 🅿. 🅰🅴 🅱 🅴 𝚅𝙸𝚂𝙰. ⅏
Pasto *(chiuso sabato a mezzogiorno, domenica ed agosto)* carta 32/44000 – � 10000 – **24 cam** 100/135000, 3 appartamenti – ½ P 110000.

ALTE Vicenza – Vedere Montecchio Maggiore.

ALTICHIERO Padova – Vedere Padova.

ALTISSIMO 36070 Vicenza ⁴²⁹ F 15 – 1 844 ab. alt. 672 – 🅰 0444.

Roma 568 – ◆Verona 65 – ◆Milano 218 – Trento 102 – Vicenza 36.

✕✕ ◈ **Casin del Gamba,** strada per Castelvecchio NE : 2,5 km ✆ 687709, Coperti limitati; prenotare – 🅿. 🅰🅴 🅱 🅴 𝚅𝙸𝚂𝙰. ⅏
chiuso domenica sera, lunedì, dal 1° al 15 gennaio e dal 15 al 31 agosto – **Pasto** carta 54/74000
Spec. Filetto di trota all'arancia con ortaggi marinati, Riso al forno con salsa di acetosella (primavera), Filetto di capriolo alle erbe aromatiche (autunno-inverno).

ALTOMONTE 87042 Cosenza 🗺️ H 30 – 4 552 ab. alt. 485 – ✆ 0981.

Vedere Tomba★ di Filippo Sangineto nella Cattedrale – San Ladislao★ di Simone Martini nel museo.

Roma 482 – Castrovillari 38 – ◆Cosenza 71.

🏨 **Barbieri** ⍰, via San Nicola 30 ℰ 948072, Fax 948073, ≼, ⌁, 🌊, 🛎️ – ▤ cam 📺 ☎ ❷ –
🅰 100. 🕮 🗊 ⓞ 🇪 𝘝𝘐𝘚𝘈
Pasto carta 35/63000 – **24 cam** ⌑ 60/110000 – ½ P 70/80000.

ALTOPASCIO 55011 Lucca 🗺️ ⑭, 🗺️ 🗺️ 🗺️ K 14 – 9 962 ab. alt. 19 – ✆ 0583.

Roma 332 – ◆Firenze 57 – Pisa 40 – ◆Livorno 60 – Lucca 18 – ◆Milano 288 – Pistoia 27 – Siena 86.

🏨 **RestHotel Primevère**, località Tei 10 ℰ 216260, Fax 216250 – 🛏️ cam ▤ 📺 ☎ 🕭 ❷ –
🅰 40. 🕮 🗊 ⓞ 🇪 𝘝𝘐𝘚𝘈. 🛇
Pasto 27000 – **52 cam** ⌑ 130/155000.

🏨 **Cavalieri del Tau**, via Gavinana 32 ℰ 25131, Fax 24283, 🎍 – 🛗 ▤ 📺 ☎ ❷. 🗊 🇪 𝘝𝘐𝘚𝘈
🛇
chiuso dal 20 dal 30 dicembre – **Pasto** carta 30/50000 – ⌑ 10000 – **30 cam** 75/110000 –
½ P 80/100000.

ALZANO LOMBARDO 24022 Bergamo 🗺️ 🗺️ E 11 – 11 858 ab. alt. 294 – ✆ 035.

Roma 608 – ◆Bergamo 7 – ◆Brescia 59 – ◆Milano 54.

✗✗✗ **Al Catenone** con cam, ℰ 516134, prenotare – 🕮 🗊 ⓞ 🇪 𝘝𝘐𝘚𝘈
chiuso dal 1° al 15 gennaio e dal 20 luglio al 20 agosto – **Pasto** (chiuso domenica sera
e lunedì) carta 49/71000 – ⌑ 5000 – **8 cam** 46/60000 – ½ P 75000.

a Ranica S : 1 km – ✉ 24020 :

✗✗ **Vinicio**, via Gavazzeni 5 ℰ 512318, Fax 512318, prenotare – ▤. 🕮 🗊 ⓞ 🇪 𝘝𝘐𝘚𝘈. 🛇
chiuso domenica ed agosto – **Pasto** carta 41/59000.

Usate le carte Michelin 🗺️, 🗺️, 🗺️, 🗺️, 🗺️, 🗺️
per programmare agevolmente i vostri viaggi in Italia.

ALZATE BRIANZA 22040 Como 🗺️ E 9, 🗺️ ⑲ – 3 985 ab. alt. 371 – ✆ 031.

Roma 621 – Como 10 – ◆Bergamo 46 – ◆Milano 42.

🏨 **Villa Odescalchi** ⍰, ℰ 630822, Fax 632079, « Villa del 17° secolo in un parco », ╚ᴓ, ⩯,
⌁, ⧄, – 🛗 ▤ 📺 ☎ 🕭 ❷ – 🅰 30 a 300. 🕮 🗊 ⓞ 🇪 𝘝𝘐𝘚𝘈. 🛇 rist
Pasto (chiuso martedì) carta 49/75000 – **64 cam** ⌑ 150/220000 – ½ P 175/190000.

AMALFI 84011 Salerno 🗺️ ㉗, 🗺️ F 25 – 5 594 ab. – a.s. Pasqua, giugno-settembre e Natale –
✆ 089.

Vedere Posizione e cornice pittoresche★★★ – Duomodi Sant'Andrea★ : chiostro del Para-
diso★★ – Vie★ Genova e Capuano.

Dintorni Atrani★ E : 1 km – Ravello★★★ NE : 6 km – Grotta dello Smeraldo★★ O : 5 km –
Vallone di Furore★★ O : 7 km.

🖪 corso delle Repubbliche Marinare 19/21 ℰ 871107, Fax 872619.

Roma 272 – ◆Napoli 70 – Avellino 61 – Caserta 85 – Salerno 25 – Sorrento 34.

🏨 **Santa Caterina** ⍰, ℰ 871012, Telex 770093, Fax 871351, ≼ golfo, 🎍, « Terrazze
fiorite digradanti sul mare con ascensori per la spiaggia », ⌁, ▵ₒ – 🛗 ▤ 📺 ☎ ⟷ ❷ –
🅰 50. 🕮 🗊 ⓞ 🇪 𝘝𝘐𝘚𝘈. 🛇
Pasto 70/85000 – **70 cam** ⌑ 400/480000, 12 appartamenti – ½ P 200/280000.

🏨 **Luna Convento,** ℰ 871002, Fax 871333, ≼ Golfo, « Soggiorno in un chiostro del
13° secolo », ⧄, – 📺 ☎ ⟷, 🕮 🗊 ⓞ 🇪 𝘝𝘐𝘚𝘈 𝘫𝘤𝘣. 🛇
Pasto 60/70000 – ⌑ 20000 – **45 cam** 190000, 2 appartamenti – ½ P 160/170000.

🏨 **Marina Riviera** senza rist, ℰ 871104, Fax 871024, ≼ Golfo – ☎. 🕮 🗊 🇪 𝘝𝘐𝘚𝘈
Pasqua-ottobre – ⌑ 10000 – **20 cam** 90/130000.

🏨 **Residence** senza rist, ℰ 871183, Fax 873070, ≼ – 🛗 ☎. 🕮 🗊 🇪 𝘝𝘐𝘚𝘈. 🛇
aprile-ottobre – ⌑ 10000 – **27 cam** 100/130000.

🏨 **Dei Cavalieri,** ℰ 831333, Telex 770073, Fax 831354, ≼ Amalfi e golfo, 🎍 – 🛗 ▤ ☎ ❷.
🕮 🗊 ⓞ 🇪 𝘝𝘐𝘚𝘈
Pasto (solo per clienti alloggiati) 20/30000 – ⌑ 20000 – **60 cam** 120000, ▤ 10000.

🏨 **Aurora** senza rist, ℰ 871209, Fax 872980, ≼, 🌊 – 🛗 ☎ ⟷ ❷. 🕮 🗊 ⓞ 🇪 𝘝𝘐𝘚𝘈. 🛇
aprile-15 ottobre – ⌑ 20000 – **29 cam** 125/142000.

✗✗ **La Caravella,** ℰ 871029 – ▤. 🕮 🗊 🇪 𝘝𝘐𝘚𝘈. 🛇
chiuso dal 10 al 30 novembre e martedì (escluso luglio-agosto) – **Pasto** carta 45/
68000.

✗ **Lo Smeraldino,** ℰ 871070, ≼, 🎍, Rist. e pizzeria – ❷. 🕮 🗊 ⓞ 🇪 𝘝𝘐𝘚𝘈. 🛇
chiuso dal 7 gennaio al 7 febbraio e mercoledì (escluso da giugno a settembre) – **Pasto**
carta 33/66000 (10%).

✗ Da Ciccio Cielo-Mare-Terra, O : 3 km ℰ 831265, ≼ mare e costa – ❷

X **La Taverna del Doge,** ℰ 872303, Fax 872303 – 𝗔𝗘 𝗦 ⑩ 𝗘 𝘝𝘐𝘚𝘈
chiuso dal 20 novembre al 20 dicembre e lunedì (escluso da luglio a settembre) – **Pasto**
carta 34/65000.

X **Il Tarì,** ℰ 871832 – 𝗔𝗘 𝗦 𝘝𝘐𝘚𝘈
chiuso dal 5 novembre al 5 dicembre e martedì (escluso dal 15 giugno al 15 settembre) –
Pasto carta 31/68000 (10%).

AMANDOLA **63021** Ascoli Piceno 𝟿𝟪𝟪 ⑯, 𝟺𝟹𝟶 N 22 – 4 002 ab. alt. 550 – ✆ 0736.
Roma 215 – ◆Ancona 109 – Ascoli Piceno 42 – Macerata 50 – Porto San Giorgio 56.

🏨 **Paradiso** 🕭, ℰ 847468, ≼, 😚, 🖼, ✵ – ▯ ☎ ❷
40 cam.

AMANTEA **87032** Cosenza 𝟿𝟪𝟪 ㊴, 𝟺𝟹𝟷 J 30 – 11 919 ab. – ✆ 0982.
Roma 514 – Catanzaro 67 – ◆Cosenza 43 – ◆Reggio di Calabria 160.

🏨 **Palmar,** S : 1,5 km ℰ 41673, Fax 42043, 🐾, ✵ – ▯ 🍽 🚗 ❷ – 🔥 200. 𝗔𝗘 𝗦 ⑩ 𝗘 𝘝𝘐𝘚𝘈.
✵
Pasto *(chiuso lunedì)* carta 31/52000 – ⊠ 6000 – **39 cam** 80/100000 – ½ P 75/85000.

🏨 **Mediterraneo,** via Dogana 64 ℰ 426364, Fax 426247, 🚤 – ▯ 🖃 📺 ☎ & ❷
31 cam.

a Corica S : 4 km – ✉ **87032** Amantea :

🏨 **Mare Blu,** ℰ 46296, Fax 46507, ≼, 🐾 – 🖃 📺 ☎ 🚗 ❷. 𝗦 𝗘 𝘝𝘐𝘚𝘈. ✵ rist
Pasto carta 33/56000 – **26 cam** ⊠ 50/70000 – ½ P 50/700000.

AMATRICE **02012** Rieti 𝟿𝟪𝟪 ㉘, 𝟺𝟹𝟶 O 21 – 3 042 ab. alt. 955 – ✆ 0746.
Roma 144 – L'Aquila 75 – Ascoli Piceno 57 – Rieti 66 – Terni 91.

🏨 **Roma,** ℰ 85777, Fax 85779, ≼ – ▯ 📺 🚗 🚗 ❷. 𝗔𝗘 𝗦 ⑩ 𝗘 𝘝𝘐𝘚𝘈
Pasto *(chiuso giovedì)* carta 28/37000 – ⊠ 5000 – **30 cam** 55/95000 – ½ P 70/80000.

X **Lo Scoiattolo,** S : 1,5 km ℰ 85086, ≼, 😚, « Laghetto con pesca sportiva », 🏋, 🏊, 🖼
– ❷. ✵
chiuso lunedì escluso da luglio a settembre – **Pasto** carta 31/43000.

AMBIVERE **24030** Bergamo 𝟸𝟷𝟿 ⑳ – 2 059 ab. alt. 261 – ✆ 035.
Roma 607 – ◆Milano 49 – ◆Bergamo 6 – ◆Brescia 58.

XX **Antica Osteria dei Camelì,** ℰ 908000, 😚, solo su prenotazione – ❷. 𝗔𝗘 𝗦 𝗘 𝘝𝘐𝘚𝘈. ✵
chiuso lunedì, martedì sera, dal 28 dicembre al 3 gennaio e dal 10 al 28 agosto – **Pasto**
carta 50/78000.

AMBRIA Bergamo – Vedere Zogno.

AMEGLIA **19031** La Spezia 𝟺𝟸𝟾 𝟺𝟸𝟿 𝟺𝟹𝟶 J 11 – 4 194 ab. alt. 80 – ✆ 0187.
Roma 400 – ◆Genova 107 – Massa 17 – ◆Milano 224 – Pisa 57 – ◆La Spezia 16.

🏨🏨 ✲ **Paracucchi-Locanda dell'Angelo** 🕭, SE : 4,5 km strada provinciale Sarzana-
Marinella ℰ 64391, Fax 64393, prenotare, 🖼 – ↳ cam 🖃 ☎ ❷ – 🔥 250. 𝗔𝗘 𝗦 ⑩ 𝗘
𝘝𝘐𝘚𝘈. ✵
Pasto *(chiuso dal 7 al 28 gennaio e lunedì escluso dal 15 luglio al 15 settembre)* carta 74/
117000 – ⊠ 21000 – **37 cam** 75/151000 – ½ P 140000.
Spec. Guazzetto di aragosta, Tagliolini ai crostacei, Tempura di scampi.

a Montemarcello S : 5,5 km – ✉ **19030** :

🏨 **Il Gabbiano** 🕭, ℰ 600066, « Servizio rist. estivo in terrazza con ≼ », 🖼 – ❷. 𝗦 𝗘 𝘝𝘐𝘚𝘈.
✵ cam
giugno-settembre – **Pasto** carta 36/74000 – ⊠ 20000 – **11 cam** 80/100000 – ½ P 90/100000.

AMELIA **05022** Terni 𝟿𝟪𝟪 ㉕ ㉖, 𝟺𝟹𝟶 O 19 – 11 201 ab. alt. 406 – ✆ 0744.
🖪 via Orvieto 1 ℰ 981453, Fax 981566.
Roma 93 – ◆Perugia 92 – Terni 24 – Viterbo 42.

🏨 **Scoglio dell'Aquilone** 🕭, O : 2 km ℰ 982445, Fax 983025, ≼, 🖼 – ▯ 🖃 📺 ☎ ❷. 𝗔𝗘 𝗦
𝗘 𝘝𝘐𝘚𝘈. ✵
Pasto *(chiuso martedì)* carta 30/45000 – ⊠ 9000 – **38 cam** 60/90000 – ½ P 80000.

ANACAPRI Napoli 𝟺𝟹𝟷 F 24 – Vedere Capri (Isola di).

ANAGNI **03012** Frosinone 𝟿𝟪𝟪 ㉖, 𝟺𝟹𝟶 Q 21 – 19 313 ab. alt. 460 – ✆ 0775.
Roma 65 – Anzio 78 – Avezzano 106 – Frosinone 30 – Rieti 131 – Tivoli 60.

🏨 **Villa la Floridiana,** strada statale Casilina km 63,700 ℰ 767845, Fax 767845 – ▯ 🖃 📺 ☎
❷. 𝗔𝗘 𝗦 ⑩ 𝗘 𝘝𝘐𝘚𝘈. ✵
chiuso agosto – **Pasto** *(chiuso domenica sera e lunedì a mezzogiorno)* carta 31/69000 –
⊠ 10000 – **9 cam** 100/150000, 🖃 10000 – ½ P 110/130000.

Vedere Duomo di San Ciriaco★ AY – Loggia dei Mercanti★ AZ **F** – Chiesa di Santa Maria della Piazza★ AZ **B**.

🕤₈ e 🕤₉ Conero (chiuso lunedì e dal 15 gennaio al 15 febbraio) a Sirolo ⊠ 60020 ℰ 7360613, Fax 7360380, per ① : 12 km. – ✈ di Falconara per ③ : 13 km ℰ 204016, Fax 2070096 – Alitalia, piazza Roma 21 ⊠ 60121 ℰ 2075892.

🚄 Stazione Ferrovie Stato ⊠ 60126 ℰ 41703 – via Thaon de Revel 4 ⊠ 60124 ℰ 33249, Fax 31966.

A.C.I. corso Stamira 78 ⊠ 60122 ℰ 55335.

Roma 319 ③ – ◆Firenze 263 ③ – ◆Milano 426 ③ – ◆Perugia 166 ③ – ◆Pescara 156 ② – ◆Ravenna 161 ③.

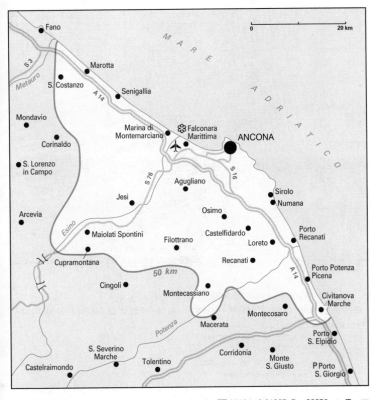

🏨 **Gd H. Passetto** senza rist, via Thaon de Revel 1 ⊠ 60124 ℰ 31307, Fax 32856, ≤, 🔼 – 🛗
　🗏 📺 ☎ 🚗 🅿 – 🔬 45 a 150. 🆎 🕄 ⑩ 🗲 🎟 CZ **d**
　🖨 18000 – **45 cam** 145/250000.

🏨 **Jolly,** rupi di via 29 Settembre 14 ⊠ 60122 ℰ 201171, Telex 560343, Fax 206823, ≤ – 🛗
　🗏 📺 ☎ 🚗 – 🔬 180. 🆎 🕄 ⑩ 🗲 🎟 ⅏ AZ **a**
　Pasto 50/70000 – **89 cam** 🖨 185/220000 – ½P 160/250000.

🏨 **Gd H. Palace** senza rist, lungomare Vanvitelli 24 ⊠ 60121 ℰ 201813, Fax 2074832 – 🛗
　🗏 📺 ☎ 🚗 – 🔬 30 a 100. 🆎 🕄 ⑩ 🗲 🎟 AY **k**
　chiuso dal 22 dicembre al 7 gennaio – 🖨 20000 – **40 cam** 130/230000, appartamento.

🏨 **Fortuna** senza rist, piazza Rosselli 15 ⊠ 60126 ℰ 42663, Telex 561286, Fax 42662 – 🛗 🕄
　📺 ☎. 🆎 🕄 ⑩ 🗲 🎟 CY **a**

🍴🍴🍴 **Passetto,** piazza 4 Novembre ⊠ 60124 ℰ 33214, ≤, « Servizio estivo in terrazza » – 🗏
　– 🔬 40. 🆎 🕄 ⑩ 🗲 🎟 ⅏ CZ **a**
　chiuso mercoledì e dal 10 al 23 agosto – **Pasto** carta 43/65000 (13%).

🍴🍴 **La Moretta,** piazza Plebiscito 52 ⊠ 60122 ℰ 202317, 🌫 – 🆎 🕄 ⑩ 🗲 🎟 AZ **n**
　chiuso domenica, dal 27 dicembre al 7 gennaio e dal 13 al 18 agosto – **Pasto** carta 40/50000
　(10%).

🍴 **Trattoria 13 Cannelle,** corso Mazzini 108 ⊠ 60121 ℰ 206012 – 🆎 🕄 ⑩ 🗲 🎟. ⅏
　chiuso domenica e dal 10 al 20 settembre – **Pasto** carta 32/47000. AZ **c**

ANCONA

a Torrette per ③ : 4 km – ⊠ 60020 :

🏨 **Sporting** senza rist, ℰ 888294, Fax 888813 – 📱 ⇖ 🔲 📺 ☎ 📵 – 🛦 30 a 300. 🖭 🖪 ⑩ 🖻 𝓥𝓘𝓢𝓐
100 cam ⊊ 125/170000.

🗙🗙 **Carloni,** ℰ 888239 – 🖭 🖪 ⑩ 🖻 𝓥𝓘𝓢𝓐
chiuso lunedì – **Pasto** carta 32/54000 (10%).

a Portonovo per ① : 12 km – ⊠ 60020.
Vedere Chiesa di Santa Maria★.

🏨 **Fortino Napoleonico** 📎, ℰ 801124, Fax 801314, 🍴, « In una fortezza ottocentesca »,
🏖, 🛬 – 🔲 📺 ☎ ♿ 📵 🖭 🖪 ⑩ 🖻 𝓥𝓘𝓢𝓐 🗾 🗙 rist
Pasto (prenotare) carta 55/80000 (15%) – ⊊ 15000 – **26 cam** 180/230000, 4 appartamenti –
½ P 170/190000.

🏨 **Emilia** 📎, in collina O : 2 km ℰ 801145, Fax 801330, ≤ mare, 🍴, « Collezione di quadri
d'arte moderna », 🏊, 🛬, 🗙 – 📱 🔲 cam 📺 ☎ ♿ 📵 – 🛦 30. 🖭 🖪 ⑩ 🖻 𝓥𝓘𝓢𝓐
Pasto carta 56/84000 – **27 cam** ⊊ 200000, 4 appartamenti – ½ P 100/170000.

🏨 **Internazionale** 📎, ℰ 801001, Fax 801082, ≤ mare e costa, 🛬 – 🔲 📺 ☎ 📵 – 🛦 80. 🖭
🖪 ⑩ 🖻 𝓥𝓘𝓢𝓐 🗙
Pasto carta 45/64000 – ⊊ 8000 – **25 cam** 100/140000 – ½ P 100/120000.

MICHELIN, strada statale 16 - Adriatica km 307, località Baraccola CY - ⊠ 60131, ℰ 2865333,
Fax 2872085.

Gli alberghi o ristoranti ameni sono indicati nella guida
con un simbolo rosso.

Contribuite a mantenere
la guida aggiornata segnalandoci
gli alberghi ed i ristoranti dove avete soggiornato piacevolmente.

🏨🏨🏨 ... 🏠,

🗙🗙🗙🗙 ... 🗙

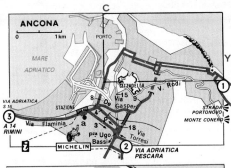

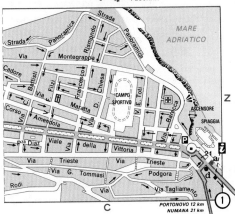

ANDALO 38010 Trento 988 ④, 428 429 D 15 –
989 ab. alt. 1 050 – a.s. febbraio, Pasqua e Natale – Sport invernali : 1 050/2 200 m ≤1 ≤11, ≮ (vedere anche Fai della Paganella e Molveno) – ✆ 0461.

Dintorni ※★★ dal Monte Paganella 30 mn di funivia.

🛈 piazza Paganella 2 ☎ 585836, Fax 585570.

Roma 625 – ♦Bolzano 60 – ♦Milano 214 – Riva del Garda 48 – Trento 38.

🏨 **Piccolo Hotel** ⑤, ☎ 585710, Fax 585436, ≤ gruppo di Brenta – 🛗 📺 ☎ 🚗 🅿. 🖭 🛃 ① E VISA. ※
20 dicembre-20 aprile e 15 giugno-16 settembre – **Pasto** carta 32/42000 – ☲ 13000 – **24 cam** 87/130000, 5 appartamenti – ½ P 70/103000.

🏨 **Dal Bon** ⑤, ☎ 585839, Fax 585910, ≤ – 🛗 ☎ 🅿. VISA. ※
20 dicembre-15 aprile e 10 giugno-20 settembre – **Pasto** (solo per clienti alloggiati) – **30 cam** ☲ 78/112000 – ½ P 78/106000.

🏨 **Maria,** ☎ 585828, Fax 585855 – 🛗 📺 ☎ 👌 🅿 – 🛢 150. 🖭 🛃 VISA. ※
Pasto 20/60000 – ☲ 20000 – **70 cam** 80/180000 – ½ P 70/180000.

🏨 **Continental** ⑤, ☎ 585689, ≤ – 🛗 ☎ 🅿. 🖭. ※
chiuso da novembre al 20 dicembre – **Pasto** 18/22000 – **27 cam** ☲ 122/220000 – ½ P 63/98000.

🏨 **Bass,** ☎ 585560, Fax 585482, ≤ – 🛗 🍴 rist 📺 ☎ 🚗 🅿. 🖭 🛃 E VISA. ※
dicembre-20 aprile e luglio-settembre – **Pasto** (solo per clienti alloggiati) 25000 – ☲ 10000 – **20 cam** 120000 – ½ P 75/105000.

🏨 **Cristallo,** ☎ 585744, Fax 585970, ≤ – 🛗 📺 ☎ 🅿. 🖭 🛃 VISA. ※
dicembre-23 aprile e 15 giugno-15 settembre – **Pasto** carta 25/38000 – ☲ 9000 – **31 cam** 65/120000 – ½ P 70/91000.

🏨 **Alaska,** ☎ 585631, ≤ – 🛗 ☎ 🚗 🅿. ※
dicembre-marzo e 15 giugno-10 settembre – **Pasto** (solo per clienti alloggiati) 22000 – ☲ 8000 – **26 cam** 100/120000 – ½ P 60/90000.

🏨 **Olimpia,** ☎ 585715, ≤, 🚿 – 🛗 📺 ☎ 🚗 🅿. ※
15 dicembre-22 aprile e 20 giugno-15 settembre – **Pasto** (solo per clienti alloggiati) 24/28000 – ☲ 14000 – **27 cam** 65/105000 – ½ P 60/85000.

🏨 **Serena,** ☎ 585727, Fax 585702, ≤ – 🛗 📺 ☎ 🚗 🅿. 🖭 🛃 ① E VISA. ※
20 dicembre-22 aprile e 15 giugno-15 settembre – **Pasto** (solo per clienti alloggiati) 26000 – ☲ 10000 – **33 cam** 58/84000 – ½ P 80000.

🏨 **Ambiez,** ☎ 585556, Fax 585343 – 🛗 🅿. ※
20 dicembre-Pasqua e 15 giugno-15 settembre – **Pasto** (solo per clienti alloggiati) 20/28000 – **26 cam** ☲ 110/200000 – P 75/100000.

✕✕ Orso Grigio, ☎ 585760

ANDORA 17020 Savona 428 K 6 – 6 582 ab. – ✪ 0182.

🖪 via Fontana 1 ☎ 85796, Fax 85797.

Roma 601 – ◆Genova 102 – Imperia 16 – ◆Milano 225 – Savona 56 – Ventimiglia 63.

🏨 **Liliana,** via del Poggio 23 ☎ 85083, Fax 684694, ♨ – ➟ 📺 ☎ ♿, ➡️. ᴁ 🕄 E VISA. ⦿
chiuso dal 20 ottobre al 20 dicembre – **Pasto** 30/45000 – ☲ 12000 – **38 cam** 60/90000,
8 appartamenti – ½ P 53/82000.

🏨 **Moresco,** via Aurelia 96 ☎ 89141, Fax 85414, ≤ – ➟ ☰ rist 📺 ☎. ᴁ 🕄 ⓪ E VISA. ⦿ rist
chiuso da novembre al 22 dicembre – **Pasto** (solo per clienti alloggiati) 32/38000 – ☲ 11000
– **35 cam** 105000 – ½ P 60/97000.

🏨 **Garden,** via Aurelia 60 ☎ 87653, Fax 88678 – 📺 ☎ ⓟ. ᴁ 🕄 ⓪ E VISA. ⦿ rist
chiuso da ottobre al 26 dicembre – **Pasto** 35000 – ☲ 9000 – **16 cam** 80/100000 –
½ P 59/90000.

XX **Rocce di Pinamare,** via Aurelia 39 ☎ 85223, Fax 684478, ≤, ㈜, « Terrazze fiorite sul
mare », ▲≈ – ⓟ. ᴁ 🕄 ⓪ E VISA
chiuso mercoledì e novembre – **Pasto** carta 60/80000.

XX **La Casa del Priore,** via Castello 34 (N : 2 km) ☎ 87330, ≤, prenotare, « Ambiente
caratteristico » – ⓟ
chiuso a mezzogiorno (escluso i giorni festivi), lunedì e dal 15 gennaio al 15 febbraio – **Pasto**
80000 e alla **Brasserie** carta 78/108000.

XX **Pan de Cà,** via Conna 13 (N : 4 km) ☎ 80290, ㈜ – ⓟ
chiuso dal 15 ottobre a novembre e martedì da dicembre a maggio – **Pasto** 40000 bc.

Sono utili complementi di questa guida, per i viaggi in ITALIA :
– La carta stradale Michelin n° 988 in scala 1/1 000 000.
– Le carte 428, 429, 430, 431, 432, 433 in scala 1/400 000.
– Le guide Verdi turistiche Michelin "Italia" e "Roma" :
itinerari regionali,
musei, chiese,
monumenti e bellezze artistiche.

ANDRIA 70031 Bari 988 ㉘, 431 D 30 – 90 168 ab. alt. 151 – ✪ 0883.

Roma 399 – ◆Bari 57 – Barletta 12 – ◆Foggia 82 – Matera 78 – Potenza 119.

🏨 **Cristal Palace Hotel,** via Firenze 35/a ☎ 556444 e rist ☎ 550260, Fax 556444, ♨, ≋,
▨ – ➟ ☰ 📺 ☎ ➡️ – 🔏 150. ᴁ 🕄 ⓪ E VISA. ⦿ rist
Pasto al Rist. (chiuso domenica sera, lunedì e dal 1° al 20 agosto) carta 44/76000
(10%) – **40 cam** ☲ 120/180000.

🏨 **L'Ottagono,** strada statale 170 N : 1 km ☎ 557888, Fax 556098, ⦿ – ➟ ☰ 📺 ☎ ⓟ –
🔏 100 a 250. ᴁ 🕄 ⓪ E VISA ⦿ rist
Pasto carta 40/50000 – **25 cam** ☲ 110/160000 – ½ P 135000.

XX **La Siepe,** via Bonomo 97/b ☎ 594413 – ☰. ᴁ 🕄 ⓪ E VISA. ⦿
chiuso venerdì (escluso i giorni festivi) e dal 20 luglio al 20 agosto – **Pasto** carta 27/44000.

ANGERA 21021 Varese 988 ②, 428 E 7 – 5 384 ab. alt. 205 – ✪ 0331.

Vedere Affreschi dei maestri lombardi★★ e Museo della Bambola★ nella Rocca.

Roma 640 – Stresa 34 – ◆Milano 63 – Novara 47 – Varese 31.

🏨 **Dei Tigli,** via Paletta 20 ☎ 930836, Fax 960333 – ➟ 📺 ☎. ᴁ 🕄 ⓪ E VISA. ⦿ rist
chiuso dal 19 dicembre al 18 gennaio – **Pasto** (giugno-settembre; chiuso a mezzogiorno e
solo per clienti alloggiati) carta 36/56000 – ☲ 13000 – **28 cam** 90/130000 – ½ P 100/
120000.

XX **Del Porto,** ☎ 930490, ㈜ – ᴁ 🕄 ⓪ E VISA. ⦿
chiuso martedì sera, mercoledì e dal 10 gennaio al 10 febbraio – **Pasto** carta 43/81000
(10%).

ANGHIARI 52031 Arezzo 430 L 18 – 5 867 ab. alt. 429 – ✪ 0575.

Roma 242 – ◆Perugia 68 – Arezzo 28 – ◆ Firenze 105 – Sansepolcro 8.

🏨 **Oliver,** via della Battaglia 14 ☎ 789933, Fax 789944, ♨ – ➟ ☰ 📺 ☎ ⓟ – 🔏 180. 🕄 E
VISA. ⦿
Pasto 20/28000 – ☲ 7000 – **32 cam** 50/80000 – ½ P 70/75000.

🏨 **La Meridiana,** piazza 4 Novembre 8 ☎ 788365, Fax 788102 – ➟ 📺 ☎. ᴁ 🕄 ⓪ E VISA
Pasto 24/28000 – ☲ 7000 – **22 cam** 38/70000 – ½ P 51000.

ANGOLO TERME 25040 Brescia 428 429 E 12 – 2 507 ab. alt. 420 – a.s. luglio-settembre –
✪ 0364.

Roma 618 – ◆Brescia 60 – ◆Bergamo 55 – ◆Bolzano 174 – Edolo 48 – ◆Milano 100.

🏨 **Terme,** ☎ 548066, Fax 548666, ≤ – ➟ 📺 ☎ ♿ ➡️ ⓟ. ⦿ rist
aprile-ottobre – **Pasto** carta 24/39000 – ☲ 8000 – **80 cam** 55/85000 – ½ P 48/72000.

ANGUILLARA SABAZIA 00061 Roma 🔢 P 18 – 10 125 ab. alt. 175 – ✪ 06.

Roma 39 – Civitavecchia 59 – Terni 90 – Viterbo 59.

※ **Da Zaira**, ℰ 9968082, ≼, 🍽 – 🅿. 🆎 ⓄⒹ. ✼
chiuso martedì e dal 20 dicembre al 10 gennaio – **Pasto** carta 31/59000 (10%).

※ **Il Grottino da Norina**, ℰ 9968181, Ambiente caratteristico in grottino di tufo – 🆎 🅱 🇪 🆅🅸🆂🅰
chiuso lunedì sera, mercoledì, dal 24 dicembre al 2 gennaio e dal 20 agosto al 10 settembre
– **Pasto** carta 34/45000.

a Vigna di Valle SO : 5,5 km – ✉ 00062 :

🏛 **Corte de' Principi** ⍊, ℰ 9969929, Fax 9968440 – 📺 ☎ 🅿. 🆎 🅱 Ⓞ 🇪 🆅🅸🆂🅰. ✼
Pasto *(chiuso mercoledì)* carta 34/53000 – **14 cam** ⊑ 110/130000, 20 appartamenti –
½ P 120000.

ANITA 44010 Ferrara 🔢 🔢 I 18 – alt. 3 – ✪ 0532.

Roma 403 – ♦Ravenna 23 – ♦Bologna 78 – ♦Ferrara 64 – ♦Milano 291.

※ **Spaventapasseri**, ℰ 801220 – 🅿. 🆎 🅱 Ⓞ 🆅🅸🆂🅰. ✼
chiuso dal 10 al 31 gennaio e mercoledì *(escluso luglio-agosto)* – **Pasto** carta 25/40000.

ANNONE (Lago di) Lecco 🔢 E 10, 🔢 ⑨ – Vedere Oggiono.

ANTAGNOD Aosta 🔢 E 5, 🔢 ④ – Vedere Ayas.

ANTERSELVA **(ANTHOLZ)** Bolzano 🔢 ⑤, 🔢 B 18 – Vedere Rasun Anterselva.

ANTEY SAINT ANDRÉ 11020 Aosta 🔢 E 4, 🔢 ③ – 511 ab. alt. 1 080 – a.s. Pasqua, luglio-
agosto e Natale – ✪ 0166.

🛈 località Grand Moulin ℰ 48266, Fax 48388.

Roma 729 – Aosta 33 – Breuil-Cervinia 20 – ♦Milano 167 – ♦Torino 96.

🏛 **Filey**, località Filey ℰ 548212, Fax 548582, ≼, 🍽 – 📺 ☎ 🚗 🅿. ✼
chiuso dall'11 settembre al 21 dicembre – **Pasto** *(chiuso martedì)* carta 40/57000 – ⊑ 12000
– **39 cam** 60/120000 – ½ P 85/105000.

🏛 **La Grolla**, località Filey ℰ 548277, ≼, 🍽 – 🅿. ✼ rist
20 dicembre-aprile e giugno-15 settembre – **Pasto** carta 35/48000 – ⊑ 6000 – **12 cam**
90000 – ½ P 80000.

🏛 **Des Roses**, località Poutaz ℰ 548527, ≼, 🍽 – ☎ 🚗 🅿. ✼ rist
6 dicembre-5 maggio e 25 giugno-20 settembre – **Pasto** 25/30000 – ⊑ 8000 – **21 cam**
56/83000 – ½ P 65/80000.

Vedere anche : *Torgnon* O : 7 km.
La Magdeleine E : 8 km.

ANTIGNANO Livorno 🔢 🔢 L 12 – Vedere Livorno.

ANZIO 00042 Roma 🔢 ㉖, 🔢 R 19 – 33 787 ab. – ✪ 06.
Vedere Guida Verde.

🛎 (chiuso mercoledì) a Nettuno ✉ 00048 ℰ 9819419, Fax 9819419, E : 4 km.

🚢 per Ponza 15 giugno-15 settembre giornalieri (2 h 30 mn) – Caremar-agenzia La Goletta,
via Calafati 5 ℰ 9830804, Fax 9846291.

🚢 per Ponza giornalieri (1 h 10 mn) – Agenzia Helios, via Porto Innocenziano 18 ℰ 9845085,
Telex 613086, Fax 9845097.

🛈 riviera Zanardelli 3/5 ℰ 9846119, Fax 9848135.

Roma 52 – Frosinone 81 – Latina 25 – Ostia Antica 49.

🏛 **Lido Garda**, piazza Caboto 8 ℰ 9870354, Fax 9865386, ≼, ⅃, 🐾, 🍽 – 📳 ☎ –
⚖ 30 a 300. 🆎 🅱 Ⓞ 🇪 🆅🅸🆂🅰. ✼ rist
marzo-ottobre – **Pasto** 45000 – **42 cam** ⊑ 100/125000 – ½ P 80/125000.

✕✕ **All'Antica Darsena**, piazza Sant'Antonio 1 ℰ 9845146, ≼ – 🆎 🅱 🇪 🆅🅸🆂🅰
chiuso lunedì e dal 20 dicembre al 10 gennaio – **Pasto** carta 38/58000 (10%).

※ **Trattoria Pierino**, piazza Cesare Battisti 3 ℰ 9845683, 🍽 – 🆎 🅱 Ⓞ 🇪 🆅🅸🆂🅰. ✼
chiuso dal 15 al 30 gennaio, dal 1° al 15 ottobre, lunedì e da luglio a settembre anche a
mezzogiorno *(escluso sabato-domenica)* – **Pasto** carta 45/60000.

a Lavinio Lido di Enea NO : 8 km – ✉ 00040 – a.s. 15 giugno-agosto :

🏛 **Succi** ⍊, località Tor Materno ℰ 9873923, Telex 610448, Fax 9871798, ≼, 🍽, 🐾 – 📳
🍴 📺 ☎ 🚗. 🆎 🅱 Ⓞ 🇪 🆅🅸🆂🅰. ✼
Pas 40/45000 – **47 cam** ⊑ 120/160000 – 2 appartamenti – ½ P 95/110000.

Roma 381 – ◆Bologna 13 – ◆Ferrara 57 – ◆Modena 26.

🏨 **Garden** senza rist, via Emilia 29 ℰ 735200, Fax 735673 – 🛗 🗏 📺 ☎ ৬ ❷ – 🛦 25. 🖭 🕄
⓪ **E** 🗺 🗨
chiuso dal 22 dicembre al 6 gennaio ed agosto – **42 cam** ⊐ 160/220000.

🏨 **Alan** senza rist, via Emilia 46/b ℰ 733562, Fax 735376 – 🛗 🗏 📺 ☎ ⟵ ❷. 🖭 ⓪ **E** 🗺
⊐ 15000 – **61 cam** 100/140000.

🏨 **Lu King** senza rist, via Emilia 65 ℰ 734273, Fax 735098 – 🛗 ⇥ 🗏 📺 ☎ ❷. 🖭 🕄 ⓪ **E**
🗺
42 cam ⊐ 140/210000.

✗✗ **Il Ristorantino-da Dino**, via 25 Aprile 11 ℰ 732364 – 🗏. 🖭 🕄 ⓪ **E** 🗺. ✻
chiuso domenica sera, lunedì, dal 7 al 14 gennaio ed agosto – **Pasto** carta 34/46000.

e Natale – Sport invernali : a Pila : 1 814/2 709 m ⟨ৄ4 ৄ8, ⩍ – ✪ 0165.

Vedere Collegiata di Sant'Orso Y : capitelli★★ del chiostro★ – Finestre★ del Priorato di
Sant'Orso Y – Monumenti romani★ : Porta Pretoria Y **A**, Arco di Augusto Y **B**, Teatro Y **D**,
Anfiteatro Y **E**,Ponte Y **F**.

Escursioni Valle d'Aosta★★ : ⩽★★★ Est, Sud-Ovest.

🔓 (aprile-ottobre; chiuso mercoledì escluso luglio-agosto) località Arsanières ⊠ 11010
Gignod ℰ 56020, Fax 56020, N : 9 km.

🅱 piazza Chanoux 8 ℰ 236627, Fax 34657.

A.C.I. piazza Roncas 7 ℰ 362208.

Roma 746 ② – Chambéry 197 ③ – Genève 139 ③ – Martigny 72 ① – ◆Milano 184 ② – Novara 139 ② – ◆Torino
113 ②.

Pianta pagina seguente

🏨 **Europe**, piazza Narbonne 8 ℰ 236363, Fax 40566, 🎥 – 🛗 🗏 📺 ☎ – 🛦 100. 🖭 🕄 ⓪ **E**
🗺. ✻ rist   Y **c**
Pasto *(chiuso domenica)* 32/40000 – ⊐ 17000 – **71 cam** 168/231000, 8 appartamenti –
½ P 126/158000.

🏨 **Montfleury**, viale Piccolo San Bernardo 26 ℰ 555252 e rist 554655, Fax 555251, ⇐ – 🛗
📺 ☎ ⟵ ❷ – 🛦 50. 🖭 🕄 ⓪ **E** 🗺 🗨. ✻ rist   X **f**
Pasto al Rist. *La Vie en Rose (chiuso domenica)* carta 45/50000 – ⊐ 12000 – **44 cam**
120/180000 – ½ P 135000.

🏨 **Ambassador**, via Duca degli Abruzzi 2 ℰ 42230, Fax 236851, ⩽ – 🛗 📺 ☎ ⟵ ❷. 🕄 ⓪
E 🗺. ✻   X **c**
Pasto *(chiuso domenica da ottobre a marzo)* carta 45/63000 – ⊐ 10000 – **39 cam** 70/
100000, 2 appartamenti – ½ P 95/100000.

🏨 **Milleluci** senza rist, località Porossan Roppoz 15 ℰ 235278, Fax 235284, ⩽, 🚗, ✻ – 📺
☎ ❷. 🖭 🕄 **E** 🗺. ✻   X **a**
12 cam ⊐ 100/140000.

🏨 **Le Charaban** senza rist, regione Saraillon 38 ℰ 238289, Fax 361230 – 📺 ☎ ❷. 🖭 🕄 ⓪
E 🗺. ✻   X **e**
chiuso movembre – ⊐ 10000 – **22 cam** 120000.

🏨 **Turin** senza rist, via Torino 14 ℰ 44593, Fax 361377 – 🛗 📺 ☎. 🖭 🕄 ⓪ **E** 🗺   Y **a**
chiuso dal 15 novembre al 20 dicembre – ⊐ 10000 – **50 cam** 74/110000.

🏠 **Bus**, via Malherbes 18 ℰ 43645, Fax 236962 – 🛗 🗏 rist 📺 ☎ ❷. 🖭 🕄 ⓪ **E** 🗺   Z **f**
Pasto *(chiuso lunedì in bassa stagione)* 30/45000 – ⊐ 14000 – **39 cam** 85/128000 –
½ P 80/100000.

🏠 **Roma** senza rist, via Torino 7 ℰ 41000, Fax 32404 – 🛗 📺 ☎ ⟵. 🖭 🕄 ⓪ **E** 🗺   Y **n**
chiuso dal 7 gennaio al 6 febbraio – ⊐ 10000 – **33 cam** 70/110000.

✗✗ **Le Foyer**, corso Ivrea 146 ℰ 32136, Fax 32136 – ❷. 🖭 🕄 ⓪ **E** 🗺. ✻   X **b**
chiuso lunedì sera, martedì, dal 15 al 31 gennaio e dal 5 al 20 luglio – **Pasto** carta 42/71000
(10%).

✗✗ Acquarium, via Parigi 33 ℰ 363859, Specialità di mare – ❷   X **m**

✗✗ **Vecchia Aosta**, piazza Porta Pretoria 4 ℰ 361186, Fax 361186, ⌂ – 🖭 🕄 ⓪ **E** 🗺.
✻   Y **r**
chiuso martedì sera, mercoledì, dal 5 al 20 giugno e dal 15 al 30 ottobre – **Pasto** carta 37/
51000.

✗ **Piemonte**, via Porta Pretoria 13 ℰ 40111 – 🕄 **E** 🗺   Y **h**
chiuso venerdì e novembre – **Pasto** carta 31/52000.

a Charvensod S : 4 km Z – alt. 746 – ⊠ **11020** :

🏨 **Miage**, località Ponte Suaz ℰ 238585, Fax 236355, ⩽, 🚗 – 🛗 🗏 📺 ☎ ⟵ ❷ – 🛦 50.
🖭 🕄 **E** 🗺. ✻
Pasto al Rist. *Glacier (chiuso lunedì)* carta 33/51000 – ⊐ 15000 – **32 cam** 85/130000 –
½ P 75/110000.

AOSTA

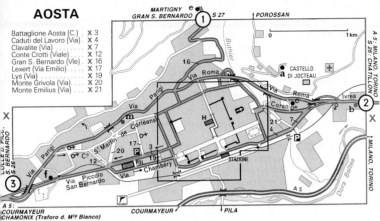

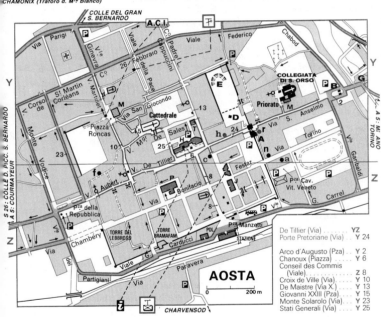

a Pollein SE : 5 km – alt. 608 – ⌧ **11020** :

🏠 **Diana,** ℰ 53120, Fax 53321, ≤, 🍽, – 📶 📺 ☎ 🅿 – 🔬 50. 🅰🅴 🆂 🅾 🅴 𝘝𝘐𝘚𝘈 𝘑𝘊𝘉
Pasto *(chiuso lunedì e dal 1° al 20 luglio)* carta 43/61000 – **30 cam** ⊆ 120000 – ½ P 75/
85000.

a Saint Christophe E : 4 km – alt. 700 – ⌧ **11020** :

🏠 **Casale,** ℰ 541203, Fax 235926, – 📶 📺 ☎ 🕭 🚗 🅿 – 🔬 60. 🅰🅴 🆂 🅾 🅴 𝘝𝘐𝘚𝘈
chiuso dal 7 gennaio al 7 febbraio – **Pasto** *(chiuso domenica sera e lunedì in bassa stagione)*
35/65000 – ⊆ 15000 – **25 cam** 70/100000 – ½ P 75/90000.

🏠 **Hotelalp** senza rist, località Aeroporto 8 ℰ 236900, Fax 239119, ≤, 🍽 – 📺 ☎ 🕭 🅿. 🅰🅴
🆂 🅴 𝘝𝘐𝘚𝘈 𝘑𝘊𝘉
chiuso novembre – ⊆ 10000 – **51 cam** 80/120000.

🍴🍴 **Sanson,** ℰ 541410, prenotare – 🅿. 🆂 🅴 𝘝𝘐𝘚𝘈. ⌘
chiuso mercoledì, giovedì a mezzogiorno e luglio – **Pasto** carta 45/75000.

a Quart-Villefranche E : 9 km – ⊠ **11020** :

XX **Cavallo Bianco,** frazione Larey 5 ℘ 765503, 😋, Coperti limitati; prenotare – ❶. 🖭 ⓢ **E** VISA
chiuso lunedì e dal 1° al 15 febbraio – **Pasto** carta 40/61000.

XX Le Bourricot Fleuri-Motel Village con cam, prossimità casello autostrada ℘ 765333, ≼,
« Chalets indipendenti », ☞ – 🔳 rist 📺 ☎ ❶
20 cam.

a Pila S : 17 km X – alt. 1 814 – ⊠ **11020** Gressan :

🏨 **Printemps** ≫, ℘ 521246, Fax 521232, Ƚ₅, ⊆ѕ – 🔰 📺 ☎ 🛬 ❶ – 🔬 40. 🖭 ⓢ ⓞ **E** VISA
🍴 rist
8 dicembre-Pasqua e 15 giugno-15 settembre – **Pasto** carta 34/61000 – **49 cam** ☷ 280000
– ½ P 84/168000.

═══ **APPIANO GENTILE** 22070 Como 🄰🄸🄸 E 8, 🄰🄹🄰 ⑱ – 6 774 ab. alt. 368 – 🚳 031.

▮₁₈ La Pinetina (chiuso martedì) ℘ 933202, Fax 890342.
Roma 617 – Como 20 – ◆ Milano 43 – Saronno 18 – Varese 20.

XX **Tarantola,** strada per Tradate NO : 2,5 km ℘ 930990, Fax 930990 – ❶. 🖭 ⓢ ⓞ **E** VISA
chiuso lunedì sera, martedì e dal 1° al 15 gennaio – **Pasto** carta 39/63000 (8 %).

═══ **APPIANO SULLA STRADA DEL VINO** (EPPAN AN DER WEINSTRASSE) 39057 Bolzano 🄰🄸🄸 ④,
🄰🄹🄰 C 15 – 10 930 ab. alt. (frazione San Michele) 418 – 🚳 0471.
Roma 641 – ◆ Bolzano 10 – Merano 32 – ◆ Milano 295 – Trento 57.

a San Michele (St. Michael) – ⊠ **39057** San Michele Appiano.
🛈 piazza Municipio 1 ℘ 662206, Fax 663546 :

🏨 **Ansitz Angerburg,** ℘ 662107, Fax 660993, « Grazioso giardino con ☱ » – ☎ ❶. 🍴
20 marzo-5 novembre – **Pasto** 35/40000 – **33 cam** ☷ 84/150000 – ½ P 78/85000.

🏨 **Tschindlhof** ≫, ℘ 662225, Fax 663946, ≼, « Giardino-frutteto con ☱ » – ☎ ❶. ⓢ **E**
VISA. 🍴 rist
Pasqua-ottobre – **Pasto** (solo per clienti alloggiati e chiuso a mezzogiorno) 30/47000 –
13 cam ☷ 103/165000 – ½ P 105/118000.

🏨 **Castello Aichberg** ≫ senza rist, ℘ 662247, Fax 660908, « Giardino-frutteto con ☱
riscaldata », ⊆ѕ – 📺 ☎ ❶ 🖭 ⓢ VISA
Pasqua-15 novembre – **10 cam** ☷ 62/156000, 2 appartamenti.

XX 🚳 **Zur Rose,** ℘ 662249, Coperti limitati; prenotare – 🖭 ⓢ ⓞ **E** VISA
chiuso domenica, lunedì a mezzogiorno e luglio – **Pasto** carta 59/79000
Spec. Praline di testina di vitello in crosta alle erbe, Cannelloni con ricotta di capra su crema di spinaci, Rombo su
patate e porri.

a Pigeno (Pigen) NO : 1,5 km – ⊠ **39057** San Michele Appiano :

🏨 **Schloss Englar** ≫ senza rist, ℘ 662628, ≼, « In un castello medioevale », ☱, ☞ ☎ ❶
aprile-novembre – **10 cam** ☷ 80/160000, appartamento.

a Cornaiano (Girlan) NE : 2 km – ⊠ **39050** :

🏨 **Girlanerhof** ≫ ℘ 662442, Fax 661259, ≼, 😋, ⊆ѕ, ☱, ☞ – 🔰 📺 ☎ ❶. 🍴 rist
Pasqua-5 novembre – **Pasto** (chiuso martedì) 25/50000 – **22 cam** ☷ 60/80000 – ½ P 90/
100000.

XX **Marklhof-Bellavista,** ℘ 662407, Fax 662407, ≼, « Servizio estivo in terrazza » – ❶. 🖭
ⓢ **E** VISA
chiuso dal 25 giugno al 7 luglio, lunedì e da novembre a giugno anche domenica sera –
Pasto carta 53/70000.

a Monte (Berg) NO : 2 km – ⊠ **39057** San Michele Appiano :

🏨 **Schloss Freudenstein** ≫ ℘ 660638, Fax 660122, ≼ monti e frutteti, « In un castello
medioevale », ☱, ☞ – ☎ ❶. 🍴
Pasqua-15 novembre – **Pasto** (solo per clienti alloggiati) – **11 cam** ☷ 165/270000 –
½ P 110/145000.

🏠 **Steinegger** ≫, ℘ 662248, Fax 660517, ≼ vallata, ⊆ѕ, ☱, 🔳, ☞, 🍴 – ☎ ❶. 🍴 rist
aprile-novembre – **Pasto** (chiuso mercoledì) 25/40000 – **29 cam** ☷ 70/140000 – ½ P 70/
90000.

a San Paolo (St. Pauls) N : 3 km – ⊠ **39050** San Paolo Appiano :

🏨 **Weingarten** ≫, ℘ 662299, Fax 661166, 😋, ⊆ѕ, 🔳, ☞, 🍴 – ☎ ❶. 🍴 rist
25 marzo-12 novembre – **Pasto** carta 30/50000 – **29 cam** ☷ 86/152000 – ½ P 82/94000.

🏠 **Michaelis Hof** ≫ senza rist, ℘ 664432, Fax 664432, ≼, ☞ – 🔤 📺 ☎ ❶. 🍴
Pasqua-5 novembre – **12 cam** ☷ 65/130000.

a Missiano (Missian) N : 4 km – ⊠ **39050** San Paolo Appiano :

🏨 **Schloss Korb** ≫, ℘ 636000, Fax 636033, ≼ vallate, 😋, « In un castello medioevale »,
⊆ѕ, ☱, 🔳, 🍴 – 🔰 📺 ☎ ❶ – 🔬 30 a 100
aprile-5 novembre – **Pasto** 60000 – **56 cam** ☷ 125/220000, 4 appartamenti – ½ P 125/
160000.

APRICA 23031 Sondrio 988 ③ ④, 428 429 D 12 – 1 628 ab. alt. 1 181 – Sport invernali : 1 181/ 2 309 m ‹₹ 3 ⨠20, ‹₤ – ✪ 0342.

🖪 corso Roma 161 ✆ 746113, Fax 747732.

Roma 674 – ♦Bolzano 141 – ♦Brescia 116 – ♦Milano 157 – Sondrio 30 – Passo dello Stelvio 79.

🏛 **Park Hotel Bozzi,** via Europa ✆ 746169, Fax 747766, ≼, « Giardino » – 🛗 ⇌ 🅿 – 🏊 50. ❄ rist
dicembre-Pasqua e luglio-agosto – **Pasto** 28/38000 – ⚏ 10000 – **45 cam** 100/200000 – P 76/150000.

🏠 **Larice Bianco,** via Adamello 38 ✆ 746275, Fax 745454, ≼ – 🛗 ☎ 🅿. ❄
dicembre-aprile e giugno-settembre – **Pasto** *(chiuso mercoledì)* 30/35000 – ⚏ 15000 – **25 cam** 65/80000 – P 80/110000.

🏠 **Eden,** via Adamello 34 ✆ 746253, Fax 745393, ≼ – 🛗 📺 ☎ 🅿. 𝔸𝔼 🕄 ⓞ 🄴 𝚅𝙸𝚂𝙰. ❄ rist
dicembre-aprile e 20 giugno-20 settembre – **Pasto** *(chiuso venerdì)* carta 28/45000 – ⚏ 11500 – **17 cam** 65/100000 – ½ P 65/100000.

🏠 **Sport,** via Europa 140 ✆ 746134 – 🛗 ☎ 🅿. 🕄 ⓞ 🄴 𝚅𝙸𝚂𝙰. ❄ rist
dicembre-aprile e giugno-3 ottobre – **Pasto** *(chiuso martedì)* 35000 – **22 cam** ⚏ 70/110000 – ½ P 60/115000.

🟈🟈 **Di Arrigo,** via Roma 238 ✆ 746131, 🔆 – 𝔸𝔼 🕄 ⓞ 🄴 𝚅𝙸𝚂𝙰. ❄
chiuso martedì (escluso luglio-agosto), maggio e dal 15 al 30 settembre – **Pasto** carta 35/ 50000 (10 %).

APRICALE 18030 Imperia 428 K 4, 115 ⑲ – 558 ab. alt. 273 – ✪ 0184.

Roma 668 – ♦Genova 169 – Imperia 55 – ♦Milano 292 – San Remo 30 – Ventimiglia 16.

🟈🟈 **La Capanna-da Baci,** ✆ 208137, Fax 208137, ≼ monti, 🔆, prenotare – 🕄 ⓞ 🄴 𝚅𝙸𝚂𝙰
chiuso lunedì sera, martedì, dal 1º al 22 dicembre e dal 1º al 9 luglio – **Pasto** 30/38000.

🟈 **La Favorita** ➣ con cam, località Richelmo ✆ 208186, 🔆, prenotare – 🅿. 𝔸𝔼 🕄 ⓞ 🄴 𝚅𝙸𝚂𝙰
chiuso dal 20 al 30 giugno e dal 4 novembre al 5 dicembre – **Pasto** *(chiuso mercoledì)* 21/36000 – ⚏ 6000 – **7 cam** 55000 – ½ P 75000.

APRILIA 04011 Latina 988 ㉖, 430 R 19 – 47 040 ab. alt. 80 – ✪ 06.

🖪 Eucalyptus (chiuso martedì) ✆ 926252, Fax 9268502.

Roma 44 – Latina 26 – ♦Napoli 190.

🟈🟈🟈 **Il Focarile,** via Pontina al km 46,5 ✆ 9282549, Fax 9280392, 🏕 – 🍽 🅿. 𝔸𝔼 🕄 ⓞ 🄴 𝚅𝙸𝚂𝙰. ❄
chiuso domenica sera, lunedì, Natale e dal 10 al 20 agosto – **Pasto** carta 45/74000.

🟈🟈 **Da Elena,** via Matteotti 14 ✆ 924098, Fax 924098 – 🍽 🅿. 𝔸𝔼 🕄 ⓞ 🄴 𝚅𝙸𝚂𝙰. ❄
chiuso domenica ed agosto – **Pasto** 40/49000.

AQUILEIA 33051 Udine 988 ⑥, 429 E 22 – 3 378 ab. alt. 5 – a.s. luglio-agosto – ✪ 0431.

Vedere Basilica★★ : affreschi★★ della cripta carolingia, pavimenti★★ della cripta degli Scavi – Rovine romane★.

Roma 635 – Gorizia 32 – Grado 11 – ♦Milano 374 – ♦Trieste 45 – Udine 37 – ♦Venezia 124.

🟈 **La Colombara,** NE : 2 km ✆ 91513 – 🅿. 𝔸𝔼 🕄 ⓞ 🄴 𝚅𝙸𝚂𝙰. ❄
chiuso lunedì e gennaio – **Pasto** carta 23/52000.

ARABBA 32020 Belluno 988 ⑤, 429 C 17 – alt. 1 602 – Sport invernali : 1 602/2 950 m ‹₹ 2 ⨠24, ‹₤ – ✪ 0436.

🖪 ✆ 79130, Fax 79300.

Roma 709 – Belluno 74 – Cortina d'Ampezzo 37 – ♦Milano 363 – Passo del Pordoi 11 – Trento 127 – ♦Venezia 180.

🏛 **Sport Hotel Arabba,** ✆ 79321, Fax 79121, ≼ Dolomiti, 🎣, 🛋 – 🛗 📺 ☎ ♿ 🅿. 🕄 🄴 𝚅𝙸𝚂𝙰. ❄
20 dicembre-9 aprile e luglio-15 settembre – **Pasto** carta 48/72000 – ⚏ 20000 – **38 cam** 280/300000 – ½ P 80/200000.

🏠 **Evaldo,** ✆ 79109, Fax 79358, ≼, 🎣, 🛋 – 🛗 📺 ☎ 🅿. 🕄 🄴 𝚅𝙸𝚂𝙰. ❄
18 dicembre-20 aprile e 20 maggio-20 ottobre – **Pasto** 30/50000 – ⚏ 35000 – **35 cam** 130/200000 – ½ P 160000.

🏠 **Malita** ➣, ✆ 79103, Fax 79391, 🛋 – 🛗 📺 ☎ ♿ 🅿. 𝔸𝔼 🕄 ⓞ 🄴 𝚅𝙸𝚂𝙰. ❄ rist
chiuso maggio o giugno e novembre – **Pasto** carta 27/46000 – **26 cam** ⚏ 100/170000 – ½ P 70/130000.

🏠 **Olympia,** ✆ 79135, Fax 79354, ≼ Dolomiti, 🛋 – 🛗 📺 ☎ 🅿. 🕄 𝚅𝙸𝚂𝙰. ❄ rist
21 dicembre-14 aprile e giugno-ottobre – **Pasto** *(chiuso a mezzogiorno dal 21 dicembre al 14 aprile)* carta 25/43000 – ⚏ 20000 – **29 cam** 135/220000 – ½ P 60/150000.

🏠 **Royal** senza rist, ✆ 79293, Fax 79293, ≼, 🛋 – ☎ ⇌ 🅿. ❄
12 cam ⚏ 80/120000.

Vedere anche : *Campolongo (Passo di)* N : 4,5 km.

ARBATAX Nuoro 433 H 11 – Vedere Sardegna (Tortolì) alla fine dell'elenco alfabetico.

ARBOREA Oristano 988 ㉝, 433 H 7 – Vedere Sardegna alla fine dell'elenco alfabetico.

ARCETO Reggio nell'Emilia 428 429 430 I 14 – Vedere Scandiano.

ARCETRI Firenze 430 K 15 – Vedere Firenze.

ARCEVIA 60011 Ancona 988 ⑯, 430 L 20 – 5 821 ab. alt. 535 – 🕿 0731.
Roma 240 – ◆Ancona 73 – Foligno 83 – Pesaro 74.

🏨 **Park Hotel** ⑤, 🖋 9595, Fax 9596, 🚗 ⚡ 🐾 rist ☎ 🅟 – 🏄 30 a 80. 🖭 🖪 🖿 🆅🆂🅰 🛥
　　Pasto (solo per clienti alloggiati e *chiuso lunedì*) carta 35/50000 – 🍽 12500 – **38 cam**
　　60/90000 – ½ P 60/72000.

ARCO 38062 Trento 988 ④, 428 429 E 14 – 12 869 ab. alt. 91 – a.s. Pasqua e Natale – 🕿 0464.
🛈 viale delle Palme 1 🖋 516161, Fax 532353.
Roma 576 – ◆Brescia 81 – ◆Milano 176 – Riva del Garda 6 – Trento 36 – Vicenza 95.

🏨 **Villa delle Rose**, 🖋 519091, Fax 516617, *fⴜ*, 🚿, 🏊 riscaldata, 🏞, 🚗 – ⚡ 🖃 📺 ☎ 🚗
　　🅟 – 🏄 200. 🖭 🖪 🖿 🆅🆂🅰 🛥 rist
　　Pasto *(chiuso giovedì in bassa stagione)* carta 29/54000 – **48 cam** 🍽 160/280000 – ½ P 90/
　　115000.

🏨 **Palace Hotel Città**, 🖋 531100, Fax 516208, 🚿, 🏊 riscaldata, 🚗 – ⚡ 📺 ☎ 🔌 🅟 –
　　🏄 50. 🖭 🖪 🖿 🔵 🖿 🆅🆂🅰 🛥 rist
　　chiuso dal 4 novembre al 22 dicembre e dal 7 gennaio a marzo – **Pasto** *(chiuso martedì)*
　　carta 38/58000 – 🍽 17000 – **80 cam** 113/178000 – ½ P 137/156000.

🏨 **Everest**, località Vignole E : 2 km 🖋 519277, Fax 519280, *fⴜ*, 🚿, 🏊, 🚗, 🌳 – ⚡ 🖃 📺 ☎
　　🔌 🅟 – 🏄 60. 🖪 🖿 🆅🆂🅰 🛥
　　Pasto *(chiuso lunedì escluso da giugno a settembre)* carta 30/50000 – **55 cam** 🍽 95/
　　120000 – ½ P 80000.

🏨 **Al Sole**, 🖋 516676, Fax 518585, 🚿 – ⚡ 📺 ☎. 🖭 🖪 🔵 🖿 🆅🆂🅰
　　chiuso novembre – **Pasto** *(chiuso lunedì)* carta 29/41000 – 🍽 7000 – **20 cam** 50/90000 –
　　½ P 65000.

🍴🍴 **La Lanterna**, località Prabi 30 (N : 2,5 km) 🖋 517013, prenotare – 🅟. 🖭 🖪 🖿 🆅🆂🅰
　　chiuso martedì, dal 20 gennaio al 10 febbraio e dal 20 giugno al 10 luglio – **Pasto**
　　carta 32/72000.

🍴 **Da Gianni** con cam, località Chiarano 🖋 516464 – 🖃 📺 ☎ 🅟. 🖪 🖿 🆅🆂🅰. 🛥
　　Pasto *(chiuso domenica sera, lunedì e settembre)* carta 29/40000 – 🍽 7000 – **8 cam**
　　40/80000.

ARCORE 20043 Milano 428 F 9, 219 ⑲ – 15 895 ab. alt. 193 – 🕿 039.
Roma 594 – ◆Milano 31 – ◆Bergamo 39 – Como 43 – Lecco 30 – Monza 7.

🏨 **Sant'Eustorgio**, 🖋 6013718, Fax 617531, 🍴, « Giardino ombreggiato » – ⚡ 📺 ☎ 🅟.
　　🖭 🖪 🔵 🖿 🆅🆂🅰
　　chiuso dal 26 dicembre al 7 gennaio e dal 7 al 30 agosto – **Pasto** *(chiuso venerdì e domenica
　　sera)* carta 51/76000 – **35 cam** 🍽 120/170000, 5 appartamenti.

ARCUGNANO 36057 Vicenza 429 F 16 – 6 028 ab. alt. 160 – 🕿 0444.
Roma 530 – ◆Milano 211 – ◆Padova 39 – Vicenza 7.

🏨 **Villa Michelangelo** ⑤, 🖋 550300, Fax 550490, ≤ Colli Berici, 🍴, « In un parco »,
　　🏊 coperta in inverno – ⚡ 🖃 📺 ☎ 🅟 – 🏄 25 a 300. 🖭 🖪 🔵 🖿 🆅🆂🅰. 🛥 rist
　　Pasto 50/65000 e al Rist. *La Loggia (chiuso domenica)* carta 58/74000 – **34 cam** 🍽 190/
　　285000.

🍴🍴 **Antica Osteria da Penacio**, località Soghe S : 10 km 🖋 273540, Fax 273081 – 🅟. 🖪 🖿
　　🆅🆂🅰. 🛥
　　chiuso mercoledì e dal 20 gennaio al 10 febbraio – **Pasto** carta 37/47000.

ARDENZA Livorno 428 430 L 12 – Vedere Livorno.

ARDORE MARINA 89037 Reggio di Calabria 431 M 30 – 5 365 ab. alt. 250 – 🕿 0964.
Roma 711 – Catanzaro 107 – ◆Reggio di Calabria 89.

🍴🍴 **L'Aranceto**, 🖋 629271, Fax 629030, 🍴 – 🅟. 🖭 🖪 🔵 🖿 🆅🆂🅰. 🛥
　　chiuso martedì ed ottobre – **Pasto** carta 37/62000 (10%).

AREMOGNA L'Aquila 430 Q 24, 431 B 24 – Vedere Roccaraso.

ARENA PO 27040 Pavia 428 G 10 – 1 538 ab. alt. 60 – 🕿 0385.
Roma 537 – Alessandria 81 – ◆Milano 67 – Pavia 29 – Piacenza 25.

　　a Parpanese S : 6 km – ✉ 27040 Arena Po :

🍴🍴 **Parpanese**, 🖋 70476, Coperti limitati; prenotare – 🖃 🅟. 🖪 🆅🆂🅰. 🛥
　　chiuso domenica sera, lunedì e dall'8 agosto all'8 settembre – **Pasto** carta 40/60000.

ARENZANO 16011 Genova 988 ⑬, 428 I 8 – 11 202 ab. – a.s. 15 dicembre-15 gennaio,
22 marzo-maggio e ottobre – 🕿 010.
🏌 Della Pineta (chiuso martedì ed ottobre) 🖋 9111817, Fax 9111270, O : 1 km.
🛈 via Cambiaso 2 🖋 9127581, Fax 9127581.
Roma 527 – ◆Genova 24 – Alessandria 77 – ◆Milano 151 – Savona 23.

Punta San Martino ⑤, via Punta San Martino 4 ✆ 9112962, Fax 9112966, ≤, ⛱, 🎾 – 🛗 ▤ 📺 ☎ 🅿. AE 🅂 ⓞ VISA. ✂ rist
Pasto carta 48/63000 – **38 cam** ☕ 190/260000 – ½ P 135/160000.

Ena senza rist, ✆ 9127379, Fax 9123139, ≤ – 🛗 📺 ☎. AE 🅂 ⓞ E VISA JCB
☕ 12000 – **24 cam** 80/110000.

Lazzaro e Gabriella, ✆ 9124259, Coperti limitati; prenotare – ▤. AE 🅂 ⓞ E VISA
chiuso a mezzogiorno in luglio-agosto e lunedì negli altri mesi – **Pasto** carta 34/52000.

ARESE 20020 Milano 428 F 9, 219 ⑱ – 18 609 ab. alt. 160 – ☏ 02.
Roma 597 – ♦Milano 16 – Como 36 – Varese 50.

Castanei, viale Alfa Romeo NO : 1,5 km ✆ 9380053, Fax 9380053 – ▤ 🅿. AE 🅂 ⓞ E VISA. ✂
chiuso domenica, mercoledì sera, dal 24 dicembre al 2 gennaio ed agosto – **Pasto** carta 31/50000.

La carta Michelin n° 430 ITALIA Centro 1/400 000.

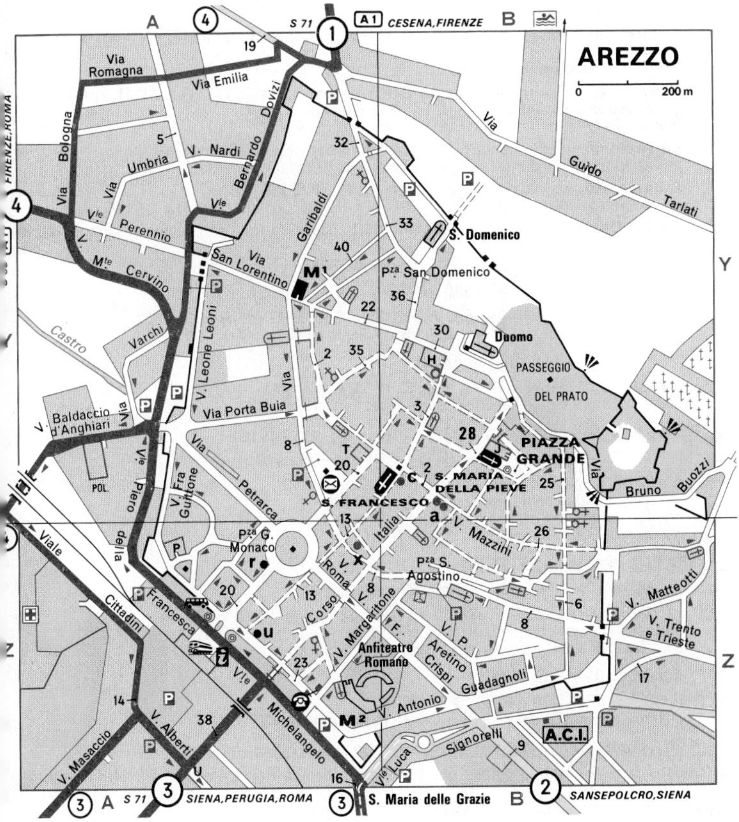

Cavour (Via) . . . . . ABY 2
Grande (Piazza) . . . . . BY
Italia (Corso) . . . . . ABYZ

Cesalpino (Via) . . . . . BY 3
Chimera (Via della) . . . . . AY 5
Fontanella (Via) . . . . . BZ 6
Garibaldi (Via) . . . . . ABYZ 8
Giotto (Viale) . . . . . BZ 9
Madonna del Prato (V.) . . . AYZ 13
Maginardo (Viale) . . . . . AZ 14
Mecenate (Viale) . . . . . AZ 16
Mino da Poppi (Via) . . . . . BZ 17
Mochi (Via F.) . . . . . AY 19
Monaco (Via G.) . . . . . AYZ 20
Murello (Piagga del) . . . . . AY 22
Niccolò Aretino (Via) . . . . . AZ 23
Pellicceria (Via) . . . . . BY 25
Pescioni (Via) . . . . . BZ 26
Pileati (Via dei) . . . . . BY 28
Ricasoli (Via) . . . . . BY 30
S. Clemente (Via) . . . . . AY 32
S. Domenico (Via) . . . . . BY 33
Saracino (Via del) . . . . . AY 35
Sasso Verde (Via) . . . . . BY 36
Vittorio Veneto (Via) . . . . . AZ 38
20 Settembre (Via) . . . . . AY 40

AREZZO 52100 ⃞P 988 ⑮, 430 L 17 – 91 578 ab. alt. 296 – ✪ 0575.

Vedere Affreschi di Piero della Francesca★★★ nella chiesa di San Francesco ABY – Chiesa di Santa Maria della Pieve★ : facciata★★ BY – Crocifisso★★ nella chiesa di San Domenico BY – Piazza Grande★ BY – Museo d'Arte Medievale e Moderna★ : maioliche★★ AY **M1** – Portico★ e ancona★ della chiesa di Santa Maria delle Grazie AZ – Opere d'arte★ nel Duomo BY.

🛈 piazza della Repubblica 28 ℘ 377678, Fax 28042.

A.C.I. viale Luca Signorelli 24/a ℘ 30350.

Roma 214 ④ – ◆Perugia 74 ③ – ◆Ancona 211 ② – ◆Firenze 81 ④ – ◆Milano 376 ④ – Rimini 153 ①.

Pianta pagina precedente

🏨 **Etrusco,** via Fleming 39 ℘ 984067, Fax 382131 – 📳 🖬 📺 ☎ ⇦ 🅿 – 🔬 40 a 400. 🕮 🕄 ⓪ 🈺 🅅🄸🅂🄰, ℠   1 km per ④
Pasto *(chiuso domenica)* carta 39/52000 – 🖵 15000 – **80 cam** 125/155000 – ½ P 125000.

🏨 **Minerva,** via Fiorentina 6 ℘ 370390, Fax 302415 – 📳 🖬 📺 ☎ 👌 ⇦ 🅿 – 🔬 30 a 400. 🕮 🕄 ⓪ 🈺 🅅🄸🅂🄰, ℠   AY n
Pasto *(chiuso dal 1° al 20 agosto)* carta 34/50000 (15%) – 🖵 15000 – **140 cam** 95/140000 – ½ P 120/130000.

🏨 **Continentale,** piazza Guido Monaco 7 ℘ 20251, Fax 350485 – 📳 🖬 📺 ☎ – 🔬 70 a 100. 🕮 🕄 ⓪ 🈺 🅅🄸🅂🄰, ℠ rist   AZ r
Pasto *(chiuso domenica sera e dal 15 luglio al 15 agosto)* carta 34/52000 – 🖵 13000 – **74 cam** 90/138000 – ½ P 112/133000.

🏨 **Europa** senza rist, via Spinello 43 ℘ 357701, Fax 357703 – 📳 🖬 📺 ☎ – 🔬 25. 🕮 🕄 🈺 🅅🄸🅂🄰, ℠   AZ u
🖵 15000 – **45 cam** 95/140000.

XX **Buca di San Francesco,** piazza San Francesco 1 ℘ 23271, Fax 23271, « Ambiente d'intonazione trecentesca » – 🕮 🕄 ⓪ 🈺 🅅🄸🅂🄰 🄹🄲🄱   BY c
chiuso lunedì sera, martedì e luglio – **Pasto** carta 37/55000 (15%).

XX **Le Tastevin,** via de' Cenci 9 ℘ 28304, Piano-bar – 🗏. 🕮 🕄 🈺 🅅🄸🅂🄰, ℠   AZ x
chiuso lunedì e dal 5 al 27 agosto – **Pasto** carta 33/50000.

X **Il Saraceno,** via Mazzini 6/a ℘ 27644 – 🕮 🕄 ⓪ 🈺 🅅🄸🅂🄰, ℠   BY a
chiuso mercoledì, dal 3 al 15 gennaio e dal 20 al 20 luglio – **Pasto** carta 23/37000.

X **Antica Osteria l'Agania,** via Mazzini 10 ℘ 25381, Trattoria con cucina casalinga – 🕮 🈺 🅅🄸🅂🄰   BY a
chiuso lunedì e dal 10 al 25 giugno – **Pasto** 30/40000.

a Giovi per ① : 8 km – ✉ **52010** :

XX **Antica Trattoria al Principe,** ℘ 362046 – 🕮 🕄 ⓪ 🈺 🅅🄸🅂🄰 🄹🄲🄱. ℠
chiuso lunedì e dal 25 luglio al 20 agosto – **Pasto** carta 32/56000.

a Chiassa per ① : 9 km – ✉ **52030** :

X **Il Mulino,** ℘ 361878, 🈝, 🌳 – 🅿. 🕮 🕄 ⓪ 🈺 🅅🄸🅂🄰, ℠
chiuso martedì e dal 1° al 25 agosto – **Pasto** carta 26/44000.

ARGEGNO 22010 Como 428 E 9, 219 ⑨ – 676 ab. alt. 220 – ✪ 031.

Roma 645 – Como 20 – ◆Lugano 43 – Menaggio 15 – ◆Milano 64 – Varese 44.

X **La Griglia** 🐾 con cam, strada per Schignano SO : 3 km ℘ 821147, Fax 821427, « Servizio estivo all'aperto », 🌳 – 🅿. 🕄 🈺 🅅🄸🅂🄰
chiuso gennaio e febbraio – **Pasto** *(chiuso martedì escluso da luglio a settembre)* carta 47/69000 – 🖵 8000 – **6 cam** 60/73000 – ½ P 60/65000.

ARGELATO 40050 Bologna 429 430 I 16 – 7 721 ab. alt. 21 – ✪ 051.

Roma 393 – ◆Bologna 20 – ◆Ferrara 34 – ◆Milano 223 – ◆Modena 41.

XX ✿ **L'800,** via Centese 33 ℘ 893032, Fax 893032 – 🗏 🅿. 🕄 ⓪ 🈺 🅅🄸🅂🄰, ℠
chiuso domenica sera, lunedì, dal 3 al 17 gennaio ed agosto – **Pasto** carta 30/42000
Spec. Tagliatelle al ragù di rane, Gnocchi di patate al tartufo nero (settembre-marzo), Petto di faraona con porcini.

Funo SE : 9 km – ✉ **40050** :

XX **Il Gotha,** ℘ 864070 – 🕮 🕄 ⓪ 🈺 🅅🄸🅂🄰, ℠
chiuso domenica e dal 1° al 20 agosto – **Pasto** carta 32/43000.

ARGENTA 44011 Ferrara 988 ⑮, 429 430 I 17 – 22 504 ab. alt. 4 – ✪ 0532.

🖏 (chiuso martedì e dal 7 gennaio al 19 febbraio) località Bosco Vecchio ✉ 44011 Argenta ℘ 852545.

Roma 432 – ◆Bologna 53 – ◆Ravenna 40 – ◆Ferrara 34 – ◆Milano 261.

🏨 **Villa Reale** senza rist, viale Roiti 16/a ℘ 852334, Fax 852353 – 📳 🖬 📺 ☎ 👌 ⇦ 🅿 – 🔬 80. 🕮 🕄 ⓪ 🈺 🅅🄸🅂🄰, ℠
🖵 15000 – **30 cam** 110/140000.

XXX ✿✿ **Il Trigabolo,** piazza Garibaldi   ℘ 804121, Fax 852016 – 🗏. 🕮 🕄 ⓪ 🈺 🅅🄸🅂🄰
chiuso domenica sera e lunedì – **Pasto** 60/100000 (a mezzogiorno) 100000 (alla sera) e carta 103/148000
Spec. Bocconcini di coniglio con indivia e capperi all'olio di scalogno, Maltagliati con mazzancolle e melanzane in salsa di fagioli, Branzino farcito con scampi e lattuga in salsa d'ostriche.

90

ARIANO NEL POLESINE 45012 Rovigo 988 ⑲, 429 H 18 – 5 233 ab. alt. 4 – ✿ 0426.

Roma 473 – ◆Ravenna 72 – ◆Ferrara 50 – ◆Milano 304 – ◆Padova 63 – Rovigo 36 – ◆Venezia 97.

XX **Due Leoni** con cam, corso del Popolo 21 ℰ 372129, Fax 372129 – ▤ rist ☎. ঩ 🗟 E 𝖵𝖨𝖲𝖠.
𝒮𝒮 rist
chiuso dal 3 al 17 luglio – **Pasto** *(chiuso lunedì)* carta 38/55000 – **13 cam** ⯐ 55/75000 –
½ P 70000.

ARICCIA 00040 Roma 430 Q 20 – 16 971 ab. alt. 412 – ✿ 06 – Vedere Guida Verde.

Roma 25 – Latina 39.

🏛 **Villa Aricia**, via Appia Nuova ℰ 9321161, Fax 9320065, « Servizio rist. estivo all'aperto
nel parco secolare » – 🛗 ▥ ☎ 👭 ❷ – 🔏 30 a 180. ঩ 🗟 ⓞ E 𝖵𝖨𝖲𝖠. 𝒮𝒮
Pasto *(chiuso lunedì)* carta 32/58000 – ⯐ 7500 – **63 cam** 100/130000 – ½ P 95/130000.

ARITZO Nuoro 988 ㉝, 433 H 9 – Vedere Sardegna alla fine dell'elenco alfabetico.

ARMA DI TAGGIA 18011 Imperia 988 ⑫, 428 K 5 – ✿ 0184.

Vedere Dipinti★ nella chiesa di San Domenico a Taggia★ N : 3,5 km.

🖪 via Blengino 5 ℰ 43733, Fax 43333.

Roma 631 – ◆Genova 132 – Imperia 15 – ◆Milano 255 – Ventimiglia 25.

🏛🏛 **Vittoria Grattacielo**, Lungomare 1 ℰ 43495, Fax 448578, ≤, « Giardino con 🏊 », 🎠 –
🛗 ▥ ☎ 🖙 – 🔏 200. ঩ 🗟 ⓞ E 𝖵𝖨𝖲𝖠. 𝒮𝒮 rist – *chiuso dal 12 ottobre al 22 dicembre* –
Pasto 38/50000 – **77 cam** ⯐ 160/220000 – ½ P 180/190000.

XXX ✿ **La Conchiglia**, Lungomare 33 ℰ 43169, �, Coperti limitati; prenotare – ▤. ঩ 🗟 ⓞ
E 𝖵𝖨𝖲𝖠. 𝒮𝒮 – *chiuso dal 1° al 15 giugno, dal 16 novembre al 1° dicembre e mercoledì (escluso
luglio-agosto)* – **Pasto** 45/65000 (a mezzogiorno) 65/85000 (alla sera) e carta 48/97000.
Spec. Insalata tiepida di polpo con patate e crostacei, Trenette al ragù di scorfano e zucchine, Petto d'anatra al Rossese
e olive taggiasche.

XX **Da Pino**, via Andrea Doria 66 ℰ 42463, prenotare – ঩ 🗟 ⓞ E 𝖵𝖨𝖲𝖠 𝖩𝖢𝖡
chiuso giovedì e dal 30 novembre al 20 dicembre – **Pasto** carta 30/70000.

ARMENZANO Perugia 430 M 20 – Vedere Assisi.

AROLA 28010 Verbania 428 E 7, 219 ⑥ – 295 ab. alt. 615 – ✿ 0323.

Roma 663 – Stresa 28 – Domodossola 38 – ◆Milano 95 – Novara 53 – Varese 62.

XX **La Zucca**, via Colma 18 bis ℰ 821114, �, prenotare, 🚗 – ❷
chiuso martedì e dal 27 agosto al 15 settembre – **Pasto** carta 37/65000.

AROLO Varese 428 E 7, 219 ⑦ – alt. 225 – ✉ 21038 Leggiuno Sangiano – ✿ 0332.

Roma 651 – Stresa 45 – Laveno Mombello 8 – ◆Milano 74 – Novara 61 – Sesto Calende 22 – Varese 23.

X **Campagna** con cam, ℰ 647107, Fax 647107 – ▥ ☎ ❷. ঩ ⓞ E 𝖵𝖨𝖲𝖠. 𝒮𝒮
chiuso dal 24 dicembre a gennaio – **Pasto** *(chiuso martedì)* carta 35/66000 – ⯐ 7000 –
15 cam 55/75000 – ½ P 62/65000.

ARONA 28041 Novara 988 ② ③, 428 E 7 – 15 509 ab. alt. 212 – ✿ 0322.

Vedere Lago Maggiore★★★ – Colosso di San Carlone★ – Polittico★ nella chiesa di Santa Maria
– ≤★ sul lago e Angera dalla Rocca – 🖪 piazzale Duca d'Aosta ℰ 243601, Fax 243601.

Roma 641 – Stresa 16 – Novara 64 – ◆Milano 40 – ◆Torino 116 – Varese 32.

🏛🏛 **Concorde**, via Verbano 1 ℰ 249321, Fax 249372, ≤ Rocca di Angera e lago, 🏓 – 🛗 ▤
▥ ☎ 👭 ❷ – 🔏 30 a 200. ঩ 🗟 ⓞ E 𝖵𝖨𝖲𝖠 𝖩𝖢𝖡. 𝒮𝒮 rist
Pasto al Rist. *La Gioconda* carta 50/76000 – ⯐ 18000 – **82 cam** 120/210000 – ½ P 95/
155000.

🏛🏛 **Atlantic**, corso Repubblica 124 ℰ 46521, Fax 48358, « Rist.-piano bar in terrazza con ≤
Rocca d'Angera e lago » – 🛗 ▤ ▥ ☎ 👭. 🔏 30 a 100. ঩ 🗟 ⓞ E 𝖵𝖨𝖲𝖠. 𝒮𝒮 rist
Pasto 45000 e al Rist. *Arc en Ciel (chiuso a mezzogiorno, domenica ed agosto)* carta
50/75000 – ⯐ 18000 – **77 cam** 145/185000, 2 appartamenti – ½ P 120/140000.

🏛 **Giardino**, corso Repubblica 1 ℰ 45994, Fax 249401, ≤ – 🛗 ▥ ☎ 👭. ঩ 🗟 ⓞ E 𝖵𝖨𝖲𝖠
Pasto carta 36/55000 – ⯐ 16000 – **55 cam** 94/135000 – ½ P 75/105000.

🏛 **Florida** senza rist, piazza del Popolo 32 ℰ 46212, ≤ – 🛗 ☎. 𝒮𝒮
11 marzo-7 novembre – ⯐ 16000 – **21 cam** 75/105000.

XXX ✿ **Taverna del Pittore**, piazza del Popolo 39 ℰ 243366, Fax 48016, ≤ Rocca di Angera
e lago, prenotare, « Terrazza sul lago » – ঩ 🗟 ⓞ E 𝖵𝖨𝖲𝖠. 𝒮𝒮
chiuso lunedì, Natale e novembre – **Pasto** 96000 (10 %) e carta 63/99000 (10 %)
Spec. Insalata tiepida di borlotti freschi e gamberi di fiume (giugno-agosto), Piccione in "abito verde" con porcini
(settembre-ottobre), Millefoglie alle fragole di bosco (luglio-settembre).

XX **Al Cantuccio**, piazza del Popolo 1 ℰ 243343 – ▤. ঩ 🗟 E 𝖵𝖨𝖲𝖠
chiuso lunedì ed agosto – **Pasto** carta 50/75000 (10 %).

XX **Del Barcaiolo**, piazza del Popolo 20/23 ℰ 243388, �, « Taverna caratteristica » – ঩ 🗟
ⓞ E 𝖵𝖨𝖲𝖠 𝖩𝖢𝖡. 𝒮𝒮
chiuso mercoledì, dal 25 gennaio al 7 febbraio e dal 20 luglio al 20 agosto – **Pasto**
carta 44/78000.

, *ad Oleggio Castello* O : 3 km – ✉ **28040** :

X **Bue D'Oro**, via Vittorio Veneto 2 ℰ 53624, 🍴, prenotare – **Ⓟ**. 🅰🅴 🆂 ⓞ **E** 🆅🆂🅰. 🍴
chiuso mercoledì, dal 2 al 12 gennaio e dal 20 agosto al 10 settembre – **Pasto** carta 36/66000.

ARQUÀ PETRARCA 35032 Padova 🈁 G 17 – 1 947 ab. alt. 56 – 🕲 0429 – Vedere Guida Verde.

Roma 478 – Mantova 85 – ♦Milano 268 – ♦Padova 25 – Rovigo 27 – ♦Venezia 61.

XXX **La Montanella**, ℰ 718200, Fax 777177, ≤, 🍴 – 🍴 **Ⓟ**. 🅰🅴 🆂 ⓞ **E** 🆅🆂🅰. 🍴
chiuso martedì sera, mercoledì, dal 9 gennaio all'11 febbraio e dal 7 al 19 agosto – **Pasto** carta 44/65000.

XX **Aganoor**, SO : 1,5 km ℰ 718140, ≤, 🍴 🍴 – **Ⓟ**. 🍴
chiuso lunedì, martedì a mezzogiorno e dal 10 al 31 gennaio – **Pasto** carta 35/46000.

ARTA TERME 33022 Udine 🈁 C 21 – 2 238 ab. alt. 442 – Stazione termale (maggio-ottobre), a.s. 10 luglio-14 settembre e Natale – 🕲 0433.

🚩 via Roma 22/24 ℰ929290, Fax 92104.

Roma 696 – ♦Milano 435 – Monte Croce Carnico 25 – Tarvisio 71 – Tolmezzo 8 – ♦Trieste 129 – Udine 60.

a Piano d'Arta N : 2 km – alt. 564 – ✉ **33020** :

🏨 Gardel, ℰ 92588, Fax 92153, 🈳, 🔲, 🍴 – 🛗 🖵 ☎ **Ⓟ** – 🕍 100

ARTIMINO Prato 🈁 🈁 K 15 – Vedere Carmignano.

ARTOGNE 25040 Brescia 🈁 🈁 E 12 – 2 977 ab. alt. 252 – 🕲 0364.

Roma 600 – ♦Brescia 51 – ♦Bergamo 50 – Edolo 47 – ♦Milano 98.

XX La Curt, via IV Novembre 6 ℰ 590694, Coperti limitati; prenotare.

ARZACHENA Sassari 🈁 ㉓, 🈁 D 10 – Vedere Sardegna alla fine dell'elenco alfabetico.

ARZIGNANO 36071 Vicenza 🈁 ④, 🈁 F 15 – 21 133 ab. alt. 116 – 🕲 0444.

Roma 536 – ♦Verona 48 – ♦Venezia 87 – Vicenza 22.

🏨 **Principe** 🍴, via Caboto 16 (zona industriale) ℰ 675131, Fax 675244, 🈳 – 🛗 🖵 🖵 ☎ 🖴 🖴 **Ⓟ**. 🅰🅴 🆂 ⓞ **E** 🆅🆂🅰 🆓🆑🅱. 🍴
chiuso dal 1° al 23 agosto – **Pasto** (*chiuso domenica*) carta 56/73000 – ⊑ 8000 – **12 cam** 100/220000.

ASCOLI PICENO 63100 **Ⓟ** 🈁 ⑯, 🈁 N 22 – 53 505 ab. alt. 153 – 🕲 0736.

Vedere Piazza del Popolo★★ B : palazzo dei Capitani del Popolo★, chiesa di San Francesco★, Loggia dei Mercanti★ **A** – Quartiere vecchio★ AB : ponte di Solestà★, chiesa dei Santi Vicenzo ed Anastasio★ N – Corso Mazzini★ ABC – Polittico del Crivelli★ nel Duomo C – Battistero★ C **E**.

🚩 piazza del Popolo 1 ℰ 253045, Fax 252391.

A.C.I. viale Indipendenza 38/a ℰ 45920.

Roma 191 ② – ♦Ancona 122 ① – L'Aquila 101 ② – ♦Napoli 331 ② – ♦Perugia 175 ② – ♦Pescara 88 ① – Terni 150 ②.

A 14 : PESCARA, ANCONA

🏛 **Villa Pigna** 🦢, località Pigna Bassa ⊠ 63040 Folignano 𝒫 491868, Fax 491868, « Giardino ombreggiato » – 🛗 🗉 📺 ☎ 🅿 – 🛦 60 a 300. 𝔸𝔼 🚫 ⓪ 🄴 𝘝𝘐𝘚𝘈 🍽 5 km per ①
Pasto *(chiuso lunedì e dal 20 luglio al 20 agosto)* carta 40/50000 – **52 cam** ☖ 140/200000, 2 appartamenti.

🏨 **Gioli** senza rist, viale De Gasperi 14 𝒫 255550, Fax 255550, ☞ – 🛗 📺 ☎ 🚗. 𝔸𝔼 🚫 ⓪ 🄴
𝘝𝘐𝘚𝘈 🍽 C a
56 cam ☖ 85/130000.

🍴 **Gallo d'Oro,** corso Vittorio Emanuele 13 𝒫 253520 – 🗉. 𝔸𝔼 🚫 ⓪ 🄴 𝘝𝘐𝘚𝘈. 🍽 C n
chiuso domenica sera, lunedì, dal 23 dicembre al 3 gennaio e dal 5 al 20 agosto – **Pasto**
carta 31/43000.

🍴 **Tornasacco,** piazza del Popolo 36 𝒫 254151, Fax 254151 – 🗉. 𝔸𝔼 🚫 ⓪ 🄴 𝘝𝘐𝘚𝘈 𝙅𝘊𝘽. 🍽
chiuso venerdì e dal 1° al 15 luglio – **Pasto** carta 31/48000. B a

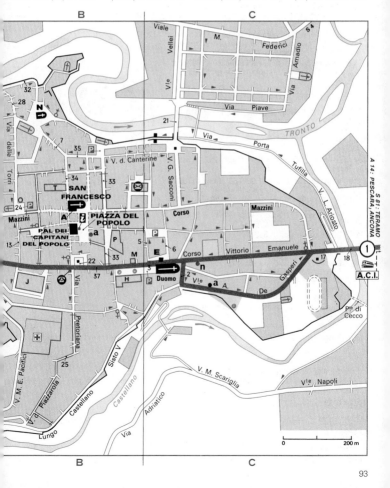

ASIAGO 36012 Vicenza 988 ④ ⑤, 429 E 16 – 6 574 ab. alt. 1 001 – Sport invernali : sull'Altopiano : 1 001/2 005 m ✆61, ⬈ – ✿ 0424.

🛏 (maggio-ottobre) ℰ 462721 – 🅱 piazza Carli 56 ℰ 462221, Fax 462445.

Roma 589 – ◆Milano 261 – ◆Padova 88 – Trento 63 – Treviso 83 – ◆Venezia 121 – Vicenza 55.

🏨 **Linta Park Hotel** ⬎, via Linta 6 ℰ 462753, Fax 463477, ≼ Altopiano, ℱ₆, ≋s, 🔲, ☞, ⚐
– ⊫ 🆃🆅 ☎ ☛ ❷ – ⌂ 100. 🆅🆂🅰. ⬦
chiuso dal 30 ottobre al 23 dicembre – **Pasto** *(aperto dicembre-gennaio e giugno-agosto)*
60000 – ⊑ 19000 – **98 cam** 132/163000 – ½ P 117/230000.

🏨 **La Baitina** ⬎ località Kaberlaba SO : 5 km ℰ 462149, Fax 463677, ≼ Altopiano, ≋s, ☞
– ⊫ 🆃🆅 ☎ ❷ – ⌂ 300. 🆅🆂🅰
chiuso novembre – **Pasto** *(solo per clienti alloggiati)* carta 34/45000 – ⊑ 15000 – **27 cam**
90/120000 – ½ P 100/110000.

🏨 **Erica**, via Garibaldi 55 ℰ 462113, Fax 462861, ☞ – ⊫ 🍽 rist 🆃🆅 ☎ ☛ ❷. 🅰🅴 🆅🆂🅰. ⬦
dicembre-18 aprile e 10 giugno-20 settembre – **Pasto** 35/45000 – ⊑ 13000 – **35 cam**
95/120000 – ½ P 70/115000.

🏨 **Miramonti** ⬎, località Kaberlaba SO : 4 km ℰ 462526, Fax 463533, ≼, ☞, ⚐ – ⊫ 🆃🆅 ☎
❷ ⬦
dicembre-aprile e giugno-settembre – **Pasto** 25/35000 – ⊑ 15000 – **29 cam** 100/130000 –
½ P 70/110000.

🏨 **Europa**, via 4 Novembre 65 ℰ 462399, Fax 462659 – 🆃🆅 ☎. 🆅🆂🅰. ⬦
dicembre-Pasqua e giugno-15 ottobre – **Pasto** carta 30/45000 – **27 cam** ⊑ 68/90000 –
½ P 50/95000.

🏨 **Vescovi** ⬎, via Don Viero 80 ℰ 462614, ≼ – 🆃🆅 ☎ ☛ ❷. ⬦ rist
20 dicembre-marzo e 15 giugno-15 settembre – **Pasto** 25/30000 – ⊑ 10000 – **19 cam**
90/120000 – ½ P 60/100000.

✗ **Casa Rossa**, località Kaberlaba SO : 3,5 km ℰ 462017, ≼ – ❷. 🅰🅴 🆂 🆅🆂🅰
*chiuso ottobre e giovedì (escluso da aprile a
settembre) –* **Pasto** carta 35/53000.

✗ **Aurora** ⬎ con cam, via Ebene 71 ℰ 462469,
Coperti limitati; prenotare – ☎ ❷. 🅰🅴 🆂 🆅🆂🅰.
⬦
Pasto *(chiuso lunedì)* carta 32/40000 – ⊑ 8000
– **8 cam** 35/70000, 4 appartamenti.

ASOLO 31011 Treviso 988 ⑤, 429 E 17 – 6 618 ab.
alt. 204 – ✿ 0423.
Vedere Guida Verde.

🅱 via Santa Caterina 258 (Villa De Mattia) ℰ 529046, Fax
524137.

Roma 559 – ◆Venezia 66 – Belluno 65 – ◆Milano 255 – ◆Padova
47 – Trento 104 – Treviso 35 – Vicenza 51.

🏨 **Villa Cipriani** ⬎, ℰ 952166, Telex 411060,
Fax 952095, ≼ pianura e colline, ☞ – ⊫ 🍽 🆃🆅
☎ ☛ ❷ – ⌂ 40. 🅰🅴 🆂 ⓞ 🅴 🆅🆂🅰
🅹🅲🅱
Pasto carta 75/130000 – ⊑ 24000 – **31 cam**
327/426000 – ½ P 308/335000.

🏨 **Duse**, senza rist, ℰ 55241, Fax 950404 – ⊫ 🍽
🆃🆅 ☎
10 cam.

✗✗ **Bacco e Tabacco,** località Pagnano O :
1 km ℰ 529475, Coperti limitati; prenotare –
🅰🅴 🆂 ⓞ 🅴 🆅🆂🅰
*chiuso lunedì, martedì a mezzogiorno ed agos-
to –* **Pasto** carta 43/73000.

✗✗ **Charly's One**, ℰ 952201, ☞ – 🅰🅴 🆂 🅴 🆅🆂🅰
*chiuso mercoledì sera, giovedì e dal 15 al
30 gennaio –* **Pasto** carta 32/48000.

✗✗ **Tavernetta**, via Schiavonesca 45 (S : 2 km) ℰ 952273, Coperti limitati; prenotare – ❷
chiuso martedì e dal 15 al 30 luglio – **Pasto** carta 32/50000.

sulla strada provinciale per Castelfranco Veneto S : 4 km :

✗ **Da Mario-Croce d'Oro**, ✉ 31011 ℰ 564075 – ❷. 🅰🅴 🆂 🆅🆂🅰. ⬦
chiuso martedì sera, mercoledì, dal 4 al 10 gennaio e dal 26 luglio al15 agosto – **Pasto**
carta 28/42000.

ASSAGO Milano 219 ⑲ – Vedere Milano, dintorni.

ASSEMINI Cagliari 988 ㉝, 433 J 8 – Vedere Sardegna alla fine dell'elenco alfabetico

ASSERGI 67010 L'Aquila 988 ㉖, 430 O 22 – alt. 867 – ✿ 0862.
Dintorni Campo Imperatore** E : 22 km : funivia per il Gran Sasso**.
Roma 134 – L'Aquila 17 – ◆Pescara 109 – Rieti 72 – Teramo 88.

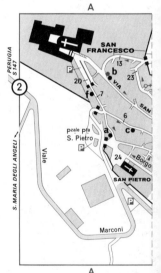

a Fonte Cerreto NE : 4 km – alt. 1 120 – ⊠ **67010** Assergi :

🏨 Campo Imperatore 🦌 località Campo Imperatore 10 mn di seggiovia alt. 2 130 ℰ 411289, Fax 413201, ≤ monti e vallate, 🖼 – 🛗 📺 ☎ 🅿 **50 cam.**

🏨 Cristallo, alla base della funivia del Gran Sasso ℰ 606678, Fax 606688, 🚃 – 📺 ☎ – 🏛 250 – **21 cam.**

🏨 **Fiordigigli** alla base della funivia del Gran Sasso ℰ 606171, Fax 606674, ≤ – 🛗 📺 ☎ 🚗 🅿 – 🏛 70. 🆎 🕤 ⓪ 🗷 🆚🆂🅰. 🛇 **Pasto** carta 35/50000 – � 8000 – **55 cam** 75/95000 – ½ P 85000.

🏠 **La Villetta** senza rist, alla base della funivia del Gran Sasso ℰ 606134 – 🛗 📺 ☎ 🅿. 🆎 🕤 ⓪ 🗷 🆚🆂🅰. 🛇 – � 8000 – **10 cam** 75/95000.

ASSISI 06081 e 06082 Perugia 𝟿𝟾𝟾 ⑯, 𝟺𝟹𝟶 M 19 – 24 567 ab. alt. 424 – ✪ 075.

Vedere Basilica di San Francesco★★★ A : affreschi★★★ nella Basilica inferiore, affreschi di Giotto★★★ nella Basilica superiore.
Chiesa di Santa Chiara★★ BC – Rocca Maggiore★★ B : ❄★★★ – Duomo di San Rufino★ C : facciata★★ – Piazza del Comune★ B **3** : tempio di Minerva★ – Via San Francesco★ AB – Chiesa di San Pietro★ A.

Dintorni Eremo delle Carceri★★ E : 4 km C – Convento di San Damiano★ S : 2 km BC – Basilica di Santa Maria degli Angeli★ SO : 5 km A.

🛈 piazza del Comune 12 ⊠ 06081 ℰ 812534, Telex 660122, Fax 813727.

Roma 177 ① – ◆Perugia 23 ③ – Arezzo 99 ② – ◆Milano 475 ② – Siena 131 ② – Terni 76 ①.

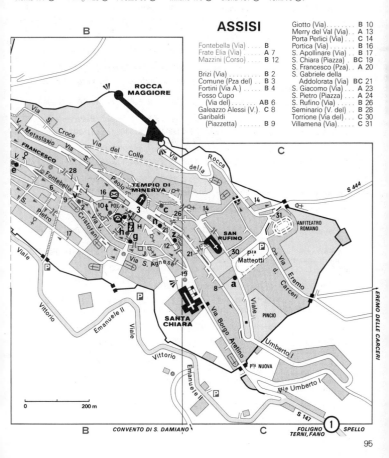

ASSISI

Fontebella (Via) . . . . **B**
Frate Elia (Via) . . . . **A** 7
Mazzini (Corso) . . . . **B** 12

Brizi (Via) . . . . **B** 2
Comune (Pza del) . . **B** 3
Fortini (Via A.) . . . . **B** 4
Fosso Cupo
  (Via del) . . . . . . **AB** 6
Galeazzo Alessi (V.) . **C** 8
Garibaldi
  (Piazzetta) . . . . . . **B** 9

Giotto (Via) . . . . **B** 10
Merry del Val (Via) . . **A** 13
Porta Perlici (Via) . . . **C** 14
Portica (Via) . . . . **B** 16
S. Apollinare (Via) . . **B** 17
S. Chiara (Piazza) . **BC** 19
S. Francesco (Pza) . . **A** 20
S. Gabriele della
  Addolorata (Via) **BC** 21
S. Giacomo (Via) . . . **A** 23
S. Pietro (Piazza) . . . **A** 24
S. Rufino (Via) . . . . . **B** 26
Seminario (V. del) . . **B** 28
Torrione (Via del) . . . **C** 30
Villamena (Via). . . . . **C** 31

Subasio, via Frate Elia 2 ⊠ 06081 ✆ 812206, Telex 662029, Fax 816691, ≤, 佘, « Terrazze fiorite » – ‖ TV ☎. AE ⑤ ⓪ E VISA. ⚆ rist   A   f
Pasto carta 42/67000 – **43 cam** ⊑ 160/250000, 5 appartamenti – ½ P 165000.

Giotto, via Fontebella 41 ⊠ 06082 ✆ 812209, Telex 563259, Fax 816479, ≤, 舜 – TV ☎ ← ⊕ – 益 50. AE ⑤ ⓪ E VISA. ⚆ rist   A   c
Pasto (chiuso a mezzogiorno) 45/55000 – ⊑ 20000 – **70 cam** 110/180000, appartamento – ½ P 135/155000.

Fontebella, via Fontebella 25 ⊠ 06082 ✆ 812883, Fax 812941, ≤ – ‖ TV ☎. AE ⑤ ⓪ E VISA JCB   B   e
Pasto vedere rist **Il Frantoio** – ⊑ 20000 – **46 cam** 120/195000, 3 appartamenti.

Umbra ⚘, vicolo degli Archi 6 ⊠ 06081 ✆ 812240, Fax 813653, « Servizio rist. estivo all'aperto » – TV ☎. AE ⑤ ⓪ E VISA. ⚆   B   x
chiuso dal 10 gennaio al 15 marzo – **Pasto** (chiuso martedì e dal 15 novembre al 15 dicembre) carta 32/64000 – ⊑ 15000 – **21 cam** 95/130000.

Dei Priori, corso Mazzini 15 ⊠ 06081 ✆ 812237, Fax 816804 – ‖ ☎. AE ⑤ ⓪ E VISA. ⚆   B   n
20 marzo-10 novembre – **Pasto** carta 38/65000 – ⊑ 12000 – **34 cam** 98/136000 – ½ P 110/130000.

San Francesco, via San Francesco 48 ⊠ 06082 ✆ 812281, Fax 816237, ≤ – ‖ TV ☎. AE ⑤ ⓪ E VISA JCB. ⚆ rist   A   b
Pasto (solo per clienti alloggiati) 40/58000 – ⊑ 22000 – **44 cam** 110/155000 – ½ P 110/140000.

Berti senza rist, piazza San Pietro 24 ⊠ 06081 ✆ 813466 – ‖ TV ☎. AE ⑤ ⓪ E VISA JCB. ⚆   A   a
chiuso dall'11 gennaio a febbraio – ⊑ 8000 – **10 cam** 60/90000.

Sole, corso Mazzini 35 ⊠ 06081 ✆ 812373, Fax 813706 – ‖ ☎. AE ⑤ ⓪ E VISA JCB. ⚆   B   z
Pasto (solo per clienti alloggiati e chiuso da novembre al 15 marzo) – ⊑ 10000 – **37 cam** 60/90000 – ½ P 70/80000.

Del Viaggiatore, via Sant'Antonio 14 ⊠ 06081 ✆ 816297, Fax 813051 – ‖ ☎. AE ⑤ ⓪ VISA. ⚆   B   g
Pasto carta 29/46000 – ⊑ 8000 – **16 cam** 65/95000 – ½ P 70/80000.

Ideale senza rist, piazza Matteotti 1 ⊠ 06081 ✆ 813570, ≤ – TV ☎ ⊕. ⑤ E VISA   C   a
⊑ 10000 – **11 cam** 75/100000.

Medio Evo, via Arco dei Priori 4/b ⊠ 06081 ✆ 813068, Fax 812870, « Rinvenimenti archeologici » – ▤. AE ⑤ ⓪ E VISA. ⚆   B   h
chiuso mercoledì, dal 7 gennaio al 1° febbraio e dal 3 al 21 luglio – **Pasto** carta 36/57000.

San Francesco, via San Francesco 52 ⊠ 06081 ✆ 813302, Fax 815201, ≤ Basilica di San Francesco, prenotare – ▤. AE ⑤ ⓪ E VISA JCB   A   b
chiuso mercoledì e dal 20 giugno al 5 luglio – **Pasto** carta 49/80000.

Buca di San Francesco, via Brizi 1 ⊠ 06081 ✆ 812204, Fax 81378023271, 佘 – AE ⑤ ⓪ E VISA   B   v
chiuso lunedì, dal 7 gennaio al 28 febbraio e dal 1° al 28 luglio – **Pasto** carta 43/80000.

Taverna de l'Arco - da Bino, via San Gregorio 8 ⊠ 06081 ✆ 812383, Fax 812383 – AE ⑤ E VISA   B   t
chiuso martedì, dal 7 gennaio al 13 febbraio e dal 30 giugno al 10 luglio – **Pasto** carta 25/46000.

Il Frantoio, vicolo Illuminati ⊠ 06081 ✆ 812977, Fax 812941 – AE ⑤ ⓪ E VISA JCB. ⚆   B   e
chiuso lunedì – **Pasto** carta 50/75000.

La Fortezza ⚘, con cam, vicolo della Fortezza 2/b ⊠ 06081 ✆ 812418, Fax 812418, Coperti limitati; prenotare – ☎. AE ⑤ ⓪ E VISA JCB. ⚆   B   c
Pasto (chiuso giovedì) carta 25/38000 – ⊑ 9000 – **7 cam** 80000.

a Santa Maria degli Angeli SO : 5 km – ⊠ **06088** :

Cristallo, ✆ 8043094, Fax 8043538 – ‖ ▤ TV ☎ 👬 ⊕ – 益 50. AE ⑤ ⓪ E VISA
Pasto carta 29/44000 – **52 cam** ⊑ 95/140000 – ½ P 120000.

a Petrignano NO : 9 km per ② – ⊠ **06086** :

La Torretta ⚘ senza rist, ✆ 8038778, Fax 8039474, ⅃, 舜 – TV ☎ ⊕. ⑤ E VISA. ⚆ ⊑ 9000 – **31 cam** 60/90000.

Poppy Inn-Locanda del Papavero con cam, ✆ 8038041, Fax 8038041, « Servizio rist. estivo in giardino » – ☎ ⊕. AE ⑤ ⓪ E VISA
chiuso Natale – **Pasto** (chiuso mercoledì da settembre a marzo) carta 34/55000 – ⊑ 12000 – **9 cam** 75/110000 – ½ P 105000.

a Rocca Sant'Angelo NO : 12 km – ⊠ **06086** Petrignano :

La Rocchicciola, ✆ 8038161, 佘, Coperti limitati; prenotare, 舜 – ⊕. VISA. ⚆
chiuso martedì e luglio o agosto – **Pasto** carta 29/48000.

ad Armenzano E : 12 km – alt. 759 – ✉ **06081** Assisi :

🏨 **Le Silve** 🐦, ✆ 8019000, Fax 8019005, ≤, 🍽, « In un casale del 10° secolo », 🏊, 🌳, 🎾 – 📺 ☎ 🅟. AE ⓓ E VISA JCB. 🐕
chiuso sino al 12 marzo – **Pasto** (solo su prenotazione) carta 52/67000 – **13 cam** ☕ 130/260000 – ½ P 170000.

a San Gregorio NO : 13 km – ✉ **06081** Assisi :

🏨 **Castel San Gregorio** 🐦, ✆ 8038009, Fax 8038904, ≤, 🌳 – ☎ 🅟. AE 🅢 E VISA JCB. 🐕
chiuso dal 15 al 30 gennaio – **Pasto** 42000 – ☕ 12000 – **12 cam** 80/115000 – ½ P 96000.

ASTI 14100 🅟 988 ⑫, 428 H 6 – 73 534 ab. alt. 123 – ☎ 0141.

Vedere Battistero di San Pietro★ B **A**.

Dintorni Monferrato★ per ①.

ℹ piazza Alfieri 34 ✆ 530357, Fax 538200.

A.C.I. piazza Medici 21 ✆ 533534.

Roma 615 ② – ◆Torino 60 ④ – Alessandria 37 ② – ◆Genova 116 ② – ◆Milano 127 ② – Novara 103 ②.

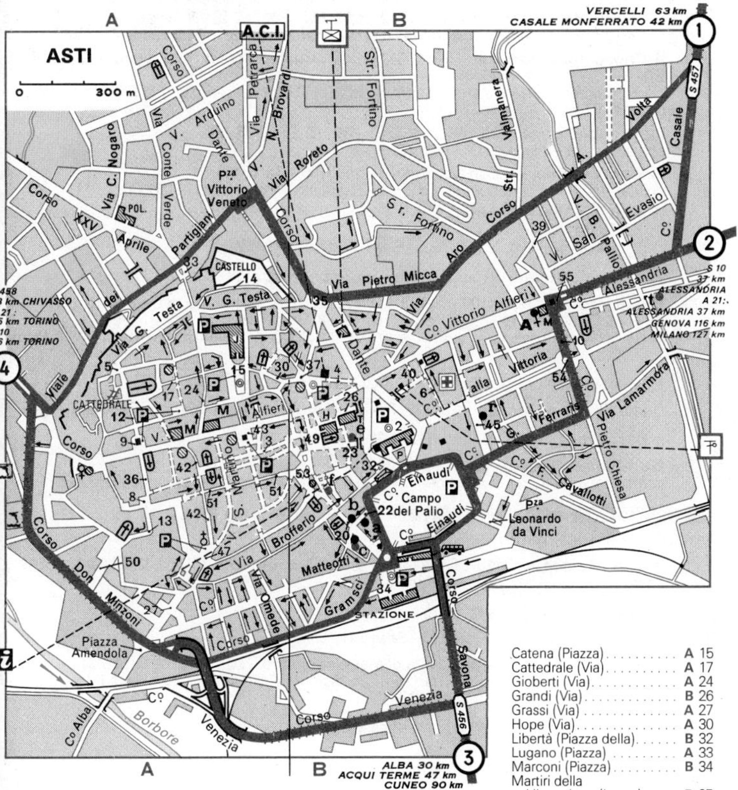

Catena (Piazza) . . . . . A 15
Cattedrale (Via) . . . . . A 17
Gioberti (Via) . . . . . A 24
Grandi (Via) . . . . . B 26
Grassi (Via) . . . . . A 27
Hope (Via) . . . . . A 30
Libertà (Piazza della) . . . . . B 32
Lugano (Piazza) . . . . . A 33
Marconi (Piazza) . . . . . B 34
Martiri della Liberazione (Largo) . . . . . B 35
Mazzini (Via) . . . . . A 36
Medici (Piazza) . . . . . B 37
Monte Rainero (Via) . . . . . B 39
Ospedale (Via) . . . . . B 40
Roero (Via) . . . . . A 42
Roma (Piazza) . . . . . A 43
Rosselli (Viale Flli) . . . . . B 45
S. Giuseppe (Piazza) . . . . . A 47
Santuario (Viale al) . . . . . A 50
Sella (Via Quintino) . . . . . A 51
Vittoria (Piazzale) . . . . . B 54
1° Maggio (Piazza) . . . . . B 55

Alfieri (Corso Vittorio) . . . . . B
Alfieri (Piazza Vittorio) . . . . . B 2
Brofferio (Via) . . . . . B
Cavour (Via) . . . . . B 20
Dante (Corso) . . . . . A
Filiberto (Via E.) . . . . . B 22
Garibaldi (Via Giuseppe) . . . . . B 23
S. Secondo (Piazza) . . . . . B 49
Statuto (Piazza) . . . . . B 53

Aliberti (Via) . . . . . A 3
Battisti (Via Cesare) . . . . . B 4
Berruti (Via F.) . . . . . A 5
Bottallo (Via) . . . . . B 6
Cagni (Piazza) . . . . . A 8
Cairoli (Piazza) . . . . . A 9
Calosso (Via) . . . . . B 10
Caracciolo (Via) . . . . . A 12
Carmine (Via del) . . . . . A 13
Castello (Via al) . . . . . A 14

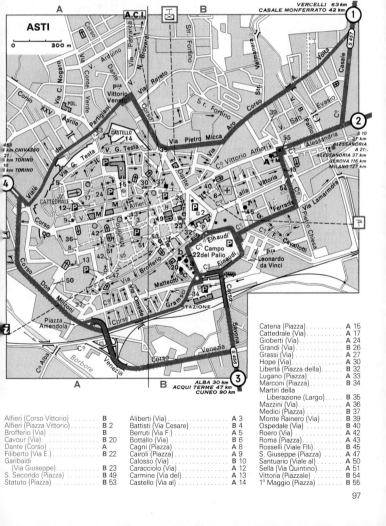

🏨🏨 **Salera,** via Monsignor Marello 19 ℰ 410169, Fax 410372 – 🛗 ▤ 📺 ☎ ⇔ 🅿. 🆎 🕄 ⓄⒹ E
VISA   per strada Fortino   B
Pasto *(chiuso lunedì)* 35/50000 – **48 cam** ⊑ 130/170000 – ½ P 110/120000.

🏨 **Lis** senza rist, viale Fratelli Rosselli 10 ℰ 595051, Fax 353845 – ▤ 📺 ☎ ⇔. 🆎 🕄 ⓄⒹ E
VISA   B   r
29 cam ⊑ 110/160000.

🏨 **Palio** senza rist, via Cavour 106 ℰ 34371, Fax 34373 – 🛗 ▤ 📺 ☎ – 🔬 25. 🆎 🕄 ⓄⒹ E *VISA*
chiuso dal 1° al 15 agosto – **29 cam** ⊑ 130/200000, 5 appartamenti.   B   b

🏨 **Aleramo** senza rist, via Emanuele Filiberto 13 ℰ 595661, Fax 30039 – 🛗 ▤ 📺 ☎ ⇔. 🆎
🕄 ⓄⒹ E *VISA*   B   a
chiuso dal 24 al 25 dicembre e dal 5 al 22 agosto – ⊑ 15000 – **42 cam** 80/140000.

🏨 **Rainero** senza rist, via Cavour 85 ℰ 353866, Fax 594985 – 🛗 ▤ 📺 ☎ ⇔ – 🔬 25 a 100.
🕄 ⓄⒹ E *VISA*   B   c
chiuso dal 1° all'8 gennaio – ⊑ 12000 – **49 cam** 70/105000, ▤ 10000.

🍽🍽🍽 ❀ **Gener Neuv,** lungo Tanaro 4 ℰ 557270, Fax 436723, Coperti limitati; prenotare – 🏖
▤ 🅿. 🆎 🕄 E *VISA*. 🍴   per ③
chiuso domenica sera, lunedì, agosto e dicembre o gennaio – **Pasto** 75/95000 (solo alla
sera) e carta 75/130000
Spec. Quaglia disossata al forno con fegato d'anatra, Lasagnette al sugo di coniglio, Capretto delle Langhe al forno.

🍽🍽 **L'Angolo del Beato,** via Guttuari 12 ℰ 531668 – ▤. 🆎 🕄 ⓄⒹ E *VISA*. 🍴   B   c
chiuso domenica, dal 1° al 10 gennaio e dal 1° al 20 agosto – **Pasto** carta 45/75000.

🍽🍽 **Il Cenacolo,** viale Pilone 59 ℰ 531110, 🌳, Coperti limitati; prenotare – 🆎 🕄 ⓄⒹ E
VISA
chiuso lunedì, martedì a mezzogiorno, dal 7 al 23 gennaio e dall'8 al 22 agosto – **Pasto**
carta 36/67000.   B   t

🍽 **La Greppia,** corso Alba 140 ℰ 593262 – 🅿. 🆎 🕄 ⓄⒹ E *VISA*   A
chiuso lunedì – **Pasto** carta 28/45000.

🍽 **Falcon Vecchio,** via San Secondo 8 ℰ 593106 – 🕄 E *VISA*   B   e
chiuso domenica sera, lunedì e dal 9 al 21 agosto – **Pasto** carta 40/80000.

🍽 **Il Convivio Vini e Cucina,** via G.B. Giuliani 6 ℰ 594188, Coperti limitati; prenotare – 🆎
🕄 ⓄⒹ E *VISA*. 🍴   B   f
chiuso domenica e dal 10 al 19 agosto – **Pasto** carta 37/61000.

sulla strada statale 10 per ④ : 4 km (Valle Benedetta) :

🏨 **Hasta Hotel** 🏖, ✉ 14100 ℰ 213312, Fax 219580, ≤, « Servizio rist. estivo in giardino »,
🍴 – ▤ 📺 ☎ ⇔ 🅿 – 🔬 40 a 200. 🆎 🕄 ⓄⒹ E *VISA*. 🍴
Pasto *(chiuso domenica)* carta 50/86000 – ⊑ 16000 – **26 cam** 120/160000 – ½ P 135/
165000.

a Valle Tanaro per ③ : 4 km – ✉ 14100 Asti :

🍽🍽 Dente, frazione Torrazzo ℰ 30322, Fax 436465, 🌳, Coperti limitati; prenotare – 🅿

a Castiglione per ② : 8 km – ✉ **14037** :

🍽 **Da Aldo,** ℰ 206008 – 🅿. 🆎 🕄 ⓄⒹ E *VISA*. 🍴
chiuso mercoledì, dal 7 al 31 gennaio e dal 25 al 31 luglio – **Pasto** carta 39/58000.

ATENA LUCANA 84030 Salerno 🔢🔢🔢 F 28 – 2 335 ab. alt. 642 – ✿ 0975.

Roma 346 – ◆Napoli 140 – Potenza 60 – Salerno 89.

🏨 **Kristall Palace,** ℰ 71152, Fax 71153 – 🛗 ▤ 📺 ☎ ⇔ 🅿 – 🔬 700. 🆎 🕄 ⓄⒹ E *VISA*. 🍴
Pasto 16/25000 – ⊑ 3000 – **22 cam** 60/80000 – ½ P 84000.

ATRANI 84010 Salerno 🔢🔢🔢 F 25 – 1 024 ab. alt. 12 – ✿ 089.

Roma 270 – ◆Napoli 69 – Amalfi 2 – Avellino 59 – Salerno 23 – Sorrento 36.

🍽 **'A Paranza,** ℰ 871840, Specialità di mare, prenotare – ▤. 🆎 🕄 ⓄⒹ E *VISA*. 🍴
chiuso dal 1° al 20 febbraio, dal 10 al 25 dicembre e martedì (escluso dal 15 giugno al
15 settembre) – **Pasto** carta 35/60000.

ATRI 64032 Teramo 🔢🔢🔢 ㉗, 🔢🔢🔢 0 23 – 11 390 ab. alt. 442 – ✿ 085.

Vedere Cattedrale★.

Dintorni Paesaggio★★ (Bolge) NO verso Teramo.

Roma 203 – ◆Pescara 26 – Ascoli Piceno 80 – Teramo 45.

🏨 **Du Parc,** viale Umberto I° 6 ℰ 870260, Fax 8798326, 🍃 – 🛗 ▤ rist 📺 ☎ ⇔ – 🔬 200.
🆎 🕄 E *VISA*. 🍴 rist
Pasto *(marzo-ottobre)* carta 27/49000 – **35 cam** ⊑ 90/120000 – ½ P 95/100000.

ATRIPALDA 83042 Avellino 🔢🔢🔢 E 26 – 11 412 ab. alt. 280 – ✿ 0825.

Roma 249 – Avellino 4 – ◆Napoli 61 – Salerno 38.

🍽🍽 **Al Cenacolo,** via Appia III Traversa 7 ℰ 623586, Fax 623586 – ▤ 🅿. 🆎 🕄 ⓄⒹ E *VISA*
chiuso martedì – **Pasto** carta 39/56000.

ATTIGLIANO 05012 Terni 988 ㉖, 430 O 18 – 1 671 ab. alt. 95 – ✪ 0744.

Dintorni Sculture★ nel parco della villa Orsini a Bomarzo SO : 6 km.

Roma 87 – Orvieto 34 – Terni 42 – Viterbo 26.

🏨 **Umbria,** in prossimità casello autostrada A1 ℘ 994222, Fax 994340, 🚶, 🚗, ᰓ – 📶 🛏
📺 ☎ 🚗 🅿 ⅢЕ 🛐 ⓪ Е 🚾 ᰓ
Pasto *(chiuso lunedì escluso da luglio a settembre)* carta 31/58000 – ⊡ 14000 – **62 cam**
75/100000 – ½ P 100/120000.

AUER = Ora.

AUGUSTA Siracusa 988 ㊲, 432 P 27 – Vedere Sicilia alla fine dell'elenco alfabetico.

AULLA 54011 Massa Carrara 988 ⑭, 428 429 J 11 – 10 165 ab. alt. 64 – ✪ 0187.

Roma 418 – ♦ Parma 92 – ♦ La Spezia 17.

🍴 **Il Rigoletto,** quartiere Matteotti 29 ℘ 409879, 🌤, Coperti limitati; prenotare – 🅿. ⅢЕ 🛐
⓪ Е 🚾. ᰓ
chiuso lunedì e novembre – **Pasto** carta 43/71000.

AURONZO DI CADORE 32040 e 32041 Belluno 988 ⑤, 429 C 19 – 3 797 ab. alt. 864 – Sport
invernali : 864/2 220 m ⚡6, ⚡ (vedere anche Misurina) – ✪ 0435.

🛈 via Roma 10 ⊠ 32041 ℘ 9426, Fax 400161.

Roma 663 – Belluno 62 – Cortina d'Ampezzo 34 – ♦Milano 402 – Tarvisio 135 – Treviso 123 – Udine 124 – ♦Venezia
152.

🏨 Auronzo, via Roma 30 ⊠ 32040 ℘ 99543, Fax 99879, ≼, « Parco ombreggiato », ⅀ᶳ, ᰓ
– 📶 ☎ 🅿
stagionale – **51 cam.**

🏠 **Panoramic** ᶳ, via Padova 17 ⊠ 32040 ℘ 400578, ≼, 🚗 – ☎ 🅿. ᰓ
20 giugno-20 settembre – **Pasto** carta 32/42000 – ⊡ 8000 – **31 cam** 80/100000 – ½ P 60/
90000.

🏠 **La Montanina** ᶳ, via Monti 3 ⊠ 32040 ℘ 400005, Fax 400090, 🚗 – ☎ 🅿. 🛐 ⓪ Е 🚾.
ᰓ rist
Natale-Pasqua e 15 giugno-15 settembre – **Pasto** 22/28000 – ⊡ 7000 – **17 cam** 90/160000
– ½ P 80000.

AVEGNO 16030 Genova 428 I 9 – 1 997 ab. alt. 92 – ✪ 0185.

Roma 486 – ♦Genova 37 – ♦Milano 161 – Portofino 22 – ♦La Spezia 88.

🍴 **Lagoscuro-da Ferreccio** ᶳ, con cam, ℘ 79017 – ☎. 🛐 Е 🚾. ᰓ
chiuso dal 15 gennaio al 15 febbraio – **Pasto** *(chiuso martedì)* carta 27/42000 – ⊡ 8000 –
13 cam 65/90000 – ½ P 50/60000.

AVELENGO (HAFLING) 39010 Bolzano 429 C 15, 218 ⑳ – 625 ab. alt. 1 290 – Sport invernali : a
Merano 2000 : 1 946/2 302 m ⚡2 ⚡6, ⚡ – ✪ 0473.

🛈 ℘99457, Fax 99540.

Roma 680 – ♦Bolzano 37 – Merano 15 – ♦Milano 341.

🏨 **Viktoria** ᶳ, ℘ 279422, Fax 279522, ≼, ₤ᵚ, ⅀ᶳ, 🚗 – 📺 ☎ 🅿. ᰓ rist
chiuso novembre – **Pasto** carta 44/66000 – **25 cam** ⊡ 120/180000, appartamento – ½ P 80/
150000.

🏠 **Viertlerhof** ᶳ, ℘ 279428, Fax 279446, ≼, ₤ᵚ, ⅀ᶳ, 🔲, 🚗 – 📶 📺 ☎ 🚗 🅿. 🛐 Е
🚾
chiuso da novembre al 25 dicembre – **Pasto** (solo per clienti alloggiati) – **23 cam** ⊡ 48/
80000 – ½ P 63/70000.

🏠 **Messnerwirt** ᶳ, ℘ 279493, Fax 279530, ≼, 🌤, ⅀ᶳ – 📺 ☎ 🅿. 🛐. ᰓ rist
chiuso dal 15 novembre al 20 dicembre – **Pasto** *(chiuso lunedì)* carta 30/57000 – **10 cam**
⊡ 53/96000, 3 appartamenti – ½ P 58/72000.

AVELLINO 83100 🄿 988 ㉗ ㉘, 431 E 26 – 55 615 ab. alt. 351 – ✪ 0825.

🛈 piazza Libertà 50 ℘ 74732, Fax 74757.

A.C.I. viale Italia 217 ℘ 36459.

Roma 245 – ♦Napoli 57 – Benevento 39 – Caserta 58 – ♦Foggia 118 – Potenza 138 – Salerno 38.

🏨 **De la Ville,** via Palatucci 20 ℘ 780911, Fax 780921 – 📶 🛏 📺 ☎ ♿ 🚗 🅿 – 🛎 350. ⅢЕ 🛐
⓪ 🚾
Pasto al Rist. *Il Cavallino* carta 45/85000 (10%) – **63 cam** ⊡ 160/230000, 6 appartamenti –
½ P 205000.

🏨 **Jolly,** via Tuoro Cappuccini 97/a ℘ 25922, Telex 722584, Fax 780029 – 📶 🛏 📺 ☎ 🅿 –
🛎 300. ⅢЕ 🛐 ⓪ Е 🚾 ᴊᴄʙ. ᰓ rist
Pasto 35/40000 – **72 cam** ⊡ 165/200000 – ½ P 155/215000.

🍴 La Caveja, via Scandone 54 ℘ 38277, 🌤 – 🛏

🍴 Barone, via Matteotti ℘ 35931

🍴 Malaga, via Tedesco 347 ℘ 626045, Specialità di mare – 🛏

sulla strada statale 88 SO : 5 km :

🏨 **Hermitage** ⑤, ✉ 83020 Contrada 𝒫 674788, Fax 674772, ≤, « Costruzione del XVII secolo in un parco », ⌿, ✻ – 📳 🍽 rist 📺 ☎ ❷ – 🔏 250. 🖭 🛐 ⓞ 🖃 𝗩𝗜𝗦𝗔. ✻ rist
aprile-ottobre – **Pasto** carta 48/81000 – **30 cam** ⇌ 160/210000 – ½ P 155000.

Vedere anche : *Atripalda* NE : 4 km.

AVEZZANO 67051 L'Aquila 𝟿𝟪𝟪 ㉖, 𝟦𝟥𝟢 P 22 – 37 301 ab. alt. 697 – ✪ 0863.
Roma 105 – L'Aquila 54 – Latina 133 – ◆Napoli 188 – ◆Pescara 107.

🏨 **Velino,** via Montello 9 𝒫 412696, Fax 34263 – 📺 ☎ ⇌. 🖭 🛐 🖃 𝗩𝗜𝗦𝗔. ✻
Pasto vedere rist **La Stia** – **26 cam** ⇌ 90/130000, appartamento – ½ P 110/120000.

🟶 **Le Jardin,** via Sabotino 36 𝒫 414710, prenotare – 🖭 🛐 🖃 𝗩𝗜𝗦𝗔
chiuso domenica e dal 1° al 15 luglio – **Pasto** carta 41/59000.

🟶 **La Stia,** via Montello 7 𝒫 410572, prenotare – 🖭 🛐 ⓞ 🖃 𝗩𝗜𝗦𝗔. ✻
chiuso domenica e dal 5 al 20 agosto – **Pasto** carta 40/54000.

AVIGLIANA 10051 Torino 𝟿𝟪𝟪 ⑫, 𝟦𝟤𝟪 G 4 – 10 009 ab. alt. 390 – ✪ 011.
Dintorni Sacra di San Michele★★★ : ≤★★★ NO : 13,5 km.
🏌 Le Fronde (chiuso lunedì, gennaio e febbraio) 𝒫 935083, Fax 930928.
🔳 piazza del Popolo 6 𝒫 938650, Fax 938650.
Roma 689 – ◆Torino 26 – ◆Milano 161 – Col du Mont Cenis 59 – Pinerolo 33.

🟶 **Corona Grossa,** piazza Conte Rosso 38 𝒫 938371 – 🖭 🛐 ⓞ 🖃 𝗩𝗜𝗦𝗔
chiuso a mezzogiorno (escluso i giorni festivi), domenica ed agosto – **Pasto** carta 51/83000.

ai laghi S : 3 km :

🟶🟶🟶 Hermitage con cam, 𝒫 9369234, Fax 9369150, ≤ lago e monti, ☞ – 📺 ☎ ❷
9 cam.

🟶 **Caccia Reale,** 𝒫 938717 – ❷. 🖭 🛐 🖃 𝗩𝗜𝗦𝗔. ✻
chiuso mercoledì e dal 25 agosto al 10 settembre – **Pasto** carta 28/52000.

AVIGLIANO UMBRO 05020 Terni 𝟦𝟥𝟢 O 19 – 2 308 ab. alt. 441 – ✪ 0744.
Roma 102 – ◆Perugia 80 – Terni 36 – Viterbo 56.

🟶 La Casareccia, via Pian dell'Ara 69 𝒫 933482, Cucina tipica locale, prenotare – ❷

AYAS 11020 Aosta 𝟦𝟤𝟪 E 5, 𝟤𝟣𝟿 ④ – 1 267 ab. alt. 1 453 – ✪ 0125.
🔳 a Champoluc, via Varasc 𝒫 307113.
Roma 732 – Aosta 58 – Ivrea 57 – ◆Milano 170 – ◆Torino 99.

ad Antagnod N : 3,5 km – alt. 1 699 – ✉ 11020 Ayas – a.s. febbraio-Pasqua, luglio-agosto e Natale :

🏠 **Chalet,** 𝒫 306616, ≤, ☞ – ☎ ❷. ✻
chiuso maggio ed ottobre – **Pasto** carta 28/35000 – ⇌ 8000 – **8 cam** 60/90000 – ½ P 70/80000.

Vedere anche : *Champoluc* NE : 5,5 km.

AZZATE 21022 Varese 𝟦𝟤𝟪 E 8, 𝟤𝟣𝟿 ⑦ – 3 720 ab. alt. 332 – ✪ 0332.
Roma 634 – Stresa 42 – Bellinzona 73 – Como 32 – ◆Lugano 40 – ◆Milano 53 – Novara 52 – Varese 6.

🟶🟶🟶 **Mai Intees,** 𝒫 457223, prenotare, ☞ – ❷. 🖭 🛐 ⓞ 🖃 𝗩𝗜𝗦𝗔
chiuso domenica sera, lunedì, dal 3 al 18 gennaio e dal 7 al 21 novembre – **Pasto** 45000 e carta 52/90000.

BACCHERETO Prato 𝟦𝟤𝟿 𝟦𝟥𝟢 K 15 – Vedere Carmignano.

BACOLI 80070 Napoli 𝟿𝟪𝟪 ㉗, 𝟦𝟥𝟣 E 24 – 26 466 ab. – a.s. luglio-settembre – ✪ 081.
Vedere Cento Camerelle★ – Piscina Mirabile★.
Roma 242 – ◆Napoli 77 – Formia 77 – Pozzuoli 8.

🟶 **La Misenetta,** 𝒫 5234169, Fax 8688392 – 🖭 🛐 🖃 𝗩𝗜𝗦𝗔. ✻
chiuso lunedì, dal 23 dicembre al 3 gennaio e dal 12 al 28 agosto – **Pasto** carta 80/100000 (15 %).

a Capo Miseno SE : 2 km – ✉ 80070 :

🏨 **Cala Moresca** ⑤, via del Faro 44 𝒫 5235595, Fax 5235557, ≤ golfo e costa, 🍽, ⌿, ☞, ✻ – 📳 📺 ☎ ❷ – 🔏 70. 🖭 🛐 ⓞ 🖃 𝗩𝗜𝗦𝗔 𝗝𝗖𝗕. ✻
Pasto 50/70000 (a mezzogiorno) 55/75000 (alla sera) e al Rist. *La Cala* carta 55/81000 – ⇌ 15000 – **28 cam** 95/150000 – ½ P 130000.

a Baia N : 3,5 km – ⊠ 80070 – **Vedere** Terme★★.

XX **Dal Tedesco** ⑤ con cam, via Temporini 8 (N : 1,5 km) ℰ 8687175, Fax 8687336, ≼,
« Servizio estivo in terrazza » – ☎ ❷. 昼 ⑤ ⓸ ㄹ 𝚅𝙸𝚂𝙰. ⅋
Pasto *(chiuso martedì, dal 10 al 20 agosto e dal 20 dicembre al 6 gennaio)* carta 35/52000
(12%) – ⊆ 10000 – **9 cam** 50/95000 – ½ P 100/120000.

▬ **BADALUCCO** 18010 Imperia 𝟺𝟸𝟾 K 5 – 1 345 ab. alt. 179 – ✿ 0184.
Roma 643 – Cuneo 124 – Imperia 37 – San Remo 24 – Savona 103.

XX **Il Ponte**, via Ortai 3/5 ℰ 40000, prenotare – 昼 ⑤ ⓸ ㄹ 𝚅𝙸𝚂𝙰. ⅋
chiuso mercoledì e dal 5 al 15 novembre – **Pasto** 38000.

▬ **BADIA** (ABTEI) Bolzano 𝟺𝟸𝟿 C 17 – 2 725 ab. – Sport invernali : 1 315/2 085 m ⩤ 1 ⩥ 16, ⩢ –
✿ 0471.
Da Pedraces : Roma 712 – Belluno 92 – ♦Bolzano 71 – Cortina d'Ampezzo 55 – ♦Milano 366 – Trento 132.

a Pedraces (Pedratsches) – alt. 1 315 – ⊠ 39036.
🛈 ℰ 839695 :

🏨🏨 **Sporthotel Teresa**, ℰ 839623, Fax 839823, ≼, ℩ₛ, ≘ₛ, ⊠, ⅌, ⅋ – 🛗 ▤ rist �📺 ☎ ⇦⇨
❷. 𝚅𝙸𝚂𝙰. ⅋
chiuso maggio e novembre – **Pasto** *(chiuso lunedì)* carta 50/75000 – ⊆ 20000 – **42 cam**
95/200000, 8 appartamenti – ½ P 115/210000.

🏨 **Serena**, ℰ 839664, Fax 839854, ≼ Dolomiti, ℩ₛ, ≘ₛ, ⊠, ⅌ – 🛗 ⅍⅍ rist ☎ ⇦ ❷. ⑤ ㄹ
𝚅𝙸𝚂𝙰. ⅋ rist
4 dicembre-25 marzo e 18 giugno-24 settembre – **Pasto** carta 37/42000 – ⊆ 18000 –
47 cam 53/95000, appartamento – ½ P 100/125000.

🏠 **Lech da Sompunt** ⑤, SO : 3 km ℰ 847015, Fax 847464, ≼, 🍽, « Parco con laghetto »,
≘ₛ – 📺 ☎ ❷. ⑤ ㄹ 𝚅𝙸𝚂𝙰. ⅋ rist
dicembre-aprile e giugno-settembre – **Pasto** carta 31/48000 – **30 cam** solo ½ P 75/117000.

🏠 **Gran Ander** ⑤, ℰ 839718, Fax 839741, ≼ Dolomiti – ▤ rist 📺 ☎ ❷. ⑤ ㄹ 𝚅𝙸𝚂𝙰. ⅋ rist
dicembre-15 aprile e luglio-settembre – **Pasto** *(solo per clienti alloggiati)* 27/48000 –
⊆ 18000 – **16 cam** 64/130000 – ½ P 70/105000.

a La Villa (Stern) S : 3 km – alt. 1 484 – ⊠ 39030.
🛈 ℰ 847037, Fax 847277 :

🏨🏨 **Christiania**, ℰ 847016, Fax 847056, ≼ Dolomiti, ≘ₛ, ⅒, ⅌ – 🛗 📺 ☎ ❷. ⑤ ㄹ. ⅋
15 dicembre-marzo e luglio-settembre – **Pasto** *(solo per clienti alloggiati)* – ⊆ 21000 –
27 cam 120/220000 – P 110/198000.

🏨 **La Villa** ⑤, ℰ 847035, Fax 847393, ≼ Dolomiti, « Giardino-pineta », ≘ₛ – 🛗 📺 ☎
❷. ⅋
4 dicembre-26 marzo e 24 giugno-20 settembre – **Pasto** 30/45000 – ⊆ 18000 – **39 cam**
60/130000 – ½ P 70/135000.

🏨 **Dolomiti**, ℰ 847143, Fax 847390, ≼, ≘ₛ, ⅌, ⅋ – 🛗 📺 ☎ ❷. ⓸. ⅋ rist
chiuso maggio e novembre – **Pasto** carta 33/59000 – **45 cam** ⊆ 115/200000 – ½ P 109/
135000.

🏨 **Ladinia**, ℰ 847044, Fax 847394, ≼ Dolomiti, ℩ₛ, ≘ₛ, ⅌ – 🛗 📺 ☎ ❷. ⑤ ㄹ 𝚅𝙸𝚂𝙰. ⅋ rist
dicembre-Pasqua e 25 giugno-settembre – **Pasto** carta 26/66000 – **35 cam** ⊆ 70/140000 –
½ P 88/135000.

XX **L' Fanà**, ℰ 847022, ⅌, Rist. e pizzeria, « Taverna caratteristica » – ▤ ❷. 昼 ⑤ ㄹ 𝚅𝙸𝚂𝙰
chiuso maggio e novembre – **Pasto** carta 39/56000.

a San Cassiano (St. Kassian) SE : 6 km – alt. 1 535 – ⊠ 39030.
🛈 ℰ 849422 :

🏨🏨 **Ciasa Salares** ⑤, SE : 2 km ℰ 849445, Fax 849369, ≼ pinete e Dolomiti, ℩ₛ, ≘ₛ, ⊠, ⅌
– 📺 ☎ ⇦⇨. ⑤ ⓸ ㄹ 𝚅𝙸𝚂𝙰. ⅋
15 dicembre-15 aprile e 20 giugno-settembre – **Pasto** 55/75000 (a mezzogiorno) 59/79000
(alla sera) e al Rist. **La Siriola** carta 48/77000 – ⊆ 25000 – **42 cam** 175/270000, apparta-
mento – ½ P 115/200000.

🏨🏨 **Rosa Alpina**, ℰ 849500, Fax 849377, ℩ₛ, ≘ₛ, ⊠, ⅌ – 🛗 📺 ☎ ⅋ ⇦ ❷. ⑤ ㄹ 𝚅𝙸𝚂𝙰.
⅋ rist
dicembre-25 aprile e 21 giugno-settembre – **Pasto** *(chiuso giovedì)* carta 52/63000 –
35 cam ⊆ 150/280000, 2 appartamenti – ½ P 125/270000.

🏨🏨 **Armentarola**, SE : 2 km ℰ 849522, Fax 849389, ≼ pinete e Dolomiti, ⅌, ≘ₛ, ⊠, ⅌, ⅋
– 🛗 📺 ☎ ⇦ ❷. 𝚅𝙸𝚂𝙰
8 dicembre-22 aprile e 16 giugno-15 ottobre – **Pasto** carta 43/64000 – **50 cam** ⊆ 140/
280000, 2 appartamenti – ½ P 130/200000.

🏨 **Fanes** ⑤, ℰ 849470, Fax 849403, ≼ pinete e Dolomiti, ℩ₛ, ≘ₛ, ⅌, ⅋ – 📺 ☎ ❷. ⅋ rist
4 dicembre-7 aprile e luglio-29 settembre – **Pasto** 35/75000 – **45 cam** ⊆ 75/155000 –
½ P 90/155000.

🏨 **La Stüa** ⑤, ℰ 849456, Fax 849311, ≼ pinete e Dolomiti, ≘ₛ – ⅍⅍ rist ▤ rist ☎ ❷. ⅋ rist
7 dicembre-20 aprile e 25 giugno-settembre – **Pasto** 25/32000 – **27 cam** ⊆ 40/75000 –
½ P 65/124000.

🏠 **Ciasa Antersìes** ⚛, 𝒫 849417, Fax 849319, ≼ pinete e Dolomiti, ⟲ – ⇤ rist 📺 ☎ 🄿. **VISA**. ⚸ rist
4 dicembre-10 aprile e luglio-settembre – **Pasto** (solo per clienti alloggiati) – **25 cam** solo ½ P 98/130000.

🏠 **Gran Ancëi** ⚛, SE : 2,5 km 𝒫 849540, Fax 849210, ≼ Dolomiti, « In pineta », ⟺, ⟲ – ☎ 🄿. ⚸ cam
4 dicembre-25 aprile e giugno-settembre – **Pasto** carta 33/51000 – **35 cam** ⊑ 180/206000 – ½ P 70/110000.

BADIA DI DULZAGO Novara – Vedere Bellinzago Novarese.

BADOLO Bologna 430 I 15 – Vedere Sasso Marconi.

BAGNAIA 01031 Viterbo 430 O 18 – alt. 441 – ✦ 0761.
Vedere Villa Lante★★.
Roma 109 – Civitavecchia 63 – Orvieto 52 – Terni 57 – Viterbo 5.

❌ **Biscetti** con cam, via Gandin 11 𝒫 288252, Fax 289254 – 🄿. 🔠. ⚸
chiuso luglio – **Pasto** (chiuso giovedì) carta 24/39000 (10%) – ⊑ 7000 – **10 cam** 60/85000 – ½ P 90000.

BAGNARA Perugia 430 M 20 – Vedere Nocera Umbra.

BAGNARA CALABRA 89011 Reggio di Calabria 988 ㊳, 431 M 29 – 11 024 ab. alt. 50 – ✦ 0966.
Roma 679 – Catanzaro 135 – ♦Cosenza 164 – ♦Reggio di Calabria 34.

❌ **Taverna Kerkira**, 𝒫 372260, Specialità greche – 🔠
chiuso lunedì, martedì, dal 20 dicembre al 10 gennaio e luglio – **Pasto** carta 43/67000.

BAGNI DI LUCCA 55021 e 55022 Lucca 988 ⑭, 428 429 430 J 13 – 7 348 ab. alt. 150 – Stazione termale (15 maggio-15 ottobre), a.s. luglio-agosto e Natale – ✦ 0583.
🄳 via Umberto I 139 𝒫 87946 – Roma 375 – Pisa 48 – ♦Bologna 113 – ♦Firenze 101 – Lucca 27 – Massa 72 – ♦Milano 301 – Pistoia 53 – ♦La Spezia 101.

🏠 **Bridge** senza rist, piazza di Ponte a Serraglio 5 (O : 1,5 km) ⊠ 55021 𝒫 805324, Fax 805324 – 🛗 📺 ⌂. 🔠 🄵 ⓞ 🄴 **VISA** **JCB**. ⚸ ⊑ 8000 – **12 cam** 50/68000.

❌❌ La Ruota, O : 3,5 km ⊠ 55026 Fornoli 𝒫 86071

❌ **Maiola** ⚛ con cam, N : 2 km ⊠ 55026 Fornoli 𝒫 86296 – 🄿
chiuso dal 1° al 15 febbraio e dal 15 al 30 ottobre – **Pasto** (chiuso martedì) carta 27/40000 – ⊑ 10000 – **4 cam** 40/70000 – ½ P 60/72000.

BAGNI DI TIVOLI Rome 430 O 20 – Vedere Tivoli.

BAGNO A RIPOLI 50012 Firenze 988 ⑮, 430 K 15 – 27 374 ab. alt. 77 – ✦ 055.
Roma 270 – ♦Firenze 9 – Arezzo 74 – Montecatini Terme 63 – Pisa 106 – Siena 71.

❌❌ **Centanni**, 𝒫 630122, Fax 630533, ≼ colline, « Servizio estivo serale in giardino » – ▤ 🄿. 🔠 🄵 🄴 **VISA**
chiuso sabato a mezzogiorno, domenica ed agosto – **Pasto** carta 45/65000.

BAGNO DI ROMAGNA 47021 Forlì 988 ⑯, 429 430 K 17 – 6 249 ab. alt. 491 – Stazione termale (marzo-novembre), a.s. 10 luglio-20 settembre – ✦ 0543.
🄳 via Lungo Savio 14 𝒫 911046, Fax 911026.
Roma 289 – Arezzo 65 – ♦Bologna 125 – ♦Firenze 90 – Forlì 62 – ♦Milano 346 – ♦Ravenna 86 – Rimini 87.

🏨 **Tosco Romagnolo**, 𝒫 911260, Fax 911014, « Terrazza-solarium con ⤨ », 🕭 – 🛗 ▤ 📺 ☎ ⚙ ⟷. 🔠 🄵 ⓞ 🄴 **VISA** **JCB**. ⚸
11 aprile-12 novembre – **Pasto** carta 28/42000 vedere anche Rist. **Paolo Teverini** – ⊑ 15000 – **51 cam** 135/150000 – ½ P 55/125000.

🏨 **Gd H. Terme Roseo**, 𝒫 911016, Fax 911360, 🕭, ⤨ termale, 🛓 – 🛗 ▤ rist 📺 ☎. 🔠 🄵 ⓞ 🄴 **VISA**. ⚸
aprile-20 novembre – **Pasto** 35/40000 – **73 cam** ⊑ 105/150000, 5 appartamenti – ½ P 51/120000.

🏠 **Balneum**, 𝒫 911085, ⟲ – 🛗 📺 ⌂ ⟷ 🄿. 🔠 🄵 ⓞ 🄴 **VISA**. ⚸
aprile-dicembre – **Pasto** carta 27/39000 – ⊑ 9000 – **40 cam** 62/97000 – P 49/89000.

🏠 **Al Tiglio**, 𝒫 911266, ⟲ – 🛗 📺 ☎. 🔠 🄵 ⓞ 🄴 **VISA**. ⚸ rist
Pasto carta 26/36000 – ⊑ 10000 – **16 cam** 50/80000 – ½ P 41/53000.

❌❌❌ ✦ **Paolo Teverini**, 𝒫 911260, Fax 911014, Coperti limitati; prenotare – ▤. 🔠 🄵 ⓞ 🄴 **VISA** **JCB**. ⚸
aprile-12 novembre – **Pasto** carta 54/91000.
Spec. Filetto di orata al forno con passata di melanzane e coriandoli di verdure, Tortelli di patate al tartufo nero, Funghi di bosco al forno in foglie di castagno (giugno-ottobre).

ad Acquapartita NE : 10 km – ⊠ 47021 Bagno di Romagna :

❌ **Belvedere-da Crescio** con cam, 𝒫 917352, ≼, ⟲ – 🄿
chiuso dal 15 gennaio al 15 febbraio – **Pasto** carta 40/60000 – **10 cam** (giugno-settembre) ⊑ 60/80000 – P 60/85000.

BAGNOLO IN PIANO 42011 Reggio nell'Emilia 429 H 14 – 7 380 ab. alt. 32 – ✆ 0522.

Roma 433 – ✦Parma 38 – ✦Modena 30 – Reggio nell'Emilia 8.

    ✗ **Trattoria da Probo,** frazione Pieve Rossa ✆ 951300 – **℗**. ﴾🈐 ﴿ 🈑 ⑩ E 𝗩𝗜𝗦𝗔 ᴊᴄʙ. ❄
        chiuso lunedì e dal 5 al 20 agosto – **Pasto** carta 35/55000.

BAGNOLO SAN VITO 46031 Mantova 428 429 G 14 – 5 254 ab. alt. 18 – ✆ 0376.

Roma 460 – ✦Verona 48 – Mantova 13 – ✦Milano 188 – ✦Modena 58.

    ✗✗ **Villa Eden,** via Gazzo 2 ✆ 415684, 🌴, prenotare, 🚗 – **℗** – 🅰 30. 🈑 ⑩. ❄
        chiuso a mezzogiorno (escluso sabato-domenica), martedì e dal 6 al 27 agosto – **Pasto**
        carta 46/58000.

        a San Giacomo Po S : 2,5 km – ⊠ **46031** Bagnolo San Vito :

    ✗ **Da Alfeo,** ✆ 414046 – **℗**. ❄
        chiuso martedì ed agosto – **Pasto** carta 30/40000.

BAGNOREGIO 01022 Viterbo 988 ㉕, 430 O 18 – 3 849 ab. alt. 485 – ✆ 0761.

Roma 125 – Orvieto 20 – Terni 82 – Viterbo 28.

    ✗ **Da Nello il Fumatore,** piazza Marconi 5 ✆ 792642 – 🈑 E 𝗩𝗜𝗦𝗔. ❄
        chiuso venerdì e giugno – **Pasto** carta 26/36000.

BAGNO VIGNONI Siena 430 M 16 – Vedere San Quirico d'Orcia.

BAIA Napoli 431 E 24 – Vedere Bacoli.

BAIA DOMIZIA 81030 Caserta 430 S 23 – a.s. 15 giugno-15 settembre – ✆ 0823.

Roma 167 – Caserta 53 – Gaeta 29 – Abbazia di Montecassino 53 – ✦Napoli 67.

    🏛 **Della Baia** ⑤, ✆ 721344, Fax 721556, ≤, 🐾, 🌴, ✗ – ☎ ℗. 🈐 🈑 ⑩ E 𝗩𝗜𝗦𝗔.
        ❄ rist
        14 maggio-25 settembre – **Pasto** 55/60000 – ⊡ 15000 – **56 cam** 150000 – ½ P 150/
        155000.

    🏤 **Domizia Palace,** ✆ 930100, Telex 721379, Fax 930068, ≤, « Giardino-pineta con 🛝 »,
        🐾 – 🛎 ℗ – 🅰 220. 🈐 🈑 ⑩ E 𝗩𝗜𝗦𝗔. ❄
        aprile-20 ottobre – **Pasto** 30000 – ⊡ 15000 – **110 cam** 85/120000 – ½ P 102/132000.

BAIARDO 18031 Imperia 428 K 5, 115 ⑲ ⑳ – 366 ab. alt. 900 – ✆ 0184.

Roma 668 – ✦Genova 169 – Imperia 55 – ✦Milano 292 – San Remo 27 – Ventimiglia 23.

    🏠 **La Greppia** ⑤, ✆ 673310, ≤, 🌴 – ℗ 🈑 ⑩ 𝗩𝗜𝗦𝗔. ❄
        chiuso dal 1° al 15 maggio e dal 1° al 15 novembre – **Pasto** (chiuso venerdì) carta 30/43000 –
        10 cam ⊡ 50/90000 – ½ P 80/90000.

BAIA SARDINIA Sassari 988 ㉓ ㉔, 433 D 10 – Vedere Sardegna (Arzachena) alla fine dell'elenco alfabetico.

BALBANO Lucca 428 430 K 13 – Vedere Lucca.

BALDISSERO TORINESE 10020 Torino 428 G 5 – 2 888 ab. alt. 421 – ✆ 011.

Roma 656 – ✦Torino 13 – Asti 42 – ✦Milano 140.

    ✗✗ **Osteria del Paluc,** via Superga 44 (O : 3 km) ✆ 9408750, Fax 9407592, Coperti limitati;
        prenotare, « Servizio estivo all'aperto » – ℗. 🈐 🈑 ⑩ E 𝗩𝗜𝗦𝗔
        chiuso domenica sera e lunedì escluso da giugno a settembre – **Pasto** carta 40/70000.

        a Rivodora NO : 5 km – ⊠ **10099** :

    ✗ **Torinese,** ✆ 9460025 – 🈐 🈑 ⑩ E 𝗩𝗜𝗦𝗔. ❄
        chiuso a mezzogiorno (escluso sabato-domenica), martedì, mercoledì ed agosto – **Pasto**
        carta 30/51000.

BALOCCO 13040 Vercelli 428 F 6 – 266 ab. alt. 166 – ✆ 0161.

Roma 646 – Stresa 66 – Biella 25 – ✦Milano 80 – ✦Torino 66 – Vercelli 21.

    ✗✗ L'Osteria, piazza Castello 1 ✆ 853210

BALZE Forlì 430 K 18 – Vedere Verghereto.

BANCHETTE D'IVREA Torino – Vedere Ivrea.

BARANO D'ISCHIA Napoli 431 E 23 – Vedere Ischia (Isola d').

BARATTI Livorno 430 N 13 – Vedere Piombino.

BARBARANO Brescia – Vedere Salò.

BARBARESCO 12050 Cuneo 428 H 6 – 657 ab. alt. 274 – ✆ 0173.

Roma 642 – ✦Genova 129 – Alessandria 63 – Asti 28 – Cuneo 64 – Savona 101 – ✦Torino 57.

    ✗✗ **Rabayà,** via Rabayà 9 ✆ 635223, Fax 635223, Coperti limitati; prenotare, « Servizio
        estivo in terrazza con ≤ sulle langhe » – ℗. 🈑 ⑩ E 𝗩𝗜𝗦𝗔. ❄
        chiuso giovedì, dal 4 al 14 febbraio e dal 20 al 30 agosto – **Pasto** carta 30/56000.

BARBERINO DI MUGELLO 50031 Firenze 988 ⑭ ⑮, 429 430 J 15 – 8 721 ab. alt. 268 – ✪ 055.

Roma 308 – ♦Firenze 34 – ♦Bologna 79 – ♦Milano 273 – Pistoia 49.

in prossimità casello autostrada A 1 SO : 4 km :

XX **Cosimo de' Medici,** ⊠ 50030 Cavallina ℰ 8420370 – **Θ**. 🖭 🕃 ⓞ **E** 𝘝𝘐𝘚𝘈.
chiuso lunedì – **Pasto** carta 31/45000 (10%).

BARCELLONA POZZO DI GOTTO Messina 988 ㉔, 432 M 27 – Vedere Sicilia alla fine dell' elenco alfabetico.

BARCUZZI Brescia – Vedere Lonato.

BARDASSANO Torino – Vedere Gassino Torinese.

BARDINETO 17020 Savona 988 ⑫, 428 J 6 – 676 ab. alt. 711 – ✪ 019.

Roma 604 – ♦Genova 100 – Cuneo 84 – Imperia 65 – ♦Milano 228 – Savona 59.

🏨 **Piccolo Ranch,** ℰ 7907038, Fax 7907377, ⇐ – |🛗| 🖭 ☎ **Θ** – 🔏 100. 🖭 🕃 ⓞ **E** 𝘝𝘐𝘚𝘈. 🛠
chiuso dal 15 gennaio al 28 febbraio – **Pasto** *(chiuso mercoledì)* carta 23/50000 – ⊊ 8000 – **23 cam** 100/150000 – ½ P 90/120000.

🏠 **Maria Nella,** via Cave 1 ℰ 7907017, Fax 7907017, 🐎 – |🛗| 🖭 ☎ 🚐 **Θ**. 🕃. 🛠
Pasto *(chiuso venerdì)* carta 28/40000 – ⊊ 7500 – **45 cam** 85/100000 – ½ P 75000.

BARDOLINO 37011 Verona 988 ④, 428 429 F 14 – 6 031 ab. alt. 68 – ✪ 045.

Vedere Chiesa★.

🏌 e 🏌 Cà degli Ulivi (chiuso lunedì) a Marciaga-Castion di Costermano ⊠ 37010 ℰ 6279030, Fax 6279039, N : 7 km.

🛈 piazza Matteotti 53 ℰ 7210872.

Roma 517 – ♦Verona 27 – ♦Brescia 60 – Mantova 59 – ♦Milano 147 – Trento 84 – ♦Venezia 145.

🏨 **San Pietro,** ℰ 7210588, Fax 7210023, 🛝, 🐎 – |🛗| 🗏 🖭 ☎ **Θ**. 🖭 🕃 **E** 𝘝𝘐𝘚𝘈. 🛠
10 marzo-ottobre – **Pasto** *(chiuso venerdì)* carta 37/51000 – ⊊ 16000 – **44 cam** 120000 – ½ P 54/84000.

🏨 **Kriss,** ℰ 6212433, Fax 7210242, 🐜, 🐎 – |🛗| 🗏 cam 🖭 ☎ 🚐 **Θ** – 🔏 35. 𝘝𝘐𝘚𝘈. 🛠 rist
Pasto *(chiuso martedì)* carta 29/44000 – **33 cam** ⊊ 90/155000 – ½ P 48/93000.

🏠 **Maria Pia,** ℰ 7210233, 🛝, 🐎, 🛠 – ☎ **Θ**. 🛠 rist
aprile-ottobre – **Pasto** (solo per clienti alloggiati) 26000 – **28 cam** ⊊ 73/126000 – ½ P 46/81000.

🏠 **Speranza,** ℰ 7210355, Fax 7210858 – |🛗| 🗏 🖭 ☎. 🕃 **E** 𝘝𝘐𝘚𝘈. 🛠
chiuso dal 15 gennaio al 20 febbraio – **Pasto** *(chiuso mercoledì)* carta 32/47000 – **22 cam** ⊊ 65/100000 – ½ P 50/70000.

🏠 **Bologna,** ℰ 7210003, Fax 7210003 – |🛗| ☎ **Θ**. ⓞ. 🛠 rist
10 marzo-20 ottobre – **Pasto** *(chiuso venerdì)* 28/50000 – ⊊ 15000 – **21 cam** 60/80000 – ½ P 40/65000.

🏠 **Benacus** senza rist, ℰ 6210282, Fax 6210283 – |🛗| 🖭 ☎
28 marzo-16 ottobre – ⊊ 15000 – **12 cam** 52/104000.

XXX **Aurora,** ℰ 7210038, Fax 7210038, 🏖 – 🗏. 🖭 🕃 ⓞ **E** 𝘝𝘐𝘚𝘈. 🛠
chiuso lunedì – **Pasto** carta 36/52000.

BARDONECCHIA 10052 Torino 988 ⑪, 428 G 2 – 3 193 ab. alt. 1 312 – a.s. 13 febbraio-7 aprile e luglio-agosto – Sport invernali : 1 312/2 750 m ✂20, 🎿 – ✪ 0122.

🛈 viale Vittoria 44 ℰ 99032.

Roma 754 – Briançon 46 – ♦Milano 226 – Col du Mont Cenis 51 – Sestriere 36 – ♦Torino 89.

🏨 **Des Geneys-Splendid,** viale Einaudi 21 ℰ 99001, Fax 999295, 🛌, 🐎 – |🛗| 🖭 ☎ **Θ**. 🕃 ⓞ 𝘝𝘐𝘚𝘈. 🛠
15 dicembre-15 aprile e 15 giugno-15 settembre – **Pasto** 40000 – ⊊ 18000 – **57 cam** 115/165000 – ½ P 80/164000.

🏨 **Park Hotel Rosa Serenella,** viale della Vittoria 37 ℰ 902087, Fax 999848, 🐎 – |🛗| 🖭 ☎ **Θ**
stagionale – **33 cam.**

XX **Tabor** con cam, via Stazione 6 ℰ 999857, Fax 999857 – 🖭 ☎. 🖭 🕃 ⓞ **E** 𝘝𝘐𝘚𝘈. 🛠 cam
chiuso maggio e novembre – **Pasto** carta 40/58000 – **21 cam** ⊊ 95/150000 – ½ P 80/140000.

XX **Ca' Fiore** con cam, strada del Melezet 2 ℰ 96591 – 🖭 ☎. 🖭 🕃 ⓞ **E** 𝘝𝘐𝘚𝘈
chiuso maggio ed ottobre – **Pasto** *(chiuso martedì)* carta 35/51000 – ⊊ 12000 – **9 cam** 100/130000 – ½ P 100/140000.

a Melezet SO : 2 km – ⊠ **10052** Bardonecchia :

XX **La Ciaburna,** ℰ 999849, Fax 999849 – **Θ**. 🖭 🕃 **E** 𝘝𝘐𝘚𝘈
chiuso dal 15 al 30 maggio, dal 15 al 30 ottobre e mercoledì in bassa stagione – **Pasto** carta 42/62000.

BAREGGIO 20010 Milano 428 F 8, 219 ⑱ – 14 280 ab. alt. 138 – ✿ 02.

Roma 590 – ◆Milano 19 – Novara 33 – Pavia 49.

🏨 **Novara Fiera**, strada statale 🕾 90361322, Fax 90276224 – 🛗 🗏 📺 ☎ 🅿 – 🕍 100
51 cam.

✕✕ **Joe il Marinaio**, via Roma 69 🕾 9028693, Specialità di mare – 🅿. 🖭 🕄 ⓞ 🖻 💳
chiuso domenica sera, lunedì, dal 1° al 10 gennaio e dal 16 agosto all'8 settembre – **Pasto**
carta 42/74000 (10%).

BARGA 55051 Lucca 428 429 430 J 13 – 10 197 ab. alt. 410 – ✿ 0583.

Roma 385 – Pisa 58 – ◆Firenze 111 – Lucca 37 – Massa 56 – ◆Milano 277 – Pistoia 71 – ◆La Spezia 95.

🏨 **La Pergola**, 🕾 711239, Fax 710433 – 🛗 📺 ☜ 🅿. 🖭. ✀
Pasto vedere rist **La Pergola** – 🖵 10000 – **23 cam** 78/99000.

✕ **La Pergola**, 🕾 723086 – 🖭. ✀
chiuso dal 17 novembre al 19 gennaio e venerdì (escluso da luglio a settembre) – **Pasto**
carta 33/46000.

BARGE 12032 Cuneo 428 H 3 – 7 055 ab. alt. 355 – ✿ 0175.

Roma 694 – ◆Torino 61 – Cuneo 50 – Sestriere 75.

✕✕ **San Giovanni**, piazza San Giovanni 10 🕾 346078 – 🕄 🖻 💳. ✀
chiuso lunedì e martedì a mezzogiorno – **Pasto** carta 39/58000.

✕ **Belvedere**, via Bagnolo 37 🕾 346387, prenotare – 🅿. 🖭 🕄 🖻 💳. ✀
chiuso martedì e dal 27 luglio al 14 agosto – **Pasto** carta 27/57000.

BARGECCHIA Lucca 428 429 430 K 12 – Vedere Massarosa.

BARGHE 25070 Brescia 428 429 E 13 – 1 077 ab. alt. 295 – ✿ 0365.

Roma 564 – ◆Brescia 32 – Gardone Riviera 23 – ◆Milano 122 – ◆Verona 79.

✕✕ **Da Girelli Benedetto**, 🕾 84140, prenotare – 🖭 💳. ✀
chiuso martedì, Natale, Pasqua e dal 15 al 30 giugno – **Pasto** 60/70000 (10%).

BARI 70100 🅿 988 ㉙, 431 D 32 – 342 710 ab. – a.s. 21 giugno-settembre – ✿ 080.

Vedere Città vecchia★ CDY : basilica di San Nicola★★ DY, Cattedrale★ DY **B**, castello★ CY –
Cristo★ in legno nella pinacoteca BX **M**.

🛫 di Palese per viale Europa : 9 km AX 🕾 5382370, Fax 379519 – Alitalia, via Calefati 37/41 ✉
70121 🕾 5244441.

🚗 🕾 5216801.

🅸 piazza Aldo Moro 32/a ✉ 70122 🕾 5242244 – corso Vittorio Emanuele 68 ✉ 70121 🕾 5219951.

A.C.I. via Serena 26 ✉ 70126 🕾 331354.

Roma 449 ④ – ◆Napoli 261 ④.

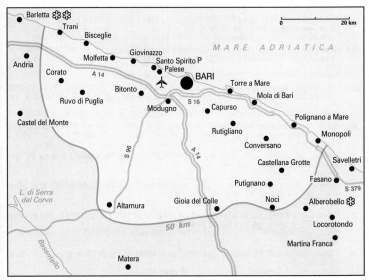

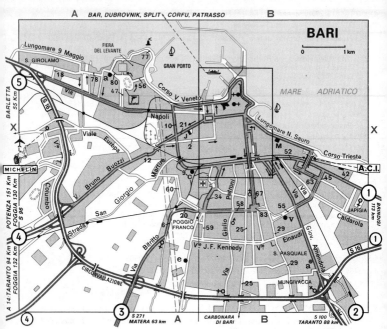

BARI

A — BAR, DUBROVNIK, SPLIT, CORFU, PATRASSO

Alighieri (Via Dante)	**AX** 2	Fanelli (Via Giuseppe)	**BX** 29
Bellomo (Via Generale N.)	**AX** 6	Flacco (Via Orazio)	**BX** 34
Brigata Bari (Via)	**AX** 9	Japigia (Viale)	**BX** 42
Brigata Regina (Via)	**AX** 10	Magna Grecia (Via)	**BX** 45
Buozzi (Sottovia Bruno)	**AX** 12	Maratona (Via di)	**AX** 47
Costa (Via Nicola)	**AX** 18	Oberdan (Via Guglielmo)	**BX** 52
Cotugno (Via Domenico)	**AX** 20	Omodeo (Via Adolfo)	**BX** 55
Crispi (Via Francesco)	**AX** 21	Orlando (Viale V.E.)	**BX** 56
De Gasperi (Corso Alcide)	**BX** 25	Papa Giovanni XXIII (Viale)	**BX** 58

Papa Pio XII (Viale)	**BX** 59
Pasteur (Via Louis)	**AX** 60
Peucetia (Via)	**BX** 63
Repubblica (Viale della)	**BX** 67
Starita (Lungomare Giambattista)	**AX** 77
Van Westerhout (Viale)	**AX** 78
Verdi (Via Giuseppe)	**AX** 80
2 Giugno (Largo)	**BX** 83

Palace Hotel, via Lombardi 13 ⊠ 70122 ℘ 5216551, Telex 810111, Fax 5211499 – 🏥 🗏 🔟 🕿 🚗 – 🔬 50 a 420. 🖭 🕄 ⑩ 🗉 🚾 🌑 🛠 rist   CY **b**
Pasto carta 44/74000 – **200 cam** ⊇ 225/285000, 7 appartamenti – ½ P 225/270000.

Sheraton Nicolaus Hotel, via Cardinale Agostino Ciasca 9 ⊠ 70124 ℘ 5042626, Telex 811212, Fax 5042058, 🚖, 🔲, 🚗 – 🏥 🗏 🔟 🕿 🕭 🚗 🕥 – 🔬 750. 🖭 🕄 ⑩ 🗉 🚾 🌑
AX **e**
Pasto carta 50/73000 – **172 cam** ⊇ 250/310000, 3 appartamenti.

Villa Romanazzi-Carducci, via Capruzzi 326 ⊠ 70124 ℘ 5227400, Telex 812292, Fax 5560297, « Parco », 🏋, 🚖, 🔲 – 🏥 🗏 🔟 🕿 🚗 🕥 – 🔬 25 a 500. 🖭 🕄 ⑩ 🗉 🚾 🌑 🛠 rist   AX **c**
Pasto (solo per clienti alloggiati) 45/65000 – 89 appartamenti ⊇ 150/230000 – ½ P 185000.

Gd H. Ambasciatori, via Omodeo 51 ⊠ 70125 ℘ 5010077, Telex 810405, Fax 5021678, ≤, 🔲 pensile, 🚗 – 🏥 🗏 🔟 🕿 🕭 – 🔬 25 a 400. 🖭 🕄 ⑩ 🗉 🚾 🌑 🛠 rist   BX **v**
Pasto (chiuso agosto) carta 50/79000 – **177 cam** ⊇ 225/300000 – ½ P 195/265000.

Boston senza rist, via Piccinni 155 ⊠ 70122 ℘ 5216633, Fax 5246802 – 🏥 🗏 🔟 🕿 – 🔬 50. 🖭 🕄 ⑩ 🗉 🚾 ᴊᴄʙ 🌑   CY **e**
70 cam ⊇ 140/200000.

Jolly, via Giulio Petroni 15 ⊠ 70124 ℘ 5564366, Telex 810274, Fax 5565219 – 🏥 🗏 🔟 🕿 🚗 – 🔬 25 a 700. 🖭 🕄 ⑩ 🗉 🚾 ᴊᴄʙ 🌑 rist   DZ **c**
Pasto 38/58000 – **164 cam** ⊇ 210/275000 – ½ P 155/187000.

Gd H. Leon d'Oro, piazza Aldo Moro 4 ⊠ 70122 ℘ 5235040, Telex 810311, Fax 5211555 – 🏥 🗏 🔟 🕿 🚗 – 🔬 25 a 60. 🖭 🕄 🗉 🚾 🌑 rist   DZ **h**
Pasto carta 35/62000 (10%) – ⊇ 20000 – **105 cam** 120/200000, 2 appartamenti – ½ P 175000.

7 Mari, via Verdi 60 ⊠ 70123 ℘ 5341500, Fax 5344482, ≤ – 🏥 🗏 🔟 🕿 🕥 – 🔬 100. 🖭 🕄 ⑩ 🗉 🚾 🌑   AX **a**
Pasto al Rist. **Il Corsaro** carta 25/30000 – **56 cam** ⊇ 100/150000.

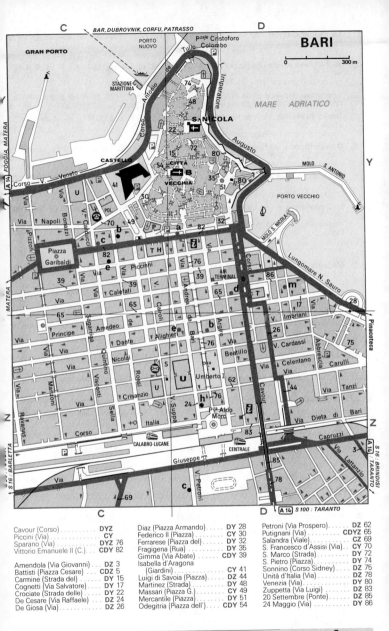

BAR, DUBROVNIK, CORFU, PATRASSO

BARI

0   300 m

Cavour (Corso)	**DYZ**
Piccini (Via)	**CY**
Sparano (Via)	**DYZ** 76
Vittorio Emanuele II (C.)	**CDY** 82

Amendola (Via Giovanni)	**DZ** 3
Battisti (Piazza Cesare)	**CDZ** 5
Carmine (Strada del)	**DY** 15
Cognetti (Via Salvatore)	**DY** 17
Crociate (Strada delle)	**DY** 22
De Cesare (Via Raffaele)	**DZ** 24
De Giosa (Via)	**DZ** 26

Diaz (Piazza Armando)	**DY** 28
Federico II (Piazza)	**CY** 30
Ferrarese (Piazza del)	**DY** 32
Fragigena (Rua)	**DY** 35
Gimma (Via Abate)	**CDY** 39
Isabella d'Aragona (Giardini)	**CY** 41
Luigi di Savoia (Piazza)	**DZ** 44
Martinez (Strada)	**DY** 48
Massari (Piazza G.)	**CY** 49
Mercantile (Piazza)	**DY** 51
Odegitria (Piazza dell')	**CDY** 54

Petroni (Via Prospero)	**DZ** 62
Putignani (Via)	**CDYZ** 65
Salandra (Viale)	**CZ** 69
S. Francesco d'Assisi (Via)	**CY** 70
S. Marco (Strada)	**DY** 72
S. Pietro (Piazza)	**DY** 74
Sonnino (Corso Sidney)	**DZ** 75
Unità d'Italia (Via)	**DZ** 78
Venezia (Via)	**DY** 80
Zuppetta (Via Luigi)	**DZ** 83
20 Settembre (Ponte)	**DZ** 85
24 Maggio (Via)	**DY** 86

Ne confondez pas :

Confort des hôtels : 🏨🏨🏨 ... 🏠, 🏠
Confort des restaurants : 🍴🍴🍴🍴 ... 🍴
Qualité de la table : ❀❀❀, ❀❀, ❀

107

XXX **La Pignata**, corso Vittorio Emanuele 173 ⊠ 70122 ℰ 5232481 – 🗐 🚗. 🗚 🕄 ⓪ 🗉 *VISA*
  chiuso domenica sera, lunedì ed agosto – **Pasto** carta 40/69000. CY **c**

XX **Ai 2 Ghiottoni**, via Putignani 11 ⊠ 70121 ℰ 5232240, Fax 5233330 – 🗐. 🗚 🕄 ⓪ 🗉 *VISA*. ❀
  chiuso domenica e dal 1° al 23 agosto – **Pasto** carta 48/72000. DY **d**

XX **Executive**, via Amendola 197/G-N ⊠ 70126 ℰ 5486025 – 🗐. 🗚 🕄 ⓪ 🗉 *VISA*. ❀ rist
  chiuso venerdì, domenica sera e dal 1° al 25 agosto – **Pasto** carta 32/54000. BX **a**

XX **Sorso Preferito**, via Vito Nicola De Nicolò 46 ⊠ 70121 ℰ 5235747, prenotare – 🗐. 🗚
  🕄 ⓪ 🗉 *VISA* DY **m**
  chiuso domenica – **Pasto** carta 34/52000 (10%).

XX **Donna Mattia**, via Roberto da Bari 128 ⊠ 70122 ℰ 5240555, Coperti limitati; prenotare
  – 🗐. 🗚 🕄 ⓪ 🗉 *VISA* DZ **e**
  chiuso domenica e da giugno ad agosto – **Pasto** carta 28/55000.

XX **La Nuova Vecchia Bari**, via Dante Alighieri 47 ⊠ 70121 ℰ 5216496 – 🗚 🕄 ⓪ 🗉 *VISA*. ❀
  chiuso domenica sera e martedì – **Pasto** carta 34/55000. DZ **b**

X **Lo Sprofondo**, corso Vittorio Emanuele 111 ⊠ 70122 ℰ 5213697 – 🗐. 🗚 🕄 ⓪ 🗉 *VISA*. ❀
  chiuso sabato a mezzogiorno, domenica, dal 23 dicembre al 3 gennaio e dal 9 al 26 agosto – DY **a**
  Pasto carta 44/65000.

sulla tangenziale sud-complanare ovest SE : 5 km per ① :

🏨 **Majesty**, ⊠ 70126 ℰ 5491099, Fax 5492397, 🌧, ❀ – 🛌 🗐 📺 ☎ 🄿 – 🛦 25 a 150. 🗚 🕄
  VISA. ❀
  chiuso dal 23 dicembre al 9 gennaio e dal 28 luglio al 20 agosto – **Pasto** *(chiuso le sere di
  venerdì e domenica)* carta 42/64000 – **75 cam** ☲ 115/176000 – ½ P 147000.

a Carbonara di Bari S : 6,5 km BX – ⊠ **70012** :

XX **Taberna**, via Ospedale di Venere 6 ℰ 350557, « In una vecchia cantina con volte in
  tufo » – 🗐 🄿. 🗚 🕄 ⓪ 🗉 *VISA* 🄹🄲🄱. ❀
  chiuso lunedì ed agosto – **Pasto** carta 42/66000.

MICHELIN, contrada Prete 5 (zona Industriale) AX - ⊠ 70123, ℰ 5341511, Fax 5387867.

BARI SARDO   Nuoro 433 H 10 – Vedere Sardegna alla fine dell'elenco alfabetico.

BARLETTA   70051 Bari 988 ㉘ ㉙, 431 D 30 – 89 578 ab. – a.s. 21 giugno-settembre – ✪ 0883.
Vedere Colosso★★ – Castello★ – Museo Civico★ M – Reliquiario★ nella basilica di San
Sepolcro.
🅱 via Ferdinando d'Aragona 95 ℰ 331331.
Roma 397 ③ – ◆Bari 69 ② – ◆Foggia 79 ③ – ◆Napoli 208 ③ – Potenza 128 ③ – ◆Taranto 145 ②.

Pianta pagina seguente

🏨 **Itaca**, viale Regina Elena 30 ℰ 37741, Fax 37786, ≼, 🏊, ❀ – 🗐 📺 ☎ 🚗 –
  🛦 100 a 300. 🗚 🕄 ⓪ 🗉 *VISA*. ❀ per ①
  Pasto *(chiuso lunedì a mezzogiorno)* carta 35/57000 – **27 cam** ☲ 120/190000 – ½ P 135/
  150000.

🏨 **Artù**, piazza Castello 67 ℰ 332121, Fax 332214, 🌧 – 🗐 📺 ☎ 🄿. 🗚 🕄 ⓪ 🗉 *VISA* 🄹🄲🄱.
  ❀ rist **b**
  Pasto carta 40/68000 – **32 cam** ☲ 130/200000 – ½ P 145/155000.

🏨 **Royal** senza rist, via Leontina de Nittis 13 ℰ 531139, Fax 331466 – 🛌 🗐 📺 ☎. 🗚 🕄 ⓪
  VISA **e**
  34 cam ☲ 89/148000.

XXX ✿✿ **Bacco**, via Sipontina 10 ℰ 68805349, Fax 68805349, Coperti limitati; prenotare – 🗐.
  🗚. 🕄 ⓪ 🗉 *VISA* **c**
  chiuso domenica sera, lunedì, dal 26 dicembre al 6 gennaio ed agosto – **Pasto** carta 49/
  75000
  Spec. Bocconcini di "Nettuno" ai ricci di mare, Capretto al Moscato di Trani, Pasticcio tiepido di mele.

XX ✿ **Antica Cucina**, via Milano 73 ℰ 521718, prenotare – 🗐. 🗚 🕄 ⓪ 🗉 *VISA* 🄹🄲🄱. ❀ **f**
  chiuso dal 25 al 31 gennaio, dal 19 al 31 luglio, lunedì e la sera dei giorni festivi – **Pasto**
  carta 38/61000
  Spec. Bavettine "Santa Maria" con salsa di pesce, Filetto di cavallo con stufato di cipolle (autunno-inverno), Tortino
  tiepido di mandorle amare (autunno-inverno).

XX **Il Brigantino**, litoranea di Levante ℰ 533345, ≼, 🌧, 🏊, 🐟, ❀ – 🄿 – 🛦 100. 🕄 ⓪ 🗉
  VISA per ①
  chiuso mercoledì e gennaio – **Pasto** carta 39/62000 (15%).

BAROLO 12060 Cuneo 428 I 5 – 671 ab. alt. 301 – ✪ 0173.

Roma 627 – Asti 42 – Cuneo 56 – ♦Milano 164 – Savona 83 – ♦Torino 72.

🏠 **Barolo** ⑤, via Lomondo 2 ℘ 56354, Fax 56354, ≤, 🏤 – 🛗 ☎ ❷. ⑤ ⑩ 🅴 📼
chiuso dal 1° al 15 febbraio – **Pasto** 25/45000 e al Rist. **Brezza** (chiuso martedì) carta 35/51000 – ☲ 10000 – **30 cam** 85/100000 – ½ P 100000.

XX **Locanda nel Borgo Antico**, piazza Municipio 2 ℘ 56355, Fax 56355, Coperti limitati; prenotare – 🆎 ⑤ ⑩ 🅴 📼. ✁
chiuso dal 25 febbraio al 15 marzo, dal 25 luglio al 14 agosto, i mezzogiorno di mercoledì e giovedì e da settembre a dicembre solo mercoledì – **Pasto** 35/45000 e carta 39/53000.

X Del Buon Padre, località Vergne O : 3 km ℘ 56192, Fax 56192, prenotare

BARZANÒ 22062 Lecco 428 E 9, 219 ⑱ – 4 567 ab. alt. 370 – ✪ 039.

Roma 605 – Como 27 – ♦Milano 34 – ♦Bergamo 36 – Lecco 19.

XX **I Ronchi** con cam, ℘ 957612, 🏤 , prenotare – 📺 ☎. ⑤ 🅴 📼
chiuso dal 2 al 10 gennaio ed agosto – **Pasto** (chiuso lunedì) carta 27/48000 – ☲ 10000 – **9 cam** 65/110000 – ½ P 80000.

BASCHI 05023 Terni 988 ㉕, 430 N 18 – 2 695 ab. alt. 165 – ✪ 0744.

Roma 118 – Orvieto 10 – Terni 70 – Viterbo 46.

XX **La Marroca**, via Roma 11 ℘ 957193 –. ⑤ 🅴 📼. ✁
chiuso martedì e novembre – **Pasto** carta 30/58000.

sulla strada statale 448 :

🏠 **Villa Bellago** ⑤, N : 4 km ⌂ 05023 ℘ 950521, Fax 950524, « Servizio estivo all' aperto », ♫₆, ⒌, 🕰 – 📺 ☎ ❷. 🆎 ⑤ ⑩ 🅴 📼. ✁ rist
Pasto (chiuso martedì e dal 9 gennaio al 9 febbraio) carta 33/49000 – **10 cam** ☲ 135/165000 – ½ P 120000.

XXX ✪✪ **Vissani,** N : 12 km ✉ 05020 Civitella del Lago ☎ 950396, Fax 950396, Coperti limitati; prenotare – ⊭ ▤ Ⓟ. AE ⑤ ⊙ E VISA. ✻
chiuso domenica sera e mercoledì – **Pasto** 95000 bc (solo a mezzogiorno) 140000 e carta 123/180000 (15 %)
Spec. Fegato grasso d'anatra con finocchi caramellati, Zuppa di tartufi neri con astice e porri al profumo di senape, Piccione con lenticchie all'aglio e tartufo bianco.

a Civitella del Lago NE : 12 km – ✉ **05020** :

XX **Trippini,** ☎ 950316, Fax 950316, ≤ lago e dintorni – AE ⑤ ⊙ E VISA. ✻
chiuso mercoledì e dal 15 al 30 gennaio – **Pasto** carta 39/55000.

BASELGA DI PINÈ

38042 Trento 988 ④, 429 D 15 – 3 984 ab. alt. 964 – a.s. Pasqua e Natale – ✪ 0461.

ℹ a Serraia via Cesare Battisti 98 ☎ 557028, Fax 557577.

Roma 606 – Belluno 116 – ♦Bolzano 75 – ♦Milano 260 – ♦Padova 136 – Trento 18 – ♦Venezia 169.

🏨 **Villa Anita,** a Serraia ☎ 557106, Fax 558694, ⛱ – |♦| ▤ TV ☎ Ⓟ. ✻ rist
Pasto carta 18/24000 – **23 cam** ☐ 63/115000 – ½ P 81000.

🏨 **Edera,** a Tressilla ☎ 557221, Fax 558977 – |♦| TV ☎ Ⓟ. AE ⑤ E VISA. ✻
chiuso dal 23 ottobre al 10 novembre – **Pasto** *(chiuso lunedì escluso da Natale-6 gennaio, Pasqua e luglio-settembre)* carta 35/53000 – **42 cam** ☐ 70/110000 – ½ P 100/110000.

XX **2 Camini** con cam, a Vigo ☎ 557200, Fax 558833, ⛱ – TV Ⓟ. AE ⑤ E VISA. ✻
chiuso dal 15 ottobre al 15 novembre – **Pasto** *(chiuso domenica sera e lunedì escluso dal 15 giugno al 15 settembre)* carta 34/49000 – ☐ 7000 – **10 cam** 70/100000 – ½ P 65/90000.

XX **La Scardola** con cam, a Miola ☎ 557647, Fax 557647 – Ⓟ. ⑤ VISA. ✻
chiuso marzo – **Pasto** *(chiuso mercoledì)* carta 29/40000 (5 %) – **9 cam** solo ½ P 66000.

BASSANO DEL GRAPPA

36061 Vicenza 988 ⑤, 429 E 17 – 38 810ab. alt. 129 – ✪ 0424.

Vedere Museo Civico★.

Escursioni Monte Grappa★★★ NE : 32 km.

ℹ largo Corona d'Italia 35 ☎ 524351, Fax 525301.

Roma 543 – Belluno 80 – ♦Milano 234 – ♦Padova 43 – Trento 88 – Treviso 47 – ♦Venezia 76 – Vicenza 35.

🏨 **Belvedere,** piazzale Generale Giardino 14 ☎ 529845, Fax 529849 – |♦| ▤ TV ☎ 🚗 – 🏛 40 a 120. AE ⑤ ⊙ E VISA JCB. ✻
Pasto vedere rist **Belvedere** – **91 cam** ☐ 125/190000 – ½ P 90/115000.

🏨 **Palladio,** via Gramsci 2 ☎ 523777, Fax 524050, Fö, ≘s – |♦| ▤ TV ☎ 🚗 Ⓟ – 🏛 40 a 160. AE ⑤ ⊙ E VISA. ✻ rist
chiuso dal 7 al 21 agosto – **Pasto** al Rist. ***La Rotonda*** *(chiuso domenica e dal 1º al 21 agosto)* carta 39/57000 – **66 cam** ☐ 140/190000 – ½ P 125/170000.

🏨 **Alla Corte,** località Sant'Eusebio via Corte 54 (N : 2 km) ☎ 502114, Fax 502410 – |♦| TV ☎ Ⓟ. AE ⑤ ⊙ E VISA
Pasto *(chiuso lunedì sera, martedì, dal 4 al 18 gennaio e dal 5 al 19 luglio)* carta 32/43000 – ☐ 7000 – **30 cam** 85/105000 – ½ P 80/85000.

🏨 **Victoria** senza rist, viale Diaz 33 ☎ 503620, Fax 503130 – |♦| ▤ TV ☎ Ⓟ. AE ⑤ E VISA
23 cam ☐ 65/100000.

🏨 **Brennero** senza rist, via Torino 7 ☎ 228544, Fax 227021 – TV ☎. AE ⑤ ⊙ E VISA
☐ 7000 – **22 cam** 65/95000.

XXX **Belvedere,** via delle Fosse 1 ☎ 524988 – ▤. AE ⑤ ⊙ E VISA. ✻
chiuso domenica – **Pasto** carta 41/60000.

XXX ✪ **San Bassiano,** viale dei Martiri 36 ☎ 521453, Fax 525111, prenotare – AE ⑤ ⊙ E VISA. ✻
chiuso domenica ed agosto – **Pasto** carta 55/86000
Spec. Soufflè caldo ai funghi su fonduta tartufata (autunno-inverno), Zuppa d'asparagi con anice stellato code di scampi e crostini (estate), Sfogliatina calda ai frutti di bosco.

XX **Al Sole-da Tiziano,** via Vittorelli 41/43 ☎ 523206 – AE ⑤ ⊙ E VISA JCB
chiuso lunedì e luglio – **Pasto** carta 38/54000 (10 %).

XX **Al Ponte-da Renzo,** via Volpato 60 ☎ 503055, ≤, « Servizio estivo in giardino » – ⊭ Ⓟ. ⑤ VISA
chiuso lunedì sera, martedì e gennaio – **Pasto** 40/60000 (10 %).

X **Bauto,** via Trozzetti 27 ☎ 34696, Fax 34696 – E VISA. ✻
chiuso domenica ed agosto – **Pasto** carta 33/56000.

X **Al Giardinetto,** via Fontanelle 30 (N : 1,5 km) ☎ 502277, ⛱ – Ⓟ. E VISA
chiuso martedì sera e mercoledì – **Pasto** carta 24/33000.

sulla strada statale 47 :

🏨 **Al Camin,** SE : 2 km ✉ 36022 Cassola ☎ 566134, Fax 566822, « Servizio rist. estivo in giardino » – |♦| ▤ TV ☎ Ⓟ – 🏛 20 a 80. AE ⑤ ⊙ E VISA JCB. ✻
Pasto 35/60000 – ☐ 20000 – **43 cam** 140/170000 – ½ P 65/110000.

Vedere anche : ***Romano d'Ezzelino*** NE : 3 km.

BASTIA 06083 Perugia 430 M 19 – 16 241 ab. alt. 201 – ✿ 075.

Roma 176 – ◆Perugia 17 – Assisi 9,5 – Terni 77.

La Villa, strada statale 147 Assisana 24 ℰ 8010011, Fax 8010574, « Giardino con ⤬ » –
🛏 🗄 📺 ☎ 🅿 – 🔬 30 a 400. 🖭 🕄 ⓘ 🗲 𝚅𝙸𝚂𝙰 ⟐
Pasto carta 40/61000 – **23 cam** ☲ 95/190000 – ½ P 100/130000.

Turim, strada statale 147 Assisana E : 1 km ℰ 8001616, Fax 8001723, ⤬ – 🛏 ☎ 🅿. 🖭 🕄
ⓘ 🗲 𝚅𝙸𝚂𝙰. ⟐
Pasto (chiuso venerdì) carta 33/44000 – ☲ 13000 – **46 cam** 85/130000 – ½ P 85/100000.

ad Ospedalicchio O : 5 km – ✉ **06080** :

Lo Spedalicchio, ℰ 8010323, Fax 8010323, « In una fortezza trecentesca », ☞ – 🛏
🗄 rist 📺 ☎ 🅿 – 🔬 90. 🖭 🕄 ⓘ 🗲 𝚅𝙸𝚂𝙰. ⟐
Pasto (chiuso lunedì e dal 15 al 30 luglio) carta 38/58000 – ☲ 14000 – **25 cam** 110/125000 –
½ P 95/105000.

BATTAGLIA TERME 35041 Padova 988 ⑤, 429 G 17 – 4 082 ab. alt. 11 – Stazione termale
(marzo-novembre) – ✿ 049.

🖪 via Colli Euganei 72 ℰ 525269.

Roma 478 – ◆Venezia 58 – Mantova 92 – ◆Milano 261 – Monselice 7 – ◆Padova 17 – Rovigo 28.

Terme Euganee, ℰ 525055, Fax 525443, ☎, ☞, ↕ – ☎ 🅿. ⟐
15 marzo-novembre – **Pasto** (solo per clienti alloggiati) 27/32000 – ☲ 8000 – **42 cam**
55/70000 – ½ P 49/59000.

Un consiglio Michelin:

per la buona riuscita di un viaggio, preparatelo in anticipo.

Le carte e le guide Michelin vi danno tutte le indicazioni

utili su: itinerari, curiosità, sistemazioni, prezzi, ecc.

BAVENO 28042 Verbania 988 ②, 428 E 7 – 4 506 ab. alt. 205 – ✿ 0323.
Vedere Guida Verde.

🛳 per le Isole Borromee giornalieri (10 mn) – Navigazione Lago Maggiore-agenzia Verbano
Viaggi, corso Garibaldi 27 ℰ 923196, Fax 922303.

🖪 corso Garibaldi 16 ℰ 924632, Fax 924632.

Roma 661 – Stresa 4 – Domodossola 37 – Locarno 51 – ◆Milano 84 – Novara 60 – ◆Torino 137.

Gd H. Dino, corso Garibaldi 52 ℰ 922201, Fax 924515, ≤ isole Borromee, « Giardino sul
lago con ⤬ », 🛁, ☎, ⬛, ▲₅, ⟐ – 🛏 🗄 📺 ☎ 🚗 🅿 – 🔬 30 a 1300. 🖭 🕄 ⓘ 🗲 𝚅𝙸𝚂𝙰.
⟐ rist
Pasto carta 60/85000 – ☲ 25000 – **376 cam** 260/330000, 65 appartamenti 450/600000 –
½ P 110/260000.

Splendid, ℰ 924583, Fax 922200, ≤ lago e monti, « Giardino ombreggiato », ⤬, ▲₅,
⟐ – 🛏 🗄 cam 📺 ☎ 🅿. 🖭 🕄 ⓘ 🗲 𝚅𝙸𝚂𝙰. ⟐ rist
20 marzo-5 novembre – **Pasto** carta 50/70000 – ☲ 18000 – **105 cam** 140/220000 – ½ P 75/
150000.

Simplon, ℰ 924112, Fax 924112, ≤, « Parco ombreggiato con ⤬ e ⟐ » – 🛏 🗄 cam 📺
☎ 🅿. 🖭 🕄 ⓘ 🗲 𝚅𝙸𝚂𝙰. ⟐ rist
15 aprile-10 novembre – **Pasto** 45/60000 – ☲ 18000 – **120 cam** 150/180000 – ½ P 60/
140000.

Rigoli ⟐, via Piave 48 ℰ 924756, Fax 925156, ≤ lago e isole Borromee, ▲₅, ☞ – 🛏 ☎
🅿. 🕄 ⓘ 🗲 𝚅𝙸𝚂𝙰. ⟐ rist
Pasqua-ottobre – **Pasto** carta 34/58000 – ☲ 14000 – **31 cam** 70/110000 – ½ P 95/100000.

Ascot, via Libertà 9 ℰ 925226 – 🖭 🕄 ⓘ 🗲 𝚅𝙸𝚂𝙰 𝙹𝙲𝙱
chiuso mercoledì e luglio – **Pasto** carta 40/67000.

Vedere anche : **Borromee (Isole)** SE : 10/30 mn di battello.

BEDIZZOLE 25081 Brescia 428 429 F 13 – 8 205 ab. alt. 184 – ✿ 030.

Roma 539 – ◆Brescia 17 – ◆Milano 111 – ◆Verona 54.

La Casa, via Capuzzi 3 ℰ 675280 – 🅿. 🖭 🕄 ⓘ 🗲 𝚅𝙸𝚂𝙰. ⟐
chiuso martedì e dal 1º al 10 agosto – **Pasto** carta 37/88000.

Borgo Antico, località Masciaga ℰ 674291, ☞ – 🅿. 🖭 🕄 ⓘ 🗲 𝚅𝙸𝚂𝙰
chiuso lunedì sera e dal 5 al 20 agosto – **Pasto** carta 25/35000.

BEDONIA 43041 Parma 988 ⑬, 428 I 10 – 4 428 ab. alt. 500 – a.s. luglio-agosto – ✿ 0525.

Roma 483 – ◆Bologna 177 – ◆Genova 91 – ◆Milano 151 – ◆Parma 81 – Piacenza 87 – ◆La Spezia 85.

San Marco, piazza Senatore Micheli ℰ 824436, ⤬ – 🛏 📺 ☎. 🕄 🗲 𝚅𝙸𝚂𝙰. ⟐
Pasto carta 25/40000 – **25 cam** ☲ 40/60000 – ½ P 45/50000.

La Pergola, ℰ 826612, Fax 826612, Coperti limitati; prenotare, « Servizio estivo
all'aperto » – 🕄 ⓘ 🗲 𝚅𝙸𝚂𝙰. ⟐
chiuso giovedì escluso i giorni festivi e da maggio ad ottobre – **Pasto** carta 45/62000.

BELGIRATE 28040 Verbania 428 E 7, 219 ⑦ – 511 ab. alt. 200 – ✿ 0322.

Roma 651 – Stresa 6 – Locarno 61 – ◆Milano 74 – Novara 50 – ◆Torino 127.

🏨 **Villa Carlotta**, ℰ 76461, Telex 200490, Fax 76705, ≤, 숪, « Parco ombreggiato », ⚏ riscaldata, 🐾 – 📶 📺 🅿 🅚 – 🔏 30 a 600. 🅰🅴 🕄 🅾 🅴 ℳ𝒮𝒜. ✑ rist
Pasto carta 48/79000 – ☐ 15000 – **128 cam** 139/192000, appartamento, 🗐 25000 – ½ P 95/140000.

🏨 **Milano**, ℰ 76525, Fax 76295, ≤, « Servizio rist. estivo in terrazza sul lago », 🐾 – ▯ 📺 ☎ 🅿 – 🔏 40. 🅰🅴 🕄 🅾 🅴 ℳ𝒮𝒜. ✑ rist
Pasto carta 51/75000 – ☐ 15000 – **52 cam** 105/165000 – ½ P 75/105000.

BELLAGIO 22021 Como 988 ③, 428 E 9 – 3 006 ab. alt. 216 – ✿ 031.

Vedere Posizione pittoresca★★★ – Giardini★★ di Villa Serbelloni – Giardini★★ di Villa Melzi.

🚢 per Varenna giornalieri (30 mn) – Navigazione Lago di Como, al pontile ℰ 950180.

🅱 piazza della Chiesa 14 ℰ 950204.

Roma 643 – Como 29 – ◆Bergamo 55 – Lecco 22 – ◆Lugano 63 – ◆Milano 78 – Sondrio 104.

🏨 **Gd H. Villa Serbelloni** ⚞, ℰ 950216, Telex 380330, Fax 951529, ≤ lago e monti, 숪, « Parco digradante sul lago », 🛁, 숲, ⚏ riscaldata, 🐾, ✑ – ▯ 🖃 rist 📺 ☎ 🕿 🖚 🅿 – 🔏 40 a 400. 🅰🅴 🕄 🅾 🅴 ℳ𝒮𝒜. ✑ rist
aprile-ottobre – **Pasto** carta 70/100000 – **93 cam** ☐ 295/430000, 4 appartamenti – ½ P 285/365000.

🏨 **Belvedere**, ℰ 950410, Fax 950102, ≤ lago e Grigna, 숪, ⚏, 🌿 – ▯ 📺 ☎ 🅿 – 🔏 60. 🅰🅴 🕄 ℳ𝒮𝒜. ✑ rist
aprile-20 ottobre – **Pasto** carta 41/65000 – **50 cam** ☐ 110/176000 – ½ P 110/130000.

🏨 **Du Lac**, ℰ 950320, Fax 951624, ≤ lago e monti, « Terrazza roof-garden » – ▯ 🖃 cam 📺 ☎ – 🔏 30. 🕄 🅴 ℳ𝒮𝒜. ✑ rist
25 marzo-15 ottobre – **Pasto** carta 39/70000 – **48 cam** ☐ 110/165000 – ½ P 110/120000.

🏨 **Fioroni-da Piero**, ℰ 950392, Fax 950392 – 📺 ☎ 🅿. 🅰🅴 🕄 🅾 🅴 ℳ𝒮𝒜. ✑ rist
Pasto (chiuso martedì) carta 32/57000 – **14 cam** ☐ 60/85000 – ½ P 52/62000.

🏨 **Silvio**, SO : 2 km ℰ 950322, Fax 950912, ≤, 숪 – ☎ 🖚 🅿. 🕄
chiuso gennaio e febbraio – **Pasto** carta 28/46000 – ☐ 7000 – **17 cam** 58/78000 – ½ P 68/71000.

🍴 **Bilacus**, ℰ 950480, 숪 – 🕄 🅴 ℳ𝒮𝒜
15 marzo-ottobre; chiuso lunedì escluso da luglio a settembre – **Pasto** carta 32/53000.

BELLAMONTE 38030 Trento 429 D 16 – alt. 1 372 – a.s. febbraio-Pasqua e Natale – ✿ 0462.

Roma 668 – ◆Bolzano 61 – Belluno 73 – Cortina d'Ampezzo 90 – ◆Milano 322 – Trento 84.

🏨 **Sole** ⚞, ℰ 576299, Fax 576394, ≤, 🌿 – ▯ 📺 ☎ 🕿 🅿. 🅰🅴 🕄 🅾 🅴 ℳ𝒮𝒜 𝒥𝒞ℬ. ✑
dicembre-Pasqua e giugno-settembre – **Pasto** 30/45000 – ☐ 15000 – **37 cam** 85/140000 – ½ P 108/140000.

🏨 **Stella Alpina**, ℰ 576114, ≤, 숲 – ▯ ☎ 🅿. ✑
chiuso novembre – **Pasto** (chiuso lunedì) 25/29000 – ☐ 8000 – **34 cam** 50/86000 – ½ P 65/82000.

🏨 **Margherita**, ℰ 576140, ≤ – ▯ ☎ 🅿. ✑
chiuso dal 30 aprile al 20 giugno, dal 30 settembre al 1° novembre e dal 15 novembre al 5 dicembre – **Pasto** 25/30000 – **28 cam** ☐ 55/100000 – ½ P 72/80000.

BELLARIA IGEA MARINA Rimini 988 ⑮, 429 430 J 19 – 12 801 ab. – a.s. 15 giugno-agosto – ✿ 0541.

Roma 350 – ◆Ravenna 39 – ◆Bologna 111 – Forlì 49 – ◆Milano 321 – Pesaro 55 – Rimini 14.

a Bellaria – ✉ 47041.

🅱 via Leonardo da Vinci 10 (Palazzo del Turismo) ℰ 344108, Fax 345491 :

🏨 **Miramare**, lungomare Colombo 37 ℰ 344131, Fax 347316, ≤, ⚏ – ▯ 🖙 cam 🖃 rist 📺 ☎ 🅿. 🅰🅴 ℳ𝒮𝒜. ✑ rist
20 maggio-25 settembre – **Pasto** 30/35000 – ☐ 9000 – **64 cam** 75/125000 – ½ P 70/100000.

🏨 **Elizabeth**, via Rovereto 11 ℰ 344119, Fax 345680, ≤, ⚏ riscaldata – ▯ 📺 ☎ 🖚 🅿. 🅰🅴 🕄 🅾 🅴 ℳ𝒮𝒜 𝒥𝒞ℬ. ✑
20 dicembre-10 gennaio e Pasqua-novembre – **Pasto** 35/40000 – **45 cam** ☐ 100/140000 – ½ P 80/110000.

🏨 Gambrinus, viale Panzini 101 ℰ 349421, Fax 345778, ≤, 🛁, 숲, ⚏, 🌿 – ▯ 📺 ☎ 🅿
stagionale – **63 cam**.

🏨 **Ermitage**, via Ala 11 ℰ 347633, Fax 343083, ≤, 🛁, 숲, ⚏ riscaldata – ▯ 📺 ☎ 🅿. 🅰🅴 🕄 🅾 🅴 ℳ𝒮𝒜. ✑ rist
20 dicembre-10 gennaio e Pasqua-20 settembre – **Pasto** 35/40000 – **50 cam** ☐ 110/150000, 2 appartamenti – ½ P 70/100000.

🏨 **Nautic-Riccardi**, viale Panzini 128 ℰ 345600, Fax 344299, ⚏, 🌿 – ▯ 🖃 rist ☎ 🅿. 🅰🅴 🕄 🅾 🅴 ℳ𝒮𝒜. ✑
maggio-20 settembre – **Pasto** 30/35000 – ☐ 8000 – **66 cam** 100/120000 – ½ P 80000.

🏨 **Giorgetti Palace Hotel,** lungomare Colombo 39 𝒫 349121, Fax 349121, ≤ – 🛗 ☎ 🅿.
VISA. ⚘ rist
marzo-ottobre – **Pasto** (solo per clienti alloggiati) 20/25000 – ⌑ 15000 – **53 cam** 80/120000
– ½ P 45/80000.

🏨 **Semprini,** via Volosca 18 𝒫 346337, Fax 346564, ≤, 🛶 – 🛗 ▤ rist ☎ � 🅿. ⚘ rist
15 maggio-settembre – **Pasto** (solo per clienti alloggiati) – **45 cam** ⌑ 45/80000 – ½ P 50/
75000.

🏨 **La Pace,** via Zara 10 𝒫 347519, Fax 347519, ≤, 🔟 riscaldata – 🛗 🅿. **VISA**. ⚘
15 maggio-20 settembre – **Pasto** (solo per clienti alloggiati) – ⌑ 15000 – **37 cam** 60/90000 –
½ P 47/84000.

🏨 **Roma,** via Arbe 13 𝒫 344225, ≤, 🔟 riscaldata – 🛗 🕾 🅿. **VISA**. ⚘
15 maggio-settembre – **Pasto** (solo per clienti alloggiati) – ⌑ 15000 – **67 cam** 60/90000 –
½ P 47/84000.

🏨 **Orizzonte,** via Rovereto 10 𝒫 344298, Fax 346804, ≤, 🕾 – ☎ 🅿. 🖫 Ⅎ **VISA**. ⚘ rist
maggio-settembre – **Pasto** (solo per clienti alloggiati) – ⌑ 10000 – **38 cam** 60/110000 –
½ P 50/72000.

🏠 **Orchidea,** viale Panzini 37 𝒫 347425, Fax 340120, « Giardino ombreggiato », 🔟 – ☎ 🅿.
🎩 🖫 ⓘ Ⅎ **VISA**. ⚘ rist
Pasto 30/55000 – ⌑ 15000 – **33 cam** 63/103000 – ½ P 40/79000.

🏠 **Elite,** viale Italia 29 𝒫 346615, Fax 346716, ≤ – 🛗 ▤ rist ☎ 🅿. ⚘ rist
15 maggio-settembre – **Pasto** 20/26000 – **30 cam** ⌑ 75/85000 – ½ P 43/68000.

a Igea Marina – ✉ **47044.**

🛈 (aprile-settembre), via Catullo 6 𝒫 330052 :

🏨 **Agostini,** viale Pinzon 68 𝒫 331510, Fax 330085, ≤ – 🛗 ▤ ☎ 🅿. ⚘ rist
aprile-25 settembre – **Pasto** (solo per clienti alloggiati) – **57 cam** ⌑ 75/120000 – ½ P 46/
71000.

🏨 Italia, viale Pinzon 214 𝒫 330020, 🔟 – 🛗 ▤ ☎ 🅿
stagionale – **60 cam.**

🏨 **Touring** senza rist, viale Pinzon 217 𝒫 331619, Fax 331619, ≤, 🔟, 🛶 – 🛗 🕾 🅿. 🖫 Ⅎ
VISA. ⚘
maggio-settembre – ⌑ 20000 – **33 cam** 100/180000.

🏨 **Globus,** viale Pinzon 193 𝒫 330195, ≤ – 🛗 ▤ rist ☎ 🅿. Ⅎ **VISA**. ⚘ rist
10 maggio-25 settembre – **Pasto** 20/30000 – ⌑ 10000 – **57 cam** 40/80000 – ½ P 40/67000.

🏨 **K 2,** viale Pinzon 212 𝒫 330064, Fax 331828, ≤ – 🛗 ▤ rist ☎ 🅿. 🖫 Ⅎ **VISA**. ⚘
maggio-settembre – **Pasto** (solo per clienti alloggiati) 25/35000 – ⌑ 15000 – **62 cam**
50/70000 – ½ P 35/70000.

🏨 **Strand Hotel,** viale Pinzon 161 𝒫 331726, Fax 331900, ≤, 🕾🚬 – 🛗 ▤ rist ☎ 🅿. **VISA**.
⚘ rist
marzo-settembre, Natale e Capodanno – **Pasto** 25/30000 – ⌑ 8000 – **31 cam** 50/90000 –
½ P 43/85000.

🏠 **Elios,** viale Pinzon 116 𝒫 331300, Fax 331772, ≤, 🛶 – 🛗 🕾 🅿. ⚘ rist
aprile-settembre – **Pasto** 25/30000 – ⌑ 10000 – **29 cam** 55/90000 – ½ P 65/90000.

✗ **Sirocco,** via Ovidio 57 𝒫 330590, 🎇 – 🎩 🖫 ⓘ Ⅎ **VISA**. ⚘
chiuso lunedì e novembre – **Pasto** carta 50/65000.

BELLARIVA Rimini 🗟🗟🗟 J 19 – Vedere Rimini.

BELLINZAGO NOVARESE 28043 Novara 🗟🗟🗟 F 7 – 8 131 ab. alt. 191 – ✿ 0321.
Roma 634 – ◆Milano 60 – Novara 15 – Varese 45.

a Badia di Dulzago O : 3 km – ✉ **28043** Bellinzago Novarese

✗✗ **Osteria San Giulio,** 𝒫 98101 – 🏛 40. 🎩
chiuso domenica sera, lunedì ed agosto – **Pasto** carta 22/40000.

BELLUNO 32100 🅿 🗟🗟🗟 ⑤, 🗟🗟🗟 D 18 – 35 541 ab. alt. 389 – ✿ 0437.
Vedere Piazza del Mercato★ **8** – Piazza del Duomo★ **2** : palazzo dei Rettori★ P, polittico★ nel
Duomo – Via del Piave : ≤★.
🛈 via Psaro 21 𝒫 940083, Fax 940073 – piazza dei Martiri 27/e 𝒫 941746, Telex 440077.
A.C.I. piazza dei Martiri 46 𝒫 213132.
Roma 617 ① – Cortina d'Ampezzo 71 ① – ◆Milano 320 ② – Trento 112 ② – Udine 117 ① – ◆Venezia 106 ① –
Vicenza 120 ②.

Pianta pagina seguente

🏨 **Delle Alpi,** via Jacopo Tasso 13 𝒫 940545, Fax 940565 – 🛗 📺 ☎. 🎩 🖫 ⓘ Ⅎ **VISA**   **a**
Pasto vedere rist **Delle Alpi** – **40 cam** ⌑ 130/160000, 2 appartamenti.

🏨 **Villa Carpenada** 🔈, via Mier 158 𝒫 948343, Fax 948345, « Villa settecentesca in un
bosco » – 📺 ☎ 🅿. 🎩 🖫 Ⅎ **VISA**   2 km per ②
Pasto carta 38/58000 – ⌑ 15000 – **19 cam** 120/140000, 2 appartamenti – ½ P 100/120000.

113

🏠 **Alle Dolomiti** senza rist, via Carrera 46 ℘ 941660, Fax 941436 – 📳 📺 📾. 🈂️ **E** 𝗩𝗜𝗦𝗔 **s**
🛏️ 8000 – **32 cam** 85/130000.

🏠 **Astor** senza rist, piazza dei Martiri 26/e ℘ 942094, Fax 942493, ≤ – 📳 📺 ☎. 🅰🅴 🈂️ ① **E** 𝗩𝗜𝗦𝗔 𝗝𝗖𝗕 **n**
32 cam 🛏️ 100/140000.

XXX **Delle Alpi**, via Jacopo Tasso 15 ℘ 940302 – 🅰🅴 🈂️ ① **E** 𝗩𝗜𝗦𝗔 **a**
chiuso domenica e dal 9 al 31 agosto – **Pasto** 18/3000 e carta 34/54000.

XX **Al Borgo**, via Anconetta 8 ℘ 926755, Fax 926411, 🌤️, « Villa settecentesca in un parco » – **📱**. 🅰🅴 ① **E** 𝗩𝗜𝗦𝗔. 🛇 per ④
chiuso lunedì sera, martedì, dal 1° al 5 gennaio e dal 1° al 10 luglio – **Pasto** carta 35/49000.

X **Terracotta**, borgo Garibaldi 61 ℘ 942644, 🌤️ **b**
chiuso sabato a mezzogiorno e domenica – **Pasto** carta 26/43000.

Vedere anche : **Nevegal** SE : 12 km.

BELLUNO

Martiri (Piazza dei) 6

Duomo (Pza)	2
Gabelli (Via A.)	3
Grappa (Via M.)	4
Matteotti (Via)	7
Mercato (Pza del)	8
Rialto (Via)	10

LES GUIDES VERTS MICHELIN

Paysages, monuments
Routes touristiques
Géographie
Histoire, Art
Itinéraires de visite
Plans de villes et de monuments

BENACO – Vedere Garda (Lago di).

BENEVENTO 82100 **P** 988 ㉗, 430 S 26, 431 D 26 – 62 534 ab. alt. 135 – 🕓 0824.
Vedere Arco di Traiano★★ – Museo del Sannio★ : Chiostro★.
🛈 via Giustiniani 34 ℘ 25424, Fax 312309.
A.C.I. via Salvator Rosa 24/26 ℘ 21582.
Roma 241 – ♦ Napoli 71 – ♦Foggia 111 – Salerno 75.

🏨 **Gd H. Italiano**, viale Principe di Napoli 137 ℘ 24111, Fax 21758 – 📳 🗏 📺 ☎ – 🛗 50 a 200. 🅰🅴 🈂️ ① **E** 𝗩𝗜𝗦𝗔. 🛇 rist
Pasto carta 35/47000 – **71 cam** 🛏️ 90/140000 – ½ P 90/100000.

XX **Antica Taverna**, via Annunziata 134 ℘ 21212 – 🅰🅴 🈂️ ① 𝗩𝗜𝗦𝗔. 🛇
chiuso domenica sera – **Pasto** carta 27/41000 (10%).

BERCETO 43042 Parma 988 ⑭, 428 429 430 I 11 – 2 731 ab. alt. 790 – 🕓 0525.
Roma 463 – ♦ Parma 60 – ♦Bologna 156 – Massa 80 – ♦Milano 165 – ♦La Spezia 65.

X **Vittoria-da Rino** con cam, piazza Micheli 12 ℘ 64306 – 📺 ☎ **📱**. 🅰🅴 🈂️ ① **E** 𝗩𝗜𝗦𝗔. 🛇
chiuso dal 20 dicembre al 15 febbraio – **Pasto** (chiuso lunedì) carta 36/72000 – 🛏️ 9000 – **15 cam** 55/70000 – P 90000.

in prossimità dello svincolo autostrada A 15 :

XX **La Foresta di Bard** 🌳 con cam, località Prà Grande ⊠ 43042 ℘ 60248, Fax 64477, prenotare, « Al limitare di un bosco » – 📺 ☎ **📱** 🅰🅴 🈂️ ① **E** 𝗩𝗜𝗦𝗔
chiuso gennaio – **Pasto** (chiuso martedì) carta 39/56000 – 🛏️ 7000 – **8 cam** 60/90000 – ½ P 80000.

Vedere Città alta★★★ ABY – Piazza del Duomo★★ AY **12** : Cappella Colleoni★★, Basilica di Santa Maria Maggiore★ : arazzi★★, arazzo della Crocifissione★★, pannelli★★, abside★, Battistero★ – Piazza Vecchia★ AY **38** – ≤★ dalla Rocca AY – Città bassa★ : Accademia Carrara★★BY **M1** – Quartiere vecchio★ BYZ – Piazza Matteotti★ BZ **19**.

🐓, 🐓 e 🐓 L'Albenza (chiuso lunedì e dal 22 dicembre al 5 gennaio) ad Almenno San Bartolomeo ⊠ 24030 ℘ 640707, Fax 640028, per ⑧ : 15 km;

🐓 La Rossera (chiuso martedì) a Chiuduno ⊠ 24060 ℘ 838600, Fax 447047, per ② : 15 km.

✈ di Orio al Serio per ③ : 3,5 km ℘ 326323, Fax 313432 – Alitalia, via Casalino 5 ℘ 224425.

🛈 viale Papa Giovanni XXIII 106 ℘ 242226, Fax 242994 – (marzo-ottobre) vicolo Aquila Nera 2 (città Alta) ℘ 232730.

A.C.I. via Angelo Maj 16 ℘ 247621.

Roma 601 ④ – ◆Brescia 52 ④ – ◆Milano 47 ④.

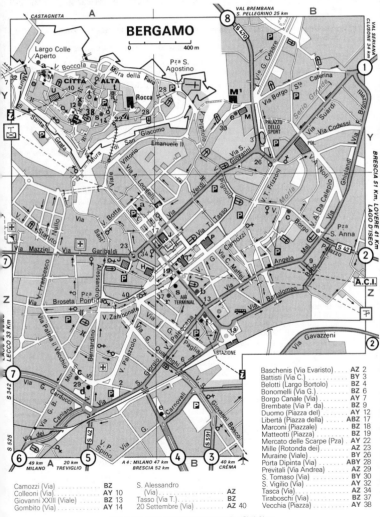

Baschenis (Via Evaristo)	**AZ** 2
Battisti (Via C.)	**BY** 3
Belotti (Largo Bortolo)	**BZ** 4
Bonomelli (Via G.)	**BZ** 6
Borgo Canale (Via)	**AY** 7
Brembate (Via P. da)	**BZ** 9
Duomo (Piazza del)	**AY** 12
Libertà (Piazza della)	**ABZ** 17
Marconi (Piazzale)	**BZ** 18
Matteotti (Piazza)	**BZ** 19
Mercato delle Scarpe (Pza)	**AY** 22
Mille (Rotonda dei)	**AZ** 23
Muraine (Viale)	**BY** 26
Porta Dipinta (Via)	**ABY** 28
Previtali (Via Andrea)	**AZ** 29
S. Tomaso (Via)	**BY** 30
S. Vigilio (Via)	**AY** 32
Tasca (Via)	**AZ** 34
Tiraboschi (Via)	**BZ** 37
Vecchia (Piazza)	**AY** 38

Camozzi (Via)	**BZ**		
Colleoni (Via)	**AY** 10	S. Alessandro	
Giovanni XXIII (Viale)	**BZ** 13	(Via)	**AZ**
Gombito (Via)	**AY** 14	Tasso (Via T.)	**BZ**
		20 Settembre (Via)	**AZ** 40

Circolazione stradale regolamentata nella « Città Alta »

🏨 **Pantheon,** via Borgo Palazzo 154 ✉ 24125 ℰ 308111, Fax 308308, 🏋 – 🛗 🖿 🖭 ☎ 🚗
🅿 – 🛎 50 a 300. 🖭 🖽 🚫 ◑ 🖿 🏧 🇯🇨🇧, 🦽 rist   1,5 km per ②
Pasto 39/42000 e al Rist. **Zeus** *(chiuso domenica)* carta 39/55000 – **86 cam** ☰ 188/236000,
8 appartamenti – ½ P 130/260000.

🏨 **Cristallo Palace,** via Betty Ambiveri 35 ✉ 24126 ℰ 311211, Telex 304090, Fax 312031 –
🛗 🖿 🖭 ☎ 🚗 – 🛎 500. 🖭 🖽. 🦽
Pasto 43000 e al Rist. **L'Antica Perosa** *(chiuso domenica)* carta 48/69000 – **90 cam** ☰ 230/
300000 – ½ P 130/300000.   per via San Giovanni Bosco   BZ

🏨 Excelsior San Marco, piazza della Repubblica 6 ✉ 24122 ℰ 366111, Telex 301295,
Fax 223201 – 🛗 🖿 🖭 ☎ 🚗 – 🛎 30 a 400
163 cam.   AZ   **a**

🏨 **Città dei Mille** senza rist, via Autostrada 3/c ✉ 24126 ℰ 317400, Fax 317385 – 🛗 🖭 ☎
🅿. 🖭 🖿 🏧. 🦽
40 cam ☰ 95/130000.   BZ   **e**

🏨 **Arli** senza rist, largo Porta Nuova 12 ✉ 24122 ℰ 222014, Fax 239732 – 🛗 🖭 ☎. 🖭 🖽 🖿
🏧
☰ 12000 – **56 cam** 90/130000.   BZ   **s**

🍴🍴🍴 ✿ **Da Vittorio,** viale Papa Giovanni XXIII 21 ✉ 24121 ℰ 218060, Fax 218060 – 🖿. 🖭 🖽
◑ 🖿 🏧   BZ   **b**
chiuso mercoledì e dal 5 al 25 agosto – **Pasto** 60/95000 (a mezzogiorno) 95/130000 (alla
sera) e carta 85/132000
Spec. Crespella di scampi e zucchine con vellutata di pesce (primavera-estate), Rombo al forno con piselli e
guancialino (primavera-estate), Millefoglie al cioccolato (autunno-inverno).

🍴🍴 ✿ **Lio Pellegrini,** via San Tomaso 47 ✉ 24121 ℰ 247813, Fax 247813, 🌴, Coperti
limitati; prenotare – 🖭 ◑   BY   **e**
chiuso lunedì, martedì a mezzogiorno, dal 4 all'11 gennaio e dal 2 al 24 agosto – **Pasto**
40/50000 e carta 50/86000
Spec. Pappardelle al sugo di piccione, Misto di carni verdure e formaggi alla piastra, Delizie calde di mare.

🍴🍴 **Le Stagioni,** via Orio 97 ✉ 24126 ℰ 311613, Fax 311321 – 🅿. 🖭 🖽 ◑ 🖿 🏧. 🦽
chiuso martedì – **Pasto** carta 45/69000.   2 km per via San Giovanni Bosco   BZ

🍴🍴 **Taverna Valtellinese,** via Tiraboschi 57 ✉ 24122 ℰ 243331, Cucina valtellinese – 🖿
chiuso domenica sera e lunedì – **Pasto** carta 45/62000.   BZ   **r**

🍴🍴 **Ar Ti,** via Previtali 5/7 ✉ 24122 ℰ 252020, Specialità di mare, prenotare – 🅿. 🖭 🖿 🖽
🏧   AZ   **d**
chiuso domenica, dal 1° al 6 gennaio e dal 5 al 25 agosto – **Pasto** carta 46/82000.

🍴🍴 **Öl Giopì e la Margì,** via Borgo Palazzo 25 ✉ 24125 ℰ 242366, Fax 249206, Cucina tipica
bergamasca – 🖿. 🖭 🖽 🖿 🏧. 🦽   BZ   **c**
chiuso domenica sera, lunedì, dal 1° al 10 gennaio ed agosto – **Pasto** carta 42/80000.

🍴🍴 Trattòria, via Previtali 43 ✉ 24122 ℰ 256022, 🌴, Coperti limitati; prenotare   AZ   **c**

🍴 **Leon d'Oro,** via Paleocapa 4 ✉ 24122 ℰ 218151 – 🖭 🖽 🖿 🏧   BZ   **f**
chiuso mercoledì e dal 6 al 20 agosto – **Pasto** carta 37/62000.

alla città alta – alt. 366 :

🍴🍴🍴 **Taverna Colleoni dell'Angelo,** piazza Vecchia 7 ✉ 24129 ℰ 232596, Fax 232596, 🌴 –
🖿. 🖭 🖽 🖿 🏧 🇯🇨🇧. 🦽   AY   **x**
chiuso lunedì e dall'8 al 22 agosto – **Pasto** carta 63/90000.

🍴🍴 **Gourmet** 🦽 con cam, via San Vigilio 1 ✉ 24129 ℰ 256110, Fax 256110, « Servizio
estivo in terrazza panoramica » – 🖭 ☎ 🅿. 🖭 🖽 ◑ 🖿 🏧 🇯🇨🇧. 🦽 cam   AY
chiuso dal 1° al 6 gennaio – **Pasto** *(chiuso martedì)* carta 51/78000 – ☰ 18000 – **10 cam**
80/120000 – ½ P 160000.

🍴🍴 **Alla Nicchia,** piazza Mercato del Fieno 13 ✉ 24129 ℰ 220114, Coperti limitati; preno-
tare – 🖭 🖽 ◑ 🖿 🏧   AY   **t**
chiuso domenica sera, martedì ed agosto – **Pasto** carta 36/64000.

🍴🍴 **I Musicanti** 🦽 con cam, via San Vigilio 15 ✉ 24129 ℰ 253179, Fax 402081, ≼, Coperti
limitati; prenotare, « Servizio estivo in terrazza panoramica » – 🖭 ☎ 🅿. 🖭 🖽 ◑ 🖿 🏧
🇯🇨🇧. 🦽   AY
Pasto *(chiuso dal 1° al 10 gennaio)* carta 50/80000 – ☰ 15000 – **7 cam** 135000 – P 170000.

🍴🍴 **La Marianna,** largo Colle Aperto 2/4 ✉ 24129 ℰ 237027, Fax 211314, 🌴, « Servizio
estivo in terrazza-giardino » – 🖭 🖽 ◑ 🖿 🏧   AY   **a**
chiuso lunedì e dal 7 al 23 gennaio – **Pasto** carta 46/74000.

🍴🍴 **Trattoria del Teatro,** piazza Mascheroni 3 ✉ 24129 ℰ 238862, prenotare – 🖿
chiuso lunedì e dal 13 al 30 luglio – **Pasto** carta 30/50000.   AY   **a**

🍴🍴 **La Valletta,** via Castagneta 19 ✉ 24129 ℰ 239587, prenotare, « Servizio estivo in
terrazza » – 🖭 🖽 ◑ 🖿 🏧. 🦽   AY
chiuso domenica sera, lunedì, dal 1° al 15 gennaio ed agosto – **Pasto** carta 49/75000.

🍴 **Da Ornella,** via Gombito 15 ✉ 24129 ℰ 232736, prenotare – 🖭 🖽 ◑ 🖿 🏧
chiuso giovedì, venerdì a mezzogiorno, dal 22 dicembre all'8 gennaio e luglio – Pasto
carta 36/55000.   AY   **s**

Vedere anche : **Torre Boldone** per ① : 4,5 km.

BERGEGGI 17042 Savona 428 J 7 – 987 ab. alt. 110 – © 019.

Roma 556 – ♦ Genova 58 – Cuneo 102 – Imperia 63 – ♦Milano 180 – Savona 11.

XXX ❀ **Claudio** ⊗ con cam, ℘ 859750, Fax 859750, prenotare, « Servizio estivo in terrazza con ≼ mare e costa », ⊼, ☞ – 🖩 🔟 ☎ ⇔ 🅿 – 🛋 100. 🖭 🕄 🄴 **VISA**. ⅍
chiuso dal 2 al 25 gennaio – **Pasto** (chiuso lunedi e martedi a mezzogiorno) 90/120000 bc –
15 cam ⊑ 130/220000 – ½ P 170/200000
Spec. Bouquet di crostacei agli agrumi, Trofie all'astice, Ventaglio di triglie al Pigato.

BERGIOLA MAGGIORE Massa-Carrara – Vedere Massa.

BERRA 44033 Ferrara 988 ⑮, 429 H 17 – 6 593 ab. – © 0532.

Roma 457 – ♦ Ravenna 84 – Chioggia 56 – ♦Ferrara 37.

a Serravalle E : 6 km – ⊠ **44030** :

X Da Odilia e Betty, ℘ 834325, Coperti limitati, prenotare – 🅿

BERTINORO 47032 Forlì 988 ⑮, 429 430 J 18 – 8 614 ab. alt. 257 – © 0543.

Vedere ≼★ dalla terrazza vicino alla Colonna dell'Ospitalità.

Roma 343 – ♦ Ravenna 46 – ♦Bologna 77 – Forlì 14 – ♦Milano 296 – Rimini 41.

🏡 **Panorama** ⊗ senza rist, piazza della Libertà 11 ℘ 445465, Fax 445465, ≼ – 🖩 🔟 ☎. 🖭 🕄 🄳 🄴 **VISA**. ⅍
senza ⊑ – **16 cam** 55/110000.

X **Belvedere,** via Mazzini 7 ℘ 445127, « Servizio estivo in terrazza panoramica » – 🕄 🄳 🄴 **VISA**. ⅍
chiuso mercoledi e novembre – **Pasto** carta 36/56000.

BESNATE 21010 Varese 428 E 8, 219 ⑰ – 4 633 ab. alt. 300 – © 0331.

Roma 622 – Stresa 37 – Gallarate 7 – ♦Milano 45 – Novara 40 – Varese 17.

XX **La Maggiolina,** via per Gallarate 9 ℘ 274225 – ▤ 🅿. 🖭 🕄 🄳 🄴 **VISA** JCB
chiuso martedi ed agosto – **Pasto** carta 42/62000.

We suggest:

for a successful tour, that you prepare it in advance.

Michelin maps and **guides**, will give you much useful information on route planning,

places of interest, accommodation, prices etc.

BETTOLA 29021 Piacenza 988 ⑬, 428 429 H 10 – 3 452 ab. alt. 329 – © 0523.

Roma 546 – ♦Bologna 184 – ♦Milano 99 – Piacenza 34.

X **Due Spade,** piazza Cristoforo Colombo 62 ℘ 917789, ㅈ – 🕄 🄴 **VISA**. ⅍
chiuso martedi escluso da giugno a settembre – **Pasto** carta 34/49000.

BETTOLLE Siena 988 ⑮ – Vedere Sinalunga.

BIANCO 89032 Reggio di Calabria 988 ㊴, 431 M 30 – 3 872 ab. – © 0964.

Roma 722 – Catanzaro 118 – ♦Reggio di Calabria 78.

🏡 **Vittoria,** ℘ 911015, Fax 911014, ▲⊚ – 🖩 ☎ 🅿. 🖭 🕄 🄳 🄴 **VISA**. ⅍ rist
Pasto (giugno-ottobre) 25/45000 – ⊑ 8000 – **64 cam** 80/90000 – ½ P 70/80000.

BIBBIENA 52011 Arezzo 988 ⑮, 430 K 17 – 10 963 ab. alt. 425 – © 0575.

Roma 249 – Arezzo 32 – ♦Firenze 60 – ♦Ravenna 122.

X **Brogi da Marino** con cam, piazza Mazzoni 5 ℘ 536222, Fax 536223, ㅈ – 🔟 ☎. 🖭 🕄 🄳 **VISA**
Pasto carta 29/37000 – ⊑ 5000 – **15 cam** 50/68000 – ½ P 50/60000.

BIBBONA (Marina di) 57020 Livorno 430 M 13 – 586 alt. – © 065.

Roma 285 – Cecina 14 – Grosseto 92 – ♦Livorno 45 – Piombino 43 – Siena 100.

🏡 **Hermitage,** via dei Melograni 13 ℘ 622218 e rist ℘ 600714, Fax 600760, ㅈ, ⊼, – ▤ 🔟 ☎ 🅿. **VISA**. ⅍
chiuso novembre – **Pasto** 18/22000 e al Rist. **Eldorado** carta 30/55000 (15%) – **39 cam** ⊑ 150/220000 – ½ P 140000.

BIBIONE 30020 Venezia 988 ⑥, 429 F 21 – © 0431.

🄱 viale Aurora 101 ℘ 43362, Telex 450377, Fax 439997.

Roma 613 – Latisana 19 – ♦Milano 352 – Treviso 89 – ♦Trieste 98 – Udine 67 – ♦Venezia 102.

🏨 **Principe,** via Ariete 41 ℘ 43256, Fax 439234, ≼, ⊼, ▲⊚, ☞, ⅍ – 🖩 ☎ 🅿. 🖭 🕄 🄳 🄴 **VISA**. ⅍ rist
15 maggio-15 settembre – **Pasto** (solo per clienti alloggiati) 25/30000 – **80 cam** ⊑ 130/210000 – ½ P 105/145000.

🏨 **Corallo,** via Pegaso 38 ℘ 43222, Fax 439928, ≼, ⊼, ▲⊚, ☞, ⅍ – 🖩 ≡ rist 🔟 ☎ 🅿. 🕄 🄴 **VISA**. ⅍
15 maggio-settembre – **Pasto** (solo per clienti alloggiati) – **80 cam** ⊑ 150/200000 – P 80/140000.

117

🏨 **Astoria,** corso Europa 86 ℰ 43148, Fax 439383, 🦽, ℀ – 🛗 ▤ rist ☎ 🚗 🅿. ፲ 🕃 🇪 *VISA*. ℀ rist
16 maggio-19 settembre – **Pasto** 30/40000 – **56 cam** ⊑ 75/150000 – ½ P 70/80000.

🏨 **Leonardo da Vinci,** corso Europa 92 ℰ 43416, Fax 438009, 🦽 – 🛗 ☎ 🅿. ℀ rist
20 maggio-15 settembre – **Pasto** (solo per clienti alloggiati) 27/35000 – ⊑ 12000 – **54 cam**
85/130000 – ½ P 66/82000.

🏨 **Concordia,** via Maia 149 ℰ 43433, ≤, 🏊 riscaldata, 🦽 – 🛗 ☎ 🚗 🅿. ℀ rist
20 maggio-20 settembre – **Pasto** 30000 – **44 cam** ⊑ 80/120000 – ½ P 74/82000.

🏨 **Nevada,** località Lido del Sole O : 2,5 km ℰ 430000, Telex 450417, Fax 439291, 🦽 – 🛗
✇ cam ☎ 🚗 🅿. ፲ 🇴
maggio-settembre – **Pasto** carta 40/60000 – **40 cam** ⊑ 130/150000 – ½ P 70/90000.

a Bibione Pineda O : 5 km – ⊠ **30020** Bibione.

🛈 viale dei Ginepri ℰ 43362 :

🏨🏨 **Esplanada** ⌂, via delle Dune 6 ℰ 43260, Fax 430832, « Pineta con 🏊 ℀ », 🦽 – 🛗
▤ rist ☎ 🅿. 🕃 🇪 *VISA*. ℀
15 maggio-settembre – **Pasto** (solo per clienti alloggiati) 40000 – **80 cam** ⊑ 130/220000 –
½ P 90/115000.

🏨 **San Marco,** via delle Ortensie 2 ℰ 43301, Fax 438381, « Giardino fiorito con 🏊 », ⇔,
🦽 – 🛗 ☎ 🅿. ℀
15 maggio-15 settembre – **Pasto** (solo per clienti alloggiati) 32/35000 – ⊑ 15000 – **57 cam**
85/130000 – ½ P 80/105000.

🏨 **Horizonte,** via degli Ontani 31 ℰ 43218, Fax 439246, « Giardino ombreggiato » – ▤ rist
🕺 🅿. 🕃 🇪 *VISA*. ℀ rist
15 maggio-20 settembre – **Pasto** 28/30000 – **25 cam** ⊑ 55/120000 – ½ P 70/75000.

BIELLA 13051 🅿 ▨▨▨ ②, ▨▨▨ F 6 – 48 401 ab. alt. 424 – ✪ 015.

🛏 Le Betulle (aprile-novembre; chiuso lunedì) a Magnano ⊠ 13050 ℰ 679151, Fax 679276, per
④ 18 km.

🛈 piazza Vittorio Veneto 3 ℰ 351128, Fax 34612.

A.C.I. viale Matteotti 11 ℰ 351047.

Roma 676 ② – Aosta 101 ④ – ♦Milano 102 ② – Novara 56 ② – Stresa 72 ① – ♦Torino 74 ③ – Vercelli 42 ②.

🏨🏨 **Astoria** senza rist, viale
Roma 9 ℰ 402750,
Fax 8491691 – 🛗 ▤ 📺
☎ – 🔬 75. ፲ 🕃 🇴 🇪
VISA
v
chiuso agosto – **49 cam**
⊑ 150/190000.

🏨🏨 **Augustus** senza rist, via
Orfanotrofio ℰ 27554,
Telex 215860, Fax 29257
– 🛗 ▤ 📺 ☎ 🅿. ፲ 🕃 🇴
🇪 *VISA*. ℀
s
chiuso dal 3 al 26 agosto
– **36 cam** ⊑ 140/
190000.

🏨🏨 **Michelangelo,** piazza
Adua 5 ℰ 8492362,
Fax 8492649, Rist. a buf-
fet – 🛗 ▤ 📺 ☎ 🚗 –
🔬 40. ፲ 🕃 🇴 🇪 *VISA*.
r
Pasto (chiuso alla sera,
sabato e domenica)
48000 – **19 cam** ⊑ 140/
180000.

🏨 **Coggiola** senza rist,
via Cottolengo 5
ℰ 8491912, Fax 8493427,
🎐 – 🛗 ▤ 📺 ☎. ፲ 🕃 🇴
🇪 *VISA*
b
⊑ 10000 – **24 cam** 85/
120000.

✕✕✕ **Prinz Grill,** via Torino 14
ℰ 30302, Coperti limi-
tati; prenotare – ፲ 🕃
🇴 🇪 *VISA*. ℀
u
*chiuso domenica, dal 1º
al 10 gennaio ed agosto* –
Pasto carta 47/68000.

BIELLA

Italia (Via) . . . . . .
Candelo (Via) 2
Cottolengo (Via) 3
Duomo (Piazza) 4
Garibaldi (Via) 6
Marconi (Via) . . . . . .
20 Settembre (Via) . . . 12

XX **Le Premier Cru,** via della Repubblica 46 ℰ 30820 – ⌶⌷ 🅱 **E** 𝑉𝐼𝑆𝐴   **c**
chiuso sabato a mezzogiorno, domenica ed agosto – **Pasto** carta 38/59000.

XX **L'Orso Poeta,** via Orfanotrofio 7 ℰ 21252, 🍽, « Rist. caratteristico » – ⌶⌷ 🅱 **E** 𝑉𝐼𝑆𝐴.
�´
chiuso sabato a mezzogiorno, domenica, dal 1° al 10 gennaio e dal 1° al 19 agosto – **Pasto**
carta 49/77000.   **h**

XX **San Paolo,** viale Roma 4 ℰ 8493236, prenotare – ▦. ⌶⌷ 🅱 ⑩ **E** 𝑉𝐼𝑆𝐴 𝐽𝐶𝐵. �´   **a**
chiuso venerdì ed agosto – **Pasto** carta 46/75000.

XX Da **Vittorio,** via Trossi 10 ℰ 8493477   **e**

X **Trattoria della Rocca,** via della Vittoria 90-rione Chiavazza ℰ 351027 – 🅿. 🅱 ⑩ **E**
𝑉𝐼𝑆𝐴
chiuso martedì – **Pasto** carta 30/47000.   2 km per ①

a **Vaglio** NE : 4 km – ✉ 13050 :

X **Al Peschereccio,** ℰ 561351 – 🅿. ⌶⌷ 🅱 **E** 𝑉𝐼𝑆𝐴
chiuso lunedì e dal 25 agosto al 15 settembre – **Pasto** carta 32/58000.

Vedere anche : **Candelo** per ② : 5 km.
               Sordevolo per ④ : 8 km.
               Oropa NO : 13 km.
               San Paolo Cervo N : 14 km.

Le piante topografiche sono orientate col Nord in alto.

BIGOLINO Treviso – Vedere Valdobbiadene.

BINASCO 20082 Milano 🆀🆀🆀 ③ ⑬, 🆀🆀🆀 G 9 – 6 442 ab. alt. 101 – ✆ 02.

🛢 Ambrosiano, a Bubbiano ✉ 20088 ℰ 90849365, O : 8 km;

🛢 Castello di Tolcinasco (chiuso lunedì) località Tolcinasco ✉ 20080 Pieve Emanuele
ℰ 904671, Fax 90467226, NE : 12 km.

Roma 573 – ♦Milano 21 – Alessandria 75 – Novara 63 – Pavia 19 – ♦Torino 152.

🏨 **Corona,** via Matteotti 20 ℰ 9052280, Fax 9054353 – |♿| ▦ 📺 ☎ 🅿. ⌶⌷ 🅱 ⑩ **E** 𝑉𝐼𝑆𝐴.
�´ rist
chiuso agosto – **Pasto** (*chiuso sabato*) carta 31/58000 – ☱ 10000 – **50 cam** 80/100000 –
½ P 65/85000.

BIODOLA Livorno 🆀🆀🆀 N 12 – Vedere Elba (Isola d') : Portoferraio.

BISCEGLIE 70052 Bari 🆀🆀🆀 ㉙ – 47 426 ab. – ✆ 080.

Roma 422 – ♦Bari 39 – ♦Foggia 105 – ♦Taranto 124.

🏨 **Salsello,** via Siciliani 32/33 ℰ 8755953, Fax 8755951, 🍽, ⌂, – |♿| ▦ 📺 ☎ ⇐ 🅿 –
♨ 500. ⌶⌷ 🅱 ⑩ **E** 𝑉𝐼𝑆𝐴. �´ rist
Pasto carta 29/50000 (15%) – **52 cam** ☱ 100/135000 – ½ P 100/130000.

XX **Memory** � con cam, Panoramica Paternostro 63 ℰ 9580149, Fax 9580304 – ▦ 📺 ☎
🅿. ⌶⌷ 🅱 **E** 𝑉𝐼𝑆𝐴. �´ rist
chiuso novembre – **Pasto** (*chiuso lunedì*) carta 34/65000 (10%) – ☱ 2500 – **8 cam** 74/94000
– ½ P 72/79000.

BITONTO 70032 Bari 🆀🆀🆀 ㉙, 🆀🆀🆀 D 32 – 53 755 ab. alt. 118 – ✆ 080.

Roma 450 – ♦Bari 16 – ♦Foggia 113 – ♦Taranto 97.

🏨 S 1, viale Papa Giovanni XXIII ℰ 9617341, 🚿 – 📺 📠 🅿
18 cam.

X **La Tabernetta-Sala Dante,** viale Papa Giovanni XXIII 163/E ℰ 9518511, 🍽 – ▦. ⌶⌷ 🅱
⑩ **E** 𝑉𝐼𝑆𝐴
chiuso lunedì – **Pasto** carta 35/48000.

BOARIO TERME Brescia 🆀🆀🆀 ④, 🆀🆀🆀 🆀🆀🆀 E 12 – Vedere Darfo Boario Terme.

BOBBIO 29022 Piacenza 🆀🆀🆀 ⑬, 🆀🆀🆀 H 10 – 3 838 ab. alt. 272 – Stazione termale (maggio-
ottobre) – ✆ 0523.

🅱 (giugno-settembre), piazzetta Santa Chiara ℰ 932419.

Roma 558 – ♦Genova 90 – Alessandria 84 – ♦Bologna 196 – ♦Milano 110 – Pavia 88 – Piacenza 46.

🏨 **Piacentino,** ℰ 936563, Fax 936266 – |♿| 📺 ☎ 🅿. ⌶⌷ 🅱 ⑩ **E** 𝑉𝐼𝑆𝐴 𝐽𝐶𝐵. �´
Pasto (*chiuso lunedì*) carta 32/58000 – ☱ 10000 – **20 cam** 80/130000 – ½ P 70/95000.

XX **Enoteca San Nicola,** ℰ 932355, Coperti limitati; prenotare – ⌶⌷ 🅱 ⑩ **E** 𝑉𝐼𝑆𝐴. �´
chiuso lunedì, martedì e novembre – **Pasto** carta 28/45000.

Vedere anche : **Mezzano Scotti** SE : 6 km.

BOCCA DI MAGRA 19030 La Spezia 428 429 430 J 11 – 🕾 0187.

Roma 404 – ◆Genova 110 – Lucca 60 – Massa 21 – ◆Milano 227 – ◆La Spezia 21.

🏠 **Orsa Maggiore,** 𝒫 65116, ≤, 😚, 🛆 – 🛆
aprile-settembre – **Pasto** carta 35/49000 – ☲ 9000 – **25 cam** 50/85000 – ½ P 80000.

XX **La Lucerna di Ferro,** 𝒫 601206, 😚 – 🅿. 匨 🗗 E � ΜΕΤΑ. 🞉
chiuso dal 15 dicembre al 1° marzo, martedì da giugno ad agosto anche lunedì sera negli
altri mesi – **Pasto** carta 50/70000.

XX **Capannina Ciccio,** 𝒫 65568, ≤, 😚 – 匨 🗗 🛈 E �
chiuso novembre e martedì (escluso luglio-agosto) – **Pasto** carta 48/86000.

BODIO LOMNAGO 21020 Varese 219 ⑦ – 1 957 ab. alt. 1 275 – 🕾 0332.

Roma 627 – Stresa 40 – Gavirate 14 – ◆Milano 59 – Varese 8.

X **Il Gallione,** sulla strada provinciale 𝒫 947383, prenotare – 🅿. 匨 🗗 🛈 E �
chiuso domenica, Natale, Capodanno e dal 10 al 20 agosto – **Pasto** carta 35/51000.

BOGLIACO Brescia 428 E 13 – Vedere Gargnano.

LES GUIDES VERTS MICHELIN

Paysages, monuments

Routes touristiques

Géographie

Histoire, Art

Itinéraires de visite

Plans de villes et de monuments

BOGLIASCO 16031 Genova 428 I 9 – 4 555 ab. – 🕾 010.

Roma 491 – ◆ Genova 13 – ◆Milano 150 – Portofino 23 – ◆La Spezia 92.

XX **Il Tipico,** località San Bernardo 20 (N : 4 km) 𝒫 3470754, ≤ mare e costa – ▤ 🅿. 匨 🗗
🛈 E �. 🞉
chiuso lunedì, dal 10 al 30 gennaio e dal 10 al 20 agosto – **Pasto** carta 50/80000.

BOGNANCO (Fonti) 28030 Verbania 988 ②, 428 D 6 – 370 ab. alt. 986 – 🕾 0324.

🚹 piazzale Giannini 5 𝒫 234127.

Roma 709 – Stresa 40 – Domodossola 11 – ◆Milano 132 – Novara 102 – ◆Torino 176.

🏠 **Villa Elda,** 𝒫 46975 – 🛗 ☎ 🅿. 🞉
maggio-settembre – **Pasto** 20/25000 – **38 cam** ☲ 40/70000 – ½ P 50/65000.

BOJANO 86021 Campobasso 988 ㉗, 430 R 25 – 8 441 ab. alt. 488 – 🕾 0874.

Roma 197 – Benevento 56 – Campobasso 24 – Isernia 29 – ◆Napoli 134.

🏨 **Pleiadi's,** via Molise 40 𝒫 773088, Fax 773088 – ▤ 📺 ☎ 🚗 🅿 – 🔬 200. 匨 🗗 🛈
�
Pasto carta 27/43000 – **28 cam** ☲ 60/110000 – ½ P 80000.

BOLETO Novara 428 E 7, 219 ⑥ – alt. 696.

Vedere Santuario della Madonna del Sasso★★ NO : 4 km.

Roma 664 – Stresa 35 – Domodossola 54 – ◆Milano 87 – Novara 49 – ◆Torino 123 – Varese 55.

BOLLATE 20021 Milano 428 F 9, 219 ⑱ ⑲ – 42 909 ab. alt. 154 – 🕾 02.

Roma 595 – ◆ Milano 10 – Como 37 – Novara 45 – Varese 40.

Pianta d'insieme di Milano (Milano p. 6)

🏨 **La Torretta,** strada statale Varesina NO : 2 km 𝒫 3505996, Fax 33300826, 😚 – 🛗
▤ cam 📺 ☎ 🅿 – 🔬 100. 匨 🗗 🛈 E �. 🞉
AO **d**
Pasto (chiuso venerdì e dal 2 al 23 agosto) carta 38/62000 – ☲ 14000 – **60 cam** 98/145000,
appartamento – P 160000.

ad Ospiate O : 1 km – ✉ 20021 Ospiate di Bollate :

XX **Al Mulino** 🎐 con cam, viale Repubblica 75 𝒫 38302190, Fax 38302218, 😚 – ▤ 📺 ☎
🅿. 匨 🗗 E �. 🞉
AO **b**
chiuso dal 7 al 28 agosto – **Pasto** (chiuso lunedì) carta 68/88000 – **7 cam** ☲ 95/148000.

120

Vedere Piazze Maggiore e del Nettuno★★★ BY: fontana del Nettuno★★, basilica di San Petronio★★ BY A, palazzo Comunale★ BY H, palazzo del Podestà★ BY B – Piazza di Porta Ravegnana★★ CY: Torri Pendenti★★ (✳★★) – Mercanzia★ CY C – Chiesa di Santo Stefano★ CY F – Museo Civico Archeologico★★ BY M1 – Pinacoteca Nazionale★★ CX M2 – Chiesa di San Giacomo Maggiore★ CX D – Strada Maggiore★ CY – Chiesa di San Domenico★ BZ K: arca★★ del Santo, tavola★ di Filippino Lippi – Palazzo Bevilacqua★ BY E – Postergale★ nella chiesa di San Francesco AX N.

Dintorni Madonna di San Luca: portico★, ⩽★ su Bologna e gli Appennini SO : 5 km EU.

🏌 (chiuso lunedì) a Chiesa Nuova di Monte San Pietro ✉ 40050 ✆ 969100, Fax 6720017, O : 16 km DU.

🏌 Castenaso (chiuso lunedì) a Castenaso ✉ 40055 ✆ 788126, E : 10 km.

✈ di Borgo Panigale NO : 6 km DET ✆ 311578 – Alitalia, via Marconi 34 ✉ 40122 ✆ 6300333.

🚗 ✆ 246490.

🛈 piazza Maggiore 6 ✉ 40121 ✆ 239660 – Stazione Ferrovie Stato ✉ 40121 ✆ 246541.

A.C.I. via Marzabotto 2 ✉ 40122 ✆ 389908.

Roma 379 ⑥ – ✦Firenze 105 ⑥ – ✦Milano 210 ⑧ – ✦Venezia 152 ①.

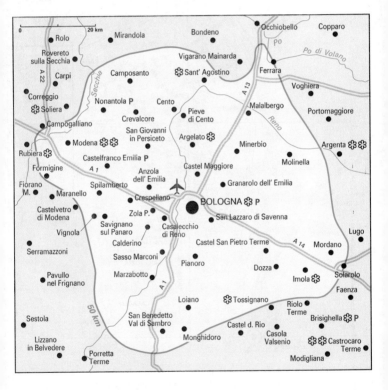

🏨 **Royal Hotel Carlton,** via Montebello 8 ✉ 40121 ✆ 249361, Telex 510356, Fax 249724 – 🛗 🔳 📺 ☎ ᕙ ⇆ – 🔏 30 a 800. 🆎 🆂 ⓪ 🅴 𝖵𝖨𝖲𝖠 ⅏ BV **g**
Pasto (chiuso domenica) 70/90000 – **228 cam** 🖙 305/380000, 22 appartamenti 550/650000.

🏨 **Gd H. Baglioni,** via dell'Indipendenza 8 ✉ 40121 ✆ 225445, Telex 510242, Fax 234840 – 🛗 ⇔ cam 🔳 📺 ☎ – 🔏 30 a 80. 🆎 🆂 ⓪ 🅴 𝖵𝖨𝖲𝖠 ⅏ BX **e**
Pasto vedere rist **I Carracci** – **117 cam** 🖙 350/530000, 8 appartamenti – ½ P 290/325000.

🏨 **Jolly,** piazza 20 Settembre 2 ✉ 40121 ✆ 248921, Telex 510076, Fax 249764 – 🛗 ⇔ cam 🔳 📺 ☎ – 🔏 25 a 270. 🆎 🆂 ⓪ 🅴 𝖵𝖨𝖲𝖠 ⅏ rist CV **a**
Pasto 43/50000 – **176 cam** 🖙 245/370000, 8 appartamenti – ½ P 183/248000.

BOLOGNA
PIANTA D'INSIEME

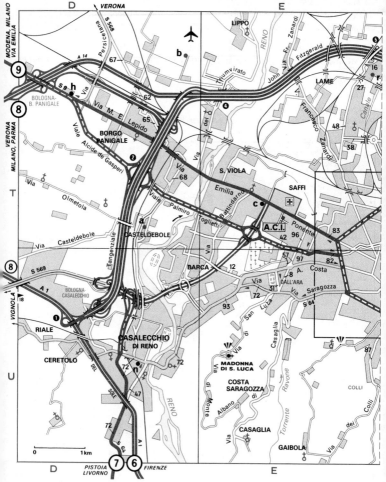

🏨 **Sofitel,** viale Pietramellara 59 ⊠ 40121 ℰ 248248, Telex 520643, Fax 249421 – 📶 🖫 📺
🕿 ᇋ – 🔬 35 a 80. 🖭 🗟 ⓪ 🖪 𝖵𝖨𝖲𝖠 ⫷
Pasto vedere rist **Risbo' – 244 cam** ⊑ 265/375000.
BV **q**

🏨 **Holiday Inn Bologna Tower,** viale Lenin 43 ⊠ 40138 ℰ 6010909, Fax 6010700, ↓Ꮟ, ⇌
– 📶 ⇌ 🖫 📺 🕿 ⇌ 🄿 – 🔬 450. 🖭 🗟 ⓪ 🖪 𝖵𝖨𝖲𝖠 𝖩𝖢𝖡 ⫷
Pasto carta 52/73000 – **136 cam** ⊑ 300/370000, 10 appartamenti – ½ P 140/240000.
GU **e**

🏨 **Holiday Inn Bologna City,** piazza della Costituzione 1 ⊠ 40128 ℰ 372172,
Telex 510676, Fax 357662, ⚒, riscaldata, ⚔ – 📶 ⇌ cam 🖫 📺 🕿 ⇌ 🄿 – 🔬 35 a 350.
🖭 🗟 ⓪ 🖪 𝖵𝖨𝖲𝖠 𝖩𝖢𝖡 ⫷ rist
Pasto carta 60/100000 – **162 cam** ⊑ 265/390000, appartamento.
FT **h**

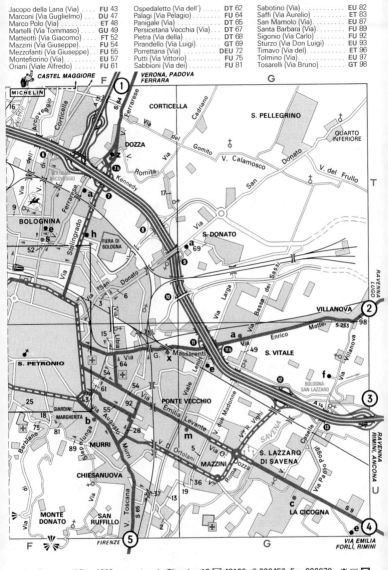

🏨 **Corona d'Oro 1890** senza rist, via Oberdan 12 ⊠ 40126 𝒫 236456, Fax 262679 – 🛗 🗏 📺
☎ – 🔬 30. 🕮 🕄 ⓞ 🗈 𝗩𝗜𝗦𝗔 𝗝𝗖𝗕
CX **r**
chiuso dal 24 luglio al 22 agosto – **35 cam** ⊇ 270/390000.

🏨 **Roma**, via Massimo d'Azeglio 9 ⊠ 40123 𝒫 226322, Telex 512863, Fax 239909 – 🛗 🗏 📺
☎ 🖘. 🕮 🕄 ⓞ 🗈 𝗩𝗜𝗦𝗔 𝗝𝗖𝗕. 🛠 rist
BY **x**
Pasto carta 42/52000 – ⊇ 20000 – **84 cam** 125/160000 – ½ P 138/187000.

🏨 **Residence Executive** senza rist, via Ferrarese 161 ⊠ 40128 𝒫 372960, Fax 372127 – 🛗
🗏 📺 ☎ & 🅿. 🕮 🕄 ⓞ 🗈 𝗩𝗜𝗦𝗔
FT **a**
40 cam ⊇ 250/310000.

🏨 **Internazionale** senza rist, via dell'Indipendenza 60 ⊠ 40121 𝒫 245544, Telex 511038,
Fax 249544 – 🛗 🗏 📺 ☎ 🖘. 🕮 🕄 ⓞ 🗈 𝗩𝗜𝗦𝗔
BCV **p**
139 cam ⊇ 235/330000.

Al Cappello Rosso senza rist, via de' Fusari 9 ⊠ 40123 ℘ 261891, Fax 227179 – ▮▮ 🆗 📺 ☎ – ☖ 25. ㏂ 🆂 ⑩ ㊣ 💳
33 cam ⊇ 270/390000.
BY **v**

Gd H. Elite senza rist, via Aurelio Saffi 36 ⊠ 40131 ℘ 6491432, Fax 6492426 – ▮▮ ▤ 📺 ☎ ⟷ – ☖ 100. 🆂 🆂 ⑩ ㊣ 💳
AV **c**
chiuso dal 1° al 22 agosto – **87 cam** ⊇ 210/305000.

Tre Vecchi senza rist, via Indipendenza 47 ⊠ 40121 ℘ 231991, Telex 511276, Fax 224143 – ▮▮ 📺 🆗 ☎ – ☖ 30. ㏂ 🆂 ⑩ ㊣ 💳
CX **a**
⊇ 18000 – **96 cam** 230/340000.

Savoia, via San Donato 161 ⊠ 40127 ℘ 6332366, Fax 6332366 – ▮▮ 📺 📺 ☎ ℗. ㏂ 🆂 ⑩ ㊣ 💳 🆓 ৠ rist
GT **a**
Pasto 30/50000 – **42 cam** ⊇ 240/360000, 3 appartamenti.

San Donato senza rist, via Zamboni 16 ⊠ 40126 ℘ 235395, Fax 230547 – ▮▮ 📺 ☎. ㏂ 🆂 ⑩ ㊣ 💳 ৠ
CX **d**
chiuso agosto – ⊇ 15000 – **59 cam** 220/330000.

Dei Commercianti senza rist, via de' Pignattari 11 ⊠ 40124 ℘ 233052, Fax 224733 – ▮▮ ▤ 📺 ☎ ⟷. ㏂ 🆂 ⑩ ㊣ 💳 🆓
BY **n**
35 cam ⊇ 140/210000.

Re Enzo senza rist, via Santa Croce 26 ⊠ 40122 ℘ 523322, Fax 554035 – ▮▮ ▤ 📺 ☎ ⟷. ㏂ 🆂 ⑩ ㊣ 💳 ৠ
AX **a**
chiuso agosto – **51 cam** ⊇ 140/210000.

Orologio senza rist, via IV Novembre 10 ⊠ 40123 ℘ 231253, Fax 260552 – ▮▮ ▤ 📺 ☎. ㏂ 🆂 ⑩ ㊣ 💳 🆓
BY **x**
29 cam ⊇ 140/210000.

City Hotel senza rist, via Magenta 10 ⊠ 40128 ℘ 372676, Fax 372032, ⟷ – ▮▮ ▤ 📺 ☎ ⟷ ℗ – ☖ 40. ㏂ 🆂 ⑩ ㊣ 💳 ৠ
FT **e**
60 cam ⊇ 148/215000.

Maxim, via Stalingrado 152 ⊠ 40128 ℘ 323235, Fax 320535 – ▮▮ 📺 ☎ ℗. ㏂ 🆂 ⑩ ㊣ 💳 🆓
FT **z**
Pasto vedere rist **Al Cambio** – **19 cam** ⊇ 130/190000, 9 appartamenti – ½ P 110/150000.

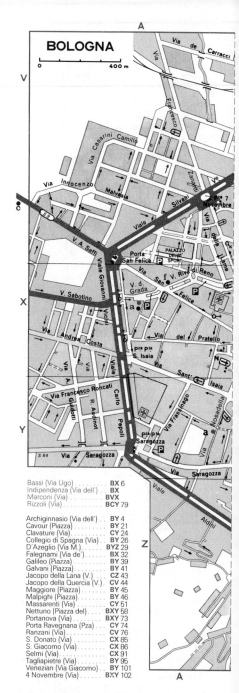

BOLOGNA

0   400 m

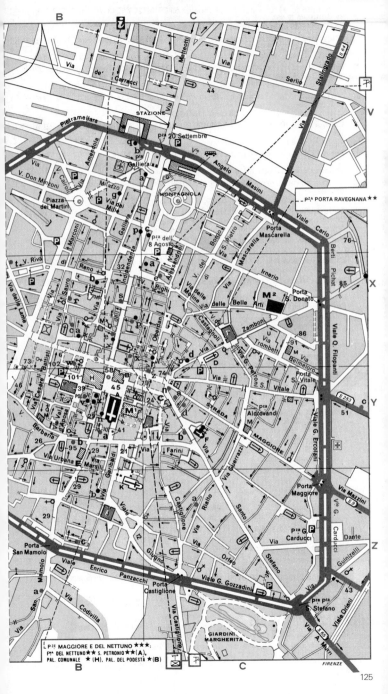

P^{ZE} MAGGIORE E DEL NETTUNO ★★★:
P^{za} DEL NETTUNO ★★ S. PETRONIO ★★ (A),
PAL. COMUNALE ★ (H), PAL. DEL PODESTÀ ★ (B)

FIRENZE

125

🏨 **Donatello** senza rist, via dell'Indipendenza 65 ✉ 40121 ℰ 248174, Fax 248174 – 📳 🗏 📺
🕿. 🖭 🕃 ⓞ 🖯 𝑉𝐼𝑆𝐴　　　　　　　　　　　　　　　　　　　　　　CV　**c**
　 ⌷ 12000 – **38 cam** 110/145000.

🏨 **Maggiore** senza rist, via Emilia Ponente 62/3 ✉ 40133 ℰ 381634, Fax 312161 – 📳 🗏 📺
🕿 🅟 – 🔏 35. 🖭 🕃 ⓞ 🖯 𝑉𝐼𝑆𝐴 🛠　　　　　　　　　　　　　　　　　　ET　**c**
　 chiuso dal 24 dicembre al 3 gennaio e dal 1° al 23 agosto – **60 cam** ⌷ 125/200000.

🏨 **Palace** senza rist, via Montegrappa 9/2 ✉ 40121 ℰ 237442, Telex 520696, Fax 220689 –
📳 📺 🕿 🕭 ⇔. 🖭 🕃 ⓞ 🖯 𝑉𝐼𝑆𝐴　　　　　　　　　　　　　　　　　　　BX　**a**
　 ⌷ 15000 – **113 cam** 118/160000.

🏨 **San Felice** senza rist, via Riva di Reno 2 ✉ 40122 ℰ 557457, Fax 558258 – 📳 📺 🕿 🕭. 🖭
🕃 𝑉𝐼𝑆𝐴. 🛠　　　　　　　　　　　　　　　　　　　　　　　　　　AX　**f**
　 chiuso agosto – ⌷ 12000 – **36 cam** 115/165000.

🏨 **Cavour** senza rist, via Goito 4 ✉ 40126 ℰ 228111, Fax 222978 – 📳 🗏 📺 🕿. 🖭 🕃 ⓞ 🖯
𝑉𝐼𝑆𝐴.　　　　　　　　　　　　　　　　　　　　　　　　　　　BX　**p**
　 ⌷ 15000 – **19 cam** 100/140000.

🏨 **Touring** senza rist, via dè Mattuiani 1/2 ✉ 40124 ℰ 584305, Fax 334763 – 📳 📺 🕿. 🖭 🕃
🖯 𝑉𝐼𝑆𝐴　　　　　　　　　　　　　　　　　　　　　　　　　　BZ　**b**
38 cam ⌷ 120/170000, appartamento.

XXXX **I Carracci**, via Manzoni 2 ✉ 40129 ℰ 222049, Rist. elegante, prenotare – 🗏. 🖭 🕃 ⓞ 🖯
𝑉𝐼𝑆𝐴. 🛠　　　　　　　　　　　　　　　　　　　　　　　　　BX　**e**
　 chiuso domenica e dal 1° al 25 agosto – **Pasto** carta 55/85000.

XXX **Pappagallo**, piazza della Mercanzia 3 c ✉ 40125 ℰ 232807, Fax 232807, Rist. elegante,
Confort accurato; prenotare – 🗏. 🖭 🕃 ⓞ 🖯 𝑉𝐼𝑆𝐴　　　　　　　　　　CY　**n**
　 chiuso domenica – **Pasto** 50/80000 (15%) e carta 58/92000 (15%).

XXX **Battibecco**, via Battibecco 4 ✉ 40123 ℰ 223298, 😇 – 🗏. 🖭 🕃 ⓞ 🖯 𝑉𝐼𝑆𝐴. 🛠 BY　**v**
　 chiuso domenica e dal 10 al 20 agosto – **Pasto** carta 59/96000.

XXX **Dante**, via Nosadella 37/a ✉ 40123 ℰ 330604, Rist. elegante, prenotare – 🗏. 🕃 🖯 𝑉𝐼𝑆𝐴
　 chiuso domenica ed agosto – **Pasto** carta 48/73000.　　　　　　　　AY　**a**

XXX **Torre de' Galluzzi**, Corte de' Galluzzi 5/a ✉ 40124 ℰ 267638, Fax 223297 – 🗏. 🖭 🕃 ⓞ
🖯 𝑉𝐼𝑆𝐴. 🛠　　　　　　　　　　　　　　　　　　　　　　　　BY　**a**
　 chiuso sabato a mezzogiorno da giugno a settembre, domenica e dal 13 al 18 agosto –
Pasto 42/70000 (a mezzogiorno) 50/80000 (alla sera) e carta 45/81000.

XX ❀ **Bitone**, via Emilia Levante 111 ✉ 40139 ℰ 546110 – 🗏. ⓞ 𝑉𝐼𝑆𝐴. 🛠　　GU　**m**
　 chiuso lunedì, martedì, dal 15 al 31 gennaio ed agosto – **Pasto** carta 50/75000.
　 Spec. Tortellini "goccia d'oro", carré di vitello con funghi, Spiedino lardellato con cuori di carciofi e grana.

XX **Franco Rossi**, via Goito 3 ✉ 40126 ℰ 238818, Coperti limitati; prenotare – 🗏. 🖭 🕃 ⓞ
🖯 𝑉𝐼𝑆𝐴 𝐽𝐶𝐵　　　　　　　　　　　　　　　　　　　　　　　BX　**p**
　 chiuso domenica – **Pasto** carta 60/95000 (10%).

XX ❀ **Rodrigo**, via della Zecca 2/h ✉ 40121 ℰ 220445, Fax 220445 – 🗏. 🖭 🕃 ⓞ 🖯 𝑉𝐼𝑆𝐴. 🛠
　 chiuso domenica e dal 4 al 24 agosto – **Pasto** carta 48/80000 (12%)　　BX　**w**
　 Spec. Antipasto di mare "Rodrigo". Rombo o branzino al forno con patate. Tagliata di manzo con porcini (estate-
　 autunno).

XX **Rosteria Luciano**, via Nazario Sauro 19 ✉ 40121 ℰ 231249, Coperti limitati; prenotare
　 – 🗏. 🖭 🕃 ⓞ 🖯 𝑉𝐼𝑆𝐴 𝐽𝐶𝐵　　　　　　　　　　　　　　　　　BX　**r**
　 chiuso mercoledì ed agosto – **Pasto** carta 48/67000 (12%).

XX **La Cesoia-da Pietro**, via Massarenti 90 ✉ 40138 ℰ 342854, Specialità umbro-laziali –
🖭 🕃 ⓞ 🖯 𝑉𝐼𝑆𝐴 𝐽𝐶𝐵. 🛠　　　　　　　　　　　　　　　　　　CY　**c**
　 chiuso domenica sera e lunedì – **Pasto** carta 40/60000.

XX **Diana**, via dell'Indipendenza 24 ✉ 40121 ℰ 231302, Fax 228162 – 🗏. 🖭 🕃 ⓞ 🖯 𝑉𝐼𝑆𝐴. 🛠
　 chiuso lunedì, dal 1° al 15 gennaio e dal 1° al 28 agosto – **Pasto** carta 51/70000.　BX　**s**

XX **Re Enzo**, via Riva di Reno 79 ✉ 40121 ℰ 234803, Coperti limitati; prenotare – 🖭 🕃 ⓞ
🖯 𝑉𝐼𝑆𝐴　　　　　　　　　　　　　　　　　　　　　　　　　BX　**b**
　 chiuso domenica e dal 1° al 18 agosto – **Pasto** carta 43/69000.

XX **Risbo'**, via Pietramellara 59/2 ✉ 40121 ℰ 246270, 😇 – 🗏. 🖭 🕃 ⓞ 🖯 𝑉𝐼𝑆𝐴 𝐽𝐶𝐵
　 chiuso domenica – **Pasto** carta 48/71000.　　　　　　　　　　　CV　**b**

XX **Panoramica**, via San Mamolo 31 ✉ 40136 ℰ 580337, 😇 – 🖭 🕃 ⓞ 𝑉𝐼𝑆𝐴　　BZ　**a**
　 chiuso domenica – **Pasto** carta 35/72000.

XX **Grassilli**, via dal Luzzo 3 ✉ 40125 ℰ 222961, 😇, Coperti limitati; prenotare – 🗏. 🖭 🕃
ⓞ 🖯 𝑉𝐼𝑆𝐴　　　　　　　　　　　　　　　　　　　　　　　　CY　**a**
　 chiuso dal 23 dicembre al 1° gennaio, dal 15 luglio al 15 agosto, mercoledì e domenica in
　 luglio-agosto – **Pasto** carta 55/80000 (14%).

XX **Cesarina**, via Santo Stefano 19 ✉ 40125 ℰ 232037, 😇 – 🖭 🕃 ⓞ 🖯 𝑉𝐼𝑆𝐴　CY　**b**
　 chiuso lunedì e martedì a mezzogiorno – **Pasto** carta 42/65000.

XX **Donatello**, via Righi 8 ✉ 40126 ℰ 235438 – 𝑉𝐼𝑆𝐴　　　　　　　　CX　**e**
　 chiuso sabato, domenica sera, dal 31 dicembre al 7 gennaio e dal 29 luglio al 30 agosto –
Pasto carta 29/42000 (13%).

XX **Da Sandro al Navile**, via del Sostegno 15 ✉ 40131 ℰ 6343100, Fax 6347592, 😇,
prenotare – 🗏 🅟 – 🔏 50. 🖭 🕃 ⓞ 🖯 𝑉𝐼𝑆𝐴. 🛠　　　　　　　　　ET　**r**
　 chiuso domenica, dal 29 dicembre al 6 gennaio e dal 1° al 26 agosto – **Pasto** carta 49/63000.

XX **Dal Duttòur Balanzon,** via Fossalta 3 ⊠ 40125 🖋 232098, Fax 224126 – 🖭 🚯 ① 🗷 🖾
JCB. 🛠 — BX **x**
chiuso sabato – **Pasto** carta 36/64000.

XX **Trattoria Leonida,** vicolo Alemagna 2 ⊠ 40125 🖋 239742, 🏤, prenotare – 🗐. 🖭 🚯 ①
🗷 🖾. 🛠 — CY **d**
chiuso domenica ed agosto – **Pasto** carta 36/54000.

XX **Antica Trattoria dello Sterlino** con cam, via Murri 71 ⊠ 40137 🖋 342751, Fax 391170,
🏤 – 🗹 🅟 😑. 🖭 🚯 ① 🗷 🖾. 🛠 — FU **b**
chiuso agosto – **Pasto** *(chiuso martedì escluso i giorni festivi)* carta 30/46000 – 🖙 8000 –
12 cam 95/130000.

XX **Al Cambio,** via Stalingrado 150 ⊠ 40128 🖋 328118 – 🗐. 🖭 🚯 ① 🗷 🖾 JCB. 🛠
chiuso domenica ed agosto – **Pasto** carta 30/48000. — FT **z**

XX **Paolo,** piazza dell'Unità 9/d ⊠ 40128 🖋 357858, 🏤 – 🖭 🚯 ① 🗷 🖾 — FT **s**
chiuso martedì, venerdì sera, dal 23 dicembre al 7 gennaio e dal 1° al 22 agosto – **Pasto**
carta 31/43000.

XX **Nonno Rossi,** via dell'Aeroporto 38 ⊠ 40132 🖋 401295, 🏤 – 🅟 – 🛵 50 a 120. 🖭 🚯 ①
🖾. 🛠 — DT **b**
chiuso dal 5 al 20 agosto – **Pasto** carta 36/49000 (10%).

XX **Cesari,** via de' Carbonesi 8 ⊠ 40123 🖋 237710 – 🖭 🚯 ① 🗷 🖾 JCB. 🛠 — BY **b**
chiuso domenica, dal 1° al 5 gennaio ed agosto – **Pasto** carta 39/58000.

XX **Ruggero,** via degli Usberti 6 ⊠ 40121 🖋 236056, Trattoria d'habitués – 🖭 🚯 ① 🖾.
🛠 — BX **c**
chiuso sabato a mezzogiorno, domenica e dal 26 luglio al 26 agosto – **Pasto** carta 35/60000.

X Antica Osteria Romagnola, via Rialto 13 ⊠ 40124 🖋 263699, Coperti limitati; prenotare –
🗐 — CZ **a**

X **Da Angelo,** via Enrico Mattei 22 ⊠ 40138 🖋 530128 – 🖭 🚯 ① 🗷 🖾. 🛠 — GU **a**
chiuso domenica, dal 24 dicembre al 6 gennaio e dal 10 al 24 agosto – **Pasto** carta 32/46000.

X **Il Cortile,** via Mirasole 19 ⊠ 40124 🖋 585857 – ① 🖾. 🛠 — BZ **c**
chiuso domenica – **Pasto** carta 39/53000.

X **La Terrazza,** via del Parco 20 ⊠ 40138 🖋 531330, 🏤, Coperti limitati; prenotare – 🖭 🚯
① 🗷 🖾. 🛠 — FU **x**
chiuso domenica e dal 1° al 16 agosto – **Pasto** carta 38/50000.

X **Teresina,** via Oberdan 4 ⊠ 40126 🖋 228985, 🏤, Coperti limitati; prenotare — CY **z**
chiuso domenica e dal 5 al 23 agosto – **Pasto** carta 37/79000.

X **Alla Grada,** via della Grada 6 ⊠ 40122 🖋 523323, Rist. e rosticceria – 🗐. 🖭 🚯 ① 🗷 🖾
JCB — AX **a**
chiuso lunedì, dal 7 al 18 gennaio e dal 7 al 31 agosto – **Pasto** carta 37/53000.

X **Da Bertino,** via delle Lame 55 ⊠ 40122 🖋 522230, Trattoria d'habitués – 🖭 🚯 ① 🗷 🖾.
🛠 — BX **t**
*chiuso Natale, Capodanno, dal 4 al 31 agosto, domenica, sabato sera dal 20 giugno a luglio
e lunedì sera negli altri mesi* – **Pasto** carta 30/41000.

a Casteldebole O : 7 km DT – ⊠ **40132** Bologna :

XX **Antica Trattoria del Cacciatore,** via Caduti di Casteldebole 25 🖋 564203, Fax 567128,
Ambiente rustico – 🖭 🚯 ① 🗷 🖾. 🛠 — DT **a**
chiuso domenica sera, lunedì, dal 1° al 6 gennaio e dal 5 al 21 agosto – **Pasto** carta 51/65000
(13%).

a Borgo Panigale NO : 7,5 km DT – ⊠ **40132** Bologna :

🏨 **Forte Agip,** via Lepido 203 🖋 401130, Telex 512566, Fax 405969 – 🗐 🗹 ☎ 🚙 🅟 –
🛵 30 a 200. 🖭 🚯 ① 🗷 🖾 🛠 — DT **h**
Pasto *(chiuso domenica)* 35/40000 – **140 cam** 🖙 169/219000 – ½ P 145/194000.

a Villanova E : 7,5 km GU – ⊠ **40050** :

🏨 **Novotel Bologna,** via Villanova 31 🖋 6053434, Telex 521071, Fax 6053300, 🏊, 🛠 – 🛗
🌡 cam 🗐 🗹 ☎ 🕭 🅟 – 🛵 400. 🖭 🚯 ① 🗷 🖾. 🛠 rist — GU **f**
Pasto carta 43/66000 – **206 cam** 🖙 320000.

MICHELIN, a Castel Maggiore (N : 10 km per via di Corticella FT), via Bonazzi 32 (zona
Industriale) - ⊠ 40013 Castel Maggiore, 🖋 713157, Fax 712354.

BOLSENA 01023 Viterbo 988 ②⑥, 480 O 17 – 4 057 ab. alt. 348 – ✿ 0761.

Vedere Chiesa di Santa Cristina★.

Roma 138 – Grosseto 121 – Siena 109 – Viterbo 32.

🏨 **Columbus,** viale Colesanti 27 🖋 799009, Fax 798172 – 🗐 🗹 ☎ 🅟. 🚯 🗷 🖾. 🛠
aprile-ottobre – **Pasto** 20/30000 e al Rist. *La Conchiglia* carta 31/42000 – 🖙 13000 – **38 cam**
120/148000 – ½ P 72/98000.

🏨 **Lido,** via Cassia NO : 1,5 km 🖋 799026, Fax 798479, ≤, 🏖, 🌳 – 🗐 🗹 ☎ 🅟 – 🛵 250.
🚯 🗷 🖾. 🛠
Pasto *(chiuso mercoledì escluso da Pasqua ad ottobre)* carta 33/47000 (15%) – 🖙 15000 –
12 cam 95/150000, 🗐 – ½ P 70/90000.

BOLZANO (BOZEN) 39100 🅿 988 ④, 429 C 16 – 98 059 ab. alt. 262 – ✆ 0471.

Vedere Via dei Portici★ – Duomo★ – Pala★ nella chiesa dei Francescani – Pala d'altare scolpita★ nella chiesa parrocchiale di Gries per corso Libertà A.

Dintorni Gole della Val d'Ega★ SE per ①.

Escursioni Dolomiti★★★ Est per ①.

🚗 ✆ 972072.

🛈 piazza Walther 8 ✆ 970660, Fax 980300 – piazza Parrocchia 11 ✆ 993808, Fax 975448.

A.C.I. corso Italia 19/a ✆ 280003.

Roma 641 ② – ◆Innsbruck 118 ① – ◆Milano 283 ② – ◆Padova 182 ② – ◆Venezia 215 ② – ◆Verona 154 ②.

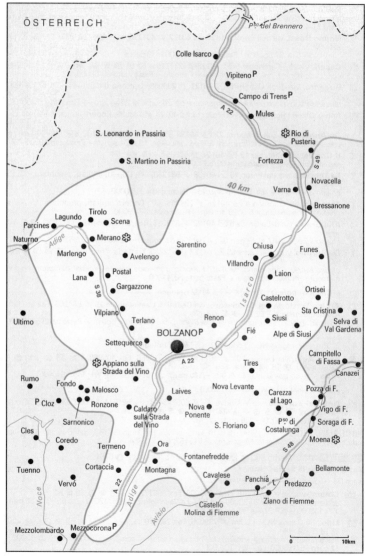

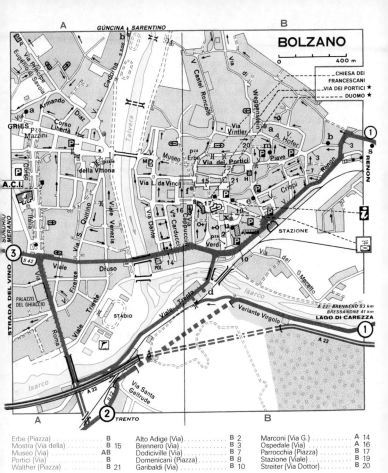

BOLZANO

0   400 m

CHIESA DEI FRANCESCANI
VIA DEI PORTICI ★
DUOMO ★

Erbe (Piazza)	B
Mostra (Via della)	B 15
Museo (Via)	AB
Portici (Via)	B
Walther (Piazza)	B 21
Alto Adige (Via)	B 2
Brennero (Via)	B 3
Dodiciville (Via)	B 7
Domenicani (Piazza)	B 8
Garibaldi (Via)	B 10
Marconi (Via G.)	A 14
Ospedale (Via)	A 16
Parrocchia (Piazza)	B 17
Stazione (Viale)	B 19
Streiter (Via Dottor)	B 20

🏨 **Park Hotel Laurin,** via Laurin 4 ℘ 311000, Fax 311148, 🌇, « Parco fiorito con 🏊 riscaldata » – 🛗 🗏 📺 ☎ – 🛆 30 a 200. 🖭 🖽 ⓞ 🗉 🎹 . 🛠 rist   B **e**
Pasto 32000 e al Rist. *Belle Epoque* carta 50/90000 – **90 cam** ⊇ 240/355000, 5 appartamenti – ½ P 170/210000.

🏨 **Alpi,** via Alto Adige 35 ℘ 970535, Telex 400156, Fax 970535 – 🛗 🗏 📺 ☎ – 🛆 100. 🖭 🖽 ⓞ 🗉 🎹 . 🛠 rist   B **u**
Pasto *(chiuso domenica)* carta 27/49000 – **110 cam** ⊇ 150/214000 – ½ P 112/162000.

🏨 **Luna-Mondschein,** via Piave 15 ℘ 975642, Fax 975577, 🌇, « Giardino ombreggiato » – 🛗 📺 ☎ ⇌ – 🛆 80. 🖭 🖽 ⓞ 🗉 🎹 . 🛠 rist   B **m**
Pasto *(chiuso domenica a mezzogiorno)* carta 46/66000 – ⊇ 15000 – **70 cam** 115/175000 – ½ P 150/160000.

🏨 **Scala-Stiegl,** via Brennero 11 ℘ 976222, Fax 976222, 🌇, « Giardino ombreggiato con 🏊 » – 🛗 📺 ☎ ⇌ 🅿 – 🛆 60. 🖭 🖽 ⓞ 🗉 🎹   B **b**
Pasto carta 36/66000 – ⊇ 13000 – **60 cam** 95/150000 – ½ P 95/130000.

🏨 **Magdalenerhof,** via Rencio 48 ℘ 978267, Fax 981076, ≤, 🌇, 🏊, 🐎 – 🛗 📺 ☎ 🅿 . 🖭 🖽 ⓞ 🗉 🎹 . 🛠   B **s**
Pasto *(chiuso domenica sera e lunedi)* carta 34/62000 – **21 cam** ⊇ 90/140000 – ½ P 80/100000.

129

🏨 **Asterix** senza rist, piazza Mazzini 35 ℰ 273301, Fax 260021 – 🛗 📺 ☎ 🚗 🅿. ㏂ 🚻 ➀ 🇪
𝘝𝘐𝘚𝘈   A   a
�য 8000 – **24 cam** 78/110000.

🏨 **Gurhof** 🐾, via Rafenstein 17 ℰ 975012, Fax 975247, ≤, 🌲 – 🛗 📺 ☎ 🚗 🅿. ㏂ 🚻 ➀ 🇪
𝘝𝘐𝘚𝘈   N : 1 km per via Cadorna   A
Pasto *(chiuso mercoledì)* 25/40000 – **18 cam** ➱ 70/90000 – ½ P 75/85000.

XXX **Da Abramo,** piazza Gries 16 ℰ 280141, Fax 288214, « Servizio estivo all'aperto » – ⬥
🍽 🚻 ➀ 🇪 𝘝𝘐𝘚𝘈   per corso Libertà   A
chiuso domenica e dal 1° al 15 agosto – **Pasto** 38/50000 e carta 57/69000.

XX **Amadè,** vicolo Ca' de' Bezzi 8 ℰ 971278, 🌲, prenotare – ㏂ 🚻 ➀ 🇪 𝘝𝘐𝘚𝘈   B   a
chiuso domenica e dal 20 giugno al 10 luglio – **Pasto** carta 48/70000.

XX **Rastbichler,** via Cadorna 1 ℰ 261131, Fax 261131, « Servizio estivo all'aperto » – 🅿. 🚻
➀ 🇪 𝘝𝘐𝘚𝘈. 🧼   A   b
chiuso domenica, dal 15 al 31 gennaio e dal 1° al 15 luglio – **Pasto** carta 43/67000.

XX **Da Cesare,** via Perathoner 15 ℰ 976638, Fax 972792 – 🍽. ㏂ 🚻 ➀ 🇪 𝘝𝘐𝘚𝘈   B   x
chiuso lunedì – **Pasto** carta 33/53000.

XX **Da Franco,** viale Trento 8 ℰ 979590 – 🅿. ㏂ 🚻 ➀ 🇪 𝘝𝘐𝘚𝘈   B   d
chiuso domenica, lunedì e dal 15 luglio al 20 agosto – **Pasto** carta 40/61000.

X **Vögele,** via Goethe 3 ℰ 973938, Cucina tradizionale locale, « Ambiente tipico » – 🚻 🇪
𝘝𝘐𝘚𝘈   B   f
chiuso la sera, sabato, domenica e dal 15 al 30 luglio – **Pasto** carta 34/56000.

sulla strada statale 12 per ② : 4 km :

🏨 **Park Hotel Werth** senza rist, ✉ 39050 San Giacomo ℰ 250103, Fax 251514, 🏋, 🏊, 🎾,
🍽 – 🛗 📺 ☎ 🚗 🅿. 🚻 🇪 𝘝𝘐𝘚𝘈
➱ 20000 – **32 cam** 110/160000.

XX **Lewald** con cam, ✉ 39050 San Giacomo ℰ 250330, Fax 251916, « Servizio estivo
all'aperto », 🍽 – 📺 ☎ 🅿. ㏂ 🚻 ➀ 🇪 𝘝𝘐𝘚𝘈
chiuso dal 10 al 25 febbraio e dal 21 giugno al 10 luglio – **Pasto** *(chiuso sabato sera e
domenica)* carta 45/70000 – ➱ 10000 – **14 cam** 80/140000 – ½ P 80/90000.

sulla strada statale 38 :

🏨 **Pircher,** via Merano 52 (per ③ : 4 km) ✉ 39100 ℰ 917513, Fax 202433, 🏊, 🌲 – 🛗 📺 ☎
🅿. ㏂ 🚻 ➀ 🇪 𝘝𝘐𝘚𝘈. 🧼
Pasto vedere rist **Pircher** – **22 cam** ➱ 90/130000 – ½ P 95000.

XX **Pircher** - Hotel Pircher, via Merano 52 (per ③ : 4 km) ✉ 39100 ℰ 917513 – 🍽. 🅿. ㏂ 🚻 ➀
🇪 𝘝𝘐𝘚𝘈. 🧼
chiuso sabato sera e domenica – **Pasto** carta 39/64000.

X **Moritzingerhof,** via Merano 113 (per ③ : 5 km) ✉ 39100 ℰ 917491, 🌲 – 🅿. ㏂ 🚻 ➀
🇪 𝘝𝘐𝘚𝘈. 🧼
chiuso domenica sera e lunedì – Pasto carta 31/41000.

BOLZANO VICENTINO 36050 Vicenza 𝟜𝟚𝟡 F 16 – 4 549 ab. alt. 44 – ✆ 0444.
Roma 539 – ✦Padova 38 – Treviso 54 – Vicenza 9.

🏨 **Locanda Grego,** ℰ 350588, Fax 350695 – 📺 ☎ 🅿 – 🛗 35. ㏂ 🚻 ➀ 🇪 𝘝𝘐𝘚𝘈 𝐉𝐂𝐁. 🧼
Pasto *(chiuso dal 1° all'8 gennaio, dal 28 luglio al 25 agosto, domenica da giugno a
settembre, mercoledì negli altri mesi)* carta 41/62000 – ➱ 8000 – **19 cam** 66/100000 --
½ P 85/100000.

BOLZONE Cremona – Vedere Ripalta Cremasca.

BONASSOLA 19011 La Spezia 𝟿𝟪𝟪 ⑬, 𝟜𝟚𝟪 J 10 – 1 067 ab. – ✆ 0187.
Roma 456 – ✦Genova 83 – ✦Milano 218 – ✦La Spezia 42.

🏨 **Belvedere** 🐾 ℰ 813709, Fax 814240, ≤, « Giardino-uliveto » – ☎ 🅿. 🚻 ➀ 🇪 𝘝𝘐𝘚𝘈. 🧼
2 marzo-9 ottobre – **Pasto** carta 30/50000 – **24 cam** ➱ 80/110000 – ½ P 75/95000.

BONDENO 44012 Ferrara 𝟿𝟪𝟪 ⑭ ⑮, 𝟜𝟚𝟡 H 16 – 16 892 ab. alt. 11 – ✆ 0532.
Roma 443 – ✦Bologna 69 – ✦Ferrara 20 – Mantova 72 – ✦Milano 227 – ✦Modena 57 – Rovigo 52.

XX **Tassi** con cam, viale Repubblica 23 ℰ 893030 – 📺 🅿. 🚻 🇪 𝘝𝘐𝘚𝘈. 🧼 cam
Pasto *(chiuso lunedì)* carta 31/50000 – **11 cam** ➱ 80/100000 – ½ P 100000.

BONDONE (Monte) Trento 𝟿𝟪𝟪 ④, 𝟜𝟚𝟪 𝟜𝟚𝟡 D 15 – 664 ab. alt. 2 098 – a.s. Pasqua e Natale –
Sport invernali : 1 350/2 000 m ⥮ 2 ⥯ 7, ⛷ – ✆ 0461.
🅱 (dicembre-aprile e luglio-agosto) a Vaneze ℰ 947128.
Roma 611 – ✦Bolzano 78 – ✦Milano 263 – Riva del Garda 57 – Trento 23.

a Vason N : 2 km – alt. 1 680 – ✉ **38040** Vaneze :

🏨 **Montana,** ℰ 948200, Fax 948177, ≤ gruppo di Brenta, 🍽 – 🛗 📺 ☎ 🚗 🅿. ㏂ 🚻 ➀ 🇪
𝘝𝘐𝘚𝘈. 🧼 rist
dicembre-15 aprile e 20 giugno-15 settembre – **Pasto** carta 30/45000 – ➱ 10000 – **30 cam**
75/140000 – ½ P 85/120000.

BONFERRARO 37060 Verona 428 429 G 15 – alt. 20 – © 045.

Roma 481 – ◆Verona 35 – ◆Ferrara 35 – Mantova 17 – ◆Modena 79.

XX **Sarti,** ℰ 7320233, « Servizio estivo in giardino » – ▤ **Ⓟ**. AE Ⓢ E *VISA*. ℅
chiuso martedì e dal 10 al 20 agosto – **Pasto** carta 32/62000.

BORDANO 33010 Udine 429 D 21 – 758 ab. alt. 224 – © 0432.

Roma 668 – Tarvisio 59 – Tolmezzo 21 – Udine 37.

a Interneppo NO: 2 km – ⊠ 33010 Bordano:

X **Alla Terrazza** con cam, ℰ 979139, Fax 979139, 余 – ☎ Ⓟ. Ⓢ E *VISA*. ℅ cam
chiuso dal 1° al 10 ottobre – **Pasto** (chiuso sabato) carta 28/39000 – ⊑ 5000 – **15 cam**
48/70000 – ½ P 45/50000.

BORDIGHERA 18012 Imperia 988 ⑫, 428 K 4 – 11 130 ab. – © 0184.

Vedere Località★★.

🛈 via Roberto 1 (palazzo del Parco) ℰ 262322, Fax 264455.

Roma 654 – ◆Genova 155 – Imperia 35 – ◆Milano 278 – Monte Carlo 32 – San Remo 12 – Savona 109.

🏨 **Gd H. del Mare** 🍸, via Portico della Punta 34 (E : 2 km) ℰ 262201, Fax 262394, ≤ mare,
« Giardino pensile con 🌊 », ↆ, ≘s, 🐴, ℅ – ⊫ ▤ ▥ ☎ Ⓟ – 🔬 100 a 180. AE Ⓢ ⓞ E
VISA. ℅ rist
chiuso da ottobre a Natale – **Pasto** (chiuso lunedì) carta 58/89000 – ⊑ 22000 – **107 cam**
235/325000, appartamento – ½ P 155/270000.

🏨 **Gd H. Cap Ampelio** 🍸, via Virgilio 5 ℰ 264333, Fax 264244, ≤ mare e costa,
« Giardino con 🌊 » – ⊫ ▤ ▥ ☎ 🚗 Ⓟ – 🔬 170. AE Ⓢ ⓞ E *VISA*. ℅ rist
chiuso dal 14 novembre al 22 dicembre – **Pasto** (chiuso martedì) 65000 – ⊑ 20000 –
104 cam 126/210000 – ½ P 147/190000.

🏨 **Parigi,** lungomare Argentina 16/18 ℰ 261405, Fax 260421, ≤, 🐴 – ⊫ ▤ cam ▥ ☎ ⅟.
AE Ⓢ E *VISA*. ℅ rist
Pasto 45/50000 – ⊑ 18000 – **52 cam** 140/210000, ▤ 10000 – ½ P 125/175000.

🏨 **Britannique et Jolie,** via Regina Margherita 35 ℰ 261464, Fax 260375, « Giardino
fiorito » – ⊫ ▤ rist ▥ ☎ Ⓟ. Ⓢ E *VISA*. ℅ rist
chiuso dal 26 settembre al 19 dicembre – **Pasto** (chiuso lunedì) 50000 – ⊑ 8000 – **56 cam**
75/120000 – ½ P 95/110000.

🏨 **Villa Elisa** 🍸, via Romana 70 ℰ 261313, Fax 261942, 余, « Giardino fiorito », 🌊 – ⊫ ▥
☎ Ⓟ. AE Ⓢ E *VISA*. ℅ rist
chiuso da novembre al 20 dicembre – **Pasto** 60000 – ⊑ 20000 – **35 cam** 110/160000 –
½ P 93/163000.

🏨 **Piccolo Lido,** lungomare Argentina 2 ℰ 261297, Fax 262316, ≤ – ⊫ ▤ ▥ ☎ 🚗. AE
Ⓢ ⓞ E *VISA*. ℅
chiuso da ottobre al 15 dicembre – **Pasto** (solo per clienti alloggiati; chiuso lunedì dal 15
febbraio a marzo e dal 15 aprile a maggio) 40/60000 – **33 cam** ⊑ 140/200000 – ½ P 150000.

🏨 **Centrohotel** senza rist, piazza Eroi della Libertà ℰ 265265, Fax 265265, ≘s – ⊫ ↆ cam
▥ ☎. AE Ⓢ ⓞ E *VISA*. ℅
chiuso dal 5 al 30 novembre – ⊑ 10000 – **38 cam** 75/110000.

🏨 Michelin, via 1° Maggio 29 ℰ 266218, Fax 260060, « Giardino fiorito » – ⊫ ▤ rist ▥ ☎ Ⓟ
13 cam.

🏨 **Aurora** 🍸, via Pelloux 42/b ℰ 261311, Fax 261312 – ⊫ ☎ Ⓟ. AE Ⓢ ⓞ E *VISA*. ℅
chiuso dal 21 ottobre al 19 dicembre – **Pasto** (solo per clienti alloggiati) 25/42000 – ⊑ 15000
– **30 cam** 75/120000 – ½ P 74/110000.

XXX ❀ **Carletto,** via Vittorio Emanuele 339 ℰ 261725, Coperti limitati; prenotare – ▤. AE Ⓢ
ⓞ *VISA*
chiuso mercoledì, dal 20 giugno al 12 luglio e dal 5 novembre al 20 dicembre – **Pasto**
carta 52/87000 (10%)
Spec. Trenette con gamberi e funghi (estate-autunno). Branzino flambato con Calvados e mele gratinate. Sformato al
gianduia con salsa vaniglia.

XXX **La Via Romana,** via Romana 57 ℰ 266681, prenotare – ▤. AE Ⓢ ⓞ E *VISA*
chiuso mercoledì – **Pasto** 50/85000 (a mezzogiorno) 65/85000 (alla sera) e carta 60/85000.

XXX **Le Chaudron,** piazza Bengasi 2 ℰ 263592, Coperti limitati; prenotare – AE Ⓢ ⓞ E *VISA*
chiuso lunedì, dal 1° al 15 febbraio e dal 1° al 15 luglio – **Pasto** 50/65000 e carta 57/79000
(10%).

XX Antica Maddalena, via Arzilia 83 (E :1,5 km) ℰ 266006

XX **Chez Louis,** corso Italia 30 ℰ 261602, 余 – AE Ⓢ ⓞ E *VISA*
chiuso martedì escluso da luglio a settembre – **Pasto** carta 43/68000 (15%).

XX **Piemontese,** via Roseto 8 ℰ 261651 – AE Ⓢ E *VISA*
chiuso martedì e dal 20 novembre al 20 dicembre – **Pasto** carta 32/51000 (10%).

Vedere anche : *Camporosso Mare* O : 3 km.
Vallebona N : 3,5 km.

Leggete attentamente l'introduzione : è la « chiave » della guida.

BORGARELLO 27010 Pavia [428] G 9 – 990 ab. alt. 91 – ❀ 0382.

Roma 564 – ◆Milano 34 – Alessandria 70 – ◆Bergamo 86 – Pavia 6 – Piacenza 58.

🍴🍴 Locanda degli Eventi 𝒫 933303

BORGARO TORINESE 10071 Torino [428] G 4 – 10 532 ab. alt. 254 – ❀ 011.

Roma 689 – ◆Torino 10 – ◆Milano 142.

🏨 **Atlantic,** via Lanzo 163 𝒫 4500055, Telex 221440, Fax 4701783, « Terrazza panoramica con ⅃ » – 🛗 🗐 📺 🖱 ♿ ⇔ 🅿 – ⚒ 500. 🖭 🗐 🅴 𝐕𝐈𝐒𝐀. 🛰 rist
Pasto 35/50000 (a mezzogiorno) 40/60000 (alla sera) e al **Rist. Rubino** (chiuso domenica e dal 5 al 21 agosto) carta 35/59000 – **110 cam** ⌑ 190/290000 – ½ P 220/255000.

🏨 **Pacific** senza rist, viale Martiri della Libertà 76 𝒫 4704666, Fax 4703293 – 🛗 🗐 📺 🖱 ♿ ⇔ 🅿. 🖭 🗐 🕦 🅴 𝐕𝐈𝐒𝐀
⌑ 18000 – **56 cam** 180/245000.

BORGHETTO Piacenza – Vedere Piacenza.

BORGHETTO Verona – Vedere Valeggio sul Mincio.

BORGHETTO D'ARROSCIA 18020 Imperia [428] J 5 – 585 ab. alt. 155 – ❀ 0183.

Roma 604 – ◆Genova 105 – Imperia 31 – ◆Milano 228 – Savona 59.

a Gazzo NO : 6 km – alt. 610 – ✉ 18020 Borghetto d'Arroscia :

🍴🍴 **La Baita,** 𝒫 31083, prenotare – 🅿. 🗐 𝐕𝐈𝐒𝐀
luglio-settembre; chiuso mercoledì, da ottobre a giugno aperto da venerdì a domenica ed i giorni festivi – **Pasto** 50000 bc.

BORGIO VEREZZI 17022 Savona [428] J 6 – 2 270 ab. – ❀ 019.

🛈 (maggio-settembre) via 25 Aprile 1 𝒫 610412.

Roma 574 – ◆Genova 75 – Imperia 50 – ◆Milano 198 – Savona 29.

🏨 Ideal, via 25 Aprile 32 𝒫 610438, Fax 612095 – 🛗 🗐 rist 📺 🖱
31 cam.

🍴🍴🍴 ❀ **Doc,** via Vittorio Veneto 1 𝒫 611477, Fax 611477, 🌤, Coperti limitati; prenotare, 🌿 – 🖭 🗐 𝐕𝐈𝐒𝐀. 🛰
chiuso febbraio e lunedì (escluso da giugno a settembre) – **Pasto** carta 65/80000
Spec. Zuppa di acciughe e maggiorana, Riccioli di pasta con bianco di orata e basilico, Pagaro e occhione in crosta di olive taggiasche al Pigato.

🍴🍴 **Da Casetta,** piazza San Pietro 𝒫 610166, Coperti limitati; prenotare – 🖭 🗐 🕦 𝐕𝐈𝐒𝐀
chiuso a mezzogiorno (escluso i giorni festivi), martedì e novembre – **Pasto** carta 34/55000.

BORGO A BUGGIANO 51011 Pistoia [428] [429] [430] K 14 – 7 601 ab. alt. 41 – ❀ 0572.

Roma 326 – ◆Firenze 52 – Pisa 49 – ◆Livorno 68 – Lucca 24 – ◆Milano 296 – Pistoia 18.

🍴🍴 **Da Angiolo,** 𝒫 32014, Specialità di mare – 🗐. 🖭 🗐
chiuso a mezzogiorno (escluso i giorni festivi), lunedì, dal 1° al 7 gennaio e dal 1° al 21 agosto – **Pasto** carta 37/54000 (12 %).

🍴 **La Bruschetta,** via Pistoiese 41 𝒫 32657, 🌤 – 🅿. 🗐 𝐕𝐈𝐒𝐀
chiuso lunedì, dal 1° al 12 gennaio e dal 25 giugno al 10 luglio – **Pasto** carta 33/51000

BORGO A MOZZANO 55023 Lucca [428] [429] [430] K 13 – 7 551 ab. alt. 97 – ❀ 0583.

Roma 368 – Pisa 42 – ◆Firenze 96 – Lucca 22 – ◆Milano 296 – Pistoia 65.

🏨 **Milano,** località Socciglia 𝒫 889191, Fax 889180, 🌤 – 🛗 📺 🖱 🅿 – ⚒ 100. 🖭 🗐 🕦 🅴 𝐕𝐈𝐒𝐀
chiuso novembre – **Pasto** (chiuso lunedì) carta 30/40000 – ⌑ 10000 – **34 cam** 70/110000 – ½ P 75000.

BORGOFRANCO D'IVREA 10013 Torino [428] F 5, [219] ⑭ – 3 670 ab. alt. 253 – ❀ 0125.

Roma 688 – Aosta 63 – Ivrea 6 – ◆Milano 121 – ◆Torino 56.

🍴🍴 **Casa Vicina-da Roberto,** località Ivozio N : 2,5 km 𝒫 752180, ≤, prenotare a mezzogiorno, « Servizio estivo in terrazza panoramica » – 🅿. 🖭 🗐 🕦 𝐕𝐈𝐒𝐀
chiuso mercoledì e dal 18 gennaio al 3 febbraio – **Pasto** 40/70000 e carta 48/75000.

BORGOMANERO 28021 Novara [988] ②, [428] E 7 – 19 090 ab. alt. 306 – ❀ 0322.

🍴, 🍴 e 🍴 Castelconturbia (chiuso lunedì) ad Agrate Conturbia ✉ 28010 𝒫 832093, Fax 832428, SE : 10 km.

Roma 647 – Stresa 27 – Domodossola 59 – ◆Milano 70 – Novara 32 – ◆Torino 106 – Varese 38.

🏨 **Ramoverde** senza rist, via Matteotti 1 𝒫 81479, Fax 844594, 🌿 – 🛗 🛰 📺 🖱 ⇔ 🅿. 🖭 🗐 🕦 🅴 𝐕𝐈𝐒𝐀 𝐉𝐂𝐁
chiuso dal 23 dicembre all'8 gennaio e dal 28 luglio al 10 agosto – ⌑ 12000 – **40 cam** 70/100000.

XXX ✿ **Pinocchio,** via Matteotti 147 ℘ 82273, Fax 835075, prenotare, « Giardino » – **P**. 🖭 🗗
⑩ **E** 𝗩𝗜𝗦𝗔 𝗝𝗖𝗕
chiuso lunedì, martedì a mezzogiorno, dal 24 al 30 dicembre e dal 1° al 20 agosto – **Pasto**
50/90000 (a mezzogiorno) 90000 (alla sera) e carta 60/110000
Spec. Frittura di cosce di rana fiori di zucchine e borragine (estate), Nido di patata al sale con fegato grasso e tartufo
d'Alba (autunno), Filetto di lepre al Boca (inverno).

XXX **Il Bersagliere,** corso Mazzini 11 ℘ 835322, Fax 82277, prenotare – 🖭 🗗 ⑩ **E** 𝗩𝗜𝗦𝗔
chiuso lunedì, dal 7 al 21 gennaio e dal 24 luglio al 7 agosto – **Pasto** carta 43/89000.

XX **Da Paniga,** via Maggiora 86 ℘ 82259, Fax 82259 – 🍽 **P** – 🏛 100
chiuso la sera escluso venerdì-sabato.

XX **San Pietro,** piazza Martiri 6 ℘ 82285, Fax 82285 – 🖭 🗗 **E** 𝗩𝗜𝗦𝗔. 🛠
chiuso mercoledì, dal 1° al 10 gennaio e dal 5 al 25 agosto – **Pasto** carta 35/55000.

BORGO PACE 61040 Pesaro e Urbino 𝟰𝟮𝟵 𝟰𝟯𝟬 L 18 – 724 ab. alt. 469 – a.s. 25 giugno-agosto –
✿ 0722.
Roma 291 – ♦Ancona 134 – Arezzo 69 – Pesaro 74 – San Marino 67 – Urbino 38.

XX **Da Rodolfo-la Diligenza** con cam, ℘ 89124 – 📺 ☎. 🖭 🗗 ⑩ **E** 𝗩𝗜𝗦𝗔
chiuso dal 1° al 15 settembre – **Pasto** *(chiuso mercoledì)* carta 28/34000 – ☲ 10000 – **7 cam**
35/45000 – ½ P 50000.

BORGO PANIGALE Bologna 𝟰𝟯𝟬 I 15 – Vedere Bologna.

BORGO SABOTINO Latina 𝟰𝟯𝟬 R 20 – Vedere Latina.

BORGO SAN DALMAZZO 12011 Cuneo 𝟵𝟴𝟴 ⑫, 𝟰𝟮𝟴 J 4 – 10 945 ab. alt. 641 – ✿ 0171.
Roma 651 – Cuneo 8 – ♦Milano 224 – Savona 106 – Colle di Tenda 25 – ♦Torino 102.

🏨 **Oasis** senza rist, via Po 28 ℘ 262121, Fax 262680 – 🛗 📺 ☎ 🚗 **P** – 🏛 50. 🗗 **E** 𝗩𝗜𝗦𝗔
☲ 12000 – **49 cam** 80/100000.

Der Rote MICHELIN-Hotelführer : main cities EUROPE
für Geschäftsreisende und Touristen.

BORGO SAN LORENZO 50032 Firenze 𝟵𝟴𝟴 ⑮, 𝟰𝟮𝟵 𝟰𝟯𝟬 K 16 – 15 265 ab. alt. 193 – ✿ 055.
Roma 308 – ♦Firenze 25 – ♦Bologna 89 – Forlì 97.

sulla strada statale 302 SO : 15 km :

XX **Feriolo,** ✉ 50032 ℘ 8409928, « In un edificio del 1300 » – **P**. 🖭 🗗 **E** 𝗩𝗜𝗦𝗔. 🛠
chiuso martedì, dal 7 al 31 gennaio e dal 16 agosto al 1° settembre – **Pasto** carta 38/61000.

BORGOSESIA 13011 Vercelli 𝟵𝟴𝟴 ②, 𝟰𝟮𝟴 E 6 – 14 693 ab. alt. 354 – ✿ 0163.
Roma 665 – Stresa 51 – Biella 45 – ♦Milano 91 – Novara 45 – ♦Torino 107 – Vercelli 51.

🏨 **La Campagnola,** via Varallo 244 (N : 2 km) ℘ 22676, Fax 25448 – 🛗 📺 ☎ **P** – 🏛 120.
🖭 🗗 ⑩ **E** 𝗩𝗜𝗦𝗔
Pasto *(chiuso venerdì)* carta 35/55000 – ☲ 10000 – **33 cam** 65/85000 – ½ P 70000.

BORGO VERCELLI 13012 Vercelli 𝟰𝟮𝟴 F 7 – 2 156 ab. alt. 126 – ✿ 0161.
Roma 640 – Alessandria 62 – ♦Milano 68 – Novara 15 – Pavia 62.

XX ✿ **Osteria Cascina dei Fiori,** ℘ 32827, Coperti limitati; prenotare – 🍽 **P**. 🖭 🗗 **E** 𝗩𝗜𝗦𝗔.
🛠
chiuso domenica, dal 1° al 15 gennaio e luglio – **Pasto** carta 48/103000
Spec. Risotto con le rane disossate e fiori di zucchine (estate), Porcini e animelle brasate all'Arneis, Piccione in
casseruola e fegato grasso d'oca.

BORMIO 23032 Sondrio 𝟵𝟴𝟴 ④, 𝟰𝟮𝟴 𝟰𝟮𝟵 C 13 – 4 108 ab. alt. 1 225 – Stazione termale :
febbraio-8 aprile e Natale – Sport invernali : 1 225/3 012 m ✆3 ✆14, ✆ – ✿ 0342.
🔁 (15 aprile-1° novembre) ℘ 910730 o ℘ 903768, Fax 903790.
🖪 via Stelvio 10 ℘ 903300, Fax 904696.
Roma 763 – ♦Bolzano 123 – ♦Milano 202 – Sondrio 64 – Passo dello Stelvio 20.

🏨 **Palace Hotel,** ℘ 903131, Telex 340173, Fax 903366, « Piccolo parco », 🌀, 🈺, 🔲, 🛠 –
🛗 🍽 📺 ☎ 🚗 **P** – 🏛 110. 🖭 🗗 ⑩ **E** 𝗩𝗜𝗦𝗔. 🛠
chiuso maggio, ottobre e novembre – **Pasto** 50000 – ☲ 20000 – **71 cam** 200/320000,
12 appartamenti – ½ P 275000.

🏨 **Baita dei Pini,** ℘ 904346, Fax 904700, 🈺 – 🛗 📺 ☎ 🚗 **P** – 🏛 100. 🖭 🗗 **E** 𝗩𝗜𝗦𝗔. 🛠
dicembre-20 aprile e 15 giugno-20 settembre – **Pasto** 40/45000 – ☲ 15000 – **51 cam**
140/220000 – ½ P 175/195000.

🏨 **Baita Clementi,** ℘ 904473, Fax 903649, 🌀, 🈺 – 🛗 📺 ☎ 🚗 **P**. 🖭 🗗 **E** 𝗩𝗜𝗦𝗔. 🛠
dicembre-aprile e giugno-ottobre – **Pasto** *(solo per clienti alloggiati)* – **40 cam** ☲ 75/130000
– ½ P 68/132000.

🏨 **Rezia,** ℘ 904721, Fax 905197, 🈺, 🌳 – 🛗 📺 ☎ 🚗 **P** – 🏛 45. 🖭 🗗 ⑩ **E** 𝗩𝗜𝗦𝗔. 🛠
Pasto 40/53000 – **45 cam** ☲ 140/240000 – ½ P 99/180000.

🔊 **Nazionale,** *&* 903361, Fax 905294, 📞 – 🛗 📺 ☎ 🔥 **❹**
stagionale – **48 cam.**

🔊 **Posta,** *&* 904753, Fax 904484, *₰,* 📞, 🖼 – 🛗 📺 ☎ – 🏃 30. 🅰🅴 🕄 ⓪ Ε 𝘝𝘐𝘚𝘈 . 𝒮𝒮 rist
dicembre-aprile e 20 giugno-settembre – **Pasto** carta 47/70000 (15%) – ☷ 18000 – **54 cam**
140/220000, 2 appartamenti – ½ P 110/190000.

🏨 **Larice Bianco,** *&* 904693, Fax 904614, 🌬 – 🛗 📺 ☎ **❹**. 🅰🅴 🕄 ⓪ Ε 𝘝𝘐𝘚𝘈 . 𝒮𝒮
dicembre-Pasqua e giugno-settembre – **Pasto** 42000 – ☷ 18000 – **45 cam** 80/140000 –
½ P 81/145000.

🏨 **Funivia,** *&* 903242, Fax 905337, 📞, 𝒮 – 🛗 📺 ☎ 🚐 **❹**. 🕄 𝘝𝘐𝘚𝘈 . 𝒮𝒮 rist
chiuso maggio e novembre – **Pasto** carta 36/64000 – ☷ 15000 – **39 cam** 80/130000 –
½ P 68/130000.

🏨 **Alù** 📞, *&* 904504, Fax 910444, ≼ – 🛗 📺 ☎ **❹**. 𝘝𝘐𝘚𝘈 . 𝒮𝒮
4 dicembre-aprile e 30 giugno-15 settembre – **Pasto** 35/45000 – ☷ 15000 – **30 cam**
90/140000 – ½ P 70/130000.

🏨 **Astoria,** *&* 910900, Fax 905253 – 🛗 📺 ☎ 🔥 🚐 **❹**. 🅰🅴 🕄 ⓪ Ε 𝘝𝘐𝘚𝘈 . 𝒮𝒮
dicembre-aprile e 10 giugno-20 settembre – **Pasto** 24/38000 – ☷ 10000 – **44 cam** 70/
110000 – ½ P 58/110000.

🏨 **Everest** senza rist, *&* 901291, ≼, 🌬 – 🛗 🚐. 𝒮𝒮
20 dicembre-aprile e 20 giugno-settembre – ☷ 8000 – **25 cam** 52/84000.

🏨 **Cervo,** *&* 904744, Fax 905276 – 🛗 📺 ☎. 🅰🅴 🕄 ⓪ Ε 𝘝𝘐𝘚𝘈 . 𝒮𝒮
Pasto 27/35000 – ☷ 12000 – **27 cam** 75/120000 – ½ P 105000.

🏨 **Vallecetta,** *&* 903373, Fax 904334, ≼, « Giardino ombreggiato » – 🛗 ☎ 🚐 **❹**. 🕄 Ε
𝘝𝘐𝘚𝘈 . 𝒮𝒮 rist
4 dicembre-aprile e 15 giugno-settembre – **Pasto** 30/35000 – ☷ 12000 – **38 cam** 75/120000
– ½ P 68/105000.

🏨 **Genzianella,** *&* 904485, Fax 904158, 🌬 – 🛗 📺 ☎ **❹**. 🅰🅴 🕄 ⓪ Ε 𝘝𝘐𝘚𝘈 . 𝒮𝒮
dicembre-aprile e 20 giugno-settembre – **Pasto** 28/35000 – ☷ 10000 – **40 cam** 50/80000 –
½ P 95000.

🏨 **Silene,** *&* 905455, Fax 905311 – 🛗 📺 ☎ 🚐 **❹**. 𝒮𝒮
chiuso maggio e novembre – **Pasto** 25/35000 – ☷ 12000 – **15 cam** 70/110000 – ½ P 68/
105000.

🏨 **Dante,** *&* 901329 – 🛗 ☎. 🕄. 𝒮𝒮
dicembre-aprile e 15 giugno-settembre – **Pasto** (solo per clienti alloggiati e *chiuso a
mezzogiorno*) 25/30000 – ☷ 10000 – **15 cam** 50/80000 – ½ P 50/84000.

🏨 **La Baitina dei Pini** senza rist, *&* 903022, 🌬 – ☎ 🚐 **❹**
dicembre-20 aprile e giugno-20 settembre – ☷ 10000 – **10 cam** 60/120000.

🍴🍴 **Taulà,** *&* 904771, « Ambiente caratteristico » – 🅰🅴 🕄 ⓪ Ε 𝘝𝘐𝘚𝘈 . 𝒮𝒮
chiuso da novembre al 5 dicembre e martedì (escluso da aprile a settembre) – **Pasto**
carta 42/70000.

a Ciuk SE : 5,5 km o 10 mn di funivia – alt. 1 690 – ⊠ **23030** Valdisotto :

🍴 **Baita de Mario** 📞, con cam, *&* 901424, ≼ – 📺 ☎ **❹**. 𝒮𝒮 cam
dicembre-25 aprile e luglio-20 settembre – **Pasto** carta 35/47000 – ☷ 10000 – **22 cam**
80000 – P 75/110000.

Vedere anche : *Stelvio (Passo dello)* NE : 20 km.

BORNO **25042** Brescia 🔢🔢 🔢🔢 Ε 12 – 2 779 ab. alt. 903 – a.s. febbraio, Pasqua, 14 luglio-18
agosto e Natale – Sport invernali : 903/1 700 m ⛷ 1 ⛷ 6, ⛷ – **❹** 0364.

Roma 634 – ♦Brescia 79 – ♦Bergamo 72 – ♦Bolzano 171 – ♦Milano 117.

🍴 **Belvedere** con cam, *&* 41052 – **❹**. 𝒮𝒮 cam
chiuso dal 15 settembre al 15 ottobre – **Pasto** (*chiuso mercoledì*) carta 32/49000 – ☷ 5000 –
24 cam 45/80000 – ½ P 55/60000.

BORROMEE (Isole) Novara 🔢🔢🔢 ⑦ – alt. 200 – a.s. aprile e luglio-15 settembre – **❹** 0323.
Vedere Isola Bella★★★ – Isola Madre★★★ – Isola dei Pescatori★★.

🚐 per Baveno, Verbania-Pallanza e Stresa giornalieri (da 10 a 30 mn) – Navigazione Lago
Maggiore: Isola Bella *&* 30391 e Isola dei Pescatori *&* 30392.

Piante delle Isole : vedere Stresa

Isola Superiore o dei Pescatori – ⊠ **28049** Stresa :

🏨 **Verbano** 📞, *&* 30408, Fax 33129, ≼ Isola Bella e lago, servizio motoscafo, « Servizio
rist. estivo in terrazza », 🌬 – ☎ 🅰🅴 🕄 ⓪ Ε 𝘝𝘐𝘚𝘈 .   Z **e**
chiuso dall'8 gennaio a febbraio – **Pasto** (*chiuso mercoledì escluso dal 15 aprile a ottobre*)
carta 40/60000 – **12 cam** ☷ 110/160000 – ½ P 120/140000.

BORSO DEL GRAPPA **31030** Treviso 🔢🔢 Ε 17 – 3 937 ab. alt. 279 – **❹** 0423.
Roma 551 – ♦Venezia 71 – Belluno 67 – ♦Milano 241 – ♦Padova 52 – Trento 55 – Treviso 52 – Vicenza 44.

🍴🍴 **Chat qui Rit,** *&* 561405, Specialità di mare – **❹** 🕄 𝘝𝘐𝘚𝘈
chiuso martedì ed agosto – **Pasto** 40/60000 bc (a mezzogiorno) e 50/70000 bc (alla sera).

BOSA Nuoro 988 ㉝, 433 G 7 – Vedere Sardegna alla fine dell'elenco alfabetico.

BOSCO Perugia – Vedere Perugia.

BOSCO CHIESANUOVA 37021 Verona 988 ④, 428 429 F 15 – 3 030 ab. alt. 1 104 – Sport invernali : 1 104/1 806 m ⚡13 – ✪ 045.

🚩 piazza della Chiesa 34 ✆ 7050088.

Roma 534 – ◆Verona 32 – ◆Brescia 101 – ◆Milano 188 – ◆Venezia 145 – Vicenza 82.

🏠 **Lessinia,** piazzetta degli Alpini 2/3 ✆ 6780151, Fax 6780098 – 📶 ☎ ⇌ 🅿. 🍴 rist
chiuso novembre – **Pasto** (chiuso mercoledì) carta 27/36000 – 🖾 6000 – **23 cam** 60/75000 – ½ P 55/65000.

BOSCO MARENGO 15062 Alessandria 428 H 8 – 2 392 ab. alt. 121 – ✪ 0131.

Roma 565 – Alessandria 16 – ◆Genova 60 – ◆Milano 96.

🍴🍴 **Pio V,** ✆ 299666, Fax 299666, Coperti limitati; prenotare, « Edificio settecentesco con giardino fiorito » – 🆎 🕃 ⓞ 🝳 🆅🆂🅰. 🍴
chiuso mercoledì e dal 1° al 15 agosto – **Pasto** carta 42/55000.

BOTTANUCO 24040 Bergamo – 3 999 ab. alt. 211 – ✪ 035.

Roma 597 – ◆Bergamo 19 – Lecco 45 – ◆Milano 41.

🏠 **Cavour,** via Cavour 49 ✆ 907242, Fax 906434 – 📶 🖴 📺 ☎ ⇌ 🅿. 🆎 🕃 ⓞ 🝳 🆅🆂🅰.
🍴 cam
Pasto (chiuso lunedì) carta 46/78000 – 🖾 13000 – **15 cam** 110000 – ½ P 110/120000.

BOTTICINO Brescia 428 429 F 12 – 9 613 ab. alt. 160 – ✉ 25080 Botticino Mattina – ✪ 030.

Roma 560 – ◆Brescia 9 – ◆Milano 103 – ◆Verona 44.

🍴🍴 Fausto Marchetti, a Botticino Mattina via Trieste 1 ✆ 2691368, 🌳 , Coperti limitati; prenotare – 🅿

🍴 **Eva,** a Botticino Mattina NE : 2,5 km ✆ 2691522 – 🅿. 🆎 🕃 ⓞ 🆅🆂🅰. 🍴
chiuso mercoledì, dal 1° al 18 gennaio e dal 1° al 20 agosto – **Pasto** carta 40/58000.

BOVES 12012 Cuneo 988 ⑫, 428 J 4 – 8 825 ab. alt. 590 – ✪ 0171.

🚩 Santa Croce (aprile-novembre; chiuso martedì) ✆ 387041, Fax 387512.

Roma 645 – Cuneo 9 – ◆Milano 225 – Savona 100 – Colle di Tenda 32 – ◆Torino 103.

🏠 **Trieste,** corso Trieste 33 ✆ 380375, Fax 387362, 🌳 – 📶 ☎ 🅿. 🕃 🝳 🆅🆂🅰. 🍴
Pasto (chiuso lunedì) carta 28/41000 – 🖾 7500 – **19 cam** 65/90000 – P 70/75000.

🍴 **La Taverna,** corso Bisalta 61 ✆ 380390 – 🆎 🕃 ⓞ 🝳 🆅🆂🅰 �🅹🅲�🅱.
chiuso lunedì e dal 15 al 30 novembre – **Pasto** carta 25/50000 (10%).

a Fontanelle O : 2 km – ✉ 12012 Fontanelle di Boves :

🏠 **Fontanelle-da Politano,** ✆ 380383, Fax 380383, 🌳 – ☎ 🅿. 🕃 🝳 🆅🆂🅰. 🍴 rist
Pasto (chiuso lunedì sera e martedì) 25000 – 🖾 5000 – **18 cam** 35/75000 – ½ P 50/55000.

🍴🍴 ✿ **Della Pace,** ✆ 380398, Fax 387604, 🌳 , Coperti limitati; prenotare – 🆎 🕃 ⓞ 🝳 🆅🆂🅰
🅹🅲🅱
chiuso domenica sera, lunedì e dal 2 al 18 gennaio – **Pasto** 40000 (solo a mezzogiorno) e carta 53/80000
Spec. Raviolini di fonduta con tartufo d'Alba (autunno), Porcini in foglie di vite al forno (estate-autunno), Costata di bue grasso di Carrù (inverno).

a San Giacomo S : 6 km – ✉ 12012 San Giacomo di Boves :

🍴🍴🍴 ✿✿ **Al Rododendro,** ✆ 380372, solo su prenotazione – 🆎 🕃 ⓞ 🝳 🆅🆂🅰 🅹🅲🅱. 🍴
chiuso domenica sera, lunedì e dal 10 al 20 giugno – **Pasto** 80/120000 e carta 55/108000
Spec. Ravioli di gallina, Coniglio al Barolo (autunno-inverno), Scamone ai capperi.

BOVOLONE 37051 Verona 988 ④, 429 G 15 – 12 968 ab. alt. 24 – ✪ 045.

Roma 498 – ◆Verona 23 – ◆Ferrara 76 – Mantova 41 – ◆Milano 174 – ◆Padova 74.

🏠 **Sasso,** via San Pierino SE : 3 km ✆ 7100228, Fax 7100433 – 📶 🖴 📺 ☎ ⇌ 🅿. 🆎 🕃 ⓞ
🝳 🆅🆂🅰. 🍴
Pasto (chiuso sabato e dal 2 al 20 gennaio) 25/30000 – 🖾 12000 – **32 cam** 90/120000 –
½ P 85/90000.

🏠 **Nuovo Sole,** via Madonna 332 (NO : 2 km) ✆ 6900122, Fax 6900122 – 📶 🖴 📺 ☎ 🅿. 🆎
🕃 🝳 🆅🆂🅰. 🍴
Pasto (chiuso lunedì) carta 28/41000 – **23 cam** 🖾 70/100000 – ½ P 75000.

🍴🍴 **La Düja,** via Garibaldi 48 ✆ 7102558, Cucina piemontese – 🖴. 🆎 🕃 🝳 🆅🆂🅰
chiuso lunedì, dal 2 al 10 gennaio e dal 10 al 30 agosto – **Pasto** carta 31/54000.

BOZEN = Bolzano.

BOZZOLO 46012 Mantova 988 ⑭, 428 429 G 13 – 4 317 ab. alt. 30 – ✪ 0376.

Roma 490 – ◆Parma 41 – Cremona 41 – Mantova 28 – ◆Milano 132.

🍴 **Croce d'Oro** con cam, ✆ 91191 – ☏ ⇌ 🅿. 🆅🆂🅰
chiuso dal 24 dicembre al 3 gennaio e dal 30 luglio al 21 agosto – **Pasto** (chiuso domenica)
carta 26/39000 – 🖾 8000 – **10 cam** 35/55000 – ½ P 65000.

BRA 12042 Cuneo 🔢 ⑫, 🔢 H 5 – 27 237 ab. alt. 280 – ✪ 0172.

Roma 648 – ◆Torino 49 – Asti 44 – Cuneo 46 – ◆Milano 170 – Savona 103.

🏨 **Elisabeth** senza rist, piazza Giolitti 8 🖉 422486, Fax 412214 – 🛗 📺 ☎. ⁖ ⑤ 🗲 𝘝𝘐𝘚𝘈. 🛠
  ⌑ 10000 – **27 cam** 80/100000.

✕✕ **Badellino** con cam, piazza 20 Settembre 3 🖉 439050, Fax 432231 – 📺 ☎. ⁖ ⑤ ⓪ 🗲 𝘝𝘐𝘚𝘈
  chiuso dal 1° al 22 agosto – **Pasto** (chiuso martedì) carta 32/48000 – ⌑ 5000 – **20 cam**
  60/90000 – ½ P 70/80000.

✕✕ **Battaglino,** piazza Roma 18 🖉 412509 – ⁖ ⑤ ⓪ 🗲 𝘝𝘐𝘚𝘈 𝘑𝘤𝘣
  chiuso lunedì ed agosto – **Pasto** carta 43/75000.

BRAIES (PRAGS) Bolzano 🔢 ⑤ – 617 ab. alt. 1 383 – ✉ 39030 – ✪ 0474.

Vedere Lago★★★.

Roma 744 – ◆Bolzano 106 – Brennero 97 – Cortina d'Ampezzo 48 – ◆Milano 405 – Trento 166.

🏨 **Erika,** 🖉 748684, Fax 748755, ≼, ⇌ – 📺 ☎ ❷. 🛠
  20 dicembre-20 aprile e 15 maggio-2 novembre – **Pasto** carta 28/38000 – ⌑ 10000 –
  20 cam 60/110000 – ½ P 50/100000.

BRALLO DI PREGOLA 27050 Pavia 🔢 ⑬, 🔢 H 9 – 1 177 ab. alt. 951 – ✪ 0383.

Roma 586 – ◆Genova 82 – ◆Milano 110 – Pavia 78 – Piacenza 74 – Varzi 17.

🏨 **Normanno,** 🖉 550038 – 📺 ☎ ❷. 🛠 rist
  Pasto (chiuso mercoledì escluso dal 15 giugno al 15 settembre) carta 30/54000 – ⌑ 5000 –
  25 cam 50/90000 – P 85/90000.

BRANZI 24010 Bergamo 🔢 🔢 D 11 – 810 ab. alt. 874 – a.s. luglio-agosto – ✪ 0345.

Roma 650 – ◆Bergamo 49 – Foppolo 9 – Lecco 71 – ◆Milano 91 – San Pellegrino Terme 24.

🏨 **Branzi,** 🖉 71121 – 🛗 ☚ ❷. 𝘝𝘐𝘚𝘈
  Pasto (chiuso martedì) carta 33/46000 – ⌑ 6000 – **24 cam** 40/75000 – ½ P 60/70000.

Lisez attentivement l'introduction : c'est la clé du guide.

BRATTO Bergamo 🔢 I 11 – Vedere Castione della Presolana.

BREGANZE 36042 Vicenza 🔢 ④ ⑤, 🔢 E 16 – 7 421 ab. alt. 110 – ✪ 0445.

Roma 552 – Belluno 97 – ◆Milano 235 – ◆Padova 51 – Trento 78 – ◆Venezia 84 – Vicenza 20.

✕ **Al Toresan** con cam, 🖉 873622, Fax 873260 – 📺 ☎ ❷. ⁖ ⑤ ⓪ 𝘝𝘐𝘚𝘈. 🛠
  Pasto (chiuso giovedì, venerdì a mezzogiorno e dal 20 luglio al 14 agosto) carta 31/46000 –
  ⌑ 7500 – **18 cam** 80/110000 – ½ P 65/90000.

BREGUZZO 38081 Trento 🔢 🔢 D 14 – 551 ab. alt. 798 – a.s. 22 gennaio-19 marzo, Pasqua e
Natale – ✪ 0465.

Roma 617 – ◆Bolzano 107 – ◆Brescia 83 – ◆Milano 174 – Trento 47.

🏨 **Carlone,** 🖉 901014, Fax 901014 – 🛗 📧 rist 📺 ☎ ❷ – 🖄 45. ⑤. 🛠
  chiuso novembre – **Pasto** (chiuso martedì) carta 28/46000 – ⌑ 7000 – **60 cam** 60/90000 –
  ½ P 60/85000.

BREMBATE 24041 Bergamo 🔢 F 10 – 6 241 ab. alt. 173 – ✪ 035.

Roma 537 – ◆Bergamo 16 – Lecco 44 – ◆Milano 41.

🏨 **Guglielmotel** senza rist, via delle Industrie 1 🖉 4826248, Fax 4826222 – 🛗 📧 📺 ☎ ⇌
  ❷. ⁖ ⓪ 🗲 𝘝𝘐𝘚𝘈
  84 cam ⌑ 120/190000.

BRENTA (Massiccio di) Trento 🔢 ④, 🔢 🔢 D 14.
Vedere Guida Verde.

BRENZONE 37010 Verona 🔢 🔢 E 14 – 2 300 ab. alt. 75 – ✪ 045.

🄑 (15 giugno-15 settembre) via Colombo 4 🖉 7420076.

Roma 547 – ◆Verona 50 – ◆Brescia 85 – Mantova 86 – ◆Milano 172 – Trento 69 – ◆Venezia 172.

🏨 Rely Hotel, 🖉 7420025, Fax 7420026, ≼, « Parco con 🏊 » – ☎ ❷
  stagionale – **32 cam.**

🏨 **Piccolo Hotel** ⌁, 🖉 7420024, Fax 7420688, ≼ – ☎ ❷. 🛠 rist
  Pasto (chiuso dal 6 al 25 novembre) 25/35000 – ⌑ 15000 – **22 cam** (dicembre-10 gennaio e
  10 aprile-5 novembre) 50/90000 – ½ P 60/75000.

a Castelletto di Brenzone SO : 3 km – ✉ 37010 Brenzone :

🏨 **Rabay,** 🖉 7430273, Fax 7430273, 🌳, 🏊, 🛥, 🌊 – 🛗 📧 ❷. 🛠 rist
  10 marzo-20 ottobre – **Pasto** 27/33000 – ⌑ 20000 – **37 cam** 75/100000 – ½ P 50/88000.

✕✕ **Alla Fassa,** 🖉 7430319, 🌳 – ❷. ⁖ ⑤ 🗲 𝘝𝘐𝘚𝘈 🛠
  chiuso martedì e dal 10 gennaio a febbraio – **Pasto** carta 32/50000.

BRESCIA 25100 ℗ 988 ④, 428 429 F 12 – 194 037 ab. alt. 149 – ☎ 030.

Vedere Piazza della Loggia★ BY 9 -Duomo Vecchio★ BY – Pinacoteca Tosio Martinengo★ CZ – Via dei Musei★ CY – Museo romano★ costruito sulle rovine di untempio Capitolino★ CY – Croce di Desiderio★★ nel monastero★ di San Salvatore e Santa Giulia CY – Chiesa di San Francesco★ AY – Facciata★ della chiesa di Santa Maria dei Miracoli AYZ **A** – Incoronazione della Vergine★ nella chiesa dei SS. Nazaro e Celso AZ – Annunciazione★ e Deposizione dalla Croce★ nella chiesa di Sant'Alessandro BZ – Interno★, polittico★ e affresco★ nella chiesa di Sant'Agata BY.

🏌 e 🏌 Franciacorta (chiuso martedi) località Castagnola ✉ 25040 Corte Franca ℰ 984167, Fax 984393, per ⑤ : 20 km.

🛈 corso Zanardelli 34 ✉ 25121 ℰ 43418, Telex 304157, Fax 293284.

A.C.I. via 25 Aprile 16 ✉ 25123 ℰ 37461.

Roma 535 ④ – ◆Milano 93 ⑤ – ◆Verona 66 ②.

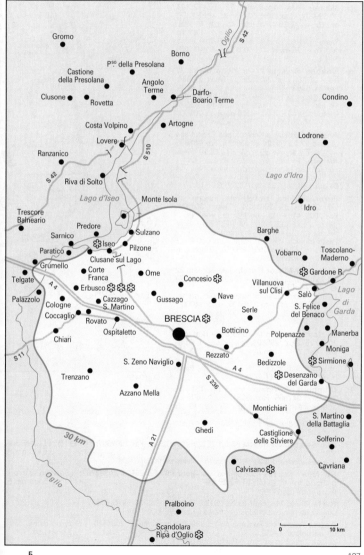

Vittoria, via delle 10 Giornate 20 ⊠ 25121 𝒫 280061, Telex 304514, Fax 280065 – 📺 🕿 🕭 ⊘ – 🕭 35 a 200. 🅰🅴 📳 ⓪ 🅴 𝓥𝓘𝓢𝓐 ⋘ rist   BY **a**
Pasto *(chiuso domenica ed agosto)* carta 57/92000 – **65 cam** ⊒ 290/380000 – ½ P 300000.

Park Hotel Ca' Nöa, via Triumplina 66 ⊠ 25060 𝒫 398762, Fax 398764, ⍅, ⍨, ⍐ – 📳 📺 🕿 ⊘ – 🕭 50 a 300. 🅰🅴 📳 ⓪ 🅴 𝓥𝓘𝓢𝓐 ⋘ rist   2,5 km per ①
Pasto vedere rist **Ca' Nöa** – ⊒ 15000 – **79 cam** 125/180000 – ½ P 130/150000.

Master, via Apollonio 72 ⊠ 25124 𝒫 399037, Fax 3701331 – 📳 📳 📺 🕿 ⊘ – 🕭 25 a 100. 🅰🅴 📳 ⓪ 🅴 𝓥𝓘𝓢𝓐 ⋘ rist   BY **m**
Pasto *(chiuso lunedì)* carta 41/57000 – ⊒ 10000 – **76 cam** 110/180000 – ½ P 130/140000.

Novotel Brescia 2, via Pietro Nenni 22 ⊠ 25124 𝒫 2425858, Telex 300024, Fax 2425959, ⍐ – 📳 ⍨ cam 📳 📺 🕿 🕭 ⇌ ⊘ – 🕭 50 a 180. 🅰🅴 📳 ⓪ 🅴 𝓥𝓘𝓢𝓐 ⋘ rist   per via C. Zima   CZ
Pasto carta 41/67000 – **120 cam** ⊒ 200000 – ½ P 116/251000.

Ambasciatori, via Santa Maria Crocefissa di rosa 92 ⊠ 25124 𝒫 399114, Fax 381883 – 📳 📳 📺 🕿 ⇌ ⊘ – 🕭 200. 🅰🅴 📳 ⓪ 🅴 𝓥𝓘𝓢𝓐 𝓙𝓒𝓑. ⋘ rist   per via Lombroso   CY
Pas *(chiuso sabato sera, domenica e dal 2 al 22 agosto)* carta 36/57000 – ⊒ 12000 – **64 cam** 96/143000 – ½ P 122000.

Euroresidence Hotel, via Europa 45 ⊠ 25060 𝒫 2091824, Telex 304074, Fax 2009741 – 📳 📳 📺 🕿 ⇌ ⊘ – 🕭 30 a 180. 🅰🅴 📳 ⓪ 🅴 𝓥𝓘𝓢𝓐 𝓙𝓒𝓑. ⋘ rist   2,5 km per via Lombroso   CY
Pasto *(chiuso venerdì)* carta 43/69000 – ⊒ 14000 – **127 cam** 100/142000, 19 appartamenti – ½ P 125/162000.

Ai Ronchi-Motor Hotel, viale Bornata 22 ⊠ 25123 𝒫 362061, Fax 366315 – 📳 📳 📺 🕿 ⇌ ⊘. 📳 ⓪ 🅴 𝓥𝓘𝓢𝓐 ⋘ rist
Pasto *(chiuso sabato a mezzogiorno, domenica ed agosto)* carta 33/54000 – ⊒ 11000 – **44 cam** 85/135000 – ½ P 100000.
                                                     2,5 km per ②

La Sosta, via San Martino della Battaglia 20 ⊠ 25121 𝒫 295603, Fax 292589, « Edificio del 17° secolo » – 🅰🅴 📳 ⓪ 🅴 𝓥𝓘𝓢𝓐   BZ **n**
chiuso lunedì e dal 1° al 25 agosto – **Pasto** 50/60000 e carta 50/83000.

Olimpo-il Torricino, via Fura 131 ⊠ 25125 𝒫 347565, Fax 3533175, ⍩, « In un antico cascinale » – ⊘. 🅰🅴 📳 ⓪ 🅴 𝓥𝓘𝓢𝓐   per ⑤
chiuso lunedì e dal 1° al 20 agosto – **Pasto** carta 36/52000.

Alla Stretta, via Stretta 63 ⊠ 25128 𝒫 2002367, Fax 2002367 – 📳 ⊘. 🅰🅴 📳 ⓪ 🅴 𝓥𝓘𝓢𝓐 ⋘   3,5 km per ①
chiuso lunedì e dall'11 al 26 agosto – **Pasto** carta 35/70000.

Ca' Nöa - Hotel Park Hotel Ca' Nöa, via Branze 61 ⊠ 25123 𝒫 398762, « Servizio estivo in giardino » – 📳 ⊘ 🅰🅴 📳 ⓪ 🅴 𝓥𝓘𝓢𝓐   2,5 km per ①
Pasto carta 43/64000.

Raffa, corso Magenta 15 ⊠ 25121 𝒫 49037 – 🅰🅴 📳 ⓪ 🅴 𝓥𝓘𝓢𝓐   BZ **c**
chiuso domenica ed agosto – **Pasto** carta 39/69000 (10%).

Antica Fonte, via Fontane 45 ⊠ 25060 Mompiano 𝒫 2004480, « Servizio estivo sotto un pergolato » – 🅰🅴   2,5 km per via Lombroso   CY
chiuso lunedì ed agosto – **Pasto** carta 39/59000.

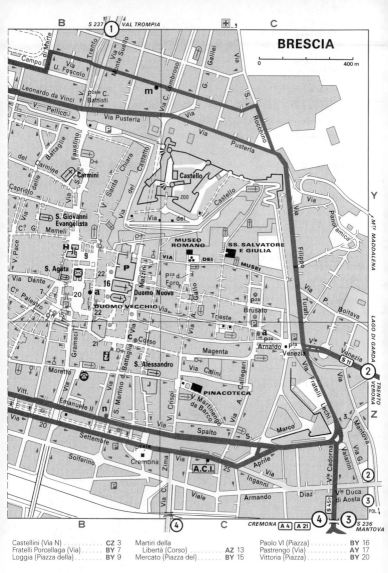

BRESCIA

0   400 m

※ **La Campagnola,** via Val Daone 25 ⊠ 25123 ℰ 300678 – **℗**. ⅋
chiuso lunedì sera, martedì ed agosto – **Pasto** carta 32/47000.

2 km per via Lombroso CY

※ **Nuovo Nando,** via Amba d'Oro 119 ⊠ 25123 ℰ 364288, ≼, « Servizio estivo in
terrazza » – **℗**. ﷽ ⓞ **E** 𝑽𝑰𝑺𝑨   per ②
chiuso giovedì ed agosto – **Pasto** carta 40/60000.

※ **La Mezzeria,** via Trieste 66 ⊠ 25121 ℰ 40306, prenotare – 🅱 𝑽𝑰𝑺𝑨. ⅋   CZ **a**
chiuso domenica, luglio ed agosto – **Pasto** carta 35/51000.

Sant'Eufemia della Fonte per ② : 2 km – ⊠ 25080 :

🏠 **Capri** senza rist, viale Sant'Eufemia 37 ℰ 3761069, Fax 3761079 – 🔲 📺 ☎ **℗**. ﷽ 🅱 ⓞ **E**
𝑽𝑰𝑺𝑨
chiuso dal 20 luglio al 5 agosto – ⊑ 10000 – **22 cam** 70/120000, ▤ 10000.

☆☆☆ ❀ **La Piazzetta**, via Indipendenza 87/c ✆ 362668, Fax 3761300, Specialità di mare, Coperti limitati; prenotare – 🍽. 𝔸𝔼 🕲 ⑩ 𝐄 𝘝𝘐𝘚𝘈. ⌀
chiuso sabato a mezzogiorno, domenica, dal 1° al 7 gennaio e dal 7 al 20 agosto – **Pasto** 40/60000 (a mezzogiorno) 50/75000 (alla sera) e carta 34/60000.
Spec. Polpo caldo all'olio extravergine con mousseline di patate, Bavette alle vongole veraci, Scaloppa di orata al forno con zucchine croccanti.

☆☆ **Hosteria**, via 28 Marzo 2/A ✆ 360605, Coperti limitati; prenotare – 𝔸𝔼 🕲 ⑩ 𝐄 𝘝𝘐𝘚𝘈
chiuso martedì e dal 1° al 29 agosto – **Pasto** carta 36/73000.

a Roncadelle per ⑤ : 7 km – ✉ **25030** :

🏨 **Continental** senza rist, ✆ 2582721, Fax 2583108 – 🛗 ▤ 📺 ☎ ❧ ⟷ 🅿 – 🔏 25 a 110. 𝔸𝔼 🕲 ⑩ 𝐄 𝘝𝘐𝘚𝘈
chiuso dal 5 al 18 agosto – ☞ 15000 – **52 cam** 110/170000.

🏨 **President**, ✆ 2584444, Fax 2780260 – 🛗 ▤ 📺 ☎ ⟷ 🅿 – 🔏 70 a 500. 𝔸𝔼 🕲 ⑩ 𝐄 𝘝𝘐𝘚𝘈 ⌀
Pasto *(chiuso domenica)* carta 46/67000 – **104 cam** ☞ 115/210000 – ½ P 145/165000.

sulla strada statale 236 per ③ : 7 km :

🏨 **Majestic**, ✉ 25014 Castenedolo ✆ 2130222, Fax 2130077 – 🛗 ▤ 📺 ☎ & 🅿 – 🔏 250. 𝔸𝔼 🕲 ⑩ 𝐄 𝘝𝘐𝘚𝘈. ⌀ rist
chiuso dal 31 luglio al 20 agosto – **Pasto** carta 37/55000 – ☞ 10000 – **70 cam** 100/160000 – ½ P 110/130000.

BRESSANONE (BRIXEN) 39042 Bolzano 𝟿𝟾𝟾 ④ ⑤, 𝟦𝟤𝟿 B 16 – 17 010 ab. alt. 559 – Sport invernali : a La Plose-Plancios : 1 900/2 502 m ⥉1 ⥉8, ⥺ – ❄ 0472.

Vedere Duomo : chiostro★ A – Palazzo Vescovile: cortile★, museo Diocesano★, sculture lignee★★, pale scolpite★, collezione di presepi★, tesoro★.

Dintorni Plose★★★ : ☀★★★ SE per via Plose.

🛈 viale Stazione 9 ✆ 836401, Fax 836067.

Roma 681 ② – ◆Bolzano 40 ② – Brennero 43 ① – Cortina d'Ampezzo 109 ② – ◆Milano 336 ② – Trento 100 ②.

BRESSANONE

Non fate rumore negli alberghi : i vicini vi saranno riconoscenti.

Ne faites pas de bruit à l'hôtel, vos voisins vous en sauront gré.

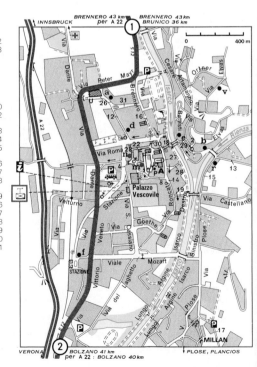

🏨🏨 **Elefante,** via Rio Bianco 4 ℰ 832750, Fax 836579, « Costruzione del 16° secolo con arredamento antico; giardino con 🔆 riscaldata », ※ – 🔟 rist 🔟 ☎ ⇔ 🅿 – 🏄 50. ◑ 🖃
VISA ※ rist **a**
Natale-7 gennaio e marzo-10 novembre – **Pasto** *(chiuso lunedì escluso dal 30 luglio al 10 novembre)* carta 60/91000 – 🖙 21000 – **44 cam** 100/200000 – ½ P 160/180000.

🏨🏨 **Dominik** 🦢, via Terzo di Sotto 13 ℰ 830144, Fax 836554, ≤, « Servizio rist. estivo sotto un pergolato », 🎿, 🚑, 🔍, 🚃 – 🔟 🔟 ☎ ⇔ 🅿. 🖭 🔂 ◑ 🖃 **VISA**. ※ rist **b**
Pasqua-4 novembre – **Pasto** *(chiuso aprile escluso agosto-settembre)* carta 46/80000 – 🖙 20000 – **29 cam** 140/260000 – ½ P 130/240000.

🏨🏨 **Temlhof** 🦢, via Elvas 76 ℰ 836658, Fax 835539, ≤ monti e città, « Giardino con 🔆 », 🎿, 🚑, 🔍, ※ – 🔟 🔟 ☎ ◑ 🖃 **VISA**. ※ rist **v**
chiuso dal 10 novembre al 20 dicembre – **Pasto** *(chiuso martedì e a mezzogiorno escluso luglio-agosto; prenotare)* carta 48/75000 – **48 cam** 🖙 120/250000, 4 appartamenti – ½ P 100/160000.

🏨🏨 **Grüner Baum,** via Stufles 11 ℰ 832732, Fax 832607, « Giardino con 🔆 riscaldata », 🎿, 🚑, 🔍 – 🔟 🔟 rist 🔟 ☎ ⇔ – 🏄 100. 🖭 🔂 ◑ 🖃 **VISA**. ※ rist **e**
chiuso dal 6 novembre al 16 dicembre – **Pasto** carta 28/45000 – 🖙 15000 – **80 cam** 95/150000 – ½ P 100/165000.

🏨 **Corona d'Oro-Goldene Krone,** via Fienili 4 ℰ 835154, Fax 835014, 🍽 – 🔟 🔟 ☎ 🔍 ⇔ 🅿. 🔂 🖃 **VISA** ※ rist **d**
chiuso dal 15 al 25 dicembre e dal 6 gennaio al 15 febbraio – **Pasto** *(chiuso lunedì e da ottobre a marzo anche domenica sera)* carta 36/51000 – **35 cam** 🖙 90/150000, 4 appartamenti – ½ P 90/100000.

🏨 **Senoner-Unterdrittel,** lungo Rienza 22 ℰ 832525, Fax 832436, 🍽, 🚃 – 🔟 ☎ ⇔ 🅿. 🖭 🔂 ◑ 🖃 **VISA**. ※ **r**
chiuso da novembre al 20 dicembre – **Pasto** carta 36/58000 – **22 cam** 🖙 85/150000 – ½ P 90/100000.

🏨 **Jarolim,** piazza Stazione 1 ℰ 836230, Fax 833155, « Giardino ombreggiato con 🔆 » – 🔟 🔟 rist 🔟 ☎ 🅿. 🖭 🔂 ◑ 🖃 **VISA**. ※ rist **f**
Pasto *(chiuso giovedì)* carta 33/42000 – 🖙 12000 – **35 cam** 80/120000 – ½ P 80/105000.

🏨🏨 **Oste Scuro-Finsterwirt,** vicolo del Duomo 3 ℰ 835343, Fax 835624, « Ambiente tipico tirolese con arredamento antico » – 🖭 🔂 ◑ 🖃 **VISA**. ※ **m**
chiuso domenica sera, lunedì, dal 10 gennaio al 5 febbraio e dal 20 giugno al 6 luglio – **Pasto** carta 35/68000.

🏨🏨 **Fink,** via Portici Minori 4 ℰ 834883, Fax 835268 – 🔟. 🖭 🔂 ◑ 🖃 **VISA** **n**
chiuso martedì sera (escluso da luglio ad ottobre), mercoledì e dal 1° al 18 luglio – **Pasto** carta 34/57000.

ad Elvas NE : 4 km – alt. 814 – ✉ 39042 Bressanone :

🏨 **Hofstatt** 🦢, ℰ 835420, Fax 836249, ≤ – ☎ ⇔ 🅿. 🔂 🖃 **VISA**. ※ rist
chiuso dal 15 gennaio a febbraio – **Pasto** 18/20000 – **18 cam** 🖙 42/84000 – ½ P 50/55000.

a Cleran (Klerant) S : 5 km – alt. 856 – ✉ 39040 Sant'Andrea in Monte :

🏨 **Fischer** 🦢, ℰ 852075, Fax 852060, ≤ Bressanone e valle d'Isarco – 🔟 ☎ ⇔ 🅿. 🔂 🖃 **VISA**
chiuso novembre – **Pasto** *(chiuso lunedì)* carta 31/66000 – **23 cam** 🖙 60/110000 – ½ P 55/86000.

al bivio Plancios-Plose SE : 17,5 km – alt. 1 760 :

🏨🏨 **Edith** 🦢, ✉ 39040 Sant'Andrea in Monte ℰ 521307, Fax 52211, ≤ Dolomiti e vallata, 🚑, 🔍, 🚃 – ☎ 🅿. 🖭. ※ rist
20 dicembre-20 aprile e giugno-ottobre – **Pasto** *(chiuso mercoledì)* carta 36/48000 – **22 cam** 🖙 73/136000 – ½ P 54/94000.

BREUIL-CERVINIA 11021 Aosta 🐛🐛 ②, 🐝🐝 E 4 – alt. 2 050 – a.s. 27 marzo-10 aprile, agosto e Natale – Sport invernali : 2 050/3 480 m ⚡ 10 ⚡25, ⚡ (anche sci estivo) – 🌀 0166.
Vedere Località ★★.

🎿 Cervino (luglio-11 settembre) ℰ 949131 o ℰ (011) 5818432, Fax 5818432.

🚘 via Carrel 29 ℰ 949136, Fax 949731.

Roma 749 – Aosta 53 – Biella 104 – ♦Milano 187 – ♦Torino 116 – Vercelli 122.

🏨🏨 **Hermitage** 🦢, ℰ 948998, Fax 949032, ≤ Cervino e Grandes Murailles, 🎿, 🚑, 🔍, 🚃 – 🔟 🔟 cam 🔟 ☎ ⇔ 🅿 – 🏄 40. 🖭 🔂 ◑ 🖃 **VISA**. ※
12 novembre-10 maggio e 8 luglio-15 settembre – **Pasto** 70/90000 – 🖙 30000 – **32 cam** 250/350000, 4 appartamenti – ½ P 180/200000.

🏨🏨 **Excelsior-Planet,** ℰ 949426, Fax 948827, ≤ Cervino e Grandes Murailles, 🚑, 🔍 – 🔟 🔟 ☎ ⇔ 🅿. 🔂 🖃 **VISA** **JCB**. ※
novembre-aprile e luglio-agosto – **Pasto** 35/50000 – 🖙 20000 – **20 cam** 130000, 24 appartamenti 145/200000 – ½ P 95/170000.

Bucaneve, ℰ 949119, Fax 948308, ≼ Cervino e Grandes Murailles, 斎, *Fô*, ⊜ − 樹 ⊡ ☎ ⇔ ℗, 歴 ⑤ E *VISA*. ⅍ rist
15 novembre-aprile e luglio-15 settembre − **Pasto** carta 40/48000 − � 20000 − **27 cam** 100/200000, 5 appartamenti − ½ P 110/220000.

Europa, ℰ 948660, Fax 949650, ≼ Cervino e Grandes Murailles, ⊜, ⊒ − 樹 ⊡ ☎ ⇔ ℗ − 遙 50. 歴 ⑤ E *VISA* JCB. ⅍ rist
novembre-10 maggio e luglio-20 settembre − **Pasto** 35/45000 − � 25000 − **61 cam** 180/280000, 6 appartamenti − ½ P 90/200000.

Astoria, ℰ 949062, Fax 949062, ≼ Cervino e Grandes Murailles − 樹 ☎ ⇔. 歴 ⑤ E *VISA*. ⅍ rist
dicembre-aprile e 15 luglio-agosto − **Pasto** carta 38/53000 − � 15000 − **26 cam** 100/130000, 4 appartamenti − ½ P 90/140000.

Breithorn, ℰ 949042, Fax 948363, ≼ Cervino e Grandes Murailles − 樹 ☎ ⇔ ℗. 歴 ⑤ E *VISA*. ⅍ rist
dicembre-15 maggio e luglio-25 settembre − **Pasto** carta 28/40000 − � 10000 − **24 cam** 55/100000 − ½ P 75/100000.

XX **Cime Bianche** � con cam, ℰ 949046, Fax 949046, ≼ Cervino e Grandes Murailles, 斎, prenotare, « Ambiente tipico » − ⊡ ☎ ⇔ ℗. E *VISA*. ⅍
chiuso giugno − **Pasto** *(chiuso lunedì in bassa stagione)* carta 38/79000 − � 10000 − **15 cam** 70/140000 − ½ P 95/120000.

sulla strada statale 406 :

Chalet Valdôtain, SO : 1,4 km ⊠ 11021 ℰ 949428, Fax 948874, ≼ Cervino e Grandes Murailles, 斎 − 樹 ⊡ ☎ ⇔ ℗. 歴 ⑤ E *VISA*. ⅍
dicembre-aprile e giugno-settembre − **Pasto** carta 40/68000 − � 20000 − **35 cam** 110/170000 − ½ P 90/150000.

Les Neiges d'Antan ⍭, SO : 4 km ⊠ 11021 ℰ 948775, Fax 948852, ≼ Cervino e Grandes Murailles − ⊡ ☎ ℗. ⑤ *VISA*. ⅍ rist
6 dicembre-12 maggio e 28 giugno-15 settembre − **Pasto** carta 45/75000 − **28 cam** ⊆ 120/170000 − ½ P 95/130000.

Lac Bleu, SO : 1 km ⊠ 11021 ℰ 949103, Fax 949902, ≼ monti e Cervino − 樹 ☎ ℗. ⅍ rist
3 dicembre-aprile e luglio-25 settembre − **Pasto** *(chiuso lunedì)* carta 38/55000 − ⊆ 15000 − **20 cam** 55/100000 − ½ P 70/100000.

BRIAN Venezia − Vedere Caorle.

BRINDISI 72100 ℙ 988 ㉚, 431 F 35 − 95 429 ab. − a.s. 18 luglio-settembre − ✆ 0831.
Vedere Colonna romana★ (termine della via Appia).
✈ di Papola-Casale per ④ : 6 km ℰ 418963, Fax 413231 − Alitalia, corso Garibaldi 53 ℰ 529091.
🚗 ℰ 521975.
🛥 piazza Dionisi ℰ 521944.
A.C.I. via Buozzi ℰ 583053.
Roma 563 ④ − ◆Bari 113 ④ − ◆Napoli 375 ④ − ◆Taranto 72 ③.

Pianta pagina seguente

Majestic, corso Umberto I n° 151 ℰ 222941, Telex 813378, Fax 524071 − 樹 ▤ ⊡ ☎ ℗ − 遙 70 a 80. 歴 ⑤ ① E *VISA* JCB. ⅍   Z **a**
Pasto *(chiuso venerdì)* 35/43000 − **68 cam** ⊆ 130/185000 − ½ P 115/166000.

Mediterraneo, viale Aldo Moro 70 ℰ 82811, Fax 87858 − 樹 ▤ ⊡ ☎ ⇔ − 遙 40   X **h**
65 cam.

La Rosetta, via San Dionisio 2 ℰ 523423, Fax 563110 − 樹 ▤ ⊡ ☎ ⇔. 歴 ⑤ ① E *VISA*. ⅍ rist   Y **g**
Pasto 35/45000 e al Rist. *Le Privè (chiuso domenica)* carta 35/53000 − ⊆ 15000 − **40 cam** 110/165000, appartamento − ½ P 125/145000.

L'Approdo, via del Mare 50 ℰ 529667, Fax 526398, ≼ − 樹 ⊡ ☎ ⇔   Z **c**
23 cam.

XXX **La Lanterna,** via Tarantini 14 ℰ 564026, « In un antico palazzo con servizio estivo in giardino » − ▤. 歴 ⑤ ① E *VISA* JCB. ⅍   Y **d**
chiuso domenica sera, lunedì e dal 10 al 30 agosto − **Pasto** carta 40/50000.

XX **Vecchia Brindisi,** via San Giovanni al Sepolcro 5/7 ℰ 528400, 斎 − 歴 ⑤ ① E *VISA* ⅍   Y **b**
chiuso agosto, lunedì e mercoledì a mezzogiorno in luglio − **Pasto** carta 30/50000.

XX Antica Trattoria della Nassa, via Colonne 49/51 ℰ 526005 − ▤   Y **f**

X **Il Cantinone,** via De Leo 4 ℰ 562122 − ⑤ E *VISA*. ⅍   Y **e**
chiuso martedì e dal 5 al 17 agosto − **Pasto** carta 20/25000.

BRINDISI

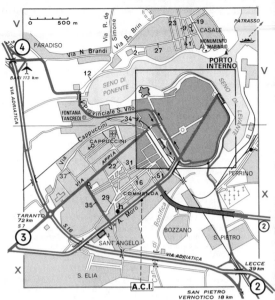

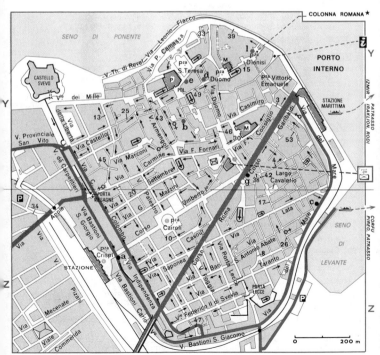

BRIONA 28072 Novara 428 F 7, 219 ⑯ – 1 122 ab. alt. 216 – ✪ 0321.
Roma 636 – Stresa 51 – ♦Milano 63 – Novara 17 – Vercelli 32.

a Proh SE : 5 km – ✉ 28072 Briona :

✗ **Trattoria del Ponte,** ℰ 826282 – 🗐 🅟. ✕
chiuso lunedì sera, martedì e dal 29 luglio al 14 agosto – **Pasto** carta 31/51000.

BRISIGHELLA 48013 Ravenna 988 ⑮, 429 430 J 17 – 7 809 ab. alt. 115 – Stazione termale, a.s.
20 luglio-settembre – ✪ 0546.
🛈 via De Gasperi 6 ℰ 81166.
Roma 355 – ♦Bologna 71 – ♦Ravenna 48 – Faenza 13 – ♦Ferrara 110 – ♦Firenze 90 – Forlì 27 – ♦Milano 278.

🏨 **La Meridiana** ☜, ℰ 81590, Fax 81590, ☞ – 🛗 📺 ☎ ㋴ 🅟 – 🔏 50. 🝙 🕲 ⓞ Ε 🏧. ✕
20 aprile-20 ottobre – **Pasto** *(giugno-settembre)* 30/35000 – ☲ 9000 – **56 cam** 85/125000 –
½ P 62/82000.

🏨 **Terme** ☜, ℰ 81144, Fax 81144, ≤, « Giardino ombreggiato », ⚒ – 🛗 ☎ 🅟. 🝙 🕲 ⓞ Ε
🏧 🃟 ✕ rist
maggio-15 ottobre – **Pasto** carta 28/35000 – **56 cam** ☲ 80/120000 – ½ P 60/75000.

🏨 **Valverde** ☜, ℰ 81388, Fax 81388, « Giardino ombreggiato » – 🛗 ☎ 🅟. 🏧
aprile-4 novembre – **Pasto** 25000 – ☲ 5000 – **32 cam** 60/80000 – ½ P 60/70000.

✗✗ ✿ **Gigiolè** con cam, ℰ 81209, Fax 81209, prenotare – 🛗 📠. 🝙 🕲 ⓞ Ε 🏧. ✕
chiuso dal 16 febbraio al 1° marzo e dal 14 al 30 luglio – **Pasto** *(chiuso lunedì)* carta 56/66000
– **14 cam** ☲ 55/75000 – ½ P 70000
Spec. Terrina di coniglio all'olio di Brisighella (primavera-estate), Costata di castrato, Semifreddo alle mandorle.

✗✗ ✿ **La Grotta,** ℰ 81829, prenotare – 🗐. 🝙 🕲 ⓞ Ε 🏧 🃟. ✕
chiuso martedì, gennaio e dal 1° al 15 giugno – **Pasto** 32/60000 bc
Spec. Insalata d'orzo con basilico e olio extravergine di Brisighella (primavera-estate), Strozzapreti al sugo di manzo e castrato, Rombo con zenzero candito e pan brioche.

a Cavina SO : 8 km – ✉ 48013 Brisighella :

🏰 **Torre Pratesi** ☜, ℰ 84545, Fax 84558, ≤ monti e vallata, « In una torre di guardia
medioevale », ☞ – 🛗 🗐 📺 ☎ 🅟. 🝙 🕲 ⓞ Ε 🏧 🃟. ✕ rist
Pasto *(chiuso martedì)* 40/55000 bc – **4 cam** ☲ 160000, 3 appartamenti 200000 – ½ P 120/
140000.

BRIVIO 22050 Lecco 428 E 10, 219 ⑳ – 3 829 ab. alt. 207 – ✪ 039.
Roma 608 – ♦Milano 38 – ♦Bergamo 21 – Como 34 – Lecco 15.

✗ **Bella Venezia,** ℰ 5320007, « Servizio estivo in riva all'Adda » – 🅟
chiuso lunedì sera, martedì e dal 16 al 30 agosto – **Pasto** carta 45/76000.

BRIXEN = Bressanone.

BRONI 27043 Pavia 988 ⑮, 428 G 9 – 10 066 ab. alt. 88 – ✪ 0385.
Roma 548 – Alessandria 62 – ♦Milano 58 – Pavia 20 – Piacenza 37.

sulla strada statale 10 NE : 2 km :

🏨 **Liros,** ✉ 27043 ℰ 51007, Fax 51007 – 🗐 cam 📺 ☎ 🅟 – 🔏 30 a 120. 🝙 🕲 ⓞ Ε 🏧
chiuso dal 1° all'8 gennaio – **Pasto** *(chiuso lunedì)* carta 34/58000 – ☲ 6000 – **22 cam**
70/83000.

BRUNECK = Brunico.

BRUNICO (BRUNECK) 39031 Bolzano 988 ⑤, 429 B 17 – 12 630 ab. alt. 835 – Sport invernali :
Plan de Corones : 835/2 273 m ㋛ 19 ㋴ 11, ㋷ – ✪ 0474.
Vedere Museo etnografico★ di Teodone.
🛈 via Europa ℰ 555447, Fax 555544.
Roma 715 – ♦Bolzano 77 – Brennero 68 – Cortina d'Ampezzo 59 – Dobbiaco 28 – ♦Milano 369 – Trento 137.

🏨 **Andreas Hofer,** via Campo Tures 1 ℰ 31469, Fax 31283, ☞, ☞ – 🛗 ☎ ⇌ 🅟. 🕲 Ε
🏧. ✕ rist
chiuso dal 21 aprile al 20 maggio e dal 13 al 25 dicembre – **Pasto** *(chiuso sabato)*
carta 24/34000 – **45 cam** ☲ 80/140000 – ½ P 85/100000.

a San Giorgio (St. Georgen) N : 2 km – alt. 823 – ✉ 39031 :

🏨 **Gissbach** ☜, ℰ 31173, Fax 30714, ☞, ⬚ – 🛗 ☎ ⇌ 🅟. ✕ rist
dicembre-Pasqua e giugno-ottobre – **Pasto** carta 35/58000 – **21 cam** ☲ 150/185000 –
½ P 98/104000.

a Riscone (Reischach) SE : 3 km – alt. 960 – ✉ 39031 :

🏰 **Royal Hotel Hinterhuber** ☜, ℰ 548221, Fax 548048, ≤ monti e pinete, « Giardino con
☘ riscaldata », ㏗, ☞, ⬚, ✕ – 🛗 ⤬ rist 🗐 rist 📺 ☎ ⇌ 🅟. 🝙 🕲 ⓞ Ε 🏧 🃟.
✕ rist
17 dicembre-22 aprile e giugno-8 ottobre – **Pasto** *(solo per clienti alloggiati)* 30000 – **55 cam**
☲ 160/280000 – ½ P 100/180000.

🏰 **Rudolf,** ℰ 21223, Fax 30806, ≤, ㏗, ☞, ⬚ – 🛗 📺 ☎ ⇌ 🅟. 🝙 🕲 ⓞ Ε 🏧. ✕ rist
Pasto *(chiuso novembre)* carta 33/63000 – **37 cam** ☲ 190/254000 – ½ P 80/140000.

144

🏨 **Petrus** ≫, ℰ 548263, Fax 548267, ≤ monti e vallata, *fa*, ⇌s, 🛲 – ⯃ 🆃🆅 🕿 ⇚ ❷. 🆂 Ε
VISA. 🞖 rist
4 dicembre-20 aprile e 9 maggio-17 ottobre – **Pasto** carta 31/42000 – **30 cam** 🖙 92/184000
– ½ P 112000.

🏨 **Majestic** ≫, ℰ 554887, Fax 30821, ≤, ⇌s, 🛋 riscaldata, 🛲 – ⯃ 🆃 rist 🕿 ❷. 🞖 rist
23 dicembre-22 aprile e 3 giugno-15 ottobre – **Pasto** *(chiuso lunedì)* carta 32/51000 –
33 cam 🖙 85/170000 – ½ P 74/96000.

BRUSSON 11022 Aosta 🐴🐴🐴 ②, 🐴🐴🐴 E 5 – 901 ab. alt. 1 331 – a.s. Pasqua, febbraio, marzo e
Natale – ✆ 0125.
🟦 piazza Municipio 1 ℰ 300240, Fax 300691.
Roma 726 – Aosta 52 – Ivrea 51 – ♦Milano 164 – ♦Torino 93.

🏠 **Laghetto**, località Diga ℰ 300179, ≤ – ❷. 🞖
chiuso da novembre al 7 dicembre – **Pasto** *(chiuso mercoledì)* carta 29/45000 – 🖙 13000 –
17 cam 38/70000 – P 68/80000.

BUBBIO 14051 Asti 🐴🐴🐴 I 6 – 933 ab. alt. 224 – ✆ 0144.
Roma 589 – ♦Genova 91 – Alessandria 52 – Asti 38 – ♦Milano 142 – Savona 76.

🍴 **Teresio** con cam, ℰ 8128 – 🆃🆅 🞖
chiuso gennaio – **Pasto** *(chiuso mercoledì)* carta 22/51000 – 🖙 6000 – **8 cam** 45/70000 –
½ P 60000.

BUCCINASCO 20090 Milano 🐴🐴🐴 F 9, 🐴🐴🐴 ⑲ – 20 127 ab. alt. 112 – ✆ 02.
Roma 575 – ♦Milano 13 – Alessandria 88 – Novara 63 – Pavia 30 – Vigevano 36.

🍴🍴 **Molin de la Paja** ℰ 4406231, 🏤 – ❷. 🆎 🆂 Ε **VISA**
chiuso domenica sera, lunedì ed agosto – **Pasto** carta 36/67000.

BUDONI Nuoro 🐴🐴🐴 E 11 – Vedere Sardegna alla fine dell'elenco alfabetico.

BUDRIO 40054 Bologna 🐴🐴🐴 ⑮, 🐴🐴🐴 🐴🐴🐴 🐴🐴🐴 I 16 – 14 192 ab. alt. 25 – ✆ 051.
Roma 401 – ♦Bologna 22 – ♦Ferrara 46 – ♦Ravenna 66.

🏠 **Sport Hotel** senza rist, via Massarenti 10 ℰ 803515, Fax 803580 – ⯃ 🆃🆅 🖭. 🆎 🅾 🞖
chiuso dal 23 dicembre al 1° gennaio e dal 10 al 20 agosto – 🖙 6000 – **31 cam** 80/115000.

🍴🍴 **Elle 70**, via Garibaldi 10 ℰ 801678, Coperti limitati; prenotare – 🆎 🅾 Ε **VISA**. 🞖
chiuso sabato a mezzogiorno, domenica, dal 1° al 5 gennaio ed agosto – **Pasto** carta 37/
55000.

BULLA (PUFELS) Bolzano – Vedere Ortisei.

BURAGO DI MOLGORA 20040 Milano 🐴🐴🐴 F 10, 🐴🐴🐴 ⑲ – 4 315 ab. alt. 182 – ✆ 039.
Roma 591 – ♦Milano 22 – ♦Bergamo 37 – Lecco 33 – Monza 9.

🏨 **Brianteo**, via Martin Luther King 3/5 ℰ 6082118, Telex 352650, Fax 6082118 – ⯃ 🖃 🆃🆅
🕿 ❷ – 🛆 60. 🆎 🆂 🅾 Ε **VISA** 🅹🅲🅱. 🞖
chiuso dal 23 dicembre al 3 gennaio e dal 1° al 24 agosto – **Pasto** *(chiuso venerdì e
domenica sera)* carta 35/63000 – 🖙 12000 – **50 cam** 110/165000, 2 appartamenti –
½ P 145/157000.

BURANO Venezia – Vedere Venezia.

BURGSTALL = Postal.

BURGUSIO (BURGEIS) Bolzano 🐴🐴🐴 B 13, 🐴🐴🐴 ⑧ – Vedere Malles Venosta.

BUSCA 12022 Cuneo 🐴🐴🐴 I 4 – 8 936 ab. alt. 500 – ✆ 0171.
Roma 647 – Asti 91 – Cuneo 17 – Sestriere 101 – ♦Torino 75.

a Ceretto N : 3 km – ✉ 12022 Busca :

🍴 Ceretto, con cam, ℰ 945437, Fax 945437 – 🖃 cam 🆃🆅 🕿 ❷ – **21 cam.**

BUSCATE 20010 Milano 🐴🐴🐴 F 8, 🐴🐴🐴 ⑰ – 4 320 ab. alt. 177 – ✆ 0331.
Roma 611 – ♦Milano 38 – Gallarate 15 – Novara 21.

🍴🍴 **Scià on Martin** con cam, ℰ 670112, Fax 670066, 🏤, prenotare – 🆃🆅 🕿 ❷. 🆂 Ε **VISA**
🅹🅲🅱. 🞖
chiuso Natale ed agosto – **Pasto** *(chiuso sabato a mezzogiorno e domenica)* carta 40/64000
– **13 cam** 🖙 100/130000, appartamento – ½ P 120000.

BUSNAGO 20040 Milano 🐴🐴🐴 F 10, 🐴🐴🐴 ⑳ – 3 794 ab. alt. 210 – ✆ 039.
Roma 594 – ♦Milano 36 – ♦Bergamo 24 – ♦Brescia 68 – Piacenza 95.

🏠 **Pianura Inn**, viale Lombardia 20 ℰ 6957412, Fax 6959025, 🏤 – ⯃ 🆃🆅 🕿 ❷ –
🛆 50 a 150. 🆎 🅾 Ε **VISA** 🞖
Pasto carta 30/53000 – **20 cam** 🖙 90/130000 – ½ P 90000.

BUSSANA Imperia – Vedere San Remo.

BUSSETO 43011 Parma 988 ⑭, 428 429 H 12 – 7 010 ab. alt. 39 – ✿ 0524.
Roma 490 – ◆Parma 35 – ◆Bologna 128 – Cremona 25 – Fidenza 15 – ◆Milano 93 – Piacenza 31.

XX **Ugo,** via Mozart 3 ℘ 92307, Fax 91811, prenotare – ▤. ￼ ⓞ. ⅏
chiuso lunedì, martedì, dal 5 al 25 gennaio e dal 5 al 25 luglio – **Pasto** carta 36/51000.

a Samboseto E : 8 km – alt. 37 – ✉ **43011** Busseto :

XXX **Palazzo Calvi** con cam, ℘ 90211, Fax 90213, « In un palazzo del 17° secolo » – ▤ ▦ ⓣⓥ ☎
ⓟ – ⚙ 60. ￼ 🅑 ⓞ ⱻ 𝘝𝘐𝘚𝘈 ⅏
Pasto (chiuso lunedì e martedì a mezzogiorno) carta 48/80000 – **8 cam** ⌗ 140/180000.

XX **Vecchia Samboseto,** ℘ 90136, Cucina con specialità di mare – ⓟ. ⓞ. ⅏
chiuso martedì sera, mercoledì e gennaio – **Pasto** carta 34/86000.

BUSSOLENGO 37012 Verona 988 ④, 428 429 F 14 – 14 474 ab. alt. 127 – ✿ 045.
Roma 504 – ◆Verona 13 – Garda 20 – Mantova 43 – ◆Milano 150 – Trento 87 – ◆Venezia 128.

▥ **Krystal** senza rist, via Dante Alighieri 8 ℘ 6700433, Fax 6700447 – ▧ ▦ ⓣⓥ ☎ 🚗 ⓟ. ￼
🅑 ⓞ ⱻ 𝘝𝘐𝘚𝘈 ⅏
60 cam ⌗ 130/160000.

sulla strada statale 11 S : 3 km :

▥ **Crocioni Hotel Rizzi** senza rist, ✉ 37012 ℘ 6700200, Fax 6700490 – ▧ ▦ ⓣⓥ ☎ 🚗 ⓟ
– ⚙ 40. ￼ 🅑 ⓞ ⱻ 𝘝𝘐𝘚𝘈 ⅏
chiuso dal 22 dicembre al 10 gennaio – ⌗ 15000 – **62 cam** 110/140000.

BUSSOLINO GASSINESE Torino – Vedere Gassino Torinese.

BUSTO ARSIZIO 21052 Varese 988 ③, 428 F 8 – 77 090 ab. alt. 224 – ✿ 0331.
ↀ₈ Le Robinie, via per Busto Arsizio ✉ 21058 Solbiate Olona ℘ 632760, Fax 320581.
Roma 611 – ◆Milano 35 – Stresa 52 – Como 40 – Novara 30 – Varese 27.

▦ **Pineta,** via Sempione 150 (N : 2 km) ℘ 381220, Fax 381220, ⚘ – ▧ ▦ ⓣⓥ ☎ ⓟ –
⚙ 100. ￼ 🅑 ⓞ ⱻ 𝘝𝘐𝘚𝘈 𝗝𝗖𝗕. ⅏ rist
Pasto (chiuso domenica e lunedì a mezzogiorno) carta 53/84000 – **58 cam** ⌗ 135/180.

▦ **Astoria,** viale Duca d'Aosta 14 ℘ 636422, Fax 679610 – ▧ ▦ ⓣⓥ ☎ 🚗 – ⚙ 200. ￼ 🅑
ⱻ 𝘝𝘐𝘚𝘈 ⅏
Pasto al Rist. *Da Moreno* (chiuso sabato ed agosto) carta 45/70000 (15%) – ⌗ 10000 –
47 cam 115/150000.

XX **Casa Radice,** via Roma 8 ℘ 620454 – ▤. ￼ 🅑 ⱻ 𝘝𝘐𝘚𝘈 ⅏
chiuso domenica ed agosto – **Pasto** carta 40/59000 (10%).

BUTTRIO 33042 Udine 429 D 21 – 3 703 ab. alt. 79 – ✿ 0432.
Roma 641 – Gorizia 26 – ◆Milano 381 – ◆Trieste 57 – Udine 11.

▦ **Locanda alle Officine,** strada statale SE : 1 km ℘ 673304, Fax 673408 – ▧ ⅏⚒ ▦ ⓣⓥ ☎
🚗 ⓟ. ￼ 🅑 ⓞ ⱻ 𝘝𝘐𝘚𝘈 ⅏
Pasto (chiuso lunedì) carta 38/63000 – **38 cam** ⌗ 85/120000 – ½ P 97000.

X **Trattoria al Parco,** ℘ 674025, ♨, – ⓟ. ￼ 🅑 𝘝𝘐𝘚𝘈
chiuso martedì sera, mercoledì e dal 1° al 25 agosto – **Pasto** carta 32/48000.

CACCAMO Palermo 988 ㊱, 432 N 22 – Vedere Sicilia alla fine dell'elenco alfabetico.

CADEO 29010 Piacenza 428 429 H 11 – 5 416 ab. alt. 67 – ✿ 0523.
Roma 501 – Cremona 34 – ◆Milano 76 – ◆Parma 46 – Piacenza 14.

X **Lanterna Rossa** ⚓, con cam, località Saliceto NE : 4 km ℘ 509774, Fax 500563, ⚘ – ⓣⓥ
☎ 🚗 ⓟ. ￼ 🅑 ⱻ 𝘝𝘐𝘚𝘈 ⅏
chiuso agosto – **Pasto** (chiuso martedì) carta 43/68000 – ⌗ 8000 – **12 cam** 80/120000 –
½ P 95/105000.

CAERANO DI SAN MARCO 31031 Treviso 429 E 17 – 6 644 ab. alt. 123 – ✿ 0423.
Roma 548 – ◆Venezia 57 – Belluno 59 – ◆Milano 253 – ◆Padova 47 – Trento 109 – Treviso 26 – Vicenza 48.

▦ **Europa** senza rist, ℘ 650341, Fax 650397 – ▧ ▦ ⓣⓥ ☎ 🚗. ￼ 🅑 ⓞ ⱻ 𝘝𝘐𝘚𝘈. ⅏
⌗ 10000 – **24 cam** 75/110000.

CAFRAGNA Parma 428 429 430 H 12 – Vedere Collecchio.

CAGLIARI ℙ 988 ㉝, 433 J 9 – Vedere Sardegna alla fine dell'elenco alfabetico.

CALA GINEPRO Nuoro – Vedere Sardegna (Orosei) alla fine dell'elenco alfabetico.

CALA GONONE Nuoro 988 ㉞, 433 G 10 – Vedere Sardegna (Dorgali) alla fine dell'elenco
alfabetico.

CALALZO DI CADORE 32042 Belluno 429 C 19 – 2 420 ab. alt. 806 – ✿ 0435.
🚗 ℘ 32300.
🅑 bivio Stazione 9 ℘ 32348, Fax 32349.
Roma 646 – Belluno 45 – Cortina d'Ampezzo 32 – ◆Milano 388 – ◆Venezia 135.

🏠 **Ferrovia,** bivio Stazione 📞 500705, Fax 500384, 🖃s – |🖥| 📺 ☎ 🚗 ⓟ – 🛗 60. 🖭 🏦 **E** **VISA** 🛇
Pasto *(chiuso domenica)* carta 24/38000 – ☲ 10000 – **39 cam** 100/140000 – P 120000.

🏠 **Calalzo,** bivio Stazione 📞 33541, Fax 33600 – |🖥| 📺 ☎ 🚗. 🖭 🏦 ⓞ **E** **VISA**
chiuso dal 21 settembre al 17 ottobre – **Pasto** *(chiuso venerdì)* carta 28/44000 – ☲ 10000 –
45 cam 80/120000 – ½ P 90/110000.

CALAMANDRANA 14042 Asti 🗺🗺 H 7 – 1 467 ab. alt. 314 – ✪ 0141.

Roma 599 – ◆Genova 98 – Alessandria 36 – Asti 35 – ◆Milano 130 – ◆Torino 95.

🏨 **Doc,** località Borgo San Vito 📞 718066 – 🖃 📺 ☎ ⓟ. 🖭 🏦 ⓞ **E** **VISA**
Pasto *(chiuso domenica)* 26000 – ☲ 15000 – **7 cam** 100/150000 – ½ P 120000.

✗ **Violetta,** valle San Giovanni 1 (N : 2,5 km) 📞 75151, prenotare – ⓟ. 🏦 **E** **VISA**. 🛇
chiuso domenica sera, mercoledì e gennaio – **Pasto** carta 34/45000.

CALASETTA Cagliari 🗺🗺 ㉝, 🗺🗺 J 7 – Vedere Sardegna alla fine dell'elenco alfabetico.

CALAVINO 38072 Trento – 1 175 ab. alt. 409 – a.s. Pasqua e Natale – ✪ 0461.

Roma 605 – ◆Bolzano 77 – ◆Brescia 100 – Trento 17.

✗✗ **Da Cipriano,** 📞 564720, 🏠 – 🏦 **VISA** 🛇
chiuso a mezzogiorno, mercoledì e dal 20 giugno al 10 luglio – **Pasto** carta 28/44000.

CALCERANICA AL LAGO 38050 Trento 🗺🗺 D 15 – 1 060 ab. alt. 463 – a.s. Pasqua e Natale –
✪ 0461.

🛈 (giugno-settembre) 📞 723301.

Roma 606 – Belluno 95 – ◆Bolzano 75 – ◆Milano 260 – Trento 18 – ◆Venezia 147.

🏠 **Micamada,** 📞 723328, Fax 723349, 🌾 – 📺 ☎ ⓟ
Pasto carta 32/43000 – **18 cam** ☲ 50/96000 – ½ P 50/65000.

CALCINAIA Firenze 🗺🗺 🗺🗺 K 13 –Vedere Lastra a Signa.

CALDARO SULLA STRADA DEL VINO (KALTERN AN DER WEINSTRASSE) 39052 Bolzano 🗺🗺
④, 🗺🗺 C 15 – 6 345 ab. alt. 426 – ✪ 0471.

🛈 piazza Principale 8 📞 963169, Fax 963469.

Roma 635 – ◆Bolzano 15 – Merano 37 – ◆Milano 292 – Trento 53.

🏠 **Cavallino Bianco-Weisses Rössl,** 📞 963137, Fax 964069 – |🖥| ☎ ⓟ
marzo-novembre – **Pasto** *(chiuso mercoledì)* 25/30000 – **20 cam** ☲ 64/116000.

🏠 **Stella d'Oro-Goldener Stern,** 📞 963153, Fax 964232, 🏠 – ☎ ⓟ. 🏦 **E** **VISA**
aprile-ottobre – **Pasto** *(chiuso lunedì)* carta 28/43000 – **27 cam** ☲ 65/110000 – ½ P 65/
75000.

al lago S : 5 km :

🏨 **Seeleiten,** ✉ 39052 📞 960200, Fax 960064, ≤, 🎣, 🖃s, 🏊, 🌾, 🛇 – |🖥| 📺 ☎ & ⓟ. 🖭
aprile-15 novembre – **Pasto** carta 36/65000 – **38 cam** ☲ 100/180000 – ½ P 96/120000.

🏨 **Seehof-Ambach** ⏵, ✉ 39052 📞 960098, Fax 960099, ≤, « Prato-giardino », 🚣🏖 – 📺
☎ ⓟ. 🛇 rist
aprile-2 novembre – **Pasto** carta 40/69000 – **29 cam** ☲ 140/260000 – ½ P 99/189000.

🏠 **Seegarten,** ✉ 39052 📞 960260, Fax 960066, ≤, « Servizio rist. estivo in terrazza », 🚣🏖,
🌾 – 📺 ☎ ⓟ
aprile-ottobre – **Pasto** *(chiuso mercoledì)* carta 34/48000 – **22 cam** ☲ 66/132000 –
½ P 80000.

🏠 **Seeberg** ⏵ senza rist, ✉ 39052 📞 960038, ≤, 🏊, 🌾 – 📺 ☎ ⓟ
aprile-ottobre – **16 cam** ☲ 50/100000.

✗✗ Schloss Ringberg, ✉ 39052 📞 960010, 🏠 – ⓟ
stagionale.

CALDERINO 40050 Bologna 🗺🗺 🗺🗺 I 15 – alt. 112 – ✪ 051.

Roma 373 – ◆Bologna 16 – ◆Milano 213 – ◆Modena 45.

✗ **Nuova Roma,** S : 1 km 📞 6760140, 🏠, 🌾 – ⓟ. 🖭 ⓞ **E** **VISA**. 🛇
chiuso martedì, dal 1° all'8 gennaio ed agosto – **Pasto** carta 35/61000.

✗ **Il Portico,** via Lavino 89 📞 6760100 – 🖭 ⓞ **VISA**
chiuso domenica da giugno ad agosto, mercoledì negli altri mesi – **Pasto** carta 37/98000.

CALDIERO 37042 Verona 🗺🗺 F 15 – 4 814 ab. alt. 44 – ✪ 045.

Roma 517 – ◆Verona 15 – ◆Milano 174 – ◆Padova 66 – ◆Venezia 99 – Vicenza 36.

🏨 **Bareta** senza rist, 📞 6150722, Fax 6150723 – |🖥| 🖃 📺 ☎ 🚗 ⓟ. 🖭 🏦 ⓞ **E** **VISA**. 🛇
chiuso dal 20 dicembre al 15 gennaio – ☲ 12000 – **32 cam** 90/140000.

✗✗ **Renato,** strada statale 11 (NO : 1,5 km) 📞 982572 – 🖃 ⓟ. 🖭 🏦 ⓞ **E** **VISA** **JCB**
chiuso lunedì sera, martedì e dal 1° agosto al 10 settembre – **Pasto** carta 43/64000.

CALDIROLA 15050 Alessandria 988 ⑬, 428 H 9 – alt. 1 180 – Sport invernali : 1 012/1 400 m ⬜3, ⬜ – ۞ 0131.
Roma 577 – ◆Genova 93 – Alessandria 62 – ◆Milano 110 – Piacenza 81.

XX **La Gioia,** ℰ 78912 – **℗**. ⒶⒺ Ⓢ ⓄⒹ Ⓔ VISA. ⬊⬉
    chiuso lunedì e novembre – **Pasto** carta 38/64000.

CALDOGNO 36030 Vicenza 429 F 16 – 9 461 ab. alt. 54 – ۞ 0444.
Roma 548 – ◆Padova 47 – Trento 86 – Vicenza 8.

XX **Locanda Calcara** con cam, via Roma 20 ℰ 905544, Fax 905533 – ▤ ⓉⓋ ☎ ℗. ⒶⒺ Ⓢ ⓄⒹ Ⓔ
    VISA. ⬊⬉
    chiuso agosto – **Pasto** (chiuso lunedì) carta 37/40000 – **15 cam** ⬡ 100/130000.

X **Molin Vecio,** via Giaroni 56 ℰ 585168, Fax 905447, 龠, « Ambiente caratteristico » –
    ⬊⬉ ℗. ⒶⒺ Ⓢ Ⓔ VISA. ⬊⬉
    chiuso lunedì sera e martedì – **Pasto** carta 30/45000 (10 %).

CALDONAZZO 38052 Trento 429 E 15 – 2 459 ab. alt. 485 – a.s. Pasqua e Natale – ۞ 0461.
⬛ (giugno-settembre) ℰ 723192.
Roma 608 – Belluno 93 – ◆Bolzano 77 – ◆Milano 262 – Trento 20 – ◆Venezia 145.

⬜ **Due Spade,** ℰ 723113, Fax 723113, ⬊, 龠 – ▯❚ ⓉⓋ ☎. Ⓢ. ⬊⬉
    maggio-settembre – **Pasto** 20/30000 – ⬡ 7000 – **24 cam** 45/80000 – ½ P 42/64000.

CALENZANO 50041 Firenze 429 430 K 15 – 14 977 ab. alt. 109 – ۞ 055.
Roma 290 – ◆Firenze 15 – ◆Bologna 94 – ◆Milano 288 – Prato 6.

Pianta di Firenze : percorsi di attraversamento

🏬 **First Hotel** senza rist, via Ciolli 5 ℰ 8876042, Telex 574036, Fax 8825755, ⬊, ⬊⬉ – ▯❚ ▤
    ⓉⓋ ☎ ⬥ ℗ – ⬥ 40 a 250   ET b
    ⬡ 15000 – **116 cam** 130/180000, 14 appartamenti.

🏨 **Valmarina** senza rist, via Baldanese 146 ℰ 8825336, Fax 8825250 – ▯❚ ▤ ⓉⓋ ☎ ⬥. ⒶⒺ Ⓢ
    Ⓔ VISA. ⬊⬉   ET f
    34 cam ⬡ 105/150000.

X **La Terrazza,** via del Castello 25 ℰ 8873302, ≼ – ℗. ⒶⒺ Ⓢ ⓄⒹ Ⓔ VISA   ET e
    chiuso domenica, lunedì, dal 25 dicembre al 1° gennaio ed agosto – **Pasto** carta 34/61000.

    a Carraia N : 4 km – ✉ 50041 Calenzano :

X **Gli Alberi,** ℰ 8819912, Fax 8819912 – ℗. ⒶⒺ Ⓢ ⓄⒹ Ⓔ VISA JCB. ⬊⬉
    chiuso martedì e dal 15 al 28 febbraio – **Pasto** carta 43/58000.

    a Croci di Calenzano N : 11 km – alt. 427 – ✉ 50041 Calenzano :

XX **Carmagnini del 500,** a Pontenuovo S : 3 km ℰ 8819930, Fax 8819611 – ⬥ 40. ⒶⒺ Ⓢ ⓄⒹ
    Ⓔ VISA. ⬊⬉
    chiuso lunedì e dal 10 al 22 agosto – **Pasto** carta 36/46000.

CALICE (KALCH) Bolzano – Vedere Vipiteno.

CALIGNAIA Livorno – Vedere Livorno.

CALITRI 83045 Avellino 988 ㉘, 431 E 28 – 6 477 ab. alt. 530 – ۞ 0827.
Roma 318 – ◆Foggia 91 – Avellino 73 – Benevento 93 – Potenza 84 – Salerno 103.

🏨 **Ambasciatori,** via Toscana ℰ 34873, Fax 34779 – ⓉⓋ ☎ ℗ – ⬥ 250. ⒶⒺ Ⓢ Ⓔ VISA. ⬊⬉ rist
    Pasto (chiuso venerdì) carta 24/36000 – **29 cam** ⬡ 70/95000 – ½ P 80000.

CALIZZANO 17020 Savona 988 ⑫, 428 J 6 – 1 577 ab. alt. 660 – ۞ 019.
Roma 588 – ◆Genova 94 – Alba 75 – Cuneo 69 – Imperia 70 – Savona 49.

🏠 **Villa Elia** ℰ 79633, Fax 79633, 龠 – ▯❚ ☎ ℗. ⒶⒺ Ⓢ ⓄⒹ Ⓔ VISA. ⬊⬉ rist
    maggio-ottobre – **Pasto** carta 28/41000 – ⬡ 7000 – **35 cam** 65/80000 – ½ P 70/80000.

CALLIANO Trento 429 E 15 – 964 ab. alt. 186 – a.s. dicembre-aprile – ۞ 0464.
Roma 570 – ◆Milano 225 – Riva del Garda 31 – Rovereto 9 – Trento 15.

🏠 **Aquila,** ℰ 84110, Fax 84110, « Giardino con ⬊ » – ▯❚ ▤ rist ⓉⓋ ☎ ℗. ⬊⬉
    Pasto (chiuso domenica) carta 25/35000 – ⬡ 9000 – **47 cam** 70/120000 – ½ P 80000.

CALOLZIOCORTE 24032 Lecco 988 ③, 428 E 10 – 14 437 ab. alt. 237 – ۞ 0341.
Roma 616 – ◆Bergamo 26 – Como 36 – Lecco 7 – ◆Milano 47.

XX **Lavello,** S : 1 km ℰ 641088, ≼, « Servizio estivo in riva all'Adda » – ⒶⒺ Ⓢ ⓄⒹ Ⓔ VISA. ⬊⬉
    chiuso martedì sera, mercoledì e dal 7 al 31 gennaio – **Pasto** carta 36/57000.

X Italia da Ezio, via Galli 46 ℰ 641019 – ℗

CALOSSO 14052 Asti – 1 349 ab. alt. 399 – ۞ 0141.
Roma 636 – Alessandria 49 – Asti 24 – ◆Genova 112 – ◆Milano 142 – ◆Torino 84.

X **Da Elsa,** località San Bovo E : 1 km ℰ 853142 – ℗
    chiuso la sera da domenica a mercoledì – **Pasto** 30/45000.

CALTAGIRONE Catania 988 ㉞ ㉟, 432 P 25 – Vedere Sicilia alla fine dell'elenco alfabetico.

CALTANISSETTA P 988 ㊱, 432 O 24 – Vedere Sicilia alla fine dell'elenco alfabetico.

CALTIGNAGA 28010 Novara 219 ⑰ – 2 204 ab. alt. 179 – ☎ 0321.

Roma 633 – Stresa 53 – ◆Milano 59 – Novara 8,5 – ◆Torino 99.

XX **Cravero** con cam, strada statale ✆ 652696, Fax 652697 – TV ☎ ⇔ P. AE S E VISA. ✻
chiuso dal 1° al 15 gennaio ed agosto – **Pasto** *(chiuso lunedì sera e martedì)* carta 34/60000 – ☐ 12000 – **12 cam** 65/85000 – ½ P 50/85000.

CALUSO 10014 Torino 988 ⑫, 428 G 5 – 7 311 ab. alt. 303 – ☎ 011.

Roma 678 – ◆Torino 32 – Aosta 88 – ◆Milano 121 – Novara 75.

XX **Gardenia,** corso Torino 9 ✆ 9832249, 余, Coperti limitati; prenotare – P. AE ⓞ
chiuso giovedì, venerdì a mezzogiorno e dal 25 luglio al 25 agosto – **Pasto** carta 38/60000.

CALVECCHIA Venezia – Vedere San Donà di Piave.

CALVISANO 25012 Brescia 428 429 F 13 – 6 822 ab. alt. 63 – ☎ 030.

Roma 523 – ◆Brescia 27 – Cremona 44 – Mantova 55 – ◆Milano 117 – ◆Verona 66.

XXX ✿ **Al Gambero,** ✆ 968009, Fax 9968161, Coperti limitati; prenotare – ▤. S ⓞ E VISA. ✻
chiuso dal 9 all'11 gennaio, agosto, mercoledì e la sera del 24 dicembre – **Pasto** carta 46/77000
Spec. Pâté d'anguilla e aringa affumicata con marmellata di cipolle rosse (autunno-inverno), Risotto con asparagi e crema di formaggi, Costa di vitello alla salvia fritta.

X Fiamma Cremisi, località Viadana ✆ 9686300 – P

CAMAIORE 55041 Lucca 988 ⑭, 428 429 430 K 12 – 30 655 ab. alt. 47 – a.s. Carnevale, Pasqua, 15 giugno-15 settembre e Natale – ☎ 0584.

Roma 376 – Pisa 29 – ◆Livorno 51 – Lucca 18 – ◆La Spezia 59.

XX **Emilio e Bona,** località Lombrici N : 3 km ✆ 989289, 余, « Vecchio frantoio in riva ad un torrente » – P. AE S ⓞ E VISA JCB. ✻
chiuso gennaio e lunedì (escluso luglio-agosto) – **Pasto** carta 44/70000.

XX **Locanda le Monache** con cam, piazza XXIX Maggio 36 ✆ 989258, Fax 984011 – |‡| TV ☎. AE S ⓞ E VISA
chiuso febbraio – **Pasto** *(chiuso mercoledì escluso luglio-agosto)* carta 32/49000 – ☐ 5000 – **15 cam** 50/90000 – ½ P 45/75000.

X **Il Centro Storico,** via Cesare Battisti 66 ✆ 989786, 余 – P. AE S ⓞ. ✻
chiuso lunedì e dal 2 al 30 gennaio – **Pasto** carta 27/52000.

a Capezzano Pianore O : 4 km – ✉ 55040 :

XX La Dogana, via Sarzanese 442 (N : 1 km) ✆ 915159

X **Il Campagnolo,** via Italica 344 ✆ 913675, 余, Rist. e pizzeria – P. AE S E VISA. ✻
chiuso mercoledì e novembre – **Pasto** carta 27/50000.

CAMALDOLI 52010 Arezzo 988 ⑮, 429 430 K 17 – alt. 816 – ☎ 0575.

Vedere Località★★ – Eremo★ N : 2,5 km.

Roma 261 – Arezzo 46 – ◆Firenze 71 – Forlì 90 – ◆Perugia 123 – ◆Ravenna 113.

a Moggiona SO : 5 km strada per Poppi – alt. 708 – ✉ 52010 :

X **Il Cedro,** ✆ 556080, prenotare i giorni festivi
chiuso Natale, Capodanno e lunedì escluso dal 15 luglio ad agosto – **Pasto** carta 27/39000.

CAMBIANO 10020 Torino 428 H 5 – 5 760 ab. alt. 257 – ☎ 011.

Roma 651 – ◆Torino 19 – Asti 41 – Cuneo 76.

Pianta d'insieme di Torino (Torino p. 3)

XX **Il Cigno,** via IV Novembre 4 ✆ 9441456 – P. AE S ⓞ E VISA. ✻ HU **b**
chiuso lunedì, martedì a mezzogiorno, dal 1° al 15 gennaio e dal 7 al 31 agosto – **Pasto** carta 31/60000.

CAMIGLIATELLO SILANO 87052 Cosenza 988 ㊴, 431 I 31 – alt. 1 272 – Sport invernali : 1 272/1 786 m ≮1 ≴4 – ☎ 0984.

Escursioni Massiccio della Sila★★ Sud.

Roma 553 – Catanzaro 128 – ◆Cosenza 31 – Rossano 83.

🏨 **Sila,** ✆ 578484, Fax 578286, ≘s – |‡| TV ☎ ⇔. AE S ⓞ E VISA. ✻
Pasto carta 33/54000 – ☐ 12000 – **32 cam** 105/160000 – ½ P 100/120000.

🏨 **Camigliatello,** ✆ 578496, Fax 578628 – |‡| ▤ TV ☎ P. AE S ⓞ E VISA. ✻
Pasto 30/45000 – **40 cam** ☐ 125/160000 – ½ P 100/135000.

🏨 **Aquila-Edelweiss,** ✆ 578044, Fax 578753, prenotare – |‡| ☎ – 🔬 50. AE S ⓞ E VISA. ✻
Pasto *(chiuso lunedì)* carta 40/70000 – ☐ 8000 – **48 cam** 100/150000 – P 75/120000.

🏨 **Cristallo,** 𝄞 578013, Fax 578763, 🚗 – 📄 🕾. 🆎 🅱 ⏺ **E** 𝘝𝘐𝘚𝘈. 🦶
Pasto (solo per clienti alloggiati) – 🍽 7000 – **47 cam** 75/110000 – ½ P 50/80000.

🏨 **Tasso,** 𝄞 578113 – 📱 🕾 🚗 **℗**. 🦶 rist
12 dicembre-febbraio e 15 giugno-20 settembre – **Pasto** 20/45000 – 🍽 5000 – **82 cam**
90/120000 – ½ P 80/90000.

🏨 **Cozza,** 𝄞 578034, Fax 578034 – 📱 📺 🕾. 🆎 🅱 ⏺ **E** 𝘝𝘐𝘚𝘈. 🦶
Pasto carta 25/36000 – 🍽 5000 – **38 cam** 65/95000 – ½ P 65/85000.

a Croce di Magara E : 4 km – ✉ 87052 :

🏨 **Magara,** 𝄞 578712, Fax 578115, 𝘍𝘴, 🚗, 🏊 – 📱 📺 🕾 ⅃ **℗** – 🔺 50 a 200. 🆎 🅱 ⏺ **E**
𝘝𝘐𝘚𝘈. 🦶
Pasto carta 35/50000 – **101 cam** 🍽 120/160000 – ½ P 120/130000.

verso il lago di Cecita :

✕✕ **La Tavernetta,** NE : 5 km ✉ 87052 Camigliatello Silano 𝄞 579026, 🏡 – **℗**. 🆎 🅱 **E** 𝘝𝘐𝘚𝘈.
🦶
chiuso mercoledì e dal 15 al 30 novembre – **Pasto** carta 30/60000.

CAMIN Padova – Vedere Padova.

CAMINO 15020 Alessandria 𝟜𝟚𝟠 G 6 – 846 ab. alt. 252 – ✪ 0142.
Roma 633 – ◆Torino 60 – Alessandria 54 – Asti 40 – ◆Milano 94 – Vercelli 25.

✕ **Del Peso,** 𝄞 469122 – **℗**
chiuso giovedì – **Pasto** carta 31/60000.

a Rocca delle Donne NO : 7 km – ✉ 15020 Camino :

✕ **Della Rocca,** 𝄞 469150 – 🅱 **E** 𝘝𝘐𝘚𝘈
chiuso martedì e dall'8 gennaio al 5 febbraio – **Pasto** carta 25/43000.

CAMNAGO VOLTA Como – Vedere Como.

CAMOGLI 16032 Genova 𝟿𝟠𝟠 ⑬, 𝟜𝟚𝟠 I 9 – 6 032 ab. – a.s. Pasqua, 15 giugno-ottobre e Natale –
✪ 0185.
Vedere Località★★.
Dintorni Penisola di Portofino★★★ – San Fruttuoso★★ SE : 30 mn di motobarca.
🛈 via 20 Settembre 33/r 𝄞 771066.
Roma 486 – ◆Genova 26 – ◆Milano 162 – Portofino 15 – Rapallo 11 – ◆La Spezia 88.

🏨 **Cenobio dei Dogi** 🦢, via Cuneo 34 𝄞 770041, Telex 281116, Fax 772796, ≼, « Parco e
terrazze sul mare », 🏊, 🐾, ✕ – 📱 🗐 📺 🕾 **℗** – 🔺 200. 🆎 🅱 **E** 𝘝𝘐𝘚𝘈. 🦶
chiuso dal 7 gennaio al 10 marzo – **Pasto** carta 70/105000 – **89 cam** 🍽 200/400000,
4 appartamenti – ½ P 185/260000.

✕✕ **Rosa,** largo Casabona 11 𝄞 773411, Fax 771088, ≼ porticciolo e golfo Paradiso, 🏡 – 🆎
🅱 ⏺ **E** 𝘝𝘐𝘚𝘈
chiuso martedì, dal 10 gennaio al 10 febbraio e dal 6 al 30 novembre – **Pasto** carta 64/86000.

✕✕ **Vento Ariel,** calata Porto 𝄞 771080, Specialità di mare, Coperti limitati; prenotare – 🆎
🅱 ⏺ **E** 𝘝𝘐𝘚𝘈
chiuso mercoledì e febbraio – **Pasto** carta 40/60000.

✕ **Da Paolo,** via San Fortunato 14 𝄞 773595, Specialità di mare, Coperti limitati; prenotare
– 🆎 🅱 ⏺ **E** 𝘝𝘐𝘚𝘈 𝘑𝘊𝘉. 🦶
chiuso lunedì e febbraio – **Pasto** carta 54/93000.

a Ruta E : 4 km – alt. 265 – ✉ 16030.
Vedere Portofino Vetta★★ S 2 km (strada a pedaggio) – Trittico★ nella chiesa di San
Lorenzo a San Lorenzo della Costa E : 1 km.

✕ **Bana,** via Costa di Bana 26 𝄞 772478, ≼, 🏡, prenotare – **℗**. 🦶
chiuso lunedì, martedì e dal 3 novembre al 7 dicembre – **Pasto** carta 35/50000.

a San Rocco S : 6 km – alt. 221 – ✉ 16030 San Rocco di Camogli.
Vedere Belvedere★★ dalla terrazza della chiesa.

✕ **La Cucina di Nonna Nina,** 𝄞 773835, Coperti limitati; prenotare – 🦶
chiuso mercoledì e a mezzogiorno (escluso sabato-domenica) – **Pasto** carta 36/64000.

CAMPALTO Venezia – Vedere Mestre.

CAMPEGINE 42040 Reggio nell'Emilia 𝟜𝟚𝟠 𝟜𝟚𝟿 H 13 – 4 070 ab. alt. 34 – ✪ 0522.
Roma 442 – ◆Parma 22 – Mantova 59 – Reggio nell'Emilia 16.

in prossimità strada statale 9 - via Emilia SO : 3,5 km :

✕✕ ✪ **Trattoria Lago di Gruma,** ✉ 42040 𝄞 679336, Fax 679336, 🏡, Coperti limitati;
prenotare – 🗐 **℗**. 🆎 🅱 ⏺ **E** 𝘝𝘐𝘚𝘈. 🦶
chiuso martedì, gennaio e luglio – **Pasto** carta 57/82000
Spec. Tartelle di grana e pere al tartufo (autunno), Fegato d'oca e fichi al Marsala (inverno), Flan di pesche con salsa di
amaretti (estate).

150

CAMPELLO SUL CLITUNNO 06042 Perugia 𝟒𝟑𝟎 N 20 – 2 267 ab. alt. 290 – ✆ 0743.

Vedere Fonti del Clitunno★ N : 1 km – Tempietto di Clitunno★ N : 3 km.

Roma 141 – ◆Perugia 53 – Foligno 16 – Spoleto 11 – Terni 42.

🏛 **Benedetti,** via Giuseppe Verdi 32 ✆ 520080, Fax 520045 – 🗐 📺 ☎ 🅿, 🕄 ⓞ 🅴 𝘝𝘐𝘚𝘈. ⚘
Pasto *(chiuso martedì e dal 15 al 31 luglio)* carta 31/48000 – 🍴 8000 – **22 cam** 65/95000 –
½ P 70000.

XX **Le Casaline** 🌳 con cam, verso Silvignano E : 4 km ⊠ 06049 Spoleto ✆ 521113,
Fax 275099, 🌿, «In un tipico casolare di campagna », 🚗 – 🅿, 🆎 🕄 🅴 𝘝𝘐𝘚𝘈
Pasto *(chiuso lunedì)* carta 28/54000 (10%) – 🍴 8000 – **7 cam** 60/70000 – ½ P 70/90000.

CAMPESE Grosseto 𝟒𝟑𝟎 O 14 – Vedere Giglio (Isola del) : Giglio Porto.

CAMPESTRI Firenze – Vedere Vicchio.

CAMPI BISENZIO 50013 Firenze 𝟗𝟖𝟖 ⑭, 𝟒𝟐𝟗 𝟒𝟑𝟎 K 15 – 34 471ab. alt. 41 – ✆ 055.

Roma 291 – ◆Firenze 12 – ◆Livorno 97 – Pistoia 20.

XX **L'Ostrica Blu,** via Buozzi 1/3 ✆ 891036, prenotare – 🗐, 🆎 🕄 ⓞ 🅴 𝘝𝘐𝘚𝘈. ⚘
chiuso sabato a mezzogiorno, domenica ed agosto – **Pasto** carta 49/82000.

CAMPIGLIA 19023 La Spezia 𝟒𝟐𝟖 𝟒𝟑𝟎 J 11 – alt. 382 – ✆ 0187.

Roma 427 – ◆Genova 111 – ◆Milano 229 – Portovenere 15 – ◆La Spezia 9.

X **La Lampara,** ✆ 758035, ≤, prenotare
chiuso lunedì, dal 2 gennaio al 1° marzo e dal 25 settembre al 25 ottobre – **Pasto**
carta 41/58000.

CAMPIGLIA MARITTIMA 57021 Livorno 𝟗𝟖𝟖 ⑭, 𝟒𝟑𝟎 M 13 – 12 509 ab. alt. 276 – ✆ 0565.

Roma 252 – Grosseto 65 – ◆Livorno 68 – Piombino 18 – Siena 101.

X ❀ **Dal Cappellaio Pazzo** 🌳 con cam, località S. Antonio N : 2,2 km ✆ 838358, preno-
tare, «Servizio estivo sotto un pergolato »– 🅿, 🆎 🕄 🅴 𝘝𝘐𝘚𝘈
chiuso febbraio e dal 4 al 24 novembre – **Pasto** *(chiuso martedì)* carta 49/70000 – 🍴 6000 –
6 cam 35/70000 – ½ P 75/100000
Spec. Mousse di patate con frutti di mare e zafferano, Filetto ai porcini e nepitella (estate-autunno), Pesche deglassate
al Vin Santo (estate).

CAMPIONE D'ITALIA 22060 (e CH 6911) Como 𝟗𝟖𝟖 ③, 𝟒𝟐𝟖 E 8 – 2 183 ab. alt. 280 – ✆ 091 di
Lugano, dall'Italia 00.41.91.

Roma 648 – Como 27 – ◆Lugano 10 – ◆Milano 72 – Varese 30.

I prezzi sono indicati in franchi svizzeri

XX **Taverna,** ✆ 687201, 🌿 – 🆎 🕄 🅴 𝘝𝘐𝘚𝘈
chiuso mercoledì, giovedì a mezzogiorno e Natale – **Pasto** carta 59/87 (15%).

CAMPITELLO DI FASSA 38031 Trento 𝟒𝟐𝟗 C 17 – 707 ab. alt. 1 442 – a.s. febbraio-Pasqua,
agosto e Natale – Sport invernali : 1 442/2 400 m (passo Sella) 🎿1 🚡7, 🎿 – ✆ 0462.

🇧 ✆61137.

Roma 684 – ◆Bolzano 48 – Cortina d'Ampezzo 61 – ◆Milano 342 – Moena 13 – Trento 102.

🏩 **Rubino Executive** 🌳, ✆ 750225, Fax 750138, ⇌, 🔲 – 🛗 📺 ☎ 🚗 🅿 – 🏛 80. 🕄 🅴
𝘝𝘐𝘚𝘈. ⚘
20 dicembre-aprile e 20 giugno-settembre – **Pasto** carta 61/92000 – 🍴 25000 – **35 cam**
210/280000 – ½ P 105/210000.

🏛 **Gran Paradis,** ✆ 750135, Fax 750148, ≤Catinaccio e pinete, ⇌, 🔲, 🚗 – 🛗 📺 ☎ 🅿. ⚘
18 dicembre-10 aprile e 18 giugno-15 ottobre – **Pasto** *(chiuso lunedì)* 20/29000 – 🍴 12000 –
39 cam 75/150000 – ½ P 80/110000.

🏛 **Salvan,** ✆ 61427, Fax 61427, ≤Dolomiti, 🌡, ⇌, 🔲, 🚗 – 🛗 📺 ☎ 🅿. 🆎 🕄 ⓞ 🅴 𝘝𝘐𝘚𝘈.
⚘
20 dicembre-aprile e 20 giugno-settembre – **Pasto** 35000 – 🍴 12000 – **26 cam** 90/170000 –
½ P 75/125000.

🏛 **Alaska,** ✆ 61430, Fax 61769, ≤Dolomiti e pinete, ⇌, 🔲, 🚗 – ☎ 🅿. ⚘
20 dicembre-aprile e giugno-settembre – **Pasto** 25/35000 – 🍴 12000 – **30 cam** 80/120000 –
½ P 80/108000.

🏠 **Crepes de Sela,** ✆ 61538, Fax 61534, ≤Dolomiti, ⇌ – 📺 ☎ 🅿. ⚘
15 dicembre-aprile e giugno-15 ottobre – **Pasto** carta 28/38000 – **16 cam** 🍴 100/150000 –
½ P 86/90000.

CAMPITELLO MATESE Campobasso 𝟗𝟖𝟖 ㉗, 𝟒𝟑𝟎 R 25, 𝟒𝟑𝟏 C 25 – alt. 1 429 – ⊠ 86027 San
Massimo – Sport invernali : 1 429/1 850 m 🎿8 – ✆ 0874.

Roma 216 – Benevento 76 – Campobasso 43 – Caserta 114 – Isernia 39.

🏛 **Kristall,** ✆ 784127, Fax 784127, ≤, 🔲 – 🛗 ☎ 🚗 🅿. 🕄 ⓞ 𝘝𝘐𝘚𝘈. ⚘ rist
dicembre-aprile e luglio-agosto – **Pasto** carta 28/35000 – **67 cam** 🍴 120000 – P 105000.

CAMPO Trento – Vedere Lomaso.

CAMPO ALL'AIA Livorno – Vedere Elba (Isola d') : Marciana Marina.

CAMPOBASSO 86100 � 988 (27), 430 R 25, 431 C 25 – 50 988 ab. alt. 700 – ✪ 0874.

🏛 piazza della Vittoria 14 ℘ 415662, Fax 415663.

A.C.I. via Cavour 10/14 ℘ 92941.

Roma 226 – Benevento 63 – ◆Foggia 88 – Isernia 49 – ◆Napoli 131 – ◆Pescara 161.

🏨 **Roxy**, piazza Savoia 7 ℘ 411541, Fax 411541 – 🛗 🛏 🖵 ☎ 🅿 – 🛦 50 a 250. 🖭 🕄 ⓞ 🗲 VISA. ❄ rist
Pasto carta 30/43000 – **70 cam** ⊇ 100/130000 – ½ P 125000.

🏨 **Eden** 🐟, contrada Colle delle Api N : 3 km ℘ 698441, Fax 698443 – 🛗 🖵 ☎ 🅿 🖭 🕄 ⓞ VISA
Pasto carta 28/55000 – ⊇ 12000 – **58 cam** 70/100000 – ½ P 70/130000.

XX ❀ **Vecchia Trattoria da Tonino**, corso Vittorio Emanuele 8 ℘ 415200, 斎 – 🖭 🕄 🗲 VISA. ❄
chiuso domenica e dal 15 al 30 agosto – **Pasto** carta 35/48000
Spec. Farfalle alle verdure stufate con crema di porcini, Faraona farcita sottopelle con ricotta e zucchine, Bocconcini di vitello con ratatouille di verdure.

XX **Il Potestà**, vico Persichillo 1 ℘ 311101, Specialità di pesce e frutti di mare – 🖭 🕄 🗲 VISA
chiuso domenica e dal 1° al 20 agosto – **Pasto** carta 35/52000.

a Ferrazzano SE : 4 km – alt. 872 – ✉ 86010 :

XX **Da Emilio**, ℘ 416576, 斎 – 🖭 🕄 VISA. ❄
chiuso martedì, dall'8 al 22 gennaio e dal 1° al 15 luglio – **Pasto** carta 28/35000.

CAMPO CARLO MAGNO Trento 988 (4), 218 (18) (19) – Vedere Madonna di Campiglio.

CAMPO DI TRENS (FREIENFELD) 39040 Bolzano 429 B 16 – 2 380ab. alt. 993 – ✪ 0472.

Roma 703 – ◆Bolzano 62 – Brennero 19 – Bressanone 25 – Merano 94 – ◆Milano 356.

🏨 **Bircher**, località Maria Trens O : 0,5 km ℘ 67122, Fax 67350, 斎 , 🛋 , 🔲 – 🛗 ☎ 🅿 . 🕄 🗲 VISA . ❄
chiuso dall'8 gennaio al 9 febbraio e dal 22 novembre a Natale – **Pasto** (chiuso martedì) carta 36/50000 – **31 cam** ⊇ 48/100000 – ½ P 70/85000.

CAMPO FISCALINO (FISCHLEINBODEN) Bolzano – Vedere Sesto.

CAMPOGALLIANO 41011 Modena 988 (14), 428 429 430 H 14 – 6 799 ab. alt. 43 – ✪ 059.

Roma 412 – ◆Bologna 50 – ◆Milano 168 – ◆Modena 11 – ◆Parma 54 – ◆Verona 94.

X **Trattoria del Cacciatore**, località Saliceto Buzzalino ℘ 526227, « Servizio estivo sotto un pergolato » – 🅿 . 🕄 ⓞ 🗲 VISA . ❄
chiuso lunedì, mercoledì sera, dal 1° al 21 gennaio e dal 23 agosto al 27 settembre – **Pasto** carta 33/48000.

CAMPOLONGO (Passo di) Belluno 429 C 17 – alt. 1 875 – Sport invernali : 1 875/2 450 m ⟨9, ⟨.

Roma 711 – Belluno 78 – ◆Bolzano 70 – Cortina d'Ampezzo 41 – ◆Milano 367 – Trento 131.

🏨 **Boé**, ✉ 32020 Arabba ℘ (0436) 79144, Fax (0436)79275, ⩽ Dolomiti, 🖾 – 🛗 🖵 🖵 ☎ 🅿 . 🖭 🕄 ⓞ 🗲 VISA . ❄
dicembre-aprile e giugno-settembre – **Pasto** (chiuso martedì) carta 30/41000 – ⊇ 20000 – **36 cam** 80/160000 – ½ P 60/130000.

CAMPOMORTO Pavia – Vedere Siziano.

CAMPORA SAN GIOVANNI 87030 Cosenza 988 (39), 431 J 30 – ✪ 0982.

Roma 522 – Catanzaro 59 – ◆Cosenza 56 – ◆Reggio di Calabria 152.

🏨 **Comfortable**, N : 1,5 km ℘ 46048, Fax 48106, 🛴 – 🛗 ☎ 🅿 . 🖭 🕄 ⓞ 🗲 VISA . ❄
chiuso novembre – **Pasto** (chiuso lunedì da ottobre a maggio) carta 35/51000 – ⊇ 5000 – **38 cam** 50/80000 – ½ P 60/85000.

CAMPORGIANO 55031 Lucca 430 J 13 – 2 455 ab. alt. 470 – ✪ 0583.

Roma 406 – Pisa 80 – ◆Firenze 132 – Lucca 58 – ◆La Spezia 70.

a Puglianella SO : 6 km – ✉ 55031 Camporgiano :

X **Colonna di Costanzo**, ℘ 618844, 斎 , solo su prenotazione
chiuso a mezzogiorno escluso i giorni festivi

CAMPOROSSO IN VALCANALE 33010 Udine 429 C 22 – alt. 810 – ✪ 0428.

Roma 728 – ◆Milano 468 – ◆Trieste 157 – Udine 87 – Venezia 215.

X **Al Montone**, ℘ 63010, 斎 – 🅿 . 🖭 🕄 🗲 VISA
chiuso martedì e d ottobre – **Pasto** carta 26/43000.

CAMPOROSSO MARE 18030 Imperia 428 K 4, 115 (20) – 4 653 ab. – ✪ 0184.

Roma 655 – ◆Genova 156 – Imperia 42 – ◆Milano 278 – San Remo 15.

XXX ❀ **Gino**, ℘ 291493, 斎 , Coperti limitati; prenotare – 🅿 . 🖭 🕄 ⓞ 🗲 VISA
chiuso lunedì sera, martedì, dall'11 al 21 dicembre, dal 6 al 17 marzo e dal 19 giugno al 7 luglio – **Pasto** carta 49/74000
Spec. Insalata di crostacei, Zuppetta di pesce, Filetto di branzino con carciofi (autunno-inverno).

CAMPOSANTO 41031 Modena 429 H 15 – 2 905 ab. alt. 20 – ☎ 0535.

Roma 409 – ♦Bologna 40 – ♦Ferrara 45 – Mantova 73 – ♦Modena 27.

Gran Paradiso, località Cadecoppi E : 4,5 km ✆ 87391, Fax 87391, – ▤ TV ☎ P. E VISA.
Pasto (solo per clienti alloggiati; *chiuso a mezzogiorno, sabato, domenica e dal 1° al 20 agosto*) 25/35000 – ☐ 12000 – **30 cam** 72/98000.

CAMPOTOSTO 67013 L'Aquila 430 O 22 – 857 ab. alt. 1 442 – ☎ 0862.

Roma 162 – L'Aquila 47 – ♦Pescara 111 – Rieti 92 – Teramo 63.

Valle con cam, ✆ 900119, ≤ lago e Gran Sasso – cam
maggio-settembre – **Pasto** *(chiuso lunedì)* carta 30/40000 – ☐ 6000 – **9 cam** 50/70000 – P 60/80000.

CAMPO TURES (SAND IN TAUFERS) 39032 Bolzano 988 ⑤, 429 B 17 – 4 451 ab. alt. 874 – Sport invernali : a Monte Spico : 874/2 253 m ⛷6, – ☎ 0474.

✆ 678076, Fax 678922.

Roma 730 – ♦Bolzano 92 – Brennero 83 – Dobbiaco 43 – ♦Milano 391 – Trento 152.

Feldmüllerhof, ✆ 678127, Fax 678935, ≤, – TV ☎ P. E VISA. rist
15 dicembre-20 aprile e 15 maggio-ottobre – **Pasto** (solo per clienti alloggiati e *chiuso lunedì*) 35/50000 – **30 cam** ☐ 90/160000 – 1/2 P 130000.

Plankensteiner con cam, ✆ 678029 – P. cam
chiuso novembre – **Pasto** *(chiuso domenica da ottobre a marzo)* 25/32000 – **10 cam** ☐ 55/105000 – 1/2 P 60/75000.

a Molini di Tures (Mühlen) S : 2 km – ✉ 39032 Campo Tures :

Schöfflmair, ✆ 678126, Fax 679149, ≤, – rist ☎ P. E VISA. rist
25 dicembre-15 aprile e giugno-ottobre – **Pasto** (solo per clienti alloggiati) 30/35000 – **28 cam** ☐ 100/160000 – 1/2 P 70/110000.

Royal, ✆ 678212, Fax 679293, ≤, – ▤ rist ☎ P.
20 dicembre-16 aprile e giugno-settembre – **Pasto** (solo per clienti alloggiati e *chiuso lunedì*) carta 30/39000 – **32 cam** ☐ 100/140000 – 1/2 P 70/105000.

CANAVACCIO Pesaro – Vedere Urbino.

CANAZEI 38032 Trento 988 ⑤, 429 C 17 – 1 738 ab. alt. 1 465 – a.s. 22 gennaio-Pasqua, agosto e Natale – Sport invernali : 1 465/2 650 m 4 ⛷11, – ☎ 0462.

Dintorni Passo di Sella★★★ : ★★★ N : 11,5 km – Passo del Pordoi★★★ NE : 12 km.

Escursioni ≤★★ dalla strada S 641 sulla Marmolada SE.

via Roma 34 ✆ 61113, Fax 62502.

Roma 687 – ♦Bolzano 51 – Belluno 85 – Cortina d'Ampezzo 58 – ♦Milano 345 – Trento 105.

Croce Bianca, ✆ 61111, Fax 62646, ≤, – TV ☎ P. AE E VISA. rist
5 dicembre-20 aprile e 15 giugno-15 ottobre – **Pasto** *(chiuso lunedì)* 33000 ed al Rist. ***Husky Club*** *(chiuso a mezzogiorno dal 5 dicembre al 20 aprile)* carta 38/57000 – **25 cam** ☐ 120/200000 – 1/2 P 110/175000.

Dolomiti, ✆ 61106, Fax 61527, ≤, – TV ☎ P. E VISA.
dicembre-aprile e giugno-settembre – **Pasto** carta 31/70000 – ☐ 21000 – **82 cam** 125/210000 – 1/2 P 75/160000.

Tyrol, ✆ 61156, Fax 62354, ≤ Dolomiti e pinete, « Giardino ombreggiato » – ☎ P. AE E VISA.
20 dicembre-20 aprile e 20 giugno-10 ottobre – **Pasto** carta 29/40000 – ☐ 12000 – **36 cam** 80/144000 – 1/2 P 80/120000.

Andreas, ✆ 62106, Fax 62284, ≤, – TV ☎ P. AE E VISA.
20 dicembre-6 aprile e luglio-settembre – **Pasto** 35/45000 – ☐ 23000 – **32 cam** 120/180000 – 1/2 P 70/160000.

Faloria, ✆ 61118, Fax 62715, ≤, – TV ☎ P. E VISA. rist
dicembre-aprile e giugno-settembre – **Pasto** carta 30/41000 – ☐ 16000 – **35 cam** 80/138000 – 1/2 P 80/115000.

La Perla, ✆ 62453, Fax 62501, ≤, – TV ☎ P. E VISA.
chiuso novembre – **Pasto** 26/30000 – ☐ 16000 – **36 cam** 110/206000 – 1/2 P 145/152000.

Chalet Pineta, ✆ 61162, ≤, – TV P. rist
dicembre-aprile e giugno-settembre – **Pasto** 20000 – **20 cam** ☐ 50/80000 – 1/2 P 70/115000.

ad Alba SE : 1,5 km – ✉ 38030 :

La Cacciatora, ✆ 61411, Fax 61718, – TV ☎ P. E VISA.
8 dicembre-10 aprile e 25 giugno-settembre – **Pasto** 20/28000 – **18 cam** ☐ 70/120000 – 1/2 P 65/110000.

a Penia S : 3 km – ✉ 38030 Alba di Canazei :

Dolomites Inn, ✆ 62212, Fax 62474, ≤ Dolomiti, – TV ☎ P. rist
Pasto *(20 dicembre-15 aprile e 20 giugno-20 settembre)* carta 41/61000 – **16 cam** ☐ 140/186000 – 1/2 P 93/137000.

CANDELI Firenze 430 K 16 – Vedere Firenze.

CANDELO 13062 Biella 428 F 6, 219 ⑮ – 7 688 ab. alt. 340 – ✆ 015.

Roma 671 – Biella 5 – ◆Milano 97 – Novara 51 – ◆Torino 77 – Vercelli 37.

XXX ✿ **Angiulli,** ✆ 2538998, Coperti limitati; solo su prenotazione – ▤. 🅂 ⓞ E VISA. ⚔
chiuso a mezzogiorno (escluso sabato-domenica), lunedì ed agosto – **Pasto** 70/80000 (alla sera) e carta 49/75000
Spec. Sformato alle olive nere con pecorino piccante, Spaghetti con gamberi e scampetti, Branzino con porcini.

XX Taverna del Ricetto, ✆ 2536066, « In un villaggio medioevale fortificato »

XX **Fuori le Mura,** ✆ 2536155, Coperti limitati; prenotare – AE 🅂 E VISA. ⚔
chiuso lunedì e dal 1° al 15 agosto – **Pasto** carta 34/51000.

CANELLI 14053 Asti 988 ⑫, 428 H 6 – 10 410 ab. alt. 157 – ✆ 0141.

Roma 603 – ◆Genova 104 – ◆Torino 92 – Alessandria 41 – Asti 29 – ◆Milano 131.

🏨 **Asti** ⛰ senza rist, viale Risorgimento 174 ✆ 824220, Fax 822449 – 🛗 TV ☎ 🚗 P. AE 🅂 ⓞ E VISA JCB
24 cam ☐ 70/120000.

XXX ✿ **San Marco,** via Alba 136 ✆ 823544, Fax 823544, Coperti limitati; prenotare – ▤. AE 🅂 ⓞ E VISA
chiuso martedì sera, mercoledì e dal 20 luglio al 13 agosto – **Pasto** 35/70000 (a mezzogiorno) 50/70000 (alla sera) e carta 44/66000
Spec. Agnolotti del "plin" al profumo dell'orto e tartufo (autunno), Finanziera all'astigiana, Carrè d'agnello al tartufo nero.

CANICATTÌ Agrigento 988 ㊱, 432 O 23 – Vedere Sicilia alla fine dell'elenco alfabetico.

CANNERO RIVIERA 28051 Verbania 988 ② ③, 428 D 8 – 1 219 ab. alt. 225 – ✆ 0323.

Vedere Insieme★★.

Roma 687 – Stresa 30 – Locarno 25 – ◆Milano 110 – Novara 87 – ◆Torino 161.

🏨 **Cannero** ⛰, ✆ 788046, Fax 788048, ≤ lago e monti, 🌳, ⛱ riscaldata, 🎾 – 🛗 ⚔ rist ☎ ♿ P. AE 🅂 ⓞ E VISA. ⚔ rist
11 marzo-4 novembre – **Pasto** carta 38/70000 (10%) – **40 cam** ☐ 100/140000 – ½ P 90/100000.

🏨 **Park Hotel Italia** ⛰, ✆ 788488, Fax 788498, ≤, 🌳, ⛱, 🌲, 🎾 – 🛗 ☎ P. AE 🅂 ⓞ E VISA JCB. ⚔ rist
aprile-ottobre – **Pasto** 60000 – **25 cam** ☐ 90/146000 – ½ P 81/91000.

CANNETO SULL'OGLIO 46013 Mantova 428 429 G 13 – 4 561 ab. alt. 35 – ✆ 0376.

Roma 493 – ◆Parma 44 – ◆Brescia 51 – Cremona 32 – Mantova 38 – ◆Milano 123.

X **Alla Torre,** piazza Matteotti 5 ✆ 70121, Fax 70121 – AE 🅂 ⓞ E VISA. ⚔
chiuso mercoledì, dal 1° al 15 gennaio e dal 1° al 15 agosto – **Pasto** carta 35/55000.

verso Carzaghetto NO : 3 km :

XXX ✿✿ **Dal Pescatore,** ✉ 46013 ✆ 723001, Fax 70304, Coperti limitati; prenotare, « Servizio serale estivo in giardino » – ▤ P. AE 🅂 ⓞ E VISA. ⚔
chiuso lunedì, martedì, Natale, dal 2 al 15 gennaio e dall'11 al 31 agosto – **Pasto** 115000 (alla sera) e carta 83/123000
Spec. Tortelli di zucca (luglio-aprile), Risotto con pistilli di zafferano e carciofi fritti (novembre-marzo), Anguilla alla griglia.

CANNIGIONE Sassari 433 D 10 – Vedere Sardegna (Arzachena) alla fine dell'elenco alfabetico.

CANNIZZARO Catania 432 O 27 – Vedere Sicilia alla fine dell'elenco alfabetico.

CANNOBIO 28052 Verbania 988 ② ③, 428 D 8 – 5 212 ab. alt. 224 – ✆ 0323.

Vedere Orrido di Sant'Anna★ O : 3 km.

Roma 694 – Stresa 37 – Locarno 18 – ◆Milano 117 – Novara 94 – ◆Torino 168.

🏨 **Pironi** senza rist, nel centro storico ✆ 70624, Fax 72398, « In un monastero del 1400 » – 🛗 ☎. AE 🅂 E VISA. ⚔
marzo-ottobre – **12 cam** ☐ 130/160000.

🏨 **Belvedere** ⛰, O : 1 km ✆ 70159, 🌳, « Parco giardino con ⛱ riscaldata » – ☎ P. 🅂 E VISA. ⚔
20 marzo-10 ottobre – **Pasto** (solo per clienti alloggiati) – **18 cam** ☐ 100/150000 – ½ P 100/110000.

XX **Scalo,** piazza Vittorio Emanuele ✆ 71480, 🌳 – AE 🅂 E VISA. ⚔
chiuso lunedì, dal 15 gennaio al 13 febbraio e dal 15 al 30 novembre – **Pasto** carta 44/67000.

X **Grotto-Sant'Anna,** località Traffiume O : 2 km, prenotare, « Servizio estivo all'aperto con ≤ sull'orrido » – P. ⚔
chiuso lunedì e dal 10 gennaio al 20 marzo – **Pasto** carta 33/57000.

sulla strada statale 34 :

XXX ❀ **Del Lago** con cam, località Carmine Inferiore S : 3 m ✉ 28052 ☏ 70595, Fax 70595, ⬲, prenotare, « Terrazze-giardino in riva al lago », 🕭 – 🔲 ☎ 🅿. 🖭 🕄 ➊ ☒ 𝘝𝘐𝘚𝘈. ⌘
chiuso dal 20 gennaio al 1° marzo e dall'11 novembre al 7 dicembre – **Pasto** *(chiuso martedì e mercoledì a mezzogiorno)* carta 55/95000 – ☲ 15000 – **10 cam** 100/110000
Spec. Crespelle di patate con funghi porcini. Risotto con cosce di rana e piselli. Treccia di sogliola in salsa al Barolo.

▭ **CANONICA D'ADDA** 24040 Bergamo 𝟤𝟣𝟫 ⑳ – 3 617 ab. alt. 143 – ✿ 02.
Roma 602 – ◆ Milano 31 – ◆Bergamo 20 – ◆Brescia 66 – Lecco 43 – Piacenza 73.

X **Adda-da Manzotti,** piazza Libertà ☏ 9094048, ⬲ – 🖭 🕄 𝘝𝘐𝘚𝘈
chiuso martedì e dal 16 al 24 agosto – **Pasto** carta 31/46000.

▭ **CANONICA LAMBRO** Milano 𝟦𝟤𝟪 F 9, 𝟤𝟣𝟫 ⑲ – alt. 231 – ✉ 20050 Triuggio – ✿ 0362.
Roma 597 – ◆ Como 34 – ◆ Milano 35 – ◆Bergamo 37 – Lecco 31 – Monza 9.

🏨 **Fossati** 🦢 senza rist, ☏ 970402, Fax 971396, *Ⅰ₅*, 😩, ⌧ riscaldata, ⌘ – 🛗 ▤ ▤ 🔲
☎ 🛏 🅿 – 🔏 40. 🖭 🕄 ☒ 𝘝𝘐𝘚𝘈
☲ 10000 – **45 cam** 98/136000, ▤ 15000.

X **La Zuccona,** N : 2 km ☏ 919720, prenotare – 🖭 🕄 𝘝𝘐𝘚𝘈. ⌘
chiuso lunedì sera, martedì ed agosto – **Pasto** carta 46/64000.

▭ **CANOVE DI ROANA** 36010 Vicenza 𝟦𝟤𝟫 E 16 – alt. 1 001 – a.s. febbraio, luglio-agosto e Natale – ✿ 0424.
Roma 585 – Asiago 4 – ◆Milano 266 – Trento 63 – ◆Venezia 117 – Vicenza 51.

🏠 **Paradiso,** ☏ 692037 – 🔲 ☎ 🛏. ⌘
Pasto *(chiuso lunedì)* carta 28/45000 – ☲ 12000 – **37 cam** 80/100000 – ½ P 65/70000.

▭ **CANTALUPO** Milano – Vedere Cerro Maggiore.

▭ **CANTALUPO NEL SANNIO** 86092 Isernia 𝟦𝟥𝟢 R 25, 𝟦𝟥𝟣 C 25 – 765 ab. alt. 587 – ✿ 0865.
Roma 227 – ◆Foggia 120 – Isernia 19 – ◆Napoli 132.

X **Del Riccio,** ☏ 814246 – ⌘
chiuso la sera, lunedì, dal 1° al 15 giugno e dal 1° al 20 settembre – **Pasto** carta 28/39000.

▭ **CANTELLO** 21050 Varese 𝟦𝟤𝟪 E 8, 𝟤𝟣𝟫 ⑧ – 3 928 ab. alt. 404 – ✿ 0332.
Roma 640 – Como 26 – ◆Lugano 29 – ◆Milano 59 – Varese 9.

XX **Madonnina** con cam, località Ligurno ☏ 417731, Fax 418403, �である, « Parco-giardino » – 🔲 ☎ 🅿 – 🔏 100. 🖭 🕄 ➊ ☒ 𝘝𝘐𝘚𝘈. ⌘ rist
Pasto *(chiuso lunedì)* carta 49/73000 – ☲ 12000 – **14 cam** 90/120000 – ½ P 140000.

▭ **CANTÙ** 22063 Como 𝟫𝟪𝟪 ③, 𝟦𝟤𝟪 E 9 – 36 124 ab. alt. 369 – ✿ 031.
Roma 608 – Como 10 – ◆ Milano 38 – ◆Bergamo 53 – Lecco 33.

🏨 **Canturio** senza rist, via Vergani 28 ☏ 716035, Fax 720211 – 🛗 ▤ 🔲 ☎ & 🅿 – 🔏 35. 🖭 🕄 ➊ ☒ 𝘝𝘐𝘚𝘈
chiuso dal 24 al 31 dicembre ed agosto – ☲ 12000 – **30 cam** 110/165000.

🏨 **Sigma,** via Grandi 32 ☏ 700589, Fax 720440 – 🛗 🔲 ☎ 🅿 – 🔏 100. 🖭 🕄 ➊ ☒ 𝘝𝘐𝘚𝘈. ⌘ rist
Pasto *(chiuso domenica)* carta 35/45000 – **55 cam** ☲ 120/150000 – ½ P 130/150000.

XX **Le Querce,** località Mirabello SE : 2 km ☏ 731336, Fax 735038, 🌳である, « Parco ombreggiato » – ▤ 🅿. 🖭 🕄 ➊ 𝘝𝘐𝘚𝘈
chiuso lunedì sera, martedì e dal 1° al 28 agosto – **Pasto** carta 41/63000.

XX **Al Ponte,** via Vergani 25 ☏ 712561, 🌳である
chiuso lunedì ed agosto – **Pasto** carta 35/56000 bc.

▭ **CANZO** 22035 Como 𝟦𝟤𝟪 E 9, 𝟤𝟣𝟫 ⑨ – 4 520 ab. alt. 387 – ✿ 031.
Roma 620 – Como 20 – Bellagio 20 – ◆Bergamo 56 – Lecco 23 – ◆Milano 52.

🏨 **Volta,** via Volta 58 ☏ 681225, Fax 670167 – 🛗 🔲 ☎ 🅿. 🖭 ➊ ☒ 𝘝𝘐𝘚𝘈. ⌘ rist
chiuso dal 24 dicembre al 10 gennaio – **Pasto** carta 38/57000 – ☲ 15000 – **16 cam** 90/120000 – ½ P 100/120000.

X **La Zuppiera,** ☏ 681431, 🌳である – 🅿. 🖭 🕄 ➊ ☒ 𝘝𝘐𝘚𝘈. ⌘
chiuso mercoledì e giugno – **Pasto** carta 37/59000.

▭ **CAORLE** 30021 Venezia 𝟫𝟪𝟪 ⑤, 𝟦𝟤𝟫 F 20 – 11 129 ab. – a.s. luglio-agosto – ✿ 0421.
🏌₉ Prà delle Torri (chiuso martedì da ottobre ad aprile) località Valle Altanea ✉ 30020 Porto Santa Margherita ☏ 299570, Fax 299035, S : 7 km.
🛈 piazza Giovanni XXIII 3 ☏ 81401, Fax 84251.
Roma 587 – ◆Milano 326 – ◆Padova 96 – Treviso 63 – ◆Trieste 112 – Udine 81 – ◆Venezia 76.

🏩 **Airone,** via Pola 1 ☏ 81570, Fax 81570, ⬲, « Parco-pineta con ⌧ e ⌘ », 🕭 – 🛗 ▤ ☎ 🅿. 🕄 ➊ ☒ 𝘝𝘐𝘚𝘈. ⌘
26 maggio-22 settembre – **Pasto** *(solo per clienti alloggiati)* – **77 cam** ☲ 135/195000 – ½ P 105/137000.

🏨 **Metropol,** via Emilia 1 ℰ 82091, Fax 81416, ☎, ☲ riscaldata, 🐾, ✗ – 劇 ▤ rist ☎ 🅿.
   ⒶⒺ 🕄 Ε 𝒱𝐼𝒮𝒜. ✗
   10 maggio-23 settembre – **Pasto** 30/40000 – **44 cam** ⌑ 90/160000 – ½ P 75/110000.

🏨 **Sara,** piazza Veneto 6 ℰ 81123, Fax 210378, ≤, 🐾 – 劇 ▤ rist ☎ 🅿. ⒶⒺ 🕄 Ε 𝒱𝐼𝒮𝒜. ✗ rist
   marzo-15 ottobre – **Pasto** *(chiuso marzo)* 35/95000 – **42 cam** ⌑ 80/140000 – ½ P 59/80000.

🏨 **Savoy,** riviera Marconi ℰ 81879, Fax 83379, ≤, 🐾 – 劇 ▤ rist 📺 ☎ 🅿. ✗ rist
   maggio-26 settembre – **Pasto** 30/35000 – **44 cam** ⌑ 90/130000 – ½ P 68/90000.

🏨 **Stellamare,** via del Mare 8 ℰ 81203, Fax 83752, ≤, 🐾 – 劇 ☎ 🅿. 🕄 𝒱𝐼𝒮𝒜.
   ✗ rist
   Pasqua-15 ottobre – **Pasto** carta 34/49000 – ⌑ 18000 – **30 cam** 80/120000 – ½ P 69/90000.

🏨 **Serena** senza rist, lungomare Trieste 39 ℰ 210757, Fax 210830, ≤, 🐾 – 劇 ☎ 🅿. 🕄 𝒱𝐼𝒮𝒜.
   ✗ – 23 aprile-25 settembre – **36 cam** ⌑ 61/122000.

✗✗ **Duilio** con cam, strada Nuova 19 ℰ 81087, Fax 210089, 🏖, prenotare – 📺 ☜ 🅿 –
   🛁 50. ⒶⒺ 🕄 ⓪ Ε 𝒱𝐼𝒮𝒜 𝐽𝐶𝐵. ✗
   Pasto *(chiuso dal 3 al 25 gennaio e lunedì escluso da maggio ad agosto)* carta 25/38000 –
   ⌑ 7500 – **22 cam** 55/75000.

   a Porto Santa Margherita SO : 6 km oppure 2 km e traghetto – ✉ 30021 Caorle.

   🎪 (maggio-settembre) corso Genova 21 ℰ 260230. Fax 84251 :

🏨🏨 **Grand Hotel San Giorgio,** ℰ 260050, Fax 261077, ≤, « Parco-pineta con ☲ », 🐾, ✗
   – 劇 ▤ rist ☎ 🅿. ⒶⒺ 🕄 ⓪ Ε 𝒱𝐼𝒮𝒜. ✗ rist
   27 maggio-16 settembre – **Pasto** 35/40000 – ⌑ 20000 – **100 cam** 115/140000 – ½ P 128000.

🏨 **Oliver,** ℰ 260002, Fax 261330, ≤, « Piccola pineta », ☲, 🐾 – 劇 ▤ rist ☎ 🅿. 🕄. ✗
   maggio-settembre – **Pasto** carta 42/59000 – ⌑ 16000 – **66 cam** 90/140000 – ½ P 79/
   109000.

🏨 **Ausonia** senza rist, al Centro Vacanze Prà delle Torri SO : 3 km ℰ 299445, Fax 299035,
   ☲, 🐾, ✗, 🐾 – ☎ 🅿. 🕄 Ε 𝒱𝐼𝒮𝒜. ✗
   6 maggio-24 settembre – **63 cam** ⌑ 65/110000.

   a Brian O : 8 km – ✉ 30020 Eraclea :

✗✗ **Brian,** ℰ 237444 – 🅿
   chiuso dal 2 gennaio al 2 febbraio e mercoledì (escluso da maggio a settembre) – **Pasto**
   carta 36/53000.

   a Duna Verde SO : 10 km – ✉ 30021 Caorle :

🏨 **Playa Blanca,** ℰ 299282, Fax 299283, ≤, « Piccola pineta con ☲ », 🐾 – 劇 ☎ 🅿. ✗
   13 maggio-17 settembre – **Pasto** *(solo per clienti alloggiati)* 35/50000 – **45 cam** ⌑ 110/
   150000 – ½ P 55/100000.

   a San Giorgio di Livenza NO : 12 km – ✉ 30020 :

✗✗ **Al Cacciatore,** ℰ 80331, Specialità di mare – ▤ 🅿. 🕄 Ε 𝒱𝐼𝒮𝒜. ✗
   chiuso mercoledì e dal 1° al 25 luglio – **Pasto** carta 43/79000.

CAPALBIO 58011 Grosseto 🔢 ㉘, 🔢 O 16 – 4 015 ab. alt. 217 – a.s. Pasqua e 15 giugno-
15 settembre – 🕿 0564 – Roma 139 – Civitavecchia 63 – Grosseto 60 – Orbetello 25 – Viterbo 75.

🏨 **Valle del Buttero** 🌿 senza rist, ℰ 896097, Fax 896518, ≤ – ▤ 🅿. 🕄 Ε 𝒱𝐼𝒮𝒜. ✗
   chiuso febbraio – ⌑ 9000 – **42 cam** 70/100000.

✗ **Da Maria,** ℰ 896014, 🏖 – ▤. ⒶⒺ 🕄 ⓪ Ε 𝒱𝐼𝒮𝒜 𝐽𝐶𝐵
   chiuso dal 7 gennaio al 20 febbraio e martedì in bassa stagione – **Pasto** carta 37/51000
   (15%).

✗ **La Porta,** ℰ 896311 – ⒶⒺ 🕄 ⓪ Ε 𝒱𝐼𝒮𝒜. ✗
   chiuso dal 2 al 25 dicembre e martedì in bassa stagione – **Pasto** carta 31/46000.

CAPANNETTE DI PEJ Piacenza – Vedere Pian dell'Armà.

CAPANNORI 55012 Lucca 🔢 🔢 K 13 – 43 865 ab. alt. 16 – 🕿 0583.
Roma 344 – Pisa 25 – ♦Firenze 70 – ♦Livorno 52 – Lucca 6 – ♦Milano 280 – Pistoia 39.

✗✗ **Forino,** via Carlo Piaggia 15 ℰ 935302, Specialità di mare – 🅿. ⒶⒺ 🕄 ⓪ Ε 𝒱𝐼𝒮𝒜. ✗
   chiuso domenica sera, lunedì, dal 27 dicembre al 3 gennaio ed agosto – **Pasto** carta 30/
   52000.

   sulla strada statale 435 :

🏨 **Country,** NE : 8 km ✉ 55010 Gragnano ℰ 434404, Fax 974344, ☲, 🦌 – 劇 ▤ 📺 ☎ 🕭 🅿
   – 🛁 70. ⒶⒺ 🕄 ⓪ Ε 𝒱𝐼𝒮𝒜. ✗
   Pasto carta 28/53000 – ⌑ 12000 – **88 cam** 85/125000 – ½ P 70/90000.

🏨 **Hambros-il Parco** 🌿 senza rist, N : 1,5 km ✉ 55010 Lunata ℰ 935355, Fax 935396, 🦌
   – 劇 📺 ☎ 🕭 🅿 – 🛁 50. ⒶⒺ 🕄 ⓪ Ε 𝒱𝐼𝒮𝒜
   chiuso dal 24 al 30 dicembre – ⌑ 12000 – **57 cam** 85/140000.

   a San Leonardo in Treponzio SO : 9 km – ✉ 55061 Carraia :

✗ Il Gattino Bianco, ℰ 90013, Coperti limitati; prenotare

CAPRACOTTA 86077 Isernia 𝟵𝟴𝟴 ㉗, 𝟰𝟯𝟬 Q 24 – 1 317 ab. alt. 1421 – ✪ 0865.
Roma 212 – Avezzano 127 – Campobasso 86 – Isernia 43 – ◆Pescara 107.

    ※ Il Pioppo da Tony, ℘ 949312, ≤ – ❷

CAPRESE MICHELANGELO 52033 Arezzo 𝟰𝟮𝟵 𝟰𝟯𝟬 L 17 – 1 698 ab. alt. 653 – ✪ 0575.
Roma 260 – Arezzo 45 – ◆Firenze 123 – ◆Perugia 95 – Sansepolcro 26.

    ※ **Buca di Michelangelo** ⑤ con cam, ℘ 793921, ≤ – 📺 ☎. 🖭. ⅏
    chiuso dal 10 al 25 febbraio – **Pasto** *(chiuso mercoledì)* carta 23/38000 – ⇌ 6000 – **19 cam**
    50/65000 – ½ P 50/58000.

☞   *Keine Aufnahme in den Michelin-Führer durch*

    – Beziehungen oder

    – Bezahlung!

CAPRI (Isola di) Napoli 𝟵𝟴𝟴 ㉗, 𝟰𝟯𝟭 F 24 – 12 416 ab. alt. da 0 a 589 (monte Solaro) – a.s. Pasqua e giugno-settembre – ✪ 081.
La limitazione d'accesso degli autoveicoli è regolata da norme legislative.

Vedere Marina Grande★ BY – Escursioni in battello : giro dell'isola★★★ BY, grotta Azzurra★★ BY (partenza da Marina Grande).

⛴ per Napoli (1 h 15 mn) e Sorrento (45 mn), giornalieri – Caremar-agenzia Angelina, Marina Grande ℘ 8370700, Fax 8376147; per Ischia aprile-ottobre giornaliero (1 h) – Linee Lauro, Marina Grande 2/4 ℘ 8377577.

⛵ per Napoli giornalieri (40 mn), Sorrento giornalieri (1 h) e Ischia aprile-ottobre giornaliero (50 mn) – Alilauro e Linee Lauro, Marina Grande 2/4 ℘ 8377577; per Sorrento giornalieri (20 mn) – Navigazione Libera del Golfo, Marina Grande ℘ 8370819; per Napoli giornalieri (45 mn) – a Marina Grande, Aliscafi SNAV-agenzia Staiano ℘ 8377577, Caremar-agenzia Angelina ℘ 8370700, Fax 8376147 e Navigazione Libera del Golfo ℘ 8370819.

Pianta pagina seguente

Anacapri 𝟰𝟯𝟭 F 24 – 5 342 ab. alt. 275 – ✉ 80071.

Vedere Monte Solaro★★★ BY : ❄★★★ per seggiovia 15 mn – Villa San Michele★ BY : ❄★★★ – Belvedere di Migliara★ BY 1 h AR a piedi – Pavimento in maiolica★ nella chiesa di San Michele AZ.

🛈 via Orlandi 19/a ℘ 8371524

🏨 **Europa Palace,** via Capodimonte 2 ℘ 8373800, Telex 710397, Fax 8373191, ≤, �ில,
    « Terrazze fiorite con ⛲ », ℔, ≦ₛ, ◩ – 🛗 🖹 📺 ☎ – 🔬 30 a 200. 🖭 🖺 ◉ ᘓ 𝗩𝗜𝗦𝗔 ᴊᴄʙ.
    ⅏   AZ **p**
    aprile-ottobre – **Pasto** carta 62/94000 – **90 cam** ⇌ 250/470000, appartamento – ½ P 205/
    300000.

🏠 **Bella Vista** ⑤, via Orlandi 10 ℘ 8371463, ≤, 🍽 – ☎ ❷. 🖭 ◉. ⅏   AZ **e**
    aprile-ottobre – **Pasto** *(chiuso lunedì)* carta 36/50000 – **15 cam** ⇌ 85/150000 – ½ P 90/
    105000.

🏠 **Biancamaria** senza rist, via Orlandi 54 ℘ 8371000 – ☎. 🖭 🖺 ◉ ᘓ 𝗩𝗜𝗦𝗔, ⅏   AZ **w**
    aprile-ottobre – **15 cam** ⇌ 120/160000.

※ **La Rondinella,** via Orlandi 245 ℘ 8371223, 🌤, Rist. e pizzeria alla sera – 🖭 🖺 ◉
    𝗩𝗜𝗦𝗔
    chiuso febbraio e giovedì in bassa stagione – **Pasto** carta 36/59000 (11 %).   AZ **d**

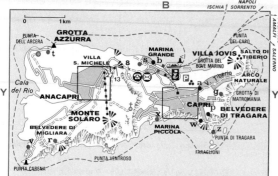

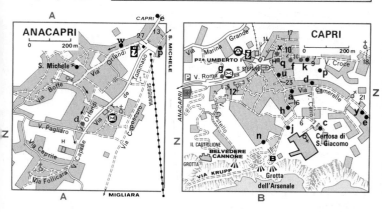

a Damecuta NE : 3 km :

% **Il Cucciolo,** ℕ 8371917, prenotare, « Servizio estivo in terrazza con ≤ mare e golfo di Napoli » – ⌶ⒷⓄⒺ𝖵𝖨𝖲𝖠   BY **t**
15 marzo-ottobre; chiuso martedì escluso dal 21 giugno al 20 settembre – **Pasto** carta 38/63000.

a Punta Carena SO : 4 km :

% **Lido del Faro,** ℕ 8371798, ≤ mare e scogli, 🍴 « Stabilimento balneare con ⌁ » – ⌶Ⓑ𝖵𝖨𝖲𝖠   BY **v**
15 aprile-15 ottobre; chiuso la sera escluso luglio-agosto – **Pasto** carta 43/73000.

alla Migliara SO : 30 mn a piedi :

% **Da Gelsomina,** ℕ 8371499, ≤ Ischia e golfo di Napoli, su prenotazione servizio navetta da Anacapri, « Servizio estivo in terrazza panoramica », ⌁ – ⌶ⒷⓄⒺ𝖵𝖨𝖲𝖠   BY **r**
chiuso dal 1° al 15 febbraio e martedì in bassa stagione – **Pasto** carta 36/58000.

Capri 𝟵𝟴𝟴 ㉗, 𝟰𝟯𝟭 F 24 – 7 074 ab. alt. 142 – ✉ 80073.

Vedere Belvedere Cannone★★ BZ accesso per la via Madre Serafina★ BZ **12** – Belvedere di Tragara★★ BY – Villa Jovis★★ BY : ❅★★, salto di Tiberio★ – Giardini di Augusto ≤★★ BZ **B** – Via Krupp★ BZ – Marina Piccola★ BY – Piazza Umberto I★ BZ – Via Le Botteghe★ BZ **10** – Arco Naturale★ BY.

🛈 piazza Umberto I 19 ℕ 8370686

🏨🏨 **Gd H. Quisisana,** via Camerelle 2 ℕ 8370788, Telex 710520, Fax 8376080, ≤ mare e Certosa, 🍴, « Giardino con ⌁ », ℔, ≋, ⌁, ❊ – ▐⃥ 🛗 📺 ☎ – 🔬 25 a 550. ⌶ⒷⓄ 𝖵𝖨𝖲𝖠   BZ **a**
Pasqua-ottobre – **Pasto** al Rist. *La Colombaia* carta 40/75000 e al Rist. *Quisy (chiuso a mezzogiorno)* carta 60/140000 – **135 cam** ⊇ 350/600000, 14 appartamenti – ½ P 270/625000.

Scalinatella ⚠ senza rist, via Tragara 8 ℰ 8370633, Fax 8378291, ≼ mare e Certosa, ⌁ riscaldata – 🛗 ▤ 📺 ☎. 🖭 🏧 🎫 ⑳ 𝘝𝘐𝘚𝘈   BZ **e**
15 marzo-5 novembre – **28 cam** ⚏ 420/600000.

Punta Tragara ⚠, via Tragara 57 ℰ 8370844, Telex 710261, Fax 8377790, ≼ Faraglioni e costa, 🌤, « Terrazza panoramica con ⌁ riscaldata » – 🛗 ▤ 📺 ☎. 🖭 🏧 🎫 ⑳ 𝐄 𝘝𝘐𝘚𝘈 𝗝𝗖𝗕.
𝒮𝒮   BY **p**
aprile-ottobre – **Pasto** carta 54/79000 (15%) – **10 cam** ⚏ 280/400000, 30 appartamenti ⚏ 380/520000 – ½ P 200/260000.

Luna ⚠, viale Matteotti 3 ℰ 8370433, Telex 721247, Fax 8377459, ≼ mare, Faraglioni e Certosa, 🌤, « Terrazze e giardino con ⌁ » – 🛗 ▤ 📺 ☎. 🖭 🏧 ⑳ 𝐄 𝘝𝘐𝘚𝘈.
𝒮𝒮 rist   BZ **j**
aprile-ottobre – **Pasto** carta 54/69000 – **50 cam** ⚏ 250/430000, 4 appartamenti – ½ P 190/265000.

La Palma, via Vittorio Emanuele 39 ℰ 8370133, Telex 722015, Fax 8376966, 🌤, 🔭 – 🛗 ▤ 📺 ☎ – 🕭 25 a 200. 🖭 🏧 ⑳ 𝐄 𝘝𝘐𝘚𝘈. 𝒮𝒮   BZ **u**
Pasto 40000 e al Rist. *Relais la Palma (aprile-ottobre)* carta 51/87000 – **80 cam** ⚏ 225/370000 – ½ P 225/265000.

La Pazziella ⚠ senza rist, via Fuorlovado 36 ℰ 8370044, Fax 8370085, « Giardino fiorito » – ▤ 📺 ☎. 🖭 🏧 ⑳ 𝐄 𝘝𝘐𝘚𝘈. 𝒮𝒮   BZ **p**
15 marzo-15 ottobre – **19 cam** ⚏ 220/320000, appartamento.

Flora ⚠, via Serena 26 ℰ 8370211, Fax 8378949, ≼ mare e Certosa, 🌤, « Terrazza fiorita » – ▤ 📺 ☎. 🖭 🏧 ⑳ 𝐄 𝘝𝘐𝘚𝘈. 𝒮𝒮 rist   BZ **h**
chiuso dal 9 gennaio al 1° marzo – **Pasto** 40/60000 e al Rist. *La Certosa di San Giacomo (chiuso da ottobre al 15 dicembre)* carta 50/70000 – **22 cam** ⚏ 180/300000 – ½ P 90/200000.

Villa Brunella ⚠, via Tragara 24 ℰ 8370122, Fax 8370430, ≼ mare e costa, 🌤, « Terrazze fiorite », ⌁ riscaldata – ▤ cam 📺 ☎. 🖭 🏧 ⑳ 𝐄 𝘝𝘐𝘚𝘈. 𝒮𝒮   BY **w**
19 marzo-5 novembre – **Pasto** carta 33/66000 (12%) – **18 cam** ⚏ 250/330000.

Villa delle Sirene, via Camerelle 51 ℰ 8370102, Fax 8370957, ≼, 🌤, « Giardino-limonaia con ⌁ » – 🛗 ▤ 📺 ☎. 🖭 🏧 ⑳ 𝐄 𝘝𝘐𝘚𝘈 𝗝𝗖𝗕. 𝒮𝒮 rist   BZ **d**
aprile-ottobre – **Pasto** *(chiuso martedì escluso da giugno a settembre)* carta 39/51000 – **35 cam** ⚏ 240/320000 – ½ P 150/210000.

La Pineta ⚠, via Tragara 6 ℰ 8370644, Fax 8376445, ≼ mare e Certosa, « Terrazze fiorite in pineta », 🛋, 🔭, ⌁ – ▤ 📺 ☎ – 🕭 30. 🖭 🏧 ⑳ 𝐄 𝘝𝘐𝘚𝘈 𝗝𝗖𝗕. 𝒮𝒮   BZ **y**
Pasto carta 40/66000 – **45 cam** ⚏ 200/400000, 6 appartamenti – ½ P 120/190000.

Canasta senza rist, via Campo di Teste ℰ 8370561, Fax 8370244, 🌱 – ▤ 📺 ☎. 🖭 🏧 𝐄 𝘝𝘐𝘚𝘈. 𝒮𝒮   BZ **c**
Pasqua-ottobre – ⚏ 10000 – **17 cam** 120/200000.

Villa Krupp ⚠ senza rist, via Matteotti 12 ℰ 8370362, Fax 8376489, ≼ Faraglioni e costa – ☎. 𝐄 𝘝𝘐𝘚𝘈. 𝒮𝒮   BZ **n**
15 marzo-ottobre – **12 cam** ⚏ 95/190000.

Florida senza rist, via Fuorlovado 34 ℰ 8370710, Fax 8370042, 🌱 – 📺 ☎. 🖭 🏧 𝐄 𝘝𝘐𝘚𝘈 𝗝𝗖𝗕   BZ **k**
marzo-11 novembre – ⚏ 17000 – **17 cam** 75/123000.

Villa Sarah ⚠ senza rist, via Tiberio 3/a ℰ 8377817, ≼, « Giardino ombreggiato » – ☎. 🖭 🏧 𝐄 𝘝𝘐𝘚𝘈. 𝒮𝒮   BY **a**
Pasqua-ottobre – **20 cam** ⚏ 130/220000.

La Capannina, via Le Botteghe 14 ℰ 8370732, Fax 8376990, prenotare la sera – ▤. 🖭 🏧 ⑳ 𝐄 𝘝𝘐𝘚𝘈   BZ **q**
15 marzo-10 novembre; chiuso mercoledì escluso agosto – **Pasto** carta 49/72000 (15%).

Casanova, via Le Botteghe 46 ℰ 8377642 – 🖭 🏧 ⑳ 𝐄 𝘝𝘐𝘚𝘈   BZ **f**
chiuso dal 3 gennaio a marzo e giovedì (escluso da luglio a settembre) – **Pasto** carta 37/56000 (12%).

Tavernetta Namarì, via Lo Palazzo 23/a ℰ 8376864, Fax 8377195, 🌤 – ▤. 🖭 🏧 ⑳ 𝐄 𝘝𝘐𝘚𝘈   BZ **g**
chiuso martedì e febbraio – **Pasto** carta 42/68000.

Buca di Bacco-da Serafina, via Longano 35 ℰ 8370723, Rist. e pizzeria – ▤. 🖭 🏧 ⑳ 𝐄 𝘝𝘐𝘚𝘈. 𝒮𝒮   BZ **x**
chiuso mercoledì e novembre – **Pasto** carta 28/55000 (12%).

Aurora, via Fuorlovando 18 ℰ 8370181, Fax 8376533, Rist. e pizzeria   BZ **k**

all'arco naturale E : 20 mn a piedi :

Le Grottelle, ℰ 8375719, ≼ mare, « Servizio estivo in terrazza panoramica » – 🖭 🏧 𝐄 𝘝𝘐𝘚𝘈   BY **g**
Pasqua-ottobre; chiuso giovedì e da aprile a maggio anche la sera – **Pasto** carta 42/62000 (10%).

ai Faraglioni SE : 30 mn a piedi oppure 10 mn di barca da Marina Piccola :

Da Luigi, ℰ 8370591, « Servizio estivo all'aperto con ≼ Faraglioni e mare », 🚤 – 🖭 🏧 𝐄 𝘝𝘐𝘚𝘈. 𝒮𝒮   BY **z**
Pasqua-settembre; chiuso la sera – **Pasto** carta 60/90000.

Marina Grande 80070 431 F 24.

🛅 banchina del Porto ℰ 8370634

🏨 **Palatium,** ℰ 8376144, Fax 8376150, ≤ golfo di Napoli, 🏖, ⅀ – 📶 🗐 📺 ☎ 🅿 – 🔏 150.
🖭 🕃 ⓞ ☰ 𝘝𝘐𝘚𝘈 𝙅𝘾𝘽. 🛠 rist   BY **b**
Pasqua-15 ottobre – **Pasto** al Rist. *La Scogliera* carta 50/80000 – **10 cam** ☑ 300/380000,
36 appartamenti ☑ 420/460000 – ½ P 210/280000.

🍴 **Da Paolino,** ℰ 8375611, 🏖, « Servizio estivo in giardino-limonaia » – 🖭   BY **s**
chiuso da febbraio a Pasqua, a mezzogiorno in luglio-agosto e lunedì in bassa stagione –
Pasto carta 39/68000.

Marina Piccola 431 F 24 – ⊠ 80073 Capri :

🍴🍴🍴 **Canzone del Mare,** ℰ 8370104, Fax 8370541, ≤ Faraglioni e mare, 🏖, « Stabilimento
balneare con ⅀ » – 🖭 🕃 ☰ 𝘝𝘐𝘚𝘈. 🛠   BY **x**
Pasqua-ottobre; chiuso la sera – **Pasto** 70/80000 e carta 70/105000.

CAPRIATE SAN GERVASIO 24042 Bergamo 428 F 10, 219 ⑳ – 6 748 ab. alt. 186 – ✪ 02.
Roma 601 – ◆ Milano 38 – ◆Bergamo 17 – Lecco 38 – Treviglio 17.

🍴🍴🍴 **Vigneto** ⑤ con cam, ℰ 90939351, Fax 9090179, ≤ Adda, « Servizio estivo all'aperto in
riva al fiume », 🏖 – 🗐 rist 📺 ☎ 🅿 – 🔏 25. 🖭 🕃 ⓞ ☰ 𝘝𝘐𝘚𝘈. 🛠 cam
chiuso dal 1° al 15 gennaio ed agosto – **Pasto** *(chiuso lunedì)* carta 60/80000 – **11 cam**
☑ 120/180000.

CAPRILE Belluno – Vedere Alleghe.

CAPUA 81043 Caserta 988 ㉗, 431 D 24 – 18 844 ab. alt. 23 – ✪ 0823.
Roma 183 – ◆ Napoli 40 – Avellino 63 – Benevento 62.

🍴🍴 Il Follaro, O : 3 km ℰ 622199, 🏖 – 🅿

CAPURSO 70010 Bari 988 ㉙, 431 D 32 – 13 482 ab. alt. 74 – ✪ 080.
Roma 459 – ◆ Bari 10 – ◆Foggia 143 – ◆Taranto 84.

🏨 **90,** ℰ 6953419, Fax 6959003, ⅀ – 📶 🗐 📺 ☎ ♿ 🅿 – 🔏 50 a 250. 🖭 🕃 ⓞ ☰ 𝘝𝘐𝘚𝘈. 🛠
chiuso dal 31 luglio al 19 agosto – **Pasto** carta 39/60000 – **52 cam** ☑ 110/190000 –
½ P 135/150000.

CARAGLIO 12023 Cuneo 428 I 4 – 5 728 ab. alt. 575 – ✪ 0171.
Roma 655 – Alessandria 138 – ◆Genova 156 – ◆Torino 106.

🏨 **Quadrifoglio** senza rist, via C.L.N. 20 ℰ 817666, Fax 817666 – 📶 📺 ☎ ⟲ 🅿 – 🔏 100.
🖭 🕃 ⓞ ☰ 𝘝𝘐𝘚𝘈
☑ 10000 – **40 cam** 67/88000.

🍴🍴 Villa Elda, NO : 1 km ℰ 618525 – 🅿

🍴 **Il Portichetto,** via Roma 178 ℰ 817575 – 🅿. 🖭 🕃 ☰ 𝘝𝘐𝘚𝘈
chiuso mercoledì e dal 5 al 25 agosto – **Pasto** carta 30/45000.

CARAMANICO TERME 65023 Pescara 988 ㉗, 430 P 23 – 2 208 ab. alt. 700 – Stazione termale
(15 marzo-novembre) – ✪ 085.
🛅 viale della Libertà 19 ℰ 922202.
Roma 202 – ◆ Pescara 54 – L'Aquila 88 – Chieti 43 – Sulmona 45.

🏠 **Cercone,** ℰ 922118, Fax 922271, ⅀ – 📺 ☎ 🅿. 𝘝𝘐𝘚𝘈. 🛠 rist
maggio-novembre – **Pasto** *(chiuso lunedì)* carta 28/35000 – **38 cam** ☑ 65/120000 – ½ P 75/
80000.

🏠 **Petit Hotel Viola,** ℰ 922292, ≤ – 📺 ⬲. 𝘝𝘐𝘚𝘈. 🛠
15 aprile-novembre – **Pasto** *(chiuso venerdì)* 15/20000 – ☑ 5000 – **28 cam** 60/110000 –
P 45/70000.

🍴 **La Tana del Lupo,** frazione Scagnano 17/19 (NO : 6 km) ℰ 928196, 🏖 – 🛠
chiuso dal 25 dicembre al 5 gennaio e martedì (escluso luglio-agosto) – **Pasto** carta 23/
37000.

CARANO 38033 Trento – 853 ab. alt. 1 086 – a.s. 23 gennaio-Pasqua e Natale – ✪ 0462.
Roma 648 – ◆Bolzano 46 – Cortina d'Ampezzo 100 – Trento 60.

🏨 **Bagni e Miramonti,** ℰ 30220, Fax 30210, ≤ monti e vallata, ⬱, 🏖 – 📶 ☎ 🅿. 🕃 ⓞ ☰
𝘝𝘐𝘚𝘈. 🛠 rist
15 dicembre-15 aprile e 15 giugno-15 settembre – **Pasto** carta 31/45000 – ☑ 20000 –
33 cam 85/120000 – ½ P 70/110000.

CARASCO 16030 Genova 428 I 10 – 3 161 ab. alt. 31 – ✪ 0185.
Roma 466 – ◆ Genova 53 – ◆Parma 164 – Portofino 27 – ◆La Spezia 72.

🍴 **Beppa,** località Graveglia E : 3 km ℰ 380725 – 🅿
chiuso martedì e dal 10 al 31 gennaio – **Pasto** carta 29/45000.

CARATE BRIANZA 20048 Milano 428 E 9, 219 ⑨ – 15 456 ab. alt. 252 – ✿ 0362.

Roma 598 – Como 28 – ◆Milano 31 – ◆Bergamo 38 – Monza 12.

🏛 Fossati, via Donizetti 14 ℰ 901384, Fax 904383, « Giardino ombreggiato » – 📺 ☎ 🅿 –
 🏃 200.
 18 cam.

XX **Taverna degli Artisti**, a Costa Lambro N : 2 km ℰ 902729, « In un vecchio fienile » –
 ﷺ 🅱 ⴹ 𝘝𝘐𝘚𝘈
 chiuso lunedì e dal 1° al 22 agosto – **Pasto** carta 46/77000.

CARATE URIO 22010 Como 428 E 9, 219 ⑨ – 1 255 ab. alt. 204 – ✿ 031.

Roma 636 – Como 10 – ◆Lugano 43 – Menaggio 24 – ◆Milano 59.

X **Giardino-Fioroni** con cam, ℰ 400149, ≼ lago, « Servizio estivo sotto un pergolato » –
 ﷺ 🅱 ⴹ 𝘝𝘐𝘚𝘈
 marzo-15 novembre – **Pasto** (chiuso mercoledì escluso dal 15 giugno al 15 settembre)
 carta 35/50000 (6 %) – ☌ 9000 – **6 cam** 65/77000 – ½ P 73/78000.

CARAVAGGIO 24043 Bergamo 428 F 10 – 13 716 ab. alt. 111 – ✿ 0363.

Roma 564 – ◆Bergamo 25 – ◆Brescia 55 – Crema 19 – Cremona 57 – ◆Milano 37 – Piacenza 57.

 al Santuario SO : 1,5 km :

🏛 **Verri**, ⊠ 24040 Misano di Gera d'Adda ℰ 84622, Fax 340350 – 🛗 🗏 rist 📺 ☎ 🚐 🅿 –
 🏃 200. ﷺ 🅱 ⴹ 𝘝𝘐𝘚𝘈. ⋘
 Pasto (chiuso mercoledì ed agosto) carta 39/70000 – ☌ 12000 – **44 cam** 80/90000 –
 ½ P 100000.

Europe	Si le nom d'un hôtel figure en petits caractères, demandez à l'arrivée les conditions à l'hôtelier.

CARBONARA DI BARI Bari 431 D 32 – Vedere Bari.

CARBONARA DI PO 46020 Mantova 429 G 15 – 1 342 ab. alt. 14 – ✿ 0386.

Roma 457 – ◆Verona 58 – ◆Ferrara 51 – Mantova 55 – ◆Modena 59.

🏛 **Passacör**, ℰ 41461, Fax 41895 – 🛗 🗏 📺 ☎ 🅿 ﷺ 🅱 ⴹ 𝘝𝘐𝘚𝘈. ⋘ rist
 Pasto (solo per clienti alloggiati e chiuso a mezzogiorno) 18/28000 – ☌ 8000 – **24 cam**
 80/110000 – ½ P 85000.

CARBONIA Cagliari 988 ㉝, 433 J 7 – Vedere Sardegna alla fine dell'elenco alfabetico.

CARCARE 17043 Savona 988 ⑫, 428 I 6 – 5 678 ab. alt. 350 –

Roma 562 – ◆Genova 68 – Alba 68 – Cuneo 72 – Imperia 88 – Savona 20.

X **Il Quadrifoglio**, via 25 Aprile 29 ℰ 517289 – ﷺ 🅱 𝘝𝘐𝘚𝘈
 chiuso martedì e dal 1° all'8 agosto – **Pasto** carta 27/47000.

CARCOFORO 13026 Vercelli 428 E 6, 219 ⑤ – 84 ab. alt. 1 304 – ✿ 0163.

Roma 705 – Biella 85 – ◆Milano 132 – Novara 85 – ◆Torino 147 – Vercelli 91.

XX **Scoiattolo**, ℰ 95612, Coperti limitati; prenotare – 🅿. ﷺ 🅱 𝘝𝘐𝘚𝘈. ⋘
 chiuso lunedì, dal 10 gennaio al 10 febbraio e dal 1° all'8 settembre – **Pasto** carta 30/46000.

CARDANO AL CAMPO 21010 Varese 219 ⑰ – 11 339 ab. alt. 238 – ✿ 0331.

Roma 620 – Stresa 45 – Gallarate 3 – ◆Milano 43

🏛 **Cardano** senza rist, via al Campo 10 ℰ 261011, Telex 328577, Fax 730829 – 🛗 🗏 📺 ☎
 🚐 – 🏃 70. ﷺ 🅱 ⓞ ⴹ 𝘝𝘐𝘚𝘈
 ☌ 16000 – **32 cam** 170/220000.

CAREZZA AL LAGO (**KARERSEE**) Bolzano 429 C 16 – alt. 1 609 – ⊠ 39056 Nova Levante –
Sport invernali : vedere Costalunga (Passo di) e Nova Levante – ✿ 0471.

Vedere Lago★.

🛦 (maggio-ottobre) località Carezza ⊠ 39056 Nova Levante ℰ 612200 o ℰ 977330.

Roma 672 – ◆Bolzano 26 – Passo Costalunga 2 – ◆Milano 330 – Trento 91.

🏛 **Sport Hotel Alpenrose** 🌲 ℰ 612139, Fax 612336, ≼, ⥱ – 🛗 ☎ 🚐 🅿. 🅱 ⴹ 𝘝𝘐𝘚𝘈.
 ⋘ rist
 dicembre-aprile e giugno-ottobre – **Pasto** carta 28/40000 – **29 cam** ☌ 70/130000 – ½ P 80/
 115000.

🏛 **Moser Alm** 🌲, O : 3 km ℰ 612171, Fax 612406, ≼ monti Latemar e Catinaccio, 🛵, ⥱,
 🔲, ⛲ – 🛗 ☎ 🅿
 stagionale – **26 cam.**

CAREZZA (Passo di) (**KARERPASS**) Bolzano e Trento – Vedere Costalunga (Passo di).

CARIMATE 22060 Como 219 ⑲ – 3 473 ab. alt. 296 – ✿ 031.

ि (chiuso lunedì) ⚲ 790226.

Roma 620 – Como 19 – ◆Milano 30.

🏨 **Il Castello**, ⚲ 791770, Fax 790683, ≼, 🏦, « Castello del 14° secolo con parco » – 📳 📺 ☎ 🅰 🅿 – 🔏 50 a 110. 🖭 🖪 ⓞ 🗲 𝒱𝐼𝑆𝐴. ⚟ rist
chiuso dal 9 al 23 agosto – **Pasto** carta 43/71000 – **40 cam** ⚏ 95/160000.

✗✗ **Al Torchio di Carimate**, ⚲ 791486, prenotare – 🗐. 🖭 𝒱𝐼𝑆𝐴. ⚟
chiuso domenica sera, lunedì e dal 2 al 22 agosto – **Pasto** carta 48/72000.

CARINI Palermo 988 ㉟, 432 M 21 – Vedere Sicilia alla fine dell'elenco alfabetico.

CARISIO 13040 Vercelli 988 ⑫, 428 F 6 – 989 ab. alt. 183 – ✿ 0161.

Roma 648 – ◆Torino 58 – Aosta 103 – Biella 26 – Novara 39 – Vercelli 26.

sulla strada statale 230 NE : 6 km :

🏛 **La Bettola**, località' Fornace Crocicchio ⊠ 13040 ⚲ 858045, Fax 858101 – 📳 🗏 📺 ☎ 🅰 🅿 – 🔏 50. 🖭 🖪 ⓞ 𝒱𝐼𝑆𝐴. ⚟
Pasto *(chiuso giovedì ed agosto)* carta 33/54000 – ⚏ 5000 – **26 cam** 70/110000 – ½ P 75/85000.

CARISOLO 38080 Trento 428 429 D 14 – 811 ab. alt. 824 – ✿ 0465.

Roma 630 – ◆Bolzano 104 – ◆Brescia 104 – Madonna di Campiglio 13 – Trento 60.

🏛 **Orso Grigio**, ⚲ 52189 – 📳 ☎ 🅰 ⇆ 🅿. ⚟ rist
Pasto carta 29/44000 – ⚏ 8000 – **21 cam** 75/104000 – ½ P 78/95000.

CARLOFORTE Cagliari 988 ㉝, 433 J 6 – Vedere Sardegna (San Pietro, isola di) alla fine dell'elenco alfabetico.

CARMAGNOLA 10022 Torino 988 ⑫, 428 H 5 – 24 705 ab. alt. 240 – ✿ 011.

ि I Girasoli (chiuso martedì) ⚲ 9795088, Fax 9795258;

ि La Margherita (chiuso martedì, gennaio e febbraio) ⚲ 9795113, Fax 9795204.

Roma 663 – ◆Torino 29 – Asti 58 – Cuneo 71 – ◆Milano 184 – Savona 118 – Sestriere 92.

✗✗✗ ✿ **La Carmagnole**, via Sottotenente Chiffi 31 ⚲ 9712673, solo su prenotazione, « In un antico palazzo » – 🅿
chiuso a mezzogiorno, domenica sera, lunedì e dal 1° al 21 agosto – **Pasto** 110000
Spec. Filetto di San Pietro farcito con confit d'anatra. Stracotto di manzo marinato al cucchiaio, Meringa con piccoli frutti glassati.

✗✗ **San Marco**, via San Francesco di Sales 18 ⚲ 9720485, 🏦 – 🅿. 🖭 🖪 ⓞ 🗲 𝒱𝐼𝑆𝐴. ⚟
chiuso domenica sera, lunedì e dal 1° al 21 agosto – **Pasto** carta 30/51000.

CARMIGNANO 50042 Prato 429 430 K 15 – 9 620 ab. alt. 200 – ✿ 055.

Roma 298 – ◆Firenze 24 – ◆Milano 305 – Pistoia 23 – Prato 15.

ad Artimino S : 7 km – alt. 260 – ⊠ 50040 :

🏨 **Paggeria Medicea** ⚟, ⚲ 8718081, Telex 571502, Fax 8718080, ≼, « Edificio del '500 », 𝕁, 🏦, ✗ – 🗏 📺 ☎ 🅰 🅿 – 🔏 50 a 300. 🖭 🖪 ⓞ 🗲 𝒱𝐼𝑆𝐴
Pasto vedere rist **Biagio Pignatta** – **37 cam** ⚏ 180/290000.

✗✗ ✿ **Da Delfina**, ⚲ 8718074, Fax 8718175, prenotare, « Servizio estivo in terrazza con ≼ colline » – 🅿. ⚟
chiuso lunedì sera, martedì, dal 28 dicembre al 10 gennaio ed agosto – **Pasto** carta 41/53000 (10%)
Spec. Pappardelle al sugo di lepre, Ribollita, Bistecca alla fiorentina.

✗✗ **Biagio Pignatta**, ⚲ 8718086, ≼ – 🅿. 🖭 🖪 ⓞ 🗲 𝒱𝐼𝑆𝐴. ⚟
chiuso mercoledì e giovedì a mezzogiorno – **Pasto** carta 41/62000.

a Bacchereto SO : 5 km – ⊠ 50040 :

✗✗ **La Cantina di Toia**, ⚲ 8717135, ≼, prenotare, « In un edificio storico del 1300 » – 🗏 🅿. 🖭 🖪 ⓞ 🗲 𝒱𝐼𝑆𝐴
chiuso lunedì, martedì e novembre – **Pasto** carta 42/65000.

CARMIGNANO DI BRENTA 35010 Padova 429 F 17 – 6 839 ab. alt. 45 – ✿ 049.

Roma 505 – Belluno 96 – ◆Padova 31 – Tarvisio 47 – ◆Venezia 57.

🏨 **Zenit**, piazza del Popolo 5 ⚲ 9430388 – 📳 🗏 📺 ☎ 🅿. 🖭 🖪 ⓞ 🗲 𝒱𝐼𝑆𝐴. ⚟
chiuso dal 26 dicembre al 6 gennaio ed agosto – **Pasto** *(chiuso venerdì)* carta 28/42000 – ⚏ 10000 – **22 cam** 60/100000 – ½ P 80/85000.

CARNIA 33010 Udine 988 ⑥, 429 C 21 – alt. 257 – ✿ 0432.

Roma 681 – ◆Milano 420 – Tarvisio 51 – ◆Trieste 114 – Udine 47 – ◆Venezia 170.

🏨 **Carnia**, ⚲ 978106, Fax 978187 – 📺 ☎ ⇆ 🅿 – 🔏 40. 🖭 🖪 ⓞ 🗲 𝒱𝐼𝑆𝐴. ⚟
Pasto *(chiuso lunedì)* carta 35/47000 – ⚏ 10000 – **41 cam** 90/110000 – ½ P 70/85000.

CAROVIGNO 72012 Brindisi 988 ③, 431 E 34 – 14 602 ab. alt. 171 – ✪ 0831.

Roma 538 – ♦Bari 88 – ♦Brindisi 27 – ♦Taranto 61.

🏨 **Villa Jole,** via Ostuni 45 (O : 1 km) ℰ 991311, Fax 996888 – 🛗 ☰ 📺 ☎ 🅿. 🕮 🗗 ⑩ 🗉 *VISA*. ⫶⫶
   Pasto *(chiuso dal 2 al 19 novembre)* carta 30/43000 – ⊇ 9000 – **33 cam** 75/105000 – ½ P 75/90000.

🏋 **Gallo d'Oro,** via Benedetto Croce 51 ℰ 994215 – ⫶⫶
   chiuso martedì e dal 25 giugno al 20 luglio – **Pasto** carta 23/34000.

CARPASIO 18010 Imperia 428 K 5 – 182 ab. alt. 715 – ✪ 0184.

Roma 649 – Cuneo 130 – Imperia 43 – San Remo 30 – Savona 109.

🏋 Da Valerio, ℰ 49021

CARPI 41012 Modena 988 ⑭, 428 429 H 14 – 60 683 ab. alt. 28 – ✪ 059.

Vedere Piazza dei Martiri★ – Castello dei Pio★.

Roma 424 – ♦Bologna 60 – ♦Ferrara 73 – Mantova 53 – ♦Milano 176 – ♦Modena 18 – Reggio nell'Emilia 27 – ♦Verona 87.

🏨 **Duomo** senza rist, via Cesare Battisti 25 ℰ 686745, Fax 686745 – 🛗 ☰ 📺 ☜ 🅿. 🕮 ⑩ 🗉 *VISA*. ⫶⫶
   chiuso dal 3 al 26 agosto – ⊇ 22000 – **16 cam** 100/145000, ☰ 18000.

CARPIANO 20080 Milano 428 F 9 – 2 167 ab. alt. 91 – ✪ 02.

Roma 558 – ♦ Milano 19 – Pavia 23 – Piacenza 47.

🏋🏋 **Portone 2,** località Francolino NE : 1,5 km ℰ 9815538 – ☰ 🅿. 🕮 🗗 *VISA*. ⫶⫶
   chiuso martedì e dal 1° al 15 gennaio – **Pasto** carta 40/70000.

   Benutzen Sie auf Ihren Reisen in Norditalien die beiden
   Michelin-Karten Nr. 428 und 429.

CARRAIA Firenze – Vedere Calenzano.

CARRARA 54033 Massa-Carrara 988 ⑭, 428 429 430 J 12 – 67 092 ab. alt. 80 – ✪ 0585.

Dintorni Cave di marmo di Fantiscritti★★ NE : 5 km – Cave di Colonnata★ E : 7 km.

Roma 400 – ♦Firenze 126 – Massa 7 – ♦Milano 233 – Pisa 55 – ♦La Spezia 33.

🏋 Le Petite Cuisine, via Verdi 4 ℰ 70226, Specialità di mare

   a Colonnata E : 7 km – ⌧ **54030** :

🏋 **Venanzio,** ℰ 73617, Coperti limitati; prenotare – ⫶⫶
   chiuso domenica sera, giovedì e dal 22 dicembre al 20 gennaio – **Pasto** carta 43/57000.

CARRARA (Marina di) 54036 Massa-Carrara 988 ⑭, 430 J 12 – a.s. Pasqua e luglio-agosto – ✪ 0585.

🛈 piazza Menconi 5/b ℰ 632218.

Roma 396 – Carrara 7 – ♦Firenze 122 – Massa 10 – ♦Milano 229 – Pisa 53 – ♦La Spezia 26.

🏨 **Mediterraneo,** via Genova 2/h ℰ 785222, Fax 785222, ☞ – 🛗 ☰ 📺 ☎ ♿ 🅿 – 🕍 80. 🕮 🗗 ⑩ 🗉 *VISA*. ⫶⫶
   Pasto carta 35/55000 – **48 cam** ⊇ 98/150000, appartamento – P 150000.

🏨 **Carrara,** via Petacchi 21 ⌧ 54031 Avenza ℰ 52371, Fax 50344 – 🛗 📺 ☎ 🅿. 🕮 🗗 ⑩ 🗉 *VISA*. ⫶⫶ rist
   Pasto *(chiuso a mezzogiorno e domenica)* carta 30/50000 – ⊇ 12000 – **36 cam** 82/110000 – ½ P 90000.

🏋🏋 **Il Muraglione,** via del Parmignola 13 ⌧ 54031 Avenza ℰ 52337, ♨, prenotare – 🅿. 🗗 🗉 *VISA*. ⫶⫶
   chiuso domenica e dal 20 dicembre al 5 gennaio – **Pasto** carta 50/80000.

🏋🏋 **Da Gero,** viale 20 Settembre 305 ℰ 55255, ♨ – ⫶⫶
   chiuso domenica, dal 23 dicembre al 10 gennaio e dal 15 al 30 luglio – **Pasto** carta 43/74000.

CARRE' 36010 Vicenza 429 E 16 – 2 824 ab. alt. 219 – ✪ 0445.

Roma 545 – Belluno 106 – ♦Padova 63 – Trento 64 – Treviso 73 – Vicenza 29.

🏨 **La Rua** ⫶, località Cà Vecchia O : 4 km ℰ 893088, Fax 893147, 🎇, ☎☎ – 📺 ☎ 🅿. 🕮 *VISA*
   Pasto *(chiuso a mezzogiorno e dal 22 al 31 agosto)* carta 25/39000 – ⊇ 7000 – **14 cam** 63/86000 – ½ P 85000.

CARRÙ 12061 Cuneo 988 ⑫, 428 I 5 – 3 950 ab. alt. 364 – ✪ 0173.

Roma 620 – Cuneo 31 – ♦Milano 203 – Savona 75 – ♦Torino 74.

🏋 **Moderno,** via della Misericordia 12 ℰ 75493 – 🗗 🗉 *VISA*
   chiuso lunedì sera, martedì ed agosto – **Pasto** carta 30/48000.

🏋 **Vascello d'Oro,** via San Giuseppe 9 ℰ 75478, « Ambiente tipico » – ⫶⫶
   chiuso lunedì e luglio – **Pasto** carta 30/50000.

CARSOLI 67061 L'Aquila 🔢 ㉘, 🔢 P 21 – 5 060 ab. alt. 640 – ✪ 0863.
Roma 68 – L'Aquila 59 – Avezzano 45 – Frosinone 81 – Rieti 56.

XX **L'Angolo d'Abruzzo,** ℰ 997429, Fax 997429 – 🔤 🔢 🔢 E 𝘝𝘐𝘚𝘈. ✺
chiuso mercoledì, dal 15 al 30 gennaio e dal 1° al 15 luglio – **Pasto** carta 40/67000.

X **Al Caminetto,** ℰ 995105, Fax 995479 – 🔤 🔢 🔢 E 𝘝𝘐𝘚𝘈
chiuso dal 1° al 15 luglio e lunedì (escluso dal 15 luglio al 15 ottobre) – **Pasto** carta 27/50000.

CARTOCETO 61030 Pesaro e Urbino 🔢 🔢 L 20 – 5 678 ab. alt. 235 – ✪ 0721.
Roma 280 – ◆Ancona 78 – Pesaro 30 – Urbino 33.

XXX ✿ **Symposium,** O : 1,5 km ℰ 898320, Fax 898493, Coperti limitati; prenotare – ℗. 🔤 🔢
🔢 E 𝘝𝘐𝘚𝘈 𝙅𝘾𝘽. ✺
chiuso lunedì, martedì e dal 10 gennaio al 10 febbraio – **Pasto** 69/79000 (a mezzogiorno)
79000 (alla sera) e carta 53/85000
Spec. Taglierini in brodo di cappone al tartufo bianco di Acqualagna (autunno), Cestino di patate con rana pescatrice al curry (primavera), Cima fredda con salsa al pesto (estate).

CARTOSIO 15015 Alessandria 🔢 I 7 – 817 ab. alt. 236 – ✪ 0144.
Roma 578 – ◆Genova 83 – Acqui Terme 13 – Alessandria 47 – ◆Milano 137 – Savona 46 – ◆Torino 115.

XX **Cacciatori** ⌚ con cam, ℰ 40123, Fax 40524 – ℗. ✺
chiuso dal 23 dicembre al 24 gennaio e dal 1° al 15 luglio – **Pasto** (chiuso giovedì)
carta 34/57000 – ⌑ 10000 – **12 cam** 50/70000, 2 appartamenti.

sulla strada statale 334 S : 6 km :

XX La Cascata, ✉ 15015 ℰ 40143, ≼ – ℗

CARZANO 38050 Trento – 447 ab. alt. 428 – ✪ 0461.
Roma 594 – Belluno 73 – Trento 39 – Treviso 103 – Venezia 133.

XX **Le Rose,** ℰ 766177, Coperti limitati; prenotare – ℗. 🔤 🔢 🔢 E 𝘝𝘐𝘚𝘈. ✺
chiuso lunedì – **Pasto** carta 42/65000.

CASALECCHIO DI RENO 40033 Bologna 🔢 ⑭, 🔢 🔢 I 15 – 34 422 ab. alt. 60 – ✪ 051.
🅑 autostrada A 1-Cantagallo ℰ 572263.
Roma 372 – ◆Bologna 6 – ◆Firenze 98 – ◆Milano 205 – ◆Modena 36.

Pianta d'insieme di Bologna

🏠 **Pedretti,** via Porrettana 255 ℰ 572149, Fax 578286, ☕ – ☎ ℗. 🔤 🔢 🔢 E 𝘝𝘐𝘚𝘈 𝙅𝘾𝘽. ✺
Pasto (chiuso venerdì e dal 1° al 15 agosto) carta 39/60000 (14%) – ⌑ 6000 – **24 cam**
85/120000.   DU **n**

CASALE CORTE CERRO 28022 Verbania 🔢 E 7, 🔢 ⑥ – 3 020 ab. alt. 372 – ✪ 0323.
Roma 671 – Stresa 14 – Domodossola 32 – Locarno 53 – ◆Milano 94 – Novara 61 – ◆Torino 135.

XX **Da Cicin** con cam, strada statale E : 1 km ℰ 840045, Fax 840046, ✺ – 📺 ☎ ℗ – ⚒ 120.
🔢 🔢 E 𝘝𝘐𝘚𝘈. ✺
chiuso dal 1° al 23 agosto – **Pasto** (chiuso lunedì) carta 37/62000 – ⌑ 8000 – **26 cam**
47/68000 – ½ P 59000.

CASALE MARITTIMO 56040 Pisa 🔢 M 13 – 918 ab. alt. 214 – ✪ 0586.
Roma 277 – Pisa 61 – Alessandria 65 – Bobbio 79 – ◆Genova 32 – ◆La Spezia 126.

X **L'Erba Voglio,** via Roma 6 ℰ 652384, Fax 652384, « Servizio estivo in terrazza con
≼ sulla campagna toscana » – 🔤 🔢 🔢 E 𝘝𝘐𝘚𝘈
chiuso lunedì e gennaio o febbraio – **Pasto** carta 31/43000.

CASALE MONFERRATO 15033 Alessandria 🔢 ⑫, 🔢 G 7 – 38 949 ab. alt. 116 – ✪ 0142.
🅑 via Marchino 2 ℰ 70243, Fax 781811.
Roma 611 – Alessandria 30 – Asti 42 – ◆Milano 75 – Pavia 66 – ◆Torino 70 – Vercelli 23.

🏨 **Business** senza rist, strada per Valenza 4 G ℰ 456400, Fax 456446 – 🖥 📺 ☎ ℗ – ⚒ 40.
🔤 🔢 E 𝘝𝘐𝘚𝘈
chiuso dal 22 al 30 dicembre – ⌑ 10000 – **50 cam** 105000, 3 appartamenti.

XXX **La Torre,** via Garoglio 3 per salita Sant'Anna ℰ 70295, Fax 70295 – ℗. 🔤 🔢 🔢 E 𝘝𝘐𝘚𝘈
chiuso mercoledì, dal 24 dicembre al 6 gennaio e dal 1° al 20 agosto – **Pasto** carta 52/77000.

XX **Alfeo,** viale Montebello 1/i ℰ 452493 – 🖥. 🔤 🔢 🔢 E 𝘝𝘐𝘚𝘈. ✺
chiuso lunedì e dal 1° al 22 agosto – **Pasto** carta 32/54000.

Vedere anche : *San Giorgio Monferrato* SO : 7 km.
Terruggia S : 5 km.

CASALMAGGIORE 26041 Cremona 🔢 ⑭, 🔢 🔢 H 13 – 13 178 ab. alt. 26 – ✪ 0375.
Roma 474 – ◆Parma 24 – ◆Brescia 70 – Cremona 40 – Mantova 40 – ◆Milano 138 – Reggio nell'Emilia 45.

XX City, con cam, via Cavour 54 ℰ 42118, Fax 200648, ☕ – 📺 ☎ ℗
20 cam.

CASALPUSTERLENGO 20071 Lodi 988 ⑬, 428 G 10 – 14 029 ab. alt. 61 – ۞ 0377.
Roma 524 – Cremona 32 – ♦Milano 51 – Pavia 42 – Piacenza 16.

🏠 **Fiesta,** viale della Stazione *℘* 84871 e rist *℘*833196, Fax 84945 – 🛗 🔲 📺 🕿 🅿. 🔒 📧 𝑽𝑰𝑺𝑨. ℅ rist
chiuso dal 5 al 21 agosto – **Pasto** al Rist. **Cà Rosada** (chiuso lunedì e dal 1° al 7 gennaio) carta 30/50000 – ☕ 9500 – **36 cam** 83/105000.

CASAMICCIOLA TERME Napoli 988 ㉗, 431 E 23 – Vedere Ischia (Isola d').

CASARSA DELLA DELIZIA 33072 Pordenone 988 ⑤, 429 E 20 – 7620 ab. alt. 44 – ۞ 0434.
Roma 608 – Pordenone 20 – Udine 31 – ♦Venezia 95.

🏨 **Al Posta,** *℘* 870808, Fax 870804, �, 🍴 – 🔲 📺 🕿 🅿 – 🔬 50. 🖭 🔒 ⓞ 📧 𝑽𝑰𝑺𝑨. ℅ rist
chiuso dal 1° al 10 gennaio e dal 1° al 15 agosto – **Pasto** (chiuso domenica sera e lunedì) carta 36/50000 – ☕ 8500 – **33 cam** 90/150000, 2 appartamenti – ½ P 85/95000.

CASARZA LIGURE 16030 Genova 428 J 10 – 5 184 ab. alt. 34 – ۞ 0185.
Roma 457 – ♦Genova 50 – Portofino 38 – La Spezia 59.

℀℀ **San Giovanni,** via Monsignor Podestà 1 *℘* 467244, � – 🅿. 🖭 🔒 ⓞ 📧 𝑽𝑰𝑺𝑨
chiuso novembre e lunedì (escluso luglio-agosto) – **Pasto** carta 48/72000.

CASATEIA (GASTEIG) Bolzano – Vedere Vipiteno.

CASCIA 06043 Perugia 988 ⑯ ㉘, 430 N 21 – 3 234 ab. alt. 645 – ۞ 0743.
🏴 piazza Garibaldi 1 *℘* 71147.
Roma 138 – Ascoli Piceno 94 – ♦Perugia 104 – Rieti 60 – Terni 66.

🏨 **Monte Meraviglia,** *℘* 76142, Telex 564007, Fax 71127 – 🛗 🕿 🖰 �
 🔒 𝑽𝑰𝑺𝑨. ℅ rist
Pasto 30/35000 e al Rist. **Il Tartufo** carta 39/57000 – ☕ 9000 – **130 cam** 80/110000 – ½ P 70/90000.

🏨 **Delle Rose,** *℘* 76241, Telex 563243, Fax 76240, 🍴 – 🛗 🖰 🅿 – 🔬 600. ⓞ. ℅ rist
aprile-22 ottobre – **Pasto** carta 40/50000 – ☕ 7000 – **160 cam** 75/105000 – ½ P 65/85000.

🏠 **Cursula,** *℘* 76206, Fax 76262 – 🛗 📺 🕿 🅿. 🖭 🔒 ⓞ 📧 𝑽𝑰𝑺𝑨 𝐉𝐂𝐁
chiuso gennaio e febbraio – **Pasto** (chiuso mercoledì) carta 38/62000 – **31 cam** ☕ 65/95000 – ½ P 65/75000.

a Roccaporena O : 5 km – alt. 707 – ✉ 06043 Cascia :

🏠 **Hotel Roccaporena,** *℘* 76348, Fax 76948, ≤, 🎣, 🍴 – 🛗 📺 🕿 🖰 🅿 – 🔬 120 a 600. 🖭 ⓞ. ℅
aprile-ottobre – **Pasto** carta 30/42000 – ☕ 7000 – **75 cam** 65/85000 – ½ P 60/65000.

CASCIANA TERME 56034 Pisa 988 ⑭, 428 430 L 13 – 3 233 ab. alt. 125 – Stazione termale (giugno-settembre) – ۞ 0587.
🏴 via Cavour 9 *℘* 646258.
Roma 335 – Pisa 39 – ♦Firenze 77 – ♦Livorno 41 – Pistoia 61 – Siena 100.

🏨 **Villa Margherita,** via Marconi 20 *℘* 646113, Fax 646153, « Giardino ombreggiato » – 🛗
 🕿 🖰 🅿 – 🔬 150. 🖭 🔒 ⓞ 📧 𝑽𝑰𝑺𝑨. ℅ rist
aprile-novembre – **Pasto** (solo per clienti alloggiati) 35000 – ☕ 8000 – **62 cam** 65/85000 – ½ P 75000.

🏨 **La Speranza,** via Cavour 42 *℘* 646215, Fax 646000, 🍴 – 🛗 🔲 rist 📺 🕿 🅿 – 🔬 100. 🖭 🔒 ⓞ 𝑽𝑰𝑺𝑨. ℅ rist
marzo-novembre – **Pasto** (chiuso venerdì) 30000 – ☕ 9000 – **42 cam** 65/80000 – ½ P 65/72000.

CASCIANO 53010 Siena 430 M 15 – alt. 452 – ۞ 0577.
Roma 244 – Siena 25 – Grosseto 57 – ♦Perugia 117.

🏠 **Mirella,** *℘* 817667, Fax 817575, 🍴 – 🛗 📺 🕿 🅿. 🔒 📧 𝑽𝑰𝑺𝑨. ℅
chiuso gennaio e febbraio – **Pasto** (chiuso mercoledì) carta 23/39000 – ☕ 10000 – **29 cam** 50/85000 – ½ P 65/70000.

CASEI GEROLA 27050 Pavia 988 ⑬, 428 G 8 – 2 612 ab. alt. 81 – ۞ 0383.
Roma 574 – Alessandria 35 – ♦Milano 57 – Novara 61 – Pavia 36.

🏨 **Bellinzona,** via Mazzini 71 *℘* 61525, Fax 61374 – 🛗 🔲 📺 🕿 🖶 🅿. 🖭 🔒 ⓞ 📧 𝑽𝑰𝑺𝑨
Pasto (chiuso sabato) carta 39/60000 – **18 cam** ☕ 80/100000 – ½ P 110000.

CASELLA 16015 Genova 428 I 8 – 2 907 ab. alt. 407 – ۞ 010.
Roma 532 – ♦Genova 32 – Alessandria 78 – ♦Milano 47 – Piacenza 127.

℀℀ **Caterina,** località Cortino *℘* 937946, Coperti limitati; prenotare – 🅿. ℅
chiuso lunedì e martedì – **Pasto** 50/65000.

La carta Michelin della GRECIA n° 980 a 1:700 000.

CASELLE TORINESE 10072 Torino 🔟🔟🔟 ⑫, 🔟🔟🔟 G 4 – 13 749 ab. alt. 277 – 🟢 011.

🛬 Città di Torino N : 1 km 𝒫 5676361, Fax 5776420.

Roma 691 – ◆ Torino 13 – ◆Milano 144.

🏨 **Jet Hotel,** 𝒫 9913733, Fax 9961544, « Edificio del 16° secolo » – 🛗 🖭 📺 ☎ & 🅟 –
🔼 200. 🖭 🖽 🖲 **E** 𝘝𝘐𝘚𝘈. 🎯 rist
chiuso dal 6 al 21 agosto – **Pasto** al Rist. *Antica Zecca (chiuso lunedì)* carta 50/80000 –
🍽 17000 – **76 cam** 190/270000.

CASE NUOVE Varese – Vedere Somma Lombardo.

CASERTA 81100 🅿 🔟🔟🔟 ⑰, 🔟🔟🔟 D 25 – 68 869 ab. alt. 68 – 🟢 0823.

Vedere La Reggia★★.

Dintorni Caserta Vecchia★ NE : 10 km – Museo Campano★ aCapua NO : 11 km.

🅱 corso Trieste 39 (angolo piazza Dante) 𝒫 321137.

A.C.I. via Nazario Sauro 10 𝒫 321442.

Roma 192 – ◆ Napoli 31 – Avellino 58 – Benevento 48 – Campobasso 114 – Abbazia di Montecassino 81.

🏨 **Jolly,** via Vittorio Veneto 9 𝒫 325222, Telex 710548, Fax 354522 – 🛗 🖭 📺 ☎ & –
🔼 30 a 100. 🖭 🖽 🖲 **E** 𝘝𝘐𝘚𝘈. 🎯 rist
Pasto *(chiuso venerdì)* carta 48/78000 – **103 cam** 🍽 185/210000, 3 appartamenti – ½ P 213/
243000.

🏨 **Europa** senza rist, via Roma 29 𝒫 325400, Telex 710537, Fax 245805 – 🛗 🖭 📺 ☎ 🚗 🅟
– 🔼 80. 🖭 🖽 🖲 **E** 𝘝𝘐𝘚𝘈 𝘑𝘊𝘉.
58 cam 🍽 150/190000, 10 appartamenti.

🏠 **Centrale,** via Roma 170 𝒫 321855, Fax 326557 – 🛗 🖭 📺 ☎ 🚗. 🖭 🖲 𝘝𝘐𝘚𝘈. 🎯
Pasto *(solo per clienti alloggiati)* 27/40000 – 🍽 8000 – **41 cam** 71/99000 – ½ P 58/63000.

✕✕ **Ciacco,** via Maielli 37 𝒫 327505, prenotare – 🖭. 🖭 🖽 🖲 **E** 𝘝𝘐𝘚𝘈 𝘑𝘊𝘉. 🎯
chiuso domenica e dal 15 al 28 agosto – **Pasto** carta 30/61000.

✕✕ Leucio, località San Leucio NO : 4 km ✉ 81020 San Leucio 𝒫 301241, Specialità di mare
– 🅟

✕ La Leccese, piazza Vanvitelli 23 𝒫 329567, Specialità di mare

✕ La Tegola, viale Carlo III n° 3 𝒫 442689

a Caserta Vecchia NE : 10 km – alt. 401 – ✉ 81020 :

✕ **Al Ritrovo dei Patriarchi,** località Sommana 𝒫 371510, Specialità carne e cacciagione
– 🖭 🅟. 🎯
chiuso giovedì ed agosto – **Pasto** carta 29/43000 (10%).

CASIER 31030 Treviso 🔟🔟🔟 F 18 – 6 820 ab. alt. 5 – 🟢 0422.

Roma 539 – ◆ Venezia 32 – ◆Padova 52 – Treviso 6.

a Dosson SO : 3,5 km – ✉ 31030 :

✕ **Alla Pasina,** 𝒫 382112, Fax 382112 – 🖭 🖽 🖲 **E** 𝘝𝘐𝘚𝘈. 🎯
*chiuso lunedì sera, martedì, sabato a mezzogiorno, dal 26 dicembre al 4 gennaio e dal
28 luglio al 15 agosto* – **Pasto** carta 23/42000.

CASIRATE D'ADDA 24040 Bergamo 🔟🔟🔟 F 10 – 2 937 ab. alt. 115 – 🟢 0363.

Roma 574 – ◆ Milano 34 – ◆Brescia 59 – Cremona 60 – Piacenza 60.

✕✕ **Il Portico,** via Rimembranze 9 𝒫 87574, Fax 87574, 🌳 – 🅟. 🖭 🖽 **E** 𝘝𝘐𝘚𝘈 𝘑𝘊𝘉. 🎯
chiuso martedì e dal 5 al 20 agosto – **Pasto** carta 38/74000.

CASOLA VALSENIO 48010 Ravenna 🔟🔟🔟 🔟🔟🔟 J 16 – 2 922 ab. alt. 195 – 🟢 0546.

🅱 (aprile-settembre) via Roma 50 𝒫 73033.

Roma 380 – ◆ Bologna 64 – ◆Firenze 82 – Forlì 42 – ◆Milano 277 – ◆Ravenna 60.

✕✕ **Mozart,** 𝒫 73508, Coperti limitati; prenotare, 🌳 – 🅟. 🖭 🖽 🖲 **E** 𝘝𝘐𝘚𝘈
chiuso lunedì e martedì a mezzogiorno – **Pasto** 25/35000 (a mezzogiorno) 37/45000 (la sera)
e carta 36/58000.

✕ **Valsenio,** località Valsenio NE : 2 km 𝒫 73179 – 🅟. 🎯
chiuso a mezzogiorno (escluso sabato-domenica), lunedì e dal 6 gennaio al 15 febbraio –
Pasto carta 24/35000.

CASOLE D'ELSA 53031 Siena 🔟🔟🔟 L 15 – 2 573 ab. alt. 417 – 🟢 0577.

Roma 269 – Siena 48 – ◆Firenze 63 – ◆Livorno 97.

✕✕ **Gemini** con cam, 𝒫 948622, Fax 948241, ≤, 🏊, 🌳 – 📺 ☎ & 🅟. 🖭 🖽 🖲 **E** 𝘝𝘐𝘚𝘈.
🎯 cam
chiuso dal 9 al 31 gennaio – **Pasto** *(chiuso martedì)* carta 30/63000 (10%) – 🍽 9000 –
15 cam 82/98000 – ½ P 80/105000.

a Pievescola SE : 12 km – ✉ 53030 :

🏠 **Relais la Suvera** ♨, 𝒫 960300, Fax 960220, ≤ dintorni, ⛵, « Complesso patrizio del 16° secolo », 🏊, 🏊, ⚲ – 📳 ▤ 🅿 ☎ 🖧 🔥 ❷ – 🔏 25 a 80. ⛫ 🔒 ⓞ ☰ 🆅🆂🆁 ❄ rist
aprile-ottobre – **Pasto** carta 60/90000 – **19 cam** ⊐ 250/300000, 13 appartamenti 400/500000 – ½ P 210/310000.

CASPOGGIO 23020 Sondrio 🜛🜛 🜛🜛 D 11, 🜛🜛🜛 ⑮ – 1 603 ab. alt. 1 098 – Sport invernali : 1 098/2 155 m ⚡7 (vedere anche Chiesa in Valmalenco) – ❷ 0342.

Roma 713 – ◆Bergamo 130 – ◆Milano 153 – Sondrio 15.

🍴 **Baita al Doss,** a Santa Elisabetta 𝒫 461152, ≤ – ❷. ⛫ 🆅🆂🆁
chiuso lunedì escluso luglio-agosto – **Pasto** carta 40/50000.

CASSANIGO Ravenna – Vedere Cotignola.

CASSINA SAVINA Milano 🜛🜛🜛 ⑲ – Vedere Cesano Maderno.

CASSINASCO 14050 Asti 🜛🜛🜛 H 6 – 605 ab. alt. 447 – ❷ 0141.

Roma 594 – ◆Genova 95 – ◆Torino 98 – Alessandria 44 – Asti 34 – ◆Milano 137.

🍴🍴 ❀ **I Caffi,** O : 2 km 𝒫 851121, Fax 851121, Coperti limitati; prenotare – ❄
chiuso domenica sera, mercoledì, dal 1° al 20 gennaio e dal 10 al 20 luglio – **Pasto** 35/75000 bc e carta 34/47000
Spec. Sfogliatina di formaggio con crema di pere (autunno-inverno), Ravioli di robiola (estate-autunno), Carré d'agnello alla salvia (primavera).

CASSINETTA DI LUGAGNANO Milano 🜛🜛🜛 F 8, 🜛🜛🜛 ⑱ – Vedere Abbiategrasso.

GREEN TOURIST GUIDES

Picturesque scenery, buildings

Attractive routes

Touring programmes

Plans of towns and buildings.

CASSINO 03043 Frosinone 🜛🜛🜛 ㉗, 🜛🜛🜛 R 23 – 32 766 ab. alt. 45 – ❷ 0776.

Dintorni Abbazia di Montecassino★★ – Museo dell'abbazia★★ O : 9 km.

🛈 corso Repubblica 27 𝒫 26842.

Roma 130 – Caserta 71 – Frosinone 56 – Gaeta 47 – Isernia 48 – ◆Napoli 98.

🏠 **Forum Palace Hotel,** via Casilina Nord 𝒫 301211, Telex 610641, Fax 302116 – 📳 ▤ 📺
☎ ⟺ ❷ – 🔏 30 a 300. ⛫ 🔒 ⓞ ☰ 🆅🆂🆁 🆓🅲🅱 ❄ rist
Pasto carta 35/50000 – **104 cam** ⊐ 110/145000 – ½ P 110/130000.

🏠 **Rocca,** via Sferracavallo 105 𝒫 311212, Fax 311212, Parco acquatico, 🛁, ≋, ❄ – 📳
▤ rist 📺 ☎ ❷. ⛫ 🔒 ⓞ ☰ 🆅🆂🆁 ❄
Pasto carta 24/37000 – ⊐ 8000 – **35 cam** 70/90000 – ½ P 75/80000.

🏠 **Al Boschetto,** via Ausonia 54 (SE : 2 km) 𝒫 301227, Fax 301227, ⛵, ≋ – 📳 ▤ 📺 ☎
❷. ⛫ 🔒 ⓞ ☰ 🆅🆂🆁 ❄
Pasto carta 25/40000 – ⊐ 10000 – **46 cam** 90/115000 – ½ P 85/90000.

🏠 **Alba,** via G. di Biasio 53 𝒫 21873, Fax 25700, ⛵ – ▤ 📺 ☎ ⟺ ❷ – 🔏 50. ⛫ 🔒 ⓞ ☰
🆅🆂🆁 ❄ cam
Pasto 25/40000 e al Rist. *Da Mario* carta 25/42000 – ⊐ 10000 – **26 cam** 110000 – ½ P 75/95000.

Vedere anche : *Sant'Elia Fiumerapido* N : 7 km.

CASTAGNETO CARDUCCI 57022 Livorno 🜛🜛🜛 M 13 – 8 244 ab. alt. 194 – a.s. 15 giugno-15 settembre – ❷ 0565.

Roma 272 – ◆Firenze 143 – Grosseto 84 – ◆Livorno 57 – Piombino 33 – Siena 119.

🏠 **Zi Martino,** località San Giusto 264/a (O : 2 km) 𝒫 766000, Fax 763444, ⛵ – 📳 ▤ 📺 ☎
🔥 ❷. 🔒 ☰ 🆅🆂🆁 ❄ rist
Pasto *(chiuso lunedì escluso luglio-agosto)* carta 25/42000 – ⊐ 12000 – **23 cam** 132000 –
½ P 80/115000.

🏠 **La Torre** ♨, SO : 6 km 𝒫 775268, Fax 775268, ≤, ⛵, « In campagna », ≋ – 📺 ⊛ ❷.
⛫ 🔒 ☰ 🆅🆂🆁 ❄
Pasto *(chiuso lunedì)* carta 36/51000 – ⊐ 15000 – **11 cam** 70/100000 – ½ P 80/90000.

a Donoratico NO : 6 km – ✉ 57024 :

🏠 **Nuovo Hotel Bambolo,** N : 1 km 𝒫 775206, Fax 775346, ≋, 🏊, ≋ – 📺 ☎ ❷. ⛫ 🔒
ⓞ ☰ 🆅🆂🆁 ❄
Pasto vedere rist Bambolo – **35 cam** ⊐ 120/166000.

🍴 **Bambolo,** N : 1 km 𝒫 775055, ≋ – ❷. ⛫ 🔒 ⓞ ☰ 🆅🆂🆁 ❄
chiuso dal 15 dicembre al 15 febbraio e lunedì (escluso da maggioa settembre) – **Pasto**
carta 34/62000 (10%).

a Marina di Castagneto NO : 9 km – ⊠ **57024** Donoratico :

🏨 **Alle Dune** ⍋, 𝒫 745790, Fax 744478, « Parco-pineta », *Ⅰ₆*, **⍐**, **▲**⚬ – ⊡ ☎ 🕭 **🅿**.
※
8 aprile-10 ottobre – **Pasto** carta 38/56000 (10%) – ⊊ 10000 – **34 cam** 70/120000 –
P 95/168000.

🏨 **I Ginepri,** 𝒫 744029, Fax 744344, « Giardino ombreggiato », *Ⅰ₆*, **⍐**, **▲**⚬ – ▮❙ ▤ rist ⊡
☎. **Æ** 🕄 **⓪** **E** **𝘝𝘐𝘚𝘈**. ※ rist
marzo-ottobre – **Pasto** carta 44/59000 (10%) – ⊊ 12000 – **50 cam** 60/120000 – ½ P 72/
135000.

🏨 **Il Tirreno,** 𝒫 744036, Fax 744187 – ▤ rist ⊡ ☎. **Æ** 🕄 **⓪** **E** **𝘝𝘐𝘚𝘈**. ※
chiuso dicembre e gennaio – **Pasto** *(chiuso da novembre a marzo)* carta 38/56000 – **29 cam**
⊊ 80/120000 – ½ P 65/120000.

✗ **La Tana del Pirata,** via Milano 17 𝒫 744143, 🏠, **▲**⚬ – **🅿**. **Æ** 🕄 **⓪** **E** **𝘝𝘐𝘚𝘈**. ※
10 aprile-10 ottobre; chiuso venerdì escluso da giugno a settembre – **Pasto** carta 44/78000.

CASTAGNETO PO 10090 Torino ⁴²⁸ G 5 – 1 276 ab. alt. 473 – ✿ 011.
Roma 685 – ♦ Torino 26 – Aosta 105 – ♦ Milano 122 – Novara 77 – Vercelli 59.

✗ **La Pergola,** 𝒫 912933, 🏠 – **Æ** 🕄 **E** **𝘝𝘐𝘚𝘈**
*chiuso dall'8 gennaio al 4 febbraio, martedì a mezzogiorno in luglio-agosto, tutto il giorno
negli altri mesi* – **Pasto** carta 34/46000.

CASTEGGIO 27045 Pavia ⁹⁸⁸ ⑬, ⁴²⁸ G 9 – 7 250 ab. alt. 90 – ✿ 0383.
Roma 549 – Alessandria 47 – ♦ Genova 101 – ♦ Milano 59 – Pavia 21 – Piacenza 51.

✗✗ **Ai Colli di Mairano,** località Mairano 𝒫 83296 – **🅿**. **Æ** 🕄 **⓪** **E** **𝘝𝘐𝘚𝘈**. ※
chiuso lunedì e luglio – **Pasto** carta 29/49000.

Read carefully the introduction it is the key to the Guide.

CASTELBELLO CIARDES **(KASTELBELL TSCHARS)** 39020 Bolzano ⁴²⁸ ⁴²⁹ C 14, ²¹⁸ ⑲ –
2 319 ab. alt. 586 – ✿ 0473.
Roma 688 – ♦ Bolzano 51 – Merano 23.

sulla strada statale 38 E : 4,5 km :

🏨 **Sand,** ⊠ 39020 𝒫 624130, Fax 624406, ≤, ☎ₛ, **⍐**, **▨**, ☞, ✗ – ▮❙ ⊡ ☎ **🅿**. 🕄 **E** **𝘝𝘐𝘚𝘈**.
※ rist
chiuso dal 10 gennaio al 15 marzo – **Pasto** *(chiuso mercoledì)* carta 42/60000 – **26 cam**
⊊ 90/170000 – ½ P 75/120000.

CASTEL D'APPIO Imperia – Vedere Ventimiglia.

CASTEL D'ARIO 46033 Mantova ⁴²⁸ ⁴²⁹ G 14 – 3 941 ab. alt. 24 – ✿ 0376.
Roma 478 – ♦ Verona 47 – ♦ Ferrara 96 – Mantova 15 – ♦ Milano 188.

✗ **Edelweiss** con cam, strada statale O : 1 km 𝒫 661001, Fax 661221 – ⊡ ☎ **🅿**. **Æ** 🕄 **⓪**
E **𝘝𝘐𝘚𝘈** **𝙅𝘊𝘽**. ※ rist
chiuso dal 3 al 24 gennaio – **Pasto** *(chiuso mercoledì)* carta 32/48000 – ⊊ 10000 – **7 cam**
65/85000 – ½ P 70000.

✗ **Stazione,** 𝒫 660217 – ▤. ※
chiuso lunedì sera, martedì, dal 3 al 17 gennaio e luglio – **Pasto** carta 31/40000.

CASTEL D'AZZANO 37060 Verona ⁴²⁸ ⁴²⁹ F 14 – 9 326 ab. alt. 44 – ✿ 045.
Roma 495 – ♦ Verona 12 – Mantova 32 – ♦ Milano 162 – ♦ Padova 92.

🏨 **Cristallo,** 𝒫 519000 e rist 𝒫 8520512, Fax 8520244 – ▮❙ ▤ ⊡ ☎ 🕭 **🅿** – 🔏 40. **Æ** 🕄
E **𝘝𝘐𝘚𝘈**. ※
chiuso dal 15 dicembre al 15 gennaio – **Pasto** al Rist. *Allo Scudo d'Orlando* *(chiuso mercoledì
e dal 1° al 15 gennaio)* carta 38/60000 – **80 cam** ⊊ 100/165000.

CASTELDEBOLE Bologna – Vedere Bologna.

CASTEL DEL MONTE Bari ⁹⁸⁸ ㉘ ㉙, ⁴³¹ D 30 – alt. 556 – ⊠ **70031** Andria – ✿ 0883.
Vedere Castello★★.
Roma 362 – ♦ Bari 55 – Barletta 28 – ♦ Foggia 83 – Matera 69.

✗✗ Ostello di Federico, 𝒫 569877, Fax 569877, ≤, 🏠 – ▤ **🅿**

CASTEL DEL RIO 40022 Bologna ⁴²⁹ ⁴³⁰ J 16 – 1 086 ab. alt. 221 – ✿ 0542.
Roma 438 – ♦ Bologna 60 – ♦ Firenze 79 – ♦ Milano 269.

🏩 Gallo, 𝒫 95924 – ▮❙ ☎ – 🔏 50
24 cam.

CASTELDIMEZZO Pesaro e Urbino 429 430 K 20 – alt. 197 – ⊠ 61010 Fiorenzuola di Focara – ✆ 0721.

Roma 312 – ◆Milano 348 – Pesaro 12 – Rimini 29 – Urbino 41.

XX **Taverna del Pescatore,** ℰ 208116, 佘, Specialità di mare, « Servizio estivo in terrazza con ≤ mare e dintorni » – AE ⑤ ⓞ E VISA. ⚹
14 marzo-26 ottobre; chiuso martedì – **Pasto** carta 60/91000.

CASTEL DI TUSA Messina 432 M 24 – Vedere Sicilia alla fine dell'elenco alfabetico.

CASTELFIDARDO 60022 Ancona 988 ⑯, 430 L 22 – 15 326 ab. alt. 199 – ✆ 071.

Roma 303 – ◆Ancona 27 – Macerata 40 – ◆Pescara 125.

🏨 **Parco** senza rist, ℰ 7821605, Fax 7820309 – |φ| ≣ TV ☎ ℗. AE ⑤ ⓞ E VISA JCB
⊡ 10000 – **32 cam** 110/150000, appartamento.

CASTELFIORENTINO 50051 Firenze 988 ⑭, 429 L 14 – 17 139 ab. alt. 50 – ✆ 0571.

Roma 278 – ◆Firenze 44 – Siena 51 – ◆Livorno 69.

X **La Carrozza,** via Sant'Antonio 35 ℰ 633581, 佘 – ≣. ⚹
chiuso martedì ed agosto – **Pasto** carta 26/40000.

CASTELFRANCO DI SOPRA 52020 Arezzo 429 430 L 16 – 2 650 ab. alt. 280 – ✆ 055.

Roma 238 – ◆Firenze 43 – Siena 68 – Arezzo 46 – Forlì 140.

XX ✿ **Vicolo del Contento,** località Mandri N : 1,5 km ℰ 9149277, Fax 9149906, 佘, preno-tare – ℗. AE ⑤ ⓞ E VISA. ⚹
chiuso a mezzogiorno, lunedì ed agosto – **Pasto** 70000 e carta 50/88000
Spec. Insalata di mazzancolle in salsa di basilico, Pappardelle con calamaretti e pomodoro fresco, Filetto di branzino avvolto in scaglie di porcini (giugno-novembre).

CASTELFRANCO EMILIA 41013 Modena 988 ⑭, 429 430 I 15 – 21246 ab. alt. 42 – ✆ 059.

Roma 398 – ◆Bologna 25 – ◆Ferrara 69 – ◆Firenze 125 – ◆Milano 183 – ◆Modena 13.

X **Il Gabbiano,** corso Martiri 113 ℰ 921035, 佘, Specialità di mare – ≣ ℗. AE ⑤ ⓞ E VISA
chiuso lunedì, martedì e dal 10 al 31 agosto – **Pasto** carta 44/64000.

X **La Lumira,** corso Martiri 74 ℰ 926550, « Ristorante caratteristico » – ℗. AE ⑤ ⓞ E VISA. ⚹
chiuso domenica, lunedì a mezzogiorno, dal 1° al 7 gennaio ed agosto – **Pasto** carta 32/49000.

a Rastellino NE : 6 km – ⊠ 41013 :

X **Osteria di Rastellino,** ℰ 937151, « Servizio estivo all'aperto » – ℗. AE ⑤ ⓞ VISA. ⚹
chiuso lunedì, sabato a mezzogiorno e dal 10 agosto al 5 settembre – **Pasto** carta 38/45000.

sulla strada statale 9 - via Emilia SE : 6 km :

🏨 **Eurhotel,** ⊠ 41010 Piumazzo ℰ 932131, Fax 932365 – |φ| ≣ TV ☎ ℗. AE ⑤ ⓞ E VISA
JCB. ⚹
chiuso dal 1° al 22 agosto – **Pasto** (solo per clienti alloggiati) 30/45000 – **49 cam** ⊡ 84/120000 – ½ P 95/110000.

CASTELFRANCO VENETO 31033 Treviso 988 ⑤, 429 E 17 – 29 496 ab. alt. 42 – ✆ 0423.

Vedere Madonna col Bambino★★ del Giorgione nella Cattedrale.

🠒 Ca' Amata (21 marzo-19 dicembre; solo su prenotazione da martedì a venerdì) ℰ 721833, Fax 721842.

Roma 532 – ◆Venezia 56 – Belluno 74 – ◆Milano 239 – ◆Padova 32 – Trento 109 – Treviso 27 – Vicenza 34.

🏨 **Alla Torre** senza rist, piazzetta Trento e Trieste 7 ℰ 498707, Fax 498737 – |φ| ≣ TV ☎
🚗 – 🔥 70. AE ⑤ ⓞ VISA
⊡ 14000 – **39 cam** 95/135000.

🏨 **Roma** senza rist, via Fabio Filzi 39 ℰ 721616, Fax 721515 – |φ| ≣ TV ☎ ℗ – 🔥 50. AE ⑤
ⓞ E VISA
⊡ 15000 – **68 cam** 86/115000.

🏨 **Al Moretto** senza rist, via San Pio X 10 ℰ 721313, Fax 721066 – |φ| TV ☎ ℗ – 🔥 40. ⑤ E
VISA. ⚹
⊡ 15000 – **35 cam** 83/125000.

XX **Alle Mura,** via Preti 69 ℰ 498098, 佘, Specialità di mare, Coperti limitati; prenotare – ⚹
chiuso giovedì, gennaio ed agosto – **Pasto** carta 39/69000.

XX **Al Teatro,** via Garibaldi 17 ℰ 721425 – AE ⑤ VISA
chiuso lunedì ed agosto – **Pasto** carta 32/47000.

XX **Osteria ai Due Mori,** vicolo Montebelluna 24 ℰ 497174, 佘, Coperti limitati; prenotare – AE. ⚹
chiuso mercoledì, giovedì a mezzogiorno e dal 10 al 30 settembre – **Pasto** carta 36/56000.

a Salvarosa NE : 3 km – ⊠ 31033 Castelfranco Veneto :

🏨 **Fior** ◇, via dei Carpani 18 ℰ 721212, Fax 498771, « Grande giardino con ♨ e ❤ », ⟷
– 🛗 🗏 📺 ☎ 🚗 🅿 – 🔏 25 a 250. 🆎 🗓 🗉 **VISA**. ❤
Pasto *(chiuso lunedì)* carta 44/58000 – **43 cam** ⊑ 110/160000 – ½ P 120/140000.

🏠 **Ca' delle Rose,** ℰ 490232, 🈂 – 🛗 🗏 📺 ☎ 🅿. 🆎 🗓 🗉 **VISA**. ❤
chiuso dal 7 al 21 agosto – **Pasto** vedere rist **Barbesin** – ⊑ 10000 – **19 cam** 62/95000.

XX **Barbesin,** ℰ 490446 – 🗏 🅿. 🆎 🗓 ⓪ 🗉 **VISA**
chiuso mercoledì sera, giovedì, dal 29 dicembre al 15 gennaio ed agosto – **Pasto** carta 32/
47000.

XX **Da Rino Fior,** ℰ 490462, Fax 720280 – 🗏 🅿. 🆎 🗓 ⓪ 🗉 **VISA**. ❤
chiuso lunedì sera, martedì e dal 29 luglio al 18 agosto – **Pasto** carta 31/42000.

CASTEL GANDOLFO 00040 Roma 🮐🮐🮐 ㉖, 🯄🯃🯀 Q 19 – 6 843 ab. alt. 426 – ✪ 06.
Vedere Guida Verde.

🏌 (chiuso lunedì) ℰ 9313084, Fax 9312244.

🎫 (aprile-ottobre) piazza della Libertà 5 ℰ 9380340.

Roma 25 – Anzio 36 – Frosinone 76 – Latina 46 – Terracina 80.

🏨 **Castelvecchio** ◇, viale Pio XI ℰ 9360308, Fax 9360579, ≤ lago, « Terrazza », ₤ₔ, ♨ –
🛗 📺 ☎ 🅿 – 🔏 100. 🆎 🗓 🗉 **VISA**. ❤
Pasto carta 42/60000 – **48 cam** ⊑ 110/160000.

CASTELLABATE 84048 Salerno 🮐🮐🮐 ㉘ ㉚, 🯄🯃🯁 G 26 – 7 428 ab. alt. 278 – a.s. luglio-agosto –
✪ 0974.

Roma 328 – Agropoli 13 – ◆Napoli 122 – Salerno 71 – Sapri 123.

a Santa Maria NO : 5 km – ⊠ 84072 :

🏠 **Sonia,** ℰ 961172, Fax 961172, ≤, 🏖ₔ – 🆎. ❤
chiuso novembre – **Pasto** carta 26/38000 – ⊑ 8000 – **20 cam** 55/80000 – ½ P 75/85000.

XX **I Due Fratelli,** N : 1,5 km ℰ 968004, ≤, 🌣 – 🅿. 🆎 🗓 ⓪ 🗉 **VISA**. ❤
chiuso mercoledì escluso dal 15 giugno al 15 settembre – **Pasto** carta 34/57000 (10%).

XX **La Taverna del Pescatore,** via Lamia ℰ 961261, 🌣, Specialità di mare, prenotare –
🅿. 🆎 ⓪. ❤
marzo-novembre; chiuso lunedì escluso dal 15 giugno al 15 settembre – **Pasto** carta 32/
62000 (10%).

a San Marco SO : 5 km – ⊠ 84071 :

🏨 **L'Approdo,** via Porto 49 ℰ 966001, Fax 966500, ≤, 🌣, ♨, 🏖ₔ – 🛗 ↔ cam 🗏 cam 📺
☎ 🅿. 🆎 🗓 ⓪ 🗉 **VISA**. ❤
aprile-2 ottobre – **Pasto** carta 29/39000 (13%) – **52 cam** ⊑ 95/140000, 8 appartamenti –
½ P 90/130000.

CASTELLAMMARE DEL GOLFO Trapani 🮐🮐🮐 ㉟, 🯄🯃🯂 M 20 – Vedere Sicilia alla fine dell'elen-
co alfabetico.

CASTELLAMMARE DI STABIA 80053 Napoli 🮐🮐🮐 ㉗, 🯄🯃🯁 E 25 – 68332 ab. – Stazione termale,
a.s. luglio-settembre – ✪ 081.

Vedere Antiquarium★.

Dintorni Scavi di Pompei★★★ N : 5 km – Monte Faito★★ : ☀★★★ dal belvedere dei Capi e
☀★★★ dalla cappella di San Michele (strada a pedaggio).

🎫 piazza Matteotti 34/35 ℰ 8711334.

Roma 238 – ◆Napoli 31 – Avellino 50 – Caserta 55 – Salerno 31 – Sorrento 19.

🏨 **Stabia,** corso Vittorio Emanuele 101 ℰ 8722577, Fax 8722577, « Rist roof-garden con
≤ mare e costa » – 🛗 🗏 📺 ☎ 🚗 🆎 🗓 ⓪ 🗉 **VISA**. ❤ rist
Pasto carta 41/52000 – **92 cam** ⊑ 100/150000 – ½ P 105/125000.

🏨 **La Medusa** ◇, via Passeggiata Archeologica 5 ℰ 8723383, Fax 8717009, ≤, 🌣, ♨, 🈂
– 🛗 📺 ☎ 🅿 – 🔏 60. 🆎 🗓 🗉 **VISA**. ❤
Pasto 35/45000 – **54 cam** ⊑ 130/170000 – ½ P 100/110000.

🏨 Torre Varano, via Passeggiata Archeologica ⊠ 80054 Gragnano » ℰ 8718200,
Fax 8718396, ≤, ♨, ❤ – 🛗 ☎ 🅿 – 🔏 150
67 cam.

CASTELLANA GROTTE 70013 Bari 🮐🮐🮐 ㉙, 🯄🯃🯁 E 33 – 17 615 ab. alt. 290 – ✪ 080.

Vedere Grotte★★★ SO : 2 km.

Roma 488 – ◆Bari 40 – ◆Brindisi 82 – Lecce 120 – Matera 65 – Potenza 154 – ◆Taranto 60.

🏠 **Le Soleil,** via Conversano N : 1 km ℰ 8965133, Fax 8961409 – 🗏 ☎ 🅿 – 🔏 120. 🆎 🗓
⓪ 🗉 **VISA**. ❤
Pasto *(chiuso novembre)* carta 38/57000 – ⊑ 10000 – **60 cam** 70/90000, 🗏 5000 – ½ P 85/
95000.

alle grotte SO : 2 km :

✗ **Da Ernesto e Rosa-Taverna degli Artisti,** ✉ 70013 ☎ 8968234, 🍽 – 🚫
chiuso dicembre, la sera da gennaio al 15 marzo e giovedì (escluso da luglio a settembre) –
Pasto carta 25/40000 (15%).

CASTELLANETA MARINA 74011 Taranto 🗺️ F 32 – 17 288 ab. – a.s. 20 giugno-agosto –
☎ 099.

🛖 (chiuso martedì da ottobre a maggio) a Riva dei Tessali ✉ 74011 Castellaneta ☎ 6439251,
Telex 860086, Fax 6439255, SO : 10 km.
Roma 487 – ♦Bari 99 – Matera 57 – Potenza 128 – ♦Taranto 33.

a Riva dei Tessali SO : 10 km – ✉ **74025** Marina di Ginosa :

🏨 **Golf Hotel** 🌳, ☎ 6439251, Telex 860086, Fax 6439255, 🍽, « In un vasto parco-
pineta », 🏊, 🐎, 🌲, ✗, 🎾, 🛥 – 🗄 📺 ☎ 🅿 – 🚗 150. 🖭 🕄 ⓞ 🖅 *VISA*. 🚫 rist
Pasto *(Pasqua, giugno-settembre e 15 dicembre al 15 gennaio)* carta 57/90000 –
� 25000 – **70 cam** 160/230000, 2 appartamenti – ½ P 128/218000.

CASTELL' APERTOLE Vercelli – Vedere Livorno Ferraris.

CASTELLARO 18011 Imperia 🗺️ K 5 – 857 ab. alt. 280 – ☎ 0184.
Roma 623 – Imperia 18 – Menton 37 – San Remo 13.

✗✗ **Au Becu Fin,** piazza Matteotti 2 ☎ 460179, Cucina di terra con prodotti di stagione,
Coperti limitati; prenotare
chiuso a mezzogiorno escluso domenica e i giorni festivi.

CASTELL'ARQUATO 29014 Piacenza 🗺️ ⑬, 🗺️🗺️ H 11 – 4 392 ab. alt. 225 – ☎ 0523.
🛖 (chiuso lunedì) località Bacedasco Alto ✉ 29014 Castell'Arquato ☎ 895544, Fax 895544.
🅱 (aprile-settembre) viale Remondini 1 ☎ 803091.
Roma 495 – ♦Bologna 134 – Cremona 39 – ♦Milano 96 – ♦Parma 41 – Piacenza 32.

✗✗ **La Rocca-da Franco,** ☎ 805154, ≼ – 🚫
chiuso martedì sera, mercoledì, gennaio e luglio – **Pasto** carta 40/60000.

✗✗ **Maps,** piazza Europa 3 ☎ 804411, 🍽, Coperti limitati; prenotare – 🖭 🕄 ⓞ 🖅 *VISA*.
🚫
chiuso lunedì sera, martedì Natale, gennaio e dal 1° all'8 settembre – **Pasto** carta 40/75000.

✗ **Faccini,** località Sant'Antonio N : 3 km ☎ 896340, 🍽 – 🅿 – 🚗 70. 🖭 🕄 ⓞ 🖅 *VISA* 🇯🇨🇧
🚫
chiuso mercoledì e dal 3 al 18 luglio – **Pasto** carta 37/52000.

CASTELLETTO DI BRENZONE Verona 🗺️ E 14 – Vedere Brenzone.

CASTELLINA IN CHIANTI 53011 Siena 🗺️ ⑭ ⑮, 🗺️ L 15 – 2 497 ab. alt. 578 – ☎ 0577.
Roma 251 – ♦Firenze 61 – Siena 24 – Arezzo 67 – Pisa 98.

🏨 **Villa Casalecchi** 🌳, S : 1 km ☎ 740240, Fax 741111, ≼, 🏊, 🌲, ✗ – ☎ 🅿. 🖭 🕄 ⓞ 🖅
VISA. 🚫 rist
28 marzo-ottobre – **Pasto** carta 80/120000 – **16 cam** ⊒ 290/315000, 3 appartamenti –
½ P 240/270000.

🏨 **Salivolpi** 🌳 senza rist, ☎ 740484, Fax 740998, ≼, 🏊, 🌲 – ☎ 🅿. 🖭 🕄 🖅 *VISA*. 🚫
19 cam ⊒ 105000.

✗ **Antica Trattoria la Torre,** ☎ 740236 – 🖭 🕄 ⓞ 🖅 *VISA*. 🚫
chiuso venerdì e dal 1° al 15 settembre – **Pasto** carta 31/46000.

a Ricavo N : 4 km – ✉ **53011** Castellina in Chianti :

🏨 **Tenuta di Ricavo** 🌳, ☎ 740221, Fax 741014, ≼, « Borgo rustico », 🏊, 🌲 – ☎ 🅿. 🕄 🖅
VISA. 🚫
aprile-ottobre – **Pasto** *(chiuso lunedì; prenotare)* carta 60/75000 – **19 cam** ⊒ 230/340000,
4 appartamenti.

a San Leonino S : 9 km – ✉ **53011** Castellina in Chianti :

🏨 **Belvedere di San Leonino** 🌳, ☎ 740887, Fax 740924, ≼, 🍽, 🏊, 🌲 – ☎ 🅿. 🖭 🕄 🖅
VISA. 🚫
26 dicembre-10 gennaio e 20 marzo al 15 novembre – **Pasto** *(solo per clienti alloggiati e
chiuso a mezzogiorno)* 28000 – **28 cam** ⊒ 120000.

sulla strada statale 222 - Chiantigiana S : 11 km :

🏨 **Casafrassi** 🌳, località Casafrassi ✉ 53011 ☎ 740621, Fax 741047, ≼, 🏊, 🌲, ✗ – 📶
🗄 cam ☎ 🅿 🖭 🕄 ⓞ 🖅 *VISA*. 🚫 rist
marzo-novembre – **Pasto** *(chiuso mercoledì)* carta 40/65000 – **20 cam** ⊒ 170/260000 –
½ P 170/190000.

CASTELLINA MARITTIMA 56040 Pisa 𝟰𝟯𝟬 L 13 – 1 819 ab. alt. 375 – ✪ 050.

Roma 308 – Pisa 49 – ♦Firenze 105 – ♦Livorno 40 – Pistoia 89 – Siena 103.

  🏠 **Il Poggetto** ⟨⟩, 𝒫 695205, Fax 695246, ≼, « Giardino ombreggiato », ⤢, ⚒ – ☎ 🅿. 🄰🄴 🕦 🄴 *VISA*. ⚒
    chiuso gennaio – **Pasto** 22/30000 – � 10000 – **31 cam** 66/95000 – ½ P 49/67000.

CASTELLO Brescia 𝟰𝟮𝟴 𝟰𝟮𝟵 F 13 – Vedere Serle.

CASTELLO MOLINA DI FIEMME 38030 Trento 𝟰𝟮𝟵 D 16 – 1 963 ab. alt. 963 – a.s. 23 gennaio-Pasqua e Natale – ✪ 0462.

🏔 (luglio-agosto) 𝒫 41155 (prenderà il 241155).

Roma 645 – ♦Bolzano 41 – Belluno 95 – Cortina d'Ampezzo 100 – ♦Milano 303 – Trento 63.

  🏨 **Los Andes** ⟨⟩, 𝒫 30098, Fax 32230, ≼, ₤ゟ, ☎, ⌷ – ∎ ☎ 🅿. 🕤 🕦 🄴 *VISA*. ⚒ rist
    Pasto 25/35000 – ⊑ 18000 – **39 cam** 100/160000 – ½ P 120000.

  🍽 **Vecchia Stazione,** 𝒫 230571 – 🅿. 🄰🄴 🕤 🄴 *VISA*
    chiuso dal 15 al 30 maggio, dal 15 al 30 ottobre e giovedì (escluso luglio-agosto) – **Pasto** carta 35/58000.

CASTELLUCCIO INFERIORE 85040 Potenza 𝟰𝟯𝟭 G 29 – 2 603 ab. alt. 479 – ✪ 0973.

Roma 402 – ♦Cosenza 126 – Potenza 129 – Salerno 146.

  🍽🍽 **Il Beccaccino,** 𝒫 662129, ≼ – ⊟ 🅿. 🕤 🄴 *VISA*. ⚒
    chiuso mercoledì, dall'8 al 14 giugno e dal 10 al 30 novembre – **Pasto** carta 21/36000.

CASTEL MADAMA 00024 Roma 𝟵𝟴𝟴 ㉖, 𝟰𝟯𝟬 Q 20 – 6 422 ab. alt. 453 – ✪ 0774.

Roma 42 – Avezzano 70.

  🍽 **Sgommarello,** a Collermino SO : 4 km 𝒫 411431, ≼, 𝔊, 𝖗 – 🅿. 🄰🄴 🕤 🕦 🄴 *VISA*. ⚒
    chiuso domenica sera, mercoledì e dal 20 luglio al 10 agosto – **Pasto** carta 30/52000.

CASTEL MAGGIORE 40013 Bologna 𝟰𝟮𝟵 𝟰𝟯𝟬 I 16 – 14 860 ab. alt. 20 – ✪ 051.

Roma 387 – ♦Bologna 10 – ♦Ferrara 38 – ♦Milano 214.

  🏨 **Olimpic,** via Galliera 23 𝒫 700861, Fax 700776 – ∎ ⊟ 📺 ☎ ⟵ 🅿 – 🅰 40. 🄰🄴 🕤 🕦 🄴 *VISA* 𝙹𝘾𝘽
    Pasto carta 30/39000 – ⊑ 8000 – **62 cam** 70/100000 – ½ P 75/100000.

  🏠 **Rally** senza rist, via Curiel 4 𝒫 711186, Fax 711186 – ∎ 📺 ☎ ⟵ 🅿. 🄰🄴 🕤 🕦 🄴 *VISA* 𝙹𝘾𝘽.
    ⚒
    ⊑ 12000 – **28 cam** 103/145000.

  🍽🍽 **Alla Scuderia,** località Castello E : 1,5 km 𝒫 713302, prenotare – ⊟ 🅿. 🄰🄴 🕤 🕦 *VISA*. ⚒
    chiuso domenica e dal 6 al 27 agosto – **Pasto** carta 38/60000.

    a Trebbo di Reno SO : 6 km – ✉ **40060** :

  🍽🍽 **Il Sole-Antica Locanda del Trebbo,** via Lame 67 𝒫 700102, 𝔊, Coperti limitati; prenotare – ⊟ 🅿. 🄰🄴 🄴 *VISA*
    chiuso sabato a mezzogiorno, domenica, dal 2 al 10 gennaio e dal 13 al 31 agosto – **Pasto** 50/70000.

MICHELIN, via Bonazzi 32 (zona Industriale), 𝒫 713157, Fax 712952.

CASTELMASSA 45035 Rovigo 𝟵𝟴𝟴 ⑭, 𝟰𝟮𝟵 G 15 – 4 719 ab. alt. 12 – ✪ 0425.

Roma 460 – ♦Verona 64 – ♦Ferrara 37 – Mantova 51 – ♦Modena 73 – ♦Padova 82.

  🍽🍽 **Portoncino Rosso,** via Matteotti 15/a 𝒫 81698, Coperti limitati; prenotare – ⊟. 🄰🄴 🕤 🕦 🄴 *VISA*. ⚒
    chiuso domenica sera, lunedì ed agosto – **Pasto** carta 23/42000.

CASTELMOLA Messina – Vedere Sicilia (Taormina) alla fine dell'elenco alfabetico.

CASTELNOVO DI SOTTO 42024 Reggio nell'Emilia 𝟰𝟮𝟴 H 13 – 7 181 ab. alt. 27 – ✪ 0522.

Roma 440 – ♦Parma 26 – ♦Bologna 78 – Mantova 56 – ♦Milano 142 – Reggio nell'Emilia 15.

  🏨 **Poli** senza rist, 𝒫 683168, Fax 683774 – ∎ ⊟ 📺 ☎ ⟵ 🅿. 🄰🄴 🕤 🕦 🄴 *VISA*
    42 cam ⊑ 90/130000.

  🍽🍽 **Poli-alla Stazione,** 𝒫 682342, 𝔊, ⤢ – 🅿. 🄰🄴 🕦 🄴 *VISA*. ⚒
    chiuso domenica sera ed agosto – **Pasto** carta 47/77000.

CASTELNOVO NE' MONTI 42035 Reggio nell'Emilia 𝟵𝟴𝟴 ⑭, 𝟰𝟮𝟴 𝟰𝟮𝟵 𝟰𝟯𝟬 I 13 – 9 619 ab. alt. 700 – a.s. luglio-13 settembre – ✪ 0522.

🏔 piazza Martiri della Libertà 12 𝒫 810430, Fax 810430.

Roma 470 – ♦Parma 58 – ♦Bologna 108 – ♦Milano 180 – Reggio nell'Emilia 43 – ♦La Spezia 90.

  🏠 **Bismantova,** via Roma 73 𝒫 812218 – 📺 ☎. 🄰🄴 🕤 🄴 *VISA*. ⚒
    chiuso dal 3 novembre al 1° dicembre – **Pasto** *(chiuso martedì in bassa stagione)* carta 38/44000 – ⊑ 8000 – **18 cam** 65/95000 – ½ P 75/80000.

CASTELNUOVO BERARDENGA 53019 Siena 988 ⑮, 430 L 16 – 6 348 ab. alt. 351 – ✆ 0577.

Roma 215 – Siena 19 – Arezzo 50 – ◆Perugia 93.

🏨 **Villa Arceno** ⑤, località Arceno N: 4,5 km ℰ 359292, Telex 574047, Fax 359276, « Villa seicentesca in una tenuta agricola, giardino con ⊿ ⚲ e parco con lago » – 🛗 🖃 📺 ☎
🅿 🖭 🖪 ⓞ 🖪 VISA JCB. ⚗
aprile-4 novembre – **Pasto** 65/95000 – **13 cam** ☲ 220/350000. 3 appartamenti – ½ P 180/225000.

🏨 **Relais Borgo San Felice** ⑤, località San Felice N : 10 km ℰ 359260, Fax 359089, ≼, 🍴, « In un borgo medioevale tra i vigneti », ⊿ riscaldata, ☞, ⚲ – 🖃 📺 ☎ 🅿 – 🏌 60.
🖭 🖪 ⓞ 🖪 VISA ⚗ rist
aprile-ottobre – **Pasto** 80/90000 – **33 cam** ☲ 250/360000, 12 appartamenti 470000 – ½ P 275000.

🍴 **La Bottega del 30,** località Villa a Sesta N : 5 km ℰ 359226, 🍴, Coperti limitati; prenotare
chiuso a mezzogiorno (escluso sabato-domenica e i giorni festivi), martedì e mercoledì –
Pasto carta 38/69000.

CASTELNUOVO DELLA DAUNIA 71034 Foggia 988 ㉘, 431 C 27 – 1989 ab. alt. 553 – ✆ 0881.

Roma 332 – ◆Foggia 38 – San Severo 31 – Termoli 78.

🍴🍴 **Il Cenacolo,** ℰ 559587, 🍴 – 🖪 🖪 VISA
chiuso domenica sera, lunedì, febbraio ed agosto – **Pasto** carta 26/47000.

CASTELNUOVO DI GARFAGNANA 55032 Lucca 988 ⑩, 428 429 430 J 13 – 6 306 ab. alt. 277 – ✆ 0583.

Roma 395 – Pisa 67 – ◆Bologna 141 – ◆Firenze 121 – Lucca 47 – ◆Milano 263 – ◆La Spezia 81.

🍴🍴 **La Lanterna,** località Piano Pieve N : 1,5 km ℰ 63364 – 🅿. 🖭 🖪 ⓞ VISA ⚗
chiuso lunedì sera, martedì e gennaio – **Pasto** carta 27/48000.

🍴 **Da Carlino** con cam, via Garibaldi 15 ℰ 644270, ☞ – 📺 ☎. 🖪 🖪 VISA ⚗
chiuso dal 6 al 27 gennaio – **Pasto** *(chiuso lunedì)* carta 30/42000 – ☲ 8000 – **30 cam** 60/90000 – ½ P 65/75000.

CASTELNUOVO MAGRA 19030 La Spezia, 428 429 430 J 12 – 7 896 ab. alt. 188 – ✆ 0187.

Roma 404 – Pisa 61 – Reggio nell'Emilia 149 – ◆La Spezia 18.

🍴 **Armanda,** piazza Garibaldi 6 ℰ 674410, Coperti limitati; prenotare – 🖪. ⚗
chiuso mercoledì, dal 24 dicembre al 2 gennaio e dal 7 al 22 settembre – **Pasto** carta 33/56000.

CASTELRAIMONDO 62022 Macerata 988 ⑯, 430 M 21 – 4 253 ab. alt. 307 – ✆ 0737.

Roma 217 – ◆Ancona 85 – Fabriano 27 – Foligno 60 – Macerata 42 – ◆Perugia 93.

🏠 **Bellavista** ⑤, via Sant'Anna 11 ℰ 640717, Fax 642110, ≼ – 🛗 📺 ☎ 🅿. 🖭 🖪 ⓞ 🖪 VISA
⚗ – *chiuso dal 23 dicembre al 7 gennaio –* **Pasto** *(chiuso sabato)* carta 34/46000 – ☲ 8000 – **22 cam** 55/85000 – ½ P 70/80000.

CASTEL RIGONE 06060 Perugia 430 M 18 – alt. 653 – ✆ 075.

Roma 208 – ◆Perugia 26 – Arezzo 58 – Siena 90.

🏨 **Relais la Fattoria** ⑤, ℰ 845322, Fax 845197, ⊿ – 🛗 📺 ☎ 🅿 – 🏌 50 a 120. 🖭 🖪 ⓞ 🖪
VISA
Pasto al Rist. *La Corte* carta 37/66000 – **29 cam** ☲ 170/240000 – ½ P 110/160000.

CASTELROTTO (KASTELRUTH) 39040 Bolzano 988 ④, 429 C 16 – 5 606 ab. alt. 1 060 – Sport invernali : vedere Alpe di Siusi – ✆ 0471.

🖪 ℰ 706333, Fax 705188.

Roma 667 – ◆Bolzano 26 – Bressanone 25 – ◆Milano 325 – Ortisei 12 – Trento 86.

🏨 **Agnello Posta-Post Hotel Lamm,** ℰ 706343, Fax 707063, ≼, ⇌, ⊿ – 🛗 🖃 rist 📺 ☎
🅿. 🖭 🖪 ⓞ 🖪 VISA ⚗
chiuso maggio e dal 15 novembre al 10 dicembre – **Pasto** *(chiuso lunedì da ottobre a marzo)*
carta 46/61000 – **41 cam** ☲ 150/270000, 4 appartamenti – ½ P 110/170000.

🏨 **Cavallino d'Oro-Goldenes Rössl,** ℰ 706337, Fax 707172, ≼, « Ambiente tipico tirolese » – 📺 ☎. 🖭 🖪 ⓞ 🖪 VISA JCB. ⚗ rist
chiuso dal 10 novembre al 5 dicembre – **Pasto** *(chiuso martedì)* carta 31/48000 – **20 cam**
☲ 92/135000 – ½ P 60/110000.

🏠 **Tyrol** ⑤, ℰ 706397, Fax 707171, ≼, 🎿, ⇌, ⊿, ☞ – 🛗 ☎ 🚗 🅿. ⚗ rist
dicembre-aprile e giugno-settembre – **25 cam** solo ½ P 70/115000.

🏠 **Belvedere-Schönblick** senza rist, ℰ 706336, Fax 706172, ≼, ⇌ – ☎ 🅿
21 dicembre-Pasqua e giugno-ottobre – **34 cam** ☲ 59/108000.

CASTEL SAN GIOVANNI 29015 Piacenza 988 ⑬, 428 G 10 – 11 702 ab. alt. 74 – ✆ 0523.

Roma 532 – Alessandria 76 – ◆Genova 130 – ◆Milano 62 – Pavia 34 – Piacenza 20.

🏨 **Palace Hotel** senza rist, via Emilia Pavese 4 ℰ 849441, Fax 849441 – 🛗 🖃 📺 ☎ 🅿. 🖭 🖪
ⓞ 🖪 VISA
chiuso agosto – ☲ 15000 – **52 cam** 135/160000.

CASTEL SAN PIETRO TERME 40024 Bologna 988 ⑲, 429 430 I 16 – 17 918 ab. alt. 75 – Stazione termale (aprile-novembre), a.s. luglio-13 settembre – ✿ 051.

🎪 piazza 20 Settembre 3 ✆ 941110, Fax 942703.

Roma 395 – ◆Bologna 24 – ◆Ferrara 67 – ◆Firenze 109 – Forlì 41 – ◆Milano 235 – ◆Ravenna 55.

🏨 **Park Hotel,** viale Terme 1010 ✆ 941101, Fax 944374, ☞ – 🛗 🖬 🖽 ☎ ☻ – 🏂 50. 🕮 ☒.
    ⚘
    chiuso dal 20 dicembre a gennaio – **Pasto** (solo per clienti alloggiati) – ☲ 5000 – **40 cam** 80/120000 – ½ P 65000.

🍴🍴 **Terantiga** con cam, località Varignana O : 9 km ✉ 40060 Osteria Grande ✆ 6957248, Fax 6957234 – 🖳 rist 🖬 ☎. 🖽 ◑ 🗲 ☒. ⚘
    Pasto *(chiuso lunedì)* carta 40/54000 – ☲ 8000 – **10 cam** 60/100000 – ½ P 60/90000.

🍴🍴 **Maraz,** piazzale Vittorio Veneto 1 ✆ 941236, Fax 944422 – 🕮 🖽 ◑ 🗲 ☒ 🆓. ⚘
    chiuso mercoledì e dal 25 agosto al 5 settembre – **Pasto** carta 42/61000.

🍴 **Trattoria Trifoglio,** località San Giovanni dei Boschi N : 13 km ✆ 949066, Fax 949266, � – ☻. 🕮 🖽 ◑ 🗲 ☒. ⚘
    chiuso lunedì ed agosto – **Pasto** carta 37/61000.

CASTELSARDO Sassari 988 ㉓, 433 E 8 – Vedere Sardegna alla fine dell'elenco alfabetico.

CASTEL TOBLINO Trento – alt. 243 – ✉ 38070 Sarche – a.s. dicembre-Pasqua – ✿ 0461.

Roma 605 – ◆Bolzano 78 – ◆Brescia 100 – ◆Milano 195 – Riva del Garda 25 – Trento 17.

🍴🍴 **Castel Toblino,** ✆ 864036, Fax 864036, « In un castello medioevale; piccolo parco » – ☻. 🖽 🗲 ☒. ⚘
    10 marzo-10 novembre;chiuso martedì escluso agosto – **Pasto** carta 40/56000.

CASTELVECCANA 21010 Varese – 1 822 ab. alt. 281 – ✿ 0332.

Roma 666 – Bellinzona 46 – Como 59 – ◆Milano 87 – Novara 79 – Varese 29.

🍴 **Da Pio** ⚲ con cam, località San Pietro ✆ 520511, Fax 520510, 🌆, prenotare – ☎ ☻
    stagionale – **11 cam.**

CASTELVERDE 26022 Cremona 428 429 G 11 – 4 365 ab. alt. 53 – ✿ 0372.

Roma 526 – ◆Parma 70 – ◆Brescia 55 – Cremona 6 – ◆Milano 86.

    a Livrasco E : 1 km – ✉ 26022 Castelverde :

🍴 **Valentino,** ✆ 427557 – ☻. 🖽. ⚘
    chiuso martedì e dal 20 luglio al 10 agosto – **Pasto** carta 25/40000.

CASTELVETRO DI MODENA 41014 Modena 428 429 430 I 14 – 8 093 ab. alt. 152 – ✿ 059.

Roma 406 – ◆Bologna 50 – ◆Milano 189 – ◆Modena 19.

🏩 **Zoello,** località Settecani N : 5 km ✆ 702635, Fax 702000, 🌆, 🍴 – 🛗 🖳 cam 🖬 ☎ ☻. 🕮 🖽 ◑ 🗲 ☒. ⚘
    chiuso dal 24 dicembre al 6 gennaio ed agosto – **Pasto** *(chiuso venerdì)* carta 30/40000 – ☲ 10000 – **25 cam** 65/100000 – P 90/100000.

🍴🍴 **Al Castello,** piazza Roma 7 ✆ 790276, Fax 790736, 🌆 – 🕮 🖽 ◑ 🗲 ☒. ⚘
    chiuso lunedì e gennaio – **Pasto** carta 41/68000 (10%).

CASTEL VOLTURNO 81030 Caserta 988 ㉗, 431 D 23 – 14 909 ab. – a.s. 15 giugno-15 settembre – ✿ 081.

Roma 190 – ◆Napoli 40 – Caserta 37.

🍴🍴 **Scalzone,** via Domiziana al km 34,200 ✆ 851217 – 🖳 ☻. 🕮 🖽 🗲 ☒
    chiuso lunedì, Natale e Pasqua – **Pasto** carta 27/47000 (15%).

CASTIGLIONCELLO 57012 Livorno 988 ⑭, 430 L 13 – a.s. 15 giugno-15 settembre – ✿ 0586.

🎪 (maggio-settembre) via Aurelia 967 ✆ 752017, Fax 752291.

Roma 300 – Pisa 40 – ◆Firenze 137 – ◆Livorno 21 – Piombino 61 – Siena 109.

🏨 **Atlantico** ⚲, via Martelli 12 ✆ 752440, Fax 752494, ☞ – 🛗 🖬 ☎ ☻. 🖽 🗲 ☒. ⚘ rist
    marzo-4 ottobre – **Pasto** carta 26/44000 – **44 cam** ☲ 80/120000 – ½ P 100/105000.

🏨 **Martini** ⚲, via Martelli 3 ✆ 752140, Fax 752140, 🌆, « Giardino ombreggiato », ☞ – 🛗 🖬 ☎ ☻
    stagionale – **35 cam.**

🏨 **Villa Parisi** ⚲, via Monti 6 ✆ 751698, Fax 751167, ≼, « Parco con discesa a mare », ⚏, 🍴 – 🛗 🖳 🖬 ☎ ☻ – 🏂 50
    20 cam.

🍴 **Nonna Isola,** statale Aurelia 558 ✆ 753492, Specialità di mare, Coperti limitati; prenotare – 🖳. 🖽. ⚘
    Pasqua-settembre; chiuso lunedì escluso agosto – **Pasto** carta 38/49000.

CASTIGLIONE Asti – Vedere Asti.

174

CASTIGLIONE DEL LAGO 06061 Perugia 988 ⑮, 480 M 18 – 13 408 ab. alt. 304 – ✿ 075.

🜚 Panicale-Lamborghini, località Soderi ⊠ 06064 Panicale ℰ 837582, Fax 837582, S : 8 km.

🛈 piazza Mazzini 10 ℰ 9652484, Fax 9652763.

Roma 182 – ◆Perugia 46 – Arezzo 46 – ◆Firenze 126 – Orvieto 74 – Siena 78.

🏨 **Duca della Corgna** senza rist, via Buozzi 143 ℰ 953238, Fax 9652446, 🐖 – 📺 ☎ 🚗 🅿
– 🛗 60. 🖫 🖪 ￼VISA
⌑ 6000 – **16 cam** 70/90000.

🏠 **Fazzuoli** senza rist, piazza Marconi 11 ℰ 951119, Fax 951829 – 📺 🕸 🅿. ➀ ￼VISA. ✛
chiuso dal 7 gennaio a febbraio – ⌑ 5000 – **27 cam** 60/80000.

🏠 **Miralago,** piazza Mazzini 6 ℰ 951157, Fax 951924, « Servizio rist. estivo in giardino con
⩳ lago » – 📺 ☎. 🖪 ➀ 🖪 ￼VISA. ✛
marzo-novembre – **Pasto** (chiuso giovedì) carta 40/49000 – **19 cam** ⌑ 75/110000 –
½ P 160000.

XX **La Cantina,** via Vittorio Emanuele 81 ℰ 9652463, Fax 951003 – 🖭 🖪 ➀ 🖪 ￼VISA. ✛
chiuso lunedì escluso da giugno ad agosto – **Pasto** carta 32/46000.

a Panicarola SE : 11 km – ⊠ 06060 :

XX **Il Bisteccaro,** ℰ 9589327, 🏛 – 🖭 🖪 ➀ 🖪 ￼VISA
chiuso martedì e dal 7 al 31 gennaio – **Pasto** carta 38/68000.

CASTIGLIONE DELLA PESCAIA 58043 Grosseto 988 ㉔, 480 N 14 – 7 179 ab. – a.s. Pasqua e
15 giugno-15 settembre – ✿ 0564.

🛈 piazza Garibaldi ℰ 93367, Fax 933154.

Roma 205 – ◆Firenze 162 – Grosseto 22 – ◆Livorno 114 – Siena 94 – Viterbo 141.

🏨🏨 **L'Approdo,** via Ponte Giorgini 29 ℰ 933466, Fax 480008, ⩳ – 🛗 🗏 📺 ☎. 🖭 🖪 ➀ ￼VISA.
✛
chiuso novembre e gennaio – **Pasto** 35000 – ⌑ 13000 – **48 cam** 223000 – ½ P 108/169000.

🏨 **Miramare,** via Veneto 35 ℰ 933524, Fax 933695, ⩳, 🖄⊙ – 🛗 📺 ☎. 🖭 🖪 ➀ 🖪 ￼VISA. ✛
Pasqua-novembre – **Pasto** carta 38/60000 – ⌑ 10000 – **34 cam** 90/130000 – ½ P 80/
120000.

🏨 **Sabrina,** via Ricci 12 ℰ 933568, Fax 933592, 🐖 – 🗏 ☎ 🅿. 🖭 🖪 🖪 ￼VISA. ✛
giugno-settembre – **Pasto** (solo per clienti alloggiati) – ⌑ 12000 – **37 cam** 75/105000 –
½ P 70/105000.

🏠 **Piccolo Hotel,** via Montecristo 7 ℰ 937081, 🏛 – ☎ 🅿. 🖪. ✛
Pasqua e 15 maggio-settembre – **Pasto** 28/34000 – **22 cam** ⌑ 136/156000 – ½ P 100/
110000.

🏠 **Perla,** via Arenile 3 ℰ 938023 – 🅿. ✛
Pasqua-ottobre – **Pasto** (solo per clienti alloggiati) 33000 – ⌑ 8000 – **13 cam** 50/78000 –
½ P 75/85000.

XX **Corallo** con cam, via Nazario Sauro 1 ℰ 933668, Fax 936268, 🏛 – 🛗 🗏 📺 ☎ 🖧. 🖭 🖪 🖪
￼VISA
chiuso martedì escluso da Pasqua ad ottobre – **Pasto** carta 49/78000 – **14 cam** ⌑ 75/
110000, 🗏 10000 – ½ P 95/105000.

XX **Pierbacco,** piazza Repubblica 24 ℰ 933522, 🏛 – 🗏. 🖭 🖪 🖪 ￼VISA
chiuso a mezzogiorno in luglio-agosto e mercoledì (escluso da giugno a settembre) – **Pasto**
carta 36/51000.

XX **Da Romolo,** corso della Libertà 10 ℰ 933533, 🏛 – 🖭 🖪 ➀ 🖪 ￼VISA. ✛
chiuso martedì e novembre – **Pasto** carta 31/53000.

CASTIGLIONE DELLE STIVIERE 46043 Mantova 988 ④, 428 F 13 – 16 643 ab. alt. 116 –
✿ 0376.

Roma 509 – ◆Brescia 28 – Cremona 57 – Mantova 38 – ◆Milano 122 – ◆Verona 49.

🏨 **La Grotta** 🦢 senza rist, viale dei Mandorli 22 ℰ 632530, Fax 639295, 🐖 – 📺 ☎ 🅿 –
🛗 25 a 40. 🖭 🖪 🖪 ￼VISA
chiuso dal 20 al 30 dicembre – ⌑ 12000 – **27 cam** 90/125000.

XX **Hostaria Viola,** località Fontane, via Verdi 32 ℰ 638277, Coperti limitati; prenotare – 🅿.
🖭 🖪 ➀ 🖪 ￼VISA 🌀♣. ✛
chiuso lunedì e dal 10 luglio al 20 agosto – **Pasto** carta 33/52000.

X **Palazzina,** rione Palazzina 40 ℰ 632143 – 🅿. 🖭 🖪 🖪 ￼VISA. ✛
chiuso mercoledì e dal 15 al 30 agosto – **Pasto** carta 32/53000.

a Grole SE : 3 km – ⊠ 46043 Castiglione delle Stiviere :

XX **Tomasi,** ℰ 672586, Fax 672586, prenotare – 🗏 🅿. 🖭 🖪 ➀ 🖪 ￼VISA. ✛
chiuso lunedì, dal 1° al 7 gennaio e dal 1° al 21 agosto – **Pasto** carta 40/55000.

CASTIGLIONE TINELLA 12053 Cuneo 428 H 6 – 956 ab. alt. 408 – ✿ 0141.

Roma 622 – ◆Genova 102 – ◆Torino 80 – Acqui Terme 27 – Alessandria 58 – Asti 22.

X **Palmira,** piazza 20 Settembre 18 ℰ 855176, prenotare – 🖭 🖪 🖪 ￼VISA
chiuso lunedì sera, martedì e luglio – **Pasto** carta 25/40000.

63032 Ascoli Piceno 430 N 22 – 3 051 ab. alt. 474 – 😊 0736.

Roma 225 – ♦Ancona 120 – Ascoli Piceno 34 – ♦Pescara 95.

🏠 **Teta,** via Borgo Garibaldi 98 ℘ 821412, Fax 821593, ≤ – |🛏| ☎ – 🚗 200. 🆎 🕃 🗲 𝗩𝗜𝗦𝗔. 🦿
chiuso dall'8 al 25 novembre – **Pasto** *(chiuso venerdì)* 20/30000 – **18 cam** ⇌ 55/90000 – ½ P 60/80000.

24020 Bergamo 428 E 12 – 3 162 ab. alt. 870 – a.s. luglio-agosto e Natale – Sport invernali : al Monte Pora : 1 350/1 900 m ≼11, ⚡ – 😊 0346.

Roma 643 – ♦Brescia 89 – ♦Bergamo 42 – Edolo 80 – ♦Milano 88.

🏨 **Aurora,** ℘ 60004, Fax 60246, ≤, 🦿 – |🛏| 📺 ☎ 🅿. 🆎 🕃 ⓞ 🗲 𝗩𝗜𝗦𝗔. 🦿 rist
chiuso dal 15 al 30 ottobre – **Pasto** *(chiuso martedì)* carta 36/58000 – ⇌ 10000 – **26 cam** 60/100000 – ½ P 58/85000.

a Bratto NE : 2 km – alt. 1 007 – ✉ 24020 :

🏨 **Milano,** ℘ 31211, Fax 36236, ≤, « Piccolo parco ombreggiato » – |🛏| 📺 ☎ 🔥 🚗 🅿 – 🚗 25 a 160. 🆎 🕃 ⓞ 🗲 𝗩𝗜𝗦𝗔 𝗝𝗖𝗕. 🦿 rist
Pasto al Rist. **Al Caminone** carta 36/56000 – **64 cam** ⇌ 140/180000, 4 appartamenti – ½ P 100/170000.

🏠 **Pineta,** ℘ 31121, Fax 36133, ≤, 🌳 – |🛏| 📺 ☎ 🅿. 🆎. 🦿 rist
Pasto *(chiuso lunedì)* 20/30000 – ⇌ 10000 – **40 cam** 80/100000 – P 80/100000.

XX **Cascina delle Noci,** ℘ 31251, Fax 36246, prenotare, « Giardino ombreggiato con mini-golf » – 🅿. 🕃 🗲 𝗩𝗜𝗦𝗔
chiuso da lunedì a venerdì da ottobre a maggio – **Pasto** 55000 bc e carta 42/60000.

47011 Forlì 988 ⑮, 429 430 J 17 – 5 353 ab. alt. 68 – Stazione termale (aprile-novembre), a.s. 15 luglio-settembre – 😊 0543.

🎗 via Garibaldi 1 ℘ 767162, Fax 767162.

Roma 342 – ♦Bologna 74 – ♦Ravenna 40 – ♦Firenze 98 – Forlì 11 – ♦Milano 293 – Rimini 60.

🏨 **Gd H. Terme,** ℘ 767114, Fax 768135, « Parco ombreggiato », ⛴, ♣ – |🛏| 📺 ☎ 🔥 🅿 – 🚗 da 50 a 150. 🆎 🕃 ⓞ 🗲 𝗩𝗜𝗦𝗔. 🦿 rist
15 aprile-ottobre – **Pasto** 40/50000 – ⇌ 15000 – **95 cam** 120/190000, appartamento – ½ P 60/135000.

🏨 **Ambasciatori,** ℘ 767345, Fax 767345, ⇌ₛ, ⛴, 🌳 – |🛏| 📺 ☎ 🅿. 🆎 🕃 ⓞ 🗲 𝗩𝗜𝗦𝗔. 🦿 rist
chiuso gennaio – **Pasto** *(aprile-novembre)* 25/38000 (20 %) – **28 cam** ⇌ 100/150000 – P 70/120000.

🏨 **Garden,** ℘ 766366, Fax 766366, ⛴, 🌳, 🦿 – |🛏| 🍽 rist 📺 ☎ 🅿 – 🚗 60. 🆎 🕃 ⓞ 🗲 𝗩𝗜𝗦𝗔. 🦿
Pasto 30/38000 – **29 cam** ⇌ 85/130000 – ½ P 70000.

🏠 **Eden,** ℘ 767600, Fax 768233, ≤, 🌳 – |🛏| ☎ 🅿. 🆎 🕃 ⓞ 🗲 𝗩𝗜𝗦𝗔. 🦿
aprile-15 novembre – **Pasto** 27/32000 – **32 cam** ⇌ 60/100000 – ½ P 55/60000.

XXXX ☺☺ **La Frasca,** ℘ 767471, Fax 766625, Coperti limitati; prenotare, « Servizio estivo in giardino », 🌳 – 🅿 – 🚗 30. 🆎 🕃 ⓞ 🗲 𝗩𝗜𝗦𝗔. 🦿
chiuso lunedì, dal 1° al 20 gennaio e dal 1° al 16 agosto – **Pasto** carta 90/125000
Spec. Garganelli al pettine con ragù di coniglio. Branzino arrosto con purea di fave e sformato di zucchine (primavera). Anatroccolo al Sangiovese con spinaci alla romagnola.

X **Al Laghetto,** ℘ 767230, 🍽 – 🅿. 🆎 🕃 ⓞ 𝗩𝗜𝗦𝗔. 🦿
chiuso lunedì ed ottobre – **Pasto** carta 35/56000 bc.

03030 Frosinone 430 R 23 – 3 700 ab. alt. 250 – 😊 0776.

Roma 116 – Caserta 85 – Gaeta 61 – Isernia 82 – ♦Napoli 112.

XX **Al Mulino,** via Casilina 47 (S : 2 km) ℘ 79306, Fax 79824, 🍽, Specialità di mare, 🌳 – 🍽 🅿. 🆎 🕃 ⓞ 🗲 𝗩𝗜𝗦𝗔 𝗝𝗖𝗕. 🦿
chiuso lunedì e dal 23 dicembre al 10 gennaio – **Pasto** carta 46/77000.

Potenza 431 H 29 – Vedere Maratea.

73030 Lecce 431 G 37 – 2 419 ab. – a.s. luglio-agosto – 😊 0836.

Roma 660 – ♦Bari 199 – ♦Brindisi 87 – Lecce 48 – Otranto 23 – ♦Taranto 125.

🏨 **Degli Ulivi,** ℘ 593037, Fax 593084, 🍽 – |🛏| 🍽 rist 📺 ☎ 🅿. 🆎 🕃 🗲 𝗩𝗜𝗦𝗔
Pasto carta 28/41000 – **30 cam** ⇌ 70/100000 – ½ P 80/90000.

alla grotta Zinzulusa N : 2 km – Vedere Guida Verde

🏨 **Piccolo Mondo** ⑳, ✉ 73030 ℘ 97139, Fax 97139, ≤, « Costruzioni indipendenti sulla scogliera », ⛴, 🍽 – ☎ 🅿. 🕃 𝗩𝗜𝗦𝗔. 🦿
aprile-settembre – **Pasto** carta 27/69000 – **70 cam** ⇌ 79/137000 – ½ P 75/160000.

🏨 **Orsa Maggiore** ⑳, ✉ 73030 ℘ 97029, Fax 97766, ≤, 🌳 – |🛏| 🍽 ☎ 🅿 – 🚗 50. 🆎 🕃 ⓞ 🗲 𝗩𝗜𝗦𝗔
Pasto carta 32/49000 – ⇌ 11000 – **29 cam** 84/94000 – ½ P 68/98000.

Roma 453 – Catanzaro 168 – ♦Cosenza 75 – ♦Napoli 247 – ♦Reggio di Calabria 261 – ♦Taranto 152.

🏠 ☆ **La Locanda di Alìa,** via Jetticelle 69 ✆ 46370, Fax 46370, 🚗 – 🍴 📼 📺 ☎ ℗ – 🛎 70. 🔳 🗓 ⓪ 🇪 𝗩𝗜𝗦𝗔
Pasto *(chiuso domenica)* 40/50000 (10%) a mezzogiorno 50/70000 (10%) alla sera e carta 40/53000 (10%) – ☑ 5000 – **14 cam** 110/160000, 3 appartamenti
Spec. Ravioli di spinaci all'anice silano, Gamberoni in sfoglia di zucchine, Insalata di fichi con salsa di cioccolato alla menta.

🏠 **President Joli Hotel,** corso Luigi Saraceni 22 ✆ 21122, Fax 28653 – 📳 📼 📺 ☎ ℗ – 🛎 80. 🔳 🗓 ⓪ 🇪 𝗩𝗜𝗦𝗔. ⋘
Pasto carta 35/47000 – ☑ 7000 – **42 cam** 95/140000 – ½ P 85/95000.

CATANIA 🅿 988 37, 432 O 27 – Vedere Sicilia alla fine dell'elenco alfabetico.

*Le continue modifiche ed il costante miglioramento apportato
alla rete stradale italiana consigliano l'acquisto dell'edizione più
aggiornata della* **carta Michelin** 988 *in scala 1:1 000 000.*

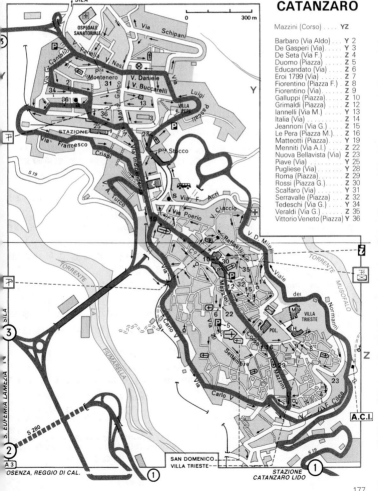

CATANZARO

CATANZARO 88100 ℙ 988 ㉟, 431 K 31 – 96 547 ab. alt. 343 – ✿ 0961.

Vedere Villa Trieste★ – Pala★ della Madonna del Rosario nella chiesa di San Domenico.

🏌 Porto d'Orra (chiuso lunedì) a Catanzaro Lido ⊠ 88063 ℰ 791045, Fax 791444, NE : 7 km.

🛈 piazza Prefettura ℰ 741764.

A.C.I. viale dei Normanni 99 ℰ 754131.

Roma 612 ③ – ◆Bari 364 ③ – ◆Cosenza 97 ③ – ◆Napoli 406 ③ – ◆Reggio di Calabria 161 ③ – ◆Taranto 298 ③.

Pianta pagina precedente

🏨 **Guglielmo,** via Tedeschi 1 ℰ 741922, Telex 880025, Fax 722181 – 🛗 🖿 ▧ ☎ 🚗 –
⛓ 200. ㊛ 🕄 ◑ ❿ 🅴 𝑽𝑰𝑺𝑨. ⋘ rist
Pasto carta 36/55000 – **46 cam** ⊑ 160/230000 – ½ P 170000.

🏨 **Grand Hotel** senza rist, piazza Matteotti ℰ 701256, Fax 741621 – 🛗 🖿 📺 ☎ 🅿. ㊛ 🕄 ◑
❿ 𝑽𝑰𝑺𝑨. ⋘
79 cam ⊑ 136/178000.

a Catanzaro Lido per ② : 14 km – ⊠ **88063** :

🏨 Stillhotel ⑤, via Melito Porto Salvo 102/A ℰ 32851, Fax 33818, ≤ – 🖿 📺 ☎ 🅿
Pasto vedere rist **La Brace** – **30 cam.**

✗✗✗ La Brace, via Melito di Porto Salvo 102 ℰ 31340, ≤, 🏡 – 🖿 🅿

CATENA Pistoia – Vedere Quarrata.

CATTOLICA 47033 Rimini 988 ⑯, 429 430 K 20 – 15 111 ab. – a.s. 15 giugno-agosto – ✿ 0541.

🛈 piazza Nettuno 1 ℰ 963341, Fax 963344.

Roma 315 – ◆Ancona 92 – ◆Bologna 130 – Forlì 69 – ◆Milano 341 – Pesaro 17 – ◆Ravenna 74 – Rimini 22.

🏨🏨 **Caravelle,** via Padova 6 ℰ 962416, Fax 962417, ≤, 🏊, ⩯, 🏊, 🐾, ✗ – 🛗 📺 ☎ 🕏 🚗
– ⛓ 50. ㊛ 🕄 ◑ ❿ 𝑽𝑰𝑺𝑨 𝑱𝑪𝑩. ⋘ rist
Pasto *(chiuso a mezzogiorno escluso da maggio a settembre)* carta 40/61000 – **44 cam**
⊑ 90/180000 – ½ P 130/180000.

🏨🏨 **Park Hotel,** lungomare Rasi Spinelli 46 ℰ 953732, Fax 961503, 🏊 – 🛗 🖿 📺 ☎ 🚗. ㊛
🕄 ◑ ❿ 𝑽𝑰𝑺𝑨. ⋘ rist
Pasto *(16 marzo-9 novembre)* 38000 – **48 cam** ⊑ 150/240000 – ½ P 150000.

🏨🏨 **Negresco,** viale del Turismo 6 ℰ 963281, Fax 954932, ≤, 🏊 – 🛗 🖿 📺 ☎ 🕏 🅿. 🕄 ❿ 𝑽𝑰𝑺𝑨.
⋘ rist
10 maggio-settembre – **Pasto** 29/38000 – ⊑ 13000 – **80 cam** 95/147000 – ½ P 90/112000.

🏨🏨 **Napoleon,** viale Carducci 52 ℰ 963439, Fax 961434, ≤, 🏡 – 🛗 ☎ 🅿. ㊛ 🕄 ❿ 𝑽𝑰𝑺𝑨.
⋘ rist
maggio-settembre – **Pasto** 45/55000 – ⊑ 15000 – **41 cam** 100/160000, 🖿 10000 – P 110/
160000.

🏨🏨 **Victoria Palace,** viale Carducci 24 ℰ 962921, Fax 962921, ≤ – 🛗 🖿 rist ☎ 🅿. ㊛ 🕄 ❿
𝑽𝑰𝑺𝑨 𝑱𝑪𝑩. ⋘ rist
maggio-settembre – **Pasto** 40/45000 – **88 cam** ⊑ 112/195000 – ½ P 56/147000.

🏨 **Diplomat** senza rist, viale del Turismo 9 ℰ 967442, Fax 967445, ≤, ⩯ – 🛗 ☎ 🕏 🅿. 🕄 ❿
𝑽𝑰𝑺𝑨
19 maggio-19 settembre – ⊑ 20000 – **81 cam** 150/180000.

🏨 **Cristallo,** via Matteotti 37 ℰ 963614, Fax 963474, ⩯ – 🛗 🖿 📺 ☎ 🕏 🅿. ㊛ 🕄 ◑ ❿ 𝑽𝑰𝑺𝑨.
⋘ rist
Pasto 20/60000 – **34 cam** ⊑ 130/210000, 2 appartamenti.

🏨 **Europa Monetti,** via Curiel 39 ℰ 954159, Fax 958176, 🏊, 🏊 – 🛗 🖿 rist ☎ 🚗 🅿 –
⛓ 30. 𝑽𝑰𝑺𝑨. ⋘ rist
15 maggio-20 settembre – **Pasto** 20/35000 – **70 cam** ⊑ 90/130000 – ½ P 55/100000.

🏨 **Moderno-Majestic,** via D'Annunzio 15 ℰ 954169, Fax 953292, ≤, 🐾 – 🛗 📺 ☎ 🕏 🅿. ㊛.
⋘ rist
20 maggio-20 settembre – **Pasto** (solo per clienti alloggiati) – ⊑ 10000 – **60 cam** 60/120000
– ½ P 62/102000.

🏨 **Columbia,** lungomare Rasi Spinelli 36 ℰ 953122, Fax 952355, ≤, ⩯, 🏊 – 🛗 📺 ☎ 🚗
🅿. ❿. ⋘
maggio-settembre – **Pasto** (solo per clienti alloggiati) – **52 cam** (solo pens) – P 70/110000.

🏨 **Beaurivage,** viale Carducci 82 ℰ 963101, Fax 963101, ≤, 🏊, ⩯ – 🛗 ☎ 🅿. ㊛ 🕄 ◑ ❿
𝑽𝑰𝑺𝑨. ⋘ rist
maggio-settembre – **Pasto** 28/38000 – ⊑ 14000 – **69 cam** 73/126000 – ½ P 60/108000.

🏨 **Splendid,** viale Carducci 84 ℰ 961520, Fax 967149, ≤, 🏊, ⩯ – 📺 ☎ 🅿 𝑽𝑰𝑺𝑨. ⋘ rist
Natale e Pasqua-ottobre – **Pasto** carta 25/34000 – ⊑ 15000 – **60 cam** 120/190000 –
½ P 55/130000.

🏨 **Mediterraneo,** via Carducci 141 ℰ 963468, Fax 953670 – 🛗 ☎ 🚗 🅿. ⋘ rist
15 maggio-15 settembre – **Pasto** 20/35000 – **55 cam** ⊑ 95/105000 – ½ P 40/75000.

🏨 **Regina,** viale Carducci 40 ℰ 954167, Fax 961261, ≤, 🏊 – 🛗 ☎ 🅿. ⋘ rist
13 maggio-23 settembre – **Pasto** 19/25000 – ⊑ 13000 – **62 cam** 65/110000 – ½ P 83/
102000.

Maxim, via Facchini 7 *𝒫* 962137, Fax 967650, *ℐ₆*, ⇌, ⌧ riscaldata – |⫯| ▤ rist ▣ ☎ ❻ – ⌂ 50. 🆑 **E** 𝘝𝘐𝘚𝘈. ⅍ rist
20 maggio-20 settembre – **Pasto** carta 25/35000 – **66 cam** ⌑ 55/90000 – ½ P 50/82000.

Belsoggiorno, viale Carducci 88 *𝒫* 963133, Fax 963133, ≼, ⇙ – |⫯| ☎ ❻. ⅍ rist
20 maggio-20 settembre – **Pasto** (solo per clienti alloggiati) 25/30000 – ⌑ 8000 – **44 cam**
50/110000 – ½ P 47/76000.

Star, via Genova 28 *𝒫* 961176 – |⫯| ▤ rist ☎ ❻
stagionale – **48 cam.**

Astoria, viale Carducci 22 *𝒫* 961328, Fax 963074, ≼ – |⫯| ▧ ❻. ⅍ rist
maggio-settembre – **Pasto** (solo per clienti alloggiati) – ⌑ 18000 – **54 cam** 70/105000 –
½ P 81/91000.

La Rosa, viale Carducci 80 *𝒫* 958000, ≼ – |⫯| ☎ ⅋ ❻. ⅍ rist
20 maggio-20 settembre – **Pasto** 20/22000 – ⌑ 6000 – **53 cam** 45/86000 – ½ P 60/83000.

Protti con cam, via Emilia Romagna 185 *𝒫* 954457, Fax 954457 – |⫯| ▤ ▣ ☎ ❻. 🆑 🅗 ⓪
E 𝘝𝘐𝘚𝘈. ⅍
Pasto *(chiuso lunedì escluso dal 16 maggio a settembre)* carta 30/50000 – ⌑ 4000 –
25 cam 50/70000.

CAVA DE' TIRRENI 84013 Salerno 𝟿𝟾𝟾 ㉗, 𝟺𝟹𝟷 E 26 – 52 440 ab. alt. 196 – a.s. Pasqua, giugno-settembre e Natale – ✿ 089.

🇧 corso Umberto I 208 *𝒫* 341572.

Roma 254 – ◆Napoli 47 – Avellino 43 – Caserta 76 – Salerno 8.

Da Vincenzo, via Garibaldi 7 *𝒫* 464654, Fax 464654 – ▤. 🆑 🅗 ⓪ **E** 𝘝𝘐𝘚𝘈. ⅍
chiuso lunedì e dal 20 al 31 agosto – **Pasto** carta 25/50000 (10%).

Le Bistrot, corso Umberto I 203 *𝒫* 341617 – ▤. 🆑 𝘝𝘐𝘚𝘈
chiuso agosto – **Pasto** carta 37/50000.

L'Incanto, località Annunziata NE : 3 km *𝒫* 561820, « Servizio estivo in terrazza con
≼ dintorni » – ❻. ⅍
chiuso lunedì a mezzogiorno e dal 18 dicembre al 5 gennaio – **Pasto** carta 35/64000.

a Corpo di Cava SO : 4 km – alt. 400 – ✉ 84010 Badia di Cava de' Tirreni :

Scapolatiello ⌖, *𝒫* 443511, Fax 443611, ≼, « Terrazze-giardino con ⌧ » – |⫯| ▣ ☎ ❻
– ⌂ 80. 🆑 🅗 ⓪ **E** 𝘝𝘐𝘚𝘈. ⅍ rist
Pasto carta 30/42000 (15%) – ⌑ 8000 – **44 cam** 110/130000, 2 appartamenti – ½ P 90/
120000.

CAVAGLIÀ 13042 Biella 𝟿𝟾𝟾 ② ⑫, 𝟺𝟸𝟾 F 6 – 3 612 ab. alt. 272 – ✿ 0161.
Roma 657 – ◆Torino 54 – Aosta 99 – ◆Milano 93 – Vercelli 28.

sulla strada statale 143 SE : 3,5 km :

Green Park Hotel, ✉ 13042 *𝒫* 966771, Telex 223212, Fax 966620, ⌧, ⇙, ⅍ – |⫯| ▤ ▣
☎ ⇠ ❻ – ⌂ 30 a 150. 🆑 🅗 ⓪ **E** 𝘝𝘐𝘚𝘈 𝘑𝘊𝘉. ⅍
Pasto *(chiuso domenica sera)* carta 32/58000 – ⌑ 12000 – **38 cam** 120/170000 –
½ P 145000.

CAVAGLIETTO 28010 Novara 𝟺𝟸𝟾 F 7, 𝟸𝟷𝟿 ⑯ – 405 ab. alt. 233 – ✿ 0322.
Roma 647 – Stresa 42 – ◆Milano 74 – Novara 22.

Arianna con cam, *𝒫* 806134, prenotare – ▤ rist ❻. 🆑 🅗 **E** 𝘝𝘐𝘚𝘈. ⅍
chiuso dal 15 gennaio e dal 22 luglio al 12 agosto – **Pasto** *(chiuso martedì a mezzogiorno)* 50/80000 e carta 51/87000 – ⌑ 6000 – **6 cam** 50/70000
Spec. Risotto con le rane (primavera), Lombi di coniglio al prosciutto e rosmarino (autunno), Semifreddo all'amaretto
con salsa di cioccolato.

CAVAGNANO Varese 𝟸𝟷𝟿 ⑧ – Vedere Cuasso al Monte.

CAVAION VERONESE 37010 Verona 𝟺𝟸𝟾 𝟺𝟸𝟿 F 14 – 3 419 ab. alt. 190 – ✿ 045.
Roma 521 – ◆Verona 24 – ◆Brescia 81 – ◆Milano 169 – Trento 74.

Andreis, via Berengario 26 *𝒫* 7235035 – ❻. ⅍
Pasto *(chiuso lunedì escluso da luglio a settembre)* 25/30000 – ⌑ 10000 – **15 cam**
45/60000 – ½ P 55/60000.

San Fiorenzo con cam, via Vittorio Veneto 18 *𝒫* 7235141 – ▣ ❻. 🆑 **E** 𝘝𝘐𝘚𝘈. ⅍
Pasto *(chiuso domenica sera, lunedì e dal 10 al 25 agosto)* carta 32/42000 – **8 cam**
⌑ 60/90000.

CAVALESE 38033 Trento 𝟿𝟾𝟾 ④, 𝟺𝟸𝟿 D 16 – 3 541 ab. alt. 1 000 – a.s. 23 gennaio-Pasqua e
Natale – Sport invernali : ad Alpe Cermis : 1 000/2 200 m ⍩2 ⍩6, ⍥ – ✿ 0462.
🇧 via Fratelli Bronzetti 4 *𝒫* 41111, Fax 20649.

Roma 648 – ◆Bolzano 43 – Belluno 92 – Cortina d'Ampezzo 97 – ◆Milano 302 – Trento 64.

Park Hotel Bella Costa, *𝒫* 231154, Fax 231646, *ℐ₆*, ⇌, ⌧ – |⫯| ▣ ☎ ⇠ ❻. 🅗 ⓪ **E**
𝘝𝘐𝘚𝘈
Pasto *(chiuso giovedì)* 35/50000 – **38 cam** ⌑ 160/240000 – ½ P 175000.

🏨 **Park Hotel Villa Trunka Lunka,** 𝒫 30233, ⬆, 🍴 – 📺 ☎ 🚗 **Ⓟ** *VISA* 🛇
dicembre-aprile e giugno-settembre – **Pasto** 35/50000 – 🔲 15000 – **21 cam** 90/140000 –
½ P 70/130000.

🏨 **La Roccia,** 𝒫 231133, Fax 231135, *Ⅰ₅,* ⬆ – 📳 📺 ☎ 🚗 **Ⓟ**
41 cam.

🏨 **Park Hotel Azalea** 🛇, 𝒫 30109 (prenderà il 330109), Fax 21200 o 231200, ≤, « Giar-
dino fiorito » – 📳 📺 ☎ **Ⓟ**. 🝙 🗟 ⑩ 🝿 *VISA*. 🛇
dicembre-aprile e giugno-novembre – **Pasto** carta 30/40000 – 🔲 10000 – **35 cam** 70/
120000 – ½ P 65/110000.

🏨 **Fiemme** 🛇, senza rist, 𝒫 31720, ≤ monti e vallata, ⬆ – 📺 📪 **Ⓟ**. 🗟 🝿 *VISA*. 🛇
9 cam 🔲 100000, 3 appartamenti 200000.

🏨 **Panorama** 🛇, 𝒫 31636, Fax 20898, ≤ monti e vallata, ⬆, 🍴 – ☎ **Ⓟ**. 🝙 🗟 ⑩ *VISA*
🛇 rist
2 dicembre-25 aprile e 20 giugno-20 settembre – **Pasto** (solo per clienti alloggiati) 25000 –
28 cam 🔲 80/100000 – ½ P 100000.

🍽 **Al Cantuccio,** 𝒫 30140, Coperti limitati; prenotare – 🗟 ⑩ 🝿 *VISA*. 🛇
chiuso novembre, lunedì sera e martedì (escluso Natale, Pasqua e luglio-agosto) – **Pasto**
45/55000 e carta 42/60000.

🍽 **La Stua** con cam, 𝒫 30235, Fax 231120, ⬆ – 📺 ☎. 🗟 ⑩ 🝿 *VISA*. 🛇
chiuso maggio e novembre – **Pasto** *(chiuso martedì in bassa stagione)* carta 32/46000 –
19 cam 🔲 70/130000 – ½ P 90000.

CAVALLINO 30013 Venezia **₄₂₉** F 19 – 🕃 041.

🚢 da Treporti (O : 11 km) per le isole di : Burano (20 mn), Torcello (25 mn), Murano (1 h) e
Venezia-Fondamenta Nuove (1 h 10 mn), giornalieri – Informazioni : ACTV-Azienda Consorzio
Trasporti Veneziano, piazzale Roma ✉ 30135 𝒫 5287886, Fax 5207135.
Roma 571 – ◆Venezia 53 – Belluno 117 – ◆Milano 310 – ◆Padova 80 – Treviso 61 – ◆Trieste 136 – Udine 105.

🏨 **Park Hotel Union Lido,** 𝒫 968043, Fax 5370355, 🏊 riscaldata, 🐾, 🍴, 🎾 – 📳 ☎ **Ⓟ** –
🔺 200. 🗟 🝿 *VISA*. 🛇
aprile-settembre – **Pasto** carta 33/58000 – 🔲 9000 – **72 cam** 80/125000 – ½ P 85/90000.

🍽 **Trattoria Laguna,** via Pordelio 444 𝒫 968058, Fax 968058 – 🍽. 🝙 🗟 ⑩ 🝿 *VISA* 🛇
chiuso giovedì a mezzogiorno dal 15 giugno al 15 settembre, tutto il giorno negli altri mesi –
Pasto carta 50/76000.

🍽 **Da Achille,** piazza Santa Maria Elisabetta 16 𝒫 968005 – 🍽
chiuso dicembre, lunedì a mezzogiorno da giugno a settembre, tutto il giorno negli altri mesi
– **Pasto** carta 34/61000.

CAVALLIRIO 28010 Novara **₄₂₈** F 7, **₂₁₉** ⑯ – 1 009 ab. alt. 367 – 🕃 0163.
Roma 654 – Stresa 40 – Biella 36 – ◆Milano 80 – Novara 34 – ◆Torino 97.

sulla strada statale 142 S : 2 km :

🍽 **Imazio,** ✉ 28010 𝒫 80944, 🍴 – **Ⓟ**. 🛇
chiuso martedì e dall'11 al 31 gennaio – **Pasto** carta 33/53000.

CAVA MANARA 27051 Pavia **₄₂₈** G 9 – 4 736 ab. alt. 79 – 🕃 0382.
Roma 560 – ◆Genova 117 – ◆Milano 46 – Pavia 8 – Piacenza 62.

sulla strada statale 35 SE : 2 km :

🏨 **Le Gronde,** località Tre Re ✉ 27051 𝒫 553942, Fax 553942 – 📳 🍽 📺 ☎ **Ⓟ** –
🔺 30 a 180. 🗟 ⑩ 🝿 *VISA* 🝞🝟
Pasto carta 34/53000 – 🔲 10000 – **28 cam** 85/130000 – ½ P 130000.

🍽 **Bixio,** località Tre Re ✉ 27051 𝒫 553588, Coperti limitati; prenotare – **Ⓟ**. 🝙 🗟 ⑩ *VISA*
chiuso lunedì ed agosto – **Pasto** 20/35000 (solo a mezzogiorno) e carta 35/62000.

CAVANELLA D'ADIGE Venezia – Vedere Chioggia.

CAVASO DEL TOMBA 31034 Treviso **₄₂₉** E 17 – 2 391 ab. alt. 248 – 🕃 0423.
Roma 550 – Belluno 51 – ◆Padova 67 – Treviso 40 – ◆Venezia 71.

🍽 🕃 **Al Ringraziamento,** 𝒫 543271, Coperti limitati; prenotare – 🝙 🗟 🝿 *VISA*
chiuso lunedì ed agosto – **Pasto** carta 40/58000
Spec. Lumache alla meranese su insalatina tiepida di porcini, Ravioli di pesce in salsa al parmigiano, Sella di coniglio
all'uva agrodolce.

CAVAZZALE Vicenza – Vedere Vicenza.

CAVERNAGO 24050 Bergamo **₄₂₈** **₄₂₉** F 11 – 1 272 ab. alt. 202 – 🕃 035.
Roma 600 – ◆Bergamo 13 – ◆Brescia 45 – ◆Milano 54.

🏨 **Giordano** 🛇, via Leopardi 𝒫 840266, Fax 840212, 🍴 – 📺 ☎ **Ⓟ**. 🗟 🝿 *VISA*. 🛇
chiuso agosto – **Pasto** carta 34/54000 – 🔲 12000 – **22 cam** 58/95000.

CAVI Genova **₄₂₈** J 10 – Vedere Lavagna.

CAVINA Ravenna – Vedere Brisighella.

CAVO Livorno 988 ㉔, 430 N 13 – Vedere Elba (Isola d') : Rio Marina.

CAVOUR 10061 Torino 988 ⑫, 428 H 4 – 5 223 ab. alt. 300 – ✪ 0121.
Roma 698 – ◆Torino 54 – Asti 93 – Cuneo 51 – Sestriere 67.

🏨 **Locanda La Posta,** via dei Fossi 4 ✆ 69989, Fax 69790 – 🅿. 🖭 🖇 ⑩ 🖃 VISA JCB
chiuso dal 23 luglio al 5 agosto – Pasto (chiuso venerdì) carta 30/55000 – **18 cam** ⇆ 80/110000 – ½ P 85000.

CAVRIAGO 42025 Reggio nell'Emilia 428 429 430 H 13 – 8 367 ab. alt. 78 – ✪ 0522.
Roma 436 – ◆Parma 26 – ◆Milano 145 – Reggio nell'Emilia 9.

XXX ✿ **Picci,** ✆ 371801, Fax 577180, Coperti limitati; prenotare – 🗏. 🖭 🖇 ⑩ 🖃 VISA. ❀
chiuso domenica sera, lunedì, dal 26 dicembre al 20 gennaio e dal 5 al 25 agosto – Pasto 50/70000 e carta 56/84000
Spec. Insalata di gamberi e fegato d'oca con aceto balsamico tradizionale, Cannelloni di funghi gratinati, Coscia di coniglio farcita alla reggiana in agrodolce.

X **Trattoria del Leone,** via Rivasi 65 ✆ 57258

CAVRIANA 46040 Mantova 428 429 F 13 – 3 485 ab. alt. 170 – ✪ 0376.
Roma 502 – ◆Brescia 39 – ◆Verona 42 – Mantova 32 – ◆Milano 131.

XXX **La Capra,** ✆ 82101, Fax 82002, Coperti limitati; prenotare – 🅿 – 🛆 120. 🖇 ⑩ 🖃 VISA. ❀
chiuso martedì, dal 1° al 15 gennaio e dal 1° al 14 agosto – Pasto carta 55/76000.

CAZZAGO SAN MARTINO 25046 Brescia 428 429 F 12 – 8 880 ab. alt. 200 – ✪ 030.
Roma 560 – ◆Brescia 17 – ◆Bergamo 40 – ◆Milano 81.

🏨 **Papillon,** strada statale S : 2,5 km ✆ 7750843, ❀ – 🖇 🗏 📺 ☎ 🕭 ⇚ 🅿 – 🛆 150. 🖭 🖇 ⑩ 🖃 VISA. ❀
Pasto carta 34/53000 – ⇆ 10000 – **32 cam** 70/150000 – ½ P 85/95000.

XX **Il Priore,** località Calino via Sala 70 (O : 1 km) ✆ 7254665, « Servizio estivo in terrazza panoramica » – 🅿. 🖇 ⑩ VISA. ❀
chiuso martedì, dal 7 al 30 gennaio e dal 15 al 30 novembre – Pasto carta 39/79000.

CECINA Brescia 988 ④, 428 F 13 – Vedere Toscolano Maderno.

CECINA 57023 Livorno 988 ⑭, 430 M 13 – 24 638 ab. alt. 15 – ✪ 0586.
Roma 285 – Pisa 55 – ◆Firenze 122 – Grosseto 98 – ◆Livorno 36 – Piombino 46 – Siena 98.

🏨 **Il Palazzaccio** senza rist, via Aurelia Sud 300 ✆ 682510, Fax 686221 – 🖇 📺 ☎ 🅿. 🖭 🖇 🖃 VISA. ❀
⇆ 13000 – **32 cam** 82/115000.

XX ✿ **Scacciapensieri,** via Verdi 22 ✆ 680900, Coperti limitati; prenotare – 🖭 🖇 ⑩ VISA. ❀
chiuso lunedì e dal 10 al 28 ottobre – Pasto carta 59/79000
Spec. Insalata di mare tiepida, Triglie alla livornese, Branzino con erba cipollina e scalogno.

XX **Trattoria Senese,** via Diaz 23 ✆ 680335, Specialità di mare – 🗏. 🖭 🖇 🖃 VISA. ❀
chiuso martedì e dal 10 al 31 gennaio – Pasto carta 40/62000.

CECINA (Marina di) 57023 Livorno 430 M 13 – a.s. 15 giugno-15 settembre – ✪ 0586.
Roma 288 – Pisa 57 – Cecina 3 – ◆Firenze 125 – ◆Livorno 39.

🏨 **Il Gabbiano,** viale della Vittoria 109 ✆ 620248, Fax 620867, ≼, 🏖 – 📺 ☎ 🅿. 🖭 🖇 🖃 VISA. ❀
chiuso dal 15 gennaio al 15 febbraio e novembre – Pasto carta 38/55000 – ⇆ 13000 – **23 cam** 82/115000 – P 80/125000.

XX **Olimpia-da Gianni,** viale della Vittoria 68 ✆ 621193, 🍽 – 🖭 🖇 ⑩ 🖃 VISA. ❀
chiuso novembre e lunedì (escluso dal 15 giugno al 15 settembre) – Pasto carta 46/75000.

XX **Bagatelle,** via Ginori 51 ✆ 620089, 🍽 – 🗏. 🖭 🖇 🖃 VISA. ❀
chiuso lunedì e dal 1° al 15 novembre – Pasto carta 34/62000 (10%).

X **El Faro,** viale della Vittoria 70 ✆ 620164, Fax 620274, ≼, Specialità di mare, 🏖 – 🖭 🖇 ⑩ 🖃 VISA JCB. ❀
chiuso mercoledì e novembre – Pasto carta 50/73000.

CEFALÙ Palermo 988 ㊱, 432 M 24 – Vedere Sicilia alla fine dell'elenco alfabetico.

CEGLIE MESSAPICA 72013 Brindisi 988 ㉚, 431 F 34 – 20 793 ab. alt. 303 – ✪ 0831.
Roma 564 – ◆Bari 92 – ◆Brindisi 38 – ◆Taranto 38.

XX ✿ **Al Fornello-da Ricci,** contrada Montevicoli ✆ 977104, « Servizio estivo in giardino » – 🅿. 🖇 ⑩ 🖃 VISA. ❀
chiuso lunedì sera, martedì, dal 1° al 10 febbraio e dal 10 al 30 settembre – Pasto 40/50000 (a mezzogiorno) 50/60000 (alla sera) e carta 40/69000
Spec. Antipasti tipici pugliesi, Orecchiette al pomodoro cacio e basilico, Carni ovine alla griglia e allo spiedo.

X **Da Gino,** contrada Montevicoli ✆ 977916 – 🅿. 🖭 🖇 ⑩ 🖃 VISA. ❀
chiuso venerdì e settembre – Pasto carta 27/44000.

CELANO 67043 L'Aquila 🏛🏛🏛 ㉖, 🏛🏛🏛 P 22 – 10 898 ab. alt. 800 – ❀ 0863.
Roma 118 – Avezzano 16 – L'Aquila 67 – Pescara 94.

✗ **Gole di Celano-da Guerrinuccio,** via Sardellino S : 1,5 km ✉ 67041 Aielli ✆ 791471 –
🅿. ஂ 🅱 ⓪ ☰ 𝖵𝖨𝖲𝖠.
chiuso lunedì – **Pasto** carta 24/36000.

CELLE LIGURE 17015 Savona 🏛🏛🏛 ⑬, 🏛🏛🏛 I 7 – 5 304 ab. – ❀ 019.
🛈 via Boagno (palazzo Comunale) ✆ 990021.
Roma 538 – ◆Genova 40 – Alessandria 86 – ◆Milano 162 – Savona 7,5.

🏨 **San Michele,** via Monte Tabor 26 ✆ 990017, « Giardino ombreggiato con ⛱ » – 📶 ✉
🅿. ஂ 🅱 ⓪ ☰ 𝖵𝖨𝖲𝖠. ⅍ rist
giugno-settembre – **Pasto** 35/40000 – ☲ 20000 – **51 cam** 110/130000 – P 90/130000.

🏨 **Piccolo Hotel,** via Lagorio 25 ✆ 990015 – 📶 ☎ 🅿. ஂ 🅱 ⓪ ☰ 𝖵𝖨𝖲𝖠. ⅍
aprile-settembre – **Pasto** 35000 – ☲ 10000 – **26 cam** 80/100000 – ½ P 60/90000.

🏨 **La Giara,** via Dante Alighieri 3 ✆ 993773, Fax 993148, 📺 ☎. ஂ 🅱 ☰ 𝖵𝖨𝖲𝖠. ⅍ rist
chiuso dal 15 novembre al 24 dicembre – **Pasto** (solo per clienti alloggiati e *chiuso a mezzogiorno*) 30/40000 – **18 cam** ☲ 75/135000 – ½ P 100000.

✗✗ **Mosè,** via Colla 30 ✆ 991560, prenotare – ▤. ஂ 🅱 ⓪ ☰ 𝖵𝖨𝖲𝖠
chiuso mercoledì e dal 15 ottobre al 15 dicembre – **Pasto** carta 41/66000.

✗ **Sotto in Su,** via Sanda 143 (NO : 1,3 km) ✆ 991619, �ります – 🅿. ஂ 🅱 ⓪ ☰ 𝖵𝖨𝖲𝖠 𝖩𝖢𝖡. ⅍
chiuso lunedì e novembre – **Pasto** carta 30/64000.

sulla strada statale 1 - via Aurelia E : 1,5 km :

✗✗ **Villa Alta,** ✉ 17015 ✆ 990939, ≤, �ります, Coperti limitati; prenotare, ☞ – ஂ 🅱 ⓪ ☰ 𝖵𝖨𝖲𝖠
chiuso martedì e dal 7 gennaio al 10 marzo – **Pasto** carta 70/95000 (15%).

CELLORE Verona – Vedere Illasi.

CEMBRA 38034 Trento 🏛🏛🏛 D 15 – 1 650 ab. alt. 677 – a.s.Pasqua e Natale – ❀ 0461.
🛈 via 4 Novembre 3 ✆ 683110, Fax 683110.
Roma 611 – Belluno 130 – ◆Bolzano 63 – ◆Milano 267 – Trento 23.

🏨 **Europa** ⑤, ✆ 683032, Fax 683032, ≤, ☞ – 📶 ▤ rist ☞ 🕭 🚗 🅿. 🅱 ☰ 𝖵𝖨𝖲𝖠. ⅍
Pasto *(chiuso domenica)* carta 21/32000 – **25 cam** ☲ 51/86000 – ½ P 48/59000.

CENERENTE Perugia – Vedere Perugia.

CENOVA Imperia 🏛🏛🏛 K 6 – alt. 558 – ✉ 18020 Rezzo – ❀ 0183.
Roma 613 – ◆Genova 114 – Imperia 25.

🏨 **Negro** ⑤, ✆ 34089, Fax 324991, ≤ monti – 📺 ☎. 🅱 ⓪ ☰ 𝖵𝖨𝖲𝖠. ⅍
chiuso dal 10 gennaio a Pasqua – **Pasto** 35/40000 e al Rist. *I Cavallini* (*chiuso mercoledì*)
carta 35/58000 – ☲ 12000 – **12 cam** 45/58000 – ½ P 65/70000.

CENTO 44042 Ferrara 🏛🏛🏛 ⑭ ⑮, 🏛🏛🏛 H 15 – 29 032 ab. alt. 15 – ❀ 051.
🏌 (chiuso lunedì) località Parco del Reno ✉ 44042 Cento ✆ 6830504, Fax 6835287.
Roma 410 – ◆Bologna 34 – ◆Ferrara 35 – ◆Milano 207 – ◆Modena 37 – ◆Padova 103.

🏨 **Europa,** via 4 Novembre 16 ✆ 903319, Fax 902213 – 📶 ▤ 📺 ☎ 🅿. 🅱 ☰ 𝖵𝖨𝖲𝖠. ⅍
Pasto *(chiuso venerdì)* carta 28/36000 – ☲ 10000 – **44 cam** 95/145000 – ½ P 80/105000.

🏨 **Al Castello,** via Giovannina 57 (O : 2 km) ✆ 6836066, Fax 6835990 – 📶 ▤ 📺 ☎ 🅿 –
⚐ 120 a 300. ஂ 🅱 ☰ 𝖵𝖨𝖲𝖠. ⅍
Pasto *(chiuso venerdì)* 30/40000 – ☲ 5000 – **68 cam** 170/230000, ▤ 18000 – ½ P 70/120000.

✗✗ **Il Gambero,** via Malagodi 8/A ✆ 6835057 – ▤. ஂ 🅱 ⓪ ☰ 𝖵𝖨𝖲𝖠. ⅍
chiuso domenica sera, lunedì ed agosto – **Pasto** carta 32/48000.

CEPRANO 03024 Frosinone 🏛🏛🏛 ㉖, 🏛🏛🏛 R 22 – 8 549 ab. alt. 120 – ❀ 0775.
Roma 99 – Avezzano 84 – Frosinone 25 – Isernia 78 – Latina 71 – ◆Napoli 122.

🏨 **Ida,** in prossimità casello autostrada A 1 ✆ 950040, Fax 950040 – 📶 ▤ rist 📺 ☎ 🅿
ஂ ⓪. ⅍
chiuso dal 24 dicembre al 2 gennaio – **Pasto** carta 29/42000 – ☲ 6000 – **35 cam** 70/90000 –
½ P 60/80000.

CERBAIA Firenze 🏛🏛🏛 K 15 – Vedere San Casciano in Val di Pesa.

CERCENASCO 10060 Torino 🏛🏛🏛 H 4 – 1 624 ab. alt. 256 – ❀ 011.
Roma 689 – ◆Torino 34 – Cuneo 60 – ◆Milano 183 – Sestriere 70.

✗✗ **Centro,** ✆ 9809247, �ります – ஂ 🅱 ⓪ ☰ 𝖵𝖨𝖲𝖠
chiuso mercoledì e dal 1° al 10 agosto – **Pasto** carta 32/62000.

CERESE DI VIRGILIO Mantova 🏛🏛🏛 G 14 – Vedere Mantova.

CERESOLE REALE 10080 Torino 📻 ⑫, 🔢 F 3 – 167 ab. alt. 1 620 – ☎ 0124.

Roma 738 – ◆Torino 77 – Aosta 126 – ◆Milano 176.

🏠 **Blanchetti** 🦢, ℰ 953174, ← – ☎. 🔠 E 𝖵𝖨𝖲𝖠. ⅏ rist
Pasto (chiuso mercoledi) carta 25/39000 – ⌲ 10000 – **11 cam** 85/120000 – ½ P 80000.

CERETTO Cuneo – Vedere Busca.

CERIGNOLA 71042 Foggia 📻 ⑳, 🔢 D 29 – 55 039 ab. alt. 124 – ☎ 0885.

Roma 366 – ◆Foggia 31 – ◆Bari 90 – ◆Napoli 178.

XX **Il Bagatto,** via Tiro a Segno 7 ℰ 427850, 🏛 – ▤. 🔠 ⓞ E 𝖵𝖨𝖲𝖠
chiuso domenica sera, lunedi e luglio – **Pasto** carta 35/70000.

CERMENATE 22072 Como 🔢 E 9, 𝟤𝟣𝟫 ⑲ – 8 118 ab. alt. 332 – ☎ 031.

Roma 612 – Como 15 – ◆Milano 32 – Varese 28.

🏨 **Gardenia** senza rist, ℰ 722571, Fax 722570 – 🛗 ▤ 📺 ☎ ♿ 🚗 🅿 – 🔬 100. 🅰🅴 🔠 ⓞ E
𝖵𝖨𝖲𝖠
⌲ 18000 – **34 cam** 110/170000.

X **Castello,** via Castello 26/28 ℰ 771563 – 🅿. 🅰🅴 🔠 ⓞ 𝖵𝖨𝖲𝖠
chiuso lunedì, martedì sera, dal 24 dicembre al 6 gennaio ed agosto – **Pasto** carta 34/56000.

CERNOBBIO 22012 Como 📻 ③, 🔢 E 9 – 7 211 ab. alt. 202 – ☎ 031.

🏩 Villa d'Este (chiuso gennaio e martedi escluso agosto) a Montorfano ✉ 22030 ℰ 200200,
Fax 200786, SE : 11 km.

🖥 (Pasqua-ottobre) via Regina 33/b ℰ 510198.

Roma 630 – Como 5 – ◆Lugano 33 – ◆Milano 53 – Sondrio 98 – Varese 30.

🏰🏰🏰 **Gd. H. Villa d'Este** 🦢, ℰ 3481, Telex 380025, Fax 348844, ←, 🏛, « Grande parco
digradante sul lago », 🏖, ⇆, ⬜, 🔲, ⅏ – 🛗 ▤ 📺 ☎ ♿ 🚗 🅿 – 🔬 250. 🅰🅴 🔠 ⓞ E 𝖵𝖨𝖲𝖠
🇯🇨🇧 ⅏
marzo-novembre – **Pasto** carta 90/170000 – **151 cam** ⌲ 550/700000, 7 appartamenti.

🏨 **Asnigo** 🦢, NE : 2 km ℰ 510062, Fax 510249, ← lago e monti, 🌳 – 🛗 ▤ rist 📺 ☎ 🚗 🅿
– 🔬 30 a 60. 🅰🅴 🔠 ⓞ E 𝖵𝖨𝖲𝖠. ⅏ rist
Pasto carta 43/62000 – ⌲ 19000 – **25 cam** 145/198000, 5 appartamenti – ½ P 116/126000.

🏨 **Regina Olga,** ℰ 510171, Telex 380821, Fax 340604, ←, ⬜, 🌳 – 🛗 ▤ 📺 ☎ 🚗 🅿 –
🔬 120. 🅰🅴 🔠 ⓞ E 𝖵𝖨𝖲𝖠
chiuso dicembre e gennaio – **Pasto** vedere rist **Cenobio** – **80 cam** ⌲ 195/285000 – ½ P 120/
180000.

🏨 **Miralago,** ℰ 510125, Fax 248126, ← – 🛗 ▤ cam 📺 ☎. 🅰🅴 🔠 ⓞ E 𝖵𝖨𝖲𝖠. ⅏
Pasto 30000 – **42 cam** ⌲ 98/150000, ▤ 10000 – ½ P 90/105000.

XXX **Cenobio,** ℰ 512710, « Servizio estivo in giardino » – ▤. 🅰🅴 🔠 ⓞ E 𝖵𝖨𝖲𝖠. ⅏
chiuso dicembre e gennaio – **Pasto** 40/45000 (a mezzogiorno) 40/50000 (alla sera) e
carta 45/77000.

CERNUSCO SUL NAVIGLIO 20063 Milano 🔢 F 10, 𝟤𝟣𝟫 ⑲ – 27 131 ab. alt. 133 – ☎ 02.

🏩 Molinetto (chiuso lunedi) ℰ 92105128, Fax 92106635.

Roma 583 – ◆Milano 14 – ◆Bergamo 38.

XXX ✸ **Vecchia Filanda,** via Pietro da Cernusco 2/A ℰ 9249200, Coperti limitati; prenotare –
▤ 🅿. 🅰🅴 🔠 ⓞ E 𝖵𝖨𝖲𝖠 🇯🇨🇧. ⅏
chiuso sabato a mezzogiorno, domenica, dal 24 dicembre al 7 gennaio, Pasqua, 25 aprile,
1° maggio ed agosto – **Pasto** carta 69/101000
Spec. Tortino di cappesante, Risotto alla milanese con midollo, Filetto di San Pietro ai porcini.

XX **Lo Spiedo da Odero,** via Verdi 48 ℰ 9242781, 🏛 – 🔠 E 𝖵𝖨𝖲𝖠
chiuso domenica sera, lunedi, dal 1° al 15 gennaio ed agosto – **Pasto** carta 46/64000.

CERRETO GUIDI 50050 Firenze 🔢 🔢 K 14 – 8 939 ab. alt. 123 – ☎ 0571.

Roma 300 – ◆Firenze 40 – Lucca 44 – Montecatini Terme 30 – Pisa 59 – Pistoia 32.

X **Adriano,** via Vittorio Veneto 102 ℰ 55023, 🏛 – 🔠 E 𝖵𝖨𝖲𝖠. ⅏
chiuso mercoledi ed agosto – **Pasto** carta 33/53000.

CERRINA MONFERRATO 15020 Alessandria 🔢 G 6 – 1 609 ab. alt. 225 – ☎ 0142.

Roma 626 – ◆Torino 56 – Alessandria 46 – Asti 37 – ◆Milano 98 – Vercelli 40.

a Montalero O : 3 km – ✉ 15020 :

XX **Castello di Montalero,** ℰ 94146, solo su prenotazione, « Costruzione settecentesca in
un parco ombreggiato » – 🅿. ⓞ. ⅏
chiuso lunedi – **Pasto** 80000 bc.

CERRO AL LAMBRO 20077 Milano – 4 034 ab. alt. 84 – ☎ 02.

Roma 558 – ◆Milano 23 – Lodi 14 – Pavia 32 – Piacenza 51.

XX **Hostaria le Cascinette,** località Cascinette ℰ 9832159 – ▤ 🅿. 🅰🅴 🔠 E 𝖵𝖨𝖲𝖠. ⅏
chiuso martedì, dal 10 al 25 gennaio ed agosto – **Pasto** carta 46/72000.

CERRO MAGGIORE 20023 Milano 219 ⑩ – 14 255 ab. alt. 206 – ✆ 0331.

Roma 603 – ◆Milano 26 – Como 31 – Varese 32.

a Cantalupo SO : 3 km – ✉ 20020 :

XXX **Corte Lombarda,** ℘ 535604, Fax 535604, « In una vecchia cascina con servizio estivo all'aperto » – ❷, 𝔸𝔼 🖪 ⓞ 𝐄 𝘝𝘐𝘚𝘈
chiuso domenica sera, lunedì, dal 2 al 10 gennaio ed agosto – **Pasto** carta 60/84000.

CERTALDO 50052 Firenze 988 ⑭, 430 L 15 – 15 945 ab. alt. 67 – ✆ 0571.

Roma 270 – ◆Firenze 57 – Siena 42 – ◆Livorno 75.

XX **Charlie Brown,** via Guido Rossa 13 ℘ 664534, prenotare – 🗐. 𝔸𝔼 🖪. ⁓
chiuso martedì e dal 10 al 25 agosto – **Pasto** carta 30/60000.

CERTOSA DI PAVIA 27012 Pavia 988 ③ ⑬, 428 G 9 – 3 021 ab. alt. 91 – ✆ 0382.

Vedere Certosa★★★ E : 1,5 km.

Roma 572 – ◆Milano 31 – Alessandria 76 – ◆Bergamo 84 – Pavia 9 – Piacenza 62.

XX **Vecchio Mulino,** via al Monumento 5 ℘ 925894, Coperti limitati; prenotare, « Servizio estivo in giardino » – ❷, 𝔸𝔼 🖪 ⓞ 𝐄 𝘝𝘐𝘚𝘈 ⁓
chiuso domenica sera, lunedì, dal 1° al 10 gennaio e dal 30 luglio al 20 agosto – **Pasto** carta 55/82000.

XX **Chalet della Certosa,** sul piazzale antistante il Monastero ℘ 925615, « Servizio estivo in giardino » – 🗐 ❷, 𝔸𝔼 🖪 ⓞ 𝐄 𝘝𝘐𝘚𝘈
chiuso lunedì e dall'11 al 24 gennaio – **Pasto** carta 37/53000.

X **Trattoria Certosa,** viale Certosa 20 ℘ 925960, 🏠 – 𝔸𝔼 🖪 ⓞ 𝐄 𝘝𝘐𝘚𝘈
chiuso martedì – **Pasto** carta 43/67000.

CERVERE 12040 Cuneo 428 I 5 – 1 676 ab. alt. 304 – ✆ 0172.

Roma 656 – ◆Torino 58 – Asti 52 – Cuneo 32.

🏠 **La Tour** senza rist, ℘ 474691, Fax 474693 – |🛗| 📺 ☎ ❷. 🖪 𝐄 𝘝𝘐𝘚𝘈 ⁓
chiuso dal 10 al 31 agosto – ☑ 12000 – **13 cam** 75/100000.

CERVESINA 27050 Pavia 428 G 9 – 1 221 ab. alt. 72 – ✆ 0383.

Roma 582 – Alessandria 46 – ◆Genova 102 – ◆Milano 72 – Pavia 25.

🏰 **Castello di San Gaudenzio** ⑤, S : 3 km ℘ 3331, Telex 311399, Fax 333409, « Castello del 14° secolo in un parco », 🔽 – 🖃 📺 ☎ 🗐 ❷ – 🏛 80 a 400. 𝔸𝔼 🖪 ⓞ 𝐄 𝘝𝘐𝘚𝘈 ⁓
Pasto *(chiuso martedì; prenotare)* carta 57/122000 – ☑ 15000 – **42 cam** 135/200000, 3 appartamenti – ½ P 133/295000.

CERVETERI Roma 988 ㉕, 430 Q 18 – alt. 81.

Vedere Necropoli della Banditaccia★★ N : 2 km.

Roma 42 – Civitavecchia 33 – Ostia Antica 42 – Tarquinia 52 – Viterbo 72.

CERVIA 48015 Ravenna 988 ⑮, 429 430 J 19 – 25 272 ab. – Stazione termale (aprile-ottobre), a.s. Pasqua, luglio-agosto e ottobre-dicembre – ✆ 0544.

🔥 (chiuso gennaio e martedì da ottobre a marzo) ℘ 992786, Fax 993410.

🅱 (maggio-settembre) viale Roma 86 ℘ 974400.

Roma 382 – ◆Ravenna 22 – ◆Bologna 96 – ◆Ferrara 98 – Forlì 28 – ◆Milano 307 – Pesaro 76 – Rimini 30.

🏨 **Gd H. Cervia,** lungomare Grazia Deledda 9 ℘ 970500, Fax 972086, ≤, 🏖 – |🛗| 🖃 📺 ☎ ❷ – 🏛 200. 𝔸𝔼 🖪 ⓞ 𝐄 𝘝𝘐𝘚𝘈 🄹🄲🄱 ⁓ rist
21 marzo-ottobre – **Pasto** *(chiuso sino a maggio ed ottobre)* 40/50000 – **56 cam** ☑ 160/220000 – ½ P 170/190000.

🏨 **Nettuno,** lungomare D'Annunzio 34 ℘ 971156, Fax 972082, ≤, 🏊 riscaldata, 🌴 – |🛗| 🖃 rist ☎ ❷. 🖪 𝘝𝘐𝘚𝘈. ⁓
25 aprile-settembre – **Pasto** 30/40000 – ☑ 12000 – **45 cam** 90/105000 – ½ P 100/105000.

🏨 **Strand e Gambrinus,** lungomare Grazia Deledda 104 ℘ 971773, Fax 973984, ≤ – |🛗| ☎ ❷ – 🏛 50. 𝔸𝔼 🖪 ⓞ 𝐄 𝘝𝘐𝘚𝘈 ⁓
25 maggio-15 settembre – **Pasto** 30000 – ☑ 8000 – **66 cam** 80000 – ½ P 90000.

🏨 **Universal,** lungomare Grazia Deledda 118 ℘ 71418, Fax 971746, ≤, 🏊 riscaldata, 🌴 – |🛗| 🖃 rist 📺 ☎ 🚐 ❷. 𝔸𝔼 🖪 ⓞ 𝐄 𝘝𝘐𝘚𝘈. ⁓ rist
marzo-ottobre – **Pasto** carta 30/40000 – ☑ 10000 – **42 cam** 65/95000 – ½ P 58/94000.

🏨 **Beau Rivage,** lungomare Grazia Deledda 116 ℘ 971010, ≤, 🏊 riscaldata, 🌴 – |🛗| 🖃 rist 📺 ☎ ❷. 𝔸𝔼 🖪 𝐄 𝘝𝘐𝘚𝘈. ⁓ rist
Pasqua-settembre – **Pasto** carta 30/40000 – ☑ 10000 – **40 cam** 65/95000 – ½ P 58/94000.

🏠 **Ascot,** viale Titano 14 ℘ 72318, 🏊 riscaldata, 🌴 – |🛗| 🖃 rist ⊛ ❷. ⁓
15 maggio-15 settembre – **Pasto** (solo per clienti alloggiati) 25/30000 – ☑ 10000 – **30 cam** 40/75000 – P 68/75000.

XX **Osteria del Pavone,** via Savonarola 13 ℘ 970136 – 🤏. 𝔸𝔼 🖪 ⓞ 𝐄 𝘝𝘐𝘚𝘈. ⁓
chiuso a mezzogiorno da maggio ad agosto e lunedì negli altri mesi – **Pasto** carta 47/68000

X **La Pescheria,** via Nazario Sauro 122 ℘ 971108 – 🗐. 🖪 𝐄 𝘝𝘐𝘚𝘈. ⁓
chiuso mercoledì e dal 7 gennaio al 5 febbraio – **Pasto** carta 50/66000.

a Pinarella S : 2 km – ⊠ **48015** Pinarella di Cervia.

🎪 (maggio-settembre) viale Titano 51 ℰ 988869 :

🏠 **Garden,** viale Italia 250 ℰ 987144, Fax 987620, *Fá,* ⊼, *Ꮬⴰ,* ⪼, ℀ – 🛗 ≡ 📺 ☎ ℗. 🛗
VISA. ℀ rist
aprile-15 ottobre – **Pasto** carta 35/48000 – ⊑ 15000 – **55 cam** 60/100000, ≡ 10000 –
½ P 70/85000.

🏠 **Cinzia,** viale Italia 252 ℰ 987241, Fax 987620, « ⊼ riscalda in terrazza panoramica »,
Fá, ≋, *Ꮬⴰ* – 🛗 ≡ 📺 ☎ ℗. *VISA*. ℀ rist
aprile-ottobre – **Pasto** 35/45000 – ⊑ 15000 – **25 cam** 65/100000, ≡ 10000 – ½ P 70/85000.

🏠 **Buratti,** viale Italia 194 ℰ 987549, Fax 988716, *Ꮬⴰ,* ⪼ – 🛗 ≡ 📺 ☎ ℗. ℀
Pasqua-settembre – **Pasto** 30/35000 – ⊑ 14000 – **40 cam** 50/90000 – P 60/90000.

a Milano Marittima N : 2 km – ⊠ **48016** Cervia - Milano Marittima.

🎪 viale Romagna 107 ℰ 993435, Fax 992515 :

🏠🏠 **Mare e Pineta,** viale Dante 40 ℰ 992262, Telex 550869, Fax 992739, « Parco pineta »,
⊼ riscaldata, *Ꮬⴰ,* ℀ – 🛗 ≡ cam 📺 ☎ ℗ – 🏄 250. ℀ 🛗 ⓞ ᏸ *VISA*. ℀ rist
20 maggio-18 settembre – **Pasto** 50/70000 – **165 cam** ⊑ 220/320000 – ½ P 150/260000.

🏠🏠 **Le Palme,** VII Traversa 12 ℰ 994661, Fax 994179, ≾, « Giardino ombreggiato », *Fá,* ≋,
⊼ riscaldata, ℀ – 🛗 ≡ 📺 ☎ ⟽ ℗. ℀ 🛗 ⓞ ᏸ *VISA*. ℀ rist
maggio-settembre – **Pasto** 60000 – ⊑ 30000 – **83 cam** 159/216000 – ½ P 193/204000.

🏠🏠 **Exclusive Waldorf,** VII Traversa 17 ℰ 994343, Fax 993428, ≾, ≋, ⊼ riscaldata, *Ꮬⴰ* –
🛗 ≡ 📺 ☎ ℗. ℀ 🛗 ᏸ *VISA*. ℀ rist
aprile-ottobre – **Pasto** 60/70000 – ⊑ 20000 – **23 cam** 150/250000 – ½ P 180/207000.

🏠🏠 **Miami,** III Traversa 31 ℰ 991628, Fax 992033, ≾, ⊼ riscaldata, *Ꮬⴰ,* ⪼ – 🛗 ≡ 📺 ☎ ℗ –
🏄 25 a 250. ℀ 🛗 ⓞ ᏸ *VISA*. ℀ rist
marzo-novembre – **Pasto** (solo per clienti alloggiati) 45000 – **78 cam** ⊑ 200/300000 –
½ P 150/175000.

🏠🏠 **Aurelia,** viale 2 Giugno 34 ℰ 975451, Fax 972773, ≾, « Giardino », ⊼ riscaldata, *Ꮬⴰ,* ℀
– 🛗 ≡ rist 📺 ☎ ℗ – 🏄 150. ℀ 🛗 ⓞ ᏸ *VISA*. ℀
aprile-15 ottobre – **Pasto** (solo per clienti alloggiati) 55/60000 – ⊑ 15000 – **97 cam**
130/160000 – ½ P 150/160000.

🏠🏠 **Rouge,** III Traversa 26 ℰ 992201, Fax 994379, ≾, ⊼ riscaldata, *Ꮬⴰ,* ⪼, ℀ – 🛗 ≡ rist 📺
☎ ℗. ℀ 🛗 ⓞ ᏸ *VISA*. ℀ rist
aprile-settembre – **Pasto** carta 65/95000 – **84 cam** ⊑ 125/180000 – ½ P 177000.

🏠🏠 **Gallia,** piazzale Torino 16 ℰ 994692, Fax 994693, « Giardino ombreggiato », ⊼ riscal-
data, ℀ – 🛗 ≡ 📺 ☎ ℗. ℀ 🛗 ⓞ ᏸ *VISA*. ℀ rist
maggio-settembre – **Pasto** 35/55000 – ⊑ 15000 – **99 cam** 100/160000 – ½ P 84/158000.

🏠🏠 **Deanna Golf Hotel,** viale Matteotti 131 ℰ 991365, Fax 994251, « Giardino », ⊼ riscal-
data – 🛗 📺 ☎ ℗ – 🏄 150. ℀ 🛗 ⓞ ᏸ *VISA*. ℀ rist
aprile-ottobre – **Pasto** carta 65/75000 – **68 cam** ⊑ 90/130000 – ½ P 110000.

🏠🏠 **Michelangelo,** viale 2 Giugno 113 ℰ 994470, Fax 993534, « Giardino », ⊼ riscaldata –
🛗 ≡ 📺 ☎ ℗. ℀ 🛗 ⓞ ᏸ *VISA*. ℀ rist
chiuso gennaio e febbraio – **Pasto** 50/70000 – ⊑ 18000 – **48 cam** 150/180000 – ½ P 110/
180000.

🏠 **Globus,** viale 2 Giugno 59 ℰ 992115, Fax 992931, ≋, ⊼ riscaldata, ⪼ – 🛗 ≡ 📺 ☎ Ꮬⴰ
℗. 🛗. ℀ rist
Pasqua-settembre – **Pasto** 50000 – **50 cam** ⊑ 110/148000 – P 80/148000.

🏠 **Ariston,** viale Corsica 16 ℰ 994659, Fax 991555, ≾, ⊼, ⪼ – 🛗 ≡ rist ☎ ℗. 🛗 ⓞ ᏸ *VISA*.
℀ rist
10 maggio-settembre – **Pasto** 25/30000 – ⊑ 10000 – **52 cam** 70/120000 – ½ P 80/120000.

🏠 **Kent,** viale 2 Giugno 142 ℰ 992048, Fax 994472, « Piccolo giardino ombreggiato » – 🛗
≡ rist ☎ ℗. 🛗 ⓞ *VISA*. ℀ rist
10 maggio-settembre – **Pasto** 35/45000 – ⊑ 15000 – **40 cam** 60/120000, 2 appartamenti –
½ P 70/100000.

🏠 **Acapulco,** VI Traversa 19 ℰ 992396, Fax 993833, ≾, ≋, ⊼ riscaldata – 🛗 ≡ 📺 ☎ ℗.
℀ rist
15 maggio-20 settembre – **Pasto** 45000 – ⊑ 15000 – **50 cam** 80/120000 – ½ P 89/130000.

🏠 **Parco,** viale 2 Giugno 49 ℰ 991130, ⪼ – 🛗 📺 ☎ Ꮬⴰ ℗. ℀ 🛗 *VISA*. ℀
15 maggio-15 settembre – **Pasto** (solo per clienti alloggiati) 32000 – ⊑ 8000 – **41 cam**
66/96000 – ½ P 93000.

🏠 Sorriso, VIII Traversa 19 ℰ 994063, Fax 993123, *Fá,* ≋, ⊼ riscaldata – 🛗 ≡ 📺 ☎ ℗
stagionale – **32 cam.**

🏠 **Alexander,** viale 2 Giugno 68 ℰ 991516, ⊼ riscaldata, ⪼ – 🛗 ≡ rist ☎ ℗. ℀ rist
Pasqua-ottobre – **Pasto** 40000 – ⊑ 15000 – **51 cam** 90/118000 – P 68/118000.

🏠 **Fenice,** XVII Traversa 6 ℰ 994325, Fax 991497, ⪼ – 🛗 ≡ 📺 ☎ ℗. ℀ 🛗 ⓞ ᏸ *VISA*. ℀
8 aprile-24 settembre – **Pasto** 35/50000 – ⊑ 15000 – **46 cam** 80/110000 – ½ P 58/93000.

🏨 **Majestic,** X Traversa 23 ℰ 994122, Fax 994123, ≤, ⌧ riscaldata, ☞ – 🔋 ▤ ☎ ఉ ④. 🅱 ᴇ
VISA. 🕸
13 aprile-14 ottobre – **Pasto** 35000 bc – ⌧ 15000 – **50 cam** 55/95000, ▤ 5000 – ½ P 75/
80000.

🏨 **Mazzanti,** via Forlì 51 ℰ 991207, Fax 991258, ≤, ⌧ riscaldata, ☞ – 🔋 ☎ ④. 🆎 🅱 ᴇ VISA.
🕸 rist
10 maggio-20 settembre – **Pasto** (solo per clienti alloggiati) 30000 – **42 cam** ⌧ 50/90000 –
½ P 95/100000.

🏨 **Nadir,** viale Cadorna 3 ℰ 991322, Fax 991431, ⌧ riscaldata – 🔋 📺 ☎ ④. 🆎 🅱 ᴇ VISA.
🕸 rist
15 maggio-20 settembre – **Pasto** 25/30000 – **34 cam** ⌧ 65/100000 – ½ P 100/110000.

🏨 **Flora,** viale Dante 42 ℰ 991209, Fax 991209, 🍽, ⿻, ⊜, ⌧ riscaldata, ☞ – 📺 ☎ ④. 🆎
🅱 ⓞ ᴇ VISA. 🕸
Pasto 25/40000 – ⌧ 15000 – **28 cam** 60/90000 – P 90000.

🏨 **Solemare,** XI Traversa 20 ℰ 994109 – 🔋 ☎ ④. 🕸
maggio-settembre – **Pasto** (solo per clienti alloggiati) 35000 – ⌧ 15000 – **37 cam** 65/90000
– P 88/92000.

🏨 **Ridolfi,** anello del Pino 18 ℰ 994547, Fax 991506, ⌧, ☞ – 🔋 📺 ☎ ④. 🆎. 🕸
maggio-settembre – **Pasto** 30000 – **36 cam** ⌧ 55/100000 – ½ P 87000.

🏨 **Abahotel,** IV Traversa 19 ℰ 991701, Fax 993969 – 🔋 📺 ☎ ④. 🆎 🅱 ᴇ VISA. 🕸
maggio-settembre – **Pasto** (solo per clienti alloggiati) 25/35000 – **32 cam** ⌧ 95/130000 –
½ P 64/114000.

🏨 **Santiago,** viale 2 Giugno 42 ℰ 975477, Fax 975477 – 🔋 ▤ rist 📺 ☎
26 cam.

🏨 **Saratoga,** viale 2 Giugno 156 ℰ 994216, Fax 994433 – 🔋 ▤ ☎ ④. 🅱 VISA. 🕸 rist
20 marzo-ottobre – **Pasto** (chiuso sino al 15 maggio) 30/35000 – **41 cam** ⌧ 60/100000 –
½ P 60/85000.

XXX **Al Caminetto,** viale Matteotti 46 ℰ 994479, Rist. e pizzeria, « Servizio estivo all'aper-
to » – 🅱 ⓞ ᴇ VISA. 🕸
Natale, Epifania e marzo-ottobre; chiuso a mezzogiorno escluso i giorni festivi – **Pasto**
carta 60/90000.

XX **Zi' Teresa,** viale Romagna 171 ℰ 994452, 🍽, Rist. e pizzeria
stagionale.

XX **Dal Marinaio,** viale Puccini 8 ℰ 975479, Specialità di mare – 🆎 🅱 ⓞ ᴇ VISA. 🕸
chiuso lunedì dal 16 maggio al 14 settembre e mercoledì negli altri mesi – **Pasto** carta 48/
70000.

a Tagliata SE : 3,5 km – ✉ **48015** Tagliata di Cervia.
🛈 (maggio-settembre) via Sicilia 61 ℰ 987945 :

XX **La Tortuga,** viale Sicilia 26 ℰ 987193, Rist. e pizzeria, « Servizio estivo all'aperto » – ④.
🆎 🅱 ⓞ ᴇ VISA. 🕸
chiuso gennaio e mercoledì (escluso da giugno a settembre) – **Pasto** carta 34/59000.

CERVIGNANO DEL FRIULI 33052 Udine 🔢 ⑥, 🔢 E 21 – 12 005 ab. alt. 3 – ✆ 0431.
Roma 627 – Gorizia 28 – ♦Milano 366 – ♦Trieste 47 – Udine 29 – ♦Venezia 116.

🏨 **Internazionale,** via Ramazzotti 2 ℰ 30751, Fax 34801 – 🔋 ▤ rist 📺 ☎ ④ – 🔏 150. 🆎 🅱
ⓞ ᴇ VISA. 🕸
Pasto 35/40000 e al Rist. *La Rotonda* (chiuso domenica sera e lunedì) carta 41/65000 –
69 cam ⌧ 99/130000 – ½ P 96/106000.

X **Al Campanile** con cam, località Scodovacca E : 1,5 km ℰ 32018 – ④. 🕸
chiuso settembre ed ottobre – **Pasto** (chiuso lunedì sera e martedì) carta 30/42000 –
⌧ 5000 – **12 cam** 38/60000 – ½ P 60000.

CERVINIA Aosta 🔢 ②, 🔢 ③ – Vedere Breuil-Cervinia.

CERVO 18010 Imperia 🔢 K 6 – 1 263 ab. alt. 66 – ✆ 0183.
🛈 piazza Santa Caterina (nel Castello) ℰ 408197, Fax 403133.
Roma 605 – Alassio 12 – ♦Genova 106 – Imperia 12 – ♦Milano 228 – San Remo 35.

XX ✿ **San Giorgio,** centro storico ℰ 400175, 🍽, Specialità di mare, Coperti limitati; preno-
tare
chiuso dal 10 gennaio al 10 febbraio, novembre, lunedì sera e martedì – **Pasto** 50000 bc (alla
sera) e carta 40/65000
Spec. Frittatine con bianchetti e verdure, Lasagnetta ai gamberi e carciofi, Moscardini in umido con carciofi olive e
pinoli.

X **Da Serafino,** centro storico ℰ 408185, « Servizio estivo in terrazza panoramica » – 🅱 ᴇ
VISA
chiuso novembre e martedì (escluso da giugno a settembre) – **Pasto** carta 40/80000.

L'EUROPE en une seule feuille
Cartes Michelin n° 🔢 (routière, pliée) et 🔢 (politique, plastifiée).

CESANA TORINESE 10054 Torino 988 ⑪, 428 H 2 – 939 ab. alt. 1 354 – a.s. febbraio-Pasqua, luglio-agosto e Natale – Sport invernali : a Sansicario, Monti della Luna e Claviere : 1 360/2 701 m ←2 ≤25, ←2 – ☺ 0122.

🛈 (dicembre-aprile e luglio-settembre) piazza Vittorio Amedeo 3 ℘ 89202.

Roma 752 – Bardonecchia 25 – Briançon 21 – ◆Milano 224 – Sestriere 11 – ◆Torino 87.

🏨 **Chaberton,** ℘ 89147, Fax 897163, ☞ – 🛗 📺 ☎ ← ℗. 🖼 E 🎫
chiuso maggio e novembre – **Pasto** carta 30/50000 – ☲ 12000 – **27 cam** 95/132000 – ½ P 80/120000.

a *Mollières* N : 2 km – ⊠ 10054 Cesana Torinese :

🍴 **La Selvaggia,** ℘ 89290 – ℗. 🖼 E 🎫 ⋇
chiuso mercoledì, giugno ed ottobre – **Pasto** carta 37/55000.

a *San Sicario* E : 5 km – alt. 1 700 – ⊠ 10054 Cesana Torinese :

🍴 **Fraiteve,** al borgo S : 2 km ℘ 832490, « Ambiente caratteristico » – ⋇
chiuso maggio, novembre e martedì in bassa stagione – **Pasto** carta 37/71000.

CESANO Ancona 430 K 21 – Vedere Senigallia.

CESANO BOSCONE 20090 Milano 428 F 9, 219 ⑱ – 26 249 ab. alt. 120 – ☺ 02.
Roma 582 – ◆Milano 10 – Novara 48 – Pavia 35 – Varese 54.

Pianta d'insieme di Milano (Milano p. 6)

🏨 **Roma** senza rist, via Poliziano 2 ℘ 4581805, Fax 4500473 – 🛗 🖃 📺 ☎ ⅙ ℗ – 🔬 25. 🖼 🖼 ⓞ 🎫
chiuso dal 10 al 20 agosto – ☲ 20000 – **34 cam** 170/270000, 2 appartamenti.
AP **k**

CESANO MADERNO 20031 Milano 428 F 9, 219 ⑲ – 31 898 ab. alt. 198 – ☺ 0362.
Roma 613 – ◆Milano 20 – ◆Bergamo 52 – Como 29 – Novara 61 – Varese 41.

a *Cassina Savina* E : 4 km – ⊠ 20030 :

🍴 **La Cometa,** via Podgora 12 ℘ 504102, Specialità di mare – 🖃. 🖼 E 🎫 ⋇
chiuso lunedì ed agosto – **Pasto** carta 29/56000.

CESENA 47023 Forlì 988 ⑮, 429 430 J 18 – 88 480 ab. alt. 44 – ☺ 0547.
Vedere Biblioteca Malatestiana★.

🛈 piazza del Popolo 1 ℘ 356327, Fax 356329.

Roma 336 – ◆Ravenna 31 – ◆Bologna 89 – Forlì 19 – ◆Milano 300 – ◆Perugia 168 – Pesaro 69 – Rimini 30.

🏨 **Casali,** via Benedetto Croce 81 ℘ 22745, Fax 22828 – 🛗 🖃 📺 ☎ ⅙ ← ℗ – 🔬 25 a 150. 🖼 🖼 ⓞ E 🎫 🎫
Pasto vedere rist **Casali** – ☲ 15000 – **45 cam** 110/170000.

🏨 **Meeting Hotel** senza rist, via Romea 545 ℘ 333160, Fax 334394 – 🛗 🖃 📺 ☎ ℗ – 🔬 60. 🖼 ⓞ ⋇
chiuso dal 20 al 30 dicembre – ☲ 15000 – **20 cam** 90/140000, 🖃 5000.

🏨 **Alexander,** piazzale Karl Marx 10 ℘ 27474, Fax 27874 – 🛗 🖃 📺 ☎ ← ℗ – 🔬 50. 🖼 🖼 E 🎫 ⋇ rist
Pasto 28/40000 – ☲ 12000 – **32 cam** 110/150000 – ½ P 152000.

🍴🍴🍴 Casali, via Benedetto Croce 81 ℘ 27485, Fax 27485, 🍴 – 🖃

🍴🍴 **Gianni,** via Dell'Amore 9 ℘ 21328, Fax 21328, 🍴, Rist. e pizzeria – 🖼 🖼 ⓞ E 🎫 🎫
chiuso giovedì – **Pasto** carta 35/64000.

🍴🍴 **Il Circolino,** corte Dandini 10 ℘ 21875, 🍴, Coperti limitati; solo su prenotazione a mezzogiorno – 🖼 🖼 🎫 ⋇
chiuso martedì e settembre – **Pasto** carta 30/53000.

CESENATICO 47042 Forlì 988 ⑮, 429 430 J 19 – 20 421 ab. – a.s. 21 giugno-agosto – ☺ 0547.
🛈 viale Roma 112 ℘ 80091, Fax 80129.

Roma 358 – ◆Ravenna 31 – ◆Bologna 98 – ◆Milano 309 – Rimini 22.

🏨 **Pino,** via Anita Garibaldi 7 ℘ 80645, Fax 84788 – 🛗 🖃 📺 ☎ – 🔬 40. 🖼 🖼 ⓞ E 🎫 ⋇
Pasto vedere rist **Pino** – ☲ 14000 – **66 cam** 100/165000 – ½ P 90/120000.

🏨 **Britannia,** viale Carducci 129 ℘ 672500, Fax 81799, ≼, « Giardino-terrazza », ⍛, 🐾 – 🛗 🖃 📺 ☎ ⅙ ← ℗ – 🔬 50. 🖼 🖼 🎫 ⋇
maggio-15 settembre – **Pasto** (chiuso sino al 21 maggio) carta 40/64000 – ☲ 18000 – **39 cam** 130/200000 – P 110/180000.

🏨 **San Pietro,** viale Carducci 194 ℘ 82496, Fax 81830, ≼, ⍛ – 🛗 ☎ ℗ – 🔬 250. 🖼 🖼 ⓞ E 🎫 ⋇
27 dicembre-5 gennaio e 18 marzo-15 ottobre – **Pasto** (solo per clienti alloggiati e chiuso sino ad aprile) 30/42000 – **80 cam** ☲ 92/145000 – ½ P 63/105000.

🏨 **Torino,** viale Carducci 55 ℰ 80044, Fax 672510, ≤, ☒ riscaldata – 🛗 🗏 rist 🖵 ☎ 🅿. 🖭 🕄 ⑩ 🗲 *VISA*. ⋘
15 maggio-settembre – **Pasto** (solo per clienti alloggiati) 40/55000 – � 12000 – **42 cam** 95/125000 – ½ P 62/112000.

🏨 **Esplanade,** viale Carducci 120 ℰ 82405, Fax 672214 – 🛗 ☎ ⇔. 🖭 🕄 ⑩ 🗲 *VISA*. ⋘ rist
15 maggio-settembre – **Pasto** (solo per clienti alloggiati) – ⊷ 12000 – **61 cam** 110/150000 – ½ P 77/125000.

🏨 **Miramare,** viale Carducci 2 ℰ 80006, Fax 84785, ≤, ☒ – 🛗 🗏 🖵 ☎ 🅿 – 🔬 70. 🖭 🕄 ⑩ 🗲 *VISA*. ⋘ rist
Pasto *(chiuso martedì)* carta 40/60000 – ⊷ 15000 – **30 cam** 100/160000, 🗏 8000 – ½ P 90/120000.

🏨 **Sporting,** viale Carducci 191 ℰ 83082, Fax 672172, ≤, ⚓ – 🛗 🗏 rist ☎ 🅿. ⋘
20 maggio-20 settembre – **Pasto** (solo per clienti alloggiati) – ⊷ 15000 – **40 cam** 80/90000 – ½ P 40/80000.

🏨 **Roxy,** viale Carducci 193 ℰ 82004, Fax 672406, ≤, ☒ riscaldata, ⚓ – 🛗 🗏 rist ☁ 🅿. ⋘
Pasqua e 20 maggio-20 settembre – **Pasto** (solo per clienti alloggiati) 25/50000 – ⊷ 15000 – **40 cam** 65/100000 – ½ P 60/85000.

🏨 **Atlantica,** viale Bologna 28 ℰ 83630, Fax 75758, ≤ – 🛗 ☎ 🅿. 🖭 🕄 🗲 *VISA*. ⋘
Pasqua-settembre – **Pasto** carta 45/64000 – ⊷ 15000 – **30 cam** 90/140000 – ½ P 70/100000.

🏨 **Da Marchino,** via Mazzini 93/95 ℰ 83192 e rist ℰ 83777, Fax 83777, ☒, ⚘ – 🖵 ☎ 🅿. 🖭 🕄
Pasto *(chiuso lunedì da ottobre a maggio)* carta 54/75000 – ⊷ 10000 – **35 cam** 75/93000 – ½ P 52/70000.

🏨 **Ori,** viale da Verrazzano 14 ℰ 81880 – 🛗 ☎ 🅿. ⋘ rist
maggio-settembre – **Pasto** (solo per clienti alloggiati) 30/45000 – ⊷ 12000 – **27 cam** 75/100000 – ½ P 60/80000.

🏨 **Domus Mea** senza rist, via del Fortino 7 ℰ 82119, Fax 82441 – 🛗 🖵 ☎. 🖭 🕄 ⑩ 🗲 *VISA*. ⋘
maggio-settembre – ⊷ 7500 – **29 cam** 68/82000.

🏨 **Tiboni** ⚘, via Abba 86 ℰ 82089 – 🖭. ⋘
15 maggio-15 settembre – **Pasto** 16/20000 – ⊷ 7000 – **18 cam** 40/60000 – ½ P 45/50000.

🍴🍴🍴 **Pino,** via Anita Garibaldi 7 ℰ 80576, Fax 84788, 🏡 – 🗏. 🖭 🕄 ⑩ 🗲 *VISA*. ⋘
chiuso lunedì e dal 2 al 30 novembre – **Pasto** 32/50000 e carta 43/72000.

🍴🍴 **Teresina,** viale Trento ℰ 81108, ≤ – 🗏 🅿. 🖭 🕄 ⑩ 🗲 *VISA* ᴊᴄʙ. ⋘
chiuso mercoledì – **Pasto** 45/65000 bc e carta 53/76000.

🍴🍴 **Al Gallo-da Giorgio,** via Baldini 21 ℰ 81067, Fax 672454, 🏡 – 🖭 🕄 ⑩ 🗲 *VISA* ᴊᴄʙ. ⋘
chiuso mercoledì, dal 2 al 16 gennaio e dal 26 ottobre al 12 novembre – **Pasto** carta 50/75000.

🍴🍴 **La Buca,** corso Garibaldi 41 ℰ 82474, 🏡, Specialità di mare – 🖭 🕄 ⑩ 🗲 *VISA*. ⋘
chiuso lunedì e dal 2 al 10 gennaio – **Pasto** carta 37/60000.

🍴🍴 **Gambero Rosso,** molo Levante 21 ℰ 81260, ≤ – 🗏. 🖭 🕄 ⑩ 🗲 *VISA* ᴊᴄʙ
chiuso dal 10 al 31 gennaio e martedì (escluso dal 15 giugno al 15 settembre) – **Pasto** carta 42/47000.

🍴🍴 **Bistrot Claridge,** viale dei Mille 55 ℰ 82055, 🏡, Coperti limitati; prenotare – 🖭 🗲 *VISA*. ⋘
chiuso a mezzogiorno e lunedì – **Pasto** carta 33/59000.

🍴 **Trocadero-da Valeria,** via Pasubio-spiaggia levante ℰ 81173, ≤ – 🅿
chiuso lunedì e dal 1° al 15 novembre – **Pasto** carta 50/65000.

🍴 Cafè Lidò, via Marino Moretti 44 ℰ 80558, 🏡

🍴 **Marengo,** via Canale Bonificazione 71 ℰ 83200, Solo piatti di carne, ☒ – 🅿. ⋘
chiuso martedì, gennaio e febbraio – **Pasto** carta 28/40000.

a Valverde S : 2 km – ✉ **47042** Cesenatico :

🏨 **Caesar,** viale Carducci 290 ℰ 86500, Fax 86654, ≤, 🗚, ☒ riscaldata, ⚒ – 🛗 ☎ ⚅ 🅿. 🕄 ⑩ 🗲 *VISA*. ⋘ rist
15 aprile-settembre – **Pasto** (solo per clienti alloggiati) 25/35000 – ⊷ 11000 – **45 cam** 70/100000 – P 68/110000.

🏨 **Colorado,** viale Carducci 306 ℰ 86242, Fax 680194, ☒ – 🛗 ☎ 🅿. 🖭. ⋘
maggio-settembre – **Pasto** 35/50000 – **47 cam** ⊷ 100/130000 – P 75/100000.

🏨 **Wivien,** via Guido Reni angolo via Canova 89 ℰ 85388, Fax 85455, ☒ – 🛗 ☎ 🅿. 🖭. ⋘ rist
aprile-ottobre – **Pasto** 25/30000 – ⊷ 12000 – **37 cam** 80/120000 – ½ P 55/87000.

🏨 **Tridentum,** viale Michelangelo 25 ℰ 86287, Fax 87522, ☒, ⚘ – 🛗 🗏 ☎ 🅿. 🖭 🕄 🗲 *VISA*. ⋘ rist
aprile-settembre – **Pasto** 30/35000 – **60 cam** ⊷ 55/90000 – ½ P 75/85000.

a Zadina Pineta N : 2 km – ⊠ **47042** Cesenatico :

🏨 **Beau Soleil-Wonderful** ⬡, viale Mosca 43/45 ℰ 82209, Fax 82069, ⤓ riscaldata – ⧫
▤ rist ☎ ❷. 🕪 ⓪ 𝐄 𝘝𝘐𝘚𝘈. ❀ rist
Pasqua-settembre – **Pasto** (solo per clienti alloggiati) – **80 cam** ⊇ 80/140000 – ½ P 65/
100000.

🏠 **Renzo** ⬡, viale dei Pini 55 ℰ 82316, Fax 82316 – ⧫ ▤ rist ☎ ❷. 🕮 🕪 𝘝𝘐𝘚𝘈. ❀
15 maggio-settembre – **Pasto** 20000 – ⊇ 8000 – **24 cam** 50/80000 – ½ P 54/68000.

✕✕ **La Scogliera-da Roberto,** via Londra 36 ℰ 83281, ☷ – ▤. ❀
chiuso lunedì e settembre – **Pasto** carta 35/85000.

a Villamarina S : 3 km – ⊠ **47042** Cesenatico :

🏨 **David,** viale Carducci 297 ℰ 86154, Fax 86154, ≤, « Grande terrazza con ⤓ riscaldata »
– ⧫ 🕥 ☎ ❷. 𝐄 𝘝𝘐𝘚𝘈. ❀ rist
Pasqua-ottobre – **Pasto** 30000 – ⊇ 10000 – **46 cam** 90/140000 – ½ P 75/120000.

🏠 **Park Hotel Grilli** ⬡, viale Torricelli 12 ℰ 87174, Fax 87255, « Giardino ombreggiato »,
🐾, ☞, ⤓ riscaldata, ☴, ✕ – ⧫ ✄ rist ▤ 🕥 ☎ ⇌ – ⚹ 150. 🕮 🕪 ⓪ 𝐄 𝘝𝘐𝘚𝘈. ❀ rist
chiuso dal 5 novembre al 26 dicembre – **Pasto** 40/85000 – **44 cam** ⊇ 108/148000 –
½ P 70/130000.

🏨 **Duca di Kent,** viale Euclide 23 ℰ 86307, Fax 86488, 🐾, ☞, ⤓, ☴ – ⧫ ☎ ❷. 🕪 𝐄 𝘝𝘐𝘚𝘈.
❀
20 maggio-24 settembre – **Pasto** 25/40000 – ⊇ 9000 – **40 cam** 65/100000 – ½ P 70/100000.

CESSALTO 31040 Treviso 𝟿𝟪𝟪 ⑤, 𝟺𝟤𝟿 E 19 – 3 122 ab. alt. 5 – ✪ 0421.
Roma 562 – ◆Venezia 48 – Belluno 81 – ◆Milano 301 – Treviso 33 – Udine 77.

🏠 **Romana** senza rist, ℰ 327194 – 🕥 ☏ ❷. ⓪. ❀
⊇ 5000 – **18 cam** 50/70000.

✕✕ **Al Ben Vegnù,** ℰ 327200 – 🕮 🕪 ⓪ 𝐄 𝘝𝘐𝘚𝘈 𝚓𝚌𝚋. ❀
chiuso martedì, mercoledì a mezzogiorno, dal 3 al 14 gennaio e dal 4 al 30 luglio – **Pasto**
carta 44/62000.

CESUNA 36010 Vicenza 𝟺𝟤𝟿 E 16 – alt. 1 052 – ✪ 0424.
Roma 582 – Asiago 8 – ◆Milano 263 – Trento 67 – ◆Venezia 114 – Vicenza 48.

🏠 **Belvedere,** ℰ 67000, 🐾 – 🕥 ☎ ❷. ❀ rist
Pasto *(chiuso martedì)* carta 34/52000 – ⊇ 9000 – **24 cam** 85/110000 – ½ P 65/80000.

CETARA 84010 Salerno 𝟺𝟹𝟣 F 26 – 2 498 ab. alt. 15 – ✪ 089.
Roma 255 – ◆Napoli 56 – Amalfi 15 – Avellino 45 – Salerno 10 – Sorrento 49.

🏨 **Cetus,** ℰ 261388, Fax 261388, ≤ golfo di Salerno, 🏖 – ⧫ ▤ rist 🕥 ☎ ❷ – ⚹ 70. 🕮 🕪
𝐄 𝘝𝘐𝘚𝘈. ❀ rist
Pasto carta 35/57000 – **38 cam** ⊇ 147/210000 – ½ P 95/153000.

CETONA 53040 Siena 𝟺𝟹𝟶 N 17 – 3 026 ab. alt. 384 – ✪ 0578.
Roma 155 – ◆Perugia 59 – Orvieto 62 – Siena 89.

✕ **Osteria Vecchia,** via Cherubini 11 ℰ 239040 – 🕥 ☎. 🕮 🕪 ⓪ 𝐄 𝘝𝘐𝘚𝘈. ❀
chiuso martedì escluso dal 15 giugno al 15 settembre – **Pasto** carta 34/46000.

a Piazze S : 9 km – ⊠ **53040** :

✕ **Bottega delle Piazze,** ℰ 244295 – 🕪 𝐄 𝘝𝘐𝘚𝘈
chiuso lunedì e dal 10 al 20 settembre – **Pasto** carta 25/35000.

CETRARO 87022 Cosenza 𝟿𝟪𝟪 ㊴, 𝟺𝟹𝟣 I 29 – 10 437 ab. alt. 120 – ✪ 0982.
🐚 San Michele, località Bosco ⊠ 87022 Cetraro ℰ 91012, Fax 91430, NO : 6 km.
Roma 466 – Catanzaro 115 – ◆Cosenza 55 – Paola 21.

✕✕ **Il Casello,** al porto NO : 2,5 km ℰ 971355 – ❷. 🕮
chiuso mercoledì escluso da giugno a settembre – **Pasto** carta 35/55000.

sulla strada statale 18 NO : 6 km :

🏨 **Gd H. San Michele** ⬡, ⊠ 87022 ℰ 91012, Fax 91430, ≤, ☷, « Giardino-frutteto e
ascensore per la spiaggia », ⤓, 🏖, ✕, 🐚 – ⧫ ▤ 🕥 ☎ ❷ – ⚹ 80 a 220. 🕮 🕪 ⓪ 𝐄
𝘝𝘐𝘚𝘈. ❀ rist
chiuso novembre – **Pasto** carta 72/100000 – **73 cam** ⊇ 200/340000 – ½ P 185/315000.

CEVA 12073 Cuneo 𝟿𝟪𝟪 ⑫, 𝟺𝟤𝟪 I 6 – 5 571 ab. alt. 388 – ✪ 0174.
Roma 595 – Cuneo 52 – ◆Milano 219 – Savona 50 – ◆Torino 95.

✕ **Italia,** via Moretti 19 ℰ 701340 – 🕪 𝐄 𝘝𝘐𝘚𝘈
chiuso giovedì, dal 4 al 20 luglio e dal 4 al 19 novembre – **Pasto** carta 30/48000.

CHAMPLAS JANVIER Torino – Vedere Sestriere.

CHAMPOLUC 11020 Aosta 𝟵𝟴𝟴 ②, 𝟰𝟮𝟴 E 5 – alt. 1 570 – a.s. 13 febbraio-aprile, luglio-agosto e Natale – Sport invernali : 1 570/2 714 m ≤1 ≤15, ⊼ – ✿ 0125.

🯄 via Varasc ☎ 307113.

Roma 737 – Aosta 63 – Biella 92 – ♦Milano 175 – ♦Torino 104.

🏨 **Castor,** ☎ 307117, ≤, � – |‡| 📺 ☎ ⟻ 🅿. 🕄 E 𝘝𝘐𝘚𝘈. ❀
  Pasto (20 dicembre-26 aprile e 26 giugno-20 settembre) carta 34/46000 – ☲ 15000 – **32 cam** 65/100000 – ½ P 100/110000.

🏨 **Villa Anna Maria** ⑤, ☎ 307128, ≤, « Giardino e pineta » – 📺 ☎ 🅿. 𝘝𝘐𝘚𝘈. ❀
  5 dicembre-25 aprile e 19 giugno-26 settembre – **Pasto** 30/40000 – ☲ 10000 – **20 cam** 75/98000 – ½ P 110/115000.

CHAMPORCHER 11020 Aosta 𝟵𝟴𝟴 ②, 𝟰𝟮𝟴 F 4 – 406 ab. alt. 1 427 – a.s. Pasqua e Natale – Sport invernali : 1 427/2 500 m ≤1 ≤3, ⊼ – ✿ 0125.

Roma 716 – Aosta 59 – Ivrea 43 – ♦Milano 156 – ♦Torino 85.

🏠 Beau Séjour ⑤, frazione Mellier ☎ 37122, ≤ – 🅿
  21 cam.

CHANAVEY Aosta 𝟰𝟮𝟴 F 3, 𝟮𝟭𝟵 ⑪ ⑫ – Vedere Rhêmes Notre Dame.

CHARVENSOD Aosta 𝟰𝟮𝟴 E 3 – Vedere Aosta.

CHATILLON 11024 Aosta 𝟵𝟴𝟴 ②, 𝟰𝟮𝟴 E 4 – 4 635 ab. alt. 549 – a.s. luglio-agosto – ✿ 0166.

Roma 723 – Aosta 26 – Breuil-Cervinia 27 – ♦Milano 160 – ♦Torino 89.

🏨 **Rendez Vous,** prossimità casello autostrada ☎ 563150, Fax 62480, ≤ – |‡| 📺 ☎ 🅿. 🄰🄴 🕄 ⓞ E 𝘝𝘐𝘚𝘈. ❀ cam
  Pasto 28/38000 ed al Rist. **Da Beppe** carta 32/44000 – ☲ 9000 – **35 cam** 65/95000 – ½ P 72/78000.

🏨 **Marisa,** via Pellissier 10 ☎ 563112, Fax 563110, ≤, � – |‡| 📺 ☎ ⟻ 🅿. 🄰🄴 🕄 ⓞ E 𝘝𝘐𝘚𝘈 𝖩𝖢𝖡. ❀
  chiuso novembre – **Pasto** (chiuso lunedì escluso dal 15 luglio al 15 settembre) carta 32/50000 – ☲ 9000 – **28 cam** 65/95000 – ½ P 70/80000.

🏠 **Le Verger** senza rist, via Tour de Grange 53 ☎ 563066, ≤ – |‡| 📺 ☎ 🅿. 𝘝𝘐𝘚𝘈
  ☲ 6000 – **14 cam** 60/70000.

🟊🟊🟊 **Parisien,** regione Panorama 1 ☎ 537053, Coperti limitati; prenotare – 🚾 🅿. 🄰🄴 🕄 ⓞ E 𝘝𝘐𝘚𝘈
  chiuso a mezzogiorno (escluso i giorni festivi e prefestivi), giovedì e dal 7 al 25 luglio – **Pasto** 50/80000 e carta 63/88000.

🟊🟊 **La Terrazza,** regione Panorama 3 ☎ 512548, Fax 512548, 🍴 – 🅿. 🄰🄴 🕄 ⓞ E 𝘝𝘐𝘚𝘈. ❀
  chiuso mercoledì, dal 15 al 30 giugno e dal 10 al 20 novembre – **Pasto** carta 30/53000.

CHERASCO 12062 Cuneo 𝟰𝟮𝟴 I 5 – 6 500 ab. alt. 288 – ✿ 0172.

🮖 (marzo-novembre; chiuso martedì) località Fraschetta ✉ 12062 Cherasco ☎ 489772, Fax 4883304.

Roma 646 – ♦Torino 53 – Asti 51 – Cuneo 46 – Savona 97.

🏨 Napoleon, via Aldo Moro 1 ☎ 488238, Fax 488435 – |‡| 🚾 cam 📺 ☎ 🔥 🅿 – 🛆 200.
  22 cam.

CHIANCIANO TERME 53042 Siena 𝟵𝟴𝟴 ⑮, 𝟰𝟯𝟬 M 17 – 7 447 ab. alt. 550 – Stazione termale (15 aprile-ottobre) – ✿ 0578.
Vedere Guida Verde.

🯄 piazza Italia 67 ☎ 63167, Fax 64623 – piazza Gramsci ☎ 31292.

Roma 167 – Siena 74 – Arezzo 73 – ♦Firenze 132 – ♦Milano 428 – ♦Perugia 65 – Terni 120 – Viterbo 104.

🏨🏨 **Gd H. Excelsior,** via Sant'Agnese 6 ☎ 64351, Fax 63214, 🍴 riscaldata, � – |‡| 🚾 📺 ☎ 🅿 – 🛆 50 a 700. 🄰🄴 🕄 𝘝𝘐𝘚𝘈. ❀
  Pasqua-ottobre – **Pasto** 60000 – ☲ 20000 – **66 cam** 130/220000, 9 appartamenti – ½ P 180000.

🏨🏨 **Grande Alb. Le Fonti,** viale della Libertà 523 ☎ 63701, Fax 63701, ≤ – |‡| 🚾 📺 ☎ ⟻ – 🛆 250. 🕄 𝘝𝘐𝘚𝘈. ❀ rist
  Pasto 35/50000 – ☲ 15000 – **66 cam** 170/200000, 4 appartamenti – ½ P 120/160000.

🏨🏨 **Michelangelo** ⑤, via delle Piane 146 ☎ 64004, Fax 60480, ≤ dintorni, « Parco ombreggiato », 🍽, 🍴 riscaldata, ❀ – |‡| 🚾 📺 ☎ 🔥 🅿 – 🛆 40. 🄰🄴 🕄 ⓞ E 𝘝𝘐𝘚𝘈. ❀ rist
  Pasqua e maggio-20 ottobre – **Pasto** 70000 – ☲ 18000 – **63 cam** 120/170000 – ½ P 125/175000.

🏨🏨 **Moderno,** viale Baccelli 10 ☎ 63754, Fax 60656, « Terrazza-giardino con 🍴 riscaldata », ❀ – |‡| 🚾 📺 ☎ ⟻ 🅿. 🄰🄴 🕄 ⓞ E 𝘝𝘐𝘚𝘈 𝖩𝖢𝖡. ❀ rist
  Pasto 35000 – ☲ 8000 – **70 cam** 100/160000 – ½ P 89/150000.

🏨🏨 **Ambasciatori,** viale della Libertà 512 ☎ 64371, Fax 64371, « 🍴 riscaldata in terrazza panoramica », 🛧 – |‡| 🚾 📺 ☎ ⟻ 🅿 – 🛆 350. 🄰🄴 🕄 ⓞ E 𝘝𝘐𝘚𝘈. ❀
  Pasto 45000 – **116 cam** ☲ 110/150000 – ½ P 105/135000.

🏨 **Raffaello** ♒, via dei Monti 3 ℘ 657000, Fax 64923, « Giardino con ⤳, ❄ », 🕿 – ⧉
⊞ 🖭 ☎ ᕼ ⇌ 🅿. ΑΕ 🖬 ⑩ Ε 𝗩𝗜𝗦𝗔. ⅍ rist
15 aprile-ottobre – **Pasto** 35/45000 – ⛱ 11000 – **70 cam** 110/160000 – ½ P 100/140000.

🏨 **Gd H. Capitol,** viale della Libertà 492 ℘ 64681, Fax 64686, « ⤳ in terrazza panoramica », 🕿 – ⧉ ⊞ 🖭 ☎ ⇌. ΑΕ 🖬 ⑩ Ε 𝗩𝗜𝗦𝗔 JCB. ⅍
Pasqua-ottobre – **Pasto** 35/40000 – ⛱ 10000 – **68 cam** 100/150000 – ½ P 100/140000.

🏨 **Majestic,** via Buozzi 70 ℘ 63042, Fax 62101, ⤳ riscalda, ⌇ – ⧉ 🖭 ☎ 🅿. 🖬 Ε 𝗩𝗜𝗦𝗔.
⅍ rist
15 aprile-ottobre – **Pasto** 40/50000 – ⛱ 12000 – **68 cam** 110/135000 – ½ P 95000.

🏨 **Milano,** viale Roma 46 ℘ 63227, Fax 63227, ⌇ – ⧉ ⊞ 🖭 ☎ 🅿. ΑΕ 🖬 ⑩ Ε 𝗩𝗜𝗦𝗔. ⅍
15 aprile-15 novembre – **Pasto** 45000 – **56 cam** ⛱ 110/150000 – P 100/135000.

🏨 **Sole,** via delle Rose 40 ℘ 60194, Fax 60196, ⌇ – ⧉ ⊞ 🖭 ☎ 🅿 – ⚿ 100. ΑΕ 🖬 Ε 𝗩𝗜𝗦𝗔. ⅍
Pasqua-ottobre – **Pasto** 30/45000 – **81 cam** ⛱ 90/120000 – ½ P 70/115000.

🏨 **Montecarlo,** viale della Libertà 478 ℘ 63093, Fax 63093, « ⤳ riscalda in terrazza panoramica », ⌇ – ⧉ ⊞ rist 🖭 ☎ ⇌ 🅿. ⅍ rist
maggio-ottobre – **Pasto** 30/37000 – ⛱ 8000 – **41 cam** 70/100000 – ½ P 62/93000.

🏨 **Alba,** via della Libertà 288 ℘ 64300, Fax 60577, ⌇ – ⧉ ⊞ rist 🖭 ☎ 🅿 – ⚿ 40 a 200.
ΑΕ 🖬 ⑩ Ε 𝗩𝗜𝗦𝗔. ⅍ rist
Pasto 40000 – ⛱ 10000 – **66 cam** 80/120000 – ½ P 100/105000.

🏨 **Continentale,** piazza Italia 56 ℘ 63272, Fax 63272, ⤳ riscalda – ⧉ ⊞ 🖭 ☎ ⇌. ΑΕ 🖬
Ε 𝗩𝗜𝗦𝗔. ⅍ rist
aprile-ottobre – **Pasto** *(chiuso martedì)* carta 36/52000 – ⛱ 10000 – **42 cam** 100/135000 –
½ P 75/105000.

🏨 **Ricci,** via Giuseppe di Vittorio 51 ℘ 63906, Fax 63906, ⌇ – ⧉ ⊞ rist 🖭 ☎ 🅿 – ⚿ 250.
ΑΕ 🖬 ⑩ Ε 𝗩𝗜𝗦𝗔. ⅍
Pasto 35/50000 – ⛱ 10000 – **60 cam** 65/110000 – ½ P 70/83000.

🏨 **Macerina,** via Macerina 27 ℘ 64241, ⌇ – ⧉ 🖭 ☎ 🅿
stagionale – **86 cam.**

🏨 **Carlton Elite,** via Ugo Foscolo 21 ℘ 64395, Fax 64440, ⤳, ⌇ – ⧉ 🖭 ☎ 🅿. ⅍ rist
aprile-ottobre – **Pasto** 32/35000 – **54 cam** ⛱ 80/120000 – ½ P 70/90000.

🏨 **Irma,** viale della Libertà 302 ℘ 63941, Fax 63941, ⌇ – ⧉ ⊞ rist 🖭 ☎ 🅿. ⅍ rist
16 aprile-ottobre – **Pasto** 40000 – ⛱ 10000 – **70 cam** 90/115000 – ½ P 100/110000.

🏨 **Cosmos,** via delle Piane 44 ℘ 60496, ⤳, ⌇ – ⧉ 🖭 ☎ ⇌ 🅿. ΑΕ 🖬 ⑩ Ε 𝗩𝗜𝗦𝗔 JCB.
⅍ rist
Pasqua-ottobre – **Pasto** *(solo per clienti alloggiati)* 35000 – ⛱ 10000 – **37 cam** 65/100000 –
½ P 70/85000.

🏨 **Firenze,** via della Valle 52 ℘ 63706, Fax 63700, ⌇ – ⧉ ⊞ rist 🖭 ☎ 🅿. 🖬 ⑩ 𝗩𝗜𝗦𝗔. ⅍ rist
Pasqua-ottobre – **Pasto** 35000 – ⛱ 10000 – **33 cam** 70/90000 – ½ P 70000.

🏨 **San Paolo,** via Ingegnoli 22 ℘ 60221, Fax 63753 – ⧉ ⊞ rist 🖭 ☎ 🅿. ΑΕ. ⅍
aprile-ottobre – **Pasto** *(solo per clienti alloggiati)* – **38 cam** ⛱ 65/90000 – ½ P 50/80000.

🏨 **Patria,** viale Roma 56 ℘ 64506 – ⧉ 🖭 ☎. 🖬 𝗩𝗜𝗦𝗔. ⅍ rist
giugno-15 novembre – **Pasto** 40000 – **33 cam** ⛱ 80/110000 – P 85/105000.

🏨 **Bellaria,** via Verdi 57 ℘ 64691, Fax 63979, ⌇ – ⧉ ↔ rist 🖭 ☎ 🅿. ⅍
aprile-ottobre – **Pasto** 30000 – ⛱ 5000 – **52 cam** 65/85000 – ½ P 60/80000.

🏨 **Suisse,** via delle Piane 62 ℘ 63820, Fax 63430, ⌇ – ⧉ 🖭 ☎ 🅿. ΑΕ 🖬 ⑩ Ε 𝗩𝗜𝗦𝗔. ⅍ rist
aprile-ottobre – **Pasto** 22/30000 – ⛱ 7000 – **33 cam** 60/85000 – ½ P 50/80000.

✗ **Gallo Nero,** via delle Piane 54 ℘ 63680, Rist. e pizzeria – 🖬
chiuso giovedì – **Pasto** carta 27/38000.

CHIARAMONTE GULFI Ragusa 🔢 ㊲, 🔢 P 26 – Vedere Sicilia alla fine dell'elenco alfabetico.

CHIARAVALLE MILANESE Milano 🔢 F 9, 🔢 ⑲ – Vedere Milano, dintorni.

CHIARI 25032 Brescia 🔢 ③, 🔢🔢 F 11 – 17 098 ab. alt. 148 – 🕿 030.
Roma 578 – ◆ Brescia 25 – ◆ Bergamo 41 – Cremona 74 – ◆ Milano 82 – ◆ Verona 93.

✗✗ **Zucca,** via Andreoli 10 ℘ 711739, 🏠 – ⊞. ΑΕ 🖬 ⑩ Ε 𝗩𝗜𝗦𝗔
chiuso lunedì e dal 1° al 20 agosto – **Pasto** carta 33/56000.

CHIASSA Arezzo 🔢 L 17 – Vedere Arezzo.

In questa guida

uno stesso simbolo, una stessa parola
stampati in rosso o in nero, in magro o in **grassetto**
hanno un significato diverso.

Leggete attentamente le pagine esplicative.

CHIAVARI 16043 Genova 988 ⑬, 428 J 9 – 28 595 ab. – ✿ 0185.

Vedere Basilica dei Fieschi★.

🖂 corso Assarotti 1 ✆ 310241, Fax 324796.

Roma 467 – ◆Genova 38 – ◆Milano 173 – ◆Parma 134 – Portofino 22 – ◆La Spezia 69.

🏨 **Monterosa,** via Monsignor Marinetti 6 ✆ 300321, Fax 312868 – 🛗 ☎ 🚗. 🆎 🕃 E 🚾. ⍥
Pasto carta 38/60000 – ☲ 10000 – **70 cam** 80/110000 – ½ P 90/100000.

🏨 **Torino** senza rist, corso Colombo 151 ✆ 312231, Fax 312233 – 📺 ☎ 🕭 🚗. 🆎 🕃 ⓞ E 🚾. ⍥
chiuso dal 14 novembre al 20 dicembre – **32 cam** ☲ 100/120000.

🏠 **Mignon,** via Salietti 7 ✆ 324977, Fax 309420 – 🛗 📺 ☎. 🆎 🕃 ⓞ E 🚾. ⍥
chiuso da novembre al 4 dicembre – **Pasto** *(chiuso dal 15 ottobre al 20 dicembre)* 35/38000 – ☲ 10000 – **32 cam** 85/100000 – ½ P 70/80000.

XXX **Lord Nelson Pub** con cam, corso Valparaiso 27 ✆ 302595, Fax 310397, ≤, Coperti limitati; prenotare, « Veranda in riva al mare » – 🍴 cam 📺 ☎. 🆎 🕃 E 🚾. ⍥
chiuso dal 5 novembre al 5 dicembre – **Pasto** *(chiuso lunedì da giugno ad agosto e mercoledì negli altri mesi)* 75000 e carta 66/115000 – 5 appartamenti ☲ 300000.

XX **L'Armia,** corso Garibaldi 68 ✆ 305441 – 🍴

XX **Copetin,** piazza Gagliardo 15/16 ✆ 309064, 🖭, Specialità di mare – 🚾. ⍥
chiuso martedì sera, mercoledì, dicembre e gennaio – **Pasto** carta 53/90000 (10%).

XX **Piazzetta,** piazza Cademartori 34 ✆ 301419, 🖭, Coperti limitati; prenotare – 🍴. 🆎
chiuso lunedì e dall'8 gennaio al 8 febbraio – **Pasto** carta 33/59000.

XX **Il Portico,** corso Assarotti 21 ✆ 310049, prenotare – 🍴. 🆎 🕃 ⓞ E 🚾. ⍥
chiuso martedì e dal 15 agosto al 15 settembre – **Pasto** carta 41/77000.

XX **Camilla,** corso Colombo 87 ✆ 309682 – 🕃 E 🚾 🗾
chiuso lunedì e dal 10 al 20 novembre – **Pasto** carta 50/70000.

X **Da Felice,** via Risso 71 ✆ 308016, Specialità di mare, Coperti limitati; prenotare – 🍴. 🕃 E 🚾. ⍥
chiuso lunedì e novembre – **Pasto** carta 29/55000.

X **Da Renato,** corso Valparaiso 1 ✆ 303033, 🖭 – 🆎 🚾
chiuso mercoledì e dal 3 al 14 maggio – **Pasto** carta 41/68000.

a Leivi N : 6,5 km – alt. 300 – 🖂 **16040** :

XX ✿ **Cà Peo** 🦐 con cam, sulla strada panoramica E 2 km ✆ 319696, Fax 319671, ≤ mare e città, solo su prenotazione – ❷. 🆎 🚾. ⍥ rist
chiuso novembre – **Pasto** *(chiuso lunedì e martedì a mezzogiorno)* carta 62/86000 – ☲ 20000 – 5 appartamenti 160000
Spec. Lasagnette di farina di castagne al pesto con patate e broccoletti. Cappelle di porcini al forno su sfoglia di patate croccanti (autunno). Terrina di frutti di bosco in salsa alle mandorle.

X **Pepèn,** largo Marconi 1 ✆ 319010, Ambiente tipico – 🕃 E 🚾. ⍥
chiuso lunedì e martedì – **Pasto** 45000 bc.

CHIAVENNA 23022 Sondrio 988 ③, 428 D 10 – 7 362 ab. alt. 333 – ✿ 0343.

Vedere Fonte battesimale★ nel battistero.

Roma 684 – ◆Bergamo 96 – Como 85 – ◆Lugano 77 – ◆Milano 115 – Saint-Moritz 49 – Sondrio 61.

🏨 **Aurora,** località Campedello E : 1 km ✆ 32708, Fax 35145 – 🛗 ⍲ rist 🍴 📺 ☎ 🕭 ❷ –
🛗 600. 🕃 ⓞ E 🚾. ⍥
Pasto *(chiuso giovedì da ottobre a maggio)* carta 34/62000 – ☲ 12000 – **48 cam** 100000 –
½ P 70/90000.

🏨 **Crimea,** ✆ 34343, Fax 35935 – 🛗 📺 ☎ ❷. 🆎 🕃 E 🚾. ⍥ rist
chiuso dal 25 settembre al 25 ottobre – **Pasto** *(chiuso giovedì)* carta 32/54000 – ☲ 11000 –
30 cam 60/85000 – ½ P 70/80000.

XXX **Passerini,** ✆ 36166, Fax 36166, Coperti limitati; prenotare – 🆎 🕃 ⓞ E 🚾
chiuso lunedì, dal 9 al 14 gennaio e dal 1° al 22 luglio – **Pasto** 26000 e carta 36/57000.

XX ✿ **Al Cenacolo,** ✆ 32123, 🖭, Coperti limitati; prenotare
chiuso martedì sera, mercoledì e giugno – **Pasto** carta 43/63000
Spec. Terrina alla campagnola, Pizzoccheri alla chiavennasca, Capretto arrosto (primavera).

a Mese SO : 2 km – 🖂 **23020** :

X **Crotasc,** ✆ 41003, Fax 41003, « Servizio estivo in terrazza ombreggiata », ⍥ – 🆎 🕃 ⓞ
E 🚾
chiuso lunedì, martedì e dal 5 al 20 giugno – **Pasto** carta 33/48000.

Un conseil Michelin :

pour réussir vos voyages, préparez-les à l'avance.

Les cartes et guides Michelin, vous donnent toutes indications utiles sur :

itinéraires, visite des curiosités, logement, prix, etc.

192

CHIAVERANO 10010 Torino 𝟒𝟐𝟖 F 5, 𝟐𝟏𝟗 ⑭ – 2 219 ab. alt. 329 – ✆ 0125.

Roma 689 – ✦Torino 55 – Biella 32 – Ivrea 6.

🏨 **Castello San Giuseppe** 🦢, O : 1 km ✆ 424370, Fax 641278, ≼ vallata e laghi, 🌳, Coperti limitati; prenotare, « Edificio del 17° secolo in un giardino ombreggiato » – 📺 ☎ ☻ – 🍴 25. 🖭 🕅 ⓞ Ⅽ 🆅🅸🆂🅰. 🦟
Pasto *(chiuso a mezzogiorno e domenica)* carta 46/69000 – **16 cam** ⚌ 120/170000, appartamento – ½ P 130/160000.

CHIENES (KIENS) 39030 Bolzano 𝟒𝟐𝟗 B 17 – 2 479 ab. alt. 778 – ✆ 0474.

🛈 ✆ 565245, Fax 565611.

Roma 705 – ✦Bolzano 67 – Brennero 58 – Brunico 10 – ✦Milano 366 – Trento 127.

a San Sigismondo (St. Sigmund) O : 2,5 km – ✉ 39030 :

🏨 **Rastbichler**, ✆ 565363, Fax 565428, ≼, 🚭, 🔲, 🌬, – 🛗 ☰ rist ☎ ₺ ➾ ☻, 🕅 Ⅽ 🆅🅸🆂🅰. 🦟
chiuso da novembre al 20 dicembre – **Pasto** 25/35000 – **39 cam** ⚌ 80/160000 – ½ P 80/95000.

LES GUIDES VERTS MICHELIN

Paysages, monuments

Routes touristiques

Géographie

Histoire, Art

Itinéraires de visite

Plans de villes et de monuments

CHIERI 10023 Torino 𝟗𝟖𝟖 ⑫, 𝟒𝟐𝟖 G 5 – 31 322 ab. alt. 315 – ✆ 011.

Roma 649 – ✦Torino 18 – Asti 35 – Cuneo 969 – ✦Milano 159 – Vercelli 77.

🏨 **La Maddalena**, via Fenoglio 4 ✆ 9472729, Fax 9472729, 🌬 – 📺 🕾 ➾ ☻. 🦟
chiuso dal 4 al 20 agosto – **Pasto** (prenotare la sera; chiuso sabato) carta 28/35000 – ⚌ 5000 – **17 cam** 90/120000 – ½ P 78/90000.

🍴🍴 **San Domenico**, via San Domenico 2/b ✆ 9411864, Coperti limitati; prenotare – 🍽. 🖭 🕅 ⓞ Ⅽ 🆅🅸🆂🅰. 🦟
chiuso lunedì ed agosto – **Pasto** 25/45000 (a mezzogiorno) 35/55000 (alla sera) e carta 30/51000.

CHIESA IN VALMALENCO 23023 Sondrio 𝟗𝟖𝟖 ③, 𝟒𝟐𝟖 𝟒𝟐𝟗 D 11 – 2 807 ab. alt. 1 000 – Sport invernali : 1 000/2 336 m ✂ 1 ✂ 7, ✤ (vedere anche Caspoggio) – ✆ 0342.

🛈 piazza Santi Giacomo e Filippo 1 ✆ 451150, Fax 452505.

Roma 712 – ✦Bergamo 129 – ✦Milano 152 – Sondrio 14.

🏨🏨 **Tremoggia**, ✆ 451106, Fax 451718, ≼, 🎣, 🚭, 🌬 – 🛗 📺 ☎ ☻ – 🍴 80. 🖭 🕅 ⓞ Ⅽ 🆅🅸🆂🅰. 🇯🇨🇧. 🦟
Pasto *(chiuso mercoledì)* carta 34/51000 – ⚌ 15000 – **43 cam** 98/156000 – ½ P 100/125000.

🏨 **Rezia** 🦢, ✆ 451271, Fax 451271, ≼ monti e vallata, 🔲, 🌬 – 🛗 📺 ☎ ☻. 🦟
20 dicembre-15 aprile e 20 giugno-15 settembre – **Pasto** *(chiuso lunedì)* 35000 – ⚌ 12000 – **30 cam** 50/75000 – ½ P 75/85000.

🏨 **La Betulla** senza rist, ✆ 556415, ≼ – 🛗 ☎ ₺ ➾ ☻. 🦟
dicembre-aprile e 20 giugno-settembre – **24 cam** ⚌ 70/110000.

🏨 **La Lanterna**, ✆ 451438, Fax 451438 – ☎ ☻. 🖭 🕅 Ⅽ 🆅🅸🆂🅰. 🦟 rist
chiuso ottobre e novembre – **Pasto** carta 25/38000 – ⚌ 6000 – **20 cam** 45/80000 – ½ P 45/60000.

🍴🍴 **Malenco**, via Funivia 20 ✆ 452182 – ☻

CHIESSI Livorno – Vedere Elba (Isola d') : Marciana.

CHIETI 66100 🅿 𝟗𝟖𝟖 ㉗, 𝟒𝟑𝟎 O 24 – 55 940 ab. alt. 330 – a.s. 20 giugno-6 agosto – ✆ 0871.

Vedere Giardini★ della Villa Comunale – Guerriero di Capestrano★ nel museo Archeologico degli Abruzzi.

🛈 via Spaventa 29 (palazzo Inail) ✆ 65231, Fax 65232.

🅰.🅲.🅸. piazza Garibaldi 3 ✆ 345307.

Roma 205 ③ – ✦Pescara 14 ① – L'Aquila 101 ③ – Ascoli Piceno 103 ① – ✦Foggia 186 ① – ✦Napoli 244 ③.

🍴🍴 **Venturini**, via De Lollis 10 ✆ 330663, Fax 330663 – 🖭 ⓞ. 🦟   e
chiuso martedì – **Pasto** carta 37/55000.

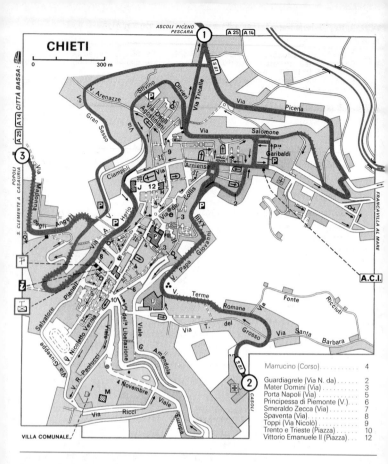

CHIETI

0 — 300 m

CITTÀ BASSA

(map of Chieti with street index)

Marrucino (Corso)	4
Guardiagrele (Via N. da)	2
Mater Domini (Via)	3
Porta Napoli (Via)	5
Principessa di Piemonte (V.)	6
Smeraldo Zecca (Via)	7
Spaventa (Via)	8
Toppi (Via Nicolò)	9
Trento e Trieste (Piazza)	10
Vittorio Emanuele II (Piazza)	12

CHIGNOLO PO 27013 Pavia 428 G 10 – 3 030 ab. alt. 71 – ✆ 0382.

🐟 Croce di Malta (chiuso martedì, dicembre e gennaio) ✆ 766476.

Roma 537 – Cremona 48 – Lodi 22 – ◆Milano 55 – Pavia 30 – Piacenza 29.

sulla strada statale 234 NE : 3 km :

※※ **Da Adriano,** ⊠ 27013 ✆ 76119, 😁, 😁 – 🅿. 🔄
chiuso lunedì sera, martedì, dal 24 dicembre al 2 gennaio e dal 1° al 20 agosto – **Pasto**
carta 41/70000.

CHIOGGIA 30015 Venezia 988 ⑤, 429 G 18 – 53 175 ab. – ✆ 041.

Vedere Duomo★.

Roma 510 – ◆Venezia 53 – ◆Ferrara 93 – ◆Milano 279 – ◆Padova 42 – ◆Ravenna 98 – Rovigo 55.

※※ **Bella Venezia,** calle Corona 51 ✆ 400500, Fax 5500750, 😁 – 🔲. 🆎 🔄 ⑩ E 💳
chiuso giovedì e dall'8 gennaio al 1° febbraio – **Pasto** 50/60000 e carta 35/54000.

※※ ❀ **El Gato,** campo Sant'Andrea 653 ✆ 401806, Fax 405224, 😁 – 🔲. 🆎 🔄 ⑩ E 💳
*chiuso dal 2 gennaio al 10 febbraio, lunedì e da novembre a marzo anche martedì a
mezzogiorno* – **Pasto** carta 33/56000
Spec. Cappesante con porcini e chiodini (autunno), Trenette nere con calamaretti e peperoni, Spuma di torrone con
crema al caffè.

※※ **Al Bersagliere,** via Cesare Battisti 293 ✆ 401044 – 🔲. 🆎 🔄 ⑩ E 💳 🅹🅲🅱
chiuso martedì – **Pasto** 50/60000 e carta 33/52000.

※※ **Ai Dogi,** calle Ponte Zitelle Vecchie 708 ✆ 401525, 😁, Specialità di mare – 🔲. 🔄 E 💳
chiuso lunedì – **Pasto** carta 36/50000.

194

a Lido di Sottomarina E : 1 km – ⊠ **30019** Sottomarina.

🛃 lungomare Adriatico Centro 101 ℰ 401068, Fax 5540855 :

🏨 **Bristol**, lungomare Adriatico 46 ℰ 5540389, Fax 5541813, ≤, ⌁, ▲⊗ – 📶 🗐 📺 ☎ 🅿. 🖭 🗗 ⑩ 🖯 ☷ 𝒱𝒮𝒜. ℅ rist
marzo-novembre – **Pasto** (solo per clienti alloggiati) 40000 – � 10000 – **65 cam** 130/150000 – ½ P 95/110000.

🏨 **Airone**, lungomare Adriatico 50 ℰ 492266, Fax 5541325, ⌁, ▲⊗, ☞ – 📶 🗐 📺 ☎ ⇌ 🅿 – 🛣 500. 🖭 🗗 ⑩ 🖯 ☷ 𝒱𝒮𝒜. ℅ rist
chiuso dal 20 al 29 dicembre – **Pasto** 38/55000 – **95 cam** ⊒ 120/160000, 🗐 10000 – ½ P 76/110000.

🏨 **Ritz**, lungomare Adriatico 48 ℰ 491700, Fax 493900, ≤, ⌁, ▲⊗, ☞ – 📶 ☏ 🅿 – 🛣 200. 🖭 🗗 ⑩ 🖯 ☷ 𝒱𝒮𝒜. ℅
maggio-settembre – **Pasto** carta 44/67000 – **84 cam** ⊒ 110/160000 – ½ P 75/110000.

🏨 **Park Hotel**, lungomare Adriatico ℰ 490740, Fax 490111, ≤, ▲⊗, ☞ – 📶 📺 ☎ 🅿. 🖭 🗗 ⑩ 🖯 ☷ 𝒱𝒮𝒜 ᴊᴄʙ.
marzo-ottobre – **Pasto** (chiuso lunedì) 25/35000 – **41 cam** ⊒ 85/125000 – ½ P 88000.

🏅 **Garibaldi**, via San Marco 1924 ℰ 5540042, 🍽, Specialità di mare – 🗐. 🖭 🗗 ⑩ 🖯 ☷ 𝒱𝒮𝒜. ℅
chiuso lunedì e dal 20 ottobre al 14 novembre – **Pasto** carta 45/65000.

🏅 **Ai Vaporetti**, campo Traghetto 1256 ℰ 400841, ≤, 🍽 – 🖭 🗗 🖯 ⑩ ☷ 𝒱𝒮𝒜. ℅
chiuso martedì e dal 10 al 30 gennaio – **Pasto** carta 33/48000.

sulla strada statale 309 - Romea S : 8 km :

🏅🏅 **Al Bragosso del Bepi el Ciosoto**, ⊠ 30010 Sant'Anna di Chioggia ℰ 4950395, Specialità di mare – 🗐 🅿. 🗗 ☷ 𝒱𝒮𝒜. ℅
chiuso mercoledì e gennaio – **Pasto** carta 28/47000.

a Cavanella d'Adige S : 13 km – ⊠ **30010** :

🏅 **Al Centro da Toni**, ℰ 497501 – 🗐. ℅
chiuso lunedì e gennaio – **Pasto** carta 40/63000.

🏅 **Al Pin**, ℰ 497800 – 🅿. 🗗. ℅
chiuso mercoledì e dal 1° al 20 novembre – **Pasto** carta 32/55000.

Prices — For notes on the prices quoted in this Guide, see the introduction.

CHIRIGNAGO Venezia – Vedere Mestre.

CHIURO 23030 Sondrio 𝟜𝟚𝟠 𝟜𝟚𝟗 D 11 – 2 432 ab. alt. 390 – ✪ 0342.
Roma 708 – Edolo 37 – ♦ Milano 148 – Sondrio 10.

🏅 San Carlo, ℰ 482272 – 🅿

CHIUSA (KLAUSEN) Bolzano 𝟿𝟠𝟠 ④, 𝟜𝟚𝟗 C 16 – 4 299 ab. alt. 525 – ⊠ **39043** Chiusa d'Isarco – ✪ 0472.
Vedere Guida Verde.
Roma 671 – ♦ Bolzano 30 – Bressanone 11 – Cortina d'Ampezzo 98 – ♦ Milano 329 – Trento 90.

🏨 **Posta-Post**, piazza Tinne 3 ℰ 847514, Fax 846251, « Giardino con ⌁ » – 📶 ☎ ⇌. 🗗 ☷ 𝒱𝒮𝒜
chiuso dal 10 novembre al 20 dicembre – **Pasto** (chiuso giovedì) carta 36/61000 – **58 cam** ⊒ 60/100000 – ½ P 65/80000.

CHIUSI 53043 Siena 𝟿𝟠𝟠 ⑮, 𝟜𝟛𝟘 M 17 – 9 089 ab. alt. 375 – ✪ 0578.
Vedere Museo Etrusco★.
Roma 159 – ♦ Perugia 52 – Arezzo 67 – Chianciano Terme 12 – ♦ Firenze 126 – Orvieto 51 – Siena 79.

🏅🏅 **Zaira**, via Arunte 12 ℰ 20260, Fax 21638, « Cantina ricavata in camminamenti etruschi » – 🖭 🗗 ⑩ 🖯 ☷ 𝒱𝒮𝒜.
chiuso dal 2 al 16 novembre e lunedì (escluso da luglio a settembre) – **Pasto** carta 36/53000.

a Querce al Pino O : 4 km – ⊠ **53043** Chiusi :

🏨 **Il Patriarca** ⌂, ℰ 274407, Fax 274594, ≤, « Parco » – 📶 📺 ☎ ⅋ 🅿 – 🛣 30. 🗗 ☷ 𝒱𝒮𝒜. ℅ rist
Pasto carta 51/66000 – ⊒ 10000 – **21 cam** 85/100000, 4 appartamenti – ½ P 85/90000.

al lago N : 3,5 km :

🏅🏅 **La Fattoria** ⌂ con cam, ⊠ 53043 ℰ 21407, Fax 20644, ≤, ☞ – 📺 ☎ 🅿. 🖭 🗗 ⑩ 🖯 ☷ 𝒱𝒮𝒜 ᴊᴄʙ. ℅ cam
chiuso febbraio – **Pasto** (chiuso lunedì escluso luglio-settembre) carta 32/53000 – ⊒ 10000 – **8 cam** 98/120000 – ½ P 90/100000.

CHIVASSO 10034 Torino 988 ⑫, 428 G 5 – 24 741 ab. alt. 183 – ✿ 011.
Roma 684 – ◆Torino 22 – Aosta 103 – ◆Milano 120 – Vercelli 57.

🏨 **Ritz** senza rist, via Roma 17 ℘ 9102191, Fax 9116068 – 🛗 ☎ ⇐⇒ ☻ – 🕰 80. ⅢE ⑤ ⓞ ㄷ
VISA. ⚘
⊒ 12000 – **42 cam** 84/112000.

🏨 **Europa,** piazza d'Armi 5 ℘ 9171886, Fax 9102025 – 🛗 ⊡ ☎ ☻ – 🕰 80. ⅢE ⑤ ⓞ ㄷ VISA
Pasto (chiuso domenica) carta 27/52000 – ⊒ 15000 – **32 cam** 90/112000 – ½ P 84/90000.

XX **Centauro** con cam, via Torino 90 ℘ 9102169, Coperti limitati; prenotare – 🛗 ▤ rist ⊡ ☎
☻. VISA. ⚘
chiuso agosto – **Pasto** (chiuso sabato a mezzogiorno e domenica) carta 42/65000 – **9 cam**
⊒ 65/90000 – ½ P 75/85000.

XX **Locanda del Sole,** via del Collegio 8 ℘ 9101724 – ⑤ ⓞ ㄷ VISA
chiuso lunedì ed agosto – **Pasto** carta 27/46000.

CIAMPINO Roma 430 Q 19 – Vedere Roma.

CICOGNARA Mantova 428 429 H 13 – Vedere Viadana.

CIGLIANO 13043 Vercelli 988 ⑫, 428 G 6 – 4 656 ab. alt. 237 – ✿ 0161.
Roma 655 – ◆Torino 40 – Asti 60 – Biella 32 – Novara 57 – Vercelli 39.

X **Del Moro** con cam, ℘ 423186 – ☻. ⚘ cam
chiuso agosto – **Pasto** (chiuso lunedì) carta 29/48000 – ⊒ 3000 – **10 cam** 35/60000 –
½ P 50/60000.

CIMA SAPPADA Belluno – Vedere Sappada.

CINGOLI 62011 Macerata 988 ⑯, 430 L 21 – 9 933 ab. alt. 631 – a.s. 10 luglio-13 settembre –
✿ 0733.
🛈 via Ferri 17 ℘ 602444, Fax 602444.
Roma 250 – ◆Ancona 52 – Ascoli Piceno 122 – Gubbio 96 – Macerata 30.

🏠 **Miramonti** ⅍, via dei Cerquatti 31 ℘ 604027, Fax 602239, ≼ vallata, « Giardino
ombreggiato », ⚘ – ⊡ ☎ ☻. ⅢE ⓞ VISA. ⚘
chiuso novembre – **Pasto** (chiuso lunedì) carta 36/49000 – ⊒ 7000 – **22 cam** 50/70000 –
½ P 65000.

XX **Diana** con cam, via Cavour 21 ℘ 602313, Fax 603479 – ⊡ ☎. ⑤ VISA. ⚘
chiuso ottobre – **Pasto** (chiuso lunedì) carta 31/43000 – ⊒ 8000 – **14 cam** 55/75000 –
½ P 60/65000.

CINISELLO BALSAMO 20092 Milano 428 F 9, 219 ⑲ – 76 091 ab. alt. 154 – ✿ 02.
Roma 583 – ◆Milano 13 – ◆Bergamo 42 – Como 41 – Lecco 44 – Monza 7.

Pianta d'insieme di Milano (Milano p. 7)

🏨 **Lincoln** senza rist, via Lincoln 65 ℘ 6172657, Fax 6185524 – 🛗 ▤ ⊡ ☎ ☻. ⅢE ⑤ ⓞ ㄷ
VISA ᴊᴄʙ BO k
chiuso dal 10 al 16 agosto – ⊒ 8000 – **18 cam** 110/160000.

🏨 **New Garden,** viale Brianza 50 ℘ 66012480, Fax 66048900, 🏛, ⊒ riscaldata – 🛗 ▤ ⊡
☎ ☻ – 🕰 30 a 200. ⅢE ⑤ ⓞ ㄷ VISA CO a
chiuso dal 24 dicembre al 6 gennaio ed agosto – **Pasto** 25/38000 e al Rist. **Da Maxim** (chiuso
a mezzogiorno e venerdì) carta 36/73000 – **52 cam** ⊒ 145/185000 – ½ P 120/180000.

CINQUALE Massa 428 430 K 12 – Vedere Montignoso.

CIOCCARO Asti 428 G 6 – Vedere Moncalvo.

CIPRESSA 18010 Imperia – 1 117 ab. alt. 240 – 0183.
Roma 628 – Imperia 12 – San Remo 12 – Savona 83.

X **La Torre,** piazza Mazzini 2 ℘ 98000 – ⅢE ⑤ ⓞ ㄷ VISA
chiuso lunedì ed ottobre – **Pasto** carta 25/40000.

CIRIÈ 10073 Torino 988 ⑫, 428 G 4 – 18 170 ab. alt. 344 – ✿ 011.
Roma 698 – ◆Torino 20 – Aosta 113 – ◆Milano 144 – Vercelli 74.

XXX **Mario,** corso Martiri della Libertà 41 ℘ 9203490, prenotare – ▤. ⑤ ㄷ VISA. ⚘
chiuso agosto, domenica sera, lunedì e a mezzogiorno da martedì a venerdì – **Pasto**
carta 39/59000.

XX ✿ **Dolce Stil Novo,** via Matteotti 8 ℘ 9211110, Coperti limitati; prenotare – ▤. ⅢE ⑤ ⓞ
ㄷ VISA. ⚘
chiuso domenica sera, lunedì, martedì a mezzogiorno ed agosto – **Pasto** carta 43/69000
Spec. Tortino di peperoni dolci con salsa leggera d'acciughe, Ravioli di zampone e lenticchie con parmigiano e timo
(inverno), Filetto di pagello con pomodorini e intingolo al basilico (primavera-estate).

XX **Roma,** via Roma 17 ℘ 9203572 – 🍽. ⅢE ⑤ ㄷ VISA. ⚘
chiuso mercoledì ed agosto – **Pasto** carta 30/60000.

When visiting northern Italy use Michelin maps 428 *and* 429.

CIRÒ MARINA 88072 Crotone 988 39 40, 431 I 33 – 14 085 ab. – ✆ 0962.

Roma 561 – Catanzaro 114 – ✦Cosenza 136 – Crotone 36 – ✦Taranto 210.

🏨 **Il Gabbiano** ♨, località Punta Alice N : 2 km ℘ 31338, Fax 31338, ≤, 🍴, 🏊, 🐎, 🚲 –
🗂 🗜 🅿 – 🔬 150. 🖭 🗗 E 💳. ❄ rist
Pasto carta 32/52000 – **40 cam** 🖙 80/108000 – ½ P 70/85000.

CISANO SUL NEVA 17035 Savona 428 J 6 – 1 369 ab. alt. 52 – ✆ 0182.

Roma 586 – Alassio 15 – Cuneo 96 – Genova 92 – San Remo 60 – Savona 46.

✗ **A me' Cantina,** regione Ciamboschi 52 ℘ 595197 – 🅿. 🗗 E 💳
chiuso a mezzogiorno (escluso domenica), lunedì e gennaio – **Pasto** carta 31/63000.

CISTERNA DI LATINA 04012 Latina 988 26, 430 R 20 – 31 445 ab. alt. 77 – ✆ 06.

Roma 50 – Anzio 26 – Frosinone 72 – Latina 16 – Terracina 61 – Tivoli 68.

✗ Le Capannelle, con cam, ℘ 9699577, Fax 9693820
14 cam.

CISTERNINO 72014 Brindisi 988 29 30, 431 E 34 – 11 942 ab. alt. 393 – ✆ 080.

Roma 524 – ✦Bari 74 – ✦Brindisi 49 – Lecce 87 – Matera 87 – ✦Taranto 42.

🏨 **Lo Smeraldo** ♨, località Monti NE : 3 km ℘ 718709, Fax 718044, ≤ mare e costa, 🏊,
🍴, ❈ – 🗜 🗂 🗜 🅿 – 🔬 250. 🖭 🗗 E 💳. ❄
Pasto (chiuso martedì escluso luglio-agosto) carta 26/38000 – **51 cam** 🖙 90/130000 –
½ P 70/90000.

🏨 **Aia del Vento** senza rist, ℘ 718388, Fax 719272, ≤ – 🗂 ☎ 🅿 – 🔬 100. 🖭 🗗 🕦 E 💳.
❄
aprile-ottobre – 🖙 12000 – **28 cam** 65/90000.

✗✗ **Arcobaleno,** ℘ 718247, 🍴 – 🅿. 🖭 🗗 E 💳
chiuso martedì e dal 7 al 22 gennaio – **Pasto** carta 29/43000 (15%).

verso Ceglie Messapica SO : 2 km :

🏠 **Villa Cenci** ♨, ⊠ 72014 ℘ 718208, Fax 718208, « Giardino ombreggiato con 🏊 e
trulli » – 🅿. 💳
Pasqua-settembre – **Pasto** 30/45000 – **13 cam** 🖙 80/150000, 8 appartamenti – ½ P 93000.

CITARA Napoli – Vedere Ischia (Isola d') : Forio.

CITTADELLA 35013 Padova 988 ⑤, 429 F 17 – 18 029 ab. alt. 49 – ✆ 049.

Vedere Cinta muraria★.

Roma 527 – ✦Venezia 66 – Belluno 94 – ✦Milano 227 – ✦Padova 28 – Trento 102 – Treviso 38 – Vicenza 22.

🏨 **2 Mori,** borgo Bassano 143 ℘ 9401422, Fax 9400200, « Servizio rist. estivo in giardino »
– ❄ rist 🗂 🗜 ☎ 🕭 🅿 – 🔬 100 a 300. 🖭 🗗 🕦 E 💳. ❄
Pasto (chiuso domenica sera, lunedì e dal 5 al 20 agosto) carta 42/55000 – 🖙 12000 –
26 cam 80/110000 – ½ P 100000.

CITTÀ DI CASTELLO 06012 Perugia 988 ⑮, 430 L 18 – 37 445 ab. alt. 288 – ✆ 075.

🎫 viale De Cesare 2/b ℘ 8554817, Fax 8552100.

Roma 258 – ✦Perugia 49 – Arezzo 42 – ✦Ravenna 137.

🏨 **Tiferno,** piazza Raffaello Sanzio 13 ℘ 8550331, Telex 661020, Fax 8521196 – 🗂 🗜 ☎
🔁 🅿 – 🔬 120. 🖭 🗗 🕦 E 💳 🗷. ❄
Pasto (chiuso lunedì e dal 20 luglio al 10 agosto) carta 37/55000 – **38 cam** 🖙 98/160000 –
½ P 107/125000.

🏨 **Le Mura** via Borgo Farinario 24/26 ℘ 8521070, Fax 8521350 – 🗂 🗜 ☎ 🕭 – 🔬 30 a 190.
🖭 🗗 E 💳
Pasto 18/24000 ed al Rist. **Raffaello** (chiuso lunedì) carta 27/44000 – 🖙 10000 – **35 cam**
80/110000 – ½ P 70/80000.

🏨 **Garden,** viale Bologni NE : 1 km ℘ 8550587, Fax 8550593 – 🛗 🗂 🗜 ☎ 🚗 🅿 – 🔬 100.
🖭 🗗 🕦 E 💳 🗷. ❄ rist
Pasto carta 28/45000 – **57 cam** 🖙 80/120000 – ½ P 59/80000.

✗✗ **Il Bersaglio,** viale Orlando 14 ℘ 8555534, prenotare – 🅿. 🖭 🗗 🕦 E 💳. ❄
chiuso mercoledì e dal 1° al 15 luglio – **Pasto** carta 39/59000.

CITTÀ SANT'ANGELO 65013 Pescara 988 ㉗, 430 O 24 – 10 166 ab. alt. 320 – a.s. luglio-agosto
– ✆ 085.

Roma 223 – ✦Pescara 25 – L'Aquila 120 – Chieti 34 – Teramo 58.

in prossimità casello autostrada A 14 E : 9,5 km :

🏨 **Motel Amico,** ⊠ 65013 ℘ 95174, Fax 95151 – 🛗 🗂 ☎ 🕭 🚗 🅿 – 🔬 60. 🗗 E 💳.
❄ rist
Pasto carta 33/48000 – 🖙 12000 – **62 cam** 75/110000.

✗✗ **Villa Sabelli** con cam, ⊠ 65013 ℘ 95303, Fax 95431 – 🗂 cam 🗂 ☎ 🅿. 🖭 🗗 🕦 E 💳.
❄
Pasto carta 15/37000 – 🖙 5000 – **7 cam** 60/100000, appartamento – ½ P 80/85000.

CITTIGLIO 21033 Varese 428 E 7, 219 ⑦ – 3 556 ab. alt. 275 – ✿ 0332.

Roma 650 – Stresa 53 – Bellinzona 52 – Como 45 – ♦Milano 73 – Novara 65 – Varese 18.

XX **La Bussola** con cam, ℰ 602291, Fax 602291 – 📺 ☎ ᷃. 🖽 ⑩ E 𝘝𝘐𝘚𝘈. ✫
   Pasto *(chiuso martedì e dal 5 al 20 agosto)* carta 35/65000 (10%) – ⇌ 10000 – **21 cam**
   70/90000 – ½ P 80000.

CIUK Sondrio 218 ⑰ – Vedere Bormio.

CIVATE 22040 Lecco 428 E 10, 219 ⑨ – 3 667 ab. alt. 269 – ✿ 0341.

Roma 619 – Como 24 – Bellagio 23 – Lecco 5 – ♦Milano 51.

X **Cascina Edvige,** località Roncaglio ℰ 550350 – ℗. 🖽 🖽 E 𝘝𝘐𝘚𝘈. ✫
   chiuso martedì ed agosto – **Pasto** carta 31/48000.

CIVEZZANO Trento – Vedere Trento.

CIVIDALE DEL FRIULI 33043 Udine 988 ⑥, 429 D 22 – 11 187 ab. alt. 138 – ✿ 0432.

Vedere Tempietto★★ – Museo Archeologico★★.

🖪 largo Boiani 4 ℰ 731398, Fax 731398.

Roma 655 – Gorizia 30 – ♦Milano 394 – Tarvisio 102 – ♦Trieste 65 – Udine 17 – ♦Venezia 144.

🏠 **Roma** senza rist, piazza Picco ℰ 731871, Fax 701033 – 🚿 📺 ☎. 🖽 🖽 ⑩ E 𝘝𝘐𝘚𝘈. ✫
   ⇌ 8000 – **49 cam** 65/100000.

XX **Zorutti,** borgo di Ponte 7 ℰ 731100 – ▤. 🖽 𝘝𝘐𝘚𝘈. ✫
   chiuso lunedì e dal 1° al 14 febbraio – **Pasto** 35/50000 e carta 33/61000.

XX **Alla Frasca,** via De Rubeis 8/a ℰ 731270 – 🖽 ⑩ E 𝘝𝘐𝘚𝘈
   chiuso lunedì e dal 23 gennaio al 2 febbraio – **Pasto** carta 36/56000.

XX **Al Fortino,** via Carlo Alberto 46 ℰ 731217 – ℗. 🖽 🖽 ⑩ E 𝘝𝘐𝘚𝘈. ✫
   chiuso lunedì sera, martedì, dal 1° al 15 gennaio e dal 1° al 15 agosto – **Pasto** carta 40/55000.

XX **Locanda al Castello** ⑤ con cam, via del Castello 20 (NO : 1,5 km) ℰ 733242,
   Fax 700901, ≤, ✿ – 📺 ☎ ℗. 🖽 🖽 ⑩ E 𝘝𝘐𝘚𝘈. ✫ rist
   chiuso dal 1° al 15 novembre – **Pasto** *(chiuso mercoledì)* carta 35/56000 – ⇌ 8000 – **10 cam**
   65/110000 – ½ P 70000.

CIVITA CASTELLANA 01033 Viterbo 988 ㉖, 430 P 19 – 14 449 ab. alt. 145 – ✿ 0761.

Vedere Portico★ del Duomo.

Roma 55 – ♦Perugia 119 – Terni 50 – Viterbo 51.

XXX ✿ **L'Altra Bottiglia,** via delle Palme 18 ℰ 517403, Coperti limitati; prenotare – ▤. 🖽 🖽
   ⑩ E 𝘝𝘐𝘚𝘈. ✫
   chiuso a mezzogiorno, domenica sera, mercoledì e dal 10 al 20 agosto – **Pasto** 80000 e carta
   52/82000
   Spec. Baccalà allo zafferano con pomodoro e uva passa (estate). Fettuccine su passato di fagioli rossi (estate-
   autunno), Oca con cipolle e cannella (autunno-inverno).

XX **La Giaretta,** via Ferretti 108 ℰ 53398 – 🖽 🖽 ⑩ E 𝘝𝘐𝘚𝘈. ✫
   chiuso lunedì e dal 5 al 25 agosto – **Pasto** carta 31/54000.

   a Quartaccio NO : 5,5 km – ✉ **01034** Fabrica di Roma :

🏠 **Aldero,** ℰ 514757 – 📺 ☎ ℗ – 🔏 25. 🖽 🖽 ⑩ E 𝘝𝘐𝘚𝘈. ✫
   Pasto *(chiuso domenica e dal 5 al 20 agosto)* carta 29/45000 – ⇌ 5000 – **26 cam** 80/120000
   – ½ P 75000.

CIVITANOVA MARCHE 62012 Macerata 988 ⑯, 430 M 23 – 37 287ab. – a.s. luglio-agosto –
✿ 0733.

🖪 via IV Novembre 20 ℰ 813967, Fax 815027.

Roma 276 – ♦Ancona 47 – Ascoli Piceno 79 – Macerata 27 – ♦Pescara 113.

🏨 **Miramare,** viale Matteotti 1 ℰ 811511, Fax 810637, ✿ – 🚿 ▤ 📺 ☎ ᷃ ⟺ – 🔏 100. 🖽
   🖽 ⑩ E 𝘝𝘐𝘚𝘈 𝘑𝘊𝘉. ✫
   Pasto *(chiuso domenica in bassa stagione)* 27/40000 – ⇌ 12000 – **77 cam** 100/140000,
   2 appartamenti – ½ P 85/95000.

🏨 **Palace** senza rist, piazza Rosselli 6 ℰ 810464, Fax 810769 – 🚿 ▤ 📺 ☎ ⟺. 🖽 🖽 ⑩ E
   𝘝𝘐𝘚𝘈 𝘑𝘊𝘉
   ⇌ 10000 – **28 cam** 85/130000.

🏨 **Pamir,** via Santorre di Santarosa 17/19 ℰ 816816, Fax 816817 – 🚿 📺 ☎. 🖽 🖽 ⑩ E 𝘝𝘐𝘚𝘈.
   ✫
   Pasto *(giugno-settembre)* 25/35000 – ⇌ 8000 – **26 cam** 60/100000 – ½ P 65/75000.

🏠 **Girasole,** via Cristoforo Colombo 204 ℰ 771316, Fax 816100 – ▤ rist 📺 ☎ ℗ – 🔏 70.
   🖽 ⑩ E 𝘝𝘐𝘚𝘈. ✫
   Pasto *(chiuso venerdì e dal 1° al 15 settembre)* carta 30/49000 – ⇌ 10000 – **30 cam**
   60/95000 – ½ P 65/80000.

XX **Da Enzo,** corso Dalmazia 213 ℰ 814877, Specialità di mare, « Servizio estivo
   all'aperto » – 🖽 🖽 ⑩ E 𝘝𝘐𝘚𝘈
   chiuso lunedì e dal 9 al 22 settembre – **Pasto** carta 27/46000.

CIVITAVECCHIA 00053 Roma 988 ㉕, 430 P 17 – 51 274 ab. – ✿ 0766.

Vedere Guida Verde.

⛴ per Cagliari giornaliero (13 h), Olbia giornaliero (7 h 30 mn) ed Arbatax 26 luglio-22 settembre mercoledì, venerdì e domenica, negli altri mesi mercoledì e venerdì (10 h 30 mn) – Tirrenia Navigazione, Stazione Marittima ℘ 28801, Telex 611215, Fax 21707.

🚹 viale Garibaldi 42 ℘ 25341, Fax 21834.

Roma 78 – Grosseto 111 – ◆Napoli 293 – ◆Perugia 186 – Terni 117.

  XX **Villa dei Principi,** via Borgo Odescalchi 11/a ℘ 21200, ≼ – **℗** – ⚙ 100. ⚼ 🖪 ⓞ ⴹ 🆅🆂🅰.
      🞕
      chiuso lunedì e luglio – **Pasto** carta 50/75000.

  XX **La Scaletta,** lungoporto Gramsci 65 ℘ 24334, 🕭 – 🖪 ⓞ 🆅🆂🅰. 🞕
      chiuso martedì e dal 10 al 20 settembre – **Pasto** carta 47/68000.

  XX L'Angoletto, via Pietro Guglielmotti 2 ang. viale della Vittoria ℘ 32825 – ▤

  X **Alla Lupa,** viale della Vittoria 45 ℘ 25703, 🕭 – ▤. ⚼ 🖪 ⴹ 🆅🆂🅰. 🞕
      chiuso martedì, dal 22 al 28 dicembre e dal 1º al 15 settembre – **Pasto** carta 27/43000.

CIVITELLA DEL LAGO Terni 430 O 18 – Vedere Baschi.

CIVITELLA DEL TRONTO 64010 Teramo 988 ⑯, 430 N 23 – 5 420ab. alt. 580 – ✿ 0861.

Roma 200 – ◆Ancona 123 – Ascoli Piceno 21 – ◆Pescara 75 – Teramo 18.

  XX **Zunica** con cam, ℘ 91319, Fax 91319, ≼ vallata – 🛗 📺 ☎. 🖪 ⴹ 🆅🆂🅰. 🞕
      chiuso dal 23 novembre al 2 dicembre – **Pasto** (chiuso mercoledì) carta 30/43000 – **21 cam**
      �sú 70/95000 – ½ P 55/65000.

CIVITELLA IN VAL DI CHIANA 52040 Arezzo 430 L 17 – 7 638 ab. alt. 523 – ✿ 0575.

Roma 212 – ◆Firenze 70 – Siena 48 – Arezzo 18 – ◆Perugia 92.

  a Tuori NE : 8 km – ✉ 52040 Civitella in Val di Chiana :

  X Le Muricce, ℘ 441651 – **℗**

CIVITELLA PAGANICO 58040 Grosseto – 3 092 ab. alt. 591 – ✿ 0564.

Roma 198 – Siena 45 – Follonica 65 – Grosseto 24.

  🏨🏨 **Terme di Petriolo,** località Pari strada statale 223 ℘ 908871, Fax 908712, Ŀ, ⇌s,
      ⅃ termale, ▨, ⅄ – 🛗 🖪 📺 ☎ **℗** – ⚙ 25 a 180. ⚼ 🖪 ⓞ ⴹ 🆅🆂🅰. 🞕
      Pasto (chiuso lunedì) 40000 – **58 cam** ➔ 220/380000 – ½ P 165000.

  XX **Park H. La Steccaia** con cam, strada statale 223 km 20 ℘ 905590, Fax 905590, 🕭, ⅃,
      🞕 – 📺 ☎ **℗** – ⚙ 40. ⚼ 🖪 ⓞ ⴹ 🆅🆂🅰. 🞕 rist
      Pasto (chiuso lunedì) carta 37/52000 – ➔ 5000 – **16 cam** 100/180000 – ½ P 65/85000.

CLAUZETTO 33090 Pordenone 429 D 20 – 524 ab. alt. 553 – ✿ 0427.

Roma 658 – Pordenone 53 – Udine 50.

  🏠 Corona, ℘ 80668 – ☎ **℗** – **12 cam.**

CLAVIERE 10050 Torino 988 ⑪, 428 H 2 – 193 ab. alt. 1760 – a.s. febbraio-Pasqua, luglio-agosto e Natale – Sport invernali : ai Monti della Luna, Cesana Torinese e Sansicario : 1 360/2 290 m ⛷2 ⛷25, ⅄ – ✿ 0122.

🛆 (giugno-settembre) ℘ 878917 o ℘ (011) 2398346.

🚹 via Nazionale 30 ℘ 878856.

Roma 758 – Bardonecchia 31 – Briançon 15 – ◆Milano 230 – Sestriere 17 – Susa 40 – ◆Torino 93.

  🏠 **Miramonti** 🕭, ℘ 878804, Fax 878804, ≼ – ☎ **℗**. 🞕 rist
      dicembre-aprile e luglio-agosto – **Pasto** (solo per clienti alloggiati) – ➔ 7000 – **21 cam**
      75/95000 – ½ P 70/80000.

  🏠 **Piccolo Chalet,** ℘ 878806, Fax 878884, ≼ – **℗**. 🞕
      20 dicembre-Pasqua – **Pasto** 35000 – **23 cam** ➔ 80/110000 – P 80/110000.

  XX **'I Gran Bouc,** via Nazionale 24/a ℘ 878830, Fax 878730 – ⚼ 🖪 ⓞ ⴹ 🆅🆂🅰
      chiuso dal 15 novembre all'8 dicembre e mercoledì in bassa stagione – **Pasto** carta 37/
      62000.

CLERAN (KLERANT) Bolzano – Vedere Bressanone.

CLES 38023 Trento 988 ④, 428 429 C 15 – 6 232 ab. alt. 658 – a.s. Pasqua e Natale – ✿ 0463.

Dintorni Lago di Tovel★★★ SO : 15 km.

🚹 corso Dante 30 ℘ 21376, Fax 21376.

Roma 626 – ◆Bolzano 68 – Passo di Gavia 73 – Merano 57 – ◆Milano 284 – Trento 44.

  🏨 **Cles,** ℘ 21300, Fax 24342, 🖛 – 🛗 📺 ☎ ⟺. ⚼ 🖪 ⓞ ⴹ 🆅🆂🅰. 🞕 rist
      chiuso dal 1º al 15 giugno – **Pasto** (chiuso domenica in bassa stagione) carta 31/42000 –
      ➔ 8000 – **37 cam** 75/100000 – ½ P 70/80000.

  X **Antica Trattoria** con cam, ℘ 21631 – 🞕
      chiuso giugno – **Pasto** (chiuso sabato) carta 37/57000 – ➔ 8000 – **7 cam** 56/90000 –
      ½ P 70/80000.

CLOZ 38020 Trento – 711 ab. alt. 793 – a.s. dicembre-aprile – ⊕ 0463.
Roma 647 – ◆Bolzano 44 – ◆Brescia 167 – Trento 50.

XX **Al Molin,** ℰ 874617, Coperti limitati; prenotare – 🖪 🖪 *VISA*. ⋘
chiuso dal 29 giugno al 15 luglio, dal 15 al 30 ottobre e giovedì in bassa stagione – **Pasto**
carta 30/49000.

CLUSANE SUL LAGO 25040 Brescia 428 429 F 12 – alt. 195 – ⊕ 030.
Roma 580 – ◆Brescia 29 – ◆Bergamo 34 – Iseo 5 – ◆Milano 75.

XX **La Punta-da Dino,** ℰ 989037, 佘 – ❷. 🖪 *VISA*. ⋘
chiuso novembre e mercoledì (escluso da giugno a settembre) – **Pasto** carta 35/51000.

XX **Villa Giuseppina,** via Risorgimento 2 (O : 1 km) ℰ 989172, 佘 – ❷. 🖭 🖪 ⓪ 🖪 *VISA*. ⋘
chiuso mercoledì, dal 7 al 20 gennaio e dal 20 agosto al 5 settembre – **Pasto** carta 33/53000.

CLUSONE 24023 Bergamo 988 ③, 428 429 E 11 – 7 972 ab. alt. 648 – a.s. luglio-agosto –
⊕ 0346.
Roma 635 – ◆Brescia 64 – ◆Bergamo 34 – Edolo 74 – ◆Milano 80.

🏨 **Erica,** ℰ 21667, Fax 25268 – ❚🗐 🖭 🖭 ☎ ❷. 🖭 *VISA*. ⋘
chiuso dal 15 febbraio al 15 marzo – **Pasto** carta 45/65000 – ⟷ 8500 – **23 cam** 66/100000 –
½ P 90000.

COAREZZA Varese 219 ⑰ – Vedere Somma Lombardo.

COAZZE 10050 Torino 428 G 3 – 2 541 ab. alt. 747 – ⊕ 011.
Roma 694 – ◆Torino 43 – ◆Milano 174 – Pinerolo 28 – Susa 42.

XX **Piemonte** con cam, ℰ 9349130, Fax 9349130, 佘 – ❚🗐 🖭 ☎ ❷. 🖪 🖪 *VISA*. ⋘
Pasto (chiuso mercoledì) carta 30/50000 – ⟷ 12000 – **29 cam** (chiuso da giugno a set-
tembre) 100/140000 – ½ P 80/100000.

COCCAGLIO 25030 Brescia 428 429 F 11 – 6 538 ab. alt. 162 – ⊕ 030.
Roma 573 – ◆Brescia 20 – ◆Bergamo 36 – Cremona 69 – ◆Milano 77 – ◆Verona 84.

🏠 **Touring,** via Vittorio Emanuele 40-strada statale 11 ℰ 7721084, Fax 7721084 – ▤ cam
🖭 ☎ ⇔ ❷. 🖭 🖪 ⓪ 🖪 *VISA* JCB. ⋘
Pasto (chiuso martedì) carta 34/51000 – ⟷ 6000 – **41 cam** 50/90000 – ½ P 70000.

COCCONATO 14023 Asti 428 G 6 – 1 540 ab. alt. 491 – ⊕ 0141.
Roma 649 – ◆Torino 50 – Alessandria 67 – Asti 32 – ◆Milano 118 – Vercelli 50.

XX **Cannon d'Oro** con cam, ℰ 907024, Fax 907024 – ▤. 🖭 🖪 ⓪ 🖪 *VISA*. ⋘ cam
chiuso dal 10 gennaio al 10 febbraio – **Pasto** (chiuso lunedì sera e martedì) carta 43/65000 –
⟷ 10000 – **9 cam** 45/95000 – P 90000.

COCQUIO TREVISAGO 21034 Varese 219 ⑦ – 4 616 ab. alt. 319 – ⊕ 0332.
Roma 636 – Stresa 52 – ◆Milano 67 – Varese 13.

XX **Taverna del Chat Botte',** via Roma 74 ℰ 700041 – 🖭 🖪 ⓪ 🖪 *VISA*
chiuso lunedì, martedì a mezzogiorno, dal 1° al 15 gennaio e dal 15 al 30 agosto – **Pasto**
carta 54/69000.

CODEMONDO Reggio nell'Emilia – Vedere Reggio nell'Emilia.

CODROIPO 33033 Udine 988 ⑤ ⑥, 429 E 20 – 14 229 ab. alt. 44 – ⊕ 0432.
Roma 612 – Belluno 93 – ◆Milano 351 – Treviso 86 – ◆Trieste 77 – Udine 24.

🏨 **Ai Gelsi,** via Circonvallazione Ovest ℰ 907064, Fax 908512, 佘 – ❚🗐 ▤ 🖭 ☎ ❷. 🖭 🖪 ⓪
🖪 *VISA*. ⋘ rist
Pasto (chiuso lunedì) 40000 – ⟷ 8000 – **38 cam** 100/130000 – ½ P 100000.

COGNE 11012 Aosta 988 ②, 428 F 4 – 1 441 ab. alt. 1 534 – a.s. 9 gennaio-marzo, Pasqua e
Natale – Sport invernali : 1 534/2 252 m ⛷1 ⛷2, ⛷ – ⊕ 0165.
🛈 piazza Chanoux 38 ℰ 74040, Fax 749125.
Roma 774 – Aosta 27 – Courmayeur 52 – Colle del Gran San Bernardo 60 – ◆Milano 212.

🏨🏨 **Bellevue,** ℰ 74825, Fax 749192, ≤ Gran Paradiso, « Piccolo museo d'arte popolare
valdostana », 🖭s, 🔲, 佘 – ❚🗐 🖭 ☎ ❷ – 🛎 40 a 120. 🖪 ⓪ 🖪 *VISA*. ⋘
chiuso da ottobre a dicembre – **Pasto** 45000 e al Rist. **Le Petit Restaurant** (Coperti limitati,
prenotare; chiuso a mezzogiorno e mercoledì in bassa stagione) carta 40/60000 – ⟷ 20000
– **30 cam** 180/310000, 10 appartamenti 230/350000 – ½ P 180/240000.

🏨🏨 **Miramonti,** ℰ 74030, Fax 749378, ≤, 佘 – ❚🗐 🖭 ☎ ⇔. 🖪 🖪 *VISA*. ⋘ rist
chiuso dal 5 novembre all'8 dicembre – **Pasto** carta 30/55000 – ⟷ 15000 – **46 cam**
120/200000 – ½ P 135/165000.

🏨 **Mont Blanc,** ℰ 74211, Fax 749293, ≤, 佘, ⋇ – ❚🗐 🖭 ☎ ⇔. 🖪 🖪 ⓪ 🖪 *VISA*. ⋘
20 dicembre-Pasqua e 3 giugno-settembre – **Pasto** carta 39/55000 – ⟷ 11000 – **22 cam**
66/120000 – ½ P 66/98000.

🏨 **Sant'Orso,** ℰ 74821, Fax 74822, ≤ Gran Paradiso, 🖭s – ❚🗐 🖭 ☎ ⇔. 🖪 🖪 *VISA*. ⋘ rist
chiuso dal 2 novembre al 3 dicembre – **Pasto** carta 37/54000 – **30 cam** ⟷ 87/158000 –
½ P 100/150000.

🏨 **Grand Paradis,** 🖉 74070, Fax 74275, 🚗 – 📳 📺 ☎ 🖭 🕃 ⓞ 🗲 ⟦*VISA*⟧. 🛠 rist
21 dicembre-6 gennaio, febbraio-2 aprile e giugno-settembre – **Pasto** *(giugno-settembre)*
carta 35/54000 – **30 cam** ⌑ 80/130000 – ½ P 70/95000.

🏨 **Petit Hotel,** 🖉 74010, Fax 749131, ≼, ⓢ, 🖳 – 📳 📺 ☎ ♿ 🚗 ⓟ 🕃 ⓞ 🗲 ⟦*VISA*⟧. 🛠
chiuso dal 15 gennaio al 4 febbraio, dal 13 marzo al 6 maggio e dall'8 ottobre al 16 dicembre
– **Pasto** *(chiuso mercoledì)* 19/25000 – **24 cam** ⌑ 70/140000 – ½ P 75/95000.

🏨 **La Madonnina del Gran Paradiso,** 🖉 74078, Fax 749392, ≼, 🚗 – 📺 ☎ 🚗. 🕃 ⟦*VISA*⟧.
🛠 rist
chiuso maggio e novembre – **Pasto** *(chiuso mercoledì)* carta 32/41000 – **22 cam** ⌑ 65/
110000 – ½ P 90000.

🟑🟑 **Lou Ressignon,** 🖉 74034, Fax 74034 – ⓟ. 🖭 🕃 ⓞ 🗲 ⟦*VISA*⟧
*chiuso lunedì sera, martedì, dal 15 al 30 giugno, dal 15 al 30 settembre e dal 15 al
30 novembre* – **Pasto** carta 33/50000 (5%).

🟑🟑 **Les Trompeurs,** 🖉 74804 – 🕃 ⓞ 🗲 ⟦*VISA*⟧
chiuso dal 1° al 10 giugno, ottobre e mercoledì (escluso luglio-agosto) – **Pasto** carta 28/
50000.

a Cretaz N : 1,5 km – ⌧ **11012** Cogne :

🟑🟑 **Notre Maison** con cam, 🖉 74104, Fax 749186, ≼, « Caratteristico chalet; giardino-
solarium » – 📺 ☎ 🚗 ⓟ. 🕃 🗲 ⟦*VISA*⟧
chiuso ottobre e novembre – **Pasto** *(chiuso lunedì)* carta 39/62000 – **9 cam** ⌑ 105/170000 –
½ P 90/130000.

a Lillaz SE : 4 km – alt. 1 615 – ⌧ **11012** Cogne :

🟑🟑 **Lou Tchappè,** 🖉 74379 – ⓟ. 🛠
chiuso giugno, novembre e lunedì (escluso luglio-agosto) – **Pasto** carta 28/45000.

in Valnontey SO : 3 km – ⌧ **11012** Cogne :

🏠 **La Barme** ♨ 🖉 749177, ≼ Gran Paradiso, 🚗 – 📺 ☎ ⓟ. 🛠
chiuso maggio e novembre – **Pasto** carta 30/45000 – ⌑ 8000 – **9 cam** 70000 – ½ P 68/
85000.

COGNOLA Trento – Vedere Trento.

COGOLETO 16016 Genova ⟦428⟧ I 7 – 9 402 ab. – ✿ 010.
Roma 527 – ♦Genova 28 – Alessandria 75 – ♦Milano 151 – Savona 19.

🟑🟑 **Gustin,** 🖉 9181925 – 🗐 ⓟ. 🖭 🕃 ⓞ 🗲 ⟦*VISA*⟧
chiuso mercoledì – **Pasto** carta 38/68000.

COGOLLO DEL CENGIO 36010 Vicenza ⟦429⟧ E 16 – 3 121 ab. alt. 357 – ✿ 0445.
Roma 570 – ♦Milano 252 – Trento 61 – Treviso 83 – Vicenza 31.

sulla strada statale 350 NO : 3,5 km :

🟑 **All'Isola** ⌧ 36010 🖉 880341, Coperti limitati; prenotare – ⓟ. 🕃 ⟦*VISA*⟧. 🛠
chiuso domenica, mercoledì sera ed agosto – **Pasto** carta 35/54000.

COGOLO Trento ⟦428⟧ ⟦429⟧ C 14 – Vedere Peio.

COLAZZA 28010 Novara ⟦428⟧ E 7, ⟦219⟧ ⑥ – 423 ab. alt. 540 – ✿ 0322.
Roma 650 – Stresa 14 – ♦Milano 61 – Novara 48.

🟑🟑 **Al Vecchio Glicine,** 🖉 218123 – ⓟ. 🖭 🕃 ⓞ 🗲 ⟦*VISA*⟧ ⟦*JCB*⟧
chiuso martedì e dal 15 al 30 luglio – **Pasto** carta 45/65000.

COL DU JOUX Aosta – Vedere Saint Vincent.

COLFIORITO 06030 Perugia ⟦988⟧ ⑯, ⟦430⟧ M 20 – alt. 760 – ✿ 0742.
Roma 182 – ♦Perugia 62 – ♦Ancona 121 – Foligno 26 – Macerata 66.

🏨 **Villa Fiorita,** 🖉 681326, Fax 681327, ≼, ⟘, 🚗, 🛠 – 📳 📺 ☎ ⓟ – 🔬 130. 🖭 🕃 🗲 ⟦*VISA*⟧
chiuso dal 24 gennaio al 7 febbraio – **Pasto** *(chiuso giovedì)* carta 23/36000 – ⌑ 10000 –
40 cam 70/130000 – ½ P 80/110000.

COLFOSCO (KOLFUSCHG) Bolzano – Vedere Corvara in Badia.

COLICO 22050 Lecco ⟦988⟧ ③, ⟦428⟧ D 10 – 5 944 ab. alt. 209 – ✿ 0341.
Vedere Lago di Como★★★ – 🚢 per Bellagio-Tremezzo-Como giornalieri (da 1 h 20 mn a 3 h) –
Navigazione Lago di Como, via Cavour 🖉 940815, Fax 270305.
Roma 661 – Como 66 – Chiavenna 26 – Lecco 41 – ♦Milano 97 – Sondrio 41.

🏨 **Risi,** 🖉 940123, Fax 930090, ≼ – 📳 ☎ 🖭 🕃 ⓞ 🗲 ⟦*VISA*⟧. 🛠 rist
Pasto carta 33/51000 – ⌑ 13000 – **36 cam** 70/90000 – ½ P 65/110000.

🟑🟑 **Da Gigi** con cam, 🖉 940268, 🌧 – 🚗. 🖭 🕃 🗲 ⟦*VISA*⟧
chiuso maggio e dal 20 settembre al 15 ottobre – **Pasto** *(chiuso giovedì)* carta 26/49000
(10%) – ⌑ 8000 – **12 cam** 45/72000 – ½ P 65000.

COLLALBO (KLOBENSTEIN) Bolzano – Vedere Renon.

Vedere nome proprio del colle.

COLLECCHIO 43044 Parma 988 ⑭, 428 429 H 12 – 11 203 ab. alt. 106 – ✆ 0521.

🖼 La Rocca (chiuso lunedì e gennaio) a Sala Baganza ⌗ 43038 ℰ 834037, Fax 834575, SE : 4 km.

Roma 469 – ♦Parma 11 – ♦Bologna 107 – ♦Milano 126 – Piacenza 65 – ♦La Spezia 101.

🏨 **Pineta**, ℰ 805226 – |$| ▤ 🖵 ☎ 🅿 – 🛦 200. 🖪 🖻 𝗩𝗜𝗦𝗔. ℀
 Pasto *(chiuso martedì a mezzogiorno)* carta 34/47000 – ⌗ 8000 – **40 cam** 78/110000, ▤ 6000 – ½ P 85/95000.

🍴🍴🍴 **Villa Maria Luigia-di Ceci**, ℰ 805489, Fax 805711, « Giardino ombreggiato » – ⟻⟻ 🅿 – 🛦 100. 🖭 🖪 🖲 🖻 𝗩𝗜𝗦𝗔. ℀
 chiuso giovedì, dall'11 al 31 gennaio e dal 9 al 24 agosto – **Pasto** 45/75000 (a mezzogiorno) 50/79000 (alla sera) e carta 38/61000.

 a Cafragna SO : 9 km – ⌗ **43030** Gaiano :

🍴 **Cafragna-Camorali**, ℰ (0525) 2363, 🍽, Coperti limitati; prenotare – 🅿. 🖪 🖲 🖻 𝗩𝗜𝗦𝗔. ℀
 chiuso domenica sera, lunedì, dal 24 dicembre al 15 gennaio ed agosto – **Pasto** carta 39/67000.

COLLE DI VAL D'ELSA 53034 Siena 988 ⑭ ⑮, 430 L 15 – 17 025 ab. alt. 223 – ✆ 0577.

Roma 255 – ♦Firenze 50 – Siena 24 – Arezzo 88 – Pisa 87.

🏨 **La Vecchia Cartiera**, via Oberdan 5/9 ℰ 921107, Fax 923688 – |$| ▤ 🖵 ☎ ⟻⟻ 🅿 – 🛦 70. 🖭 🖪 🖲 🖻 𝗩𝗜𝗦𝗔. ℀
 Pasto vedere rist **La Vecchia Cartiera** – ⌗ 12000 – **38 cam** 71/116000 – ½ P 96/112000.

🏨 **Villa Belvedere**, località Belvedere E : 3,5 km ℰ 920966, Fax 924128, 🍽, « Villa settecentesca », 🌳 – 🖵 ☎ 🅿 – 🛦 80. 🖭 🖪 🖲 🖻 𝗩𝗜𝗦𝗔. ℀
 Pasto *(chiuso mercoledì, novembre e dicembre)* carta 30/44000 – **15 cam** ⌗ 120/164000 – ½ P 120/145000.

🍴🍴🍴 ۞ **Arnolfo**, piazza Santa Caterina 2 ℰ 920549, Fax 920549, 🍽, Coperti limitati; prenotare – 🖭 🖪 🖲 🖻 𝗩𝗜𝗦𝗔. ℀
 chiuso martedì, dal 10 gennaio al 10 febbraio e dal 1° al 10 agosto – **Pasto** 70/80000 e carta 67/97000.
 Spec. Tortelli di piccione profumati al timo in brodo ristretto al Chianti (autunno). Carrè d'agnello alle erbe aromatiche (autunno). Millefoglie croccante ai lamponi (estate).

🍴🍴🍴 **L'Antica Trattoria**, piazza Arnolfo 23 ℰ 923747, 🍽, Coperti limitati; prenotare – 🖭 🖪 🖲 🖻 𝗩𝗜𝗦𝗔. ℀
 chiuso martedì – **Pasto** carta 40/71000.

🍴🍴 **La Vecchia Cartiera**, via Oberdan 5 ℰ 924116 – ▤. 🖭 🖪 🖲 🖻 𝗩𝗜𝗦𝗔. ℀
 chiuso domenica sera, lunedì e dal 4 al 23 luglio – **Pasto** carta 35/53000.

COLLEFERRO 00034 Roma 988 ㉖, 430 Q 21 – 20 445 ab. alt. 238 – ✆ 06.

Roma 52 – Fiuggi 33 – Frosinone 39 – Latina 48 – Tivoli 44.

🍴🍴 **Muraccio di S. Antonio**, via Latina O : 2 km ℰ 974011, ≼, 🍽, 🌳 – 🅿. 🖭 🖲. ℀
 chiuso mercoledì – **Pasto** carta 33/51000.

COLLE ISARCO (GOSSENSASS) 39040 Bolzano 988 ④, 429 B 16 – alt. 1 098 – Sport invernali : 1 098/2 750 m ≤3, ⟈ – ✆ 0472.

🖪 piazza Ibsen ℰ 62372, Fax 62580.

Roma 714 – ♦Bolzano 76 – Brennero 7 – Bressanone 36 – Merano 64 – ♦Milano 375 – Trento 136.

🏨 **Erna**, ℰ 62307, Fax 62183, ℀ – ☎ 🅿. ℀
 chiuso da ottobre al 15 dicembre – **Pasto** *(chiuso giovedì)* carta 36/51000 – ⌗ 11500 – **15 cam** 54/94000 – ½ P 58/82000.

COLLEPIETRA (STEINEGG) 39050 Bolzano – alt. 820 – ✆ 0471.

Roma 656 – ♦Bolzano 15 – ♦Milano 314 – Trento 75.

🏨 **Steineggerhof** ≽, NE : 1 km ℰ 376573, Fax 376661, ≼ Dolomiti, ℟, ⥌, 🖾, 🌳 – |$| 🕿 🅿. ℀
 3 aprile-1° novembre – **Pasto** carta 22/38000 – **34 cam** ⌗ 55/98000 – ½ P 66/70000.

COLLESALVETTI 57014 Livorno 988 ⑭, 428 430 L 13 – 15 117 ab. alt. 40 – ✆ 0586.

Roma 338 – Pisa 18 – ♦Firenze 73 – ♦Livorno 19 – Siena 108.

 a Guasticce NO : 8 km – ⌗ **57010** :

🍴🍴 Osteria del Contadino, via Don Sturzo 69 ℰ 984697, Coperti limitati; prenotare – ▤

COLLESECCO Perugia 430 N 19 – Vedere Gualdo Cattaneo.

Leggete attentamente l'introduzione : è la « chiave » della guida.

COLLODI 51014 Pistoia 988 ⑭, 428 429 430 K 13 – alt. 120 – ✆ 0572.
Vedere Villa Garzoni★★ e giardino★★★ – Parco di Pinocchio★.
Roma 337 – Pisa 37 – ◆Firenze 63 – Lucca 17 – ◆Milano 293 – Pistoia 32 – Siena 99.

X **All'Osteria del Gambero Rosso,** ✆ 429364, Fax 429654 – 🗏. 🔂 E 𝘝𝘐𝘚𝘈
   chiuso lunedì sera, martedì e novembre – **Pasto** carta 31/45000 (10%).

COLLOREDO DI MONTE ALBANO 33010 Udine 429 D 21 – 2 264 ab. alt. 213 – ✆ 0432.
Roma 652 – Tarvisio 80 – ◆Trieste 85 – Udine 14 – ◆Venezia 141.

XX **La Taverna,** ✆ 889045, Fax 889676, 🏡, 🐴 – 🅰🅴 🔂 ⑩ E 𝘝𝘐𝘚𝘈
   chiuso mercoledì e domenica sera – **Pasto** carta 58/80000.

   a Mels NO : 3 km – ✉ 33030 :

XX **Là di Pètros,** ✆ 889626 – ℗. 🅰🅴 🔂 ⑩ E 𝘝𝘐𝘚𝘈
   chiuso martedì e dall'8 al 28 luglio – **Pasto** carta 42/65000.

COLMEGNA Varese 219 ⑦ – Vedere Luino.

COLOGNA VENETA 37044 Verona 988 ④, 429 G 16 – 7 454 ab. alt. 24 – ✆ 0442.
Roma 482 – ◆Verona 39 – Mantova 62 – ◆Padova 61 – Vicenza 36.

🏠 **La Torre,** ✆ 410111, Fax 410111 – 🗏 📺 ☎ ℗. 🅰🅴 🔂 E 𝘝𝘐𝘚𝘈. ⚘
   chiuso martedì – **Pasto** carta 34/59000 (10%) – 🍽 10000 – **10 cam** 70/100000 – P 150000.

COLOGNE 25033 Brescia 428 429 F 11 – 5 686 ab. alt. 184 – ✆ 030.
Roma 575 – ◆Brescia 27 – Bergamo 33 – Cremona 72 – Lovere 33 – ◆Milano 74.

XX **Cappuccini** ⚘ con cam, via Cappuccini 54 (E : 1,5 km) ✆ 7157254, Fax 7157257, preno-
   tare, « In un convento del 16° secolo » – 🛏 🗏 📺 ☎ ℗. 🔂 ⑩ E 𝘝𝘐𝘚𝘈. ⚘
   chiuso dal 7 al 20 gennaio e dal 1° al 20 agosto – **Pasto** (chiuso mercoledì) carta 48/80000 –
   6 cam 🍽 120/200000, appartamento.

COLOGNOLA AI COLLI 37030 Verona 429 F 15 – 6 634 ab. alt. 177 – ✆ 045.
Roma 519 – ◆Verona 17 – ◆Milano 176 – ◆Padova 68 – ◆Venezia 101 – Vicenza 38.

   sulla strada statale 11 SO : 2,5 km :

XX **Posta Vecia** con cam, ✉ 37030 ✆ 7650243, Fax 6150859, « Piccolo zoo » – 📺 ☎ ℗ –
   🅰 80. 🅰🅴 🔂 ⑩ E 𝘝𝘐𝘚𝘈. ⚘ – *chiuso agosto* – **Pasto** (chiuso domenica sera e lunedì)
   carta 45/79000 – 🍽 15000 – **13 cam** 90/150000.

COLOMBARE Brescia 428 F 13 – Vedere Sirmione.

COLOMBARO Brescia – Vedere Corte Franca.

COLONNATA Massa-Carrara 428 429 430 J 12 – Vedere Carrara.

COLORNO 43052 Parma 988 ⑭, 428 429 H 13 – 7 465 ab. alt. 29 – ✆ 0521.
Roma 466 – ◆Parma 16 – ◆Bologna 104 – ◆Brescia 79 – Cremona 49 – Mantova 47 – ◆Milano 130.

🏠 **Versailles** senza rist, ✆ 814557, Fax 816960 – 🛏 🗏 📺 ☎ ⚒ ℗. 🅰🅴 🔂 ⑩ E 𝘝𝘐𝘚𝘈. ⚘
   chiuso dal 23 dicembre al 10 gennaio ed agosto – 🍽 12000 – **48 cam** 65/95000.

   a Vedole SO : 2 km – ✉ 43052 Colorno :

X **Al Vedel,** ✆ 816169, 🏡 – ℗. 🔂 E 𝘝𝘐𝘚𝘈
   chiuso lunedì sera, martedì e luglio – **Pasto** carta 26/43000.

   a Sacca N : 4 km – ✉ 43052 Colorno :

XX **Stendhal-da Bruno,** ✆ 815493, « Servizio estivo all'aperto » – ℗. 🅰🅴 🔂 ⑩ E 𝘝𝘐𝘚𝘈 𝘫𝘤𝘣.
   ⚘ – *chiuso martedì, dal 1° al 15 gennaio e dal 22 luglio all'8 agosto* – **Pasto** carta 44/62000.

COL SAN MARTINO Treviso – Vedere Farra di Soligo.

COMABBIO 21020 Varese 428 E 8, 219 ⑦ – 844 ab. alt. 307 – ✆ 0331.
Roma 634 – Stresa 35 – Laveno Mombello 20 – ◆Milano 57 – Sesto Calende 10 – Varese 23.

   al lago S : 1,5 km :

XX **Da Cesarino,** ✉ 21020 ✆ 968472, ≼ – ℗. 🅰🅴 🔂 E 𝘝𝘐𝘚𝘈. ⚘
   chiuso mercoledì, dal 1° al 13 febbraio e dal 12 al 30 agosto – **Pasto** carta 45/65000.

COMACCHIO 44022 Ferrara 988 ⑮, 429 430 H 18 – 21 159 ab. – 20 giugno-agosto – ✆ 0533.
Dintorni Abbazia di Pomposa★★ N : 15 km – Regione del Polesine★ Nord.
Roma 419 – ◆Ravenna 37 – ◆Bologna 93 – ◆Ferrara 53 – ◆Milano 298 – ◆Venezia 121.

   a Porto Garibaldi E : 5 km – ✉ 44029.
   🅱 (maggio-settembre) S.S. Romea bivio Collinara ✆ 327580 :

XXX **Il Sambuco,** via Caduti del Mare 30 ✆ 327478, Specialità di mare – 🗏. 🅰🅴 🔂 ⑩ E 𝘝𝘐𝘚𝘈.
   ⚘
   chiuso lunedì e dal 15 al 30 gennaio – **Pasto** carta 76/116000.

XX Pacifico-da Franco, via Caduti del Mare 10 ✆ 327169 – 🗏

✗ **Europa,** viale dei Mille ℰ 327362, Specialità di mare, 🐟 – 🖭 🕄 ⓞ 🗲 🔤. ⚘
chiuso venerdì e settembre – **Pasto** carta 44/62000.

✗ **Bagno Sole,** via dei Mille 28 ℰ 327924, 😤 – ❷. 🖭 🕄 ⓞ 🗲 🔤. ⚘
chiuso martedì e dal 20 settembre al 10 ottobre – **Pasto** carta 36/66000.

a Lido degli Estensi SE : 7 km – ⊠ **44024.**

🛈 (maggio-settembre) viale Carducci 32 ℰ 327464 :

🏨 **Logonovo,** viale delle Querce 109 ℰ 327520, Fax 327531, 🏊 – 🛗 📺 ☎ 🚗 ❷. 🖭 🕄 🗲 🔤. ⚘
Pasto *(aprile-settembre)* carta 33/55000 – 😅 10000 – **40 cam** 77/110000 – ½ P 84/94000.

🏠 **Estense,** viale Pascoli 1 ℰ 327106, Fax 327106 – 🛗 ☎
stagionale – **30 cam.**

✗✗ **Setaccio,** viale Carducci 48 ℰ 327424, 😤 – 🖭 🕄 ⓞ 🗲 🔤. ⚘
chiuso lunedì escluso da maggio a settembre – **Pasto** carta 35/63000.

a Lido di Spina SE : 9 km – ⊠ **44024** Lido degli Estensi :

🏨 **Caravel,** viale Leonardo 56 ℰ 330106, Fax 330107, « Giardino ombreggiato » – 🛗 📺 ☎ ❷. 🖭 🕄 ⓞ 🗲 🔤. ⚘ rist
chiuso dal 24 dicembre al 6 gennaio – **Pasto** *(aprile-settembre)* 35/50000 – 😅 10000 –
22 cam 70/95000 – ½ P 65/93000.

✗✗ **Aroldo,** viale delle Acacie 26 ℰ 330948, Fax 334100, 😤, Specialità di mare – 🖭 🕄 ⓞ 🗲 🔤. ⚘
chiuso martedì e da gennaio a marzo (escluso sabato-domenica) – **Pasto** carta 51/99000.

▰ **COMAZZO** 20060 Lodi 🆗🆒 F 10, 🔢 🕘 – 1 173 ab. alt. 99 – ✿ 02.

Roma 566 – ◆Milano 28 – ◆Bergamo 38 – Piacenza 70.

✗ **Bocchi,** località Bocchi SO : 1,5 km ℰ 9061038, 😤 – ❷. 🕄 🗲 🔤
chiuso lunedì sera, martedì, dal 2 al 15 gennaio e dal 16 al 31 agosto – **Pasto** carta 27/45000.

▰ **COMELICO SUPERIORE** 32040 Belluno 🆗🆒 C 19 – 2 848 ab. alt. (frazione Candide) 1 210 –
✿ 0435.

Roma 678 – Belluno 77 – Cortina d'Ampezzo 64 – Dobbiaco 32 – ◆Milano 420 – ◆Venezia 167.

a Padola NO : 4 km da Candide – ⊠ **32040** :

🏠 **D'la Varda** 🏔, ℰ 67031, ← – ❷. ⚘
dicembre-15 aprile e 15 giugno-settembre – **Pasto** carta 30/43000 – 😅 6000 – **20 cam**
42/80000 – ½ P 75/90000.

🏠 **Comelico,** ℰ 470015, Fax 67229, ← – 📺 ☎ ❷. 🖭 🕄 ⓞ 🗲 🔤. ⚘
Pasto 22/27000 – **13 cam** 😅 75/100000 – ½ P 70/90000.

▰ **COMISO** Ragusa 🔢 ㊲, 🆗🆒 Q 25 – Vedere Sicilia alla fine dell'elenco alfabetico.

▰ **COMO** 22100 🄿 🔢 ③, 🆗🆒 E 9 – 87 783 ab. alt. 202 – ✿ 031.

Vedere Lago★★★ – Duomo★★ – Broletto★★ – Chiesa di San Fedele★ AZ – Basilica di Sant'Abbondio★ AZ – ≤★ su Como e il lago di Villa Olmo 3 km per ⑥.

🛅 Villa d'Este (chiuso gennaio e martedì escluso agosto) a Montorfano ⊠ 22030 ℰ 200200,
Fax 200786, per ② : 6 km ; 🛅 e 🛅 Monticello (chiuso lunedì e gennaio) a Monticello di Cassina
Rizzardi ⊠ 22070 ℰ 928055, Fax 880207, per ③ : 10 km; 🛅 (chiuso lunedì) a Carimate ⊠ 22060
ℰ 790226, per ③ : 18 km; 🛅 La Pinetina (chiuso martedì) ad Appiano Gentile ⊠ 22070
ℰ 933202, Fax 890342, per ③ : 15 km.

🚢 per Tremezzo-Bellagio-Colico giornalieri (da 1 h 20 mn a 3 h) e Tremezzo-Bellaggio-Lecco
luglio-settembre giornalieri (2 h 40 mn) – Navigazione Lago di Como, piazza Cavour ℰ 304060,
Fax 270305.

🛈 piazza Cavour 17 ℰ 274064, Fax 301051 – Stazione Centrale ℰ 267214.

A.C.I. viale Masia 79 ℰ 573433.

Roma 625 ③ – ◆Bergamo 56 ② – ◆Milano 48 ③ – Monza 42 ② – Novara 76 ③.

Pianta pagina seguente

🏨 **Barchetta Excelsior,** piazza Cavour 1 ℰ 3221, Telex 380435, Fax 302622, ≤ – 🛗 🗏 📺 ☎ 👍 – 🔼 60. 🖭 🕄 ⓞ 🗲 🔤 🏧. ⚘   AY **a**
Pasto *(chiuso domenica ed agosto)* carta 50/88000 – **85 cam** 😅 219/239000, 3 appartamenti – ½ P 159/218000.

🏨 **Palace Hotel** senza rist, lungo Lario Trieste 16 ℰ 303303, Fax 303170, ≤ – 🛗 🗏 📺 ☎ 🚗 ❷ – 🔼 40 a 100. 🖭 🕄 🗲 🔤   AY **c**
100 cam 😅 170/250000.

🏨 **Albergo Terminus,** lungo Lario Trieste 14 ℰ 329111, Fax 302550, ≤ lago e monti, « In
un palazzo in stile liberty » 😤, – 🛗 🗏 📺 ☎ 👍 🚗. 🖭 🕄 ⓞ 🗲 🔤   AY **c**
Pasto vedere hotel **Villa Flori** – 😅 19000 – **38 cam** 180/270000, appartamento.

🏨 **Metropole Suisse** senza rist, piazza Cavour 19 ℰ 269444, Telex 380376, Fax 300808, ≤,
😤 – 🛗 🗏 📺 ☎ 👍 🚗. 🖭 🕄 ⓞ 🗲 🔤 🏧   AY **e**
chiuso dal 18 dicembre al 14 gennaio – 😅 20000 – **71 cam** 170/220000, 3 appartamenti.

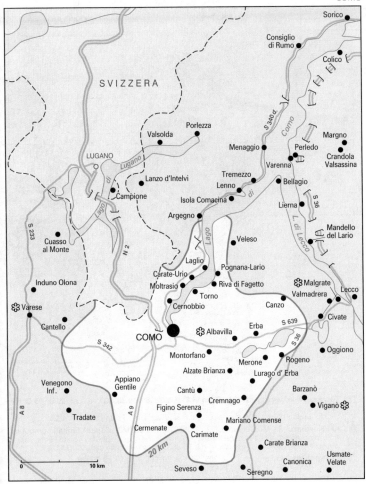

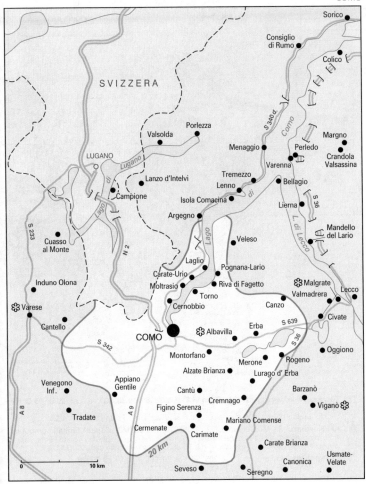 **Villa Flori,** strada per Cernobbio 12 ℘ 573105, Telex 380413, Fax 570379, ≤ lago, monti e città, 佘 , « Giardino e terrazze » – ▤ rist 📺 ☎ ⇔ 🅿 – ⚒ 100. 🖭 🖏 ⑩ 🗷 📟 , ⅍ rist *chiuso dal 24 dicembre al 10 gennaio* – **Pasto** al Rist. *Raimondi (chiuso lunedì e dal 1° al 16 agosto)* carta 54/75000 – ⇌ 19000 – **44 cam** 220/270000, appartamento.   1 km per ④

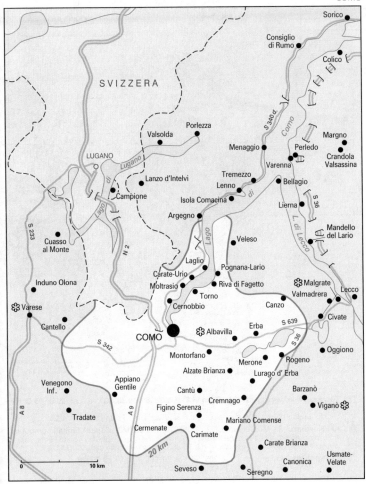 **Como,** via Mentana 28 ℘ 266173, Fax 266020, « Terrazza fiorita e panoramica con ⊐ riscaldata » – 🛗 🖃 📺 ☎ ☘ ⇔ 🅿 – ⚒ 80   BZ **f**
72 cam.

 Firenze senza rist, piazza Volta 16 ℘ 300333, Fax 300101 – 🛗 📺 ☎ ☘. 🖭 🖏 ⑩ 🗷 📟 📞
40 cam ⇌ 100/150000.   AY **v**

XXX Il Loggiato dei Serviti con cam, via Tolomeo Gallio 5 ℘ 264234, Fax 263546, prenotare –
🛗 🖃 📺 ☎ ☘.   AZ **m**
12 cam.

XXX **Sant'Anna 1907,** via Turati 1/3 ℘ 505266, prenotare la sera – ▤. 🖭 🖏 ⑩ 🗷 📟 📞
chiuso venerdì, sabato a mezzogiorno e dal 25 luglio al 25 agosto – **Pasto** 30/35000 e carta
53/83000.   per ③

XXX **Imbarcadero,** piazza Cavour 20 ℘ 277341, 佘 – 🖭 🖏 ⑩ 🗷 📟 📞 ⅍   AY **r**
chiuso dal 1° all'8 gennaio – **Pasto** 37/65000 (a mezzogiorno) 37/80000 (alla sera) e
carta 48/79000.

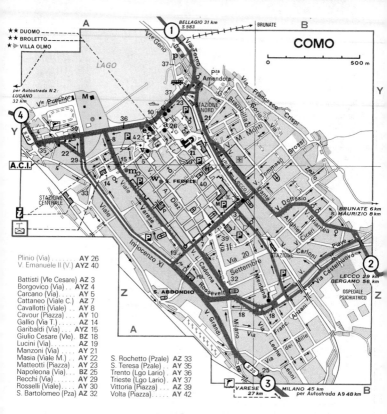

★★ DUOMO
★★ BROLETTO
★ VILLA OLMO

per Autostrada N 2 :
LUGANO 32 km

COMO

0   500 m

BELLAGIO 31 km S 583   BRUNATE

BRUNATE 6 km
S. MAURIZIO 8 km

LECCO 29 km
BERGAMO 56 km

OSPEDALE
PSICHIATRICO

VARESE 27 km   MILANO 45 km per Autostrada A9 48 km

Plinio (Via) . . . . . . **AY 26**
V. Emanuele II (V.) **AYZ 40**

Battisti (Vle Cesare) . **AZ 3**
Borgovico (Via) . . **AYZ 4**
Carcano (Via). . . . . **AY 5**
Cattaneo (Viale C.) . **AZ 7**
Cavallotti (Viale) . . **AY 8**
Cavour (Piazza) . . . **AY 10**
Gallio (Via T.) . . . . **AZ 14**
Garibaldi (Via) . . . **AYZ 15**
Giulio Cesare (Vle) . **BZ 18**
Lucini (Via). . . . . . **AZ 19**
Manzoni (Via) . . . . **AY 21**
Masia (Viale M.) . . . **AY 22**
Matteotti (Piazza) . **AZ 23**
Napoleona (Via) . . **BZ 25**
Recchi (Via). . . . . . **AY 29**
Rosselli (Viale) . . . **AY 30**
S. Bartolomeo (Pza) **AZ 32**

S. Rochetto (Pzale) . **AZ 33**
S. Teresa (Pzale) . . **AY 35**
Trento (Lgo Lario) . **AY 36**
Trieste (Lgo Lario) . **AY 37**
Vittoria (Piazza) . . . **AZ 39**
Volta (Piazza) . . . . . **AY 42**

XX **Terrazzo Perlasca,** piazza De Gasperi 8 ℘ 303936, Fax 303936, ← – ▤. ஊ ⑤ ⑩ ㋍ ᴠɪsᴀ. ※ AY **p**
chiuso lunedì, dal 1° al 15 gennaio e dal 6 al 20 agosto – **Pasto** carta 49/74000.

XX **Al Giardino,** via Montegrappa 52 ℘ 265016, Fax 300143, Coperti limitati; prenotare, « Servizio estivo all'aperto » – ⑤ ᴠɪsᴀ. ※ per via Leone Leoni BZ
chiuso lunedì, dal 1° al 6 gennaio e dal 15 al 30 agosto – **Pasto** carta 27/39000.

XX **Ul Pinchett,** via Fontana 19 ℘ 263266, Fax 263266 – ஊ ⑤ ⑩ ㋍ ᴠɪsᴀ AY **r**
chiuso domenica ed agosto – **Pasto** carta 25/50000.

XX **Er Più,** via Castellini 21 ℘ 272154 – ▤. ஊ ⑤ ㋍ ᴠɪsᴀ per via Milano AZ
chiuso martedì ed agosto – **Pasto** carta 39/66000.

XX **La Colombetta,** via Diaz 40 ℘ 262703, 斎 – ஊ ⑤ ⑩ ㋍ ᴠɪsᴀ ᴊᴄʙ AZ **w**
chiuso martedì e dal 10 al 25 agosto – **Pasto** carta 50/75000.

XX **Lario** via Coloniola 44 ℘ 303952, Specialità di mare – ▤. ஊ ⑤ ⑩ ㋍ ᴠɪsᴀ AY **p**
chiuso domenica ed agosto – **Pasto** carta 35/72000.

XX **Crotto del Lupo,** via Pisani Dossi-Cardina ℘ 570881, prenotare la sera, « Servizio estivo in terrazza ombreggiata » – ℗. ஊ ⑤ ㋍ ᴠɪsᴀ. ※ 3 km per ④
chiuso lunedì ed agosto – **Pasto** carta 36/53000.

a Camnago Volta per ② : 3 km – ✉ **22030** :

XXX **Navedano,** via Pannilani ℘ 308080, « Servizio estivo in terrazza », 斎 – ℗. ஊ ⑤ ⑩ ㋍ ᴠɪsᴀ. ※
chiuso martedì e dal 1° al 15 agosto – **Pasto** 50000 (10%) a mezzogiorno 80000 (10%) alla sera e carta 45/80000 (10%).

a Tavernola per ④ : 3 km – ✉ **22100** Como :

🏨 **Il Grand Hotel,** ℘ 5161, Fax 516600, ℔, 畲 – 閣 ▤ ᴛᴠ ☎ ₺ 🚗 ℗ – 🏛 600. ஊ ⑤ ⑩ ㋍ ᴠɪsᴀ. ※
Pasto carta 60/90000 – ☲ 20000 – **153 cam** 170/240000 – ½ P 180000.

206

COMO (Lago di) o LARIO Como 988 ③, 428 E 9.
Vedere Guida Verde.

CONCA DEI MARINI 84010 Salerno 431 F 25 – 670 ab. – a.s. Pasqua, giugno-settembre e Natale – ✪ 089.
Roma 272 – ◆Napoli 58 – Amalfi 5 – Salerno 30 – Sorrento 35.

🏬 **Belvedere** ⑤, ℰ 831282, Fax 831439, ≤ mare e costa, 佘, « Terrazza con ⊐ », ▲ₑ –
⊨ ☎ ℗, Æ 🖪 ◐ Ε 𝖵𝖨𝖲𝖠 ᴊᴄв. ℅ rist
Pasqua-ottobre – **Pasto** 45000 – ⊑ 15000 – **34 cam** 165/200000 – ½ P 160000.

CONCESIO 25062 Brescia 428 429 F 12 – 12 306 ab. alt. 218 – ✪ 030.
Roma 544 – ◆Brescia 10 – ◆Bergamo 50 – ◆Milano 91.

XXX ✿ **Miramonti l'Altro,** località Costorio ℰ 2751063, prenotare – ▤ ℗ – 🛦 25. 🖪 ◐ Ε 𝖵𝖨𝖲𝖠. ℅
chiuso lunedì ed agosto – **Pasto** carta 50/75000
Spec. Risotto con porcini e formaggi dolci (maggio-novembre), Capretto in coccio alla bresciana con polenta (marzo-giugno), Tortino caldo al cioccolato (ottobre-maggio).

CONDINO 38083 Trento 428 429 E 13 – 1 432 ab. alt. 444 – ✪ 0465.
Roma 598 – ◆Brescia 65 – ◆Milano 155 – Trento 64.

🏠 **Rita,** ℰ 621225, Fax 621225, ≤, 庶 – ⊡ ☎ ⇐ ℗, 🖪 Ε 𝖵𝖨𝖲𝖠. ℅
Pasto *(chiuso lunedì)* carta 22/32000 – ⊑ 8000 – **16 cam** 54/85000 – ½ P 65000.

CONEGLIANO 31015 Treviso 988 ⑤, 429 E 18 – 35 580 ab. alt. 65 – ✪ 0438.
Vedere Sacra Conversazione★ nel Duomo – ⚘★ dal castello – Affreschi★ nella Scuola dei Battuti.
🛈 (chiuso lunedì) viale Carducci 32 ℰ 21230.
Roma 571 – Cortina d'Ampezzo 109 – ◆Milano 310 – Treviso 28 – Udine 81 – ◆Venezia 60 – Vicenza 88.

🏨 **Sporting Hotel Ragno d'Oro** ⑤, senza rist, via Diaz 37 ℰ 412300, Fax 412310, ⊜s, ⊐, 庶, ℅ – ⊡ ☎ ⇐ ℗ – 🛦 30. Æ 🖪 Ε 𝖵𝖨𝖲𝖠. ℅
⊑ 10000 – **17 cam** 98/138000.

🏨 **Città di Conegliano,** via Parrilla 1 ℰ 21440, Fax 410950 – ⊨ ▤ ⊡ ☎ ⇐ – 🛦 40. Æ 🖪 ◐ Ε 𝖵𝖨𝖲𝖠. ℅
chiuso dal 3 al 23 agosto – **Pasto** (solo per clienti alloggiati e *chiuso a mezzogiorno*) carta 40/50000 – ⊑ 12000 – **57 cam** 77/113000 – ½ P 100000.

🏨 **Canon d'Oro,** via 20 Settembre 131 ℰ 34246, Fax 34246, « Terrazze fiorite con fontana » – ⊨ ⊟ cam ⊡ ☎ ℗. Æ 🖪 Ε 𝖵𝖨𝖲𝖠. ℅
Pasto *(chiuso domenica)* carta 30/50000 – ⊑ 10000 – **35 cam** 75/125000.

XX ✿ **Tre Panoce,** via Vecchia Trevigiana 50 (O : 2 km) ℰ 60071, Fax 62230, prenotare, 庶 – ℗ – 🛦 50. Æ 🖪 ◐ Ε 𝖵𝖨𝖲𝖠. ℅
chiuso domenica sera, lunedì, dal 26 dicembre al 15 gennaio ed agosto – **Pasto** carta 40/55000
Spec. Soppressa con radicchio e fagioli, Filetto di pollo al radicchio trevisano (dicembre-gennaio), Manzo alla veneta con polenta.

XX **Al Salisà,** via 20 Settembre 2 ℰ 24288, 佘, prenotare – Æ 🖪 ◐ Ε 𝖵𝖨𝖲𝖠 ᴊᴄв. ℅
chiuso martedì sera, mercoledì ed agosto – **Pasto** carta 35/58000.

XX **Città di Venezia,** via 20 Settembre 77/79 ℰ 23186, 佘, Specialità di mare – ▤. Æ 🖪 ◐ Ε 𝖵𝖨𝖲𝖠. ℅
chiuso domenica sera, lunedì, dal 2 al 9 gennaio e dal 10 al 30 agosto – **Pasto** carta 35/55000.

CONERO (Monte) Ancona 430 L 22 – Vedere Sirolo.

CONSIGLIO DI RUMO 22010 Como 219 ⑨ – 1 118 ab. alt. 509 – ✪ 0344.
Roma 678 – Como 53 – ◆Lugano 44 – ◆Milano 101 – Sondrio 52.

XXX **Saltamartin,** via Martesana 17 ℰ 80819, prenotare, « Ambiente rustico elegante, servizio estivo in terrazza con ≤ » – Æ 🖪 ◐ Ε 𝖵𝖨𝖲𝖠. ℅
chiuso mercoledì, giovedì a mezzogiorno, dal 18 gennaio al 4 febbraio e dal 15 al 30 settembre – **Pasto** carta 37/66000.

CONSUMA 50060 Firenze ed Arezzo 988 ⑮, 430 K 16 – alt. 1 058 – ✪ 055.
Roma 279 – ◆Firenze 34 – Arezzo 57 – Pontassieve 16.

X **Sbaragli** con cam, ℰ 8306500 – ℗. 𝖵𝖨𝖲𝖠
aprile-ottobre – **Pasto** *(chiuso martedì)* carta 33/42000 – ⊑ 7000 – **32 cam** 50/80000 – ½ P 70/80000.

CONTARINA 45014 Rovigo 988 ⑮, 429 G 18 – 8 234 ab. alt. 2 – ✪ 0426.
Roma 499 – ◆Ravenna 74 – Chioggia 25 – Rovigo 45 – ◆Venezia 74.

🏨 **Delta Park,** via Zara 12 ℰ 631763, Fax 631763 – ⊨ ▤ ⊡ ☎ ℗ – 🛦 35. Æ 🖪 Ε 𝖵𝖨𝖲𝖠 ᴊᴄв. ℅ rist
Pasto *(chiuso venerdì)* carta 35/51000 – ⊑ 10000 – **21 cam** 78/110000 – ½ P 70/85000.

CONTIGLIANO 02043 Rieti 🗺️88 ㉖, 🗺️430 O 20 – 3 149 ab. alt. 488 – ✪ 0746.
Roma 88 – L'Aquila 68 – Avezzano 81 – Rieti 10 – Terni 24.

🏠 **Le Vigne,** 🖉 706213, Fax 707077 – 📺 ☎ 🅿️. 🚻 Ε 🆅🆂🅰. 🛇
Pasto *(chiuso venerdì)* carta 28/48000 – 🍽️ 8000 – **19 cam** 70/90000 – ½ P 40/55000.

CONVENTO Vedere nome proprio del convento.

CONVERSANO 70014 Bari 🗺️88 ㉙, 🗺️431 Ε 33 – 22 657 ab. alt. 219 – ✪ 080.
Roma 440 – ♦Bari 31 – ♦Brindisi 87 – Matera 68 – ♦Taranto 80.

🏨 **Gd H. D'Aragona,** strada provinciale per Cozze 🖉 9952344, Fax 9954265, 🏊, 🚗 📧 📺 ☎ 🅿️ – 🏛️ 25 a 60. 🅰🅴 🚻 🅾️ Ε 🆅🆂🅰. 🛇
Pasto carta 34/53000 (15 %) – **68 cam** 🍽️ 137/149000 – ½ P 120/145000.

COPPARO 44034 Ferrara 🗺️88 ⑮, 🗺️429 H 17 – 19 217 ab. alt. 74 – ✪ 0532.
Roma 443 – ♦Ravenna 83 – ♦ Ferrara 20 – ♦ Milano 274 – ♦ Venezia 103.

a Fossalta SO : 9 km – ✉️ **44030 :**

🆇🆇 **Cavalier Uliva,** via San Marco 46 🖉 866126, prenotare, « Ambiente caratteristico », 🚗 – 🅿️. 🚻 🅾️ Ε 🆅🆂🅰
chiuso a mezzogiorno, domenica, lunedì e dal 1° al 15 agosto – Pasto 35000.

CORATO 70033 Bari 🗺️88 ㉙, 🗺️431 D 31 – 42 788 ab. alt. 232 – ✪ 080.
Roma 414 – ♦Bari 44 – Barletta 27 – ♦Foggia 97 – Matera 64 – ♦Taranto 132.

🆇🆇 **Il Mulino,** via Castel del Monte 135 (SO : 1 km) 🖉 8723925 – 📧 🅿️. 🚻
chiuso lunedì e dal 7 al 27 gennaio – Pasto carta 29/55000.

sulla strada statale 98 S : 3 km :

🏨 **Appia Antica,** ✉️ 70033 🖉 8722504, Fax 8724053, 🚗 – 📳 📧 📺 ☎ 🅿️. 🅰🅴 🚻 🅾️ Ε 🆅🆂🅰
🛇 rist
Pasto *(chiuso domenica sera)* 24/43000 – 🍽️ 4000 – **54 cam** 91/107000 – ½ P 96000.

CORBETTA 20011 Milano 🗺️428 F 8 – 13 350 ab. alt. 140 – ✪ 02.
Roma 589 – ♦Milano 24 – Novara 23 – Pavia 59.

🆇🆇🆇 **La Corte del Re-al Desco,** via Parini 4 🖉 9771600, Fax 9771600, 🌳 – 🏛️ 100. 🅰🅴 🚻 🅾️ Ε 🆅🆂🅰. 🛇
chiuso domenica sera, lunedì, dal 1° al 9 gennaio e dall'8 al 22 agosto – Pasto 35/50000 e carta 30/73000.

CORCIANO 06073 Perugia 🗺️430 M 18 – 13 102 ab. alt. 368 – ✪ 075.
Roma 185 – ♦Perugia 13 – Arezzo 65 – Siena 97 – Terni 96.

🆇 **Il Convento,** 🖉 6978946, « In un convento francescano del 13° secolo » – 🅿️
chiuso lunedì e dal 15 gennaio al 15 febbraio – Pasto carta 30/51000 (10 %).

a Strozzacapponi S : 7,5 km – ✉️ **06073** Corciano :

🆇🆇 Ottavi, 🖉 774718, Fax 774849, 🌳 – 🅿️

CORDIGNANO 31016 Treviso 🗺️429 Ε 19 – 5 823 ab. alt. 56 – ✪ 0438.
Roma 577 – Belluno 48 – Treviso 42 – Udine 70 – ♦Venezia 71.

🆇 **Da Piero,** 🖉 999139 – 🅿️
chiuso lunedì e luglio – Pasto carta 18/31000.

COREDO 38010 Trento 🗺️429 C 15 – 1 321 ab. alt. 831 – a.s.Pasqua e Natale – ✪ 0463.
Roma 624 – ♦Bolzano 66 – Sondrio 130 – Trento 38.

🆇🆇 **Roen,** 🖉 536295, Coperti limitati; prenotare – 🚻 🆅🆂🅰
chiuso lunedì sera, martedì, dal 15 al 30 giugno e dal 5 al 20 novembre – Pasto carta 36/56000.

CORGENO Varese 🗺️219 ⑰ – alt. 270 – ✉️ **21029** Vergiate – ✪ 0331.
Roma 631 – Laveno Mombello 25 – ♦Milano 54 – Sesto Calende 7 – Varese 22.

🆇🆇🆇 ✿ **La Cinzianella** 🦢 con cam, 🖉 946337, Fax 948890, ≤, « Servizio estivo in terrazza panoramica », 🚗 – ☎ 🅿️ – 🏛️ 80. 🅰🅴 🚻 🅾️ Ε 🆅🆂🅰. 🛇
chiuso gennaio e dal 26 luglio al 4 agosto – Pasto *(chiuso martedì e da ottobre ad aprile anche lunedì sera)* 50000 e carta 58/71000 – **10 cam** 🍽️ 90/120000 – ½ P 110/120000
Spec. Sformato di verdure dell'orto, Rosone di pesci di lago in salsa salmoriglio, Pasticceria della casa.

CORICA Cosenza – Vedere Amantea.

CORINALDO 60013 Ancona 🗺️88 ⑮, 🗺️429 430 L 21 – 5 223 ab. alt. 203 – ✪ 071.
Roma 285 – ♦Ancona 51 – Macerata 74 – Pesaro 46 – Urbino 47.

🆇🆇 **I Tigli** con cam, 🖉 7975849, Fax 7975856, 🌳, « In un monastero seicentesco » – 📺 ☎. 🅰🅴 🚻 🅾️ Ε 🆅🆂🅰
Pasto *(chiuso lunedì escluso dal 15 giugno al 15 settembre)* carta 29/43000 – 🍽️ 6000 – **13 cam** 42/70000 – ½ P 45/55000.

CORLO Modena – Vedere Formigine.

CORMANO 20032 Milano 219 ⑲ – 18 848 ab. alt. 146 – ☎ 02.
Roma 580 – ◆Milano 12 – ◆Bergamo 45 – Como 35.

XX **Al Carrello,** strada statale 35 dei Giovi ☎ 66303221, Fax 66300302, 🍽 – P. AE 🅂 ⓞ E VISA. ⛔
chiuso domenica ed agosto – **Pasto** carta 44/67000.

CORMONS 34071 Gorizia 988 ⑥, 429 E 22 – 7 549 ab. alt. 56 – ☎ 0481.
Roma 645 – Gorizia 13 – ◆Milano 384 – ◆Trieste 49 – Udine 24 – ◆ Venezia 134.

🏨 **Felcaro** 🐦, via San Giovanni 45 ☎ 60214, Fax 630255, « Servizio rist. estivo all'aperto », 🏊, 🏊, 🌳, 🎾 – |🛗| 📺 ☎ P – 🎪 50 a 120. AE 🅂 ⓞ E VISA JCB. ⛔ rist
Pasto *(chiuso lunedì e dal 2 al 31 gennaio)* carta 33/48000 – ☕ 12000 – **38 cam** 60/110000, 19 appartamenti 136000 – ½ P 90000.

XX **Al Cacciatore-della Subida,** NE : 2 km ☎ 60531, Fax 60531, 🍽, « Ambiente caratteristico », 🌳, 🎾 – P
chiuso martedì, mercoledì, dal 1° al 15 febbraio e dal 1° al 10 luglio – **Pasto** carta 40/54000.

XX **Al Giardinetto,** via Matteotti 54 ☎ 60257, 🍽, Coperti limitati; prenotare – AE 🅂 ⓞ E VISA
chiuso lunedì sera, martedì e luglio – **Pasto** carta 34/56000.

XX **Da Biagi-la Pentolaccia,** via Isonzo 37 ☎ 60397, 🍽 – P. AE ⓞ VISA
chiuso giovedì – **Pasto** carta 25/35000.

CORNAIANO (GIRLAN) Bolzano 218 ⑳ – Vedere Appiano.

CORNEDO VICENTINO 36073 Vicenza 429 F 16 – 9 495 ab. alt. 200 – ☎ 0445.
Roma 559 – ◆Verona 58 – ◆Milano 212 – ◆Venezia 93 – Vicenza 29.

sulla strada statale 246 SE : 4 km :

XX **Due Platani,** via Campagnola 16 ✉ 36073 ☎ 947007, Coperti limitati; prenotare – ▤ P. AE 🅂 ⓞ E VISA. ⛔
chiuso domenica ed agosto – **Pasto** carta 31/61000.

CORNIGLIANO LIGURE Genova – Vedere Genova.

CORNUDA 31041 Treviso 988 ⑤, 429 E 18 – 5 314 ab. alt. 163 – ☎ 0423.
Roma 553 – ◆Venezia 58 – Belluno 54 – ◆Milano 258 – ◆Padova 62 – Trento 109 – Treviso 28 – Vicenza 58.

XX **Cavallino,** ☎ 83301, Specialità di mare – P. AE 🅂 ⓞ E VISA. ⛔
chiuso domenica sera, lunedì e dal 6 al 28 agosto – **Pasto** carta 41/61000.

CORPO DI CAVA Salerno 431 E 26 – Vedere Cava de' Tirreni.

CORREGGIO 42015 Reggio nell'Emilia 988 ⑭, 428 429 H 14 – 20 140 ab. alt. 33 – ☎ 0522.
Roma 422 – ◆Bologna 60 – ◆Milano 167 – ◆Verona 88.

XX **Bel Sit,** viale Cottafavi 11 ☎ 692393 – ▤ P. AE 🅂 ⓞ E VISA. ⛔
chiuso domenica ed agosto – **Pasto** carta 34/48000.

CORRIDONIA 62014 Macerata 988 ⑯, 430 M 22 – 12 535 ab. alt. 255 – ☎ 0733.
Roma 266 – ◆Ancona 61 – Ascoli Piceno 90 – Macerata 10 – ◆Perugia 121 – ◆Pescara 132.

🏨 **Grassetti,** allo svincolo della superstrada NO : 3 km ☎ 281261, Fax 281261 – |🛗| 📺 ☎ P – 🎪 130. AE 🅂 ⓞ E VISA. ⛔ rist
Pasto carta 35/45000 – ☕ 9000 – **60 cam** 95/140000 – ½ P 110000.

🏨 Camerlengo, via Santa Maria 2 ☎ 432743, Fax 433893 – |🛗| 📺 ☎ P – **18 cam.**

CORTACCIA SULLA STRADA DEL VINO (KURTATSCH AN DER WEINSTRASSE) 39040 Bolzano 429 D 15, 218 ⑳ – 1 820 ab. alt. 333 – ☎ 0471.
Roma 623 – ◆Bolzano 20 – ◆Trento 41.

🏨 **Schwarz-Adler Turm Hotel,** ☎ 880600, Fax 880601, ≤, 🏊, 🏊 – |🛗| 📺 ☎ ♿ 🚗 P. AE 🅂 E VISA. ⛔
Pasto (solo per clienti alloggiati) carta 24/43000 – **24 cam** ☕ 131/220000 – ½ P 94/154000.

CORTALE Udine – Vedere Reana del Roiale.

CORTE BRUGNATELLA 29020 Piacenza 428 H 10 – 915 ab. alt. 320 – ☎ 0523.
Roma 558 – Alessandria 91 – ◆Genova 84 – Piacenza 54.

X **Rocca Rosa,** località Brugnello ☎ 934500, « In un villaggio caratteristico », 🌳 – ⛔
chiuso lunedì e dal 7 al 31 gennaio – **Pasto** carta 36/46000.

CORTE FRANCA 25040 Brescia 429 F 11 – 5 327 ab. alt. 214 – ☎ 030.
⛳18 e ⛳9 Franciacorta (chiuso martedì) località Castagnola ✉ 25040 Corte Franca ☎ 984167, Fax 984393, S : 2 km.
Roma 576 – ◆Brescia 28 – ◆Bergamo 35 – ◆Milano 76.

a *Colombaro* N : 2 km – ⊠ **25040** Corte Franca :

XX **Trattoria la Colombara,** ℰ 9826461, Fax 9826461, 佘 – **ℙ.** AE ⓢ ◑ E ⅦSA
chiuso lunedì sera, martedì, dal 9 al 25 gennaio e dal 1° al 24 agosto – **Pasto** carta 46/78000.

X Franciacorta, ℰ 984405, 佘, 屛 – **ℙ**

CORTEMILIA 12074 Cuneo 🔢🔢🔢 ⑫, 🔢🔢 I 6 – 2 587 ab. alt. 247 – a.s. giugno-agosto – ✪ 0173.
Roma 613 – ♦Genova 108 – Alessandria 71 – Cuneo 106 – ♦Milano 166 – Savona 68 – ♦Torino 90.

🏠 **San Carlo,** corso Divisioni Alpine 41 ℰ 81546, Fax 81235, 佘, « Giardino con 🏊 » – 🛗
🖵 ☎ 🚗 **ℙ.** ⓢ ◑ E ⅦSA. ✆
chiuso dal 22 al 29 dicembre e dall'8 gennaio al 21 febbraio – **Pasto** 22/28000 – ⌑ 12000 –
22 cam 70/100000 – ½ P 70/80000.

CORTINA D'AMPEZZO 32043 Belluno 🔢🔢🔢 ⑤, 🔢🔢🔢 C 18 – 7 104 ab. alt. 1 224 – a.s. febbraio-
10 aprile e Natale – Sport invernali : 1 224/3 243 m ✂ 6 ≰ 30, ✍ – ✪ 0436.

Vedere Posizione pittoresca★★★.

Dintorni Tofana di Mezzo : ☀★★★ 15 mn di funivia – Tondi di Faloria : ☀★★★ 20 mn di funivia –
Belvedere Pocol : ☀★★ 6 km per ④.

Escursioni Dolomiti★★★ per ④.

🖪 piazzetta San Francesco 8 ℰ 3231, Fax 3235.

Roma 672 – Belluno 71 ③ – ♦Bolzano 133 ① – ♦Innsbruck 165 ① – ♦Milano 411 ③ – Treviso 132 ③.

🏩 **Miramonti Majestic** ⟩, località Pezziè 103 ℰ 4201, Telex 440069, Fax 867019,
≤ conca di Cortina e Dolomiti, « Parco con 🎏 », ⇌, 🔲, ✸ – 🛗 🖵 ☎ 🚗 **ℙ** –
🏛 25 a 280. AE ⓢ ◑ E ⅦSA. ✆ rist   2 km per ③
23 dicembre-4 aprile e 8 luglio-28 agosto – **Pasto** 90000 e Rist. **Grill Enrose** *(23 dicembre-
4 aprile)* carta 75/112000
– ⌑ 28000 – **95 cam**
500/800000, 10 apparta-
menti – ½ P 270/540000.

🏩 **De la Poste,** piazza
Roma 14 ℰ 4271,
Fax 868435, ≤ Dolomiti –
🛗 🖵 ☎ 🚗 **ℙ.** AE ◑ E
ⅦSA. ✆   Z **s**
*20 dicembre-22 aprile e
15 giugno-9 ottobre* –
Pasto carta 74/112000 –
74 cam ⌑ 350/520000,
4 appartamenti –
½ P 200/320000.

🏩 **Parc Hotel Victoria,**
corso Italia 1 ℰ 3246,
Fax 4734, ≤ Dolomiti,
« Arredamento rustico
elegante; piccolo parco
ombreggiato » – 🛗 🖵
☎ **ℙ.** AE ⓢ ◑ E ⅦSA
✆ rist   Z **y**
*21 dicembre-7 aprile e 10
luglio-15 settembre* –
Pasto carta 50/70000 –
40 cam ⌑ 210/380000,
3 appartamenti –
½ P 130/340000.

🏩 **Ancora,** corso Italia 62
ℰ 3261, Fax 3265, ≤ – 🛗
🖵 ☎ **ℙ.** AE ⓢ ◑ E ⅦSA
✆ rist   Z **t**
*20 dicembre-Pasqua e lu-
glio-settembre* – **Pasto**
carta 35/65000 – **71 cam**
⌑ 300/420000, 3 appar-
tamenti – ½ P 180/
280000.

🏩 **Europa,** corso Italia 207
ℰ 3221, Telex 440043,
Fax 868204, ≤ Dolomiti –
🛗 🖵 ☎ **ℙ.** AE ⓢ ◑ E
ⅦSA JCB ✆ rist   Y **g**
*chiuso dal 15 ottobre al
5 dicembre* – **Pasto** 60/
93000 – **50 cam** ⌑ 220/
380000, appartamento –
½ P 250/280000.

🏛 **Bellevue,** corso Italia 197 ℰ 883400, Fax 867510, ≤ Dolomiti – 📶 📺 ☎ 🚗, 🖪 𝗩𝗜𝗦𝗔 Y **f**
chiuso maggio e novembre – **Pasto** vedere rist **Il Meloncino al Bellevue** – **20 cam** ⊡ 280/
460000, 20 appartamenti 270/380000 – ½ P 270/420000.

🏛 **Cortina,** corso Italia 92 ℰ 4221, Fax 860760 – 📶 ☎. 🖭 🖪 ⓞ E 𝗩𝗜𝗦𝗔 𝗃𝖼𝖻. ⁂ rist
18 dicembre-10 aprile e 15 giugno-20 settembre – **Pasto** 50/100000 – **48 cam** ⊡ 300/
420000 – ½ P 160/340000.   Z **u**

🏨 **Franceschi Park Hotel,** via Cesare Battisti 86 ℰ 867041, Fax 2909, ≤ Dolomiti,
« Parco », ≋s, ⁂ – 📶 ⇆ rist 📺 ☎ 🅿. 𝗩𝗜𝗦𝗔. ⁂   Y **k**
22 dicembre-2 aprile e 23 giugno-24 settembre – **Pasto** 40/75000 – ⊡ 12000 – **49 cam**
200/370000, 3 appartamenti – ½ P 90/270000.

🏨 **Menardi,** via Majon 110 ℰ 2400, Fax 862183, ≤ Dolomiti, « Elegante arredamento;
parco ombreggiato » – 📺 ☎ 🚗 🅿. 🖪 E 𝗩𝗜𝗦𝗔. ⁂   Y **p**
22 dicembre-26 marzo e 17 giugno-17 settembre – **Pasto** 30/50000 – **51 cam** ⊡ 160/
310000 – ½ P 100/200000.

🏨 **Columbia** senza rist, via Ronco 75 ℰ 3607, Fax 3607, ≤ Dolomiti, 🚗 – 📺 ☎ 🅿. 🖪 E
𝗩𝗜𝗦𝗔. ⁂   Y **c**
dicembre-18 aprile e 9 giugno-14 ottobre – ⊡ 10000 – **20 cam** 130/180000.

🏨 **Capannina,** via dello Stadio 11 ℰ 2950, 🚗 – 📶 📺 ☎ 🚗 🅿. 🖭 𝗩𝗜𝗦𝗔. ⁂   Y **m**
6 dicembre-marzo e luglio-10 settembre – **Pasto** (solo su prenotazione alla sera) carta 51/
82000 – **30 cam** ⊡ 160/300000, 2 appartamenti – ½ P 185/250000.

🏨 **Fanes,** via Roma 136 ℰ 3427, Fax 5027, ≤ Dolomiti, 🚗 – 📺 ☎ 🅿. 🖭 🖪 ⓞ E 𝗩𝗜𝗦𝗔.
⁂ rist   Z **a**
21 dicembre-marzo e 15 giugno-4 novembre – **Pasto** carta 33/63000 (15%) – ⊡ 25000 –
25 cam 160/210000 – ½ P 120/175000.

🏨 **Pontechiesa,** via Marangoni 3 ℰ 2523, Fax 867343, ≤ Dolomiti, 🚗 – 📶 📺 ☎ 🅿. 𝗩𝗜𝗦𝗔.
⁂   Y **s**
dicembre-13 aprile e 15 giugno-27 settembre – **Pasto** carta 38/59000 – ⊡ 15000 – **31 cam**
100/190000 – ½ P 100/180000.

🏨 **Concordia Parc Hotel,** corso Italia 28 ℰ 4251, Telex 440066, Fax 868151, « Parco
ombreggiato » – 📶 ☎ 🚗 🅿. 🖭 🖪 E 𝗩𝗜𝗦𝗔. ⁂   Z **v**
23 dicembre-25 marzo e 10 luglio-agosto – **Pasto** 45/80000 – ⊡ 15000 – **58 cam** 190/
340000 – ½ P 120/255000.

🏨 **Aquila,** corso Italia 168 ℰ 2618, ≋s, 🔲 – 📶 📺 ☎ 🅿. 🖭 🖪 𝗩𝗜𝗦𝗔. ⁂   Y **n**
dicembre-aprile e giugno-settembre – **Pasto** 30/60000 – **39 cam** ⊡ 190/230000 – ½ P 90/
180000.

🏨 **Trieste,** via Majon 28 ℰ 2245, Fax 868173, ≤ Dolomiti, 🚗 – 📶 📺 ☎ 🅿. 🖭 🖪 ⓞ E 𝗩𝗜𝗦𝗔.
⁂   Y **b**
20 dicembre-marzo e luglio-20 settembre – **Pasto** 40/60000 – ⊡ 20000 – **33 cam** 170/
210000 – ½ P 80/170000.

🏨 **Nord Hotel,** via La Verra 1 ℰ 4707, Fax 868164, ≤ Dolomiti e conca di Cortina – ☎ 🅿.
🖭 🖪 E 𝗩𝗜𝗦𝗔. ⁂ rist   2 km per ①
6 dicembre-10 aprile e 20 giugno-settembre – **Pasto** 40/60000 – ⊡ 35000 – **34 cam**
160/190000 – ½ P 130/175000.

🏠 **Natale** senza rist, corso Italia 229 ℰ 861210, ≋s – 📶 📺 ☎ 🚗 🅿. 🖪 E 𝗩𝗜𝗦𝗔. ⁂   Y **w**
dicembre-5 maggio e giugno-5 novembre – **14 cam** ⊡ 170/250000.

🏠 **Panda** senza rist, via Roma 64 ℰ 860344, Fax 860345, ≤ Dolomiti – 📺 ☎ 🅿. 🖭 🖪 ⓞ E
𝗩𝗜𝗦𝗔. ⁂   Z **e**
chiuso dal 5 maggio al 20 giugno e dal 2 novembre al 5 dicembre – ⊡ 11000 – **18 cam**
110/190000.

🏠 **Montana** senza rist, corso Italia 94 ℰ 862126, Fax 868211 – 📶 📺 ☎ 🅿. 🖭 🖪 ⓞ E 𝗩𝗜𝗦𝗔
𝗃𝖼𝖻.   Z **u**
chiuso dal 25 maggio al 25 giugno e dal 10 novembre al 15 dicembre – **30 cam** ⊡ 82/
150000.

🏠 **Villa Nevada** senza rist, via Ronco 64 ℰ 4778, ≤ Dolomiti e conca di Cortina – 📺 ☎ 🅿.
⁂   Y **a**
dicembre-20 aprile e 15 giugno-8 ottobre – ⊡ 10000 – **11 cam** 114/170000.

🍴🍴🍴 **El Toulà,** via Ronco 123 ℰ 3339, ≤ conca di Cortina e Dolomiti, 🏠, prenotare,
« Ambiente caratteristico ricavato in un vecchio fienile » – 🅿. 🖭 ⓞ 𝗩𝗜𝗦𝗔.   Y **r**
20 dicembre-12 aprile e 20 luglio-agosto; chiuso lunedì in gennaio – **Pasto** carta 57/85000
(13%).

🍴🍴 ⁂ **Tivoli,** località Lacedel ℰ 866400, Fax 3413, ≤ Dolomiti, Coperti limitati; prenotare,
« Servizio estivo in terrazza » – 🅿. 🖭 🖪 ⓞ E 𝗩𝗜𝗦𝗔   2 km per ④
6 dicembre-20 aprile e 10 luglio-28 settembre; chiuso lunedì in gennaio, luglio e settembre
– **Pasto** carta 48/79000
Spec. Fegato grasso d'anatra affumicato con confettura di fichi (estate). Tagliatelle al ragù bianco e porcini (estate).
Germano reale in coccio con cipolle glassate (inverno).

🍴🍴 **Il Meloncino,** località Gilardon 17/a ℰ 861043, ≤ Dolomiti e conca di Cortina, Coperti
limitati; prenotare, « Caratteristico chalet con servizio estivo interrazza » – 🅿. 🖪 𝗩𝗜𝗦𝗔. ⁂
giugno-novembre; chiuso martedì – **Pasto** carta 30/70000.   5 km per ④

XX **Il Meloncino al Bellevue,** via del Castello ℰ 866278, prenotare – 🏠 𝑽𝑰𝑺𝑨. ⽊
chiuso a mezzogiorno, lunedì, giugno e novembre – **Pasto** carta 30/70000.   Y **f**

XX **Da Beppe Sello** con cam, via Ronco 68 ℰ 3236, Fax 3237, ≤ Dolomiti – ☎ 🅿. 🆎 🏠 ⓞ
E 𝑽𝑰𝑺𝑨 ⽊ rist   Y **e**
chiuso dal 10 aprile al 15 maggio e dal 20 settembre ad ottobre – **Pasto** *(chiuso martedì)*
carta 45/68000 – **13 cam** ⚏ 100/160000 – ½ P 80/120000.

XX **Tana della Volpe,** via dello Stadio 27 a/b ℰ 867494, 🎄, prenotare   Y **z**

XX **El Zoco,** via Cademai 18 ℰ 860041, Coperti limitati; prenotare – 🅿. 𝑽𝑰𝑺𝑨. ⽊
*28 ottobre-Pasqua e giugno-settembre; chiuso a mezzogiorno da gennaio al 20 febbraio e
lunedì (escluso marzo ed agosto)* – **Pasto** carta 46/75000.   1,5 km per ①

X **Baita Fraina** 🌲 con cam, località Fraina ℰ 3634, ≤ Dolomiti, « Servizio estivo in
terrazza » – 📺 ☎ 🅿. 🆎 🏠 **E** 𝑽𝑰𝑺𝑨. ⽊   2 km per ③
dicembre-aprile e luglio-settembre – **Pasto** *(chiuso lunedì escluso agosto)* carta 48/71000 –
4 cam ⚏ 65/130000 – ½ P 85/95000.

a Pocol per ④ : 6 km – alt. 1 530 – ✉ 32043 Cortina d'Ampezzo :

🏨 **Sport Hotel Tofana,** ℰ 3281, Fax 868074, ≤ Dolomiti, 🌳, ⽊ – 🛗 ☎ 🅿. 🆎 🏠 ⓞ **E** 𝑽𝑰𝑺𝑨.
⽊
20 dicembre-4 aprile e luglio-12 settembre – **Pasto** carta 41/58000 – **83 cam** ⚏ 190/250000
– ½ P 101/202000.

🏨 **Villa Argentina,** ℰ 5641, Fax 5078, ≤ Dolomiti, ⓢ, 🌳 – 🛗 ☎ 🅿. 🆎. ⽊ rist
20 dicembre-8 aprile e luglio-10 settembre – **Pasto** carta 36/53000 – ⚏ 14000 – **95 cam**
115/210000 – ½ P 160/200000.

CORTINA VECCHIA Piacenza – Vedere Alseno.

CORTONA 52044 Arezzo 𝟵𝟴𝟴 ⑮, 𝟰𝟯𝟬 M 17 – 22 591 ab. alt. 650 – ✆ 0575.

Vedere Museo Diocesano★★ – Palazzo Comunale : sala del Consiglio★ H – Museo dell'Accade-
mia Etrusca★ nel palazzo Pretorio★ M1 – Tomba della Santa★ nel santuario di Santa Margherita
– Chiesa di Santa Maria del Calcinaio★ 3 km per ②.

🚩 via Nazionale 72 ℰ 630352.

Roma 200 ② – ✦Perugia 51 ② – Arezzo 29 ② – Chianciano Terme 55 ② – ✦Firenze 117 ② – Siena 70 ②.

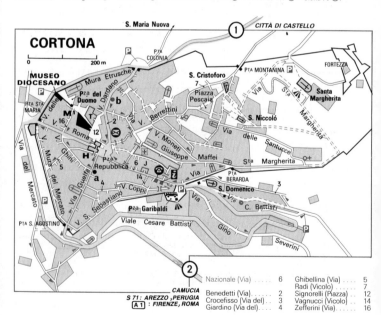

S 71: AREZZO ,PERUGIA
Ⓐ1 : FIRENZE, ROMA

Nazionale (Via)	6	Ghibellina (Via)	5
		Radi (Vicolo)	7
Benedetti (Via)	2	Signorelli (Piazza)	12
Crocefisso (Via del)	3	Vagnucci (Vicolo)	14
Giardino (Via del)	4	Zefferini (Via)	16

🏨 **San Michele** senza rist, via Guelfa 15 ℰ 604348, Fax 630147, « In un palazzo cinquecen-
tesco » – 🛗 ☰ 📺 ☎. 🆎 🏠 ⓞ **E** 𝑽𝑰𝑺𝑨. ⽊   **a**
chiuso dal 10 gennaio al 15 marzo – **28 cam** ⚏ 100/135000, 3 appartamenti.

XXX **Il Falconiere** ℒ, con cam, località San Martino a Bocena N : 3 km, ℰ 612679, Fax 612927, « Servizio estivo in terrazza con ⩽ Cortona e vallata », ☞ – 🛏 ▤ cam 📺 ☎ ⅛ 🄿 ♨ 🄗 ⓞ 🄴 *VISA*. ✵
chiuso dal 1° al 15 novembre – **Pasto** *(chiuso mercoledì escluso da marzo ad ottobre)* carta 48/77000 – **9 cam** � 180/240000 – ½ P 160000.

X Dardano, via Dardano 24 ℰ 601944   **b**

CORVARA IN BADIA 39033 Bolzano 🔢 ⑤, 🔢 C 17 – 1 242 ab. alt. 1 568 – Sport invernali : 1 568/2 530 m ⟟1 ℛ27, ⟟ – ⬡ 0471.

🄱 Municipio ℰ 836176, Fax 836540.

Roma 704 – Belluno 85 – ♦Bolzano 65 – Brunico 37 – Cortina d'Ampezzo 47 – ♦Milano 364 – Trento 125.

🏨 **Sassongher** ℒ, a Pescosta ℰ 836085, Fax 836542, ⩽ gruppo Sella e vallata, 🛁, ≘, 🔲 – 🛏 ▤ rist 📺 ☎ 🄿 – ⚴ 90. 🄰 🄴 🄴 *VISA*. ✵
dicembre-20 aprile e 20 giugno-20 settembre – **Pasto** carta 50/60000 – **50 cam** ⊒ 110/200000, appartamento – ½ P 140/225000.

🏨 **La Perla,** ℰ 836132, Fax 836568, ⩽ Dolomiti, « Giardino con 🏊 riscaldata », 🛁, ≘ – 🛏 ✲ rist ▤ rist 📺 ☎ 🚐 🄿. 🄴 🄴 *VISA*. ✵
3 dicembre-10 aprile e 25 giugno-settembre – **Pasto** 40/58000 (a mezzogiorno) 52/68000 (alla sera) e al Rist. **La Stüa de Michil** carta 48/75000 – **50 cam** ⊒ 240/430000, 5 appartamenti – ½ P 118/258000.

🏨 **Sport Hotel Panorama** ℒ, ℰ 836083, Fax 836449, ⩽ gruppo Sella e vallata, ≘, 🔲, ☞, ✵ – 🛏 ▤ rist 📺 ☎ 🄿. 🄴 🄞 🄴 *VISA*. ✵
20 dicembre-20 aprile e luglio-22 settembre – **Pasto** carta 35/60000 – ⊒ 25000 – **35 cam** 155/310000 – ½ P 126/217000.

🏨 **Posta-Zirm,** ℰ 836175, Fax 836580, ⩽ gruppo Sella, ≘, 🔲 – 🛏 ▤ rist 📺 ☎ 🚐 🄿. 🄴 🄴 *VISA*. ✵
chiuso dal 15 aprile a maggio e dal 15 ottobre a novembre – **Pasto** carta 41/70000 – **72 cam** solo ½ P 130/195000.

🏨 **Villa Eden,** ℰ 836041, Fax 836489, ⩽ gruppo Sella e Sassongher, ≘, ☞ – 🛏 📺 ☎ 🄿. 🄴 🄴 *VISA*. ✵ rist
5 dicembre-20 aprile e 15 giugno-20 settembre – **Pasto** (solo per clienti alloggiati) 30/40000 – **33 cam** ⊒ 100/200000 – ½ P 75/145000.

🏨 **Col Alto,** ℰ 836009, Fax 836066, ⩽ gruppo Sella, ≘, 🔲 – 🛏 ☎ 🄿. ✵
chiuso dal 15 aprile a maggio e novembre – **Pasto** carta 31/43000 – **62 cam** ⊒ 100/180000 – ½ P 120/155000.

🏨 **Tablè,** ℰ 836144, Fax 836313, ⩽ gruppo Sella, ≘ – 🛏 📺 ☎ 🄿. 🄰 🄴 🄴 *VISA*. ✵
5 dicembre-marzo e luglio-10 settembre – **Pasto** (solo per clienti alloggiati) – ⊒ 20000 – **26 cam** 120/160000 – ½ P 70/150000.

sulla strada statale 244 S : 2,5 km :

🏨 **Planac** ℒ, 🖂 39033 ℰ 836210, Fax 836598, ⩽ gruppo Sella, 🛁, ≘, ☞ – 🛏 📺 ☎ 🄿. 🄰 🄴 🄞 🄴 *VISA*. ✵ rist
20 dicembre-10 aprile e giugno-10 ottobre – **Pasto** carta 40/61000 – ⊒ 20000 – **39 cam** 160/320000 – ½ P 100/175000.

a Colfosco (Kolfuschg) O : 3 km – alt. 1 645 – 🖂 39030.

🄱 ℰ 836145, Fax 836744 :

🏨 **Cappella,** ℰ 836183, Fax 836561, ⩽ gruppo Sella e vallata, « Mostra d'arte permanente, giardino », 🛁, ≘, ☞ – 🛏 ▤ rist 📺 ☎ 🚐 🄿. 🄰 🄴 🄴 *VISA*. ✵
21 dicembre-26 marzo e 16 giugno-24 settembre – **Pasto** *(chiuso lunedì)* carta 42/70000 – ⊒ 20000 – **40 cam** 150/260000, 4 appartamenti – ½ P 120/220000.

🏨 **Colfosco-Kolfuscherhof** ℒ, verso Passo Gardena O : 2 km ℰ 836188, Fax 836351, ⩽ gruppo Sella, 🛁, ≘, 🔲, ☞ – 🛏 ✲ rist ▤ rist 📺 ☎ 🄿. ✵ cam
17 dicembre-10 aprile e 18 giugno-settembre – **Pasto** 38/55000 – **39 cam** ⊒ 160/300000 – ½ P 120/205000.

XX **Stria,** ℰ 836620 – 🄴 🄴 *VISA*. ✵
chiuso giugno, novembre, domenica sera e lunedì aprile-maggio – **Pasto** carta 51/70000.

Vedere anche : **Campolongo (Passo di)** S : 6,5 km.

COSENZA 87100 🄿 🔢 ㊴, 🔢 J 30 – 86 809 ab. alt. 237 – ⬡ 0984.

Vedere Tomba d'Isabella d'Aragona★ nel Duomo Z.

🄱 corso Mazzini 92 ℰ 27821, Fax 27821.

A.C.I. via Panebianco 293, ℰ 398139.

Roma 519 ⑤ – ♦Napoli 313 ⑤ – ♦Reggio di Calabria 190 ⑤ – ♦Taranto 205 ⑤.

🏨 **Royal**, via Molinella 24/c ✆ 412165, Fax 412461 – 🍴 📺 ☎ 🚻 🅿 – 🕍 25. 🖭 🖸 ⓞ 🅴 🆅🆂🅰.
%
Pasto carta 29/40000 – **44 cam** ⇆ 100/130000 – ½ P 90/130000.
Y **a**

🏨 **Centrale**, via del Tigrai 3 ✆ 73681, Fax 75750 – 📳 🍴 📺 ☎ 🚗 🅿. 🖭 🖸 🅴 🆅🆂🅰
% rist
Pasto carta 31/47000 – **48 cam** ⇆ 95/125000 – ½ P 105000.
Y **s**

🍴 **Da Giocondo**, via Piave 53 ✆ 29810 – 🍴. 🖭 🆅🆂🅰
Y **n**
chiuso domenica ed agosto – **Pasto** carta 37/57000.

COSENZA

in prossimità uscita nord autostrada A 3 o sulla strada statale 19 per ① :

🏨 **Executive,** via Marconi 59 ℰ 401010, Fax 402020, ♨, 🚗 – 🛗 📧 📺 ☎ ⇔ 🅿 – 🔬 300. ᴁ 🕄 ⓞ ᴇ 🆅🆂🅰 ❀ rist
Pasto carta 65/87000 – **96 cam** ⌂ 195/235000, 2 appartamenti – ½ P 165/208000.

🏨 **San Francesco,** contrada Commenda ✉ 87036 Rende ℰ 461721, Telex 800048, Fax 464520 – 🛗 📧 📺 ☎ 🅿 – 🔬 500. ᴁ 🕄 ⓞ ᴇ 🆅🆂🅰 ❀
Pasto carta 35/50000 – **144 cam** ⌂ 140/156000, 2 appartamenti – ½ P 115/125000.

🏨 **Domus Residence,** via Bernini 4 ✉ 87030 Castiglione Cosentino Scalo ℰ 839652, Fax 839967 – 🛗 ✄ rist 📧 📺 ☎ & ⇔ 🅿 – 🔬 50. ᴁ 🕄 ᴇ 🆅🆂🅰 ❀ rist
Pasto *(chiuso domenica)* carta 30/45000 – ⌂ 6000 – **74 cam** 72/110000 – ½ P 100/110000.

🏨 **Forte Agip,** bivio strada statale 107 ✉ 87030 Castiglione Cosentino Scalo ℰ 839101, Telex 912553, Fax 837522 – 🛗 📧 📺 ☎ 🅿 – 🔬 50. ᴁ 🕄 ⓞ ᴇ 🆅🆂🅰 🆓🅒🅑 ❀ rist
Pasto 25/30000 – ⌂ 119/139000 – ½ P 85/154000.

🏨 **Sant'Agostino** senza rist, contrada Roges, via Modigliani 49 ✉ 87036 Rende ℰ 461782, Fax 465358 – 📧 📺 ☎ 🅿. ᴁ 🕄 ᴇ 🆅🆂🅰 ❀
24 cam ⌂ 75/105000.

🍴 **Il Setaccio-Osteria del Tempo Antico,** contrada Santa Rosa 62 ✉ 87036 Rende ℰ 837211 – 📧 🅿. ᴁ 🕄 ⓞ ᴇ 🆅🆂🅰 🆓🅒🅑
chiuso domenica sera e dal 10 al 20 agosto – **Pasto** carta 29/43000.

COSSANO BELBO 12054 Cuneo 🗺🗺🗺 I 6 – 1 142 ab. alt. 244 – ✪ 0141.

Roma 614 – ♦Genova 114 – ♦Torino 90 – Alessandria 52 – Asti 31 – Cuneo 89.

🍴 **Della Posta-da Camulin,** ℰ 88126, Fax 88559, Coperti limitati; prenotare – ᴁ 🕄 ⓞ ᴇ 🆅🆂🅰
chiuso domenica sera, lunedì e dal 15 luglio al 13 agosto – **Pasto** carta 37/54000.

COSSATO 13014 Biella 🗺🗺🗺 ②, 🗺🗺🗺 F 6 – 15 302 ab. alt. 253 – ✪ 015.

Roma 668 – Stresa 59 – Biella 11 – ♦Milano 94 – ♦Torino 82 – Vercelli 43.

🍴🍴 **Tina** con cam, via Matteotti 21 ℰ 93403, Fax 93403 – 📺. 🕄 ⓞ ᴇ 🆅🆂🅰
Pasto *(chiuso domenica e dal 1° al 27 agosto)* carta 30/61000 – ⌂ 10000 – **10 cam** 55/78000 – ½ P 68000.

COSTA Trento – Vedere Folgaria.

COSTABISSARA 36030 Vicenza – 4 982 ab. alt. 51 – ✪ 0444.

Roma 546 – ♦Milano 209 – ♦Padova 45 – ♦Venezia 78 – Vicenza 7.

🍴 **Da Lovise** con cam, ℰ 971026, 🏡 – 📧 📺 🅿 🆅🆂🅰
chiuso dal 2 al 21 agosto – **Pasto** *(chiuso lunedì)* carta 30/37000 – **6 cam** ⌂ 60/90000.

COSTA DORATA Sassari 🗺🗺🗺 E 10 – Vedere Sardegna (Porto San Paolo) alla fine dell'elenco alfabetico.

COSTALOVARA (WOLFSGRUBEN) Bolzano – Vedere Renon.

COSTALUNGA (Passo di) (KARERPASS) Trento 🗺🗺🗺 ④ ⑤, 🗺🗺🗺 C 16 – alt. 1 753 – a.s. febbraio-Pasqua agosto e Natale – Sport invernali : 1 753/1 900 m ✦3 (vedere anche Nova Levante).

Vedere ⩽★ sul Catinaccio – Lago di Carezza★★★ O : 2 km.

Roma 674 – ♦Bolzano 28 – Cortina d'Ampezzo 81 – ♦Milano 332 – Trento 93.

🏨 **Savoy,** ✉ 38039 Vigo di Fassa ℰ (0471) 612124, Fax (0471) 612132, ⩽ Dolomiti e pinete, ☎, 🔲 – 🛗 📺 ☎ ⇔ 🅿. 🕄 ❀ rist
chiuso novembre – **Pasto** carta 33/50000 – **30 cam** ⌂ 95/180000 – ½ P 75/120000.

COSTA MERLATA Brindisi 🗺🗺🗺 E 34 – Vedere Ostuni.

COSTA PARADISO Sassari 🗺🗺🗺 D 8 – Vedere Sardegna (Trinità d'Agultu) alla fine dell'elenco alfabetico.

COSTA REI Cagliari 🗺🗺🗺 J 10 – Vedere Sardegna (Muravera) alla fine dell'elenco alfabetico.

COSTA ROTIAN Trento – Vedere Folgarida.

COSTA SMERALDA Sassari 🗺🗺🗺 ㉓ ㉔, 🗺🗺🗺 D 10 – Vedere Sardegna (Arzachena) alla fine dell'elenco alfabetico.

COSTA VOLPINO 24062 Bergamo 🗺🗺🗺 🗺🗺🗺 E 12 – 8 227 ab. alt. 251 – a.s. luglio-agosto – ✪ 035.

Roma 608 – ♦Brescia 47 – ♦Bergamo 43 – ♦Milano 88 – Sondrio 102.

🍴🍴 **Franini** con cam, ℰ 988242, Fax 988243 – 📺 ☎ 🅿. ᴁ 🕄 ⓞ ᴇ 🆅🆂🅰. ❀ cam
Pasto *(chiuso mercoledì)* carta 42/64000 – ⌂ 9000 – **14 cam** 60/95000 – ½ P 85/95000.

COSTERMANO 37010 Verona 428 429 F 14 – 2 382 ab. alt. 254 – ✪ 045.

 ⓝ e ⓕ Cà degli Ulivi (chiuso lunedì) a Marciaga-Castion di Costermano ☒ 37010 ✆ 6279030, Fax 6279039.

Roma 531 – ♦Verona 35 – ♦Brescia 68 – Mantova 69 – Trento 78.

a Marciaga N : 3 km – ☒ **37010** Costermano :

🏨 **Madrigale** ⌂, ✆ 6279001, Fax 6279125, ≤ lago, �, « In collina tra il verde », 🏊 – 🛗 📺 ☎ 🅿, 🖭 🕄 🕦 E 𝘝𝘐𝘚𝘈, ⋘
marzo-novembre – **Pasto** *(marzo-ottobre)* carta 35/53000 – **29 cam** ☲ 163/206000 – ½ P 90/129000.

COSTIERA AMALFITANA Napoli e Salerno 988 ㉗ ㉘, 431 F 25.
Vedere Guida Verde.

COSTIGLIOLE D'ASTI 14055 Asti 988 ⑫, 428 H 6 – 5 916 ab. alt. 242 – ✪ 0141.

Roma 629 – ♦Torino 77 – Acqui Terme 34 – Alessandria 51 – Asti 15 – ♦Genova 108.

XXX ✿✿ **Guido,** piazza Umberto I 27 ✆ 966012, Fax 966012, solo su prenotazione – 🕄 🕦 E 𝘝𝘐𝘚𝘈
chiuso a mezzogiorno, domenica, i giorni festivi, dal 23 dicembre al 10 gennaio e dal 1º al 20 agosto – **Pasto** 100000
Spec. Insalata tiepida d'anatra, Agnolotti al sugo di stinco, Scamone di vitello al forno.

X **Collavini,** via Asti-Nizza 84 ✆ 966440, Fax 961616, prenotare – 🖭 🕄 E 𝘝𝘐𝘚𝘈 ⋘
chiuso martedì sera, mercoledì, dal 6 al 30 gennaio e dal 20 luglio al 20 agosto – **Pasto** carta 33/58000.

COSTOZZA Vicenza – Vedere Longare.

COTIGNOLA 48010 Ravenna 429 430 I 17 – 6 914 ab. alt. 19 – ✪ 0545.

Roma 396 – ♦Ravenna 26 – ♦Bologna 53 – Forlì 28.

X **Da Giovanni** con cam, ✆ 40138, Fax 40138 – 📺 ☎, 🖭 🕄 🕦 E 𝘝𝘐𝘚𝘈, ⋘
Pasto *(chiuso sabato, dal 26 dicembre al 3 gennaio e dal 10 al 25 agosto)* carta 27/52000 – **10 cam** ☲ 65/90000 – ½ P 75/80000.

a Cassanigo SO : 8 km – ☒ **48010** Cotignola :

X **Mazzoni,** ✆ 78332, �, 🦐 – 🅿, 🖭 🕄 🕦 E 𝘝𝘐𝘚𝘈
chiuso mercoledì, dal 16 al 28 gennaio e dal 16 luglio al 14 agosto – **Pasto** carta 24/33000.

COURMAYEUR 11013 Aosta 988 ①, 428 E 2 – 2 565 ab. alt. 1 228 – a.s. 26 marzo-Pasqua, 15 luglio-agosto e Natale – Sport invernali : 1 224/2 755 m ⛷9 ⛷17, ⛷; anche sci estivo – ✪ 0165.

Vedere Località★★.

Escursioni Valle d'Aosta★★ : ≤★★★ per ②.

ⓕ (luglio-settembre) in Val Ferret ☒ 11013 Courmayeur ✆ 89103 o ✆ (011) 3185040, NE : 4 km BX.

🛈 piazzale Monte Bianco ✆ 842060, Fax 842072.

Roma 784 ② – Aosta 38 ② – Chamonix 24 ① – Colle del Gran San Bernardo 70 ② – ♦Milano 222 ② – Colle del Piccolo San Bernardo 28 ②.

Pianta pagina seguente

🏨🏨 **Pavillon,** strada Regionale 62 ✆ 846120, Fax 846122, ≤ monti, ₭₆, ≋s, ⃞ – 🛗 📺 ☎ ⇦ 🅿 – 🔬 50 a 250. 🖭 🕄 🕦 E 𝘝𝘐𝘚𝘈 JCB, ⋘ rist
2 dicembre-1º maggio e 16 giugno-2 ottobre – **Pasto** 55000 e al Rist. **Grill Le Bistroquet** *(dicembre-aprile; chiuso a mezzogiorno e lunedì)* carta 60/80000 – ☲ 22000 – **42 cam** 230/350000, 8 appartamenti – ½ P 195/270000.
BY **t**

🏨🏨 **Royal e Golf,** via Roma 87 ✆ 846787, Telex 214312, Fax 842093, ≤ monti e ghiacciai, « Giardino-solarium con 🏊 riscaldata », ≋s – 🛗 📺 ☎ ₺ ⇦ 🅿 – 🔬 25 a 90. 🖭 🕄 🕦 E 𝘝𝘐𝘚𝘈, ⋘ rist
dicembre-15 aprile e 15 giugno-18 settembre – **Pasto** carta 38/82000 vedere anche Rist. **Grill Royal e Golf** – **88 cam** ☲ 300/490000, 4 appartamenti – ½ P 160/285000.
AZ **a**

🏨🏨 **Palace Bron** ⌂, a Plan Gorret E : 2 km ✆ 846742, Fax 844015, ≤ Dente del Gigante e vallata, « Posizione panoramica in pineta », 🦐 – 🛗 📺 ☎ 🅿, 🖭 🕄 🕦 E 𝘝𝘐𝘚𝘈, ⋘
4 dicembre-25 aprile e 2 luglio-19 settembre – **Pasto** *(chiuso lunedì)* 50/75000 – ☲ 25000 – **26 cam** 170/290000, appartamento – ½ P 160/245000.
BY **u**

🏨 **Mont Blanc,** superstrada Traforo del Monte Bianco ✆ 846555, Fax 846633, ≤, ≋s – 🛗 📺 ☎ ₺ 🅿 – 🔬 80. 🖭 🕄 🕦 E 𝘝𝘐𝘚𝘈
3 dicembre-15 maggio e 4 luglio-24 ottobre – **Pasto** vedere rist **Le Relais** – **40 cam** ☲ 219/ 242000 – ½ P 118/190000.
AZ **y**

🏨 **Bouton d'Or** senza rist, superstrada Traforo del Monte Bianco ✆ 846729, Fax 842152, ≤ monti e vallata, ≋s, 🦐 – 🛗 📺 ☎ ₺ ⇦ 🅿, 🖭 🕄 🕦 E 𝘝𝘐𝘚𝘈
chiuso dal 5 al 30 giugno e da novembre al 7 dicembre – **35 cam** ☲ 100/150000.
AZ **x**

🏨 **Cristallo,** via Roma 142 ✆ 846666, Fax 846327 – 🛗 📺 ☎ 🅿, 🖭 🕄 🕦 E 𝘝𝘐𝘚𝘈
18 dicembre-22 aprile e luglio-15 settembre – **Pasto** 25/30000 – **37 cam** ☲ 190/250000 – ½ P 120/180000.
AZ **g**

216

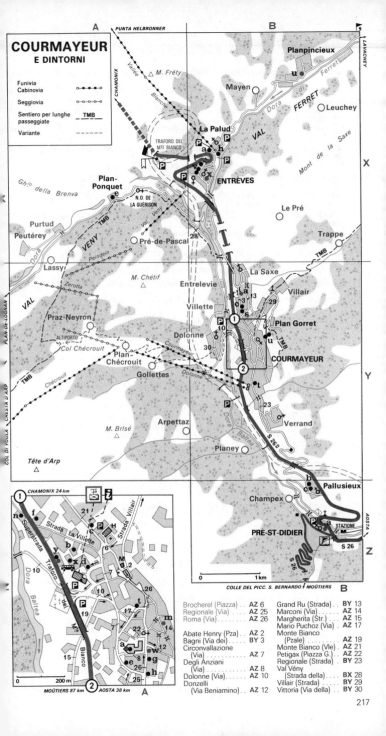

COURMAYEUR
E DINTORNI

Funivia
Cabinovia

Seggiovia

Sentiero per lunghe
passeggiate · TMB

Variante

PUNTA HELBRONNER

Vallée Blanche

CHAMONIX

M. Fréty

TRAFORO DEL
MTE BIANCO

Plan-Ponquet

N. D. DE
LA GUÉRISON

Ghio della Brenva

Purtud
Peutérey

Lassy

VAL VENY

TMB

Pré-de-Pascal

Peindein

Zerotta

M. Chétif

VAL

PLAN-DE-LOGNAN

Praz-Neyron

ALTIPORTO

Col Chécrouit

Chécrouit

Plan-Chécrouit

Gollettes

M. Brisé

Tête d'Arp

COL DI YOULA / CRESTA D'ARP

Planpincieux

VAL FERRET

Dora di Ferret

LAVACHEY

Mayen

Leuchey

La Palud

ENTRÈVES

Mont de la Saxe

Le Pré

Trappe

TMB

La Saxe

Entrelevie

Villair

Villette

Plan Gorret

Dolonne

COURMAYEUR

Courmayeur

Dolonne

Arpettaz

Dora Baltea

Verrand

S 26D

Planey

Pallusieux

Champex

PRÉ-ST-DIDIER

STAZIONE

AOSTA

S 26

COLLE DEL PICC. S. BERNARDO / MOÛTIERS

0   1 km

CHAMONIX 24 km

Superstrada

Strada La Villette

Strada Villair

H

Traforo

Dora Baltea

M. Bianco

M. Bianco

MOÛTIERS 87 km   AOSTA 38 km

0   200 m

Brocherel (Piazza) . .	**AZ** 6
Regionale (Via)	**AZ** 25
Roma (Via)	**AZ** 26
Abate Henry (Pza) . .	**AZ** 2
Bagni (Via dei)	**BY** 3
Circonvallazione (Via)	**AZ** 7
Degli Anziani (Via)	**AZ** 8
Dolonne (Via)	**AZ** 10
Donzelli (Via Beniamino) . .	**AZ** 12
Grand Ru (Strada) . .	**BY** 13
Marconi (Via)	**AZ** 14
Margherita (Str.) . . .	**AZ** 15
Mario Puchoz (Via) . .	**AZ** 17
Monte Bianco (Pzale)	**AZ** 19
Monte Bianco (Vle) . .	**AZ** 21
Petigax (Piazza G.) . .	**AZ** 22
Regionale (Strada) . .	**BY** 23
Val Vény (Strada della) . .	**BX** 28
Villair (Strada)	**BY** 29
Vittoria (Via della) . .	**BY** 30

217

🏨 **Del Viale,** viale Monte Bianco 74 ℰ 846712, Telex 214509, Fax 844513, ≼ monti, 🐴 – 📺 ⬛ ⇐ Ⓟ. ᴬᴱ ⑤ ⓞ Ɛ 𝘝𝘐𝘚𝘈. ⸾ rist — BY **c**
chiuso maggio e novembre – **Pasto** carta 38/54000 – **23 cam** ⸗ 120/180000 – P 100/180000.

🏨 **Courmayeur,** via Roma 158 ℰ 846732, Fax 845125 – ⧈ 📺 ☎ Ⓟ. ⑤ ⓞ Ɛ 𝘝𝘐𝘚𝘈. ⸾ rist — AZ **h**
20 dicembre-maggio e 15 giugno-15 settembre – **Pasto** 35/45000 – ⸗ 15000 – **26 cam** 100/170000 – ½ P 85/150000.

🏨 **Cresta et Duc,** via Circonvallazione 7 ℰ 842585, Fax 842591, ≼ monti – ⧈ ▤ rist 📺 ☎ Ⓟ. ᴬᴱ ⑤ ⓞ Ɛ 𝘝𝘐𝘚𝘈. ⸾ rist — AZ **e**
18 dicembre-21 aprile e 24 giugno-9 settembre – **Pasto** 40000 – ⸗ 18000 – **39 cam** 100/150000 – ½ P 70/160000.

🏨 **Crampon** senza rist, strada la Villette 8 ℰ 842385, Fax 842385, ≼ monti e vallata, 🐴 – ⧈ ☎ Ⓟ. ⑤ Ɛ 𝘝𝘐𝘚𝘈. ⸾ — AZ **b**
20 dicembre-aprile e luglio-15 settembre – **24 cam** ⸗ 110/150000.

🏨 **Centrale,** via Mario Puchoz 7 ℰ 846644, Fax 846403, ≼, 🐴 – ⧈ 📺 ☎ ⇐ Ⓟ. ᴬᴱ ⑤ ⓞ Ɛ 𝘝𝘐𝘚𝘈. ⸾ rist — AZ **t**
dicembre-Pasqua e 20 giugno-15 settembre – **Pasto** *(chiuso sino al 20 dicembre)* carta 35/45000 – ⸗ 18000 – **34 cam** 120/150000 – P 120/180000.

🏨 **Chetif,** strada la Villette 11 ℰ 843503, Fax 846345, ≼ monti, 🐴 – ⧈ 📺 ☎ ⇐ Ⓟ. ᴬᴱ ⑤ ⓞ Ɛ 𝘝𝘐𝘚𝘈. ⸾ rist — AZ **f**
dicembre-aprile e luglio-25 settembre – **Pasto** 45/50000 – ⸗ 15000 – **20 cam** 80/120000 – ½ P 90/140000.

🏨 **Croux** senza rist, via Circonvallazione 94 ℰ 846735, Fax 845180, ≼ monti, « Giardino ombreggiato » – ⧈ 📺 ☎ Ⓟ. ᴬᴱ ⑤ ⓞ Ɛ 𝘝𝘐𝘚𝘈. ⸾ — AZ **d**
20 dicembre-15 aprile e 24 giugno-24 settembre – **31 cam** ⸗ 110/150000.

🏠 **Lo Scoiattolo,** viale Monte Bianco 48 ℰ 846721, Fax 843785 – ⧈ 📺 ☎ Ⓟ. ᴬᴱ ⓞ 𝘝𝘐𝘚𝘈. ⸾ — AZ **c**
Pasto *(chiuso a mezzogiorno escluso dal 20 giugno al 20 settembre)* 25/35000 – **24 cam** ⸗ 95/116000 – ½ P 82/111000.

🏠 **Svizzero,** superstrada Traforo del Monte Bianco ℰ 842035 e rist ℰ 842920, ≼ monti, 🐴 – ⊗ Ⓟ. ⑤ ⓞ Ɛ 𝘝𝘐𝘚𝘈 — AZ **n**
dicembre-aprile e luglio-settembre – **Pasto** 30/40000 e al Rist. *Le Talus* carta 40/65000 – **27 cam** ⸗ 78/100000 – ½ P 69/82000.

🏠 **Panei-Fiocco di Neve** senza rist, viale Monte Bianco 64 ℰ 842358, Fax 844623, ≼ monti, 🐴 – ⧈ ⑤ ⓞ Ɛ 𝘝𝘐𝘚𝘈. ⸾ — BY **s**
21 dicembre-2 maggio e 27 giugno-settembre – ⸗ 15000 – **12 cam** 130/200000.

𝕏𝕏𝕏𝕏 **Grill Royal e Golf** - Royal e Golf, via Roma 83 ℰ 846787, Fax 842093, Coperti limitati; prenotare – ᴬᴱ ⑤ ⓞ Ɛ 𝘝𝘐𝘚𝘈 — AZ **a**
23 dicembre-Pasqua e luglio-15 settembre; chiuso a mezzogiorno e lunedì (escluso agosto e Natale) – **Pasto** 80000 e carta 62/94000.

𝕏𝕏 **Le Cadran Solaire,** via Roma 122 ℰ 844609, Fax 844609, 🐴 – ᴬᴱ ⑤ ⓞ Ɛ 𝘝𝘐𝘚𝘈 𝘑𝘊𝘉 — AZ **w**
dicembre-maggio e luglio-settembre; chiuso martedì – **Pasto** carta 44/76000.

𝕏𝕏 **Le Relais,** superstrada Traforo del Monte Bianco ℰ 846777 – Ⓟ. ᴬᴱ ⑤ ⓞ Ɛ 𝘝𝘐𝘚𝘈. ⸾ — AZ **y**
4 dicembre-23 maggio e 4 luglio-24 ottobre; chiuso martedì e mercoledì a mezzogiorno – **Pasto** 25000 e carta 36/77000.

𝕏𝕏 **Pierre Alexis 1877,** via Marconi 54 ℰ 843517 – Ⓟ 𝘝𝘐𝘚𝘈 — AZ **m**
chiuso ottobre, novembre, lunedì (escluso agosto) e da dicembre a Pasqua i mezzogiorno di lunedì e martedì – **Pasto** carta 36/67000.

𝕏𝕏 **Al Camin,** località Larzey via dei Bagni 32 ℰ 844687 – Ⓟ. Ɛ 𝘝𝘐𝘚𝘈 — BY **a**
chiuso dal 6 novembre al 1° dicembre e martedì in bassa stagione – **Pasto** carta 56/90000.

𝕏𝕏 **Chalet Plan Gorret** ⑤ con cam, a Plan Gorret 45 ℰ 844832, Fax 844842, ≼, 🐴 – 📺 ☎ Ⓟ. ⑤ Ɛ 𝘝𝘐𝘚𝘈. ⸾ rist — BY **u**
chiuso dal 5 maggio a giugno e da novembre al 20 dicembre – **Pasto** *(chiuso martedì)* carta 35/53000 – ⸗ 12000 – **6 cam** 126000 – ½ P 80/155000.

ad Entrèves N : 4 km – alt. 1 306 – ✉ **11013** Courmayeur :

🏨 **Pilier d'Angle** ⑤, ℰ 869760, Fax 869770, ≼ Monte Bianco, 🐴 – 📺 ☎ ⇐ Ⓟ. ᴬᴱ ⑤ Ɛ 𝘝𝘐𝘚𝘈. ⸾ — BX **v**
chiuso maggio, ottobre e novembre – **Pasto** carta 42/66000 – ⸗ 16000 – **23 cam** 110/160000, 3 appartamenti – ½ P 85/150000.

🏨 **La Grange** ⑤ senza rist, ℰ 869733, Fax 869744, ♨, ≋ – ⧈ 📺 ☎ Ⓟ. ᴬᴱ ⑤ Ɛ 𝘝𝘐𝘚𝘈. ⸾ — BX **v**
dicembre-aprile e luglio-settembre – **24 cam** ⸗ 150/200000.

𝕏𝕏 **La Brenva** ⑤ con cam, ℰ 869780, Fax 869726, ≼ – 📺 ☎ — ABX **v**
14 cam.

𝕏 **Maison de Filippo,** ℰ 869797, Fax 869719, 🐴, « Caratteristica locanda valdostana » – 𝘝𝘐𝘚𝘈 — BX **x**
chiuso martedì, da giugno al 10 luglio e da novembre al 20 dicembre – **Pasto** 50/55000.

in Val Ferret :

🏠 **Astoria,** a La Palud N : 5 km alt. 1 360 ⊠ 11013 ℰ 869740, Fax 869750, ≼ – 📳 📺 ☎ ⟅⟆ ❷, 🛐 ⋿ 𝑉𝐼𝑆𝐴. ℅
BX **h**
15 dicembre-aprile e luglio-20 settembre – **Pasto** *(chiuso giovedì)* carta 40/58000 – ⌑ 15000 – **34 cam** 55/85000 – ½ P 80/100000.

🏠 **Vallée Blanche** senza rist, a La Palud N : 5 km alt. 1 360 ⊠ 11013 ℰ 89933, ≼ – 📳 ☎ ⟅⟆
BX **a**
23 cam ⌑ 60/105000.

☓ **La Clotze,** a Planpincieux N : 7 km alt. 1 600 ⊠ 11013 ℰ 869720, ☞, ℅ – ❷, 🛐 ⋿ 𝑉𝐼𝑆𝐴. ℅
BX **u**
chiuso mercoledì, dal 12 giugno al 14 luglio e dal 5 novembre al 5 dicembre – **Pasto** carta 43/64000.

in Val Veny :

🏠 **Val Veny** ⟅⟆, a Plan-Ponquet NO : 4 km alt. 1 480 ⊠ 11013 ℰ 869717, ≼, ☞ – ❷, ℅ rist
AX **e**
luglio-agosto – **Pasto** carta 38/56000 – ⌑ 9000 – **19 cam** 40/85000 – ½ P 70/85000.

☓ **Chalet del Miage,** a Plan-de-Lognan NO : 12 km alt. 1 689 ⊠ 11013, ≼, ☞ – ❷, ℅
AY
luglio-15 settembre; chiuso la sera – **Pasto** 36/40000.

CRANDOLA VALSASSINA 22050 Lecco 𝟐𝟏𝟗 ⑩ – 256 ab. alt. 769 – ✪ 0341.

Roma 647 – Como 59 – Lecco 30 – ♦Milano 87 – Sondrio 65.

☓☓ **Da Gigi** con cam, ℰ 840124 – 🛐 ⋿ 𝑉𝐼𝑆𝐴. ℅
chiuso dal 5 al 20 settembre – **Pasto** *(chiuso mercoledì escluso luglio-agosto)* carta 39/50000 – **9 cam** ⌑ 50/75000 – ½ P 65000.

CRAVANZANA 12050 Cuneo 𝟒𝟐𝟖 I 6 – 440 ab. alt. 583 – ✪ 0173.

Roma 610 – ♦Genova 122 – Alessandria 74 – Cuneo 48 – Mondovì 42 – Savona 72 – ♦Torino 88.

☓ **Mercato da Maurizio** ⟅⟆ con cam, ℰ 855019, Fax 855019, prenotare – ❷, 🛐 ⋿ 𝑉𝐼𝑆𝐴. ℅
Pasto *(chiuso mercoledì)* carta 23/38000 – ⌑ 8000 – **7 cam** 55/65000 – ½ P 45000.

CREMA 26013 Cremona 𝟗𝟖𝟖 ③, 𝟒𝟐𝟖 F 11 – 33 182 ab. alt. 79 – ✪ 0373.

🟥₉ (chiuso lunedì e dal 15 dicembre al 15 gennaio) frazione Ombriano ⊠ 26013 Crema ℰ 30240.

Roma 546 – ♦Bergamo 40 – ♦Brescia 51 – Cremona 38 – ♦Milano 44 – Pavia 52 – Piacenza 38.

🏨 **Park Hotel Residence,** via IV Novembre 51 ℰ 86353 e rist. ℰ 82341, Fax 85082 – 📳 ▤ 📺 ☎ ⟅⟆ ❷, ⍐⋿ 🛐 ⓪ ⋿ 𝑉𝐼𝑆𝐴. ℅
chiuso dall'8 al 23 agosto – **Pasto** al Rist. **Openhouse** *(chiuso venerdì)* carta 40/75000 – **20 cam** ⌑ 110/160000.

🏨 **Palace Hotel** senza rist, via Cresmiero 10 ℰ 81487, Fax 86876 – 📳 ▤ 📺 ☎ ⟅⟆, ⍐⋿ 🛐 ⓪ ⋿ 𝑉𝐼𝑆𝐴
chiuso agosto – **47 cam** ⌑ 95/145000.

☓☓ **In Contrada Serio,** via Mazzini 80 ℰ 83814, « In palazzo ottocentesco » – ⍐⋿ 🛐 ⋿ 𝑉𝐼𝑆𝐴
chiuso domenica sera, lunedì, dal 28 dicembre all'8 gennaio e dal 25 luglio al 15 agosto –
Pasto carta 45/70000.

☓☓ **Il Cantinone,** via Desti 4/a ℰ 82300 – ▤ ❷, ⍐⋿ 🛐 ⋿ 𝑉𝐼𝑆𝐴. ℅
chiuso sabato a mezzogiorno, domenica ed agosto – **Pasto** carta 50/65000.

Vedere anche : **Offanengo** NE : 5 km.
Ripalta Cremasca S : 4 km.

CREMENO 22040 Lecco 𝟒𝟐𝟖 E 10, 𝟐𝟏𝟗 ⑩ – 883 ab. alt. 797 – Sport invernali : a Piani di Artavaggio : 1 649/2 000 m ⟅⟆ 1 ⟅⟆ 8, ⟅⟆ – ✪ 0341.

Roma 635 – ♦Bergamo 47 – Como 43 – Lecco 14 – ♦Milano 70 – Sondrio 83.

a Maggio SO : 2 km – ⊠ **22040 :**

🏠 **Maggio,** ℰ 996440, ⟅⟆, ☞ – ❷, ℅
Pasto *(chiuso martedì)* carta 35/52000 – ⌑ 8000 – **20 cam** 50/90000 – ½ P 55/75000.

CREMNAGO 22040 Como 𝟐𝟏𝟗 ⑨ – alt. 335 – ✪ 031.

Roma 605 – Como 17 – ♦Milano 37 – ♦Bergamo 44 – Lecco 23.

☓☓ **Letizia,** ℰ 698207, « Servizio estivo in giardino » – ❷, 🛐 ⋿ 𝑉𝐼𝑆𝐴. ℅
chiuso martedì e dall'8 al 22 febbraio – **Pasto** carta 40/60000.

☓☓ **Vignetta,** ℰ 698212, ⟅⟆ – ❷, ℅
chiuso martedì e dal 1° al 25 agosto – **Pasto** carta 37/62000.

CREMOLINO 15010 Alessandria 𝟒𝟐𝟖 I 7 – 828 ab. alt. 405 – ✪ 0143.

Roma 559 – ♦Genova 61 – Alessandria 50 – ♦Milano 124 – Savona 71 – ♦Torino 135.

☓☓ **Bel Soggiorno,** ℰ 879012 – ❷, ⍐⋿ 🛐 ⓪ ⋿ 𝑉𝐼𝑆𝐴. ℅
chiuso mercoledì, dal 10 al 30 gennaio e dal 20 al 30 luglio – **Pasto** carta 41/70000.

Vedere Piazza del Comune★★ BZ : campanile del Torrazzo★★★, Duomo★★, Battistero★ BZ L –
Palazzo Fodri★ BZ **D** – Museo Civico★ ABY – Ritratti★ e ancona★ nella chiesa di Sant'Agostino
AZ **B** – Interno★ della chiesa di San Sigismondo 2 km per ③.

🅱 Il Torrazzo (chiuso lunedì e gennaio) ✆ 471563, Fax 471563.

🅱 piazza del Comune 5 ✆ 23233, Fax 21722.

A.C.I. via 20 Settembre 19 ✆ 29601.

Roma 517 ④ – ◆Parma 65 ③ – ◆Bergamo 98 ② – ◆Brescia 52 ② – ◆Genova 180 ④ – Mantova 66 ② – ◆Milano 95
④ – Pavia 86 ④ – Piacenza 34 ④.

CREMONA

🏨 **Continental,** piazza della Libertà 26 ✆ 434141, Telex 325353, Fax 434141 – 📶 ☰ cam 📺
🕿 ⟷ 🅿 – ⚖ 200. 🆎 🚫 ⓘ 🗲 🆅🆂🅰 🅹🅲🅱
BY **x**
Pasto carta 40/70000 – **57 cam** ⌸ 120/180000 – ½ P 160/170000.

🏨 **Ibis,** via Mantova ✆ 452222, Telex 312154, Fax 452700 – 📶 ☰ 📺 🕿 ♿ ⟷ 🅿 –
⚖ 25 a 100. 🆎 🚫 ⓘ 🗲 🆅🆂🅰
BY **a**
Pasto carta 33/53000 – **100 cam** ⌸ 100/128000 – ½ P 93000.

🏨 **Astoria,** via Bordigallo 19 ✆ 461616, Fax 461810 – 📶 📺 🕿. 🚫 ⓘ 🗲 🆅🆂🅰
BZ **v**
Pasto (solo per clienti alloggiati) 25000 – ⌸ 9500 – **32 cam** 75/100000 – ½ P 75000.

🏨 **Duomo,** via Gonfalonieri 13 ✆ 35242 e rist ✆ 35296, Fax 458392 – 📺 🕿
BZ **y**
23 cam.

XXX ❀ **Ceresole,** via Ceresole 4 ☎ 30990, Coperti limitati; prenotare – 🖩 🕼 ⓞ E 𝗩𝗜𝗦𝗔 ❀
chiuso domenica sera, lunedì, dal 22 al 30 gennaio e dal 6 al 28 agosto – **Pasto** 50/75000
(a mezzogiorno) 65/85000 (alla sera) e carta 50/81000   BZ **u**
Spec. Cotechino con fagioli e salsa di noci, Rombo con pomodoro e melanzane, Spuma di torrone.

XXX ❀ **Aquila Nera,** via Sicardo 3 ☎ 25646, Fax 458755, Coperti limitati; prenotare – 𝗔𝗘 🕼
ⓞ E 𝗩𝗜𝗦𝗔. ❀   BZ **y**
chiuso domenica sera, lunedì, Natale e dal 29 luglio al 26 agosto – **Pasto** carta 55/75000

XX **Il Ceppo,** via Casalmaggiore Bassa 222 ☎ 496363, 🏤 – ⓟ. 𝗔𝗘 🕼. ❀
4 km per via San Rocco BZ
chiuso martedì, dal 7 al 17 gennaio e luglio – **Pasto** carta 42/67000.

X **Alba,** via Persico 40 ☎ 433700, prenotare – 🕼 E 𝗩𝗜𝗦𝗔. ❀   BY **b**
chiuso domenica, lunedì, dal 24 dicembre al 7 gennaio ed agosto – **Pasto** carta 26/37000.

X **Tre Spade,** via Buoso da Dovara 4 ☎ 434764 – ❀   BZ **a**
chiuso giovedì sera, venerdì ed agosto – **Pasto** carta 27/38000.

a Migliaro per ⑦ : 3 km – ✉ **26100** Cremona :

XX **Alla Borgata,** via Bergamo 205 ☎ 25648 – ⓟ – 🅰 50. 𝗔𝗘 🕼 ⓞ E 𝗩𝗜𝗦𝗔
chiuso lunedì sera, martedì, dal 1° all'8 gennaio ed agosto – **Pasto** carta 35/55000.

CRESPELLANO 40056 Bologna 𝟰𝟮𝟵 𝟰𝟯𝟬 I 15 – 7 149 ab. alt. 64 – ✆ 051.
Roma 385 – ◆Bologna 22 – ◆Modena 28.

X **San Savino-da Giorgio,** S : 1 km ☎ 964148 – ⓟ. 𝗔𝗘 ⓞ E 𝗩𝗜𝗦𝗔. ❀
chiuso martedì ed agosto – **Pasto** carta 31/47000.

CRESPINO 45030 Rovigo 𝟵𝟴𝟴 ⑲, 𝟰𝟮𝟵 H 17 – 2 367 ab. alt. 1 – ✆ 0425.
Roma 460 – ◆Ravenna 100 – ◆Ferrara 39 – ◆Padova 58 – Rovigo 17.

XXX **Rizzi,** via Passodoppio 31 (O : 3 km) ☎ 77238, 🏤, Coperti limitati; prenotare, 🍴 – 🖩
ⓟ. 𝗔𝗘 🕼 𝗩𝗜𝗦𝗔
chiuso martedì – **Pasto** 25/40000 (a mezzogiorno) 35/50000 (alla sera) e carta 28/46000.

CRETAZ Aosta 𝟰𝟮𝟴 F 4, 𝟮𝟭𝟵 ⑫ – Vedere Cogne.

CREVACUORE 13015 Biella 𝟵𝟴𝟴 ②, 𝟰𝟮𝟴 E 6 – 1 931 ab. alt. 377 – ✆ 015.
Roma 663 – Stresa 54 – Biella 34 – Novara 54 – Vercelli 57.

XX **Fontana San Rocco** con cam, via Monte Orfano ☎ 7680034, prenotare – 📺 ☎ ⓟ. 🕼
ⓞ E 𝗩𝗜𝗦𝗔. ❀
chiuso domenica e dal 20 al 30 agosto – **Pasto** (chiuso mercoledì) carta 43/64000 – 🖃 10000
– **8 cam** 60/90000 – ½ P 80/90000.

CREVALCORE 40014 Bologna 𝟵𝟴𝟴 ⑭, 𝟰𝟮𝟵 H 15 – 11 500 ab. alt. 20 – ✆ 051.
Roma 402 – ◆Bologna 31 – ◆Ferrara 49 – ◆Milano 195 – ◆Modena 25.

X **Trattoria Papi,** via Paltrinieri 62 ☎ 981651, 🏤 – ⓟ. 𝗔𝗘 🕼 ⓞ E 𝗩𝗜𝗦𝗔
chiuso domenica, dal 25 dicembre al 6 gennaio ed agosto – **Pasto** carta 30/43000.

CROCE DI MAGARA Cosenza 𝟰𝟯𝟭 J 31 – Vedere Camigliatello Silano.

CROCI DI CALENZANO Firenze 𝟰𝟯𝟬 K 15 – Vedere Calenzano.

CRODO 28036 Verbania 𝟰𝟮𝟴 D 6, 𝟮𝟭𝟳 ⑲ – 1 603 ab. alt. 508 – ✆ 0324.
Roma 712 – Stresa 46 – Domodossola 14 – ◆Milano 136 – Novara 105 – ◆Torino 179.

a Viceno NO : 4,5 km – alt. 896 – ✉ **28036** Crodo :

🏠 **Edelweiss** ❀, ☎ 618791, ≤, 🍴 – 📱 ☎ ⓟ. 𝗔𝗘 🕼 ⓞ E 𝗩𝗜𝗦𝗔
chiuso dal 15 ottobre al 4 novembre – **Pasto** (chiuso mercoledì escluso dal 15 giugno al
15 settembre) carta 28/43000 – 🖃 5000 – **21 cam** 35/70000 – ½ P 55/65000.

🏠 **Pizzo del Frate** ❀, località Foppiano NO : 3,5 km alt. 1 250, ☎ 61233, ≤ monti, 🍴 – ⓟ.
𝗔𝗘 🕼 ⓞ E 𝗩𝗜𝗦𝗔. ❀ rist
chiuso febbraio e dal 5 al 30 novembre – **Pasto** (chiuso martedì escluso dal 15 giugno al
15 settembre) carta 37/47000 – 🖃 6000 – **16 cam** 35/65000 – ½ P 57/60000.

CROSA Vercelli 𝟰𝟮𝟴 E 6, 𝟮𝟭𝟵 ⑥ – Vedere Varallo.

CROTONE 88074 ℙ 𝟵𝟴𝟴 ㊴ ㊵, 𝟰𝟯𝟭 J 33 – 58 999 ab. – ✆ 0962.
🇧 via Torino 148 ☎ 23185.
Roma 593 – Catanzaro 73 – ◆Napoli 387 – ◆Reggio di Calabria 228 – ◆Taranto 242.

🏨 **Helios** ❀, via per Capocolonna S : 2 km ☎ 901291, Fax 27997, 🏊, ❀ – 📱 🖩 📺 ☎ 🅰 ⓟ
– 🅰 70. 𝗔𝗘 🕼 ⓞ E 𝗩𝗜𝗦𝗔. ❀
Pasto 25/40000 – **33 cam** 🖃 75/110000 – ½ P 100000.

221

XX **La Sosta,** via Corrado Alvaro ℰ 23831 – 🍽. 🖭 ⓪
chiuso domenica – **Pasto** (menu suggerito dal proprietario) 45/75000 (15%).

XX **Casa di Rosa,** viale Colombo 117 ℰ 21946, Specialità di mare – 🍽. 🖭 🖼 E 📴
chiuso domenica – **Pasto** carta 45/67000.

XX **Sale e Pepe,** viale Gramsci 122 ℰ 901425, 🍴, Specialità di mare – 🐾. 🖭 🖼 ⓪ E 📴
🍽
chiuso dal 24 dicembre all'8 gennaio e venerdì (escluso agosto) – **Pasto** carta 40/60000.

CUASSO AL MONTE 21050 Varese 🔢 E 8, 🔢 ⑧ – 2 776 ab. alt. 532 – 🕸 0332.
Roma 648 – Como 43 – ♦Lugano 31 – ♦Milano 72 – Varese 16.

XX **Da Orlando,** O : 2,5 km ℰ 917490, 🍴 – 🄿. 🖭 🖼 ⓪ E 📴
chiuso lunedì, martedì e dal 7 gennaio al 7 febbraio – **Pasto** carta 35/78000.

a Cavagnano SO : 2 km – ✉ 21050 Cuasso al Monte :

🏠 **Alpino** 🍴, ℰ 939083, Fax 939094, 🌳 – 🛗 📺 ☎ 🄿. 🖼 E 📴. 🍽
Pasto *(chiuso lunedì)* carta 38/65000 – **14 cam** 🛏 80/105000, appartamento – ½ P 60/75000.

CUGLIERI Oristano – Vedere Sardegna alla fine dell'elenco alfabetico.

Companions to this Guide :
– Michelin Map 🔢 *at a scale of 1:1 000 000.*
– Michelin Maps 🔢, 🔢, 🔢, 🔢, 🔢, 🔢 *at a scale of 1:400 000.*
– The Michelin Green Guide "Italy" and "Rome" :
Touring programmes,
Museums,
Famous buildings and works of art.

CUNEO 12100 🅿 🔢 ⑫, 🔢 I 4 – 55 659 ab. alt. 543 – 🕸 0171.

🏌 I Pioppi (marzo-novembre; chiuso mercoledì) a Madonna dell'Olmo ✉ 12020 ℰ 412101, per ① : 3 km.

🅱 corso Nizza 17 ℰ 693258, Fax 695440.

A.C.I. corso Brunet 19/b ℰ 695962.

Roma 643 ② – Alessandria 126 ① – Briançon 198 ① – ♦Genova 144 ② – ♦Milano 216 ① – ♦Nice 126 ③ – San Remo 111 ③ – Savona 98 ② – ♦Torino 94 ①.

Pianta pagina seguente

🏨 **Principe** senza rist, piazza Galimberti 5 ℰ 693355, Fax 67562 – 🛗 🍽 📺 ☎ ♿ – 🔬 30. 🖭
🖼 ⓪ E 📴   Y **c**
🛏 15000 – **42 cam** 130/170000, 🍽 10000.

🏨 **Royal Superga** senza rist, via Pascal 3 ℰ 693223, Fax 699101 – 🛗 📺 ☎ 🚗 🄿. 🖭 🖼
📴   Y **a**
🛏 12500 – **24 cam** 78/102000.

🏠 **Fiamma** senza rist, via Meucci 36 ℰ 66651, Fax 66652 – 🛗 📺 ☎. 🖼 E 📴. 🍽   Z **a**
🛏 12000 – **13 cam** 85/105000.

🏠 **Smeraldo** senza rist, corso Nizza 27 ℰ 696367, Fax 696367 – 📺 ☎. 🖭 🖼 ⓪ E 📴
🍽   Z **f**
🛏 12000 – **21 cam** 75/95000.

🏠 **Siesta** senza rist, via Vittorio Amedeo 2 ℰ 681960, Fax 697128 – 🐾 📺 ☎. 🖭 🖼 ⓪ E
📴   Y **x**
🛏 10000 – **20 cam** 75/95000.

XX **Le Plat d'Etain,** corso Giolitti 18 ℰ 681918, Cucina francese, Coperti limitati; prenotare
– 🖭 🖼 ⓪ E 📴. 🍽   Z **r**
chiuso domenica – **Pasto** carta 86/124000

XX **Osteria della Chiocciola,** via Fossano 1 ℰ 66277, prenotare – 🖭 🖼 ⓪ E 📴   Y **s**
chiuso domenica e dal 10 al 20 agosto – Pasto carta 31/49000.

X **Ligure** con cam, via Savigliano 11 ℰ 681942, Fax 634545 – 📺 ☎ 🄿. 🖭 🖼 ⓪ E
📴   Y **v**
chiuso dal 10 gennaio al 1° febbraio – **Pasto** *(chiuso domenica sera)* carta 28/45000 –
🛏 9000 – **26 cam** 65/80000 – ½ P 65/70000.

X **Trattoria Toscana,** via 20 Settembre 33 ℰ 681958, Specialità toscane, prenotare – 🖼
⓪ E 📴   Z **t**
chiuso domenica, lunedì e da luglio al 20 agosto – **Pasto** carta 35/53000 bc.

a Madonna dell'Olmo per ① : 3 km – ✉ **12020** :

XX **Locanda da Peiu,** ℰ 412174 – 🄿. 🖼 ⓪ E 📴
chiuso lunedì ed agosto – **Pasto** carta 33/55000.

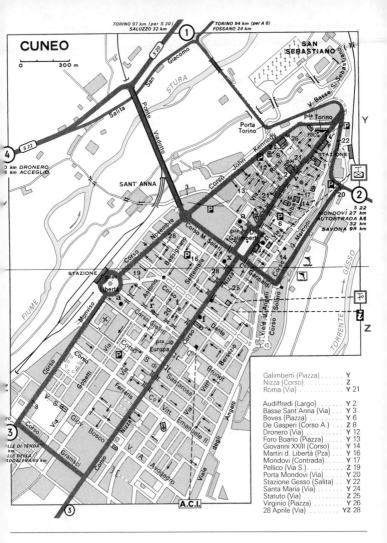

CUNEO

Galimberti (Piazza)	Y
Nizza (Corso)	Z
Roma (Via)	Y 21
Audiffredi (Largo)	Y 2
Basse Sant'Anna (Via)	Y 3
Boves (Piazza)	Y 6
De Gasperi (Corso A.)	Z 8
Dronero (Via)	Y 12
Foro Boario (Piazza)	Y 13
Giovanni XXIII (Corso)	Y 14
Martiri d. Libertà (Pza)	Y 16
Mondovì (Contrada)	Y 17
Pellico (Via S.)	Z 19
Porta Mondovì (Via)	Y 20
Stazione Gesso (Salita)	Y 22
Santa Maria (Via)	Y 24
Statuto (Via)	Z 25
Virginio (Piazza)	Y 26
28 Aprile (Via)	YZ 28

CUORGNÈ 10082 Torino 988 ⑫, 428 F 4 – 10 247 ab. alt. 414 – ✆ 0124.

Roma 700 – ◆Torino 38 – Aosta 86 – Ivrea 24 – ◆Milano 137 – Novara 90.

   ※※ **Da Mauro,** piazza Martiri della Libertà ✆ 666001, Fax 666001, 🍴 – 🏠 ① E 𝗩𝗜𝗦𝗔
            chiuso gennaio, domenica sera e lunedì a mezzogiorno (escluso luglio-agosto) – **Pasto**
            carta 20/40000.

CUOTTO Napoli – Vedere Ischia (Isola d') : Forio.

CUPRA MARITTIMA 63012 Ascoli Piceno 430 M 23 – 4 547 ab. – a.s. luglio-agosto – ✆ 0735.

Dintorni Montefiore dell'Aso : polittico★★ del Crivelli nella chiesa NO : 12 km.

Roma 240 – ◆Ancona 80 – Ascoli Piceno 43 – Macerata 60 – ◆Pescara 78 – Porto San Giorgio 19.

   🏠 **Europa,** ✆ 778034, Fax 778033, 🏖 – 🛗 📺 ☎. 🖭 🏠 E 𝗩𝗜𝗦𝗔. ✄
          chiuso dal 1° al 20 novembre – **Pasto** *(chiuso lunedì)* carta 31/48000 – ☲ 6000 – **30 cam**
          50/80000 – ½ P 45/65000.

CUPRAMONTANA 60034 Ancona 🔲🔲🔲 ⑯, 🔲🔲🔲 L 21 – 4 856 ab. alt. 506 – 😊 0731.

Roma 246 – ◆Ancona 48 – Gubbio 69 – Macerata 59.

   ✗   **Da Orietta,** piazza IV Novembre 1/2 ℘ 780119, Rist. e pizzeria – 🔲 𝗩𝗜𝗦𝗔. ✻
      chiuso lunedì – **Pasto** carta 28/42000.

CURAVECCHIA Vercelli – Vedere Roasio.

CUSAGO 20090 Milano 🔲🔲🔲 F 9 – 2 016 ab. alt. 126 – 😊 02.

Roma 582 – ◆Milano 12 – Novara 45 – Pavia 40.

   🏨🏨 **Le Moran,** viale Europa 90 ℘ 90119894, Fax 9016207 – 🔲 📺 ☎ 🖭 🖭 – 🔺 60 a 300
      80 cam.

   ✗✗ ❀ **Da Orlando,** piazza Soncino 19 ℘ 90390318, Fax 90390318, 🍽 – 🖭 🔲 🖭 E 𝗩𝗜𝗦𝗔. ✻
      chiuso sabato a mezzogiorno, domenica, dal 25 dicembre al 2 gennaio ed agosto – **Pasto**
      carta 54/90000
      Spec. Insalata di porcini e parmigiano, Filetti di San Pietro alle erbe con porcini dorati, Filetto di manzo al foie gras in
      salsa al Muffato della Sala.

CUTIGLIANO 51024 Pistoia 🔲🔲🔲 🔲🔲🔲 🔲🔲🔲 J 14 – 1 815 ab. alt. 670 – a.s. Pasqua, luglio-agosto e
Natale – Sport invernali : a Doganaccia : 1 600/1 800 m ⛷2 ⛷3; a Pian di Novello : 1 125/
1 780 m ⛷6, 🎿 – 😊 0573.

🆔 via Tigri 24 ℘ 68029, Fax 68200.

Roma 348 – ◆Firenze 70 – Pisa 72 – Lucca 52 – ◆Milano 285 – ◆Modena 111 – Montecatini Terme 44 – Pistoia 38.

   🏨 **Italia,** ℘ 68008, « Giardino ombreggiato » – 🍽. 🖭 🔲 E 𝗩𝗜𝗦𝗔. ✻
      20 dicembre-aprile e 20 giugno-15 ottobre – **Pasto** 40000 – 🖃 10000 – **31 cam** 70/100000 –
      ½ P 70/90000.

   🏨 **Villa Patrizia** 🦢, ℘ 68024, Fax 68389, ≤, 🍽 – 🔲 ☎ 🖭. 🔲 𝗩𝗜𝗦𝗔. ✻
      Pasto *(20 dicembre-aprile e 25 giugno-20 settembre)* 35000 – 🖃 10000 – **18 cam** 77/
      119000 – ½ P 70/130000.

   🏨 **Miramonte,** ℘ 68012, Fax 68013, ≤, « Giardino ombreggiato » – 🖭 🔲 ☎. 🔲. ✻
      20 dicembre-aprile e giugno-settembre – **Pasto** *(chiuso dal 20 dicembre ad aprile escluso*
      Natale-Pasqua) 25/40000 – 🖃 10000 – **35 cam** 60/95000 – ½ P 70/90000.

   ✗   **Trattoria da Fagiolino,** ℘ 68014 – 🖭 🖭
      chiuso martedì sera, mercoledì e novembre – **Pasto** carta 29/47000.

CUVIO 21030 Varese 🔲🔲🔲 E 8, 🔲🔲🔲 ⑦ – 1 374 ab. alt. 309 – 😊 0332.

Roma 652 – Stresa 57 – Luino 16 – ◆Milano 75 – Novara 67 – Varese 20.

   ✗   **Corona** con cam, ℘ 624150 – 🔲 ☎ 🖭. 🖭 🔲 🖭 E 𝗩𝗜𝗦𝗔. ✻
      Pasto *(chiuso lunedì)* carta 20/37000 – 🖃 5000 – **30 cam** 58/75000 – ½ P 55000.

DAMECUTA Napoli – Vedere Capri (Isola di) : Anacapri.

DARFO BOARIO TERME 25047 Brescia 🔲🔲🔲 ④, 🔲🔲🔲 🔲🔲🔲 E 12 – 13194 ab. alt. 221 – Stazione
termale, a.s. giugno-settembre – 😊 0364.

🆔 a Boario Terme, piazzale Autostazione ℘ 531609, Fax 532280.

Roma 613 – ◆Brescia 54 – ◆Bergamo 54 – ◆Bolzano 170 – ◆Milano 99 – Sondrio 89.

    a Boario Terme – ✉ **25041** :

   🏨🏨 **Rizzi,** ℘ 531617, 🍽 – 🛗 🔲 rist 📺 🚗. 🖭 🔲 🖭 E 𝗩𝗜𝗦𝗔. ✻ rist
      10 maggio-10 ottobre – **Pasto** 45/70000 – 🖃 10000 – **54 cam** 130/150000 – P 90/140000.

   🏨🏨 **Brescia,** ℘ 531409, Fax 532969 – 🛗 🔲 ☎ 🚗 🖭 – 🔺 50. 🖭 🔲 🖭 E 𝗩𝗜𝗦𝗔 𝗝𝗖𝗕. ✻ rist
      Pasto *(chiuso venerdì da novembre a maggio)* carta 30/45000 – 🖃 8000 – **50 cam** 65/
      110000 – P 62/86000.

   🏨 **Diana,** ℘ 531403, Fax 531403 – 🛗 🔲 ☎ 🖭. 🔲 𝗩𝗜𝗦𝗔. ✻ rist
      aprile-ottobre – **Pasto** 30000 – 🖃 7000 – **43 cam** 65/100000 – P 60/85000.

   🏨 **San Martino,** ℘ 531209, Fax 534382 – 🛗 🔲 rist 🔲 ☎ 🖭 🖭 – 🔺 100. 🔲 𝗩𝗜𝗦𝗔. ✻
      Pasto 35/40000 – 🖃 6000 – **38 cam** 60/90000 – ½ P 50/70000.

   🏨 **Mina,** ℘ 531098, Fax 536327 – 🛗 🔲 ☎ 🚗 🖭. ✻ rist
      aprile-ottobre – **Pasto** carta 29/44000 – 🖃 3000 – **27 cam** 70/100000 – ½ P 40/74000.

   ✗✗ **Landò,** ℘ 535292 – 🖭 🔲 𝗩𝗜𝗦𝗔. ✻
      chiuso lunedì – **Pasto** carta 37/55000.

    Vedere anche : *Gianico* S : 6 km.

DEIVA MARINA 19013 La Spezia 🔲🔲🔲 ⑬, 🔲🔲🔲 J 10 – 1 531 ab. – 😊 0187.

Roma 450 – ◆Genova 74 – Passo del Bracco 14 – ◆Milano 202 – ◆La Spezia 52.

   🏨 **Lido,** località Fornaci ℘ 815997, Fax 816476, ≤ – 🔲 ☎ 🖭. 🖭 🔲 🖭 E 𝗩𝗜𝗦𝗔. ✻
      Pasqua-settembre – **Pasto** carta 45/85000 – 🖃 15000 – **12 cam** 100/120000 – ½ P 90/
      118000.

🏠 **Clelia,** 🖋 815827, Fax 816234, ℅ – 🛗 📺 ☎ 🚗 **Ⓟ**. ⬛ 🅱 ⓘ Ⓔ 𝗩𝗜𝗦𝗔. ℁ rist
chiuso dal 3 novembre al 2 dicembre – **Pasto** carta 25/58000 – **24 cam** 🖙 95/140000 – ½ P 90/95000.

🏠 **Riviera,** località Fornaci 🖋 815805, Fax 816433, ☞ – ☎ **Ⓟ**. 🅱. ℁
Pasqua-settembre – **Pasto** carta 35/48000 – 🖙 8500 – **28 cam** 55/80000 – ½ P 75/88000.

DEMONTE 12014 Cuneo 𝟒𝟐𝟖 J 3 – 2 129 ab. alt. 778 – a.s. dicembre-marzo e luglio-agosto – ✿ 0171.
Roma 669 – Barcellonnette 74 – Cuneo 26 – ◆Milano 242 – Colle di Tenda 42 – ◆Torino 120.

🍴 **Moderno,** 🖋 95116, Fax 95116 – **Ⓟ**. 🅱 Ⓔ 𝗩𝗜𝗦𝗔
Pasto *(chiuso martedì)* carta 24/35000 – **14 cam** 🖙 50/70000 – ½ P 58000.

DENICE 15010 Alessandria 𝟒𝟐𝟖 I 7 – 236 ab. alt. 387 – ✿ 0144.
Roma 608 – ◆Genova 94 – Alessandria 56 – Asti 62 – ◆Milano 147 – ◆Torino 122.

🍴 **Cacciatori,** 🖋 92025, solo su prenotazione – 🅱 𝗩𝗜𝗦𝗔
chiuso a mezzogiorno (escluso i giorni festivi), mercoledì, dal 24 al 30 dicembre e dal 15 luglio al 10 agosto – **Pasto** carta 46/60000.

DERUTA 06053 Perugia 𝟗𝟖𝟖 ⑮ ⑯, 𝟒𝟑𝟎 N 19 – 7 638 ab. alt. 218 – ✿ 075.
Roma 153 – ◆Perugia 20 – Assisi 33 – Orvieto 54 – Terni 63.

🏨 **Melody,** strada statale 3 bis-E 45 (SO : 1,5 km) 🖋 9711186, Fax 9711018 – 🛗 📺 ☎ 🕭 🚗 **Ⓟ** – 🏸 60. ⬛ 🅱 ⓘ Ⓔ 𝗩𝗜𝗦𝗔. ℁
Pasto carta 29/40000 – **47 cam** 🖙 70/110000 – ½ P 75/85000.

Si vous cherchez un hôtel tranquille,
consultez d'abord les cartes de l'introduction
ou repérez dans le texte les établissements indiqués avec le signe ॐ ou ॐ.

DESENZANO DEL GARDA 25015 Brescia 𝟗𝟖𝟖 ④, 𝟒𝟐𝟖 𝟒𝟐𝟗 F 13 – 21 344 ab. alt. 96 – a.s. Pasqua e luglio-15 settembre – ✿ 030.
Vedere Ultima Cena★ del Tiepolo nella chiesa parrocchiale – Mosaici romani★ nella Villa Romana.

🏌 e 🏌 Gardagolf (chiuso lunedì da novembre ad aprile) a Soiano del Lago ✉ 25080 🖋 674707, Fax 674788, SE : 10 km.

🎫 via Porto Vecchio (Palazzo del Turismo) 🖋 9141510, Fax 9144209.

Roma 528 – ◆Brescia 31 – Mantova 67 – ◆Milano 118 – Trento 130 – ◆Verona 43.

🏨 Hotel Residence Oliveto, via Tito Malaguti 6 🖋 9911919, Fax 9911224, 𝕝, 🚗, 🔄, 🔄, ☞ – 🛗 🖳 📺 ☎ ⅙ **Ⓟ** – 🏸 60 a 250
60 cam.

🏨 **Park Hotel,** lungolago Cesare Battisti 19 🖋 9143494, Fax 9142280 – 🛗 🖳 📺 ☎ 🚗 – 🏸 80. ⬛ 🅱 ⓘ Ⓔ 𝗩𝗜𝗦𝗔. ℁ rist
Pasto 35/40000 – 🖙 14000 – **65 cam** 90/140000 – ½ P 80/110000.

🏨 **Desenzano** senza rist, viale Cavour 40/42 🖋 9141414, Fax 9140294, 🔄 – 🛗 🖳 📺 ☎ 🕭 **Ⓟ** – 🏸 25 a 150. ⬛ 🅱 ⓘ Ⓔ 𝗩𝗜𝗦𝗔 𝗝𝗖𝗕. ℁
🖙 10000 – **40 cam** 130000.

🏨 **Piccola Vela,** viale Dal Molin 36 🖋 9914666, Fax 9914666, « Giardino con 🔄 » – 🛗 📺 ☎ ⅙ 🚗 **Ⓟ** – 🏸 25 a 50. ⬛ 🅱 ⓘ Ⓔ 𝗩𝗜𝗦𝗔. ℁
Pasto carta 34/50000 – 🖙 12500 – **43 cam** 75/125000 – ½ P 90/100000.

🏨 **City** senza rist, via Nazario Sauro 29 🖋 9911704, Fax 9912837 – 🛗 🖳 📺 ☎ ⅙ **Ⓟ**. ⬛ 🅱 ⓘ Ⓔ 𝗩𝗜𝗦𝗔 𝗝𝗖𝗕
chiuso dal 20 dicembre al 7 gennaio – 🖙 15000 – **39 cam** 85/115000.

🏨 **Villa Rosa** senza rist, lungolago Cesare Battisti 89 🖋 9141974, Fax 9143782, ☞ – 🛗 🖳 📺 ☎ 🚗 **Ⓟ**. 🅱 ⓘ Ⓔ 𝗩𝗜𝗦𝗔
🖙 12500 – **38 cam** 90/120000.

🏨 **Sole e Fiori** senza rist, via Gramsci 40 🖋 9121021, Fax 9912530 – 🛗 🖳 📺 ☎ 🚗. 🅱 Ⓔ 𝗩𝗜𝗦𝗔. ℁
aprile-settembre – 🖙 10000 – **46 cam** 100/140000.

🏨 **Tripoli** senza rist, piazza Matteotti 18 🖋 9144333, Fax 9141305 – 🛗 🖳 📺 ☎. ⬛ 🅱 ⓘ Ⓔ 𝗩𝗜𝗦𝗔 𝗝𝗖𝗕. ℁
🖙 12000 – **24 cam** 85/118000.

🏨 **Piroscafo,** via Porto Vecchio 11/17 🖋 9141128, Fax 9912586, ≤, 🌤 – 🛗 📺 ☎. ⬛ 🅱 ⓘ Ⓔ 𝗩𝗜𝗦𝗔. ℁
Pasto *(chiuso gennaio, febbraio e giovedì da ottobre a maggio)* carta 32/59000 – 🖙 12000 – **32 cam** 70/90000 – ½ P 80000.

🏨 **Benaco,** viale Cavour 30 🖋 9141710, Fax 9141273, 🔄, ☞ – 🛗 🖳 rist 📺 ☎ **Ⓟ**. ⬛ 🅱 ⓘ Ⓔ 𝗩𝗜𝗦𝗔. ℁ rist
chiuso dicembre e gennaio – **Pasto** *(luglio-agosto; solo per clienti alloggiati)* 30000 – 🖙 10000 – **37 cam** 75/100000 – ½ P 82/90000.

XXX ❀ **Esplanade,** via Lario 10 *&* 9143361, Fax 9143361, ≼, « Servizio estivo in giardino sul lago » – **⊕. 🗚 🗟 ① 🖪 _VISA_ ⅏**
chiuso mercoledì – **Pasto** carta 55/90000
Spec. Cappesante con vellutata d'ostriche (ottobre-giugno), Risotto con asparagi fiori di zucchine e zafferano (aprile-giugno), Trancio di lucioperca con spinaci e crema di patate (marzo-settembre).

XXX ❀ **Cavallino,** via Gherla 30 ang. via Murachette *&* 9120217, Fax 9912751, « Servizio estivo all'aperto » – **🗚 🗟 ① 🖪 _VISA_. ⅏**
chiuso gennaio, lunedì, martedì a mezzogiorno e in agosto aperto solo la sera – **Pasto** 50/70000 e carta 48/78000
Spec. Tortino di coregone su mousseline di patate, Faraona all'uva nera e porcini (estate-autunno), Pescatrice e gamberi al nero di seppia.

XX **Bagatta alla Lepre,** via Bagatta 33 *&* 9142313, prenotare – **▤. 🗚 🗟 ① 🖪 _VISA_ JCB**
chiuso martedì escluso da giugno a settembre – **Pasto** carta 32/53000.

XX **Antico Chiostro,** via Anelli 44 *&* 9141319, Fax 9141319, Coperti limitati; prenotare – **▤. 🗚 🗟 ① 🖪 _VISA_**
chiuso mercoledì, dal 22 al 28 dicembre e dal 15 al 30 luglio – **Pasto** carta 41/77000.

XX **Il Molino,** piazza Matteotti 16 *&* 9141340 – **▤. 🗚 🗟 ① 🖪 _VISA_**
chiuso lunedì, martedì a mezzogiorno e dal 20 dicembre al 20 gennaio – **Pasto** carta 45/75000.

X **La Bicocca,** vicolo Molini 6 *&* 9143658 – **▤. 🗚 🗟 ① 🖪 _VISA_ JCB. ⅏**
Pasto carta 29/54000 (15%).

X **Toscana,** via San Benedetto 10 *&* 9121586, 斎, Specialità toscane – **🗚 🗟 ① 🖪 _VISA_. ⅏**
chiuso mercoledì e gennaio – **Pasto** carta 34/47000.

Read carefully the introduction it is the key to the Guide.

DESIO 20033 Milano 🗐🗐🗐 ③, 🗛🗛🗛 F 9 – 34 535 ab. alt. 196 – ✪ 0362.

Roma 590 – ✦ Milano 20 – Bergamo 49 – Como 32 – Lecco 35 – Novara 62.

🏦 **Selide,** via Matteotti 1 *&* 624441, Fax 627406 – 🛗 ▤ 🖺 ☎ ⇌ – 🔏 100. 🗚 🗟 ① 🖪 _VISA_. ⅏ rist
Pasto *(chiuso domenica, dal 24 dicembre al 6 gennaio ed agosto)* carta 31/48000 – ☲ 12000 – **71 cam** 98/138000 – ½ P 110000.

X **San Carlo,** via Milano 199 *&* 622316 – ▤. 🗟 🖪 _VISA_ JCB
chiuso sabato ed agosto – **Pasto** carta 37/66000.

DEUTSCHNOFEN = Nova Ponente.

DIAMANTE 87023 Cosenza 🗐🗐🗐 ㊲, 🗛🗛🗛 H 29 – 4 958 ab. – ✪ 0985.

Roma 444 – Castrovillari 88 – Catanzaro 137 – ✦Cosenza 77 – Sapri 60.

🏦 **Ferretti,** *&* 81428, Fax 81114, ≼, « Servizio estivo sulla spiaggia », 🏊, 🦀₀, ⅏ – 🛗 ▤ 🖺 ☎ ⊕. 🗚 🗟 ① 🖪 _VISA_. ⅏ rist
aprile-settembre – **Pasto** carta 50/68000 – **45 cam** ☲ 120/150000 – ½ P 87/135000.

🏦 **Riviera Bleu,** *&* 81363, Fax 81363, ≼, 🦀₀ – ▤ ☎ ⊕. 🗚 🗟 ① 🖪 _VISA_. ⅏ rist
aprile-settembre – **Pasto** carta 25/34000 – ☲ 6000 – **51 cam** 90/120000 – ½ P 55/105000.

X **Solemare** con cam, strada statale 18 (E : 1 km) *&* 87550, ≼, 斎, 🚗 – ☎ ⊕. 🗚 ① _VISA_. ⅏ rist
Pasto *(chiuso ottobre)* carta 30/56000 – ☲ 6000 – **16 cam** 60/78000 – ½ P 50/90000.

DIANO MARINA 18013 Imperia 🗐🗐🗐 ⑫, 🗛🗛🗛 K 6 – 6 064 ab. – ✪ 0183.

Vedere Guida Verde.

🛈 piazza Martiri della Libertà 1 *&* 496956, Fax 494365.

Roma 608 – ✦Genova 109 – Imperia 8 – ✦Milano 232 – San Remo 31 – Savona 63.

🏨 **Bellevue et Mediterranée,** via Generale Ardoino 2 *&* 402693, Fax 402693, ≼, 🏊 con acqua di mare riscaldata, 🦀₀ – 🛗 🖺 ☎ 🕭 ⊕. 🗚 🗟 🖪 _VISA_. ⅏ rist
chiuso da ottobre al 20 dicembre – **Pasto** 40/55000 – ☲ 15000 – **76 cam** 100/140000 – ½ P 72/130000.

🏦 **Caravelle** 🐾, via Sausette 24 *&* 405311, Fax 405657, ≼, ⇌, 🏊, 🦀₀, 🚗, ⅏ – 🛗 ☎ ⇌ ⊕. 🗟 🖪 _VISA_. ⅏ rist
maggio-settembre – **Pasto** (solo per clienti alloggiati) – ☲ 18000 – **58 cam** 80/136000 – ½ P 79/130000.

🏦 **Gabriella** 🐾, via dei Gerani 9 *&* 403131, Fax 405055, 🏊, 🦀₀, 🚗 – 🛗 🖺 ☎ ⊕. 🗚 🗟 ① 🖪 _VISA_. ⅏ rist
chiuso dal 25 ottobre al 27 dicembre – **Pasto** (solo per clienti alloggiati) 30/45000 – ☲ 15000 – **46 cam** 90/130000 – ½ P 81/122000.

🏦 **Torino,** via Milano 42 *&* 495106, Fax 404602, 🏊 – 🛗 ▤ cam 🖺 ☎ – 🔏 40. ⅏
chiuso novembre e dicembre – **Pasto** 30/40000 – ☲ 14000 – **82 cam** 95/130000, ▤ 7000 – ½ P 60/92000.

🏦 **Jasmin,** via Torino 3 *&* 495300, Fax 495964, ≼, 🦀₀, 🚗 – 🖺 ☎ ⊕. 🗚 🗟 🖪 _VISA_. ⅏ rist
chiuso dal 15 ottobre al 20 dicembre – **Pasto** (solo per clienti alloggiati) – ☲ 12000 – **30 cam** 110000 – ½ P 100000.

🏨 **Sasso,** via Biancheri 7 ℰ 494319, Fax 494310 – 📱 ✈ rist 📺 ☎ 🅿. 🆑 🔥 🎴 𝄪 rist
chiuso dal 18 ottobre al 19 dicembre – **Pasto** 30/40000 – 🍴 14000 – **46 cam** 75/115000 –
½ P 62/109000.

🏨 **Palace,** viale Torino 2 ℰ 495479, Fax 496123, ≼, 😤 – 📱 📺 ☎. 🆑 🔥 🎴 ⓓ 🅴 🎴 𝄪 rist
chiuso da novembre al 22 dicembre – **Pasto** 34/40000 – 🍴 16000 – **46 cam** 90/110000 –
½ P 68/98000.

🏨 **Golfo e Palme,** viale Torino 12 ℰ 495096, Fax 494304, ≼, 🐾 – 📱 📺 rist ☎ 🅿. 🆑 🎴 ⓓ
🅴 🎴 𝄪 rist
maggio-settembre – **Pasto** (solo per clienti alloggiati) 40000 – 🍴 15000 – **41 cam** 84/
108000 – ½ P 62/129000.

🏨 **Arc en Ciel,** viale Torino 21 ℰ 495283, Fax 496930, ≼, « Terrazze sul mare », 🐾 – 📺
☎. 🆑 🎴 ⓓ 🅴 🎴 𝄪 rist
Pasqua-settembre – **Pasto** 35000 – 🍴 15000 – **44 cam** 75/95000 – ½ P 70/94000.

🏨 **Caprice,** corso Roma est 19 ℰ 495061, Fax 495061 – 📱 📺 rist 📺 ☎ 🅿. 🆑 🔥 🎴 ⓓ 🅴 🎴
𝄪
chiuso novembre – **Pasto** carta 45/71000 – 🍴 15000 – **20 cam** 60/90000 – ½ P 80/95000.

🏨 **Riviera,** viale Torino 8 ℰ 495888, ≼ – 📱 ☎. 🆑 🔥 🅴 🎴 𝄪
chiuso dal 12 ottobre al 22 dicembre – **Pasto** 25/35000 – 🍴 12000 – **32 cam** 70/110000 –
½ P 50/95000.

🏨 **Piccolo Hotel,** via Sant'Elmo 10 ℰ 407022, Fax 407122 – 📱 ✈ rist 📺 rist 📺 ☎. 🔥 ⓓ 🅴
🎴 𝄪
chiuso dal 5 novembre al 26 dicembre – **Pasto** (solo per clienti alloggiati) 36000 – 🍴 18500 –
29 cam 75/95000 – ½ P 56/88000.

🏨 **Palm Beach,** via 20 Settembre 4 ℰ 495284, Fax 495284, ≼, 🌳 – 📱 ☎. 🆑 🔥 🅴 🎴 𝄪
chiuso dal 12 ottobre al 22 dicembre – **Pasto** 25/35000 – 🍴 12000 – **30 cam** 70/110000 –
½ P 50/95000.

🍴🍴 **Il Caminetto,** via Olanda 1 ℰ 494700 – 🅿. 🆑 🔥 ⓓ 🅴 🎴
chiuso lunedì, dal 25 febbraio al 10 marzo e dal 5 al 20 novembre – **Pasto** carta 44/65000.

🍴🍴 **Il Fondo,** via Nizza 25 ℰ 498219, Specialità di mare – 🆑 🔥 ⓓ 🅴 🎴
chiuso mercoledì a mezzogiorno da giugno a settembre, tutto il giorno negli altri mesi –
Pasto carta 42/67000.

DIGONERA Belluno – Vedere Rocca Pietore.

DOBBIACO **(TOBLACH)** 39034 Bolzano 🔢🔢🔢 ⑤, 🔢🔢🔢 B 18 – 3 124 ab. alt. 1 243 – Sport invernali :
1 243/1 615 m ⚞7, ⚞ – ✦ 0474 – Vedere Guida Verde.
🅱 via Dolomiti 3 ℰ 72132, Fax 72730.
Roma 705 – Belluno 104 – ✦Bolzano 105 – Brennero 96 – Lienz 47 – ✦Milano 404 – Trento 165.

🏨 **Santer,** ℰ 72142, Fax 72797, ≼, 🛁, 😤, 🔲, 🌳 – 📱 📺 ☎ 🔥 ⟿ 🅿 – 🛗 100. 🔥 🎴.
𝄪 rist
chiuso da novembre al 15 dicembre – **Pasto** (chiuso lunedì) carta 38/60000 – **47 cam**
🍴 158/285000 – ½ P 63/190000.

🏨 **Cristallo,** ℰ 72138, Fax 72755, ≼ Dolomiti, 🛁, 😤, 🔲, 🌳 – ✈ rist ☎ ⟿ 🅿. 🆑 🔥 🅴
🎴. 𝄪 rist
21 dicembre-26 marzo e 10 giugno-8 ottobre – **Pasto** 22/30000 – 🍴 15000 – **28 cam**
100/180000 – ½ P 80/140000.

🏨 **Park Hotel Bellevue,** ℰ 72101, Fax 72807, « Parco ombreggiato » – 📱 ✈ rist 📺 ☎ 🅿.
🆑 🔥 ⓓ 🅴 🎴. 𝄪
20 dicembre-Pasqua e giugno-settembre – **Pasto** carta 40/52000 – **43 cam** 🍴 95/175000 –
½ P 85/125000.

🏨 **Sole-Sonne,** ℰ 72225, Fax 72814, ≼, 🛁, 😤, 🔲 – 📱 📺 ☎ ⟿ 🅿. 🔥 🅴 🎴. 𝄪
chiuso da novembre al 15 dicembre – **Pasto** (chiuso lunedì da ottobre a marzo) 20/25000 –
44 cam 🍴 85/120000 – ½ P 85/130000.

🏨 **Moritz,** ℰ 72510, Fax 973141, 😤 – 📺 ☎ 🅿. 𝄪
chiuso dal 21 aprile al 21 maggio e novembre – **Pasto** (chiuso giovedì da ottobre a marzo)
carta 39/62000 – 🍴 20000 – **16 cam** 80/130000 – ½ P 65/110000.

🏨 **Urthaler** ℰ 72241, Fax 973050 – 📱 📺 ☎ 🅿. 𝄪
chiuso novembre – **Pasto** (chiuso martedì da marzo a giugno) 25/30000 – **28 cam** 🍴 75/
130000 – ½ P 80/105000.

🏨 **Toblacher Hof,** ℰ 72217, Fax 973083, ≼, 🌳 – 📱 📺 ☎ ⟿ 🅿. 𝄪
chiuso dal 1º al 15 aprile e da novembre al 15 dicembre – **Pasto** (chiuso martedì da ottobre a
marzo) 22/29000 – **23 cam** 🍴 75/140000 – P 85/120000.

🏨 **Monica** 🦢, ℰ 72216, Fax 72557, ≼ – ☎ 🅿. 𝄪
chiuso da novembre al 20 dicembre – **Pasto** carta 32/47000 – **25 cam** 🍴 80/150000 –
½ P 90000.

🏨 **Stauder** 🦢, ℰ 72488, Fax 72097, 😤 – 📺 ☎ 🅿. 🔥 🅴 🎴. 𝄪
20 dicembre-10 aprile e giugno-20 ottobre – **Pasto** 25/40000 – **24 cam** (solo pens) –
P 115/125000.

🍴 **Winkelkeller,** ℰ 72022 – 🅿. 🔥 🅴 🎴
chiuso mercoledì e giugno – **Pasto** carta 33/68000.

sulla strada statale 49 :

🏨 **Hubertus Hof**, SO : 1 km ⊠ 39034 𝄞 72276, Fax 72313, ≼ Dolomiti, ⇕s, 🛋 – ☎ 📞 *stagionale* – **26 cam.**

🏛 **Gratschwirt** con cam, SO : 1,5 km ⊠ 39034 𝄞 72293, Fax 72915, ⇕s, 🛋 – 📺 ☎ 📞. 🈁 ⓪ 🄴 𝖵𝖨𝖲𝖠. 🛇 rist
20 dicembre-Pasqua, maggio-15 giugno e luglio-15 ottobre – **Pasto** *(chiuso martedi)* carta 35/79000 – 🍷 18000 – **11 cam** 60/120000 – ½ P 65/110000.

a Santa Maria (Aufkirchen) O : 2 km – ⊠ **39034** Dobbiaco :

🏛 **Oberhammer** 🦢, 𝄞 72195, Fax 72366, ≼ Dolomiti – ☎ 📞. 🈁 🄴 𝖵𝖨𝖲𝖠
chiuso novembre – **Pasto** *(chiuso lunedi)* carta 25/41000 – **20 cam** 🍷 100000 – ½ P 50/85000.

al monte Rota (Radsberg) NO : 5 km o 10 mn di seggiovia alt. 1 650 :

🏨 **Alpino Monte Rota-Alpen Ratsberg** 🦢, ⊠ 39034 𝄞 72213, Fax 72916, ≼ Dolomiti, ⇕s, 🔲, 🛋, 🛇 – ▤ rist 📺 ☎ ⇦ 📞. 🈁 🄴 𝖵𝖨𝖲𝖠. 🛇 rist
21 dicembre-21 aprile e 30 maggio-24 ottobre – **Pasto** carta 30/41000 – 🍷 10000 – **25 cam** 65/120000 – ½ P 60/110000.

DOGANA NUOVA Modena 𝟺𝟸𝟾 𝟺𝟸𝟿 𝟺𝟹𝟶 J 13 – Vedere Fiumalbo.

DOLCEACQUA 18035 Imperia 𝟺𝟸𝟾 K 4, 𝟷𝟷𝟻 ⑲ – 1 684 ab. alt. 57 – ✲ 0184.
Roma 662 – ◆Genova 163 – Imperia 49 – ◆Milano 286 – San Remo 23 – Ventimiglia 9,5.

🏛 **Gastone**, 𝄞 206577, 🍴, Tipica cucina ligure – 🄰🄴 🈁 ⓪ 🄴 𝖵𝖨𝖲𝖠 𝖩𝖢𝖡
chiuso dal 10 al 20 ottobre, lunedi sera e martedi escluso luglio-agosto – **Pasto** carta 25/45000.

🏛 **La Vecchia**, 𝄞 206024, Fax 206024, Tipica cucina ligure, 🛋, 🛇 – 📞. 🈁 🄴 𝖵𝖨𝖲𝖠
chiuso mercoledi – **Pasto** 40000 bc.

🍴 Trattoria Re, 𝄞 206137

DOLEGNA DEL COLLIO 34070 Gorizia 𝟺𝟸𝟿 D 22 – 516 ab. alt. 88 – ✲ 0481.
Roma 656 – Gorizia 25 – ◆Milano 396 – ◆Trieste 61 – Udine 27.

🏛 **Da Venica**, via Mernico 37 𝄞 60177, Fax 639906, 🍴, prenotare, 🛇 – 📞. 🄰🄴 🈁 ⓪ 𝖵𝖨𝖲𝖠. 🛇
aprile-ottobre; chiuso lunedi sera e martedi – **Pasto** carta 37/49000.

a Ruttars S : 6 km – ⊠ 34070 Dolegna del Collio :

🏛🏛🏛 ✲ **Al Castello dell'Aquila d'Oro**, 𝄞 60545, prenotare, « Servizio estivo all'aperto » – 📞 ⓪ 🄴 𝖵𝖨𝖲𝖠. 🛇
chiuso mercoledi e giovedi – **Pasto** carta 58/84000.
Spec. Risotto alle verdure di stagione, Coniglio agli aromi, Anatra al miele tartufato.

DOLO 30031 Venezia 𝟿𝟾𝟾 ⑤, 𝟺𝟸𝟿 F 18 – 13 734 ab. alt. 8 – ✲ 041.
Dintorni Villa Nazionale★ di Strà : Apoteosi della famiglia Pisani★★ del Tiepolo SO : 6 km.
Escursioni Riviera del Brenta★★ Est per la strada S 11.
Roma 510 – ◆Venezia 27 – Chioggia 38 – ◆Milano 249 – ◆Padova 19 – Rovigo 60 – Treviso 35.

🏛 **Locanda alla Posta**, E : 1 km 𝄞 410740, Fax 410740, 🍴, Specialità di mare – ▤ 📞

🍴 **Alla Villa Fini** con cam, E : 2 km 𝄞 422277, 🍴 – 📺 ☎ 📞. 🄰🄴 🈁 ⓪ 🄴 𝖵𝖨𝖲𝖠. 🛇
chiuso dal 27 gennaio al 9 febbraio e dal 6 al 26 luglio – **Pasto** *(chiuso lunedi)* carta 28/38000 – 🍷 7000 – **8 cam** 65/90000 – ½ P 60/75000.

DOLOMITI Belluno, Bolzano e Trento 𝟿𝟾𝟾 ④ ⑤.
Vedere Guida Verde.

DOMAGNANO – Vedere San Marino.

DOMODOSSOLA 28037 Verbania 𝟿𝟾𝟾 ②, 𝟺𝟸𝟾 D 6 – 18 845 ab. alt. 277 – ✲ 0324.
🄱 corso Ferraris 49 𝄞 481308, Fax 47974.
A.C.I. via De Gasperi 12 𝄞 242008.
Roma 698 – Stresa 32 – Locarno 78 – ◆Lugano 79 – ◆Milano 121 – Novara 92.

🏨 **Corona**, via Marconi 8 𝄞 242114, Fax 242114 – 📳 ↬ cam ▤ 📺 ☎ 📞. 🄰🄴 🈁 ⓪ 🄴 𝖵𝖨𝖲𝖠 𝖩𝖢𝖡
Pasto carta 30/50000 – 🍷 10000 – **32 cam** 90/140000 – ½ P 90000.

🏨 **Eurossola**, piazza Matteotti 36 𝄞 481326, Fax 248748, 🍴 – 📳 ☎ 📞. 🄰🄴 🈁 ⓪ 🄴 𝖵𝖨𝖲𝖠. 🛇
Pasto carta 35/60000 – 🍷 8000 – **23 cam** 75/100000 – ½ P 80000.

℀ **Sciolla** con cam, piazza Convenzione 5 ℰ 242633, Cucina tipica locale – 📺 ☎. 🖭 🚫 ⑩
E *VISA* JCB. ✵ cam
chiuso dall'8 al 20 gennaio e dal 23 agosto all'11 settembre – Pasto *(chiuso mercoledì)*
carta 28/50000 – **6 cam** 😋 40/70000 – ½ P 55000.

sulla strada statale 33 S : 1 km :

🏨 **Internazionale,** ✉ 28037 ℰ 481180, Fax 44586 – 📳 📺 ☎ ₺. ⇐ ❷ – 🔏 30 a 100. 🖭 🚫
⑩ *VISA*. ✵ rist
Pasto (solo per clienti alloggiati) carta 35/48000 – 😋 15000 – **43 cam** 80/120000 –
½ P 95000.

DONNAS 11020 Aosta 🔢 F 5, 🔢 ⑭ – 2 534 ab. alt. 322 – ✪ 0125.
Vedere Fortezza di Bard★ NO : 2,5 km.
Roma 701 – Aosta 48 – Ivrea 26 – ♦Milano 139 – ♦Torino 68.

℀ **Les Caves,** via Roma 99 ℰ 807737, Fax 807512, ⌂ – ❷. 🚫 E *VISA*. ✵
chiuso giovedì e dal 25 ottobre all'11 novembre – **Pasto** carta 25/37000.

DONORATICO Livorno 🔢 M 13 – Vedere Castagneto Carducci.

DORGALI Nuoro 🔢 ㉞, 🔢 G 10 – Vedere Sardegna alla fine dell'elenco alfabetico.

DORMELLETTO 28040 Novara 🔢 ⑰ – 2 576 ab. alt. 235 – ✪ 0322.
Roma 639 – Stresa 19 – ♦Milano 62 – Novara 38.

℀ **Locanda Anna,** ℰ 497113 – ❷
chiuso lunedì e dal 1° al 15 agosto – **Pasto** carta 23/39000.

DOSOLO 46030 Mantova 🔢 🔢 H 13 – 3 144 ab. alt. 25 – ✪ 0375.
Roma 449 – ♦Parma 37 – ♦Verona 74 – Mantova 35 – ♦Modena 50.

℀℀ **Corte Brandelli,** via Argini dietro 11/a (O : 2 km) ℰ 89497, ⌂ – ❷. 🚫 *VISA*
chiuso martedì, mercoledì sera e dal 24 luglio al 24 agosto – **Pasto** carta 47/69000.

DOSSON Treviso – Vedere Casier.

DOUES 11010 Aosta 🔢 E 3 – 403 ab. alt. 1175 – ✪ 0165.
Roma 760 – Aosta 14 – Colle del Gran San Bernardo 28 – ♦Milano 198 – ♦Torino 127.

℀ **Lo Bon Mégnadzo,** S : 4 km ℰ 738045 – ❷. 🖭 🚫 ⑩ E *VISA*. ✵
chiuso dal 1° al 20 settembre, lunedì sera e martedì (escluso luglio-agosto) – **Pasto** 35000.

DOZZA 40050 Bologna 🔢 🔢 I 16 – 4 940 ab. alt. 190 – ✪ 0542.
Roma 392 – ♦Bologna 32 – ♦Ferrara 76 – Forlì 38 – ♦Milano 244 – ♦Ravenna 52.

℀℀ **Canè** con cam, ℰ 678120, Fax 678522, ≼, « Servizio estivo in terrazza » – 📺 ☎ ❷. 🖭 🚫
⑩ E *VISA*. ✵
chiuso dal 2 al 24 gennaio – **Pasto** *(chiuso lunedì)* carta 37/58000 – 😋 9000 – **10 cam**
65/82000 – ½ P 80000.

a Toscanella N : 5 km – ✉ **40060** :

🏨 **Gloria,** via Emilia 42 ℰ 673438, Fax 673438 – 📳 🗐 📺 ☎ ❷. 🖭 🚫 ⑩ E *VISA* JCB. ✵ rist
chiuso dal 1° al 21 agosto – **Pasto** *(chiuso a mezzogiorno, domenica e luglio)* carta 30/48000
– 😋 20000 – **24 cam** 200/280000.

DRAGA SANT'ELIA Trieste – Vedere Pese.

DRUENTO 10040 Torino 🔢 G 4 – 7 582 ab. alt. 285 – ✪ 011.
Roma 678 – Asti 73 – Pinerolo 38 – ♦Torino 18 – Susa 48.

℀℀ **Rosa d'Oro,** strada provinciale Torino-San Gillio ℰ 98446675, Fax 9844383, ⌂ – 🗐 ❷.
🖭 🚫 ⑩ E *VISA*
chiuso domenica sera, lunedì, dal 26 dicembre al 7 gennaio e dall'8 al 20 agosto – **Pasto**
35/50000.

DRUOGNO 28030 Verbania 🔢 D 7, 🔢 ⑥ – 982 ab. alt. 835 – Sport invernali : 835/950 m ≰3,
🎿 – ✪ 0324.
Roma 713 – Stresa 47 – Domodossola 15 – Locarno 34 – ♦Milano 137 – Novara 106 – ♦Torino 180.

🏨 Stella Alpina ℰ 93593, Fax 93595, ⌖ – 📳 📺 ☎ ₺. ❷
50 cam.

🏠 **Colombo,** ℰ 93543, ≼ – ❷. *VISA*. ✵ rist
chiuso novembre – **Pasto** *(chiuso martedì escluso da giugno a settembre)* carta 27/40000 –
😋 10000 – **27 cam** 65/70000 – ½ P 70/75000.

▬ *Inclusion in the Michelin Guide cannot be achieved*
by pulling strings or by offering favours.

DUINO AURISINA 34013 Trieste 988 ⑥, 429 E 22 – 8 513 ab. – ✿ 040.
Roma 649 – Gorizia 23 – Grado 32 – ♦Milano 388 – ♦Trieste 22 – Udine 51 – ♦Venezia 138.

🏨🏨 **Duino Park Hotel** ⑤, senza rist, ℰ 208184, Fax 208526, ⅃ – 📶 🗏 📺 ☎ 🅿. 🖭 ﹩ ⓪ 🇪
VISA. ✾
aprile-ottobre – ⊡ 18000 – **18 cam** 130/190000.

🏨 **Forte Agip**, sull'autostrada A 4 o statale 14 ℰ 208273, Telex 461098, Fax 208836 – 📶 🗏
📺 ☎ 🅿. 🖭 ﹩ ⓪ 🇪 *VISA* 🇯🇨🇧. ✾ rist
Pasto 27/50000 – **77 cam** ⊡ 125/150000 – P 110/115000.

✗ **Al Cavalluccio**, sul porticciolo di Duino ℰ 208133, 🍽 – 🖭 ﹩ ⓪ 🇪 *VISA*
chiuso martedì e dal 25 gennaio al 5 febbraio – **Pasto** carta 37/64000.

✗ **Gruden**, località San Pelagio N : 3 km ⊠ 34011 San Pelagio ℰ 200151, 🍽, Cucina
carsolina – 🇪 *VISA*. ✾
chiuso lunedì, martedì e settembre – **Pasto** carta 29/46000.

a Sistiana S : 3 km – ⊠ **34019.**
🅱 (maggio-settembre) bivio per Sistiana Mare ℰ 299166 :

🏨 **Posta** senza rist, ℰ 299103, Fax 291001, 🍽 – 📶 📺 ☎ 🅿. 🖭 ﹩ ⓪ 🇪 *VISA*. ✾
chiuso dal 20 dicembre al 15 gennaio e sabato-domenica (escluso da giugno a settembre) –
⊡ 10000 – **30 cam** 90/115000.

DUNA VERDE Venezia – Vedere Caorle.

DUNO 21030 Varese 219 ⑦ – 141 ab. alt. 530 – ✿ 0332.
Roma 653 – Stresa 59 – Luino 16 – ♦Milano 76 – Novara 68 – Varese 24.

✗ **Ur Torc**, ℰ 651143, prenotare – ✾
chiuso a mezzogiorno (escluso sabato e i giorni festivi), martedì e dal 20 giugno al 10 luglio
– **Pasto** carta 35/48000.

EAU ROUSSE Aosta 219 ⑫ – Vedere Valsavarenche.

EBOLI 84025 Salerno 988 ㉘, 431 F 27 – 33 933 ab. alt. – ✿ 0828.
Roma 286 – Avellino 64 – ♦Napoli 86 – Potenza 76 – Salerno 30.

🏨🏨 **Konig Hotel Sentacruz**, SO : 2,5 km ℰ 361062, Fax 361062, ⅃ – 📶 🗏 📺 ☎ 🅿 –
🕊 100 a 800. 🖭 ﹩ ⓪ 🇪 *VISA*
33 cam.

EDOLO 25048 Brescia 988 ④, 428 429 D 12 – 4 415 ab. alt. 699 – a.s. luglio-agosto – ✿ 0364.
🅱 piazza Martiri della Libertà 2 ℰ 71065.
Roma 653 – ♦Bergamo 96 – ♦Bolzano 126 – ♦Brescia 100 – ♦Milano 141 – Sondrio 45.

🏨 **Eurohotel** senza rist, via Marconi 40 ℰ 72621 – 📶 📺 ☎ ⟵⟶ 🅿. ﹩ 🇪 *VISA*. ✾
17 cam ⊡ 90/120000.

EGADI (Isole) Trapani 988 ㉟, 432 N 18 19 – Vedere Sicilia alla fine dell'elenco alfabetico.

ELBA (Isola d') Livorno 988 ㉔, 430 N 12/13 – 29 411 ab. alt. da 0 a 1 019 (monte Capanne) –
Stazione termale a San Giovanni (20 aprile-31 ottobre), a.s. 15 giugno-15 settembre – ✿ 0565.
🛥 dell'Acquabona (chiuso lunedì in bassa stagione) ⊠ 57037 Portoferraio ℰ 940066, Fax
933410, SE : 7 km da Portoferraio.
⛴ vedere Portoferraio, Rio Marina e Porto Azzurro – ⛴ vedere Portoferrario e Cavo.
🅱 vedere Portoferraio

Pianta pagina seguente

Capoliveri 430 N 13 – 2 452 ab. – ⊠ **57031.**
Vedere ☼ ★★ dei Tre Mari.
Porto Azzurro 5 – Portoferraio 16.

✗ **Il Chiasso**, via Cavour 34 ℰ 968709, 🍽, Coperti limitati; prenotare, « Ambiente
caratteristico » – 🖭 ﹩ ⓪ 🇪 *VISA*
aprile-ottobre; chiuso a mezzogiorno e martedì (escluso dal 15 giugno al 15 settembre) –
Pasto carta 42/76000 (10 %).

a Pareti S : 4 km – ⊠ 57031 Capoliveri :

🏨 **Dino** ⑤, ℰ 939103, Fax 968172, ≤ mare e costa, 🍽, 🏖, 🍽 – ☎ 🅿. ﹩ 🇪 *VISA*. ✾ rist
Pasqua-ottobre – **Pasto** 35000 – ⊡ 15000 – **30 cam** 65/95000 – ½ P 78/98000.

a Lido NO : 7,5 km – ⊠ 57031 Capoliveri :

🏨 **Antares** ⑤, ℰ 940131, Fax 940084, ≤, 🍽, ⅃, 🏖, 🍽, ✗ – ☎ 🅿. ✾ rist
24 aprile-18 ottobre – **Pasto** 19000 bc (a mezzogiorno e solo per clienti alloggiati) 45000 (alla
sera) – **43 cam** ⊡ 85/160000 – ½ P 99/159000.

230

ISOLA D'ELBA

a Lacona NO : 11,5 km – ⊠ 57031 Capoliveri :

🏨 **Capo di Stella** ⑤, ℰ 9640852, Fax 964220, ≤ mare e costa, ⛏, ☞ – 📺 ☎ 🅿
   stagionale – **34 cam.**

Marciana 430 N 12 – 2 242 ab. alt. 375 – ⊠ **57030.**

Vedere ≤★.

Dintorni Monte Capanne★★ : ✻★★.

Porto Azzurro 37 – Portoferraio 28.

a Poggio E : 3 km – alt. 300 – ⊠ **57030** :

✗✗ **Publius,** ℰ 99208, Fax 904174, « Servizio estivo all'aperto con ≤ Marciana e golfo » –
   🖭 🖪 ◐ 🖪 *VISA*
   20 marzo-6 novembre; chiuso lunedì in bassa stagione – **Pasto** carta 45/64000.

✗ **Da Luigi,** località Lavacchio S : 3,5 km ℰ 99413, 🏡, Solo piatti di carne – 🅿. 🖪 ◐ 🖪
   VISA
   *Pasqua-22 ottobre; chiuso lunedì a mezzogiorno in luglio-agosto, tutto il giorno negli altri
   mesi* – **Pasto** carta 38/56000.

a Sant'Andrea NO : 6 km – ⊠ 57030 Marciana :

🏨 **Cernia** ⑤, ℰ 908194, Fax 908253, ≤, « Giardino fiorito sul mare e orto-botanico con
   ⛏ », ✗ – 📺 ☎ 🅿. 🖪 🖪 *VISA*. ✻ rist
   aprile-25 ottobre – **Pasto** carta 35/55000 – ⊆ 20000 – **27 cam** 90/120000 – ½ P 55/125000.

🏨 **Piccolo Hotel Barsalini** ⑤, ℰ 908013, Fax 908264, « Giardino e terrazze fiorite con
   ⛏ » – ☎ 🅿. 🖪 🖪 *VISA*. ✻ rist
   20 marzo-20 ottobre – **Pasto** carta 34/54000 – **28 cam** ⊆ 100/140000 – ½ P 65/110000.

🏨 **Gallo Nero** ⑤, ℰ 908017, Fax 908078, ≤, « Terrazza-giardino con ⛏ », ✗ – ☎ 🅿. 🖪 🖪
   VISA. ✻ rist
   20 marzo-25 ottobre – **Pasto** carta 35/49000 – ⊆ 20000 – **20 cam** 120/126000 – ½ P 55/
   125000.

🏨 **Da Giacomino** ⑤, ℰ 908010, Fax 908294, ≤ mare, « Giardino pineta sul mare », ⛏ –
   ☎ 🅿. 🖪 🖪 *VISA*
   Pasqua-ottobre – **Pasto** carta 33/50000 (10%) – ⊆ 20000 – **25 cam** 80/100000 – ½ P 60/
   110000.

a Patresi O : 9 km – ⊠ **57030** Marciana :

✗ **La Marina,** ℰ 908060, Fax 908060, ≤, 🏡 – 🅿. 🖭 🖪 🖪 *VISA*. ✻
   chiuso martedì e dal 6 al 26 novembre – **Pasto** carta 35/58000.

a Chiessi SO : 12 km – ⊠ **57030** Pomonte :

✗✗ **Il Perseo** con cam, ℰ 906010, Fax 906010, ≤ – 📺 ☎ 🅿. 🖭 🖪. ✻
   chiuso dal 7 gennaio a febbraio e dal 5 novembre al 20 dicembre – **Pasto** carta 32/43000
   (10%) – **21 cam** ⊆ 130000 – ½ P 49/83000.

a Spartaia E : 12 km – ⊠ **57030** Procchio :

🏨🏨 **Désirée** ⟋⟍, 𝒫 907311, Telex 590649, Fax 907884, ≼, « Giardino in riva al mare », ⤻, 🏖🅾, ⚹ – ▤ 🔳 ☎ 🅟. 🆎 🔂 ⓞ 🅴 *VISA*. ⚹ rist
16 aprile-4 ottobre – **Pasto** 60000 – **75 cam** ⚏ 180/340000, 4 appartamenti – ½ P 115/242000.

🏨 **Valle Verde,** 𝒫 907545, Fax 907965, ≼, 🏖🅾, ⟿ – ☎ 🅟. 🆎 🔂 ⓞ 🅴 *VISA*. ⚹
13 aprile-10 ottobre – **Pasto** 40/60000 – ⚏ 27000 – **42 cam** 150/190000 – ½ P 160/175000.

a Campo all'Aia E : 15 km – ⊠ **57030** Procchio :

🏠 **Brigantino** ⟋⟍, 𝒫 907453, Fax 907994, 🍽, ⤻, 🏖🅾, ⟿, ⚹ – ⊠ ☎ 🅟. *VISA*. ⚹ rist
aprile-settembre – **Pasto** (solo per clienti alloggiati) 33/42000 – ⚏ 16000 – **40 cam** 80/120000 – ½ P 110/130000.

a Pomonte SO : 15 km – ⊠ **57030** :

🏠 **Da Sardi** ⟋⟍, 𝒫 906045, Fax 906253 – ☎ 🅟. 🆎 🔂 *VISA*. ⚹ rist
Pasto *(chiuso mercoledì in bassa stagione)* carta 34/46000 – **22 cam** ⚏ 50/95000 – ½ P 52/90000.

🏠 **Corallo** ⟋⟍, 𝒫 906042 – 🔳 ☎ 🅟. 🆎 🔂 ⓞ 🅴 *VISA*
marzo-10 novembre – **Pasto** 23/30000 – **10 cam** ⚏ 70/110000 – ½ P 70/90000.

Marciana Marina 988 ㉔, 430 N 12 – 1 962 ab. – ⊠ **57033**.

Porto Azzurro 29 – Portoferraio 20.

🏨🏨 **Gabbiano Azzurro 2** senza rist, 𝒫 997035, Fax 997034, 🛁, ≋, ⤻, 🔲 – ⊠ ▤ 🔳 ☎ ⟿ 🅟. 🔂 🅴 *VISA*. ⚹
14 cam ⚏ 100/300000, 7 appartamenti.

🏨 **Marinella,** 𝒫 99018, Fax 99018, ≼, ⤻, ⟿, ⚹ – ⊠ ▤ 🔳 ☎ 🅟. 🆎 🔂 🅴 *VISA*. ⚹
aprile-ottobre – **Pasto** (solo per clienti alloggiati) 25/35000 – ⚏ 10000 – **57 cam** 110/140000 – ½ P 79/120000.

🏠 **Imperia** senza rist, 𝒫 99082, Fax 904259, ⟿ – 🔳 ☎. 🆎 🔂 🅴 *VISA*
⚏ 8000 – **21 cam** 65/90000.

🍴🍴 **Rendez-Vous da Marcello,** 𝒫 99251, ≼, 🍽 – ▤. 🆎 🔂 ⓞ 🅴 *VISA*
chiuso dall'8 gennaio a febbraio, novembre e mercoledì in bassa stagione – **Pasto** carta 41/61000.

🍴 **Da Loris,** 𝒫 99496, 🍽 – ▤ 🔂 🅴 *VISA*
Pasqua-ottobre; chiuso mercoledì – **Pasto** carta 31/47000 (10%).

🍴 **La Fiaccola,** 𝒫 99094, ≼, 🍽 – 🆎 🔂 🅴 *VISA*
aprile-5 novembre; chiuso giovedì escluso dal 15 giugno al 15 settembre – **Pasto** carta 25/48000 (10%).

Marina di Campo 988 ㉔, 430 N 12 – ⊠ **57034**.

Marciana Marina 13 – Porto Azzurro 26 – Portoferraio 17.

🏨🏨 **Riva del Sole,** 𝒫 976316, Fax 976778, ⚹ – ▤ 🔳 ☎ 🅰 🅟. 🆎 🔂 ⓞ 🅴 *VISA*. ⚹
Pasqua-ottobre – **Pasto** (solo per clienti alloggiati) – ⚏ 30000 – **58 cam** 150/260000 – ½ P 120/170000.

🏨 **Dei Coralli** ⟋⟍, 𝒫 976336, Fax 977748, ⤻, ⟿, ⚹ – ⊠ ▤ ☎ 🅟. 🆎 🔂 🅴 *VISA*. ⚹ rist
15 aprile-15 ottobre – **Pasto** (solo per clienti alloggiati) – **62 cam** ⚏ 136/192000 – ½ P 154000.

🏨 **Puntoverde** senza rist, 𝒫 977482, Fax 977486 – 🔳 ☎ 🅟. 🆎 ⓞ *VISA*. ⚹
Pasqua-15 ottobre – **32 cam** ⚏ 120/198000.

🏨 **Meridiana** senza rist, 𝒫 976308, Fax 977191, ⟿ – ⊠ ☎ 🅟. 🔂 🅴 *VISA*
Pasqua-settembre – ⚏ 10000 – **27 cam** 170/196000.

🏨 **Santa Caterina,** 𝒫 976452, Fax 976745, ⟿ – ⊠ 🔳 ☎ 🅟. 🔂 🅴 *VISA*. ⚹
10 aprile-settembre – **Pasto** (solo per clienti alloggiati) 25/40000 – ⚏ 20000 – **41 cam** 90/140000 – ½ P 58/127000.

🍴 Bologna, 𝒫 976105, Fax 976105, 🍽
stagionale.

🍴 **La Lucciola,** 𝒫 976395, 🍽, 🏖🅾 – 🆎 🔂
Pasqua-settembre; chiuso mercoledì in bassa stagione – **Pasto** 40/60000.

a La Pila N : 2,5 km – ⊠ **57034** Marina di Campo :

🍴 **Da Gianni,** all'aeroporto 𝒫 976965, 🍽, Specialità pugliesi – 🅟
marzo-ottobre – **Pasto** 30/35000.

a Seccheto O : 6 km – ⊠ **57030** :

🏠 Locanda dell'Amicizia ⟋⟍, località Vallebuia N : 1 km 𝒫 987051, Fax 987277, ≼, 🍽, ⟿ – 🅟
17 cam.

a Fetovaia O : 8 km – ⊠ **57030** Seccheto :

🏠 **Galli** ⑤, ℰ 988035, Fax 988029, ≼, 🚗 – 🕿 🅿. 🖪 🗉 𝚅𝙸𝚂𝙰. ⋘
aprile-20 ottobre – **Pasto** (solo per clienti alloggiati) 41000 – ⇌ 20000 – **28 cam** 85/130000 –
½ P 130000.

🏠 **Montemerlo** ⑤, ℰ 988051, Fax 988051, ≼, 🚗 – ☰ rist 📺 🕿 🅿. 🖪 🗉 𝚅𝙸𝚂𝙰. ⋘
Pasqua-10 ottobre – **Pasto** (solo per clienti alloggiati) 30000 – ⇌ 20000 – **36 cam** 90/130000
– ½ P 60/110000.

🏠 **Lo Scirocco** ⑤, ℰ 988033, Fax 988067, ≼, 🚗 – 📳 📺 🕿 🅿. 🖪 🗉 𝚅𝙸𝚂𝙰. ⋘ rist
aprile-20 ottobre – **Pasto** carta 40/53000 – ⇌ 30000 – **30 cam** 125/140000 – ½ P 60/130000.

Porto Azzurro ⑨⑧⑧ ㉘, ⑷③⓪ N 13 – 3 115 ab. – ⊠ **57036**.

🚢 per Rio Marina-Piombino giornalieri (da 45 mn a 1 h 20 mn) – Toremar-agenzia
Palombo, banchina IV Novembre 19 ℰ 95004, Fax 95004.

Marciana Marina 29 – Portoferraio 15.

🏠 **Belmare,** ℰ 95012, Fax 958245, ≼ – 📺 🕿. 🖭 🖪 ⑩ 🗉 𝚅𝙸𝚂𝙰. ⋘
chiuso novembre – **Pasto** *(chiuso a mezzogiorno)* carta 35/49000 – ⇌ 10000 – **27 cam**
60/100000 – ½ P 65/100000.

Portoferraio ⑨⑧⑧ ㉘, ⑷③⓪ N 12 – 11 090 ab. – ⊠ **57037**.

Dintorni Villa Napoleone di San Martino★ SO : 6 km.

Escursioni Strada per Cavo e Rio Marina : ≼★★.

🚢 per Piombino giornalieri (1 h) – Toremar-agenzia Palombo, calata Italia 22
ℰ 918080, Telex 590018, Fax 917444; Navarma, viale Elba 12 ℰ 914133, Telex 590590,
Fax 916758; Elba Ferrier, al porto ℰ 930676.

🚢 per Piombino giornalieri (30 mn) – Toremar-agenzia Palombo, calata Italia 22
ℰ 918080, Telex 590018, Fax 917444.

🚩 calata Italia 26 ℰ 914671, Fax 916350.

Marciana Marina 20 – Porto Azzurro 15.

🏩 **Acquamarina** senza rist, O : 1,2 km ℰ 914057, Fax 915672, ≼ – 📳 📺 🕿 🅿. 🖭 🖪 ⑩ 🗉
𝚅𝙸𝚂𝙰. ⋘
Pasqua-ottobre – ⇌ 34000 – **35 cam** 98/156000.

🍴 **La Ferrigna,** piazza Repubblica 22 ℰ 914129, 🍽 – 🖪 🗉 𝚅𝙸𝚂𝙰
chiuso dall'11 gennaio a febbraio, dall'11 al 30 novembre e martedì in bassa stagione –
Pasto carta 37/55000 (5%).

a San Giovanni S : 3 km – ⊠ **57037** Portoferraio :

🏩 **Airone** ⑤, ℰ 929111, Telex 501829, Fax 917484, ≼, 🍽, ☕, 🐎, 🚗, 🎾, ♣ – 📳 ☰ 📺 🕿
🖧 🅿 – 🔬 180. 🖭 🖪 ⑩ 🗉 𝚅𝙸𝚂𝙰. ⋘ rist
Pasto carta 40/75000 – **85 cam** ⇌ 175/260000 – ½ P 155000.

ad Acquaviva O : 4 km – ⊠ **57037** Portoferraio :

🏠 **Acquaviva Park Hotel** ⑤, ℰ 915392, Fax 916903, ≼, 🍽, « Percorsi nel bosco », ☕ –
📺 🕿 🅿 🖪 🗉 𝚅𝙸𝚂𝙰. ⋘
22 aprile-settembre – **Pasto** (solo per clienti alloggiati e *chiuso a mezzogiorno escluso dal
15 giugno al 31 agosto)* – **39 cam** ⇌ 130/230000 – ½ P 70/135000.

a Viticcio O : 5 km – ⊠ **57037** Portoferraio :

🏠 **Paradiso** ⑤, ℰ 939034, Fax 939041, ≼, ☕, 🚗, 🎾 – 🕿 🅿. ⋘ rist
aprile-15 ottobre – **Pasto** *(chiuso a mezzogiorno)* carta 35/52000 (10%) – ⇌ 22000 –
37 cam 100/140000 – ½ P 65/140000.

a San Martino SO : 6 km – ⊠ **57037** Portoferraio :

🏩 **Park Hotel Napoleone** ⑤, località' San Martino ℰ 918502, Fax 917836, 🍽, « Parco
ombreggiato con ☕ », 🐎 – 📳 ☰ 📺 🕿 🅿 – 🔬 50 a 120. 🖭 🖪 ⑩ 🗉 𝚅𝙸𝚂𝙰. ⋘
Pasto *(aprile-ottobre)* 55/85000 – **63 cam** ⇌ 180/340000, appartamento – ½ P 155/210000.

🏠 **Il Caminetto,** ℰ 915700, Fax 915271, 🍽, « Giardino con ☕ » – 🕿 🅿. ⋘ rist
aprile-settembre – **Pasto** carta 23/48000 – ⇌ 10000 – **17 cam** 80/112000 – ½ P 62/103000.

a Picchiaie S : 7 km – ⊠ **57037** Portoferraio :

🏩 **Le Picchiaie Residence** ⑤, ℰ 933110, Fax 933186, ≼ colline e golfo, ☕, 🚗, 🎾 – ☰
📺 🕿 🅿 – 🔬 50. 🖪 🗉 𝚅𝙸𝚂𝙰. ⋘
Pasto 35/50000 – ⇌ 25000 – **51 cam** 120/190000 – ½ P 85/155000.

a Magazzini SE : 8 km – ⊠ **57037** Portoferraio :

🏩 **Fabricia** ⑤, ℰ 933181, Fax 933185, ≼ golfo e Portoferraio, « Grande giardino sul mare
con ☕ », 🕼, ☕, 🎾 – ☰ 📺 🕿 🅿. 🖭 🖪 ⑩ 🗉 𝚅𝙸𝚂𝙰. ⋘ rist
aprile-ottobre – **Pasto** 35/70000 – **76 cam** ⇌ 280/380000 – ½ P 130/250000.

a Biodola O : 9 km – ⊠ 57037 Portoferraio :

Hermitage ॐ, ℰ 936911, Fax 969984, ≤ baia, Golf 6 buche, « Giardino con 〰 », ﹍ᵒ, 〞 – 〡 〓 ⅏ ☎ 🄿 – 〻 300. 🆎 〔S〕 ⓔ 𝘝𝘐𝘚𝘈 . 〞 rist
maggio-ottobre – **Pasto** 55/85000 – **110 cam** solo ½ P 200/330000.

Biodola ॐ, ℰ 936811, Fax 969852, ≤ mare e costa, Golf 6 buche, « Giardino fiorito con 〰 », ﹍ᵒ, 〞 – 〡 〓 〔S〕 ⅏ 🄿. 🆎 〔S〕 ⓔ 𝘝𝘐𝘚𝘈 . 〞 rist
aprile-20 ottobre – **Pasto** 50/80000 – **80 cam** solo ½ P 170/270000.

a Scaglieri O : 9 km – ⊠ 57037 Portoferraio :

Danila ॐ, ℰ 969915, Fax 969865, 〰 – ⅏ ☎ 🄿. 🆎 〔S〕 ⓔ 𝘝𝘐𝘚𝘈 . 〞 rist
aprile-15 ottobre – **Pasto** carta 38/60000 – **27 cam** ⊆ 150000 – ½ P 63/123000.

Da Luciano, ℰ 969952, ≤, 〟 – 🄿. 🆎 〔S〕 ⅏ ⓔ 𝘝𝘐𝘚𝘈 𝖏𝖈𝖇
Pasqua-19 ottobre; chiuso mercoledì fino al 15 giugno e dal 15 settembre al 19 ottobre –
Pasto carta 35/50000.

ad Ottone SE : 11 km – ⊠ 57037 Portoferraio :

Villa Ottone ॐ, ℰ 933042, Fax 933257, ≤, 〟, « Parco ombreggiato », 〰, ﹍ᵒ, 〞 – 〡
〓 ⅏ ☎ 🄿. 🆎 〔S〕 ⅏ ⓔ 𝘝𝘐𝘚𝘈 . 〞 rist
15 maggio-2 ottobre – **Pasto** 35/60000 – **64 cam** ⊆ 230/320000 – ½ P 100/218000.

Rio Marina 430 N 13 – 2 043 ab. – ⊠ 57038.

⟿ per Piombino giornalieri (45 mn) – Toremar-agenzia Leonardi, banchina dei Voltoni 4 ℰ 962073, Fax 962073.

⟿ a Cavo, per Piombino giornalieri (20 mn) – Toremar, via Appalto 114 ℰ 949871.

Porto Azzurro 12 – Portoferraio 20.

Rio, ℰ 924225, Fax 924162, 〟 – 〡 ☎. 🆎 〔S〕 𝘝𝘐𝘚𝘈 . 〞 rist
aprile-settembre – **Pasto** *(chiuso a mezzogiorno)* carta 30/50000 – **37 cam** ⊆ 90/140000 –
½ P 67/125000.

Mini Hotel Easy Time ॐ, ℰ 962531, Fax 962531, ≤ – 〓 cam ☎ 🄿. 〔S〕 ⓔ 𝘝𝘐𝘚𝘈
Pasto (solo per clienti alloggiati e *chiuso a mezzogiorno)* – ⊆ 20000 – **8 cam** 80/120000 –
½ P 60/120000.

La Canocchia, ℰ 962432, prenotare – 〓. 〔S〕 ⓔ 𝘝𝘐𝘚𝘈
marzo-ottobre; chiuso lunedì in bassa stagione – **Pasto** carta 40/54000.

a Cavo N : 7,5 km – ⊠ 57030 :

Marelba ॐ, ℰ 949900, Fax 949776, 〟, « Giardino ombreggiato » – ☎ 🄿. 〞
20 aprile-settembre – **Pasto** 30/40000 – **52 cam** ⊆ 90/140000 – ½ P 128000.

Pierolli, ℰ 931188, Fax 931044, ≤, 〰 – ☎ 🄿. 🆎 〔S〕 ⅏ ⓔ 𝘝𝘐𝘚𝘈 . 〞
Pasto *(aprile-settembre)* 45000 – ⊆ 20000 – **22 cam** 75/120000 – ½ P 120000.

ELLERA Savona 428 J 7 – Vedere Albissola Marina.

ELVAS Bolzano – Vedere Bressanone.

EMPOLI 50053 Firenze 988 ⑭, 429 430 K 14 – 43 534 ab. alt. 27 – ✪ 0571.
Roma 294 – ♦ Firenze 30 – ♦ Livorno 62 – Siena 68.

Il Galeone, via Curtatone e Montanara 67 ℰ 72826 – 〓. 🆎 〔S〕 ⅏ ⓔ 𝘝𝘐𝘚𝘈 . 〞
chiuso domenica ed agosto – **Pasto** carta 32/62000.

La Panzanella, via dei Cappuccini 10 ℰ 78347, Specialità toscane – 🆎
chiuso sabato a mezzogiorno, domenica, dal 24 dicembre al 2 gennaio e dal 7 al 21 agosto –
Pasto carta 25/45000.

ENNA 〔P〕 988 ㊱, 432 O 24 – Vedere Sicilia alla fine dell'elenco alfabetico.

ENTRACQUE 12010 Cuneo 428 J 4, 115 ⑦ – 874 ab. alt. 904 – a.s. luglio-agosto e Natale –
✪ 0171.
Roma 667 – Cuneo 24 – ♦ Milano 240 – Colle di Tenda 40 – ♦ Torino 118.

Miramonti, ℰ 978222, ≤ – 🄿. 〞 rist
chiuso dal 20 al 30 ottobre – **Pasto** (solo per clienti alloggiati e *chiuso dal 17 aprile a*
31 maggio) 22/26000 – ⊆ 10000 – **14 cam** 60/85000 – ½ P 68/78000.

ENTRÈVES Aosta 988 ①, 428 E 2 – Vedere Courmayeur.

EOLIE (Isole) Messina 988 ㊱ ㊲ ㊳, 431 K 26 27, 432 L 26 27 – Vedere Sicilia alla fine dell'elenco
alfabetico.

EPPAN AN DER WEINSTRASSE = Appiano sulla Strada del Vino.

EQUI TERME 54022 Massa Carrara 428 429 430 J 12 – alt. 250 – ✿ 0585.

Roma 437 – Pisa 80 – ◆La Spezia 45 – Massa 48 – ◆Parma 122.

🏠 **Terme** ⑤, ℰ 97830, Fax 97831, ≼, 🏛, 🛁 termale, 🌳 – 🛗 🔲 ☎ ⅋ 🅿 🔾, ⅏ cam
chiuso gennaio o novembre – **Pasto** 25/30000 – **20 cam** ⊏ 65/90000 – ½ P 70/75000.

🍴 **La Posta** con cam, ℰ 97937, 🏛 – 🅿 🔾, ⅏
chiuso dal 7 gennaio al 25 marzo – **Pasto** *(chiuso martedì)* carta 22/37000 – ⊏ 2000 –
7 cam 50/60000 – ½ P 55/65000.

ERACLEA 30020 Venezia 988 ⑤, 429 F 20 – 11 838 ab. alt. 2 – ✿ 0421.

🛈 via Marinella 56 ℰ 66134, Fax 66500.

Roma 569 – ◆Venezia 46 – Belluno 102 – ◆Milano 308 – ◆Padova 78 – Treviso 45 – ◆Trieste 120 – Udine 89.

ad Eraclea Mare SE : 10 km – ✉ 30020 :

🏨 **Park Hotel Pineta** ⑤, ℰ 66063, Fax 66196, « Giardino ombreggiato », 🛁, 🐎 – 🔲 rist
☎ 🅿, ⅏
15 maggio-25 settembre – **Pasto** carta 33/38000 – **45 cam** ⊏ 80/100000 – ½ P 73/96000.

ERBA 22036 Como 988 ③, 428 E 9 – 16 029 ab. alt. 323 – ✿ 031.

Roma 622 – Como 14 – Lecco 15 – ◆Milano 44.

🍴 **La Vispa Teresa**, via XXV Aprile 115 ℰ 640141, Rist. e pizzeria – 🔲. 🅰🅴 🔾 ⓪ 🆅🅸🆂🅰
chiuso lunedì e dal 3 al 23 agosto – **Pasto** carta 41/70000.

ERBUSCO 25030 Brescia 428 429 F 11 – 6 367 ab. alt. 251 – ✿ 030.

Roma 578 – ◆Brescia 22 – ◆Bergamo 28 – ◆Milano 69.

🏨 **Gualtiero Marchesi-L'Albereta** ⑤, località Bellavista N : 1,5 km ℰ 7760550,
Fax 7760573, « In collina tra i vigneti », 🏋, ≦, 🔲, 🌳, 🎾 – 🛗 📶 🔲 📺 ☎ 🚗 🅿 –
🏛 25 a 250. 🅰🅴 🔾 🆅🅸🆂🅰
chiuso dal 1° al 26 gennaio – **Pasto** vedere rist **Gualtiero Marchesi** – **36 cam** ⊏ 210/320000.

🍴🍴🍴🍴 ✿✿✿ **Gualtiero Marchesi**, località Bellavista N : 1,5 km ℰ 7760562, Fax 7760573,
≼ lago e monti, Confort accurato; prenotare – 🅿. 🅰🅴 🔾 ⓪ 🔾 🆅🅸🆂🅰, ⅏
chiuso domenica sera, lunedì e dal 1° al 26 gennaio – **Pasto** 60/80000 (a mezzogiorno)
110/130000 (alla sera) e carta 75/120000
Spec. Insalata di storione con le sue uova, Raviolo aperto, Cotoletta di vitello alla milanese.

🍴🍴🍴 **La Mongolfiera** ⑤ con cam, località Bellavista N : 1,5 km ℰ 7268451, Fax 7760386,
Coperti limitati; prenotare, « Elegante residenza di campagna », 🌳, 🐎 – 📺 ☎ 🅿. 🅰🅴 🔾 ⓪
🔾 🆅🅸🆂🅰
Pasto *(chiuso martedì sera, mercoledì, dal 1° al 16 gennaio ed agosto)* carta 28/64000 –
6 cam ⊏ 140/190000 – ½ P 123/178000.

🍴🍴 **Da Bertoli**, via per Iseo 31 (NE : 5 km) ℰ 7709761, Fax 7709761, 🏛, 🌳 – ⅏ 🅿. 🅰🅴 🔾
⓪ 🔾 🆅🅸🆂🅰
chiuso lunedì, dal 2 al 20 gennaio e dal 10 al 20 agosto – **Pasto** carta 48/86000.

ERCOLANO 80056 Napoli 988 ㉗, 431 E 25 – 61 111 ab. – ✿ 081.

Vedere Terme★★★ – Casa a Graticcio★★ – Casa dell'Atrio a mosaico★★ – Casa Sannitica★★ –
Casa del Mosaico di Nettuno e Anfitrite★★ – Pistrinum★★ – Casa dei Cervi★★ – Casa del
Tramezzo carbonizzato★ – Casa del Bicentenario★ – Casa del Bel Cortile★ – Casa del Mobilio
carbonizzato★ – Teatro★ – Terme Suburbane★.

Dintorni Vesuvio★★★ NE : 14 km e 45 mn a piedi AR.

Roma 224 – ◆Napoli 11 – Pozzuoli 26 – Salerno 46 – Sorrento 39.

🏨 **Puntaquattroventi**, via Marittima 59 ℰ 7773041, Fax 7773757, ≼, 🏋 – 🛗 🔲 📺 ☎ 🅿 –
🏛 60 a 180. 🅰🅴 🔾 ⓪ 🔾 🆅🅸🆂🅰, ⅏ cam
Pasto 30/35000 – **37 cam** ⊏ 135/198000 – ½ P 130/145000.

ERICE Trapani 988 ㊱, 432 M 19 – Vedere Sicilia alla fine dell'elenco alfabetico.

ESTE 35042 Padova 988 ⑤, 429 G 16 – 17 659 ab. alt. 15 – ✿ 0429.

Vedere Museo Nazionale Atestino★ – Mura★.

Roma 480 – ◆Ferrara 64 – Mantova 76 – ◆Milano 220 – ◆Padova 32 – Rovigo 29 – ◆Venezia 69 – Vicenza 45.

🏨 **Beatrice d'Este**, viale della Rimembranza 1 ℰ 600533, Fax 601957 – 🔲 rist ☎ 🅿 –
🏛 30 a 100. 🅰🅴. ⅏ rist
Pasto *(chiuso domenica sera)* carta 30/40000 – ⊏ 6000 – **30 cam** 45/80000 – ½ P 55/60000.

🏠 **Centrale**, piazza Beata Beatrice 14-15 ℰ 601757, Fax 601757 – 🛗 🔲 rist 📺 ☎ ⅋ 🅿. 🅰🅴
🔾 ⓪ 🔾 🆅🅸🆂🅰
chiuso dal 1° al 15 agosto – **Pasto** *(chiuso sabato)* carta 35/53000 – ⊏ 7500 – **21 cam**
55/85000 – ½ P 70000.

ETNA Catania 988 ㊱, 432 N 26 – Vedere Sicilia alla fine dell'elenco alfabetico.

ETROUBLES 11014 Aosta 𝟜𝟚𝟠 E 3, 𝟚𝟙𝟡 ② – 426 ab. alt. 1280 – a.s. Pasqua, 15 giugno-8 settembre e Natale – ✪ 0165.

Roma 760 – Aosta 14 – Colle del Gran San Bernardo 18 – ♦Milano 198 – ♦Torino 127.

- 🏠 **Col Serena**, ℰ 78420, Fax 78421, ≼ – 📺 ☎ 🅿. 🏠 🕦 ☰ *VISA*
  Pasto 25/40000 – ☷ 7000 – **16 cam** 60/94000 – ½ P 65/85000.

- 🍴🍴 **Croix Blanche**, ℰ 78238, 🍴 – 🅿. 🏠 ☰ *VISA*
  chiuso dal 24 aprile al 24 maggio, dal 5 novembre al 20 dicembre, lunedì (escluso agosto) e da gennaio a maggio anche martedì – **Pasto** carta 34/63000.

FABRIANO 60044 Ancona 𝟡𝟠𝟠 ⑯, 𝟜𝟛𝟘 L 20 – 28 690 ab. alt. 325 – ✪ 0732.

Vedere Piazza del Comune★ – Piazza del Duomo★.

Dintorni Grotte di Frasassi★★ N : 11 km.

🛈 piazza del Comune ℰ 5887.

Roma 216 – ♦Perugia 72 – ♦Ancona 76 – Foligno 58 – Gubbio 36 – Macerata 69 – Pesaro 116.

- 🏨🏨 **Janus Hotel Fabriano**, piazza Matteotti 45 ℰ 4191, Fax 5714 – 📧 📺 ☎ 🚗 – 🔬 300.
  🕮 🏠 🕦 ☰ *VISA*. 🛇 rist
  Pasto al Rist. *La Pergola* (chiuso venerdì e dal 1° al 24 agosto) carta 50/70000 – ☷ 15000 – **68 cam** 110/170000, 4 appartamenti – ½ P 130000.

- 🏨 **Aristos**, senza rist, via Cavour 103 ℰ 22308 – 📺 ☎
  8 cam.

- 🍴🍴 **Il Convivio**, via Piersanti Mattarella 62 (E : 3 km) ℰ 4574, « Servizio estivo in terrazza » – 🅿. 🕮 🏠 🕦 ☰ *VISA*
  chiuso lunedì – **Pasto** carta 40/55000.

  sulla strada statale 76 :

- 🍴🍴 **Villa del Grillo**, NE : 6 km ⊠ 60044 ℰ 625690, Fax 627958, « Servizio serale estivo in terrazza » – 🅿. 🏠 🕦 ☰ *VISA*. 🛇
  chiuso lunedì e dal 7 al 22 gennaio – **Pasto** carta 31/44000.

- 🍴🍴 **Old Ranch** 🛇, con cam, NE : 5 km ⊠ 60044 ℰ 627610, « Servizio estivo in giardino » – 🅿. 🏠 ☰ *VISA*. 🛇
  chiuso dal 30 giugno al 25 luglio – **Pasto** (chiuso martedì) carta 38/69000 (10%) – senza ☷ – **9 cam** 60/100000.

  We suggest:

  for a successful tour, that you prepare it in advance.

  Michelin maps and guides, will give you much useful information on route planning,
  places of interest, accommodation, prices etc.

FABRO 05015 Terni 𝟜𝟛𝟘 N 18 – 2 804 ab. alt. 364 – ✪ 0763.

Roma 144 – ♦Perugia 57 – Arezzo 83 – Siena 95 – Terni 94.

- 🍴 **La Bettola del Buttero** con cam, al casello autostrada A 1 ℰ 82446 e hotel ℰ 82063, Fax 82016, 🍴, 🐎 – 📺 ☎ 🅿. 🕮 🏠 🕦 ☰ *VISA*. 🛇
  Pasto (chiuso domenica) carta 36/56000 – ☷ 10500 – **15 cam** 70/110000 – ½ P 100/110000.

FAENZA 48018 Ravenna 𝟡𝟠𝟠 ⑯, 𝟜𝟚𝟡 𝟜𝟛𝟘 J 17 – 54 124 ab. alt. 35 – ✪ 0546.

Vedere Museo Internazionale della Ceramica★★.

🚩 La Torre (chiuso martedì) a Riolo Terme ⊠ 48028 ℰ 74035, Fax 74076, per ④ : 17 km.

Roma 368 ② – ♦Bologna 58 ④ – ♦Ravenna 35 ① – ♦Firenze 104 ③ – ♦Milano 264 ① – Rimini 67 ①.

Pianta pagina seguente

- 🏨🏨 **Cavallino**, via Forlivese 185 ℰ 634411, Fax 634440 – 📳 📧 📺 ☎ 🕭 🅿 – 🔬 150. 🕮 🏠 🕦 ☰ *VISA*
  1 km per ②
  Pasto carta 29/58000 – **80 cam** ☷ 97/190000 – ½ P 130000.

- 🏨 **Vittoria**, corso Garibaldi 23 ℰ 21508, Fax 29136 – 📳 📧 📺 ☎ – 🔬 200. 🕮 🏠 🕦 ☰ *VISA*
  🅹🅲🅱. 🛇 rist
  n
  Pasto (chiuso agosto) carta 29/45000 – **46 cam** ☷ 95/150000 – ½ P 100/130000.

  a Santa Lucia delle Spianate SE : 6,5 km per via Mons. Vincenzo Cimatti – ⊠ **48018** Faenza :

- 🍴 **Monte Brullo**, ℰ 642014, 🍴, 🐎 – 🅿. *VISA*. 🛇
  chiuso martedì, febbraio e novembre – **Pasto** carta 27/40000.

  a San Biagio SE : 9 km per via Mons. Vincenzo Cimatti – ⊠ **48018** Faenza :

- 🍴🍴 **San Biagio Vecchio**, salita di Oriolo ℰ 642057, « Servizio estivo in terrazza con ≼ pianura » – 🅿. 🕮 🏠 🕦 *VISA*
  chiuso lunedì a mezzogiorno e dal 1° al 25 novembre – **Pasto** carta 27/42000.

FAENZA

Garibaldi (Corso)
Matteotti (Corso)
Mazzini (Corso Giuseppe)
Saffi (Corso)

Libertà (Piazza d.) . . 2
Martiri della Libertà
   (Piazza) 3
Martiri Ungheresi
   (Via) 5
Popolo (Piazza del) . 8
Severoli (Via) 9

Entdecken Sie **ITALIEN** mit dem Grünen Michelin-Reiseführer

Landschaften, Baudenkmäler

Wissenswertes aus Kunst und Geschichte

Streckenvorschläge

Übersichtskarten und Stadtpläne.

FAGAGNA 33034 Udine 429 D 21 – 5 939 ab. alt. 177 – ۞ 0432.

Roma 634 – Gemona Del Friuli 30 – Pordenone 54 – Udine 17.

🏨 **Roma**, via Zoratti 22 ℘ 810371, Fax 810309 – 🛗 📺 ☎ ᕐ ⇐ 🅿 – 🔏 100. 🖭 🖸 ⓞ 🗨 𝖵𝖨𝖲𝖠. ⪥
   Pasto (chiuso domenica sera e lunedì) carta 33/45000 – ☑ 10000 – **16 cam** 70/120000 –
   ½ P 85/100000.

FAI DELLA PAGANELLA 38010 Trento 429 D 15 – 849 ab. alt. 958 – a.s. febbraio-Pasqua e
Natale – Sport invernali : 958/2 103 m ⛄5, ⏃ (vedere anche Andalo e Molveno) – ۞ 0461.

🄱 via Cesare Battisti ℘ 583130, Fax 583410.

Roma 616 – ◆Bolzano 55 – ◆Milano 222 – Riva del Garda 57 – Trento 34.

🏨 **Arcobaleno**, ℘ 583306, Fax 583306, ≤ – 🛗 ☰ rist 📺 ☎ ⇐ 🅿 – 🔏 120. ⪥
   Pasto (chiuso lunedì e da novembre al 15 dicembre) carta 25/45000 – ☑ 10000 – **36 cam**
   60/100000 – ½ P 55/85000.

🄰 **Negritella** ⪧, ℘ 583145, Fax 583145, ≤ – ☎ 🅿. ⪥
   dicembre-Pasqua e giugno-10 settembre – **Pasto** (chiuso lunedì) 26000 – ☑ 10000 –
   19 cam 47/88000 – ½ P 80000.

FAITO (Monte) Napoli 431 E 25 – alt. 1 103.

Vedere ※★★★ dal Belvedere dei Capi – ※★★★ dalla cappella di San Michele.

Roma 253 – Castellammare di Stabia 15 (per strada a pedaggio) oppure 10 mn di funivia – ◆Napoli 44 – Salerno 46 –
Vico Equense 15.

FALCADE 32020 Belluno 988 ⑤, 429 C 17 – 2 281 ab. alt. 1 145 – Sport invernali : 1 145/2 550 m ⟨1 ⟨11, ⟨ – ⟨ 0437.

🖪 piazza Municipio 1 ℘ 599241, Fax 599242.

Roma 667 – Belluno 50 – ♦Bolzano 64 – ♦Milano 348 – Trento 108 – ♦Venezia 156.

🏨 **Molino** ⟨, località Molino ℘ 599070, Fax 599588, ⟨, ⟨⟨, ⟨ – ⟨ ⟨ ℗ – ⟨ 180. ⟨ ⟨ ⟨ ⟨
dicembre-aprile e 15 giugno-15 settembre – **Pasto** carta 32/45000 – ⟨ 20000 – **42 cam** 80/160000 – ½ P 70/150000.

🏨 **Scoiattolo**, località Caviola ℘ 590346, Fax 590346, ⟨, ⟨ – ⟨⟨ ⟨⟨ rist ⟨ ⟨ ℗. ⟨ ⟨ ⟨
⟨⟨ . ⟨⟨
dicembre-aprile e giugno-settembre – **Pasto** carta 32/52000 – ⟨ 10000 – **28 cam** 90/ 140000 – ½ P 60/110000.

🏨 **Mulaz** ⟨ senza rist, ℘ 599556 – ⟨⟨ ⟨ ℗
dicembre-aprile e luglio-settembre – ⟨ 6000 – **13 cam** 90/150000.

FALCONARA MARITTIMA 60015 Ancona 988 ⑯, 429 430 L 22 – 30078 ab. – a.s. luglio-agosto – ⟨ 071.

⟨ O : 0,5km ℘ 204016, Fax 2070096.

🖪 via Cavour 3 ℘ 910458.

Roma 279 – ♦Ancona 13 – Macerata 61 – Pesaro 63.

🏨 **Touring** ⟨, via degli Spagnoli 18 ℘ 9160005, Fax 913000, ⟨ riscaldata – ⟨⟨ ⟨ ⟨ ⟨ ℗
– ⟨ 200. ⟨ ⟨ ⟨ ⟨⟨
Pasto vedere rist **Da Ilario** – ⟨ 8000 – **80 cam** 76/115000 – ½ P 90/95000.

XX ⟨ **Villa Amalia** con cam, via degli Spagnoli 4 ℘ 9160550, Fax 912045, ⟨ – ⟨ ⟨ ⟨ ⟨
– ⟨ 25. ⟨ ⟨ ⟨ ⟨⟨ . ⟨⟨
Pasto (chiuso martedì) carta 51/72000 – **7 cam** ⟨ 100/150000
Spec. Stufatino di coda di rospo astice e scampi con verdure di stagione (primavera-autunno), Brodetto all'ancone-tana, Torta di salmone con filetti di sogliola (primavera-estate).

XX **Da Ilario**, via Tito Speri 2 ℘ 9170678, Fax 9170678 – ⟨ ⟨⟨
chiuso domenica sera e lunedì – **Pasto** carta 38/57000.

XX **Paradiso**, via Toscana 9 ℘ 911672 – ⟨ ⟨ ⟨ ⟨⟨ . ⟨⟨
chiuso martedì e dal 1° al 18 agosto – **Pasto** carta 35/55000.

FALZES (PFALZEN) 39030 Bolzano 429 B 17 – 2 055 ab. alt. 1 022 – ⟨ 0474.

🖪 ℘ 528159, Fax 528413.

Roma 711 – ♦Bolzano 65 – Brunico 5.

ad Issengo (Issing) NO : 1,5 km – ⟨ **39030** Falzes :

XX **Al Tanzer** ⟨ con cam, ℘ 565366, Fax 565646, prenotare, ⟨ – ⟨ ℗. ⟨ ⟨ ⟨ ⟨⟨
⟨⟨ rist
chiuso dal 10 al 27 novembre – **Pasto** carta 40/77000 – **23 cam** ⟨ 70/120000 – ½ P 65, 93000.

a Molini (Mühlen) NO : 2 km – ⟨ **39030** Chienes :

XX **Schöneck**, ℘ 565550, ⟨, ⟨, prenotare – ℗. ⟨ ⟨ ⟨ ⟨⟨ . ⟨⟨
chiuso marzo, lunedì e martedì a mezzogiorno – **Pasto** carta 49/92000.

FANO 61032 Pesaro e Urbino 988 ⑯, 429 430 K 21 – 53 867 ab. – a.s. 25 giugno-agosto – ⟨ 0721.

Vedere Corte Malatestiana★ – Dipinti del Perugino★nella chiesa di Santa Maria Nuova.

🖪 viale Cesare Battisti 10 ℘ 803534, Fax 824292.

Roma 289 ③ – ♦Ancona 65 ② – ♦Perugia 123 ③ – Pesaro 11 ④ – Rimini 51 ②.

Piante pagine seguenti

🏨 **Elisabeth Due**, piazzale Amendola 2 ℘ 823146, Fax 823147, ⟨ – ⟨⟨ ⟨ ⟨ ⟨. ⟨ ⟨ ⟨ ⟨
⟨⟨ . ⟨⟨   Y ⟨
Pasto 45/65000 – ⟨ 15000 – **32 cam** 140/200000, 4 appartamenti – ½ P 120/150000.

🏨 **Corallo**, via Leonardo da Vinci 3 ℘ 804200, Fax 803637 – ⟨ ⟨ rist ⟨ ⟨ – ⟨ 80. ⟨ ⟨
⟨ ⟨ ⟨⟨ . ⟨⟨   Y ⟨
chiuso dal 24 dicembre al 6 gennaio – **Pasto** carta 38/50000 – ⟨ 10000 – **22 cam** 65/90000
– ½ P 65/85000.

🏨 **Angela**, viale Adriatico 13 ℘ 801239, Fax 803102, ⟨, ⟨ – ⟨ ⟨ ⟨. ⟨ ⟨ ⟨ ⟨ ⟨⟨ . ⟨⟨
Pasto carta 38/65000 – ⟨ 10000 – **28 cam** 75/95000 – ½ P 80/90000.   YZ ⟨

🏨 **Excelsior**, via Simonetti 21 ℘ 803558, Fax 803558, ⟨ – ⟨⟨ ⟨ cam ⟨ ⟨ ℗ – ⟨ 50
stagionale – **26 cam.**   Y ⟨

XX **Il Ristorantino-da Giulio**, viale Adriatico 100 ℘ 805680, ⟨, Specialità di mare – ⟨ ⟨
⟨⟨ . ⟨⟨   Y ⟨
chiuso martedì e novembre – **Pasto** carta 50/75000.

238

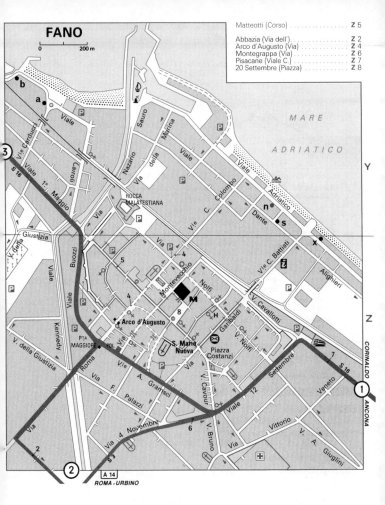

*Den Katalog der **Michelin-Veröffentlichungen***
erhalten Sie bei Ihrem Buchhändler

FARDELLA 85030 Potenza ⁴³¹ G 30 – 856 ab. alt. 756 – ✆ 0973.

Roma 434 – Matera 129 – Potenza 153 – Sapri 76 – ✦Taranto 141.

🏠 **Borea,** ℰ 572004 – ▯ 🄿. ❄️
Pasto *(chiuso lunedi)* 25000 – **40 cam** ⌂ 30/50000 – ½ P 45000.

FARINI 29023 Piacenza ⁹⁸⁸ ⑬, ⁴²⁸ H 10 – 2 320 ab. alt. 426 – ✆ 0523.

Roma 560 – ✦Genova 123 – Piacenza 43.

XX ✿ **Georges Cogny-Locanda Cantoniera,** strada statale 654 (S : 4,5 m) ℰ 919113, solo su prenotazione
chiuso martedì a mezzogiorno e mercoledì escluso luglio-agosto – **Pasto** carta 67/97000
Spec. Insalata tiepida di scampi al lardo croccante, Germano reale "alla pressa" con tagliolini di patate (ottobre-marzo), Club-sandwich al limone e fragole con salsa di frutto della passione.

239

FARRA DI SOLIGO 31010 Treviso 四四 E 18 – 7 500 ab. alt. 163 – ۞ 0438.
Roma 590 – Belluno 71 – Treviso 35 – ◆ Venezia 72.

    a Soligo E : 3 km – ⊠ 31020 :

XX **Casa Rossa,** località San Gallo ℰ 840131, Fax 840016, ⩽ vallata, 😤 – **Ɒ**. ৫🖻 🖪 E 𝘝𝘐𝘚𝘈.
     %
    chiuso gennaio, febbraio, mercoledì e giovedì (escluso da giugno a settembre) – **Pasto**
    carta 36/60000.

    a Col San Martino O : 3 km – ⊠ 31010 :

X **Adamo,** ℰ 989360 – **Ɒ**
    chiuso martedì e dal 15 luglio al 10 agosto – **Pasto** carta 28/48000.

FASANO 72015 Brindisi 988 ㉟, 431 E 34 – 38 872 ab. alt. 111 – a.s. 20 giugno-agosto – ۞ 080.
Dintorni Regione dei Trulli★★★ *Sud.*
Roma 507 – ◆Bari 60 – ◆Brindisi 58 – Lecce 96 – Matera 86 – ◆Taranto 49.

XX Coccodrillo, presso zoo safari O : 1,5 km ℰ 791766, Fax 791766, 😤 – 🗏 **Ɒ**
X **Rifugio dei Ghiottoni,** via Nazionale dei Trulli 116 ℰ 714800 – 🗏. 🖪 E 𝘝𝘐𝘚𝘈. %
    chiuso mercoledì e luglio – **Pasto** carta 26/40000.

    a Selva O : 5 km – alt. 396 – ⊠ 72010 Selva di Fasano.
    🛈 (giugno-settembre) via Toledo ℰ 713086 :

🏨🏨 **Sierra Silvana** 🕭, ℰ 9331322, Telex 813344, Fax 9331207, 😤, « Giardino », 🏊 – 📳 🗏
    📺 🕿 ⴲ **Ɒ** – 🕭 40 a 350. 🗛 🖪 ◑ E 𝘝𝘐𝘚𝘈. %
    15 marzo-15 novembre – **Pasto** 30/37000 – ⴱ 11000 – **120 cam** 120/160000 – ½ P 88/
    145000.

🏨 **Miramonti,** ℰ 9331300, Fax 9331569, 😤 – 🗏 rist 📺 🕿 **Ɒ**. 🗛 🖪 ◑ E 𝘝𝘐𝘚𝘈. %
    chiuso dal 20 dicembre al 7 gennaio – **Pasto** *(chiuso martedì escluso luglio-agosto)* 28/
    32000 – ⴱ 12000 – **20 cam** 85/125000 – ½ P 85/105000.

🏠 **La Silvana** 🕭, ℰ 9331161, Fax 9331980, ⩽ – 🕿 ⴲ **Ɒ**. 🖪 E 𝘝𝘐𝘚𝘈. %
    Pasto *(chiuso venerdì)* carta 30/43000 – ⴱ 6000 – **18 cam** 60/85000 – ½ P 80000.

XXX **Fagiano,** ℰ 9331157, Fax 9331211, « Servizio estivo in giardino » – **Ɒ**. 🗛 🖪 ◑ E 𝘝𝘐𝘚𝘈
    %
    chiuso dal 1° al 15 febbraio, dal 5 al 15 novembre, domenica sera e lunedì (escluso da luglio
    a settembre) – **Pasto** carta 45/65000 (10 %).

XX Rifugio dei Ghiottoni 2, ℰ 9331520, 😤 – 🗏 **Ɒ**

    Vedere anche : *Torre Canne* E : 13 km.

FASANO DEL GARDA Brescia – Vedere Gardone Riviera.

FAUGLIA 56043 Pisa 428 430 L 13 – 2 876 ab. alt. 91 – ۞ 050.
Roma 323 – Pisa 24 – ◆Firenze 83 – ◆Livorno 24 – Siena 106.

XX **Vallechiara,** NO : 2 km ℰ 650553, 🍽 – 🗏 **Ɒ**. 𝘝𝘐𝘚𝘈. %
    chiuso lunedì, martedì e novembre – **Pasto** carta 34/48000.

FAVARI Torino – Vedere Poirino.

FAVIGNANA (Isola di) Trapani 432 N 18 – Vedere Sicilia (Egadi, isole) alla fine dell'elenco
alfabetico.

FEISOGLIO 12050 Cuneo 428 I 6 – 459 ab. alt. 706 – ۞ 0173.
Roma 616 – ◆Genova 117 – Alessandria 69 – Cuneo 60 – ◆Milano 163 – Savona 75 – ◆Torino 87.

XX **Piemonte-da Renato,** ℰ 831116, solo su prenotazione – **Ɒ**. %
    Pasqua-15 dicembre – **Pasto** *(menu suggeriti dal proprietario)* 50000.

FELTRE 32032 Belluno 988 ⑤, 429 D 17 – 19 742 ab. alt. 324 – ۞ 0439.
Vedere Piazza Maggiore★ – Via Mezzaterra★.
🛈 piazzetta Trento e Trieste 9 ℰ 2540, Fax 2839.
Roma 593 – Belluno 31 – ◆Milano 288 – ◆Padova 93 – Trento 81 – Treviso 58 – ◆Venezia 88 – Vicenza 84.

🏨 **Doriguzzi,** viale Piave 2 ℰ 2003, Fax 83660 – 📳 🗏 rist 📺 🕿 ⴿ **Ɒ** – 🕭 60. 🖪 ◑ E 𝘝𝘐𝘚𝘈
    🉑. % rist
    Pasto *(chiuso agosto)* carta 33/50000 – ⴱ 15000 – **23 cam** 130/160000 – ½ P 100/130000.

🏠 **Nuovo** senza rist, vicolo Fornere Pazze 5 ℰ 2110, Fax 89241 – 📳 📺 🕿 **Ɒ**. 🗛 🖪 E 𝘝𝘐𝘚𝘈
    ⴱ 10000 – **25 cam** 75/110000.

FENER 32030 Belluno 988 ⑤, 429 E 17 – alt. 198 – ۞ 0439.
Roma 564 – Belluno 43 – ◆Milano 269 – ◆Padova 63 – Treviso 39 – ◆Venezia 69.

X **Tegorzo** con cam, al ponte ℰ 779547, Fax 779706, 🍽 – 📳 📺 🕿 ⴲ **Ɒ**. 🗛 🖪 E 𝘝𝘐𝘚𝘈
    % rist
    Pasto *(chiuso mercoledì)* carta 32/50000 – ⴱ 12000 – **30 cam** 70/100000 – ½ P 50/70000.

FERENTILLO 05034 Terni 430 O 20 – 2 002 ab. alt. 252 – ✆ 0744.

Roma 122 – Rieti 54 – Terni 18.

X **Piermarini,** via della Vittoria 53 ℰ 780714 – 🗐. 🔂 ⑩ 𝚅𝙸𝚂𝙰
    chiuso lunedì e dal 1° al 15 settembre – **Pasto** carta 27/43000.

FERENTINO 03013 Frosinone 988 ㉖, 430 Q 21 – 19 184 ab. alt. 393 – ✆ 0775.

Dintorni Anagni : cripta★★★ nella cattedrale★★, quartiere medioevale★, volta★ del palazzo Comunale NO : 15 km.

Roma 75 – Fiuggi 23 – Frosinone 12 – Latina 66 – Sora 42.

🏨 **Bassetto,** via Casilina Sud al km 74,600 ℰ 244931, Fax 244399 – 🛏 🗐 📺 ☎ 🄿 – 🔏 40.
    🆎 🔂 ⑩ 𝐄 𝚅𝙸𝚂𝙰
    Pasto carta 44/66000 – **99 cam** � 105/135000 – ½ P 112/120000.

XX L'Acquario, con cam, via Casilina Sud al km 77,600 ℰ 313195, Fax 313325, Rist. con
    specialità di mare – 🗐 📺 ☎ 🄿 – **11 cam.**

FERIOLO 28040 Novara 428 E 7, 219 ⑥ – alt. 195 – a.s. 28 giugno-15 settembre – ✆ 0323.

Roma 664 – Stresa 7 – Domodossola 35 – Locarno 48 – ◆Milano 87 – Novara 63.

🏨 **Carillon** senza rist, ℰ 28115, Fax 28550, ≤ lago, « Giardino in riva al lago », ⚓ – 🛏 📺
    ☎ 🄿. 🔂 ⑩ 𝐄 𝚅𝙸𝚂𝙰
    Pasqua-ottobre – � 12000 – **32 cam** 90/100000.

XX **Serenella,** ℰ 28112, �, 🚗 – 🄿. 🆎 🔂 ⑩ 𝐄 𝚅𝙸𝚂𝙰
    chiuso mercoledì escluso da aprile ad ottobre – **Pasto** carta 34/50000.

FERMIGNANO 61033 Pesaro e Urbino 430 K 19 – 6 748 ab. alt. 199 – ✆ 0722.

Roma 258 – ◆Ancona 99 – Gubbio 49 – Pesaro 43.

🏨 **Bucci** senza rist, NE : 2 km ℰ 53608, Fax 53608 – 📺 ☎ ᵴ 🚗. 🆎 🔂 ⑩ 𝐄 𝚅𝙸𝚂𝙰. ⅏
    � 5000 – **16 cam** 75/100000.

FERMO 63023 Ascoli Piceno 988 ⑯, 430 M 23 – alt. 321 – a.s. luglio-13 settembre – ✆ 0734.

Vedere Posizione pittoresca★ – ≤★★ dalla piazza del Duomo★ – Facciata★ del Duomo.

🅱 piazza del Popolo 5 ℰ 228738, Fax 228325.

Roma 263 – ◆Ancona 69 – Ascoli Piceno 67 – Macerata 41 – ◆Pescara 102.

al lido E : 8 km :

🏨 **Royal,** ⊠ 63023 ℰ 642244, Fax 642254, ≤ – 🛏 ⅏⅍ cam 🗐 📺 ☎ ᵴ – 🔏 40 a 300. 🆎 🔂
    ⑩ 𝐄 𝚅𝙸𝚂𝙰 𝙹𝙲𝙱. ⅏ rist
    Pasto 35/55000 – � 10000 – **58 cam** 100/130000 – ½ P 85/115000.

FERRARA 44100 🅿 988 ⑮, 429 H 16 – 137 736 ab. alt. 10 – ✆ 0532.

Vedere Duomo★★ BYZ – Castello Estense★ BY **B** – Palazzo Schifanoia★ BZ **E** : affreschi★★ – Palazzo dei Diamanti★ BY : pinacoteca nazionale★, affreschi★★ nella sala d'onore – Corso Ercole I d'Este★ BY – Palazzo di Ludovico il Moro★ BZ **M1** – Casa Romei★ BZ – Palazzina di Marfisa d'Este★ BZ **N.**

🅱 piazza Municipale 19 ℰ 209370, Fax 210844 – **A.C.I.** via Padova 17/17a ℰ 52721.

Roma 423 ③ – ◆Bologna 51 ③ – ◆Milano 252 ③ – ◆Padova 73 ④ – ◆Venezia 110 ④ – ◆Verona 102 ④.

Pianta pagina seguente

🏨 **Duchessa Isabella,** via Palestro 70 ℰ 202121 e rist ℰ 202122, Fax 202638, �, « In un palazzo del 15° secolo », 🌿 – 🛏 🗐 📺 ☎ 🄿. 🔂 𝐄 𝚅𝙸𝚂𝙰   BY **a**
    chiuso dal 1° al 28 agosto – **Pasto** (chiuso lunedì) carta 65/99000 – **21 cam** � 330/430000 – 6 appartamenti – ½ P 260/280000.

🏨 **Ripagrande,** via Ripagrande 21 ℰ 765250, Telex 521169, Fax 764377, « Palazzo del 16° secolo; servizio rist. estivo in cortile » – 🛏 🗐 📺 ☎ – 🔏 30 a 80. 🆎 🔂 ⑩ 𝐄 𝚅𝙸𝚂𝙰 𝙹𝙲𝙱.
    ⅏ rist   ABZ **a**
    Pasto (chiuso lunedì e dal 25 luglio al 25 agosto) carta 41/59000 (10%) – **40 cam** � 210/290000.

🏨 **Annunziata** senza rist, piazza Repubblica 5 ℰ 201111, Fax 203233 – 🛏 🗐 📺 ☎ – 🔏 50.
    🆎 🔂 ⑩ 𝐄 𝚅𝙸𝚂𝙰. ⅏   BY **f**
    22 cam � 190/300000.

🏨 **Touring** senza rist, viale Cavour 11 ℰ 206200, Fax 212000 – 🛏 🗐 📺 ☎. 🆎 🔂 ⑩ 𝐄 𝚅𝙸𝚂𝙰
    56 cam � 100/160000.   BY **c**

XX **La Provvidenza,** corso Ercole I d'Este 92 ℰ 205187, Fax 205018, � – 🗐 🄿. 🆎 🔂 ⑩ 𝐄
    𝚅𝙸𝚂𝙰 ⅏   BY **e**
    chiuso lunedì e dall'11 al 17 agosto – **Pasto** carta 35/53000 (10%).

XX **Quel Fantastico Giovedì,** via Castelnuovo 9 ℰ 760570, Coperti limitati; prenotare – 🗐.
    🆎 🔂 ⑩ 𝐄 𝚅𝙸𝚂𝙰 ⅏   BZ **n**
    chiuso mercoledì e dal 20 luglio al 20 agosto – **Pasto** carta 35/54000.

XX **Centrale,** via Boccaleone 8 ℰ 206735, � – 🆎 🔂 ⑩ 𝐄 𝚅𝙸𝚂𝙰 𝙹𝙲𝙱   BZ **e**
    chiuso domenica, mercoledì sera e dal 1° al 15 luglio – **Pasto** carta 40/62000.

XX La Romantica, via Ripagrande 34-40 ℰ 765975, Fax 761648.   ABZ **a**

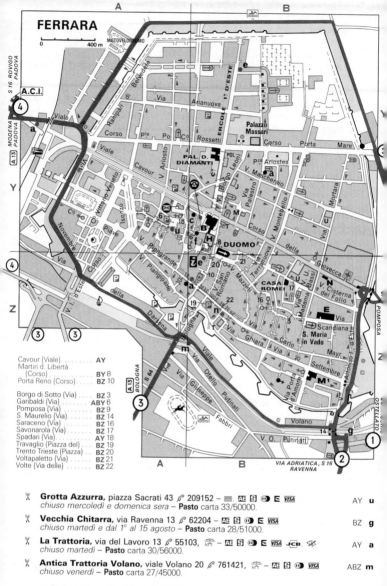

✗ **Grotta Azzurra,** piazza Sacrati 43 ℰ 209152 – ▤. ﾃ ﾃ ﾃ ﾃ *VISA* AY **u**
  chiuso mercoledì e domenica sera – **Pasto** carta 33/50000.

✗ **Vecchia Chitarra,** via Ravenna 13 ℰ 62204 – ﾃ ﾃ ﾃ ﾃ *VISA* BZ **g**
  chiuso martedì e dal 1° al 15 agosto – **Pasto** carta 28/51000.

✗ **La Trattoria,** via del Lavoro 13 ℰ 55103, ﾃ – ﾃ ﾃ ﾃ ﾃ *VISA* ﾃﾃﾃ ﾃ AY **a**
  chiuso martedì – **Pasto** carta 30/56000.

✗ **Antica Trattoria Volano,** viale Volano 20 ℰ 761421, ﾃ – ﾃ ﾃ ﾃ *VISA* ABZ **m**
  chiuso venerdì – **Pasto** carta 27/45000.

  a Gaibanella per ② : 6 km – ✉ 44040 :

✗✗ La Fenice, ℰ 718704, ﾃ, *prenotare* – ﾃ

  a Marrara per ② : 17 km – ✉ 44040 :

✗✗ **Trattoria da Ido,** ℰ 421064, Fax 421064, Coperti limitati; *prenotare* – ▤ ﾃ ﾃ ﾃ ﾃ
  VISA. ﾃﾃ
  chiuso domenica, lunedì, dal 1° al 15 gennaio, dal 1° al 15 luglio e dal 1° al 10 settembre –
  Pasto carta 45/60000.

FERRAZZANO Campobasso 430 R 26, 431 C 26 – Vedere Campobasso.

FERRO DI CAVALLO Perugia 430 M 19 – Vedere Perugia.

FERTILIA Sassari 988 ③, 433 F 6 – Vedere Sardegna (Alghero) alla fine dell'elenco alfabetico.

FETOVAIA Livorno 430 N 12 – Vedere Elba (Isola d') : Marina di Campo.

FIASCHERINO La Spezia 428 429 430 J 11 – Vedere Lerici.

FIDENZA 43036 Parma 988 ⑭, 428 429 H 12 – 23 155 ab. alt. 75 – ✿ 0524.
Vedere Duomo★ : portico centrale★★.
Roma 478 – ◆Parma 21 – ◆Bologna 116 – Cremona 47 – ◆Milano 103 – Piacenza 42.

  🏨 **Astoria** senza rist, via Gandolfi 5 ℰ 524314, Fax 527263 – 🛗 🗐 📺 ☎ – 🕍. 🕄 **E** 𝘝𝘐𝘚𝘈
   ⌑ 12000 – **30 cam** 70/100000.
  🍴 **Astoria,** via Gandolfi 7 ℰ 524588 – 🗐. 🗚 🕄 ⓞ 𝘝𝘐𝘚𝘈 𝐽𝐶𝐵
   chiuso lunedì – **Pasto** carta 34/54000.
  🍴 **Al Canton,** via Mentana 33 ℰ 522030 – 🗐. 🗚 🕄 ⓞ 𝘝𝘐𝘚𝘈. 🦌
   chiuso giovedì ed agosto – **Pasto** carta 23/51000.

FIÈ ALLO SCILIAR (VÖLS AM SCHLERN) 39050 Bolzano 429 C 16 – 2 657 ab. alt. 880 – ✿ 0471.
🛈 ℰ 725047, Fax 725488.
Roma 657 – ◆Bolzano 16 – Bressanone 40 – ◆Milano 315 – Trento 76.

  🏨 **Emmy** ⑤, ℰ 725006, Fax 725484, ≤ monti e pinete, 𝑓ₛ, 😒, 🏊, 🐎 – 🛗 📺 ☎ ⇦ ❶.
   🦌 rist
   chiuso sino a marzo – **Pasto** carta 60/92000 – **45 cam** ⌑ 135/260000, 9 appartamenti –
   ½ P 95/130000.
  🏨 **Turm** ⑤, ℰ 725014, Fax 725474, ≤ monti e vallata, « Raccolta di quadri d'autore », 😒,
   🏊 riscaldata, 🏊 – 🛗 📺 𝘝𝘐𝘚𝘈. 🕄 **E** 𝘝𝘐𝘚𝘈. 🦌 rist
   chiuso dal 6 novembre al 20 dicembre – **Pasto** (chiuso giovedì) carta 50/71000 – **23 cam**
   ⌑ 120/250000 – ½ P 96/145000.
  🏨 **Völserhof** ⑤, ℰ 725421, Fax 725602, ≤, 🏊 riscaldata, 🐎 – 🛗 ☎ ❶. 🕄 **E** 𝘝𝘐𝘚𝘈. 🦌 rist
   chiuso dal 7 al 30 gennaio – **Pasto** (chiuso lunedì escluso agosto-settembre) carta 47/70000
   – **29 cam** ⌑ 80/160000 – ½ P 65/105000.
  🏠 **Heubad** ⑤, ℰ 725020, Fax 725425, ≤, 🍽, 😒, 🏊 riscaldata, 🐎 – 🛗 📺 ☎ ⇦ ❶. 🕄 **E**
   𝘝𝘐𝘚𝘈. 🦌 rist
   chiuso novembre e dal 10 al 29 gennaio – **Pasto** (chiuso mercoledì) carta 30/50000 –
   32 cam ⌑ 67/134000 – ½ P 95/150000.
  🏠 **Rose-Wenzer** ⑤, ℰ 725016, Fax 725253, ≤, 🍽, 😒, 🏊, 🐎 – 🛗 ☎. 🕄 **E** 𝘝𝘐𝘚𝘈. 🦌 rist
   chiuso dal 15 gennaio al 7 febbraio – **Pasto** (chiuso mercoledì da ottobre a marzo) carta 37/
   49000 – **34 cam** ⌑ 88/106000 – ½ P 70/95000.
  🍴 **Tschafon**, ℰ 725024, Fax 725024, 🍽, Specialità francesi, solo su prenotazione – ❶. 🕄
   ⓞ **E** 𝘝𝘐𝘚𝘈. 🦌
   chiuso a mezzogiorno (escluso domenica e i giorni festivi), lunedì e dal 16 al 30 novembre –
   Pasto carta 44/57000.

   a San Costantino (St. Konstantin) N : 3 km – ✉ 39040 Siusi :

  🏨 **Parc Hotel Miramonti** ⑤, ℰ 707035, Fax 705422, ≤, 𝑓ₛ, 😒, 🏊, 🐎 – 🛗 📺 ☎ ᗢ ❶ –
   🕍 100. 🦌 rist
   chiuso dal 20 novembre al 3 dicembre – **Pasto** carta 38/80000 – **44 cam** ⌑ 180/390000 –
   ½ P 138/180000.

FIERA DI PRIMIERO 38054 Trento 988 ⑤, 429 D 17 – 541 ab. alt. 717 – a.s. Pasqua e Natale –
✿ 0439.
🛈 piazza Municipio ℰ 62407, Fax 62992.
Roma 616 – Belluno 66 – ◆Bolzano 99 – ◆Milano 314 – Trento 101 – Vicenza 103.

  🏨 **Iris,** ℰ 762000, Fax 762204, ≤, « Giardino ombreggiato », 😒 – 🛗 📺 ☎ ❶. 🗚 🕄 ⓞ **E**
   𝘝𝘐𝘚𝘈. 🦌
   5 dicembre-24 aprile e giugno-settembre – **Pasto** carta 33/54000 – **90 cam** ⌑ 90/140000,
   7 appartamenti – ½ P 95/130000.
  🏨 **Mirabello,** ℰ 64241, Fax 762366, ≤, 😒, 🏊 – 🛗 ☎ 🕭 ❶. 🦌 rist
   20 dicembre-Pasqua e giugno-10 ottobre – **Pasto** 20/40000 – **43 cam** ⌑ 70/140000 –
   ½ P 50/100000.
  🏨 **Tressane,** ℰ 762205, Fax 762206, « Giardino ombreggiato » – 🛗 📺 ☎ ❶. 🗚 🕄 ⓞ **E**
   𝘝𝘐𝘚𝘈. 🦌
   Pasto carta 26/43000 – **37 cam** ⌑ 70/110000 – ½ P 70/100000.
  🏠 **La Perla** ⑤, ℰ 762115, Fax 762115 – 🛗 📺 ☎ ❶. 🦌 rist
   Pasto carta 25/38000 – **41 cam** ⌑ 84/144000 – ½ P 82/85000.

in Val Canali NE : 7 km :

X **Rifugio Chalet Piereni** 🦌 con cam, alt. 1 100 ⊠ 38054 ✆ 62348, Fax 64792, ≤ Pale di San Martino, ☆ – **⊕**. 🖪 **E** ⦓VISA⦔, ♨ rist
Pasqua-ottobre – **Pasto** *(chiuso mercoledì)* carta 29/41000 – **15 cam** ⊃ 50/90000 – ½ P 55/80000.

FIESOLE 50014 Firenze 🔢🔢🔢 ⑭ ⑮, 🔢🔢🔢 🔢🔢🔢 K 15 – 15 077 ab. alt. 295 – ❀ 055.

Vedere Paesaggio★★★ – ≤★★ su Firenze – Convento di San Francesco★ – Duomo★ : interno★ e opere★ di Mino da Fiesole – Zona archeologica : sito★, Teatro romano★, museo★ M1 – Madonna con Bambino e Santi★ del Beato Angelico nella chiesa di San Domenico SO : 2,5 km FT(pianta di Firenze).

🛈 piazza Mino da Fiesole 37 ✆ 598720, Fax 598822.

Roma 285 – ◆Firenze 8 – Arezzo 89 – ◆Milano 307 – Pistoia 45 – Siena 76.

Pianta di Firenze : percorsi di attraversamento

FIRENZE 8 km ＼ San Domenico
Badia Fiesolana

🏨 **Villa San Michele** 🦌, via Doccia 4 ✆ 59451, Telex 570643, Fax 598734, ≤ Firenze e colli, ☆, « Costruzione quattrocentesca con parco e giardino », ⏳ riscaldata – ⚏ ☎ **⊕**. 🖭 🖪 ⓪ **E** ⦓VISA⦔ JCB, ♨ rist FT **b**
15 marzo-15 novembre – **Pasto** carta 115/145000 – **26 cam** ⊃ 852/990000, 10 appartamenti 1450/1800000.

🏨 **Villa Aurora,** piazza Mino da Fiesole 39 ✆ 59100, Fax 59587, ≤, ☆, ☞ – 🔟 ☎ **⊕** – ⚖ 25 a 150. 🖭 🖪 ⓪ **E** ⦓VISA⦔ JCB ♨ rist **a**
Pasto *(chiuso lunedì, novembre o febbraio)* carta 45/65000 (10%) – ⊃ 18000 – **26 cam** 160/290000.

🏠 **Villa Bonelli** senza rist, via Francesco Poeti 1 ✆ 598941, Fax 598942 – 📶 🔟 ☎ ⇔. 🖪 ⓪ **E** ⦓VISA⦔ JCB **e**
20 cam ⊃ 110/170000.

X **l' Polpa,** piazza Mino da Fiesole 21/22 ✆ 59485, prenotare – 🖭 🖪 ⓪ **E** ⦓VISA⦔ **c**
chiuso mercoledì ed agosto – **Pasto** carta 34/54000.

a San Domenico S : 2,5 km FT – ⊠ 50016 :

🏠 **Bencistà** 🦌, ✆ 59163, Fax 59163, ≤ Firenze e colli, « Fra gli oliveti », ☞ – ↦ rist ☎ **⊕**. ♨ rist FT **c**
42 cam solo ½ P 95/115000.

ad Olmo NE : 9 km FT – ⊠ 50014 Fiesole :

🏠 **Dino,** ✆ 548932, Fax 548934, ≤, ♨ – 🔟 ☎ ⇔ **⊕**. 🖭 🖪 ⓪ **E** ⦓VISA⦔. ♨ rist
Pasto *(chiuso mercoledì escluso giugno-settembre)* carta 22/39000 (12%) – **18 cam** ⊃ 90/120000 – ½ P 85000.

XX ❀ **La Panacea del Bartolini,** ✆ 548972, Fax 484116, « Servizio estivo in terrazza con ≤ colline fiesolane », ☞ – **⊕**. 🖭 🖪 ⓪ **E** ⦓VISA⦔
chiuso a mezzogiorno (escluso domenica), lunedì da ottobre a maggio e dal 6 gennaio al 1° febbraio – **Pasto** carta 45/63000
Spec. Pappardelle con melanzane e pecorino romano, Straccetti di pollo in crema al tartufo, Bistecca alla fiorentina.

FIESSO D'ARTICO 30032 Venezia 🔢🔢🔢 F 18 – 5 848 ab. alt. 9 – ❀ 041.
Roma 508 – ◆Venezia 30 – ◆Milano 247 – ◆Padova 14 – Treviso 42.

🏨 **Villa Giulietta,** via Riviera del Brenta 169 ✆ 5161500, Fax 5161212, ☞ – ⚏ 🔟 ☎ **⊕** – ⚖ 200. 🖭 🖪 ⓪ **E** ⦓VISA⦔. ♨
Pasto vedere rist **Da Giorgio** – ⊃ 10000 – **30 cam** 75/110000.

XX **Da Giorgio,** via Riviera del Brenta 228 ✆ 5160204, Specialità di mare – ⚏ **⊕**. 🖭 🖪 ⓪ **E** ⦓VISA⦔. ♨
chiuso mercoledì ed agosto – **Pasto** carta 43/72000.

FIGINO SERENZA 22060 Como 🔢🔢🔢 E 9, 🔢🔢🔢 ⑲ – 4 530 ab. alt. 330 – ❀ 031.
Roma 622 – Como 14 – ◆Milano 34.

🏨 **Park Hotel e Villa Argenta,** ✆ 780792, Fax 780117, ☞ – 📶 ⚏ 🔟 ☎ ⇔ **⊕** – ⚖ 30 a 60. 🖭 🖪 ⓪ **E** ⦓VISA⦔ JCB
Pasto carta 40/70000 – ⊃ 15000 – **40 cam** 120/155000.

FIGLINE VALDARNO 50063 Firenze 🔢🔢🔢 ⑮, 🔢🔢🔢 🔢🔢🔢 L 16 – 15 695 ab. alt. 126 – ❀ 055.
Roma 241 – ◆Firenze 34 – Siena 59 – Arezzo 45 – ◆Perugia 121.

🏨 **Torricelli,** via San Biagio 2 ✆ 958139, Fax 958481 – 📶 ⚏ 🔟 ☎ **⊕** – ⚖ 80. 🖭 🖪 ⓪ ⦓VISA⦔. ♨ rist
Pasto *(chiuso martedì)* carta 29/46000 – ⊃ 10000 – **39 cam** 80/110000 – ½ P 85/95000.

FILIANO 85020 Potenza 𝟦𝟥𝟣 E 29 – 3 313 ab. alt. 600 – ☎ 0971.

Roma 381 – ♦Foggia 83 – ♦Napoli 191 – Potenza 18.

sulla strada statale 93 N : 2 km :

🏠 **Dei Castelli,** ✉ 85020 ✆ 88256, Fax 88275, ☒, ✵ – 📳 ▤ 📺 ☎ 🅿 – 🔏 200. 🛇 ⊕ 🗲
▨▨▨. ✻ rist
Pasto carta 26/40000 – 🖙 6000 – **34 cam** 84/126000 – ½ P 110000.

FILOTTRANO 60024 Ancona 𝟫𝟪𝟪 ⑯, 𝟦𝟥𝟢 L 22 – 9 009 ab. alt. 270 – ☎ 071.

Roma 277 – ♦Ancona 41 – Macerata 22 – ♦Perugia 136.

🏠 **7 Colli** ⓢ, ✆ 7220833, Fax 7220833 – 📳 ▤ rist 📺 ☎ 🅿. 🛇 🗲 ▨▨▨. ✻
chiuso dal 23 dicembre al 6 gennaio – **Pasto** carta 25/38000 – 🖙 6000 – **22 cam** 50/75000 –
½ P 55/70000.

FINALE LIGURE 17024 Savona 𝟫𝟪𝟪 ⑫, 𝟦𝟤𝟪 J 7 – 12 624 ab. – ☎ 019.

Vedere Finale Borgo★ NO : 2 km.

Escursioni Castel San Giovanni : ≤★ 1 h a piedi AR (da via del Municipio).

🛈 via San Pietro 14 ✆ 692581, Fax 680052.

Roma 571 – ♦Genova 72 – Cuneo 116 – Imperia 52 – ♦Milano 195 – Savona 26.

🏠🏠 **Punta Est,** via Aurelia 1 ✆ 600611, Fax 600611, ≤, 🏡, « Antica dimora in un parco
ombreggiato », ☒ – 📳 ▤ rist 📺 ☎ 🅿 – 🔏 100. 🛇 🗲 ▨▨▨. ✻
maggio-settembre – **Pasto** 40/70000 – 🖙 20000 – **40 cam** 200/300000, 5 appartamenti –
½ P 150/230000.

🏠🏠 **Boncardo,** corso Europa 4 ✆ 601751, Fax 680419, ≤, 🟰 – 📳 ▤ rist 📺 ☎ 🅿. 🛇 🗲 ▨▨▨.
✻ rist
chiuso dall'8 gennaio al 5 marzo – **Pasto** *(giugno-settembre)* carta 48/80000 – 🖙 14000 –
52 cam 103/150000 – ½ P 115/145000.

🏠🏠 **Miramare,** via San Pietro 9 ✆ 692467, Fax 695467, ≤ – 📳 ▤ rist 📺 ☎ 🕭. 🛇 🗲 ▨▨▨.
✻ rist
chiuso dal 3 ottobre al 23 dicembre – **Pasto** carta 40/57000 – 🖙 17000 – **35 cam** 90/130000
– ½ P 60/120000.

🏠🏠 **Internazionale,** via Concezione 3 ✆ 692054, Fax 692053 – 📺 ☎. 🛇 🗲 ⊕ 🗲 ▨▨▨. ✻ rist
chiuso dal 1° al 28 dicembre – **Pasto** *(solo per clienti alloggiati e chiuso da ottobre al
28 dicembre)* 30/40000 – 🖙 20000 – **32 cam** 105/125000 – ½ P 75/115000.

🏠 Palace, via Lungo Sciusa 1 ✆ 601840, Fax 601649 – 📳 📺 ☎. 🗲 🗲 ▨▨▨.
32 cam.

XX **Harmony,** corso Europa 67 ✆ 601728, 🏡 – 🛇 🗲 ⊕ 🗲 ▨▨▨. ✻
chiuso ottobre, novembre e martedì in bassa stagione – **Pasto** carta 45/76000.

XX **La Lampara,** vico Tubino 4 ✆ 692430, prenotare – 🗲 🗲 ▨▨▨.
chiuso mercoledì e novembre – **Pasto** carta 70/80000.

a Finalborgo NO : 2 km – ✉ 17024 Finale Ligure :

XX **Ai Torchi,** ✆ 690531, prenotare – 🛇 🗲 ⊕ 🗲 ▨▨▨. ✻
*chiuso dal 7 gennaio al 10 febbraio, martedì (escluso agosto) e da ottobre a maggio anche
lunedì* – **Pasto** carta 50/92000.

a Perti Alto NO : 6 km – alt. 145 – ✉ 17024 Finale Ligure :

X **Osteria del Castel Gavone,** ✆ 692277, « Servizio estivo in terrazza con ≤ colline e
mare » – 🛇 🗲 ⊕ 🗲 ▨▨▨. ✻
chiuso martedì escluso da marzo ad ottobre e Natale – **Pasto** carta 36/53000.

FINO DEL MONTE 24020 Bergamo – 984 ab. alt. 670 – ☎ 0346.

Roma 615 – ♦Bergamo 39 – ♦Brescia 70 – Edolo 76 – ♦Milano 89.

🏠 **Garden** ⓢ, via Papa Giovanni XXIII 1 ✆ 72369 – 📳 📺 ☎ 🚗 🅿 – 🔏 25. 🛇 🗲 ▨▨▨. ✻
chiuso dal 5 al 15 ottobre – **Pasto** *(chiuso lunedì)* carta 33/65000 – 🖙 8000 – **21 cam**
55/86000 – ½ P 65/75000.

FIORANO MODENESE 41042 Modena 𝟦𝟤𝟪 𝟦𝟤𝟫 𝟦𝟥𝟢 I 14 – 15 694 ab. alt. 155 – ☎ 059.

Roma 421 – ♦Bologna 57 – ♦Modena 15 – Reggio nell'Emilia 35.

🏠🏠 **Executive,** circondariale San Francesco 2 ✆ (0536) 832010 e rist ✆ 832673,
Telex 522070, Fax 830229 – 📳 ▤ 📺 ☎ 🚗 🅿 – 🔏 150. 🛇 🗲 ⊕ 🗲 ▨▨▨. ✻
chiuso dal 10 al 27 agosto – **Pasto** *(chiuso sabato a mezzogiorno e domenica)* carta 45/
67000 – 🖙 18000 – **51 cam** 167/258000, 9 appartamenti.

FIORENZUOLA D'ARDA 29017 Piacenza 𝟫𝟪𝟪 ⑬ ⑭, 𝟦𝟤𝟪 𝟦𝟤𝟫 H 11 – 13 325 ab. alt. 82 – ☎ 0523.

Roma 495 – Cremona 31 – ♦Milano 87 – ♦Parma 37 – Piacenza 23.

🏠 **Concordia** senza rist, via XX Settembre ✆ 982827, Fax 981098 – ▤ 📺 ☎ – 🔏 25. 🛇 🗲
⊕ 🗲 ▨▨▨
chiuso dal 5 al 20 agosto – 🖙 5000 – **20 cam** 70/110000, 2 appartamenti, ▤ 10000.

XX **La Campana,** via Emilia 11 ✆ 943833 – ▤ 🅿. 🛇 🗲 ⊕ 🗲 ▨▨▨. ✻
chiuso lunedì e dal 1° al 25 luglio – **Pasto** carta 36/53000.

Firenze

50100 P 988 ⑮. 429 430 K 15 - 402 211 ab. alt. 49 - ☏ 055

Vedere Duomo★★ : esterno dell'abside★★★, cupola★★★ (※★★) - Campanile★★★ : ※★★ - Battistero★★★ : porte★★★, mosaici★★★ - Museo dell'Opera del Duomo★★ - Piazza della Signoria★★ - Loggia della Signoria★★ : Perseo★★★ di B. Cellini - Palazzo Vecchio★★★ - Galleria degli Uffizi★★★ - Palazzo e museo del Bargello★★★ - San Lorenzo★★★ : chiesa★★, Biblioteca Laurenziana★★, tombe dei Medici★★★ nelle Capelle Medicee★★ - Palazzo Medici-Riccardi★★ : Cappella★★★, sala di Luca Giordano★★ - Chiesa di Santa Maria Novella★★ : affreschi del Ghirlandaio★★★ - Ponte Vecchio★ - Palazzo Pitti★★ : Galleria Palatina★★★, museo degli Argenti★★, opera dei Macchiaioli★★ nella galleria d'Arte Moderna★ - Giardino di Boboli★ ABZ : ※★★ dal Forte del Belvedere - Convento e museo di San Marco★★ : opere★★★ del Beato Angelico - Galleria dell'Accademia★★ : grande galleria★★★ - Piazza della Santissima Annunziata★ CX : affreschi★ nella chiesa **D**, portico★ ornato di medaglioni★★ nell'Ospedale degli Innocenti **M³** - Chiesa di Santa Croce★★ : Cappella dei Pazzi★★ - Passeggiata al Colli★★ : ≤★★ da piazzale Michelangiolo, chiesa di San Miniato al Monte★★.
Palazzo strozzi★ BY **E** - Palazzo Rucellai★ BY **F** - Affreschi★★ di Masaccio nella chiesa di Santa Maria del Carmine AY - Cenacolo di San Salvi★★ FU **G** - Orsanmichele★ : tabernacolo★★ dell'Orcagna BCY **K** - La Badia CY **L** : campanile★, bassorilievo in marmo★★, tombe★, Apparizione della Vergine a San Bernardo★ di Filippino Lippi - Cappella Sassetti★★ e cappella dell'Annunciazione★ nella chiesa di Santa Trinità BY **N** - Chiesa di Santo Spirito★ ABY - Cenacolo★ di Sant'Apollonia CVX **R** - Cenacolo★ del Ghirlandalo AX **V** - Palazzo Davanzanti★ BY **M4** - Loggia del Mercato Nuovo★ BY **X** - Musei : Archeologico★ (Chimera d'Arezzo★★) CX **M5**, di Storia della Scienza★ CY **M6**, Opificio della Pietre Dure★ CX **M7**.

Dintorni Ville Medicee★★ : giardino★ di villa Petraia FT **B** - Villa di Poggio a Caiano★ per S66 : 17 km - Chiostro★ nella Certosa del Galluzzo EFU.

18 Dell'Ugolino (chiuso lunedi) a Grassina ✉ 50015 ☏ 2301009, Fax 2301141, S : 12 km FU.

✈ di Peretola NO : 4 km ET ☏ 333498 - Alitalia, lungarno Acciaiuoli 10/12 r, ✉ 50123 ☏ 27888.

ℹ via Cavour 1 r ✉ 50129 ☏ 290832, Fax 2760383.

A.C.I. viale Amendola 36 ✉ 50121 ☏ 24861.

Rome 277 ③ - ◆Bologna105 ⑦ - ◆Milano 298 ⑦.

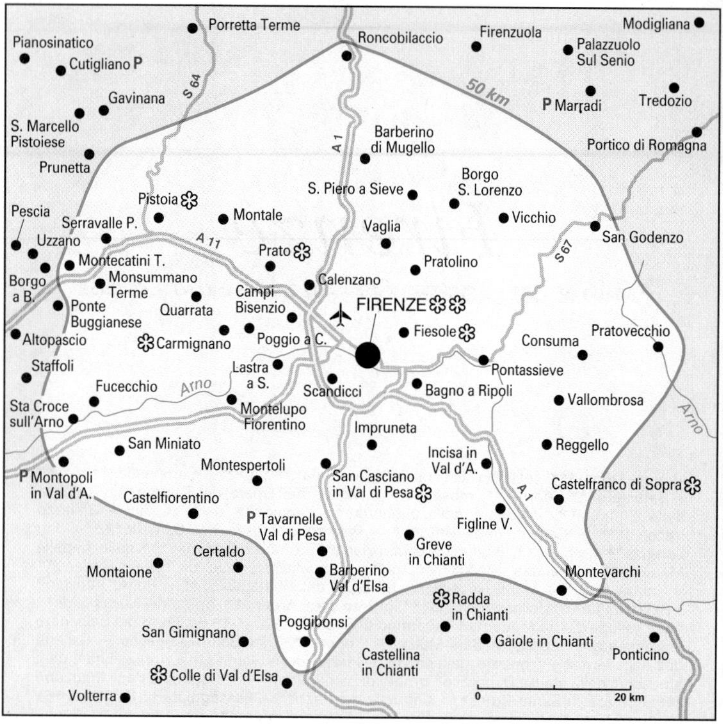

Excelsior, piazza Ognissanti 3 ✉ 50123 ☎ 264201, Telex 570022, Fax 210278 – ⧉ ▤ TV ☎ ♿ – 🏛 300. AE ⊕ ● E VISA JCB. ✻ rist — AY **g**
Pasto carta 89/131000 – ▭ 47000 – **177 cam** 385/554000, 4 appartamenti.

Grand Hotel Ciga, piazza Ognissanti 1 ✉ 50123 ☎ 288781, Telex 570055, Fax 217400 – ⧉ ▤ TV ☎ ♿ 🚗 – 🏛 25 a 220. AE ⊕ ● E VISA JCB. ✻ — AXY **a**
Pasto carta 98/144000 – ▭ 30000 – **102 cam** 441/633000, 17 appartamenti.

Savoy, piazza della Repubblica 7 ✉ 50123 ☎ 283313, Telex 570220, Fax 284840 – ⧉ ▤ TV ☎ ♿ – 🏛 150. AE ⊕ ● E VISA. ✻ rist — BY **e**
Pasto carta 75/120000 – **101 cam** ▭ 350/530000, 5 appartamenti.

Villa Medici, via Il Prato 42 ✉ 50123 ☎ 2381331, Telex 570179, Fax 2381336, 🌳, 🏊, 🌿 – ⧉ ▤ TV ☎ – 🏛 30 a 90. AE ⊕ ● E VISA. ✻ rist — AX **g**
Pasto 70/90000 e al Rist. ***Lorenzo de' Medici*** carta 70/110000 – ▭ 25000 – **89 cam** 370/530000, 14 appartamenti.

Regency, piazza Massimo D'Azeglio 3 ✉ 50121 ☎ 245247, Telex 571058, Fax 2342938, 🌿 – ⧉ ▤ TV ☎ 🚗. AE ⊕ ● E VISA JCB. ✻ rist — DX **c**
Pasto al Rist. ***Relais le Jardin*** (*chiuso domenica; prenotare*) carta 70/110000 – ▭ 25000 – **35 cam** 350/500000, 5 appartamenti.

Helvetia e Bristol, via dei Pescioni 2 ✉ 50123 ☎ 287814, Telex 572696, Fax 288353 – ⧉ ▤ TV ☎. AE ⊕ ● E VISA. ✻ — BY **f**
Pasto carta 56/98000 – ▭ 29500 – **52 cam** 362/543000, 15 appartamenti.

Brunelleschi, piazza Santa Elisabetta 3 ✉ 50122 ☎ 562068, Telex 575805, Fax 219653, ≤, « Piccolo museo privato » – ⧉ ⊬ cam ▤ TV ☎ – 🏛 100. AE ⊕ ● E VISA JCB — CY **p**
Pasto carta 55/80000 – **94 cam** ▭ 300/400000, appartamento – ½ P 260/360000.

Plaza Hotel Lucchesi, lungarno della Zecca Vecchia 38 ✉ 50122 ☎ 264141, Telex 570302, Fax 2480921, ≤ – ⧉ ⊬ cam ▤ TV ☎ ♿ 🚗 – 🏛 70 a 160. AE ⊕ ● E VISA JCB. ✻ rist — DY **f**
Pasto (solo per clienti alloggiati e *chiuso domenica*) carta 54/87000 – **97 cam** ▭ 280/390000, 10 appartamenti – ½ P 272000.

FIRENZE
PERCORSI DI
ATTRAVERSAMENTO E
DI CIRCONVALLAZIONE

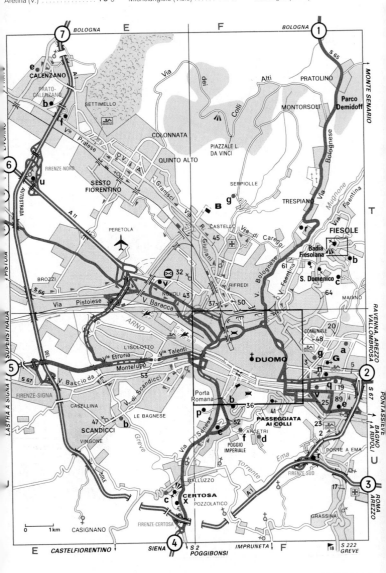

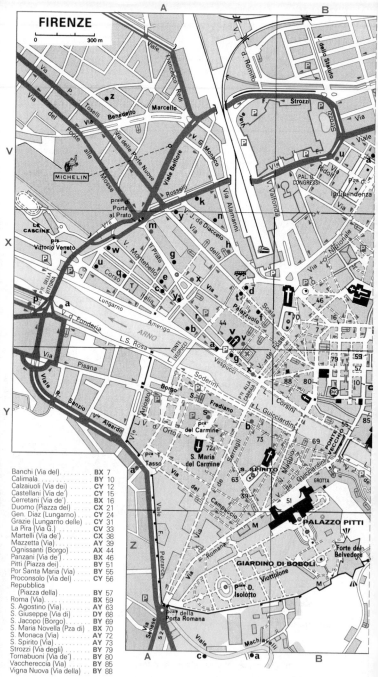

FIRENZE

0   300 m

250

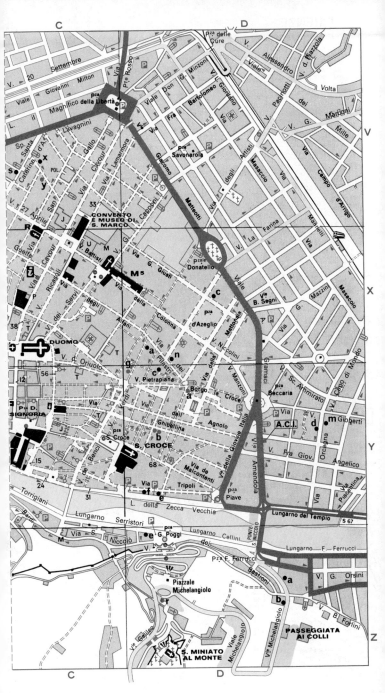

FIRENZE

Calimala	**BY**	10
Calzaiuoli (Via dei)	**CY**	
Guicciardini (Via)	**BY**	
Ponte Vecchio	**BY**	
Por Santa Maria (Via)	**BY**	55
Porta Rossa (Via)	**BY**	
Roma (Via)	**BXY**	
S. Jacopo (Borgo)	**BY**	
Strozzi (Via degli)	**BY**	
Tornabuoni (Via de')	**BXY**	
Archibusieri (Lungarno degli)	**BY**	4
Avelli (Via degli)	**BX**	6
Baroncelli (Chiasso dei)	**BCY**	8
Canto de' Nelli (Via)	**BX**	13
Castellani (Via de')	**CY**	15
Leoni (Via dei)	**CY**	34
Medici (Lungarno A.M. Luisa de')	**CY**	40
Pellicceria (Via)	**BY**	49
Repubblica (Piazza della)	**BY**	57
Rondinelli (Via de')	**BX**	60
S. Firenze (Piazza)	**CY**	65
S. Giovanni (Piazza)	**BX**	67
S. Maria Nuova (Piazza di)	**CX**	71
Sassetti (Via de')	**BY**	73
Speziali (Via degli)	**BCY**	77
Trebbio (Via del)	**BX**	81
Uffizi (Piazzale degli)	**CY**	83
Unità Italiana (Pza)	**BX**	84
Vacchereccia (Via)	**BY**	85
Vecchietti (Via de')	**BXY**	86
Vigna Nuova (Via)	**BY**	88

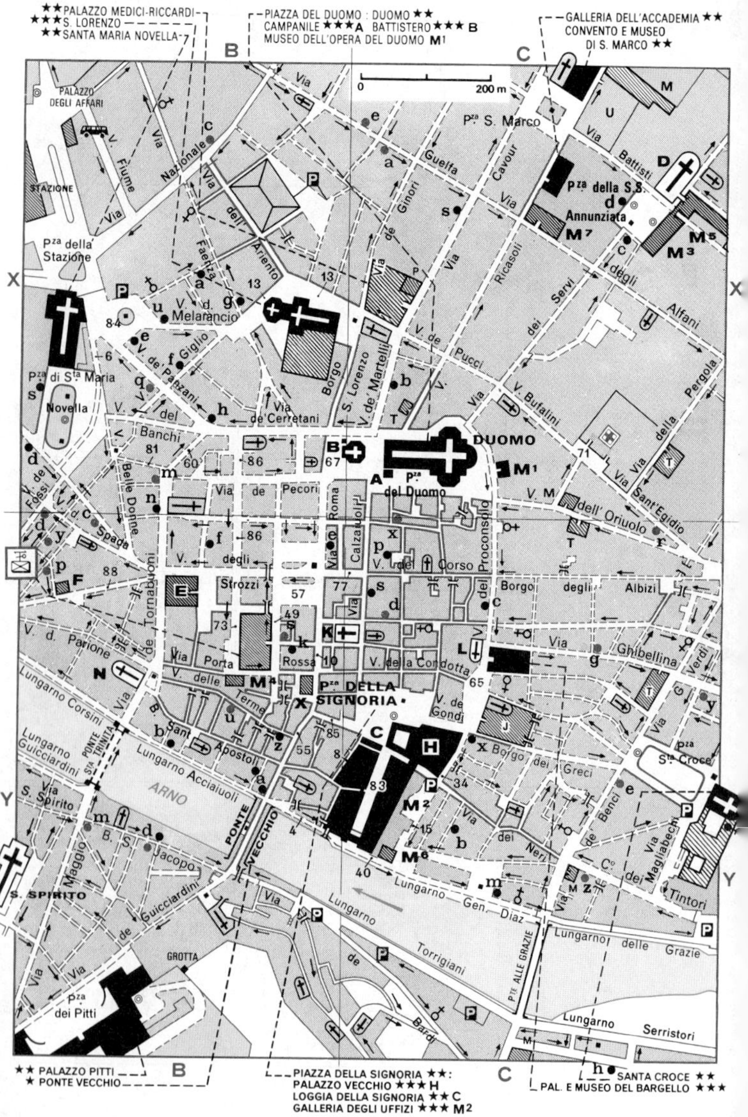

★★ PALAZZO MEDICI-RICCARDI
★★★ S. LORENZO
★★ SANTA MARIA NOVELLA
PIAZZA DEL DUOMO : DUOMO ★★
CAMPANILE ★★★ A BATTISTERO ★★★ B
MUSEO DELL'OPERA DEL DUOMO M1
GALLERIA DELL'ACCADEMIA ★★
CONVENTO E MUSEO DI S. MARCO ★★
0 200 m
Pza S. Marco
PALAZZO DEGLI AFFARI
STAZIONE
Pza della Stazione
Pza di Sta Maria Novella
Pza della SS. Annunziata
DUOMO
Pza del Duomo
Pza DELLA SIGNORIA
ARNO
PONTE VECCHIO
PONTE STA TRINITA
PTE ALLE GRAZIE
S. SPIRITO
Pza dei Pitti
GROTTA
Pza Sta Croce
★★ PALAZZO PITTI
★ PONTE VECCHIO
PIAZZA DELLA SIGNORIA ★★:
PALAZZO VECCHIO ★★★ H
LOGGIA DELLA SIGNORIA ★★ C
GALLERIA DEGLI UFFIZI ★★★ M2
SANTA CROCE ★★
PAL. E MUSEO DEL BARGELLO ★★★

Grand Hotel Baglioni, piazza Unità Italiana 6 ⊠ 50123 ℰ 23580, Telex 570225, Fax 2358895, « Rist roof-garden con ⪕ » – |❊| ≣ 🆃🆅 ☎ ⅙ – 🅰 25 a 200. 🆀🅴 🆂 ⑩ 🅴 𝘝𝘐𝘚𝘈
⅏ rist   BX **v**
Pasto carta 48/63000 – **195 cam** ⊑ 260/360000, 5 appartamenti.

Majestic, via del Melarancio 1 ⊠ 50123 ℰ 264021, Telex 570628, Fax 268428 – |❊| ≣ 🆃🆅
☎ ⅙ – 🅰 80. 🆀🅴 🆂 ⑩ 🅴 𝘝𝘐𝘚𝘈 🅹🅲🅱. ⅏   BX **u**
Pasto 50/55000 – **103 cam** ⊑ 290/408000, appartamento – ½ P 180/290000.

Berchielli senza rist, piazza del Limbo 6 r ⊠ 50123 ℰ 264061, Telex 575582, Fax 218636,
⪕ – |❊| ≣ 🆃🆅 ☎ – 🅰 100. 🆀🅴 🆂 ⑩ 🅴 𝘝𝘐𝘚𝘈 🅹🅲🅱. ⅏   BY **b**
76 cam ⊑ 350/380000, 3 appartamenti.

Bernini Palace senza rist, piazza San Firenze 29 ⊠ 50122 ℰ 288621, Telex 573616,
Fax 268272 – |❊| ≣ 🆃🆅 ☎ – 🅰 40. 🆀🅴 🆂 ⑩ 🅴 𝘝𝘐𝘚𝘈. ⅏   CY **x**
83 cam ⊑ 280/390000, 3 appartamenti.

Montebello Splendid, via Montebello 60 ⊠ 50123 ℰ 2398051, Telex 574009,
Fax 211867, 🌫 – |❊| ≣ 🆃🆅 ☎ – 🅰 100. 🆀🅴 🆂 ⑩ 🅴 𝘝𝘐𝘚𝘈 🅹🅲🅱. ⅏ rist   AX **e**
Pasto (chiuso domenica) carta 60/86000 – **53 cam** ⊑ 280/385000, appartamento –
½ P 252/340000.

Sofitel, via de' Cerretani 10 ⊠ 50123 ℰ 2381301, Telex 580515, Fax 2381312 – |❊|
⅓⅔ cam ≣ 🆃🆅 ☎ ⅙. 🆀🅴 🆂 ⑩ 🅴 𝘝𝘐𝘚𝘈 🅹🅲🅱. ⅏ rist   BX **h**
Pasto carta 45/78000 – **84 cam** ⊑ 270/290000 – ½ P 200/310000.

Rivoli senza rist, via della Scala 33 ⊠ 50123 ℰ 282853, Telex 571004, Fax 294041, ⩚s,
🌫 – |❊| ≣ 🆃🆅 ☎ ⅙ – 🅰 100. 🆀🅴 🆂 ⑩ 🅴 𝘝𝘐𝘚𝘈 🅹🅲🅱. ⅏   AX **f**
65 cam ⊑ 250/310000.

Continental senza rist, lungarno Acciaiuoli 2 ⊠ 50123 ℰ 282392, Telex 580525,
Fax 283139, « Terrazza fiorita con ⪕ » – |❊| ≣ 🆃🆅 ☎ ⅙. 🆀🅴 🆂 ⑩ 🅴 𝘝𝘐𝘚𝘈 🅹🅲🅱   BY **a**
⊑ 25000 – **47 cam** 270/350000, appartamento.

Lungarno senza rist, borgo Sant'Jacopo 14 ⊠ 50125 ℰ 264211, Telex 570129,
Fax 268437, ⪕, « Collezione di quadri moderni » – |❊| ≣ 🆃🆅 ☎ – 🅰 30. 🆀🅴 🆂 ⑩ 🅴 𝘝𝘐𝘚𝘈
🅹🅲🅱   BY **d**
⊑ 25000 – **66 cam** 250/340000, 6 appartamenti.

De la Ville, piazza Antinori 1 ⊠ 50123 ℰ 2381805, Telex 570518, Fax 2381809 – |❊| ≣ 🆃🆅
☎ – 🅰 60. 🆀🅴 🆂 ⑩ 🅴 𝘝𝘐𝘚𝘈 🅹🅲🅱   BX **n**
Pasto (solo per clienti alloggiati) carta 48/58000 – **75 cam** ⊑ 298/412000, 4 appartamenti.

Cavour, via del Proconsolo 3 ⊠ 50122 ℰ 282461, Telex 580318, Fax 218955, « Terrazza
panoramica con ⪕ città » – |❊| ≣ 🆃🆅 ☎ ⅙.   CY **c**
89 cam.

Jolly, piazza Vittorio Veneto 4/a ⊠ 50123 ℰ 2770, Telex 570191, Fax 294794, « ⚊ su
terrazza panoramica » – |❊| ≣ 🆃🆅 ☎ – 🅰 30 a 100. 🆀🅴 🆂 ⑩ 🅴 𝘝𝘐𝘚𝘈 🅹🅲🅱. ⅏ rist   AX **u**
Pasto carta 60/70000 – **167 cam** ⊑ 250/350000 – ½ P 180/330000.

Holiday Inn, viale Europa 205 ⊠ 50126 ℰ 6531841, Telex 570376, Fax 6531806, 🌫, ⚊
– |❊| ⅓⅔ cam ≣ 🆃🆅 ☎ ⅙ ⊕ – 🅰 50 a 120. 🆀🅴 🆂 ⑩ 🅴 𝘝𝘐𝘚𝘈 🅹🅲🅱 ⊑ 245000.   FU **e**
Pasto 38/53000 ed al Rist. La Tegolaia carta 50/76000 – **92 cam** ⊑ 245000.

Londra, via Jacopo da Diacceto 18 ⊠ 50123 ℰ 2382791, Telex 571152, Fax 210682, 🌫
– |❊| ≣ 🆃🆅 ☎ ⅙ 🚗 – 🅰 200. 🆀🅴 🆂 ⑩ 🅴 𝘝𝘐𝘚𝘈 🅹🅲🅱. ⅏ rist   AX **n**
Pasto carta 50/77000 – **158 cam** ⊑ 265/365000 – ½ P 190/285000.

Croce di Malta, via della Scala 7 ⊠ 50123 ℰ 218351, Telex 570540, Fax 287121, ⚊, 🌫
– |❊| ≣ 🆃🆅 ☎ ⅙ – 🅰 50. 🆀🅴 🆂 ⑩ 🅴 𝘝𝘐𝘚𝘈 🅹🅲🅱. ⅏ rist   BX **d**
Pasto 35/45000 ed al Rist. Al Coccodrillo (chiuso domenica e lunedì a mezzogiorno) carta
44/67000 – **83 cam** ⊑ 255/345000, 15 appartamenti.

Augustus senza rist, piazzetta dell'Oro 5 ⊠ 50123 ℰ 283054, Telex 570110, Fax 268557
– |❊| 🆂 🆃🆅 ☎ – 🅰 70. 🆀🅴 🆂 ⑩ 🅴 𝘝𝘐𝘚𝘈 🅹🅲🅱   BY **a**
⊑ 25000 – **60 cam** 320/340000, 2 appartamenti.

Kraft, via Solferino 2 ⊠ 50123 ℰ 284273, Telex 571523, Fax 2398267, « Rist. roof-
garden con ⪕ », ⚊ – |❊| ≣ 🆃🆅 ☎ – 🅰 40 a 50. 🆀🅴 🆂 ⑩ 🅴 𝘝𝘐𝘚𝘈 🅹🅲🅱. ⅏ rist   AX **c**
Pasto 35/70000 – **78 cam** ⊑ 265/390000, 3 appartamenti – ½ P 220/305000.

Pierre senza rist, via de' Lamberti 5 ⊠ 50123 ℰ 217512, Telex 573175, Fax 2396573 – |❊|
≣ 🆃🆅 ☎. 🆀🅴 🆂 ⑩ 🅴 𝘝𝘐𝘚𝘈 🅹🅲🅱   BY **k**
⊑ 25000 – **39 cam** 230/280000.

Michelangelo, viale Fratelli Rosselli 2 ⊠ 50123 ℰ 2784, Telex 571113, Fax 2382232 – |❊|
≣ 🆃🆅 ☎ 🚗 – 🅰 50 a 250. 🆀🅴 🆂 ⑩ 🅴 𝘝𝘐𝘚𝘈 🅹🅲🅱   AX **w**
Pasto (solo per clienti alloggiati) carta 45/55000 – **138 cam** ⊑ 265/370000 – ½ P 220/
300000.

Gd H. Minerva, piazza Santa Maria Novella 16 ⊠ 50123 ℰ 284555, Telex 570414,
Fax 268281, ⚊ – |❊| ≣ 🆃🆅 ☎ – 🅰 30 a 90. 🆀🅴 🆂 ⑩ 🅴 𝘝𝘐𝘚𝘈 🅹🅲🅱. ⅏ rist   BX **s**
Pasto carta 48/77000 – **96 cam** ⊑ 275/380000, 3 appartamenti – ½ P 245/330000.

Astoria Palazzo Gaddi, via del Giglio 9 ⊠ 50123 ℰ 2398095, Telex 571070, Fax 214632
– |❊| ≣ 🆃🆅 ☎ – 🅰 50 a 130. 🆀🅴 🆂 ⑩ 🅴 𝘝𝘐𝘚𝘈. ⅏ rist   BX **f**
Pasto (chiuso domenica) carta 50/79000 – **88 cam** ⊑ 260/350000, 3 appartamenti.

Executive senza rist, via Curtatone 5 ⊠ 50123 ℰ 217451, Telex 574522, Fax 268346, ⩚s
– |❊| ≣ 🆃🆅 ☎ 🚗 – 🅰 50. 🆀🅴 🆂 ⑩ 🅴 𝘝𝘐𝘚𝘈 🅹🅲🅱   AX **y**
38 cam ⊑ 280/390000.

🏨🏨 **Principe**, senza rist, lungarno Vespucci 34 ⊠ 50123 ℰ 284848, Telex 571400, Fax 283458, ⇐, �———— |📶| ≣ 📺 ☎
20 cam. AX **b**

🏨🏨 **Alexander,** viale Guidoni 101 ⊠ 50127 ℰ 4378951, Telex 574026, Fax 416818 – |📶| ≣ 📺 ☎ ⅙ ☻ – 🔬 50 a 300. 🗚 🖇 ➀ 🗲 🎟 ⅜
Pasto carta 45/76000 – **88 cam** ⊐ 225/280000 – ½ P 139/174000. ET **v**

🏨 **J and J** senza rist, via di Mezzo 20 ⊠ 50121 ℰ 2345005, Telex 570554, Fax 240282 – ≣ 📺 ☎. 🗚 🖇 ➀ 🗲 🎟 🃟.
19 cam ⊐ 225/400000, 2 appartamenti. DY **c**

🏨 **Il Guelfo Bianco** senza rist, via Cavour 29 ⊠ 50129 ℰ 288330, Fax 295203 – |📶| ≣ 📺 ☎ ⅙. 🗚 🗲 🎟. ⅜
21 cam ⊐ 150/210000. CX **s**

🏨 **Malaspina** senza rist, piazza dell'Indipendenza 24 ⊠ 50129 ℰ 489869, Fax 474809 – |📶| ≣ 📺 ☎. 🗚 🖇 ➀ 🗲 🎟. ⅜
31 cam ⊐ 140/220000. BV **a**

🏨 **Palazzo Benci** senza rist, piazza Madonna degli Aldobrandini 3 ⊠ 50123 ℰ 2382821, Fax 288308 – |📶| ≣ 📺 ☎ – 🔬 30. 🗚 🖇 ➀ 🗲 🎟 🃟. ⅜
34 cam ⊐ 150/210000. BX **g**

🏨 **Grifone,** via Pilati 22 ⊠ 50136 ℰ 661367, Telex 570624, Fax 677628 – |📶| ≣ 📺 ☎ ☻ – 🔬 50 a 200. 🗚 🖇 ➀ 🗲 🎟. ⅜
Pasto 18/25000 – **56 cam** ⊐ 130/205000, 8 appartamenti – ½ P 100/128000. FU **n**

🏨 **Le Due Fontane** senza rist, piazza della SS. Annunziata 14 ⊠ 50122 ℰ 280086, Telex 575550, Fax 294461 – |📶| ≣ 📺 ☎ – 🔬 40. 🗚 🖇 ➀ 🗲 🎟. ⅜
56 cam ⊐ 130/240000. CX **c**

🏨 **Royal** senza rist, via delle Ruote 52 ⊠ 50129 ℰ 483287, Fax 490976, « Giardino » – |📶| ≣ 📺 ☎ ☻. 🗚 🖇 🗲 🎟
39 cam ⊐ 140/220000. CV **x**

🏨 **Villa Azalee** senza rist, viale Fratelli Rosselli 44 ⊠ 50123 ℰ 214242, Fax 268264, �———— ≣ 📺 ☎. 🗚 🖇 ➀ 🗲 🎟
24 cam ⊐ 182/204000. AVX **y**

🏨 **Calzaiuoli** senza rist, via Calzaiuoli 6 ⊠ 50122 ℰ 212456, Telex 580589, Fax 268310 – |📶| ≣ 📺 ☎ ⅙. 🗚 🖇 ➀ 🗲 🎟
45 cam ⊐ 160/187000. CY **s**

🏨 **Fenice Palace** senza rist, via dei Martelli 10 ⊠ 50129 ℰ 289942, Telex 575580, Fax 210087 – |📶| ≣ 📺 ☎. 🗚 🖇 ➀ 🗲 🎟 🃟
72 cam ⊐ 233/304000. CX **b**

🏨 **Select** senza rist, via Giuseppe Galliano 24 ⊠ 50144 ℰ 330342, Telex 572626, Fax 351506 – |📶| ≣ 📺 ☎. 🗚 🖇 ➀ 🗲 🎟
⊐ 10000 – **36 cam** 105/165000. AV **z**

🏨 **David** senza rist, viale Michelangiolo 1 ⊠ 50125 ℰ 6811695, Fax 680602, �———— – |📶| ≣ 📺 ☎ ⅙ ☻. 🗚 🖇 ➀ 🗲 🎟. ⅜
⊐ 15000 – **26 cam** 100/160000. DZ **a**

🏨 **Villa Liberty** senza rist, viale Michelangiolo 40 ⊠ 50125 ℰ 6810581, Fax 6812595, �———— – |📶| ≣ 📺 ☎ ☻ 🗚 🖇 ➀ 🗲 🎟
14 cam ⊐ 170/198000, 2 appartamenti. DZ **b**

🏨 **Goldoni** senza rist, via Borgo Ognissanti 8 ⊠ 50123 ℰ 284080, Fax 282576 – |📶| ≣ 📺 ☎. 🗚 🖇 ➀ 🗲 🎟
20 cam ⊐ 124/190000. AY **x**

🏨 **Balestri** senza rist, piazza Mentana 7 ⊠ 50122 ℰ 214743, Fax 2398042 – |📶| ≣ 📺 ☎ – 🔬 50. 🗚 🖇 ➀ 🗲 🎟. ⅜
49 cam ⊐ 150/210000, appartamento. CY **m**

🏨 **City** senza rist, via Sant'Antonino 18 ⊠ 50123 ℰ 211543, Fax 295451 – |📶| ≣ 📺 ☎. 🗚 🖇 ➀ 🗲 🎟
18 cam ⊐ 150/198000. BX **a**

🏨 **Privilege** senza rist, lungarno della Zecca Vecchia 26 ⊠ 50122 ℰ 2341221, Fax 243287 – ≣ 📺 ☎. 🗚 🖇 ➀ 🗲 🎟
18 cam ⊐ 150/200000. DY **e**

🏨 **Loggiato dei Serviti** senza rist, piazza SS. Annunziata 3 ⊠ 50122 ℰ 289592, Fax 289595 – |📶| ≣ 📺 ☎. 🗚 🖇 ➀ 🗲 🎟 🃟
29 cam ⊐ 165/240000, 4 appartamenti. CX **d**

🏨 **Golf** senza rist, viale Fratelli Rosselli 56 ⊠ 50123 ℰ 281818, Telex 571630, Fax 268432 – |📶| ≣ 📺 ☎ ☻. 🗚 🖇 ➀ 🗲 🎟 🃟
45 cam ⊐ 110/205000. AV **k**

🏨 **Della Signoria** senza rist, via delle Terme 1 ⊠ 50123 ℰ 214530, Fax 216101 – |📶| ≣ 📺 ☎. 🗚 🖇 ➀ 🗲 🎟 🃟
⊐ 15000 – **27 cam** 180/230000. BY **z**

🏨 **Byron** senza rist, via della Scala 49 ⊠ 50123 ℰ 280852, Telex 570278, Fax 213273 – |📶| 📺 ☎ ☻. 🗚 🖇 ➀ 🗲 🎟 🃟
⊐ 8000 – **45 cam** 118/176000. AX **t**

🏨 **Silla** senza rist, via dei Renai 5 ⊠ 50125 ℰ 2342888, Fax 2341437 – |📶| ≣ 📺 ☎. 🗚 🖇 ➀ 🗲 🎟
32 cam ⊐ 130/180000. CY **h**

🏠 **Rapallo**, via di Santa Caterina d'Alessandria 7 ⊠ 50129 ℰ 472412, Telex 574251, Fax 470385 – 🕃 🗐 📺 😂. 🕮 🕃 ⑩ **E** *VISA*. 🛠 rist   CV **s**
Pasto (solo per clienti alloggiati) 33000 – 😅 16000 – **30 cam** 98/145000 – ½ P 117/142000.

🏠 **Ariele** senza rist, via Magenta 11 ⊠ 50123 ℰ 211509, Fax 268521, 🛲 – 🕃 📺 ☎ 🄿. 🕮 🕃 ⑩ **E** *VISA* *JCB*   AX **q**
39 cam 😅 105/156000.

🏠 **Sanremo** senza rist, lungarno Serristori 13 ⊠ 50125 ℰ 2342823, Fax 2342269 – 🕃 🗐 📺 ☎. 🕮 🕃 ⑩ **E** *VISA*   DZ **e**
chiuso dal 15 gennaio al 15 febbraio – 😅 12000 – **20 cam** 115/155000.

🏠 **Jane** senza rist, via Orcagna 56 ⊠ 50121 ℰ 677382, Fax 677383 – 🕃 🗐 📺 ☎. 🕃 **E** *VISA*. 🛠 – **24 cam** 😅 95/140000, 🗐 7000.   DY **m**

🏠 **Ariston** senza rist, via Fiesolana 40 ⊠ 50122 ℰ 2476693, Fax 2476980 – ☎. 🕮 🕃 **E** *VISA* – 😅 12000 – **29 cam** 65/105000.   DX **a**

🏠 **Orcagna** senza rist, via Orcagna 57 ⊠ 50121 ℰ 669959 – 🕃 ☎. 🕃 **E** *VISA*   DY **d**
18 cam 😅 80/130000.

🏠 **Fiorino** senza rist, via Osteria del Guanto 6 ⊠ 50122 ℰ 210579, Fax 210579 – 🖭. 🕃 *VISA* 😅 14000 – **23 cam** 75/110000.   CY **b**

🏠 **Alba** senza rist, via della Scala 22 ⊠ 50123 ℰ 282610, Fax 288358 – 🕃 🗐 📺 ☎. 🕮 🕃 ⑩ **E** *VISA* *JCB*. 🛠   AX **d**
24 cam 😅 155/230000.

🏠 **Arizona** senza rist, via Farini 2 ⊠ 50121 ℰ 245321, Fax 2346130 – 🕃 📺 ☎. 🕮 🕃 ⑩ **E** *VISA* *JCB*. 🛠   DX **n**
21 cam 😅 125/175000.

XXXX ✿✿ **Enoteca Pinchiorri**, via Ghibellina 87 ⊠ 50122 ℰ 242777, Fax 244983, Coperti limitati; prenotare, « Servizio estivo in un fresco cortile » – 🗐. 🕮 🕃 **E** *VISA*   CY **y**
chiuso domenica, lunedì a mezzogiorno, dal 23 al 28 dicembre ed agosto – **Pasto** 90000 (solo a mezzogiorno) 150000 e carta 135/197000
Spec. Bigoli con sardelle, Coda di rospo steccata con acciughe rosmarino e parmigiana di finocchi, Cosciotto d'agnello arrosto e zucchine a scapece con origano.

XXXX **Sabatini**, via de' Panzani 9/a ⊠ 50123 ℰ 211559, Fax 210293, Gran tradizione – 🗐. 🕮 🕃 ⑩ **E** *VISA* *JCB*. 🛠   BX **q**
chiuso lunedì – **Pasto** carta 53/95000 (13%).

XXX **Harry's Bar**, lungarno Vespucci 22 r ⊠ 50123 ℰ 2396700, Coperti limitati; prenotare – 🗐. 🕮 🕃 **E** *VISA*   AY **x**
chiuso domenica e dal 15 dicembre al 5 gennaio – **Pasto** carta 44/76000 (16%).

XXX ✿ **Don Chisciotte**, via Ridolfi 4 r ⊠ 50129 ℰ 475430, Fax 485305, Coperti limitati; prenotare – 🗐. 🕮 🕃 ⑩ **E** *VISA* *JCB*   BV **u**
chiuso domenica, lunedì a mezzogiorno ed agosto – **Pasto** carta 62/90000
Spec. Sformato di finocchi con fegatini di coniglio al Vin Santo, Malfatti di ricotta e salmone su crema di calamari, Rombo con fiori e crema di zucchine (marzo-settembre).

XXX **La Loggia**, piazzale Michelangiolo 1 ⊠ 50125 ℰ 2342832, Fax 2345288, « Servizio estivo all'aperto con ← » – 🗐 🄿 – 🛦 50. 🕮 🕃 ⑩ **E** *VISA*   DZ **r**
chiuso mercoledì e dal 4 al 19 agosto – **Pasto** carta 52/83000 (13%).

XXX **Al Lume di Candela**, via delle Terme 23 r ⊠ 50123 ℰ 294566, Coperti limitati; prenotare – 🗐. 🕮 🕃 ⑩ **E** *VISA*. 🛠   BY **u**
chiuso a mezzogiorno, domenica e dal 10 al 25 agosto – **Pasto** carta 50/75000.

XX **La Vecchia Cucina**, viale Edmondo De Amicis 1 r ⊠ 50137 ℰ 660143, Fax 660143 – 🗐. 🕮 🕃 ⑩ **E** *VISA*. 🛠   FU **g**
chiuso domenica e dall'8 al 26 agosto – **Pasto** carta 37/51000.

XX **Osteria n. 1**, via del Moro 20 r ⊠ 50123 ℰ 284897 – 🕮 🕃 ⑩ **E** *VISA*   BY **y**
chiuso domenica e dal 3 al 26 agosto – **Pasto** carta 46/72000 (10%).

XX **Dino**, via Ghibellina 51 r ⊠ 50122 ℰ 241452, Fax 241378 – 🗐. 🕮 🕃 ⑩ **E** *VISA*   DY **b**
chiuso domenica sera, lunedì e dal 5 al 20 agosto – **Pasto** carta 42/61000.

XX **I 4 Amici**, via degli Orti Oricellari 29 ⊠ 50123 ℰ 215413, Specialità di mare – 🗐. 🕮 🕃 ⑩ **E** *VISA* *JCB*.   AX **h**
chiuso domenica e dal 7 al 25 agosto – **Pasto** carta 53/72000 (12%).

XX **Le Fonticine**, via Nazionale 79 r ⊠ 50123 ℰ 282106 – 🕮 🕃 ⑩ **E** *VISA* *JCB*. 🛠   BX **c**
chiuso lunedì e dal 22 luglio al 22 agosto – **Pasto** carta 37/57000 (12%).

XX **Taverna del Bronzino**, via delle Ruote 25/27 r ⊠ 50129 ℰ 495220 – 🗐. 🕮 🕃 ⑩ **E** *VISA*   CV **y**
chiuso domenica ed agosto – **Pasto** carta 54/80000.

XX **Cantinetta Antinori**, piazza Antinori 3 ⊠ 50123 ℰ 292234, Specialità toscane – 🗐. 🕮 🕃 ⑩ **E** *VISA*. 🛠   BX **m**
chiuso sabato, domenica, Natale ed agosto – **Pasto** carta 52/75000 (10%).

XX 13 Gobbi, via del Porcellana 9 r ⊠ 50123 ℰ 2398769, Specialità toscane – 🗐   AX **v**

XX **i' Toscano**, via Guelfa 70/r ⊠ 50129 ℰ 215475 – 🕮 🕃 ⑩ **E** *VISA*. 🛠   CX **e**
chiuso martedì ed agosto – **Pasto** carta 34/53000.

XX **Acquerello**, via Ghibellina 156 r ⊠ 50122 ℰ 2340554, Fax 2340554 – 🗐. 🕮 🕃 ⑩ **E** *VISA*   CY **g**
chiuso giovedì – **Pasto** carta 33/54000 (12%).

XX **Mamma Gina**, borgo Sant'Jacopo 37 r ⊠ 50125 ℰ 2396009 – 🗐. 🕮 🕃 ⑩ **E** *VISA* *JCB*   BY **d**
chiuso domenica e dal 7 al 21 agosto – **Pasto** carta 46/68000 (12%).

XX **Ottorino,** via delle Oche 12-16 r ⊠ 50122 ℰ 215151, Fax 287140 – ≣. ⌷ⅇ 𝕊 ⑩ Ɛ 𝓥𝓘𝓢𝓐
JCB   CXY **x**
chiuso domenica – **Pasto** carta 50/78000.

XX **Buca Mario,** piazza Ottaviani 16 r ⊠ 50123 ℰ 214179, Fax 214179, Trattoria caratteristi-
ca – ≣. ⌷ⅇ 𝕊 ⑩ Ɛ 𝓥𝓘𝓢𝓐. ⅏   BXY **d**
chiuso mercoledì, giovedì a mezzogiorno ed agosto – **Pasto** carta 50/77000 (12%).

XX **Paoli,** via dei Tavolini 12 r ⊠ 50122 ℰ 216215, Rist. caratteristico, « Decorazioni imitanti
lo stile trecentesco » – ⌷ⅇ 𝕊 ⑩ Ɛ 𝓥𝓘𝓢𝓐   CY **d**
chiuso martedì ed agosto – **Pasto** carta 45/70000.

XX **Pierot,** piazza Taddeo Gaddi 25 r ⊠ 50142 ℰ 702100 – ≣. ⌷ⅇ 𝕊 ⑩ Ɛ 𝓥𝓘𝓢𝓐   AX **p**
chiuso domenica e dal 15 al 31 luglio – **Pasto** carta 33/50000 (12%).

XX **La Posta,** via de' Lamberti 20 r ⊠ 50123 ℰ 212701, ⌂ – ≣. 𝕊 ⑩ Ɛ 𝓥𝓘𝓢𝓐 JCB BY **s**
chiuso martedì – **Pasto** carta 37/62000 (13%).

XX **La Sagrestia,** via Guicciardini 27/r ⊠ 50125 ℰ 210003 – ⌷ⅇ 𝕊 ⑩ Ɛ 𝓥𝓘𝓢𝓐. ⅏   BY **g**
chiuso lunedì escluso da giugno a settembre – **Pasto** carta 35/57000 (12%).

X **La Capannina di Sante,** piazza Ravenna ang. Ponte da Verrazzano ⊠ 50126 ℰ 688345,
Fax 6580841, ≤, ⌂, Specialità di mare – ≣. ⌷ⅇ 𝕊 ⑩ Ɛ 𝓥𝓘𝓢𝓐. ⅏   FU **v**
chiuso a mezzogiorno, domenica e dal 10 al 20 agosto – **Pasto** carta 49/89000.

X **Cibreo,** via dei Macci 118 ⊠ 50122 ℰ 2341100, Fax 244966, Coperti limitati; prenotare –
⌷ⅇ 𝕊 ⑩ Ɛ 𝓥𝓘𝓢𝓐   DY **a**
chiuso domenica, lunedì, dal 31 dicembre al 6 gennaio e dal 26 luglio al 6 settembre – **Pasto**
65000.

X **Cammillo,** borgo Sant'Jacopo 57 r ⊠ 50125 ℰ 212427, Trattoria tipica fiorentina – ≣.
⌷ⅇ 𝕊 ⑩ Ɛ 𝓥𝓘𝓢𝓐   BY **m**
chiuso mercoledì, giovedì, dal 7 dicembre al 7 gennaio e dal 27 luglio al 19 agosto – **Pasto**
carta 46/95000.

X **La Baraonda,** via Ghibellina 67 r ⊠ 50122 ℰ 2341171, Fax 2341171 – ⌷ⅇ ⑩   DY **b**
chiuso domenica, lunedì a mezzogiorno ed agosto – **Pasto** carta 29/51000 (10%).

X **Pepolino,** via Borgognissanti 1 /r ⊠ 50123 ℰ 290978, Coperti limitati; prenotare – ⌷ⅇ 𝕊
⑩ Ɛ 𝓥𝓘𝓢𝓐. ⅏   FU **a**
chiuso domenica e lunedì a mezzogiorno – **Pasto** carta 38/54000.

X **Il Latini,** via dei Palchetti 6 r ⊠ 50123 ℰ 210916, Trattoria tipica – ⌷ⅇ 𝕊 ⑩ Ɛ 𝓥𝓘𝓢𝓐
⅏   BY **p**
chiuso lunedì, dal 24 dicembre al 1° gennaio e luglio o agosto – **Pasto** carta 32/54000.

X **Cantina Barbagianni,** via Sant'Egidio 13 ⊠ 50122 ℰ 2480508 – ≣. ⌷ⅇ 𝕊 Ɛ 𝓥𝓘𝓢𝓐. ⅏
                                                                                            CY **r**
chiuso domenica, lunedì ed agosto – **Pasto** carta 32/43000 (12%).

X **Il Cigno,** via Varlungo 3 r ⊠ 50136 ℰ 666794, ⌂ – ⑫. 𝕊 Ɛ 𝓥𝓘𝓢𝓐. ⅏   FU **q**
ciuso lunedì e novembre – **Pasto** carta 40/60000.

X **Il Profeta,** borgo Ognissanti 93 r ⊠ 50123 ℰ 212265 – ≣. ⌷ⅇ 𝕊 𝓥𝓘𝓢𝓐. ⅏   AX **r**
chiuso domenica e dal 15 al 31 agosto – **Pasto** carta 36/54000 (12%).

X **Baldini,** via il Prato 96 r ⊠ 50123 ℰ 287663 – ≣. ⌷ⅇ 𝕊 ⑩ Ɛ 𝓥𝓘𝓢𝓐. ⅏   AX **m**
chiuso sabato,domenica sera, dal 24 dicembre al 3 gennaio e dal 1° al 20 agosto – **Pasto**
carta 35/46000.

X **La Martinicca,** via del Sole 27 r ⊠ 50123 ℰ 218928 – ≣. ⌷ⅇ 𝕊 ⑩ Ɛ 𝓥𝓘𝓢𝓐   BY **c**
chiuso domenica ed agosto – **Pasto** carta 37/60000.

X **Cafaggi,** via Guelfa 35 r ⊠ 50129 ℰ 294989 – ≣. ⌷ⅇ 𝕊 Ɛ 𝓥𝓘𝓢𝓐   CX **a**
chiuso domenica sera, lunedì e dal 15 luglio al 15 agosto – **Pasto** carta 31/64000 (12%).

X **Del Carmine,** piazza del Carmine 18 r ⊠ 50124 ℰ 218601 – ⌷ⅇ 𝕊 ⑩ Ɛ 𝓥𝓘𝓢𝓐   AY **s**
chiuso domenica e dal 7 al 21 agosto – **Pasto** carta 28/39000.

X **Trattoria Vittoria,** via della Fonderia 52 r ⊠ 50142 ℰ 225657, Specialità di mare – ≣.
⌷ⅇ 𝕊 ⑩ Ɛ 𝓥𝓘𝓢𝓐   AX **a**
chiuso mercoledì – **Pasto** carta 54/71000.

X **Angiolino,** via Santo Spirito 36/r ⊠ 50125 ℰ 2398976, Trattoria tipica   AY **b**
chiuso domenica sera, lunedì e dal 27 giugno al 25 luglio – **Pasto** carta 32/55000.

X **Del Fagioli,** corso Tintori 47 r ⊠ 50122 ℰ 244285, Trattoria tipica toscana   CY **z**
chiuso domenica e da giugno a settembre anche sabato – **Pasto** carta 36/49000.

X **Alla Vecchia Bettola,** viale Ludovico Ariosto 32 r ⊠ 50124 ℰ 224158, « Ambiente
caratteristico » – ⅏   AY **a**
chiuso domenica, lunedì, dal 23 dicembre al 2 gennaio ed agosto – **Pasto** carta 29/52000.

X **La Carabaccia,** via Palazzuolo 190 r ⊠ 50123 ℰ 214782 – 𝕊 Ɛ 𝓥𝓘𝓢𝓐   AX **x**
chiuso domenica, lunedì a mezzogiorno ed agosto – **Pasto** carta 37/55000.

ai Colli S : 3 km FU :

🏨 **Gd H. Villa Cora** ⅏, viale Machiavelli 18 ⊠ 50125 ℰ 2298451, Telex 570604,
Fax 229086, ⌂, « Parco fiorito con ⅃ » – ⅋ ≣ 𝕋𝖵 ☎ ℗ – 🔬 50 a 150. ⌷ⅇ 𝕊 ⑩ Ɛ 𝓥𝓘𝓢𝓐
JCB. ⅏ rist   FU **b**
Pasto 50/120000 (15%) e al Rist. **Taverna Macchiavelli** carta 50/90000 (15%) – **32 cam**
363/648000, 15 appartamenti 864/1592000.

Torre di Bellosguardo ⑤ senza rist, via Roti Michelozzi 2 ⊠ 50124 𝓟 2298145, Fax 229008, ❀ città e colli, « Parco e terrazza con ⬛ » – 📶 ⬛ 🅿 ⒶⒺ ⚅ ⚆ ⒺVISA
FU **p**
⛽ 25000 – **10 cam** 250/330000, 6 appartamenti 430/530000.

Villa Belvedere ⑤ senza rist, via Benedetto Castelli 3 ⊠ 50124 𝓟 222501, Fax 223163, ❮ città e colli, « Parco-giardino con ⬛ », ❤ – 📶 ⬛ ⓣⓥ ☎ & 🅿 ⒶⒺ ⚅ ⚆ ⒺVISA
❤
FU **c**
marzo-novembre – **23 cam** ⛽ 200/280000, 3 appartamenti.

Villa Carlotta ⑤, via Michele di Lando 3 ⊠ 50125 𝓟 2336134, Telex 573485, Fax 2336147, ❀ – 📶 ⬛ ⓣⓥ ☎ 🅿 ⒶⒺ ⚅ ⚆ ⒺVISA JCB. ❤ rist
AZ **a**
Pasto (solo per clienti alloggiati) carta 44/77000 – **27 cam** ⛽ 250/350000 – ½ P 170/290000.

Classic senza rist, viale Machiavelli 25 ⊠ 50125 𝓟 229351, Fax 229353, ❀ – 📶 ⓣⓥ ☎ 🅿 ⒶⒺ ⚅ ⒺVISA
AZ **c**
⛽ 10000 – **19 cam** 100/150000, 3 appartamenti.

ad Arcetri S : 5 km FU – ⊠ **50125** Firenze :

※ **Omero**, via Pian de' Giullari 11 r 𝓟 220053, Trattoria di campagna con ❮, « Servizio estivo in terrazza » – ⒶⒺ ⚅ ⚆ ⒺVISA
FU **d**
chiuso martedì ed agosto – **Pasto** carta 37/54000 (13%).

a Galluzzo S : 6,5 km EU – ⊠ **50124** Firenze :

Relais Certosa, via Colle Ramole 2 𝓟 2047171, Telex 574332, Fax 268575, ❮, « Parco-giardino », ❤ – 📶 ⬛ ⓣⓥ ☎ 🅿 – 🔬 35 a 70. ⒶⒺ ⚅ ⚆ ⒺVISA JCB. ❤ rist
EU **x**
Pasto 45000 – **63 cam** ⛽ 270/310000, 6 appartamenti.

※ **Trattoria Bibe**, via delle Bagnese 15 ⊠ 50124 𝓟 2049085, 🌳 – 🅿 ⒶⒺ ⚅ ⒺVISA
chiuso mercoledì, giovedì a mezzogiorno, dal 15 al 28 febbraio e dal 10 al 20 novembre –
Pasto carta 32/45000.
EU **c**

a Candeli E : 7 km – ⊠ **50010** :

Villa La Massa ⑤, via La Massa 24 𝓟 6510101, Fax 6510109, ❮, 🌳, « Dimora seicentesca con arredamento in stile », ⬛, ❀, ❤ – 📶 ⬛ ⓣⓥ ☎ & 🅿 – 🔬 120. ⒶⒺ ⚅ ⚆ ⒺVISA
❤ rist
Pasto al Rist. **Il Verrocchio** (chiuso lunedì e martedì, da novembre a marzo) carta 71/95000
– **38 cam** ⛽ 336/490000, 5 appartamenti.

verso Trespiano N : 7 km FT :

Villa le Rondini ⑤, via Bolognese Vecchia 224 ⊠ 50139 Firenze 𝓟 400081, Fax 268212, ❮ città, « Ville fra gli olivi », ⬛, ❀, ❤ – ☎ 🅿 – 🔬 80 a 200. ⒶⒺ ⚅ ⚆ ⒺVISA ❤ rist
Pasto 45/130000 – **31 cam** ⛽ 160/240000, 2 appartamenti – ½ P 150/200000.
FT **r**

a Serpiolle N : 8 km FT – ⊠ **50141** Firenze :

※※ **Lo Strettoio**, 𝓟 4250044, ❮, 🌳, prenotare, « Villa seicentesca fra gli olivi » – ⬛ 🅿 ⒶⒺ ⚅ ⒺVISA ❤
chiuso a mezzogiorno, domenica, lunedì ed agosto – **Pasto** carta 43/71000.
FT **g**

sull'autostrada al raccordo A 1 - A 11 NO : 10 km ET :

Forte Agip, ⊠ 50013 Campi Bisenzio 𝓟 4205081, Fax 4219015 – 📶 ⬛ ⓣⓥ ☎ & 🅿 – 🔬 40 a 200. ⒶⒺ ⚅ ⒺVISA JCB. ❤
ET **u**
Pasto (chiuso domenica) carta 37/68000 – **163 cam** ⛽ 198/229000.

in prossimità casello autostrada A1 Firenze Sud SE : 6 km :

Sheraton Firenze Hotel, ⊠ 50126 𝓟 64901, Telex 575860, Fax 680747, ⬛, ❤ – 📶 ❤ cam ⬛ ⓣⓥ ☎ & ⟷ 🅿 – 🔬 30 a 1500. ⒶⒺ ⚅ ⚆ ⒺVISA JCB. ❤
FU **r**
Pasto carta 52/82000 – **296 cam** ⛽ 280/300000, 17 appartamenti.

MICHELIN, viale Belfiore 41 AV - ⊠ 50144, 𝓟 332641, Fax 360098.

FIRENZUOLA 50033 Firenze 🔢 ⑮, 🔢 🔢 J 16 – 4 835 ab. alt. 422 – ✪ 055.

Roma 309 – ♦Firenze 46 – ♦Bologna 62 – Forlì 75.

a Pietramala NO : 13 km – ⊠ **50030** :

※ Antica Casa Gualtieri, con cam, 𝓟 813596, Fax 813590, 🌳 – 📶 ☎ 🅿
19 cam.

FISCHLEINBODEN = Campo Fiscalino.

FIUGGI 03014 Frosinone 🔢 ㉖, 🔢 Q 21 – 8 269 ab. alt. 747 – Stazione termale (aprile-novembre) – ✪ 0775.

🏌 (chiuso martedì) a Fiuggi Fonte ⊠ 03015 𝓟 55250, Fax 506742, S : 4 km.

🅱 (aprile-novembre) piazza Frascara 4 𝓟 55019.

Roma 82 – Avezzano 94 – Frosinone 32 – Latina 88 – ♦Napoli 183.

🏠 **Anticoli**, via Verghetti 70 𝓟 55667, ❮, ❀ – 📶 ☎. ⒶⒺ ⚅ ⒺVISA
chiuso dal 10 gennaio a febbraio – **Pasto** 35/45000 – ⛽ 7000 – **18 cam** 40/70000 –
½ P 60000.

XX **La Torre,** piazza Trento e Trieste 18 ℘ 55382, Fax 55382 – 🝰 🛐 E 𝑉𝐼𝑆𝐴. ⁗
chiuso martedì escluso da giugno a settembre – **Pasto** carta 43/68000.

XX **Il Rugantino,** via Diaz 300 ℘ 55400 – 🝰 🛐 ❶ E 𝑉𝐼𝑆𝐴 𝐽𝐶𝐵. ⁗
chiuso mercoledì escluso da maggio a settembre – **Pasto** carta 26/45000.

a Fiuggi Fonte S : 4 km – alt. 621 – ✉ 03015 :

🏨🏨🏨 **Palazzo della Fonte** ⑳, via Dei Villini 7 ℘ 5081, Telex 620014, Fax 506752, ⩽, « Parco
con 🛝 », ⅙, ⇌, 🔲, ⚒ – 📶 🔲 📺 ☎ 🅿 – 🛄 30 a 600. 🝰 🛐 ❶ E 𝑉𝐼𝑆𝐴 𝐽𝐶𝐵. ⁗ rist
Pasto carta 60/82000 – ⚏ 40000, 7 appartamenti – ½ P 185/285000.

🏨🏨 **Silva Hotel Splendid,** corso Nuova Italia 40 ℘ 55791, Fax 506546, « Giardino ombreg-
giato con 🛝 », ⅙, ⇌ – 📶 🔲 cam 📺 ☎ ⅙ 🅿 – 🛄 250. 🝰 🛐 ❶ 𝑉𝐼𝑆𝐴. ⁗ rist
maggio-ottobre – **Pasto** 55000 – ⚏ 18000 – **120 cam** 143/204000 – P 138/195000.

🏨🏨 **Villa Igea,** corso Nuova Italia 32 ℘ 55435, Fax 55438, ⇌, 🛝, ⫷ – 📶 📺 ☎ 🅿. ⁗ rist
15 maggio-15 ottobre – **Pasto** carta 50/79000 – **65 cam** ⚏ 125/190000 – ½ P 130/170000.

🏨 **Fiuggi Terme,** via Prenestina 9 (SE : 0,5 km) ℘ 55212, Fax 506566, 🛝, ⫷, ⚒ – 📶 🔲 rist
📺 ☎ 🅿 – 🛄 250. 🝰 🛐 ❶ E 𝑉𝐼𝑆𝐴 𝐽𝐶𝐵. ⁗ rist
Pasto 34/55000 – **51 cam** ⚏ 110/150000 – P 88/120000.

🏨 **Imperiale,** via Prenestina 29 ℘ 55055, Fax 504112, 🛝 – 📶 🔲 ⇌ 🅿. 🝰 🛐 𝑉𝐼𝑆𝐴. ⁗
21 maggio-23 ottobre – **Pasto** carta 42/58000 – ⚏ 12000 – **97 cam** 75/120000 – ½ P 70/
110000.

🏨 **San Giorgio,** via Prenestina 31 ℘ 55313, Fax 55012, « Giardino Ombreggiato » – 📶
🔲 rist 📺 ☎ 🅿. 🝰 🛐 E 𝑉𝐼𝑆𝐴. ⁗
maggio-ottobre – **Pasto** 35/38000 – **85 cam** ⚏ 100/140000 – ½ P 90/104000.

🏨 **Alfieri,** viale Fonte Anticolana 49 ℘ 55646, Fax 55647 – 📶 ⫸ ⇌ 🅿. ⁗ rist
maggio-novembre – **Pasto** carta 34/50000 – ⚏ 8000 – **40 cam** 60/90000 – ½ P 50/65000.

🏨 **Mondial Park Hotel,** via Sant'Emiliano 82 ℘ 55848, Fax 506671, 🛝 – 📶 🔲 rist 📺 ⫸
⇌ 🅿 – 🛄 80. ⁗ rist
maggio-ottobre – **Pasto** 25/35000 – **43 cam** ⚏ 75/99000 – ½ P 90/95000.

🏨 **Daniel's,** via Prenestina SE : 1 km ℘ 506543, 🛝, ⚒ – 📶 🔲 rist ☎ 🅿
stagionale – **38 cam.**

🏨 **Casina dello Stadio e del Golf,** via 4 Giugno 19 ℘ 55027, Fax 55176, 🛝 – 📶 ☎ ⇌ 🅿.
🝰. ⁗
aprile-ottobre – **Pasto** 35000 – ⚏ 12000 – **49 cam** 70/98000 – ½ P 80/90000.

🏨 **Ariston,** via Parco Macchiadoro 11 ℘ 55514, Fax 55521, 🛝 – 📶 ☎ 🅿. 🝰 𝑉𝐼𝑆𝐴. ⁗ rist
aprile-ottobre – **Pasto** 40000 – ⚏ 5000 – **54 cam** 80/100000 – ½ P 85000.

🏨 **Fiore,** via XV Gennaio 5 ℘ 55126, Fax 505489 – 📶 ☎ 🅿. 🝰. ⁗
maggio-novembre – **Pasto** 35/45000 – **38 cam** ⚏ 70/90000 – ½ P 65/80000.

🏨 **Edison** ⑳, via De Medici 33 ℘ 55875, Fax 55875504103, 🛝 – 📶 ☎ 🅿. 🝰 ❶. ⁗ rist
aprile-ottobre – **Pasto** 30000 – ⚏ 3500 – **24 cam** 42/62000 – ½ P 47/62000.

🏨 **Argentina,** via Vallombrosa 22 ℘ 55117, Fax 55748, « Piccolo parco ombreggiato »,
⇌477 – 📶 🔲 rist ☎ 🅿. 🛐. ⁗ rist
chiuso novembre e dicembre – **Pasto** 30/35000 – ⚏ 10000 – **61 cam** 45/85000 – ½ P 60/
65000.

🏨 **Mirage,** via Diaz 295 ℘ 55496 – 📶 ⫸ 🅿. ❶ 𝑉𝐼𝑆𝐴. ⁗
15 maggio-15 ottobre – **Pasto** 25/30000 – ⚏ 4000 – **32 cam** 55/70000 – P 76000.

XXX **Hernicus** con cam, corso Nuova Italia 30 ℘ 55254, Fax 505502, prenotare – 📶 🔲 📺 ☎.
🝰 🛐 E 𝑉𝐼𝑆𝐴. ⁗ cam
Pasto *(chiuso dal 1° al 20 agosto e lunedì escluso da giugno a settembre)* carta 46/71000 –
3 appartamenti ⚏ 300000.

Vedere anche : *Acuto :* O : 5 km.

FIUMALBO 41022 Modena 🝠🝡🝢 J 13 – 1 547 ab. alt. 935 – a.s. luglio-agosto e Natale –
✪ 0536.

Roma 369 – Pisa 95 – ♦Bologna 104 – Lucca 73 – Massa 101 – ♦Milano 263 – ♦Modena 88 – Pistoia 59.

a Dogana Nuova S : 2 km – ✉ 41020 :

🏠 **Val del Rio,** ℘ 73901, Fax 73901, ⩽ – 📶 ☎ 🅿. 🛐. ⁗
Pasto carta 26/39000 – ⚏ 12000 – **24 cam** 70/110000 – ½ P 65/85000.

🏠 **Bristol,** ℘ 73912, ⩽ – ☎ 🅿. 🝰 🛐 ❶ E 𝑉𝐼𝑆𝐴. ⁗ rist
Pasto *(chiuso giovedì)* 23/30000 – ⚏ 8000 – **22 cam** 60/90000 – ½ P 66/80000.

Le Ottime Tavole

per voi abbiamo contraddistinto

alcuni alberghi (🏠 ... 🏨🏨🏨) e ristoranti (X ... XXXXX) con ✿, ✿✿ o ✿✿✿.

FIUMARA Messina – Vedere Sicilia (Capo d'Orlando) alla fine dell'elenco alfabetico.

FIUMICELLO DI SANTA VENERE Potenza 431 H 29 – Vedere Maratea.

FIUMICINO 00054 Roma 988 ㉕ ㉖, 430 Q 18 – ☎ 06.

✈ Leonardo da Vinci, NE : 3,5 km ☎ 6595.

Roma 31 – Anzio 52 – Civitavecchia 66 – Latina 78.

XXX **Bastianelli al Molo,** via Torre Clementina 312 ☎ 6505358, Fax 6506210, ≤, 🏖, Specialità di mare – AE 🅂 ⓞ E VISA JCB. ✻
chiuso lunedì – **Pasto** 45/80000 (a mezzogiorno) e carta 62/102000.

XX Gina al Porto, viale Traiano 141 ☎ 6522422, Fax 6522422, ≤, 🏖, Specialità di mare

XX **Bastianelli dal 1929,** via Torre Clementina 86/88 ☎ 6505095, Fax 6507113, Specialità di mare – ▤. AE 🅂 ⓞ E VISA JCB
chiuso mercoledì – **Pasto** carta 40/60000.

XX **La Perla** con cam, via Torre Clementina 214 ☎ 6505038, Fax 6507701, 🏖, Specialità di mare – Ⓟ. AE 🅂 ⓞ VISA. ✻
chiuso dal 20 agosto al 15 settembre – **Pasto** *(chiuso martedì)* carta 47/87000 – ☕ 10000 – **7 cam** 61/78000.

FIVIZZANO 54013 Massa-Carrara 988 ⑭, 428 429 430 J 12 – 10 243 ab. alt. 373 – ☎ 0585.

Roma 437 – ♦Firenze 163 – Massa 41 – ♦Milano 221 – ♦Parma 116 – Reggio nell'Emilia 94 – ♦La Spezia 39.

🏠 **Il Giardinetto,** ☎ 92060, « Terrazza-giardino ombreggiata » – 🅂 VISA. ✻
chiuso dal 4 al 30 ottobre – **Pasto** *(chiuso lunedì da novembre a giugno)* carta 26/38000 – ☕ 6000 – **19 cam** 35/60000 – ½ P 60000.

Le nuove guide Verdi turistiche Michelin offrono :
– un testo descrittivo più ricco,
– un'informazione pratica più chiara,
– piante, schemi e foto a colori.
... e naturalmente sono delle opere aggiornate costantemente.
Utilizzate sempre l'ultima edizione.

FOGGIA 71100 Ⓟ 988 ㉘, 431 C 28 – 156 072 ab. alt. 70 – a.s. Pasqua e agosto-settembre – ☎ 0881.
Vedere Guida Verde.

ℹ via Senatore Emilio Perrone 17 ☎ 723650, Fax 27912.

A.C.I. via Mastelloni (Palazzo Insalata) ☎ 636833.

Roma 363 ④ – ♦Bari 132 ① – ♦Napoli 175 ④ – ♦Pescara 180 ①.

Pianta pagina seguente

🏨 Cicolella, viale 24 Maggio 60 ☎ 688890, Telex 810273, Fax 678984 – 🛗 ▤ 📺 ☎ ♿ – 🎤 50 a 150. Y c
93 cam.

🏨 **White House** senza rist, via Monte Sabotino 24 ☎ 621644, Telex 812043, Fax 621646 – 🛗 ▤ 📺 ☎. AE 🅂 ⓞ E VISA JCB Y b
☕ 15000 – **37 cam** 168/288000 – ½ P 220000.

🏨 **President,** via degli Aviatori 130 ☎ 618010, Fax 617930 – 🛗 ▤ 📺 ☎ 🚗 Ⓟ – 🎤 150 a 500. AE 🅂 ⓞ E VISA. ✻ X a
Pasto *(chiuso venerdì)* carta 37/49000 (10 %) – ☕ 10000 – **129 cam** 85/105000, ▤ 5000 – ½ P 86/101000.

XX ✿ **Il Ventaglio,** via Postiglione 6 ☎ 661500, 🏖 – ▤. 🅂 VISA. ✻ X d
chiuso dal 23 al 31 dicembre, dal 13 al 31 agosto, sabato-domenica in luglio-agosto e domenica sera-lunedì negli altri mesi – **Pasto** carta 50/65000
Spec. Linguine ai frutti di mare e pomodoro fresco, Troccoli alle vongole veraci, Orata con legumi ai profumi d'erbe selvatiche.

XX In Fiera-Cicolella, viale Fortore angolo via Bari ☎ 632166, Fax 632167, 🏖, 🌳 – ▤ Ⓟ X r

XX La Pietra di Francia, viale 1° Maggio 2 ☎ 634880 – ▤ X q

XX **Giordano-Da Pompeo,** vico al Piano 14 ☎ 724640 – ▤. ✻ Y a
chiuso domenica e dal 15 al 31 agosto – **Pasto** carta 31/61000.

FOGGIA

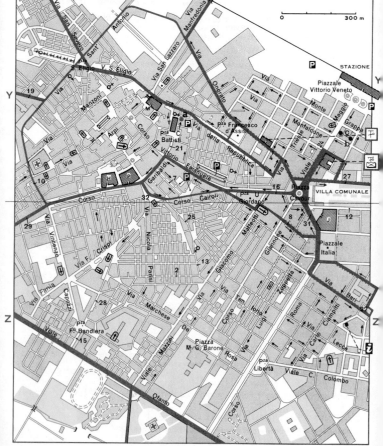

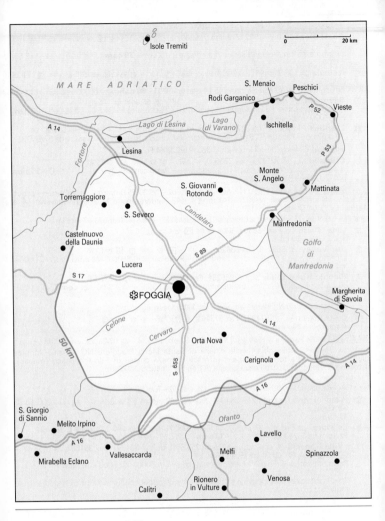

FOLGARIA 38064 Trento 988 ④, 429 E 15 – 3 079 ab. alt. 1 168 – a.s. 5 febbraio-19 marzo, Pasqua e Natale – Sport invernali : 1 168/2 000 m ≼2 ≰33, ≰ – ☻ 0464.

🛐 Trentino (maggio-ottobre) ✉ 38100 Trento ☏ (0461) 720480 o ☏ (0461) 981682, Fax (0461) 981685, NE : 2 km – 🗒 via Roma 62 ☏ 721133, Fax 720250.

Roma 582 – ◆Bolzano 87 – ◆Milano 236 – Riva del Garda 42 – Rovereto 20 – Trento 27 – ◆Verona 95 – Vicenza 73.

🏨 **Villa Wilma** ⤷, ☏ 721278, Fax 721278, ≼, ⬚ – 🛗 📺 ☎ 🄿. 🖺. ⌗
dicembre-marzo e 15 giugno-20 settembre – **Pasto** *(chiuso venerdì)* 29/35000 – ⌑ 12000 – **24 cam** 92/153000 – ½ P 90/117000.

🏨 **Vittoria,** ☏ 721122, Fax 720227, ≼, ₺, 🖀 – 🛗 🔲 📺 ☎ ᵹ 🄿 – 🔏 50. 🝙 🖺 ① 𝒱𝐼𝑆𝐴. ⌗ rist
dicembre-aprile e giugno-settembre – **Pasto** 18/28000 – ⌑ 10000 – **42 cam** 80/150000 – ½ P 50/110000.

🏠 **Aquila,** ☏ 721103, Fax 721103, ≼ – ☎. ⌗
chiuso maggio e novembre – **Pasto** *(chiuso giovedì)* carta 29/49000 – **29 cam** ⌑ 55/85000 – ½ P 50/80000.

a Costa NE : 2 km – alt. 1 257 – ⊠ **38064** Folgaria :

🏨 **Gd. H Biancaneve**, ℰ 721272, Fax 720580, ≼, 🔲, 🐎, ✕ – 劇 📺 ☎ 🕭 🚗 🅿 – 🛏 180. ✕ rist
dicembre-marzo e giugno-settembre – **Pasto** 25/50000 – **78 cam** 🛏 110/170000 – ½ P 60/110000.

🏨 **Nevada** 🦢, ℰ 721495, Fax 720219, ≼, 🍴, 🔲, 🐎 – 劇 ✕ rist 📺 ☎ 🚗 🅿 ❿ ⓔ 𝒱𝒾𝒮𝒜. ✕
chiuso dal 16 al 30 aprile e novembre – **Pasto** 34000 – **60 cam** 🛏 150000 – ½ P 70/130000.

🏨 **Sayonara**, ℰ 721186, Fax 721186, ≼, 🐎, ✕ – 劇 ☎ 🚗 🅿. ✕ rist
20 dicembre-marzo e 20 giugno-15 settembre – **Pasto** carta 25/34000 – 🛏 12000 – **32 cam** 55/110000 – P 96000.

✕✕ **L'Antica Pineta**, ℰ 720327, 🌤, Coperti limitati; prenotare – 🅿. 🕃 ❿ ⓔ 𝒱𝒾𝒮𝒜. ✕
20 dicembre-Pasqua e 25 giugno-8 settembre; chiuso mercoledi – **Pasto** carta 37/50000.

a Fondo Grande SE : 3 km – alt. 1 335 – ⊠ **38064** Folgaria :

🏨 **Cristallo** 🦢, ℰ 721320, Fax 720509, ≼, 🍴 – 劇 ☎ 🚗 🅿. 𝒱𝒾𝒮𝒜. ✕ rist
dicembre-10 aprile e 20 giugno-10 settembre – **Pasto** carta 35/49000 – 🛏 10000 – **30 cam** 80/128000 – P 90/100000.

FOLGARIDA Trento 𝟰𝟮𝟴 𝟰𝟮𝟵 D 14, 𝟮𝟭𝟴 ⑲ – alt. 1 302 – ⊠ **38025** Dimaro – a.s. febbraio-Pasqua e Natale – Sport invernali : 1 302/2 141 m 🚡4 🚠19 (vedere anche Mezzana-Marilleva), 🎿 a Mezzana – 🕿 0463 – 🛂 ℰ 986113.

Roma 653 – ♦Bolzano 75 – Madonna di Campiglio 11 – ♦Milano 225 – Passo del Tonale 33 – Trento 71.

🏨 **Luna**, ℰ 986305, Fax 986305, 🍴 – 劇 🖳 📺 ☎ 🚗 🅿
stagionale – **33 cam.**

🏠 **Sun Valley**, ℰ 986208, Fax 986204, ≼, 🐎 – 📺 ☎ 🚗 🅿. 🕃 𝒱𝒾𝒮𝒜. ✕
dicembre-aprile e 15 giugno-15 settembre – **Pasto** carta 38/58000 – **20 cam** 🛏 97/170000 – ½ P 85/118000.

🏠 **Piccolo Hotel Taller** 🦢, ℰ 986234, Fax 986234, ≼ – ☎ 🅿. 🕃 ⓔ 𝒱𝒾𝒮𝒜. ✕
dicembre-Pasqua e luglio-15 settembre – **Pasto** 28/30000 – 🛏 15000 – **21 cam** 75/130000 – ½ P 85/110000.

a Costa Rotian N : 5 km – alt. 950 – ⊠ **38020** Mestriago :

🏨 Costa Rotian 🦢, ℰ 974307, Fax 973161, ≼, 🔲, ✕ – 劇 ☎ 🚗 🅿
stagionale – **35 cam.**

FOLIGNO 06034 Perugia 𝟵𝟴𝟴 ⑯, 𝟰𝟯𝟬 N 20 – 53 157 ab. alt. 234 – 🕿 0742. Vedere Guida Verde.
Dintorni Spello★ : affreschi★★ nella chiesa di Santa Maria Maggiore NO : 6 km – Montefalco★ : ※★★★ dalla torre Comunale, affreschi★★ nella chiesa di San Francesco (museo), affresco★ di Benozzo Gozzoli nella chiesa di San Fortunato SO : 12 km.
🛂 porta Romana ℰ 354459.
Roma 158 – ♦Perugia 36 – ♦Ancona 134 – Assisi 18 – Macerata 92 – Terni 59.

🏨 Poledrini, viale Mezzetti 2 ℰ 341041, Fax 341042 – 劇 🖳 📺 ☎ 🕭 🚗 – 🛏 90 a 200. 🖭 🕃 ❿ ⓔ 𝒱𝒾𝒮𝒜
43 cam.

🏠 **Le Mura**, via Bolletta 27 ℰ 357344, Fax 353327 – 🖳 📺 ☎ 🚗. 🖭 🕃 ❿ ⓔ 𝒱𝒾𝒮𝒜. ✕
Pasto carta 30/40000 – 🛏 4000 – **30 cam** 70/95000 – ½ P 70000.

✕✕ ⊛ **Villa Roncalli** 🦢 con cam, via Roma 25 (S : 1 km) ℰ 391091, Fax 391001, 🌤, 🔲, 🐎 – 📺 ☎ 🅿 – 🛏 30. 🖭 🕃 ❿ ⓔ 𝒱𝒾𝒮𝒜 𝒥𝒞𝑩. ✕
Pasto *(chiuso lunedì e dall'11 al 26 agosto)* carta 47/65000 – 🛏 6000 – **10 cam** 70/100000 – ½ P 110000
Spec. Insalata tiepida di rapette carciofi e moscardini gratinati, Agnello al forno al profumo d'erbe e rosmarino, Tortino farcito con cioccolato e pinoli.

a Ponte Santa Lucia NE : 8 km – ⊠ **06024** Foligno :

🏨 **Guesia**, strada Maceratese ℰ 311515, Fax 660216 – 劇 🖳 📺 ☎ 🅿 – 🛏 130. 🖭 🕃 ❿ ⓔ 𝒱𝒾𝒮𝒜. ✕
chiuso novembre – **Pasto** *(chiuso giovedì)* carta 30/58000 – **13 cam** 🛏 80/120000, 5 appartamenti 150/180000 – ½ P 75/100000.

FOLLINA 31051 Treviso 𝟵𝟴𝟴 ⑤, 𝟰𝟮𝟵 E 18 – 3 440 ab. alt. 200 – 🕿 0438.
Roma 590 – Belluno 34 – Trento 119 – Treviso 36 – ♦Venezia 72.

🏨 **Abbazia** senza rist, via Martiri della Libertà ℰ 971277, Fax 970001 – 🖳 📺 ☎ 🅿. 🖭 🕃 ❿ ⓔ 𝒱𝒾𝒮𝒜 𝒥𝒞𝑩. ✕
🛏 15000 – **15 cam** 100/155000, 2 appartamenti.

✕ **Al Caminetto**, ℰ 970402 – 🖭 🕃 ⓔ 𝒱𝒾𝒮𝒜
chiuso lunedì, Natale, dal 1° al 10 gennaio e luglio – **Pasto** carta 31/53000.

FOLLONICA 58022 Grosseto 𝟵𝟴𝟴 ⑲ ㉖, 𝟰𝟯𝟬 N 14 – 21 347 ab. – a.s. Pasqua e 15 giugno-15 settembre – 🕿 0566 – 🛂 viale Roma 70 ℰ 44537.
Roma 234 – ♦Firenze 152 – Grosseto 47 – ♦Livorno 91 – Pisa 110 – Siena 84.

🏨 **Giardino**, piazza Vittorio Veneto 10 ℰ 41546, Fax 44457, 🏖 – 劇 🖳 rist 📺 ☎. 🖭 🕃 ⓔ 𝒱𝒾𝒮𝒜. ✕
Pasto *(giugno-settembre)* carta 30/40000 – 🛏 12000 – **40 cam** 80/115000, 3 appartamenti – ½ P 89/130000.

- **Martini,** via Pratelli 14/16 $\mathscr{P}$ 43248 e rist $\mathscr{P}$ 44102, Fax 43248, 🅰️🚗 – 📶 📺 🅾️ 🚻. 🖭 𝕍𝕀𝕊𝔸. ✂️
Pasto 30/40000 ed al Rist. *Cala Martini* carta 42/62000 – **20 cam** 🍽️ 120/160000, 4 appartamenti – ½ P 75/120000.

- **Parco dei Pini,** via delle Collacchie 7 $\mathscr{P}$ 53280, Fax 53218 – 📶 📺 ☎️ 🅿️. 🖭 🎫 🅾️ 🇪 𝕍𝕀𝕊𝔸 🇯🇨🇧. ✂️ rist
Pasto *(chiuso martedì)* carta 31/49000 – 🍽️ 12000 – **24 cam** 70/105000 – ½ P 75/110000.

- **Aziza** senza rist, lungomare Italia 142 $\mathscr{P}$ 44441, ≤, « Giardino ombreggiato », 🅰️🚗 – 📺 ☎️. 🎫 🅾️ 🇪 𝕍𝕀𝕊𝔸
Pasqua-ottobre – **20 cam** 🍽️ 120/150000.

- X **Il Veliero,** località Puntone Vecchio SE : 3 km $\mathscr{P}$ 866219, Fax 866219, Specialità di mare – 📶 🅿️. 🖭 🇪 𝕍𝕀𝕊𝔸
chiuso mercoledì escluso luglio-agosto – **Pasto** carta 33/50000.

- X **San Leopoldo,** via IV Novembre 6/8 $\mathscr{P}$ 40645, 🍽️, Specialità di mare – 🖭 🎫 🇪 𝕍𝕀𝕊𝔸
chiuso lunedì o mercoledì (escluso dal 15 giugno al 15 settembre) – **Pasto** carta 29/54000.

FONDI 04022 Latina 🅽🅽🅽 ㉖, 🄴🄳🄾 R 22 – 31 196 ab. alt. 8 – 🟢 0771.
Roma 131 – Frosinone 64 – Latina 59 – ◆Napoli 110.

- XX **Vicolo di Mblo,** corso Italia 126 $\mathscr{P}$ 502385, « Rist. caratteristico » – 🖭 🎫 🅾️ 🇪 𝕍𝕀𝕊𝔸
chiuso martedì e dal 23 dicembre al 2 gennaio – **Pasto** carta 36/50000.

sulla strada statale 213 SO : 12 km :

- 🏨 **Martino Club Hotel** ♨️, ⬛ 04020 Salto di Fondi $\mathscr{P}$ 57464, Fax 57293, ≤, 🍽️, « Villini in pineta », 🛝, 🈺, 🏊, con acqua di mare, 🅰️🚗, 🌊, 🎾 – 📶 🅿️. ✂️
Pasto 40000 – 🍽️ 15000 – **45 cam** 100/130000 – ½ P 70/130000.

FONDO 38013 Trento 🅽🅽🅽 ④, 🄴🄻🄾 C 15 – 1 347 ab. alt. 988 – a.s. Pasqua e Natale – 🟢 0463.
Roma 637 – ◆Bolzano 36 – Merano 39 – ◆Milano 294 – Trento 55.

- 🏨 **Lady Maria,** via Garibaldi 20 $\mathscr{P}$ 830380, Fax 831013 – 📶 📧 rist 📺 ☎️ 🅿️ – 🛗 100. 🖭 ✂️ rist
chiuso novembre – **Pasto** carta 28/50000 – **43 cam** 🍽️ 60/100000, 2 appartamenti – ½ P 60/80000.

- 🏨 Alla Pineta, $\mathscr{P}$ 831176, Fax 831176, 🈺 – 🚗 🅿️ – 🛗 80
21 cam.

FONDO GRANDE Trento – Vedere Folgaria.

FONDOTOCE Verbania 🄴🄴🄴 E 7, 🄴🄴🄴 ⑥ – Vedere Verbania.

FONNI Nuoro 🅽🅽🅽 ㉝, 🄴🄴🄴 G 9 – Vedere Sardegna alla fine dell'elenco alfabetico.

FONTANA BIANCA (Lago di) (WEISSBRUNNER SEE) Bolzano 🄴🄴🄴 🄴🄴🄴 C 14, 🄴🄴🄴 ⑲ – Vedere Ultimo-Santa Gertrude.

FONTANAFREDDA 33074 Pordenone 🄴🄴🄴 E 19 – 9 027 ab. alt. 42 – 🟢 0434.
Roma 590 – Belluno 59 – ◆Milano 329 – Pordenone 7 – Treviso 50 – ◆Trieste 120 – Udine 58 – ◆Venezia 79.

- X **Fassina,** $\mathscr{P}$ 99196, 🍽️, prenotare, « Giardino ombreggiato in riva ad un laghetto » – 🅿️. 🖭 🎫 🅾️ 𝕍𝕀𝕊𝔸. ✂️
chiuso mercoledì, sabato a mezzogiorno, dal 1° al 6 gennaio e dal 15 al 30 agosto – **Pasto** carta 30/42000 (10%).

FONTANE BIANCHE Siracusa 🄴🄴🄴 Q 27 – Vedere Sicilia (Siracusa) alla fine dell'elenco alfabetico.

FONTANEFREDDE (KALTENBRUNN) Bolzano 🄴🄴🄴 D 16 – alt. 950 – ⬛ 39040 Montagna – 🟢 0471.
Roma 638 – ◆Bolzano 32 – Belluno 102 – ◆Milano 296 – Trento 56.

- 🏨 **Pausa,** sulla statale NO : 1 km $\mathscr{P}$ 887035, Fax 887038, ≤, 🍽️ – 📶 ☎️ 🅿️. 🎫 🇪 𝕍𝕀𝕊𝔸. ✂️ rist
chiuso dal 10 al 25 gennaio e dal 10 al 25 giugno – **Pasto** *(chiuso martedì sera e mercoledì)* carta 27/37000 – 🍽️ 10000 – **30 cam** 49/86000 – ½ P 52/76000.

FONTANELLATO 43012 Parma 🄴🄴🄴 🄴🄴🄴 H 12 – 6 119 ab. alt. 43 – 🟢 0521.
Vedere Affresco★ del Parmigianino nella Rocca di San Vitale.
Roma 477 – ◆Parma 17 – Cremona 58 – ◆Milano 109 – Piacenza 49.

sulla strada statale 9 - via Emilia S : 5 km :

- 🏨 **Tre Pozzi,** ⬛ 43012 $\mathscr{P}$ 825347 e rist $\mathscr{P}$ 825119, Fax 825294 – 📶 📧 cam 📺 ☎️ 🅿️ – 🛗 60. 🎫 🇪 𝕍𝕀𝕊𝔸. ✂️
Pasto *(chiuso domenica sera, lunedì e dal 1° al 28 agosto)* carta 34/55000 – **39 cam** 🍽️ 110/160000, appartamento – ½ P 80000.

FONTANELLE Cuneo 428 J 4 – Vedere Boves.

FONTEBLANDA 58010 Grosseto 430 O 15 – alt. 10 – a.s. Pasqua e 15 giugno-15 settembre – ✪ 0564.

Roma 163 – Civitavecchia 87 – ◆Firenze 164 – Grosseto 24 – Orbetello 19 – Orvieto 112.

🏠 **Rombino** senza rist, 𝒫 885516, Fax 885524, ⤓ – ⟦⟧ ▤ 🆃🆅 ☎ ♿ 🅿. 🄰🄴 🕃 ⊕ Ⅎ 𝚅𝙸𝚂𝙰 ᴊᴄʙ. ✻
22 cam ⇆ 100/130000, 9 appartamenti 180/260000.

sulla strada statale 1-via Aurelia S : 2 km :

🏨 **Corte dei Butteri** ⤓, ⊠ 58010 𝒫 885546, Fax 886282, ≤, « Parco con ⤓ e ❞ », ▲ ⊙ – ⟦⟧ ▤ 🆃🆅 ☎ 🅿 – 🏄 80. 🄰🄴 🕃 ⊕ Ⅎ 𝚅𝙸𝚂𝙰. ✻ rist
6 maggio-27 ottobre – **Pasto** 55000 – **66 cam** ⇆ 290/680000, 24 appartamenti 420/720000 (apertura annuale) – ½ P 188/235000.

a Talamone SO : 4 km – ⊠ 58010 :

🏠 **Il Telamonio** senza rist, 𝒫 887008, Fax 887380, « Terrazza-solarium con ≤ » – ▤ 🆃🆅 ☎. ✻
Pasqua-settembre – **30 cam** ⇆ 110/180000.

🏠 **Capo d'Uomo** ⤓, senza rist, 𝒫 887077, Fax 887298, ≤ mare, 🏖 – ☎ 🅿. 🕃 Ⅎ 𝚅𝙸𝚂𝙰. ✻
aprile-settembre – **22 cam** ⇆ 110/150000, 2 appartamenti.

✗ **La Buca**, 𝒫 887067, 🌳, Specialità di mare – ▤. 🄰🄴 🕃 ⊕ Ⅎ 𝚅𝙸𝚂𝙰 ᴊᴄʙ
chiuso gennaio, febbraio e lunedì (escluso luglio-agosto) – **Pasto** carta 38/69000 (10%).

✗ **Da Flavia**, 𝒫 887091, 🌳, Specialità di mare – 🕃 Ⅎ 𝚅𝙸𝚂𝙰. ✻
chiuso martedì e dal 15 gennaio al 15 febbraio – **Pasto** carta 45/68000.

In questa guida

uno stesso simbolo, una stessa parola
stampati in rosso o in nero, in magro o in **grassetto**
hanno un significato diverso.

Leggete attentamente le pagine esplicative.

FONTE CERRETO L'Aquila 430 O 22 – Vedere Assergi.

FOPPOLO 24010 Bergamo 988 ③, 428 429 D 11 – 193 ab. alt. 1 515 – a.s. luglio-agosto e Natale – Sport invernali : 1 515/2 167 m ⛷1, ⤓ – ✪ 0345.

Roma 659 – ◆Bergamo 58 – ◆Brescia 110 – Lecco 80 – ◆Milano 100.

🏠 **Des Alpes**, via Cortivo 9 𝒫 74037, Fax 74078, ≤ – ⟦⟧ 🖲 ☎ 🅿 – 🏄 40. 🄰🄴 𝚅𝙸𝚂𝙰. ✻ rist
8 dicembre-20 aprile e luglio-agosto – **Pasto** 35000 – ⇆ 9500 – **30 cam** 65/95000 – ½ P 98000.

🏠 **Rododendro**, via Piave 2 𝒫 74015, ≤ – ⟦⟧ ☎. 🄰🄴 🕃 ⊕ Ⅎ 𝚅𝙸𝚂𝙰. ✻
Pasto carta 34/54000 – ⇆ 10000 – **12 cam** 55/100000 – ½ P 75/80000.

FORCOLA 23010 Sondrio – 951 ab. alt. 276 – ✪ 0342.

Roma 684 – Lecco 61 – Sondrio 20.

✗✗ **La Brace**, via Piani 1 𝒫 660408, Fax 661466, 🏖 – 🅿. 🄰🄴 🕃 ⊕ Ⅎ 𝚅𝙸𝚂𝙰
chiuso lunedì – **Pasto** carta 36/50000.

FORIO Napoli 988 ㉗, 431 E 23 – Vedere Ischia (Isola d').

FORLÌ 47100 🄿 988 ⑮, 429 430 J 18 – 109 425 ab. alt. 34 – ✪ 0543 – Vedere Guida Verde.

🏊 Luigi Ridolfi per ② : 6 km 𝒫 780049, Fax 780678.

🅱 corso della Repubblica 23 𝒫 25532, Fax 25026.

A.C.I. corso Garibaldi 45 𝒫 32313.

Roma 354 ③ – ◆Ravenna 29 ① – ◆Bologna 63 ④ – ◆Firenze 109 ③ – ◆Milano 282 ① – Rimini 49 ②.

Pianta pagina seguente

🏨 **Della Città et De La Ville**, corso Repubblica 117 𝒫 28297, Fax 30630 – ⟦⟧ ▤ 🆃🆅 ☎ 🚗 🅿 – 🏄 100 a 300. 🄰🄴 🕃 ⊕ Ⅎ 𝚅𝙸𝚂𝙰. ✻　　　　　　　　　　　　　**r**
Pasto *(chiuso domenica sera)* carta 38/55000 – ⇆ 8500 – **55 cam** 135/200000, 25 appartamenti 220000 – ½ P 130/165000.

🏨 **Michelangelo** senza rist, via Buonarroti 4/6 𝒫 400233, Fax 400615 – ⟦⟧ 🆃🆅 ☎ ♿ 🅿. 🄰🄴 🕃 ⊕ Ⅎ 𝚅𝙸𝚂𝙰　　　　　　　　　　　　　　　　　　　**b**
chiuso agosto – **20 cam** ⇆ 135/190000.

🏠 **Masini** senza rist, corso Garibaldi 28 𝒫 28072, Fax 21915, 🌳 – ⟦⟧ ▤ 🆃🆅 ☎ – 🏄 25. 🄰🄴 🕃 ⊕ Ⅎ 𝚅𝙸𝚂𝙰　　　　　　　　　　　　　　　　　　　**c**
42 cam ⇆ 70/112000.

🏠 **Lory** senza rist, via Lazzarini 20 𝒫 25007 – 🆃🆅 ☎ 🅿　　　　　　　　　　**a**
⇆ 5000 – **32 cam** 50/80000.

✗ **A m'arcòrd...**, via Solferino 1/3 𝒫 27349, 🌳 – 🄰🄴 ⊕. ✻　　　　　　　**s**
chiuso mercoledì ed agosto – **Pasto** carta 36/50000.

264

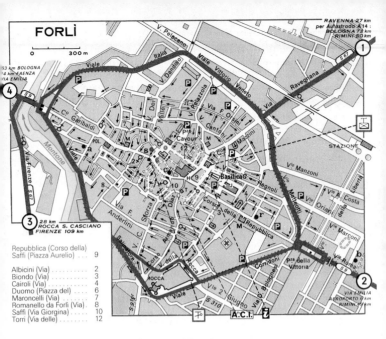

FORLÌ

0 — 300 m

RAVENNA 27 km
per Autostrada A 14 :
BOLOGNA 72 km
RIMINI 50 km

53 km BOLOGNA
34 km FAENZA
VIA EMILIA

28 km
ROCCA S. CASCIANO
FIRENZE 109 km

in prossimità casello autostrada A 14 per ① : 4 km :

🏨 **S. Giorgio,** via Ravegnana 538/d ⊠ 47100 ℘ 796699, Fax 796799 – 🛗 🖿 📺 ☎ 🚗 🅿 –
🛦 25 a 110. ﷼ 🅂 ⑩ ⋿ 𝘝𝘐𝘚𝘈. ⋘
Pasto carta 39/64000 – **36 cam** ⊊ 135/190000 – ½ P 125/175000.

FORLIMPOPOLI 47034 Forlì 𝟫𝟪𝟪 ⑮, 𝟦𝟤𝟫 𝟦𝟥𝟢 J 18 – 11 341 ab. alt. 30 – ✪ 0543.
Roma 362 – ♦Ravenna 42 – ♦Bologna71 – Cesena 11 – Forlì 8 – ♦Milano 290 – Pesaro 80 – Rimini 41.

✕✕ **Edo** con cam, via Mazzini 10 ℘ 745175, Fax 745249 – 🖿 📺 🞡 🚗 🅿 – 🛦 100. ﷼ 🅂 ⑩
⋿ 𝘝𝘐𝘚𝘈. ⋘
Pasto *(chiuso sabato, domenica sera e dal 10 al 20 agosto)* carta 28/42000 – ⊊ 8000 –
20 cam 53/75000.

a Selbagnone SO : 3 km – ⊠ **47034** Forlimpopoli :

✕✕✕ ✿ **Al Maneggio,** SO : 1 km ℘ 742042, Fax 742042, solo su prenotazione, « Antica villa
patrizia di campagna » , 🅿. ⋘
chiuso domenica sera, lunedì, dal 24 dicembre al 4 gennaio e dal 1° al 15 luglio – **Pasto**
45/70000 e carta 55/82000
Spec. Tagliatelle agli strigoli, Filetto di maiale al formaggio di "solfara", Filetto di orata "all'acqua pazza".

FORMIA 04023 Latina 𝟫𝟪𝟪 ㉖ ㉗, 𝟦𝟥𝟢 S 22 – 34 908 ab. – a.s. Pasqua e luglio-agosto – ✪ 0771.
🚢 per Ponza giornalieri (2 h 30 mn) – Caremar-agenzia Jannaccone, banchina Azzurra
℘ 22710, Fax 21000.
🚤 per Ponza giornalieri (1 h 20 mn) – Caremar-agenzia Jannaccone, banchina Azzurra
℘ 22710, Fax 21000 e Agenzia Helios, banchina Azzurra ℘ 700710, Fax 700711.
🚹 viale Unità d'Italia 30/34 ℘771490, Fax 771386.
Roma 153 – Caserta 71 – Frosinone 79 – Latina 76 – ♦Napoli 86.

🏨 Grande Alb. Miramare, via Appia 44 (E : 2 km) ℘ 267181, Fax 267188, ≤, « Ville d'epoca
in un grosso parco », 🏊, 🞊 – 🛗 📺 ☎ 🅿 – 🛦 120
61 cam.

🏨 **Fagiano Palace,** via Appia 80 (E : 3 km) ℘ 723511, Fax 723517, ≤, 🍴, 🞊, 🍽, ✕ – 🛗
🖿 rist 📺 ☎ 🅿 – 🛦 200. ﷼ 🅂 ⑩ ⋿ 𝘝𝘐𝘚𝘈. ⋘
Pasto carta 38/81000 (15%) – ⊊ 12000 – **45 cam** 90/120000 – ½ P 110/120000.

🏨 **Appia Grand Hotel,** via Appia angolo Mergataro E : 4 km ℘ 726041, Fax 722156, 𝑓𝑜,
🏊, 🏊, 🞓, 🍽, ✕ – 🛗 🖿 📺 ☎ 🅿 – 🛦 200. ﷼ 🅂 ⑩ 𝘝𝘐𝘚𝘈
Pasto 35000 e al Rist. *L'Invito* carta 37/55000 – **64 cam** ⊊ 120/150000, 15 appartamenti –
½ P 110/155000.

🏨 **Bajamar,** a Marina di Santo Janni E : 4 km 🔊 720441, Fax 725169, ≤, 🐜, 🛲 – 🛗 🗐 📺
🕿 🅿 ஈ 🗐 🗏 *VISA*. 🛠 rist
Pasto 32000 – 🖵 11000 – **77 cam** 95/115000, 3 appartamenti, 🗐 11000 – ½ P 95/115000.

XXX **Castello Miramare** 🦌 con cam, località Pagnano 🔊 700138, Fax 700139, ≤ golfo
di Gaeta, 🛠 « Parco-giardino » – 🗐 📺 🕿 🅿 – 🔏 30 a 80. ஈ 🗐 ◑ 🗏 *VISA*.
🛠 rist
Pasto carta 36/61000 (15 %) – 🖵 16000 – **10 cam** 100/140000 – P 160/180000.

XX **Italo,** viale Unità d'Italia O : 2,5 km 🔊 771264, Fax 771265 – 🗐 🅿. ஈ 🗐 ◑ 🗏 *VISA*.
🛠
chiuso lunedì e dal 23 dicembre al 4 gennaio – **Pasto** carta 36/57000.

XX **Sirio,** viale Unità d'Italia O : 3,5 km 🔊 21917, Fax 772705, 🛖 – 🅿

X **Il Gatto e la Volpe,** via Tosti 83 🔊 21354, 🛖, « Rist. caratteristico » – ஈ 🗐 ◑ 🗏
VISA
chiuso dal 21 dicembre al 5 gennaio e mercoledì (escluso luglio-agosto) – **Pasto** carta 31/
41000.

FORMIGINE 41043 Modena 🗐🗐🗐, 🗐🗐🗐 🗐🗐🗐 I 14 – 26 718 ab. alt. 82 – 🕲 059.
Roma 415 – ◆ Bologna 48 – ◆ Milano 181 – ◆ Modena 11.

a Corlo O : 3 km – ✉ **41040** :

🏨 **Globo,** strada statale 486 (S : 0,5 km) 🔊 557131, Fax 572759 – 🛗 🗐 📺 🕿 🚗 🅿 –
🔏 50
60 cam.

FORNI DI SOPRA 33024 Udine 🗐🗐🗐 ⑤, 🗐🗐🗐 C 19 – 1 203 ab. alt. 907 – a.s. 15 luglio-agosto e
Natale – Sport invernali : 907/2 100 m 🚡 8, 🎿 – 🕲 0433.
🛈 via Cadore 1 🔊 886767, Fax 886686.
Roma 676 – Belluno 75 – Cortina d'Ampezzo 62 – ◆ Milano 418 – Tolmezzo 43 – ◆ Trieste 165 – Udine 95.

🏠 **Edelweiss,** 🔊 88016, Fax 88017, ≤, 🛲 – 🛗 📺 🕿 🚗 🅿 🗐. 🛠·
chiuso ottobre e novembre – **Pasto** (chiuso martedì) carta 32/45000 – 🖵 8500 – **23 cam**
60/95000 – ½ P 50/80000.

🏠 **Coton,** 🔊 88066, Fax 886675 – 🛗 📺 🕿 🕭 🅿. *VISA*. 🛠 rist
Pasto (chiuso martedì) carta 22/28000 – **21 cam** 🖵 60/85000 – P 70000.

FORNO DI ZOLDO 32012 Belluno 🗐🗐🗐 ⑤, 🗐🗐🗐 C 18 – 3 104 ab. alt. 848 – 🕲 0437.
🛈 via Roma 10/a 🔊 787349, Fax 787340.
Roma 638 – Belluno 37 – Cortina d'Ampezzo 44 – ◆ Milano 380 – Pieve di Cadore 31 – ◆ Venezia 127.

🏨 **Corinna,** 🔊 78564, Fax 787593, ≤, 🛲 – 📺 🕿 🚗 🅿. ஈ 🗐 🗏 *VISA*. 🛠
15 aprile-15 giugno e 15 settembre-15 novembre – **Pasto** (chiuso lunedì) carta 33/65000 –
27 cam 🖵 105/160000 – ½ P 65/110000.

a Mezzocanale SE : 10 km – alt. 620 – ✉ **32012** Forno di Zoldo :

X **Mezzocanale-da Ninetta,** 🔊 78240 – 🅿. 🛠
chiuso mercoledì, dal 20 al 30 giugno e settembre – **Pasto** carta 31/45000.

FORTE DEI MARMI 55042 Lucca 🗐🗐🗐 ⑩, 🗐🗐🗐 🗐🗐🗐 🗐🗐🗐 K 12 – 9 537 ab. – a.s. Carnevale, Pasqua,
15 giugno-15 settembre e Natale – 🕲 0584.
🏌ı₈ Versilia, a Pietrasanta ✉ 55045 🔊 881574, Fax 752272, E : 1 km.
🛈 viale Achille Franceschi 8/b 🔊 80091, Fax 83214.
Roma 378 – Pisa 35 – ◆ Firenze 104 – ◆ Livorno 54 – Lucca 34 – Massa 10 – ◆ Milano 241 – ◆ La Spezia 41 –
Viareggio 14.

🏨 **Byron,** viale Morin 46 🔊 787052, Telex 501131, Fax 787152, 🛖, 🏊, 🛲 – 🛗 🗐 📺 🕿 🅿 –
🔏 60. ஈ 🗐 ◑ 🗏 *VISA*. 🛠
Pasto al Rist. *La Magnolia* carta 68/99000 – 🖵 35000 – **24 cam** 420/470000, 6 appartamenti
– ½ P 370/420000.

🏨 **California Park Hotel** 🦌, via Colombo 32 🔊 787121, Fax 787268, « Ampio giardino
ombreggiato con 🏊 » – 🛗 🗐 cam 📺 🕿 🅿 – 🔏 200. ஈ 🗐 ◑ 🗏 *VISA*. 🛠
aprile-ottobre – **Pasto** (solo per clienti alloggiati) 50/70000 – **44 cam** 🖵 300/370000 –
½ P 155/250000.

🏨 **St. Mauritius,** via 20 Settembre 28 🔊 787131, Fax 787157, 🛖, « Giardino con 🏊 » – 🛗
🗐 📺 🕿 🅿. ஈ 🗐 ◑ 🗏 *VISA*. 🛠 rist
aprile-15 ottobre – **Pasto** carta 42/55000 – 🖵 20000 – **39 cam** 190/230000 – ½ P 180/
220000.

🏨 **Hermitage** 🦌, via Cesare Battisti 50 🔊 787144, Fax 787044, « Giardino con 🏊 », 🐜 –
🛗 🗐 📺 🕿 🅿 ஈ 🗐 ◑ 🗏 *VISA*. 🛠 rist
15 maggio-25 settembre – **Pasto** 55/70000 – 🖵 24000 – **63 cam** 210/370000 – ½ P 210/
250000.

🏨 **President**, via Caio Duilio ang. viale Morin ℰ 787421, Fax 787519, 🛗, 🚗 – 📶 🗏 TV ☎
📞. 🆔 VISA. % rist
Pasqua-settembre – **Pasto** (solo per clienti alloggiati) 40/70000 – 🍽 18000 – **48 cam**
200/240000 – ½ P 145/230000.

🏨 **Augustus Lido** senza rist, viale Morin 72 ℰ 787442, « Giardino ombreggiato », 🛗 – 📶
TV ☎ 📞. 🆔 🕅 ⓞ 🅴 VISA JCB
14 aprile-15 ottobre – 🍽 24000 – **19 cam** 250/420000.

🏨 **Il Negresco**, viale Italico 82 ℰ 787133, Fax 787535, ≼, ☒ – 📶 🗏 TV ☎ 📞 – 🔏 60. 🆔 🕅
ⓞ 🅴 VISA. %
Pasto *(aprile-settembre)* carta 52/85000 – 🍽 22000 – **34 cam** 220/300000 – ½ P 200/
250000.

🏨 **Ritz**, via Flavio Gioia 2 ℰ 787531, Fax 787522, 🍴, ☒, 🚗 – 📶 🗏 TV ☎ 📞. 🆔 🕅 ⓞ 🅴
VISA. %
Pasto 75000 – 🍽 25000 – **32 cam** 200/300000 – ½ P 150/260000.

🏨 **Goya**, via Carducci 69 ℰ 787221, Fax 787269, 🍴 – 📶 🗏 TV ☎ 🚗 – 🔏 60. 🆔 🕅 ⓞ 🅴
VISA %
Pasto 50/80000 e al Rist. *Gambrinus (chiuso dal 7 gennaio al 4 febbraio)* carta 56/84000 –
48 cam 🍽 220/340000, appartamento – ½ P 220/240000.

🏨 **Adams Villa Maria**, viale Italico 110 ℰ 752424, Fax 752112, ≼, « Terrazza-solarium con
piccola ☒ », 🛗, 🚗 – 📶 TV ☎ 📞. 🆔 🕅 ⓞ 🅴 VISA. % rist
giugno-settembre – **Pasto** (solo per clienti alloggiati) – 🍽 15000 – **38 cam** 150/280000 –
½ P 140/200000.

🏨 **Alcione**, viale Morin 137 ℰ 787452, Fax 787097, ☒ – 📶 🗏 TV ☎ 📞. 🆔 🕅 ⓞ 🅴 VISA. %
25 maggio-settembre – **Pasto** 40/50000 – 🍽 15000 – **41 cam** 150/200000 – ½ P 130/
190000.

🏨 **Raffaelli Park Hotel**, via Mazzini 37 ℰ 787294, Fax 787418, ☒ alla 🛗, 🚗 – 📶 🗏 TV
☎ 📞 – 🔏 90. 🆔 🕅 ⓞ 🅴 VISA. % rist
chiuso dal 15 novembre al 23 dicembre – **Pasto** 40/60000 – **28 cam** 🍽 125/350000 –
½ P 115/205000.

🏨 **Kyrton** 🦅, via Raffaelli 16 ℰ 787461, Fax 89632, 🐟, 🍴, ☒, 🚗 – 📶 🗏 cam TV ☎ 🕭 📞.
🕅 🅴 VISA. % rist
aprile-settembre – **Pasto** (solo per clienti alloggiati) 35/45000 – 🍽 20000 – **30 cam** 120/
190000, 🗏 20000 – ½ P 85/160000.

🏨 **Tarabella** 🦅, viale Versilia 13/b ℰ 787070, Fax 787260, ☒, 🚗 – TV ☎ 📞. 🆔 🕅 🅴 VISA.
%
Pasqua-ottobre – **Pasto** (solo per clienti alloggiati) 30/50000 – **26 cam** 🍽 110/160000 –
½ P 75/130000.

🏨 **Astoria Garden** 🦅, via Leonardo da Vinci 10 ℰ 787054, Fax 787109, « In pineta » – ☎
📞. 🆔 🕅 ⓞ 🅴. % rist
giugno-settembre – **Pasto** 35/45000 – 🍽 20000 – **30 cam** 120/190000 – ½ P 110/170000.

🏨 **Tirreno**, viale Morin 7 ℰ 787444, Fax 787137, 🍴, « Giardino ombreggiato » – ☎. 🆔 🕅
ⓞ 🅴 VISA. %
Pasqua-settembre – **Pasto** (solo per clienti alloggiati) – 🍽 17000 – **59 cam** 85/140000 –
P 140/185000.

🏨 **Raffaelli Villa Angela**, via Mazzini 64 ℰ 787472, Fax 787115, « Giardino ombreg-
giato », ☒ alla 🛗 – 📶 TV ☎ 🕭 📞. 🆔 🕅 ⓞ 🅴 VISA. % rist
15 maggio-25 settembre – **Pasto** 40/60000 – **41 cam** 🍽 140/220000 – ½ P 95/165000.

🏨 **Sonia**, via Matteotti 42 ℰ 787146, Fax 787409, 🚗 – TV ☎ 📞. 🕅 ⓞ 🅴 VISA. %
Pasto (solo per clienti alloggiati) 30/50000 – 🍽 15000 – **20 cam** 120/150000 – ½ P 85/
150000.

🏨 **Le Pleiadi** 🦅, via Civitali 51 ℰ 881188, Fax 881653, « Giardino-pineta » – 📶 TV ☎ 📞. 🆔
🕅 ⓞ 🅴 VISA. %
Pasqua-settembre – **Pasto** (solo per clienti alloggiati) 30/60000 – 🍽 20000 – **30 cam**
90/130000 – ½ P 80/138000.

🏨 **Piccolo Hotel**, viale Morin 24 ℰ 787433, Fax 787503, 🚗 – 📶 🗏 cam TV ☎ 📞. 🆔 🕅 🅴
VISA. % rist
15 aprile-settembre – **Pasto** carta 50/70000 – 🍽 20000 – **33 cam** 150/200000 – ½ P 115/
180000.

🏨 **Viscardo**, via Cesare Battisti 4 ℰ 787188, Fax 787026, 🚗 – ☎ 📞. 🆔 🕅 ⓞ VISA. %
20 maggio-settembre – **Pasto** (solo per clienti alloggiati) 40000 – 🍽 12000 – **18 cam**
70/120000 – P 110/140000.

XX **La Barca**, viale Italico 3 ℰ 89323, 🍴 – 📞. 🆔 🕅 ⓞ 🅴 VISA JCB
*chiuso dal 20 novembre al 5 dicembre, lunedì e martedì a mezzogiorno dal 15 giugno al
15 settembre; lunedì o martedì negli altri mesi* – **Pasto** carta 57/85000 (10%).

XX ✿ **Lorenzo**, via Carducci 61 ℰ 84030, Coperti limitati; prenotare – 🗏. 🆔 🕅 ⓞ 🅴 VISA. %
chiuso a mezzogiorno in luglio-agosto, lunedì e dal 15 dicembre al 31 gennaio – **Pasto**
carta 63/93000 (10%)
Spec. Bavette sul pesce con crostacei e molluschi, San Pietro "primavera", Sparnocchi in guazzetto.

in prossimità casello autostrada A 12 - Versilia :

🏨 Versilia Holidays, SE : 3 km ✉ 55042 ⌂ 787100, Telex 590575, Fax 787468, 🏞, ⌁, 🌲, ⚅ – 🅱 🖿 📺 ☎ 🅿 – ⚿ 100 a 400
78 cam.

FORTEZZA (FRANZENSFESTE) 39045 Bolzano 429 B 16 – 917 ab. alt. 801 – ۞ 0472.
Roma 688 – ♦Bolzano 50 – Brennero 33 – Bressanone 10 – Brunico 33 – ♦Milano 349 – Trento 110.

🏠 **Posta-Reifer,** ✆ 458639, Fax 458828, 🏞, 🕿 – 🅱 ☎ 🅿. 𝘝𝘐𝘚𝘈
chiuso dal 16 novembre al 19 dicembre – **Pasto** *(chiuso lunedì)* carta 25/50000 – ⊑ 12000 –
33 cam 90000 – ½ P 60/80000.

FOSSACESIA MARINA 66020 Chieti 430 P 25 – 4 844 ab. – ۞ 0872.
Roma 249 – ♦Pescara 40 – Chieti 56.

🏠 **Levante,** ✆ 60169, Fax 607706, 🐎 – 📺 ☎ 🅿. 𝔸𝔼 🅱 ① 🕿 𝘝𝘐𝘚𝘈. ⚘
Pasto *(chiuso domenica da ottobre a marzo)* carta 33/52000 – ⊑ 10000 – **24 cam** 75/95000
– ½ P 80/85000.

FOSSALTA Ferrara – Vedere Copparo.

FOSSALTA MAGGIORE Treviso 429 E 19 – alt. 7 – ✉ 31040 Chiarano – ۞ 0422.
Roma 568 – ♦Venezia 53 – ♦Milano 307 – Pordenone 34 – Treviso 36 – ♦Trieste 115 – Udine 84.

XX **Tajer d'Oro,** ✆ 746392, Specialità di mare, « Arredamento stile vecchia America » – 🖿
🅿. 𝔸𝔼 🅱 𝘝𝘐𝘚𝘈
chiuso martedì, dal 7 al 16 gennaio e dal 4 al 27 agosto – **Pasto** carta 60/80000.

FOSSANO 12045 Cuneo 988 ⑫, 428 I 5 – 23 418 ab. alt. 377 – ۞ 0172.
Roma 631 – Asti 65 – Cuneo 24 – ♦Milano 191 – Savona 87 – Sestriere 112 – ♦Torino 70.

🏨 **Romanisio,** viale della Repubblica 8 ✆ 692888, Fax 692891 – 🅱 🖿 📺 ☎ ⅙ 🚗 🅿 –
⚿ 200. 𝔸𝔼 🅱 ① 🕿 𝘝𝘐𝘚𝘈
Pasto vedere rist **La Porta del Salice** – ⊑ 15000 – **33 cam** 100/130000, 🖿 12000.

XX **La Porta del Salice,** viale della Repubblica 8 ✆ 693570, Fax 693570, 🏞, 🌲 – 🖿 🅿. 🅱
🕿 𝘝𝘐𝘚𝘈
chiuso lunedì – **Pasto** carta 29/50000.

XX **Castello d'Acaja-Villa San Martino** 🍴 con cam, località San Martino 30 (O : 2,5 km)
✆ 691301, « Dimora patrizia del 700 con parco » – 📺 ☎ 🅿. 🅱 𝘝𝘐𝘚𝘈
Pasto *(chiuso lunedì)* carta 33/54000 – **3 cam** ⊑ 80/120000 – ½ P 80000.

XX **Apollo,** viale Regina Elena 19 ✆ 694309, Coperti limitati; prenotare – 🖿. 🅱 🕿 𝘝𝘐𝘚𝘈. ⚘
chiuso lunedì sera, martedì e dal 10 luglio al 10 agosto – **Pasto** carta 32/50000.

FOSSATO DI VICO 06022 Perugia 430 M 20 – 2 355 ab. alt. 581 – ۞ 075.
Roma 201 – ♦Perugia 55 – ♦Ancona 88 – Gubbio 22 – Macerata 83 – Pesaro 103.

ad Osteria del Gatto SO : 2 km – ✉ **06022** Fossato di Vico :

🏠 Camino Vecchio, ✆ 9190121, Fax 919983 – 📺 ☎ 🅿 – ⚿ 40
24 cam.

FOSSOMBRONE 61034 Pesaro e Urbino 988 ⑯, 429 430 K 20 – 9546 ab. alt. 118 – a.s.
25 giugno-agosto – ۞ 0721.
Roma 261 – ♦Ancona 87 – Fano 28 – Gubbio 53 – Pesaro 39 – San Marino 68 – Urbino 19.

sulla via Flaminia Vecchia O : 3 km :

🏠 **Al Lago,** ✉ 61034 ✆ 726129, Fax 726129, 🏞, 🌲 – 📺 ☎ 🅿. 𝔸𝔼 🅱 ① 🕿 𝘝𝘐𝘚𝘈. ⚘
chiuso dal 23 dicembre al 2 gennaio – **Pasto** *(chiuso sabato escluso da giugno ad agosto)*
carta 30/42000 – ⊑ 6000 – **26 cam** 55/75000 – ½ P 60/75000.

FOXI Cagliari 433 J 9 – Vedere Sardegna (Quartu Sant'Elena) alla fine dell'elenco alfabetico.

FRABOSA SOPRANA 12082 Cuneo 988 ⑫, 428 J 5 – 1 041 ab. alt. 891 – a.s. giugno-agosto e
Natale – Sport invernali : 891/1 896 m ✦1 ⚡12 – ۞ 0174.
🅱 piazza Municipio ✆ 244010, Fax 244632.
Roma 632 – Cuneo 32 – ♦Milano 228 – Savona 87 – ♦Torino 96.

🏨 **Miramonti** 🍴, ✆ 244533, Fax 244534, ≤, « Piccolo parco e terrazza », 𝕀𝕕, ⚘ – 🅱 ☜
🚗 𝘝𝘐𝘚𝘈. ⚘ rist
Pasto *(prenotare)* 27/35000 – **50 cam** ⊑ 65/85000 – P 60/88000.

🏠 **Gildo,** ✆ 244009 e rist ✆ 244767, Fax 244230 – 🅱 📺 ☎. 𝘝𝘐𝘚𝘈. ⚘ rist
15 dicembre-15 aprile e giugno-15 settembre – **Pasto** 25/30000 a *(mezzogiorno)* 20/25000
(la sera) ed al Rist. **La Douja** carta 26/43000 – **18 cam** ⊑ 80/100000 – ½ P 60/75000.

FRABOSA SOTTANA 12083 Cuneo 428 J 5 – 1 195 ab. alt. 641 – Sport invernali : a Prato Nevoso : 1 497/1 850 m ≤9, ≰; ad Artesina : 1 315/2 100 m ≤12 – ۞ 0174.

🇮 via IV Novembre 12 (dicembre-aprile e giugno-settembre) ℰ 244481, Fax 244481.

Roma 629 – Cuneo 29 – ♦Milano 225 – Savona 84 – ♦Torino 93.

🏨 **Italia,** ℰ 244000 – |🛗| ☎ 🅿. 💳 . 🍽 rist
15 dicembre-aprile e giugno-15 settembre – **Pasto** carta 20/29000 – **24 cam** ⌿ 40/65000 – ½ P 50/60000.

🏨 **Delle Alpi,** località Miroglio SO : 1,5 km ℰ 244066, Fax 244066, 🍽 – |🛗| ☎ 🅿 – 🔒 70. 🅑 E 💳 . 🍽 rist
Pasto (chiuso martedì) 20/25000 – ⌿ 8000 – **21 cam** 32/80000 – ½ P 50/58000.

FRANCAVILLA AL MARE 66023 Chieti 988 ㉗, 430 O 24 – 21 764ab. – a.s. 20 giugno-6 agosto – ۞ 085.

🇮 viale Nettuno 107/b ℰ 817169, Fax 816649.

Roma 216 – ♦Pescara 7 – L'Aquila 115 – Chieti 19 – ♦Foggia 171.

🏨🏨 **Sporting Hotel Villa Maria** ⌇, contrada Pretaro NE : 3 km ℰ 4511001, Fax 693042, ≤, « Giardino ombreggiato », 🏋, 🎳 – |🛗| 🖹 📺 ☎ ⚬ 🅿 – 🔒 25 a 220. 🅐🅔 🅑 ⓞ E 💳 . 🍽 rist
Pasto carta 50/65000 – **57 cam** ⌿ 140/180000, 4 appartamenti – ½ P 125/140000.

🏨🏨 **Punta de l'Est,** viale Alcione 188 ℰ 4910474, Fax 4981689, ≤, 🎳 – 🖹 cam 📺 ☎ 🅿. 🅑 💳 . 🍽
10 maggio-ottobre – **Pasto** 28/36000 – **48 cam** ⌿ 100/120000, 🖹 10000 – ½ P 65/95000.

🍴🍴 **La Nave,** viale Kennedy 2 ℰ 817115, ≤, Specialità di mare – 🔒 40. 🅐🅔 🅑 ⓞ E 💳
chiuso dal 10 al 28 novembre e mercoledì (escluso luglio-agosto) – **Pasto** 25000 e carta 41/78000 (10 %).

🍴 **Apollo 12,** viale Nettuno 43 ℰ 817177, Specialità di mare – 🅐🅔 🅑 ⓞ E 💳
chiuso dal 24 dicembre al 22 gennaio e martedì (escluso luglio-agosto) – **Pasto** carta 29/45000 (10 %).

Leggete attentamente l'introduzione : è la « chiave » della guida.

FRANCAVILLA DI SICILIA Messina 988 ㊲, 432 N 27 – Vedere Sicilia alla fine dell'elenco alfabetico.

FRANCAVILLA FONTANA 72021 Brindisi 988 ㉚, 431 F 34 – 33 934 ab. alt. 142 – ۞ 0831.

Roma 575 – ♦Bari 107 – ♦Brindisi 36 – ♦Taranto 34.

🍴🍴 Al Piccolo Mondo, via San Francesco 98/100 ℰ 943618, Fax 315169 – 🖹

FRANZENSFESTE = Fortezza.

FRASCATI 00044 Roma 988 ㉖, 430 Q 20 – 20 144 ab. alt. 322 – ۞ 06.

Vedere Villa Aldobrandini★.

Escursioni Castelli romani★★ Sud, SO per la strada S 216 e ritorno per la via dei Laghi (circuito di 60 km).

🇮 piazza Marconi 1 ℰ 9420331, Fax 9425498.

Roma 19 – Castel Gandolfo 10 – Fiuggi 66 – Frosinone 68 – Latina 51 – Velletri 22.

🏨🏨 **Flora** senza rist, viale Vittorio Veneto 8 ℰ 9416110, Fax 9420198, 🌿 – |🛗| 📺 ☎ 🅿. 🅐🅔 🅑 ⓞ E 💳 🇯🇨🇧 . 🍽
⌿ 12000 – **28 cam** 120/150000.

🏨 **Eden Tuscolano,** via Tuscolana O : 2,5 km ℰ 9408589, Fax 9408591, 🌿 – 📺 ☎ 🅿. 🅐🅔 🅑 ⓞ E 💳
Pasto carta 30/38000 – ⌿ 8000 – **32 cam** 75/100000 – ½ P 70/85000.

🏨 **Giadrina,** via Diaz 15 ℰ 9419415 – ☎. 🅐🅔 🅑 ⓞ E 💳
Pasto vedere rist **Cacciani** – ⌿ 8000 – **22 cam** 80/100000.

🍴🍴 **Cacciani,** via Diaz 13 ℰ 9420378, Fax 9420440, « Servizio estivo in terrazza con ≤ dintorni » – 🅐🅔 🅑 ⓞ E 💳
chiuso dal 7 al 17 gennaio, dal 17 al 27 agosto, la sera dei giorni festivi (escluso da aprile ad ottobre) e lunedì – **Pasto** carta 45/69000.

FREGENE 00050 Roma 988 ㉕, 430 Q 18 – a.s. 15 giugno-luglio – ۞ 06.

Roma 37 – Civitavecchia 52 – Rieti 106 – Viterbo 97.

🏨🏨 **La Conchiglia,** ℰ 6685385, Fax 6685385, ≤, « Servizio rist. estivo in giardino » – 🖹 📺 ☎ 🅿 – 🔒 40. 🅐🅔 🅑 ⓞ E 💳 . 🍽
Pasto carta 45/70000 – **36 cam** ⌿ 130/150000 – ½ P 140000.

FREIBERG Bolzano – Vedere Merano.

FREIENFELD = Campo di Trens.

FROSINONE 03100 🅿 988 ㉖, 430 R 22 – 47 826 ab. alt. 291 – 🕿 0775.

Dintorni Abbazia di Casamari★★ E : 15 km.

🛈 piazzale De Matthaeis 41 🖉 872525, Fax 870844.

A.C.I. via Firenze 53/59 🖉 850006.

Roma 83 – Avezzano 78 – Latina 55 – ♦Napoli 144.

🏨🏨 **Cesari,** in prossimità casello autostrada A 2 🖉 291581, Fax 293322 – 🛗 🗏 📺 🕿 🚗 🅿 –
🔬 30 a 200. 🆑 🕄 ⓞ 🗉 𝑉𝐼𝑆𝐴. 🛠 rist
Pasto carta 38/60000 – **60 cam** ⊑ 120/160000 – ½ P 130/150000.

🏨🏨 **Astor Hotel Bracaglia,** via Casilina Nord 220 🖉 270131, Fax 270135 – 🛗 🗏 📺 🕿 🅿 –
🔬 80
53 cam.

🏨🏨 **Henry,** via Piave 10 🖉 211222, Telex 613406, Fax 853713 – 🛗 🗏 📺 🕿 🅿 – 🔬 25 a 350.
🆑 🕄 ⓞ 🗉 𝑉𝐼𝑆𝐴. 🛠
Pasto carta 45/69000 – **63 cam** ⊑ 135/190000 – ½ P 135/150000.

🏨 **Palombella,** via Maria 234 🖉 873549, Fax 270402, 🐖 – 🛗 📺 🕿 🚗 🅿 – 🔬 150. 🆑
ⓞ 🗉 𝑉𝐼𝑆𝐴. 🛠
Pasto vedere rist **Palombella** – **34 cam** ⊑ 90/125000 – ½ P 115/130000.

XXX **Palombella** - Hotel Palombella, via Maria 234 🖉 873549 – 🅿. 🆑 🕄 ⓞ 🗉 𝑉𝐼𝑆𝐴. 🛠
Pasto 30000 e carta 36/68000.

XX **Il Quadrato,** piazzale De Matthaeis 53 🖉 874474 – 🗏 🅿. 🆑 ⓞ 𝑉𝐼𝑆𝐴. 🛠
chiuso domenica e dal 9 al 15 agosto – **Pasto** carta 30/51000.

X **Hostaria Tittino,** vicolo Cipresso 2/4 🖉 251227 – 🗏
chiuso domenica e dal 7 al 30 agosto – **Pasto** carta 36/55000.

FUCECCHIO 50054 Firenze 988 ⑭, 428 429 430 K 14 – 20 528 ab. alt. 55 – 🕿 0571.

Roma 313 – ♦Firenze 39 – Pisa 51 – ♦Livorno 49 – Lucca 33 – Montecatini Terme 23 – Pistoia 32 – Siena 71.

a Ponte a Cappiano NO : 4 km – ✉ 50050 :

XX Le Vedute, NO : 3 km 🖉 297498, Fax 297201, 🚔, 🐖 – 🅿

FUIPIANO VALLE IMAGNA 24030 Bergamo 428 E 10, 219 ⑩ – 241 ab. alt. 1001 – 🕿 035.

Roma 633 – ♦Bergamo 31 – Lecco 46 – ♦Milano 74.

X **Canella** 🦐 con cam, 🖉 866042, ≤, 🚔 – 🅿
chiuso dal 10 al 20 giugno – **Pasto** *(chiuso martedì)* carta 25/34000 – ⊑ 5000 – **7 cam**
35/65000.

FUNES (VILLNÖSS) 39040 Bolzano 988 ④ ⑤, 429 C 17 – 2 304 ab. alt. 1 159 – 🕿 0472.

Roma 680 – ♦ Bolzano 38 – Bressanone 19 – ♦Milano 337 – Ortisei 33 – Trento 98.

🏨 **Sport Hotel Tyrol** 🦐, località Santa Maddalena 🖉 840104, Fax 840536, ≤ gruppo delle
Odle e pinete, ≦s, 🌊 riscaldata, 🐖 – 🛗 📺 🕿 ♿ 🅿. 🆑 🕄 🗉 𝑉𝐼𝑆𝐴. 🛠
giugno-ottobre – **Pasto** carta 27/52000 – **28 cam** ⊑ 75/120000 – ½ P 60/97000.

🏨 **Kabis** 🦐, località San Pietro 🖉 840126, Fax 840395, ≤, 🛁, ≦s, 🐖 – 📺 🕿 🚗 🅿. 🕄
𝑉𝐼𝑆𝐴
marzo-ottobre – **Pasto** *(chiuso mercoledì fino a giugno ed ottobre)* 25/30000 – **40 cam**
⊑ 75/130000 – ½ P 70/90000.

FUNO Bologna – Vedere Argelato.

FURCI SICULO Messina 432 N 28 – Vedere Sicilia alla fine dell'elenco alfabetico.

FURLO (Gola del) Pesaro e Urbino 430 L 20 – alt. 177 – a.s. 25 giugno-agosto.

Roma 259 – ♦Ancona 97 – Fano 38 – Gubbio 43 – Pesaro 49 – Urbino 19.

XXX **La Ginestra** 🦐 con cam, ✉ 61040 Furlo 🖉 (0721) 797033, Fax 700040, 🌊, 🐖, 🛠 –
🗏 rist 📺 🕿 🅿 – 🔬 130. 🆑 🕄 ⓞ 𝑉𝐼𝑆𝐴. 🛠
Pasto *(chiuso gennaio e lunedì escluso luglio-agosto)* carta 35/52000 – ⊑ 8000 – **10 cam**
55/80000 – ½ P 75000.

FURORE 84010 Salerno 431 F 25 – 788 ab. alt. 300 – a.s. luglio-agosto – 🕿 089.

Vedere Vallone★★.

Roma 264 – ♦ Napoli 55 – Salerno 35 – Sorrento 40.

🏨 **Hostaria di Bacco,** 🖉 874583 e rist. 🖉 874006, Fax 874583, ≤, « Servizio estivo in
terrazza panoramica » – 🕿 🅿. 🆑 🕄 ⓞ 🗉 𝑉𝐼𝑆𝐴. 🛠
Pasto *(chiuso venerdì in bassa stagione)* carta 28/46000 – ⊑ 7500 – **18 cam** 50/80000 –
½ P 65/70000.

GABBIA Verona – Vedere Isola della Scala.

GABICCE MARE 61011 Pesaro e Urbino 988 ⑯, 429 430 K 20 – 5 402 ab. – a.s. 25 giugno-
agosto – 🕿 0541.

🛈 viale della Vittoria 42 🖉 954424, Fax 953500.

Roma 316 – ♦Ancona 93 – Forlì 70 – ♦Milano 342 – Pesaro 16 – Rimini 23.

🏨 **Venus,** via Panoramica 29 ℰ 960667, Fax 952220, ≼, ⊒, 🎋 – 🛗 🗏 rist 📺 ☎ 🄿. 🗚 🔚 ➊
VISA. 🍴
maggio-settembre – **Pasto** 30/60000 – 🍽 15000 – **42 cam** 105/120000 – P 85/140000.

🏨 **Alexander,** via Panoramica 35 ℰ 954166, Fax 960144, ≼, ⊒ riscaldata, 🎋 – 🛗 🗏 ☎ 🄿.
🗚 🔚 ➊ 🔚 *VISA*. 🍴 rist
maggio-settembre – **Pasto** 30/35000 – 🍽 15000 – **48 cam** 120/140000 – ½ P 70/120000.

🏨 **Gd H. Michelacci,** piazza Giardini Unità d'Italia 1 ℰ 954361, Fax 954544, ⊒ riscaldata,
🔚 – 🛗 🗏 📺 ☎ 🄿 – 🔚 100. 🗚 🔚 🔚 ➊ 🔚 *VISA* *JCB*. 🍴 rist
marzo-ottobre – **Pasto** 40/68000 – 🍽 15000 – **60 cam** 160/240000, appartamento – ½ P 65/
146000.

🏨 **Majestic,** via Balneare 10 ℰ 953744, Fax 961358, ≼, ⊒ riscaldata – 🛗 🗏 rist ☎ 🄿. 🗚 🔚
🔚 *VISA*. 🍴 rist
10 maggio-settembre – **Pasto** 30/40000 – 🍽 15000 – **42 cam** 90/140000 – ½ P 70/120000.

🏨 **Losanna,** piazza Giardini Unità d'Italia 3 ℰ 950367, Fax 960120, ⊒ riscaldata, 🎋 – 🛗
🗏 rist ☎ 🄿. 🗚 🔚 🔚 🔚 *VISA*. 🍴
10 maggio-settembre – **Pasto** 30/45000 – 🍽 15000 – **62 cam** 80/130000 – ½ P 60/120000.

🏨 **Giovanna Regina,** via Vittorio Veneto 173 ℰ 958181, Fax 954728, ≼ – 🛗 🗏 👜. 🗚 🔚 ➊
VISA. 🍴 rist
27 maggio-20 settembre – **Pasto** (solo per clienti alloggiati) – **43 cam** 🍽 80/110000 –
½ P 70/90000.

🏨 **Club Hotel,** via Panoramica 33 ℰ 968419, ≼, ⊒ – 🛗 ☎ 🄿. 🍴
maggio-settembre – **Pasto** (solo per clienti alloggiati) – 🍽 10000 – **46 cam** 66/93000 –
P 55/98000.

🏨 **Nobel,** via Vittorio Veneto 99 ℰ 954039, Fax 954039 – 🛗 📺 👜 🄿. 🍴 rist
15 maggio-settembre – **Pasto** 35000 – 🍽 10000 – **35 cam** 82/120000 – ½ P 55/105000.

🏨 **Bellavista,** piazza Giardini Unità d'Italia 9 ℰ 954640, Fax 950224, ≼ – 🛗 🗏 rist ☎ 🄿. 🔚.
🍴 rist
aprile-26 settembre – **Pasto** 35/45000 – **65 cam** 🍽 100/130000 – ½ P 59/90000.

🏨 **Marinella,** via Vittorio Veneto 127 ℰ 950453, Fax 950426, ≼ – 🛗 📺 ☎. 🗚 🔚 🔚 🔚 *VISA*.
🍴 rist
Pasqua-settembre – **Pasto** 20/35000 – 🍽 10000 – **44 cam** 80/105000 – ½ P 70000.

🏨 **Sans Souci,** via Mare 9 ℰ 950164, Fax 952612, ≼ – 🛗 ☎ 🄿. 🗚 🔚 🔚 *VISA*. 🍴
aprile-settembre – **Pasto** 30/50000 – 🍽 10000 – **39 cam** 80/110000 – ½ P 65/100000.

🏨 **Tre Stelle,** via Gabriele D'Annunzio 12 ℰ 954697, Fax 951303 – 🛗 🗏 rist 📺 ☎. 🍴 rist
aprile-settembre – **Pasto** 25/60000 – 🍽 10000 – **50 cam** 65/80000 – ½ P 40/75000.

🍴🍴 **Il Traghetto,** via del Porto 27 ℰ 958151, ☞ – 🗚 🔚 ➊ 🔚 *VISA*
chiuso dal 2 novembre al 3 dicembre e martedì (escluso da giugno a settembre) – **Pasto**
carta 47/69000.

a Gabicce Monte E : 2,5 km – alt. 144 – ⊠ 61011 Gabicce Mare :

🏨 Capo Est ⌚, località Vallugola ℰ 953333, Telex 550637, Fax 952735, ≼ mare e porticciolo, Ascensore per la spiaggia, « Terrazze fiorite e panoramiche con ⊒ e 🍴 », 🝰, ⊆s –
🛗 📺 ☎ 🄿 – 🔚 25 a 100 – *stagionale* – **94 cam**.

GABRIA Gorizia 🔢 E 22 – Vedere Savogna d'Isonzo

GAETA 04024 Latina 🔢 🔢 🔢 🔢, 🔢 S 23 – 22 331 ab. – a.s. Pasqua e luglio-agosto – ☎ 0771.
Vedere Golfo★ – Candelabro pasquale★ nel Duomo.
🄱 piazza Traniello 19 ℰ 462767, Fax 465738 – (15 giugno-15 settembre) piazza 19 Maggio ℰ 461165.
Roma 141 – Caserta 79 – Frosinone 87 – Latina 74 – ◆Napoli 94.

🏨 **Gd H. Villa Irlanda** ⌚, lungomare Caboto 6 (N : 4 km) ℰ 712581, Fax 712172, ⊒, 🎋 🛗
– 🔚 📺 ☎ 🄿 – 🔚 150. 🗚 🔚 🔚 ➊ 🔚 *VISA*. 🍴
Pasto 42/48000 – **34 cam** 132/165000, 5 appartamenti – ½ P 132/145000.

🏨 **Sèrapo,** a Sèrapo via Firenze 11 ℰ 741403, Fax 741507, ≼, ☞, 🝰, ⊒, 🔚, 🎋, 🍴 – 🛗
☎ 🄿 – 🔚 100. 🗚 🔚 🔚 ➊ 🔚 *VISA*. 🍴
Pasto carta 46/64000 – **146 cam** 🍽 85/150000 – ½ P 94/114000.

🍴🍴 **Antico Vico,** vico II del Cavallo 2/4 ℰ 465116, ☞ – 🔚. 🗚 🔚 ➊ 🔚 *VISA*. 🍴
chiuso mercoledì e novembre – **Pasto** carta 49/84000.

🍴🍴 **Zürich,** piazza 19 Maggio 15 ℰ 460053, ☞ – 🔚. 🗚 🔚 ➊ 🔚 *VISA*. 🍴
chiuso mercoledì escluso dal 15 giugno al 15 settembre – **Pasto** carta 26/49000 (10 %).

🍴🍴 **La Scarpetta,** piazza Conca 1 ℰ 462142, ☞, prenotare – 🔚 🔚 🔚 *VISA*. 🍴
*chiuso dal 6 al 17 novembre, a mezzogiorno in luglio-agosto (escluso domenica) e martedì
negli altri mesi* – **Pasto** carta 37/54000.

🍴 **Taverna del Marinaio,** via Faustina 43 ℰ 461342, ☞ – 🔚 🔚 *VISA*
chiuso mercoledì escluso dal 15 giugno al 15 settembre – **Pasto** carta 19/37000 (15 %).

sulla strada statale 213 O : 7 km :

🏨 **Summit,** O : 7,1 km ⊠ 04024 ℰ 741741, Fax 741741, ≼ mare e costa, « Terrazza-
giardino », 🝰, ⊆s, 🔚 – 🛗 🗏 📺 ☎ 🄿 – 🔚 25 a 150. 🗚 🔚 🔚 *VISA*. 🍴
marzo-ottobre – **Pasto** carta 44/83000 – **66 cam** 🍽 200/240000 – ½ P 100/175000.

🏨 **Grand Hotel Le Rocce**, O : 6,8 km ⊠ 04024 ℰ 740985, Fax 741633, ≤ mare e costa, « Terrazze fiorite sul mare », ▲ₑ, ☞ – ▥ ☎ ℗. ℡ � 🄴 ⅤⅠⅯ. ⋈
maggio-settembre – **Pasto** 55/60000 – **54 cam** ⊇ 180/260000 – ½ P 140/200000.

🏨 **Aenea' Landing** ⓢ, O : 6,5 km ⊠ 04024 ℰ 741713, Fax 741356, ≤, 😤, « Bungalows tra il verde e terrazze fiorite », ⬛, ▲ₑ, ☞ – ▤ cam ☎ ℗. ℡ 🅸 🄾 🄴 ⅤⅠⅯ. ⋈
15 maggio-settembre – **Pasto** carta 46/72000 – **25 cam** ⊇ 165/210000 – ½ P 200000.

GAGGIANO 20083 Milano 🕮🕮🕮 F 9 – 8 030 ab. alt. 116 – ✿ 02.
Roma 580 – ◆Milano 14 – Novara 37 – Pavia 33.

✕✕ **Osteria degli Angeli,** ℰ 9081696, 😤, prenotare – ℡ 🅸 🄾 🄴 ⅤⅠⅯ
chiuso sabato a mezzogiorno, domenica, dal 1° al 10 gennaio ed agosto – **Pasto** carta 35/55000.

✕ **Rattattù,** località San Vito NO 2 km ℰ 9081598, 😤, Specialità di mare – ℡ 🅸 ⅤⅠⅯ. ⋈
chiuso mercoledì, a mezzogiorno (escluso domenica), dal 23 dicembre al 5 gennaio, agosto e dal 25 ottobre al 5 novembre – **Pasto** carta 47/93000.

GAGLIANO DEL CAPO 73034 Lecce 🕮🕮🕮 ㉚, 🕮🕮🕮 H 37 – 5 761 ab. alt. 144 – ✿ 0833.
Roma 674 – ◆Brindisi 102 – Gallipoli 46 – Lecce 63 – ◆Taranto 139.

✕✕ **Re Sole,** strada statale S : 1,5 km ℰ 548057, Fax 548057, 😤 – ℗. ℡ 🅸 🄾 🄴 ⅤⅠⅯ
chiuso dal 1° al 15 novembre e lunedì (escluso luglio-agosto) – **Pasto** carta 38/63000.

GAIBANELLA Ferrara 🕮🕮🕮 H 17 – Vedere Ferrara.

GAIOLE IN CHIANTI 53013 Siena 🕮🕮🕮 L 16 – 2 313 ab. alt. 356 – ✿ 0577.
Roma 252 – ◆Firenze 60 – Siena 28 – Arezzo 56.

🏨 **Park Hotel Cavarchione** ⓢ senza rist, ℰ 749550, Fax 749550, ≤, « Parco fiorito con ⬛ » – ℗. 🄴 ⅤⅠⅯ. ⋈
Pasqua-2 novembre – ⊇ 18000 – **11 cam** 165/189000.

a San Sano SO : 9,5 km – ⊠ 53010 Lecchi :

🏨 **San Sano** ⓢ, ℰ 746130, Fax 746156, ≤, 😤, « In un antico borgo », ⬛, ☞ – ☎ ℗. ℡ 🅸 🄾 🄴 ⅤⅠⅯ. ⋈
marzo-novembre – **Pasto** (solo per clienti alloggiati e *chiuso a mezzogiorno*) 30000 – **14 cam** ⊇ 140/170000 – ½ P 115000.

GAIONE Parma 🕮🕮🕮 H 12 – Vedere Parma.

GALATINA 73013 Lecce 🕮🕮🕮 ㉚, 🕮🕮🕮 G 36 – 29 273 ab. alt. 78 – ✿ 0836.
Roma 588 – Brindisi 62 – Gallipoli 22 – Lecce 20 – ◆Taranto 95.

🏨🏨 **Hermitage,** strada statale 476 (N : 1 km) ℰ 565422, Fax 528114, 🛌, ✕ – 🛗 ▤ ▥ ☎ ℗ – 🔬 150. ℡ 🅸 🄾 🄴 ⅤⅠⅯ
Pasto carta 30/45000 – **47 cam** ⊇ 100/150000 – ½ P 120000.

✕✕ **Borgo Antico,** via Siciliani 80 ℰ 566800 – ▤ ℡ 🅸 🄾 🄴 ⅤⅠⅯ
chiuso lunedì, luglio e agosto – **Pasto** carta 24/48000.

GALEATA 47010 Forlì 🕮🕮🕮 ⑯, 🕮🕮🕮 🕮🕮🕮 K 17 – 2 237 ab. alt. 235 – ✿ 0543.
Roma 308 – ◆Firenze 99 – Forlì 34 – ◆Perugia 134 – Rimini 75.

✕ **Locanda Romagna,** ℰ 981695 – ⋈
chiuso sabato, dal 2 al 10 gennaio e dal 1° al 21 luglio – **Pasto** carta 37/58000.

GALLARATE 21013 Varese 🕮🕮🕮 ③, 🕮🕮🕮 F 8 – 44 951 ab. alt. 238 – ✿ 0331.
Roma 617 – Stresa 43 – Como 50 – ◆Milano 40 – Novara 34 – Varese 18.

🏨 **Jet Hotel** ⓢ senza rist, via Tiro a Segno 22 ℰ 772100, Fax 772686, ⬛ riscaldata – 🛗 ▤ ▥ ☎ ⇋. ℡ 🅸 🄾 🄴 ⅤⅠⅯ. ⋈
40 cam ⊇ 150/200000.

🏨 **Astoria,** piazza Risorgimento 9/a ℰ 791043, Fax 772671 – 🛗 ▤ ▥ ☎. ℡ 🅸 🄾 🄴 ⅤⅠⅯ
Pasto vedere rist **Astoria** – ⊇ 10000 – **50 cam** 130/170000.

✕✕ **Raffieri,** via Trombini 1/a ℰ 793384, 😤 – ℡ 🅸 🄴 ⅤⅠⅯ. ⋈
chiuso lunedì e dall'8 al 20 agosto – **Pasto** carta 48/78000.

✕✕ **La Fornasetta,** via Raffaello Sanzio 2 ℰ 798682 – ℡ 🅸 🄾 🄴 ⅤⅠⅯ
chiuso sabato a mezzogiorno, mercoledì, dal 1° al 7 gennaio ed agosto – **Pasto** carta 44/70000.

✕✕ **Astoria,** piazza Risorgimento 9 ℰ 786777, Fax 792702 – ▤ – 🔬 50 a 200. ℡ 🅸 🄾 🄴 ⅤⅠⅯ
chiuso venerdì e dal 5 al 12 gennaio – **Pasto** carta 46/69000.

GALLIATE 28066 Novara 🕮🕮🕮 ③, 🕮🕮🕮 F 8 – 13 324 ab. alt. 154 – ✿ 0321.
Roma 617 – Stresa 58 – Como 68 – ◆Milano 43 – Novara 7 – ◆Torino 104 – Varese 45.

🏨 **Le Due Colonne,** piazza Martiri 18 ℰ 864861, Fax 864861 – ▤ ☎ – 🔬 70. ℡ 🅸 🄴 ⅤⅠⅯ. ⋈ cam
chiuso dal 31 luglio al 22 agosto – **Pasto** (*chiuso sabato a domenica*) carta 34/63000 – ⊇ 12000 – **17 cam** 90/140000 – ½ P 100/120000.

al Ponte di Turbigo NE : 4 km – ⊠ 28066 Galliate :

✕✕ **Chalet Bovio,** ℰ 861664, 😤, ☞ – ℗. ℡ 🄾
chiuso lunedì sera, martedì e dal 17 al 29 agosto – **Pasto** carta 42/53000 (10%).

GALLICO MARINA 89055 Reggio di Calabria 🗺 M 28 – 🔂 0965.

Roma 700 – Catanzaro 156 – Gambarie d'Aspromonte 32 – ◆Reggio di Calabria 9 – Villa San Giovanni 7.

🏠 **Fata Morgana,** 𝄠 370009, Fax 370000, ≼, 🦀 – 🛗 🗐 📺 ☎ 🅿 🖭 🕃 ⓘ 𝚅𝙸𝚂𝙰
  Pasto *(chiuso martedì escluso dal 15 luglio al 15 settembre)* carta 32/41000 (15 %) – **32 cam**
  ⊇ 100/140000 – ½ P 100/160000.

GALLIERA VENETA 35015 Padova 🗺 F 17 – 6 330 ab. alt. 30 – 🔂 049.

Roma 535 – ◆Venezia 71 – ◆Padova 36 – Trento 109 – Treviso 32 – Vicenza 34.

🍴🍴 **Al Palazzon,** località Mottinello Nuovo 𝄠 5965020, �, solo su prenotazione domenica
  sera – 🅿, 🖭 𝚅𝙸𝚂𝙰. 🛠
  chiuso lunedì ed agosto – **Pasto** carta 33/46000.

🍴🍴 **Al Palazzino,** via Roma 29 𝄠 5969224, Coperti limitati; prenotare, 🍴 – 🅿, 🖭 🕃 ⓘ 🇪
  𝚅𝙸𝚂𝙰
  chiuso mercoledì, dal 6 al 20 gennaio e dal 1° al 15 agosto – **Pasto** carta 30/46000.

GALLIPOLI 73014 Lecce 🗺 ㉚, 🗺 G 35 – 20 114 ab. – 🔂 0833.

Vedere Interno★ della chiesa della Purissima.

Roma 628 – ◆Bari 190 – ◆Brindisi 76 – Lecce 37 – Otranto 47 – ◆Taranto 93.

🍴 **Il Capriccio,** viale Bovio 14/16 𝄠 261545, � – 🗐, 🖭 🕃 🇪 𝚅𝙸𝚂𝙰
  chiuso ottobre e lunedì (escluso dal 15 giugno al 15 settembre) – **Pasto** carta 36/68000.

🍴 **Al Pescatore** con cam, riviera Cristoforo Colombo 39 𝄠 263656, Fax 263656 – 📺 ☎ 🅿.
  🖭 🕃 ⓘ 🇪 𝚅𝙸𝚂𝙰
  Pasto *(chiuso lunedì da ottobre a marzo)* carta 24/46000 (10 %) – ⊇ 6000 – **18 cam**
  50/85000 – ½ P 80/90000.

  sulla strada Litoranea SE : 6 km :

🏨 **Gd H. Costa Brada** 🦢, ✉ 73014 𝄠 202551, Telex 860273, Fax 202555, ≼, « Giardino
  ombreggiato con ⛲ e 🦀 », 🏋, ≋, 🏊, 🏖 – 🛗 🗐 📺 ☎ 🅿 – 🔏 220. 🖭 🕃 ⓘ 🇪 𝚅𝙸𝚂𝙰
  ᴶᶜᴮ
  Pasto carta 37/57000 – **78 cam** ⊇ 140/230000 – ½ P 135/225000.

🏨 **Le Sirenuse** 🦢, ✉ 73014 𝄠 202536, Telex 860240, Fax 202539, « Pineta in riva al
  mare », 🏊, 🏖, 🍴 – 🛗 🗐 ☎ 🅿 – 🔏 100 a 200. 𝚅𝙸𝚂𝙰. 🛠 rist
  aprile-ottobre – **Pasto** carta 27/40000 – **120 cam** ⊇ 82/136000 – ½ P 80/150000.

  Lisez attentivement l'introduction : c'est la clé du guide.

GALLUZZO Firenze 🗺 K 15 – Vedere Firenze.

GALZIGNANO TERME 35030 Padova – 4 148 ab. alt. 22 – Stazione termale (marzo-novembre)
  – 🔂 049.

🏌 (chiuso lunedì e gennaio) a Valsanzibio di Galzignano ✉ 35030 𝄠 9130078, Fax 9131193,
  S : 3 km.

Roma 477 – Mantova 94 – ◆Milano 255 – ◆Padova 21 – Rovigo 34 – ◆Venezia 60.

  verso Battaglia Terme SE : 3,5 km :

🏨 **Sporting Hotel Terme** 🦢, ✉ 35030 𝄠 525500, Fax 525223, ≼, 🏋, ≋, ⛲ riscaldata,
  🏊, 🍴, 🍴, 🏌 – 🛗 🗐 📺 ☎ 🍽 🅿. 🛠
  marzo-15 novembre – **Pasto** 49000 – ⊇ 16000 – **108 cam** 114/163000, 10 appartamenti –
  ½ P 108/157000.

🏨 **Majestic Hotel Terme** 🦢, ✉ 35030 𝄠 525444, Telex 430223, Fax 526466, ≼, « Giar-
  dino ombreggiato con ⛲ termale », 🏋, ≋, 🏊, 🍴, 🏌 – 🛗 🗐 📺 ☎ 🅖 🅿 – 🔏 100.
  🛠 rist
  chiuso dal 7 gennaio a febbraio – **Pasto** 50000 – ⊇ 17000 – **109 cam** 108/156000,
  8 appartamenti, 🗐 – ½ P 121/134000.

🏨 **Splendid Hotel Terme** 🦢, 𝄠 525333, Fax 9100337, ≼, « Giardino ombreggiato con ⛲
  termale », 🏋, ≋, 🏊, 🍴, 🏌 – 🛗 🗐 rist 📺 ☎ 🅖 🍽 🅿. 🛠 rist
  10 marzo-12 novembre – **Pasto** 50000 – ⊇ 17000 – **108 cam** 108/156000, appartamento –
  ½ P 121/134000.

🏨 **Green Park Hotel Terme** 🦢, ✉ 35030 𝄠 525511, Fax 526520, ≼, « Giardino ombreg-
  giato con ⛲ riscaldata », 🏋, 🏊, 🍴, 🏌 – 🛗 🗐 rist ☎ 🅿. 🛠
  marzo-10 novembre – **Pasto** 49000 – ⊇ 16000 – **92 cam** 93/136000, 7 appartamenti –
  ½ P 107/119000.

GAMBARIE D'ASPROMONTE 89050 Reggio di Calabria 🗺 ㊴, 🗺 M 29 – alt. 1 300 –
  🔂 0965.

Roma 672 – ◆Reggio di Calabria 43.

🏠 **Miramonti,** 𝄠 743048, 🍴 – 🛗 ☎ 🅿. 🕃 𝚅𝙸𝚂𝙰
  Pasto 20/35000 – ⊇ 10000 – **42 cam** 90/100000 – ½ P 70/80000.

🏠 **Centrale,** 𝄠 743133, Fax 743141 – ☎ 🅿. 🖭 🕃 🇪 𝚅𝙸𝚂𝙰
  Pasto 26/28000 – ⊇ 10000 – **48 cam** 85/95000 – ½ P 70/85000.

GARBAGNATE MILANESE 20024 Milano ⬜F 9, ⬜⑩ – 26 016 ab. alt. 179 – ✿ 02.

Roma 588 – ◆Milano 16 – Como 33 – Novara 48 – Varese 36.

XXX ✿ **La Refezione,** via Milano 166 ✆ 9958942, Coperti limitati; prenotare – ▤ ❷ ⒶⒺ ⬜ ⴺ
⬜ – *chiuso domenica, lunedì a mezzogiorno, dal 25 dicembre al 6 gennaio ed agosto* –
Pasto carta 63/81000

Spec. Pâté di fegatini di pollo con lattuga e pancetta, Spaghetti con gamberi cipolla e bottarga, Filetto di manzo al forno
con olio rosmarino e aglio.

a Santa Maria Rossa SO : 2 km – ⬜ 20024 Garbagnate Milanese :

XX **Alle Magnolie,** ✆ 99027545, Fax 99027545, « Servizio estivo in giardino » – ❷ ⒶⒺ ⬜ ⓞ
ⴺ ⬜ – *chiuso domenica sera, lunedì ed agosto* – **Pasto** carta 40/63000.

GARDA 37016 Verona ⬜④, ⬜⬜F 14 – 3 440 ab. alt. 68 – ✿ 045.

Vedere Punta di San Vigilio★★ O : 3 km – ⬜ e ⬜ Cà degli Ulivi (chiuso lunedì) a Marciaga-
Castion di Costermano ⬜ 37010 ✆ 6279030, Fax 6279039, N : 3 km.

⬜ lungolago Regina Adelaide ✆ 7255194, Fax 7256720.

Roma 527 – ◆Verona 30 – ◆Brescia 64 – Mantova 65 – ◆Milano 151 – Trento 82 – ◆Venezia 151.

⬜ **Regina Adelaide,** ✆ 7255977, Fax 7256263, « Giardino » – ⬜ ⬜ ☎ ❷ – ⬜ 60. ⒶⒺ ⬜ ⴺ
⬜. ⟋⟍ rist
Pasto *(marzo-ottobre)* carta 32/49000 – **60 cam** ⬜ 120/190000, 4 appartamenti – ½ P 70/
140000.

⬜ **Flora** ⬜, ✆ 7255348, Fax 7255348, « Giardino con ⬜ riscaldata e ⟋⟍ » – ⬜ ☎ ⬅ ❷ –
⬜ 30. ⟋⟍ rist
Pasqua-ottobre – **Pasto** *(solo per clienti alloggiati e chiuso martedì)* 36000 – ⬜ 16000 –
63 cam 110/145000 – ½ P 90/135000.

⬜ **Bisesti,** ✆ 7255766, Fax 7255927, ⬜, ⬜ – ☎ ❷ – ⬜ 150. ⬜ ⴺ ⬜. ⟋⟍ rist
marzo-15 novembre – **Pasto** *(chiuso sino a Pasqua e dal 15 ottobre al 15 novembre)*
25/65000 – ⬜ 15000 – **90 cam** 102/140000 – ½ P 79/95000.

⬜ **Gabbiano,** ✆ 7256655, Fax 7255363, ⬜, ⬜ – ⬜ ☎ ❷. ⬜ ⴺ ⬜. ⟋⟍
Pasqua-settembre – **Pasto** 25000 – ⬜ 15000 – **36 cam** 70/150000 – ½ P 70/90000.

⬜ **San Marco,** ✆ 7255008, Fax 7256749 – ☎ ❷. ⟋⟍ cam
15 marzo-ottobre – **Pasto** carta 33/45000 – ⬜ 15000 – **15 cam** 60/85000 – ½ P 75000.

⬜ **Tre Corone,** ✆ 7255033, Fax 7255033, ≤, ⬜ – ⬜ ☎. ⬜ ⴺ ⬜. ⟋⟍
marzo-ottobre – **Pasto** *(chiuso mercoledì)* carta 34/59000 – ⬜ 15000 – **26 cam** 70/90000 –
½ P 82/87000.

⬜ **Ancora,** ✆ 7255202, ≤ – ⟋⟍ cam
25 marzo-ottobre – **Pasto** carta 27/41000 – ⬜ 10000 – **18 cam** 50/75000 – ½ P 60000.

⬜ **Giardinetto,** ✆ 7255051, ≤, ⬜ – ⬜ ☎. ⬜ ⓞ ⴺ ⬜. ⟋⟍ cam
aprile-ottobre – **Pasto** carta 29/49000 – ⬜ 10000 – **24 cam** 80/90000 – ½ P 60/80000.

XX **Tobago** con cam, via Bellini 1 ✆ 7256340, Fax 7256753, ⬜ – ⬜ ☎ ❷. ⒶⒺ ⬜ ⴺ ⬜ ⬜
Pasto *(chiuso lunedì da ottobre a marzo)* carta 55/90000 – **9 cam** ⬜ 80/120000 – ½ P 75/
85000.

verso Costermano :

⬜ **Poiano** ⬜, E : 2 km ⬜ 37010 Costermano ✆ 7200100, Fax 7200900, ≤ lago, « In collina
tra il verde », ⬜, ⬜, ⬜, ⟋⟍ – ⬜ ⬜ ☎ ❷. ⒶⒺ ⬜ ⴺ ⬜. ⟋⟍
9 aprile-28 ottobre – **Pasto** carta 40/70000 – **91 cam** solo ½ P 98/130000.

XX **Stafolet,** E : 1,5 km ⬜ 37016 ✆ 7255427, ⬜, ⬜ – ❷
chiuso lunedì e gennaio – **Pasto** carta 29/43000.

GARDA (Lago di) o BENACO Brescia, Trento e Verona ⬜④, ⬜⬜F 13.
Vedere Guida Verde.

GARDONE RIVIERA 25083 Brescia ⬜④, ⬜⬜F 13 – 2 469ab. alt. 85 – a.s. Pasqua e
luglio-15 settembre – ✿ 0365 – **Vedere** Posizione pittoresca★★ – Tenuta del Vittoriale★
(residenza e tomba di Gabriele d'Annunzio) NE : 1 km.

⬜ (chiuso martedì escluso agosto) a Bogliaco ⬜ 25080 ✆ 643006, Fax 643006, E : 10 km.

⬜ via Repubblica 35 ✆ 20347, Fax 20347.

Roma 551 – ◆Brescia 34 – ◆Bergamo 88 – Mantova 90 – ◆Milano 129 – Trento 91 – ◆Verona 66.

⬜ **Grand Hotel,** ✆ 20261, Fax 22695, ≤, ⬜, « Terrazza fiorita sul lago con ⬜ riscaldata »,
⬜ – ⬜ ▤ cam ⬜ ☎ – ⬜ 50 a 350. ⒶⒺ ⬜ ⓞ ⴺ. ⟋⟍
aprile-ottobre – **Pasto** 50/60000 – **180 cam** ⬜ 185/320000 – ½ P 140/185000.

⬜ **Villa Capri** senza rist, ✆ 21537, Fax 22720, ≤ « Giardino sul lago », ⬜ – ⬜ ▤ cam ❷ –
❷. ⒶⒺ ⬜.
aprile-15 ottobre – **50 cam** ⬜ 140/200000.

⬜ **Ville Montefiori** ⬜, località Morgnaga ✆ 290235, Fax 21488, ≤ lago, « Villette in un
parco », ⬜, – ⬜ ⬜ ☎ ❷ – ⬜ 180. ⬜ ⬜ ⴺ ⬜. ⟋⟍ rist
aprile-ottobre – **Pasto** carta 35/40000 – **36 cam** ⬜ 90/140000 – ½ P 85/100000.

⬜ **Monte Baldo,** ✆ 20951, Fax 20952, ≤, « Terrazza-giardino sul lago con ⬜ », ⬜ – ⬜ ☎
❷. ⬜ ⓞ ⴺ ⬜ ⬜ ⬜. ⟋⟍ rist
20 aprile-20 ottobre – **Pasto** 37/46000 – ⬜ 16000 – **45 cam** 75/110000 – ½ P 85/102000.

⬜ **Bellevue,** ✆ 290088, Fax 290088, ≤, « Giardino », ⬜, – ⬜ ☎ ❷. ⬜. ⟋⟍ rist
aprile-10 ottobre – **Pasto** 35000 – ⬜ 10000 – **32 cam** 85/96000 – ½ P 73/87000.

XXX ※ **Villa Fiordaliso** con cam, ℰ 20158, Fax 290011, ≤, « Villa storica in un piccolo parco; servizio estivo in terrazza sul lago » – 🔟 ☎ ❷. ⅍ 🖼 ⑩ ⅇ 𝐕𝐈𝐒𝐀 ❀
chiuso dal 7 gennaio al 5 marzo – **Pasto** *(chiuso lunedì)* carta 62/102000 – **7 cam** ⊑ 470000, appartamento.
Spec. Filetto di cavedano all'aceto di Groppello con polenta "n'consa". Filetto di persico al sugo di cedro e menta, Cotoletta di luccio con caponata di melanzane.

XX **Casinò,** al bivio per il Vittoriale ℰ 20387, Fax 20387, « Servizio estivo in terrazza sul lago » – ❷. ⅍ 🖼 ⑩ ⅇ 𝐕𝐈𝐒𝐀
chiuso lunedì, gennaio e febbraio – **Pasto** carta 42/62000.

XX **La Stalla,** strada per il Vittoriale ℰ 21038, Fax 21038, 🏛, ⅋ – ❷. ⅍ 🖼 ⑩ ⅇ 𝐕𝐈𝐒𝐀 𝐉𝐂𝐁
chiuso gennaio e martedì (escluso da luglio a settembre) – **Pasto** carta 38/79000.

X **Agli Angeli** con cam, verso il Vittoriale ℰ 20832, Fax 20832, 🏛 – 🖼 🖼 ⑩ ⅇ 𝐕𝐈𝐒𝐀
chiuso dal 10 gennaio al 10 febbraio – **Pasto** *(chiuso lunedì escluso da giugno a settembre)*
carta 34/52000 – **9 cam** ⊑ 50/90000 – P 63/68000.

a Fasano del Garda NE : 2 km – ✉ 25080 :

🏨 **Gd H. Fasano e Villa Principe,** ℰ 290220, Fax 290221, ≤ lago, 🏛, « Terrazza-giardino sul lago con ⊒ riscaldata », 🐾ₒ, ⅋ – 🖼 🔟 ☎ ❷ – 🔏 25 a 150. ❀ rist
Pasqua-novembre – **Pasto** carta 47/67000 – ⊑ 29500 – **75 cam** **(Villa Principe** 12 cam annuali*)* 178/351000 – ½ P 125/246000.

🏨 **Villa del Sogno** ⌂, ℰ 290181, Fax 290230, ≤ lago, « Parco e terrazze con ⊒ », 🖀, ⅋ – 🖼 🔟 ☎ ❷ – 🔏 50. ⅍ 🖼 ⑩ ⅇ 𝐕𝐈𝐒𝐀 𝐉𝐂𝐁. ❀
aprile-15 ottobre – **Pasto** 75000 – **32 cam** ⊑ 215/360000, 4 appartamenti – ½ P 170/230000.

XX **Lidò 84,** ℰ 20019, Fax 20019, « Servizio estivo in terrazza-giardino sul lago » – 🖼 ⅇ
𝐕𝐈𝐒𝐀
chiuso dal 1° dicembre al 15 febbraio e martedì in bassa stagione – **Pasto** carta 41/69000
(10%).

GARESSIO 12075 Cuneo 𝟗𝟖𝟖 ⑫, 𝟒𝟐𝟖 J 6 – 4 055 ab. alt. 621 – Stazione termale (giugno-settembre) – ✿ 0174.
🗊 via del Santuario ℰ 81122, Fax 82098.
Roma 615 – Cuneo 72 – Imperia 62 – ✦Milano 239 – Savona 70 – ✦Torino 115.

🏨 **Italia,** corso Paolini 28 ℰ 81027, Fax 81027, ⅋ – 🖼 ☎ ❷. 🖼 ⑩ ⅇ 𝐕𝐈𝐒𝐀. ❀ rist
giugno-settembre – **Pasto** carta 29/47000 – ⊑ 9000 – **54 cam** 55/70000 – ½ P 45/50000.

GARGANO (Promontorio del) Foggia 𝟗𝟖𝟖 ㉘, 𝟒𝟑𝟏 B 28 30.
Vedere Guida Verde.

GARGAZON = Gargazzone.

GARGAZZONE **(GARGAZON)** 39010 Bolzano 𝟒𝟐𝟗 C 15, 𝟐𝟏𝟖 ⑳ – 1 147 ab. alt. 267 – ✿ 0473.
Roma 563 – ✦Bolzano 17 – Merano 11 – ✦Milano 315 – Trento 75.

🏨 **Alla Torre-Zum Turm,** ℰ 292325, Fax 292399, 🏛, « Giardino-frutteto con ⊒ riscaldata » – ☎ ❷. ⅇ. ❀ rist
chiuso dal 15 gennaio al 1° marzo – **Pasto** *(chiuso giovedì)* carta 44/64000 – **14 cam**
⊑ 40/130000 – ½ P 60/90000.

GARGNANO 25084 Brescia 𝟗𝟖𝟖 ④, 𝟒𝟐𝟖 𝟒𝟐𝟗 E 13 – 3 288 ab. alt. 98 – a.s. Pasqua e luglio-15 settembre – ✿ 0365.
Vedere Guida Verde.
🚢 (chiuso martedì escluso agosto) a Bogliaco ✉ 25080 ℰ 643006, Fax 643006, S : 1,5 km.
Roma 563 – ✦Verona 51 – ✦Bergamo 100 – ✦Brescia 46 – ✦Milano 141 – Trento 79.

🏨 **Villa Giulia** ⌂, ℰ 71022, Fax 72774, ≤, 🏛, « Giardino in riva al lago », 🖀, ⊒ riscaldata, 🐾 – 🔟 🖼 ⑩ ⅇ 𝐕𝐈𝐒𝐀. ❀ rist
aprile-ottobre – **Pasto** 40/50000 – **20 cam** ⊑ 130/250000 – ½ P 130/150000.

🏨 **Palazzina,** ℰ 71118, Fax 71118, ≤, « ⊒ su terrazza panoramica », ⅋ – 🖼 ☎ ❷. ⅍ 🖼
⑩ ⅇ 𝐕𝐈𝐒𝐀. ❀
aprile-settembre – **Pasto** carta 30/47000 – ⊑ 12000 – **25 cam** 70/100000 – ½ P 75/90000.

🏨 **Meandro,** ℰ 71128, ≤ lago, 🖾, ⅋ – 🖼 🔟 ☎ ❷. ⅍ 🖼 ⑩ ⅇ 𝐕𝐈𝐒𝐀. ❀ rist
chiuso dal 15 gennaio a febbraio – **Pasto** carta 28/48000 – ⊑ 12000 – **37 cam** 93/122000 –
½ P 76/88000.

XXX ※ **La Tortuga,** ℰ 71251, Coperti limitati; prenotare – ⅍ 🖼 ⅇ 𝐕𝐈𝐒𝐀. ❀
chiuso lunedì sera (escluso da giugno a settembre), martedì, dal 23 al 29 dicembre e dal 23 gennaio al 22 febbraio – **Pasto** 50/95000 (a mezzogiorno) 80/95000 (alla sera)
Spec. Spaghettini di pasta fresca al pesce di lago, Filetti di persico croccanti in battuta di rosmarino, Sella di coniglio al profumo di timo.

X **Bartabel** con cam, ℰ 71330, ≤, 🏛 – 🖼 ☎. ⅍ 🖼 ⑩ ⅇ 𝐕𝐈𝐒𝐀. ❀ cam
chiuso novembre – **Pasto** *(chiuso lunedì in bassa stagione)* carta 32/45000 – ⊑ 9000 –
10 cam 50/70000 – ½ P 60/65000.

a Villa S : 1 km – ⊠ 25084 Gargnano :

🏨 **Livia,** 𝒫 71233, Fax 72841, ⌨, ☞ – ☎ ℗. 𝘝𝘐𝘚𝘈. ✵
Pasqua-15 ottobre – **Pasto** (solo per clienti alloggiati) 25000 – ☞ 10000 – **25 cam** 60/90000 – ½ P 80000.

ⅩⅩ **Baia d'Oro** ⍔ con cam, 𝒫 71171, Fax 72568, ≤, « Servizio estivo in terrazza sul lago » – ☎ ⇦. ⅢⅢ 🕃 ⑩ Ε 𝘝𝘐𝘚𝘈
aprile-ottobre – **Pasto** carta 63/111000 – ☞ 15000 – **14 cam** 75/120000 – ½ P 140000.

a Bogliaco S : 1,5 km – ⊠ 25080 :

ⅩⅩ **Allo Scoglio,** 𝒫 71030, « Servizio estivo in terrazza-giardino sul lago » – ✵
chiuso venerdì, gennaio e febbraio – **Pasto** carta 38/55000.

verso Navazzo O : 7 km – alt. 497 :

🏨 **Roccolino** ⍔, località Roccolino ⊠ 25080 Navazzo 𝒫 71443, Fax 72059, ≤ lago e monti, 𝑓ₛ, ⌨, ☞ – ▤ 𝘛𝘝 ☎ ℗ – 𝓐 30. ⅢⅢ 🕃 ⑩ Ε 𝘝𝘐𝘚𝘈. ✵
chiuso dal 1° gennaio al 15 febbraio – **Pasto** *(chiuso mercoledì)* carta 43/64000 – **10 cam** ☞ 75/110000 – ½ P 85/95000.

GARLASCO 27026 Pavia 𝟿𝟾𝟾 ⑬, 𝟺𝟸𝟾 G 8 – 9 515 ab. alt. 94 – ✦ 0382.
Roma 585 – Alessandria 61 – ◆Milano 44 – Novara 40 – Pavia 22 – Vercelli 48.

🏨 **I Diamanti** senza rist, via Leonardo da Vinci 59 𝒫 821504, Fax 800981 – 🛗 ▤ 𝘛𝘝 ☎ 🕭 ⇦ – 𝓐 50. ⅢⅢ 🕃 𝘝𝘐𝘚𝘈 ✵
☞ 10000 – **39 cam** 90/120000.

GARLATE 22050 Lecco 𝟺𝟸𝟾 E 10, 𝟸𝟷𝟿 ⑩ – 2 464 ab. alt. 212 – ✦ 0341.
Roma 615 – ◆Bergamo 29 – Como 34 – Lecco 6 – ◆Milano 47.

🏨 **Nuovo,** via Statale 82 𝒫 680243, Fax 650073, 𝑓ₛ, ☎ₛ, ⌨, ⌨, ✵ – ▤ 𝘛𝘝 ☎ ℗ – 𝓐 60. ⅢⅢ 🕃 ⑩ Ε 𝘝𝘐𝘚𝘈 ✵
Pasto vedere rist **Nuovo** – ☞ 15000 – **48 cam** 90/130000, 4 appartamenti.

ⅩⅩ **Nuovo,** via Statale 78 𝒫 680255, ☞ – ▤ ℗. ⅢⅢ 🕃 ⑩ Ε 𝘝𝘐𝘚𝘈. ✵
chiuso dal 9 al 22 agosto – **Pasto** carta 52/78000.

GARLENDA 17033 Savona 𝟺𝟸𝟾 J 6 – 762 ab. alt. 70 – ✦ 0182.
𝖒₁₈ (chiuso mercoledì escluso luglio-agosto) 𝒫 580012, Fax 580561.
Roma 592 – Albenga 10 – ◆Genova 93 – Imperia 37 – ◆Milano 216 – Savona 47.

🏨🏨 **La Meridiana** ⍔, 𝒫 580271, Fax 580150, ☞, « Residenza di campagna », ☎ₛ, ⌨, ☞ – 🛗 𝘛𝘝 ☎ ⇦ ℗ – 𝓐 45. ⅢⅢ 🕃 ⑩ Ε 𝘝𝘐𝘚𝘈. ✵ rist
marzo-novembre – **Pasto** al Rist. *Il Rosmarino (chiuso a mezzogiorno escluso da giugno a settembre; prenotare)* carta 80/118000 – ☞ 25000 – **18 cam** 230/330000, 16 appartamenti 380/450000 – ½ P 220/340000.

ⅩⅩ **Claro de Luna,** strada per Caso E : 3 km ⊠ 17038 Villanova d'Albenga 𝒫 580348, ☞, Specialità di mare, prenotare – 🕃 ⑩ Ε 𝘝𝘐𝘚𝘈
chiuso a mezzogiorno (escluso i giorni festivi), martedì ed ottobre – **Pasto** carta 47/71000.

GASSINO TORINESE 10090 Torino 𝟿𝟾𝟾 ⑫, 𝟺𝟸𝟾 G 5 – 8 467 ab. alt. 219 – ✦ 011.
Roma 665 – ◆ Torino 16 – Asti 52 – ◆Milano 130 – Vercelli 60.

a Bussolino Gassinese E : 2,5 km – ⊠ 10090 :

Ⅹ **Defilippi,** 𝒫 9606274 – ℗. ⅢⅢ 🕃 Ε 𝘝𝘐𝘚𝘈
chiuso lunedì a mezzogiorno e martedì – **Pasto** carta 41/63000.

a Bardassano SE : 5 km – ⊠ 10090 Gassino Torinese :

Ⅹ **Ristoro Villata,** frazione Bardassano, via Val Villata 25 𝒫 9605818, ☞, solo su prenotazione – ℗. ✵
chiuso a mezzogiorno (escluso i giorni festivi), venerdì e dal 12 al 28 agosto – **Pasto** carta 55/115000.

GATTEO A MARE 47043 Forlì 𝟺𝟸𝟿 𝟺𝟹𝟶 J 19 – 5 896 ab. – a.s. 21 giugno-agosto – ✦ 0547.
🅱 piazza Libertà 5 𝒫 85393, Fax 85393.
Roma 353 – ◆ Ravenna 35 – ◆Bologna 102 – Forlì 41 – ◆Milano 313 – Rimini 17.

🏨 **Capitol,** viale Giulio Cesare 27 𝒫 680680, Fax 87626, ≤, ⌨ riscaldata, ✵ – 🛗 ☎ ℗. 🕃 𝘝𝘐𝘚𝘈. ✵ rist
10 maggio-27 settembre – **Pasto** (solo per clienti alloggiati) – ☞ 14000 – **50 cam** 75/130000 – ½ P 60/100000.

🏨 **Flamingo,** viale Giulio Cesare 31 𝒫 87171, Fax 680532, ≤, 𝑓ₛ, ⌨ riscaldata, ✵ – 🛗 ▤ rist ☎ ⇦ ℗. 🕃 ⑩ Ε 𝘝𝘐𝘚𝘈. ✵ rist
maggio-settembre – **Pasto** (solo per clienti alloggiati) 30000 – ☞ 18000 – **48 cam** 95/125000 – ½ P 62/104000.

🏨 **Miramare,** viale Giulio Cesare 63 𝒫 87313, Fax 87614, ≤, ⌨ – 🛗 ☎ ℗. ✵ rist
maggio-settembre – **Pasto** (solo per clienti alloggiati) 29/37000 – ☞ 15000 – **52 cam** 85/115000 – ½ P 60/90000.

🏨 **Imperiale,** viale Giulio Cesare 82 *&* 86875, Fax 86484 – 🕼 TV ☎ 🅿. 🕃 ⴻ *VISA*. 🛇 rist
maggio-settembre – **Pasto** 25/40000 – **37 cam** ☑ 90/150000 – ½ P 80/90000.

🏨 **Estense,** via Gramsci 30 *&* 87068, Fax 87489 – 🕼 🗐 TV ☎ 🅿 – 🔬 70. 🖭 🕃 ◑ ⴻ *VISA*
JCB. 🛇 rist
chiuso novembre – **Pasto** 20/28000 – ☑ 7000 – **36 cam** 55/90000 – ½ P 45/70000.

🏠 **Simon,** viale Matteotti 41 *&* 85224, Fax 85885, 🌊 – 🕼 🗐 rist ☎ 🅿. 🛇 rist
chiuso dal 7 gennaio al 10 febbraio – **Pasto** carta 17/31000 – **43 cam** ☑ 100/130000 –
½ P 60/90000.

🏠 **Magnolia,** via Trieste 31 *&* 86814, Fax 87285, 🖙 – 🕼 🖙 🅿. 🕃 ⴻ *VISA*. 🛇 rist
15 maggio-20 settembre – **Pasto** (solo per clienti alloggiati) 25/35000 – **38 cam** ☑ 60/95000
– ½ P 55/70000.

🏠 **Sant'Andrea,** viale Matteotti 66 *&* 85360 – 🅿. *VISA*. 🛇
22 maggio-20 settembre – **Pasto** (solo per clienti alloggiati) 20/25000 – **18 cam** ☑ 35/70000
– ½ P 40/58000.

🏠 **Fantini,** viale Matteotti 10 *&* 87009, Fax 87009 – 🕼 🅿. 🛇
giugno-20 settembre – **Pasto** (solo per clienti alloggiati) 19/28000 – ☑ 12000 – **35 cam**
39/75000 – ½ P 39/50000.

GATTINARA 13045 Vercelli 🗹🗹🗹 ②, 🗹🗹🗹 F 7 – 8 685 ab. alt. 265 – 🕿 0163.

Roma 653 – Stresa 42 – Biella 29 – ♦Milano 79 – Novara 33 – ♦Torino 91 – Vercelli 35.

🕱🕱 **Il Vigneto** con cam, piazza Paolotti 2 *&* 834803 – 🕼 🗐 rist TV ☎ 🖙. 🕃 *VISA*
chiuso dal 27 luglio al 9 agosto – **Pasto** (chiuso lunedì) carta 40/54000 – ☑ 10000 – **12 cam**
40/70000 – ½ P 60/80000.

GAVI 15066 Alessandria 🗹🗹🗹 ⑬, 🗹🗹🗹 H 8 – 4 552 ab. alt. 215 – 🕿 0143.

🏠 Riasco (chiuso martedì, dicembre e gennaio) località Fara Nuova ⊠ 15060 Tassarolo
& 342331, Fax 342342, N : 5 km.

Roma 554 – ♦Genova 48 – Acqui Terme 42 – Alessandria 33 – ♦Milano 97 – Savona 84 – ♦Torino 136.

🕱🕱 **Cantine del Gavi,** via Mameli 67 *&* 642458, Coperti limitati; prenotare – 🕃 ⴻ *VISA*. 🛇
chiuso lunedì, dal 7 al 20 gennaio e dal 10 al 25 luglio – **Pasto** carta 44/65000.

🕱🕱 **Le Volte,** via Roma 19 r *&* 643686, Specialità di mare – 🖭 🕃 ⴻ *VISA*
chiuso mercoledì, e a mezzogiorno escluso domenica e i giorni festivi – **Pasto** carta 47/
85000.

verso Tassarolo NO : 5 km :

🕱 **Da Marietto,** ⊠ 15066 Rovereto di Gavi *&* 682118, 🖙 – 🅿. 🛇
chiuso domenica sera, lunedì e gennaio – **Pasto** carta 30/40000.

GAVINANA 51025 Pistoia 🗹🗹🗹 🗹🗹🗹 🗹🗹🗹 J 14 – alt. 820 – a.s. luglio-agosto – 🕿 0573.

Roma 337 – ♦Firenze 60 – Pisa 75 – ♦Bologna 87 – Lucca 53 – ♦Milano 288 – Pistoia 27.

🏨 **Franceschi,** piazza Aiale 7 *&* 66451, Fax 66452 – 🕼 TV ☎. 🖭 🕃 ◑ ⴻ *VISA*. 🛇
Pasto (chiuso lunedì) carta 32/54000 – **26 cam** ☑ 65/95000 – ½ P 50/78000.

GAVIRATE 21026 Varese 🗹🗹🗹 ③, 🗹🗹🗹 E 8 – 9 090 ab. alt. 261 – 🕿 0332.

Roma 641 – Stresa 53 – ♦Milano 66 – Varese 10.

🕱 **Tipamasaro,** via Cavour 31 *&* 743524, prenotare i festivi – 🖙 🅿
chiuso lunedì e dal 16 al 31 agosto – **Pasto** carta 27/42000.

GAZOLDO DEGLI IPPOLITI 46040 Mantova 🗹🗹🗹 🗹🗹🗹 G 13 – 2 448 ab. alt. 35 – 🕿 0376.

Roma 490 – ♦Parma 59 – ♦Brescia 58 – Mantova 21 – ♦Verona 45.

🕱🕱 **Casa Nodari,** *&* 657122, Fax 657122, prenotare – 🅿 – 🔬 40. 🕃 ⴻ *VISA*
chiuso i giorni festivi, domenica e dal 1° al 22 agosto – **Pasto** carta 35/67000.

GAZZO Imperia – Vedere Borghetto d'Arroscia.

GELA Caltanissetta 🗹🗹🗹 🗟, 🗹🗹🗹 P 24 – Vedere Sicilia alla fine dell'elenco alfabetico.

GEMONA DEL FRIULI 33013 Udine 🗹🗹🗹 ⑥, 🗹🗹🗹 D 21 – 11 318 ab. alt. 272 – 🕿 0432.

Roma 665 – ♦Milano 404 – Tarvisio 64 – ♦Trieste 98 – Udine 29.

🏨 **Park Hotel,** via Divisione Julia 23 *&* 980915, Fax 970654 – 🕼 TV ☎ 🕭 🖙 🅿 – 🔬 80. 🖭
🕃 ◑ ⴻ *VISA*. 🛇 rist
Pasto vedere rist **Ai Celti** – **40 cam** ☑ 85/125000 – ½ P 70/100000.

🏠 **Pittini** senza rist, piazzale della Stazione *&* 971195, Fax 971380 – 🕼 TV ☎ 🖙 🅿 –
🔬 80. 🖭 ◑ ⴻ *VISA*
☑ 8000 – **16 cam** 67/105000, appartamento.

🕱🕱 **Ai Celti,** via Divisione Julia 23 *&* 983229, 🖙 – 🗐 🅿. 🖭 🕃 ⴻ *VISA*. 🛇
chiuso domenica e dal 7 al 21 agosto – **Pasto** carta 23/45000.

Vedere Porto★★ AXY – Quartiere dei marinai★ BY – Piazza San Matteo★ BY 85 – Cattedrale di San Lorenzo★ : facciata★★ BY K – Via Garibaldi★ : galleria dorata★ nel palazzo Cataldi BY B, pinacoteca★ nel palazzo Bianco BY D, galleria d'arte★ nel palazzo Rosso BY E – Palazzo dell'Università★ AX U – Galleria Nazionale di palazzo Spinola★ : Adorazione dei Magi★★ di Joos Van Cleve BY – Acquario★ – Campanile★ della chiesa di San Donato BY L – San Sebastiano★ di Puget nella chiesa di Santa Maria di Carignano BZ N – Villetta Di Negro CXY : ≼★ sulla città esul mare, museo Chiossone★ M1 – ≼★ sulla città dal Castelletto BX per ascensore – Cimitero di Staglieno★ F – **Escursioni** Riviera di Levante★★★ Est e SE.

⚓ Cristoforo Colombo di Sestri Ponente per ④ : 6 km ✆ 2411, Fax2415487 – Alitalia, via 12 Ottobre 188 r ⊠ 16121 ✆ 54938 – 🚗 ✆ 586891.

⛴ per Cagliari 23 giugno-15 settembre martedì e giovedì (20 h 45 mn) ed Olbia 24 giugno-settembre giornalieri e negli altri mesi lunedì, mercoledì e venerdì (13 h); per Arbatax giugno-settembre lunedì, mercoledì e venerdì, negli altri mesi lunedì e venerdì (18 h 30 mn) e Porto Torres giornalieri (12 h 30 mn); per Palermo 24 giugno-12 settembre martedì, giovedì, sabato e domenica, negli altri mesi martedì, giovedì e sabato (24 h) – Tirrenia Navigazione, Stazione Marittima, Pontile Colombo ⊠ 16126 ✆ 258041, Telex 270186, Fax 2698225; per Palermo martedì e giovedì (22 h) – Grandi Traghetti, via Fieschi 17 ⊠ 16128 ✆ 55091, Telex 270164, Fax 550933.

🛈 Stazione Principe ⊠ 16126 ✆ 262633 – all'Aeroporto ⊠ 16154 ✆ 2415247.

A.C.I. viale Brigate Partigiane 1 ⊠ 16129 ✆ 567001.

Roma 501 ② – ◆Milano 142 ⑦ – ◆Nice 194 ⑤ – ◆Torino 170 ⑤.

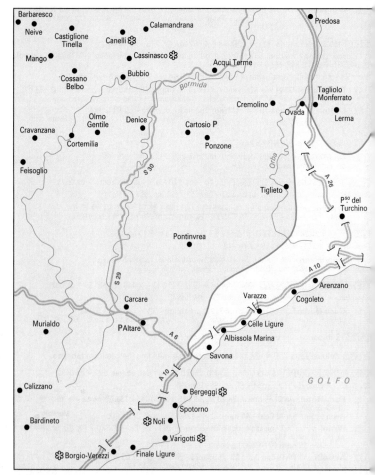

Starhotel President, corte Lambruschini 4 ⊠ 16147 ℰ 5727, Telex 272508, Fax 5531820 – 🛗 ⇆ cam 🗏 📺 ☎ 🕭 🖚 – 🔏 600. 🖭 🕄 ⓪ 🌃 🃏 ⚶ rist   DZ **c**
Pasto carta 50/65000 – **193 cam** ⊆ 340/450000, 9 appartamenti – ½ P 260/375000.

Jolly Hotel Plaza, via Martin Piaggio 11 ⊠ 16122 ℰ 8393641, Telex 283142, Fax 8391850 – 🛗 ⇆ cam 🗏 📺 ☎ – 🔏 140. 🖭 🕄 ⓪ 🌃 ⚶ rist
Pasto carta 55/90000 – **150 cam** ⊆ 270/350000, appartamento – ½ P 185/225000.   CY **q**

Savoia Majestic (dipendenza **Londra e Continentale**), via Arsenale di Terra 5 ⊠ 16126 ℰ 261641, Telex 270426, Fax 261883 – 🛗 🗏 📺 ☎ – 🔏 100. 🖭 🕄 ⓪ 🅴 🌃
⚶ rist   AX **h**
Pasto carta 52/97000 – **121 cam** ⊆ 220/340000, 2 appartamenti – ½ P 220/270000.

City Hotel senza rist, via San Sebastiano 6 ⊠ 16123 ℰ 5545, Telex 271686, Fax 586301 – 🛗 🗏 📺 ☎ – 🔏 25. 🖭 🕄 ⓪ 🅴 🌃 🃏   CY **e**
64 cam ⊆ 250/350000.

Columbus Sea, via Milano 63 ⊠ 16126 ℰ 535056, Fax 255226, ≼ – 🛗 🗏 📺 ☎ 🕭 🄿 – 🔏 90. 🖭 🕄 🅴 🌃 ⚶ rist   E **a**
Pasto (chiuso sabato e domenica) carta 45/63000 – **77 cam** ⊆ 180/250000, 3 appartamenti – ½ P 150/165000.

Bristol senza rist, via 20 Settembre 35 ⊠ 16121 ℰ 592541, Telex 286550, Fax 561756 – 🛗 🗏 📺 ☎ – 🔏 60 a 200. 🖭 🕄 ⓪ 🅴 🌃   CY **n**
132 cam ⊆ 230/350000, 5 appartamenti.

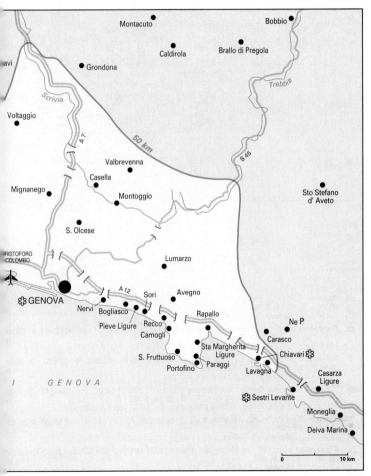

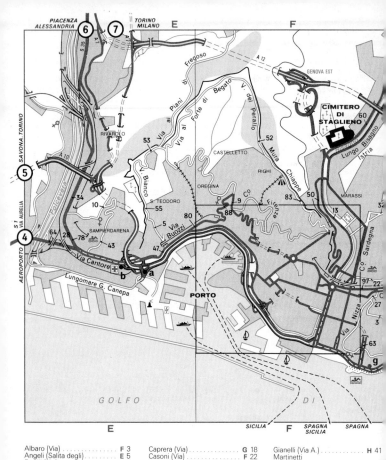

Astoria senza rist, piazza Brignole 4 ⊠ 16122 ℰ 873316, Fax 8317326 – 🛗 📺 ☎ –
🛦 100. 🖭 🗟 ⓪ ᴇ 𝘝𝘐𝘚𝘈 🄹🄲🄱   CY **d**
⊇ 14000 – **72 cam** 140/180000.

Moderno Verdi senza rist, piazza Verdi 5 ⊠ 16121 ℰ 5512104, Fax 581562 – 🛗 ▤ 📺 ☎
⇔ – 🛦 100. 🖭 🗟 ⓪ ᴇ 𝘝𝘐𝘚𝘈 🄹🄲🄱   DY **b**
100 cam ⊇ 220/310000.

Britannia senza rist, via Balbi 38 ⊠ 16126 ℰ 26991, Telex 275069, Fax 262942, 🖪, 😭 –
🛗 ▤ 📺 ☎ – 🛦 60. 🖭 🗟 ⓪ ᴇ 𝘝𝘐𝘚𝘈 🄹🄲🄱   AX **a**
⊇ 18000 – **82 cam** 170/250000, 8 appartamenti.

Novotel Genova Ovest, via Cantore 8/C ⊠ 16126 ℰ 64841, Fax 6484844, 🏊 – 🛗
⇔ cam ▤ 📺 ☎ & ↩ – 🛦 35 a 250. 🖭 🗟 ⓪ ᴇ 𝘝𝘐𝘚𝘈 ᦓ rist   E **b**
Pasto carta 32/62000 – ⊇ 20000 – **223 cam** 190/200000 – ½ P 145/215000.

Europa senza rist, via Monachette 8 ⊠ 16126 ℰ 257138, Fax 261047 – 🛗 ▤ 📺 ☎ 🅿 📠
🗟 ⓪ ᴇ 𝘝𝘐𝘚𝘈 ᦓ   AX **t**
⊇ 15000 – **38 cam** 148/198000.

Alexander senza rist, via Bersaglieri d'Italia 19 ⊠ 16126 ℰ 261371, Fax 265257 – 🛗
📺 ☎. 🖭 🗟 ⓪ ᴇ 𝘝𝘐𝘚𝘈   AX **u**
⊇ 15000 – **35 cam** 110/140000.

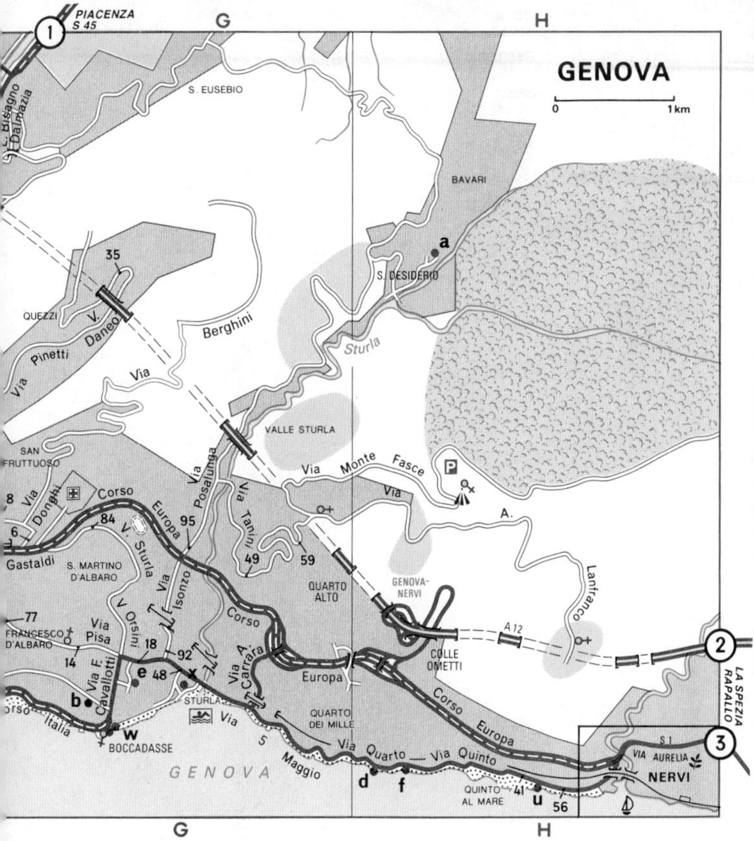

Metropoli senza rist, piazza Fontane Marose ✉ 16123 ☎ 284141, Fax 281816 – |♦| TV ☎ – 🏛 25. AE ⓢ ⓓ E VISA — BY **c**
48 cam ☐ 155/210000.

Galles senza rist, via Bersaglieri d'Italia 13 ✉ 16126 ☎ 262820, Fax 262822 – |♦| TV ☎. AE ⓢ ⓓ E VISA — AX **s**
☐ 15000 – **20 cam** 90/120000.

Brignole senza rist, vico del Corallo 13 r ✉ 16122 ☎ 561651, Fax 565990 – ▤ TV ☎. ⓢ VISA. ✻ — DY **k**
26 cam ☐ 165/200000.

Viale Sauli senza rist, viale Sauli 5 ✉ 16121 ☎ 561397, Fax 590092 – |♦| ▤ TV ☎. AE ⓢ ⓓ E VISA — CY **f**
49 cam ☐ 110/140000.

Agnello d'Oro senza rist, via Monachette 6 ✉ 16126 ☎ 2462084, Fax 2462327 – |♦| TV ☎ Ⓟ. AE ⓢ ⓓ E VISA JCB — AX **t**
☐ 12000 – **29 cam** 110/140000.

La Capannina ⛬ via Tito Speri 7 ✉ 16146 ☎ 317131, Fax 317131 – TV ☎ 🚗. AE ⓓ E VISA — G **b**
Pasto *(chiuso a mezzogiorno)* carta 23/31000 – **31 cam** ☐ 95/130000 – ½ P 118/130000.

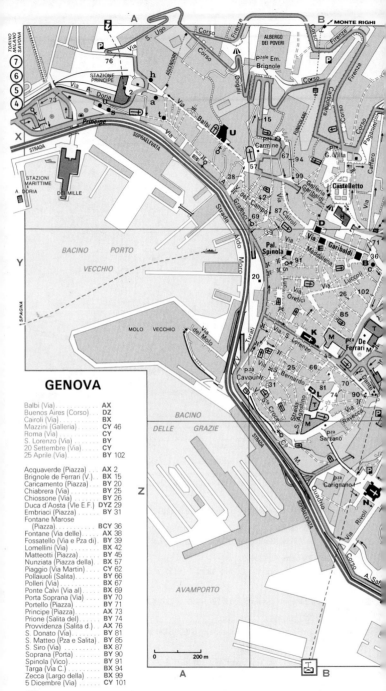

GENOVA

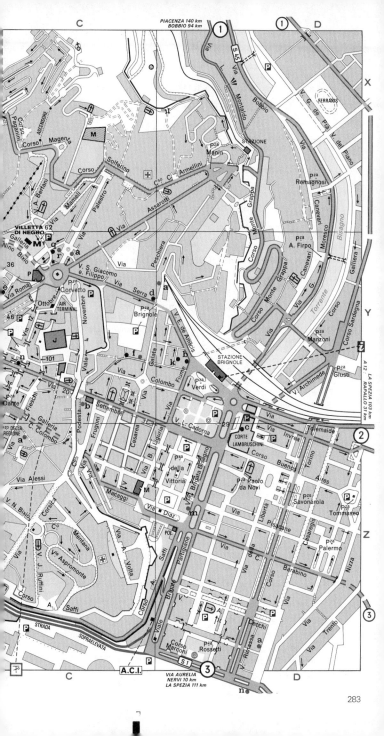

XXX ※ **Gran Gotto,** viale Brigate Bisagno 69 r ⌖ 16129 ℰ 564344, Fax 564344 – ≡. ⅍ ⬓ ⨍
⟪VISA⟫ DZ **b**
chiuso sabato a mezzogiorno, domenica, i giorni festivi e dal 12 al 31 agosto – **Pasto**
carta 68/115000
Spec. Minestra di scampi al basilico con pasta di pane, Malfatti ai gamberi con porcini e maggiorana (estate-autunno),
Bouillabaisse di pesce cappone alla provenzale.

XXX Da Giacomo, corso Italia 1 r ⌖ 16145 ℰ 3629647, 🍴, Rist. elegante moderno –
≡ ⊕ DZ **n**

XXX **Zeffirino,** via 20 Settembre 20 ⌖ 16121 ℰ 591990, Fax 586464, Rist. rustico moderno –
≡. ⅍ ⬓ ⓞ ⨍ ⟪VISA⟫ ⌡CB CY **b**
chiuso mercoledì – **Pasto** 60000 bc carta 65/101000.

XXX **Vittorio al Mare,** a Boccadasse, Belvedere Edoardo Firpo 1 ⌖ 16146 ℰ 3760141,
Fax 3760141, ≼ – ≡. ⅍ ⬓ ⓞ ⨍ ⟪VISA⟫ G **w**
chiuso lunedì – **Pasto** carta 48/97000.

XX ※ **La Bitta nella Pergola,** via Casaregis 52 r ⌖ 16129 ℰ 588543 – ≡ ⊕. ⅍ ⬓ ⓞ ⨍ ⟪VISA⟫
⊗ DZ **a**
chiuso lunedì e dall'8 al 31 agosto – **Pasto** carta 47/71000
Spec. Zuppa di frutti di mare, Pipette alle cozze con pomodoro fresco, Gallinella all'acqua pazza.

XX **Saint Cyr,** piazza Marsala 8 ⌖ 16122 ℰ 886897, Rist. elegante moderno – ≡. ⅍ ⬓ ⓞ
⨍ ⟪VISA⟫ CY **r**
chiuso sabato a mezzogiorno, domenica, dal 23 al 27 dicembre e dal 12 al 22 agosto – **Pasto**
carta 63/93000 (10%).

XX Il Cucciolo, viale Sauli 33 ⌖ 16121 ℰ 561321, Specialità toscane – ≡ ⊕ CY **f**

XX **Mata Hari,** via Gropallo 1 r ⌖ 16122 ℰ 870027, Coperti limitati; prenotare – ≼↦ ≡. ⅍
⬓ ⓞ ⨍ ⟪VISA⟫ ⊗ DY **a**
chiuso sabato a mezzogiorno, domenica, dal 1° al 6 gennaio e dal 15 agosto al 6 settembre
– **Pasto** carta 44/71000.

XX **Santa Chiara,** a Boccadasse, via Capo Santa Chiara 69 r ⌖ 16146 ℰ 3770081, ≼,
« Servizio estivo in terrazza sul mare » – ⅍ ⬓ ⓞ ⨍ ⟪VISA⟫ G **w**
chiuso domenica, dal 20 dicembre al 7 gennaio e dal 5 al 25 agosto – **Pasto** carta 51/78000.

XX **Gheise,** via Boccadasse 37 r ⌖ 16146 ℰ 3770086, « Servizio estivo in giardino » – ⅍
⬓ ⨍ ⟪VISA⟫ ⌡CB G **e**
chiuso lunedì ed agosto – **Pasto** carta 45/67000.

XX **Da Genio,** salita San Leonardo 61 r ⌖ 16128 ℰ 588463, prenotare. ⬓ ⨍ ⟪VISA⟫ CZ **a**
chiuso domenica ed agosto – **Pasto** carta 40/60000.

XX **Da Tiziano,** corso Italia 34 r ⌖ 16145 ℰ 314165, ≼ – ⅍ ⬓ ⓞ ⨍ ⟪VISA⟫ F **g**
chiuso mercoledì e in luglio anche a mezzogiorno – **Pasto** carta 48/70000.

XX **La Piazzetta,** via Calatafimi 92 ⌖ 16122 ℰ 816497 – ≡. ⅍ ⬓ ⓞ ⨍ ⟪VISA⟫ CY **a**
chiuso sabato a mezzogiorno, domenica e dal 10 al 31 agosto – **Pasto** carta 48/72000.

a Sturla per ② o ③ : 6 km G – ⌖ **16147** Genova :

XX **Il Primo Piatto,** via del Tritone 12 r ℰ 393456, 🍴 – ⬓ ⨍ ⟪VISA⟫ G **x**
chiuso sabato a mezzogiorno, lunedì e Ferragosto – **Pasto** carta 38/71000.

verso Molassana per ① : 6 km

XX **La Pineta,** via Gualco 82 ⌖ 16165 ℰ 802772, 🍴 – ⊕. ⅍ ⬓ ⨍ ⟪VISA⟫. ⊗
chiuso domenica sera, lunedì, dal 20 al 28 febbraio e dal 10 al 30 agosto – **Pasto** carta 44/
62000.

a Quarto dei Mille per ② o ③ : 7 km GH – ⌖ **16148** Genova :

XXX ※ **Antica Osteria del Bai,** via Quarto 12 ℰ 387478, Fax 392684, ≼, 🍴 – ⅍ ⬓ ⓞ ⨍ ⟪VISA⟫
⊗ H **d**
chiuso lunedì, dal 9 al 16 gennaio e dal 1° al 21 agosto – **Pasto** carta 60/950000
Spec. Cappon magro (inverno-primavera), Ravioli di pesce al pesto leggero (estate), Zuppa di pesce con verdure di
stagione.

XX **7 Nasi,** via Quarto 16 ℰ 337357, 🍴, Rist. a mare con ≼, ⤳, ⩍ – ⊕. ⅍ ⬓ ⓞ ⨍
⟪VISA⟫ H **f**
chiuso martedì – **Pasto** carta 55/92000 (12%).

a Cornigliano Ligure per ④ : 7 km – ⌖ **16152** Genova :

X **Da Marino,** via Rolla 36 r ℰ 6518891, Rist. d'habituès, prenotare la sera – ⅍ ⬓ ⟪VISA⟫
chiuso sabato, domenica ed agosto – **Pasto** carta 41/73000.

a Quinto al Mare per ② o ③ : 8 km H – ⌖ **16166** Genova :

XX **Cicchetti 1860,** via Gianelli 41 r ℰ 331641, Trattoria tipica H **u**
chiuso martedì ed agosto – **Pasto** carta 45/55000.

a San Desiderio NE : 8 km per via Timavo H – ⊠ **16133** Genova :

X **Bruxaboschi,** via Francesco Mignone 8 ℰ 3450302, « Servizio estivo in giardino » – **Ⓟ**
– ⚒ 30. ⅢⅢ Ⓢ ⓄⒹ 𝚅𝙸𝚂𝙰   H **a**
chiuso domenica sera, lunedì, Natale ed agosto – **Pasto** carta 45/65000.

a Sestri Ponente per ④ : 10 km – ⊠ **16154** Genova :

XX **Baldin,** piazza Tazzoli 20 r ℰ 671095 – ▤. ⅢⅢ Ⓢ ⓄⒹ 𝚅𝙸𝚂𝙰
chiuso domenica, dal 1° al 6 gennaio e dal 6 al 21 agosto – **Pasto** carta 39/60000.

a Pegli per ④ : 13 km – ⊠ **16155** Genova :

🏨 **Mediterranée,** Lungomare 69 ℰ 6973850 e rist ℰ 6974050, Telex 271312, Fax 6969850,
≼, � – 🛗 ▤ rist 📺 ☎ Ⓟ – ⚒ 25 a 150. ⅢⅢ Ⓢ ⓄⒹ Ⓔ 𝚅𝙸𝚂𝙰
Pasto 35/45000 (a mezzogiorno) 40/50000 (alla sera) e al Rist. **Torre Antica** *(chiuso sabato a mezzogiorno, domenica e dal 6 al 28 agosto)* carta 38/65000 – ☞ 15000 – **88 cam** 125/170000.

GENZANO DI LUCANIA 85013 Potenza 🤍🤍🤍 ㉘, 𝟺𝟹𝟷 E 30 – 6 312 ab. alt. 588 – ✪ 0971.

Roma 383 – ◆Bari 98 – ◆Foggia 101 – Potenza 55.

🏨 **Kristall,** piazza Municipio 8 ℰ 775955, Fax 774543 – ☎ Ⓟ ⸙
Pasto carta 22/41000 – ☞ 3000 – **16 cam** 40/60000 – ½ P 50000.

Sono utili complementi di questa guida, per i viaggi in ITALIA :

– La carta stradale Michelin n° 🤍🤍🤍 in scala 1/1 000 000.

– Le carte 𝟺𝟸𝟾, 𝟺𝟸𝟿, 𝟺𝟹𝟶, 𝟺𝟹𝟷, 𝟺𝟹𝟸, 𝟺𝟹𝟹 in scala 1/400 000.

– Le guide Verdi turistiche Michelin "Italia" e "Roma" :
   itinerari regionali,
   musei, chiese,
   monumenti e bellezze artistiche.

GENZANO DI ROMA 00045 Roma 🤍🤍🤍 ㉖, 𝟺𝟹𝟶 Q 20 – 20 565 ab. alt. 435 – ✪ 06.

Roma 28 – Anzio 33 – Castel Gandolfo 7 – Frosinone 71 – Latina 39.

🏨 **Villa Vittoria,** via Fratelli Rosselli 35 ℰ 9364333, Fax 9364277, � – 🛗 ⇆ rist 📺 ☎ Ⓟ –
⚒ 180. ⅢⅢ Ⓢ ⓄⒹ Ⓔ 𝚅𝙸𝚂𝙰 ⸙
Pasto carta 40/56000 – **21 cam** ☞ 120/180000 – ½ P 120/140000.

🏨 **Villa Robinia,** viale Fratelli Rosselli 19 ℰ 9396409, Fax 9396409, 🏛, 🌧 – 🛗 📺 ☎ Ⓟ –
⚒ 50. ⅢⅢ Ⓢ ⓄⒹ Ⓔ 𝚅𝙸𝚂𝙰 𝙹𝙲𝙱 ⸙
Pasto 30000 – ☞ 8000 – **30 cam** 60/80000 – ½ P 85000.

XX **Dal Bracconiere,** piazza Frasconi 16 ℰ 9396621, 🏛 – ⅢⅢ ⓄⒹ
chiuso mercoledì e dal 16 al 30 agosto – **Pasto** carta 42/60000.

XX **Osteria dell'Infiorata,** via Italo Belardi 55 ℰ 9399933, Fax 9363715, 🏛 – ▤ Ⓟ –
⚒ 100. ⅢⅢ Ⓢ ⓄⒹ Ⓔ 𝚅𝙸𝚂𝙰 𝙹𝙲𝙱
chiuso lunedì – **Pasto** carta 35/44000.

X Trattoria dei Cacciatori, via Belardi 76 ℰ 9396060, 🏛

GERACI SICULO Palermo 𝟺𝟹𝟸 N 24 – Vedere Sicilia alla fine dell'elenco alfabetico.

GERENZANO 21040 Varese 𝟺𝟸𝟾 F 9, 𝟸𝟷𝟿 ⑱ – 8 086 ab. alt. 225 – ✪ 02.

Roma 603 – Lecco 71 – ◆Milano 26 – Como 24 – ◆Lugano 53 – Varese 27.

🏨 **Concorde** senza rist, strada statale ℰ 9682317, Fax 9681002 – 🛗 ▤ 📺 ☎ ⇦ Ⓟ –
⚒ 30 a 100. ⅢⅢ Ⓢ ⓄⒹ Ⓔ 𝚅𝙸𝚂𝙰
44 cam ☞ 108/155000.

GERMAGNANO 10070 Torino 𝟺𝟸𝟾 G 4 – 1 299 ab. alt. 485 – ✪ 0123.

Roma 689 – ◆Torino 29 – Aosta 132 – Ivrea 68 – Vercelli 95.

XX **La Locanda dell'Alambicco,** località Pian Bausano O : 3 km ℰ 27765, solo su prenotazione – Ⓟ. Ⓢ Ⓔ 𝚅𝙸𝚂𝙰
chiuso a mezzogiorno e martedì – **Pasto** 55/65000.

GEROLA ALTA 23010 Sondrio 🤍🤍🤍 ③, 𝟺𝟸𝟾 D 10 – 266 ab. alt. 1 050 – ✪ 0342.

Roma 689 – ◆Lugano 85 – ◆Milano 127 – Sondrio 38 – Passo dello Spluga 80.

🏨 **Pineta** ⑤, località Fenile SE : 3 km alt. 1 238 ℰ 690050, ≼, 🌧 – Ⓟ. ⸙
chiuso novembre – **Pasto** *(chiuso martedì escluso da giugno ad agosto)* carta 30/52000 –
☞ 10000 – **20 cam** 33/48000 – ½ P 58000.

GHEDI 25016 Brescia 🤍🤍🤍 ④, 𝟺𝟸𝟾 𝟺𝟸𝟿 F 12 – 14 202 ab. alt. 85 – ✪ 030.

Roma 525 – ◆Brescia 21 – Mantova 56 – ◆Milano 118 – ◆Verona 65.

XX **Trattoria Santi,** via Calvisano 15 (SE : 4 km) ℰ 901345, 🌧 – Ⓟ. ⅢⅢ Ⓢ ⓄⒹ. ⸙
chiuso mercoledì e gennaio – **Pasto** carta 23/34000.

GHIFFA 28055 Verbania 428 E 7, 219 ⑦ – 2 515 ab. alt. 202 – ✆ 0323.

Roma 679 – Stresa 22 – Locarno 33 – ♦Milano 102 – Novara 78 – ♦Torino 153.

🏨 **Ghiffa,** ℰ 59285, Fax 59585, ≤ lago e monti, 🏛, « Terrazza-giardino con ⊐ riscaldata », 🏊 – 🕮 ⭐ 🕿 ℗. 🖭 🕄 ⓪ 🗲 𝘝𝘐𝘚𝘈. ✵ rist
aprile-15 ottobre – **Pasto** carta 41/65000 – **37 cam** ⌑ 160/190000 – ½ P 100/120000.

🏠 **Park Hotel Paradiso** 🦢, ℰ 59548, 🏛, « Piccolo parco con ⊐ riscaldata e ≤ lago » – 🕿 ℗
15 marzo-ottobre – **Pasto** 35/45000 – **15 cam** solo ½P 100000.

GHIRLANDA Grosseto – Vedere Massa Marittima.

GHISLARENGO 13030 Vercelli 428 F 7 – 794 ab. alt. 206 – ✆ 0161.

Roma 639 – Stresa 55 – Biella 39 – ♦Milano 73 – Novara 30 – ♦Torino 80 – Vercelli 25.

XX **Roma,** via Vittorio Emanuele II 22 (E : 0,5 km) ℰ 860143 – ℗. 🕄 ⓪ 🗲 𝘝𝘐𝘚𝘈
chiuso mercoledì, dal 1° al 7 gennaio e dal 1° al 20 agosto – **Pasto** carta 30/57000.

GIANICO 25040 Brescia – 1 777 ab. alt. 281 – ✆ 0364.

Roma 612 – ♦Bergamo 55 – ♦Bolzano 176 – ♦Brescia 55 – ♦Milano 102.

XX **Rustichello,** via Tadini 12 ℰ 532976, Coperti limitati; prenotare – 🖩 🕄 𝘝𝘐𝘚𝘈. ✵
chiuso domenica sera, lunedì, dall'11 al 21 gennaio e dal 13 al 27 luglio – **Pasto** carta 30/50000.

GIARDINI NAXOS Messina 988 ㊲, 432 N 27 – Vedere Sicilia alla fine dell'elenco alfabetico.

GIAROLO Alessandria – Vedere Montacuto.

GIAVENO 10094 Torino 988 ⑫, 428 G 4 – 12 843 ab. alt. 506 – a.s. luglio-agosto – ✆ 011.

Roma 698 – ♦Torino 38 – ♦Milano 169 – Susa 38.

XX **San Roch,** via Parco Abbaziale 1 ℰ 9376913 – 🕄 ⓪ 🗲 𝘝𝘐𝘚𝘈
chiuso lunedì e dal 15 al 30 gennaio – **Pasto** 45/65000.

GIAVERA DEL MONTELLO 31040 Treviso 429 E 18 – 3 815 ab. alt. 78 – ✆ 0422.

Roma 554 – Belluno 51 – ♦Padova 63 – Treviso 11 – Vicenza 62.

X **Ponte di Rialto,** via della Vittoria 124 ℰ 882123, 🏛 – 🖭 🕄 ⓪ 🗲 𝘝𝘐𝘚𝘈
chiuso venerdì, sabato a mezzogiorno e dal 10 al 30 agosto – **Pasto** carta 30/47000.

GIGLIO (Isola del) Grosseto 988 ㉔, 430 O 14 – 1 555 ab. alt. da 0 a 498 (Poggio della Pagana) – a.s. Pasqua e 15 giugno-15 settembre – ✆ 0564.
La limitazione d'accesso degli autoveicoli è regolata da norme legislative.

Giglio Porto 988 ㉔, 430 O 14 – ✉ 58013.

🚢 per Porto Santo Stefano giornalieri (1 h) – Toremar-agenzia Cavero, via Umberto ℰ 809349, Telex 502122.

🏨 **Arenella** 🦢, NO : 2,5 km ℰ 809340, Fax 809443, ≤ mare e costa, 🚣 – ☎ ℗. ✵
Pasto *(chiuso dal 25 settembre al 15 maggio)* carta 46/58000 – ⌑ 10000 – **27 cam** 75/150000 – ½ P 100/125000.

🏠 **Castello Monticello,** bivio per Arenella N: 1 km ℰ 809252, Fax 809473, ≤, 🚣, ✹ – 🖭 🕿 ℗. 🕄 𝘝𝘐𝘚𝘈. ✵ rist
aprile-settembre – **Pasto** (solo per clienti alloggiati) – **29 cam** ⌑ 95/150000 – ½ P 90/115000.

🏠 **Bahamas** senza rist, ℰ 809254, Fax 809254, ≤ – 🕿 ℗. 🕄 🗲 𝘝𝘐𝘚𝘈. ✵
28 cam ⌑ 65/105000.

X **La Vecchia Pergola,** ℰ 809080, ≤, « Servizio estivo in terrazza » – 🕄 🗲 𝘝𝘐𝘚𝘈
chiuso febbraio, dal 15 ottobre a dicembre e martedì (escluso da giugno a settembre) – **Pasto** carta 37/58000.

a Giglio Castello NO : 6 km – ✉ 58012 Giglio Isola :

X **Da Maria,** ℰ 806062 – 🖭 🕄 ⓪ 🗲 𝘝𝘐𝘚𝘈 𝘑𝘊𝘉
chiuso gennaio, febbraio e mercoledì (escluso da giugno a settembre) – **Pasto** carta 46/63000.

X **Da Santi,** ℰ 806188, Coperti limitati; prenotare – 🖭 🕄 ⓪ 🗲 𝘝𝘐𝘚𝘈. ✵
chiuso febbraio e lunedì escluso dal 15 giugno al 15 settembre – **Pasto** carta 38/57000.

a Campese NO : 8,5 km – ✉ 58012 Giglio Isola :

🏠 **Campese** 🦢, ℰ 804003, ≤, « Sulla spiaggia », 🏊 – 🖩 cam 🕿 ℗. 🕄. ✵ rist
Pasqua-settembre – **Pasto** carta 37/60000 – **39 cam** ⌑ 85/130000 – ½ P 90/120000.

GIGNOD 11010 Aosta 428 E 3 – 999 ab. alt. 994 – ✪ 0165.

🏠 (aprile-ottobre; chiuso mercoledì escluso luglio-agosto) località Arsanières ✉ 11010 Gignod ℰ 56020, Fax 56020.

Roma 753 – Aosta 7 – Colle del Gran San Bernardo 25.

XX **La Clusaz** con cam, NO : 4,5 km ℰ 56075, Cucina tipica valdostana, solo su prenotazione – 📺 ☎ 🅿. ⊗
chiuso dal 22 maggio al 12 giugno e dal 23 ottobre al 13 novembre – **Pasto** *(chiuso a mezzogiorno e martedì escluso i giorni festivi ed agosto)* 35/50000 – ⊑ 10000 – **12 cam** 60/120000 – ½ P 80/90000.

GIOIA DEI MARSI 67055 L'Aquila 430 Q 23 – 2 271 ab. alt. 735 – ✪ 0863.

Roma 137 – Isernia 90 – L'Aquila 83 – ◆Pescara 102.

🏛 **Filippone,** via Duca degli Abruzzi ℰ 88111, Fax 889842, ⊿, ⊸, ⊗ – 🛗 🗐 📺 ☎ 🅿 – 🔬 150. ℍ 🕄 ⓪ ⎐ 𝘝𝘐𝘚𝘈 ⊗ cam
Pasto carta 25/43000 – **54 cam** ⊑ 85/120000 – ½ P 80/95000.

Die im Michelin-Führer

verwendeten Zeichen und Symbole haben
- dünn oder **fett** gedruckt, rot oder schwarz -
jeweils eine andere Bedeutung.

Lesen Sie daher die Erklärungen aufmerksam durch.

GIOIA DEL COLLE 70023 Bari 988 ㉙, 431 E 32 – 26 260 ab. alt. 358 – ✪ 080.

Roma 443 – ◆Bari 39 – ◆Brindisi 107 – ◆Taranto 35.

🏛🏛 **Svevo,** via per Santeramo 319 ℰ 9982739, Fax 9982797 – 🛗 🗐 📺 ☎ ⇌ – 🔬 150. ℍ 🕄 ⓪ ⎐ 𝘝𝘐𝘚𝘈. ⊗
Pasto carta 36/62000 – ⊑ 13000 – **67 cam** 100/145000, 2 appartamenti.

GIOVI Arezzo 430 L 17 – Vedere Arezzo.

GIOVINAZZO 70054 Bari 988 ㉙, 431 D 32 – 20 940 ab. – ✪ 080.

Dintorni Cattedrale⋆ di Bitonto S : 9 km.

Roma 432 – ◆Bari 21 – Barletta 37 – ◆Foggia 115 – Matera 62 – ◆Taranto 106.

X **Toruccio,** ℰ 8942432, ⋞, 🛱 – 🅿

sulla strada statale 16 SE : 3 km :

🏛 **Gd H. Riva del Sole** ⑤, ✉ 70054 ℰ 8943166, Telex 810430, Fax 8943260, 🛱, ⊿, 🐴, ⊸, ⊗ – 🛗 🗐 📺 ☎ 🅿 – 🔬 50 a 150. ℍ 🕄 ⓪ ⎐ 𝘝𝘐𝘚𝘈. ⊗
Pasto carta 38/54000 – **90 cam** ⊑ 140/180000 – ½ P 100/120000.

GIULIANOVA LIDO 64022 Teramo 988 ⑰, 430 N 23 – 21 853 ab. – a.s. luglio-agosto – ✪ 085.

🛈 via Galilei 18 ℰ 8003013.

Roma 209 – ◆Pescara 47 – ◆Ancona 113 – L'Aquila 100 – Ascoli Piceno 45 – Teramo 27.

🏛🏛 **Gd H. Don Juan,** lungomare Zara 97 ℰ 8008341, Telex 600061, Fax 8004805, ⋞, ⊿, 🐴, ⊸, ⊗ – 🛗 🗐 📺 ☎ 🅿 – 🔬 400. ℍ 🕄 ⓪ ⎐ 𝘝𝘐𝘚𝘈. ⊗ rist
13 aprile-settembre – **Pasto** 40/50000 – **141 cam** ⊑ 170/200000, 6 appartamenti – ½ P 85/170000.

🏛🏛 **Cristallo,** lungomare Zara 73 ℰ 8003780, Fax 8005953, ⋞, 🐴 – 🛗 🗐 📺 ☎ 🕹 – 🔬 60. ℍ 🕄 ⓪ ⎐ 𝘝𝘐𝘚𝘈. ⊗
Pasto carta 35/70000 – **53 cam** ⊑ 95/150000, 2 appartamenti – ½ P 85/140000.

🏛 **Europa,** lungomare Zara 57 ℰ 8003600, Fax 8000091 – 🛗 🗐 📺 ☎. ℍ 🕄 ⓪ ⎐ 𝘝𝘐𝘚𝘈. ⊗ rist
Pasto carta 30/49000 – ⊑ 8000 – **78 cam** 80/130000, 🗐 6000 – ½ P 90/135000.

🏛 **Ritz,** via Quinto 3 ℰ 8008470, Fax 8004748, 🐴 – 🛗 🗐 📺 ☎ 🅿. ℍ 🕄. ⊗ rist
maggio-settembre – **Pasto** 25/35000 – ⊑ 10000 – **50 cam** 80/100000, 🗐 10000 – ½ P 60/110000.

🏛 **Riviera,** lungomare Zara 47 ℰ 8006413, Fax 8003022, ⋞, ⊿, 🐴 – 🛗 🗐 📺 ☎ 🕹 ⇌ 🅿 – 🔬 250. ℍ 🕄 ⓪ ⎐ 𝘝𝘐𝘚𝘈. ⊗
Pasto 35/40000 – **115 cam** ⊑ 100/150000, 5 appartamenti – ½ P 80/160000.

🏛 **Baltic,** lungomare Zara 🔗 8008241, Fax 8008241, « Giardino ombreggiato », ⊿, 🐴 – 🛗 🗐 📺 ☎ 🅿. ℍ 🕄 ⎐ 𝘝𝘐𝘚𝘈. ⊗ rist
maggio-settembre – **Pasto** 30000 – ⊑ 10000 – **45 cam** 80/120000 – ½ P 55/117000.

XX **Da Beccaceci,** via Zola 18 ℰ 8003550, Fax 8007073 – 🗐. ℍ 🕄 ⓪ ⎐ 𝘝𝘐𝘚𝘈
chiuso domenica sera, lunedì e dal 15 al 31 dicembre – **Pasto** carta 47/81000.

XX **Del Torrione,** piazza Buozzi 63 ✉ 64021 Giulianova Alta ℰ 8003307, Fax 8003307, « Servizio estivo in terrazza con ⋞ » – 🕄 ⓪ 𝘝𝘐𝘚𝘈
chiuso lunedì, martedì a mezzogiorno e dall'8 gennaio al 16 febbraio – **Pasto** carta 34/73000.

287

%% **Martin Pescatore,** via La Spezia 5 *&* 8003782, 🎐 – 🖭 🕄 ⓞ **E** *VISA*. ⋘
chiuso lunedì e dal 25 settembre al 15 ottobre – **Pasto** carta 33/58000.

%% **L'Ancora,** via Turati 142 angolo via Cermignani *&* 8005321 – 🔳 🅿. 🖭 🕄 **E** *VISA*. ⋘
chiuso dal 16 agosto al 7 settembre e domenica (escluso da giugno a settembre) – **Pasto**
carta 35/48000.

% **Lucia,** via Lampedusa 12 *&* 8005807 – 🖭 🕄 ⓞ **E** *VISA*. ⋘
chiuso novembre e lunedì (escluso da giugno a settembre) – **Pasto** carta 32/63000.

GIZZERIA LIDO 88040 Catanzaro 🔢🔢 K 30 – 3 575 ab. – 🟢 0968.

Roma 576 – Catanzaro 39 – ♦Cosenza 61 – Lamezia Terme (Nicastro) 13 – Paola 57 – ♦Reggio di Calabria 132.

%% Marechiaro, *&* 51251.

% **Pesce Fresco** con cam, strada statale NO : 2 km *&* 466200, Fax 466383 – 🔳 ☎ 🅿.
⋘ cam
Pasto carta 32/51000 – ⊑ 7000 – **23 cam** 50/90000 – ½ P 65/75000.

GLORENZA (GLURNS) 39020 Bolzano 🔢🔢 C 13, 🔢🔢 ⑧ – 791 ab. alt. 920 – 🟢 0473.

Roma 720 – ♦Bolzano 83 – ♦Milano 260 – Passo di Resia 24.

🏛 **Posta,** *&* 81208, Fax 80432, 🖙 – 🛏 🕭 🚗 🅿. 🕄 **E** *VISA*
chiuso dal 10 gennaio all'8 aprile – **Pasto** 26/30000 – **30 cam** ⊑ 50/100000 – ½ P 62/72000.

GLURNS = Glorenza.

GODIASCO 27052 Pavia 🔢🔢 H 9 – 2 455 ab. alt. 194 – 🟢 0383.

Roma 587 – Alessandria 48 – ♦Genova 105 – ♦Milano 83 – Pavia 48 – Piacenza 75.

% **Italia** con cam, *&* 940958, Fax 940996, 🎐 – 🔳 ⚏. **E** *VISA*. ⋘
chiuso gennaio – **Pasto** *(chiuso martedì)* carta 35/59000 – ⊑ 5000 – **10 cam** 50/70000 –
½ P 55/70000.

GOITO 46044 Mantova 🔢🔢 ④ ⑭, 🔢🔢 🔢🔢 G 14 – 9 185 ab. alt. 30 – 🟢 0376.

Roma 487 – ♦Verona 38 – ♦Brescia 50 – Mantova 16 – ♦Milano 141.

%%% 🌣 **Al Bersagliere,** via Statale 258 *&* 688399, Fax 688363, 🍽 – 🔳 🅿. 🕄 ⓞ **E** *VISA*. ⋘
chiuso lunedì, martedì a mezzogiorno, Natale, dal 9 al 16 gennaio e dal 7 al 30 agosto –
Pasto 50000 (a mezzogiorno) 90000 e carta 72/109000
Spec. Ravioli di tinca con olio alla maggiorana, Luccio in salsa mantovana con verdure marinate e polenta, Petto di
faraona con insalata di mele.

GOLFO ARANCI Sassari 🔢🔢 ㉔, 🔢🔢 E 10 – Vedere Sardegna alla fine dell'elenco alfabetico.

GOLFO DI MARINELLA Sassari 🔢🔢 D 10 – Vedere Sardegna (Olbia) alla fine dell'elenco
alfabetico.

GONZAGA 46023 Mantova 🔢🔢 🔢🔢 H 14 – 7 495 ab. alt. 22 – 🟢 0376.

Roma 439 – ♦Verona 71 – Cremona 82 – Mantova 27 – ♦Modena 41 – ♦Parma 52.

🏛 **Villa le Rose,** piazza Matteotti 35 *&* 528270, Fax 528271, 🍽 – 🔳 ☎ 🅿. 🖭 🕄 **E** *VISA*.
⋘ rist
Pasto (solo per clienti alloggiati; *chiuso a mezzogiorno escluso sabato-domenica)* –
⊑ 12000 – **12 cam** 75/110000.

GORGO AL MONTICANO 31040 Treviso 🔢🔢 E 19 – 3 765 ab. alt. 11 – 🟢 0422.

Roma 574 – ♦Venezia 60 – Treviso 32 – ♦Trieste 116 – Udine 85.

🏛 **Revedin** 🕭, via Palazzi 4 *&* 800033, Fax 800033, 🎐, « Villa veneta del 15° secolo in un
parco » – 🔳 ☎ 🅿 – 🛏 50 a 200. 🖭 🕄 ⓞ **E** *VISA*. ⋘
Pasto (Solo piatti di pesce; *chiuso dal 7 al 27 gennaio, dal 10 al 20 agosto, domenica sera e*
lunedì) carta 51/83000 – ⊑ 15000 – **32 cam** 85/130000.

Les nouveaux guides Verts touristiques Michelin, c'est :

– un texte descriptif plus riche,

– une information pratique plus claire,

– des plans, des schémas et des photos en couleurs,

– … et, bien sûr, une actualisation détaillée et fréquente.

Utilisez toujours la dernière édition.

GORIZIA 34170 🅿 988 ⑥, 429 E 22 – 38 463 ab. alt. 86 – ۞ 0481.

🛏 (chiuso lunedì, gennaio e febbraio) a San Floriano del Collio ⊠ 34070 ℰ 884131, Fax 884214.

✈ di Ronchi dei Legionari SO : 25 km ℰ 773224, Telex 460220, Fax 474150 – Alitalia, Agenzia Appiani, corso Italia 60 ℰ 530266.

🖪 via Diaz 16 ℰ 533870.

A.C.I. via Trieste 171 ℰ 21266.

Roma 649 – Ljubljana 113 – ◆Milano 388 – ◆Trieste 45 – Udine 37 – ◆Venezia 138.

🏨 Palace Hotel, corso Italia 63 ℰ 82166 e rist ℰ 531956, Telex 461154, Fax 31658 – 🛗 🗏 📺 ☎ ❷ – 🕍 80
70 cam.

sulla strada statale 351 SO : 5 km :

✗ **Al Fogolar,** ⊠ 34070 Lucinico ℰ 390107, 😚 , Rist. e pizzeria, 🚗 – ❷. *VISA*. ⅔
chiuso lunedì – **Pasto** carta 30/50000.

Vedere anche : *Savogna d'Isonzo* S : 7 km.

GORLE 24020 Bergamo – 4 388 ab. alt. 268 – ۞ 035.

Roma 603 – ◆Bergamo 3 – ◆Milano 49.

✗✗ **Del Baio,** viale Zavaritt 224 ℰ 342262, Fax 342262, 😚 – 🝙 🛐 ◑ ⋿ *VISA*
chiuso domenica sera, lunedì e dall'11 al 24 agosto – **Pasto** carta 44/63000.

GORO 44020 Ferrara 988 ⑮, 429 H 18 – 4 412 ab. alt. 1 – ۞ 0533.

Roma 487 – ◆Ravenna 67 – Ferrara 64 – ◆Padova 87 – ◆Venezia 98.

✗ **Da Primon,** via Cesare Battisti 150 ℰ 996071, Specialità di mare – ❷. ⅔
chiuso martedì e luglio – **Pasto** carta 39/72000.

✗ **Ferrari,** via Brugnoli 244 ℰ 996448, Fax 996546, Specialità di mare – 🗏. 🛐 ⋿ *VISA*. ⅔
chiuso mercoledì sera – **Pasto** carta 32/68000.

GOSSENSASS = Colle Isarco.

GOSSOLENGO 29020 Piacenza 428 G 10 – 2 927 ab. alt. 90 – ۞ 0523.

Roma 525 – Alessandria 102 – ◆Genova 134 – ◆Milano 85 – Piacenza 9.

✗✗ **La Rossia,** via Rossia 17 (SO : 1,5 km) ℰ 56843 – ❷. 🛐 *VISA*
chiuso martedì sera e mercoledì – **Pasto** carta 26/47000.

GOZZANO 28024 Novara 988 ②, 428 E 7 – 5 988 ab. alt. 359 – ۞ 0322.

Dintorni Santuario della Madonna del Sasso★★ NO : 12,5 km.

Roma 653 – Stresa 32 – Domodossola 53 – ◆Milano 76 – Novara 38 – ◆Torino 112 – Varese 44.

sulla strada statale 229 N : 2,5 km :

✗ **Poncetta,** ⊠ 28024 ℰ 94392, ≤ lago – ❷. 🝙 🛐 *VISA*. ⅔
chiuso mercoledì ed ottobre – **Pasto** carta 34/54000.

GRADARA 61012 Pesaro e Urbino 988 ⑯, 429 430 K 20 – 2 705 ab. alt. 142 – ۞ 0541.

Vedere Rocca★.

Roma 315 – ◆Ancona 89 – Forlì 76 – Pesaro 15 – Rimini 30 – Urbino 44.

✗✗ **La Botte,** ℰ 964404, « Caratteristico ambiente medioevale; servizio estivo in giardino » – 🝙 🛐 ◑ ⋿ *VISA*
chiuso mercoledì e dal 7 al 25 novembre – **Pasto** carta 40/58000.

✗✗ **Mastin Vecchio di Adriano,** ℰ 964024, « Tipico ambiente medioevale; servizio estivo in terrazza » – ⅔
chiuso lunedì e dal 1° al 20 novembre – **Pasto** carta 35/46000.

GRADISCA D'ISONZO 34072 Gorizia 988 ⑥, 429 E 22 – 6 463 ab. alt. 32 – a.s. agosto-settembre – ۞ 0481.

🖪 via Ciotti, Palazzo Torriani ℰ 99217, Fax 99180.

Roma 639 – Gorizia 12 – ◆Milano 378 – ◆Trieste 42 – Udine 31 – ◆Venezia 128.

🏨 **Franz** senza rist, viale Trieste 45 ℰ 99211, Fax 960510 – 🛗 🗏 📺 ☎ ᵹ ❷ – 🕍 30. 🝙 🛐 ◑ ⋿ *VISA*
🖵 15000 – **50 cam** 115/126000.

✗✗ **Al Ponte,** viale Trieste 122 (SO : 2 km) ℰ 99213, Fax 99213, « Servizio estivo sotto un pergolato » – ⇙⇙ ❷. 🝙 🛐 ◑ ⋿ *VISA* ᴶᶜᴮ. ⅔
chiuso lunedì sera, martedì e dal 7 al 24 luglio – **Pasto** carta 34/60000.

✗ **Al Commercio,** via della Campagnola 6 ℰ 99358 – 🝙 🛐 ◑ ⋿ *VISA*. ⅔
chiuso domenica sera, lunedì, dal 1° all'11 febbraio e dal 1° al 20 agosto – **Pasto** carta 29/46000.

GRADISCUTTA Udine 429 E 20 – alt. 22 – ⊠ 33030 Varmo – ۞ 0432.

Roma 606 – ◆Milano 345 – Pordenone 35 – ◆Trieste 88 – Udine 32 – ◆Venezia 95.

✗✗ **Da Toni,** ℰ 778003, Fax 778655, 😚 , « Giardino » – ❷ – 🕍 80. 🝙 🛐 ◑ ⋿ *VISA*. ⅔
chiuso lunedì, dal 1° al 7 febbraio e dal 25 luglio al 15 agosto – **Pasto** carta 40/53000.

34073 Gorizia 988 ⑥, 429 E 22 – 9 105 ab. – Stazione termale (giugno-settembre), a.s. luglio-agosto – ✿ 0431.

Vedere Quartiere antico★ : postergale★ nel Duomo.

🏛 (giugno-settembre) viale Dante Alighieri 72 ✆ 899220, Fax 899278.

Roma 646 – Gorizia 43 – ◆Milano 385 – Treviso 122 – ◆Trieste 54 – Udine 48 – ◆Venezia 135.

🏨🏨 **Gd H. Astoria**, largo San Grisogono 2 ✆ 83550, Fax 83355, « Piscina riscaldata panoramica », *l₅*, ≦s – |✿| ≡ 🆃🆅 ☎ 🕭 ⇦ – 🔏 30 a 250. 🆀🆁 🕄 🕕 🅴 🆅🆂🅰. ❄ rist
marzo-ottobre – **Pasto** 60/80000 – **118 cam** ⊑ 180/290000, appartamento.

🏨 **Savoy**, via Carducci 33 ✆ 81171, Fax 83305, *l₅*, ≦s, 🔟 riscaldata, 🔲, 🞄 – |✿| ≡ rist 🆃🆅 ☎ 🅟. 🆀🆁 🕄 🕕 🅴 🆅🆂🅰. ❄ rist
aprile-27 ottobre – **Pasto** 38/42000 – **96 cam** ⊑ 135/300000 – ½ P 112/190000.

🏨 **Abbazia**, via Colombo 12 ✆ 80038, Fax 81722, 🔲 – |✿| ≡ 🆃🆅 ☎ 🅟. 🆀🆁 🕄 🅴 🆅🆂🅰. ❄ rist
aprile-ottobre – **Pasto** 30/35000 – ⊑ 20000 – **50 cam** 160/200000 – ½ P 120/170000.

🏨 **Antares** senza rist, via delle Scuole 4 ✆ 84961, Fax 82385, *l₅*, ≦s – |✿| ≡ 🆃🆅 ☎ 🅟
19 cam ⊑ 105/160000.

🏨 **Alla Città di Trieste**, piazza XXVI Maggio 22 ✆ 83571, Fax 83571 – |✿| ≡ 🆃🆅 ☎ 🕭. 🆀🆁 🕄
🅴 🆅🆂🅰. ❄ rist
chiuso gennaio e novembre – **Pasto** (solo per clienti alloggiati) 25000 – **25 cam** ⊑ 70/128000, ≣ 8000 – ½ P 74/86000.

🏨 **Diana**, via Verdi 3 ✆ 82247, Fax 83330 – |✿| 🆃🆅 ☎. 🆀🆁 🕄 🕕 🅴 🆅🆂🅰. ❄ rist
marzo-5 novembre – **Pasto** 30/45000 – ⊑ 15000 – **63 cam** 110/160000 – ½ P 80/130000.

🏨 **Il Guscio** senza rist, via Venezia 2 ✆ 82200, « Giardino » – |✿| ☜ 🅟. 🆅🆂🅰
20 aprile-10 ottobre – ⊑ 12000 – **12 cam** 65/95000.

🏨 **Park Spiaggia** senza rist, via Mazzini 1 ✆ 82366, Fax 83519 – |✿| 🆃🆅 ☎ 🕭. 🆀🆁 🕄 🅴 🆅🆂🅰
maggio-ottobre – **30 cam** ⊑ 85/130000.

🏠 **Serena** senza rist, riva Sant'Andrea 31 ✆ 80697, Fax 85199 – ☎. 🆀🆁 🕄 🕕 🅴 🆅🆂🅰
marzo-ottobre – ⊑ 8000 – **16 cam** 41/82000.

🏠 **Cristina**, viale Martiri della Libertà 11 ✆ 80989, 🞄 – ☎ 🅟. 🕄
aprile-settembre – **Pasto** 27000 – ⊑ 8000 – **26 cam** 45/80000 – ½ P 69/74000.

🍴🍴 **Al Balaor**, calle Zanini 3 ✆ 80150, 🞄 – ≣. 🆀🆁 🕄 🅴 🆅🆂🅰. ❄
chiuso giovedì escluso da giugno a settembre – **Pasto** carta 49/74000.

🍴 **All'Androna**, calle Porta Piccola 4 ✆ 80950, Fax 83185, 🞄 – ≣. 🆀🆁 🕄 🕕 🅴 🆅🆂🅰. ❄
chiuso dal 20 dicembre al 1° marzo e martedì in bassa stagione – **Pasto** carta 40/63000.

🍴 **Al Canevon**, calle Corbatto 11 ✆ 81662 – ≣. 🕄 🅴 🆅🆂🅰
chiuso mercoledì – **Pasto** carta 39/60000.

🍴 **De Toni**, piazza Duca d'Aosta 37 ✆ 80104, 🞄 – 🆀🆁 🕄 🕕 🅴 🆅🆂🅰. ❄
chiuso mercoledì e gennaio – **Pasto** carta 35/59000.

alla pineta E : 4 km :

🏨 **Plaza**, via Pegaso 1 ✆ 80226, Fax 82082, 🔲, 🞄 – |✿| ≡ ☎. 🆀🆁 🕄 🕕 🅴 🆅🆂🅰 🅹🅲🅱.
❄ rist
20 maggio-20 settembre – **Pasto** 30000 – ⊑ 15000 – **45 cam** 70/120000, ≣ 5000 – ½ P 110000.

🏠 **Tanit**, viale dei Pesci 13 ✆ 81845, Fax 84866, 🞄 – 🆃🆅 ☎ 🅟. ❄
marzo-novembre – **Pasto** (solo per clienti alloggiati) 25/30000 – **16 cam** ⊑ 55/100000 – ½ P 68/74000.

01010 Viterbo 430 O 17 – 1 548 ab. alt. 470 – ✿ 0761.

Roma 130 – Siena 112 – Viterbo 40.

🍴🍴 **La Ripetta**, via Roma 38 ✆ 456100, 🞄 – 🅟. 🆀🆁 🕄 🕕 🅴 🆅🆂🅰. ❄
chiuso lunedì e novembre – **Pasto** carta 41/70000.

40057 Bologna 429 430 I 16 – 7 059 ab. alt. 28 – ✿ 051.

Roma 390 – ◆Bologna 12 – ◆Firenze 106 – ◆Ravenna 86.

a Quarto Inferiore S : 3 km – ✉ **40127** :

🍴🍴 **Il Santapaola**, via San Donato 3 ✆ 767276 – ≡ 🅟

🍴🍴 **Santapaola Mare**, via San Donato 5/a ✆ 768095, Specialità di mare – ≡ 🅟

36040 Vicenza 429 F 16 – 1 600 ab. alt. 36 – ✿ 0444.

Roma 553 – ◆Padova 32 – ◆Verona 42 – Vicenza 24.

a Pederiva E : 1,5 km – ✉ **36040** Grancona :

🍴 **Isetta** con cam, ✆ 889521, Fax 889992 – 🆃🆅 ☎ 🅟. 🆀🆁 🕄 🕕 🅴 🆅🆂🅰. ❄
chiuso luglio – **Pasto** (chiuso martedì sera e mercoledì) carta 32/52000 – ⊑ 10000 – **7 cam** 40/50000.

GRAN SAN BERNARDO (Colle del) Aosta 988 ① ②, 219 ② – alt. 2 469 – a.s. Pasqua, luglio-agosto e Natale.
Roma 778 – Aosta 32 – ◆Genève 148 – ◆Milano 216 – ◆Torino 145 – Vercelli 151.

🏨 **Italia** ≫, ⊠ 11010 Saint Rhémy 𝒫 (0165) 780908, Fax 780063 – ☎ 🅟. 🕮 🕄 ⓞ 🖻 𝖵𝖨𝖲𝖠
15 giugno-20 settembre – **Pasto** carta 27/47000 – � 12000 – **15 cam** 54/85000 – ½ P 78/85000.

GRAPPA (Monte) Belluno, Treviso e Vicenza 988 ⑤ – alt. 1 775.
Vedere Monte★★★.
Roma 575 – Bassano del Grappa 32 – Belluno 63 – ◆Milano 271 – ◆Padova 74 – Trento 120 – ◆Venezia 107 – Vicenza 67.

GRAZZANO BADOGLIO 14035 Asti 428 G 6 – 710 ab. alt. 299 – ✿ 0141.
Roma 616 – Alessandria 33 – Asti 25 – ◆Milano 101 – ◆Torino 68 – Vercelli 47.

🏨 **L'Albergotto** ≫, località Madonna dei Monti N : 2 km 𝒫 925252, Fax 925185, 🏊 – 🖼 📺 🅟. 🕮 🕄 ⓞ 𝖵𝖨𝖲𝖠 ⋘
chiuso gennaio – **Pasto** vedere rist. **Natalina** – **8 cam** ⊇ 100/120000, 2 appartamenti.

✕✕ **Natalina**, località Madonna dei Monti N : 2 km 𝒫 925185, Fax 925185, 🏠, Coperti limitati; prenotare – 🅟. 🕮 🕄 ⓞ 𝖵𝖨𝖲𝖠
chiuso giovedì, venerdì a mezzogiorno e gennaio – **Pasto** 40/60000.

GRAZZANO VISCONTI 29020 Piacenza 428 H 11 – alt. 113 – ✿ 0523.
🎪 (aprile-settembre) piazza del Biscione 𝒫 870997.
Roma 526 – ◆Genova 130 – ◆Milano 78 – Piacenza 14.

✕✕ **Biscione**, 𝒫 870149, 🏠, « In un borgo suggestivo » – 🕮 🕄 🖻 𝖵𝖨𝖲𝖠 ⋘
chiuso lunedì sera, martedì e gennaio – **Pasto** carta 40/65000.

GRECCIO 02040 Rieti 988 ㉖, 430 O 20 – 1 507 ab. alt. 705 – ✿ 0746.
Vedere Convento★.
Roma 94 – Rieti 16 – Terni 24.

✕ **Il Nido del Corvo**, 𝒫 753181, Fax 753181, ≼ monti e vallata – 🅟. 🕮 ⓞ. ⋘
chiuso martedì – **Pasto** carta 30/45000.

GRESSONEY LA TRINITÈ 11020 Aosta 988 ②, 428 E 5 – 280 ab. alt. 1 639 – a.s. 13 febbraio-13 marzo, luglio-agosto e Natale – Sport invernali : 1 637/2 861 m ≾ 2 ≾ 8 – ✿ 0125.
🎪 Municipio 𝒫 366143, Fax 366323.
Roma 733 – Aosta 85 – Ivrea 58 – ◆Milano 171 – ◆Torino 100.

🏨 **Residence Hotel**, località Edelboden 𝒫 366148, Fax 366076, ≼ – 🛗 📺 ☎ 🅟. 🕮 🕄 ⓞ 🖻 𝖵𝖨𝖲𝖠 ⋘
dicembre-aprile e luglio-settembre – **Pasto** carta 28/46000 – ⊇ 12000 – **33 cam** ⊇ 90/132000 – ½ P 70/130000.

🏨 **Jolanda Sport**, località Edelboden 𝒫 366140, Fax 366144, ≼ – 🛗 📺 ☎ 🅟. 🕮 🕄 𝖵𝖨𝖲𝖠 ⋘
chiuso maggio, ottobre e novembre – **Pasto** carta 27/44000 – ⊇ 12000 – **28 cam** 80/110000 – ½ P 68/120000.

GRESSONEY SAINT JEAN 11025 Aosta 988 ②, 428 E 5 – 765 ab. alt. 1 385 – a.s. febbraio-Pasqua, luglio-agosto e Natale – Sport invernali : 1 385/2 020 m ≾ 3 – ✿ 0125.
🎪 Villa Margherita 𝒫 355185, Fax 355895.
Roma 727 – Aosta 79 – Ivrea 52 – ◆Milano 165 – ◆Torino 94.

🏨 **Lyskamm**, 𝒫 355436, ≼, 🍴 – 🛗 🕾 ⏪ 🅟
23 cam.

✕✕ **Il Braciere**, 𝒫 355526 – 🕮 🕄 ⓞ 🖻 𝖵𝖨𝖲𝖠. ⋘
chiuso mercoledì (escluso luglio-agosto), dal 24 al 31 maggio e da novembre al 4 dicembre – **Pasto** carta 37/59000.

GREVE IN CHIANTI 50022 Firenze 988 ⑮, 430 L 15 – 11 139 ab. alt. 241 – ✿ 055.
Roma 260 – ◆Firenze 31 – Siena 43 – Arezzo 64.

🏠 **Del Chianti**, 𝒫 853763, Fax 853763, 🏊, 🍴 – 🛗 🖿 📺 ☎
16 cam.

🏠 **La Camporena** ≫, 𝒫 853184, Fax 853184, ≼, « Fattoria fra vigneti ed uliveti », 🍴 – ☎ 🅟. 🕮 🕄 🖻 𝖵𝖨𝖲𝖠. ⋘ rist
Pasto (solo per clienti alloggiati) – **12 cam** ⊇ 70/80000 – ½ P 60/90000.

a Panzano S : 6 km – alt. 478 – ⊠ 50020 :

🏨 **Villa le Barone** ≫, E : 1,5 km 𝒫 852621, Fax 852277, ≼, « In un'antica dimora di campagna », 🏊, 🍴, ⋘ – 🅟. 🕮 🕄 🖻 𝖵𝖨𝖲𝖠. ⋘
Pasqua-5 novembre – **Pasto** (solo per clienti alloggiati e chiuso a mezzogiorno) – **27 cam** solo ½ P 170/195000.

🏨 **Villa Sangiovese**, 𝒫 852461, Fax 852463, ≼, « Servizio rist. estivo in terrazza-giardino panoramica », 🏊 – ☎ 🅟. 🕄 🖻 𝖵𝖨𝖲𝖠. ⋘
chiuso da Natale a febbraio – **Pasto** (chiuso mercoledì) carta 29/49000 – **17 cam** ⊇ 105/190000, 2 appartamenti.

GREZZANA 37023 Verona 988 ④, 428 429 F 15 – 9 361 alt. 166 – ✪ 045.
Roma 514 – ◆Verona 12 – ◆Milano 168 – ◆Venezia 125.

🏨 **La Pergola,** via La Guardia 1 ℘ 907071, Fax 907111, 🏤, ♨ – 📺 ☎ 🚗 🅿 🗚 🕄 ⑩
E VISA
Pasto carta 29/48000 – 😐 12000 – **34 cam** 70/105000, 🛏 10000 – ½ P 90/99000.

GRIGNANO 34014 Trieste 429 E 23 – alt. 74 – ✪ 040.
Roma 677 – ◆Trieste 8 – Udine 65 – ◆Venezia 150.

XX **Principe di Metternich,** al mare ℘ 224189, Fax 224189, 🏤 – 🗚 🕄 ⑩ E VISA
chiuso lunedì escluso da maggio a settembre – **Pasto** carta 30/50000.

GRIGNASCO 28075 Novara 428 E 7, 219 ⑯ – 4 718 ab. alt. 348 – ✪ 0163.
Roma 655 – Stresa 48 – Biella 39 – ◆Milano 89 – Novara 45 – ◆Torino 105 – Vercelli 49.

XX San Graziano, via Ianetti 1 ℘ 418582, 🏤, Coperti limitati; prenotare
chiuso a mezzogiorno.

GRINZANE CAVOUR 12060 Cuneo 428 I 5 – 1 610 ab. alt. 260 – ✪ 0173.
Roma 633 – ◆Torino 74 – Alessandria 75 – Asti 39 – Cuneo 60 – ◆Milano 163 – Savona 88.

XX **Trattoria Enoteca del Castello,** ℘ 262159, « Castello-museo del 13° secolo » – 🅿. 🎇
chiuso martedì e gennaio – **Pasto** 50/60000.

GRISIGNANO DI ZOCCO 36040 Vicenza 988 ⑤, 429 F 17 – 3 980 ab. alt. 23 – ✪ 0444.
Roma 499 – Bassano del Grappa 48 – ◆Padova 16 – ◆Venezia 57 – ◆Verona 63 – Vicenza 18.

🏨 **Magnolia,** via Mazzini 1 ℘ 414222, Fax 414227 – 🛗 🛏 📺 ☎ 🚗 🅿 – 🔬 150. 🗚 🕄 ⑩ E
VISA JCB. 🎇
Pasto (chiuso venerdì, sabato e domenica) carta 30/53000 – 😐 20000 – **29 cam** 120/180000
– ½ P 100/120000.

GRÖDNER JOCH = Gardena (Passo di).

GROLE Mantova – Vedere Castiglione delle Stiviere.

GROMO 24020 Bergamo 428 429 E 11 – 1 253 ab. alt. 675 – ✪ 0346.
Roma 623 – ◆Brescia 86 – ◆Bergamo 47 – Edolo 84 – ◆Milano 85.

XX **Posta al Castello,** piazza Dante 3 ℘ 41002, Fax 41002 – 🅿. 🗚 🕄 E VISA. 🎇
chiuso venerdì e dal 1° al 10 gennaio – **Pasto** carta 44/60000.

GRONDONA 52060 Alessandria 428 H 8 – 511 ab. alt. 303 – ✪ 0143.
Roma 542 – ◆Genova 54 – Acqui Terme 73 – Alessandria 42 – ◆Milano 107 – Savona 91 – ◆Torino 133.

X La Taverna, con cam, ℘ 680128
10 cam.

GROSIO 23033 Sondrio 988 ④, 428 429 D 12 – 4 955 ab. alt. 653 – ✪ 0342.
Roma 739 – ◆Milano 178 – Sondrio 40 – Passo dello Stelvio 44 – Tirano 14.

XX **Sassella** con cam, ℘ 847272, Fax 847550 – 🛗 📺 ☎ – 🔬 50. 🗚 🕄 ⑩ E VISA
Pasto (chiuso lunedì dal 15 settembre al 15 giugno) carta 34/54000 – 😐 10000 – **18 cam**
55/90000 – ½ P 87/92000.

GROSSETO 58100 🅿 988 ㉔ ㉕, 430 N 15 – 71 329 ab. alt. 10 – ✪ 0564.
Vedere Museo Archeologico e d'Arte della Maremma★.
🎗 viale Monterosa 206 ℘ 454510, Fax 454606.
A.C.I. via Mazzini 105 ℘ 415777.
Roma 187 – ◆Livorno 134 – ◆Milano 428 – ◆Perugia 176 – Siena 73.

🏨 **Bastiani Grand Hotel** senza rist, piazza Gioberti 64 ℘ 20047, Telex 502051, Fax 29321 –
🛗 🛏 📺 ☎. 🗚 🕄 ⑩ E VISA. 🎇
😐 16000 – **48 cam** 147/288000, 3 appartamenti.

🏨 **Nuova Grosseto** senza rist, piazza Marconi 26 ℘ 414105, Fax 414105 – 🛗 🛏 📺 ☎ 🅿.
🗚 🕄 ⑩ E VISA. 🎇
😐 6000 – **40 cam** 70/110000.

🏨 **Sanlorenzo** senza rist, via Piave 22 ℘ 27918, Fax 25338 – 🛗 🛏 📺 ☎. ⑩ VISA. 🎇
😐 11000 – **31 cam** 60/110000.

🏨 **Leon d'Oro,** via San Martino 46 ℘ 22128, Fax 22578 – 📺 ☎. 🗚 ⑩ E VISA JCB. 🎇 cam
Pasto (chiuso domenica) carta 25/40000 – 😐 10000 – **39 cam** 90/120000 – ½ P 45/76000.

XXX **Buca San Lorenzo,** via Manetti 1 ℘ 25142, Fax 413125, Coperti limitati; prenotare,
« Nelle mura medicee » – 🗚 🕄 ⑩ E VISA. 🎇
chiuso lunedì – **Pasto** 50/80000 e carta 40/85000.

XX Ximenes, viale Ximenes 43 ℘ 29310 – 🛏

X **Canapone,** piazza Dante 3 ℘ 24546 – 🗚 🕄 E VISA
chiuso domenica e dal 1° al 20 luglio – **Pasto** carta 36/54000.

58046 Grosseto 988 ㉔, 430 N 14 – a.s. Pasqua e15 giugno-15 settembre – ☺ 0564.

Roma 196 – ◆Firenze 153 – Grosseto 13 – ◆Livorno 125 – Orbetello 53 – Siena 85.

🏨 **Rosmarina,** via delle Colonie 35 ℰ 34408, Fax 34684, 🐜, 🌫 – 🛗 ≣ 📺 ☎ 🕭. 🕮. 🛠
Pasto carta 40/54000 – ヱ 12000 – **18 cam** 90/120000 – ½ P 80/120000.

a Principina a Mare S : 6 km – ⊠ 58046 Marina di Grosseto :

🏨🏨 **Principe** 🦢, ℰ 31400, Fax 31027, « In pineta », 🇮6, 🏊 riscaldata, 🐜, 🌫 – 🛗 ≣ 📺 ☎
🅿 – 🔏 40 a 120. 🕮 🕃 ⋿ 𝚅𝙸𝚂𝙰 🛠
Pasqua-15 ottobre – **Pasto** 30/40000 e al Rist. *Il Putto (chiuso dal 3 al 27 gennaio, domenica sera e lunedì da ottobre ad aprile)* carta 43/62000 – ヱ 15000 – **61 cam** 150/220000, 3 appartamenti.

🏨 **Grifone** 🦢, ℰ 31300, Fax 31164, « In pineta », 🌫 – 🛗 ≣ ☎. 🕮 🕃 ⑩ ⋿ 𝚅𝙸𝚂𝙰. 🛠
aprile-15 ottobre – **Pasto** carta 40/50000 – ヱ 12000 – **40 cam** 110/140000 – ½ P 110/120000.

Vedere nome proprio della o delle grotte.

00046 Roma 430 Q 20 – 16 412 ab. alt. 329 – ☺ 06.

Vedere Guida Verde.

Roma 21 – Anzio 44 – Frascati 3 – Frosinone 71 – Latina 49 – Terracina 83.

🏨🏨 **Gd H. Villa Fiorio,** viale Dusmet 28 ℰ 9459276, Fax 9413482, 🌧, « Piccolo parco con 🏊 » – 📺 ☎ 🅿 – 🔏 40. 🕮 🕃 ⑩ ⋿ 𝚅𝙸𝚂𝙰 🛠
Pasto carta 49/66000 – **20 cam** ヱ 160/190000, 3 appartamenti – ½ P 160000.

XX **Hostaria al Vecchio Fico,** via Anagnina 257 ℰ 9459261, 🌧 – 🅿. 🕮 🕃 ⑩. 🛠
chiuso lunedì a mezzogiorno da ottobre ad aprile e martedì – **Pasto** carta 53/71000.

XX **Taverna dello Spuntino,** via Cicerone 20 ℰ 9459366 – 🛠
chiuso mercoledì e dal 10 al 31 agosto – **Pasto** carta 50/75000.

XX **Da Mario-La Cavola d'Oro,** via Anagnina 35 ℰ 94315755, 🌧 – ≣ 🅿. 🕮 🕃 ⑩ ⋿ 𝚅𝙸𝚂𝙰
𝙹𝙲𝙱.
chiuso lunedì e dal 10 al 30 agosto – **Pasto** carta 39/64000.

XX **Al Fico,** via Anagnina 134 ℰ 94315390, « Giardino-pineta con servizio estivo all'aperto » – 🅿. 🕮 🕃 ⑩. 🛠
chiuso mercoledì e dal 16 al 24 agosto – **Pasto** carta 48/65000.

X **Da Nando,** via Roma 4 ℰ 9459989, Fax 9459989 – ≣. 🕮 🕃 ⑩ ⋿ 𝚅𝙸𝚂𝙰. 🛠
chiuso lunedì e dal 25 giugno al 10 luglio – **Pasto** carta 40/60000.

74023 Taranto 988 ㉙, 431 F 34 – 30 963 ab. alt. 133 – ☺ 099.

Roma 514 – ◆Bari 96 – ◆Brindisi 50 – ◆Taranto 22.

🏨 **Gill** senza rist, via Brodolini 75 ℰ 8638756, Fax 8638207 – 🛗 ≣ 📺 ☎ 🛏 – 🔏 40. 🕮 🕃
⑩ ⋿ 𝚅𝙸𝚂𝙰
46 cam ヱ 63/86000.

63013 Ascoli Piceno 988 ⑯ ⑰, 430 N 23 – 12 821 ab. – a.s. luglio-agosto –
☺ 0735.

🛈 piazzale Paricle Fazzini 5 ℰ 631087.

Roma 236 – ◆Ancona 84 – Ascoli Piceno 39 – Macerata 64 – ◆Pescara 72 – Teramo 53.

🏨 **Roma,** ℰ 631145, Fax 633249, ≤, 🐜, 🌫 – 🛗 📺 ☎ 🅿. 🕃 ⋿ 𝚅𝙸𝚂𝙰. 🛠 rist
giugno-20 settembre – **Pasto** 25/45000 – **60 cam** ヱ 100000 – ½ P 80/95000.

XX **Osteria dell'Arancio,** località Grottammare Alta ℰ 631059, 🌧, « Locale caratteristico con menu tipico » – 🕮 🕃 ⑩ ⋿ 𝚅𝙸𝚂𝙰
chiuso a mezzogiorno e mercoledì (escluso da giugno a settembre) – **Pasto** 50000.

verso San Benedetto del Tronto :

🏨🏨 **Parco dei Principi,** S : 1 km ⊠ 63013 ℰ 735066, Fax 735080, 🏊, 🐜, 🌫, 🕱 – 🛗 ≣ 📺
☎ 🅿 – 🔏 100 a 300. 🕮 🕃 ⑩ ⋿ 𝚅𝙸𝚂𝙰 🛠 rist
Pasto 30/60000 – **54 cam** ヱ 110/160000 – ½ P 68/120000.

🏨 **Paradiso,** S : 2 km ⊠ 63013 ℰ 581412, Fax 581257, ≤, 🏊, 🐜, 🌫 – 🛗 ≣ rist 📺 ☎ 🛏
🅿. 🕮 🕃 𝚅𝙸𝚂𝙰. 🛠
Pasqua-settembre – **Pasto** 30000 – ヱ 10000 – **50 cam** 90/120000 – ½ P 70/100000.

XX **Lacchè** S : 2,5 km ⊠ 63013 ℰ 582728, 🌧, Specialità di mare – ≣. 🕮 🕃 ⑩ ⋿ 𝚅𝙸𝚂𝙰. 🛠
chiuso lunedì e dal 24 dicembre al 2 gennaio – **Pasto** carta 45/72000.

XX **Tropical,** S : 2 km ⊠ 63013 ℰ 581000, 🌧, Specialità di mare, 🐜 – 🕮 🕃 ⑩ ⋿ 𝚅𝙸𝚂𝙰
chiuso dal 20 ottobre al 10 novembre, lunedì e domenica sera (escluso da giugno ad agosto) – **Pasto** carta 38/64000.

24064 Bergamo 428 429 F 11 – 5 952 ab. alt. 208 – ☺ 035.

Roma 583 – ◆Brescia 32 – ◆Bergamo 21 – Cremona 80 – ◆Milano 62.

XX **Cascina Fiorita,** N : 1 km ℰ 830005, 🌫 – 🅿
chiuso lunedì ed agosto – **Pasto** carta 45/65000.

= Valle di Casies.

GUALDO CATTANEO 06035 Perugia 𝟒𝟑𝟎 N 19 – 5 882 ab. alt. 535 – ✿ 075.

Roma 160 – ◆Perugia 48 – Assisi 28 – Foligno 32 – Orvieto 77 – Terni 54.

a Collesecco SO ; 9 km – ⊠ 06030 Marcellano :

X **La Vecchia Cucina,** via delle Scuole 2 ℘ 97237 – 🅿. 🗄 ⓞ 🄴 💵. ✬
   chiuso lunedì e dal 15 al 30 agosto – **Pasto** carta 28/45000.

GUALTIERI 42044 Reggio nell'Emilia 𝟒𝟐𝟖 𝟒𝟐𝟗 H 13 – 6 036 ab. alt. 22 – ✿ 0522.

Roma 450 – ◆Parma 32 – Mantova 36 – ◆Milano 152 – ◆Modena 48 – Reggio nell'Emilia 25.

🏨 ✿ **A. Ligabue,** piazza 4 Novembre ℘ 828120, Fax 829294 – 🗏 📺 ☎ 🅿 – 🕍 40. 🄰🄴 🗄 ⓞ
   💵. ✬
   Pasto *(chiuso sabato a mezzogiorno, domenica, Natale, dal 1° al 15 gennaio ed agosto)*
   carta 36/53000 – **36 cam** ⊑ 70/100000
   Spec. Risotto con cipollotti al vino rosso (marzo-ottobre), Insalata di gamberi al pesto e menta (aprile-ottobre), Coscia
   di faraona all'aceto balsamico con verdure all'agro (settembre-marzo).

GUARDAMIGLIO 20070 Lodi 𝟒𝟐𝟖 G 11 – 2 489 ab. alt. 49 – ✿ 0377.

Roma 516 – Cremona 34 – ◆Milano 58 – Pavia 49 – Piacenza 7.

XX **Hostaria il Cavallo,** località Valloria E : 4 km ℘ 51016 – 🗏 🅿. 🄰🄴 🗄 🄴 💵. ✬
   chiuso martedì e dal 27 luglio al 5 settembre – **Pasto** carta 47/82000.

GUARDIA VOMANO 64020 Teramo 𝟒𝟑𝟎 O 23 – alt. 192 – ✿ 085.

Roma 200 – ◆Pescara 46 – ◆Ancona 137 – L'Aquila 85 – Ascoli Piceno 62 – Teramo 26.

sulla strada statale 150 S : 1,5 km :

X **3 Archi,** ⊠ 64020 ℘ 898140, Fax 898888 – 🅿. 🄰🄴 🗄 ⓞ 💵. ✬
   chiuso mercoledì e novembre – **Pasto** carta 32/43000.

GUASTALLA 42016 Reggio nell'Emilia 𝟗𝟖𝟖 ⑭, 𝟒𝟐𝟖 𝟒𝟐𝟗 H 13 – 13 342 ab. alt. 25 – ✿ 0522.

Roma 453 – ◆Parma 35 – ◆Bologna 91 – Mantova 33 – ◆Milano 156 – ◆Modena 51 – Reggio nell'Emilia 28.

sulla strada per Novellara S : 5 km :

XX **La Briciola,** ℘ 831378, Specialità di mare, Coperti limitati;prenotare, 🍴 – 🗏 🅿. 🄰🄴 🗄
   ⓞ 🄴 💵. ✬
   chiuso martedì sera e mercoledì – **Pasto** carta 39/57000.

GUASTICCE Livorno 𝟒𝟐𝟖 𝟒𝟐𝟗 𝟒𝟑𝟎 L 13 – Vedere Colle Salvetti.

GUBBIO 06024 Perugia 𝟗𝟖𝟖 ⑮ ⑯, 𝟒𝟑𝟎 L 19 – 30 758 ab. alt. 529 – ✿ 075.

Vedere Città vecchia★★ – Palazzo dei Consoli★★ B – Palazzo Ducale★ – Affreschi★ di Ottaviano
Nelli nella chiesa di San Francesco – Affresco★ di Ottaviano Nelli nella chiesa di Santa Maria
Nuova.

🏛 piazza Oderisi 6 ℘ 9220693, Fax 9273409.

Roma 217 ② – ◆Perugia 40 ③ – ◆Ancona 109 ② – Arezzo 92 ④ – Assisi 54 ③ – Pesaro 92 ④.

Pianta pagina seguente

🏨 **Park Hotel ai Cappuccini** ⑊, via Tifernate ℘ 9234, Telex 661109, Fax 9220323, ≤ città
   e campagna, 🗗, 🐸, 🏊, 🍴 – 🛗 🗏 📺 ☎ 🕭 🚗 🅿 – 🕍 25 a 500. 🄰🄴 🗄 ⓞ 🄴 💵.
   ✬ rist   per ④
   Pasto *(chiuso domenica)* carta 55/85000 – **93 cam** ⊑ 265/300000, 5 appartamenti –
   ½ P 200000.

🏨 **Villa Montegranelli** ⑊, località Monteluiano ℘ 9220185, Fax 9273372, ≤ città e cam-
   pagna, 🌴, « Villa settecentesca di campagna », 🍴 – 🛗 📺 ☎ 🅿 – 🕍 40 a 80. 🄰🄴 🗄
   🄴 💵   4 km per via Buozzi
   Pasto carta 45/68000 – ⊑ 12000 – **17 cam** 128/160000, appartamento – ½ P 138000.

🏨 **Bosone,** via 20 Settembre 22 ℘ 9220698, Fax 9220552 – 🛗 📺 ☎ ♿. 🄰🄴 🗄 🄴 💵   d
   Pasto vedere rist **Taverna del Lupo** – ⊑ 10000 – **28 cam** 110/130000 – ½ P 90/100000.

🏨 **San Marco,** via Perugina 5 ℘ 9220234, Fax 9273716, 🍴 – 📺 ☎ – 🕍 150. 🄰🄴 🗄 ⓞ 🄴
   💵 🄹🄲🄱. ✬ rist   x
   Pasto carta 33/58000 (10%) – ⊑ 9000 – **66 cam** 90/110000 – ½ P 85/100000.

🏠 **Gattapone,** via Ansidei 6 ℘ 9272489 – ☎. 🄰🄴 🗄 ⓞ 🄴 💵   n
   Pasto vedere rist **Taverna del Lupo** – ⊑ 6000 – **13 cam** 53/77000 – ½ P 77000.

XXX **Alla Fornace di Mastro Giorgio,** via Mastro Giorgio 2 ℘ 9275740, Fax 9220401, « In
   un edificio trecentesco » – 🄰🄴 🗄 ⓞ 🄴 💵 🄹🄲🄱   g
   chiuso febbraio, domenica sera e lunedì (escluso i giorni festivi, agosto e settembre) – **Pasto**
   30/60000 (a mezzogiorno) 50/100000 (alla sera) e carta 48/77000.

XXX **Taverna del Lupo,** via della Repubblica 47 ℘ 9274368, Fax 9271269 – 🗏. 🄰🄴 🗄 ⓞ
   💵   f
   chiuso lunedì e dal 7 gennaio al 6 febbraio – **Pasto** 32/42000 e carta 48/72000.

XX **Bosone Garden,** via Mastro Giorgio 1 ℘ 9221246, 🌴 – 🄰🄴 🗄 ⓞ 🄴 💵 🄹🄲🄱   d
   chiuso mercoledì – **Pasto** carta 40/52000 (15%).

XX **Fabiani,** piazza 40 Martiri 26/B ℘ 9274639, Fax 9220638, 🌴 – 🄰🄴 🗄 ⓞ 🄴 💵 🄹🄲🄱   t
   chiuso martedì e gennaio – **Pasto** carta 35/47000 (15%).

XX Federico da Montefeltro, via della Repubblica 35 ℘ 9273949, 🌴   e

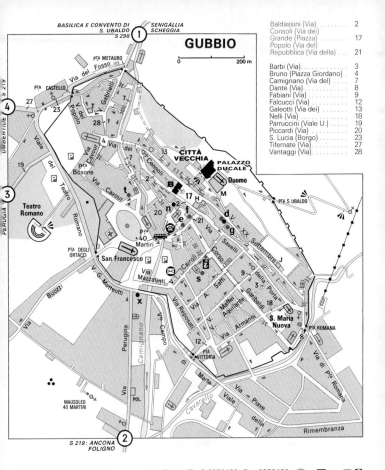

✗ **Grotta dell'Angelo** con cam, via Gioia 47 ℰ 9273438, Fax 9273438, 🏖 – 📺 ☎ 📧 🅂
📧 🄴 💳 🛇   s
chiuso dal 10 al 31 gennaio – **Pasto** carta 32/48000 – ☷ 5000 – **18 cam** 50/75000 –
½ P 65/75000.

GUGLIONESI 86034 Campobasso 🔢 ㉗, 🔢 Q 26 – 5 472 ab. alt. 370 – ✪ 0875.
Roma 271 – Campobasso 59 – ✦Foggia 103 – Isernia 103 – ✦Pescara 108 – Termoli 15.

verso Termoli NE : 5,5 km

✗✗ **Ribo,** contrada Malecoste 7 ⊠ 86034 ℰ 680655 – 🄿 📧 🅂 🄳 🄴 💳 🛇
chiuso lunedì – **Pasto** carta 28/70000.

GUIDONIA MONTECELIO 00012 Roma 🔢 ㉖, 🔢 Q 20 – 57 493 ab. alt. 105 – ✪ 0774.
🔢 e 🔢 Marco Simone (chiuso martedì) ℰ 370469, Telex 612006, Fax 370476.
Roma 31 – L'Aquila 108 – Rieti 71 – Terni 100.

a Montecelio NE : 5 km – alt. 389 – ⊠ 00014 :

✗ **Spadaro,** ℰ 510042 – ⛄ 📧 🅂 🄳 🄴 💳 🛇
chiuso martedì ed agosto – **Pasto** carta 35/48000.

GUSSAGO 25064 Brescia 🔢 🔢 F 12 – 13 296 ab. alt. 180 – ✪ 030.
Roma 539 – ✦ Brescia 14 – ✦Bergamo 45 – ✦Milano 86.

✗ **Da Renato,** via Casaglio 46 ℰ 2770386, Fax 2770386, 🏖 – 🄿 📧 🅂 🄳 🄴 💳 🛇
chiuso lunedì, dal 1º al 21 gennaio e dal 30 luglio al 16 agosto – **Pasto** carta 26/42000.

HAFLING = Avelengo.

IDRO 25074 Brescia 𝟵𝟴𝟴 ④, 𝟰𝟮𝟴 𝟰𝟮𝟵 E 13 – 1 416 ab. alt. 391 – Pasqua e luglio-15 settembre – ✪ 0365.

Roma 577 – ♦Brescia 45 – ♦Milano 135 – Salò 33.

XX **Alpino** ⌂ con cam, località Crone 🖉 83146, Fax 823143, ≼ – 🛗 📺 ☎ ⟷, 🝙 🖪 ⓪ **E** 𝘝𝘐𝘚𝘈, ⚘

chiuso dal 7 gennaio al 15 febbraio – **Pasto** (chiuso martedì) carta 37/52000 – ⌸ 9000 – **18 cam** 53/76000, 6 appartamenti – ½ P 62/65000.

IGEA MARINA Rimini 𝟰𝟯𝟬 J 19 – Vedere Bellaria Igea Marina.

IL GIOVO Savona – Vedere Pontinvrea.

ILLASI 37031 Verona 𝟰𝟮𝟵 F 15 – 4 524 ab. alt. 174 – ✪ 045.

Roma 517 – ♦Verona 20 – ♦Padova 74 – Vicenza 44.

a Cellore N : 1,5 km – ✉ 37030 :

X **Dalla Lisetta,** 🖉 7834059 – 🝙 🖪 𝘝𝘐𝘚𝘈, ⚘

chiuso domenica sera, martedì e dal 27 luglio al 27 agosto – **Pasto** carta 25/40000.

IMOLA 40026 Bologna 𝟵𝟴𝟴 ⑮, 𝟰𝟮𝟵 𝟰𝟯𝟬 I 17 – 62 500 ab. alt. 47 – ✪ 0542.

🛅 La Torre (chiuso martedì) a Riolo Terme ✉ 48025 🖉 74035, SE : 16 km.

Roma 384 – ♦Bologna 35 – ♦Ferrara 81 – ♦Firenze 98 – Forlì 30 – ♦Milano 249 – ♦Ravenna 44.

🏨 **Gd H. Donatello e dei Congressi,** via Rossini 25 🖉 680800 e rist 🖉 680300, Telex 522114, Fax 680514, 🏊 – 🛗 🖩 📺 ☎ ♿ ⟷ ❷ – 🕍 30 a 300. 🝙 🖪 ⓪ **E** 𝘝𝘐𝘚𝘈

Pasto al Rist. **Nettuno** (chiuso mercoledì e dal 4 al 20 agosto) carta 20/40000 – **150 cam** ⌸ 130/170000.

XXXX ✿ **San Domenico,** via Sacchi 1 🖉 29000, Fax 39000, Coperti limitati; prenotare – 🗏. 🝙 🖪 ⓪ **E** 𝘝𝘐𝘚𝘈

chiuso dal 1° al 12 gennaio, dal 1° al 24 agosto, domenica sera e lunedì, da giugno ad agosto anche domenica a mezzogiorno – **Pasto** 55000 bc (a mezzogiorno) 80000 bc (alla sera) e carta 98/162000

Spec. Terrina di fegato con tartufo bianco, Astice grigliato con verze brasate, Cannolo alla crema con frutta fresca in salsa vaniglia.

XX **Naldi,** via Santerno 13 🖉 29581 – 🗏 ❷. 🝙 🖪 ⓪ **E** 𝘝𝘐𝘚𝘈, ⚘

chiuso domenica e dal 5 al 18 agosto – **Pasto** carta 44/65000.

X **Parlamìnte,** via Mameli 33 🖉 30144 – **E** 𝘝𝘐𝘚𝘈

chiuso dal 25 dicembre al 6 gennaio, agosto, giovedì e da maggio a luglio anche domenica – **Pasto** carta 26/41000.

in prossimità casello autostrada A 14 N : 4 km :

🏨 **Molino Rosso,** ✉ 40026 🖉 640300, Telex 520147, Fax 640249, 🏊 riscaldata, ⚘ – 🛗 🖩 📺 ♿ ⟷ ❷ – 🕍 100. 🝙 🖪 ⓪ **E** 𝘝𝘐𝘚𝘈, ⚘

Pasto carta 35/58000 (15%) – **120 cam** ⌸ 191/259000 – ½ P 113/225000.

a Sasso Morelli N : 8 km – ✉ 40020 :

X **Trattoria Sterlina,** N : 1,5 km 🖉 55030, 🍽 – ❷. ⚘

chiuso mercoledì e dal 23 agosto al 23 settembre – **Pasto** carta 30/40000.

IMPERIA 18100 🄿 𝟵𝟴𝟴 ⑫, 𝟰𝟮𝟴 K 6 – 40 721 ab. – ✪ 0183.

🏛 viale Matteotti 54/a 🖉 24947, Fax 24950 – viale Matteotti 22 🖉 60730.

A.C.I. piazza Unità Nazionale 23 🖉 720052.

Roma 615 ② – ♦Genova 116 ② – ♦Milano 239 ② – San Remo 23 ④ – Savona 70 ② – ♦Torino 178 ②.

Pianta pagina seguente

ad Oneglia – ✉ 18100 Imperia :

🏩 **Centro** senza rist, piazza Unità Nazionale 4 🖉 273771, Fax 273772 – 🛗 📺 ☎ ⟷. 🝙 ⓪ **E** 𝘝𝘐𝘚𝘈   AX **n**

⌸ 10000 – **21 cam** 79/116000.

XX **Chez Braccio Forte,** via De Genejs 46 🖉 24752 – 🝙 🖪 ⓪ **E** 𝘝𝘐𝘚𝘈   AX **a**

chiuso lunedì e gennaio – **Pasto** carta 50/86000 (10%).

XX **Salvo-Cacciatori,** via Vieusseux 12 🖉 23763, Rist. di tradizione – 🝙 🖪 ⓪ **E** 𝘝𝘐𝘚𝘈

chiuso lunedì e dal 1° al 15 luglio – **Pasto** carta 40/58000.   AX **e**

X **Da Clorinda,** via Garessio 96 🖉 21982, Trattoria d'habituès   BX **u**

chiuso lunedì e dal 7 al 23 agosto – **Pasto** carta 27/42000.

X **La Patria,** piazza De Amicis 13 🖉 25739, 🍽 – 🗏. 🝙 🖪 ⓪ **E** 𝘝𝘐𝘚𝘈, ⚘   AX **f**

chiuso martedì e dal 7 al 25 gennaio – **Pasto** carta 30/68000.

a Porto Maurizio – ✉ 18100 Imperia :

🏩 **Corallo,** corso Garibaldi 29 🖉 666264, Fax 666265, ≼ – 🛗 📺 ☎ ❷ – 🕍 70. 🝙 🖪 ⓪ **E** 𝘝𝘐𝘚𝘈, ⚘   BZ **x**

Pasto (chiuso a mezzogiorno e venerdì) 35000 – ⌸ 12000 – **42 cam** 147/158000 – ½ P 95/110000.

IMPERIA

XXX 🌼 **Lanterna Blu-da Tonino,** borgo Marina 𝒫 63859, Fax 63859, prenotare – 🍽 🅿. 🆎 Ⓢ
  🗉 **VISA**
                                                               BZ **f**
  chiuso dal 20 novembre al 10 dicembre, martedì sera, mercoledì e dal 20 giugno al 20
  settembre solo mezzogiorno di martedì e mercoledì – **Pasto** 50000 (solo a mezzogiorno)
  70000 e carta 73/130000
  Spec. Insalata di porcini e gamberoni crudi al profumo di maggiorana (estate). Carpaccio di tonno ai semi di papavero
  (estate). Linguine con guazzetto di San Pietro.

XX **Lucio,** lungomare Colombo 𝒫 652523, Cucina di tradizione marinara – 🍽. 🆎 Ⓢ
  VISA
                                                              AZ **a**
  chiuso dal 15 al 30 gennaio, dal 2 al 18 novembre, a mezzogiorno da lunedì a giovedì in
  luglio-agosto, negli altri mesi domenica sera e mercoledì – **Pasto** carta 33/53000.

X **Le Tamerici,** lungomare Colombo 142 ℰ 667105 – 🖭 🖸 ⓞ 🖪 𝓥𝓘𝓢𝓐   AZ **b**
chiuso giovedì e dal 1° al 15 febbraio – **Pasto** carta 42/71000.

a Piani N : 5 km per via Caramagna AY – ✉ **18100** Imperia :

X **Al Vecchio Forno,** ℰ 680269 (prenderà il 780269), 🍽, Coperti limitati; prenotare – 🖭
🖸 ⓞ 🖪 𝓥𝓘𝓢𝓐
*chiuso a mezzogiorno (escluso i giorni festivi), mercoledì, dal 13 al 24 giugno e dal 10 al
20 novembre* – **Pasto** carta 30/59000.

IMPRUNETA **50023** Firenze 🮮🯀🯀 ⑭ ⑮, 🮮🯀🯀 🮮🯀🯀 K 15 – 15 006 ab. alt. 275 – ✿ 055.
Roma 278 – ◆Firenze 14 – Siena 66 – Arezzo 82 – Pisa 89.

XX **I Cavallacci,** viale Aldo Moro 3 ℰ 2313863, « Servizio estivo all'aperto » – **℗** 🖭 🖸 ⓞ
🖪 𝓥𝓘𝓢𝓐
chiuso lunedì, martedì a mezzogiorno, dal 5 al 20 agosto e dal 1° al 10 novembre – **Pasto**
carta 37/55000.

INCISA IN VAL D'ARNO **50064** Firenze 🮮🯀🯀 ⑮, 🮮🯀🯀 🮮🯀🯀 L 16 – 5 309 ab. alt. 122 – ✿ 055.
Roma 248 – ◆Firenze 30 – Siena 62 – Arezzo 52.

🏩 **Galileo,** in prossimità area di servizio Reggello ℰ 863341, Telex 574455, Fax 863238, 🏊,
🎾 – 🖳 🗏 📺 🕿 🕭 ⇔ 🄿 – 🔬 30 a 120. 🖭 🖸 ⓞ 🖪 𝓥𝓘𝓢𝓐 🎬 rist
Pasto *(chiuso domenica)* carta 26/37000 – 🖃 10000 – **63 cam** 90/126000 – ½ P 85/100000.

Le nuove guide Verdi turistiche Michelin offrono :

– un testo descrittivo più ricco,

– un'informazione pratica più chiara,

– piante, schemi e foto a colori.

... e naturalmente sono delle opere aggiornate costantemente.

Utilizzate sempre l'ultima edizione.

INDUNO OLONA **21056** Varese 🮮🯀🯀 E 8, 🯀🯀🯀 ⑧ – 9 835 ab. alt. 397 – ✿ 0332.
Roma 638 – Como 30 – Lugano 29 – ◆Milano 60 – Varese 4,5.

🏩 **Villa Castiglioni,** via Castiglioni 1 ℰ 200201, Fax 201269, 🍽, « Villa ottocentesca con
parco secolare » – 📺 🕿 🄿 – 🔬 30 a 60. 🖭 🖸 ⓞ 🖪 𝓥𝓘𝓢𝓐 🎬 rist
Pasto 55/75000 – **35 cam** 🖃 220/290000 – ½ P 250/270000.

XXX **2 Lanterne,** via Ferrarin 25 ℰ 200368, 🍽, prenotare, 🚗 – 🄿 – 🔬 60. 🖭 🖸 ⓞ 🖪 𝓥𝓘𝓢𝓐.
🎬
*chiuso domenica sera, lunedì, il 26 dicembre, le sere di Natale e Capodanno, dal 9 al
20 gennaio e dal 1° al 20 agosto* – **Pasto** carta 41/70000.

XX **Olona-da Venanzio,** via Olona 38 ℰ 200333, prenotare, 🚗 – 🄿 🖭 🖸 ⓞ 🖪 𝓥𝓘𝓢𝓐 🎬
chiuso lunedì, le sere di Natale e Capodanno e dal 23 gennaio al 6 febbraio – **Pasto**
carta 49/78000.

INNICHEN = San Candido.

INTERNEPPO Udine – Vedere Bordano.

INTRA Verbania 🮮🯀🯀 E 7, 🯀🯀🯀 ⑦ – Vedere Verbania.

INZAGO **20065** Milano 🮮🯀🯀 F 10, 🯀🯀🯀 ⑳ – 8 672 ab. alt. 138 – ✿ 02.
Roma 592 – ◆Milano 27 – ◆Bergamo 25.

X **Del Ponte,** ℰ 9549319, 🍽 – 🄿. 🖭 🖸 🖪 𝓥𝓘𝓢𝓐 𝗝𝗖𝗕. 🎬
chiuso domenica ed agosto – **Pasto** carta 30/53000.

ISCHIA (Isola d') Napoli 🮮🯀🯀 ㉗, 🮮🯀🯀 E 23 – 45 757 ab. alt. da 0 a 788 (monte Epomeo) –
Stazione termale, a.s. luglio-settembre – ✿ 081.
La limitazione d'accesso degli autoveicoli è regolata da norme legislative.

🚢 per Napoli (1 h 15 mn), Pozzuoli (1) e Procida (30 mn), giornalieri – Caremar-agenzia
Schioppa, banchina del Redentore ℰ 991781, Fax 984964; per Pozzuoli giornalieri (1 h), Capri
aprile-ottobre giornaliero (1 h) e Napoli giornalieri (1 h 15 mn) – Alilauro e Linee Lauro, al porto
ℰ 991888, Fax 991889.

🚤 per Napoli giornalieri (da 30 mn a 45 mn) – Alilauro, al porto ℰ 991888, Fax 991990 e
Caremar-agenzia Schioppa, banchina del Redentore ℰ 991781, Fax 984964; per Capri aprile-
ottobre giornalieri (50 mn) – Linee Lauro, al porto ℰ 991888, Fax 991889; per Procida-Napoli
giornalieri (40 mn) – Aliscafi SNAV-ufficio Turistico Romano, via Porto 5/9 ℰ 991215, Telex
710364, 991167; per Procida giornalieri (15 mn) – Caremar-agenzia Schioppa, banchina del
Redentore ℰ 991781, Fax 984964.

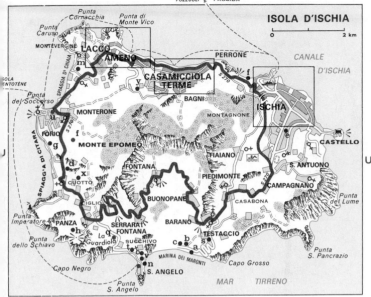

ISOLA D'ISCHIA

Barano **431** E 23 – 7 746 ab. alt. 224 – ⊠ **80070** Barano d'Ischia – a.s. luglio-settembre.

Vedere Monte Epomeo★★★ 4 km NO fino a Fontana e poi 1 h e 30 mn a piedi AR.

a Testaccio S : 2 km – ⊠ **80070** Barano d'Ischia :

🏨 **St. Raphael Terme**, ℰ 990508, Fax 990922, ≤, « Terrazza panoramica con ⌁ termale », ⌁ – ❄ ☎. ⌶ ⌾ ⓪ ⌶ *VISA*. ⌀ rist   U **s**
14 marzo-novembre – **Pasto** (solo per clienti alloggiati) 30000 – ⌑ 12000 – **40 cam** 100/140000, appartamento – ½ P 125000.

a Maronti S : 4 km – ⊠ **80070** Barano d'Ischia :

🏨 **Parco Smeraldo Terme** ⌀, ℰ 990127, Telex 720210, Fax 905022, ≤, « Terrazza fiorita con ⌁ termale », ⌁⌀, ⌀, ⌁ – ❄ ☎ ℗. ⌀ rist   U **a**
8 aprile-ottobre – **64 cam** (solo pens) – P 165/197000.

🏨 **Villa San Giorgio** ⌀, ℰ 990098, ≤, « Terrazza fiorita con ⌁ termale », ⌁⌀ – ☎ ℗. ⌀ rist   U **b**
aprile-23 ottobre – **40 cam** (solo pens) – P 112/131000.

🏨 **Helios Terme** ⌀, ℰ 990001, Fax 990268, ≤, ⌁⌀, ⌁ – ⌶ ⌾ ℗   U **c**
stagionale – **35 cam.**

Casamicciola Terme **988** ㉗, **431** E 23 – 6 514 ab. – ⊠ 80074.

🏨 **Stefania Terme** ⌀, ℰ 994130, Fax 994295, ⌁, ⌁, ⌁ – ☎ ℗. ⌶. ⌀ rist   Y **d**
aprile-ottobre – **30 cam** solo ½ P 95/105000.

Forio **988** ㉗, **431** E 23 – 11 543 ab. – ⊠ 80075.

Vedere Spiaggia di Citara★.

🏨 **Mezzatorre** ⌀, località Sammontano N : 3 km ℰ 986111, Fax 986015, ≤ mare, ⌂, « ⌁ con acqua di mare riscaldata in parco-pineta », ⌁, ⌁⌀, ⌁, ⌀, ⌁ – ❄ ⊟ ⊡ ☎ ℗ – ⌁ 40. ⌶ ⌾ ⓪ ⌶ *VISA*. ⌀ rist   Z **c**
maggio-ottobre – **Pasto** 50000 – **50 cam** ⌑ 280/380000, 5 appartamenti – ½ P 210/270000.

🏨 **La Bagattella** ⌀, località San Francesco ℰ 986072, Fax 989637, « Giardino fiorito con ⌁ », ⌁, ⌁ – ❄ ⊟ ⊡ ☎ ℗. ⌶ *VISA*. ⌀   U **m**
aprile-ottobre – **Pasto** 40/60000 – **53 cam** ⌑ 130/230000 – ½ P 160/290000.

🏨 **Parco Maria** ⌀, via Provinciale Panza 212 ℰ 907322, Telex 722006, Fax 907363, ≤, « Terrazze con ⌁ termale », ⌁, ⌁ – ⊡ ☎ ℗. ⌀ rist   U **d**
chiuso dal 7 gennaio al 14 febbraio e dal 1° al 19 dicembre – **90 cam** solo ½ P 110/130000.

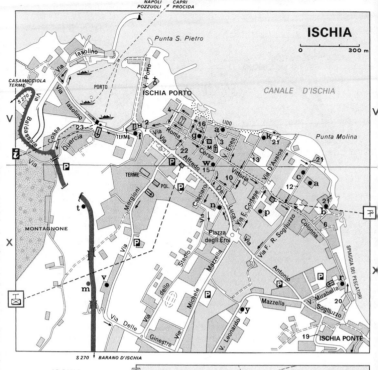

ISCHIA

CASAMICCIOLA TERME

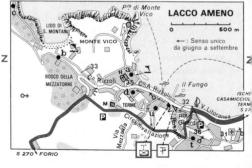

LACCO AMENO

← : Senso unico da giugno a settembre

XX **Da "Peppina" di Renato,** via Bocca 23 ℰ 998312, Ambiente caratteristico, « Servizio estivo in terrazza con ≤ mare » – **Ⓟ**. 𝔸𝔼. U **f**
marzo-novembre; chiuso a mezzogiorno e mercoledì escluso da giugno a settembre – **Pasto** 35/40000 (10%) e carta 28/35000 (10%).

XX **La Romantica,** via Marina 46 ℰ 997345, 🏤 – 𝔸𝔼 𝔹 ⓞ 𝔼 𝕍𝕀𝕊𝔸. ⅋ U **u**
chiuso gennaio e mercoledì (escluso da maggio ad ottobre) – **Pasto** carta 28/61000 (15%).

a Citara S : 2,5 km – ⊠ **80075** Forio :

🏛 **Providence** ⑤, ℰ 997477, Fax 998007, ≤, 𝕵 termale – 🛏 ☎ **Ⓟ**. ⅋ U **g**
aprile-ottobre – **Pasto** 25000 – ⚏ 15000 – **65 cam** 68/110000 – ½ P 100/104000.

a Cuotto S : 3 km – ⊠ **80075** Forio :

🏛 **Hotel Paradiso Terme** ⑤, ℰ 907014, Fax 907913, 🏤, « 𝕵 termale in terrazza-solarium con ≤ mare », ℩₅, ≤ₛ, 𝕾, 🕿, ⅋, ♣ – 🛏 ☰ 𝕋𝕍 ☎ **Ⓟ**. 𝔹 𝔼 𝕍𝕀𝕊𝔸. ⅋ U **x**
aprile-ottobre – ⚏ 20000 – **48 cam** 125/210000, 18 appartamenti – ½ P 150/240000.

a Panza S : 4,5 km – alt. 155 – ⊠ **80070** :

XX **Da Leopoldo,** O : 0,5 km ℰ 907086, ≤, Rist. e pizzeria, « Servizio estivo in terrazza panoramica » – **Ⓟ**. 𝔸𝔼 𝕍𝕀𝕊𝔸 U **h**
marzo-novembre; chiuso a mezzogiorno – **Pasto** carta 31/64000 (10%).

Ischia 𝟵𝟴𝟴 ㉗, 𝟰𝟯𝟭 E 23 – 16 020 ab. – ⊠ **80077** Porto d'Ischia.

Vedere Castello★★.

🛈 via Jasolino ℰ 991146

🏨 **Grand Hotel Excelsior** ⑤, via Emanuele Gianturco 19 ℰ 991020, Fax 984100, ≤, 🏤, « Parco-pineta con 𝕵 riscaldata », ℩₅, 𝕾, 🌊ₒ, ♣ – 🛏 ☰ 𝕋𝕍 ☎ **Ⓟ** – 🔒 60. 𝔸𝔼 𝔹 ⓞ 𝔼 𝕍𝕀𝕊𝔸. ⅋ rist X **a**
8 aprile-29 ottobre – **Pasto** carta 80/100000 – ⚏ 20000 – **72 cam** 255/510000, 2 appartamenti – ½ P 210/330000.

🏨 **Gd H. Punta Molino Terme** ⑤, lungomare Cristoforo Colombo 25 ℰ 991544, Telex 710465, Fax 991562, ≤ mare, 🏤, « Parco-pineta e terrazza fiorita con 𝕵 termale », ℩₅, ≤ₛ, 𝕾, 🌊ₒ, ⅋, ♣ – 🛏 ☰ 𝕋𝕍 ☎ **Ⓟ** – 🔒 30 a 150. 𝔸𝔼 𝔹 ⓞ 𝔼 𝕍𝕀𝕊𝔸. ⅋ X **b**
15 aprile-ottobre – **Pasto** 80/150000 – **82 cam** ⚏ 300/630000, 2 appartamenti – ½ P 280/345000.

🏛 **Il Moresco** ⑤, via Emanuele Gianturco 16 ℰ 981355, Telex 720065, Fax 992338, ≤, « Giardino con 𝕵 », 𝕾, ♣ – 🛏 ☰ 𝕋𝕍 ☎ **Ⓟ**. 𝔸𝔼 𝔹 ⓞ 𝔼 𝕍𝕀𝕊𝔸. ⅋ X **c**
marzo-ottobre – **Pasto** 85000 – **72 cam** ⚏ 290/450000 – ½ P 230/310000.

🏛 **Continental Terme,** via Michele Mazzella 74 ℰ 991588, Telex 710451, Fax 982929, « Giardino fiorito con 𝕵 riscaldata », ℩₅, ≤ₛ, 𝕾, ⅋, ♣ – 🛏 ☰ 𝕋𝕍 ☎ **Ⓟ** – 🔒 25 a 450. 𝔸𝔼 𝔹 ⓞ 𝔼 𝕍𝕀𝕊𝔸 𝕵𝕮𝔹. ⅋ U **e**
aprile-ottobre – **Pasto** 40/60000 – **246 cam** ⚏ 150/250000 – ½ P 160/190000.

🏛 Hermitage e Park Terme ⑤, via Leonardo Mazzella 67 ℰ 984242, Telex 722565, Fax 983506, « Terrazze-giardino con 𝕵 termale », ⅋, ♣ – 🛏 ☰ cam 𝕋𝕍 ☎ **Ⓟ** X **y**
stagionale – **104 cam.**

🏨 Regina Palace, via Cortese 18 ℰ 991344, Fax 983597, « Giardino con 𝕵 riscaldata », 𝕾, ♣ – 🛏 ☰ 𝕋𝕍 ☎ **Ⓟ** X **p**
63 cam.

🏨 **La Villarosa** ⑤, via Giacinto Gigante 5 ℰ 991316, Fax 992425, « Parco ombreggiato con 𝕵 termale », ♣ – 🛏 𝕋𝕍 ☎. 𝔸𝔼 𝔹 𝔼 𝕍𝕀𝕊𝔸. ⅋ rist VX **w**
aprile-ottobre – **Pasto** (solo per clienti alloggiati) 40/60000 – **37 cam** ⚏ 130/200000, 5 appartamenti – ½ P 120/155000.

🏨 **Bellevue,** via Morgioni 83 ℰ 991851, Fax 982922, ≤ₛ, 𝕵 termale, 𝕾, 🌫 – 🛏 ☎. 𝔸𝔼 𝔹 ⓞ 𝔼 𝕍𝕀𝕊𝔸. ⅋ rist X **v**
15 marzo-ottobre – **Pasto** (solo per clienti alloggiati) – **37 cam** ⚏ 70/140000 – ½ P 95000.

🏨 Ischia e Lido, via Remigia Gianturco 33 ℰ 991550, Fax 984108, ≤, 𝕵 termale – 🛏 ☰ 𝕋𝕍 ☎ **Ⓟ** V **k**
stagionale – **70 cam.**

🏨 **Le Querce** ⑤, via Baldassarre Cossa 29 ℰ 982378, Fax 993261, ≤ mare, 🏤, « Terrazze-giardino con 𝕵 riscaldata », 𝕾 – 𝕋𝕍 ☎ **Ⓟ**. 𝔸𝔼 𝔹 ⓞ 𝔼 𝕍𝕀𝕊𝔸. ⅋ U **f**
aprile-ottobre – **Pasto** (solo per clienti alloggiati) 50000 (15%) – ⚏ 20000 – **42 cam** 150/250000 – ½ P 110/155000.

🏨 **Central Park Terme,** via De Luca 6 ℰ 993517, Fax 984215, 𝕵 termale, 🌫, ♣ – 🛏 ☰ 𝕋𝕍 ☎ **Ⓟ**. 𝔸𝔼 ⓞ. ⅋ X **n**
aprile-ottobre – **Pasto** 35/50000 – **47 cam** ⚏ 120/188000, ☰ 20000 – ½ P 150000.

🏨 Mare Blu, via Pontano 44 ℰ 982555, Fax 982938, ≤, 𝕵 termale, 🌊ₒ, 🌫, ♣ – 🛏 ☰ 𝕋𝕍 ☎ X **r**
40 cam.

Bristol Hotel Terme, via Venanzio Marone 10 *&* 992181, Fax 993201, ⌇ termale, *✍*, ♨ – 🛗 📺 ☎ ♿, 🝙 🛈 ◑ 🅴 𝘝𝘐𝘚𝘈. 🕸 rist 　　　　V **g**
aprile-ottobre – **Pasto** (solo per clienti alloggiati) 40000 – ⇌ 8000 – **61 cam** 71/115000 – ½ P 70/120000.

President, via Osservatorio 65 *&* 993890, Fax 993725, ≼, ⌇ termale, 🝙, ♨ – 🛗 🗐 rist ☎ 🝙. 🝙 🛈 ◑ 🅴 𝘝𝘐𝘚𝘈. 🕸 rist 　　　　X **t**
19 marzo-18 novembre – **Pasto** 35000 – **75 cam** 129/194000 – solo – ½ P 100/130000.

Solemar Terme 🦢, via Battistessa 45 *&* 991822, Fax 991047, ≼, ⌇ termale, ♨ – 🛗 🗐 rist ☎ 🝙. 🝙 🛈 🅴 𝘝𝘐𝘚𝘈 　　　　V **a**
aprile-ottobre – **Pasto** (solo per clienti alloggiati) 30/40000 – **78 cam** ⇌ 120/200000 – ½ P 100/160000.

Villa Hermosa, via Osservatorio 4 *&* 992078 – 📺 🝙. 🕸 　　　　V **f**
aprile-ottobre – **Pasto** (solo per clienti alloggiati) 30000 – ⇌ 10000 – **19 cam** 50/100000 – ½ P 70/75000.

✕✕ **Damiano,** via Nuova Circumvallazione *&* 983032, ≼ mare – 🕸 　　　　X **m**
aprile-settembre; chiuso a mezzogiorno escluso domenica – **Pasto** carta 49/84000.

Lacco Ameno 431 E 23 – 3 934 ab. – ✉ 80076.

Regina Isabella e Royal Sporting 🦢, *&* 994322, Fax 900190, ≼ mare, 🏠, *I♨*, ≋, ⌇ termale, 🐾, *✍*, ✕, ♨ – 🛗 🗐 📺 ☎ 🝙 – ⛴ 150. 🝙 🗐 ◑ 🅴 𝘝𝘐𝘚𝘈. 🕸 rist 　　　　Z **a**
12 aprile-29 ottobre – **Pasto** 100000 – **117 cam** ⇌ 300/600000, 17 appartamenti – ½ P 250/350000.

San Montano 🦢, NO : 1,5 km *&* 994033, Fax 980242, ≼ mare e costa, 🏠, « Terrazze ombreggiate con ⌇ termale », ≋, ✕, ♨ – 🛗 🗐 cam 📺 ☎ 🝙. 🝙 🗐 ◑ 🅴 𝘝𝘐𝘚𝘈 🕸 rist 　　　　Z **b**
aprile-ottobre – **Pasto** carta 65/99000 – **65 cam** ⇌ 245/330000 – ½ P 215/290000.

Terme di Augusto, *&* 994944, Fax 980244, *I♨*, ≋, ⌇ termale, 🝙, ♨ – 🛗 🗐 📺 ☎ 🝙 – ⛴ 240. 🝙 🗐 ◑ 🅴 𝘝𝘐𝘚𝘈. 🕸 rist 　　　　Z **u**
Pasto 65000 – **118 cam** ⇌ 162/256000 – ½ P 150/170000.

La Reginella, *&* 994300, Fax 980481, « Giardino ombreggiato con ⌇ », *I♨*, 🝙, *✍*, ✕, ♨ – 🛗 🗐 📺 ☎ 🝙 – ⛴ 60 a 600 　　　　Z **d**
stagionale – **83 cam.**

Grazia 🦢, S : 1,5 km *&* 994333, Fax 994153, ≼ ≼, « Terrazza solarium con ⌇ termale », *✍*, ✕, ♨ – 🛗 📺 ☎ 🝙 – ⛴ 80. 🝙 𝘝𝘐𝘚𝘈. 🕸 rist 　　　　U **y**
aprile-ottobre – **Pasto** (solo per clienti alloggiati) carta 44/58000 – ⇌ 13000 – **58 cam** 120/180000 – ½ P 127/136000.

Villa Angelica, via 4 Novembre 28 *&* 994524, Fax 980184, ⌇ termale, *✍* – 🝙. 🝙 🛈 🅴 𝘝𝘐𝘚𝘈. 🕸 　　　　Z **t**
24 dicembre-gennaio e 15 marzo-ottobre – **Pasto** 35/45000 – **20 cam** ⇌ 80/130000 – ½ P 85/95000.

Sant'Angelo – ✉ 80070.

Vedere Serrara Fontana : ≼★★ su Sant'Angelo N : 5 km.

San Michele 🦢, *&* 999276, Fax 999149, ≼ mare, « Giardino con ⌇ termale », ♨ – 🝙 – ⛴ 80 　　　　U **v**
stagionale – **52 cam.**

Miramare 🦢, *&* 999219, Fax 999325, ≼ mare, 🏠, 🐾, ✕ – 📺 🝙 – ⛴ 300. 🗐 🛈 🅴 𝘝𝘐𝘚𝘈. 🕸 　　　　U **n**
marzo-ottobre – **Pasto** 65/70000 – ⇌ 20000 – **50 cam** 190/280000 – ½ P 190/250000.

La Palma 🦢, *&* 999215, Fax 999526, ≼ mare, « Terrazze fiorite », ⌇, 🝙 – 📺 🝙 🝙. 🕸 rist 　　　　U **v**
15 marzo-ottobre – **Pasto** 35/45000 – **43 cam** solo ½ P 140/150000.

Casa Celestino 🦢, *&* 999213, ≼, 🏠 – 🝙. 🕸 rist 　　　　U **t**
Pasqua-ottobre – **Pasto** 30/35000 – ⇌ 15000 – **20 cam** 70/120000 – ½ P 100/115000.

✕✕ **Dal Pescatore,** *&* 999206, 🏠 – 🝙 🗐 🛈 🅴 𝘝𝘐𝘚𝘈 　　　　U **n**
chiuso dal 15 dicembre al 15 marzo – **Pasto** carta 38/68000 (15%).

✕ **Lo Scoglio,** *&* 999529, « Servizio estivo in terrazza panoramica » – 🝙 🗐 🛈 🅴 𝘝𝘐𝘚𝘈 　　　　U **q**
aprile-novembre – **Pasto** carta 37/52000.

ISCHITELLA 71010 Foggia 431 B 29 – 4 233 ab. alt. 310 – a.s. luglio-15 settembre – ❀ 0884.
Roma 385 – ◆Foggia 100 – ◆Bari 184 – Barletta 122 – ◆Pescara 184.

a Isola Varano O : 15 km – ✉ 71010 Ischitella :

La Bufalara 🦢, *&* 97037, Fax 97374, ≼, « Parco-pineta », ⌇, 🐾, ✕ – 🛗 🗐 ☎ 🝙. 🗐 🅴 𝘝𝘐𝘚𝘈. 🕸 rist
aprile-settembre – **Pasto** (chiuso martedì) 30/42000 – ⇌ 8000 – **60 cam** 80/110000 – ½ P 115000.

Bally, *&* 97023, Fax 97023, *✍*, ✕ – 🛗 🗐 ☎ 🝙. 🗐 🅴 𝘝𝘐𝘚𝘈. 🕸 rist
aprile-settembre – **Pasto** carta 22/30000 – ⇌ 6000 – **39 cam** 65/75000 – ½ P 47/84000.

ISEO 25049 Brescia 988 ③ ④, 428 429 F 12 – 8 152 ab. alt. 198 – a.s. Pasqua e luglio-15 settembre – ✪ 030.

Vedere Lago★.

Escursioni Monte Isola★★ : ⁂★★ dal santuario della Madonna della Ceriola (in battello).

🛈 lungolago Marconi 2/c ✆ 980209, Fax 981361.

Roma 581 – ◆Brescia 22 – ◆Bergamo 39 – ◆Milano 80 – Sondrio 122 – ◆Verona 96.

🏦 **Ambra** senza rist, porto Gabriele Rosa 2 ✆ 980130, Fax 9821361, ≤ – 🛗 📺 ☜ 🅿. 🔃 🇪
     VISA
     chiuso novembre – ☲ 15000 – **31 cam** 80/110000.

🏠 **Milano,** lungolago Marconi 4 ✆ 980449, Fax 9821903, � – 📺 ☎. 🖭 🔃 ⓞ 🇪 VISA JCB
     chiuso dal 23 dicembre al 4 gennaio – **Pasto** (chiuso lunedì) carta 35/57000 – ☲ 10000 –
     15 cam 65/85000 – ½ P 75/85000.

XXX ✿ **Le Maschere,** vicolo della Pergola 7 ✆ 9821542, Fax 981874, Coperti limitati; preno-
     tare – 🖭 🔃 ⓞ 🇪 VISA, ⁂
     chiuso domenica sera, lunedì, dal 5 al 20 gennaio e dal 20 agosto al 10 settembre – **Pasto**
     50/90000 e carta 65/99000
     Spec. Sfogliatina di patate e caviale, Zuppa di pesci e crostacei, Bocconcini di tinca al forno con prezzemolo fritto e
     salsa di alloro.

XX **Leon D'Oro,** largo Dante 2 ✆ 981233, ≤, � – 🔃 🇪 VISA
     chiuso lunedì, dal 7 al 31 gennaio e dal 1° al 15 novembre – **Pasto** carta 39/59000.

X **Al Castello,** via Mirolte 53 ✆ 981285, « Servizio estivo all'aperto » – 🖭 🔃 ⓞ 🇪 VISA
     JCB, ⁂
     chiuso dal 21 agosto al 21 settembre, lunedì sera, martedì e a mezzogiorno (escluso i giorni
     festivi) in luglio-agosto – **Pasto** carta 41/69000.

X **Il Volto,** via Manica 2 ✆ 981462
     chiuso mercoledì, giovedì a mezzogiorno e dal 6 al 31 luglio – **Pasto** carta 39/56000.

     sulla strada provinciale per Palaveno E : 6 km :

🏨 **I due Roccoli** ⑤, ✉ 25049 ✆ 9821853, Fax 9821877, ≤ lago e colline, « Elegante
     residenza di campagna », ⌁, 🚛 – 📺 ☎ 🅿 – 🛗 120. 🖭 🔃 ⓞ 🇪 VISA ⁂
     chiuso da gennaio al 7 marzo – **Pasto** (chiuso mercoledì) carta 48/72000 – ☲ 15000 –
     11 cam 120/180000, 2 appartamenti – ½ P 125/140000.

     Usate le carte Michelin 428, 429, 430, 431, 432, 433
     per programmare agevolmente i vostri viaggi in Italia.

ISERNIA 86170 🅿 988 ㉗, 430 R 24, 431 C 24 – 20956 ab. alt. 457 – ✪ 0865.

🛈 via Farinacci 9 ✆ 3992.

A.C.I. via Kennedy 5 ✆ 50732.

Roma 177 – Avezzano 130 – Benevento 82 – Latina 149 – ◆Napoli 111 – Pescara 147.

🏨 **Grand Hotel Europa,** strada statale per Campobasso (svincolo Isernia Nord)
     ✆ 411450, Fax 413243 – 🛗 🚿 cam 🍽 📺 ☎ 🕭 ⇦ 🅿 – 🛗 65 a 210. 🖭 🔃 ⓞ 🇪 VISA ⁂
     Pasto carta 30/57000 – **61 cam** ☲ 130/160000, 6 appartamenti – ½ P 115000.

🏦 **La Tequila,** via San Lazzaro 85 (per strada statale 17 N : 1 km) ✆ 412345, Fax 412345,
     ⌁, 🚛 – 🛗 📺 ☎ ⇦ 🅿 – 🛗 30 a 700. 🖭 🔃 ⓞ 🇪 VISA, ⁂ rist
     Pasto (chiuso domenica sera) carta 31/53000 – **60 cam** ☲ 90/130000, appartamento –
     ½ P 80000.

🏠 **Emma** ⑤, strada statale 17 E : 4 km ✆ 451194, Fax 451194, ⌁, ⁂ – 🍽 rist 📺 ☎ 🅿. 🖭
     🔃 ⓞ 🇪 VISA, ⁂
     Pasto carta 24/40000 – ☲ 5000 – **24 cam** 55/70000 – ½ P 55/65000.

     a Pesche E : 3 km – ✉ 86090 :

🏠 **Santa Maria del Bagno,** ✆ 451143 – 🛗 📺 ☎ 🅿. 🖭 🔃 🇪 VISA. ⁂ rist
     Pasto (chiuso lunedì) carta 30/50000 – ☲ 8000 – **32 cam** 60/75000 – ½ P 70000.

ISIATA Venezia – Vedere San Donà di Piave.

IS MOLAS Cagliari – Vedere Sardegna (Pula) alla fine dell'elenco alfabetico.

ISOLA... ISOLE Vedere nome proprio della o delle isole.

ISOLACCIA Sondrio 218 ⑪ – Vedere Valdidentro.

ISOLA COMACINA Como 219 ⑨ – alt. 213 – ✉ 22010 Sala Comacina.

Da Sala Comacina 5 mn di barca.

X **Locanda dell'Isola,** ✆ (0344) 55083, ≤, �, « Su un isolotto disabitato; servizio e
     menu tipici »
     marzo-ottobre; chiuso martedì escluso dal 15 giugno al 15 settembre – **Pasto** 83000 bc.

ISOLA D'ASTI 14057 Asti 📶 H 6 – 2 058 ab. alt. 245 – ✪ 0141.

Roma 623 – ◆Torino 72 – Asti 10 – ◆Genova 124 – ◆Milano 130.

sulla strada statale 231 SO : 2 km :

XXX ✿ **Il Cascinale Nuovo** con cam, ✉ 14057 ☎ 958166, Fax 958828, prenotare, 🔄, 🛋, 🍽 – 📺 ☎ ⇔ ❷, 🆎 🕅 ◑ *VISA*. 🛋
   chiuso dal 1° al 15 gennaio e dal 10 al 22 agosto – **Pasto** *(chiuso domenica sera e lunedì)* carta 60/95000 – ☞ 15000 – **13 cam** 90/110000, 7 appartamenti – ½ P 130/160000
   Spec. Millefoglie di lingua di vitello e fegato d'oca, Risotto con rape zucca gialla fonduta e tartufo d'Alba (autunno), Filetto d'agnello farcito di melanzane (primavera-estate).

ISOLA DEL GRAN SASSO D'ITALIA 64045 Teramo 📶 ㉖, 📶 O 22 – 4 941 ab. alt. 415 – ✪ 0861 – **Escursioni** Gran Sasso★★ SO : 6 km.

Roma 190 – L'Aquila 75 – ◆Pescara 69 – Teramo 30.

X **Insula,** borgo San Leonardo 78 ☎ 976202, ⩵ – ◑. 🛋
   chiuso lunedì – **Pasto** carta 28/42000.

ISOLA DELLA SCALA 37063 Verona 📶 ④, 📶 📶 G 15 – 10 401 ab. alt. 31 – ✪ 045.

Roma 497 – ◆Verona 19 – ◆Ferrara 83 – Mantova 34 – ◆Milano 168 – ◆Modena 83 – ◆Venezia 131.

X **Turismo** con cam, ☎ 7300177, Fax 7301250 – 🖃 📺 ☎ ❷, 🆎 🕅 *VISA*. 🛋
   chiuso dal 15 al 30 agosto – **Pasto** *(chiuso venerdì)* carta 32/44000 – ☞ 10000 – **12 cam** 55/75000 – ½ P 62/65000.

a Gabbia SE : 6 km – ✉ 37063 Isola della Scala :

XXX ✿ **Gabbia d'Oro,** ☎ 7330020, Fax 7330020, ☞, Coperti limitati; prenotare – 🖃 ❷. 🕅. 🛋
   chiuso martedì, mercoledì, dal 1° al 18 gennaio e dal 1° al 20 agosto – **Pasto** 60/70000 (a mezzogiorno) 80/90000 (alla sera) e carta 63/92000 (10%)
   Spec. Polpettine di pesce persico con confettura di verdure, Risotto con stufato d'agnello e crosta di grana al timo (ottobre-marzo), Quaglia in porchetta con orzo pilaf e verdure (maggio-ottobre).

ISOLA DELLE FEMMINE Palermo 📶 M 21 – Vedere Sicilia alla fine dell'elenco alfabetico.

ISOLA DEL LIRI 03036 Frosinone 📶 ㉘ ㉗, 📶 Q 22 – 12 794 ab. alt. 217 – ✪ 0776.

Dintorni Abbazia di Casamari★★ O : 9 km.

Roma 107 – Avezzano 62 – Frosinone 23 – Isernia 91 – ◆Napoli 135.

XX **Ratafià,** vicolo Calderone 8 ☎ 808679, Fax 282938, ☞, Coperti limitati; prenotare – 🆎 🕅 ◑ *VISA*. 🛋
   chiuso domenica sera (escluso dal 15 giugno al 30 agosto) e lunedì – **Pasto** carta 24/53000.

X **Scala alla Cascata** con cam, piazza Gregorio VII ☎ 808100, Fax 808384, ☞ – 📺 ☎. 🆎 🕅 ◑ 🗨 *VISA*. 🛋
   chiuso mercoledì escluso da giugno a settembre – **Pasto** carta 30/47000 – ☞ 5000 – **11 cam** 50/80000 – ½ P 65000.

ISOLA DI CAPO RIZZUTO 88076 Crotone 📶 ㊵, 📶 K 33 – 12 277 ab. alt. 196 – ✪ 0962.

Roma 612 – Catanzaro 58 – Crotone 17.

a Le Castella SO : 10 km – ✉ 88076 Isola di Capo Rizzuto :

🏠 **Da Annibale,** ☎ 795004, Fax 795384, ☞, 🛋, 🍽 – 🖃 cam 📺 ☎ ❷ – 🔥 70. 🛋
   Pasto carta 47/69000 – ☞ 8000 – **20 cam** 115/150000 – ½ P 120/130000.

ISOLA DOVARESE 26031 Cremona 📶 📶 G 12 – 1 301 ab. alt. 34 – ✪ 0375.

Roma 499 – ◆Parma 54 – ◆Brescia 51 – Cremona 22 – Mantova 44 – ◆Milano 113.

XX **Molino Vecchio,** ☎ 946039, 🛋 – ❷. 🕅 *VISA*. 🛋
   chiuso lunedì a mezzogiorno, martedì, dal 7 al 22 gennaio e dal 1° al 25 agosto – **Pasto** carta 30/65000.

ISOLA MAGGIORE 06060 Perugia 📶 M 18 – alt. 260 – ✪ 075.

Da Passignano 15/30 mn di battello.

X **Sauro** ⌚ con cam, ☎ 826168, Fax 825130, 🛶 – ☎. 🕅 ◑ 🗨 *VISA*. 🛋
   chiuso dal 10 gennaio a febbraio – **Pasto** carta 32/49000 – ☞ 6000 – **10 cam** 55/75000, 2 appartamenti – ½ P 50/60000.

ISOLA SUPERIORE (dei Pescatori) Novara 📶 ⑦ – Vedere Borromee (Isole).

ISOLA VARANO Foggia – Vedere Ischitella.

ISSENGO (ISSENG) Bolzano – Vedere Falzes.

ISSOGNE 11020 Aosta 📶 F 5 – 1 400 ab. alt. 387 – ✪ 0125 – **Vedere** Castello★.

Roma 713 – Aosta 39 – ◆Milano 151 – ◆Torino 80.

X **Al Maniero,** frazione Pied de Ville 58 ☎ 929219, ☞ – ❷. 🕅 ◑ 🗨 *VISA*. 🛋
   chiuso lunedì escluso dal 15 luglio ad agosto – **Pasto** carta 31/48000.

304

ISTIA D'OMBRONE 58040 Grosseto ⁴³⁰ N 15 – alt. 39 – © 0564.

Roma 190 – Grosseto 7 – ◆Perugia 178.

XX **Terzo Cerchio**, ℰ 409235, ⇗, Cucina tipica maremmana, prenotare – ⁂ ⑤ ① ⋿ 𝘝𝘐𝘚𝘈
chiuso lunedì e novembre – **Pasto** carta 35/65000.

ITRI 04020 Latina ⁹⁸⁸ ㉖ ㉗, ⁴³⁰ S 22 – 7 983 ab. alt. 170 – © 0771.

Roma 144 – Frosinone 70 – Latina 69 – ◆Napoli 77.

X **Il Grottone** con cam, corso Vittorio Emanuele II ℰ 727014 – ▤ ⱅ ☎. ⁂ ⑤ ⋿ 𝘝𝘐𝘚𝘈. ⌀
Pasto *(chiuso lunedì)* carta 24/35000 (10%) – ⊑ 5000 – **8 cam** 30/60000 – ½ P 65000.

a Madonna della Civita N : 11 km – ⊠ **04020** Itri :

X **Montefusco** ⤳ con cam, ℰ 727560, ≼, ⇗, ⬚, – Ᵽ. ⁂ ⑤ ⋿ 𝘝𝘐𝘚𝘈. ⌀ rist
aprile-ottobre – **Pasto** *(chiuso martedì)* carta 33/50000 – ⊑ 6000 – **13 cam** 48/57000 –
½ P 66000.

IVREA 10015 Torino ⁹⁸⁸ ②, ⁴²⁸ F 5 – 24 670 ab. alt. 267 – © 0125 – Vedere Guida Verde.

🛈 corso Vercelli 1 ℰ 618131, Fax 618140.

A.C.I. via dei Mulini 3 ℰ 423327.

Roma 683 – ◆Torino 49 – Aosta 71 – Breuil-Cervinia 74 – ◆Milano 115 – Novara 69 – Vercelli 50.

🏨 **La Serra**, corso Carlo Botta 30 ℰ 44341 e rist ℰ 47444, Telex 216447, Fax 47039, 𝟣𝟨,
⇆, ▨, – ⧍ ▤ ⱅ ☎ ⟷ Ᵽ – ⛟ 30 a 400. ⁂ ⑤ ① ⋿ 𝘝𝘐𝘚𝘈. ⌀
Pasto *(chiuso a mezzogiorno, lunedì e dal 20 luglio al 15 agosto)* carta 40/73000 – **49 cam**
⊑ 165/225000, 7 appartamenti – ½ P 127/195000.

a Banchette d'Ivrea O : 2 km – ⊠ **10010** :

🏨 **Ritz** senza rist, via Castellamonte 45 ℰ 611200, Fax 611323 – ⧍ ⱅ ☎ Ᵽ. ⁂ ⑤ ① ⋿ 𝘝𝘐𝘚𝘈
𝘑𝘊𝘉
⊑ 11000 – **60 cam** 110/140000.

al lago Sirio N : 2 km :

🏨 **Sirio** ⤳, ⊠ 10015 ℰ 424247, Fax 48980, ≼, ⇗, ⬚ – ⧍ ⱅ ☎ ⟷ Ᵽ – ⛟ 40. ⁂ ⑤ ⋿
𝘝𝘐𝘚𝘈
Pasto *(chiuso venerdì e a mezzogiorno escluso domenica)* carta 45/73000 – ⊑ 15000 –
53 cam 100/125000 – ½ P 105/140000.

a San Bernardo S : 3 km – ⊠ **10090** :

🏨 **La Villa** senza rist, via Torino 334 ℰ 631696, Fax 631950 – ⱅ ☎ Ᵽ. ⁂ ⑤ ① ⋿ 𝘝𝘐𝘚𝘈
chiuso dal 23 luglio al 10 agosto – ⊑ 12000 – **22 cam** 85/120000.

JESI 60035 Ancona ⁹⁸⁸ ⑯, ⁴³⁰ L 21 – 40 120 ab. alt. 96 – © 0731.

Vedere Palazzo della Signoria★ – Pinacoteca★.

Roma 260 – ◆Ancona 32 – Gubbio 80 – Macerata 41 – ◆Perugia 116 – Pesaro 72.

🏨 **Federico II** ⤳, via Ancona 10 ℰ 211079, Telex 560619, Fax 57221, ≼, 𝟣𝟨, ⇆, ▨, ⬚ –
⧍ ▤ ⱅ ☎ ⬧ Ᵽ – ⛟ 30 a 250. ⁂ ⑤ ① ⋿ 𝘝𝘐𝘚𝘈. ⌀ rist
Pasto carta 50/78000 – **76 cam** ⊑ 170/240000, 4 appartamenti – ½ P 145/210000.

XX **Hostaria Santa Lucia**, via Marche 2/b ℰ 64409, ⇗, Coperti limitati; prenotare – ▤. ⁂
⑤ ① ⋿ 𝘝𝘐𝘚𝘈. ⌀
chiuso lunedì – **Pasto** carta 40/70000.

XX **Italia** con cam, viale Trieste 28 ℰ 4844, Fax 59004 – ▤ ⱅ ⬧. ⁂ ⑤ ① ⋿ 𝘝𝘐𝘚𝘈. ⌀
chiuso agosto – **Pasto** *(chiuso sabato, domenica sera e in luglio chiuso domenica a
mezzogiorno)* carta 33/60000 (10%) – ⊑ 10000 – **13 cam** 75/120000, ▤ 5000 – P 130000.

XX **Galeazzi**, via Mura Occidentali 5 ℰ 57944 – ⌀
chiuso lunedì e dal 1º al 20 agosto – **Pasto** carta 35/50000.

JESOLO 30016 Venezia ⁹⁸⁸ ⑤, ⁴²⁹ F 19 – 22 146 ab. alt. 2 – luglio-settembre – © 0421.

Roma 560 – ◆Venezia 41 – Belluno 106 – ◆Milano 299 – ◆Padova 69 – Treviso 50 – ◆Trieste 125 – Udine 94.

XX **Da Guido**, via Roma Sinistra 25 ℰ 350380, ⇗, ⬚ – Ᵽ. ⁂ ⑤ ① ⋿ 𝘝𝘐𝘚𝘈. ⌀
chiuso mese e gennaio – **Pasto** carta 30/56000.

X **Udinese-da Aldo** con cam, via Cesare Battisti 25 ℰ 951409, ⇗ – ▤ rist ⱅ ☎ Ᵽ. ⁂ ⑤
① ⋿ 𝘝𝘐𝘚𝘈
Pasto *(chiuso mercoledì escluso dal 15 giugno al 15 settembre)* carta 36/63000 – **12 cam**
⊑ 60/90000 – ½ P 65/70000.

Vedere anche : *Lido di Jesolo* S : 4 km.

KALTENBRUNN = Fontanefredde.

KALTERN AN DER WEINSTRASSE = Caldaro sulla Strada del Vino.

KARERPASS = Costalunga (Passo di).

KARERSEE = Carezza al Lago.

KASTELBELL TSCHARS = Castelbello Ciardes.

KASTELRUTH = Castelrotto.

KIENS = Chienes.

KLAUSEN = Chiusa.

KREUZBERGPASS = Monte Croce di Comelico (Passo).

KURTATSCH AN DER WEINSTRASSE = Cortaccia sulla Strada del Vino.

LABICO 00030 Roma 430 Q 20 – 2 498 ab. alt. 319 – ✿ 06.
Roma 48 – Frosinone 44.

XXX **Antonello Colonna,** via Roma 89 ℘ 9510032, Coperti limitati; prenotare – 匼 🖪 ⓞ 匚
        🗺. ⚘
        chiuso domenica sera, lunedì ed agosto – **Pasto** 50/75000 (a mezzogiorno) e carta 75/
        105000.

LABRO 02010 Rieti 430 O 20 – 296 ab. alt. 628 – ✿ 0746.
Roma 101 – L'Aquila 80 – Rieti 23 – Terni 19.

X **L'Arcolaio,** ℘ 636172, ≤ – 匼 🖪 ⓞ 匚 🗺. ⚘
    chiuso lunedì escluso luglio-agosto – **Pasto** carta 27/42000.

LA CALETTA Nuoro 433 F 11 – Vedere Sardegna (Siniscola) alla fine dell'elenco alfabetico.

LACCO AMENO Napoli 431 E 23 – Vedere Ischia (Isola d').

LACES (LATSCH) 39021 Bolzano 428 429 C 14, 218 ⑲ – 4 321 ab. alt. 639 – ✿ 0473.
🛈 ℘ 623109, Fax 622042.
Roma 692 – ◆Bolzano 54 – Merano 26 – ◆Milano 352.

🏛 **Paradies** ⍟, ℘ 6222225, Fax 622228, ≤ monti e frutteti, ⌶ᵃ, ≊, ☒, ☞, ⚘ – 🛊 ▤ rist
    ☒ ☎ ☖ ☻. 匼 🖪 ⓞ 匚 🗺. ⚘ rist
    25 marzo-5 novembre – **Pasto** (solo per clienti alloggiati) 35/50000 – **36 cam** ☲ 128/
    235000, 3 appartamenti – ½ P 138/148000.

🏠 Jagdhof ⍟, ℘ 622299, Fax 623590, ⌶ᵃ, ≊, ☒, ☞ – 🛊 ☒ ☎ ☖ ⇦ ☻
    stagionale – **19 cam.**

LACONA Livorno 430 N 12 – Vedere Elba (Isola d'): Capoliveri.

LACONI Nuoro 988 ㉝, 433 H 9 – Vedere Sardegna alla fine dell'elenco alfabetico.

LADISPOLI 00055 Roma 988 ㉕, 430 Q 18 – 19 626 ab. – a.s. 15 giugno-agosto – ✿ 06.
Dintorni Cerveteri : necropoli della Banditaccia★★ N : 7 km.
🛈 via Duca del Mare 8/c ℘ 9913049.
Roma 39 – Civitavecchia 34 – Ostia Antica 43 – Tarquinia 53 – Viterbo 79.

🏰 **La Posta Vecchia** ⍟, località Palo Laziale S : 2 km ℘ 9949501, Fax 9949507, ≤,
    « Dimora del 17° secolo in riva al mare con parco », ☒, ▴⌕ – 🛊 ▤ ☒ ☎ ☖ – 🔏 50. 匼
    🖪 ⓞ 匚 🗺. ⚘
    chiuso dal 10 gennaio al 10 marzo – **Pasto** (solo su prenotazione) 140000 – **8 cam**
    ☲ 770/840000, 5 appartamenti 1340/2140000.

XX **Sora Olga,** ℘ 9929088 (prenderà il 99222006) – ▤. 匼 🖪 ⓞ 匚 🗺
    chiuso mercoledì escluso da giugno a settembre – **Pasto** carta 39/66000 (12%).

LAGLIO 22010 Como 428 E 9, 219 ⑨ – 907 ab. alt. 202 – ✿ 031.
Roma 638 – Como 13 – ◆Lugano 41 – Menaggio 22 – ◆Milano 61.

🏠 **Plinio au Lac,** ℘ 401271, Fax 401278, ≤, ⍩, ≊ – 🛊 ☒ ☎. 匼 🖪 匚 🗺
    chiuso gennaio – **Pasto** al Rist. **L'Attracco** (chiuso lunedì da ottobre a marzo) carta 36/57000
    – **17 cam** ☲ 140000, appartamento – ½ P 105/125000.

XX **San Marino** con cam, via Regina Nuova 64 ℘ 400383, ≤, ⍩ – 🛊 ☖. 匼 🖪 匚 🗺
    Pasto carta 28/41000 – ☲ 6000 – **10 cam** 50/65000 – P 95000.

LAGO Vedere nome proprio del lago.

LAGO MAGGIORE o VERBANO Novara, Varese e Cantone Ticino 988 ② ③, 428 E 7.
Vedere Guida Verde.

LAGONEGRO 85042 Potenza 988 ㉘ ㉚, 431 G 29 – 6 242 ab. alt. 666 – ✿ 0973.
Roma 384 – ◆Cosenza 138 – Salerno 127.

    in prossimità casello autostrada A 3 - Lagonegro Sud N : 3 km :

🏠 **Midi,** ☒ 85042 ℘ 41188, Fax 41186 – 🛊 ▤ ☒ ☎ ⇦ ☖ – 🔏 250. 匼 🖪 ⓞ 匚 🗺. ⚘
    Pasto carta 27/41000 – ☲ 7000 – **36 cam** 60/85000 – ½ P 70/80000.

LAGUNDO (ALGUND) 39022 Bolzano 429 B 15, 218 ⑩ – 3 832 ab. alt. 400 – ✆ 0473.

🏛 via Vecchia 33/b ✆ 48600, Fax 48917.

Roma 667 – ◆Bolzano 30 – Merano 2 – ◆Milano 328.

Pianta: Vedere Merano

🏛 **Algunderhof** ⑤, ✆ 48558 (prenderà il 448558), Fax 47311 o 447311, ≤, « Giardino con riscaldata » – 🛗 📺 ☎ 🅿. 🆎 🔂 ⓞ 🗧 *VISA*. 🕸 rist   A   **a**
marzo-novembre – **Pasto** 50/60000 – **23 cam** � 120/200000, 2 appartamenti – ½ P 95/145000.

🏛 **Der Pünthof** ⑤, ✆ 48553, Fax 49919, ≤, « Giardino-frutteto e laghetto », ≘s, ⒭, 🏊 – 📺 ☎ ⅙ 🅿. ⓞ. 🕸 rist
15 marzo-10 novembre – **Pasto** al Rist. **Romerkeller** *(chiuso a mezzogiorno)* 30/35000 – **12 cam** ⊶ 220000, 6 appartamenti – ½ P 110/130000.

🏛 **Ludwigshof** ⑤, ✆ 220355, ≤, « Giardino », ≘s, 🖵 – 🛗 ☎ 🅿. 🕸   A   **b**
marzo-novembre – **Pasto** *(solo per clienti alloggiati e chiuso a mezzogiorno)* – **18 cam** ⊶ 65/120000 – ½ P 80/95000.

🍴🍴 **Ruster,** ✆ 220202, Fax 40267, « Servizio estivo all'aperto » – 🅿. 🆎 🔂 ⓞ 🗧 *VISA*   A   **d**
chiuso gennaio e febbraio – **Pasto** carta 35/60000.

LAIGUEGLIA 17020 Savona 988 ⑫, 428 K 6 – 2 401 ab. – ✆ 0182.

🏛 via Roma 150 ✆ 690059.

Roma 600 – ◆Genova 101 – Imperia 21 – ◆Milano 224 – San Remo 44 – Savona 55.

🏛 **Splendid,** piazza Badarò ✆ 690325, Fax 690894, 🏊, ⚓ – 🛗 📺 ☎ 🅿. 🆎 🔂 ⓞ 🗧 *VISA*. 🕸
Pasqua-settembre – **Pasto** 30/40000 – **45 cam** ⊶ 90/170000 – ½ P 80/125000.

🏛 **Mediterraneo** ⑤, via Andrea Doria 18 ✆ 690240, Fax 499739 – 🛗 📺 ☎ 🅿. 🔂 🗧 *VISA*. 🕸 rist
chiuso dal 4 al 20 maggio e dal 15 ottobre al 22 dicembre – **Pasto** 25/35000 – ⊶ 10000 – **35 cam** 70/95000 – ½ P 55/90000.

🏚 **Continental,** via Monaco 16 ✆ 690835 – 🛗 ☎ 🅿
29 cam.

🏚 **Mambo,** via Asti 5 ✆ 690122, Fax 690907 – 🛗 ☎ 🅿. 🔂 *VISA*. 🕸 rist
chiuso da ottobre al 20 dicembre – **Pasto** carta 34/44000 – **25 cam** ⊶ 75/100000 – ½ P 75/90000.

🍴🍴 **Vascello Fantasma,** via Dante 105 ✆ 499897, Fax 690847, � – 🔂 ⓞ 🗧 *VISA*
chiuso lunedì e a mezzogiorno (escluso sabato-domenica) da giugno a settembre – **Pasto** carta 53/88000.

LAINO BORGO 87014 Cosenza – 2 417 ab. alt. 250 – ✆ 0981.

Roma 445 – Lagonegro 54 – Mormanno 17 – Sala Consilina 94 – Salerno 185.

🍴 **Chiar di Luna,** località Cappelle ✆ 82550, �, 🚒 – 🅿. 🔂 *VISA*. 🕸
chiuso dal 1º al 15 ottobre – **Pasto** carta 22/39000.

LAION (LAJEN) 39040 Bolzano 429 C 16, – 1 959 ab. alt. 1 093 – ✆ 0471.

Roma 681 – ◆Bolzano 35 – Bressanone 19 – Cortina d'Ampezzo 76.

ad Albions N : 4 km – alt. 887 – ✉ 39040 Laion :

🍴 **Waldruhe** ⑤ con cam, ✆ 655882, ≤, prenotare – 🅿. 🔂 🗧 *VISA*
chiuso dall'11 gennaio al 9 febbraio e dal 26 giugno al 7 luglio – **Pasto** *(chiuso mercoledì)* carta 51/80000 – **8 cam** ⊶ 60/90000 – ½ P 45/60000.

LAIVES (LEIFERS) 39055 Bolzano 429 C 16, 218 ⑳ – 13 729 ab. alt. 257 – ✆ 0471.

Roma 634 – ◆Bolzano 8 – ◆Milano 291 – Trento 52.

🏚 **Rotwand,** via Gamper 2 (NE : 2 km) ✉ 39050 Pineta di Laives ✆ 954512, Fax 954295, ≤, � – 🛗 📺 ☎ 🅿. 🔂 ⓞ 🗧 *VISA*. 🕸 rist
chiuso dal 2 gennaio al 3 febbraio e dal 19 giugno al 30 luglio – **Pasto** *(chiuso lunedì)* carta 27/55000 – **27 cam** ⊶ 60/100000 – ½ P 60/80000.

LAMA Taranto 431 F 33 – Vedere Talsano.

LA MAGDELEINE Aosta 428 E 4, 219 ③ – 105 ab. alt. 1 640 – ✉ 11020 Antey Saint André – a.s. Pasqua, luglio-agosto e Natale – ✆ 0166.

Roma 738 – Aosta 41 – Breuil-Cervinia 28 – ◆Milano 174 – ◆Torino 103.

🏚 **Miravidi** ⑤, ✆ 548259, ≤ vallata – 🔂 🗧 *VISA*. 🕸
chiuso dal 21 aprile a maggio e novembre – **Pasto** *(chiuso mercoledì)* carta 28/57000 – ⊶ 12000 – **24 cam** 40/70000 – ½ P 45/67000.

LAMA MOCOGNO 41023 Modena 428 429 430 J 14 – 3 035 ab. alt. 812 – ✆ 0536.

Roma 382 – ◆Bologna 88 – ◆Modena 58 – Pistoia 76.

🍴 Vecchia Lama, via XXIV Maggio ✆ 44662.

LAMEZIA TERME 88046 Catanzaro 431 K 30 – 70 183 ab. alt. 210 (frazione Nicastro) – 🕃 0968.

🛬 a Sant'Eufemia Lamezia 🖉 414111.

Roma 580 – Catanzaro 44 – ♦Cosenza 73.

a Nicastro – ✉ 88046 :

🏨 **Savant**, senza rist, via Manfredi 8 🖉 26161, Fax 26161 – |🛗| 🗏 📺 ☎ 🚗 – 🕍 80
40 cam.

🏨 **Rossini**, via Loriedo 12-15 🖉 441121 – 🗏 📺 ☎ 🅟. 🖭 🕃 *VISA*
Pasto 25/30000 – **10 cam** ⊑ 90/120000 – ½ P 85/105000.

X **Da Enzo**, via Generale Dalla Chiesa 🖉 23349 – 🗏 🅟. 🖭 🕃 🖪 *VISA*. 🛠
chiuso sabato sera, domenica, dal 24 dicembre al 2 gennaio e dal 10 al 25 agosto – **Pasto**
carta 26/41000.

sulla strada statale 18 NO : 5 km :

XX **La Scaletta**, località Terravecchia ✉ 88040 Gizzeria Lido 🖉 51687, 🍴
chiuso lunedì – **Pasto** carta 23/37000.

LA MORRA 12064 Cuneo 428 I 5 – 2 415 ab. alt. 513 – 🕃 0173.

Roma 631 – Asti 45 – Cuneo 56 – ♦Milano 171 – ♦Torino 63.

XX **Belvedere**, piazza Castello 5 🖉 50190, Fax 50190, ≼ – 🕍 100. 🕃 🖪 *VISA* JCB
chiuso domenica sera, lunedì, gennaio e febbraio – **Pasto** carta 43/68000.

XX **Bel Sit**, via Alba 17 bis 🖉 50350, ≼ colli e vigneti, 🍴 – 🅟. 🕃 🖪 *VISA*
chiuso lunedì sera, martedì, dal 2 al 15 gennaio e dal 1° al 15 luglio – **Pasto** carta 28/45000.

LAMPEDUSA (Isola di) Agrigento 432 U 19 – Vedere Sicilia alla fine dell'elenco alfabetico.

LAMPORECCHIO 51030 Pistoia 427 428 429 K 14 – 6 488 ab. alt. 56 – 🕃 0573.

Roma 293 – ♦Firenze 41 – ♦Livorno 105 – Lucca 39.

X **Santa Brigida**, via del Padule 57 🖉 82827

LANA Bolzano 988 ④, 429 C 15 – 8 651 ab. alt. 289 – ✉ 39011 Lana d'Adige – Sport invernali :
a San Vigilio : 1 485/1 839 m ⼳1 ⼲4, ⼲ – 🕃 0473.

🗓 via Andreas Hofer 7/b 🖉 51770, Fax 51979.

Roma 661 – ♦Bolzano 24 – Merano 9 – ♦Milano 322 – Trento 82.

🏨 **Eichhof** 🛠, 🖉 561155, Fax 563710, « Giardino ombreggiato con ⼌ », ≘s, ⃟, 🍽 –
🅟. 🖪 *VISA*. 🛠 rist
aprile-15 novembre – **Pasto** (solo per clienti alloggiati) – **21 cam** ⊑ 78/150000 – ½ P 80/
105000.

🏨 **Rebgut** 🛠 senza rist, S : 2,5 km 🖉 561430, ≘s, ⼌ riscaldata, 🍷 – 📺 ☎ 🅟. *VISA*. 🛠
marzo-ottobre – **12 cam** ⊑ 75/140000.

a San Vigilio (Vigiljoch) NO : 5 mn di funivia – alt. 1 485 – ✉ 39011 Lana d'Adige :

🏨 **Monte San Vigilio-Berghotel Vigiljoch** 🛠, 🖉 561236, Fax 561410, ≼ vallata e Dolo-
miti, 🍴, ⼌ riscaldata, 🍷 – ☎. 🛠 rist
maggio-ottobre – **Pasto** carta 35/54000 – **40 cam** ⊑ 70/100000 – ½ P 65/95000.

a Foiana (Völlan) SO : 5 km – alt. 696 – ✉ 39011 Lana d'Adige :

🏨 **Völlanerhof** 🛠, 🖉 568033, Fax 568143, ≼, 🍴, « Giardino con ⼌ riscaldata », ≘s, ⃟,
🍽 – 🅟. 🛠
20 marzo-7 novembre – **Pasto** (solo per clienti alloggiati) – **41 cam** solo ½ P 125/170000.

🏨 **Waldhof** 🛠, 🖉 568081, Fax 568142, ≼ monti, « Parco », ⼳, ≘s, ⼌ riscaldata, ⃟, 🍽 –
🗏 rist 📺 ☎ 🅟. 🛠 rist
aprile-11 novembre – **Pasto** (solo per clienti alloggiati) – **27 cam** ⊑ 134/298000, 2 apparta-
menti – ½ P 109/160000.

LANCIANO 66034 Chieti 988 ㉗, 430 P 25 – 34 041 ab. alt. 283 – a.s. 20 giugno-6 agosto –
🕃 0872.

Roma 199 – ♦Pescara 51 – Chieti 48 – Isernia 113 – ♦Napoli 213 – Termoli 73.

🏨 **Excelsior**, viale della Rimembranza 19 🖉 713013, Fax 712907 – |🛗| 🗏 📺 ☎ 🚗 –
🕍 25 a 100. 🖭 🕃 ⑩ 🖪 *VISA*. 🛠 rist
Pasto *(chiuso venerdì)* 30/50000 – ⊑ 15000 – **74 cam** 90/120000, 3 appartamenti, 🗏 5000 –
½ P 90000.

🏨 **Anxanum** senza rist, via San Francesco d'Assisi 8/10 🖉 715142, Fax 715142, ⼌ – |🛗| 🗏
📺 ☎ 🅟 – 🕍 80. 🖭 🕃 ⑩ 🖪 *VISA*
⊑ 15000 – **42 cam** 95/115000.

XXX **Corona di Ferro**, corso Roma 28 🖉 713029, Coperti limitati; prenotare – 🖭 🕃 ⑩ 🖪 *VISA*
chiuso domenica sera, lunedì e dal 1° al 15 agosto – **Pasto** carta 37/63000.

XX **Ribot**, via Milano 58/60 🖉 712205, Fax 45004 – 🖭 🕃 ⑩ 🖪 *VISA*. 🛠
chiuso venerdì, dal 20 al 30 dicembre e dal 15 al 30 agosto – **Pasto** carta 30/44000.

Dintorni Belvedere di Sighignola★★★ : ≤ sul lago di Lugano e le Alpi SO : 6 km.

🇷 (aprile-ottobre; chiuso lunedì escluso agosto) ✆ 840169, Fax 840169, E : 1 km.

🇪 piazza Novi (palazzo Comunale) ✆ 840143.

Roma 653 – Como 30 – Argegno 15 – Menaggio 30 – ♦Milano 83.

　🏨　**Milano,** ✆ 840119, ☞ – 🛗 TV ☎ ❷ 🅿. 🆎 🔄 VISA. ⊘
　　　chiuso novembre – **Pasto** (chiuso mercoledì) 35000 – ☑ 15000 – **27 cam** 70/110000 –
　　　½ P 90000.

　🏨　**Belvedere,** N : 1,2 km ✆ 840122, Fax 840122, ≤, ☞ – 🛗 TV ☎ ⟷ ❷. 🆎 🔄 E VISA.
　　　⊘ rist
　　　chiuso da novembre al 23 dicembre – **Pasto** (chiuso lunedì da settembre a maggio)
　　　40/50000 – ☑ 15000 – **33 cam** 100/130000 – ½ P 90/110000.

　🏠　**Rondanino** ⊗, via Rondanino 1 (N : 3 km) ✆ 840300, Fax 840300, ≤, « Servizio estivo
　　　in terrazza », ☞ – ❷. 🆎 🔄 ⓞ E VISA
　　　Pasto (chiuso mercoledì escluso dal 15 giugno al 15 settembre) carta 28/46000 – ☑ 6000 –
　　　14 cam 48/69000 – ½ P 50/63000.

Vedere Basilica di San Bernardino★★ Y – Castello★ Y : museo Nazionale d'Abruzzo★★ –
Basilica di Santa Maria di Collemaggio★ Z : facciata★★ – Fontana delle 99 cannelle★ Z.

Escursioni Massiccio degli Abruzzi★★★.

🇪 piazza Santa Maria di Paganica 5 ✆ 410808, Fax 65442 – via 20 Settembre 8 ✆ 22306, Fax 27486.

A.C.I. via Donadei 3 ✆ 26028.

Roma 119 ① – ♦Napoli 242 ① – ♦Pescara 105 ② – Terni 94 ①.

L'AQUILA

Federico II (Corso) . . . . **Z**
Vittorio Emanuele (Corso) **YZ**

Arco Pizzoli (Via) . . . . **Y** 2
Bafile (Via A.) . . . . **Y** 3
Fontesecco (Via) . . . . **Y** 4
Fortebraccio (Via) . . . . **Z** 6
Guasto (Via del) . . . . **Y** 7
Indipendenza (Via) . . . . **Z** 8
Palazzo (Piazza del) . . . . . . **Y** 13
Principe Umberto (Corso) . **Y** 14
S. Agostino (Via) . . . . **Z** 17
S. Chiara d'Aquila (Via) . . **Z** 18
Tre Marie (Via) . . . . **Z** 19

🏨🏨 **Duca degli Abruzzi,** viale Giovanni XXIII 10 🖋 28341, Fax 61588, « Rist. panoramico » –
|⋕| 🗐 rist 🔟 ☎ 🖘 🖻 – 🏤 80 a 300   Y   **e**
120 cam.

🏨🏨 **Gd H. del Parco,** corso Federico II 74 🖋 413248, Fax 65938 – |⋕| 🔟 ☎ 🖻. 🕮 🗟 ⓪
VISA   Z   **c**
Pasto vedere rist **La Grotta di Aligi** – **36 cam** ☲ 115/178000.

🏨🏨 **Le Cannelle,** via Tancredi da Pentina 2/A 🖋 411194, Fax 412453, ℉₆, 🔄, ℀ – |⋕| 🔟 ⊻
🖚 🖻 – 🏤 25 a 200. 🕮 🗟 ⓪ 🗉 **VISA**. ℀   Y   **v**
Pasto carta 38/57000 – **140 cam** ☲ 90/135000, 6 appartamenti – ½ P 110/120000.

🏨 **Castello** senza rist, piazza Battaglione Alpini 🖋 419147, Fax 419140 – |⋕| 🔟 ☎ 🖘 –
🏤 100. 🕮 🗟 🗉 **VISA**. ℀   Y   **n**
☲ 10000 – **40 cam** 100/120000.

🏨 **Duomo** senza rist, via Dragonetti 10 🖋 410893, Fax 413058 – |⋕| 🔟 ☎. 🕮 🗟 🗉 **VISA**.
℀   Z   **d**
☲ 10000 – **28 cam** 85/130000.

𝕏𝕏 **Tre Marie,** via Tre Marie 3 🖋 413191, « Caratteristico stile abruzzese » – ⇆   Z   **b**
chiuso domenica sera, lunedì e dal 24 dicembre al 6 gennaio – **Pasto** carta 50/63000 (15 %).

𝕏𝕏 **Osteria del Grifo,** via Goriano Valle 16 🖋 24189 – 🕮 🗟 ⓪. ℀   Z   **a**
chiuso domenica e dal 1° al 16 agosto – **Pasto** carta 40/60000.

𝕏𝕏 **La Grotta di Aligi,** viale Rendina 2 🖋 65260, Fax 65260 – 🕮 🗟 ⓪ 🗉 **VISA**. ℀   Z   **c**
chiuso lunedì – **Pasto** carta 50/100000.

𝕏 **Renato,** via Indipendenza 9 🖋 25596 – 🕮 🗟 ⓪ 🗉 **VISA**   Z   **s**
chiuso domenica e dal 20 luglio al 5 agosto – **Pasto** carta 30/45000.

sulla strada statale 17 per ① 2,5 km Y :

🏨 **L'Aquila Canadian Hotel,** ✉ 67100 🖋 317402, Fax 317398, ℉₆, 🔄, ℀ – |⋕| 🔟 ☎ 🕹 🖚
🖻 – 🏤 150. 🕮 🗟 ⓪ 🗉 **VISA**. ℀
Pasto *(chiuso lunedì)* carta 26/47000 – **49 cam** ☲ 95/117000, 3 appartamenti – ½ P 80/
105000.

𝕏𝕏 **Il Baco da Seta,** ✉ 67100 🖋 318217, 🏞, Specialità di mare – 🖻. 🕮 🗟 ⓪ 🗉 **VISA**. ℀
chiuso lunedì e Natale – **Pasto** carta 53/80000.

verso Preturo per ① : 9 km :

𝕏 Cervo Bianco, sulla strada provinciale 33 ✉ 67100 🖋 461091 – 🖻

LARI 56035 Pisa ⟨428⟩ ⟨430⟩ L 13 – 7 833 ab. alt. 129 – ✪ 0587.
Roma 335 – Pisa 37 – ♦Firenze 75 – ♦Livorno 33 – Pistoia 59 – Siena 98.

a quattro strade di Lavaiano NO : 6 km :

𝕏𝕏 **Lido** con cam, ✉ 56030 Perignano 🖋 616020 – 🔟 ☎ 🖻 – 🏤 80. 🕮 🗟 ⓪ 🗉 **VISA**. ℀ cam
chiuso dal 1° al 20 agosto – **Pasto** *(chiuso lunedì sera e martedì)* carta 35/52000 – ☲ 8000 –
7 cam 75/105000.

a Lavaiano NO : 9 km – ✉ 56030 :

𝕏𝕏 **Castero,** 🖋 616121, 🏞, « Giardino » – 🖻. 🕮 🗟 ⓪ 🗉 **VISA**
chiuso domenica sera, lunedì e dal 15 al 30 agosto – **Pasto** carta 32/49000.

LARIO Vedere Como (Lago di).

LA SPEZIA 19100 ℗ ⟨988⟩ ⑬, ⟨428⟩ ⟨430⟩ J 11 – 101 260 ab. – ✪ 0187.
Escursioni Riviera di Levante ★★★ NO.
🐚 Marigola (chiuso mercoledì) a Lerici ✉ 19032 🖋 970193, Fax 970193, per ③ : 6 km.
⚓ per Olbia 23 luglio-5 settembre giornaliero (11 h 30 mn) – Tirrenia Navigazione, al porto
🖋 501080.
🖪 via Mazzini 45 🖋 770900, Fax 770908.
A.C.I. via Costantini 18 🖋 511098.
Roma 418 ② – ♦Firenze 144 ② – ♦Genova 103 ② – ♦Livorno 94 ② – ♦Milano 220 ② – ♦Parma 115 ②.

Pianta pagina seguente

🏨🏨 **Jolly del Golfo,** via 20 Settembre 2 ✉ 19124 🖋 739555, Telex 281047, Fax 22129, ≼ – |⋕|
⇆ cam 🗐 🔟 ☎ – 🏤 80 a 300. 🕮 🗟 ⓪ 🗉 **VISA**. ℀ rist   B   **b**
Pasto *(chiuso domenica)* carta 54/89000 – **113 cam** ☲ 260/298000, 2 appartamenti –
½ P 170/310000.

🏨🏨 **Hotel Ghironi** senza rist, via Tino 62 ✉ 19126 🖋 504141, Fax 524724 – |⋕| 🗐 🔟 ☎ 🕹 🖚
🖻. 🕮 🗟 ⓪ 🗉 **VISA**   per ②
51 cam ☲ 130/170000, 3 appartamenti.

🏨 **Firenze e Continentale** senza rist, via Paleocapa 7 ✉ 19122 🖋 713210, Fax 714930 – |⋕|
🗐 🔟 ☎. 🗟 🗉 **VISA**   A   **n**
chiuso dal 24 al 27 dicembre – **66 cam** ☲ 115/170000.

🏨 **Genova** senza rist, via Fratelli Rosselli 84 ✉ 19121 🖋 731766, Fax 732923 – |⋕| 🔟 ☎. 🗟
⓪ 🗉 **VISA**   A   **d**
☲ 10000 – **31 cam** 105/130000.

LA SPEZIA

Cavour (Corso e Piazza) . . . . . **AB**
Chiodo (Pza e Via Domenico) . **B** 8
Prione (Via del) . . . . **AB**

Battisti (Piazza Cesare) . . . . . . **B** 2

Beverini (Piazza G.) . . . . **A** 3
Brin (Piazza Benedetto) . . . . . **A** 4
Caduti del Lavoro (Piazzale) . . **A** 6
Colli (Via dei) . . . . **AB** 9
Da Passano (Via) . . . . **B** 10
Europa (Piazza) . . . . **B** 12
Fieschi (Viale Nicolò) . . . . . . **A** 14
Manzoni (Via) . . . . **B** 15

Milano (Via) . . . . **A** 16
Mille (Via dei) . . . . **A** 17
Napoli (Via) . . . . **A** 18
Rosselli (Via Flli) . . . . **A** 20
Spallanzani (Via e Salita) . . . . **A** 22
Verdi (Pza Giuseppe) . . . . . **B** 23
20 Settembre (Via) . . . . **AB** 24
27 Marzo (Via) . . . . **AB** 26

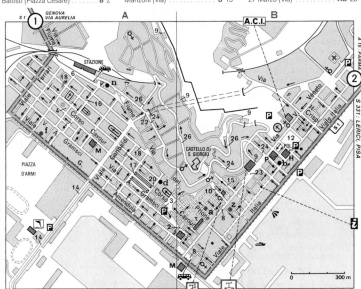

🕸 ۞ **Parodi-Peyton Place,** viale Amendola 212 ⊠ 19122 ℘ 715777, 🏠, Specialità di mare, prenotare – 🅰🅴 🖪 ⓪ 🄴 𝑽𝑰𝑺𝑨
A **f**
chiuso domenica – **Pasto** carta 54/100000.
Spec. Tavolozza "Peyton". Moscardini al vapore con vellutata di pomodoro, Rombo all'isolana.

🕸 **Da Dino,** via Da Passano 19 ⊠ 19121 ℘ 735435, 🏠 – 🅰🅴 🖪 🄴 𝑽𝑰𝑺𝑨 ✄
B **z**
chiuso domenica sera, lunedì e dal 2 al 18 luglio – **Pasto** carta 28/48000.

🕸 **Da Francesco,** via delle Pianazze 35 ⊠ 19136 ℘ 980946, Specialità di mare, « Servizio estivo in giardino » – 🅰🅴 🖪
4 km : per ②
chiuso lunedì, mercoledì sera, Natale e dal 14 al 30 agosto – **Pasto** carta 34/72000.

🕸 **Antica Osteria Negrao,** via Genova 428 ⊠ 19123 ℘ 701564, 🏠 – 🅰🅴 🖪 𝑽𝑰𝑺𝑨
per ①
chiuso lunedì, dal 25 dicembre al 1° gennaio e settembre – **Pasto** carta 33/42000.

🕸 **La Pettegola,** via del Popolo 39 ⊠ 19126 ℘ 514041, 🏠 – �' . 🅰🅴 🖪 ⓪ 🄴 𝑽𝑰𝑺𝑨
per ②
chiuso domenica, dal 2 al 10 gennaio e dal 10 al 27 agosto – **Pasto** carta 36/82000.

🕸 **Il Ristorantino di Bayon,** via Felice Cavallotti 23 ⊠ 19121 ℘ 7322091, Coperti limitati; prenotare – 🅰🅴 🖪 ⓪ 🄴 𝑽𝑰𝑺𝑨 𝐉𝐂𝐁
B **a**
chiuso domenica – **Pasto** carta 28/52000.

Vedere anche : **Campiglia** SO : 9 km per S 530.
Lerici SE : 10 km per ③.
Portovenere S 12 km per S 530.
Riomaggiore O : 14 km per S 370.

LASTRA A SIGNA 50055 Firenze 𝟵𝟴𝟴 ⑭, 𝟰𝟮𝟵 𝟰𝟯𝟬 K 15 – 17 435ab. alt. 36 – ۞ 055.
Roma 283 – ◆Firenze 12 – ◆Bologna 108 – ◆Livorno 79 – Lucca 63 – Pisa 69 – Pistoia 29 – Siena 74.

🕸 **Edy Piu',** via di Calcinaia 94 ℘ 8721346, Fax 8724562, 🏠 – ⓟ. 🅰🅴 🖪 ⓪ 🄴 𝑽𝑰𝑺𝑨
chiuso mercoledì e dal 5 al 25 agosto – **Pasto** carta 33/52000.

🕸 **Antica Trattoria Sanesi,** via Arione 33 ℘ 8720234, Fax 8720234 – �' . 🅰🅴 🖪 ⓪ 🄴 𝑽𝑰𝑺𝑨.
✄
chiuso domenica sera, lunedì e dal 20 luglio al 20 agosto – **Pasto** carta 36/56000 (10%).

a Calcinaia S : 1 km – ⊠ 50055 :

🕸 **I Cupoli,** ℘ 8721028, Fax 8721028, « Servizio estivo » – ⓟ. 🅰🅴 🖪 ⓪ 🄴 𝑽𝑰𝑺𝑨 𝐉𝐂𝐁
chiuso lunedì – **Pasto** carta 52/79000.

311

LA THUILE 11016 Aosta 🔲🔲 ①, 🔲🔲 E 2 – 772 ab. alt. 1441 – a.s. febbraio-marzo, Pasqua, 11 luglio-11 settembre e Natale – Sport invernali : 1 441/2 642 m ≰ 1 ≰ 12, ⚡ – ☎ 0165.

🅱 via Collomb ✆ 884179, Fax 885196.

Roma 789 – Aosta 42 – Courmayeur 15 – ♦Milano 227 – Colle del Piccolo San Bernardo 13.

🏨 **Chateau Blanc** senza rist, località Entrèves 39 ✆ 885341, Fax 885341, ≤, 🌫, 🚗 – 🛗 📺
☎ 🚙, 🄰🄴 🖪 ⓞ 🄴 𝘝𝘐𝘚𝘈 🛠
dicembre-maggio e luglio-10 settembre – **13 cam** ⊏ 100/160000.

🏨 Chateau Eden 🦶, località Villaret 74 ✆ 885050, Fax 885050, ≤, 🚗 – 🛗 📺 ☎ ⓟ
stagionale – **21 cam.**

🏠 **Martinet** 🦶 senza rist, frazione Petite Golette 159 ✆ 884656, Fax 884656, ≤, ✕ – 🛗 ☎
🚙, 🖪 🄴 𝘝𝘐𝘚𝘈 🛠
chiuso maggio – **10 cam** ⊏ 70/95000.

✕✕ **La Bricole,** località Entreves ✆ 884149, Fax 884571 – 🄰🄴 🖪
dicembre-aprile e luglio-agosto; chiuso lunedì in bassa stagione – **Pasto** carta 44/56000.

LATINA 04100 🄿 🔲🔲 ㉖, 🔲🔲 R 20 – 106 260 ab. alt. 21 – ☎ 0773.

🅱 via Duca del Mare 19 ✆ 498711, Fax 661266.

🄰.🄲.🄸. via Aurelio Saffi 23 ✆ 497701.

Roma 68 – ♦Napoli 164.

🏨🏨 **De la Ville,** via Canova 12 ✆ 661281, Telex 680860, Fax 661153, 🚗 – 🛗 ↔ cam 🗐 📺 ☎
🚙 – 🔬 40 a 50. 🄰🄴 🖪 ⓞ 🄴 𝘝𝘐𝘚𝘈 🛠
Pasto carta 60/80000 – **68 cam** ⊏ 180/250000 – ½ P 210000.

🏨🏨 **Victoria Residence Palace,** via Vincenzo Rossetti ✆ 663966, Fax 489592, 🏊, 🚗, ✕ –
🛗 🗐 📺 ☎ 🕭 ⓟ – 🔬 30 a 200. 🄰🄴 🖪 ⓞ 🄴 𝘝𝘐𝘚𝘈 🛠
Pasto carta 40/65000 – **152 cam** ⊏ 149/259000, 🗐 15000 – ½ P 184000.

✕ **Impero,** piazza della Libertà 19 ✆ 693140 – 🗐 🖪 𝘝𝘐𝘚𝘈 🛠
chiuso sabato e dal 14 al 31 agosto – **Pasto** carta 30/50000.

✕ Da Assunta, via Pontina al km 74,500 ✆ 241940, Trattoria con enoteca – ⓟ

a Borgo Sabotino S : 7 km – ✉ **04010** :

✕ **La Padovana,** ✆ 648081, 🌴 – ⓟ. 🄰🄴 🖪 ⓞ 🄴 𝘝𝘐𝘚𝘈
Pasto carta 32/59000.

al Lido di Latina S : 9 km – ✉ **04010** Borgo Sabotino :

🏨 **Gabriele** senza rist, via Lungomare 348 a Foce Verde ✆ 645800, Fax 648696, 🛥, 🚗 –
🛗 🗐 📺 ☎ ⓟ – 🔬 60. 🄰🄴 🖪 ⓞ 🄴 𝘝𝘐𝘚𝘈
39 cam ⊏ 90/120000.

🏠 **Miramare** senza rist, a Capo Portiere ✆ 273470, Fax 273862, ≤, 🛥 – 📺 ☎ 🚙 ⓟ. 🄰🄴
🖪 ⓞ 🄴 𝘝𝘐𝘚𝘈 🛠
chiuso dal 15 dicembre a febbraio – **25 cam** ⊏ 100/150000.

✕✕ **La Risacca,** a Foce Verde ✆ 273223, ≤, 🌴 – 🗐 ⓟ. 🄰🄴 🖪 ⓞ 🄴 𝘝𝘐𝘚𝘈. 🛠
chiuso giovedì e novembre – **Pasto** carta 40/53000 (10%).

✕✕ **Il Tarantino,** a Foce Verde ✆ 273253, Fax 273253, ≤ – 🗐. 🄰🄴 🖪 ⓞ 🄴 𝘝𝘐𝘚𝘈. 🛠
chiuso mercoledì – **Pasto** carta 45/64000.

LATISANA 33053 Udine 🔲🔲🔲 ⑥, 🔲🔲🔲 E 20 – 11 006 ab. alt. 9 – a.s. luglio-agosto – ☎ 0431.

Roma 598 – Gorizia 60 – ♦Milano 337 – Portogruaro 14 – ♦Trieste 80 – Udine 49 – ♦Venezia 87.

🏨 **Bella Venezia,** via Giovanni XXIII ✆ 59647, Fax 59649, 🌴, 🚗 – 🛗 📺 ☎ ⓟ – 🔬 130. 🄰🄴
🖪 🄴 𝘝𝘐𝘚𝘈
chiuso dal 22 dicembre al 10 gennaio e dal 1° al 10 agosto – **Pasto** *(chiuso domenica)*
carta 37/62000 – **23 cam** ⊏ 100/115000 – ½ P 100/120000.

LATSCH = Laces.

LAURIA Potenza 🔲🔲🔲 ㉚, 🔲🔲🔲 G 29 – 13 756 ab. alt. 430 – ☎ 0973.

Roma 406 – ♦Cosenza 126 – ♦Napoli 199 – Potenza 128.

a Lauria Superiore – ✉ **85045** :

🏠 **Santa Rosa,** ✆ 822113, Fax 822114 – 🛗 📺 📽 ⓟ. 🄰🄴 🖪 ⓞ 🄴 𝘝𝘐𝘚𝘈. 🛠
Pasto *(chiuso Natale)* carta 25/32000 – **35 cam** ⊏ 47/74000 – ½ P 58000.

a Lauria Inferiore – ✉ **85044** :

🏨 **Isola di Lauria** 🦶, ✆ 823905, Fax 823962, ≤ – 🛗 🗐 📺 ☎ ⓟ – 🔬 150 a 400. 🄰🄴 🖪 ⓞ 🄴
𝘝𝘐𝘚𝘈 🛠
Pasto carta 25/50000 (10%) – ⊏ 5000 – **34 cam** 70/100000 – P 95/105000.

a Pecorone N : 5 km – ✉ **85040** :

✕ **Da Giovanni,** ✆ 821003 – ⓟ. 🛠
chiuso lunedì escluso da giugno a settembre – **Pasto** carta 22/34000.

LAUZACCO Udine – Vedere Pavia di Udine.

LAVAGNA 16033 Genova 988 ⑬, 428 J 10 – 13 413 ab. – ✆ 0185.

🏛 piazza della Libertà 40 ✆ 392766, Fax 392766.

Roma 464 – ◆Genova 41 – ◆Milano 176 – Rapallo 17 – ◆La Spezia 66.

🏨 **Fieschi** ⑤, via Rezza 12 ✆ 313809, Fax 304400, ☞ – 📺 ☎ ❷ – 🔬 50. 🆎 🆂 ⓪ 🅴 𝗩𝗜𝗦𝗔. ⑤
chiuso novembre – **Pasto** (solo per clienti alloggiati e chiuso a mezzogiorno da dicembre a marzo) 30/50000 – ⊑ 13000 – **13 cam** 90/140000 – ½ P 70/120000.

🏠 **Admiral**, via dei Devoto 89 ✆ 306072, ⩽, ⤓, – 🛗 📺 ☎. ⑤
Pasqua-ottobre – **Pasto** 30/35000 – ⊑ 10000 – **22 cam** 70/95000 – P 68/95000.

🏠 **Tigullio**, via Matteotti 3 ✆ 392965, Fax 390277 – 🛗 📺 ☎. ⑤
aprile-ottobre – **Pasto** (chiuso lunedì da novembre a marzo) carta 30/51000 – ⊑ 7000 – **39 cam** 65/100000 – ½ P 70/85000.

XX **Il Gabbiano**, via San Benedetto 26 (E : 1,5 km) ✆ 390228, Coperti limitati; prenotare, « Servizio estivo in terrazza panoramica » – ❷. 🆎 🆂 ⓪ 🅴 𝗩𝗜𝗦𝗔. ⑤
chiuso lunedì, dal 21 febbraio al 3 marzo e dal 6 novembre al 5 dicembre – **Pasto** carta 43/78000.

XX **Il Bucaniere**, via 24 Aprile 69 ✆ 392830 – 🆎 🆂 ⓪ 🅴 𝗩𝗜𝗦𝗔 𝖩𝖢𝖡. ⑤
chiuso dal 10 gennaio al 10 febbraio, lunedì e da novembre a marzo anche martedì – **Pasto** carta 41/82000 (10 %).

XX U Lungubardu, via dei Devoto 162/166 ✆ 320883 – ▦

a Cavi SE : 3 km – ⊠ 16030 :

XX **A Cantinn-a**, via Torrente Barassi 8 ✆ 390394 – ❷. 🆂 🅴 𝗩𝗜𝗦𝗔
chiuso martedì, dal 15 al 28 febbraio e novembre – **Pasto** carta 40/53000.

X **Raieû**, via Milite Ignoto 23 ✆ 390145 – 🆎 🆂 ⓪ 🅴 𝗩𝗜𝗦𝗔
chiuso lunedì, dal 20 gennaio a febbraio e dal 15 al 31 ottobre – **Pasto** carta 30/70000 bc.

X **Cigno**, via del Cigno 1 ✆ 390026, ⩽ – 𝗩𝗜𝗦𝗔
chiuso martedì, febbraio e ottobre – **Pasto** carta 40/60000.

X **A Supressa**, via Aurelia 1028 ✆ 390318, Coperti limitati; prenotare – 🆎
chiuso a mezzogiorno (escluso i giorni festivi), dal 20 dicembre al 15 gennaio e dal 5 agosto al 5 settembre – **Pasto** 45000.

LAVAGNO 37030 Verona – 4 999 ab. alt. 70 – ✆ 045.

Roma 513 – ◆Verona 12 – ◆Brescia 80 – Trento 113 – Vicenza 43.

XX **Antica Ostaria de Barco**, località Barco ⊠ 37030 San Briccio ✆ 982278, ⩽ dintorni, « Servizio estivo in terrazza » – ❷. 🆎 🆂 ⓪ 🅴 𝗩𝗜𝗦𝗔. ⑤
chiuso sabato a mezzogiorno, domenica e dal 1° al 25 gennaio – **Pasto** carta 28/45000.

LAVAIANO Pisa 428 430 L 13 – Vedere Lari.

LAVARIANO 33050 Udine 429 E 21 – alt. 49 – ✆ 0432.

Roma 615 – ◆Trieste 82 – Udine 14 – ◆Venezia 119.

XX ✿ **Blasut**, ✆ 767017, �, Coperti limitati; prenotare – ⓪
chiuso domenica sera e lunedì – **Pasto** carta 42/73000
Spec. Pasta e fagioli, Cosce d'oca arrosto (autunno-inverno), Bollito misto (autunno-inverno).

LAVARONE 38046 Trento 429 E 15 – 1 089 ab. alt. 1 172 – a.s. 4 febbraio-11 marzo, Pasqua e Natale – Sport invernali : 1 172/1 500 m ⚡13, ⚐ – ✆ 0464.

🏛 a Gionghi, palazzo Comunale ✆ 783226, Fax 783118.

Roma 592 – ◆Milano 245 – Rovereto 29 – Trento 28 – Treviso 115 – ◆Verona 104 – Vicenza 64.

🏨 **Capriolo** ⑤, a Bertoldi ✆ 783187, Fax 783176, ⩽, ☞ – 🛗 📺 ☎ ⇔ ❷. 🆎 🆂 🅴 𝗩𝗜𝗦𝗔. ⑤
21 dicembre-9 aprile e 2 giugno-19 settembre – **Pasto** (chiuso giovedì) carta 33/43000 – ⊑ 12000 – **29 cam** 65/111000 – ½ P 88/98000.

🏠 **Caminetto**, a Bertoldi ✆ 783214, Fax 783214, ⩽, ☞ – 🛗 📺 ☎ ❷. ⑤ rist
dicembre-Pasqua e giugno-settembre – **Pasto** carta 25/36000 – ⊑ 8000 – **20 cam** 55/97000 – ½ P 55/80000.

🏠 **Villa Maria**, a Chiesa ✆ 783230, Fax 783272, ⩽, ☞ – 🛗 ☎ ❷. ⓪. ⑤ rist
20 dicembre-10 marzo e 20 giugno-10 settembre – **Pasto** (chiuso lunedì) carta 29/45000 – **37 cam** ⊑ 65/110000 – ½ P 65/91000.

🏠 **Esperia**, a Chiesa ✆ 783124 – ☎. 🆎 🆂 🅴 𝗩𝗜𝗦𝗔. ⑤
Pasto (chiuso martedì) carta 24/34000 – ⊑ 7000 – **18 cam** 45/75000 – ½ P 65000.

LAVELLO 85024 Potenza 988 ㉘, 431 D 29 – 13 211 ab. alt. 313 – ✆ 0972.

Roma 359 – ◆Foggia 68 – ◆Bari 104 – ◆Napoli 166 – Potenza 77.

🏨 **San Barbato**, SO : 1,5 km ✆ 81392, Fax 83813, ⤓, ☞, ⁎ – 🛗 ▦ 📺 ☎ ❷ – 🔬 100. 🆂 ⓪ 🅴 𝗩𝗜𝗦𝗔. ⑤
Pasto carta 36/51000 – ⊑ 6000 – **36 cam** 100/140000, ▦ 6000 – ½ P 85/110000.

LAVENO MOMBELLO 21014 Varese 🔲🔲🔲② ③, 🔲🔲🔲E 7 – 8 892 ab. alt. 200 – 🕸 0332.

Vedere Sasso del Ferro★★ per cabinovia.

🚢 per Verbania-Intra giornalieri (20 mn) – Navigazione Lago Maggiore, 𝒫 667128.

Roma 654 – Stresa 22 – Bellinzona 56 – Como 49 – ◆Lugano 39 – ◆Milano 77 – Novara 69 – Varese 22.

🏨 **Moderno** senza rist, 𝒫 668373 – 📵 🕿 🖪 ◑ 🖃 𝘝𝘐𝘚𝘈
  chiuso dal 15 novembre al 15 dicembre e dal 15 gennaio a febbraio – 🖃 10000 – **14 cam** 75/105000.

🏯🏯🏯 **Il Porticciolo** con cam, via Fortino 40 (O : 1,5 km) 𝒫 667257, Fax 666753, ≤ lago, prenotare, « Servizio estivo in terrazza sul lago » – 📺 🕿 🅿. ⅀ 🖪 ◑ 🖃 𝘝𝘐𝘚𝘈. 🍴 cam
  chiuso dal 18 gennaio a 2 febbraio – **Pasto** *(chiuso martedì e in luglio-agosto solo martedì a mezzogiorno)* carta 50/80000 – **10 cam** 🖃 100/140000 – ½ P 110/135000.

🍴 **Concordia**, 𝒫 667380 – ⅀ 🖪 ◑ 𝘝𝘐𝘚𝘈
  chiuso lunedì, dal 4 gennaio al 14 febbraio e dal 10 al 20 novembre – **Pasto** carta 30/53000.

🍴 Lo Scoiattolo, località Monteggia N : 3 km 𝒫 668253.

LA VILLA (STERN) Bolzano 🔲🔲🔲⑤ – Vedere Badia.

LAVINIO LIDO DI ENEA Roma 🔲🔲🔲㉖, 🔲🔲🔲R 19 – Vedere Anzio.

LAZISE 37017 Verona 🔲🔲🔲④, 🔲🔲🔲 🔲🔲🔲F 14 – 5 472 ab. alt. 76 – 🕸 045.

🛏 e 🛏 Cà degli Ulivi (chiuso lunedì) a Marciaga-Castion di Costermano ✉ 37010 𝒫 62790630 Fax 6279039, N : 13 km.

🗓 via Francesco Fontana 14 𝒫 7580114, Fax 7581040.

Roma 521 – ◆Verona 22 – ◆Brescia 54 – Mantova 60 – ◆Milano 141 – Trento 92 – ◆Venezia 146.

🏨 **Lazise** senza rist, 𝒫 6470466, Fax 6470190, 🏊, 🍴 – 📵 🗏 📺 🕿 🚗 🅿. 🍴
  marzo-ottobre – **75 cam** 🖃 100/145000.

🏨 **Le Mura** senza rist, 𝒫 6470100, Fax 7580189, 🏊 – 🗏 📺 🕿 🅿. 🖪 🖃 𝘝𝘐𝘚𝘈. 🍴
  marzo-novembre – **24 cam** 🖃 95/130000, 🗏 13000.

🏯🏯 **Bastia**, 𝒫 6470099, 🌫 – 🖪 🖃 𝘝𝘐𝘚𝘈
  chiuso mercoledì e giovedì a mezzogiorno, da giugno a settembre solo mercoledì a mezzogiorno – **Pasto** carta 27/43000.

🏯🏯 **La Taverna-da Oreste**, 𝒫 7580019, Fax 7580019 – ⅀ 🖪 ◑ 🖃 𝘝𝘐𝘚𝘈
  chiuso mercoledì e da gennaio al 2 febbraio – **Pasto** carta 36/55000.

🏯🏯 **Botticelli**, 𝒫 7581194, 🌫 – 🖪 🖃 𝘝𝘐𝘚𝘈. 🍴
  chiuso gennaio e lunedì (escluso da maggio a settembre) – **Pasto** carta 40/63000.

🏯🏯 **Il Porticciolo**, 𝒫 7580254, 🌫 – 🅿. ⅀ 🖪 🖃 𝘝𝘐𝘚𝘈. 🍴
  chiuso martedì e novembre – **Pasto** carta 36/51000.

  sulla strada statale 249 S : 1,5 km :

🏨 **Casa Mia**, ✉ 37017 𝒫 6470244, Fax 7580554, 🌫, « Giardino », 🍴🍴, 🏊, 🍴 – 📵 🗏 📺 🕿 🅿 – 🔼 60. ⅀ 🖪 🖃 𝘝𝘐𝘚𝘈. 🍴
  chiuso dal 21 dicembre al 1° febbraio – **Pasto** *(chiuso lunedì da ottobre a maggio)* carta 38/55000 – 🖃 16000 – **39 cam** 90/130000 – ½ P 110/138000.

LE CASTELLA Crotone 🔲🔲🔲K 33 – Vedere Isola di Capo Rizzuto.

LECCE 73100 🅿 🔲🔲🔲㉚, 🔲🔲🔲F 36 – 100 893 ab. alt. 51 – 🕸 0832.

Vedere Basilica di Santa Croce★★ Y – Piazza del Duomo★★ : pozzo★ del Seminario Y – Museo provinciale★ : collezione di ceramiche★★ Z M – Chiesa di San Matteo★ Z – Chiesa del Rosario★ YZ – Altari★ nella chiesa di Sant'Irene Y.

🗓 piazza Sant'Oronzo 25 𝒫 304443, Fax 314814.

A.C.I. via Candido 2 𝒫 40441.

Roma 601 ① – ◆Brindisi 39 ① – ◆Napoli 413 ① – ◆Taranto 86 ⑦.

Pianta pagina seguente

🏨🏨 **President**, via Salandra 6 𝒫 311881, Telex 860076, Fax 372283 – 📵 🗏 📺 🕿 🕭 🚗 – 🔼 25 a 350. ⅀ 🖪 ◑ 🖃 𝘝𝘐𝘚𝘈 𝘑𝘊𝘉. 🍴 **X n**
  Pasto carta 50/68000 – **154 cam** 🖃 140/220000 – ½ P 150000.

🏨🏨 **Cristal** senza rist, via Marinosci 16 𝒫 372314, Telex 860014, Fax 315109, 🍴 – 📵 🗏 📺 🕿 🚗 – 🔼 60. ⅀ 🖪 ◑ 🖃 𝘝𝘐𝘚𝘈. 🍴 **X a**
  🖃 13000 – **63 cam** 105/155000.

🏨🏨 **Gd H. Tiziano e dei Congressi**, superstrada per Brindisi 𝒫 4718, Telex 860285, Fax 4718, 🏋, 🍴🍴 – 📵 🗏 📺 🕿 🅿 – 🔼 600. ⅀ 🖪 ◑ 🖃 𝘝𝘐𝘚𝘈 𝘑𝘊𝘉. 🍴 rist **X c**
  Pasto carta 39/56000 – **171 cam** 🖃 126/194000 – ½ P 164/189000.

🏨🏨 **Delle Palme**, via di Leuca 90 𝒫 347171, Fax 347171 – 📵 🗏 📺 🕿 🅿. ⅀ 🖪 ◑ 🖃 𝘝𝘐𝘚𝘈 𝘑𝘊𝘉. 🍴 **X e**
  Pasto carta 29/50000 – **96 cam** 🖃 85/143000 – ½ P 98/112000.

LECCE

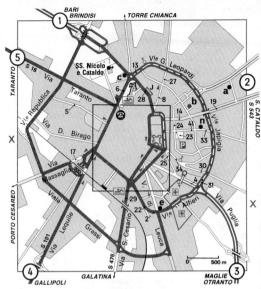

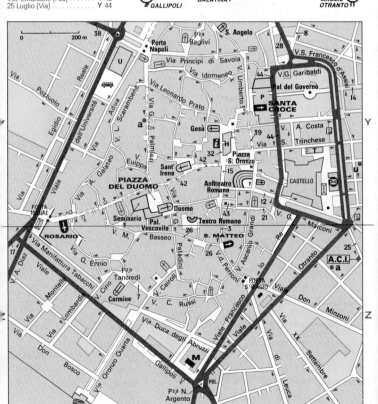

XX **Villa della Monica,** via SS. Giacomo e Filippo 40 $\mathscr{C}$ 358432, ⚘, « In un edificio del
16° secolo » – ☰. 🅗 ⓘ ᴇ 𝗩𝗜𝗦𝗔   X **b**
chiuso martedì e dal 1° al 20 novembre – **Pasto** carta 22/38000.

XX **Plaza,** via 140° Fanteria 16 $\mathscr{C}$ 305093 – ☰. 🅗 ᴇ 𝗩𝗜𝗦𝗔   Y **u**
chiuso domenica ed agosto – **Pasto** carta 23/36000.

X La Taverna di Carlo V, via Palmieri 46 $\mathscr{C}$ 248818   Y **a**

X **I Tre Moschettieri,** via Paisiello 9/a $\mathscr{C}$ 308484, « Servizio estivo all'aperto » – 🅗 ᴇ 𝗩𝗜𝗦𝗔
⅘   Z **a**
chiuso lunedì e dal 15 al 31 agosto – **Pasto** carta 25/52000.

sulla strada provinciale per Torre Chianca :

XX **Gino e Gianni,** N : 2 km ⊠ 73100 $\mathscr{C}$ 399210, Fax 399110 – ☰ ❷. ⒜ 🅗 ⓘ ᴇ 𝗩𝗜𝗦𝗔. ⅘
chiuso mercoledì – **Pasto** carta 30/60000.

XX **Il Satirello,** N : 9 km ⊠ 73100 $\mathscr{C}$ 376121, ⚘ – ❷ – 🕭 80. ⒜ 🅗 ᴇ 𝗩𝗜𝗦𝗔
chiuso martedì – **Pasto** carta 29/44000.

LECCO 22053 🄿 𝟵𝟴𝟴 ③, 𝟰𝟮𝟴 E 10 – 45 869 ab. alt. 214 – ✪ 0341.

Vedere Lago★★★.

🏌 Royal Sant'Anna (chiuso martedì) ⊠ 22040 Annone di Brianza $\mathscr{C}$ 577551, Fax 260143, SO :
10 km.

⛴ per Bellagio-Tremezzo-Como luglio-settembre giornalieri (2 h 40 mn) – Navigazione Lago
di Como, largo Lario Battisti $\mathscr{C}$ 364036.

🄱 via Nazario Sauro 6 $\mathscr{C}$ 362360, Fax 286231.

Roma 621 – Como 29 – ◆Bergamo 33 – ◆Lugano 61 – ◆Milano 56 – Sondrio 82 – Passo dello Spluga 97.

🏨 **Moderno** senza rist, piazza Diaz 5 $\mathscr{C}$ 286519, Fax 362177 – 📺 ☎ ⇌. ⒜ 🅗 ⓘ ᴇ 𝗩𝗜𝗦𝗔
⚏ 12000 – **23 cam** 70/100000, 2 appartamenti.

XX **Al Porticciolo 84,** via Valsecchi 5/7 $\mathscr{C}$ 498103, ⚘, Specialità di mare, Coperti limitati;
prenotare – ⒜ 🅗 ⓘ ᴇ 𝗩𝗜𝗦𝗔. ⅘
chiuso a mezzogiorno (escluso i giorni festivi), lunedì, dal 1° al 6 gennaio ed agosto – **Pasto**
carta 65/85000.

XX **Cermenati,** corso Matteotti 71 $\mathscr{C}$ 283017, ⚘, Coperti limitati; prenotare – ⒜ ⓘ. ⅘
chiuso lunedì e dal 6 al 27 agosto – **Pasto** carta 51/80000.

XX **Larius,** via Nazario Sauro 2 $\mathscr{C}$ 363558 – ⒜ 🅗 ⓘ ᴇ 𝗩𝗜𝗦𝗔
chiuso martedì – **Pasto** carta 47/81000.

XX **Nicolin,** a Maggianico S : 3,5 km $\mathscr{C}$ 422122, Fax 422122, « Servizio estivo in terrazza » –
❷. ⒜ 🅗 ⓘ 𝗩𝗜𝗦𝗔. ⅘
chiuso martedì ed agosto – **Pasto** carta 39/60000.

XX **Vecchia Lecco,** via Anghileri 5 $\mathscr{C}$ 365701 – ⒜ 🅗 ⓘ ᴇ 𝗩𝗜𝗦𝗔 𝗝𝗖𝗕. ⅘
chiuso domenica ed agosto – **Pasto** carta 40/60000.

X Pizzoccheri, via Aspromonte 21 $\mathscr{C}$ 367126, Specialità valtellinesi

Vedere anche : *Garlate* S : 6 km.

LE CLOTES Torino – Vedere Sauze d'Oulx.

LEGNAGO 37045 Verona 𝟵𝟴𝟴 ④ ⑭, 𝟰𝟮𝟵 G 15 – 26 494 ab. alt. 16 – ✪ 0442.

Roma 476 – ◆Verona 43 – Mantova 44 – ◆Milano 195 – ◆Padova 64 – Rovigo 45 – ◆Venezia 101 – Vicenza 49.

🏨 **Salieri** senza rist, viale dei Caduti 64 $\mathscr{C}$ 22100, Fax 23422 – 🛗 ☰ 📺 ☎. ⒜ 🅗 ⓘ 𝗩𝗜𝗦𝗔. ⅘
⚏ 10000 – **28 cam** 98/128000.

XXX **Colombara Volner** via San Vito 14 (NE : 2,5 km) $\mathscr{C}$ 629555, Fax 629588, ⚘, Coperti
limitati; prenotare, « Giardino-frutteto » – ⥊ ❷ – 🕭 100. ⒜ 🅗 ⓘ ᴇ 𝗩𝗜𝗦𝗔. ⅘
chiuso lunedì sera, martedì, dal 1° al 15 gennaio e dal 1° al 20 agosto – **Pasto** carta 42/67000.

a San Pietro O : 3 km – ⊠ **37048** San Pietro di Legnago :

🏨 **Pergola,** $\mathscr{C}$ 629103, Fax 629110, ⚘ – 🛗 ☰ 📺 ☎ ⅙ ⇌ ❷ – 🕭 150. ⒜ 🅗 ⓘ ᴇ 𝗩𝗜𝗦𝗔. ⅘
Pasto *(chiuso mercoledì, venerdì sera, dal 1° al 10 gennaio e dal 5 al 20 agosto)* carta 44/
69000 – ⚏ 14000 – **48 cam** 120/150000 – ½ P 100/130000.

LEGNANO 20025 Milano 𝟵𝟴𝟴 ③, 𝟰𝟮𝟴 F 8 – 50 005 ab. alt. 199 – ✪ 0331.

Roma 605 – ◆Milano 28 – Como 33 – Novara 37 – Varese 32.

🏨 **Excelsior** senza rist, piazza Frua $\mathscr{C}$ 593186, Fax 547530 – 🛗 ☰ 📺 ☎ ⅙ – 🕭 40 a 100. ⒜
🅗 ⓘ ᴇ 𝗩𝗜𝗦𝗔
chiuso dal 1° al 23 agosto – **63 cam** ⚏ 140/180000, 3 appartamenti.

🏨 **Italia** senza rist, viale Toselli 42/a $\mathscr{C}$ 597191, Fax 597268 – 🛗 📺 ☎ ⇌ ❷. ⒜ 🅗 ᴇ 𝗩𝗜𝗦𝗔.
⅘
chiuso dal 10 al 20 agosto – ⚏ 9000 – **30 cam** 96/139000.

🏨 **2 C** senza rist, via Colli di Sant'Erasmo 51 $\mathscr{C}$ 440159, Fax 440159 – ☰ 📺 ☎ ❷. ⒜ 🅗 ⓘ ᴇ
𝗩𝗜𝗦𝗔. ⅘
chiuso dal 1° al 21 agosto – ⚏ 10000 – **24 cam** 85/130000.

LE GRAZIE La Spezia **430** J 11 – Vedere Portovenere.

LEIFERS = Laives.

LEIVI Genova **428** I 9 – Vedere Chiavari.

LEMIE 10070 Torino, **428** G 3 – 271 ab. alt. 957 – ✪ 0123.
Roma 734 – ◆Torino 52 – ◆Milano 180.

🏠 **Villa Margherita**, località Villa SE : 2 km ℰ 60225, ≤ – **P**. 🛅 ⓞ ⅅ 🝙 🗺. ✹
chiuso gennaio – **Pasto** (chiuso lunedì) carta 31/45000 – � 8000 – **19 cam** 80/120000 –
½ P 68/75000.

LENNO 22016 Como **428** E 9, **219** ⑨ – 1 610 ab. alt. 200 – ✪ 0344.
Roma 652 – Como 27 – Menaggio 8 – ◆Milano 75.

🏛 **San Giorgio**, ℰ 40415, ≤ lago e monti, « Piccolo parco ombreggiato », ✹ – ⅻ **P**. 🝙
🛅 ⅅ 🝙. ✹
aprile-settembre – **Pasto** (solo per clienti alloggiati) 45000 – ⊊ 15000 – **26 cam** 110/150000
– ½ P 101/115000.

LEPORANO 74020 Taranto **431** F 33 – 5 231 ab. alt. 48 – a.s. 20 giugno-agosto – ✪ 099.
Roma 546 – ◆Brindisi 66 – Lecce 77 – ◆Taranto 14.

🏨 **Morgana**, località Baia d'Argento ℰ 8315591, Fax 8315595, ≤, 🖄, 🌳 – ⅻ 🖩 🖵 🝙 🖧 **P**
– 🏛 100. 🝙 🛅 ⓞ ⅅ 🝙. ✹
Pasto carta 35/50000 – **46 cam** ⊊ 140/170000 – ½ P 120/160000.

Jährlich eine neue Ausgabe
Aktuellste Informationen,
jährlich für Sie!

LE REGINE Pistoia **430** J 14 – Vedere Abetone.

LERICI 19032 La Spezia **988** ⑬ ⑭, **428** **429** **430** J 11 – 12 206 ab. – ✪ 0187.
Vedere Guida Verde.
🏌 Marigola (chiuso mercoledì) ℰ 970193, Fax 970193.
🎫 via Gerini 40 ℰ 967346.
Roma 408 – ◆Genova 107 – ◆Livorno 84 – Lucca 64 – Massa 25 – ◆Milano 224 – Pisa 65 – ◆La Spezia 10.

🏛 **Shelley e Delle Palme** senza rist, lungomare Biaggini 5 ℰ 968204, Fax 964271, ≤ golfo
– ⅻ 🖵 🝙 🚐. 🝙 🛅 ⓞ ⅅ 🝙. ✹ rist
chiuso novembre – ⊊ 15000 – **51 cam** 100/135000.

🏛 **Doria Park Hotel** ♨, senza rist, via privata Doria ℰ 967124, Fax 966459, ≤ golfo, 🌳 –
ⅻ 🖵 🝙 **P**. 🝙 🛅 ⓞ ⅅ 🝙
42 cam ⊊ 110/170000.

🏛 **Europa** ♨, via Carpanini 1 ℰ 967800, Fax 965957, ≤ golfo, 🌳 – ⅻ 🖵 🝙 **P**. 🝙 🛅 ⓞ ⅅ
🝙. ✹
Pasto carta 38/52000 – ⊊ 15000 – **33 cam** 110/140000 – ½ P 90/140000.

🏛 **Florida** senza rist, lungomare Biaggini 35 ℰ 967332, Fax 967344, ≤ golfo – ⅻ 🖩 🖵 🝙.
🝙 🛅 ⓞ ⅅ 🝙. ✹
chiuso dal 6 gennaio al 6 marzo – **36 cam** ⊊ 115/160000.

✕✕ **Il Frantoio**, via Cavour 21 ℰ 964174 – 🝙 🛅 ⓞ ⅅ 🝙. ✹
chiuso lunedì e dal 4 al 15 luglio – **Pasto** carta 50/81000.

✕✕ **Vecchia Lerici**, piazza Mottino 10 ℰ 967597, 🌂, Coperti limitati; prenotare – 🝙 🛅 ⓞ
ⅅ 🝙 🃏
chiuso giovedì, venerdì a mezzogiorno, dal 1° al 15 luglio e dal 25 novembre al 25 dicembre
– **Pasto** carta 48/75000.

✕✕ **Da Paolino**, via San Francesco 14 ℰ 967801, Fax 967801, prenotare – 🝙 🛅 ⅅ 🝙
🃏
chiuso dal 3 al 24 ottobre, domenica sera e lunedì (escluso luglio-agosto) – **Pasto** carta 51/
80000.

✕✕ **La Barcaccia**, piazza Garibaldi 8 ℰ 967721, 🌂 – 🝙 🛅 ⓞ ⅅ 🝙
chiuso febbraio o novembre e giovedì (escluso agosto) – **Pasto** carta 45/70000 (10%).

✕✕ **Conchiglia**, piazza del Molo 3 ℰ 967334, ≤, 🌂 – 🝙 🛅 ⓞ ⅅ 🝙
chiuso dal 15 gennaio al 15 febbraio e mercoledì (escluso dal 15 luglio ad agosto) – **Pasto**
carta 43/70000.

✕ **La Calata**, via Mazzini 7 ℰ 967143, ≤, 🌂 – 🝙 🛅 ⓞ ⅅ 🝙
chiuso mercoledì e novembre – **Pasto** carta 45/70000 (10%).

✕ Rarità, piazza Cesare Battisti 2 ℰ 967520

a Fiascherino SE : 3 km – ✉ 19030 :

🏨 **Il Nido** ⑤, ℰ 967286, Fax 964225, ≤, « Terrazze-giardino », 🐾 – ▤ cam 📺 ☎ ⇌ ℗. ⅋ ⑤ ① Ɛ *VISA*. ❊
marzo-ottobre – **Pasto** carta 43/68000 – ⌓ 18000 – **36 cam** 100/140000 – ½ P 100/130000.

🏨 **Cristallo** ⑤, ℰ 967291, Fax 964269, ≤ – 🛗 ▤ 📺 ☎ ℗. ⅋ ⑤ ① Ɛ *VISA*. ❊
chiuso dal 9 gennaio al 5 febbraio – **Pasto** carta 39/64000 – **35 cam** ⌓ 110/180000 – ½ P 80/120000.

🏠 **Villa Maria Grazia** ⑤, ℰ 967507, « Giardino-uliveto con servizio ristorante estivo » – ☎ ℗. ⑤ Ɛ *VISA*. ❊
marzo-ottobre – **Pasto** (solo per clienti alloggiati e chiuso a mezzogiorno) carta 41/62000 – ⌓ 14000 – **9 cam** 95/125000 – ½ P 95/115000.

a Tellaro SE : 4 km – ✉ 19030 :

🏠 **Miramare** ⑤, ℰ 967589, ≤, « Terrazza-giardino » – ☎ ℗. ❊ cam
22 dicembre-8 gennaio e Pasqua-ottobre – **Pasto** carta 30/41000 – ⌓ 8000 – **18 cam** 50/70000 – ½ P 75/80000.

✗✗ ❀ **Miranda** con cam, ℰ 964012, Fax 964032, Coperti limitati; prenotare – 📺 ☎ ℗. ⅋ ⑤ ① Ɛ *VISA*. ❊ cam
chiuso dal 12 gennaio a febbraio – **Pasto** (chiuso lunedì) 50/75000 e carta 56/98000 – **4 cam** ⌓ 100/130000, 2 appartamenti 130000 – ½ P 130000
Spec. Parmigiana di melanzane e filetti di branzino, Lasagnette integrali agli asparagi e scampi, Orata brasata al Barbera con spinaci all'uvetta.

LESA 28040 Novara 🗺 E 7, 🗺 ⑦ – 2 300 ab. alt. 196 – ❀ 0322.
Roma 650 – Stresa 7 – Locarno 62 – ◆Milano 73 – Novara 49 – ◆Torino 127.

✗ **Lago Maggiore** con cam, ℰ 7259, Fax 77976, ≤, �ております – 📺 ☎. ⑤ ① Ɛ *VISA*
marzo-novembre – **Pasto** carta 33/58000 (10%) – ⌓ 13000 – **15 cam** 70/95000 – ½ P 80/85000.

verso Comnago O : 2 km :

✗ **Al Camino**, ✉ 28040 ℰ 7471, Coperti limitati; prenotare, « Locale tipico con servizio estivo in terrazza panoramica » – ⑤ *VISA*. ❊
chiuso mercoledì ed ottobre – **Pasto** carta 38/63000.

LESINA 71010 Foggia 🗺 ㉘, 🗺 B 28 – 6 409 ab. – a.s. agosto-13 settembre – ❀ 0882.
Roma 333 – ◆Foggia 60 – ◆Bari 178 – ◆Napoli 232 – ◆Pescara 130.

a Marina di Lesina NO : 12 km – ✉ 71010 Lesina :

🏨 **Maddalena** ⑤, ℰ 95076, Fax 95078, ≤, 🗻, 🐾, ✗ – 🛗 🅿 ⇌. ⅋ ⑤ ① Ɛ *VISA*. ❊ rist
Pasto (chiuso sino al 31 marzo) 20/25000 – **74 cam** ⌓ 80/125000 – ½ P 90/105000.

LETOJANNI Messina 🗺 N 27 – Vedere Sicilia alla fine dell'elenco alfabetico.

LEVADA Treviso – Vedere Ponte di Piave.

LEVANTO 19015 La Spezia 🗺 ⑬, 🗺 J 10 – 5 916 ab. – ❀ 0187.
🛈 piazza Cavour 12 ℰ 808125, Fax 808125.
Roma 456 – ◆Genova 83 – ◆Milano 218 – Rapallo 59 – ◆La Spezia 36.

🏠 **Dora**, via Martiri della Libertà 27 ℰ 808168, Fax 808007 – 🛗 ▤ rist ☎ ♿ ℗. ⑤ Ɛ ⏧. ❊ rist
chiuso da novembre al 7 gennaio – **Pasto** (chiuso venerdì) 30/40000 – ⌓ 15000 – **35 cam** 70/90000 – ½ P 60/95000.

🏠 **Nazionale**, via Jacopo 20 ℰ 808102, Fax 800901, �——— – 🛗 ☎ ℗. ⅋ ⑤ ① Ɛ *VISA*. ❊ rist
2 dicembre-6 gennaio e aprile-3 novembre – **Pasto** 35/50000 – **32 cam** ⌓ 97/148000 – ½ P 90/105000.

✗✗ **Hostaria da Franco**, via privata Olivi 8 ℰ 808647, �———— – ❊
chiuso novembre e lunedì (escluso luglio-agosto) – **Pasto** carta 45/75000.

✗ **Tumelin**, via Grillo 32 ℰ 808379, �————
chiuso dal 7 gennaio al 7 febbraio e giovedì (escluso dal 15 giugno al 15 settembre) – **Pasto** carta 44/73000.

✗ **La Gritta**, via Vellesanta ℰ 808593, ≤, �————, Veranda in riva al mare – ⅋ ⑤ ① Ɛ *VISA*. ❊
Pasqua-settembre; chiuso mercoledì escluso luglio-agosto – **Pasto** carta 39/55000 (10%).

LEVICO TERME 38056 Trento 🗺 ④, 🗺 D 15 – 5 675 ab. alt. 506 – Stazione termale (maggio-ottobre), a.s. Pasqua, luglio-agosto e Natale – Sport invernali : a Panarotta (Vetriolo Terme) : 1 490/2 000 m ≰5, ⚞ – ❀ 0461.
🛈 via Vittorio Emanuele 3 ℰ 706101, Fax 706004.
Roma 610 – Belluno 90 – ◆Bolzano 82 – ◆Milano 266 – Trento 22 – ◆Venezia 141.

🖚 **Gd H. Bellavista,** 𝒫 706136, Fax 706474, ≼, « Giardino ombreggiato », ⤳ riscaldata –
📶 🗐 rist 🖵 ☎ 🅿 – ⚿ 120. 🗐 🗉 𝐕𝐈𝐒𝐀. 🕉 rist
15 aprile-ottobre – **Pasto** 30/40000 – ⌑ 15000 – **78 cam** 90/160000 – ½ P 59/135000.

🖚 **Al Sorriso** ⤳, verso il lido 𝒫 707029, Fax 706202, ≼, « Grande giardino ombreggiato
con ⤳ riscaldata e ⅋ » – 📶 🖵 ☎ 🅿. 🗐 🗉 𝐕𝐈𝐒𝐀. 🕉 rist
Natale-20 gennaio e Pasqua-ottobre – **Pasto** 30/42000 – ⌑ 15000 – **45 cam** 120/160000,
2 appartamenti – ½ P 65/125000.

🏠 **Liberty,** 𝒫 701521, Fax 701818 – 📶 🗐 rist 🖵 ☎. 🗐 🗉 𝐕𝐈𝐒𝐀. 🕉 rist
20 dicembre-10 gennaio e maggio-ottobre – **Pasto** 25/40000 – ⌑ 10000 – **32 cam** 75/
130000 – ½ P 44/82000.

🏠 **Levico,** 𝒫 706335, ≼, ⬅ – 📶 ☎ 🅿. 🕉
giugno-settembre – **Pasto** 30/35000 – ⌑ 6000 – **26 cam** 50/90000 – ½ P 60/85000.

🖂 **Scaranò** ⤳ con cam, verso Vetriolo Terme N : 2 km 𝒫 706810, ≼ vallata – ☎ 🅿. 🗐 🗉
𝐕𝐈𝐒𝐀. 🕉
Pasto *(chiuso lunedì escluso da luglio al 20 settembre)* carta 29/51000 – ⌑ 7000 – **25 cam**
60/70000 – ½ P 60/70000.

a Vetriolo Terme N : 13,5 km – alt. 1 490 – ⌧ **38056** Levico Terme :

🏠 **Compet** ⤳, S : 1,5 km 𝒫 706466, Fax 707815, ≼ – 📶 ☎ 🅿 – ⚿ 80. 🗐 🗉. 🕉
chiuso dall'8 ottobre al 15 novembre – **Pasto** 25/35000 – **34 cam** ⌑ 55/100000 – ½ P 65/
82000.

🏠 **Italia Grand Chalet** ⤳, 𝒫 706414, ≼, ⬅, ⅋ – ☜ 🅿
stagionale – **50 cam.**

| **I prezzi** | Per ogni chiarimento sui prezzi riportati in guida, consultate le pagine dell'introduzione. |

LIDO Livorno 𝟒𝟑𝟎 N 13 – Vedere Elba (Isola d') : Capoliveri.

LIDO DEGLI ESTENSI Ferrara 𝟗𝟖𝟖 ⑮, 𝟒𝟑𝟎 I 18 – Vedere Comacchio.

LIDO DI CAMAIORE 55043 Lucca 𝟗𝟖𝟖 ⑭, 𝟒𝟐𝟖 𝟒𝟐𝟗 𝟒𝟑𝟎 K 12 – a.s. Carnevale, Pasqua,
15 giugno-15 settembre e Natale – ✪ 0584.
🛈 viale Colombo 342 𝒫 617397, Fax 618696.
Roma 371 – Pisa 23 – ◆Firenze 97 – ◆Livorno 47 – Lucca 27 – Massa 23 – ◆Milano 251 – ◆La Spezia 51.

🖚 **Villa Ariston,** viale Colombo 355 𝒫 610633, Fax 610631, 🏠, « Parco con ⤳ e servizio
rist. all'aperto », ⅋ – 🗐 🖵 ☎ 🅿 – ⚿ 300. 🗐 🗉 ⓪ 🗉 𝐕𝐈𝐒𝐀. 🕉
chiuso novembre – **Pasto** *(aprile-ottobre)* carta 75/90000 – ⌑ 20000 – **37 cam** 230/330000,
7 appartamenti – ½ P 180/240000.

🖚 **Caesar,** viale Colombo 325 𝒫 617841, Fax 610888, ≼, ⤳, ⬅, ⅋ – 📶 🗐 🖵 ☎ 🅿 –
⚿ 60. 🗐 🗉 ⓪ 🗉 𝐕𝐈𝐒𝐀. 🕉
Pasto *(giugno-ottobre)* 45/60000 – **41 cam** ⌑ 95/190000 – ½ P 110/145000.

🏠 **Piccadilly,** lungomare Pistelli 101 𝒫 617441, Fax 617102, ≼ – 📶 🗐 🖵 ☎. 🗐 🗉 ⓪ 🗉
𝐕𝐈𝐒𝐀. 🕉
Pasto 30/45000 – ⌑ 18000 – **40 cam** 100/140000 – ½ P 125/140000.

🏠 **Bracciotti,** viale Colombo 366 𝒫 618401, Fax 617173, ⤳, ⬅ – 📶 🖵 ☎ 🅿 – ⚿ 110. 🗐
🗉 𝐕𝐈𝐒𝐀. 🕉 rist
Pasto *(Pasqua-ottobre; solo per clienti alloggiati)* 25/35000 – ⌑ 10000 – **50 cam** 80/100000
– ½ P 70/90000.

🏠 **Alba sul Mare,** lungomare Pistelli 15 𝒫 67423, Fax 66811, ≼ – 📶 🗐 🖵 ☎. 🗐 🗉 ⓪ 🗉
𝐕𝐈𝐒𝐀 𝐉𝐂𝐁. 🕉
Pasqua-ottobre – **Pasto** 38/55000 – ⌑ 20000 – **21 cam** 75/120000 – P 110/140000.

🏠 **Capri,** lungomare Pistelli 6 𝒫 60001, Fax 60004, ≼ – 📶 🗐 🖵 ☎. 🗐 🗉 𝐕𝐈𝐒𝐀. 🕉
Pasqua-novembre – **Pasto** carta 35/50000 – ⌑ 15000 – **47 cam** 90/120000 – ½ P 80/
120000.

🏠 **Bacco** ⤳, via Rosi 24 𝒫 619540, Fax 610897, ⬅ – 📶 🗐 🖵 ☎. 🕉
maggio-15 ottobre – **Pasto** *(solo per clienti alloggiati)* – ⌑ 11000 – **21 cam** 135/140000 –
½ P 90/110000.

🏠 **Villa Iolanda,** lungomare Pistelli 127 𝒫 617296, Fax 617295, ≼, ⤳ – 📶 🗐 rist 🖵 ☎ 🅿.
🗐 🗉 ⓪ 🗉 𝐕𝐈𝐒𝐀. 🕉 rist
15 aprile-15 ottobre – **Pasto** 35/45000 – ⌑ 10000 – **49 cam** 110/125000 – ½ P 90/115000.

🏠 **Sylvia** ⤳, via Manfredi 15 𝒫 617994, ⬅ – 📶 ☎ 🅿. 🕉
20 maggio-settembre – **Pasto** *(solo per clienti alloggiati)* 25/30000 – ⌑ 8000 – **21 cam**
55/83000 – ½ P 55/79000.

🏠 **Gigliola,** via del Secco 23 𝒫 617151, Fax 617172, ⬅ – 🖵 ☎ 🅿
stagionale – **18 cam.**

🏠 **Souvenir,** via Roma 247 𝒫 617694, Fax 618883, ⬅ – 🖵 ☎ 🅿. 🕉
chiuso ottobre, novembre e dicembre – **Pasto** 25000 – **18 cam** ⌑ 50/70000 – ½ P 40/65000.

XX **Ariston Mare,** viale Colombo 660 ℰ 904747, 🏠 – 🅿. 🆎 🏧 ⑩ 🇪 𝘝𝘐𝘚𝘈 ᴊᴄʙ
chiuso dal 15 ottobre al 10 novembre, domenica sera e lunedì (escluso da giugno a settembre) – **Pasto** carta 32/73000.

XX **Da Clara,** via Aurelia 289 ℰ 904520 – 🍴 🅿. 🆎 🏧 ⑩ 🇪 𝘝𝘐𝘚𝘈
chiuso mercoledì e dall'8 al 31 gennaio – **Pasto** carta 47/77000 (10%).

XX **La Lanterna-dal Mario,** viale Colombo 388 ℰ 617254 – 🆎 🏧 ⑩ 🇪 𝘝𝘐𝘚𝘈 ᴊᴄʙ
chiuso martedì e dal 15 novembre al 15 dicembre – **Pasto** carta 40/69000.

X **L'Arcano,** via Papini 9 ℰ 66690, 🏠, Rist. e pizzeria – 🆎 🏧 ⑩ 𝘝𝘐𝘚𝘈. ✵
chiuso mercoledì e dal 1° al 25 novembre – **Pasto** carta 30/56000.

LIDO DI CLASSE Ravenna 🟦🟦🟦 ⑮, 🟨🟨🟨 🟨🟨🟨 J 19 – ✉ 48020 Savio – a.s. Pasqua e 18 giugno-agosto e Natale – ✿ 0544.

🛈 (maggio-settembre) viale Da Verrazzano 107 ℰ 939278.

Roma 384 – ◆Ravenna 19 – ◆Bologna 96 – Forlì 30 – ◆Milano 307 – Rimini 40.

🏠 **Astor,** ℰ 939437, Fax 939437, ≼, ☞ – 🛗 ☎ 🅿. ✵ rist
20 maggio-15 settembre – **Pasto** 25000 – ☲ 12000 – **27 cam** 75/95000 – ½ P 52/80000.

LIDO DI JESOLO 30017 Venezia 🟦🟦🟦 ⑤, 🟨🟨🟨 F 19 – ✿ 0421.

🛈 piazza Brescia 13 ℰ 370601, Telex 410334, Fax 370606.

Roma 564 – ◆Venezia 44 – Belluno 110 – ◆Milano 303 – ◆Padova 73 – Treviso 54 – ◆Trieste 129 – Udine 98.

🏨 **Park Hotel Brasilia,** via Levantina (2° accesso al mare) ℰ 380851, Fax 92244, ≼, 🏊, 🏖, ☞ – 🛗 🍴 📺 ☎ 🅿. 🆎 🏧 ⑩ 🇪 𝘝𝘐𝘚𝘈 ✵ rist
Pasqua-settembre – **Pasto** (solo per clienti alloggiati) 52000 – **40 cam** ☲ 136/262000, 4 appartamenti – ½ P 92/180000.

🏨 **Delle Nazioni,** via Padova 55 ℰ 971920, Fax 971940, ☎, 🏊, 🏖 – 🛗 🍴 📺 ☎ 🅿 – 🛗 120. 🆎 🏧 ⑩ 🇪 𝘝𝘐𝘚𝘈. ✵ rist
aprile-ottobre – **Pasto** 50/60000 – **54 cam** ☲ 140/240000 – ½ P 80/140000.

🏨 **Byron Bellavista,** via Padova 83 ℰ 371023, Fax 371073, ≼, 🏊, 🏖 – 🛗 ☎ 🅿. 🆎 🏧 ⑩ 🇪 𝘝𝘐𝘚𝘈. ✵ rist
maggio-settembre – **Pasto** (solo per clienti alloggiati) 30/40000 – ☲ 20000 – **56 cam** 120/220000, 2 appartamenti – ½ P 130/170000.

🏨 **Palace Cavalieri,** via Mascagni 1 ℰ 971969, Fax 972133, ≼, ☎, 🏊 riscaldata, 🏖 – 🛗 🍴 📺 ☎ 🅿. 🆎 🏧 ⑩ 🇪 𝘝𝘐𝘚𝘈 ✵
aprile-15 ottobre – **Pasto** carta 45/60000 – **58 cam** ☲ 129/249000 – ½ P 103/134000.

🏨 **Majestic Toscanelli,** via Canova 2 ℰ 371331, Fax 371054, ≼, 🏊, 🏖, ☞ – 🛗 🍴 rist ☎ 🅿. 🏧 🇪 𝘝𝘐𝘚𝘈. ✵
15 maggio-21 settembre – **Pasto** (solo per clienti alloggiati) – ☲ 15000 – **55 cam** 110/180000 – ½ P 110/130000.

🏨 **Rivamare,** via Bafile (17° accesso al mare) ℰ 370432, Fax 370761, ≼, ƒᴏ, ☎, 🏊, 🏖 – 🛗 🍴 📺 ☎ 🅿. 🆎 🏧 🇪 𝘝𝘐𝘚𝘈. ✵
10 maggio-settembre – **Pasto** (solo per clienti alloggiati) 30/45000 – ☲ 19000 – **55 cam** 90/160000, 🍴 6000 – ½ P 90/125000.

🏨 **Montecarlo,** via Bafile 5 (16° accesso al mare) ℰ 370200, Fax 370201, ≼, 🏖 – 🛗 📺 ☎ 🅿. 🆎 𝘝𝘐𝘚𝘈. ✵
maggio-24 settembre – **Pasto** 20/30000 – ☲ 10000 – **40 cam** 80/150000 – ½ P 78/115000.

🏨 **Universo,** via Treviso 11 ℰ 972298, Fax 371300, ≼, 🏊, 🏖, ☞ – 🛗 🍴 rist ☎ 🅿. 🏧 🇪 𝘝𝘐𝘚𝘈. ✵ rist
maggio-settembre – **Pasto** 35000 – ☲ 16000 – **56 cam** 95/184000 – ½ P 79/107000.

🏨 **Atlantico,** via Bafile 11 (3° accesso al mare) ℰ 381273, Fax 380655, ≼, 🏊, 🏖 – 🛗 ☎ 🅿. 🆎 🏧 🇪 𝘝𝘐𝘚𝘈. ✵ rist
10 maggio-20 settembre – **Pasto** (solo per clienti alloggiati) 34/42000 – **69 cam** ☲ 95/180000 – ½ P 101/110000.

🏨 **Galassia,** via Treviso 7 ℰ 972271, ≼, 🏊, 🏖, ☞ – 🛗 🍴 rist ☎ 🅿. 🏧 🇪 𝘝𝘐𝘚𝘈. ✵ rist
maggio-settembre – **Pasto** 35000 – ☲ 16000 – **64 cam** 97/188000 – ½ P 81/109000.

🏨 **Ritz,** via Zanella 2 ℰ 972861, Fax 972861, ≼, 🏊 riscaldata, 🏖 – 🛗 🍴 rist ☎ 🅿. 🆎 🏧 ⑩ 🇪 𝘝𝘐𝘚𝘈. ✵ rist
maggio-settembre – **Pasto** 50/55000 – ☲ 15000 – **45 cam** 120/160000 – ½ P 100/130000.

🏨 **Nettuno,** via Bafile (23° accesso al mare) ℰ 370301, Fax 370789, ≼, 🏖 – 🛗 ☎ 🅿. 🏧 🇪 𝘝𝘐𝘚𝘈. ✵ rist
maggio-settembre – **Pasto** 30/35000 – **74 cam** ☲ 70/120000 – ½ P 75/80000.

🏨 **Costa Azzurra,** via Bafile 452 ℰ 370525, Fax 370566, 🏊, 🏖 – 🛗 🍴 rist ☎ 🅿. ✵
6 maggio-24 settembre – **Pasto** 22/50000 – **51 cam** ☲ 78/140000 – ½ P 68/90000.

🏠 **Vidi,** viale Venezia 7 ℰ 93003, Fax 93094, ≼, 🏖 – 🛗 ☎ 🅿. 🆎 🏧 ⑩ 🇪 𝘝𝘐𝘚𝘈. ✵
chiuso dal 22 dicembre a gennaio – **Pasto** *(chiuso da novembre a marzo)* 30/50000 – ☲ 12000 – **60 cam** 80/130000 – ½ P 70/120000.

🏠 **Manila,** via Bafile 367 ℰ 370310, Fax 370722, ≼, 🏖 – 🛗 ✦ rist 🍴 rist ☎ 🅿. 🏧 🇪 𝘝𝘐𝘚𝘈. ✵ rist
maggio-settembre – **Pasto** carta 23/31000 – **60 cam** ☲ 72/126000 – ½ P 52/81000.

a Jesolo Pineta E : 6 km – ⊠ **30017** Lido di Jesolo :

Negresco, via Bucintoro 8 ℘ 961137, Fax 961025, ≤, 🍽, ≋s, 🏊, ▲☉, 🚤, ❤ – 🛗 ⊟ ☎
℗, 🆑 💷 **E** *VISA*, ❤
15 maggio-15 settembre – **Pasto** carta 50/60000 – ☑ 15000 – **52 cam** 150/220000,
🍴 10000 – 1/2 P 138/148000.

Bellevue, via Oriente 100 ℘ 961233, Fax 961238, ≤, 🍽, « Giardino ombreggiato »,
🏊 riscaldata, ▲☉, ❤ – 🛗 ⊟ rist ☎ **℗**, ❤
20 maggio-14 settembre – **Pasto** 30/45000 – ☑ 20000 – **64 cam** 95/190000 – 1/2 P 110/
165000.

Gallia ⊗, via del Cigno Bianco 3/5 ℘ 961018, Fax 363033, « Giardino ombreggiato »,
🏊 riscaldata, ▲☉, ❤ – 🛗 ⊟ ☎ ♿ **℗** 🆑 **E** *VISA*, ❤ rist
14 maggio-20 settembre – **Pasto** 55000 – ☑ 18000 – **52 cam** 100/180000 – 1/2 P 104/135000.

Vina del Mar, via Oriente 58 ℘ 961182, Fax 362872, ≋s, 🏊, ▲☉, 🚤 – 🛗 ⊟ 📺 ☎ **℗**
stagionale.

Bauer, ℘ 961333, Fax 362977, ≤, 🏊, ▲☉, 🚤 – 🛗 ⊟ 📺 ☎ **℗**, ❤
maggio-settembre – **Pasto** 40000 – ☑ 15000 – **35 cam** 110/180000 – 1/2 P 91/131000.

Danmark ⊗, via Airone 1 ℘ 961013, Fax 362389, ≤, 🏊, ▲☉, 🚤 – 🛗 ⊟ rist ☎ **℗**, 🆑 **E**
VISA, ❤ rist
maggio-settembre – **Pasto** 20/30000 – ☑ 12000 – **55 cam** 80/120000 – 1/2 P 55/80000.

Alla Darsena, via Oriente 166 ℘ 980081, Fax 980081, « Servizio estivo all'aperto » – **℗**,
🆑 💷 *VISA*, ❤
chiuso dal 15 novembre al 10 dicembre e giovedì (escluso dal 15 maggio al 15 settembre) –
Pasto carta 40/70000.

LIDO DI LATINA Latina 🅰🅱🅾 R 20 – Vedere Latina.

LIDO DI OSTIA o LIDO DI ROMA 00100 Roma 🅾🅱🅱 ㉕ ㉖, 🅰🅱🅾 Q 18 – a.s. 15 giugno-agosto –
✪ 06.

Vedere Scavi★★ di Ostia Antica N : 4 km.

Roma 36 – Anzio 45 – Civitavecchia 69 – Frosinone 108 – Latina 70.

La Riva senza rist, piazzale Magellano 22 ⊠ 00122 ℘ 5622231, Fax 5621667, 🚤 ⊟ 📺 ☎
℗, 🆑 💷 ◑ **E** *VISA*, ❤
15 cam ☑ 120/148000.

Villa Irma, corso Regina Maria Pia 67 ⊠ 00122 ℘ 5603877, 🍽, Coperti limitati; preno-
tare
chiuso a mezzogiorno.

Ferrantelli, via Claudio 7/9 ⊠ 00122 ℘ 5625751 – 🍴. 🆑 🆂 ◑ **E** *VISA*
chiuso lunedì – **Pasto** carta 48/73000.

Negri-da Romano e Luciano, via Claudio 50/54 ⊠ 00122 ℘ 5622295 – 🆑 ◑
chiuso mercoledì escluso da giugno a settembre – **Pasto** carta 46/67000.

LIDO DI PORTONUOVO Foggia 🅰🅱🅱 B 30 – Vedere Vieste.

LIDO DI SAVIO 48020 Ravenna 🅾🅱🅱 ⑮, 🅰🅱🅾 🅰🅱🅾 J 19 – a.s. 18 giugno-agosto – ✪ 0544.

🅱 (maggio-settembre) viale Romagna 168 ℘ 949063.

Roma 385 – ◆Ravenna 20 – ◆Bologna 98 – Forlì 32 – ◆Milano 309 – Rimini 38.

Strand Hotel Colorado, viale Romagna 201 ℘ 949002, Fax 949002, ≤, 🏊, ▲☉ – 🛗
⊟ rist ☎ **℗**, ❤ rist
10 maggio-20 settembre – **Pasto** 35/45000 – ☑ 16000 – **43 cam** 80/120000 – 1/2 P 70/
105000.

Concord, via Russi 1 ℘ 949115, Fax 949115, ≤, 🏊, 🚤, ❤ – 🛗 📺 ☎ **℗**, 🆑 🆂 **E** *VISA*,
❤ rist
7 maggio-20 settembre – **Pasto** 28000 – ☑ 13000 – **55 cam** 60/99000 – 1/2 P 63/94000.

Caesar, via Massalombarda 21 ℘ 949131, Fax 949196, ≤ – 🛗 ⊟ 📺 ☎ **℗**, 🆂 **E** *VISA*, ❤
15 marzo-ottobre – **Pasto** (solo per clienti alloggiati) 25/30000 – **33 cam** ☑ 70/120000 –
1/2 P 80/90000.

Mediterraneo, via Sarsina 11 ℘ 949018, Fax 949527, ≤, ▲☉ – 🛗 ☎ **℗**, 🆑 🆂 **E** *VISA*,
❤ rist
15 maggio-15 settembre – **Pasto** 25000 – **72 cam** ☑ 70/100000 – 1/2 P 55/80000.

Tokio, viale Romagna 155 ℘ 949100, ≤, ▲☉, ❤ – 🛗 ☎ **℗**, 🆑 🆂 ◑ *VISA*, ❤
aprile-settembre – **Pasto** 30000 – ☑ 10000 – **42 cam** 60/90000 – 1/2 P 50/85000.

LIDO DI SOTTOMARINA Venezia 🅾🅱🅱 ⑤ – Vedere Chioggia.

LIDO DI SPINA Ferrara 🅾🅱🅱 ⑮, 🅰🅱🅾 🅰🅱🅾 I 18 – Vedere Comacchio.

LIDO DI SPISONE Messina – Vedere Sicilia (Taormina) alla fine dell'elenco alfabetico.

LIDO DI TARQUINIA Viterbo 🅰🅱🅾 P 17 – Vedere Tarquinia.

LIDO DI TORTORA Cosenza 🅰🅱🅱 H 29 – Vedere Praia a Mare.

LIDO DI VENEZIA Venezia 🅾🅱🅱 ⑤ – Vedere Venezia.

LIDO RICCIO Chieti **430** O 25 – Vedere Ortona.

LIDO SILVANA Taranto **988** ㉙ ㉚, **431** F 34 – Vedere Pulsano.

LIERNA **22050** Lecco **428** E 9, **219** ⑨ – 1 667 ab. alt. 205 – ✪ 0341.

Roma 636 – Como 45 – ◆Bergamo 49 – Lecco 16 – ◆Milano 72 – Sondrio 66.

   XX **La Breva**, $\mathscr{O}$ 741490, ≤, « Servizio estivo in terrazza in riva al lago » – **Q**. ᴁᴇ **ᔑ** **①** **ᴇ** **VISA**
      chiuso lunedì sera, martedì e gennaio – **Pasto** carta 35/60000.

   X **Crotto di Lierna**, $\mathscr{O}$ 740134, ⇆ – **Q**. ⅏
      chiuso lunedì sera, martedì ed ottobre – **Pasto** carta 42/65000 (10%).

LIGNANO SABBIADORO **33054** Udine **988** ⑥, **429** E 21 – 5 693 ab. – a.s. luglio-agosto –
✪ 0431.

Vedere Spiaggia★★★.

⌗ (chiuso mercoledì in bassa stagione) $\mathscr{O}$ 428025, Fax 423230.

🛈 via Latisana 42 $\mathscr{O}$ 71821, Telex 450193, Fax 70449.

Roma 619 – ◆Milano 358 – Treviso 95 – ◆Trieste 100 – Udine 69 – ◆Venezia 108.

   🏨 **Atlantic**, lungomare Trieste 160 $\mathscr{O}$ 71101, Fax 71103, ≤, ⊠ riscaldata, ⋏⋒, ⋪ – ⎮ 🕮 ☎
      ♿ **Q**. ᴁᴇ **ᔑ** **①** **ᴇ** **VISA**. ⅏ rist
      18 maggio-20 settembre – **Pasto** carta 42/79000 – ⊇ 23000 – **65 cam** 120/190000,
      ▤ 15000 – ½ P 91/130000.

   🏨 **Bristol**, lungomare Trieste 132 $\mathscr{O}$ 73131, Fax 720420, ≤, « Giardino », ⋏⋒ – ⎮ 🕮 📺 ☎
      Q – ♿ 120. **ᔑ** **ᴇ** **VISA**. ⅏
      maggio-settembre – **Pasto** 40000 – ⊇ 15000 – **59 cam** 104/184000 – ½ P 65/107000.

   🏨 **Bellavista**, lungomare Trieste 70 $\mathscr{O}$ 71313, Fax 720602, ≤, ⋏⋒ – ⎮ 🕮 📺 ☎ ⇦ **Q**. **ᔑ**
      ᴇ **VISA**. ⅏ rist
      11 aprile-1° ottobre – **Pasto** *(chiuso sino al 24 maggio)* carta 40/55000 – **48 cam** ⊇ 115/
      210000 – ½ P 75/120000.

   🏨 **Florida**, via dell'Arenile 22 $\mathscr{O}$ 720101, Fax 71222, ⇄s, ⋏⋒ – ⎮ 📺 ☎ ♿ **Q** – ♿ 40. ᴁᴇ **ᔑ**
      ① **ᴇ** **VISA**. ⅏ rist
      aprile-settembre – **Pasto** 25/30000 – ⊇ 15000 – **74 cam** 120/170000 – ½ P 60/120000.

   🏨 **Vittoria**, lungomare Marin 28 $\mathscr{O}$ 71221, Fax 73292, ≤, ⋏⋒ – ⎮ ▤ rist ☎ **Q**. **ᔑ** **ᴇ** **VISA**.
      ⅏ rist
      10 maggio-25 settembre – **Pasto** *(solo per clienti alloggiati)* 30/35000 – ⊇ 10000 – **48 cam**
      78/126000 – ½ P 75/105000.

   XX **Bidin**, viale Europa 1 $\mathscr{O}$ 71988, Coperti limitati; prenotare – ▤ **Q**. ᴁᴇ **ᔑ** **①** **ᴇ** **VISA**. ⅏
      chiuso mercoledì escluso dal 15 maggio al 15 settembre – **Pasto** carta 44/68000.

      a Lignano Pineta SO : 5 km – ⊠ **33054** Lignano Sabbiadoro.

      🛈 (aprile-settembre) via dei Pini 53 $\mathscr{O}$ 422169 :

   🏨🏨 **Greif**, arco del Grecale 25 $\mathscr{O}$ 422261, Fax 422261, « Parco con ⊠ riscaldata », Ⅰ⋔, ⇄s,
      ⋏⋒ – ⎮ ▤ 📺 ☎ **Q** – ♿ 350. ᴁᴇ **ᔑ** **①** **ᴇ** **VISA**. ⅏ rist
      Pasto *(aprile-ottobre)* 50/90000 – **92 cam** ⊇ 200/360000, 18 appartamenti – ½ P 130/
      230000.

   🏨 **Medusa Splendid**, raggio dello Scirocco 33 $\mathscr{O}$ 422211, Fax 422251, ⊠, ⋏⋒, ⋪ – ⎮
      📺 ☎ **Q**. ᴁᴇ **ᔑ** **①** **ᴇ** **VISA**. ⅏
      15 maggio-15 settembre – **Pasto** 35/40000 – ⊇ 20000 – **56 cam** 120/140000 – ½ P 81/
      143000.

   🏨 **Park Hotel**, viale delle Palme 41/43 $\mathscr{O}$ 422380, Fax 428079, ⊠, ⋏⋒ – ⎮ ▤ 📺 ☎ **Q**. ᴁᴇ
      ᔑ **①** **ᴇ** **VISA**. ⅏ rist
      marzo-novembre – **Pasto** 30000 – **44 cam** ⊇ 87/160000 – ½ P 67/93000.

   🏨 **Erica**, arco del Grecale 21/23 $\mathscr{O}$ 422123, Fax 427363, ⋏⋒ – ⎮ 📺 ☎ ♿ **Q**. ᴁᴇ **ᔑ** **①** **ᴇ**
      VISA. ⅏ rist
      15 maggio-settembre – **Pasto** 29000 – **38 cam** ⊇ 120000 – ½ P 75/95000.

   🏨 **Bella Venezia**, arco del Grecale 18/a $\mathscr{O}$ 422184, Fax 422352, ⋏⋒ – ⎮ ▤ rist 📺 ☎ **Q**. **ᔑ**
      ① **ᴇ** **VISA**. ⅏ rist
      15 maggio-15 settembre – **Pasto** 18/28000 – **45 cam** ⊇ 90/120000 – ½ P 62/90000.

   🏨 **Bellevue** senza rist, arco del Libeccio 37 $\mathscr{O}$ 428521, ⋪ – **Q**. ⅏
      15 maggio-15 settembre – ⊇ 10000 – **31 cam** 43/75000.

      a Lignano Riviera SO : 7 km – ⊠ **33054** Lignano Sabbiadoro :

   🏨🏨 **President**, calle Rembrandt 2 $\mathscr{O}$ 428777, Fax 428778, ⊠ riscaldata, ⋏⋒, ⋪ – ⎮ ▤ 📺 ☎
      Q. ᴁᴇ **ᔑ** **①** **ᴇ** **VISA**. ⅏ rist
      6 aprile-22 ottobre – **Pasto** *(chiuso giovedì sera)* carta 47/66000 – **40 cam** ⊇ 270/400000 –
      ½ P 165/220000.

   🏨🏨 **Marina Uno**, viale Adriatico $\mathscr{O}$ 427171, Fax 427171, Ⅰ⋔, ⇄s, ⊠ – ⎮ ▤ 📺 ☎ **Q** – ♿ 130
      ᴁᴇ **ᔑ** **①** **ᴇ** **VISA**. ⅏ rist
      Pasto *(aprile-settembre)* carta 45/60000 – **75 cam** ⊇ 160/280000 – ½ P 150000.

🏨 **Eurotel** ⑤, calle Mendelssohn 13 ℰ 428992, Fax 428731, « Giardino-pineta con ⊒ », 🐜ₒ – 🛗 ▤ ☎ 🕭 🅿. 🖭 🕄 ⓪ 🗲 𝗩𝗜𝗦𝗔. � rist
15 maggio-15 settembre – **Pasto** 38000 – ☑ 18000 – **60 cam** 91/166000 – ½ P 132/144000.

🏨 **Meridianus,** viale della Musica 7 ℰ 428561, Fax 428570, ⅃ₛ, ≘ₛ, ⊒, 🐜ₒ, 🛲 – 🛗 ☎ 🅿. 🖭 🕄 ⓪ 🗲 𝗩𝗜𝗦𝗔. � rist
6 maggio-settembre – **Pasto** (solo per clienti alloggiati) 35000 – **87 cam** ☑ 120/160000 – ½ P 71/109000.

🏨 **Smeraldo,** viale della Musica 4 ℰ 428781, Fax 423031, ⊒, 🐜ₒ – 🛗 ☎ 🅿. 🖭 🕄 🗲 𝗩𝗜𝗦𝗔. �
maggio-settembre – **Pasto** 30/35000 – ☑ 15000 – **59 cam** 80/130000 – ½ P 60/95000.

LILLAZ Aosta 𝟰𝟮𝟴 F 4, 𝟮𝟭𝟵 ⑫ – Vedere Cogne.

LIMANA 32020 Belluno 𝟰𝟮𝟵 D 18 – 4 178 ab. alt. 319 – ✆ 0437.
Roma 614 – Belluno 11 – ◆Padova 117 – Trento 101 – Treviso 72.

🍴 **Piol** con cam via Roma 116/118 ℰ 967471 – ▤ rist 🖵 ☎ 🅿 – 🔬 200. 🖭 🕄 ⓪ 🗲 𝗩𝗜𝗦𝗔
Pasto (chiuso martedì e dal 9 al 21 agosto) carta 28/54000 – ☑ 10000 – **23 cam** 95/110000 – ½ P 60/90000.

LIMIDI Modena – Vedere Soliera.

LIMONE PIEMONTE 12015 Cuneo 𝟵𝟴𝟴 ⑫, 𝟰𝟮𝟴 J 4 – 1 579 ab. alt. 1 010 – a.s. febbraio-Pasqua, luglio-15 settembre e Natale – Sport invernali : 1 010/2 100 m ⅃23, ⅊ – ✆ 0171.
🅱 via Roma 30 ℰ 92101, Fax 927064.
Roma 670 – Cuneo 27 – ◆Milano 243 – Nice 97 – Colle di Tenda 6 – ◆Torino 121.

🏨 **Principe,** ℰ 92389, Fax 927070, ≼, 🏛, ⊒, 🛲 – 🛗 🖵 ☎ ⟷ 🅿. 🕄 🗲 𝗩𝗜𝗦𝗔. � rist
15 dicembre-15 aprile e luglio-agosto – **Pasto** 30/40000 – ☑ 8000 – **42 cam** 110/188000 – ½ P 90/150000.

🏨 **Tripoli,** ℰ 92397, Fax 92397 – 🖵 ☜. 🕄 𝗩𝗜𝗦𝗔. � rist
15 dicembre-15 aprile – **Pasto** (solo per clienti alloggiati) – ☑ 10000 – **33 cam** 85/120000 – ½ P 88/98000.

🏨 **Le Ginestre,** strada statale S : 1 km ℰ 927596, Fax 927597, ≼, « Terrazza-giardino », ⅃ₛ – 🖵 ☜ ⟷ 🅿. �
Pasto (chiuso ottobre e novembre) 20/35000 – ☑ 10000 – **18 cam** 70/95000 – ½ P 60/100000.

🏨 **Marguareis,** ℰ 929033, Fax 929032, ≼ – 🛗 🖵 ☎. 🖭 ⓪. �
chiuso maggio e ottobre – **Pasto** (solo su prenotazione) carta 25/37000 – **18 cam** ☑ 80/110000 – ½ P 67/107000.

🍴🍴 **Lu Taz,** via San Maurizio 5 (O : 1 km) ℰ 929061, « Ambiente caratteristico » – 🅿. 🕄 ⓪ 𝗩𝗜𝗦𝗔
chiuso a mezzogiorno in bassa stagione, lunedì, dal 10 al 30 giugno e dal 7 al 14 novembre – **Pasto** 55/60000.

🍴🍴 **Mac Miche,** ℰ 92449, Coperti limitati; prenotare, « Caratteristica taverna » – 🖭 🕄 ⓪ 🗲 𝗩𝗜𝗦𝗔. �
chiuso lunedì sera, martedì, giugno e dal 5 novembre al 1° dicembre – **Pasto** carta 43/61000.

LIMONE SUL GARDA 25010 Brescia 𝟰𝟮𝟴 𝟰𝟮𝟵 E 14 – 991 ab. alt. 66 – a.s. Pasqua e luglio-15 settembre – ✆ 0365.
Vedere ≼★★★ dalla strada panoramica★★ dell'altipiano di Tremosine per Tignale.
🅱 (aprile-settembre) piazzale Alcide De Gasperi ℰ 954265, Telex 303289.
Roma 586 – ◆Brescia 65 – ◆Milano 160 – Trento 60 – ◆Verona 97.

🏨 **Park H. Imperial** ⑤, via Tamas 10/b ℰ 954591, Fax 954382, 🏛, ⅃ₛ, ≘ₛ, ⊒, ⊓, 🍴 – 🛗 ▤ 🖵 ☎ 🅿 – 🔬 50. 🖭 🕄 ⓪ 🗲 𝗩𝗜𝗦𝗔 𝗝𝗖𝗕. �
chiuso dal 5 al 18 dicembre – **Pasto** carta 53/92000 – **48 cam** ☑ 260/360000, 4 appartamenti – ½ P 124/192000.

🏨 **Capo Reamol** ⑤, strada statale N : 3 km ℰ 954040, Fax 954262, ≼, « Piccolo parco con ⊒ », 🐜ₒ – 🛗 ☎ 🅿. 🖭 🕄 🗲 𝗩𝗜𝗦𝗔. �
maggio-12 ottobre – **Pasto** 45000 – **47 cam** solo ½ P 157/314000.

🏨 **Lido** ⑤, via 4 Novembre 34 ℰ 954574, Fax 954659, ≼, ⊒ riscaldata, 🐜ₒ, 🛲 – ☎ 🕭 🅿. 🖭 🕄 🗲 𝗩𝗜𝗦𝗔. � rist
8 aprile-23 ottobre – **Pasto** (chiuso martedì) carta 30/48000 – ☑ 14000 – **26 cam** 96000 – ½ P 92000.

LIPARI (Isola) Messina 𝟵𝟴𝟴 ㊲ ㊳, 𝟰𝟯𝟭 𝟰𝟯𝟮 L 26 – Vedere Sicilia (Eolie, isole) alla fine dell'elenco alfabetico.

LISANZA Varese 𝟮𝟭𝟵 ⑰ – Vedere Sesto Calende.

LIVIGNO 23030 Sondrio 988 ③, 428 429 C 12 – 4 205 ab. alt. 1 816 – Sport invernali : 1 816/
2 460 m ≼3 ≴22, ≵ – ✪ 0342.

🖪 via Dala Gesa 55 ℘ 996379, Fax 996881.

Roma 801 – Bormio 38 – ◆Milano 240 – Sondrio 102 – Passo dello Stelvio 54.

🏥 **Golf Hotel Parè,** ℘ 996263, Telex 316307, Fax 997435, ≼, ℔, ≋, 🗖 – 🛗 ☎ 🚗 🅿 –
🏛 50. 🕙 🖪 *VISA*. ✾
dicembre-16 aprile e 27 giugno-15 settembre – **Pasto** *(chiuso a mezzogiorno)* 35/45000 –
≍ 15000 – **40 cam** 156/230000, 3 appartamenti – ½ P 89/159000.

🏨 **Bucaneve,** ℘ 996201, Fax 997588, ≼, ≋, 🗖, ⚞, ✾ – 📺 ☎ 🚗 🅿. ✾
dicembre-aprile e giugno-settembre – **Pasto** 25/30000 – ≍ 18000 – **43 cam** 90/120000,
2 appartamenti – ½ P 60/110000.

🏨 **SportHotel** ⌬, ℘ 979300, Fax 979343, ≼, ≋ – 🛗 ☎ 🚗 🅿. 🕙 ⓪ 🖪 *VISA*. ✾ rist
dicembre-5 maggio e 16 giugno-settembre – **Pasto** (solo per clienti alloggiati) 24000 –
32 cam ≍ 110000 – ½ P 65/100000.

🏨 **Paradiso** ⌬, ℘ 996633, Fax 996037, ≼, ≋ – 🛗 ☎ 🚗 🅿. ✾ rist
20 novembre-5 maggio e 3 luglio-settembre – **Pasto** 25/28000 – ≍ 15000 – **24 cam**
57/85000 – ½ P 80/90000.

🏦 **Posta,** ℘ 996076, ✾ – 🛗 📺 ☎ 🅿. 🕙 🖪 🖪 *VISA*. ✾
Pasto *(dicembre-aprile)* carta 25/35000 – **31 cam** ≍ 95/170000 – ½ P 80/110000.

🏦 **Sonne,** ℘ 996433, ≋ – 🛗 📺 ☎ 🚗 🅿 ✾
dicembre-aprile e 25 luglio-agosto – **Pasto** 30000 – ≍ 15000 – **28 cam** 65/130000 –
½ P 73/101000.

🏦 **Concordia,** ℘ 970200, Fax 996914, ℔, ≋ – 🛗 ☎ 🅿. 🕙 🖪 🖪 *VISA*. ✾
Pasto 25/35000 – **38 cam** ≍ 70/120000 – ½ P 65/97000.

🏦 **Krone** senza rist, ℘ 996015, Fax 970215 – 🛗 📺 ☎ 🚗 🅿. 🕙 🖪 ⓪ 🖪 *VISA*
14 cam ≍ 65/110000.

🏦 **Livigno,** ℘ 996104 – 🛗 ☎ 🚗 🅿. 🕙 🖪 🖪 *VISA*. ✾
dicembre-aprile e luglio-15 settembre – **Pasto** carta 36/61000 (10%) – **18 cam** ≍ 65/
120000 – ½ P 70/90000.

🏦 **Spöl,** ℘ 996105, Fax 970205, ≋ – 🛗 📺 ☎ 🚗 🅿. *VISA*. ✾
6 dicembre-aprile e luglio-ottobre – **Pasto** carta 40/63000 – ≍ 15000 – **33 cam** 62/110000 –
½ P 80/105000.

🏦 **Augusta** ⌬, ℘ 996163, ≼, ⚞ – 🅿. 🕙 *VISA*. ✾
dicembre-15 aprile e luglio-15 settembre – **Pasto** (solo per clienti alloggiati e *chiuso a
mezzogiorno*) – ≍ 12500 – **21 cam** 46/75000 – ½ P 57/92000.

🍴🍴 **La Piöda** con cam, ℘ 997428, Fax 997428, prenotare – 📺 ☎. ✾
chiuso da maggio al 15 giugno – **Pasto** carta 39/73000 – **14 cam** ≍ 70/120000 – ½ P 62/
90000.

🍴🍴 **Il Passatore,** ℘ 997221 – 🅿. 🕙 🖪 ⓪ 🖪 *VISA*
chiuso giugno, novembre e mercoledi (escluso dicembre e da febbraio a maggio) – **Pasto**
carta 33/46000.

🍴🍴 **La Baita** con cam, ℘ 997070, Fax 997467 – 📺 ☎ 🅿. 🕙 🖪 ⓪ 🖪 *VISA*. ✾ rist
Pasto carta 30/48000 – **16 cam** ≍ 70/120000 – ½ P 70/100000.

LIVORNO 57100 🄿 988 ⑭, 428 430 L 12 – 167 087 ab. – ✪ 0586.

Vedere Monumento★ a Ferdinando I de' Medici AY **A**.

Dintorni Santuario di Montenero★S : 9 km.

🚢 per Golfo Aranci aprile-settembre giornalieri (9 h 15 mn) – Sardinia Ferries, calata
Carrara ⊠ 57123 ℘ 881380, Fax 896103; per Palermo martedi, giovedi e sabato (19 h) – Grandi
Traghetti-agenzia Ghianda, via Vittorio Veneto 24 ⊠ 57123 ℘ 895214, Telex 500044, Fax
888630.

🖪 piazza Cavour 6 ⊠ 57126 ℘ 898111, Fax 896173.

A.C.I. via Verdi 32 ⊠ 57126 ℘ 899651.

Roma 321 ③ – Pisa 24 ① – ◆Firenze 85 ① – ◆Milano 294 ②.

Pianta pagina seguente

🏥 **Gd H. Palazzo,** viale Italia 195/197 ⊠ 57127 ℘ 805371, Telex 590175, Fax 803206, ⚞ –
🛗 ▤ 📺 ☎ 🅿 – 🏛 50 a 200. 🕙 🖪 ⓪ 🖪 *VISA* *JCB*. ✾-rist   AZ **a**
Pasto 45000 – **105 cam** ≍ 200/270000, 6 appartamenti – ½ P 215000.

🏨 **Gran Duca,** piazza Micheli 16 ⊠ 57123 ℘ 891024, Fax 891153, ≼ – 🛗 ▤ 📺 ☎ 🅿 –
🏛 40. 🕙 🖪 ⓪ *VISA*   AY **b**
Pasto vedere rist **Gran Duca** – ≍ 10000 – **71 cam** 120/150000, ▤ 10000 – ½ P 135/165000.

🏨 **Touring** senza rist, via Goldoni 61 ⊠ 57125 ℘ 898035, Fax 899207 – 🛗 ▤ 📺 ☎. 🕙 🖪 ⓪
🖪 *VISA*   BY **v**
35 cam ≍ 80/115000.

324

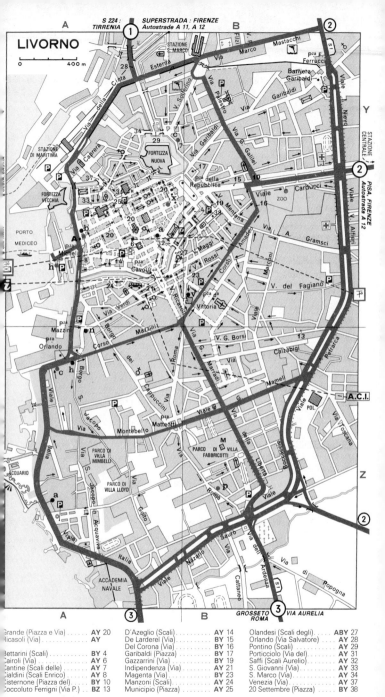

LIVORNO

0   400 m

S 224 : TIRRENIA

SUPERSTRADA : FIRENZE
Autostrade A 11, A 12

STAZIONE DI MARITIMA

FORTEZZA VECCHIA

PORTO MEDICEO

FORTEZZA NUOVA

STAZIONE S. MARCO

Barriera Garibaldi

STAZIONE CENTRALE

PISA, FIRENZE Autostrada A 12

ZOO

Pza della Repubblica

Viale Carducci

Via A. Gramsci

V. del Fagiano

Pza Cavour

V. Rossi

Pza Mazzini

Pza Orlando

Pza Vittoria

Via Mazzini

V. G. Borsi

Calzabigi

A.C.I.

POL

PARCO DI VILLA MIMBELLI

PARCO DI VILLA FABBRICOTTI

PARCO DI VILLA LLOYD

ACQUARIO

ACCADEMIA NAVALE

GROSSETO ROMA

VIA AURELIA

🏠 **Boston** senza rist, piazza Mazzini 40 ✉ 57126 ✆ 882333, Fax 882044 – 📶 📺 ☎ AZ **n**
35 cam.

🏠 **Giardino** ⟿ senza rist, piazza Mazzini 85 ✉ 57126 ✆ 806330, Fax 806330 – 📺 ☎ 🅟.
🛇 AZ **h**
chiuso dal 24 dicembre al 2 gennaio – ☲ 10000 – **21 cam** 65/85000.

🏠 **Città** senza rist, via di Franco 32 ✉ 57123 ✆ 883495, Fax 890196 – 🖥 📺 ☎. 🆎 🅢 ⓞ 🄴
VISA
AY **a**
21 cam ☲ 100/140000.

XX **Gran Duca** - Hotel Gran Duca, piazza Micheli 18 ✉ 57123 ✆ 891325, ⌂ – 🆎 🅢 ⓞ **VISA**
🛇 AY **b**
chiuso lunedì a mezzogiorno e dal 27 dicembre al 5 gennaio – **Pasto** carta 35/58000 (12%).

XX **La Chiave**, scali delle Cantine 52/54 ✉ 57122 ✆ 888609, Fax 888609 – 🆎 🅢 🄴 **VISA**
🛇 AY **c**
chiuso mercoledì ed agosto – **Pasto** carta 45/70000.

XX Le Volte, via Calafati 4 ✉ 57123 ✆ 896868 AY **h**

XX **Gennarino**, via Santa Fortunata 11 ✉ 57123 ✆ 888093, ⌂ – 🆎 🅢 ⓞ 🄴 **VISA**.
🛇 AY **x**
chiuso mercoledì e dal 1° al 15 febbraio – **Pasto** carta 31/52000 (10%).

XX **Da Rosina**, via Roma 251 ✉ 57127 ✆ 800200, ⌂, Specialità di mare – 🖥. 🆎 🅢 ⓞ 🄴
VISA. 🛇 BZ **p**
chiuso giovedì e dal 10 al 30 agosto – **Pasto** carta 30/61000.

X **La Parmigiana,** piazza Luigi Orlando 6/8/10 ✉ 57126 ✆ 807180 – 🖥. 🆎 🅢 ⓞ 🄴 **VISA**
AZ **c**
chiuso lunedì – **Pasto** carta 43/61000 (10%).

sulla strada statale 1 - via Aurelia per ② : 5 km :

🏨 **Forte Agip**, ✉ 57017 Stagno ✆ 943067, Telex 502049, Fax 943483 – 📶 🖥 📺 ☎ 🅟 –
🛁 25 a 40. 🆎 🅢 ⓞ 🄴 **VISA** **JCB**. 🛇
Pasto carta 32/55000 – **50 cam** ☲ 129/159000.

ad Ardenza per ③ : 5 km – ✉ **57128** Livorno :

XX **Oscar**, via Franchini 78 ✆ 501258, ⌂ – 🖥. 🆎 ⓞ. 🛇
chiuso lunedì e dal 7 al 20 settembre – **Pasto** carta 39/61000.

ad Antignano per ③ : 8 km – ✉ **57128** Livorno :

🏨 **Rex**, ✆ 580400, Fax 509586, ≤, 🛱₅ – 📶 🖥 📺 ☎ 🕭 🅟 – 🛁 150. 🆎 🅢 ⓞ 🄴 **VISA**. 🛇
Pasto 35/40000 e al Rist. **La Vela** (chiuso a mezzogiorno, lunedì e dal 21 dicembre al
10 gennaio) carta 40/65000 – **63 cam** ☲ 125/165000, 5 appartamenti – ½ P 110/140000.

a Calignaia per ③ : 14 km – ✉ **57015** Quercianella :

XX **Il Romito** con cam, ✆ 580520, Fax 580520, ≤ mare e costa, ⌂ – 📺 ☎ 🅟. 🆎 🅢 ⓞ 🄴
VISA **JCB**
chiuso dal 10 al 30 novembre – **Pasto** (chiuso mercoledì) 50000 bc e carta 38/58000 (12%) –
☲ 9000 – **15 cam** 70/100000 – ½ P 85/95000.

LIVORNO FERRARIS 13046 Vercelli 🟨🟨🟨 ⑫, 🟨🟨🟨 G 6 – 4 499 ab. alt. 189 – ✪ 0161.
Roma 673 – ♦Torino 41 – ♦Milano 104 – Vercelli 42.

X Trattoria Giardino, ✆ 47296 – 🖥

a Castell'Apertole SE : 10 km : – ✉ **13046** Livorno Ferraris :

XX **Da Balin**, ✆ 47121, Fax 477536, Coperti limitati; prenotare – 🅟. 🆎 🅢 ⓞ 🄴 **VISA**
chiuso lunedì e gennaio – **Pasto** carta 39/50000.

LIVRASCO Cremona – Vedere Castelverde.

LIZZANO IN BELVEDERE 40042 Bologna 🟨🟨🟨 ⑭, 🟨🟨🟨 🟨🟨🟨 🟨🟨🟨 J 14 – 2 298 ab. alt. 640
a.s. luglio-agosto e Natale – Sport invernali : a Corno alle Scale : 1 195/1 945 m ≰8, ⚐
✪ 0534.
🅱 piazza Marconi 6 ✆ 51052.
Roma 361 – ♦Bologna 68 – ♦Firenze 87 – Lucca 93 – ♦Milano 271 – ♦Modena 102 – Pistoia 51.

a Vidiciatico NO : 4 km – alt. 810 – ✉ **40049** :

🏠 **Montegrande**, ✆ 53210 – 📺 ☎. 🆎 ⓞ **VISA**. 🛇
chiuso maggio ed ottobre – **Pasto** carta 30/49000 – ☲ 8000 – **14 cam** 90000 – ½ P 60/
75000.

I prezzi del pernottamento e della pensione possono subire aumenti

in relazione all'andamento generale del costo della vita ;

quando prenotate fatevi precisare il prezzo dall'albergo.

🖪 corso Europa 19 ℘ 668044, Fax 669918.

Roma 578 – ◆Genova 29 – Imperia 43 – ◆Milano 202 – Savona 33.

🏨 **Palace Hotel Moderno,** via Carducci 3 ℘ 669266, Fax 669260, « Terrazza » – 🛗 🚭 rist 📺 ☎ 🅿 – 🔏 80. 🖭 🕦 ⓞ 🗷 🚾. ⋘
chiuso dall'11 ottobre al 19 dicembre – **Pasto** 30/40000 – 🖵 10000 – **86 cam** 90/150000 – ½ P 65/100000.

🏨 **Villa Beatrice,** via Sant'Erasmo 6 ℘ 668244, Fax 668244, 🕭, 😭, 🏊, 🚗 – 🚭 rist 📺 ☎ 🅿. 🕦. ⋘
chiuso da ottobre al 15 dicembre – **Pasto** (chiuso martedì) 20/25000 – 🖵 8000 – **30 cam** 50/100000 – ½ P 50/90000.

🏨 **Perelli,** corso Roma 13 ℘ 675708, Fax 675722, ≼, 🏖, – 🛗 📺 ☎. 🕦 🚾. ⋘ rist
Pasqua-settembre – **Pasto** 37000 – 🖵 12000 – **41 cam** 80/120000 – ½ P 95/115000.

🏠 **Concordia,** corso Europa 44 ℘ 668156 – 🛗 📺 ☎. 🕦 ⓞ 🗷 🚾. ⋘
chiuso maggio e da ottobre al 20 dicembre – **Pasto** carta 27/39000 – 🖵 7000 – **22 cam** 58/84000 – ½ P 55/82000.

🏠 **Villa Mary,** viale Tito Minniti 6 ℘ 668368 – 📺 ☎ 🅿. 🕦. ⋘
chiuso dal 27 settembre al 19 dicembre – **Pasto** (chiuso martedì) 20/25000 – 🖵 8000 – **26 cam** 50/100000 – ½ P 50/85000.

XX **La Vecchia Trattoria,** via Raimondi 3 ℘ 667162
chiuso lunedì, dal 15 al 30 maggio e dal 1° al 15 novembre – **Pasto** carta 30/41000.

XX **Da Franco,** via Ghilini 50 ℘ 667095, Coperti limitati; prenotare – 🗏. 🕦 ⓞ 🗷 🚾. ⋘
chiuso lunedì sera e martedì (escluso dal 15 giugno al 15 settembre) – **Pasto** carta 41/72000.

XX **Bagatto,** via Ricciardi 24 ℘ 669842, Specialità di mare – 🕦 🚾. ⋘
chiuso mercoledì e dal 7 al 22 aprile – **Pasto** carta 35/52000.

| **I prezzi** | Per ogni chiarimento sui prezzi riportati in guida, consultate le pagine dell'introduzione. |

Dintorni Valle d'Itria★★ (strada per Martina Franca) – ≼★ sulla città dalla strada di Martina Franca.

Roma 518 – ◆Bari 70 – ◆Brindisi 59 – ◆Taranto 36.

XX **Casa Mia,** via Cisternino E : 3 km ℘ 9311218, 😭 – 🅿. 🕦 🗷 🚾. ⋘
chiuso martedì – **Pasto** carta 30/46000.

X **Centro Storico,** via Eroi di Dogali 6 ℘ 9315473 – 🖭 🕦 ⓞ 🗷 🚾
chiuso mercoledì e dal 5 al 15 marzo – **Pasto** carta 28/41000.

🖪 piazza Broletto 4 ℘ 421391, Fax 421313.

Roma 548 – ◆Milano 37 – ◆Bergamo 49 – ◆Brescia 67 – Cremona 54 – Pavia 36 – Piacenza 40.

🏨 **Europa** senza rist, viale Pavia 5 ℘ 35215, Fax 36281 – 🛗 📺 ☎ 🚗 🅿. 🖭 🕦 🗷 🚾
chiuso dal 22 dicembre al 7 gennaio e dal 12 al 27 agosto – 🖵 15000 – **44 cam** 85/115000, 2 appartamenti.

🏨 **Anelli** senza rist, viale Vignati 7 ℘ 421354, Fax 422156 – 🛗 🗏 📺 ☎. 🖭 🕦 ⓞ 🗷 🚾. ⋘
chiuso dal 31 luglio al 26 agosto – 🖵 15000 – **27 cam** 90/120000.

XXX **La Quinta,** piazza della Vittoria 20 ℘ 424232 – 🗏 – 🔏 80. 🖭 🕦 ⓞ 🗷 🚾 JCB
chiuso domenica sera, lunedì ed agosto – **Pasto** 30000 (a mezzogiorno) 65000 (alla sera) e carta 42/64000.

XXX **Isola di Caprera,** via Isola di Caprera 14 ℘ 421316, Fax 421316, 😭, 🚗 – 🅿. 🖭 🕦 ⓞ 🗷 🚾
chiuso dal 1° al 10 gennaio, dal 16 al 31 agosto, martedì e da novembre a marzo anche domenica sera – **Pasto** 35/45000 (solo a mezzogiorno) e carta 46/69000.

XX **3 Gigli-All'Incoronata,** piazza della Vittoria 47 ℘ 421404 – 🗏. 🖭 🕦 ⓞ 🗷 🚾. ⋘
chiuso lunedì e dal 7 al 30 agosto – **Pasto** carta 45/64000.

XX **Antica Trattoria Sobacchi,** viale Pavia 76 ℘ 35041 – 🅿. 🚾. ⋘
chiuso lunedì sera, martedì, dal 24 dicembre al 2 gennaio ed agosto – **Pasto** carta 31/47000.

X **Il Gattino,** corso Mazzini 71 ℘ 31528 – 🅿. 🖭 🕦 ⓞ 🗷 🚾. ⋘
chiuso domenica sera, lunedì, dal 27 dicembre al 6 gennaio ed agosto – **Pasto** carta 37/55000.

X **Due Agnelli,** via Castelfidardo 12 ℘ 426777 – 🕦 🗷 🚾
chiuso domenica sera, lunedì ed agosto – **Pasto** carta 34/48000.

Roma 589 – ◆Brescia 56 – ◆Milano 146 – Trento 73.

🏨 **Castel Lodron,** ℘ 685002, Fax 685425, 🕭, 😭, 🏊, 🚗, ⋇ – 🛗 📺 ☎ 👌 🅿 – 🔏 200. 🕦. ⋘
Pasto (chiuso lunedì) carta 26/40000 – 🖵 10000 – **41 cam** 60/100000 – ½ P 75000.

LOIANO 40050 Bologna 988 ⑭ ⑮, 429 430 J 15 – 3 100 ab. alt. 714 – a.s. luglio-13 settembre – ✪ 051 – Roma 359 – ◆Bologna 36 – ◆Firenze 85 – ◆Milano 242 – Pistoia 100.

🏠 **Palazzo Loup** ⓢ, località Scanello E : 3 km ✆ 6544040, Fax 6544040, « Parco ombreggiato » – 🛗 📺 ☎ ❷ – 🔏 60. ⚑ ⑧ ⓞ ⴺ 𝘝𝘐𝘚𝘈 ✦
chiuso dal 10 gennaio al 10 febbraio – **Pasto** (chiuso lunedi; prenotare a mezzogiorno escluso i giorni festivi) – carta 34/57000 – **14 cam** ⴻ 140/230000 – ½ P 120/150000.

🏠 **Pineta,** ✆ 6545392, ≼, ☞ – 🛗 📺 ☎ ❷. ⚑ ⴺ 𝘝𝘐𝘚𝘈. ✦ rist
Pasto (chiuso martedi) carta 32/50000 – ⴻ 7000 – **30 cam** 50/95000 – ½ P 55/80000.

LOMASO 38070 Trento 428 429 D 14 – 1 234 ab. alt. 700 – Stazione termale, a.s. 20 dicembre-10 gennaio – ✪ 0465.

🔖 via Prati ✆71465, Fax 72281 – Roma 600 – ◆Brescia 98 – Trento 36.

a Campo – alt. 492 – ⊠ **38070** Vigo Lomaso :

🏦 **Villa Luti** ⓢ, ✆ 702061, Fax 702410, « Dimora patrizia dell'800 con parco ombreggiato », ₤₅, ≋, ᳝ – 🛗 📺 ☎ ❷ – 🔏 40. ⚑ ⑧ ⓞ ⴺ 𝘝𝘐𝘚𝘈. ✦
20 dicembre-10 gennaio e aprile-ottobre – **Pasto** (chiuso lunedi) carta 38/47000 – ⴻ 12000 – **42 cam** 90/140000 – ½ P 70/115000.

a Ponte Arche N : 2 Km – alt. 398 – ⊠ **38077** :

🏦 **Cattoni-Plaza,** ✆ 701442, Fax 701444, ≼, ≋, ☞, ᳝ – 🛗 ▤ rist 📺 ☎ ❷ – 🔏 80. ⚑ ⑧ ⓞ ⴺ 𝘝𝘐𝘚𝘈. ✦
20 dicembre-10 gennaio e aprile-ottobre – **Pasto** 32/38000 – ⴻ 14000 – **68 cam** 80/130000 – ½ P 65/120000.

🏨 **Nuovo Hotel Angelo,** ✆ 71438, Fax 71145, ☞ – 🛗 📺 ☎ ❷. ⑧ ⴺ 𝘝𝘐𝘚𝘈. ✦
21 dicembre-10 gennaio e aprile-ottobre – **Pasto** carta 35/47000 – ⴻ 10000 – **75 cam** 75/130000 – ½ P 75/90000.

LONATE POZZOLO 21015 Varese 428 F 8, 219 ⑰ – 10 876 ab. alt. 205 – ✪ 0331.

Roma 621 – Stresa 49 – ◆Milano 43 – Novara 30 – Varese 28.

sulla strada statale 527 SO : 2 km :

🍴🍴 **F. Bertoni,** ⊠ 21015 Tornavento ✆ 668020, Fax 301483, ☞ – ❷ – 🔏 150. ⚑ ⑧ ⓞ. ✦
chiuso domenica sera, lunedi, dal 1° al 10 gennaio ed agosto – **Pasto** carta 45/74000.

LONATO 25017 Brescia 988 ④, 428 429 F 13 – 10 919 ab. alt. 188 – a.s. Pasqua e luglio-15 settembre – ✪ 030 – Roma 530 – ◆ Brescia 23 – Mantova 50 – ◆ Milano 120 – ◆ Verona 45.

🍴🍴 **Il Rustichello** con cam, ✆ 9130461, Fax 9131145, ☞ – ▤ rist 📺 ☎ ❷. ⚑ ⑧ ⴺ ⴺ 𝘝𝘐𝘚𝘈
Pasto (chiuso mercoledi, dal 2 all'8 gennaio e dal 25 luglio all'8 agosto) carta 34/51000 – ⴻ 14000 – **10 cam** 60/90000 – ½ P 65/70000.

a Barcuzzi N : 3 km – ⊠ **25017** Lonato :

🍴🍴 **Da Oscar,** ✆ 9130409, « Servizio estivo in terrazza » – ❷. ⚑ ⑧ ⴺ 𝘝𝘐𝘚𝘈. ✦
chiuso lunedi e dal 15 al 30 gennaio – **Pasto** carta 40/55000.

LONGA Vicenza – Vedere Schiavon.

LONGARE 36023 Vicenza 429 F 16 – 5 199 ab. alt. 29 – ✪ 0444.

Roma 528 – ◆Milano 213 – ◆Padova 27 – ◆Verona 60 – Vicenza 10.

a Costozza SO : 1 km – ⊠ **36023** Longare :

🍴🍴 **Taverna Aeolia,** ✆ 555036, « Edificio del 16° secolo con affreschi » – ⚑ ⑧ ⴺ 𝘝𝘐𝘚𝘈. ✦
chiuso martedi e dal 1° al 15 novembre – **Pasto** 18/34000 (solo a mezzogiorno) e carta 22/45000.

🍴🍴 **Al Volto,** ✆ 555118 – ❷. ⚑ ⑧ ⓞ ⴺ 𝘝𝘐𝘚𝘈. ✦
chiuso mercoledi e luglio – **Pasto** carta 28/35000.

LONGARONE 32013 Belluno 988 ⑤, 429 D 18 – 4 224 ab. alt. 474 – ✪ 0437.

Roma 619 – Belluno 18 – Cortina d'Ampezzo 53 – ◆Milano 358 – Udine 119 – ◆Venezia 108.

🏨 **Posta** senza rist, ✆ 770702, Fax 771189 – 🛗 📺 ☎ ⇆. ⑧ ⴺ 𝘝𝘐𝘚𝘈. ✦
ⴻ 10000 – **24 cam** 100/150000.

LONGEGA (ZWISCHENWASSER) 39030 Bolzano 429 B 17 – alt. 1 012 – ✪ 0474.

Roma 720 – ◆Bolzano 83 – Brunico 14 – ◆Milano 382 – Trento 143.

🏠 **Gader,** ✆ 501008, Fax 501858 – ⇆ rist ☎ ❷. ✦ cam
Pasto carta 28/38000 – **12 cam** ⴻ 58/116000 – ½ P 56/80000.

LONGIANO 47020 Forlì 429 430 J 18 – 4 703 ab. alt. 179 – ✪ 0547.

Roma 350 – Forlì 32 – ◆ Ravenna 46 – Rimini 23.

🍴 **Dei Cantoni,** ✆ 665899, « Servizio estivo all'aperto » – ⚑ ⑧ ⓞ ⴺ 𝘝𝘐𝘚𝘈 𝐉𝐂𝐁. ✦
chiuso mercoledi, dal 7 al 17 gennaio e dal 19 settembre all'8 ottobre – **Pasto** carta 32/38000.

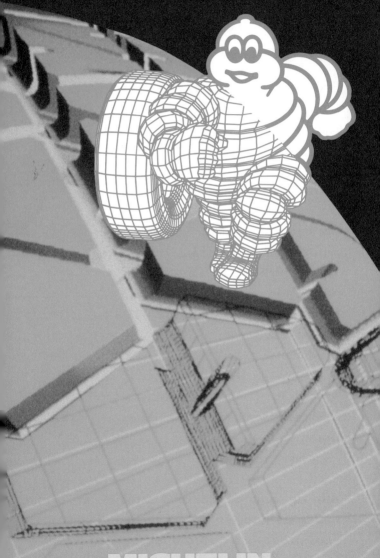

QU'EST-CE QU'UN PNEU ?

Produit de haute technologie, le pneu constitue le seul point de liaison de la voiture avec le sol. Ce contact correspond, pour une roue, à une surface équivalente à celle d'une carte postale. Le pneu doit donc se contenter de ces quelques centimètres carrés de gomme au sol pour remplir un grand nombre de tâches souvent contradictoires:

Porter le véhicule à l'arrêt, mais aussi résister aux transferts de charge considérables à l'accélération et au freinage.

Transmettre la puissance utile du moteur, les efforts au freinage et en courbe.

Rouler régulièrement, plus sûrement, plus longtemps pour un plus grand plaisir de conduire.

Guider le véhicule avec précision, quels que soient l'état du sol et les conditions climatiques.

Amortir les irrégularités de la route, en assurant le confort du conducteur et des passagers ainsi que la longévité du véhicule.

Durer, c'est-à-dire, garder au meilleur niveau ses performances pendant des millions de tours de roue.

Afin de vous permettre d'exploiter au mieux toutes les qualités de vos pneumatiques, nous vous proposons de lire attentivement les informations et les conseils qui suivent.

Le pneu est le seul point de liaison de la voiture avec le sol.

Comment lit-on un pneu ?

① «Bib» repérant l'emplacement de l'indicateur d'usure.

② Marque enregistrée. **③** Largeur du pneu: $\simeq$ 185 mm.

④ Série du pneu H/S: 70 **⑤** Structure: R (radial).

⑥ Diamètre intérieur: 14 pouces (correspondant à celui de la jante). **⑦** Pneu: MXV. **⑧** Indice de charge: 88 (560 kg).

⑨ Code de vitesse: H (210 km/h).

⑩ Pneu sans chambre: Tubeless. **⑪** Marque enregistrée.

Codes de vitesse maximum:

Q : 160 km/h
R : 170 km/h
S : 180 km/h
T : 190 km/h
H : 210 km/h
V : 240 km/h
W: 270 km/h
ZR : supérieure à 240 km/h.

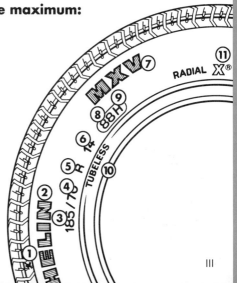

GONFLEZ VOS PNEUS, MAIS GONFLEZ-LES BIEN

POUR EXPLOITER AU MIEUX LEURS PERFORMANCES ET ASSURER VOTRE SECURITE.

Contrôlez la pression de vos pneus, sans oublier la roue de secours, dans de bonnes conditions:
Un pneu perd régulièrement de la pression. Les pneus doivent être contrôlés, une fois toutes les 2 semaines, à froid, c'est-à-dire une heure au moins après l'arrêt de la voiture ou après avoir parcouru 2 à 3 kilomètres à faible allure.

En roulage, la pression augmente; ne dégonflez donc jamais un pneu qui vient de rouler: considérez que, pour être correcte, sa pression doit·être au moins supérieure de 0,3 bar à celle préconisée à froid.

Le surgonflage: si vous devez effectuer un long trajet à vitesse soutenue, ou si la charge de votre voiture est particulièrement importante, il est généralement conseillé de majorer la pression de vos pneus. Attention; l'écart de pression avant-arrière nécessaire à l'équilibre du véhicule doit être impérativement respecté. Consultez les tableaux de gonflage Michelin chez tous les professionnels de l'automobile et chez les spécialistes du pneu, et n'hésitez pas à leur demander conseil.

Le sous-gonflage: lorsque la pression de gonflage est

insuffisante, les flancs du pneu travaillent anormalement, ce qui entraîne une fatigue excessive de la carcasse, une élévation de température et une usure anormale.

Vérifiez la pression de vos pneus régulièrement et avant chaque voyage.

Le pneu subit alors des dommages irréversibles qui peuvent entraîner sa destruction immédiate ou future.

En cas de perte de pression, il est impératif de consulter un spécialiste qui en recherchera la cause et jugera de la réparation éventuelle à effectuer.

Le bouchon de valve: en apparence, il s'agit d'un détail; c'est pourtant un élément essentiel de l'étanchéité. Aussi, n'oubliez pas de le remettre en place après vérification de la pression, en vous assurant de sa parfaite propreté.

Voiture tractant caravane, bateau...

Dans ce cas particulier, il ne faut jamais oublier que le poids de la remorque accroît la charge du véhicule. Il est donc nécessaire d'augmenter la pression des pneus arrière de votre voiture, en vous conformant aux indications des tableaux de gonflage Michelin. Pour de plus amples renseignements, demandez conseil à votre revendeur de pneumatiques, c'est un véritable spécialiste.

POUR FAIRE DURER VOS PNEUS, GARDEZ UN OEIL SUR EUX.

Afin de préserver longtemps les qualités de vos pneus, il est impératif de les faire contrôler régulièrement, et avant chaque grand voyage. Il faut savoir que la durée de vie d'un pneu peut varier dans un rapport de 1 à 4, et parfois plus, selon son entretien, l'état du véhicule, le style de conduite et l'état des routes ! L'ensemble roue-pneumatique doit être parfaitement équilibré pour éviter les vibrations qui peuvent apparaître à partir d'une certaine vitesse. Pour supprimer ces vibrations et leurs désagréments, vous confierez l'équilibrage à un professionnel du pneumatique car cette opération nécessite un savoir-faire et un outillage très spécialisé.

Les facteurs qui influent sur l'usure et la durée de vie de vos pneumatiques:

les caractéristiques du véhicule (poids, puissance...), le profil

Une conduite sportive réduit la durée de vie des pneus.

des routes (rectilignes, sinueuses), le revêtement (granulométrie: sol lisse ou rugueux), l'état mécanique du véhicule (réglage des trains avant, arrière, état des suspensions et des freins...), le style de conduite (accélérations, freinages, vitesse de passage en courbe...), la vitesse (en ligne droite à 120 km/h un pneu s'use deux fois plus vite qu'à 70 km/h), la pression des pneumatiques (si elle est incorrecte, les pneus s'useront beaucoup plus vite et de manière irrégulière).

D'autres événements de nature accidentelle (chocs contre trottoirs, nids de poule...), en plus du risque de déréglage et

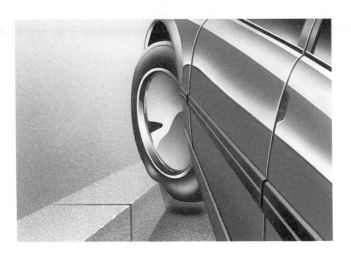

Les chocs contre les trottoirs, les nids de poule... peuvent endommager gravement vos pneus.

de détérioration de certains éléments du véhicule, peuvent provoquer des dommages internes au pneumatique dont les conséquences ne se manifesteront parfois que bien plus tard. Un contrôle régulier de vos pneus vous permettra donc de détecter puis de corriger rapidement les anomalies (usure anormale, perte de pression...). A la moindre alerte, adressez-vous immédiatement à un revendeur spécialiste qui interviendra pour préserver les qualités de vos pneus, votre confort et votre sécurité.

SURVEILLEZ L'USURE DE VOS PNEUMATIQUES:

Comment ? Tout simplement en observant la profondeur de la sculpture. C'est un facteur de sécurité, en particulier sur sol mouillé. Tous les pneus possèdent des indicateurs d'usure de 1,6 mm d'épaisseur. Ces indicateurs sont repérés par un Bibendum situé aux «épaules» des pneus Michelin. Un examen visuel suffit pour connaître le niveau d'usure de vos pneumatiques. Attention: même si vos pneus n'ont pas encore atteint la limite d'usure légale (en France, la profondeur restante de la sculpture doit être supérieure à 1,6 mm sur l'ensemble de la bande de roulement), leur capacité à évacuer l'eau aura naturellement diminué avec l'usure.

FAITES LE BON CHOIX POUR ROULER EN TOUTE TRANQUILLITE.

Le type de pneumatique qui équipe d'origine votre véhicule a été déterminé pour optimiser ses performances. Il vous est cependant possible d'effectuer un autre choix en fonction de votre style de conduite, des conditions climatiques, de la nature des routes et des trajets effectués.

Dans tous les cas, il est indispensable de consulter un spécialiste du pneumatique, car lui seul pourra vous aider à trouver la solution la mieux adaptée à votre utilisation.

Montage, démontage, équilibrage du pneu; c'est l'affaire d'un professionnel:

un mauvais montage ou démontage du pneu peut le détériorer et mettre en cause votre sécurité.

Sauf cas particulier et exception faite de l'utilisation provisoire de la roue de secours, les pneus montés sur un essieu donné doivent être identiques. Il est conseillé de monter les pneus neufs ou les moins usés à l'AR pour assurer la meilleure tenue de route en situation difficile (freinage d'urgence ou courbe serrée) principalement sur chaussée glissante.

En cas de crevaison, seul un professionnel du pneu saura effectuer les examens nécessaires et décider de son éventuelle réparation.

Il est recommandé de changer la valve ou la chambre à chaque intervention.

Il est déconseillé de monter une chambre à air dans un ensemble tubeless.

L'utilisation de pneus cloutés est strictement réglementée; il est important de s'informer avant de les faire monter.

Attention: la capacité de vitesse des pneumatiques Hiver «M+S» peut être inférieure à celle des pneus d'origine. Dans ce cas, la vitesse de roulage devra être adaptée à cette limite inférieure.

INNOVER POUR ALLER PLUS LOIN

En 1889, Edouard Michelin prend la direction de l'entreprise qui porte son nom. Peu de temps après, il dépose le brevet du pneumatique démontable pour bicyclette. Tous les efforts de l'entreprise se concentrent alors sur le développement de la technique du pneumatique. C'est ainsi qu'en 1895, pour la première fois au monde, un véhicule automobile baptisé «l'Eclair» roule sur pneumatiques. Testé sur ce véhicule lors de la course Paris-Bordeaux-Paris, le pneumatique démontre immédiatement sa supériorité sur le bandage plein.

Créé en 1898, le Bibendum symbolise l'entreprise qui, de recherche en innovation, du pneu vélocipède au pneu avion, impose le pneumatique à toutes les roues.

En 1946, c'est le dépôt du brevet du pneu radial ceinturé acier, l'une des découvertes majeures du monde du transport.

Cette recherche permanente de progrès a permis la mise au point de nouveaux produits. Ainsi, depuis 1991, le pneu dit "vert" ou "basse résistance au roulement", est devenu une réalité. Ce concept contribue à la protection de l'environnement, en permettant une diminution de la consommation de carburant du véhicule, et le rejet de gaz dans l'atmosphère.

Concevoir les pneus qui font tourner chaque jour 2 milliards de roues sur la terre, faire évoluer sans relâche plus de 3 500 types de pneus différents, c'est le combat permanent des 4 500 chercheurs Michelin.

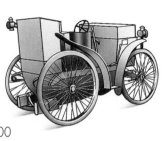

Leurs outils : les meilleurs supercalculateurs, des laboratoires à la pointe de l'innovation scientifique, des centres de recherche et d'essais installés sur 6 000 hectares en France, en Espagne, aux Etats-Unis et au Japon. Et c'est ainsi que quotidiennement sont parcourus plus d'un million de kilomètres, soit 25 fois le Tour du Monde.

Leur volonté : écouter, observer puis optimiser chaque fonction du pneumatique, tester sans relâche, et recommencer.

C'est cette volonté permanente de battre demain le pneu d'aujourd'hui pour offrir le meilleur service à l'utilisateur, qui a permis à Michelin de devenir le leader mondial du pneumatique.

RENSEIGNEMENTS UTILES.

POUR PREPARER VOTRE VOYAGE

Pour vos itinéraires routiers en France et en Europe:

36 15 ou 36 16 MICHELIN

Vous trouverez : itinéraires détaillés, distances, péages, temps de parcours.

Mais aussi : hôtels-restaurants, curiosités touristiques, renseignements pneumatiques.

VOS PNEUMATIQUES :

Vous avez des observations, vous souhaitez des précisions concernant l'utilisation de vos pneumatiques Michelin,... écrivez-nous à :

Manufacture Française des Pneumatiques Michelin.
Boîte Postale Consommateurs
63040 Clermont-Ferrand Cedex.

ou téléphonez-nous à :

Agen 53 96 28 47	Clermont-Fd....... 73 91 29 31	Pau 59 32 56 33
Ajaccio 95 20 30 55	Dijon................... 80 67 35 38	Périgueux................ 53 03 98·13
Amiens 22 92 47 28	Grenoble 76 98 51 54	Perpignan 68 54 53 10
Angers............... 41 43 65 52	Le Havre 35 25 22 20	Reims 26 09 19 32
Angoulême........ 45 69 30 02	Lille 20 98 40 48	Rennes 99 50 72 00
Annecy.............. 50 51 59 70	Limoges 55 05 18 18	Rodez....................... 65 42 17 88
Arras 21 71 12 08	Lorient............... 97 76 03 60	Rouen 35 73 63 73
Aurillac 71 64 90 33	Lyon................... 78 69 49 48	St-Étienne............... 77 74 22 88
Auxerre 86 46 98 66	Marseille 91 02 08 02	Strasbourg............... 88 39 39 40
Avignon 90 88 11 10	Montélimar........ 75 01 80 91	Toulouse.................. 61 41 11 54
Bayonne............ 59 55 13 73	Montpellier........ 67 79 50 79	Tours 47 28 60 59
Besançon 81 80 24 53	Nancy................ 83 21 83 21	Région parisienne
Bordeaux........... 56 39 94 95	Nantes................ 40 92 15 44	Aubervilliers........... 48 33 07 58
Bourg 74 45 24 24	Nice................... 93 31 66 09	Buc 39 56 10 66
Brest 98 02 21 08	Niort................... 49 33 00 42	Maisons-Alfort 48 99 55 60
Caen 31 26 68 19	Orléans 38 88 02 20	Nanterre 47 21 67 21

LONIGO 36045 Vicenza 🔢🔢🔢 ④, 🔢🔢🔢 F 16 – 12 683 ab. alt. 31 – ✆ 0444.

Roma 533 – ◆Verona 33 – ◆Ferrara 95 – ◆Milano 186 – ◆Padova 56 – Vicenza 24.

XXX ❀ **La Peca,** via Principe Giovanelli 2 ☎ 830214 – ℗. 🅰🅴 ⓞ 🄴 📷. ❄
    chiuso domenica sera, lunedì, dal 1° al 10 gennaio e dal 1° al 15 agosto – **Pasto** 45000 bc e
    carta 50/80000
    Spec. Insalatina con coniglio e porcini al forno, Risotto con astice e finocchi brasati, Filetto di branzino con pâté di olive
    nere e radicchio trevigiano al forno.

LORANZÈ 10010 Torino 🔢🔢🔢 F 5, 🔢🔢🔢 ⑭ – 1 064 ab. alt. 404 – ✆ 0125.

Roma 685 – ◆Torino 46 – Aosta 73 – Ivrea 9,5 – ◆Milano 123.

XXX ❀ **Panoramica** ⤢ con cam, ☎ 669966, Fax 669969, ≤ colline e vallata, prenotare, ❄ –
    📺 ☎ ℗. 🅰🅴 📷
    chiuso dal 23 dicembre al 10 gennaio – **Pasto** *(chiuso sabato a mezzogiorno e domenica
    sera)* carta 45/100000 – **16 cam** ⊇ 98/125000 – ½ P 98/133000
    Spec. Tortino di cardi con midollo e sale grosso (autunno-inverno), "Tofeja" zuppa di fagioli e cotiche (inverno). Dorso
    di coniglio con pomodori secchi e olive (primavera-estate).

LOREO 45017 Rovigo 🔢🔢🔢 ⑮, 🔢🔢🔢 G 18 – 3 786 ab. – ✆ 0426.

Roma 488 – ◆Venezia 72 – ◆Ravenna 83 – Rovigo 32 – ◆Venezia 72.

X **Cavalli** con cam, riviera Marconi 67/69 ☎ 369868, Fax 369868 – 📺 ☎. 🅱 🄴 📷. ❄
    chiuso dal 25 settembre al 10 ottobre – **Pasto** *(chiuso lunedì)* carta 38/56000 – ⊇ 7000 –
    10 cam 60/75000 – P 90000.

LORETO 60025 Ancona 🔢🔢🔢 ⑯, 🔢🔢🔢 L 22 – 10 775 ab. alt. 125 – a.s. Pasqua, 15 agosto-
10 settembre e 7-12 dicembre – ✆ 071.

Vedere Santuario della Santa Casa★★ – Piazza della Madonna★ – Opere del Lotto★ nella
pinacoteca **M.**

🄱 via Solari 3 ☎ 977139, Fax 970276.

Roma 294 ② – ◆Ancona 31 ① – Macerata 31 ② – Pesaro 90 ② – Porto Recanati 5 ①.

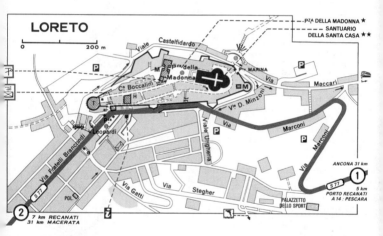

🏠 **Orlando da Nino,** via Villa Costantina 89 ☎ 978501, Fax 978501, ≤ – 📺 ☎ ℗. 🅱 ⓞ 🄴
    📷. ❄   E : 1,5 km per via Maccari
    chiuso dal 20 dicembre al 20 gennaio – **Pasto** *(chiuso lunedì)* carta 30/44000 – ⊇ 8000 –
    20 cam 62/84000 – ½ P 60/70000.

XX **Dal Baffo Vecchia Fattoria** con cam, via Manzoni 19 ☎ 978976, Fax 978962, 🌳, 🌾 –
    📺 ☎ ℗. 🅰🅴 🅱 ⓞ 🄴 📷. ❄   N : 3 km per via Maccari
    Pasto *(chiuso lunedì)* carta 33/47000 – ⊇ 5000 – **13 cam** 70/95000 – ½ P 80/85000.

XX **Andreina,** Via Buffolareccia 14 ☎ 970124 – 🔲 ℗. 🅰🅴 🅱 ⓞ 🄴 📷   2 km per ①
    chiuso martedì – **Pasto** carta 33/51000.

X **Orlando Barabani,** via Villa Costantina 93 ☎ 977696, 🌳 – ℗. ⓞ 📷   E : 1,5 km per via Maccari
    chiuso mercoledì e luglio – **Pasto** carta 33/46000.

LORETO APRUTINO 65014 Pescara 🔢🔢🔢 ㉗, 🔢🔢🔢 O 23 – 7 241 ab. alt. 294 – ✆ 085.

Roma 226 – ◆Pescara 24 – Teramo 77.

🏠 **La Bilancia,** contrada Palazzo 10 (SO : 5 km) ☎ 8289321, Fax 8289610 – 📺 ☎ ℗. 🅰🅴 🅱
    ⓞ 🄴 📷. ❄
    chiuso dal 20 dicembre al 20 gennaio – **Pasto** *(chiuso lunedì)* carta 24/36000 – ⊇ 3000 –
    19 cam 55/75000 – ½ P 70/80000.

LORO PICENO 62020 Macerata 430 M 22 – 2 500 ab. alt. 436 – ☎ 0733.

Roma 248 – ◆Ancona 73 – Ascoli Piceno 78 – Macerata 22.

XX **Girarrosto,** via Ridolfi 24 ✆ 509119 – AE ⑤ ⓪ E VISA
chiuso mercoledì e dal 20 luglio al 10 agosto – **Pasto** carta 30/40000.

LOTZORAI Nuoro 433 H 10 – Vedere Sardegna alla fine dell'elenco alfabetico.

LOVENO Como 219 ⑨ – Vedere Menaggio.

LOVERE 24065 Bergamo 988 ③ ④, 428 429 E 12 – 5 670 ab. alt. 200 – a.s. luglio-agosto – ☎ 035 – Vedere Lago d'Iseo★.

Dintorni Pisogne★ : affreschi★ nella chiesa di Santa Maria della Neve NE : 7 km.

Roma 611 – ◆ Brescia 49 – ◆Bergamo 41 – Edolo 57 – ◆Milano 86.

Moderno, piazza 13 Martiri 21 ✆ 960607, Fax 961451, ≤ – |‡| ▤ TV ☎ ♿ – 🔔 100. AE ⑤ ⓪ E VISA
Pasto *(chiuso lunedì da ottobre a marzo)* 30/40000 (10%) – ☕ 10000 – **24 cam** 70/100000 – ½ P 70/80000.

S. Antonio, piazza 13 Martiri 2 ✆ 961523, Fax 961523, ≤, 🏖 – |‡| TV ☎ – 🔔 50. AE ⑤ ⓪ E VISA. ✱ cam
Pasto *(chiuso martedì escluso dal 15 giugno al 15 settembre)* carta 30/45000 – ☕ 8000 – **22 cam** 55/85000 – ½ P 56/76000.

X **Due Ruote-Castello** 🐕 con cam, via del Santo 1 ✆ 960228, Fax 960228, « Servizio rist. estivo in terrazza panoramica » – TV ☎. AE ⑤ ⓪ VISA. ✱
Pasto *(chiuso lunedì da ottobre a maggio)* carta 35/73000 – ☕ 6000 – **18 cam** 28/70000 – ½ P 65000.

LUCCA 55100 P 988 ⑭, 428 429 430 K 13 – 86 966 ab. alt. 19 – ☎ 0583.

Vedere Duomo★★ C – Chiesa di San Michele in Foro★★ : facciata★★ B – Chiesa di San Frediano★ B – Città vecchia★ BC – Passeggiata delle mura★ – Dintorni Giardini★★ della villa reale di Marlia per ① : 8 km – Parco★ di villa Mansiper ② : 11 km.

ℹ Vecchia Porta San Donato-piazzale Verdi ✆ 419689, Fax 490766.

A.C.I. via Catalani 59 ✆ 582626.

Roma 348 ⑤ – Pisa 22 ④ – ◆Bologna 157 ⑤ – ◆Firenze 74 ⑤ – ◆Livorno 46 ⑤ – Massa 45 ⑤ – ◆Milano 274 ⑤ – Pistoia 43 ⑤ – ◆La Spezia 74 ⑤.

Celide senza rist, viale Giuseppe Giusti 25 ✆ 954106, Fax 954304, 🏋 – |‡| ▤ TV ☎ P – 🔔 40. AE ⑤ ⓪ E VISA. ✱ D **a**
☕ 17000 – **58 cam** 95/140000.

San Marco senza rist, via San Marco 368 ✆ 495010, Fax 490513 – |‡| ▤ TV ☎ ♿ 🚗 P. AE ⑤ ⓪ E VISA. ✱ per ①
☕ 15000 – **42 cam** 90/140000.

La Luna senza rist, Via Fillungo-Corte Compagni 12 ✆ 493634, Fax 490021 – |‡| TV ☎ 🚗 P. AE ⑤ ⓪ E VISA. ✱
chiuso dal 24 dicembre al 6 gennaio – ☕ 15000 – **29 cam** 80/115000, appartamento. B **u**

Rex senza rist, piazza Ricasoli 19 ✆ 955443, Fax 954348 – |‡| ▤ TV ☎. AE ⑤ ⓪ E VISA C **c**
☕ 15000 – **25 cam** 85/120000.

Universo, piazza del Giglio 1 ✆ 493678 – |‡| TV ☎. VISA B **e**
Pasto vedere rist **Del Teatro** – ☕ 16000 – **61 cam** 160/220000 – ½ P 106/126000.

Piccolo Hotel Puccini senza rist, via di Poggio 9 ✆ 55421, Fax 53487 – TV ☎. AE ⑤ E VISA B **c**
☕ 11000 – **14 cam** 78/113000.

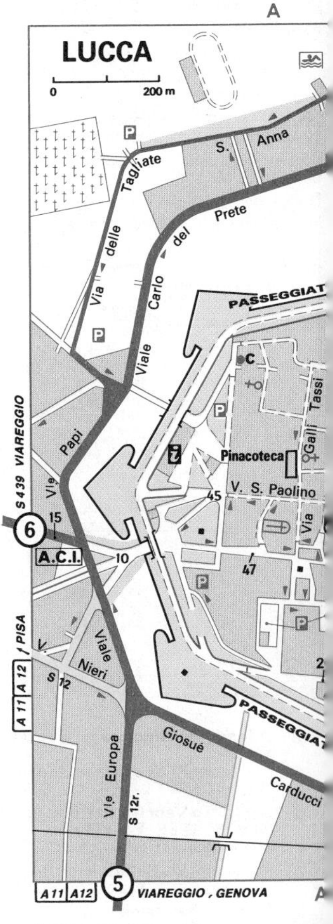

Battistero (Via del) . . . . B 6
Fillungo (Via) . . . . BC
Roma (Via) . . . . B 31
Vittorio Veneto (Via) . . . . B 50

Anfiteatro (Pza dell') . . . . C 2
Angeli (Via degli) . . . . B 3
Antelminelli (Pza) . . . . C 4
Asili (Via degli) . . . . B 5
Battisti (Via C.) . . . . B 7

XXX ❀ **Buca di Sant'Antonio,** via della Cervia 1/5 ℰ 55881, Fax 312199 – ✖ ▤. AE ⑤ ⑩ Ε
   VISA JCB
   B **a**
   chiuso domenica sera, lunedì e dal 9 al 31 luglio – **Pasto** 29000 e carta 38/56000
   Spec. Minestra di farro con fagioli, Ravioli di ricotta alle zucchine, Capretto garfagnino allo spiedo con patate alla
   salvia.

XX **Puccini,** corte San Lorenzo 1 ℰ 316116, 🖼, Specialità di mare – AE ⑤ ⑩ Ε
   VISA
   chiuso lunedì, martedì a mezzogiorno e dal 7 al 21 agosto – **Pasto** carta 42/69000.   B **d**

XX **Antico Caffè delle Mura,** via Vittorio Emanuele 2 ℰ 47962, 🖼 – AE ⑤ ⑩ Ε **VISA**
   JCB
   chiuso martedì e dal 1° al 20 gennaio – **Pasto** carta 42/60000 (15%).   B **y**

XX **Antica Locanda dell'Angelo,** via Pescheria 21 ℰ 47711, Fax 495445, 🖼 – ▤. AE ⑤ ⑩
   Ε **VISA**. ✖   B **x**
   chiuso domenica sera e lunedì – **Pasto** carta 43/54000.

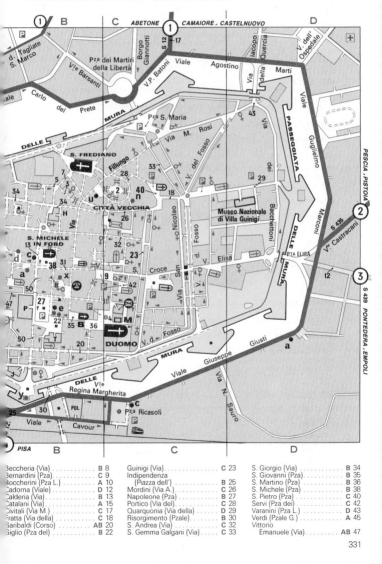

XX **Giglio,** piazza del Giglio ℰ 494058, 🏤 – ▤. ATE ﹪ ⓞ E VISA JCB   B e
   chiuso martedì sera, mercoledì e dal 25 gennaio al 9 febbraio – **Pasto** carta 38/56000.

XX **Del Teatro,** piazza Napoleone 25 ℰ 493740 – ATE ﹪ ⓞ E VISA JCB   B e
   chiuso giovedì – **Pasto** carta 38/60000 (15%).

X **Canuleia,** via Canuleia 14 ℰ 47470, Coperti limitati; prenotare   C n

X **Da Giulio-in Pelleria,** via delle Conce 45 (piazza S. Donato) ℰ 55948, prenotare – ATE ﹪
   ⓞ E VISA   A c
   chiuso domenica e lunedì – **Pasto** carta 29/39000.

   sulla strada statale 12 r B :

🏩 **Principessa Elisa** 🐾, località Massa Pisana per ④ : 4,5 km ⊠ 55050 Massa Pisana
   ℰ 379737, Fax 379019, « Giardino ombreggiato con 🏊 » – 🛗 ▤ 📺 ☎ ⓟ. ATE ﹪ ⓞ E
   VISA. 🍴
   chiuso dal 6 gennaio al 6 febbraio – **Pasto** 60/70000 (15%) e al Rist. **Gazebo** *(chiuso
   domenica; prenotare)* carta 56/82000 (15%) – 🍽 28000 – 8 appartamenti 450000 – ½ P 315/
   390000.

🏩 **Villa la Principessa** 🐾, località Massa Pisana per ④ : 4,5 km ⊠ 55050 Massa Pisana
   ℰ 370037, Fax 379136, 🏤, « Dimora ottocentesca in un bel parco », 🏊 – 🛗 ▤ 📺 ☎ ⓟ
   – ⛳ 130. ATE ﹪ ⓞ E VISA. 🍴
   chiuso dal 6 gennaio al 6 febbraio – **Pasto** *(chiuso domenica; prenotare)* carta 56/82000
   (15%) – 🍽 20000 – **32 cam** 250/330000, 5 appartamenti – ½ P 250/330000.

🏠 **Villa San Michele** 🐾 senza rist, località San Michele in Escheto per ④ : 4 km ⊠ 55050
   Massa Pisana ℰ 370276, Fax 370277, ≼, « Villa seicentesca con parco ombreggiato » –
   🛗 ▤ 📺 ☎ ⓟ. ATE ﹪ ⓞ E VISA. 🍴
   chiuso da dicembre al 20 febbraio – 🍽 25000 – **22 cam** 180/270000.

   sulla strada statale 12 A :

XX **Villa Bongi** per ⑤ : 9 km ⊠ 55015 Montuolo ℰ 510479, « Servizio estivo all'aperto » –
   ⓟ. ATE ﹪ ⓞ E VISA
   chiuso lunedì, martedì a mezzogiorno e dal 15 al 25 luglio – **Pasto** carta 35/52000.

X **Mecenate,** per ⑤ : 3,5 km ⊠ 55050 Gattaiola ℰ 512167, Fax 512167, 🏤 – ⓟ. ATE ﹪ ⓞ
   E VISA JCB
   chiuso a mezzogiorno, lunedì e dal 2 al 15 novembre – **Pasto** carta 31/46000.

   a San Macario in Piano per ⑥ : 6 km – ⊠ 55056 Ponte San Pietro :

XX **Solferino,** ℰ 59118, Fax 329161, 🏤 – ⓟ. ATE ﹪ ⓞ E VISA JCB
   chiuso mercoledì, giovedì a mezzogiorno, dall'11 al 18 gennaio e dal 18 al 23 agosto – **Pasto**
   carta 35/64000.

   a Ponte a Moriano per ① : 9 km – ⊠ 55029 :

XXX ❀ **La Mora,** a Sesto NO : 2,5 km ℰ 406402, Fax 406135, 🏤 – ATE ﹪ ⓞ E VISA. 🍴
   chiuso mercoledì e dal 10 al 30 ottobre – **Pasto** carta 40/65000
   Spec. Tacconi al sugo di coniglio, Piccione in casseruola, Fracosta di manzo al vino rosso, Semifreddo al torroncino co
   cioccolato fuso.

X **Antica Locanda di Sesto,** a Sesto NO : 2,5 km ℰ 578181, Fax 406303 – ⓟ. ATE ﹪ E VISA
   🍴
   chiuso sabato, dal 24 al 31 dicembre ed agosto – **Pasto** carta 33/59000.

   a Balbano per ⑥ : 10 km – ⊠ 55050 Nozzano :

🏠 **Villa Casanova** 🐾, S : 1,5 km ℰ 548429, Fax 548429, ≼ vallata, 🏤, « Residenz
   settecentesca di campagna », 🏊, 🌳, 🍴 – 🛗 ⓟ – ⛳ 80. ATE 🍴 rist
   aprile-ottobre – **Pasto** (solo per clienti alloggiati e *chiuso a mezzogiorno*) 30000 – **40 cam**
   🍽 90/100000 – ½ P 80/90000.

LUCERA 71036 Foggia 🔲🔲🔲 ㉘, 🔲🔲🔲 C 28 – 35 622 ab. alt. 240 – ✆ 0881.

Vedere Castello★ – Museo Civico: statua di Venere★.

Roma 345 – ◆Foggia 20 – ◆Bari 150 – ◆Napoli 157.

XX **Alhambra,** via De Nicastri 10/14 ℰ 547066, Specialità di mare, « Ambiente caratteris
   tico » – ▤. 🍴
   chiuso domenica sera e dal 1° al 20 settembre – **Pasto** carta 37/62000.

Segnalateci il vostro parere sui ristoranti che
raccomandiamo, indicandoci le loro specialità
ed i vini di produzione locale da essi serviti.

LUGANA Brescia – Vedere Sirmione.

LUGO Ravenna 988 ⑮, 429 430 I 17 – 32 130 ab. alt. 15 – ⊠ **48022** Lugo di Ravenna – ✆ 0545.

Roma 385 – ◆Bologna 61 – ◆Ravenna 32 – Faenza 19 – ◆Ferrara 62 – Forlì 31 – ◆Milano 266.

San Francisco, via Amendola 14 ✆ 22324, Fax 32421 – ⇔ ▤ ▥ ☎. ⚿ 🔒 ⑪ E 💳 JCB. ❀
chiuso dal 23 dicembre al 2 gennaio e dal 5 al 20 agosto – **Pasto** vedere rist **San Francisco** – ⊡ 12000 – **30 cam** 88/150000, 2 appartamenti.

Ala d'Oro, corso Matteotti 56 ✆ 22388, Fax 30509 – ▐ ▤ rist ▥ ☎ ♿ ❷ – 🚗 40. ⚿ 🔒 ⑪ E 💳. ❀ rist
Pasto *(chiuso venerdì e dal 25 luglio al 15 agosto)* carta 36/53000 – ⊡ 10000 – **43 cam** 94/130000 – ½ P 85/120000.

San Francisco, via Amendola 16 ✆ 25198 – ▤ – 🚗 90. ⚿ 🔒 ⑪ E 💳
chiuso martedì e dall'8 al 31 agosto – **Pasto** carta 28/55000.

LUINO 21016 Varese 988 ③, 428 E 8 – 14 861 ab. alt. 202 – ✆ 0332.

🔰 viale Dante Alighieri 6 (palazzo Civico) ✆ 530019.

Roma 661 – Stresa 38 – Bellinzona 40 – ◆Lugano 23 – ◆Milano 84 – Novara 85 – Varese 28.

Camin, viale Dante 35 ✆ 530118, Fax 537226, 😋, 🌳 – ▥ ☎ ❷ – 🚗 30. ⚿ 🔒 ⑪ E 💳
Pasto *(chiuso martedì)* carta 50/80000 – **10 cam** ⊡ 176/246000, 3 appartamenti – ½ P 161000.

Internazionale senza rist, viale Amendola ✆ 530193, Fax 537882 – ▐ ▥ ☎ ♿ ❷. ⑪ E 💳
chiuso dal 15 gennaio a febbraio – ⊡ 7500 – **40 cam** 62/74000.

Internazionale, piazza Marconi 18 ✆ 530037 – 🔒 ⑪ E 💳
chiuso martedì e dal 10 al 31 luglio – **Pasto** carta 33/46000.

a Colmegna N : 2,5 km – ⊠ **21016** Luino :

Camin Hotel Colmegna, ✆ 510855, <, 😋, « Parco in riva al lago » – ▥ ☎ ❷. ⚿ 🔒 ⑪ E 💳
marzo-ottobre – **Pasto** *(chiuso mercoledì)* carta 38/60000 – **21 cam** ⊡ 115/155000 – ½ P 113/150000.

LUMARZO 16024 Genova 428 I 9 – 1 506 ab. alt. 353 – ✆ 0185.

Roma 491 – ◆Genova 24 – ◆Milano 157 – Rapallo 27 – ◆La Spezia 93.

a Pannesi SO : 4 km – alt. 535 – ⊠ **16024** Lumarzo :

Fuoco di Bosco, ✆ 94048, « In un bosco » – ❷. ❀
chiuso giovedì e da gennaio al 15 marzo – **Pasto** carta 44/69000.

LURAGO D'ERBA 22040 Como 428 E 9 – 4 502 ab. alt. 351 – ✆ 031.

Roma 613 – Como 14 – ◆Milano 38 – ◆Bergamo 42.

La Corte con cam, via Mazzini 20 ✆ 699690, Fax 699755, 😋 – ▥ ☎ 🚗 ❷. ⚿ 🔒 ⑪ E 💳. ❀
chiuso dal 10 al 22 agosto – **Pasto** *(chiuso domenica sera e mercoledì)* 38/55000 (a mezzogiorno) 55/80000 (alla sera) e carta 48/81000 – **8 cam** ⊡ 120/180000.

LURISIA Cuneo 988 ⑫, 428 J 5 – alt. 660 – ⊠ **12088** Roccaforte Mondovì – Stazione termale (giugno-settembre), a.s. febbraio, Pasqua, luglio-15 settembre e Natale – Sport invernali : 560/1 805 m ⚡ 1 ⚡ 5 – ✆ 0174.

🔰 via Madame Curie ✆ 683119, Fax 683400.

Roma 630 – Cuneo 21 – ◆Milano 226 – Savona 85 – ◆Torino 94.

Reale, ✆ 683105, Fax 683430, 👟, ⚿, 🌳 – ▐ ▥ ☎ ♿ ❷ – 🚗 150. ⚿ 🔒 ⑪ E 💳. ❀
chiuso dal 15 ottobre al 15 dicembre – **Pasto** *(chiuso mercoledì in bassa stagione)* 25/30000 – ⊡ 10000 – **80 cam** 70/100000 – ½ P 75/85000.

Topazio, ✆ 683107, Fax 683302, 🌳 – ▐ ▥ ☎ ♿ ❷. 🔒 ⑪ E 💳. ❀ rist
20 dicembre-20 aprile e 20 maggio-settembre – **Pasto** *(chiuso lunedì escluso da giugno a settembre)* 27000 – **45 cam** ⊡ 63/87000 – P 70/82000.

Scoiattolo ❀, ✆ 683103, Fax 683371, « Giardino ombreggiato » – ▥ ☎ ❷. 🔒 ⑪ E 💳. ❀ rist
chiuso ottobre e novembre – **Pasto** *(chiuso martedì; prenotare)* carta 22/36000 – ⊡ 7500 – **22 cam** 55/95000 – ½ P 60/74000.

LUSIA 45020 Rovigo 429 G 16 – 3 577 ab. alt. 12 – ✆ 0425.

Roma 461 – ◆Ferrara 45 – ◆Padova 48 – Rovigo 12 – ◆Venezia 85.

in prossimità strada statale 499 :

Trattoria al Ponte, località Bornio S : 3 km ⊠ 45020 ✆ 69890, Fax 69890 – ▤ ❷. ⚿ 🔒 ⑪ E 💳 JCB. ❀
chiuso lunedì ed agosto – **Pasto** carta 28/38000.

MACERATA 62100 🅿 🖩🖩🖩 ⑯, 🖩🖩🖩 M 22 – 43 021 ab. alt. 311 – a.s. 10 luglio-13 settembre – ✆ 0733.

🖪 via Garibaldi 87 ✆ 234807, Fax 230449.

A.C.I. via Roma 139 ✆ 31141.

Roma 256 – ◆Ancona 51 – Ascoli Piceno 92 – ◆Perugia 127 – ◆Pescara 138.

🏦 **Claudiani** senza rist, vicolo Ulissi 8 ✆ 261400, Fax 261380 – |🛗| 🗏 📺 ☎ 🕭 ⟵. 🖭 🖪 ⓪ 🖪 *VISA*. 🕸
　🖵 15000 – **38 cam** 100/140000.

🟏🟏 **Da Secondo,** via Pescheria Vecchia 26 ✆ 260912, 🏠 – 🗏. ⓪ 🖪 *VISA*. 🕸
　chiuso lunedì e dal 14 al 30 agosto – **Pasto** carta 43/55000.

MACERATA FELTRIA 61023 Pesaro e Urbino 🖩🖩🖩 🖩🖩🖩 K 19 – 2 005 ab. alt. 321 – a.s. 25 giugno-agosto – ✆ 0722.

Roma 305 – ◆Ancona 145 – Arezzo 106 – ◆Perugia 139 – Pesaro 46.

🏠 **Pitinum,** ✆ 74496 – 🗏 rist 📺 ☎ 🅿. 🖪 🖪 *VISA*. 🕸
　Pasto (chiuso lunedì) carta 26/35000 – 🖵 5000 – **20 cam** 55/75000 – P 75000.

MACUGNAGA 28030 Verbania 🖩🖩🖩 ②, 🖩🖩🖩 E 5 – 627 ab. alt. (frazione Staffa) 1 327 – a.s. 20 luglio-agosto e Natale – Sport invernali : 1 327/2 900 m ⟨3 2 ⟨5 7, 🟏 – ✆ 0324.

🖪 frazione Staffa, piazza Municipio ✆ 65119, Fax 65119.

Roma 716 – Domodossola 39 – ◆Milano 139 – Novara 108 – Orta San Giulio 65 – ◆Torino 182.

🏦 Zumstein, frazione Staffa ✆ 65118, Telex 223306, Fax 65490, ≤ Monte Rosa, 🖙🛎, 🖅 – |🛗| 📺 ☎ 🅿
　stagionale – **44 cam.**

🏠 **Flora,** frazione Staffa ✆ 65037, Fax 65037 – 📺 ☎. 🖭 🖪 ⓪ 🖪 *VISA*. 🕸
　Pasto vedere rist *Chez Felice* – 🖵 10000 – **15 cam** 80/120000.

🏠 **Alpi,** frazione Borca ✆ 65135, Fax 65135, ≤, 🖅 – ☎ 🅿. 🕸
　dicembre-aprile e giugno-settembre – **Pasto** (solo per clienti alloggiati) 30000 – 🖵 10000 – **13 cam** 55/100000 – ½ P 65/85000.

🟏 **Chez Felice** con cam, frazione Staffa ✆ 65229, Fax 65037, solo su prenotazione, « Locanda caratteristica », 🖅 – 🕸
　Pasto (menu suggeriti dal proprietario e *chiuso giovedì*) carta 50/55000 – **11 cam** 🖵 40/80000 – ½ P 65/70000.

MADDALENA (Arcipelago della) Sassari 🖩🖩🖩 ㉓ ㉔, 🖩🖩🖩 D 10 – Vedere Sardegna alla fine dell'elenco alfabetico.

MADERNO Brescia – Vedere Toscolano-Maderno.

MADESIMO 23024 Sondrio 🖩🖩🖩 ③, 🖩🖩🖩 C 10 – 627 ab. alt. 1 536 – Sport invernali : 1 536/2 884 m ⟨3 2, ⟨5 19, 🟏 – ✆ 0343.

Escursioni Strada del passo dello Spluga★★ : tratto Campodolcino-Pianazzo★★★ Sud e Nord.

🖪 via Carducci 27 ✆ 53015, Fax 53782.

Roma 703 – ◆Bergamo 119 – ◆Milano 142 – Sondrio 80 – Passo dello Spluga 15.

🏦 **Emet,** ✆ 53395, Fax 53303 – |🛗| 📺 ☎ 🅿. 🖪 🖪 *VISA*. 🕸
　dicembre-1° maggio e luglio-agosto – **Pasto** 35/45000 – 🖵 15000 – **39 cam** 100/150000 – ½ P 95/170000.

🏦 **La Meridiana,** ✆ 53160, Fax 54632 – 📺 ☎ ⟵ 🅿. 🖭 🖪 ⓪ 🖪 *VISA* *JCB*. 🕸 rist
　dicembre-aprile e 25 giugno-10 settembre – **Pasto** carta 32/54000 – 🖵 15000 – **25 cam** 63/120000 – ½ P 65/110000.

🟏 **Tec de l'Urs,** ✆ 53283. 🖭 🖪 🖪 *VISA*. 🕸
　chiuso martedì, dal 1° al 20 maggio ed ottobre – carta 36/58000.

　a Pianazzo O : 2 km – ✉ **23020** :

🟏🟏 **Bel Sit** con cam, ✆ 53365 – 📺 ☎ ⟵ 🅿. 🖭 🖪 ⓪ 🖪 *VISA*. 🕸
　chiuso ottobre – **Pasto** (chiuso giovedì) carta 33/66000 – 🖵 9000 – **10 cam** 50/70000 – ½ P 70/80000.

　Vedere anche : *Montespluga* N : 11 km.

MADONNA DEI FORNELLI Bologna 🖩🖩🖩 J 15 – Vedere San Benedetto Val di Sambro.

MADONNA DELLA CIVITA Latina 🖩🖩🖩 S 22 – Vedere Itri.

MADONNA DELL'OLMO Cuneo – Vedere Cuneo.

MADONNA DEL MONTE Massa Carrara – Vedere Mulazzo.

334

Vedere Località ★★.

Escursioni Massiccio di Brenta ★★★ Nord per la strada S 239.

☎ₙ (luglio-settembre) a Campo Carlo Magno ℰ 41003, Fax 40267, N : 2,5 km.

🏧 ℰ 42000, Fax 40404.

Roma 645 – ♦ Bolzano 88 – ♦ Brescia 118 – Merano 91 – ♦ Milano 214 – Trento 74.

🏨 **Savoia Palace,** ℰ 41004, Fax 40549 – 🛗 📺 ☎ 🅿 – 🔬 60. 🖭 ⓞ. ⅊
    4 dicembre-10 aprile e 7 luglio-agosto – **Pasto** 50/55000 – **55 cam** ⊊ 235/300000,
    2 appartamenti – ½ P 180/265000.

🏨 **Spinale Club Hotel,** ℰ 41116, Fax 42189, ≤, ≘s, ⬔ – 🛗 📺 ☎ ⟷ – 🔬 80. 🖭 🕃 ⓞ ☰
    𝖵𝖨𝖲𝖠. ⅊
    3 dicembre-16 aprile e luglio-10 settembre – **Pasto** 50/80000 – ⊊ 20000 – **55 cam** 300/
    350000, 4 appartamenti – ½ P 98/200000.

🏨 **Lorenzetti,** ℰ 41404, Fax 40644, ≤, ⅃ₛ, ≘s – 🛗 📺 ☎ ⟷ 🅿 – 🔬 40. 🖭 ⓞ ☰ 𝖵𝖨𝖲𝖠 ᴶᶜᴮ.
    ⅊
    dicembre-aprile e giugno-settembre – **Pasto** carta 34/50000 – **33 cam** ⊊ 160/320000,
    10 appartamenti – ½ P 95/245000.

🏨 **Cristallo,** ℰ 41132, Fax 40687, ≤ – 🛗 📺 ☎ ⟷ 🅿 – 🔬 120. 🖭 ⓞ 𝖵𝖨𝖲𝖠. ⅊ rist
    dicembre-20 aprile e 22 giugno-10 settembre – **Pasto** 43/75000 – **38 cam** ⊊ 220/280000 –
    ½ P 130/250000.

🏨 **Miramonti,** ℰ 441021, Fax 440410, ≤, ≘s – 🛗 📺 ☎ ⟷ 🅿. 🖭 🕃 ⓞ ☰ 𝖵𝖨𝖲𝖠. ⅊
    3 dicembre-25 aprile e 25 giugno-20 settembre – **Pasto** 35/50000 – **25 cam** ⊊ 145/210000,
    6 appartamenti – ½ P 170/255000.

🏨 **Grifone,** ℰ 42002, Fax 40540, ≘s – 🛗 📺 ☎ ⟷. 🖭 🕃 ⓞ ☰ 𝖵𝖨𝖲𝖠. ⅊ rist
    dicembre-19 aprile e 9 luglio-10 settembre – **Pasto** carta 45/60000 – **38 cam** ⊊ 220/
    370000.

🏨 **Cerana** ⅏, ℰ 40552, Fax 40587 – 🛗 📺 ☎ ⟷ 🅿. 🖭 🕃 ☰ 𝖵𝖨𝖲𝖠. ⅊
    dicembre-aprile e luglio-settembre – **Pasto** (solo per clienti alloggiati) – **30 cam** ⊊ 260/
    400000 – ½ P 160/270000.

🏨 **Oberosler,** ℰ 41136 (prenderà il 411136), Fax 41136 o 411136, ≤ – 🛗 📺 ☎ ⟷ 🅿. 🖭 🕃
    ☰ 𝖵𝖨𝖲𝖠. ⅊ rist
    dicembre-20 aprile e luglio-15 settembre – **Pasto** carta 40/63000 – **38 cam** ⊊ 140/230000 –
    ½ P 135/190000.

🏨 **Bertelli,** ℰ 41013, Fax 40564, ≤, ≘s – 🛗 ▤ 📺 ☎ ⟷ 🅿. 🖭 🕃 ⓞ ☰ 𝖵𝖨𝖲𝖠. ⅊ rist
    5 dicembre-8 aprile e luglio-10 settembre – **Pasto** carta 30/42000 – **40 cam** ⊊ 120/220000
    – ½ P 88/210000.

🏨 **Diana,** ℰ 441011, Fax 441049 – 🛗 📺 ☎ 🅿. 🕃 𝖵𝖨𝖲𝖠. ⅊
    dicembre-1° maggio e luglio-15 settembre – **Pasto** 30/45000 – **27 cam** ⊊ 90/145000 –
    ½ P 100/170000.

🏨 **St. Hubertus,** ℰ 41144, Fax 40056, ≤, ⅃ riscaldata, ✍ – 🛗 📺 ☎ 🅿. 🖭 🕃 ⓞ ☰ 𝖵𝖨𝖲𝖠
    ᴶᶜᴮ. ⅊
    dicembre-Pasqua e luglio-settembre – **Pasto** 46/59000 – **31 cam** ⊊ 98/183000 – ½ P 95/
    170000.

🏨 **Crozzon,** ℰ 42217, Fax 42636 – 🛗 📺 ☎ 🅿 – 🔬 50. 🖭 🕃 ⓞ 𝖵𝖨𝖲𝖠. ⅊ rist
    dicembre-aprile e giugno-settembre – **Pasto** carta 35/53000 – **24 cam** ⊊ 120/160000 –
    ½ P 100/160000.

🏨 **Alpina,** ℰ 41075, Fax 43464, ≘s, ✍ – 🛗 📺 ☎ 🅿. 🖭 ☰ 𝖵𝖨𝖲𝖠. ⅊
    dicembre-25 aprile e 15 giugno-20 settembre – **Pasto** 20/35000 – ⊊ 12000 – **27 cam**
    120/190000 – ½ P 95/160000.

🏨 **Palù,** ℰ 41280, Fax 43183, ≤, ✍ – 📺 ☎ 🅿. 🕃 𝖵𝖨𝖲𝖠. ⅊
    dicembre-Pasqua e 20 giugno-20 settembre – **Pasto** (solo per clienti alloggiati) – **17 cam**
    ⊊ 125/200000 – ½ P 160000.

🏨 **Dello Sportivo** senza rist, ℰ 41101, Fax 40800 – 📺 ☎ 🅿. ⅊
    chiuso dall'8 giugno all'8 luglio e dal 10 al 30 novembre – **15 cam** ⊊ 100/180000.

🏨 **La Baita,** ℰ 41066, Fax 40750 – 🛗 📺 ☎ ⟷ 🅿. 🖭 🕃 ⓞ ☰ 𝖵𝖨𝖲𝖠. ⅊
    dicembre-aprile e luglio-settembre – **Pasto** (solo per clienti alloggiati) – ⊊ 25000 – **22 cam**
    95/150000 – ½ P 130/160000.

🏨 **Touring** ⅏, ℰ 41051, Fax 40760, ≤, ✍ – 🛗 📺 ☎ 🅿. 🖭 🕃 ⓞ 𝖵𝖨𝖲𝖠. ⅊ rist
    dicembre-Pasqua e luglio-28 settembre – **Pasto** 30/60000 – **27 cam** ⊊ 120/174000 –
    ½ P 105/160000.

🏨 **Hermitage** ⅏, ℰ 41558, ≤ monti, « In un parco » – 📺 🅿. 🖭 ☰ 𝖵𝖨𝖲𝖠. ⅊
    20 dicembre-Pasqua e luglio-settembre – **Pasto** 28/40000 – **14 cam** ⊊ 125/170000 –
    ½ P 85/130000.

🏨 **Arnica** senza rist, ℰ 40377 – 🛗 📺 ☎. 🕃 ☰ 𝖵𝖨𝖲𝖠. ⅊
    chiuso maggio ed ottobre – **21 cam** ⊊ 110/200000.

🍴🍴 **Artini,** ℰ 40122 – 🖭 🕃 ⓞ ☰ 𝖵𝖨𝖲𝖠
    dicembre-aprile e luglio-settembre – **Pasto** carta 39/60000.

a Campo Carlo Magno N : 2,5 km – alt. 1682 – ⊠ **38084** Madonna di Campiglio.

Vedere Posizione pittoresca★★ – ✳★★ sul massiccio di Brenta dal colle del Grostè SE per funivia

🏨 **Golf Hotel** ⑤, 🖉 41003, Fax 40294, ≤ monti e pinete, 🐾, ҃ – 🛗 📺 ☎ 🅿. 🕮 🕄 ① 🖻 *VISA*. ℀

dicembre-marzo e luglio-agosto – **Pasto** 30/65000 – ⚏ 12000 – **117 cam** 180/360000 – 4 appartamenti – ½ P 110/215000.

🏨 **Carlo Magno-Zeledria Hotel,** 🖉 41010, Telex 401158, Fax 40550, ≤ monti e pinete ≘s, 🔲, 🐾 – 🛗 📺 ☎ 🅿. 🕄 ① 🖻 *VISA*. ℀

4 dicembre-aprile e 24 giugno-23 settembre – **Pasto** 40000 – **104 cam** ⚏ 280/380000 – ½ P 80/228000.

MADONNA DI SENALES (UNSERFRAU) Bolzano █████ ⑨ – Vedere Senales.

MAGAZZINI Livorno – Vedere Elba (Isola d') : Portoferraio.

MAGENTA 20013 Milano █████ ③, █████ F 8 – 23 643 ab. alt. 141 – ☻ 02.

Roma 599 – ◆Milano 26 – Novara 21 – Pavia 43 – ◆Torino 114 – Varese 46.

🏨 **Excelsior,** via Cattaneo 67 🖉 97298651, Fax 97291617 – 🛗 🖬 📺 ☎ 占. 🕮 🕄 ① 🖻 *VISA* JCB. ℀ rist

Pasto *(chiuso sabato a mezzogiorno, domenica ed agosto)* carta 37/54000 – ⚏ 12000 – **65 cam** 140/180000, appartamento – ½ P 160/180000.

❊❊ **L'Osteria, a Ponte Vecchio** SO : 2 km 🖉 97298461, Coperti limitati; prenotare

❊❊ **Trattoria alla Fontana,** via del Roccolo 5 (circonvallazione di Magenta) 🖉 9760826 – 🅿. 🕮 🕄 ① 🖻 *VISA* JCB. ℀

chiuso sabato a mezzogiorno, domenica, Natale ed agosto – **Pasto** carta 57/88000.

MAGGIO Lecco █████ E 10, █████ ⑩ – Vedere Cremeno.

MAGGIORE (Lago) – Vedere Lago Maggiore.

MAGIONE 06063 Perugia █████ ⑮, █████ M 18 – 11 377 ab. alt. 299 – ☻ 075.

Roma 193 – ◆Perugia 20 – Arezzo 58 – Orvieto 87 – Siena 90.

a San Feliciano SO : 8 km – ⊠ **06060** :

🏨 **Ali sul Lago** senza rist, 🖉 8479246, Fax 8479252, ≤ – 🛗 📺 ☎ 🅿. 🕮 🕄 ① 🖻 *VISA*. ℀ *chiuso gennaio e febbraio* – ⚏ 10000 – **30 cam** 100/115000, 15 appartamenti 100/160000.

❊❊ **Da Settimio** ⑤, con cam, 🖉 849104, Fax 849104, ≤, 🍴 – 📺 ☎ 🅿 *chiuso novembre* – **Pasto** *(chiuso giovedì escluso da giugno a settembre)* carta 35/46000 (10%) – **15 cam** ⚏ 50/70000 – ½ P 60000.

MAGLIANO IN TOSCANA 58051 Grosseto █████ ㉕, █████ O 15 – 4 071 ab. alt. 130 – ☻ 0564.

Roma 163 – Civitavecchia 118 – Grosseto 28 – Viterbo 106.

❊❊ **Antica Trattoria Aurora,** via Lavagnini 12/14 🖉 592030, « Servizio estivo in giardino » – 🕮 🕄 🖻 *VISA*. ℀

chiuso mercoledì e novembre – **Pasto** carta 36/49000.

❊❊ **Da Guido,** via dei Faggi 9 🖉 592447, 🍴 – 🕮 🕄 🖻 *VISA*. ℀ *chiuso ottobre e martedì (escluso agosto)* – **Pasto** carta 26/45000.

MAGLIANO SABINA 02046 Rieti █████ ㉖, █████ O 19 – 3 701 ab. alt. 222 – ☻ 0744.

Roma 69 – ◆Perugia 113 – Rieti 54 – Terni 44 – Viterbo 48.

sulla strada statale 3 - via Flaminia NO : 3 km :

❊❊ **La Pergola** con cam, ⊠ 02046 🖉 919841, Fax 919841 – 🛗 🖬 📺 ☎ 🅿. 🕮 🕄 ① 🖻 *VISA* ℀ rist

Pasto *(chiuso martedì e dal 1° al 20 agosto)* carta 35/56000 – **11 cam** ⚏ 90/120000.

MAGNANO IN RIVIERA 33010 Udine █████ D 21 – 2 243 ab. alt. 200 – ☻ 0432.

Roma 658 – ◆Milano 397 – ◆Trieste 91 – Udine 20 – ◆Venezia 147.

🏨 Green Hotel ⑤, località Colli SO : 2 km 🖉 792308, Fax 792312, ƒ6, ≘s, 🐾, ❊ – 🛗 🖬 ☎ 占 🅿 – 🔬 30 a 350 **71 cam.**

MAIOLATI SPONTINI 60030 Ancona █████ L 21 – 5 185 ab. alt. 409 – ☻ 0731.

Roma 251 – ◆Ancona 48 – Gubbio 69 – Macerata 57.

a Moie NE : 10 km – ⊠ **60030** :

❊ **Tullio,** 🖉 701068, 🍴 , Specialità di mare – 🕮 🕄 ① 🖻 *VISA*. ℀ *chiuso domenica sera, lunedì e dal 15 al 30 agosto* – **Pasto** carta 37/55000.

MAIORI **84010** Salerno 988 ㉗, 431 E 25 – 5 740 ab. – a.s. Pasqua, 15 giugno-15 settembre e Natale – ☎ 089.

Dintorni Capo d'Orso★ SE : 5 km – ℹ via Capone 19 ✆ 877452, Fax 877452.

Roma 267 – ♦Napoli 65 – Amalfi 5 – Salerno 20 – Sorrento 39.

- **Pietra di Luna,** ✆ 877500, Fax 877483, ≤, ⛱, 🏊, 🏖 – 🛗 ▤ 📺 ☎ 🚗 🅿 – 🏛 80 a 500. AE 🅢 ⓞ E VISA. ✂
  aprile-ottobre – **Pasto** carta 40/72000 – **96 cam** ☐ 100/170000 – ½ P 70/135000.
- **Panorama,** ✆ 877202, Fax 877998, ≤, « Terrazza panoramica con 🏊 » – 🛗 ▤ 📺 ☎ – 🏛 140. AE 🅢 E VISA. ✂
  aprile-ottobre – **Pasto** 35/50000 – **76 cam** ☐ 150/200000, 3 appartamenti – ½ P 110/140000.
- **Miramare** senza rist, ✆ 877225, Fax 877490 – 🛗 📺 ☎ 🅿. AE 🅢 ⓞ E VISA. ✂
  chiuso dal 7 gennaio a febbraio e da novembre al 27 dicembre – **46 cam** ☐ 106/172000.
- **San Francesco,** ✆ 877070, 🏖, 🌳 – 🛗 ☎ 🚗 🅿. ✂ rist
  aprile-ottobre – **Pasto** carta 32/46000 – ☐ 10000 – **44 cam** 60/90000 – ½ P 75/85000.
- **Mammato,** ✆ 877036, 🌂, Rist. e pizzeria – AE 🅢 ⓞ E VISA
  chiuso dal 1° al 25 novembre e martedì (escluso da giugno a settembre) – **Pasto** carta 29/65000.

MAJANO **33030** Udine 429 D 21 – 5 856 ab. alt. 166 – ☎ 0432.

Roma 659 – Pordenone 54 – Tarvisio 77 – Udine 21 – ♦Venezia 147.

- **Dal Asìn** con cam, ✆ 948107, Fax 948116, 🌳 – 📺 ☎ 🅿. 🅢 VISA. ✂ rist
  Pasto *(chiuso giovedì, gennaio e luglio)* carta 32/51000 – ☐ 9000 – **17 cam** 70/110000 – ½ P 70/75000.

MALALBERGO **40058** Bologna 988 ⑮, 429 H 16 – 6 438 ab. alt. 12 – ☎ 051.

Roma 403 – ♦Bologna 33 – ♦Ferrara 12 – ♦Ravenna 84.

- **Rimondi,** ✆ 872012, Specialità di mare – ▤. AE 🅢 ⓞ E VISA. ✂
  chiuso lunedì sera, martedì e luglio – **Pasto** carta 35/66000.

MALBORGHETTO **33010** Udine 429 C 22 – 1 013 ab. alt. 787 – ☎ 0428.

Roma 710 – Tarvisio 12 – ♦Tolmezzo 50 – Udine 10.

a Valbruna E : 6 km – ✉ **33010** :

- **Renzo** 🐦 con cam ✆ 60123, Fax 60232 – 📺 ☎ ♿ 🅿. AE 🅢 ⓞ E VISA. ✂
  Pasto *(chiuso lunedì)* carta 27/48000 – **8 cam** ☐ 50/90000 – ½ P 60/65000.

MALCESINE **37018** Verona 988 ④, 428 429 E 14 – 3 391 ab. alt. 90 – ☎ 045.

Vedere ✳★★★ dal monte Baldo E : 15 mn di funivia – Castello Scaligero★.

ℹ via Capitanato del Porto 6/8 ✆ 7400055, Fax 7401633.

Roma 556 – ♦Brescia 92 – Mantova 93 – ♦Milano 179 – Trento 61 – ♦Venezia 179 – ♦Verona 67.

- **Park Hotel Querceto** 🐦, località Campiano 17/19 (O : 5 km) ✆ 7400344, « Servizio rist. estivo in terrazza », 🌳, 🌲 – ▤ rist 📺 ☎ 🅿 – 🏛 60. 🅢 E VISA. ✂ rist
  chiuso da febbraio al 15 marzo – **Pasto** carta 47/73000 – ☐ 20000 – **20 cam** 125/190000 – ½ P 125/150000.
- **Vega,** ✆ 7400151, Fax 7401604, ≤, « Giardino », 🏖 – 🛗 ▤ 📺 ☎ 🅿. E VISA. ✂
  aprile-ottobre – **Pasto** carta 26/40000 – **18 cam** ☐ 85/150000 – ½ P 88/103000.
- **Alpi** 🐦, ✆ 7400717, Fax 7400529, « Giardino con 🏊 », ⛱ – ☎ 🅿. 🅢 E VISA. ✂
  chiuso dal 20 gennaio a marzo e dal 15 novembre al 26 dicembre – **Pasto** *(chiuso lunedì)* 20/25000 – ☐ 15000 – **40 cam** 70/90000 – ½ P 70/80000.
- **Erika,** ✆ 7400451, Fax 7400451, 🌳 – 🚗. ✂
  chiuso novembre – **Pasto** *(chiuso giovedì)* 20/50000 – ☐ 12000 – **14 cam** 70/100000 – ½ P 60/75000.

a Val di Sogno S : 2 km – ✉ **37018** Malcesine :

- **Maximilian** 🐦, ✆ 7400317, Fax 6570117, ≤, « Giardino-oliveto in riva al lago », ⛱, 🏊, 🏖, 🎾 – ▤ rist ☎ 🚗 🅿. ✂
  28 marzo-24 ottobre – **Pasto** (solo per clienti alloggiati e *chiuso a mezzogiorno*) – **33 cam** ☐ 130/230000 – ½ P 80/125000.
- **Val di Sogno** 🐦, ✆ 7400108, Fax 7401694, ⛱, 🏊 riscaldata, 🏖, 🌳 – 🛗 ▤ rist ☎ 🚗 🅿 – 🏛 30. ✂ rist
  Pasqua-ottobre – **Pasto** 30/60000 – ☐ 20000 – **39 cam** 150/200000 – ½ P 100/150000.

sulla strada statale 249 :

- **Parc Hotel Eden,** N : 5 km ✉ 37018 ✆ 954068, Fax 954341, 🏊 – 🛗 ▤ cam 📺 ☎ 🚗 🅿. AE 🅢. ✂
  Pasqua-ottobre – **Pasto** 25/35000 – **28 cam** ☐ 100/180000, ▤ 10000 – ½ P 110000.
- **Piccolo Hotel,** N : 3 km ✉ 37018 ✆ 7400264, Fax 7400264, ≤, 🏊 riscaldata, 🏖 – ☎ 🅿. 🅢 VISA. ✂
  25 marzo-10 ottobre – **Pasto** (solo per clienti alloggiati) 26000 – ☐ 12000 – **20 cam** 53/82000 – ½ P 50/64000.

MALCONTENTA 30030 Venezia 429 F 18 – alt. 4 – ۞ 041.

Vedere Villa Foscari★.

Roma 523 – ◆ Venezia 14 – ◆Milano 262 – ◆Padova 32 – Treviso 28.

  🏠 **Gallimberti,** 𝒫 698099, Fax 5470163 – 🅿 📺 ☎ 🅟. 쪼 🏧 ⑧ ⑩ 🅴 🆅🆂🅰 ᴊᴄʙ
    Pasto vedere rist **Da Bepi el Ciosoto** – ⊡ 7000 – **22 cam** 70/120000 – ½ P 90/95000.

  ✗ **Da Bepi el Ciosoto,** 𝒫 698997, Specialità di mare – 🅟. 🏧 🏧 ⑩ 🅴 🆅🆂🅰 ᴊᴄʙ
    chiuso domenica sera e lunedì a mezzogiorno – **Pasto** carta 43/66000.

MALÈ 38027 Trento 988 ④, 428 429 C 14 – 2 049 ab. alt. 738 – a.s. febbraio-Pasqua e Natale – ۞ 0463.

🎋 viale Marconi 𝒫 901280, Telex 400810,Fax 901563.

Roma 641 – ◆Bolzano 65 – Passo di Gavia 58 – ◆Milano 236 – Sondrio 106 – Trento 59.

  🏨 **Henriette,** 𝒫 902110, Fax 902114, ≤, ℱ₅, ☎ₛ, ☒ – 🛗 ☆ rist 🍽 rist 📺 ☎ ⟨⟩ 🅟. 🏧 🏧 ⑩ 🅴 🆅🆂🅰. ✵
    20 dicembre-4 aprile e 20 maggio-settembre – **Pasto** carta 28/42000 – **39 cam** ⊡ 100000 – ½ P 60/90000.

  🏨 **Rauzi** ⑤, 𝒫 901228, Fax 901228, ≤, ⨾ – 🛗 📺 ☎ 🅟. ✵
    23 dicembre-24 marzo e 25 giugno-10 settembre – **Pasto** 30000 – ⊡ 9500 – **42 cam** 54/90000 – ½ P 98000.

  ✗✗ **Conte Ramponi,** località Magras NE : 1 km 𝒫 901989, «Edificio cinquecentesco» – 🏧 🏧 ⑩ 🅴 🆅🆂🅰. ✵
    chiuso lunedì, dal 1º al 15 giugno e dal 1º al 15 ottobre – **Pasto** carta 33/54000.

  ✗✗ **La Segosta,** 𝒫 902380, Fax 901390, ☞ – 🅟. 🏧 🏧 ⑩ 🅴 🆅🆂🅰. ✵
    chiuso lunedì sera, martedì, dal 1º al 18 giugno e dal 21 settembre al 21 ottobre – **Pasto** carta 32/46000.

MALEO 20076 Lodi 428 429 G 11 – 3 371 ab. alt. 58 – ۞ 0377.

Roma 527 – Cremona 23 – ◆Milano 60 – ◆Parma 77 – Pavia 51 – Piacenza 19.

  ✗✗ **Sole** con cam, 𝒫 58142, Fax 458058, Coperti limitati; prenotare, «Antica locanda con servizio estivo all'aperto» – 📺 ☎ 🅟 – 🛗 28. 🏧 🏧 ⑩ 🅴 🆅🆂🅰
    chiuso gennaio ed agosto – **Pasto** *(chiuso domenica sera e lunedì)* carta 63/85000 – **8 cam** ⊡ 180/300000, appartamento 400000 – P 230/300000.

  ✗✗ **Leon d'Oro,** 𝒫 58149, ☞, Coperti limitati; prenotare – 🍽. 🏧 🏧 ⑩ 🅴 🆅🆂🅰. ✵
    chiuso mercoledì ed agosto – **Pasto** carta 48/73000.

MALESCO 28030 Verbania 428 D 7, 219 ⑥ ⑦ – 1 492 ab. alt. 761 – Sport invernali : 761/940 m ≼1, ⲧ – ۞ 0324.

Roma 718 – Stresa 53 – Domodossola 20 – Locarno 29 – ◆Milano 142 – Novara 111 – ◆Torino 185.

  🏠 **Alpino,** 𝒫 95118, Fax 95118, ☒, ⨾ – 🛗 ☎ ⴕ 🅟. ⑩. ✵ rist
    15 dicembre-15 gennaio e aprile-ottobre – **Pasto** *(chiuso martedì escluso da giugno ad ottobre)* carta 32/51000 – ⊡ 8000 – **39 cam** 50/95000 – P 85000.

  ✗ **Ramo Verde,** 𝒫 95012
    chiuso dal 10 al 18 giugno, dal 1º al 15 ottobre e giovedì (escluso da luglio a settembre) – **Pasto** carta 29/41000.

MALGA CIAPELA Belluno – Vedere Rocca Pietore.

MALGRATE 22040 Lecco 428 E 10, 219 ⑨ ⑩ – 4 148 ab. alt. 224 – ۞ 0341.

Roma 623 – Como 27 – Bellagio 20 – Lecco 2 – ◆Milano 54.

  🏨 ۞ **Il Griso,** 𝒫 202040, Fax 202248, ≤lago e monti, ☞, «Piccolo parco», ℱ₅, ☎ₛ, ☒ – 🛗 🍽 📺 ☎ ⟨⟩ 🅟 – 🛗 30. 🏧 🏧 ⑩ 🅴 🆅🆂🅰
    chiuso dal 20 dicembre al 6 gennaio – **Pasto** 75/99000 e carta 65/110000 – ⊡ 20000 – **41 cam** 160/190000, 11 appartamenti, 🍽 10000 – ½ P 230000
    Spec. Ravioli di rane all'aglio e prezzemolo. Rosette di trota con capperi e aceto balsamico. Petto d'anatra arrosto con aceto di Xeres.

MALLES VENOSTA (MALS) 39024 Bolzano 988 ④, 428 429 B 13 – 4 612 ab. alt. 1 050 – ۞ 0473.

Roma 721 – ◆Bolzano 84 – Bormio 57 – ◆Milano 252 – Passo di Resia 22 – Trento 142.

  🏨 **Garberhof,** 𝒫 81399 (prenderà il 831399), Fax 81950 o 831950, ≤ monti e vallata, ℱ₅, ☎ₛ, ☒, ⨾ – 🛗 ☎ 🅟. 🏧 🏧 ⑩ 🅴 🆅🆂🅰. ✵ rist
    chiuso dal 10 novembre al 20 dicembre – **Pasto** *(chiuso lunedì)* 27/40000 – ⊡ 18000 – **26 cam** 105/164000 – ½ P 78/96000.

  a Burgusio (Burgeis) N : 3 km alt. 1 215 – ✉ 39024 Malles Venosta.
    🎋 𝒫 81422, Fax 81690 :

  🏨 **Plavina** ⑤, 𝒫 831223, Fax 830406, ≤, ☎ₛ, ☒, ⨾ – 🛗 ☎ 🅟. ✵ cam
    chiuso dal 26 aprile al 22 maggio e dall'8 novembre al 26 dicembre – **Pasto** vedere rist **Al Moro** – ⊡ 12000 – **32 cam** 52/80000 – ½ P 60/86000.

  ✗✗ **Al Moro-Zum Mohren** con cam, 𝒫 831223, Fax 830406 – 🅟
    chiuso dal 26 aprile al 22 maggio e dall'8 novembre al 26 dicembre – **Pasto** *(chiuso martedì)* carta 26/30000 – ⊡ 20000 – **9 cam** 30/60000 – ½ P 52/74000.

MALO 36034 Vicenza 429 F 16 – 11 191 ab. alt. 116 – ۞ 0445.

Roma 538 – Bassano del Grappa 31 – ◆Padova 55 – Trento 78 – ◆Venezia 90 – ◆Verona 63 – Vicenza 17.

a Priabona SO : 5 km – ✉ 36030 :

X **Al Cacciatore,** ℘ 589222 – ℗. 砥 *VISA* ⅍
    chiuso martedì sera, mercoledì e dal 1° al 15 agosto – **Pasto** carta 35/49000.

MALOSCO 38013 Trento 429 C 15, 218 ⑳ – 356 ab. alt. 1041 – a.s. Pasqua e Natale – ۞ 0463.

Roma 638 – ◆Bolzano 33 – Merano 40 – ◆Milano 295 – Trento 56.

🏠 **Baita Fiorita** ♨, ℘ 831150, Fax 831150, ≤, ☞ – ℗. ⅍ rist
    giugno-settembre – **33 cam** solo ½ P 60/90000.

🏠 **Bel Soggiorno** ♨, ℘ 831205, Fax 831205, ≤, ☞ – ▯ ℗. ⅍ rist
    15 dicembre-15 gennaio e 15 giugno-15 ottobre – **Pasto** 18/21000 – **29 cam** ⊇ 46/80000 –
    ½ P 67/77000.

🏠 **Rosalpina,** ℘ 831186, ≤, « Giardino ombreggiato » – ℗. ⅍
    22 dicembre-15 marzo e 25 giugno-15 settembre – **Pasto** carta 35/40000 – ⊇ 10000 –
    19 cam 80/100000 – ½ P 90000.

MALS = Malles Venosta.

MANACORE Foggia 431 B 30 – Vedere Peschici.

MANAROLA 19010 La Spezia 428 429 J 11 – ۞ 0187.

Vedere Passeggiata★★ (15 mn a piedi dalla stazione).

Dintorni Regione delle Cinque Terre★★ NO e SE per ferrovia.

Roma 434 – ◆Genova 119 – ◆Milano 236 – ◆La Spezia 16.

🏠 **Cà d'Andrean** ♨ senza rist, ℘ 920040, ☞ – ☎. ⅍
    chiuso dal 10 al 25 novembre – ⊇ 8000 – **10 cam** 64/91000.

X **Marina Piccola** ♨ con cam, ℘ 920103, Fax 920966, ≤, 斎 – ☎. 砥 🖪 ⓞ ᴇ *VISA* ⅍ cam
    chiuso gennaio – **Pasto** *(chiuso giovedì)* carta 38/70000 (10%) – ⊇ 10000 – **9 cam** 75/
    95000 – ½ P 85/90000.

X **Da Billy,** ℘ 920628, ≤, 斎, Coperti limitati; prenotare – ⅍
    aprile-settembre; chiuso giovedì escluso luglio-agosto – **Pasto** carta 26/53000.

MANDELLO DEL LARIO 22054 Lecco 428 E 9, 219 ⑨ – 10 315 ab. alt. 203 – ۞ 0341.

Roma 631 – Como 40 – ◆Bergamo 44 – ◆Milano 67 – Sondrio 71.

a Olcio N : 2 km – ✉ 22054 Mandello del Lario :

XX **Ricciolo,** via Provinciale 165 ℘ 732546, Coperti limitati; prenotare, « Servizio estivo
    all'aperto in riva al lago » – 🖪 ⓞ ᴇ *VISA* ⅍
    chiuso domenica, lunedì, dal 26 dicembre al 10 gennaio e dal 1° al 15 settembre – **Pasto**
    carta 35/47000.

MANERBA DEL GARDA 25080 Brescia 428 429 F 13 – 2 786 ab. alt. 132 – a.s. Pasqua e
luglio-15 settembre – ۞ 0365.

Roma 541 – ◆Brescia 32 – Mantova 80 – ◆Milano 131 – Trento 103 – ◆Verona 56.

XXX **Capriccio,** a Montinelle, piazza San Bernardo 6 ℘ 551124, prenotare, « Servizio estivo
    all'aperto con ≤ lago » – ⇆ ▤ 砥 🖪 ⓞ ᴇ *VISA*
    chiuso gennaio, febbraio e martedì escluso da giugno a settembre – **Pasto** carta 50/75000.

MANFREDONIA 71043 Foggia 988 ㉘, 431 C 29 – 58 354 ab. – a.s. agosto-13 settembre –
۞ 0884.

Vedere Chiesa di Santa Maria di Siponto★ S : 3 km – Dintorni Portale★ della chiesa di San
Leonardo S : 10 km – Escursioni Isole Tremiti★ (in battello) : ≤★★★ sul litorale.

🯄 corso Manfredi 26 ℘ 21998, Fax 23295.

Roma 411 – ◆Foggia 44 – ◆Bari 119 – ◆Pescara 211.

🏨 **Gargano,** viale Beccarini 2 ℘ 587621, Fax 586021, ≤, ⊿ – ▯ ▤ ᴛᴠ ☎ ⇌ ℗ – 🔬 100.
    🖪 *VISA* ⅍ rist
    Pasto *(chiuso martedì)* carta 37/58000 (15%) – ⊇ 8000 – **46 cam** 90/115000 – ½ P 100/
    110000.

XX **Trattoria il Baracchio,** corso Roma 38 ℘ 583874, ⇆ ▤. 🖪 ⓞ ᴇ *VISA* ⅍
    chiuso giovedì e dal 7 al 17 luglio – **Pasto** 25/40000 (a mezzogiorno) 19/37000 (alla sera) e
    carta 28/50000.

a Siponto SO : 3 km – ✉ 71040 :

🏠 **Gabbiano,** ℘ 542380, Fax 542554, 斎 – ▤ rist ᴛᴠ ☏ ℗. 🖪 ᴇ *VISA*
    Pasto carta 31/47000 (10%) – ⊇ 8000 – **16 cam** 70/97000 – ½ P 81/88000.

MANGO 12056 Cuneo 428 H 6 – 1 345 ab. alt. 521 – ۞ 0141.

Roma 622 – ◆Genova 123 – ◆Torino 84 – Alessandria 60 – Asti 31 – Cuneo 86.

XX **Del Castello,** ℘ 89141, Fax 89141 – 🖪 ᴇ *VISA*
    chiuso martedì e dal 10 al 30 gennaio – **Pasto** carta 38/62000.

Vedere Palazzo Ducale★★★ BY – Piazza Sordello★ BY – Piazza delle Erbe★ : Rotonda di San Lorenzo★ BZ **B** – Basilica di Sant'Andrea★ BYZ – Palazzo Te★ AZ.

🛈 piazza Andrea Mantegna 6 ✆ 350681, Fax 363292.

A.C.I. piazza 80° Fanteria 13 ✆ 325691.

Roma 469 ③ – ◆Verona 42 – ◆Brescia 66 ① – ◆Ferrara 89 ② – ◆Milano 158 ① – ◆Modena 67 ③ – ◆Parma 62 ④ – Piacenza 199 ④ – Reggio nell'Emilia 72 ③.

MANTOVA

🏨🏨 **San Lorenzo** senza rist, piazza Concordia 14 ✆ 220500, Fax 327194 – 🛗 🖵 📺 ☎ 🚗 AE 🕃 ⓪ 🖅 ☒. ✀
38 cam ☑ 215/250000, 2 appartamenti.
BZ **e**

🏨 **Rechigi** senza rist, via Calvi 30 ✆ 320781, Fax 220291 – 🛗 🖵 📺 ☎ 🚗 – 🔬 70. AE 🕃 ⓪ E 🖅
☑ 18000 – **50 cam** 150/200000.
BZ **c**

🏨 **Mantegna** senza rist, via Fabio Filzi 10/b ✆ 328019, Fax 368564 – 🛗 🖵 📺 ☎ 🅿 – 🔬 30. AE 🕃 ⓪ E 🖅. ✀
chiuso dal 24 dicembre al 7 gennaio – ☑ 13000 – **39 cam** 90/130000.
AZ **b**

340

🏨 **Apollo** senza rist, piazza Don Leoni 17 ℰ 328114, Fax 221120 – 📶 ▤ 🔟 ☎ 🚐 – 🚗 25. ᴀᴇ 🅱 ⓞ ᴇ 𝘝𝘐𝘚𝘈
　　　AZ　**v**
　☲ 13000 – **35 cam** 95/130000.

🏨 **Dante** senza rist, via Corrado 54 ℰ 326425, Fax 221141 – 📶 ▤ 🔟 ☎ 🚐. ᴀᴇ 🅱 ⓞ ᴇ 𝘝𝘐𝘚𝘈
　　☲ 12000 – **40 cam** 90/125000.　　　　　　　　　　　　　　　　　　　AZ　**r**

🏨 **Broletto** senza rist, via Accademia 1 ℰ 326784, Fax 221297 – 📶 ▤ 🔟 ☎. ᴀᴇ 🅱 ⓞ ᴇ 𝘝𝘐𝘚𝘈
　　chiuso dal 23 dicembre al 3 gennaio – ☲ 11000 – **16 cam** 85/120000.　　BZ　**x**

�XXX **San Gervasio,** via San Gervasio 13 ℰ 327077, �, prenotare – ▤. ᴀᴇ 🅱 ⓞ ᴇ 𝘝𝘐𝘚𝘈. ⰶ
　　chiuso mercoledì e dal 12 al 31 agosto – **Pasto** 26/29000 e carta 44/64000.　　AY　**a**

�XXX ❀ **Aquila Nigra,** vicolo Bonacolsi 4 ℰ 327180, Fax 327180, prenotare – ▤. ᴀᴇ 🅱 ⓞ ᴇ
　　𝘝𝘐𝘚𝘈　　　　　　　　　　　　　　　　　　　　　　　　　　　　BY　**b**
　　chiuso domenica, lunedì, dal 1º al 15 gennaio e dall'8 al 28 agosto – **Pasto** carta 55/77000
　　Spec. Risotto all'anguilla e piselli, Cernia al vapore con rucola e pomodoro, Petto di faraona in pangrattato con salsa al
　　rosmarino, Crostatina tiepida alle fragoline di bosco.

�XX ❀ **Trattoria dei Martini,** piazza Carlo d'Arco 1 ℰ 327101, Fax 328528 – ▤. ᴀᴇ 🅱 ⓞ ᴇ
　　𝘝𝘐𝘚𝘈　　　　　　　　　　　　　　　　　　　　　　　　　　　　AY　**u**
　　chiuso lunedì, martedì, dal 12 al 16 gennaio e dal 1º al 17 agosto – **Pasto** carta 53/73000
　　Spec. Salame contadino con polenta e gras pistà, Tortelli di zucca al burro e parmigiano, Coniglio rosolato al profumo
　　di rosmarino, Filetto di storione al forno.

�XX **La Villa,** Corte Alberotto-strada Ghisiolo 6 ℰ 245087, Fax 245124, « In una villa del
　　700 » – ❷　　　　　　　　　　　　　　　　2,5 km per ②
　　chiuso lunedì, dal 1º al 10 gennaio e dal 27 luglio al 9 agosto – **Pasto** carta 42/67000.

�XX **Rigoletto,** strada Cipata 10 ℰ 371167, Fax 371167, « Servizio estivo in giardino » – ❷ –
　　🚗 60 a 120. ᴀᴇ 🅱 ᴇ 𝘝𝘐𝘚𝘈. ⰶ　　　　　　　　　　　　　　per ②
　　chiuso lunedì, dal 1º al 20 gennaio e dal 16 al 31 agosto – **Pasto** carta 37/69000.

�XX **L'Ochina Bianca,** via Finzi 2 ℰ 323700 – 🅱 ⓞ ᴇ 𝘝𝘐𝘚𝘈. ⰶ　　　　AY　**c**
　　chiuso lunedì, martedì a mezzogiorno e dal 1º al 7 gennaio – **Pasto** carta 29/42000.

�XX **Campana,** via Santa Maria Nuova (Cittadella) ℰ 391885, Cucina tipica mantovana – ▤
　　❷. ᴀᴇ 🅱 ⓞ ᴇ 𝘝𝘐𝘚𝘈. ⰶ　　　　　　　　　　　　　　　　　per ①
　　chiuso domenica sera, mercoledì e dal 1º al 14 agosto – **Pasto** carta 33/46000.

�XX **Ritz,** viale Piave 2 ℰ 326474, 🌫, Rist. e pizzeria – ᴀᴇ 🅱 ⓞ ᴇ 𝘝𝘐𝘚𝘈. ⰶ　　per ④
　　chiuso lunedì – **Pasto** carta 30/50000.

�X **Cento Rampini,** piazza delle Erbe 11 ℰ 366349, Fax 366349, 🌫 – ᴀᴇ 🅱 ⓞ ᴇ 𝘝𝘐𝘚𝘈 ⰶ
　　chiuso domenica sera, lunedì, dal 26 al 31 gennaio e dal 1º al 15 agosto – **Pasto** carta 38/
　　51000.　　　　　　　　　　　　　　　　　　　　　　　　　　BZ　**z**

�X **Chalet Te,** piazzale Vittorio Veneto 6 ℰ 320268, Fax 320268, 🌫 – 🅱 ⓞ ᴇ 𝘝𝘐𝘚𝘈 ⰶ
　　chiuso domenica sera, lunedì ed agosto – **Pasto** carta 32/45000.　　per via Acerbi

�X **Trattoria Due Cavallini,** via Salnitro 5 ℰ 322084 – ᴀᴇ. ⰶ　　　　per ③
　　chiuso martedì e dal 15 luglio al 15 agosto – **Pasto** carta 31/43000.

　　a Porto Mantovano per ① : 3 km – ✉ 46047 :

🏨 **Ducale** senza rist, ℰ 397756, Fax 396256 – 📶 ▤ 🔟 ☎ & ❷. ᴀᴇ 🅱 ⓞ ᴇ 𝘝𝘐𝘚𝘈 ᴊᴄʙ. ⰶ
　　☲ 12000 – **26 cam** 90/125000.

　　a Cerese di Virgilio per ③ : 4 km – ✉ 46030 Virgilio :

🏨 **Cristallo,** ℰ 448391, Telex 302060, Fax 440748, 🛏, 🌳, ⚒ – 📶 ▤ 🔟 ☎ 🚐 ❷ –
　　🚗 30 a 120. ᴀᴇ 🅱 ⓞ ᴇ 𝘝𝘐𝘚𝘈. ⰶ
　　Pasto *(chiuso martedì e dal 1º al 15 agosto)* carta 41/60000 – ☲ 8000 – **69 cam** 90/125000 –
　　½ P 70/90000.

▭ **MANZANO** 33044 Udine 🗺 E 22 – 7 287 ab. alt. 72 – ✆ 0432.
Roma 646 – Gorizia 21 – ◆Trieste 52 – Udine 16.

�XX **Il Borgo** ⟍ con cam, a Soleschiano S : 2 km ℰ 754119, prenotare, « Servizio estivo
　　all'aperto », 🌳 – ❷. ᴀᴇ 🅱 ᴇ 𝘝𝘐𝘚𝘈 ᴊᴄʙ. ⰶ
　　chiuso agosto – **Pasto** *(chiuso martedì)* carta 35/60000 – ☲ 15000 – **10 cam** 60000 –
　　½ P 62000.

▭ **MANZIANA** 00066 Roma 🗺 ㉘, 🗺 P 18 – 5 304 ab. alt. 369 – ✆ 06.
Roma 56 – Civitavecchia 49 – Viterbo 45.

�X **Il Ponte,** ℰ 9962063, 🌫, Rist. e pizzeria – ❷. ᴀᴇ 🅱 ᴇ 𝘝𝘐𝘚𝘈
　　chiuso mercoledì e dal 7 al 30 gennaio (escluso sabato sera e domenica a mezzogiorno) –
　　Pasto carta 30/50000.

▭ **MARANELLO** 41053 Modena 🗺 ⑭, 🗺 🗺 🗺 I 14 – 14 593 ab. alt. 137 – ✆ 0536.
Roma 411 – ◆Bologna 53 – ◆Firenze 137 – ◆Milano 179 – ◆Modena 16 – Reggio nell'Emilia 30.

🏨 **Domus,** via Libertà 38 ℰ 941071 e rist. ℰ 942131, Fax 942343 – ▤ 🔟 ☎. ᴀᴇ 🅱 ⓞ ᴇ 𝘝𝘐𝘚𝘈
　　ᴊᴄʙ
　　chiuso dal 1º al 22 agosto – **Pasto** carta 20/30000 – **39 cam** ☲ 78/105000.

🏨 **Europa** senza rist, via Mediterraneo 13 ℰ 940440, Fax 941612 – 📶 ▤ ☎ 🚐. ᴀᴇ 🅱 ⓞ ᴇ
　　𝘝𝘐𝘚𝘈 ⰶ
　　chiuso dal 7 al 22 agosto – ☲ 8000 – **28 cam** 72/100000.

XX **William,** via Flavio Gioia 1 *&* 941027 – ▤. ஊ ⬚ ⦿ ⊑ ⱴⱤⱤ ⱣⱤⱤ. ⫯⫯
chiuso lunedì e dal 15 luglio al 15 agosto – **Pasto** carta 33/60000.

XX **Cavallino,** di fronte alle Officine Ferrari *&* 941160, Fax 942324 – ஊ ⬚ ⦿ ⊑ ⱴⱤⱤ ⱣⱤⱤ. ⫯⫯
chiuso domenica ed agosto – **Pasto** carta 41/69000.

MARANO LAGUNARE 33050 Udine 🔢 ⑥, 🔢 E 21 – 2 195 ab. – a.s. luglio-agosto – 🟢 0431.
Roma 626 – Gorizia 51 – Latisana 21 – ◆Milano 365 – ◆Trieste 71 – Udine 40.

X **Alla Laguna-Vedova Raddi,** *&* 67019, Specialità di mare – ⫯⫯
chiuso mercoledì e dal 25 settembre al 25 ottobre – **Pasto** carta 34/60000.

MARANZA (MERANSEN) Bolzano 🔢 B 16 – Vedere Rio di Pusteria.

MARATEA 85046 Potenza 🔢 ㉚, 🔢 H 29 – 5 265 ab. alt. 311 – 🟢 0973.
Vedere Località★★ – ⁂★★ dalla basilica di San Biagio.
🄱 piazza del Gesù 40 ⊠ 85040 Fiumicello di Santa Venere *&* 876908, Fax 876425.
Roma 423 – Castrovillari 88 – ◆Napoli 217 – Potenza 137 – ◆Reggio di Calabria 340 – Salerno 166 – ◆Taranto 231.

🏨 **Gd H. Pianeta Maratea** 🦢, località Santa Caterina SE : 3,5 km ⊠ 85046 *&* 876996,
Telex 812478, Fax 876385, ⩥ costiera, ⚒, ⛰, ⫯⫯ – ⧌ ▤ ⊡ ☎ ⦿ – ⬚ 40 a 800
stagionale – **155 cam.**

🏨 **La Locanda delle Donne Monache** 🦢 senza rist, via Carlo Mazzei 4 *&* 877487,
Fax 877687, « In un convento del 18° secolo », ⚒ riscaldata, ⌂ – ▤ ⊡ ☎ ⦿ – ⬚ 35. ஊ
⬚ ⦿ ⊑ ⱴⱤⱤ. ⫯⫯
aprile-ottobre – **30 cam** ⇌ 220/370000.

a Fiumicello di Santa Venere O : 5 km – ⊠ 85040 :

🏨 **Santavenere** 🦢, *&* 876910, Fax 877654, ⩥ mare e costa, 🏛, « Parco e scogliera », ⚒,
⛰, ⫯⫯ – ▤ cam ⊡ ☎ ⦿. ஊ ⬚ ⦿ ⱴⱤⱤ. ⫯⫯
10 aprile-ottobre – **Pasto** carta 58/78000 – **39 cam** ⇌ 250/400000 – ½ P 160/300000.

🏨 **Murmann** 🦢, *&* 876931, Fax 876931, ⚒ – ⊡ ☎ ⦿. ⬚ ⊑ ⱴⱤⱤ ⫯⫯
marzo-ottobre – **Pasto** *(chiuso lunedì)* 25/30000 – ⇌ 12500 – **20 cam** 90/120000 – ½ P 85/
120000.

XX **Zà Mariuccia,** al Porto *&* 876163, ⩥, 🏛 – ஊ ⬚ ⦿ ⊑ ⱴⱤⱤ
marzo-novembre; chiuso giovedì escluso da giugno a settembre – **Pasto** carta 41/75000
(15 %).

ad Acquafredda NO : 10 km – ⊠ 85041 :

🏨 **Villa del Mare,** strada statale S : 1,5 km *&* 878007, Fax 878102, ⩥ mare, « Terrazze
fiorite con ascensore per la spiaggia », ⚒, ⛰ – ⧌ ▤ ⊡ ☎ ⦿ – ⬚ 30 a 300. ஊ ⬚ ⊑
ⱴⱤⱤ. ⫯⫯
aprile-15 ottobre – **Pasto** carta 38/56000 – **75 cam** ⇌ 150/180000 – ½ P 120/200000.

🏨 **Villa Cheta Elite,** strada statale S : 1,5 km *&* 878134, Fax 878134, « Terrazze fiorite e
servizio rist. estivo in giardino » – ☎ ⦿. ஊ ⬚ ⦿ ⊑ ⱴⱤⱤ. ⫯⫯ rist
marzo-ottobre – **Pasto** carta 44/57000 – ⇌ 15000 – **20 cam** 135/155000 – ½ P 110/160000.

🏨 **Gabbiano** 🦢, via Luppa 24 *&* 878011, Fax 878076, ⩥, « Terrazza sul mare », ⛰ – ▤
☎ ⦿. ஊ ⬚ ⊑ ⱴⱤⱤ. ⫯⫯ rist
aprile-ottobre – **Pasto** 50/55000 – ⇌ 20000 – **31 cam** 90/120000 – ½ P 70/155000.

a Castrocucco SE : 10 km – ⊠ 85040 Maratea Porto :

XX **La Tana** con cam, *&* 877288, Fax 871720 – ▤ rist ⊡ ☎ ⦿. ஊ ⬚ ⦿ ⊑ ⱴⱤⱤ. ⫯⫯
Pasto *(chiuso giovedì escluso dal 15 giugno al 15 settembre)* carta 34/56000 – ⇌ 10000 –
20 cam 65/90000 – ½ P 75/85000.

MARAZZINO Sassari 🔢 D 9 – Vedere Sardegna (Santa Teresa Gallura) alla fine dell'elenco
alfabetico.

MARCELLI Ancona 🔢 L 22 – Vedere Numana.

MARCIAGA Verona – Vedere Costermano.

MARCIANA e MARCIANA MARINA Livorno 🔢 ㉔, 🔢 N 12 – Vedere Elba (Isola d').

MAREBELLO Rimini 🔢 J 19 – Vedere Rimini.

MARGHERA Venezia – Vedere Mestre.

MARGHERITA DI SAVOIA 71044 Foggia 🔢 ㉙, 🔢 C 30 – 12 424 – 🟢 0883.
Roma 374 – ◆Foggia 66 – ◆Bari 73 – Barletta 14 – Manfredonia 45.

🏨 **Gd H. Terme,** corso Garibaldi 1/d *&* 656888, Fax 654019, 🛁, ⛰, ⚕ – ⧌ ▤ ⊡ ☎ ⧄
⧲ ⦿ – ⬚ 300. ஊ ⬚ ⦿ ⊑ ⱴⱤⱤ. ⫯⫯
Pasto carta 38/59000 – **70 cam** ⇌ 130/210000 – ½ P 115/150000.

22050 Lecco 428 D 10, 219 ⑩ – 350 ab. alt. 730 – Sport invernali : a Pian delle Betulle : 1 503/1 800 m ≤1 ≤4, ≰ – ۞ 0341.

Roma 650 – Como 59 – Lecco 30 – ◆Milano 86 – Sondrio 66.

a Pian delle Betulle E : 5 mn di funivia – alt. 1 503 :

🏠 **Baitock** ≫, ⊠ 22050 ℰ 840106, ≤ monti e pinete, ✍ – ☜. ◪ 🏦 *VISA*
Pasto (solo per clienti alloggiati e *chiuso lunedi*) carta 38/58000 – ⊏ 8000 – **13 cam** 65/85000 – P 60/90000.

22066 Como 428 E 9, 219 ⑨ – 18 882 ab. alt. 250 – ۞ 031.

Roma 619 – Como 17 – ◆Milano 32 – ◆Bergamo 54 – Lecco 32.

🍽🍽🍽 **San Maurizio,** via Matteotti 77 ℰ 745574, 🏫 – ❷. ◪
chiuso mercoledi ed agosto – **Pasto** carta 35/56000.

🍽🍽🍽 **La Rimessa,** via Ferrari 13/b ℰ 749668, 🏫 – ❷. ◪ 🏦 ⓞ ▪ *VISA*. ⅍
chiuso domenica sera, lunedi, dal 2 al 10 gennaio ed agosto – **Pasto** 28/35000 bc (a mezzogiorno) e carta 43/72000.

Trento – Vedere Mezzana.

Napoli 431 F 25 – Vedere Massa Lubrense.

87020 Cosenza 431 I 29 – ۞ 0985.

Roma 452 – Castrovillari 88 – Catanzaro 131 – ◆Cosenza 71 – Paola 37 – Sapri 68.

🏠 **La Castellana,** ℰ 82025, 🏊, ▲☺, ✍, ✖ – 🛎 ▤ 📺 ☎ ❷ ◪ 🏦 ⓞ ▪ *VISA*. ⅍
Pasto carta 23/39000 – ⊏ 6000 – **40 cam** 100/130000 – ½ P 60/120000.

Livorno 430 M 13 - Vedere Bibbona (Marina di).

84059 Salerno 988 ㊳, 431 G 28 – a.s. luglio-agosto – ۞ 0974.

Roma 385 – ◆Napoli 179 – Salerno 128 – Sapri 36.

🏠 **Delfino,** ℰ 932239 – ☜ ❷. ◪ 🏦 *VISA*. ⅍ rist
Pasto 22/30000 – ⊏ 7000 – **18 cam** 45/60000 – P 55/80000.

🏠 **Bolivar,** ℰ 932059, 🏫 – 🛎 ☜. *VISA*. ⅍
aprile-settembre – **Pasto** 20/30000 (10%) – ⊏ 5000 – **21 cam** 40/60000 – ½ P 60000.

🍽 **Valentone,** ℰ 932004, 🏫 – ❷
chiuso domenica escluso da Pasqua a ottobre – **Pasto** carta 33/50000.

🍽 **Da Pepè** con cam, ℰ 932461, 🏫 – ❷. ◪ 🏦 ▪ *VISA*
Pasqua-settembre – **Pasto** carta 40/60000 – **22 cam** ⊏ 70/90000 – P 70/110000.

Livorno 988 ㉔, 430 N 12 – Vedere Elba (Isola d').

Massa-Carrara 988 ⑭, 428 429 430 J 12 – Vedere Carrara (Marina di).

Livorno 988 ⑭, 430 M 13 – Vedere Castagneto Carducci.

Livorno 430 M 13 – Vedere Cecina (Marina di).

Grosseto 988 ㉔, 430 N 14 – Vedere Grosseto (Marina di).

Foggia 431 B 28 – Vedere Lesina.

73030 Lecce 988 ㉟ ㊱, 431 H 37 – a.s. luglio-agosto – ۞ 0833.

Roma 676 – ◆Bari 219 – ◆Brindisi 107 – Gallipoli 48 – Lecce 68 – ◆Taranto 141.

🏠 **Terminal,** ℰ 758242, Fax 758242, ≤, 🏊, ▲☺ – 🛎 ▤ ☎ – ▵ 300. *VISA*. ⅍ rist
Pasto 25/30000 – **67 cam** ⊏ 75/123000 – ½ P 73/130000.

Massa-Carrara 988 ⑭, 428 429 430 J 12 – Vedere Massa (Marina di).

Ragusa – Vedere Sicilia alla fine dell'elenco alfabetico.

60016 Ancona 429 430 L 22 – a.s. luglio-agosto – ۞ 071.

Roma 282 – ◆Ancona 14 – ◆Ravenna 134.

🍽🍽🍽 **Delle Rose,** ℰ 9198127, Fax 9198668, ≤, 🏫, 🏊, ✍, ✖ – ▤ ❷ – ▵ 40. 🏦 ▪ *VISA*
chiuso lunedi escluso da giugno a settembre – **Pasto** 35/45000 (a mezzogiorno) 50/60000 (alla sera) e carta 36/63000.

Brindisi 431 E 34 – Vedere Ostuni.

Lucca 988 ⑭, 428 429 430 K 12 – Vedere Pietrasanta (Marina di).

Pisa 988 ⑭, 428 429 430 K 12 – Vedere Pisa (Marina di).

Taranto 431 F 34 – Vedere Pulsano.

MARINA DI RAGUSA Ragusa 988 ㊲ ㊲ – Vedere Sicilia (Ragusa, Marina di) alla fine dell'elenco alfabetico.

MARINA DI RAVENNA Ravenna 988 ⑬, 430 I 18 – Vedere Ravenna (Marina di).

MARINA DI SAN VITO 66035 Chieti 430 P 25 – a.s. 20 giugno-6 agosto – ✪ 0872.
Roma 234 – ◆Pescara 30 – Chieti 43 – ◆Foggia 154 – Isernia 127.

🏨 **Garden,** ☎ 61164, Fax 618908, 🐜ᵣ – 🕸 🗏 📺 ☎ ❷. 匨 🖼 ⓞ 🄴 *VISA*. ⅍ rist
  chiuso dal 21 al 27 dicembre – **Pasto** 25/30000 – **40 cam** ⊆ 90/130000 – ½P 70/100000.

🍴 **L'Angolino da Filippo,** ☎ 61632, Specialità di mare – 🗏. 匨 🖼 ⓞ 🄴 *VISA*. ⅍
  chiuso lunedì e dal 21 al 27 dicembre – **Pasto** carta 39/62000.

MARINA DI VASTO Chieti 430 P 26 – Vedere Vasto (Marina di).

MARINA EQUA Napoli – Vedere Vico Equense.

MARINA GRANDE Napoli 431 F 24 – Vedere Capri (Isola di).

MARINA PICCOLA Napoli 431 F 24 – Vedere Capri (Isola di).

MARINA ROMEA Ravenna 430 I 18 – Vedere Ravenna (Marina di).

MARINELLA Trapani 988 ㉟, 432 O 20 – Vedere Sicilia (Selinunte) alla fine dell'elenco alfabetico.

MARINO 00047 Roma 988 ㉖, 430 Q 19 – 32 945 ab. alt. 355 – ✪ 06.
Roma 26 – Frosinone 73 – Latina 44.

🏨 **Grand Hotel Helio Cabala** ⑤, via Spinabella 13/15 (O : 3 km) ☎ 93661391, Fax 93661125, ≤, « Terrazza ombreggiata con 🌲 » – 🕸 🗏 📺 ☎ ❷ – 🔏 25 a 300. 匨 🖼 ⓞ 🄴 *VISA*. ⅍
  Pasto 50/70000 e al Rist. *Il Platinia* carta 60/90000 – **50 cam** ⊆ 180/250000 – ½P 150/180000.

MARLENGO (MARLING) 39020 Bolzano 429 C 15, 218 ⑩ ⑳ – 2 036 ab. alt. 363 – ✪ 0473.
🛈 ☎ 47147, Fax 48796.
Roma 668 – ◆Bolzano 31 – Merano 3 – ◆Milano 329.

Pianta : vedere Merano

🏨 **Oberwirt,** ☎ 47111, Fax 47130, « Servizio rist. estivo in giardino », 🚿, 🌊, 🌲 riscaldata, 🔲 – 📺 ☎ ❷. 🖼 🄴 *VISA*. ⅍
  A n
  15 marzo-10 novembre – **Pasto** carta 44/65000 – **20 cam** ⊆ 135/220000, 8 appartamenti – ½P 120/140000.

🏨 **Sport Hotel Nörder e Residence Elisabeth,** ☎ 47000, Fax 47370, ≤ monti e Merano, 🌇, 🚿, 🌊, 🌲 riscaldata, 🔲, 🌳, ⅍ – 🕸 📺 ☎ 🚗 ❷ – 🔏 30
  A e
  12 marzo-17 novembre – **Pasto** (chiuso martedì) carta 40/68000 – **20 cam** ⊆ 140/250000, 15 appartamenti – ½P 150/170000.

🏨 **Marlena,** ☎ 222266, Fax 47441, ≤ monti e Merano, 🌇, 🚿, 🌊, 🌲 riscaldata, 🔲, 🌳, ⅍ – 🕸 📺 ☎ 🚗 ❷ – 🔏 45. 🖼 🄴 *VISA*. ⅍ rist
  A k
  marzo-novembre – **Pasto** (solo per clienti alloggiati) 34/45000 – **44 cam** ⊆ 132/236000 – ½P 114/139000.

🏨 **Jagdhof** ⑤, ☎ 47177, Fax 45404, , 🚿, 🌊, 🔲, 🌳, ⅍ – 🕸 📺 ☎ ❷. ⅍ rist
  A c
  aprile-novembre – **Pasto** (solo per clienti alloggiati) – **26 cam** ⊆ 118/236000 – ½P 93/128000.

🏨 **Paradies** ⑤, ☎ 45202, Fax 46467, 🚿, 🔲, 🌳 – 🕸 📺 ☎ 🚗 ❷
  A v
  chiuso dal 12 gennaio al 12 febbraio – **Pasto** carta 42/56000 – **22 cam** ⊆ 75/140000 – ½P 85/105000.

MARLING = Marlengo.

MARMOLADA (Massiccio della) Belluno e Trento 988 ⑤ – Vedere Guida Verde.

MARONTI Napoli 431 E 23 – Vedere Ischia (Isola d') : Barano.

MAROSTICA 36063 Vicenza 988 ⑤, 429 E 16 – 12 646 ab. alt. 105 – ✪ 0424.
Vedere Piazza Castello★.
Roma 550 – Belluno 87 – ◆Milano 243 – ◆Padova 49 – Treviso 54 – ◆Venezia 82 – Vicenza 28.

🏨 **Europa,** via Pizzimano 19 ☎ 77842, Fax 72480 – 🗏 📺 ☎ ❷
  23 cam.

  a Valle San Floriano N : 3 km – alt. 127 – ✉ 36060 :

🍴 **Dalla Rosina** ⑤, con cam, N : 2 km ☎ 470360, Fax 470290, ≤ – 📺 ☎ ❷ – 🔏 120. 匨 🖼 ⓞ 🄴 *VISA*
  chiuso dal 1° al 22 agosto – **Pasto** (chiuso lunedì sera e martedì) carta 30/46000 – ⊆ 10000 – **15 cam** 80/110000.

344

MAROTTA 61035 Pesaro e Urbino 988 ⑯, 429 430 K 21 – a.s. 25 giugno-agosto – ☎ 0721.

🛈 (15 maggio-settembre) viale Cristoforo Colombo 31 ℘ 96591.

Roma 305 – ◆Ancona 38 – ◆Perugia 125 – Pesaro 25 – Urbino 61.

🏨 **Imperial,** lungomare Faà di Bruno 119 ℘ 969445, Fax 96617, ≤, ⅃, 🐾⊛, 🌱 – |🛗| 🍽 rist
☎ ☻.
20 maggio-settembre – **Pasto** 30000 – ☲ 11000 – **36 cam** 50/80000 – P 60/100000.

🏨 **Caravel,** lungomare Faà di Bruno 135 ℘ 96670, ≤, 🐾⊛ – |🛗| ☎ ☻. �
15 maggio-settembre – **Pasto** 25000 – ☲ 10000 – **32 cam** 55/85000 – ½ P 50/82000.

🏨 **Levante,** lungomare Colombo 107 ℘ 96647, Fax 960502, ≤, 🐾⊛ – |🛗| ☻. 🖪 E 𝘝𝘐𝘚𝘈. � rist
maggio-25 settembre – **Pasto** 22/28000 – ☲ 10000 – **36 cam** 75/95000 – ½ P 70/90000.

X **La Paglia,** via Tre Pini 40 (O : 2 km) ℘ 967632, 🌳, Specialità di mare, « Grazioso
giardino », 🌱 – ☻. 🖪 ⓪ E 𝘝𝘐𝘚𝘈
Pasqua-settembre; chiuso lunedì escluso luglio-agosto – **Pasto** carta 34/49000.

MARRADI 50034 Firenze 988 ⑮, 430 J 16 – 3 888 ab. alt. 328 – ☎ 055.

Roma 332 – ◆Firenze 58 – ◆Bologna 85 – Faenza 36 – ◆Milano 301 – ◆Ravenna 67.

X **Il Camino,** viale Baccarini 38 ℘ 8045069 – 🖭 🖪 𝘝𝘐𝘚𝘈. 🌳
chiuso mercoledì e dal 25 agosto al 10 settembre – **Pasto** carta 25/50000.

Prices	For notes on the prices quoted in this Guide, see the introduction.

MARRARA Ferrara – Vedere Ferrara.

MARSALA Trapani 988 ㊱, 432 N 19 – Vedere Sicilia alla fine dell'elenco alfabetico.

MARSICO NUOVO 85052 Potenza 431 F 29 – 5 618 ab. alt. 780 – ☎ 0975.

Roma 371 – ◆Napoli 165 – Potenza 60 – ◆Taranto 176.

XX **Il Castello** ⤵ con cam, località Occhio N : 2 km ℘ 342182, Fax 342182, ≤ monti e vallata
– 🖭 ☎ ☻.
9 cam.

MARSILIANA 58010 Grosseto 430 O 16 – alt. 32 – ☎ 0564.

Roma 155 – Civitavecchia 76 – Grosseto 37 – Orbetello 20 – Orvieto 92.

X **Petronio,** ℘ 606345, 🌳 – ☻. 🖭 🖪 𝘝𝘐𝘚𝘈. 🌳
chiuso giovedì e gennaio – **Pasto** 45000 bc.

MARTANO 73025 Lecce 988 ㉚, 431 G 36 – 1 845 ab. alt. 91 – ☎ 0836.

Roma 588 – Brindisi 63 – Lecce 26 – Maglie 16 – ◆Taranto 133.

X **La Lanterna,** via Ofanto 53 ℘ 571441, 🌳 – 🖪 𝘝𝘐𝘚𝘈. 🌳
chiuso mercoledì e dal 10 al 20 settembre – **Pasto** carta 21/39000.

MARTINA FRANCA 74015 Taranto 988 ㉚, 431 E 34 – 45 448 ab. alt. 431 – ☎ 080.

Vedere Via Cavour★.

Dintorni Regione dei Trulli★★★ N-NE.

🛈 piazza Roma 37 ℘ 705702, Fax 705702.

Roma 524 – ◆Bari 74 – Alberobello 15 – ◆Brindisi 59 – Matera 83 – Potenza 182 – ◆Taranto 32.

🏨 Park Hotel San Michele, viale Carella 9 ℘ 8807053, Fax 8808895, « Grande parco con
⅃ » – 🖭 ☎ ☻.
90 cam.

🏨 **Dell'Erba,** viale dei Cedri 1 ℘ 901055, Telex 810014, Fax 901658, ₺, ≘s, ⅃, 🌱 – |🛗|
🍽 rist 🖭 ☎ ₺ ☻ – 🕿 60 a 500. 🖭 🖪 ⓪ E 𝘝𝘐𝘚𝘈 𝘑𝘊𝘉. 🌳
Pasto carta 37/61000 (15 %) – **49 cam** ☲ 140/170000 – ½ P 115000.

🏨 **Villa Ducale,** piazzetta Sant'Antonio ℘ 705055, Fax 705885 – 🍽 ☻ – 🕿 80. 🖭 🖪 ⓪ E
𝘝𝘐𝘚𝘈 𝘑𝘊𝘉. 🌳
Pasto 40/60000 – **24 cam** ☲ 100/140000 – ½ P 110/125000.

X **Trattoria delle Ruote,** via Ceglie E : 4,5 km ℘ 8837473, Coperti limitati; prenotare,
« Servizio estivo all'aperto » – ☻. 🌳
chiuso lunedì – **Pasto** carta 26/73000.

MARTINSICURO 64014 Teramo 430 N 23 – 12 105 ab. – a.s. luglio-agosto – ☎ 0861.

Roma 227 – ◆Ancona 98 – L'Aquila 118 – Ascoli Piceno 30 – ◆Pescara 64 – Teramo 45.

XX **Pasqualò,** statale Adriatica vicinanze fiume Tronto ℘ 760321, Specialità di mare – ☻.
🖭 🖪 ⓪ 𝘝𝘐𝘚𝘈. 🌳
chiuso domenica sera e lunedì – **Pasto** carta 46/66000.

X **Leon d'Or,** via Aldo Moro 55/57 ℘ 797070, Fax 797695, Specialità di mare – 🍽. 🖪 ⓪ E
𝘝𝘐𝘚𝘈. 🌳
chiuso domenica sera, lunedì, dal 20 al 26 dicembre ed agosto – **Pasto** carta 45/65000.

345

a Villa Rosa S : 5 km – ⊠ **64010** :

🏨 **Olimpic,** lungomare Italia 𝒫 712390, Fax 710597, ≤, ⊥, 🦶₀ – ⏐🍴 ⬛ rist 📺 ☎ 🛏 🅿, 🌂 🛂
⓪ 🗲 *VISA*. 🛇 rist
maggio-settembre – **Pasto** 25/40000 – ⊑ 15000 – **56 cam** 80/120000 – P 60/105000.

🏨 **Paradiso,** via Ugo La Malfa 14 𝒫 713888, Fax 751775, 𝑓₅, ⊥, ⊥ – ⏐🍴 📺 ☎ 🛏, 🗲 *VISA*. 🛇
20 maggio-23 settembre – **Pasto** (solo per clienti alloggiati) 20/25000 – **67 cam** ⊑ 50/
100000, 26 appartamenti – ½P 74/95000.

🏨 **Park Hotel,** via Don Sturzo 9 𝒫 714913, Fax 714913, ⊥, 🦶₀, 🛇 – ⏐🍴 ⬛ rist ☎ 🛏, 🌂 🛂
🗲 *VISA*. 🛇
Pasto *(chiuso martedì da ottobre ad aprile)* carta 24/68000 – ⊑ 10000 – **61 cam** 100/120000
– ½P 50/55000.

MARZABOTTO **40043** Bologna 𝟦𝟤𝟪 𝟦𝟤𝟫 𝟦𝟥𝟢 I 15 – 5 268 ab. alt. 130 – 🐌 051.

Roma 363 – ◆Bologna 24 – ◆Firenze 94 – Pistoia 69.

🏠 **Misa,** piazza dei Martiri 1 𝒫 932800, Fax 932284 – ⏐🍴 ⬛ 📺 ☎ 🛏, 🌂 🛂 ⓪ 🗲 *VISA* 𝐉𝐂𝐁. 🛇
Pasto carta 32/46000 – ⊑ 10000 – **20 cam** 100/140000 – ½P 85/95000.

MARZAGLIA Modena – Vedere Modena.

MASER **31010** Treviso 𝟦𝟤𝟫 17 – 4 728 ab. alt. 147 – 🐌 0423.
Vedere Villa★★★ del Palladio.

Roma 562 – ◆Venezia 62 – Belluno 59 – ◆Milano 258 – Trento 108 – Treviso 29 – Vicenza 54.

🍴🍴 **Da Bastian,** località Muliparte 𝒫 565400, 🌲 – 🛏. 🛇
chiuso mercoledì sera, giovedì ed agosto – **Pasto** carta 29/41000.

MASERADA SUL PIAVE **31052** Treviso 𝟦𝟤𝟫 E 18 – 6 332 ab. alt. 33 – 🐌 0422.

Roma 553 – ◆Venezia 44 – Belluno 74 – Treviso 13.

🍴🍴 **Da Paolo Zanatta,** località Varago S : 1,5 km 𝒫 778048, Fax 777687, 🌲, 🌳 – 🛏, 🌂 🛂
⓪ 🗲 *VISA*. 🛇
chiuso domenica sera, lunedì, dal 2 al 9 gennaio e dal 31 luglio al 21 agosto – **Pasto**
carta 35/55000.

MASIO **15024** Alessandria 𝟦𝟤𝟪 H 7 – 1 557 ab. alt. 142 – 🐌 0131.

Roma 607 – Asti 14 – Alessandria 22 – ◆Milano 118 – ◆Torino 80.

🍴🍴 **Trattoria Losanna,** via San Rocco 36 (E : 1 km) 𝒫 799525, Fax 799074 – 🛏, 🌂 🛂 🗲 *VISA*.
🛇
chiuso lunedì e dal 1° al 15 agosto – **Pasto** carta 25/45000.

MASSA **54100** 𝐏 𝟫𝟪𝟪 ⑭, 𝟦𝟤𝟪 𝟦𝟤𝟫 𝟦𝟥𝟢 J 12 – 66 680 ab. alt. 65 – a.s. Pasqua e luglio-agosto –
🐌 0585.

A.C.I. via Aurelia Ovest 193 𝒫 831941.

Roma 389 – Pisa 46 – Carrara 7 – ◆Firenze 115 – ◆Livorno 65 – Lucca 45 – ◆Milano 235 – ◆La Spezia 35.

a Bergiola Maggiore N : 5,5 km – alt. 329 – ⊠ **54100** Massa :

🍴 **La Ruota,** 𝒫 42030, ≤ città e litorale – 🛏, 🌂 🛂 🗲 *VISA*. 🛇
chiuso lunedì escluso da aprile a settembre – **Pasto** carta 33/50000.

MASSACIUCCOLI (Lago di) Lucca 𝟦𝟤𝟪 𝟦𝟤𝟫 𝟦𝟥𝟢 K 13 – Vedere Torre del Lago Puccini.

MASSAFRA **74016** Taranto 𝟫𝟪𝟪 ㉙, 𝟦𝟥𝟣 F 33 – 30 664 ab. alt. 110 – a.s. 20 giugno-agosto –
🐌 099.

Roma 508 – ◆Bari 76 – ◆Brindisi 84 – ◆Taranto 18.

🍴🍴 **La Ruota,** via Barulli 28 𝒫 8807710 – ⬛. 🌂 🛂 ⓪ 🗲 *VISA* 𝐉𝐂𝐁. 🛇
chiuso domenica sera, lunedì e dal 1° al 10 agosto – **Pasto** carta 30/60000.

sulla strada statale 7 NO : 2 km :

🏨 **Appia Palace Hotel,** ⊠ 74016 𝒫 881501, Fax 881506, 𝑓₅, 🛇 – ⏐🍴 ⬛ 📺 ☎ 🛏 🛏 🅿 –
🔺 30 a 350. 🌂 🛂 ⓪ 🗲 *VISA*. 🛇
Pasto carta 35/53000 – ⊑ 8000 – **76 cam** 100/140000, 3 appartamenti – ½P 120000.

MASSA LUBRENSE **80061** Napoli 𝟦𝟥𝟣 F 25 – 12 053 ab. alt. 120 – a.s. aprile-settembre –
🐌 081.

Roma 263 – ◆Napoli 55 – Positano 21 – Salerno 56 – Sorrento 6.

🏨 **Delfino** 🌊, SO : 3 km 𝒫 8789261, Fax 8089074, ≤ mare ed isola di Capri, « In una
pittoresca insenatura », ⊥, 🦶₀, 🌳 – ⏐🍴 ⬛ rist ☎ 🛏, 🌂 🛂 ⓪ 🗲 *VISA*. 🛇
aprile-dicembre – **Pasto** 30/40000 – **67 cam** ⊑ 180/240000 – ½P 130/150000.

🏨 **Maria,** S : 1 km 𝒫 8789163, Fax 8789411, ≤ mare, « ⊥ su terrazza panoramica » – 📺 ☎
🛏, 🌂 🗲 *VISA*. 🛇
aprile-ottobre – **Pasto** *(chiuso venerdì)* carta 36/55000 (15 %) – ⊑ 10000 – **34 cam** 90/
120000 – ½P 80/90000.

XX **Antico Francischiello-da Peppino** con cam, N : 1,5 km *P* 5339780, Fax 8071813, ≤ mare, « Locale caratteristico » – 🖃 🔟 ☎ 🅿. 🖭 🕄 ⓘ 🗉 *VISA*. 🛠
Pasto *(chiuso mercoledì escluso da giugno a settembre)* carta 46/70000 (15 %) – **8 cam** ☲ 80/110000 – ½ P 85000.

X **La Primavera** con cam, *P* 8789125, ≤, 😭 – 🔟 ☎. 🖭 🕄 *VISA*. 🛠 cam
Pasto *(chiuso martedì)* carta 30/56000 – **9 cam** ☲ 90/120000 – ½ P 100000.

X **Del Pescatore**, località Marina della Lobra *P* 8789392, Fax 8789392, Rist. e pizzeria – 🖭 🕄 🗉 *VISA*
chiuso la sera *(da novembre a gennaio, escluso i week-end), e mercoledì (escluso da giugno a settembre)* – **Pasto** carta 28/51000.

a Nerano-Marina del Cantone SE : 11 km – ✉ **80068** Termini :

XX **Taverna del Capitano** con cam, *P* 8081028, Fax 8081892, ≤, 😭 – 🖃 cam 🔟 ☎. 🖭 🕄 ⓘ 🗉 *VISA*. 🛠
chiuso dal 7 al 25 gennaio e dal 9 al 25 novembre – **Pasto** carta 50/70000 – ☲ 15000 – **15 cam** 75/110000.

XX **Quattro Passi**, N : 1 km *P* 8081271, 😭 – 🅿. 🖭 🕄 *VISA*. 🛠
marzo-ottobre; chiuso mercoledì e in gennaio-febbraio aperto solo i week-end – **Pasto** carta 32/58000.

MASSA (Marina di) 54037 Massa-Carrara 988 ⑭, 430 J 12 – a.s. Pasquae luglio-agosto – ✪ 0585.

🖪 viale Vespucci 23 *P* 250046, Fax 869015.

Roma 388 – Pisa 41 – ♦Firenze 114 – ♦Livorno 64 – Lucca 44 – Massa 5 – ♦Milano 234 – ♦La Spezia 34.

🏨 **Excelsior**, via Cesare Battisti 1 *P* 8601, Fax 869795, ⤓ – 🛗 🔟 ☎ ♿ – 🔬 50 a 80. 🖭 🕄 ⓘ 🗉 *VISA*
Pasto 35/60000 e al Rist. *Il Sestante* carta 49/76000 – **66 cam** ☲ 185/260000, 5 appartamenti – ½ P 145/165000.

🏨 **Villa Irene** ⤓, a Poveromo, via delle Macchie 125 *P* 309310, Fax 308038, 😭, « Parco-giardino con ⤓ riscaldata », ⚓, 🛠 – 🖃 cam 🔟 ☎ 🅿. 🛠 rist
aprile-ottobre – **Pasto** *(solo per clienti alloggiati)* – **38 cam** ☲ 150/240000 – ½ P 190/200000.

🏠 **La Pergola**, a Poveromo, via Verdi 41 *P* 240118, « Giardino ombreggiato » – ☎ 🅿. 🖭 🕄 ⓘ 🗉 *VISA*. 🛠 rist
Pasqua-20 settembre – **Pasto** carta 30/50000 – ☲ 10000 – **25 cam** 60/90000 – ½ P 90/100000.

🏠 **Matilde**, via Tagliamento 4 *P* 241441, Fax 240488, ⛱ – 🔟 ☎. 🕄 ⓘ 🗉 *VISA*. 🛠
Pasto 40/60000 – ☲ 20000 – **15 cam** 100/160000 – ½ P 95/125000.

🏠 **Hermitage**, a Ronchi, via Verdi 15 *P* 240856, « Giardino con ⤓ » – ☎ 🅿. 🕄 🗉 *VISA*. 🛠
Pasqua-15 settembre – **Pasto** 35/40000 – ☲ 15000 – **23 cam** 100/140000 – ½ P 90/110000.

🏠 Gabrini, via Don Luigi Sturzo 13 *P* 240505, Fax 246661, ⛱ – 🛗 ☎ 🅿
stagionale – **43 cam.**

🏠 **Miramonti**, via Montegrappa 7 *P* 241067, Fax 246180, ⛱ – 🔟 ☎ 🅿. 🖭 🕄 ⓘ 🗉 *VISA*. 🛠 rist
Pasto *(giugno-settembre; solo per clienti alloggiati)* 25/35000 – ☲ 15000 – **14 cam** 80/110000 – ½ P 60/80000.

XX **Da Riccà**, lungomare di Ponente *P* 241070, 😭, Specialità di mare – 🅿. 🖭 🕄 ⓘ 🗉 *VISA*. 🌮🍴.
chiuso lunedì e dal 20 dicembre al 10 gennaio – **Pasto** carta 60/80000 (10 %).

MASSA MARITTIMA 58024 Grosseto 988 ⑭ ㉚, 430 M 14 – 9 494ab. alt. 400 – ✪ 0566.

Vedere Piazza Garibaldi★★ – Duomo★★ – Torre del Candeliere★, Fortezza ed Arco senesi★.

Roma 249 – Siena 62 – ♦Firenze 132 – Follonica 19 – Grosseto 62.

🏨 **Il Sole** senza rist, via della Libertà 43 *P* 901971, Fax 901959 – 🛗 🔟 ☎ ⟷ – 🔬 150. 🖭 🕄 🗉 *VISA*
50 cam ☲ 65/105000, appartamento.

🏠 **Duca del Mare**, piazza Dante Alighieri 1/2 *P* 902284, Fax 901905, ≤, ⛱ – ☎ 🅿. 🕄 🗉 *VISA*. 🛠
Pasto *(chiuso lunedì e da novembre al 15 dicembre)* carta 29/46000 – ☲ 7000 – **19 cam** 43/70000 – ½ P 65000.

XX **Antica Trattoria Ricordi Riflessi**, via Parenti 17 *P* 902644, 😭 – 🖭 🕄 🗉 *VISA*
chiuso mercoledì e dal 10 al 30 novembre – **Pasto** carta 33/45000.

XX **Taverna del Vecchio Borgo**, via Parenti 12 *P* 903950, « Tipica taverna in un'antica cantina » – 🖭 🕄 🗉 *VISA*. 🛠
chiuso dal 15 gennaio al 15 febbraio, lunedì e da ottobre a luglio anche domenica sera – **Pasto** carta 35/47000.

X **Osteria da Tronca**, vicolo Porte 5 *P* 901991, Cucina rustica – 🕄 🗉 *VISA*
chiuso a mezzogiorno, mercoledì e dal 10 novembre a gennaio – **Pasto** carta 29/38000.

a Ghirlanda NE : 2 km – ⊠ **58020** :

XX **Da Bracali,** ℰ 902318, Rist. con enoteca, prenotare – 🔲 **Ⓟ**. 🆎 🛐 ⑩ **E** 𝘝𝘐𝘚𝘈 𝖩𝖢𝖡. ⅍
chiuso lunedì sera (escluso da Pasqua ad ottobre), martedì e novembre – **Pasto** carta 43/65000.

a Prata NE : 12 km – ⊠ **58020** :

XX **La Schiusa,** ℰ 914012, Fax 914012 – **Ⓟ**. 🆎 🛐 ⑩ **E** 𝘝𝘐𝘚𝘈
chiuso dal 9 gennaio al 24 febbraio e mercoledì (escluso da aprile a settembre) – **Pasto** carta 24/44000 (10%).

MASSAROSA 55054 Lucca 𝟿𝟾𝟾 ⑭, 𝟺𝟸𝟾 𝟺𝟸𝟿 𝟺𝟹𝟶 K 12 – 18 882 ab. alt. 15 – a.s. Carnevale, Pasqua, 15 giugno-15 settembre e Natale – ❀ 0584.
Roma 363 – Pisa 29 – ◆Livorno 52 – Lucca 19 – ◆La Spezia 60.

XX **La Chandelle,** ℰ 938290, Rist. elegante, prenotare – 🔲 **Ⓟ**. 🛐 **E** 𝘝𝘐𝘚𝘈. ⅍
chiuso lunedì – **Pasto** carta 48/70000.

X **Da Ferro,** località Piano di Conca NO : 5,5 km ℰ 996622, 🏕 – **Ⓟ**. 🆎 🛐 ⑩ **E** 𝘝𝘐𝘚𝘈. ⅍
chiuso martedì e dal 15 ottobre all'8 novembre – **Pasto** carta 30/42000.

a Massaciuccoli S : 4 km – ⊠ **55050** Quiesa :

🏠 **Le Rotonde** ⑤, ℰ 975439, Fax 975754, 🍴 – **Ⓟ**. 🆎. ⅍
Pasto (chiuso mercoledì e novembre) carta 26/44000 – ⊊ 10000 – **14 cam** 70/100000.

a Bargecchia NO : 9 km – ⊠ **55040** Corsanico :

XX **Rino,** ℰ 954000, 🏕 – 🆎 🛐 ⑩ **E** 𝘝𝘐𝘚𝘈. ⅍
chiuso martedì da ottobre a giugno – **Pasto** carta 25/42000.

MASSINO VISCONTI 28040 Novara 𝟺𝟸𝟾 E 7, 𝟸𝟷𝟿 ⑦ – 964 ab. alt. 465 – ❀ 0322.
Roma 654 – Stresa 11 – ◆Milano 77 – Novara 52.

🏠 **Lo Scoiattolo,** via per Nebbiuno 8 ℰ 219184, Fax 219808, « Parco con ≤ lago e dintorni », 🍴 – 🛐 📺 ☎ **Ⓟ**. 🆎 🛐 **E** 𝘝𝘐𝘚𝘈. ⅍
Pasto carta 33/54000 – ⊊ 10000 – **30 cam** 80/90000 – ½ P 70/80000.

X **Trattoria San Michele,** ℰ 219101, Coperti limitati; prenotare, « Servizio estivo in terrazza con ≤ lago e dintorni » – 🆎 🛐 **E** 𝘝𝘐𝘚𝘈. ⅍
chiuso lunedì sera, martedì, dal 10 al 25 gennaio e dal 17 agosto al 6 settembre – **Pasto** carta 27/51000.

MATERA 75100 **Ⓟ** 𝟿𝟾𝟾 ㉙, 𝟺𝟹𝟷 E 31 – 54 869 ab. alt. 401 – ❀ 0835.
Vedere I Sassi★★ – Strada dei Sassi★★ – Duomo★ – ≤★★ sulla città dallastrada delle chiese rupestri NE : 4 km.
🄳 via De Viti de Marco 9 ℰ 331983, Fax 333452 – **A.C.I.** viale delle Nazioni Unite 47 ℰ 382322.
Roma 461 – ◆Bari 67 – ◆Cosenza 222 – ◆Foggia 178 – ◆Napoli 255 – Potenza 104.

🏠 **Italia,** via Ridola 5 ℰ 333561, Fax 330087, ≤ I Sassi – 🛗 🔲 rist 📺 ☎ ♿ – 🔏 90. 🆎 🛐 ⑩ **E** 𝘝𝘐𝘚𝘈. ⅍ rist
Pasto 25/30000 e al Rist. **Basilico** carta 27/42000 – **31 cam** ⊊ 95/120000 – ½ P 75/90000.

🏠 **Il Piccolo Albergo** senza rist, via De Sariis 11 ℰ 330201, Fax 330201 – 🔲 📺 ☎. 🛐 **E** 𝘝𝘐𝘚𝘈.
11 cam ⊊ 85/110000.

🏠 **De Nicola,** via Nazionale 158 ℰ 385111, Telex 812586, Fax 385113 – 🛗 📺 ☎ 🚗. 🛐 **E** 𝘝𝘐𝘚𝘈. ⅍
Pasto carta 31/44000 – ⊊ 7500 – **83 cam** 60/96000 – ½ P 74000.

XX **Casino del Diavolo-da Francolino,** via La Martella O : 1,5 km ℰ 261986, 🏕 – **Ⓟ**. 🆎 🛐 ⑩. ⅍
chiuso lunedì – **Pasto** carta 34/50000.

X **Da Mario,** via 20 Settembre 14 ℰ 336491 – 🆎 🛐 ⑩ **E** 𝘝𝘐𝘚𝘈. ⅍
chiuso domenica e dal 7 al 18 agosto – **Pasto** carta 36/51000.

X Trattoria Lucana, via Lucana 48 ℰ 336117

a Venusio N : 7 km – ⊠ **75100** Matera :

XX **Venusio,** ℰ 259081, Fax 259081, 🏕, 🍴 – **Ⓟ**. 🆎 🛐 ⑩ **E** 𝘝𝘐𝘚𝘈
chiuso domenica sera, lunedì, dal 7 al 14 gennaio e dal 16 al 31 agosto – **Pasto** carta 32/62000.

MATTARELLO Trento 𝟺𝟸𝟿 D 15 – Vedere Trento.

MATTINATA 71030 Foggia 𝟿𝟾𝟾 ㉘, 𝟺𝟹𝟷 B 30 – 6 240 ab. alt. 77 – a.s. luglio-13 settembre – ❀ 0884.
Roma 430 – ◆Foggia 58 – ◆Bari 138 – Monte Sant'Angelo 19 – ◆Pescara 222.

🏠 **Apeneste,** piazza Turati 3 ℰ 4743, Fax 4341, 🏊, 🍴 – 🔲 📺 ☎ **Ⓟ**. 🆎 🛐 ⑩ **E** 𝘝𝘐𝘚𝘈. ⅍
Pasto carta 39/62000 – **26 cam** ⊊ 91/140000 – ½ P 85/120000.

🏠 **Alba del Gargano,** corso Matino 102 ℰ 4771, Fax 4772, 🏕, 🍴 – 📺 🚗 **Ⓟ**. 🛐 𝘝𝘐𝘚𝘈. ⅍
Pasto (giugno-settembre) carta 30/40000 – ⊊ 5000 – **40 cam** 168000 – ½ P 66/114000.

XX **Trattoria dalla Nonna,** al lido E : 1 km *&* 49205, ≤, 🐾 – 🗐 🅿. 🖭 🕄 ⓞ 🗲 💳.
🦐
chiuso dal 10 gennaio al 10 febbraio e lunedì (escluso da giugno a settembre) – **Pasto**
carta 51/85000.

sulla strada litoranea NE : 17 km :

🏨 **Baia delle Zagare** 🗇, ⊠ 71030 *&* 4155, Fax 4884, ≤, « Palazzine fra gli olivi con
ascensori per la spiaggia », 🏊, 🐾, 🎾 – ☎ 🅿 – 🛦 350. 🕄 🗲 💳. 🦐 rist
giugno-15 settembre – **Pasto** 40000 – 🖙 15000 – **143 cam** 115/170000 – P 100/170000.

🏨 **Dei Faraglioni** 🗇, *&* 49584, Fax 49651, Discesa a mare, 🐾, 🎾 – 🗐 rist ☎ 🅿. 🕄 ⓞ 🗲
💳. 🦐 rist
giugno-settembre – **Pasto** carta 50/70000 – 🖙 15000 – **51 cam** 120/170000 – ½ P 102/
162000.

MAULS = Mules.

MAZARA DEL VALLO Trapani 988 ㉟, 432 O 19 – Vedere Sicilia alla fine dell'elenco
alfabetico.

MAZZARÒ Messina 988 ㊲, 432 N 27 – Vedere Sicilia (Taormina) alla fine dell'elenco
alfabetico.

MAZZO DI VALTELLINA 23030 Sondrio 428 429 D 12, 218 ⑰ – 1010 ab. alt. 552 – ✿ 0342.
Roma 734 – ◆Bolzano 172 – Bormio 29 – ◆Milano 173 – Sondrio 35.

X **La Rusticana,** *&* 861051 – 🗲 💳
chiuso lunedì e dal 1° al 20 luglio – **Pasto** carta 31/51000.

MEANO Belluno – Vedere Santa Giustina.

MEDUNA DI LIVENZA 31040 Treviso 429 E 19 – 2 422 ab. alt. 9 – ✿ 0422.
Roma 573 – ◆Venezia 62 – Belluno 79 – ◆Milano 312 – Treviso 40 – Udine 84.

🏠 Al Paradiso, *&* 767007, Fax 767739 – 📺 ☎ 🚗
20 cam.

MEINA 28046 Novara 988 ②, 428 E 7 – 2 089 ab. alt. 214 – ✿ 0322.
Roma 645 – Stresa 12 – ◆Milano 68 – Novara 44 – ◆Torino 120.

🏨 **Villa Paradiso,** *&* 660488, Fax 660544, ≤, « Parco ombreggiato con 🏊 », 🐾 – 📳 📺 ☎
🅿. 🖭 🕄 ⓞ 🗲 💳. 🦐
15 marzo-ottobre – **Pasto** carta 40/58000 – 🖙 15000 – **58 cam** 90/130000 – ½ P 80/95000.

X **Bel Sit,** via Sempione 76 *&* 660483, Fax 65855, ≤, « Servizio in terrazza sul lago », 🍴 –
☎ 🅿. 🕄 ⓞ 🗲 💳 🚹
chiuso dall'8 al 31 gennaio e martedì escluso da aprile a settembre – **Pasto** carta 35/53000.

a Nebbiuno NO : 4 km – alt. 430 – ⊠ 28010 :

🏨 **Tre Laghi,** *&* 58025, Fax 58703, ≤ lago e monti, « Servizio estivo in terrazza panora-
mica », 🍴 – 📳 📺 ☎ – 🛦 200. 🕄 ⓞ 🗲 💳 🚹. 🦐 rist
chiuso dall'11 gennaio a febbraio – **Pasto** 30/40000 e al Rist. *Azalea (chiuso lunedì)* carta
45/71000 – 🖙 15000 – **43 cam** 105/145000 – ½ P 95/130000.

Vedere anche : *Colazza* O : 4 km.

MEL 32026 Belluno 988 ⑤ – 6 382 ab. alt. 353 – ✿ 0437.
Roma 609 – Belluno 15 – ◆Milano 302 – Trento 95 – Treviso 67.

XX **Antica Locanda al Cappello,** piazza Papa Luciani 20 *&* 753651, « Edificio seicentesco
con affreschi originali » – 🦐
chiuso dal 1° al 15 luglio, martedì sera e mercoledì (escluso agosto) – **Pasto** carta 39/51000.

MELDOLA 47014 Forlì 988 ⑮, 429 430 J 18 – 9 049 ab. alt. 57 – ✿ 0543.
Roma 418 – ◆Ravenna 41 – Forlì 13 – Rimini 54.

XX **Il Rustichello,** via Vittorio Veneto 7 *&* 491611 – 🗐. 🖭 🕄 ⓞ 🗲 💳. 🦐
chiuso lunedì sera, martedì e dal 1° al 25 agosto – **Pasto** carta 28/47000.

MELEZET Torino 428 G 2 – Vedere Bardonecchia.

MELFI 85025 Potenza 988 ㉘, 431 E 28 – 15 781 ab. alt. 531 – ✿ 0972.
Roma 351 – ◆Foggia 67 – ◆Bari 129 – ◆Napoli 163 – Potenza 58.

🏠 **Due Pini,** piazzale Stazione *&* 21031, Fax 23500 – 📳 🗐 rist 📺 ☎ 🚗 🅿. 🖭 🕄 🗲 💳.
🦐 rist
Pasto carta 20/30000 – **45 cam** 🖙 70/100000 – ½ P 75/100000.

X **Vaddone,** contrada S. Abruzzese *&* 24323, « Servizio estivo sotto un pergolato » – 🅿
chiuso domenica sera – **Pasto** carta 30/40000.

MELITO DI PORTO SALVO 89063 Reggio di Calabria 🅱🅱🅱 ㊲, 🗺 N 29 – 10 730 ab. alt. 35 – 🕿 0965.

Roma 736 – Catanzaro 192 – ♦Napoli 530 – ♦Reggio di Calabria 31.

XX **Casina dei Mille** con cam, strada statale 106 (O : 3 km) 🕿 787434, Fax 787435, ≤ – 📺
🕿 🅿. 🆎 🕅 🖪 🆚🆂🅰, ⚡
Pasto *(chiuso domenica escluso luglio-agosto)* carta 32/44000 – ⚏ 5000 – **7 cam** 80/
120000.

MELITO IRPINO 83031 Avellino 🗺 D 27 – 2 103 ab. alt. 242 – 🕿 0824.

Roma 255 – ♦Foggia 70 – Avellino 55 – Benevento 45 – ♦Napoli 108 – Salerno 87.

X **Di Pietro,** corso Italia 8 🕿 472010, Trattoria rustica con cucina casalinga – ⚡
chiuso mercoledì – **Pasto** carta 22/36000.

MELS Udine – Vedere Colloredo di Monte Albano.

MELZO 20066 Milano 🗺 F 10, 🗺 ⑳ – 18 425 ab. alt. 119 – 🕿 02.

Roma 578 – ♦Milano 21 – ♦Bergamo 33 – ♦Brescia 69.

XX **Due Spade** con cam, via Bianchi 19 🕿 9550267, Fax 95737194 – 📺 🕿 🅿. 🆎 🕅 🖪 🆚🆂🅰
🅹🅲🅱
Pasto *(chiuso domenica)* carta 35/63000 – ⚏ 10000 – **18 cam** 70/100000 – ½ P 100000.

MENAGGIO 22017 Como 🅱🅱🅱 ③, 🗺 D 9 – 3 140 ab. alt. 203 – 🕿 0344.

Vedere Località★★.

🅸🅱 *(marzo-novembre; chiuso martedì)* a Grandola e Uniti ✉ 22010 🕿 32103, Fax 32103,
O : 4 km.

⛴ per Varenna giornalieri (15 mn) – Navigazione Lagodi Como, al pontile 🕿 32255.

🅱 *(Pasqua-ottobre)* piazza Garibaldi 8 🕿 32924.

Roma 661 – Como 35 – ♦Lugano 28 – ♦Milano 83 – Sondrio 68 – St-Moritz 98 – Passo dello Spluga 79.

🏨🏨 **Gd H. Menaggio,** via 4 Novembre 69 🕿 30640, Telex 328471, Fax 30619, ≤, 🖽, 🏊 ris-
caldata, 🛥 – 🛗 📺 🕿 🅿 – 🔬 35 a 270. 🆎 🕅 🖪 🆚🆂🅰 ⚡ rist
23 marzo-ottobre – **Pasto** carta 46/64000 – **49 cam** ⚏ 200/260000, 3 appartamenti –
½ P 170000.

🏨🏨 **Gd H. Victoria,** via Castelli 11 🕿 32003 e rist 🕿 31166, Fax 32992, ≤, 🖽, 🏊, 🛥 – 🛗 📺
🕿 🅿 – 🔬 100. 🆎 🕅 🖪 🆚🆂🅰 ⚡
Pasto 45/55000 e al Rist. *Le Tout Paris* carta 57/91000 – ⚏ 22000 – **53 cam** 150/210000,
4 appartamenti – ½ P 150/170000.

🏨 **Bellavista,** via 4 Novembre 21 🕿 32136, Fax 31793, ≤ lago e monti, « Terrazza sul
lago », 🏊 – 🛗 🕿 🅿. 🆎 🕅 🖪 🆚🆂🅰
15 marzo-ottobre – **Pasto** carta 38/60000 – **45 cam** ⚏ 90/150000 – ½ P 80/90000.

a Loveno NO : 2 km – alt. 320 – ✉ 22017 Menaggio :

🏨 **Royal** ♨, 🕿 31444, Fax 30161, ≤, 🖽, « Giardino con 🏊 » – 🕿 🅿. 🆎 🕅 🖪 🆚🆂🅰 ⚡ rist
25 marzo-4 novembre – **Pasto** 45/50000 e al Rist. *Chez Mario* carta 43/70000 – ⚏ 16000 –
10 cam 95/110000 – ½ P 105/110000.

🏨 **Loveno** senza rist, 🕿 32110, ≤ lago e monti, « Piccolo giardino ombreggiato » – 🕿 🚗
🅿. 🕅 🖪 🆚🆂🅰
aprile-ottobre – ⚏ 14000 – **12 cam** 60/110000.

MENFI Agrigento 🅱🅱🅱 ㊱, 🗺 O 20 – Vedere Sicilia alla fine dell'elenco alfabetico.

MERAN = Merano.

MERANO (MERAN) 39012 Bolzano 🅱🅱🅱 ④, 🗺 C 15 – 33 526 ab. alt. 323 – Stazione termale –
Sport invernali : a Merano 2000 B : 1 946/2 302 m ✂2 ⬡6, ⬡ – 🕿 0473.

Vedere Passeggiate d'Inverno e d'Estate★★ D – Passeggiata Tappeiner★★ CD – Volte gotiche★
e polittici★ nel Duomo D – Via Portici★ CD – Castello Principesco★ C C – Merano 2000★ accesso
per funivia, E : 3 km B – Tirolo★ N : 4 km A.

Dintorni Avelengo★ SE : 10 km per via Val di Nova B – Val Passiria★ B.

🅱 corso della Libertà 45 🕿 235223, Fax 235524.

Roma 665 ② – ♦Bolzano 28 ② – Brennero 73 ① – ♦Innsbruck 113 ① – ♦Milano 326 ② – Passo di Resia 79 ③ –
Passo dello Stelvio 75 ③ – Trento 86 ②.

Piante pagine seguenti

🏨🏨🏨 **Palace Hotel,** via Cavour 2 🕿 211300, Telex 400256, Fax 234181, ≤, « Parco ombreg-
giato con 🏊 », 🅸🆂, 🚿, 🏊, 🕁 – 🛗 ▤ cam 📺 🕿 🅿 – 🔬 30 a 100. 🆎 🕅 🅞 🖪 🆚🆂🅰 🅹🅲🅱.
⚡ rist
chiuso dal 10 gennaio al 1° marzo – **Pasto** 65/75000 (a mezzogiorno) 70/100000 (alla sera) e
al Rist. *Tiffany Schloss Maur (chiuso a mezzogiorno, domenica e dal 20 giugno al 15 luglio)*
carta 60/90000 – **110 cam** ⚏ 225/400000, 7 appartamenti – ½ P 165/260000.   D **h**

MERANO
E DINTORNI

Castel Gatto (Via) . . . . B 3
Christomannos . . . . B 5

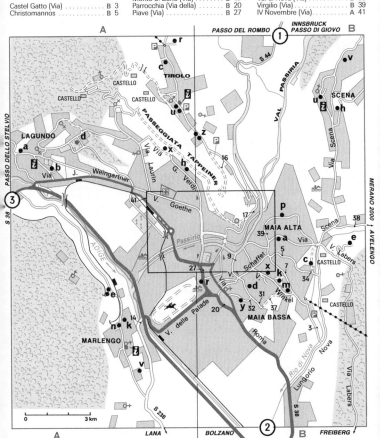

🏨 **Meranerhof,** via Manzoni 1 ℰ 230230, Fax 233312, « Giardino con 🏊 riscaldata », �)s –
🛗 ▤ rist 📺 ☎ 🅟 – 🛄 70. 🆎 🛅 🕔 🗲 💳 ⚫ rist   C **b**
Pasto 40/55000 – **66 cam** 🖙 150/285000, 2 appartamenti – ½ P 120/160000.

🏨 **Park Hotel Mignon** 🦢, via Grabmayr 5 ℰ 230353, Fax 230644, ≤, « Giardino ombreg-
giato con 🏊 riscaldata », 🗜, 🚙s, 🏊 – 🛗 ▤ rist 📺 ☎ 🚗 🅟. 🛅 🗲 💳 ⚫ rist   D **v**
15 marzo-5 novembre – **Pasto** (solo per clienti alloggiati) 45/60000 – **46 cam** 🖙 165/
330000, 12 appartamenti – ½ P 160/190000.

🏨 **Kurhotel Castel Rundegg,** via Scena 2 ℰ 234100, Fax 237200, ≤, « Giardino », 🗜,
🚙s, 🏊 – 🛗 📺 ☎ 🅟. 🆎 🛅 🕔 🗲 💳 ⚫ rist   B **a**
chiuso dal 6 al 31 gennaio – **Pasto** 80/100000 – **29 cam** 🖙 167/333000, appartamento –
½ P 197/225000.

🏨 **Meister's H. Irma** 🦢, via Belvedere 17 ℰ 212000, Fax 231355, ≤, 🌥, « Parco-giardino
con 🏊 e ⚒ », 🗜, 🚙s, 🏊 – 🛗 ▤ rist 📺 ☎ 🚗 🅟. ⚫ rist   B **p**
23 marzo-5 novembre – **Pasto** (solo per clienti alloggiati) 35/60000 – 🖙 15000 – **50 cam**
117/227000, 2 appartamenti – ½ P 107/164000.

🏨 **Villa Tivoli** 🦢, via Verdi 72 ℰ 46282, Fax 46849, ≤ monti, 🌥, « Piccolo parco-
giardino », 🚙s, 🏊 – 🛗 ☎ 🚗 🅟. 🛅 🗲 💳 ⚫ rist   A **x**
15 marzo-5 novembre – **Pasto** (solo per clienti alloggiati) 35/45000 – **19 cam** 🖙 107/
220000, 4 appartamenti – ½ P 95/145000.

MERANO
CENTRO

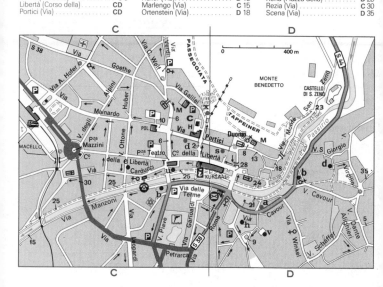

🏨 **Adria** ⚿, via Gilm 2 ℰ 236610, Fax 236687, *f₅*, 🖘, 🔄, 🛋 – 🛗 ≡ rist 📺 ☎ ℗. 🔢 E 📼.
🛠 rist
D **d**
marzo-ottobre – **Pasto** (solo per clienti alloggiati) – **48 cam** 🔲 120/240000, appartamento –
½ P 95/150000.

🏨 **Anatol** ⚿, via Castagni 3 ℰ 237511, Fax 237110, ≼, 🛋, 🖘, 🔄 riscaldata, 🛋 – 🛗
🔄 rist ☎ ℗. 🛠 rist
B **c**
26 marzo-6 novembre – **Pasto** (solo per clienti alloggiati) 35/55000 – **42 cam** 🔲 113/226000
– ½ P 104/138000.

🏨 **Sittnerhof** ⚿, via Verdi 58 ℰ 46331, Fax 220631, 🖘, 🔄, 🛋, 🌤 – 🛗 ≡ cam ☎ ℗. 🔢 🔢
① E 📼. 🛠 rist
A **h**
10 marzo-10 novembre – **Pasto** carta 29/39000 – **39 cam** 🔲 145/270000 – ½ P 140/
165000.

🏨 **Juliane** ⚿, via dei Campi 6 ℰ 211700, Fax 230176, « Giardino con 🔄 riscaldata », *f₅*,
🖘, 🔄, 🛋 – 🛗 🔄 & ℗. 🔢 E 📼. 🛠 rist
B **k**
15 marzo-5 novembre – **Pasto** (solo per clienti alloggiati) 48/75000 – **39 cam** 🔲 108/210000
– ½ P 102/138000.

🏨 **Augusta**, via Ottone Huber 2 ℰ 222324, Fax 220029, 🌤 – 🛗 🔄 rist ≡ rist 📺 ☎ ℗. 🔢
🔢 E 📼. 🛠 rist
C **e**
15 marzo-15 novembre – **Pasto** 35/60000 – 🔲 10000 – **26 cam** 135/240000 – ½ P 100/
150000.

🏨 **Aurora**, passeggiata Lungo Passirio 38 ℰ 211800, Fax 211113 – 🛗 📺 ☎ ℗. 🔢 ① E
📼. 🛠 rist
C **u**
Natale e 15 marzo-15 novembre – **Pasto** carta 40/72000 – 🔲 14000 – **33 cam** 🔲 135/
260000 – ½ P 115/150000.

🏨 **Pollinger** ⚿, via Santa Maria del Conforto 30 ℰ 232226, Fax 210665, ≼, *f₅*, 🖘, 🔄, 🔄,
🌤 – 🛗 📺 ☎ 🚗 ℗. 🔢 📼. 🛠 rist
B **y**
10 marzo-17 novembre – **Pasto** 40000 – **33 cam** 🔲 110/180000 – ½ P 90/120000.

🏨 **Bavaria**, via salita alla Chiesa 15 ℰ 236375, Fax 236371, « Giardino », 🖘, 🔄, 🔄 – 🛗
🔄 rist 📺 ☎ ℗. ① 🛠 rist
D **b**
26 marzo-6 novembre – **Pasto** (solo per clienti alloggiati) 25/32000 – **51 cam** 🔲 120/248000
– ½ P 125/145000.

🏨 **Castel Labers** ⚿, via Labers 25 ℰ 234484, Fax 234146, ≼, « Servizio rist. estivo in
giardino », 🔄 riscaldata, 🌤, 🎾 – 🛗 ☎ ℗. 🔢 🔢 ① E 📼
B **e**
8 aprile-1° novembre – **Pasto** 35/45000 – **30 cam** 🔲 130/260000 – ½ P 100/155000.

🏨 **Atlantic** ⬦, via Santa Caterina 7/a ℰ 233093, Fax 211230, « Giardino con ⚎ », ⛶, ⬚ –
🐕 🐾 ❷, AE ⑤ ⑤ E 🆅🆂🅰. ℘ rist B **d**
marzo-novembre – **Pasto** (solo per clienti alloggiati e *chiuso a mezzogiorno*) 25000 –
26 cam ⊆ 80/140000 – ½ P 81/100000.

🏨 **Nido** ⬦, via Gilm 6 ℰ 235100, Fax 235184, 🛎, ⬚, ⚎ riscaldata, ☞ – 📶 📺 ☎ ❷, AE ⑤
E 🆅🆂🅰. ℘ D **d**
marzo-novembre – **Pasto** 40000 – **38 cam** ⊆ 90/170000 – ½ P 90/105000.

🏨 **Isabella** senza rist, via Piave 58 ℰ 234700, Fax 211360, ☞ – 📶 📺 ☎ ❷ AB **r**
marzo-15 novembre – **27 cam** ⊆ 80/130000, 2 appartamenti.

🏨 **Mendelhof-Mendola**, via Winkel 45 ℰ 236130, Fax 236481, – 📶 ☎ ❷, AE.
℘ rist
aprile-ottobre – **Pasto** (solo per clienti alloggiati) 28000 – **36 cam** ⊆ 64/116000 – ½ P 78/
88000. B **x**

🏨 **Zima** ⬦ senza rist, via Winkel 83 ℰ 230408, Fax 236469, ☎, ⚎ riscaldata, ☞ – 📶 ☎ ❷.
🆅🆂🅰 B **m**
marzo-10 novembre – **23 cam** ⊆ 75/130000.

🍴 ⚙ **Andrea**, via Galilei 44 ℰ 237400, Fax 212190, Coperti limitati; prenotare – ▣. AE ⑤ ⓞ
E 🆅🆂🅰. ℘
chiuso lunedì e dal 4 al 25 febbraio – **Pasto** 60/70000 e carta 48/74000 C **x**
Spec. Mousse di trota affumicata con rafano grattugiato. Orzo mantecato con erbe profumate. Gröstel (filetto di vitello con patate saltate).

🍴 **Flora**, via Portici 75 ℰ 231484, Fax 231484, Coperti limitati; prenotare – AE ⑤ ⓞ E 🆅🆂🅰.
℘ D **s**
chiuso domenica, lunedì a mezzogiorno e dal 15 gennaio a febbraio – **Pasto** carta 47/81000.

🍴 **Sissi**, via Plankestein 5 ℰ 231062, Coperti limitati; prenotare – ▣. AE ⑤ E 🆅🆂🅰 D **a**
chiuso lunedì, dal 22 febbraio al 7 marzo e dal 15 giugno al 15 luglio – **Pasto** 52000 (solo alla
sera) e carta 41/57000.

🍴 **Terlaner Weinstube**, via Portici 231 ℰ 235571, Coperti limitati; prenotare – ℘
chiuso mercoledì e dal 1° al 25 marzo – **Pasto** carta 38/65000. C **d**

a Freiberg SE : 7 km per via Labers B – alt. 800 – ✉ **39012** Merano :

🏨 **Castel Freiberg** ⬦, ℰ 244196, Fax 244488, ≤ monti e vallata, 🛎, ⚎, ⬚, ☞, ℅ – 📶 ☎
🚗 ❷ – ⚤ 70. AE ⑤ ⓞ E 🆅🆂🅰 🕍. ℘
15 aprile-novembre – **Pasto** carta 67/113000 – **34 cam** ⊆ 190/360000 – ½ P 230/250000.

🏨 **Fragsburg-Castel Verruca** ⬦, ℰ 244071, Fax 244493, ≤ monti e vallata, « Servizio
rist. estivo in terrazza panoramica », ⚎ riscaldata, ☞ – 📺 ☎ ❷. ℘ rist
15 aprile-5 novembre – **Pasto** (chiuso venerdì) carta 45/66000 – **18 cam** ⊆ 125/220000 –
½ P 90/140000.

MERCOGLIANO 83013 Avellino 🅴🅱🅰 E 26 – 9 679 ab. alt. 550 – ✪ 0825.
Roma 242 – ◆Napoli 55 – Avellino 6 – Benevento 31 – Salerno 45.

🏨 **Green Park Hotel Titino** ⬦, via Loreto 9 ℰ 788961, Fax 788965, ℅ – 📶 ▤ 📺 ☎ ♿ ❷
– ⚤ 100. AE ⑤ ⓞ E 🆅🆂🅰. ℘
Pasto 30/40000 – ⊆ 10000 – **54 cam** 90/150000, 3 appartamenti – ½ P 105/120000.

in prossimità casello autostrada A16 Avellino Ovest S : 3 km :

🏨 **Gd H. Irpinia**, ✉ 83013 ℰ 683672, Fax 683676 – 📶 ▤ 📺 ☎ 🚗 ❷ – ⚤ 100. AE ⑤ E
🆅🆂🅰. ℘
Pasto carta 35/52000 – **66 cam** ⊆ 90/140000, 5 appartamenti, ▤ 10000 – ½ P 110/120000.

MERGOZZO Novara – Vedere Verbania.

MERONE 22046 Como 🅐🅑🅒 E 9, 🅐🅑🅒 ⑨ ⑲ – 3 256 ab. alt. 284 – ✪ 031.
Roma 611 – Como 18 – Bellagio 32 – ◆Bergamo 47 – Lecco 19 – ◆Milano 43.

🏨 **Il Corazziere**, frazione Baggero ℰ 617181, Fax 617217, « In riva al fiume Lambro », ☞
– 📶 ▤ 📺 ☎ ♿ ❷ – ⚤ 40. AE ⑤ ⓞ E 🆅🆂🅰
chiuso dal 4 al 24 agosto – **Pasto** vedere rist **Il Corazziere** – **32 cam** ⊆ 88/154000,
2 appartamenti – ½ P 100/120000.

🍴 **Il Corazziere**, frazione Baggero ℰ 650141, ☞ – ❷. AE ⑤ ⓞ E 🆅🆂🅰
chiuso martedì e dal 4 al 24 agosto – **Pasto** carta 32/45000.

MESAGNE 72023 Brindisi 🅐🅑🅒 ㉚, 🅐🅑🅒 F 35 – 30 291 ab. alt. 72 – ✪ 0831.
Roma 574 – ◆Bari 125 – ◆Brindisi 14 – Lecce 42 – ◆Taranto 56.

🏨 **Duepi**, ℰ 734096, Fax 734096 – 📺 ☎ 🚗. ⑤ E 🆅🆂🅰
Pasto (chiuso sabato) carta 26/46000 – ⊆ 8000 – **14 cam** 58/72000 – ½ P 77/81000.

MESE Sondrio – Vedere Chiavenna.

MESSINA 🅿 🅐🅑🅒 ㊲ ㊳, 🅐🅑🅒 🅐🅑🅒 M 28 – Vedere Sicilia alla fine dell'elenco alfabetico.

MESTRE Venezia 988 ⑤, 429 F 18 – ⊠ Venezia Mestre – ✆ 041.

ฬ๑ e ฬ๑ Cá della Nave (chiuso martedì) a Martellago ⊠ 30030 ℘ 5401555, Fax 5401926, per ⑧ : 8 km.

✈ Marco Polo di Tessera, per ③ : 8 km ℘ 2609260.

🚒 ℘ 715555.

🚗 rotonda Romea ⊠ 30175 ℘ 937764.

A.C.I. via Cà Marcello 67/A ⊠ 30172 ℘ 5310362.

Roma 522 ⑦ – ◆Venezia 9 ④ – ◆Milano 259 ⑦ – ◆Padova 32 ⑦ – Treviso 21 ① – ◆Trieste 150 ②.

Pianta pagina seguente

🏨 **Ambasciatori**, corso del Popolo 221 ⊠ 30172 ℘ 5310699, Telex 410445, Fax 5310074 – 🛗 🗐 📺 ☎ 📞 – 🛋 30 a 130. 🖭 🕄 ⑩ 🗲 𝘃𝘐𝘚𝘈 ⱼｃｂ. 🛠   BY **b**
Pasto carta 46/68000 – ⊆ 20000 – **97 cam** 160/230000, 2 appartamenti – ½ P 140/200000.

🏨 **Michelangelo** senza rist, via Forte Marghera 69 ⊠ 30173 ℘ 986600, Telex 420288, Fax 986052 – 🛗 🗐 📺 ☎ 📞 📞 – 🛋 60 a 150. 🖭 🕄 🗲 𝘃𝘐𝘚𝘈 ⱼｃｂ   BX **x**
⊆ 27000 – **51 cam** 230/295000, 3 appartamenti.

🏨 **Bologna**, via Piave 214 ⊠ 30171 ℘ 931000, Telex 410678, Fax 931095 – 🛗 🗐 📺 ☎ 📞 – 🛋 30 a 180. 🖭 🕄 ⑩ 🗲 𝘃𝘐𝘚𝘈   AY **e**
Pasto *(chiuso domenica e da Natale al 2 gennaio)* carta 50/74000 – **128 cam** ⊆ 140/235000.

🏨 **Plaza**, viale Stazione 36 ⊠ 30171 ℘ 929388, Telex 410490, Fax 929385 – 🛗 🗐 📺 ☎ 🕭 – 🛋 50 a 80. 🖭 🕄 ⑩ 🗲 𝘃𝘐𝘚𝘈 ⱼｃｂ. 🛠 rist   AY **f**
Pasto *(aprile-6 novembre)* carta 40/65000 – **222 cam** ⊆ 150/220000, appartamento – ½ P 105/175000.

🏨 **President** senza rist, via Forte Marghera 99/a ⊠ 30173 ℘ 985655, Fax 985655 – 🛗 🗐 📺 ☎ 🚗 📞. 🖭 🕄 ⑩ 🗲 𝘃𝘐𝘚𝘈. 🛠   BXY **t**
⊆ 15000 – **51 cam** 105/140000, appartamento.

🏨 **Alexander**, via Forte Marghera 193/c ⊠ 30173 ℘ 5318288, Telex 420406, Fax 5318283 – 🛗 🗐 📺 ☎ 🚗 📞 – 🛋 30 a 100. 🖭 🕄 ⑩ 🗲 𝘃𝘐𝘚𝘈 ⱼｃｂ. 🛠   BY **g**
Pasto *(solo per clienti alloggiati e chiuso a mezzogiorno)* 30/50000 – ⊆ 20000 – **61 cam** 150/200000 – ½ P 105/150000.

🏨 **Venezia**, via Teatro Vecchio 5 ⊠ 30171 ℘ 985533, Telex 410693, Fax 985490 – 🛗 🗐 📺 ☎ 📞. 🖭 🕄 ⑩ 🗲 𝘃𝘐𝘚𝘈. 🛠   BX **z**
Pasto *(solo per clienti alloggiati e chiuso a mezzogiorno)* carta 35/59000 – ⊆ 15000 – **100 cam** 110/140000.

🏨 **Club Hotel** senza rist, via Villafranca 1 (Terraglio) ⊠ 30174 ℘ 957722, Telex 411489, Fax 983990, 🚄 – 🛗 🗐 📺 ☎ 📞 🖭 🕄 ⑩ 🗲 𝘃𝘐𝘚𝘈   BZ **c**
⊆ 18000 – **30 cam** 98/139000.

🏨 **Ai Pini** senza rist, via Miranese 176 ⊠ 30171 ℘ 917722, Fax 912390, 🚄 – 🛗 🗐 📺 ☎ 📞 – 🛋 50. 🖭 🕄 ⑩ 🗲 𝘃𝘐𝘚𝘈 ⱼｃｂ   AY **b**
16 cam ⊆ 123/164000.

🏨 **Aurora** senza rist, piazzetta Giordano Bruno 15 ⊠ 30174 ℘ 989188, Fax 989832 – 🛗 🗐 📺 ☎ 📞. 🖭 🕄 🗲 𝘃𝘐𝘚𝘈. 🛠   BX **s**
⊆ 12000 – **28 cam** 85/120000.

🏨 **Garibaldi** senza rist, viale Garibaldi 24 ⊠ 30173 ℘ 5350455, Fax 5347565 – 🗐 📺 ☎ 🚗 📞. 🖭 🕄 ⑩ 🗲 𝘃𝘐𝘚𝘈 ⱼｃｂ. 🛠   BX **b**
⊆ 10000 – **28 cam** 95/125000.

🏨 **Delle Rose** senza rist, via Millosevich 46 ⊠ 30173 ℘ 5317711, Fax 5317433 – 🛗 🗐 📺 ☎ 📞. 🖭 🕄 ⑩ 🗲 𝘃𝘐𝘚𝘈 ⱼｃｂ. 🛠   BZ **b**
chiuso dal 1° al 28 dicembre – ⊆ 12000 – **26 cam** 88/100000, 🗐 6000.

🏨 **Paris** senza rist, viale Venezia 11 ⊠ 30171 ℘ 926037, Fax 926111 – 🛗 🗐 📺 ☎ 📞. 🖭 🕄 ⑩ 🗲 𝘃𝘐𝘚𝘈   AY **d**
chiuso dal 23 al 30 dicembre – ⊆ 15000 – **18 cam** 98/140000.

🏨 **Piave** senza rist, via Col Moschin 6/10 ⊠ 30171 ℘ 929287, Fax 929651 – 🛗 📺 ☎ 📞   ABY **a**
50 cam ⊆ 95/127000.

✗✗✗ **Marco Polo**, via Forte Marghera 67 ⊠ 30173 ℘ 989855 – 🗐. 🖭 🕄 ⑩ 🗲 𝘃𝘐𝘚𝘈. 🛠 BX **x**
chiuso domenica ed agosto – Pasto 30/80000 (a mezzogiorno) 45/100000 (alla sera) e carta 52/93000.

✗✗ **Dall'Amelia**, via Miranese 113 ⊠ 30171 ℘ 913955, Fax 5441111 – 🗐. 🖭 🕄 ⑩ 🗲 𝘃𝘐𝘚𝘈 ⱼｃｂ   AY **c**
chiuso mercoledì – Pasto 39/80000 bc (a mezzogiorno) 55/80000 (alla sera) e carta 47/86000.

✗✗ **Valeriano**, via Col di Lana 18 ⊠ 30171 ℘ 926474, Coperti limitati; prenotare – 🗐. 🖭 🕄 ⑩ 🗲 𝘃𝘐𝘚𝘈   AY **p**
chiuso dal 6 al 22 agosto, domenica sera e lunedì, in giugno-luglio anche domenica a mezzogiorno – Pasto carta 60/85000.

✗✗ **Hostaria Dante**, via Dante 53 ⊠ 30171 ℘ 959421 – 🗐. 🖭 🕄 ⑩ 🗲 𝘃𝘐𝘚𝘈 ⱼｃｂ   BY **x**
chiuso dall'8 al 21 agosto, domenica e in luglio anche sabato – Pasto carta 36/57000.

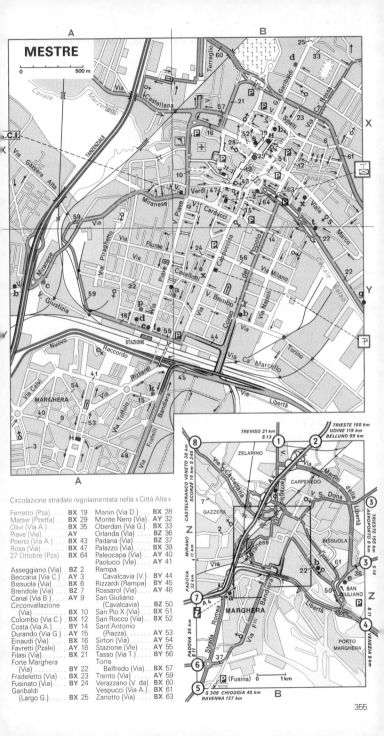

MESTRE

0   500 m

Circolazione stradale regolamentata nella « Città Alta »

TREVISO 21 km   S 13

TRIESTE 150 km
UDINE 119 km
BELLUNO 99 km

TRIESTE 155 km
AEROPORTO 8 km

ZELARINO

CARPENEDO

GAZZERA

BISSUOLA

VENEZIA 9 km

SAN GIULIANO

MARGHERA

PORTO MARGHERA

CASTELFRANCO VENETO 38 km
SCORZE 15 km   S 245

MIRANO 11 km

PADOVA 32 km

PADOVA 36 km   S 11

Strada Romea

P (Fusina)   0   1 km

S 309 CHIOGGIA 45 km
RAVENNA 137 km

355

- Da Sandro, viale Garibaldi 91 ✉ 30174 ℘ 5343452, ⛱, Specialità di mare, prenotare – ▤ BX **d**
- **Da Bepi Venesian,** via Sernaglia 27 ✉ 30171 ℘ 929357, Specialità di mare – ▤. AE ⓢ ⓓ E VISA ABY **a**
chiuso domenica sera, lunedì, dal 1° a 7 gennaio e dal 5 al 20 agosto – **Pasto** carta 32/49000.
- **Fortuna,** via Terraglio 306 ✉ 30174 ℘ 943244, ⛱ – AE ⓢ E VISA. ✻ 2 km : per ①
chiuso domenica – **Pasto** carta 34/64000.

a Marghera S : 1 km BZ – ✉ **30175** Venezia Mestre :

- **Forte Agip,** rotonda Romea 1 ℘ 936900, Telex 411418, Fax 936960 – |♦| ⇔ cam ▤ TV ☎ ♿ P – 🏛 50 a 180. AE ⓢ ⓓ E VISA. ✻ rist BZ **a**
Pasto 30/45000 – **188 cam** ☕ 199000.
- ✿ **Autoespresso,** via Fratelli Bandiera 34 ℘ 930214, Fax 930197, Specialità di mare, prenotare – ▤ P. AE ⓢ ⓓ E VISA JCB. ✻ AY **k**
chiuso domenica, dal 22 dicembre al 6 gennaio ed agosto – **Pasto** 80000 e carta 53/84000
Spec. Spaghetti alle vongole veraci, Fagottini ai frutti di mare, Baccalà in insalata.

a Chirignago O : 2 km – ✉ **30030** :

- Tre Garofani, via Assegiano 308 ℘ 991307, ⛱, Coperti limitati; prenotare – P

a San Giuliano SE : 3 km BZ – ✉ **30173** Venezia Mestre :

- **Ramada,** via Orlanda 4 ℘ 5310500, Telex 411484, Fax 5312278, Fø, ≘s, ⛱ – |♦| ⇔ cam ▤ TV ☎ ♿ P – 🏛 50 a 900. AE ⓢ ⓓ E VISA JCB. ✻ BZ **e**
Pasto carta 43/83000 – **181 cam** ☕ 292/310000 – ½ P 100/150000.

a Campalto per ③ : 5 km – ✉ **30030** :

- **Antony,** via Orlanda 182 ℘ 5420022, Telex 420277, Fax 901677 – |♦| ▤ TV ☎ ♿ P – 🏛 70. AE ⓢ ⓓ E VISA. ✻
Pasto 40/60000 – ☕ 20000 – **114 cam** 220000 – ½ P 120/150000.

*Toute l'**Italie septentrionale** est couverte par les deux **cartes Michelin** 428 et 429, afin de vous permettre de voyager plus aisément.*

META 80062 Napoli 431 F 25 – 7 385 ab. – a.s. aprile-settembre – ☎ 081.

Roma 253 – ♦Napoli 44 – Castellammare di Stabia 14 – Salerno 45 – Sorrento 5.

- **La Conchiglia,** ℘ 8786402, ←, « Servizio estivo in terrazza sul mare » – AE ⓢ ⓓ E VISA
chiuso lunedì e dal 7 gennaio al 7 febbraio – **Pasto** carta 40/60000.

METANOPOLI Milano 988 ③ – Vedere San Donato Milanese.

METAPONTO 75010 Matera 988 ㉙, 431 F 32 – a.s. luglio-agosto – ☎ 0835.

🅘 (giugno-settembre) viale delle Sirene ℘ 741933.

Roma 469 – ♦Bari 114 – ♦Cosenza 157 – Matera 46 – Potenza 110 – ♦Taranto 48.

al lido SE : 2,5 km :

- **Turismo,** ✉ 75010 ℘ 741918, Fax 741917, ⛱, 🏖 – |♦| ▤ ☎. ⓢ E VISA
aprile-settembre – **Pasto** carta 32/44000 – ☕ 7500 – **61 cam** 60/96000 – ½ P 68/80000.

sulla strada statale 106 NO : 4,5 km :

- Palatinum, ✉ 75010 ℘ 745312, Fax 745320 – |♦| ▤ TV ☎ P – 🏛 200
28 cam.

MEZZANA Trento 428 429 D 14, 218 ⑱ ⑲ – 851 ab. alt. 941 – ✉ 38020 Mezzana in Val di Sole – a.s. febbraio-Pasqua e Natale – Sport invernali : a Marilleva : 925/2141 m 🚡4 ⛷19, ⛷ a Mezzana (vedere anche Folgarida) – ☎ 0463.

🅘 via Nazionale 17 ℘ 757134.

Roma 652 – ♦Bolzano 76 – ♦Milano 239 – Passo del Tonale 20.

- **Ravelli,** ℘ 757122, Fax 757467, ←, 🌳 – |♦| TV ☎ 🚗 P. AE ⓢ ⓓ E VISA. ✻ rist
6 dicembre-10 aprile e 14 giugno-25 settembre – **Pasto** carta 31/41000 – **38 cam** ☕ 80/140000 – ½ P 55/100000.
- **Val di Sole,** ℘ 757240, Fax 757240, ←, Fø, ≘s, ⛱ – |♦| TV ☎ 🚗 P. ⓢ ⓓ E VISA. ✻
dicembre-20 aprile e giugno-settembre – **Pasto** carta 30/46000 – ☕ 15000 – **63 cam** 64/97000 – P 78/155000.
- **Eccher,** ℘ 757146, Fax 757257, ← – |♦| TV ☎ ♿ 🚗 P. ✻
dicembre-aprile e giugno-settembre – **Pasto** carta 25/38000 – **21 cam** ☕ 75/100000 – ½ P 58/90000.

a Marilleva 900 S : 1 km – ⊠ 38020 Mezzana in Val di Sole :

🏨 **Sporting Hotel Ravelli,** 𝒫 757159, Fax 757473, ☞ – 🛗 📺 ☎ 🛏 🅿. 🆎 🕃 ⑪ 🗲 𝒱𝒮𝒜. ❄ rist
6 dicembre-15 aprile e 20 giugno-20 settembre – **Pasto** 20/30000 – **48 cam** ⊑ 75/150000 –
½ P 65/100000.

MEZZANE DI SOTTO 37030 Verona 429 F 15 – 1 786 ab. alt. 129 – ✦ 045.
Roma 519 – ♦Verona 19 – ♦Milano 173 – ♦Padova 83 – Vicenza 53.

XX **Bacco d'Oro,** 𝒫 8880269, Fax 8880269, « Servizio estivo in giardino » – 🅿. 🆎 🕃 🗲 𝒱𝒮𝒜.
❄
chiuso lunedì sera, martedì e dal 10 gennaio al 10 febbraio – **Pasto** carta 33/58000.

MEZZANINO 27040 Pavia – 1 397 ab. alt. 62 – ✦ 0385.
Roma 560 – Alessandria 74 – ♦Milano 50 – Pavia 12 – Piacenza 47.

a Tornello E : 3 km – ⊠ 27040 Mezzanino :

XX **Dell'Angelo,** strada statale 𝒫 71471 – 🍽 🅿. 🕃 ⑪ 🗲 𝒱𝒮𝒜. ❄
chiuso martedì e dal 1° al 22 agosto – **Pasto** carta 41/60000.

MEZZANO SCOTTI 29020 Piacenza 428 H 10 – alt. 257 – ✦ 0523.
Roma 558 – Alessandria 92 – ♦Genova 102 – ♦Milano 111 – Piacenza 46.

X **Costa Filietto** ⌂ con cam, NE : 7 km alt. 600, 𝒫 937104, 🌇 – 🅿. ❄
Pasto *(chiuso martedì)* carta 30/40000 – ⊑ 5000 – **12 cam** 48/65000 – ½ P 45/50000.

MEZZOCANALE Belluno – Vedere Forno di Zoldo.

MEZZOCORONA 38016 Trento 429 D 15 – 4 383 ab. alt. 219 – a.s. dicembre-aprile – ✦ 0461.
Roma 604 – ♦Bolzano 44 – Trento 20.

XX **La Cacciatora,** in riva all'Adige SE : 2 km 𝒫 650124, Fax 651080, 🌇 – 🍽 🅿 – 🔥 30. 🆎
🕃 ⑪ 🗲 𝒱𝒮𝒜. ❄
chiuso mercoledì e dal 15 al 31 luglio – **Pasto** carta 38/58000.

MEZZOLAGO 38060 Trento 428 429 E 14 – alt. 667 – a.s. Natale – ✦ 0464.
Roma 588 – ♦Brescia 88 – ♦Milano 183 – Trento 63 – ♦Verona 100.

🏠 **Mezzolago,** 𝒫 508181, Fax 508689, ≤, « Terrazza sul lago », ☞ – 🛗 🅿. ❄ rist
marzo-ottobre – **Pasto** *(chiuso martedì)* carta 27/31000 – **32 cam** ⊑ 45/80000 – ½ P 65000.

MEZZOLOMBARDO 38017 Trento 988 ④, 429 D 15 – 5 380 ab. alt. 227 – a.s. dicembre-aprile –
✦ 0461.
Roma 605 – ♦Bolzano 45 – ♦Milano 261 – Trento 21.

XX **Al Sole** con cam, via Rotaliana 5 𝒫 601103 – 🛗 📺 ☎ 🅿. 🆎 🕃 ⑪ 🗲 𝒱𝒮𝒜
Pasto *(chiuso domenica e dall'8 al 28 luglio)* carta 47/75000 – ⊑ 8000 – **17 cam** 50/90000 –
½ P 75000.

MIANE 31050 Treviso 429 E 18 – 3 322 ab. alt. 259 – ✦ 0438.
Roma 587 – Belluno 37 – ♦Milano 279 – Trento 116 – Treviso 39 – Udine 101 – ♦Venezia 69.

XX ❀ **Da Gigetto,** 𝒫 960020, Fax 960111 – 🅿. 🆎 🕃 ⑪ 𝒱𝒮𝒜
chiuso lunedì sera, martedì, dal 1° al 15 gennaio e dal 1° al 15 agosto – **Pasto** carta 50/70000
Spec. Gnocchi di radicchio trevisano (inverno), Faraona con salsa peverada e polenta, Piccione disossato all'anice.

MIGLIARA Napoli – Vedere Capri (Isola di) : Anacapri.

MIGLIARO Cremona – Vedere Cremona.

MIGNANEGO 16018 Genova – 3 439 ab. alt. 180 – ✦ 010.
Roma 516 – ♦Genova 20 – Alessandria 73 – ♦Milano 126.

al Santuario della Vittoria NE : 5 km :

XX **Belvedere** ⌂ con cam, ⊠ 16010 Giovi 𝒫 7792285, ≤ – 📺 ☎. ❄
chiuso dal 1° al 15 marzo e dal 10 al 25 settembre – **Pasto** *(chiuso mercoledì)* carta 49/73000
– ⊑ 12000 – **9 cam** 75/105000 – ½ P 90000.

Segnalateci il vostro parere sui ristoranti che
raccomandiamo, indicandoci le loro specialità
ed i vini di produzione locale da essi serviti.

Milano

20100 🅿 🔲🔲🔲 ③, 🔲🔲🔲 F 9 – 1 367 733 ab. alt. 122 – ✪ 02

Vedere Duomo★★★ MZ – Museo del Duomo★★ MZ **M1** – Via e Piazza Mercanti★ MZ **155** – Teatro alla Scala★★ MZ – Casa del Manzoni★ MZ **M7** – Pinacoteca di Brera★★★ KV – Castello Sforzesco★★★ JV – Biblioteca Ambrosiana★★ MZ : ritratti★★★ di Gaffurio e Isabella d'Este, cartone preparatorio★★★ di Raffaello nella Pinacoteca – Museo Poldi-Pezzoli★★ KV **M2** : ritratto di donna★★★ del Pollaiolo – Museo di Storia Naturale★ LV **M6** – Museo Nazionale della Scienza e della Tecnica Leonardo da Vinci★ HX **M4** – Chiesa di Santa Maria delle Grazie★ HX : Ultima Cena★★★ di Leonardo da Vinci – Basilica di Sant'Ambrogio★★ HJX : paliotto★★ – Chiesa di Sant'Eustorgio★ JY : cappella Portinari★★ – Ospedale Maggiore★ KXY – Basilica di San Satiro★ : cupola★ MZ – Chiesa di San Maurizio★★ JX – Basilica di San Lorenzo Maggiore★ JY.

Dintorni Abbazia di Chiaravalle★ SE : 7 km BP.

🏌 e 🏌(chiuso lunedì) al Parco di Monza ✉20052 Monza 𝄞(039) 303081, Fax 304427, per ② : 20 km;

🏌 Molinetto (chiuso lunedì) a Cernusco sul Naviglio ✉20063 𝄞 92105128, Fax 92106635, per ④ : 14 km;

🏌 Barlassina (chiuso lunedì) aBirago di Camnago ✉20030 𝄞(0362) 560621, Fax 560934, per ① : 26 km;

🏌 (chiuso lunedì) a Zoate di Tribiano ✉20067 𝄞90632183, Fax 90631861, SE : per ⑥ : 20 km;

🏌 Le Rovedine (chiuso lunedì) a Noverasco di Opera ✉20090 𝄞57602730, Fax 57606405, per via Ripamonti BP.

Autodromo al Parco di Monza per ② : 20 km, 𝄞 (039) 22366, vedere la pianta di Monza.

✈Forlanini di Linate E : 8 km CP 𝄞 74852200 e della Malpensa per ⑬ : 45 km 𝄞74852200 – Alitalia, corso Como 15 ✉ 20154 𝄞62818 e via Albricci 5 ✉20122 𝄞 62817.

🚗 𝄞675001.

🛈 via Marconi 1 ✉ **20123** 𝄞 809662, Fax 72022432 – Stazione Centrale ✉ 20124 𝄞 6690532.

A.C.I. corso Venezia 43 ✉ 20121 𝄞 77451.

Rome 572 ⑦ – ◆Genève 323 ⑫ – ◆Genova 142 ⑨ – ◆Torino 140 ⑫.

Alberghi e Ristoranti

(Elenco alfabetico : Milano p. 4 e 5)

Alberghi e Ristoranti

(Elenco alfabetico : Milano p. 4 e 5)

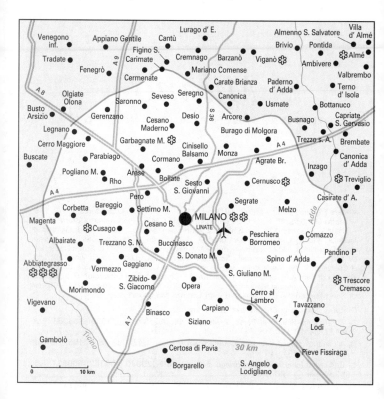

Centro Storico – Duomo, Scala, Castello Sforzesco, corso Magenta, via Torino, corso Vittorio Emanuele, via Manzoni

🏨🏨 **Four Seasons,** via Gesù 8 ⊠ 20121 𝒫 77088, Fax 77085000, 🚗 – 🛗 🗐 📺 ☎ 🕭 🚗 –
📶 280. 🝏 🗗 ⓞ 🗓 𝘝𝘐𝘚𝘈 𝘑𝘊𝘉. ⅀ rist
KV **a**
Pasto al Rist. **Il Teatro** (chiuso a mezzogiorno, domenica ed agosto) carta 62/129000 e al
Rist. **La Veranda** carta 64/92000 – ⅀ 30000 – **77 cam** 656/814000, 16 appartamenti.

🏨🏨 **Grand Hotel et de Milan,** via Manzoni 29 ⊠ 20121 𝒫 723141, Fax 86460861 – 🛗 🗐 📺
☎ 🕭 – 📶 40 a 100. 🝏 🗗 ⓞ 🗓 𝘝𝘐𝘚𝘈 𝘑𝘊𝘉. ⅀
KV **g**
Pasto al Rist. **Don Carlo** (chiuso a mezzogiorno e domenica) 80/100000 e al Rist. **Caruso**
(chiuso la sera) 50/60000 – ⅀ 25000 – **87 cam** 497/554000, 8 appartamenti.

🏨🏨 **Jolly Hotel President,** largo Augusto 10 ⊠ 20122 𝒫 7746, Telex 312054, Fax 783449 –
🛗 🕁 cam 🗐 📺 ☎ – 📶 30 a 100. 🝏 🗗 ⓞ 🗓 𝘝𝘐𝘚𝘈 𝘑𝘊𝘉. ⅀ rist
NZ **q**
Pasto carta 57/97000 – **220 cam** ⅀ 410/480000 – ½ P 255/475000.

🏨🏨 **Brunelleschi,** via Baracchini 12 ⊠ 20123 𝒫 8843, Telex 312256, Fax 804924 – 🛗 🗐 📺
☎ 🕭 – 📶 40. 🝏 🗗 ⓞ 🗓 𝘝𝘐𝘚𝘈 𝘑𝘊𝘉. ⅀
MZ **z**
Pasto (solo per clienti alloggiati; chiuso sabato ed agosto) carta 57/80000 – **128 cam**
⅀ 310/410000, 5 appartamenti – ½ P 330000.

🏨🏨 **Dei Cavalieri,** piazza Missori 1 ⊠ 20123 𝒫 8857, Telex 312040, Fax 72021683 – 🛗 🗐 📺
☎ – 📶 40 a 60. 🝏 🗗 ⓞ 🗓 𝘝𝘐𝘚𝘈 ⅀ rist
MZ **m**
Pasto 60/126000 – **177 cam** ⅀ 295/340000, 7 appartamenti – ½ P 216/325000.

🏨🏨 **Pierre Milano,** via Edmondo de Amicis 32 ⊠ 20123 𝒫 72000581, Fax 8052157 – 🛗 🗐
📺 ☎. 🝏 🗗 ⓞ 🗓 𝘝𝘐𝘚𝘈. ⅀
JY **b**
Pasto (chiuso agosto) carta 50/70000 – **45 cam** ⅀ 270/500000, 4 appartamenti.

Bonaparte Hotel, via Cusani 13 ⊠ 20121 ℰ 8560, Fax 8693601 – |≋| ≣ 🆅 ☎ 🚗 –
🚗 25. ⅢE ⑤ ⑩ E 𝚅𝙸𝚂𝙰. ⅏ rist   JV **a**
Pasto carta 50/80000 – **43 cam** �ⲧ 320/420000, 13 appartamenti – ½ P 370000.

Gd H. Duomo, via San Raffaele 1 ⊠ 20121 ℰ 8833, Telex 312086, Fax 86462027 – |≋| ≣
🆅 ☎. ⅢE ⑤ ⑩ E 𝚅𝙸𝚂𝙰. ⅏ rist   MZ **u**
Pasto carta 54/96000 – **135 cam** ⊡ 360/500000, 18 appartamenti.

Galileo senza rist, corso Europa 9 ⊠ 20122 ℰ 7743, Telex 322095, Fax 76020584 – |≋| ≣
🆅 ☎. ⅢE ⑤ ⑩ E 𝚅𝙸𝚂𝙰 𝙹𝙲𝙱. ⅏   NZ **x**
76 cam ⊡ 310/350000, 6 appartamenti.

Carlton Hotel Senato, via Senato 5 ⊠ 20121 ℰ 76015535, Telex 331306, Fax 783300 –
|≋| ≣ 🆅 ☎ 🚗. ⅢE ⑤ ⑩ E 𝚅𝙸𝚂𝙰. ⅏ rist   KV **b**
chiuso agosto – **Pasto** *(chiuso domenica)* carta 45/70000 – **79 cam** ⊡ 250/340000.

Spadari al Duomo, via Spadari 11 ⊠ 20123 ℰ 72002371, Fax 861184, « Raccolta di
opere d'arte contemporanea » – |≋| ≣ 🆅 ☎. ⅢE ⑤ ⑩ E 𝚅𝙸𝚂𝙰. ⅏   MZ **f**
chiuso agosto – **Pasto** (solo per clienti alloggiati) – **38 cam** ⊡ 330/450000.

Sir Edward senza rist, via Mazzini 4 ⊠ 20123 ℰ 877877, Fax 877844 – |≋| ≣ 🆅 ☎ 🕭. ⅢE
⑤ ⑩ E 𝚅𝙸𝚂𝙰   MZ **h**
39 cam ⊡ 290/390000, appartamento.

Regina senza rist, via Cesare Correnti 13 ⊠ 20123 ℰ 58106913, Fax 58107033 – ≣ 🆅 ☎
🕭 – 🚗 40. ⅢE ⑤ ⑩ E 𝚅𝙸𝚂𝙰.   JY **a**
chiuso dal 24 dicembre al 2 gennaio ed agosto – **43 cam** ⊡ 230/290000.

Cavour, via Fatebenefratelli 21 ⊠ 20121 ℰ 6572051, Telex 320498, Fax 6592263 – |≋| ≣
🆅 ☎. ⅢE ⑤ ⑩ E 𝚅𝙸𝚂𝙰. ⅏ rist   KV **x**
Pasto al Rist. **Conte Camillo** *(chiuso domenica)* carta 50/85000 – ⊡ 22000 – **113 cam**
230/270000, 2 appartamenti.

Starhotel Rosa senza rist, piazza Fontana ⊠ 20122 ℰ 8831, Telex 316067, Fax 8057964
– |≋| ≣ 🆅 ☎ – 🚗 30 a 120. ⅢE ⑤ ⑩ 𝚅𝙸𝚂𝙰 𝙹𝙲𝙱   NZ **v**
184 cam ⊡ 370/490000.

De la Ville senza rist, via Hoepli 6 ⊠ 20121 ℰ 867651, Telex 312642, Fax 866609 – |≋| ≣
🆅 ☎ – 🚗 60. ⅢE ⑤ ⑩ E 𝚅𝙸𝚂𝙰 𝙹𝙲𝙱. ⅏   NZ **h**
chiuso dal 29 luglio al 29 agosto – **104 cam** ⊡ 330/420000, 2 appartamenti.

Ascot senza rist, via Lentasio 3/5 ⊠ 20122 ℰ 58303300, Telex 311303, Fax 58303203 –
≣ 🆅 ☎ 🚗. ⅢE ⑤ ⑩ E 𝚅𝙸𝚂𝙰   KY **c**
chiuso Natale ed agosto – **63 cam** ⊡ 210/300000.

Manzoni senza rist, via Santo Spirito 20 ⊠ 20121 ℰ 76005700, Fax 784212 – |≋| 🆅 ☎
🚗. ⅢE ⑤ ⑩ E 𝚅𝙸𝚂𝙰. ⅏   KV **s**
⊡ 18000 – **49 cam** 152/200000, 3 appartamenti.

Ambrosiano senza rist, via Santa Sofia 9 ⊠ 20122 ℰ 58306044, Telex 333872,
Fax 58305067 – |≋| ≣ 🆅 ☎ – 🚗 35 a 60. ⅢE ⑤ ⑩ E 𝚅𝙸𝚂𝙰. ⅏   KY **f**
chiuso dal 23 dicembre al 7 gennaio – **78 cam** ⊡ 145/216000.

Carrobbio senza rist, via Medici 3 ⊠ 20123 ℰ 89010740, Fax 8053334 – |≋| ≣ 🆅 ☎. ⅢE
⑤ ⑩ E 𝚅𝙸𝚂𝙰 𝙹𝙲𝙱   JX **d**
chiuso dal 22 dicembre al 6 gennaio ed agosto – **35 cam** ⊡ 210/290000.

Zurigo senza rist, corso Italia 11/a ⊠ 20122 ℰ 72022260, Telex 353091, Fax 72000013 –
|≋| ≣ 🆅 ☎. ⅢE ⑤ ⑩ E 𝚅𝙸𝚂𝙰 𝙹𝙲𝙱   KY **j**
chiuso dal 24 dicembre al 7 gennaio – **41 cam** ⊡ 156/232000.

Casa Svizzera senza rist, via San Raffaele 3 ⊠ 20121 ℰ 8692246, Telex 316064,
Fax 72004690 – |≋| ≣ 🆅 ☎. ⅢE ⑤ ⑩ E 𝚅𝙸𝚂𝙰   MZ **u**
chiuso dal 28 luglio al 24 agosto – **45 cam** ⊡ 188/230000.

Canada senza rist, via Santa Sofia 16 ⊠ 20122 ℰ 58304844, Fax 58300282 – |≋| ≣ 🆅 ☎
🕭 🚗. ⅢE ⑤ ⑩ E 𝚅𝙸𝚂𝙰   KY **f**
35 cam ⊡ 170/250000.

Centro senza rist, via Broletto 46 ⊠ 20121 ℰ 8692821, Telex 332632, Fax 875578 – |≋| ≣
🆅 ☎. ⅢE ⑤ ⑩ 𝚅𝙸𝚂𝙰   MZ **a**
54 cam ⊡ 162/191000.

Star senza rist, via dei Bossi 5 ⊠ 20121 ℰ 801501, Fax 861787 – |≋| ≣ 🆅 ☎. ⅢE ⑤ E 𝚅𝙸𝚂𝙰.
⅏   MZ **b**
chiuso agosto – **30 cam** ⊡ 130/200000.

London, via Rovello 3 ⊠ 20121 ℰ 72020166, Fax 8057037 – |≋| ≣ 🆅 ☎. ⑤ E 𝚅𝙸𝚂𝙰. ⅏
chiuso dal 23 dicembre al 3 gennaio ed agosto – **Pasto** vedere rist **Opera Prima** – ⊡ 12000 –
29 cam 100/150000.   JV **b**

Savini, galleria Vittorio Emanuele II ⊠ 20121 ℰ 72003433, Fax 86461060, Locale
storico-gran tradizione, prenotare, « Giardino d'inverno » – ≣. ⅢE ⑤ ⑩ E 𝚅𝙸𝚂𝙰 𝙹𝙲𝙱
chiuso domenica, dal 23 dicembre al 3 gennaio ed agosto – **Pasto** 60/85000 bc (a mezzo-
giorno) 85000 bc (alla sera) e carta 71/132000 (12%).   MZ **s**

St. Andrews, via Sant'Andrea 23 ⊠ 20121 ℰ 76023132, Fax 798565, Confort accurato –
soupers, prenotare – ≣   KV **t**

❀ **Peck,** via Victor Hugo 4 ⊠ 20123 ℰ 876774, Fax 860408 – ≣. ⅢE ⑤ ⑩ E 𝚅𝙸𝚂𝙰 𝙹𝙲𝙱. ⅏
chiuso domenica, i giorni festivi, dal 1° al 10 gennaio e dal 2 al 23 luglio – **Pasto** 55/80000 e
carta 68/110000   MZ **e**
Spec. Insalata di filetti di triglie alle erbe aromatiche, Spaghetti alla chitarra con moscardini, Fricassea di coniglio alle
punte d'asparagi.

ELENCO ALFABETICO DEGLI ALBERGHI E RISTORANTI

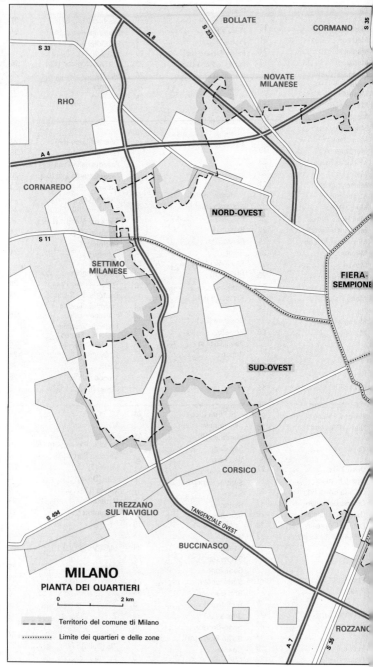

BOLLATE

CORMANO

S 35

S 233

A 8

S 33

NOVATE
MILANESE

RHO

A 4

CORNAREDO

NORD-OVEST

S 11

FIERA-
SEMPIONE

SETTIMO
MILANESE

SUD-OVEST

CORSICO

TREZZANO
SUL NAVIGLIO

TANGENZIALE OVEST

S 494

BUCCINASCO

MILANO
PIANTA DEI QUARTIERI

0   2 km

ROZZANO

A 7

S 35

- - - - Territorio del comune di Milano

.... Limite dei quartieri e delle zone

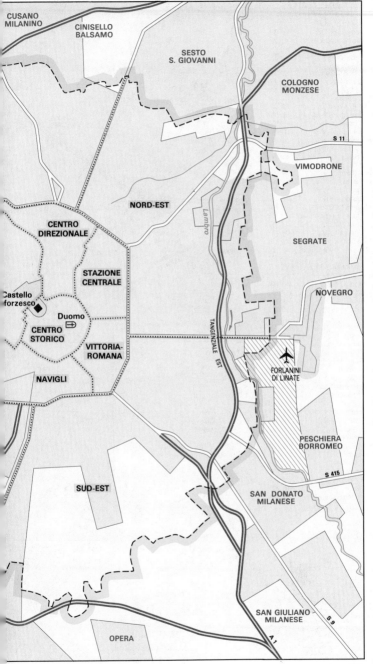

365

MILANO

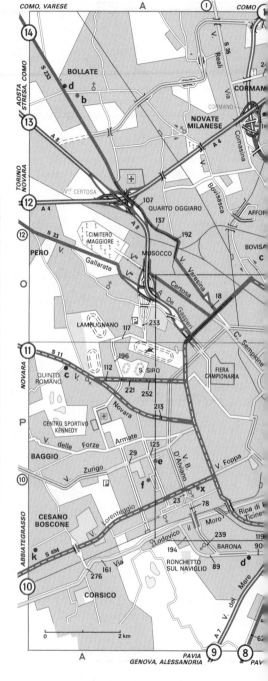

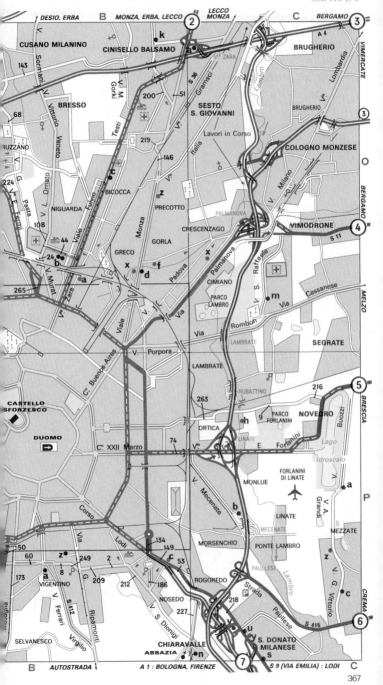

MILANO

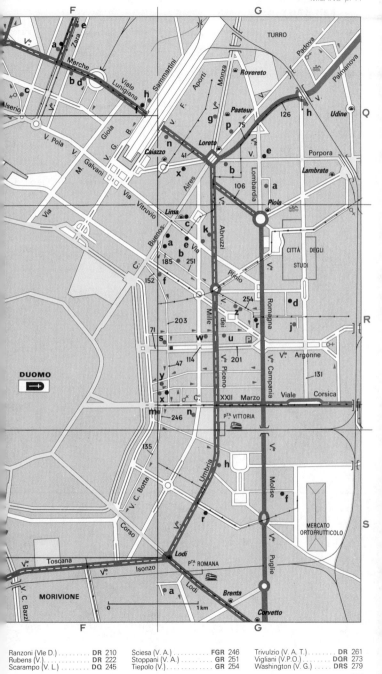

MILANO

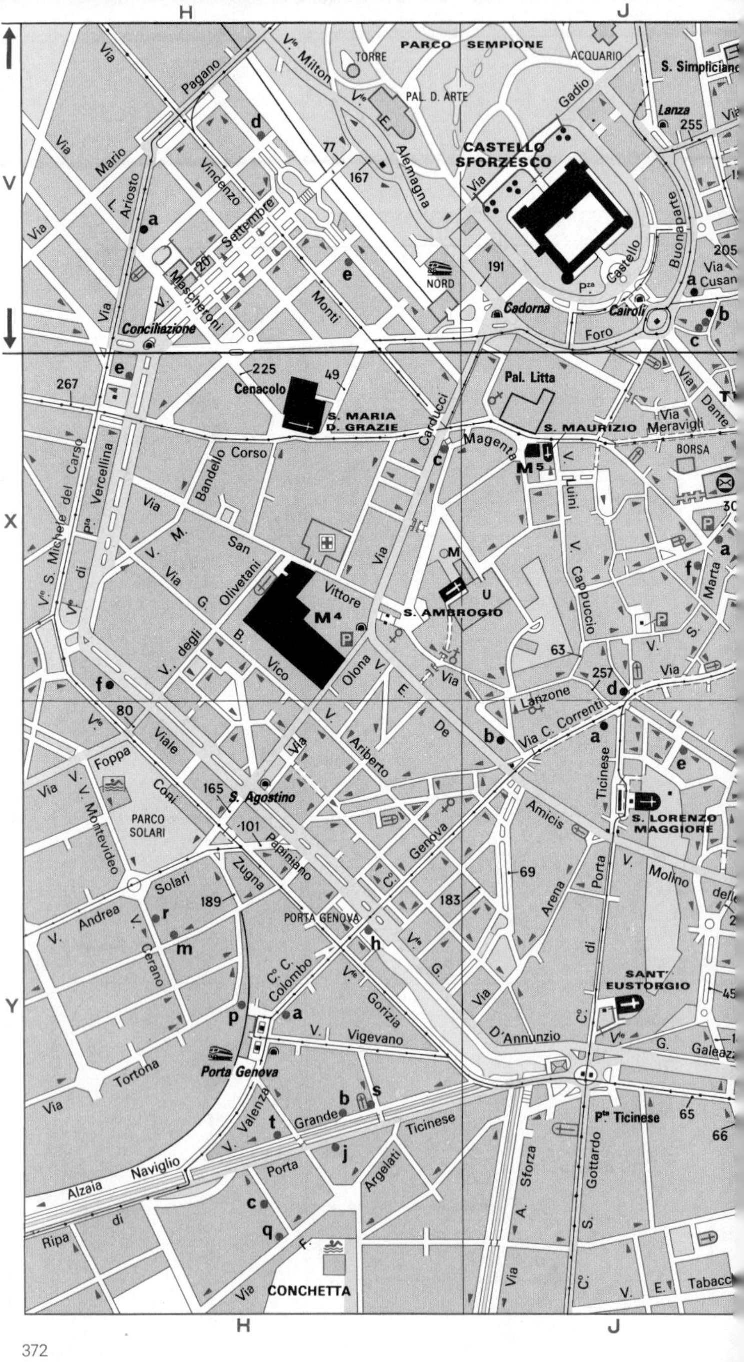
H
J
V
X
Y
PARCO SEMPIONE
TORRE
ACQUARIO
PAL. D. ARTE
CASTELLO SFORZESCO
S. Simpliciano
Lanza
Cadorna
Cairoli
Conciliazione
NORD
Cenacolo
S. MARIA D. GRAZIE
Pal. Litta
S. MAURIZIO
BORSA
S. AMBROGIO
M⁴
M⁵
S. Agostino
PARCO SOLARI
PORTA GENOVA
Porta Genova
S. LORENZO MAGGIORE
SANT' EUSTORGIO
Pᵗᵃ Ticinese
CONCHETTA
Via Pagano
Via Mario
Via Ariosto
Vincenzo
20 Settembre
Mascheroni
V.ˡᵉ Milton
Alemagna
Gadio
Buonaparte
Via Cusani
Foro
Via Dante
Via Meravigli
Magenta
Carducci
Corso
Bandello
Vercellina
V.ˡᵉ S. Michele del Carso
Via M. San Vittore
Via G. B. Vico
V. degli Olivetani
Olona
V. E. De Amicis
V. Luini
V. Cappuccio
Lanzone
Via C. Correnti
Ticinese
Viale Coni Zugna
Papiniano
Foppa
Via V. Montevideo
Solari
V. Andrea
V. Cerano
V. Ariberto
Genova
C.ˢᵒ C. Colombo
V.ˡᵉ Gorizia
V. Vigevano
Via Tortona
Via Valenza
Grande
Ticinese
Argelati
Porta
Alzaia Naviglio
Ripa di
Via A. Sforza
C.ˢᵒ S. Gottardo
V.ˡᵉ G. Galeazzo
D'Annunzio
Porta
Arena
Molino delle
V. E. Tabacchi
Marta
267
225
49
77
167
191
255
205
80
165
101
189
183
69
63
257
65
66
30

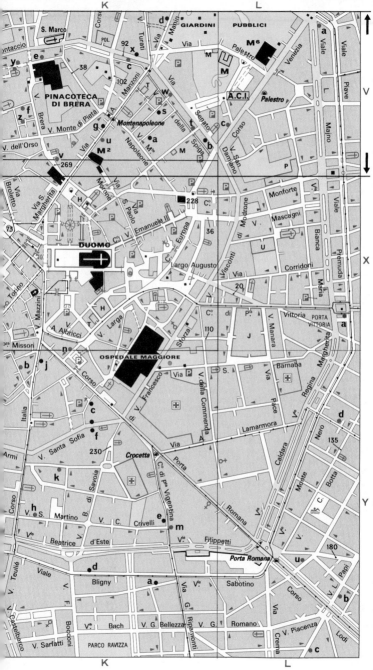

MILANO

XXX **Santini,** corso Venezia 3 ⊠ 20121 ℰ 782010, Fax 76014691, 😤 – ■. AE ⑤ ⑩ E VISA
JCB. ⊗   NZ
chiuso domenica e dal 1° al 23 agosto – **Pasto** 55000 e carta 67/90000.

XXX **Biffi Scala,** piazza della Scala ⊠ 20121 ℰ 866651, Fax 86461060, Soupers – ■. AE E
⑩ E VISA JCB   MZ
chiuso sabato a mezzogiorno, domenica, dal 24 dicembre al 6 gennaio e dal 2 al 28 agosto
Pasto 50000 (a mezzogiorno) 60000 (alla sera) e carta 55/87000 (12%).

XXX **Don Lisander,** via Manzoni 12/a ⊠ 20121 ℰ 76020130, Fax 784573, prenotare, « Serv
zio estivo all'aperto » – ■. AE ⑤ ⑩ E VISA JCB   KV
chiuso domenica, dal 24 dicembre al 10 gennaio e dal 12 al 22 agosto – **Pasto** carta 63
94000.

XXX **Suntory,** via Verdi 6 ⊠ 20121 ℰ 8693022, Fax 72023282, Rist. giapponese – ■. AE ⑤ ⑩
VISA JCB. ⊗   KV
chiuso domenica, Natale e dall'11 al 22 agosto – **Pasto** 25/50000 (a mezzogiorno) 70/10000
(alla sera) e carta 76/96000.

XXX **Boeucc,** piazza Belgioioso 2 ⊠ 20121 ℰ 76020224, Fax 796173, 😤 , prenotare – ■. A
⊗   NZ
chiuso sabato, domenica a mezzogiorno, dal 24 dicembre al 2 gennaio ed agosto – **Past**
carta 63/93000.

XXX **Alfio,** via Senato 31 ⊠ 20121 ℰ 780731, Fax 783446, « Giardino d'inverno » – ■. AE
⑩ E VISA JCB   KV
chiuso sabato, domenica a mezzogiorno, dal 23 dicembre al 3 gennaio ed agosto – **Past**
50000 (a mezzogiorno) e carta 60/87000.

XXX **L'Ulmet**, via Disciplini ang. via Olmetto ⊠ 20123 ✆ 86452718, prenotare – 🖃 JY **d**

XXX **San Vito da Nino**, via San Vito 5 ⊠ 20123 ✆ 8376586, Coperti limitati; prenotare – 🖃.
🕃 ➋ E 𝘝𝘐𝘚𝘈 ❀ JY **e**
chiuso lunedì, Natale, Pasqua ed agosto – **Pasto** carta 58/76000.

XXX **Peppino**, via Durini 7 ⊠ 20122 ✆ 781729 – 🖃. 🖭 🕃 ➊ E 𝘝𝘐𝘚𝘈 NZ **p**
chiuso venerdì, sabato a mezzogiorno e dal 10 al 31 luglio – **Pasto** carta 52/75000.

XXX Royal Dynasty, via Bocchetto 15/a ⊠ 20123 ✆ 86450905, Specialità orientali –
🖃 JX **a**

XX **Bistrot di Gualtiero Marchesi**, via San Raffaele 2 ⊠ 20121 ✆ 877120, Fax 877035,
≼ Duomo – 🖃. 🖭 🕃 ➊ E 𝘝𝘐𝘚𝘈 MZ **u**
chiuso domenica, lunedì a mezzogiorno e dall'8 al 29 agosto – **Pasto** 45/60000 e carta
48/70000.

XX **La Dolce Vita**, via Bergamini 11 ⊠ 20122 ✆ 58307418, prenotare la sera – 🖃. 🖭 🕃 ➊
E 𝘝𝘐𝘚𝘈 NZ **a**
chiuso sabato a mezzogiorno, lunedì ed agosto – **Pasto** 18/30000 bc (a mezzogiorno) e
40/55000 bc (alla sera).

XX La Bitta, via del Carmine 3 ⊠ 20121 ✆ 72003185, Specialità di mare – 🖃 KV **f**

XX **Bagutta**, via Bagutta 14 ⊠ 20121 ✆ 76002767, Fax 799613, 🛆, Ritrovo d'artisti,
« Caratteristici dipinti e caricature » – 🖭 🕃 ➊ E 𝘝𝘐𝘚𝘈 ❀ NZ **k**
chiuso domenica e dal 23 dicembre al 5 gennaio – **Pasto** carta 72/115000.

XX **Franco il Contadino**, via Fiori Chiari 20 ⊠ 20121 ✆ 86463446, Rist. tipico e ritrovo
d'artisti – 🖃. 🖭 🕃 ➊ E 𝘝𝘐𝘚𝘈 KV **y**
chiuso martedì, mercoledì a mezzogiorno e luglio – **Pasto** 30/40000 (solo a mezzogiorno) e
carta 62/84000.

XX **Sogo-Brera**, via Fiori Oscuri 3 ⊠ 20121 ✆ 86465367, Rist. giapponese – 🖃. 🖭 🕃 ➊
𝘝𝘐𝘚𝘈 𝖩𝖢𝖡 ❀ KV **e**
chiuso domenica e dal 6 al 22 agosto – **Pasto** 35/50000 (15%) a mezzogiorno 60/90000
(15%) alla sera e carta 57/75000 (15%).

XX **Rovello**, via Rovello 18 ⊠ 20121 ✆ 864396 – 🖃. 🖭 ➊ E 𝘝𝘐𝘚𝘈. ❀ JV **c**
chiuso sabato a mezzogiorno, domenica e in luglio-agosto anche sabato sera – **Pasto**
25/50000 (solo a mezzogiorno) e carta 46/71000.

XX **Opera Prima**, via Rovello 3 ⊠ 20121 ✆ 865235, Fax 8057037 – 🖃. 🖭 🕃 ➊ E 𝘝𝘐𝘚𝘈.
❀ JV **b**
chiuso sabato a mezzogiorno, domenica e dal 6 al 30 agosto – **Pasto** carta 49/76000.

XX **Akasaka**, via Durini 23 ⊠ 20122 ✆ 76023679, Fax 76020338, Rist. giapponese – 🖃. 🖭
🕃 ➊ E 𝘝𝘐𝘚𝘈 𝖩𝖢𝖡. ❀ NZ **c**
chiuso lunedì e dal 15 al 23 agosto – **Pasto** 25/60000 (a mezzogiorno) 80/150000 (alla sera) e
carta 72/106000.

XX **Al Mercante**, piazza Mercanti 17 ⊠ 20123 ✆ 8052198, Fax 86465250, « Servizio estivo
all'aperto » – 🖭 🕃 E 𝘝𝘐𝘚𝘈 MZ **d**
chiuso domenica e dal 1° al 25 agosto – **Pasto** carta 46/74000.

XX Moon Fish, via Bagutta 2 ⊠ 20121 ✆ 76005780, 🛆, Specialità di mare –
🖃 NZ **d**

XX **Albric**, via Albricci 3 ⊠ 20122 ✆ 86461329 – 🖃. 🖭 🕃 ➊ E 𝘝𝘐𝘚𝘈 𝖩𝖢𝖡. ❀ MZ **y**
chiuso sabato a mezzogiorno, domenica e dal 14 al 28 agosto – **Pasto** 50/60000 (a
mezzogiorno) 60/80000 (alla sera) e carta 57/82000.

XX **Boccondivino**, via Carducci 17 ⊠ 20123 ✆ 866040, Specialità salumi, formaggi e vini
tipici, prenotare – 🖃 HX **c**
chiuso a mezzogiorno e domenica – **Pasto** 50/60000.

XX **Santa Marta**, via Santa Marta 6 ⊠ 20123 ✆ 8052090, Fax 8052090 – 🖭 🕃 ➊ E
𝘝𝘐𝘚𝘈 JX **f**
chiuso domenica, Natale ed agosto – **Pasto** carta 45/67000.

XX **Da Marino-al Conte Ugolino**, piazza Beccaria 6 ⊠ 20122 ✆ 876134 – 🖃. 🖭 ➊
𝘝𝘐𝘚𝘈 NZ **w**
chiuso domenica ed agosto – **Pasto** carta 48/68000 (11%).

XX **Alla Collina Pistoiese**, via Amedei 1 ⊠ 20123 ✆ 877248 – 🖃. 🖭 🕃 ➊ E 𝘝𝘐𝘚𝘈.
❀ KY **b**
*chiuso venerdì, sabato a mezzogiorno, dal 24 dicembre al 2 gennaio, Pasqua e dal 10 al
20 agosto* – **Pasto** carta 43/78000 (12%).

XX **Ciovassino**, via Ciovassino 5 ⊠ 20121 ✆ 8053868 – 🖃. 🖭 🕃 ➊ E 𝘝𝘐𝘚𝘈 KV **z**
chiuso sabato a mezzogiorno, domenica ed agosto – **Pasto** carta 51/71000.

XX **Maddalena**, Via Maddalena 3/5 ⊠ 20122 ✆ 8056192 – 🖃. 🖭 🕃 E 𝘝𝘐𝘚𝘈 KY **n**
chiuso sabato a mezzogiorno e domenica – **Pasto** 30/40000 bc (solo a mezzogiorno) e
carta 42/67000.

✗ **Francesco,** via Festa del Perdono 4 ✉ 20122 ℰ 58307404, �️ – 🍽. 🖭 🕃 ⓘ **E** _VISA_ NZ **e**
chiuso domenica, dal 23 al 31 dicembre e dal 12 al 24 agosto – **Pasto** carta 40/66000.

✗ **La Tavernetta-da Elio,** via Fatebenefratelli 30 ✉ 20121 ℰ 653441, Specialità toscane – 🖭 🕃 **E** _VISA_ KV **c**
chiuso domenica ed agosto – **Pasto** carta 48/66000.

✗ **Trattoria dell'Angolo,** via Fiori Chiari ang via Formentini ✉ 20121 ℰ 86460152 – 🍽. 🖭 🕃 ⓘ **E** _VISA_ KV **y**
chiuso sabato a mezzogiorno, domenica, dal 1º al 7 gennaio e dal 6 al 25 agosto – **Pasto** carta 42/67000.

Centro Direzionale – via della Moscova, via Solferino, via Melchiorre Gioia, viale Zara, via Carlo Farini

🏨 **Executive,** viale Luigi Sturzo 45 ✉ 20154 ℰ 6294, Telex 310191, Fax 29010238 – 🛗 🍽 🖭 ☎ 🚗 – 🔬 25 a 800. 🖭 🕃 ⓘ **E** _VISA_ _JCB_. ✵ rist KTU **e**
Pasto _(chiuso venerdì)_ carta 59/89000 – **414 cam** ☑ 220/260000, 6 appartamenti.

🏨 **Carlyle Brera Hotel** senza rist, corso Garibaldi 84 ✉ 20121 ℰ 29003888, Telex 323357, Fax 29003993 – 🛗 🚼 🖭 🍽 🖭 ☎ 🕭 🚗. 🖭 🕃 ⓘ _VISA_ _JCB_. ✵ JU **u**
98 cam ☑ 320/360000.

🏨 **Ritter** senza rist, corso Garibaldi 68 ✉ 20121 ℰ 29006860, Telex 326863, Fax 6571512 – 🛗 🍽 🖭 ☎. 🖭 🕃 ⓘ **E** _VISA_ _JCB_ JU **c**
88 cam ☑ 140/210000.

✗✗ **Gianni e Dorina,** via Pepe 38 ✉ 20159 ℰ 606340, Fax 606340, �️, solo su prenotazione – 🍽. 🖭 🕃 ⓘ **E** _VISA_. ✵ JT **b**
chiuso sabato a mezzogiorno, domenica, dal 26 luglio al 15 settembre e Natale – **Pasto** carta 55/85000.

✗✗ **A Riccione,** via Taramelli 70 ✉ 20124 ℰ 6686807, Specialità di mare, prenotare – 🍽. 🖭 🕃 ⓘ **E** _VISA_ _JCB_ FQ **b**
chiuso lunedì ed agosto – **Pasto** carta 73/116000.

✗✗ **Al Tronco,** via Thaon di Revel 10 ✉ 20159 ℰ 606072 – 🍽. 🖭 🕃 ⓘ **E** _VISA_ FQ **c**
chiuso sabato a mezzogiorno, domenica ed agosto – **Pasto** carta 37/67000.

✗✗ **Piccolo Teatro-Fuori Porta,** viale Pasubio 8 ✉ 20154 ℰ 6572105, prenotare – 🍽. 🖭 🕃 ⓘ _VISA_. ✵ JU **m**
chiuso domenica e dal 5 al 26 agosto – **Pasto** carta 55/88000.

✗✗ San Fermo, via San Fermo della Battaglia 1 ✉ 20121 ℰ 29000901 KU **h**

✗✗ **Alla Cucina delle Langhe,** corso Como 6 ✉ 20154 ℰ 6554279, Specialità piemontesi – 🖭 🕃 ⓘ. ✵ KU **o**
chiuso domenica ed agosto – **Pasto** carta 47/69000.

✗✗ **Al Garibaldi,** viale Monte Grappa 7 ✉ 20124 ℰ 6598006 – 🍽. 🖭 🕃 ⓘ _VISA_ ✵ KU **m**
chiuso venerdì, sabato a mezzogiorno ed agosto – **Pasto** carta 41/96000.

✗✗ **Casa Fontana-23 Risotti,** piazza Carbonari 5 ✉ 20125 ℰ 6704710, Coperti limitati, prenotare – 🍽. 🖭 🕃 **E** _VISA_. ✵ FQ **c**
chiuso dal 5 al 27 agosto, lunedì, sabato a mezzogiorno, in luglio anche sabato sera e domenica – **Pasto** carta 47/75000.

✗✗ Il Verdi, piazza Mirabello 5 ✉ 20121 ℰ 6590797 – 🍽 KU **l**

✗✗ **Da Fumino,** via Bernina 43 ✉ 20158 ℰ 606872, �️, Trattoria toscana – 🍽. 🖭 🕃 ⓘ **E** _VISA_ EQ **t**
chiuso sabato a mezzogiorno, domenica ed agosto – **Pasto** carta 41/62000.

✗✗ **Rigolo,** via Solferino 11 angolo largo Treves ✉ 20121 ℰ 86463220, Fax 86463220, Rist d'habitués – 🍽. 🖭 🕃 ⓘ **E** _VISA_ KU **h**
chiuso lunedì ed agosto – **Pasto** carta 40/54000.

✗ **Trattoria della Pesa,** viale Pasubio 10 ✉ 20154 ℰ 6555741, Fax 6555413, Tipica trattoria vecchia Milano con cucina lombarda – 🍽. 🖭 🕃 ⓘ _VISA_. ✵ JU **s**
chiuso domenica ed agosto – **Pasto** carta 60/94000.

✗ **Da Rossano,** via Maroncelli 15 ✉ 20154 ℰ 6571856, Trattoria toscana – 🍽. 🖭 🕃 ⓘ _VISA_ _JCB_. ✵ JU
chiuso sabato – **Pasto** carta 27/106000.

✗ Osteria de l'Isula, via Borsieri 27 ✉ 20159 ℰ 6080785, �️, Coperti limitati; prenotare KT

Stazione Centrale – corso Buenos Aires, via Vittor Pisani, piazza della Repubblica

🏨🏨 **Principe di Savoia,** piazza della Repubblica 17 ⊠ 20124 𝒫 6230 e rist 29090026, Telex 310052, Fax 6595838, 🔲 – 📳 🔲 📺 ☎ 👌 ⇦ – 🔬 700. 🔬 🏦 ⑩ E 𝗩𝗜𝗦𝗔 🄹🄲🄱. 🛠 KU **a**
Pasto 75/100000 e al Rist. *Galleria* carta 88/140000 – ⚄ 48000 – **235 cam** 475/656000, 47 appartamenti.

🏨🏨 **Palace,** piazza della Repubblica 20 ⊠ 20124 𝒫 6336 e rist 𝒫 29000803, Telex 311026, Fax 654485 – 📳 ⇥ cam 🔲 📺 ☎ 👌 ⇦ 🅿 – 🔬 25 a 250. 🔬 🏦 ⑩ E 𝗩𝗜𝗦𝗔 🄹🄲🄱. 🛠 rist LU **b**
Pasto al Rist. *Casanova Grill* (prenotare) 95000 – ⚄ 28000 – **208 cam** 419/599000, 8 appartamenti.

🏨🏨 **Excelsior Gallia,** piazza Duca d'Aosta 9 ⊠ 20124 𝒫 6785, Telex 311160, Fax 66713239, 🛁, 🖥 – 📳 ⇥ cam 🔲 📺 ☎ – 🔬 40 a 500. 🔬 🏦 ⑩ E 𝗩𝗜𝗦𝗔 🄹🄲🄱. 🛠 LT **a**
Pasto carta 47/105000 – ⚄ 35000 – **252 cam** 390/447000, 10 appartamenti.

🏨🏨 **Milano Hilton,** via Galvani 12 ⊠ 20124 𝒫 69831, Telex 330433, Fax 66710810 – 📳 ⇥ cam 🔲 📺 ☎ 👌 ⇦ – 🔬 30 a 250. 🔬 🏦 ⑩ E 𝗩𝗜𝗦𝗔 🄹🄲🄱, 🛠 rist LT **c**
Pasto 55/80000 – ⚄ 33000 – **321 cam** 320/380000 – ½ P 228/408000.

🏨🏨 **Duca di Milano,** piazza della Repubblica 13 ⊠ 20124 𝒫 6284, Telex 325026, Fax 6555966 – 📳 ⇥ cam 🔲 📺 ☎ – 🔬 40 a 60. 🔬 🏦 ⑩ E 𝗩𝗜𝗦𝗔 🄹🄲🄱, 🛠 rist KU **c**
chiuso agosto – **Pasto** carta 72/96000 – ⚄ 30000 – 99 appartamenti 1130000.

🏨🏨 **Michelangelo,** piazza Luigi di Savoia ang. via Scarlatti ⊠ 20124 𝒫 6755, Telex 340330, Fax 6694232 – 📳 ⇥ cam 🔲 📺 ☎ 👌 ⇦ – 🔬 25 a 450. 🔬 🏦 ⑩ E 𝗩𝗜𝗦𝗔 🄹🄲🄱. 🛠 rist LTU **s**
chiuso agosto – **Pasto** carta 85/115000 – **300 cam** ⚄ 360/500000, 7 appartamenti – ½ P 325/440000.

🏨🏨 **Century Tower Hotel,** via Fabio Filzi 25/b ⊠ 20124 𝒫 67504, Telex 330557, Fax 66980602 – 📳 🔲 📺 ☎ 👌 – 🔬 40 a 60. 🔬 🏦 ⑩ E 𝗩𝗜𝗦𝗔 🄹🄲🄱 🛠 LT **f**
Pasto (chiuso agosto) 50000 – 148 appartamenti ⚄ 290/360000 – ½ P 225/335000.

🏨🏨 **Jolly Hotel Touring,** via Tarchetti 2 ⊠ 20121 𝒫 6335, Telex 320118, Fax 6592209 – 📳 🔲 📺 ☎ 👌 – 🔬 25 a 120. 🔬 🏦 ⑩ E 𝗩𝗜𝗦𝗔 🄹🄲🄱. 🛠 rist KU **f**
Pasto 55000 e al Rist. *Amadeus* carta 55/86000 – **317 cam** ⚄ 270/350000 – ½ P 210/335000.

🏨🏨 **Starhotel Ritz,** via Spallanzani 40 ⊠ 20129 𝒫 2055, Telex 333116, Fax 29518679 – 📳 🔲 📺 ☎ ⇦ – 🔬 25 a 160. 🔬 🏦 ⑩ E 𝗩𝗜𝗦𝗔 🄹🄲🄱. 🛠 rist GR **a**
Pasto (solo per clienti alloggiati) carta 50/70000 – **206 cam** ⚄ 370/490000 – ½ P 280/405000.

🏨🏨 **Doria Grand Hotel,** viale Andrea Doria 22 ⊠ 20124 𝒫 6696696, Telex 360173, Fax 6696669 – 📳 ⇥ 🔲 📺 ☎ 👌 ⇦ – 🔬 25 a 70. 🔬 🏦 ⑩ E 𝗩𝗜𝗦𝗔. 🛠 rist GQ **x**
Pasto (chiuso sabato, domenica ed agosto) carta 52/74000 – **118 cam** ⚄ 260/360000, 2 appartamenti – ½ P 235/315000.

🏨 **Bristol** senza rist, via Scarlatti 32 ⊠ 20124 𝒫 6694141, Fax 6702942 – 📳 🔲 📺 ☎ – 🔬 50. 🔬 🏦 ⑩ E 𝗩𝗜𝗦𝗔 LT **m**
chiuso agosto – **68 cam** ⚄ 180/240000.

🏨 **Atlantic** senza rist, via Napo Torriani 24 ⊠ 20124 𝒫 6691941, Telex 321451, Fax 6706533 – 📳 🔲 📺 ☎ ⇦ – 🔬 25. 🔬 🏦 E 𝗩𝗜𝗦𝗔 🄹🄲🄱 LU **h**
62 cam ⚄ 260/360000.

🏨 **Manin,** via Manin 7 ⊠ 20121 𝒫 6596511, Telex 320385, Fax 6552160, 🌳 – 📳 🔲 📺 ☎ – 🔬 25 a 100. 🔬 🏦 ⑩ E 𝗩𝗜𝗦𝗔 🄹🄲🄱, 🛠 rist KV **d**
chiuso dal 24 dicembre al 7 gennaio e dal 5 al 20 agosto – **Pasto** (chiuso sabato e domenica) carta 52/85000 – ⚄ 22000 – **112 cam** 228/286000, 6 appartamenti – ½ P 215/300000.

🏨 **Augustus** senza rist, via Napo Torriani 29 ⊠ 20124 𝒫 66988271, Fax 6703096 – 📳 🔲 📺 ☎. 🔬 🏦 ⑩ E 𝗩𝗜𝗦𝗔 🄹🄲🄱 LU **q**
chiuso dal 23 dicembre al 5 gennaio e dal 25 luglio al 25 agosto – **56 cam** ⚄ 139/199000.

🏨 **Mediolanum** senza rist, via Mauro Macchi 1 ⊠ 20124 𝒫 6705312, Telex 310448, Fax 66981921 – 📳 🔲 📺 ☎. 🔬 🏦 ⑩ E 𝗩𝗜𝗦𝗔 🄹🄲🄱 LU **n**
52 cam ⚄ 200/303000.

🏨 **Sanpi** senza rist, via Lazzaro Palazzi 18 ⊠ 20124 𝒫 29513341, Fax 29402451 – 📳 🔲 📺 ☎ – 🔬 30. 🔬 🏦 ⑩ E 𝗩𝗜𝗦𝗔. 🛠 LU **e**
chiuso dal 23 dicembre all'8 gennaio ed agosto – **61 cam** ⚄ 241/310000, 2 appartamenti.

🏨 **Berna** senza rist, via Napo Torriani 18 ⊠ 20124 𝒫 6691441, Telex 334695, Fax 6693892 – 📳 🔲 📺 ☎ – 🔬 30 a 60. 🔬 🏦 ⑩ E 𝗩𝗜𝗦𝗔 🄹🄲🄱. 🛠 LU **h**
115 cam ⚄ 158/232000.

🏨 **Auriga** senza rist, via Pirelli 7 ⊠ 20124 𝒫 66985851, Fax 66980698 – 📳 🔲 📺 ☎ – 🔬 25. 🔬 🏦 ⑩ E 𝗩𝗜𝗦𝗔 🄹🄲🄱. 🛠 LTU **k**
chiuso agosto – **65 cam** ⚄ 175/200000.

🏨 **Madison** senza rist, via Gasparotto 8 ⊠ 20124 𝒫 67074150, Telex 326543, Fax 67075059 – 📳 🔲 📺 ☎ – 🔬 100. 🔬 🏦 ⑩ E 𝗩𝗜𝗦𝗔 🄹🄲🄱 LT **j**
92 cam ⚄ 205/305000, 8 appartamenti.

🏨 **Galles,** via Ozanam 1 ⊠ 20129 𝒫 29404250, Telex 322091, Fax 29404872, �ுற் – 📳 🔲 📺 ☎ – 🔬 25 a 150. 🔬 🏦 ⑩ E 𝗩𝗜𝗦𝗔. 🛠 GR **c**
Pasto (solo per clienti alloggiati e chiuso domenica) carta 40/64000 – **105 cam** ⚄ 240/340000.

🏨 **Albert** senza rist, via Tonale 2 ang. via Sammartini ⊠ 20125 ℘ 66985446, Fax 66985624
– |≋| ▤ ▥ ☎ ᴄ ᴘ – 🅰 35. 🝗 🖇 ⓞ ᴇ 𝚅𝙸𝚂𝙰   FQ **f**
62 cam ⊐ 150/240000.

🏨 **Demidoff** senza rist, via Plinio 2 ⊠ 20129 ℘ 29513889, Fax 29405816 – |≋| ▤ ▥ ☎. 🝗 🖇
ⓞ ᴇ 𝚅𝙸𝚂𝙰 ᴊᴄʙ   GR **e**
chiuso dal 24 dicembre al 2 gennaio e dal 2 al 30 agosto – **36 cam** ⊐ 130/190000.

🏨 **New York** senza rist, via Pirelli 5 ⊠ 20124 ℘ 66985551, Fax 6697267 – |≋| ▤ ▥ ☎.
ⓞ ᴇ 𝚅𝙸𝚂𝙰. ⚘   LTU **k**
chiuso dal 24 dicembre al 5 gennaio e dal 1° al 28 agosto – **69 cam** ⊐ 135/200000.

🏨 **City** senza rist, corso Buenos Aires 42/5 ⊠ 20124 ℘ 29523382, Fax 2046957 – ▤ ▥ ☎.
🝗 🖇 𝚅𝙸𝚂𝙰. ⚘   GR **a**
chiuso dal 23 dicembre al 2 gennaio ed agosto – **55 cam** ⊐ 160/230000.

🏨 **Mini Hotel Aosta** senza rist, piazza Duca d'Aosta 16 ⊠ 20124 ℘ 6691951, Fax 6696215
– |≋| ▤ ▥ ☎ 🖇 ⓞ ᴇ 𝚅𝙸𝚂𝙰 ᴊᴄʙ   LT **p**
63 cam ⊐ 145/215000.

🏨 **San Carlo** senza rist, via Napo Torriani 28 ⊠ 20124 ℘ 6693236, Telex 314324,
Fax 6703116 – |≋| ▤ ▥ ☎ – 🅰 30. 🝗 🖇 𝚅𝙸𝚂𝙰 ᴊᴄʙ   LU **u**
75 cam ⊐ 139/191000.

🏨 **Bolzano** senza rist, via Boscovich 21 ⊠ 20124 ℘ 6691451, Fax 6691455, ☞ – |≋| ▤ ▥
☎. 🝗 🖇 ⓞ ᴇ 𝚅𝙸𝚂𝙰 ᴊᴄʙ. ⚘   LU **t**
⊐ 15000 – **35 cam** 130/190000.

🏨 **Sempione,** via Finocchiaro Aprile 11 ⊠ 20124 ℘ 6570323, Telex 340498, Fax 6575379 –
|≋| ▤ ▥ ☎. 🝗 🖇 ᴇ 𝚅𝙸𝚂𝙰 ᴊᴄʙ   LU **r**
Pasto vedere rist **Piazza Repubblica** – **39 cam** ⊐ 150/200000 – ½ P 140000.

🏨 **Fenice** senza rist, corso Buenos Aires 2 ⊠ 20124 ℘ 29525541, Fax 29523942 – |≋| ▤ ▥
☎. 🝗 🖇 ⓞ ᴇ 𝚅𝙸𝚂𝙰   LU **x**
chiuso dal 22 dicembre al 6 gennaio – **42 cam** ⊐ 160/230000.

🏨 **Florida** senza rist, via Lepetit 33 ⊠ 20124 ℘ 6705921, Telex 314102, Fax 6692867 – |≋| ▤
▥ ☎. 🝗 🖇 ⓞ ᴇ 𝚅𝙸𝚂𝙰   LTU **s**
⊐ 20000 – **52 cam** 140/194000.

🏨 **Club Hotel** senza rist, via Copernico 18 ⊠ 20125 ℘ 67072221, Fax 67072050 – |≋| ▤ ▥
☎. 🖇 ᴇ 𝚅𝙸𝚂𝙰   LT **v**
chiuso dal 24 dicembre al 6 gennaio ed agosto – **53 cam** ⊐ 100/160000.

XXX **Nino Arnaldo,** via Poerio 3 ⊠ 20129 ℘ 76005981, Coperti limitati; prenotare – ▤. 🝗 🖇
ⓞ ᴇ 𝚅𝙸𝚂𝙰   GR **s**
chiuso sabato a mezzogiorno, domenica, dal 23 dicembre al 7 gennaio ed agosto – **Pasto**
50/80000 (a mezzogiorno) 70/90000 (alla sera) e carta 65/110000.

XX **Joia,** via Panfilo Castaldi 18 ⊠ 20124 ℘ 29522124, Cucina vegetariana, prenotare – ⚘
▤. 🝗 🖇 ⓞ ᴇ 𝚅𝙸𝚂𝙰   LU **c**
chiuso sabato a mezzogiorno, domenica dal 26 dicembre al 3 gennaio ed agosto – **Pasto**
20/60000 (a mezzogiorno) 45/60000 (alla sera) e carta 48/74000.

XX **Cavallini,** via Mauro Macchi 2 ⊠ 20124 ℘ 6693771, Fax 6693174, « Servizio estivo
all'aperto » – 🝗 🖇 ⓞ ᴇ 𝚅𝙸𝚂𝙰   LU **y**
chiuso sabato, domenica, dal 22 dicembre al 4 gennaio e dal 3 al 23 agosto – **Pasto** 40000
(12%) e all' **Enoteca il Vigneto** carta 41/74000 (12%).

XX ❀ **Calajunco,** via Stoppani 5 ⊠ 20129 ℘ 2046003, Specialità eoliane, prenotare – ▤. 🖇
ᴄ 𝚅𝙸𝚂𝙰. ⚘   GR **b**
chiuso sabato a mezzogiorno, domenica, dal 23 dicembre al 4 gennaio e dal 10 al 31 agosto
– **Pasto** 40/55000 (a mezzogiorno) 100/120000 (alla sera) e carta 76/110000
Spec. Tortino di alici, Conchiglia del pescatore, Tris di involtini di mare (spada sogliola triglia).

XX **Buriassi-da Lino,** via Lecco 15 ⊠ 20124 ℘ 29523227, prenotare la sera – ▤ – 🅰 35. 🝗
🖇 𝚅𝙸𝚂𝙰   LU **a**
chiuso sabato a mezzogiorno, domenica e dal 7 al 24 agosto – **Pasto** 35/45000 (a mezzo-
giorno) 55000 (alla sera) e carta 35/60000.

XX **Al Girarrosto da Cesarina,** corso Venezia 31 ⊠ 20121 ℘ 76000481 – ▤. 🝗 🖇 ᴇ 𝚅𝙸𝚂𝙰
chiusos abato, domenica a mezzogiorno, dal 25 dicembre all'8 gennaio ed agosto – **Pasto**
carta 57/85000.   LV **c**

XX **13 Giugno,** via Goldoni 44 ang. via Uberti ⊠ 20129 ℘ 719654, 🌣, Specialità siciliane,
prenotare – ▤. 🝗 🖇 ⓞ ᴇ 𝚅𝙸𝚂𝙰 ᴊᴄʙ   GR **w**
chiuso domenica – **Pasto** 30/50000 (solo a mezzogiorno) e 45/55000 (solo alla sera).

XX **La Buca,** via Antonio da Recanate ang. via Napo Torriani ⊠ 20124 ℘ 6693774 – ▤. 🝗
🖇 ⓞ ᴇ 𝚅𝙸𝚂𝙰   LU **u**
chiuso sabato a mezzogiorno, domenica, dal 25 dicembre al 6 gennaio ed agosto – **Pasto**
23000 (solo a mezzogiorno) e carta 40/75000.

XX **Le 5 Terre,** via Appiani 9 ⊠ 20121 ℘ 6575177, Fax 653034, Specialità di mare – ▤. 🝗
🖇 ⓞ ᴇ 𝚅𝙸𝚂𝙰   KU **j**
chiusos abato a mezzogiorno, domenica e dall'8 al 22 agosto – **Pasto** carta 49/80000.

XX **Olivo 2,** viale Monte Santo 2 ⊠ 20124 ℘ 653846 – ▤. 🝗 🖇 ⓞ ᴇ 𝚅𝙸𝚂𝙰   KU **o**
chiuso sabato, domenica e dal 10 al 22 agosto – **Pasto** carta 58/80000.

XX **Piazza Repubblica** - Hotel Sempione, via Manuzio 11 ⊠ 20124 ℘ 6552715 – ▤. 🝗 🖇 ⓞ ᴇ
𝚅𝙸𝚂𝙰   LU **■**
chiuso sabato a mezzogiorno, domenica e dall'8 al 31 agosto – **Pasto** carta 40/63000.

XX **Da Bimbi,** viale Abruzzi 33 ✉ 20131 ✆ 29526103, Rist. d'habitués – ▤. AE ⓢ ⓪ E VISA. ✂ GR **k**
chiuso domenica, lunedì a mezzogiorno ed agosto – **Pasto** carta 44/75000.

XX **Giglio Rosso,** piazza Luigi di Savoia 2 ✉ 20124 ✆ 6694174, Fax 6694174, ☂ – ▤. AE ⓢ ⓪ E VISA LT **p**
chiuso sabato, domenica a mezzogiorno, dal 24 dicembre al 6 gennaio ed agosto – **Pasto** carta 38/63000 (12%).

XX **Altopascio,** via Gustavo Fara 17 ✉ 20124 ✆ 6702458, Rist. toscano – ▤. AE ⓢ ⓪ E VISA KU **n**
chiuso sabato, domenica a mezzogiorno ed agosto – **Pasto** carta 40/65000.

XX La Muraglia, piazza Oberdan 2 ✉ 20129 ✆ 2049528, ☂, Rist. cinese – ▤ LV **a**

XX **Osteria la Risacca 2,** viale Regina Giovanna 14 ✉ 20129 ✆ 29531801, Specialità di mare – ▤. AE ⓢ VISA GR **f**
chiusos abato a mezzogiorno, domenica e dal 1° al 25 agosto – **Pasto** carta 56/82000.

XX **Sukrity,** via Panfilo Castaldi 22 ✉ 20124 ✆ 201315, Rist. indiano, prenotare la sera – AE ⓢ ⓪ E VISA. ✂ LU **f**
chiuso lunedì – **Pasto** 18/28000 (a mezzogiorno) 34/40000 (alla sera) e carta 34/45000 (10%).

X **Canarino,** via Mauro Macchi 69 ✉ 20124 ✆ 6692376 – ▤. AE ⓢ ⓪ E VISA GQ **n**
chiuso sabato e dal 5 al 27 agosto – **Pasto** carta 41/61000.

X **Il Carpaccio,** via Lazzaro Palazzi 19 ✉ 20124 ✆ 29405982 – AE ⓢ ⓪ E VISA LU **e**
chiuso domenica sera e lunedì – **Pasto** carta 40/65000.

X **I 4 Toscani,** via Plinio 33 ✉ 20129 ✆ 29518130, ☂ – AE ⓢ ⓪ E VISA GR **k**
chiuso domenica sera, lunedì, dal 29 dicembre al 4 gennaio ed agosto – **Pasto** carta 35/63000.

X **La Tana del Lupo,** viale Vittorio Veneto 30 ✉ 20124 ✆ 6599006, Taverna con specialità montanare venete, prenotare – ▤. ⓢ VISA. ✂ KU **q**
chiuso a mezzogiorno, domenica, dal 1° al 7 gennaio ed agosto – **Pasto** 58000 bc.

X Il Carpaccino, via Sammartini 21 ✉ 20125 ✆ 66982666 FQ **h**

X **Dalla Zia,** via Gustavo Fara 5 ✉ 20124 ✆ 66987081, Coperti limitati; prenotare – ▤. AE ⓢ E VISA. ✂ KU **p**
chiuso sabato a mezzogiorno, domenica e dal 1° al 28 agosto – **Pasto** carta 39/59000.

Romana-Vittoria – corso Porta Romana, corso Lodi, viale XXII Marzo, corso Porta Vittoria

🏠 **Vittoria** senza rist, via Pietro Calvi 32 ✉ 20129 ✆ 55190196, Fax 55190246 – |‡| ▤ TV ☎. AE ⓢ ⓪ E VISA JCB GR **s**
18 cam ☐ 130/170000.

XXXX **Giannino,** via Amatore Sciesa 8 ✉ 20135 ✆ 55195582, Fax 55195790, Gran tradizione, « Originali decorazioni; giardino d'inverno » – ▤ Ⓟ. AE ⓢ ⓪ E VISA FGR **m**
chiuso domenica ed agosto – **Pasto** carta 93/171000.

XX Mauro, via Colonnetta 5 ✉ 20122 ✆ 5461380 – ▤ NZ **r**

XX **Hosteria del Cenacolo,** via Archimede 12 ✉ 20129 ✆ 5458962, « Servizio estivo in giardino » – AE ⓢ E VISA. ✂ FGR **y**
chiuso sabato a mezzogiorno, domenica ed agosto – **Pasto** carta 52/75000.

XX **I Matteoni,** piazzale 5 Giornate 6 ✉ 20129 ✆ 55188293, Rist. d'habitués – ▤. AE ⓢ ⓪ E VISA LX **a**
chiuso domenica ed agosto – **Pasto** carta 37/70000.

XX **Seiperseo,** via Maffei 12 ✉ 20135 ✆ 55184212 – ▤. AE ⓢ E VISA LY **d**
chiuso sabato a mezzogiorno, domenica e dal 7 al 29 agosto – **Pasto** carta 42/68000.

XX **La Risacca 6,** via Marcona 6 ✉ 20129 ✆ 55181658, ☂, Specialità di mare – ▤. AE ⓢ ⓪ E VISA FGR **x**
chiuso domenica, lunedì a mezzogiorno, Natale ed agosto – **Pasto** carta 67/90000.

XX **Gazebo,** via Cadore 2 ✉ 20135 ✆ 59900029, Rist. e pizzeria – ▤. AE ⓢ ⓪ E VISA. ✂ GR **n**
chiuso sabato, domenica a mezzogiorno, dal 31 dicembre all'8 gennaio e dal 12 agosto al 10 settembre – **Pasto** 25000 (a mezzogiorno) 60000 bc (alla sera) e carta 39/58000.

X **Masuelli San Marco,** viale Umbria 80 ✉ 20135 ✆ 55184138, Fax 55184138, prenotare la sera – ▤. ⓢ VISA GS **h**
chiuso domenica, lunedì a mezzogiorno, dal 25 dicembre al 6 gennaio e dal 16 agosto al 10 settembre – **Pasto** carta 42/62000.

X **Dongiò,** via Corio 3 ✉ 20135 ✆ 5511372 – ▤. AE ⓢ ⓪ E VISA LY **u**
chiuso sabato a mezzogiorno, domenica ed agosto – **Pasto** carta 37/60000.

X **Da Pietro la Rena,** via Adige 17 ✉ 20135 ✆ 59901232 – ▤. AE ⓢ ⓪ E VISA LY **c**
chiuso domenica sera, lunedì ed agosto – **Pasto** carta 30/61000.

X **Merluzzo Felice,** via Lazzaro Papi 6 ✉ 20135 ✆ 5454711, Specialità siciliane – AE ⓢ VISA LY **b**
chiuso domenica – **Pasto** carta 36/66000.

Navigli – via Solari, Ripa di Porta Ticinese, viale Bligny, piazza XXIV Maggio

🏨 **D'Este** senza rist, viale Bligny 23 ⊠ 20136 𝄞 58321001, Telex 324216, Fax 58321136 – 📳
≣ 📺 ☎ – 🔥 40 a 80. 🝙 ⑤ ⊙ E 📼 🃏. 🛞   KY
≡ 24000 – **79 cam** 215/298000.

🏨 **Crivi's** senza rist, corso Porta Vigentina 46 ⊠ 20122 𝄞 582891, Telex 313255
Fax 58318182 – 📳 ≣ 📺 ☎ ⇔ – 🔥 30 a 120. 🝙 ⑤ ⊙ E 📼   KY
chiuso agosto – **83 cam** ≡ 220/310000, 3 appartamenti.

🏨 **Liberty** senza rist, viale Bligny 56 ⊠ 20136 𝄞 58318562, Fax 58319061 – 📳 ≣ 📺 ☎ ⇔
🝙 ⑤ E 📼. 🛞   KY
chiuso dal 10 al 25 agosto – ≡ 20000 – **52 cam** 150/220000.

🍴🍴🍴 **Scaletta,** piazzale Stazione Genova 3 ⊠ 20144 𝄞 58100290, Coperti limitati; prenotare
« Quadri e oggetti d'arte contemporanea » – ≣. 🛞   HY
chiuso domenica, lunedì, dal 25 dicembre al 3 gennaio, Pasqua ed agosto – **Pasto** carta 70
90000.

🍴🍴🍴 ۞ **Al Genovese,** via Ettore Troilo 14 angolo via Conchetta ⊠ 20136 𝄞 8373180, 🏠
Specialità liguri, prenotare – ≣. 🝙 ⑤ ⊙ 📼. 🛞   ES
chiuso domenica, lunedì a mezzogiorno, dal 26 dicembre al 7 gennaio e dal 10 al 30 agosto
– **Pasto** 45/75000 e carta 65/119000
Spec. Cappon magro, Trofie di farina di castagne al pesto (autunno), Calamaretti novelli al pomodoro fresco e basilico

🍴🍴🍴 **Yar,** via Mercalli 22 ⊠ 20122 𝄞 58309603, Cucina classica russa, prenotare – ≣. 🝙 ⑤ E
📼   KY
chiuso domenica – **Pasto** 15/35000 (a mezzogiorno) 40/90000 (alla sera) e carta 48/64000

🍴🍴 **Al Porto,** piazzale Generale Cantore ⊠ 20123 𝄞 89407425, Fax 8321481, Specialità di
mare, prenotare – ≣. 🝙 ⑤ ⊙ E 📼   HY
chiuso domenica, lunedì a mezzogiorno, dal 24 dicembre al 3 gennaio ed agosto – **Pasto**
carta 55/81000.

🍴🍴 ۞ **Sadler-Osteria di Porta Cicca,** ripa di Porta Ticinese 51 ⊠ 20143 𝄞 5810445
Fax 58112343, Coperti limitati; prenotare – ≣. ⑤ ⊙ E 📼 🔌. 🛞   HY
chiuso a mezzogiorno, domenica, dal 1° al 10 gennaio e dal 5 al 30 agosto – **Pasto**
80/130000 e carta 69/108000
Spec. Frittelle di fiori di zucchina farciti di mozzarella (primavera-estate), Maccheroni al torchio al ragù d'astice, Involtini
di pescatrice farciti ai gamberi e avvolti nella melanzana (primavera-autunno).

🍴🍴 **Tornavento,** Alzaia Naviglio Grande 36 ⊠ 20144 𝄞 89406068, Rist. e piano-bar – ≣. 🝙
⑤ ⊙ E 📼. 🛞   HY
chiuso a mezzogiorno e domenica – **Pasto** carta 42/68000.

🍴🍴 **Trattoria Aurora,** via Savona 23 ⊠ 20144 𝄞 89404978, 🏠 – 🝙 ⑤ ⊙ 📼   HY
chiuso lunedì – **Pasto** 15/30000 (a mezzogiorno) e 56000 bc (alla sera).

🍴🍴 **Osteria del Binari,** via Tortona 1 ⊠ 20144 𝄞 89409428, 🏠, Atmosfera vecchia Milano
prenotare – ≣. 🝙 ⑤ ⊙ E 📼   HY
chiuso a mezzogiorno, domenica e dal 10 al 17 agosto – **Pasto** 56000.

🍴🍴 **Le Buone Cose,** via San Martino 8 ⊠ 20122 𝄞 58310589, Specialità di mare, Coperti
limitati; prenotare – ≣. 🝙 ⑤ ⊙ E 📼   KY
chiusos abato a mezzogiorno, domenica ed agosto – **Pasto** 35/50000 e carta 53/78000.

🍴🍴 **Il Torchietto,** via Ascanio Sforza 47 ⊠ 20136 𝄞 8372910, 🏠, Specialità mantovane
≣. 🝙 ⑤ ⊙ E 📼. 🛞   ES
chiuso lunedì, dal 26 dicembre al 3 gennaio ed agosto – **Pasto** carta 46/66000.

🍴🍴 Al Capriccio, via Washington 106 ⊠ 20146 𝄞 48950655, Specialità di mare – ≣ DS

🍴🍴 **Shri Ganesh,** via Lombardini 8 ⊠ 20143 𝄞 58110933, Rist. indiano – ≣. 🝙 ⑤ ⊙
📼   HY
chiuso a mezzogiorno, domenica e dal 6 al 21 agosto – **Pasto** carta 28/42000.

🍴 **Alzaia 26,** alzaia Naviglio Grande 26 ⊠ 20144 𝄞 8323526 – ≣. 🝙 🛐
📼   HY
chiuso a mezzogiorno (escluso domenica), lunedì ed agosto – **Pasto** carta 51/76000.

🍴 **La Topaia,** via Argelati 46 ⊠ 20143 𝄞 8373469, 🏠 – 🝙 ⑤ ⊙ 📼   HY
chiuso a mezzogiorno e dal 7 al 31 agosto – **Pasto** carta 36/58000.

🍴 **Trattoria all'Antica,** via Montevideo 4 ⊠ 20144 𝄞 58104860, Cucina lombarda – ≣.
🛐 E 📼. 🛞   HY
chiuso sabato a mezzogiorno, dal 26 dicembre al 7 gennaio ed agosto – **Pasto**
carta 45/55000.

🍴 **Gargantua,** corso Porta Vigentina 31 ⊠ 20122 𝄞 58314888, prenotare – ≣. 🝙 🛐
📼   KY
chiuso sabato a mezzogiorno, domenica e dal 10 al 25 agosto – **Pasto** carta 50/79000.

🍴 **Asso di Fiori-Osteria dei Formaggi,** alzaia Naviglio Grande 54 ⊠ 20144 𝄞 894094
– 🝙 🛐 ⊙ 📼 🔌   HY
chiuso a mezzogiorno, domenica e dal 10 al 25 agosto – **Pasto** carta 38/53000.

Fiera-Sempione – corso Sempione, piazzale Carlo Magno, via Monte Rosa, via Washington

Hermitage, via Messina 10 ⊠ 20154 𝒫 33107700, Fax 33107399, 𝐼ᴨ – 🛗 🗐 📺 ☎ ⴺ ⟵⟶ – 🛆 30 a 240. ⁅ ⑮ ⑪ Ɛ 𝑉𝐼𝑆𝐴. ⁕   HJU **q**
Pasto vedere rist **Il Sambuco** – **123 cam** ⊏ 270/380000, 7 appartamenti.

Gd H. Fieramilano, viale Boezio 20 ⊠ 20145 𝒫 336221, Telex 331426, Fax 314119, ☞ – 🛗 🗐 📺 ☎ ⴺ – 🛆 60. ⁅ ⑮ ⑪ Ɛ 𝑉𝐼𝑆𝐴. ⁕ rist   DR **a**
Pasto carta 34/58000 – **238 cam** ⊏ 280/350000.

Regency senza rist, via Arimondi 12 ⊠ 20155 𝒫 39216021, Fax 39217734, « In una dimora nobiliare degli inizi del secolo » – 🛗 ⥥ 🗐 📺 ☎ – 🛆 50. ⁅ ⑮ ⑪ Ɛ 𝑉𝐼𝑆𝐴. ⁕   DQ **b**
chiuso agosto – **52 cam** ⊏ 220/295000, 2 appartamenti.

Poliziano senza rist, via Poliziano 11 ⊠ 20154 𝒫 33602494, Fax 33106410 – 🛗 🗐 📺 ☎ ⟵⟶ – 🛆 70. ⁅ ⑮ ⑪ Ɛ 𝑉𝐼𝑆𝐴 𝐽𝐶𝐵   HT **a**
chiuso dall'8 al 28 agosto – **98 cam** ⊏ 190/290000, 2 appartamenti.

Capitol, via Cimarosa 6 ⊠ 20144 𝒫 48003050, Telex 316150, Fax 4694724 – 🛗 🗐 📺 ☎ – 🛆 60. ⁅ ⑮ ⑪ Ɛ 𝑉𝐼𝑆𝐴 𝐽𝐶𝐵. ⁕ rist   DR **e**
Pasto (chiuso a mezzogiorno ed agosto) carta 56/86000 – **96 cam** ⊏ 235/295000 – ½ P 203/291000.

Ariosto senza rist, via Ariosto 22 ⊠ 20145 𝒫 4817844, Fax 4980516 – 🛗 🗐 📺 ☎ – 🛆 40. ⁅ ⑮ ⑪ Ɛ 𝑉𝐼𝑆𝐴   HV **a**
⊏ 14000 – **53 cam** 130/185000.

Domenichino senza rist, via Domenichino 41 ⊠ 20149 𝒫 48009692, Fax 48003953 – 🛗 🗐 📺 ☎ ⟵⟶ – 🛆 50. ⁅ ⑮ ⑪ Ɛ 𝑉𝐼𝑆𝐴   DR **f**
chiuso 22-26 dicembre, 29 dicembre-1° gennaio e dal 4 al 21 agosto – **62 cam** ⊏ 150/215000, 4 appartamenti.

Mozart senza rist, piazza Gerusalemme 6 ⊠ 20154 𝒫 33104215, Fax 33103231 – 🗐 📺 ☎. ⁅ ⑮ ⑪ Ɛ 𝑉𝐼𝑆𝐴 𝐽𝐶𝐵. ⁕   HT **b**
chiuso dall'8 al 28 agosto – **88 cam** ⊏ 140/200000, 3 appartamenti.

Metrò senza rist, corso Vercelli 61 ⊠ 20144 𝒫 468704, Fax 48010295 – 🛗 🗐 📺 ☎ ❷ – 🛆 35. ⁅ ⑮ ⑪ Ɛ 𝑉𝐼𝑆𝐴   DR **x**
34 cam ⊏ 150/200000.

Admiral senza rist, via Domodossola 16 ⊠ 20145 𝒫 3492151, Fax 33106660 – 🛗 🗐 📺 ☎ ⟵⟶ ❷ – 🛆 65. ⁅ ⑮ ⑪ Ɛ 𝑉𝐼𝑆𝐴   DR **y**
chiuso dal 23 luglio al 28 agosto – **60 cam** ⊏ 180/250000.

Wagner senza rist, via Buonarroti 13 ⊠ 20149 𝒫 463151, Telex 353121, Fax 48020948 – 🛗 🗐 📺 ☎   DR **n**
49 cam.

Lancaster senza rist, via Abbondio Sangiorgio 16 ⊠ 20145 𝒫 344705, Fax 344649 – 🛗 🗐 📺 ☎. ⁅ ⑮ Ɛ 𝑉𝐼𝑆𝐴 ⁕   HU **c**
chiuso agosto – **30 cam** ⊏ 150/230000.

Berlino senza rist, via Plana 33 ⊠ 20155 𝒫 324141, Telex 312609, Fax 39210611 – 🛗 🗐 📺 ☎. ⁅ ⑮ ⑪ Ɛ 𝑉𝐼𝑆𝐴 𝐽𝐶𝐵   DQ **d**
chiuso dal 24 dicembre al 3 gennaio e dal 24 luglio al 23 agosto – **47 cam** ⊏ 150/220000.

Mini Hotel Portello senza rist, via Guglielmo Silva 12 ⊠ 20152 𝒫 4814944, Fax 4819243 – 🛗 🗐 📺 ☎ ⴺ ❷ – 🛆 50 a 100. ⁅ ⑮ ⑪ Ɛ 𝑉𝐼𝑆𝐴 𝐽𝐶𝐵   DR **h**
96 cam ⊏ 145/215000.

Mini Hotel Tiziano senza rist, via Tiziano 6 ⊠ 20145 𝒫 4699035, Fax 4812153, « Piccolo parco » – 🛗 🗐 📺 ☎ ❷ – 🛆 30. ⁅ ⑮ ⑪ Ɛ 𝑉𝐼𝑆𝐴   DR **k**
54 cam ⊏ 145/215000.

Sant'Ambroeus senza rist, viale Papiniano 14 ⊠ 20123 𝒫 48008989, Telex 313373, Fax 48008687 – 🛗 🗐 📺 ☎ – 🛆 50   HX **f**
52 cam.

Astoria senza rist, viale Murillo 9 ⊠ 20149 𝒫 40090095, Telex 353805, Fax 40074642 – 🛗 🗐 📺 ☎ – 🛆 60. ⁅ ⑮ ⑪ Ɛ 𝑉𝐼𝑆𝐴 𝐽𝐶𝐵   DR **m**
74 cam ⊏ 160/230000, appartamento.

Fiera senza rist, via Spinola 9 ⊠ 20149 𝒫 48005374, Fax 48008494, « Piccolo giardino » – 🛗 📺 ☎ ⟵⟶ – 🛆 30   DR **p**
29 cam.

Johnny senza rist, via Prati 6 ⊠ 20145 𝒫 341812, Fax 33610521 – 🛗 📺 ☎. ⁅ chiuso dal 24 dicembre al 6 gennaio ed agosto – **31 cam** ⊏ 95/160000.   DR **s**

✕✕✕ ❀ **Il Sambuco** - Hotel Hermitage, via Messina 10 𝒫 33610333, Fax 3319425 – 🗐. ⁅ ⑮ ⑪ Ɛ 𝑉𝐼𝑆𝐴 ⁕   HU **q**
chiuso sabato a mezzogiorno, domenica, dal 27 dicembre al 3 gennaio e dal 1° al 20 agosto – **Pasto** carta 57/86000
Spec. Piccola frittura mista, Stracci di pasta fresca con totani, Fragolini (polipetti) con finferli e polenta.

✕✕✕ ❀ **Alfredo-Gran San Bernardo,** via Borgese 14 ⊠ 20154 𝒫 3319000, Fax 6555413, Specialità milanesi, prenotare – 🗐. ⁅ ⑮ ⑪ Ɛ 𝑉𝐼𝑆𝐴   HT **e**
chiuso dal 23 dicembre al 9 gennaio, agosto, domenica ed in giugno-lugio anche sabato – **Pasto** carta 69/99000
Spec. Risotto alla milanese ed al salto, Stracotto al Barbaresco, Costoletta alla milanese con involtini di verza.

XXX **Trattoria del Ruzante,** via Massena 1 ✉ 20145 ✆ 316102, prenotare – 🖿. 🆎 🆂 🆗 🅴
VISA. ✁ HU v
chiuso sabato a mezzogiorno, domenica ed agosto – **Pasto** 40/60000 (a mezzogiorno)
50/80000 (alla sera) e carta 40/77000.

XXX **Raffaello,** via Monte Amiata 4 ✉ 20149 ✆ 4814227 – 🖿. 🆎 🆂 🆗 🅴 *VISA* DR r
chiuso mercoledì e dal 1° al 24 agosto – **Pasto** carta 44/76000.

XXX **Dall'Antonio,** via Cenisio 8 ✉ 20154 ✆ 33101511, prenotare – 🖿. 🆎 🆂 🆗 🅴 *VISA*.
✁ HT g
chiuso domenica ed agosto – **Pasto** carta 60/85000.

XXX China Club, via Giusti 34 ✉ 20154 ✆ 33104309, prenotare – 🖿 HU f

XX **Gocce di Mare,** via Petrarca 4 ✉ 20123 ✆ 4692487, Fax 433854 – 🖿. 🆎 🆗 🅴
VISA HV d
chiuso sabato a mezzogiorno, domenica e dal 9 al 31 agosto – **Pasto** carta 48/77000.

XX **La Torre del Mangia,** via Procaccini 37 ✉ 20154 ✆ 33105587, prenotare – 🖿. 🆎 🆂 🅴
VISA. ✁ HU h
chiuso domenica sera, lunedì, Natale ed agosto – **Pasto** carta 44/65000.

XX **Montecristo,** corso Sempione angolo via Prina ✉ 20154 ✆ 312760, Fax 312760,
Specialità di mare – 🖿. 🆂 🆗 🅴 *VISA*. ✁ HU j
chiuso martedì, sabato a mezzogiorno, dal 25 dicembre al 2 gennaio ed agosto – **Pasto**
carta 61/89000.

XX **Al Vecchio Passeggero,** via Gherardini 1 ✉ 20145 ✆ 312461 – 🖿. 🆎 🆂 🆗 🅴
VISA HU k
chiuso sabato a mezzogiorno, domenica, dal 25 dicembre al 1° gennaio e dal 1° al 26 agosto
– **Pasto** carta 31/64000.

XX **Trattoria Vecchia Arena,** piazza Lega Lombarda 1 ✉ 20154 ✆ 3315538, Coperti
limitati; prenotare – 🖿. 🆎 🆂 🆗 *VISA* JU e
chiuso domenica, lunedì a mezzogiorno, dal 1° all'8 gennaio e dal 1° al 21 agosto – **Pasto**
carta 59/89000.

XX **Taverna della Trisa,** via Francesco Ferruccio 1 ✉ 20145 ✆ 341304, 🍽, Specialità
trentine – 🆂 🅴 *VISA* HU n
chiuso lunedì ed agosto – **Pasto** carta 49/70000.

XX **Il Palio,** piazza Diocleziano ang. via San Galdino ✉ 20154 ✆ 33600687, 🍽, Rist.
toscano – 🖿. 🆎 🆂 🆗 🅴 *VISA*. ✁ HT m
chiuso sabato e dal 6 al 28 agosto – **Pasto** 35/55000 e carta 40/53000.

XX **Furio,** via Montebianco 2/A ✉ 20149 ✆ 4814677, Fax 4814677 – 🖿. 🆎 🆂 🆗 🅴
DR u
chiuso domenica ed agosto – **Pasto** 28000 (solo a mezzogiorno) e carta 41/70000.

XX **L'Infinito,** via Leopardi 25 ✉ 20123 ✆ 4692276 – 🖿. 🆎 🆂 🆗 🅴 *VISA*. ✁ HV v
chiuso sabato a mezzogiorno, domenica e dal 5 al 28 agosto – **Pasto** carta 45/60000.

XX **Drop In,** via Marghera 3 ✉ 20149 ✆ 48005311 – 🖿. 🆎 🆂 🅴 *VISA* DR b
chiuso martedì, mercoledì a mezzogiorno ed agosto – **Pasto** carta 46/77000.

XX **Settecupole,** via Ippolito Nievo 33 ✉ 20145 ✆ 341290 – 🖿. 🆎 🆂 🆗 🅴 *VISA* DR t
chiuso sabato a mezzogiorno, domenica e dal 5 al 27 agosto – **Pasto** carta 42/65000.

XX Kota Radja, piazzale Baracca 6 ✉ 20123 ✆ 468850, Rist. cinese – 🖿 HX e

XX **La Nuova Piazzetta,** via Cirillo 16 ✉ 20154 ✆ 3319880 – 🆎 🆂 🅴 *VISA* HU a
chiuso domenica ed agosto – **Pasto** 45/60000 (a mezzogiorno) 50/70000 (alla sera) e
carta 36/80000.

XX **Da Stefano il Marchigiano,** via Arimondi 1 angolo via Plana ✉ 20155 ✆ 33001863 –
🖿. 🆎 🆂 🆗 🅴 *VISA*. ✁ DQ d
chiuso venerdì sera, sabato ed agosto – **Pasto** carta 42/67000.

XX **Da Gino e Franco,** largo Domodossola 2 ✉ 20145 ✆ 312003, 🍽 – 🖿. 🆎 🆂 🆗
VISA DR y
chiuso lunedì – **Pasto** carta 40/61000.

XX Adriana, viale Boezio 10 ✉ 20145 ✆ 33603422 – 🖿 DR w

XX **Al Garfagnino,** via Cherubini 8 ✉ 20145 – 🖿. 🆎 🆂 🆗 🅴 *VISA* DR c
chiuso lunedì e luglio – **Pasto** carta 36/63000.

XX **Le Pietre Cavate,** via Castelvetro 14 ✉ 20154 ✆ 344704 – 🖿. 🆎 🆂 🆗 🅴 *VISA*
✁ HT p
chiuso mercoledì, giovedì a mezzogiorno e dal 30 luglio al 29 agosto – **Pasto** carta 44/
72000.

X **Al Vecchio Porco,** via Messina 8 ✉ 20154 ✆ 313862, 🍽, Rist. e pizzeria – 🖿. 🆎 🆂 🆗
🅴 *VISA* HU o
chiuso domenica a mezzogiorno e lunedì – **Pasto** carta 50/75000.

X La Sirena, via Poliziano 10 ✉ 20154 ✆ 33603011, Specialità di mare – 🖿 HU i

X **Pechino,** via Cenisio 7 ✉ 20154 ✆ 33101668, Cucina pechinese, prenotare – 🖿 HT u
chiuso lunedì, dal 20 dicembre al 2 gennaio, Pasqua e dal 15 luglio al 22 agosto – **Pasto**
carta 26/44000 (12%).

X **Pace,** via Washington 74 ⊠ 20146 𝒫 468567, 🛱, Rist. d'habitués – 🗐. 🖭 🕄 ⓞ 🗲 𝑽𝑰𝑺𝑨.
　　☆　　　　　　　　　　　　　　　　　　　　　　　　　　　　　　　　　　　　　　　DR **a**
　chiuso sabato a mezzogiorno, mercoledì, Natale e dal 1° al 23 agosto – **Pasto** carta 34/
　54000.

X **Al Vöttantott,** corso Sempione 88 ⊠ 20154 𝒫 33603114 – 🗐. 🖭 🕄 🗲 𝑽𝑰𝑺𝑨　　　DQ **n**
　chiuso domenica ed agosto – **Pasto** carta 28/50000.

X **Da Ming,** via Pier della Francesca 74 ⊠ 20154 𝒫 341219, 🛱, Rist. cinese –
　🗐.　　　　　　　　　　　　　　　　　　　　　　　　　　　　　　　　　　　　　　　DQ **a**

Zone periferiche

Zona urbana nord-ovest – viale Fulvio Testi, Niguarda, viale Fermi, viale Certosa, San Siro, via Novara

🏨🏨 **Gd H. Brun** ⍩, via Caldera 21 ⊠ 20153 𝒫 45271 e rist 𝒫 48203791, Telex 315370, Fax 48204746 – ⧄ 🗐 📺 🕿 ẟ ⟷ 🅿 – 🔬 25 a 500. 🖭 🕄 ⓞ 🗲 𝑽𝑰𝑺𝑨. ☆ rist　　AP **c**
　Pasto 55000 e al Rist. ***Don Giovanni*** *(chiuso domenica)* carta 74/104000 – **330 cam** ⌷ 250/300000, 24 appartamenti.

🏨🏨 **Leonardo da Vinci** ⍩, via Senigallia 6 ⊠ 20161 𝒫 64071, Telex 331552, Fax 64074839,
☞ – ⧄ ☆ rist 🗐 📺 🕿 ẟ ⟷ 🅿 – 🔬 60 a 1200. 🖭 🕄 ⓞ 🗲 𝑽𝑰𝑺𝑨. ☆　　　AO **a**
　Pasto 50000 – **750 cam** ⌷ 260/370000, 14 appartamenti.

🏨🏨 **Blaise e Francis** senza rist, via Butti 9 ⊠ 20158 𝒫 66802366, Fax 66802909 – ⧄ ☆ 🗐
📺 🕿 ẟ ⟷ – 🔬 40 a 200. 🖭 🕄 ⓞ 🗲 𝑽𝑰𝑺𝑨　　　　　　　　　　　　　　　EQ **a**
　chiuso dal 24 dicembre al 2 gennaio e dal 2 al 23 agosto – **110 cam** ⌷ 190/260000, appartamento.

🏨🏨 **Accademia** senza rist, viale Certosa 68 ⊠ 20155 𝒫 39211122, Telex 315550, Fax 33103878, « Camere affrescate » – ⧄ 🗐 📺 🕿 🅿. 🖭 🕄 ⓞ 🗲 𝑽𝑰𝑺𝑨　　　DQ **g**
　67 cam ⌷ 235/300000.

🏨🏨 **Raffaello** senza rist, viale Certosa 108 ⊠ 20156 𝒫 3270146, Telex 315499, Fax 3270440 –
⧄ 🗐 📺 🕿 ⟷ 🅿 – 🔬 180. 🖭 🕄 ⓞ 🗲 𝑽𝑰𝑺𝑨 𝑱𝑪𝑩　　　　　　　　　　　DQ **j**
　143 cam ⌷ 190/230000, 2 appartamenti.

🏨🏨 **Novotel Milano Nord,** viale Suzzani 13 ⊠ 20162 𝒫 66101861, Telex 331292, Fax 66101961, ⛴, ⧄ ☆ cam 🗐 📺 🕿 ẟ ⟷ 🅿 – 🔬 25 a 500. 🖭 🕄 ⓞ 🗲 𝑽𝑰𝑺𝑨. ☆ rist　　　　　　　　　　　　　　　　　　　　　　　　　　　　　　　　BO **b**
　Pasto carta 40/63000 – **172 cam** ⌷ 240/280000.

🏨🏨 **Rubens** senza rist, via Rubens 21 ⊠ 20148 𝒫 40302, Telex 353617, Fax 48193114, « Camere affrescate » – ⧄ ☆ 🗐 📺 🕿 🅿 – 🔬 25. 🖭 🕄 ⓞ 🗲 𝑽𝑰𝑺𝑨. ☆　　DR **g**
　chiuso dal 1° al 21 agosto – **87 cam** ⌷ 195/270000.

🏨 **Ibis,** viale Suzzani 13/15 ⊠ 20162 𝒫 66103006, Telex 360141, Fax 66102797 – ⧄ ☆ cam
🗐 📺 🕿 ẟ 🅿 – 🔬 50. 🖭 🕄 ⓞ 🗲 𝑽𝑰𝑺𝑨. ☆ rist　　　　　　　　　　　　BO **b**
　Pasto 29000 – **132 cam** ⌷ 145/170000 – ½ P 114/174000.

🏨 **Mirage** senza rist, via Casella 61 angolo viale Certosa ⊠ 20156 𝒫 39210471, Fax 39210589 – ⧄ 🗐 📺 🕿 ẟ – 🔬 30 a 60. 🖭 🕄 ⓞ 🗲 𝑽𝑰𝑺𝑨　　　　　　　　DQ **z**
　⌷ 18000 – **50 cam** 200/280000, 5 appartamenti.

XX **Al Solito Posto,** via Bruni 13 ⊠ 20158 𝒫 6888310, Coperti limitati; prenotare – 🖭 🕄 ⓞ
🗲 𝑽𝑰𝑺𝑨. ☆　　　　　　　　　　　　　　　　　　　　　　　　　　　　　　　AO **c**
　chiuso a mezzogiorno e domenica – **Pasto** carta 48/60000.

XX **La Pobbia,** via Gallarate 92 ⊠ 20151 𝒫 38006641, Fax 38006641, Rist. rustico moderno, « Servizio estivo all'aperto » – 🔬 40. 🖭 🕄 ⓞ 🗲 𝑽𝑰𝑺𝑨. ☆　　　　　　DQ **w**
　chiuso domenica ed agosto – **Pasto** carta 52/79000 (12 %).

XX **Ribot,** via Cremosano 41 ⊠ 20148 𝒫 33001646, « Servizio estivo in giardino » – 🅿. 🖭
🕄 𝑽𝑰𝑺𝑨. ☆　　　　　　　　　　　　　　　　　　　　　　　　　　　　　　DQ **v**
　chiuso lunedì e dal 10 al 25 agosto – **Pasto** carta 45/72000.

XX **Al Bimbo,** via Marcantonio dal Re 38 (angolo via Certosa) ⊠ 20156 𝒫 3272290, Fax 39216365 – 🗐. 🖭 🕄 ⓞ 🗲 𝑽𝑰𝑺𝑨　　　　　　　　　　　　　　　　　　DQ **z**
　chiuso sabato a mezzogiorno, domenica ed agosto – **Pasto** carta 39/77000.

Zona urbana nord-est – viale Monza, via Padova, via Porpora, viale Romagna, viale Argonne, viale Forlanini

🏨🏨 **Concorde** senza rist, via Petrocchi 1 ang. viale Monza ⊠ 20125 𝒫 26112020, Telex 315805, Fax 26147879 – ⧄ 🗐 📺 🕿 ẟ. 🖭 🕄 ⓞ 🗲 𝑽𝑰𝑺𝑨. ☆　　　BO **d**
　chiuso dal 1° al 24 agosto – ⌷ 25000 – **120 cam** 210/300000.

🏨🏨 **Starhotel Tourist,** viale Fulvio Testi 300 ⊠ 20126 𝒫 6437777, Telex 326852, Fax 6472516, 🛅 – ⧄ ☆ cam 🗐 📺 🕿 ⟷ 🅿 – 🔬 30 a 170. 🖭 🕄 ⓞ 𝑽𝑰𝑺𝑨 𝑱𝑪𝑩. ☆　　　　　　　　　　　　　　　　　　　　　　　　　　　　　　　　BO **c**
　Pasto carta 45/60000 – **139 cam** ⌷ 260/370000 – ½ P 220/295000.

🏨 **Lombardia,** viale Lombardia 70 ⊠ 20131 𝒫 2824938, Fax 2893430 – ⧄ 🗐 📺 🕿 ⟷ – 🔬 30 a 100. 🖭 🕄 ⓞ 🗲 𝑽𝑰𝑺𝑨. ☆ rist　　　　　　　　　　　　　GQ **e**
　chiuso dal 7 al 21 agosto – **Pasto** *(chiuso sabato sera e domenica)* carta 32/70000 – **72 cam** ⌷ 150/199000 – ½ P 130/180000.

🏨 **Zefiro** senza rist, via Gallina 12 ⊠ 20129 𝒫 7384253, Fax 713811 – ⧄ 🗐 📺 🕿 – 🔬 30. 🕄
🗲 𝑽𝑰𝑺𝑨. ☆　　　　　　　　　　　　　　　　　　　　　　　　　　　　　　GR **r**
　chiuso dal 23 dicembre al 3 gennaio ed agosto – **55 cam** ⌷ 130/200000.

🏨 **Gala** ⟍ senza rist, viale Zara 89 ⊠ 20159 ℰ 66800891, Fax 66800463 – 🛗 🗐 📺 ☎ 🅟 –
🔬 30. 🖭 🛐 ⓞ **E** 𝕍𝕀𝕊𝔸, 🦋 ⋯⋯ FQ **a**
chiuso agosto – 🍴 15000 – **23 cam** 110/160000.

🏨 **Città Studi** ⟍ senza rist, via Saldini 24 ⊠ 20133 ℰ 744666, Fax 713122 – ☎. 🖭 🛐 **E**
𝕍𝕀𝕊𝔸 – 🍴 12000 – **45 cam** 90/120000. GR **d**

XXX ❀ **L'Ami Berton,** via Nullo 14 angolo via Goldoni ⊠ 20129 ℰ 713669, prenotare – 🗐. 🖭
🛐 **E** 𝕍𝕀𝕊𝔸, 🦋 ⋯⋯ GR **u**
chiuso sabato a mezzogiorno, domenica, agosto e Natale – **Pasto** 85/110000 e carta 78/
116000
Spec. Filetti di triglia e sparnocchie in citronette calda, Spaghetti alla carbonara di mare, Filetto di orata ai finferli e
zafferano.

XX Osteria Corte Regina, via Rottole 60 ⊠ 20132 ℰ 2593377, �ი, Rist. rustico elegante con
cucina lombarda CO **x**

XX **3 Pini,** via Tullo Morgagni 19 angolo via Arbe ⊠ 20125 ℰ 66805413, Fax 66801346,
prenotare, « Servizio estivo sotto un pergolato » – 🖭 🛐 ⓞ **E** 𝕍𝕀𝕊𝔸 𝙹𝙲𝙱 BO **a**
chiuso sabato, dal 25 dicembre al 4 gennaio e dal 5 al 31 agosto – **Pasto** carta 52/89000.

XX **Hostaria Mamma Lina,** viale Monza 256 ⊠ 20128 ℰ 2574770, �ი, Rist. e piano-bar
con specialità pugliesi – 🖭 🛐 ⓞ **E** 𝕍𝕀𝕊𝔸 BO **z**
chiuso sabato a mezzogiorno, Natale e Pasqua – **Pasto** 25/38000 (solo a mezzogiorno) e
carta 57/74000.

XX **Montecatini Alto,** viale Monza 7 ⊠ 20125 ℰ 2846773 – 🗐. 🖭 🛐 **E** 𝕍𝕀𝕊𝔸 GQ **g**
chiuso sabato a mezzogiorno, domenica ed agosto – **Pasto** carta 36/61000 (10%).

XX **Da Renzo,** piazza Sire Raul ang. via Teodosio ⊠ 20131 ℰ 2846261, �ი – 🗐. 🖭 🛐 ⓞ **E**
𝕍𝕀𝕊𝔸 GQ **h**
chiuso lunedì sera, martedì, dal 26 dicembre al 2 gennaio ed agosto – **Pasto** carta 39/58000.

XX **L'Altra Scaletta,** viale Zara 116 ⊠ 20125 ℰ 6888093, Fax 6888093 – 🗐. 🖭 🛐 ⓞ **E** 𝕍𝕀𝕊𝔸
🦋 ⋯⋯ FQ **e**
chiuso sabato a mezzogiorno, domenica ed agosto – **Pasto** carta 45/60000.

XX **Baia Chia,** via Bazzini 37 ⊠ 20131 ℰ 2361131, �ი, Specialità di mare, prenotare – 🗐. 🛐
E 𝕍𝕀𝕊𝔸, 🦋 ⋯⋯ GQ **a**
chiuso domenica, Natale, Pasqua ed agosto – **Pasto** carta 41/76000.

XX **Trattoria Vecchia Gorla-Franco l'Ostricaro,** via Ponte Vecchio 6 ang. Monte San
Gabriele ⊠ 20127 ℰ 2572310, �ი, Rist. tipico con specialità di mare – 🖭 🛐 **E** 𝕍𝕀𝕊𝔸
chiuso sabato a mezzogiorno, domenica ed agosto – **Pasto** 30/60000 (a mezzogiorno)
45/85000 (alla sera) e carta 44/64000. BO **f**

X Al Grissino, via Tiepolo 54 ⊠ 20129 ℰ 730392, Specialità di mare – 🗐 GR **z**

X Piero e Pia, piazza Aspari 2 ⊠ 20129 ℰ 718541, �ი, Trattoria con specialità piacentine
– 🗐. 🖭 🛐 ⓞ **E** 𝕍𝕀𝕊𝔸 GR **z**
chiuso domenica ed agosto – **Pasto** carta 47/63000.

X **La Paranza,** via Padova 3 ⊠ 20127 ℰ 2613224, Specialità di mare, Coperti limitati;
prenotare – 🗐. 🖭 🛐 **E** 𝕍𝕀𝕊𝔸 GQ **p**
chiuso lunedì ed agosto – **Pasto** carta 43/60000 (10%).

X **I Ricordi,** via Ricordi 8 ⊠ 20131 ℰ 29516987, �ი, Specialità di mare – 🖭 🛐 ⓞ **E** 𝕍𝕀𝕊𝔸
chiuso sabato a mezzogiorno, domenica, dal 1° al 7 gennaio e dal 1° al 23 agosto – **Pasto**
carta 40/76000. GQ **b**

X **La Villetta,** viale Zara 87 ⊠ 20159 ℰ 69007337, �ი FQ **a**
chiuso lunedì sera, martedì ed agosto – **Pasto** carta 30/57000.

X **Doge di Amalfi,** via Sangallo 41 ⊠ 20133 ℰ 730286, �ი, Rist. e pizzeria – 🗐. 🖭 🛐 ⓞ
E 𝕍𝕀𝕊𝔸 – *chiuso lunedì ed agosto* – **Pasto** carta 40/64000. GR **j**

X **Mykonos,** via Tofane 5 ⊠ 20125 ℰ 2610209, Taverna con cucina greca, prenotare –
chiuso a mezzogiorno, martedì ed agosto – **Pasto** carta 33/39000. BO **x**

Zona urbana sud-est – viale Molise, corso Lodi, via Ripamonti, corso San Gottardo

🏨 **Quark,** via Lampedusa 11/a ⊠ 20141 ℰ 84431, Telex 353448, Fax 8464190, �ი, ⬛, – 🛗
🦋⇆ cam 🗐 📺 ☎ ⬅ 🅟 – 🔬 25 a 1100. 🖭 🛐 ⓞ **E** 𝕍𝕀𝕊𝔸 𝙹𝙲𝙱. 🦋 rist BP **a**
chiuso dal 22 luglio al 25 agosto – **Pasto** carta 60/79000 – **285 cam** 🍴 330000.

🏨 **Novotel Milano Est Aeroporto,** via Mecenate 121 ⊠ 20138 ℰ 58011085,
Telex 331237, Fax 58011086, ⬛, – 🛗 🦋⇆ cam 🗐 📺 ☎ 🖐 🅟 – 🔬 25 a 350. 🖭 🛐 ⓞ **E** 𝕍𝕀𝕊𝔸
🦋 rist CP **b**
Pasto carta 50/70000 – **206 cam** 🍴 250/310000.

🏨 **Molise** senza rist, via Cadibona 2/a ⊠ 20137 ℰ 55181852, Fax 55184348 – 🛗 🗐 📺 ☎ 🅟
🖭 🛐 ⓞ **E** 𝕍𝕀𝕊𝔸, 🦋 GS **f**
chiuso dal 24 dicembre al 2 gennaio e dal 1° al 25 agosto – 🍴 15000 – **32 cam** 160/230000.

🏨 **Mec** senza rist, via Tito Livio 4 ⊠ 20137 ℰ 5456715, Fax 5456718 – 🛗 🗐 📺 ☎. 🖭 🛐 ⓞ
E 𝕍𝕀𝕊𝔸 – *chiuso agosto* – **40 cam** 🍴 136/187000. HN **r**

🏨 **Garden** senza rist, via Rutilia 6 ⊠ 20141 ℰ 55212838, Fax 57300678 – ☎ 🅟. 🖭 🛐 **E**
𝕍𝕀𝕊𝔸 – *chiuso agosto* – senza 🍴 – **23 cam** 71/97000. BP **z**

XX **La Plancia,** via Cassinis 13 ⊠ 20139 ℰ 5390558, Specialità di mare e pizzeria – 🗐. 🖭 🛐
ⓞ **E** 𝕍𝕀𝕊𝔸 – *chiuso domenica ed agosto* – **Pasto** carta 40/62000. BP **c**

X **Taverna Calabiana,** via Calabiana 3 ⊠ 20139 ℰ 55213075, Rist. e pizzeria – 🗐. 🖭 🛐 **E**
𝕍𝕀𝕊𝔸, 🦋 – *chiuso dal 24 dicembre al 5 gennaio, dal 16 al 21 april, agosto, domenica e lunedì*
– **Pasto** carta 45/60000. FS **a**

Zona urbana sud-ovest – viale Famagosta, viale Liguria, via Lorenteggio, viale Forze Armate, via Novara

🏨 **Holiday Inn**, via Lorenteggio 278 ⊠ 20152 𝒫 410014, Fax 48304729, ⌧ – 🛗 ↔ cam 🖿
📺 🕿 ⅊ ⟺ ⊕ – 🔬 70. 🖭 🕄 ⊙ 𝐄 𝘝𝘐𝘚𝘈 💃𝘊𝘉. 🛠 rist   AP
Pasto 40/65000 e al Rist. *L'Univers Gourmand* carta 41/77000 – ⌧ 32000 – **119 cam** 290/360000.

🏨 **Green House** senza rist, viale Famagosta 50 ⊠ 20142 𝒫 8132451, Fax 816624 – 🛗 🖿 📺
🕿 ⅊ ⟺. 🖭 🕄 ⊙ 𝐄 𝘝𝘐𝘚𝘈. 🛠   AP   **d**
⌧ 14000 – **45 cam** 115/170000.

XXX ✿✿ **Aimo e Nadia**, via Montecuccoli 6 ⊠ 20147 𝒫 416886, Fax 48302005, Coperti limitati; prenotare – 🖿. 🖭 🕄 ⊙ 𝐄 𝘝𝘐𝘚𝘈. 🛠   AP   **e**
chiuso sabato a mezzogiorno, domenica, dal 1° al 6 gennaio ed agosto – **Pasto** 50/95000 (a mezzogiorno) 95000 (alla sera) e carta 95/130000.
Spec. Passata di peperoni con gnocchi di ceci (estate-autunno), Piccione al Vin Santo e tartufo con polenta di farina di castagne (autunno-inverno), Bacio alle nocciole farcito ai marroni e gianduia (autunno-primavera).

XX **La Corba**, via dei Gigli 14 ⊠ 20147 𝒫 4158977, « Servizio estivo in giardino » – 🖭 🕄 ⊙
𝐄 𝘝𝘐𝘚𝘈   AP   **f**
chiuso domenica sera, lunedì e dal 7 al 30 agosto – **Pasto** carta 49/75000.

X **Da Leo**, via Trivulzio 26 ⊠ 20146 𝒫 40071445, Specialità di mare – 🖿. 🛠   DR   **v**
chiuso domenica, lunedì sera, dal 25 dicembre al 6 gennaio e dal 7 al 30 agosto – **Pasto** carta 45/61000 (10%).

X **La Darsena**, via Lorenteggio 47 ⊠ 20146 𝒫 4231298 – 🖿. 🖭 🕄 ⊙ 𝐄 𝘝𝘐𝘚𝘈   AP   **x**
chiuso domenica e dal 1° al 29 agosto – **Pasto** carta 40/58000.

Dintorni di Milano

a Chiaravalle Milanese SE : 7 km (Pianta : Milano p. 9 BCP) :

XX **Antica Trattoria San Bernardo**, via San Bernardo 36 ⊠ 20139 Milano 𝒫 57409831, Rist. rustico elegante, « Servizio estivo all'aperto » – ⊕ 🖭 🕄 𝘝𝘐𝘚𝘈. 🛠   CP   **n**
chiuso domenica sera, lunedì ed agosto – **Pasto** carta 56/86000.

sulla strada statale 35-quartiere Milanofiori per ⑧ : 10 km :

🏨 **Jolly Hotel Milanofiori**, Strada 2 ⊠ 20090 Assago 𝒫 82221, Telex 325314, Fax 89200946, *ƒ₅*, ≦ₛ, 🛠 – 🛗 ↔ cam 🖿 📺 🕿 ⅊ ⊕ – 🔬 120. 🖭 🕄 ⊙ 𝐄 𝘝𝘐𝘚𝘈. 🛠 rist
Pasto 50000 – **255 cam** ⌧ 320/340000 – ½ P 290000.

al Parco Forlanini (lato Ovest) E : 10 km (Pianta : Milano p. 9 CP) :

XX **Osteria I Valtellina**, via Taverna 34 ⊠ 20134 Milano 𝒫 7561139, Specialità valtellinesi, « Servizio estivo sotto un pergolato » – ⊕   CP   **h**

sulla strada Nuova Vigevanese-quartiere Zingone per ⑩ : 11 km per via Lorenteggio :

🏨 **Eur** senza rist, ⊠ 20090 Zingone di Trezzano 𝒫 4451951, Fax 4451075 – 🛗 🖿 📺 🕿 ⊕ –
🔬 70. 🖭 🕄 ⊙ 𝐄 𝘝𝘐𝘚𝘈 💃𝘊𝘉
41 cam ⌧ 120/150000.

🏨 **Tiffany**, ⊠ 20090 Zingone di Trezzano 𝒫 4452859, Fax 4450944, 🍴 – 🛗 🖿 cam 📺 🕿
⊕ – 🔬 70. 🖭 🕄 ⊙ 𝐄 𝘝𝘐𝘚𝘈. 🛠
chiuso dall'11 al 21 agosto – **Pasto** *(chiuso sabato sera, domenica e dal 28 luglio al 29 agosto)* carta 45/90000 – **36 cam** ⌧ 95/120000.

sulla tangenziale ovest-Assago per ⑩ : 14 km :

🏨 **Forte Agip**, ⊠ 20094 Assago 𝒫 4880441, Telex 325191, Fax 48843958, ⌧ – 🛗 ↔ cam
🖿 📺 🕿 ⅊ ⊕ – 🔬 300. 🖭 🕄 ⊙ 𝐄 𝘝𝘐𝘚𝘈 💃𝘊𝘉. 🛠
Pasto 35/40000 – **219 cam** ⌧ 189/240000 – ½ P 150/214000.

MICHELIN, a Pregnana Milanese, viale dell'Industria 23/25 (per strada statale 33 AO Milano p. 8) - ⊠ 20010 Pregnana Milanese, 𝒫 93590160, Fax 93590270.

MILANO 2 Milano – Vedere Segrate.

MILANO MARITTIMA Ravenna 👯👯 ⑮, 👯👯👯 J 19 – Vedere Cervia.

MILAZZO Messina 👯👯👯 ㊲ ㊳, 👯👯👯 M 27 – Vedere Sicilia alla fine dell'elenco alfabetico.

MINERBIO **40061** Bologna 👯👯👯 ⑮, 👯👯👯 👯👯👯 I 16 – 6 767 ab. alt. 16 – ✿ 051.

Roma 399 – ◆Bologna 23 – ◆Ferrara 30 – ◆Modena 59 – ◆Ravenna 93.

🏨 **Nanni**, 𝒫 878276, Fax 876094, 🍴 – 🛗 🖿 📺 🕿 ⊕. 🖭 🕄 ⊙ 𝐄 𝘝𝘐𝘚𝘈. 🛠
Pasto *(chiuso dal 24 dicembre al 7 gennaio e dall'8 al 21 agosto)* carta 30/42000 – **35 cam**
⌧ 110/150000 – ½ P 90/100000.

XX ✿ **Osteria Dandy**, località Tintoria NE : 2 km 𝒫 876040, prenotare – ⊕. 🖭 🕄 ⊙ 𝐄 𝘝𝘐𝘚𝘈
chiuso agosto, domenica sera, lunedì e in luglio anche a mezzogiorno – **Pasto** carta 37/61000.
Spec. Stracci di sfoglia con ragù di coniglio, Gramigna al torchio con salsiccia, Maialino arrostito nel latte.

387

MINORI 84010 Salerno **431** E 25 – 3 075 ab. – a.s. Pasqua, 15 giugno-15 settembre e Natale – ✪ 089.

Roma 269 – ◆Napoli 67 – Amalfi 3 – Salerno 22.

🏠 **Santa Lucia,** ✎ 853636, Fax 877142 – 📺 ☎ 🚗. 🗚 🚾 ⑩ 🄴 *VISA*. ⅍ rist
marzo-ottobre – **Pasto** carta 30/48000 (10%) – ☷ 10000 – **27 cam** 65/80000 – ½ P 65/80000.

XX **Giardiniello,** corso Vittorio Emanuele 17 ✎ 877050, Rist. e pizzeria, « Servizio estivo sotto un pergolato » – 🗚 🚾 ⑩ 🄴 *VISA* ⅍
chiuso dal 15 al 31 gennaio e mercoledì (escluso da giugno a settembre) – **Pasto** carta 34/62000 (10%).

X **L'Arsenale,** ✎ 851418, Rist. e pizzeria
chiuso giovedì in bassa stagione – **Pasto** carta 35/64000 (10%).

MIRA 30034 Venezia **988** ⑤, **429** F 18 – 36 492 ab. alt. 6 – ✪ 041.

Vedere Sala da ballo★ della Villa Costanzo.

Escursioni Riviera del Brenta★★ per la strada S11.

🛈 via Don Minzoni 26 ✎ 424973, Fax 423844.

Roma 514 – ◆Venezia 20 – Chioggia 39 – ◆Milano 253 – ◆Padova 23 – Treviso 35.

🏨 **Villa Margherita,** via Nazionale 416 ✉ 30030 Mira Porte ✎ 4265800, Fax 4265838, « Piccolo parco » – 🗏 📺 ☎ 🅿. 🗚 🚾 ⑩ 🄴 *VISA* ⅍
Pasto vedere rist **Margherita** – ☷ 12000 – **18 cam** 165/245000 – ½ P 165000.

🏨 **Riviera dei Dogi** senza rist, via Don Minzoni 33 ✉ 30030 Mira Porte ✎ 424466, Fax 424428 – 🗏 📺 ☎ 🅿. 🗚 🚾 ⑩ 🄴 *VISA*
☷ 15000 – **28 cam** 95/130000.

XXX **Margherita,** via Nazionale 312 ✉ 30030 Mira Porte ✎ 420879, Specialità di mare, 🌳 –
🗏 🅿 – 🛄 80. 🗚 🚾 ⑩ 🄴 *VISA*. ⅍
chiuso martedì sera, mercoledì e dal 1° al 20 gennaio – **Pasto** carta 46/63000.

XX **Nalin,** via Novissimo 29 ✎ 420083, Specialità di mare, 🌳 – 🗏 🅿. 🗚 🚾 ⑩ 🄴 *VISA*. ⅍
chiuso domenica sera, lunedì, dal 26 dicembre al 5 gennaio ed agosto – **Pasto** carta 36/58000.

XX **Vecia Brenta** con cam, via Nazionale 403 ✉ 30030 Mira Porte ✎ 420114, Specialità di mare – 🗏 📺 🅿. 🗚 🚾 ⑩ 🄴 *VISA*. ⅍
chiuso gennaio – **Pasto** *(chiuso mercoledì)* carta 35/60000 – ☷ 6000 – **8 cam** 55/85000 – ½ P 65000.

X **Dall'Antonia,** via Argine Destro 75 (SE : 3 km) ✎ 5675618, Specialità di mare – 🗏 🅿. 🗚 🄴 *VISA*
chiuso domenica sera, martedì, gennaio ed agosto – **Pasto** carta 38/66000.

X **Anna e Otello,** località Piazza Vecchia SE : 3 km ✎ 5675335, Specialità di mare – 🗏. 🗚 *VISA*
chiuso lunedì, martedì a mezzogiorno e dal 10 al 30 gennaio – **Pasto** carta 40/63000.

MIRABELLA ECLANO 86036 Avellino **431** D 26 – 8 451 ab. alt. 377 – ✪ 0825.

Roma 244 – ◆Foggia 79 – Avellino 34 – Benevento 24 – ◆Napoli 87 – Salerno 66.

sull'autostrada A 16 Mirabella Sud N : 3 km

🏨 **Mirabella Hotel,** ✉ 86036 ✎ 449724, Fax 449728 – 📳 🗏 📺 ☎ 🅿 – 🛄 100. 🗚 ⑩ 🄴 *VISA*
Pasto carta 30/56000 – ☷ 7000 – **37 cam** 80/120000 – ½ P 100000.

MIRABELLA IMBACCARI Catania **988** ㊱, **432** P 25 – Vedere Sicilia alla fine dell'elenco alfabetico.

MIRAMARE Rimini **988** ⑮ ⑯, **430** J 19 – Vedere Rimini.

MIRANDOLA 41037 Modena **988** ⑭, **429** H 15 – 21 575 ab. alt. 18 – ✪ 0535.

Roma 436 – ◆Bologna 56 – ◆Ferrara 58 – Mantova 55 – ◆Milano 202 – Modena 32 – ◆Parma 88 – ◆Verona 70.

🏨 **Pico** senza rist, ✎ 20050, Fax 26873 – 📳 🗏 📺 ☎ 🅿. 🗚 🚾 ⑩ 🄴 *VISA*
chiuso dal 4 al 26 agosto – ☷ 14000 – **26 cam** 85/112000.

MIRANO 30035 Venezia **988** ⑤, **429** F 18 – 25 782 ab. alt. 9 – ✪ 041.

Roma 516 – ◆Venezia 21 – ◆Milano 253 – ◆Padova 25 – Treviso 30 – ◆Trieste 158.

🏨 **Park Hotel Villa Giustinian** senza rist, via Miranese 85 ✎ 5700200, Fax 5700355, « Parco con ⚓ » – 📳 📺 ☎ 🅿. 🗚 🚾 ⑩ 🄴 *VISA*
☷ 10000 – **29 cam** 90/140000, 2 appartamenti.

🏨 **Patriarca,** via Miranese 25 ✎ 430006, Fax 5702077, ⚓, 🌳, ⅍ – 🗏 📺 ☎ 🅿. 🗚 🚾 ⑩ 🄴 *VISA* *JCB*. ⅍ rist
Pasto carta 40/60000 – ☷ 10000 – **29 cam** 90/150000

🏠 **Leon d'Oro** 🐾, via Canonici 3 (S : 3 km) ✎ 432777, Fax 431501, ⚓, 🌳 – ⇖ cam 🗏 📺 ☎ ♿ 🅿. 🗚 🚾 ⑩ 🄴 *VISA* *JCB*. ⅍ rist
Pasto 28/35000 – **22 cam** ☷ 95/150000 – ½ P 90/120000.

X **19 al Paradiso,** via Luneo 37 (N : 2 km) ✎ 431939, ㊅ – 🗏 🅿. 🗚 🚾 ⑩ 🄴 *VISA*. ⅍
chiuso lunedì ed agosto – **Pasto** carta 37/57000.

MISANO ADRIATICO 47046 Rimini 429 430 K 20 – 8 850 ab. – a.s. 15 giugno-agosto – ۞ 0541.

🏠 via Platani 22 ℰ 615520, Fax 613295.

Roma 318 – ◆Bologna 126 – Forlì 65 – ◆Milano 337 – Pesaro 20 – ◆Ravenna 68 – San Marino 38.

🏨 **Atlantic,** via Sardegna 28 ℰ 614161, Fax 613748, ⌁ riscaldata – 🛗 🗐 📺 ☎ 🅿. 🔟 E 𝘷𝘪𝘴𝘢.
 ℅ rist
 Pasqua-settembre – **Pasto** 30/45000 – � 15000 – **39 cam** 85/150000 – ½ P 63/110000.

🏨 Gala, via Pascoli 8 ℰ 615109, Fax 614800 – 🛗 🗐 ☜ 🅿
 stagionale **28 cam.**

🏠 **Haway,** via Sardegna 21 ℰ 610309 – 🛗 🗐 rist ☎ 🅿. ℅ rist
 15 maggio-20 settembre – **Pasto** 23/25000 – **39 cam** ⊆ 55/85000 – ½ P 40/65000.

🏠 **Villa Rosa,** Litoranea Sud 4 ℰ 613601, Fax 615890, ≤ – 🛗 ☜ 🅿. ℅
 15 maggio-20 settembre – **Pasto** (solo per clienti alloggiati) 22/27000 – ⊆ 12000 – **33 cam**
 100000 – ½ P 45/80000.

XX **Taverna del Marinaio,** via del Ciglio 16 ℰ 615658, ≤ – 🅿. 🆎 🔟 ⓞ E 𝘷𝘪𝘴𝘢. ℅
 chiuso dal 20 ottobre al 20 dicembre e martedì escluso da giugno a settembre – **Pasto**
 carta 39/67000.

 a Misano Monte O : 5 km – ✉ **47046 :**

🏨 **I Girasoli** ⌂ senza rist, via Ca' Rastelli 13 ℰ 610724, Fax 692354, « Giardino ombreg-
 giato con ⌁ riscaldata e ℅ » – 📺 ☎ 🅿. 🆎 🔟 ⓞ E 𝘷𝘪𝘴𝘢
 7 cam ⊆ 150/220000.

MISSIANO (MISSIAN) Bolzano 218 ⑳ – Vedere Appiano.

MISURINA 32040 Belluno 988 ⑤, 429 C 18 – alt. 1 756 – Sport invernali : 1756/2 220 m ⥮4, ⚡
 vedere anche Auronzo di Cadore) – ۞ 0436.

Vedere Lago★★ – Paesaggio pittoresco★★★.

Roma 686 – Auronzo di Cadore 24 – Belluno 86 – Cortina d'Ampezzo 15 – ◆Milano 429 – ◆Venezia 176.

🏨 **Lavaredo** ⌂, ℰ 39227, Fax 39127, ≤ Dolomiti e lago, ☎s, ℅ – 📺 ☎ 🅿. 🔟 E 𝘷𝘪𝘴𝘢. ℅
 chiuso novembre – **Pasto** carta 30/55000 – ⊆ 12000 – **31 cam** 100/140000 – ½ P 55/
 100000.

MODENA 41100 ℙ 988 ⑭, 428 429 430 I 14 – 177 121 ab. alt. 35 – ۞ 059.

Vedere Duomo★★★ AY – Metope★★ nel museo del Duomo AY – Galleria Estense★★, biblioteca
Estense★, sala delle medaglie★ nel palazzo dei Musei AY – Palazzo Ducale★ BY A.

🏌 (chiuso martedì) a Colombaro di Formigine ✉ 41050 ℰ 553482, Fax 553696, per ④ : 10 km.

🏠 via Scudari 30 ℰ 222482, Fax 214591.

A.C.I. via Verdi 7 ℰ 239022.

Roma 404 ④ – ◆Bologna 40 ③ – ◆Ferrara 84 ④ – ◆Firenze 130 ④ – ◆Milano 170 ⑤ – ◆Parma 56 ⑤ –
◆Verona 101 ⑤.

Pianta pagina seguente

🏨🏨 **Real Fini,** via Emilia Est 441 ℰ 238091, Telex 510286, Fax 364804 – 🛗 🗐 📺 ☎ 🕭 ⇐ 🅿
 – 🛎 40 a 600. 🆎 🔟 ⓞ E 𝘷𝘪𝘴𝘢. ℅   per ③
 chiuso dal 22 dicembre al 1° gennaio e dal 22 luglio al 27 agosto – **Pasto** vedere rist **Fini** – ⊆
 19000 – **91 cam** 200/300000, appartamento – ½ P 190/290000.

🏨🏨 **Gd H. Raffaello e dei Congressi,** via per Cognento 5 ℰ 357035, Telex 521176,
 Fax 354522 – 🛗 🗐 📺 ☎ ⇐ 🅿 – 🛎 70 a 250. 🆎 🔟 ⓞ E 𝘷𝘪𝘴𝘢. ℅ rist   3 km per ⑤
 Pasto 33/45000 – **127 cam** ⊆ 207/263000, 12 appartamenti – ½ P 164/204000.

🏨🏨 **Canalgrande,** corso Canal Grande 6 ℰ 217160, Telex 510480, Fax 221674, « Sale sette-
 centesche e giardino ombreggiato » – 🛗 🗐 📺 ☎. 🆎 🔟 ⓞ E 𝘷𝘪𝘴𝘢   BZ **v**
 Pasto (chiuso martedì e dal 1° al 20 agosto) carta 50/60000 – ⊆ 18000 – **79 cam** 180/
 262000 – ½ P 215000.

🏨🏨 **Central Park Hotel** senza rist, viale Vittorio Veneto 10 ℰ 225858, Telex 522225,
 Fax 225141 – 🛗 🗐 📺 ☎ 🅿 – 🛎 35. 🆎 🔟 ⓞ E 𝘷𝘪𝘴𝘢. ℅   AY **a**
 chiuso dal 23 dicembre al 6 gennaio e dal 29 luglio al 27 agosto – **48 cam** ⊆ 160/200000, 2
 appartamenti.

🏨 **Donatello,** via Giardini 402 ℰ 344550, Fax 342803 – 🛗 🗐 📺 ☎ ⇐ – 🛎 50. 🆎 🔟 ⓞ E
 𝘷𝘪𝘴𝘢. ℅ rist   per ⑤
 Pasto 32/48000 e al Rist. **La Gola** (chiuso lunedì ed agosto) carta 31/45000 – ⊆ 20000 –
 74 cam 90/120000, 🗐 19000.

🏨 **Eden** senza rist, via Emilia Ovest 666 ℰ 335660, Fax 820108 – 🛗 🗐 📺 ☎ ⇐ 🅿 –
 🛎 40 a 300. 🆎 🔟 ⓞ E 𝘷𝘪𝘴𝘢   per ⑥
 80 cam ⊆ 85/120000.

🏨 **Libertà** senza rist, via Blasia 10 ℰ 222365, Fax 222502 – 🛗 📺 ☎ ⇐. 🆎 🔟 ⓞ E 𝘷𝘪𝘴𝘢.
 ℅   BY **e**
 chiuso dal 24 dicembre al 2 gennaio ed agosto – ⊆ 15000 – **48 cam** 90/130000.

🏨 **Lux** senza rist, via Galilei 218/a ℰ 353308, Fax 341400 – 🛗 🗐 📺 ☎ – 🛎 80. 🆎 🔟 ⓞ E
 𝘷𝘪𝘴𝘢   3 km per ⑤
 chiuso dal 22 dicembre al 2 gennaio ed agosto – ⊆ 12000 – **43 cam** 90/110000.

MODENA

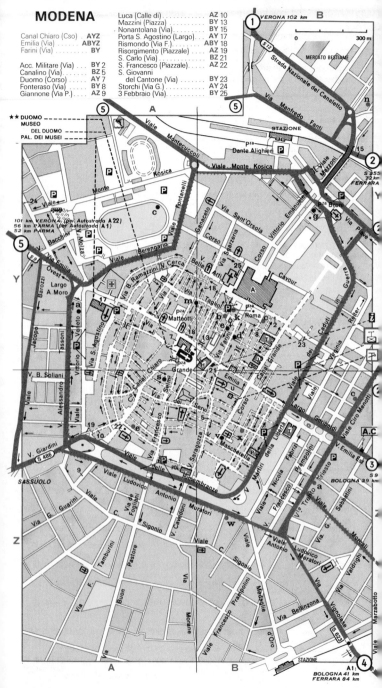

390

🏨 **Principe** senza rist, corso Vittorio Emanuele 94 ℰ 218670, Fax 237693 – 📶 💭 📺 ☎ 👌 🝙 🕄 🕦 🗉 *VISA*
BY **g**
⌷ 14000 – **51 cam** 98/128000, 🗏 8000.

🏨 **Milano,** corso Vittorio Emanuele II, 68 ℰ 223011, Fax 225136 – 📶 🗏 rist 📺 ☎ 🝙 🕄 🕦
E *VISA* *JCB*
AY **c**
Pasto *(chiuso domenica)* carta 30/56000 – ⌷ 10000 – **63 cam** 65/90000 – ½P 70/110000.

🏨 **Roma** senza rist, via Farini 44 ℰ 222218, Fax 223747 – 📶 📺 ☎ 🚗 🝙 🕄 🕦 E *VISA*
BY **d**
⌷ 14000 – **53 cam** 88/120000, 2 appartamenti.

🏨 **Centrale** senza rist, via Rismondo 55 ℰ 218808, Fax 238201 – 📶 🗏 📺 ☎ 🝙 🕄 🕦 E *VISA* *JCB*, ⚘
ABY **m**
⌷ 15000 – **37 cam** 80/110000.

🏠 **La Torre** senza rist, via Cervetta 5 ℰ 222615, Fax 216316 – 📺 ☎ 🚗 🝙 🕄 *JCB*, ⚘
AZ **s**
⌷ 12000 – **26 cam** 60/90000.

❌❌❌ ☺☺ **Fini,** rua Frati Minori 54 ℰ 223314, Fax 220247, prenotare – 🗏 🝙 🕄 🕦 E *VISA*
AZ **e**
chiuso lunedì, martedì, dal 24 al 31 dicembre e dal 24 luglio al 29 agosto – **Pasto** carta 74/108000
Spec. Tortellini in brodo, Fritto misto all'italiana, Bollito misto dal carrello.

❌❌❌ **Modena Due,** via Scaglia 17 ℰ 342806, Fax 341632, Rist. panoramico – 🗏 – 🏄 80. 🝙 🕄 🕦 E *VISA*, ⚘
per via Giardini AZ
chiuso sabato a mezzogiorno, domenica, dal 24 al 30 dicembre ed agosto – **Pasto** 40000 (a mezzogiorno) 65/92000 bc (alla sera) e carta 52/90000.

❌❌❌ ☺ **Borso d'Este,** piazza Roma 5 ℰ 214114, prenotare – 🗏 🝙 🕄 🕦 E *VISA*, ⚘ BY **k**
chiuso sabato a mezzogiorno, domenica ed agosto – **Pasto** carta 50/65000
Spec. Insalata di garretto all'aceto balsamico, Risotto al radicchio e zucca, Sella d'agnello gratinata alle erbe.

❌❌ **Osteria Toscana,** via Gallucci 21 ℰ 211312 – 🝙 🕄 🕦 E *VISA* BZ **x**
chiuso domenica, lunedì ed agosto – **Pasto** carta 45/62000.

❌❌ **Le Temps Perdu,** via Sadoleto 3 ℰ 220353, Specialità di mare, Coperti limitati; prenotare – 🝙 🕄 🕦 E *VISA* BZ **w**
chiuso a mezzogiorno, lunedì e dal 10 al 17 agosto – **Pasto** carta 67/105000.

❌❌ **Lauro,** via Menotti 61 ℰ 214264 – 🝙 🕄 🕦 E *VISA* *JCB* BZ **c**
chiuso la sera (escluso giovedì-venerdì), domenica ed agosto – **Pasto** carta 42/54000.

❌❌ **Livi,** via Trento e Trieste 71 ℰ 217114, Fax 226830 – 🗏 🝙 🕄 🕦 E *VISA* *JCB*, ⚘ BZ **a**
chiuso lunedì – **Pasto** carta 48/74000.

❌❌ **Bianca,** via Spaccini 24 ℰ 311524, 🌳 – 🝙 🕄 🕦 E *VISA*, ⚘ BY **n**
chiuso sabato a mezzogiorno, domenica, Natale, Pasqua ed agosto – **Pasto** carta 44/63000.

❌❌ **Oreste,** piazza Roma 31 ℰ 243324 – 🏄 40. 🝙 🕄 🕦 E *VISA* BY **c**
chiuso domenica sera, mercoledì e dal 10 al 31 luglio – **Pasto** 28000 e carta 41/68000.

❌❌ **Aurora,** via Coltellini 24 ℰ 225191, 🌳, Solo piatti di pesce da giovedì a sabato – 🗏 🝙 🕄 🕦 E *VISA*, ⚘ BY **b**
chiuso lunedì, martedì a mezzogiorno e dal 17 agosto al 6 settembre – **Pasto** carta 37/65000 (10%).

❌ **Al Boschetto-da Loris,** via Due Canali Nord 202 ℰ 251759, « Servizio estivo in giardino » – 🅿, 🕦 E *VISA*, ⚘
per ② *chiuso mercoledì, domenica sera ed agosto* – **Pasto** carta 31/45000.

sulla strada statale 9 – via Emilia:

🏨🏨 **Rechigi Park Hotel,** località Fossalta per ③ : 4 km ✉ 41100 Modena ℰ 283600, Fax 283910, ♨, 🍸 – 📶 🗏 📺 ☎ 👌 🅿 – 🏄 100. 🝙 🕄 🕦 E *VISA*
Pasto vedere rist **Antica Moka** – ⌷ 18000 – **76 cam** 170/240000.

❌❌ **Vinicio,** località Fossalta per ③ : 4 km ✉ 41100 Modena ℰ 280313, Fax 281902, « Servizio estivo all'aperto » – 🗏 🅿 – 🏄 100. 🝙 🕄 🕦 E *VISA* *JCB*, ⚘
chiuso domenica, lunedì ed agosto – **Pasto** 25/40000 (a mezzogiorno) 35/55000 (alla sera) e carta 34/49000.

❌❌ **Antica Moka** - Rechigi Park Hotel, località Fossalta per ③ : 4 m ✉ 41100 Modena ℰ 284008, 🌳 – 🗏 🅿. 🝙 🕄 🕦 E *VISA*, ⚘
chiuso sabato a mezzogiorno, domenica e dal 15 al 22 agosto – **Pasto** carta 45/72000.

❌❌ **La Quercia di Rosa,** località Fossalta per ③ : 4 km ✉ 41100 Modena ℰ 280730, « Servizio estivo in giardino » – 🅿. 🝙 🕄 🕦 E *VISA*, ⚘
chiuso martedì, domenica, Natale e dall'8 al 22 agosto – **Pasto** carta 42/63000.

❌❌ **Green Grill-da Gaetano,** via Emilia Ovest 802 per ⑤ : 3 km ✉ 41100 Modena ℰ 330073, « Giardino con servizio estivo » – 👌. 🝙 🕄 🕦 E *VISA* *JCB*, ⚘
chiuso domenica e dal 3 al 27 agosto – **Pasto** carta 34/49000.

❌ **La Piola,** strada Cave di Ramo 248 per ⑤ : 6 km ✉ 41010 Modena ℰ 848052, Vecchia cucina modenese, « Servizio estivo all'aperto »
chiuso a mezzogiorno (escluso domenica), lunedì, martedì e dal 10 al 22 agosto – **Pasto** 25/35000.

sull'autostrada A 1 – Secchia per ⑤ : 7 km :

🏨 **Forte Agip** senza rist, ✉ 41100 Modena ℰ 848221, Telex 522185, Fax 848522 – 📶 🗏 📺 ☎ 👌 🅿 – 🏄 30 a 150. 🝙 🕄 🕦 E *VISA*
184 cam ⌷ 129/168000.

sulla strada statale 12 :

🏨 **Mini Hotel** senza rist, via Giardini 1270 per ⑤ : 7 km ⊠ 41100 Modena ℰ 510051, Fax 511187 – 🛗 🗐 ▤ 📺 ☎ 🅿. ஊ 🗄 ⑩ 🗉 *VISA*
chiuso dal 10 al 20 agosto – ⇆ 12000 – **26 cam** 80/110000.

✕✕ **Al Caminetto-da Dino**, strada Martiniana 240 per ⑤ : 9,5 km ℰ 510152 – 🅿. ஊ 🗄 ⑩ 🗉 *VISA*
chiuso lunedì, dal 23 al 30 dicembre e dal 16 al 26 agosto – **Pasto** carta 44/65000.

sulla strada provinciale per Campogalliano per ⑤ : 7 km :

✕ **Quattro Ville** ⊠ 41100 Modena ℰ 525731 – 🅿. 🗄 ⑩ *VISA*. ❄
chiuso domenica e dal 15 al 21 agosto – **Pasto** carta 31/45000.

a Marzaglia per ⑤ : 10 km – ⊠ 41010 :

✕✕ **La Masseria**, ℰ 389262, Cucina tipica pugliese, prenotare la sera, « Servizio estivo in giardino » – ஊ 🗄 ⑩ 🗉 *VISA* ᴊᴄв. ❄
chiuso martedì e dal 24 dicembre al 5 gennaio – **Pasto** carta 39/61000.

sulla via Vignolese :

✕✕ **Baia del Re** con cam, prossimità casello autostrada ⊠ 41010 San Dàmaso ℰ 469135 – ☎ ⇌ 🅿. ஊ 🗄 ⑩ *VISA*
chiuso dal 24 dicembre al 16 gennaio e dal 1° al 20 agosto – **Pasto** *(chiuso domenica)* carta 66/92000 – ⇆ 10000 – **14 cam** 55/90000.

✕✕ **Antica Trattoria la Busa**, prossimità casello autostrada ⊠ 41057 Spilamberto ℰ 469422, ㄽ – 🅿. ஊ 🗄 ⑩ 🗉 *VISA*. ❄
chiuso lunedì ed agosto – **Pasto** carta 38/51000.

MODICA Ragusa ⑨⑧⑧ �37, ㊃㉛㉒ Q 26 – Vedere Sicilia alla fine dell'elenco alfabetico.

MODUGNO 70026 Bari ⑨⑧⑧ ㉙, ㊃㉛㉑ D 32 – 37 086 ab. alt. 79 – ✆ 080.
Roma 443 – ♦Bari 11 – Barletta 56 – Matera 53 – ♦Taranto 93.

sulla strada statale 96 :

🏨 **H R**, NE : 3 km ⊠ 70123 Bari Ovest ℰ 5057029, Fax 5057029, ⊿, ㄱ, ✕ – 🛗 🗐 ▤ 📺 ☎ 🅿 – 🎇 25 a 150. ஊ 🗄 ⑩ 🗉 *VISA*. ❄ rist
Pasto *(chiuso sabato sera e domenica)* carta 40/57000 – ⇆ 15000 – **93 cam** 160/193000 – ½ P 150/190000.

MOENA 38035 Trento ⑨⑧⑧ ④ ⑤, ㊃㉙⑨ C 16 – 2 568 ab. alt. 1 184 – a.s. febbraio-Pasqua, agosto e Natale – Sport invernali : ad Alpe Lusia : 1 184/2 300 m ⬳2 ⬳9 (vedere anche passoSan Pellegrino) – ✆ 0462.

🛈 piazza Cesare Battisti 33 ℰ 573122, Fax 574342.
Roma 671 – ♦Bolzano 44 – Belluno 69 – Cortina d'Ampezzo 74 – ♦Milano 329 – Trento 89.

🏨 **Alpi**, ℰ 573194, Fax 574412, ≼, ㅎ – 🛗 📺 ☎ 🅿. ஊ 🗄 🗉 *VISA*. ❄
15 dicembre-20 aprile e 15 giugno-settembre – **Pasto** carta 34/44000 – ⇆ 10000 – **37 cam** 90/150000 – ½ P 70/130000.

🏨 **Patrizia** ⒮, ℰ 573185, Fax 574087, ≼, ㄱ – 🛗 📺 ☎ 🅿. 🗄 ⑩ *VISA*. ❄
20 dicembre-Pasqua e 20 giugno-20 settembre – **Pasto** 30/40000 – ⇆ 12000 – **34 cam** 98/180000 – ½ P 80/120000.

🏨 **Monza** ⒮, ℰ 573205, Fax 573609, ≼, ㅎ – 🛗 📺 ☎ ⇌ 🅿. ஊ 🗄 ⑩ 🗉 *VISA*. ❄ rist
20 dicembre-20 aprile e 15 giugno-20 settembre – **Pasto** 28/38000 – ⇆ 12000 – **16 cam** 110/180000, 2 appartamenti – ½ P 90/125000.

🏨 **Dolce Casa** ⒮, ℰ 573126, ≼ Dolomiti – 🛗 📺 ☎ 🅿
stagionale **41 cam.**

🏨 **Post Hotel**, ℰ 573760, Fax 573281 – 🛗 📺 ☎. ஊ ⑩ 🗉 *VISA*. ❄
dicembre-Pasqua e 15 giugno-settembre – **Pasto** vedere rist **Tyrol** – ⇆ 17000 – 15 appartamenti 175000 – ½ P 130000.

🏨 **Leonardo** ⒮, ℰ 573355, Fax 574611, ≼, ㄱ – 🛗 📺 ☎ 🅿. ❄ rist
20 dicembre-aprile e 15 giugno-settembre – **Pasto** carta 40/54000 – **21 cam** ⇆ 90/145000 – ½ P 75/125000.

🏨 **Catinaccio** ⒮, ℰ 573235, Fax 574474, ≼ Dolomiti, ㅎ – 🛗 📺 ☎ ⇌ 🅿. ஊ 🗄 🗉 *VISA*. ❄ rist
Pasto *(chiuso dal 21 marzo a giugno e dal 16 settembre al 19 dicembre)* 36/47000 – **52 cam** ⇆ 139/200000 – ½ P 75/150000.

🏨 **La Rondinella**, ℰ 573258, Fax 574524 – 🛗 📺 ☎ 🅿
stagionale **20 cam.**

🏨 **Cavalletto**, ℰ 573164, Fax 574625, ㅎ – 🛗 📺 ☎ ♿
Pasto 20/30000 – **33 cam** ⇆ 50/80000 – ½ P 50/105000.

ХХ ۞ **Malga Panna,** O : 1,5 km ℰ 573489, ≤ Dolomiti, 🏠 – 🅿. ㏂ 🕄 ⓞ Ε 𝗩𝗜𝗦𝗔. ⁒
Natale-Pasqua e giugno-settembre; chiuso lunedì (escluso luglio-agosto) – **Pasto** 45/65000
e carta 46/71000
Spec. Zuppa di porcini e tartufi in crosta di pane (inverno), Mezzelune al formaggio grana e crema di polenta,
Saccottini di capriolo e finferli.

ХХ **Tyrol,** ℰ 573760 – 🖹. ㏂ ⓞ 𝗩𝗜𝗦𝗔. ⁒
dicembre-Pasqua e 15 giugno-settembre – **Pasto** carta 39/56000.

ХХ ۞ **Ja Navalge,** ℰ 573930 – 🕄 Ε 𝗩𝗜𝗦𝗔. ⁒
chiuso dal 1° giugno al 5 luglio e domenica sera-lunedì in bassa stagione – **Pasto** 20000 e
carta 34/59000
Spec. Insalata di grano saraceno con coscette di quaglie (primavera-inverno), Tagliatelle nere con pesto leggero e
salmone fresco (estate), Ventaglio di maialino al coriandolo con verdure croccanti.

Vedere anche : *San Pellegrino (Passo di)* E : 12,5 km.

MOGGIONA Arezzo 𝟜𝟛𝟘 K 17 – Vedere Camaldoli.

MOGLIANO VENETO 31021 Treviso 𝟡𝟠𝟠 ⑤, 𝟜𝟚𝟡 F 18 – 25 467 ab. alt. 8 – ۞ 041.
🇷̅₈ e 🇷₉ Villa Condulmer (chiuso lunedì) a Zerman ⊠ 31020 ℰ 457062, Fax 457202, NE : 4 km.
Roma 529 – ♦Venezia 17 – ♦Milano 268 – ♦Padova 38 – Treviso 12 – ♦Trieste 152 – Udine 121.

🏩 **Villa Stucky,** via Don Bosco 47 ℰ 5904528, Fax 5904566 – 📳 🖹 📺 ☎ 🅿 – 🏛 25. ㏂ 🕄
ⓞ Ε 𝗩𝗜𝗦𝗔 🇯𝗖𝗕. ⁒
Pasto carta 45/62000 – **19 cam** ⊑ 175/280000, appartamento – ½ P 215/300000.

🏩 **Duca d'Aosta** senza rist, piazza Duca d'Aosta 31 ℰ 5904990, Fax 5904381 – 📳 🖹 📺 ☎
🅿. ㏂ 🕄 ⓞ Ε 𝗩𝗜𝗦𝗔. ⁒
⊑ 15000 – **16 cam** 120/180000, 8 appartamenti.

🏨 **La Meridiana,** via Terraglio 23 ℰ 5901100, Fax 5901237 – 📳 🖹 📺 ☎ 🅿 – 🏛 25. ㏂ 🕄
ⓞ Ε 𝗩𝗜𝗦𝗔 🇯𝗖𝗕. ⁒ rist
Pasto carta 43/56000 – **64 cam** ⊑ 100/140000 – ½ P 100/120000.

a Zerman NE : 4 km – ⊠ 31020 :

🏩 **Villa Condulmer** ⊗, ℰ 457100, Fax 457134, 🏠, « Villa veneta del 18° secolo in un
fresco parco », 🏊, ⊗, 🇷₈ 🇷₉ – 🖹 cam 📺 ☎ 🅿 – 🏛 80. ㏂ 🕄 ⓞ Ε 𝗩𝗜𝗦𝗔. ⁒ rist
Pasto carta 57/106000 – **47 cam** ⊑ 150/350000, 5 appartamenti – ½ P 190/220000.

MOIA DI ALBOSAGGIA Sondrio – Vedere Sondrio.

MOIE Ancona 𝟜𝟛𝟘 L 21 – Vedere Maiolati Spontini.

MOLA DI BARI 70042 Bari 𝟡𝟠𝟠 ㉙, 𝟜𝟛𝟙 D 33 – 25 828 ab. – ۞ 080.
Roma 436 – ♦Bari 21 – ♦Brindisi 93 – ♦Taranto 105.

ХХ **Niccolò Van Westerhout,** via De Amicis 3/5 ℰ 644253 – 🖹. ㏂ 🕄 ⓞ Ε 𝗩𝗜𝗦𝗔 🇯𝗖𝗕
chiuso martedì e dal 23 luglio al 15 agosto – **Pasto** carta 31/56000.

MOLFETTA 70056 Bari 𝟡𝟠𝟠 ㉙, 𝟜𝟛𝟙 D 31 – 66 885 ab. – ۞ 080.
Roma 425 – ♦Bari 30 – Barletta 30 – ♦Foggia 108 – Matera 69 – ♦Taranto 115.

🏨 **Garden,** via provinciale Terlizzi ℰ 941722, Fax 9349291, 🌫 – 📳 🖹 📺 ☎ 🚗 🅿 – 🏛 80.
㏂ 🕄 ⓞ Ε 𝗩𝗜𝗦𝗔. ⁒
Pasto (solo per clienti alloggiati) – **60 cam** ⊑ 80/110000 – ½ P 77000.

ХХ **Borgo Antico,** piazza Municipio 20 ℰ 9974379 – 🖹. ㏂ 🕄 ⓞ Ε 𝗩𝗜𝗦𝗔. ⁒
chiuso lunedì e dal 9 al 22 novembre – **Pasto** carta 34/64000.

ХХ **Bistrot,** via Dante 33 ℰ 9975812 – 🖹. ㏂ Ε 𝗩𝗜𝗦𝗔
chiuso mercoledì, luglio ed agosto – **Pasto** carta 26/45000.

MOLINELLA 40062 Bologna 𝟜𝟚𝟡 𝟜𝟛𝟘 I 17 – 12 040 ab. alt. 8 – ۞ 051.
Roma 413 – ♦Bologna 38 – Ferrara 34 – ♦Ravenna 54.

🏠 **Mini Palace,** via Circonvallazione Sud 2 ℰ 881180, Fax 881180, 🌫 – 📺 ☎ 🅿. ㏂ 🕄 ⓞ
Ε 𝗩𝗜𝗦𝗔. ⁒
chiuso dal 1° al 10 gennaio e dal 10 al 20 agosto – **Pasto** (chiuso domenica) 25/45000 –
21 cam ⊑ 100/150000 – ½ P 80/100000.

MOLINI (MÜHLEN) Bolzano – Vedere Falzes.

MOLINI DI TURES (MÜHLEN) Bolzano – Vedere Campo Tures.

MOLLIÈRES Torino – Vedere Cesana Torinese.

MOLTRASIO 22010 Como 𝟜𝟚𝟠 E 9, 𝟚𝟙𝟡 ⑧ ⑨ – 1 914 ab. alt. 247 – ۞ 031.
Roma 634 – Como 9 – Menaggio 26 – ♦Milano 57.

ХХ **Posta** con cam, ℰ 376035, Fax 290657, ≤, 🏠 – 📳 🖹 rist 📺 ☎. ㏂ 🕄 ⓞ Ε 𝗩𝗜𝗦𝗔
chiuso gennaio e febbraio – **Pasto** (chiuso mercoledì) carta 42/70000 – ⊑ 15000 – **19 cam**
90/115000 – ½ P 80/100000.

MOLVENO 38018 Trento 988 ④, 428 429 D 14 – 1 017 ab. alt. 864 – a.s. Pasqua e Natale – Sport invernali : 864/1 500 m ⚡1 ⚡2 (vedere anche Andalo e Fai della Paganella) – ✪ 0461.

Vedere Lago★★.

🛈 piazza Marconi ✆ 586924, Fax 586221.

Roma 627 – ◆Bolzano 65 – ◆Milano 211 – Riva del Garda 46 – Trento 45.

🏨 **Ischia,** ✆ 586057, Fax 586985, ≤, « Giardino fiorito » – 🛗 📺 ☎ 🕹 🅿. 🖭 🛂 ⑩ 🚾. 🏖 rist
20 dicembre-marzo e giugno-settembre – **Pasto** 30/35000 – � 12000 – **35 cam** 80/150000 – ½ P 77/108000.

🏨 **Belvedere,** ✆ 586933, Telex 401310, Fax 586044, ≤, ⭐ – 🛗 📺 ☎ 🕹 🅿. 🛂 🚾. 🏖
chiuso novembre – **Pasto** 36/42000 – ⊡ 12000 – **52 cam** 100/190000 – ½ P 81/120000.

🏨 **Lido,** ✆ 586932, Fax 586143, « Grande giardino ombreggiato » – 🛗 📺 ☎ 🅿 – ⚖ 100. 🖭 ⑩. 🏖 rist
15 maggio-15 ottobre – **Pasto** 23/29000 – ⊡ 8000 – **59 cam** 95/160000 – ½ P 72/112000.

🏨 **Du Lac,** ✆ 586965, Fax 586247, ≤, ⭐ – 🛗 ☎ 🅿. 🖭 🚾. 🏖 rist
20 dicembre-10 gennaio e giugno-settembre – **Pasto** 22/26000 – ⊡ 10000 – **44 cam** 80/120000 – ½ P 60/110000.

🏨 **Alexander H. Cima Tosa,** ✆ 586928, Fax 586950, ≤ Gruppo del Brenta e lago – 🛗 ⚙ 📺 ☎ 🅿 – ⚖ 70. 🖭 🛂 ⑩ 🇪 🚾. 🏖 rist
19 dicembre-10 gennaio, 7 febbraio-14 marzo e 10 aprile-2 novembre – **Pasto** 25/32000 – **36 cam** ⊡ 80/130000 – ½ P 56/112000.

🏨 **Miralago,** ✆ 586935, Fax 586268, ≤ lago, ⭐ riscaldata, ⭐ – 🛗 📺 ☎ 🅿. 🖭 🛂 ⑩ 🇪 🚾. 🏖 rist
20 dicembre-15 marzo e maggio-ottobre – **Pasto** 25/35000 – ⊡ 15000 – **35 cam** 80/140000 – ½ P 60/120000.

🏨 **Gloria** ⭐, ✆ 586962, Fax 586962, ≤ Gruppo del Brenta e lago, ⭐ – 🛗 📺 ☎ 🅿. 🛂 ⑩ 🇪 🚾. 🏖 rist
Natale e giugno-settembre – **Pasto** 30/35000 – **35 cam** ⊡ 95/160000 – ½ P 75/115000.

🏨 **Ariston,** ✆ 586907, ≤ lago – 🛗 🍽 rist 📺 ☎ 🅿. 🖭 🛂 ⑩ 🇪 🚾. 🏖 rist
22 dicembre-10 gennaio e 20 giugno-20 settembre – **Pasto** 28/32000 – **48 cam** ⊡ 110/120000 – ½ P 110/120000.

🏠 **Londra,** ✆ 586943, Fax 586313, ≤, ⭐ – 🛗 ☎ 🕹 🅿. 🛂 🚾. 🏖 rist
chiuso dal 17 aprile al 15 maggio e novembre – **Pasto** 15/25000 – ⊡ 7000 – **35 cam** 64/110000 – ½ P 97/101000.

MOMBELLO MONFERRATO 15020 Alessandria – 1 139 ab. alt. 294 – ✪ 0142.

Roma 626 – ◆Torino 61 – Alessandria 46 – Asti 38 – ◆Milano 95 – Vercelli 39.

✗ **Hostaria dal Paluc,** località Zenevreto N : 2 km ✆ 944126, Fax 944126, solo su prenotazione, « Servizio estivo all'aperto con ≤ » – 🅿. 🖭 🛂 🚾. 🏖
chiuso lunedì, martedì e da gennaio al 15 febbraio – **Pasto** carta 42/60000.

✗ **Dubini,** ✆ 944116, Fax 944116 – 🛂 🇪 🚾. 🏖
chiuso mercoledì e dal 25 luglio al 18 agosto – **Pasto** carta 30/52000.

MOMBISAGGIO Alessandria – Vedere Tortona.

MOMO 28015 Novara 988 ②, 428 F 7 – 2 876 ab. alt. 213 – ✪ 0321.

Roma 640 – Stresa 46 – ◆Milano 66 – Novara 15 – ◆Torino 110.

✗✗✗ **Macallè** con cam, ✆ 926064, Fax 926828 – 🍽 📺 ☎ 🅿. 🖭 🛂 ⑩ 🇪 🚾. 🏖
chiuso dal 5 al 15 gennaio e dal 16 al 30 agosto – **Pasto** (chiuso mercoledì) carta 48/68000 – ⊡ 10000 – **8 cam** 90/150000.

MOMPANTERO Torino – Vedere Susa.

MONASTIER DI TREVISO 31050 Treviso 429 F 19 – 3 423 ab. alt. 5 – ✪ 0422.

Roma 548 – ◆Venezia 30 – ◆Milano 287 – ◆Padova 57 – Treviso 17 – ◆Trieste 125 – Udine 96.

✗ **Menegaldo,** località Pralongo E : 4 km ✆ 798025, Specialità di mare – 🍽 🅿. 🖭 🛂 🇪 🚾
chiuso mercoledì e dal 25 luglio al 20 agosto – **Pasto** carta 30/50000.

MONCALIERI 10024 Torino 988 ⑫, 428 G 5 – 59 671 ab. alt. 260 – ✪ 011.

Roma 662 – ◆Torino 10 – Asti 47 – Cuneo 86 – ◆Milano 148.

Pianta d'insieme di Torino (Torino p. 3)

🏨 **RestHotel Primevère,** strada Palera 96 ✆ 6813331, Fax 6813344, ⭐ – 🛗 ⚙ cam 🍽 📺 ☎ 🕹 🅿 – ⚖ 30 a 90. 🖭 🛂 ⑩ 🇪 🚾. 🏖
Pasto 30000 – **80 cam** ⊡ 140/170000.   HU **x**

🏨 **Reginna Po,** strada Torino 29 ✆ 641126, Fax 642218 – 🛗 🍽 📺 ☎ ⭐ 🅿. 🖭 🛂 ⑩ 🇪 🚾. 🅹🅲🅱. 🏖 rist
Pasto (chiuso domenica sera, lunedì e dal 10 al 20 agosto) carta 42/56000 – **25 cam** ⊡ 105/130000.   GU **p**

XX **Ca' Mia,** strada Revigliasco 138 *&* 6472808, Fax 6472808, 㭭, ☞ – 🖿 🅿 – 🛦 70. 🖭 🚺
 ⓪ 🗉 𝑽𝑰𝑺𝑨 GHU **c**
 chiuso mercoledì – **Pasto** carta 37/55000.

XX **All'Antica Vigna,** località Testona E : 3 km *&* 6470640, 㭭, Coperti limitati, prenotare,
 « Casa di caccia ottocentesca in un piccolo parco » – 🅿. 🖭 🚺 ⓪ 🗉 𝑽𝑰𝑺𝑨 HU **g**
 chiuso lunedì e dall'8 al 23 agosto – **Pasto** carta 43/65000.

X **Rosa Rossa,** via Carlo Alberto 5 *&* 645873, Trattoria con cucina piemontese – 🖭 🚺 🗉
 𝑽𝑰𝑺𝑨
 chiuso domenica sera, lunedì ed agosto – **Pasto** carta 36/46000. GU **r**

 a Revigliasco NE : 8 km – ✉ **10020** :

XX **'L Vej Osto,** via Beria 32 *&* 8608224, 㭭, Coperti limitati, prenotare – 🚺 🗉 𝑽𝑰𝑺𝑨
 chiuso a mezzogiorno, domenica, dal 1° al 10 gennaio e dal 10 al 20 agosto – **Pasto**
 carta 33/48000. HU **a**

MONCALVO 14036 Asti 𝟿𝟪𝟪 ⑫, 𝟺𝟤𝟪 G 6 – 3 502 ab. alt. 305 – ✪ 0141.
Roma 633 – ◆Torino 74 – Alessandria 47 – Asti 21 – ◆Milano 98 – Vercelli 42.

X **Ametista,** *&* 917423 – 🖭 🚺 🗉 𝑽𝑰𝑺𝑨
 chiuso mercoledì – **Pasto** carta 31/50000.

X **Tre Re,** *&* 917125, Coperti limitati; prenotare – 🚺 𝑽𝑰𝑺𝑨
 chiuso lunedì sera, martedì e luglio – **Pasto** carta 33/65000.

 a Cioccaro SE : 5 km – ✉ **14030** Cioccaro di Penango :

🏛 ❀ **Locanda del Sant'Uffizio-da Beppe** ⑤, *&* 916292, Fax 916068, ≼, 㭭, « Antica
 fattoria con parco ⛲ e ⚒ », ₣₴ – 🖸 ☎ ⚹ 🅿 – 🛦 30 a 80. 🚺 ⓪ 🗉 𝑽𝑰𝑺𝑨. ⚹⚹
 chiuso dal 6 al 22 gennaio e dal 10 al 20 agosto – **Pasto** *(chiuso martedì)* 100000 – ⊊ 20000
 – **31 cam** 240000, 4 appartamenti – ½ P 240000
 Spec. Gnocchetti ripieni di fonduta al tartufo bianco (autunno), Ravioli di melanzane al pomodoro e basilico (estate),
 Sella di sanato al forno.

MONDAVIO 61040 Pesaro e Urbino 𝟺𝟹𝟢 K 20 – 3 812 ab. alt. 280 – ✪ 0721.
Roma 264 – ◆Ancona 56 – Macerata 106 – Pesaro 44 – Urbino 45.

🏛 **La Palomba,** via Gramsci 13 *&* 97105, Fax 977048 – ☎. 🖭 🚺 ⓪ 🗉 𝑽𝑰𝑺𝑨 𝐉𝐂𝐁. ⚹⚹
 Pasto *(chiuso lunedì sera da novembre a marzo)* carta 25/35000 – ⊊ 6000 – **16 cam**
 45/70000 – ½ P 42/60000.

MONDELLO Palermo 𝟿𝟪𝟪 ㉟, 𝟺𝟹𝟤 M 21 – Vedere Sicilia alla fine dell'elenco alfabetico.

MONDOVÌ Cuneo 𝟿𝟪𝟪 ⑫, 𝟺𝟤𝟪 I 5 – 22 152 ab. alt. 559 – ✉ **12084** Mondovì Breo – ✪ 0174.
🛉 viale Vittorio Veneto 17 *&* 40389, Fax 481266.
Roma 616 – Cuneo 27 – ◆Genova 117 – ◆Milano 212 – Savona 71 – ◆Torino 80.

🏛 **Park Hotel,** via del Vecchio 2 *&* 46666, Fax 47771 – 🛗 🖿 rist 🖸 ☎ ⇌ 🅿 – 🛦 200. 🖭
 🚺 ⓪ 🗉 𝑽𝑰𝑺𝑨
 Pasto al Rist. *Villa Nasi (chiuso domenica sera e lunedì)* carta 30/50000 – ⊊ 10000 – **54 cam**
 80/100000, 3 appartamenti – ½ P 85/90000.

🏛 **Europa** senza rist, via Torino 29-Borgo Aragno *&* 44388, Fax 44389 – 🛗 🖸 ☎ ⇌ 🅿. 🚺
 🗉 𝑽𝑰𝑺𝑨
 ⊊ 10000 – **17 cam** 75/100000.

MONEGLIA 16030 Genova 𝟺𝟤𝟪 J 10 – 2 667 ab. – ✪ 0185.
Roma 456 – ◆Genova 58 – ◆Milano 193 – Sestri Levante 12 – ◆La Spezia 58.

🏛 **Mondial,** O : 1 km *&* 49339, Fax 49943, ≼, ☞ – 🛗 🖿 rist ☎ 🅿
 aprile-ottobre – **Pasto** carta 45/50000 – ⊊ 12000 – **50 cam** 70/150000 – ½ P 105000.

🏛 **Villa Edera,** *&* 49291, Fax 49470, ≼ – 🛗 🖸 ☎ ⚹ ⇌ 🅿. 🖭 🚺 🗉 𝑽𝑰𝑺𝑨. ⚹⚹
 marzo-5 novembre – **Pasto** *(solo per clienti alloggiati)* 25/35000 – **26 cam** ⊊ 100/120000 –
 ½ P 65/98000.

🏛 **Locanda Maggiore,** *&* 49355, ≼ – 🛗 ☎ ⇌. 🖭 🚺 ⓪ 🗉 𝑽𝑰𝑺𝑨. ⚹⚹
 25 marzo-settembre – **Pasto** 26/30000 – **33 cam** ⊊ 62/82000 – ½ P 72/78000.

🏛 **Piccolo Hotel,** *&* 49374, Fax 401292 – 🛗 🖸 ☎ ⇌ 🅿. 🖭 🚺 ⓪ 🗉 𝑽𝑰𝑺𝑨. ⚹⚹ rist
 marzo-25 ottobre – **Pasto** *(chiuso giovedì)* 35/40000 – ⊊ 15000 – **26 cam** 100/110000 –
 ½ P 65/95000.

 verso Lemeglio SE : 2 km :

XX **La Ruota,** alt. 200 ✉ 16030 *&* 49565, Coperti limitati; prenotare, « Servizio estivo in
 terrazza con ≼ mare e Moneglia » – 🅿
 chiuso novembre e mercoledì (escluso dal 15 giugno al 15 settembre) – **Pasto** 80/125000.

MONFALCONE 34074 Gorizia 𝟿𝟪𝟪 ⑥, 𝟺𝟤𝟿 E 22 – 27 176 ab. – ✪ 0481.
Roma 641 – Gorizia 24 – Grado 24 – ◆Milano 380 – ◆Trieste 30 – Udine 43 – ◆Venezia 130.

🏛 **Sam** senza rist, via Cosulich 3 *&* 481671, Telex 460580, Fax 44568 – 🛗 🖿 🖸 ☎ – 🛦 40
 64 cam.

XX **Hannibal,** via Bagni (Centro Motovelico) *&* 798006 – 🖿 🅿. 🖭 🚺 ⓪ 🗉 𝑽𝑰𝑺𝑨 𝐉𝐂𝐁. ⚹⚹
 chiuso lunedì e dal 10 al 30 gennaio – **Pasto** carta 36/63000.

Roma 621 – Asti 46 – Cuneo 50 – ♦Milano 170 – Savona 77 – ♦Torino 75.

XX ❀ **Giardino-da Felicin** 🕭 con cam, 🖋 78225, Fax 78225, ≤ colline e vigneti, 🍽, preno-
tare – ☎ 🅿. 🖪 🗉 𝑉𝐼𝑆𝐴. ✣
chiuso da gennaio al 5 febbraio e dal 1° al 14 luglio – **Pasto** *(chiuso domenica sera e lunedì)*
carta 40/65000 – 立 7000 – **10 cam** 75/100000 – ½ P 120000
Spec. Antipasti alla piemontese, Tagliatelle con funghi (estate-autunno), Fonduta con tartufo (autunno).

X **Trattoria della Posta,** 🖋 78120 – 🖪 🗉 𝑉𝐼𝑆𝐴 ✣
chiuso giovedì e dal 24 luglio al 6 agosto – **Pasto** carta 23/45000.

Roma 561 – ♦Venezia 78 – Belluno 65 – Treviso 38 – Vicenza 54.

XX **Osteria alla Chiesa,** 🖋 545077, Coperti limitati; prenotare – 𝔸𝔼 🖪 ⓞ 🗉 𝑉𝐼𝑆𝐴 𝐽𝐶𝐵. ✣
chiuso lunedì – **Pasto** carta 44/55000.

Roma 333 – ♦Bologna 43 – ♦Firenze 65 – Imola 54 – ♦Modena 86.

X **Da Carlet,** via Vittorio Emanuele 20 🖋 6555506 – 🖪 🗉 𝑉𝐼𝑆𝐴
chiuso lunedì sera e martedì – **Pasto** carta 33/52000.

🛈 Palazzo del Comune 🖋 944118, Fax 944599.
Roma 732 – ♦Bolzano 94 – Brunico 17 – Dobbiaco 11 – ♦Milano 390 – Trento 154.

a Tesido (Taisten) N : 2 km – alt. 1 219 – ✉ 39035 Monguelfo :

🏡 **Chalet Olympia** 🕭 🖋 944079, Fax 944650, ≤, ≦, ≘, 🛲 – 🔟 ☎ 🚗 🅿. 🖪 🗉 𝑉𝐼𝑆𝐴
✣ cam – *chiuso maggio, giugno e novembre –* **Pasto** *(chiuso lunedì)* carta 31/45000 –
12 cam 🛏 50/80000 – ½ P 55/90000.

🏡 **Alpenhof** 🕭, O : 1 km 🖋 944212, Fax 944775, ≤, ≦, ≋ riscaldata, 🛲 – ☎ 🅿. ✣ rist
20 dicembre-10 aprile e 25 maggio-15 ottobre – **Pasto** *(solo per clienti alloggiati) –* **13 cam**
🛏 60/110000 – ½ P 65/85000.

XX **Al Gallo D'Oro,** 🖋 502405, Fax 502405, 🍽, Coperti limitati; prenotare – 𝔸𝔼 🖪 🗉 𝑉𝐼𝑆𝐴
chiuso giovedì, venerdì a mezzogiorno e dal 15 gennaio al 15 febbraio – **Pasto** carta 40/
55000.

Roma 494 – ♦Bari 45 – ♦Brindisi 70 – Matera 80 – ♦Taranto 60.

🏨 **Il Melograno** 🕭, contrada Torricella 345 (SO : 4 km) 🖋 6909030, Fax 747908, « In
un'antica masseria fortificata », 🕭, ≦, 🏊, ✣ – 🔳 🔟 ☎ & 🅿 – 🔬 80 a 250. 𝔸𝔼 🖪 ⓞ 🗉
𝑉𝐼𝑆𝐴 ✣
chiuso febbraio – **Pasto** carta 48/78000 – **33 cam** 🛏 280/440000, 3 appartamenti – ½ P 225/
270000.

🏨 **Vecchio Mulino,** viale Aldo Moro 192 🖋 777133, Fax 777654, 🍽 – 🔳 🔟 ☎ & 🅿 –
🔬 25 a 250. 𝔸𝔼 🖪 ⓞ 🗉 𝑉𝐼𝑆𝐴 ✣
Pasto carta 32/51000 – **31 cam** 🛏 126/179000 – ½ P 120/156000.

🏡 **Max,** via Vittorio Veneto 241 🖋 802591, Fax 802591 – 🛗 🖂 🚗 – 🔬 70. 🗉 𝑉𝐼𝑆𝐴 ✣ rist
Pasto *(chiuso lunedì da novembre a marzo)* carta 26/42000 (10%) – 🛏 7000 – **33 cam**
65/95000 – ½ P 67/75000.

XX **Lido Bianco,** via Procaccia 3 🖋 8872167, ≤ – 🅿. 𝔸𝔼 🖪 ⓞ 🗉 𝑉𝐼𝑆𝐴
chiuso dal 15 dicembre al 15 gennaio e lunedì (escluso da giugno a settembre) – **Pasto**
carta 30/50000.

verso Torre Egnazia SE : 8,5 km :

🏨 **Porto Giardino** 🕭, 🖋 70043 🖋 801500, Fax 801584, In un camplesso turistico, 🏊, 🛲
✣ – 🔳 🔟 ☎ 🅿 – 🔬 25 a 500. 𝔸𝔼 🖪 🗉 𝑉𝐼𝑆𝐴. ✣
Pasto *(aprile-ottobre)* carta 37/63000 – 🛏 15000 – **60 cam** 135/160000, 16 appartamenti –
½ P 110/160000.

🏡 Lido Torre Egnazia 🕭, ✉ 70043 🖋 801002, Fax 801595, ≤, 🦮, 🛲 – 🔳 ☎ 🅿
38 cam.

Roma 669 – Gorizia 45 – ♦Milano 408 – ♦Trieste 16 – Udine 71 – ♦Venezia 158.

XX **Furlan,** 🖋 327125, 🍽, Cucina carsolina – 🅿. ✣
chiuso lunedì, martedì, febbraio e luglio – **Pasto** carta 36/50000.

X **Krizman** 🕭 con cam, Rupingrande 76 🖋 327115, Fax 327370, 🍽 – 🛗 ☎ & 🅿. 𝔸𝔼 🖪 ⓞ
🗉 𝑉𝐼𝑆𝐴. ✣
Pasto *(chiuso martedì)* carta 25/40000 – 🛏 6000 – **17 cam** 60/90000 – ½ P 75/90000.

MONSAGRATI **55060** Lucca 428 K 13 – 😊 0583.

Roma 352 – Pisa 26 – Lucca 4 – Viareggio 20.

🏨 **Gina,** 𝒫 385651, Fax 38248 – 📶 🔲 📺 ☎ 🅿 – 🔬 30. 🖭 🕌 ⓞ 🄴 𝗩𝗜𝗦𝗔. 🦓 cam
Pasto *(chiuso martedì)* carta 28/47000 – � 5000 – **37 cam** 95/120000 – ½ P 75000.

MONSELICE **35043** Padova 988 ⑤, 429 G 17 – 17 384 ab. alt. 8 – 😊 0429.

Vedere ≼★ dalla terrazza di Villa Balbi.

Roma 471 – ◆Venezia 64 – ◆Ferrara 54 – Mantova 85 – ◆Padova 24.

🏨 **Ceffri,** via Orti 7/b 𝒫 783111, Telex 431151, Fax 783100, 🏊, 🐎 – 📶 🔲 📺 ☎ 🚗 🅿 –
🔬 40 a 200. 🕌 🄴 𝗩𝗜𝗦𝗔. 🦓
Pasto 28000 e al Rist. *Villa Corner* carta 32/49000 – ⊑ 12000 – **44 cam** 80/140000 –
½ P 97000.

🍴🍴 **La Torre,** piazza Mazzini 14 𝒫 73752, Coperti limitati; prenotare – 🔲. 🖭 🕌 ⓞ 🄴 𝗩𝗜𝗦𝗔. 🦓
chiuso domenica sera, lunedì ed agosto – **Pasto** carta 43/79000.

MONSUMMANO TERME **51015** Pistoia 988 ⑭, 428 429 430 K 14 – 18 217 ab. alt. 23 – a.s.
18 luglio-settembre – 😊 0572.

📍 Montecatini *(chiuso martedì)* località Pievaccia ✉ 51015 Monsummano Terme 𝒫 62218,
Fax 617435.

Roma 323 – ◆Firenze 46 – Pisa 61 – Lucca 31 – ◆Milano 301 – Pistoia 13.

🏨 **Grotta Giusti** ⬡, E : 2 km 𝒫 51165, Fax 51269, « Grande parco fiorito con 🏊 riscal-
data », 𝐼ₐ, ☎s, 🦓, ⚘ – 📶 🔲 📺 ☎ 🅕 🅿 – 🔬 30 a 100. 🖭 🕌 🄴 𝗩𝗜𝗦𝗔. 🦓 rist
marzo-novembre – **Pasto** 40/50000 – **70 cam** ⊑ 110/210000 – ½ P 110/160000.

MONTACUTO **15050** Alessandria, 428 H 9 – 396 ab. alt. 556 – 😊 0131.

Roma 585 – ◆Genova 69 – Alessandria 51 – Piacenza 106.

a Giarolo SE : 3,5 km – ✉ **15050** Montacuto :

🍴🍴 **Forlino,** 𝒫 785151 – 🅿. 🖭 🕌 ⓞ 🄴 𝗩𝗜𝗦𝗔. 🦓
chiuso lunedì e gennaio – **Pasto** carta 40/55000.

MONTAGNA **(MONTAN) 39040** Bolzano 429 D 15, 218 ⑳ – 1 396 ab. alt. 500 – 😊 0471.

Roma 630 – ◆Bolzano 24 – ◆Milano 287 – Ora 6 – Trento 48.

🏨 **Tenz,** strada statale N : 2 km 𝒫 819782, Fax 819728, ≼, 🌤, 𝐼ₐ, ☎s, 🏊, 🔲, 🐎, 🦓 – 📶
🔲 📺 ☎ 🅕 🅿. 🖭 🕌 🄴 𝗩𝗜𝗦𝗔. 🦓 rist
chiuso dal 25 novembre al 5 febbraio – **Pasto** *(chiuso martedì)* carta 27/41000 – **40 cam**
⊑ 71/121000 – ½ P 45/82000.

MONTAGNANA Firenze – Vedere Montespertoli.

MONTAGNANA Modena – Vedere Serramazzoni.

MONTAGNANA **35044** Padova 988 ④ ⑤, 429 G 16 – 9 604 ab. alt. 16 – 😊 0429.

Vedere Cinta muraria★★.

Roma 475 – ◆Ferrara 57 – Mantova 60 – ◆Milano 213 – ◆Padova 48 – ◆Venezia 85 – ◆Verona 58 – Vicenza 45.

🍴🍴🍴 **Aldo Moro** con cam, via Marconi 27 𝒫 81351, Fax 82842 – 🔲 rist 📺 ☎ 🚗 – 🔬 30. 🖭
🄴 𝗩𝗜𝗦𝗔. 🦓
chiuso dal 3 al 10 gennaio e dal 25 luglio al 10 agosto – **Pasto** *(chiuso lunedì)* carta 36/56000
– ⊑ 12000 – **13 cam** 87/130000, 10 appartamenti 170000 – ½ P 105000.

MONTAIONE **50050** Firenze 988 ⑭, 428 430 L 14 – 3 375 ab. alt. 342 – 😊 0571.

Vedere Convento di San Vivaldo★ SO : 5 km.

📍 Castelfalfi *(chiuso martedì da ottobre a marzo)* località Castelfalfi ✉ 50050 Montaione
𝒫 698093, Fax 698098.

Roma 289 – ◆Firenze 59 – Siena 61 – ◆Livorno 75.

🏨 **Vecchio Mulino** senza rist, viale Italia 10 𝒫 697966, Fax 697966, ≼ vallata, 🐎 – 📺 ☎.
🖭 🕌 ⓞ 🄴 𝗩𝗜𝗦𝗔
11 cam ⊑ 55/90000.

🍴 Il Caminetto, località Le Mura NO : 3 km 𝒫 677052, 🌤 – 🅿

MONTALCINO **53024** Siena 988 ⑮, 430 M 16 – 5 077 ab. alt. 564 – 😊 0577.

Vedere Abbazia di Sant'Antimo★ S : 10 km – Fortezza★★, Palazzo Comunale★.

Roma 213 – Siena 41 – Arezzo 86 – ◆Firenze 109 – Grosseto 57 – ◆Perugia 111.

🏨 **Al Brunello di Montalcino,** S : 1,5 km 𝒫 849304, Fax 849430, ≼, 🏊, 🐎 – 🔲 📺 🅿 –
🔬 200. 🕌 𝗩𝗜𝗦𝗔. 🦓
Pasto 35/50000 – ⊑ 15000 – **18 cam** 100/150000 – ½ P 110/130000.

🏨 **Il Giglio,** 𝒫 848167, ≼ – 📺 ☎
chiuso febbraio – **Pasto** *(chiuso lunedì)* carta 29/39000 – ⊑ 7000 – **12 cam** 55/90000 –
½ P 75000.

XXX ❀ **Poggio Antico,** località Poggio Antico SO : 4 km ℰ 849200, Fax 849200, ≤, prenotare
  – ❷. ℅
  chiuso lunedì – **Pasto** 60000 e carta 50/70000
  Spec. Tagliatelle nere allo speck d'anatra ed asparagi, Filetto in salsa di taleggio, Pesce in crêpe di patate.

XX **La Cucina di Edgardo,** ℰ 848232, Fax 848232, Coperti limitati; prenotare – ℅
  chiuso mercoledì e dal 7 al 31 gennaio – **Pasto** carta 55/72000.

XX **Taverna dei Barbi,** fattoria dei Barbi SE : 5 km ℰ 849357, Fax 849356 – ❷. 🖭 🛐 ⓞ 𝘝𝘐𝘚𝘈
  chiuso dal 15 al 31 gennaio, dal 1° al 15 luglio, martedì sera e mercoledì escluso agosto –
  Pasto carta 35/58000.

MONTALE 51037 Pistoia 𝟜𝟚𝟿 𝟜𝟛𝟘 K 15 – 9 816 ab. alt. 85 – ✪ 0573.
Roma 303 – ♦Firenze 29 – Pistoia 9 – Prato 10.

X **Il Cochino** con cam, via Fratelli Masini 15 ℰ 959280, Fax 959280, 🍽 – 🖭 🛐 ⓞ 𝐄 𝘝𝘐𝘚𝘈
  𝐉𝐂𝐁. ℅
  chiuso dal 1° al 25 agosto – **Pasto** *(chiuso sabato)* carta 33/45000 – ☷ 8000 – **16 cam**
  55/90000 – ½ P 65/70000.

MONTALERO Alessandria – Vedere Cerrina Monferrato.

MONTALTO 42030 Reggio nell'Emilia 𝟜𝟚𝟿 𝟜𝟛𝟘 I 13 – alt. 396 – ✪ 0522.
Roma 449 – ♦Parma 50 – ♦Milano 171 – ♦Modena 47 – Reggio nell'Emilia 22 – ♦La Spezia 113.

X **Hostaria Venturi,** località Casaratta ℰ 600157, prenotare – ❷. 🛐 ⓞ 𝐄 𝘝𝘐𝘚𝘈. ℅
  chiuso le sere dei giorni festivi, lunedì ed agosto – **Pasto** carta 22/37000.

MONTAN = Montagna.

MONTE (BERG) Bolzano 𝟚𝟙𝟠 ⑳ – Vedere Appiano sulla Strada del Vino.

MONTE … MONTI Vedere nome proprio del o dei monti.

MONTEBELLO Forlì 𝟜𝟚𝟿 𝟜𝟛𝟘 K 19 – alt. 452 – ✉ 47030 Torriana – ✪ 0541.
Roma 354 – ♦Bologna 129 – Forlì 68 – ♦Milano 340 – Rimini 21.

X **Pacini,** ℰ 675410, ≤, 🍽 – 🖭 🛐 ⓞ 𝐄 𝘝𝘐𝘚𝘈. ℅
  chiuso mercoledì escluso agosto – **Pasto** carta 23/42000.

MONTEBELLO VICENTINO 36054 Vicenza 𝟿𝟠𝟠 ④, 𝟜𝟚𝟿 F 16 – 5 448 ab. alt. 48 – ✪ 0444.
Roma 534 – ♦Verona 35 – ♦Milano 188 – ♦Venezia 81 – Vicenza 17.

  a Selva NO : 3 km – ✉ 36054 Montebello Vicentino :

XX **La Marescialla,** ℰ 649216, Fax 649216 – ❷

MONTEBELLUNA 31044 Treviso 𝟿𝟠𝟠 ⑤, 𝟜𝟚𝟿 E 18 – 25 209 ab. alt. 109 – ✪ 0423.
Dintorni Villa del Palladio★★★ a Maser N : 12 km.
Roma 548 – ♦Venezia 53 – Belluno 82 – ♦Padova 48 – Trento 113 – Treviso 22 – Vicenza 49.

🏨 **Bellavista** ≫, località Mercato Vecchio ℰ 301031, Fax 303612, ≤, ☎s, 🐎 – 🗐 📺 ☎
  ☜ ❷ – 🕍 50. 🖭 🛐 ⓞ 𝐄 𝘝𝘐𝘚𝘈 𝐉𝐂𝐁. ℅
  chiuso dal 23 al 30 dicembre e dal 12 al 18 agosto – **Pasto** vedere rist **Al Tiglio d'Oro** –
  ☷ 15000 – **40 cam** 99/138000, 2 appartamenti – ½ P 105/115000.

XX ❀ **Trattoria Marchi,** via Castellana 177 (SO : 2 km) ℰ 23875, Fax 303530, 🍽 – ❷. 🖭 🛐
  ⓞ 𝐄 𝘝𝘐𝘚𝘈
  chiuso martedì sera, mercoledì ed agosto – **Pasto** 35000 (a mezzogiorno) 50/80000 (alla
  sera) e carta 40/63000
  Spec. Insalata di fagioli, testina di vitello, cotechino e sedano all'aceto di mele e cren (novembre-gennaio), Porcini
  gratinati con polenta (giugno-settembre), Filetto di capriolo all'uva fragola (ottobre-dicembre).

X **Al Tiglio d'Oro,** località Mercato Vecchio ℰ 22419, « Servizio estivo all'aperto », 🐎 –
  ❷. 🖭 🛐 ⓞ 𝐄 𝘝𝘐𝘚𝘈. ℅
  chiuso venerdì, dal 2 al 7 gennaio e dal 1° al 15 agosto – **Pasto** carta 32/49000.

MONTECALVO VERSIGGIA 27047 Pavia 𝟜𝟚𝟠 H 9 – 586 ab. alt. 410 – ✪ 0385.
Roma 557 – ♦Genova 133 – ♦Milano 76 – Pavia 38 – Piacenza 45.

X **Prato Gaio** ≫ con cam, località Versa E : 3 km (bivio per Volpara) ℰ 99726 – ❷
  Pasto *(chiuso lunedì sera, martedì e gennaio)* carta 33/53000 – ☷ 5000 – **7 cam** 45/65000 –
  ½ P 55/60000.

MONTECARLO 55015 Lucca 𝟜𝟚𝟠 𝟜𝟚𝟿 𝟜𝟛𝟘 K 14 – 4 088 ab. alt. 163 – ✪ 0583.
Roma 332 – Pisa 45 – ♦Firenze 58 – ♦Livorno 65 – Lucca 17 – ♦Milano 293 – Pistoia 27.

🏠 **Antica Casa dei Rassicurati** senza rist, via della Collegiata 2 ℰ 228901 – 📺. 🖭 🛐 ⓞ
  𝐄 𝘝𝘐𝘚𝘈. ℅
  chiuso novembre – ☷ 7500 – **8 cam** 55/70000.

XX **La Nina,** NO : 2,5 km ✆ 22178, Fax 22178, ☂, 🚗 – Ⓟ – 🏛 50. AE 🄱 ⓞ E VISA. ✻
chiuso lunedì sera, martedì, dal 3 al 14 gennaio e dall'8 al 19 agosto – **Pasto** carta 39/56000.

XX **Forassiepi,** ✆ 22005, Fax 228890, ≤, « Servizio estivo in giardino » – Ⓟ. AE 🄱 ⓞ E VISA
chiuso lunedì e martedì – **Pasto** carta 35/60000.

a San Martino in Colle NO : 4 km – ✉ **55015** Montecarlo :

XX **La Legge,** ✆ 975601 – ▤ Ⓟ. VISA
chiuso a mezzogiorno (escluso i giorni festivi), lunedì, dal 7 al 15 gennaio e dal 1° al 20 luglio – **Pasto** carta 34/57000 (10%).

MONTECASSIANO 62010 Macerata 430 L 22 – 5 945 ab. alt. 215 – ☎ 0733.

Roma 258 – ♦Ancona 41 – Ascoli Piceno 103 – Macerata 11 – Porto Recanati 31.

🏨 Villa Quiete 🐦, località Vallecascia S : 3 km ✆ 599559, Fax 599559, « Parco ombreggiato » – |‡| 📺 ☎ Ⓟ – 🏛 80 a 200
36 cam.

sulla strada statale 77 S : 6 km :

🏨 Roganti senza rist, ✉ 62010 ✆ 598639, Fax 598964 – |‡| ▤ 📺 ☎ 🚗 Ⓟ – 🏛 250
61 cam.

MONTECASTELLI PISANO 56040 Pisa 430 M 14 – alt. 494 – ☎ 0588.

Roma 296 – Siena 57 – Pisa 122.

X **Santa Rosa-da Caterina,** S : 1 km ✆ 29929, ☂ – Ⓟ. AE 🄱 E VISA
chiuso lunedì e dal 16 agosto al 4 settembre – **Pasto** carta 30/42000.

MONTE CASTELLO DI VIBIO 06057 Perugia 430 N 19 – 1 694 ab. alt. 422 – ☎ 075.

Roma 144 – ♦Perugia 43 – Assisi 53 – Spoleto 48 – Orvieto 38 – Terni 50.

🏨 **Il Castello,** piazza Marconi 5 ✆ 8780660, Fax 8780561 – |‡| ▤ 📺 ☎ – 🏛 50. AE 🄱 ⓞ E VISA
Pasto 40/50000 – ☕ 10000 – **17 cam** 130/150000 – ½ P 100/150000.

MONTECATINI TERME 51016 Pistoia 988 ⑭, 428 429 430 K 14 – 20 671 ab. alt. 27 – Stazione termale (maggio-ottobre), a.s. 18 luglio-settembre – ☎ 0572.

Vedere Guida Verde.

⛳18 (chiuso martedì) località Pievaccia ✉ 51015 Monsummano Terme ✆ 62218, Fax 617435, SE : 9 km.

ℹ viale Verdi 66/a ✆ 772244, Fax 70109.

Roma 323 ② – ♦Firenze 48 ② – ♦Pisa 55 ② – ♦Bologna 110 ① – ♦Livorno 73 ② – ♦Milano 301 ② – Pistoia 15 ①.

Pianta pagina seguente

🏨 **Gd H. e la Pace** 🐦, via della Torretta 1 ✆ 75801, Fax 78451, « Parco fiorito con 🏊 riscaldata », 🏋, ≘s, 🎾 – |‡| ▤ 📺 ☎ ♿ Ⓟ – 🏛 50 a 200. AE 🄱 ⓞ E VISA. ✻ rist
aprile-ottobre – **Pasto** 70/80000 – ☕ 25000 – **150 cam** 260/450000, 14 appartamenti – ½ P 280/310000. AZ **y**

🏨 **Gd H. Bellavista Palace e Golf** 🐦, viale Fedeli 2 ✆ 78122, Telex 580395, Fax 73352, « Terrazze-giardino », 🏋, ≘s, 🏊, 🏊, 🎾 – |‡| ▤ 📺 ☎ 🚗 Ⓟ – 🏛 30 a 250. AE 🄱 ⓞ E VISA. ✻ rist BY **e**
chiuso febbraio – **Pasto** 70000 – ☕ 25000 – **104 cam** 190/340000, 10 appartamenti – ½ P 200000.

🏨 **Gd H. Tamerici e Principe,** viale 4 Novembre 2 ✆ 71041, Telex 574263, Fax 72992, « Terrazza-giardino con 🏊 riscaldata », ≘s – |‡| ▤ 📺 ☎ ♿ 🚗 – 🏛 100. AE 🄱 ⓞ E VISA. ✻ rist AY **g**
aprile-novembre – **Pasto** 65000 – ☕ 20000 – **157 cam** 145/250000, 25 appartamenti 350000 – ½ P 115/170000.

🏨 **Gd H. Croce di Malta,** viale 4 Novembre 18 ✆ 75871, Telex 574041, Fax 767516, ≘s, 🏊 riscaldata, 🚗 – |‡| ▤ 📺 ☎ Ⓟ – 🏛 80. AE 🄱 ⓞ E VISA. ✻ AY **x**
Pasto 50000 – **94 cam** ☕ 110/210000, 13 appartamenti – ½ P 135/155000.

🏨 **Gd H. Plaza e Locanda Maggiore,** piazza del Popolo 7 ✆ 75004, Telex 574177, Fax 767985, 🏊 – |‡| ▤ 📺 ☎ – 🏛 80. AE 🄱 ⓞ E VISA JCB. ✻ rist AZ **a**
Pasto 35/48000 – ☕ 16000 – **97 cam** 140/180000 – ½ P 125/155000.

🏨 **Gd H. Panoramic,** viale Bustichini 65 ✆ 78381, Fax 78598, 🏊, 🚗 – |‡| ▤ 📺 ☎ 🚗 Ⓟ – 🏛 250. AE 🄱 E VISA. ✻ rist BY **u**
25 marzo-15 novembre – **Pasto** 50000 – **103 cam** ☕ 160/260000, appartamento – ½ P 100/126000.

🏨 **Francia e Quirinale,** viale 4 Novembre 77 ✆ 70271, Fax 70275, 🏊 – |‡| ▤ 📺 ☎ – 🏛 80. AE 🄱 E VISA. ✻ AY **v**
aprile-ottobre – **Pasto** 40/56000 – ☕ 15000 – **115 cam** 140/180000 – ½ P 135/145000.

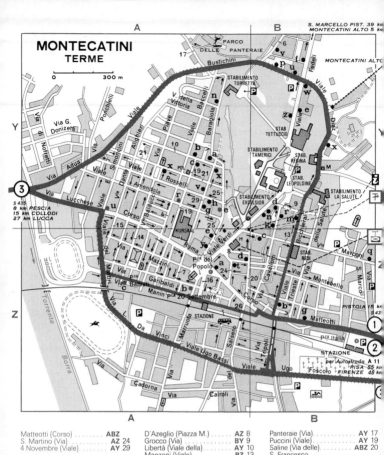

MONTECATINI TERME

S. MARCELLO PIST. 39 km
MONTECATINI ALTO 5 km

Gd. H. Vittoria, viale della Libertà 2 ℰ 79271, Fax 910520, « Giardino con ⏚ » – 🛗 ▤
📺 ☎ 🚗 – 🚪 100 a 500. 🆎 🕟 ⓪ 🅴 𝘝𝘐𝘚𝘈. ⅍ rist   AY **b**
Pasto carta 40/55000 – **82 cam** ☲ 150/200000 – ½ P 95/142000.

Gd H. Nizza et Suisse, viale Verdi 72 ℰ 79691, Telex 573335, Fax 74324, ⏚ – 🛗 ▤ 📺
☎ 🅿. 🆎 🕟 ⓪ 🅴 𝘝𝘐𝘚𝘈. ⅍ rist   BY **n**
aprile-ottobre – **Pasto** (solo per clienti alloggiati) 40000 – ☲ 20000 – **100 cam** 120/200000 –
½ P 128/173000.

Tettuccio, viale Verdi 74 ℰ 78051, Telex 572087, Fax 75711 – 🛗 ▤ 📺 ☎ 🕭 🅿 –
🚪 25 a 70. 🆎 🕟 ⓪ 🅴 𝘝𝘐𝘚𝘈. ⅍ rist   BY **n**
Pasto carta 40/70000 – ☲ 20000 – **70 cam** 150/200000 – ½ P 100/160000.

Belvedere, viale Fedeli 10 ℰ 70251, Fax 70252, « Giardino », ⏚, ⅍ – 🛗 ▤ 📺 ☎ 🚗
🅿 – 🚪 50 a 120. 🆎 🕟 ⓪ 🅴 𝘝𝘐𝘚𝘈. ⅍ rist   BY **w**
aprile-ottobre – **Pasto** 30/45000 – ☲ 14000 – **95 cam** 86/122000 – ½ P 85/99000.

Cristallino, viale Diaz 10 ℰ 72031, ⏚, ⅍ – 🛗 ▤ 📺 ☎ 🕭 🅿 – 🚪 50   BY **x**
stagionale – **45 cam.**

Astoria, viale Fedeli 1 ℰ 71191, Fax 910900, « Giardino con ⏚ riscaldata » – 🛗 ▤ 📺 ☎
🅿 🆎 🕟 ⓪ 🅴 𝘝𝘐𝘚𝘈 𝘑𝘊𝘉. ⅍ rist   BY **z**
aprile-6 novembre – **Pasto** 45/60000 – ☲ 18000 – **65 cam** 90/160000 – ½ P 100/135000.

Michelangelo ⍀, viale Fedeli 9 ℰ 74571, Fax 72885, ⏚ riscaldata, ⅍, ⅍ – 🛗 ▤ 📺 ☎
🕭 🚗 🅿 🆎 🕟 ⓪ 🅴 𝘝𝘐𝘚𝘈. ⅍ rist   BY **f**
aprile-10 novembre – **Pasto** 30/40000 – ☲ 12000 – **73 cam** 70/110000 – ½ P 90/95000.

🏛 **San Marco,** viale Rosselli 3 ℘ 71221, Fax 770577 – 🛗 🗏 📺 ☎ 🅿. 🆔 🕃 ⓞ 🄴 𝚅𝙸𝚂𝙰.
🏖 rist   AY **h**
aprile-novembre – **Pasto** 45000 – ⊑ 13000 – **61 cam** 80/130000 – ½ P 75/120000.

🏛 **Parma e Oriente,** via Cavallotti 135 ℘ 72135, Fax 72137, 🕾, ⅃ riscaldata, 🐾 – 🛗 🗏 📺
☎ 🚗 🅿. 🆔 🄴 𝚅𝙸𝚂𝙰. 🏖 rist   BY **k**
aprile-10 novembre – **Pasto** 30/40000 – ⊑ 10000 – **51 cam** 78/126000 – ½ P 97/104000.

🏛 **Imperial Garden,** viale Puccini 20 ℘ 910862, Fax 910863, « Giardino ombreggiato e ⅃
su terrazza panoramica » – 🛗 🗏 📺 ☎. 🆔 🕃 ⓞ 🄴 𝚅𝙸𝚂𝙰. 🏖 rist   AY **c**
Pasto 35000 – **85 cam** ⊑ 84/156000 – ½ P 123/138000.

🏛 **Torretta,** viale Bustichini 63 ℘ 70305, Fax 70307, « Giardino ombreggiato con ⅃ riscal-
data » – 🛗 🗏 📺 🚗 🅿. 🆔 🕃 🄴 𝚅𝙸𝚂𝙰. 🏖 rist   BY **p**
aprile-ottobre – **Pasto** (solo per clienti alloggiati) carta 33/38000 – ⊑ 13000 – **63 cam**
78/125000 – ½ P 90/105000.

🏛 **Cappelli-Croce di Savoia,** viale Bicchierai 139 ℘ 71151, Fax 71154, ⅃ riscaldata, 🐾 –
🛗 🗏 📺 ☎ 🚗 🅿 – 🛁 70. 🆔 🕃 ⓞ 🄴 𝚅𝙸𝚂𝙰. 🏖 rist   BY **m**
aprile-15 novembre – **Pasto** 35/43000 – **72 cam** ⊑ 90/160000 – ½ P 100/115000.

🏛 **Mediterraneo** ⑤, via Baragiola 1 ℘ 71321, « Giardino ombreggiato » – 🛗 🗏 rist 📺 ☎
🅿. 🆔 🕃 🄴 𝚅𝙸𝚂𝙰 𝙹𝙲𝙱. 🏖 rist   AY **a**
Pasqua-ottobre – **Pasto** 40000 – ⊑ 12000 – **33 cam** 80/120000 – ½ P 80/90000.

🏛 **Ercolini e Savi,** via San Martino 18 ℘ 70331, Fax 71624 – 🛗 🗏 rist 📺 ☎ 🕭 – 🛁 25. 🆔
🕃 ⓞ 𝚅𝙸𝚂𝙰. 🏖   AZ **t**
15 marzo-novembre – **Pasto** 25/40000 – ⊑ 9000 – **80 cam** 80/120000 – ½ P 75/95000.

🏛 **Corallo,** via Cavallotti 116 ℘ 79642, Fax 78288, 🍽, ⅃ – 🛗 🗏 rist 📺 ☎ 🅿 – 🛁 40 a 100.
🆔 🕃 ⓞ 𝚅𝙸𝚂𝙰. 🏖 rist   BY **r**
Pasto 30/40000 – ⊑ 10000 – **54 cam** 90/130000 – ½ P 85/105000.

🏛 **Metropole,** via della Torretta 13 ℘ 70092, Fax 910860, 🐾 – 🛗 📺 ☎. 🆔 🕃 ⓞ 🄴 𝚅𝙸𝚂𝙰.
🏖   AZ **e**
aprile-ottobre – **Pasto** 25/35000 – ⊑ 8000 – **40 cam** 60/100000 – ½ P 65/80000.

🏛 **Boston,** viale Bicchierai 20 ℘ 70379, Fax 770208, ⅃ – 🛗 🗏 rist 📺 ☎. 🏖   BZ **b**
aprile-ottobre – **Pasto** 30000 – ⊑ 7000 – **60 cam** 60/100000 – ½ P 73/88000.

🏛 **Augustus,** viale Manzoni 21 ℘ 70119, Fax 71291 – 🛗 🗏 📺 ☎ 🅿 – 🛁 50. 🆔 🕃 ⓞ 🄴
𝚅𝙸𝚂𝙰. 🏖 rist   BZ **c**
marzo-novembre – **Pasto** (solo per clienti alloggiati) 40000 – ⊑ 10000 – **52 cam** 75/110000
– ½ P 75/105000.

🏛 **Villa Ida,** viale Marconi 55 ℘ 78201, Fax 772008 – 🛗 🗏 📺 ☎. 🆔 🕃 ⓞ 🄴 𝚅𝙸𝚂𝙰.
🏖 rist   BZ **q**
Pasto (solo per clienti alloggiati) 20/30000 – ⊑ 10000 – **20 cam** 65/100000 – ½ P 60/75000.

🏛 **Reale,** via Palestro 7 ℘ 78073, Fax 78076, ⅃, 🐾 – 🛗 🗏 📺 ☎ 🚗 – 🛁 50. 🆔 🕃 🄴 𝚅𝙸𝚂𝙰.
🏖 rist   AZ **d**
15 marzo-15 novembre – **Pasto** 40000 – ⊑ 10000 – **53 cam** 76/120000 – ½ P 63/99000.

🏛 **President,** corso Matteotti 119 ℘ 767201, Fax 767668, 🐾 – 🛗 🗏 📺 ☎ 🅿. 🆔 🕃 ⓞ 🄴
𝚅𝙸𝚂𝙰. 🏖 rist   BZ **g**
Pasto 30000 – ⊑ 10000 – **37 cam** 85/115000 – ½ P 75/85000.

🏛 **Settentrionale Esplanade,** via Grocco 2 ℘ 70021, Fax 767486, ⅃, 🐾 – 🛗 🗏 📺 ☎ 🚗
– 🛁 110. 🏖 rist   BY **d**
aprile-6 novembre – **Pasto** 35/37000 – ⊑ 11000 – **99 cam** 105/120000 – ½ P 116/120000.

🏚 **Casa Rossa,** viale Fedeli 68 ℘ 79541 – 🛗 🕾 🅿. 𝚅𝙸𝚂𝙰. 🏖   BY
Pasqua-ottobre – **Pasto** (solo per clienti alloggiati) 30/35000 – ⊑ 7000 – **33 cam** 45/75000 –
½ P 55/65000.

🏚 **Hermitage** ⑤, via Baragiola 31 ℘ 78241, Fax 78242 – 🛗 🕾   AY **n**
stagionale – **35 cam.**

🏚 **Villa Splendor,** viale San Francesco d'Assisi 15 ℘ 78216 – 🛗 🗏 rist 📺 ☎. 🕃.
🏖 rist   AY **x**
aprile-ottobre – **Pasto** 30/45000 – ⊑ 6000 – **27 cam** 48/700000 – ½ P 57/62000.

🏚 **Palo Alto,** via Bruceto 10 ℘ 78554 – 🛗 🗏 rist 📺 ☎. 🆔 🕃 ⓞ 🄴 𝚅𝙸𝚂𝙰. 🏖 rist   BY **v**
15 marzo-15 novembre – **Pasto** 25/30000 – ⊑ 5000 – **12 cam** 50/80000 – ½ P 75000.

🍴🍴🍴 **Gourmet,** viale Amendola 6 ℘ 771012, Coperti limitati; prenotare – 🗏. 🆔 🕃 ⓞ 🄴 𝚅𝙸𝚂𝙰.
                                                                                         AY **r**
chiuso martedì, dal 7 al 20 gennaio e dal 1° al 20 agosto – **Pasto** carta 62/100000 (12%).

🍴🍴 **Enoteca Giovanni,** via Garibaldi 25 ℘ 71695 – 🗏. 🆔 🕃 ⓞ 🄴 𝚅𝙸𝚂𝙰. 🏖   AZ **b**
chiuso lunedì escluso dal 15 agosto al 15 ottobre – **Pasto** carta 40/86000.

🍴🍴 **Mon Reve,** via delle Torretta 9 ℘ 78652, Rist. e pizzeria – 🗏. 🆔 🕃 ⓞ 🄴 𝚅𝙸𝚂𝙰. AY **e**
chiuso lunedì e dal 20 luglio al 7 agosto – **Pasto** carta 31/51000.

🍴🍴 **San Francisco,** corso Roma 112 ℘ 79632, Fax 771227 – 🗏. 🕃 ⓞ 𝚅𝙸𝚂𝙰. 🏖   AY **u**
chiuso giovedì e da luglio a settembre anche a mezzogiorno – **Pasto** carta 36/54000 (12%).

X **Pietre Cavate,** località Pietre Cavate, $\mathscr{P}$ 73664, $\leqslant$ Montecatini e vallata, ☆ – ⇔ **☉**. AE
ⓢ VISA   2 km per viale Marconi BZ
chiuso a mezzogiorno escluso domenica e i giorni festivi – **Pasto** carta 37/53000.

X **Egisto** con cam, piazza Cesare Battisti 13 $\mathscr{P}$ 78413, Fax 78413, Rist. e pizzeria – 🖵. AE ⓢ
ⓘ E VISA   AZ **c**
chiuso dal 25 gennaio al 10 febbraio e dal 15 al 30 luglio – **Pasto** *(chiuso martedì)*
carta 31/43000 (8%) – ⌕ 8000 – **10 cam** 45/75000 – P 75000.

a Pieve a Nievole per ① : 2 km – ✉ **51018** :

🏨 **Park Hotel Le Sorgenti,** $\mathscr{P}$ 951116, Telex 575487, Fax 952731, « Grande parco con
🛴 » – 🛗 📺 ☎ **☉** – 🔬 30 a 150. AE ⓢ E VISA. ⬚ rist
Pasto carta 54/75000 – **52 cam** ⌕ 120/180000 – ½ P 135000.

X **Uno Più,** $\mathscr{P}$ 951143 – **☉**. ⓢ ⓘ E VISA. ⬚
chiuso lunedì ed agosto – **Pasto** carta 33/59000.

a Montecatini Alto NE : 5 km BY – ✉ **51016** :

X **La Torre,** piazza Giusti 8/9 $\mathscr{P}$ 70650, ☆ – ⓢ E VISA
chiuso martedì – **Pasto** carta 34/50000 (10%).

sulla via Marlianese per viale Fedeli :

X **Montaccolle,** N : 6,5 km ✉ 51016 $\mathscr{P}$ 72480, $\leqslant$, ☆ – **☉**. AE ⓢ ⓘ E VISA. ⬚
chiuso a mezzogiorno (escluso i giorni festivi), lunedì e dal 6 novembre al 6 dicembre –
Pasto carta 36/55000.

MONTECCHIA DI CROSARA 37030 Verona 429 F 15 – 3 911 ab. alt. 87 – ✿ 045.
Roma 534 – ♦Verona 34 – ♦Milano 188 – ♦Venezia 96 – Vicenza 33.

XXX **Baba-Jaga,** $\mathscr{P}$ 7450222, $\leqslant$, ☆, 🌳 – ☰ **☉**. AE ⓢ ⓘ E VISA. ⬚
chiuso domenica sera, lunedì, gennaio e dal 1° al 15 agosto – **Pasto** carta 45/70000.

al bivio per Roncà SE : 3 km :

X **Tregnago** con cam, ✉ 37030 $\mathscr{P}$ 7460036, « Giardino ombreggiato » – 📺 ☎ **☉** –
🔬 300. ⓢ E VISA. ⬚
chiuso dal 25 luglio al 25 agosto – **Pasto** *(chiuso mercoledì)* carta 30/48000 – ⌕ 10000 –
8 cam 70/90000 – ½ P 60000.

MONTECCHIO MAGGIORE 36075 Vicenza 988 ④, 429 F 16 – 19 760 alt. 72 – ✿ 0444.
Vedere $\leqslant \star$ dai castelli – Salone $\star$ della villa Cordellina-Lombardi.
Roma 544 – ♦Verona 43 – ♦Milano 196 – ♦Venezia 77 – Vicenza 13.

sulla strada statale 11 E : 3 km :

🏨 **Castelli,** ✉ 36041 Alte di Montecchio Maggiore $\mathscr{P}$ 697366, Telex 481366, Fax 490489,
🔥, 🛋, 🏊, ⬚, ⬚ – 🛗 ☰ 📺 ☎ 🔬 **☉** – 🔬 30 a 100. AE ⓢ ⓘ E VISA. ⬚ rist
chiuso dal 24 dicembre al 2 gennaio – **Pasto** al Rist. *Re Artù* carta 35/40000 bc – **150 cam**
⌕ 127/200000.

ad Alte SE : 3 km – ✉ **36041** :

X **San Marco** con cam, $\mathscr{P}$ 698417, ☆ – ☰ 📺 ☎ **☉**. ⬚
chiuso dal 6 al 21 agosto – **Pasto** *(chiuso domenica)* carta 19/31000 – ⌕ 5000 – **8 cam**
60/80000 – ½ P 55/75000.

MONTECCHIO PRECALCINO 36030 Vicenza 429 F 16 – 4 245 ab. alt. 86 – ✿ 0445.
Roma 544 – Trento 84 – Treviso 67 – Vicenza 17.

XXX **La Locanda di Piero,** strada per Dueville S : 1 km $\mathscr{P}$ 864827, Fax 864828, prenotare –
☉. AE ⓢ ⓘ E VISA
chiuso domenica, i mezzogiorno di lunedì e sabato, dal 1° al 10 gennaio e dal 7 al 14 agosto
– **Pasto** carta 38/55000.

MONTECELIO Roma 430 P 20 – Vedere Guidonia Montecelio.

MONTECOPIOLO 61014 Pesaro 429 430 K 19 – 1 206 ab. alt. 1 033 – a.s. 25 giugno-agosto –
✿ 0722.
Roma 330 – Pesaro 90 – Rimini 58.

🏨 Parco del Lago ⑤, località Villaggio del Lago $\mathscr{P}$ 78561, Fax 78561, $\leqslant$, « Piccolo parco
con laghetto », 🔥, 🛋, 🏊, ⬚ – 🛗 ☎ **☉** – 🔬 150
stagionale – **36 cam.**

MONTECOSARO 62010 Macerata 430 M 22 – 4 737 ab. alt. 252 – ✿ 0733.
Roma 266 – ♦Ancona 60 – Macerata 25 – ♦Perugia 147 – ♦Pescara 121.

XXX **La Luma,** via Bruscantini 1 $\mathscr{P}$ 229701, Fax 229701, « In un convento del settecento » –
☰ AE ⓢ ⓘ E VISA. ⬚
chiuso martedì e dal 15 al 31 gennaio – **Pasto** carta 41/68000.

MONTECRETO 41025 Modena 𝟜𝟚𝟠 𝟜𝟚𝟡 𝟜𝟛𝟘 J 14 – 1 038 ab. alt. 868 – a.s. luglio-agosto e Natale – ✪ 0536.

Roma 387 – ◆Bologna 89 – ◆Milano 248 – ◆Modena 79 – Pistoia 77 – Reggio nell'Emilia 93.

 ad Acquaria NE : 7 km – ⊠ 41020 :

🍴 **Maria,** 𝒫 65007, ≤ – ⴰ. ⴰ
 chiuso lunedì e dal 25 settembre al 25 ottobre – **Pasto** carta 29/40000.

MONTE CROCE DI COMELICO (Passo) **(KREUZBERGPASS)** Belluno e Bolzano 𝟡𝟠𝟠 ⑤, 𝟜𝟚𝟡 C 19 – alt. 1 636 – a.s. febbraio-aprile, 15 luglio-15 settembre e Natale.

Roma 690 – Belluno 89 – Cortina d'Ampezzo 52 – ◆Milano 432 – Sesto 7 – ◆Venezia 179.

🏨 **Passo Monte Croce-Kreuzbergpass** ⴰ, ⊠ 39030 Sesto in Pusteria 𝒫 (0474) 70328, Fax 70383, ≤, *ⴰ*, ≘ⴰ, ⴰ, ⴰ ⴰ – ⴰ ⴰ ⴰ. ⴰ ⴰ ⴰ ⴰ ⴰ ⴰ rist
 dicembre-aprile e giugno-settembre – **Pasto** 35/43000 – **53 cam** ⴰ 100/180000, 9 appartamenti – ½ P 110/160000.

MONTEFALCO 06036 Perugia 𝟡𝟠𝟠 ⑯, 𝟜𝟛𝟘 N 19 – 5 486 ab. alt. 473 – ✪ 0742.

Roma 145 – ◆Perugia 46 – Assisi 30 – Foligno 12 – Orvieto 79 – Terni 57.

🏨 **Villa Pambuffetti,** 𝒫 378503, Fax 379245, « Parco ombreggiato con ⴰ » – ▤ ⴰ ⴰ ⴰ ⴰ ⴰ – ⴰ 100. ⴰ ⴰ ⴰ ⴰ ⴰ ⴰ
 Pasto (solo su prenotazione; *chiuso lunedì*) carta 50/65000 – **12 cam** ⴰ 150/320000, 3 appartamenti.

🍴🍴 **Coccorone,** largo Tempestivi 𝒫 379535, Fax 379535, ⴰ – ⴰ ⴰ
 chiuso mercoledì – **Pasto** 19/30000 e carta 30/55000.

MONTEFOLLONICO 53040 Siena 𝟜𝟛𝟘 M 17 – alt. 567 – ✪ 0577.

Roma 187 – Siena 61 – ◆Firenze 112 – ◆Perugia 75.

🍴🍴🍴 **La Chiusa** ⴰ con cam, 𝒫 669668, Fax 669593, Coperti limitati; prenotare, « In un'antica fattoria » – ⴰ ⴰ ⴰ ⴰ ⴰ ⴰ ⴰ ⴰ
 chiuso dal 15 al 26 dicembre e dall'8 gennaio dal 25 marzo – **Pasto** (*chiuso martedì*) carta 95/125000 – ⴰ 20000 – **12 cam** 240/280000.

🍴 **13 Gobbi,** 𝒫 669755, ⴰ – ⴰ ⴰ ⴰ ⴰ ⴰ ⴰ
 chiuso dal 6 al 31 gennaio e mercoledì (escluso da giugno a settembre) – **Pasto** carta 35/62000.

MONTEFORTE D'ALPONE 37032 Verona 𝟜𝟚𝟡 F 15 – 6 638 ab. alt. 35 – ✪ 045.

Roma 518 – ◆Verona 25 – ◆Brescia 92 – Trento 125 – Vicenza 29.

🍴🍴 **Riondo,** NE : 1,5 km 𝒫 7610638, ⴰ, Coperti limitati; prenotare – ⴰ. ⴰ
 chiuso lunedì, dal 15 al 30 gennaio ed agosto – **Pasto** carta 55/75000.

MONTEGALDELLA 36040 Vicenza 𝟜𝟚𝟡 F 17 – 1 553 ab. alt. 24 – ✪ 0444.

Roma 521 – ◆Milano 221 – ◆Padova 23 – ◆Venezia 56 – ◆Verona 68 – Vicenza 21.

🍴 **Da Cirillo,** viale Lampertico 26 (SO : 2 km) 𝒫 636025, Fax 636004, « Servizio estivo sotto un pergolato » – ⴰ. ⴰ ⴰ ⴰ ⴰ ⴰ. ⴰ
 chiuso mercoledì sera, giovedì, dal 26 dicembre al 6 gennaio e dal 27 luglio al 20 agosto – **Pasto** carta 37/52000.

MONTEGIORGIO 63025 Ascoli Piceno 𝟡𝟠𝟠 ⑯, 𝟜𝟛𝟘 M 22 – 6 609 ab. alt. 411 – ✪ 0734.

Roma 249 – ◆Ancona 81 – Ascoli Piceno 72 – Macerata 30 – ◆Pescara 124.

🍴🍴 **Oscar e Amorina** con cam, strada statale 210 (S : 5 km) 𝒫 968112, Fax 968345, ⴰ, ⴰ, ⴰ – ▤ ⴰ ⴰ ⴰ. ⴰ ⴰ
 Pasto (*chiuso lunedì*) carta 30/45000 – **14 cam** ⴰ 70/80000, ▤ 4000 – ½ P 80/95000.

MONTEGRIDOLFO 47040 Rimini 𝟜𝟚𝟡 𝟜𝟛𝟘 K 20 – 874 ab. alt. 290 – ✪ 0541.

Roma 297 – ◆Ancona 89 – Pesaro 24 – ◆Ravenna 110 – Rimini 51.

🏨 **Palazzo Viviani** ⴰ, via Roma 38 𝒫 855350, Fax 855340, ≤, ⴰ, « Antico borgo Malatestiano con terrazza panoramica », ⴰ, ⴰ, ⴰ – ▤ cam ⴰ ⴰ ⴰ. ⴰ ⴰ ⴰ ⴰ ⴰ. ⴰ
 Pasto 50/80000 – **15 cam** ⴰ 190/280000, 6 appartamenti – ½ P 160/310000.

MONTEGROTTO TERME 35036 Padova 𝟡𝟠𝟠 ⑤, 𝟜𝟚𝟡 F 17 – 9 968 ab. alt. 11 – Stazione termale – ✪ 049 – Vedere Guida Verde.

🅱 viale Stazione 60 𝒫 793384, Fax 795276.

Roma 482 – ◆Venezia 49 – Mantova 97 – ◆Milano 246 – Monselice 12 – ◆Padova 12 – Rovigo 32.

🏨🏨 **International Bertha** ⴰ, largo Traiano 1 𝒫 8911700, Telex 430277, Fax 8911771, ⴰ, « Giardino con ⴰ riscaldata », *ⴰ*, ≘ⴰ, ⴰ, ⴰ, ⴰ – ⴰ ▤ ⴰ ⴰ ⴰ ⴰ ⴰ – ⴰ 120. ⴰ ⴰ ⴰ ⴰ ⴰ ⴰ
 chiuso dal 7 gennaio al 4 marzo – **Pasto** carta 50/67000 – ⴰ 17500 – **126 cam** 115/210000, 9 appartamenti – ½ P 145/160000.

Gd H. Caesar Terme ⟨⟩, via Aureliana ℰ 793655, Fax 8910616, « Giardino con ⟨⟩ riscaldata », ⟨⟩, ⟨⟩, ⟨⟩, ╬ – |⟨⟩| ⟨⟩ rist ▤ ⟨⟩ ☎ ⟨⟩ ⟨⟩ – ⟨⟩ 30 a 150. ⟨⟩ ⟨⟩ ⓪ E ⟨⟩ ⟨⟩ rist
chiuso dal 7 gennaio a febbraio e dal 28 novembre al 19 dicembre – **Pasto** 35/70000 –
135 cam ⟨⟩ 95/170000 – ½ P 95/105000.

Esplanade Tergesteo, via Roma 54 ℰ 8911777, Telex 430033, Fax 8910488, ⟨⟩, ⟨⟩, ⟨⟩ riscaldata, ⟨⟩, ⟨⟩, ⟨⟩, ╬ – |⟨⟩| ▤ ⟨⟩ ☎ ⟨⟩ ⟨⟩
139 cam.

Terme Neroniane ⟨⟩, via Neroniana 21/23 ℰ 8911666, Fax 8911715, ⟨⟩, « Parco ombreggiato con ⟨⟩ riscaldata », ⟨⟩, ⟨⟩, ⟨⟩, ⟨⟩, ╬ – |⟨⟩| ☎ ⟨⟩. ⟨⟩ ⟨⟩ rist
chiuso dal 9 gennaio al 3 marzo e dal 20 novembre al 15 dicembre – **Pasto** 45000 – ⟨⟩ 20000
– **89 cam** 120/170000 – ½ P 108/122000.

Garden Terme, viale delle Terme 7 ℰ 8911699, Fax 8910182, « Parco-giardino con ⟨⟩ riscaldata », ⟨⟩, ⟨⟩, ⟨⟩, ⟨⟩, ╬ – |⟨⟩| ▤ ⟨⟩ ☎ ⟨⟩ ⟨⟩. ⟨⟩ ⟨⟩ E ⟨⟩ ⟨⟩. ⟨⟩ rist
marzo-novembre – **Pasto** 40000 – ⟨⟩ 12000 – **112 cam** 96/145000, 7 appartamenti, ▤ 8000
– ½ P 95/132000.

Des Bains, via Mezzavia 22 ℰ 793500, Fax 793340, ⟨⟩, ⟨⟩ riscaldata, ⟨⟩, ⟨⟩, ⟨⟩, ╬ – |⟨⟩|
▤ ⟨⟩ ☎ ⟨⟩ ⟨⟩. ⟨⟩ ⟨⟩ E ⟨⟩ ⟨⟩ rist
marzo-novembre – **Pasto** carta 35/45000 – ⟨⟩ 10000 – **99 cam** 90/150000 – ½ P 86/110000.

Terme Miramonti, piazza Roma 19 ℰ 793455, Fax 793778, « Giardino con ⟨⟩ riscaldata », ⟨⟩, ⟨⟩, ⟨⟩, ╬ – |⟨⟩| ▤ ⟨⟩ ☎ ⟨⟩ – ⟨⟩ 80 a 120. ⟨⟩ ⟨⟩ ⓪ E ⟨⟩ ⟨⟩ rist
chiuso dal 7 gennaio a febbraio – **Pasto** 37000 – ⟨⟩ 13000 – **99 cam** 110/160000, ▤ 9000 –
½ P 155/173000.

Augustus Terme, viale Stazione 150 ℰ 793200, Fax 793518, « Terrazza con ⟨⟩ riscaldata », ⟨⟩, ⟨⟩, ⟨⟩, ⟨⟩, ⟨⟩, ╬ – |⟨⟩| ▤ ⟨⟩ ☎ ⟨⟩ ⟨⟩ ⟨⟩ – ⟨⟩ 100. ⟨⟩ ⟨⟩ ⓪ E ⟨⟩ ⟨⟩ rist
chiuso dal 7 gennaio al 25 febbraio e dal 18 novembre al 20 dicembre – **Pasto** 40/50000 –
125 cam ⟨⟩ 90/160000, 3 appartamenti, ▤ 14000 – ½ P 110/120000.

Montecarlo, viale Stazione 109 ℰ 793233, Fax 793350, ⟨⟩ riscaldata, ⟨⟩, ⟨⟩, ⟨⟩, ╬ – |⟨⟩|
▤ ⟨⟩ ☎ ⟨⟩ – ⟨⟩ 100. ⟨⟩ ⟨⟩ ⓪ E ⟨⟩ ⟨⟩ rist
11 marzo-26 novembre e Natale – **Pasto** 35000 – **98 cam** ⟨⟩ 81/140000 – ½ P 80/96000.

Apollo ⟨⟩, via Pio X 4 ℰ 8911677, Fax 8910287, « Parco con ⟨⟩ riscaldata », ⟨⟩, ⟨⟩, ⟨⟩,
⟨⟩, ╬ – |⟨⟩| ⟨⟩ rist ▤ ☎ ⟨⟩ ⟨⟩ ⟨⟩. ⟨⟩
chiuso dal 6 gennaio al 1° marzo – **Pasto** (solo per clienti alloggiati) 35/40000 – **194 cam**
⟨⟩ 80/140000, ▤ 7000 – ½ P 105/115000.

Continental, via Neroniana 8 ℰ 793522, Fax 8910683, « Parco con ⟨⟩ riscaldata », ⟨⟩,
⟨⟩, ⟨⟩, ⟨⟩, ╬ – |⟨⟩| ▤ ☎ ⟨⟩ ⟨⟩. ⟨⟩
chiuso da gennaio all'11 marzo e dal 10 al 20 dicembre – **Pasto** 30000 – **110 cam** ⟨⟩ 76/
132000, 30 appartamenti, ▤ 5000 – ½ P 80/103000.

Terme Sollievo, viale Stazione 113 ℰ 793600, Fax 8910910, « Parco con ⟨⟩ riscaldata e
⟨⟩ », ⟨⟩, ⟨⟩, ⟨⟩, ╬ – |⟨⟩| ▤ ⟨⟩ ☎ ⟨⟩ ⟨⟩. ⟨⟩ ⟨⟩ ⓪ E ⟨⟩ ⟨⟩ rist
chiuso dal 1° al 19 dicembre e dall'8 gennaio al 14 febbraio – **Pasto** 35000 – **128 cam**
⟨⟩ 83/132000 – ½ P 94/115000.

Terme Cristallo, via Roma 69 ℰ 8911788, Fax 8910291, ⟨⟩, ⟨⟩, ⟨⟩ riscaldata, ⟨⟩, ⟨⟩, ╬
– |⟨⟩| rist ☎ ⟨⟩ ⟨⟩. ⟨⟩ E ⟨⟩ ⟨⟩ rist
marzo-novembre – **Pasto** carta 42/60000 – **119 cam** ⟨⟩ 80/140000 – ½ P 83/98000.

Terme delle Nazioni, via Mezzavia 20 ℰ 8911735, Fax 8911783, ⟨⟩, ⟨⟩, ⟨⟩ riscaldata,
⟨⟩, ⟨⟩, ⟨⟩, ╬ – |⟨⟩| ▤ rist ☎ ⟨⟩ ⟨⟩. ⟨⟩ rist
chiuso da dicembre al 19 gennaio – **Pasto** (solo per clienti alloggiati) – ⟨⟩ 9000 – **105 cam**
73/120000, 2 appartamenti – ½ P 94/115000.

Antoniano, via Fasolo 12 ℰ 794177, Fax 794257, ⟨⟩, ⟨⟩ riscaldata, ⟨⟩, ⟨⟩, ⟨⟩, ╬ – |⟨⟩| ▤
☎ ⟨⟩ ⟨⟩ ⟨⟩. ⟨⟩ rist
chiuso dal 6 novembre al 22 dicembre – **Pasto** 33000 – **144 cam** ⟨⟩ 78/136000, 12 appartamenti, ▤ 5000 – ½ P 110/200000.

Terme Petrarca, piazza Roma 23 ℰ 8911767, Fax 8911698, ⟨⟩, ⟨⟩ riscaldata, ⟨⟩, ⟨⟩,
⟨⟩, ╬ – |⟨⟩| ▤ ☎ ⟨⟩ – ⟨⟩ 200. ⟨⟩ ⟨⟩ rist
chiuso dall'11 gennaio al 1° febbraio e dal 1° al 21 dicembre – **Pasto** 35/38000 – ⟨⟩ 15000 –
141 cam 90/150000, ▤ 12000 – ½ P 93/101000.

Terme Bellavista, via dei Colli 5 ℰ 793333, Fax 793772, ⟨⟩, ⟨⟩ riscaldata, ⟨⟩, ⟨⟩, ⟨⟩,
╬ – |⟨⟩| ☎ ⟨⟩. ⟨⟩
marzo-novembre – **Pasto** 35/39000 – **77 cam** ⟨⟩ 80/130000 – ½ P 70/78000.

Eliseo, viale Stazione 12/a ℰ 793425, Fax 795332, ⟨⟩, ⟨⟩, ⟨⟩ riscaldata, ⟨⟩, ⟨⟩, ╬ – |⟨⟩|
▤ rist ☎ ⟨⟩. ⟨⟩ E ⟨⟩ ⟨⟩ rist
14 marzo-13 novembre – **Pasto** 25/50000 – **90 cam** ⟨⟩ 70/110000 – ½ P 67/90000.

Vulcania ⟨⟩, viale Stazione 6 ℰ 793451, Fax 793451, « Parco con ⟨⟩ riscaldata », ⟨⟩, ╬
– |⟨⟩| ☎ ⟨⟩. ⟨⟩ rist
4 marzo-15 novembre – **Pasto** 28000 – ⟨⟩ 6500 – **76 cam** 68/100000 – ½ P 74000.

Da Mario, viale delle Terme 4 ℰ 794090, ⟨⟩, prenotare – ▤. ⟨⟩ ⟨⟩ ⓪ ⟨⟩
chiuso martedì, dal 10 al 28 febbraio e dal 10 al 30 luglio – **Pasto** carta 41/56000.

Da Cencio, via Fermi 11 ℰ 793470, ⟨⟩ – ⟨⟩. ⟨⟩ ⟨⟩ E ⟨⟩ ⟨⟩
chiuso lunedì, dal 26 dicembre al 2 gennaio e dal 20 agosto al 5 settembre – **Pasto**
carta 35/51000.

La Perla, via Sabbioni 24 ℰ 794577, ⟨⟩, Specialità di mare – ⟨⟩. ⟨⟩ ⟨⟩ E ⟨⟩
chiuso lunedì e dal 30 dicembre al 15 gennaio – **Pasto** carta 40/90000.

MONTE ISOLA Brescia 428 429 E 12 – 1 742 ab. alt. 190 – ✉ 25050 Peschiera Maraglio – a.s. Pasqua e luglio-15 settembre – ✆ 030.

Vedere ✳✳ dal santuario della Madonna della Ceriola.

Da Sulzano 10 mn di barca; da Sulzano : Roma 586 – ◆Bergamo 44 – ◆Brescia 28 – ◆Milano 88.

- ✗ **Del Pesce-Archetti,** a Peschiera Maraglio ✆ 9886137, ≼
  chiuso martedì e dal 3 al 20 novembre – **Pasto** carta 34/47000.

- ✗ **Del Sole,** a Sensole ✆ 9886101, Fax 9886101, « Servizio estivo in terrazza », 🐜⊚, 🚣 – ≪
  chiuso mercoledì e dal 1° al 20 dicembre – **Pasto** carta 35/51000.

MONTELPARO 63020 Ascoli Piceno 430 M 22 – 998 ab. alt. 585 – ✆ 0734.

Roma 285 – Ascoli Piceno 54 – ◆Ancona 108.

- 🏠 La Ginestra ☜, contrada Coste E : 3 km ✆ 780449, Fax 780706, ≼ valli e colline, ☑, 🚣,
  ✗ – 🅿
  stagionale – **13 cam.**

MONTELUPO FIORENTINO 50056 Firenze 988 ⑭, 428 429 430 K 15 – 10 059 ab. alt. 40 – ✆ 0571.

Roma 295 – ◆Firenze 22 – ◆Livorno 66 – Siena 75.

- 🏠 **Baccio da Montelupo** senza rist, via Don Minzoni 3 ✆ 51215, Fax 51171 – 🛗 ▤ 📺 ☎
  🅿 . 🆎 🎦 ⓪ 🄴 VISA . ≪
  chiuso agosto – ⯐ 7000 – **22 cam** 81/115000.

- ✗ **Trattoria del Sole,** via 20 Settembre 35 ✆ 51130 – 🆎 🎦 ⓪ 🄴 VISA . ≪
  chiuso sabato sera, domenica ed agosto – **Pasto** carta 31/55000.

MONTEMAGNO 14030 Asti 988 ⑬, 428 G 6 – 1 196 ab. alt. 259 – ✆ 0141.

Roma 617 – Alessandria 29 – Asti 18 – ◆Milano 102 – ◆Torino 72 – Vercelli 50.

- ✗✗✗ **La Braja,** via San Giovanni Bosco 11 ✆ 63107, Fax 63605, 🍽, Coperti limitati; prenotare
  – ▤ 🅿. 🆎 🎦 ⓪ 🄴 VISA . ≪
  chiuso lunedì, martedì, dal 7 al 27 gennaio e dal 26 luglio all'11 agosto – **Pasto** 55/75000.

MONTEMARCELLO La Spezia 430 J 11 – Vedere Ameglia.

MONTEMARZINO 15050 Alessandria 428 H 8 – 371 ab. alt. 448 – ✆ 0131.

Roma 585 – Alessandria 36 – ◆Genova 89 – ◆Milano 89 – Piacenza 85.

- ✗ **Da Giuseppe,** ✆ 878135, Fax 878135 – 🆎 🎦 🄴 VISA . ≪
  chiuso mercoledì e dal 2 al 31 gennaio – **Pasto** 40/60000.

MONTEMERANO 58050 Grosseto 430 O 16 – alt. 303 – ✆ 0564.

Roma 189 – Grosseto 51 – Orvieto 79 – Viterbo 85.

- 🏠 **Villa Acquaviva** ☜ senza rist, strada Scansanese N : 1 km ✆ 602890, Fax 602895,
  ≼ campagna e colli, « Giardino ombreggiato » – 📺 ☎ 🅿 . ≪
  7 cam ⯐ 105/130000, appartamento.

- ✗✗✗ ❀ **Da Caino,** ✆ 602817, Fax 602807, Rist. con enoteca, Coperti limitati; prenotare – 🆎
  ⓪ VISA . ≪
  chiuso mercoledì – **Pasto** 55/70000
  Spec. Sformato d'asparagi selvatici farcito alle animelle (primavera), Tortelli di cacio e pere (estate), Carpaccio tiepido di piccione con salsa di cipolle rosse (estate).

- ✗✗ Laudomia, con cam, località Poderi di Montemerano SE : 2,5 km ✆ 620062, « Servizio
  estivo in terrazza » – ☎ 🅿
  12 cam.

  Vedere anche : **Saturnia (Terme)** N : 4 km.

MONTEMESOLA 74020 Taranto 431 F 34 – 4 429 ab. alt. 178 – ✆ 099.

Roma 508 – ◆Bari 90 – ◆Brindisi 85 – ◆Taranto 16.

- ✗ **Da Ninetta,** vico Roma 50 ✆ 664138, 🍽
  chiuso lunedì e dal 5 al 30 settembre – **Pasto** carta 29/44000.

  Sono utili complementi di questa guida, per i viaggi in ITALIA :
  – La carta stradale Michelin n° 988 in scala 1/1 000 000.
  – Le carte 428, 429, 430, 431, 432, 433 in scala 1/400 000.
  – Le guide Verdi turistiche Michelin "Italia" e "Roma" :
    itinerari regionali,
    musei, chiese,
    monumenti e bellezze artistiche.

Vedere Affreschi★★ nel chiostro grande dell'abbazia – Stalli★★ nella chiesa abbaziale.
Roma 223 – Siena 37 – ◆Firenze 104 – ◆Perugia 121 – Viterbo 125.

    ✗   **La Torre,** ℰ 707022, Fax 707066, 斎, ∞ – **❷**. ஊ ᔓ ⑩ ᘙ ⅦᔓA. ℅
          chiuso martedì – **Pasto** carta 29/44000.

MONTEORTONE Padova – Vedere Abano Terme.

MONTEPAONE LIDO 88060 Catanzaro 431 K 31 – 4 219 ab. – ۞ 0967.
Roma 632 – Catanzaro 33 – Crotone 85.

    🏨   **Il Pescatore,** ℰ 576303, Fax 576304, ♨᷍⊙ – ฿ ▤ ⻏ ☎ – 🛗 70. ᔓ ⑩ ᘙ ⅦᔓA
          Pasto *(chiuso lunedì da ottobre a maggio)* carta 33/49000 – ☲ 10000 – **51 cam** 80/130000,
          ▤ 10000 – ½ P 100/110000.

          sulla strada statale 106 S : 3 km :

    ✗✗ **A' Lumera** con cam, ⊠ 88060 ℰ 576290, Fax 576090 – ▤ ⻏ ☎ **❷**. ஊ ᔓ ⑩ ᘙ ⅦᔓA. ℅
          Pasto *(chiuso martedì escluso luglio-agosto)* carta 36/58000 – **20 cam** ☲ 60/90000 –
          ½ P 75/90000.

MONTEPERTUSO Salerno – Vedere Positano.

MONTE PORZIO CATONE 00040 Roma 430 Q 20 – 7 469 ab. alt. 451 – a.s. luglio-13 settembre
– ۞ 06.
Roma 24 – Frascati 4 – Frosinone 64 – Latina 55.

    ✗   **Da Franco,** via Duca degli Abruzzi 19 ℰ 9449205, Fax 9449234, ≼ – ஊ ⻏ ⑩ ᘙ ⅦᔓA. ℅
          chiuso la sera dei giorni festivi, giovedì e dal 15 al 31 luglio – **Pasto** carta 35/54000.

          Lisez attentivement l'introduction : c'est la clé du guide.

MONTEPULCIANO 53045 Siena 988 ⑮, 430 M 17 – 13 846 ab. alt. 605 – ۞ 0578.
Vedere Città Antica★ – Piazza Grande★★ : ☀★★★ dalla torre del palazzo Comunale★, palazzo
Nobili-Tarugi★, pozzo★ – Chiesa della Madonna di San Biagio★★ SE : 1 km.
Roma 176 – Siena 65 – Arezzo 60 – ◆Firenze 119 – ◆Perugia 74.

    🏨🏨 **Granducato** senza rist, via delle Lettere 62 ℰ 758597, Fax 758610 – ฿ ▥ ☎ ᕈ ⇌ **❷** –
          🛗 60. ஊ ᔓ ⑩ ᘙ ⅦᔓA
          51 cam ☲ 70/120000.

    🏨   **Il Marzocco,** piazza Savonarola ℰ 757262, Fax 757530 – ☎. ஊ ᔓ ⑩ ᘙ ⅦᔓA. ℅ rist
          chiuso dal 20 novembre al 5 dicembre – **Pasto** 35/50000 (10%) – ☲ 9000 – **16 cam**
          60/92000 – ½ P 80/90000.

    ✗✗ **La Grotta,** località San Biagio O : 1 km ℰ 757607, Fax 757607, 斎, « Edificio cinquecen-
          tesco » – **❷**. ஊ ᔓ ⑩ ᘙ ⅦᔓA
          chiuso mercoledì, gennaio e febbraio – **Pasto** carta 46/74000.

    ✗   **Diva e Maceo,** via di Gracciano nel Corso 92 ℰ 716951 – ℅
          chiuso martedì e dal 1° al 18 luglio – **Pasto** carta 30/48000.

          sull'autostrada A 1 - lato ovest o Montepulciano Stazione NE : 12 km :

    🏨   **Il Grifo** senza rist, ⊠ 53040 Montepulciano Stazione ℰ 738702, Fax 738408, ∞ – ฿ ▥
          ☎ ⇌ **❷**. ஊ ᔓ ⑩ ᘙ ⅦᔓA ᴊᴄʙ
          40 cam ☲ 89/129000.

MONTEREALE VALCELLINA 33086 Pordenone 988 ⑤, 429 D 19 – 4518 ab. alt. 317 – a.s.
13 luglio-agosto – ۞ 0427.
Roma 627 – ◆Milano 366 – Pordenone 23 – Treviso 77 – ◆Trieste 122 – Udine 54 – ◆Venezia 116.

    ✗   **Da Orsini,** località Grizzo SO : 1 km ℰ 79042 – **❷**. ஊ ᔓ ⑩ ᘙ ⅦᔓA ᴊᴄʙ
          chiuso lunedì e dal 2 al 16 gennaio – **Pasto** carta 36/48000.

MONTERIGGIONI 53035 Siena 988 ⑭ ⑮, 430 L 15 – 7 127 ab. alt. 274 – ۞ 0577.
Roma 245 – Siena 15 – ◆Firenze 55 – ◆Livorno 103 – Pisa 93.

    🏨🏨 **Monteriggioni** ⟫ senza rist, ℰ 305009, Fax 305011, « Giardino fiorito » – ฿ ▤ ▥ ☎
          ❷. ஊ ᔓ ⑩ ᘙ ⅦᔓA. ℅
          chiuso dal 10 gennaio al 15 febbraio – **12 cam** ☲ 150/290000.

    ✗✗ **Il Pozzo,** ℰ 304127, Fax 304701 – ஊ ⻏ ⑩ ᘙ ⅦᔓA
          chiuso domenica sera, lunedì, dal 9 gennaio al 7 febbraio e dal 24 al 31 luglio – **Pasto**
          carta 40/62000 (15%).

          a Strove SO : 4 km – ⊠ **53035** Monteriggioni :

    🏨   **Casalta** ⟫, ℰ 301002 – ☎. ℅
          marzo-ottobre – **Pasto** vedere rist **Casalta** – ☲ 12000 – **10 cam** 60/90000 – ½ P 95000.

    ✗   **Casalta,** ℰ 301171, 斎 – ⻏ ᘙ ⅦᔓA. ℅
          chiuso mercoledì, dal 10 gennaio al 10 febbraio e dal 14 al 20 agosto – **Pasto** carta 32/58000.

MONTEROSSO AL MARE 19016 La Spezia 988 ⑬, 428 J 10 – 1 728 ab. – ✪ 0187.

🏛 (Pasqua-ottobre) via Fegina ℘ 817506.

Roma 450 – ♦Genova 93 – ♦Milano 230 – ♦La Spezia 32.

🏨 **Porto Roca** ⑤, ℘ 817502, Fax 817692, ≤ mare e costa, 🍽, ▲☜, 🏖 – 🛗 🗏 📺 ☎. ஊ 🖪
   E 💳. 🌸 rist
   aprile-ottobre – **Pasto** 50/70000 – **43 cam** 😐 190/280000 – ½ P 140/185000.

🏨 **La Colonnina** ⑤ senza rist, ℘ 817439, Fax 817439, « Piccolo giardino ombreggiato » –
   🛗 📺 ☎. 🌸
   Pasqua-ottobre – 😐 12500 – **20 cam** 80/95000.

🏨 Jolie ⑤, ℘ 817539, Fax 817273, 🏖 – 📺 ☎
   31 cam.

🍴🍴 **Miki,** ℘ 817608, 🍽 – 🖪 **E** 💳. 🌸
   febbraio-ottobre; chiuso martedì escluso da giugno a settembre – **Pasto** carta 38/69000.

🍴 **La Cambusa,** ℘ 817546, Fax 817258, 🍽 – 🗏. ஊ 🖪 ① **E** 💳. 🌸
   15 marzo-15 ottobre; chiuso lunedì escluso dal 15 giugno al 15 settembre – **Pasto** carta 39/
   69000.

MONTEROSSO GRANA 12020 Cuneo 428 I 3 – 558 ab. alt. 720 – a.s. agosto – ✪ 0171.

Roma 664 – Cuneo 21 – ♦Milano 235 – Colle di Tenda 45 – ♦Torino 92.

🏨 A la Posta, ℘ 98720, « Giardino ombreggiato » – 🛗 ❷
   stagionale – **61 cam.**

   a San Pietro SE : 2 km – ✉ 12020 Monterosso Grana :

🏨 Castello di Bene, ℘ 98716, 🏖 – ❷
   stagionale – **32 cam.**

MONTEROTONDO 00015 Roma 988 ㉖, 430 P 19 – 30 137 ab. alt. 165 – ✪ 06.

Roma 27 – Rieti 55 – Terni 84 – Tivoli 32.

🍴 **Trattoria dei Leoni** con cam, piazza del Popolo ℘ 90627394 – 🗏 rist 📺. ஊ 🖪 ① **E** 💳.
   🌸
   chiuso dal 5 al 25 agosto – **Pasto** (chiuso mercoledì) carta 30/49000 – 😐 11000 – **12 cam**
   50/70000 – ½ P 48000.

MONTE SAN GIUSTO 62015 Macerata 430 M 22 – 7 040 ab. alt. 236 – ✪ 0733.

Roma 264 – ♦Ancona 65 – Ascoli Piceno 102 – Macerata 22.

🏨 **Laurino** senza rist, via Macerata 77 ℘ 530500, Fax 530477 – 🛗 📺 ☎ 🚗. ஊ 🖪 ① **E** 💳
   😐 12000 – **32 cam** 65/95000.

MONTE SAN PIETRO (PETERSBERG) Bolzano – Vedere Nova Ponente.

MONTE SANTA CATERINA (KATHARINABERG) Bolzano 218 ⑨ – Vedere Senales.

MONTE SANT'ANGELO 71037 Foggia 988 ㉘, 431 B 29 – 15 051 ab. alt. 843 – a.s. luglio-
13 settembre – ✪ 0884.

Vedere Posizione pittoresca★★ – Santuario di San Michele★ – Tomba di Rotari★.

Escursioni Promontorio del Gargano★★★ E-NE.

Roma 427 – ♦Foggia 59 – ♦Bari 135 – Manfredonia 16 – ♦Pescara 203 – San Severo 57.

🏨 **Rotary** ⑤, O : 1 km ℘ 562146, Fax 562146, ≤ golfo di Manfredonia – ☎ ❷. 🖪 **E** 💳.
   🌸 rist
   Pasto carta 31/45000 – 😐 7000 – **24 cam** 65/85000 – ½ P 75/80000.

MONTESARCHIO 82016 Benevento 988 ㉗, 431 D 25 – 11 257 ab. alt. 300 – ✪ 0824.

Roma 223 – ♦Napoli 53 – Avellino 54 – Benevento 18 – Caserta 30.

🏨 **Cristina Park Hotel,** via Benevento E : 0,8 km ℘ 835888, Fax 835888, 🏖 – 🛗 🗏 📺 ☎
   ❷. 300. ஊ 🖪 ① **E** 💳. 🌸
   Pasto (chiuso martedì) carta 27/38000 (11%) – **16 cam** 😐 90/120000 – ½ P 109000.

MONTESCANO 27040 Pavia 428 G 9 – 377 ab. alt. 208 – ✪ 0385.

Roma 597 – Alessandria 69 – ♦Genova 142 – Pavia 27 – Piacenza 43.

🍴🍴🍴 ✿ **Al Pino,** ℘ 60479, Fax 60479, ≤ colline, Coperti limitati; prenotare – ❷. ஊ 🖪 ① **E**
   💳. 🌸
   chiuso lunedì, martedì, mercoledì a mezzogiorno, dal 1º al 10 gennaio e dal 15 al 30 luglio –
   Pasto 40/50000 (a mezzogiorno) 50/70000 (alla sera) e carta 43/71000
   Spec. Tartara di storione e caviale, Risotto alla crema di peperoni, Coda di bue al Barbacarlo.

MONTESCUDAIO 56040 Pisa 430 M 13 – 1 368 ab. alt. 0586.

Roma 281 – Pisa 59 – ♦Livorno 45 – Cecina 10 – Piombino 59 – Grosseto 108 – Siena 80.

🍴 **Il Frantoio,** via della Madonna 11 ℘ 650381 – ஊ 🖪 **E** 💳
   chiuso a mezzogiorno (escluso i giorni festivi da ottobre a maggio) e lunedì – **Pasto**
   carta 28/49000.

MONTESILVANO MARINA 65016 Pescara 𝟵𝟴𝟴 ㉗, 𝟰𝟯𝟬 O 24 – 35 243 ab. – a.s. luglio-agosto – ✿ 085.

🏠 via Romagna 6 ℰ 4492796, Fax 4454781.

Roma 215 – ◆Pescara 13 – L'Aquila 112 – Chieti 26 – Teramo 50.

🏨 **Promenade,** viale Aldo Moro 63 ℰ 4452221, Fax 834800, ⏛, 🖙 – 🛎 𝖳𝖵 ☎ 🅿 – 🔏 45. 𝔸𝔼 🕄 ⓞ 🖿 𝒱𝒮𝒜. ✑
　　Pasto carta 30/55000 – ☞ 15000 – **92 cam** 80/130000 – ½ P 110/130000.

🏨 **City,** viale Europa 77 ℰ 4452468, Fax 4491348, ⏛, 🖙 – 🛎 ☰ 𝖳𝖵 ☎ 🅿 – 🔏 70. 𝔸𝔼 🕄 ⓞ 🖿 𝒱𝒮𝒜. ✑
　　maggio-settembre – **Pasto** 30/45000 – ☞ 12000 – **40 cam** 80/150000 – ½ P 85/125000.

🏠 **Ariminum,** viale Kennedy 3 ℰ 4453736, Fax 837705, 🖙 – 🛎 𝖳𝖵 ☎ 🅿. 𝔸𝔼 🕄 ⓞ 🖿 𝒱𝒮𝒜. ✑
　　Pasto carta 33/56000 – ☞ 10000 – **27 cam** 65/90000 – ½ P 60/90000.

MONTESPERTOLI 50025 Firenze 𝟰𝟮𝟵 𝟰𝟯𝟬 L15 – 9 419 ab. alt. 257 – ✿ 0571.

Roma 287 – ◆Firenze 34 – Siena 60 – ◆Livorno 79.

　　a Montagnana NE : 7 km – ✉ 50025 Montespertoli :

✗ **Il Focolare,** ℰ 671132, Fax 671345, 🍽 – 𝔸𝔼 🕄 🖿 𝒱𝒮𝒜
　　chiuso lunedì sera, martedì ed agosto – **Pasto** carta 35/55000.

MONTESPLUGA 23020 Sondrio 𝟰𝟮𝟴 C 9, 𝟮𝟭𝟴 ⑬ ⑭ – alt. 1 908 – ✿ 0343.

Roma 711 – ◆Milano 150 – Sondrio 88 – Passo dello Spluga 3.

✗✗ **Posta,** ℰ 54234, Fax 54234 – 🅿. ✑
　　chiuso martedì e dal 15 gennaio al 20 febbraio – **Pasto** carta 36/52000.

MONTEVARCHI 52025 Arezzo 𝟵𝟴𝟴 ⑮, 𝟰𝟯𝟬 L 16 – 21 701 ab. alt. 144 – ✿ 055.

Roma 233 – ◆Firenze 49 – Siena 50 – Arezzo 39.

🏨 **Delta** senza rist, viale Diaz 137 ℰ 901213, Fax 901727 – 🛎 ☰ 𝖳𝖵 ☎ 🖙 – 🔏 25 a 100. 𝔸𝔼 🕄 ⓞ 🖿 𝒱𝒮𝒜. ✑
　　40 cam ☞ 110/130000.

MONTIANO 47020 Forlì 𝟰𝟮𝟵 𝟰𝟯𝟬 J 18 – 1 544 ab. alt. 159 – ✿ 0547.

Roma 327 – ◆Ravenna 44 – Forlì 25 – Rimini 25.

✗✗ **La Cittadella,** ℰ 51347, Fax 51347 – 🅿. 𝔸𝔼 🕄 ⓞ 🖿 𝒱𝒮𝒜 ᴶᶜᴮ. ✑
　　chiuso lunedì, martedì a mezzogiorno e dal 15 al 31 gennaio – **Pasto** carta 37/57000.

MONTICELLI TERME 43023 Parma 𝟰𝟮𝟴 𝟰𝟮𝟵 H 13 – alt. 99 – Stazione termale (marzo-15 dicembre), a.s. 10 agosto-25 ottobre – ✿ 0521.

Roma 452 – ◆Parma 13 – ◆Bologna 92 – ◆Milano 134 – Reggio nell'Emilia 25.

🏨 **Delle Rose** ⏓, ℰ 657425, Fax 658245, « Parco-pineta », ⊠, 🟇 – 🛎 ☰ rist 𝖳𝖵 ☎ 🅿 – 🔏 100. 𝔸𝔼 🕄 ⓞ 🖿 𝒱𝒮𝒜. ✑
　　chiuso dal 16 dicembre a febbraio – **Pasto** 36/41000 – **78 cam** ☞ 114/179000 – ½ P 111/129000.

MONTICHIARI 25018 Brescia 𝟰𝟮𝟴 𝟰𝟮𝟵 F 13 – 16 755 ab. alt. 104 – ✿ 030.

Roma 490 – ◆Brescia 20 – Cremona 56 – Mantova 40 – ◆Verona 52.

　　a Vighizzolo NO : 4 km – ✉ 25018 Montichiari :

✗ **Da Rosy,** ℰ 961010, prenotare – 🅿. ✑
　　chiuso mercoledì ed agosto – **Pasto** carta 25/40000.

MONTICIANO 53015 Siena 𝟵𝟴𝟴 ⑮, 𝟰𝟯𝟬 M 15 – 1 437 ab. alt. 381 – ✿ 0577.

Dintorni Abbazia di San Galgano★★ NO : 7 km.

Roma 245 – Siena 37 – Grosseto 58.

✗ **Da Vestro** con cam, ℰ 756618, Fax 756466, 🍽, « Giardino ombreggiato » – 🅿. 𝔸𝔼 🕄 ⓞ 🖿 𝒱𝒮𝒜
　　Pasto (chiuso lunedì) carta 24/40000 – ☞ 7000 – **12 cam** 45/65000 – ½ P 50/65000.

　　sulla strada statale 223 E : 15 km :

🏨 **La Locanda del Ponte,** ✉ 53010 San Lorenzo a Merse ℰ 757108 e rist ℰ 757140, Fax 757110, 🍽, « Giardino e piccola spiaggia ai bordi del fiume » – ☰ 𝖳𝖵 ☎ 🅿. 𝔸𝔼 🕄 ⓞ 🖿 𝒱𝒮𝒜
　　Pasto (chiuso dal 10 gennaio al 10 febbraio e mercoledì escluso da maggio ad ottobre) carta 43/71000 (12%) – **23 cam** ☞ 184/299000.

MONTIERI 58026 Grosseto 𝟰𝟯𝟬 M 15 – 1 496 ab. alt. 750 – ✿ 0566.

Roma 269 – Siena 50 – Grosseto 51.

🏠 **Rifugio Prategiano** ⏓, N : 1 km ℰ 997703, Fax 997891, ≤, Turismo equestre, ⏛, 🟇, ✑ – 🅿 ☎. 🕄 🖿 rist
　　chiuso dal 7 gennaio a Pasqua – **Pasto** (chiuso mercoledì) 35000 – ☞ 12000 – **24 cam** 120/180000 – ½ P 70/140000.

MONTIGNOSO 54038 Massa-Carrara 428 429 430 J 12 – 9 164 ab. alt. 132 – © 0585.

Roma 386 – Pisa 39 – ◆Firenze 112 – Lucca 42 – Massa 5 – ◆Milano 240 – ◆La Spezia 40.

XXXX © **Il Bottaccio** 🦕 con cam, 🖉 340031, Fax 340103, 🏤, prenotare, « In un frantoio ad acqua del 700 », 🎢 – 📺 ☎ ❷, 🕮 🕦 ⑩ 🗉 💳
Pasto (menu suggeriti) 90/120000 – ☲ 30000 – 8 appartamenti 380/620000 – ½ P 250/360000
Spec. Ravioli di scamorza con pomodorini (primavera-estate), Rombo con mandorle e uvetta su letto di scarola, Filetto di manzo alle erbe fini e lardo di Colonnata (primavera-estate).

a Cinquale SO : 5 km – ✉ 54030 – a.s. Pasqua e luglio-agosto :

🏨 **Eden,** 🖉 807676, Fax 807594, 🏤, 🐎 – 📲 🍽 📺 ☎ & ❷ – 🔬 100. 🗉 💳. 🦖 rist
febbraio-ottobre – **Pasto** 40/80000 – **27 cam** ☲ 155/224000 – ½ P 125/155000.

🏩 **Giulio Cesare** 🦕 senza rist, 🖉 309318, Fax 807664, 🐎 – 🍽 ☎ ❷. 🕮. 🦖
Pasqua e 25 maggio-settembre – **12 cam** ☲ 115/125000.

MONTISI 53020 Siena 430 M 16 – alt. 413 – © 0577.

Roma 197 – Siena 48 – Arezzo 58 – ◆Perugia 82.

X **La Romita,** 🖉 824186, Fax 824186, Coperti limitati; prenotare, « Servizio estivo in giardino », 🕱 – ❷. 🕮 🕦 ⑩ 🗉 💳. 🦖
chiuso mercoledì e febbraio – **Pasto** carta 35/70000.

MONTODINE 26010 Cremona 428 G 11 – 2 165 ab. alt. 66 – © 0373.

Roma 536 – ◆Bergamo 49 – ◆Brescia 57 – Crema 9 – Cremona 31 – ◆Milano 53 – Piacenza 29.

X **Trattoria Umberto I-da Brambini,** 🖉 66118 – 🕃 🗉 💳. 🦖
chiuso mercoledì ed agosto – **Pasto** carta 34/56000.

MONTOGGIO 16026 Genova 988 ⑬, 428 I 9 – 1 930 ab. alt. 440 – © 010.

Roma 538 – ◆Genova 38 – Alessandria 84 – ◆Milano 131.

XX **Roma,** 🖉 938925 – ❷. 🦖
chiuso giovedì e dal 1° al 10 luglio – **Pasto** carta 35/50000.

MONTONE 06014 Perugia 430 L 18 – 1 565 ab. alt. 485 – © 075.

Roma 208 – ◆Perugia 40 – Arezzo 61 – Gubbio 36.

a Santa Maria di Sette N : 3 km – ✉ 06014 Montone :

X **Il Rustichello,** 🖉 9415291 – 🍽 ❷. 🕃 🗉 💳
chiuso martedì – **Pasto** carta 30/47000.

MONTOPOLI DI SABINA 02034 Rieti 430 P 20 – 3 475 ab. alt. 331 – © 0765.

Roma 52 – Rieti 43 – Terni 79 – Viterbo 76.

X **Il Casale del Farfa,** strada statale 313 (SO : 7 km) 🖉 322047, Fax 322047, ≤, « Servizio estivo in giardino » – ❷. 🕮
chiuso martedì, dal 4 al 20 luglio e dal 15 al 21 novembre – **Pasto** carta 30/48000.

MONTOPOLI IN VAL D'ARNO 56020 Pisa 428 429 430 K 14 – 8 847 ab. alt. 98 – © 0571.

Roma 307 – ◆Firenze 45 – Pisa 39 – ◆Livorno 44 – Lucca 40 – Pistoia 41 – Pontedera 12 – Siena 76.

X **Quattro Gigli** con cam, piazza Michele 2 🖉 466878, Fax 466879, ≤, « Originali terracotte » – 📺 ☎. 🕮 🕃 🕦 ⑩ 🗉 💳 ᴊᴄʙ. 🦖 cam
chiuso dal 25 al 31 gennaio e dal 10 al 25 agosto – **Pasto** (chiuso domenica sera e lunedì) carta 32/50000 – ☲ 8000 – **28 cam** 50/70000 – ½ P 70000.

MONTORFANO 22030 Como 428 E 9, 219 ⑨ – 2 251 ab. alt. 410 – © 031.

🏰₁₈ Villa d'Este (chiuso gennaio e martedì escluso agosto) 🖉 200200, Fax 200786.

Roma 631 – Como 9 – ◆Bergamo 50 – Lecco 24 – ◆Milano 49.

XXX **Santandrea Golf Hotel** con cam, via Como 19 🖉 200220, Fax 200220, ≤, prenotare, « Servizio estivo all'aperto », 🐎 – 📺 ☎ ❷ – 🔬 30. 🕮 🕃 💳. 🦖
chiuso dal 27 dicembre al 21 febbraio – **Pasto** 40/50000 (solo a mezzogiorno) e carta 56/79000 – **10 cam** ☲ 160/200000, 3 appartamenti

MONTORO INFERIORE 83025 Avellino 431 E 26 – 8 678 ab. alt. 195 – © 0825.

Roma 265 – ◆Napoli 55 – Avellino 18 – Salerno 20.

🏨 **La Foresta,** svincolo superstrada ✉ 83020 Piazza di Pàndola 🖉 521005, Fax 523666 – 📲 🍽 📺 ☎ 🚗 ❷ – 🔬 25 a 150. 🕮 🕃 🕦 ⑩ 🗉 💳
Pasto 45/55000 (16%) – ☲ 6000 – **40 cam** 85/135000, 2 appartamenti – ½ P 120000.

MONTORSO VICENTINO 36050 Vicenza 429 F 16 – 2 784 ab. alt. 118 – © 0444.

Roma 553 – ◆Verona 40 – ◆Milano 193 – ◆Venezia 81 – Vicenza 17.

X **Belvedere-da Bepi,** 🖉 685415, 🏤 – 🍽. 🦖
chiuso martedì sera, mercoledì e dal 1° al 25 agosto – **Pasto** carta 26/35000.

MONTÙ BECCARIA 27040 Pavia ④②⑧ G 9 – 1 750 ab. alt. 277 – ✪ 0385.

Roma 544 – ◆Genova 123 – ◆Milano 66 – Pavia 28 – Piacenza 32.

  XX **Colombi,** località Loglio di Sotto SO : 5 km ℘ 60049 – **℗**. **⑧ ⓞ E** VISA
       Pasto carta 35/50000.

MONZA 20052 Milano ⑨⑧⑧ ③, ④②⑧ F 9 – 120 464 ab. alt. 162 – ✪ 039.

Vedere Parco★★ della Villa Reale – Duomo★ : facciata★★, corona ferrea★★ dei reLongobardi.

🯅₁₈ e 🯅₉ (chiuso lunedì) al Parco ℘ 303081, Fax 304427, N : 5 km.

Autodromo al parco N : 5 km ℘ 22366.

Roma 592 – ◆Milano 21 – ◆Bergamo 38.

  🕍 **De la Ville,** viale Regina Margherita 15 ℘ 382581, Telex 332496, Fax 367647 – 🛗 ▤ 📺 ☎ **℗** – 🔺 25 a 220. AE **⑧ ⓞ E** VISA.
       chiuso dal 23 dicembre al 3 gennaio e dal 1° al 24 agosto – **Pasto** carta 62/88000 – ⌑ 25000 – **55 cam** 228/278000 – ½ P 258/283000.

  🏨 **Della Regione,** via Elvezia (Rondò) 4 ℘ 387205, Fax 380254 – 🛗 ▤ 📺 ☎ **℗** – 🔺 25 a 80. AE **⑧ ⓞ E** VISA
       Pasto carta 42/68000 – **90 cam** ⌑ 180/240000 – ½ P 200/220000.

  XX **Alle Grazie,** via Lecco 84 ℘ 387903, Fax 387650, 🌦 – ▤ **℗**. AE **⑧ ⓞ E** VISA
       chiuso mercoledì e dal 5 al 25 agosto – **Pasto** carta 46/70000.

  XX **La Riserva,** via Borgazzi 12 ℘ 386612, 🌦 Cucina piemontese, Coperti limitati; prenotare – **℗**

  XX **Lo Chef Giovanni,** via Luciano Manara 12/a ℘ 386462, 🌦 – AE **⑧ ⓞ E** VISA. 🍴
       chiuso mercoledì e dal 5 al 27 agosto – **Pasto** carta 56/97000.

AUTODROMO DI MONZA

MORBEGNO 23017 Sondrio ⑨⑧⑧ ③, ④②⑧ D 10 – 10 746 ab. alt. 255 – ✪ 0342.

Roma 673 – ◆Bolzano 194 – Lecco 57 – ◆Lugano 71 – ◆Milano 113 – Sondrio 25 – Passo dello Spluga 66.

  🏨 **Margna,** via Margna 36 ℘ 610377, Fax 615114 – 🛗 📺 ☎ ⚖ ⟵ **℗**. AE **⑧ E** VISA 🍴
       Pasto (chiuso lunedì) carta 34/49000 – ⌑ 9000 – **36 cam** 50/80000 – ½ P 70/80000.

  🏠 **La Ruota,** strada statale ℘ 612208, Fax 610117 – 🛗 📺 ☎ ⚖ ⟵ **℗**
       22 cam.

  XX **Vecchio Ristorante Fiume,** contrada di Cima alle Case 3 ℘ 610248 – **⑧ E** VISA
       chiuso martedì sera e mercoledì – **Pasto** carta 33/51000.

    a Regoledo di Cosio Valtellino O : 1 km – ✉ **23013** :

  🏨 **Bellevue,** ℘ 635108 e rist ℘ 637270, Fax 635686, 🍴 – 🛗 📺 ☎ ⚖ ⟵ **℗** – 🔺 55. AE **⑧ ⓞ E** VISA. 🍴 rist
       Pasto (chiuso lunedì) carta 32/48000 – ⌑ 8000 – **37 cam** 51/79000 – ½ P 71000.

    Vedere anche : *Gerola Alta* S : 15 km.

MORCIANO DI ROMAGNA 47047 Rimini ⑨⑧⑧ ⑯, ④②⑨ ④③⓪ K 19 – 5315 ab. alt. 83 – ✪ 0541.

Roma 323 – ◆Ancona 95 – ◆Ravenna 92 – Rimini 29.

  XX **Tuf-Tuf,** via Panoramica 34 ℘ 988770, Coperti limitati; prenotare – **℗**. AE **⑧ ⓞ E** VISA
       chiuso a mezzogiorno, lunedì e dal 24 maggio all'8 giugno – **Pasto** carta 55/93000.

MORDANO 40027 Bologna ④②⑨ ④③⓪ I 17 – 3 845 ab. alt. 21 – ✪ 0542.

Roma 396 – ◆Bologna 45 – ◆Ravenna 45 – Forlì 35.

  🏨 **Panazza,** ℘ 51434, Fax 52165, « Piccolo parco », ⊒, 🍴 – ▤ 📺 ☎ **℗** – 🔺 50. AE **⑧ ⓞ** VISA. 🍴 rist
       Pasto 25000 – ⌑ 12000 – **12 cam** 70/90000 – ½ P 70/80000.

MORIMONDO 20081 Milano ④②⑧ F 8 – 1 083 ab. alt. 109 – ✪ 02.

Roma 587 – ◆Milano 30 – Alessandria 81 – Novara 37 – Pavia 27 – Vercelli 55.

  X **Trattoria Basiano,** località Basiano S : 3 km ℘ 945295, 🌦 – ▤ **℗**. 🍴
       chiuso lunedì sera, martedì, dal 24 al 26 dicembre, dal 1° al 7 gennaio e dal 16 agosto al 10 settembre – **Pasto** carta 30/50000.

MORLUPO 00067 Roma ᐱᴊᴏ P 19 – 5 722 ab. alt. 207 – ✆ 06.

Roma 34 – Terni 79 – Viterbo 64.

XX **Agostino al Campanaccio,** ✆ 9070008, 🌳 – AE 🗓 E VISA. ℠
chiuso martedì e dal 17 agosto al 6 settembre – **Pasto** carta 35/53000.

MORTARA 27036 Pavia 988 ⑬, 428 G 8 – 14 059 ab. alt. 108 – ✆ 0384.

Vedere Guida Verde.

Roma 601 – Alessandria 49 – ◆Milano 47 – Novara 24 – Pavia 38 – ◆Torino 94 – Vercelli 32.

XX **San Michele** con cam, corso Garibaldi 20 ✆ 98614, Fax 99106 – 📺 ☎ 🅿. AE 🗓 E
VISA
chiuso dal 23 dicembre al 6 gennaio ed agosto – **Pasto** (chiuso a mezzogiorno e sabato)
carta 34/64000 – ☞ 10000 – **17 cam** 85/110000, appartamento – ½ P 75/89000.

XX Guallina, località Guallina E : 4 km ✆ 91962, Coperti limitati; prenotare – 🅿

X **Torino,** corso Torino 140 ✆ 99600 – 🅿. 🗓
chiuso domenica, lunedì sera ed agosto – **Pasto** carta 26/52000.

MORTELLE Messina ᐱ3ᴊ ᐱ3ᴊ M 28 – Vedere Sicilia (Messina) alla fine dell'elenco alfabetico.

MOSCAZZANO 26010 Cremona 428 G 11 – 731 ab. alt. 68 – ✆ 0373.

Roma 539 – ◆Bergamo 52 – ◆Brescia 60 – Crema 12 – Cremona 34 – ◆Milano 56 – Piacenza 32.

X **Vecchio Mulino,** località Mulino ✆ 66177, 🌳, 🌳 – 🅿
chiuso lunedì sera, martedì, dal 7 al 25 gennaio e dal 20 luglio al 12 agosto – **Pasto**
carta 40/56000.

MOSO (MOOS) Bolzano – Vedere Sesto.

MOSSA 34070 Gorizia 429 E 22 – 1 559 ab. alt. 73 – ✆ 0481.

Roma 656 – Gorizia 6 – ◆Trieste 49 – Udine 31.

X **Blanch,** via Blanchis 35 ✆ 80020, 🌳 – 🅿. AE 🗓 E VISA. ℠
chiuso mercoledì e dal 27 agosto al 26 settembre – **Pasto** carta 30/46000.

MOTTA DI LIVENZA 31045 Treviso 988 ⑤, 429 E 19 – 8 608 ab. – ✆ 0422.

Roma 562 – Pordenone 22 – Treviso 36 – ◆Trieste 109 – Udine 69.

🏨 **Bertacco,** via Ballarin 18 ✆ 861400 – 🛗 🗏 📺 ☎ 🅿 – ᴀ 30. AE 🗓 ⓪ E VISA. ℠ rist
Pasto (chiuso domenica sera e lunedì) carta 34/52000 – ☞ 7500 – **21 cam** 70/110000,
appartamento – ½ P 95000.

MOTTARONE (Stresa) 28040 Novara 428 E 7, 219 ⑥ – alt. 1 491 – Sport invernali : 1 270/
1 491 m ⚡1 ⚡5, ⚡ – ✆ 0323.

Vedere Guida Verde.

Roma 676 – Stresa 20 – ◆Milano 99 – Novara 61 – Orta San Giulio 18 – ◆Torino 135.

X **Miramonti** ⚡ con cam, ✆ 924822, ≤ Alpi – ℠
Pasto (chiuso la sera) carta 35/55000 – ☞ 6000 – **9 cam** (25 dicembre-Pasqua ed ago-
sto) 50/90000 – ½ P 75000.

Vedere anche : risorse alberghiere di Stresa.

MOZZO 24035 Bergamo 219 ⑳ – 6 305 ab. alt. 252 – ✆ 035.

Roma 607 – ◆Bergamo 6 – Lecco 28 – ◆Milano 49.

XX **Caprese,** via Crocette 38 ✆ 611148, Specialità di mare, prenotare – 🗏 🅿. AE 🗓 ⓪ E
VISA. ℠
chiuso domenica sera, lunedì, Natale e dal 10 al 31 agosto – **Pasto** carta 65/80000.

MUGGIA 34015 Trieste 988 ⑥, 429 F 23 – 13 201 ab. – ✆ 040.

Vedere Guida Verde.

🛈 (maggio-settembre) via Roma 20 ✆ 273259.

Roma 684 – ◆Milano 423 – ◆Trieste 11 – Udine 86 – ◆Venezia 173.

🏨 Lido, via Cesare Battisti 22 ✆ 273338, Fax 271979 – 🛗 🗏 rist 📺 ☎ 🅿 – ᴀ 100
47 cam.

XX **All'Arciduca** ⚡ con cam, strada per Chiampore 46 ✆ 271019, Fax 275388, ≤, 🌳 – 📺
☎ 🅿. AE 🗓 ⓪ E VISA JCB. ℠
chiuso dal 1° al 14 gennaio – **Pasto** (chiuso venerdì e domenica sera) carta 37/54000 –
12 cam ☞ 65/95000 – ½ P 95/105000.

XX **La Risorta,** Riva De Amicis 1/a ✆ 271219, « Servizio estivo in terrazza con ≤ » – AE 🗓
⓪ E VISA JCB
chiuso dal 1° al 21 gennaio, domenica e lunedì da luglio al 15 settembre – **Pasto** carta 41/
63000.

411

a Santa Barbara SE : 3 km – ⊠ **34015** Muggia :

X **Taverna da Stelio "Gigui"**, via Colarich 92/D ℘ 273363, 斧, prenotare – **Ⓟ**. **§** **E** **VISA**. ✠
chiuso mercoledì e dal 1° al 15 gennaio – **Pasto** carta 30/56000.

MÜHLBACH = Rio di Pusteria.

MÜHLWALD = Selva dei Molini.

MULAZZO 54026 Massa Carrara 428 429 430 J 11 – 2 618 ab. alt. 350 – ✪ 0187.
Roma 434 – ◆Genova 121 – ◆Parma 83 – ◆La Spezia 38.

a Madonna del Monte O : 8 km – alt. 870 – ⊠ **54026** Mulazzo :

X **Rustichello** ⤸ con cam, ℘ 439759, ≤, prenotare – **Ⓟ**. ✠ rist
chiuso dall'8 gennaio a Carnevale – **Pasto** (chiuso martedì escluso luglio-agosto) carta 28/39000 – ☲ 8000 – **8 cam** 65000 – ½ P 55000.

MULES **(MAULS)** Bolzano 429 B 16 – alt. 905 – ⊠ **39040** Campo di Trens – ✪ 0472.
Roma 699 – ◆Bolzano 56 – Brennero 23 – Brunico 44 – ◆Milano 360 – Trento 121 – Vipiteno 9.

🏠 **Stafler**, ℘ 771136, Fax 771094, « Parco ombreggiato », ⇌, ▨, ✵ – ▮ 𝖳𝖵 ☎ **Ⓟ** – 🛆 30 a 40. **§** **E** **VISA**
chiuso dal 21 giugno al 2 luglio e dal 7 novembre al 20 dicembre – **Pasto** (chiuso mercoledì escluso da agosto ad ottobre) carta 47/75000 – ☲ 18000 – **36 cam** 100/130000, 2 appartamenti – ½ P 125/150000.

MURAGLIONE (Passo del) Firenze 429 430 K 16 – Vedere San Godenzo.

MURANO Venezia 988 ⑤ – Vedere Venezia.

MURAVERA Cagliari 988 ㉞, 433 I 10 – Vedere Sardegna alla fine dell'elenco alfabetico.

MURO LUCANO 85054 Potenza 988 ㉘, 431 E 28 – 6 391 ab. alt. 654 – ✪ 0976.
Roma 357 – ◆Bari 198 – ◆Foggia 113 – Potenza 49.

X **Delle Colline** con cam, ℘ 2284, Fax 2192, ≤ – ▤ rist ☎ **Ⓟ**. **AE** **§** **E** **VISA**
Pasto carta 22/32000 – ☲ 4000 – **18 cam** 45/62000 – ½ P 50/54000.

MUSSOLENTE 36065 Vicenza 429 E 17 – 6 059 ab. alt. 127 – ✪ 0424.
Roma 548 – Belluno 85 – ◆Milano 239 – ◆Padova 47 – Trento 93 – Treviso 42 – ◆Venezia 72 – Vicenza 40.

🏠 **Villa Palma** ⤸, via Chemin Palma 30 (S : 1,5 km) ℘ 577407, Fax 87687, 斧, 🌳 – ▮ ▤ 𝖳𝖵 ☎ **Ⓟ** – 🛆 60. **AE** **§** **Ⓞ** **E** **VISA**. ✠
Pasto 48/60000 e al Rist. *La Loggia* (chiuso dal 7 al 20 agosto) carta 41/58000 – **21 cam** ☲ 180/250000, appartamento – ½ P 155/195000.

🏠 **Volpara** ⤸, NE : 2 km ℘ (0423) 567766, Fax 968841, ≤ – ▤ 𝖳𝖵 ☎ **Ⓟ**. **AE** **§** **Ⓞ** **E** **VISA**. ✠
Pasto vedere rist **Volpara-Malga Verde** – ☲ 8000 – **10 cam** 45/70000.

XX **Al Gambero-da Gerry**, via dei Colli 18 ℘ 577044, Fax 577044, 斧, 🌳 – **Ⓟ**. **AE** **§** **Ⓞ** **E** **VISA** **JCB**. ✠
chiuso martedì – **Pasto** carta 40/53000.

X **Volpara-Malga Verde**, NE : 2 km ℘ 577019, ≤, 斧 – **Ⓟ**. 🛆 30. **AE** **§** **Ⓞ** **E** **VISA**
chiuso mercoledì e dal 1° al 20 agosto – **Pasto** carta 25/36000.

LES GUIDES VERTS MICHELIN

Paysages, monuments
Routes touristiques
Géographie
Histoire, Art
Itinéraires de visite
Plans de villes et de monuments

Napoli

80100 🅿 988 ㉗, 431 E 24 – 1 068 927 ab. – a.s. aprile-ottobre – ❸ 081

Vedere Museo Archeologico Nazionale★★★ KY – Castel Nuovo★★ KZ – Porto di Santa Lucia★★ BU : ≤★★ sul Vesuvio e sul golfo – ≤★★★ notturna dalla via Partenope sulle colline del Vomero e di Posillipo FX – Teatro San Carlo★ KZ T1 – Piazza del Plebiscito★ JKZ – Palazzo Reale★ KZ – Certosa di San Martino★★ JZ : ≤★★★ sul golfo di Napoli dalla sala n° 25 del museo.
Quartiere di Spacca-Napoli★★ KY – Tomba★★ del re Roberto il Saggio nella chiesa di Santa Chiara★ KY – Cariatidi★ di Tino da Camaino nella chiesa di San Domenico Maggiore KY – Sculture★ nella cappella di San Severo KY – Arco★, tomba★ di Caterina d'Austria, abside★ nella chiesa di San Lorenzo Maggiore LY – Palazzo e galleria di Capodimonte★★ BT.
Mergellina★ BU : ≤★★ sul golfo – Villa Floridiana★ EVX : ≤★ – Catacombe di San Gennaro★★ BT – Chiesa di Santa Maria Donnaregina★ LY – Chiesa di San Giovanni a Carbonara★ LY – Porta Capuana★ LMY – Palazzo Como★ LY – Sculture★ nella chiesa di Sant'Anna dei Lombardi KYZ– Posillipo★ AU – Marechiaro★ AU – ≤★★ sul golfo dal parco Virgiliano (o parco della Rimembranza) AU.

Escursioni Golfo di Napoli★★★ verso Campi Flegrei★★ per ⑦, verso penisola Sorrentina per ⑥ – Isola di Capri★★★ – Isola d'Ischia★★★.

🏌 (chiuso lunedì e martedì) ad Arco Felice ⊠80072 𝒫5264296, per ⑧ : 19 km.
✈ Ugo Niutta di Capodichino NE : 6 km CT (escluso sabato e domenica) 𝒫 5425333 – Alitalia, via Medina 41 ⊠ 80133 𝒫 5425222.

🚢 per Capri (1 h 15 mn), Ischia (1 h 15 mn) e Procida (1 h), giornalieri – Caremar-Travel and Holidays, molo Beverello ⊠ 80133 𝒫 5513882, Fax 5522011 ; per Cagliari 24 giugno-15 settembre giovedì e sabato, negli altri mesi giovedì (16 h) e Palermo giornaliero (11 h) – Tirrenia Navigazione, Stazione Marittima, molo Angioino ⊠ 80133 𝒫 7201521, Fax 7201567 ; per Ischia giornalieri (1 h 15 mn) – Alilauro e Linee Lauro, molo Beverello ⊠ 80133 𝒫5522838, Fax 5513236 ; per le Isole Eolie mercoledì e venerdì, dal 15 giugno al 15 settembre lunedì, martedì, giovedì, venerdì, sabato e domenica (14 h) – Siremar-agenzia Genovese, via De Petris 78 ⊠ 80133 𝒫 5512112, Telex 710196, Fax 5512114.
🚤 per Capri (45 mn), Ischia (45 mn) e Procida (35 mn), giornalieri – Caremar-Travel and Holidays, molo Beverello ⊠ 80133 𝒫 5513882, Fax 5522011 ; per Ischia giornalieri (30 mn) e Capri giornalieri (40 mn) – Alilauro, via Caracciolo 11 ⊠ 80122 𝒫 7611004, Fax 7614250 ; per Capri giornalieri (40 mn) – Navigazione Libera del Golfo, molo Beverello ⊠ 80133 𝒫 5520763, Telex 722661, Fax 5525589 ; per Capri giornalieri (45 mn), le Isole Eolie giugno-settembre giornaliero (4 h) e Procida-Ischia giornalieri (35 mn) – Aliscafi SNAV, via Caracciolo 10 ⊠ 80122 𝒫 7612348, Telex 720446, Fax 7612141.

🛈 piazza dei Martiri 58 ⊠ 80121 𝒫 405311 – piazza del Plebiscito (Palazzo Reale) ⊠ 80132 𝒫 418744, Fax 418619 – Stazione Centrale ⊠ 80142 𝒫268779 – Aeroporto di Capodichino ⊠ 80133 𝒫7805761 – piazza del Gesù Nuovo 7 ⊠ 80135 𝒫 5523328 – Passaggio Castel dell'Ovo ⊠ 80132 𝒫 7645688.
A.C.I. piazzale Tecchio 49/d ⊠ 80125 𝒫 2394511.

Roma 219 ③ – ♦Bari 261 ④.

Piante : Napoli p. 4 a 9

Piante : Napoli p. 4 a 9

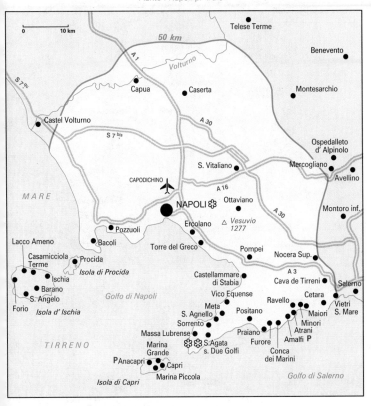

Grande Albergo Vesuvio, via Partenope 45 ⊠ 80121 ℰ 7640044, Telex 710127, Fax 5890380, « Rist. roof-garden con ⩽ golfo e Castel dell'Ovo » – 🛗 ⇄ cam 🔲 📺 ☎ 🚗 – 🛗 40 a 400. ㏅ 🕄 ⑩ 🗉 𝘝𝘐𝘚𝘈. ⚘
FX **n**
Pasto al Rist. *Caruso (chiuso lunedì)* carta 56/82000 – **167 cam** ⊏ 260/390000, 16 appartamenti.

Gd H. Parker's, corso Vittorio Emanuele 135 ⊠ 80121 ℰ 7612474, Telex 710578, Fax 663527, « Rist. roof-garden con ⩽ città e golfo » – 🛗 🔲 📺 ☎ 🚗 – 🛗 50 a 250. ㏅ 🕄 ⑩ 🗉 𝘝𝘐𝘚𝘈 𝘑𝘊𝘉. ⚘
EX **r**
Pasto *(chiuso domenica sera)* carta 56/86000 – **73 cam** ⊏ 220/330000, 10 appartamenti.

Santa Lucia, via Partenope 46 ⊠ 80121 ℰ 7640666, Telex 710595, Fax 7648580, ⩽ golfo e Castel dell'Ovo – 🛗 🔲 📺 ☎ – 🛗 110. ㏅ 🕄 ⑩ 🗉 𝘝𝘐𝘚𝘈. ⚘
GX **w**
Pasto 60/80000 e al Rist. *Megaris (chiuso a mezzogiorno e domenica)* carta 56/87000 – **102 cam** ⊏ 270/390000, 3 appartamenti.

Holiday Inn, centro direzionale Isola e/6 ⊠ 80143 ℰ 2250111, Telex 720161, Fax 5628074 – 🛗 ⇄ cam 🔲 📺 ☎ ⅙ 🚗 – 🛗 150. ㏅ 🕄 ⑩ 𝘝𝘐𝘚𝘈 𝘑𝘊𝘉. ⚘
CT **a**
Pasto 25/45000 e al Rist. *Bistrot Victor* carta 47/69000 – **298 cam** ⊏ 240/280000, 32 appartamenti 340/380000 – ½ P 190/220000.

Oriente, via Diaz 44 ⊠ 80134 ℰ 5512133, Telex 722398, Fax 5514915 – 🛗 📺 ☎ – 🛗 300. ㏅ 🕄 ⑩ 🗉 𝘝𝘐𝘚𝘈 𝘑𝘊𝘉. ⚘
KZ **d**
Pasto *(solo per clienti alloggiati e chiuso a mezzogiorno, venerdì, sabato e domenica)* 40/55000 – **130 cam** ⊏ 245/360000, 2 appartamenti.

Jolly, via Medina 70 ⊠ 80133 ℰ 416000, Telex 720335, Fax 5518010, « Rist. roof-garden con ⩽ città, golfo e Vesuvio » – 🛗 🔲 📺 ☎ – 🛗 250. ㏅ 🕄 ⑩ 🗉 𝘝𝘐𝘚𝘈 ⚘ rist
KZ **s**
Pasto carta 52/83000 – **251 cam** ⊏ 225/270000 – ½ P 185/295000.

415

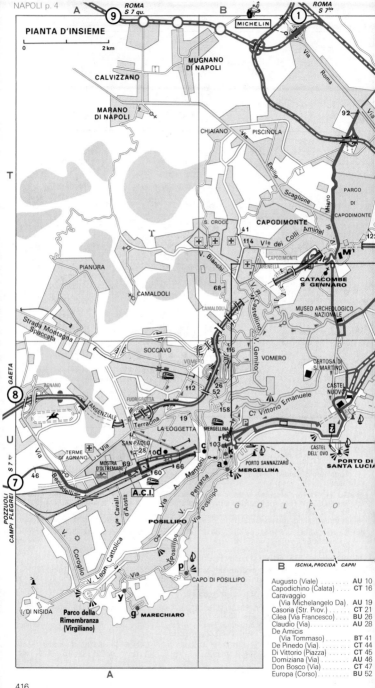

PIANTA D'INSIEME

0 — 2 km

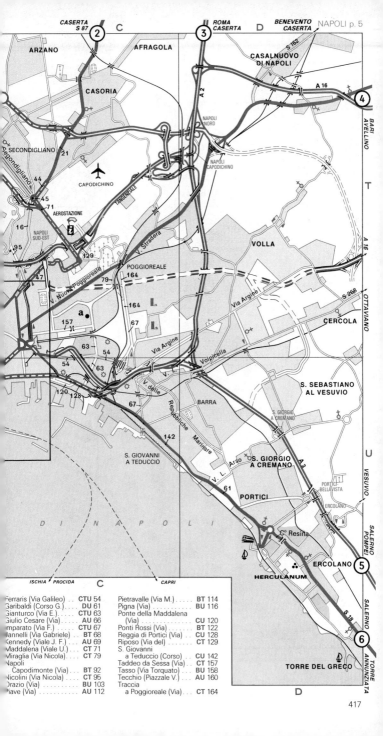

417

NAPOLI

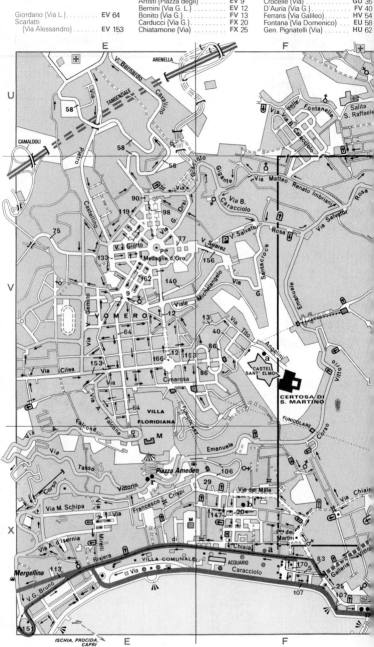

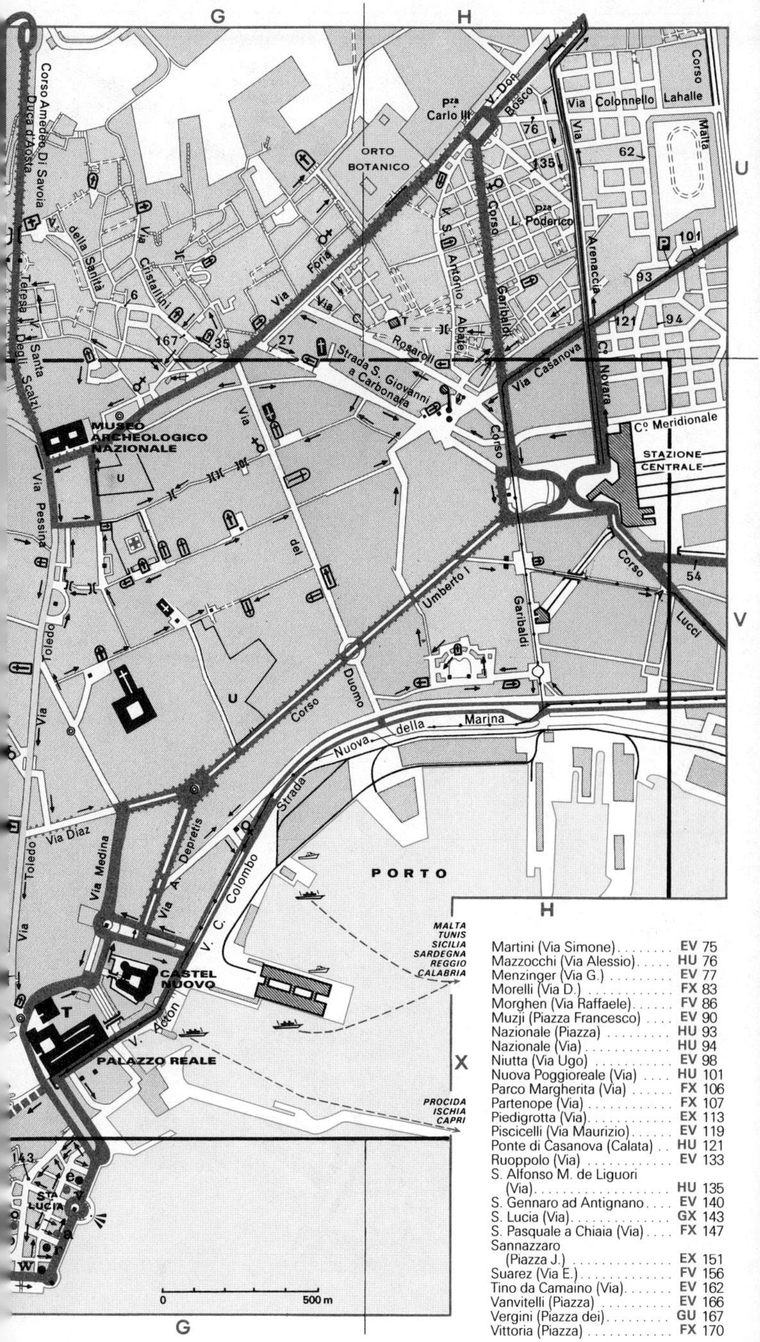

MALTA
TUNIS
SICILIA
SARDEGNA
REGGIO
CALABRIA

PROCIDA
ISCHIA
CAPRI

PORTO

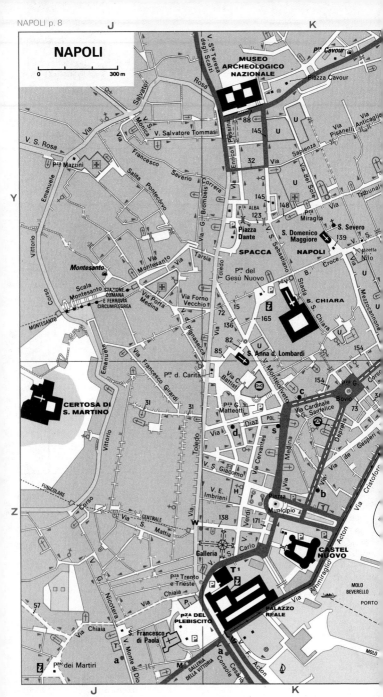

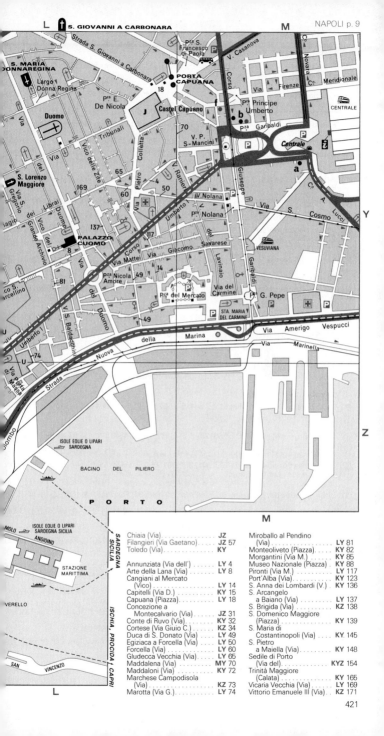

🏨🏨 **Grand Hotel Terminus,** piazza Garibaldi 91 ⊠ 80142 ℘ 286011, Telex 722270, Fax 206689, *Ŀ₅,* ⇔ – 🕻 ▦ 🔟 ☎ ₺ – 🔬 300. 🖭 🕃 ⓞ 🖪 ﹍﹍﹍ ﹍﹍﹍
Pasto 30000 – **188 cam** ⊐ 170/230000, 12 appartamenti – ½ P 220000. MY **a**

🏨🏨 **Mercure** senza rist, via Depretis 123 ⊠ 80133 ℘ 5529500, Fax 5529509 – 🕻 ▦ ▦ ☎. 🖭 🕃 ⓞ 🖪 ﹍﹍﹍ ﹍﹍﹍ ﹢﹍
85 cam ⊐ 190/230000. KZ **b**

🏨🏨 **Continental,** via Partenope 44 ⊠ 80121 ℘ 7644636, Fax 7644661, ≤ golfo e Castel dell'Ovo – 🕻 ▦ ▦ ☎ ♋ – 🔬 600. 🖭 🕃 ⓞ 🖪 ﹍﹍﹍ FX **n**
Pasto vedere hotel **Royal** – **166 cam** ⊐ 210/340000, 19 appartamenti 500/560000.

🏨🏨 **Paradiso,** via Catullo 11 ⊠ 80122 ℘ 7614161, Fax 7613449, ≤ golfo, città e Vesuvio, 🍴 – 🕻 ▦ ▦ ☎ – 🔬 80. 🖭 🕃 ⓞ 🖪 ﹍﹍﹍ ﹢﹍ BU **a**
Pasto (solo per clienti alloggiati) carta 49/76000 – **71 cam** ⊐ 168/260000 – ½ P 155/208000.

🏨🏨 **Britannique,** corso Vittorio Emanuele 133 ⊠ 80121 ℘ 7614145, Telex 722281, Fax 660457, ≤ città e golfo, « Giardino » – 🕻 ▦ ▦ ☎ – 🔬 25 a 100. 🖭 🕃 ⓞ 🖪 ﹍﹍﹍ ﹢﹍ rist EX **r**
Pasto (chiuso dal 5 al 27 agosto) 40000 – ⊐ 15000 – **80 cam** 180/240000, 8 appartamenti – ½ P 210000.

🏨🏨 **Miramare,** via Nazario Sauro 24 ⊠ 80132 ℘ 7647589, Fax 7640775, ≤ golfo e Vesuvio – 🕻 ▦ ▦ ☎. 🖭 🕃 ⓞ 🖪 ﹍﹍﹍ ﹢﹍ GX **e**
Pasto (chiuso dal 16 al 31 agosto) 45/60000 – **30 cam** ⊐ 240/350000 – ½ P 160/250000.

🏨🏨 **Majestic,** largo Vasto a Chiaia 68 ⊠ 80121 ℘ 416500, Telex 720408, Fax 416500 – 🕻 ▦ ☎ ♋ – 🔬 25 a 100. 🖭 🕃 ⓞ 🖪 ﹍﹍﹍ ﹢﹍ ﹢﹍ FX **b**
Pasto (chiuso domenica) carta 35/55000 – **132 cam** ⊐ 180/270000.

🏨 **Serius,** senza rist, viale Augusto 74 ⊠ 80125 ℘ 2394844, Fax 2394844 – 🕻 ▦ ▦ ☎ ♋ AU **d**
69 cam.

🏨 **Nuovo Rebecchino** senza rist, corso Garibaldi 356 ⊠ 80142 ℘ 5535327, Fax 268026 – 🕻 ▦ ▦ ☎. 🖭 🕃 ⓞ 🖪 ﹍﹍﹍ ﹢﹍ MY **b**
58 cam ⊐ 160/200000.

🏨 **Cavour,** piazza Garibaldi 32 ⊠ 80142 ℘ 283122, Fax 287488 – 🕻 ▦ ☎. 🖭 🕃 ⓞ 🖪 ﹍﹍﹍ ﹢﹍ MY **b**
Pasto vedere rist **Cavour** – **96 cam** ⊐ 128/180000, 6 appartamenti – ½ P 115/117000.

🏨 **Executive** senza rist, via del Cerriglio 10 ⊠ 80134 ℘ 5520611, Fax 5520611, ⇔ – 🕻 ▦ ☎ ♋. 🖭 🕃 ⓞ 🖪 ﹍﹍﹍ ﹢﹍ KZ **c**
18 cam ⊐ 135/180000, appartamento.

🏨 **Rex** senza rist, via Palepoli 12 ⊠ 80132 ℘ 7649389, Fax 7649227 – ▦ ▦ ☎. 🖭 🕃 ⓞ 🖪 ﹍﹍﹍ GX **b**
38 cam ⊐ 120/170000.

🏨 Belvedere, via Tito Angelini 51 ⊠ 80129 ℘ 5788169, Fax 5785417, ≤ città e golfo, 🍴 – 🕻 ▦ cam ▦ ☎ FV **a**
27 cam.

🏨 **Splendid,** via Manzoni 96 ⊠ 80123 ℘ 7141955, Fax 7146431, ≤ – 🕻 ▦ ☎ ♉. 🖭 🕃 ⓞ 🖪 ﹍﹍﹍ ﹢﹍ rist BU **c**
Pasto (solo per clienti alloggiati) 35000 – **48 cam** ⊐ 125/195000 – ½ P 110/138000.

🍴🍴🍴 **La Sacrestia,** via Orazio 116 ⊠ 80122 ℘ 7611051, Fax 664186, Rist. elegante, « Servizio estivo in terrazza-giardino con ≤ » – ▦. 🖭 🕃 ⓞ 🖪 ﹍﹍﹍ ﹢﹍ BU **k**
chiuso agosto, domenica in luglio e lunedì negli altri mesi – **Pasto** carta 60/100000 (14 %).

🍴🍴🍴 ✿ **La Cantinella,** via Cuma 42 ⊠ 80132 ℘ 7648684, Fax 7648769 – ▦. 🖭 🕃 ⓞ 🖪 ﹢﹍ ﹢﹍ GX **v**
chiuso domenica, dal 24 dicembre al 6 gennaio e dal 13 al 31 agosto – **Pasto** carta 41/79000 (12 %).
Spec. Schiaffoni con pescatrice, Linguine Santa Lucia, Spigola alla mediterranea.

🍴🍴 Ciro a Santa Brigida, via Santa Brigida 73 ⊠ 80132 ℘ 5524072, Fax 5528992, Rist. e pizzeria – ▦ JZ **v**

🍴🍴 Ciro a Mergellina, via Mergellina 18/23 ⊠ 80122 ℘ 681780 – ▦ BU **u**

🍴🍴 **Giuseppone a Mare,** via Ferdinando Russo 13-Capo Posillipo ⊠ 80123 ℘ 5756002, Rist. marinaro con ≤ – ♉. 🖭 🕃 ⓞ 🖪 ﹍﹍﹍. ﹢﹍ AU **p**
chiuso domenica, dal 23 al 31 dicembre e dal 9 al 15 agosto – **Pasto** carta 35/59000 (12 %).

🍴🍴 **Il Posto Accanto-Rosolino,** via Nazario Sauro 2/7 ⊠ 80132 ℘ 7649873, Fax 7640547, Rist. e pizzeria – ▦ ♋ – 🔬 70. 🖭 🕃 ⓞ 🖪 ﹍﹍﹍. ﹢﹍ GX **a**
chiuso domenica sera e dall'11 al 22 agosto – **Pasto** carta 35/53000 (15 %).

🍴🍴 **San Carlo,** via Cesario Console 18/19 ⊠ 80132 ℘ 7649757, prenotare – 🖭 🕃 ⓞ 🖪 ﹍﹍﹍ ﹢﹍ KZ **i**
chiuso domenica e dal 3 agosto al 3 settembre – **Pasto** carta 39/89000.

🍴🍴 **Don Salvatore,** strada Mergellina 4 A ⊠ 80122 ℘ 681817, Fax 7614329, Rist. e pizzeria – ▦. 🖭 🕃 ⓞ 🖪 ﹍﹍﹍ BU **u**
chiuso mercoledì – **Pasto** carta 40/65000.

XX **A' Fenestella,** calata Ponticello a Marechiaro ⊠ 80123 ℰ 7690020, Fax 5750686,
« Servizio estivo in terrazza sul mare » – ❷ 🕄 **E** 𝘝𝘐𝘚𝘈   AU **g**
*chiuso dall'11 al 22 agosto, a mezzogiorno in luglio-agosto (escluso domenica) e mercoledì
negli altri mesi* – **Pasto** carta 45/60000 (15%).

XX **Cavour,** piazza Garibaldi 34 ⊠ 80142 ℰ 264730 – 🗏. 🖭 🕄 ◑ **E** 𝘝𝘐𝘚𝘈 ᴊᴄʙ. ⅏ MY **b**
chiuso domenica ed agosto – **Pasto** carta 36/60000.

X **Amici Miei,** via Monte di Dio 78 ⊠ 80132 ℰ 7646063, Fax 7646063, Rist. d'habitués – 🖭
🕄 ◑ **E** 𝘝𝘐𝘚𝘈   JZ **a**
chiuso domenica sera, lunedì ed agosto – **Pasto** carta 25/49000 (15%).

X **La Fazenda,** via Marechiaro 58/a ⊠ 80123 ℰ 5757420, 🎇 – ❷. 🕄 **E** 𝘝𝘐𝘚𝘈   AU **y**
chiuso domenica sera, lunedì a mezzogiorno e dal 12 al 19 agosto – **Pasto** carta 42/66000
(15%).

X **Marino,** via Santa Lucia 118 ⊠ 80132 ℰ 7640280, Rist. e pizzeria – 🗏. 🖭 🕄 **E**
𝘝𝘐𝘚𝘈   GX **b**
chiuso lunedì ed agosto – **Pasto** carta 30/55000 (15%).

X **Salvatore alla Riviera,** riviera Chiaia 91 ⊠ 80122 ℰ 680490, Fax 680494, Rist. e
pizzeria – 🗏. 🖭 🕄 ◑ 𝘝𝘐𝘚𝘈 ⅏   FX **a**
chiuso martedì – **Pasto** carta 30/55000 (12%).

X **Da Mimì,** via Alfonso d'Aragona 21 ⊠ 80139 ℰ 5538525 – 🗏. 🖭 🕄 ◑ **E** 𝘝𝘐𝘚𝘈 MY **f**
chiuso domenica e dal 10 al 20 agosto – **Pasto** carta 31/52000.

X **Sbrescia,** rampe Sant'Antonio a Posillipo 109 ⊠ 80122 ℰ 669140, Rist. tipico con
≼ città e golfo – 🖭 🕄 **E** 𝘝𝘐𝘚𝘈   BU **r**
chiuso lunedì e dal 15 al 28 agosto – **Pasto** carta 36/54000 (13%).

ad Agnano O : 8 km AU – ⊠ **80125** Napoli :

XX **Le Due Palme,** ℰ 5706040, Fax 7626128, Rist. e pizzeria, 🍝 – 🗏 ❷. 🖭 🕄 ◑ **E** 𝘝𝘐𝘚𝘈. ⅏
chiuso lunedì, dal 24 dicembre al 6 gennaio e dall'8 al 22 agosto – **Pasto** carta 30/61000
(12%).

When visiting northern Italy use Michelin maps 428 *and* 429.

NAPOLI (Golfo di) Napoli 988 ㉗, 431 E 24 – Vedere Guida Verde.

NARNI 05035 Terni 988 ㉖, 430 O 19 – 20 441 ab. alt. 240 – ✆ 0744.
Roma 89 – ♦Perugia 84 – Terni 13 – Viterbo 45.

🏛 **Dei Priori,** vicolo del Comune 4 ℰ 726843, Fax 717259, 🎇 – ▐ 📺 ☎. 🖭 🕄 ◑ **E** 𝘝𝘐𝘚𝘈
Pasto 20/30000 (a mezzogiorno) 25/35000 (alla sera) e il Rist. *La Loggia (chiuso lunedì)* carta
32/43000 – **17 cam** ⊆ 100/130000, 2 appartamenti – ½ P 80/110000.

🏛 **Il Minareto** 🌸, via dei Cappuccini Nuovi 32 ℰ 726344, 🎇, « Terrazza-giardino con
≼ dintorni » – 📺 ☎ ❷. 🖭 🕄 ◑ **E** 𝘝𝘐𝘚𝘈 ᴊᴄʙ. ⅏
Pasto *(chiuso mercoledì)* carta 39/63000 – ⊆ 6000 – **8 cam** 80/100000 – ½ P 75000.

X **Il Cavallino,** via Flaminia Romana 220 (S : 2 km) ℰ 722683, 🎇 – ❷. 🖭 🕄 ◑ **E** 𝘝𝘐𝘚𝘈. ⅏
chiuso martedì e luglio – **Pasto** carta 29/43000.

NARZOLE 12068 Cuneo 428 I 5 – 3 086 ab. alt. 323 – ✆ 0173.
Roma 635 – Cuneo 40 – ♦Genova 135 – ♦Milano 149 – ♦Torino 64.

X **La Villa 2,** località Oltretanaro 16 (E : 3 km) ℰ 776277, Fax 776277, 🎇 – 🗏 ❷. 🕄 ◑ **E**
𝘝𝘐𝘚𝘈
chiuso lunedì, dal 5 al 20 gennaio e dal 10 al 25 agosto – **Pasto** carta 20/40000.

NASO Messina – Vedere Sicilia alla fine dell'elenco alfabetico.

NATURNO (NATURNS) 39025 Bolzano 429 C 15, 218 ⑨ ⑲ – 4 556 ab. alt. 554 – ✆ 0473.
🛈 via Municipio ℰ 87287, Fax 88270.
Roma 680 – ♦Bolzano 41 – Merano 15 – ♦Milano 341 – Passo di Resia 64 – Trento 101.

🏔 **Lindenhof** 🌸, ℰ 666242, Fax 88298, ≼, 𝑓⑥, ≋s, 🔲, 🐎 – ▐ 🗏 rist 📺 ☎ ♿ ⇦ ❷.
⅏ rist
marzo-novembre – **Pasto** 30/60000 – **25 cam** ⊆ 150/190000 – ½ P 125000.

🏔 **Sunnwies** 🌸, ℰ 87157, Fax 87941, ≼, « Giardino con laghetto », 𝑓⑥, ≋s, 🔲, ⅏ – ▐
⇴ rist ☎ ❷ ⅏ rist
18 marzo-17 novembre – **Pasto** *(solo per clienti alloggiati)* – **40 cam** ⊆ 120/240000 –
½ P 100/160000.

🏛 **Preidlhof** 🌸, ℰ 87210, Fax 666105, ≼, 𝑓⑥, ≋s, 🔲, 🔲, 🐎 – ▐ 📺 ☎ ⇦ ❷. ⅏ rist
15 marzo-10 novembre – **Pasto** *(solo per clienti alloggiati)* – **31 cam** ⊆ 110/230000 –
½ P 90/145000.

🏛 **Funggashof** 🌸, ℰ 87161, Fax 87930, ≼, 𝑓⑥, ≋s, 🔲, 🔲, 🐎 – ▐ 📺 ☎ ❷. ⅏ rist
aprile-10 novembre – **Pasto** *(solo per clienti alloggiati)* 28/45000 – **33 cam** solo ½ P 84/
115000.

🏠 **Nocturnes** 🌸, ℰ 87055, ≼, 𝑓⑥, ≋s, 🔲, 🐎 – ▐ 📺 ☎ ⇦
stagionale – **18 cam.**

XX **Wiedenplatzer-Keller,** via Eich 59 (E : 1,5 km) ℰ 87431, Fax 87431, 斎, « Caratteristico ambiente » – **℗**. 🖪 **E** 𝗩𝗜𝗦𝗔.
chiuso a mezzogiorno, martedì dal 10 al 27 gennaio e dal 25 giugno al 5 luglio – **Pasto** carta 33/63000.

XX **Schnalserhof** con cam, al bivio per la Val Senales O : 2 km ℰ 87219 (prenderà il 667219), Fax 88253 o 668253, ≤, 斎, ⌷, 🐎 – 🕿 **℗**. 🖪 𝗩𝗜𝗦𝗔. ⋘ rist
chiuso novembre – **Pasto** *(chiuso lunedì)* carta 40/69000 – **21 cam** � 130/160000 – ½ P 85/100000.

▮ **NATURNS** ▮ = Naturno.

▮ **NAVA (Colle di)** ▮ Imperia 988 ⑫, 428 J 5, 115 ⑩ – alt. 934.
Roma 620 – Cuneo 95 – ♦Genova 121 – Imperia 37 – ♦Milano 244 – San Remo 60.

🏠 **Colle di Nava-Lorenzina,** ⊠ 18020 Case di Nava ℰ (0183) 38923, 🐎 – 🛗 🕿 **℗**. ⋘ rist
chiuso da novembre al 10 dicembre – **Pasto** *(chiuso martedì)* carta 32/53000 – ⊑ 10000 – **31 cam** 50/87000 – ½ P 55/65000.

▮ **NAVE** ▮ 25075 Brescia 988 ④, 428 K 13 – 9 823 ab. alt. 226 – ✿ 030.
Roma 544 – ♦Brescia 10 – ♦Bergamo 59 – ♦Milano 100.

X **Waifro,** via Monteclana 40 ℰ 2530184 – **℗**. ⋘
chiuso giovedì ed agosto – **Pasto** carta 31/48000.

▮ **NE** ▮ 16040 Genova – 2 453 ab. alt. 186 – ✿ 0185.
Roma 473 – ♦Genova 50 – Rapallo 26 – ♦La Spezia 75.

X **La Brinca,** località Campo di Ne ℰ 337480, Fax 337639, prenotare – **℗**. 🆎 🖪 ⓞ **E** 𝗩𝗜𝗦𝗔. ⋘
chiuso lunedì, a mezzogiorno da martedì a giovedì, dall'8 al 28 marzo e dal 2 al 22 ottobre – **Pasto** 35000.

▮ **NEBBIUNO** ▮ Novara 219 ⑥ ⑦ – Vedere Meina.

▮ **NEIVE** ▮ 12057 Cuneo 428 H 6 – 2 755 ab. alt. 308 – ✿ 0173.
Roma 643 – ♦Genova 125 – Asti 31 – Cuneo 96 – ♦Milano 155 – ♦Torino 70.

XX **La Contea,** ℰ 67126, Fax 67367, prenotare, « In un antico palazzo » – **℗**. 🆎 🖪 ⓞ **E** 𝗩𝗜𝗦𝗔.
chiuso dal 21 gennaio al 15 marzo, domenica sera e lunedì (escluso da settembre a novembre) – **Pasto** 85000 (a mezzogiorno) e carta 66/107000.

XX **La Luna nel Pozzo,** ℰ 67098, prenotare – 🆎 🖪 ⓞ **E** 𝗩𝗜𝗦𝗔. ⋘
chiuso mercoledì, dal 27 dicembre al 5 gennaio e dal 15 giugno al 15 luglio – **Pasto** carta 40/61000.

▮ **NEMI** ▮ 00040 Roma 430 Q 20 – 1 590 ab. alt. 521 – ✿ 06.
Roma 33 – Anzio 39 – Frosinone 72 – Latina 41.

🏛 **Diana Park Hotel,** via Nemorense 44 (S : 3 km) ℰ 9364041, Fax 9364063, « Servizio rist. estivo in terrazza con ≤ lago e dintorni », 🐎 – 🛗 ▤ 📺 🕿 **℗** – 🕿 250. 🆎 🖪 ⓞ **E** 𝗩𝗜𝗦𝗔. ⋘
Pasto al Rist. *Castagnone* carta 45/75000 – **33 cam** ⊑ 150/230000 – ½ P 155/190000.

▮ **NERANO** ▮ Napoli – Vedere Massa Lubrense.

▮ **NERVESA DELLA BATTAGLIA** ▮ 31040 Treviso 988 ⑤, 429 E 18 – 6394 ab. alt. 78 – ✿ 0422.
Roma 568 – ♦Venezia 51 – Belluno 68 – ♦Milano 307 – Treviso 20 – Udine 95 – Vicenza 65.

XX **La Panoramica,** strada Panoramica NO : 2 km ℰ 779068, ≤, « Servizio estivo all'aperto », 🐎 – **℗** – 🕿 30 a 150. ⋘
chiuso lunedì, martedì, dal 12 al 28 gennaio e dal 6 al 22 luglio – **Pasto** carta 32/47000.

XX **Da Roberto Miron,** piazza Sant'Andrea 26 ℰ 779357, Fax 779108, 斎 – ▤. 🆎 🖪 ⓞ **E** 𝗩𝗜𝗦𝗔
chiuso domenica sera, lunedì, dal 14 al 30 gennaio e dal 1° al 18 agosto – **Pasto** carta 32/56000.

▮ **NERVI** ▮ Genova 988 ⑬, 428 I 9 – ⊠ 16167 Genova-Nervi – ✿ 010 – 🚩 piazza Pittaluga 4/r ℰ 321504.
Roma 495 ① – ♦Genova 11 ② – ♦Milano 147 ② – Savona 58 ② – ♦La Spezia 97 ①.

Pianta pagina seguente

🏛 **Pagoda,** via Capolungo 15 ℰ 3726161, Fax 321218, ≤, « Piccolo parco ombreggiato » – 🛗 📺 🕿 **℗** – 🕿 30 a 120
20 cam.

🏛 **Astor,** viale delle Palme 16 ℰ 3728325, Telex 286577, Fax 3728486, 🐎 – 🛗 ▤ 📺 🕿 ⟵ **℗** – 🕿 115. 🆎 🖪 ⓞ **E** 𝗩𝗜𝗦𝗔. ⋘
Pasto carta 56/86000 – **41 cam** ⊑ 180/245000 – ½ P 129/216000.

🏠 **Nervi,** piazza Pittaluga 1 ℰ 322751, Fax 3728022 – 🛗 📺 🕿 **℗**. ⋘
Pasto (solo per clienti alloggiati e *chiuso lunedì*) 30/50000 – **38 cam** ⊑ 100/150000 ½ P 100/120000.

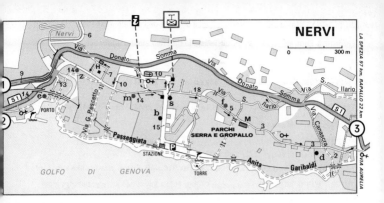

XX **Dai Pescatori,** via Casotti 6/r ℰ 3726168 – ▤. ㏕ ⑤ ⓞ Ε 𝗩𝗜𝗦𝗔, ⅍   **f**
chiuso lunedì – **Pasto** carta 46/72000.

XX **La Ruota,** via Oberdan 215 r ℰ 3726027 – ▤. ㏕ ⑤ ⓞ Ε 𝗩𝗜𝗦𝗔   **m**
chiuso lunedì ed agosto – **Pasto** carta 37/59000.

XX **Da Patan,** via Oberdan 157 r ℰ 3728162 – ⑤ Ε 𝗩𝗜𝗦𝗔. ⅍   **z**
chiuso a mezzogiorno (dal 15 al 31 luglio), mercoledì ed agosto – **Pasto** carta 36/56000.

X **Da Pino,** al porticciolo-via Caboto 8 r ℰ 3726395, 斎   **e**
chiuso giovedì e gennaio – **Pasto** carta 42/70000.

NETRO 13050 Biella 𝟰𝟮𝟴 F 5 – 983 ab. alt. 606 – ✪ 015.
Roma 680 – Aosta 102 – Biella 14 – Novara 71 – ◆Torino 83 – Vercelli 54.

X **Le Selve** ⑤ con cam, località Castellazzo ℰ 65123, « In un boschetto » – ▤ ⑫. ⑤ Ε
𝗩𝗜𝗦𝗔. ⅍ rist
Pasto *(chiuso lunedì sera e martedì)* carta 35/61000 – ⌕ 6000 – **11 cam** 55/85000 –
½ P 70/75000.

NETTUNO 00048 Roma 𝟵𝟴𝟴 ㉖, 𝟰𝟯𝟬 R 19 – 33 945 ab. – ✪ 06.
⸋₁₈ (chiuso mercoledì) ℰ 9819419, Fax 9819419.
Roma 55 – Anzio 3 – Frosinone 78 – Latina 22.

🏨 **Marocca,** via della Liberazione ℰ 9854241, Fax 9854242, ≼, ▵ₒ ⬥ ▤ ⑰ ☎ ⟺. ㏕ ⑤
ⓞ Ε 𝗩𝗜𝗦𝗔 ⑻ᴄʙ. ⅍ rist
Pasto 30/50000 – ⌕ 5000 – **31 cam** 110/120000 – ½ P 90/100000.

XX **Sangallo,** via Sangallo 36 ℰ 9804479, 斎, Coperti limitati; prenotare – ▤. ㏕ ⑤ ⓞ Ε
𝗩𝗜𝗦𝗔
chiuso lunedì a mezzogiorno – **Pasto** carta 51/75000.

X **Al Giardino-da Salvatore,** via dei Volsci 22 ℰ 9804918, 斎 – ㏕ ⓞ
chiuso novembre e giovedì (escluso luglio-agosto) – **Pasto** carta 32/49000.

NETTUNO (Grotta di) Sassari 𝟵𝟴𝟴 ㉘ ㉝, 𝟰𝟯𝟯 F 6 – Vedere Sardegna alla fine dell'elenco
alfabetico.

NEUSTIFT = Novacella.

NEVEGAL Belluno 𝟰𝟮𝟵 D 18 – alt. 1 000 – ✉ 32100 Belluno – a.s. febbraio-7 aprile, 14 luglio-
agosto e Natale – Sport invernali : 1 000/1 675 m ⚡13, ⚡ – ✪ 0437.
⛷ (20 dicembre-10 aprile e 15 luglio-agosto) piazzale Seggiovia ℰ 908149.
Roma 616 – Belluno 12 – Cortina d'Ampezzo 78 – ◆Milano 355 – Trento 124 – Treviso 76 – Udine 116 – ◆Venezia 105.

🏨 **Olivier** ⑤, ℰ 908165, Fax 908162, ≼, Ⅰ๓ – ⬥ ☎ ⑫. ⑤ 𝗩𝗜𝗦𝗔. ⅍
dicembre-15 aprile e giugno-settembre – **Pasto** 35/60000 – ⌕ 20000 – **55 cam** 90/140000 –
½ P 110000.

X **Al Ghiro,** località Faverghera E : 4 km ℰ 908187, ≼ – ⑫. ⅍
chiuso dal 20 settembre al 25 novembre e da martedì a venerdì dal 19 aprile al 6 luglio –
Pasto carta 25/41000.

NICASTRO Catanzaro 𝟰𝟯𝟭 K 30 – Vedere Lamezia Terme.

NICOLA La Spezia – Vedere Ortonovo.

NICOLOSI Catania 988 ㉗ – Vedere Sicilia alla fine dell'elenco alfabetico.

NICOSIA Enna 432 N 25 – Vedere Sicilia alla fine dell'elenco alfabetico.

NIEDERDORF = Villabassa.

NOALE 30033 Venezia 429 F 18 – 13 362 ab. alt. 18 – ✆ 041.
Roma 522 – ♦Venezia 20 – ♦Padova 25 – Treviso 22.

🏨 **Garden** senza rist, via Giacomo Tempesta 124 ℘ 4433299, Fax 442104 – 📶 ▤ 📺 ☎ ℗ AE 🆂 ① ❤ VISA
☑ 8500 – **66 cam** 85/120000.

NOCERA SUPERIORE 84015 Salerno 431 E 26 – 22 365 ab. alt. 55 – ✆ 081.
Roma 252 – ♦Napoli 50 – Avellino 32 – Salerno 14.

✕ Europa, via Nazionale 503 ℘ 933290, Fax 5143440, Rist. e pizzeria alla sera – ▤

NOCERA TERINESE 88047 Catanzaro 988 ㊴, 431 J 30 – 4 942 ab. alt. 485 – ✆ 0968.
Roma 570 – ♦Cosenza 55 – Catanzaro 58 – Reggio di Calabria 151.

al mare O : 11 km :

✕✕ **L'Aragosta,** villaggio del Golfo ✉ 88047 ℘ 93385, 🍴, Specialità di mare – ▤ ℗ AE 🆂 ① ❤ VISA. ✑
chiuso lunedì, dal 10 al 28 gennaio e dal 10 al 30 novembre – **Pasto** carta 60/80000.

NOCERA UMBRA 06025 Perugia 988 ⑯, 430 M 20 – 6 110 ab. alt. 548 – Stazione termale (maggio-settembre) – ✆ 0742.
Roma 179 – ♦Perugia 51 – ♦Ancona 112 – Assisi 37 – Foligno 22 – Macerata 80 – Terni 81.

a Bagnara E : 7 km – ✉ **06025** Nocera Umbra :

✕ **Pennino** con cam, ℘ 818991 (prenderà il 813858), 🍴 – AE 🆂 ① ❤ VISA. ✑ cam
Pasto *(chiuso mercoledì escluso luglio-settembre)* carta 33/50000 – ☑ 3000 – **9 cam** 45/65000 – ½ P 50000.

NOCETO 43015 Parma 988 ⑬, 428 429 H 12 – 10 127 ab. alt. 76 – ✆ 0521.
Roma 472 – ♦Parma 13 – ♦Bologna 110 – ♦Milano 120 – Piacenza 59 – ♦La Spezia 104.

✕✕ **Aquila Romana,** via Gramsci 6 ℘ 625398, Fax 625398, prenotare – AE 🆂 ① ❤ VISA JCB
chiuso lunedì e martedì – **Pasto** 65/70000 bc e carta 37/57000.

NOCI 70015 Bari 988 ㉙, 431 E 33 – 19 190 ab. alt. 424 – ✆ 080.
🚩 via Siciliani 23 ℘ 8978889.
Roma 497 – ♦Bari 49 – ♦Brindisi 79 – Matera 57 – ♦Taranto 47.

🏨 **Miramonte,** via Gabrieli 32 ℘ 8977285, Fax 8977285, 🍴 – 📶 ▤ 📺 ☎ ℗ – 🔏 60
26 cam.

🏨 **Cavaliere,** via Siciliani 47 ℘ 8977589 – 📶 ▤ rist 📺 ☎ ℗ – 🔏 50. AE 🆂 ① ❤ VISA
✑ cam
chiuso dal 23 al 28 dicembre – **Pasto** 18/40000 – ☑ 5000 – **26 cam** 45/75000 – ½ P 58 63000.

NOGARÈ 31035 Treviso 429 E 18 – alt. 148 – ✆ 0423.
Roma 553 – ♦Venezia 58 – Belluno 55 – ♦Milano 258 – ♦Padova 52 – Trento 110 – Treviso 27 – Vicenza 57.

✕✕ **Villa Castagna,** ℘ 868177, 🍴, « Piccolo parco » – ℗. AE ① ❤ VISA
chiuso lunedì, dal 1° al 20 gennaio e dal 12 al 18 agosto – **Pasto** carta 37/47000.

NOLI 17026 Savona 988 ⑫ ⑬, 428 J 7 – 2 980 ab. – ✆ 019.
Vedere Guida Verde.
🚩 corso Italia 8 ℘ 748931, Fax 748931.
Roma 563 – ♦Genova 64 – Imperia 61 – ♦Milano 187 – Savona 18.

🏨 **Miramare,** corso Italia 2 ℘ 748926, ≤, 🍴 – 📶 📺 ☎. AE 🆂 ① ❤ VISA. ✑ rist
chiuso febbraio e dal 10 ottobre al 20 dicembre – **Pasto** *(chiuso martedì escluso da giugno settembre)* 40/70000 – ☑ 12000 – **28 cam** 85/115000 – ½ P 65/100000.

✕✕ **Italia** con cam, corso Italia 23 ℘ 748971, Fax 748971 – 📺 ☎. AE 🆂 ① ❤ VISA JCB
✑ cam
chiuso novembre – **Pasto** *(chiuso giovedì)* carta 47/85000 – ☑ 12000 – **15 cam** 105/11000 – ½ P 105000.

✕ **Ines** con cam, via Vignolo 1 ℘ 748086, Specialità di mare – ▤ 📺 ☎. VISA. ✑
Natale e Pasqua-ottobre – **Pasto** *(chiuso lunedì)* carta 47/63000 – ☑ 6000 – **16 cam** 90000 – ½ P 75000.

a Voze NO : 4 km – ✉ **17026** Noli :

XX ✿ **Lilliput,** *℘* 748009, « Giardino ombreggiato con minigolf » – ✦✦ ❷
chiuso a mezzogiorno (escluso sabato-domenica), lunedì e dal 9 gennaio al 10 febbraio – **Pasto** carta 50/75000
Spec. Gnocchi al rosmarino, Branzino al piatto, Charlotte al cioccolato.

NONANTOLA **41015** Modena 四29 四30 H 15 – 11 013 ab. alt. 24 – ✿ 059.

Vedere Sculture romaniche★ nell'abbazia.

Roma 415 – ◆Bologna 34 – ◆Ferrara 62 – Mantova 77 – ◆Milano 180 – ◆Modena 10 – ◆Verona 111.

XX **Trattoria del Campazzo,** località Campazzo NO : 4 km *℘* 547552, 🍽 – ❷. ⑤ 🅴 VISA 🎉
chiuso sabato a mezzogiorno, lunedì, martedì sera e dal 4 agosto al 4 settembre – **Pasto** carta 35/46000.

X **Osteria di Rubbiara,** località Rubbiara S : 5 km *℘* 549019, 🍽, Coperti limitati; prenotare – ❷. 🅰🅴. 🎉
chiuso domenica sera, martedì, giovedì sera, dal 20 dicembre al 10 gennaio ed agosto – **Pasto** carta 32/40000.

NORCIA **06046** Perugia 九八八 ⑯ ㉘, 四30 N 21 – 4 732 ab. alt. 604 – ✿ 0743.

Roma 157 – L'Aquila 119 – Ascoli Piceno 75 – ◆Perugia 99 – Spoleto 48 – Terni 68.

🏩 **Salicone,** *℘* 828076, Fax 828081, 🏋, 🏊, 🎾, ⚒ – 📶 📶 📺 ☎ 🅃 🖘 ❷ – 🏛 1800. 🅰🅴 ⑤
① 🅴 VISA JCB. 🎉
Pasto vedere rist **Granaro del Monte** – ☱ 7000 – **71 cam** 120/150000.

🏨 **Palatino,** *℘* 817343 – 📺 ☎ ❷ – 🏛 50. 🅰🅴 ⑤ ① 🅴 VISA
Pasto (chiuso lunedì da ottobre a marzo) carta 30/62000 – ☱ 5000 – **35 cam** 90/120000 – ½ P 80/110000.

🏨 **Grotta Azzurra,** *℘* 816513, Fax 817342 – 📶 📺 ☎ 🅃 – 🏛 100. 🅰🅴 ⑤ ① 🅴 VISA JCB
Pasto vedere rist **Granaro del Monte** – ☱ 6000 – **42 cam** 70/100000 – ½ P 70/90000.

🏨 **Garden,** *℘* 816687, Fax 816620 – 📶 📺 ☎ – 🏛 50. 🅰🅴 ⑤ ① 🅴 VISA. 🎉
Pasto carta 25/46000 – ☱ 8000 – **43 cam** 70/100000 – ½ P 36/85000.

🏨 **Posta,** *℘* 817434, Fax 817434, 🍽, 🏊 – 📶 📺 ☎ – 🏛 80. 🅰🅴 ⑤ 🅴 VISA. 🎉
Pasto carta 37/69000 (15 %) – ☱ 8000 – **30 cam** 85/100000 – ½ P 75/85000.

X **Granaro del Monte,** *℘* 816590 – 🅰🅴 ⑤ ① 🅴 VISA JCB
chiuso martedì – **Pasto** carta 34/64000 (12 %).

X **Dal Francese,** *℘* 816290 – 🍽. 🅰🅴 ⑤ 🅴 VISA. 🎉
chiuso dal 10 al 22 giugno, dal 10 al 22 novembre e venerdì (escluso da luglio a settembre) – **Pasto** carta 30/77000.

X **Taverna de' Massari,** *℘* 816218 – ⑤ 🅴 VISA. 🎉
chiuso martedì escluso da luglio a settembre – **Pasto** carta 32/68000.

a Serravalle O : 7 km – ✉ **06040** Serravalle di Norcia :

X **Italia** con cam, *℘* 822355, 🍽 – ☎ ❷. 🎉
Pasto (chiuso martedì da ottobre a giugno) carta 34/74000 – ☱ 5000 – **16 cam** 65/90000 – ½ P 60/65000.

NOSADELLO Cremona – Vedere Pandino.

NOTO Siracusa 九八八 ㊲, 四32 Q 27 – Vedere Sicilia alla fine dell'elenco alfabetico.

NOVACELLA (NEUSTIFT) Bolzano 四29 B 16 – alt. 590 – ✉ **39042** Bressanone – ✿ 0472.

Vedere Abbazia★★.

Roma 685 – ◆Bolzano 44 – Brennero 46 – Cortina d'Ampezzo 112 – ◆Milano 339 – Trento 103.

🏨 **Pacher,** *℘* 836570, Fax 834717, « Servizio rist. estivo in giardino », 🏊, 🖽 – 📺 ☎ ❷. ⑤
🅴 VISA
chiuso dal 21 novembre al 20 dicembre – **Pasto** (chiuso lunedì) carta 27/42000 – **21 cam**
☱ 65/120000 – ½ P 70/85000.

🏨 **Ponte-Brückenwirt,** *℘* 836692, Fax 837587, 🏊 riscaldata, 🍽 – 📺 ☎ ❷. 🅴. 🎉
chiuso dal 15 gennaio a febbraio – **Pasto** (chiuso mercoledì) 24/34000 – **19 cam** ☱ 60/120000 – ½ P 80/85000.

NOVAFELTRIA **61015** Pesaro e Urbino 九八八 ⑯, 四29 四30 K 18 – 6557 ab. alt. 293 – a.s. 25 giugno-agosto – ✿ 0541.

Roma 315 – ◆Perugia 129 – Pesaro 83 – ◆Ravenna 73 – Rimini 33.

XX **Due Lanterne** 🦢 con cam, S : 2 km *℘* 920200 – 📺 ☎ 🖘 ❷. ⑤ 🅴 VISA. 🎉
chiuso dal 1° al 15 gennaio – **Pasto** (chiuso lunedì) carta 30/42000 – ☱ 5000 – **12 cam** 45/70000.

X **Del Turista-da Marchesi** con cam, località Cà Gianessi O : 4 km *℘* 920148, prenotare la sera e i festivi – ❷. 🅰🅴 ⑤ 🅴 VISA
chiuso dal 15 al 30 giugno – Pasto (chiuso martedì) carta 25/45000 – **13 cam** ☱ 45/65000 – P 45/65000.

NOVA LEVANTE (WELSCHNOFEN) 39056 Bolzano 988 ④, 429 C 16 – 1 716 ab. alt. 1 182 – Sport invernali : 1 182/2 313 m ⊀1 ⊀14, ⊀ (vedere anche passo di Costalunga) – ③ 0471.

Vedere Guida Verde – Dintorni Lago di Carezza★★★ SE : 5,5 km.

☞ (maggio-ottobre) località Carezza ⊠ 39056 Nova Levante ℘ 612200 o ℘ 977330, SE : 8 km.

🖪 via Carezza 21 ℘ 613126, Fax 613360.

Roma 665 – ◆Bolzano 19 – Cortina d'Ampezzo 89 – ◆Milano 324 – Trento 85.

🏨 **Posta-Cavallino Bianco-Post Weisses Rössl**, ℘ 613113, Fax 613390, ≤, ≦s, ⅀, ⅃, 屛, ※ – ⋈ ⅊ rist 🖿 rist 📺 ☎ 🕭 🅿. ※ rist
19 dicembre-12 aprile e 12 giugno-3 novembre – Pasto carta 40/72000 – **47 cam** ⊆ 150/280000, 2 appartamenti – ½ P 150/170000.

🏨 **Angelo-Engel** ⑤, ℘ 613131, Fax 613404, ≤, ≦s, ⅃, 屛, ※ – ⋈ ⅊ rist 🖿 rist ☎ 🕭 🅿 🕭 ⑩ Ε 𝖵𝖨𝖲𝖠. ※ rist
23 dicembre-18 aprile e 4 giugno-7 ottobre – Pasto 29/49000 – **37 cam** ⊆ 100/200000 – ½ P 102/137000.

🏨 **Centrale**, ℘ 613164, Fax 613530, ⅀ riscaldata, 屛 – ⅊ rist ☎ 🅿. ※
21 dicembre-20 aprile e 7 giugno-10 ottobre – Pasto *(chiuso domenica)* 18/30000 – ⊆ 10000 – **24 cam** 50/90000 – ½ P 65/80000.

🏨 **Panorama** ⑤, ℘ 613232, Fax 613480, ≤, ≦s, 屛 – ☎ 🅿. ※
20 dicembre-10 aprile e 12 giugno-5 novembre – Pasto *(solo per clienti alloggiati)* – **20 cam** ⊆ 60/100000 – ½ P 65/90000.

🏨 **Stella-Stern**, ℘ 613125, Fax 613525, ≤, ⅃, 屛 – ☎ 🅿. 🕭 Ε 𝖵𝖨𝖲𝖠. ※ rist
20 dicembre-18 aprile e giugno-10 ottobre – Pasto *(solo per clienti alloggiati)* 30000 – **33 cam** ⊆ 70/140000 – ½ P 65/95000.

🏨 **Tyrol** ⑤, ℘ 613261, ≤ – ☎ 🅿
Natale-Pasqua e giugno-ottobre – Pasto *(Pasqua-22 dicembre; chiuso giovedi)* carta 28/44000 – **12 cam** ⊆ 46/88000 – ½ P 49/63000.

🍴 **Rosengarten** ⑤ con cam, NE : 1 km ℘ 613262, ≤, 屛 – 📺 🅿. 🕭 𝖵𝖨𝖲𝖠. ※ cam
chiuso giugno e da novembre al 20 dicembre – Pasto *(chiuso lunedi e martedi a mezzogiorno)* carta 31/46000 – **10 cam** ⊆ 50/90000 – ½ P 55/70000.

NOVA PONENTE (DEUTSCHNOFEN) 39050 Bolzano 429 C 16 – 3 229ab. alt. 1 357 – ③ 0471.

☞ Petersberg (maggio-novembre) a Monte San Pietro ⊠ 39040 ℘ 615122, Fax 615229, O : 8 km – 🖪 ℘ 615795, Fax 616727.

Roma 670 – ◆Bolzano 25 – ◆Milano 323 – Trento 84.

🏨 **Pfösl** ⑤, E : 1,5 km ℘ 616537, Fax 616760, ≤ Dolomiti, ≦s, ⅃, 屛 – ⅊ 📺 ☎ 🅿. ※ ris
chiuso dal 15 aprile al 5 maggio e da novembre al 15 dicembre – Pasto carta 36/46000 – **27 cam** solo ½ P 95000.

🏨 **Stella-Stern**, ℘ 616518, Fax 616766, ≤, ≦s, ⅃ – ⅊ 📺 ☎ ⇐ 🅿. ※ rist
chiuso novembre – Pasto *(chiuso martedi)* 25/35000 – **20 cam** ⊆ 70/120000 – ½ P 60/90000.

🏨 **Erica**, ℘ 616517, Fax 616516, ≤, 𝑓ᵢ, ≦s, ⅃, 屛 – ⅊ 📺 ☎ 🅿 – ⅍ 60. 🕭 ⑩ Ε 𝖵𝖨𝖲𝖠. ※ ris
20 dicembre-Pasqua e 15 maggio-5 novembre – Pasto 18/30000 – **28 cam** ⊆ 50/110000 – ½ P 110000.

a Monte San Pietro (Petersberg) O : 8 km – alt. 1 389 – ⊠ 39040 :

🏨 **Peter** ⑤, ℘ 615143, Fax 615246, ≤, ≦s, ⅃, 屛, ※ – ⅊ ☎ ⇐ 🅿
chiuso dal 1° al 13 aprile e da novembre al 21 dicembre – Pasto carta 44/85000 – **35 cam** ⊆ 80/160000 – ½ P 90/150000.

NOVARA 28100 🄿 988 ③, 428 F 7 – 100 973 ab. alt. 159 – ③ 0321.

Vedere Basilica di San Gaudenzio★ AB : cupola★★ – Pavimento★ del Duomo AB.

🖪 via Dominioni 4 ℘ 623398, Fax 393291 – A.C.I. via Rosmini 36 ℘ 30321.

Roma 625 ① – Stresa 56 – Alessandria 78 ⑤ – ◆Milano 51 ① – ◆Torino 95 ⑥.

Pianta pagina seguente

🏨 **Italia**, via Solaroli 10 ℘ 399316, Fax 399310 – ⅊ 🖿 📺 ☎ ⇐ – ⅍ 50 a 200. 🖭 🕭 ⑩ Ε 𝖵𝖨𝖲𝖠. ※ rist   B
Pasto al Rist. *La Famiglia (chiuso venerdi e dal 1° al 24 agosto)* carta 37/63000 – **62 cam** ⊆ 140/180000, 7 appartamenti.

🏨 **La Rotonda**, rotonda Massimo d'Azeglio 6 ℘ 399246, Fax 623695 – 🖿 📺 ☎ ⇐ ⅍ 150. 🖭 🕭 ⑩ Ε 𝖵𝖨𝖲𝖠   B
Pasto *(chiuso domenica e dal 10 al 18 agosto)* carta 37/62000 – ⊆ 15000 – **26 cam** 120/160000 – ½ P 150000.

🏨 **Croce di Malta** senza rist, via Biglieri 2/a ℘ 32032, Fax 623475 – ⅊ 🖿 📺 ☎ ⇐ 🅿. 🕭 ⑩ Ε 𝖵𝖨𝖲𝖠 𝖩𝖢𝖡. ※   A
11 cam ⊆ 108/120000.

🏨 **Europa**, corso Cavallotti 38/a ℘ 35801, Fax 629933 – ⅊ 🖿 rist 📺 ☎ – ⅍ 120. 🖭 🕭 𝖵𝖨𝖲𝖠   B
Pasto *(chiuso a mezzogiorno e domenica)* carta 30/47000 – ⊆ 10000 – **65 cam** 85/110000 – ½ P 85/110000.

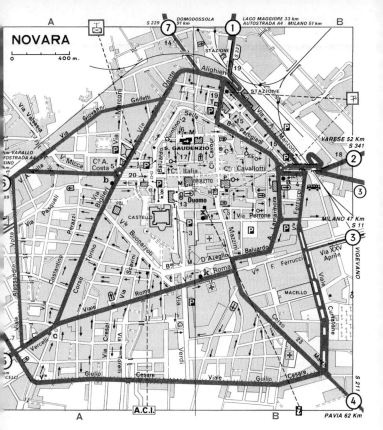

NOVARA

Cavour (Corso) .... **B**	Cavallotti (Corso F.) .... **B** 4	Risorgimento (Corso) ...... **A** 14
Italia (Corso) .... **AB**	Don Minzoni (Largo) .... **A** 5	San Francesco d'Assisi (Via) . **B** 15
Mazzini (Corso) .... **B**	Ferrari (Via G.) .... **A** 6	San Gaudenzio (Via) .... **A** 17
	Galilei (Via Galileo) .... **A** 7	Trieste (Corso) .... **B** 18
Antonelli (Via) .... **A** 2	Martiri della Libertà (Piazza) . **A** 8	Vittoria (Corso della) ...... **B** 19
Bellini (Largo) .... **A** 3	Puccini (Via) .... **A** 13	20 Settembre (Corso) ...... **A** 20

XX **Moroni,** via Solaroli 6 ℰ 629278 – 🍽. ℀   **B x**
chiuso lunedì sera, martedì e dal 20 luglio al 20 agosto – **Pasto** carta 26/47000.

X **Monte Ariolo,** vicolo Monte Ariolo 2/A ℰ 623394, Fax 623394 – 🆎 🕄 ⑩ **E** 𝘝𝘐𝘚𝘈 B   **c**
chiuso sabato a mezzogiorno, domenica ed agosto – **Pasto** carta 35/69000.

X **La Noce,** corso Vercelli 1 ℰ 452378, Fax 452378, 🍴 – 🆎 🕄 **E** 𝘝𝘐𝘚𝘈   A   **c**
chiuso domenica – **Pasto** carta 27/44000.

NOVA SIRI MARINA 75020 Matera 𝟿𝟾𝟾 ㉙, 𝟺𝟹𝟷 G 31 – 5 929 ab. – ✪ 0835.
Roma 498 – ◆Bari 144 – ◆Cosenza 126 – Matera 76 – Potenza 139 – ◆Taranto 78.

XX **La Trappola,** ℰ 877021, 🍴, ▲ɢ – 🅿. 🆎 🕄 ⑩ 𝘝𝘐𝘚𝘈
chiuso lunedì e dal 2 al 20 novembre – **Pasto** carta 20/48000.

NOVENTA DI PIAVE 30020 Venezia 𝟺𝟸𝟿 F 19 – 5 728 ab. alt. 3 – ✪ 0421.
Roma 554 – ◆Venezia 41 – ◆Milano 293 – Treviso 30 – ◆Trieste 117 – Udine 86.

🏠 **Leon d'Oro,** ℰ 658491, Fax 658695 – 🍽 📺 ☎ 🅿. 🆎 🕄 ⑩ **E** 𝘝𝘐𝘚𝘈 𝗝𝗖𝗕. ℀
Pasto *(chiuso domenica)* carta 28/58000 – ☑ 15000 – **13 cam** 78/108000 – ½ P 78/98000.

XX **Guaiane,** E : 2 km ℰ 65002, Fax 658818, 🍴 – 🍽 🅿 – ▲ 50. 🆎 🕄 ⑩ **E** 𝘝𝘐𝘚𝘈 ℀
chiuso lunedì, martedì sera, dal 1° al 20 gennaio e dal 1° al 20 agosto – **Pasto** carta 45/65000.

XX **La Consolata,** via Romanziol 122 (NO : 2 km) ℰ 65160, Fax 65003, 🍴 – 🅿. 🆎 ⑩
chiuso martedì – **Pasto** carta 29/56000.

429

NOVENTA PADOVANA 35027 Padova 429 F 17 – 7 507 ab. alt. 14 – ✪ 049.

Roma 501 – ♦Venezia 37 – ♦Padova 6.

XX **Boccadoro**, via della Resistenza 49 ℰ 625029, Fax 625782 – 🗐. 🖭 🖪 ➊ E 🚾. ❀
    chiuso martedì sera, mercoledì, dal 1° al 15 gennaio e dal 1° al 20 agosto – **Past**
    carta 37/59000.

    verso Strà E : 4 km :

🏠 **Paradiso**, via Oltrebrenta 40 ⌗ 35027 ℰ 9801366, Fax 9801371 – 🗐 📺 ☎ 🚗 ➋. 🖭 🖪
    ➊ E 🚾. ❀ rist
    Pasto (solo per clienti alloggiati; *chiuso sabato e domenica*) 29/33000 – ⌸ 10000 – **23 cam**
    75/105000 – ½ P 76/92000.

NOVERASCO Milano – Vedere Opera.

NOVI LIGURE 15067 Alessandria 988 ⑬, 428 H 8 – 29 985 ab. alt. 197 – ✪ 0143.

₅ Riasco (*chiuso martedì, dicembre e gennaio*) località Fara Nuova ⌗ 15060 Tassarolo
ℰ 342331, Fax 342342, NO : 4 km.

Roma 552 – Alessandria 23 – ♦Genova 58 – ♦Milano 87 – Pavia 66 – Piacenza 94 – ♦Torino 125.

🏠 **Amedeo**, vicolo Cravenna 5 ℰ 741681, Fax 741682 – ☎ 🚗. 🖭 🖪 E 🚾. ❀
    Pasto (*chiuso lunedì ed agosto*) 25/50000 – ⌸ 5000 – **25 cam** 60/80000 – ½ P 65/90000.

🏠 **Viaggiatori**, corso Marenco 83 ℰ 322800, Fax 2993 – 📳 📺 ☎. 🖪 E 🚾
    Pasto (*chiuso sabato*) carta 25/38000 – ⌸ 10000 – **35 cam** 65/100000 – ½ P 90000.

    a Pasturana O : 4 km – ⌗ 15060 :

XX **Locanda San Martino**, via Roma 26 ℰ 58444, « Servizio estivo all'aperto » – ➋. 🖪 🖪
    🚾
    chiuso lunedì sera, martedì, dal 1° al 15 gennaio e dal 25 agosto al 15 settembre – **Past**
    carta 40/62000.

NUCETTO 12070 Cuneo 428 I 6 – 469 ab. alt. 450 – ✪ 0174.

Roma 598 – Cuneo 57 – Imperia 77 – Savona 53 – ♦Torino 98.

X **Osteria Vecchia Cooperativa**, via Nazionale 54 ℰ 74279, Coperti limitati; prenotare –
    🖪 E 🚾. ❀
    chiuso lunedì sera, martedì e settembre – **Pasto** carta 28/43000.

NUMANA 60026 Ancona 988 ⑯, 430 L 22 – 2 783 ab. – a.s. luglio-agosto – ✪ 071.

🖪 (*giugno-settembre*) piazza Santuario ℰ 9330612.

Roma 303 – ♦Ancona 20 – Loreto 15 – Macerata 42 – Porto Recanati 10.

🏨 **Eden Gigli** ⬥, ℰ 9330652, Fax 9330930, ≼ mare, « Parco con ⤵ e ❝ », 🏖 – 📺 ☎
    🚗 ➋ – 🔬 200. 🖪 🚾. ❀
    marzo-ottobre – **Pasto** 45/50000 – **30 cam** ⌸ 100/160000 – P 150/155000.

🏨 **Scogliera**, ℰ 9330622, Fax 9331403, ≼, ⤵, 🏖 – 📳 🗐 📺 ☎ ➋. 🖪 E 🚾. ❀
    Pasqua-ottobre – **Pasto** carta 43/75000 – **36 cam** ⌸ 120/190000 – P 120/160000.

🏨 **Fior di Mare** ⬥, ℰ 9330157, Fax 9331044, ≼, 🏖, ⛵ – 📳 ☎ ➋. ❀
    20 maggio-20 settembre – **Pasto** (solo per clienti alloggiati) 30/40000 – ⌸ 12000 – **43 cam**
    90/130000 – P 110/135000.

XX **La Costarella**, ℰ 7360297, Coperti limitati; prenotare – ❀
    Pasqua-settembre – **Pasto** carta 50/68000.

X **Da Alvaro**, ℰ 9330749, 🌴, Specialità di mare – 🗐. 🖭 🖪 🚾
    chiuso lunedì – **Pasto** carta 46/60000.

    a Marcelli S : 2,5 km – ⌗ **60026** Numana :

🏨 **Marcelli**, ℰ 7390125, Fax 7391322, ≼, ⤵, 🏖 – 📳 ☎ ➋. 🚾. ❀
    20 maggio-settembre – **Pasto** (solo per clienti alloggiati e *chiuso dal 20 al 31 maggio*)
    30/40000 – ⌸ 15000 – **38 cam** 90/140000 – P 110/170000.

X **Mariolino**, ℰ 7390135, ≼ – 🖪 ➊ E 🚾. ❀
    chiuso novembre e lunedì (escluso dal 15 giugno ad agosto) – **Pasto** carta 50/78000.

NUORO 🄿 988 ㉝, 433 G 9 – Vedere Sardegna alla fine dell'elenco alfabetico.

OBEREGGEN = San Floriano.

OCCHIOBELLO 45030 Rovigo 988 ⑮, 429 H 16 – 9 201 ab. alt. 8 – ✪ 0425.

Roma 432 – ♦Bologna 57 – ♦Padova 61 – ♦Verona 90.

🏨 **Savonarola**, via Eridania 36 (strada statale 16) ℰ 750767, Fax 750797, 🌴 – 📳 🗐 📺 ☎
    ➋ – 🔬 40 a 250. 🖭 🖪 ➊ E 🚾
    Pasto (*chiuso dal 2 al 12 gennaio e dal 1° all' 11 agosto*) carta 37/52000 – ⌸ 12000
    36 cam 120/180000 – ½ P 140/150000.

430

OFFANENGO 26010 Cremona 428 429 F 11 – 5 157 ab. alt. 83 – ۞ 0373.
Roma 551 – ◆Bergamo 45 – ◆Brescia 46 – Cremona 40 – ◆Milano 49 – Pavia 57 – Piacenza 43.

🏨 **Mantovani,** via Circonvallazione Sud 1 ℘ 780213, Fax 244550, ⌫, 🎋 – 🛗 🗐 📺 ☎ 🅿.
🖭 🕄 ⓪ 🗲 𝘝𝘐𝘚𝘈 ⌘
Pasto (chiuso venerdì ed agosto) carta 27/46000 – ⌹ 15000 – **40 cam** 80/120000 –
½ P 75/95000.

OGGIONO 22048 Lecco 988 ③, 428 E 10 – 7 341 ab. alt. 267 – ۞ 0341.
📍 Royal Sant'Anna (chiuso martedì) ⊠ 22040 Annone di Brianza ℘ 577551, Fax 260143,
NO : 5 km.
Roma 616 – Como 29 – ◆Bergamo 36 – Erba 11 – Lecco 10 – ◆Milano 48.

al lago di Annone N : 1 km :

XX **Ca' Bianca** ⌘ con cam, ⊠ 22048 ℘ 260601, Fax 578815, ≤, 🎋 – 📺 ☎ 🅿. 🖭
𝘝𝘐𝘚𝘈 ⌘
chiuso dall'8 al 18 agosto – **Pasto** (chiuso giovedì) carta 42/68000 (15%) – ⌹ 15000 –
5 cam 98/130000 – ½ P 135000.

XX **Le Fattorie di Stendhal** ⌘ con cam, ⊠ 22048 ℘ 576561, Fax 260106, « Terrazza e
giardino sul lago », ⌘ – 📺 ☎ 🅿. 🖭 🕄 ⓪ 🗲 𝘝𝘐𝘚𝘈
Pasto (chiuso venerdì) carta 42/74000 – ⌹ 10000 – **21 cam** 75/95000 – ½ P 90000.

OLANG = Valdaora.

OLBIA Sassari 988 ㉓ ㉔, 433 E 10 – Vedere Sardegna alla fine dell'elenco alfabetico.

OLCIO Lecco – Vedere Mandello del Lario.

OLDA IN VAL TALEGGIO 24010 Bergamo 428 E 10, 219 ⑩ – alt. 772 – a.s. luglio-agosto e
Natale – ۞ 0345.
Roma 641 – ◆Bergamo 40 – Lecco 61 – ◆Milano 85 – San Pellegrino Terme 16.

🏨 **Della Salute** ⌘, ℘ 47006, Fax 47006, ≤, « Parco ombreggiato », 🛎 – 🛗 ☎ 🚗 🅿. 🕄
⓪ 🗲 𝘝𝘐𝘚𝘈 ⌘ rist
chiuso gennaio – **Pasto** carta 36/49000 – ⌹ 9000 – **41 cam** 45/65000 – ½ P 50/60000.

OLEGGIO 28047 Novara 988 ② ③, 428 F 7 – 11 298 ab. alt. 236 – ۞ 0321.
Roma 638 – Stresa 37 – ◆Milano 63 – Novara 18 – ◆Torino 107 – Varese 39.

XX **Hostaria della Circonvallazione,** via Gallarate 136 (E : 3 km) ℘ 91130, 🎋 – 🅿. ⌘
chiuso martedì sera, mercoledì ed agosto – **Pasto** carta 30/52000.

X **Roma,** via Don Minzoni 51 ℘ 91175 – 🕄 🗲 𝘝𝘐𝘚𝘈
chiuso sabato e dal 1° al 20 agosto – **Pasto** carta 29/42000.

OLEGGIO CASTELLO Novara 428 E 7 – Vedere Arona.

OLGIATE OLONA 21057 Varese 428 F 8, 219 ⑱ – 10 061 ab. alt. 239 – ۞ 0331.
Roma 604 – ◆Milano 32 – Como 35 – Novara 38 – Varese 29.

XX **Idea Verde,** via San Francesco 17/19 (prossimità casello autostrada) ℘ 629487, 🎋 –
🖭 ⓪ 🗲 𝘝𝘐𝘚𝘈 ⌘
chiuso domenica sera, lunedì, dal 27 dicembre al 5 gennaio ed agosto – **Pasto** carta 48/
67000.

XX **Ma.Ri.Na.,** piazza San Gregorio 11 ℘ 640463, Specialità di mare, Coperti limitati;
prenotare – 🗒 🖭 🕄 ⓪ 🗲 𝘝𝘐𝘚𝘈. ⌘
chiuso a mezzogiorno (escluso i giorni festivi), mercoledì ed agosto – **Pasto** carta 100/
120000.

OLIENA Nuoro 988 ㉓ ㉔, 433 G 10 – Vedere Sardegna alla fine dell'elenco alfabetico.

OLMI Treviso – Vedere San Biagio di Callalta.

OLMO Firenze 430 K 16 – Vedere Fiesole.

OLMO Perugia – Vedere Perugia.

OLMO Vicenza – Vedere Vicenza.

OLMO GENTILE 14050 Asti 428 I 6 – 138 ab. alt. 615 – ۞ 0144.
Roma 606 – ◆Genova 103 – Acqui Terme 33 – Asti 52 – ◆Milano 163 – Savona 72 – ◆Torino 103.

X **Della Posta,** ℘ 93034, prenotare – 🅿
chiuso domenica sera, Natale e dal 1° al 15 gennaio – **Pasto** carta 20/45000.

OLTRE IL COLLE 24013 Bergamo 428 429 E 11 – 1 233 ab. alt. 1 030 – a.s. luglio-agosto e
Natale – ۞ 0345.
Roma 642 – ◆Bergamo 41 – ◆Milano 83 – San Pellegrino Terme 24.

🏨 **Manenti,** ℘ 95005, Fax 95005, ≤, 🎋 – 🛗 📺 ☎ 🚗 🅿. ⌘
chiuso ottobre e novembre – **Pasto** (chiuso giovedì) carta 29/46000 – ⌹ 10000 – **25 cam**
65/100000 – ½ P 65/85000.

OMEGNA 28026 Verbania 🔲🔲🔲 ②, 🔲🔲🔲 E 7 – 15 369 ab. alt. 303 – 🟤 0323.

Vedere Lago d'Orta★★.

Roma 670 – Stresa 17 – Domodossola 36 – ♦Milano 93 – Novara 55 – ♦Torino 129.

⁇⁇ **Trattoria Toscana-da Franco,** via Mazzini 153 ℰ 62460, Specialità di mare, « Servizio estivo all'aperto » – 🔲 🔲 🔲 🔲 🔲
  chiuso mercoledì – **Pasto** carta 32/50000.

ONEGLIA Imperia 🔲🔲🔲 ⑫ – Vedere Imperia.

ONIGO DI PIAVE Treviso – Vedere Pederobba.

OPERA 20090 Milano 🔲🔲🔲 F 9, 🔲🔲🔲 ⑲ – 13 293 ab. alt. 99 – 🟤 02.

🟥 Le Rovedine (chiuso lunedì) a Noverasco di Opera ⊠ 20090 ℰ 57602730, Fax 57606405, N : 2 km.

Roma 567 – ♦Milano 14 – Novara 62 – Pavia 24 – Piacenza 59.

  a Noverasco N : 2 km – ⊠ 20090 Opera :

🏨 **Sporting,** ℰ 57601577, Telex 340811, Fax 57601416 – 🔲 🔲 🔲 🔲 🔲 – 🔲 120. 🔲 🔲 🔲 🔲
  🔲 🔲
  Pasto (solo per clienti alloggiati) 35/45000 – **80 cam** ⊑ 190/290000 – ½ P 140/160000.

ORA (AUER) 39040 Bolzano 🔲🔲🔲 ④, 🔲🔲🔲 C 15 – 2 643ab. alt. 263 – 🟤 0471.

Roma 624 – ♦Bolzano 19 – Belluno 116 – ♦Milano 282 – Trento 42.

🏨 **Kaufmann** senza rist, ℰ 810004, Fax 811128, 🔲, 🔲 – 🔲 🔲 🔲 🔲 🔲 🔲 🔲 🔲 🔲 🔲
  ⊑ 10000 – **36 cam** 75/100000.

ORBASSANO 10043 Torino 🔲🔲🔲 ⑫, 🔲🔲🔲 G 4 – 20 688 ab. alt. 273 – 🟤 011.

Roma 673 – ♦Torino 17 – Cuneo 99 – ♦Milano 162.

  Pianta d'insieme di Torino (Torino p. 2)

🏠 **Eden** senza rist, strada Rivalta 15 ℰ 9034313, Fax 9003055 – 🔲 🔲 🔲 🔲 🔲
  ⊑ 12000 – **34 cam** 90/100000.   EU **a**

⁇ **Il Galeone,** strada antica di None 16 ℰ 9016373, Fax 9011594, 🔲, Specialità di mare –
  🔲 🔲 🔲 🔲 🔲 🔲 🔲   EU **d**
  chiuso lunedì ed agosto – **Pasto** carta 27/56000.

ORBETELLO 58015 Grosseto 🔲🔲🔲 ㉟, 🔲🔲🔲 O 15 – 14 822 ab. – a.s. Pasqua e 15 giugno-15 settembre – 🟤 0564 – Vedere Guida Verde – 🔲 ℰ 868010.

Roma 152 – Civitavecchia 76 – ♦Firenze 183 – Grosseto 43 – ♦Livorno 177 – Viterbo 88.

🏨 **Presìdi,** via Mura di Levante 34 ℰ 867601, Fax 867601, ≼ – 🔲 🔲 🔲 🔲 🔲 🔲 🔲 🔲
  🔲 rist
  Pasto (solo per clienti alloggiati, *chiuso dal 15 giugno al 15 settembre*) 38/50000 – **62 cam**
  ⊑ 95/150000 – ½ P 115000.

🏠 **Sole** senza rist, via Colombo angolo corso Italia ℰ 860410, Fax 860475 – 🔲 🔲 🔲 🔲 🔲
  🔲 🔲 🔲 – **18 cam** ⊑ 110/150000.

⁇ **Osteria del Lupacante,** corso Italia 103 ℰ 867618 – 🔲 🔲 🔲 🔲 🔲
  chiuso dal 20 dicembre all'8 gennaio e martedì (escluso da luglio a settembre) – **Pasto**
  carta 43/77000 (10%).

⁇ **Da Egisto,** corso Italia 190 ℰ 867469 – 🔲 🔲 🔲 🔲 🔲 🔲
  chiuso lunedì e novembre – **Pasto** carta 28/49000 (10%).

⁇ **Trattoria Giardino,** piazza IV Novembre 21 ℰ 867723, 🔲 – 🔲 🔲 🔲 🔲 🔲
  chiuso ottobre o novembre e mercoledì (escluso luglio-agosto) – **Pasto** carta 27/66000.

  a Terrarossa SO : 2 km – ⊠ 58019 Porto Santo Stefano :

⁇⁇ **La Posada,** ℰ 820180 – 🔲 🔲 🔲 🔲 🔲
  chiuso martedì e dal 10 al 28 dicembre – **Pasto** carta 44/79000 (10%).

  sulla strada statale 1 - via Aurelia NE : 7 km :

🏨 **Vecchia Maremma,** ⊠ 58016 Orbetello Scalo ℰ 862147, Fax 862347, 🔲, 🔲 – 🔲 cam
  🔲 🔲 🔲 🔲 🔲 🔲 🔲 cam
  Pasto (*chiuso venerdì*) carta 40/50000 – ⊑ 7000 – **50 cam** 70/110000 – ½ P 60/95000.

⁇⁇ **Locanda di Ansedonia** con cam, ⊠ 58016 Orbetello Scalo ℰ 881317, Fax 881727, 🔲
  « Giardino » – 🔲 🔲 🔲 🔲 🔲 🔲 🔲 🔲
  chiuso febbraio – **Pasto** carta 36/67000 (10%) – **12 cam** ⊑ 100/130000 – ½ P 110/125000.

⁇ **La Ruota** con cam, ⊠ 58016 Orbetello Scalo ℰ 862137, Fax 864123, 🔲, 🔲 – 🔲 🔲 🔲
  🔲 🔲 🔲 🔲
  chiuso febbraio – **Pasto** (*chiuso giovedì*) carta 41/71000 – ⊑ 9000 – **12 cam** 45/70000 –
  ½ P 68/78000.

  Vedere anche : *Porto Ercole* S : 7 km.
              Porto Santo Stefano O : 10 km.
              Ansedonia SE : 10 km.
              Fonte Blanda N : 19 km.

30030 Venezia 429 F 18 – alt. 4 – © 041.

Roma 519 – ♦Venezia 16 – Mestre 8 – ♦Milano 258 – ♦Padova 28 – Treviso 29.

🏨 **Il Burchiello.** ℘ 429555, Telex 410144, Fax 429728 – 🛗 🗏 🗹 ☎ 🚗 🅿 – 🔬 80. 🖭 🕄 ⱺ
    E 🌇
    Pasto vedere rist **Il Burchiello** – � 13000 – **61 cam** 85/150000.

🍴🍴 **Il Burchiello** con cam, ℘ 472244 – 🗏 rist 🗹 ☎ 🅿 – 🔬 100. 🖭 🕄 ⱺ E 🌇
    ❄ rist
    Pasto (chiuso lunedì) carta 38/75000 – ⊆ 9000 – **15 cam** 60/78000 – ½ P 78/82000.

🍴 **Nadain** ℘ 429665 – 🗏 🅿. 🖭 ❄
    chiuso mercoledì e luglio – **Pasto** carta 36/59000.

🅿 988 ㉝, 433 H 7 – Vedere Sardegna alla fine dell'elenco alfabetico.

12078 Cuneo 428 J 5 – 2 279 ab. alt. 719 – a.s. luglio-agosto e Natale – © 0174.

Roma 626 – Cuneo 83 – Imperia 49 – ♦Milano 250 – ♦Torino 126.

🍴🍴🍴 **Villa Pinus** con cam, viale Piaggio 33 ℘ 392248, Coperti limitati; prenotare – 🔬 25. 🕄
    ⱺ E 🌇
    Pasto (chiuso giovedì) 55000 – **3 cam** ⊆ 90/110000 – ½ P 80/100000.

    sulla strada statale 28 verso Ponte di Nava SO : 4,5 km :

🏨 **San Carlo,** ✉ 12078 Ormea ℘ 399917, Fax 399917, ≤, ♨, 🍴 – 🛗 ☎ 🅿. 🕄 E 🌇
    ❄ rist
    chiuso gennaio, febbraio e dal 9 al 22 novembre – **Pasto** (chiuso martedì) carta 30/45000 –
    ⊆ 13000 – **37 cam** 48/80000 – P 70/80000.

    a Ponte di Nava SO : 6 km – ✉ 12070 :

🍴 **Ponte di Nava-da Beppe** con cam, ℘ 399924, ≤ – 🛗 🗹 ☎ 🚗 🅿. 🕄 E 🌇
    chiuso dal 7 al 31 gennaio e dal 10 al 20 giugno – **Pasto** (chiuso mercoledì) carta 28/60000 –
    ⊆ 8000 – **16 cam** 50/80000 – ½ P 60/70000.

    In alta stagione, e soprattutto nelle stazioni turistiche,
    è prudente prenotare con un certo anticipo.

13060 Vercelli 988 ②, 428 F 5 – alt. 1 180 – © 015.

Roma 689 – Biella 13 – ♦Milano 115 – Novara 69 – ♦Torino 87 – Vercelli 55.

🍴🍴🍴 **Croce Bianca** ❧ con cam, ℘ 2455923, Fax 2455963, « Camere nella foresteria del
    Santuario » – ☎ 🚗 🅿 – 🔬 150. 🕄 ❄
    Pasto (chiuso mercoledì escluso da giugno al 15 settembre) carta 40/60000 – ⊆ 10000 –
    30 cam 80/100000, 2 appartamenti.

🍴 **Stazione al Santuario,** ℘ 2455937 – 🅿. 🕄 ❄
    chiuso mercoledì escluso da giugno al 15 settembre – **Pasto** 25000.

Nuoro 988 ㉞, 433 F 11 – Vedere Sardegna alla fine dell'elenco alfabetico.

71045 Foggia 988 ㉘, 431 D 29 – 16 965 ab. alt. 73 – © 0885.

Roma 324 – ♦Foggia 22 – ♦Bari 113 – Benevento 103.

    sulla strada statale 16 SE : 5,5 km :

🏨 **Herdonia,** ✉ 71045 ℘ 792956, Fax 792983, ♨, 🍴 – 🛗 🗏 🗹 ☎ 🅿 – 🔬 25 a 35. 🖭 🕄
    ⱺ E 🌇 ❄
    Pasto carta 31/44000 (10%) – ⊆ 5000 – **78 cam** 65/80000 – ½ P 70/80000.

28016 Novara 988 ②, 428 E 7 – 1 015 ab. alt. 293 – a.s. Pasqua e luglio-
15 settembre – © 0322.

Vedere Lago d'Orta★★ – Palazzotto★ – Sacro Monte d'Orta★ 1,5 km.

Escursioni Isola di San Giulio★★ : ambone★ nella chiesa.

🛈 via Olina 9/11 ℘ 905614, Fax 905678.

Roma 661 – Stresa 28 – Biella 58 – Domodossola 48 – ♦Milano 84 – Novara 46 – ♦Torino 119.

🏨 **San Rocco** ❧, ℘ 911977, Fax 911964, ≤ isola San Giulio, « Terrazza fiorita in riva al
    lago con 🏊 », ⅃₆, ≋, ♨ – 🛗 🗹 ☎ 🚗 – 🔬 30 a 150. 🖭 🕄 ⱺ E 🌇 ❄
    Pasto carta 65/82000 – **74 cam** ⊆ 260/340000 – ½ P 260000.

🏨 **Orta** ❧, ℘ 90253, Fax 905646, ≤ isola San Giulio – 🛗 🗹 ☎. 🖭 🕄 ⱺ E 🌇
    aprile-ottobre – **Pasto** carta 38/65000 – ⊆ 15000 – **35 cam** 85/130000 – ½ P 85/100000.

🏨 **La Bussola** ❧, ℘ 911913, Fax 911934, ≤ isola San Giulio, ♨, « Giardino fiorito con
    🏊 » – 🛗 ☎ 🅿. 🖭 🕄 E 🌇 ❄ rist
    chiuso novembre – **Pasto** (chiuso martedì escluso da marzo ad ottobre) 38/45000 – **16 cam**
    solo ½ P 105/120000.

XXX ⊗ **Villa Crespi** con cam, E : 1,5 km 𝒫 911902, Fax 911919, �´, « Dimora ottocentesca in stile moresco », *Ĝ*, 🖙 – 🛊 – 🕸 🎦 ☎ 🅿. 🖭 🕃 ◑ E 💳
    Pasto 50000 (solo a mezzogiorno) 65/80000 e carta 60/80000 – **6 cam** 230/380000
    8 appartamenti 420/480000 – ½ P 230/340000
    Spec. Storione al fieno maggengo con salsa all'aglio dolce (primavera-estate), Rollè di pasta al nero di seppia e frutti di mare, Insalata di verdure croccanti al bianco di cappone (estate).

X **Taverna Antico Agnello,** 𝒫 90259 – 🕃 ◑ E 💳
    chiuso dal 7 gennaio a febbraio e martedì (escluso agosto) – **Pasto** carta 35/57000.

    al Sacro Monte E : 1 km :

XX **Sacro Monte,** ✉ 28016 𝒫 90220, « Ambiente rustico in zona verdeggiante » – 🖭 🕃 ◑
    E 💳
    chiuso dal 7 al 30 gennaio, martedì (escluso agosto) e da novembre a Pasqua anche lunedì sera – **Pasto** carta 37/64000 (10 %).

ORTISEI (**ST. ULRICH**) **39046** Bolzano 🮰🮰🮰 ④, 🮰🮰🮰 C 17 – 4 226 ab. alt. 1 236 – Sport invernali : della Val Gardena : 1 236/2 499 m ≤2 ≤5, 🎿 (vedere anche Santa Cristina Val Gardena e Selva Val Gardena) – 🕲 0471.

Dintorni Val Gardena★★★ per la strada S 242 – Alpe di Siusi★★ per funivia.

🮰 piazza Stetteneck 𝒫 796328, Fax 796749.

Roma 677 – ◆Bolzano 36 – Bressanone 32 – Cortina d'Ampezzo 79 – ◆Milano 334 – Trento 95 – ◆Venezia 226.

🏨 **Adler,** 𝒫 796203, Fax 796210, ≤, « Giardino ombreggiato », 🖙, 🏊, 🎾 – 🛊 🗏 rist 🎦 ☎
    🕭 ⟷ 🅿. 🖭 🕃 E 💳. 🛠 rist
    20 dicembre-20 aprile e 20 maggio-30 ottobre – **Pasto** al Rist. **Stube** carta 38/57000 –
    95 cam ⊂⊃ 218/400000, 3 appartamenti – ½ P 122/239000.

🏨 **Gardena-Grödnerhof,** 𝒫 796315, Fax 796513, ≤, 🛝, 🎾 – 🛊 🎦 ☎ 🅿. 🕃 E 💳. 🛠
    20 dicembre-Pasqua e giugno-ottobre – **Pasto** 26/55000 – **45 cam** ⊏⊐ 150/280000 – ½ P 85/
    174000.

🏨 **Grien** 🌤, via Mureda O : 1 km 𝒫 796340, Fax 796303, ≤ Dolomiti e Ortisei, *Ĝ*, 🖙, 🚗 –
    🛊 ⇖ cam 🎦 ☎ ⟷ 🅿 – 🔏 40. 🛠 rist
    chiuso dal 10 al 25 giugno e dal 5 novembre al 5 dicembre – **Pasto** carta 47/63000 – **23 cam**
    ⊏⊐ 140/260000 – ½ P 105/205000.

🏨 **Hell** 🌤, 𝒫 796785, Fax 798196, ≤, « Giardino », *Ĝ*, 🖙 – 🛊 🎦 ☎ 🅿. 🕃 E 💳. 🛠
    15 dicembre-21 aprile e 4 giugno-15 ottobre – **Pasto** (solo per clienti alloggiati e chiuso a mezzogiorno) 31/33000 – **25 cam** ⊏⊐ 260000 – ½ P 85/170000.

🏨 **Genziana-Enzian,** 𝒫 796246, Fax 797598, 🖙 – 🛊 🎦 ☎ ⟷. 🛠 rist
    Natale-20 aprile e 15 maggio-15 ottobre – **Pasto** carta 27/56000 – **49 cam** ⊏⊐ 110/200000 –
    ½ P 80/160000.

🏨 **La Perla,** verso Castelrotto SO : 1 km 𝒫 796421, Fax 798198, ≤, 🖙, 🛝, 🚗, 🎾 – 🛊 🎦
    ☎ 🅿. 🖭 🕃 ◑ E 💳. 🛠 rist
    dicembre-aprile e giugno-ottobre – **Pasto** (solo per clienti alloggiati) – ⊏⊐ 12000 – **36 cam**
    110/220000 – ½ P 80/145000.

🏨 **Rainell** 🌤, 𝒫 796145, Fax 796279, ≤ monti e Ortisei, 🖙, 🚗 – 🛊 🗏 rist 🎦 ☎ 🅿. 🕃 E
    💳. 🛠
    20 dicembre-Pasqua e 15 giugno-settembre – **Pasto** 20/40000 – ⊏⊐ 12000 – **28 cam**
    90/160000 – ½ P 80/140000.

🏨 **Angelo-Engel,** 𝒫 796336, Fax 796323, ≤, 🖙, 🚗 – 🛊 🎦 ☎ 🅿. 🕃 E 💳. 🛠 rist
    chiuso novembre – **Pasto** (solo per clienti alloggiati) – **34 cam** ⊏⊐ 90/160000 – ½ P 82/
    136000.

🏨 **Fortuna** senza rist, 𝒫 797978, Fax 798326, ≤ – 🛊 🎦 ☎ ⟷. 🕃 E 💳. 🛠
    15 cam ⊏⊐ 120/196000.

🏠 **Ronce** 🌤, 𝒫 796383, Fax 796383, ≤ monti e Ortisei, 🖙, 🚗 – ☎ ⟷ 🅿. 🛠 rist
    20 dicembre-20 aprile e giugno-settembre – **Pasto** (solo per clienti alloggiati e chiuso a mezzogiorno) – **24 cam** ⊏⊐ 75/150000 – ½ P 85/112000.

🏠 **Villa Luise** 🌤, 𝒫 796498, Fax 796217, ≤ monti e Sassolungo – 🎦 ☎ ⟷ 🅿. 🛠
    chiuso dal 10 al 30 giugno e dal 15 ottobre al 15 dicembre – **13 cam** solo ½ P 65/138000.

🏠 **Pra' Palmer** 🌤 senza rist, 𝒫 796710, Fax 797900, ≤, *Ĝ*, 🚗 – 🎦 ☎ 🅿
    dicembre-Pasqua e luglio-ottobre – **20 cam** ⊏⊐ 74/128000.

🏠 **Cosmea,** 𝒫 796464, Fax 797805 – ☎ 🅿. 🛠 cam
    chiuso dal 15 ottobre al 15 dicembre – **Pasto** (chiuso giovedì in maggio, giugno ed ottobre)
    20/42000 – **21 cam** ⊏⊐ 80/150000 – ½ P 70/135000.

🏠 **Piciuèl** 🌤, verso Castelrotto SO : 3 km 𝒫 797351, Fax 797989, ≤ monti e Ortisei, 🚗 –
    🗏 rist 🎦 ☎ ⟷ 🅿. E 💳. 🛠
    dicembre-Pasqua e giugno-ottobre – **14 cam** solo ½ P 60/110000.

XX **Concordia,** via Roma 41 𝒫 796276 – ⇖ rist. 🕃 E 💳
    dicembre-Pasqua e giugno-ottobre – **Pasto** carta 30/56000.

    a Bulla (Pufels) SO : 6 km – alt. 1 481 – ✉ **39040** Castelrotto :

🏠 **Uhrerhof-Deur** 🌤, 𝒫 797335, Fax 797457, ≤, 🖙, 🚗 – ⇖ 🎦 ☎ ⇔ 🅿. 💳. 🛠
    chiuso dal 5 novembre al 5 dicembre – **Pasto** (solo su prenotazione) carta 46/70000 – **6 cam**
    ⊏⊐ 132/240000, 3 appartamenti – ½ P 99/132000.

🚢 per le Isole Tremiti 20 giugno-15 settembre giornaliero (1 h 40 n) – Adriatica di Navigazione-agenzia Fratino, via Porto 34 ℘ 9063855, Telex 600173, Fax 9064186.

🛈 piazza della Repubblica 9 ℘ 9063841, Fax 9063882.

Roma 227 – ◆Pescara 20 – L'Aquila 126 – Campobasso 139 – Chieti 36 – ◆Foggia 158.

🏨 **Ideale** senza rist, corso Garibaldi 65 ℘ 9063735, Fax 9066153, ≼ – 🛗 📺 ☎ 🚗. 🆎 🕃 ⑩
⏨ 10000 – **24 cam** 80/120000.

🍴 **Cantina Aragonese,** corso Matteotti 88 ℘ 9063217 – 🆎 🕃 ⑩ ⏦ 🚾
chiuso domenica – **Pasto** carta 40/62000 (10%).

🍴 **Miramare,** largo Farnese 15 ℘ 9066556 – 🕃 ⏦ 🚾. ⏸
chiuso domenica e dal 24 dicembre al 6 gennaio – **Pasto** carta 41/54000.

a Lido Riccio NO : 5,5 km – ☒ **66026** Ortona :

🏨 **Mara** ⏳, ℘ 9190416, Fax 9190522, ≼, « Giardino con ⏳ », ☁, ⏸ – 🛗 ☰ 📺 ☎ 🅿 –
🔒 100. 🕃 ⏦ 🚾. ⏸ rist
15 maggio-20 settembre – **Pasto** 40/50000 e al Rist. **Mara's Beach Club** (chiuso a mezzogiorno e lunedì) carta 40/60000 – ⏨ 15000 – **66 cam** 120/140000, 4 appartamenti – ½ P 100/140000.

Roma 405 – ◆Genova 110 – ◆Parma 145 – Pisa 60 – ◆La Spezia 30.

a Nicola SO : 7 km – ☒ **19034** Ortonovo :

🍴 Locanda Cervia, ℘ 660491, 🌳, Coperti limitati; prenotare

Vedere Posizione pittoresca★★★ – Duomo★★★ – Pozzo di San Patrizio★★ – Palazzo del Popolo★ – Quartiere vecchio★ – Palazzo dei Papi★ **M2** – Collezione etrusca★ nel museo Archeologico Faina **M1**.

🛈 piazza del Duomo 24 ℘ 41772, Fax 44433.

Roma 121 ① – ◆Perugia 75 ① – Arezzo 110 ① – ◆Milano 462 ① – Siena 123 ① – Terni 75 ① – Viterbo 45 ②.

🏨🏨 Maitani senza rist, via Maitani 5 ℰ 42011, Fax 42011 – |⚡| ▤ 📺 ☎. 匝 🅂 ⓞ Ε 𝗩𝗜𝗦𝗔. ✵
chiuso dal 7 al 22 gennaio – ⌖ 15000 – **32 cam** 110/180000, 8 appartamenti. **n**

🏨 Aquila Bianca senza rist, via Garibaldi 13 ℰ 41246, Fax 42273 – |⚡| 📺 ☎ ⓟ – ▵ 60. 匝
🅂 ⓞ Ε 𝗩𝗜𝗦𝗔 𝗝𝗖𝗕. ✵
⌖ 15000 – **36 cam** 95/135000. **m**

🏨 Valentino senza rist, via Angelo da Orvieto 30/32 ℰ 42464, Fax 42464 – |⚡| 📺 ☎ ఉ. 🅂 Ε
⌖ 10000 – **17 cam** 95/130000. **a**

🏠 Filippeschi senza rist, via Filippeschi 19 ℰ 43275, Fax 43275 – 📺 ☎. 匝 🅂 ⓞ Ε 𝗩𝗜𝗦𝗔
𝗝𝗖𝗕. ✵
⌖ 10000 – **15 cam** 75/105000. **c**

XXX Giglio d'Oro, piazza Duomo 8 ℰ 41903 – ▤. 匝 🅂 Ε 𝗩𝗜𝗦𝗔
chiuso mercoledì – **Pasto** 40000 e carta 53/94000. **e**

XX Trattoria Etrusca, via Maitani 10 ℰ 44016, Fax 41105, Cucina tipica locale – ▤. 匝 🅂
ⓞ Ε 𝗩𝗜𝗦𝗔. ✵
chiuso lunedì e dal 7 al 30 gennaio – **Pasto** carta 35/56000 (10%). **b**

XX Le Grotte del Funaro, via Ripa Serancia 41 ℰ 43276, Fax 42898, Rist. pizzeria e piano
bar, « In caratteristiche grotte di tufo » – ▤. 匝 🅂 ⓞ Ε 𝗩𝗜𝗦𝗔. ✵ **t**
chiuso lunedì escluso agosto – **Pasto** carta 35/54000 (10%).

XX San Giovenale, piazza San Giovenale ℰ 40641, Fax 43948, « In un edificio del 1200 » –
▤ **g**

X La Volpe e l'Uva, via Ripa Corsica 1 ℰ 41612 – 匝 🅂 Ε 𝗩𝗜𝗦𝗔 **h**
chiuso lunedì, luglio o agosto – **Pasto** carta 23/36000.

X Del Moro, via San Leonardo 7 ℰ 42763 – 🅂 Ε 𝗩𝗜𝗦𝗔 **r**
chiuso venerdì e dal 15 al 30 giugno – **Pasto** carta 25/44000 (10%).

ad Orvieto Scalo per ① : 5 km – ✉ **05019.**

🛈 ℰ 301507, Fax 301487 :

🏨 Gialletti, via Costanzi 71 ℰ 90381, Fax 92264 – |⚡| 📺 ☎ ఉ ⓟ. 匝 🅂 ⓞ Ε 𝗩𝗜𝗦𝗔 𝗝𝗖𝗕. ✵
Pasto carta 34/46000 – ⌖ 12500 – **51 cam** 70/105000 – ½ P 75/85000.

🏨 Kristall senza rist, via Costanzi 69 ℰ 90703, Fax 91765 – |⚡| ▤ 📺 ☎ ఉ ⓟ – ▵ 100. 匝 🅂
ⓞ Ε 𝗩𝗜𝗦𝗔 𝗝𝗖𝗕
⌖ 12000 – **29 cam** 75/100000.

sulla strada statale 71 :

🏨 Villa Ciconia ✎, per ① : 6 km ✉ 05019 Orvieto Scalo ℰ 92982, Fax 90677, « Villa
cinquecentesca in parco secolare » – 📺 ☎ ⓟ – ▵ 30 a 100. 匝 🅂 ⓞ Ε 𝗩𝗜𝗦𝗔. ✵
Pasto (chiuso lunedì) carta 37/58000 – ⌖ 10000 – **10 cam** 140/180000 – ½ P 120/150000.

X Girarrosto del Buongustaio, per ② : 5 km ✉ 05018 Orvieto ℰ 41935, « Servizio estivo in
terrazza con « » – ⓟ

OSIMO 60027 Ancona 🔢 ⑯, 🔢 L 22 – 27 994 ab. alt. 265 – ✿ 071.
Roma 308 – ◆Ancona 19 – Macerata 28 – Pesaro 82 – Porto Recanati 19.

sulla strada statale 16 E : 7,5 km :

X La Cantinetta del Conero, ✉ 60028 Osimo Scalo ℰ 7108651 – ▤ ⓟ – ▵ 40. 匝 🅂 Ε
𝗩𝗜𝗦𝗔. ✵
chiuso sabato – **Pasto** carta 50/73000.

in prossimità casello autostrada A 14 N : 9 km :

🏨 Concorde, ✉ 60021 Camerano ℰ 95270, Fax 959476 – |⚡| ▤ 📺 ☎ ఉ ⓟ. 匝 🅂 ⓞ Ε 𝗩𝗜𝗦𝗔.
✵
Pasto (chiuso domenica) carta 45/68000 – ⌖ 10000 – **22 cam** 150/190000 – ½ P 140/
150000.

🏨 Palace del Conero, ✉ 60027 Osimo ℰ 7108312, Fax 7108312 – |⚡| ▤ 📺 ☎ ⓟ – ▵ 50.
匝 🅂 ⓞ Ε 𝗩𝗜𝗦𝗔. ✵ rist
chiuso dal 24 dicembre al 2 gennaio – **Pasto** al Rist. *Rita* 35/45000 – ⌖ 10000 – **51 cam**
100/180000.

OSOPPO 33010 Udine 🔢 D 21 – 2 699 ab. alt. 185 – ✿ 0432.
Roma 665 – ◆Milano 404 – Udine 30.

🏨 Pittis, ℰ 975346, Fax 975916 – |⚡| 📺 ☎ ⓟ. 匝 Ε 𝗩𝗜𝗦𝗔
Pasto (chiuso domenica) carta 34/45000 – ⌖ 12000 – **40 cam** 70/100000 – ½ P 80/90000.

Segnalateci il vostro parere sui ristoranti che
raccomandiamo, indicandoci le loro specialità
ed i vini di produzione locale da essi serviti.

OSPEDALETTI 18014 Imperia 988 ⑫, 428 K 5 – 3 591 ab. – ✿ 0184.

🖪 corso Regina Margherita 13 ℘ 689085, Fax 684455.

Roma 650 – ◆Genova 151 – Imperia 29 – ◆Milano 274 – Ventimiglia 11.

🏨 **Firenze,** corso Regina Margherita 97 ℘ 689221, Fax 688140, ≼, « Terrazza-solarium », 15 – 劇 ⊡ ☎. 延 🖪 ◑ 🖪 ☑️. 彩 rist
Pasto 40/75000 e al Rist. **Da Luisa** (chiuso lunedì) carta 42/67000 – ⚏ 12000 – **45 cam** 105/150000 – ½ P 90/130000.

🏨 **Delle Rose,** via De Medici 17 ℘ 689016, « Piccolo giardino con piante esotiche » – ⊡ ☎. 🖪. 彩
Pasto (chiuso lunedì) 35/40000 – ⚏ 7000 – **14 cam** 70/90000 – ½ P 85/90000.

🏠 **Floreal,** corso Regina Margherita 83 ℘ 689638, Fax 689028 – 劇 ⊡ ☎. 🖪 ◑ 🖪 ☑️. 彩 rist
chiuso dal 5 novembre al 15 dicembre – **Pasto** 30/32000 – ⚏ 8000 – **26 cam** 65/95000 – ½ P 70/85000.

✗ **Ventunesima Luna,** corso Regina Margherita 104 ℘ 688903, 斋 – 🗐. 🖪 🖪 ☑️
chiuso mercoledì e dal 5 al 30 novembre – **Pasto** carta 36/53000.

OSPEDALETTO 38050 Trento 429 D 16 – 753 ab. alt. 340 – ✿ 0461.

Roma 539 – Belluno 67 – ◆Padova 89 – Trento 45 – Treviso 84.

✗ **Va' Pensiero,** ℘ 768383 – ℗. 延 🖪 🖪 ☑️. 彩
chiuso mercoledì e dal 20 ottobre al 10 novembre – **Pasto** carta 38/46000.

OSPEDALETTO Verona – Vedere Pescantina.

I prezzi	Per ogni chiarimento sui prezzi riportati in guida, consultate le pagine dell'introduzione.

OSPEDALETTO D'ALPINOLO 83014 Avellino 431 E 26 – 1 596 ab. alt. 725 – ✿ 0825.

Roma 248 – ◆Napoli 58 – Avellino 11 – Benevento 27 – Salerno 50.

🏠 **La Castagna** ⤵, ℘ 691047, ≼, « Servizio rist. estivo in terrazza ombreggiata », 斋 – ℗. ☑️. 彩
marzo-novembre – **Pasto** (chiuso martedì) carta 29/48000 – ⚏ 7000 – **20 cam** 40/60000 – ½ P 60/70000.

OSPEDALICCHIO Perugia 430 M 19 – Vedere Bastia.

OSPIATE Milano – Vedere Bollate.

OSPITALETTO 25035 Brescia 428 429 F 12 – 9 382 ab. alt. 155 – ✿ 030.

Roma 550 – ◆Brescia 12 – ◆Bergamo 45 – ◆Milano 96.

✗ **Hosteria Brescia,** via Brescia 22 ℘ 640988 – 延 🖪 ◑ 🖪 ☑️
chiuso lunedì ed agosto – **Pasto** carta 35/57000.

OSSANA 38026 Trento 429 D 14 – 714 ab. alt. 1 003 – a.s.febbraio-Pasqua e Natale – ✿ 0463.

Roma 659 – ◆Bolzano 82 – Passo del Tonale 17 – Trento 74.

🏨 **Pangrazzi,** frazione Fucine alt. 982 ℘ 751108, Fax 751359, 斋 – 劇 ☎ ⇔ ℗. 延 🖪 ◑ 🖪 ☑️. 彩
dicembre-aprile e 15 giugno-settembre – **Pasto** carta 30/43000 – **30 cam** ⚏ 90/120000 – ½ P 50/90000.

OSTERIA DEL GATTO Perugia 988 ⑯, 430 M 20 – Vedere Fossato di Vico.

OSTIA Roma – Vedere risorse di Roma, Lido di Ostia (o di Roma) ed Ostia Antica.

OSTIA ANTICA 00119 Roma 988 ㉕ ㉖, 430 Q 18 – ✿ 06.

Vedere Piazzale delle Corporazioni★★★ – Capitolium★★★ – Foro★★ – Domus di Amore e Psiche★★★ – Schola del Traiano★★★ – Terme dei Sette Sapienti★ – Terme del Foro★ – Casa di Diana★ – Museo★ – Thermopolium★ – Horrea di Hortensius★ – Mosaici★★ nelle Terme di Nettuno.

Roma 25 – Anzio 49 – Civitavecchia 69 – Latina 73 – Lido di Ostia o di Roma 4.

✗ **Monumento,** piazza Umberto I 8 ℘ 5650021 – 延 🖪 ◑ 🖪 ☑️. 彩
chiuso lunedì e dal 20 agosto al 7 settembre – **Pasto** carta 37/61000.

OSTIGLIA 46035 Mantova 988 ④ ⑭, 429 G 15 – 7 310 ab. alt. 15 – ✿ 0386.

Roma 460 – ◆Verona 46 – ◆Ferrara 56 – Mantova 33 – ◆Milano 208 – ◆Modena 56 – Rovigo 63.

sulla strada statale 12 N : 6 km :

✗✗ **Pontemolino-da Trida,** ✉ 46035 ℘ 802380, 斋 – ℗. 🖪 ☑️
chiuso lunedì sera, martedì, dal 27 dicembre al 20 gennaio e dal 20 luglio al 10 agosto –
Pasto carta 36/50000.

OSTUNI 72017 Brindisi 988 ㉚, 431 E 34 – 33 512 ab. alt. 207 – a.s. luglio-15 settembre – ✆ 0831.

Vedere Facciata★ della Cattedrale.

Dintorni Regione dei Trulli★★★ Ovest.

🏛 via Continelle 45 ✆ 303775.

Roma 530 – ◆Bari 80 – ◆Brindisi 35 – Lecce 73 – Matera 101 – ◆Taranto 52.

🏨 **Novecento** 🦐, contrada Ramunno S : 1,5 km ✆ 305666, Fax 305668, 🛬 – 🗏 📺 ☎ 🅿
    ﾧ 🛅 ① **E** 𝘝𝘐𝘚𝘈, 🦐 rist
    Pasto 30/50000 – **16 cam** ⊑ 130/160000 – ½ P 90/120000.

🍴🍴 **Chez Elio,** via dei Colli 67 (NO : 1,5 km) ✆ 302030, ≼ città, costa e mare, « Servizio
    estivo in terrazza » – 🅿, ﾧ 🛅 ① **E** 𝘝𝘐𝘚𝘈
    chiuso lunedì e settembre – **Pasto** carta 30/60000 (15 %).

🍴🍴 **Porta Nova,** via Monte Grappa ✆ 338983, « Servizio estivo in terrazza panoramica » –
    ﾧ 🛅 ① **E** 𝘝𝘐𝘚𝘈
    chiuso mercoledì e dal 15 gennaio al 15 febbraio – **Pasto** carta 35/56000.

🍴 **Spessite,** via Clemente Brancasi 43 ✆ 302866, Fax 302866, « Ambiente caratteristico »
    – ﾧ **E** 𝘝𝘐𝘚𝘈
    chiuso ottobre, a mezzogiorno (escluso luglio-agosto) e mercoledì in bassa stagione – **Pasto**
    30000.

🍴 **Osteria del Tempo Perso,** via G. Tanzarella 47 ✆ 303320, prenotare – 🛅 𝘝𝘐𝘚𝘈, 🦐
    chiuso da gennaio al 15 febbraio, lunedì e a mezzogiorno (escluso domenica ed i giorni
    festivi) – **Pasto** carta 23/44000.

    a Marina di Ostuni N : 7 km – ✉ 72017 :

🏨 Gd H. Fontanelle 🦐, ✆ 330521, Fax 970801, ⤓, ▲ₑ, 🦐 – 📺 ☎ ὣ ⟿ 🅿 – 🏛 50 a 120
    stagionale – **56 cam.**

    a Costa Merlata NE : 15 km – ✉ 72017 :

🏨 Gd H. Masseria Santa Lucia 🦐, ✆ 330418, Fax 339590, « In un'antica masseria fortifica-
    ta », ⤓, ▲ₑ, 🦐 🗏 📺 ☎ ὣ 🅿 – 🏛 30 a 450
    52 cam.

    Se cercate un albergo tranquillo,
    oltre a consultare le carte dell'introduzione,
    rintracciate nell'elenco degli esercizi quelli con il simbolo 🦐 *o* 🦐.

OTRANTO 73028 Lecce 988 ㉚, 431 G 37 – 5 114 ab. – ✆ 0836.

Vedere Cattedrale★ : pavimento★★★.

Escursioni Costa meridionale★ Sud per la strada S 173.

🏛 via Rondachi ✆ 801436.

Roma 642 – ◆Bari 192 – ◆Brindisi 80 – Gallipoli 47 – Lecce 41 – ◆Taranto 122.

🏨 **Degli Haethey** senza rist, ✆ 801548, Fax 801576, ⤓ – 🖩 🗏 📺 ☎ 🅿, ﾧ 🛅 ① **E** 𝘝𝘐𝘚𝘈, 🦐
    21 cam ⊑ 99/139000.

🏨 **Rosa Antico** senza rist, ✆ 801563, Fax 801563, « Giardino-agrumeto » – 🗏 📺 ☎ 🅿, 🛅
    E 𝘝𝘐𝘚𝘈, 🦐
    10 cam ⊑ 60/120000.

🏨 **Minerva** senza rist, ✆ 801008 – 🗏 📺 ☎ ⟿, 🦐
    ⊑ 10000 – **10 cam** 60/100000.

🍴🍴 ❀ **Il Gambero,** ✆ 801107, Specialità di mare – ﾧ 🛅 ① **E** 𝘝𝘐𝘚𝘈
    chiuso dal 15 gennaio al 15 febbraio e mercoledì (escluso da giugno a settembre) – **Pasto**
    carta 60/70000
    Spec. Carpaccio di pesce spada, Linguine di Capo d'Otranto, Spigola "all'acqua chiara".

🍴🍴 Acmet Pascià, ✆ 801282, ≼, 🍽

🍴🍴 **Pietra Verde** con cam, ✆ 802447, Fax 802178 – 🗏 📺 ☎ ⟿, 🦐
    Pasto carta 25/49000 – **8 cam** ⊑ 120000 – ½ P 100/110000.

🍴 **Vecchia Otranto,** ✆ 801575, 🍽 – 🗏, ﾧ 🛅 ① **E** 𝘝𝘐𝘚𝘈, 🦐
    chiuso novembre e lunedì (escluso dal 15 giugno al 15 settembre) – **Pasto** carta 45/67000.

OTTAVIANO 80044 Napoli 988 ㉗, 431 E 25 – 21 918 ab. alt. 190 – ✆ 081.

Roma 240 – ◆Napoli 22 – Benevento 70 – Caserta 47 – Salerno 42.

🏨 **Augustus** senza rist, viale Giovanni XXIII 61 ✆ 5288455, Fax 5288454 – 🖩 🗏 📺 ☎ ⟿
    🅿, ﾧ 🛅 ① **E** 𝘝𝘐𝘚𝘈 ᴊᴄʙ, 🦐
    ⊑ 12000 – **33 cam** 180/240000, 🗏 13000.

🍴🍴 **Al San Michele,** piazza San Michele 16/18 ✆ 5288755, 🍽, Rist. e pizzeria – ﾧ 🛅 ① **E**
    𝘝𝘐𝘚𝘈
    chiuso dal 10 al 18 agosto – **Pasto** carta 27/42000.

OTTONE Livorno – Vedere Elba (Isola d') : Portoferraio.

OVADA 15076 Alessandria 🔢 ⑬, 🔢 I 7 – 12 194 ab. alt. 186 – ☎ 0143.

Dintorni Strada dei castelli dell'Alto Monferrato★ (o strada del vino) verso Serravalle Scrivia.

Roma 549 – ◆Genova 50 – Acqui Terme 24 – Alessandria 40 – ◆Milano 114 – Savona 61 – ◆Torino 125.

🏨 **Italia**, via San Paolo 54 ℰ 86502, Fax 86503 – 📺 ☎ ❷ 🅰🅴 🗗 🗏 E 𝘝𝘐𝘚𝘈 ⬡
chiuso dal 1° al 15 febbraio – **Pasto** *(chiuso martedì)* carta 36/58000 – ⊑ 8500 – **17 cam** 65/95000 – ½ P 75/80000.

🍽 **La Volpina**, strada Volpina 1 ℰ 86008, Coperti limitati; prenotare, « Servizio estivo all'aperto » – ❷ 🗗 🗏 E 𝘝𝘐𝘚𝘈
chiuso domenica sera, lunedì, dal 22 dicembre al 15 gennaio e dal 27 luglio al 15 agosto – **Pasto** carta 52/77000 (10%).

OVINDOLI 67046 L'Aquila 🔢 ㉖, 🔢 P 22 – 1 201 ab. alt. 1 375 – a.s. 15 dicembre-12 aprile e luglio-22 settembre – Sport invernali : 1 375/2 000 m ⤓7 – ☎ 0863.

Roma 129 – L'Aquila 37 – Frosinone 109 – ◆Pescara 119 – Sulmona 55.

🏨 **Magnola Palace Hotel** ⑤, NO : 3 km ℰ 705145, Telex 601076, Fax 705147, ≤, 🐎 – 📳
☎ ❷, 🗗 🗏 ◑ E 𝘝𝘐𝘚𝘈 ⬡
chiuso novembre – **Pasto** 30000 (15%) – ⊑ 9000 – **80 cam** 80/100000 – P 85/130000.

PACIANO 06060 Perugia 🔢 M 18 – 917 ab. alt. 391 – ☎ 075.

Roma 163 – Chianciano Terme 23 – ◆Perugia 45.

🍽 **La Locanda della Rocca** con cam, viale Roma 4 ℰ 830236, Fax 830155, ≤, Coperti limitati; prenotare, 🐎 – ❷, 🗗 🗏 ◑ E 𝘝𝘐𝘚𝘈
chiuso gennaio e febbraio – **Pasto** *(chiuso martedì)* carta 41/66000 – **7 cam** ⊑ 90/130000 – ½ P 100000.

PADERNO D'ADDA 22050 Lecco 🔢 E 10, 🔢 ⑳ – 2 640 ab. alt. 266 – ☎ 039.

Roma 604 – ◆Milano 34 – ◆Bergamo 20 – Como 39 – Lecco 24.

🏨 **Adda**, via Edison 27 ℰ 514015, Fax 510796, ♨, ℅ – 📳 🗏 rist 📺 ☎ & ❷ – 🔬 100. 🅰🅴
◑ E 𝘝𝘐𝘚𝘈 ⬡
Pasto *(chiuso martedì)* carta 45/80000 – ⊑ 8000 – **35 cam** 95/135000 – P 150000.

PADERNO DI PONZANO Treviso – Vedere Ponzano Veneto.

PADERNO FRANCIACORTA 25050 Brescia – 2 842 ab. alt. 183 – ☎ 030.

Roma 550 – ◆Brescia 15 – ◆Milano 84 – ◆Verona 81.

🏨 **Franciacorta** senza rist, via Donatori di Sangue 10 ℰ 6857085, Fax 6857082 – 📳 🗏 📺 ☎
❷ E 𝘝𝘐𝘚𝘈
⊑ 15000 – **24 cam** 90/130000, 🗏 10000.

🍽 **Giardino-da Gregorio**, via San Gottardo 34 ℰ 657195, Fax 657424, 🏡, 🐎 – ❷. 🅰🅴 🗗
⬡
chiuso martedì sera, mercoledì ed agosto – **Pasto** carta 35/49000.

PADOLA Belluno – Vedere Comelico Superiore.

PADOVA 35100 🄿 🔢 ⑤, 🔢 F 17 – 215 017 ab. alt. 12 – ☎ 049.

Vedere Affreschi di Giotto★★★, Vergine★ di Giovanni Pisano nella cappella degli Scrovegni DY – Basilica del Santo★★ DZ – Statua equestre del Gattamelata★★ DZ A – Palazzo della Ragione★ DZ J : salone★★ – Pinacoteca Civica★ DZ M – Chiesa degli Eremitani★ DY : affreschi di Guariento★★ – Oratorio di San Giorgio★ DZ B – Scuola di Sant'Antonio★ DZ B – Piazza della Frutta★ DZ 25 – Piazza delle Erbe★ DZ 20 – Torre dell'Orologio★ (in piazza dei Signori CYZ) – Pala d'altare★ nella chiesa di Santa Giustina DZ – **Dintorni** Colli Euganei★★ SO per ⑥.

🏌 e 🏌 Montecchia (chiuso lunedì) a Selvazzano Dentro ⌧ 35030 ℰ 8055550, Fax 8055737, O : 8 km – 🏌 Frassanelle (chiuso martedì) ⌧ 35030 Frassanelle di Rovolon ℰ 9910722, Fax 9910691, SO : 20 km – 🏌 (chiuso lunedì e gennaio) a Valsanzibio di Galzignano ⌧ 35030 ℰ 9130078, Fax 9131193 E : 21 km.

🛫 Stazione Ferrovie Stato ⌧ 35131 ℰ 8752077 – Museo Eremitani ℰ 8751153 – (marzo-ottobre) Prato della Valle (ex Foro Boario) ℰ 8753087 – **A.C.I.** via Enrico degli Scrovegni 19 ⌧ 35131 ℰ 654935.

Roma 491 – ◆Venezia 42 – ◆Milano 234 – ◆Verona 81.

Pianta pagina seguente

🏨 **Plaza**, corso Milano 40 ⌧ 35139 ℰ 656822, Telex 430360, Fax 661117 – 📳 🗏 📺 ☎ &
🚗 – 🔬 30 a 150. 🅰🅴 🗗 ◑ E 𝘝𝘐𝘚𝘈 ⬡ rist   CY **m**
Pasto *(chiuso domenica ed agosto)* carta 55/77000 – **142 cam** ⊑ 160/230000.

🏨 **Milano** senza rist, via Bronzetti 62 ⌧ 35138 ℰ 8712555, Fax 8713923 – 📳 🗏 📺 ☎ & ❷ –
🔬 30. 🅰🅴 🗗 ◑ E 𝘝𝘐𝘚𝘈 ⬡   CY **g**
80 cam ⊑ 130/170000.

🏨 **Donatello**, via del Santo 102/104 ⌧ 35123 ℰ 8750634, Fax 8750829, ≤, « Servizio rist. estivo in terrazza » – 📳 🗏 cam 📺 ☎ 🚗 – 🔬 20. 🅰🅴 🗗 ◑ E 𝘝𝘐𝘚𝘈 ⬡   DZ **z**
chiuso dal 15 dicembre al 15 gennaio – **Pasto** 30/54000 e al Rist. *Sant'Antonio (chiuso mercoledì e da dicembre al 23 gennaio)* carta 37/55000 (12%) – ⊑ 16000 – **49 cam** 118/192000 – ½ P 143/165000.

439

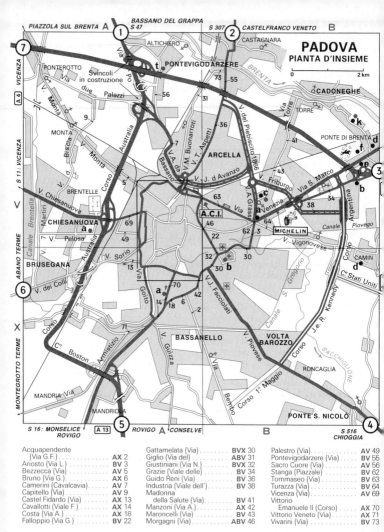

PADOVA
PIANTA D'INSIEME

0   2 km

PADOVA

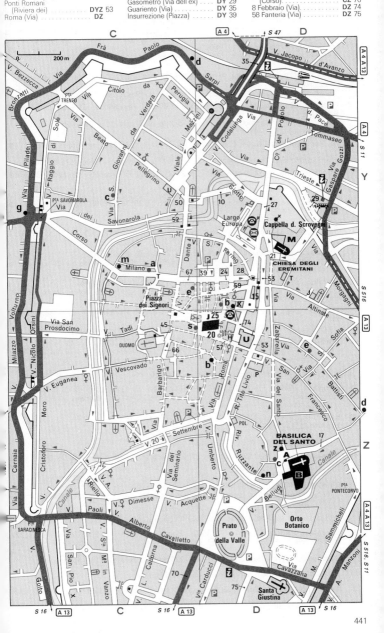

441

🏛 **Igea** senza rist, via Ospedale Civile 87 ⊠ 35121 ℘ 8750577, Fax 660865 – |韋| 🗏 🔟 ☎
⟵, 🗛🗉 🗓 ⑩ Ɛ 𝘝𝘐𝘚𝘈 𝖩𝖢𝖡.   DZ   **d**
🗔 10000 – **49 cam** 75/90000.

🏛 **Al Fagiano,** via Locatelli 45 ⊠ 35123 ℘ 8753396 e rist ℘ 652913, Fax 8753396, 🏤 – |韋|
🔟 ☎, 🗛🗉 🗓 ⑩ Ɛ 𝘝𝘐𝘚𝘈 𝖩𝖢𝖡   DZ   **n**
Pasto *(chiuso domenica sera, lunedì e luglio)* carta 30/35000 – 🗔 10000 – **29 cam** 70/
90000.

XXX ✿ **San Clemente,** corso Vittorio Emanuele II 142 ⊠ 35123 ℘ 8803180, Fax 8803015,
🏤, solo su prenotazione a mezzogiorno, « Dimora del 500 » – 🗏. 🗛🗉 🗉 Ɛ 𝘝𝘐𝘚𝘈   AX   **x**
chiuso domenica, lunedì a mezzogiorno, dal 20 dicembre al 2 gennaio ed agosto – **Pasto**
85/120000 (alla sera) e carta 63/98000.
Spec. Storione marinato all'agresto, Ravioli di capponcello mantecati al foie gras, Gratin "San Clemente" con cialde alla
cannella.

XXX **Belle Parti-Toulá,** via Belle Parti 11 ⊠ 35139 ℘ 8751822, Coperti limitati; prenotare –
🗏, 🗛🗉 𝘝𝘐𝘚𝘈   CDY **e**
chiuso domenica, lunedì a mezzogiorno ed agosto – **Pasto** carta 45/82000.

XXX **Antico Brolo,** corso Milano 22 ⊠ 35139 ℘ 656088, Fax 656088, 🏤, prenotare – 🗏. 🗛🗉
🗉 ⑩ 𝘝𝘐𝘚𝘈   CY   **a**
chiuso sabato a mezzogiorno, lunedì e dal 16 al 31 agosto – **Pasto** 25/45000 (solo a
mezzogiorno) e carta 41/70000.

XX **Ai Porteghi,** via Cesare Battisti 105 ⊠ 35121 ℘ 8761720, prenotare – 🗏. 🗛🗉 ⑩.
🍴   DZ   **e**
chiuso domenica, lunedì a mezzogiorno e dal 1° al 20 agosto – **Pasto** carta 42/77000.

XX **Alle Magnolie,** via Nazareth 39 ⊠ 35128 ℘ 756155, Fax 756155 – 🗏. 🗛🗉 🗉 ⑩ Ɛ 𝘝𝘐𝘚𝘈.
🍴   BX   **b**
chiuso lunedì ed agosto – **Pasto** carta 34/60000.

XX **Isola di Caprera,** via Marsilio da Padova 11/15 ⊠ 35139 ℘ 8760244, Fax 8760244 – 🗏.
🗛🗉 🗉 ⑩ Ɛ 𝘝𝘐𝘚𝘈   DY   **b**
chiuso domenica – **Pasto** carta 32/62000.

XX **Da Mario e Mercedes,** via San Giovanni da Verdara 13 ⊠ 35137 ℘ 8719731,
🏤   CY   **c**

X **Giovanni,** via Maroncelli 22 ⊠ 35129 ℘ 772620 – ⊕. 🗛🗉 🗉 Ɛ 𝘝𝘐𝘚𝘈. 🍴   BV   **c**
chiuso sabato a mezzogiorno, domenica, dal 24 dicembre al 2 gennaio e dal 26 luglio al
26 agosto – **Pasto** carta 43/71000.

X **Cavalca,** via Manin 8 ⊠ 35139 ℘ 8760061 – 🗏. 🗛🗉 🗉 ⑩ Ɛ 𝘝𝘐𝘚𝘈. 🍴   CDZ **s**
chiuso martedì sera, mercoledì, dal 16 al 25 gennaio e dal 5 al 26 luglio – **Pasto** carta 34/
45000 (12 %).

X **1° Piano,** piazza del Santo 21 ⊠ 35123 ℘ 8761919, Fax 8761919, 🏤 – 🗏. 🗛🗉 🗉 Ɛ
𝘝𝘐𝘚𝘈   DZ   **c**
chiuso venerdì, dal 10 al 25 gennaio e dal 3 al 28 novembre – **Pasto** carta 28/39000.

X **Trattoria Falcaro-da Lele,** via Pelosa 4 ⊠ 35136 ℘ 8713898, 🏤 – ⊕. 🍴
chiuso sabato a mezzogiorno, domenica, Natale, Capodanno e dal 5 al 20 agosto – **Pasto**
carta 29/40000.   AV   **a**

a Tencarola O : 4 km per via Sorio AX – ⊠ **35030** :

🏠 **Piroga,** ℘ 637966, Fax 637966, 🏤 – 🗏 🔟 ☎ ⊕ – 🔬 40 a 150. 🗛🗉 🗉 ⑩ Ɛ 𝘝𝘐𝘚𝘈
Pasto *(chiuso lunedì e dall'8 al 15 agosto)* carta 30/45000 – **25 cam** 🗔 90/120000 –
½P 80/90000.

🏠 **Burcio** senza rist, ℘ 8055599 – 🗏 🔟 ☎ ⊕. 🗛🗉 🗉 ⑩ Ɛ 𝘝𝘐𝘚𝘈
19 cam 🗔 90/120000.

a Camin E : 4 km per A 4 BX – ⊠ **35020** :

🏠 **Admiral** senza rist, ℘ 8700240, Fax 8700330 – |韋| 🗏 🔟 ☎ ⊙ ⊕ – 🔬 65. 🗛🗉 🗉 ⑩ Ɛ
𝘝𝘐𝘚𝘈   BX   **d**
🗔 8000 – **34 cam** 100/140000.

XX **Bion,** ℘ 8790064, Fax 8790064 – 🗏 ⊕. 🗛🗉 🗉 ⑩ Ɛ 𝘝𝘐𝘚𝘈. 🍴
chiuso domenica, dal 26 dicembre al 6 gennaio e dal 14 al 31 agosto – **Pasto** carta 30/
43000.   per via Vigonovese E : 1,5 km

in prossimità casello autostrada A 4 NE : 5 km per S 11 BV :

🏨 **Sheraton Padova Hotel,** ⊠ 35020 Ponte di Brenta ℘ 8998299, Telex 432222,
Fax 8070660 – |韋| ⇔ cam 🗏 🔟 ☎ ⅙ ⊕ – 🔬 25 a 600. 🗛🗉 🗉 ⑩ Ɛ 𝘝𝘐𝘚𝘈 𝖩𝖢𝖡.
🍴 rist   BV   **b**
Pasto *(chiuso domenica)* carta 60/95000 – **226 cam** 🗔 215/290000, 6 appartamenti.

ad Altichiero N : 6 km per S 47 AV – ⊠ **35135** Padova :

X **Antica Trattoria Bertolini,** via Altichiero 162 ℘ 600357, Fax 8654140, 🏤 – 🗏 ⊕. 🗛🗉 🗉
⑩ Ɛ 𝘝𝘐𝘚𝘈. 🍴   AV   **t**
chiuso venerdì sera, sabato e dal 1° al 20 agosto – **Pasto** carta 33/50000.

a Ponte di Brenta NE : 6 km per S 11 BV – ✉ **35020** :

🏨 **Le Padovanelle**, via Chilesotti 🖉 625622, Telex 430454, Fax 625320, ≘s, ⊥, ⊡, ❤ – 🖼
🔟 ☎ & ❻ – 🕍 70 a 200. ⬜ 🕄 ⑩ Ε 𝗩𝗜𝗦𝗔. ❤
BV **f**
Pasto *(chiuso domenica sera e lunedì)* carta 55/65000 – **40 cam** ☑ 185/245000 – ½ P 173/235000.

🏨 **Antenore** senza rist, via Bravi 14/b 🖉 629600, Fax 629600 – 🛗 🖼 🔟 ☎ ❻. ⬜ 🕄 ⑩ Ε
𝗩𝗜𝗦𝗔. ❤
BV **d**
☑ 14000 – **23 cam** 110/160000.

🏨 **Sagittario** 🦢, località Torre via Randaccio 6 🖉 725877, Fax 8932112 – 🛗 🖼 🔟 ☎ ❻ –
🕍 30. ⬜ 🕄 ⑩ Ε 𝗩𝗜𝗦𝗔. ❤
BV **k**
chiuso dal 24 dicembre al 1° gennaio e dal 30 luglio al 27 agosto – **Pasto** vedere rist **Dotto di Campagna** – ☑ 12000 – **43 cam** 95/140000.

🏨 **Brenta** senza rist, strada San Marco 128 🖉 629800, Fax 628988 – 🛗 🖼 🔟 ☎ 🚗 ❻. ⬜
🕄 ⑩ 𝗩𝗜𝗦𝗔. ❤
BV **e**
☑ 18000 – **69 cam** 130/200000.

🍴 **Dotto di Campagna**, località Torre via Randaccio 2 🖉 625469, Fax 8932112, ☞ – 🖼 ❻.
⬜ 🕄 ⑩ Ε 𝗩𝗜𝗦𝗔. ❤
BV **k**
chiuso domenica sera, lunedì, dal 26 dicembre al 6 gennaio ed agosto – **Pasto** carta 38/60000.

MICHELIN, via Venezia 104 BV - ✉ 35129, 🖉 8070072, Fax 778075.

PAESTUM 84063 Salerno 𝟵𝟴𝟴 ㉘, 𝟒𝟑𝟭 F 27 – a.s. Pasqua e 15 giugno-15 settembre – ✪ 0828.
Vedere Rovine★★★ – Museo★★.
🛈 via Magna Grecia 151/156 (zona Archeologica) 🖉 811016, Fax 722322.
Roma 305 – ◆Napoli 99 – Potenza 101 – Salerno 48.

🏨 **Ariston Hotel**, località Laura 🖉 851333, Fax 851596, 𝟳𝟲, ≘s, ⊥, ⊡, ❤ – 🛗 🖼 🔟 ☎ ❻
– 🕍 25 a 1200. ⬜ 🕄 ⑩ Ε 𝗩𝗜𝗦𝗔. ❤ rist
Pasto 35/40000 – ☑ 12000 – **110 cam** 120/150000, appartamento – ½ P 100/130000.

🏨 **Mec Paestum Hotel**, a Licinella, via Tiziano 🖉 722444, Fax 722305, ⊥, 🐎 – 🛗 🖼 🔟
☎ 🚗 ❻ – 🕍 25 a 1500. ⬜ 🕄 ⑩ Ε 𝗩𝗜𝗦𝗔. ❤ rist
Pasto carta 43/60000 (7 %) – **50 cam** ☑ 160/180000, 2 appartamenti – ½ P 135/165000.

🏨 **Schuhmann** 🦢, a Laura 🖉 851151, Fax 851183, ≼, « Terrazza giardino in riva al mare »,
🐎 – ❤ cam 🔟 ☎ ❻ – 🕍 100. ⬜ 🕄 ⑩ Ε 𝗩𝗜𝗦𝗔. ❤
Pasto *(solo per clienti alloggiati)* 45000 – **36 cam** ☑ 130/175000 – ½ P 80/140000.

🏨 **Le Palme** 🦢, a Laura 🖉 851025, Telex 721397, Fax 851507, ⊥, 🐎, ☞, ❤ – 🛗 🖼 ☎
🚗 ❻ – 🕍 250. ⬜ 🕄 ⑩ Ε 𝗩𝗜𝗦𝗔. ❤
aprile-ottobre – **Pasto** carta 29/49000 – **50 cam** ☑ 75/150000 – ½ P 70/130000.

🏨 **Esplanade** 🦢, via Sterpina 🖉 851043, Fax 851600, « Giardino con ⊥ » – 🛗 🖼 🔟 ☎ ❻
– 🕍 120. ⬜ 🕄 ⑩ Ε 𝗩𝗜𝗦𝗔. ❤ rist
Pasto 31/50000 – **28 cam** ☑ 90/120000 – ½ P 80/120000.

🏨 **Taverna dei Re**, a Santa Venere 🖉 811555, Fax 811818, ⊥, ☞ – 🔟 ☎ ❻
15 cam.

🏨 **Villa Rita** 🦢, zona Archeologica 🖉 811081, ☞ – ☎ ❻. ⬜ 🕄 Ε 𝗩𝗜𝗦𝗔. ❤
15 marzo-ottobre – **Pasto** *(solo per clienti alloggiati)* – ☑ 9000 – **12 cam** 52/75000 –
½ P 73000.

🍴 **Nettuno**, zona Archeologica 🖉 811028, Fax 811028, ☆, ☞ – ❻. ⬜ 🕄 ⑩ Ε 𝗩𝗜𝗦𝗔. ❤
chiuso la sera e lunedì da settembre a giugno – **Pasto** carta 30/60000 (15 %).

🍴 Oasi, zona archeologica 🖉 811935, Rist. e pizzeria – ❻

PALADINA Bergamo – Vedere Almè.

PALAU Sassari 𝟵𝟴𝟴 ㉘, 𝟒𝟑𝟑 D 10 – Vedere Sardegna alla fine dell'elenco alfabetico.

PALAZZOLO ACREIDE Siracusa 𝟵𝟴𝟴 ㉝, 𝟒𝟑𝟮 P 26 – Vedere Sicilia alla fine dell'elenco alfabetico.

PALAZZOLO SULL'OGLIO 25036 Brescia 𝟵𝟴𝟴 ③, 𝟰𝟮𝟴 𝟰𝟮𝟵 F 11 – 16 264 ab. alt. 166 – ✪ 030.
Roma 581 – ◆Brescia 32 – ◆Bergamo 28 – Cremona 77 – Lovere 38 – ◆Milano 69.

🏨 **La Villa e Roma**, via Bergamo 35 🖉 731203, Fax 731574, « Parco-giardino » – 🛗 🖼 🔟
☎ & ❻. ⬜ 🕄 ⑩ Ε 𝗩𝗜𝗦𝗔. ❤ rist
Pasto *(chiuso domenica sera, lunedì, dal 1° al 10 aprile e dal 5 al 25 agosto)* carta 36/57000 – ☑ 7000 – **25 cam** 70/110000 – ½ P 100/120000.

a San Pancrazio NE : 3 km – ✉ **25036** Palazzolo sull'Oglio :

🍴 **Hostaria al Portico**, 🖉 7386164, ☆, ☞ – ⬜ 🕄 ⑩ Ε 𝗩𝗜𝗦𝗔. ❤
chiuso domenica sera, lunedì ed agosto – **Pasto** carta 50/71000.

50035 Firenze 𝟵𝟴𝟴 ⑮, 𝟰𝟯𝟬 I 16 – 1 321 ab. alt. 437 – ✆ 055.

Roma 318 – ◆Firenze 56 – ◆Bologna 86 – Faenza 46.

XX **Locanda Senio** con cam, borgo dell'Ore 1 ✆ 8046019, « Locale caratteristico con servizio estivo sotto un pergolato » – 🆃🆅 ☎, ፴ 🎟 ⓞ 🅴 𝘝𝘐𝘚𝘈
Pasto *(chiuso a mezzogiorno escluso i week-end, martedì e mercoledì escluso da giugno a settembre)* carta 33/49000 – **7 cam** ⇌ 75/120000 – ½ P 60/65000.

🄿 𝟵𝟴𝟴 ㊳, 𝟰𝟯𝟮 M 22 – Vedere Sicilia alla fine dell'elenco alfabetico.

70057 Bari 𝟰𝟯𝟭 D 32 – a.s. 21 giugno-settembre – ✆ 080 – ⤲ SE : 2 km ✆ 5382370.

Roma 441 – ◆Bari 10 – ◆Foggia 124 – Matera 66 – ◆Taranto 98.

🏨 **Palumbo** senza rist, via Vittorio Veneto 31/33 ✆ 5300222, Fax 5300222, 🕮 – ፝ 🎐 🆃🆅 ☎
🄿 ፴ 🎟 ⓞ 🅴 𝘝𝘐𝘚𝘈 ۶۶
14 cam ⇌ 150/185000, 🖿 15000.

🏨 **La Baia**, via Vittorio Veneto 29/a ✆ 5300288, Fax 5521002, 🕮 – ፝ 🎐 cam 🆃🆅 ☎ 🄿 –
🛗 80. ፴ 🎟 ⓞ 🅴 𝘝𝘐𝘚𝘈 ۶۶ rist
Pasto carta 35/55000 (15%) – ⇌ 12000 – **56 cam** 82/138000, 🖿 15000 – ½ P 100/115000.

XX Da Tommaso, lungomare Massaro ✆ 5300038, ≤, 🎇, prenotare

00036 Roma 𝟵𝟴𝟴 ㉖, 𝟰𝟯𝟬 Q 20 – 15 805 ab. alt. 465 – ✆ 06.

Roma 39 – Anzio 69 – Frosinone 52 – Latina 58 – Rieti 91 – Tivoli 27.

🏚 **Stella**, piazzale della Liberazione 3 ✆ 9538172, Fax 9573360 – ፝ 🎐 rist 🆃🆅 ☎, ፴ 🎟 ⓞ 🅴 𝘝𝘐𝘚𝘈
Pasto 30/50000 (15%) e al Rist. *Coccia* carta 30/45000 (15%) – ⇌ 7000 – **28 cam** 60/90000 – ½ P 65/75000.

84064 Salerno 𝟵𝟴𝟴 ㊳, 𝟰𝟯𝟭 G 27 – a.s. luglio-agosto – ✆ 0974.

Roma 376 – ◆Napoli 170 – Salerno 119 – Sapri 49.

🏨 **King's Residence** 🐾, ✆ 931324, Fax 931418, ≤ mare e costa, 🛋, – ፝ 🎐 🆃🆅 ☎ 🄿. ፴ 🎟 ⓞ 🅴 𝘝𝘐𝘚𝘈 ۶۶
Natale e Pasqua-ottobre – **Pasto** 35/70000 – **36 cam** ⇌ 150/250000 – ½ P 85/185000.

🏨 **Gd H. San Pietro** 🐾, ✆ 931914, Fax 931919, ≤ mare e costa, 🛋, 🕮 – ፝ 🎐 ፬ 🄿 –
🛗 40 a 200. ፴ 🎟 ⓞ 🅴 𝘝𝘐𝘚𝘈 ۶۶
aprile-settembre – **Pasto** carta 45/69000 – **49 cam** ⇌ 198/216000 – ½ P 90/180000.

🏚 **La Conchiglia**, ✆ 931018, Fax 931030, 🎇 – ፝ ☎ 🄿. ۶۶ rist
Pasqua-25 settembre – **Pasto** *(chiuso sino a maggio)* carta 30/40000 – **26 cam** ⇌ 65/100000 – P 90/108000.

🏚 **Lido Ficocella**, ✆ 931051, Fax 931997, ≤ mare e costa – ፝ 🆃🆅 ☎, ፴ 🎟 ⓞ 🅴 𝘝𝘐𝘚𝘈 ۶۶
aprile-settembre – **Pasto** carta 28/40000 – ⇌ 8000 – **31 cam** 46/74000 – ½ P 58/92000.

X **Da Carmelo**, località Isca E : 2 km ✆ 931138, Fax 931138 – 🄿 ፴ 🎟 𝘝𝘐𝘚𝘈
chiuso lunedì e dal 10 ottobre al 20 dicembre – **Pasto** carta 42/54000 (10%).

sulla strada statale 447 r NO : 1,5 km :

🏨 **Saline** 🐾, ⊠ 84064 ✆ 931112, Fax 931243, ≤, 🛋, 🕮, ۶۶ – ፝ 🎐 🆃🆅 ☎ 🄿. ፴ 🎟 ⓞ 𝘝𝘐𝘚𝘈 ۶۶ rist
aprile-ottobre – **Pasto** 40/55000 – **54 cam** ⇌ 180/200000 – ½ P 88/175000.

Verbania 𝟵𝟴𝟴 ②, 𝟰𝟮𝟴 E 7 – Vedere Verbania.

Aosta 𝟮𝟭𝟵 ① – Vedere Pré-Saint-Didier.

Agrigento 𝟵𝟴𝟴 ㊱, 𝟰𝟯𝟮 P 23 – Vedere Sicilia alla fine dell'elenco alfabetico.

33057 Udine 𝟵𝟴𝟴 ⑥, 𝟰𝟮𝟵 E 21 – 5 497 ab. alt. 26 – ✆ 0432.

Roma 612 – Gorizia 33 – Grado 28 – Pordenone 57 – ◆Trieste 50.

🏚 **Commercio**, borgo Cividale 15 ✆ 928200, 🎇 – ፝ 🎐 rist 🆃🆅 ☎, ፴ 🎟 ⓞ 🅴 𝘝𝘐𝘚𝘈 ۶۶ rist
Pasto 20000 e al Rist. *Da Gennaro* *(chiuso mercoledì e dal 13 al 24 luglio)* carta 24/45000 –
34 cam ⇌ 58/93000 – ½ P 60000.

Bolzano – Vedere Santa Cristina Valgardena.

Messina 𝟵𝟴𝟴 ㊲ e ㊳, 𝟰𝟯𝟭 𝟰𝟯𝟮 L 27 – Vedere Sicilia (Eolie,isole) alla fine dell'elenco alfabetico.

38030 Trento – 604 ab. alt. 981 – a.s. febbraio-Pasqua e Natale – ✆ 0462.

🄱 *(luglio-agosto)* ✆ 41170 *(prenderà il 241170).*

Roma 656 – ◆Bolzano 50 – Belluno 84 – Canazei 31 – ◆Milano 314 – Trento 74.

🏚 **Rio Bianco**, ✆ 813077, Fax 813077, ≤, « Giardino ombreggiato con 🛋 riscaldata », 🖂,
۶۶ – ፝ ☎ 🄿 🅴 𝘝𝘐𝘚𝘈 ۶۶
dicembre-20 aprile e 20 giugno-15 settembre – **Pasto** *(solo per clienti alloggiati)* 30/40000 –
⇌ 10000 – **37 cam** 80/130000 – ½ P 80/100000.

PANDINO **26025** Cremona 988 ③, 428 F 10 – 7 089 ab. alt. 85 – ☎ 0373.
Roma 556 – ♦Milano 35 – ♦Bergamo 37 – Cremona 52 – Lodi 12.

a Nosadello O : 2 km – ✉ **26025** Pandino :

X **Volpi**, via Indipendenza 36 ✆ 90100, – ▤ Ⓟ. 🅢 E VISA
chiuso domenica sera, lunedì, dal 1° al 10 gennaio e dal 15 al 30 agosto – **Pasto** carta 26/40000.

PANICALE **06064** Perugia 430 M 18 – 5 191 ab. alt. 441 – ☎ 075.
Dintorni Cimitero di Monterchi cappella con Madonna del Parto★ di Piero della Francesca SO : 10 km.
Roma 158 – ♦Perugia 39 – Chianciano Terme 33.

XX **Le Grotte di Boldrino** con cam, via Virgilio Ceppari 30 ✆ 837161, Fax 837166 – TV ☎ – 🏛 50. AE 🅢 ⓓ E VISA
Pasto *(chiuso mercoledì da ottobre a marzo)* carta 34/58000 – ☕ 7000 – **11 cam** 85/100000 – ½ P 80/90000.

PANICAROLA Perugia 430 M 18 – Vedere Castiglione del Lago.

PANNESI Genova – Vedere Lumarzo.

PANTELLERIA (Isola di) Trapani 988 ㉟, 432 Q 18 – Vedere Sicilia alla fine dell'elenco alfabetico.

PANZA Napoli – Vedere Ischia (Isola d') : Forio.

PANZANO Firenze – Vedere Greve in Chianti.

PARABIAGO **20015** Milano 428 F 8, 219 ⑱ – 23 069 ab. alt. 180 – ☎ 0331.
Roma 598 – ♦Milano 21 – Bergamo 73 – Como 40.

🏨 **Del Riale** senza rist, via S. Giuseppe 1 ✆ 554600, Fax 490667 – 🛗 ▤ TV ☎ ♿ 🚗 – 🏛 90. AE 🅢 ⓓ VISA
chiuso dal 5 al 27 agosto – **37 cam** ☕ 140/200000.

XX **Da Palmiro**, via del Riale 16 ✆ 552024, Fax 553355, Specialità di mare – ▤. AE 🅢 ⓓ E VISA JCB. ✱
chiuso martedì – **Pasto** 29000 (a mezzogiorno) 65000 (alla sera) e carta 44/71000.

XX Novecento, via Matteotti 17 ✆ 551474, Fax 555566 – ▤ Ⓟ

PARADISO Udine – Vedere Pocenia.

PARAGGI **16038** Genova 428 J 9 – ☎ 0185.
Roma 484 – ♦Genova 35 – ♦Milano 170 – Rapallo 7 – ♦La Spezia 86.

🏨 **Paraggi**, ✆ 289961, Fax 286745, – 🛗 ▤ TV ☎. AE 🅢 ⓓ E VISA. ✱ rist
Pasto carta 60/92000 (15%) – ☕ 16000 – **18 cam** 170/290000 – ½ P 230/270000.

🏨 **Baia**, ✆ 285894, Fax 284848, ≤ mare – ▤ TV ☎. AE 🅢 ⓓ E VISA JCB
chiuso gennaio e febbraio – **Pasto** vedere rist **Argentina** – ☕ 20000 – **10 cam** 180/270000.

X **Argentina** con cam, ✆ 286708 – TV ☎. AE 🅢 ⓓ E VISA. ✱ rist
15 dicembre-10 gennaio e 15 marzo-ottobre – **Pasto** carta 45/66000 – **12 cam** ☕ 120/150000 – ½ P 140/160000.

PARATICO **25030** Brescia 428 429 F 11 – 3 265 ab. alt. 232 – a.s. Pasqua e luglio-15 settembre – ☎ 035.
Roma 582 – ♦Brescia 33 – ♦Bergamo 29 – Cremona 78 – Lovere 29 – ♦Milano 70.

🏨 **Franciacorta Golf Hotel**, ✆ 913333, Fax 913600, , ≘s, 🏊 – 🛗 ▤ TV ☎ 🚗 Ⓟ – 🏛 50 a 100. AE 🅢 ⓓ E VISA
Pasto *(chiuso lunedì, dal 5 al 25 gennaio e dal 5 al 15 agosto)* carta 36/59000 – **37 cam** ☕ 143/195000 – ½ P 138/183000.

PARCINES **(PARTSCHINS) 39020** Bolzano 429 B 15, 218 ⑨ – 2 906 ab. alt. 641 – ☎ 0473.
ℹ ✆ 97157, Fax 97798.
Roma 674 – ♦Bolzano 35 – Merano 8,5 – ♦Milano 335 – Trento 95.

🏨 **Peter Mitterhofer** 🐚, ✆ 967122, Fax 968025, ≘s, 🏊, 🏊, 🌳 – 🛗 TV ☎ Ⓟ. ✱ rist
15 marzo-15 novembre – **17 cam** solo ½ P 140/165000, 6 appartamenti.

a Rablà (Rabland) O : 2 km – ✉ **39020** :

XX **Hanswirt** con cam, ✆ 967148, Fax 968103 – TV ☎ Ⓟ. 🅢 E VISA
chiuso dal 16 gennaio al 14 marzo – **Pasto** *(chiuso mercoledì)* carta 33/58000 – **5 cam** ☕ 75/145000 – ½ P 80/95000.

a Tel (Töll) SE : 2 km – ✉ **39020** :

XX **Museumstube-Bad Egart Onkel Taa**, ✆ 967342, Specialità di lumache, prenotare, « Rist. rustico tirolese con raccolta oggetti di antiquariato » – Ⓟ. AE 🅢 E VISA. ✱
chiuso lunedì, dal 20 novembre al 25 dicembre e dal 15 gennaio al 15 marzo – **Pasto** carta 47/50000.

PARETI Livorno – Vedere Elba (Isola d'): Capoliveri.

PARGHELIA 88035 Vibo Valentia 431 K 29 – 1 383 ab. – ✆ 0963.
Roma 633 – Catanzaro 89 – ✦Cosenza 118 – ✦Reggio di Calabria 137 – Tropea 3.

🏨 **Baia Paraelios** 🏖, località Fornaci O : 3 km ℰ 600004, Fax 600074, 🍴, « Villini indipendenti in un parco mediterraneo digradante sul mare », 🏊, 🏖, ℀ – ☎ 🅿 –
🔺 80 a 120. ⌶ ⓸ VISA. ℀
giugno-25 settembre – **Pasto** (solo per clienti alloggiati) – **72 cam** ⇌ 300/500000 – ½ P 155/285000.

During the season, particularly in resorts, it is wise to book in advance.

PARMA 43100 ℙ 988 ⑭, 428 429 H 12 –
170 178 ab. alt. 52 – ✆ 0521.

Vedere Complesso Episcopale★★★ CY :
Duomo★★, Battistero★★ A – Galleria nazionale★★, teatro Farnese★★, museo nazionale di antichità★ nel palazzo della Pilotta
BY – Affreschi★★ del Correggio nella chiesa di San Giovanni Evangelista CYZ D –
Camera del Correggio★ CY – Museo Glauco Lombardi★ BY M1 – Affreschi★ del Parmigianino nella chiesa della Madonna della Steccata BZ E – Parco Ducale★ ABY –
Casa Toscanini★ BY.

🔟₈ La Rocca (chiuso lunedì e gennaio) a
Sala Baganza ⊠ 43038 ℰ 834037, Fax 834575, SO : 14 km.

✈ di Fontana per ② : 3 km ℰ 994356 –
Alitalia, via Mazza 21 ℰ 230063.

🅱 piazza Duomo 5 ℰ 234735.

A.C.I. via Cantelli 15 ℰ 236672.

Roma 458 ① – ✦Bologna 96 ① – ✦Brescia 114 ① – ✦Genova 198 ⑤ – ✦Milano 122 ① –
✦Verona 101 ①.

🏨 **Gd H. Baglioni**, viale Piacenza 12/c
ℰ 292929, Telex 532240, Fax 292828
– 📶 ⇄ cam 🔲 📺 ☎ 🕭 ⌷ 🅿 –
🔺 50 a 700. ⌶ 🅱 ⓸ ⴹ VISA JCB.
AY **a**
chiuso dal 1° al 22 agosto – **Pasto** al
Rist. **Canova** *(chiuso dal 1° al 22 agosto)* carta 44/73000 – **151 cam** ⇌ 295/320000, 6 appartamenti – ½ P 270/330000.

🏨 **Hotel Verdi**, via Pasini 18
ℰ 293539, Fax 293559 – 📶 🔲 📺
☎ 🕭 🕭 🅿. ⌶ 🅱 ⓸ ⴹ VISA.
℀
AY **b**
Pasto vedere rist **Santa Croce** – ⇌
15000 – **20 cam** 175/255000, appartamento – ½ P 180/225000.

🏨 **Palace Hotel Maria Luigia**, viale
Mentana 140 ℰ 281032, Telex 531008, Fax 231126 – 📶 🔲 📺 ☎
🕭 – 🔺 30 a 100. ⌶ 🅱 ⓸ ⴹ VISA
JCB. ℀ rist
CY **z**
Pasto 45000 e al Rist. **Maxim's** *(chiuso
domenica e dal 7 al 31 agosto)* carta
58/70000 – **91 cam** ⇌ 220/330000,
10 appartamenti.

🏨 **Park Hotel Stendhal**, piazzetta
Bodoni 3 ℰ 208057, Telex 531216,
Fax 285655 – 📶 🔲 📺 ☎ 🕭 –
🔺 60 a 150. ⌶ 🅱 ⓸ ⴹ VISA.
℀ rist
BY **r**
Pasto 38/47000 e al Rist. **La Pilotta**
*(chiuso domenica sera, lunedì e dal
1° al 22 agosto)* carta 40/62000 –
⇌ 16000 – **60 cam** 158/242000 –
½ P 173/215000.

PARMA

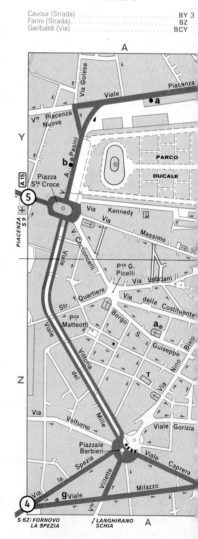

🏨 **Villa Ducale** senza rist, via del Popolo 35 ang. via Moletolo ℰ 272727, Fax 70756, « Parco ombreggiato », 🌳 – 📶 🗐 📺 ☎ 👌 🅟 – 🛄 150. 🖭 🗗 ⑩ 🗉 *VISA*. 🛠 rist *chiuso dal 23 dicembre al 1° gennaio* – **28 cam** ⊑ 135/190000.

1,5 km per viale IV Novembre   BY

🏨 **Farnese International Hotel,** via Reggio 51/a ℰ 994247, Fax 992317 – 📶 🗐 📺 ☎ 🚗 🅟 – 🛄 70. 🖭 🗗 ⑩ 🗉 *VISA*. 🛠 rist   per via Reggio   BY
Pasto *(chiuso domenica)* carta 33/44000 – **76 cam** ⊑ 98/148000 – ½ P 100/130000.

🏨 **Park Hotel Toscanini,** viale Toscanini 4 ℰ 289141, Fax 283143 – 📶 🗐 📺 ☎ 🚗 🅟 – 🛄 40 a 60. 🖭 🗗 ⑩ 🗉 *VISA*. 🛠 rist   BZ   **e**
Pasto *(chiuso a mezzogiorno)* carta 45/62000 – **48 cam** ⊑ 161/242000 – ½ P 146/186000.

🏨 **Torino** senza rist, borgo Mazza 7 ℰ 281047, Fax 230725 – 📶 📺 ☎ 🚗. 🖭 🗗 ⑩ 🗉 *VISA* JCB   BY   **v**
chiuso dal 25 al 30 dicembre e dal 1° al 26 agosto – ⊑ 12000 – **33 cam** 92/139000.

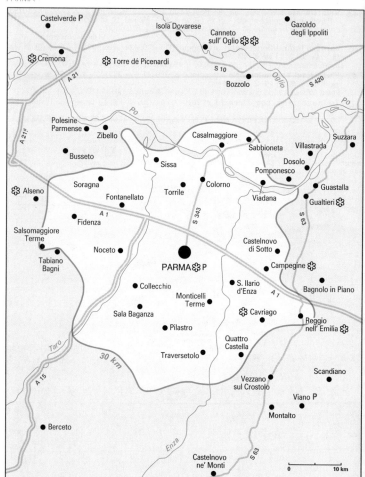

🏨 **Daniel,** via Gramsci 16 ℰ 995147, Fax 292606 – 🛗 🍽 📺 ☎ 🅿. ÆE 🗗 ◍ E 🌃 ⚜
chiuso dal 24 al 26 dicembre ed agosto – **Pasto** 40/50000 e al Rist. ***Cocchi*** *(chiuso sabato)*
carta 41/64000 – **32 cam** ⌑ 103/152000 – ½ P 110/136000. per ⑤

🏨 **Savoy** senza rist, via 20 Settembre 3/a ℰ 281101, Fax 281103 – 🛗 🍽 📺 ☎. ÆE 🗗 E 🌃
⚜ CY **x**
chiuso dal 23 dicembre al 1° gennaio ed agosto – **27 cam** ⌑ 94/145000.

🏨 **Principe** senza rist, via Emilia Est 46 ℰ 493847, Fax 242106 – 🛗 📺 ☎. 🗗 E 🌃 per ②
chiuso dal 1° al 25 agosto – ⌑ 12000 – **33 cam** 90/115000.

🍴🍴🍴 ❄ **Parizzi,** strada della Repubblica 71 ℰ 285952, Fax 285952, prenotare – 🍽. ÆE 🗗 ◍ E
🌃. ⚜ CZ **h**
chiuso Natale, lunedì, e domenica da giugno ad agosto – **Pasto** carta 40/75000
Spec. Ravioli di fagiano al burro tartufato, Filetto di vitello al tartufo nero di Fragno, Porcini gratinati (giugno-dicembre).

🍴🍴🍴 **Angiol d'Or,** vicolo Scutellari 1 ℰ 282632, Fax 282747, « Servizio estivo serale
all'aperto » – 🍽. ÆE 🗗 ◍ E 🌃 CY **b**
chiuso domenica, dal 24 al 26 dicembre, dal 10 al 20 gennaio e dal 14 al 16 agosto – **Pasto**
40/55000 e carta 57/79000.

🍴🍴🍴 **Santa Croce,** via Pasini 20 ℰ 293529, Fax 293520 – 🍽. ÆE 🗗 ◍ E 🌃 AY **b**
chiuso domenica e dal 5 al 20 agosto – **Pasto** 40/60000 (alla sera) e carta 35/50000.

XX ✿ **La Greppia,** strada Garibaldi 39/a ℰ 233686, prenotare – 📧. AE ⑤ ⓞ E VISA JCB
    ❧   BY **e**
  chiuso lunedì, martedì e luglio – **Pasto** carta 55/84000.
  Spec. Carpaccio di vitello in salsa di fichi (estate-autunno), Tortelli d'erbette alla parmigiana, Sella di coniglio al profumo di timo (autunno-inverno).

XX **Croce di Malta,** borgo Palmia 8 ℰ 235643, prenotare, « Servizio estivo all'aperto » – AE
⑤ ⓞ E VISA   BZ **g**
  chiuso domenica, dal 2 al 15 gennaio e Ferragosto – **Pasto** carta 35/52000.

XX **Parma Rotta,** via Langhirano 158 ℰ 581323, « Servizio estivo sotto un pergolato » –
❧ ⓟ. AE ⑤ ⓞ E VISA JCB. ❧   per viale Rustici BZ
  chiuso domenica da giugno ad agosto e lunedì negli altri mesi – **Pasto** carta 38/58000.

XX **Il Cortile,** borgo Paglia 3 ℰ 285779, Coperti limitati; prenotare – 📧. AE ⑤ ⓞ E
VISA   AZ **a**
  chiuso domenica, lunedì a mezzogiorno e dal 1° al 22 agosto – **Pasto** carta 34/55000.

XX **Chimera,** borgo Tommasini 18 ℰ 289575, Fax 289575, 🌇, Coperti limitati; prenotare –
AE ⑤ ⓞ E VISA. ❧   BZ **a**
  chiuso sabato a mezzogiorno, lunedì dal 1° al 7 gennaio e dal 16 al 30 agosto – **Pasto**
  carta 34/62000.

X **Gallo d'Oro,** borgo della Salina 3 ℰ 208846 – 📧. AE ⑤ ⓞ E VISA   BZ **c**
  chiuso domenica – **Pasto** carta 28/40000.

X **Da Marino,** via Affò 2/A ℰ 236905 – AE ⑤ ⓞ E VISA JCB. ❧   BY **d**
  chiuso domenica, dal 24 dicembre al 3 gennaio e dal 15 agosto al 10 settembre – **Pasto**
  carta 44/58000.

X **Osteria al 36,** via Saffi 26/a ℰ 287061   CZ **a**
  chiuso domenica – **Pasto** carta 31/43000.

X **Al Canòn d'Or,** via Nazario Sauro 3 ℰ 285234, Fax 281471 – AE ⑤ ⓞ E VISA
JCB   BZ **s**
  chiuso mercoledì – **Pasto** carta 36/56000.

X **Vecchio Molinetto,** viale Milazzo 39 ℰ 253941, « Servizio estivo in giardino » – ⓟ. AE
⑤ ⓞ VISA   AZ **g**
  chiuso venerdì, sabato a mezzogiorno, Natale ed agosto – **Pasto** carta 36/46000.

  sulla strada statale 9 - via Emilia per ③ : 3 km :

XX **Charly,** ⊠ 43026 San Lazzaro Parmense ℰ 493974, « Villa del 18° secolo » – ⓟ. AE ⑤
ⓞ E VISA
  chiuso domenica, lunedì, dal 20 dicembre al 10 gennaio, dal 20 aprile al 2 maggio ed agosto
  – **Pasto** carta 52/96000.

  a San Lazzaro Parmense per ③ : 3 km – ⊠ **43026** :

XX ✿ **Al Tramezzino,** via Del Bono 5/b ℰ 45868, Fax 45868 – AE ⑤ ⓞ E VISA JCB
  chiuso lunedì e dal 1° al 15 luglio – **Pasto** carta 46/67000.
  Spec. Gamberoni con cipolle rosse di Tropea, Raviolo di carne alla "Verdi", Gamberi calamari polpi al vapore con asparagi (aprile-agosto).

  a Gaione SO : 6 km per viale Rustici BZ – ⊠ **43100** Parma :

X **Trattoria Antichi Sapori,** ℰ 648165, 🌇 – ⓟ. AE ⑤ ⓞ E VISA. ❧
  chiuso martedì, dal 1° al 15 gennaio e dal 1° al 16 agosto – **Pasto** carta 30/39000.

PARPANESE Pavia – Vedere Arena Po.

PARTSCHINS = Parcines.

PASSIGNANO SUL TRASIMENO 06065 Perugia 988 ⑮, 430 M 18 – 4 783 ab. alt. 289 – ✿ 075.
Roma 211 – ♦ Perugia 27 – Arezzo 48 – Siena 80.

🏨 **La Vela,** via Rinascita 2 ℰ 827221, Fax 828211 – 📺 ☎ 🚗 ⓟ. AE ⑤ ⓞ E VISA
  Pasto vedere rist **Il Fischio del Merlo** – 🍽 5000 – **31 cam** 55/75000.

🏨 **Trasimeno** senza rist, via Roma 16/a ℰ 829355 (prenderà il 8219355), Fax 829267 o
8219267 – 📺 ☎ ⓟ. AE ⑤ ⓞ E VISA. ❧
  🍽 8000 – **30 cam** 55/75000.

X **Il Fischio del Merlo,** via Gramsci 14 ℰ 829283 (prenderà il 8219283), Fax 829283, 🌇 –
ⓟ. AE ⑤ ⓞ E VISA
  chiuso martedì e dal 4 al 20 novembre – **Pasto** carta 29/45000.

PASSO Vedere nome proprio del passo.

PASSO LANCIANO Chieti 430 P 24 – alt. 1 306 – a.s. febbraio-15 aprile, 25 luglio-20 agosto e Natale – Sport invernali : 1 306/2 000 m ≰9.

Roma 200 – Chieti 39 – Ortona 52 – ◆Pescara 57.

- 🏠 **La Maielletta** ⬧, alt. 1 280, ⊠ 66010 Pretoro ℘ (0871) 896141, Fax (0871) 896164 – 📶
  📺 ☎ 🄿 🅿 𝓥𝓘𝓢𝓐. ⬧
  Pasto (chiuso martedì) carta 25/36000 (10%) – 🖙 10000 – **50 cam** 45/85000 – ½ P 63/73000.

- 🏠 **Mamma Rosa** ⬧, via Maielletta S : 5 km, alt. 1 650, ⊠ 66010 Pretoro ℘ (0871) 896143, Fax 896130, ≤ vallata, ☎s – 📺 ☎ 🚗 🄿. 🕦 𝓥𝓘𝓢𝓐. ⬧
  chiuso maggio ed ottobre – **Pasto** carta 27/40000 – **40 cam** 🖙 100000 – P 75/95000.

PASTENA 03020 Frosinone 430 R 22 – 1 712 ab. alt. 317 – 🕸 0776.

Roma 114 – Frosinone 39 – Latina 86 – ◆Napoli 138.

- 🍴 **Mattarocci**, ℘ 546537, ≤ – 🕮. ⬧
  Pasto carta 18/37000.

GRÜNE REISEFÜHRER

Landschaften, Baudenkmäler
Sehenswürdigkeiten
Touristenstraßen
Tourenvorschläge
Stadtpläne und Übersichtskarten

PASTRENGO 37010 Verona 428 F 14 – 2 324 ab. alt. 192 – 🕸 045.

Roma 509 – ◆Verona 18 – Garda 16 – Mantova 49 – ◆Milano 144 – Trento 82 – ◆Venezia 135.

- 🍴🍴 **Stella d'Italia**, piazza Carlo Alberto ℘ 7170034, 🍽 – 🕮. 🕮 🕦 🕦 𝓥𝓘𝓢𝓐. ⬧
  chiuso mercoledì – **Pasto** carta 42/57000

  a Piovezzano N : 1,5 km – ⊠ **37010** Pastrengo :

- 🍴 **Eva**, ℘ 7170110, 🍽 – 🕮 🄿. 🕮 🕦 🕮 𝓥𝓘𝓢𝓐. ⬧
  chiuso martedì e dall'11 al 19 agosto – **Pasto** carta 30/42000.

PASTURANA Alessandria – Vedere Novi Ligure.

PATRESI Livorno – Vedere Elba (Isola d') : Marciana.

PATRICA 03010 Frosinone 430 R 21 – 2 735 ab. alt. 436 – 🕸 0775.

Roma 113 – Frosinone 17 – Latina 49.

sulla strada statale 156 SE : 11,5 km :

- 🍴🍴 **Dal Patricano**, ⊠ 03010 ℘ 352459, Fax 352136 – 🕮 🄿. 🕮 🕦 🕦 🕮 𝓥𝓘𝓢𝓐 𝓙𝓒𝓑. ⬧
  chiuso lunedì – **Pasto** 25/40000 e carta 33/53000.

PATTI (Marina di) Messina 988 ㊲, 432 M 26 – Vedere Sicilia alla fine dell'elenco alfabetico.

PAVIA 27100 🄿 988 ⑬, 428 G 9 – 76 792 ab. alt. 77 – 🕸 0382.

Vedere Castello Visconteo★ BY – Duomo★ AZ **D** – Chiesa di San Michele★ BZ **B** – Arca di Sant'Agostino★ e portale★ della chiesa di San Pietro in Ciel d'Oro AY **E** – Tomba★ nella chiesa di San Lanfranco O : 2 km.

Dintorni Certosa di Pavia★★★ per ① : 9 km.

🄱 via Fabio Filzi 2 ℘ 22156, Fax 32221.

A.C.I. piazza Guicciardini 5 ℘ 301381.

Roma 563 ③ – Alessandria 67 ③ – ◆Genova 121 ④ – ◆Milano 38 ⑤ – Novara 62 ④ – Piacenza 54 ③.

Pianta pagina seguente

- 🏨 **Moderno** senza rist, viale Vittorio Emanuele 41 ℘ 303401, Fax 25225 – 📶 🕮 📺 ☎ ⬧ –
  🔺 45. 🕮 🕦 🕦 🕮 𝓥𝓘𝓢𝓐 𝓙𝓒𝓑. ⬧   AY **a**
  chiuso dal 23 al 30 dicembre – 🖙 15000 – **54 cam** 130/170000.

- 🏨 **Ariston**, via Scopoli 10 ℘ 34334, Fax 25667 – 📶 🕮 rist 📺 ☎. 🕮 🕦 🕦 🕮 𝓥𝓘𝓢𝓐 𝓙𝓒𝓑.
  ⬧ rist   BZ **r**
  chiuso dal 24 dicembre al 6 gennaio – **Pasto** (chiuso sabato a mezzogiorno e domenica)
  carta 35/46000 – 🖙 15000 – **60 cam** 95/140000 – ½ P 115/130000.

- 🍴🍴🍴 ❀ **Locanda Vecchia Pavia**, via Cardinal Riboldi 2 ℘ 304132, Fax 304132, Coperti limita-
  ti; prenotare – 🕮. 🕮 🕦 🕮 𝓥𝓘𝓢𝓐. ⬧   AZ **x**
  chiuso lunedì, mercoledì a mezzogiorno, dal 1° al 9 gennaio ed agosto – **Pasto** 40/70000
  (a mezzogiorno) 70000 (alla sera) e carta 60/101000
  Spec. Tegamino di cappesante sogliole e cannolicchi alle zucchine, Tagliatelle con animelle al pepe verde e tartufi neri,
  Spiedino di scampi e pescatrice con salsa al rosmarino.

PAVIA

0 — 300 m

X **Osteria della Madonna da Peo,** via dei Liguri 28 ℰ 302833 – 🆎 🕙 ⓞ 🅴 𝘝𝘐𝘚𝘈. ⌘
chiuso domenica, Natale ed agosto – **Pasto** 45/55000. AZ **x**

X **Francescon,** via dei Mille 146 ℰ 22331 – ℗. 𝘝𝘐𝘚𝘈. ⌘ AZ
chiuso domenica e dal 20 luglio al 15 agosto – **Pasto** carta 30/46000.

X **Antica Osteria del Previ,** località Borgo Ticino via Milazzo 65 ℰ 26203, prenotare – ▤.
🕙 ⓞ 🅴 𝘝𝘐𝘚𝘈. ⌘ ABZ **z**
chiuso mercoledì, dal 1° all'8 gennaio, dal 21 luglio al 6 agosto e a mezzogiorno dal 7 al 31 agosto – **Pasto** carta 40/65000.

X Osteria della Malora, via Milazzo 79 località Borgaturino ℰ 34302. BZ **a**

sulla strada statale 35 :

XXX **Al Cassinino,** per ① : 4 km ⊠ 27100 ℰ 422097, Fax 422097, Coperti limitati; prenotare
– ▤ ℗. ⌘
chiuso mercoledì – **Pasto** carta 65/85000.

Vedere anche : *San Martino Siccomario* SO : 3 km.

451

PAVIA DI UDINE 33050 Udine **429** E 21 – 5 399 ab. alt. 68 – ✿ 0432.
Roma 635 – Gorizia 29 – ♦Milano 374 – ♦Trieste 64 – Udine 10 – ♦Venezia 124.

a Lauzacco SO : 3 km – ✉ **33050** Risano :

XX **Al Fogolar,** sulla statale 352-Crosada ℰ 675173, Fax 675909, 🈂, 🐎 – ℗. 🖭 🕄 ⒪ ⋿ **VISA**
chiuso lunedì sera e martedì – **Pasto** carta 35/60000.

X **Al Gallo-da Paolo,** via Ippolito Nievo 7 ℰ 675161, 🈂 – 🗏 ℗. 🖭 ⒪ ⋿ **VISA**
chiuso lunedì, dal 1° al 17 gennaio e dall'8 al 22 agosto – **Pasto** carta 35/54000.

PAVULLO NEL FRIGNANO 41026 Modena **988** ⑭, **428 429 430** I 14 – 13 372 ab. alt. 682 – a.s.
luglio-agosto e Natale – ✿ 0536.
Roma 411 – ♦Bologna 77 – ♦Firenze 137 – ♦Milano 222 – ♦Modena 47 – Pistoia 101 – Reggio nell'Emilia 61.

🏨 **Vandelli,** via Giardini Sud 7 ℰ 20288, Fax 23608 – 🛗 🗏 rist 🖭 ☎ 🚗 ℗ – 🔬 120. 🖭 🕄
⋿ **VISA**. 🛠
chiuso movembre – **Pasto** *(chiuso martedì)* carta 35/55000 – ⇌ 20000 – **40 cam** 80/130000
– P 90/130000.

🏨 **Ferro di Cavallo,** via Bellini 4 ℰ 20098, 🈂 – 🛗 🗏 rist 🖭 ☎ 🚗 ℗. 🖭 🕄 ⒪ ⋿ **VISA**.
🛠 rist
Pasto *(chiuso lunedì)* 35000 – ⇌ 20000 – **18 cam** 75/100000 – 1/2 P 75/85000.

XX **Parco Corsini,** viale Martiri 11 ℰ 20129, 🈂 – 🖭 🕄 ⒪ ⋿ **VISA**. 🛠
chiuso lunedì, dal 7 al 27 gennaio e dal 17 al 30 giugno – **Pasto** carta 29/41000.

XX **Vecchia Trattoria,** località Querciagrossa S : 2,5 km ℰ 21585 – ℗. 🕄 ⋿ **VISA**. 🛠
chiuso lunedì, dal 15 al 21 giugno e dal 6 al 20 settembre – **Pasto** carta 27/35000.

PECORONE Potenza **431** G 29 – Vedere Lauria.

PEDARA Catania **432** O 27 – Vedere Sicilia alla fine dell'elenco alfabetico.

PEDASO 63016 Ascoli Piceno **988** ⑯ ⑰, **430** M 23 – 1 933 ab. – ✿ 0734.
Roma 249 – ♦Ancona 72 – Ascoli Piceno 52 – Macerata 52 – ♦Pescara 86 – Porto San Giorgio 11.

🏨 **Valdaso,** ℰ 931349, Fax 931701, 🛵, 🛥 – 🛗 🖭 ☎ 🕭 🚗 ℗ – 🔬 50. 🖭 🕄 ⒪ ⋿ **VISA** **JCB**
Pasto *(chiuso domenica da ottobre a giugno)* carta 21/27000 – ⇌ 3000 – **27 cam** 45/65000
– 1/2 P 48/50000.

PEDEMONTE Verona – San Pietro in Cariano.

PEDERIVA Vicenza – Vedere Grancona.

PEDEROBBA 31040 Treviso **429** E 17 – 6 506 ab. alt. 225 – ✿ 0423.
Dintorni Possagno : Deposizione★ nel tempio di Canova O : 8,5 km.
Roma 560 – ♦Venezia 66 – Belluno 47 – ♦Milano 265 – ♦Padova 59 – Treviso 35.

ad Onigo di Piave SE : 3 km – ✉ **31050** :

XX **Le Rive,** via Rive 32 ℰ 64267, « Servizio estivo all'aperto » – 🖭 🕄 ⒪ ⋿ **VISA**
chiuso martedì e mercoledì – **Pasto** carta 25/35000.

PEDRACES (PEDRATSCHES) Bolzano – Vedere Badia.

PEGLI Genova – Vedere Genova.

PEIO 38020 Trento **988** ④, **428 429** C 14 – 1 822 ab. alt. 1 389 – Stazione termale, a.s. febbraio-
Pasqua e Natale – Sport invernali : 1 389/2 300 m ⭐1 ⭐5, ⭑ – ✿ 0463.
🛈 alle Terme ℰ 753100.
Roma 669 – ♦Bolzano 93 – Passo di Gavia 54 – ♦Milano 256 – Sondrio 102 – Trento 87.

a Cògolo E : 3 km – ✉ **38024** :

🏨🏨 **Kristiania** 🦌, ℰ 754157, Fax 754400, ≤, 🛵, 🚿 – 🛗 🖭 ☎ 🚗 ℗. 🖭 🕄 ⒪ ⋿ **VISA**. 🛠
dicembre-aprile e 10 giugno-25 settembre – **Pasto** carta 30/44000 – ⇌ 15000 – **37 cam**
130000 – 1/2 P 115000.

🏨 **Cevedale,** ℰ 754067, Fax 754067 – 🛗 🖭 ☎ ℗. **VISA**. 🛠 rist
chiuso maggio e novembre – **Pasto** carta 28/37000 – **33 cam** ⇌ 60/110000 – 1/2 P 75/
100000.

🏨 **Biancaneve** 🦌, ℰ 754100, ≤ – 🛗 ☎ 🚗 ℗. 🛠
20 dicembre-Pasqua e luglio-10 settembre – **Pasto** 25/28000 – ⇌ 10000 – **22 cam** 100000 –
1/2 P 68/81000.

X **Il Mulino,** al bivio per Comasine S : 3 km ℰ 754244 – ℗. 🖭 🕄
*20 dicembre-20 aprile e 20 giugno-15 settembre ; chiuso a mezzogiorno escluso Natale,
Pasqua e dal 20 giugno al 15 settembre –* **Pasto** carta 40/53000.

PENIA Trento – Vedere Canazei.

61016 Pesaro 🗺 ⑮, 🗺🗺 K 18 – 3 130 ab. alt. 550 – a.s. 25 giugno-agosto – ☎ 0541.

Roma 307 – ◆Perugia 121 – Pesaro 76 – Rimini 67.

🏠 **Parco,** ℘ 928446, Fax 928498, 🌳 – 🍴 ☎. 🔣. ⚹⚹
   chiuso da novembre a gennaio – **Pasto** (chiuso martedì) carta 27/40000 – 🍴 6000 – **22 cam**
   50/70000 – ½ P 60000.

✕ **Il Piastrino,** ℘ 928569, 🍴 – ☻. 🆎 🔣 🄴 VISA JCB
   chiuso dal 1° al 10 gennaio e martedì (escluso da giugno a settembre) – **Pasto** carta 35/
   50000.

65017 Pescara 🗺 ㉗, 🗺🗺 O 23 – 12 222 ab. alt. 438 – ☎ 085.

Roma 228 – ◆Pescara 31 – L'Aquila 125 – Chieti 38 – Teramo 69.

✕ **Tatobbe,** corso Alessandrini 37 ℘ 8279512 – ⚹⚹
   chiuso lunedì e dal 18 dicembre al 2 gennaio – **Pasto** carta 25/35000.

Trento – Vedere Pozza di Fassa.

38057 Trento 🗺 ④, 🗺🗺 D 15 – 15 015 ab. alt. 482 – a.s. Pasqua, luglio-agosto e Natale – ☎ 0461.

🏢 (15 giugno-settembre) piazza Garibaldi 5/B ℘ 531258.

Roma 599 – Belluno 101 – ◆Bolzano 71 – ◆Milano 255 – Trento 11 – ◆Venezia 152.

🏠 **Al Ponte,** via Maso Grillo 4 (NO : 1 km) ℘ 531317, Fax 531288, « Giardino con 🍃 » – 🍴
   📺 ☎ 🅿 – 🔏 25 a 80. 🆎 🔣 🄾 🄴 VISA ⚹⚹
   Pasto (chiuso domenica da ottobre a marzo) carta 36/49000 – 🍴 13000 – **49 cam** 88/
   136000, appartamento – ½ P 120000.

✕✕ **Al Castello** ☍ con cam, E : 2,5 km ℘ 531158, Fax 531158, ≤, « Castello del 10° seco-
   lo », 🌳 – ☎ 🅿. 🔣 VISA ⚹⚹ rist
   maggio-15 ottobre – **Pasto** (chiuso lunedì in bassa stagione) carta 35/57000 – **21 cam**
   🍴 62/130000 – ½ P 62/82000.

   a San Cristoforo al Lago S : 2 km – ✉ **38050.**

🏢 (giugno-settembre) ℘ 531119 :

🏠 Lido-Seehof ☍, ℘ 531044, Fax 530324, « Piccolo parco », 🛏, 🚤, 🐎, ⚽ – 🍴 ☎ 🅿
   stagionale – **74 cam.**

61045 Pesaro e Urbino 🗺 ⑯, 🗺🗺 L 20 – 7 161 ab. alt. 264 – a.s. 25 giugno-agosto – ☎ 0721.

Roma 247 – ◆ Ancona 69 – ◆ Perugia 95 – Pesaro 61.

🏠 **Silvi Palace Hotel,** piazza Brodolini 6 ℘ 734724, Fax 734724 – 📺 ☎. 🆎 🔣 🄾 🄴 VISA. ⚹⚹
   Pasto (chiuso mercoledì) 25000 bc – 🍴 8000 – **20 cam** 50/75000 – ½ P 60000.

18030 Imperia 🗺🗺 K 5, 🗺🗺 ⑲ – 863 ab. alt. 573 – ☎ 0184.

Roma 668 – ◆Genova 169 – Imperia 55 – ◆Milano 291 – San Remo 28 – Ventimiglia 17.

🏠 **La Riana,** ℘ 672015, ≤ vallata e mare, « Giardino oliveto » – ☻. ⚹⚹ cam
   chiuso dal 15 ottobre a novembre – **Pasto** (chiuso giovedì) 35000 – 🍴 14000 – **8 cam**
   33/54000 – ½ P 50/53000.

✕ **I Pianeti di Giove,** ℘ 672093, Fax 672494, ≤ vallata e mare, 🍴, 🌳 – 🆎 🔣 🄾 🄴 VISA
   chiuso febbraio e mercoledì (escluso luglio-agosto) – **Pasto** carta 27/48000 (10%).

22050 Lecco 🗺🗺 ⑨ – 829 ab. alt. 407 – ☎ 0341.

Roma 644 – Como 53 – ◆Bergamo 57 – Chiavenna 47 – Lecco 24 – ◆Milano 80 – Sondrio 62.

✕ **Il Caminetto,** località Gittana ℘ 830626, prenotare – ☻. 🆎 🔣 🄴 VISA. ⚹⚹
   chiuso mercoledì, gennaio o giugno – **Pasto** carta 33/54000.

20016 Milano 🗺🗺 F 9 – 10 675 ab. alt. 144 – ☎ 02.

Roma 578 – ◆Milano 10 – Como 29 – Novara 40 – Pavia 45 – ◆Torino 127.

🏠 Embassy Park Hotel, via Giovanni XXIII ℘ 38100386, Fax 33910424, « Giardino con 🍃 »
   – 🍴 📠 📺 ☎ 🅿
   50 cam.

Savona – Vedere Finale Ligure.

Le Ottime Tavole

per voi abbiamo contraddistinto

alcuni alberghi (🏠 ... 🏨) e ristoranti (✕ ... ✕✕✕✕✕) con ⚹, ⚹⚹ o ⚹⚹⚹.

Vedere Piazza 4 Novembre★★ BY : fontana Maggiore★★, palazzo dei Priori★★ D (galleria nazionale dell'Umbria★★) – Chiesa di San Pietro★★ BZ – Oratorio di San Bernardino★★ AY – Museo Archeologico Nazionale dell'Umbria★★ BZ **M1** – Collegio del Cambio★ BY **E** : affreschi★★ del Perugino – ≤★★ dai giardini Carducci AZ – Porta Marzia★ e via Bagliona Sotterranea★ BZ **Q** – Chiesa di San Domenico★ BZ – Porta San Pietro★ BZ – Via dei Priori★ AY – Chiesa di Sant'Angelo★ AY **R** – Arco Etrusco★ BY **K** – Via Maestà delle Volte★ ABY **29** – Cattedrale★ BY **F** – Via delle Volte della Pace★ BY **55**.

Dintorni Ipogeo dei Volumni★ per ② : 6 km.

🐦 (chiuso lunedì) ad Ellera ⊠ 06074 ℘ 5172204, Fax 5172370, per ③ : 9 km.

✈ di Sant'Egidio SE per ② : 17 km ℘ 6929447, Telex 662017, Fax 6929562 – Alitalia, via Fani 14 ⊠ 06122 ℘ 5731226.

🛈 piazza 4 Novembre 3 ℘ 5723327.

A.C.I. via Mario Angeloni 1 ℘ 5171191.

Roma 172 ② – ◆Firenze 154 ③ – ◆Livorno 222 ③ – ◆Milano 449 ③ – ◆Pescara 281 ② – ◆Ravenna 196 ②.

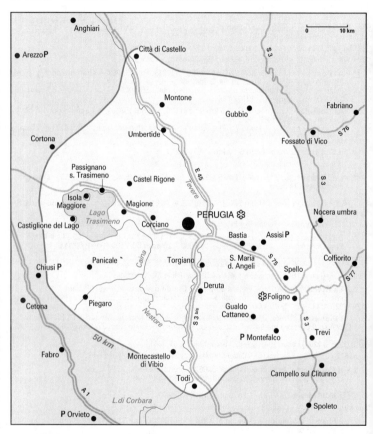

🏨 **Brufani,** piazza Italia 12 ⊠ 06121 ℘ 5732541, Telex 662104, Fax 5720210, ≤ – 🛗 🗏 📺 ☎ 🛦 ⟷ – 🛣 40 a70. 歴 🗗 ① **E** *VISA*. ⅌ rist   AZ **x**
    Pasto carta 45/82000 – ☑ 25000 – **24 cam** 320/417000, 2 appartamenti.

🏨 **Locanda della Posta** senza rist, corso Vannucci 97 ⊠ 06121 ℘ 5728925, Fax 5722413 –
    🛗 🗏 📺 ☎. 歴 🗗 ① **E** *VISA*   AZ **s**
    38 cam ☑ 187/275000, appartamento.

🏨 **Perugia Plaza Hotel,** via Palermo 88 ⊠ 06129 ℘ 5837476, Telex 661165, Fax 30863 – 🛗
    🗏 📺 ☎ 🛦 ⟷ ℗ – 🛣 200. 歴 🗗 ① **E** *VISA*. ⅌   per via dei Filosofi BZ
    Pasto 28/36000 e al Rist. **Fortebraccio** carta 40/60000 – ☑ 16000 – **108 cam** 150/212000,
    2 appartamenti – ½ P 144/202000.

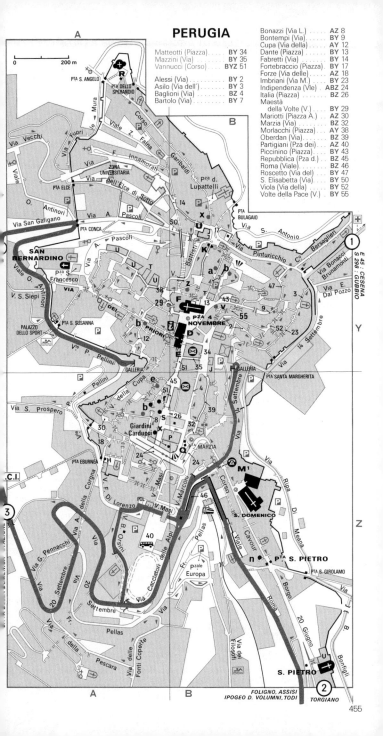

PERUGIA

455

🏨 **La Rosetta,** piazza Italia 19 ✉ 06121 ℰ 5720841, Telex 660405, Fax 5720841 – 🛗 📺 ☎ –
🛎 80. ᴁ 🅱 ⓞ Ɛ 𝚟𝚒𝚜𝚊 ᴊᴄʙ
AZ   **r**
Pasto *(chiuso lunedì)* carta 33/49000 (15%) – **95 cam** ⊏⊐ 120/240000 – ½ P 133/191000.

🏨 **Grifone,** via Silvio Pellico 1 ✉ 06126 ℰ 5837616, Fax 5837619 – 🛗 🗏 rist 📺 ☎ 🅿. ᴁ
ⓞ Ɛ 𝚟𝚒𝚜𝚊. ⋘
per via dei Filosofi   BZ
Pasto *(chiuso domenica, dal 1° al 10 gennaio e dal 1° al 10 agosto)* carta 26/42000 –
⊏⊐ 12000 – **50 cam** 103/136000 – ½ P 110000.

🏨 **Fortuna** senza rist, via Bonazzi 19 ✉ 06123 ℰ 5722845, Fax 5735040, ≼ – 🛗 📺 ☎. ᴁ
ⓞ Ɛ 𝚟𝚒𝚜𝚊
AZ   **b**
⊏⊐ 12000 – **28 cam** 120/168000.

🏨 **Signa** senza rist, via del Grillo 9 ✉ 06121 ℰ 5724180 – 🛗 📺 ☎. ⓞ 𝚟𝚒𝚜𝚊. ⋘
BZ   **n**
⊏⊐ 10000 – **23 cam** 70/96000.

✗✗ ❀ **Osteria del Bartolo,** via Bartolo 30 ✉ 06122 ℰ 5731561, Coperti limitati; prenotare la
sera – ᴁ 🅱 ⓞ Ɛ 𝚟𝚒𝚜𝚊. ⋘
BY   **a**
chiuso domenica, dal 7 al 18 gennaio e dal 25 luglio al 7 agosto – **Pasto** carta 54/80000
Spec. Sauté di vongole veraci e cappesante alle verdurine brasate, Agnello al profumo delle colline umbre, Semifreddo
al torroncino in salsa di cioccolato caldo.

✗✗ **La Taverna,** via delle Streghe 8 ✉ 06123 ℰ 5724128, Fax 5735888 – 🗏. ᴁ 🅱 ⓞ Ɛ 𝚟𝚒𝚜𝚊
ᴊᴄʙ
AZ   **e**
chiuso lunedì – **Pasto** carta 43/60000 (12%).

✗✗ **Ubu Re,** via Baldeschi 17 ✉ 06123 ℰ 5735461 – 🅱 𝚟𝚒𝚜𝚊
BY   **z**
chiuso lunedì, i mezzogiorno di sabato-domenica e dal 10 al 31 gennaio – **Pasto** 36/39000 e
carta 37/51000.

✗✗ **Ricciotto 1888,** piazza Dante 19 ✉ 06122 ℰ 5721956 – ᴁ 🅱 ⓞ Ɛ 𝚟𝚒𝚜𝚊. ⋘
BY   **v**
chiuso domenica e giugno – **Pasto** carta 46/67000 (15%).

✗✗ **Altromondo,** via Caporali 11 ✉ 06123 ℰ 5726157 – ᴁ 🅱 ⓞ Ɛ 𝚟𝚒𝚜𝚊
AZ   **b**
chiuso domenica, dal 20 al 30 dicembre e dal 10 al 20 agosto – **Pasto** carta 36/55000.

✗✗ **Da Giancarlo,** via dei Priori 36 ✉ 06123 ℰ 5724314 – ᴁ ⓞ 𝚟𝚒𝚜𝚊
AY   **b**
chiuso venerdì e dal 20 agosto al 5 settembre – **Pasto** carta 33/65000.

✗✗ **Aladino,** via delle Prome 11 ✉ 06122 ℰ 5720938 – 🗏. ᴁ 🅱 Ɛ 𝚟𝚒𝚜𝚊
BY   **b**
chiuso a mezzogiorno e lunedì – **Pasto** carta 36/51000.

✗ **Dal Mi' Cocco,** corso Garibaldi 12 ✉ 06123 ℰ 5732511, Coperti limitati; prenotare –
⋘
BY   **x**
chiuso lunedì e dal 25 luglio al 15 agosto – **Pasto** 21/25000 bc.

a Ferro di Cavallo per ③ : 6 km – alt. 287 – ✉ **06074** Ellera Umbra :

🏨 **Hit Hotel,** strada Trasimeno Ovest 159 z/10 ℰ 5179247, Fax 5178947 – 🛗 🗏 📺 ☎ ♿ 🅿
– 🛎 200. ᴁ 🅱 ⓞ Ɛ 𝚟𝚒𝚜𝚊. ⋘
Pasto *(chiuso domenica)* carta 40/52000 – ⊏⊐ 14000 – **80 cam** 110/150000 – ½ P 122000.

a Ponte San Giovanni per ② : 7 km – alt. 189 – ✉ **06087** :

🏨 **Park Hotel,** via Volta 1 ℰ 5990444, Telex 660112, Fax 5990455 – 🛗 ↨↝ cam 🗏 📺 ☎ ♿
↞ 🅿 – 🛎 30 a 260. ᴁ 🅱 ⓞ Ɛ 𝚟𝚒𝚜𝚊. ⋘
Pasto carta 38/51000 – ⊏⊐ 12000 – **140 cam** 115/175000 – ½ P 95/140000.

🏨 **Deco,** via del Pastificio 8 ℰ 5990950, Fax 5990950, 🕮, ☞ – 🛗 ↨↝ rist 📺 ☎ 🅿 – 🛎 80.
ᴁ 🅱 ⓞ Ɛ 𝚟𝚒𝚜𝚊 ᴊᴄʙ
Pasto *(chiuso domenica sera)* carta 40/58000 – ⊏⊐ 12000 – **15 cam** 120/170000 –
½ P 130000.

🏨 **Tevere,** via Manzoni 421 ℰ 394341, Fax 394342 – 🛗 🗏 📺 ☎ 🅿 – 🛎 100 a 150. ᴁ ⓞ
𝚟𝚒𝚜𝚊. ⋘
Pasto *(chiuso sabato)* carta 36/46000 – ⊏⊐ 12000 – **43 cam** 75/110000 – ½ P 80/105000.

✗ **Osteria Vecchio Ponte,** via Manzoni 296 ℰ 393612 – 🗏. ᴁ 🅱 ⓞ Ɛ 𝚟𝚒𝚜𝚊. ⋘
chiuso venerdì sera, domenica e dal 25 luglio al 13 agosto – **Pasto** carta 23/44000.

verso Città della Domenica per ③ : 5 km :

🏨 **Sirius** ≫, località San Marco ✉ 06070 San Marco ℰ 690921, Fax 690923, ≼, ☞, ✗ –
☎ 🅿 – 🛎 50. ᴁ 🅱 ⓞ Ɛ 𝚟𝚒𝚜𝚊. ⋘
chiuso dal 15 gennaio a febbraio – **Pasto** (solo per clienti alloggiati e *chiuso a mezzogiorno)*
30/35000 – ⊏⊐ 7000 – **12 cam** 70/100000 – ½ P 80/90000.

a Cenerente O : 8 km per via Vecchi AY – ✉ **06070** :

🏨 **Villa Oscano** ≫, ℰ 690125, Fax 690666, ≼, « Residenza d'epoca in un grande parco
secolare » – 🛗 🗏 cam 📺 ☎ 🅿 – 🛎 50 a 250. ᴁ ⓞ 𝚟𝚒𝚜𝚊. ⋘ rist
chiuso da 15 gennaio al 15 febbraio – **Pasto** (solo per clienti alloggiati e *chiuso a mezzo-
giorno)* 50000 – **22 cam** ⊏⊐ 260/310000, 4 appartamenti – ½ P 150/205000.

ad Olmo per ③ : 8 km – alt. 284 – ⊠ **06073** Corciano :

XX **Osteria dell'Olmo,** 🖉 5179140, Fax 5179903, « Servizio estivo all'aperto » – **🅿** – 🛦 40 a 100. ⒶⒺ ⑤ ⑩ Ⓔ 𝓥𝓘𝓢𝓐
chiuso domenica sera e lunedì escluso da maggio ad ottobre – **Pasto** carta 45/63000.

a Ponte Valleceppi per ① : 10 km – alt. 192 – ⊠ **06078** :

🏨 **Vegahotel,** sulla strada statale 318 (NE : 2 km) 🖉 6929534, Fax 6929507, 🐎 – ⊡ ☎ ৬ **🅿** – 🛦 50 a 100. ⒶⒺ ⑤ Ⓔ 𝓥𝓘𝓢𝓐 𝒮𝒮
chiuso dal 14 al 23 gennaio – **Pasto** *(chiuso domenica e dal 15 al 30 luglio)* carta 35/43000 – 🖙 12000 – **42 cam** 95/130000 – ½ P 75/95000.

a Santa Sabina per ③ : 11 km – ⊠ **06100** Perugia :

X **Le Coq au Vin,** via Corcianese 94 🖉 5287574, 🌫, Specialità francesi, prenotare – **🅿**. 𝒮𝒮
chiuso lunedì, dal 7 al 17 gennaio e dal 10 al 20 agosto – **Pasto** carta 40/50000 (15%).

a Bosco per ① : 12 km – ⊠ **06080** :

🏰 **Relais San Clemente** 🗠, 🖉 5915100, Fax 5915001, « Antica dimora patrizia in un grande parco », 🍲, 𝒮𝒮 – 🗐 ⊡ ☎ **🅿** – 🛦 160. ⒶⒺ ⑤ ⑩ Ⓔ 𝓥𝓘𝓢𝓐. 𝒮𝒮 rist
Pasto *(chiuso lunedì)* carta 50/70000 – **64 cam** 🖙 247/290000, 3 appartamenti – ½ P 128/ 190000.

*Alterations and improvements are constantly being made
to the Italian road network.
Buy the latest edition of Michelin Map ⑨⑧⑧ at a scale of 1:1 000 000.*

PESARO 61100 🅿 ⑨⑧⑧ ⑯, ⓐⓩⓐ ⓐⓩⓐ K 20 – 88 475 ab. – a.s. 25 giugno-agosto – ✪ 0721.

Vedere Museo Civico★ : ceramiche★★ Z.

🎫 piazzale della Libertà 🖉 69341, Fax 30462 – via Rossini 41 (15 giugno-agosto) 🖉 63690, Fax 69344.

A.C.I. via San Francesco 44 🖉 33368.

Roma 300 ① – ◆Ancona 76 ① – ◆Firenze 196 ② – Forlì 87 ② – ◆Milano 359 ② – ◆Perugia 134 ① – ◆Ravenna 92 ② – Rimini 40 ②.

Pianta pagina seguente

🏰 **Vittoria,** piazzale della Libertà 2 🖉 34343, Fax 65204, ⒻⓈ, ☎☎, 🍲 – 🗐 ▤ ⊡ ☎ 🚗 – 🛦 80 a 150. ⒶⒺ ⑤ ⑩ Ⓔ 𝓥𝓘𝓢𝓐. 𝒮𝒮   Y **e**
Pasto *(chiuso domenica da ottobre a maggio)* carta 32/55000 – 🖙 22000 – **27 cam** 200/250000, 3 appartamenti.

🏰 **Bristol** senza rist, piazzale della Libertà 7 🖉 30355, Fax 33893 – ▤ ⊡ ☎ **🅿** – 🛦 40. ⒶⒺ ⑤ ⑩ Ⓔ 𝓥𝓘𝓢𝓐   Y **c**
chiuso dal 21 dicembre al 9 gennaio – **27 cam** 🖙 200/220000.

🏨 **Savoy,** viale della Repubblica 22 🖉 67440, Fax 64429, 🍲 – 🗐 ▤ ⊡ ☎ ৬ 🚗 – 🛦 50 a 400. ⒶⒺ ⑤ ⑩ Ⓔ 𝓥𝓘𝓢𝓐, 𝒮𝒮 rist   Z **n**
Pasto *(chiuso dal 20 settembre a maggio)* carta 30/50000 – 🖙 20000 – **54 cam** 160/200000, 3 appartamenti – ½ P 100/180000.

🏨 **Imperial Sport Hotel,** via Ninchi 6 🖉 370077, Fax 34877, 🍲 – 🗐 ⊡ ☎ 🚗 – 🛦 60. ⒶⒺ ⑤ Ⓔ 𝓥𝓘𝓢𝓐. 𝒮𝒮 rist   Y **z**
chiuso dall'11 dicembre al 9 marzo – **Pasto** *(chiuso da novembre ad aprile)* carta 29/56000 – 🖙 10000 – **48 cam** 125/135000 – ½ P 55/82000.

🏨 **Spiaggia,** viale Trieste 76 🖉 32516, Fax 35419, ≤, 🍲 riscaldata – 🗐 ▤ rist ☎ **🅿**. ⑤ Ⓔ 𝓥𝓘𝓢𝓐. 𝒮𝒮 rist   Z **d**
maggio-10 ottobre – **Pasto** 20/35000 – 🖙 10000 – **74 cam** 68/92000 – ½ P 74/86000.

🏨 **Mamiani,** senza rist, via Mamiani 24 🖉 35541, Fax 33563 – 🗐 ▤ ⊡ ☎ 🚗   Z **h**
40 cam.

🏨 **Mare,** viale Trieste 371 🖉 400127, Fax 401233, ≤ – 🗐 ⊡ ☎ 🚗 **🅿** – 🛦 35. ⒶⒺ ⑤ ⑩ Ⓔ 𝓥𝓘𝓢𝓐. 𝒮𝒮 rist   Y **d**
marzo-novembre – **Pasto** carta 30/40000 – **39 cam** 🖙 90/120000, 2 appartamenti – ½ P 50/ 78000.

🏨 **Ambassador,** viale Trieste 291 🖉 34246, Fax 34248, ≤ – 🗐 ▤ ⊡ ☎. ⒶⒺ ⑤ ⑩ Ⓔ 𝓥𝓘𝓢𝓐 ⒿⒸⒷ. 𝒮𝒮   Y **s**
Pasto *(solo per clienti alloggiati e chiuso da settembre a maggio)* – **33 cam** 🖙 85/120000 – P 95/105000.

🏨 **Mediterraneo Ricci,** viale Trieste 199 🖉 31556, Fax 34148 – 🗐 ☎ – 🛦 80. ⒶⒺ ⑤ ⑩ Ⓔ 𝓥𝓘𝓢𝓐. 𝒮𝒮 rist   Z **c**
Pasto carta 28/48000 – **40 cam** 80/120000 – ½ P 60/88000.

🏨 **Des Bains,** viale Trieste 221 🖉 33665, Fax 34025, 🌫 – 🗐 ▤ ⊡ ☎ – 🛦 40 a 70. ⒶⒺ ⑤ ⑩ Ⓔ 𝓥𝓘𝓢𝓐. 𝒮𝒮 rist   Y **t**
chiuso dal 23 dicembre al 2 gennaio – **Pasto** *(chiuso domenica escluso da giugno a settembre)* 25/35000 – 🖙 10000 – **65 cam** 90/130000, ▤ 13000 – ½ P 80/125000.

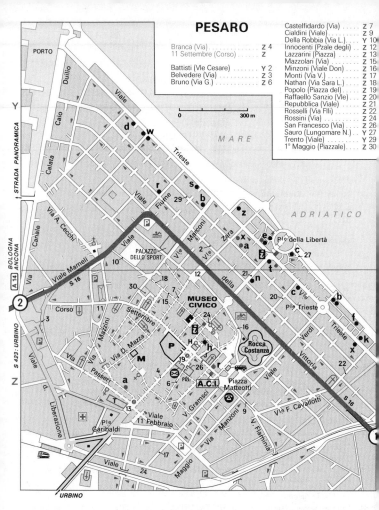

PESARO

🏨 **Principe,** viale Trieste 180 ℘ 30096, Fax 31636 – 🛗 📺 ☎. 🕮 🕃 ⑩ 🗉 𝒱𝐼𝒮𝒜. ℘ rist
chiuso dal 20 dicembre a gennaio – **Pasto** 27/35000 vedere anche Rist. *Da Teresa* – **40 cam**
⌂ 68/95000 – ½ P 61/80000.   Y **e**

🏨 **Villa Serena** ⑤, strada San Nicola 6/3 ℘ 55211, Fax 55927, ≤, « Parco con ⬩ » – ☎
🅿. 🕮 🕃 ⑩ 🗉 𝒱𝐼𝒮𝒜. ℘
Pasto carta 50/70000 – ⌂ 15000 – **10 cam** 140/160000 – ½ P 125/140000.

🏨 **Due Pavoni,** viale Fiume 79 ℘ 370105, Fax 370105 – 🛗 🗏 📺 ☎ ⟵ – 🔬 130. 🕮 🕃 ⑩
🗉 𝒱𝐼𝒮𝒜. ℘   Y **r**
Pasto (solo per clienti alloggiati; *chiuso a mezzogiorno e da ottobre a maggio anche venerdì,
sabato e domenica*) 30/50000 – ⌂ 10000 – **48 cam** 80/130000 – ½ P 70/110000.

🏨 **Nettuno,** viale Trieste 367 ℘ 400440, Fax 400440, ≤, ⬩ – 🛗 ☎ 🅿. 🕃 🗉 𝒱𝐼𝒮𝒜. ℘ Y **w**
maggio-settembre – **Pasto** 25/40000 – ⌂ 10000 – **65 cam** 70/100000 – ½ P 60/70000.

🏨 **Bellevue,** viale Trieste 88 ℘ 31970, Fax 370144, ≤, ⬩ – 🛗 🗏 ☎ ⟵. 🕮 🕃 ⑩ 𝒱𝐼𝒮𝒜.
℘ rist   Z **k**
10 aprile-10 ottobre – **Pasto** carta 35/46000 – ⌂ 13000 – **55 cam** 80/100000 – ½ P 57/
86000.

🏨 **Clipper,** viale Màrconi 53 ℘ 30915, Fax 33525 – 🛗 📺 ☎ ⓐⓟ 🅿. 🕃 🗉 𝒱𝐼𝒮𝒜. ℘ rist Y **b**
aprile-settembre – **Pasto** (solo per clienti alloggiati) 30000 – ⌂ 12000 – **48 cam** 70/105000 –
P 55/100000.

🏨 **Atlantic,** viale Trieste 365 ℰ 370333, Fax 370373, ≼ – ⌷⌷ ☏ 🅿. ℘ rist   Y **w**
15 maggio-20 settembre – **Pasto** (solo per clienti alloggiati) 27/30000 – ⌚ 13000 – **49 cam**
70/90000 – ½ P 55/90000.

🏨 **Nautilus,** viale Trieste 26 ℰ 30275, Fax 67125, ≼, ⤳ riscaldata –⌷⌷ ▤ cam ☎ ⇔. 🕮 🚭
🇪 𝑉𝐼𝑆𝐴. ℘ rist   Z
Pasto (maggio-settembre) 15/20000 – ⌚ 10000 – **55 cam** 75/110000 – ½ P 50/90000.

🏨 **Flying,** viale Verdi 126 ℰ 69219, Fax 67428, ≼ – ⌷⌷ 📺 ☎ ⇔. 🕮 🚭 ⓞ 🇪 𝑉𝐼𝑆𝐴.
℘ rist   Z **b**
aprile-20 settembre – **Pasto** 30/35000 – **33 cam** ⌚ 80/120000 – ½ P 75000.

🏨 **President's,** lungomare Nazario Sauro 33 ℰ 32976, ≼ – ⌷⌷ ☎ 🅿. 🕮 🚭 ⓞ 🇪 𝑉𝐼𝑆𝐴.
℘ rist   Z **b**
15 maggio-20 settembre – **Pasto** 30/35000 – **50 cam** ⌚ 80/120000 – ½ P 67/75000.

🏨 **Caesar,** viale Trieste 125 ℰ 69227, Fax 65183 – ⌷⌷ ☏ ⇔ 🅿. 🕮 ⓞ 𝑉𝐼𝑆𝐴. ℘ rist   Z **x**
maggio-settembre – **Pasto** (chiuso a mezzogiorno) 25/40000 – ⌚ 12000 – **40 cam** 70/90000
– ½ P 50/80000.

🏨 **La Bussola,** lungomare Nazario Sauro 43 ℰ 821403, ≼ – ⌷⌷ ☏. 🕮. ℘   Z **f**
15 aprile-25 settembre – **Pasto** 28/30000 – ⌚ 13000 – **25 cam** 85000 – ½ P 50/72000.

✗✗✗ **Lo Scudiero,** via Baldassini 2 ℰ 64107 – 🕮 🚭 ⓞ 🇪 𝑉𝐼𝑆𝐴 𝐽𝐶𝐵. ℘   Z **r**
chiuso domenica e luglio – **Pasto** carta 55/85000.

✗✗ **Da Alceo,** via Panoramica Ardizio 101 ℰ 55875, Fax 51360, ≼, 🌤, Specialità di mare,
prenotare – 🅿. 🕮 🚭 ⓞ 𝑉𝐼𝑆𝐴. ℘   6 km per ①
chiuso domenica sera, lunedì e gennaio – **Pasto** carta 55/80000.

✗✗ **Delle Sfingi,** viale Trieste 219 ℰ 69194, 🌤 – ℘   Y **t**
chiuso domenica e dicembre – **Pasto** carta 50/60000.

✗✗ ✿ **Da Teresa,** viale Trieste 180 ℰ 30096, Fax 31636, Specialità di mare, Coperti limitati;
prenotare – ▤. 🕮 🚭 ⓞ 🇪 𝑉𝐼𝑆𝐴. ℘   Y **e**
chiuso domenica sera, lunedì a mezzogiorno, dicembre, gennaio e febbraio – **Pasto** 27/
35000 e carta 49/73000
Spec. Calamaro ripieno con passatina di ceci, Raviolo di sogliola al fegato d'oca (autunno), Brodetto alla pesarese.

✗✗ **Il Castiglione,** viale Trento 148 ℰ 64934, « Servizio estivo in giardino ombreggiato » –
🕮 🚭 ⓞ 🇪 𝑉𝐼𝑆𝐴. ℘   Y **a**
chiuso lunedì escluso da giugno al 15 settembre – **Pasto** carta 40/62000 (12%).

✗✗ **Da Carlo,** viale Zara 54 ℰ 65355, Specialità di mare, « Servizio in giardino
d'inverno » – 🕮 🚭 ⓞ 🇪 𝑉𝐼𝑆𝐴 𝐽𝐶𝐵. ℘   Y **x**
chiuso mercoledì e gennaio – **Pasto** carta 34/54000.

✗ Uldergo, via Venturini 24 ℰ 33180.   Z **a**

Vedere anche : **Casteldimezzo** per ② : 12 km.

PESCANTINA 37026 Verona 𝟜𝟚𝟠 𝟜𝟚𝟡 F 14 – 9 799 ab. alt. 80 – ✪ 045.

Roma 503 – ♦ Verona 14 – ♦ Brescia 69 – Trento 85.

ad Ospedaletto NO : 3 km – ✉ 37026 Pescantina :

🏨 **Villa Quaranta Park Hotel,** ℰ 6767300, Fax 6767301, « Chiesetta dell'11° secolo in un
parco », ⓕ, ⥱, ⤳, ℘ – ⌷⌷ ▤ 📺 ☎ ♿ 🅿 – ⚖ 25 a 150. 🕮 🚭 ⓞ 🇪 𝑉𝐼𝑆𝐴. ℘
Pasto (chiuso lunedì) carta 37/56000 – **57 cam** ⌚ 180/280000, 6 appartamenti – ½ P 175/
215000.

🏨 **Goethe** senza rist, ℰ 6767257, Fax 6702244, ⇝ – ▤ 📺 ☎ 🅿. 🕮 🚭 ⓞ 🇪 𝑉𝐼𝑆𝐴. ℘
chiuso gennaio – ⌚ 15000 – **26 cam** 130/200000.

✗✗ **Alla Coà,** ℰ 6767402, prenotare – 🚭 🇪 𝑉𝐼𝑆𝐴. ℘
chiuso domenica, lunedì, dal 20 settembre al 15 gennaio ed agosto – **Pasto** carta 38/53000.

PESCARA 65100 🄿 𝟡𝟠𝟠 ㉗, 𝟜𝟛𝟘 O 24 – 121 993 ab. – a.s. luglio-agosto – ✪ 085.

🏌 (chiuso martedì) a Miglianico ✉ 66010 ℰ (0871) 950566, Fax 951768, S : 11 km.

🛫 Pasquale Liberi per ② : 4 km ℰ 4313341 – Alitalia, Agenzia Cagidemetrio, via Ravenna 3
✉ 65122 ℰ 4213022, Telex 600008.

🚉 via Nicola Fabrizi 171 ✉ 65122 ℰ 4211707, Fax 298246.

A.C.I. via del Circuito 49 ✉ 65121 ℰ 4223841.

Roma 208 ② – ♦ Ancona 156 ④ – ♦ Foggia 180 ① – ♦ Napoli 247 ② – ♦ Perugia 281 ④ – Terni 198 ③.

Pianta pagina seguente

🏨 **Carlton,** viale della Riviera 35 ✉ 65123 ℰ 373125, Telex 603023, Fax 4213922, ≼, 🏖 –
⌷⌷ ▤ 📺 ☎ 🅿 – ⚖ 35 a 150. 🕮 🚭 ⓞ 🇪 𝑉𝐼𝑆𝐴. ℘ rist   AX **g**
Pasto carta 39/65000 – **71 cam** ⌚ 110/168000 – ½ P 120/135000.

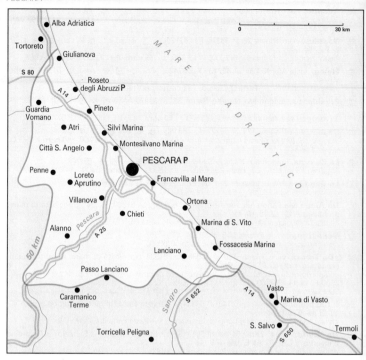

🏨 **Maja** senza rist, viale della Riviera 201 ☒ 65123 *ℰ* 4711545, Fax 77930, ≤, 🐾 – ⏐⏐ ≣ 📺 ☎ 🅿 – 🔏 60. 🖭 🛐 ⓪ ⋿ 𝘝𝘐𝘚𝘈. ❄
47 cam �㏇ 115/140000.   AX

🏨 **Plaza**, piazza Sacro Cuore 55 ☒ 65122 *ℰ* 4214625, Fax 4213267 – ⏐⏐ ≣ 📺 ☎ – 🔏 50. 🖭 🛐 ⓪ ⋿ 𝘝𝘐𝘚𝘈. ❄
Pasto carta 35/48000 – **66 cam** �㏇ 98/155000, 2 appartamenti – ½ P 98/138000.   AX **z**

🏠 **Ambra**, via Quarto dei Mille 28/30 ☒ 65122 *ℰ* 378247, Fax 378183 – ⏐⏐ 📺 ☎. 🖭 🛐 ⋿ 𝘝𝘐𝘚𝘈. ❄
Pasto *(chiuso domenica escluso luglio-agosto)* carta 25/52000 – �㏇ 4000 – **55 cam** 60/   AX **u**
90000 – ½ P 69/86000.

🏠 **Alba** senza rist, via Forti 14 ☒ 65122 *ℰ* 389145, Fax 292163 – ⏐⏐ 📺 ☎. 🖭 🛐 𝘝𝘐𝘚𝘈
�㏇ 4500 – **50 cam** 60/85000.   AX **r**

❌❌❌ **Guerino**, viale della Riviera 4 ☒ 65123 *ℰ* 4212065, Fax 4212065, ≤, 🍽 – 🖭 🛐 ⓪ ⋿ 𝘝𝘐𝘚𝘈
❄   AX **w**
chiuso giovedì escluso luglio-agosto – **Pasto** carta 48/64000 (10%).

❌❌ **La Regina del Porto**, via Paolucci 65 ☒ 65121 *ℰ* 389141, Fax 389141 – ≣. 🖭 🛐 ⓪ ⋿
𝘝𝘐𝘚𝘈 ❄   BY **a**
chiuso lunedì, dal 1° al 15 gennaio e dal 1° al 25 agosto – **Pasto** carta 47/60000.

❌ La Vongola, lungomare Matteotti 54 ☒ 65121 *ℰ* 374236, 🍽, Specialità di mare, Coperti
limitati; prenotare   BX **c**

❌ **La Rete**, via De Amicis 41 ☒ 65123 *ℰ* 27054, Coperti limitati; prenotare – ≣. 🖭 🛐 ⓪
⋿ 𝘝𝘐𝘚𝘈. ❄   AX **m**
chiuso domenica sera, lunedì, dal 23 dicembre al 6 gennaio e dal 15 al 22 agosto – **Pasto**
carta 55/65000.

❌ **La Cantina di Jozz**, via delle Caserme 61 ☒ 65127 *ℰ* 690383, Fax 65295 – ≣. 🖭 🛐 ⓪
𝘝𝘐𝘚𝘈   AY **s**
chiuso domenica sera, lunedì, dal 22 dicembre al 6 gennaio e dal 27 giugno al 10 luglio –
Pasto carta 24/40000 (10%).

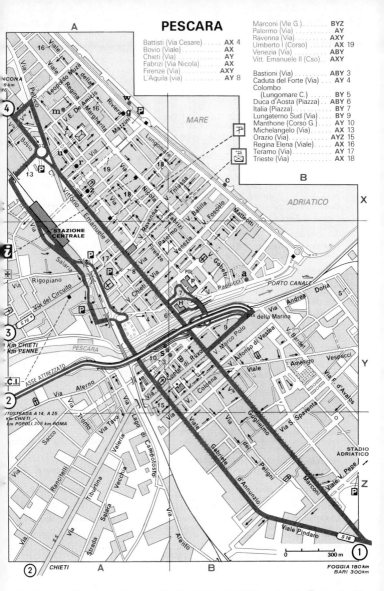

PESCARA

Battisti (Via Cesare) .... **AX** 4
Bovio (Viale) .... **AX**
Chieti (Via) .... **AY**
Fabrizi (Via Nicola) ...... **AX**
Firenze (Via) .... **AXY**
L'Aquila (via) .... **AY** 8

Marconi (Vle G.) .... **BYZ**
Palermo (Via) .... **ABY**
Ravenna (Via) .... **AXY**
Umberto I (Corso) .... **AX** 19
Venezia (Via) .... **ABY**
Vitt. Emanuele II (Cso) ... **AXY**

Bastioni (Via) .... **ABY** 3
Caduta del Forte (Via) ... **AY** 4
Colombo
  (Lungomare C.) .... **BY** 5
Duca d'Aosta (Piazza) .. **ABY** 6
Italia (Piazza) .... **BY** 7
Lungaterno Sud (Via) .... **BY** 9
Manthone (Corso G.) .... **AY** 10
Michelangelo (Via) ...... **AX** 13
Orazio (Via) .... **AYZ** 15
Regina Elena (Viale) ..... **AX** 16
Teramo (Via) .... **AY** 17
Trieste (Via) .... **AX** 18

⊠ **Taverna 58**, corso Manthonè 58 ⊠ 65127 ℰ 690724 – ▤. 🝙 🕼 ⑩ E ⓋⓈⒶ.
      ⚠
      ABY **s**
      chiuso sabato a mezzogiorno, domenica, i giorni festivi, dal 24 dicembre al 1° gennaio ed
      agosto – **Pasto** carta 33/48000.

⊠ **La Furnacelle**, via Colle Marino 25 ⊠ 65125 ℰ 4212102, 🍴 – 🝙 ⑩ E ⓋⓈⒶ. ⚠
      chiuso giovedì escluso i giorni festivi – **Pasto** carta 22/51000.

      ai colli O : 3 km per via Rigopiano AY :

⊠ **La Terrazza Verde**, largo Madonna dei Sette Dolori 6 ⊠ 65125 ℰ 413239, « Servizio
      estivo in giardino ombreggiato » – ⚠
      chiuso mercoledì e Natale – **Pasto** carta 27/36000.

461

PESCASSEROLI 67032 L'Aquila 988 ㉗, 430 Q 23 – 2 212 ab. alt. 1 167 – a.s. febbraio-22 aprile, 15 luglio-agosto e Natale – Sport invernali : 1 167/1 945 m ⚞1 ⚡7 – ✪ 0863.

Vedere Guida Verde.

🚲 via Piave 67 ✆ 910461.

Roma 163 – L'Aquila 109 – Castel di Sangro 42 – Isernia 64 – ◆Pescara 128.

🏨 **Gd H. del Parco.** ✆ 912745, Fax 912749, ≤, ⌇ riscaldata, ☞ – 🛗 📺 ☎ ⇦ ℗. 🖭 🕃 ⓞ
   E VISA. ✸ rist
   dicembre-Pasqua e giugno-settembre – **Pasto** carta 58/93000 – **110 cam** ⊇ 150/200000 –
   ½ P 115/165000.

🏨 **Pagnani,** ✆ 912866, Fax 912870, 🔲 – 🛗 📺 ☎ ♿ ⇦ – 🔬 220. 🖭 🕃 ⓞ E VISA. ✸ cam
   Pasto carta 38/52000 – **24 cam** ⊇ 90/150000 – ½ P 85/120000.

🏨 **Edelweiss,** ✆ 912577, Fax 912798 – 🛗 📺 ☎ ℗. 🖭 🕃 ⓞ E VISA. ✸
   Pasto carta 30/60000 – **23 cam** ⊇ 80/120000 – ½ P 65/115000.

🏠 **Orso Bianco** ⅋, ✆ 912888, Fax 910449, ≤ – 🛗 📺 ☎ ⇦ ℗. 🖭 🕃 ⓞ E VISA. ✸
   Pasto (solo per clienti alloggiati) 20/35000 – **36 cam** ⊇ 120/140000 – ½ P 70/120000.

🏠 **Alle Vecchie Arcate,** ✆ 910618, Fax 912598 – 🛗 📺 ☎. 🖭 🕃 ⓞ VISA. ✸
   Pasto vedere rist **Alle Vecchie Arcate** – ⊇ 5000 – **32 cam** 60/80000 – ½ P 60/100000.

🏠 **Pinguino** ⅋, ✆ 912580, Fax 910449, ≤ – 📺 ☎ ℗. 🖭 🕃 ⓞ E VISA. ✸ rist
   Pasto (solo per clienti alloggiati) 18/30000 – **17 cam** ⊇ 65/100000 – ½ P 60/90000.

✕ **Peppe di Sora** con cam, ✆ 910023 – 🖭 🕃 ⓞ E VISA. ✸ cam
   Pasto (chiuso lunedì in bassa stagione) carta 31/47000 (5%) – ⊇ 8000 – **13 cam** 60/75000 –
   ½ P 60/80000.

✕ **Alle Vecchie Arcate,** ✆ 910781 – 🖭 🕃 VISA. ✸
   chiuso lunedì in bassa stagione – **Pasto** carta 27/45000 (10%).

PESCHE Isernia 431 C 24 – Vedere Isernia.

PESCHICI 71010 Foggia 988 ㉘, 431 B 30 – 4 329 ab. – a.s. luglio-15 settembre – ✪ 0884.

Vedere Guida Verde.

Escursioni Promontorio del Gargano★★★ SE.

Roma 400 – ◆Foggia 114 – ◆Bari 199 – Manfredonia 80 – ◆Pescara 199.

🏨 **Solemar** ⅋, località San Nicola E : 3 km ✆ 964186, Fax 964188, ≤, « In pineta », ⌇,
   ⚓ – ☎ ℗. 🖭 🕃 ⓞ E VISA. ✸ rist
   20 maggio-20 settembre – **Pasto** (solo per clienti alloggiati) – ⊇ 8000 – **58 cam** 90/120000 –
   ½ P 65/95000.

🏨 **D'Amato,** località Spiaggia O : 1 km ✆ 963415, Fax 963391, 🛁, ⌇, ☞, ✕ – 🍽 rist ☎ ♿
   ⇦ ℗. 🕃 ✸
   Pasqua-settembre – **Pasto** carta 25/30000 – **50 cam** ⊇ 84/140000 –
   ½ P 80/120000.

🏠 **Morcavallo,** ✆ 964005, Fax 962081, ≤ – 🛗 🍽 📺 ☎ ⇦ ℗. 🖭 🕃 ⓞ E VISA. ✸ rist
   giugno-settembre – **Pasto** carta 33/51000 – ⊇ 10000 – **30 cam** 80/110000 – ½ P 80/115000.

🏠 **Timiama,** via Libetta 71 ✆ 964321, ⌇ – ☎ ℗. 🕃 VISA. ✸ rist
   Pasqua-28 settembre – **Pasto** (solo per clienti alloggiati e chiuso sino a maggio) – **35 cam**
   ⊇ 50/100000 – ½ P 55/105000.

🏠 **Peschici,** via San Martino 31 ✆ 964195, ≤ mare – 🛗 ⊛ ℗. 🕃 E VISA. ✸
   15 marzo-ottobre – **Pasto** (solo per clienti alloggiati) 30/35000 – ⊇ 8500 – **42 cam** 65/90000
   – ½ P 50/90000.

✕✕ **La Grotta delle Rondini,** sul molo O : 1 km ✆ 964007, « In una grotta naturale con
   servizio estivo in terrazza sul mare » – 🖭 🕃 E. ✸
   Pasqua-ottobre – **Pasto** carta 34/58000 (10%).

✕ **La Collinetta** con cam, località Madonna di Loreto SE : 2 km ✆ 964151, ≤, Specialità di
   mare, « Servizio estivo in terrazza panoramica » – ℗. 🕃 VISA
   15 marzo-settembre – **Pasto** carta 41/64000 – ⊇ 10000 – **12 cam** 60/90000 – P 65/100000.

✕ **Frà Stefano,** via Forno 8 ✆ 964141, Cucina alla brace – 🍽. ✸
   Pasqua-settembre – **Pasto** carta 22/35000 (10%).

   a Manacore E : 6,5 km – ✉ 71010 Peschici :

🏨 **Gusmay** ⅋ E : 2 km ✆ 911016, Fax 911003, « In pineta », ⚓, ✕ – 🛗 🍽 ☎ ℗ – 🔬 25.
   🖭 🕃 ⓞ E VISA. ✸
   maggio-25 settembre – **Pasto** (solo per clienti alloggiati) – **61 cam** ⊇ 100/190000 – P 80/
   160000.

🏨 **Mira** ⅋, E : 5 km ✆ 911042, ⌇, ⚓, ☞, ✕ – 🛗 ☎ ℗. 🕃 E VISA. ✸
   Pasqua-settembre – **Pasto** 25/35000 – ⊇ 10000 – **47 cam** 90/140000 – ½ P 75/135000.

🏨 **Park Hotel Paglianza e Paradiso** ⅋, E : 3,5 km ✆ 911018, Fax 911011, « In pineta »,
   ⌇, ⚓, ✕ – 🛗 🍽 cam ☎ ℗. 🕃 E VISA. ✸ rist
   maggio-settembre – **Pasto** 30/35000 – **106 cam** ⊇ 95/140000 – ½ P 120/130000.

🏠 **La Rotonda** ⅋, E : 2 km ✆ 911130, « Giardino pineta in riva al mare » – 🍽 ☎ ℗. 🖭 🕃
   ⓞ E VISA. ✸
   maggio-settembre – **Pasto** vedere Hotel **Gusmay** – **16 cam** ⊇ 150/190000 – P 80/150000.

PESCHIERA BORROMEO 20068 Milano **428** F 9, **219** ⑲ – 18 549 ab. alt. 103 – ✿ 02.
Roma 573 – ◆Milano 18 – Piacenza 66.

Pianta d'insieme di Milano (Milano p. 7)

🏨🏨 **Country Hotel Borromeo,** all'idroscalo-lato Est ℰ 5475121, Fax 55300708 – 🛗 🌿 rist 🗏
📺 🖭 ⅄ 🅿 – 🔬 25. 🕮 🛐 ⓘ 🖃 🚾 🞘
51 cam, 3 appartamenti.　　　　　　　　　　　　　　　　　　　　CP **a**

🏨 **Montini** senza rist, località Plasticopoli ℰ 5475031, Fax 55300610 – 🛗 🗏 📺 🕿 ⅄ 🅿. 🕮
🛐 ⓘ 🖃 🚾 🞘　　　　　　　　　　　　　　　　　　　　　　　　　CP **c**
chiuso dal 7 al 21 agosto – **51 cam** 🖙 121/176000.

🞡🞡 **La Viscontina** con cam, località Canzo ℰ 5470391, Fax 55302460, � – 🗏 📺 🕿 🅿. 🕮
🛐 ⓘ 🚾 🞘　　　　　　　　　　　　　　　　　　　　　　　　　　　CP **z**
chiuso dal 10 al 20 agosto – **Pasto** (chiuso mercoledì) carta 48/70000 – **14 cam** 🖙 120/
180000 – ½ P 130/150000.

🞩 **Dei Cacciatori,** località Longhignana N : 4 km ℰ 7531154, In un cascinale lombardo,
« Servizio estivo in giardino » – 🅿. 🕮 🛐 ⓘ 🖃 🚾 🞘
chiuso domenica sera, lunedì, dal 1º al 6 gennaio e dal 9 al 31 agosto – **Pasto** carta 37/
65000.

PESCHIERA DEL GARDA 37019 Verona **988** ④, **428** **429** F 14 – 8 449 ab. alt. 68 – ✿ 045.
🛉 piazza Betteloni 15 ℰ 7550381.
Roma 513 – ◆Verona 23 – ◆Brescia 46 – Mantova 52 – ◆Milano 133 – Trento 97 – ◆Venezia 138.

🏨🏨 **Fortuna,** via Venezia 26 ℰ 7550111, Fax 7550111, 🌿 – 🛗 🗏 📺 🕿 ⅄ 🖘 🅿 – 🔬 150.
🕮 🛐 ⓘ 🖃 🚾 🞘 cam
Pasto (chiuso lunedì da ottobre a marzo) carta 38/77000 – 🖙 15000 – **42 cam** 120/150000 –
½ P 90/120000.

🏨 **Residence Hotel Puccini** senza rist, via Puccini 2 ℰ 7553933 (prenderà il 6401428),
Fax 7553397 o 6401419, 🌂 – 🛗 🗏 📺 🕿 🅿. 🕮 🛐 🖃 🚾 🞘
🖙 14000 – **32 cam** 130000.

🏨 **San Marco,** lungolago Mazzini 15 ℰ 7550077, Fax 7550336, ≤ – 🛗 🗏 📺 🕿 🅿 – 🔬 60

🏠 **Vecchio Viola,** via Milano 5/7 ℰ 7551666, Fax 7553865 – 🛗 📺 🕿 ⅄ 🅿. 🛐 🚾 🞘
Pasto (chiuso martedì) carta 29/44000 – 🖙 7500 – **20 cam** 60/80000 – ½ P 65000.

🞩🞩 **Piccolo Mondo,** piazza del Porto 6 ℰ 7550025, Fax , Specialità di mare – 🛐 🖃 🚾
chiuso martedì sera, mercoledì, dal 22 dicembre al 15 gennaio e dal 21 al 30 giugno – **Pasto**
carta 46/66000.

🞩🞩 **Nuova Barcaccia,** località Madonna del Frassino SO : 1,5 km ℰ 7550790, Specialità di
mare – 🅿. 🕮 🛐 ⓘ 🖃 🚾 🝷☰
chiuso mercoledì e dal 10 gennaio al 10 febbraio – **Pasto** carta 36/63000.

a San Benedetto O : 2,5 km – ✉ 37010 San Benedetto di Lugana :

🏨 **Peschiera** �⍘, via Parini 4 ℰ 7550526, Fax 7550444, ≤, 🌂, 🌣 – 🛗 🕿 ⅄ 🅿. 🕮 🛐 ⓘ 🖃
🚾 🝷☰. 🞘
chiuso novembre – **Pasto** (chiuso a mezzogiorno e lunedì) 28/32000 – 🖙 15000 – **30 cam**
75/85000 – ½ P 65/78000.

🞩 **Papa** con cam, via Bella Italia 40 ℰ 7550476, Fax 7550589, 🌿, 🌂 – 🛗 🕿 🅿. 🕮 🛐 🖃 🚾
🞘
chiuso dal 5 novembre al 10 dicembre – **Pasto** (chiuso mercoledì) carta 26/39000 – 🖙 6000
– **19 cam** 50/65000 – ½ P 50/55000.

🞩 **Trattoria del Combattente,** strada Bergamini 60 ℰ 7550410, 🌿 – 🕮 🛐 🖃 🚾
chiuso lunedì – **Pasto** carta 33/51000.

PESCIA 51017 Pistoia **988** ⑭, **428** **429** **430** K 14 – 18 109 ab. alt. 62 – ✿ 0572.
Roma 335 – ◆Firenze 57 – Pisa 39 – Lucca 19 – ◆Milano 299 – Montecatini Terme 8 – Pistoia 30.

🏨🏨 **Villa delle Rose** 🌍, località Castellare ✉ 51012 Castellare di Pescia ℰ 451301,
Fax 444003, « Parco con 🌂 » – 🛗 🗏 📺 🕿 ⅄ 🅿 – 🔬 150 a 250. 🕮 🛐 ⓘ 🖃 🚾 🝷☰. 🞘
Pasto 39/50000 e al Rist. **Piazza Grande** (chiuso lunedì e martedì a mezzogiorno) carta
39/50000 – 🖙 13000 – **106 cam** 95/115000, 3 appartamenti.

🞩🞩 **Cecco,** via Forti 96 ℰ 477955, 🌿 – 🗏. 🕮 🛐 🖃 🚾
chiuso lunedì, dal 9 al 19 gennaio e dal 3 al 27 luglio – **Pasto** carta 28/48000 (13%).

🞩🞩 **La Fortuna,** via Colli per Uzzano 32/34 ℰ 477121, ≤, 🌿, Coperti limitati; prenotare –
🅿. 🛐 🖃 🚾. 🞘
chiuso a mezzogiorno (escluso i giorni festivi), lunedì ed agosto – **Pasto** carta 34/50000.

🞩 **La Buca,** piazza Mazzini 4 ℰ 477339 – 🛐 🖃 🚾. 🞘
chiuso martedì ed agosto – **Pasto** carta 34/49000.

PESCINA 07057 L'Aquila **430** P 22 – 4 687 ab. alt. 0863 – ✿ 0863.
Roma 145 – Avezzano 20 – Frosinone 89 – ◆Pescara 88.

🏠 **Valle del Giovenco,** via Rinaldi ℰ 841199, Fax 841187 – 📺 🕿 🅿 – 🔬 40. 🕮 🛐 ⓘ 🖃
🚾 🞘
Pasto carta 26/41000 – **18 cam** 🖙 50/80000 – ½ P 65000.

PESE Trieste – alt. 474 – ✉ **34012** Basovizza – ☎ 040.

Roma 678 – Gorizia 54 – ♦Milano 417 – Rijeka (Fiume) 63 – ♦Trieste 13.

a Draga Sant'Elia SO : 4,5 km – ✉ **34010** Sant'Antonio in Bosco :

X **Locanda Mario,** ☎ 228173, 🏡 – Ⓟ. AE Ⓢ ⓓ E VISA. ✗
chiuso martedì e dal 7 al 20 gennaio – **Pasto** carta 37/65000.

PETRIGNANO Perugia 430 M 19 – Vedere Assisi.

PETTENASCO **28028** Novara 428 E 7, 219 ⑥ – 1 221 ab. alt. 301 – ☎ 0323.

Roma 663 – Stresa 25 – ♦Milano 86 – Novara 48 – ♦Torino 122.

L'Approdo, ☎ 89346, Fax 89338, 🏡, « Grazioso giardino con ≤ lago e monti », ⛱ riscaldata, 🏖, 🌳, 🎾 – TV ☎ Ⓟ – 🏛 50 a 300. AE Ⓢ ⓓ E VISA. ✗ rist
Pasto *(chiuso lunedì da ottobre a marzo)* carta 45/69000 – ☕ 16000 – **71 cam** 135/180000 – ½ P 130/150000.

XX **Giardinetto** con cam, ☎ 89482, Fax 89219, ≤ lago, « Servizio in terrazza », 🏠, ⛱ riscaldata, 🏖, 🌳 – 🛗 TV ☎ Ⓟ. AE Ⓢ ⓓ E VISA
20 marzo-2 novembre – **Pasto** carta 42/65000 – ☕ 15000 – **50 cam** 90/140000 – ½ P 90/130000.

PFALZEN = Falzes.

Ferienreisen wollen gut vorbereitet sein.
Die ***Straßenkarten*** *und* ***Führer*** *von* ***Michelin***
geben Ihnen Anregungen und praktische Hinweise zur Gestaltung Ihrer Reise :
Streckenvorschläge, Auswahl und Besichtigungsbedingungen
der Sehenswürdigkeiten, Unterkunft, Preise... u. a. m.

PIACENZA **29100** Ⓟ 988 ⑬, 428 G 11 – 102 051 ab. alt. 61 – ☎ 0523.

Vedere Il Gotico★★ (palazzo del comune) : Statue equestri★★ B **D** – Duomo★ B **E**.

⛳18 Croara (chiuso martedì e gennaio) a Croara di Gazzola ✉ 29010 ☎ 977105, Fax 977100, per ④ : 21 km.

ℹ piazzetta dei Mercanti 10 ☎ 29324.

A.C.I. via Chiapponi 37 ☎ 335343.

Roma 512 ② – ♦Bergamo 108 ① – ♦Brescia 85 ② – ♦Genova 148 ④ – ♦Milano 64 ① – ♦Parma 62 ②.

Pianta pagina seguente

Grande Albergo Roma, via Cittadella 14 ☎ 323201, Telex 530874, Fax 330548, « Rist. con ≤ » – 🛗 ▤ TV ☎ 🚗. AE Ⓢ ⓓ E VISA. ✗ rist — B **a**
Pasto *(chiuso sabato e dal 1° al 21 agosto)* carta 38/58000 – ☕ 15000 – **90 cam** 135/160000 – ½ P 165000.

Nazionale senza rist, via Genova 35 ☎ 712000, Telex 531034, Fax 456013 – 🛗 ▤ TV ☎ 🚗 – 🏛 60. AE Ⓢ ⓓ E VISA — A **c**
69 cam ☕ 100/140000, 8 appartamenti.

Florida, senza rist, via Colombo 29 ☎ 592600, Fax 592672 – 🛗 TV ☎ Ⓟ – 🏛 50 — B **b**
50 cam.

Milano senza rist, viale Risorgimento 47 ☎ 336843, Fax 385101 – TV ☎ 🚗. AE Ⓢ ⓓ E VISA — B **e**
42 cam ☕ 110/145000.

XXX ✿ **Antica Osteria del Teatro,** via Verdi 16 ☎ 323777, Fax 384639, Coperti limitati; prenotare – ▤. AE Ⓢ ⓓ E VISA. ✗ — B **f**
chiuso domenica sera, lunedì, dal 1° al 15 gennaio e dal 1° al 25 agosto – **Pasto** 75/100000 carta 68/123000
Spec. Treccia di branzino con timo pomodoro e sale grosso, Costolette d'agnello pré salé agli aromi, Medaglione di fegato grasso d'oca marinato al Porto.

XX **Gotico,** piazza Gioia 3 ☎ 321940 – ▤. AE Ⓢ ⓓ E VISA. ✗ — B **w**
chiuso domenica e dal 10 al 25 agosto – **Pasto** carta 33/47000.

XX **Peppino,** via Roma 183 ☎ 329279, prenotare – AE ⓓ. ✗ — B **d**
chiuso lunedì, dal 1° al 10 gennaio e dal 23 luglio al 23 agosto – **Pasto** carta 40/58000.

XX **Ginetto,** piazza Sant'Antonino 8 ☎ 335785 – AE Ⓢ VISA. ✗ — B **k**
chiuso domenica, dal 23 dicembre al 7 gennaio ed agosto – **Pasto** carta 37/58000.

a San Nicolò per ④ : 4 km – ✉ **29010** :

XX **La Colonna,** ☎ 760651, 🏡 – ▤. AE Ⓢ ⓓ E VISA JCB. ✗
chiuso martedì ed agosto – **Pasto** carta 39/70000.

a Borghetto per ② : 10 km – ✉ **29010** :

X **Vecchia Osteria di Borghetto,** ☎ 504133 – Ⓟ. Ⓢ VISA
chiuso domenica sera, lunedì, dal 1° al 15 gennaio ed agosto – **Pasto** carta 34/48000.

PIACENZA

PIANAZZO Sondrio – Vedere Madesimo.

PIANCAVALLO Pordenone 429 D 19 – alt. 1 267 – alt. 1 267 – ⊠ **33081** Aviano – a.s. 5 febbraio-4 marzo, 22 luglio-20 agosto e Natale – Sport invernali : 1 267/1 830 m ≰10, ⫝̸ – ✆ 0434.

☍ (chiuso martedì) a Castel d'Aviano ⊠ 33081 ℰ 652305, Fax 660496, S : 2 km.

🖪 ℰ 655191, Fax 655354.

Roma 618 – Belluno 84 – ◆Milano 361 – Pordenone 30 – Treviso 81 – Udine 81 – ◆Venezia 111.

🏨 **Antares,** ℰ 655265, Fax 655265, ≼, Ⅰ₆, ⚏ – 🛗 📺 ☎ 🚗 ❷ – 🔬 250. 🝙 🝚 ◑ ⋿ 𝚅𝙸𝚂𝙰. ⅏
dicembre-Pasqua e giugno-10 settembre – **Pasto** (solo per clienti alloggiati) 35000 – ⚌ 15000 – **62 cam** 95/160000 – ½ P 110/130000.

🏨 **Regina,** ℰ 655166, Fax 655128, ≼ – ☎ ❷ 🝙 🝚 𝚅𝙸𝚂𝙰. ⅏
Pasto carta 27/43000 – ⚌ 8000 – **47 cam** 76/86000 – ½ P 62/80000.

PIAN DELL'ARMA Pavia e Piacenza – alt. 1 476 – ⊠ **27050** S. Margherita di Staffora – a.s. 15 giugno-agosto – ✆ 0383.

Roma 604 – Alessandria 82 – ◆Genova 90 – ◆Milano 118 – Pavia 86 – Piacenza 89.

a Capannette di Pej SE : 3 km – alt. 1 449 – ⊠ **29020** Zerba :

🏨 **Capannette di Pej** ⑤, ℰ (0523) 935129, ≼, Turismo equestre – ☎ ❷ 𝚅𝙸𝚂𝙰. ⅏
chiuso novembre – **Pasto** *(chiuso martedì)* carta 32/41000 – ⚌ 6000 – **23 cam** 45/65000 –
½ P 50/60000.

PIAN DELLE BETULLE Lecco 219 ⑩ – Vedere Margno.

PIANELLO VAL TIDONE 29010 Piacenza – 2 306 ab. alt. 190 – ✆ 0523.

Roma 547 – ◆Genova 145 – ◆Milano 77 – Pavia 49 – Piacenza 35.

✗ **Trattoria Chiarone,** località Chiarone S : 5 km ℰ 998054 – ⅏
chiuso lunedì e luglio – **Pasto** carta 27/45000.

465

PIANFEI 12080 Cuneo 428 I 5 – 1 697 ab. alt. 503 – ✦ 0174.

Roma 629 – Cuneo 14 – ◆Genova 130 – Imperia 114 – ◆Torino 93.

🏨 **La Ruota,** strada statale Monregalese 5 ℘ 585701, Fax 585700, ☎, ⊥, ☞, ✕ – ⧉ ▤ 📺 ☎ ఉ ⇔ 🅿 – 🕍 40 a 250. ⬠ ⑤ ① E ⅦⓈ𝔸 JᴄB
Pasto vedere rist **La Ruota** – **61 cam** ⊑ 100/140000, 6 appartamenti – ½ P 80000.

✕ **La Ruota,** strada statale Monregalese 2 ℘ 585164 – ▤ 🅿. ⬠ ⑤ ① E Ⅴ𝐒𝐀 JᴄB
chiuso lunedì – **Pasto** carta 28/44000.

PIANI Imperia – Vedere Imperia.

PIANO D'ARTA Udine – Vedere Arta Terme.

PIANO DEL CANSIGLIO Belluno – Vedere Tambre.

PIANORO 40065 Bologna 988 ⑭ ⑮, 429 430 I 16 – 14 359 ab. alt. 187 – ✦ 051.

Roma 372 – ◆Bologna 14 – ◆Firenze 95.

🏨 **Park Hotel,** via Nazionale 67/69 (N : 3 km) ℘ 777811, Fax 774869, ⊥ – ⧉ ▤ 📺 ☎ ఉ ⇔ 🅿 – 🕍 100 a 400. ⬠ ① E Ⅴ𝐒𝐀. ✲
Pasto carta 40/62000 – **135 cam** ⊑ 290/314000.

a Pianoro Vecchio S : 2 km – ⊠ **40060** :

✕✕ **La Tortuga,** ℘ 777047, Coperti limitati; prenotare, « Servizio estivo in giardino ombreg-
giato » – 🅿. ⬠ ⑤ ① E Ⅴ𝐒𝐀
chiuso a mezzogiorno (escluso domenica), lunedì ed agosto – **Pasto** carta 50/65000.

PIANOSINATICO 51020 Pistoia 428 429 430 J 14 – alt. 948 – a.s. Pasqua, luglio-agosto e
Natale – ✦ 0573.

Roma 352 – ◆Firenze 79 – Pisa 77 – ◆Bologna 102 – Lucca 56 – ◆Milano 279 – ◆Modena 104 – Pistoia 42.

🏠 **Quadrifoglio,** ℘ 629229, ≼
Pasto (chiuso giovedì in bassa stagione) carta 25/35000 – ⊑ 7000 – **14 cam** 35/70000 –
½ P 65/70000.

✕ **Silvio,** ℘ 629204 – ⬠ ⑤ E Ⅴ𝐒𝐀. ✲
chiuso dal 17 al 24 aprile e dal 1° al 10 ottobre – **Pasto** 15/17000.

PIANO TORRE Palermo – Vedere Sicilia (Piano Zucchi) alla fine dell'elenco alfabetico.

PIANO ZUCCHI Palermo 432 N 23 – Vedere Sicilia alla fine dell'elenco alfabetico.

PIAZZA ARMERINA Enna 988 ㊱, 432 O 25 – Vedere Sicilia alla fine dell'elenco alfabetico.

PIAZZATORRE 24010 Bergamo 428 E 11 – 498 ab. alt. 868 – a.s. 20 luglio-20 agosto e Natale –
Sport invernali : 868/2 000 m ≼1 ≸5, ≰ – ✦ 0345.

Roma 650 – ◆Bergamo 49 – Foppolo 31 – ◆Milano 91 – San Pellegrino Terme 24.

🏠 **Milano,** ℘ 85027, Fax 85027, ≼ – ⧉ ☎ 🅿. ⑤ E Ⅴ𝐒𝐀. ✲ rist
chiuso ottobre e novembre – **Pasto** carta 28/45000 – ⊑ 9000 – **27 cam** 55/90000 –
½ P 60/75000.

PIAZZE Siena 430 N 17 – Vedere Cetona.

PICCHIAIE Livorno – Vedere Elba (Isola d') : Portoferraio.

PICEDO Brescia – Vedere Polpenazze del Garda.

PIEDIMONTE SAN GERMANO 03030 Frosinone 430 R 23 – 4 691 ab. alt. 126 – ✦ 0776.

Roma 122 – Formia 42 – Frosinone 48 – Isernia 56 – ◆Napoli 104.

🏠 **San Germano,** ℘ 404652, Fax 403319, ☞, ☞ – ⧉ ▤ rist 📺 ☎ 🅿. ⬠ ⑤ ① E Ⅴ𝐒𝐀
Pasto (chiuso dal 23 al 29 dicembre) carta 37/56000 – **40 cam** ⊑ 50/85000 – ½ P 50/70000.

PIEGARO 06066 Perugia 430 N 18 – 3 581 ab. alt. 356 – ✦ 075.

Roma 156 – ◆Perugia 40 – ◆Firenze 147 – Orvieto 42.

🏠 **Da Elio,** N : 1 km ℘ 8358017, Fax 8358005, ☞ – ⧉ 📺 ⇔ 🅿. ⑤ Ⅴ𝐒𝐀
Pasto (chiuso lunedì escluso da luglio a settembre) carta 33/45000 – **28 cam** ⊑ 65/85000 –
½ P 55/60000.

PIENZA 53026 Siena 988 ⑮, 430 M 17 – 2 325 ab. alt. 491 – ✦ 0578.

Vedere Cattedrale★ : Assunzione★★ del Vecchietto – Palazzo Piccolomini★.

Roma 188 – Siena 52 – Arezzo 61 – Chianciano Terme 22 – ◆Firenze 120 – ◆Perugia 86.

🏨 **Il Chiostro di Pienza** senza rist, corso Rossellino 26 ℘ 748400, Fax 748440, ≼, « Chios-
tro quattrocentesco », ☞ – ⧉ 📺 ☎. ⬠ ⑤ ① E Ⅴ𝐒𝐀. ✲
26 cam ⊑ 120/160000.

🏨 **Corsignano,** ℘ 748501, Fax 748166 – 📺 ☎ 🅿. ⑤ E Ⅴ𝐒𝐀. ✲
chiuso dal 10 gennaio al 10 marzo – **Pasto** (chiuso martedì) carta 30/46000 – **36 cam**
⊑ 73/120000.

X **Dal Falco,** ℘ 748551, Fax 748551, 🍽 – AE 🅂 ⦿ E VISA. ✻
Pasto carta 25/40000.

X **La Buca delle Fate,** ℘ 748448 – AE 🅂 ⦿ E VISA
chiuso lunedì e dal 15 al 30 giugno – **Pasto** carta 29/41000.

sulla strada statale 146 NE : 7,5 km :

La Saracina senza rist, ✉ 53026 ℘ 748022, Fax 748022, ≤, « In un antico podere », ⛱, – TV ☎ P. AE 🅂 E VISA. ✻
4 cam ☐ 245/275000, appartamento.

PIETRACAMELA 64047 Teramo 430 O 22 – 349 ab. alt. 1 005 – a.s. febbraio-marzo, 23 luglio-agosto e Natale – Sport invernali : a Prati di Tivo: 1 450/2 008 m ⛷6 – ☎ 0861.

Roma 174 – L'Aquila 59 – ♦Pescara 78 – Rieti 104 – Teramo 31.

a Prati di Tivo S : 6 km – alt. 1 450 – ✉ **64047** Pietracamela :

Gran Sasso 3, ℘ 959639, Fax 959669, ≤ – TV ☎ 🚗. AE. ✻
Pasto carta 30/40000 – ☐ 5000 – **10 cam** 50/80000 – ½ P 70000.

PIETRA LIGURE 17027 Savona 988 ⑫, 428 J 6 – 9 559 ab. – ☎ 019.

ℹ piazza Martiri della Libertà 31 ℘ 625222, Fax 625223.

Roma 576 – ♦Genova 77 – Imperia 47 – ♦Milano 200 – Savona 31.

Royal, via Don Bado 129 ℘ 616192, Fax 616195, ≤, 🏖 – |♦| ▤ rist TV ☎. AE 🅂 ⦿ E VISA. ✻ rist
chiuso dal 16 ottobre al 15 dicembre – **Pasto** (solo per clienti alloggiati) – ☐ 15000 – **102 cam** 120/135000, 4 appartamenti – ½ P 68/118000.

Paco, via Crispi 63 ℘ 615715, Fax 615716, ⛱, ✻ – |♦| TV ☎ 🚗 P. AE 🅂 ⦿ E VISA. ✻ rist
5 maggio-settembre – **Pasto** (solo per clienti alloggiati) – ☐ 13000 – **44 cam** 110/135000 – ½ P 69/103000.

Azucena, viale della Repubblica 76 ℘ 615810 – |♦| P. 🅂 E VISA. ✻
chiuso ottobre e novembre – **Pasto** (*chiuso martedì escluso da giugno a settembre*) 25000 – ☐ 10000 – **28 cam** 70/95000 – P 60/80000.

XX **Bacco,** corso Italia 113 ℘ 615307, Specialità di mare, prenotare – ▤. AE 🅂 ⦿ E VISA. ✻
chiuso da gennaio al 10 febbraio e lunedì (escluso luglio-settembre) – **Pasto** carta 56/83000.

X **A Ciappa,** via N. C. Regina 5 ℘ 624231 – 🅂 ⦿ E VISA
chiuso lunedì e dal 4 al 30 novembre – **Pasto** carta 39/69000.

PIETRAMALA Firenze –Vedere Firenzuola.

PIETRANSIERI L'Aquila 430 Q 24, 431 B 24 – Vedere Roccaraso.

PIETRASANTA 55045 Lucca 988 ⑭, 428 429 430 K 12 – 24 756 ab. alt. 20 – a.s. Carnevale, Pasqua, 15 giugno-15 settembre e Natale – ☎ 0584.

⛳18 Versilia ℘ 881574, Fax 752272.

Roma 376 – Pisa 30 – ♦Firenze 104 – ♦Livorno 54 – Lucca 34 – Massa 11 – ♦Milano 241 – ♦La Spezia 47.

Palagi senza rist, piazza Carducci 23 ℘ 70249, Fax 71198 – |♦| ▤ TV ☎ ♿. AE 🅂 ⦿ E VISA
☐ 15000 – **19 cam** 95/140000.

XX **Martinatica,** località Baccatoio S : 1 km ℘ 792534, 🍽, « In un antico frantoio » – P. AE 🅂 ⦿ E VISA JCB
chiuso mercoledì e novembre – **Pasto** carta 48/58000.

X **Trattoria San Martino,** via Garibaldi 17 ℘ 790190
chiuso martedì e gennaio – **Pasto** carta 30/50000.

PIETRASANTA (Marina di) 55044 Lucca 988 ⑭, 430 K 12 – a.s. Carnevale, Pasqua, 15 giugno-15 settembre e Natale – ☎ 0584.

⛳18 Versilia ✉ 55045 Pietrasanta ℘ 881574, Fax 752272, N : 3 km.

ℹ a Tonfano, via Donizetti 14 ℘ 20331, Fax 24555.

Roma 378 – Pisa 33 – ♦Firenze 104 – ♦Livorno 54 – Lucca 34 – Massa 18 – ♦Milano 246 – ♦La Spezia 46.

Ermione, a Tonfano, viale Roma 183 ℘ 745852, Fax 745867, ≤, 🍽, « Giardino con ⛱ riscaldata », 🏖 – |♦| ▤ TV ☎ P. AE 🅂 ⦿ E VISA. ✻ rist
24 maggio-settembre – **Pasto** (solo per clienti alloggiati) 60/70000 – **35 cam** ☐ 210/310000 – ½ P 145/205000.

Lombardi, a Fiumetto, viale Roma 27 ℘ 745848, Fax 745861, ≤, ⛱, – |♦| ▤ TV ☎ P. AE 🅂 ⦿ E VISA. ✻ rist
15 aprile-15 ottobre – **Pasto** (solo per clienti alloggiati) – ☐ 25000 – **38 cam** 240/340000 – ½ P 185/230000.

🏨 **Battelli**, a Motrone, viale Versilia 189 ⌂ 20010, Fax 23592, « Giardino ombreggiato », ♨, ✗ – 🛗 🗏 cam ☎ ⇦ 🄿. ✻
15 maggio-settembre – **Pasto** (solo per clienti alloggiati) – ⌧ 20000 – **38 cam** 100/145000 – ½ P 112000.

🏨 **Joseph**, a Motrone, viale Roma 323 ⌂ 745862, Fax 22265, ≼, ☞ – 🛗 🗏 📺 ☎ 🄿. 🄰🄴 🄱 ✻ rist
Carnevale-ottobre – **Pasto** 25/40000 – ⌧ 12000 – **36 cam** 80/120000 – ½ P 75/115000.

🏨 **Venezia** ♨, a Motrone, via Firenze 48 ⌂ 745757, Fax 745373, ☞ – 🛗 🗏 📺 ☎ 🄿. 🄱 𝖵𝖨𝖲𝖠 ✻
25 maggio-20 settembre – **Pasto** (solo per clienti alloggiati) 35000 – ⌧ 10000 – **34 cam** 80/120000 – ½ P 75/125000.

🏨 **Grande Italia** ♨, a Tonfano, via Torino 5 ⌂ 20046, 🍽, ☞ – ☎ 🄿. ✻
giugno-19 settembre – **Pasto** 25/35000 – ⌧ 8000 – **23 cam** 60/90000 – ½ P 62/92000.

✗✗ **Il Baffardello**, località Fiumetto, via Ficalucci 46 ⌂ 21034, 🍽, Rist. e pizzeria – 🄿. 🄰🄴 🄱 🅾 🄴 𝖵𝖨𝖲𝖠
chiuso giovedì escluso da aprile a settembre – **Pasto** carta 49/70000.

Roma 253 – Benevento 13 – Foggia 109.

🏨 **Lombardi**, strada statale E : 1 km ⌂ 991206 e rist ⌂ 991144, Fax 991253, ⊿ – 🗏 📺 ☎ ⇦ 🄿. 🄰🄴 🄱 🅾 🄴 𝖵𝖨𝖲𝖠 ✻
Pasto *(chiuso martedì)* 35/60000 e al Rist. **Cosimo's** *(chiuso martedì)* carta 31/52000 (10 %) – **25 cam** ⌧ 70/115000 – ½ P 85/100000.

Roma 608 – Belluno 17 – Cortina d'Ampezzo 72 – ♦Milano 346 – Treviso 67 – ♦Venezia 96.

✗✗✗ ✿ **Dolada** ♨ con cam, a Plois ⌂ 479141, Fax 478068, ≼, prenotare, ☞ – 📺 ☎ 🄿. 🄰🄴 🄱 🅾 🄴 𝖵𝖨𝖲𝖠 🄹🄲🄱
chiuso febbraio – **Pasto** *(chiuso lunedì e martedì a mezzogiorno escluso luglio-agosto)* carta 50/75000 – ⌧ 10000 – **7 cam** 130000, appartamento – P 140000.
Spec. Lumache alla paesana, Zuppa "patora" d'orzo mais e fagioli, Petto d'anatra muta al profumo di lamponi.

✗ **Beyrouth** ♨ con cam, a Torres ⌂ 478056 – 🛗 🗏 ☎ 🄿. 🄰🄴 ✻
chiuso ottobre – **Pasto** *(chiuso lunedì)* carta 26/44000 – **18 cam** ⌧ 50/70000 – P 65/68000.

🎫 via 20 Settembre 18 ⌂31644, Fax 31645.
Roma 644 – Auronzo di Cadore 19 – Belluno 43 – Cortina d'Ampezzo 30 – ♦Milano 386 – Udine 143 – ♦Venezia 133.

🏨 **Sole**, ⌂ 32118 – 🛗 📺 ☎ ⇦
26 cam.

✗✗ **Gardenia** ♨ con cam, località Arzanie 14 ⌂ 32488, Fax 32757, prenotare – 📺 ☎ ⇦ 🄿. 🄰🄴 🄱 ✻
chiuso ottobre – **Pasto** *(chiuso lunedì escluso da giugno a settembre)* carta 36/55000 – **10 cam** ⌧ 80/120000 – ½ P 80000.

a Pozzale O : 2 km – alt. 1 054 – ✉ 32040 :

✗✗ **La Pausa**, ⌂ 30080, Coperti limitati; prenotare, « Chalet sulle piste con ≼ monti e lago » – 🄱 🄴 𝖵𝖨𝖲𝖠
chiuso domenica sera e lunedì da ottobre a marzo – **Pasto** carta 37/63000.

Roma 408 – ♦Bologna 32 – ♦Ferrara 37 – ♦Milano 209 – ♦Modena 39 – ♦Padova 105.

🏩 **Gd H Bologna e dei Congressi**, via Ponte Nuovo 42 ⌂ 6861070, Fax 974835, 🛠, ≋, ♨, ✗ – 🛗 🗏 📺 ☎ 🄿 – 🔬 30 a 2500. 🄰🄴 🄱 🅾 🄴 𝖵𝖨𝖲𝖠 ✻
Pasto al Rist. **I Gabbiani** carta 48/69000 – **142 cam** ⌧ 210/315000 – ½ P 195/245000.

✗✗ **Il Caimano**, via Campanini 14 ⌂ 974403 – 🗏. 🄰🄴 🄱 🅾 🄴 𝖵𝖨𝖲𝖠
chiuso lunedì e dal 1° al 15 luglio – **Pasto** carta 28/54000.

Roma 716 – Belluno 68 – Cortina d'Ampezzo 29 – ♦Milano 373 – Passo del Pordoi 17 – ♦Venezia 174.

🏨 **Cèsa Padon** ♨, ⌂ 7109, Fax 7460, ≼ monti e pinete, solo su prenotazione a mezzogiorno – ☎ 🄿. 🄴 𝖵𝖨𝖲𝖠 ✻
chiuso novembre – **Pasto** carta 26/41000 – ⌧ 14000 – **15 cam** 48/70000 – ½ P 52/78000.

Roma 579 – Belluno 42 – ♦Milano 318 – Trento 124 – Treviso 31 – Udine 95 – ♦Venezia 68.

🏨 **Loris** ♨, NE : 2 km ⌂ 82880, Fax 842383, ☞ – 🛗 📺 ☎ ♿ 🄿 – 🔬 150. 🄱 🅾 🄴 𝖵𝖨𝖲𝖠 ✻
Pasto *(chiuso martedì)* carta 44/70000 – ⌧ 18000 – **35 cam** 85/140000 – ½ P 90/105000.

a Solighetto N : 2 km – ✉ **31050** :

  ✗✗ **Da Lino** con cam, ℰ 842377, ㈜ – ⧖ ☎ ⓟ, ﷼ 🛇 ⓞ ℇ 𝘝𝘐𝘚𝘈
    chiuso Natale e luglio – **Pasto** *(chiuso lunedì)* carta 38/55000 – ⌷ 15000 – **10 cam** 85/
    105000 – ½ P 145000.

PIEVE FISSIRAGA 20070 Lodi 𝟺𝟸𝟾 G 10 – 870 ab. alt. 76 – ✿ 0371.

Roma 529 – ♦Milano 31 – ♦Bergamo 42 – ♦Brescia 60 – Cremona 50 – Pavia 31 – Piacenza 32.

  ✗ **La Sosta,** strada statale 235 O : 1,5 km ℰ 98046 – ⓟ. 🛇 ℇ 𝘝𝘐𝘚𝘈
    chiuso sabato – **Pasto** carta 25/43000.

PIEVE LIGURE 16030 Genova 𝟺𝟸𝟾 I 9 – 2 605 ab. – ✿ 010.

Roma 490 – ♦Genova 14 – ♦Milano 151 – Portofino 22 – ♦La Spezia 93.

  ✗ **Picco,** a Pieve Alta N : 2,5 km ℰ 3460234, « Servizio estivo in terrazza con ≤ mare e
    costa » – ⓟ, ﷼ 🛇 ⓞ ℇ 𝘝𝘐𝘚𝘈
    chiuso martedì, dal 25 gennaio al 5 febbraio e dal 6 al 20 novembre – **Pasto** carta 43/67000.

PIEVEPELAGO 41027 Modena 𝟿𝟾𝟾 ⑭, 𝟺𝟸𝟾 𝟺𝟸𝟿 𝟺𝟹𝟶 J 13 – 2 148 ab. alt. 781 – a.s. luglio-agosto
e Natale – ✿ 0536.

Roma 373 – Pisa 97 – ♦Bologna 100 – Lucca 77 – Massa 97 – ♦Milano 259 – ♦Modena 84 – Pistoia 63.

  🏠 **Bucaneve,** ℰ 71383 – ⧖ ☎ ⓟ. ⚛
    chiuso novembre – **Pasto** *(chiuso martedì)* carta 27/35000 – ⌷ 8000 – **25 cam** 48/80000 –
    ½ P 48/68000.

PIEVE SANTO STEFANO 52036 Arezzo 𝟿𝟾𝟾 ⑮, 𝟺𝟹𝟶 K 18 – 3 333 ab. alt. 431 – ✿ 0575.

Roma 247 – Arezzo 56 – ♦Firenze 100 – ♦Perugia 78 – Rimini 106 – Urbino 88.

  ✗ **Il Granducato** con cam, ℰ 799026, Fax 799026 – ⧖ ☎ ⓟ. ﷼ 🛇 ⓞ ℇ 𝘝𝘐𝘚𝘈. ⚛
    chiuso martedì escluso dal 15 giugno al 15 settembre – **Pasto** carta 24/50000.

PIEVESCOLA Siena 𝟺𝟹𝟶 M 15 – Vedere Casole d'Elsa.

PIGENO (PIGEN) Bolzano 𝟸𝟷𝟾 ⑳ – Vedere Appiano sulla Strada del Vino.

PIGNA 18037 Imperia 𝟿𝟾𝟾 ⑫, 𝟺𝟸𝟾 K 4, 𝟷𝟷𝟻 ⑲ – 1 054 ab. alt. 280 – ✿ 0184.

Roma 673 – ♦Genova 174 – Imperia 60 – ♦Milano 297 – San Remo 34 – Ventimiglia 21.

  ✗ **Terme** ⚘ con cam, SE : 0,5 km ℰ 241046 – ☎ ⓟ. 🛇 ⓞ ℇ 𝘝𝘐𝘚𝘈
    chiuso dal 10 gennaio all'11 febbraio – **Pasto** *(chiuso mercoledì escluso luglio-agosto e da
    novembre a maggio anche martedì sera)* carta 33/49000 – ⌷ 8000 – **17 cam** 45/55000 –
    ½ P 60/65000.

    Vedere anche : *Melosa (Colle della)* NE : 20 km.

PILA Aosta 𝟺𝟸𝟾 E 3, 𝟸𝟷𝟿 ⑫ – Vedere Aosta.

PILA 13020 Vercelli 𝟸𝟷𝟿 ⑤ – 114 ab. alt. 686 – ✿ 0163.

Roma 696 – ♦Milano 122 – Novara 76 – Vercelli 82.

  ✗ **Trattoria della Pace,** ℰ 71144 – ⚛
    chiuso martedì – **Pasto** carta 25/43000.

PILASTRO 43010 Parma 𝟺𝟸𝟾 𝟺𝟸𝟿 𝟺𝟹𝟶 H 12 – alt. 176 – a.s. luglio-agosto – ✿ 0521.

Roma 473 – ♦Parma 16 – ♦Milano 137 – Reggio nell'Emilia 36 – ♦La Spezia 113.

  🏠 **Ai Tigli,** ℰ 639006, Fax 637742, ⎡, ⚘ – ⧄ 🖻 ⧖ ☎ ⟲ ⓟ. ﷼ 🛇 ⓞ 𝘝𝘐𝘚𝘈. ⚛ rist
    chiuso agosto – **Pasto** *(chiuso lunedì)* carta 30/50000 – ⌷ 12000 – **22 cam** 78/110000 –
    ½ P 79/89000.

PILZONE 25040 Brescia 𝟺𝟸𝟾 E 12 – alt. 195 – ✿ 030.

Roma 583 – ♦Brescia 25 – ♦Bergamo 41 – Edolo 75 – Iseo 2 – ♦Milano 82.

  ✗✗ **La Fenice,** ℰ 981565, Coperti limitati; prenotare – ﷼ 𝘝𝘐𝘚𝘈
    chiuso giovedì, Natale, Capodanno e dal 15 al 31 agosto – **Pasto** carta 58/84000.

PINARELLA Ravenna 𝟺𝟹𝟶 J 19 – Vedere Cervia.

PINEROLO 10064 Torino 𝟿𝟾𝟾 ⑫, 𝟺𝟸𝟾 H 3 – 35 987 ab. alt. 376 – ✿ 0121.

Roma 694 – ♦Torino 41 – Asti 80 – Cuneo 63 – ♦Milano 185 – Sestriere 55.

  🏠 **Regina,** piazza Barbieri 22 ℰ 322157, Fax 374165 – ⧖ ☎ ⓟ. ﷼ 🛇 ℇ 𝘝𝘐𝘚𝘈
    chiuso dal 1º al 21 agosto – **Pasto** *(chiuso domenica sera e lunedì a mezzogiorno)* carta 33/
    54000 – ⌷ 14000 – **15 cam** 85/120000 – ½ P 115000.

  ✗✗ **Taverna degli Acaia,** corso Torino 106 ℰ 794727, prenotare – ⧄. ﷼ 🛇 ⓞ ℇ 𝘝𝘐𝘚𝘈 𝘑𝘊𝘉.
    ⚛
    chiuso lunedì e dal 15 al 30 agosto – **Pasto** carta 41/60000.

    ad Abbadia Alpina O : 1,5 km : – ✉ **10060** :

  ✗✗ Abbadia, ℰ 202079, prenotare

PINETO **64025** Teramo 🔲🔲🔲 ⑰ ㉗, 🔲🔲🔲 O 24 – 11 989 ab. – a.s. luglio-agosto – 🔲 085.

🏢 viale D'Annunzio 123 ℘ 9491745, Fax 9491745.

Roma 216 – ♦Pescara 31 – ♦Ancona 136 – L'Aquila 101 – Teramo 37.

🏨 **Residence,** viale D'Annunzio 207 ℘ 9490404, Fax 9490144, « Giardino ombreggiato con ⛲ », ♨ – 🛗 🕿 🅿. 🆎 🔲 ⑩ 🖅 🎶 rist
giugno-settembre – **Pasto** 30/50000 – **52 cam** ⊆ 130/160000 – ½ P 65/120000.

🏨 **Ambasciatori** ♨, via XXV Aprile ℘ 9492900, Fax 9493250, ≤, ♨ 📼 📺 🕿 🅿. 🆎 🔲 🖅 🎶
Pasto *(aprile-settembre; solo per clienti alloggiati)* 30/35000 – ⊆ 13000 – **23 cam** 90/118000 – ½ P 83/113000.

🍽🍽 **Pier delle Vigne,** a Borgo Santa Maria O : 2 km ℘ 9491071, ☂, « In campagna » – 🅿
chiuso dal 10 gennaio al 10 febbraio, martedì e da novembre a maggio anche domenica sera e lunedì – **Pasto** carta 30/54000.

PINO TORINESE **10025** Torino 🔲🔲🔲 G 5 – 8 441 ab. alt. 495 – 🔲 011.

Dintorni ≤★★ su Torino dalla strada per Superga.

Roma 655 – ♦Torino 10 – Asti 41 – Chieri 6 – ♦Milano 149 – Vercelli 79.

Pianta d'insieme di Torino (Torino p. 3)

🍽🍽 **La Griglia,** via Roma 77 ℘ 842540 – ▤. 🆎 🔲 ⑩ 🇪 🖅 🎶   HT **p**
chiuso mercoledì ed agosto – **Pasto** carta 43/65000.

🍽🍽 **Pigna d'Oro,** via Roma 130 ℘ 841019, Fax 841053, « Servizio estivo in terrazza panoramica » – 🅿. 🆎 🔲 ⑩ 🇪 🖅 🇯🇨🇧   HT **t**
chiuso lunedì e gennaio – **Pasto** carta 38/69000.

Lisez attentivement l'introduction : c'est la clé du guide.

PINZOLO **38086** Trento 🔲🔲🔲 ④, 🔲🔲🔲 🔲🔲🔲 D 14 – 2 963 ab. alt. 770 – a.s. 5 febbraio-Pasqua e Natale – Sport invernali : 770/2 100 m ⛄1 ⛷7, ⛷ – 🔲 0465.

Dintorni Val di Genova★★★ Ovest – Cascata di Nardis★★ O : 6,5 km.

🏢 via al Sole ℘ 51007, Fax 52778.

Roma 629 – ♦Bolzano 103 – ♦Brescia 103 – Madonna di Campiglio 14 – ♦Milano 194 – Trento 59.

🏨🏨 **Valgenova,** ℘ 51542, Fax 53352, ≤, ⭐, 🔲 – 🛗 ▤ rist 📺 🕿 🛋 🅿. 🔲 ⑩ 🇪 🖅 🎶
5 dicembre-25 aprile e 15 giugno-20 settembre – **Pasto** 30/36000 – ⊆ 14000 – **50 cam** 76/120000 – ½ P 63/130000.

🏨🏨 **Quadrifoglio,** ℘ 53600, ⭐ – 🛗 📺 🕿 & 🅿. 🆎 🔲 ⑩ 🖅 🎶 rist
4 dicembre-20 aprile e 15 giugno-settembre – **30 cam** (solo pens) – P 70/150000.

🏨 **Centro Pineta,** ℘ 52758, Fax 52311, 🚗 – 🛗 📺 🕿 🅿. 🎶
dicembre-aprile e giugno-settembre – **Pasto** 30/35000 – ⊆ 11000 – **24 cam** 120/160000 – ½ P 77/125000.

🏨 **Europeo,** ℘ 51115, Fax 52616, ≤, 🚗 – 🛗 📺 🕿 & 🛋 🅿. 🔲 🖅 🎶
chiuso ottobre e novembre – **Pasto** *(chiuso maggio)* 45/70000 – ⊆ 20000 – **41 cam** 110/170000 – ½ P 144/162000.

🏨 **Pinzolo Dolomiti,** ℘ 51024, Fax 51132 – 🛗 📺 🕿 🅿. 🆎 🔲 ⑩ 🇪 🖅 🎶
dicembre-aprile e giugno-settembre – **Pasto** 30/45000 – ⊆ 12000 – **44 cam** 70/120000 – ½ P 60/130000.

🏨 **Corona,** ℘ 501030, Fax 503853 – 🛗 🔆 rist 🕿 🅿. 🆎 🔲 ⑩ 🇪 🖅 🎶 rist
dicembre-aprile e giugno-settembre – **Pasto** 34/36000 – ⊆ 16000 – **45 cam** 80/136000 – ½ P 84/118000.

🏨 **Bepy Hotel** senza rist, S : 1 km ℘ 51641, ≤ – 🛗 📺 🕿 🅿. 🔲 🇪 🖅 🎶
dicembre-aprile e 25 giugno-settembre – **22 cam** ⊆ 55/100000.

🏨 **Beverly** ♨, ℘ 51158, ≤ – 🅿 🔲 🇪 🖅 🎶
chiuso maggio e novembre – **Pasto** *(chiuso martedì im bassa stagione)* 25/30000 – **25 cam** ⊆ 45/80000 – ½ P 60/80000.

🏨 **Ai Mughi,** ℘ 51242 – 🛗 🕿 🅿. 🎶
dicembre-aprile e giugno-settembre – **Pasto** 22/27000 – ⊆ 7000 – **18 cam** 63/105000 – ½ P 65/88000.

🏨 **Binelli** senza rist, ℘ 53208, Fax 53208 – 🛗 📺 🕿 & 🛋 🅿. 🆎 🔲 🇪 🖅
dicembre-5 maggio e 15 giugno-settembre – **16 cam** ⊆ 65/120000.

🍽🍽 **Mildas,** località Vadaione S : 1 km ℘ 52104, Coperti limitati; prenotare – 🅿. 🔲 🇪 🖅
chiuso lunedì, martedì a mezzogiorno, giugno ed ottobre – **Pasto** carta 55/81000.

🍽 **Shangri Là,** ℘ 51443 – 🆎 🔲 ⑩ 🇪 🖅 🎶
chiuso lunedì e novembre – **Pasto** carta 35/80000.

a Sant'Antonio di Mavignola NE : 5 km – alt. 1 122 – ✉ **38086** :

🏨 **Maso Doss** ♨, NE : 2,5 km ℘ 52758, « Ambiente rustico » – 🅿. 🎶 rist
6 dicembre-aprile e 15 giugno-settembre – **Pasto** 30/40000 – **6 cam** ⊆ 180000 – ½ P 74, 110000.

Vedere anche : *Val di Genova* NO : 7 km.

Roma 699 – ◆Milano 125 – Novara 79 – ◆Torino 141 – Varallo 20 – Vercelli 85.

XX **Giardini,** ℰ 71135, Coperti limitati; prenotare – **🅗 E** *VISA*. ℀
   chiuso lunedì e dal 7 al 20 settembre – **Pasto** carta 31/45000.

X **Dei Pescatori** con cam, ℰ 71156, Fax 71993 – 🛒 **TV** ☎. **AE 🅗 E** *VISA*. ℀
   Pasto *(chiuso martedì e dal 10 al 30 gennaio)* carta 30/48000 – � 7000 – **24 cam** 45/75000
   – ½ P 45/75000.

PIOMBINO 57025 Livorno **988** ⑭ ㉘, **430** N 13 – 36 750 ab. – a.s. 15 giugno-15 settembre –
❀ 0565.

Escursioni Isola d'Elba★.

🚢 per l'Isola d'Elba-Portoferraio giornalieri (1 h) – Navarma, via Pisacane 110 ℰ 225211;
Elba Ferries, piazzale Premuda ℰ 220956, Fax 220996; per l'Isola d'Elba-Portoferraio giornalieri
(1 h) e l'Isola d'Elba-Rio Marina-Porto Azzurro giornalieri (da 45 mn a 1 h 20 mn) – Toremar,
piazzale Premuda 13/14 ℰ 31100, Telex 590387, Fax 35294.

🚢 per l'Isola d'Elba-Portoferraio giornalieri (30 mn) e l'Isola d'Elba-Cavo giornalieri (20 mn) –
Toremar, piazzale Premuda 13/14 ℰ 31100, Telex 590387, Fax 35294.

Roma 264 – ◆Firenze 161 – Grosseto 77 – ◆Livorno 82 – ◆Milano 375 – Pisa 101 – Siena 114.

🏨 **Centrale,** piazza Verdi 2 ℰ 220188, Fax 220220 – 🛒 🔟 **TV** ☎ 🚗 – 🔬 60. **AE 🅗 ① E**
   VISA. ℀
   Pasto vedere rist **Centrale** – **40 cam** ⊐ 120/190000, appartamento – ½ P 125/165000.

🏨 **Collodi** senza rist, via Collodi 7 ℰ 224272, Fax 224382 – 🛒 **TV** ☎. **AE 🅗 E** *VISA*. ℀
   ⊐ 10000 – **27 cam** 75/100000.

XX **Centrale** - Hotel Centrale, piazza Edison 2 ℰ 221825 – ▤. **AE 🅗 ① E** *VISA*. ℀
   chiuso sabato, domenica e dal 22 dicembre al 7 gennaio – **Pasto** carta 40/60000.

   a Baratti NO : 11,5 km – ✉ **57020** Populonia :

X **Demos,** ℰ 29519, ≼, 🍽 – **AE 🅗 ① E** *VISA*. ℀
   chiuso martedì, gennaio e novembre – **Pasto** carta 38/52000.

PIOPPI 84060 Salerno **431** G 27 – a.s. luglio-agosto – ❀ 0974.

Dintorni Rovine di Velia★ SE : 10 km.

Roma 350 – Acciaroli 7 – ◆Napoli 144 – Salerno 98 – Sapri 108.

🏨 **La Vela,** ℰ 905025, Fax 905140, ≼, « Servizio rist. estivo sotto un pergolato », 🏖 – 🛒
   ☎ ❶.
   marzo-ottobre – **Pasto** 26/35000 (10%) e al Rist. **Il Grigliaro** carta 29/44000 (10%) – ⊐ 10000
   – **42 cam** 50/90000 – ½ P 75/90000.

PIOVE DI SACCO 35028 Padova **988** ⑤, **429** G 18 – 17 355 ab. alt. 5 – ❀ 049.

Roma 514 – ◆Venezia 43 – ◆Ferrara 88 – ◆Padova 18.

XX **Alla Botta,** via Botta 4 ℰ 5840827, Fax 9703761, Specialità di mare – ▤ **❶. AE 🅗 ① E**
   VISA *JCB*. ℀
   chiuso lunedì sera, martedì e dal 15 al 31 agosto – **Pasto** carta 35/70000.

PIOVEZZANO Verona – Vedere Pastrengo.

PISA 56100 **P** **988** ⑭, **428** **429** **430** K 13 – 98 810 ab. alt. 4 – ❀ 050.

Vedere Torre Pendente★★★ AY – Battistero★★★ AY – Duomo★★ AY: facciata★★★, pulpito★★★ di
Giovanni Pisano – Camposanto★ AY: ciclo affreschi Il Trionfo della Morte★★★, Il Giudizio
Universale★★, L'Inferno★ – Museo dell'Opera del Duomo★★ AY M2 – Museo di San Matteo★★
BZ – Chiesa di Santa Maria della Spina★★ AZ – Museo delle Sinopie★ AY M1 – Piazza dei
Cavalieri★ AY : facciata★ del palazzo dei Cavalieri ABY F – Palazzo Agostini★ ABY – Facciata★
della chiesa di Santa Caterina BY – Facciata★ della chiesa di San Michele in Borgo BY L – Coro★
della chiesa del Santo Sepolcro BZ – Facciata★ della chiesa di San Paolo a Ripa d'Arno AZ.

Dintorni San Piero a Grado★ per ⑤ : 6 km.

✈ Galileo Galilei S : 3 km BZ ℰ 500707 – Alitalia, via Corridoni (piazza Stazione) ✉ 56125
ℰ 48027.

🅑 piazza del Duomo ✉ 56126 ℰ 560464, Fax 40903.

A.C.I. via San Martino 1 ✉ 56125 ℰ 47333.

Roma 335 ③ – ◆Firenze 77 ③ – ◆Livorno 22 ⑤ – ◆Milano 275 ① – ◆La Spezia 75 ①.

Pianta pagina seguente

🏩 **Jolly Hotel Cavalieri,** piazza Stazione 2 ✉ 56125 ℰ 43290, Telex 590663, Fax 502242 –
   🛒 ▤ **TV** ☎ – 🔬 30. **AE 🅗 ① E** *VISA* *JCB*. ℀ rist   AZ **a**
   Pasto 45000 – **100 cam** ⊐ 260/350000 – ½ P 220/315000.

🏨 **Gd H. Duomo,** via Santa Maria 94 ✉ 56126 ℰ 561894, Telex 590039, Fax 560418 – 🛒 ▤
   TV ☎ – 🔬 200. **AE 🅗 ① E** *VISA*. ℀ rist   AY **c**
   Pasto 40/58000 – **94 cam** ⊐ 185/250000 – ½ P 160/210000.

🏨 **D'Azeglio** senza rist, piazza Vittorio Emanuele II 18 ✉ 56125 ℰ 500310, Fax 28017 – 🛒
   ▤ **TV** ☎. **AE 🅗 ① E** *VISA*. ℀   AZ **u**
   ⊐ 13000 – **29 cam** 148/190000.

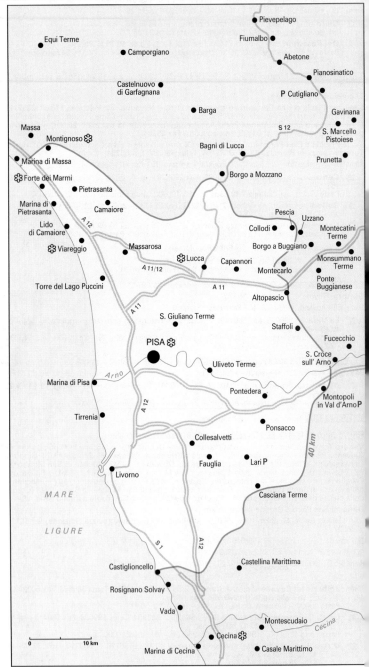

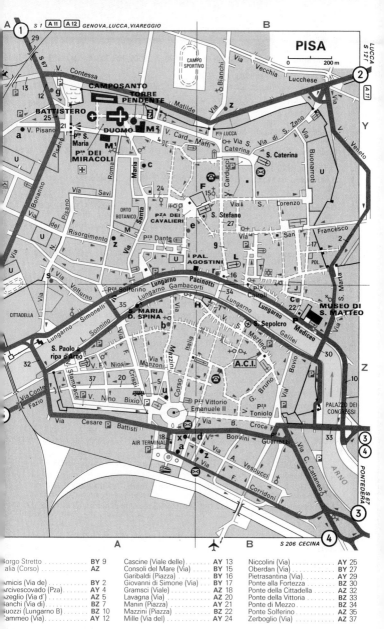

PISA

0   200 m

🏨 **Terminus** senza rist, via Colombo 45 ✉ 56125 ℰ 500303, Fax 500303 – 🛗 📺 ☎ 🅰🇪 🕃
⓪ 🇪 𝘝𝘐𝘚𝘈
BZ **z**
☲ 12000 – **55 cam** 88/116000.

🏨 **Europa Park Hotel** senza rist, via A. Pisano 23 ✉ 56122 ℰ 500732, Fax 554930, 🌳 – 📺
☎ 🅿 🅰🇪 🕃 ⓪ 🇪 𝘝𝘐𝘚𝘈
AY **a**
☲ 10000 – **13 cam** 110/120000.

🏠 **Touring** senza rist, via Puccini 24 ⊠ 56125 ℰ 46374, Fax 502148 – 📶 ▤ 📺 ☎. 🖭 🕄 ⓪ **E** *VISA*
AZ **x**
34 cam ⊡ 95/140000.

🏠 **Amalfitana** senza rist, via Roma 44 ⊠ 56126 ℰ 29000, Fax 25218 – 📶 ▤ 📺 ☎. 🖭 🕄 **E** *VISA*. ❀
AY **z**
⊡ 8000 – **21 cam** 60/85000.

XXX ❀ **Sergio,** lungarno Pacinotti 1 ⊠ 56126 ℰ 580580, Fax 580580 – ▤. 🖭 🕄 ⓪ **E** *VISA*.
BY **r**
chiuso dal 10 al 30 gennaio, dal 9 al 16 agosto, domenica e da giugno a settembre anche lunedì a mezzogiorno – **Pasto** 70/120000 bc e carta 67/112000
Spec. Taglierini con cappesante e filetti di zucchine, Gran misto del Tirreno alla griglia, Costoletta di vitello al cartoccio.

XX **Al Ristoro dei Vecchi Macelli,** via Volturno 49 ⊠ 56126 ℰ 20424, Coperti limitati; prenotare – ▤
AY **s**

XX **Emilio,** via Cammeo 44 ⊠ 56126 ℰ 562131, Fax 562096 – ❀▥ ▤ – ♨ 80. 🖭 🕄 ⓪ **E** *VISA*
AY **g**
chiuso venerdì – **Pasto** carta 35/53000.

XX **Il Nuraghe,** via Mazzini 58 ⊠ 56125 ℰ 44368, Rist. con specialità sarde – ▤. 🖭 🕄 ⓪ **E** *VISA*. ❀
AZ **b**
chiuso lunedì ed agosto – **Pasto** carta 34/56000.

X **Osteria dei Cavalieri,** via San Frediano 16 ⊠ 56126 ℰ 580858 – 🖭 🕄 ⓪ **E** *VISA*
chiuso sabato a mezzogiorno, domenica ed agosto – **Pasto** carta 29/46000.
AY **e**

X **Lo Schiaccianoci,** via Vespucci 104/a ⊠ 56125 ℰ 21024, Coperti limitati; prenotare – 🖭 🕄 ⓪ **E** *VISA*
ABZ **d**
chiuso domenica sera, lunedì ed agosto – **Pasto** carta 36/59000.

X **Alla Giornata,** via Santa Bibbiana 11 ⊠ 56127 ℰ 542504 – ▤. 🖭 🕄 ⓪ **E** *VISA*. ❀
BZ **c**
chiuso domenica – **Pasto** carta 25/40000.

X **Da Bruno,** via Bianchi 12 ⊠ 56123 ℰ 560818, Fax 550607 – ▤. 🖭 🕄 ⓪ **E** *VISA* JCB. ❀
BY **z**
chiuso lunedì sera, martedì e dal 15 al 18 agosto – **Pasto** carta 35/50000.

sulla strada statale 1 - via Aurelia

🏠 **RestHotel Primevère,** per ① : 7 km ⊠ 56010 Migliarino Pisano ℰ 86451606, Fax 803315, 🏡 – 📶 ❀▥ cam ▤ 📺 ☎ ♿ 🅿 – ♨ 50. 🖭 🕄 ⓪ **E** *VISA*. ❀
Pasto 28/32000 – **62 cam** ⊡ 140/170000 – ½ P 140/170000.

XX **La Rota,** per ① : 6,5 km ⊠ 56010 Madonna dell'Acqua ℰ 804443, Fax 803181, 🏡 – ▤ 🅿. 🖭 🕄 ⓪ **E** *VISA*
chiuso martedì – **Pasto** carta 35/52000.

X **Da Ugo,** per ① : 7,5 km ⊠ 56010 Migliarino Pisano ℰ 804455, 🏡 – 🅿. 🖭 🕄 ⓪ **E** *VISA*
chiuso lunedì e dal 9 al 22 agosto – **Pasto** carta 35/68000.

sulla strada statale 206 per ④ : 10 km :

X **Da Antonio,** via Arnaccio 105 ⊠ 56023 Navacchio ℰ 742494 – 🅿. 🖭 🕄 ⓪ **E** *VISA*
chiuso venerdì e dal 1° al 26 agosto – **Pasto** carta 35/50000.

Vedere anche : *Tirrenia* NO : 16 km.

MICHELIN, ad Ospedaletto per ④, via Barsanti 5/7 - ⊠ 56014 Ospedaletto di Pisa, ℰ 981261 Fax 985212.

PISA (Marina di) 56013 Pisa 👥👥👥 ⑭, 👥👥👥 👥👥👥 👥👥👥 K 12 – a.s. luglio-agosto – ❀ 050.
Roma 346 – Pisa 13 – ◆Firenze 103 – ◆Livorno 16 – Viareggio 31.

X **Gino,** via delle Curzolari 2 ℰ 35408, Specialità di mare – 🖭 🕄 ⓪ **E** *VISA* JCB. ❀
chiuso lunedì sera, martedì, da 4 all'11 gennaio e settembre – **Pasto** carta 42/64000.

X **L'Arsella,** via Padre Agostino 37 ℰ 36615, ≤, Specialità di mare – 🖭 🕄 ⓪ **E** *VISA*. ❀
chiuso martedì sera, mercoledì e dall'11 gennaio al 27 febbraio – **Pasto** carta 39/61000 (10%).

PISTOIA 51100 🅿 👥👥👥 ⑭, 👥👥👥 👥👥👥 👥👥👥 K 14 – 87 697 ab. alt. 65 – ❀ 0573.
Vedere Duomo★ B : dossale di San Jacopo★★★ – Battistero★ B – Chiesa di Sant'Andrea★ A pulpito★★ di Giovanni Pisano – Basilica della Madonna dell'Umiltà★ A A – Fregio★★ dell'Ospedale del Ceppo B – Visitazione★★ (terracotta invetriata di Luca della Robbia), pulpito★ e fianco Nord★ della chiesa di San Giovanni Fuorcivitas B D – Facciata★ del palazzo del comune B H.
🛈 piazza del Duomo (Palazzo dei Vescovi) ℰ 21622, Fax 34327.
A.C.I. via Ricciardetti 2 ℰ 32101.
Roma 311 ④ – ◆Firenze 36 ④ – ◆Bologna 94 ① – ◆Milano 295 ① – Pisa 61 ④ – ◆La Spezia 113 ④.

Pianta pagina seguente

🏠 **Milano** senza rist, viale Pacinotti 10/12 ℰ 975700, Fax 32657 – 📶 📺 ☎ 🅿 – ♨ 35. 🖭 ⓪ **E** *VISA*. ❀
A
⊡ 12000 – **55 cam** 80/130000.

🏠 **Patria,** via Crispi 8 ℰ 25187, Fax 368168 – 📺 ☎. 🕄 ⓪ **E** *VISA*. ❀
B
chiuso dal 24 dicembre al 6 gennaio e dal 1° al 15 agosto – **Pasto** (solo per clienti alloggiati, chiuso a mezzogiorno, sabato e domenica) carta 35/45000 (12%) – ⊡ 13500 – **28 cam** 78/116000 – ½ P 89/110000.

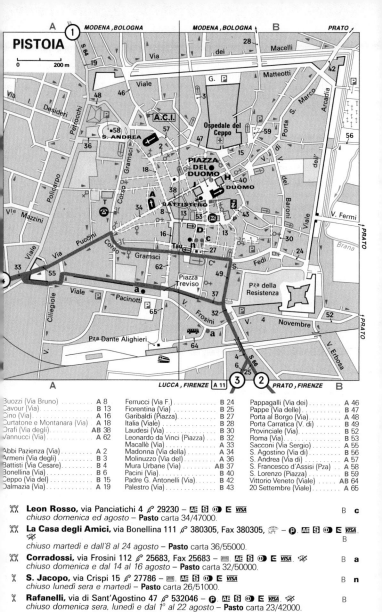

PISTOIA

0 200 m

MODENA, BOLOGNA — MODENA, BOLOGNA — PRATO

LUCCA, FIRENZE **A 11** ③ ② PRATO, FIRENZE

XX **Leon Rosso,** via Panciatichi 4 ℰ 29230 – 🅰🅴 🗟 ⓘ 🄴 𝓥𝓘𝓢𝓐   B **c**
chiuso domenica ed agosto – **Pasto** carta 34/47000.

XX **La Casa degli Amici,** via Bonellina 111 ℰ 380305, Fax 380305, ㄍㄅㄅ – 🅿 🅰🅴 🗟 ⓘ 🄴 𝓥𝓘𝓢𝓐. ⅏   B
chiuso martedì e dall'8 al 24 agosto – **Pasto** carta 36/55000.

XX **Corradossi,** via Frosini 112 ℰ 25683, Fax 25683 – 🗏 🅰🅴 🗟 ⓘ 🄴 𝓥𝓘𝓢𝓐. ⅏   B **a**
chiuso domenica e dal 14 al 16 agosto – **Pasto** carta 32/50000.

X **S. Jacopo,** via Crispi 15 ℰ 27786 – 🗏 🅰🅴 🗟 ⓘ 🄴 𝓥𝓘𝓢𝓐   B **n**
chiuso lunedì sera e martedì – **Pasto** carta 26/51000.

X **Rafanelli,** via di Sant'Agostino 47 ℰ 532046 – 🅿 🅰🅴 🗟 ⓘ 🄴 𝓥𝓘𝓢𝓐. ⅏   B
chiuso domenica sera, lunedì e dal 1º al 22 agosto – **Pasto** carta 23/42000.

a Spazzavento O : per ④ 4 km : – ⊠ 51100 Pistoia :

XX **Il Punto-dalla Sandra,** via Provinciale Lucchese ℰ 570267 – 🗏 🗟 ⓘ 🄴 𝓥𝓘𝓢𝓐
chiuso lunedì – **Pasto** carta 30/66000.

verso Montagnana E : 5 km per viale Mazzini A :

X **La Valle del Vincio-da Guido,** località Pieve a Celle ⊠ 51030 Montagnana ℰ 477012, ㄍㄅㄅ « Giardino con laghetto » – 🅿
chiuso lunedì sera, martedì e novembre – **Pasto** carta 36/50000.

sulla strada statale 64 per ① : 9 km :

X **La Cugna,** via Bolognese 236 ⊠ 51020 Corbezzi ℰ 475000 – ℗. ஊ ㏯ 🝔 E ⱱ𝘴𝘢. ※
chiuso mercoledì e dal 2 al 18 settembre – **Pasto** carta 27/41000.

a Piteccio per ① : 10 km – ⊠ 51030 :

XXX ❀ **Il Castagno di Pier Angelo,** località Castagno O : 3 km ℰ 42214, Fax 42214, solo su prenotazione a mezzogiorno, « Servizio estivo all'aperto », 🚗 – ℗. ㏯ 🝔 ⱱ𝘴𝘢. ※
chiuso lunedì, dal 1° al 15 gennaio, dal 16 al 26 agosto e novembre – **Pasto** carta 36/62000
Spec. Cozze ripiene al tonno, pomodoro e parmigiano con prezzemolata, Conchiglie al ragù di caciucco di frutti di mare, Piccione alle erbe in pastella di tre farine.

a Sammommè per ① : 13,5 km – alt. 553 – ⊠ 51020 :

🏠 **Arcobaleno** ⏵, ℰ 470030, Fax 470147, ≤, 🍴, ⏌, 🚗, ※ – ☎ ℗ – 🔬 90. 🝔 E ⱱ𝘴𝘢
chiuso dal 10 gennaio al 10 febbraio – **Pasto** *(chiuso mercoledì)* 15/30000 – **33 cam**
⏛ 80/140000 – ½ P 55/95000.

PITIGLIANO 58017 Grosseto 𝟿𝟾𝟾 ㉘, 𝟺𝟹𝟶 O 16 – 4 329 ab. alt. 313 – ✿ 0564.
Roma 169 – Civitavecchia 91 – Grosseto 75 – Viterbo 69.

🏠 **Guastini,** piazza Petruccioli ℰ 616065, Fax 616652 – ☎
chiuso dal 20 gennaio al 5 febbraio – **Pasto** carta 34/46000 – ⏛ 9000 – **25 cam** 43/71000 –
½ P 63/86000.

PIZZO 88026 Vibo Valentia 𝟿𝟾𝟾 ㉚, 𝟺𝟹𝟷 K 30 – 8 544 ab. alt. 107 – ✿ 0963.
Roma 603 – Catanzaro 59 – ♦Cosenza 88 – Lamezia Terme (Nicastro) 33 – Paola 85 – ♦Reggio di Calabria 107.

🏨 **Marinella,** riviera Prangi N : 4 km ℰ 534864, Fax 534884, 🍴, 🚗 – 📱 🗏 📺 🝔 ⏪ ℗.
ஊ ㏯ ① E ⱱ𝘴𝘢 🇯🇨🇧. ※ rist
Pasto *(chiuso dal 23 dicembre al 2 gennaio)* carta 33/53000 – ⏛ 8000 – **36 cam** 90/120000
– ½ P 90/115000.

XX **Isolabella,** riviera Prangi N : 4 km ℰ 264128, Fax 264128, 🍴 – 🗏 ℗. 🝔 ① E ⱱ𝘴𝘢. ※
chiuso lunedì escluso luglio-agosto – **Pasto** carta 25/47000 (10%).

Read carefully the introduction it is the key to the Guide.

PLANAVAL Aosta 𝟸𝟷𝟿 ⑪ – Vedere Valgrisenche.

PLOSE Bolzano – alt. 2 446.
Vedere ✳✳✳.
Roma 708 – ♦Bolzano 67 – Bressanone 27 – ♦Milano 363.

POCENIA 33050 Udine 𝟺𝟸𝟿 E 21 – 2 561 ab. alt. 9 – ✿ 0432.
Roma 607 – Gorizia 53 – ♦Milano 346 – Pordenone 51 – ♦Trieste 73 – Udine 29.

a Paradiso NE : 7 km – ⊠ 33050 Pocenia.

X **Al Paradiso,** ℰ 777000, « Ambiente tipico » – ℗. ※
chiuso lunedì, martedì, dal 7 al 25 gennaio e dal 1° al 25 luglio – **Pasto** carta 26/42000.

POCOL Belluno – Vedere Cortina d'Ampezzo.

PODENZANA 54010 Massa 𝟺𝟸𝟾 𝟺𝟸𝟿 𝟺𝟹𝟶 J 11 – 1669 ab. alt. 32 – ✿ 0187.
Roma 419 – ♦Genova 108 – ♦Parma 99 – ♦La Spezia 25.

X Gavarina d'Oro, ℰ 410021, ≤ – ℗

POGGIBONSI 53036 Siena 𝟿𝟾𝟾 ⑭ ⑮, 𝟺𝟹𝟶 L 15 – 26 330 ab. alt. 115 – ✿ 0577.
Roma 262 – ♦Firenze 44 – Siena 29 – ♦Livorno 89 – Pisa 79.

🏨 **Villa San Lucchese** ⏵, località San Lucchese S : 1,5 km ℰ 934231, Fax 934729,
≤ dintorni, 🍴, ⏌, 🚗 – 📱 🗏 📺 🝔 ℗ – 🔬 70. ஊ ㏯ ① E ⱱ𝘴𝘢. ※
chiuso dal 10 gennaio al 10 febbraio – **Pasto** *(chiuso martedì)* carta 38/67000 – **36 cam**
⏛ 200/300000 – ½ P 130/180000.

🏠 **Europa** senza rist, via Senese 293 (S : 2 km) ℰ 933402, Fax 936069 – 📱 🗏 📺 ☎ ℗ –
🔬 100. ஊ ㏯ 🝔 ① E ⱱ𝘴𝘢. ※
⏛ 10000 – **41 cam** 65/100000.

XX **La Galleria,** galleria Cavalieri Vittorio Veneto 20 ℰ 982356, 🍴 – 🗏. ஊ 🝔 E ⱱ𝘴𝘢
chiuso martedì e dal 7 al 31 agosto – **Pasto** carta 30/65000.

X **Il Sole,** via Trento 5 ℰ 936283 – ஊ 🝔 E ⱱ𝘴𝘢
chiuso lunedì e luglio o agosto – **Pasto** carta 28/42000 (10%).

POGGIO Imperia – Vedere San Remo.

POGGIO Livorno 𝟺𝟹𝟶 N 12 – Vedere Elba (Isola d') : Marciana.

POGGIO A CAIANO 50046 Prato 430 K 15 – 7 947 ab. alt. 57 – ✆ 055.

Vedere Villa★.

Roma 293 – ◆Firenze 17 – ◆Livorno 99 – ◆Milano 300 – Pisa 75 – Pistoia 18.

🏨 **Hermitage** �’, via Ginepraia 112 ✆ 877040, Fax 8797057, ≤, ⅃, ☞ – 🛗 🗖 📺 ☎ 🅿 – 🔬 30 a 150. 🖭 🕄 ⓞ 🅔 🗺. ⚐ rist
  Pasto (chiuso domenica sera e venerdì) carta 32/56000 – ⇌ 12000 – **61 cam** 85/116000 – ½ P 84/112000.

POGGIO MIRTETO STAZIONE 02040 Rieti – alt. 242 – ✆ 0765.

Roma 59 – Rieti 47 – Terni 44 – Viterbo 73.

🏨 **Borgo Paraelios** ⚐, località Valle Collicchia N : 4 km ✆ 26267, Fax 26268, ≘ₛ, ⅃, 🖵 – 🗖 cam 📺 ☎ 🅿. 🖭 🕄 ⓞ 🅔 🗺. ⚐ rist
  Pasto (chiuso martedì) 90/130000 – **11 cam** ⇌ 300/400000, 2 appartamenti.

POGGIO RUSCO 46025 Mantova 988 ⑩, 429 H 15 – 6 095 ab. alt. 16 – ✆ 0386.

Roma 448 – ◆Verona 58 – ◆Ferrara 68 – Mantova 43 – ◆Milano 216 – ◆Modena 44.

🏨 **Savoia,** via Matteotti 248 ✆ 51033 – 📺 ☎ 🅿. 🖭 🕄 ⓞ 🅔 🗺 ᴊᴄʙ. ⚐
  Pasto (chiuso domenica) carta 25/40000 – ⇌ 10000 – **16 cam** 70/90000 – ½ P 65000.

POGLIANO MILANESE 20010 Milano 219 ⑱ – 7 371 ab. alt. 162 – ✆ 02.

Roma 595 – ◆Milano 20 – Como 41.

🍴🍴 **La Corte,** via Chiesa 36 ✆ 93258018, 🖙 – 🖭 🕄 🅔 🗺. ⚐
  chiuso domenica e dal 3 al 25 agosto – **Pasto** carta 45/68000.

🍴 **Settimo,** strada statale del Sempione ✆ 9340395 – 🅿. 🕄 🅔 🗺
  chiuso domenica e dal 16 al 25 agosto – **Pasto** carta 40/74000.

Les prix	Pour toutes précisions sur les prix indiqués dans ce guide, reportez-vous aux pages de l'introduction.

POGNANA LARIO 22020 Como 428 E 9, 219 ⑨ – 858 ab. alt. 307 – ✆ 031.

Roma 638 – Como 12 – ◆Milano 61.

🍴 **La Meridiana,** ✆ 378333, ≤, 🖙 – 🅿. 🕄 🅔 🗺. ⚐
  chiuso ottobre, dal 25 dicembre al 2 gennaio e mercoledì (escluso da giugno a settembre) – **Pasto** carta 29/49000.

POIRINO 10046 Torino 988 ⑫, 428 H 5 – 8 759 ab. alt. 249 – ✆ 011.

Roma 648 – ◆Torino 29 – Asti 34 – Cuneo 94 – ◆Milano 155.

🍴 **Del Moro,** ✆ 9450139, 🖙 – 🅿. 🕄
  chiuso martedì (escluso maggio), in agosto aperto la sera – **Pasto** carta 28/47000.

  a Favari O : 3 km – ✉ 10046 Poirino :

🍴🍴 **Le Lune,** ✆ 9453150 – 🗖 🅿. 🖭 🕄 ⓞ 🅔 🗺. ⚐
  chiuso agosto, domenica sera e lunedì (escluso i giorni festivi) – **Pasto** carta 32/56000.

POLCENIGO 33070 Pordenone 988 ⑤, 429 D 19 – 3 164 ab. alt. 40 – ✆ 0434.

Roma 592 – Belluno 61 – ◆Milano 331 – Pordenone 17 – Treviso 52 – ◆Trieste 129 – Udine 67 – ◆Venezia 81.

🍴🍴🍴 **Cial de Brent,** verso San Giovanni ✆ 748777, Fax 748778, 🖙 – 🅿 – 🔬 150. 🖭 🕄 🅔 🗺
  chiuso a mezzogiorno (escluso domenica), lunedì, dal 1° al 20 gennaio e dal 1° al 20 agosto – **Pasto** carta 59/82000.

🍴 **Al Gorgazzo-da Genio,** N : 1 km ✆ 74400, 🖙, ☞ – 🅿. 🖭 🕄 ⓞ 🅔 🗺
  chiuso martedì e dal 15 gennaio al 10 febbraio – **Pasto** carta 23/52000.

POLESINE PARMENSE 43010 Parma 428 429 G 12 – 1 505 ab. alt. 35 – ✆ 0524.

Roma 496 – ◆Parma 43 – ◆Bologna 134 – Cremona 23 – ◆Milano 97 – Piacenza 35.

🍴🍴 **Al Cavallino Bianco,** ✆ 96136, Fax 96136 – 🅿. 🖭 🕄 ⓞ 🅔 🗺 ᴊᴄʙ. ⚐
  chiuso martedì e dal 7 al 22 gennaio – **Pasto** carta 38/60000.

  a Santa Franca O : 2 km – ✉ 43010 Polesine Parmense :

🍴🍴 **Da Colombo,** ✆ 98114, Fax 98003, 🖙, prenotare – 🅿. 🖭 🕄 ⓞ 🅔 🗺. ⚐
  chiuso martedì, dal 10 al 30 gennaio e dal 20 luglio al 10 agosto – **Pasto** carta 41/59000.

POLICORO 75025 Matera 988 ㉙, 431 G 32 – 14 568 ab. alt. 31 – ✆ 0835.

Roma 487 – ◆Bari 134 – ◆Cosenza 136 – Matera 66 – Potenza 128 – ◆Taranto 68.

🏨 **Callà 2,** via Lazio ✆ 981098, Fax 981090 – 🛗 🗖 📺 ☎ 🅿. 🖭 🗺
  Pasto (chiuso venerdì) carta 26/54000 – ⇌ 10000 – **21 cam** 70/110000 – ½ P 85000.

  al lido SE : 4 km :

🏨 **Heraclea** ⚐, ✉ 75025 ✆ 910144, Fax 910144 – 🛗 🗖 📺 ☎ 🅿 – 🔬 250. 🖭 🕄 🗺. ⚐
  Pasto carta 25/43000 – ⇌ 7000 – **86 cam** 70/120000 – ½ P 70/85000.

POLIGNANO A MARE 70044 Bari 988 ㉘, 431 E 33 – 16 868 ab. – a.s. 21 giugno-settembre – ✆ 080.

Roma 486 – ◆Bari 36 – ◆Brindisi 77 – Matera 82 – ◆Taranto 70.

🏨 **Grotta Palazzese** ⌨, via Narciso 59 ☏ 740677, Fax 740767, ≼, « Servizio rist. estivo in una grotta sul mare » – 🗏 📺 ☎ ΑΕ 🛐 ⑩ Ε VISA. ⌨
Pasto carta 57/104000 – **20 cam** ☲ 120/170000 – ½ P 105/130000.

POLISTENA 89024 Reggio di Calabria 988 ㉘, 431 L 30 – 11 972 ab. alt. 239 – ✆ 0966.

Roma 652 – Catanzaro 120 – ◆Cosenza 138 – ◆Reggio di Calabria 73.

🏠 **Mommo,** ☏ 932233, Fax 932734 – 🛗 🗏 rist 📺 ☎ 🚗. ΑΕ 🛐 Ε VISA. ⌨
Pasto carta 22/31000 – ☲ 6000 – **34 cam** 45/65000 – ½ P 55000.

POLLEIN Aosta – Vedere Aosta.

POLLONE 13057 Biella 428 F 5 – 2 122 ab. alt. 622 – ✆ 015.

Roma 671 – Biella 9 – Novara 62 – ◆Torino 86 – Vercelli 52.

XX **Il Patio,** via Quintino Sella 12 ☏ 61568, ☞ – ⑨. 🛐 ⑩ Ε VISA
chiuso lunedì, martedì e dal 15 al 30 agosto – **Pasto** carta 36/53000.

XX **Il Faggio,** via Oremo 54 ☏ 61252 – ⑨. 🛐 ⑩ Ε VISA
chiuso lunedì e dal 1° al 23 gennaio – **Pasto** carta 35/57000.

POLPENAZZE DEL GARDA 25080 Brescia 428 429 F 13 – 1 579 ab. alt. 207 – ✆ 0365.

Roma 540 – ◆Brescia 36 – Mantova 79 – ◆Milano 129 – Trento 104.

a Picedo E : 1,5 km – ✉ 25080 Polpenazze del Garda :

X **Taverna Picedo,** ☏ 674103, ☂ – ⑨. ΑΕ 🛐 Ε VISA
chiuso dal 7 gennaio al 15 febbraio, lunedì, martedì a mezzogiorno da giugno a settembre tutto il giorno negli altri mesi – **Pasto** carta 32/50000.

POMEZIA 00040 Roma 988 ㉘, 430 Q 19 – 37 651 ab. alt. 108 – ✆ 06.

🏌 Torvaianica (chiuso lunedì) a Marina di Ardea ✉ 00040 ☏ 9133250, Fax 9133952, S : 8 km.

Roma 28 – Anzio 31 – Frosinone 105 – Latina 41 – Ostia Antica 32.

🏨 **Selene,** via Pontina ☏ 912901, Telex 613467, Fax 9121579, 🏊, ☞, ✗ – 🛗 🗏 📺 ☎ ⓺ 🖐 – 🏛 25 a 400. ΑΕ 🛐 ⑩ Ε VISA. ⌨
Pasto carta 50/80000 – **200 cam** ☲ 180/260000, 13 appartamenti – ½ P 150/160000.

🏨 **Enea Hotel,** via del Mare 83 ☏ 9107021, Telex 616105, Fax 9107021, ☎, 🏊 – 🛗 🗏 📺 ☎ 🖐 ⑨ – 🏛 25 a 300. ΑΕ 🛐 ⑩ Ε VISA. ⌨
Pasto carta 50/76000 – **92 cam** ☲ 155/210000 – ½ P 130/150000.

POMONTE Livorno 430 N 12 – Vedere Elba (Isola d') : Marciana.

POMPEI 80045 Napoli 988 ㉗, 431 E 25 – 25 173 ab. alt. 16 – a.s. maggio-15 ottobre – ✆ 081.

Vedere Foro★★★ : Basilica★★, Tempio di Apollo★★, Tempio di Giove★★ – Terme Stabiane★★ – Casa dei Vettii★★★ – Villa dei Misteri★★★ – Antiquarium★★ – Odeon★★ – Casa del Menandro★★ – Via dell'Abbondanza★★ – Fullonica Stephani★★ – Casa del Fauno★★ – Porta Ercolano★★ – Via dei Sepolcri★★ – Foro Triangolare★ – Teatro Grande★ – Tempio di Iside★ – Termopolio★ – Casa di Loreius Tiburtinus★ – Villa di Giulia Felice★ – Anfiteatro★ – Necropoli fuori Porta Nocera★ – Pistrinum★ – Casa degli Amorini Dorati★ – Torre di Mercurio★ : ≤★★ – Casa del Poeta Tragico★ – Pitture★ nella casa dell'Ara Massima – Fontana★ nella casa della Fontana Grande.

Dintorni Villa romana di Oplanti★★★ a Torre Annunziata O : 6 km.

🛈 via Sacra 1 ☏ 8507255;: agli Scavi, piazza Esedra ☏ 8610913, Fax 86321101.

Roma 237 – ◆Napoli 29 – Avellino 49 – Caserta 50 – Salerno 29 – Sorrento 28.

🏨 **Villa Laura** senza rist, via della Salle 13 ☏ 8631024, Fax 8504893, ☞ – 🗏 📺 ☎ 🚗. Α 🛐 ⑩ Ε VISA. ⌨
☲ 9000 – **24 cam** 60/120000.

🏨 **Forum,** via Roma 99 ☏ 8501170, Fax 8506132, ☞ – 🛗 🗏 📺 ☎. ΑΕ 🛐 ⑩ Ε VISA JCB. ⌨ rist
Pasto (solo per clienti alloggiati) – ☲ 7000 – **19 cam** 75/87000.

🏠 Calypso, senza rist, via Mazzini 93 ☏ 8505445, Fax 8505445 – 📺 ☎ ⑨. ΑΕ 🛐 ⑩ 🖐 VISA
10 cam.

XXX **Il Principe,** piazza Bartolo Longo 8 ☏ 8505566, Fax 8633342 – 🗏. ΑΕ 🛐 ⑩ Ε VISA JCB ⌨
chiuso lunedì escluso dal 15 giugno al 10 ottobre – **Pasto** carta 51/76000.

XX **President,** piazza Schettino 12 ☏ 8507245, Fax 8507245, ☂, Specialità di mare – 🗏. 🖐 🛐 ⑩ Ε VISA
chiuso lunedì e dal 10 al 25 agosto – **Pasto** carta 50/75000.

X **Zi Caterina,** via Roma 20 ☏ 8507447, Fax 8502607 – 🗏. ΑΕ 🛐 ⑩ Ε VISA. ⌨
chiuso martedì e dal 28 giugno all'8 luglio – **Pasto** carta 30/50000.

in prossimità dello svincolo Scafati-Pompei :

🏨 **Giovanna** ⌘ senza rist, ⌖ 80045 ℰ 8503535, Fax 8507323, ☞ – 🛗 ▤ 📺 ☎ 🅿 Ⓔ 𝘝𝘐𝘚𝘈.
☰ 11000 – **24 cam** 95/110000.

PONPONESCO 46030 Mantova 428 429 H 13 – 1 454 ab. alt. 23 – ✆ 0375.
Roma 459 – ◆Parma 33 – Mantova 38 – ◆Milano 154 – ◆Modena 56.

XXX **Il Leone** con cam, ℰ 86077, Fax 86077, « Caratteristiche decorazioni », ⌕ – 📺 ☎ –
🏤 30. ⅍ 🔂 ⓞ Ⓔ 𝘝𝘐𝘚𝘈. ⌘ rist
chiuso dal 27 dicembre al 27 gennaio – **Pasto** *(chiuso domenica sera e lunedì)* carta 45/
66000 – ☰ 9000 – **8 cam** 85/120000 – ½ P 120000.

PONDERANO 13058 Biella 219 ⑮ – 3 684 ab. alt. 357 – ✆ 015.
Roma 673 – Biella 4 – ◆Milano 100 – Vercelli 40.

XX **Gran Paradiso-da Valdo,** via Mazzini 63 ℰ 541979 – ▤. ⅍ 🔂. ⌘
chiuso mercoledì e dal 28 luglio al 22 agosto – **Pasto** carta 36/70000.

PONSACCO 56038 Pisa 988 ⑲, 428 429 430 L 13 – 12 151 ab. alt. 24 – ✆ 0587.
Roma 319 – Pisa 28 – ◆Firenze 59 – ◆Livorno 32 – Siena 88.

🏨 **Enrico,** via Gramsci 3 ℰ 731305, Fax 731305, ⌕ – ☎ 🅿. ⅍ 🔂 ⓞ Ⓔ 𝘝𝘐𝘚𝘈. ⌘
Pasto *(chiuso domenica)* carta 28/47000 (10%) – ☰ 8500 – **10 cam** 68/90000 – ½ P 55/
75000.

PONT Aosta 219 ⑫ – Vedere Valsavarenche.

PONTASSIEVE 50065 Firenze 988 ⑮, 429 430 K 16 – 20 393 ab. alt. 101 – ✆ 055.
Roma 263 – ◆Firenze 18 – Arezzo 67 – Forlì 91 – ◆Milano 317 – Siena 86.

🏩 **Moderno,** senza rist, via Londra 5 ℰ 8315541, Telex 574381, Fax 8315542 – 🛗 ▤ 📺 ☎
⌫ – 🏤 30 a 200. ⅍ 🔂 Ⓔ 𝘝𝘐𝘚𝘈
120 cam.

X **Girarrosto,** via Garibaldi 27 ℰ 8368048, ⌕ – 🅿. ⅍ 🔂 Ⓔ 𝘝𝘐𝘚𝘈
chiuso lunedì – **Pasto** carta 36/54000.

PONTE A CAPPIANO Firenze – Vedere Fucecchio.

PONTE A MORIANO Lucca 428 429 430 K 13 – Vedere Lucca.

PONTE ARCHE Trento 988 ④ – Vedere Lomaso.

PONTE BUGGIANESE 51019 Pistoia 428 429 430 K 14 – 7 295 ab. alt. 18 – ✆ 0572.
Roma 329 – ◆Firenze 57 – Pisa 48 – Lucca 23 – Pistoia 24.

X **Meucci** con cam, via Matteotti 79 ℰ 635017, Fax 635017 – 🛗 📺 ☎. ⅍ 🔂 Ⓔ 𝘝𝘐𝘚𝘈. ⌘ cam
Pasto *(chiuso mercoledì)* carta 29/53000 – ☰ 5000 – **15 cam** 62/89000 – ½ P 50/70000.

PONTECAGNANO 84098 Salerno 988 ㉘, 431 F 26 – 21 813 ab. alt. 28 – a.s. luglio-agosto –
✆ 089.
Roma 273 – Avellino 48 – ◆Napoli 68 – Salerno 9.

sulla strada statale 18 E : 2 km :

🏨 **1 + 1,** ⌖ 84098 ℰ 384177, Fax 849123 – 🛗 📺 ☎ 🅿 – 🏤 50. ⅍. ⌘
Pasto carta 26/39000 – ☰ 6000 – **40 cam** 55/88000 – ½ P 65000.

PONTECCHIO POLESINE 45030 Rovigo 429 G 17 – 1 367 ab. alt. 5 – ✆ 0425.
Roma 456 – ◆Ravenna 104 – ◆Ferrara 31 – ◆Milano 287 – Rovigo 7.

X **La Vecia,** località San Pietro ℰ 492601 – 🅿. 🔂 Ⓔ 𝘝𝘐𝘚𝘈. ⌘
chiuso lunedì, dal 2 al 10 gennaio ed agosto – **Pasto** carta 30/43000.

PONTE DELL'OLIO 29028 Piacenza 428 H 10 – 4 840 ab. alt. 210 – ✆ 0523.
Roma 548 – ◆Genova 127 – ◆Milano 100 – Piacenza 22.

X **Locanda Cacciatori** ⌘ con cam, località Castione E : 3 km ℰ 87105, ⌕ – ☎ ⌫ 🅿 –
🏤 100. ⅍. ⌘
chiuso gennaio – **Pasto** *(chiuso mercoledì)* carta 27/46000 – **13 cam** ☰ 50/60000 – ½ P 65/
75000.

Les Bonnes Tables

Nous distinguons à votre intention

certains hôtels (🏠 ... 🏨🏨🏨) et restaurants (X ... XXXXX) par ❀, ❀❀ ou ❀❀❀.

PONTEDERA 56025 Pisa 🔢 ⑭, 🔢 🔢 🔢 L 13 – 26 358 ab. alt. 14 – ✆ 0587.

Roma 314 – Pisa 25 – ◆Firenze 61 – ◆Livorno 32 – Lucca 28 – Pistoia 45 – Siena 86.

🏠 **Il Falchetto** senza rist, piazza Caduti di Cefalonia e Corfù 3 ✆ 212113, Fax 212113 – 🖪
☎. ⚠ 🔣 ⑩ 🄴 💳.
⌑ 9000 – **17 cam** 70/90000.

✗ **La Polveriera**, via Marconcini 54 ✆ 54765, Specialità di mare – ⚠ 🔣 ⑩ 🄴 💳. ✨
chiuso lunedì – **Pasto** carta 42/76000.

✗ **Aeroscalo**, via Roma 8 ✆ 52024 – ⚠ 🔣 ⑩ 🄴 💳. ✨
chiuso lunedì ed agosto – **Pasto** carta 32/44000 (10%).

✗ Baldini 2, viale IV Novembre 12 ✆ 292722, 🍽, Rist. e pizzeria

PONTE DI BRENTA Padova 🔢 F 17 – Vedere Padova.

PONTE DI LEGNO 25056 Brescia 🔢 ④, 🔢 🔢 D 13 – 1 984 ab. alt. 1 258 – a.s. febbraio
Pasqua, luglio-agosto e Natale – Sport invernali : 1 258/1 920 m ✦4, ✦; a Passo del Tonale
883/2 700 m ✦1 ✦12, ✦ (anche sci estivo) – ✆ 0364.

🔖 (giugno-settembre) ✆ 900306, Fax 91110.

🔳 corso Milano 41 ✆ 91122, Fax 91949.

Roma 677 – ◆Bolzano 107 – Bormio 42 – ◆Brescia 119 – ◆Milano 167 – Sondrio 64.

🔼 **Mirella**, ✆ 900500, Telex 305807, Fax 900530, ⬳, ☎, 🗾, 🍽, ✗ – 🛗 📺 ☎ ♿ 🚗 Ⓟ
🏋 30 a 300. ⚠ 🔣 ⑩ 🄴 💳. ✨ rist
Pasto carta 45/78000 – ⌑ 15000 – **61 cam** 180/200000 – ½ P 110/190000.

🔼 **Sorriso** ♨, ✆ 900488, Fax 91538, ⬳, 🍽, ✗ – 🛗 📺 ☎ ♿ 🔣 🄴 💳. ✨
dicembre-Pasqua e giugno-settembre – **Pasto** (solo per clienti alloggiati) 35/50000
20 cam ⌑ 110/180000 – ½ P 120/160000.

🏠 **Mignon**, ✆ 900480, Fax 900480, ⬳, 🍽 – 🛗 📺 ☎ 🚗 Ⓟ. 🔣. ✨ rist
Pasto (chiuso giovedì, maggio, ottobre e novembre) 30/35000 – ⌑ 10000 – **38 cam**
70/120000 – ½ P 95/108000.

✗✗ **Al Maniero** con cam, ✆ 900490, ⬳ – ☎ 🚗 Ⓟ. ⚠ 🔣 ⑩ 🄴 💳. ✨ rist
chiuso dall'8 al 22 gennaio – **Pasto** (chiuso lunedì) carta 35/55000 – ⌑ 8000 – **12 cam**
50/80000 – ½ P 72/106000.

✗ **Sporting**, ✆ 91775, ✗ – Ⓟ. ⚠ 🔣 ⑩ 🄴 💳. ✨
chiuso martedì e dal 5 al 20 giugno – **Pasto** carta 35/46000.

Vedere anche : **Tonale (Passo del)** E : 11 km.

PONTE DI NAVA Cuneo 🔢 J 5 – Vedere Ormea.

PONTE DI PIAVE 31047 Treviso 🔢 ⑤, 🔢 E 19 – 6 240 ab. alt. 10 – ✆ 0422.

Roma 563 – ◆Venezia 47 – ◆Milano 302 – Treviso 19 – ◆Trieste 126 – Udine 95.

a Levada N : 3 km – ✉ 31047 Ponte di Piave :

✗✗ **Al Gabbiano** con cam, ✆ 853205, Fax 853540, 🌳 – 🛗 ☰ rist 📺 ☎ Ⓟ. ⚠ 🔣 ⑩ 🄴 💳
✨ cam
Pasto (chiuso domenica) carta 39/68000 – ⌑ 10000 – **18 cam** 60/95000 – ½ P 80/85000.

PONTE DI TURBIGO Novara 🔢 ⑰ – Vedere Galliate.

PONTE IN VALTELLINA 23026 Sondrio 🔢 🔢 D 11 – 2 243 ab. alt. 500 – ✆ 0342.

Roma 709 – Edolo 39 – ◆Milano 148 – Sondrio 10 – Passo dello Stelvio 78.

✗✗ **Cerere**, ✆ 482294, ⬳, « In una antica dimora » – ⚠ 🔣 ⑩ 🄴 💳
chiuso mercoledì (escluso agosto) e dal 1° al 25 luglio – **Pasto** carta 32/47000.

PONTE NELLE ALPI 32014 Belluno 🔢 ⑤ – 7 579 ab. alt. 400 – ✆ 0437.

Roma 609 – Belluno 8 – Cortina d'Ampezzo 63 – ◆Milano 348 – Treviso 69 – Udine 109 – ◆Venezia 98.

sulla strada statale 51 :

✗✗ **Da Benito** con cam, località Pian di Vedoia N : 3 km ✉ 32014 ✆ 99420, Fax 990472, ⬳
🛗 📺 ☎ Ⓟ – 🏋 80. ⚠ ⑩ 🄴 💳. ✨
chiuso dal 15 luglio all'8 agosto – **Pasto** (chiuso domenica sera e lunedì) carta 33/50000
(10%) – ⌑ 10000 – **26 cam** 90/120000.

✗✗ **Alla Vigna**, località Cadola E : 2 km ✉ 32014 ✆ 999593, Fax 990559 – ⚠ 🔣 ⑩ 💳
chiuso martedì sera, mercoledì e dal 20 agosto al 10 settembre – **Pasto** carta 37/53000.

PONTERANICA 24010 Bergamo 🔢 E 11 – 7 082 ab. alt. 381 – ✆ 035.

Roma 608 – ◆Bergamo 8 – ◆Milano 55.

✗✗ **Parco dei Colli**, via Fustina 13 ✆ 572227, Fax 575525, 🍽 – Ⓟ. ⚠ 🔣 💳. ✨
chiuso mercoledì e dal 5 al 25 agosto – **Pasto** carta 29/57000.

PONTE SAN GIOVANNI Perugia 🔢 M 19 – Vedere Perugia.

PONTE SAN NICOLÒ 35020 Padova – 10 611 ab. alt. 11 – ۞ 049.

Roma 498 – ◆Venezia 40 – ◆Padova 8.

Pianta : vedere Padova

🏦 **Marconi**, località Roncaglia ℰ 8961422, Fax 8961514 – 📳 🗏 📺 ☎ ⇌ 🅿 – ⚿ 80. 🕮 🕲 ① E 𝚅𝙸𝚂𝙰. ℅ rist BX x
Pasto (solo per clienti alloggiati e *chiuso a mezzogiorno*) carta 43/69000 – � 13000 –
41 cam 100/142000 – ½ P 140/162000.

🟂🟂 **Alla Posta**, località Roncaiette S : 2 km ℰ 717409, Fax 8961012, �, Specialità di mare
– 🅿. 🕮 🕲 E 𝚅𝙸𝚂𝙰. ℅
chiuso domenica, lunedì a mezzogiorno ed agosto – **Pasto** carta 50/85000.

PONTE SANTA LUCIA Perugia – Vedere Foligno.

PONTE VALLECEPPI Perugia 𝟺𝟹𝟶 M 19 – Vedere Perugia.

PONTICINO 52020 Arezzo 𝟺𝟹𝟶 L 17 – alt. 255 – ۞ 0575.

Roma 217 – ◆Firenze 64 – Siena 55 – Arezzo 20.

🏠 **Country**, ℰ 898444, Fax 898040, 🌿 – 📳 🗏 rist 📺 ☎ 🅿 – ⚿ 50. 🕮 🕲 ① 𝚅𝙸𝚂𝙰. ℅
Pasto (chiuso venerdì e dal 1° al 18 agosto) 20/30000 – ⟿ 4500 – **14 cam** 80/90000 –
½ P 75/85000.

PONTIDA 24030 Bergamo 𝟺𝟸𝟾 E 10 – 2 667 ab. alt. 313 – ۞ 035.

Roma 609 – ◆Bergamo 14 – Como 43 – Lecco 26 – ◆Milano 52.

🟂🟂 **Hostaria la Marina**, località Grombosco N : 2 km ℰ 795063 – 🕮 🕲 ① E 𝚅𝙸𝚂𝙰. ℅
chiuso martedì – **Pasto** carta 33/49000.

PONTINVREA 17040 Savona 𝟿𝟾𝟾 ⑫, 𝟺𝟸𝟾 I 7 – 755 ab. alt. 425 – ۞ 019.

Roma 546 – ◆Genova 61 – Alessandria 77 – ◆Milano 173 – Savona 24 – ◆Torino 149.

a Il Giovo SE : 4 km – ⊠ 17040 Giovo Ligure :

🏠 **Ligure**, ℰ 705007 – 📺 🅿. 🕮 🕲 ① E 𝚅𝙸𝚂𝙰. ℅
chiuso gennaio e febbraio – **Pasto** (chiuso martedì da ottobre a giugno) carta 24/36000 –
⟿ 3500 – **31 cam** 35/65000 – ½ P 45/60000.

PONTREMOLI 54027 Massa-Carrara 𝟿𝟾𝟾 ⑬ ⑭, 𝟺𝟸𝟾 𝟺𝟸𝟿 𝟺𝟹𝟶 I 11 – 8 614 ab. alt. 236 – ۞ 0187.

Roma 438 – Carrara 53 – ◆Firenze 164 – Massa 55 – ◆Milano 186 – ◆Parma 81.

🏦 **Golf Hotel** ⑊, via Pineta 32 (O : 1 km) ℰ 831573, Fax 831591, ≤, 🌿 – 📳 📺 ☎ 🅿 –
⚿ 50 a 250. 🕮 🕲 ① E 𝚅𝙸𝚂𝙰. ℅ rist
Pasto (chiuso venerdì) carta 38/58000 – ⟿ 10000 – **74 cam** 72/115000 – ½ P 95000.

🟂🟂 **Cà del Moro**, via Casa Corvi ℰ 830588, 🌂 – 🅿. 🕮 🕲 ① E 𝚅𝙸𝚂𝙰
chiuso domenica sera, lunedì, dal 20 gennaio al 10 febbraio e dal 1° al 15 luglio – **Pasto**
carta 32/48000.

🟂 **Trattoria Pelliccia**, via Garibaldi 137 ℰ 830577 – 🕲 ① E 𝚅𝙸𝚂𝙰
chiuso martedì e febbraio – **Pasto** carta 36/56000.

🟂 **Da Bussè**, piazza Duomo 31 ℰ 831371, prenotare sabato-domenica
chiuso dal 1° al 20 luglio, la sera (escluso sabato-domenica) e venerdì – **Pasto** carta 32/
45000.

PONT SAINT MARTIN 11026 Aosta 𝟿𝟾𝟾 ②, 𝟺𝟸𝟾 F 5 – 3 788 ab. alt. 345 – a.s. luglio-agosto –
۞ 0125 – Vedere Guida Verde.

Roma 699 – Aosta 51 – Ivrea 24 – ◆Milano 137 – Novara 91 – ◆Torino 66.

🏦 Ponte Romano, piazza IV Novembre 14 ℰ 804320, Fax 807108 – 📳 📺 ☎
13 cam.

PONZA (Isola di) Latina 𝟿𝟾𝟾 ㉖, 𝟺𝟹𝟶 ㉟ – 3 319 ab. alt. da 0 a 280 (monte Guardia) – a.s. Pas-
qua e luglio-agosto – ۞ 0771.
La limitazione d'accesso degli autoveicoli è regolata da norme legislative – **Vedere** Località★.

⚓ per Anzio 15 giugno-15 settembre giornalieri (2 h 30 mn) e Formia giornalieri (2 h 30 mn)
– Caremar-agenzia Regine, molo Musco ℰ 80565, Fax 80565; per Terracina giornaliero (2 h) –
Trasporti Marittima Mazzella, via Santa Maria ℰ 809965 e Anxur Tours, viale della Vittoria 40
ℰ 723978, Telex 680594, Fax 726691.

⚓ per Formia giornalieri (1 h 20 mn) – Caremar-agenzia Regine, molo Musco ℰ 80565, Fax
80565 e Agenzia Helios, molo Musco ℰ 80549; per Anzio giornalieri (1 h 10 mn) – Trasporti
Marittimi Mazzella, via Santa Maria ℰ 809965 e Agenzia Helios, molo Musco ℰ 80549.

Ponza – ⊠ 04027

🏦 **Cernia** ⑊, ℰ 809951, Fax 809954, « Terrazza-giardino con ⌁ », ℅ – 🗏 📺 ☎ ⇌ 🅿 –
⚿ 150. 🕮 🕲 ① E 𝚅𝙸𝚂𝙰 𝙹𝙲𝙱. ℅
aprile-ottobre – **Pasto** (solo per clienti alloggiati) – **48 cam** ⟿ 185/310000 – ½ P 150/
210000.

🏠 **Bellavista** ⑊, ℰ 80036, Fax 80395, ≤ scogliera e mare – 📳 📺 ☎. 🕮 🕲 E 𝚅𝙸𝚂𝙰. ℅
chiuso dal 15 dicembre al 15 gennaio – **Pasto** 40/50000 – **24 cam** ⟿ 114/160000 –
½ P 150/160000.

XX **Gennarino a Mare** con cam, ℰ 80071, Fax 80140, ≤ mare e porto, « Servizio estivo in terrazza sul mare » – 🔟 ☎. 쎄 🕄 ⓞ 🗲 𝕍𝕀𝕊𝔸 ᴊᴄʙ. ❀
   Pasto *(chiuso giovedì escluso da giugno a settembre)* carta 50/60000 (10%) – **12 cam** ⇆ 230/300000 – ½ P 170/210000.

X **Acqua Pazza,** ℰ 80643, ≤, ☆, Coperti limitati; prenotare – 쎄 🕄. ❀
   chiuso gennaio e febbraio – **Pasto** carta 43/65000 (10%).

X **La Kambusa,** ℰ 80280, Fax 80280, ☆ – 쎄 🕄 ⓞ 🗲 𝕍𝕀𝕊𝔸
   giugno-settembre – **Pasto** carta 36/50000.

PONZANO VENETO 31050 Treviso 𝟜𝟚𝟡 E 18 – 7 557 ab. alt. 28 – ✿ 0422.

Roma 546 – ◆Venezia 40 – Belluno 74 – Treviso 5 – Vicenza 62.

XX **Trattoria da Sergio,** via Fanti 14 ℰ 967000, Fax 967000 – ✦ ℗. 쎄 🕄 🗲 𝕍𝕀𝕊𝔸 ᴊᴄʙ. ❀
   chiuso domenica, dal 24 dicembre al 1° gennaio e dal 1° al 20 agosto – **Pasto** carta 34/54000.

   a Paderno di Ponzano NO : 2 km – ⊠ 31050 Ponzano Veneto :

XXX **Relais el Toulà** ⟲ con cam, via Postumia 63 ℰ 969191, Fax 969994, ☆, prenotare, « Parco con ⟩ » – 🔟 ☎ ℗. 쎄 🕄 ⓞ 🗲 𝕍𝕀𝕊𝔸. ❀ rist
   Pasto carta 70/97000 (15%) – ⇆ 20000 – **9 cam** 250/400000, appartamento – ½ P 255/300000.

PONZONE 15010 Alessandria 𝟜𝟚𝟠 I 7 – 1 118 ab. alt. 606 – ✿ 0144.

Roma 579 – ◆Genova 87 – Acqui Terme 13 – Alessandria 47 – ◆Milano 143 – Savona 48.

X **Malò** con cam, piazza Garibaldi 1 ℰ 78124 – 🕄. ❀ cam
   Pasto *(chiuso mercoledì)* carta 24/42000 – ⇆ 8000 – **14 cam** *(aprile-15 ottobre)* 37/60000 – ½ P 45000.

POPPI 52014 Arezzo 𝟡𝟠𝟠 ⑮, 𝟜𝟚𝟡 𝟜𝟛𝟘 K 17 – 5 592 ab. alt. 437 – ✿ 0575.

Vedere Cortile★ del Castello★ – 🎿 Casentino (chiuso martedì e Natale) ℰ520167, Fax 520167.

Roma 247 – Arezzo 33 – ◆ Firenze 58 – ◆ Ravenna 118.

🏨 **Parc Hotel,** via Roma 214 (località Ponte) ℰ 529994, Fax 529984, ☆, ⤳, ☞ – 🗐 🔟 ☎ ⟸ ℗. 쎄 🕄 🗲 𝕍𝕀𝕊𝔸. ❀
   Pasto *(chiuso venerdì escluso dal 15 giugno al 15 settembre)* carta 24/42000 – ⇆ 12000 – **28 cam** 75/110000 – ½ P 60/100000.

X **Campaldino** con cam, località Ponte, via Roma 95 ℰ 529008, Fax 529032 – 🔟 ☎. 쎄 🕄 ⓞ 🗲 𝕍𝕀𝕊𝔸. ❀
   Pasto *(chiuso dal 1° al 15 luglio e mercoledì escluso agosto)* carta 27/46000 – ⇆ 8000 – **10 cam** 65/80000 – ½ P 55/65000.

PORCIA 33080 Pordenone 𝟜𝟚𝟡 E 19 – 13 110 ab. alt. 29 – ✿ 0434.

Roma 608 – Belluno 64 – ◆Milano 333 – Pordenone 4 – Treviso 54 – ◆Trieste 117.

XX **Gildo,** ℰ 921212, ☆, ☞ – ℗ – 🏂 150. 🕄 ⓞ 🗲 𝕍𝕀𝕊𝔸 ᴊᴄʙ. ❀
   chiuso domenica sera, lunedì, dal 1° al 10 gennaio e dal 1° al 20 agosto – **Pasto** carta 35/50000.

XX **Casetta,** località Palse S : 1 km ℰ 922720, Coperti limitati; prenotare – 🗐 ℗. 쎄 🕄 ⓞ 🗲 𝕍𝕀𝕊𝔸. ❀
   chiuso mercoledì ed agosto – **Pasto** carta 24/33000.

PORDENONE 33170 🅿 𝟡𝟠𝟠 ⑤, 𝟜𝟚𝟡 E 20 – 50 226 ab. alt. 24 – ✿ 0434.

🎿 (chiuso martedì) a Castel d'Aviano ⊠ 33081 ℰ 652305, Fax 660496, NO : 10 km.

🅱 corso Vittorio Emanuele 38 ℰ 521912, Fax 523814 – **A.C.I.** viale Dante 40 ℰ 208965.

Roma 605 – Belluno 66 – ◆Milano 343 – Treviso 54 – ◆Trieste 113 – Udine 51 – ◆Venezia 93.

🏨 **Villa Ottoboni,** piazzetta Ottoboni 2 ℰ 208891, Fax 208148 – 🛗 🗐 🔟 ☎ ⟸ ℗ – 🏂 100. 쎄 🕄 ⓞ 🗲 𝕍𝕀𝕊𝔸. ❀
   Pasto *(chiuso sabato sera, domenica, dal 26 dicembre al 6 gennaio ed agosto)* carta 45/60000 – **93 cam** ⇆ 160/220000, 3 appartamenti.

🏨 **Palace Hotel Moderno,** viale Martelli 1 ℰ 28215, Fax 520315 – 🛗 🗐 rist 🔟 ☎ – 🏂 150. 쎄 🕄 ⓞ 🗲 𝕍𝕀𝕊𝔸. ❀
   Pasto *(chiuso venerdì)* carta 50/65000 – ⇆ 20000 – **107 cam** 110/150000 – ½ P 110000.

🏨 **Park Hotel,** senza rist, via Mazzini 43 ℰ 27901, Fax 522353 – 🛗 🗐 🔟 ☎ ♿ ℗. 쎄 🕄 ⓞ 🗲 𝕍𝕀𝕊𝔸. ❀
   64 cam ⇆ 92/135000.

XXX **Noncello,** viale Marconi 34 ℰ 523014 – 🗐. 쎄 🕄 ⓞ 𝕍𝕀𝕊𝔸
   chiuso sabato a mezzogiorno, domenica ed agosto – **Pasto** carta 32/47000 (10%).

XX **Da Zelina,** piazza San Marco 13 ℰ 27290, Fax 27588 – 쎄 ⓞ 𝕍𝕀𝕊𝔸
   chiuso sabato a mezzogiorno, lunedì e dal 14 al 30 agosto – **Pasto** carta 40/64000.

   Vedere anche : *San Quirino* N : 9 km.

Belluno e Trento – alt. 2 239.

Vedere Posizione pittoresca★★★.

Roma 699 – Belluno 85 – ◆Bolzano 63 – Canazei 12 – Cortina d'Ampezzo 46 – ◆Milano 356 – Trento 116.

PORLEZZA 22018 Como 428 D 9, 219 ⑨ – 3 933 ab. alt. 271 – ✆ 0344.

Vedere Lago di Lugano★★.

Roma 673 – Como 47 – ◆Lugano 16 – ◆Milano 95 – Sondrio 80.

XX **Regina** con cam, ✆ 61228, Fax 61228, ≤ – 🛊 📺 ☎. 🖭 🕼 ⑩ 🄴 𝑉𝐼𝑆𝐴
chiuso dall'11 gennaio al 28 febbraio – **Pasto** (chiuso lunedì escluso dal 15 giugno al 15 settembre) carta 30/46000 – ☑ 9000 – **22 cam** 50/80000 – ½ P 65/75000.

PORRETTA TERME 40046 Bologna 988 ⑭, 428 429 430 J 14 – 4 673 ab. alt. 349 – Stazione termale (maggio-ottobre), a.s. luglio-20 settembre – ✆ 0534.

🎗 piazza Libertà 74 ✆ 22021.

Roma 345 – ◆Bologna 59 – ◆Firenze 72 – ◆Milano 261 – ◆Modena 92 – Pistoia 35.

🏨 **Santoli**, via Roma 3 ✆ 23206, Fax 22744, 🐎, ♣ – 🛊 📺 ☎ 🚗. 🖭 🕼 ⑩ 🄴 𝑉𝐼𝑆𝐴. 🛠
Pasto (chiuso lunedì) carta 35/46000 – **48 cam** ☑ 110/150000 – ½ P 70/100000.

🏨 **Sassocardo** ♨, via della Piscina 2 ✆ 23075, Fax 24260, ≤, ♣ – 🛊 📺 📞 🅿. 🖭 🕼 ⑩ 🄴 𝑉𝐼𝑆𝐴. 🛠
marzo-novembre – **Pasto** 30000 – **57 cam** ☑ 140/200000 – ½ P 65/120000.

PORTESE Brescia – Vedere San Felice del Benaco.

PORTICELLO Palermo 432 M 22 – Vedere Sicilia (Santa Flavia) alla fine dell'elenco alfabetico.

PORTICO DI ROMAGNA 47010 Forlì 429 430 J 17 – alt. 301 – ✆ 0543.

Roma 320 – ◆Firenze 75 – Forlì 34 – ◆Ravenna 61.

🏠 **Al Vecchio Convento**, ✆ 967157, Fax 967053 – ☎. 🖭 🕼 ⑩ 🄴 𝑉𝐼𝑆𝐴. 🛠 rist
Pasto (chiuso mercoledì escluso da luglio al 15 settembre) carta 44/65000 – ☑ 12000 – **9 cam** 70/90000 – ½ P 90000.

PORTO ALABE Oristano 433 G 7 – Vedere Sardegna (Tresnuraghes) alla fine dell'elenco alfabetico.

PORTO AZZURRO Livorno 988 ㉔, 430 N 13 – Vedere Elba (Isola d').

PORTO CESAREO 73010 Lecce 988 ㉚, 431 G35 – 4 039 ab. – a.s. luglio-agosto – ✆ 0833.

Roma 600 – ◆Brindisi 52 – Gallipoli 30 – Lecce 27 – Otranto 59 – ◆Taranto 65.

🏨 **Lo Scoglio** ♨, su un isolotto raggiungibile in auto ✆ 569079, Fax 569078, ≤, 😊, 🐎,
🐎 – ☰ cam ☎ ♿ 🅿. 🖭 🕼 ⑩ 🄴 𝑉𝐼𝑆𝐴 𝐽𝐶𝐵. 🛠
chiuso novembre – **Pasto** (chiuso martedì escluso da giugno a settembre) carta 28/50000 –
45 cam ☑ 60/105000, ☰ 14000 – ½ P 93000.

XX **Il Veliero**, litoranea Sant'Isidoro ✆ 569201 – ☰. 🖭 🕼 ⑩ 🄴 𝑉𝐼𝑆𝐴
chiuso martedì e novembre – **Pasto** carta 35/58000.

X **Da Cosimino**, con cam, ✆ 569076, Fax 563043, ≤, 😊
26 cam.

a Torre Lapillo NO : 5 km – ✉ 73050 Santa Chiara di Nardò :

🏨 **L'Angolo di Beppe**, ✆ 565333 e rist ✆ 565305, Fax 565331, 🎣, 🕿 – 🛊 ☰ 📺 ☎ 🅿 –
🔬 90. 🖭 🕼 ⑩ 🄴 𝑉𝐼𝑆𝐴 𝐽𝐶𝐵. 🛠
Pasto (chiuso lunedì escluso luglio-agosto) carta 30/56000 – **19 cam** ☑ 90/150000 –
½ P 90/120000.

PORTO CONTE Sassari 433 F 6 – Vedere Sardegna (Alghero) alla fine dell'elenco alfabetico.

PORTO D'ASCOLI Ascoli Piceno 430 N 23 – Vedere San Benedetto del Tronto.

PORTO ERCOLE 58018 Grosseto 430 O 15 – a.s. Pasqua e 15 giugno-15 settembre – ✆ 0564.

Vedere Guida Verde.

Roma 159 – Civitavecchia 83 – ◆Firenze 190 – Grosseto 50 – Orbetello 7 – Viterbo 95.

🏨 **Don Pedro**, ✆ 833914, Fax 833129, ≤ porto, 😊 – 🛊 ☰ cam 📺 ☎ 🚗 🅿. 🖭 🕼 🄴 𝑉𝐼𝑆𝐴. 🛠
Pasqua-ottobre – **Pasto** carta 50/68000 – **44 cam** ☑ 155/175000 – ½ P 150000.

X **Il Gambero Rosso**, ✆ 832650, ≤, 😊, Specialità di mare – 🖭 🕼 ⑩ 🄴 𝑉𝐼𝑆𝐴
chiuso dal 20 gennaio al 20 febbraio, dal 7 al 20 novembre, mercoledì a mezzogiorno in luglio-agosto tutto il giorno negli altri mesi – **Pasto** carta 43/64000.

sulla strada Panoramica SO : 4,5 km :

🏰 **Il Pellicano** ♨, ✉ 58018 ✆ 833801, ≤ mare e scogliere, 😊, « Terrazze fiorite », 🏊 riscaldata, 🐎, 🐎, 🛠 – ☰ ☎ 🅿. 🖭 🕼 ⑩ 𝑉𝐼𝑆𝐴. 🛠
chiuso dal 10 gennaio al 24 marzo – **Pasto** 95000 – ☑ 30000 – **32 cam** 420/640000,
4 appartamenti – ½ P 325/435000.

PORTOFERRAIO Livorno 988 ㉘, 430 N 12 – Vedere Elba (Isola d').

PORTOFINO 16034 Genova 988 ⑬, 428 J 9 – 608 ab. – ✿ 0185.

Vedere Località e posizione pittoresca★★★ – ≼★★★ dal Castello.

Dintorni Passeggiata al faro★★★ E : 1 h a piedi AR – Strada panoramica★★★ per Santa Margherita Ligure Nord – Portofino Vetta★★ NO 14 km (strada a pedaggio) – San Fruttuoso★★ O : 20 mn di motobarca.

🖪 via Roma 35 ✆269024.

Roma 485 – ◆Genova 38 – ◆Milano 171 – Rapallo 8 – Santa Margherita Ligure 5 – ◆La Spezia 87.

🏨🏨 **Splendido** ⊗, ✆ 269551, Telex 281057, Fax 269614, ≼ promontorio e mare, 🏔, « Parco ombreggiato », ≋s, ⊒ riscaldata, ❝ – 🛗 ▤ cam 🔟 ☎ ⟲ 🅟 – 🚗 30 a 40. ㎒ 🛐 ⓞ ㊿ 🅥🅢🅐 🄹🄲🄱, ❝ rist
chiuso dal 3 gennaio al 22 marzo – **Pasto** carta 145/260000 – **63 cam** ⇌ 510/890000, 15 appartamenti 1210/1610000 – ½ P 450/900000.

🏨 **Piccolo Hotel,** ✆ 269654, Fax 269624, ≼, ⚓s, ≋ – 🛗 🔟 ☎ 🅟 – 🚗 180. ㎒ 🛐 ⓞ ㊿ 🅥🅢🅐, ❝ rist
marzo-2 novembre – **Pasto** *(chiuso giovedì)* 40/50000 – **23 cam** ⇌ 240/320000 – ½ P 160/240000.

🏨 **Nazionale** senza rist, ✆ 269575, Fax 269578 – 🔟 ☎. 🛐 ⓞ 🅥🅢🅐
16 marzo-novembre – ⇌ 20000 – 10 appartamenti 350/450000.

🏵🏵🏵 **Il Pitosforo,** ✆ 269020, Fax 269290, « Veranda con ≼ porticciolo » – ▤. ㎒ 🛐 ⓞ ㊿ 🅥🅢🅐, ❝
chiuso martedì – **Pasto** carta 98/123000 (15 %).

🏵🏵 **Delfino,** ✆ 269081, Fax 269394, ≼, 🏔 – ㎒ 🛐 ⓞ ㊿ 🅥🅢🅐, ❝
chiuso da gennaio a marzo e lunedì (escluso da giugno al 15 ottobre) – **Pasto** carta 71/95000 (15 %).

🏵🏵 **Da Puny,** ✆ 269037, ≼, 🏔 –
chiuso giovedì e dal 15 dicembre al 20 febbraio – **Pasto** carta 50/88000 (13 %).

PORTOFINO (Promontorio di) Genova – Vedere Guida Verde.

PORTO GARIBALDI Ferrara 988 ⑮, 430 H 18 – Vedere Comacchio.

PORTOGRUARO 30026 Venezia 988 ⑤, 429 E 20 – 24 733 ab. alt. 5 – ✿ 0421.

Vedere corso Martiri della Libertà★★ – Municipio★.

🖪 borgo Sant'Agnese 57 ✆ 274600, Fax 274600.

Roma 584 – Belluno 95 – ◆Milano 323 – Pordenone 28 – Treviso 60 – ◆Trieste 93 – Udine 62 – ◆Venezia 73.

🏨 **Antico Spessotto,** via Roma 2 ✆ 71040, Fax 71053 – 🛗 ▤ 🔟 ☎ 🅟. ㎒ 🛐 ⓞ ㊿ 🅥🅢🅐, ❝
Pasto vedere rist **Antico Spessotto** – ⇌ 8000 – **46 cam** 72/95000.

🏵🏵 **Antico Spessotto,** via Garibaldi 60/a ✆ 75458 – ▤. ㎒ 🛐 ⓞ ㊿ 🅥🅢🅐, ❝
chiuso domenica e dal 1° al 7 gennaio – **Pasto** 25/35000 e carta 36/52000.

🏵🏵 **Alla Botte** con cam, viale Pordenone 46 ✆ 760122, Fax 74833, ≋ – ▤ 🔟 ☎ 🅟 – 🚗 45. ㎒ 🛐 ⓞ ㊿ 🅥🅢🅐 🄹🄲🄱, ❝
Pasto *(chiuso domenica escluso da giugno al 19 settembre)* carta 40/57000 – ⇌ 9000 – **24 cam** 66/105000, ▤ 10000.

🏵 Cavallino, borgo Sant'Agnese 6 ✆ 73096.

Vedere anche : **Pradipozzo** O : 6 km.

PORTOMAGGIORE 44015 Ferrara 988 ⑮, 429 430 H 17 – 12 726 ab. alt. 3 – ✿ 0532.

Roma 435 – ◆Bologna 64 – ◆Ravenna 52 – ◆Ferrara 24.

🏵🏵 **Da Marisa,** ✆ 811194, Coperti limitati; prenotare – ▤. ㎒ 🛐 ㊿ 🅥🅢🅐, ❝
chiuso domenica sera, lunedì, dal 7 al 13 gennaio e dall'8 al 25 agosto – **Pasto** carta 27/58000.

PORTO MANTOVANO Mantova – Vedere Mantova.

PORTO MAURIZIO Imperia 988 ⑫ – Vedere Imperia.

PORTONOVO Ancona 430 L 22 – Vedere Ancona.

PORTOPALO DI CAPO PASSERO Siracusa 432 Q 27 – Vedere Sicilia alla fine dell'elenco alfabetico.

Gli alberghi o ristoranti ameni sono indicati nella guida con un simbolo rosso.

Contribuite a mantenere
la guida aggiornata segnalandoci
gli alberghi ed i ristoranti dove avete soggiornato piacevolmente.

🏨🏨🏨 ... 🏠

🏵🏵🏵🏵🏵 ... 🏵

PORTO POTENZA PICENA 62016 Macerata 430 L 23 – a.s. luglio-agosto – ✪ 0733.

Roma 284 – ◆Ancona 38 – Macerata 34 – ◆Pescara 120.

XXX La Villa, località Giardino Buonaccorsi O : 2,5 km ⊠ 62018 Potenza Picena ℰ 688917, 🍽️, prenotare, « In una villa patrizia del '700 con tipico giardino all'italiana » – 🍽️ ℗

XX **Nettuno,** Lungomare ℰ 688258, ≤, 🍽️
chiuso lunedì e dal 1° al 20 gennaio – **Pasto** carta 40/60000.

PORTO RECANATI 62017 Macerata 988 ⑯, 430 L 22 – 8 127 ab. – a.s. luglio-agosto – ✪ 071.

🅱 corso Matteotti 111 ℰ 9799084.

Roma 292 – ◆Ancona 29 – Ascoli Piceno 96 – Macerata 32 – ◆Pescara 130.

🏨 **Enzo,** corso Matteotti 21/23 ℰ 7590734 e rist ℰ 7590196, Fax 9799029 – 🛗 🧺 📺 ☎ ≐ ⟺ – 🍴 25. 🖭 🖽 ⓞ 🖪 VISA JCB. ✾ cam
Pasto al Rist. *Torcoletto (chiuso dal 15 gennaio al 15 febbraio e domenica sera dal 15 settembre a maggio)* carta 41/66000 – **21 cam** ⇌ 95/160000, 2 appartamenti – ½ P 115/140000.

🏨 **Mondial,** viale Europa 2 ℰ 9799169, Fax 7590095 – 🛗 📺 ☎ ⟺ ℗ – 🍴 30. 🖭 🖽 ⓞ 🖪 VISA JCB. ✾
Pasto *(chiuso domenica)* carta 25/47000 (10%) – ⇌ 8000 – **45 cam** 65/90000, 2 appartamenti – ½ P 60/80000.

X **Fatatis,** via Vespucci 2 (N : 2 km) ℰ 9799366, Fax 9799366, 🍽️ – 🖪 🖽 🖪 VISA
chiuso dal 9 al 31 gennaio e lunedì (escluso da giugno a settembre) – **Pasto** carta 33/58000.

PORTO ROTONDO Sassari 988 ㉔, 433 D 10 – Vedere Sardegna (Olbia) alla fine dell'elenco alfabetico.

Lesen Sie die Einleitung, sie ist der Schlüssel zu diesem Führer.

PORTO SAN GIORGIO 63017 Ascoli Piceno 988 ⑯ ⑰, 430 M 23 – 15 836 ab. – a.s. luglio-agosto – ✪ 0734.

🅱 via Oberdan 5 ℰ 678461, Fax 678461.

Roma 258 – ◆Ancona 64 – Ascoli Piceno 61 – Macerata 42 – ◆Pescara 95.

🏨 **Il Timone,** via Kennedy 61 ℰ 679505, Fax 679556 – 🛗 🧺 📺 ☎ ℗ – 🍴 50 a 100. 🖭 🖽 ⓞ 🖪 VISA ✾ rist
Pasto 35/55000 – ⇌ 10000 – **78 cam** 80/120000, appartamento – ½ P 100/110000.

🏨 **David Palace,** via Spontini ℰ 676848, Fax 676468, ≤, ⊥, 🐕ₒ – 🛗 🧺 📺 ☎ 📱 ⟺ ℗ – 🍴 120. 🖭 🖽 ⓞ 🖪 VISA ✾
Pasto 35/45000 e al Rist. *Davide* carta 37/57000 – ⇌ 10000 – **36 cam** 100/140000 – ½ P 85/120000.

🏨 **Garden,** via Cesare Battisti 6 ℰ 679414, Fax 676457 – 🛗 🧺 📺 ☎ – 🍴 100. 🖭 🖽 ⓞ 🖪 VISA
Pasto 35/55000 – ⇌ 12000 – **61 cam** 150/200000, 🧺 8000 – ½ P 90/120000.

🏨 **Il Caminetto,** lungomare Gramsci 283 ℰ 675558, Fax 673477, ≤ – 🛗 🧺 rist 📺 ☎ ℗. 🖭 🖽 ⓞ 🖪 VISA ✾ cam
Pasto *(chiuso lunedì)* carta 39/62000 – ⇌ 8000 – **26 cam** 90/130000 – ½ P 80/120000.

🏨 **Tritone,** via San Martino 26 ℰ 677104, Fax 677962, ≤, ⊥, 🐕ₒ, 🍽️ – 🛗 📺 ☎ ℗. 🖭 🖽 ⓞ 🖪 VISA ✾
Pasto carta 29/58000 – ⇌ 8000 – **36 cam** 60/90000 – ½ P 50/85000.

🏨 **Lanterna,** via 20 Settembre 298 ℰ 679073, Fax 679097 – 🛗 🧺 cam ☎. ✾ rist
giugno-settembre – **Pasto** 30000 – ⇌ 5000 – **39 cam** 60/100000 – P 80000.

XX Al Capitano, lungomare Gramsci ℰ 678100.

PORTO SAN PAOLO Sassari 433 E 10 – Vedere Sardegna alla fine dell'elenco alfabetico.

PORTO SANTA MARGHERITA Venezia – Vedere Caorle.

PORTO SANT'ELPIDIO 63018 Ascoli Piceno 988 ⑯, 430 M 23 – 15 015 ab. alt. 4 – ✪ 0734.

Roma 265 – ◆Ancona 53 – Ascoli Piceno 70 – ◆Pescara 103.

XX **Il Gambero,** via Mazzini 55 ℰ 900238 – 🖪 VISA ✾
chiuso domenica sera, lunedì ed agosto – **Pasto** carta 34/63000.

PORTO SANTO STEFANO 58019 Grosseto 988 ㉔ ㉕, 430 O 15 – a.s. Pasqua e 15 giugno-15 settembre – ✪ 0564.

Vedere ≤★ dal forte aragonese.

🚢 per l'Isola del Giglio giornalieri (1 h) – Toremar-agenzia De Dominicis, piazzale Candi ℰ 814615, Telex 590197.

🅱 corso Umberto 55/a ℰ 814208.

Roma 162 – Civitavecchia 86 – ◆Firenze 193 – Grosseto 53 – Orbetello 10 – Viterbo 98.

🏨 **Vittoria** 🦐, strada del Sole 65 ℰ 818580, Fax 818055, ≼ mare e costa, 🛠, ℀ – 📺 📺 ☜
℗
stagionale – **28 cam.**

🏨 **La Lucciola,** via Panoramica 245 ℰ 812976, Fax 812298 – 📺 📺 ☎. 🖭 ⑤ ⓪ **E** ⅦⅮ. ℀
chiuso gennaio – **Pasto** 45/50000 – ☲ 12000 – **59 cam** 60/110000 – ½ P 100/110000.

℀℀ **La Bussola,** piazza Facchinetti 11 ℰ 814225, 🖄, Specialità di mare – 🖭 ⑤ ⓪ **E** ⅦⅮ
ᴊᴄᴃ. ℀
chiuso mercoledì e novembre – **Pasto** carta 40/59000.

℀℀ **Armando,** via Marconi 1/3 ℰ 812568, 🖄, Specialità di mare – 🖭 ⓪
chiuso mercoledì e dal 1° al 25 dicembre – **Pasto** carta 43/60000 (15%).

℀℀ **Il Moresco,** via Panoramica località Cala Moresca SO: 6 km ℰ 824158, ≼ mare e Isola
del Giglio, 🖄, Specialità di mare – ℗. 🖭 ⑤ ⓪ **E** ⅦⅮ
chiuso martedì e febbraio – **Pasto** carta 52/87000.

℀℀ **Il Veliero,** via Panoramica 149 ℰ 812226, 🖄, Specialità di mare – 🖭 ⓪ ⅦⅮ. ℀
chiuso lunedì, dal 7 al 31 gennaio e dal 10 al 30 novembre – **Pasto** carta 40/56000.

℀ **La Fontanina di San Pietro,** S : 3 km ℰ 825261, Fax 825268, ≼, « Servizio estivo sotto
un pergolato » – ℗. 🖭 ⑤ ⓪ **E** ⅦⅮ
chiuso mercoledì e gennaio – **Pasto** carta 42/74000 (12%).

a Santa Liberata E : 4 km – ✉ **58010** :

🏨 **Villa Domizia,** ℰ 812735, Fax 812735, ≼ mare e costa, 🐜, 🖄 – 🗐 📺 ☎ ℗. 🖭 ⑤ ⓪
E ⅦⅮ. ℀
aprile-15 ottobre – **Pasto** *(chiuso martedì)* carta 45/58000 – **24 cam** ☲ 175000 – ½ P 100/
134000.

PORTOSCUSO Cagliari 𝟿𝟾𝟾 ㉝, 𝟺𝟹𝟹 J 7 – Vedere Sardegna alla fine dell'elenco alfabetico.

PORTO TOLLE 45018 Rovigo 𝟿𝟾𝟾 ⑮ – 11 046 ab. alt. 2 – ☎ 0426.
Roma 491 – ◆Ravenna 72 – ◆Ferrara 72 – ◆Venezia 87.

℀ **Da Brodon,** a Cà Dolfin E : 9 km ✉ 45010 Cà Dolfin ℰ 384021 – ℗. 🖭 ⑤ ⓪ **E** ⅦⅮ. ℀
chiuso lunedì e dal 1° al 15 luglio – **Pasto** carta 32/61000.

PORTO TORRES Sassari 𝟿𝟾𝟾 ㉓ ㉝, 𝟺𝟹𝟹 E 7 – Vedere Sardegna alla fine dell'elenco alfabetico.

PORTOVENERE 19025 La Spezia 𝟿𝟾𝟾 ⑬ ⑭, 𝟺𝟸𝟾 𝟺𝟸𝟿 𝟺𝟹𝟶 J 11 – 4 501 ab. – ☎ 0187.
Vedere Località★★.
Roma 430 – ◆Genova 114 – Massa 47 – ◆Milano 232 – ◆Parma 127 – ◆La Spezia 12.

🏨 **Royal Sporting,** ℰ 900326, Fax 529060, « Terrazza con 🛠 e ≼ » , 🖄, ℀ – 📺 🗐 📺 ☎
🕹 ⇆ – 🔬 70. 🖭 ⑤ ⓪ ⅦⅮ. ℀ rist
Pasqua-15 ottobre – **Pasto** carta 65/85000 – **62 cam** ☲ 150/270000 – ½ P 150/190000.

🏨 **Gd H. Portovenere,** ℰ 902610, Fax 900661, ≼ – 📺 🗐 📺 ☎ 🕹 ℗. 🖭 ⑤ ⓪ **E** ⅦⅮ ᴊᴄᴃ.
Pasto al Rist. **Al Co** *(chiuso lunedì)* carta 35/60000 – ☲ 20000 – **54 cam** 180/200000, 10
appartamenti – ½ P 125/210000.

🏨 **Paradiso,** ℰ 900612, Fax 902582, ≼ – 📺 ☎ 🕹. 🖭 ⑤ ⓪ **E** ⅦⅮ ᴊᴄᴃ. ℀ rist
Pasto *(chiuso mercoledì)* carta 36/49000 (15%) – **22 cam** ☲ 100/150000 – ½ P 100/120000.

℀℀ **Taverna del Corsaro,** ℰ 900622, Fax 900622, ≼ – 🖭 ⑤ ⓪ **E** ⅦⅮ
chiuso martedì, dal 1° al 22 giugno e dal 10 novembre al 5 dicembre – **Pasto** carta 54/86000
(10%).

℀ **Trattoria della Marina,** ℰ 900686, 🖄 – ⑤ **E**
chiuso giovedì e marzo – **Pasto** carta 50/60000.

a Le Grazie N : 3 km – ✉ **19022** Le Grazie Varignano :

🏨 **Della Baia,** ℰ 900797, Fax 900034, ≼, 🛠 – 📺 ☎ ℗. ⑤ **E** ⅦⅮ. ℀
Pasto *(chiuso mercoledì e gennaio)* 35/40000 – **37 cam** ☲ 90/130000 – ½ P 95/105000.

℀ **Il Gambero,** ℰ 900325 – 🖭 ⑤ **E** ⅦⅮ
chiuso lunedì, dal 15 al 31 gennaio e novembre – **Pasto** carta 34/55000 (10%).

POSADA Nuoro 𝟺𝟹𝟹 F 11 – Vedere Sardegna alla fine dell'elenco alfabetico.

POSITANO 84017 Salerno 𝟿𝟾𝟾 ㉗, 𝟺𝟹𝟷 F 25 – 3 650 ab. – a.s. Pasqua, giugno-settembre e
Natale – ☎ 089.
Vedere Località★★ – Dintorni Vettica Maggiore : ≼★★ SE : 5 km.
🛂 via del Saracino 4 ℰ 875067, Fax 875760.
Roma 266 – ◆Napoli 57 – Amalfi 17 – Salerno 42 – Sorrento 17.

🏨 **Le Sirenuse** 🦐, ℰ 875066, Telex 770066, Fax 811798, ≼ mare e costa, 🖄, « Terrazza
panoramica con 🛠 riscaldata », 🖄 – 🗐 🗐 cam 📺 ☎ – 🔬 60. 🖭 ⑤ ⓪ **E** ⅦⅮ ᴊᴄᴃ.
℀ rist
Pasto carta 85/126000 – **56 cam** ☲ 450/600000, 2 appartamenti – ½ P 375/525000.

Le Agavi ⑤, località Belvedere Fornillo ☎ 875733, Telex 770186, Fax 875965, ≤ mare e costa, Ascensore per la spiaggia, ⛱, ℀ – |♦| ▤ TV ☎ P – 🏛 150. AE 🔒 ⓞ E VISA. ✂
15 aprile-15 ottobre – **Pasto** carta 55/100000 – **70 cam** ☐ 270/380000, appartamento – ½ P 200/245000.

Poseidon, ☎ 811111, Telex 770058, Fax 875833, ≤ mare e costa, ⛱, « Terrazza-giardino panoramica con ⛱ riscaldata », Ls, ≘s – |♦| ▤ cam TV ☎ ⇐ – 🏛 60. AE 🔒 ⓞ E VISA. ✂ rist
13 aprile-1° novembre – **Pasto** 50000 – **44 cam** ☐ 200/270000, 2 appartamenti – ½ P 155/185000.

Murat ⑤ senza rist, ☎ 875177, Fax 811419, ≤, « Terrazza-giardino » – ▤ TV ☎. AE 🔒 ⓞ E VISA
Natale e Pasqua-novembre – **28 cam** ☐ 170/260000.

Villa Franca e Residence, ☎ 875655, Fax 875735, ≤ mare e costa, ⛱ – |♦| ▤ cam TV ☎. AE 🔒 ⓞ E VISA JCB. ✂ rist
16 marzo-ottobre – **Pasto** 50000 – **38 cam** ☐ 200/280000 – ½ P 170/190000.

Buca di Bacco ⑤, ☎ 875699, Telex 722574, Fax 875731, ≤ mare e costa, ⛱ – |♦| ▤ cam TV ☎. AE 🔒 ⓞ E VISA. ✂ rist
aprile-20 ottobre – **Pasto** carta 32/93000 (15%) – ☐ 16000 – **54 cam** 114/200000, ▤ 25000 – ½ P 140/160000.

Marincanto ⑤ senza rist, ☎ 875130, Fax 875595, ≤ mare e costa, « Terrazza-giardino » – |♦| ☎ P. AE 🔒 ⓞ E VISA JCB
5 aprile-15 ottobre – ☐ 15000 – **26 cam** 130000.

L'Ancora ⑤, ☎ 875318, Fax 811784, ≤ mare e costa, « Servizio rist. in terrazza » – TV ☎ P. AE 🔒 ⓞ E VISA JCB. ✂ rist
aprile-20 ottobre – **Pasto** (solo per clienti alloggiati) – **18 cam** ☐ 195000 – ½ P 120/140000.

Savoia senza rist, ☎ 875003, Fax 811844, ≤ – |♦| ☎. 🔒 E VISA
aprile-15 ottobre – **43 cam** ☐ 90/150000.

Casa Albertina ⑤, ☎ 875143, Fax 811540, ≤ mare e costa – |♦| ▤ cam ☎. AE 🔒 ⓞ E VISA JCB. ✂ rist
Pasto (solo per clienti alloggiati) 50/60000 – ☐ 15000 – **20 cam** 140/160000 – ½ P 130/150000.

XX **Il Capitano,** ☎ 811351, ≤ mare e costa, « Servizio estivo in terrazza panoramica » – ⇔ P. AE 🔒 ⓞ E VISA
chiuso da novembre al 26 dicembre – **Pasto** carta 39/77000 (15%).

XX **Chez Black,** ☎ 875036, Fax 875789, ≤, ⛱, Rist. e pizzeria – AE 🔒 ⓞ E VISA JCB. ✂
chiuso dal 7 gennaio al 7 febbraio – **Pasto** carta 35/61000 (15%).

XX **La Cambusa,** ☎ 875432, ≤, ⛱ – AE 🔒 ⓞ E VISA
Pasto carta 30/70000 (15%).

XX **Le Tre Sorelle,** ☎ 875452, ≤, ⛱, Rist. e pizzeria – AE 🔒 ⓞ E VISA JCB. ✂
chiuso gennaio – **Pasto** carta 39/79000.

sulla costiera Amalfitana E : 2 km :

San Pietro ⑤, ☎ 875455, Telex 770072, Fax 811449, ≤ mare e costa, Ascensore per la spiaggia, ⛱, « Terrazze fiorite », ⛱, ℀, ✂ – |♦| ▤ cam TV ☎ P. AE 🔒 ⓞ E VISA. ✂ rist
aprile-ottobre – **Pasto** carta 69/100000 (15%) – **52 cam** ☐ 470/650000, 6 appartamenti – ½ P 325/405000.

a Montepertuso N : 4 km – alt. 355 – ✉ **84017** Positano :

X La Chitarrina, ☎ 811806 – ▤

POSTA FIBRENO **03030** Frosinone 430 Q 23 – 1 372 ab. alt. 430 – ☎ 0776.

Roma 121 – Avezzano 51 – Frosinone 38 – Latina 91 – ♦Napoli 130.

sulla strada statale 627 O : 4 :km :

XXX Il Mantova del Lago, ✉ 03030 ☎ 887344, Fax 890866, « Casolare in riva al lago », ⛱ – ▤ P

POSTAL **(BURGSTALL) 39014** Bolzano 429 C 15, 218 ⑳ – 1 270 ab. alt. 268 – ☎ 0473.

Roma 657 – ♦Bolzano 20 – Merano 8 – ♦Milano 318 – Trento 78.

XX **Förstlerhof** con cam, N : 1 km ☎ 292288, Fax 291247, ≘s, ⛱, ⛱, ⛱, ℀ – ☎ P. AE 🔒 ⓞ E VISA. ✂ rist
chiuso dal 16 dicembre al 31 gennaio e dal 1° all'8 luglio – **Pasto** *(chiuso lunedì)* carta 45/71000 – **27 cam** ☐ 70/140000 – ½ P 98/115000.

L'EUROPE en une seule feuille
Cartes Michelin n° 970 (routière, pliée) et 973 (politique, plastifiée).

POTENZA 85100 P 988 28, 431 F 29 – 65 577 ab. alt. 823 – 0971.

Vedere Portale★ della chiesa di San Francesco Y.

via Alianelli angolo via Plebiscito ℰ 21812, Fax 36196 – **A.C.I.** via della Chimica 1 ℰ 56466.

Roma 363 ③ – ◆Bari 151 ② – ◆Foggia 109 ① – ◆Napoli 157 ③ – Salerno 106 ③ – ◆Taranto 157 ②.

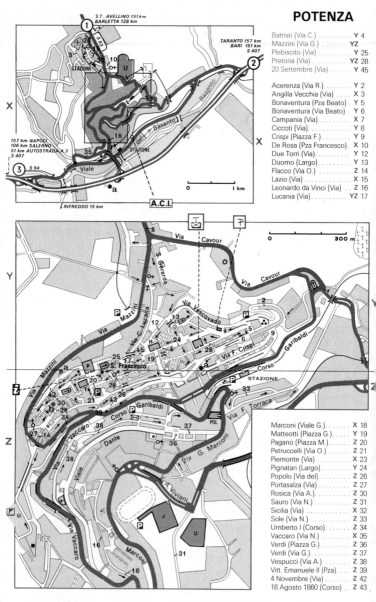

POTENZA

Battisti (Via C.)	**Y** 4
Mazzini (Via G.)	**YZ**
Plebiscito (Via)	**Y** 25
Pretoria (Via)	**YZ** 28
20 Settembre (Via)	**Y** 45
Acerenza (Via R.)	**Y** 2
Angilla Vecchia (Via)	**X** 3
Bonaventura (Pza Beato)	**Y** 5
Bonaventura (Via Beato)	**Y** 6
Campania (Via)	**X** 7
Ciccoti (Via)	**Y** 8
Crispi (Piazza F.)	**Y** 9
De Rosa (Pza Francesco)	**X** 10
Due Torri (Via)	**Y** 12
Duomo (Largo)	**Y** 13
Flacco (Via O.)	**Z** 14
Lazio (Via)	**X** 15
Leonardo da Vinci (Via)	**Z** 16
Lucania (Via)	**YZ** 17
Marconi (Viale G.)	**X** 18
Matteotti (Piazza G.)	**Y** 19
Pagano (Piazza M.)	**Z** 20
Petruccelli (Via O.)	**X** 21
Piemonte (Via)	**X** 23
Pignatari (Largo)	**Y** 24
Popolo (Via del)	**Z** 26
Portasalza (Via)	**Z** 27
Rosica (Via A.)	**Z** 30
Sauro (Via N.)	**Z** 31
Sicilia (Via)	**X** 32
Sole (Via N.)	**Z** 33
Umberto I (Corso)	**Z** 34
Vaccaro (Via N.)	**X** 35
Verdi (Piazza G.)	**Z** 36
Verdi (Via G.)	**Z** 37
Vespucci (Via A.)	**Z** 38
Vitt. Emanuele II (Pza)	**Z** 39
4 Novembre (Via)	**Z** 42
18 Agosto 1860 (Corso)	**Z** 43

Grande Albergo, corso 18 Agosto 46 ℰ 410220, Fax 410220, ≼ – 📶 📺 ☎ – 🔬 40 a 150.
AE 🕙 VISA ⊛
Pasto carta 29/52000 – **63 cam** ⊇ 110/170000 – ½ P 145000.
Y **a**

🏨 **Vittoria,** via della Tecnica 𝄢 56632, Fax 56802 – ▐♠▌ ▤ ▭ ☎ **②**. ⅋ 𝄐 **⑤** 🅴 _VISA_. ⅋
X **a**
Pasto *(chiuso domenica)* carta 25/41000 – **22 cam** ⊑ 75/120000 – ½ P 90/95000.

✗✗ **Chico a San Michele,** via Rosica 22 𝄢 37592, Coperti limitati;prenotare – ⅋ **⑤** 🅴
VISA
Z **b**
chiuso dal 7 al 13 gennaio, dal 10 al 25 agosto, domenica dal 20 guigno a settembre,
mercoledì e domenica sera negli altei mesi – **Pasto** carta 43/63000.

✗✗ **La Pergola,** contrada Macchia Romana 𝄢 444982, Fax 444982, ≤ – ▤ **②** – 🚗 300. **⑤** ⑩
🅴 _VISA_. ⅋
2 km per ①
chiuso martedì ed agosto – **Pasto** carta 33/50000 (15%).

✗ **Fuori le Mura,** via IV Novembre 34 𝄢 25409 – ⅋ **⑤** ⑩ 🅴 _VISA_. ⅋
Z **a**
chiuso lunedì – **Pasto** carta 27/42000 (10%).

Vedere anche : **Rifreddo** S : 14 km.

POZZA DI FASSA 38036 Trento 𝟮𝟮𝟵 C 17 – 1 673 ab. alt. 1 315 – a.s. febbraio-Pasqua, agosto
e Natale – Sport invernali : 1 315/2 100 m ⚡1 ⚡5, ⚡ (vedere anche Vigo di Fassa) –
🚗 0462.
🚩 piazza Municipio 1 𝄢 64136.
Roma 677 – ♦Bolzano 40 – Canazei 10 – ♦Milano 335 – Moena 6 – Trento 95.

🏨 **Trento,** 𝄢 64279, Fax 64888, ≤, ☎s, 🖼, – ▐♠▌ ▤ rist ▭ ☎ 🚗 **②**. ⅋ **⑤** ⑩ 🅴 _VISA_.
⅋
20 dicembre-15 aprile e 20 giugno-5 ottobre – **Pasto** carta 33/48000 – ⊑ 15000 – **49 cam**
110/220000 – ½ P 80/150000.

🏨 **Gran Baita,** 𝄢 64163, Fax 64745, ≤, « Giardino », 𝄽 – ⚡⚡ rist ▭ ☎ 🚗 **②**. ⅋ **⑤** ⑩ 🅴
VISA. ⅋
20 dicembre-aprile e 15 giugno-20 settembre – **Pasto** 35/50000 – **30 cam** ⊑ 105/190000 –
½ P 95/175000.

🏨 **René** ⅏, 𝄢 64258, Fax 64258, ≤, ☎s, ⌂, ✗ – ▐♠▌ ☎ **②**. ⅋
18 dicembre-aprile e 20 giugno-settembre – **Pasto** 25/30000 – ⊑ 9000 – **34 cam** 70/90000
– ½ P 70/90000.

🏨 **Sport Hotel Majarè,** 𝄢 64760, Fax 63565 – ▭ ☎ 🚗 **②**. ⅋
Pasto *(chiuso mercoledì in bassa stagione)* carta 37/53000 – **33 cam** ⊑ 75/100000 –
½ P 68/100000.

🏨 **Antico Bagno** ⅏, 𝄢 63232, Fax 63232, ≤ monti, ⌂ – ▭ ☎ **②**. ⅋
chiuso dal 5 ottobre al 4 dicembre – **Pasto** 23/30000 – **18 cam** ⊑ 65/100000 – ½ P 65/
90000.

a Pera N : 1 km – ✉ **38030 Pera di Fassa** :

🏨 **Crepei,** 𝄢 64103, Fax 64312, ≤, ⌂ – ▐♠▌ ☎ **②**. ⅋
20 dicembre-25 aprile e 20 giugno-settembre – **Pasto** 20/30000 – **36 cam** ⊑ 72/120000 –
½ P 70/90000.

🏨 **Soreje,** 𝄢 64882 – ▐♠▌ ▭ ☎ **②**. ⅋ rist
chiuso da maggio al 9 giugno e dal 5 al 30 novembre – **Pasto** 20/25000 – ⊑ 10000 – **16 cam**
45/75000 – ½ P 55/75000.

POZZALE Belluno – Vedere Pieve di Cadore.

POZZALLO Ragusa 𝟵𝟴𝟴 ㊲, 𝟰𝟯𝟮 Q 26 – Vedere Sicilia alla fine dell'elenco alfabetico.

POZZILLI 86077 Isernia 𝟰𝟯𝟬 R 24, 𝟰𝟯𝟭 C 24 – 2 004 ab. alt. 235 – 🚗 0865.
Roma 153 – Avezzano 154 – Benevento 90 – Isernia 36 – ♦Napoli 91.

sulla strada statale 85 SE : 4 km :

🏨 **Dora,** ✉ 86077 𝄢 908006, Fax 927215, ⚊ – ▐♠▌ ▤ ▭ ☎ **②** – 🚗 150. ⅋ **⑤** ⑩ 🅴 _VISA_ ꞁꞔꞍ.
⅋
Pasto carta 32/49000 – **46 cam** ⊑ 110/140000, 2 appartamenti.

POZZOLENGO 25010 Brescia 𝟰𝟮𝟴 𝟰𝟮𝟵 F 13 – 2 492 ab. alt. 135 – a.s. Pasqua e luglio-
15 settembre – 🚗 030.
Roma 522 – ♦Verona 37 – ♦Brescia 40 – Mantova 36 – ♦Milano 128.

✗✗ **Vecchio '800,** 𝄢 918176, 🌣, Coperti limitati; prenotare – **②**. **⑤**. ⅋
chiuso a mezzogiorno (escluso i giorni festivi), martedì e luglio – **Pasto** carta 32/
39000.

POZZOLO 46040 Mantova 𝟰𝟮𝟴 𝟰𝟮𝟵 G 14 – alt. 49 – 🚗 0376.
Roma 488 – ♦Verona 34 – ♦Brescia 65 – ♦Mantova 20.

✗✗ **Ancilla,** 𝄢 460007 – ⅋ **⑤** ⑩ _VISA_ ⅋
chiuso lunedì sera, martedì e novembre – **Pasto** carta 35/50000.

80078 Napoli 988 ㉗, 431 E 24 – 75 002 ab. – Stazione termale, a.s. maggio-15 ottobre – ✪ 081.

Vedere Anfiteatro★★ – Solfatara★★ NE : 2 km – Tempio di Serapide★ – Tempio di Augusto★.

Dintorni Rovine di Cuma★ : Acropoli★★, Arco Felice★ NO : 6 km – Lago d'Averno★ NO : 7 km.

Escursioni Campi Flegrei★★ SO per la strada costiera – Isola d'Ischia★★★ e Isola di Procida★.

⚓ per Procida (30 mn) ed Ischia (1 h), giornalieri – Caremar-agenzia Ser.Mar. e Travel, banchina Emporio ☎ 5262711, Fax 5261335 e Alilauro, al porto ☎ 5267736, Fax 5268411; Ischia (1 h), giornalieri – Linee Lauro, al porto ☎ 5267736, Fax 5268411.

⚓ per Procida giornaliero (15 mn) – Caremar-agenzia Ser.Mar. e Travel, banchina Emporio ☎ 5262711, Fax 5261335.

🛈 via Campi Flegrei 3 ☎ 5261481.

Roma 235 – ◆Napoli 16 – Caserta 48 – Formia 74.

🏨 Villaverde, via Licola Patria 99 ☎ 8661342, Fax 8042292, ≼ – 📺 ☎ ☻. 📧 🕙 ⑨ Ɛ 𝚅𝙸𝚂𝙰
16 cam.

🏨 **Santa Marta,** via Licola Patria 28 ☎ 8042404, Fax 8042406 – 🔼 ☰ 📺 ☎ ☻. 📧 🕙 ⑨ Ɛ
𝚅𝙸𝚂𝙰 𝙹𝙲𝙱
Pasto carta 35/69000 (15%) – **34 cam** ⊆ 80/110000 – ½ P 83/108000.

🏨 **Solfatara,** via Solfatara 163 ☎ 5262666, Fax 5263365, ≼ – 🔼 ☰ 📺 ☎ ↚ ☻ – 🚗 100. 📧
🕙 ⑨ Ɛ 𝚅𝙸𝚂𝙰. ⅏ rist
Pasto (chiuso domenica) 30/40000 – **31 cam** ⊆ 120/135000, ☰ 20000 – ½ P 80/95000.

✗✗ **Castello dei Barbari,** via Fascione 4 (N : 1,5 km) ☎ 5266014, « Servizio estivo in terrazza con ≼ golfo » – ☻. 📧 🕙 ⑨ 𝚅𝙸𝚂𝙰
Pasto carta 25/60000 (15%).

30020 Venezia 429 E 20 – alt. 5 – ✪ 0421.

Roma 587 – ◆Venezia 63 – ◆Milano 328 – Pordenone 33 – Treviso 49 – ◆Trieste 98 – Udine 67.

✗ **Tavernetta del Tocai,** ☎ 204280, Fax 204264 – ☻. 📧 🕙 ⑨ 𝚅𝙸𝚂𝙰
chiuso lunedì – **Pasto** carta 25/38000.

= Braies.

87028 Cosenza 988 ㊳, 431 H 29 – 6 144 ab. – ✪ 0985.

Escursioni Golfo di Policastro★★ Nord per la strada costiera.

Roma 417 – ◆Cosenza 106 – ◆Napoli 211 – Potenza 139 – Salerno 160 – ◆Taranto 230.

🏨 Germania, via Roma 44 ☎ 72016, Fax 72016, ≼, 🏔 – 🔼 ☎ ↚ ☻
stagionale – **62 cam.**

🏨 Garden, via Roma 8 ☎ 72828, 🏔 – ☎ ☻
stagionale – **40 cam.**

a Lido di Tortora NO : 1,5 km – ☒ **87020** Tortora :

🏨 Harmony, ☎ 72747, Fax 72747, ≼, 🏔, 🏖 – 🔼 ☰ rist ☻ ☻
45 cam.

84010 Salerno 431 F 25 – 1 875 ab. – a.s. Pasqua, giugno-settembre e Natale – ✪ 089.

Roma 274 – ◆Napoli 64 – Amalfi 9 – Salerno 34 – Sorrento 25.

🏨 **Tramonto d'Oro,** ☎ 874008, Telex 720397, Fax 874670, ≼ mare e costa, « Terrazza-solarium con 🌊 » – 🔼 ☎ ☻. 📧 🕙 ⑨ Ɛ 𝚅𝙸𝚂𝙰 𝙹𝙲𝙱. ⅏ rist
Pasto carta 39/59000 (15%) – **40 cam** ⊆ 150/180000 – ½ P 80/120000.

🏨 Le Fioriere, senza rist, ☎ 874203, Fax 874343, ≼ – 🔼 ☰ ☎ ☻
14 cam.

🏨 **Onda Verde** ⅍, ☎ 874143, Fax 874125, ≼ mare e costa – 📺 ☎ ☻. 📧 🕙 ⑨ Ɛ 𝚅𝙸𝚂𝙰 𝙹𝙲𝙱.
⅏
Pasto carta 28/38000 – **16 cam** ⊆ 70/90000 – ½ P 75/90000.

🏨 **Margherita** ⅍, ☎ 874227, Fax 874628, ≼ mare e costa – 🔼 ☎ ⇦ ☻. 📧 🕙 ⑨ Ɛ 𝚅𝙸𝚂𝙰
⅏ cam
Pasto (solo per clienti alloggiati) – **28 cam** ⊆ 95000 – ½ P 80/85000.

🏨 **Il Pino,** ☎ 874389, ≼ mare e costa, 🏡 – ☰ 📺. 📧 🕙 Ɛ 𝚅𝙸𝚂𝙰
aprile-settembre – **Pasto** vedere rist Il Pino – **16 cam** ⊆ 70/100000 – ½ P 70/80000.

✗ **La Brace,** ☎ 874226, ≼, 🏡 – ☻. 📧 🕙 ⑨ Ɛ 𝚅𝙸𝚂𝙰 ⅏
chiuso mercoledì escluso dal 15 marzo al 15 ottobre – **Pasto** carta 35/50000 (10%).

✗ **La Bugia,** ☎ 874653, ≼ mare e costa, 🏡, Rist. e pizzeria alla sera – 📧 🕙 ⑨ Ɛ 𝚅𝙸𝚂𝙰
chiuso lunedì escluso da aprile a settembre – **Pasto** carta 34/49000 (10%).

✗ **Pino,** ☎ 874884, ≼ mare e costa, 🏡, Rist. e pizzeria – ☰. 📧. ⅏
chiuso mercoledì – **Pasto** carta 30/45000.

sulla strada statale 163 O : 2 km :

🏨 **Tritone** ⅍, ☒ 84010 ☎ 874333, Fax 874374, ≼ mare e costa, 🏡, « Sulla scogliera dominante il mare, ascensore per la spiaggia », 🌊, 🏔 – 🔼 ☎ ☻ – 🚗 150. 📧 🕙 ⑨
Ɛ 𝚅𝙸𝚂𝙰. ⅏ rist
Pasqua-25 ottobre – **Pasto** 50/65000 – ⊆ 18000 – **57 cam** 230/310000, 3 appartamenti – ½ P 160/210000.

PRALBOINO 25020 Brescia 428 429 I 8 – 2 544 ab. alt. 47 – ✿ 030.

Roma 550 – ◆Brescia 44 – Cremona 24 – Mantova 61 – ◆Milano 127.

XX **Leon d'Oro**, ℰ 954156, « In un edificio seicentesco » – 🅱 ⑩ E 🆅🆂🅰 🛠
chiuso domenica sera, lunedì, dal 20 al 30 gennaio ed agosto – **Pasto** carta 42/83000.

PRALORMO 10040 Torino 428 H 5 – 1 617 ab. alt. 303 – ✿ 011.

Roma 654 – ◆Torino 37 – Asti 40 – Cuneo 82 – ◆Milano 165 – Savona 129.

🏠 **Lo Scoiattolo**, strada statale N : 1 km ℰ 9481148, Fax 9481481, ☞ – ↳ cam 📺 ☎ ⇌
🄿 🅱 🆅🆂🅰 🛠 cam
Pasto (chiuso domenica sera, martedì a mezzogiorno ed agosto) carta 25/50000 – ☷ 15000
– **53 cam** 75/100000 – ½ P 80/90000.

PRALUNGO 13050 Biella 428 F 6, 219 ⑮ – 2 716 ab. alt. 554 – ✿ 015.

Roma 681 – Biella 5 – ◆Milano 107 – Novara 61 – ◆Torino 79 – Vercelli 47.

a Sant'Eurosia N : 3 km – ✉ 13050 Pralungo :

🏠 **Alp Hotel**, ℰ 444122 e rist. ℰ 444309, Fax 444280 – 🛗 📺 ☎ ⇌ 🄿 – 🔬 30. 🅱 E 🆅🆂🅰
chiuso dal 15 gennaio al 10 febbraio – **Pasto** carta 40/56000 – ☷ 7000 – **33 cam** 70/100000.

PRASCORSANO 10080 Torino 428 F 4, 219 ⑬ – 634 ab. alt. 581 – ✿ 0124.

Roma 702 – ◆Torino 43 – Aosta 104 – Ivrea 27.

XX **Società Prascorsano**, via Villa 23 ℰ 698135, 🍽, Rist. tipico, prenotare – 🄿. 🅱 ⑩ E
🆅🆂🅰
chiuso martedì e dal 1° al 15 novembre – **Pasto** 50/60000 bc e carta 33/58000.

PRATA Grosseto 430 M 14 – Vedere Massa Marittima.

PRATA DI PORDENONE 33080 Pordenone 429 E 19 – 6 621 ab. alt. 18 – ✿ 0434.

Roma 581 – Belluno 66 – Pordenone 9 – Treviso 45 – Udine 60 – ◆Venezia 78.

🏠 **Prata Verde** senza rist, ℰ 621619, Fax 620277 – 🛗 📺 ☎ ℰ 🄿 – 🔬 30. 🆀🅴 🅱 ⑩ E 🆅🆂🅰
🄹🄲🄱
☷ 9000 – **45 cam** 60/80000.

a Villanova S : 5 km – ✉ 33080 Ghirano :

XX **Secondo** con cam, ℰ 626145, Fax 626147 – ▦ 🄿 🆀🅴 🅱 ⑩ E 🆅🆂🅰 🛠
chiuso dal 1° al 10 gennaio e dal 5 al 25 agosto – **Pasto** (chiuso martedì sera e mercoledì)
carta 29/52000 – ☷ 10000 – **6 cam** 50/70000 – ½ P 80000.

PRATI (WIESEN) Bolzano – Vedere Vipiteno.

PRATI DI TIVO Teramo 988 ㉖, 430 O 22 – Vedere Pietracamela.

PRATO 50047 🄿 988 ⑭, 429 430 K 15 – 165 735 ab. alt. 63 – ✿ 0574.

Vedere Duomo★ : affreschi★★ dell'abside (Banchetto di Erode★★★) – Palazzo Pretorio★ –
Affreschi★ nella chiesa di San Francesco D – Pannelli★ al museo dell'Opera del Duomo M.

🄱 via Cairoli 48 ℰ 24112.

Roma 293 ④ – ◆Firenze 17 ④ – ◆Bologna 99 ② – ◆Milano 293 ② – Pisa 81 ④ – Pistoia 18 ④ – Siena 84 ④.

Pianta pagina seguente

🏨 **Art Hotel Museo**, viale Repubblica ℰ 5787, Telex 573208, Fax 578880, 🖽, �);, ⬛, 🎾 –
🛗 ▦ 📺 ☎ ໒ ⇌ 🄿 – 🔬 200. 🆀🅴 🅱 ⑩ E 🆅🆂🅰 🛠 rist   per viale Monte Grappa
Pasto (chiuso domenica e dal 7 al 21 agosto) carta 45/70000 – **110 cam** ☷ 170/230000, 10
appartamenti.

🏠 **Giardino** senza rist, via Magnolfi 4 ℰ 606588, Fax 606591 – 🛗 ▦ 📺 ☎. 🆀🅴 🅱 ⑩ E
🆅🆂🅰   f
☷ 18000 – **28 cam** 120/140000.

🏠 **Flora** senza rist, via Cairoli 31 ℰ 33521, Telex 571358, Fax 40289 – 🛗 📺 ☎ ໒. 🆀🅴 🅱
⑩ E 🆅🆂🅰   r
☷ 15000 – **31 cam** 100/120000.

🏠 **Moderno** senza rist, via Balbo 11 ℰ 32351, Fax 22602 – 🛗 📺 ☎. 🆀🅴 🅱 E 🆅🆂🅰 🛠
chiuso agosto – ☷ 9000 – **20 cam** 75/110000.   per via Gobetti

🏠 **San Marco** senza rist, piazza San Marco 48 ℰ 21321, Fax 22378 – 🛗 ▦ 📺 ☎. 🆀🅴 🅱 ⑩
E 🆅🆂🅰 🛠   v
40 cam ☷ 85/150000.

XXX ✿ **Il Piraña**, via Tobia Bertini angolo via Valentini ℰ 25746, prenotare – ▦. 🆀🅴 🅱 ⑩ E
🆅🆂🅰 🛠   per via Valentini
chiuso sabato a mezzogiorno, domenica ed agosto – **Pasto** carta 56/80000
Spec. Scampi e vongole veraci in brodetto chiaro, Taglierini con crostacei e fiori di zucchine, Scorfano in tegame con
verdure.

491

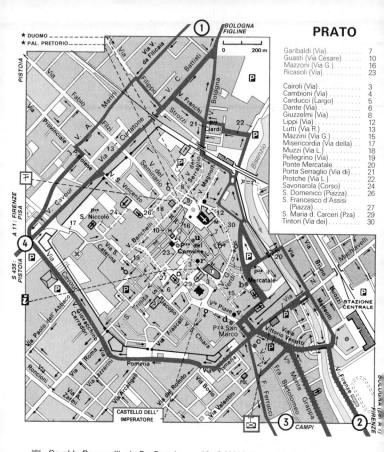

PRATO

XX Osvaldo Baroncelli, via Fra Bartolomeo 13 ℰ 23810, Coperti limitati; prenotare   c

XX **Tonio,** piazza il Mercatale 161 ℰ 21266, ㈜ – ■ 𝔸𝔼 🛐 ⓞ 𝔼 𝒱𝐼𝒮𝒜 𝒥𝒞𝑩 –   b
    chiuso domenica, lunedì, dal 23 dicembre al 7 gennaio ed agosto – **Pasto** carta 40/51000
    (10%).

XX **Villa Santa Cristina** ⑊ con cam, via Poggio Secco 58 ℰ 595951, Fax 572623, ⩽,
    « Edificio settecentesco con servizio rist. estivo all'aperto », ㊌, ㈝ – 📺 ☎ 🅿. 𝔸𝔼 🛐 ⓞ
    𝔼 𝒱𝐼𝒮𝒜. ⅗   per ②
    Pasto (chiuso domenica e lunedì) carta 46/76000 – **23 cam** 🖙 140/220000.

XXX **Baghino,** via dell'Accademia 9 ℰ 27920 – ■. 𝔸𝔼 🛐 ⓞ 𝔼 𝒱𝐼𝒮𝒜   u
    chiuso domenica e lunedì a mezzogiorno – **Pasto** carta 31/58000 (12%).

X   **La Veranda,** via dell'Arco 10/12 ℰ 38235 – ■. 𝔸𝔼 🛐 ⓞ 𝔼 𝒱𝐼𝒮𝒜 𝒥𝒞𝑩 –   d
    chiuso sabato a mezzogiorno, domenica ed agosto – **Pasto** carta 37/55000.

X   **Trattoria la Fontana,** località Filettole ℰ 27282, ㈜ – ■ 🅿. 🛐. ⅗   per via Buozzi
    chiuso venerdì, sabato a mezzogiorno e dall'8 al 24 agosto – **Pasto** carta 40/59000.

X   **Logli Mario,** località Filettole ℰ 23010, ㈜ – 𝔸𝔼 🛐 ⓞ 𝔼 𝒱𝐼𝒮𝒜 𝒥𝒞𝑩. ⅗   2 km per ②
    chiuso lunedì sera, martedì ed agosto – **Pasto** carta 33/52000.

PRATOLINO 50036 Firenze 𝟰𝟮𝟵 𝟰𝟯𝟬 K 15 – alt. 476 – ㉟ 055.

Roma 280 – ◆Firenze 12 – ◆Bologna 94.

    verso Bivigliano NE : 2 km :

🏛 **Demidoff,** ⊠ 50036 ℰ 409772, Telex 572643, Fax 409780, ₭₅, ☎, ㊌, ⅔ – ▯ ■ 📺 ☎
    🅿 – 🕰 50 a 600. 𝔸𝔼 🛐 ⓞ 𝔼 𝒱𝐼𝒮𝒜. ⅗
    Pasto vedere rist *Villa Vecchia* – **98 cam** 🖙 260000, 2 appartamenti – ½ P 105/170000.

XX **Villa Vecchia,** ⊠ 50036 ℰ 409246, Fax 409790, ㈜ « Parco ombreggiato » – 🅿. 𝔸𝔼 🛐
    ⓞ 𝔼 𝒱𝐼𝒮𝒜 – chiuso gennaio – **Pasto** carta 42/61000.

PRATOVECCHIO 52015 Arezzo 430 K 17 – 3 050 ab. alt. 420 – ✪ 0575.

Roma 261 – ◆Firenze 47 – Arezzo 46 – ◆Ravenna 129.

XX **Gli Accaniti,** ℰ 583345, Fax 583345, Coperti limitati; prenotare – **P.** AE 🕄. 🛠
   chiuso martedì e dal 1° al 20 novembre – **Pasto** carta 25/45000.

PREDAIA Trento – Vedere Vervò.

PREDAZZO 38037 Trento 988 ④ ⑤, 429 D 16 – 4 106 ab. alt. 1 018 – a.s. 23 gennaio-Pasqua e Natale – Sport invernali : 1 018/1 121 m ≤2, ♨ – ✪ 0462.

🛈 piazza Santi Filippo e Giacomo 2 ℰ 501237, Fax 502093.

Roma 662 – ◆Bolzano 55 – Belluno 78 – Cortina d'Ampezzo 83 – ◆Milano 320 – Trento 80.

🏨 **Ancora,** via IX Novembre 1 ℰ 501651, Fax 502745, 🖘 – 🛗 TV ☎ **P** – 🛦 100. AE 🕄 ⓪ E 𝗩𝗜𝗦𝗔. 🛠
   Pasto *(chiuso giovedì)* carta 36/62000 – **40 cam** ⊃ 126/180000 – ½ P 95/140000.

🏨 **Sporthotel Sass Maor,** ℰ 501538, Fax 501538 – 🛗 TV ☎ ᵭ 🖚 **P.** AE 🕄 ⓪ E 𝗩𝗜𝗦𝗔 JCB. 🛠
   chiuso dal 15 al 30 novembre – **Pasto** *(chiuso martedì in bassa stagione)* carta 34/46000 – **24 cam** ⊃ 100/140000 – ½ P 60/100000.

🏨 **Montanara,** ℰ 501116, Fax 502658, ℐ♨, 🖘 – 🛗 TV ☎ **P.** AE 🕄 ⓪ 𝗩𝗜𝗦𝗔. 🛠 rist
   chiuso dal 13 aprile al 15 giugno – **Pasto** 20000 – **40 cam** ⊃ 80/140000 – ½ P 50/100000.

🏨 **Bellaria,** corso De Gasperi 20 ℰ 501369, Fax 501650, 🖘s, 🔲, 🖈 – 🛗 TV ☎ **P.** AE 🕄 ⓪ E 𝗩𝗜𝗦𝗔. 🛠
   chiuso maggio, ottobre e novembre – **Pasto** *(chiuso mercoledì)* 22/26000 – ⊃ 8000 – **58 cam** 86/152000 – ½ P 70/115000.

🏠 **Vinella,** via Mazzini 76 ℰ 501151, Fax 502330, 🖘 – 🛗 TV ☎ ᵭ **P.** AE. 🛠
   20 dicembre-20 aprile e 20 giugno-20 settembre – **Pasto** 27/35000 – ⊃ 7000 – **29 cam** 80/160000 – ½ P 68/90000.

PREDORE 24060 Bergamo 428 429 E 12 – 1 625 ab. alt. 190 – a.s. luglio-agosto – ✪ 035.

Roma 590 – ◆Brescia 41 – ◆Bergamo 37 – ◆Milano 78.

🏨 **Eurovil,** ℰ 938327, Fax 938327, ☆ – TV ☎ **P** – 🛦 150. AE 🕄 E 𝗩𝗜𝗦𝗔. 🛠
   Pasto 25000 – **23 cam** ⊃ 65/100000 – ½ P 75/80000.

PREDOSA 15077 Alessandria 428 H 7 – 2 093 ab. alt. 136 – ✪ 0131.

Roma 564 – ◆Genova 70 – Alessandria 35 – Piacenza 106.

X Antica Trattoria della Vittoria, ℰ 71145

PREGANZIOL 31022 Treviso 429 F 18 – 13 150 ab. alt. 12 – ✪ 0422.

Roma 534 – ◆Venezia 22 – Mestre 13 – ◆Milano 273 – ◆Padova 43 – Treviso 7.

🏠 **Magnolia,** N : 1 km ℰ 93375 e rist ℰ 633131, Fax 93713, 🖈 – 🖃 rist TV ☎ **P.** AE 🕄 ⓪ E 𝗩𝗜𝗦𝗔. 🛠 cam
   Pasto *(chiuso domenica sera, lunedì e dal 1° al 22 agosto)* carta 32/54000 – ⊃ 10000 – **29 cam** 65/95000 – ½ P 98/110000.

XX Alle Grazie, N : 1,5 km ℰ 381615 – **P**

   a San Trovaso N : 2 km – ✉ 31022 :

🏠 **Sole** senza rist, ℰ 383126, Fax 383126 – 🛗 🖃 TV ☎ 🖚 **P.** AE 🕄 ⓪ E 𝗩𝗜𝗦𝗔. 🛠
   ⊃ 8000 – **18 cam** 65/85000.

   a Sambughè SO : 2,5 km – ✉ 31022 Preganziol :

XX **La Campagnola,** ℰ 93454, Fax 93454, ☆ – **P.** AE 𝗩𝗜𝗦𝗔. 🛠
   chiuso martedì – **Pasto** carta 36/56000.

PREMADIO Sondrio 219 ⑪ – Vedere Valdidentro.

PREMENO 28057 Verbania 428 E 7, 219 ⑦ – 738 ab. alt. 817 – ✪ 0323.

🏌 Piandisole (aprile-novembre) ℰ 587100, Fax 587100.

Roma 681 – Stresa 30 – Locarno 49 – ◆Milano 104 – Novara 81 – ◆Torino 155 – Verbania 11.

🏨 **Premeno** ♨, ℰ 587021, Fax 587328, ≤, 🔲, 🖈 – 🛗 **P.** AE E 𝗩𝗜𝗦𝗔. 🛠
   aprile-settembre – **Pasto** carta 32/49000 – ⊃ 11000 – **57 cam** 80/115000 – ½ P 60/85000.

☞ *Inclusion in the Michelin Guide cannot be achieved*
   by pulling strings or by offering favours.

PRÉ SAINT DIDIER 11010 Aosta 988 ①, 428 E 2, 219 ① – 981 ab. alt. 1 000 – a.s. febbraio-Pasqua, 12 luglio-agosto e Natale – ✪ 0165.

Roma 779 – Aosta 32 – Courmayeur 5 – ◆Milano 217 – Colle del Piccolo San Bernardo 23.

Pianta : vedere Courmayeur

a Pallusieux N : 2,5 km – alt. 1 100 – ⊠ 11010 Pré Saint Didier :

🏨 **Beau Séjour** ⏩, 🖉 87801, Fax 87961, ≤ Monte Bianco, 🌫 – 🖼 – ☎ 🍽 🅿. 🆎 🖪 E 𝘝𝘐𝘚𝘈
   ✀ rist   BYZ **b**
   dicembre-aprile e 15 giugno-settembre – **Pasto** 30/45000 – ☑ 10000 – **33 cam** 58/95000 –
   ½ P 78/86000.

🏨 **Le Marmotte** ⏩, 🖉 87820, ≤ – 🛗 📺 ☎ 🅿. ✀ cam   BZ **c**
   dicembre-aprile e 15 giugno-ottobre – **Pasto** (solo per clienti alloggiati) 30/45000 – ☑ 10000
   – **20 cam** 60/95000 – ½ P 78/86000.

PRESOLANA (Passo della) Bergamo e Brescia 988 ③ ④, 429 E 12 – alt. 1 289 – a.s. 15 luglio-agosto e Natale – Sport invernali : 1 286/2 220 m ≰6.

Roma 650 – ◆Brescia 97 – ◆ Bergamo 49.

🍽 **Del Passo,** ⊠ 24020 Colere 🖉 (0346) 32081, prenotare – 🅿
   chiuso ottobre e martedì (escluso dal 15 giugno al 15 settembre) – **Pasto** carta 33/51000.

PRIABONA Vicenza 429 F 16 – Vedere Malo.

PRIMIERO Trento – Vedere Fiera di Primiero.

PRINCIPINA A MARE Grosseto 430 N 15 – Vedere Grosseto (Marina di).

PRIOCCA D'ALBA 12040 Cuneo 428 H 6 – 1 788 ab. alt. 253 – ✪ 0173.

Roma 631 – ◆Torino 59 – Alessandria 56 – Asti 24 – Cuneo 76.

🍽 **Centro,** via Umberto I 5 🖉 616112, Fax 616112, prenotare – 🆎 🖪 E 𝘝𝘐𝘚𝘈
   chiuso martedì – **Pasto** carta 21/43000.

PROCIDA (Isola di) Napoli 431 E 24 – 10 541 ab. – a.s. maggio-15 ottobre – ✪ 081.

Vedere Guida Verde – La limitazione d'accesso degli autoveicoli è regolata da norme legislative.

🚢 per Napoli giornalieri (1 h); per Pozzuoli ed Ischia (30 mn), giornalieri – Caremar-agenzia Lubrano, al porto 🖉 8967280; per Pozzuoli giornalieri (30 mn) – Alilauro, al porto 🖉 5267736, Fax 5268411 – 🚤 per Napoli giornalieri (35 mn), Pozzuoli ed Ischia giornaliero (15 mn) – Caremar-agenzia Lubrano, al porto 🖉 8967280.

🛈 via Roma 92 🖉 8969594

       Procida 988 ㉗ – ⊠ 80079.

🍽 **La Medusa,** via Roma 116 🖉 8967481, ≤, 🌧 – 🆎 🖪 ⓞ E 𝘝𝘐𝘚𝘈
   chiuso gennaio, febbraio e martedì (escluso da maggio a settembre) – **Pasto** carta 32/49000
   (12 %).

PROH Novara 219 ⑯ – Vedere Briona.

PRUNETTA 51020 Pistoia 988 ⑭, 428 429 430 J 14 – alt. 958 – a.s. luglio-agosto – ✪ 0573.

Roma 327 – ◆Firenze 51 – Pisa 82 – Lucca 48 – ◆Milano 291 – Pistoia 17 – San Marcello Pistoiese 14.

🏨 **Le Lari,** 🖉 672931, Fax 672931, « Giardino » – 🅿. ✀
   10 aprile-20 settembre – **Pasto** carta 25/35000 – ☑ 6000 – **25 cam** 45/70000 – ½ P 48/
   55000.

PUGLIANELLA Lucca – Vedere Camporgiano.

PULA Cagliari 988 ㉝, 433 J 9 – Vedere Sardegna alla fine dell'elenco alfabetico.

PULFERO 33046 Udine 429 D 22 – 1 0384 ab. alt. 221 – ✪ 0432.

Roma 662 – Gorizia 42 – Tarvisio 66 – Udine 29.

🍽🍽 **Al Vescovo** con cam, 🖉 726375, Fax 726376, 🌧 📺 ☎ 🅿. 🖪 E 𝘝𝘐𝘚𝘈. ✀ rist
   Pasto (*chiuso mercoledì*) carta 23/40000 – ☑ 5000 – **18 cam** 50/80000 – ½ P 48/50000.

PULSANO 74026 Taranto 431 F 34 – 10 211 ab. alt. 37 – a.s. 20 giugno-agosto – ✪ 099.

Roma 548 – ◆Bari 110 – ◆Brindisi 64 – Lecce 75 – ◆Taranto 16.

a Marina di Pulsano SE : 5,5 km – ⊠ 74026 Pulsano :

🏨 **Girasole,** 🖉 633013, Fax 633678 – 📺 ☎. 🆎 🖪 ⓞ E 𝘝𝘐𝘚𝘈
   Pasto carta 31/50000 (15 %) – ☑ 6000 – **37 cam** 120/150000 – ½ P 105/125000.

a Lido Silvana SE : 6 km – ⊠ 74026 Pulsano :

🏨 Eden Park ⏩, 🖉 633091, Fax 633791, 🌧, « In pineta », 🏊, 🌫, 🍽 – 🛗 📺 ☎ 🅿
   55 cam.

PUNTA ALA 58040 Grosseto 988 ㉔, 430 N 14 – a.s. Pasqua e 15 giugno-15 settembre – ✆ 0564 – 🏰 ✆ 922121, Fax 920182.

Roma 225 – ◆Firenze 170 – Follonica 18 – Grosseto 41 – Siena 102.

🏨 **Gallia Palace Hotel** ⟨⟩, ✆ 922022, Fax 920229, ≤, 🍽, « Giardino fiorito con ⌇ riscaldata », 🐾, ℵ – 📶 🖹 📺 ☎ ఉ ❷. 🖭 🛈 ⅌ E 𝚅𝙸𝚂𝙰. ℅
21 maggio-1° ottobre – **Pasto** 65/70000 – ☲ 27000 – **98 cam** 275/470000 – ½ P 180/350000.

🏨 **Piccolo Hotel Alleluja** ⟨⟩, ✆ 922050, Telex 500449, Fax 920734, « Parco ombreggiato e servizio rist. estivo all'aperto », 🐾, 🐾, ℵ – 📶 🖹 📺 ☎ ఉ ❷. 🖭 🖹 🛈 E 𝚅𝙸𝚂𝙰 𝙹𝙲𝙱. ℅
Pasto 65/80000 – **38 cam** ☲ 450/530000, appartamento – ½ P 360/390000.

🏨 **Cala del Porto** ⟨⟩, ✆ 922455, Telex 590652, Fax 920716, ≤, 🍽, « Terrazze fiorite », ⌇, 🐾, ℵ – 📺 ☎ ఉ ❷. 🖭 🖹 🛈 E 𝚅𝙸𝚂𝙰. ℅
aprile-settembre – **Pasto** carta 56/75000 – **35 cam** ☲ 420/650000, 6 appartamenti – ½ P 180/370000.

❌❌ **Lo Scalino,** ✆ 922168, ≤, 🍽, Specialità di mare – 🖭 🖹 E 𝚅𝙸𝚂𝙰
marzo-ottobre; chiuso martedì in bassa stagione – **Pasto** carta 47/79000.

PUNTA DEL LAGO Viterbo 430 P 18 – Vedere Ronciglione.

PUNTALDIA Nuoro – Vedere Sardegna (San Teodoro) alla fine dell'elenco alfabetico.

PUOS D'ALPAGO 32015 Belluno 429 D 19 – 2 272 ab. alt. 419 – ✆ 0437.

Roma 605 – Belluno 20 – Cortina d'Ampezzo 75 – ◆Venezia 95.

❌❌ **Locanda San Lorenzo** con cam, ✆ 454048, Fax 454049, prenotare – 📺 ☎ ❷. 🖭 🖹 🛈 E 𝚅𝙸𝚂𝙰
Pasto *(chiuso mercoledì)* 35/60000 – ☲ 10000 – **11 cam** 80/110000, 2 appartamenti – ½ P 80000.

PUTIGNANO 70017 Bari 988 ㉙, 431 E 33 – 27 008 ab. alt. 368 – ✆ 080.

Roma 490 – ◆Bari 41 – ◆Brindisi 81 – ◆Taranto 54.

🏨 **Plaza** senza rist, via Roma ✆ 731266 – 📶 🖹 📠 – 🚗 80. 🖭 🖹 🛈 E 𝚅𝙸𝚂𝙰. ℅
☲ 6500 – **41 cam** 86/119000.

QUARONA 13017 Vercelli 428 E 6, 219 ⑥ – 4 115 ab. alt. 415 – ✆ 0163.

Roma 668 – Stresa 49 – ◆Milano 94 – ◆Torino 110.

❌❌ **Italia** ✆ 430147 – 🖭 🖹 🛈 E 𝚅𝙸𝚂𝙰. ℅
chiuso lunedì – **Pasto** carta 38/58000.

QUARRATA 51039 Pistoia 428 429 430 K 14 – 20 997 ab. alt. 48 – ✆ 0573.

Roma 307 – ◆Firenze 32 – Lucca 53 – ◆Livorno 95 – Pistoia 13.

❌ Silvione-Antica Trattoria dal 1901, S : 1 km ✆ 750254, 🍽, 🌳 – ❷

a Catena E : 4 km – ✉ 51030 :

❌❌ **La Bussola-da Gino** con cam, ✆ 743128, Fax 743128, 🍽, 🌳 – 📺 ☎ ❷. 🖭 🖹 🛈 E 𝚅𝙸𝚂𝙰. ℅
Pasto *(chiuso domenica ed agosto)* carta 32/50000 – ☲ 7500 – **7 cam** 70/105000 – ½ P 75/95000.

QUARTACCIO Viterbo – Vedere Civita Castellana.

QUARTO CALDO Latina – Vedere San Felice Circeo.

QUARTO D'ALTINO 30020 Venezia 988 ⑤, 429 F 19 – 6 232 ab. alt. 5 – ✆ 0422.

Roma 537 – ◆Venezia 24 – ◆Milano 276 – Treviso 17 – ◆Trieste 134.

❌❌ **Da Odino,** via Roma 87 ✆ 825421, Fax 824326, « Piccolo parco » – 🖹 ❷. 🖭 🖹 🛈 E 𝚅𝙸𝚂𝙰
chiuso martedì sera e mercoledì – **Pasto** carta 35/55000.

❌ **Cà delle Anfore,** via Marconi 33 (SE : 3 km) ✆ 824153, « Giardino con laghetto », 🌳 – 🖹 ❷. 🖹 E 𝚅𝙸𝚂𝙰. ℅
chiuso lunedì, martedì sera e gennaio – **Pasto** carta 32/58000.

QUARTO DEI MILLE Genova – Vedere Genova.

QUARTO INFERIORE Bologna 430 I 16 – Vedere Granarolo dell'Emilia.

QUARTU SANT'ELENA Cagliari 988 ㉝, 433 J 9 – Vedere Sardegna alla fine dell'elenco alfabetico.

QUART-VILLEFRANCHE Aosta 428 E 4, 219 ③ – Vedere Aosta.

QUASSOLO 10010 Torino 219 C 4 – 406 ab. alt. 275 – ✆ 0125.

Roma 691 – Aosta 60 – Ivrea 8 – ◆Torino 58.

❌❌ Centrale, via Garibaldi 21 ✆ 750371, 🍽, prenotare.

QUATTRO CASTELLA 42020 Reggio nell'Emilia 428 429 I 13 – 9 497 ab. alt. 162 – ✿ 0522.
Roma 450 – ◆Parma 29 – ◆ Modena 48.

🏛 **Casa Matilde** ⊗ senza rist, località Puianello SE : 6 km ✉ 42030 Puianello 𝒫 889006, Fax 889006, ⩽, « Parco-giardino » – 📺 ☎ ❷ – 🔏 70. 🖭 🕄 ☰ 𝑉𝐼𝑆𝐴. ✽
7 cam ⊑ 185/240000, appartamento 280000.

QUERCE AL PINO Siena 430 M 17 – Vedere Chiusi.

QUERCEGROSSA Siena 430 L 15 – Vedere Siena.

QUINCINETTO 10010 Torino 988 ②, 428 F 5 – 1 140 ab. alt. 295 – ✿ 0125.
Roma 694 – Aosta 55 – Ivrea 18 – ◆Milano 131 – Novara 85 – ◆Torino 60.

🏛 **Mini Hotel Praiale** ⊗ senza rist, 𝒫 757188, Fax 757349 – 📺 ☎. 🖭 🕄 ⓘ ☰ 𝑉𝐼𝑆𝐴
⊑ 10000 – **9 cam** 65/80000.

※※ **Da Giovanni**, località Montellina 𝒫 757447, Fax 757447, 🏵 – ❷. 🖭 🕄 ⓘ ☰ 𝑉𝐼𝑆𝐴. ✽
chiuso martedì sera, mercoledì e dal 20 giugno al 10 luglio – **Pasto** carta 35/59000.

※※ **Da Marino**, località Montellina 𝒫 757952, ⩽, 🏵 – ❷. 🖭 🕄 ⓘ ☰ 𝑉𝐼𝑆𝐴
chiuso lunedì, dal 1° al 15 febbraio e dal 1° al 15 settembre – **Pasto** carta 33/53000.

QUINTO AL MARE Genova – Vedere Genova.

QUINTO DI TREVISO 31055 Treviso 429 F 18 – 9 057 ab. alt. 17 – ✿ 0422.
Roma 548 – ◆Venezia 36 – ◆Padova 40 – Treviso 7 – Vicenza 57.

※※ **Locanda Righetto** con cam, 𝒫 379101, Fax 470080, 🏵 – ☰ 📺 ☎ ❷. 🖭 🕄 ⓘ ☰ 𝑉𝐼𝑆𝐴 ✽
Pasto (chiuso lunedì e dal 2 al 10 gennaio) carta 25/57000 – ⊑ 8000 – **10 cam** 58/85000 –
½ P 75/85000.

QUISTELLO 46026 Mantova 428 429 G 14 – 5 993 ab. alt. 17 – ✿ 0376.
Roma 458 – ◆Verona 65 – ◆Ferrara 61 – Mantova 29 – ◆Milano 203 – ◆Modena 56.

※※※ ✿✿ **Ambasciata**, via Martiri di Belfiore 33 𝒫 619003, Fax 618255, prenotare – ☰ ❷. 🖭
🕄 ⓘ ☰ 𝑉𝐼𝑆𝐴 𝐽𝐶𝐵. ✽
chiuso dal 1° al 16 gennaio, dal 1° al 24 agosto, mercoledì, giovedì a mezzogiorno e le sere
di Natale, Capodanno e Pasqua – **Pasto** 50/100000 (a mezzogiorno) 100000 (alla sera) e
carta 70/130000
Spec. Agrodolce di cappone con olio mele e uva sultanina (marzo-giugno), Tortello verde di faraona ricotta e asparagi
al burro fuso e grana (marzo-giugno), Stracotto di coda di bue (novembre-febbraio).

※※ **Al Sole-Cincana**, piazza Semeghini 14 𝒫 618146, Coperti limitati ; prenotare – 𝑉𝐼𝑆𝐴
chiuso domenica sera, mercoledì, dal 29 dicembre al 10 gennaio e da luglio al 20 agosto –
Pasto carta 45/80000.

RABLÀ **(RABLAND)** Bolzano – Vedere Parcines.

RADDA IN CHIANTI 53017 Siena 430 L 16 – 1 632 ab. alt. 531 – ✿ 0577.
Roma 261 – ◆Firenze 54 – Siena 33 – Arezzo 57.

🏛 **Fattoria Vignale** senza rist, 𝒫 738300, Fax 738592, ⩽, 🛋, 🎋 – ☰ ☎ ❷ – 🔏 60. 🖭 🕄 ☰
𝑉𝐼𝑆𝐴 ✽
aprile-5 novembre – **26 cam** ⊑ 180/300000.

※※ ✿ **Vignale**, 𝒫 738094 – 🖭 🕄 ☰ 𝑉𝐼𝑆𝐴. ✽
marzo-novembre ; chiuso giovedì – **Pasto** 69000 (15 %) e carta 51/83000 (15 %)
Spec. Zuppa di farro e fagioli, Coniglio farcito al forno, Bistecca alla fiorentina.

✗ **Le Vigne**, 𝒫 738640 – ❷. 🖭 🕄 ⓘ ☰ 𝑉𝐼𝑆𝐴 𝐽𝐶𝐵. ✽
chiuso martedì e febbraio – **Pasto** carta 31/44000 (15 %).

sulla strada provinciale 429 O : 6,5 km :

🏛 **Vescine** ⊗ senza rist, località Vescine ✉ 53017 𝒫 741144, Fax 740263, ⩽, « In un
borgo antico », 🛋, 🎋, ※ – ☎ ❷. 🖭 🕄 ☰ 𝑉𝐼𝑆𝐴
Capodanno e marzo-novembre – **22 cam** ⊑ 160/240000, 4 appartamenti.

RADICOFANI 53040 Siena 430 N 17 – 1 295 ab. alt. 896 – ✿ 0578.
Roma 169 – Siena 71 – Arezzo 93 – ◆Perugia 113.

※※ **La Palazzina** ⊗ con cam, località Le Vigne E : 6 km 𝒫 55771, Fax 53553, ⩽, Azienda
agrituristica, Solo su prenotazione, « Fattoria del 18° secolo », 🛋, 🎋 – ❷. 🖭 🕄 𝑉𝐼𝑆𝐴
✽ rist
25 marzo-5 novembre – **Pasto** carta 35/47000 – **10 cam** solo ½ P 88/95000.

✗ La Grotta, 𝒫 55866, 🏵

RAGUSA 🅿 988 ⑦, 432 Q 26 – Vedere Sicilia alla fine dell'elenco alfabetio.

RAITO Salerno – Vedere Vietri sul Mare.

RANCIO VALCUVIA 21030 Varese 428 E 8, 219 ⑦ – 760 ab. alt. 296 – ✿ 0332.
Roma 651 – Stresa 59 – ◆Lugano 28 – Luino 12 – ◆Milano 74 – Varese 18.

※※ **Gibigiana**, 𝒫 995085, prenotare – ❷. 🕄 ⓘ 𝑉𝐼𝑆𝐴. ✽
chiuso martedì e gennaio – **Pasto** carta 30/51000.

RANCO 21020 Varese 428 E 7, 219 ⑦ – 970 ab. alt. 214 – ☎ 0331.

Roma 644 – Stresa 37 – Laveno Mombello 21 – ♦Milano 67 – Novara 51 – Sesto Calende 12 – Varese 27.

Conca Azzurra ⑤, ☎ 976526, Fax 976721, ≤, ☂, ⛱, ⛺, ⛱, 🎾 – ▤ cam 📺 ☎ Ⓟ – 🏛 150. AE 🅂 ⦿ E VISA. ✻ rist
chiuso gennaio e febbraio – **Pasto** *(chiuso venerdì da ottobre a maggio)* carta 39/66000 – **30 cam** ☕ 115/180000 – ½ P 100/130000.

XXX ✿✿ **Il Sole** ⑤ con cam, ☎ 976507, Fax 976620, ≤, Coperti limitati; prenotare, « Servizio estivo sotto un pergolato », ⛺, ⛱ – ▤ cam 📺 ☎ Ⓟ. AE ⦿ E VISA. ✻
chiuso da gennaio al 14 febbraio – **Pasto** *(chiuso lunedì sera escluso da giugno a settembre e martedì)* 80/100000 (10%) a mezzogiorno 100/120000 (10%) alla sera e carta 81/123000 (10%) – 8 appartamenti ☕ 320/350000 – ½ P 230/300000
Spec. Lavarello affumicato con insalata tiepida di patate, Lasagna multicolore con scampi e salsa al Sauternes, Rostin negàa.

RANDAZZO Catania 988 ㊲, 432 N 26 – Vedere Sicilia alla fine dell'elenco alfabetico.

RANICA Bergamo – Vedere Alzano Lombardo.

RANZANICO 24060 Bergamo 428 429 E 11 – 857 ab. alt. 510 – ☎ 035.

Roma 622 – ♦Brescia 62 – ♦Bergamo 25 – ♦Milano 94.

XX **Pampero,** al lago ☎ 811304, ☂, prenotare, « Giardino con laghetto » – Ⓟ. AE 🅂 ⦿ E VISA
chiuso lunedì, martedì a mezzogiorno e dall'8 al 23 gennaio – **Pasto** carta 30/61000.

RANZO 18028 Imperia 428 J 6 – 583 ab. alt. 300 – ☎ 0183.

Roma 595 – Imperia 51 – Savona 58 – ♦Torino 191.

XX **Moisello,** ☎ 318073 – Ⓟ. ✻
chiuso lunedì sera e martedì – **Pasto** carta 30/45000.

RAPALLO 16035 Genova 988 ⑬, 428 I 9 – 27 305 ab. – a.s. 15 dicembre-febbraio, Pasqua e luglio-ottobre – ☎ 0185.

Vedere Lungomare Vittorio Veneto★.

Dintorni Penisola di Portofino★★★ per la strada panoramica★★ per Santa Margherita Ligure e Portofino SO per ②.

⛳ (chiuso martedì) ☎ 261777, Fax 261779, per ④ : 2 km – ℹ via Diaz 9 ☎ 51282, Fax 63051.

Roma 477 ④ – ♦Genova 37 ④ – ♦Milano 163 ④ – ♦Parma 142 ① – ♦La Spezia 79 ④.

Gd H. Bristol ⑤, via Aurelia Orientale 369 ☎ 273313, Telex 270688, Fax 55800, « Rist. roof-garden con ≤ mare e golfo », ⛲, ⛱ riscaldata, ⛺, ⛱ – |♦| ▤ 📺 ☎ 🚗 Ⓟ – 🏛 250. AE 🅂 E VISA. ✻ rist per ①
chiuso gennaio e febbraio – **Pasto** 75000 e al Rist. ***Le Cupole*** carta 53/101000 – **91 cam** ☕ 190/360000, 2 appartamenti – ½ P 190/280000.

Eurotel, via Aurelia Ponente 22 ☎ 60981, Telex 283851, Fax 50635, ≤ mare, « Giardino con ⛱ » – |♦| ▤ 📺 ☎ 🚗 Ⓟ – 🏛 100 a 150. AE 🅂 ⦿ E. ✻ rist f
Pasto 55/65000 – **65 cam** ☕ 165/250000 – ½ P 175/195000.

Astoria senza rist, via Gramsci 4 ☎ 273533, Telex 272117, Fax 274093, ≤ – |♦| ▤ 📺 ☎ – 🏛 40. AE 🅂 ⦿ E VISA JCB. ✻ r
chiuso dal 9 dicembre al 9 gennaio – ☕ 21000 – **19 cam** 160/230000.

Rosabianca senza rist, lungomare Vittorio Veneto 42 ☎ 50390, Fax 65035, ≤ mare – |♦| ▤ 📺 ☎. AE 🅂 ⦿ E VISA. ✻ b
18 cam ☕ 130/250000, appartamento.

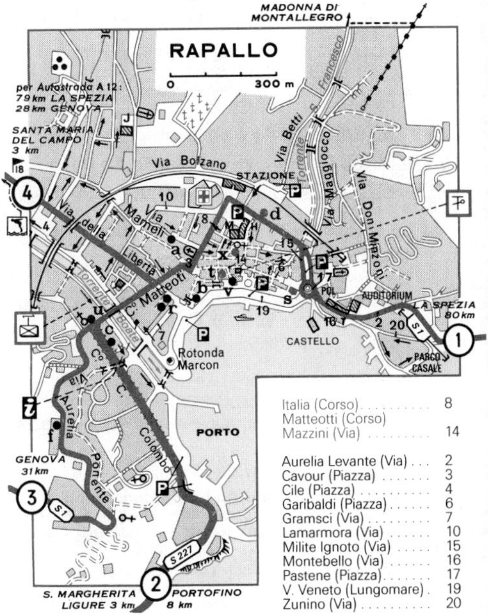

Italia (Corso) 8
Matteotti (Corso)
Mazzini (Via) 14

Aurelia Levante (Via) ... 2
Cavour (Piazza) 3
Cile (Piazza) 4
Garibaldi (Piazza) 6
Gramsci (Via) 7
Lamarmora (Via) 10
Milite Ignoto (Via) 15
Montebello (Via) 16
Pastene (Piazza) 17
V. Veneto (Lungomare) . 19
Zunino (Via) 20

🏨 **Riviera,** piazza 4 Novembre 2 *&* 50248, Fax 65668, ≤ mare – 🛗 ▤ cam 🔟 ☎. 🖭 🕃 E
ₘ VISA JCB. 🕏 rist   r
chiuso da novembre al 22 dicembre – **Pasto** 45/50000 – **20 cam** ☲ 120/230000 – ½ P 120/
160000.

🏨 **Miramare,** via Vittorio Veneto 27 *&* 230261, Fax 273570, ≤ – 🛗 🔟 ☎. 🖭 🕃 ⑩ E VISA.
🕏 rist   v
Pasto *(chiuso lunedì)* carta 50/80000 – ☲ 15000 – **28 cam** 95/150000 – ½ P 110/130000.

🏨 **Minerva,** corso Colombo 7 *&* 230388, Fax 67078 – 🛗 🔟 ☎ ᵫ ₽. 🖭 🕃 E VISA.
🕏 rist   c
chiuso da novembre al 20 dicembre – **Pasto** (solo per clienti alloggiati) 40000 – **35 cam**
☲ 100/160000 – ½ P 100/170000.

🏨 **Vittoria,** via San Filippo Neri 11 *&* 231030, Fax 66250 – 🛗 🔟 ☎. 🖭 🕃 ⑩ E VISA. 🕏 a
chiuso dal 6 al 30 novembre – **Pasto** 25/35000 – **40 cam** ☲ 71/122000 – ½ P 72/84000.

🏨 **Stella** senza rist, via Aurelia Ponente 6 *&* 50367, Fax 272837 – 🛗 🔟 ☎ ⇦. 🕃 E
VISA   u
☲ 12000 – **31 cam** 65/98000.

XX **Hostaria Vecchia Rapallo,** via Cairoli 20/24 *&* 50053 – 🖭 🕃 ⑩ E VISA   t
chiuso giovedì – **Pasto** carta 38/58000 (5 %).

XX **Da Monique,** lungomare Vittorio Veneto 6 *&* 50541, ≤ – 🖭 🕃 ⑩ E VISA   s
chiuso martedì e dal 7 gennaio al 10 febbraio – **Pasto** carta 35/80000.

XX **Roccabruna,** località Savagna *&* 261400, Fax 261400, 佘, Coperti limitati; prenotare –
₽   5 km per ④
chiuso a mezzogiorno dal 20 giugno al 15 settembre, lunedì e dal 5 al 20 novembre – **Pasto**
carta 42/61000.

XX **Il Pozzo,** corso Assereto 13 *&* 60026 – ▤   b
chiuso a mezzogiorno in luglio-agosto.

X **La Clocherie,** vico della Rosa 8 *&* 55309   x
chiuso mercoledì e dal 10 novembre al 10 dicembre – **Pasto** carta 38/66000.

a San Massimo per ④ : 3 km – ✉ **16035** Rapallo :

X **ü Giancu,** *&* 261212, Fax 260505, solo su prenotazione, « Servizio estivo in giardino » –
₽. 🕃 ⑩ E VISA
*chiuso a mezzogiorno escluso sabato-domenica, mercoledì sera, dal 9 gennaio al 2 feb-
braio, dal 26 giugno al 5 luglio, dal 27 settembre al 4 ottobre e dal 6 novembre al 6 dicembre
–* **Pasto** carta 38/54000.

RAPOLANO TERME 53040 Siena 988 ⑮, 480 M 16 – 4 956 ab. alt. 334 – ✪ 0577.
Roma 202 – Siena 27 – Arezzo 48 – ♦Firenze 96 – ♦Perugia 81.

🏨 **Grand Motel Serre,** località Serre di Rapolano SE : 5 km *&* 704777, Fax 704780, ⚓,
佘, 🕏 – 🛗 ▤ 🔟 ☎ ᵫ ⇦ ₽ – 🚗 80. 🕃 ⑩ E VISA
Pasto *(chiuso lunedì)* 29/34000 – ☲ 8000 – **40 cam** 110/150000, 4 appartamenti – ½ P 105/
140000.

🏠 **2 Mari,** strada statale 326 (N : 0,5 km) *&* 724070, Fax 725414, 佘, ⚓, 舞 – 🛗 🔟 ☎ ₽ –
🚗 250. 🖭 🕃 ⑩ E VISA. 🕏
chiuso dal 2 al 10 gennaio – **Pasto** *(chiuso martedì)* carta 25/40000 – ☲ 9000 – **42 cam**
60/95000 – ½ P 70000.

RASEN ANTHOLZ = Rasun Anterselva.

RASTELLINO Modena – Vedere Castelfranco Emilia.

RASUN ANTERSELVA (RASEN ANTHOLZ) 39030 Bolzano 429 B 18 – 2 515 ab. alt. 1 000 –
✪ 0474.
Roma 728 – ♦Bolzano 87 – Brunico 13 – Cortina d'Ampezzo 52 – Lienz 66 – ♦Milano 382.

a Rasun (Rasen) – alt. 1 030 – ✉ **39030**.
🅱 a Rasun di Sotto *&* 46269, Fax 48099 :

🏨 **Alpenhof,** a Rasun di Sotto *&* 496451, Fax 498047, ≤, « Caratteristiche stuben tirole-
si », 🛵, ⩵s, 🏊 – 🔟 ☎ ₽. 🕃 VISA. 🕏 rist
7 dicembre-25 aprile e 21 maggio-22 ottobre – **Pasto** 35/65000 – **31 cam** ☲ 284000 –
½ P 74/160000.

ad Anterselva (Antholz) – alt. 1 100 – ✉ **39030**.
🅱 ad Anterselva di Mezzo *&* 42116, Fax 42370 :

🏨 **Antholzerhof** 🦮, ad Anterselva di Sotto *&* 492148, Fax 492344, ≤, 佘, ⩵s, 🏊, 舞 –
▤ rist ☎ ₽. 🕏 rist
chiuso dal 9 aprile al 27 maggio e dall'11 ottobre al 17 dicembre – **Pasto** carta 46/74000 –
26 cam ☲ 124/218000 – ½ P 78/142000.

🏠 **Bagni di Salomone-Bad Salomonsbrunn** 🦮, ad Anterselva di Sotto SO : 1,5 km
& 492199, Fax 492378, ≤, 舞 – ☎ ₽. 🕃 VISA. 🕏 rist
chiuso dal 1° al 20 giugno e dal 15 ottobre al 5 dicembre – **Pasto** *(chiuso giovedì)* 25/45000 –
24 cam ☲ 68/112000 – ½ P 51/74000.

🏠 **Wegerhof,** ad Anterselva di Mezzo *&* 42130, 舞 – ₽
chiuso dal 5 novembre al 20 dicembre e da aprila al 15 guigno – **Pasto** Pas (solo per clienti
alloggiati) 16/32000 – **10 cam** ☲ 38/94000 – ½ P 65000.

Roma 712 – ◆Milano 457 – Monte Croce Carnico 28 – Tolmezzo 24 – ◆Trieste 146 – Udine 76.

🏠 **Valcalda,** ℰ 66120, Fax 66420, ≤, ᾶ – 🔟 ☎ ⇔ 🅿. 🖭 🛐 ⓞ 🔁 🗺 🛠
   chiuso maggio e novembre – **Pasto** (chiuso giovedì) carta 24/39000 – ⊊ 8000 – **32 cam**
   60/100000 – 1/2 P 55/85000.

RAVELLO 84010 Salerno 988 ②⑦, 431 F 25 – 2 424 ab. alt. 350 – a.s. Pasqua, giugno-settembre e Natale – ☻ 089.

Vedere Posizione e cornice pittoresche★★★ – Villa Rufolo★★★ : ※★★★ – Villa Cimbrone★★★ : ※★★★ – Pulpito★★ e porta in bronzo★ del Duomo – Chiesa di San Giovanni del Toro★.

🛈 piazza Duomo 10 ℰ 857096, Fax 857977.

Roma 276 – ◆Napoli 59 – Amalfi 6 – Salerno 29 – Sorrento 40.

🏛 **Palumbo** ⑤, ℰ 857244, Fax 858133, ≤ golfo, Capo d'Orso e monti, 🏤, « Edificio del
   12° secolo con terrazza-giardino fiorita » – 🗏 🔟 ☎ ⇔. 🖭 🛐 ⓞ 🔁 🗺. 🛠 rist
   Pasto (chiuso gennaio e febbraio) 85000 – **13 cam** ⊊ 378/545000, 3 appartamenti –
   1/2 P 280/335000.

🏛 **Villa Maria** ⑤, ℰ 857255, Fax 857071, « Servizio rist. estivo sotto un pergolato con
   ≤ mare e costa », ᾶ – ☎. 🖭 🛐 ⓞ 🔁 🗺. 🛠
   Pasto carta 36/53000 (15%) – **17 cam** ⊊ 180/210000 – 1/2 P 120/160000.

🏛 **Rufolo** ⑤, ℰ 857133, Fax 857935, ≤ golfo, Capo d'Orso e monti, 🏤, « Terrazza-
   giardino con ⌧ » – 🗏 🔟 ☎ ⇔ 🅿. 🖭 🛐 🔁 🗺. 🛠 rist
   Pasto (marzo-ottobre) carta 45/62000 – ⊊ 20000 – **30 cam** 125/205000, 2 appartamenti –
   1/2 P 135/170000.

🏛 **Graal,** ℰ 857222, Fax 857551, ≤ golfo, Capo d'Orso e monti, ⌧ – 🛗 🗏 ☎ ⇔ – 🔬 250.
   🖭 🛐 ⓞ 🔁 🗺
   Pasto (Natale e marzo-ottobre) carta 39/65000 (15%) – **32 cam** ⊊ 110/170000, 🗏 20000 –
   1/2 P 115/140000.

🏛 **Giordano,** ℰ 857255, Fax 857071, ⌧ riscaldata, ᾶ – 🅿. 🖭 🛐 🔁 🗺. 🛠
   Pasto (aprile settembre) 50/65000 – **16 cam** ⊊ 100/160000 – 1/2 P 105/130000.

🍴 **Cumpa' Cosimo,** ℰ 857156, Rist. e pizzeria serale – 🖭 🛐 ⓞ 🔁 🗺
   chiuso lunedì escluso da marzo al 10 novembre – **Pasto** carta 30/45000.

   sulla costiera amalfitana S : 6 km :

🏛 **Marmorata** ⑤, ⊠ 84010 ℰ 877777, Fax 851189, ≤ golfo, 🏤, « Ambiente in stile
   marinaro », ⌧, ⬥ – 🗏 🔟 ☎ ⇔ – 🔬 50. 🖭 🛐 ⓞ 🔁 🗺. 🛠 rist
   Pasto (Pasqua-ottobre) 40/65000 – **40 cam** ⊊ 200/300000 – 1/2 P 135/198000.

RAVENNA 48100 ℙ 988 ⑮, 429 430 I 18 – 135 807 ab. alt. 3 – ☻ 0544.

Vedere Mausoleo di Galla Placidia★★★ Y – Chiesa di San Vitale★★ : mosaici★★★ Y – Battistero Neoniano★ : mosaici★★★ Z – Basilica di Sant'Apollinare Nuovo★ : mosaici★★★ Z – Mosaici★★★ nel Battistero degli Ariani Y D – Cattedra d'avorio★★ e cappella arcivescovile★★ nel museo dell'Arcivescovado Z M2 – Mausoleo di Teodorico★ Y B – Statua giacente★ nella Pinacoteca Comunale Z.

Dintorni Basilica di Sant'Apollinare in Classe★★ : mosaici★★★ per ③ :5 km.

🛈 via Salara 8/12 ℰ 35404 – (maggio-settembre) viale delle Industrie 14 ℰ 451539.

A.C.I. piazza Mameli 4 ℰ 37333.

Roma 366 ④ – ◆Bologna 74 ⑤ – ◆Ferrara 74 ⑤ – ◆Firenze 136 ④ – ◆Milano 285 ⑤ – ◆Venezia 145 ①.

Pianta pagina seguente

🏛 **Bisanzio** senza rist, via Salara 30 ℰ 217111, Telex 551070, Fax 32539, ᾶ – 🛗 🗏 🔟 ☎ –
   🔬 50. 🖭 🛐 ⓞ 🔁 🗺.   Y f
   36 cam ⊊ 133/195000.

🏛 **Diana** senza rist, via G. Rossi 47 ℰ 39164, Fax 30001 – 🛗 🗏 🔟 ☎ ⬥. 🖭 🛐 ⓞ 🔁
   🗺   Y b
   ⊊ 12000 – **33 cam** 110/150000.

🏛 **Centrale-Byron** senza rist, via 4 Novembre 14 ℰ 212225, Telex 551070 – 🛗 🗏 🔟 ☎. 🖭
   🛐 ⓞ 🔁 🗺. 🛠   Y e
   ⊊ 7000 – **54 cam** 95/120000.

🏛 **Argentario** senza rist, via di Roma 45 ℰ 35555, Telex 550383, Fax 35147 – 🛗 🗏 🔟 ☎. 🖭
   🛐 ⓞ 🔁 🗺   Z c
   30 cam ⊊ 95/130000, 🗏 10000.

🍴🍴🍴 **Tre Spade,** via Faentina 136 ℰ 500522, Fax 500820, 🏤 – 🗏 🅿. 🖭 🛐 ⓞ 🔁 🗺
                                                                          2 km : per ⑤
   chiuso sabato a mezzogiorno, domenica e dal 1° al 21 agosto – **Pasto** carta 48/70000.

🍴🍴🍴 **Al Gallo,** via Maggiore 87 ℰ 213775, Fax 213775, 🏤, Coperti limitati; prenotare – 🖭 🛐
   ⓞ 🔁 🗺 JCB.   Y t
   chiuso lunedì sera, martedì, dal 20 dicembre al 10 gennaio e Pasqua – **Pasto** carta 36/50000.

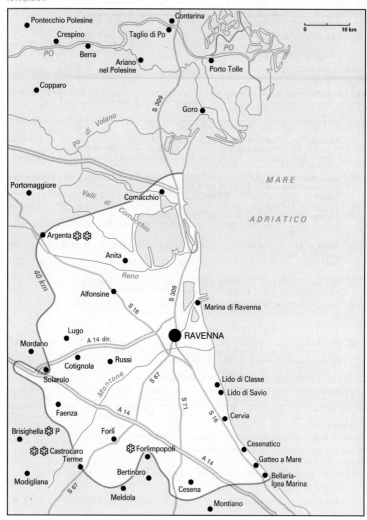

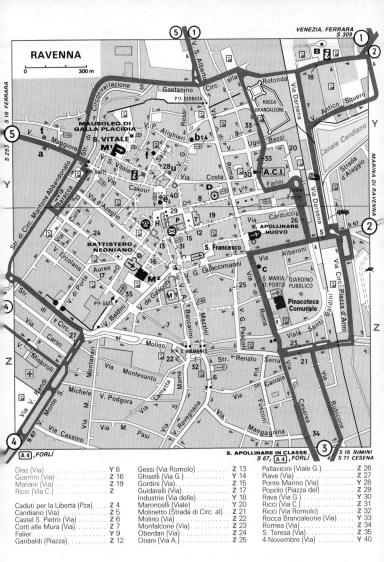

RAVENNA

0 _____ 300 m

VENEZIA, FERRARA
S 309

sulla strada statale 16 per ③ : 2,5 km :

🏨 **Romea**, via Romea Sud 1 ⌧ 48100 ℰ 61247, Fax 67847 – 🛗 ▦ 📺 ☎ 🅿 – 🔬 100. 🆎 🕃
⓪ ᴇ 🆅🆂🅰. ﹩ rist
Pasto *(chiuso venerdì e dal 26 luglio al 26 agosto)* carta 41/62000 (10%) – **42 cam** ⊇ 90/
150000, ▦ 10000 – ½ P 95/105000.

sulla strada statale 309 per ① : 9,5 km :

✕✕ **Ca' del Pino**, ⌧ 48100 ℰ 446061, Fax 446061, « In pineta-piccolo zoo » – 🅿 – 🔬 100.
🆎 ⓪ ᴇ 🆅🆂🅰. ﹩
chiuso dal 23 dicembre al 7 febbraio, lunedì sera e martedì – **Pasto** carta 37/63000.

La carta Michelin della **GRECIA** n° 🔲🔲🔲 a 1:700 000.

RAVENNA (Marina di) **48023** Ravenna 𝟡𝟪𝟪 ⑮, 𝟜𝟛𝟘 I 18 – a.s. Pasqua e 18 giugno-agosto – ☎ 0544.

🅱 (maggio-settembre) viale delle Nazioni 159 ✆ 530117.

Roma 390 – ◆Ravenna 12 – ◆Bologna 103 – Forlì 42 – ◆Milano 314 – Rimini 61.

🏨 **Park Hotel Ravenna**, viale delle Nazioni 181 ✆ 531743, Telex 550185, Fax 530430, « Parco ombreggiato con ⚫️ e ⚟ », 🐾 – 🅿 ▤ 🅣🅥 ☎ 🄿 – 🔏 40 a 500. 🄰🄴 🅸 🕕 🄴 🆅🅸🆂🅰. ⚘
marzo-novembre – **Pasto** 45000 – **133 cam** ⊡ 175/270000 – ½ P 155/195000.

🏨 **Bermuda**, viale della Pace 363 ✆ 530560, Fax 531643 – ▤ cam 🅣🅥 ☎. 🄰🄴 🅸 🕕 🄴 🆅🅸🆂🅰. ⚘
Pasto (solo per clienti alloggiati e *chiuso dal 20 dicembre al 20 gennaio*) 35000 – ⊡ 10000 – **23 cam** 70/90000 – ½ P 65/85000.

🏨🏨 **Gloria**, viale delle Nazioni 420 ✆ 530274, 🍴, Specialità di mare, prenotare, « Whisky-teca e raccolta di quadri » – 🄿. 🄰🄴 🅸 🕕 🄴 🆅🅸🆂🅰. ⚘
chiuso mercoledì ed agosto – **Pasto** carta 47/77000 (18%).

🏨 **Al Porto**, viale delle Nazioni 2 ✆ 530105, 🍴 – 🄿. 🄰🄴 🅸 🕕 🄴 🆅🅸🆂🅰. ⚘
chiuso lunedì – **Pasto** carta 48/72000 (10%).

🏨 **Maddalena** con cam, viale delle Nazioni 345 ✆ 530431 – 🄰🄴 🅸 🕕 🄴 🆅🅸🆂🅰. ⚘ *chiuso dal 15 dicembre al 20 gennaio* – **Pasto** (*chiuso lunedì da settembre al 15 giugno*) carta 45/60000 – ⊡ 10000 – **21 cam** 70/90000 – ½ P 70/80000.

a Marina Romea N : traghetto e 3 km – ✉ **48023**.

🅱 (maggio-settembre) viale Italia 112 ✆ 446035 :

🏨 **Columbia**, viale Italia 70 ✆ 446038, Fax 447202, 🏖, 🌳 – 🅿 🅣🅥 ☎ 🄿. 🄰🄴 🅸 🕕 🄴 🆅🅸🆂🅰. ⚘
chiuso dicembre, gennaio e febbraio – **Pasto** 15/45000 e al Rist. *La Pioppa* (*chiuso martedì*) carta 31/58000 – ⊡ 10000 – **40 cam** 85/120000 – ½ P 55/75000.

RAVINA Trento – Vedere Trento.

RAZZES **(RATZES)** Bolzano – Vedere Siusi.

REANA DEL ROIALE **33010** Udine 𝟜𝟚𝟡 D 21 – 4 816 ab. alt. 168 – ☎ 0432.

Roma 648 – ◆Trieste 86 – Udine 10.

a Cortale NE : 2 km – ✉ **33010** Reana del Roiale :

🏨🏨 **Al Scus**, ✆ 853872, Specialità di mare – 🄿. 🅸 🄴 🆅🅸🆂🅰. ⚘
chiuso lunedì sera, martedì e dal 1° al 23 agosto – **Pasto** carta 42/86000.

a Zompitta NE : 2,5 km – ✉ **33010** Reana del Roiale :

🏨 **Da Rochet**, ✆ 851090, « Servizio estivo in giardino » – 🄿. 🅸 🆅🅸🆂🅰. ⚘
chiuso martedì, mercoledì e dal 25 agosto al 25 settembre – Pasto carta 31/55000.

RECANATI **62019** Macerata 𝟡𝟪𝟪 ⑯, 𝟜𝟛𝟘 L 22 – 19 379 ab. alt. 293 – a.s. 10 luglio-13 settembre – ☎ 071.

🅱 piazza Leopardi 5 ✆ 981471, Fax 981242.

Roma 271 – ◆Ancona 40 – Macerata 24 – Porto Recanati 12.

🏨 **La Ginestra**, via Calcagni 2 ✆ 980355, Fax 980594 – 🅣🅥 ☎. 🅸 🆅🅸🆂🅰. ⚘ cam
Pasto (*chiuso martedì*) carta 27/38000 – ⊡ 8000 – **27 cam** 58/82000 – ½ P 60/75000.

RECCO **16036** Genova 𝟡𝟪𝟪 ⑬, 𝟜𝟚𝟪 I 9 – 10 133 ab. – ☎ 0185.

Roma 484 – ◆Genova 32 – ◆Milano 160 – Portofino 15 – ◆La Spezia 86.

🏨🏨 **La Villa**, via Roma 272 ✆ 720779, Fax 721095, ⚫️, 🅿 ▤ 🅣🅥 ☎ 🔌 ⟷ 🄿 – 🔏 25 a 80. 🄰🄴 🅸 🕕 🄴 🆅🅸🆂🅰 🅹🅲🅱
Pasto vedere rist *Manuelina* – **23 cam** ⊡ 150/200000 – ½ P 140/190000.

🏨🏨 **Manuelina**, via Roma 278 (N : 1 km) ✆ 75364, Fax 721677 – ▤ 🄿. 🄰🄴 🅸 🕕 🄴 🆅🅸🆂🅰
chiuso mercoledì e dal 25 gennaio all'8 febbraio – **Pasto** carta 48/80000.

🏨🏨 **Vitturin**, via dei Giustiniani 48 (N : 1,5 km) ✆ 720225, Fax 723686, 🍴 – ▤ 🄿 – 🔏 80. 🄰🄴 🅸 🕕 🄴 🆅🅸🆂🅰. ⚘
chiuso lunedì – **Pasto** carta 55/90000.

🏨🏨 **Da ö Vittorio** con cam, via Roma 160 ✆ 74029, Fax 723605, 🍴 – 🅿 🅣🅥 ☎. 🄰🄴 🅸 🕕 🄴 🆅🅸🆂🅰. ⚘ cam
chiuso dal 24 novembre al 15 dicembre – **Pasto** (*chiuso giovedì*) 28/40000 e carta 39/66000 – ⊡ 8000 – **23 cam** 90/100000 – ½ P 65/90000.

RECOARO TERME **36076** Vicenza 𝟡𝟪𝟪 ④, 𝟜𝟚𝟡 E 15 – 7 454 ab. alt. 445 – Stazione termale (giugno-settembre) – Sport invernali : a Recoaro Mille : 1 007/1 600 m ⚡️7 – ☎ 0445.

🅱 via Roma 25 ✆ 75070, Fax 75158.

Roma 576 – ◆Verona 72 – ◆Milano 227 – Trento 78 – ◆Venezia 108 – Vicenza 44.

🏨 **Verona**, via Roma 60 ✆ 75065, Fax 75065 – 🅿 🅣🅥 ☎. 🄰🄴 🆅🅸🆂🅰. ⚘
maggio-settembre – **Pasto** carta 33/43000 – ⊡ 7000 – **35 cam** 85/125000 – ½ P 63/73000.

🏨 **Pittore**, via Roma 58 ✆ 75039 – 🅿 🅣🅥 ☎. ⚘
maggio-5 ottobre – **Pasto** carta 28/41000 – ⊡ 10000 – **23 cam** 70/90000 – ½ P 60/65000.

Roma 250 – ◆Firenze 38 – Siena 69 – Arezzo 58 – Forlì 128 – ◆Milano 339.

- 🏨 Fattoria degli Usignoli ⑤, località San Donato in Fronzano ℘ 8652018, Fax 8652270, ≤, 佘, « Antico Borgo del 1400 fra i vigneti », ⌹, 霜, ※ – 📺 ☎ ℗ – 🏋 130

- 🏨 **Archimede** ⑤, strada per Vallombrosa N : 3,5 km ℘ 869055, Fax 868584, 霜, ※ – 📺 ☎ ℗. 🅰🅴 🚼 ⑩ 🖻 𝚟𝚒𝚜𝚊. ※
  chiuso dal 5 al 24 novembre – **Pasto** vedere rist **Da Archimede** – ⌑ 10000 – **18 cam** 85/120000 – ½ P 98000.

- ✕✕ **Da Archimede,** strada per Vallombrosa N : 3,5 km ℘ 8667500, ≤, « Ristorante caratteristico » – ℗. 🅰🅴 🚼 ⑩ 🖻 𝚟𝚒𝚜𝚊. ※
  chiuso dal 5 al 24 novembre e martedì (escluso da luglio al 15 settembre) – **Pasto** carta 34/50000.

  a Vaggio SO : 5 km – ⊠ **50066** :

- 🏨 **Villa Rigacci** ⑤, ℘ 8656562, Fax 8656537, ≤, ⌹, 霜 – ▤ 📺 ☎ ℗. 🅰🅴 🚼 ⑩ 🖻 𝚟𝚒𝚜𝚊. ※ rist
  Pasto al Rist. **Relais le Vieux Pressoir** (prenotare) carta 40/75000 – **18 cam** ⌑ 120/250000 – ½ P 150/185000.

| Europe | Se il nome di un albergo è stampato in carattere magro, chiedete al vostro arrivo le condizioni che vi saranno praticate. |

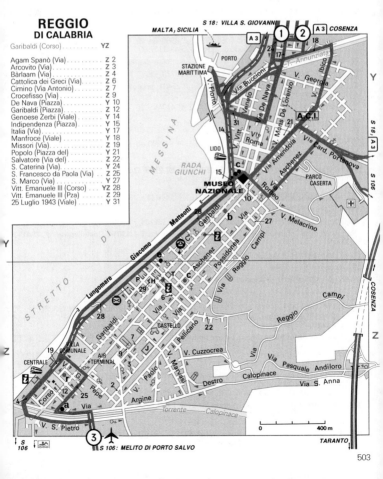

REGGIO
DI CALABRIA

REGGIO DI CALABRIA 89100 P 988 ㊲ ㊴, 431 M 28 – 177 756 ab. – ☎ 0965.

Vedere Museo Nazionale★★ Y : Bronzi di Riace★★★ – Lungomare★ YZ.

✈ di Ravagnese per ③ : 4 km ☎ 643242 – Alitalia, Agenzia Simonetta, corso Garibaldi 521/525 ✉ 89127 ☎ 331445.

🚗 a Villa San Giovanni, ☎ 751026-int. 393.

⛴ per Messina giornalieri (45 mn) – Stazione Ferrovie Stato, ☎ 97957.

⛴ per Messina-Isole Eolie giornalieri (da 15 mn a 2 h circa) – Aliscafi SNAV, Stazione Marittima ✉ 89100 ☎ 29568.

ℹ via Demetrio Tripepi 72 ✉ 89125 ☎ 98496 – all'Aeroporto ☎ 643291 – Stazione Centrale ☎ 27120.

A.C.I. via De Nava 43 ✉ 89122 ☎ 21431.

Roma 705 ② – Catanzaro 161 ② – ◆Napoli 499 ②.

Pianta pagina precedente

- **Gd H. Excelsior**, via Vittorio Veneto 66 ✉ 89121 ☎ 812211, Telex 912583, Fax 893084 – 🛗 ▤ TV ☎ ♿ – 🏛 25 a 350. AE ⓢ ⓓ E VISA. ✗ rist — Y c
  Pasto carta 38/61000 – **84 cam** ☕ 240/290000, 8 appartamenti – ½ P 170/270000.
- **Grande Albergo Miramare**, via Fata Morgana 1 ✉ 89127 ☎ 812444, Fax 812450 – 🛗 ▤ TV ☎ 🚗 – 🏛 200. AE ⓢ ⓓ E VISA. ✗ rist — YZ e
  Pasto 38/61000 – **96 cam** ☕ 160/220000, 2 appartamenti – ½ P 140/190000.
- **Ascioti** senza rist, via San Francesco da Paola 79 ✉ 897041 ☎ 897041, Fax 26063 – 🛗 ▤ TV ☎ 🚗. AE ⓢ ⓓ E VISA. ✗ — Z a
  50 cam ☕ 160/220000.
- Palace Hotel Masoanri's, senza rist, via Vittorio Veneto 95 ✉ 89121 ☎ 26433 – 🛗 ▤ TV ☎. AE ⓢ ⓓ E VISA — Y c
  65 cam.
- XX **Bonaccorso**, via Nino Bixio 5 ✉ 89127 ☎ 896048 – ▤. AE ⓢ ⓓ E VISA JCB — Z r
  chiuso lunedì e dall'8 al 22 agosto – **Pasto** carta 33/55000.
- XX Baylik, vico Leone 1 ✉ 89121 ☎ 48624, Specialità di mare, prenotare – ▤ — per ①
- XX Rodrigo, via XXIV Maggio 25 ✉ 89125 ☎ 20170 – ▤ — Y b
- X **Da Giovanni**, via Torrione 77 ✉ 89125 ☎ 25481, prenotare – ⓢ ⓓ E VISA. ✗ — Z c
  chiuso domenica ed agosto – **Pasto** carta 31/54000.
- X Trattoria da Pepè, via Bligny 11 ✉ 89122 ☎ 44044 – ▤ — per ①

Vedere anche : ***Gallico Marina*** per ② : 9 km.

REGGIOLO 42046 Reggio nell'Emilia 428 429 H 14 – 8 048 ab. alt. 20 – ☎ 0522.

Roma 434 – Mantova 39 – ◆Modena 36 – ◆Verona 71.

- XXX **Ai Pavoni**, piazza Martiri 29 ☎ 973520 – Ⓟ. AE ⓢ ⓓ E VISA
  chiuso martedì ed agosto – **Pasto** carta 41/64000.

REGGIO NELL'EMILIA 42100 P 988 ⑭, 428 429 430 H 13 – 131 853 ab. alt. 58 – ☎ 0522.

Vedere Galleria Parmeggiani★.

⛳18 Matilde di Canossa (chiuso lunedì) ☎ 371295, Fax 371204, per ④ : 6 km.

⛳9 San Valentino (chiuso lunedì) località San Valentino ✉ 42014 Castellarano ☎ 854177, SE : 20 km.

ℹ piazza Prampolini 5/c ☎ 451152, Fax 431954.

A.C.I. via Secchi 9 ☎ 435744.

Roma 427 ② – ◆Parma 29 ⑤ – ◆Bologna 65 ② – ◆Milano 149 ②.

Pianta pagina seguente

- Gd H. Astoria, viale Nobili 2 ☎ 435245 e rist ☎ 437671, Telex 530534, Fax 453365, ≤, 🏋 – 🛗 ▤ TV ☎ 🚗 Ⓟ – 🏛 30 a 350 — Y f
  112 cam.
- **Albergo delle Notarie**, via Palazzolo 5 ☎ 453500, Telex 530271, Fax 453737 – 🛗 ▤ TV ☎ 🚗 – 🏛 65. AE ⓢ ⓓ E VISA. ✗ — Z r
  chiuso agosto – **Pasto** *(chiuso domenica)* carta 42/70000 – ☕ 18000 – **26 cam** 160/210000, 5 appartamenti.
- **Posta** senza rist, piazza Cesare Battisti 4 ☎ 432944, Fax 452602 – 🛗 ▤ cam TV ☎ 🚗 – 🏛 120. AE ⓢ ⓓ E VISA — Z c
  chiuso agosto – **34 cam** ☕ 180/250000, 9 appartamenti.
- **Cristallo**, viale Regina Margherita 30 ☎ 511811, Fax 513073 – 🛗 ▤ TV ☎ ♿ 🚗 Ⓟ – 🏛 30 a 100. AE ⓢ ⓓ E VISA. ✗ — Y e
  Pasto vedere rist **Picci** – **80 cam** ☕ 105/155000.
- **Ariosto** senza rist, via San Rocco 12 ☎ 437320 – 🛗 TV ☎. ✗ — Y a
  chiuso agosto – ☕ 7000 – **22 cam** 65/90000.

REGGIO
NELL'EMILIA

XXX **Picci,** viale Regina Margherita 30 ℰ 513468, Fax 577180 – 🗐 🅿 🖪 🕃 🕕 E 𝚅𝙸𝚂𝙰. ❀   Y **e**
chiuso domenica e dal 5 al 25 agosto – **Pasto** carta 42/61000.

XX ❀ **5 Pini-da Pelati,** viale Martiri di Cervarolo 46 ℰ 553663, Fax 553614 – 🗐 🅿 🖪 🕃 🕕 E
𝚅𝙸𝚂𝙰. ❀   per viale Simonazzi   Z
chiuso martedì sera, mercoledì e dal 1° al 20 agosto – **Pasto** carta 45/69000
Spec. Fegato grasso d'oca su velo di cipolle e mele all'aceto balsamico, Tortelli di zucca alla contadina, Baccalà con pomodoro e aceto balsamico.

XX **Caffe' Arti e Mestieri,** via Emilia San Pietro 16 ℰ 432202, 🍽 – 🗐 🖪 🕃 🕕 E 𝚅𝙸𝚂𝙰
chiuso dal 24 al 30 dicembre, dal 7 al 20 agosto, lunedì, domenica sera da ottobre ad aprile,
tutto il giorno negli altri mesi – **Pasto** carta 27/76000.   Z **y**

XX **La Zucca,** piazza Fontanesi 1/L ℰ 437222 – 🖪 🕃 🕕 E 𝚅𝙸𝚂𝙰. ❀   Z **u**
chiuso giovedì e dal 5 al 12 gennaio – **Pasto** carta 32/54000.

X **Il Pozzo,** viale Allegri 7 ℰ 451300, Rist. con enoteca – 🗐 🕃 E 𝚅𝙸𝚂𝙰   Y **b**
chiuso domenica a mezzogiorno, lunedì e dal 1° al 20 giugno – **Pasto** carta 35/52000.

a Codemondo O : 6 km – ✉ **42020** :

XX **La Brace,** ℰ 308800, Fax 73017 – 🗐 🅿 🖪 🕃 🕕 𝚅𝙸𝚂𝙰. ❀
chiuso dal 1° al 6 gennaio, agosto, domenica ed in luglio anche sabato – **Pasto** carta 35/
60000.

REGOLEDO DI COSIO VALTELLINO Sondrio 219 ⑩ – Vedere Morbegno.

RENON (RITTEN) Bolzano 429 C 16 – 6 113 ab. alt. (frazione Collalbo) 1 154 – ✿ 0471.
Da Collalbo : Roma 664 – ◆Bolzano 16 – Bressanone 52 – ◆Milano 319 – Trento 80.

a Collalbo (Klobenstein) – alt. 1 154 – ✉ 39054.
🛈 Municipio ✆ 356100, Fax 356799 :

🏨 **Bemelmans Post,** ✆ 356127, Fax 356531, 🎄, ⌺, ⊥ riscaldata, 🌳, ⚒ – 📶 ⇒ rist 📺
☎ ❹ – 🛎 40. 🕃 🖪 ⚒ rist
20 dicembre-9 gennaio e 20 marzo-novembre – **Pasto** *(chiuso mercoledì)* 34000 – **50 cam**
⊡ 90/160000 – ½ P 90/125000.

🏨 **Kematen** ⍀, località Caminata NO : 2,5 km ✆ 356356, Fax 356363, ≼ Dolomiti, « Parco
con laghetto », ⌺ – 📺 ☎ ❹. 🕃 🖪 ⚒⚒
chiuso dal 13 novembre al 17 dicembre e dal 10 gennaio al 4 febbraio – **Pasto** *(chiuso
lunedì)* carta 20/50000 – **15 cam** ⊡ 82/100000 – ½ P 97/115000.

✗ **Kematen,** località Caminata NO : 2,5 km ✆ 346148, 🎄 – ❹ 🕃 🖪 ⚒⚒⚒
chiuso lunedì dal 13 novembre al 17 dicembre e dal 10 gennaio al 4 febbraio – **Pasto** carta
20/50000.

a Costalovara (Wolfsgruben) SO : 5 km – alt. 1 206 – ✉ 39059 Soprabolzano :

🏨 **Am Wolfsgrubener See** ⍀, ✆ 345119, Fax 345065, ≼, 🎄, « In riva al lago », 🌳 – 📶
📺 ☎ ❹
chiuso marzo e novembre – **Pasto** *(chiuso lunedì)* 25/50000 – **26 cam** ⊡ 70/140000 –
½ P 65/95000.

🏨 **Lichtenstern** ⍀, NE : 1 km ✆ 345147, Fax 345635, ≼ Dolomiti e pinete, 🎄, ⊥ riscal-
data, 🌳 – 📺 ☎ & ❹. 🕃 🖪 ⚒⚒⚒ ⚒ rist
chiuso dal 15 gennaio al 15 marzo – **Pasto** *(chiuso martedì)* carta 37/54000 – **26 cam**
⊡ 55/100000 – ½ P 60/100000.

🏨 **Maier** ⍀, ✆ 345114, Fax 345615, ≼, ⌺, ⊥ riscaldata, 🌳, ⚒ – 📶 ☎ ❹. ⚒ rist
aprile-5 novembre – **Pasto** *(solo per clienti alloggiati)* 27/35000 – ⊡ 14500 – **24 cam**
52/95000 – ½ P 69/104000.

a Soprabolzano (Oberbozen) SO : 7 km – alt. 1 221 – ✉ 39059.
🛈 (Pasqua-ottobre) ✆ 345245 :

🏨 **Haus Fink,** ✆ 345340, Fax 345074, ≼ Dolomiti e vallata, 🌳 – ☎ ❹. ⚒ rist
24 dicembre-15 febbraio e 25 marzo-novembre – **Pasto** *(solo per clienti alloggiati e chiuso a
mezzogiorno)* – **15 cam** ⊡ 68/136000 – ½ P 68/75000.

🏨 **Regina,** ✆ 345142, Fax 345596, ≼ Dolomiti e vallata, 🌳 – 📶 ☎ ❹. 🕃 🖪 ⚒⚒ ⚒ rist
16 dicembre-16 gennaio e 20 aprile-14 novembre – **Pasto** *(solo per clienti alloggiati)*
20/25000 – **25 cam** ⊡ 85/150000 – ½ P 70/99000.

RESCHEN = Resia.

RESIA (RESCHEN) Bolzano 428 429 B 13, 218 ⑧ – alt. 1 494 – ✉ 39027 Resia all'Adige –
✿ 0473 – 🛈 ✆ 633101, Fax 633140.
Roma 742 – ◆Bolzano 105 – Landeck 49 – ◆Milano 281 – Trento 163.

🏨 **Al Moro-Zum Mohren,** ✆ 633120, Fax 633550, ⌺, ⊠ – 📶 📺 ☎ ❹. 🕃 🖪 ⚒⚒⚒. ⚒ rist
chiuso dal 10 al 30 aprile e da novembre al 15 dicembre – **Pasto** carta 39/56000 – **26 cam**
⊡ 95/190000 – ½ P 75/125000.

REVERE 46036 Mantova 429 G 15 – 2 684 ab. alt. 15 – ✿ 0386.
Roma 458 – ◆Verona 48 – ◆Ferrara 58 – Mantova 35 – ◆Milano 210 – ◆Modena 54.

✗✗ **Il Tartufo,** via Guido Rossa 13 ✆ 46404, Coperti limitati; prenotare – 🍽. 🆎 🕃 ⓞ 🖪 ⚒⚒⚒
⚒⚒⚒ ⚒
chiuso giovedì – **Pasto** carta 35/47000.

REVIGLIASCO Torino – Vedere Moncalieri.

REVIGLIASCO D'ASTI 14010 Asti – 819 ab. alt. 203 – ✿ 0141.
Roma 626 – Asti 11 – Alessandria 49 – Cuneo 91 – ◆Torino 63.

✗✗✗ **Il Rustico,** ✆ 208210, Fax 208210, solo su prenotazione – ⇒. 🆎 🕃 ⓞ 🖪 ⚒⚒⚒ ⚒⚒⚒. ⚒
chiuso a mezzogiorno (escluso domenica), martedì ed agosto – **Pasto** 70/80000 bc.

REVINE 31020 Treviso 429 D 18 – alt. 260 – ✿ 0438.
Roma 590 – Belluno 37 – ◆Milano 329 – Trento 131 – Treviso 50.

✗✗ **Ai Cadelach** con cam, ✆ 524024, Fax 524025, ⊥, 🌳, ⚒ – ☎ ❹. 🕃 🖪 ⚒⚒⚒. ⚒
chiuso novembre – **Pasto** *(chiuso lunedì)* carta 32/47000 – ⊡ 10000 – **23 cam** 70/100000 –
½ P 75/80000.

REZZANELLO 29010 Piacenza 428 H 10 – alt. 380 – ✿ 0523.
Roma 538 – Alessandria 102 – ◆Milano 92 – Piacenza 27.

✗ **Pineta** ⍀ con cam, ✆ 970277, ≼ – 📺 ☎ ❹. 🆎 🕃
chiuso dal 15 gennaio a febbraio – **Pasto** *(chiuso martedì)* carta 28/44000 – ⊡ 12000 –
12 cam 75/120000 – ½ P 55/75000.

506

REZZATO 25086 Brescia 428 429 F 12 – 11 449 ab. alt. 147 – ☎ 030.

Roma 558 – ♦Brescia 9 – ♦Bergamo 62 – ♦Milano 103 – Trento 117.

X **Il Filatoio,** via Leonardo da Vinci ☎ 2590172 – P. AE S O E VISA. ✻
chiuso domenica sera, lunedì, dal 1° al 10 gennaio e dal 10 al 30 agosto – **Pasto** carta 27/56000.

RHÊMES-NOTRE-DAME 11010 Aosta 988 ① ②, 428 F 3 – 93 ab. alt. 1 723 – a.s. Pasqua, luglio-settembre e Natale – Sport invernali : 1 723/2 000 m ≴3, ⛷ – ☎ 0165.

Roma 779 – Aosta 31 – Courmayeur 45 – ♦Milano 216.

a Chanavey N : 1,5 km – alt. 1 696 – ✉ **11010** Rhêmes-Notre-Dame :

Granta Parey ⑤, ☎ 936104, Fax 936144, ≤ monti e vallata, 🌳 – |‡| TV ☎ P. S O E VISA. ✻ rist
chiuso maggio – **Pasto** 30/45000 – ☐ 15000 – **33 cam** 65/110000 – ½ P 75/100000.

RHO 20017 Milano 988 ③, 428 F 9 – 51 882 ab. alt. 158 – ☎ 02.

⛳18 Green Club, a Lainate ✉ 20020 ☎ 9370869, Fax 9374401, N : 6 km.

Roma 590 – ♦Milano 16 – Como 36 – Novara 38 – Pavia 49 – ♦Torino 127.

XX **Locanda dell'Angelo,** via Matteotti ☎ 9303897, Fax 9313194, Specialità milanesi e lombarde, prenotare – ▤. S E VISA
chiuso mercoledì, dal 26 dicembre al 3 gennaio ed agosto – **Pasto** carta 34/48000.

RIBERA Agrigento 988 ㉟, 432 O 21 – Vedere Sicilia alla fine dell'elenco alfabetico.

RICAVO Siena 430 L 15 – Vedere Castellina in Chianti.

RICCIONE 47036 Rimini 988 ⑮ ⑯, 429 430 J 19 – 32 923 ab. – a.s. 15 giugno-agosto – ☎ 0541.

i piazzale Ceccarini 10 ☎ 43361, Fax 605750.

Roma 326 – ♦Bologna 120 – Forlì 59 – ♦Milano 331 – Pesaro 30 – ♦Ravenna 64 – Rimini 12.

Gd H. Des Bains, viale Gramsci 56 ☎ 601650, Fax 606350, Fб, ≘s, ⛱, ⛱ – |‡| ▤ TV ☎ 🚗 – 🏛 25 a 500. AE S O E VISA. ✻
Pasto carta 55/97000 – **70 cam** ☐ 225/390000, 6 appartamenti – ½ P 250/280000.

Atlantic, lungomare della Libertà 15 ☎ 601155, Fax 606402, ≤, ⛱ riscaldata – |‡| ▤ TV ☎ 🚗 – 🏛 25 a 250. AE S O E VISA. ✻
Pasto 55/75000 – **65 cam** ☐ 160/280000, 4 appartamenti – ½ P 160/180000.

Corallo, viale Gramsci 113 ☎ 600807, Fax 606400, ⛱ riscaldata, 🌳, ✂ – ▤ TV ☎ P – 🏛 200. AE S O E VISA. ✻ rist
aprile-ottobre – **Pasto** 30/40000 – **74 cam** ☐ 120/260000 – ½ P 130/170000.

Lungomare, lungomare della Libertà 7 ☎ 692880, Fax 692354, ≤ – |‡| ▤ TV ☎ 🚗 P – 🏛 70. AE S O E VISA. ✻ rist
Pasto *(20 maggio-20 settembre)* 45/65000 – **58 cam** ☐ 160/200000 – ½ P 110/160000.

Roma, lungomare della Libertà 17 ☎ 693222, Fax 692503, ≤, ⛱ riscaldata – |‡| ▤ TV ☎ P. AE S O E VISA. ✻ rist
Pasto (*maggio-settembre*; solo per clienti alloggiati) 40000 – **34 cam** ☐ 140/190000 – ½ P 133/153000.

De la Ville, via Spalato 5 ☎ 692720, Fax 692580, « Giardino ombreggiato con ⛱ » – |‡| ▤ TV ☎ P – 🏛 60 a 100. AE S O E VISA. ✻
Pasto 40/60000 – **58 cam** ☐ 125/220000 – ½ P 130/140000.

Boemia, viale Gramsci 87 ☎ 691772, Fax 606232, ≤, 🌳 – |‡| ▤ TV ☎ – 🏛 90. AE S O E VISA. ✻ rist
maggio-settembre – **Pasto** *(chiuso sino a maggio)* 40/50000 – **70 cam** ☐ 100/200000 – ½ P 125/135000.

Nautico, lungomare della Libertà 19 ☎ 601237, Fax 606638, ≘s, ⛱ riscaldata – TV ☎ – 🏛 300. AE S O E VISA JCB. ✻ rist
maggio-settembre – **Pasto** (solo per clienti alloggiati) – **68 cam** ☐ 210/260000 – ½ P 170/220000.

President senza rist, viale Virgilio 12 ☎ 692662, Fax 692662 – |‡| ▤ TV ☎ – 🏛 30. AE O VISA. ✻
☐ 15000 – **26 cam** 130/250000.

Diamond, viale Fratelli Bandiera 1 ☎ 602600, Fax 602935, 🌳 – |‡| ▤ TV ☎ P. S E VISA. ✻ rist
Pasqua-settembre – **Pasto** 30/45000 – **40 cam** ☐ 100/180000, ▤ 10000 – ½ P 75/125000.

Luna, viale Ariosto 5 ☎ 692150, Fax 692897, ⛱ riscaldata – |‡| ▤ TV ☎ P – 🏛 50. AE S O E VISA JCB. ✻ rist
chiuso gennaio – **Pasto** (solo per clienti alloggiati) 35/50000 – **59 cam** ☐ 160/190000 – ½ P 95/135000.

Abner's, lungomare della Repubblica 7 ☎ 600601, Telex 550153, Fax 605400, ≤, ⛱ riscaldata, 🌳 – |‡| ▤ TV ☎ P. AE S O E VISA. ✻
Pasto 39/65000 – ☐ 20000 – **60 cam** 145/240000, ▤ 10000 – ½ P 95/168000.

Promenade, viale Milano 67 ☎ 600852, Fax 600502, ≤, ⛱ – |‡| ▤ TV ☎ 🚗 – 🏛 120. AE S O E VISA JCB. ✻ rist
Pasto 40/70000 – ☐ 20000 – **40 cam** 130/240000 – ½ P 150/190000.

🏨 **Alexandra-Plaza,** viale Torino 61 ℰ 610344, Telex 550330, Fax 610483, ≼, « Giardino con ⅏ riscaldata » – 🕼 🗏 rist 📺 ☎ & 🅿. 🆐 🏦 ⓪ 🗲 𝑉𝐼𝑆𝐴. ⅋ rist
aprile-settembre – **Pasto** 30/60000 – ⊡ 25000 – **60 cam** 132/200000 – ½ P 83/135000.

🏨 **Club Hotel,** viale D'Annunzio 58 ℰ 648082, Fax 643240, ≼, ⅏ riscaldata – 🕼 ☎ 🅿. 🆐. ⅋ rist
Pasqua-settembre – **Pasto** (solo per clienti alloggiati) – ⊡ 15000 – **68 cam** 80/150000 – P 85/120000.

🏨 **Sarti,** piazzale San Martino 4 ℰ 600978, Fax 600357, ≼, ⅏ riscaldata – 🕼 🗏 📺 ☎. 🆐 🏦 ⓪ 🗲 𝑉𝐼𝑆𝐴. ⅋ rist
chiuso febbraio – **Pasto** *(marzo-ottobre)* 40000 – **54 cam** ⊡ 100/160000 – ½ P 80/145000.

🏨 **Poker,** viale D'Annunzio 61 ℰ 647710, Fax 641850, 𝐼𝑠, ⅏ riscaldata – 🕼 🗏 rist ☎ 🅿. 🆐 🏦 🗲 𝑉𝐼𝑆𝐴. ⅋ rist
Pasqua-settembre – **Pasto** 35/50000 – ⊡ 15000 – **64 cam** 70/130000 – ½ P 95000.

🏨 **Michelangelo,** via Ponchielli 1 ℰ 642887, Fax 643456, ≼ – 🕼 🗏 📺 ☎. 🆐 🏦 ⓪ 🗲 𝑉𝐼𝑆𝐴 𝐽𝐶𝐵.
⅋ rist
maggio-settembre – **Pasto** (solo per clienti alloggiati e *chiuso sino al 15 maggio*) 35000 – **36 cam** ⊡ 120/150000 – ½ P 110/130000.

🏨 **Gemma,** viale D'Annunzio 82 ℰ 643436, Fax 644910, ≼, 𝐼𝑠, ⅏ riscaldata, ⚐ – 🕼 📺 ☎
& 🅿. 🆐 🏦 ⓪ 🗲 𝑉𝐼𝑆𝐴. ⅋ rist
chiuso dicembre – **Pasto** *(marzo-novembre*; solo per clienti alloggiati) 30/50000 – **41 cam** ⊡ 80/136000 – ½ P 77/98000.

🏨 **Dory,** viale Puccini 4 ℰ 642896, Fax 644588, ⚐ – 🕼 🗏 📺 ☎ 🅿. 🆐 🏦 ⓪ 🗲 𝑉𝐼𝑆𝐴 𝐽𝐶𝐵.
⅋ rist
Pasqua-20 settembre – **Pasto** 35/50000 – ⊡ 30000 – **47 cam** 85/150000 – ½ P 60/107000.

🏨 **Arizona,** viale D'Annunzio 22 ℰ 644422, Fax 644108, ≼, ⅏ – 🕼 🗏 📺 ☎ & 🅿 – 🏛 120.
🏦 🗲 𝑉𝐼𝑆𝐴. ⅋
Pasto 28/50000 – ⊡ 12000 – **56 cam** 95/190000 – ½ P 95/140000.

🏨 **Strand Hotel,** viale D'Annunzio 92 ℰ 646590, Fax 643488 – 🕼 🗏 📺 ☎ 🅿. 🆐 🏦 ⓪ 🗲
𝑉𝐼𝑆𝐴. ⅋
Pasto carta 30/40000 – **47 cam** ⊡ 55/90000, 🗏 10000 – P 65/110000.

🏨 **Maestri,** viale Gorizia 4 ℰ 692486, Fax 691390, 𝐼𝑠, ⚏ – 🕼 🗏 ☎ 🅿. 🆐 🏦 ⓪ 𝑉𝐼𝑆𝐴. ⅋ rist
25 maggio-25 settembre – **Pasto** 45/50000 – ⊡ 13000 – **51 cam** 80/120000, 🗏 5000 –
P 59/105000.

🏨 **Select,** viale Gramsci 89 ℰ 600613, Fax 600613, ⚐ – 🕼 🗏 rist 📺 ☎ 🅿. 🆐 🏦 🗲 𝑉𝐼𝑆𝐴. ⅋
15 maggio-20 settembre – **Pasto** (solo per clienti alloggiati) 25/32000 – ⊡ 18000 – **45 cam** 65/110000 – ½ P 55/90000.

🏨 **Margareth,** viale Mascagni 2 ℰ 645300, Fax 645300, ≼ – 🕼 ⚏ 🅿. 🏦 ⓪ 𝑉𝐼𝑆𝐴. ⅋ rist
25 aprile-settembre – **Pasto** 35/40000 – ⊡ 15000 – **50 cam** 68/110000 – P 60/90000.

🏨 **Marzia,** viale De Amicis 18 ℰ 642323, Fax 643662, ⚏, ⅏, ⚐ – 🕼 🗏 📺 ☎ & 🅿. 🆐 🏦
⓪ 🗲 𝑉𝐼𝑆𝐴. ⅋ rist
Pasto (solo per clienti alloggiati) 30/50000 – ⊡ 15000 – **39 cam** 80/150000, 🗏 10000 –
½ P 56/96000.

🏠 **Ardea,** viale Monti 77 ℰ 641846, Fax 641846, ⅏ riscaldata – 🕼 🗏 ☎. ⅋
Pasqua e maggio-settembre – **Pasto** (solo per clienti alloggiati) 20/25000 – ⊡ 8000 –
36 cam 70/100000, 🗏 10000 – ½ P 50/80000.

🏠 **Anna,** viale Trento Trieste 48 ℰ 601503, Fax 601503, ⚐ – 🕼 ☎ 🅿. 🆐 ⓪ 𝑉𝐼𝑆𝐴. ⅋ rist
Natale, Pasqua e maggio-settembre – **Pasto** 25/40000 – ⊡ 15000 – **28 cam** 80/98000 –
½ P 42/82000.

🏠 **Eliseo,** viale Monteverdi 3 ℰ 646548, Fax 646548, ⚐ – 🕼 ⚏ 🅿. ⅋
Pasqua e 20 maggio-23 settembre – **Pasto** (solo per clienti alloggiati) 30/40000 – **32 cam**
⊡ 68/110000 – ½ P 52/78000.

🏠 **Desiré,** viale Cesare Battisti 33 ℰ 600851 – 🕼 ☎ 🅿. ⅋
10 giugno-14 settembre – **Pasto** (solo per clienti alloggiati) 18000 – ⊡ 5000 – **34 cam**
110000 – ½ P 43/74000.

🏠 **Atlas,** viale Catalani 28 ℰ 646666, Fax 647674 – 🕼 ☎ 🅿. ⅋ rist
10 maggio-25 settembre – **Pasto** 15/25000 – ⊡ 5000 – **34 cam** 70/130000 – ½ P 45/70000.

🏠 **Romagna,** viale Gramsci 64 ℰ 600604 – 🕼 ☎ 🅿. ⅋
25 maggio-15 settembre – **Pasto** (solo per clienti alloggiati) 35/45000 – ⊡ 14000 – **40 cam**
80/120000 – ½ P 56/100000.

🏠 **Carignano,** viale Oberdan 9 ℰ 691810 – 🕼 ☎ 🅿. ⅋
Pasqua-settembre – **Pasto** (solo per clienti alloggiati) 35/40000 – ⊡ 13000 – **36 cam**
53/106000 – ½ P 60/83000.

🏠 **Ida,** viale D'Annunzio 59 ℰ 647510 – 🕼 ⚏ 🅿. ⅋ rist
15 maggio-settembre – **Pasto** 25000 – ⊡ 10000 – **38 cam** 70/100000 – ½ P 50/75000.

🏠 **Lugano,** viale Trento Trieste 75 ℰ 606611 – 🕼 🗏 rist ☎ 🅿. ⅋ rist
15 maggio-settembre – **Pasto** (solo per clienti alloggiati) 25000 – ⊡ 10000 – **31 cam**
40/90000 – P 50/80000.

𝗫𝗫 Al Pescatore, via Ippolito Nievo 11 ℰ 692717, ⌂ – 🅿

𝗫𝗫 **Il Casale,** viale Abruzzi (Riccione alta) ℰ 604620, ≼, ⌂ – 🅿. 🆐 🏦 ⓪ 🗲 𝑉𝐼𝑆𝐴 𝐽𝐶𝐵. ⅋
chiuso lunedì – **Pasto** carta 35/50000.

XX **Da Fino,** viale Galli 1 (Darsena) ☎ 648542, ≤ – AE ⑤ ① VISA
chiuso dal 15 ottobre al 15 novembre e mercoledì in bassa stagione – **Pasto** carta 59/77000.

X Gambero Rosso, molo Levante ☎ 692674, ≤

X Azzurra, piazzale Azzarita 2 ☎ 648604, Specialità di mare

RICCO' DEL GOLFO DI SPEZIA 19020 La Spezia 428 J 11 – 3 291 ab. alt. 145 – ☎ 0187.

Roma 430 – ♦Genova 103 – ♦Parma 128 – ♦La Spezia 10.

a Valgraveglia E : 6 km – ✉ 19020 Riccò del Golfo di Spezia :

XX **La Casaccia,** ☎ 769700, 余, 余 – ℗
chiuso mercoledì – **Pasto** carta 31/56000.

RIDANNA (RIDNAUN) Bolzano 218 ⑩ – Vedere Vipiteno.

RIETI 02100 ℗ 988 ㉖, 430 O 20 – 43 090 ab. alt. 402 – ☎ 0746.

Vedere Giardino Pubblico★ in piazza Cesare Battisti – Volte★ del palazzo Vescovile.

ℹ piazza Vittorio Emanuele 17-portici del Comune ☎ 43220.

A.C.I. via Lucandri 26 ☎ 203339.

Roma 78 – L'Aquila 58 – Ascoli Piceno 113 – ♦Milano 565 – ♦Pescara 166 – Terni 37 – Viterbo 99.

Miramonti, piazza Oberdan 5 ☎ 201333, Fax 205790 – |‡| ▤ TV ☎ – 🏛 50. AE ⑤ ① E VISA JCB. ✻
Pasto vedere rist **Da Checco al Calice d'Oro** – **24 cam** ☐ 110/170000, 2 appartamenti.

Grande Albergo Quattro Stagioni senza rist, piazza Cesare Battisti 14 ☎ 271071, Fax 271090 – |‡| ▤ TV ☎. AE ⑤ ① E VISA
41 cam ☐ 100/135000.

Cavour senza rist, via Velina ang. piazza Cavour ☎ 485252, Fax 484072 – |‡| TV ☎. AE ⑤ ① E VISA. ✻
36 cam ☐ 65/95000, 2 appartamenti.

XX **Da Checco al Calice d'Oro** - Hotel Miramonti, via Marchetti 10 ☎ 204271 – ▤. AE ⑤ ① E VISA JCB. ✻
chiuso lunedì e luglio – **Pasto** carta 39/54000 (12 %).

XX **Bistrot,** piazza San Rufo 25 ☎ 498798, 余, Coperti limitati; prenotare – AE ⑤ ① E VISA
chiuso domenica, lunedì a mezzogiorno e dal 1° al 15 settembre – **Pasto** 30/38000 (a mezzogiorno) 35000 alla sera.

XX **La Pecora Nera,** via Terminillo 33 (NE : 1 km) ☎ 497669 – AE ⑤ ① E VISA. ✻
chiuso venerdì, dal 24 dicembre al 1° gennaio e dal 15 al 30 agosto – **Pasto** carta 27/47000.

Vedere anche : ***Terminillo*** NE : 21 km.

RIFREDDO 85010 Potenza 431 F 29 – alt. 1 090 – ☎ 0971.

Roma 370 – Potenza 12.

Giubileo ⑤, ☎ 479910, Fax 479910, « Parco », Fб, ≘s, ✻ – |‡| ▤ TV ☎ ♿ 🚗 ℗ – 🏛 25 a 300. AE ⑤ E VISA. ✻
Pasto carta 38/60000 – **80 cam** ☐ 95/125000 – 1/2 P 105/120000.

RIGOLI Pisa 430 K 13 – Vedere San Giuliano Terme.

RIMINI 47037 ℗ 988 ⑮ ⑯, 429 430 J 19 – 127 884 ab. – a.s. 15 giugno-agosto – ☎ 0541.

Vedere Tempio Malatestiano★.

⛳ (chiuso gennaio e mercoledì da ottobre a marzo) a Villa Verucchio ✉ 47040 ☎ 678122, Fax 678122, SO : 14 km.

✈ di Miramare (stagionale) per ① : 5 km ☎ 373132, Fax 377200 – Alitalia, Aeroporto Miramare ☎ 370017.

ℹ piazzale Indipendenza 3 ☎ 51101, Fax 26566.

A.C.I. via Roma 66 ☎ 26408.

Roma 334 ① – ♦Ancona 107 ① – ♦Milano 323 ④ – ♦Ravenna 52 ④.

Pianta pagina seguente

Duomo senza rist, via Giordano Bruno 28/d ☎ 24215, Fax 27842 – |‡| ▤ TV ☎ 🚗 – 🏛 50. AE ⑤ ① E VISA — AZ r
43 cam ☐ 100/200000, 2 appartamenti.

XXX **Rivadonda,** via Carlo Farini 13 ☎ 27657, 余, Coperti limitati; prenotare – AE ⑤ ① E VISA — AZ a
chiuso domenica, lunedì e martedì – **Pasto** carta 46/68000.

XX **Europa Piero e Gilberto,** via Roma 51 ☎ 28761 – ▤. AE ⑤ ① E VISA. ✻ — BZ e
chiuso domenica e dal 1° all'8 agosto – **Pasto** carta 40/55000.

X **Dallo Zio,** vicolo Santa Chiara 18 ☎ 786160, Fax 786160, Specialità di mare, Coperti limitati; prenotare – ▤. ① E VISA. ✻ — AZ b
chiuso mercoledì e dal 22 al 30 luglio – **Pasto** carta 43/75000.

X Giorgini, via Dante 18 ☎ 24322. — BZ a

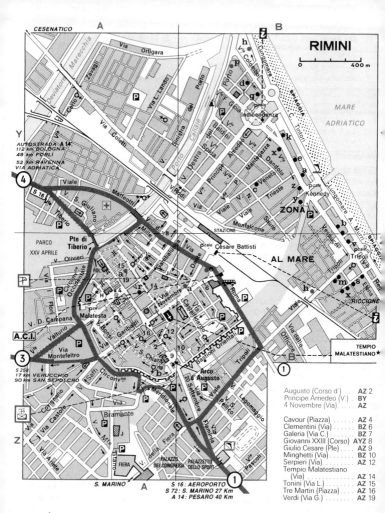

Augusto (Corso d') .... **AZ** 2
Principe Amedeo (V.) .. **BY**
4 Novembre (Via) ..... **AZ**

Cavour (Piazza) ...... **AZ** 4
Clementini (Via) ..... **BZ** 6
Galeria (Via C.) ...... **BZ** 7
Giovanni XXIII (Corso) **AYZ** 8
Giulio Cesare (Ple) ... **AZ** 9
Minghetti (Via) ...... **BZ** 10
Serpieri (Via) .... **AZ** 12
Tempio Malatestiano
  (Via) .... **AZ** 14
Tonini (Via L.) .... **AZ** 15
Tre Martiri (Piazza) ... **AZ** 16
Verdi (Via G.) .... **AZ** 19

al mare :

🏨🏨🏨 **Grand Hotel,** piazzale Indipendenza 2 ℰ 56000, Telex 550022, Fax 56866, ≤, « Giardino ombreggiato con 🏊 riscaldata », 🐾, ❤️ – 📳 🔳 📺 🕿 ⚕ 🅿 – 🔬 30 a 350. 🆎 🕄 ⑩ 🅴 𝘝𝘐𝘚𝘈. 🎇 rist
        Pasto 60/80000 – **117 cam** ⊇ 255/430000, 3 appartamenti – ½ P 220/275000.   BY **g**

🏨🏨 **Ambasciatori,** viale Vespucci 22 ℰ 55561, Telex 550132, Fax 23790, ≤, 🏖, riscaldata – 📳
        🔳 📺 🕿 🅿 – 🔬 40 a 200. 🆎 🕄 ⑩ 🅴 𝘝𝘐𝘚𝘈. 🎇 rist   BY **e**
        Pasto *(giugno-settembre)* carta 46/73000 – **62 cam** ⊇ 200/350000, 4 appartamenti –
        ½ P 176/285000.

🏨 **Imperiale,** viale Vespucci 16 ℰ 52255, Fax 28806, ≤, 🏋️, 🈂, 🏊 riscaldata (coperta in
        inverno) – 📳 🖐️ rist 🔳 📺 🕿 🅿 – 🔬 30 a 200. 🆎 🕄 ⑩ 🅴 𝘝𝘐𝘚𝘈. 🎇 rist   BY **k**
        Pasto 39/50000 e al Rist. *Il Melograno* (chiuso a mezzogiorno) carta 42/83000 – **64 cam**
        ⊇ 190/290000 – ½ P 139/197000.

🏨 **Continental e dei Congressi,** viale Vespucci 40 ℰ 391300, Telex 563181, Fax 391350,
        ≤, 🈂, 🏊, 🏋️ₒ – 📳 🔳 📺 🕿 ⚕ 🖐️ 🅿 – 🔬 50 a 300. 🆎 🕄 ⑩ 🅴 𝘝𝘐𝘚𝘈. 🎇 rist   BY **b**
        Pasto carta 43/64000 – **111 cam** ⊇ 150/200000, 5 appartamenti – ½ P 99/166000.

🏨 **Polo,** viale Vespucci 23 ℰ 51180, Fax 51202 – 📳 🖐️ 🔳 📺 🕿 🅿 – 🔬 100. 🆎 🕄 ⑩ 🅴 𝘝𝘐𝘚𝘈.
        🎇   BY **x**
        Pasto *(giugno-settembre; solo per clienti alloggiati)* 30/60000 – **64 cam** ⊇ 150/250000,
        appartamento – ½ P 105/170000.

510

🏩 **Diplomat Palace,** viale Regina Elena 70 ℰ 380011, Fax 380414, ≤, ⚒ – 🛗 🗐 📺 ☎ 🄿 –
🛦 50. 🆎 🖪 ⑩ Ｅ 𝗩𝗜𝗦𝗔. ✀   BZ
Pasto *(maggio-settembre)* 35/50000 – **75 cam** ⊑ 180/230000 – ½ P 90/136000.

🏩 **National,** viale Vespucci 42 ℰ 390940, Fax 390954, ≤, ⚒ riscaldata, 🐕 – 🛗 ⚑ cam 🗐
📺 ☎ 🄿 – 🛦 40 a 200. 🆎 🖪 ⑩ Ｅ 𝗩𝗜𝗦𝗔. ✀ rist   BYZ **b**
chiuso dal 10 dicembre al 10 gennaio – **Pasto** *(maggio-ottobre; solo per clienti alloggiati)*
35/55000 – **80 cam** ⊑ 140/240000, 3 appartamenti – ½ P 120/150000.

🏩 **Club House,** viale Vespucci 52 ℰ 391460, Fax 391442, ≤, ⚒ riscaldata – 🛗 🗐 📺 ☎ ⴒ
🄿 – 🛦 50. 🆎 🖪 ⑩ Ｅ 𝗩𝗜𝗦𝗔 𝗝𝗖𝗕. ✀ rist   BZ **v**
Pasto *(giugno-10 settembre; solo per clienti alloggiati)* 45/55000 – **28 cam** ⊑ 200/320000 –
½ P 155/190000.

🏩 **Waldorf,** viale Vespucci 28 ℰ 54725, Telex 551262, Fax 53153, ≤, « Terrazza con ⚒ »,
ƒ₆, ⥱ – 🛗 🗐 📺 ☎ 🄿 – 🛦 30 a 50. 🆎 🖪 ⑩ Ｅ 𝗩𝗜𝗦𝗔 𝗝𝗖𝗕. ✀ rist   BY **a**
Pasto 40/50000 e al Rist. *Astoria* *(chiuso domenica)* carta 31/60000 – **60 cam** ⊑ 160/
220000 – ½ P 130/190000.

🏩 **Villa Rosa Riviera,** viale Vespucci 71 ℰ 22506, Fax 27940 – 🛗 🗐 📺 ☎ ⴒ 🚗 – 🛦 100.
🆎 🖪 ⑩ Ｅ 𝗩𝗜𝗦𝗔. ✀ rist   BY **z**
Pasto al Rist. *Vespucci* *(chiuso mercoledì da ottobre a maggio)* 40/50000 – **51 cam** ⊑ 130/
200000 – ½ P 90/135000.

🏩 **Milton,** viale Colombo 2 ℰ 54600, Fax 54698, ƒ₆, ⥱, ⚒ – 🛗 🗐 📺 ☎. 🆎 🖪 ⑩ Ｅ 𝗩𝗜𝗦𝗔
𝗝𝗖𝗕. ✀   BY **d**
3 aprile-16 ottobre – **Pasto** *(chiuso lunedì)* 40/60000 – ⊑ 15000 – **75 cam** 160/220000 –
½ P 90/130000.

🏨 **Vienna Ostenda,** via Regina Elena 11 ℰ 391020, Fax 391032 – 🗐 📺 ☎ 🚗 – 🛦 120. 🆎
🖪 ⑩ Ｅ 𝗩𝗜𝗦𝗔. ✀   BZ **s**
Pasto 35/70000 – **46 cam** ⊑ 110/220000, 3 appartamenti – ½ P 90/160000.

🏨 **Admiral Palace Hotel,** via Pascoli 145 ℰ 392239, Fax 389562 – 🛗 🗐 📺 ☎ 🚗 –
🛦 100. 🆎 🖪 ⑩ Ｅ 𝗩𝗜𝗦𝗔. ✀ rist   per viale Regina Elena   BZ
Pasto 30/35000 – **79 cam** ⊑ 90/140000 – ½ P 70/110000.

🏨 **Rosabianca** senza rist, viale Tripoli 195 ℰ 390666, Fax 390666 – 🛗 🗐 📺 ☎ 🄿 – 🛦 60.
🆎 🖪 ⑩ Ｅ 𝗩𝗜𝗦𝗔 𝗝𝗖𝗕   BZ **m**
chiuso dal 20 dicembre al 9 gennaio – ⊑ 15000 – **52 cam** 95/160000.

🏨 **Levante,** viale Regina Elena 88 ℰ 392554, Fax 383074, ⚓ – 🛗 🗐 📺 ☎ 🄿 – 🛦 30. 🆎
⑩ Ｅ 𝗩𝗜𝗦𝗔. ✀   BZ
Pasto *(maggio-settembre)* carta 35/45000 – **46 cam** ⊑ 120/160000 – ½ P 85/100000.

🏨 **Ariminum,** viale Regina Elena 159 ℰ 380472, Fax 389301 – 🛗 🗐 📺 ☎ 🄿 – 🛦 60 a 120.
🆎 🖪 ⑩ Ｅ 𝗩𝗜𝗦𝗔. ✀   BZ
Pasto *(15 maggio-settembre)* 25/32000 – ⊑ 15000 – **47 cam** 85/110000, 🗐 6000 – ½ P 65/
90000.

🏨 **Tiberius,** viale Cormons 6 ℰ 54226, Fax 27631 – 🛗 🗐 📺 ☎ 🄿 – 🛦 40 a 80. 🆎 🖪 ⑩ Ｅ
𝗩𝗜𝗦𝗔 𝗝𝗖𝗕. ✀ rist   BY **y**
Pasto *(chiuso domenica)* 25/60000 – **47 cam** ⊑ 120/180000 – ½ P 75/105000.

🏨 **Junior,** viale Parisano 40 ℰ 391462, Fax 391492 – 🛗 🗐 📺 ☎ 🚗 🄿 – 🛦 80. 🆎 🖪 ⑩ Ｅ
𝗩𝗜𝗦𝗔. ✀ rist   BZ **x**
Pasto 30/35000 e al Rist. *Royal* carta 31/45000 – ⊑ 13000 – **55 cam** 65/92000, 🗐10000 –
P 55/95000.

🏨 **Lotus,** via Rovani 3 ℰ 381680, Fax 392506, « Terrazza giardino con ⚒ » – 🛗 🗐 rist ⓦ
🄿 ✀ rist   per viale Regina Elena   BZ
15 maggio-settembre – **Pasto** 15/20000 – ⊑ 5000 – **46 cam** 65/100000 – ½ P 65/
90000.

🏨 **Acasamia,** viale Parisano 34 ℰ 391370, Fax 391816 – 🛗 🗐 📺 ☎ 🄿. 🆎 🖪 ⑩ Ｅ 𝗩𝗜𝗦𝗔 𝗝𝗖𝗕.
✀ rist   BZ **x**
Pasto *(aprile-settembre; solo per clienti alloggiati)* 25/35000 – **40 cam** ⊑ 80/140000 –
½ P 45/85000.

🏨 **Spiaggia Marconi,** viale Regina Elena 100 ℰ 380368, Fax 380278, ≤, ⚓ – 🛗 🗐 rist 📺
ⓦ 🄿. ✀ rist   BZ
Pasqua-settembre – **Pasto** 30/35000 – ⊑ 10000 – **45 cam** 70/120000 – ½ P 60/80000.

🏩 **Luxor,** viale Tripoli 203 ℰ 390990, Fax 392490 – 🛗 🗐 📺 ☎ 🄿. 🆎 🖪 ⑩ Ｅ 𝗩𝗜𝗦𝗔.
✀   BZ **m**
Pasto *(solo per clienti alloggiati)* 30/40000 – ⊑ 13000 – **39 cam** 90/160000 – P 60/
110000.

🏩 **Atlas,** viale Regina Elena 74 ℰ 380561, Fax 380561, ≤, ⚒, ⚓ – 🛗 ☎ 🄿. 🆎 🖪 ⑩ Ｅ 𝗩𝗜𝗦𝗔.
✀ rist   BZ
maggio-settembre – **Pasto** 22/25000 – ⊑ 9000 – **66 cam** 46/64000 – ½ P 44/58000.

🏠 **Villa Lalla,** viale Vittorio Veneto 22 🌊 55155, Fax 23570 – 🗄 📺 ☎. 🆎 🖇 ⑩ 🄴 𝗩𝗜𝗦𝗔.
❄️
                BY **c**
Pasto *(giugno-settembre)* 25/45000 – **35 cam** ⊑ 80/130000, 🗄 10000 – ½ P 65/90000.

🏠 **Marittima** senza rist, via Parisano 24 🌊 392525, Fax 390892 – 📳 ⇝ 🗄 📺 ☎. 🆎 🖇 🄴
𝗩𝗜𝗦𝗔.
                BZ **s**
40 cam ⊑ 70/120000.

🏠 **Rondinella,** via Neri 3 🌊 380567, ⤓ – 📳 📺 ☜ ⓟ. ❄️ rist
Pasqua-ottobre – **Pasto** 20/25000 – ⊑ 7000 – **31 cam** 43/70000 – ½ P 40/60000.
                per viale Regina Elena BZ

🏠 **Nancy,** viale Leopardi 11 🌊 381731, Fax 387374 – 📳 📺 ☎ ⓟ. 🆎 🖇 ⑩ 🄴 𝗩𝗜𝗦𝗔.
❄️
Pasqua-15 settembre – **Pasto** *(chiuso sino a maggio)* 20/39000 – **33 cam** ⊑ 40/79000 –
½ P 39/75000.   per viale Regina Elena BZ

🏠 **Viola,** via Imperia 2 🌊 380674, ⤓ – 📳 ☎ ⓟ. ❄️ rist   per viale Regina Elena BZ
Pasto vedere hotel **Rondinella** – ⊑ 7000 – **21 cam** 43/70000 – ½ P 40/60000.

✖✖ **Lo Squero,** lungomare Tintori 7 🌊 27676, ≤, 🌁, Specialità di mare   BY **h**
stagionale.

✖ **Da Oberdan-il Corsaro,** via Destra del Porto 🌊 27802, Specialità di mare – 🗄. 🆎 🖇 ⑩
🄴 𝗩𝗜𝗦𝗔. ❄️   BY **p**
marzo-novembre; chiuso mercoledì in bassa stagione – **Pasto** carta 50/82000.

✖ **Il Veliero,** viale Tripoli 218 🌊 391424, 🌁, Specialità di mare – 🗄. 🆎 🖇 ⑩ 🄴 𝗩𝗜𝗦𝗔.
🇯🇨🇧   BZ **h**
chiuso mercoledì e dal 10 al 31 luglio – **Pasto** carta 40/52000.

a Rivabella per ④ 1,5 km – ✉ **47037** :

🏠 **Caesar Paladium,** viale Toscanelli 15 🌊 54213, Fax 54213, 🌁, ≋, ⤓, ⛷ – 📳 🗄 📺
☎ ⓟ. 🆎 🖇 𝗩𝗜𝗦𝗔
Pasto 25/50000 e al Rist. *Pescatore* carta 23/49000 – **38 cam** ⊑ 70/100000 – ½ P 45/
75000.

a Bellariva per ① : 2 km – ✉ **47037**.

🅱 viale Regina Elena 43 🌊 371057 :

🏠 **Acerboli,** via Bertinoro 14 🌊 373051 – 📳 📺 ☎ ⓟ. 🆎 🖇 ⑩ 🄴 𝗩𝗜𝗦𝗔. ❄️ rist
giugno-20 settembre – **Pasto** 22/25000 – **33 cam** ⊑ 55/100000 – ½ P 43/64000.

a Marebello per ① : 3 km – ✉ **47037** Rimini :

🏨 **Carlton,** viale Regina Margherita 6 🌊 372361, Fax 374540, ≤ – 📳 🗄 cam 📺 ☎ ⓟ –
🛁 80. ❄️ rist
Pasto *(Pasqua-settembre; solo per clienti alloggiati)* 32000 – ⊑ 10000 – **67 cam** 74/126000,
🗄 10000 – P 68/116000.

a Rivazzurra per ① : 4 km – ✉ **47037** :

🏨 **De France,** viale Regina Margherita 48 🌊 371551, Fax 710001, ≤, ⤓ – 📳 🗄 ☎ 🛁 ⓟ. 🆎
🖇 ⑩ 🄴 𝗩𝗜𝗦𝗔. ❄️
9 aprile-settembre – **Pasto** *(solo per clienti alloggiati e chiuso a mezzogiorno)* 30/48000 –
⊑ 17000 – **65 cam** 75/135000, 🗄 15000 – ½ P 75/135000.

🏨 **Grand Meeting,** viale Regina Margherita 46 🌊 372123, Fax 371754, ≤, ⤓ riscaldata – 📳
🗄 ☎ ⓟ – 🛁 40. 🆎 🖇 🄴 𝗩𝗜𝗦𝗔. ❄️ rist
Pasqua-settembre – **Pasto** *(chiuso sino ad aprile)* 25/50000 – **44 cam** ⊑ 100/160000,
🗄 10000 – ½ P 89/104000.

✖ **Al Moccolo,** via Catania 22 🌊 375815, Rist. e pizzeria – ⓟ. 🆎 🖇 ⑩ 𝗩𝗜𝗦𝗔. ❄️
Pasqua-ottobre; chiuso martedì – **Pasto** carta 34/54000.

a Miramare per ① : 5 km – ✉ **47045** Miramare di Rimini.

🅱 via Martinelli 11/A 🌊 372112 :

🏨 **Giglio,** viale Principe di Piemonte 18 🌊 372738, Fax 377490, ≤, 🌿 – 📳 🗄 ☎ ⓟ. 🖇 🄴
𝗩𝗜𝗦𝗔. ❄️ rist
Pasqua-settembre – **Pasto** 30/35000 – ⊑ 10000 – **42 cam** 75/115000, 🗄 10000 – ½ P 55/
90000.

🏨 **Miramare et de la Ville,** viale Ivo Oliveti 93 🌊 372510, Fax 375866 – 📳 🗄 ☎. 🆎 🖇 ⑩
𝗩𝗜𝗦𝗔.
19 marzo-ottobre – **Pasto** 30/40000 – ⊑ 10000 – **60 cam** 55/90000, 🗄 5000 – ½ P 47/
75000.

🏨 **Belvedere,** viale Regina Margherita 80 ✆ 370554, Fax 370550, ≼, ⚘ – 🛗 ☎ 🅿. ⚘
20 maggio-20 settembre – **Pasto** (solo per clienti alloggiati) 30/35000 – ⊑ 7000 – **57 cam** 69/115000 – ½ P 75/86000.

🏨 **Giannini,** viale Principe di Piemonte 10 ✆ 370736, Fax 370736, ≼ – 🛗 ☏ ⇐ 🅿. 🖪 VISA. ⚘ rist
20 maggio-20 settembre – **Pasto** 25/50000 – ⊑ 15000 – **36 cam** 130/140000 – ½ P 35/ 115000.

a Viserbella per ④ : 6 km – ✉ **47049** :

🏨 **Sirio,** via Spina 3 ✆ 734639, Fax 733370, ⸚, ⋤, ⚘ – 🛗 ▤ rist ☎ 🅿. ⚘
13 maggio-20 settembre – **Pasto** 25/30000 – **50 cam** ⊑ 100/130000 – ½ P 70/85000.

🏨 **Albatros,** via Porto Palos 170 ✆ 720300, Fax 720549, ≼, ⋤ – 🛗 ☎ 🅿. ⚘ rist
10 maggio-20 settembre – **Pasto** 20/30000 – ⊑ 10000 – **44 cam** 60/85000 – ½ P 50/ 80000.

🏨 **Biagini,** via Porto Palos 85 ✆ 721202, Fax 721202, ≼, ⋤ – 🛗 ☎ 🅿. 🖭 🖪 ① ⴹ VISA. ⚘
10 maggio-settembre – **Pasto** 25/35000 – ⊑ 15000 – **22 cam** 60/90000 – ½ P 45/ 54000.

🏨 **Diana,** via Porto Palos 15 ✆ 738158, Fax 738096, ≼, ⋤ riscaldata – ▤ rist ☎ 🅿. 🖭 🖪 ① ⴹ VISA. ⚘ rist
aprile-settembre – **Pasto** 25/30000 – ⊑ 8000 – **38 cam** 60/80000 – ½ P 50/75000.

a Spadarolo per ③ : 6 km – ✉ **47037** Rimini :

✗ Bastian Contrario, ✆ 727827, « Ambiente caratteristico » – 🅿

a Torre Pedrera per ④ : 7 km – ✉ **47040**.
🖸 via San Salvador 44/E ✆ 720182 :

🏨 **Doge,** via San Salvador 156 ✆ 720170, Fax 330311, ≼, ⋤ – 🛗 ▤ rist 📺 ☎ 🅿. 🖭 ⴹ VISA. ⚘
10 maggio-settembre – **Pasto** (solo per clienti alloggiati) – **50 cam** ⊑ 53/100000 – ½ P 71000.

🏨 **Graziella,** via San Salvador 56 ✆ 720316, Fax 720316, ≼, ⋤ – 🛗 ▤ rist ☎ 🅿. ⚘
20 maggio-20 settembre – **Pasto** (solo per clienti alloggiati) 25/29000 – ⊑ 9500 – **81 cam** 60/104000 – ½ P 56/94000.

🏨 **Du Lac,** via Lago Tana 12 ✆ 720462, Fax 720274 – 🛗 ☏ 🅿. 🖪 ⴹ VISA. ⚘
15 maggio-20 settembre – **Pasto** 22/28000 – ⊑ 10000 – **52 cam** 50/90000 – ½ P 70/ 80000.

🏨 **Bolognese,** via San Salvador 134 ✆ 720210, Fax 721240, ≼ – ☎ 🅿. 🖭 🖪 ① ⴹ VISA.
maggio-settembre – **Pasto** (solo per clienti alloggiati) 25000 – ⊑ 15000 – **40 cam** 60/ 100000 – ½ P 53/76000.

sulla superstrada per San Marino per ① : 11 km :

✗✗ **Cucina della Nonna,** via S. Aquilina 77 ✉ 47037 ✆ 759125, ≼, ⛲ – 🅿. 🖪 VISA. ⚘
chiuso mercoledì – **Pasto** carta 36/61000.

RIO DI PUSTERIA (MÜHLBACH) 39037 Bolzano 🛂🛂🛂 B 16 – 2 415 ab. alt. 777 – Sport invernali : 777/2 010 m ⦃8, 🎿 – 🕲 0472.
🖸 ✆ 849467, Fax 849849.
Roma 689 – ♦Bolzano 48 – Brennero 43 – Brunico 25 – ♦Milano 351 – Trento 112.

🏨 **Ansitz Kandlburg,** ✆ 849792, « Residenza nobiliare con origini del 13° secolo » – 📺 ☎ ⇐ – 🍴 80. 🖪 ① VISA. ⚘
Pasto (solo per clienti alloggiati) – **14 cam** ⊑ 120/160000 – ½ P 75/105000.

🏨 **Panoramik** ⸗, ✆ 849535, Fax 849650, ≼ monti e vallata, 🌊, ⋤, ⚘ – 🛗 ☎ 🅿. 🖪 ⴹ VISA. ⚘
chiuso dal 15 al 25 aprile e dal 5 novembre al 20 dicembre – **Pasto** (solo per clienti alloggiati) – **32 cam** ⊑ 70/130000 – ½ P 60/100000.

✗✗ ⚙ **Pichler,** ✆ 849458 – 🅿. 🖪 ① ⴹ VISA. ⚘
chiuso lunedì, martedì a mezzogiorno e luglio – **Pasto** carta 47/77000
Spec. Antipasto di pesce al vapore. Gnocchi di formaggio di capra (autunno). Fegato d'agnello con mele croccanti.

✗ **Giglio Bianco-Weisse Lilie** con cam, ✆ 849740, Fax 849730 – 📺. 🖭 🖪 ① ⴹ VISA
chiuso dal 5 novembre al 20 dicembre – **Pasto** *(chiuso domenica e lunedì da ottobre a marzo)* carta 25/46000 – **13 cam** ⊑ 60/90000 – ½ P 55/60000.

a Valles (Vals) NO : 7 km – alt. 1 354 – ⊠ **39037** Rio di Pusteria :

🏠 **Masl** ⑤, ℘ 57187, Fax 57187, ≤, 全s, 🔲, ☞, ※ – ☀ rist ⊺⊽ ☎ 🅿. ※
dicembre-aprile e giugno-ottobre – **Pasto** 23/35000 – **41 cam** ⊇ 80/150000 – ½ P 60/
80000.

🏠 **Huber,** ℘ 547186, Fax 547240, ≤ monti e vallata, 全s, ☞ – ⊺⊽ ☎ 🅿. ※ rist
chiuso dal 21 aprile al 19 maggio e dal 2 novembre al 19 dicembre – **Pasto** carta 29/49000 –
27 cam ⊇ 80/140000 – ½ P 55/95000.

a Maranza (Meransen) N : 9 km – alt. 1 414 – ⊠ **39037** Rio di Pusteria.

🛈 ℘ 50197, Fax 50125 :

🏠 **Gitschberg** ⑤, ℘ 50170, Fax 50288, ≤ monti e vallata, 全s, 🔲, ☞ – ☎ ⟸ 🅿
stagionale – **28 cam.**

RIOLO TERME 48025 Ravenna 🗺 ⑮, 🗺 🗺 J 17 – 5 013 ab. alt. 98 – Stazione termale
(15 aprile-ottobre), a.s. 20 luglio-settembre – ✪ 0546.

🕤 La Torre (chiuso martedì) ℘ 74035, Fax 74076.

🛈 via Aldo Moro 2 ℘ 71044.

Roma 368 – ◆Bologna 52 – ◆Ferrara 97 – Forlì 30 – ◆Milano 265 – ◆Ravenna 48.

🏠 **Cristallo,** ℘ 71160, Fax 71879 – ⧴ ☲ rist ⊺⊽ ☎ 🅿 – 🔬 120. 🕮 🗓 ⑩ 🗲 𝚅𝙸𝚂𝙰. ※
marzo-ottobre – **Pasto** (solo per clienti alloggiati) carta 35/49000 – ⊇ 15000 – **62 cam**
75/95000 – ½ P 70/75000.

RIOMAGGIORE 19017 La Spezia 🗺 ⑬ ⑭, 🗺 J 11 – 2 037 ab. – ✪ 0187.

Vedere Guida Verde.

Roma 432 – ◆Genova 116 – Massa 49 – ◆Milano 234 – ◆La Spezia 14.

🏠 **Due Gemelli** ⑤, località Campi E : 9 km ℘ 29043, Fax 29043, ≤ – ☎ 🅿. ※
Pasto (chiuso martedì dal 15 settembre al 15 giugno) carta 35/56000 – ⊇ 7000 – **14 cam**
60/90000 – ½ P 90000.

※ **La Grotta,** via Colombo 123 ℘ 920187, prenotare – 🗓 🗲 𝚅𝙸𝚂𝙰
chiuso mercoledì escluso dal 16 giugno al 15 settembre – **Pasto** carta 29/44000.

RIO MARINA Livorno 🗺 N 13 – Vedere Elba (Isola d').

RIONERO IN VULTURE 85028 Potenza 🗺 ㉘, 🗺 E 29 – 13 224ab. alt. 662 – ✪ 0972.

Roma 364 – ◆Foggia 74 – ◆Bari 133 – ◆Napoli 176 – Potenza 46.

🏠 **La Pergola,** via Lavista 27/31 ℘ 721179, Fax 721819 – ⧴ ⊺⊽ ☎ ⟸. 🗓 ⑩ 🗲 𝚅𝙸𝚂𝙰. ※
Pasto (chiuso martedì) carta 25/36000 (10%) – ⊇ 10000 – **43 cam** 68/95000 – ½ P 70/
90000.

※ Di Lucchio, via Monticchio 15 ℘ 721081, ≤

RIPALTA CREMASCA 26010 Cremona 🗺 G 11 – 2 925 ab. alt. 77 – ✪ 0373.

Roma 542 – ◆Bergamo 44 – ◆Brescia 55 – Cremona 39 – ◆Milano 48 – Piacenza 34.

a Bolzone NO : 3 km – ⊠ **26010** Ripalta Cremasca :

※ **Via Vai,** ℘ 68697, ☞, Coperti limitati; prenotare – 🅿
chiuso martedì, mercoledì ed agosto – **Pasto** carta 34/49000.

RISCONE (REISCHACH) Bolzano – Vedere Brunico.

RITTEN = Renon.

RIVABELLA Forlì 🗺 🗺 J 19 – Vedere Rimini.

RIVA DEI TESSALI Taranto 🗺 F 32 – Vedere Castellaneta Marina.

LES GUIDES VERTS MICHELIN

Paysages, monuments
Routes touristiques
Géographie
Histoire, Art
Itinéraires de visite
Plans de villes et de monuments

RIVA DEL GARDA 38066 Trento 988 ④, 428 429 E 14 – 13 555 ab. alt. 70 – a.s. dicembre-15 gennaio e Pasqua – ✪ 0464.

Vedere Lago di Garda★★★ – Città vecchia★.

🗓 Parco Lido (Palazzo dei Congressi) ℘ 554444, Telex 400278, Fax 520308.

Roma 576 – ◆Bolzano 103 – ◆Brescia 75 – ◆Milano 170 – Trento 50 – ◆Venezia 199 – ◆Verona 87.

🏨🏨 **Du Lac et du Parc** ⑤, viale Rovereto 44 ℘ 551500, Telex 400258, Fax 555200, « Grande parco con laghetti e 🔲 riscaldata », ⇌s, 🔲, ✵ – 📳 🗏 rist 📺 ☎ 🅿 – 🏄 60 a 250. 🝙 🕄 ⓞ 🖃 🚾. ✵ rist
aprile-25 ottobre – **Pasto** *(chiuso lunedì)* 60000 – ☲ 18000 – **172 cam** 160/360000, 6 appartamenti – ½ P 175/225000.

🏨🏨 **Lido Palace** ⑤, viale Carducci 10 ℘ 552664, Fax 551957, ≤, « Parco con 🔲 » – 📳 🗏 rist 📺 ☎ 🅿 – 🏄 200. 🝙 🕄 ⓞ 🖃 🚾. ✵ rist
Pasqua-ottobre – **Pasto** 40/80000 – **62 cam** ☲ 160/260000 – ½ P 120/155000.

🏨🏨 **Gd H. Riva,** piazza Garibaldi 10 ℘ 521800, Fax 552293, « Rist. roof-garden » – 📳 🗏 rist 📺 ☎ – 🏄 35 a 120. 🝙 🕄 ⓞ 🖃 🚾. ✵ rist
chiuso dal 29 novembre al 20 dicembre – **Pasto** carta 36/55000 – **77 cam** ☲ 170/240000, 4 appartamenti – ½ P 120/150000.

🏨🏨 **International Hotel Liberty,** viale Carducci 3/5 ℘ 553581, Fax 551144, 🔲, 🚊 – 📳 📺 ☎ 🅿. 🝙 🕄 ⓞ 🖃 🚾 🕽⬤🖪. ✵ rist
Pasto *(chiuso martedì in bassa stagione)* carta 34/52000 – **80 cam** ☲ 150/210000 – ½ P 60/136000.

🏨🏨 **Sole,** piazza 3 Novembre 35 ℘ 552686, Fax 552811, ≤, ⇌s – 📳 🗏 rist 📺 ☎. 🝙 🕄 ⓞ 🖃 🚾. ✵ rist
chiuso da febbraio a Pasqua – **Pasto** 40/50000 – ☲ 20000 – **49 cam** 220000, 3 appartamenti – ½ P 100/150000.

🏨🏨 **Parc Hotel Flora,** viale Rovereto 54 ℘ 553221, Fax 554434, « Giardino », 🔲 – 📳 🗏 📺 ☎ 🚗 🅿 – 🏄 45. 🝙 🕄 ⓞ 🖃 🚾 🕽⬤🖪. ✵ rist
Pasto *(chiuso mercoledì)* 35/40000 – ☲ 10000 – **32 cam** 100/170000 – ½ P 110/130000.

🏨 **Europa,** piazza Catena 9 ℘ 555433, Telex 401350, Fax 521777, ≤, 🛋 – 📳 🗏 rist 📺 ☎ 🕭 – 🏄 40 a 80. 🝙 🕄 ⓞ 🖃 🚾. ✵ rist
Pasqua-ottobre – **Pasto** 30000 – **63 cam** ☲ 105/180000 – ½ P 105/130000.

🏨 **Bellavista** senza rist, piazza Cesare Battisti 4 ℘ 554271, Fax 555754, ≤ – 📳 ☎. 🕄 ⓞ 🖃 🚾. ✵
Pasqua-8 novembre – **31 cam** ☲ 150/200000.

🏨 **Miravalle,** via Monte Oro 9 ℘ 552335, Fax 521707, 🛋, « Giardino ombreggiato », 🔲 – 📺 ☎ 🅿. 🝙 🕄 ⓞ 🖃 🚾. ✵
aprile-ottobre – **Pasto** carta 33/44000 – **30 cam** ☲ 90/150000 – ½ P 70/100000.

🏨 **Mirage,** viale Rovereto 97/99 ℘ 552671, Fax 553211, ≤, 🔲 riscaldata – 📳 🗏 rist ☎ 🚗 🅿 – 🏄 100. 🝙 🕄 ⓞ 🖃 🚾. ✵
Pasqua-ottobre – **Pasto** 25000 – **55 cam** ☲ 95/160000 – ½ P 100/115000.

🏨 **Bristol,** viale Trento 71 ℘ 521000, Fax 555738, ⇌s, 🔲, 🚊 – 📳 ☎ 🅿. 🕄 🖃 🚾. ✵ rist
chiuso novembre – **Pasto** 25/35000 – **54 cam** ☲ 100/150000 – ½ P 75/90000.

🏨 **Luise,** viale Rovereto 9 ℘ 552796, Fax 554250, 🔲, 🚊, ✵ – 📳 ☎ 🅿. 🕄 🖃 🚾. ✵ rist
marzo-2 novembre – **Pasto** carta 27/50000 – **58 cam** ☲ 110/158000 – ½ P 80/100000.

🏨 **Villa Giuliana** ⑤, via Belluno 12 ℘ 553338, Fax 521490, 🔲 – 📳 📺 ☎ 🅿. 🕄 🖃 🚾. ✵
febbraio-ottobre – **Pasto** carta 35/52000 – **52 cam** ☲ 90/160000 – ½ P 90000.

🏨 **Riviera,** viale Rovereto 95 ℘ 552279, Fax 554140, ≤, 🔲 🗏 ☎ 🚗 🅿. 🕄 ⓞ 🖃 🚾. ✵ rist
aprile-ottobre – **Pasto** 24000 – ☲ 12000 – **36 cam** 70/105000 – ½ P 74/92000.

🏨 **Gardesana,** via Brione 1 ℘ 552793, Fax 555814, 🔲, 🚊 – 🗏 rist ☎ 🅿. 🕄 🚾. ✵ cam
aprile-ottobre – **Pasto** *(chiuso venerdì)* 20/28000 – **38 cam** ☲ 79/130000 – ½ P 65/75000.

🏨 **Venezia** ⑤, viale Rovereto 62 ℘ 552216, Fax 556031, 🔲, 🚊 – ☎ 🅿. 🕄 🚾 🕽⬤🖪. ✵ rist
10 marzo-ottobre – **Pasto** 43/46000 – **24 cam** ☲ 83/152000 – ½ P 80/95000.

🏨 **Gabry** ⑤, via Longa 6 ℘ 553600, Fax 553624, 🔲, 🚊 – 📳 ☎ 🅿. 🕄 ⓞ 🖃 🚾. ✵
Pasqua-ottobre – **Pasto** *(chiuso a mezzogiorno)* 25000 – **39 cam** ☲ 95/130000 – ½ P 80000.

XXX **Vecchia Riva,** via Bastione 3 ℘ 555061, Coperti limitati; prenotare – 🝙 🕄 ⓞ 🖃 🚾 🕽⬤🖪
chiuso martedì in bassa stagione – **Pasto** carta 40/59000.

XX **San Marco,** viale Roma 20 ℘ 554477, Fax 554477, 🛋 – 🗏. 🝙 🕄 ⓞ 🖃 🚾. ✵
chiuso lunedì e dicembre – **Pasto** 30/35000 e carta 40/72000.

XX **La Rocca,** piazza Cesare Battisti ℘ 552217, 🛋 – 🝙 🕄 ⓞ 🖃 🚾
chiuso dal 15 novembre al 15 dicembre e mercoledì in bassa stagione – **Pasto** carta 46/78000.

XX **Al Volt,** via Fiume 73 ℘ 552570 – 🝙 🕄 ⓞ 🖃 🚾
chiuso lunedì e febbraio – **Pasto** carta 36/48000.

X Bastione, con cam, via Bastione 19 ℘ 552652, Coperti limitati; prenotare, 🛋
9 cam.

RIVA DI FAGGETO 22020 Como 428 E 9, 219 ⑨ – alt. 202 – ✿ 031.

Roma 636 – Como 11 – Bellagio 20 – ◆Lugano 43 – ◆Milano 59.

 ✗ **Il Pescatore,** strada statale 𝒫 430263, prenotare, « Servizio estivo in terrazza con
 ≤ lago » – **☺**. 🗓 **E** VISA. ⁓
 marzo-15 novembre; chiuso martedì – **Pasto** carta 32/53000.

RIVA DI SOLTO 24060 Bergamo 428 429 E 12 – 862 ab. alt. 190 – ✿ 035.

Roma 604 – ◆Brescia 55 – ◆Bergamo 40 – Lovere 7 – ◆Milano 85.

 ✗✗ **Zu,** località Zu S : 2 km 𝒫 986004, « Servizio estivo in terrazza con ≤ lago d'Iseo » – **☺**.
 AE 🗓 **E** VISA. ⁓
 chiuso dal 1° al 20 gennaio e mercoledì (escluso luglio-agosto) – **Pasto** carta 38/56000.

 a Zorzino NO : 1,5 km – alt. 329 – ⊠ 24060 Riva di Solto :

 🏠 **Miranda-da Oreste** ⧖, 𝒫 986021, Fax 986021, ≤ lago d'Iseo e Monte Isola, « Servizio
 estivo in terrazza; giardino con ⛲ » – **☎ ☺**. AE 🗓 **① E** VISA. ⁓
 Pasto (chiuso martedì da novembre a marzo) carta 30/48000 – � 7000 – **22 cam** 48/68000
 – ½ P 55000.

 Vedere anche : **Solto Collina** NO : 3 km.

RIVALTA DI TORINO 10040 Torino 428 G 4 – 16 004 ab. alt. 294 – ✿ 011.

Roma 675 – ◆Torino 16 – ◆Milano 155 – Susa 43.

Pianta d'insieme di Torino (Torino p. 2)

 🏠 **Rio** senza rist, via Griva 75 𝒫 9091313, Fax 9091315 – 🕴 TV ☎ ⟺ **☺**. 🗓 **E** VISA. ⁓
 � 15000 – **76 cam** 90/115000. EU **b**

RIVANAZZANO 27055 Pavia 428 H 9 – 3 982 ab. alt. 157 – ✿ 0383.

Roma 581 – Alessandria 35 – ◆Genova 87 – ◆Milano 71 – Pavia 39 – Piacenza 71.

 ✗✗ **Selvatico** con cam, 𝒫 91352 – AE 🗓
 chiuso dal 2 all'8 gennaio – **Pasto** (chiuso lunedì escluso agosto) carta 29/52000 – � 5000 –
 21 cam 45/70000 – ½ P 60000.

RIVAROLO CANAVESE 10086 Torino 988 ⑫, 428 G 5 – 11 753 ab. alt. 304 – ✿ 0124.

Roma 726 – ◆Torino 29 – Aosta 88 – ◆Milano 138 – Vercelli 75.

 🏠 **Europa,** viale Losego 22 𝒫 26097, Fax 25871, ⁓ – 🕴 TV ☎ ⟺ **☺**. AE 🗓 **E** VISA. ⁓
 chiuso agosto – **Pasto** (chiuso domenica sera) carta 32/46000 – � 15000 – **28 cam**
 90/110000.

 ✗ **L'Oasi,** via Favria 19 𝒫 26928, solo su prenotazione sabato a mezzogiorno – **☺**. AE 🗓 **①**
 E VISA
 chiuso lunedì e dal 12 al 20 agosto – **Pasto** carta 28/47000.

RIVAROSSA 10040 Torino 428 G 5 – 1 213 ab. alt. 286 – ✿ 011.

Roma 662 – ◆Torino 26 – Aosta 93.

 ✗✗ **Il Mandracchio,** via San Francesco al Campo O : 2 km 𝒫 9888494, Fax 9888494 – **☺**. AE
 🗓 **① E** VISA. ⁓
 chiuso lunedì e dal 5 al 27 agosto – **Pasto** carta 34/55000.

RIVA TRIGOSO Genova – Vedere Sestri Levante.

RIVAZZURRA Rimini 430 J 19 – Vedere Rimini.

RIVERGARO 29029 Piacenza 428 H 10 – 4 787 ab. alt. 140 – ✿ 0523.

Roma 531 – ◆Bologna 169 – ◆Genova 121 – ◆Milano 84 – Piacenza 19.

 ✗✗ **Castellaccio-da Attendolo,** dopo il ponte di Statto 𝒫 957333, Fax 957333, ≤, ⁓ – **☺**.
 AE 🗓 **E** VISA. ⁓
 chiuso martedì, mercoledì a mezzogiorno, dal 10 al 31 gennaio e dal 1° al 10 agosto – **Pasto**
 carta 40/57000.

RIVIERA DI LEVANTE Genova e La Spezia 988 ⑬ ⑭ – Vedere Guida Verde.

RIVISONDOLI 67036 L'Aquila 988 ㉗, 430 Q 24, 431 B 24 – 791 ab. alt. 1 310 – a.s. febbraio-
20 aprile, 20 luglio-25 agosto e Natale – Sport invernali : a Monte Pratello : 1 365/2 035 m ⸗1
⬩5 – ✿ 0864.

🛈 piazza Municipio 𝒫 69351.

Roma 188 – L'Aquila 101 – Campobasso 92 – Chieti 96 – ◆Pescara 107 – Sulmona 34.

 🏠 **Como,** 𝒫 641941, Fax 641941, ≤, ⁓ – 🕴 ☎ **☺**. AE. ⁓ rist
 Pasto (chiuso lunedì) 30/35000 – � 10000 – **44 cam** 70/100000 – ½ P 65/95000.

 🏠 **Victoria,** 𝒫 69113 – **☺**
 stagionale – **33 cam.**

 ✗✗ **Da Giocondo,** 𝒫 668442, Fax 69123, Coperti limitati; prenotare – AE 🗓 **① E** VISA. ⁓
 chiuso giugno e martedì in bassa stagione – **Pasto** carta 31/50000.

RIVODORA Torino – Vedere Baldissero Torinese.

RIVODUTRI 02010 Rieti 430 O 20 – 1 295 ab. alt. 560 – © 0746.
Roma 97 – L'Aquila 73 – Rieti 17 – Terni 26.

XX **La Trota**, località Piedicolle S : 2 km *℘* 685078, « Grazioso giardino » – **Ⓟ**. **Ⓐ** **Ⓑ** **ⓞ** **Ⓥ𝘪𝘴𝘢**. ※
chiuso mercoledì e gennaio – **Pasto** carta 46/70000.

RIVOLI 10098 Torino 988 ⑫, 428 G 4 – 52 678 ab. alt. 386 – © 011.
Roma 678 – ◆Torino 15 – Asti 64 – Cuneo 103 – ◆Milano 155 – Vercelli 82.

Pianta d'insieme di Torino (Torino p. 2)

XX **Nazionale**, corso Francia 4 *℘* 9580275, 😱, prenotare – **Ⓐ** **Ⓑ** **E** **Ⓥ𝘪𝘴𝘢**. ※ ET **a**
chiuso sabato, domenica sera ed agosto – **Pasto** carta 49/76000.

XX Da Baston, corso Susa 12/14 *℘* 9580398, Specialità di mare, prenotare ET **c**

ROANA 36010 Vicenza 429 E 16 – 3 614 ab. alt. 992 – Sport invernali : vedere Asiago – © 0424.
Roma 588 – Asiago 6 – ◆Milano 270 – Trento 64 – ◆Venezia 121 – Vicenza 54.

🏠 **All'Amicizia**, *℘* 66014 – 📳 ☜ 🚗. ※
Pasto (chiuso mercoledì) carta 27/36000 – **25 cam** 🖙 50/90000 – ½ P 60/70000.

ROASIO 13060 Vercelli 428 F 6 – 2 493 ab. alt. 300 – © 0163.
Roma 659 – Biella 25 – ◆Milano 94 – Novara 51 – Stresa 51 – ◆Torino 85 – Vercelli 41.

sulla strada statale 143 SO : 3 km :

XX **Piana di Monolo**, ⊠ 13060 *℘* 87232 – 🍴 **Ⓟ**. **Ⓐ** **Ⓑ** **ⓞ** **E** **Ⓥ𝘪𝘴𝘢**. ※
chiuso lunedì sera, martedì ed agosto – **Pasto** carta 39/62000.

a Curavecchia SO : 4 km – ⊠ **13060** Roasio :

XX **Cascina Ciocchetta**, *℘* 87273, Fax 87273 – **Ⓟ**. **Ⓐ** **Ⓑ** **ⓞ** **E** **Ⓥ𝘪𝘴𝘢**. ※
chiuso domenica sera, lunedì, dal 9 al 23 gennaio e dall'8 al 22 agosto – **Pasto** carta 45/64000.

ROBBIO 27038 Pavia 428 G 7 – 6 401 ab. alt. 122 – © 0384.
Roma 606 – Alessandria 61 – ◆Milano 60 – Novara 22 – Pavia 51 – ◆Torino 92 – Vercelli 16.

X Da Mino, via San Valeriano 5 *℘* 672216, prenotare

ROCCABRUNA 12020 Cuneo – 1 313 ab. alt. 700 – © 0171.
Roma 673 – Cuneo 30 – ◆Genova 174 – ◆Torino 103.

a Sant'Anna N : 3 km – alt. 1 250 – ⊠ **12020** Roccabruna :

XX **La Pineta** 🌲 con cam, *℘* 905856 – 📺 ☎ **Ⓟ**. ※
chiuso gennaio – **Pasto** (chiuso martedì escluso da luglio ad agosto) 30/40000 – 🖙 5000 – **9 cam** 50/80000 – ½ P 60000.

ROCCA DELLE DONNE Alessandria – Vedere Camino.

ROCCA DI CAMBIO 67047 L'Aquila 430 P 22 – 442 ab. alt. 1 434 – © 0862.
Roma 142 – L'Aquila 23 – Pescara 99.

🏠 **Cristall Hotel**, *℘* 918119, Fax 918119, ≤, 🌲 – 🚗 **Ⓟ**. **Ⓑ** **ⓞ** **E** **Ⓥ𝘪𝘴𝘢**. ※
chiuso maggio o novembre – **Pasto** carta 26/38000 – **19 cam** 🖙 70/95000 – ½ P 55/95000.

ROCCALBEGNA 58053 Grosseto 988 ㉕, 430 N 16 – 1 446 ab. alt. 522 – © 0564.
Roma 182 – Grosseto 43 – Orvieto 92 – Siena 96.

a Triana E : 6 km – alt. 769 – ⊠ 58050 :

XX ❀ **Osteria del Vecchio Castello**, *℘* 989192, Fax 989192, Coperti limitati; prenotare – **Ⓐ** **Ⓑ** **ⓞ** **E** **Ⓥ𝘪𝘴𝘢**. ※
chiuso mercoledì e febbraio – **Pasto** carta 35/54000
Spec. Ravioli di sedano rapa serviti con ragù d'anatra, Filetto di pernice spadellato alle nespole, Torta di formaggi tiepida con salsa di lamponi e fragole.

ROCCA PIETORE 32020 Belluno 429 C 17 – 1 593 ab. alt. 1 142 – Sport invernali : a Malga Ciapela : 1 428/3 270 m (Marmolada) 🚠2 ✚4 (anche sci estivo), 🎿 – © 0437.
🎿 a Rocca Pietore *℘* 721319, Fax 721319.
Roma 671 – Belluno 56 – Cortina d'Ampezzo 38 – ◆Milano 374 – Passo del Pordoi 30 – ◆Venezia 162.

🏨 **Sport Hotel Töler**, località Boscoverde O : 3 km, alt. 1 200 *℘* 722030, Fax 722188, ≤, ≦s, 🌲 – 📳 📺 ☎ 🚗 **Ⓟ**. ※
dicembre-aprile e 15 giugno-settembre – **Pasto** carta 30/50000 – 🖙 15000 – **26 cam** 80/150000 – ½ P 60/120000.

🏨 Rosalpina, località Bosco Verde O : 3 km *℘* 722004, Fax 722049, ≦s – ☎ **Ⓟ**
stagionale – **30 cam**.

a Digonera N : 5,5 km – alt. 1 158 – ⊠ **32020** Laste di Rocca Pietore :

🏠 **Digonera,** *℘* 529120, Fax 529150, ≤, ⇔ – 🛗 ☎ 🅿, 🖭 🔂 🗲 𝐕𝐈𝐒𝐀, ⊁
   chiuso dal 20 maggio al 20 giugno e dal 10 novembre al 10 dicembre – **Pasto** *(chiuso lunedì)*
   carta 30/50000 – **22 cam** ⊑ 80/120000 – ½ P 60/95000.

a Malga Ciapela O : 7 km – alt. 1 428 – ⊠ **32020** Rocca Pietore.

Vedere Marmolada★★★ : ❅★★★ sulle Alpi per funivia – Lago di Fedaia★ NO : 6 km.

🏠 Garni Roberta, senza rist, *℘* 722117 – ☎ ⇦ 🅿
   stagionale – **19 cam.**

ROCCAPORENA Perugia 🔟🔟🔟 N 20 – Vedere Cascia.

ROCCA PRIORA 00040 Roma 🔟🔟🔟 Q 20 – 8 465 ab. alt. 768 – 🌣 06.

Roma 34 – Anzio 56 – Frosinone 65.

🏨 **Villa la Rocca,** via Dei Castelli Romani 1 *℘* 9472040, Fax 9471750, ☞ – 🛗 🖭 ☎ 🅿 –
   🛄 40. 🖭 🔂 ⑨ 🗲 𝐕𝐈𝐒𝐀, ⊁ rist
   Pasto 40/80000 – **23 cam** ⊑ 140/180000 – ½ P 125/140000.

ROCCARASO 67037 L'Aquila 🔟🔟🔟 ㉗, 🔟🔟🔟 Q 24, 🔟🔟🔟 B 24 – 1 668 ab. alt. 1 236 – a.s. febbraio-
20 aprile, 20 luglio-25 agosto e Natale – Sport invernali : 1 236/2 200 m ≤1 ≤12, ⊀ – 🌣 0864.

🅱 via Roma 60 *℘* 62210.

Roma 190 – L'Aquila 102 – Campobasso 87 – Chieti 98 – ◆Napoli 149 – ◆Pescara 109.

🏨 **Excelsior,** via Roma 27 *℘* 602351 – 🛗 🖭 ☎ ⇦ 🅿, ⊁
   18 dicembre-15 aprile e 24 giugno-4 settembre – **Pasto** 35/40000 – ⊑ 10000 – **36 cam**
   90/140000 – P 90/150000.

🏨 **Iris,** viale Iris 5 *℘* 602366, Fax 602366 – 🛗 🖭 ☎, 🖭 🔂 ⑨ 🗲 𝐕𝐈𝐒𝐀, ⊁
   Pasto carta 45/60000 – ⊑ 10000 – **48 cam** 110/150000 – ½ P 130/140000.

🏠 **Suisse,** via Roma 22 *℘* 602347, Fax 602347 – 🛗 🖭 ☎ ⇦, 🖭 🔂 ⑨ 🗲 𝐕𝐈𝐒𝐀, ⊁
   Pasto 30/32000 – ⊑ 8000 – **45 cam** 80/110000 – ½ P 80/120000.

✗ **La Galleria,** via Roma 45 *℘* 62278 – 🖭 🔂 ⑨ 🗲 𝐕𝐈𝐒𝐀
   chiuso giugno e martedì in bassa stagione – **Pasto** carta 37/59000.

a Pietransieri E : 4 km – alt. 1 288 – ⊠ **67030** :

✗ **La Preta,** *℘* 62716, Fax 62716, Coperti limitati; prenotare – 🔂 ⑨ 🗲 𝐕𝐈𝐒𝐀 𝐉𝐂𝐁, ⊁
   chiuso martedì in bassa stagione – **Pasto** carta 32/50000.

ad Aremogna SO : 9 km – alt. 1 622 – ⊠ **67030** :

🏨 **Pizzalto** ⊗, *℘* 602383, Fax 602383, ≤, 🎿, ⇔ – 🛗 🖭 ☎ ⇦ 🅿 – 🛄 80. 🖭 🔂 𝐕𝐈𝐒𝐀, ⊁
   chiuso maggio e giugno – **Pasto** carta 35/53000 – ⊑ 15000 – **53 cam** 100/150000 –
   ½ P 150/190000.

🏨 **Boschetto** ⊗, *℘* 602367, Fax 602382, ≤, 🎿, ⇔ – 🛗 🖭 ☎ ⇦ 🅿, 🔂 ⑨ 𝐕𝐈𝐒𝐀, ⊁
   dicembre-Pasqua e 10 luglio-agosto – **Pasto** carta 37/54000 – ⊑ 8000 – **48 cam** 70/120000
   – ½ P 100/130000.

ROCCA SAN CASCIANO 47017 Forlì 🔟🔟🔟 ⑮, 🔟🔟🔟 🔟🔟🔟 J 17 – 2 154 ab. alt. 210 – 🌣 0543.

Roma 326 – ◆Bologna 91 – ◆Firenze 81 – Forlì 28.

✗ **La Pace,** piazza Garibaldi 16 *℘* 960137 – 🖭 🗲 𝐕𝐈𝐒𝐀, ⊁
   chiuso dal 15 al 30 gennaio e martedì (escluso agosto) – **Pasto** carta 16/30000 bc.

ROCCA SANT'ANGELO Perugia 🔟🔟🔟 M 19 – Vedere Assisi.

ROCCHETTA NERVINA 18030 Imperia 🔟🔟🔟 K 4, 🔟🔟🔟 ⑲ – 274 ab. alt. 225 – 🌣 0184.

Roma 668 – ◆Genova 169 – Imperia 55 – ◆Milano 292 – San Remo 29 – Ventimiglia 15.

🏠 Lago Bin, *℘* 206661, Fax 207827, 🍆, ✗ – 🛗 🖭 ☎ ⑰ 🅿
   60 cam.

RODDI 12060 Cuneo 🔟🔟🔟 H 5 – 1 125 ab. alt. 284 – 🌣 0173.

Roma 650 – ◆Torino 73 – Asti 35 – Cuneo 60.

🏠 **Enomotel il Convento,** via Cavallotto 1 (E : 2 km) *℘* 615286, Fax 615286 – 🖭 ☎ 🅿 –
   🛄 60. 🖭 🔂 🗲 𝐕𝐈𝐒𝐀 𝐉𝐂𝐁, ⊁
   Pasto *(chiuso a mezzogiorno)* 35/45000 – ⊑ 12000 – **27 cam** 75/110000, 2 appartamenti –
   ½ P 100000.

✗ **La Cròta,** piazza Principe Amedeo 1 *℘* 615187, Fax 615187 – 🖭 🔂 🗲 𝐕𝐈𝐒𝐀, ⊁
   chiuso lunedì sera, martedì, dall'11 al 18 gennaio e dal 9 al 18 agosto – **Pasto** carta 34,
   57000.

RODI GARGANICO 71012 Foggia 988 ㉘, 431 B 29 – 3 973 ab. – a.s. luglio-13 settembre – ☎ 0884.

⛴ per le Isole Tremiti giugno-settembre giornaliero (50 mn) – Adriatica di Navigazione-agenzia VI.PI, corso Madonna della Libera 22 ☎ 966357.

Roma 385 – ◆Foggia 100 – ◆Bari 192 – Barletta 131 – ◆Pescara 184.

- **Baia Santa Barbara** 🐦, O : 1,5 km ☎ 965253, Telex 812014, Fax 965414, ≤, « In pineta », 🏊, 🏖, 🎾 – ▤ rist ♿ 🅿. 🅂 VISA. ✻ rist
  aprile-settembre – **Pasto** 30/35000 – **134 cam** ☕ 115/180000 – ½ P 137/155000.
- **Parco degli Aranci** 🐦, E : 2 km ☎ 965033, Fax 98481, ≤, « Parco-agrumeto », 🏊, 🏖, 🎾 – 🛗 ☎ 🅿. AE 🅂 ⓞ E VISA. ✻
  aprile-ottobre e Natale – **Pasto** carta 30/45000 – ☕ 5000 – **72 cam** 110000 – ½ P 85/120000.
- X **Da Franco,** ☎ 965003, 🏖 – 🅂 ⓞ E VISA
  chiuso dal 5 al 25 novembre e lunedì (escluso da giugno ad agosto) – **Pasto** carta 26/48000.
- X **Bella Rodi,** via Scalo Marittimo 49/51 ☎ 965786 – 🅂 E VISA. ✻
  chiuso dal 10 al 16 gennaio, dal 17 al 23 ottobre e mercoledì (escluso da giugno a settembre) – **Pasto** carta 33/53000.

ROGENO 22040 Lecco 219 ⑨ ⑲ – 2 422 ab. alt. 290 – ☎ 031.

Roma 613 – Como 20 – ◆Bergamo 45 – Erba 6 – Lecco 15 – ◆Milano 45.

- XX **5 Cerchi,** località Maglio ☎ 865587, Fax 865587, prenotare – 🅿. 🅂 E VISA. ✻
  chiuso domenica sera, lunedì e dal 3 al 24 agosto – **Pasto** carta 37/61000.

ROLO 42047 Reggio nell'Emilia 428 429 H 14 – 3 352 ab. alt. 21 – ☎ 0522.

Roma 442 – Mantova 38 – ◆Modena 36 – ◆Verona 67.

- XX **L'Osteria dei Ricordi,** ☎ 658111, 🏖, Coperti limitati; prenotare – ▤ 🅿. AE 🅂 ⓞ E VISA. ✻
  chiuso sabato a mezzogiorno, lunedì, gennaio ed agosto – **Pasto** carta 46/64000.

Roma

00100 ℙ 988 ㉖, 430 Q 19 – 2 773 889 ab. alt. 20 – ✿ 06

Curiosità

La maggior parte delle più note curiosità di Roma é ubicata sulle piante da p. 4 a 11. Per una visita turistica più dettagliata consultate la guida Verde Michelin Italia e in particolare la guida Verde Roma.

Curiosités

Les plans des p. 4 à 11 situent la plupart des grandes curiosités de Rome. Pour une visite touristique plus détaillée, consultez le guide Vert Italie et plus particulièrement le guide Vert Rome.

Sehenswürdigkeiten

Auf den Städtplänen S. 4 bis 11 sind die hauptsächlichsten Sehenswürdigkeiten verzeichnet. Eine ausführliche Beschreibung aller Sehenswürdigkeiten Inden Sie im Grünen Reiseführer Italien.

Sights

Rome's most famous sights are indicated on the town plans pp. 4 to 11. For a more complete visit see the Green Guide to Rome.

🛇 e 🛇 Parco de' Medici (chiuso martedi) ⊠ 00148 Roma ℘ 6553477, Fax 6553344, SO : 4,5 km MS.

🛇 (chiuso lunedi) ad Acquasanta ⊠ 00178 Roma ℘ 7803407, Fax 78346219, SE : 12 km.

🛇 e 🛇 Marco Simone (chiuso martedì) a Guidonia Montecelio ⊠ 00012 ℘ (0774) 370469, Telex 612006, Fax 370476, per ③ : 7 km.

🛇 Arco di Costantino (chinso martedi) ⊠ 00188 Roma ℘ 33612919, Fax 33612919 per ② : 15 km.

🛇 e 🛇 (chiuso lunedi) ad Olgiata ⊠ 00123 Roma ℘ 3789141, Fax 3789968, per ⑩ : 19 km.

🛇 Fioranello (chiuso mercoledi) a Santa Maria delle Mole ⊠ 00040 ℘ 7138213, Fax 7138212, per S2 LQ : 19 km.

✈ di Ciampino SE : 15 km NS ℘ 794941 e Leonardo da Vinci di Fiumicino per ⑧ : 26 km ℘ 65951 – Alitalia, via Bissolati 13 ⊠ 00187 ℘ 46881 e via della Magliana 886 ⊠ 00148 ℘ 65643.

🚄 Termini ℘ 4775 – Tiburtina ℘ 47301.

🛈 via Parigi 5 ⊠ 00185 ℘ 48899200, Fax 4819316 : alla stazione Termini ℘ 4871270 : all'aeroporto di Fiumicino ℘ 65010255.

A.C.I. via Cristoforo Colombo 261 ⊠ 00147 ℘ 514971 e via Marsala 8 ⊠ 00185 ℘ 49981. Telex 610686, Fax 4998234.

Distanze : nel testo delle altre città elencate nella Guida è indicata la distanza chilometrica da Roma.

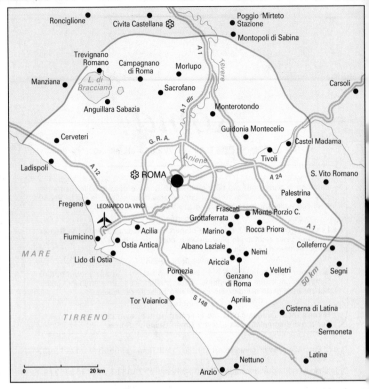

Zona nord - Monte Mario, Stadio Olimpico, via Flaminia-Parioli, Villa Borghese, via Salaria, via Nomentana (Pianta : Roma p. 6 e 7, salvo indicazioni speciali) :

Cavalieri Hilton, via Cadlolo 101 ⊠ 00136 ℘ 35091, Telex 625337, Fax 3509224, ≤ città, 🍽, « Terrazze e parco », 🏊, ⛳ – 🛗 ▤ 📺 ☎ 🚿 ⟷ 🅿 – ⚄ 25 a 2100. 🆎 🕄 ① 🗉 VISA JCB. ⚗ rist
AT n
Pasto carta 63/95000 (20%) – 🖙 25000 – **359 cam** 380/515000, 17 appartamenti.

❀ **Lord Byron** ⑤, via De Notaris 5 ⊠ 00197 ℘ 3220404, Telex 611217, Fax 3220405 – 🛗 ▤ 📺 ☎. 🆎 🕄 ① 🗉 VISA JCB. ⚗
ET a
Pasto 90/120000 e al Rist. **Relais le Jardin** (Rist. elegante, coperti limitati prenotare; *chiuso domenica ed agosto*) carta 91/136000 – **28 cam** 🖙 430/540000, 9 appartamenti
Spec. Composta di lingua di vitello (primavera-autunno), Merluzzo con zucchine e patate al basilico (estate), Soufflè di crema e prugne all'Armagnac con gelato di pane integrale.

Aldrovandi Palace Hotel, via Aldrovandi 15 ⊠ 00197 ℘ 3223993, Telex 616141, Fax 3221435, « Piccolo parco ombreggiato » – 🛗 ⇥ ▤ 📺 ☎ 🅿 – ⚄ 50 a 350. 🆎 🕄 ①
🗉 VISA JCB. ⚗
ET a
Pasto vedere rist **Relais La Piscine** – **128 cam** 🖙 450/500000, 10 appartamenti.

Parco dei Principi, via Gerolamo Frescobaldi 5 ⊠ 00198 ℘ 854421, Telex 610517, Fax 8845104, ≤, 🍽, « Piccolo parco con 🏊 », 🐾 – 🛗 ▤ 📺 ☎ ⟷ – ⚄ 1000. 🆎 🕄 ①
🗉 VISA. ⚗ rist
FT a
Pasto 65/70000 – **165 cam** 🖙 290/430000, 15 appartamenti – ½ P 280/355000.

Albani, via Adda 45 ⊠ 00198 ℘ 84991, Telex 625594, Fax 8499399 – 🛗 ▤ 📺 ☎ 🚗
⚄ 80. 🆎 🕄 ① 🗉 VISA JCB. ⚗
GT a
Pasto 40/50000 – **155 cam** 🖙 255/360000, 15 appartamenti.

Polo senza rist, piazza Gastaldi 4 ⊠ 00197 ℘ 3221041, Telex 623107, Fax 3221359 – 🛗 ▤ 📺 ☎ – ⚄ 70. 🆎 🕄 ① 🗉 VISA. ⚗
ET c
66 cam 🖙 320/360000.

ROMA
PERCORSI DI
ATTRAVERSAMENTO E
DI CIRCONVALLAZIONE

0   3 km

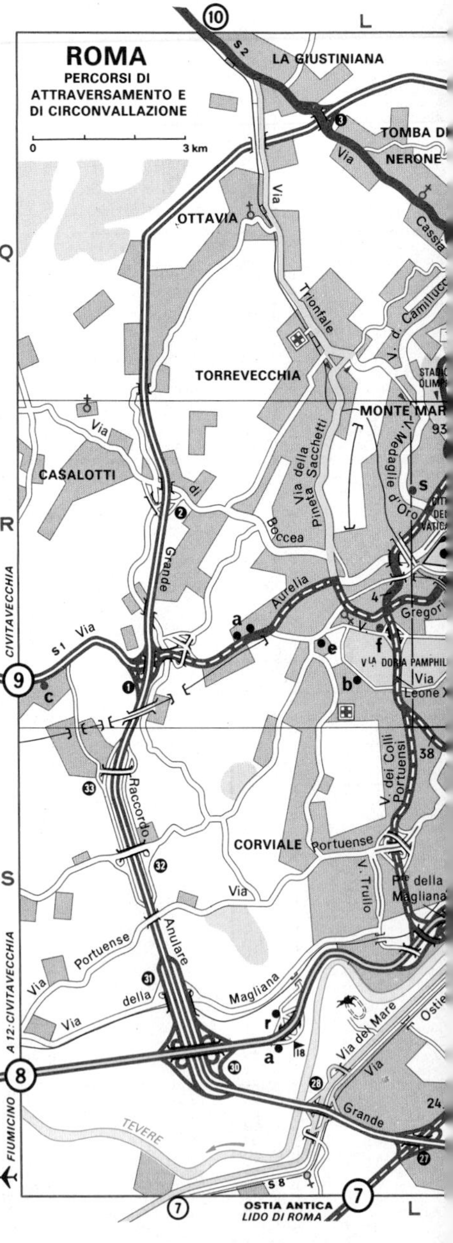

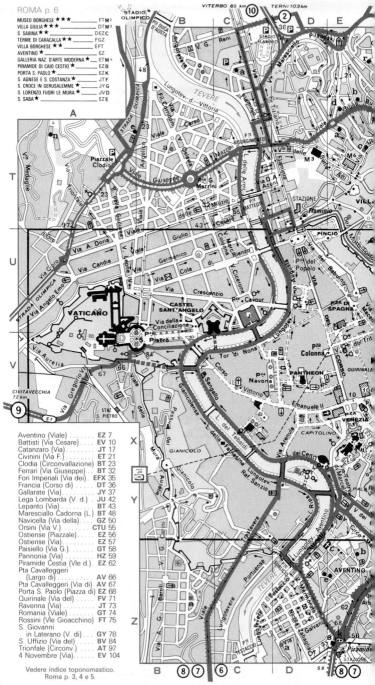

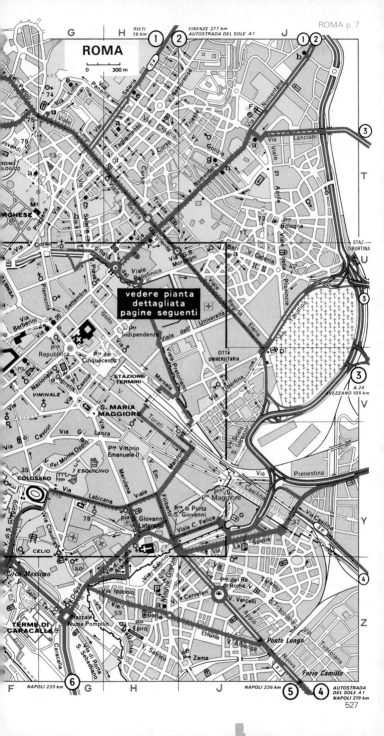

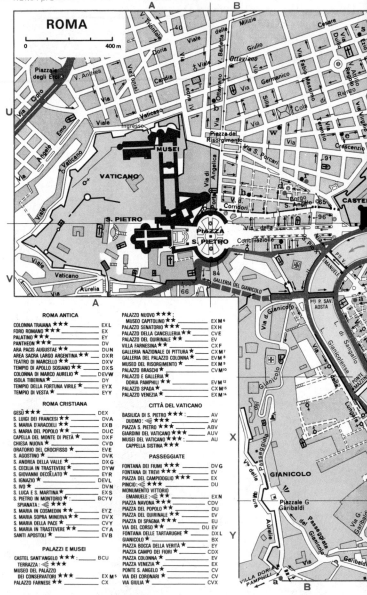

ROMA

0   400 m

ROMA ANTICA

COLONNA TRAIANA ★★★	EX L
FORO ROMANO ★★★	EX
PALATINO ★★★	EY
PANTHEON ★★★	DV
ARA PACIS AUGUSTAE ★★	DU N
AREA SACRA LARGO ARGENTINA ★★	DXR
TEATRO DI MARCELLO ★★	DXV
TEMPIO DI APOLLO SOSIANO ★★	DXS
COLONNA DI MARCO AURELIO ★	DEVW
ISOLA TIBERINA ★	DY
TEMPIO DELLA FORTUNA VIRILE ★	EYX
TEMPIO DI VESTA ★	EYY

ROMA CRISTIANA

GESÙ ★★★	DEX
S. LUIGI DEI FRANCESI ★★	DVA
S. MARIA D'ARACOELI ★★	EXB
S. MARIA DEL POPOLO ★★	DUC
CAPPELLA DEL MONTE DI PIETÀ ★	DXF
CHIESA NUOVA ★	CVD
ORATORIO DEL CROCIFISSO ★	EVE
S. AGOSTINO ★	DVK
S. ANDREA DELLA VALLE ★	DXG
S. CECILIA IN TRASTEVERE ★	DYW
S. GIOVANNI DECOLLATO ★	EYR
S. IGNAZIO ★	DEVL
S. IVO ★	DVN
S. LUCA E S. MARTINA ★	EXS
S. PIETRO IN MONTORIO ★ : ★★★★	BCYV
SPIANATA : ★★★★	
S. MARIA IN COSMEDIN ★	EYZ
S. MARIA SOPRA MINERVA ★★	DVX
S. MARIA DELLA PACE ★	CVY
S. MARIA IN TRASTEVERE ★★	CYA
SANTI APOSTOLI ★	EVB

PALAZZI E MUSEI

CASTEL SANT'ANGELO ★★★	BCU
TERRAZZA : ★★★★	
MUSEO DEL PALAZZO DEI CONSERVATORI ★★★	EX M⁵
PALAZZO FARNESE ★★	CX

PALAZZO NUOVO ★★★ :

MUSEO CAPITOLINO ★★	EX M⁶
PALAZZO SENATORIO ★★★	EX H
PALAZZO DELLA CANCELLERIA ★★	CVE
PALAZZO DEL QUIRINALE ★★	EV
VILLA FARNESINA ★★	CX F
GALLERIA NAZIONALE DI PITTURA ★★	CX M⁷
GALLERIA DEL PALAZZO COLONNA ★★	EV M⁸
MUSEO DEL RISORGIMENTO ★	EX M⁹
PALAZZO BRASCHI ★	CV M¹⁰
PALAZZO E GALLERIA DORIA PAMPHILI ★★	EV M¹²
PALAZZO SPADA ★	CX M¹³
PALAZZO VENEZIA ★	EX M¹⁴

CITTÀ DEL VATICANO

BASILICA DI S. PIETRO ★★★ :	AV
DUOMO : ≼ ★★★★	AV
PIAZZA S. PIETRO ★★★	ABV
GIARDINI DEL VATICANO ★★★	AUV
MUSEI DEL VATICANO ★★★ :	AU
CAPPELLA SISTINA ★★★	

PASSEGGIATE

FONTANA DEI FIUMI ★★★	DV G
FONTANA DI TREVI ★★★	EV
PIAZZA DEL CAMPIDOGLIO ★★★	EX
PINCIO : ≼ ★★★	DU
MONUMENTO VITTORIO EMANUELE : ≼ ★★★	EX N
PIAZZA NAVONA ★★★	CDV
PIAZZA DEL POPOLO ★★	DU
PIAZZA DEL QUIRINALE ★★	EV
PIAZZA DI SPAGNA ★★★	EU
VIA DEL CORSO ★★	DU EV
FONTANA DELLE TARTARUGHE ★	DX L
GIANICOLO ★	BX
PIAZZA BOCCA DELLA VERITÀ ★	EY
PIAZZA CAMPO DEI FIORI ★	CDX
PIAZZA COLONNA ★	EV
PIAZZA VENEZIA ★	EX
PONTE S. ANGELO ★	CV
VIA DEI CORONARI ★	CV
VIA GIULIA ★	CVX

Banco di S. Spirito (V. del)	CV 8	Marcantonio Colonna (Via)	CU 46	S. Vincenzo (Via di)	EV 85
Battisti (Via Cesare)	EV 10	Orsini (Via V.)	CU 55	Sforza Pallavicini (Via)	BU 91
Caravita (Via del)	EV 15	Petroselli (Via L.)	EY 61	Stamperia (Via della)	EV 94
Clementino (Via del)	DU 22	Porta Castello (Via di)	BU 65	Traspontina (Via della)	BU 96
Consolazione (Via della)	EX 25	Porta Cavalleggeri (Lgo di)	AV 66	Tulliano (Via del)	EX 98
Crescenzi (Salita de')	DV 27	Portico d'Ottavia (Via del)	DX 69	Zanardelli (Via G.)	CV 102
Dogana Vecchia (Via della)	DV 29	S. Agostino (Via di)	DV 77	4 Novembre (Via)	EV 104
Giubbonari (Via dei)	CX 39	S. Maria del Pianto (Via di)	DX 79		
Giuliana (Via della)	AU 40	S. Maria in Via (Via di)	EV 80	*Vedere indice toponomastico.*	
Lucchesi (Via dei)	EV 44	S. Uffizio (Via del)	BV 84	*Roma p. 3, 4 e 5.*	

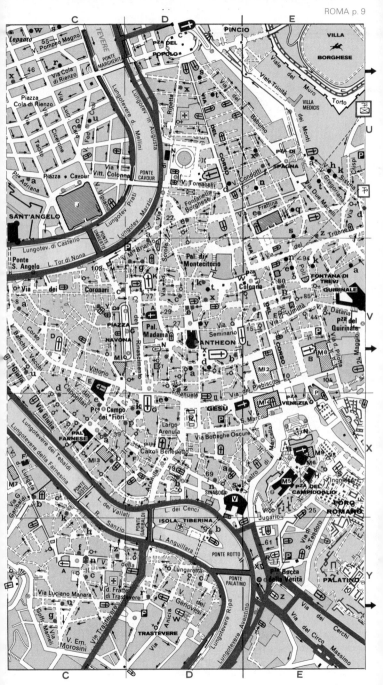

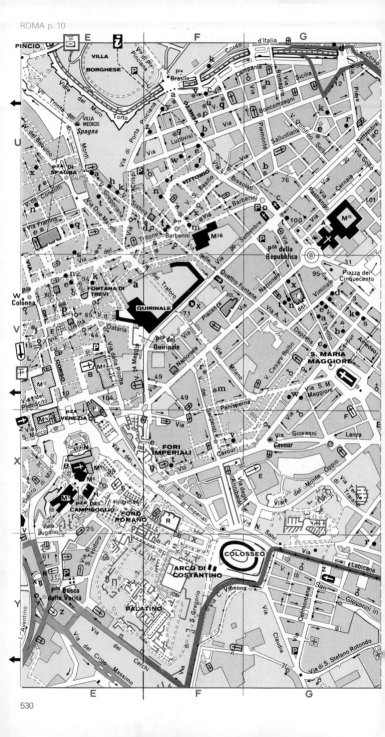

ROMA

ROMA ANTICA

ARCO DI COSTANTINO ★★★	FY
BASILICA DI MASSENZIO ★★★	FXR
COLONNA TRAIANA ★★★	EXL
COLOSSEO ★★★	FGY
FORI IMPERIALI ★★★	FX
FORO ROMANO ★★★	EX
PALATINO ★★★	EFY
TEATRO DI MARCELLO ★★	EXV
COLONNA DI MARCO AURELIO ★★	EVW
TEMPIO DELLA FORTUNA VIRILE ★	EYX
TEMPIO DI VESTA ★	EYY

ROMA CRISTIANA

GESÙ ★★★	EXZ
S. GIOVANNI IN LATERANO ★★★	HY
S. MARIA MAGGIORE ★★★	GV
S. ANDREA AL QUIRINALE ★★	FVX
S. CARLO ALLE QUATTRO FONTANE ★★	FVY
S. CLEMENTE ★★	GYZ
S. MARIA DEGLI ANGELI ★★	GUA
S. MARIA D'ARACOELI ★★	EXB
S. MARIA DELLA VITTORIA ★★	GUC
S. SUSANNA ★★	GUD
ORATORIO DEL CROCIFISSO ★	EVE
S. IGNAZIO ★	EVL
S. GIOVANNI DECOLLATO ★	EYR
S. LUCA E S. MARTINA ★	EXS
S. MARIA IN COSMEDIN ★	EYZ
S. PIETRO IN VINCOLI ★	GXE
S. PRASSEDE ★	GVXF
SANTI APOSTOLI ★	EVB

PALAZZI E MUSEI

MUSEO NAZIONALE ROMANO ★★★	GU M15
MUSEO DEL PALAZZO DEI CONSERVATORI ★★★	EX M5
PALAZZO NUOVO ★★★ : MUSEO CAPITOLINO ★★	EX M6
PALAZZO SENATORIO ★★★	EX H
PALAZZO BARBERINI ★★	FU M16
PALAZZO DEL QUIRINALE ★★	GUC
GALLERIA DEL PALAZZO COLONNA ★	EV M8
MUSEO DEL RISORGIMENTO ★	EX M9
PALAZZO E GALLERIA DORIA PAMPHILI ★★	EV M12
PALAZZO VENEZIA ★	EX M14

PASSEGGIATE

FONTANA DI TREVI ★★★	EV
PIAZZA DEL CAMPIDOGLIO ★★★	EX
MONUMENTO VITTORIO EMANUELE : ≤ ★★	EXN
PIAZZA DEL QUIRINALE ★★	FV
PIAZZA DI SPAGNA ★★★	EU
VIA VITTORIO VENETO ★★	FU
PIAZZA BOCCA DELLA VERITÀ ★	EY
PIAZZA COLONNA ★	EV
PIAZZA DI PORTA MAGGIORE ★	JX
PIAZZA VENEZIA ★	EX
PORTA PIA ★	HU

ELENCO ALFABETICO DEGLI ALBERGHI E RISTORANTI

ROME

Le Guide Vert Michelin

Édition française

29 promenades dans la Ville Éternelle :

les sites les plus prestigieux,
les quartiers chargés de 30 siècles d'histoire,
les trésors d'art des musées.

🏨🏨 Rivoli, via Torquato Taramelli 7 ⊠ 00197 ℰ 3224042, Telex 614615, Fax 3227373 – 📶 🗐
📺 ☎ – 🏛 40   ET   b
54 cam.

🏨🏨 **Borromini** senza rist, via Lisbona 7 ⊠ 00198 ℰ 8841321, Telex 621625, Fax 8417550 – 📶
🗐 📺 ☎ 🚙 – 🏛 100. 🖭 🗓 ⑩ ⋿ 𝘝𝘐𝘚𝘈   GT   e
🖙 22000 – **75 cam** 307/343000.

🏨 **Degli Aranci,** via Oriani 11 ⊠ 00197 ℰ 8070202, Fax 8070704 – 📶 🗐 📺 ☎ – 🏛 40. 🖭
🗓 ⑩ 𝘝𝘐𝘚𝘈. ⋙   ET   r
Pasto 33000 – **54 cam** 🖙 214/306000 – ½ P 247000.

🏨 **Executive** senza rist, via Aniene 7 ⊠ 00198 ℰ 8552030, Telex 620415, Fax 8414078 – 📶
🗐 📺 ☎ 🕭. 🖭 🗓 ⑩ ⋿ 𝘝𝘐𝘚𝘈 𝙅𝘾𝘽   GU   d
54 cam 🖙 200/250000.

🏨 **Clodio** senza rist, via di Santa Lucia 10 ⊠ 00195 ℰ 3721122, Telex 625050, Fax 3250745
– 📶 🗐 📺 ☎ – 🏛 30. 🖭 🗓 ⑩ ⋿ 𝘝𝘐𝘚𝘈 𝙅𝘾𝘽. ⋙   ABT e
114 cam 🖙 165/230000.

🏨 **Santa Costanza** senza rist, viale 21 Aprile 4 ⊠ 00162 ℰ 8600602, Fax 8602786 – 📶 📺
☎ 🕭 – 🏛 50. 🖭 🗓 ⋿ 𝘝𝘐𝘚𝘈   JT   a
50 cam 🖙 160/220000.

🏨 **Panama** senza rist, via Salaria 336 ⊠ 00199 ℰ 8552558, Telex 620189, Fax 8413929, 🚗
– 📶 📺 ☎. 🖭 🗓 ⋿ 𝘝𝘐𝘚𝘈. ⋙   HT   e
43 cam 🖙 149/198000.

🏨 **Villa Glori** senza rist, via Celentano 11 ⊠ 00196 ℰ 3227658, Fax 3219495 – 📶 🗐 📺 ☎
🖭 🗓 ⑩ ⋿ 𝘝𝘐𝘚𝘈 𝙅𝘾𝘽. ⋙   CT   a
38 cam 🖙 190/259000.

🏨 **Buenos Aires** senza rist, via Clitunno 9 ⊠ 00198 ℰ 8554854, Telex 626239, Fax 8415272
– 📶 🗐 📺 ☎ 🅿 – 🏛 35. 🖭 🗓 ⋿ 𝘝𝘐𝘚𝘈   HT   a
48 cam 🖙 168/225000.

🏨 **Villa Florence** senza rist, via Nomentana 28 ⊠ 00161 ℰ 4403036, Telex 624626
Fax 4402709, « In una villa patrizia della seconda metà dell'800, con collezione di repert
marmorei romani » – 📶 🗐 📺 ☎ 🅿. 🖭 🗓. ⋙   HT   r
33 cam 🖙 200/220000.

🏨 **Fenix,** viale Gorizia 5 ⊠ 00198 ℰ 8540741, Fax 8543632, 🚗 – 📶 🗐 📺 ☎ 🚙. 🖭 🗓 ⑩
⋿ 𝘝𝘐𝘚𝘈. ⋙   JT   g
Pasto (chiuso sabato sera, domenica ed agosto) 35/42000 – **75 cam** 🖙 150/240000 –
½ P 165/185000.

🏨 **Lloyd** senza rist, via Alessandria 110/a ⊠ 00198 ℰ 8540432, Fax 8419846 – 📶 🗐 📺 ☎
🖭 🗓 ⑩ ⋿ 𝘝𝘐𝘚𝘈   HT
47 cam 🖙 147/175000.

🏨 **Villa del Parco** senza rist, via Nomentana 110 ⊠ 00161 ℰ 44237773, Fax 44237572, 🚗
– 🗐 📺 ☎. 🖭 🗓 ⑩ ⋿ 𝘝𝘐𝘚𝘈 𝙅𝘾𝘽   JT   r
23 cam 🖙 150/205000.

🏨 **Helios** senza rist, via Sacco Pastore 13 ⊠ 00141 ℰ 8603982, Fax 8604355 – 📶 🗐 📺 ☎ –
🏛 60. 🖭 🗓 ⑩ ⋿ 𝘝𝘐𝘚𝘈   JT   b
50 cam 🖙 180/230000, 5 appartamenti.

🏵🏵🏵 **Relais la Piscine** - Hotel Aldrovandi Palace, via Mangili 6 ⊠ 00197 ℰ 3216126, « Servizio
estivo all'aperto » – 🍽 🗐 🅿. 🖭 🗓 ⑩ ⋿ 𝘝𝘐𝘚𝘈 𝙅𝘾𝘽. ⋙   ET   c
Pasto 60/80000 (a mezzogiorno) 80/100000 (alla sera) e carta 78/122000.

🏵🏵 **Al Ceppo,** via Panama 2 ⊠ 00198 ℰ 8419696, prenotare la sera – 🖭 🗓 ⑩ ⋿ 𝘝𝘐𝘚𝘈
𝙅𝘾𝘽   GT   u
chiuso lunedì e dall'8 al 30 agosto – **Pasto** carta 45/68000.

🏵🏵 **Il Caminetto,** viale dei Parioli 89 ⊠ 00197 ℰ 8083946, �036 – 🗐. 🖭 🗓 ⑩ ⋿ 𝘝𝘐𝘚𝘈
⋙   ET   o
chiuso giovedì e dall'11 al 18 agosto – **Pasto** carta 44/71000.

🏵🏵 **La Scala,** viale dei Parioli 79/d ⊠ 00197 ℰ 8083978, �036 – 🗐. 🖭 🗓 ⑩ ⋿ 𝘝𝘐𝘚𝘈
⋙   ET   c
chiuso mercoledì e dal 2 al 25 agosto – **Pasto** carta 38/63000.

🏵🏵 **Al Fogher,** via Tevere 13/b ⊠ 00198 ℰ 8417032, Rist. rustico con specialità venete – 🗐
🖭 ⑩. ⋙   GT   b
chiuso sabato a mezzogiorno, domenica ed agosto – **Pasto** carta 60/81000.

🏵🏵 **Le Bistroquet,** via Giuseppe Sacconi 53/57 ⊠ 00196 ℰ 3220218, Specialità frutti di
mare e crostacei, Coperti limitati; prenotare – 🗐. 🖭. ⋙   MQ
chiuso a mezzogiorno, domenica ed agosto – **Pasto** 50000 (10%) e carta 70/100000 (10%)

🏵 **Delle Vittorie,** via Monte Santo 62/64 ⊠ 00195 ℰ 3252776, �036 – 🖭 🗓 ⑩ ⋿ 𝘝𝘐𝘚𝘈 𝙅𝘾𝘽
                                                                                           BT   r
chiuso domenica, dal 23 dicembre al 3 gennaio e dal 1º al 20 agosto – **Pasto** carta 43/66000

🏵 Consolato d'Abruzzo, piazza Callistio 15/16 ⊠ 00199 ℰ 86208803   JT

X **A Tutta Birra,** piazza Callistio 5 ⌧ 00199 ℰ 86208791, Fax 86208778, Cucina giudaico-romanesca – 🆎 𝘝𝘐𝘚𝘈   JT
chiuso lunedì e Ferragosto – **Pasto** carta 34/49000.

X Nuraghe Sardo, viale Medaglie d'Oro 50 ⌧ 00136 ℰ 39736584, Specialità sarde e di mare – ▤   LR **s**

Zona centro ovest – San Pietro (Città del Vaticano), Gianicolo, corso Vittorio Emanuele, piazza Venezia, Pantheon e Quirinale, Pincio e Villa Medici, piazza di Spagna, Palatino e Fori (Pianta : Roma p. 8 e 9, salvo indicazioni speciali) :

🏨🏨🏨 **Hassler,** piazza Trinità dei Monti 6 ⌧ 00187 ℰ 6782651, Telex 610208, Fax 6789991, ≤ città dal rist. roof-garden – 🛗 ▤ 📺 ☎ – ⛾ 70. 🆎 🕄 ① 𝘝𝘐𝘚𝘈. ⅏   EU **a**
Pasto *(chiuso domenica sera)* carta 111/161000 – ⌷ 28000 – **100 cam** 420/650000, 14 appartamenti.

🏨🏨 **Holiday Inn Minerva,** piazza della Minerva 69 ⌧ 00186 ℰ 69941888, Telex 620091, Fax 6794165 – 🛗 🖙 cam ▤ 📺 ☎ ଐ – ⛾ 80. 🆎 🕄 ① 𝘌 𝘝𝘐𝘚𝘈 𝘑𝘤𝘣. ⅏   DV **d**
Pasto carta 85/130000 – ⌷ 30000 – **131 cam** 390/560000, 3 appartamenti.

🏨🏨 **De la Ville Inter-Continental,** via Sistina 69 ⌧ 00187 ℰ 67331, Telex 620836, Fax 6784213 – 🛗 ▤ 📺 ☎ – ⛾ 40 a 120. 🆎 🕄 ① 𝘌 𝘝𝘐𝘚𝘈 𝘑𝘤𝘣. ⅏   EU **h**
Pasto 85/170000 – **192 cam** ⌷ 494/620000, 23 appartamenti – ½ P 410/594000.

🏨🏨 **D'Inghilterra,** via Bocca di Leone 14 ⌧ 00187 ℰ 69981, Telex 614552, Fax 69922243, « Antica foresteria con arredamento d'epoca » – 🛗 ▤ 📺 ☎. 🆎 🕄 ① 𝘌 𝘝𝘐𝘚𝘈. ⅏   EU **n**
Pasto carta 70/115000 – ⌷ 25500 – **97 cam** 338/480000, 20 appartamenti.

🏨🏨 **Jolly Leonardo da Vinci,** via dei Gracchi 324 ⌧ 00192 ℰ 32499, Telex 611182, Fax 3610138 – 🛗 🖙 cam ▤ 📺 ☎ – ⛾ 30 a 220. 🆎 🕄 ① 𝘌 𝘝𝘐𝘚𝘈 𝘑𝘤𝘣. ⅏ rist   CU **r**
Pasto 55000 – **256 cam** ⌷ 320/370000 – ½ P 225/355000.

🏨🏨 **Dei Borgognoni** senza rist, via del Bufalo 126 ⌧ 00187 ℰ 69941505, Telex 623074, Fax 69941501 – 🛗 ▤ 📺 ☎ ⟺ – ⛾ 25 a 70. 🆎 🕄 ① 𝘌 𝘝𝘐𝘚𝘈. ⅏   EUV **s**
⌷ 15000 – **50 cam** 360/450000.

🏨🏨 **Visconti Palace** senza rist, via Federico Cesi 37 ⌧ 00193 ℰ 3684, Telex 622489, Fax 3200551 – 🛗 ▤ 📺 ଐ ⟺ – ⛾ 25 a 150. 🆎 🕄 ① 𝘌 𝘝𝘐𝘚𝘈. ⅏   CU **u**
247 cam ⌷ 260/360000, 13 appartamenti.

🏨🏨 **Plaza,** via del Corso 126 ⌧ 00186 ℰ 69921111, Telex 624669, Fax 69941575 – 🛗 ▤ 📺 ☎ – ⛾ 60. 🆎 🕄 ① 𝘌 𝘝𝘐𝘚𝘈 𝘑𝘤𝘣. ⅏ rist   DU **d**
Pasto 37/52000 – ⌷ 19000 – **191 cam** 318/408000, 5 appartamenti – ½ P 247/275000.

🏨 **Atlante Star,** via Vitelleschi 34 ⌧ 00193 ℰ 6873233, Telex 622355, Fax 6872300 – 🛗 ▤ 📺 ⟺ – ⛾ 50. 🆎 🕄 ① 𝘌 𝘝𝘐𝘚𝘈. ⅏ rist   BU **r**
Pasto vedere rist **Les Etoiles** – **61 cam** ⌷ 420/445000, 3 appartamenti – ½ P 205/295000.

🏨 **Valadier,** via della Fontanella 15 ⌧ 00187 ℰ 3611998, Telex 620873, Fax 3201558 – 🛗 ▤ 📺 – ⛾ 35. 🆎 🕄 ① 𝘌 𝘝𝘐𝘚𝘈 𝘑𝘤𝘣. ⅏   DU **s**
Pasto carta 52/75000 – **35 cam** ⌷ 270/405000, 3 appartamenti.

🏨 **Delle Nazioni** senza rist, via Poli 7 ⌧ 00187 ℰ 6792441, Telex 614193, Fax 6782400 – 🛗 ▤ 📺 ☎. 🆎 🕄 ① 𝘌 𝘝𝘐𝘚𝘈. ⅏   EV **e**
83 cam ⌷ 305/385000, 4 appartamenti.

🏨 **Giulio Cesare** senza rist, via degli Scipioni 287 ⌧ 00192 ℰ 3210751, Telex 613010, Fax 3211736, ⟆ – 🛗 ▤ 📺 ☎ ② – ⛾ 40. 🆎 🕄 ① 𝘌 𝘝𝘐𝘚𝘈 𝘑𝘤𝘣. ⅏   CU **s**
90 cam ⌷ 280/380000.

🏨 **Farnese** senza rist, via Alessandro Farnese 30 ⌧ 00192 ℰ 3212553, Fax 3215129 – 🛗 ▤ 📺 ☎ ②. 🆎 🕄 ① 𝘌 𝘝𝘐𝘚𝘈. ⅏   CU **w**
22 cam ⌷ 220/350000.

🏨 Nazionale, senza rist, piazza Montecitorio 131 ⌧ 00186 ℰ 6789251, Telex 621427, Fax 6786677, ⟆ – 🛗 ▤ 📺 ☎   DV **t**
86 cam.

🏨 **White** senza rist, via Arcione 77 ⌧ 00187 ℰ 6991242, Telex 626065, Fax 6788451 – ▤ 📺 ☎ – ⛾ 40. 🆎 🕄 ① 𝘌 𝘝𝘐𝘚𝘈 𝘑𝘤𝘣. ⅏   EV **a**
40 cam ⌷ 240/300000.

🏨 **Santa Chiara** senza rist, via Santa Chiara 21 ⌧ 00186 ℰ 6872979, Fax 6873144 – 🛗 ▤ 📺 ☎ – ⛾ 40. 🆎 🕄 ① 𝘌 𝘝𝘐𝘚𝘈. ⅏   DV **a**
93 cam ⌷ 220/280000, 3 appartamenti.

🏨 **Internazionale** senza rist, via Sistina 79 ⌧ 00187 ℰ 69941823, Fax 6784764 – 🛗 ▤ 📺 ☎. 🆎 🕄 𝘌 𝘝𝘐𝘚𝘈 𝘑𝘤𝘣   EU **k**
40 cam ⌷ 200/285000, 2 appartamenti.

🏨 **Arcangelo** senza rist, via Boezio 15 ⌧ 00192 ℰ 6874143, Fax 6893050 – 🛗 ▤ 📺 ☎ ②. 🆎 🕄 ① 𝘌 𝘝𝘐𝘚𝘈 𝘑𝘤𝘣. ⅏   BU **e**
33 cam ⌷ 185/250000.

🏨 **Della Torre Argentina** senza rist, corso Vittorio Emanuele 102 ⌧ 00186 ℰ 6833886, Fax 68801641 – 🛗 ▤ 📺 ☎. 🆎 🕄 ① 𝘌 𝘝𝘐𝘚𝘈 𝘑𝘤𝘣. ⅏   DX **e**
52 cam ⌷ 195/270000, appartamenti.

🏨 **Tritone** senza rist, via del Tritone 210 ⌧ 00187 ℰ 69922575, Telex 614254, Fax 6782624 – 🛗 ▤ 📺 ☎. 🆎 🕄 ① 𝘌 𝘝𝘐𝘚𝘈 𝘑𝘤𝘣. ⅏   EV **n**
43 cam ⌷ 190/230000.

🏨 **Olympic** senza rist, via Properzio 2/a ⊠ 00193 ℰ 6896650, Telex 623368, Fax 68308255 – |≢| 🖭 🔟 ☎. 🖭 🖪 ◍ ▣ 𝚅𝙸𝚂𝙰 𝙹𝙲𝙱.   BU **w**
52 cam ⊇ 190/240000.

🏨 **Gerber** senza rist, via degli Scipioni 241 ⊠ 00192 ℰ 3216485, Fax 3217048 – |≢| 🔟 ☎. 🖭 🖪 ◍ ▣ 𝚅𝙸𝚂𝙰 𝙹𝙲𝙱.   BU **s**
27 cam ⊇ 145/185000.

🏨 **Columbus**, via della Conciliazione 33 ⊠ 00193 ℰ 6865435, Telex 620096, Fax 6864874, « Decorazioni d'epoca in una costruzione cinquecentesca », ⚔ – |≢| 🔟 ☎ 𝐏 – 🅰 30 a 200. 🖭 🖪 ◍ ▣ 𝚅𝙸𝚂𝙰 𝙹𝙲𝙱. ⅀ rist   BV **m**
Pasto carta 68/84000 – **105 cam** ⊇ 195/255000, ≡ 10000 – ½ P 180/235000.

🏨 **Sant'Anna** senza rist, borgo Pio 134 ⊠ 00193 ℰ 68801602, Fax 68308717 – ▤ 🔟 ☎. 🖭 🖪 ◍ ▣ 𝚅𝙸𝚂𝙰 – **20 cam** ⊇ 170/230000.   BU **h**

🏨 **Accademia** senza rist, piazza Accademia di San Luca 75 ⊠ 00187 ℰ 69922607, Fax 6785897 – |≢| ▤ 🔟 ☎. 🖭 🖪 ◍ ▣ 𝚅𝙸𝚂𝙰 𝙹𝙲𝙱. ⅀   EV **k**
58 cam ⊇ 190/230000.

🏨 **Madrid** senza rist, via Mario de' Fiori 95 ⊠ 00187 ℰ 6991511, Fax 6791653 – |≢| ▤ 🔟 ☎. 🖭 🖪 ◍ ▣ 𝚅𝙸𝚂𝙰 𝙹𝙲𝙱. ⅀   EU **q**
19 cam ⊇ 180/250000, 7 appartamenti.

🏨 **Condotti** senza rist, via Mario de' Fiori 37 ⊠ 00187 ℰ 6794661, Fax 6790457 – |≢| ▤ 🔟 ☎. 🖭 🖪 ◍ ▣ 𝚅𝙸𝚂𝙰 𝙹𝙲𝙱. ⅀   EU **x**
16 cam ⊇ 210/270000.

🏨 **Teatro di Pompeo** senza rist, largo del Pallaro 8 ⊠ 00186 ℰ 68300170, Fax 68805531, « Volte del Teatro di Pompeo » – |≢| ▤ 🔟 ☎ – 🅰 30. 🖭 🖪 ◍ ▣ 𝚅𝙸𝚂𝙰. ⅀   DX **v**
12 cam ⊇ 190/240000.

🏨 **Gregoriana** senza rist, via Gregoriana 18 ⊠ 00187 ℰ 6794269, Fax 6784258 – |≢| ▤ 🔟 ☎.   EU **t**
19 cam ⊇ 180/300000.

🏨 **Senato** senza rist, piazza della Rotonda 73 ⊠ 00186 ℰ 6793231, Fax 69940297, ⩽ Pantheon – |≢| ▤ 🔟 ☎. 🖭 🖪 ◍ ▣ 𝚅𝙸𝚂𝙰. ⅀   DV **y**
51 cam ⊇ 160/225000.

🏨 **Amalia** senza rist, via Germanico 66 ⊠ 00192 ℰ 39723354, Fax 39723365 – 🔟 ☎. 🖭 🖪 ◍ ▣ 𝚅𝙸𝚂𝙰 – **25 cam** ⊇ 105/140000.   BU **b**

🏨 **Margutta** senza rist, via Laurina 34 ⊠ 00187 ℰ 3223674 – |≢| ☏. 🖭 🖪 ◍ ▣ 𝚅𝙸𝚂𝙰. ⅀   DU **t**
21 cam ⊇ 134000.

🅇🅇🅇 **El Toulà**, via della Lupa 29/b ⊠ 00186 ℰ 6873498, Fax 6871115, Rist. elegante, prenotare – ▤. 🖭 🖪 ◍ ▣ 𝚅𝙸𝚂𝙰. ⅀   DU **e**
chiuso sabato a mezzogiorno, domenica, dal 24 al 26 dicembre ed agosto – **Pasto** 90000 e carta 67/105000 (15%).

🅇🅇🅇 **Les Etoiles**, via dei Bastioni 1 ⊠ 00193 ℰ 6893434, « Roof-garden e servizio estivo in terrazza con ⩽ Basilica di San Pietro » – ▤. 🖭 🖪 ◍ ▣ 𝚅𝙸𝚂𝙰 𝙹𝙲𝙱. ⅀   BU **r**
Pasto 60/110000 (a mezzogiorno) 80/160000 (alla sera) e carta 100/138000.

🅇🅇🅇 **Antica Enoteca Capranica**, piazza Capranica 100 ⊠ 00186 ℰ 69940992, Fax 69940989 – ▤. 🖭 🖪 ◍ 𝙹𝙲𝙱. ⅀   DV **x**
chiuso sabato a mezzogiorno e domenica – **Pasto** 50000 (solo a mezzogiorno) e carta 68/100000 (15%).

🅇🅇🅇 **Camponeschi**, piazza Farnese 50 ⊠ 00186 ℰ 6874927, Fax 6865244, prenotare, « Servizio estivo con ⩽ palazzo Farnese » – ▤. 🖭 🖪 ◍ ▣ 𝚅𝙸𝚂𝙰. ⅀   CX **a**
chiuso a mezzogiorno, domenica e dal 13 al 22 agosto – **Pasto** carta 65/95000 (13%).

🅇🅇🅇 **Bacco**, via Arco del Monte 95 ⊠ 00186 ℰ 68805349, Fax 68805349, prenotare – ▤. 🖭 🖪 ◍ ▣ 𝚅𝙸𝚂𝙰   CX **b**
chiuso domenica sera, lunedì, dal 26 dicembre al 6 gennaio ed agosto – **Pasto** carta 49/75000.

🅇🅇 ✿ **Quinzi Gabrieli**, via delle Coppelle 6 ⊠ 00186 ℰ 6879389, Fax 6874940, Specialità di mare, Coperti limitati; prenotare – 🖭 🖪 ◍ ▣ 𝚅𝙸𝚂𝙰. ⅀   DV **c**
chiuso a mezzogiorno, domenica ed agosto – **Pasto** carta 80/120000
Spec. Carpaccio di spigola gallinella e scorfano, Spaghetti all'aragosta con pomodorini ramati di Procida, Corvina all'acqua pazza.

🅇🅇 ✿ **La Rosetta**, via della Rosetta 9 ⊠ 00187 ℰ 6861002, Fax 6872852, Specialità di mare, prenotare – ▤. 🖭 🖪 ◍ ▣ 𝙹𝙲𝙱   DV **e**
chiuso sabato a mezzogiorno, domenica e dal 5 al 25 agosto – **Pasto** carta 80/120000
Spec. Calamaretti con spinaci, Rigatoni allo scorfano, Orata ai profumi mediterranei.

🅇🅇 **Vecchia Roma**, via della Tribuna di Campitelli 18 ⊠ 00186 ℰ 6864604, ⅀, Rist. tipico con specialità romane e di mare – ▤. 🖭   DX **a**
chiuso mercoledì e dal 10 al 25 agosto – **Pasto** carta 52/85000 (12%).

🅇🅇 ✿ **Il Convivio**, via dell'Orso 44 ⊠ 00186 ℰ 6869432, Fax 6869432, Coperti limitati; prenotare – ▤. 🖭 🖪 ◍ ▣ 𝚅𝙸𝚂𝙰 𝙹𝙲𝙱. ⅀   DV **g**
chiuso domenica – **Pasto** carta 58/90000 (10%).
Spec. Campofiloni alle animelle e carciofi, Coda alla vaccinara disossata in foglie di spinaci freschi, Cestino croccante con mousse di frutta.

🅇🅇 **Ranieri**, via Mario de' Fiori 26 ⊠ 00187 ℰ 6786505, Fax 69922415, Coperti limitati; prenotare – ▤. 🖭 🖪 ◍ ▣ 𝚅𝙸𝚂𝙰 𝙹𝙲𝙱   EU **i**
chiuso domenica – **Pasto** carta 63/102000.

🅇🅇 **Lo Squalo Bianco**, via Federico Cesi 36 ⊠ 00193 ℰ 3214700, Specialità di mare, prenotare – ▤. 🖭 🖪 ◍ ▣ 𝚅𝙸𝚂𝙰 𝙹𝙲𝙱   CU **c**
chiuso domenica ed agosto – **Pasto** carta 50/80000.

🅇🅇 **Piccola Roma**, via Uffici del Vicario 36 ⊠ 00186 ℰ 6798606 – ▤. 🖭 🖪 ◍ ▣ 𝚅𝙸𝚂𝙰. ⅀   DV **k**
chiuso domenica ed agosto – **Pasto** carta 39/53000.

XX **Eau Vive**, via Monterone 85 ✉ 00186 𝒫 68801095, Missionarie laiche cattoliche-cucina internazionale, prenotare la sera, « Edificio cinquecentesco » – 🍴. 🆎 🛇 **E** 𝘝𝘐𝘚𝘈 DV **f**
chiuso domenica – **Pasto** carta 37/63000.

XX **Dante Taberna dè Gracchi**, via dei Gracchi 266 ✉ 00192 𝒫 3213126, Fax 3221976 – 🍴 – 🛓 40. 🆎 🛇 ⑩ **E** 𝘝𝘐𝘚𝘈. 🍴 CU **x**
chiuso domenica, lunedì a mezzogiorno e dal 14 a 21 agosto – **Pasto** carta 42/71000.

XX **Taverna Giulia**, vicolo dell'Oro 23 ✉ 00186 𝒫 6869768, Fax 6893720, Specialità liguri, prenotare la sera – 🍴. 🆎 🛇 **E** 𝘝𝘐𝘚𝘈 𝗝𝗖𝗕. 🍴 BV **a**
chiuso domenica, lunedì a mezzogiorno – **Pasto** carta 47/65000.

XX **Passetto**, via Zanardelli 29 ✉ 00186 𝒫 68806569, Fax 68806569 – 🆎 🛇 ⑩ **E** 𝘝𝘐𝘚𝘈 𝗝𝗖𝗕. 🍴 CV **c**
chiuso domenica – **Pasto** carta 68/98000.

XX **Il Drappo**, vicolo del Malpasso 9 ✉ 00186 𝒫 6877365, 🌫, Specialità sarde, prenotare – 🍴 🆎 CV **u**
chiuso domenica ed agosto – **Pasto** carta 45/60000.

XX **Da Pancrazio**, piazza del Biscione 92 ✉ 00186 𝒫 6861246, Fax 6861246, « Taverna ricostruita sui ruderi del Teatro di Pompeo » – 🍴. 🆎 🛇 ⑩ **E** 𝘝𝘐𝘚𝘈 𝗝𝗖𝗕. 🍴 CDX **p**
chiuso mercoledì, Natale e dal 1° al 20 agosto – **Pasto** carta 43/74000.

XX **Quirino**, via delle Muratte 84 ✉ 00187 𝒫 6794108 – 🆎 🛇 **E** 𝘝𝘐𝘚𝘈 EV **p**
chiuso domenica – **Pasto** carta 50/77000 (10%).

XX Al Tocco, via San Pancrazio 1 ✉ 00152 𝒫 5815274, Specialità toscane – 🍴 BY **a**

XX **Da Mario**, via della Vite 55 ✉ 00187 𝒫 6783818, Specialità toscane – 🍴. 🆎 🛇 ⑩ **E** 𝘝𝘐𝘚𝘈. 🍴 EU **e**
chiuso domenica ed agosto – **Pasto** carta 39/57000.

XX **Il Veliero degli Artisti**, via Monserrato 32 ✉ 00186 𝒫 68300219, Fax 68300219, Specialità di mare – 🆎 🛇 ⑩ **E** 𝘝𝘐𝘚𝘈. 🍴 CVX **d**
chiuso domenica ed agosto – **Pasto** carta 40/60000.

XX **Campana**, vicolo della Campana 18 ✉ 00186 𝒫 6867820, Trattoria d'habitués – 🍴. 🆎 ⑩ 𝘝𝘐𝘚𝘈 DUV **a**
chiuso lunedì ed agosto – **Pasto** carta 48/55000.

XX **Trattoria del Pantheon**, via del Pantheon 55 ✉ 00186 𝒫 6792788 – 🍴. 🆎 🛇 ⑩ **E** 𝘝𝘐𝘚𝘈. 🍴 DV **e**
chiuso domenica e dal 15 al 31 agosto – **Pasto** carta 45/75000.

XX **Sora Lella**, via di Ponta Quattro Capi 16 (Isola Tiberina) ✉ 00186 𝒫 6861601. Cucina tradizionale romana – 🆎 🛇 **E** 𝘝𝘐𝘚𝘈. 🍴 DV **b**
chiuso domenica e dal 6 al 31 agosto – **Pasto** carta 40/55000.

X **Hostaria da Cesare**, via Crescenzio 13 ✉ 00193 𝒫 6861227, Trattoria-pizzeria con specialità di mare – 🆎 🛇 ⑩ **E** 𝘝𝘐𝘚𝘈. 🍴 CU **a**
chiuso domenica sera, lunedì, Natale, Pasqua ed agosto – **Pasto** carta 44/65000.

X **L'Orso 80**, via dell'Orso 33 ✉ 00186 𝒫 6864904 – 🍴. 🆎 🛇 ⑩ **E** 𝘝𝘐𝘚𝘈. 🍴 CDV **r**
chiuso lunedì ed agosto – **Pasto** carta 48/73000.

X **Al Moro**, vicolo delle Bollette 13 ✉ 00187 𝒫 6783495, Trattoria romana, prenotare – 🍴. 🍴 EV **p**
chiuso domenica ed agosto – **Pasto** carta 48/76000.

X **Girone VI**, vicolo Sinibaldi 2 ✉ 00186 𝒫 68802831, Coperti limitati; prenotare – 🍴. 🆎 🛇 ⑩ **E** 𝘝𝘐𝘚𝘈 𝗝𝗖𝗕 DV **z**
chiuso a mezzogiorno, domenica e dal 18 dicembre al 10 gennaio – **Pasto** carta 54/80000.

X **Il Buco**, via Sant'Ignazio 8 ✉ 00186 𝒫 6793298, Specialità toscane – 🍴. 🆎 🛇 ⑩. 🍴 DV **b**
chiuso lunedì e dal 15 al 31 agosto – **Pasto** carta 40/50000.

X **Taverna Angelica**, piazza delle Vaschette 14/a ✉ 00193 𝒫 6874514, Rist-soupers, cucina fino a mezzanotte, Coperti limitati; prenotare – 🍴. 🆎 **E** 𝘝𝘐𝘚𝘈 BU **d**
chiuso sabato a mezzogiorno, domenica, dal 23 dicembre al 3 gennaio e dal 10 al 30 agosto – **Pasto** carta 45/74000.

X **Le Streghe**, vicolo del Curato 13 ✉ 00186 𝒫 6878182, prenotare la sera – 🆎 🛇 ⑩ **E** 𝘝𝘐𝘚𝘈 CV **a**
chiuso domenica ed agosto – **Pasto** carta 43/60000.

X Carbonara, piazza Campo de' Fiori 23 ✉ 00186 𝒫 6864783, 🌫 CX **e**

X **Costanza**, piazza del Paradiso 63/65 ✉ 00186 𝒫 6861717, « Resti del Teatro di Pompeo » – 🆎 ⑩ 𝘝𝘐𝘚𝘈. 🍴 DX **k**
chiuso domenica ed agosto – **Pasto** carta 41/75000.

X **Il Giardino**, via Zucchelli 29 ✉ 00187 𝒫 4885202, 🌫 – 🆎 🛇 ⑩ **E** 𝘝𝘐𝘚𝘈. 🍴 EU **d**
chiuso lunedì ed agosto – **Pasto** carta 33/59000.

X **La Tavernetta**, via del Nazareno 3/4 ✉ 00187 𝒫 6793124 – 🍴. 🆎 🛇 ⑩ **E** 𝘝𝘐𝘚𝘈 𝗝𝗖𝗕. 🍴 EU **z**
chiuso lunedì ed agosto – **Pasto** carta 33/52000 (12%).

X **Da Giggetto**, via del Portico d'Ottavia 21/a ✉ 00186 𝒫 6861105, 🌫, Trattoria tipica con specialità romane – 🆎 🛇 ⑩ **E** 𝘝𝘐𝘚𝘈 DX **n**
chiuso lunedì e dal 1° al 15 agosto – **Pasto** carta 44/72000.

X **Il Falchetto**, via dei Montecatini 12/14 ✉ 00186 𝒫 6791160, Trattoria rustica – 🆎 🛇 ⑩ **E** 𝘝𝘐𝘚𝘈 EV **f**
chiuso venerdì e dal 5 al 20 agosto – **Pasto** carta 40/58000.

X **La Buca di Ripetta**, via di Ripetta 36 ✉ 00186 𝒫 3219391, Trattoria d'habitués – 🍴. 🆎. 🍴 – *chiuso domenica sera, lunedì ed agosto* – **Pasto** carta 36/55000. DU **x**

Zona centro est - via Vittorio Veneto, via Nazionale, Viminale, Santa Maria Maggiore, Colosseo, Porta Pia, via Nomentana, Stazione Termini, Porta San Giovanni (Pianta : Roma p. 10 e 11, salvo indicazioni speciali)

🏨🏨 **Excelsior,** via Vittorio Veneto 125 ⊠ 00187, 🖉 4708, Telex 610232, Fax 4826205 – |🛗| ▤ ⊡ ☎ – ⚠ 25 a 600. 🖭 🕄 ⑩ 🖃 𝖵𝖨𝖲𝖠 𝖩𝖢𝖡. ⚘
    FU **b**
    Pasto carta 86/135000 – ⚏ 27000 – **272 cam** 396/611000, 44 appartamenti 1017/1695000.

🏨🏨 **Le Grand Hotel,** via Vittorio Emanuele Orlando 3 ⊠ 00185, 🖉 4709, Telex 610210, Fax 4747307 – |🛗| ▤ ⊡ ☎ – ⚠ 40 a 300. 🖭 🕄 ⑩ 🖃 𝖵𝖨𝖲𝖠 𝖩𝖢𝖡. ⚘
    GU **t**
    Pasto carta 95/130000 – ⚏ 31000 – **168 cam** 419/622000, 35 appartamenti 961/1695000.

🏨🏨 **Majestic,** via Vittorio Veneto 50 ⊠ 00187, 🖉 486841, Telex 622262, Fax 4880984 – |🛗| ▤ ⊡ ☎ ♿ – ⚠ 150. 🖭 🕄 ⑩ 🖃 𝖵𝖨𝖲𝖠 𝖩𝖢𝖡. ⚘
    FU **f**
    Pasto carta 105/155000 – **88 cam** ⚏ 400/620000, 6 appartamenti.

🏨🏨 **Bernini Bristol,** piazza Barberini 23 ⊠ 00187, 🖉 4883051, Telex 610554, Fax 4824266 – |🛗| ⇆ cam ▤ ⊡ ☎ – ⚠ 40 a 100. 🖭 🕄 ⑩ 🖃 𝖵𝖨𝖲𝖠 𝖩𝖢𝖡. ⚘
    FU **m**
    Pasto carta 64/99000 – ⚏ 24000 – **126 cam** 356/498000, 14 appartamenti.

🏨🏨 **Ambasciatori Palace,** via Vittorio Veneto 62 ⊠ 00187, 🖉 47493, Telex 610241, Fax 4743601, ⇌ – |🛗| ▤ ⊡ ☎ ♿ – ⚠ 50 a 200. 🖭 🕄 ⑩ 🖃 𝖵𝖨𝖲𝖠 𝖩𝖢𝖡. ⚘ rist   FU **r**
    Pasto carta 68/110000 – ⚏ 20000 – **100 cam** 350/460000, 8 appartamenti.

🏨🏨 **Quirinale,** via Nazionale 7 ⊠ 00184, 🖉 4707, Telex 610332, Fax 4820099, « Servizio rist. estivo in giardino » – |🛗| ▤ ⊡ ☎ – ⚠ 25 a 250. 🖭 🕄 ⑩ 🖃 𝖵𝖨𝖲𝖠 𝖩𝖢𝖡. ⚘
    GV **x**
    Pasto carta 66/96000 – **186 cam** ⚏ 265/350000, 3 appartamenti – ½P 230000.

🏨🏨 **Jolly Vittorio Veneto,** corso d'Italia 1 ⊠ 00198, 🖉 8495, Telex 612293, Fax 8841104 – |🛗| ⇆ cam ▤ ⊡ ☎ – ⚠ 35 a 400. 🖭 🕄 ⑩ 🖃 𝖵𝖨𝖲𝖠 𝖩𝖢𝖡. ⚘ rist   FU **k**
    Pasto carta 62/96000 – **200 cam** ⚏ 315/415000, 3 appartamenti – ½P 343/373000.

🏨🏨 **Regina Baglioni,** via Vittorio Veneto 72 ⊠ 00187, 🖉 476851, Telex 620863, Fax 485483 – |🛗| ⇆ cam ▤ ⊡ ☎ – ⚠ 50. 🖭 🕄 ⑩ 🖃 𝖵𝖨𝖲𝖠 𝖩𝖢𝖡. ⚘
    FU **e**
    Pasto carta 75/120000 – **123 cam** ⚏ 340/490000, 7 appartamenti.

🏨🏨 **Mediterraneo,** via Cavour 15 ⊠ 00184, 🖉 4884051, Fax 4744105 – |🛗| ▤ ⊡ ☎ – ⚠ 25 a 90. 🖭 🕄 ⑩ 🖃 𝖵𝖨𝖲𝖠 𝖩𝖢𝖡. ⚘
    GV **k**
    Pasto (chiuso sabato) 32/42000 – **257 cam** ⚏ 295/395000, 10 appartamenti.

🏨🏨 **Starhotel Metropole,** via Principe Amedeo 3 ⊠ 00185, 🖉 4774, Telex 611061, Fax 4740413 – |🛗| ▤ ⊡ ☎ ⇌ – ⚠ 40 a 200. 🖭 🕄 ⑩ 𝖵𝖨𝖲𝖠 𝖩𝖢𝖡. ⚘
    GV **e**
    Pasto carta 50/75000 – **268 cam** ⚏ 270/350000 – ½P 210/305000.

🏨🏨 **Forum,** via Tor de' Conti 25 ⊠ 00184, 🖉 6792446, Telex 622549, Fax 6786479, « Rist. roof-garden con ⩾ Fori Imperiali » – |🛗| ▤ ⊡ ☎ ⇌ – ⚠ 100. 🖭 🕄 ⑩ 🖃 𝖵𝖨𝖲𝖠 𝖩𝖢𝖡. ⚘
    FX **t**
    Pasto (chiuso domenica) carta 76/138000 – **81 cam** ⚏ 260/385000.

🏨🏨 **Londra e Cargill,** piazza Sallustio 18 ⊠ 00187, 🖉 473871, Telex 622227, Fax 4746674 – |🛗| ▤ ⊡ ☎ ⇌ – ⚠ 25 a 200. 🖭 🕄 ⑩ 🖃 𝖵𝖨𝖲𝖠. ⚘
    GU **k**
    Pasto (chiuso agosto e i mezzogiorno di sabato e domenica) carta 48/72000 – **105 cam** ⚏ 210/260000, 4 appartamenti.

🏨🏨 **Genova** senza rist, via Cavour 33 ⊠ 00184, 🖉 476951, Telex 621599, Fax 4827580 – |🛗| ▤ ⊡ ☎ 🖭 🕄 ⑩ 🖃 𝖵𝖨𝖲𝖠 𝖩𝖢𝖡. ⚘
    GV **b**
    91 cam ⚏ 243/346000.

🏨🏨 **Universo,** via Principe Amedeo 5 ⊠ 00185, 🖉 476811, Telex 610342, Fax 4745125 – |🛗| ▤ ⊡ ☎ ♿ – ⚠ 25 a 300
    GV **e**
    198 cam.

🏨🏨 **Sofitel,** via Lombardia 47 ⊠ 00187, 🖉 478021 e rist 🖉 4818965, Telex 622247, Fax 4821019 – |🛗| ⇆ cam ▤ ⊡ ☎ – ⚠ 25 a 90. 🖭 🕄 ⑩ 🖃 𝖵𝖨𝖲𝖠 𝖩𝖢𝖡. ⚘
    FU **z**
    Pasto carta 49/75000 – **124 cam** ⚏ 325/440000 – ½P 375000.

🏨🏨 **La Residenza** senza rist, via Emilia 22 ⊠ 00187, 🖉 4880789, Fax 485721 – |🛗| ▤ ⊡ ☎. 🖭 🕄 🖃 𝖵𝖨𝖲𝖠
    FU **w**
    27 cam ⚏ 223/248000.

🏨🏨 **Massimo D'Azeglio,** via Cavour 18 ⊠ 00184, 🖉 4870270, Telex 610556, Fax 4827386 – |🛗| ▤ ⊡ ☎ – ⚠ 200. 🖭 🕄 ⑩ 🖃 𝖵𝖨𝖲𝖠 𝖩𝖢𝖡. ⚘
    GV **s**
    Pasto (chiuso domenica) 32/42000 – **205 cam** ⚏ 260/350000.

🏨🏨 **Eliseo** senza rist, via di Porta Pinciana 30 ⊠ 00187, 🖉 4870456, Telex 610693, Fax 4819629 – |🛗| ▤ ⊡ ☎ – ⚠ 25. 🖭 🕄 ⑩ 🖃 𝖵𝖨𝖲𝖠. ⚘
    FU **y**
    51 cam ⚏ 300/450000, 7 appartamenti.

🏨🏨 **Victoria,** via Campania 41 ⊠ 00187, 🖉 473931, Telex 610212, Fax 4871890, « Terrazza roof-garden » – |🛗| ▤ ⊡ ☎ – ⚠ 30. 🖭 🕄 ⑩ 🖃 𝖵𝖨𝖲𝖠. ⚘ rist   FU **c**
    Pasto 40000 – **110 cam** ⚏ 300/320000 – ½P 260000.

🏨🏨 **Napoleon,** piazza Vittorio Emanuele 105 ⊠ 00185, 🖉 4467264, Telex 611069, Fax 4467282 – |🛗| ▤ ⊡ ☎ – ⚠ 25 a 80. 🖭 🕄 ⑩ 🖃 𝖵𝖨𝖲𝖠. ⚘
    HX **a**
    Pasto (solo per clienti alloggiati e chiuso a mezzogiorno) 34000 – **79 cam** ⚏ 198/298000 – ½P 183/232000.

🏨🏨 **Imperiale,** via Vittorio Veneto 24 ⊠ 00187, 🖉 4826351, Telex 621071, Fax 4826351 – |🛗| ▤ ⊡ ☎. 🖭 🕄 ⑩ 🖃 𝖵𝖨𝖲𝖠. ⚘
    FU **n**
    Pasto 35000 – **95 cam** ⚏ 305/430000 – ½P 250000.

🏨🏨 **Rex** senza rist, via Torino 149 ⊠ 00184, 🖉 482428, Telex 620522, Fax 4882743 – |🛗| ▤ ⊡ ☎ – ⚠ 30 a 50. 🖭 🕄 ⑩ 🖃 𝖵𝖨𝖲𝖠 𝖩𝖢𝖡
    GV **a**
    46 cam ⚏ 200/260000, 2 appartamenti.

🏨 **Turner** senza rist, via Nomentana 29 ⌧ 00161 ℘ 44250077, Fax 44250165 – 🛗 🗐 📺 ☎.
🖭 🗟 ⓪ E 𝘝𝘐𝘚𝘈 JCB. ⅀   HU   **x**
37 cam ⌧ 180/220000.

🏨 **Britannia** senza rist, via Napoli 64 ⌧ 00184 ℘ 4883153, Telex 611292, Fax 4882343 – 🛗
🗐 📺 ☎ ⓟ. 🖭 🗟 ⓪ E 𝘝𝘐𝘚𝘈 JCB   GV   **t**
32 cam ⌧ 200/275000.

🏨 **Borromeo** senza rist, via Cavour 117 ⌧ 00184 ℘ 485856, Fax 4882541 – 🛗 🗐 📺 ☎ &.
🖭 🗟 ⓪ E 𝘝𝘐𝘚𝘈   GU   **w**
28 cam ⌧ 185/250000, 2 appartamenti.

🏨 **Artdeco,** via Palestro 19 ⌧ 00185 ℘ 4457588, Fax 4441483, « Terrazza roof-garden » –
🗐 📺 ☎. 🖭 🗟 ⓪ E 𝘝𝘐𝘚𝘈. ⅀   HU   **y**
Pasto vedere rist. **Il Pavone** – **49 cam** ⌧ 200/285000.

🏨 **Venezia** senza rist, via Varese 18 ⌧ 00185 ℘ 4457101, Telex 616038, Fax 4957687 – 🛗 🗐
📺 ☎. 🖭 🗟 ⓪ E 𝘝𝘐𝘚𝘈 JCB. ⅀   HU   **s**
59 cam ⌧ 160/215000.

🏨 **Diana,** via Principe Amedeo 4 ⌧ 00185 ℘ 4827541, Telex 611198, Fax 486998 – 🛗 🗐 📺
☎ – 🛦 25. 🖭 🗟 ⓪ E 𝘝𝘐𝘚𝘈 JCB. ⅀   GV   **e**
Pasto (solo per clienti alloggiati) 38000 – **187 cam** ⌧ 152/216000, 2 appartamenti –
½ P 146/190000.

🏨 **Commodore** senza rist, via Torino 1 ⌧ 00184 ℘ 485656, Telex 612170, Fax 4747562 – 🛗
🗐 📺 ☎. 🖭 🗟 ⓪ E 𝘝𝘐𝘚𝘈. ⅀   GV   **c**
⌧ 25000 – **60 cam** 225/320000.

🏨 **Barocco** senza rist, via della Purificazione 4 angolo piazza Barberini ⌧ 00187
℘ 4872001, Fax 485994 – 🛗 🗐 📺 ☎. 🖭 🗟 ⓪ E 𝘝𝘐𝘚𝘈 JCB   FU   **t**
⌧ 15000 – **28 cam** 280/350000.

🏨 **Marcella** senza rist, via Flavia 106 ⌧ 00187 ℘ 4746451, Telex 621351, Fax 4815832 – 🛗
🗐 📺 ☎. 🖭 🗟 ⓪ E 𝘝𝘐𝘚𝘈 JCB. ⅀   GU   **r**
68 cam ⌧ 180/260000.

🏨 **Valle** senza rist, via Cavour 134 ⌧ 00184 ℘ 4815736, Fax 4885837 – 🛗 🗐 📺 ☎. 🖭 🗟 ⓪
E 𝘝𝘐𝘚𝘈 JCB   GV   **w**
28 cam ⌧ 190/260000.

🏨 **Ariston** senza rist, via Turati 16 ⌧ 00185 ℘ 4465399, Telex 614479, Fax 4465396 – 🛗 🗐
📺 ☎ – 🛦 100. 🖭 🗟 ⓪ E 𝘝𝘐𝘚𝘈 JCB. ⅀   HV   **t**
97 cam ⌧ 135/195000, 4 appartamenti.

🏨 **Canada** senza rist, via Vicenza 58 ⌧ 00185 ℘ 4457770, Telex 613037, Fax 4450749 – 🛗
🗐 📺 ☎. 🖭 🗟 ⓪ E 𝘝𝘐𝘚𝘈. ⅀   HU   **e**
74 cam ⌧ 140/192000.

🏨 **Edera** 🔊 senza rist, via Poliziano 75 ⌧ 00184 ℘ 70453888, Fax 70453769, 🚅 – 🛗 🗐 📺 ☎
ⓟ. 🖭 🗟 ⓪ E 𝘝𝘐𝘚𝘈   GY   **r**
50 cam ⌧ 140/200000.

🏨 **Siviglia** senza rist, via Gaeta 12 ⌧ 00185 ℘ 4441195, Fax 4441195 – 🛗 📺 ☎. 🖭 🗟 ⓪ E
𝘝𝘐𝘚𝘈. ⅀   HU   **w**
43 cam ⌧ 160/270000.

🏨 **Sistina** senza rist, via Sistina 136 ⌧ 00187 ℘ 4745000, Fax 4818867 – 🛗 🗐 📺 ☎. 🖭 🗟
⓪ E 𝘝𝘐𝘚𝘈 JCB. ⅀   FU   **t**
26 cam ⌧ 200/300000.

🏨 **Laurentia** senza rist, largo degli Osci 63 ⌧ 00185 ℘ 4450218, Fax 4453821 – 🛗 🗐 📺 ☎.
🖭 🗟 ⓪ E 𝘝𝘐𝘚𝘈   JV   **a**
41 cam ⌧ 150/180000.

🏨 **Duca d'Alba** senza rist, via Leonina 12 ⌧ 00184 ℘ 484471, Telex 620401, Fax 4884840 –
🛗 🗐 📺 ☎. 🖭 🗟 ⓪ E 𝘝𝘐𝘚𝘈 JCB   FX   **v**
24 cam ⌧ 120/170000, 🗐 20000.

🏨 **Nord-Nuova Roma** senza rist, via Amendola 3 ⌧ 00185 ℘ 4885441, Fax 4817163 – 🛗
🗐 📺 ☎. 🖭 🗟 ⓪ E 𝘝𝘐𝘚𝘈 JCB. ⅀   GV   **d**
159 cam ⌧ 185/250000.

🏨 **Centro** senza rist, via Firenze 12 ⌧ 00184 ℘ 4828002, Telex 612125, Fax 4871902 – 🛗 🗐
📺 ☎. 🖭 🗟 ⓪ E 𝘝𝘐𝘚𝘈. ⅀   GV   **n**
38 cam ⌧ 150/200000.

🏨 **Igea** senza rist, via Principe Amedeo 97 ⌧ 00185 ℘ 4466913, Fax 4466911 – 🛗 🗐 📺 ☎.
🖭 🗟 🗟 E 𝘝𝘐𝘚𝘈. ⅀   HV   **b**
⌧ 8000 – **42 cam** 80/110000.

XXXX **Sans Souci,** via Sicilia 20/24 ⌧ 00187 ℘ 4821814, Fax 4821771, Rist. elegante-soupers,
prenotare – 🗐. 🖭 🗟 ⓪ E 𝘝𝘐𝘚𝘈 JCB. ⅀   FU   **p**
chiuso a mezzogiorno, lunedì e dal 13 agosto al 4 settembre – **Pasto** carta 100/127000.

XXX **Harry's Bar,** via Vittorio Veneto 150 ⌧ 00187 ℘ 4745832, Fax 4883117, Coperti limitati,
prenotare – 🗐. 🖭 🗟 ⓪ E 𝘝𝘐𝘚𝘈. ⅀   FU   **a**
chiuso domenica – **Pasto** 50/90000 (a mezzogiorno) 70/110000 (alla sera).

XXX **Il Pavone** - Hotel Artdeco, via Palestro 19/B ⌧ 00185 ℘ 4465433, Stile Art Deco e cucina
creativa – 🗐 – 🛦 40. 🖭 🗟 ⓪ E 𝘝𝘐𝘚𝘈 JCB   HU   **y**
chiuso sabato a mezzogiorno, domenica, dal 23 dicembre al 2 gennaio ed agosto – **Pasto**
20000 (a mezzogiorno) 35/45000 (alla sera) e carta 42/70000.

XXX **Grappolo d'Oro,** via Palestro 4/10 ⌧ 00185 ℘ 4941441, Fax 4452350 – 🗐. 🖭 🗟 ⓪ E
𝘝𝘐𝘚𝘈   HU   **d**
chiuso domenica ed agosto – **Pasto** 20/50000 (a mezzogiorno) 25/55000 (alla sera) e
carta 45/65000.

XX **Coriolano,** via Ancona 14 ✉ 00198 ☎ 44249863, Trattoria elegante, Coperti limitati prenotare – ▤. AE ⓢ ⓓ E VISA JCB
chiuso domenica e dal 5 al 30 agosto – **Pasto** carta 56/86000 (15%). HU

XX **Edoardo,** via Lucullo 2 ✉ 00187 ☎ 486428, Fax 486428 – ▤. AE ⓢ ⓓ E VISA. ✻
chiuso domenica ed agosto – **Pasto** carta 47/72000. GU

XX **Agata e Romeo,** via Carlo Alberto 45 ✉ 00185 ☎ 4466115, Fax 4465842, Copert limitati; prenotare – ▤. AE ⓢ ⓓ E VISA. ✻ HV
chiuso domenica ed agosto – **Pasto** carta 56/79000.

XX **Giovanni,** via Marche 64 ✉ 00187 ☎ 4821834, Rist. d'habitués – ▤. AE ⓢ E VISA
chiuso venerdì sera, sabato ed agosto – **Pasto** carta 51/90000. FU

XX **Girarrosto Toscano,** via Campania 29 ✉ 00187 ☎ 4823835, Fax 4821899 – ▤. AE ⓢ ⓓ E VISA JCB. ✻ FU
chiuso mercoledì – **Pasto** carta 53/80000.

XX **Mario's Hostaria,** piazza del Grillo 9 ✉ 00184 ☎ 6793725, ☂, prenotare – ▤. AE ⓢ ⓓ E VISA. ✻ FX
chiuso domenica – **Pasto** carta 35/79000.

XX **Cesarina,** via Piemonte 109 ✉ 00187 ☎ 4880073, Specialità bolognesi – ▤. AE ⓢ ⓓ E VISA JCB. ✻ GU
chiuso domenica – **Pasto** carta 40/65000.

XX **Bonne Nouvelle,** via del Boschetto 73 ✉ 00184 ☎ 486781, Specialità di mare, preno tare – ▤. AE ⓢ ⓓ E VISA JCB. ✻ FV
chiuso domenica e dal 10 al 31 agosto – **Pasto** carta 40/65000.

XX **Dai Toscani,** via Forlì 41 ✉ 00161 ☎ 44231302, Specialità toscane – ▤. AE
chiuso domenica ed agosto – **Pasto** carta 47/70000. JU

XX **Mangrovia,** via Milazzo 6/a ✉ 00185 ☎ 4452755, Telex 621357, Fax 4959204, Specialità di mare – ▤. AE ⓢ ⓓ E VISA JCB HV
chiuso domenica – **Pasto** carta 44/66000.

XX **Al Chianti,** via Ancona 17 ✉ 00198 ☎ 8551083, Trattoria toscana con taverna, preno tare – ▤. AE ⓢ ⓓ E VISA HU
chiuso domenica e dal 6 al 22 agosto – **Pasto** carta 43/77000.

XX **Peppone,** via Emilia 60 ✉ 00187 ☎ 483976, Rist. di tradizione – AE ⓓ E VISA. ✻
chiuso domenica – **Pasto** carta 42/68000 (10%). FU

XX **Charly's Saucière,** via di San Giovanni in Laterano 270 ✉ 00184 ☎ 70495666, Cucina franco-svizzera, Coperti limitati; prenotare – ▤. AE ⓢ ⓓ E VISA. ✻ HY
chiuso agosto, domenica, i mezzogiorno di sabato e lunedì – **Pasto** carta 48/71000.

XX **Tullio,** via di San Nicola da Tolentino 26 ✉ 00187 ☎ 4818564, Trattoria toscana con girarrosto – ▤. AE ⓢ ⓓ E VISA JCB. ✻ FU
chiuso domenica ed agosto – **Pasto** carta 60/85000.

XX **Papà Baccus,** via Toscana 36 ✉ 00187 ☎ 4814822, Fax 4814822, Specialità di mare e toscane, prenotare – ▤. AE ⓢ ⓓ E VISA JCB. ✻ FU
chiuso i mezzogiorno di sabato e domenica, dal 1° al 10 gennaio e dal 10 al 20 agosto – **Pasto** carta 47/78000.

XX **Hostaria da Vincenzo,** via Castelfidardo 6 ✉ 00185 ☎ 484596, Fax 4870092 – ▤. AE ⓢ ⓓ E VISA JCB GU
chiuso domenica ed agosto – **Pasto** carta 36/65000.

X **Hostaria Costa Balena,** via Messina 5/7 ✉ 00198 ☎ 8417686, Trattoria con specialità di mare – ▤. AE ⓢ ⓓ E VISA. ✻ HU
chiuso sabato a mezzogiorno, domenica e dal 10 al 29 agosto – **Pasto** carta 36/67000.

X **Crisciotti-al Boschetto,** via del Boschetto 30 ✉ 00184 ☎ 4744770, Trattoria rustica « Servizio estivo sotto un pergolato » – ⓢ E VISA FV
chiuso sabato, Natale ed agosto – **Pasto** carta 31/46000 (10%).

X **Colline Emiliane,** via degli Avignonesi 22 ✉ 00187 ☎ 4817538, Specialità emiliane prenotare – ▤ FU
chiuso venerdì ed agosto – **Pasto** carta 43/60000.

X **La Tana del Grillo,** via Alfieri 4/8 ✉ 00185 ☎ 70453517, Specialità ferraresi, prenotare – AE ⓢ ⓓ E VISA HV
chiuso domenica e lunedì a mezzogiorno – **Pasto** carta 43/72000.

X **Al Bersagliere-da Raffone,** via Ancona 43 ✉ 00198 ☎ 8551003, Rist. rustico di tradizione – ▤. AE ⓓ VISA HU
chiuso sabato e dal 5 al 20 agosto – **Pasto** carta 45/75000.

X **Cantina Cantarini,** piazza Sallustio 12 ✉ 00187 ☎ 485528, ☂, prenotare – AE ⓢ ⓓ E VISA GU
chiuso domenica, dal 24 dicembre al 2 gennaio ed agosto – **Pasto** carta 32/57000.

X **Trimani il Wine Bar,** via Cernaia 37/b ✉ 00185 ☎ 4469630, Fax 4468351, Enoteca con ristorazione veloce – ▤. AE ⓢ ⓓ E VISA JCB HU
chiuso domenica e dal 7 al 21 agosto – **Pasto** carta 23/47000.

Zona sud – Aventino, Porta San Paolo, Terme di Caracalla, via Appia Nuova (Pianta : Roma p. 6 e 7) :

🏨 **Domus Aventina** ⑤ senza rist, via Santa Prisca 11/b ✉ 00153 ☎ 5746135, Fax 57300044 – ▤ TV ☎. AE ⓢ ⓓ E VISA JCB. ✻ EZ
26 cam ☐ 165/240000.

🏨 **Piccadilly** senza rist, via Magna Grecia 122 ✉ 00183 ☎ 77207017, Fax 70476686 – ▤. AE ⓢ ⓓ E VISA. ✻ HZ
55 cam ☐ 130/180000.

🏠 **Sant'Anselmo** 🦢 senza rist, piazza Sant'Anselmo 2 ✉ 00153 *℘* 5748119, Telex 622812, Fax 5783604, 🌿 – 📺 ☎. 🅰🅴 🚫 ① ⋿ 𝚅𝙸𝚂𝙰. 🛇   DEZ **e**
45 cam 🖵 130/186000.

🏠 **Villa San Pio** 🦢 senza rist, via di Sant'Anselmo 19 ✉ 00153 *℘* 5743547, 🌿 – 📳 📺 ☎. 🅰🅴 🚫 ① ⋿ 𝚅𝙸𝚂𝙰.   DEZ **e**
59 cam 🖵 130/186000.

XX ❀ **Checchino dal 1887,** via Monte Testaccio 30 ✉ 00153 *℘* 5746318, Fax 5743816, Locale storico, cucina romana, prenotare – 🅰🅴 🚫 ① ⋿ 𝚅𝙸𝚂𝙰. 🛇   DZ **a**
chiuso dal 24 dicembre al 3 gennaio, agosto, domenica sera lunedì e da giugno a settembre anche domenica a mezzogiorno – **Pasto** carta 50/89000 (15%)
Spec. Rigatoni con la paiata, Coda alla vaccinara, Abbacchio alla cacciatora.

XX **Da Severino,** piazza Zama 5/c ✉ 00183 *℘* 7000872 – ▤. 🅰🅴 🚫 ① ⋿ 𝚅𝙸𝚂𝙰   JZ **e**
chiuso lunedì e dal 1° al 28 agosto – **Pasto** carta 40/61000.

XX **Il Cortile,** via Alberto Mario 26 ✉ 00152 *℘* 5803433   BZ **a**

Zona Trastevere (quartiere tipico) (Pianta : Roma p. 9) :

XXX **Alberto Ciarla,** piazza San Cosimato 40 ✉ 00153 *℘* 5818668, Fax 5884377, 🍽, Specialità di mare, Coperti limitati; prenotare – ▤. 🅰🅴 🚫 ① ⋿ 𝚅𝙸𝚂𝙰 𝙹𝙲𝙱. 🛇   CY **u**
chiuso a mezzogiorno dal 15 al 30 giugno, domenica, dal 1° al 13 gennaio e dal 1° al 15 agosto – **Pasto** 55/58000 bc (a mezzogiorno) 70/90000 (alla sera) e carta 67/103000.

XX **Corsetti-il Galeone,** piazza San Cosimato 27 ✉ 00153 *℘* 5816311, Fax 5896255, 🍽, Specialità romane e di mare, « Ambiente caratteristico » – ▤. 🅰🅴 🚫 ① ⋿ 𝚅𝙸𝚂𝙰   CY **g**
chiuso mercoledì – **Pasto** carta 43/77000.

XX **Carlo Menta,** via della Lungaretta 101 ✉ 00153 *℘* 5884450, 🍽, Specialità di mare, prenotare – ▤. 🅰🅴 🚫 ① ⋿ 𝚅𝙸𝚂𝙰. 🛇   CY **z**
chiuso a mezzogiorno, lunedì e dal 16 luglio al 10 agosto – **Pasto** carta 58/82000 (15%).

XX **Sabatini a Santa Maria in Trastevere,** piazza di Santa Maria in Trastevere 13 ✉ 00153 *℘* 5812026, Fax 5898386, 🍽, Specialità romane e di mare – ▤. 🅰🅴 🚫 ① ⋿ 𝚅𝙸𝚂𝙰 𝙹𝙲𝙱. 🛇   CY **n**
chiuso mercoledì e dal 1° al 15 agosto – **Pasto** carta 52/80000.

XX **Galeassi,** piazza di Santa Maria in Trastevere 3 ✉ 00153 *℘* 5803775, 🍽, Specialità romane e di mare – 🅰🅴 🚫 ① ⋿ 𝚅𝙸𝚂𝙰. 🛇   CY **f**
chiuso lunedì e dal 20 dicembre al 20 gennaio – **Pasto** carta 46/69000.

XX **Paris,** piazza San Callisto 7/a ✉ 00153 *℘* 5815378, 🍽 – ▤. 🅰🅴 🚫 ① ⋿ 𝚅𝙸𝚂𝙰. 🛇   CY **c**
chiuso domenica sera, lunedì ed agosto – **Pasto** carta 53/79000.

XX **Sabatini,** vicolo Santa Maria in Trastevere 18 ✉ 00153 *℘* 5818307, Specialità romane e di mare – ▤. 🅰🅴 🚫 ① ⋿ 𝚅𝙸𝚂𝙰 𝙹𝙲𝙱.   CY **e**
chiuso martedì e dal 1° al 15 agosto – **Pasto** carta 52/80000.

XX **Checco er Carettiere,** via Benedetta 10 ✉ 00153 *℘* 5817018, 🍽, Rist. tipico con specialità romane e di mare – ▤. 🅰🅴 🚫 ① ⋿ 𝚅𝙸𝚂𝙰   CX **k**
chiuso domenica sera, lunedì, dal 2 al 10 gennaio e dal 10 al 30 agosto – **Pasto** carta 54/79000.

XX **Pastarellaro,** via di San Crisogono 33 ✉ 00153 *℘* 5810871, Specialità romane e di mare – ▤. 🅰🅴 🚫 ① ⋿ 𝚅𝙸𝚂𝙰   DY **r**
chiuso martedì ed agosto – **Pasto** carta 44/71000 (12%).

XX **Taverna Trilussa,** via del Politeama 23 ✉ 00153 *℘* 5818918, Fax 5811064, 🍽, Rist. tipico con specialità romane – ▤. 🅰🅴 🚫 ① ⋿ 𝚅𝙸𝚂𝙰 𝙹𝙲𝙱   CY **h**
chiuso domenica sera, lunedì e dal 30 luglio al 28 agosto – **Pasto** carta 34/54000.

X **Romolo nel Giardino della Fornarina,** via di Porta Settimiana 8 ✉ 00153 *℘* 5818284, Fax 5800079, Cucina tipica romana, « Servizio estivo in un pittoresco cortiletto » CX   **b**

X **Peccati di Gola,** piazza dei Ponziani 7/a ✉ 00153 *℘* 5814529, 🍽 – 🅰🅴 🚫 ① ⋿ 𝚅𝙸𝚂𝙰 𝙹𝙲𝙱. 🛇   DY **c**
chiuso lunedì, dal 2 al 16 gennaio e dal 4 al 18 settembre – **Pasto** carta 60/85000.

Dintorni di Roma

sulla strada statale 1 - via Aurelia (Pianta : Roma p. 4) :

🏨 **Jolly Hotel Midas,** via Aurelia al km 8 ✉ 00165 *℘* 66396, Telex 622821, Fax 66418457, 🏊, 🌿, 🛠 – 📳 ▤ 📺 ☎ ☻ ❷ – 🔬 650. 🅰🅴 🚫 ① ⋿ 𝚅𝙸𝚂𝙰 𝙹𝙲𝙱. 🛇   LR **a**
Pasto carta 55/84000 – **342 cam** 🖵 280/340000, 5 appartamenti – 1/2 P 225/295000.

🏨 **Villa Pamphili,** via della Nocetta 105 ✉ 00164 *℘* 5862, Telex 626539, Fax 66157747, 🎾, 🏓, 🏊 (coperta d'inverno), 🌿, 🛠 – 📳 ▤ 📺 ☎ ☻ ❷ – 🔬 25 a 500. 🅰🅴 🚫 ① ⋿ 𝚅𝙸𝚂𝙰 𝙹𝙲𝙱. 🛇 rist   LR **b**
Pasto carta 55/95000 – **249 cam** 🖵 260/313000.

🏨 **Holiday Inn St. Peter's,** via Aurelia Antica 415 ✉ 00165 *℘* 6642, Telex 625434, Fax 6637190, 🎾, 🏊, 🌿, 🛠 – 📳 ⇄ cam ▤ 📺 ☎ ☻ ❷ – 🔬 25 a 220. 🅰🅴 🚫 ① ⋿ 𝚅𝙸𝚂𝙰 𝙹𝙲𝙱.   LR **e**
Pasto carta 55/82000 – 🖵 17000 – **321 cam** 290/410000.

🏨 **Forte Agip,** via Aurelia al km 8 ✉ 00165 *℘* 6379001, Telex 613699, Fax 66414437, 🛠 – 📳 ▤ 📺 ☎ ❷ – 🔬 25 a 150. 🅰🅴 🚫 ① ⋿ 𝚅𝙸𝚂𝙰. 🛇   LR **a**
Pasto 35000 – **205 cam** 🖵 169/199000 – 1/2 P 120/200000.

XX **La Maielletta,** via Aurelia Antica 270 ⊠ 00165 𝒫 39366595, Fax 39366595, Rist. tipico
    con specialità abruzzesi – **Ⓟ**. 💳 🖼 ⓞ 🇪 𝘝𝘐𝘚𝘈. ⌘   LR **f**
    chiuso lunedì e dal 15 al 30 agosto – **Pasto** carta 43/48000.

XX **13 Da Checco,** via Aurelia al km 13 ⊠ 00165 𝒫 66180040, � – ▤ **Ⓟ**. 💳 🖼 🇪 𝘝𝘐𝘚𝘈
    ⌘   LR **c**
    chiuso domenica sera, lunedì ed agosto – **Pasto** carta 40/61000.

sulla strada statale 3 - via Flaminia Nuova (Pianta : Roma p. 5) :

XX **Da Benito,** via Flaminia Nuova 230/232 ⊠ 00191 𝒫 36307851, Fax 36306079 – ▤. 💳 🖼
    ⓞ 🇪 𝘝𝘐𝘚𝘈   MQ **m**
    chiuso domenica e dal 10 al 31 agosto – **Pasto** carta 43/78000.

sulla strada statale 4 - via Salaria (Pianta : Roma p. 5) :

🏨 **Hotel la Giocca,** via Salaria 1223 ⊠ 00138 𝒫 8804365, Fax 8804495, 🌊 – 🛗 ▤ 🔟 ☎
    🚗 **Ⓟ** – 🔏 40. 💳 ⓞ 🇪 𝘝𝘐𝘚𝘈. ⌘   MQ **n**
    Pasto vedere rist **L'Elite** – ⌑ 12000 – **59 cam** 140/165000, 3 appartamenti – ½ P 95/105000.

🏨 **Eurogarden** senza rist, raccordo anulare Salaria-Flaminia ⊠ 00138 𝒫 8804507,
    Fax 8804417, 🌊, 🌳 – ▤ 🔟 ☎ **Ⓟ**. 💳 🖼 ⓞ 🇪 𝘝𝘐𝘚𝘈. ⌘   MQ **s**
    ⌑ 20000 – **48 cam** 150/170000.

🏨 **La Pergola** senza rist, via dei Prati Fiscali 55 ⊠ 00141 𝒫 8863290, Fax 8124353 – 🔟 ☎ –
    🔏 90. 💳 🖼 🇪 𝘝𝘐𝘚𝘈   MQ **b**
    ⌑ 15000 – **92 cam** 130/170000.

XX **L'Elite,** via Salaria 1223 ⊠ 00138 𝒫 8804503 – ▤ **Ⓟ**. 💳 🖼 ⓞ 𝘝𝘐𝘚𝘈. ⌘   MQ **n**
    chiuso domenica, dal 23 dicembre al 6 gennaio e dall'8 al 28 agosto – **Pasto** carta 34/67000.

X **Franco l'Abruzzese,** via Anerio 23/25 ⊠ 00199 𝒫 8600704, Trattoria d'habitués – 💳 🖼
    ⓞ 🇪 𝘝𝘐𝘚𝘈 𝘑𝘊𝘉   MQ **c**
    chiuso domenica e dall'8 al 26 agosto – **Pasto** carta 33/47000.

sulla strada statale 6 via Casilina

🏨🏨 **Myosotis,** località Torregaia piazza Pupinia 2 ⊠ 00133 𝒫 2054470, Fax 2053671, 🌊 ris-
    caldata – ▤ 🔟 ☎ **Ⓟ** – 🔏 35. 💳 🖼 ⓞ 🇪 𝘝𝘐𝘚𝘈
    Pasto vedere rist.**Villa Marsili** – **18 cam** ⌑ 150/180000.   NS **a**

XX **Villa Marsili,** via Casilina 1604 ⊠ 00133 𝒫 2050200, Fax 2055176 – ▤ **Ⓟ**. 💳 🖼 ⓞ 🇪 𝘝𝘐𝘚𝘈
    chiuso mercoledì – **Pasto** carta 32/47000.   NS **a**

sulla strada statale 7 - via Appia Nuova (Pianta : Roma p. 5) :

XX **Rinaldo all'Acquedotto,** via Appia Nuova 1267 ⊠ 00178 𝒫 7183910, Fax 7182968, �
    – ▤ **Ⓟ**. 💳 🖼 ⓞ 𝘝𝘐𝘚𝘈. ⌘   NS **u**
    chiuso martedì e dal 7 al 20 agosto – **Pasto** carta 37/82000.

a Ciampino SE : 15 km NS – ⊠ **00043** :

XX **Da Giacobbe,** via Appia Nuova 1681 𝒫 79340131, �, prenotare – ▤ **Ⓟ**. 💳 🖼 ⓞ 🇪
    𝘝𝘐𝘚𝘈. ⌘   NS **s**
    chiuso domenica sera, lunedì e dal 10 al 30 agosto – **Pasto** carta 38/56000.

sulla via Appia Antica (Pianta : Roma p. 5) :

XX **Cecilia Metella,** via Appia Antica 125/127/129 ⊠ 00179 𝒫 5136743, �, « Giardino
    ombreggiato » – **Ⓟ**. 💳 🇪 𝘝𝘐𝘚𝘈   MS **n**
    chiuso lunedì e dal 12 al 30 agosto – **Pasto** carta 38/66000.

sulla via Ostiense (Pianta : Roma p. 5) :

XX **Angelino 3 Gatti,** viale delle Sette Chiese 68 ⊠ 00145 𝒫 5135272, �, Coperti limitati;
    prenotare – ▤. 💳 🖼 ⓞ 🇪 𝘝𝘐𝘚𝘈. ⌘   MS **g**
    chiuso domenica ed agosto – **Pasto** carta 40/75000.

all'E.U.R. Città Giardino (Pianta : Roma p. 5) :

🏨🏨 **Sheraton,** viale del Pattinaggio ⊠ 00144 𝒫 5453, Telex 626074, Fax 5940689, 🍸, 🌊,
    🎾 – 🛗 ▤ 🔟 ☎ 🚗 **Ⓟ** – 🔏 25 a 1800. 💳 🖼 ⓞ 🇪 𝘝𝘐𝘚𝘈 𝘑𝘊𝘉. ⌘   MS **a**
    Pasto carta 66/113000 – **609 cam** ⌑ 450000, 22 appartamenti.

🏨🏨 **Shangri Là-Corsetti,** viale Algeria 141 ⊠ 00144 𝒫 5916441, Telex 614664,
    Fax 5413813, 🌊 riscaldata, 🌳 – ▤ 🔟 ☎ **Ⓟ** – 🔏 25 a 80. 💳 🖼 ⓞ 🇪 𝘝𝘐𝘚𝘈. ⌘   MS **b**
    Pasto *(chiuso dall'11 al 25 agosto)* carta 47/82000 – **52 cam** ⌑ 251/312000, 11 apparta-
    menti.

🏨 **Dei Congressi,** viale Shakespeare 29 ⊠ 00144 𝒫 5926021, Fax 5911903 – 🛗 ▤ 🔟 ☎ –
    🔏 25 a 300. 💳 🖼 ⓞ 🇪 𝘝𝘐𝘚𝘈. ⌘   MS **p**
    Pasto carta 30/68000 – **96 cam** ⌑ 180/250000 – ½ P 150/160000.

XX **Vecchia America-Corsetti,** piazza Marconi 32 ⊠ 00144 𝒫 5926601, Fax 5922284, �,
    Rist. tipico con piano-bar e birreria – 💳 🖼 ⓞ 🇪 𝘝𝘐𝘚𝘈   MS **q**
    chiuso venerdì – **Pasto** carta 45/76000.

XX **Lime Light,** via Vittorini 33/35 ⊠ 00144 𝒫 5002934, Rist.-piano bar – ▤. 💳 🖼 ⓞ 🇪 𝘝𝘐𝘚𝘈
    ⌘   MS **c**
    chiuso sabato a mezzogiorno, domenica e dal 7 al 31 agosto – **Pasto** carta 40/61000.

sull'autostrada per Fiumicino in prossimità raccordo anulare (Pianta : Roma p. 4) :

Sheraton Golf, viale Parco de Medici 22 ⊠ 00148 ℰ 522408, Telex 620297, Fax 52240742 – 🗏 📺 ☎ 🄿 – 🛦 25 a 630. ⅍ 🛐 ⑩ 🗉 𝘝𝘐𝘚𝘈 𝘑𝘊𝘉. ⅍
Pasto 65/90000 – ➴ 18000 – **248 cam** 350/415000, 14 appartamenti.
LS **a**

Holiday Inn-Parco Medici, viale Castello della Magliana 65 ⊠ 00148 ℰ 65581, Telex 613302, Fax 6557005, ⏚, 🐾, ⅍ – 🄑 🗏 📺 ☎ ⅍ 🄿 – 🛦 650. ⅍ 🛐 ⑩ 🗉 𝘝𝘐𝘚𝘈 𝘑𝘊𝘉. ⅍
Pasto carta 70/90000 – ➴ 16000 – **316 cam** 250/365000.
LS **r**

sulla via Tiburtina (Pianta : Roma p. 5) :

Gabriele, via Ottoboni 74 ⊠ 00159 ℰ 4393498, Rist. e pizzeria – ⅍ 🛐 ⑩ 🗉 𝘝𝘐𝘚𝘈. ⅍
chiuso sabato ed agosto – **Pasto** carta 44/60000.
MR **a**

MICHELIN, via Corcolle 15, località Settecamini (MR Roma p. 5) - ⊠ 00131, ℰ 4131625, Fax 4131645.

ROMAGNANO SESIA 28078 Novara 𝟿𝟪𝟪 ②, 𝟺𝟸𝟪 F 7 – 4 332 ab. alt. 268 – ✪ 0163.
Roma 650 – Biella 32 – ◆Milano 76 – Novara 30 – Stresa 40 – ◆Torino 94 – Vercelli 37.

Baiardo con cam, via Novara 337 (S : 2 km) ℰ 832000, Fax 832000, 🐾 – 📺 ☎ 🄿. ⅍
Pasto *(chiuso mercoledì ed agosto)* carta 29/55000 – ➴ 10000 – **9 cam** 75/105000 – ½ P 85000.

ROMANO D'EZZELINO 36060 Vicenza 𝟺𝟸𝟿 E 17 – 12 227 ab. alt. 132 – ✪ 0424.
Roma 547 – Belluno 81 – ◆Milano 238 – ◆Padova 47 – Trento 89 – Treviso 51 – ◆Venezia 80 – Vicenza 39.

Cá Takea, via Col Roigo 17 ℰ 33426, Coperti limitati; prenotare, 🐾 – 🛐 𝘝𝘐𝘚𝘈
chiuso martedì, dal 2 al 16 febbraio e dal 12 al 22 agosto – **Pasto** carta 41/56000.

Da Giuliano, N : 1 km ℰ 36478 – 🄿

RONCADELLE Brescia – Vedere Brescia.

RONCHI DEI LEGIONARI 34077 Gorizia 𝟿𝟪𝟪 ⑥, 𝟺𝟸𝟿 E 22 – 9 911 ab. alt. 11 – ✪ 0481.
✈ O : 2 km, ℰ 773224, Telex 460220, Fax 474150.
Roma 639 – Gorizia 22 – ◆Milano 378 – ◆Trieste 31 – Udine 41.

Doge Inn, viale Serenissima 71 ℰ 779401, Fax 474194 – 🗏 📺 ☎ ⅍. ⅍ 🛐 ⑩ 🗉 𝘝𝘐𝘚𝘈. ⅍ rist
chiuso dal 10 al 20 agosto – **Pasto** (solo su prenotazione a mezzogiorno *chiuso domenica*) carta 28/44000 – ➴ 10000 – **22 cam** 100/135000 – ½ P 78/120000.

Trattoria la Corte, via Verdi 57 ℰ 777594, 🀸 – 🄿. ⅍ 🛐 ⑩ 🗉 𝘝𝘐𝘚𝘈
chiuso martedì e dal 15 al 30 ottobre – **Pasto** carta 34/48000.

RONCIGLIONE 01037 Viterbo 𝟿𝟪𝟪 ㉕, 𝟺𝟹𝟢 P 18 – 7 212 ab. alt. 441 – ✪ 0761.
Vedere Lago di Vico★ NO : 2 km.
Dintorni Caprarola : scala elicoidale★★ della Villa Farnese★ NE : 6,5 km.
Roma 60 – Civitavecchia 65 – Terni 80 – Viterbo 21.

sulla via Cimina NE : 2 km :

Santa Lucia da Armando, ⊠ 01037 ℰ 612169, « Servizio estivo in giardino » – 🄿. 🛐 🗉 𝘝𝘐𝘚𝘈. ⅍
chiuso mercoledì e dal 5 al 25 dicembre – **Pasto** carta 39/59000.

Il Cardinale con cam, ⊠ 01037 ℰ 612390, Fax 612444, 🐾 – ☎ 🄿. 🛐 𝘝𝘐𝘚𝘈
chiuso gennaio – **Pasto** *(chiuso lunedì)* carta 35/53000 – ➴ 10000 – **18 cam** 60/90000 – ½ P 70000.

RONCITELLI Ancona 𝟺𝟹𝟢 K 21 – Vedere Senigallia.

RONCOBILACCIO Bologna 𝟿𝟪𝟪 ⑭ ⑮, 𝟺𝟸𝟿 𝟺𝟹𝟢 J 15 – alt. 710 – ⊠ 40031 Baragazza – a.s. luglio-13 settembre – ✪ 0534.
Roma 324 – ◆Bologna 58 – ◆Firenze 49 – ◆Milano 252 – Pistoia 64.

Roncobilaccio, al casello autostrada A1 ℰ 97577, Telex 512508, Fax 97579, ≼ – 🄑 ☎ 🄿 – 🛦 120. ⅍ 🛐 ⑩ 🗉 𝘝𝘐𝘚𝘈. ⅍ rist
marzo-novembre – **Pasto** *(chiuso a mezzogiorno e lunedì)* carta 33/48000 – ➴ 10000 – **86 cam** 90/120000 – ½ P 90/110000.

RONZONE 38010 Trento 𝟺𝟸𝟿 C 15, 𝟸𝟷𝟪 ⑳ – 336 ab. alt. 1097 – a.s. Pasqua e Natale – ✪ 0463.
Roma 634 – ◆Bolzano 33 – Merano 43 – ◆Milano 291 – Trento 52.

Orso Grigio, ℰ 880625, 🀸 – 🄿. 🛐 ⑩ 🗉 𝘝𝘐𝘚𝘈
chiuso martedì e dal 10 gennaio al 10 febbraio – **Pasto** carta 43/60000.

RORE Cuneo – Vedere Sampèyre.

ROSA Pordenone – Vedere San Vito al Tagliamento.

ROSARNO 89025 Reggio di Calabria 988 ㊴, 431 L 29 – 13 229ab. alt. 61 – ✿ 0966.
Roma 644 – Catanzaro 100 – ◆Cosenza 129 – ◆Reggio di Calabria 67.

🏨 **Vittoria,** via Nazionale 148 ℘ 712041, Fax 712045 – 🛗 🗐 📺 ☎ 🚗 🅿 – 🔬 30 a 200. 🗚 🕄 ⓞ E 𝘝𝘐𝘚𝘈 ⅀ rist
Pasto carta 22/31000 – ⊇ 10000 – **68 cam** 80/110000 – ½ P 70/90000.

ROSETO DEGLI ABRUZZI 64026 Teramo 988 ⑰ ㉗, 430 N 24 – 21105 ab. – a.s. luglio-agosto – ✿ 085.

🛃 piazza della Libertà 38 ℘ 8991157, Fax 8991157.
Roma 214 – ◆Pescara 38 – ◆Ancona 131 – L'Aquila 99 – Ascoli Piceno 54 – Chieti 51 – Teramo 32.

🏨 **Palmarosa,** lungomare Trento 3 ℘ 8941615, Fax 8941656, 🐎 – 🛗 🗐 🚗 🅿. 🗚 🕄 ⓞ E 𝘝𝘐𝘚𝘈. ⅀
Pasqua-ottobre – **Pasto** carta 30/59000 – ⊇ 15000 – **42 cam** 100/115000 – ½ P 56/104000.

🏨 **Radar,** lungomare Roma 14 ℘ 8992140, Fax 8999200, 🐎 – 🛗 📺 ☎ ❶. 🗚 🕄 E 𝘝𝘐𝘚𝘈. ⅀ rist
Pasto carta 30/56000 – ⊇ 10000 – **58 cam** 85/115000 – ½ P 75/110000.

🏨 **La Perla,** via Lucania 9 ℘ 8944173, Fax 8997216 – 🛗 📺 ⚅ ❶. 🗚 🕄 ⓞ E 𝘝𝘐𝘚𝘈. ⅀ rist
Pasto carta 27/50000 – ⊇ 10000 – **19 cam** 80/130000 – ½ P 55/115000.

🏨 **Tonino,** via Mazzini 15 ℘ 8993110, 🍽 – 📺 ☎ ❶. 🗚 🕄 E 𝘝𝘐𝘚𝘈. ⅀ cam
chiuso dal 15 dicembre al 10 gennaio e dal 15 al 30 settembre – **Pasto** (chiuso lunedì)
carta 32/60000 – ⊇ 6000 – **20 cam** 50/70000 – ½ P 65/70000.

XX **Tonino** con cam, via Volturno 11 ℘ 8990274, 🍽 – 📺 🗚 🕄 E 𝘝𝘐𝘚𝘈. ⅀ cam
chiuso dal 13 dicembre al 6 gennaio – **Pasto** (chiuso lunedì) carta 33/63000 – ⊇ 5000 –
7 cam 45/55000 – P 55/70000.

XX **Al Focolare di Bacco** ⑤, con cam, NO : 3 km ℘ 8941004, Fax 8941004, ≤, Specialità
alla brace, 🍽 – 🗐 📺 ☎ 🕭 🚗 ❶. 🗚 🕄 ⓞ E 𝘝𝘐𝘚𝘈. ⅀
chiuso novembre – **Pasto** (chiuso martedì e mercoledì) carta 27/46000 – **9 cam** ⊇ 90/
110000 – ½ P 70/90000.

X **Il Delfino,** strada Nazionale 241 ℘ 8942073, 🍽 – 🗚 🕄 E 𝘝𝘐𝘚𝘈. ⅀
chiuso lunedì e dal 23 dicembre al 10 gennaio – **Pasto** carta 39/49000.

nella zona industriale vicino Scerne SO : 4 km :

X **Al Caminetto,** ✉ 64030 Casoli di Atri ℘ 8709243 – 🗐 ❶. 🗚 🕄 ⓞ 𝘝𝘐𝘚𝘈. ⅀
chiuso lunedì e gennaio – **Pasto** carta 24/60000.

When visiting northern Italy use Michelin maps 428 *and* 429.

ROSIGNANO SOLVAY 57013 Livorno 988 ⑭, 430 L 13 – a.s. 15 giugno-15 settembre –
✿ 0586.
Roma 294 – Pisa 43 – Grosseto 107 – ◆Livorno 24 – Siena 104.

🏨 **Elba Hotel** senza rist, via Aurelia 301 ℘ 760939, Fax 760915 – 🛗 🗐 📺 ☎ ❶. 🗚 🕄 ⓞ E
𝘝𝘐𝘚𝘈. ⅀
⊇ 15000 – **26 cam** 70/100000, 🗐 10000.

ROSOLINA 45010 Rovigo 429 G 18 – 5 670 ab. alt. 4 – ✿ 0426.
🗽 (chiuso martedì) all'Isola Albarella ✉ 45010 Rosolina ℘ 330124, Telex 434659, Fax 330628,
E : 16 km.

🛃 piazza Albertin 16 ℘ 664541, Fax 664543.
Roma 493 – ◆Venezia 67 – ◆Milano 298 – ◆Ravenna 78 – Rovigo 39.

a Rosolina Mare NE : 11 km – ✉ 45010.

🛃 (giugno-settembre) via dei Ligustri 3 ℘ 68012 :

🏨 **Olympia,** ℘ 68057, Fax 68284, « Giardino ombreggiato » – 🛗 ☎ ❶. 🗚 🕄 ⓞ E 𝘝𝘐𝘚𝘈.
⅀ rist
15 aprile-10 ottobre – **Pasto** 24/30000 – ⊇ 10000 – **62 cam** 75/95000 – ½ P 55/85000.

all'isola Albarella E : 16 km – ✉ 45010 Rosolina :

🏨🏨 Golf Hotel ⑤, ℘ 330373, Fax 330628, 🍽, « Terrazza-giardino », 🏋, 🏊, 🐎, ⅋, 🗽 –
🛗 🗐 📺 ☎ 🕭 ❶ – 🔬 50
stagionale – **22 cam.**

ROSTA 10090 Torino 428 G 4 – 3 631 ab. alt. 399 – ✿ 011.
Roma 677 – ◆Torino 17 – Alessandria 106 – Col du Mont Cenis 65 – Pinerolo 34.

🏨 **Des Alpes,** strada statale 25 del Moncenisio 55 (3,5 km) ℘ 9567777, Fax 9567780 – 🛗
⅀ cam 🗐 📺 ☎ 🕭 🚗. 🗚 🕄 ⓞ E 𝘝𝘐𝘚𝘈. ⅀
Pasto (chiuso domenica) carta 30/57000 – ⊇ 10000 – **46 cam** 115/140000.

544

ROTA (Monte) (RADSBERG) Bolzano – Vedere Dobbiaco.

ROTA D'IMAGNA 24037 Bergamo 428 E 10, 219 ⑩ – 811 ab. alt. 665 – a.s. luglio-agosto – ✆ 035.

Roma 628 – ◆Bergamo 27 – Lecco 40 – ◆Milano 64.

　🏠 **Miramonti** ≫, 𝒫 868000, ≤, 🐎 – 📳 ☎ 🅿. 🖭. ⚯ rist
　　15 maggio-15 ottobre – **Pasto** carta 29/47000 – ⊡ 3500 – **54 cam** 40/65000 – 1/2 P 60/80000.

　🏠 **Posta** ≫ 𝒫 868322, ≤ – 📳 ☎ 🅿
　　Pasto (chiuso martedì in bassa stagione) carta 31/49000 – ⊡ 4000 – **36 cam** 95/160000 –
　　1/2 P 50000.

ROVERETO 38068 Trento 988 ④, 428 429 E 15 – 32 963 ab. alt. 212 – a.s. dicembre-aprile – ✆ 0464.

🛈 via Dante 63 𝒫 430363, Fax 435528.

Roma 561 – ◆Bolzano 80 – ◆Brescia 129 – ◆Milano 216 – Riva del Garda 22 – Trento 28 – ◆Verona 75 – Vicenza 72.

　🏨 **Rovereto**, corso Rosmini 82 D 𝒫 435222 e rist 435454, Fax 439644, 🏡 – 📳 ▤ rist 📺 ☎
　　🚗 🅿 – 🔬 50 a 200. 🖭 🕃 ⓞ 🖪 𝚅𝙸𝚂𝙰
　　Pasto al Rist. **Novecento** (chiuso domenica e dal 30 luglio al 20 agosto) carta 45/65000 –
　　49 cam ⊡ 100/160000 – 1/2 P 85/115000.

　🏨 **Leon d'Oro** senza rist, via Tacchi 2 𝒫 437333, Fax 423777 – 📳 📺 ☎ 🚗 🅿 – 🔬 70. 🖭
　　🕃 ⓞ 🖪 𝚅𝙸𝚂𝙰
　　52 cam ⊡ 120/160000.

　✗✗✗ ✿ **Al Borgo**, via Garibaldi 13 𝒫 436300, Fax 436300, prenotare – 🖭 🕃 ⓞ 🖪 𝚅𝙸𝚂𝙰. ⚯
　　chiuso domenica sera, lunedì, dal 18 al 28 febbraio e dal 5 al 31 luglio – **Pasto** 85000 e
　　carta 71/95000
　　Spec. Sformato di cappesante e zucchine con salsa allo zafferano (primavera-estate), Scaloppa di cernia gratinata su
　　letto di spinaci, Strudel di ciliegie tiepido con bavarese al Kirsch (estate).

　✗✗ **Antico Filatoio**, via Tartarotti 12 𝒫 437283, Coperti limitati; prenotare – 🖭 🕃 ⓞ 🖪 𝚅𝙸𝚂𝙰.
　　⚯
　　chiuso mercoledì – **Pasto** carta 52/72000.

　✗✗ **Mozart 1769**, via Portici 36/38 𝒫 430727, Coperti limitati; prenotare, « Ambiente in stile
　　settecentesco » – 🖭 🕃 ⓞ 🖪 𝚅𝙸𝚂𝙰
　　chiuso martedì, mercoledì a mezzogiorno ed agosto – **Pasto** carta 50/70000.

　✗✗ **San Colombano**, via Vicenza 30 𝒫 436006, Fax 436006 – 🅿. 🕃. ⚯
　　chiuso lunedì e dal 6 al 21 agosto – **Pasto** carta 34/48000.

ROVERETO SULLA SECCHIA 41030 Modena – alt. 22 – ✆ 059.

Roma 435 – ◆Bologna 68 – ◆Ferrara 68 – ◆Milano 186 – Modena 28 – Reggio nell'Emilia 37 – ◆Verona 97.

　✗✗ Belzebù, S : 2 km 𝒫 671078, Specialità di mare – ▤ 🅿

ROVETTA 24020 Bergamo 428 429 E 11 – 2 807 ab. alt. 658 – a.s. luglio-agosto – ✆ 0346.

Roma 638 – ◆Brescia 67 – ◆Bergamo 37 – Edolo 75 – ◆Milano 83.

　🏠 **S. Ambroeus**, località Conca Verde O : 1 km 𝒫 71228, Fax 71228 – 🚗 🅿. ⚯ rist
　　Pasto (chiuso mercoledì) carta 34/52000 – ⊡ 8000 – **19 cam** 50/80000 – 1/2 P 70/80000.

ROVIGO 45100 🄿 988 ⑤ ⑮, 429 G 17 – 52 398 ab. alt. 6 – ✆ 0425.

🛈 via Dunant 10 𝒫 361481, Fax 30416 – piazza Vittorio Emanuele 3 𝒫 422400.

A.C.I. piazza 20 Settembre 9 𝒫 25833.

Roma 457 ④ – ◆Venezia 78 ① – ◆Bologna 79 ④ – ◆Ferrara 33 ③ – ◆Milano 285 ① – ◆Padova 41 ①.

Pianta pagina seguente

　🏩 **Villa Regina Margherita**, viale Regina Margherita 6 𝒫 361540, Fax 31301 – 📳 ▤ 📺 ☎
　　🕃 🅿 – 🔬 30. 🖭 🕃 ⓞ 🖪 𝚅𝙸𝚂𝙰. ⚯ rist　　　　　　　　　　　　　　　　　AY　t
　　Pasto carta 35/57000 – **22 cam** ⊡ 130/160000.

　🏨 **Corona Ferrea** senza rist, via Umberto I 21 𝒫 422433, Fax 422292 – 📳 ▤ 📺 ☎ 🕃 🚗 –
　　🔬 50. 🖭 🕃 ⓞ 🖪 𝚅𝙸𝚂𝙰　　　　　　　　　　　　　　　　　　　　　　　　AY　a
　　⊡ 15000 – **28 cam** 110/150000.

　🏨 **Cristallo**, viale Porta Adige 1 𝒫 30701, Fax 31083 – 📳 ▤ 📺 ☎ 🅿 – 🔬 200. 🖭 🕃 ⓞ 🖪
　　𝚅𝙸𝚂𝙰 𝙹𝙲𝙱　　　　　　　　　　　　　　　　　　　　　　　　　　　　　　　　AY　s
　　Pasto (chiuso venerdì) carta 41/65000 (15%) – **42 cam** ⊡ 100/140000 – 1/2 P 110/120000.

　🏠 **Granatiere** senza rist, corso del Popolo 235 𝒫 22301, Fax 29388 – 📳 ▤ 📺 ☎. 🖭 🕃 ⓞ 🖪
　　𝚅𝙸𝚂𝙰　　　　　　　　　　　　　　　　　　　　　　　　　　　　　　　　　　　BZ　x
　　27 cam ⊡ 85/125000.

　✗✗ **3 Pini**, viale Porta Po 68 𝒫 421111, 🏡 – ▤ 🅿. 🕃 🖪 𝚅𝙸𝚂𝙰. ⚯　　　　　　BZ　t
　　chiuso domenica ed agosto – **Pasto** carta 44/46000.

　✗ **Cauccio** con cam, viale Oroboni 50 𝒫 31639 – 📺 ☎ 🅿　　　　　　　　　　　BY　c
　　Pasto (chiuso lunedì) carta 26/36000 – ⊡ 6000 – **13 cam** 70/90000 – 1/2 P 90000.

ROVIGO

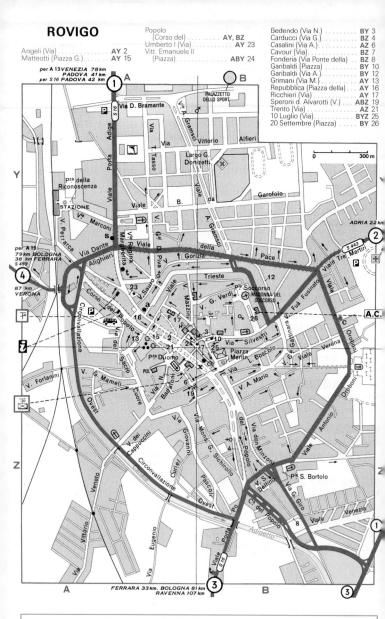

La carta Michelin n° 430 ITALIA Centro 1/400 000.

RUBANO 35030 Padova 429 F 17 – 12 579 ab. alt. 18 – ☎ 049.

Roma 499 – ♦Venezia 52 – ♦Milano 224 – ♦Padova 8 – ♦Verona 72 – Vicenza 25.

🏨 **La Bulesca** ⚲ senza rist, via Fogazzaro 2 ℰ 8976388, Fax 8975543, 🚗 – 🛗 🗏 📺 ☎ 🅿
60 cam.

🏨 **El Rustego,** via Rossi 16 ℰ 631466, Fax 631558, 🛪 – ⁇ 🗏 📺 ☎ ⚇ 🖐 ⚇ – 🖧 60. 🖭 🖸 ⓪ **E** 𝒱𝐼𝒮𝒜. ⁇ rist
    Pasto *(chiuso domenica e dal 30 luglio al 27 agosto)* carta 33/50000 – **41 cam** 🖙 85/130000 – ½ P 105/126000.

🏵🏵🏵 Zuan della Bulesca, via Fogazzaro 2 ℰ 8975297, Fax 8976747 – 🗏 ⚇

    a Sarmeola SE : 3 km – ✉ **35030** :

🏛 **Le Calandre** senza rist, via Liguria 1 ℰ 635200, Fax 633026 – ⁇ 🗏 📺 ☎ ⚇. 🖭 🖸 ⓪ **E** 𝒱𝐼𝒮𝒜
    chiuso dal 23 dicembre al 6 gennaio – 🖙 12000 – **35 cam** 95/125000.

🏵🏵🏵 ❀ **Le Calandre,** strada statale ℰ 630303, Fax 633000, prenotare – 🗏 ⚇. 🖭 🖸 ⓪ **E** 𝒱𝐼𝒮𝒜
    chiuso dal 1° al 15 gennaio, dal 6 al 20 agosto, domenica sera, lunedì e da giugno a settembre anche domenica a mezzogiorno – **Pasto** 85/95000 e carta 55/105000
    Spec. Gnocchi di rape rosse in salsa roquefort (autunno-inverno), Involtini di scampi fritti con salsa di lattuga (inverno), Fegato di coniglio impanato (primavera-estate).

RUBIERA 42048 Reggio nell'Emilia 𝟵𝟴𝟴 ⑭, 𝟰𝟮𝟴 𝟰𝟮𝟵 𝟰𝟯𝟬 I 14 – 9 668 ab. alt. 55 – ✆ 0522.
Roma 415 – ◆Bologna 61 – ◆Milano 162 – ◆Modena 12 – ◆Parma 40 – Reggio nell'Emilia 13.

🏨 **Arnaldo,** piazza 24 Maggio 3 ℰ 626124, Fax 628145 – ⁇ 📺 ☎. 🖭 🖸 ⓪ **E** 𝒱𝐼𝒮𝒜. ⁇
    chiuso Natale, Pasqua ed agosto – **Pasto** vedere rist **Arnaldo-Clinica Gastronomica** – 🖙 22000 – **32 cam** 90/120000.

🏵🏵 ❀ **Arnaldo-Clinica Gastronomica,** piazza 24 Maggio 3 ℰ 626124, Fax 628145 – 🖭 🖸 ⓪ **E** 𝒱𝐼𝒮𝒜. ⁇
    chiuso domenica e lunedì a mezzogiorno, Natale, Pasqua ed agosto – **Pasto** carta 44/71000 (15%).
    Spec. Spugnolata (pasta), Arrosto al Barolo, Faraona al cartoccio.

RUMO 38020 Trento 𝟰𝟮𝟴 𝟰𝟮𝟵 C 15 – 823 ab. alt. 939 – a.s.Pasqua e Natale – ✆ 0463.
Roma 639 – ◆Bolzano 45 – ◆Milano 300 – Trento 55.

🏵🏵 **Du Parc** ❧ con cam, località Mocenigo ℰ 530179, ≤, 🏡, 🛪 – 🗏 rist ☎ ⚇. **E** 𝒱𝐼𝒮𝒜. ⁇
    chiuso dal 10 gennaio al 10 febbraio – **Pasto** *(chiuso mercoledì)* carta 28/51000 – 🖙 10000 – **17 cam** 70/130000 – ½ P 80/85000.

RUSSI 48026 Ravenna 𝟵𝟴𝟴 ⑮, 𝟰𝟮𝟵 𝟰𝟯𝟬 I 18 – 10 866 ab. alt. 13 – ✆ 0544.
Roma 374 – ◆Ravenna 17 – ◆Bologna 67 – Faenza 16 – ◆Ferrara 82 – Forlì 20 – ◆Milano 278.

    a San Pancrazio SE : 5 km – ✉ **48020** :

🏵🏵 **La Cucoma,** ℰ 534147, Specialità di mare – ⁇ 🗏 ⚇. 🖭 🖸 ⓪ **E** 𝒱𝐼𝒮𝒜
    chiuso domenica sera, lunedì e dal 20 luglio al 20 agosto – **Pasto** carta 29/46000.

RUTA Genova – Vedere Camogli.

RUTIGLIANO 70018 Bari 𝟵𝟴𝟴 ㉙, 𝟰𝟯𝟭 D 33 – 16 372 ab. alt. 122 – ✆ 080.
Roma 463 – ◆Bari 19 – ◆Brindisi 100 – ◆Taranto 87.

🏵🏵 **La Locanda,** via Leopardi 71 ℰ 661152, Fax 662297, 🏡 – 🖭 🖸 ⓪ **E** 𝒱𝐼𝒮𝒜 𝐉𝐂𝐁
    chiuso martedì ed agosto – **Pasto** carta 28/51000.

RUTTARS Gorizia – Vedere Dolegna del Collio.

RUVO DI PUGLIA 70037 Bari 𝟵𝟴𝟴 ㉙, 𝟰𝟯𝟭 D 31 – 24 831 ab. alt. 256 – ✆ 080.
Vedere Cratere di Talos★★ nel museo Archeologico Jatta – Cattedrale★.
Roma 441 – ◆Bari 36 – Barletta 32 – ◆Foggia 105 – Matera 64 – ◆Taranto 117.

🏨 **Pineta** ❧, via Carlo Marx 5 ℰ 811578, Fax 811578 – 🗏 rist 📺 ☎ ⚇ – 🖧 200. 🖭 🖸 ⓪ **E** 𝒱𝐼𝒮𝒜. ⁇
    chiuso novembre – **Pasto** *(chiuso venerdì)* carta 35/50000 (10%) – 🖙 8000 – **14 cam** 68/110000 – P 124000.

SABAUDIA 04016 Latina 𝟵𝟴𝟴 ㉘, 𝟰𝟯𝟬 S 21 – 14 287 ab. – a.s. Pasqua e luglio-agosto – ✆ 0773.
Roma 96 – Frosinone 56 – Latina 28 – ◆Napoli 149 – Terracina 26.

    sul lungomare SO : 2 km :

🏛🏛 **Le Dune** ❧, ✉ 04016 ℰ 511511, Fax 55643, ≤, 🏡, 🎘, ≈s, 🗲, 🖾, 🛪, ⁇ – ⁇ 🗏 📺 ☎ ⚇ – 🖧 35. 🖭 🖸. ⁇
    14 aprile-ottobre – **Pasto** 56/78000 – **70 cam** 🖙 230/250000, 2 appartamenti – ½ P 225000.

SABBIONETA 46018 Mantova 𝟵𝟴𝟴 ⑭, 𝟰𝟮𝟴 𝟰𝟮𝟵 H 13 – 4 438 ab. alt. 18 – ✆ 0375.
Vedere Insieme urbano★ – Teatro Olimpico★ – Chiesa dell'Incoronata★ – Galleria delle Antichità★ nel palazzo del Giardino.
Roma 469 – ◆Parma 28 – ◆Bologna 107 – Mantova 34 – ◆Milano 142 – ◆Modena 67.

🏵🏵 Parco Cappuccini, a Vigoreto ℰ 52005, Fax 220056, « Parco ombreggiato » – ⁇ ⚇

547

Parma – Vedere Colorno.

SACILE 33077 Pordenone 988 ⑤, 429 E 19 – 16 774 ab. alt. 25 – ✆ 0434.
Roma 596 – Belluno 65 – Treviso 45 – ◆Trieste 126 – Udine 64.

※※ **Il Pedrocchino,** piazza 4 Novembre 4 ℰ 70034 – ⓞ *VISA*. ✆
chiuso lunedì e dal 13 al 31 agosto – **Pasto** carta 46/64000.

SACRA DI SAN MICHELE Torino 988 ⑫, 428 G 4 – alt. 962.
Vedere Abbazia★★★ : ≤★★★.
Roma 702 – Aosta 147 – Briançon 97 – Cuneo 102 – ◆Milano 174 – ◆Torino 37.

SACROFANO 00060 Roma 430 P 19 – 4 498 ab. alt. 260 – ✆ 06.
Roma 29 – Viterbo 59.

※ **Al Grottino,** ℰ 9086263, ⛱, « Ambiente caratteristico » – ⚍
chiuso mercoledì e dal 10 al 30 agosto – **Pasto** 35/45000.

SACRO MONTE Novara 219 ⑥ – Vedere Orta San Giulio.

SACRO MONTE Vercelli 428 E 6, 219 ⑥ – Vedere Varallo.

SAINT CHRISTOPHE Aosta 428 E 4, 219 ② – Vedere Aosta.

SAINT VINCENT 11027 Aosta 988 ②, 428 E 4 – 4 865 ab. alt. 575 – Stazione termale (maggio-ottobre), a.s. 20 giugno-settembre e Natale – ✆ 0166.
🎫 via Roma 48 ℰ 512239, Fax 513149.
Roma 722 – Aosta 29 – Colle del Gran San Bernardo 61 – Ivrea 46 – ◆Milano 159 – ◆Torino 88 – Vercelli 97.

🏨 **Gd H. Billia,** viale Piemonte 18 ℰ 5231, Telex 212144, Fax 523799, ≤, ⛱, « Parco ombreggiato con 🌲 », 🖹, 🛱, ※ – 🛗 🖹 📺 ☎ 🅿 – 🔬 50 a 430. ⚍ 🕃 ⓞ 🅴 *VISA*. ✆
Pasto 80000 – **230 cam** 🖂 250/380000, 3 appartamenti – P 350000.

🏨 **Elena** senza rist, piazza Monte Zerbion ℰ 512140, Fax 537459 – 🛗 📺 ☎. ⚍ 🕃 ⓞ 🅴 *VISA* JCB. ✆
chiuso novembre – 🖂 13000 – **48 cam** 75/110000.

🏨 **Les Saisons** senza rist, via Ponte Romano ℰ 537335, Fax 512573, ≤ – 📺 ☎ ⚫ 🅿. 🕃 ⓞ 🅴 *VISA*
🖂 10000 – **21 cam** 110000.

🏨 **Haiti** senza rist, via Chanoux 15/17 ℰ 512114, Fax 512937 – 📺 ☎ ⟷. ⚍ 🕃 ⓞ 🅴 *VISA*. ✆
chiuso dal 15 gennaio al 15 febbraio – 🖂 15000 – **27 cam** 72/100000.

🏨 **Posta,** piazza 28 Aprile 1 ℰ 512250, Fax 537093 – 🛗 📺 ⟷. ⚍ 🕃 ⓞ 🅴 *VISA*. ✆
Pasto (chiuso giovedì) 32000 – 🖂 10000 – **39 cam** 65/100000 – ½ P 94000.

🏨 **Leon d'Oro,** via Chanoux 26 ℰ 512202, Fax 537345, ⛱, ☀ – 📺 ☎ 🅿. ⚍ 🕃 ⓞ 🅴 *VISA* JCB. ✆ rist
Pasto (maggio-settembre) 30000 – 🖂 7500 – **50 cam** 60/80000 – ½ P 70/80000.

※※※ ❀ **Nuovo Batezar-da Renato,** via Marconi 1 ℰ 513164, prenotare – 🍽. ⚍ 🕃 ⓞ 🅴 *VISA*
chiuso a mezzogiorno (escluso sabato, domenica e i giorni festivi), mercoledì, dal 10 al 24 dicembre e dal 15 al 30 giugno – **Pasto** 60/120000 e carta 70/122000
Spec. Antipasti caldi di verdure, Crêpe con fonduta, Zabaione al passito di Chambave.

※※ **Le Grenier,** piazza Monte Zerbion 1 ℰ 512224, Fax 513198, « Ambiente caratteristico » – ⚍ 🕃 ⓞ 🅴 *VISA*. ✆
chiuso a mezzogiorno (escluso i giorni festivi), martedì, dal 10 al 26 gennaio e dal 10 al 31 luglio – **Pasto** carta 54/81000.

a Col du Joux E : 16 km alt. 1 640 – ☒ 11027 Saint Vincent :

※※ Stella Alpina, ℰ 513527, ≤, prenotare, « Caratteristico chalet » – 🅿

Vedere anche : *Chatillon* O : 4 km.

SALA BAGANZA 43038 Parma 428 429 H 12 – 4 194 ab. alt. 162 – ✆ 0521.
Dintorni Torrechiara★ : affreschi★ e ≤★ dalla terrazza del Castello SE : 10 km.
🏌 La Rocca (chiuso lunedì e gennaio) ℰ 834037, Fax 834575.
Roma 472 – ◆Parma 12 – ◆Milano 136 – ◆La Spezia 105.

※※ **Da Eletta,** ℰ 833304, prenotare – 🅿. *VISA*. ✆
chiuso lunedì, le sere di martedì e domenica e dal 16 luglio al 24 agosto – **Pasto** carta 40/50000.

※※ **I Pifferi,** E : 1 km ℰ 833243, « Servizio estivo all'aperto » – 🅿. 🕃 ⓞ 🅴 *VISA*. ✆
chiuso lunedì – **Pasto** carta 33/65000.

SALA CONSILINA 84036 Salerno 988 ㉘, 431 F 28 – 12 765 ab. alt. 614 – ☎ 0975.
Roma 350 – Castrovillari 104 – ♦Napoli 144 – Potenza 64 – Salerno 93.

sulla strada statale 19 SE : 3 km :

La Pergola, ✉ 84030 Trinità ☎ 45054, Fax 45329 – |‡| TV 🚗 P. AE 🅂 ⓞ
Pasto 25/35000 (10 %) – ☕ 10000 – **28 cam** 36/63000 – ½ P 66000.

SALEMI Trapani 432 N 20 – Vedere Sicilia alla fine dell'elenco alfabetico.

SALERNO 84100 P 988 ㉗ ㉘, 431 E 26 – 148 969 ab. – ☎ 089.
Vedere Duomo★★ B – Via Mercanti★ AB – Lungomare Trieste★ AB.
Escursioni Costiera Amalfitana★★★.
ℹ piazza Ferrovia o Vittorio Veneto ☎ 231432 – via Roma 258 ☎ 224744.
A.C.I. via Giacinto Vicinanza 11 ☎ 226677.
Roma 263 ④ – ♦Napoli 52 ④ – ♦Foggia 154 ①.

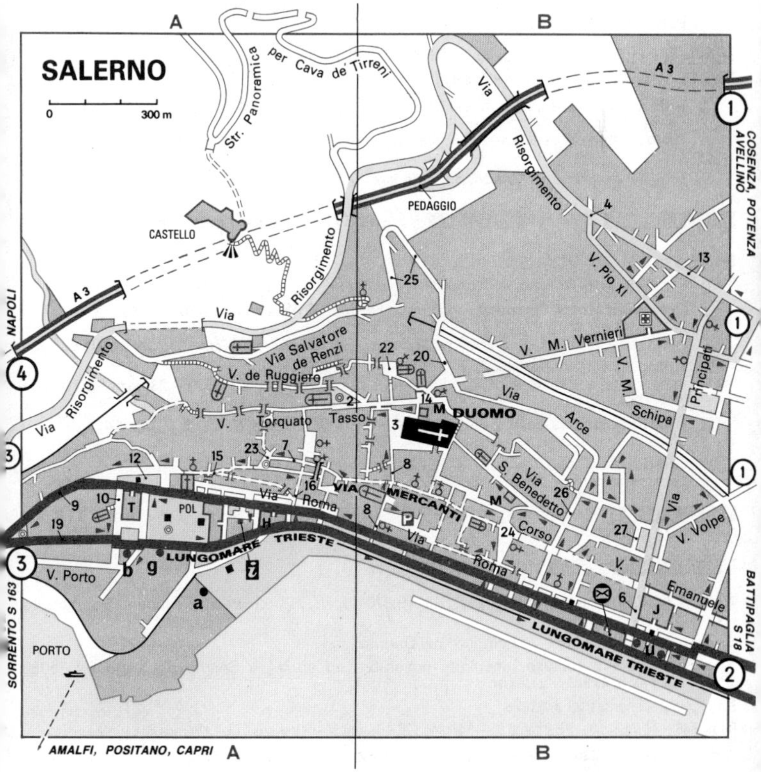

Mercanti (Via)	AB	Duomo (Via)	B 8	Sabatini (Via A.)	A 19
Vittorio Emanuele (Corso)	B	Indipendenza (Via)	A 9	S. Eremita (Via)	B 20
		Lista (Via Stanislas)	A 10	S. Tommaso d'Aquino (Largo)	B 22
Abate Coforti (Largo)	AB 2	Luciani (Piazza M.)	A 12	Sedile del Campo (Pza)	A 23
Alfano 1° (Piazza)	B 3	Paglia (Via M.)	B 13	Sedile di Pta. Nuova (Pza)	B 24
Cavaliero (Via L.)	B 4	Plebiscito (Largo)	B 14	Sorgente (Via Camillo)	B 25
Cilento (Via A.)	B 6	Partacatena (Via)	A 15	Velia (Via)	B 26
Dogana Vecchia (Via)	A 7	Porta di Mare (Via)	A 16	24 Maggio (Piazza)	B 27

Lloyd's Baia, strada statale ☎ 210145, Telex 770043, Fax 210186, ≤ golfo di Salerno, Terrazze ed ascensore per la spiaggia, 🏊, 🎾 – |‡| ▤ TV ☎ 🚗 P – 🏛 30 a 250. AE 🅂 ⓞ E VISA JCB. ✻ 3 km per ③
Pasto 45000 – **120 cam** ☕ 200/220000 – ½ P 140/175000.

Jolly, lungomare Trieste 1 ☎ 225222, Telex 770050, Fax 237571, ≤ – |‡| ▤ TV ☎ – 🏛 120. AE 🅂 ⓞ E VISA JCB. ✻ rist A **a**
Pasto 55000 – **104 cam** ☕ 195/230000 – ½ P 165/240000.

🏨 **Plaza** senza rist, piazza Ferrovia o Vittorio Veneto 🏦 224477, Fax 237311 – 📳 🏢 ☎. 🖭 🕽
　　🝙 E 🗷. 🛠　　　　　　　　　　　　　　　per corso Vittorio Emanuele　B
　　🖭 12000 – **42 cam** 80/120000.

🏨 **Fiorenza** senza rist, a Mercatello via Trento 145 🏦 338800, Fax 338800 – 🔳 📺 ☎ 🚗 🅿
　　– 🔬 150. 🖭 🕽 🕽 E 🗷　　　　　　　　　　　　　　　per ②
　　🖭 12000 – **30 cam** 90/124000, 🔳 12000.

XX **Il Timone,** via Generale Clark 29/35 🏦 335111 – 🔳. 🕽 E 🗷　　　　　per ②
　　chiuso domenica sera, lunedì e dal 23 dicembre al 7 gennaio – **Pasto** carta 33/51000 (10%).

XX **Glykys,** lungomare Trieste 86 🏦 241791 – 🔳. 🖭 🕽 🕽 E 🗷. 🛠　　　　　B u
　　chiuso domenica – **Pasto** 18000 bc e carta 29/42000.

XX Nicola dei Principati, corso Garibaldi 201 🏦 225435 – 🔳　　　　　B u

XX **La Brace,** lungomare Trieste 11 🏦 225159 – 🔳 🅿. 🖭 🕽 🕽 E 🗷　　　　A g
　　chiuso venerdì e dal 20 al 31 dicembre – **Pasto** carta 36/59000 (12%).

X **Il Molo,** via Molo Manfredi 38 🏦 231756, 🖈 – 🔳. 🖭 🕽 🕽 E 🗷. 🛠　　　A b
　　chiuso domenica sera, lunedì, dal 22 dicembre al 6 gennaio e dal 13 agosto al 3 settembre –
　　Pasto carta 26/56000.

SALICE SALENTINO 73015 Lecce 431 F 35 – 8 966 ab. alt. 48 – ✪ 0832.

Roma 566 – ◆Brindisi 30 – Lecce 21 – ◆Taranto 70.

XX **Villa Donna Lisa** con cam, via Marangi 🏦 732222, Fax 732224, 🖈 – 🔳 📺 ☎ 🅿. 🖭 🕽
　　🕽 🗷. 🛠 rist
　　Pasto *(chiuso domenica sera)* carta 30/51000 – **20 cam** 🖭 75/120000 – ½ P 80000.

Leggete attentamente l'introduzione : è la « chiave » della guida.

SALICE TERME 27056 Pavia 988 ⑬, 428 H 9 – alt. 171 – Stazione termale (marzo-dicembre) –
✪ 0383.

🅱 via Marconi 20 🏦 91207.

Roma 583 – Alessandria 37 – ◆Genova 89 – ◆Milano 73 – Pavia 41.

🏨 **President Hotel Terme** 🐾, via Enrico Fermi 5 🏦 91941, Fax 92342, 🕌, 🚿, 🔟, 🖈, 🎗 –
　　📳 🔳 cam 📺 ☎ 🅿 – 🔬 350. 🖭 🕽 🕽 E 🗷. 🛠
　　Pasto carta 39/49000 – 🖭 15000 – **122 cam** 128/168000, 🔳 17000 – ½ P 146/154000.

🏨 **Roby,** via Cesare Battisti 15 🏦 91323 – 📺 ☎ 🅿. 🛠 rist
　　aprile-ottobre – **Pasto** *(chiuso mercoledì)* carta 25/44000 – 🖭 5000 – **23 cam** 50/70000 –
　　½ P 60000.

XXX **Il Caminetto,** via Cesare Battisti 11 🏦 91391, 🖈 – 🔳 🅿. 🖭 🕽 🕽 E 🗷. 🛠
　　chiuso lunedì e gennaio – **Pasto** carta 45/65000.

XX **Guado,** viale delle Terme 57 🏦 91223, 🖈, prenotare – 🖭 🕽 🕽 E 🗷. 🛠
　　chiuso mercoledì – **Pasto** carta 44/63000.

SALINA (Isola) Messina 988 ㊱ ㊲ ㊳, 431 432 L 26 – Vedere Sicilia (Eolie, isole) alla fine
dell'elenco alfabetico.

SALINE DI VOLTERRA Pisa – Vedere Volterra.

SALÒ 25087 Brescia 988 ④, 428 429 F 13 – 9 870 ab. alt. 75 – a.s. Pasqua e luglio-15 settembre
– ✪ 0365.

Vedere Lago di Garda★★★ – Polittico★nel Duomo.

🏌 e 🏌 Gardagolf (chiuso lunedì da novembre ad aprile) a Soiano del Lago ⌧ 25080
🏦 674707,Fax 674788, N : 12 km.

🅱 lungolago Zanardelli 39 🏦 21423.

Roma 548 – ◆Brescia 30 – ◆Bergamo 85 – ◆Milano 126 – Trento 94 – ◆Venezia 173 – ◆Verona 63.

🏨 **Laurin,** 🏦 22022, Telex 303342, Fax 22382, 🖈, « Giardinocon 🔟 » – 📳 📺 ☎ 🅿 –
　　🔬 25 a 35. 🖭 🕽 🕽 E 🗷. 🛠 rist
　　chiuso dal 20 dicembre al 20 gennaio – **Pasto** carta 65/85000 – 🖭 25000 – **35 cam**
　　160/250000, 2 appartamenti – ½ P 160/190000.

🏨 **Salò du Parc,** 🏦 290043, Fax 520390, ≤, 🖈, « Giardino con 🔟 in riva al lago », 🕌, 🚿
　　– 🔳 📺 ☎. 🖭 🕽 🕽 E 🗷. 🛠 rist
　　Pasto *(solo per clienti alloggiati)* 50000 – **32 cam** 🖭 200/240000 – ½ P 160/180000.

🏨 **Duomo,** 🏦 21026, Fax 21028, ≤, 🖈, 🚿 – 📳 📺 ☎ – 🔬 30. 🖭 🕽 🕽 E 🗷 🕽. 🛠 rist
　　Pasto *(chiuso dal 4 al 25 novembre, lunedì a mezzogiorno da giugno a settembre anche la
　　sera e martedì a mezzogiorno negli altri mesi)* carta 43/83000 – **22 cam** 🖭 143/187000 –
　　½ P 150000.

🏨 **Vigna,** 🏦 520144, Fax 20516, ≤ – 📳 🔳 rist ☎. 🕽 🕽 E 🗷. 🛠 rist
　　aprile-14 novembre – **Pasto** *(chiuso giovedì in bassa stagione)* carta 36/57000 – 🖭 10000 –
　　22 cam 70/105000 – ½ P 89000.

🏨 **Benaco,** 🏦 20308, Fax 20724, ≤ – 📳 📺 ☎. 🖭 🕽 🕽 E 🗷 🕽. 🛠 rist
　　Pasto 40000 – **20 cam** 🖭 70/105000 – ½ P 85000.

XX **Lepanto** con cam, 𝒫 20428, Fax 20428, ≼ – ஃ 📵 ⓞ Ε 𝖵𝖨𝖲𝖠 𝖩𝖢𝖡. ⅍ rist
chiuso dal 15 gennaio a febbraio – **Pasto** (chiuso giovedì) carta 38/57000 – ⌼ 10000 –
7 cam 50/70000 – ½ P 63/70000.

XX **Il Melograno,** località Campoverde O : 1 km 𝒫 520421 – ஃ 📵 ⓞ Ε 𝖵𝖨𝖲𝖠
chiuso lunedì sera, martedì ed ottobre – **Pasto** carta 35/50000.

XX **Gallo Rosso,** 𝒫 520757 – ▤, ஃ 📵 ⓞ Ε 𝖵𝖨𝖲𝖠. ⅍
chiuso mercoledì – **Pasto** 30000 bc.

XX **Alla Campagnola,** 𝒫 22153, 🍽, prenotare la sera – ஃ 📵 ⓞ Ε 𝖵𝖨𝖲𝖠. ⅍
chiuso lunedì, martedì a mezzogiorno e gennaio – **Pasto** carta 38/58000.

a Barbarano NE : 2,5 km verso Gardone Riviera – ✉ **25087** Salò :

🏨 **Spiaggia d'Oro** ⑤, 𝒫 290034, Fax 290092, ≼, 🍽, « Giardino sul lago con ⎯ », ☎ – ▯
▤ 📺 ☎ 占 – 🕍 25. ஃ 📵 ⓞ Ε 𝖵𝖨𝖲𝖠. ⅍
aprile-ottobre – **Pasto** 55000 – **39 cam** ⌼ 180/300000 – ½ P 140/180000.

🏠 **Barbarano al Lago** ⑤, senza rist, 𝒫 20324, ≼, « Piccolo parco ombreggiato », ⎯, 🛥
– ℗. 📵 Ε 𝖵𝖨𝖲𝖠. ⅍ rist
giugno-6 ottobre – ⌼ 8000 – **16 cam** 80/160000.

Des modifications et des améliorations sont constamment apportées

au réseau routier italien.

*Achetez l'édition la plus récente de la **carte Michelin** 🄳🄳🄳 à 1/1 000 000.*

SALSOMAGGIORE TERME 43039 Parma 🄳🄳🄳 ⑬ ⑭, 🄳🄳🄳 🄳🄳🄳 H 12 – 17 392 ab. alt. 160 – Stazione termale, a.s. agosto-25 ottobre – ✿ 0524.

🞖 (chiuso mercoledì) località Contignaco-Pontegrosso ✉ 43039 Salsomaggiore Terme
𝒫 574152, Fax 578649, S : 5 km.

🗓 viale Romagnosi 7 𝒫 574416.

Roma 488 ① – ✦Parma 30 ① – Cremona 57 ① – ✦Milano 113 ① – Piacenza 52 ① – ✦La Spezia 128 ①.

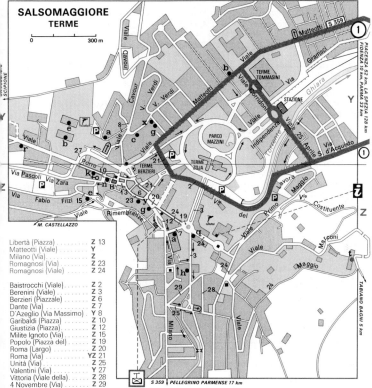

Gd H. et de Milan, via Dante 1 ℰ 572241, Fax 573884, « Piccolo parco ombreggiato con ⚒ », ᖽ, ⓢ, ♨ – 🛗 📺 ☎ 🅿 – 🔬 80. ᴁ 🆑 ⓞ 🅴 𝘝𝘐𝘚𝘈. ❄ rist　　　　　Z **a**
aprile-novembre – **Pasto** 70/85000 – **112 cam** ⊃ 220/360000, 6 appartamenti – ½ P 280/320000.

Porro ⤵, viale Porro 10 ℰ 578221, Fax 577878, « Parco ombreggiato », ♨ – 🛗 🍽 rist 📺 ☎ 🅿 – 🔬 50. ᴁ 🆑 ⓞ 🅴 𝘝𝘐𝘚𝘈. ❄　　　　　Y **b**
chiuso dall'8 gennaio al 20 febbraio e dal 1° al 22 dicembre – **Pasto** 50/60000 – ⊃ 15000 – **82 cam** 130/180000, 6 appartamenti – ½ P 125/150000.

Regina, largo Roma 3 ℰ 571611, Fax 576941, ⓢ, ♨ – 🛗 📺 ☎ 🅿 – 🔬 80. ᴁ 🆑 ⓞ 🅴 𝘝𝘐𝘚𝘈. ❄ rist　　　　　Z **g**
Pasto 40/60000 – **93 cam** ⊃ 140/220000 – ½ P 160/180000.

Valentini ⤵, viale Porro 10 ℰ 578521, Fax 578266, « Parco ombreggiato », ♨ – 🛗 📺 ☎ 🅿 – 🔬 200. ᴁ 🆑 ⓞ 🅴 𝘝𝘐𝘚𝘈 𝗝𝗖𝗕. ❄　　　　　Y **e**
15 marzo-20 novembre – **Pasto** (solo per clienti alloggiati) 45/60000 – ⊃ 13000 – **126 cam** 90/130000 – ½ P 88000.

Excelsior, viale Berenini 3 ℰ 575641, Fax 573888, ᖽ, ⚒ – 🛗 📺 ☎ ⇌ 🅿 – 🔬 30 a 40. 🆑 🅴 𝘝𝘐𝘚𝘈. ❄　　　　　Z **h**
15 aprile-8 novembre – **Pasto** (solo per clienti alloggiati) 42000 – **63 cam** ⊃ 105/160000 – P 100/135000.

Cristallo, via Rossini 1 ℰ 577241, Fax 574022, ⚒ – 🛗 🍽 📺 ☎ 🅿. ᴁ 🆑 ⓞ 🅴 𝘝𝘐𝘚𝘈. ❄ rist　　　　　Y **g**
chiuso gennaio e febbraio – **Pasto** 40/45000 – **78 cam** ⊃ 110/145000 – ½ P 105/135000.

Daniel, via Massimo D'Azeglio 8 ℰ 572341, ↝ – 🛗 🍽 📺 ☎ 🅿. ᴁ 🆑 ⓞ 🅴 𝘝𝘐𝘚𝘈 𝗝𝗖𝗕. ❄ rist　　　　　Y **a**
10 aprile-10 novembre – **Pasto** 40000 – **36 cam** ⊃ 100/150000 – ½ P 95/100000.

Tiffany's, viale Berenini 4 ℰ 577540, Fax 577549 – 🛗 🍽 📺 ☎ 🅿. ᴁ 🆑 ⓞ 🅴 𝘝𝘐𝘚𝘈. ❄ rist　　　　　Z **q**
marzo-novembre – **Pasto** 45000 – **30 cam** ⊃ 110/150000 – ½ P 90/110000.

Roma, via Mascagni 10 ℰ 573371, Fax 573432 – 🛗 📺 ☎ 🅿. ᴁ 🆑 ⓞ 🅴 𝘝𝘐𝘚𝘈. ❄ rist　　　　　Y **x**
25 aprile-15 novembre – **Pasto** 33/38000 – **31 cam** ⊃ 90/145000 – ½ P 80/100000.

Ritz, viale Milite Ignoto 5 ℰ 577744, Fax 574410 – 🛗 📺 ☎ 🅿 ♿ 🅿. 🆑. ❄　　　　　Z **e**
aprile-novembre – **Pasto** 42/55000 – ⊃ 15000 – **27 cam** 95/115000 – ½ P 85/90000.

De la Ville, piazza Garibaldi 1 ℰ 573526, Fax 576449 – 🛗 📺 ☎. 🆑 🅴 𝘝𝘐𝘚𝘈. ❄ rist Z **n**
15 aprile-15 novembre – **Pasto** 28/30000 – **40 cam** ⊃ 80/105000 – ½ P 70/80000.

Nazionale, viale Matteotti 43 ℰ 573757, Fax 573114 – 🛗 rist 📺 ☎. ᴁ 🆑 ⓞ 🅴 𝘝𝘐𝘚𝘈. ❄ rist　　　　　Y **b**
marzo-novembre – **Pasto** 30/35000 – ⊃ 10000 – **41 cam** 80/110000 – ½ P 73/90000.

Rex, viale Porro 37 ℰ 573481 – 🛗 🍸 rist ☎ 🅿. ❄　　　　　Y **r**
15 marzo-15 novembre – **Pasto** 30000 – ⊃ 8000 – **28 cam** 65/90000 – ½ P 65/70000.

Panda, via Mascagni 6 ℰ 574566, Fax 574567 – 🛗 📺 ☜. ❄　　　　　Y **c**
aprile-novembre – **Pasto** 28/30000 – ⊃ 9000 – **27 cam** 70/90000 – ½ P 85000.

Suisse, viale Porro 5 ℰ 579077, Fax 576449, ↝ – 🛗 📺 ☎ 🅿. 🆑 🅴 𝘝𝘐𝘚𝘈. ❄ rist　　　　　Z **k**
20 marzo-15 novembre – **Pasto** (chiuso martedì) 30/35000 – **23 cam** ⊃ 70/110000 – ½ P 70/80000.

Peracchi, via Romagnosi 8 ℰ 571406, ↝ – 📺 ☎. ᴁ 🆑 ⓞ 🅴 𝘝𝘐𝘚𝘈. ❄ rist　　　　　Z **y**
marzo-novembre – **Pasto** 41000 – **31 cam** ⊃ 75/115000 – ½ P 70/84000.

𝕏𝕏 Al Tartufo con cam, viale Marconi 30 ℰ 573696, Fax 575633, ≤, prenotare – 📺 ☎ 🅿. ᴁ 🆑 ⓞ 🅴 𝘝𝘐𝘚𝘈 𝗝𝗖𝗕. ❄　　　　　Z **t**
chiuso gennaio e febbraio – **Pasto** (chiuso mercoledì) carta 39/61000 – **4 cam** ⊃ 60/100000, appartamento – P 70/90000.

SALTINO Firenze 𝟒𝟯𝟬 K 16 – Vedere Vallombrosa.

SALTUSIO (SALTAUS) Bolzano 𝟮𝟭𝟴 ⑩ – Vedere San Martino in Passiria.

SALUZZO 12037 Cuneo 𝟵𝟴𝟴 ⑫, 𝟰𝟮𝟴 I 4 – 15 865 ab. alt. 395 – ✆ 0175.

🟨 Il Bricco (maggio-ottobre; chiuso mercoledì escluso luglio-agosto) a Vernasca ✉ 12020 ℰ 567565, NO : 16 km.

🟦 via Griselda 6 ℰ 46710, Fax 46718.

Roma 662 – ◆Torino 58 – Asti 76 – Cuneo 32 – ◆Milano 202 – Sestriere 86.

Griselda, corso 27 Aprile 13 ℰ 47484, Fax 47489 – 🛗 🍽 📺 ☎ ⇌ 🅿 – 🔬 80. ᴁ 🆑 ⓞ 🅴 𝘝𝘐𝘚𝘈. ❄
Pasto *(chiuso a mezzogiorno e domenica)* carta 30/55000 – ⊃ 14000 – **34 cam** 90/125000 – ½ P 100/135000.

Astor senza rist, piazza Garibaldi 39 ℰ 45506, Fax 47450 – 🛗 🍽 📺 ☎ ⇌. ᴁ 🆑 ⓞ 🅴 𝘝𝘐𝘚𝘈. ❄
⊃ 13000 – **25 cam** 80/120000, appartamento, 🍽 10000.

XXX **La Gargotta del Pellico,** piazzetta Mondagli 5 ☎ 46833, Coperti limitati; prenotare – AE SI ① E VISA. ✻
chiuso martedì, mercoledì a mezzogiorno, dal 7 al 21 gennaio e dal 1° al 14 luglio – **Pasto** carta 35/50000.

XX **La Taverna di Porti Scür,** via Volta 14 ☎ 41961, Coperti limitati; prenotare – AE SI E VISA. ✻
chiuso lunedì e martedì a mezzogiorno – **Pasto** carta 43/50000.

XX **Corona Grossa,** via Silvio Pellico 3 ☎ 45384 – 🏛 30. AE SI E VISA
chiuso lunedì sera, martedì e dal 20 luglio al 10 agosto – **Pasto** carta 27/51000.

X **L'Ostu dij Baloss,** Via Gualtieri 33 ☎ 248618 – AE SI ① E VISA. ✻
chiuso domenica, lunedì a mezzogiorno, dal 22 al 29 gennaio e dal 7 al 21 agosto – **Pasto** carta 23/41000.

SALVAROSA Treviso – Vedere Castelfranco Veneto.

SALZANO **30030** Venezia 429 F 18 – 11 023 ab. alt. 11 – ☎ 041.
Roma 520 – ♦Venezia 14 – ♦Padova 29 – Treviso 34.

verso Noale NO : 4 km :

X **Da Flavio e Fabrizio,** ✉ 30030 ☎ 440645 – P. AE SI ① E VISA. ✻
chiuso lunedì e dal 10 al 20 agosto – **Pasto** carta 35/57000.

SAMBOSETO Parma – Vedere Busseto.

SAMBUCA Firenze 430 L 15 – Vedere Tavarnelle Val di Pesa.

SAMBUGHÈ Treviso 429 F 18 – Vedere Preganziol.

SAMMOMMÈ Pistoia 430 J 14 – Vedere Pistoia.

SAMPEYRE **12020** Cuneo 428 I 3 – 1 351 ab. alt. 976 – a.s. luglio-agosto e Natale – ☎ 0175.
Roma 680 – Cuneo 51 – ♦Milano 238 – ♦Torino 88.

🏠 **Torinetto,** borgata Calchesio 7 (O : 1,5 km) ☎ 977181, Fax 977104, ≤, 🌳 – |‡| TV ☎ P – 🏛 100. SI E VISA. ✻
Pasto 25/30000 – ☕ 5000 – **61 cam** 70/90000 – ½ P 50/65000.

a Rore E : 3 km – alt. 883 – ✉ **12020** :

X **Amici** con cam, ☎ 977119, ≤ – ✻
Pasto *(chiuso giovedì escluso da luglio a settembre)* carta 25/35000 – ☕ 5000 – **14 cam** 40/55000 – ½ P 50000.

SAN BARTOLOMEO AL MARE **18016** Imperia 428 K 6 – 2 894 ab. – ☎ 0183.
i piazza XXV Aprile 1 ☎ 400200, Fax 403050.
Roma 606 – ♦Genova 107 – Imperia 11 – ♦Milano 231 – San Remo 34.

🏨 **Bergamo,** ☎ 400060, Fax 401021, 🏊 – |‡| TV ☎ 🚗. SI ① E VISA. ✻
7 gennaio-10 marzo e maggio-settembre – **Pasto** 30/40000 – ☕ 15000 – **54 cam** 80/100000 – ½ P 70/90000.

XX ✻ **Il Frantoio,** via Pairola 23 (N : 1 km) ☎ 402487, Specialità di mare, prenotare – P. SI ① E VISA. ✻
chiuso giovedì – **Pasto** 50/120000 e carta 63/90000
Spec. Polpo all'acqua pazza con verdure, Calamari e seppioline al vapore con legumi, "Puccetta" di vongole veraci.

SAN BENEDETTO Verona – Vedere Peschiera del Garda.

SAN BENEDETTO DEL TRONTO **63039** Ascoli Piceno 988 ⑯ ⑰, 430 N 23 – 42 799 ab. – a.s. luglio-settembre – ☎ 0735.
i viale delle Tamerici 5 ☎ 592237, Fax 582893 – piazzale Stazione (giugno-15 settembre) ☎ 583487.
Roma 231 – ♦Ancona 89 – L'Aquila 122 – Ascoli Piceno 34 – Macerata 69 – ♦Pescara 68 – Teramo 49.

🏨 **Regent** senza rist, viale Gramsci 31 ☎ 582720, Fax 582805 – |‡| ▤ TV ☎ 🚗. AE SI ① E VISA. ✻
☕ 10000 – **24 cam** 90/130000.

🏨 **Sabbiadoro,** viale Marconi 46 ☎ 81911, Fax 81967, ≤, « Terrazza panoramica con 🏊 », 🏊, 🏊, 🏖 – |‡| ▤ TV ☎ 🚗. AE SI ① E VISA. ✻
25 maggio-15 settembre – **Pasto** (solo per clienti alloggiati) carta 20/40000 – ☕ 15000 – **63 cam** 85/115000 – ½ P 65/110000.

🏨 **Garden,** viale Buozzi 8 ☎ 588245, Fax 588762 – |‡| ▤ rist TV ☎ 🚗 – 🏛 80. VISA. ✻
Pasto carta 30/40000 – ☕ 8500 – **54 cam** 75/130000 – P 90/105000.

🏨 **Roxy,** viale Buozzi 6 ☎ 584441, Fax 584446, 🏊 – |‡| ▤ TV ☎ P. AE SI ① E VISA. ✻
Pasto *(luglio-agosto)* 38/45000 – **73 cam** ☕ 105/180000 – ½ P 105/120000.

🏨 **Royal,** via Ristori 24 ☎ 81921, Fax 81950, 🏊, 🏖, ✂ – |‡| ▤ ☎ 🚗 P. ✻
maggio-settembre – **Pasto** (solo per clienti alloggiati) – ☕ 5000 – **30 cam** 60/85000 – ½ P 90000.

Giancarlo, via Cicerone 43 ☎ 81740, Fax 81792, ≤, ★, 🐾 – |🛗| ▤ rist ☎ 🅟. VISA. ✻
Pasqua-ottobre – **Pasto** carta 30/53000 – ☐ 8000 – **103 cam** 70/90000 – ½ P 50/90000.

Arlecchino, viale Trieste 22 ☎ 85635, Fax 85682 – |🛗| ▤ TV ☎ 🅟. AE 🅢 ⓞ E VISA. ✻
chiuso dal 20 ottobre al 20 novembre – **Pasto** *(giugno-20 settembre e solo per clienti alloggiati)* 30/50000 – ☐ 10000 – **31 cam** 140/180000 – ½ P 80/105000.

Bahia, viale Europa 98 ☎ 81711, Fax 655298, ≤, ★ – |🛗| ▤ rist ☎ 🅟. AE 🅢 ⓞ E VISA. ✻ rist
20 maggio-20 settembre – **Pasto** (solo per clienti alloggiati) 30/35000 – ☐ 10000 – **44 cam** 80/100000 – ½ P 60/100000.

Girasole, viale Europa 126 ☎ 82162, Fax 781266, ≤, ✻ – |🛗| TV ☎ 🅟. 🅢. ✻ rist
15 maggio-20 settembre – **Pasto** 20/40000 – ☐ 7500 – **27 cam** 55/75000 – ½ P 50/90000.

Il Pescatore, viale Trieste 27 ☎ 83782, Fax 83782, ≤, ★ – AE 🅢 ⓞ E VISA JCB. ✻
chiuso dal 25 dicembre al 15 gennaio, domenica sera e lunedì dal 15 settembre al 15 giugno – **Pasto** carta 41/69000.

Ristorantino da Vittorio, via Manara 102 ☎ 583344, Fax 583344, 🍽 – ▤ 🅟. AE 🅢 E VISA. ✻
chiuso lunedì – **Pasto** carta 36/70000.

La Stalla, contrada Marinuccia 21 (O : 1 km) ☎ 587344, « Servizio estivo in terrazza panoramica » – ▤ 🅟. VISA
chiuso lunedì – **Pasto** carta 29/49000.

a Porto d'Ascoli S : 5 km – ✉ **63037.**

🅘 (giugno-settembre) via del Mare ☎751798 :

Excelsior Gd H. des Bains, viale Rinascimento 137 ☎ 753246, Fax 655310, ≤, ≤, ★, 🐾 – |🛗| 🅟. 🅢 E VISA
giugno-settembre – **Pasto** 35000 – ☐ 12000 – **126 cam** 85/110000 – ½ P 69/110000.

Ambassador, via Cimarosa 5 ☎ 659443, Fax 657758, ≤, ≤, ★, 🐾, ✻ – |🛗| ▤ ☎ 🅟. AE 🅢 ⓞ E VISA JCB. ✻ rist
maggio-settembre – **Pasto** 40/50000 – ☐ 15000 – **63 cam** 90/140000 – ½ P 65/110000.

Poseidon, via San Giacomo 34 ☎ 751696, Fax 655298, ★ – |🛗| ▤ rist ☎ 🅟. AE. ✻ rist
maggio-settembre – **Pasto** 28000 – ☐ 8000 – **35 cam** 65/75000 – ½ P 45/79000.

Sunrise, via San Giacomo 25 ☎ 657347, Fax 659133, ≤, ★, 🐾 – |🛗| ▤ TV ☎. AE 🅢 ⓞ E VISA. ✻ rist
Pasto 30/50000 – ☐ 7000 – **36 cam** 70/100000 – ½ P 75/100000.

sulla strada statale 16 S : 7 km :

Quadrifoglio, ✉ 63037 Porto d'Ascoli ☎ 655248, Fax 655247 – |🛗| ▤ TV ☎ 🅟 – 🏛 50 a 350. 🅢 E VISA. ✻
chiuso dal 23 dicembre all'8 gennaio – **Pasto** *(chiuso lunedì)* carta 33/59000 (15%) – ☐ 8000 – **40 cam** 100/140000 – P 160000.

Vedere anche : ***Grottammare*** N : 4 km.

Jährlich eine neue Ausgabe
Aktuellste Informationen,
jährlich für Sie!

SAN BENEDETTO VAL DI SAMBRO **40048** Bologna 429 430 J 15 – 4 164 ab. alt. 612 – ☎ 0534.

Roma 350 – ♦Bologna 47 – ♦Firenze 73 – ♦Ravenna 123.

a Madonna dei Fornelli S : 3,5 km – ✉ **40048 :**

Musolesi, ☎ 94100, Fax 94350 – |🛗| TV ☎ 🅟. AE 🅢 E VISA. ✻ rist
Pasto *(chiuso lunedì)* 20/30000 – **23 cam** ☐ 60/80000 – ½ P 45/50000.

SAN BERNARDINO Torino – Vedere Trana.

SAN BERNARDO Torino – Vedere Ivrea.

SAN BIAGIO Ravenna – Vedere Faenza.

SAN BIAGIO DI CALLALTA **31048** Treviso 429 E 19 – 10 773 ab. alt. 10 – ☎ 0422.

Roma 547 – ♦Venezia 40 – Pordenone 43 – Treviso 11 – ♦Trieste 134.

L'Escargot, località San Martino O : 3 km ✉ 31050 Olmi ☎ 899006 – 🅟. AE ⓞ E VISA. ✻
chiuso lunedì sera, martedì e dal 10 agosto al 1º settembre – **Pasto** carta 30/45000.

Da Procida, località Spercenigo SO : 3 km ☎ 797818 – 🅟. ✻
chiuso lunedì, martedì sera, dal 15 al 25 gennaio ed agosto – **Pasto** carta 25/40000.

ad Olmi O : 3,5 km – ✉ **31050 :**

Agli Olmi, senza rist, ☎ 892200 – TV ☎ 🅟
20 cam.

Roma 523 – ◆Verona 24 – ◆Milano 177 – Rovigo 71 – ◆Venezia 94 – Vicenza 31.

🏨 **Bologna,** viale Trieste 55 (al quadrivio) ℰ 7610233, Fax 7613733, 🌲, 🐟 – 🛗 🗏 📺 ☎
⟸ ℗ – 🔬 25 a 450. 🖪 🗲 VISA. 🦊
Pasto 30/35000 e al Rist. *Caravel (chiuso lunedì)* carta 34/45000 – ⚏ 12000 – **58 cam**
80/115000.

XXX **Relais Villabella** 🦕 con cam, località Villabella O : 2 m ℰ 6101777, Fax 6101799, 🏤,
🐟 – 🗏 📺 ☎ ℗ – 🔬 30 a 70. 🖪 🗲 ⑩ 🗲 VISA. 🦊
Pasto carta 48/83000 – **8 cam** ⚏ 130/240000 – ½ P 145/160000.

Vedere Guida Verde.

🖪 piazza del Magistrato 2 ℰ 73149, Fax 73677.

Roma 710 – Belluno 109 – ◆Bolzano 110 – Cortina d'Ampezzo 38 – Lienz 42 – ◆Milano 409 – Trento 170.

🏨 **Cavallino Bianco-Weisses Rossl,** ℰ 73135, Fax 73733, ⇌s, 🌊, 🐟 – 🛗 🖩 rist 📺 ☎ 🕭
⟸ ℗. 🗲 ⑩ 🗲 VISA. 🦊 rist
24 dicembre-25 marzo e 24 giugno-1° ottobre – **Pasto** carta 50/70000 – **56 cam** ⚏ 140/
270000 – ½ P 95/185000.

🏨 **Park Hotel Sole Paradiso-Sonnenparadies** 🦕, ℰ 73120, Fax 73193, « Parco
pineta », ♨, ⇌s, 🌊, 🎾 – 🛗 🗽 rist 📺 ☎ ℗. 🗲 🗲 VISA. 🦊
23 dicembre-1° aprile e giugno-8 ottobre – **Pasto** (solo per clienti alloggiati) 50/60000 –
37 cam ⚏ 165/330000 – ½ P 100/200000.

🏨 **Sporthotel Tyrol,** ℰ 73198, Fax 73593, ♨, ⇌s, 🌊, 🐟, 🎾 – 🛗 🖩 rist 📺 ☎ ℗. 🖪 🗲 ⑩
🗲. 🦊 rist
3 dicembre-marzo e 3 giugno-8 ottobre – **Pasto** (chiuso martedì) 35/55000 – ⚏ 15000 –
28 cam 115/200000 – ½ P 82/150000.

🏨 **Panoramahotel Leitlhof** 🦕, ℰ 73440, Fax 73440, ≼ Dolomiti e vallata, 🏤, ⇌s, 🌊, 🐟
– 🛗 🖩 rist 📺 ☎ ⟸ ℗
Natale-Pasqua e giugno-10 ottobre – **Pasto** 32/60000 – ⚏ 10000 – **17 cam** 110/220000 –
½ P 80/160000.

🏨 **Posta-Post,** ℰ 73133, Fax 73635, ♨, ⇌s, 🌊 – 🛗 🖩 rist 📺 ☎ 🕭 ⟸. 🖪 🗲 ⑩ VISA.
🦊 rist
20 dicembre-25 aprile e 30 maggio-settembre – **Pasto** (chiuso lunedì) carta 37/52000 –
39 cam ⚏ 120/200000 – ½ P 100/160000.

🏠 **Schmieder** 🦕, ℰ 73144, Fax 914080, 🐟 – 🛗 ☎ ℗. 🗲 🗲 VISA. 🦊
20 dicembre-10 aprile e giugno-15 ottobre – **Pasto** (chiuso lunedì) carta 41/56000 – **25 cam**
⚏ 110/170000 – ½ P 75/145000.

🏠 **Letizia** senza rist, ℰ 73190, Fax 73372, ≼, ⇌s, 🐟 – 🛗 ☎ ℗
chiuso novembre – **13 cam** ⚏ 80/140000.

X **Kupferdachl,** ℰ 913711, 🏤 – ℗. 🦊
chiuso giovedì, dal 20 giugno al 10 luglio e dal 5 al 20 novembre – **Pasto** carta 31/60000.

sulla strada statale 52 SE : 4,5 km :

XX Alte Säge, ✉ 39038 ℰ 70231 – ℗

Roma 635 – Gorizia 31 – Grado 21 – Udine 49.

X **Arcimboldo,** via Risiera S. Sabba 17 ℰ 76089 – ℗. 🖪 🗲 ⑩ 🗲 VISA. 🦊
chiuso lunedì, dal 24 al 31 gennaio e dal 15 luglio al 15 agosto – **Pasto** carta 31/41000.

Roma 283 – ◆Firenze 17 – Siena 53 – ◆Livorno 84.

XX **Il Fedino,** via Borromeo 9 ℰ 828612, 🏤, prenotare, « In un palazzo del 15° secolo » –
℗. 🖪 🗲 ⑩ 🗲 VISA. 🦊
chiuso a mezzogiorno (escluso i giorni festivi), lunedì e dal 15 ottobre al 15 novembre –
Pasto carta 26/41000 (10%).

verso Mercatale Val di Pesa SE : 4 km :

🏠 **Salvadonica** 🦕 senza rist, ✉ 50026 ℰ 8218039, Fax 8218043, ≼, « Piccolo borgo
agrituristico fra gli olivi », 🌲, 🐟, 🎾 – ☎ ℗. 🖪 🗲 🗲 VISA. 🦊
26 dicembre-15 gennaio e marzo-ottobre – **5 cam** ⚏ 95/145000, 10 appartamenti 158/
210000.

X **La Biscondola,** ✉ 50026 ℰ 821381, « Servizio estivo all'aperto », 🐟 – ℗. 🖪 🗲 ⑩ 🗲
VISA
chiuso lunedì, martedì a mezzogiorno e novembre – **Pasto** carta 32/49000.

a Cerbaia NO : 6 km – ✉ 50020 :

XXX ✿ **La Tenda Rossa,** ℰ 826132, Fax 825210, prenotare – 🖩. 🖪 🗲 ⑩ 🗲 VISA JCB. 🦊
chiuso mercoledì, giovedì a mezzogiorno e dal 2 al 30 agosto – **Pasto** carta 81/119000
Spec. Agnolotti di ricotta di capra insaporiti alla salvia e noce moscata, Orata grigliata con cipollotti rosolati, Tagliata di
piccione con farcia di fegato grasso e salsa al Porto e tartufo nero.

SAN CASSIANO (ST. KASSIAN) Bolzano – Vedere Badia.

SAN CATALDO Caltanissetta 988 ㊱, 432 O 23 – Vedere Sicilia alla fine dell'elenco alfabetico.

SAN CIPRIANO (ST. ZYPRIAN) Bolzano – Vedere Tires.

SAN CIPRIANO Genova 428 I 8 – alt. 239 – ⊠ **16010** Serra Riccò – ✆ 010.
Roma 511 – Alessandria 75 – ♦Genova 16 – ♦Milano 136.

XX **Ferrando,** ℰ 751925, Fax 750276, ☞ – ℗. 🅑 E VISA. ✑
chiuso dal 10 al 20 gennaio, dal 25 luglio al 15 agosto, lunedì e le sere di domenica e
mercoledì – **Pasto** 26000 bc (solo a mezzogiorno) e carta 37/55000.

SAN CLEMENTE A CASAURIA (Abbazia di) Pescara 988 ㉗, 430 P 23.
Vedere Abbazia★★ : ciborio★★★.
Roma 172 – L'Aquila 68 – Chieti 29 – ♦Pescara 40 – Popoli 13.

SAN COSTANTINO (ST. KONSTANTIN) Bolzano - Vedere Fiè allo Sciliar.

SAN COSTANZO **61039** Pesaro 430 K 21 – 3 975 ab. alt. 150 – ✆ 0721.
Roma 268 – ♦Ancona 43 – Fano 12 – Gubbio 96 – Pesaro 23 – Urbino 52.

X **Da Rolando,** ℰ 950990, ☎ – ℗. 🅑. ✑
chiuso mercoledì – **Pasto** 30/60000.

SAN CRISTOFORO AL LAGO Trento 429 D 15 – Vedere Pergine Valsugana.

SAN DAMIANO D'ASTI **14015** Asti 988 ⑫, 428 H 6 – 7 241 ab. alt. 179 – ✆ 0141.
Roma 629 – ♦Torino 53 – Alessandria 51 – Asti 15 – Cuneo 80 – ♦Milano 142.

X **La Lanterna,** piazza 1275 n° 2 ℰ 982217, Coperti limitati; prenotare – ✑
chiuso mercoledì – **Pasto** carta 25/40000.

SAN DANIELE DEL FRIULI **33038** Udine 988 ⑤ ⑥, 429 D 21 – 7425 ab. alt. 252 – ✆ 0432.
Roma 632 – ♦Milano 371 – Tarvisio 80 – Treviso 108 – ♦Trieste 92 – Udine 24 – ♦Venezia 120.

🏠 **Alla Torre** senza rist, via del Lago 1 ℰ 954562, Fax 954562 – 🔋 ▤ TV ☎ ἀ – 🛦 30. 🅰🅴 🅑
🅞 E VISA
� 8000 – **27 cam** 73/110000.

XX **Al Cantinon,** via Cesare Battisti 2 ℰ 955186, Fax 955186, « Ambiente rustico » – VISA
chiuso giovedì ed ottobre – **Pasto** carta 42/53000.

SAN DEMETRIO NE' VESTINI **67028** L'Aquila 430 P 22 – 1 559 ab. alt. 672 – ✆ 0862.
Roma 136 – L'Aquila 17 – ♦Napoli 259 – ♦Pescara 101.

X **La Pergola** con cam, ℰ 810975 – ℗. ✑
Pasto (chiuso domenica) carta 30/40000 – � 5000 – **15 cam** 60/80000 – ½ P 60/65000.

SAN DESIDERIO Genova – Vedere Genova.

SAND IN TAUFERS = Campo Tures.

SAN DOMENICO Firenze – Vedere Fiesole.

SAN DOMENICO Verbania – Vedere Varzo.

SAN DOMINO (Isola) Foggia 431 B 28 – Vedere Tremiti (Isole).

SAN DONÀ DI PIAVE **30027** Venezia 988 ⑤, 429 F 19 – 33 406 ab. alt. 3 – ✆ 0421.
Roma 558 – ♦Venezia 38 – Lido di Jesolo 20 – ♦Milano 297 – ♦Padova 67 – Treviso 34 – ♦Trieste 121 – Udine 90.

🏠 **Park Hotel Heraclia,** via XIII Martiri 229 ℰ 43148, Fax 41728, ☞ – 🔋 ▤ TV ☎ ℗ –
🛦 35 a 80. 🅰🅴 🅑 🅞 E VISA. ✑ rist
chiuso dal 21 dicembre al 16 gennaio – **Pasto** (chiuso domenica ed agosto) carta 33/47000 –
� 10000 – **30 cam** 80/120000.

🏠 **Kristall,** corso Trentin 16 ℰ 52862 e rist ℰ 54500, Fax 53623 – 🔋 ▤ cam TV ☎ ⇔ ℗ –
🛦 50. 🅰🅴 🅑 🅞 E VISA. ✑ rist
Pasto (chiuso lunedì e martedì escluso da giugno ad agosto) carta 30/53000 – � 14000 –
42 cam 80/110000, ▤ 11000.

🏠 **Forte del 48,** via Vizzotto 1 ℰ 44018, Fax 44244 – 🔋 ▤ TV ☎ ἀ ⇔ ℗ – 🛦 200. 🅰🅴 🅑
🅞 E VISA. ✑
Pasto carta 22/40000 – � 7000 – **35 cam** 70/90000 – ½ P 65/80000.

a Calvecchia NE : 2,5 km – ⊠ **30027** San Donà di Piave :

XX Al Paiolo, ℰ 320602, Coperti limitati; prenotare – ℗

a Isiata SE : 4 km – ⊠ **30027** San Donà di Piave :

X **Siesta Ramon,** ℰ 239030, Specialità di mare – ℗. 🅰🅴 🅑 🅞 E VISA. ✑
chiuso martedì, dal 2 all'8 gennaio e dal 23 luglio al 14 agosto – **Pasto** carta 34/53000.

SAN DONATO IN POGGIO Firenze 430 L 15 – Vedere Tavarnelle Val di Pesa.

Roma 566 – ◆Milano 10 – Pavia 36 – Piacenza 57.

Pianta d'insieme di Milano (Milano p. 7)

🏥 **Santa Barbara,** piazzale Supercortemaggiore 4 ✆ 51891, Telex 326445, Fax 5279169 – ▐ 🗐 TV ☎. 📶 ⓑ ⓸ 𝐄 𝗩𝗜𝗦𝗔. ℁ CP **u**
Pasto *(chiuso a mezzogiorno)* carta 42/58000 – **146 cam** ⊑ 172/212000.

🏥 **Delta,** via Emilia 2/a ✆ 5231021, Fax 5231418 – ▐ 🗐 TV ☎ ⓟ – 🖾 45. 📶 ⓑ ⓸ 𝐄 𝗩𝗜𝗦𝗔 JCB. ℁ CP **s**
Pasto *(solo per clienti alloggiati e chiuso a mezzogiorno)* 20/50000 – **52 cam** ⊑ 170/200000 – ½ P 170/220000.

✕✕ **Osterietta,** via Emilia 26 ✆ 5275082, Fax 55600831, ☆ – 🗐 ⓟ. 📶 ⓑ ⓸ 𝐄 𝗩𝗜𝗦𝗔. ℁
chiuso domenica ed agosto – **Pasto** carta 45/63000. CP **y**

sull'autostrada A 1 - Metanopoli o per via Emilia :

🏥 **Forte Crest Agip,** ✉ 20097 ✆ 516001, Telex 320132, Fax 510115 – ▐ ⇷ cam 🗐 TV ☎ ⓖ ⓟ – 🖾 25 a 500. 📶 ⓑ ⓸ 𝐄 𝗩𝗜𝗦𝗔 JCB. ℁ rist CP **v**
Pasto 25/50000 e al Rist. *Il Giardino (chiuso sabato e domenica)* carta 60/94000 e self-service – **460 cam** ⊑ 254000, 14 appartamenti.

Roma 106 – Frosinone 64 – Latina 36 – ◆Napoli 141 – Terracina 18.

🏥 Maga Circe ⚘, ✆ 547821, Fax 546224, ≤, « Servizio rist. estivo all'aperto », ⤳, 🐜, 🌲 – ▐ 🗐 TV ☎ ⓖ ⓟ – 🖾 250
65 cam.

🏥 **Circeo Park Hotel,** ✆ 548814, Fax 548028, ≤, ⤳, 🐜, 🌲 – ▐ 🗐 TV ☎ ⓟ – 🖾 120. 📶 ⓑ ⓸ 𝐄 𝗩𝗜𝗦𝗔. ℁
Pasto vedere rist **La Stiva** – **44 cam** ⊑ 190/280000, 2 appartamenti – ½ P 190000.

✕✕ **La Stiva,** ✆ 547276, ≤, ☆ – 🗐. 📶 ⓑ ⓸ 𝐄 𝗩𝗜𝗦𝗔. ℁
chiuso martedì e da novembre al 22 dicembre – **Pasto** carta 46/68000.

a Quarto Caldo O : 4 km – ✉ 04017 San Felice Circeo :

🏥 **Punta Rossa** ⚘, ✆ 548085, Fax 548075, ≤, « Sulla scogliera », ☞, ⤳, 🐜, 🌲 – 🗐 TV ☎ ⓟ – 🖾 60. 📶 ⓑ ⓸ 𝐄 𝗩𝗜𝗦𝗔. ℁
Pasto carta 50/90000 – **33 cam** ⊑ 225/450000, 7 appartamenti – ½ P 255000.

Roma 544 – ◆Brescia 36 – ◆Milano 134 – Salò 7 – Trento 102 – ◆Verona 59.

🏨 **Garden Zorzi** ⚘, località Porticciolo N : 3,5 km ✆ 43688, Fax 41489, ≤, « Terrazza-giardino sul lago », 🐜 – ☎ ⓟ. ℁
aprile-10 ottobre – **Pasto** *(solo per clienti alloggiati)* 30/45000 – ⊑ 15000 – **29 cam** 70/110000 – ½ P 60/95000.

a Portese N : 1,5 km – ✉ 25010 San Felice del Benaco :

🏥 Park Hotel Casimiro ⚘, ✆ 626262, Fax 62092, « Giardino sul lago », 𝐅𝐬, ☞, ⤳, ▨ – TV ☎ ⓟ – 🖾 80 a 150
stagionale – **180 cam.**

✕✕ **Piero Bella** ⚘ con cam, ✆ 626090, Fax 559358, ≤, « Servizio estivo in terrazza sul lago », ⤳, 🐜, 🌲, ℁ – TV ☎ ⓟ. 📶 ⓑ ⓸ 𝐄 𝗩𝗜𝗦𝗔. ℁
chiuso gennaio – **Pasto** *(chiuso lunedì)* carta 47/77000 – ⊑ 20000 – **14 cam** 120/150000 – ½ P 110/130000.

🅱 ✆ 615795, Fax 615848.
Roma 666 – ◆Bolzano 22 – Cortina d'Ampezzo 103 – ◆Milano 321 – Trento 82.

🏥 **Sporthotel Obereggen,** ✆ 615797, Fax 615673, ≤, 𝐅𝐬, ☎s, ▨ – ▐ TV ☎ ⇌ ⓟ. ⓑ 𝐄 𝗩𝗜𝗦𝗔. ℁
dicembre-aprile e giugno-ottobre – **Pasto** carta 37/49000 – ⊑ 19000 – **51 cam** 140/200000 – ½ P 130/158000.

🏨 **Cristal** ⚘, ✆ 615627, Fax 615698, ≤ monti e pinete, 𝐅𝐬, ☎s, ▨ – ▐ TV ☎ ⇌ ⓟ. ℁
dicembre-aprile e giugno-settembre – **Pasto** carta 34/57000 – **28 cam** ⊑ 114/190000 – ½ P 79/114000.

🏨 **Bewallerhof** ⚘, verso Pievalle (Bewaller) NE : 2 km ✆ 615729, Fax 615840, ≤ monti e pinete, 🌲 – ☎ ⓟ. ℁
chiuso maggio e novembre – **20 cam** solo ½ P 75/90000.

SAN FLORIANO DEL COLLIO 34070 Gorizia 429 E 22 – 834 ab. alt. 278 – ✿ 0481.
🔓 (chiuso lunedì, gennaio e febbraio) ✆ 884131, Fax 884214.
Roma 653 – Gorizia 4 – ◆Trieste 47 – Udine 41.

  🏨 **Golf Hotel** ⑤, ✆ 884051, Fax 884052, « Parco con ⚒ », ✖ – 📺 ☎ & ➋. 🆑 🅷 ⑩ 🇪
    𝘝𝘐𝘚𝘈
    chiuso da gennaio al 15 febbraio – **Pasto** vedere rist **Castello Formentini** – **12 cam** ⌑ 140/
    250000.

  ✕✕ **Castello Formentini,** ✆ 884034, Fax 884034 – ➋. 🆑 🅷 ⑩ 🇪 𝘝𝘐𝘚𝘈
    chiuso lunedì e da gennaio al 15 febbraio – **Pasto** carta 55/75000.

SAN FRUTTUOSO Genova 428 J 9 – ✉ **16030** San Fruttuoso di Camogli – ✿ 0185.
Vedere Posizione pittoresca★★.
Camogli 30 mn di motobarca – Portofino 20 mn di motobarca.

  ✕ **Da Giovanni,** ✆ 770047, ≼ piccolo golfo – ✖
    giugno-settembre – **Pasto** carta 43/73000.

SAN GERMANO CHISONE 10065 Torino 428 H 3 – 1 706 ab. alt. 486 – ✿ 0121.
Roma 696 – ◆Torino 48 – Asti 87 – Cuneo 71 – Sestriere 48.

  ✕✕ **Malan,** località Inverso Porte SE : 1 km ✆ 58822, 🏠 – ➋. 🆑 🅷 ⑩ 🇪 𝘝𝘐𝘚𝘈
    chiuso lunedì, dal 7 al 15 gennaio e dal 1° al 15 novembre – **Pasto** carta 33/57000.

SAN GIACOMO Cuneo – Vedere Boves.

SAN GIACOMO Perugia – Vedere Spoleto.

SAN GIACOMO DI ROBURENT Cuneo 428 J 5 – alt. 1 011 – ✉ **12080** Roburent – a.s. luglio-
agosto e Natale – Sport invernali : 1 011/1 611 m ≰7, ≰ – ✿ 0174.
Roma 622 – Cuneo 40 – Savona 77 – ◆Torino 92.

  🏨 **Nazionale,** ✆ 227127, Fax 227127, ✺ – 🛗 ☎ ➋. 🆑 🅷 ⑩ 𝘝𝘐𝘚𝘈. ✖ rist
    chiuso maggio e novembre – **Pasto** carta 26/48000 – **33 cam** ⌑ 50/90000 – ½ P 65/75000.

SAN GIACOMO DI TEGLIO 23030 Sondrio 428 D 12 – alt. 394 – ✿ 0342.
Roma 712 – Edolo 32 – ◆Milano 151 – Sondrio 13 – Passo dello Stelvio 71.

  ✕✕ **La Corna-da Pola,** ✆ 786105, ≼ – ➋
    chiuso lunedì e dal 15 al 31 luglio – **Pasto** carta 36/56000.

SAN GIACOMO DI VEGLIA Treviso 429 E 18 – Vedere Vittorio Veneto.

SAN GIACOMO PO Mantova – Vedere Bagnolo San Vito.

SAN GIMIGNANO 53037 Siena 988 ⑭, 428 430 L 15 – 6 945 ab. alt. 332 – ✿ 0577.
Vedere Località★★★ – Piazza della Cisterna★★ – Piazza del Duomo★★ :affreschi★★ di Barna da
Siena nella Collegiata di Santa Maria Assunta★, ≼★★ dalla torre del palazzo del Popolo★ H –
Affreschi★★ nella chiesa di Sant'Agostino.
Roma 268 ② – ◆Firenze 57 ② – Siena 42 ② – ◆Livorno 89 ① – ◆Milano 350 ② – Pisa 79 ①.

Pianta pagina seguente

  🏨 **Relais Santa Chiara** ⑤ senza rist, via Matteotti 15 ✆ 940701, Fax 942096, ≼ cam-
    pagna, « Giardino con ⚒ » – 🛗 🔲 📺 ☎ ➋ – 🔬 70. 🆑 🅷 ⑩ 🇪 𝘝𝘐𝘚𝘈. ✖ 0,5 km per ②
    chiuso dal 9 gennaio al 25 febbraio – **41 cam** ⌑ 160/225000.

  🏨 **La Cisterna,** ✆ 940328, Fax 942080, ≼, « Sala in stile trecentesco » – 🛗 📺 ☎. 🆑 🅷 ⑩
    🇪 𝘝𝘐𝘚𝘈. ✖ rist   e
    chiuso dall'11 gennaio al 9 marzo – **Pasto** 30000 e al Rist. **Le Terrazze** (chiuso martedì e
    mercoledì a mezzogiorno) carta 47/70000 – ⌑ 13000 – **47 cam** 85/130000, 2 appartamenti
    – ½ P 105/130000.

  🏨 **L'Antico Pozzo** senza rist, ✆ 942014, Fax 942117 – 🛗 📺 ☎. 🆑 🅷 ⑩ 🇪 𝘝𝘐𝘚𝘈 JCB   a
    ⌑ 15000 – **18 cam** 100/140000.

  🏨 **Leon Bianco** senza rist, ✆ 941294, Fax 942123 – 🛗 🔲 📺 ☎ ⟵. 🆑 🅷 ⑩ 🇪 𝘝𝘐𝘚𝘈   s
    chiuso dal 15 gennaio a febbraio – **25 cam** ⌑ 90/110000, 2 appartamenti.

  🏨 **Bel Soggiorno,** ✆ 940375, Fax 940375, ≼ campagna – 🛗 🔲 📺 ☎. 🆑 🅷 ⑩ 🇪 𝘝𝘐𝘚𝘈
    JCB   n
    Pasto vedere rist **Bel Soggiorno** – ⌑ 10000 – **18 cam** 90/115000, 2 appartamenti – ½ P 105/
    110000.

  ✕✕ **Dorandò,** ✆ 941862, Fax 941567, Antiche specialità toscane, Coperti limitati; prenotare
    – 🔲. 🆑 🅷 ⑩ 🇪 𝘝𝘐𝘚𝘈. ✖   g
    chiuso lunedì dal 10 gennaio al 10 febbraio – **Pasto** carta 47/68000 (10%).

  ✕✕ **Bel Soggiorno** - Hotel Bel Soggiorno, ✆ 940375, « Ambiente trecentesco » – 🆑 🅷 ⑩ 🇪
    𝘝𝘐𝘚𝘈 JCB. ✖   n
    chiuso lunedì e dal 10 gennaio al 10 febbraio – **Pasto** carta 43/65000 (10%).

558

XX **La Griglia,** 𝄡 940005, Fax 942131, ≤ campagna, 🌤 – **AE** **⑤** **①** **E** **VISA** **v**
chiuso giovedì e dal 15 dicembre al 1° marzo –
Pasto carta 29/74000 (15%).

XX **Da Graziano** 🕭 con cam, via Matteotti 39 𝄡 940101, Fax 940101, 🌤 – **TV** **☎** **℗**. **AE** **⑤** **①** **E** **VISA** **JCB**. **%** 0,5 km per ②
chiuso dall'11 gennaio al 21 febbraio – **Pasto** *(chiuso lunedì)* carta 30/70000 – ☷ 10000 – **10 cam** 90/110000 – ½ P 80/90000.

X **Il Pino,** 𝄡 940415, Fax 940415 – **AE** **⑤** **①** **E** **VISA** **b**
chiuso giovedì – **Pasto** carta 29/51000.

X **La Mangiatoia,** 𝄡 941528, Fax 941528 – **AE** **⑤** **①** **E** **VISA** **JCB** **d**
chiuso dal 1° al 20 dicembre e venerdì (escluso da giugno a settembre) – **Pasto** carta 36/52000.

verso Castel San Gimignano :

🏠 **Pescille** 🕭 senza rist, località Pescille ✉ 53037 𝄡 940186, Fax 940186, ≤ campagna e San Gimignano, « Rustico di campagna; raccolta di attrezzi agricoli », 🏊, 🐾, **%** – **☎** **℗**. **AE** **⑤** **①** **E** **VISA**.
marzo-ottobre – ☷ 15000 – **33 cam** 90/120000, 7 appartamenti. 4,5 km per ②

🏠 **Le Volpaie** senza rist, **%**953140, Fax 953142, ≤ – **TV** **☎** **⇐⇒** **℗**. **AE** **⑤** **①** **E** **VISA**. **%** 12 km per ②
chiuso dal 10 gennaio al 10 marzo – ☷ 9500 – **15 cam** 80/115000.

X **Franco,** località San Donato ✉ 53037 𝄡 940540, 🌤 – **℗**. **AE**. **%** 5,5 km per ②
chiuso lunedì e dal 10 novembre al 27 dicembre – **Pasto** carta 40/55000 (10%).

verso Certaldo :

🏠 **Villa San Paolo** 🕭 senza rist, ✉ 53037 𝄡 955100, Fax 955113, ≤, « Giardino fiorito con 🏊 », **%** – 🛗 ☰ **TV** **☎** **℗**. **AE** **⑤** **①** **E** **VISA**. **%** 5 km per ①
chiuso dal 10 gennaio al 10 febbraio – **15 cam** ☷ 160/210000.

🏠 **Le Renaie,** località Pancole ✉ 53037 Pancole 𝄡 955044, Fax 955126, ≤, 🌤, 🏊, 🐾 – **TV** **☎** **℗**. **AE** **⑤** **①** **E** **VISA**. **%** rist 6 km per ①
chiuso dal 5 novembre al 5 dicembre – **Pasto** 30/60000 e al Rist. *Leonetto (chiuso martedì)* carta 39/60000 – ☷ 11000 – **25 cam** 105/134000 – ½ P 100/110000.

SAN GINESIO 62026 Macerata 988 ⑯, 430 M 21 – 4 018 ab. alt. 687 – ✪ 0733.
🔰 (luglio-agosto) piazza Gentili 𝄡 656014.
Roma 232 – ◆Ancona 81 – Ascoli Piceno 76 – Foligno 76 – Macerata 30.

🏠 **Centrale,** 𝄡 656832, Fax 656832 – **☎**. **⑤** **VISA**. **%**
Pasto *(chiuso mercoledì)* carta 27/47000 – ☷ 10000 – **10 cam** 50/85000 – ½ P 50/75000.

SANGINETO LIDO 87020 Cosenza 431 I 29 – 1 510 ab. – ✪ 0982.
Roma 456 – Castrovillari 88 – Catanzaro 126 – ◆Cosenza 66 – Sapri 72.

🏠 **Cinque Stelle** 🕭, 𝄡 96091, Fax 96027, ≤, 🌤, « Palazzine fra il verde », 🏊, 🏖, 🐾, **%** – **☎** **℗**. **AE** **①**. **%** rist
Pasqua-15 ottobre – **Pasto** 35/60000 – ☷ 10000 – **144 cam** 60/100000 – ½ P 60/125000.

SAN GIORGIO (ST. GEORGEN) Bolzano – Vedere Brunico.

SAN GIORGIO Verona – Vedere Sant'Ambrogio di Valpolicella.

SAN GIMIGNANO

0   200 m

☐ Casa torre

Circolazione stradale regolamentata nel centro città

Bonda (Via di)	2
Castello (Via del)	3
Diacceto (Via)	4
Mainardi	7
Quercecchio (Via di)	8
Pecori (Piazza)	9
Santo Stefano (Via)	12
20 Settembre (Via)	13

Roma 132 – Caserta 75 – Gaeta 32 – Isernia 59 – ◆Napoli 85 – Sora 53.

sulla strada statale 630 SO : 3 km :

🏠 **L'Espero,** ✉️ 03047 ℰ 910123, Fax 911055 – 🛗 📧 📺 ☎ 🅿. 🖭 🏧 *VISA*. ✨
chiuso Natale e dal 1° al 25 novembre – **Pasto** *(chiuso mercoledì)* carta 26/43000 – 🖭 10000
– **9 cam** 80/120000 – ½ P 60/85000.

Roma 276 – ◆Foggia 103 – Avellino 27 – Benevento 11.

🏠 **Villa San Marco,** uscita svincolo superstrada ℰ 40081, Fax 49601, 🌫️ – 📺 ☎ 🅿 –
🚗 100. 🖭 ⓪. ✨ cam
Pasto *(chiuso martedì)* carta 20/41000 – 🖭 10000 – **16 cam** 70/90000 – ½ P 65/85000.

Roma 511 – Belluno 101 – ◆Padova 26 – Treviso 52 – ◆Venezia 51.

sulla strada statale 47 S : 3 km :

🏨 **Posta 77,** ✉️ 35010 ℰ 5996700, Fax 5996181 – 🛗 📧 📺 ☎ 🚗 🅿 – 🚗 200. 🖭 🏧 ⓪ 🇪
VISA. ✨
Pasto 35/130000 – 🖭 12000 – **38 cam** 89/118000 – ½ P 110000.

Roma 610 – Alessandria 30 – ◆Milano 83 – Pavia 74 – ◆Torino 75 – Vercelli 31.

❌❌❌ ❀ **Castello di San Giorgio** 🌳 con cam, ℰ 806203, Fax 806505, prenotare, « Piccolo
parco ombreggiato » – 📺 ☎ 🅿 – 🚗 60. 🖭 🏧 ⓪ 🇪 *VISA* 🇯🇨🇧
chiuso dal 2 all'11 gennaio e dal 1° al 20 agosto – **Pasto** *(chiuso lunedì)* 50/70000 e
carta 57/89000 – 🖭 18000 – **10 cam** 110/180000, appartamento – ½ P 180000
Spec. Insalata di coniglio sott'olio, Agnolotti alla casalese, Filetto di bue al Barbaresco.

Roma 708 – ◆Torino 44 – ◆Milano 180 – Susa 11.

❌ **Castel Nuovo,** ℰ 49507, Trattoria rustica con cucina piemontese – 🅿. ✨
chiuso lunedì e dal 25 settembre all'8 ottobre – **Pasto** carta 22/40000.

Roma 653 – Gorizia 19 – Udine 18.

🏨 **Wiener,** ℰ 757378, Fax 757359 – 🛗 📧 📺 ☎ 🚬 🚗 🅿. 🖭 🏧 🇪 *VISA*. ✨ rist
chiuso dal 22 dicembre al 2 gennaio e dal 2 al 19 agosto – **Pasto** *(solo per clienti alloggiati e
chiuso a mezzogiorno)* – 🖭 12000 – **50 cam** 105/135000.

Roma 318 – Forlì 69 – ◆Ravenna 74 – Rimini 23.

❌❌ **Il Granaio,** via 20 Settembre 18 ℰ 957205, Coperti limitati; prenotare – 📧. 🖭 🏧 ⓪ 🇪
VISA. ✨
chiuso martedì ed agosto – **Pasto** carta 32/48000.

Roma 392 – ◆Bologna 21 – ◆Ferrara 49 – ◆Milano 193 – ◆Modena 23.

❌ **Giardinetto,** circonvallazione Italia 20 ℰ 821590, 🌫️, Coperti limitati; prenotare – 🅿. 🖭
🏧 ⓪ 🇪 *VISA*. ✨
chiuso lunedì e dal 16 agosto al 20 settembre – **Pasto** carta 37/59000.

Roma 507 – ◆Verona 9 – Mantova 46 – ◆Milano 157.

🏨 **Alla Campagna,** ℰ 545513, Fax 9250680, ✨ – 📧 📺 ☎ 🚗 🅿. 🖭 🏧 🇪 *VISA*
Pasto *(chiuso martedì)* carta 33/47000 – 🖭 12000 – **13 cam** 90/130000, 📧 9000 –
½ P 100000.

🏠 **City** senza rist, ℰ 9251500, Fax 545044 – 🛗 📧 📺 ☎. 🖭 🏧 ⓪ 🇪 *VISA*. ✨
39 cam 🖭 105/150000.

🅱 piazza Europa 104 ℰ 456240, Fax 456240.
Roma 352 – ◆Foggia 43 – ◆Bari 142 – Manfredonia 23 – Termoli 86.

🏠 **Parco delle Rose,** via Aldo Moro 71 ℘ 456709, Fax 456405, ⌫, ☞, ℅ – ⃗ ▤ rist ☎ ☞ 🅿 – 🛎 200 a 500. 🖭 🗗 ◑ ⴹ 🆅🆂🅰. ℅
Pasto 25/35000 – ⊑ 8000 – **100 cam** 60/85000 – ½ P 58/75000.

🏠 **Gaggiano,** viale Cappuccini 144 ℘ 453701, Fax 456650, ⌫, ⌫, ⌫ – ⃗ ▤ 📺 ☎ – 🛎 90. 🖭 🗗 ◑ ⴹ 🆅🆂🅰. ℅
Pasto carta 32/46000 – ⊑ 9000 – **67 cam** 60/80000, ▤ 6000 – ½ P 68/78000.

🏠 **California,** viale Cappuccini 69 ℘ 453983, Fax 454199 – ☞ ☞ ℅
Pasto carta 34/60000 – ⊑ 7000 – **26 cam** 55/75000 – ½ P 70/80000.

XX **Da Costanzo,** via Santa Croce 9 ℘ 452285 – ▤. 🖭 🗗 ◑ ⴹ 🆅🆂🅰. ℅
chiuso domenica sera, lunedì, dal 4 all'11 luglio e dall'8 al 28 novembre – **Pasto** carta 30/62000.

SAN GIULIANO Venezia – Vedere Mestre.

SAN GIULIANO MILANESE 20098 Milano 🐌🐌 F 9, 🐌🐌🐌 ⑲ – 33 075 ab. alt. 97 – ✿ 02.
Roma 562 – ◆Milano 12 – ◆Bergamo 55 – Pavia 33 – Piacenza 54.

XX **La Ruota,** via Roma 57 ℘ 9848394, Fax 98241914, ⌫ – ▤ 🅿 – 🛎 50. 🖭 🗗 ◑ ⴹ 🆅🆂🅰. ℅
chiuso martedì ed agosto – **Pasto** carta 36/58000.

sulla strada statale 9 - via Emilia SE : 3 km :

XX **La Rampina,** ⊠ 20098 ℘ 9833273, Fax 98231632, ⌫ – ▤ 🅿. 🖭 🗗 ◑ ⴹ 🆅🆂🅰. ℅
chiuso mercoledì – **Pasto** carta 65/90000.

SAN GIULIANO TERME 56017 Pisa 🐌🐌 🐌🐌 🐌🐌 K 13 – 28 203 ab. alt. 10 – ✿ 050.
Roma 358 – Pisa 9 – ◆Firenze 85 – Lucca 15 – ◆La Spezia 85.

a Rigoli NO : 2,5 km – ⊠ 56010 :

🏠 **Villa di Corliano** ℅ senza rist, ℘ 818193, Fax 814183, « In un parco, villa cinquecentesca con affreschi del 1600 » – 🅿 – 🛎 50 a 100. 🗗 ⴹ 🆅🆂🅰
⊑ 16000 – **13 cam** 100/150000, 2 appartamenti.

SAN GODENZO 50060 Firenze 🐌🐌 🐌🐌 K 16 – 1 102 ab. alt. 430 – ✿ 055.
Roma 290 – ◆Firenze 46 – Arezzo 94 – ◆Bologna 121 – Forlì 64 – ◆Milano 314 – Siena 129.

X **Agnoletti,** ℘ 8374016 – 🗗. ℅
chiuso martedì e dal 1° al 20 settembre – **Pasto** carta 18/25000.

al Passo del Muraglione NE : 8,5 km – ⊠ 50060 San Godenzo :

🏠 **Al Muraglione,** ℘ 8374393, Fax 8374393, ⩽ – ⃗ 📺 ☎ 🅿. 🗗 ◑ ⴹ 🆅🆂🅰. ℅
chiuso dal 7 gennaio al 7 febbraio – **Pasto** *(chiuso martedì)* 15/20000 – ⊑ 8500 – **10 cam** 59/82000 – ½ P 53/64000.

SAN GREGORIO Perugia – Vedere Assisi.

SAN GREGORIO Verona – Vedere Veronella.

SAN GREGORIO DI CATANIA Catania 🐌🐌🐌 O 27 – Vedere Sicilia alla fine dell'elenco alfabetico.

SANGUINETTO 37058 Verona 🐌🐌 G 15 – 4 196 ab. alt. 19 – ✿ 0442.
Roma 477 – ◆Verona 39 – ◆Ferrara 73 – Mantova 31 – ◆Milano 204 – ◆Modena 73 – ◆Padova 77 – ◆Venezia 114.

XX **Ilva** con cam, via Dossi 147 (E : 2 km) ℘ 365248, Fax 365050 – ⃗ ▤ rist ☎ 🅿 – 🛎 80. 🖭 🗗 ◑ 🆅🆂🅰. ℅
chiuso lunedì, dal 2 al 25 gennaio e dal 1° al 20 agosto – **Pasto** carta 34/58000 – ⊑ 7500 – **13 cam** 63/80000.

SANKTA CHRISTINA IN GRÖDEN = Santa Cristina Valgardena.

SANKT LEONHARD IN PASSEIER = San Leonardo in Passiria.

SANKT LORENZEN = San Lorenzo di Sebato.

SANKT MARTIN IN PASSEIER = San Martino in Passiria.

SANKT ULRICH = Ortisei.

SANKT VALENTIN AUF DER HAIDE = San Valentino alla Muta.

SANKT VIGIL ENNEBERG = San Vigilio di Marebbe.

SAN LAZZARO DI SAVENA 40068 Bologna 🐌🐌🐌 ⑭ ⑮, 🐌🐌 🐌🐌 I 16 – 30 249 ab. alt. 62 – ✿ 051.
Roma 390 – ◆Bologna 8 – Imola 27 – ◆Milano 219.

Pianta d'insieme di Bologna

🏠 **Le Siepi** ℅ senza rist, località Idice via Emilia 514 ℘ 6256200, Fax 6256243 – 📺 ☎ & 🅿 – 🛎 35. 🖭 🗗 ◑ ⴹ 🆅🆂🅰   GU **e**
chiuso dal 5 al 20 agosto – **39 cam** ⊑ 190/270000.

XX **Il Cerfoglio,** via Kennedy 11 ℰ 463339, Coperti limitati; prenotare – ▤. ㏅ 🅑 ⓸ 🄴 𝘝𝘐𝘚𝘈.
⅍ GU **c**
chiuso sabato a mezzogiorno, domenica, dal 27 dicembre al 10 gennaio e dal 1° al
26 agosto – **Pasto** carta 45/65000.

SAN LAZZARO PARMENSE Parma – Vedere Parma.

SAN LEO 61018 Pesaro e Urbino 𝟿𝟾𝟾 ⑮, 𝟺𝟸𝟿 𝟺𝟹𝟶 K 19 – 2 511ab. alt. 589 – a.s. 25 giugno-
agosto – ✪ 0541.
Vedere Posizione pittoresca★★ – Forte★ : ⁂ ★★★.

Roma 320 – ♦Ancona 142 – ♦Milano 351 – Pesaro 70 – Rimini 32 – San Marino 24.

🏠 **Castello** ⑤, ℰ 916214, Fax 926926, ≼ vallata – 🆃🆅 ☎. ㏅ 🅑 ⓸ 🄴 𝘝𝘐𝘚𝘈. ⅍
chiuso novembre – **Pasto** (chiuso giovedì) carta 30/39000 – ⇌ 8000 – **14 cam** 70/100000 –
½ P 60/75000.

SAN LEONARDO IN PASSIRIA (ST. LEONHARD IN PASSEIER) 39015 Bolzano 𝟿𝟾𝟾 ④, 𝟺𝟸𝟿 B 15,
𝟸𝟷𝟾 ⑩ – 3 330 ab. alt. 689 – ✪ 0473.
Dintorni Strada del Passo di Monte Giovo★ : ≼★★ verso l'Austria NE : 20 km – Strada del
Passo del Rombo★ NO.

Roma 685 – ♦Bolzano 47 – Brennero 53 – Bressanone 65 – Merano 20 – ♦Milano 346 – Trento 106.

🏨 Stroblhof, ℰ 656128, Fax 656468, ≼, 🏤, 🌡, ⇔, 🏊, 🏊, ☞, ✗ – 🕴 🆃🆅 ☎ ⇐ ⓹
70 cam.
🏨 **Passeirerhof,** ℰ 656161, Fax 656677, ≼, 🌡, ⇔, 🏊, ☞ – 🕴 ☎ ⓹. ⅍ rist
chiuso dall'11 gennaio al 14 febbraio e dall'11 novembre al 24 dicembre – **Pasto** (solo per
clienti alloggiati) – **30 cam** ⇌ 130000 – ½ P 70/130000.

a Valtina (Walten) NE : 10 km – alt. 1 269 – ✉ 39010 :

X **Jägerhof** ⑤ con cam, ℰ 656250, Fax 656822, ≼ – ☎ ⓹. ⅍ rist
chiuso da novembre al 4 dicembre – **Pasto** (chiuso lunedì) carta 25/48000 – **16 cam**
⇌ 38/70000 – ½ P 40/59000.

SAN LEONARDO IN TREPONZIO Lucca –Vedere Capannori.

SAN LEONE Agrigento 𝟺𝟹𝟸 P 22 – Vedere Sicilia (Agrigento) alla fine dell'elenco alfabetico.

SAN LEONINO Siena – Vedere Castellina in Chianti.

SAN LORENZO DI SEBATO (SANKT LORENZEN) 39030 Bolzano 𝟺𝟸𝟿 B 17 – 3 084 ab. alt. 810 –
✪ 0474.
🄱 via Reuzler 9 ℰ 44092, Fax 44106.

Roma 710 – ♦Bolzano 69 – Brunico 4 – Cortina d'Ampezzo 63 – Liena 78.

a Santo Stefano (Stefansdorf) S : 2,5 km – ✉ 39030 San Lorenzo di Sebato :

🏨 **Mühlgarten** ⑤, ℰ 20930, Fax 20630, ≼, ⇔, 🏊 – 🕴 🆃🆅 ☎ ⓹. ⅍ rist
dicembre-aprile e giugno-settembre – **Pasto** carta 33/48000 – **22 cam** ⇌ 80/160000 –
½ P 80/110000.

SAN LORENZO IN BANALE 38078 Trento 𝟺𝟸𝟾 𝟺𝟸𝟿 D 14 – 1 067 ab. alt. 720 – a.s. Pasqua,
luglio-agosto e Natale – ✪ 0465.

Roma 609 – ♦Brescia 109 – ♦Milano 200 – Riva del Garda 35 – Trento 36.

🏨 **Soran,** ℰ 734330, Fax 734564 – 🕴 🆃🆅 ☎ 🅖 ⓹. ⅍
giugno-settembre – **Pasto** 20/30000 – **13 cam** ⇌ 80/110000, 3 appartamenti – P 90/
100000.
🏨 **Castel Mani** ⑤, ℰ 74017, Fax 74017, ≼ – 🕴 ☎ ⓹. ⅍
Pasto (chiuso giovedì) 20/25000 – **40 cam** ⇌ 58/110000 – ½ P 75/85000.

SAN LORENZO IN CAMPO 61047 Pesaro e Urbino 𝟺𝟸𝟿 𝟺𝟹𝟶 L 20 – 3 347 ab. alt. 209 – a.s. 25
giugno-agosto – ✪ 0721.

Roma 257 – ♦Ancona 64 – ♦Perugia 105 – Pesaro 51.

🏨 ✿ **Giardino,** via Mattei 4 (O :1,5 km) ℰ 776803, Fax 776236, 🏊 – 🆃🆅 ☎ ⓹ – 🔏 30. ㏅ 🅑
⓸ 🄴 𝘝𝘐𝘚𝘈. ⅍
Pasto (chiuso lunedì; prenotare) 30/50000 – **20 cam** ⇌ 65/90000 – ½ P 75/80000
Spec. Terrina di pollo con verdure, Pappardelle con coniglio in umido, Controfiletto alle erbe aromatiche.

SAN MACARIO IN PIANO Lucca 𝟺𝟹𝟶 K 13 – Vedere Lucca.

SAN MAMETE Como 𝟸𝟷𝟿 ⑧ – Vedere Valsolda.

SAN MARCELLO PISTOIESE 51028 Pistoia 𝟿𝟾𝟾 ⑭, 𝟺𝟸𝟾 𝟺𝟸𝟿 𝟺𝟹𝟶 J 14 – 7 702 ab. alt. 623 – a.s.
luglio-agosto – ✪ 0573.
🄱 via Marconi 28 ℰ 630145, Fax 622120.

Roma 340 – ♦Firenze 67 – Pisa 71 – ♦Bologna 90 – Lucca 50 – ♦Milano 291 – Pistoia 30.

🏠 **Il Cacciatore,** ℰ 630533, Fax 630134 – 🆃🆅 ☎ ⓹ – 🔏 40. ㏅ 🅑 ⓸ 🄴 𝘝𝘐𝘚𝘈. ⅍
chiuso novembre – **Pasto** (chiuso lunedì) carta 33/51000 – ⇌ 7500 – **17 cam** 75/95000 –
½ P 70/85000.

SAN MARINO 47031 Repubblica di San Marino 988 ⑮, 429 430 K 19 – 4 222 ab. nella Capitale, 23 372 ab. nello Stato di San Marino alt. 749 (monte Titano) – a.s. 15 giugno-settembre – ✆ 0549.

Vedere Posizione pittoresca★★★ – ≼★★★ sugli Appennini e il mare dalle Rocche.

🛈 palazzo del Turismo ℰ 882410.

A.C.I. a Serravalle via Abate Stefano 5 ℰ 901767, Fax 901361.

Roma 355 ① – ◆Ancona 132 ① – ◆Bologna 135 ① – ◆Forlì 74 ① – ◆Milano 346 ① – ◆Ravenna 78 ① – Rimini 27 ①.

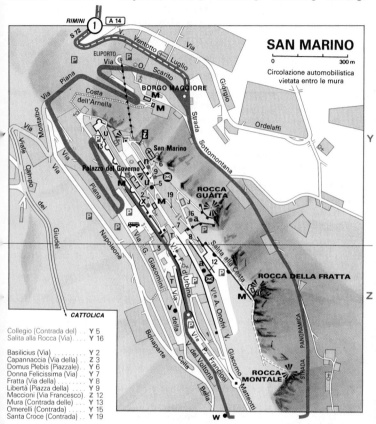

🏨 **Gd H. San Marino,** viale Antonio Onofri 31 ℰ 992400, Telex 518548, Fax 992951, ≼ – 🛗 ☰ cam 📺 ☎ ⅗ ⇌ – 🔬 60 a 150. 🖭 🗄 ⑩ Ɛ 💳 ⨀ 🍴 rist   Z **a**
15 febbraio-novembre – **Pasto** 32/70000 e al Rist. **Arengo** carta 41/61000 – � 12000 – **56 cam** 130/160000 – ½ P 115/150000.

🏨 **Titano** 🕭, contrada del Collegio 21 ℰ 991006, Fax 991375, « Terrazza rist. con ≼ » – 🛗 📺 ☎. 🖭 🗄 ⑩ Ɛ 💳 ⨀   Y **u**
15 marzo-15 novembre – **Pasto** carta 40/66000 – ⊠ 11000 – **46 cam** 90/120000 – ½ P 90/100000.

🏨 **Panoramic,** via Voltone 91 ℰ 992359, Fax 990356 – 📺 ☎ ⇌ Ɒ. 🖭 🗄 ⑩ Ɛ 💳
🍴 rist   Z **w**
chiuso dal 5 gennaio a febbraio e dal 20 al 30 novembre – **Pasto** (chiuso martedì escluso da maggio a settembre) carta 32/47000 (15%) – ⊠ 9500 – **27 cam** 70/90000 – ½ P 70/85000.

🏨 **Quercia Antica,** via Cella Bella ℰ 991257, Fax 990044 – 📺 ☜ ⇌. 🖭 ⑩. 🍴 rist   Z **v**
Pasto carta 40/50000 – ⊠ 9000 – **25 cam** 80/105000 – ½ P 80000.

563

XXX **Righi la Taverna,** piazza della Libertà 10 ✆ 991196, Fax 990597, « Caratteristico arredamento » – ▤. AE ⓢ ⓞ E VISA Y **n**
chiuso Natale – **Pasto** 35/60000 e carta 42/68000 (15%).

XX Parco Verde, strada per Monte Cerreto 53 ✆ 992695, ☂, ☂ – Ⓟ

XX **La Fratta,** via Salita alla Rocca 14 ✆ 991594, Fax 990320, ☂ – AE ⓢ ⓞ E VISA. ✻
chiuso dal 15 novembre al 15 dicembre e mercoledì in bassa stagione – **Pasto** carta 40/60000. Y **a**

X **Buca San Francesco,** piazzetta Placito Feretrano 3 ✆ 991462 – ✻ Y **x**
chiuso la sera e dal 15 novembre al 15 dicembre – **Pasto** carta 28/40000.

a Domagnano per ① : 4 km – ✉ **47031** San Marino :

🏨 **Rossi,** ✆ 902263, Fax 906642, ≤ – |♦| ▤ cam TV ☎ Ⓟ. AE ⓢ ⓞ E VISA. ✻
chiuso dal 1° al 15 novembre – **Pasto** *(chiuso sabato in bassa stagione)* carta 29/46000 – ☐ 10000 – **34 cam** 70/95000, ▤ 15000 – ½ P 70/85000.

SAN MARTINO Livorno 430 N 12 – Vedere Elba (Isola d') : Portoferraio.

SAN MARTINO AL CIMINO Viterbo 430 O 18 – Vedere Viterbo.

SAN MARTINO BUON ALBERGO **37036** Verona 429 F 15 – 13 256 ab. alt. 45 – ☎ 045.
Roma 510 – ♦Verona 8 – ♦Milano 164 – ♦Padova 74 – Vicenza 44.

X **Antica Trattoria da Momi,** via Serena 38 ✆ 990752 – AE ⓢ ⓞ E VISA. ✻
chiuso dal 5 al 25 agosto, lunedì e in luglio-agosto anche domenica – **Pasto** carta 32/48000.

Europe — Se il nome di un albergo è stampato in carattere magro, chiedete al vostro arrivo le condizioni che vi saranno praticate.

SAN MARTINO DELLA BATTAGLIA **25010** Brescia 428 429 F 13 – alt. 87 – ☎ 030.
Roma 515 – ♦Brescia 37 – ♦Verona 35 – ♦Milano 125.

X **Da Renato,** ✆ 9910117 – Ⓟ. ✻
chiuso dal 1° al 15 luglio, mercoledì e martedì sera (escluso da Pasqua ad ottobre) – **Pasto** carta 25/37000 (10%).

SAN MARTINO DI CASTROZZA **38058** Trento 988 ⑤, 429 D 17 – alt. 1467 – a.s. 19 dicembre-Epifania e febbraio-Pasqua – Sport invernali : 1 467/2 600 m ⛷2 ⛷16, ⛷; al passo Rolle : 1 884/2 300 m ⛷2 ⛷20 – ☎ 0439.
Vedere Località★★.
ℹ via Passo Rolle 165/167 ✆ 768867, Telex 401543, Fax 768814.
Roma 629 – Belluno 79 – ♦Bolzano 86 – Cortina d'Ampezzo 113 – ♦Milano 349 – Trento 109 – Treviso 105 – ♦Venezia 135.

🏨 **Des Alpes,** ✆ 769069, Fax 769068, ≤, ≋ – |♦| TV ☎ ⇔ Ⓟ. AE ⓢ E VISA. ✻
23 dicembre-18 aprile e 25 giugno-10 settembre – **Pasto** 35/50000 – **55 cam** ☐ 130/200000 – ½ P 85/200000.

🏨 **San Martino,** ✆ 68011, Fax 68841, ≤ gruppo delle Pale e vallata, ≋, ☐, ☂, ✻ – |♦| TV ☎ ⇔ Ⓟ – 🏛 30. VISA. ✻ rist
20 dicembre-20 aprile e luglio-15 settembre – **Pasto** 30/40000 – ☐ 15000 – **48 cam** 100/180000 – ½ P 80/130000.

🏨 **Orsingher** senza rist, ✆ 68544, Fax 769043, ≤ – |♦| TV ☎ ⇔ Ⓟ. ⓢ ⓞ E VISA. ✻
20 dicembre-Pasqua e 28 giugno-25 settembre – **31 cam** ☐ 92/150000, 2 appartamenti.

🏨 **Paladin,** ✆ 768680, Fax 768695, ≤ gruppo delle Pale e vallata, ≋ – |♦| TV ☎ ⇔ Ⓟ. ✻
20 dicembre-20 aprile e 20 giugno-15 settembre – **Pasto** 25/35000 – **28 cam** ☐ 90/150000 – ½ P 73/95000.

🏨 **Panorama,** ✆ 768667, Fax 768667, ≤ – |♦| TV ☎ ⇔ Ⓟ. ⓢ ⓞ VISA. ✻
20 dicembre-15 aprile e 28 giugno-16 settembre – **Pasto** carta 30/42000 – **22 cam** ☐ 153000 – ½ P 80/143000.

🏨 **Cristallo,** ✆ 68134, Fax 68134, ≤ gruppo delle Pale – |♦| TV ☎ Ⓟ. VISA. ✻
20 dicembre-15 aprile e 20 giugno-15 settembre – **Pasto** 30/35000 – ☐ 12000 – **24 cam** 85/145000 – ½ P 80/135000.

🏨 **Colfosco,** ✆ 68224, Fax 68427, Fō – |♦| TV ☎ Ⓟ. AE ⓢ ⓞ E VISA. ✻ rist
15 dicembre-15 aprile e 15 giugno-15 settembre – **Pasto** 25/35000 – **50 cam** ☐ 80/150000 – ½ P 70/140000.

🏨 **Stalon,** ✆ 68126, Fax 768738, ≤, ≋ – TV ☎ Ⓟ. ⓢ E VISA. ✻
dicembre-aprile e giugno-settembre – **Pasto** 25/30000 – ☐ 10000 – **33 cam** 160000 – ½ P 100/135000.

🏨 **Regina,** ✆ 68221, Fax 68017, ≤ gruppo delle Pale – |♦| TV ☎ Ⓟ. AE ⓢ E VISA. ✻ rist
20 dicembre-20 aprile e 15 giugno-20 settembre – **Pasto** 25/36000 – ☐ 12000 – **35 cam** 100/168000 – ½ P 72/144000.

🏠 **Letizia,** 𝒫 768615, Fax 762386, ≤, *ƒ₆* – |📶| 📺 ☎ ⇐⇒ **ℙ**. 🅰🅴 🅵 𝚅𝙸𝚂𝙰. 🎇 rist
4 dicembre-Pasqua e 26 giugno-15 settembre – **Pasto** 20/35000 – **27 cam** ⇌ 85/150000 –
½ P 60/140000.

🏠 **Alpino,** 𝒫 768881, Fax 768864, ≤ gruppo delle Pale – |📶| ☎ ⇐⇒ **ℙ**
stagionale – **31 cam.**

🍴🍴 **Malga Ces,** O : 3 km 𝒫 68223, Fax 68223 – **ℙ**. 🅰🅴 🅾. 🎇
8 dicembre-15 aprile e 16 giugno-settembre – **Pasto** carta 35/46000.

SAN MARTINO DI LUPARI 35018 Padova 🐯🐯🐯 F 17 – 11 050 ab. alt. 60 – 🕲 049.
Roma 516 – Belluno 101 – ◆Padova 37 – Treviso 41 – ◆Venezia 50.

🍴🍴 **Da Belie,** 𝒫 9461088 – 🔲 **ℙ**. 🅰🅴 🅵 🅾 🅴 𝚅𝙸𝚂𝙰. 🎇
chiuso sabato sera, domenica, dal 26 dicembre al 2 gennaio e dal 1° al 21 agosto – **Pasto**
carta 33/43000.

SAN MARTINO IN COLLE Lucca – Vedere Montecarlo.

SAN MARTINO IN PASSIRIA (ST. MARTIN IN PASSEIER) 39010 Bolzano 🐯🐯🐯 B 15, 🐻🐻🐻 ⑩ –
2 706 ab. alt. 597 – 🕲 0473.
Roma 682 – ◆Bolzano 43 – Merano 16 – ◆Milano 342 – Trento 102.

🏠🏠 **Quellenhof-Forellenhof e Landhaus,** S : 5 km 𝒫 645474, Fax 645499, ≤, 🍽, *ƒ₆*, ⇌s,
🔲 riscaldata, 🔲, ⚓, 🎇 – |📶| 📺 ☎ & **ℙ**
marzo-17 novembre – **Pasto** carta 57/91000 – **44 cam** ⇌ 88/150000 – ½ P 75/115000.

🏠🏠 **Kennenhof** 🌿, S : 5 km 𝒫 645440, ≤, ⚓, 🎇 – 📺 ☎ **ℙ**
marzo-novembre – **Pasto** 30/55000 – **13 cam** solo ½ P 82/130000.

a Saltusio (Saltaus) S : 8 km – alt. 490 – ⊠ 39010 :

🍴🍴 **Saltauserhof** con cam, 𝒫 645403, Fax 645515, ≤, *ƒ₆*, ⇌s, 🔲 riscaldata, 🔲, ⚓, 🎇 – ☎
ℙ. 🎇 rist
aprile-novembre – **Pasto** carta 40/51000 – **21 cam** ⇌ 60/110000, 2 appartamenti – ½ P 65/
100000.

SAN MARTINO SICCOMARIO 27028 Pavia 🐯🐯🐯 G 9 – 4 752 ab. alt. 63 – 🕲 0382.
Roma 556 – Alessandria 59 – ◆Milano 43 – Pavia 4 – Piacenza 57.

🏠🏠 **Plaza** senza rist, strada statale 35 𝒫 559413, Fax 556085 – |📶| 🔲 📺 ☎ **ℙ** – 🔬 25. 🅰🅴 🅵
🅾 🅴 𝚅𝙸𝚂𝙰 𝙹𝙲𝙱. 🎇
53 cam ⇌ 125/160000, 🔲 10000.

🍴🍴🍴 **Antica Trattoria Goi,** via Togliatti 2 𝒫 498887, Fax 498941, prenotare – 🔲 & **ℙ**. 🅰🅴 🅵
🅾 🅴 𝚅𝙸𝚂𝙰
chiuso a mezzogiorno, domenica, dal 6 al 20 gennaio e dal 5 al 25 agosto – **Pasto** carta
50/75000.

SAN MASSIMO Genova – Vedere Rapallo.

SAN MAURIZIO CANAVESE 10077 Torino 🐯🐯🐯 G 4 – 6 597 ab. alt. 317 – 🕲 011.
Roma 697 – ◆Torino 17 – Aosta 111 – ◆Milano 142 – Vercelli 72.

🍴🍴 **La Credenza,** via Cavour 22 𝒫 9278014, Fax 9278014 – 🅰🅴 🅵 🅾 🅴 𝚅𝙸𝚂𝙰
chiuso martedì – **Pasto** carta 41/71000.

🍴 **La Crota,** via Matteotti 6 𝒫 9278075 – 🔲. 🅰🅴 🅵 𝚅𝙸𝚂𝙰
chiuso dal 7 al 14 gennaio, dal 5 al 25 agosto, lunedì e le sere di domenica, martedì e
mercoledì – **Pasto** carta 31/50000.

SAN MAURIZIO D'OPAGLIO 28017 Novara 🐯🐯🐯 E 7, 🐻🐻🐻 ⑥ – 2 814 ab. alt. 373 – 🕲 0322.
Roma 657 – Stresa 34 – Alessandria 65 – ◆Genova 118 – ◆Milano 41 – Novara 43 – Piacenza 63.

🍴 **Da Grissino,** 𝒫 96173 – **ℙ**. 🅰🅴 🅵 🅾 🅴 𝚅𝙸𝚂𝙰. 🎇
chiuso martedì sera, mercoledì e dal 1° al 28 agosto – **Pasto** carta 35/64000.

SAN MAURO A MARE 47030 Forlì 🐯🐯🐯 🐯🐯🐯 J 19 – a.s. 21 giugno-agosto – 🕲 0541.
🔰 (aprile-settembre) via Repubblica 8 𝒫 346392, Fax 346392.
Roma 353 – ◆Bologna 103 – Forlì 42 – ◆Milano 314 – ◆Ravenna 36 – Rimini 16.

🏠🏠 **Capitol,** 𝒫 345542, Telex 518516, Fax 345492, *ƒ₆*, ⇌s, 🔲 riscaldata – |📶| 🔲 📺 ☎ & **ℙ** –
🔬 80. 🅰🅴 🅵 🅾 🅴 𝚅𝙸𝚂𝙰. 🎇 rist
Pasto carta 40/75000 – **35 cam** ⇌ 130/200000 – ½ P 90/145000.

🏠 **Internazionale,** 𝒫 346475, Fax 346937, ≤, 🏖, 🎇 – |📶| ☎ **ℙ**. 🎇 rist
maggio-20 settembre – **Pasto** (solo per clienti alloggiati) – ⇌ 12000 – **36 cam** 70/110000 –
P 62/90000.

🏠 **Europa,** 𝒫 346312, Fax 346400, 🔲 – |📶| 🔲 rist ☎ **ℙ**. 🅵 🅴 𝚅𝙸𝚂𝙰. 🎇 rist
Pasqua-15 ottobre – **Pasto** (solo per clienti alloggiati) – **47 cam** ⇌ 60/90000 – ½ P 40/
80000.

565

SAN MAURO TORINESE 10099 Torino 428 G 5 – 16 799 ab. alt. 211 – 🕲 011.
Roma 666 – ◆Torino 9 – Asti 54 – ◆Milano 136 – Vercelli 66.

🏠 **La Pace** senza rist, via Roma 36 ℘ 8221945, Fax 8222677 – 🕸 🔟 ☎ 🅿. 🛐 ☰ 𝓥𝓘𝓢𝓐.
%%   HT s
🖵 7000 – **35 cam** 75/90000.

XXX ✿ **Bontan,** via Canua 55 ℘ 8222680, Fax 8226658, Coperti limitati; prenotare, « Servizio
estivo in giardino » – 🅿. 🖭 🛐 ◑ 𝓥𝓘𝓢𝓐   HT e
chiuso domenica, lunedì e dal 1° al 25 gennaio – **Pasto** carta 70/105000
Spec. Ravioli di ortiche e borragine al burro di montagna (primavera), Misticanza con gamberi e fagiolini (estate),
Tartella calda di datteri freschi.

X **Frandin,** via Settimo 14 ℘ 8221177, �036 – 🅿. 🖭 🛐 ◑ ☰ 𝓥𝓘𝓢𝓐   HT a
chiuso martedì e dal 10 agosto al 9 settembre – **Pasto** carta 30/65000.

SAN MENAIO 71010 Foggia 431 B 29 – a.s. luglio-13 settembre – 🕲 0884.
Roma 389 – ◆Foggia 104 – ◆Bari 188 – San Severo 71.

🏠 **Park Hotel Villa Maria** senza rist, via del Carbonaro 15 ℘ 98548 – 🔟 ☎ 🅿. 🛐 ☰ 𝓥𝓘𝓢𝓐.
%%
aprile-15 ottobre – **15 cam** 🖵 80/145000.

SAN MICHELE (ST. MICHAEL) Bolzano 218 ⑳ – Vedere Appiano sulla Strada del Vino.

SAN MICHELE ALL'ADIGE 38010 Trento 988 ④, 429 D 15 – 2 071 ab. alt. 229 – a.s. dicembre-
aprile – 🕲 0461.
Roma 603 – ◆Bolzano 41 – ◆Milano 257 – Moena 70 – Trento 16.

🏠 **Lord Hotel** senza rist, N : 1 km ℘ 650120, Fax 650138, ≤, %% – 🕸 🔟 ☎ 🚗 🅿. 🖭 🛐 ◑
☰ 𝓥𝓘𝓢𝓐 🗛. %%
chiuso dal 24 dicembre al 5 gennaio – 🖵 6000 – **33 cam** 57/90000.

XX **Da Silvio,** N : 1 km ℘ 650324, Fax 650604, �036 – 🅿 – 🚲 45. 🖭 🛐 ◑ ☰ 𝓥𝓘𝓢𝓐 🗛. %%
chiuso domenica sera, lunedì, dal 7 al 21 gennaio e dal 15 giugno al 2 luglio – **Pasto**
carta 42/69000.

SAN MICHELE AL TAGLIAMENTO 30028 Venezia 429 E 20 – 11 887 ab. alt. 7 – 🕲 0431.
Roma 599 – ◆Milano 338 – Pordenone 44 – ◆Trieste 81 – Udine 50 – ◆Venezia 88.

XX **Mattarello,** strada statale ℘ 50450, Fax 50450 – 🍽 🅿. 🛐 ☰ 𝓥𝓘𝓢𝓐. %%
chiuso lunedì – **Pasto** carta 54/86000.

SAN MICHELE DEL CARSO Gorizia – Vedere Savogna d'Isonzo.

SAN MICHELE DI GANZARIA Catania 432 P25 – Vedere Sicilia alla fine dell'elenco
alfabetico.

SAN MINIATO 56027 Pisa 988 ⑭, 428 429 430 K 14 – 25 326 ab. alt. 140 – 🕲 0571.
🖫 Fontevivo (chiuso lunedì ed agosto) ℘ 42472.
Roma 297 – ◆Firenze 37 – Siena 68 – ◆Livorno 52 – Pisa 42.

🏠 **Miravalle** %%, piazza Castello 3 ℘ 418075, Fax 419681, ≤ – 🕸 🔟 ☎ – 🚲 60. 🖭 🛐 ◑ ☰
𝓥𝓘𝓢𝓐 🗛. %% rist
Pasto (chiuso domenica e dal 6 al 24 agosto) carta 25/57000 – 🖵 8000 – **18 cam** 95/150000
– ½ P 110/120000.

SAN NICOLA ARCELLA 87020 Cosenza 431 H 29 – 1 326 ab. alt. 110 – 🕲 0985.
Roma 425 – Castrovillari 77 – Catanzaro 158 – ◆Cosenza 99 – ◆Napoli 217.

🏠 Principe, ℘ 3125, ≤ mare e costa, �036 – 🕸 🍽 🚗 🅿 – **28 cam.**

SAN NICOLÒ (ST. NIKOLAUS) Bolzano 428 G 10, 218 ⑲ – Vedere Ultimo.

SAN NICOLÒ Piacenza – Vedere Piacenza.

SAN NICOLÒ DI RICADI Vibo Valentia 431 L 29 – Vedere Tropea.

SAN PANCRAZIO Brescia – Vedere Palazzolo sull'Oglio.

SAN PANCRAZIO Ravenna 430 I 18 – Vedere Russi.

SAN PANTALEO Sassari 433 D 10 – Vedere Sardegna alla fine dell'elenco alfabetico.

SAN PAOLO (ST. PAULS) Bolzano 218 ⑳ – Vedere Appiano sulla Strada del Vino.

SAN PAOLO CERVO 13060 Biella 428 F 6, 219 ⑮ – 183 ab. alt. 795 – 🕲 015.
Roma 690 – Biella 14 – ◆Milano 116 – Novara 70 – ◆Torino 88 – Vercelli 56.

X **Asmara** %% con cam, ℘ 60021, ≤ – 🅿. %%
Pasto (chiuso martedì) carta 30/42000 – 🖵 5000 – **7 cam** (aprile-ottobre) 45/80000 –
½ P 45/50000.

SAN PELLEGRINO (Passo di) Trento 988 ⑤, 429 C 17 – alt. 1 918 – ⊠ 38035 Moena – a.s. febbraio-Pasqua agosto e Natale – Sport invernali : 1 918/2 500 m ⋦ 1 ⋦ 19, ⋨ – ❀ 0462.

Roma 682 – Belluno 58 – ◆Bolzano 56 – ◆Milano 340 – Trento 100.

🏔 **Monzoni** ⍋, ℰ 573352, Fax 574490, ≤ Dolomiti, ℆, ☎ – 🛗 ⤢ 📺 ☎ ও ❷ – 🔼 120. ₳ 🛈 ℰ ℣𝘐𝘚𝘈. �᭺
8 dicembre-18 aprile e 16 luglio-4 settembre – **Pasto** carta 46/63000 – ⊈ 15000 – **87 cam** 130/190000 – ½ P 112/180000.

🏠 **Costabella** ⍋, ℰ 573326, Fax 574283, ≤ Dolomiti – 🛗 ⤢ cam ☎ ❷. �᭺ rist
dicembre-aprile e luglio-settembre – **Pasto** 30/34000 (10%) – ⊈ 15000 – **27 cam** 104/180000 – ½ P 105/126000.

SAN PELLEGRINO TERME 24016 Bergamo 988 ③, 428 E 10 – 5 283 ab. alt. 354 – Stazione termale (maggio-settembre), a.s. luglio-agosto e Natale – ❀ 0345.

Dintorni Val Brembana★ Nord e Sud per la strada S 470.

🛈 via Papa Giovanni XXIII 18 ℰ 23344.

Roma 626 – ◆Bergamo 25 – ◆Brescia 77 – Como 71 – ◆Milano 67.

🏔 **Terme** ⍋, ℰ 21125, Fax 23497, ☞ – 🛗 📺 ☎ ❷ – 🔼 50. ₳ 🛈. �᭺
22 maggio-settembre – **Pasto** 65/100000 – ⊈ 13000 – **50 cam** 120/140000 – ½ P 145/155000.

🏠 **Bigio,** ℰ 21058, Fax 23463, « Giardino ombreggiato » – 🛗 ☎ ❷ – 🔼 100. ℣𝘐𝘚𝘈. �᭺
15 maggio-settembre – **Pasto** carta 39/54000 – ⊈ 9000 – **50 cam** 65/90000 – ½ P 72/88000.

✗ **La Ruspinella** con cam, S : 1,5 km ℰ 21333, Fax 21333 – 📺 ☎ ❷. ₳ 🛈 🛈 ℰ ℣𝘐𝘚𝘈. �᭺
chiuso dal 15 al 30 settembre – **Pasto** (chiuso venerdì) carta 28/52000 – ⊈ 7000 – **18 cam** 60/90000 – ½ P 65/70000.

Carte stradali MICHELIN 1/400 000 :
428 ITALIA Nord-Ovest/ 429 ITALIA Nord-Est/ 430 ITALIA Centro
431 ITALIA Sud/ 432 SICILIA/ 433 SARDEGNA

Le località sottolineate in rosso su queste carte sono citate in guida.

SAN PIERO A SIEVE 50037 Firenze 988 ⑮, 429 430 K 15 – 3 761 ab. alt. 210 – ❀ 055.

Roma 318 – ◆Firenze 25 – ◆Bologna 82.

✗ **La Felicina** con cam, ℰ 848016 – ☎. ₳ 🛈 ℰ ℣𝘐𝘚𝘈. �᭺
chiuso dal 1° al 7 marzo e dal 4 all'11 settembre – **Pasto** (chiuso sabato) carta 32/50000 – ⊈ 9000 – **10 cam** 65/85000 – ½ P 70/75000.

SAN PIETRO Cuneo – Vedere Monterosso Grana.

SAN PIETRO Verona – Vedere Legnago.

SAN PIETRO (Isola di) Cagliari 988 ③, 433 J 6 – Vedere Sardegna alla fine dell'elenco alfabetico.

SAN PIETRO DI FELETTO 31020 Treviso 429 E 18 – 4 273 ab. alt. 264 – ❀ 0438.

Roma 577 – ◆Venezia 66 – Belluno 45 – Pordenone 39 – Treviso 34.

✗✗ **Al Doppio Fogher,** località San Michele ℰ 60157, ☞, Specialità di mare – ❷. ₳ 🛈 🛈 ℰ ℣𝘐𝘚𝘈. �᭺
chiuso domenica sera, lunedì, dal 7 al 23 gennaio e dal 9 al 26 agosto – **Pasto** carta 39/66000.

SAN PIETRO IN CARIANO 37029 Verona 428 429 F 14 – 10 891 ab. alt. 160 – ❀ 045.

Roma 510 – ◆Verona 19 – ◆Brescia 77 – ◆Milano 164 – Trento 85.

🏠 **Valpolicella International** senza rist, ℰ 7703555, Fax 7703555 – 🛗 🖵 📺 ☎ ⇌ ❷ – 🔼 30 a 200. ₳ 🛈 ℰ ℣𝘐𝘚𝘈. �᭺
⊈ 18000 – **42 cam** 70/140000.

a Pedemonte SO : 4 km – ⊠ 37020 :

🏔 **Villa del Quar** ⍋, SE : 1,5 km ℰ 6800681, Fax 6800604, ≤, ℆, ⏚, ☞ – 🛗 🖵 📺 ☎ ❷. ₳ 🛈 ℰ ℣𝘐𝘚𝘈. �᭺
Pasto carta 61/94000 – **18 cam** ⊈ 295000, 4 appartamenti 395000.

SAN POLO Parma – Vedere Torrile.

SAN POLO DI PIAVE 31020 Treviso 429 E 19 – 4 037 ab. alt. 27 – ❀ 0422.

Roma 563 – ◆Venezia 54 – Belluno 65 – Cortina d'Ampezzo 120 – ◆Milano 302 – Treviso 23 – Udine 99.

✗✗ ❀ **Gambrinus,** ℰ 855043, Fax 855044, prenotare, « Servizio estivo nel parco con voliere e ruscello » – ⤢ 🖵 ❷ – 🔼 80. ₳ 🛈 🛈 ℰ ℣𝘐𝘚𝘈. �᭺
chiuso lunedì (escluso i giorni festivi) e dal 7 al 21 gennaio – **Pasto** 30000 e carta 30/68000
Spec. Fantasia d'insalate all'astice, Gamberi d'acqua dolce alla "Gambrinus", Lombo di coniglio al radicchio trevisano (dicembre-febbraio).

567

Roma 196 − Siena 44 − Chianciano Terme 31 − ◆Firenze 111 − ◆Perugia 96.

🏨 **Casanova** senza rist, ☞ 898177, Fax 898177, ≼ vallata, ₤₰, ⊜, ⊐ − ▮ 𝗧𝗩 ☎ ⅙ ❻. ஊ ⑤
⦿ ⴻ 𝗩𝗜𝗦𝗔
chiuso novembre, gennaio e febbraio − ⊐ 15000 − **11 cam** 100/150000, 26 appartamenti
130/180000.

🏨 **Palazzuolo** ♒, ☞ 897080, Fax 897080, ≼, ⊐, ⇝ − ▮ 𝗧𝗩 ☎ ⅙ ❻ − ⚘ 100. ஊ ⦿ 𝗩𝗜𝗦𝗔
✵ rist
chiuso dal 9 gennaio al 19 febbraio − **Pasto** carta 37/55000 − ⊐ 10000 − **39 cam** 80/140000
− ½ P 98000.

a Bagno Vignoni SE : 5 km − ✉ 53020 :

🏨 **Posta-Marcucci** ♒, ☞ 887112, Fax 887119, ≼, ₤₰, ⊜, ⊐ termale, ⇝, ✵ − ▮ ▤ rist
𝗧𝗩 ☎ ⅙ ❻ − ⚘ 40. ஊ ⑤ ⦿ ⴻ 𝗩𝗜𝗦𝗔. ✵ rist
chiuso dal 15 gennaio al 15 febbraio − **Pasto** 40/50000 − **46 cam** ⊐ 110/200000 − ½ P 95/
140000.

Roma 613 − Belluno 75 − ◆Milano 352 − Pordenone 9 − Treviso 63 − ◆Trieste 121 − Udine 59.

XXX ✿ **La Primula** con cam, ☞ 91005, Fax 919280, ⌖ − ▤ rist 𝗧𝗩 ☎ ❻ − ⚘ 40. ஊ ⑤ ⦿ ⴻ
𝗩𝗜𝗦𝗔. ✵
Pasto *(chiuso domenica sera, lunedì, dal 1° al 20 gennaio e dal 10 al 30 luglio)* 45/65000 e
carta 48/70000 − ⊐ 10000 − **7 cam** 90/130000
Spec. Strudel di zucca e noci con salsa allo speck (autunno), Tagliolini croccanti con scampi e salsa al curry, Germano
reale al profumo di salvia (inverno).

I prezzi	Per ogni chiarimento sui prezzi riportati in guida, consultate le pagine dell'introduzione.

Vedere Località★★ − La Pigna★ (città alta) : ≼★ dal santuario della Madonna della Costa.
Dintorni Monte Bignone★★ : ⌖★★ N : 13 km.
🅸₈ (chiuso martedì) ☞ 557093, Fax 557388, N : 5 km.
🅱 corso Nuvoloni 1 ☞ 571571, Fax 507649.
A.C.I. corso Raimondo 47 ☞ 500295.
Roma 638 ① − ◆Milano 262 ① − ◆Nice 59 ② − Savona 93 ①.

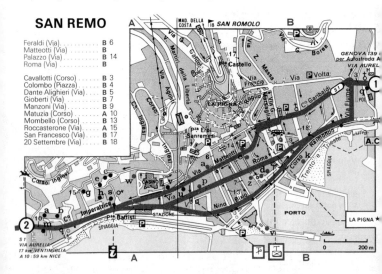

🏨🏨 **Royal,** corso Imperatrice 80 ☞ 5391, Telex 270511, Fax 61445, ≼, « Giardino fiorito co⌑
⊐ riscaldata e servizio rist. estivo all'aperto », ₤₰, ✵ − ▮ ▤ 𝗧𝗩 ☎ ⅙ ❻ − ⚘ 25 a 300. ⑤
⦿ ⴻ 𝗩𝗜𝗦𝗔. ✵ rist
chiuso dall'8 ottobre al 19 dicembre − **Pasto** 85000 − **151 cam** ⊐ 275/620000, 17 apparta⌑
menti − ½ P 236/375000.

🏨🏨 **Gd H. Londra,** corso Matuzia 2 ℰ 668000, Telex 271420, Fax 668073, « Giardino con 🌲 » – 🛗 📶 cam 📺 🕾 💰 📵 – 🔏 450. 🖭 🕄 ◑ ⋿ 𝗩𝗜𝗦𝗔. 🛠   A   **b**
chiuso dal 3 ottobre al 17 dicembre – **Pasto** carta 65/95000 – **134 cam** ⊑ 210/240000, 7 appartamenti – 🖿 15000 – ½ P 195/235000.

🏨🏨 **Astoria West-End,** corso Matuzia 8 ℰ 667701, Telex 283834, Fax 65616, « Giardino con 🌲 » – 🛗 📺 🕾 💰 – 🔏 100. 🖭 🕄 ◑ ⋿ 𝗩𝗜𝗦𝗔. 🛠 rist   A   **a**
Pasto 65000 – **112 cam** ⊑ 165/235000, 8 appartamenti – ½ P 195/220000.

🏨🏨 **Méditerranée,** corso Cavallotti 76 ℰ 571000, Fax 541106, 🌤, « Parco con 🌲 » – 🛗 🖿 📺 🕾 🚗 💰 – 🔏 40 a 250. 🖭 🕄 ◑ ⋿ 𝗩𝗜𝗦𝗔. 🛠 rist   B · **q**
Pasto 30/50000 – **61 cam** ⊑ 150/250000, appartamento – ½ P 200000.

🏨 **Villa Mafalda** 🏖, senza rist, corso Nuvoloni 18 ℰ 572572, Fax 572574, 🌳 – 🛗 📺 🕾 💰. 🖭 🕄 ◑ ⋿ 𝗩𝗜𝗦𝗔. 🛠   A   **c**
chiuso dal 21 ottobre al 21 novembre – ⊑ 12500 – **57 cam** 150000.

🏨 **Paradiso** 🏖, via Roccasterone 12 ℰ 571211, Telex 272264, Fax 578176, 🌳 – 🛗 📺 🕾 🚗 – 🔏 45. 🖭 🕄 ◑ ⋿ 𝗩𝗜𝗦𝗔. 🛠 rist   A   **g**
Pasto 26/44000 – ⊑ 19000 – **41 cam** 110/150000 – ½ P 120/140000.

🏨 **Lolli Palace Hotel,** corso Imperatrice 70 ℰ 531496, Fax 541574, ≤ – 🛗 🖿 📺 🕾. 🖭 🕄 ◑ ⋿ 𝗩𝗜𝗦𝗔. 🛠 rist   A   **s**
chiuso dal 5 al 20 novembre – **Pasto** 35/40000 – **48 cam** ⊑ 90/140000 – ½ P 90/100000.

🏨 **Nazionale,** via Matteotti 5 ℰ 577577, Fax 541535 – 🛗 🖿 📺 🕾 – 🔏 40. 🖭 🕄 ◑ ⋿ 𝗩𝗜𝗦𝗔 𝗝𝗖𝗕. 🛠 rist   A   **v**
Pasto 50/70000 e al Rist. **Panoramico** *(chiuso mercoledì)* carta 70/92000 – ⊑ 20000 – **70 cam** 180/200000, 6 appartamenti – ½ P 155/175000.

🏨 **Eveline-Portosole** senza rist, corso Cavallotti 111 ℰ 503430, Fax 503431 – 📺 🕾. 🖭 🕄 ◑ ⋿ 𝗩𝗜𝗦𝗔 𝗝𝗖𝗕. 🛠   B   **c**
24 cam ⊑ 100/180000.

🏨 **Nike** senza rist,·via F.lli Asquasciati 37 ℰ 531429 – 🛗 📺 🕾 🚗. 🖭 🕄 ◑ ⋿ 𝗩𝗜𝗦𝗔 A   **c**
chiuso dal 12 al 20 dicembre – ⊑ 12000 – **43 cam** 80/140000.

🏨 **Morandi,** corso Matuzia 51 ℰ 667641, Fax 666567, 🌳 – 🛗 🖿 rist 📺 🕾 💰. 🖭 🕄 ◑ ⋿ 𝗩𝗜𝗦𝗔 𝗝𝗖𝗕. 🛠 rist   A   **m**
Pasto 30/36000 – ⊑ 12000 – **33 cam** 90/130000 – ½ P 85/110000.

🏨 **Villa Maria** 🏖, corso Nuvoloni 30 ℰ 531422, Fax 531425, 🌳 – 🛗 🕾 💰. 🖭 🕄 ⋿ 𝗩𝗜𝗦𝗔. 🛠   A   **e**
Pasto 45000 – ⊑ 10000 – **39 cam** 90/140000 – ½ P 105000.

🏨 **Eletto,** via Matteotti 44 ℰ 531548 – 🛗 📺 🕾 💰. 🖭 🕄 ⋿ 𝗩𝗜𝗦𝗔. 🛠 rist   B   **u**
Pasto 35000 – ⊑ 8000 – **30 cam** 85/110000 – ½ P 85/95000.

🍴🍴🍴 ✿ **Da Giannino,** lungomare Trento e Trieste 23 ℰ 504014, Coperti limitati; prenotare – 🖿. 🖭 🕄 ◑ ⋿ 𝗩𝗜𝗦𝗔   B   **k**
chiuso domenica sera, lunedì e dal 15 maggio al 1° giugno – **Pasto** 60000 (a mezzogiorno) 100000 (alla sera) e carta 78/108000 (15%)
Spec. Calamari gratinati al forno, Gamberoni di San Remo bolliti in salsa vergine, Crespelle calde di mele con zabaione al Vermentino.

🍴🍴 ✿ **Paolo e Barbara,** via Roma 47 ℰ 531653, Fax 531653, Coperti limitati; prenotare – 🖿. 🖭 🕄 ◑ ⋿ 𝗩𝗜𝗦𝗔   B   **p**
chiuso Natale, dal 4 al 12 settembre, mercoledì e da giugno a settembre anche giovedì a mezzogiorno; in luglio-agosto a mezzogiorno solo su prenotazione – **Pasto** 65/80000 e carta 66/103000 (10%)
Spec. Stoccafisso "Brandacujun", Gamberoni rossi saltati su cipolla in agrodolce e succo di basilico (estate-autunno), Cinghiale arrosto con salsa al mosto d'uva (autunno-inverno).

🍴🍴 **Il Bagatto,** via Matteotti 145 ℰ 531925, Fax 531925 – 🖿. 🖭 🕄 ◑ ⋿ 𝗩𝗜𝗦𝗔   B   **e**
chiuso domenica e dal 15 giugno al 15 luglio – **Pasto** 40000 bc e carta 60/80000 (15%).

🍴🍴 **La Pignese,** piazza Sardi 7 ℰ 501929, 🌤 – 🖭 🕄 ⋿ 𝗩𝗜𝗦𝗔 𝗝𝗖𝗕   B   **d**
chiuso lunedì e giugno – **Pasto** carta 55/81000.

🍴🍴 Da Vittorio, piazza Bresca 16 ℰ 501924, 🌤   B   **d**

🍴 **Vela d'Oro,** via Gaudio 9 ℰ 504302, Coperti limitati; prenotare – 🖿. 🖭 🕄 ◑ ⋿ 𝗩𝗜𝗦𝗔 𝗝𝗖𝗕   B   **e**
chiuso lunedì, dal 10 al 20 marzo e dal 1° al 10 luglio – **Pasto** carta 45/75000.

🍴 **La Lanterna,** via Molo di Ponente 16 ℰ 506855, 🌤 – 🖭 🕄 ⋿ 𝗩𝗜𝗦𝗔   B   **v**
chiuso giovedì e dal 15 novembre al 15 gennaio – **Pasto** carta 31/58000.

🍴 **Gambero Rosso,** via Matteotti 71 ℰ 572469 – 🖿. 𝗩𝗜𝗦𝗔. 🛠   B   **a**
chiuso martedì – **Pasto** carta 46/73000 (10%).

🍴 **Da Carluccio-Osteria del Marinaio,** via Gaudio 28 ℰ 501919, Coperti limitati; prenotare   B   **z**
chiuso lunedì e da ottobre a dicembre – **Pasto** carta 63/113000 (15%).

sulla strada statale 1 - Via Aurelia per ① 4 km :

🏨 **Ariston-Montecarlo,** ✉ 18038 ℰ 513655, Fax 510702, ≤, 🌲 – 🛗 📺 🕾 💰. 🖭 🕄 ◑ 𝗩𝗜𝗦𝗔. 🛠 rist
Pasto *(chiuso da novembre al 15 dicembre)* carta 44/70000 – ⊑ 18000 – **44 cam** 134/164000 – ½ P 130/150000.

a Poggio E : 5 km – ⊠ **18038** San Remo :

✗ Top Top, via Peri 13 ✆ 510855, Trattoria con specialità alla griglia.

a Bussana E : 5,5 km – ⊠ **18032** :

✗✗ **La Kambusa,** via al Mare 87 ✆ 514537, 🏠 – 🔁 ⓪ **E** VISA 🎇
chiuso a mezzogiorno, mercoledì, dal 10 al 17 gennaio, dal 10 al 17 maggio e dal 20 settembre al 10 ottobre – **Pasto** carta 37/69000.

a San Romolo NO : 15 km B – alt. 786 – ⊠ **18038** San Remo :

✗✗ **Dall'Ava,** ✆ 669998, Fax 669998, prenotare, « Giardino ombreggiato con minigolf » – 𝔸𝔼 🔁 ⓪ **E** VISA
chiuso giovedì, dal 15 al 27 febbraio e dal 15 al 27 novembre – **Pasto** carta 26/58000 (10%).

SAN ROCCO Genova – Vedere Camogli.

SAN ROMOLO Imperia 𝟙𝟙𝟝 ⓴ – Vedere San Remo.

SAN SANO Siena – Vedere Gaiole in Chianti.

SAN SEBASTIANO CURONE 15056 Alessandria 𝟜𝟚𝟠 H 9 – 583 ab. alt. 336 – ✆ 0131.
Roma 591 – Alessandria 45 – ◆Genova 75 – ◆Milano 97 – ◆Torino 135 – Tortona 24.

✗✗ **Corona,** ✆ 786203 – 𝔸𝔼 🔁 VISA
chiuso la sera, lunedì e dal 15 giugno al 10 luglio – **Pasto** carta 21/62000.

Lisez attentivement l'introduction : c'est la clé du guide.

SAN SECONDO DI PINEROLO 10060 Torino 𝟜𝟚𝟠 H 3 – 3 268 ab. alt. 413 – ✆ 0121.
Roma 675 – ◆Torino 45 – Asti 71 – Cuneo 100 – Sestriere 52.

✗✗ **Hosteria Laciau,** via Castello Miradolo 2 ✆ 500611, 🏠 – 🔁 **E** VISA
chiuso mercoledì, dal 12 al 22 gennaio e dal 1° al 10 settembre – **Pasto** carta 32/49000.

SANSEPOLCRO 52037 Arezzo 𝟡𝟠𝟠 ⑮, 𝟜𝟛𝟘 L 18 – 15 670 ab. alt. 330 – ✆ 0575.
Vedere Museo Civico★★ : opere★★★ di Piero della Francesca.
Deposizione★ nella chiesa di San Lorenzo – Case antiche★.
Roma 258 – Arezzo 39 – ◆Firenze 114 – ◆Perugia 69 – Rimini 90 – Urbino 71.

🏨 **La Balestra,** via dei Montefeltro 29 ✆ 735151, Fax 740282, 🏠 – 📶 📺 ☎ &. ⇔ 🄿 – 🔬 200. 𝔸𝔼 🔁 ⓪ **E** VISA 🎇
Pasto *(chiuso domenica sera e lunedì)* carta 33/45000 – ⊿ 7000 – **54 cam** 90/110000 – ½ P 80/90000.

🏠 **Fiorentino,** via Luca Pacioli 60 ✆ 740350, Fax 740370 – 📺 ☎ ⇐. 🔁 ⓪ **E** VISA 🎇
Pasto *(chiuso venerdì e dal 20 giugno al 20 luglio)* carta 32/47000 (10%) – ⊿ 8000 – **26 cam** 47/78000 – ½ P 80000.

✗✗ **Oroscopo di Paola e Marco** con cam, località Pieve Vecchia NO : 1 km ✆ 735051, Fax 734875, 🏠, Coperti limitati; prenotare – 📺 ☎. 𝔸𝔼 🔁 ⓪ **E** VISA 🎇
Pasto *(chiuso a mezzogiorno, domenica e dal 20 giugno al 20 luglio)* carta 55/90000 – ⊿ 18000 – **12 cam** 50/80000 – ½ P 90/130000.

✗ **Da Ventura** con cam, via Aggiunti 30 ✆ 742560 – 𝔸𝔼 🔁 ⓪ **E** VISA 🎇
chiuso sabato, dall'8 al 20 gennaio e dal 1° al 20 agosto – **Pasto** carta 37/50000 – ⊿ 4000 – **7 cam** 40/65000 – ½ P 50/65000.

SAN SEVERINO MARCHE 62019 Macerata 𝟡𝟠𝟠 ⑯, 𝟜𝟛𝟘 M 21 – 13 076 ab. alt. 343 – ✆ 0733.
Roma 228 – ◆Ancona 72 – Foligno 71 – Macerata 30.

🏠 **Due Torri** ⑨, via San Francesco 21 ✆ 645419, Fax 645439 – 📺 ☎. 𝔸𝔼 🔁 ⓪ **E** VISA 🎇
Pasto *(chiuso lunedì)* carta 34/52000 – ⊿ 6000 – **12 cam** 60/80000 – ½ P 60/65000.

SAN SEVERO 71016 Foggia 𝟡𝟠𝟠 ㉘, 𝟜𝟛𝟙 B 28 – 55 071 ab. alt. 89 – a.s. 25 giugno-luglio – ✆ 0882.
Roma 320 – ◆Foggia 36 – ◆Bari 153 – Monte Sant'Angelo 57 – ◆Pescara 151.

✗ **Le Arcate,** piazza Cavallotti 29 ✆ 226025, Fax 226025 – 🍽 – 🔬 80. 𝔸𝔼 🔁 ⓪ **E** VISA
chiuso lunedì sera e Ferragosto – **Pasto** carta 34/53000.

SAN SICARIO Torino – Vedere Cesana Torinese.

SAN SIGISMONDO (ST. SIGMUND) Bolzano – Vedere Chienes.

SANTA BARBARA Trieste – Vedere Muggia.

SANTA CATERINA PITTINURI Oristano 𝟡𝟠𝟠 ㉝, 𝟜𝟛𝟛 G 7 – Vedere Sardegna alla fine dell'elenco alfabetico.

Roma 776 – ◆Bolzano 136 – Bormio 13 – ◆Milano 215 – Sondrio 77 – Passo dello Stelvio 33.

- **Santa Caterina** ⑤, ℰ 925123, Fax 925110, ₤₅, ≘₅ – ▯ ☎ ↔ ℗. ஊ 匈 ◑ Ε ▧. ⅍
  dicembre-aprile e 20 giugno-20 settembre – **Pasto** 28/35000 – ⌑ 12000 – **38 cam** 70/100000 – ½ P 65/120000.

- **Alle 3 Baite,** ℰ 935545, Fax 935561, ₤₅ – ▯ ▥ ☎ ↔ ℗. ஊ 匈 ◑ Ε ▧. ⅍
  dicembre-15 maggio e 25 giugno-15 settembre – **Pasto** 25/35000 – ⌑ 15000 – **25 cam** 70/120000 – ½ P 80/125000.

- **San Matteo,** ℰ 925121, Fax 925089 – ▯ ▥ ☎ ↔. ஊ 匈 ◑ Ε ▧. ⅍
  dicembre-aprile e 20 giugno-20 settembre – **Pasto** 20/25000 – **15 cam** ⌑ 50/80000 – ½ P 48/85000.

- **La Pigna,** ℰ 935567, Fax 925124 – ☎ ↔ ℗. ஊ 匈. ⅍ rist
  chiuso ottobre e novembre – **Pasto** 25/30000 – **19 cam** ⌑ 50/90000 – ½ P 60/85000.

Roma 661 – ◆Bari 200 – ◆Brindisi 88 – Otranto 16 – ◆Taranto 126.

- **Santa Lucia** ⑤, ℰ 944045, Fax 944022, « Terrazza-solarium con ⚓ » – ▤ ▥ ☎ ℗ – ᴬ 100. ஊ ▧. ⅍
  Pasto 40000 – ⌑ 15000 – **35 cam** 120/170000 – ½ P 85/130000.

🛈 Palazzo Comunale ℰ 793046, Fax 793198.

Roma 681 – ◆Bolzano 41 – Cortina d'Ampezzo 75 – ◆Milano 338 – Trento 99.

- **Sporthotel Maciaconi,** ✉ 39048 Selva di Val Gardena ℰ 793500, Fax 793535, ₤₅, ≘₅, ☞ – ▯ ▥ ☎ ↔ ℗. ⅍ rist
  Pasto (chiuso martedì in maggio, giugno e ottobre) carta 33/53000 (10%) – **40 cam** ⌑ 95/185000 – ½ P 95/140000.

- **Interski** ⑤, ℰ 793460, Fax 793391, ≤ Sassolungo e vallata, ≘₅, ▨, ☞ – ▥ ☎ ℗. ▧. ⅍ rist
  20 dicembre-15 aprile e 25 giugno-ottobre – **Pasto** (solo per clienti alloggiati e chiuso a mezzogiorno) 25/45000 – **22 cam** ⌑ 148/270000 – ½ P 90/154000.

- **Dosses,** ℰ 793326, Fax 793711, ≘₅, ☞ – ▯ ▥ ☎ ℗. Ε ▧
  chiuso maggio e novembre – **Pasto** 15/36000 – **48 cam** solo ½ P 84/141000.

- **Carmen,** ℰ 792110, Fax 793522, ≤ Sassolungo, ≘₅ – ▯ ▥ ☎ ℗. ⅍
  18 dicembre-10 aprile e 18 giugno-16 ottobre – **Pasto** (solo per clienti alloggiati) – **33 cam** ⌑ 100/190000 – ½ P 105/125000.

- **Villa Martha** ⑤, ℰ 792088, Fax 792173, ≤ Sassolungo – ▥ ☎ ℗. 匈 Ε ▧. ⅍ rist
  Natale-Pasqua e giugno-settembre – **Pasto** (solo per clienti alloggiati e chiuso a mezzogiorno) – **19 cam** ⌑ 90/160000 – ½ P 70/120000.

  sulla strada statale 242 O : 2 km :

- **Diamant,** ✉ 39047 ℰ 796780, Fax 793580, ≤ Sassolungo e pinete, ₤₅, ≘₅, ▨, ☞, ℅ – ▯ ▥ ☎ ℗. ⅍ rist
  3 dicembre-Pasqua e 20 giugno-10 ottobre – **Pasto** 40/60000 – **35 cam** solo ½ P 95/190000.

  al monte Pana S : 3 km – alt. 1 637 :

- **Sport Hotel Monte Pana** ⑤, ✉ 39047 ℰ 793600, Fax 793527, ≤ Sassolungo e pinete, ≘₅, ▨, ☞, ℅ – ▥ ☎ ℗ – ᴬ 30. ⅍ rist
  20 dicembre-10 aprile e luglio-20 settembre – **Pasto** 45/55000 – **58 cam** ⌑ 210/320000, 13 appartamenti 290/390000 – ½ P 145/235000.

  all'arrivo della funivia Ruacia Sochers SE : 10 mn di funivia – alt. 1 985 :

- Sochers Club ⑤, ✉ 39048 Selva di Val Gardena ℰ 792101, Fax 792101, ≤ Sassolungo – ▯ ▥ ☎
  stagionale – **22 cam.**

Roma 596 – Belluno 21 – Cortina d'Ampezzo 76 – ◆Milano 335 – Treviso 56 – ◆Venezia 85.

- **La Baita,** ℰ 471008, ≤ – ℗
  chiuso lunedì e da novembre al 7 dicembre – **Pasto** carta 30/48000.

Roma 316 – ◆Firenze 43 – Pisa 42 – ◆Livorno 46 – Pistoia 35 – Siena 74.

- **Cristallo** senza rist, largo Galilei 11 ℰ 366440, Fax 366420 – ▯ ▤ ▥ ☎. ஊ 匈 ◑ Ε ▧. ⅍
  chiuso dal 23 dicembre al 9 gennaio ed agosto – **36 cam** ⌑ 140/200000.

SANTA FIORA 58037 Grosseto 988 ㉕, 430 N 16 – 2 995 ab. alt. 687 – ⊕ 0564.

Roma 189 – Grosseto 76 – Siena 84 – Viterbo 75.

✗ **Il Barilotto,** ℰ 977089 – ⅀E ⅃. ✄
chiuso mercoledì e novembre – **Pasto** carta 30/45000.

SANTA FLAVIA Palermo 432 M 22 – Vedere Sicilia alla fine dell'elenco alfabetico.

SANTA FRANCA Parma – Vedere Polesine Parmense.

SANT'AGATA DI MILITELLO Messina 988 ㊱ ㊲, 432 M 25 – Vedere Sicilia alla fine dell'elenco alfabetico.

SANT'AGATA FELTRIA 61019 Pesaro 430 K 18 – 2 393 ab. alt. 607 – ⊕ 0541.

Roma 278 – Arezzo 77 – Forlì 63 – Rimini 44 – Sansepolcro 47.

✗ **Perlini,** piazza del Mercato 4 ℰ 929637 – ✄
chiuso sabato e settembre – **Pasto** carta 27/55000.

SANT'AGATA SUI DUE GOLFI 80064 Napoli 431 F 25 – alt. 391 – a.s. aprile-settembre – ⊕ 081.

Dintorni Penisola Sorrentina★★ (circuito di 33 km) : ≤★★ su Sorrento dal capo di Sorrento (1 h a piedi AR), ≤★★ sul golfo di Napoli dalla strada S 163.

Roma 266 – ♦Napoli 55 – Castellammare di Stabia 28 – Salerno 56 – Sorrento 9.

🏠 **Sant'Agata,** ℰ 8080363, Fax 8080800 – ▮ ☎. ⅀E VISA. ✄
15 marzo-ottobre – **Pasto** carta 30/44000 – ⊑ 9000 – **28 cam** 45/70000 – ½ P 55/70000.

✗✗✗ ❀❀ **Don Alfonso 1890** con cam, ℰ 8780026, Fax 5330226, 🍽, prenotare – ⅌. ⅀E ⓞ ⅂ VISA. ✄
chiuso dal 10 gennaio al 25 febbraio – **Pasto** (chiuso lunedì da giugno a settembre, anche martedì negli altri mesi) carta 75/117000 – 3 appartamenti ⊑ 150/220000
Spec. Astice e aragosta agli agrumi, Costolette d'agnello alle erbe mediterranee, Sella di coniglio con soffritto di olive nere fegato e basilico.

SANTA GELTRUDE (ST. GERTRAUD) Bolzano 988 ④, 218 ⑲ – Vedere Ultimo.

SANTA GIUSTINA Belluno 429 D 18 – 6 133 ab. alt. 298 – ✉ 32035 Santa Giustina Bellunese – ⊕ 0437.

Roma 607 – Belluno 17 – ♦Milano 302 – ♦Padova 107 – Trento 95 – ♦Venezia 97.

✗✗ **Al Porton,** località San Martino ℰ 88524, prenotare – ⅌. ⅀E ⅃ ⓞ ⅂ VISA ᴊᴄʙ. ✄
chiuso a mezzogiorno (escluso i giorni festivi) e dal 20 agosto al 5 settembre – **Pasto** 42/50000.

a Meano NE : 2 km – ✉ 32030 :

✗✗ **Da Nando,** ℰ 86142, 🍽, 🚬 – ⅌. ⅀E ⅃ VISA
chiuso lunedì e dal 1° al 20 agosto – **Pasto** carta 38/57000 (10%).

SANT'AGNELLO 80065 Napoli 431 F 25 – 8 185 ab. – a.s. aprile-settembre – ⊕ 081.

🄱 a Sorrento, via De Maio 35 ℰ 8074033, Fax 8773397.

Roma 255 – ♦Napoli 46 – Castellammare di Stabia 17 – Salerno 48 – Sorrento 2.

🏨🏨 **Cocumella** ⏳, via Cocumella 7 ℰ 8782933, Telex 720370, Fax 8783712, « Agrumeto, giardino ed ascensore per la spiaggia », ₤₅, ≦s, ⊒, ⏶₆, ✗ – ▮ ▤ cam ⓣⓥ ☎ ⅌ – ✍ 40 a 550. ⅀E ⅃ ⓞ ⅂ VISA. ✄ rist
Pasto (chiuso gennaio e febbraio) carta 46/84000 – **50 cam** ⊑ 290/550000, 10 appartamenti – ½ P 200/280000.

🏨 **Corallo** ⏳, rione Cappuccini 12 ℰ 8073355, Fax 8772537, ≤, 🍽 – ▮ ▤ ⓣⓥ ☎ ⅌ – ✍ 70
stagionale – **55 cam.**

🏨 **Villa Garden** ⏳ senza rist, rione Cappuccini 7 ℰ 8781387, Fax 8784192, ≤, ⊒, 🚬 – ▮ ▤ ⓣⓥ ☎
stagionale – **24 cam.**

🏨 **Alpha,** viale dei Pini 14 ℰ 8782033, Telex 722028, Fax 8785612, « Giardino-agrumeto con ⊒ » – ▮ ⓣⓥ ☎ 🚐 ⅀E ⅃ ⓞ ⅂ VISA. ✄ rist
marzo-novembre – **Pasto** 50000 – ⊑ 15000 – **46 cam** 130/160000 – ½ P 125000.

🏨 **Caravel** ⏳, corso Marion Crawford 61 ℰ 8782955, Fax 8071557, ⊒ – ▮ ▤ ⓣⓥ ☎ ⅌. ⅀E ⅃ ⓞ ⅂ VISA. ✄
15 marzo-15 novembre – **Pasto** 35/50000 – **83 cam** ⊑ 155/200000, ▤ 10000 – ½ P 80/125000.

✗ **Il Capanno,** rione Cappuccini 58 ℰ 8782453, 🍽 – ⅀E ⅂ VISA. ✄
aprile-5 novembre; chiuso lunedì – **Pasto** carta 36/69000.

SANT'AGOSTINO 44047 Ferrara 429 H 16 – 5 885 ab. alt. 15 – ⊕ 0532.

Roma 428 – ♦Bologna 46 – ♦Ferrara 23 – ♦Milano 220 – ♦Modena 50 – ♦Padova 91.

✗✗ ❀ **Trattoria la Rosa,** ℰ 84098, Fax 84098 – ▤ ⅌. ⅀E ⅃ ⓞ ⅂ VISA. ✄
chiuso domenica sera, lunedì, Natale, dal 1° al 16 gennaio, Pasqua e dal 1° al 21 agosto –
Pasto carta 35/75000
Spec. Tortellini in brodo con tartufo (settembre-dicembre), Gran fritto di verdure, Dolce "Torino".

SANT'ALESSIO SICULO Messina 432 N 28 – Vedere Sicilia alla fine dell'elenco alfabetico.

SANTA LIBERATA Grosseto 430 O 15 – Vedere Porto Santo Stefano.

SANTA LUCIA DEI MONTI Verona – Vedere Valeggio sul Mincio.

SANTA LUCIA DELLE SPIANATE Ravenna 430 J 17 – Vedere Faenza.

SANTA MARGHERITA Cagliari 988 ㉝, 433 K 8 – Vedere Sardegna (Pula) alla fine dell'elenco alfabetico.

SANTA MARGHERITA LIGURE 16038 Genova 988 ㉝, 428 J 9 – 11 054 ab. – a.s. 15 dicembre-15 gennaio, Pasqua e giugno-settembre – ✆ 0185.

Dintorni Penisola di Portofino★★★ per la strada panoramica★★ Sud – Strada panoramica★★ del golfo di Rapallo Nord.

🛈 via 25 Aprile 2/b ✆ 287485.

Roma 480 – ◆ Genova 40 – ◆Milano 166 – ◆Parma 149 – Portofino 5 – ◆La Spezia 82.

🏨🏨 **Imperiale Palace Hotel,** via Pagana 19 ✆ 288991, Telex 271398, Fax 284223, ≤ golfo, 🍴, « Parco-giardino sul mare con ⑤ riscaldata », ▲ₒ – 🛗 🗐 📺 ☎ 🅿 – 🕰 30 a 150. ⒶⒺ 🕃 ⑩ Ⓔ 𝚅𝙸𝚂𝙰. ⅙ rist
aprile-novembre – **Pasto** carta 89/156000 – **101 cam** ⊃ 350/620000, 13 appartamenti – ½ P 400/440000.

🏨🏨 **Gd H. Miramare,** lungomare Milite Ignoto 30 ✆ 287013, Telex 270437, Fax 284651, ≤ golfo, « Parco fiorito e terrazza con ⑤ riscaldata », ▲ₒ – 🛗 🗐 📺 ☎ 🕭 ⟷ 🅿 – 🕰 420. ⒶⒺ 🕃 🗐 𝚅𝙸𝚂𝙰. ⅙ rist
Pasto 85000 – **84 cam** ⊃ 250/395000, 4 appartamenti – ½ P 195/310000.

🏨 **Continental,** via Pagana 8 ✆ 286512, Telex 271601, Fax 284463, ≤ golfo, « Parco sul mare », ▲ₒ – 🛗 🗐 📺 ☎ ⟷ 🅿. ⒶⒺ 🕃 ⑩ Ⓔ 𝚅𝙸𝚂𝙰. ⅙ rist
Pasto 50/68000 – **76 cam** ⊃ 158/275000 – ½ P 137/195000.

🏨 **Regina Elena,** lungomare Milite Ignoto 44 ✆ 287003, Fax 284473, ≤, ▲ₒ – 🛗 🗐 📺 ☎ 🕭 🅿 – 🕰 200. ⒶⒺ 🕃 ⑩ Ⓔ 𝚅𝙸𝚂𝙰 𝙹𝙲𝙱. ⅙ rist
Pasto 52/66000 – **93 cam** ⊃ 152/262000 – ½ P 140/201000.

🏨 **Metropole,** via Pagana 2 ✆ 286134, Fax 283495, ≤, « Parco fiorito sul mare », ▲ₒ – 🛗 🗐 📺 ☎ 🅿. ⒶⒺ 🕃 ⑩ Ⓔ 𝚅𝙸𝚂𝙰. ⅙ rist
Pasto 58000 – **51 cam** ⊃ 170/227000 – ½ P 110/159000.

🏨 **Lido Palace** senza rist, via Doria 3 ✆ 285821, Fax 284708, ≤ – 🛗 🗐 📺 ☎. ⒶⒺ 🕃 ⑩ Ⓔ 𝚅𝙸𝚂𝙰
chiuso dal 5 novembre al 2 dicembre – ⊃ 15000 – **54 cam** 115/240000.

🏩 **Park Hotel Suisse,** via Favale 31 ✆ 289571, Fax 281469, ⑤ – 🛗 📺 ☎ 🅿 – 🕰 20 a 150. ⅙ rist
Pasto 35/63000 – **85 cam** ⊃ 180/320000 – ½ P 80/175000.

🏩 Tigullio et de Milan, viale Rainusso 3 ✆ 287455, Fax 281860 – 🛗 📺 ☎
42 cam.

🏩 **Laurin** senza rist, lungomare Marconi 3 ✆ 289971, Fax 285709, ≤ – 🛗 🗐 📺 ☎. ⒶⒺ 🕃 ⑩ Ⓔ 𝚅𝙸𝚂𝙰
45 cam ⊃ 142/220000.

🏩 **Helios,** via Gramsci 6 ✆ 287471, Telex 272346, Fax 284780, ≤, ▲ₒ – 🛗 🗐 📺 ☎. ⒶⒺ 🕃 ⑩ Ⓔ 𝚅𝙸𝚂𝙰. ⅙
chiuso dall'8 gennaio a febbraio – **Pasto** 50/65000 e al Rist. *La Darsena (chiuso mercoledì)* carta 57/93000 – ⊃ 22000 – **20 cam** 210/250000 – ½ P 140/190000.

🏩 **La Vela,** via Nicolò Cuneo 21 ✆ 286039, Fax 286463, ≤ – 📺 ☎ 🅿. 🕃 Ⓔ 𝚅𝙸𝚂𝙰. ⅙
chiuso dal 6 gennaio al 6 febbraio – **Pasto** (solo per clienti alloggiati e chiuso da ottobre a maggio) – **16 cam** ⊃ 100/160000.

🏩 **Minerva** ⸰, via Maragliano 34/d ✆ 286073, Fax 281697 – 🛗 🗐 cam 📺 ☎ ⟷. ⒶⒺ 🕃 ⑩ Ⓔ 𝚅𝙸𝚂𝙰. ⅙
Pasto 30000 – **24 cam** ⊃ 116/174000, 2 appartamenti – ½ P 85/120000.

🏩 **Fiorina,** piazza Mazzini 26 ✆ 287517, Fax 281855 – 🛗 📺 ☎. ⒶⒺ 🕃 Ⓔ 𝚅𝙸𝚂𝙰. ⅙
chiuso da novembre al 21 dicembre – **Pasto** *(chiuso lunedì)* 44000 – **55 cam** ⊃ 84/143000 – ½ P 98/110000.

🏠 **Fasce,** via Bozzo 3 ✆ 286435, Fax 283580 – 📺 ☎ 🅿. ⒶⒺ 🕃 ⑩ Ⓔ 𝚅𝙸𝚂𝙰. ⅙
Pasto (solo per clienti alloggiati) 25/32000 – **16 cam** ⊃ 70/108000 – ½ P 79/86000.

🏠 **Conte Verde,** via Zara 1 ✆ 287139, Fax 284211 – 🛗 📺 ☎. ⒶⒺ 🕃 ⑩ Ⓔ 𝚅𝙸𝚂𝙰 𝙹𝙲𝙱. ⅙ rist
chiuso dal 1° al 20 marzo e dal 5 novembre al 25 dicembre – **Pasto** *(chiuso a mezzogiorno)* 25/35000 – **35 cam** ⊃ 90/135000 – ½ P 75/115000.

🏠 **Ulivi** senza rist, via Maragliano 28 ✆ 287890, Fax 282525 – 🗐 cam 📺 ☎. ⒶⒺ 🕃 ⑩ Ⓔ 𝚅𝙸𝚂𝙰
chiuso da novembre al 4 dicembre – **8 cam** ⊃ 90/110000.

🏠 **Europa,** via Trento 5 ✆ 287187, Fax 280154 – ☎ 🅿. ⒶⒺ 🕃 Ⓔ 𝚅𝙸𝚂𝙰. ⅙ rist
chiuso dal 4 novembre al 6 dicembre – **Pasto** 20/25000 – ⊃ 5000 – **16 cam** 75/85000 – ½ P 50/75000.

XX **Trattoria Cesarina**, via Mameli 2/c $\mathscr{C}$ 286059, prenotare – ▤. ⒶⒺ 🏠 ᵥₛₐ. ✻
    chiuso mercoledì, dal 12 al 27 dicembre e dal 5 al 17 marzo – **Pasto** carta 80/90000.

XX **L'Approdo da Felice**, via Cairoli 26 $\mathscr{C}$ 281789, prenotare – ▤. ᵥₛₐ
    chiuso lunedì, dal 10 al 20 dicembre e marzo – **Pasto** carta 60/95000.

XX **Skipper**, calata del Porto 6 $\mathscr{C}$ 289950, 🏠, Coperti limitati; prenotare – ▤. ⒶⒺ 🏠 ⓞ Ⓔ
    ᵥₛₐ
    chiuso febbraio e mercoledì (escluso luglio-agosto) – **Pasto** carta 60/90000.

XX **La Ghiaia**, via Doria 5 $\mathscr{C}$ 283708, ≼, 🏠 – ▤. ⒶⒺ 🏠 ⓞ Ⓔ ᵥₛₐ
    chiuso mercoledì e novembre – **Pasto** carta 40/85000.

X **La Paranza**, via Ruffini 46 $\mathscr{C}$ 283686, ≼ – ⒶⒺ 🏠 ⓞ Ⓔ ᵥₛₐ
    chiuso giovedì e dal 10 dicembre al 2 gennaio – **Pasto** carta 50/80000.

X **Beppe Achilli**, via Bottaro 29 $\mathscr{C}$ 286516 – ⒶⒺ 🏠 ⓞ Ⓔ ᵥₛₐ
    chiuso mercoledì e dal 9 al 25 dicembre – **Pasto** carta 40/67000.

SANTA MARIA **(AUFKIRCHEN)** Bolzano – Vedere Dobbiaco.

SANTA MARIA Salerno 图图图 G 26 – Vedere Castellabate.

SANTA MARIA AL BAGNO 73050 Lecce 图图图 G 35 – 🏠 0833.

Roma 621 – ◆Brindisi 70 – Gallipoli 10 – Lecce 31 – ◆Taranto 87.

🏠 **Gd H. Riviera**, strada litoranea N : 1 km $\mathscr{C}$ 573221, Fax 573024, ≼, « Pineta », 🏊, 🏖 ◈
    ✻ – 🛗 ▤ 🍴 🕿 ⟵ 🅿 – 🚗 200. ⒶⒺ 🏠 ⓞ Ⓔ ᵥₛₐ. ✻
    giugno-settembre – **Pasto** 45000 – ⊏ 15000 – **105 cam** 90/150000 – ½ P 90/150000.

SANTA MARIA DEGLI ANGELI Perugia 图图图 ⑯, 图图图 M 19 – Vedere Assisi.

SANTA MARIA DELLA VERSA 27047 Pavia 图图图 ⑬, 图图图 H 9 – 2 620 ab. alt. 216 – 🏠 0385.

Roma 554 – ◆Genova 128 – ◆Milano 71 – Pavia 33 – Piacenza 40.

XX **Al Ruinello**, località Ruinello N : 3 km $\mathscr{C}$ 798164, Coperti limitati; prenotare – 🅿. ⒶⒺ 🏠
    ⓞ Ⓔ ᵥₛₐ. ✻
    chiuso lunedì sera, martedì, dal 1° al 10 gennaio e luglio – **Pasto** carta 36/55000.

SANTA MARIA DI LEUCA Lecce 图图图 H 37 – Vedere Marina di Leuca.

SANTA MARIA DI SETTE Perugia 图图图 L 18 – Vedere Montone.

SANTA MARIA MAGGIORE 28038 Verbania 图图图 ②, 图图图 D 7 – 1 256 ab. alt. 816 – a.s. luglio-agosto e Natale – Sport invernali : a Piana di Vigezzo : 1 610/2 064 m ≰1 ≴5, ⚡ – 🏠 0324.

🇮 piazza Risorgimento 10 $\mathscr{C}$ 95091.

Roma 715 – Stresa 50 – Domodossola 17 –

🏠 **Miramonti**, piazzale Diaz 8 $\mathscr{C}$ 95013, Fax 94283, 🌳 – 🛗 🕿 🅿 – 🚗 40. ⒶⒺ 🏠 Ⓔ ᵥₛₐ
    ✻ rist
    chiuso novembre – **Pasto** *(chiuso mercoledì)* carta 44/66000 – ⊏ 15000 – **31 cam** 85/
    110000 – ½ P 70/95000.

SANTA MARIA ROSSA Milano 图图图 ⑱ – Vedere Garbagnate Milanese.

SANTA MARINELLA 00058 Roma 图图图 ㉕, 图图图 P 17 – 11 831 ab. – a.s. 15 giugno-agosto –
🏠 0766.

🇮 via Aurelia $\mathscr{C}$ 737376, Fax 736630.

Roma 69 – Lago di Bracciano 42 – Civitavecchia 10 – Ostia Antica 60 – Viterbo 68.

🏠 **Cavalluccio Marino**, lungomare Marconi 64 $\mathscr{C}$ 534888, Fax 534866, ≼, 🏠, 🏊, 🏖 – 🛗
    📺 🕿 🅿 – 🚗 150. 🏠 Ⓔ ᵥₛₐ. ✻ rist
    chiuso dicembre – **Pasto** 45000 – **34 cam** ⊏ 140/170000 – ½ P 140/170000.

🏠 Le Palme, lungomare Marconi 9 $\mathscr{C}$ 535490, Fax 535490, 🏠, 🏖, 🌳 – 🛗 📺 🕿
    22 cam.

X **Fernanda**, via Aurelia 575 $\mathscr{C}$ 736483, 🏠 – ⒶⒺ 🏠 ⓞ ᵥₛₐ. ✻
    chiuso gennaio e martedì (escluso luglio-agosto) – Pasto carta 35/66000.

X **Mare Sole**, lungomare Marconi 104 $\mathscr{C}$ 535479, 🏠 – ⒶⒺ 🏠 ⓞ Ⓔ ᵥₛₐ. ✻
    chiuso dal 15 dicembre al 20 gennaio e mercoledì in luglio-agosto – **Pasto** carta 39/70000.

X **Dei Cacciatori**, via Aurelia 274 $\mathscr{C}$ 711777 – ✻
    chiuso mercoledì e dal 20 dicembre al 20 gennaio – **Pasto** carta 25/40000 (12%).

SANT'AMBROGIO DI VALPOLICELLA 37010 Verona 图图图 图图图 F 14 – 9 115 ab. alt. 180 –
🏠 045.

Roma 511 – ◆Verona 20 – ◆Brescia 65 – Garda 19 – ◆Milano 152 – Trento 80 – ◆Venezia 136.

XX **Groto de Corgnan**, $\mathscr{C}$ 7731372, Coperti limitati; prenotare – ✻
    chiuso domenica, lunedì a mezzogiorno ed agosto – **Pasto** carta 44/80000.

a San Giorgio NO : 1,5 km – ✉ 37010 Sant'Ambrogio di Valpolicella :

Ⅹ **Dalla Rosa Alda** ⌂ con cam, ℰ 7701018, Fax 6800411, 斎 – 📺 ☎. 歴 🕄 E 𝗩𝗜𝗦𝗔. ⅏
chiuso dal 1° al 20 ottobre – **Pasto** *(chiuso lunedì da aprile a settembre anche domenica sera negli altri mesi)* carta 37/65000 – ⊑ 15000 – **8 cam** 70/90000 – ½ P 60/80000.

SANT'ANDREA Cagliari 🔢 J 9 – Vedere Sardegna (Quartu Sant'Elena) alla fine dell'elenco alfabetico.

SANT'ANDREA Livorno 🔢 N 12 – Vedere Elba (Isola d') : Marciana.

SANT'ANDREA APOSTOLO DELLO IONIO 88066 Catanzaro 🔢 L 31 – 2 835 ab. alt. 310 – ✪ 0967.
Roma 615 – Catanzaro 48 – Crotone 100.

sulla strada statale 106 E : 5 km :

Ⅹ **Vediamoci da Mario,** ✉ 88066 ℰ 45080 – ⅏
chiuso lunedì e dal 20 settembre al 20 ottobre – **Pasto** carta 34/57000.

SANT'ANGELO Napoli 🔢 E 23 – Vedere Ischia (Isola d').

SANT'ANGELO IN PONTANTO 62020 Macerata 🔢 M 22 – 1 539 ab. alt. 473 – ✪ 0733.
Roma 192 – ◆Ancona 119 – Ascoli Piceno 65 – Macerata 29.

Ⅹ **Pippo e Gabriella,** località contrada l'Immacolata 33 ℰ 661120 – 🅿. ⅏
chiuso lunedì, ottobre o novembre – **Pasto** carta 26/41000.

SANT'ANGELO LODIGIANO 20079 Lodi 🔢 ⑬, 🔢 G 10 – 11 266 ab. alt. 75 – ✪ 0371.
Roma 537 – ◆Milano 38 – ◆Bergamo 50 – ◆Brescia 67.

Ⅹ **Antica Trattoria Ranera,** località Ranera S : 2 km ℰ 934240, Cucina vegetariana – 🖎
🅿. 歴 🕄 E 𝗩𝗜𝗦𝗔
chiuso lunedì e dal 16 agosto al 15 settembre – **Pasto** carta 34/46000.

SANT'ANNA Cuneo – Vedere Roccabruna.

SANT'ANTIOCO Cagliari 🔢 ㉓, 🔢 J 7 – Vedere Sardegna alla fine dell'elenco alfabetico.

SANT'ANTONIO DI MAVIGNOLA Trento – Vedere Pinzolo.

SANTARCANGELO DI ROMAGNA 47038 Rimini 🔢 ⑮ – 17 262 ab. alt. 42 – ✪ 0541.
Roma 345 – ◆Bologna 104 – Forlì 43 – ◆Milano 315 – ◆Ravenna 53 – Rimini 10.

🏨 **Della Porta** senza rist, via Andrea Costa 85 ℰ 622152, Fax 622168, ℐ₅, 🖘 – 🛗 🗐 📺 ☎
🅿 – 🕍 60. 歴 🕄 ⓞ E 𝗩𝗜𝗦𝗔
20 cam ⊑ 95/125000, 2 appartamenti.

ⅩⅩ **Osteria la Sangiovesa,** via Saffi 27 ℰ 620710, « Ambiente caratteristico » – 🗐. 歴 🕄
ⓞ E 𝗩𝗜𝗦𝗔. ⅏
chiuso a mezzogiorno, lunedì, Natale e Capodanno – **Pasto** carta 38/48000.

Ⅹ **La Buca,** via Porta Cervese ℰ 626208, 斎 – 歴 🕄 ⓞ E 𝗩𝗜𝗦𝗔. ⅏
chiuso martedì e settembre – **Pasto** carta 35/40000.

SANTA REPARATA Sassari 🔢 D 9 – Vedere Sardegna (Santa Teresa Gallura) alla fine dell'elenco alfabetico.

SANTA SABINA Perugia – Vedere Perugia.

SANTA TECLA Catania 🔢 O 27 – Vedere Sicilia (Acireale) alla fine dell'elenco alfabetico.

SANTA TERESA GALLURA Sassari 🔢 ㉓, 🔢 D 9 – Vedere Sardegna alla fine dell'elenco alfabetico.

SANTA VITTORIA D'ALBA 12069 Cuneo 🔢 H 5 – 2 398 ab. alt. 346 – ✪ 0172.
Roma 655 – ◆Torino 57 – Alba 10 – Asti 37 – Cuneo 53 – ◆Milano 163.

🏨 **Santa Vittoria** ⌂, ℰ 478198, Fax 478465, ≼, 斎 – 🛗 📺 ☎ 🅿 – 🕍 150. 歴 🕄 ⓞ E 𝗩𝗜𝗦𝗔
chiuso da gennaio al 15 febbraio – **Pasto** vedere rist **Al Castello** – **40 cam** ⊑ 85/130000.

ⅩⅩ **Al Castello,** ℰ 478147, Fax 478147, 斎 – 🅿 歴 🕄 E 𝗩𝗜𝗦𝗔. ⅏
chiuso martedì sera, mercoledì e gennaio – **Pasto** carta 30/51000.

SANT'ELIA Palermo 🔢 N 25 – Vedere Sicilia (Santa Flavia) alla fine dell'elenco alfabetico.

SANT'ELIA FIUMERAPIDO 03049 Frosinone 🔢 R 23 – 6 150 ab. alt. 120 – 0776.
Roma 137 – Cassino 7 – Frosinone 63 – Gaeta 54 – Isernia 55.

🏠 **Cirelli,** ℰ 429801, Fax 350003 – 🛗 🗐 📺 ☎ 🅿 – 🕍 80. 歴 🕄 ⓞ E 𝗩𝗜𝗦𝗔. ⅏
chiuso dal 23 dicembre al 3 gennaio – **Pasto** *(chiuso sabato)* 25/35000 – ⊑ 10000 – **22 cam**
70/90000 – ½ P 80/90000.

10026 Torino 〖428〗 H 5 – 10 384 ab. alt. 237 – ✪ 011.

Roma 651 – ◆ Torino 20 – Asti 37 – Cuneo 89 – ◆Milano 162.

XX **Andrea** con cam, via Torino 48 ℘ 9492783, Fax 9493257 – 🛗 📺 ☎ ℗. ⅍ 🛅 ⓞ Ⓔ 𝚅𝙸𝚂𝙰 𝙹𝙲𝙱. ⅍
  chiuso dal 10 al 30 luglio – **Pasto** *(chiuso martedì)* carta 35/55000 – **12 cam** ⊑ 84/110000.

XX Roma, via Cavour 71 ℘ 9491491

Nuoro 〖433〗 E 11 – Vedere Sardegna alla fine dell'elenco alfabetico.

Brescia – Vedere Brescia.

Catanzaro 〖988〗 ㊲, 〖431〗 K 30 – Vedere Lamezia Terme.

Biella 〖219〗 ⑮ – Vedere Pralungo.

13048 Vercelli 〖988〗 ②⑫, 〖428〗 F 6 – 9 279 ab. alt. 183 – ✪ 0161.

Roma 657 – ◆ Torino 52 – Aosta 99 – Biella 27 – ◆Milano 93 – Novara 47 – Vercelli 20.

  sulla variante della strada statale 143 NO : 1 km :

XX **San Massimo** con cam, ✉ 13048 ℘ 94617, Fax 94617, 🌿 – ℗. ⅍ 🛅 Ⓔ 𝚅𝙸𝚂𝙰
  chiuso agosto – **Pasto** *(chiuso lunedì e martedì)* carta 30/54000 – ⊑ 5000 – **7 cam** 50/65000
  – ½ P 50/75000.

42049 Reggio nell'Emilia 〖428〗 〖429〗 H 13 – 9 219 ab. alt. 58 – ✪ 0522.

Roma 444 – ◆Parma 12 – ◆Bologna 82 – ◆Milano 134 – ◆Verona 113.

🏨 **Forum** senza rist, via Roma 4/a ℘ 671480, Fax 671475 – 🛗 🖿 📺 ☎ 🚗 ℗ – 🛗 60. ⅍ 🛅
  ⓞ Ⓔ 𝚅𝙸𝚂𝙰. ⅍
  chiuso dal 5 al 20 agosto – ⊑ 12000 – **54 cam** 78/110000.

XX **Prater,** via Roma 39 ℘ 672375, Fax 671236 – 🖿 ℗. ⅍ 🛅 ⓞ Ⓔ 𝚅𝙸𝚂𝙰. ⅍
  chiuso mercoledì ed agosto – **Pasto** carta 36/51000.

16010 Genova 〖428〗 I 8 – 6 474 ab. alt. 327 – ✪ 010.

Roma 515 – ◆ Genova 21 – Alessandria 79 – ◆Milano 140.

X **Agnese** 🌫 con cam, via Vicomorasso 22 (S : 1 km) ℘ 709895, 🌿 – 🛗 ☎ ℗. 🛅 Ⓔ 𝚅𝙸𝚂𝙰
  ⅍ cam
  chiuso dal 2 al 30 novembre – **Pasto** carta 42/61000 – ⊑ 13000 – **15 cam** 80/100000 –
  ½ P 90/95000.

24038 Bergamo 〖428〗 E 10, 〖219〗 ⑩ – 2 973ab. alt. 498 – ✪ 035.

Roma 625 – ◆Bergamo 24 – Lecco 39 – ◆Milano 68.

XX La Roncaglia, località Cepino ℘ 851767, 🌉 – ℗

XX **Taverna 800,** località Mazzoleni ℘ 851162, 🌉, « Ambiente rustico » – 🛅 Ⓔ 𝚅𝙸𝚂𝙰. ⅍
  chiuso martedì e dal 10 al 30 gennaio – **Pasto** carta 33/57000.

70050 Bari 〖431〗 D 32 – ✪ 080.

Roma 439 – ◆ Bari 11 – Barletta 44 – ◆Foggia 122.

🏨 Riviera, via Tito Schipa 7 ℘ 5520382, Fax 5525045 – 🛗 🖿 rist 📺 ☎ ℗
  42 cam.

XX **L'Aragosta,** lungomare Colombo 235 ℘ 5335427, 🌉 – 🖿. ⅍ 🛅 ⓞ Ⓔ 𝚅𝙸𝚂𝙰. ⅍
  chiuso lunedì e novembre – Pasto carta 30/45000 (15 %).

(STEFANSDORF) Bolzano – Vedere San Lorenzo di Sebato.

18010 Imperia 〖428〗 K 5 – 2 163 ab. – ✪ 0184.

Roma 628 – Imperia 12 – ◆Milano 252 – San Remo 12 – Savona 83 – ◆Torino 193.

XX **La Riserva,** ℘ 484134, Fax 484134, 🌉, « Ambiente caratteristico » – ⅍ 🛅 ⓞ Ⓔ 𝚅𝙸𝚂𝙰
  ⅍
  chiuso domenica sera e lunedì – **Pasto** carta 45/70000.

16049 Genova 〖988〗 ⑬, 〖428〗 I 10 – 1 370 ab. alt. 1 017 – a.s.
15 giugno-agosto e Natale – Sport invernali : 1 017/1 800 m ⟜1 ⟜3, ⟟ – ✪ 0185.

🄑 piazza del Popolo 1 ℘ 88046.

Roma 512 – ◆ Genova 88 – ◆Milano 224 – Rapallo 64 – ◆La Spezia 114.

🏨 **Leon d'Oro,** ℘ 88073, Fax 88073 – 🛗 ☎. ⅍ cam
  chiuso novembre – **Pasto** *(chiuso lunedì escluso da luglio al 14 settembre)* carta 26/44000 –
  ⊑ 6000 – **34 cam** 40/80000 – P 60/90000.

X **Doria,** ℘ 88052 – ℗. ⅍
  chiuso mercoledì e dal 20 ottobre al 20 dicembre – **Pasto** carta 29/44000.

🛈 via Venezia 40 ✆ 62230, Fax 62077.

Roma 668 – Belluno 67 – Cortina d'Ampezzo 54 – ◆Milano 410 – Udine 111 – ◆Venezia 157.

 🏨 **Monaco Sport Hotel** ⊗, ✆ 420440, Fax 62218, ≤ – 🛗 🔟 ☎ 🚗 🅿. ᴀᴇ 🕄 ᴇ 𝐕𝐈𝐒𝐀. ⊗
  Pasto *(chiuso giovedì)* carta 32/52000 – 🖵 12000 – **26 cam** 100/120000 – ½ P 50/125000.

🛈 ✆ 634603, Fax 634713.

Roma 733 – ◆Bolzano 96 – ◆Milano 272 – Passo di Resia 10 – Trento 154.

 🏠 **Stocker,** ✆ 634632, ≤, 🐎 – ☎ 🅿. 🕄 ᴇ 𝐕𝐈𝐒𝐀. ⊗
  16 dicembre-aprile e giugno-3 ottobre – **Pasto** *(chiuso lunedì)* 21/35000 – **21 cam** 🖵 51/
  86000 – ½ P 54/66000.

 🏠 **Sporthotel Laret,** ✆ 634666, Fax 634668, ≤ – ☎ 🅿. ᴀᴇ 🕄 ᴇ 𝐕𝐈𝐒𝐀. ⊗
  chiuso maggio e dal 10 ottobre al 15 dicembre – **Pasto** vedere hotel **Stocker** – **17 cam**
  🖵 51/86000.

🛈 Ciasa Dolomites, via al Plan 97 ✆ 501037, Fax 501566.

Roma 724 – ◆Bolzano 87 – Brunico 18 – ◆Milano 386 – Trento 147.

 🏨 **Almhof-Hotel Call,** ✆ 501043, Fax 501569, ≤, ≘s, 🔲, 🐎 – 🛗 ▤ rist 🔟 ☎ 🅿. ⊗
  dicembre-10 aprile e giugno-10 ottobre – **Pasto** 40/90000 – **39 cam** 🖵 160/260000 –
  ½ P 80/175000.

 🏨 **Excelsior** ⊗, ✆ 501036, Fax 501655, ≤, ≘s, 🐎 – 🛗 ☎ 🅿. 🕄 𝐕𝐈𝐒𝐀. ⊗
  dicembre-aprile e 24 giugno-settembre – **Pasto** 27/60000 – **27 cam** 🖵 109/190000 –
  ½ P 110/117000.

 🏨 **Monte Sella,** ✆ 501034, Fax 501714, ≤, 🐎 – 🛗 ⊗ rist 🔟 ☎ 🅿. 🕄 𝐕𝐈𝐒𝐀. ⊗ rist
  dicembre-Pasqua e 15 giugno-settembre – **Pasto** (solo per clienti alloggiati) 25/35000 –
  29 cam 🖵 110/190000 – ½ P 100/160000.

 🏨 **Floralp** ⊗, ✆ 501115, Fax 501633, ≤, ≘s, 🔲, 🐎 – ☎ 🚗 🅿. ⊙. ⊗
  20 dicembre-20 aprile e 15 giugno-settembre – **Pasto** *(chiuso lunedì)* 30/50000 – **32 cam**
  🖵 90/180000 – ½ P 80/115000.

 🏠 **Olympia** ⊗, ✆ 501028, Fax 501028, ≤ – ☎ 🚗 🅿. 🕄 ⊙. ⊗ rist
  dicembre-aprile e luglio-settembre – **Pasto** 25/30000 – **20 cam** 🖵 60/120000 – ½ P 75/
  105000.

 ✗ **Fana Ladina,** ✆ 501175, 🍴, Cucina ladina – 🅿. ⊗
  20 dicembre-10 aprile e luglio-settembre; chiuso mercoledì – **Pasto** carta 33/47000.

 ✗ **Da Attilio,** ✆ 501109 – 🅿. 🕄 ᴇ 𝐕𝐈𝐒𝐀
  4 dicembre-Pasqua e 28 giugno-25 settembre – **Pasto** carta 30/45000.

🛈 via Beatrice Alliata 2 ✆ 701533, Fax 701533.

Roma 260 – ◆Firenze 146 – Grosseto 73 – ◆Livorno 60 – Piombino 21 – Siena 109.

 🏨 **Park Hotel I Lecci** ⊗, via della Principessa 114 (S : 1,7 km) ✆ 704111, Fax 703224, 🍴,
  « Grande parco sul mare con 🏊 e ✗ », 🐚, ≘s, 🏖 – 🛗 ▤ 🔟 ☎ & 🅿 – 🔬 100. ᴀᴇ 🕄
  ⊙ ᴇ 𝐕𝐈𝐒𝐀. ⊗ rist
  Pasto 45/50000 ed al Rist. *La Campigiana (chiuso a mezzogiorno da novembre a febbraio)*
  carta 45/65000 – **74 cam** 🖵 210/300000 – ½ P 130/240000.

 🏨 **Riva degli Etruschi** ⊗, via della Principessa 120 (S : 2,5 km) ✆ 702351, Telex 500362,
  Fax 704011, « Villette in un grande parco sul mare », 🐚, ✗ – 🔟 ☎ & 🅿. 🕄 ᴇ 𝐕𝐈𝐒𝐀. ⊗
  Pasto 38/48000 – **95 cam** solo ½ P 130/200000.

 🏨 **Kon Tiki,** via Umbria 2 ✆ 701714, Fax 705014, 🏊, 🐚, 🐎 – ▤ 🔟 ☎ & 🚗 🅿. ᴀᴇ 🕄 ⊙
  ᴇ 𝐕𝐈𝐒𝐀. ⊗ rist
  Pasto carta 35/52000 – 🖵 10000 – **25 cam** 90/130000 – ½ P 70/140000.

 🏨 **Villa Marcella,** via Palombo 1 ✆ 701646, Fax 702154, 🐚, 🐎 – 🔟 ☎. ᴀᴇ 🕄 ⊙ ᴇ 𝐕𝐈𝐒𝐀
  ᴊᴄʙ. ⊗ rist
  Pasto *(chiuso mercoledì)* carta 46/63000 – 🖵 12000 – **33 cam** 90/130000 – ½ P 80/133000.

 🏠 **La Coccinella** senza rist, via Indipendenza 1 ✆ 701794, Fax 701794, 🐚, 🐎 – 🛗 🔟 ☎
  🅿. ᴀᴇ 🕄 ᴇ 𝐕𝐈𝐒𝐀. ⊗
  20 aprile-15 ottobre – **27 cam** 🖵 85/135000.

 🏠 **Il Delfino,** via Cristoforo Colombo 15 ✆ 701179, Fax 701383, ≤, 🐚 – 🛗 🔟 ☎. ᴀᴇ 🕄 ⊙
  ᴇ 𝐕𝐈𝐒𝐀. ⊗
  maggio-settembre – **Pasto** al Rist. *Il Delfino* carta 30/48000 – 🖵 10000 – **39 cam** 75/120000
  – ½ P 108000.

XXX ✸ **Gambero Rosso,** piazza della Vittoria 1 ☎ 701021, ≤, Coperti limitati; prenotare – 🖭
① E *VISA*
chiuso martedì e novembre – **Pasto** 85/100000 (10%) alla sera e carta 75/110000
(10%)
Spec. Zuppa di cavolfiore con frutti di mare (dicembre-aprile), Agnolotti verdi di San Pietro, Piccione in casseruola.

SAN VITALIANO 80030 Napoli – 4 996 ab. alt. 31 – ✸ 081.

Roma 215 – ◆Napoli 30 – Avellino 38 – Caserta 35 – Salerno 50.

🏘 **Ferrari,** via Nazionale 125 ☎ 5198083, Fax 5197021 – |韓| 🔲 📺 ☎ 🕭 ⟺ 🅿 – 🔬 25 a 300.
🖭 🖪 ① E *VISA* ᴊᴄʙ. ⋘
Pasto carta 26/46000 (10%) – **50 cam** � 105/150000 – ½ P 130/150000.

SAN VITO AL TAGLIAMENTO 33078 Pordenone 𝟵𝟴𝟴 ⑤, 𝟰𝟮𝟵 E 20 – 12 492 ab. alt. 31 – ✸ 0434.

Roma 600 – Belluno 89 – ◆Milano 339 – ◆Trieste 109 – ◆Venezia 89.

🏨 **Patriarca,** via Pascatti 6 ☎ 875555, Fax 875353, ☎ – |韓| 🔲 📺 ☎ 🕭 🅿 – 🔬 30 a 50. 🖭 🖪
① E *VISA* ⋘
Pasto *(chiuso lunedì)* 25/70000 – **28 cam** ⊑ 90/137000, appartamento – ½ P 75/95000.

a Rosa NE : 2,5 km – ✉ 33078 San Vito al Tagliamento :

XX **Griglia d'Oro,** ☎ 80301, prenotare – 🅿. 🖭 🖪 ① E *VISA* ⋘
chiuso domenica sera e martedì – **Pasto** carta 41/61000.

SAN VITO DI CADORE 32046 Belluno 𝟵𝟴𝟴 ⑤, 𝟰𝟮𝟵 C 18 – 1 642 ab. alt. 1 010 – ✸ 0436.

Vedere Guida Verde.

🛈 via Nazionale 9 ☎ 9119, Fax 99345.

Roma 661 – Belluno 60 – Cortina d'Ampezzo 11 – ◆Milano 403 – Treviso 121 – ◆Venezia 150.

🏨 **Ladinia** ⊗, via Ladinia 14 ☎ 890450, Fax 99211, ≤ Dolomiti e pinete, 🏋, ☎, 🔲, 🐾, ⋘
– |韓| 📺 ☎ 🅿. ⋘
20 dicembre-20 aprile e 15 giugno-15 settembre – **Pasto** 35/50000 – ⊑ 20000 – **36 cam**
140/200000 – ½ P 90/180000.

🏠 **Dolomiti,** via Roma 33 ☎ 890184, Fax 890184, ≤, 🐾 – |韓| 📺 ☎ ⟺ 🅿 ⋘ rist
20 dicembre-Pasqua e 20 giugno 20 settembre – **Pasto** 28/30000 – ⊑ 15000 – **30 cam**
90/140000 – ½ P 70/110000.

SAN VITO LO CAPO Trapani 𝟵𝟴𝟴 ㉟, 𝟰𝟯𝟮 M 20 – Vedere Sicilia alla fine dell'elenco alfabetico.

SAN VITO ROMANO 00030 Roma 𝟰𝟯𝟬 Q 20 – 3 264 ab. alt. 693 – ✸ 06.

Roma 58 – Frosinone 62 – Latina 68 – Rieti 103 – Tivoli 26.

🏠 **Ai Pini,** ☎ 9571019, Fax 95471839, ≤, 🐾 – |韓| ☎ 🅿 – 🔬 30 a 70
57 cam.

SAN VITTORE DEL LAZIO 03040 Frosinone 𝟵𝟴𝟴 ㉗, 𝟰𝟯𝟬 R 23 – 2 442 ab. alt. 210 – ✸ 0776.

Roma 137 – Caserta 62 – Frosinone 62 – Gaeta 65 – Isernia 38 – ◆Napoli 91.

X **All'Oliveto,** ☎ 335226, Fax 335447, 🏤 – 🔲 🅿. 🖭 ① *VISA*
chiuso lunedì – **Pasto** carta 34/60000.

SAN ZENO DI MONTAGNA 37010 Verona 𝟰𝟮𝟴 𝟰𝟮𝟵 F 14 – 1 116 ab. alt. 590 – ✸ 045.

Roma 544 – ◆Verona 46 – Garda 17 – ◆Milano 168 – Riva delGarda 48 – ◆Venezia 168.

🏨 **Diana,** ☎ 7285113, Fax 7285211, ≤, « Boschetto-giardino » – |韓| ☎ 🅿. 🖪 *VISA*. ⋘
Natale, Pasqua e giugno-settembre – **Pasto** 30000 – ⊑ 10000 – **44 cam** 90000 – ½ P 50/
72000.

SAN ZENONE DEGLI EZZELINI 31020 Treviso 𝟰𝟮𝟵 E 17 – 5 399 ab. alt. 117 – ✸ 0423.

Roma 551 – ◆Venezia 89 – Belluno 71 – ◆Milano 247 – ◆Padova 50 – Trento 96 – Treviso 39 – Vicenza 43.

XX **Alla Torre,** località Sopracastello N : 2 km ☎ 567086, Fax 567086, « Servizio estivo in
terrazza con ≤ » – 🅿. 🖭 🖪 ① *VISA* ⋘
chiuso martedì, mercoledì a mezzogiorno e dal 1° al 15 novembre – **Pasto** carta 32/52000.

SAONARA 35020 Padova 𝟰𝟮𝟵 F 17 – 7 174 ab. alt. 10 – ✸ 049.

Roma 498 – ◆Venezia 40 – Chioggia 35 – ◆Milano 245 – ◆Padova 12.

X **Antica Trattoria al Bosco,** via Valmarana 13 ☎ 640021, Fax 8790841, « Servizio estivo
sotto un pergolato » – 🅿. *VISA* ⋘
chiuso martedì – **Pasto** carta 33/51000.

SAPPADA 32047 Belluno 𝟵𝟴𝟴 ⑤, 𝟰𝟮𝟵 C 20 – 1 384 ab. alt. 1 250 – Sport invernali : 1 250/
2 050 m ≤18, 🎿 – ✸ 0435.

🛈 borgata Bach 20 ☎ 469131, Fax 66233.

Roma 680 – Belluno 79 – Cortina d'Ampezzo 66 – ◆Milano 422 – Tarvisio 110 – Udine 99 – ◆Venezia 169.

🏠 **Haus Michaela,** borgata Fontana 40 ℰ 469377, Fax 469377, ≤ monti, ⅃ riscaldata, 🐴 –
🛗 📺 🅿. 🛐 🇪 💯
dicembre-Pasqua e giugno-settembre – **Pasto** (solo per clienti alloggiati) 25/35000 – 😐
10000 – **16 cam** 90/140000 – ½ P 55/110000.

🏠 **Corona Ferrea,** borgata Kratten 11/12 ℰ 469103, ≤, 🐴 – 🛗 📺 ☎ 🅿. 🆎 💯
20 dicembre-marzo e luglio-settembre – **Pasto** 20/30000 – 😐 12000 – **25 cam** 65/110000 –
½ P 80/100000.

🏠 **Posta,** via Palù 21 ℰ 469116, ≤ – 📺 ☎ 🅿. ⓞ. 💯
dicembre-aprile e giugno-settembre – **Pasto** carta 32/50000 – 😐 12000 – **18 cam** 45/80000
– ½ P 65/100000.

🏠 **Cristina** 🦘, borgata Hoffe 19 ℰ 469430, Fax 469430, ≤ – 📺 ☎ 🅿. 🛐 🇪 💯 💯
chiuso maggio e novembre – **Pasto** (chiuso lunedì escluso dicembre, luglio ed agosto)
carta 32/56000 – 😐 10000 – **8 cam** 80/140000 – ½ P 70/120000.

a Cima Sappada E : 4 km – alt. 1 295 – ✉ **32047** Sappada :

🏠 **Belvedere,** ℰ 469112, Fax 469112, ≤, 🛁 – 🛗 📺 ☎ 🅿. 🇪 💯 💯
dicembre-Pasqua e 20 giugno-25 settembre – **Pasto** carta 46/71000 – 😐 12000 – **18 cam**
70/120000 – ½ P 70/115000.

🏠 **Bellavista** 🦘, ℰ 469175, Fax 66194, ≤ monti e vallata – 🛗 📺 ☎ 🅿. 💯
dicembre-15 aprile e 15 giugno-settembre – **Pasto** (chiuso martedì) 25/28000 – 😐 10000 –
28 cam 95/130000 – ½ P 60/100000.

SAPRI 84073 Salerno 👓 ㊳, 🗺 G 28 – 6 969 ab. – a.s. luglio-agosto – ✆ 0973.

Escursioni Golfo di Policastro★★ Sud per la strada costiera.

Roma 407 – Castrovillari 94 – ◆Napoli 201 – Potenza 121 – Salerno 150.

🏠 **Mediterraneo,** ℰ 391774, Fax 391157, ≤, 🐴 – ☎ 🅿. 💯
maggio-settembre – **Pasto** (chiuso aprile e ottobre) carta 34/46000 – 😐 12000 – **20 cam**
77/96000 – ½ P 98/110000.

Vedere anche : *Villammare* O : 4 km.

SARDEGNA (Isola) 👓 ㉓ ㉔ ㉝ ㉞, 🗺 – Vedere alla fine dell'elenco alfabetico.

SARENTINO **(SARNTAL)** 39058 Bolzano 👓 ④, 🗺 C 16 – 6 317 ab. alt. 966 – ✆ 0471.

Roma 662 – ◆Bolzano 23 – ◆Milano 316.

🍴🍴 **Bad Schorgau** 🦘 con cam, S : 2 km ℰ 623048, Fax 622442, 🍽, 🐴 – ☎ 🅿. 🛐 ⓞ 🇪
💯 💯 rist
chiuso dal 10 gennaio al 7 febbraio – **Pasto** (chiuso lunedì e martedì a mezzogiorno escluso
agosto) carta 42/65000 – **11 cam** solo ½ P 75/85000.

🍴🍴 **Auener Hof** 🦘 con cam, O : 7 km, alt. 1 600, ℰ 623055, ≤ Dolomiti e pinete, 🐴 – 🏘
🅿. 🛐 🇪 💯
chiuso dal 3 novembre al 19 dicembre – **Pasto** (chiuso lunedì) carta 31/59000 – 😐 10000 –
7 cam 80/160000 – ½ P 60/73000.

SARMEGO Vicenza 🗺 F 17 – alt. 27 – ✉ **36040** Grumolo delle Abbadesse – ✆ 0444.

Roma 521 – ◆Milano 213 – ◆Padova 22 – Trento 104 – Treviso 64 – ◆Venezia 55 – Vicenza 12.

🍴 **Ai Cacciatori,** ℰ 389018 – 🅿. 🆎 🛐 ⓞ 💯
chiuso mercoledì e luglio – **Pasto** carta 21/29000.

SARMEOLA Padova – Vedere Rubano.

SARNANO 62028 Macerata 👓 ⑯, 🗺 M 21 – 3 372 ab. alt. 539 – Stazione termale, a.s.
5 luglio-agosto e Natale – Sport invernali : a Sassotetto e Maddalena : 1 287/1 585 m ⅀5 –
✆ 0733.

🅱 largo Enrico Ricciardi ℰ 657144, Fax 657390.

Roma 237 – ◆Ancona 89 – Ascoli Piceno 54 – Macerata 39 – Porto San Giorgio 68.

🏠 **Eden** 🦘, O : 1 km ℰ 657197, Fax 657124, ≤, « Giardino e pinetina » – 🛗 ☎ 🅿. 🆎 🛐 ⓞ
💯 💯
Pasto 25000 – 😐 6000 – **33 cam** 50/80000 – ½ P 60/70000.

🏠 **Terme,** piazza della Libertà 82 ℰ 657166 – 🛗 📺 ☎. 💯 💯
chiuso dal 3 novembre al 21 dicembre – **Pasto** 25/30000 e al Rist. *Il Girarrosto* (chiuso
martedì) carta 29/40000 – 😐 4000 – **23 cam** 55/90000 – ½ P 60/70000.

🍴🍴 **La Picassera,** vicolo Brunforte 191/e ℰ 657484, 🍽 – 🛐 ⓞ 🇪 💯
chiuso mercoledì, dal 21 giugno al 2 luglio e dal 1° al 15 ottobre – **Pasto** carta 21/45000.

SARNICO 24067 Bergamo 👓 ③, 🗺 🗺 E 11 – 5 648 ab. alt. 197 – ✆ 035.

Roma 585 – ◆Brescia 36 – ◆Bergamo 32 – Iseo 10 – Lovere 26 – ◆Milano 73.

🏠 **Cantiere,** ℰ 910091, Fax 912722, ≤, « Servizio rist. estivo in terrazza-giardino sul lago »
– 🛗 🖥 📺 ☎ 🅿. 🆎 🛐 ⓞ 🇪 💯 💯
Pasto carta 45/65000 – **26 cam** 😐 80/135000 – ½ P 120000.

🍴🍴 **Al Tram,** ℰ 910117, 🍽 – 🅿. 🛐 💯 💯
chiuso mercoledì escluso dal 15 giugno al 15 settembre – **Pasto** carta 37/50000.

SARNONICO 38010 Trento ⅚⅛ ⑳ – 584 ab. alt. 964 – ✆ 0463.

🚡 Dolomiti (aprile-novembre) ℰ 832698.

Roma 626 – ♦ Bolzano 36 – Merano 43 – Trento 52.

🏨 Miramonti, ℰ 832088, Fax 832088, ≤, ☞ – 📧 ☎ 🅿
32 cam.

SARNTAL = Sarentino.

SARONNO 21047 Varese ⑨⑧⑧ ③, ⅘⅖⑧ F 9 – 38 573 ab. alt. 212 – ✆ 02.

🏌 Green Club, a Lainate ✉ 20020 ℰ 9370869, Fax 9374401, S : 6 km.

Roma 603 – ♦ Milano 26 – ♦ Bergamo 67 – Como 26 – Novara 54 – Varese 29.

🏩 **Albergo della Rotonda,** via Novara 53 svincolo autostrada ℰ 96703232, Telex 316187, Fax 96702770 – 📧 🗐 📺 ☎ ♿ 🅿 – 🏛 25 a 100. 🖭 🕄 ⓞ 🗲 𝘝𝘐𝘚𝘈
chiuso dal 23 dicembre al 2 gennaio e dal 3 al 20 agosto – **Pasto** vedere rist **Mezzaluna-La Rotonda di Saronno** – **92 cam** � 180/230000.

🏨 **Mercurio** senza rist, via Hermada 2 ℰ 9602795, Fax 9609330 – 📺 ☎ ⟺. 🖭 🕄 ⓞ 🗲 𝘝𝘐𝘚𝘈
🅹🅲🅱
chiuso dal 20 dicembre al 1° gennaio – **24 cam** ⊑ 80/110000.

🗙🗙 **Mezzaluna-La Rotonda di Saronno,** svincolo autostrada ℰ 96703232, Fax 96703782 – 🗐 🅿 – 🏛 50 a 200. 🖭 🕄 ⓞ 🗲 𝘝𝘐𝘚𝘈 🍴
chiuso sabato e dal 1° al 28 agosto – **Pasto** carta 55/70000.

🗙🗙 **Boeucc,** via Mazzini 17 ℰ 9623227 – 🗐. 🖭 🕄 🗲 𝘝𝘐𝘚𝘈
chiuso domenica e dal 10 al 25 agosto – **Pasto** 28000 e carta 39/64000.

SARRE 11010 Aosta ⅘⅖⑧ E 3, ⅖⅑⑨ ② – 3 698 ab. alt. 780 – ✆ 0165.

Roma 752 – Aosta 5 – Courmayeur 32 – ♦ Milano 190 – Colle del Piccolo San Bernardo 50.

🏨 **Etoile du Nord,** frazione Arensod 11/a ℰ 258219, Fax 258225 – 📧 🗐 📺 ☎ ♿ 🅿 – 🏛 130. 🖭 🕄 🗲 𝘝𝘐𝘚𝘈
Pasto *(chiuso lunedì e novembre)* carta 34/56000 – **60 cam** ⊑ 90/140000 – ½ P 80/100000.

🏠 **Sarre,** sulla strada statale ℰ 257096, Fax 257795, ≤ – ☎ ⟺ 🅿. 🖭 🕄 🗲 𝘝𝘐𝘚𝘈. 🍴
Pasto *(chiuso giovedì)* carta 33/38000 – ⊑ 10000 – **27 cam** 80/100000 – ½ P 70/80000.

🗙🗙 **Mille Miglia,** sulla strada statale ℰ 257227, prenotare – 🅿. 🖭 🕄 🗲 𝘝𝘐𝘚𝘈. 🍴
chiuso lunedì, dal 1° al 15 febbraio e dal 1° al 15 luglio – **Pasto** carta 33/61000.

🗙 Trattoria di Campagna, sulla strada statale ℰ 257448, Fax 257909, 🍴 – 🅿

a Ville sur Sarre N : 7 km – alt. 1 212 – ✉ **11010** Sarre :

🏠 **Mont Fallère** ≫, frazione Bellon O : 2,5 km ℰ 257255, Fax 257255, ≤ monte Grivola e vallata – ☎ 🅿. 🍴
aprile-15 ottobre; solo su prenotazione negli altri mesi – **Pasto** *(chiuso martedì dal 15 settembre al 16 giugno)* 28000 – ⊑ 9000 – **16 cam** 38/75000 – ½ P 60/70000.

SARZANA 19038 La Spezia ⑨⑧⑧ ⑭, ⅘⅖⑧ ⅘⅖⑨ ⅘⅑⑧ J 11 – 19 834 ab. alt. 27 – ✆ 0187.

Vedere Pala scolpita★ e crocifisso★ nella Cattedrale – Fortezza di Sarzanello★ : ❄★★ NE : 1 km.

Roma 403 – ♦ Genova 102 – Massa 20 – ♦ Milano 219 – Pisa 60 – Reggio nell'Emilia 148 – ♦ La Spezia 17.

🏨 **Forte Agip,** Nuova Circonvallazione Aurelia 32 ℰ 621491, Telex 272350, Fax 621494 – 📧 🗐 📺 ☎ 🅿. 🖭 🕄 ⓞ 🗲 𝘝𝘐𝘚𝘈 🅹🅲🅱. 🍴
Pasto 20/25000 – **51 cam** ⊑ 129/159000.

🗙 **Girarrosto-da Paolo,** via dei Molini 388 (N : 2,5 km) ℰ 621088, Fax 621088 – 🅿. 🖭 🕄 𝘝𝘐𝘚𝘈
chiuso mercoledì e luglio – **Pasto** carta 26/35000.

SASSARI 🄿 ⑨⑧⑧ ㉚, ⅘⅑⑧ E 7 – Vedere Sardegna alla fine dell'elenco alfabetico.

SASSETTA 57020 Livorno ⑨⑧⑧ ⑭, ⅘⅑⑧ M 13 – 548 ab. alt. 337 – a.s. 15 giugno-15 settembre – ✆ 0565.

Roma 279 – Grosseto 77 – ♦ Livorno 64 – Piombino 40.

🗙 **Il Castagno,** via Campagna Sud 72 (S : 1 km) ℰ 794219, 🍴 – 🅿. 🍴
chiuso lunedì, gennaio e febbraio – **Pasto** carta 25/49000.

SASSO MARCONI 40037 Bologna ⑨⑧⑧ ⑭, ⅘⅖⑨ ⅘⅑⑧ I 15 – 13 290 ab. alt. 124 – ✆ 051.

Roma 361 – ♦ Bologna 16 – ♦ Firenze 87 – ♦ Milano 218 – Pistoia 78.

🏨 **3 Galletti,** via Val di Setta 148 ℰ 841128, Fax 841128 – 📺 ☎ 🅿. 🖭 🕄 ⓞ 🗲 𝘝𝘐𝘚𝘈. 🍴
Pasto *(chiuso domenica sera e lunedì)* 38/50000 – ⊑ 9000 – **24 cam** 110/140000 – ½ P 80/105000.

🗙 **La Bettola,** via Porrettana 361 ℰ 842174, Fax 841376 – 📺 ☎ 🅿. 🖭 🕄 ⓞ 🗲 𝘝𝘐𝘚𝘈. 🍴
chiuso martedì e dal 9 al 19 gennaio – **Pasto** carta 38/52000.

a Badolo SE : 10 km – ⊠ **40037** Sasso Marconi :

X **Antica Hostaria della Rocca di Badolo,** *𝒫* 847506, prenotare, « Servizio estivo in terrazza panoramica » – **𝓟**. *VISA*
chiuso mercoledì escluso da giugno a settembre – **Pasto** carta 42/58000.

verso Sabbiuno NO : 10 km :

XX **Locanda dei Sogni** ⤦ con cam, via Pieve del Pino 54/2 *𝒫* 847028, ≤, Cucina tipica siciliana, prenotare – **☎ 𝓟**. ﾑ 𝕊 ⓞ E *VISA*
chiuso gennaio e febbraio – **Pasto** *(chiuso domenica sera e mercoledì)* 30/50000 – **5 cam** ⊑ 120/150000 – ½ P 100000.

SASSO MORELLI Bologna 𝟺𝟹𝟶 I 17 – Vedere Imola.

SASSUOLO 41049 Modena 𝟿𝟾𝟾 ⑭, 𝟺𝟸𝟾 𝟺𝟸𝟿 𝟺𝟹𝟶 I 14 – 40 274 ab. alt. 123 – ✪ 0536.

▯ San Valentino (chiuso lunedì) località San Valentino ⊠ 42014 Castellarano *𝒫* 854177, SO : 14 km.

Roma 427 – ◆Bologna 67 – Lucca 153 – ◆Modena 17 – Reggio nell'Emilia 23.

XX **La Paggeria,** piazzale della Rosa 19 *𝒫* 805190 – ﾑ 𝕊 ⓞ E *VISA* *JCB*
chiuso sabato a mezzogiorno, domenica, dal 1° all'8 gennaio ed agosto – **Pasto** carta 34/52000.

SATURNIA 58050 Grosseto 𝟺𝟹𝟶 O 16 – alt. 294 – ✪ 0564.

Roma 195 – Grosseto 57 – Orvieto 85 – Viterbo 91.

🏠 **Villa Clodia** ⤦ senza rist, *𝒫* 601212, ≤, ⤴, *≈* – **TV ☎**. *VISA*. ⅏
chiuso febbraio – **10 cam** ⊑ 75/115000.

🏠 **Villa Garden** ⤦ senza rist, S : 1 km *𝒫* 601182, *≈* – **TV ☎ 𝓟**. ﾑ 𝕊 ⓞ E *VISA*. ⅏
chiuso dal 10 al 20 dicembre – **8 cam** ⊑ 80/105000, appartamento.

XX **I Due Cippi-da Michele,** piazza Veneto 26/a *𝒫* 601074, Fax 601207, 🏠 – ﾑ 𝕊 ⓞ E *VISA*. ⅏
chiuso dal 10 al 24 dicembre e martedì (escluso da luglio a settembre) – **Pasto** carta 39/60000.

alle terme SE : 3 km :

🏨 **Terme di Saturnia** ⤦, *𝒫* 601061, Fax 601266, ≤, « Giardino ombreggiato », ﾑ₅, ☞s, ⤴ termale, ⅏, ♣ – 🛗 ⇆ rist ▤ **TV ☎ 𝓟** – ⚐ 90. ﾑ 𝕊 ⓞ E *VISA*. ⅏
Pasto *(chiuso lunedì)* 65000 – ⊑ 25000 – **92 cam** 195/360000, 4 appartamenti – ½ P 235/275000.

SAURIS 33020 Udine 𝟿𝟾𝟾 ⑤ – 467 ab. alt. 1 390 – a.s. 15 luglio-agosto e Natale – ✪ 0433.

Roma 723 – Cortina d'Ampezzo 102 – Udine 97.

X **Alla Pace,** *𝒫* 86010
chiuso mercoledì (escluso luglio-agosto), dal 10 al 31 maggio e dal 10 al 20 novembre – **Pasto** carta 29/45000.

SAUZE D'OULX 10050 Torino 𝟿𝟾𝟾 ⑪, 𝟺𝟸𝟾 G 2 – 951 ab. alt. 1 509 – a.s. febbraio-marzo e Natale – Sport invernali : 1 509/2 507 m ≤21, ⅀ – ✪ 0122.

🛈 piazza Assietta 18 *𝒫* 858009, Fax 85497.

Roma 746 – Briançon 37 – Cuneo 145 – ◆Milano 218 – Sestriere 27 – Susa 28 – ◆Torino 81.

a Le Clotes 5 mn di seggiovia o E : 2 km (solo in estate) – alt. 1 790 – ⊠ **10050** Sauze d'Oulx :

🏨 **Il Capricorno** ⤦, *𝒫* 850273, ≤ monti e vallate, 🏠, « In pineta » – **TV ☎**. 𝕊 E *VISA*. ⅏
dicembre-aprile e 15 giugno-15 settembre – **Pasto** carta 55/90000 – **7 cam** ⊑ 150/210000 – ½ P 175000.

SAVELLETRI 72015 Brindisi 𝟺𝟹𝟷 E 34 – a.s. 20 giugno-agosto – ✪ 080.

Roma 509 – ◆ Bari 65 – ◆Brindisi 54 – Matera 92 – ◆Taranto 55.

XX **Da Renzina,** *𝒫* 729075, Fax 729075, ≤ – ▤ **𝓟**. ﾑ 𝕊 ⓞ E *VISA*. ⅏
chiuso venerdì e gennaio – **Pasto** carta 39/64000 (15%).

SAVIGLIANO 12038 Cuneo 𝟿𝟾𝟾 ⑫, 𝟺𝟸𝟾 I 4 – 18 946 ab. alt. 321 – ✪ 0172.

Roma 650 – ◆Torino 54 – Asti 63 – Cuneo 33 – Savona 104.

🏨 **Granbaita,** via Cuneo 25 *𝒫* 711500, Fax 711518, ⤴, *≈*, ⅏ – ▤ **TV ☎ ⅋ 𝓟** – ⚐ 40 a 100. ﾑ 𝕊 ⓞ E *VISA* *JCB*
Pasto vedere rist **Granbaita** – ⊑ 14000 – **44 cam** 100/125000, 2 appartamenti.

XX **Granbaita,** via Cuneo 23 *𝒫* 712060, 🏠 – **𝓟**. ﾑ 𝕊 ⓞ E *VISA* *JCB*. ⅏
Pasto carta 37/57000.

XX Eden, con cam, via Novellis 43 *𝒫* 712379, Fax 716439 – 🛗 ▤ rist **TV ☎**
21 cam.

XX Locanda Due Mori, piazza Cesare Battisti 5 *𝒫* 31521

SAVONA

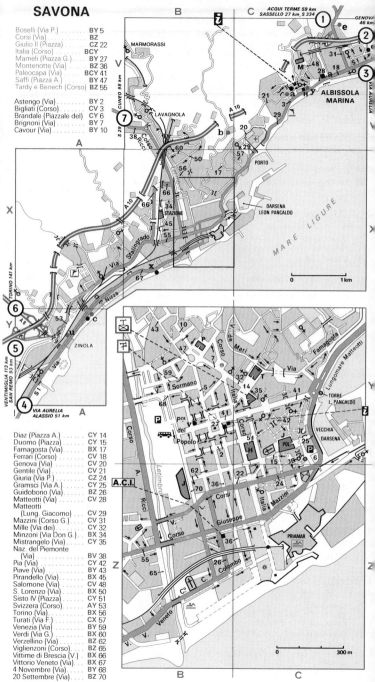

Roma 394 – ◆ Bologna 29 – ◆Milano 196 – ◆Modena 26 – Pistoia 110 – Reggio nell'Emilia 52.

XX **Il Formicone,** verso Vignola SO : 3 km ℰ 771506 – **₽**. **⑤ 🎨 VISA**
  chiuso martedì e dal 20 luglio al 13 agosto – **Pasto** carta 45/55000.

SAVOGNA D'ISONZO 34070 Gorizia – 1 772 ab. alt. 40 – ✪ 0481.

Roma 639 – Gorizia 5 – ◆Trieste 29 – Udine 42.

  a Gabria S : 2 km – ✉ **34070** Savogna d'Isonzo :

XX **Da Tommaso,** con cam, S : 1 km ℰ 882004, 🏤, 🌿 – 📺 **₽**
  12 cam.

  a San Michele del Carso SO : 4 km – ✉ **34070** :

XX **Trattoria Gostilna Devetak,** ℰ 882005, Fax 882488 – 🍽 **₽**. **Æ ⑤ ① 🎨 VISA**. ⋘
  chiuso lunedì, martedì, dal 15 al 30 gennaio ed agosto – **Pasto** carta 28/45000.

SAVONA 17100 **ℙ** **988 ⑫ ⑬, 428** J 7 – 67 077 ab. – ✪ 019 – Vedere Guida Verde – **🗓** via
Paleocapa 23/6 ℰ 820522, Fax 827805.

A.C.I. via Guidobono 23 ℰ 811450.

Roma 545 ② – ◆ Genova 48 ② – ◆Milano 169 ②.

Pianta pagina a lato

🏨 **Mare,** via Nizza 89/r ℰ 264065, Fax 263277, ≼, 🏖 – 📳 🍽 📺 ☎ ᵴ 🚗 **₽** – 🏛 40 a 80.   AY **c**
  Æ ⑤ ① 🎨 VISA. ⋘ rist
  Pasto vedere rist **A Spurcacciun-a** – ⌷ 8000 – **57 cam** 110/160000, 8 appartamenti.

🏨 **Riviera Suisse,** via Paleocapa 24 ℰ 850853, Fax 853435 – 📳 🍽 📺 ☎ – 🏛 70. **Æ ⑤ ①**
  E VISA. ⋘ rist   BY **v**
  chiuso dal 23 al 27 dicembre – **Pasto** *(chiuso a mezzogiorno e domenica)* 20/35000 –
  80 cam ⌷ 110/165000, 🍽 5000 – ½ P 90/115000.

🏠 **Ariston** senza rist, via Giordano 11 r ℰ 805633, Fax 853271 – 📺 ☎ 🚗 **₽**. **Æ ⑤ ① E**
  VISA JCB   BX **x**
  ⌷ 10000 – **16 cam** 95/130000.

XX **A Spurcacciun-a** - Hotel Mare, via Nizza 89/r ℰ 264065, Fax 263277, ≼, Specialità di
  mare, « Servizio estivo in giardino » – 🍽 **₽**. **Æ ⑤ ① E VISA JCB**   AY **c**
  chiuso mercoledì e dal 22 dicembre al 20 gennaio – **Pasto** carta 54/106000.

X **Da Cesco,** via Nizza 162 r ℰ 862198, Fax 853592 – **Æ ⑤ ① E VISA**   AY **u**
  chiuso venerdì e novembre – **Pasto** carta 49/86000.

X **Antica Osteria Bosco delle Ninfe,** via Ranco 10 ℰ 823976, Coperti limitati; prenotare,
  « Servizio estivo sotto un pergolato » – **₽**   BV **b**
  chiuso domenica sera, lunedì e a mezzogiorno (escluso i giorni festivi); da luglio a set-
  tembre chiuso solo a mezzogiorno – **Pasto** 40000.

SCAGLIERI Livorno **430** N 12 – Vedere Elba (Isola d') : Portoferraio.

SCALEA 87029 Cosenza **988 ㊷, 431** H 29 – 8 828 ab. – ✪ 0985.

Roma 428 – Castrovillari 72 – Catanzaro 153 – ◆Cosenza 94 – ◆Napoli 222.

🏨 **Gd H. De Rose** ⋙, ℰ 20273, Telex 800070, Fax 920194, ≼, « 🌊 in giardino pensile »,
  🏖, 🌿, 🎾 – 📳 🍽 📺 ☎ **₽** – 🏛 200. **Æ ⑤ ① E VISA**. ⋘ rist
  chiuso dal 20 dicembre al 20 gennaio – **Pasto** carta 40/57000 – ⌷ 10000 – **66 cam**
  90/125000 – ½ P 92/176000.

🏨 **Talao,** ℰ 20444, Fax 21702, ≼, 🌊, 🏖, 🎾 – 📳 🍽 ☎ **₽** – 🏛 45. **Æ ⑤ ① E VISA**. ⋘ rist
  Pasto 20/30000 – ⌷ 10000 – **44 cam** 78/130000 – ½ P 62/115000.

SCANDIANO 42019 Reggio nell'Emilia **988 ⑭, 428 429 430** I 14 – 21 940 ab. alt. 95 – ✪ 0522.

Roma 426 – ◆ Parma 51 – ◆Bologna 64 – ◆Milano 162 – ◆Modena 23 – Reggio nell'Emilia 13.

🏨 **Sirio** senza rist, via Palazzina 30 ℰ 981144, Fax 984084 – 📳 🍽 📺 ☎ 🚗 **₽**. **Æ ⑤ ① E**
  VISA. ⋘
  chiuso Natale, Capodanno e dal 5 al 20 agosto – ⌷ 9000 – **32 cam** 76/100000.

XX **Al Portone,** piazza Fiume 11 ℰ 855985, Coperti limitati; prenotare – **Æ ⑤ ① E VISA JCB**.
  ⋘
  chiuso martedì e dal 15 luglio al 15 agosto – **Pasto** carta 58/77000.

XX **Scuderia Sant'Antonio,** località Pratissolo NO : 1 km ℰ 856519, Coperti limitati; pre-
  notare, « In un'antica scuderia; servizio estivo all'aperto », 🌿 – **₽**. **Æ ⑤ ① E VISA**. ⋘
  chiuso domenica ed agosto – **Pasto** carta 42/60000.

XX **Bosco,** località Bosco NO : 4 km ℰ 857242 – **₽**. **Æ ⑤ ① E VISA**. ⋘
  chiuso martedì, dal 7 al 14 gennaio e dal 1º al 20 agosto – **Pasto** carta 35/55000.

  ad Arceto NE : 3,5 km – ✉ **42010** :

XX **Rostaria al Castello,** ℰ 989157, Coperti limitati; prenotare – **₽**. **Æ ⑤ ① E VISA**. ⋘
  chiuso lunedì, martedì a mezzogiorno, dal 9 al 17 gennaio e dal 15 al 30 luglio – **Pasto**
  carta 37/58000.

SCANDICCI 50018 Firenze 429 430 K 15 – 53 474 ab. alt. 49 – ❀ 055.
Roma 277 – ♦Firenze 9 – Siena 68.

Pianta di Firenze : percorsi di attraversamento

XX **Luciano,** via Pocciantí 6 ♛ 252703, Specialità di mare – ▤. 요 🛐 ◍ ⋿ *VISA*   EU **b**
   chiuso lunedì e dal 1° al 18 agosto – **Pasto** carta 45/52000.

SCANDOLARA RIPA D'OGLIO 26047 Cremona 428 429 G 12 – 690 ab. alt. 47 – ❀ 0372.
Roma 528 – ♦Brescia 50 – Cremona 15 – ♦Parma 68.

XXX ❀ **Al Caminetto** ♛ 89589, Fax 89589, Coperti limitati; prenotare – ▤. 요 🛐 ◍ ⋿ *VISA*.
   ❀❀
   chiuso lunedì, martedì, dal 1° al 10 gennaio e dal 1° al 25 agosto – **Pasto** carta 49/71000
   Spec. Pasta integrale con verze e crema al provolone (aprile-luglio), Petto di faraona con uvetta e salsa all'arancia
   (ottobre-gennaio), Fegatelli di coniglio con cipolle in agrodolce (ottobre-gennaio).

   Un consiglio Michelin:

   per la buona riuscita di un viaggio, preparatelo in anticipo.
   Le carte e le guide Michelin vi danno tutte le indicazioni
   utili su: itinerari, curiosità, sistemazioni, prezzi, ecc.

SCANNO 67038 L'Aquila 988 ㉗, 430 Q 23 – 2 349 ab. alt. 1 050 – Sport invernali : 1 050/
1 840 m ⚡9, ⚡ – ❀ 0864.
Vedere Lago di Scanno★ NO : 2 km.
Dintorni Gole del Sagittario★★ NO : 6 km.
🎽 piazza Santa Maria della Valle 12 ♛ 74317, Fax 74721.
Roma 155 – L'Aquila 101 – Campobasso 124 – Chieti 87 – ♦Pescara 98 – Sulmona 31.

🏠 **Garden,** ♛ 74382, Fax 747488 – |😋| 🆅 ☎ 🅿. 🛐 ⋿ *VISA*. ❀❀
   Natale-Pasqua e luglio-settembre – **Pasto** 38/48000 – ⚌ 15000 – **35 cam** 90/140000 –
   ½ P 100/125000.

🏠 **Miramonti** ♨, ♛ 74369, Fax 74417, ≼ – |😋| ☎ ⟷ 🅿 – 🔏 200. 요 *VISA*. ❀❀
   Pasqua-settembre – **Pasto** carta 29/43000 – ⚌ 15000 – **38 cam** 90/110000 – ½ P 85/
   100000.

🏠 **Mille Pini-La Baita** ♨, ♛ 74387, 🐎 – 🐝 ⟷ 🅿. ❀❀
   Pasto *(chiuso martedì)* carta 30/53000 – ⚌ 15000 – **19 cam** 90/120000 – P 100/120000.

🏠 **Vittoria** ♨, ♛ 74398, ≼, ❀❀ – |😋| ☎ 👍 🅿. ❀❀
   Pasto *(chiuso mercoledì)* 30/45000 – ⚌ 20000 – **27 cam** 80/110000 – ½ P 75/95000.

🏠 **Belvedere,** ♛ 74314 – |😋| ☎. ❀❀
   Pasto *(chiuso lunedì)* 25/30000 – ⚌ 9000 – **32 cam** 55/70000 – ½ P 70/77000.

X **Gli Archetti,** ♛ 74645
   chiuso martedì da ottobre a marzo – **Pasto** carta 35/50000.

X **Grotta dei Colombi** con cam, ♛ 74393, Fax 74393, 🍽, 🐎 – ☎. 요 🛐
   Pasto *(chiuso mercoledì)* carta 22/33000 – ⚌ 8000 – **16 cam** 45/70000 – ½ P 60000.

   al lago N : 3 km :

🏠 **Park Hotel,** ✉ 67038 ♛ 74624, ≼ lago, ⚑, ❀❀ – |😋| 🆅 ☎ 👍 ⟷ 🅿 – 🔏 100. 요 🛐 ◍ ⋿
   VISA. ❀❀
   Natale-Pasqua e maggio-settembre – **Pasto** carta 29/40000 – ⚌ 15000 – **65 cam** 90/100000
   – ½ P 85/100000.

🏠 **Del Lago** ♨, ✉ 67038 ♛ 747651, Fax 747651, ≼ – 🆅 ☎ 🅿. 요 🛐 ◍ ⋿ *VISA*. ❀❀
   20 dicembre-10 gennaio e Pasqua-15 ottobre – **Pasto** *(chiuso mercoledì escluso luglio-*
   agosto) carta 35/60000 – ⚌ 15000 – **23 cam** 90/110000 – ½ P 95/130000.

SCANSANO 58054 Grosseto 988 ㉘, 430 N 16 – 4 656 ab. alt. 500 – ❀ 0564.
Roma 180 – Civitavecchia 114 – Grosseto 29 – Viterbo 98.

XX **Antico Casale** ♨ con cam, località Castagneta SE : 4 km ♛ 507219, Fax 507805, ≼,
   « In campagna, servizio estivo in terrazza e maneggio », 🐎 – ▤ cam 🆅 ☎ 🅿. 요 🛐 ⋿
   VISA
   chiuso dal 15 gennaio a febbraio – **Pasto** carta 32/50000 (10%) – **15 cam** ⚌ 110/175000 –
   ½ P 110/140000.

   verso Montemerano SE : 12 km :

🏠 Saturnia Country Club ♨, località Pomonte ✉ 58050 Pomonte ♛ 599188, Fax 599214,
   « In una riserva naturale con ⚑, maneggio e laghetto per la pesca » – 🆅 ☎ 🅿 – 🔏 60
   20 cam.

SCANZANO IONICO 75020 Matera 988 ㉙, 431 G 32 – 6 212 ab. alt. 14 – ❀ 0835.
Roma 483 – Matera 62 – Potenza 125 – ♦ Taranto 64.

🏠 **Motel Due Palme,** strada statale 106 ✉ 75020 ♛ 953024, Fax 954025 – |😋| ▤ 🆅 ☎ 🅿.
   요 🛐 ◍ ⋿ *VISA*. ❀❀
   Pasto carta 26/43000 – ⚌ 8000 – **29 cam** 57/89000 – ½ P 75000.

584

24020 Bergamo E 11 – 8 214 ab. alt. 279 – ✿ 035.

Roma 606 – ◆Bergamo 7 – ◆Brescia 49 – ◆Milano 54.

XX ✿ **La Taverna,** via Martinengo Colleoni 35 ✆ 661068, Fax 661068, Coperti limitati; prenotare – ✱. ⬚ ⬚ ⬚ E ⬚. ⬚
chiuso domenica sera, lunedì e dal 1° al 20 agosto – **Pasto** 35000 (a mezzogiorno) 60/70000 (alla sera) e carta 56/77000
Spec. Insalata delicata di verdure e pesci, Stracci e pesci, Scaloppa di storione alla paprica dolce.

SCAPEZZANO Ancona ⬚ K 21 – Vedere Senigallia.

SCARIO 84070 Salerno ⬚ G 28 – a.s. luglio-agosto – ✿ 0974.

Roma 421 – ◆Napoli 216 – Salerno 165 – Sapri 15.

🏨 **Marcaneto Palace Hotel** ⬚, località Marcaneto ✆ 986353, Fax 986512, ≼, ⬚, ⬚, ⬚, ⬚, ⬚, ✱ – ⬚ ⬚ ⬚ ⬚ ✱ ⬚ ✆ – ⬚ 300. ⬚ ⬚ ⬚ ⬚ ✱
giugno-settembre – **Pasto** carta 47/83000 – ⬚ 15000 – **61 cam** 150/230000 – ½ P 50/135000.

🏨 **Approdo,** ✆ 986070, ≼, ⬚, ⬚ – ⬚ ✆. ⬚ ⬚ ⬚ ✱
aprile-settembre – **Pasto** (solo per clienti alloggiati e chiuso sino a maggio) – ⬚ 10000 –
25 cam 60/90000 – ½ P 90/105000.

SCARLINO 58020 Grosseto ⬚ N 14 – 2 794 ab. alt. 230 – ✿ 0566.

Roma 231 – Siena 91 – Grosseto 44 – ◆Livorno 97.

XX **Da Balbo,** ✆ 37204, ⬚ – ⬚ ⬚ ⬚ E ⬚. ✱
chiuso martedì ed ottobre – Pasto 35/45000 (10 %).

SCENA (SCHENNA) 39017 Bolzano ⬚ B 15, ⬚ ⑩ – 2 532 ab. alt. 640 – ✿ 0473.

🛈 ✆ 95669, Fax 95581.

Roma 670 – ◆Bolzano 33 – Merano 5 – ◆Milano 331.

Pianta : vedere Merano

🏨 **Hohenwart** ⬚, ✆ 945629, Fax 945996, ≼ monti e vallata, ⬚, « Giardino con ⬚ », ⬚, ⬚, ⬚, ✱ – ⬚ ⬚ rist ⬚ ✆ ✆ – ⬚ 35
B **h**
chiuso dal 10 gennaio al 15 marzo – **Pasto** (chiuso mercoledì) carta 39/58000 – **54 cam**
⬚ 172/330000, 7 appartamenti – ½ P 180000.

🏨 **Gutenberg** ⬚, N : 1 km ✆ 945950, Fax 945511, ≼, ⬚, ⬚, ⬚, ⬚ – ⬚ ⬚ ✆ ✆. ✱ rist
chiuso dall'11 gennaio al 17 febbraio e dal 19 novembre al 22 dicembre – **22 cam** solo
½ P 60/120000.
B **a**

🏨 **Schlosswirt,** ✆ 945620, Fax 945538, ≼, ⬚, ⬚ riscaldata, ⬚ – ⬚ ✆ ✆. ✱
B **u**
chiuso dal 15 gennaio al 7 marzo – **Pasto** (chiuso lunedì) carta 30/43000 – **31 cam** ⬚ 60/130000 – ½ P 70/82000.

SCHENNA = Scena.

SCHIAVON 36060 Vicenza ⬚ E 16 – 2 234 ab. alt. 74 – ✿ 0444.

Roma 554 – ◆Milano 237 – ◆Padova 56 – Treviso 60 – Vicenza 24.

a Longa S : 2 km – ✉ 36060 :

🏨 **Alla Veneziana,** ✆ 665500, Fax 665766 – ⬚ ⬚ ⬚ ✆ ✆. ⬚ ⬚ ⬚ E ⬚
Pasto (chiuso lunedì) carta 25/60000 – ⬚ 10000 – **43 cam** 90/110000 – ½ P 75/90000.

SCHIO 36015 Vicenza ⬚ ④, ⬚ E 16 – 36 327 ab. alt. 200 – ✿ 0445.

Roma 562 – ◆Verona 70 – ◆Milano 225 – ◆Padova 61 – Trento 72 – ◆Venezia 94 – Vicenza 23.

🏨 **Nuovo Miramonti** senza rist, via Marconi 3 ✆ 529900, Fax 528134 – ⬚ ⬚ ✆. ⬚ ⬚ ⬚ E
⬚. ✱
63 cam ⬚ 112/130000.

XX **Nuovo Miramonti-da Bruno,** via Marconi 5 ✆ 520119 – ⬚. ⬚ ⬚ ⬚ E ⬚ ⬚. ✱
chiuso domenica, dal 1° al 7 gennaio e dal 1° al 21 agosto – **Pasto** carta 41/60000.

SCHLANDERS = Silandro.

SCHNALS = Senales.

SCIACCA Agrigento ⬚ ⑱, ⬚ O 21 – Vedere Sicilia alla fine dell'elenco alfabetico.

SCILLA **89058** Reggio di Calabria 988 ③, 431 M 29 – 5 551 ab. alt. 91 – ✆ 0965.

Roma 642 – ◆Reggio di Calabria 23 – Rosarno 44.

XX **Grotta Azzurra-U Bais,** lungomare Cristoforo Colombo ✆ 754889, ≤, 😚, Specialità di mare – 📺. 🖭 **E** 𝘝𝘐𝘚𝘈
chiuso lunedì e dicembre – **Pasto** carta 31/50000.

SCOGLITTI Ragusa 432 Q 25 – Vedere Sicilia (Vittoria) alla fine dell'elenco alfabetico.

SCOPELLO **13028** Vercelli 988 ②, 428 E 6 – 453 ab. alt. 659 – a.s. Natale-febbraio e 15 luglio-17 agosto – Sport invernali : 659/1 700 m ≰7, ≰ – ✆ 0163.

🔽 Mera(giugno-settembre) località Alpe di Mera ✉ 13028 Scopello ✆ 78190, Fax 78190, S : 20 mn di funivia.

Roma 695 – ◆Milano 121 – Novara 75 – ◆Torino 137 – Varallo 16 – Vercelli 81.

🏠 **Rosetta,** ✆ 71136, Fax 71136, ≤ – ✆ 🅟. 🖪 𝘝𝘐𝘚𝘈
chiuso ottobre e novembre – **Pasto** carta 27/40000 – ☷ 7000 – **37 cam** 60/80000 – ½ P 65/85000.

ad Alpe di Mera S : 20 mn di seggiovia – alt. 1 570 :

🏠 **Sport Hotel Camparient** ⑤, ✉ 13028 ✆ 78002, Fax 78190, ≤ Monte Rosa e vallata – 🔺 ✆. 🖭 🖪 **E** 𝘝𝘐𝘚𝘈. 🛠
dicembre-aprile e luglio-settembre – **Pasto** carta 45/68000 – ☷ 12000 – **34 cam** 60/110000 – ½ P 110/125000.

SCORZÈ **30037** Venezia 988 ⑤, 429 F 18 – 15 653 ab. alt. 16 – ✆ 041.

Roma 527 – ◆Venezia 24 – ◆Milano 266 – ◆Padova 30 – Treviso 17.

🏠 **Villa Conestabile,** via Roma 1 ✆ 445027, Fax 5840088, « Parco e laghetto » – 📺 ✆ 🅟 – 🔺 25 a 150. 🖭 🖪 **E** 𝘝𝘐𝘚𝘈
Pasto *(chiuso domenica e dal 1° al 20 agosto)* carta 40/64000 – **22 cam** ☷ 95/140000 – ½ P 105/120000.

🏠 **Piccolo Hotel,** via Moglianese 37 ✆ 5840700, Fax 5840347 – 📺 📺 ✆ 🅟. 🖭 🖪 **E** 𝘝𝘐𝘚𝘈. 🛠
Pasto *(solo per clienti alloggiati; chiuso sabato, domenica ed agosto)* carta 33/43000 – **22 cam** ☷ 83/116000 – ½ P 90/110000.

SEBINO Vedere Iseo (Lago d').

SECCAGRANDE Agrigento 432 021 – Vedere Sicilia (Ribera) alla fine dell'elenco alfabetico.

SECCHETO Livorno Vedere Elba (Isola d') : Marina di Campo.

SEGESTA Trapani 988 ③, 432 N 20 – Vedere Sicilia alla fine dell'elenco alfabetico.

SEGGIANO **58038** Grosseto 430 N 16 – 1 088 ab. alt. 497 – ✆ 0564.

Roma 199 – Siena 66 – Grosseto 60 – Orvieto 109.

XX **Silene** ⑤ con cam, località La Pescina E : 3 km ✆ 950805, Fax 950553, ☞ – 📺 ✆ 🅟. 🖭 🖪 ⑩ **E** 𝘝𝘐𝘚𝘈 ᴊᴄʙ. 🛠
chiuso novembre – **Pasto** *(chiuso lunedì)* carta 30/44000 – ☷ 6000 – **7 cam** 60/80000 – ½ P 65000.

SEGNI **00037** Roma 988 ㉖, 430 Q 21 – 8 306 ab. alt. 650 – ✆ 06.

Roma 57 – Frosinone 41 – Latina 52 – ◆Napoli 176.

🏠 **La Pace** ⑤, ✆ 9767125, Fax 9766262 – 🔺 📺 ✆ 🅟 – 🔺 150. 🖭 🖪 ⑩ **E** 𝘝𝘐𝘚𝘈. 🛠
Pasto 25/30000 – ☷ 5000 – **82 cam** 55/70000 – ½ P 55/60000.

SEGRATE **20090** Milano 428 F 9, 219 ⑲ – 32 377 ab. alt. 116 – ✆ 02.

Roma 575 – ◆Bergamo 48 – ◆Milano 10.

Pianta d'insieme di Milano (Milano p. 9)

a Milano 2 NO : 3 km – ✉ **20090** Segrate :

🏠 **Jolly Hotel Milano 2** ⑤, ✆ 2175, Telex 321266, Fax 26410115 – 🔺 📺 📺 ✆ – 🔺 450. 🖭 🖪 ⑩ **E** 𝘝𝘐𝘚𝘈. 🛠 rist   CO m
Pasto 63000 – **149 cam** ☷ 290/360000 – ½ P 208/353000.

Companions to this Guide :
– *Michelin Map* 988 *at a scale of 1:1 000 000.*
– *Michelin Maps* 428, 429, 430, 431, 432, 433 *at a scale of 1:400 000.*
– *The* **Michelin Green Guide** *"Italy" and "Rome" :*
 Touring programmes,
 Museums,
 Famous buildings and works of art.

586

SEIS AM SCHLERN = Siusi allo Sciliar.

SEISER ALM = Alpe di Siusi.

SELARGIUS Cagliari 凸凸凸 J 9 – Vedere Sardegna alla fine dell'elenco alfabetico.

SELBAGNONE Forlì 凸凸凸 J 18 – Vedere Forlimpopoli.

SELINUNTE Trapani 凸凸凸 ㊲, 凸凸凸 O 20 – Vedere Sicilia alla fine dell'elenco alfabetico.

SELLA (Passo di) **(SELLA JOCH)** Bolzano 凸凸凸 ⑤ – alt. 2 240.
Vedere ✳✳✳✳.
Roma 694 – ◆Bolzano 53 – Canazei 12 – Cortina d'Ampezzo 60 – ◆Milano 352 – Trento 113.

SELVA Brindisi 凸凸凸 E 34 – Vedere Fasano.

SELVA Vicenza – Vedere Montebello Vicentino.

SELVA DEI MOLINI **(MÜHLWALD)** 39030 Bolzano 凸凸凸 B 17 – 1438 ab. alt. 1 229 – ✆ 0474.
Roma 724 – ◆Bolzano 92 – Cortina d'Ampezzo 78 – Dobbiaco 47.

🏠 **Mühlwald**, ✆ 653129, Fax 653346, ≤, ≘s, 🔲 – |⚙| 🍴 rist ☎ ⇦ 🅿. 🅑 E 𝚟𝚒𝚜𝚊. ⅏ rist
   dicembre-aprile e giugno-ottobre – **Pasto** carta 25/44000 – **22 cam** solo ½ P 45/95000.

GRÜNE REISEFÜHRER

Landschaften, Baudenkmäler
Sehenswürdigkeiten
Touristenstraßen
Tourenvorschläge
Stadtpläne und Übersichtskarten

SELVA DI VAL GARDENA **(WOLKENSTEIN IN GRÖDEN)** 39048 Bolzano 凸凸凸 ⑤, 凸凸凸 C 17 –
2 393 ab. alt. 1 567 – Sport invernali : della Val Gardena 1 567/2 682 m ⛷5 ⛷24, ⛷ – ✆ 0471.
Vedere Postergale★ nella chiesa.
Dintorni Passo Sella★★★ : ✳✳✳✳ S : 10,5 km – Val Gardena★★★ per la strada S 242.
🅱 palazzo Cassa Rurale ✆ 795122, Fax 794245.
Roma 684 – ◆Bolzano 42 – Brunico 59 – Canazei 23 – Cortina d'Ampezzo 72 – ◆Milano 341 – Trento 102.

🏨 **Gran Baita** ⑤, ✆ 795210, Fax 795080, ≤ Dolomiti, ≘s, 🔲, ⛲, ⅍ – |⚙| 📺 ☎ ⇦ 🅿. 🅰🅴
   🅑 ⓞ E 𝚟𝚒𝚜𝚊. ⅏ rist
   20 dicembre-18 aprile e 20 giugno-10 ottobre – **Pasto** (chiuso mercoledì) carta 37/60000 –
   57 cam solo ½ P 120/230000.

🏨 **Oswald**, ✆ 795151, Fax 794131, ≤, ≘s – |⚙| 📺 ☎ 🅿. 🅑 ⓞ E 𝚟𝚒𝚜𝚊. ⅏
   8 dicembre-15 aprile e 23 giugno-settembre – **Pasto** carta 33/57000 – ⚏ 15000 – **56 cam**
   125/210000 – ½ P 100/170000.

🏨 **Tyrol** ⑤, ✆ 795270, Fax 794022, ≤ Dolomiti, 🛁, ≘s, 🔲, ⛲ – |⚙| 📺 ☎ ⇦ 🅿. ⅏ rist
   18 dicembre-20 aprile e 16 giugno-5 ottobre – **Pasto** (chiuso lunedì) 35/50000 – ⚏ 25000 –
   40 cam 150/260000, 4 appartamenti – ½ P 145/280000.

🏨 **Antares**, ✆ 795400, Fax 795013, ≤, 🛁, ≘s, 🔲, ⛲ – |⚙| 📺 ☎ ⅖ ⇦ 🅿 – 🔬 70. 🅑 E
   𝚟𝚒𝚜𝚊. ⅏
   dicembre-Pasqua e 20 giugno-15 settembre – **Pasto** 36/50000 – ⚏ 18000 – **49 cam**
   155/260000.

🏨 **Sporthotel Granvara** ⑤, SO : 1 km ✆ 795250, Fax 794336, ≤ Dolomiti e Selva, 🛁, ≘s,
   🔲, ⛲ – |⚙| 📺 ☎ ⇦ 🅿 – 🔬 60. 🅑 E 𝚟𝚒𝚜𝚊. ⅏ rist
   3 dicembre-20 aprile e giugno-settembre – **Pasto** (solo per clienti alloggiati) 45/65000 –
   30 cam ⚏ 135/220000 – ½ P 100/185000.

🏨 **Aaritz**, ✆ 795011, Fax 795566, ≤, ≘s, 🔲, ⛲ – |⚙| 🍽 rist 📺 ☎ 🅿. 🅰🅴 🅑 E 𝚟𝚒𝚜𝚊. ⅏
   20 dicembre-10 aprile e 10 luglio-10 settembre – **Pasto** (solo per clienti alloggiati; chiuso a
   mezzogiorno e dal 10 luglio al 10 settembre) – **34 cam** ⚏ 120/220000 – ½ P 120/200000.

🏨 **Genziana**, ✆ 795187, Fax 794330, ≤, ≘s, 🔲, ⛲ – |⚙| 📺 ☎ 🅿. ⅏
   20 dicembre-20 aprile e 25 giugno-settembre – **Pasto** (solo per clienti alloggiati e chiuso a
   mezzogiorno) 40/80000 – **27 cam** ⚏ 210000 – ½ P 100/195000.

🏨 **Chalet Portillo**, ✆ 795205, Fax 794360, ≤, 🛁, ≘s, ⛲, ⅍ – |⚙| 📺 ☎ 🅿. 🅑 E 𝚟𝚒𝚜𝚊. ⅏
   dicembre-17 aprile e 26 giugno-26 settembre – **Pasto** (solo per clienti alloggiati) – **29 cam**
   ⚏ 85/155000 – ½ P 85/145000.

🏨 **Dorfer** ⑤, ✆ 795204, Fax 795068, ≤ Dolomiti, ≘s, ⛲ – 📺 ☎ 🅿. 🅑 E 𝚟𝚒𝚜𝚊. ⅏ rist
   18 dicembre-15 aprile e 14 giugno-settembre – **Pasto** carta 42/58000 – **30 cam** ⚏ 80/
   150000 – ½ P 90/140000.

🏨 **Laurin**, ✆ 795105, Fax 794310, ≤, ≘s – |⚙| ☎ 🅿. 🅑 ⓞ E 𝚟𝚒𝚜𝚊. ⅏ rist
   6 dicembre-14 aprile e luglio-20 settembre – **Pasto** 30/40000 – **27 cam** ⚏ 120/160000 –
   ½ P 120/160000.

🏨 **Astor,** 🖋 795207, Fax 794396, ≤ Dolomiti, ⭤s – 📺 ☎ 🅿. 🛠 rist
dicembre-aprile e 15 giugno-settembre – **24 cam** solo ½ P 100/150000.

🏨 **Condor,** 🖋 795055, Fax 794516, <, ⭤s, 🛒 – 🛗 📺 ☎ ⇐ 🅿. 🛠
dicembre-20 aprile e 20 giugno-settembre – **Pasto** (solo per clienti alloggiati) – **26 cam** ⊊ 80/160000 – ½ P 90/120000.

🏨 **Olympia,** 🖋 795145, Fax 795403, <, ⭤s – 🛗 📺 ☎ 🅿. 🖺 E 🆅🆂🅰. 🛠 rist
dicembre-Pasqua e giugno-settembre – **Pasto** (solo per clienti alloggiati) 30000 – ⊊ 18000 –
43 cam 80/160000 – ½ P 90/135000.

🏨 **Armin,** 🖋 795347, Fax 794363 – 🛗 📺 ☎ 🅿. 🖺 🆅🆂🅰. 🛠 rist
5 dicembre-15 aprile e 5 luglio-settembre – **Pasto** (solo per clienti alloggiati) 30/50000 –
25 cam ⊊ 130/300000 – ½ P 100/170000.

🏨 **Pralong,** 🖋 795370, Fax 794103, <, ⭤s, 🛒 – 🛗 📺 ☎ 🅿. 🖺. 🛠
dicembre-aprile e luglio-settembre – **Pasto** (solo per clienti alloggiati) – **25 cam** solo ½ P 75/
105000.

🏨 **Miravalle,** 🖋 795166, Fax 794445, <, 🛒 – ☎ 🅿. 🛠 cam
dicembre-15 aprile e 20 giugno-20 settembre – **Pasto** 30/50000 – **26 cam** ⊊ 120/200000 –
½ P 80/120000.

🏨 **Malleier** 🦢, 🖋 795296, Fax 794364, ≤ Dolomiti, 🛒 – 🛗 ☎ 🅿. 🛠
dicembre-aprile e giugno-settembre – **Pasto** (solo per clienti alloggiati) – **35 cam** ⊊ 70/
120000 – ½ P 80/120000.

verso Passo Gardena (Grödner Joch) SE : 6 km :

🍴 **Gerard** 🦢 con cam, ✉ 39048 🖋 795274, ≤ Dolomiti – ☎ 🅿. 🛠 cam
18 dicembre-15 aprile e 25 giugno-15 ottobre – **Pasto** carta 29/54000 – **7 cam** ⊊ 55/110000
– ½ P 85000.

Europe | Si le nom d'un hôtel figure en petits caractères,
demandez à l'arrivée les conditions à l'hôtelier.

SELVARELLE ALTE Terni – Vedere Acquasparta.

SELVAZZANO DENTRO 35030 Padova 🗐🗐 F 17 – 18 829 ab. alt. 16 – 🟢 049.
Roma 492 – ◆Padova 8 – ◆Venezia 52 – Vicenza 27.

🍴🍴 **El Medievolo,** via Scapacchiò 49 🖋 8055635, 🌳, Rist. caratteristico con specialità
spagnole – 🆎 🖺 E 🆅🆂🅰. 🛠
chiuso dal 1° al 20 luglio, lunedì e a mezzogiorno (escluso i giorni festivi) – **Pasto** carta 41/
66000.

SELVINO 24020 Bergamo 🗐🗐 ③, 🗐🗐 🗐🗐 E 11 – 1 838 ab. alt. 956 – a.s. luglio-agosto e Natale
– Sport invernali : 956/1 400 m ⚡2 ⚡4 – 🟢 035.
🖺 (chiuso giovedì) corso Milano 19 🖋 763362.
Roma 622 – ◆Bergamo 21 – ◆Brescia 73 – ◆Milano 68.

🏨 **Elvezia** 🦢, 🖋 761058, Fax 761058, 🛒 – 📺 ☎ ⇐ 🅿. 🆎 🖺 🆅🆂🅰. 🛠
chiuso dal 10 al 30 gennaio e dal 1° al 20 settembre – **Pasto** *(chiuso lunedì)* carta 35/45000 –
⊊ 10000 – **17 cam** 90/115000 – ½ P 80/90000.

🏨 **Marcellino,** 🖋 763013, Fax 763013, 🌳 – 🛗 📺 ☎ 🅿. 🖺. 🛠 rist
Pasto *(chiuso martedì)* 35/50000 – ⊊ 10000 – **33 cam** 90/120000 – ½ P 80/100000.

SEMOGO Sondrio 🗐🗐 ⑰ – Vedere Valdidentro.

SENALES **(SCHNALS)** 39020 Bolzano 🗐🗐 🗐🗐 B 14, 🗐🗐 ⑨ – 1 374 ab. alt. (frazione Certo-
sa) 1 327 – Sport invernali : a Maso Corto : 2 009/3 260 m ⚡1 ⚡8 (anche sci estivo), ⚡ –
🟢 0473.
🖺 a Certosa 🖋 89148, Fax 89177.
Da Certosa : Roma 692 – ◆Bolzano 55 – Merano 27 – ◆Milano 353 – Passo di Resia 70 – Trento 113.

a Madonna di Senales (Unserfrau) NO : 4 km – alt. 1 500 – ✉ 39020 Senales :

🏨 **Berghotel Tyrol** 🦢, 🖋 89690, Fax 89743, <, ⭤s, 🔲 – 🛗 ☎ 🅿. 🛠
chiuso maggio – **Pasto** (solo per clienti alloggiati) – **25 cam** ⊊ 85/160000 – ½ P 65/95000.

a Monte Santa Caterina (Katharinaberg) SE : 4 km – alt. 1 245 – ✉ 39020 Senales :

🏨 **Katharinabergerhof** 🦢, 🖋 89171 (prenderà il 679171), Fax 89171 o 679171, < – ☎ 🅿.
🖺 E 🆅🆂🅰. 🛠 rist
11 cam solo ½ P 53/60000.

a Vernago (Vernagt) NO : 7 km – alt. 1 700 – ✉ 39020 Senales :

🏨 **Vernag** 🦢, 🖋 89636, Fax 89720, ≤ lago e monti, 🖊, ⭤s, 🔲 – 🛗 📺 ☎ ⇐ 🅿. 🛠
chiuso dal 2 maggio al 16 giugno e dal 20 novembre al 22 dicembre – **Pasto** 35000 – **43 cam**
⊊ 105/230000 – ½ P 89/135000.

🖪 piazzale Giardini Morandi 2 𝒫 7922725, Fax 7924930.

Roma 296 – ◆Ancona 29 – Fano 28 – Macerata 79 – ◆Perugia 153 – Pesaro 39.

🏬 **Duchi della Rovere,** via Corridoni 3 𝒫 7927623, Fax 7927784 – 🛗 🗏 📺 ☎ ♿ 🚗 –
🔏 50 a 80. 🕮 🕃 ➀ 🗉 𝚅𝙸𝚂𝙰. 🛠
Pasto carta 44/69000 – **44 cam** � 135/190000, 7 appartamenti – ½ P 135/150000.

🏬 **Ritz,** lungomare Dante Alighieri 142 𝒫 63563, Fax 7922080, ≤, « Giardino con percorso
vita », 🌊, 🐾ₒ, 🛠 – 🛗 🗏 rist ☎ ♿ 🅟 – 🔏 30 a 280. 🕮 🕃 ➀ 🗉 𝚅𝙸𝚂𝙰
13 maggio-18 settembre – **Pasto** (solo per clienti alloggiati) 45000 – **150 cam** ⊏welcome 115/
190000 – ½ P 120/130000.

🏨 **Metropol,** lungomare Leonardo da Vinci 11 𝒫 7925991, Fax 7925991, ≤, 🌊, 🛠 – 🛗
🗏 rist 📺 ☎ 🅟. 🕮 🕃 ➀ 𝚅𝙸𝚂𝙰. 🛠
maggio-settembre – **Pasto** (solo per clienti alloggiati) – ⊏welcome 12000 – **64 cam** 85/110000 –
½ P 66/111000.

🏨 **Senb Hotel,** viale Bonopera 32 𝒫 7927500, Fax 64814 – 🛗 🗏 rist 🗏 cam 📺 ☎ 🚗 –
🔏 50 a 200. 🕮 🕃 ➀ 🗉 𝚅𝙸𝚂𝙰 𝙹𝙲𝙱. 🛠 rist
Pasto *(chiuso venerdì e domenica sera)* carta 38/53000 – ⊏welcome 12000 – **51 cam** 100/140000 –
½ P 72/110000.

🏨 **Cristallo,** lungomare Dante Alighieri 2 𝒫 7925767, Fax 7925767, ≤, 🌱, – 🛗 🗏 rist 📺 ☎.
🕮 🗉 𝚅𝙸𝚂𝙰. 🛠 rist
maggio-settembre – **Pasto** carta 29/45000 (15%) – ⊏welcome 10000 – **57 cam** 72/96000 – ½ P 66/
89000.

🏨 **Palace Hotel,** piazza della Libertà 7 𝒫 7926792, Fax 7925969, ≤ – 🛗 📺 ☎. 🕮 🕃 ➀ 🗉
𝚅𝙸𝚂𝙰. 🛠 rist
Pasto *(chiuso venerdì)* 30/40000 – ⊏welcome 12000 – **57 cam** 85/120000 – ½ P 80/90000.

🏨 **Bologna,** lungomare Mameli 57 𝒫 7923590, Fax 7923590, 🐾ₒ – 🛗 🗏 📺 ☎ ♿. 🕃 ➀
𝚅𝙸𝚂𝙰. 🛠
Pasto 25/35000 – **37 cam** ⊏welcome 80/120000 – ½ P 58/107000.

🏨 **Baltic,** lungomare Dante Alighieri 66 𝒫 7925757, ≤ – 🛗 ☎ 🅟. 🕮 🕃 🗉 𝚅𝙸𝚂𝙰. 🛠 rist
maggio-settembre – **Pasto** carta 29/45000 (15%) – ⊏welcome 10000 – **64 cam** 75/93000 – ½ P 62/
88000.

🏨 **Mareblù,** lungomare Mameli 50 𝒫 7920104, Fax 7925402, ≤, 🌊, – 🛗 🗏 rist 📺 ☎ 🅟. 🕃
🗉 𝚅𝙸𝚂𝙰. 🛠
Pasqua-settembre – **Pasto** 28/35000 – ⊏welcome 12000 – **57 cam** 70/110000 – ½ P 60/95000.

🏠 **Europa,** lungomare Dante Alighieri 108 𝒫 7926791, ≤ – 🛗 ☎ 🕮 🕃 ➀ 🗉 𝚅𝙸𝚂𝙰. 🛠 rist
giugno-15 settembre – **Pasto** 25/35000 – ⊏welcome 10000 – **64 cam** 70/98000 – ½ P 72/80000.

🏠 **Eden,** via Podesti 194 𝒫 7926802, Fax 7926802, 🌱, – 🛗 📺 ☎ 🅟. 🕮 🕃 ➀ 🗉 𝚅𝙸𝚂𝙰. 🛠 rist
Pasto *(chiuso sabato da ottobre a marzo)* carta 25/34000 – ⊏welcome 8000 – **27 cam** 65/85000 –
½ P 50/73000.

🏠 **Argentina,** lungomare Dante Alighieri 82 𝒫 7924665, Fax 7925414, ≤ – 🛗 🗏 rist ☎. 🕮
🕃 🗉 𝚅𝙸𝚂𝙰. 🛠
15 aprile-20 settembre – **Pasto** (solo per clienti alloggiati) 20/35000 – ⊏welcome 6500 – **37 cam**
65/75000 – ½ P 45/80000.

XX **Riccardone's,** via Rieti 69 𝒫 64762, 🍽, Specialità di mare – 🗏. 🕮 🕃 ➀ 🗉 𝚅𝙸𝚂𝙰 𝙹𝙲𝙱
chiuso lunedì in bassa stagione – **Pasto** carta 37/79000.

XX **La Madonnina del Pescatore,** lungomare Italia 9 𝒫 698267, Fax 698484, Specialità di
mare – 🗏. 🕮 🕃 ➀ 🗉 𝚅𝙸𝚂𝙰
chiuso lunedì, dal 2 al 23 gennaio, dal 1° al 15 settembre e dal 15 al 30 novembre – **Pasto**
carta 50/73000.

XX **Uliassi,** banchina di Levante 𝒫 65463, 🍽, Specialità di mare – 🕃 ➀ 𝚅𝙸𝚂𝙰. 🛠
chiuso gennaio, febbraio e lunedì (escluso luglio-agosto) – **Pasto** carta 32/61000.

a Cesano NO : 5 km – ⊠ **60012** Cesano di Senigallia :

X **Pongetti,** strada statale 𝒫 660064, Specialità di mare – 🅟. 🕮 🗉 𝚅𝙸𝚂𝙰. 🛠
chiuso domenica sera, lunedì e dal 10 al 30 settembre – **Pasto** carta 33/57000.

a Scapezzano O : 6 km – ⊠ **60010** :

🏨 **Bel Sit** 🐾, 𝒫 660032, Fax 6608335, « Terrazza-giardino con ≤ mare e dintorni », 🌊, 🛠
– ☎ 🅟. 🕮 🗉 𝚅𝙸𝚂𝙰. 🛠
14 maggio-25 settembre – **Pasto** carta 30/45000 – ⊏welcome 10000 – **27 cam** 90/100000 – ½ P 61/
83000.

a Roncitelli O : 8 km – ⊠ **60010** :

X **Degli Ulivi,** 𝒫 7919670 – 🕮 𝚅𝙸𝚂𝙰. 🛠
chiuso martedì e dal 15 al 30 gennaio – **Pasto** carta 39/67000.

Roma 642 – ◆Milano 380 – Pordenone 37 – Udine 38.

🏨 **Belvedere,** via Odorico 54 𝒫 93016, Fax 938994 – 📺 ☎ 🅟. 🕮 🕃 ➀ 🗉 𝚅𝙸𝚂𝙰
Pasto *(chiuso lunedì)* 28000 – ⊏welcome 7000 – **22 cam** 65/100000 – ½ P 65/70000.

SEREGNO 20038 Milano 988 ③, 428 F 9 – 38 535 ab. alt. 224 – ۞ 0362.

Roma 594 – Como 23 – ♦ Milano 25 – ♦ Bergamo 51 – Lecco 31 – Novara 66.

🏨 **Umberto Primo**, via Dante 63 ℰ 223377, Telex 350214, Fax 221931 – 🛗 🗏 📺 ☎ 🅿 – 🚗 30 a 60. 🖭 🗓 ⓞ 🖪 𝖵𝖨𝖲𝖠. ⋘
chiuso dal 25 al 31 dicembre e dal 1° al 20 agosto – **Pasto** (chiuso domenica) carta 39/65000 – **68 cam** ⊑ 135/185000 – ½ P 145000.

SERINA 24017 Bergamo 428 429 E 11 – 2 125 ab. alt. 820 – a.s. luglio-agosto e Natale – ۞ 0345.

Roma 632 – ♦ Bergamo 31 – ♦ Milano 73 – San Pellegrino Terme 14.

🏨 **Rosalpina**, ℰ 66020, Fax 66020 – 🅿. ⋘
dicembre-aprile e giugno-settembre – **Pasto** (chiuso lunedì escluso da giugno a settembre) carta 25/37000 – ⊑ 6000 – **24 cam** 50/80000 – ½ P 60/65000.

SERLE 25080 Brescia 428 429 F 13 – 2 809 ab. alt. 493 – ۞ 030.

Roma 50 – ♦ Brescia 21 – ♦ Verona 73.

a Castello NO : 3 km – ✉ 25080 :

✗ **Trattoria Castello**, ℰ 6910001, prenotare – 🅿. 🖭 ⓞ
chiuso martedì, dal 15 al 30 gennaio e dal 15 al 30 agosto – **Pasto** carta 32/46000.

SERMONETA 04010 Latina 988 ㉖, 430 R 20 – 6 595 ab. alt. 257 – ۞ 0773.

Roma 77 – Frosinone 63 – Latina 17.

🏨 **Principe Serrone** ⑤, senza rist, ℰ 30342, Fax 30336, ≤ vallata – 📺 ☎. 🖭 🗓 🖪 𝖵𝖨𝖲𝖠. ⋘
⊑ 8000 – **13 cam** 80/120000.

SERPIOLLE Firenze – Vedere Firenze.

SERRAMAZZONI 41028 Modena 428 429 430 I 14 – 5 455 ab. alt. 822 – ۞ 0536.

Roma 357 – ♦ Bologna 77 – ♦ Modena 33 – Pistoia 101.

a Montagnana N : 10 km – ✉ 41020 :

✗✗ **La Noce**, ℰ 957174, solo su prenotazione a mezzogiorno e domenica – 🅿. 🖭 🗓 ⓞ 🖪 𝖵𝖨𝖲𝖠. ⋘
chiuso dal 1° al 10 settembre – **Pasto** 40/50000 bc.

SERRAVALLE Ferrara 429 H 18 – Vedere Berra.

SERRAVALLE Perugia 430 N 21 – Vedere Norcia.

SERRAVALLE PISTOIESE 51030 Pistoia 428 429 430 K 14 – 8 771 ab. alt. 182 – ۞ 0573.

Roma 320 – ♦ Firenze 40 – ♦ Livorno 75 – Lucca 34 – Pistoia 8 – Pisa 51.

🏨 **Lago Verde** ⑤, via Castellani 4 ℰ 518262, Fax 518227, « Laghetto », ⌁ – 🛗 🗏 📺 ☎ 🅿 – 🚗 120. 🖭 🗓 ⓞ 🖪 𝖵𝖨𝖲𝖠. ⋘
Pasto (chiuso a mezzogiorno e domenica) carta 36/50000 – ⊑ 13000 – **85 cam** 95/115000.

SERVIGLIANO 63029 Ascoli Piceno 988 ⑯, 430 M 22 – 2 349 ab. alt. 216 – ۞ 0734.

Roma 224 – ♦ Ancona 85 – Ascoli Piceno 64 – Macerata 43.

🏨 **San Marco**, ℰ 750761 – 🛗 📺 ☎. 🖭 🗓 𝖵𝖨𝖲𝖠. ⋘
chiuso gennaio – **Pasto** (chiuso giovedì) carta 25/45000 – ⊑ 6000 – **18 cam** 40/70000 – P 70000.

SESTO (SEXTEN) 39030 Bolzano 988 ⑤, 429 B 19 – 1831 ab. alt. 1 311 – Sport invernali : 1 311/2 205 m ⛷ 2 ⛷ 6, ⛷; a Versciaco : 1 132/2 050 m ⛷ 1 ⛷ 2 – ۞ 0474 – **Dintorni** Val di Sesto★★ Nord per la strada S 52 e Sud verso Campo Fiscalino – 🗓 Palazzo del Comune ℰ 70310, Fax 70318.

Roma 697 – Belluno 96 – ♦ Bolzano 116 – Cortina d'Ampezzo 44 – ♦ Milano 439 – Trento 173.

🏨 **San Vito-St. Veit** ⑤, ℰ 70390, Fax 70072, ≤ Dolomiti e vallata, ⇔s, ⌁, ℛ – 📺 ☎ 🅿. 𝖵𝖨𝖲𝖠. ⋘ rist
Natale-Pasqua e giugno-15 ottobre – **Pasto** 20/40000 – **26 cam** ⊑ 80/120000 – ½ P 67/105000.

🏨 **Monika** ⑤, ℰ 70384, Fax 70177, ≤, ⇔s, ℛ – 🛗 ⋙ rist ☎ ⇔ 🅿. ⋘ cam
17 dicembre-18 aprile e 20 maggio-10 ottobre – **Pasto** 21/28000 – **27 cam** ⊑ 85/156000 – ½ P 55/110000.

a Moso (Moos) SE : 2 km – alt. 1 339 – ✉ 39030 Sesto :

🏨 **Sport e Kurhotel Bad Moos** ⑤, ℰ 70365, Fax 70509, ≤ Dolomiti, « Stuben del 15° e 16° secolo », ℐ𝖏, ⇔s, ⌁, ⌁, ℛ, ♣ – 🛗 🗏 rist 📺 ☎ ὅ ⇔ 🅿 – 🚗 50 a 100. ⋘ rist
15 dicembre-Pasqua e 25 maggio-20 ottobre – **Pasto** carta 32/74000 – **72 cam** ⊑ 193/350000 – ½ P 96/193000.

🏨 **Rainer**, ℰ 70366, Fax 70163, ≤ Dolomiti e valle Fiscalina, ℐ𝖏, ⇔s, ⌁, ℛ – 🛗 🗏 rist 📺 ☎ 🅿. 🗓. ⋘ rist
20 dicembre-18 aprile e 20 maggio-10 ottobre – **Pasto** 35/60000 – **31 cam** ⊑ 150/180000 – ½ P 110/170000.

🏨 **Berghotel Tirol** ⤏, *𝒞* 70386, Fax 70455, ≤ Dolomiti e valle Fiscalina, *Ⅰ₆*, 🅣s – ▤ rist 🆃🆅
☎ ⇔ 🅟. 🕱 rist
20 dicembre-Pasqua e 25 maggio-10 ottobre – **28 cam** solo ½ P 95/140000.

🏨 **Alpi** ⤏, *𝒞* 70378, Fax 70009, ≤, 🅣s – ▯ ▤ rist ☎ ⇔. 🕱 rist
20 dicembre-Pasqua e giugno-15 ottobre – **Pasto** 25000 – **20 cam** ⊊ 70/120000 – ½ P 61/
95000.

a Campo Fiscalino (Fischleinboden) S : 4 km – alt. 1 451 – ✉ 39030 Sesto :

🏨 **Dolomiti-Dolomitenhof** ⤏, *𝒞* 70364, Fax 70131, ≤ pinete e Dolomiti, 🐎 – ▯ 🆃🆅 ☎ ᯤ
🅟. 🕄 E 𝘝𝘐𝘚𝘈
18 dicembre-7 aprile e giugno-7 ottobre – **Pasto** carta 31/57000 – **30 cam** ⊊ 125/250000 –
½ P 80/130000.

Vedere anche : *Monte Croce di Comelico (Passo)* (Kreuzbergpass) SE : 7 km.

SESTO CALENDE 21018 Varese 🤨🤨🤨 ② ③, 🤨🤨🤨 E 7 – 9 520 ab. alt. 198 – ✪ 0331.

Roma 632 – Stresa 25 – Como 50 – ♦Milano 55 – Novara 39 – Varese 23.

🏨 **Tre Re**, piazza Garibaldi 25 *𝒞* 924229, Fax 913023, ≤ – ▯ 🆃🆅 ☎. 🕄 🕄 E 𝘝𝘐𝘚𝘈. 🕱 rist
marzo-novembre – **Pasto** *(chiuso venerdì)* carta 44/68000 – ⊊ 12000 – **34 cam** 90/100000 –
½ P 90/100000.

🏨 **David**, via Roma 56 *𝒞* 920182, Fax 920182 – ▯ 🆃🆅 ᯤ ᯤ 🅟. 🕄 🕄 ⓞ E 𝘝𝘐𝘚𝘈. 🕱
chiuso dicembre – **Pasto** *(chiuso lunedì)* carta 37/66000 – ⊊ 12000 – **13 cam** 85/110000 –
½ P 100000.

🍴🍴 **La Biscia**, piazza De Cristoforis 1 *𝒞* 924435, 🍽 – 🕄 🕄 ⓞ E 𝘝𝘐𝘚𝘈 🗾🗾
chiuso lunedì e novembre – **Pasto** carta 55/103000.

a Lisanza NO : 3 km – ✉ 21018 Sesto Calende :

🍴🍴🍴 ✿ **Da Mosè**, *𝒞* 977210, Fax 977210, prenotare – 🅟. 🕄 🕄 ⓞ E 𝘝𝘐𝘚𝘈. 🕱
*chiuso da gennaio al 10 febbraio, lunedì, martedì e in agosto anche a mezzogiorno (escluso
domenica)* – **Pasto** carta 56/98000 (10 %)
Spec. Tortino al raschera e funghi (settembre-dicembre), Gnocchetti di patate alle vongole veraci, Bocconcini di
lombata d'agnello con sfoglie di patate dorate al timo.

SESTOLA 41029 Modena 🤨🤨🤨 ⑭, 🤨🤨🤨 🤨🤨🤨 🤨🤨🤨 J 14 – 2 757 ab. alt. 1 020 – a.s. febbraio-
15 marzo, 15 luglio-agosto e Natale – Sport invernali : 1 020/2 000 m ⚡1 ⚡20, ⚡ – ✪ 0536.

🅱 piazza Pier Maria Passerini 18 *𝒞* 62324, Fax 61621.

Roma 387 – ♦Bologna 90 – ♦Firenze 113 – Lucca 99 – ♦Milano 240 – ♦Modena 71 – Pistoia 77.

🏨 **Tirolo** ⤏, *𝒞* 62523, ≤, 🐎, 🕱 – ☎ 🅟. 🕄 𝘝𝘐𝘚𝘈. 🕱
23 dicembre-15 aprile e 15 giugno-15 settembre – **Pasto** 25/35000 – ⊊ 12000 – **39 cam**
50/85000 – ½ P 53/80000.

🏨 **Capriolo**, *𝒞* 62325, ≤ – ☎ 🅟. 🕄 𝘝𝘐𝘚𝘈. 🕱
dicembre-aprile e luglio-agosto – **Pasto** 25/35000 – ⊊ 10000 – **26 cam** 80/120000 –
½ P 60/100000.

🏨 **Nuovo Parco**, *𝒞* 62322, ≤, « Giardino » – ☎ 🅟. 🕱
chiuso maggio ed ottobre – **Pasto** 25/35000 – ⊊ 8000 – **39 cam** 60/80000 – P 60/85000.

🍴🍴 **San Rocco** con cam, *𝒞* 62382, Coperti limitati; prenotare – 🆃🆅 ☎. 🕄 🕄 ⓞ E 𝘝𝘐𝘚𝘈 🗾🗾.
🕱
dicembre-aprile e luglio-settembre – **Pasto** *(chiuso lunedì)* carta 45/70000 – ⊊ 15000 –
9 cam 70/105000 – ½ P 85/95000.

🍴 **Il Faggio**, *𝒞* 61566 – 🕄 🕄 ⓞ E 𝘝𝘐𝘚𝘈. 🕱
chiuso lunedì e giugno – **Pasto** carta 40/55000.

SESTO SAN GIOVANNI 20099 Milano 🤨🤨🤨 F 9 – 86 711 ab. alt. 137 – ✪ 02.

Roma 565 – ♦Bergamo 43 – ♦Milano 9.

🏨 **Abacus** senza rist, via Monte Grappa 39 *𝒞* 26225858, Fax 26225860, 🅣s, 🔲 – ▯ ▤ 🆃🆅 ☎
🕭 🅟 – 🔬 35. 🕄 🕄 ⓞ E 𝘝𝘐𝘚𝘈. 🕱
chiuso Natale ed agosto – **84 cam** ⊊ 200/270000, 2 appartamenti.

SESTRIERE 10058 Torino 🤨🤨🤨 ⑪, 🤨🤨🤨 H 2 – 798 ab. alt. 2 033 – a.s. 6 febbraio-6 marzo, Pasqua
e Natale – Sport invernali : 2 033/2 823 m ⚡1 ⚡22, ⚡ – ✪ 0122.

🕞 (15 giugno-15 settembre) *𝒞* 755170, Fax 76294.

🅱 piazza Agnelli 11 *𝒞* 755444, Fax 755171.

Roma 750 – Briançon 32 – Cuneo 118 – ♦Milano 240 – ♦Torino 93.

🏨🏨 **Gd H. Principi di Piemonte** ⤏, via Sauze *𝒞* 7941, Fax 755411, ≤, 🅣s – ▯ 🆃🆅 ☎ ⇔ 🅟
– 🔬 70. 🕄 🕄 ⓞ E 𝘝𝘐𝘚𝘈. 🕱 rist
dicembre-aprile e luglio-agosto – **Pasto** carta 55/86000 – **94 cam** ⊊ 180/360000 – ½ P 180/
230000.

🏨🏨 **Gd H. Sestriere**, via Assietta 1 *𝒞* 76476, Fax 76700, ≤ – ▯ 🆃🆅 ☎ ⇔ 🅟
stagionale – **93 cam.**

🏨🏨 **Du Col**, via Pinerolo 12 *𝒞* 755200, Fax 755473 – ▯ 🆃🆅 ☎ ᯤ
stagionale – **71 cam.**

🏨 **Miramonti,** via Cesana 3 ℰ 755333, Fax 755375, ≼ – 🛎 🖭 ☎ ₺, ⇌, 🗲 🕥 **E** 𝗩𝗜𝗦𝗔, ⋘ rist
Pasto 30/50000 – ⇲ 12000 – **30 cam** 150/160000 – ½ P 85/140000.

🏨 **Belvedere,** ℰ 77091, Fax 76299, 😅 – 🛎 🖭 ☎ ⇌ 🅿 🗲 🕥 **E** 𝗩𝗜𝗦𝗔, ⋘ rist
chiuso ottobre – **Pasto** (dicembre-aprile e luglio-settembre) 30/35000 – ⇲ 10000 – **33 cam**
150/200000 – ½ P 85/115000.

🏠 **Olimpic,** via Monterotto 9 ℰ 77344, Fax 76133 – 🖭 ☎ 🗲 **E** 𝗩𝗜𝗦𝗔, ⋘ rist
dicembre-aprile e luglio-25 agosto – **Pasto** 25/35000 – ⇲ 10000 – **28 cam** 100/140000 –
½ P 80/130000.

✗✗ **Tre Rubinetti,** piazza Agnelli 4/b ℰ 77397 – 𝗔𝗘 🗲 🕥 **E** 𝗩𝗜𝗦𝗔
novembre-aprile e giugno-15 settembre; chiuso a mezzogiorno escluso i giorni festivi –
Pasto 25/35000 (a mezzogiorno) 35/55000 (alla sera) e carta 47/72000.

✗✗ **Last Tango,** via La Glesia 5/a ℰ 76337, Coperti limitati; prenotare – 🗲 🕥 𝗩𝗜𝗦𝗔
chiuso dal 4 al 30 novembre e martedì in bassa stagione – **Pasto** carta 42/70000.

a Champlas-Janvier SO : 5 km – ✉ **10058** Sestriere :

✗ **Du Grand Père,** ℰ 755970, Coperti limitati; prenotare – 🗲 **E** 𝗩𝗜𝗦𝗔, ⋘
dicembre-aprile e giugno-settembre; chiuso martedì – **Pasto** carta 34/54000.

SESTRI LEVANTE **16039** Genova 𝟵𝟴𝟴 ⑬, 𝟰𝟮𝟴 J 10 – 20 472 ab. – 🕙 0185.

🖪 viale 20 Settembre 33 ℰ 41422.

Roma 457 – ◆Genova 50 – ◆Milano 183 – Portofino 34 – ◆La Spezia 59.

🏨 **Gd H. Villa Balbi,** viale Rimembranza 1 ℰ 42941, Fax 482459, 😅, « Parco-giardino con
⛴ riscaldata », ﹨₌ – 🛎 🖭 ☎ 🅿 – 🔬 30 a 80. 𝗔𝗘 🗲 🕥 **E** 𝗩𝗜𝗦𝗔, ⋘
12 aprile-settembre – **Pasto** 65/75000 – **92 cam** ⇲ 165/260000 – ½ P 150/200000.

🏨 **Miramare** ﹨, via Cappellini 9 ℰ 480855, Fax 41055, ≼ baia del Silenzio, ﹨₌ – 🛎 🖭 ☎
⇌ – 🔬 40 a 80. 𝗔𝗘 🗲 **E** 𝗩𝗜𝗦𝗔, ⋘
Pasto 60000 – **31 cam** ⇲ 175/280000 – ½ P 180/200000.

🏨 **Vis à Vis** ﹨, via della Chiusa 28 ℰ 42661, Fax 480853, ≼ mare e città, ⛴ riscaldata, 😅 –
🛎 🗏 🖭 ☎ 🅿 – 🔬 180. 𝗔𝗘 🗲 🕥 **E** 𝗩𝗜𝗦𝗔, ⋘ rist
chiuso dal 20 novembre al 20 dicembre – **Pasto** 60/80000 – **47 cam** ⇲ 160/230000,
⇲ 10000 – ½ P 140/180000.

🏨 **Due Mari,** vico del Coro 18 ℰ 42695, Fax 42698, ≼, 😅 – 🛎 🖭 ☎ – 🔬 50. 🗲 **E** 𝗩𝗜𝗦𝗔,
⋘ rist
chiuso da novembre al 21 dicembre – **Pasto** 40/50000 – ⇲ 12500 – **26 cam** 100/125000 –
½ P 80/110000.

🏨 **Helvetia** ﹨, senza rist, via Cappuccini 43 ℰ 41175, Fax 47216, ≼ baia del Silenzio,
« Terrazze-giardino fiorite », ﹨₌ – 🛎 🖭 ☎ ⇌. 🗲 **E** 𝗩𝗜𝗦𝗔
marzo-ottobre – **28 cam** ⇲ 130/180000.

🏠 **Sereno** ﹨, via Val di Canepa 96 ℰ 43303, Fax 43303 – 🖭 ☎. 𝗔𝗘 🗲 🕥 **E** 𝗩𝗜𝗦𝗔 𝗝𝗖𝗕, ⋘ rist
Pasto 35000 – ⇲ 10000 – **10 cam** 110000 – ½ P 68/80000.

✗✗ **El Pescador,** al porto ℰ 42888, Fax 41491, ≼

✗✗ **Santi's,** viale Rimembranza 46 ℰ 485019 – 𝗔𝗘 🗲 🕥 **E** 𝗩𝗜𝗦𝗔
chiuso lunedì e novembre – **Pasto** carta 44/75000.

✗✗ **San Marco,** non cam, al porto ℰ 41459, ≼, 😅 – 🗲 🕥 **E** 𝗩𝗜𝗦𝗔 𝗝𝗖𝗕
chiuso mercoledì (in agosto solo a mezzogiorno), dal 1° al 15 febbraio e dal 15 al
30 novembre – **Pasto** carta 39/67000.

✗✗ **Mira** con cam, viale Rimembranze 15 ℰ 41576, Fax 41576 – 🛎 🖭 ☎
chiuso novembre – **Pasto** (chiuso mercoledì da ottobre a marzo) carta 44/70000 – ⇲ 15000
– **18 cam** 100/130000 – ½ P 90/115000.

a Riva Trigoso SE : 2 km – ✉ **16037** :

✗✗ ✿ **Fiammenghilla Fieschi,** località Trigoso via Pestella 6 ℰ 481041, Coperti limitati;
prenotare, 😅 – 🅿 – 🔬 25. 𝗔𝗘 🗲 🕥 **E** 𝗩𝗜𝗦𝗔
chiuso a mezzogiorno (escluso i giorni festivi), lunedì, dal 23 gennaio al 6 febbraio e dal
23 ottobre al 6 novembre – **Pasto** carta 53/87000
Spec. Scampetti e verdure in pastella, Totanetti ripieni di verdure (primavera), Spigola al forno con pinoli e olive.

✗✗ **Asseü,** via G. B. da Ponzerone 2-strada per Moneglia ℰ 42342, ≼, « Servizio estivo in
terrazza sul mare » – 🅿. 🗲 **E** 𝗩𝗜𝗦𝗔
chiuso mercoledì e novembre – **Pasto** carta 46/75000.

SESTRI PONENTE Genova – Vedere Genova.

SETTEQUERCE (SIEBENEICH) Bolzano 𝟮𝟭𝟴 ⑳ – alt. 264 – ✉ **39018** Terlano – 🕙 0471.

Roma 643 – ◆Bolzano 6 – Merano 22 – ◆Milano 300 – Trento 59.

🏠 **Greifenstein** senza rist, ℰ 918451, ⛴, 😅 – ☜ 🅿. 🗲 **E** 𝗩𝗜𝗦𝗔, ⋘
10 marzo-10 novembre – **12 cam** ⇲ 58/100000.

✗ **Patauner,** ℰ 918502, 😅 – 🅿. 🗲 **E** 𝗩𝗜𝗦𝗔
chiuso giovedì, dal 1° al 20 febbraio e dal 5 al 20 luglio – **Pasto** carta 28/45000.

Lesen Sie die Einleitung, sie ist der Schlüssel zu diesem Führer.

Roma 586 – ◆Milano 13 – Novara 43 – Pavia 45 – Varese 51.

X **Olonella,** via Gramsci 3 ℰ 32812672, Fax 3281267, 😤 – **ⓟ**. 🎟 🕄 ⓞ 🗉 𝖵𝖨𝖲𝖠. ⍅
chiuso sabato ed agosto – **Pasto** carta 32/62000.

Roma 698 – ◆Torino 12 – Aosta 109 – ◆Milano 132 – Novara 86 – Vercelli 62.

Pianta d'insieme di Torino (Torino p. 3)

XX **Trattoria Tipica Boschetti,** via Leinì 17 ℰ 8972373, prenotare la sera – 🗐. 🕄 🗉 𝖵𝖨𝖲𝖠
JCB   per via Torino HT
chiuso sabato sera, domenica ed agosto – **Pasto** carta 29/52000.

sull'autostrada al bivio A4 - A5 O : 5 km :

🏨 **Forte Agip,** ⊠ 10036 ℰ 8977966, Telex 214546, Fax 8977371 – 🛗 ❖ cam 🗐 📺 ☎ **ⓟ** –
🕍 30 a 60. 🎟 🕄 ⓞ 🗉 𝖵𝖨𝖲𝖠 JCB. ⍅ rist   HT **n**
Pasto 35000 – **100 cam** ⊇ 169/199000 – ½ P 150/219000.

Roma 693 – Aosta 56 – Ivrea 10 – ◆Milano 125 – Novara 79 – ◆Torino 59.

XX Prà Giulì, località Campiglie NE : 5 km ℰ 758222, prenotare – **ⓟ**

XX **Gambino** con cam, strada statale S : 1 km ℰ 658429, ≤, 😤, ☞ – 📺 ☎ **ⓟ**. 🎟 🕄 🗉 𝖵𝖨𝖲𝖠
Pasto (chiuso lunedì) carta 28/42000 – ⊇ 7000 – **8 cam** 60/75000 – ½ P 60000.

X **Locanda dell'Angelo,** via Marconi 6 ℰ 658453, 😤 – 🎟 🕄 🗉 𝖵𝖨𝖲𝖠
chiuso mercoledì e luglio – **Pasto** carta 27/59000.

X **La Baracca,** località Cornaley NE : 4 km ℰ 658109, ≤, 😤, ☞ – **ⓟ**. 🎟 🕄 ⓞ 🗉 𝖵𝖨𝖲𝖠. ⍅
chiuso lunedì e dal 15 gennaio al 15 febbraio – **Pasto** carta 31/57000.

Roma 595 – Como 22 – ◆Milano 21 – Monza 15 – Varese 41.

XX **Osteria delle Bocce,** piazza Verdi 7 ℰ 502282, 😤 – 🎟 🕄 🗉 𝖵𝖨𝖲𝖠. ⍅
chiuso lunedì, sabato a mezzogiorno e dal 1° al 20 agosto – **Pasto** carta 52/73000.

Roma 488 – Cosenza 73 – Potenza 186 – Taranto 126.

ai Laghi di Sibari SE : 7 km :

🏨 **Oleandro** ⍏, ℰ 79141, 😤 – 📺 ☎ **ⓟ**. 🎟 🕄 ⓞ 🗉 𝖵𝖨𝖲𝖠. ⍅
Pasto carta 29/43000 – **23 cam** ⊇ 75/100000 – ½ P 75/80000.

Roma 697 – Catanzaro 93 – Crotone 144 – ◆Reggio di Calabria 103.

🏨 **Gd H. President,** strada statale 106 (SO : 2 km) ℰ 343191, Telex 890020, Fax 342746, ≤,
🏊, 🦀, ☞, ✖ – 🛗 🗐 📺 ☎ **ⓟ** – 🕍 400. 🎟 🕄 ⓞ 🗉 𝖵𝖨𝖲𝖠. ⍅
Pasto carta 38/50000 – **110 cam** ⊇ 110/180000, 15 appartamenti 170/280000, 🗐 10000 –
½ P 63/117000.

Vedere Piazza del Campo★★★ BZ : palazzo Pubblico★★★ H, ⍍★★ dalla Torre del Mangia –
Duomo★★★ AZ – Museo dell'Opera del Duomo★★ ABZ **M1** – Battistero di San Giovanni★ : fonte
battesimale★★ AZ **V** – Palazzo Buonsignori★ : pinacoteca★★ BZ – Via di Città★ BZ –
Via Banchi di Sopra★ BYZ – Piazza Salimbeni★ BY – Basilica di San Domenico★ : tabernacolo★
di Giovanni di Stefano e affreschi★ del Sodoma AYZ – Adorazione del Crocifisso★ del
Perugino, opere★ di Ambrogio Lorenzetti, Matteo di Giovanni e Sodoma nella chiesa di
Sant'Agostino BZ.

🛈 piazza del Campo 56 ℰ 280551, Fax 270676.

A.C.I. viale Vittorio Veneto 47 ℰ 49001.

Roma 230 ② – ◆Firenze 68 ⑤ – ◆Livorno 116 ⑤ – ◆Milano 363 ⑤ – ◆Perugia 107 ② – Pisa 106 ⑤.

Pianta pagina seguente

🏨 **Park Hotel Siena** ⍏, via di Marciano 18 ℰ 44803, Telex 571005, Fax 49020, ≤, 😤,
« Costruzione del 15° secolo in un parco », 🏊, ✖ – 🛗 🗐 📺 ☎ 🕭 **ⓟ** – 🕍 100. 🎟 🕄 ⓞ
🗉 𝖵𝖨𝖲𝖠. ⍅ rist   V **a**
Pasto (chiuso mercoledì) carta 60/95000 – ⊇ 25000 – **69 cam** 360/415000, 2 appartamenti
– ½ P 309000.

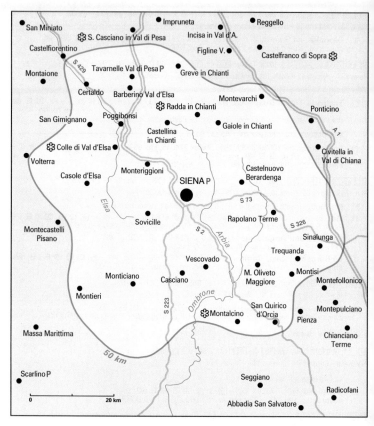

🏨🏨 **Certosa di Maggiano** ⚫, strada di Certosa 82 ℰ 288180, Fax 288189, ≤, 🌤,
« Certosa del 14° secolo; giardino con 🏊 riscaldata », ✗ – 🔲 📺 ☎ 🄿. ⒶⒺ 🄱 ⓪ Ⓔ 𝚅𝙸𝚂𝙰.
✗ rist
X **m**
Pasto carta 80/120000 – **6 cam** 🖃 450/500000, 9 appartamenti 620/820000 – ½ P 385/
530000.

🏨🏨 **Jolly Excelsior,** piazza La Lizza 1 ℰ 288448, Telex 573345, Fax 41272, ≤ – 🛗 🔲 📺 ☎ –
🔺 30 a 220. ⒶⒺ 🄱 ⓪ Ⓔ 𝚅𝙸𝚂𝙰 𝙹𝙲𝙱. ✗ rist
AY **a**
Pasto 52/60000 – **123 cam** 🖃 260/360000, 3 appartamenti – ½ P 280/345000.

🏨🏨 **Villa Scacciapensieri** ⚫, via di Scacciapensieri 10 ℰ 41441, Fax 270854, « Servizio
rist. estivo in giardino fiorito e parco con ≤ città e colli », 🏊, ✗ – 🛗 🔲 📺 ☎ ♿ 🄿 –
🔺 40. ⒶⒺ 🄱 ⓪ Ⓔ 𝚅𝙸𝚂𝙰. ✗ rist
V **k**
chiuso da gennaio al 14 marzo – **Pasto** (chiuso mercoledì) carta 55/80000 – **29 cam**
🖃 200/310000, 2 appartamenti – ½ P 210/255000.

🏨🏨 **Gd H. Villa Patrizia** ⚫, via Fiorentina 58 ℰ 50431, Telex 574366, Fax 50431, ≤, 🌤,
« Parco », 🏊, ✗ – 🛗 🔲 📺 ☎ ♿ 🄿 – 🔺 150. ⒶⒺ 🄱 ⓪ Ⓔ 𝚅𝙸𝚂𝙰. ✗ rist
V **d**
Pasto (novembre-febbraio) 50000 – **33 cam** 🖃 200/290000 – ½ P 190000.

🏨🏨 **Executive** senza rist, via Orlandi 32 ℰ 333173, Telex 572163, Fax 333178 – 🛗 🔲 📺 ☎ 🄿
– 🔺 150. ⒶⒺ 🄱 ⓪ Ⓔ 𝚅𝙸𝚂𝙰
V **f**
🖃 35000 – **73 cam** 190/250000.

🏨 **Garden,** via Custoza 2 ℰ 47056, Telex 574239, Fax 46050, 🌤, « Parco », 🏊 – 🛗 🔲 📺 ☎
🄿 – 🔺 50 a 400. ⒶⒺ 🄱 ⓪ Ⓔ 𝚅𝙸𝚂𝙰 𝙹𝙲𝙱. ✗ rist
V **b**
Pasto 25/42000 – 🖃 17000 – **136 cam** 83/115000, 🛏 55000 – ½ P 115/120000.

🏨 **Villa Liberty** senza rist, viale Vittorio Veneto 11 ℰ 44966 – 🛗 🔲 📺 ☎. ⒶⒺ 🄱 ⓪ 𝚅𝙸𝚂𝙰. ✗
12 cam 🖃 107/181000, 🛏 10000.
VX **b**

🏨 **Castagneto** ⚫ senza rist, via dei Cappuccini 39 ℰ 45103, Fax 283266, ≤ città e colli, 🌤
– 📺 ☎ 🄿. ✗
X **r**
15 marzo-novembre – 🖃 13000 – **11 cam** 75/140000.

594

SIENA

Circolazione regolamentata
nel centro città

PIANTA D'INSIEME

🏨 **Santa Caterina** senza rist, via Piccolomini 7 ℰ 221105, Fax 271087, « Giardino » – ▤ ☎.
ᴬᴱ 𝕊 ⓪ 𝚅𝙸𝚂𝘼   X a
chiuso dall'8 gennaio al 7 marzo – ⌺ 15000 – **19 cam** 125/150000.

🏨 **Palazzo Ravizza,** Piano dei Mantellini 34 ℰ 280462, Fax 271370, « Costruzione del
17° secolo con giardino » – 📶 ☎. ᴬᴱ 𝕊 ⓪ 𝙴 𝚅𝙸𝚂𝘼   AZ v
Pasto (solo per clienti alloggiati; *chiuso a mezzogiorno e da gennaio a marzo)* 38000 –
30 cam ⌺ 214000, 3 appartamenti – ½ P 120/145000.

🏠 **Minerva** senza rist, via Garibaldi 72 ℰ 284474, Fax 284474, ≼ – 📶 ᵀᵛ ☎ ᵹ. ◁▷. ᴬᴱ 𝕊 ⓪
𝙴 𝚅𝙸𝚂𝘼 ⅍   BY s
⌺ 10000 – **49 cam** 77/110000.

🏠 **Arcobaleno,** via Fiorentina 32/40 ℰ 271092, Fax 271423, 🌲, 🚗 – ▤ ᵀᵛ ☎ ℗. ᴬᴱ 𝕊 ⓪
𝙴 𝚅𝙸𝚂𝘼 ⅍   V x
Pasto carta 30/52000 – ⌺ 12000 – **12 cam** 80/110000 – ½ P 110000.

🏠 **Duomo** senza rist, via Stalloreggi 38 ℰ 289088, Fax 43043, ≼ – 📶 ᵀᵛ ☎. ᴬᴱ 𝕊 ⓪ 𝙴 𝚅𝙸𝚂𝘼
𝙹𝙲𝙱   AZ e
23 cam ⌺ 115/157000.

🏠 **Antica Torre** senza rist, via Fieravecchia 7 ℰ 222255, Fax 222255 – ☎. ᴬᴱ 𝕊 𝙴 𝚅𝙸𝚂𝘼 ⅍
⌺ 12000 – **8 cam** 85/130000.   BZ c

XXX **Al Marsili,** via del Castoro 3 ℰ 47154, Fax 47338, « In un edificio d'origine
quattrocentesca » – ▤. ᴬᴱ 𝕊 𝙴 𝚅𝙸𝚂𝘼 𝙹𝙲𝙱. ⅍   BZ a
chiuso lunedì – **Pasto** carta 38/55000 (15%).

XX **Antica Trattoria Botteganova,** via Chiantigiana 29 ℰ 284230, Coperti limitati; preno-
tare – ▤ ℗. ᴬᴱ 𝕊 ⓪ 𝙴 𝚅𝙸𝚂𝘼 𝙹𝙲𝙱. ⅍   V g
chiuso domenica, lunedì a mezzogiorno, dal 1° al 10 gennaio e dal 1° al 10 agosto – **Pasto**
carta 42/62000 (12%).

XX **Al Mangia,** piazza del Campo 42 ℰ 281121, Fax 43997, ≼ piazza, 🌲 – ᴬᴱ 𝕊 ⓪ 𝙴 𝚅𝙸𝚂𝘼
𝙹𝙲𝙱   BZ u
chiuso febbraio e lunedì (escluso da aprile al 5 novembre) – **Pasto** carta 43/63000.

XX **Guido,** vicolo Pier Pettinaio 7 ℰ 280042 – ᴬᴱ 𝕊 ⓪ 𝙴 𝚅𝙸𝚂𝘼 𝙹𝙲𝙱. ⅍   BZ n
chiuso mercoledì – **Pasto** carta 32/53000 (10%).

XX **Il Biondo,** via del Rustichetto 10 ℰ 280739, Fax 280739, 🌲 – ᴬᴱ 𝕊 ⓪ 𝙴 𝚅𝙸𝚂𝘼   AY c
chiuso mercoledì, dal 7 al 31 gennaio e dal 5 al 13 luglio – **Pasto** carta 40/67000 (12%).

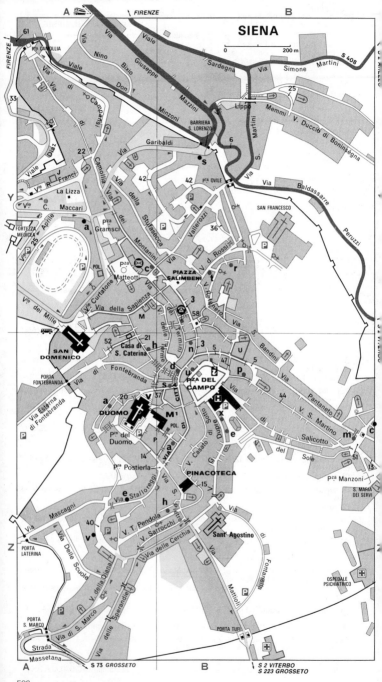

SIENA

0   200 m

FIRENZE

A   B

Via   Viale   Sardegna   Via   Simone   Martini   S 408

Via   Nino   Giuseppe   Mazzini

Via   di   Bixio

Via   Don   Minzoni

BARRIERA
S. LORENZO

Lippo   Memmi   V. Duccio di Boninsegna

Via   Garibaldi

S. Martini

Via   Baldassarre   Peruzzi

P.ta OVILE

SAN FRANCESCO

Via   Camollia   Via   della   Stufasecca

Viale   F. Franci

La Lizza

Viale   C. Maccari

P.za   Gramsci

Via   Aprile

FORTEZZA
MEDICEA

Viale   25

Via della Sapienza   Montanini

V.le   Curtatone

P.za   Matteotti

PIAZZA
SALIMBENI

Via   V. d. Rossi

Viale   dei   Mille

V.le   Vallerozzi

Via   Rinaldini

S.   Bandini

SAN
DOMENICO

PORTA
FONTEBRANDA

Casa di
S. Caterina

Via   Esterna
di Fontebranda

Via   di   Fontebranda

Via   delle   Terme

CITTÀ

P.za DEL
CAMPO

DUOMO

P.za del
Duomo

M¹

POL.

V. di Città

Via di Diacceto

V. S. Martino

Via   Pantaneto

Salicotto

del   Sole

P.za Manzoni

S. MARIA
DEI SERVI

PORTA
LATERINA

Via   Mascagni

Via   Delle   Scuole

V. della Diana

P.za Postierla

Via   Stalloreggi

V. T. Pendola

V. Sarrocchi

Via   delle   Cerchia

PINACOTECA

Sant'Agostino

Via   di   Fontanella

OSPEDALE
PSICHIATRICO

PORTA
S. MARCO

Via di S. Marco

Via   delle   Speranelle

Strada

Massetana   S 73 GROSSETO

PORTA TUFI

A   B   S 2 VITERBO
S 223 GROSSETO

Y

Z

596

XX **Mariotti-da Mugolone,** via dei Pellegrini 8 ℰ 283235 – 🖭 🖹 ⓞ 𝘝𝘐𝘚𝘈. ⅍   BZ **s**
   chiuso giovedì e dal 15 luglio al 1° agosto – **Pasto** carta 33/51000 (12%).

XX **Medio Evo,** via dei Rossi 40 ℰ 280315, Fax 45376, « In un antico palazzo dell'11°
   secolo » – 🔬 50. 🖭 🖹 ⓞ 𝐄 𝘝𝘐𝘚𝘈. ⅍   BY **t**
   chiuso giovedì e gennaio – **Pasto** carta 35/55000 (15%).

X **Da Divo,** via Franciosa 25 ℰ 286054, « In cantine medioevali con volte di tufo » – 🗏. 🖹
   𝐄 𝘝𝘐𝘚𝘈. ⅍   AZ **a**
   chiuso domenica escluso da aprile ad ottobre – **Pasto** carta 35/45000 (10%).

X **Il Ghibellino,** via dei Pellegrini 26 ℰ 288079 – 🖭 🖹 ⓞ 𝐄 𝘝𝘐𝘚𝘈 ⅍   BZ **d**
   chiuso lunedì – **Pasto** carta 29/38000 (10%).

X **La Finestra,** piazza del Mercato 14 ℰ 42093, ☆ – 🖭 🖹 ⓞ 𝐄 𝘝𝘐𝘚𝘈   BZ **x**
   chiuso domenica – **Pasto** carta 33/46000 (10%).

X **Antica Trattoria Papei,** piazza del Mercato 6 ℰ 280894, ☆ – 🖹 𝐄 𝘝𝘐𝘚𝘈   BZ **e**
   chiuso lunedì – Pasto carta 30/42000.

X **Il Giuggiolo,** via Massetana 30 ℰ 284295 – 🖹 𝐄 𝘝𝘐𝘚𝘈. ⅍   X **c**
   chiuso mercoledì ed agosto – Pasto carta 30/40000 (10%).

X **Osteria le Logge,** via del Porrione 33 ℰ 48013 – 🖹 ⓞ 𝐄 𝘝𝘐𝘚𝘈   BZ **p**
   chiuso domenica e i giorni festivi – carta 42/56000 (10%).

X **Osteria Castelvecchio,** via Castelvecchio 65 ℰ 49586 – 🖭 🖹 𝐄 𝘝𝘐𝘚𝘈   BZ **h**
   chiuso martedì – Pasto carta 32/45000.

X **Cane e Gatto,** via Pagliaresi 6 ℰ 287545, Fax 270227, Coperti limitati; solo su prenota-
   zione a mezzogiorno – 🖭 🖹 ⓞ 𝐄 𝘝𝘐𝘚𝘈   BZ **m**
   chiuso giovedì – **Pasto** (menu suggeriti dal proprietario) carta 48/65000.

X **Tullio ai Tre Cristi,** vicolo di Provenzano 1 ℰ 280608 – 🗏. ⅍   BY **r**
   chiuso venerdì e gennaio – **Pasto** carta 35/50000 (12%).

X **Grotta Santa Caterina-da Bagoga,** via della Galluzza 26 ℰ 282208, Fax 271179 – 🖭 🖹
   𝐄 𝘝𝘐𝘚𝘈   AZ **h**
   chiuso domenica sera, lunedì e dal 20 al 30 luglio – **Pasto** carta 30/44000 (10%).

   a Vagliagli NE : 11,5 km per S 222 V – ⊠ **53019** :

X **La Taverna del Chianti,** ℰ 322532, Fax 322757, ☆, Coperti limitati; prenotare – 🖭 🖹
   ⓞ 𝐄 𝘝𝘐𝘚𝘈. ⅍
   chiuso lunedì, martedì a mezzogiorno e dal 7 gennaio al 10 febbraio – **Pasto** carta 30/45000.

   a Quercegrossa N : 8 km per S 222 V – ⊠ **53010** :

🏨 **Villa Gloria** ⑊ senza rist, S : 0,5 km ℰ 327103, Fax 327004, ≤ colli, ⅃, 🌳 – ☎ ⓟ. 🖭 🖹
   ⓞ 𝐄 𝘝𝘐𝘚𝘈
   chiuso novembre – **12 cam** ⊆ 130/160000.

SILANDRO (SCHLANDERS) 39028 Bolzano ⁹⁸⁸ ④, ⁴²⁸ ⁴²⁹ C 14 – 5 375 ab. alt. 721 – ✪ 0473.
🛈 via Cappuccini 10 ℰ 730155, Fax 621615.
Roma 699 – ◆Bolzano 62 – Merano 34 – ◆Milano 272 – Passo di Resia 45 – Trento 120.

🏨 **Vier Jahreszeiten,** ℰ 621400, Fax 621533, ≤, 🏋, ≘s, ⅃, 🌳, ⅍ – 🛗 🗏 rist 📺 ☎ 🕭
   🚡 ⓟ – 🔬 40. ⅍ rist
   11 marzo-17 novembre e 16 dicembre-13 gennaio – **Pasto** (solo per clienti alloggiati e
   chiuso a mezzogiorno) 58/78000 – **45 cam** ⊆ 248/496000. 2 appartamenti – ½P 156/
   228000.

   a Vezzano (Vezzan) E : 4 km – ⊠ **39028** Silandro :

🏨 **Sporthotel Vetzan** ⑊, ℰ 742525, Fax 742467, ≤, 🏋, ≘s, ⅃, 🌳, ⅍ – 🛗 📺 ☎ 🚡. 𝐄
   𝘝𝘐𝘚𝘈 ⅍ rist
   Pasqua-ottobre – **Pasto** (solo per clienti alloggiati e *chiuso a mezzogiorno*) 35/55000 –
   20 cam ⊆ 96/172000 – ½P 100/125000.

SILEA 31057 Treviso ⁴²⁹ F 18 – 8 672 ab. alt. 7 – ✪ 0422.
Roma 541 – ◆Venezia 26 – ◆Padova 50 – Treviso 5.

XX **Da Dino,** via Lanzaghe 17 ℰ 360765, prenotare – ⓟ. ⅍
   chiuso martedì sera, mercoledì, dal 24 al 31 dicembre e dal 1° al 20 agosto – **Pasto**
   carta 33/46000.

SILVI MARINA 64029 Teramo ⁹⁸⁸ ㉗, ⁴³⁰ O 24 – 12 791 ab. – a.s. luglio-agosto – ✪ 085.
Dintorni Atri : Cattedrale★★ NO : 11 km – Paesaggio★★ (Bolge), NO : 12 km.
🛈 lungomare Garibaldi 158 ℰ 930343, Fax 930026.
Roma 216 – ◆Pescara 19 – L'Aquila 114 – Ascoli Piceno 77 – Teramo 45.

🏨 **Mion,** via Garibaldi 22 ℰ 9350935, Fax 9350864, ≤, « Servizio rist. estivo in terrazza
   fiorita », 🏖, – 🛗 📺 ☎ 🚡 ⓟ. 🖭 🖹 ⓞ 𝐄 𝘝𝘐𝘚𝘈 ⅍
   maggio-settembre – **Pasto** carta 50/68000 – **64 cam** ⊆ 110/180000 – ½P 140/165000.

🏨 **Parco delle Rose,** via Garibaldi 36 ℰ 9350989, Fax 9350987, ≤, ⅃, 🏖, 🌳 – 🛗 📺 ☎
   ⓟ. 🖭 🖹 ⓞ 𝐄 𝘝𝘐𝘚𝘈 ⅍
   27 maggio-9 settembre – **Pasto** 35/45000 – **63 cam** ⊆ 120/150000, 10 appartamenti –
   ½P 120/135000.

- **Miramare,** via Garibaldi 90 ℰ 930235, Fax 9351533, ≤, ⚓, 🛶, ☞ – 🛃 ☎. ﾃﾞ 🅱 ➊ Ｅ *VISA*
  aprile-settembre – **Pasto** carta 25/32000 – ☷ 7500 – **55 cam** 50/80000 – ½ P 80/100000.

- **Florida,** via La Marmora ℰ 930153, Fax 9350252, ⚓ – 🆃🆅 ☎ ⇔ ➋. ﾃﾞ. ⅏ rist
  Pasto 35000 – ☷ 6000 – **18 cam** 52/80000 – P 70/88000.

- XX **Asplenio,** via Roma 310 ℰ 9352446, ⊕ – ﾃﾞ 🅱 *VISA*
  chiuso mercoledì – **Pasto** carta 33/55000.

  a Silvi Paese NO : 5,5 km – alt. 242 – ✉ **64028** :

- XX **Vecchia Silvi,** ℰ 930141, Fax 9353880, ⊕ – ➋ – 🍴 80. ﾃﾞ 🅱 ➊ Ｅ *VISA*. ⅏
  chiuso martedì escluso da giugno a settembre – **Pasto** carta 29/47000.

SINALUNGA **53048** Siena 🗺️⑲, 🗺️M 17 – 11 587 ab. alt. 365 – ✪ 0577.

Roma 188 – Siena 45 – Arezzo 44 – ✦Firenze 103 – ✦Perugia 65.

- **Da Santorotto,** E : 1 km ℰ 679012 – 🆃🆅 ☎ ⊛ ➋. 🅱 Ｅ *VISA*. ⅏ rist
  Pasto (solo per clienti alloggiati) 22/26000 – ☷ 5000 – **22 cam** 45/75000 – ½ P 64/66000.

- XXX **Locanda dell'Amorosa** ⅏, con cam, S : 2 km ℰ 679497, Fax 678216, ⊕, prenotare,
  « In un'antica fattoria », ☞ – 🔲 cam 🆃🆅 ☎ ➋ – 🍴 80. ﾃﾞ 🅱 ➊ Ｅ *VISA*. ⅏ rist
  Pasto (chiuso lunedì, martedì a mezzogiorno e dall'11 gennaio a febbraio) 60/85000 e
  carta 64/99000 – **12 cam** ☷ 260/380000, 4 appartamenti – ½ P 280000.

  a Bettolle E : 6,5 km – ✉ **53040** :

- X **Al Cacciatore** con cam, ℰ 624192, Fax 623448 – 🆃🆅 ☎ ➋. ﾃﾞ 🅱 ➊ Ｅ *VISA*
  Pasto (chiuso giovedì a mezzogiorno) carta 35/52000 – ☷ 8000 – **7 cam** 70/100000 –
  ½ P 85/90000.

SINISCOLA Nuoro 🗺️㉞, 🗺️F 11 – Vedere Sardegna alla fine dell'elenco alfabetico.

SIPONTO Foggia – Vedere Manfredonia.

SIRACUSA Ｐ 🗺️㊲, 🗺️P 27 – Vedere Sicilia alla fine dell'elenco alfabetico.

SIRIO (Lago) Torino 🗺️⑭ – Vedere Ivrea.

SIRMIONE **25019** Brescia 🗺️④, 🗺️🗺️F 13 – 5 241 ab. alt. 68 – Stazione termale (marzo-
novembre), a.s. Pasqua e luglio-settembre – ✪ 030.
La limitazione d'accesso degli autoveicoli al centro storico è regolata da norme legislative.

Vedere Località★★ – Grotte di Catullo : cornice pittoresca★★ – Rocca Scaligera★.

🛈 viale Marconi 2 ℰ 916245, Telex 300395, Fax 916222.

Roma 524 – ✦Brescia 39 – ✦Verona 35 – ✦Bergamo 86 – ✦Milano 127 – Trento 108 – ✦Venezia 149.

- **Villa Cortine** ⅏, via Grotte 12 ℰ 9905890, Telex 300171, Fax 916390, ⊕, « Grande
  parco digradante sul lago », 🛟 riscaldata, ⚓, ⅏ – 🛃 🔲 🆃🆅 ☎ ➋. ﾃﾞ 🅱 ➊ Ｅ *VISA*.
  ⅏ rist
  Pasqua-25 ottobre – **Pasto** 80/90000 – **53 cam** ☷ 300/500000, 2 appartamenti – ½ P 285/
  330000.

- **Gd H. Terme,** viale Marconi 7 ℰ 916261, Telex 305573, Fax 916568, ≤, « Giardino in riva
  al lago con 🛟 riscaldata », 🛠, ⚓, ⌘ – 🛃 🔲 🆃🆅 ☎ ➋ – 🍴 100 a 140. ﾃﾞ 🅱 ➊ Ｅ *VISA*
  🇯🇨🇧 ⅏
  aprile-24 ottobre – **Pasto** 80000 – **57 cam** ☷ 325/400000, appartamento – ½ P 220/300000.

- **Olivi** ⅏, via San Pietro 5 ℰ 905365, Fax 916472, ≤, « Giardino ombreggiato con 🛟 » –
  🛃 🔲 🆃🆅 ☎ ➋ – 🍴 50 a 150. ﾃﾞ 🅱 Ｅ *VISA*. ⅏ rist
  chiuso gennaio – **Pasto** 48000 – ☷ 17000 – **60 cam** 105/150000 – ½ P 100/150000.

- **Fonte Boiola,** viale Marconi 1 ℰ 916431, Fax 916435, ≤, « Giardino in riva al lago »,
  ⚓, 🛠 – 🛃 🔲 🆃🆅 ☎ ➋. ﾃﾞ 🅱 ➊ Ｅ *VISA* 🇯🇨🇧. ⅏
  chiuso dal 10 gennaio al 19 marzo – **Pasto** 45000 – **60 cam** ☷ 95/160000 – ½ P 110/130000.

- **Sirmione,** piazza Castello 19 ℰ 916331, Fax 916558, ≤, « Pergolato in riva al lago »,
  🛟 riscaldata, 🛠 – 🛃 🔲 🆃🆅 ☎ ➋. ﾃﾞ 🅱 ➊ Ｅ *VISA* 🇯🇨🇧
  Pasqua-ottobre – **Pasto** carta 50/85000 – **72 cam** ☷ 130/220000 – ½ P 150/160000.

- **Continental** ⅏, punta Staffalo 7 ℰ 9905711, Fax 916278, ≤, 🛟 riscaldata, ☞ – 🛃 🔲 🆃🆅
  ☎ ➋ – 🍴 70. ﾃﾞ 🅱 ➊ Ｅ *VISA*. ⅏ rist
  marzo-novembre – **Pasto** 60000 – ☷ 13000 – **53 cam** 120/220000 – ½ P 120/170000.

- **Eden** senza rist, piazza Carducci 17/18 ℰ 916481, Fax 916483, ≤ – 🛃 🔲 🆃🆅 ☎ ⇔ ➋. ﾃﾞ
  🅱 ➊ Ｅ *VISA*. ⅏
  chiuso dal 20 novembre al 20 febbraio – ☷ 15000 – **33 cam** 90/145000.

- **Du Lac,** via 25 Aprile 60 ℰ 916026, Fax 916582, ≤, 🛟, ⚓, ☞ – 🆃🆅 ☎ ➋. *VISA*. ⅏
  aprile-26 ottobre – **Pasto** (solo per clienti alloggiati e chiuso a mezzogiorno) 45/50000 –
  36 cam ☷ 95/145000 – ½ P 85/100000.

- **Flaminia** senza rist, piazza Flaminia 8 ℰ 916078, Fax 916193, ≤, « Terrazza in riva al
  lago » – 🛃 🆃🆅 ☎ ➋. 🅱 ➊ Ｅ *VISA*
  46 cam ☷ 98/165000.

- **Ideal** ⅏, via Catullo 31 ℰ 9904245, Fax 9904245, « Giardino-uliveto con discesa al
  lago », ⚓ – 🛃 ☎ ➋. ﾃﾞ 🅱 ➊ Ｅ *VISA*. ⅏
  aprile-ottobre – **Pasto** 40000 – ☷ 10000 – **26 cam** 120/140000 – ½ P 100/120000.

🏠 **Miramar,** via 25 Aprile 22 ℰ 916239, Fax 916593, ≼, « Giardino in riva al lago », 🐾 – 📺 ☎ 🅿. 🏧 E 𝗩𝗜𝗦𝗔. ❄
chiuso gennaio e febbraio – **Pasto** (solo per clienti alloggiati e *chiuso marzo, novembre e dicembre*) 30000 – **30 cam** ⬜ 45/106000 – ½ P 80/83000.

🏠 **Mon Repos** ⟩, via Arici 2 ℰ 9905290, Fax 916546, ≼, « Piccolo parco », 🏊 – 📺 ☎ 🅿. 🏧 🖪 E 𝗩𝗜𝗦𝗔. ❄ rist
15 marzo-15 novembre – **Pasto** 40000 – ⬜ 14000 – **23 cam** 90/110000 – ½ P 100000.

🏠 **Garden Lido,** via 25 Aprile 4 ℰ 916102, Fax 916170, ≼, 🌊 – ▤ cam 📺 ☎ 🅿. 🖪 E 𝗩𝗜𝗦𝗔. ❄ rist
marzo-novembre – **Pasto** 30/40000 – **21 cam** ⬜ 90/140000 – ½ P 87/90000.

🏠 **La Paül,** via 25 Aprile 32 ℰ 916077, Fax 9905505, ≼, « Giardino in riva al lago », 🐾 – 🏢 ▤ 📺 ☎ 🅿. 🏧 🖪 ⓞ E 𝗩𝗜𝗦𝗔. ❄
chiuso febbraio e marzo – **Pasto** carta 25/34000 – **26 cam** ⬜ 118/131000.

XXX **Signori,** via Romagnoli 23 ℰ 916017, Fax 916193, ≼, « Servizio estivo in terrazza sul lago » – 🏧 🖪 ⓞ E 𝗩𝗜𝗦𝗔 𝗷𝗰𝗯. ❄
16 marzo-9 novembre; chiuso lunedì (escluso da giugno a settembre) – **Pasto** 40000 (a mezzogiorno) e carta 50/83000.

XXX **La Rucola,** vicolo Strentelle 7 ℰ 916326, Fax 916326, prenotare – ▤. 🏧 🖪 ⓞ E 𝗩𝗜𝗦𝗔
chiuso giovedì e dal 7 gennaio al 15 febbraio – **Pasto** carta 60/85000.

XX **San Salvatore,** via San Salvatore 5 ℰ 916248 – 🏧 🖪 ⓞ E 𝗩𝗜𝗦𝗔 𝗷𝗰𝗯
chiuso mercoledì e dal 17 novembre a gennaio – **Pasto** carta 38/67000 (15 %).

X **Grifone-da Luciano,** vicolo delle Bisse 5 ℰ 916097, Fax 916548, ≼, 🌳, « Terrazza in riva al lago » – 🏧 🖪 ⓞ E 𝗩𝗜𝗦𝗔
10 marzo-ottobre – **Pasto** carta 34/58000 (15 %).

X **Risorgimento-dal Rösa,** piazza Carducci 5 ℰ 916325, 🌳 – 🏧 🖪 ⓞ E 𝗩𝗜𝗦𝗔
marzo-15 novembre; chiuso martedì – **Pasto** carta 37/57000 (15 %).

a Colombare S : 3,5 km – ⬜ 25010 Colombare di Sirmione :

🏨 **Europa** ⟩, ℰ 919047, Fax 9196472, ≼, 🏊, 🐾, 🌊 – ▤ cam 📺 ☎ 🅿. 🏧 🖪 ⓞ E 𝗩𝗜𝗦𝗔. ❄
aprile-ottobre – **Pasto** (solo per clienti alloggiati) – **25 cam** ⬜ 85/125000 – ½ P 85/98000.

🏨 **Florida,** via Colombare 91 ℰ 919018, Fax 9904254, 🏊, 🌊 – 📺 ☎ 🅿. 🖪 E 𝗩𝗜𝗦𝗔. ❄ rist
aprile-ottobre – **Pasto** carta 30/45000 – ⬜ 15000 – **26 cam** 75/100000 – ½ P 80/95000.

🏨 **Mirage** senza rist, ℰ 9196504 – 🏢 ▤ 📺 ☎ ⇔. 🏧 🖪 E 𝗩𝗜𝗦𝗔 𝗷𝗰𝗯. ❄
chiuso dal 6 gennaio al 25 marzo – ⬜ 14000 – **15 cam** 75/100000.

🏠 **Azzurra,** ℰ 9905070, Fax 9906995 – 🏢 📺 ☎ ⇔ 🅿. 🖪 E 𝗩𝗜𝗦𝗔. ❄
Pasto (solo per clienti alloggiati) – ⬜ 12000 – **18 cam** 55/80000 – ½ P 75000.

XX **La Griglia,** ℰ 919223 – 🅿. 🖪 ⓞ E 𝗩𝗜𝗦𝗔 𝗷𝗰𝗯
chiuso martedì e da gennaio al 15 febbraio – **Pasto** 24000 e carta 35/60000.

a Lugana SE : 5 km – ⬜ 25010 Colombare di Sirmione :

🏨 **Arena** senza rist, via Verona 90 ℰ 9904828, Fax 9904821 – ▤ 📺 ☎ ⅋ ⇔. 🏧 🖪 E 𝗩𝗜𝗦𝗔. ❄
chiuso gennaio e febbraio – ⬜ 10000 – **24 cam** 80/110000.

🏠 **Derby,** ℰ 919482, Fax 9906631 – ▤ cam 📺 ☎ 🅿. 🏧 🖪 E 𝗩𝗜𝗦𝗔. ❄
chiuso dal 10 dicembre a gennaio – **Pasto** (solo per clienti alloggiati e *chiuso a mezzogiorno*) 25000 – ⬜ 14000 – **14 cam** 70/90000 – ½ P 80000.

XX ✿ **Vecchia Lugana,** ℰ 919012, Fax 9904045, « Servizio estivo in terrazza sul lago » – 🅿 – 🛋 50. 🏧 🖪 ⓞ E 𝗩𝗜𝗦𝗔 𝗷𝗰𝗯. ❄
chiuso lunedì sera, martedì e dal 9 gennaio al 22 febbraio – **Pasto** 60/80000 e carta 49/85000 (15 %)
Spec. Terrina di pesci gardesani e verdure con salsa alle erbe aromatiche, Paste fresche con verdure, Carni e pesci gardesani alla griglia.

SIROLO 60020 Ancona 988 ⑯, 430 L 22 – 3 105 ab. – a.s. luglio-agosto – ✪ 071.

🏌₁₈ e 🏌₉ Conero (chiuso lunedì e dal 15 gennaio al 15 febbraio) ℰ 7360613, Fax 7360380.

🚹 (giugno-settembre) piazza Vittorio Veneto ℰ 9330611.

Roma 304 – ◆Ancona 18 – Loreto 16 – Macerata 43 – Porto Recanati 11.

🏨 **La Conchiglia Verde,** ℰ 9330018, Fax 9330019, 🏊 riscaldata, 🌊 – 📺 ☎ 🅿. 🏧 🖪 ⓞ E 𝗩𝗜𝗦𝗔. ❄ rist
Pasto 40/60000 – **26 cam** ⬜ 100/150000 – ½ P 80/110000.

🏠 **Beatrice,** ℰ 9330731, ≼ – 🅿. ❄
giugno-settembre – **Pasto** (solo per clienti alloggiati) – ⬜ 6000 – **27 cam** 90000 – ½ P 85/90000.

al monte Conero (Badia di San Pietro) NO : 5,5 km – alt. 572 – ⬜ 60020 Sirolo :

🏨 **Monteconero** ⟩, ℰ 9330592, Fax 9330365, ≼ mare e costa, « In un'antica abbazia camaldolese », 🏊, 🌊, ❇ – 🏢 ▤ rist ☎ 🅿 – 🛋 70. 🏧 🖪 ⓞ E 𝗩𝗜𝗦𝗔 𝗷𝗰𝗯. ❄ rist
15 marzo-15 novembre – **Pasto** carta 41/61000 – **46 cam** ⬜ 130/145000 – ½ P 108/115000.

SISSA **43018** Parma 988 ⑭, 429 H 12 – 3 762 ab. alt. 31 – 😊 0521.
Roma 478 – ◆Parma 27 – ◆ Brescia 90 – Cremona 60 – Mantova 60.

X Trattoria dei Due Mori, via Matteotti 40 ℘ 879101, Fax 879101, �, Coperti limitati; prenotare – 🔲

SISTIANA Trieste 988 ⑥, 429 E 22 – Vedere Duino Aurisina.

SIUSI ALLO SCILIAR (SEIS AM SCHLERN) **39040** Bolzano 988 ④, 429 C 16 – alt. 988 – Sport invernali : vedere Alpe di Siusi – 😊 0471.

🅱 ℘ 706124, Fax 707134.
Roma 664 – ◆Bolzano 24 – Bressanone 29 – ◆Milano 322 – Ortisei 15 – Trento 83.

🏨 **Genziana-Enzian,** ℘ 705050, Fax 707010, ≤, ₤ᴓ, 🈺, 🔲, 🍲 – 🛗 🖿 rist 📺 ☎ 🅿. 🏧 🅴
    𝘝𝘐𝘚𝘈. 🛇 rist
    18 dicembre-17 aprile e giugno-ottobre – **Pasto** (solo per clienti alloggiati) – **32 cam**
    ⊊ 90/180000 – ½ P 90/120000.

🏨 **Dolomiti-Dolomitenhof** 🛇, ℘ 706128, Fax 706163, ≤ Sciliar, ₤ᴓ, 🔲, 🍲 – 🛗 📺 ☎ 🅿.
    🏧 ⓞ 𝘝𝘐𝘚𝘈. 🛇 rist
    17 dicembre-22 aprile e giugno-ottobre – **Pasto** carta 35/46000 –
    ⊊ 29000 – **27 cam** 70/140000 – ½ P 70/125000.

🏨 **Sporthotel Europa,** ℘ 706174, Fax 707222, ≤, ₤ᴓ, 🈺, 🍲 – 🛗 📺 ☎ 🅿. 🛇 rist
    chiuso dal 23 aprile al 24 maggio e dal 3 novembre al 16 dicembre – **Pasto** (solo per clienti alloggiati) 35/55000 – **32 cam** ⊊ 90/170000 – ½ P 70/140000.

🏨 **Florian** 🛇, ℘ 706137, Fax 707505, ≤ Sciliar, 🔽 riscaldata, 🍲 – ☎ ⇐⇒ 🅿. 🛇 rist
    20 dicembre-20 aprile e giugno-15 ottobre – **20 cam** solo ½ P 75/100000.

🏨 **Schlosshotel Mirabell** 🛇, N : 1 km ℘ 706134, Fax 706249, ≤ Sciliar, 🍲 – ☎ 🅿.
    🛇 rist
    15 dicembre-15 aprile e giugno-15 ottobre – **Pasto** (solo per clienti alloggiati) – ⊊ 15000 –
    36 cam 110/200000 – ½ P 80/140000.

🏨 **Waldrast** 🛇 ℘ 706117, Fax 707062, 🈺, 🔽 riscaldata, 🍲 – ☎ 🅿. 🛇
    dicembre-Pasqua e maggio-ottobre – **Pasto** 17/50000 – **24 cam** ⊊ 95/176000 – ½ P 56/
    100000.

    a Razzes (Ratzes) SE : 3 km – alt. 1 205 – ⊠ **39040** Siusi :

🏨 **Bad Ratzes** 🛇, ℘ 706131, Fax 706151, ≤ Sciliar e pinete, « Prato-giardino », 🈺, 🔲 –
    🛗 rist 📺 ☎ ⇐⇒ 🅿. 🛇 cam
    17 dicembre-23 aprile e 20 maggio-1° ottobre – **Pasto** carta 39/54000 – ⊊ 20000 – **51 cam**
    80/160000 – ½ P 85/130000.

SIZIANO **27010** Pavia 988 ③ ⑬, 428 G 9 – 4 124 ab. alt. 93 – 😊 0382.
Roma 570 – ◆Milano 22 – Novara 71 – Pavia 18 – Piacenza 63.

    a Campomorto S : 2 km – ⊠ **27010** Siziano :

X **Cipperimerlo,** ℘ 67161, � – 🅿. 🏧 🅷 🅴 𝘝𝘐𝘚𝘈
    chiuso martedì sera, mercoledì ed agosto – **Pasto** carta 36/56000.

SIZZANO **28070** Novara 219 ⑯ – 1 437 ab. alt. 225 – 😊 0321.
Roma 641 – Stresa 50 – Biella 42 – ◆Milano 66 – Novara 20.

X **Impero,** via Roma 13 ℘ 820290 – 🏧 🅷 🅴 𝘝𝘐𝘚𝘈
    chiuso lunedì, dal 15 febbraio al 1° marzo ed agosto – **Pasto** carta 30/56000.

SOAVE **37038** Verona 988 ④, 429 F 15 – 6 017 ab. alt. 40 – 😊 045.
Roma 524 – ◆Verona 22 – ◆Milano 178 – Rovigo 76 – ◆Venezia 95 – Vicenza 32.

XX **Lo Scudo,** via San Matteo 46 ℘ 7680766, Coperti limitati; prenotare – 🔲 🅿. 🏧 𝘝𝘐𝘚𝘈. 🛇
    chiuso domenica sera e lunedì – **Pasto** carta 31/55000.

XX **Al Gambero** con cam, corso Vittorio Emanuele 5 ℘ 7680010, Fax 7680010 – 🖿 rist –
    🛴 30. 🅷 🅴 𝘝𝘐𝘚𝘈. 🛇 cam
    Pasto *(chiuso martedì sera e mercoledì)* carta 30/40000 – ⊊ 8000 – **13 cam** 50/70000 –
    ½ P 65/80000.

SOIANO DEL LAGO **25080** Brescia – 1 099 ab. alt. 203 – 😊 0365.
Roma 538 – ◆Brescia 27 – Mantova 77 – ◆Milano 128 – Trento 106 – ◆Verona 53.

XX **Il Grillo Parlante,** S : 1,5 km ℘ 502312, Fax 502312, � – 🅿. 🏧 🅷 🅴 ⓞ 🅴 𝘝𝘐𝘚𝘈. 🛇
    chiuso dal 10 al 20 gennaio e lunedì (escluso luglio-agosto) – **Pasto** carta 34/55000.

X **Aurora,** ℘ 674101, � – 🅿. 🏧 🅷 🅴 ⓞ 🅴 𝘝𝘐𝘚𝘈
    chiuso mercoledì – **Pasto** carta 26/45000.

SOLAROLO **48027** Ravenna 429 430 I 17 – 4 001 ab. alt. 24 – 😊 0546.
Roma 373 – ◆Bologna 50 – ◆Ravenna 41 – Forlì 29 – Rimini 72.

X **Centrale-L'Ustarejà di Du Butò** con cam, ℘ 51109, Fax 51364 – 📺 ☎. 🏧 🅷 🅴 ⓞ 🅴 𝘝𝘐𝘚𝘈.
    🛇
    Pasto *(chiuso lunedì)* carta 30/52000 – ⊊ 8500 – **15 cam** 60/80000 – ½ P 55/65000.

SOLAROLO RAINERIO **26030** Cremona – 968 ab. alt. 28 – ☎ 0375.

Roma 487 – ♦Brescia 67 – Cremona 27 – Mantova 42 – ♦Parma 36.

XX **La Clochette** con cam, ☎ 91010, Fax 310151, 🏠, 🌳 – ▤ TV ☎ P. AE $ ⓓ E VISA. ✂
chiuso dal 1° al 16 agosto – **Pasto** *(chiuso martedì)* carta 33/54000 – ☕ 7000 – **12 cam** 55/90000.

SOLDA **(SULDEN)** **39029** Bolzano 988 ④, 428 429 C 13 – alt. 1 906 – Sport invernali : 1 906/3 150 m ⛷1 ⛷10, ⛷ – ☎ 0473.

ℹ ☎ 613088, Fax 613182.

Roma 733 – ♦Bolzano 96 – Merano 68 – ♦Milano 281 – Passo di Resia 50 – Passo dello Stelvio 29 – Trento 154.

🏨 Zebrù 🐦, ☎ 613025, Fax 613037, ≤ gruppo Ortles e vallata, ≘s, 🏊 – ☎ P
stagionale – **45 cam.**

🏨 **Marlet** 🐦, ☎ 613075, Fax 613190, ≤ gruppo Ortles e vallata, ≘s, 🏊 – |≋| ☎ P. ✂
28 novembre-10 maggio e luglio-settembre – **Pasto** (solo per clienti alloggiati) 25/35000 – **23 cam** solo ½ P 73/108000.

🏨 **Eller,** ☎ 613021, Fax 613181, ≤, ≘s, 🌳 – TV ☎ P. $ E VISA. ✂
dicembre-5 maggio e luglio-29 settembre – **Pasto** *(chiuso a mezzogiorno da dicembre a marzo)* carta 42/57000 – **50 cam** ☕ 75/140000 – ½ P 90/95000.

🏠 **Mignon,** ☎ 613045, Fax 613194, ≤ gruppo Ortles, ≘s – ☎ P. $ E VISA. ✂ rist
28 novembre-2 maggio e 26 giugno-25 settembre – **Pasto** *(chiuso martedì)* 24/30000 – **20 cam** ☕ 80/150000 – ½ P 71/96000.

X Roland's Bistrò, ☎ 75555, Coperti limitati; prenotare – P
chiuso a mezzogiorno.

SOLFERINO **46040** Mantova 988 ④, 428 429 F 13 – 2 113 ab. alt. 131 – ☎ 0376.

Roma 506 – ♦Brescia 37 – Cremona 59 – Mantova 36 – ♦Milano 127 – ♦Parma 80 – ♦Verona 44.

X Da Claudio-al Nido del Falco, ☎ 854249 – P

SOLIERA **41019** Modena 428 429 H 14 – 11 411 ab. alt. 29 – ☎ 059.

Roma 420 – ♦Bologna 56 – ♦Milano 176 – ♦Modena 12 – Reggio nell'Emilia 33 – ♦Verona 91.

XX ✿ **Lancellotti** con cam, via Grandi 120 ☎ 567406, Fax 565431, prenotare – |≋| ▤ rist TV ☎. $ ⓓ E VISA. ✂ rist
chiuso dal 24 dicembre al 7 gennaio e dal 1° al 19 agosto – **Pasto** *(chiuso domenica e lunedì)* carta 50/70000 – ☕ 9000 – **13 cam** 75/98000, 3 appartamenti
Spec. Tortellini in brodo, Straccetti alle erbe odorose e aceto balsamico tradizionale, Misto di insalate, erbe aromatiche, fiori di nasturzio e borragine.

a Limidi N : 3 km – ✉ **41010** :

XX **La Baita,** ☎ 561633, Specialità di mare – AE $ ⓓ E VISA JCB. ✂
chiuso domenica ed agosto – **Pasto** carta 60/80000.

SOLIGHETTO Treviso – Vedere Pieve di Soligo.

SOLIGO Treviso – Vedere Farra di Soligo.

SOMERARO Verbania 219 ⑥ – Vedere Stresa.

SOMMACAMPAGNA **37066** Verona 428 429 F 14 – 10 890 ab. alt. 121 – ☎ 045.

⛳18 (chiuso martedì) ☎ 510060, Fax 510242.

Roma 500 – ♦Verona 15 – ♦Brescia 56 – Mantova 39 – ♦Milano 144.

XX **Merica** con cam, località Palazzo ☎ 515160 – ▤ rist TV P. $ ⓓ E VISA. ✂
chiuso dal 1° al 20 agosto – **Pasto** *(chiuso lunedì e giovedì sera)* carta 32/49000 – ☕ 6000 – **11 cam** 55/90000.

sull'autostrada A 4 - Monte Baldo Nord NE : 3 km :

🏨 **Quadrante Europa** senza rist, ✉ 37066 Sommacampagna ☎ 8581400, Fax 8581402, ≘s, 🏊 – |≋| ▤ TV ☎ ♿ 🚗 P – 🏛 400. AE $ ⓓ E VISA JCB
☕ 10000 – **117 cam** 160/175000, 6 appartamenti.

SOMMA LOMBARDO **21019** Varese 428 E 8, 219 ⑰ – 16 382 ab. alt. 281 – ☎ 0331.

Roma 626 – Stresa 35 – Como 58 – ♦Milano 49 – Novara 38 – Varese 26.

a Coarezza O : 6 km – ✉ **21010** Golasecca :

XX **Da Pio,** via Alzaia 22 ☎ 256667, ≤ – P. AE $ E VISA. ✂
chiuso mercoledì, dal 2 al 20 gennaio e dal 16 al 25 agosto – **Pasto** carta 43/73000.

a Case Nuove S : 6 km – ✉ **21019** Somma Lombardo :

X **La Quercia,** via per Tornavento 11 ☎ 230808 – P. AE $ E VISA. ✂
chiuso lunedì sera, martedì, dal 22 dicembre all'8 gennaio ed agosto – **Pasto** carta 40/64000.

SOMMARIVA PERNO 12040 Cuneo 428 H 5 – 2 279 ab. alt. 389 – ✿ 0172.

Roma 648 – ◆ Torino 50 – Alessandria 77 – Asti 42 – Cuneo 53 – Savona 110.

🏨 **Roero Park Hotel** 🦢, 🖊 468822, Fax 468815, ☞ – 🛊 🗏 🗺 ☎ 🅿 – 🍴 100 a 500. ⌸ 🅵
⊙ 🄴 𝖵𝖨𝖲𝖠. ※ rist
Pasto carta 48/64000 – **60 cam** ⊐ 130/175000, 2 appartamenti – ½ P 110/150000.

SONA 37060 Verona 429 F 14 – 12 584 ab. alt. 169 – ✿ 045.

Roma 433 – ◆ Verona 15 – ◆ Brescia 57 – Mantova 39.

🍴 **Gabriella,** località Valle di Sona 🖊 6081561, 🎋 – 🅿. 🄵 ⊙ 𝖵𝖨𝖲𝖠. ※
chiuso giovedì e dal 20 luglio al 20 agosto – **Pasto** carta 26/39000.

SONDRIO 23100 🄿 988 ③, 428 429 D 11 – 22 072 ab. alt. 307 – ✿ 0342.

🖪 via Cesare Battisti 12 🖊 512500, Fax 212590.

A.C.I. viale Milano 12 🖊 212213.

Roma 698 – ◆ Bergamo 115 – ◆ Bolzano 171 – Bormio 64 – ◆ Lugano 96 – ◆ Milano 138 – St-Moritz 110.

🏨 **Della Posta,** piazza Garibaldi 19 🖊 510404, Fax 510210, ☞ – 🛊 🗏 🗺 ☎ ♿ 🅿 – 🍴 70.
⌸ 🄵 ⊙ 🄴 𝖵𝖨𝖲𝖠. ※ rist
Pasto 50000 e al Rist. *Sozzani (chiuso agosto)* carta 47/71000 – ⊐ 18000 – **39 cam**
105/170000, appartamento – ½ P 135/155000.

🏨 **Europa,** lungo Mallero Cadorna 27 🖊 515010, Fax 512895 – 🛊 🗏 🗺 ☎ 🅿. ⌸ 🄵 ⊙ 🄴
𝖵𝖨𝖲𝖠. ※ rist
Pasto *(chiuso domenica)* carta 38/55000 – ⊐ 14000 – **44 cam** 75/110000 – ½ P 90/100000.

🍴 La Fermata, viale dello Stadio 112 🖊 218481 – 🗏 🅿

verso Montagna in Valtellina NE : 2 km – alt. 567 – ✉ 23020 Montagna in Valtellina :

🍴 **Dei Castelli,** 🖊 380445, prenotare – 🅿. ⌸ 🄵 🄴 𝖵𝖨𝖲𝖠. ※
chiuso domenica sera, lunedì, dal 6 al 20 maggio e dal 1° al 15 ottobre – **Pasto** carta 39/
67000.

a Moia di Albosaggia S : 5 km – alt. 409 – ✉ 23100 Sondrio :

🏨 **Campelli** 🦢, 🖊 510662, Fax 213101, ☎, ☞ 🛊 🗏 rist 🗺 ☎ ♿ ⟵ 🅿 – 🍴 50. ⌸ 🄵 ⊙
🄴 𝖵𝖨𝖲𝖠. ※
chiuso dal 1° al 20 agosto – **Pasto** *(chiuso domenica sera e lunedì a mezzogiorno)* 55000 –
⊐ 15000 – **34 cam** 70/110000, appartamento.

Vedere anche : *Ponte in Valtellina* E : 10 km.

SOPRABOLZANO **(OBERBOZEN)** Bolzano – Vedere Renon.

SORA 03039 Frosinone 988 ㉖ ㉗, 430 Q 22 – 25 147 ab. alt. 300 – ✿ 0776.

Roma 111 – Avezzano 55 – Frosinone 30 – Latina 86 – ◆ Napoli 138 – Terracina 85.

🏨 **Valentino,** viale San Domenico 1 🖊 824442, Fax 831071 – 🛊 🗏 rist 🗺 ☎ ⟵ 🅿. ⌸ 🄵
𝖵𝖨𝖲𝖠
Pasto 25/30000 – ⊐ 10000 – **70 cam** 70/90000 – ½ P 65/75000.

🍴 Griglia d'Oro-Cercine, via Campo Boario 7 🖊 831512, 🎋 – 🅿

SORAGA 38030 Trento 429 C 16 – 590 ab. alt. 1 209 – a.s. febbraio-Pasqua agosto e Natale –
✿ 0462.

🖪 🖊 68114.

Roma 673 – ◆ Bolzano 43 – Canazei 14 – ◆ Milano 331 – Trento 91.

🏨 **Malder,** 🖊 68121, Fax 68388, ≤, ☞, ☎ – 🛊 🗺 ☎ 🅿
35 cam.

SORAGNA 43019 Parma 988 ⑭, 428 H 12 – 4 166 ab. alt. 47 – ✿ 0524.

Roma 480 – ◆ Parma 27 – ◆ Bologna 118 – Cremona 35 – Fidenza 10 – ◆ Milano 104.

🏨 **Locanda del Lupo,** 🖊 690444, Fax 69350 – 🗏 🗺 ☎ – 🍴 60 a 150. ⌸ 🄵 ⊙ 🄴 𝖵𝖨𝖲𝖠.
※ rist
chiuso dal 27 luglio al 24 agosto – **Pasto** 45000 – ⊐ 8000 – **45 cam** 120/200000, apparta-
mento – ½ P 145/160000.

SORDEVOLO 13050 Biella 428 F 5, 219 ⑭ ⑮ – 1 307 ab. alt. 630 – ✿ 015.

Roma 684 – Biella 8 – ◆ Milano 110 – Novara 64 – ◆ Torino 82 – Vercelli 50.

🍴 Da Sisto, 🖊 2562180

SORGONO Nuoro 988 ㉝, 433 G 9 – Vedere Sardegna alla fine dell'elenco alfabetico.

SORI 16030 Genova 428 I 9 – 4 511 ab. – ✿ 0185.

Roma 488 – ◆ Genova 17 – ◆ Milano 153 – Portofino 20 – ◆ La Spezia 91.

🍴 **Al Boschetto,** 🖊 700659 – ⟵. ⌸ 🄵 🄴 𝖵𝖨𝖲𝖠. ※
chiuso martedì, dal 15 al 25 marzo e dal 10 al 30 settembre – **Pasto** carta 35/62000.

602

SORIANO NEL CIMINO **01038** Viterbo 988 ㉕, 430 O 18 – 7 777 ab. alt. 510 – ☎ 0761.

Roma 95 – Terni 50 – Viterbo 17.

XX **Gli Oleandri** con cam, ☎ 748383, – TV ☎ P. AE E VISA. ✻
chiuso dal 15 al 27 dicembre – **Pasto** *(chiuso martedì)* carta 30/46000 – ☐ 5000 – **16 cam** 60/90000, 2 appartamenti – ½ P 70/80000.

SORICO **22010** Como 428 D 10, 219 ⑩ – 1 194 ab. alt. 208 – ☎ 0344.

Roma 686 – Como 75 – ♦Lugano 53 – ♦Milano 109 – Sondrio 43.

X **Beccaccino,** località Boschetto SE : 2,5 km ☎ 84241 – P
chiuso lunedì sera, martedì e gennaio – **Pasto** carta 27/39000.

SORISO **28018** Novara 428 E 7, 219 ⑯ – 766 ab. alt. 452 – ☎ 0322.

Roma 654 – Stresa 35 – Arona 20 – ♦Milano 78 – Novara 40 – ♦Torino 114 – Varese 46.

XXXX ✿✿ **Al Sorriso** con cam, ☎ 983228, Fax 983328, prenotare – ▤ rist TV ☎. AE ⓢ ⓓ E VISA. ✻
chiuso dal 25 dicembre al 17 gennaio e dal 13 al 28 agosto – **Pasto** *(chiuso lunedì e martedì a mezzogiorno)* carta 98/130000 – **8 cam** ☐ 140/200000 – ½ P 200000
Spec. Crema di borlotti e pancetta con scampi in salsa di basilico (marzo-ottobre), Fagottini di coniglio al rosmarino con porcini (giugno-novembre), Giambonetto di faraona farcito con foie gras al tartufo (settembre-dicembre).

Se cercate un albergo tranquillo,
oltre a consultare le carte dell'introduzione,
rintracciate nell'elenco degli esercizi quelli con il simbolo ⛾ o ⛾.

SORRENTO **80067** Napoli 988 ㉗, 431 F 25 – 16 455 ab. – a.s. aprile-settembre – ☎ 081.

Vedere Villa Comunale : ≤** A – Belvedere di Correale ≤** B **A** – Museo Correale di Terranova* B **M** – Chiostro* della chiesa di San Francesco A **F**.

Dintorni Penisola Sorrentina** : ≤** su Sorrento dal capo di Sorrento (1 h a piedi AR), ≤** sul golfo di Napoli dalla strada S 163 per ② (circuito di 33 km).

Escursioni Costiera Amalfitana*** – Isola di Capri***. .

⛴ per Capri giornalieri (45 mn) – Caremar-agenzia Morelli, piazza Marinai d'Italia ☎ 8073077, Fax 8072479.

⛴ per Capri giornalieri (da 20 mn a 1 h) – Alilauro, al porto ☎ 8073024, Fax 8072009 e Navigazione Libera del Golfo, al porto ☎ 8781861, Fax 8781861.

ℹ via De Maio 35 ☎ 8074033, Fax 8773397.

Roma 257 ① – ♦Napoli 49 ① – Avellino 69 ① – Caserta 74 ① – Castellammare di Stabia 19 ① – Salerno 50 ①.

SORRENTO

De Maio (Via) . . . . B 3
Italia (Corso) . . . . AB
S. Cesareo (Via) . . . AB 7
S. Antonino (Piazza) . B 6
S. Maria d. Grazie (V.) A 8
Vittoria (Pza della) . . . A 9

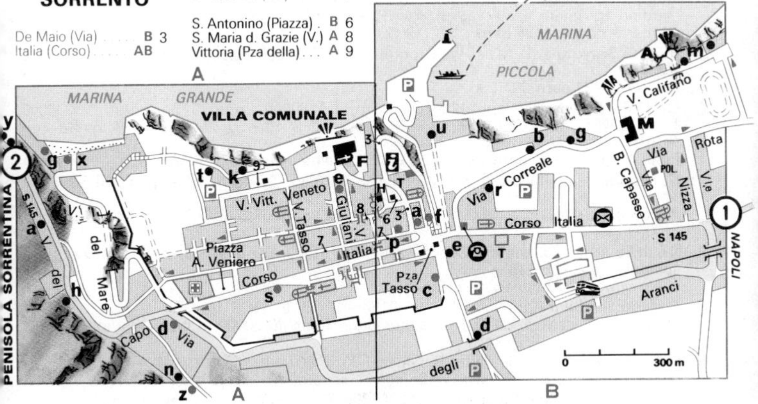

🏨 **Gd H. Excelsior Vittoria** ⛾, piazza Tasso 34 ☎ 8071044, Telex 720368, Fax 8771206, ≤ golfo di Napoli e Vesuvio, « Giardino-agrumeto con ⛱ » – 𝄃 TV ☎ P – 🏨 90. AE ⓢ ⓓ E VISA JCB. ✻ rist B **u**
Pasto 74000 – **106 cam** ☐ 299/452000 – ½ P 223/327000.

🏨 **Sorrento Palace** ⛾, via Sant'Antonio ☎ 8784141, Telex 722025, Fax 8783933, ≤, ⛱, « Giardino-agrumeto con ⛱ », ☐, ✻ – 𝄃 ▤ TV ☎ ♿ P – 🏨 180 a 1700. AE ⓢ ⓓ E VISA. ✻ A **n**
Pasto 85000 – **400 cam** ☐ 240/330000, 10 appartamenti – ½ P 290000.

🕍 **Gd H. Capodimonte,** via del Capo 14 ℰ 8784555, Telex 721210, Fax 8071193, ≤ golfo di Napoli e Vesuvio, ☆, « Agrumeto e terrazze fiorite con ⌂ » – 🛗 🗐 📺 ☎ 🅿 – 🔏 30 a 250. 🆎 𝗩𝗜𝗦𝗔. ⁒ rist A **h**
aprile-ottobre – **Pasto** 50000 – **131 cam** 🖙 205/310000, 3 appartamenti – ½ P 180/215000.

🕍 **Gd H. Riviera** ⊗, via Califano 22 ℰ 8783220, Telex 710532, Fax 8772100, ≤ golfo di Napoli e Vesuvio, Ascensore per la spiaggia, ⌂, 🐎, 🍽 – 🗐 📺 ☎ – 🔏 400. 🆎 🕃 ⑩ 🅴 𝗩𝗜𝗦𝗔. ⁒ B **m**
aprile-ottobre – **Pasto** carta 60/85000 – 🖙 20000 – **94 cam** 175/260000, appartamento – ½ P 245000.

🕍 **Bristol,** via del Capo 22 ℰ 8784522, Telex 710687, Fax 8071910, ≤ golfo di Napoli e Vesuvio, « Terrazza panoramica con ⌂ » – 🛗 🗐 📺 ☎ 🅿 – 🔏 80. 🆎 🕃 ⑩ 🅴 𝗩𝗜𝗦𝗔. ⁒ rist A **a**
Pasto carta 47/74000 – **130 cam** 🖙 200/300000, 5 appartamenti – ½ P 120/170000.

🕍 **Bel Air,** via del Capo 29 ℰ 8071622, Fax 8071467, ≤ golfo di Napoli e Vesuvio, « Piccole terrazze fiorite con ⌂ » – 🛗 📺 ☎ 🅿. 🆎 🕃 ⑩ 🅴 𝗩𝗜𝗦𝗔 𝗝𝗖𝗕. ⁒ A **y**
aprile-ottobre – **Pasto** carta 43/64000 – **41 cam** 🖙 230/290000, 2 appartamenti – ½ P 130/ 190000.

🕍 **Carlton International,** via Correale 15 ℰ 8072669, Fax 8071073, « Giardino con ⌂ » – 🛗 🗐 📺 ☎ 🅿. 🆎 🕃 ⑩ 🅴 𝗩𝗜𝗦𝗔. ⁒ B **r**
marzo-novembre – **Pasto** carta 40/52000 (15 %) – 🖙 21000 – **76 cam** 196/208000 – ½ P 142/163000.

🕍 **Bellevue Syrene** ⊗, piazza della Vittoria 5 ℰ 8781024, Fax 8783963, ≤ golfo di Napoli e Vesuvio, « Giardino, terrazze fiorite ed ascensore per la spiaggia », 🐎 – 🛗 🗐 📺 ☎ 🅿. 🆎 🕃 𝗩𝗜𝗦𝗔 𝗝𝗖𝗕. ⁒ A **k**
Pasto 45/65000 – **65 cam** 🖙 230/270000, appartamento – ½ P 150/170000.

🕍 **Royal,** via Correale 42 ℰ 8073434, Telex 722345, Fax 8772905, ≤ golfo di Napoli e Vesuvio, ☆, « Giardino-agrumeto con ⌂ ed ascensore per la spiaggia », 🐎 – 🛗 🗐 📺 ☎. 🆎 ⑩ 🅴 𝗩𝗜𝗦𝗔. ⁒ rist B **g**
Pasto (marzo-ottobre) 50000 – **96 cam** 🖙 285/350000, appartamento – ½ P 200/230000.

🕍 **Gd H. Ambasciatori,** via Califano 18 ℰ 8782025, Telex 710645, Fax 8071021, ≤ golfo di Napoli e Vesuvio, « Terrazze fiorite, agrumeto con ⌂ ed ascensore per la spiaggia », 🐎 – 🗐 🗐 📺 ☎ 🅿 – 🔏 200. 🆎 🕃 𝗩𝗜𝗦𝗔. ⁒ rist B **m**
Pasto 55000 – **103 cam** 🖙 265/330000, 6 appartamenti – ½ P 190/220000.

🕍 **Gd H. Europa Palace,** via Correale 34 ℰ 8781501, Fax 8781855, ≤ golfo di Napoli e Vesuvio, « Ampia terrazza panoramica e ascensore per la spiaggia », 🐎, 🍽 – 🛗 📺 ☎ 🅿 B **b**
71 cam.

🕍 **Gd H. Cesare Augusto,** via degli Aranci 108 ℰ 8782700, Telex 720056, Fax 8071029, « Terrazza panoramica con ⌂ », 🍽 – 🛗 🗐 cam 📺 ☎ 🚗 – 🔏 40 a 170. 🆎 🕃 ⑩ 🅴 𝗩𝗜𝗦𝗔 𝗝𝗖𝗕. ⁒ rist B **d**
Pasto 50/50000 – **120 cam** 🖙 250/280000 – ½ P 185/260000.

🏨 **Regina** ⊗ senza rist, via Marina Grande 10 ℰ 8782722, Fax 8782721, ≤, « Piacevole giardino-agrumeto », 🍽 – 🛗 ☎ 🚗. 🆎 🕃 🅴 𝗩𝗜𝗦𝗔 A **t**
15 marzo-ottobre – **36 cam** 🖙 70/130000.

🏨 **Villa di Sorrento** senza rist, via Fuorimura 4 ℰ 8781068, Fax 8072679 – 🛗 ☎. 🆎 🕃 ⑩ 🅴 𝗩𝗜𝗦𝗔 🖙 16000 – **21 cam** 90/153000. B **e**

🏨 **La Solara,** via del Capo 118 (O : 2 km) ⊠ 80060 Capo di Sorrento ℰ 5338000, Telex 721465, Fax 8071501, ≤, ⌂ – 🛗 🗐 rist 📺 ☎ 🅿 – 🔏 250. 🆎 🕃 ⑩ 🅴 𝗩𝗜𝗦𝗔 𝗝𝗖𝗕. ⁒ rist
Pasto 40/50000 – **37 cam** 🖙 210/270000, 3 appartamenti – ½ P 130/205000. per ②

🏨 **Gardenia,** corso Italia 258 ℰ 8772365, Fax 8071035, ⌂ – 🛗 🗐 📺 ☎ 🅿. 🆎 🕃 ⑩ 🅴 𝗩𝗜𝗦𝗔 per ①
Pasto (aprile-ottobre) 20/30000 – 🖙 15000 – **27 cam** 110/130000, 🗐 20000 – ½ P 80/ 110000.

🏨 **Désirée** senza rist, via del Capo 31/bis ℰ 8781563, Fax 8781563, ≤, Ascensore per la spiaggia, 🐎, 🐎 – 🅿. ⁒ A **y**
aprile-ottobre – **22 cam** 🖙 60/99000.

🕮 **Caruso,** via Sant'Antonino 12 ℰ 8073156 – 🗐. 🆎 🕃 ⑩ 🅴 𝗩𝗜𝗦𝗔 𝗝𝗖𝗕. B **f**
chiuso lunedì escluso da luglio a settembre – **Pasto** 40/60000 (a mezzogiorno) 50/70000 (alla sera) e carta 48/76000.

🕮 **L'Antica Trattoria,** via Padre R. Giuliani 33 ℰ 8071082, 🌴 – 🗐. ⁒ A **e**
chiuso gennaio e lunedì (escluso da luglio a settembre) – **Pasto** carta 35/70000.

🕮 **La Lanterna,** via San Cesareo 23 ℰ 8781355, Fax 8781355, 🌴, Pizzeria – 🗐. B **p**

🕮 **La Lanterna Mare,** via Marina Grande 44 ℰ 8073033, 🌴 – 🗐. 🆎 🕃 ⑩ 🅴 𝗩𝗜𝗦𝗔 A **g**
chiuso gennaio, febbraio e lunedì (escluso luglio-agosto) – **Pasto** carta 30/70000.

🕮 **La Favorita-o' Parrucchiano,** corso Italia 71 ℰ 8781321, « Servizio estivo in giardino » – 🅿. 🅴 𝗩𝗜𝗦𝗔 A **s**
chiuso mercoledì in bassa stagione – **Pasto** carta 27/48000 (15 %).

🕮 **Il Glicine,** via Sant'Antonio 2 ℰ 8772519, Fax 8772519 – 🗐. 🆎 🕃 ⑩ 🅴 𝗩𝗜𝗦𝗔. ⁒ A **z**
chiuso dal 15 gennaio al 1° marzo e mercoledì in bassa stagione – **Pasto** 20/70000 e carta 32/54000.

✗ **Taverna Azzurra**, via Marina Grande 166 *℘* 8772510, 🌴, Cucina marinara – 🎬 A   **x**
chiuso martedì escluso dal 15 giugno al 15 settembre – **Pasto** carta 26/50000.

✗ **Russo-Zi'ntonio**, via De Maio 11 *℘* 8781623, Fax 8781623 – 📇. 🖭 🛇 🗧 *VISA*   B   **a**
chiuso martedì – **Pasto** carta 36/60000.

✗ **La Fenice**, via Degli Aranci 11 *℘* 8781652, 🌴, Rist.-pizzeria   A   **d**

✗ **Il Mulino**, via Fuorimura 7 *℘* 8781216, Fax 8072899, 🌴 – 🖭 🛇 ⓪ 🗧 *VISA* JCB   B   **c**
chiuso martedì escluso da giugno a settembre – **Pasto** carta 30/62000.

sulla strada statale 145 per ② :

🏨 **Gd H. Vesuvio**, via Nastro Verde 7 (O : 1 km) ✉ 80067 Sorrento *℘* 8782645,
Fax 8071170, ≤ *golfo di Napoli e Vesuvio*, 🌴, ☒, 🖙 – 🛗 📇 📺 ☎ & 🚗 ❷ – 🛦 500. 🖭
🛇 ⓪ 🗧 *VISA*. 🎬 rist
chiuso gennaio e febbraio – **Pasto** 35/60000 – **194 cam** ☲ 260/320000, 10 appartamenti –
½ P 110/190000.

🏨 **President** 🏖, via Nastro Verde 26 (O : 3 km) ✉ 80067 Sorrento *℘* 8782262,
Fax 8785411, ≤ *golfo di Napoli e Vesuvio*, « Giardino fiorito e terrazze con ☒ » – 🛗 📺 ☎
❷. 🖭 🛇 ⓪ 🗧 *VISA* JCB. 🎬 rist
15 marzo-ottobre – **Pasto** carta 40/58000 – **82 cam** ☲ 180/300000, 2 appartamenti –
½ P 130/190000.

Vedere anche : *Sant'Agnello* per ① : 2 km.
Vico Equense per ① : 9 km.
Massa Lubrense per ② : 6 km.
Sant'Agata sui Due Golfi per ② : 9 km.

| **Les prix** | Pour toutes précisions sur les prix indiqués dans ce guide, reportez-vous aux pages de l'introduction. |

SOSPIROLO 32037 Belluno 𝟜𝟚𝟡 D 18 – 3 372 ab. alt. 457 – ✪ 0437.
Roma 629 – Belluno 13.

🏨 **Sospirolo Park Hotel** 🏖, località Susin *℘* 89185, Fax 899137, ≤, « Parco », ≋ – 🛗 📺
☎ ❷ – 🛦 30 a 100. 🖭 🛇 🗧 *VISA*. 🎬
Pasto *(chiuso domenica sera e lunedì a mezzogiorno da ottobre a marzo, anche lunedì sera negli altri mesi)* carta 34/56000 – **24 cam** ☲ 80/120000, appartamento – ½ P 70/85000.

SOVANA 58010 Grosseto 𝟜𝟛𝟘 O 16 – alt. 291 – ✪ 0564.
Roma 172 – ✦Firenze 226 – Grosseto 82 – Orbetello 70 – Orvieto 61 – Viterbo 68.

✗✗ **Taverna Etrusca** con cam, *℘* 616183, Fax 614193, 🌴 – 📺 ☎. 🖭 🛇 🗧 *VISA*. 🎬
chiuso gennaio e febbraio – **Pasto** *(chiuso lunedì)* carta 39/51000 – ☲ 10000 – **8 cam**
70/120000 – ½ P 110/120000.

✗✗ **Scilla**, *℘* 616531, Fax 614329, 🌴, 🖙 – ❷ – 🛦 100. 🖭 🛇 ⓪ 🗧 *VISA*. 🎬
chiuso martedì e novembre – **Pasto** carta 33/50000.

SOVERATO 88068 Catanzaro 𝟿𝟠𝟠 ㉟, 𝟜𝟛𝟙 K 31 – 10 476 ab. – ✪ 0967.
🚩 via San Giovanni Bosco 192 *℘* 25432.
Roma 636 – Catanzaro 32 – ✦Cosenza 123 – Crotone 83 – ✦Reggio di Calabria 164.

🏨 **San Domenico**, via della Galleria *℘* 23121, Fax 521109, ≤, 🌴, 🏖 – 🛗 📇 ☎ ❷ –
🛦 200. 🖭 🛇 ⓪ 🗧 *VISA*. 🎬
chiuso dal 20 dicembre a gennaio – **Pasto** carta 43/58000 – ☲ 8000 – **80 cam** 110/155000 –
½ P 110/125000.

🏨 **Gli Ulivi**, via Aldo Moro 1 *℘* 21487, Fax 521194, 🏖, 🖙 – 🛗 📇 📺 ☎ ❷ – 🛦 30. 🖭 🛇
🗧 *VISA*. 🎬
chiuso dal 20 dicembre al 7 gennaio – **Pasto** carta 37/59000 – ☲ 8000 – **46 cam** 95/135000
– ½ P 65/100000.

✗✗ **Il Palazzo**, corso Umberto I 40 *℘* 25336, 🌴 – 📇. 🖭 🛇 ⓪ 🗧 *VISA*. 🎬
chiuso lunedì e dal 1° al 22 novembre – **Pasto** carta 43/61000.

✗✗ **Don Pedro**, via Dopo Lungomare *℘* 25888, ≤, 🏖 – 📇 ❷. 🖭 🛇 ⓪ 🗧 *VISA*
chiuso mercoledì ed ottobre – **Pasto** carta 38/59000.

SOVICILLE 53018 Siena 𝟜𝟛𝟘 M 15 – 7 628 ab. alt. 265 – ✪ 0577.
Roma 240 – Siena 14 – ✦Firenze 78 – ✦Livorno 122 – ✦Perugia 117.

🏨 **Borgo Pretale** 🏖, località Pretale SO : 7 km *℘* 345401, Fax 345625, « Grande parco
con ☒, 🏖, campo pratica golf e tiro con l'arco », 🏋, ≋ – 📺 ☎ ❷ – 🛦 60. 🖭 🛇 ⓪ 🗧
VISA
15 marzo-15 novembre – **Pasto** 50000 – **28 cam** ☲ 200/320000, 5 appartamenti –
½ P 200000.

SPADAROLO Rimini 𝟜𝟛𝟘 J 19 – Vedere Rimini.

SPARONE 10080 Torino 428 F 4, 219 ⑬ – 1 222 ab. alt. 552 – ☎ 0124.
Roma 708 – Torino 48 – Aosta 97 – Milano 146.

La Rocca, ✆ 808867, prenotare – P. AE S O VISA. ⛔
chiuso giovedì e dal 15 gennaio al 15 marzo – **Pasto** carta 51/79000.

SPARTAIA Livorno – Vedere Elba (Isola d') : Marciana Marina.

SPAZZAVENTO Pistoia – Vedere Pistoia.

SPELLO 06038 Perugia 988 ⑯, 430 N 20 – 7 944 ab. alt. 314 – ☎ 0742.
Vedere Affreschi** del Pinturicchio nella chiesa di Santa Maria Maggiore.
Roma 165 – Perugia 31 – Assisi 12 – Foligno 5 – Terni 66.

Palazzo Bocci, via Cavour 17 ✆ 301021, Fax 301464, ← – |‡| ▤ TV ☎ P – 🏛 25. AE S O E VISA JCB. ⛔
Pasto vedere rist **Il Molino** – **17 cam** ☐ 130/200000, 6 appartamenti.

La Bastiglia 🐎, via dei Molini 17 ✆ 651277, Fax 651277, ←, 🍽 – ▤ TV ☎. AE S O E VISA. ⛔
Pasto *(chiuso dal 15 gennaio al 15 febbraio e mercoledì da ottobre a marzo)* carta 34/45000 – ☐ 10000 – **22 cam** 90/100000 – ½ P 95000.

Del Teatro, via Giulia 24 ✆ 301140, Fax 301612 – |‡| TV ☎ – 🏛 30. AE S E VISA. ⛔
Pasto vedere rist **Il Cacciatore** – ☐ 10000 – **11 cam** 80/120000.

Il Molino, piazza Matteotti 6/7 ✆ 651305, 🍽 – AE S O E VISA JCB. ⛔
chiuso martedì – **Pasto** carta 40/57000.

Il Cacciatore con cam, via Giulia 42 ✆ 651141, Fax 301603, ←, 🍽 – ☎. AE S E VISA. ⛔
chiuso lunedì e dal 6 al 20 luglio – **Pasto** carta 30/47000 – ☐ 6000 – **17 cam** 65/90000 – ½ P 80/85000.

SPERLONGA 04029 Latina 988 ㉖, 430 S 22 – 3 397 ab. – a.s. Pasqua e luglio-agosto – ☎ 0771.
Roma 127 – Latina 57 – Napoli 106 – Terracina 18.

Parkhotel Fiorelle 🐎, O : 1 km ✆ 54092, Fax 549246, « Giardino », 🏊, 🏖 – P. ⛔ rist
Pasqua-settembre – **Pasto** 35000 – ☐ 10000 – **33 cam** 110/130000 – ½ P 90/110000.

La Sirenella, via Cristoforo Colombo 25 ✆ 549186, Fax 549189, ←, 🏖 – ▤ cam ☎ P. AE S E VISA. ⛔
Pasto carta 42/61000 – **40 cam** ☐ 160000 – P 110/140000.

Major, via I Romita 4 ✆ 549245, Fax 549244, 🏋, ≘s, 🏖 – ▤ TV ☎ 🚗 P. AE S O E VISA. ⛔
Pasto 40/60000 – **16 cam** ☐ 100/130000 – ½ P 70/90000.

La Bisaccia, via I Romita 25 ✆ 54576 – ▤. AE S E VISA JCB. ⛔
chiuso novembre e martedì (escluso dal 15 giugno a settembre) – **Pasto** carta 33/57000 (10%).

SPEZZANO PICCOLO 87050 Cosenza 431 J 31 – 1 898 ab. alt. 720 – ☎ 0984.
Roma 529 – Catanzaro 110 – Cosenza 13.

Petite Etoile, contrada Acqua Coperta NE : 2 km ✆ 435912, Fax 435912 – ☎ P. VISA JCB. ⛔
Pasto carta 26/37000 – ☐ 2500 – **21 cam** 50/80000 – P 80000.

SPIAZZO 38088 Trento 428 429 D 14 – 1 108 ab. alt. 650 – a.s. 22 gennaio-Pasqua e Natale – ☎ 0465.
Roma 622 – Bolzano 112 – Brescia 96 – Madonna di Campiglio 21 – Milano 187 – Trento 52.

Mezzosoldo, a Mortaso N : 1 km ✆ 801067 – |‡| ☎ P. VISA. ⛔
5 dicembre-15 aprile e 10 giugno-25 settembre – **Pasto** *(chiuso giovedì)* carta 37/45000 – **26 cam** ☐ 80/110000 – ½ P 60/87000.

La Pila, località Fisto ✆ 801341 – P. S. ⛔
chiuso martedì sera, mercoledì ed ottobre – **Pasto** carta 29/43000.

SPILAMBERTO 41057 Modena 428 429 430 I 15 – 10 649 ab. alt. 69 – ☎ 059.
Roma 408 – Bologna 38 – Modena 16.

Da Cesare, via San Giovanni 38 ✆ 784259, Coperti limitati; prenotare – AE S E VISA. ⛔
chiuso domenica sera, lunedì, dal 1° al 15 gennaio e dal 20 luglio al 20 agosto – **Pasto** carta 27/45000.

SPILIMBERGO 33097 Pordenone 988 ⑤, 429 D 20 – 11 046 ab. alt. 132 – ☎ 0427.
Roma 625 – Milano 364 – Pordenone 33 – Tarvisio 97 – Treviso 101 – Trieste 98 – Udine 30.

Gd H. President, via Cividale ✆ 50050, Fax 50333, ≘s – ▤ TV ☎ ♿ P – 🏛 120. AE S O E VISA. ⛔
Pasto *(chiuso venerdì)* carta 34/59000 – ☐ 13000 – **33 cam** 90/150000 – ½ P 120/130000.

La Torre, piazza Castello ✆ 50555, Fax 2998, Coperti limitati; prenotare, « In un castello medioevale » – AE S E VISA. ⛔
chiuso domenica sera e lunedì – **Pasto** carta 36/51000.

70058 Bari 988 ㉘, 431 E 30 – 7 810 ab. alt. 435 – 🕾 0883.
Roma 395 – ◆Foggia 80 – ◆Bari 80 – Potenza 78 – ◆Taranto 134.

🏠 **Golden Ear,** via Coppa 27 ℘ 981525 – 📶 📺 ☎ 🅿. 🆅🆂🅰. ⚶
   Pasto *(chiuso domenica sera)* carta 30/44000 – ⌷ 10000 – **21 cam** 60/80000 – ½ P 80000.

SPINEA **30038** Venezia 429 F 18 – 24 893 ab. – 🕾 041.
Roma 507 – ◆Venezia 18 – Mestre 7 – ◆Padova 29.

🏠 **Raffaello** senza rist, via Roma 305 ℘ 5411660, Fax 5411511 – 📶 🖳 📺 ☎ ⅅ 🅿 – 🔬 100.
   🆀🅴 🕃 🕕 🅴 🆅🆂🅰. ⚶
   ⌷ 8000 – **27 cam** 90/130000.

SPINO D'ADDA **26016** Cremona 428 F 10, 219 ⑳ – 5 003 ab. alt. 84 – 🕾 0373.
Roma 558 – ◆Milano 30 – ◆Bergamo 40 – Cremona 54 – Piacenza 51.

⋇⋇ **Paredes y Cereda,** ℘ 965041, ㈜ – 🅿. 🕃 🕕 🅴 🆅🆂🅰. ⚶
   chiuso lunedì, dal 7 al 26 gennaio e dal 13 al 20 agosto – **Pasto** carta 53/72000.

SPIRANO **24050** Bergamo 428 F 11 – 4 071 ab. alt. 156 – 🕾 035.
Roma 591 – ◆Bergamo 13 – ◆Brescia 48 – ◆Milano 42 – Piacenza 75.

⋇ **Le 3 Noci-da Camillo,** ℘ 877158, ㈜ – 🆀🅴 🕃 🕕 🅴 🆅🆂🅰. ⚶
   chiuso domenica sera, lunedì e dal 1° al 20 agosto – **Pasto** carta 36/64000.

SPOLETO **06049** Perugia 988 ㉖, 430 N 20 – 37 742 ab. alt. 405 – 🕾 0743.
Vedere Piazza del Duomo★ : Duomo★★ Y – Ponte delle Torri★★ Z – Chiesa di San Gregorio Maggiore★ Y D – Basilica di San Salvatore★ Y B.

Dintorni Strada★ per Monteluco per ②.

🛈 piazza Libertà 7 ℘ 220311, Fax 46241.

Roma 130 ② – ◆Perugia 63 ① – Assisi 48 ① – Foligno 28 ① – Orvieto 84 ③ – Rieti 58 ② –
Terni 31 ②.

Pianta pagina seguente

🏰 **Albornoz Palace Hotel,** viale Matteotti ℘ 221221, Fax 221600, ≤, ㈜, ⛲, – 📶 🖳 📺 ☎
   🕭 ⇔ 🅿 – 🔬 400. 🆀🅴 🕃 🕕 🅴 🆅🆂🅰. ⚶   1 km per②
   Pasto *(chiuso lunedì)* carta 46/68000 – ⌷ 20000 – **92 cam** 130/150000, 4 appartamenti –
   ½ P 190/190000.

🏨 **Dei Duchi,** viale Matteotti 4 ℘ 44541, Fax 44543, ≤, ㈜ – 📶 📺 ☎ 🕭 🅿 – 🔬 50 a 70. 🆀🅴
   🕃 🕕 🅴 🆅🆂🅰. ⚶   Z **c**
   Pasto *(chiuso martedì)* 35/50000 – **51 cam** ⌷ 150/165000 – ½ P 115/148000.

🏨 **Il Barbarossa,** via Licina 12 ℘ 43644, Fax 222060 – ▤ 📺 ☎ 🅿 – 🔬 60. 🆀🅴 🕃 🕕 🅴 🆅🆂🅰.
   ⚶   per ①
   Pasto *(chiuso lunedì)* carta 34/51000 – **10 cam** ⌷ 180/250000 – ½ P 110/160000.

🏨 **Gattapone** ⏚ senza rist, via del Ponte 6 ℘ 223447, Fax 223448, ≤, ⛲ – ▤ 📺 ☎ –
   🔬 40. 🆀🅴 🕃 🕕 🅴 🆅🆂🅰. 🅹🅲🅱   Z **d**
   ⌷ 15000 – **6 cam** 140/170000, 7 appartamenti 250000.

🏠 **Charleston** senza rist, piazza Collicola 10 ℘ 220052, Fax 222010, 😓 – 📶 📺 ☎ ⇔ –
   🔬 40. 🆀🅴 🕃 🕕 🅴 🆅🆂🅰. 🅹🅲🅱   Z **v**
   18 cam ⌷ 95/130000.

🏠 **Clarici** senza rist, piazza della Vittoria 32 ℘ 223311, Fax 222010 – 📶 ▤ 📺 ☎ 🅿. 🆀🅴 🕃 🕕
   🅴 🆅🆂🅰. 🅹🅲🅱   Y **n**
   24 cam ⌷ 95/130000.

🏠 **Aurora,** via Apollinare 3 ℘ 223004, Fax 221815 – 📺 ☎ 🅿. 🆀🅴 🕃 🕕 🅴 🆅🆂🅰. 🅹🅲🅱. ⚶   Z **h**
   Pasto vedere rist **Apollinare** – ⌷ 8000 – **15 cam** 75/95000 – ½ P 70/80000.

🏠 **Europa** senza rist, viale Trento e Trieste 201 ℘ 46949, Fax 221654 – 📶 ▤ 📺 ☎. 🕃 🕕 🅴
   🆅🆂🅰   Y
   ⌷ 13000 – **24 cam** 95/105000.

🏠 **Nuovo Clitunno,** piazza Sordini 8 ℘ 223340, Fax 222663 – 📺 ☎. 🆀🅴 🕃 🕕 🅴 🆅🆂🅰   Z **a**
   Pasto *(chiuso mercoledì)* 30/40000 – ⌷ 12000 – **32 cam** 80/108000 – ½ P 80/120000.

⋇⋇⋇ **Apollinare** - Hotel Aurora, via Sant'Agata 14 ℘ 223256 – 🕃 🕕 🅴 🆅🆂🅰. 🅹🅲🅱. ⚶   Z **h**
   chiuso martedì – **Pasto** carta 34/50000.

⋇⋇ **Il Tartufo,** piazza Garibaldi 24 ℘ 40236, Fax 40236 – ▤. 🆀🅴 🕃 🕕 🅴 🆅🆂🅰. ⚶   Y **m**
   chiuso mercoledì e dal 15 luglio al 10 agosto – **Pasto** carta 35/65000.

⋇⋇ **Sabatini,** corso Mazzini 52/54 ℘ 221831, « Servizio estivo all'aperto » – 🕃 🕕 🆅🆂🅰   Z **b**
   chiuso lunedì e dal 1° al 10 agosto – **Pasto** carta 39/63000.

⋇ **Il Pentagramma,** via Tommaso Martani 4/6 ℘ 223141 – 🕃 🕕 🅴 🆅🆂🅰. ⚶   Z **x**
   chiuso lunedì, dal 16 al 30 gennaio e dal 1° al 20 agosto – **Pasto** carta 39/71000.

⋇ **La Barcaccia,** piazza Fratelli Bandiera 3 ℘ 221171, ㈜ – 🆀🅴 🕃 🕕 🅴 🆅🆂🅰. 🅹🅲🅱. ⚶   Z **e**
   chiuso martedì e dal 6 al 25 gennaio – **Pasto** carta 35/52000 (12%).

⋇ Panciolle, con cam, via del Duomo 4 ℘ 45598, ≤, « Servizio estivo in terrazza »   Y **a**
   7 cam.

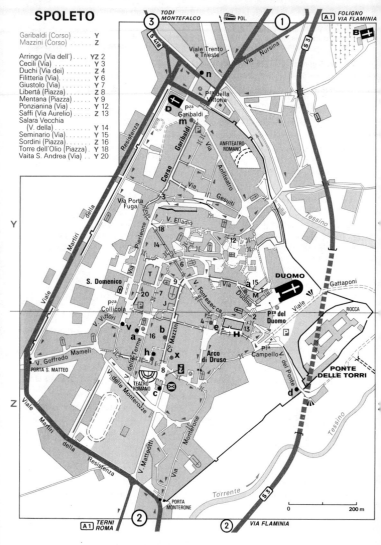

SPOLETO

sulla strada statale 3 - via Flaminia :

✗ **Il Capanno,** località Torrecola per ② : 8 km ✆ 54119, Fax 54119, prenotare, « Servizio estivo all'aperto » – ❷. ⟨AE⟩ 🅱 ⑩ E ⟨VISA⟩. 🛠
   chiuso lunedì – **Pasto** carta 30/51000.

   a San Giacomo per ① : 8 km – ⊠ 06048 :

✗ **Al Palazzaccio-da Piero,** ✆ 520168, Fax 520845, 🏠 – ❷. 🅱 E ⟨VISA⟩. 🛠
   chiuso lunedì e Natale – **Pasto** carta 33/46000.

   Vedere anche : *Monteluco* per ② : 8 km.
   Campello sul Clitunno per ① : 11 km.

608

17028 Savona 988 ⑫ ⑬, 428 J 7 – 4 359 ab. – ❀ 019.

🏛 piazza Matteotti 3 ℰ 745128, Fax 745128.

Roma 560 – ◆Genova 61 – Cuneo 105 – Imperia 61 – ◆Milano 184 – Savona 15.

🏨 **Royal,** lungomare Kennedy 125 ℰ 745074, Fax 745075, ≤, ≘s, ⌁, 🐾, 🐾 – 🛗 🗏 rist 📺
🕿 🅿 – 🔬 200. 🖭 🕄 ⓪ 🗉 🚾. 🛠 rist
Pasqua-ottobre – **Pasto** 40/70000 – 🖙 20000 – **105 cam** 115/220000 – ½ P 85/155000.

🏨 **Tirreno,** via Aurelia 2 ℰ 745106, Fax 745061, ≤, 🐾 – 🛗 🗏 rist 📺 🕿 – 🔬 50. 🖭 🕄 ⓪ 🗉
🚾. 🛠 rist
aprile-ottobre – **Pasto** carta 30/50000 – 🖙 15000 – **38 cam** 90/150000 – ½ P 70/130000.

🏨 **Riviera,** via Berninzoni 18 ℰ 745320, Fax 747782, ⌁, 🐾, 🛠 – 🛗 🗏 rist 📺 🕿 🚗. 🖭 🕄
⓪ 🗉 🚾.
Pasto carta 38/60000 – 🖙 12000 – **48 cam** 100/120000 – ½ P 60/95000.

🏨 **Premuda,** piazza Rizzo 10 ℰ 745157, Fax 747416, ≤, 🐾 – 📺 🕿 🅿. 🖭 🕄 ⓪ 🗉 🚾.
🛠 rist
Pasqua-settembre – **Pasto** carta 35/50000 – 🖙 15000 – **23 cam** 115/120000 – P 70/100000.

🏨 **Ligure,** piazza della Vittoria 1 ℰ 745118, Fax 745110, ≤ – 🛗 📺 🕿. 🖭 🕄 ⓪ 🗉 🚾 💡.
🛠 rist
chiuso da novembre al 21 dicembre – **Pasto** carta 39/49000 – 🖙 12000 – **36 cam** 110000 –
½ P 60/100000.

🏨 **Zunino,** via Serra 23 ℰ 745441, Fax 743301, 🌤 – 🛗 🗏 📺 🕿. 🖭 🕄 🚾. 🛠 rist
Pasto carta 29/55000 – **29 cam** 🖙 85/95000 – ½ P 60/90000.

🏨 **Miramare** senza rist, via Aurelia 70 ℰ 745116, Fax 745142, 🛠 – 🛗 📺 🕿 🅿. 🖭 🕄 ⓪ 🗉
🚾.
Pasto *(giugno-settembre)* carta 29/54000 – 🖙 25000 – **24 cam** 105/135000 – ½ P 60/95000.

🏛 **Aurora,** piazza Rizzo 9 ℰ 745169, Fax 745832, 🐾 – 📺 🕿. 🖭 🕄 🗉 🚾. 🛠 rist
Pasto *(chiuso mercoledì escluso da giugno a settembre)* 28/35000 – 🖙 10000 – **33 cam**
75/90000 – P 60/95000.

🏛 **Vallega,** via 25 Aprile 12 ℰ 745137, Fax 745138 – 🛗 🕿. 🖭 🕄 ⓪ 🚾. 🛠 rist
chiuso dal 15 ottobre al 15 gennaio – **Pasto** carta 35/62000 – 🖙 70/100000 –
½ P 65/90000.

🍴 **A Sigògna,** via Garibaldi 13 ℰ 745016, 🌤, Specialità di mare – 🖭 🕄 ⓪ 🗉 🚾
chiuso da ottobre al 10 dicembre e martedì (escluso dal 10 giugno al 10 settembre) – **Pasto**
carta 42/60000.

31027 Treviso 429 E 18 – 8 657 ab. alt. 56 – ❀ 0422.

Roma 558 – ◆Venezia 44 – Belluno 64 – Treviso 14 – Vicenza 72.

🍴🍴 **Da Domenico,** località Lovadina SE : 3 km ℰ 881261, Fax 887074, 🛠 – 🅿 – 🔬 30. 🖭 🕄
⓪ 🗉 🚾. 🛠
chiuso lunedì sera, martedì e dal 15 al 30 luglio – **Pasto** carta 28/50000.

56020 Pisa 430 K 14 – alt. 28 – ❀ 0571.

Roma 312 – ◆Firenze 52 – Pisa 36 – ◆Livorno 46 – Pistoia 33 – Siena 85.

🍴🍴 Da Beppe, ℰ 37002, 🌤 – 🗏

= Collepietra.

(STILFSER JOCH) Bolzano e Sondrio 988 ④, 428 429 C 13 – alt. 2 757 –
Sport invernali : solo sci estivo (giugno-ottobre) : 2 757/3 400 m ⫞ 3 ⫞ 14, ⫞.
Roma 740 – ◆Bolzano 103 – Bormio 20 – Merano 75 – ◆Milano 222 – Trento 161.

🏨 **Passo dello Stelvio-Stilfserjoch,** ✉ 39020 Stelvio ℰ (0342) 903162, Fax 903664,
≤ gruppo Ortles e vallata, ≘s – 🛗 🕿 🚗 🅿. 🕄 🗉 🚾. 🛠 rist
25 maggio-2 novembre – **Pasto** 27/30000 – **60 cam** 🖙 95/160000 – ½ P 85/115000.

38070 Trento 428 429 D 14 – 971 ab. alt. 660 – a.s. 20 dicembre-10 gennaio – ❀ 0465.
Roma 603 – ◆Brescia 103 – ◆Milano 194 – Riva del Garda 29 – Trento 33.

a Villa Banale E : 3 km – ✉ **38070** :

🏛 **Alpino,** ℰ 71459 – 🛗 🕿 🅿. 🕄 🚾. 🛠
Pasto *(chiuso martedì e da novembre a marzo)* 23/26000 – 🖙 8000 – **33 cam** 50/90000 –
½ P 60/71000.

= Vipiteno.

= Stelvio (Passo dello).

Sassari 988 ㉓, 433 E 6 – Vedere Sardegna alla fine dell'elenco alfabetico.

27049 Pavia 988 ⑬, 428 G 9 – 11 310 ab. alt. 101 – ❀ 0385.
Roma 547 – Alessandria 62 – ◆Genova 116 – ◆Milano 59 – Pavia 21 – Piacenza 36.

🏛 **Italia,** via Mazzini 4 ℰ 245178, Fax 48474 – 🛗 🗏 📺 🕿 ♿ 🅿 – 🔬 80. 🖭 🕄 ⓪ 🗉 🚾 💡
Pasto *(chiuso domenica)* carta 27/50000 – 🖙 8000 – **30 cam** 75/120000 – ½ P 88/110000.

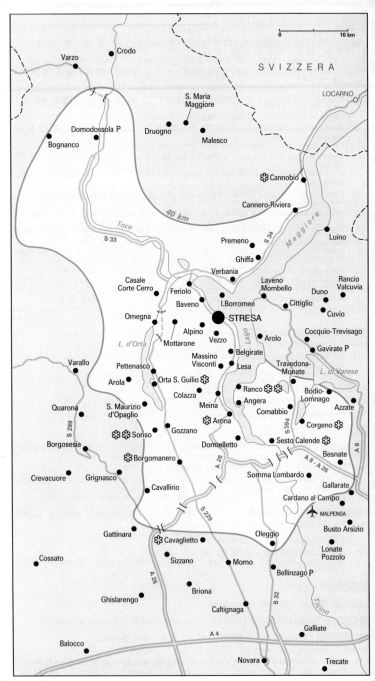

Vedere Cornice pittoresca★★ – Villa Pallavicino★ Y.

Escursioni Isole Borromee★★★ : giro turistico da 5 a 30 mn di battello – Mottarone★★★ O : 29 km (stradali Armeno) o 18 km (strada panoramica di Alpino, a pedaggio da Alpino) o 15 mn di funivia Y.

🏌 Des Iles Borromeés (aprile-novembre; chiuso lunedì escluso luglio-agosto) località Motta Rossa ⊠ 28010 Brovello Carpugnino ✆ 30243, Fax 31075, per ① : 5 km;

🏌 Alpino (aprile-novembre; chiuso martedì escluso dal 28 giugno al 6 settembre) a Vezzo ⊠ 28040 ✆ 20101, Fax 20642, per ② : 7,5 km.

🚢 per le Isole Borromee giornalieri (da 10 a 30 n) – Navigazione Lago Maggiore, piazza Marconi ✆ 30341, Fax 933843.

🖪 via Principe Tomaso 70/72 ✆ 30150, Fax 32561.

Roma 657 ① – Brig 108 ③ – Como 75 ① – Locarno 55 ③ – ◆Milano 80 ① – Novara 56 ① – ◆Torino 134 ①.

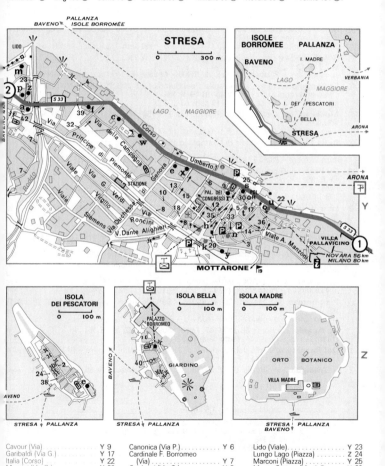

Des Iles Borromées, lungolago Umberto I 67 *&* 30431, Telex 200377, Fax 32405, « Parco e giardino fiorito con ≤ isole Borromee », *Is*, *≘s*, *⚓*, *%* – |§| 🍴 📺 ⚙ ⓑ ⟵ ❶ – 🛗 30 a 250. 🖭 🅑 ⓞ **E** *VISA*. *%* rist ⬝⬝⬝⬝⬝⬝⬝⬝⬝⬝⬝⬝⬝⬝⬝⬝⬝⬝⬝ Y **w**
Pasto 95000 – **161 cam** ⊑ 333/518000, 11 appartamenti – ½ P 277/334000.

La Palma, lungolago Umberto I 33 *&* 933906, Telex 200541, Fax 933930, ≤ isole Borromee e monti, « Piccolo giardino con ⟁ riscaldata direttamente sul lago », *Is*, *≘s* – |§| ▤ cam 📺 ⚙ ⟵ ❶ – 🛗 30 a 250. 🅑 **E** *VISA* *JCB*. *%* rist ⬝⬝⬝⬝⬝⬝⬝⬝⬝ Y **e**
marzo-25 novembre – **Pasto** 42/50000 – ⊑ 18500 – **121 cam** 150/240000, 5 appartamenti – ½ P 100/165000.

Astoria, lungolago Umberto I 31 *&* 32566, Telex 200085, Fax 933785, ≤ isole Borromee, « Parco e giardino fiorito con ⟁ riscaldata », *Is*, *≘s* – |§| ▤ 📺 ⚙ ❶ – 🛗 30 a 60. 🖭 ⓞ **E** *VISA*. *%* rist ⬝⬝⬝⬝⬝⬝⬝⬝⬝⬝⬝⬝⬝⬝⬝⬝⬝⬝⬝⬝⬝⬝⬝⬝⬝⬝⬝⬝⬝ Y **x**
aprile-25 ottobre – **Pasto** 42000 – **96 cam** ⊑ 150/260000 – ½ P 110/180000.

Bristol, lungolago Umberto I 73 *&* 32601, Telex 200217, Fax 33622, ≤ lago e monti, « Parco », *Is*, *≘s*, ⟁, ▨ – |§| ▤ cam 📺 ⚙ ❶ – 🛗 30 a 300. 🖭 🅑 ⓞ **E** *VISA*. *%* rist ⬝⬝⬝⬝⬝⬝⬝⬝⬝⬝⬝⬝⬝⬝⬝⬝⬝⬝⬝⬝⬝⬝⬝⬝⬝⬝⬝⬝⬝⬝⬝⬝⬝⬝⬝⬝⬝⬝⬝ Y **c**
15 marzo-7 novembre – **Pasto** carta 50/75000 – ⊑ 20000 – **244 cam** 180/260000, 4 appartamenti – ½ P 80/190000.

Milan e Speranza au Lac, piazza Imbarcadero *&* 31190, Fax 32729, ≤ lago, monti e isole Borromee – |§| ▤ 📺 ⚙ – 🛗 30 a 100. 🖭 🅑 ⓞ **E** *VISA*. *%* rist ⬝⬝⬝⬝⬝ Y **s**
25 marzo-ottobre – **Pasto** 35/43000 – ⊑ 15000 – **160 cam** 125/185000 – ½ P 85/135000.

Royal, strada statale del Sempione 22 *&* 32777, Fax 33633, ≤, 😱, « Giardino fiorito » – |§| 📺 ⚙ ❶ – 🛗 60. 🅑 **E** *VISA* *%* ⬝⬝⬝⬝⬝⬝⬝⬝⬝⬝⬝⬝⬝⬝⬝⬝⬝⬝⬝⬝⬝⬝⬝⬝⬝⬝⬝⬝ Y **z**
aprile-ottobre – **Pasto** 30/45000 – ⊑ 15000 – **45 cam** 95/140000 – ½ P 80/115000.

La Fontana senza rist, strada statale del Sempione 1 *&* 32707, Fax 32708, ≤, « Piccolo parco ombreggiato » – 📺 ⚙ ❶. 🅑 ⓞ **E** *VISA* ⬝⬝⬝⬝⬝⬝⬝⬝⬝⬝⬝⬝⬝⬝⬝⬝⬝⬝⬝⬝⬝⬝⬝⬝⬝⬝⬝⬝⬝⬝⬝⬝ Y **f**
chiuso novembre – ⊑ 12000 – **19 cam** 83/100000.

Moderno, via Cavour 33 *&* 933773, Fax 933775, 😱 – |§| 📺 ⚙. *%* rist ⬝⬝ Y **r**
marzo-ottobre – **Pasto** carta 35/52000 – ⊑ 12000 – **53 cam** 85/125000 – ½ P 75/100000.

Della Torre, strada statale del Sempione 45 *&* 32555, Fax 31175, « Giardino fiorito » – |§| ⚙ ❶. 🅑 ⓞ **E** *VISA*. *%* rist ⬝⬝⬝⬝⬝⬝⬝⬝⬝⬝⬝⬝⬝⬝⬝⬝⬝⬝⬝⬝⬝⬝⬝⬝⬝⬝⬝⬝⬝⬝⬝⬝⬝⬝⬝⬝⬝⬝ Y **a**
aprile-ottobre – **Pasto** 27/40000 – ⊑ 15000 – **44 cam** 100/120000 – ½ P 75/100000.

Du Parc, via Gignous 1 *&* 30335, Fax 33596, « Piccolo parco », 😱 – |§| 📺 ⚙ ❶. 🖭 🅑 ⓞ **E** *VISA*. *%* rist ⬝⬝⬝ Y **y**
Pasqua-15 ottobre – **Pasto** (solo per clienti alloggiati) 25/35000 – ⊑ 15000 – **34 cam** 100/140000 – ½ P 75/105000.

Lido "La Perla Nera" 🛥, al lido di Carciano *&* 33611, ≤, « Giardino fiorito » – |§| 📺 ⚙. 🖭 🅑 ⓞ **E** *VISA*. *%* rist ⬝⬝ Y **m**
Pasqua-ottobre – **Pasto** 30000 – **26 cam** ⊑ 110/150000 – ½ P 100000.

Flora, strada statale del Sempione 26 *&* 30524, Fax 33372, ≤, 😱 – 📺 ⚙ ❶. 🖭 🅑 **E** *VISA* ⬝⬝ Y **p**
16 marzo-3 novembre – **Pasto** 20/55000 – ⊑ 14000 – **21 cam** 75/100000 – ½ P 45/85000.

L'Emiliano, corso Italia 50 *&* 31396, Fax 33474, prenotare – 🖭 🅑 ⓞ **E** *VISA* *JCB*. *%* ⬝⬝⬝ Y **u**
chiuso martedì, mercoledì a mezzogiorno, dal 10 gennaio al 16 febbraio e dal 15 novembre al 4 dicembre – **Pasto** 55000 (10%) e carta 58/103000 (10%).

Piemontese, via Mazzini 25 *&* 30235, « Servizio estivo all'aperto » – 🖭 🅑 ⓞ **E** *VISA* ⬝⬝ Y **t**
chiuso lunedì e da gennaio al 15 febbraio – **Pasto** carta 43/64000 (10%).

Da Angelo, via Roma 88 *&* 31147, Fax 933809, 😱 – 🖭 ⓞ **E** *VISA*. *%* ⬝⬝⬝⬝⬝⬝⬝⬝⬝⬝⬝ Y **h**
chiuso lunedì e gennaio – **Pasto** carta 43/63000.

Del Pescatore, vicolo del Poncivo 3 *&* 31986, Specialità di mare – 🅑 **E** *VISA* ⬝⬝⬝⬝ Y **n**
chiuso giovedì e Natale – **Pasto** carta 27/54000.

Il Triangolo, via Roma 61 *&* 32736, 😱, Rist. e pizzeria – 🖭 🅑 ⓞ **E** *VISA* *JCB*. *%* ⬝⬝⬝ Y **k**
chiuso dal 15 al 30 novembre e martedì escluso da giugno a settembre – **Pasto** carta 32/50000.

sulla strada statale 33 per ③ : 1,5 km :

Villaminta, strada statale del Sempione 123 ✉ 28049 *&* 933818, Fax 933955, ≤ isole Borromee, 😱, « Parco fiorito e terrazza con ⟁ riscaldata », *Is*, *%* – |§| 📺 ⚙ ❶ – 🛗 40. 🖭 🅑 ⓞ **E** *VISA*. *%* rist
aprile-ottobre – **Pasto** 50000 – ⊑ 26000 – **57 cam** 200/250000, 5 appartamenti – ½ P 130/180000.

a Someraro NO : 4 km per via Duchessa di Genova Y – ✉ **28049** Stresa :

Al Rustico, *&* 32172, Coperti limitati; prenotare, « Ambiente romantico » – ❶. 🖭 🅑 ⓞ **E** *VISA*. *%*
chiuso mercoledì – **Pasto** carta 36/52000.

Vedere anche : **Borromee (Isole)** N : da 5 a 30 mn di battello.

STROMBOLI (Isola) Messina 988 ③⑦ ③⑧, 431 432 K 27 – Vedere Sicilia (Eolie, isole) alla fine dell'elenco alfabetico.

STRONCONE 05039 Terni 430 O 20 – alt. 451 – ✪ 0744.

Roma 112 – Rieti 45 – Terni 9.

X **Taverna de Porta Nova**, 🖉 60496, « In un convento quattrocentesco » – 🏠 **E** 🎟️. ⅌
chiuso a mezzogiorno (escluso i giorni festivi), mercoledì e dal 15 al 30 luglio – **Pasto** carta 25/44000.

STROVE Siena 430 L 15 – Vedere Monteriggioni.

STROZZACAPPONI Perugia – Vedere Corciano.

STUPINIGI 10040 Torino 428 G 4 – alt. 244 – ✪ 011.

Vedere Palazzina Mauriziana★.

🏌 (chiuso lunedì ed agosto) 🖉 3472640, Fax 3978038, NE : 2 km FU k (vedere Torino p. 1);
🏌 (chiuso lunedì e dal 21 dicembre al 9 gennaio) a Vinovo ✉ 10048 🖉 9653880, Fax 9623748, S : 2 km FU (vedere Torino p.1).

Roma 668 – ◆Torino 16 – Cuneo 92 – ◆Milano 161 – Sestriere 81.

Pianta d'insieme di Torino (Torino p. 2)

XX **Le Cascine**, O : 2 km 🖉 9002581, Fax 9002360, 🌫️, « Parco fiorito con laghetto » – 🅿️.
🖪 🏠 ⑩ **E** 🎟️   FU **v**
maggio-ottobre; chiuso lunedì – **Pasto** carta 48/58000.

STURLA Genova – Vedere Genova.

SU GOLOGONE Nuoro 433 G 10 – Vedere Sardegna (Oliena) alla fine dell'elenco alfabetico.

SULDEN = Solda.

SULMONA 67039 L'Aquila 988 ②⑦, 430 P 23 – 25 484 ab. alt. 375 – ✪ 0864.

Vedere Palazzo dell'Annunziata★★ – Porta Napoli★.

Escursioni Massiccio degli Abruzzi★★★.

🖪 via Roma 21 🖉 53276.

Roma 154 – L'Aquila 73 – Avezzano 57 – Chieti 62 – Isernia 76 – ◆Napoli 186 – ◆Pescara 73.

🏨 Europa Park Hotel, strada statale N : 3,5 km 🖉 251260, Fax 251317, 🌫️, ⅌ – 🛗 📺 ☎ 🅿️ –
🔺 40 a 250
105 cam.

🏨 **Armando's**, via Montenero 15 🖉 210783 – 🛗 📺 ☎ 🅿️. 🖪 🏠 ⑩ **E** 🎟️. ⅌
Pasto (solo per clienti alloggiati e chiuso dal 24 dicembre al 6 gennaio) carta 22/26000 –
18 cam ⊇ 80/100000.

XX **Rigoletto**, via Stazione Introdacqua 46 🖉 55529 – 🖪 🏠 ⑩ **E** 🎟️. ⅌
chiuso domenica sera, martedì, dal 23 dicembre al 5 gennaio e dal 15 al 31 luglio – **Pasto** carta 29/43000.

X **Italia**, piazza 20 Settembre 26 🖉 33070 – 🖪 🏠 ⑩ 🎟️
chiuso lunedì e dal 1° al 15 luglio – **Pasto** carta 26/39000.

X Tartana 2, strada statale N : 2,5 km 🖉 251165, Specialità di mare, prenotare

SULPIANO Torino 428 G 6 – alt. 175 – ✉ 10020 Verrua Savoia – ✪ 0161.

Roma 648 – ◆Torino 45 – Asti 47 – ◆Milano 122 – Vercelli 37.

X **Palter**, 🖉 846193 – 🅿️. 🖪 **E** 🎟️. ⅌
chiuso lunedì e luglio – **Pasto** carta 25/47000.

SULZANO 25058 Brescia 428 429 E 12 – 1 349 ab. alt. 205 – a.s. Pasqua e luglio-15 settembre –
✪ 030.

Roma 586 – ◆Brescia 28 – ◆Bergamo 44 – Edolo 72 – ◆Milano 85.

🏨 **Aquila**, 🖉 985383, 🌫️, 🌫️ – 🅿️. ⅌ rist
chiuso gennaio e febbraio – **Pasto** (chiuso lunedì in bassa stagione) carta 35/55000 –
⊇ 7000 – **19 cam** 40/90000 – ½ P 61/71000.

XX **Le Palafitte**, S : 1,5 km 🖉 985145, Fax 985295, ≤, 🌫️, prenotare, « Padiglione sul
lago » – 🅿️. 🖪 🏠 🎟️
chiuso novembre, lunedì sera e martedì (escluso luglio-agosto) – **Pasto** carta 39/61000.

Vedere anche : **Monte Isola** NO : 10 mn di barca.

SUPERGA Torino – alt. 670.

Vedere Basilica★ : ≤★★★, tombe reali★.

Roma 662 – Asti 48 – ◆Milano 144 – ◆Torino 10 – Vercelli 75.

SUSA 10059 Torino 988 ⑪, 428 G 3 – 6 721 ab. alt. 503 – a.s. giugno-settembre e Natale – ☎ 0122.

Roma 718 – Briançon 55 – ◆Milano 190 – Col du Mont Cenis 30 – ◆Torino 53.

Napoleon, via Mazzini 44 ✆ 622855, Fax 31900 – |♦| TV ☎ ⇔. AE ⓢ E VISA. ✻ rist
Pasto *(chiuso gennaio e sabato escluso da luglio a settembre)* 32/45000 – ☐ 12000 – **62 cam** 90/120000 – ½ P 100/120000.

a Mompantero N : 2 km – ✉ **10059** :

Da Camillo, ✆ 622954, Fax 622954 – Ⓟ. AE ⓢ E VISA
chiuso mercoledì e dal 10 al 31 agosto – **Pasto** carta 20/37000.

SUZZARA 46029 Mantova 988 ⑭, 428 429 I 9 – 17 686 ab. alt. 20 – ☎ 0376.

Roma 453 – ◆Parma 48 – ◆Verona 64

Cavallino Bianco con cam, via Luppi Menotti 11 ✆ 531676, Fax 531148, « Raccolta di quadri moderni » – ▤ TV ☏. AE ⓢ ⓓ E VISA. ✻ rist
chiuso dal 1° al 20 agosto – **Pasto** *(chiuso sabato)* carta 31/45000 – ☐ 5000 – **16 cam** 50/80000 – ½ P 65000.

Da Battista, piazza Castello 14/a ✆ 531225 – ⓢ ⓓ E VISA. ✻
chiuso domenica ed agosto – **Pasto** carta 27/50000.

TABIANO BAGNI 43030 Parma 428 429 H 12 – alt. 162 – Stazione termale (marzo-novembre), a.s. agosto-25 ottobre – ☎ 0524.

i (agosto-ottobre) viale delle Fonti ✆ 66245.

Roma 486 – ◆Parma 31 – ◆Bologna 124 – Fidenza 8 – ◆Milano 110 – Salsomaggiore Terme 5.

Grande Albergo Astro ⑤, ✆ 565523, Telex 532297, Fax 565497, ≤, Fá, ♀ – |♦| ▤ cam TV ☎ ⇔ Ⓟ – 🏛 30 a 850. AE ⓢ ⓓ E VISA. ✻ rist
Pasto (solo per clienti alloggiati) carta 52/74000 – **115 cam** ☐ 170/220000, ▤ 10000 – ½ P 150/190000.

Ducale, ✆ 565132, Fax 565150, ≤ – |♦| TV ☎ Ⓟ. AE ⓢ ⓓ E VISA. ✻
25 aprile-5 novembre – **Pasto** 30/45000 – ☐ 15000 – **104 cam** 90/130000 – ½ P 75/90000.

Napoleon, ✆ 565261, Fax 565230, ⛱ – |♦| ⇔ rist ▤ rist TV ☎ Ⓟ – 🏛 60. AE ⓢ VISA. ✻
Pasto 35/45000 – **56 cam** ☐ 100/120000 – ½ P 70/90000.

Rossini ⑤, ✆ 565173, Fax 565734 – |♦| ⇔ rist TV ☎ Ⓟ. ✻ rist
aprile-novembre – **Pasto** 40000 – ☐ 10000 – **57 cam** 65/95000 – P 76/84000.

Quisisana, ✆ 565252, Fax 565101, 🌳 – |♦| TV ☎ Ⓟ. ⓢ E VISA. ✻ rist
15 aprile-15 novembre – **Pasto** 30/35000 – ☐ 10000 – **50 cam** 65/98000 – ½ P 65/75000.

Pandos ⑤, ✆ 565276, ⛱, 🌳 – |♦| ⇔ TV ☎ Ⓟ. ⓢ E VISA. ✻ rist
15 aprile-4 novembre – **Pasto** 40000 – ☐ 15000 – **57 cam** 90/110000 – ½ P 70/80000.

Park Hotel Fantoni ⑤, ✆ 565141, Fax 565141, ⛱, 🌳 – |♦| TV ☎ Ⓟ. ⓢ ⓓ E VISA. ✻ rist
aprile-novembre – **Pasto** 30/40000 – ☐ 10000 – **34 cam** 65/98000 – ½ P 74/85000.

Royal, ✆ 565260, Fax 565267, ⛱ – |♦| ⇔ rist TV ☎ Ⓟ
27 cam.

Panoramik, ✆ 565423, Fax 565594, ≤, ⛱, 🌳 – |♦| TV ☎ Ⓟ. AE ⓢ E VISA. ✻
marzo-novembre – **Pasto** carta 31/48000 – ☐ 10000 – **37 cam** 78/100000 – ½ P 70/75000.

Locanda del Colle-da Oscar, al Castello S : 3,5 km ✆ 565702, 🏠, Coperti limitati; prenotare – Ⓟ. AE ⓢ ⓓ E VISA JCB. ✻
chiuso dal 1° al 15 febbraio e lunedì (escluso da agosto a settembre) – **Pasto** carta 39/57000.

TAGLIATA Ravenna – Vedere Cervia.

TAGLIO DI PO 62028 Rovigo 988 ⑮, 429 G 18 – 8 539 ab. – ☎ 0426.

Roma 425 – ◆Ravenna 73 – Chioggia 27 – Rovigo 38.

Tessarin, piazza Venezia 4 ✆ 346347, Fax 346346 – |♦| ▤ TV ☎ ♿ Ⓟ – 🏛 80. AE ⓢ ⓓ E VISA JCB. ✻ rist
Pasto *(chiuso venerdì escluso luglio-agosto)* carta 35/60000 – ☐ 10000 – **32 cam** 85/110000 – ½ P 75/95000.

TAGLIOLO MONFERRATO 15070 Alessandria 428 I 8 – 1 382 ab. alt. 315 – ☎ 0143.

Roma 552 – ◆Genova 54 – Acqui Terme 27 – Alessandria 43 – ◆Milano 117 – Savona 64 – ◆Torino 128.

Parco Colma ⑤, strada panoramica Colma 15 (S : 2 km) ✆ 896309, 🌳 – TV ☎ Ⓟ. ⓢ ⓓ E VISA. ✻ rist
Pasto *(chiuso lunedì)* carta 25/39000 – **15 cam** ☐ 70/110000 – ½ P 70/80000.

TALAMONE Grosseto 430 O 15 – Vedere Fonteblanda.

TALSANO 74029 Taranto 431 F 33 – alt. 24 – ☎ 099.

Roma 507 – ◆Brindisi 69 – Lecce 82 – ◆ Taranto 11.

a Lama SO : 3,5 km – ✉ **74020** :

Le Vecchie Cantine, via Girasoli 23 ✆ 7772589, 🏠, prenotare – Ⓟ. ⓢ ⓓ E VISA
chiuso a mezzogiorno e mercoledì (escluso da ottobre a maggio) – **Pasto** carta 35/57000.

TAMBRE Belluno 429 D 19 – 1 653 ab. alt. 922 – ⊠ **32010** Tambre d'Alpago – ☏ 0437.

Cansiglio (aprile-novembre) a Pian del Cansiglio ⊠ 31029 Vittorio Veneto ☏ (0438) 585398, S : 11 km.

piazza 11 Gennaio 1945 ☏ 49277, Fax 49246.

Roma 613 – Belluno 28 – Cortina d'Ampezzo 83 – ♦Milano 352 – Treviso 73 – ♦Venezia 102.

Alle Alpi, via Campei 32 ☏ 49022, ≘, ⚘, ✂ – 🛗 📺 🅟. ✂
chiuso ottobre e novembre – **Pasto** *(chiuso mercoledì)* 25/35000 – ☕ 10000 – **28 cam** 80/100000 – ½ P 50/80000.

Col Indes ⛰ con cam, SE : 5 km, alt. 1 250 ☏ 49274, ← – ☎ 🅟
6 cam.

a Piano del Cansiglio S : 11 km – alt. 1 028 – ⊠ **32010** Spert d'Alpago :

Rifugio Sant'Osvaldo ⛰, ☏ (0438) 585353, ← – ☎ 🅟. AE 🅢 ⓓ E VISA. ✂
chiuso dal 1º al 10 giugno, dal 10 al 25 novembre e lunedì (escluso dal 20 dicembre al 10 gennaio e dal 15 giugno al 15 settembre) – **Pasto** carta 29/51000.

TAMION Trento – Vedere Vigo di Fassa.

TAORMINA Messina 988 ㊲, 432 N 27 – Vedere Sicilia alla fine dell'elenco alfabetico.

La carta Michelin nº 431 ITALIA Sud 1/400 000.

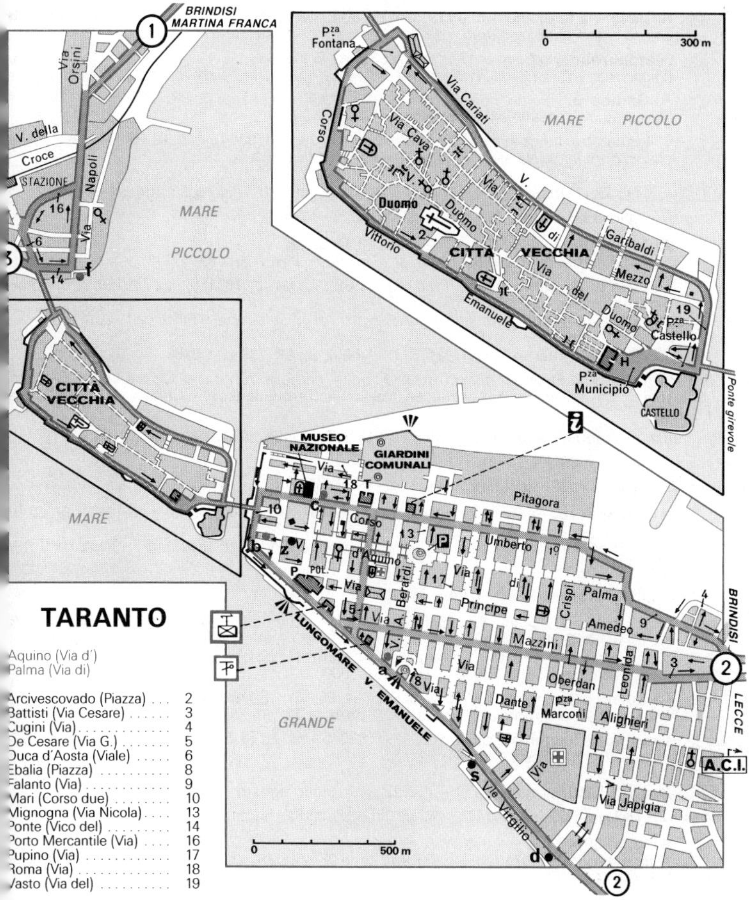

TARANTO

Aquino (Via d')
Palma (Via di)

Arcivescovado (Piazza)	2
Battisti (Via Cesare)	3
Cugini (Via)	4
De Cesare (Via G.)	5
Duca d'Aosta (Viale)	6
Ebalia (Piazza)	8
Falanto (Via)	9
Mari (Corso due)	10
Mignogna (Via Nicola)	13
Ponte (Vico del)	14
Porto Mercantile (Via)	16
Pupino (Via)	17
Roma (Via)	18
Vasto (Via del)	19

74100 🅿 988 ㉘, 431 F 33 – 231 350 ab. – ✪ 099.

Vedere Museo Nazionale★★ : ceramiche★★★, sala degli ori★★★ – Lungomare Vittorio Emanuele★★ – Giardini Comunali★ – Cappella di San Cataldo★ nel Duomo.

🐀 (chiuso martedì da ottobre a maggio) a Riva dei Tessali ⊠ 74011 Castellaneta ℘ 6439251, Telex 860086, Fax 6439255, per ③ : 34 km.

🚹 corso Umberto 113 ℘ 432392, Fax 432397.

A.C.I. via Giustino Fortunato ℘ 361214.

Roma 532 ③ – ♦Bari 94 ③ – ♦Napoli 344 ③.

Pianta pagina precedente

🏨 **Gd H. Delfino**, viale Virgilio 66 ℘ 3205, Telex 860113, Fax 3205, ≤, 😭, ⊥ – 🛗 🗏 📺 ☎ 👌 ❻ – 🔬 25 a 350. 🖭 ⑤ ⓪ 🗲 🚾. 🛠 rist   **d**
Pasto carta 44/66000 – **200 cam** ⊈ 130/180000, 6 appartamenti – ½ P 170000.

🏨 **Palace**, viale Virgilio 10 ℘ 4594771, Telex 860183, Fax 4594771, ≤ – 🛗 🗏 📺 ☎ ⇐ ❻ – 🔬 25 a 300. 🖭 ⑤ ⓪ 🗲 🚾. 🛠   **s**
Pasto carta 37/54000 – **73 cam** ⊈ 125/200000 – ½ P 135/165000.

🏨 **Plaza**, via d'Aquino 46 ℘ 4590775, Fax 4590675 – 🛗 🗏 📺 ☎ – 🔬 70 a 250. 🖭 ⑤ ⓪ 🗲 🚾. 🛠   **z**
Pasto 20/35000 – ⊈ 8000 – **112 cam** 100/140000, 🗏 10000 – ½ P 95000.

🏠 **La Spezia** senza rist, via La Spezia 23 ℘ 390028, Fax 7373372 – 🛗 ㉘. 🖭
⊈ 4000 – **28 cam** 63/106000.   *per via Cesare Battisti*

XXX **Monsieur Mimmo**, viale Virgilio 101 ℘ 372691 – 🗏 ❻. 🖭 ⑤ ⓪ 🗲 🚾   *per ②*
chiuso domenica – **Pasto** 60/80000 (20%).

XX **Il Caffè**, via d'Aquino 8 ℘ 4525097 – 🗏. 🖭 ⑤ ⓪ 🗲 🚾   **b**
chiuso lunedì a mezzogiorno e dal 10 al 25 agosto – **Pasto** carta 45/60000.

XX **Marcaurelio**, via Cavour 17 ℘ 4527893 – 🗏. 🗲 🚾. 🛠   **c**
chiuso martedì, dal 24 al 28 dicembre e dal 12 al 17 agosto – **Pasto** carta 30/55000.

XX **Al Gambero**, vico del Ponte 4 ℘ 4711190, ≤, 😭 – 🖭 ⑤ ⓪ 🗲 🚾. 🛠   **f**
chiuso lunedì e novembre – **Pasto** carta 32/58000 (15%).

XX **L'Assassino**, lungomare Vittorio Emanuele III 29 ℘ 4593447 – 🗏. ⑤ ⓪ 🚾. 🛠   **a**
chiuso domenica, Natale e Ferragosto – **Pasto** carta 33/54000.

33017 Udine 988 ⑥, 429 D 21 – 8 431 ab. alt. 230 – a.s. luglio-agosto – ✪ 0432.
Roma 657 – ♦Milano 396 – Tarvisio 76 – ♦Trieste 90 – Udine 19 – ♦Venezia 146.

XX **Al Mulin Vieri**, ℘ 785076, 😭 – ❻. 🖭 ⑤ ⓪ 🗲 🚾
chiuso lunedì sera, martedì e dal 10 al 28 ottobre – **Pasto** carta 42/56000.

X **Ostarie di Santine**, località Pradandons SE : 2,5 km ℘ 785119, Fax 785119, « Giardino ombreggiato » – ❻. 🖭 ⓪ 🚾. 🛠
chiuso martedì sera, mercoledì e dal 23 agosto al 15 settembre – **Pasto** carta 25/41000.

01016 Viterbo 988 ㉕, 430 P 17 – 14 052 ab. alt. 133 – ✪ 0766.

Vedere Necropoli Etrusca★★ : pitture★★★ nelle camere funerarie SE : 4 km – Palazzo Vitelleschi★ : cavalli alati★★★ nel museo Nazionale Tarquiniense★ – Chiesa di Santa Maria in Castello★.

🐀 (chiuso martedì) località Marina Velca ⊠ 01016 Tarquinia ℘ 812109, Fax 812109.

🚹 piazza Cavour 1 ℘ 856384, Fax 846479.

Roma 96 – Civitavecchia 20 – Grosseto 92 – Orvieto 90 – Viterbo 45.

XX **Il Bersagliere**, via Benedetto Croce 2 ℘ 856047, 😭, Specialità di mare, 🐎 – ❻. 🖭 ⑤ ⓪ 🗲 🚾. 🛠
chiuso domenica sera, lunedì, dal 16 al 31 dicembre e dal 16 al 31 luglio – **Pasto** carta 40/60000 (10%).

a Lido di Tarquinia SO : 6 km – ⊠ 01010 :

🏨 **Velcamare**, ℘ 864380, Fax 864024, « Servizio estivo all'aperto », ⊥, 🐎 – 🗏 📺 ☎ 👌 ❻. 🖭 ⑤ ⓪ 🗲 🚾 🃏. 🛠 rist
febbraio-ottobre – **Pasto** *(chiuso martedì escluso da giugno a settembre)* carta 55/91000 (5%) – **20 cam** ⊈ 100/160000 – ½ P 115/130000.

🏨 **La Torraccia** senza rist, ℘ 864375, Fax 864296, 🐎 – 📺 ☎ – 🔬 50. 🖭 ⑤ ⓪ 🗲 🚾. 🛠
chiuso dal 20 dicembre all'8 gennaio – **18 cam** ⊈ 120/140000.

X **Gradinoro**, lungomare dei Tirreni 17 ℘ 88045 – 🗏. 🖭 ⑤ 🗲 🚾
marzo-ottobre – **Pasto** carta 34/73000.

43050 Parma 428 I 10 – alt. 822 – a.s. luglio-agosto – ✪ 0525.
Roma 472 – ♦Bologna 182 – ♦Genova 108 – ♦Milano 161 – ♦Parma 86 – Piacenza 97 – ♦La Spezia 77.

🏠 **Sole**, ℘ 89142, ≤ – 🛗 ☎ 👌 ❻. 🛠
chiuso ottobre – **Pasto** *(chiuso giovedì)* carta 28/46000 – ⊈ 10000 – **24 cam** 60/100000 – ½ P 75/80000.

616

TARTANO 23010 Sondrio 428 D 11 – 326 ab. alt. 1 147 – ✿ 0342.
Roma 695 – Chiavenna 61 – Lecco 77 – ◆Milano 133 – Sondrio 38.

🏨 **La Gran Baita** ⑤, ℰ 645043, Fax 645043, ☎s, ☞ – 🛗 ⅍ rist ☎ ❷. 🗗 E 𝑉𝐼𝑆𝐴. ⅍ rist
chiuso dal 6 gennaio a Pasqua – **Pasto** carta 23/35000 – **33 cam** ⌧ 45/55000 – ½ P 35/40000.

TARVISIO 33018 Udine 988 ⑥, 429 C 22 – 5 962 ab. alt. 754 – a.s. luglio-agosto e Natale – Sport invernali : 754/1 753 m ≼1 ≼9, ⤴ – ✿ 0428.
🎿 (aprile-ottobre) ℰ 2047.
🏛 via Roma 10 ℰ 2135, Telex 461282, Fax 2972.
Roma 730 – Cortina d'Ampezzo 170 – Gorizia 133 – Klagenfurt 67 – Ljubljana 100 – ◆Milano 469 – Udine 96.

🏨 **Nevada,** ℰ 2332 – 🛗 📺 📞 ❷. 🗛 🗗 ⓞ E 𝑉𝐼𝑆𝐴. ⅍
Pasto carta 32/46000 – ⌧ 9000 – **60 cam** 70/105000 – ½ P 80/95000.

✗ **Italia,** ℰ 2041 – 🗛 ⓞ 𝑉𝐼𝑆𝐴. ⅍
chiuso martedì sera, mercoledì, dal 15 maggio al 15 giugno e dal 15 ottobre al 15 novembre – **Pasto** carta 32/49000.

TAUFERS IM MUNSTERTAL = Tubre.

TAVAGNACCO 33010 Udine 429 D 21 – 11 395 ab. alt. 137 – ✿ 0432.
Roma 645 – Tarvisio 84 – ◆Trieste 78 – Udine 8 – ◆Venezia 134.

✗✗ **Al Grop,** ℰ 660240, 🏠 – ❷. 🗛 🗗 ⓞ E 𝑉𝐼𝑆𝐴 𝐽𝐶𝐵
chiuso mercoledì sera, giovedì e dal 1° al 15 agosto – **Pasto** carta 42/60000.

Leggete attentamente l'introduzione : è la « chiave » della guida.

TAVAGNASCO 10010 Torino 219 ⑭ – 840 ab. alt. 280 – ✿ 0125.
Roma 693 – Aosta 58 – Ivrea 10 – ◆Milano 125 – ◆Torino 60.

✗✗ **Miramonti,** ℰ 658213 – 🍽. 🗛 🗗 E 𝑉𝐼𝑆𝐴
Pasto carta 24/38000.

TAVARNELLE VAL DI PESA 50028 Firenze 988 ⑭ ⑮, 430 L 15 – 6 896 ab. alt. 378 – ✿ 055.
Roma 268 – ◆Firenze 29 – Siena 41 – ◆Livorno 92.

a Sambuca E : 4 km – ✉ 50020 :

🏠 **Torricelle-Zucchi** senza rist, ℰ 8071780, Fax 8071102 – 📺 ☎ ❷
chiuso dal 20 dicembre al 6 gennaio – ⌧ 12000 – **53 cam** 60/79000.

in prossimità uscita superstrada Firenze-Siena NE : 5 km :

🏨 **Park Hotel Chianti** senza rist, ✉ 50028 ℰ 8070106, Telex 571006, Fax 8070121, ⌧ – 🛗
🍽 📺 ☎ ❷. 🗗 E 𝑉𝐼𝑆𝐴. ⅍
⌧ 13000 – **43 cam** 105/125000.

a San Donato in Poggio SE : 7 km – ✉ 50020 :

✗ **La Toppa,** ℰ 8072900, 🏠 – 🗛 🗗 E 𝑉𝐼𝑆𝐴
chiuso lunedì e dal 10 novembre al 5 dicembre – **Pasto** carta 30/40000 (10 %).

TAVAZZANO CON VILLAVESCO 20080 Lodi 428 G 10 – 4 430 ab. alt. 80 – ✿ 0371.
Roma 543 – ◆Milano 29 – ◆Bergamo 56 – ◆Brescia 74 – Cremona 64 – Pavia 39 – Piacenza 44.

🏠 **Napoleon** senza rist, ℰ 760824, Fax 76827 – 🛗 🍽 📺 ☎ ৬. 🗛 🗗 ⓞ E 𝑉𝐼𝑆𝐴
26 cam ⌧ 98/138000.

TAVERNOLA Como – Vedere Como.

TEGLIO 23036 Sondrio 428 429 D 12 – 5 108 ab. alt. 856 – ✿ 0342.
Roma 719 – Edolo 37 – ◆ Milano 158 – Sondrio 20 – Passo dello Stelvio 76.

🏨 **Combolo,** ℰ 780083, Fax 781190, « Terrazza-giardino », 🎵₆, ☎s – 🛗 ☎ 🚗 ❷. 🗛 🗗 ⓞ
E 𝑉𝐼𝑆𝐴. ⅍
Pasto *(chiuso martedì escluso da maggio a settembre)* carta 35/50000 – ⌧ 7000 – **49 cam**
80/100000 – ½ P 65/105000.

🏠 **Meden,** ℰ 780080, ☞ – 🛗 ☎ ❷. 🗛 𝑉𝐼𝑆𝐴. ⅍
10 aprile-18 dicembre – **Pasto** 30/35000 – ⌧ 4000 – **36 cam** 50/90000 – ½ P 60/70000.

TEL (TÖLL) Bolzano 218 ⑩ – Vedere Parcines.

TELESE TERME 82037 Benevento 988 ㉗, 430 S 25, 431 D 25 – 4 601 ab. alt. 50 – ✿ 0824.
Roma 218 – ◆Napoli 59 – Benevento 23 – Salerno 98.

🏨 **Gd H. Telese** ⑤, N : 2 km ℰ 940500, Fax 940504, « Grande parco con 🎵 e ⅍ », 🎵₆,
☎s, ⚒ – 🛗 ⅍ 🍽 📺 ☎ ❷ – 🔏 30 a 150. 🗛 🗗 E 𝑉𝐼𝑆𝐴. ⅍ rist
Pasto carta 37/57000 – **72 cam** ⌧ 150/206000, 3 appartamenti – ½ P 127/161000.

TELGATE 24060 Bergamo 428 429 F 11 – 3 720 ab. alt. 181 – ۞ 035.

Roma 574 – ◆Brescia 32 – ◆Bergamo 19 – Cremona 84 – ◆Milano 67.

XX **Il Leone d'Oro** con cam, via Dante Alighieri 17 ℰ 440803, Fax 440198 – ▤ 📺 ☎ ❷ –
🛗 200. 🖭 🖫 ⓞ 🖻 🖾 🔁
Pasto *(chiuso martedì a mezzogiorno)* carta 33/67000 – **10 cam** ☲ 80/110000 – ½ P 75/
85000.

TELLARO La Spezia 428 429 430 J 11 – Vedere Lerici.

TEMPIO PAUSANIA Sassari 988 ㉓, 433 E 9 – Vedere Sardegna alla fine dell'elenco
alfabetico.

TENCAROLA Padova – Vedere Padova.

TENNA 38050 Trento 429 D 15 – 725 ab. alt. 556 – a.s. Pasqua, luglio-agosto e Natale – ۞ 0461.
🛂 (giugno-15 settembre) ℰ 706396.

Roma 607 – Belluno 93 – ◆Bolzano 79 – ◆Milano 263 – Trento 19 – ◆Venezia 144.

🏨 **Margherita** ॐ, NO : 2 km ℰ 706445, Fax 707854, 🛖, « In pineta », 🔄s, 🔾, 🛲, 🛳 – |🛗|
📺 ☎ ❷ – 🛗 150. 🖭 🖫 🖻 🖾. 🛳 cam
aprile-ottobre – **Pasto** carta 35/52000 – **50 cam** ☲ 65/120000 – ½ P 78/95000.

*Le continue modifiche ed il costante miglioramento apportato
alla rete stradale italiana consigliano l'acquisto dell'edizione più
aggiornata della* **carta Michelin** 988 *in scala 1:1 000 000.*

TENNO 38060 Trento 428 429 E 14 – 1 675 ab. alt. 435 – a.s. Pasqua e Natale – ۞ 0464.

Roma 585 – ◆Brescia 84 – ◆Milano 179 – Riva del Garda 9 – Trento 59.

🏚 **Clubhotel Lago di Tenno**, NO : 3,5 km ℰ 502031, Fax 502101, ≼, « Servizio rist. estivo
all'aperto », 🔾, 🛲, 🛳 – |🛗| ☎ ❷ 🖭 🖫 🖻
aprile-ottobre – **Pasto** *(chiuso martedì)* carta 36/49000 – ☲ 20000 – **44 cam** 60/100000 –
½ P 80/105000.

X **Foci**, località le Foci S : 4,5 km ℰ 555725, Fax 555725 – ❷. 🖫 🖾. 🛳
chiuso luglio e lunedì (escluso agosto) – **Pasto** carta 26/36000.

TEOLO 35037 Padova 988 ⑤, 429 F 17 – 7 721 ab. alt. 175 – ۞ 049.

Roma 498 – Abano Terme 14 – ◆Ferrara 83 – Mantova 95 – ◆Milano 240 – ◆Padova 20 – ◆Venezia 57.

🏚 **Alla Posta**, ℰ 9925003, Fax 9925575, ≼, 🛖, 🛲 – |🛗| 📺 ☎ ❷. 🛳 rist
Pasto carta 34/47000 – **36 cam** *(aprile-dicembre)* ☲ 70/120000 – ½ P 85000.

TERAMO 64100 🅿 988 ㉖ ㉗, 430 O 23 – 51 769 ab. alt. 265 – ۞ 0861.
🛂 via del Castello 10 ℰ 244222, Fax 244357.
A.C.I. corso Cerulli 81 ℰ 243244.

Roma 182 – ◆Ancona 137 – L'Aquila 66 – Ascoli Piceno 35 – Chieti 72 – ◆Pescara 57.

XX **Duomo**, via Stazio 9 ℰ 241774, Fax 241774241774 – ▤. 🖭 🖫 ⓞ 🖻 🖾 🔁. 🛳
chiuso lunedì – **Pasto** carta 29/49000.

X **Moderno**, Coste Sant'Agostino ℰ 414559 – ▤ ❷. 🖭 🖫 ⓞ 🖻 🖾. 🛳
chiuso mercoledì, dal 10 al 20 agosto e dall'11 al 22 novembre – **Pasto** carta 26/49000.

TERENTO (TERENTEN) 39030 Bolzano 429 B 17 – 1 435 ab. alt. 1 210 – ۞ 0472.
🛂 ℰ 56140, Fax 56340.

Roma 692 – ◆Bolzano 64 – Brunico 13 – Lienz 86.

🏨 **Wiedenhofer**, ℰ 546116, Fax 546366, ≼, 🐟, 🔄s, 🔾, 🛲 – |🛗| 📺 ☎ ❷. 🖫 ⓞ 🖻 🖾
🛳 rist
chiuso novembre – **Pasto** 30/60000 – **32 cam** ☲ 72/124000 – ½ P 62/80000.

TERLANO (TERLAN) 39018 Bolzano 429 C 15, 218 ⑳ – 3 122 ab. alt. 246 – ۞ 0471.
🛂 ℰ 257165, Fax 257830.

Roma 646 – ◆Bolzano 9 – Merano 19 – ◆Milano 307 – Trento 67.

🏚 **Weingarten**, ℰ 257174, Fax 257776, 🛖, « Giardino ombreggiato con 🔾 riscaldata »
☎ ❷. 🖫 🖻 🖾
15 marzo-15 novembre – **Pasto** *(chiuso domenica)* carta 32/49000 – **18 cam** ☲ 60/114000
– ½ P 53/80000.

TERME – Vedere di seguito o al nome proprio della località termale.

TERME LUIGIANE Cosenza 988 ㊴, 431 I 29 – alt. 178 – ⊠ 87020 Acquappesa – Stazione
termale (maggio-ottobre) – ۞ 0982.

Roma 475 – Castrovillari 107 – Catanzaro 110 – ◆Cosenza 51 – Paola 16.

🏚 **Parco delle Rose**, ℰ 94090, Fax 94479, 🔾, 🛳 – |🛗| ☎ ❷. 🖭 🖫 ⓞ 🖻 🖾. 🛳
maggio-15 novembre – **Pasto** carta 27/43000 – **50 cam** ☲ 75/120000 – ½ P 85/100000.

618

TERMENO SULLA STRADA DEL VINO (TRAMIN AN DER WEINSTRASSE) 39040 Bolzano 429
C 15, 218 ⑳ – 2 958 ab. alt. 276 – ☎ 0471.

🏨 ✍ 860131, Fax 860820.

Roma 630 – ♦Bolzano 24 – ♦Milano 288 – Trento 48.

🏨 **Mühle-Mayer** ⑤, ✍ 860219, Fax 860946, ≤, 🏤, 𝐼₆, ≦s, 🔲, 🌱 🔟 ☎ ④. 🕅 Ε 𝒱𝒮𝒜. ✵
20 marzo-10 novembre – **Pasto** (chiuso a mezzogiorno e chiuso a mezzogiorno) 35/45000
– **15 cam** ☲ 115/190000 – ½ P 90/110000.

🏨 **Arndt,** ✍ 860336, Fax 860901, ≤, ≦s, 🔼 riscaldata, 🌱 – 🕸 🔟 ☎ ④. 🕅 Ε 𝒱𝒮𝒜. ✵
aprile-10 novembre – **Pasto** 28/38000 – **20 cam** ☲ 70/140000 – ½ P 80/90000.

🏨 **Traminer Hof,** ✍ 860384, Fax 860844, 🕸 – 🕸 🔳 rist ☎ ☎ ④. 🕅 Ε 🕅 Ε 𝒱𝒮𝒜. ✵ rist
aprile-ottobre – **Pasto** 23/33000 – **39 cam** ☲ 78/156000 – ½ P 98000.

🏨 **Tirolerhof,** ✍ 860163, Fax 860154, ≤, 🏤, ≦s, 🔼 riscaldata, 🌱 – 🔟 ☎ ④. ✵ rist
Pasqua-ottobre – **Pasto** (solo per clienti alloggiati) – **30 cam** ☲ 90/140000 – ½ P 75/100000.

TERMINI IMERESE Palermo 432 N 23 – Vedere Sicilia alla fine dell'elenco alfabetico.

TERMINILLO 02017 Rieti 988 ⑳, 430 O 20 – alt. 1 620 – Sport invernali : 1620/2 105 m ≼1
≼10, ⅋ – ☎ 0746.

🏨 a Pian de' Valli ✍ 261121.

Roma 99 – L'Aquila 79 – Rieti 21 – Terni 58 – Viterbo 120.

🏨 **Cristallo,** ✍ 261112 – 🕸 🔟 ☎ ⇦ ④. 🕅 Ε 🕅 Ε 𝒱𝒮𝒜. ✵
20 dicembre-15 aprile e luglio-15 settembre – **Pasto** 30/50000 – ☲ 15000 – **50 cam**
160/210000 – ½ P 120/160000.

🏨 **Togo Palace,** ✍ 261271, Fax 261279 – 🕸 🔟 ☎ ⇦. 🕅 Ε 𝒱𝒮𝒜 𝒥𝒞𝔹. ✵
chiuso ottobre – **Pasto** carta 33/68000 – ☲ 15000 – **35 cam** 140/160000 – ½ P 90/140000.

🏠 **Il Bucaneve** ⑤ senza rist, ✍ 261237, ≤ vallata – ☎ ④. ✵
dicembre-aprile e giugno-settembre – ☲ 10000 – **14 cam** 70/100000.

TERMOLI 86039 Campobasso 988 ⑳ ⑳, 430 P 26, 431 A 26 – 28 537 ab. – ☎ 0875.

🚢 per le Isole Tremiti maggio-settembre giornalieri (1 h 30 mn) – Navigazione Libera del
Golfo, al porto ✍ 704859, Fax 704668; per le Isole Tremiti giornaliero (1 h 40 mn) – Adriatica di
Navigazione-agenzia Intercontinental Viaggi, corso Umberto I 93 ✍ 705341, Telex 602051,
Fax706429.

🚢 per le Isole Tremiti giornalieri (45 mn) – Adriatica di Navigazione-agenzia Intercontinental
Viaggi, corso Umberto I 93 ✍ 705341, Telex 602051, Fax 706429.

🏨 piazza Bega ✍ 706754.

Roma 300 – ♦Pescara 98 – Campobasso 69 – ♦Foggia 88 – Isernia 112 – ♦Napoli 200.

🏨 **Mistral,** lungomare Cristoforo Colombo 50 ✍ 705246, Fax 705220, ≤, 🔺ₑ – 🕸 ▤ cam
🔟 ☎ ⇦. 🕅 ⑩ Ε 𝒱𝒮𝒜. ✵
Pasto (chiuso a mezzogiorno e lunedì escluso da aprile a settembre) carta 41/70000 –
61 cam ☲ 135/190000, 2 appartamenti – ½ P 130000.

🏨 **Gd H. Somerist** ⑤ via Vincenzo Cuoco 14 ✍ 706760, Fax 706760, ≤, 🏤, 🔺ₑ – 🕸 ▤
🔟 ☎ – 🔬 60 a 150. 🕅 🕅 ⑩ Ε 𝒱𝒮𝒜. ✵ rist
Pasto al Rist. **Ippocampo** (18 aprile-dicembre; chiuso lunedì) carta 32/47000 – ☲ 12000 –
20 cam 130/180000 – ½ P 130/150000.

🏨 **Corona,** via Mario Milano 2/a ✍ 84041 – 🕸 ▤ 🔟 ☎. 🕅 🕅 Ε 𝒱𝒮𝒜 𝒥𝒞𝔹. ✵ cam – **Pasto**
al Rist. **Bel Ami** (chiuso dal 20 dicembre al 10 gennaio) carta 39/66000 – **39 cam** ☲ 120/
180000 – ½ P 120000.

🏨 **Rosa dei Venti,** Contrada Casa La Croce S : 2,5 km ✍ 752131, Fax 752056 – ▤ 🔟 ☎ &.
④ – 🔬 150. 🕅 🕅 ⑩ Ε 𝒱𝒮𝒜. ✵ rist
Pasto 35/58000 – **40 cam** ☲ 120/160000 – ½ P 100/130000.

✕✕ **Squaloblu,** via De Gasperi 49 ✍ 83203, Fax 81667, Specialità di mare – ▤. 🕅 🕅 ⑩ Ε
𝒱𝒮𝒜
chiuso lunedì e dal 23 dicembre al 6 gennaio – **Pasto** alla **Cantina dello Squaloblu** carta
50/65000.

✕✕ **San Carlo,** piazza Duomo ✍ 705295, Specialità di mare – 🕅 🕅 Ε 𝒱𝒮𝒜 𝒥𝒞𝔹
chiuso a mezzogiorno (escluso sabato-domenica) e martedì da settembre a giugno – **Pasto**
(menu suggerito dal proprietario) 35/60000 (alla sera) e carta 31/75000.

✕ **Bellevue,** via Fratelli Brigida 28 ✍ 706632, Specialità di mare, Coperti limitati; prenotare
– ▤. 🕅 Ε 𝒱𝒮𝒜
chiuso lunedì – **Pasto** carta 39/58000.

✕ **Da Noi Tre,** via Fratelli Brigida 34 ✍ 703639 – ▤. 🕅 🕅 ⑩ Ε 𝒱𝒮𝒜. ✵
chiuso lunedì e dal 24 dicembre al 10 gennaio – **Pasto** carta 30/50000.

✕ **Da Nicolino,** via Roma 13 ✍ 706804 – ▤. ✵
chiuso giovedì, dal 23 dicembre al 7 gennaio e dal 6 al 13 ottobre – **Pasto** carta 15/56000.
sulla strada statale 87 SE : 4 km :

🏨 **Europa,** ✉ 86039 ✍ 751815, Fax 751781 – ▤ rist 🔟 ☎ ④ – 🔬 100. 🕅 🕅 Ε 𝒱𝒮𝒜. ✵
Pasto 25/45000 – ☲ 15000 – **33 cam** 70/100000 – ½ P 75000.

sulla strada statale 16 :

🏠 **Jet,** O : 4 km ⊠ 86039 ℰ 52354, Fax 52354, 🏊, 🎾 – 🛗 📺 ☎ 🖨 🅿. 🆎 🕥 🕥 ⋿ 𝘝𝘐𝘚𝘈. ⋘ rist
Pasto *(aprile-settembre)* 30000 – ⌷ 15000 – **41 cam** 120/145000 – ½ P 60/125000.

🏠 **Glower,** O : 6 km ⊠ 86039 ℰ 52528, Fax 52520, ≤, 🎾 – 📺 ☎ 🅿. 🆎 🕥 🕥 ⋿ 𝘝𝘐𝘚𝘈. ⋘
Pasto carta 34/62000 – ⌷ 8000 – **22 cam** 75/100000 – ½ P 75/82000.

⋇⋇ **Torre Sinarca,** O : 3 km ℰ 703318, ≤, Specialità di mare, « In una torre del 16° secolo », 🎾 – 🅿. 🕥 ⋿ 𝘝𝘐𝘚𝘈
chiuso lunedì e novembre – **Pasto** carta 35/60000.

TERNI 05100 🅿 👯 ㉖, 🕮 ⓪ 19 – 108 247 ab. alt. 130 – ✆ 0744.

Dintorni Cascata delle Marmore★★ per ③ : 7 km.

🅱 viale Cesare Battisti 5 ℰ 423047, Fax 427259 – **A.C.I.** viale Cesare Battisti 121 ℰ 53346.

Roma 103 ⑤ – ◆Napoli 316 ⑤ – ◆Perugia 82 ⑤.

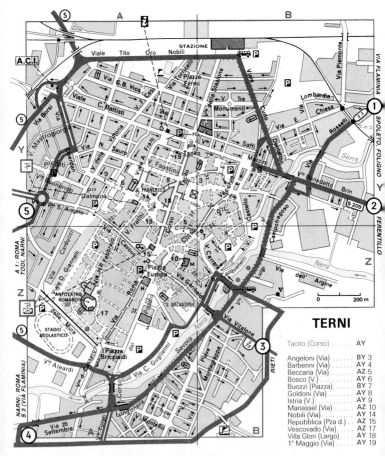

TERNI

🏠🏠 **Garden,** viale Bramante 4 ℰ 300041, Fax 300414, 🏊, riscalda, 🎾 – 🛗 🖭 📺 ☎ 🚗 🅿 – 🔬 30 a 300. 🆎 🕥 🕥 ⋿ 𝘝𝘐𝘚𝘈. ⋘
per via Cesare Battist
Pasto *(chiuso domenica sera)* 30/35000 – **94 cam** ⌷ 132/188000, 3 appartamenti –
½ P 105/150000.

🏠 **Allegretti** senza rist, strada Staino ℰ 426747, Fax 401246 – 🛗 📺 ☎ 🅿 – 🔬 35. 🆎 🕥 🕥
⋿ 𝘝𝘐𝘚𝘈
BZ
⌷ 5000 – **54 cam** 80/110000.

XX **Alfio,** via Galileo Galilei 4 𝒫 420120 – 🄰🄴 🛢 ⓞ 🄴 𝗩𝗜𝗦𝗔
AY **a**
chiuso domenica e dal 1° al 24 agosto – **Pasto** carta 33/45000.

XX **Quo Vadis,** via Castello 2 𝒫 425597, Fax 409793, Specialità di mare, Coperti limitati; prenotare – 🍽 🛢 🄴 𝗩𝗜𝗦𝗔 ✻
BY **g**
chiuso sabato a mezzogiorno, domenica, Pasqua e dal 10 al 25 agosto – **Pasto** carta 40/66000.

sulla strada statale 209 per ② :

🏨 **Fonte Gaia** ⤬, località Racognano E : 13 km ⌧ 05030 Montefranco 𝒫 388621, Fax 388598, 🦐, 🍴 – 🄣🅅 🛢 🄿 – 🔬 50. 🄰🄴 🛢 ⓞ 🄴 𝗩𝗜𝗦𝗔 ✻
Pasto carta 36/53000 – **20 cam** ⧈ 85/125000, 3 appartamenti – ½ P 85/90000.

🏠 **Rossi,** località Casteldilago E : 11 km ⌧ 05031 Arrone 𝒫 388372 e rist 𝒫 389105, Fax 388305, 🦐, 🍴 – 🄣🅅 🛢 🄿. 🄰🄴 🛢 ⓞ 🄴 𝗩𝗜𝗦𝗔 ✻
Pasto *(chiuso venerdì)* carta 28/32000 – ⧈ 4500 – **16 cam** 50/70000 – ½ P 58000.

XX Villa Graziani, località Papigno E : 4 km ⌧ 05031 Arrone 𝒫 67138, Fax 67653, 🦐, prenotare – 🄿

X **Grottino del Nera,** E : 11 km ⌧ 05031 Arrone 𝒫 389104 – 🄿. ✻
chiuso mercoledì e dal 10 al 24 gennaio – **Pasto** carta 29/46000.

If you write to a hotel abroad,

enclose an International Reply Coupon

(available from Post Office).

TERNO D'ISOLA 24030 Bergamo 428 E 10, 219 ⑳ – 3 491 ab. alt. 229 – ✪ 035.
Roma 612 – ♦ Milano 51 – ♦Bergamo 12 – Lecco 29.

X **2 Camini,** strada provinciale 𝒫 904165, 🦐 – 🄿. 🄰🄴 🛢 🄴 𝗩𝗜𝗦𝗔 ✻
chiuso mercoledì e dal 25 luglio al 10 agosto – **Pasto** carta 32/75000.

TERRACINA 04019 Latina 988 ㉖, 430 S 21 – 37 044 ab. – a.s. Pasqua e luglio-agosto – ✪ 0773.
Vedere Tempio di Giove Anxur★ : ✳★★ E : 4 km e 15 mn a piedi AR – Candelabro pasquale★ nel Duomo.

🚢 per Ponza giornaliero (2 h 15 mn) – Anxur Tours, viale della Vittoria 40 𝒫 723978, Telex 680594, Fax 726691.

🅱 via Leopardi 𝒫 727759, Fax 727964.

Roma 109 – Frosinone 60 – Gaeta 35 – Latina 39 – ♦Napoli 123.

XX **Meson Feliz** ⤬ con cam, via Pontina al km 105 (O : 6 km) 𝒫 764491, 🦐, 🍴, ✻ – 🕿
🄿. 🄰🄴 🛢 ⓞ 🄴 𝗩𝗜𝗦𝗔 ✻
Pasto *(chiuso lunedì)* carta 35/58000 (15%) – ⧈ 8000 – **14 cam** 50/80000 – ½ P 100/110000.

XX Il Grappolo d'Uva, lungomare Matteotti 1 𝒫 703839, Fax 702531, ≼ – 🍽 🄿

XX **L'Incontro da Baffone** con cam, via Appia al km 104,500 (E : 2 km) 𝒫 726007, ≼, ⛵⊙ – 🄿. 🄰🄴 ✻
Pasto *(chiuso martedì)* carta 28/53000 – **8 cam** *(Pasqua-ottobre)* ⧈ 80/130000 – ½ P 60/80000.

XX **La Tartana-da Mario l'Ostricaro,** via Appia al km 102 𝒫 702461, Fax 703656, ≼, 🦐, Specialità frutti di mare – 🄿 🛢 𝗩𝗜𝗦𝗔 ✻
chiuso martedì – **Pasto** carta 80/108000 (10%).

X **Hostaria Gambero Rosso,** via Badino 𝒫 700687, 🦐 – 🄰🄴 🛢 🄴 𝗩𝗜𝗦𝗔 𝗝𝗖𝗕. ✻
chiuso martedì e novembre – **Pasto** carta 36/46000.

X **Da Antonio al Geranio,** via Tripoli 36 𝒫 700101 – 🍽
chiuso dal 10 al 30 ottobre e lunedì in bassa stagione – **Pasto** carta 53/78000.

TERRANOVA DI POLLINO 85030 Potenza 988 ㉙, 431 H 30 – 1 806 ab. alt. 920 – ✪ 0973.
Roma 467 – Matera 136 – Potenza 152 – Sapri 116 – ♦Taranto 145.

X **Luna Rossa,** 𝒫 93254, Fax 93406, « Servizio estivo in terrazza panoramica » – 🄰🄴 🛢 𝗩𝗜𝗦𝗔
chiuso mercoledì – **Pasto** carta 23/39000.

TERRAROSSA Grosseto – Vedere Orbetello.

TERRASINI Palermo 432 M 21 – Vedere Sicilia alla fine dell'elenco alfabetico.

TERRUGGIA 15030 Alessandria – 767 ab. alt. 199 – ✪ 0142.
Roma 623 – Alessandria 25 – Asti 38 – ♦Milano 125 – ♦Torino 92.

XX **Ariotto** con cam, 𝒫 801200, Fax 801307, ≼ – 🍽 🄣🅅 🛢 🄿. ⓞ 𝗩𝗜𝗦𝗔
chiuso dal 10 al 20 gennaio – **Pasto** *(chiuso mercoledì)* carta 42/60000 – ⧈ 15000 – **15 cam** 60/120000 – ½ P 75/90000.

TESIDO (TAISTEN) Bolzano – Vedere Monguelfo.

TESTACCIO Napoli – Vedere Ischia (Isola d') : Barano.

TEULADA Cagliari 🔳 ㉝, 🔳 K 8 – Vedere Sardegna alla fine dell'elenco alfabetico.

THIENE 36016 Vicenza 🔳 ④ ⑤, 🔳 E 16 – 19 901 ab. alt. 147 – ✪ 0445.

Roma 559 – Belluno 105 – ◆Milano 241 – Trento 70 – ◆Treviso 72 – ◆Venezia 91 – Vicenza 20.

   🏨 **Ariane,** via Cappuccini 9 ♪ 362982, Fax 361477 – 🛗 🗐 📺 ☎ ᪐ 🚗 🅿 – 🏛 60. 🝊 🕤 🔣 🕥
      🗉 🚾 🛇
      Pasto (chiuso agosto) 30/45000 – **38 cam** 🖙 120/180000.

TIERS = Tires.

TIGLIETO 16010 Genova 🔳 I 7 – 592 ab. alt. 510 – ✪ 010.

Roma 550 – ◆Genova 51 – Alessandria 54 – ◆Milano 130 – Savona 52.

   🏨 **Pigan,** ♪ 929015, « Boschetto » – 🅿. 🛇
      Pasto (chiuso martedì escluso da luglio a settembre) carta 30/45000 – 🖙 8000 – **11 cam**
      65/90000 – P 77/83000.

TIGLIOLE 14016 Asti 🔳 H 6 – 1 486 ab. alt. 239 – ✪ 0141.

Roma 628 – ◆Torino 60 – Alessandria 49 – Asti 14 – Cuneo 91 – ◆Milano 139.

   XXX **Vittoria,** ♪ 667123, Fax 667123, 🗌 – 🝊 🔣 🕥 🗉 🚾. 🛇
      chiuso lunedì, gennaio e dal 14 al 28 agosto – **Pasto** 45/65000 (a mezzogiorno) 65/75000
      (alla sera) e carta 50/75000.

TIGNALE 25080 Brescia 🔳 🔳 E 14 – 1 224 ab. alt. 560 – a.s. Pasqua e luglio-15 settembre –
✪ 0365.

Roma 574 – ◆Brescia 57 – ◆Milano 152 – Salò 26 – Trento 82.

   🏨 **Bellavista** 🛇, località Gardola ♪ 760194, Fax 760214, ≤ lago e monte Baldo, ⅃, 🗌 –
      🗉 ☎ 🅿. 🛇
      10 aprile-ottobre – **Pasto** 20/22000 – 🖙 15000 – **39 cam** 55/75000 – ½ P 70000.

   🏨 **La Rotonda** 🛇, località Gardola ♪ 760066, ≤, ⅃, 🗌 – 🗉 ☎ 🅿. 🛇
      14 aprile-ottobre – **Pasto** carta 25/39000 – 🖙 15000 – **36 cam** 55/75000 – ½ P 67000.

      sulla strada statale 45 bis E : 11,5 km :

   🏨 **Forbisicle,** ✉ 25010 Campione del Garda ♪ 73022, Fax 73407, ≤ lago, 🍴, ⛵, 🗌 –
      ☎ 🅿. 🝊 🔣 🕥 🗉 🚾. 🛇
      aprile-ottobre – **Pasto** carta 45/50000 – **20 cam** 🖙 95/150000 – ½ P 80/98000.

TIONE DI TRENTO 38079 Trento 🔳 ④, 🔳 🔳 D 14 – 3 237 ab. alt. 565 – a.s. 22 gennaio-
19 marzo, Pasqua e Natale – ✪ 0465.

Dintorni Valle Rendena★ Nord per la strada S 239.

Roma 614 – ◆Bolzano 96 – ◆Brescia 86 – Trento 40.

   🏨 **Park Hotel,** via Pinzolo 32 ♪ 21075, Fax 24830, 🗌 – 🗉 📺 ☎ 🚗 🅿
      45 cam.

TIRANO 23037 Sondrio 🔳 ③ ④, 🔳 🔳 D 12 – 8 914 ab. alt. 450 – ✪ 0342.

Roma 725 – Passo del Bernina 35 – ◆Bolzano 163 – ◆Milano 164 – Sondrio 26 – Passo dello Stelvio 58.

   XX **Bernina** con cam, piazza Stazione ♪ 701302, Fax 701430 – 🗐 rist 📺 ☎. 🝊 🔣 🕥 🗉 🚾
      chiuso dal 5 al 20 gennaio – **Pasto** (chiuso lunedì escluso da giugno a novembre) carta 38/
      60000 (15%) – 🖙 10000 – **11 cam** 70/75000 – ½ P 75/85000.

   XX **Ai Portici,** viale Italia 87 ♪ 701255, Fax 701255, 🍴 – 🛇
      chiuso dal 7 al 24 gennaio e lunedì (escluso da giugno a settembre) – **Pasto** carta 27/44000.

TIRES (TIERS) 39050 Bolzano 🔳 C 16 – 828 ab. alt. 1 028 – ✪ 0471.

🛈 ♪ 642127, Fax 642005.

Roma 658 – ◆Bolzano 16 – Bressanone 40 – ◆Milano 316 – Trento 77.

      a San Cipriano (St. Zyprian) E : 3 km – ✉ 39050 Tires :

   🏠 **Stefaner** 🛇, ♪ 642175, Fax 642175, ≤ Catinaccio e pinete, 🗌 – 🗉 🅿. 🛇
      chiuso dal 10 gennaio al 1° febbraio e dal 10 novembre al 20 dicembre – **Pasto** (solo per
      clienti alloggiati e chiuso a mezzogiorno) – **15 cam** 🖙 70/130000 – ½ P 74/85000.

   X **Cyprianerhof** 🛇 con cam, ♪ 642143, Fax 642141, ≤ Catinaccio e pinete, 🍴, 🗌 – ☎
      🅿. 🛇 rist
      chiuso dal 10 novembre al 25 dicembre e dal 10 al 30 gennaio – **Pasto** (chiuso mercoledì
      escluso giugno-ottobre) carta 35/69000 – **11 cam** 🖙 150/184000 – ½ P 55/92000.

TIROLO (TIROL) 39019 Bolzano 429 B 15, 218 ⑩ – 2237 ab. alt. 592 – ✆ 0473.

🚹 palazzo del Comune ℘ 93314, Fax 93012.

Roma 669 – ◆Bolzano 32 – Merano 4 – ◆Milano 330.

Pianta : vedere Merano

🏨 **Castel** ⑤, ℘ 923693, Fax 923113, ≤ monti e Merano, ₭, ⇌s, ⌶ riscaldata, ⛄, 屛, ℀ – 🛗 ≼≽ rist 🖿 rist 📺 🕿 ⇔ 🅿 – 🔬 70. ℀ rist   A u
marzo-novembre – **Pasto** *(solo per clienti alloggiati e chiuso a mezzogiorno)* 65/100000 – **33 cam** ⊃ 180/270000, 5 appartamenti – ½ P 140/250000.

🏨 **Erika**, ℘ 923338, Fax 923066, ≤ monti e Merano, ₭, ⇌s, ⌶ riscaldata, ⛄, 屛, ℀ – 🛗 ≼≽ rist 🖿 rist 📺 🕿 ⇔ 🅿. 🕄 🖹 𝘝𝘐𝘚𝘈. ℀ rist   A u
chiuso gennaio e febbraio – **41 cam** solo ½ P 125/220000.

🏨 **Gartner**, ℘ 923414, Fax 923120, ≤ monti e Merano, « Giardino con ⌶ », ₭, ⇌s, ⛄ – 🛗 ≼≽ rist 📺 🕿 🅿. ℀ rist   AB z
marzo-novembre – **Pasto** 40/55000 – **30 cam** ⊃ 133/285000 – ½ P 116/160000.

🏨 **Patrizia** ⑤, ℘ 923485, Fax 923144, ≤ monti e Merano, « Giardino con ⌶ », ⇌s, ⛄ – 🛗 ≼≽ rist 📺 🕿 ⅄ 🅿. ℀ rist   A c
marzo-novembre – **Pasto** *(solo per clienti alloggiati)* – **24 cam** ⊃ 120/236000 – ½ P 85/120000.

🏨 **Küglerhof** ⑤, ℘ 923428, Fax 923699, ≤ monti e vallata, « Giardino con ⌶ riscaldata » – 🛗 📺 🕿 ⅄ 🅿. 🕮 🕄 🖹 𝘝𝘐𝘚𝘈. ℀   A r
26 marzo-12 novembre – **Pasto** *(solo per clienti alloggiati e chiuso a mezzogiorno)* – **24 cam** ⊃ 150/220000 – ½ P 95/160000.

🏨 **Lisetta**, ℘ 923422, Fax 923150, ₭, ⇌s, ⌶, ⛄, 屛, ℀ – 🛗 🖿 rist 📺 🕿 🅿. ℀ rist
aprile-7 novembre – **Pasto** *(solo per clienti alloggiati)* carta 44/63000 – **30 cam** ⊃ 110/190000, 3 appartamenti – ½ P 75/112000.   B z

TIRRENIA 56018 Pisa 988 ⑭, 428 429 430 L 12 – a.s. luglio-agosto – ✆ 050.

🛉₈ Cosmopolitan (chiuso lunedì dal 16 settembre al 14 giugno) ℘ 33633, Fax 33085;

🛉₉ (chiuso martedì da ottobre a marzo) ℘ 37518, Fax 33286.

Roma 332 – Pisa 18 – ◆Firenze 108 – ◆Livorno 11 – Siena 123 – Viareggio 36.

🏨 **Gd H. Golf** ⑤, via dell'Edera 29 ℘ 37545, Telex 502080, Fax 32111, « Parco con ⌶ e ℀ », ₭, ⇌s, ⚓ – 🛗 🖿 📺 🕿 ⇔ 🅿 – 🔬 80 a 200. 🕮 🕄 ⓞ 🖹 𝘝𝘐𝘚𝘈. ℀ rist
Pasto *(chiuso dal 15 novembre a gennaio)* 35/45000 – **77 cam** ⊃ 175/240000 – ½ P 175/200000.

🏨 **Gd H. Continental**, largo Belvedere 26 ℘ 37031, Telex 500103, Fax 37283, ≤, ⇌s, ⌶, ⚓, 屛 – 🛗 🖿 📺 🕿 ⇔ – 🔬 30 a 280. 🕮 🕄 ⓞ 🖹 𝘝𝘐𝘚𝘈. ℀ rist
Pasto 35/50000 – **175 cam** ⊃ 180/240000, 2 appartamenti – ½ P 126/158000.

🏨 **San Francesco** ⑤, via delle Salvie 50 ℘ 33572, Fax 33630, ⌶, 屛 – 🛗 🖿 📺 🕿 🅿 – 🔬 30. 🕮 🕄 ⓞ 🖹 𝘝𝘐𝘚𝘈. ℀ rist
Pasto *(Pasqua-ottobre; solo per clienti alloggiati)* 60000 – **25 cam** ⊃ 130/220000 – ½ P 110/140000.

🏨 **Il Gabbiano** senza rist, via della Bigattiera 14 ℘ 32223, Fax 33064, 屛 – 🖿 📺 🕿 🅿 – 🔬 40. 🕮 🕄 ⓞ 🖹 𝘝𝘐𝘚𝘈
16 cam ⊃ 100/140000.

🏨 **Bristol** senza rist, via delle Felci 38 ℘ 37161, Fax 37138, ℀ – 🛗 🖿 📺 🕿 🅿. 🕮 🕄 ⓞ 🖹 𝘝𝘐𝘚𝘈
⊃ 10000 – **36 cam** 100/120000.

🏨 **Medusa**, via degli Oleandri 37 ℘ 37125, Fax 30400, 屛 – 📺 🕿 🅿. 🕮 🕄 ⓞ 🖹 𝘝𝘐𝘚𝘈. ℀ rist
Pasqua-ottobre – **Pasto** *(solo per clienti alloggiati)* 32000 – ⊃ 8500 – **32 cam** 76/110000 – ½ P 80/91000.

℁℁ **Dante e Ivana**, via del Tirreno 207/c ℘ 32549, Fax 32549, Specialità di mare – 🖿. 🕮 🕄 ⓞ 🖹 𝘝𝘐𝘚𝘈 𝘑𝘊𝘉. ℀
chiuso domenica e dal 15 dicembre al 15 gennaio – **Pasto** carta 46/73000.

℁ **Martini**, via dell'Edera 16 ℘ 37592 – 🖿. 🕮 🕄 ⓞ 🖹 𝘝𝘐𝘚𝘈. ℀
chiuso lunedì a mezzogiorno e martedì – **Pasto** carta 40/64000 (12%).

TIVOLI 00019 Roma 988 ㉖, 430 Q 20 – 52 392 ab. alt. 225 – ✆ 0774.

Vedere Località★★★ – Villa d'Este★★★ – Villa Gregoriana★★ : grande cascata★★.

Dintorni Villa Adriana★★★ per ③ : 6 km.

🚹 largo Garibaldi ℘ 21249, Fax 331294.

Roma 36 ③ – Avezzano 74 ② – Frosinone 79 ③ – ◆Pescara 180 ② – Rieti 76 ③.

XX Sibilla, via della Sibilla 50
  𝒫 20281, « Servizio esti-
  vo nel giardino dei templi
  di Vesta e di Sibilla » **a**

XX **5 Statue,** largo Sant'An-
  gelo 1 𝒫 20366, 😈 – 🅰🅴
  🛇 ⑩ 𝑽𝑰𝑺𝑨   **x**
  chiuso dal 15 agosto al 5
  settembre, venerdì e le
  sere di domenica e lunedì
  – **Pasto**   carta 48/67000
  (12%).

  a Villa Adriana per ③ :
  6 km – ✉ 00010 :

🏠 **Maniero,** 𝒫 530208,
  Fax 533797 – ▤ 📺 ☎ 🅿.
  🅰🅴 🛇 𝑽𝑰𝑺𝑨. 🛇
  Pasto carta 30/40000 –
  34 cam ⚏ 110/140000 –
  ½ P 75/85000.

XXX **Adriano** con cam,
  𝒫 529174, Fax 535122,
  « Servizio estivo all'aper-
  to », 🛇, 🛇 – ▤ cam 📺
  ☎ 🅿 🅰🅴 🛇 ⑩ E 𝑽𝑰𝑺𝑨 JCB.
  🛇 cam
  Pasto *(chiuso domenica*
  sera) carta 62/84000 –
  7 cam ⚏ 130/160000, 3
  appartamenti.

  a Bagni di Tivoli O : 9 km
  – ✉ 00011 :

🏠 **Grand Hotel Duca
  d'Este,** via Tiburtina Va-
  leria 330 𝒫 3883, Te-
  lex 626055, Fax 388101,
  🛇 – 📶 ▤ 📺 ☎ 🚗 🅿
  – 🔼 40 a 400. 🅰🅴 🛇 ⑩
  𝑽𝑰𝑺𝑨
  Pasto 50/70000 – **184 cam**
  ⚏ 150/200000, 8 apparta-
  menti – ½ P 180/220000.

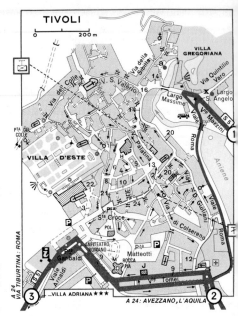

Circolazione stradale regolamentata nel centro città

Trevio (Via del)	24	Nazioni Unite (Viale delle)	9
		Parmegiani (Via A.)	10
Battisti (Largo Cesare)	2	Parrozzani (Via A.)	12
Boselli (Via)	3	Plebiscito (Piazza)	13
Collegio (Via del)	4	Ponte Gregoriano (Via)	14
Gesù (Via del)	5	Rivarola (Piazza)	16
Lione (Via)	6	Sosii (Via dei)	20
Moro (Via)	7	Todini (Vicolo)	21
Munazio Planco (Via)	8	Trento (Piazza)	22

TOANO 42010 Reggio nell'Emilia 🗺 🗺 I 13 – 3 973 ab. alt. 844 – a.s. luglio-13 settembre –
☎ 0522.

Roma 455 – ◆Bologna 93 – ◆Milano 205 – ◆Modena 54 – Reggio nell'Emilia 56.

🏠 **Miramonti,** 𝒫 805511, Fax 805540 – 📶 ☎ 🅿. 🛇
  Pasto *(chiuso lunedì escluso dal 6 giugno all'11 settembre)* carta 30/45000 – ⚏ 10000 –
  27 cam 50/75000 – P 75000.

🏠 **Posta,** 𝒫 805117, 😈 – 📶. 🛇
  chiuso gennaio o febbraio – **Pasto** *(chiuso martedì)* carta 25/30000 – **18 cam** ⚏ 50/70000 –
  ½ P 55/60000.

TOBLACH = Dobbiaco.

TODI 06059 Perugia 🗺 ㉟ ㉖, 🗺 N 19 – 16 699 ab. alt. 411 – ☎ 075.

Vedere Piazza del Popolo★★ : palazzo dei Priori★, palazzo del Capitano★, palazzo del Popolo★
– Chiesa di San Fortunato★★ – ≼★★ sulla vallata da piazza Garibaldi – Duomo★ – Chiesa di
Santa Maria della Consolazione★ O : 1 km per la strada di Orvieto.

🖪 piazza del Popolo 38 𝒫 8942526.

Roma 130 – ◆ Perugia 47 – Assisi 60 – Orvieto 39 – Spoleto 45 – Terni 40.

🏠 **Bramante,** via Orvietana 48 𝒫 8948382, Telex 661043, Fax 8948074, « Servizio estivo in
  terrazza con ≼ », 🛱, 🛇, 🛇 – 📶 ▤ 📺 ☎ ⑩ E 𝑽𝑰𝑺𝑨
  Pasto *(chiuso lunedì)* 47/83000 – ⚏ 15000 – **43 cam** 180/200000 – ½ P 160000.

🏠 **Villaluisa** 🛇, via Cortesi 147 𝒫 8948571, Fax 8948472, « Parco » – 📶 📺 ☎ 🅿 –
  🔼 30 a 100. 🅰🅴 🛇 ⑩ E 𝑽𝑰𝑺𝑨. 🛇
  Pasto *(chiuso mercoledì da ottobre a marzo)* 25/35000 – ⚏ 10000 – **43 cam** 90/130000 –
  ½ P 80/90000.

XX Lucaroni, 𝒫 8942694, Fax 8948379 – ▤ 🅿

X **Umbria,** via San Bonaventura 13 ℰ 8942737, « Servizio estivo in terrazza con ⩽ » – AE
⑤ ⓞ E *VISA*. ⋘
chiuso martedì e dal 19 dicembre all'8 gennaio – **Pasto** carta 48/68000.

X **Le Scalette,** via delle Scalette 1 ℰ 8944422, ⩚ – ⓞ. ⋘
chiuso lunedì – **Pasto** carta 28/58000.

X **Jacopone-da Peppino,** piazza Jacopone 5 ℰ 8942366 – *VISA*. ⋘
chiuso lunedì e dal 10 al 30 luglio – **Pasto** carta 35/57000.

TOFANA DI MEZZO Belluno – alt. 3 244.

Vedere ⋇★★★.

Cortina d'Ampezzo 15 mn di funivia.

TOLENTINO 62029 Macerata ⑨⑧⑧ ⑯, ⒋⒊⓪ M 21 – 18 293 ab. alt. 224 – a.s. 10 luglio-13 set-
tembre – ✪ 0733.

Vedere Basilica di San Nicola★★.

🅱 piazza Libertà 19 ℰ973002.
Roma 246 – ◆Ancona 88 – Ascoli Piceno 90 – Macerata 18.

XX **Bell'Antonio,** via San Nicola 68/70 ℰ 969829 – ▤. AE ⑤ ⓞ E *VISA*. ⋘
chiuso domenica ed agosto – **Pasto** carta 39/57000.

TOLMEZZO 33028 Udine ⑨⑧⑧ ⑤ ⑥, ⒋⒉⑨ C 21 – 10 611 ab. alt. 323 – ✪ 0433.
Roma 688 – Cortina d'Ampezzo 105 – ◆Milano 427 – Tarvisio 63 – ◆Trieste 121 – Udine 52 – ◆Venezia 177.

🏨 **Cimenti,** via della Vittoria 28 ℰ 2926, Fax 43069 – ▮ TV ☎ Ⓟ. AE ⑤ ⓞ E *VISA*.
⋘
chiuso dal 25 giugno al 15 luglio – **Pasto** *(chiuso venerdì e domenica sera)* carta 39/52000 –
⊡ 15000 – **11 cam** 85/125000 – ½ P 90/105000.

XX ⚙ **Roma,** piazza 20 settembre 14 ℰ 2081, Coperti limitati; prenotare – ▤ Ⓟ. AE ⑤ ⓞ E
VISA. ⋘
chiuso domenica sera, lunedì e dal 1° al 20 ottobre – **Pasto** 50000 carta 54/77000
Spec. Toc in braide (polentina tenera con formaggio e funghi) con foie gras, Risotto d'orzo con erbe di campo
(primavera), Trittico di funghi (estate-autunno).

TONALE (Passo del) Brescia e Trento ⑨⑧⑧ ④, ⒋⒉⑧ ⒋⒉⑨ D 13 – alt. 1 883 – a.s. febbraio-Pasqua
e Natale – Sport invernali : 1 883/2 700 m ⛷1 ⛷12 (anche sci estivo), ⚶.

🅱 via Nazionale 18 ℰ (0364) 91343, Fax 91343.
Roma 688 – ◆Bolzano 94 – ◆Brescia 130 – ◆Milano 177 – Ponte di Legno 11 – Sondrio 75 – Trento 90.

🏨 Sporting, ⊠ 38020 Passo del Tonale ℰ (0364) 92197 (prenderà il 903781), Fax 92198, ⩽,
⩘⩪ – ☎ ⇦⇨
stagionale – **43 cam.**

🏨 **Gardenia,** ⊠ 38020 Passo del Tonale ℰ (0364) 903769, Fax 903851, ⩽ – ▮ TV ☎ ⇦⇨ Ⓟ.
AE ⑤ ⓞ E *VISA*. ⋘
chiuso dal 3 maggio al 1° giugno e dal 15 settembre al 15 ottobre – **Pasto** carta 29/50000 –
⊡ 10000 – **23 cam** 80/135000 – ½ P 55/120000.

X **Al Focolare,** ⊠ 38020 Passo del Tonale ℰ (0364) 903790 – AE ⑤ E *VISA*. ⋘
chiuso mercoledì, maggio, giugno ed ottobre – **Pasto** carta 34/59000.

TONDI DI FALORIA Belluno – alt. 2 343.

Vedere ⋇★★★.

Cortina d'Ampezzo 20 n di funivia.

TORBOLE 38069 Trento ⑨⑧⑧ ④, ⒋⒉⑧ ⒋⒉⑨ E 14 – alt. 85 – a.s. 23 dicembre-15 gennaio e Pasqua –
✪ 0464.

Vedere Guida Verde.

🅱 lungolago Verona 19 ℰ505177, Fax 505643.
Roma 569 – ◆Brescia 79 – ◆Milano 174 – Trento 46 – ◆Verona 83.

🏨🏨 **Piccolo Mondo,** ℰ 505271, Fax 505295, ⒕⒌, ⩘⩪, ⚊, ⩚, ⋘ – ▮ TV ☎ Ⓟ. ⋘ rist
chiuso dal 20 gennaio al 15 marzo – **Pasto** carta 51/69000 – ⊡ 20000 – **36 cam** 130/160000
– ½ P 120000.

🏨🏨 **Lido Blu** ⚘, ℰ 505180, Fax 505931, ⩽, ⩚, ⒕⒌, ⩘⩪, ⚊, ⚓ – ▮ ▤ rist TV ☎ ⛀ Ⓟ –
⚑ 50. AE ⑤ ⓞ E *VISA*. ⋘ rist
chiuso dal 10 novembre al 20 dicembre – **Pasto** carta 38/51000 – ⊡ 15000 – **40 cam**
120/210000 – ½ P 120/135000.

🏨🏨 **Club Hotel la Vela,** ℰ 505940, Fax 505958, ⚊ – ▤ rist TV ☎ Ⓟ – ⚑ 40. AE ⑤ ⓞ E *VISA*.
⋘
aprile-ottobre – **Pasto** 50000 – ⊡ 15000 – **39 cam** 180000 – ½ P 130000.

🏨 **Caravel,** ℰ 505724, Telex 401191, Fax 505935, ⅃ – 📱 🖼 rist 📺 ☎ 🅿. 🆎 🆑 ⑩ 🄴 𝘝𝘐𝘚𝘈. ⅏ rist
marzo-novembre – **Pasto** carta 30/44000 – **58 cam** 🖵 98/153000 – ½ P 62/100000.

🏠 **Villa Magnolia** senza rist, ℰ 505050, Fax 505050, ⅃, 🌦 – 📱 ☎ 🅿. ⅏
aprile-4 novembre – 🖵 7000 – **21 cam** 48/76000.

✕✕ **Da Sergio,** a Nago località Coe NE : 3 km ✉ 38060 ℰ 505301, Fax 505301, Specialità di mare, Coperti limitati; prenotare – 🆎 🆑 ⑩ 🄴 𝘝𝘐𝘚𝘈 𝗝𝗖𝗕
chiuso mercoledì e dal 1° al 20 febbraio – **Pasto** carta 47/75000.

TORCELLO Venezia 𝟵𝟴𝟴 ⑤ – Vedere Venezia.

TORGIANO 06089 Perugia 𝟰𝟯𝟬 M 19 – 5 017 ab. alt. 219 – ✪ 075.

Vedere Museo del Vino★.

Roma 158 – ◆Perugia 15 – Assisi 27 – Orvieto 60 – Terni 69.

🏩 **Le Tre Vaselle,** ℰ 9880447, Fax 9880214, ≼ – 📱 🖼 📺 ☎ 🅿 – 🔬 40 a 200. 🆎 🆑 ⑩ 🄴
𝘝𝘐𝘚𝘈 𝗝𝗖𝗕. ⅏
Pasto (prenotare) carta 55/80000 – **47 cam** 🖵 250/280000, appartamento – ½ P 205/315000.

TORGNON 11020 Aosta 𝟰𝟮𝟴 E 4, 𝟮𝟭𝟵 ③ – 458 ab. alt. 1 489 – a.s. luglio-agosto, Pasqua e Natale – ✪ 0166.

Roma 737 – Aosta 39 – Breuil-Cervinia 26 – ◆Milano 173 – ◆Torino 102.

🏨 **Panoramique,** ℰ 540215, Fax 540215, ≼, 🌦 – 📱 📺 ☎ 🅿. 𝘝𝘐𝘚𝘈. ⅏
dicembre-Pasqua e luglio-settembre – **Pasto** carta 28/53000 – 🖵 8000 – **31 cam** 70/110000 – ½ P 80/110000.

Torino

10100 🅿 988 ⑫, 428 G 5 – 961 512 ab. alt. 239 ✪ 011

Vedere Piazza San Carlo★★ CXY – Museo Egizio★★, galleria Sabauda★★ nel palazzo dell'Accademia delle Scienze CX **M1** – **Duomo★** VX : reliquia della Sacra Sindone★★★ – Mole Antonelliana★ : ☆★★ DX – Palazzo Madama★ : museo d'Arte Antica★ CX **A** – Palazzo Reale★ : Armeria Reale★ CDVX– Museo del Risorgimento★ a palazzo Carignano CX **M2** – Museo dell'Automobile Carlo Biscaretti di Ruffia★ GU **M5** – Borgo Medioevale★ nel parco del Valentino CDZ.

Dintorni Basilica di Superga★ : ≤★★★, tombe reali★ HT – Circuito della Maddalena★ GHTU : ≤★★ sulla città dalla strada Superga-Pino Torinese, ≤★ sulla città dalla strada Colle della Maddalena-Cavoretto.

🛇 e 🛇 I Roveri (marzo-novembre ; chiuso lunedí) a La Mandria ✉ 10070 Fiano ℘ 9235719, Fax 9235669, per ① : 18 km ;

🛇 e 🛇 (chiuso lunedí, gennaio e febbraio) a Fiano Torinese ✉ 10070 ℘ 9235440, Fax 9235886, per ① : 20 km ;

🛇 Le Fronde (chiuso lunedí, gennaio e febbraio) ad Avigliana ✉ 10051 ℘ 935083, Fax 930928, O : 24 km ;

🛇 Stupinigi (chiuso lunedí ed agosto) ℘ 3472640, Fax 3978038 FU ;

🛇 (chiuso lunedí e dal 21 dicembre al 9 gennaio) a Vinovo ✉ 10048 ℘ 9653880, Fax 9623748 FU.

✈ Città di Torino di Caselle per ① : 15 km ℘ 5676361, Telex 225119, Fax 5676420 – Alitalia, via Lagrange 35 ✉ 10123 ℘ 57698.

🚗🚆 ℘ 6651111-int. 2611.

🛈 via Roma 226 (piazza C.L.N.) ✉ 10121 ℘ 535901, Fax 530070 – Stazione Porta Nuova ✉ 10125 ℘ 531327.

A.C.I. via Giovanni Giolitti 15 ✉ 10123 ℘ 57791.

Roma 669 ⑦ – Briançon 108 ⑪ – Chambéry 209 ⑪ – ◆Genève 252 ③ – ◆Genova 170 ⑦ – ◆Grenoble 224 ⑪ – ◆Milano 140 ③ – ◆Nice 220 ⑨.

Piante : Torino p. 4 a 9

Piante : Torino p. 4 a 9

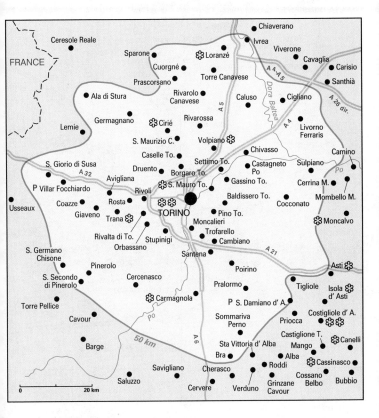

🏨🏨🏨 **Turin Palace Hotel,** via Sacchi 8 ⊠ 10128 ℰ 5625511, Telex 221411, Fax 5612187 – 🍽
📺 ☎ ᕱ ⇌ – 🛦 30 a 200. 🕮 🕦 ⑩ 🗉 🎫. 🛠 rist   CY **u**
Pasto *(chiuso agosto)* carta 60/100000 – 🖙 28000 – **122 cam** 280/330000, 2 appartamenti –
½ P 230/330000.

🏨🏨 **Jolly Principi di Piemonte,** via Gobetti 15 ⊠ 10123 ℰ 5629693, Telex 221120,
Fax 5620270 – 🛗 🍽 📺 ☎ – 🛦 200. 🕮 🕦 ⑩ 🗉 🎫. 🛠 rist   CY **z**
Pasto 50/75000 – **107 cam** 🖙 380/410000, 8 appartamenti – ½ P 245/275000.

🏨🏨 **Gd H. Sitea,** via Carlo Alberto 35 ⊠ 10123 ℰ 5170171, Telex 220229, Fax 548090 – 🛗 🍽
📺 ☎ – 🛦 30 a 100. 🕮 🕦 ⑩ 🗉 🎫. 🛠 rist   CY **t**
Pasto carta 60/90000 – **117 cam** 🖙 250/380000, 2 appartamenti – ½ P 220/290000.

🏨🏨 **Jolly Ambasciatori,** corso Vittorio Emanuele II 104 ⊠ 10121 ℰ 5752, Telex 221296,
Fax 544978 – 🛗 🗱 cam 🍽 📺 ☎ ᕱ – 🛦 25 a 400. 🕮 🕦 ⑩ 🗉 🎫 🎫
🛠 rist   BX **a**
Pasto 45/65000 – **199 cam** 🖙 280/340000, 4 appartamenti – ½ P 190/330000.

🏨🏨 **Diplomatic,** via Cernaia 42 ⊠ 10122 ℰ 5612444, Telex 225445, Fax 540472 – 🛗 🍽 📺 ☎
ᕱ – 🛦 50 a 200. 🕮 🕦 ⑩ 🗉 🎫 🎫. 🛠 rist   BX **g**
Pasto *(solo per clienti alloggiati e chiuso sabato-domenica ed agosto)* 40/45000 – **126 cam**
🖙 220/295000, 3 appartamenti.

🏨🏨 **Jolly Hotel Ligure,** piazza Carlo Felice 85 ⊠ 10123 ℰ 55641, Telex 220167, Fax 535438
– 🛗 🍽 📺 ☎ – 🛦 30 a 250. 🕮 🕦 ⑩ 🗉 🎫. 🛠 rist   CY **b**
Pasto carta 48/95000 – **169 cam** 🖙 290/350000, 2 appartamenti – ½ P 195/340000.

🏨🏨 **City** senza rist, via Juvarra 25 ⊠ 10122 ℰ 540546, Telex 216228, Fax 548188 – 🛗 🍽 📺
☎. 🕮 🕦 ⑩ 🗉 🎫 🎫. 🛠   BV **e**
chiuso Natale, Capodanno ed agosto – **44 cam** 🖙 245/380000.

TORINO
PIANTA D'INSIEME

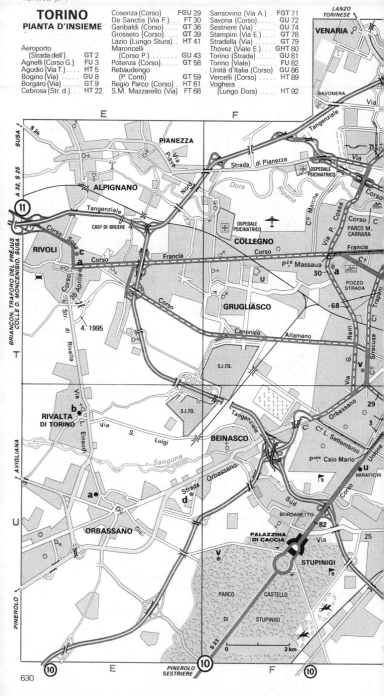

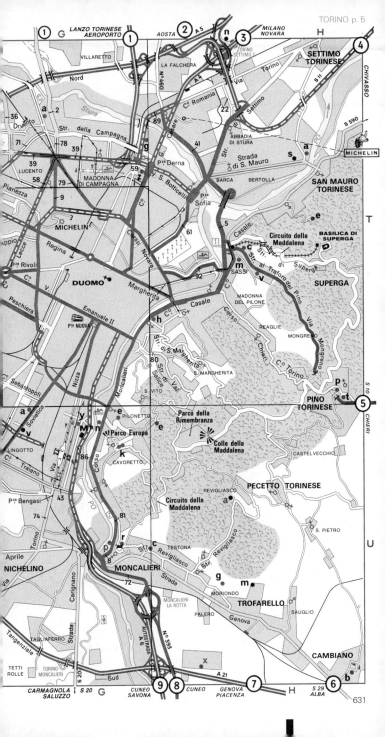

TORINO

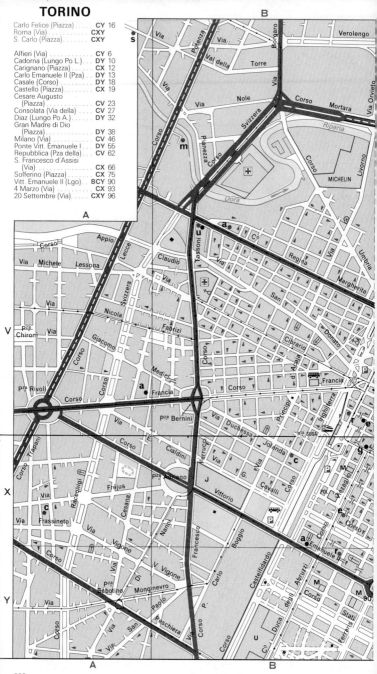

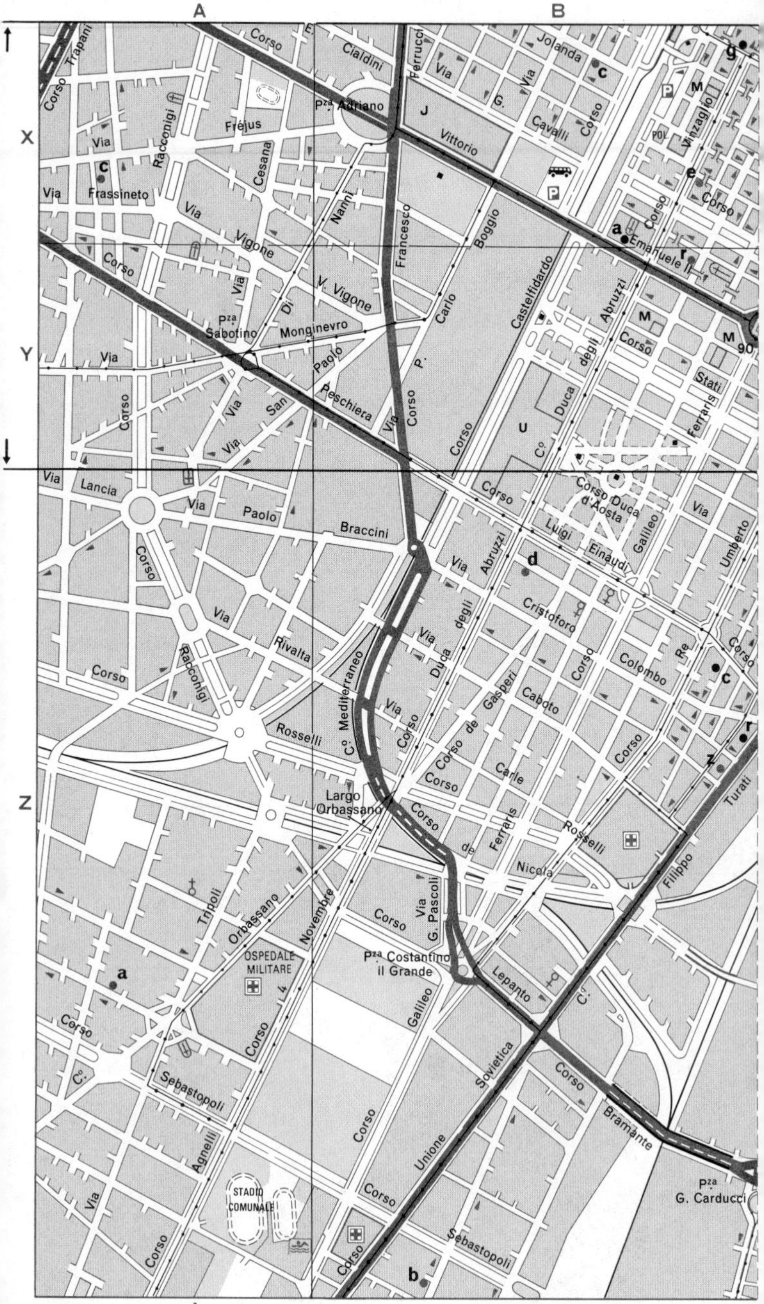
A
B
X
Y
Z
Corso Trapani
Corso
E.
Cialdini
Ferrucci
Via
Jolanda
Via
G.
Cavalli
Corso
Pza Adriano
J
Vittorio
Fréjus
Via
Racconigi
Cesana
Via
Frassineto
Nanni
Francesco
Boggio
Via
Vigone
Corso
Via
Di
V. Vigone
Carlo
Castelfidardo
Abruzzi
degli
Emanuele II
Corso
Vinzaglio
Corso
POL
Pza
Sabotino
Monginevro
Via
Paolo
Corso
P.
Duca
Corso
Stati
Ferraris
San
Via
Peschiera
Via
Corso
U
Co
Corso Duca d'Aosta
Via
Lancia
Via
Paolo
Braccini
Corso
Luigi
Einaudi
Galileo
Via
Umberto
Corso
Via
Abruzzi
degli
Duca
Via
Cristoforo
Colombo
Re
Corso
Via
Rivalta
Corso
Racconigi
Co Mediterraneo
Via
Corso
Corso de Gasperi
Caboto
Corso
Rosselli
Corso
Carle
Corso
Largo
Orbassano
Corso
de
Ferraris
Rosselli
Nicola
Filippo
Turati
Tripoli
Orbassano
Novembre
Corso
Via
G. Pascoli
Pza Costantino
il Grande
Lepanto
Co
OSPEDALE
MILITARE
4
Corso
Corso
Co
Sebastopoli
Galileo
Sovietica
Corso
Bramante
Corso
Unione
Agnelli
Via
STADIO
COMUNALE
Corso
Corso
Corso
Sebastopoli
Corso
Pza
G. Carducci
90

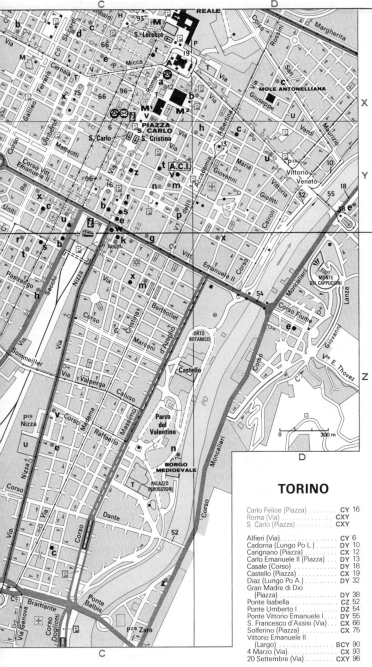

TORINO

Starhotel Majestic senza rist, corso Vittorio Emanuele II 54 ⊠ 10123 🏮 539153, Telex 216260, Fax 534963 – 📟 🏖 🔟 🕿 🕭 ⇔ – 🏄 30 a 40. 🖭 🕄 ⑩ 🚾 🛠 CY **e**
159 cam ⏎ 280/330000.

Concord, via Lagrange 47 ⊠ 10123 🏮 5176756, Telex 221323, Fax 5176305 – 📟 🗐 🔟 🕿
🕭 ⇔ – 🏄 180. 🖭 🕄 ⑩ 🗈 🚾 🛠 rist CY **s**
Pasto 58000 – **139 cam** ⏎ 260/335000, 3 appartamenti – ½ P 198/278000.

Victoria senza rist, via Nino Costa 4 ⊠ 10123 🏮 5611909, Telex 212580, Fax 5611806 – 📟
🗐 🔟 🕿. 🖭 🕄 ⑩ 🗈 🚾 🛠 CY **v**
90 cam ⏎ 175/220000.

Genio senza rist, corso Vittorio Emanuele II 47 ⊠ 10125 🏮 6505771, Telex 220308, Fax 6508264 – 📟 🗐 🔟 🕿 – 🏄 35. 🖭 🕄 ⑩ 🗈 🚾 🗾 CYZ **w**
90 cam ⏎ 140/190000, 🗐 12000.

Boston senza rist, via Massena 70 ⊠ 10128 🏮 500359, Fax 599358, ⇌ ┤ 📟 🗐 🕿 ⇔.
🖭 🕄 ⑩ 🗈 🚾 BZ **c**
53 cam ⏎ 140/190000, 🗐 12000.

Royal, corso Regina Margherita 249 ⊠ 10144 🏮 4376777, Telex 220259, Fax 4376393 –
📟 🗐 🔟 🕿 ⇔ – 🏄 25 a 600. 🖭 🕄 ⑩ 🗈 🚾 🛠 BV **u**
chiuso dal 1º al 28 agosto – **Pasto** carta 35/50000 – **73 cam** ⏎180/250000 – ½ P 160/
190000.

Luxor senza rist, corso Stati Uniti 7 ⊠ 10128 🏮 5620777, Telex 225549, Fax 5628324 – 📟
🗐 🔟 🕿. 🖭 🕄 ⑩ 🗈 🚾 CZ **s**
chiuso agosto – **70 cam** ⏎ 150/200000, 2 appartamenti.

Genova e Stazione senza rist, via Sacchi 14/b ⊠ 10128 🏮 5629400, Telex 224242, Fax 5629896 – 📟 🗐 🔟 🕿 – 🏄 40. 🖭 🕄 ⑩ 🗈 🚾 CZ **b**
chiuso dal 1º al 18 agosto – **58 cam** ⏎ 140/190000, 🗐 12000.

President senza rist, via Cecchi 67 ⊠ 10152 🏮 859555, Fax 2480465 – 📟 🗐 🔟 🕿. 🖭 🕄
⑩ 🗈 🚾 CV **s**
72 cam ⏎ 140/170000.

Alexandra senza rist, lungo Dora Napoli 14 ⊠ 10152 🏮 858327, Fax 2483805 – 📟 🗐 🔟
🕿 ⇔. 🖭 🕄 ⑩ 🗈 🚾 🗾 CV **c**
56 cam ⏎ 155/200000.

Crimea senza rist, via Mentana 3 ⊠ 10133 🏮 6604700, Fax 6604912 – 📟 🔟 🕿. 🖭 🕄 ⑩
🗈 🚾 🛠 DZ **e**
49 cam ⏎ 140/190000.

Gran Mogol senza rist, via Guarini 2 ⊠ 10123 🏮 5612120, Fax 5623160 – 📟 🗐 🔟 🕿. 🖭
🕄 ⑩ 🗈 🚾 🗾 – **45 cam** ⏎ 140/190000, 🗐 12000. CY **r**
chiuso agosto –

Piemontese senza rist, via Berthollet 21 ⊠ 10125 🏮 6698101, Fax 6690571 – 📟 🗐 🔟 🕿
🅿. 🖭 🕄 ⑩ 🗈 🚾 🛠 CZ **x**
35 cam ⏎ 140/185000.

Venezia senza rist, via 20 Settembre 70 ⊠ 10122 🏮 5623384, Fax 5623726 – 📟 🔟 🕿
⇔ – 🏄 100. 🖭 🕄 ⑩ 🗈 🚾 🛠 CX **r**
66 cam ⏎ 140/195000.

Des Artistes senza rist, via Principe Amedeo 21 ⊠ 10123 🏮 8124416, Fax 8124466 – 📟
🔟 🕿. 🖭 🕄 ⑩ 🗈 🚾 🛠 DY **c**
22 cam ⏎ 130/170000.

Giotto senza rist, via Giotto 27 ⊠ 10126 🏮 6637172, Fax 6637173 – 📟 🗐 🔟 🕿 🕭 🅿 –
🏄 50. 🖭 🕄 ⑩ 🗈 🚾 CZ **c**
⏎ 20000 – **50 cam** 115/150000, 🗐 15000, 2 appartamenti.

Cairo senza rist, via La Loggia 6 ⊠ 10134 🏮 3171555, Fax 3172027 – 📟 🔟 🕿 🅿. 🖭 🕄
⑩ 🗈 🚾 🛠 GU **v**
chiuso dal 1º al 28 agosto – ⏎ 20000 – **49 cam** 140/170000.

Tourist senza rist, via Alpignano 3 angolo corso Francia 92 ⊠ 10143 🏮 7761740, Fax 7493431 – 📟 🗐 🔟 🕿 🖭 🕄 ⑩ 🗈 🚾 AV **a**
chiuso dal 28 luglio al 5 settembre – **28 cam** ⏎ 150/200000, 🗐 12000.

Due Mondi senza rist, via Saluzzo 3 ⊠ 10125 🏮 6698981, Fax 6699383 – 🗐 🔟 🕿. 🕄 ⑩
🗈 🚾 🗾 CZ **k**
chiuso dal 10 al 20 agosto – ⏎ 20000 – **36 cam** 130/170000.

Lancaster senza rist, corso Filippo Turati 8 ⊠ 10128 🏮 5681982, Fax 5683019 – 📟 🗐 🔟
🕿. 🕄 🗈 🚾 BZ **r**
chiuso dal 5 al 31 agosto – **75 cam** ⏎ 125/170000, 🗐 12000.

Giada senza rist, via Gasparo Barbera 6 ⊠ 10135 🏮 3489383, Fax 3489383 – 📟 🗐 🔟 🕿
🅿 🕄 🗈 🚾 FU **u**
28 cam ⏎ 110/140000, 🗐 10000.

Montevecchio senza rist, via Montevecchio 13 ⊠ 10128 🏮 5620023, Fax 5623047 – 🔟
🕿. 🖭 🕄 ⑩ 🗈 🚾 CY **c**
chiuso dal 1º al 20 agosto – ⏎ 6500 – **29 cam** 80/120000.

XXXX **Villa Sassi-El Toulà** ⚜ con cam, strada al Traforo del Pino 47 ⊠ 10132 ☎ 8980556, Fax 8980095, 🏤, « Villa settecentesca in un grande parco » – |自| ■ cam 🔲 ☎ 🅿 –
🔼 200. 🖭 🖸 🖪 ⅦⅨ. ⅏ HT **c**
chiuso agosto – **Pasto** *(chiuso domenica)* carta 74/111000 – ⊊ 20000 – **15 cam** 270/400000
– ½ P 270/320000

XXXX ✸✸ **Vecchia Lanterna**, corso Re Umberto 21 ⊠ 10128 ☎ 537047, Fax 530391, Confort accurato, prenotare – ■. 🖭 🖸 ⓞ 🖪 ⅦⅨ. ⅏ CX **x**
chiuso sabato a mezzogiorno, domenica e dal 10 al 20 agosto – **Pasto** carta 72/112000
Spec. Golosità di cappesante alla veneziana, Tortellone d'anatra alla salsa tartufata, Filetto d'agnello in crosta con piccola finanziera alla torinese.

XXXX **Del Cambio**, piazza Carignano 2 ⊠ 10123 ☎ 546690, Fax 543760, Locale storico-gran tradizione, prenotare, « Decorazioni ottocentesche » – ■. 🖭 🖸 ⓞ 🖪 ⅦⅨ. ⅏ CX **a**
chiuso domenica e dal 27 luglio al 27 agosto – **Pasto** 45/55000 (a mezzogiorno) 65/85000 (alla sera) carta 53/105000 (15%).

XXX ✸ **Balbo**, via Andrea Doria 11 ⊠ 10123 ☎ 8125566, Fax 8127524, prenotare – ■. 🖭 ⓞ ⅦⅨ. ⅉⅭⅮ. ⅏ CY **n**
chiuso lunedì e dal 1° al 22 agosto – **Pasto** carta 65/102000
Spec. Terrina di coniglio su insalata all'aceto balsamico, Filetto di orata al cartoccio mediterraneo, Sottopaletta di manzo piemontese brasata al Barbaresco.

XXX ✸ **Due Lampioni da Carlo**, via Carlo Alberto 45 ⊠ 10123 ☎ 8179380, Fax 887260 – ■. 🖭 🖸 🖪 ⅦⅨ. ⅏ CY **n**
chiuso domenica ed agosto – **Pasto** carta 60/85000
Spec. Tonno di coniglio su barchette di patate, Crespelle alla "Barbaroux" gratinate al tartufo (autunno-inverno), Soufflé d'ostriche e filetti di sogliola con salsa champenoise.

XXX ✸ **Neuv Caval 'd Brôns**, piazza San Carlo 157 ⊠ 10123 ☎ 5627483, Fax 543610, prenotare – ■. 🖭 🖸 ⓞ 🖪 ⅦⅨ. ⅉⅭⅮ CXY **v**
chiuso sabato a mezzogiorno, domenica e dal 10 al 24 agosto – **Pasto** 20/50000 (a mezzogiorno) 50/85000 (alla sera) e carta 75/120000
Spec. Maltagliati al ragù di fassone, Manzo di Carrù, Panna cotta con salsa alla menta piperita e scaglie di cioccolato.

XXX **La Smarrita**, via Cesare Battisti 17 ⊠ 10126 ☎ 8177679 DX **b**

XXX **Rendez Vous**, corso Vittorio Emanuele II 38 ⊠ 10123 ☎ 887666, Fax 889362 – ■. 🖭 🖸 ⓞ 🖪 ⅦⅨ. ⅏ CZ **g**
chiuso sabato a mezzogiorno e domenica – **Pasto** carta 47/72000.

XXX **Villa Somis**, strada Val Pattonera 138 ⊠ 10133 ☎ 6613086, prenotare, « In una villa settecentesca con parco; servizio estivo sotto un pergolato » – 🅿. 🖭 🖸 🖪 ⅦⅨ.
chiuso lunedì – **Pasto** carta 40/70000. HU **e**

XXX **Tiffany**, piazza Solferino 16/h ⊠ 10121 ☎ 535948 – ■. 🖭 🖸 ⓞ 🖪 ⅦⅨ. CX **x**
chiuso sabato a mezzogiorno, domenica e agosto – **Pasto** 45/50000 carta 51/95000.

XXX ✸ **La Prima Smarrita**, corso Unione Sovietica 244 ⊠ 10134 ☎ 3179657, Fax 3179191, Coperti limitati; prenotare – ■. 🖭 🖸 ⓞ 🖪 ⅦⅨ. ⅏ GTU **a**
chiuso lunedì e dal 3 al 27 agosto – **Pasto** 50000 (a mezzogiorno) 70000 (alla sera) e carta 60/85000
Spec. Filetti di triglia con fave e basilico (primavera), Tortelli di borragine con pomodorini (primavera), Costolette di agnello alle erbe aromatiche.

XXX **La Cloche**, strada al Traforo del Pino 106 ⊠ 10132 ☎ 8994213, Fax 8981522, Ambiente tipico – ■ 🅿 – 🔼 100. 🖭 🖸 ⓞ 🖪 ⅦⅨ. ⅏ HT **v**
chiuso domenica sera e lunedì – **Pasto** (menu a sorpresa) 60/100000.

XXX **Trait d'Union**, via degli Stampatori 4 ⊠ 10122 ☎ 541979, Coperti limitati; prenotare CX **c**

XXX **Al Gatto Nero**, corso Filippo Turati 14 ⊠ 10128 ☎ 590414, Fax 590477 – ■. 🖭 🖸 ⓞ 🖪 ⅦⅨ. ⅏ BZ **z**
chiuso domenica ed agosto – **Pasto** carta 60/80000.

XX **Al Bue Rosso**, corso Casale 10 ⊠ 10131 ☎ 8191393 – ■. 🖭 🖸 ⓞ 🖪 ⅦⅨ DY **e**
chiuso sabato a mezzogiorno, lunedì ed agosto – **Pasto** carta 58/78000 (10%).

XX **Perbacco**, via Mazzini 31 ⊠ 10123 ☎ 882110 – ■. 🖭 🖸 ⓞ 🖪 ⅦⅨ DZ **x**
chiuso a mezzogiorno, domenica ed agosto – **Pasto** carta 45/67000.

XX **Galante**, corso Palestro 15 ⊠ 10122 ☎ 537757 – ■. 🖭 🖸 ⓞ 🖪 ⅦⅨ ⅉⅭⅮ CX **b**
chiuso sabato a mezzogiorno, domenica ed agosto – **Pasto** carta 50/80000.

XX **Gran Carlo**, via Magenta 2 ⊠ 10134 ☎ 535359, Fax 535359 – ■. 🖭 🖸 ⓞ 🖪 ⅦⅨ
chiuso lunedì ed agosto – **Pasto** carta 33/51000. CY **u**

XX **Due Mondi-da Ilio**, via Saluzzo 3 angolo via San Pio V ⊠ 10125 ☎ 6692056 – ■. 🖭 🖸 ⓞ 🖪 ⅦⅨ CZ **k**
chiuso lunedì e dal 1° al 15 agosto – **Pasto** carta 41/74000.

XX **Porta Rossa**, via Passalacqua 3/b ⊠ 10122 ☎ 530816 – 🖭 🖸 ⓞ 🖪 ⅦⅨ CV **a**
chiuso domenica ed agosto – **Pasto** carta 34/76000.

XX **Il Porticciolo**, via Barletta 58 ⊠ 10136 ☎ 321601, Specialità di mare – ■. 🖭 🖸 ⓞ 🖪 ⅦⅨ. ⅏ AZ **a**
chiuso sabato a mezzogiorno, lunedì ed agosto – **Pasto** carta 48/73000.

XX **Duchesse,** via Duchessa Jolanda 7 angolo via Beaumont ✉ 10138 🖉 4346494, Fax 4346494 – 🗏. 𝔸𝔼 🔂 ➀ 🖪 *VISA* 𝙅𝘾𝘽
BX **c**
chiuso domenica sera, lunedì, dal 25 dicembre al 3 gennaio ed agosto – **Pasto** carta 42/83000.

XX **Al Ghibellin Fuggiasco,** via Tunisi 50 ✉ 10134 🖉 3196115, Fax 3196115 – 🗏. 𝔸𝔼 🔂 ➀ 🖪 *VISA* 𝙅𝘾𝘽
BZ **b**
chiuso domenica sera, lunedì, dal 1° al 15 gennaio e dal 1° al 25 agosto – **Pasto** carta 39/65000.

XX **Gianfaldoni,** via Pastrengo 2 ✉ 10128 🖉 5175041 – 🗏. 𝔸𝔼 🔂 ➀ 🖪 *VISA*
CZ **h**
chiuso mercoledì ed agosto – **Pasto** carta 40/60000.

XX Al Dragone, via Pomba 14 ✉ 10123 🖉 8122781
CY **m**

XX **Biribissi,** corso San Martino 8 ✉ 10122 🖉 5620260 – 🗏. 𝔸𝔼 🔂 🖪 *VISA* ⁇
BV **r**
chiuso domenica ed agosto – **Pasto** carta 37/57000.

XX **Mara e Felice,** via Foglizzo 8 ✉ 10149 🖉 731719, Specialità di mare – 🗏. 𝔸𝔼 🔂 ➀ 🖪 *VISA*
AV **s**
chiuso sabato a mezzogiorno, domenica ed agosto – **Pasto** carta 49/78000.

XX **Da Benito,** corso Siracusa 142 ✉ 10137 🖉 3090353, Specialità di mare – 🗏. 𝔸𝔼 🔂 ➀ 🖪 *VISA* ⁇
FT **v**
chiuso lunedì ed agosto – **Pasto** carta 45/65000.

XX **Da Giovanni,** via Gioberti 24 ✉ 10128 🖉 539842 – 🗏. 𝔸𝔼 🔂 ➀ 🖪 *VISA* ⁇
CZ **t**
chiuso domenica ed agosto – **Pasto** carta 28/61000.

XX **Mina,** via Ellero 36 ✉ 10126 🖉 6963608, Fax 6960459, ⁇, Specialità piemontesi – 🗏. 𝔸𝔼 🔂 ➀ 🖪 *VISA* ⁇
GU **y**
chiuso agosto, lunedì e dal 15 giugno al 31 luglio anche domenica sera – **Pasto** carta 48/73000.

XX **La Gondola,** corso Moncalieri 190 ✉ 10133 🖉 6614805, ⁇, Specialità di mare – 🗏. 𝔸𝔼 🔂 🖪 *VISA* ⁇
CZ **z**
chiuso domenica, lunedì a mezzogiorno e dal 10 agosto al 10 settembre – **Pasto** carta 46/74000.

XX **Il Ciacolon,** viale 25 Aprile 11 ✉ 10133 🖉 6610911, Specialità venete – 𝔸𝔼 🔂 ➀ 🖪 *VISA*
GU **e**
chiuso a mezzogiorno, domenica sera, lunedì ed agosto – **Pasto** (menu a sorpresa) 55000.

XX **La Pace,** via Galliari 22 ✉ 10125 🖉 6505325 – 🔂 ➀ 🖪 *VISA*
CZ **m**
chiuso domenica, lunedì a mezzogiorno, dal 27 dicembre al 6 gennaio ed agosto – **Pasto** carta 34/55000.

XX **Mon Ami,** via San Dalmazzo 16 angolo via Santa Maria ✉ 10122 🖉 538288 – 𝔸𝔼 🔂 🖪 *VISA*
CX **d**
chiuso domenica sera e lunedì – **Pasto** carta 29/69000.

XX **L'Idrovolante,** viale Virgilio 105 ✉ 10126 🖉 6687602, Coperti limitati; prenotare, « Servizio estivo in terrazza in riva al fiume » – 𝔸𝔼 🔂 ➀ 🖪 *VISA*
CZ **n**
chiuso domenica sera, lunedì a mezzogiorno e dal 15 ottobre al 10 novembre – **Pasto** carta 39/57000.

X Ostu Bacu, corso Vercelli 226 ✉ 10155 🖉 2464579, Trattoria moderna con specialità piemontesi – 🗏
GT **g**

X **Alberoni,** corso Moncalieri 288 ✉ 10133 🖉 6615433, ⁇, ⁇ – ➋. 🔂 🖪 *VISA*
GU **n**
chiuso domenica sera, lunedì e gennaio – **Pasto** carta 32/49000.

X **Taverna delle Rose,** via Massena 24 ✉ 10128 🖉 538345 – 𝔸𝔼 🔂 ➀ 🖪 *VISA*
CZ **r**
chiuso sabato a mezzogiorno, domenica ed agosto – **Pasto** carta 46/63000.

X **La Capannina,** via Donati 1 ✉ 10121 🖉 545405, Specialità piemontesi – 🗏. 🔂 🖪 *VISA*
BY **r**
chiuso domenica ed agosto – **Pasto** carta 38/60000.

X **Crocetta,** via Marco Polo 21 ✉ 10129 🖉 597789, ⁇ – 🗏. 𝔸𝔼 🔂 ➀ 🖪 *VISA* ⁇
BZ **d**
chiuso agosto – **Pasto** carta 35/54000.

X **Le Due Isole,** via Saluzzo 82 angolo via Michelangelo ✉ 10126 🖉 6692591, Specialità di mare – 🔂 🖪 *VISA*
CZ **e**
chiuso domenica, lunedì a mezzogiorno ed agosto – **Pasto** carta 39/59000.

X **Trômlin,** a Cavoretto, via alla Parrocchia 7 ✉ 10133 🖉 6613050, Coperti limitati; prenotare
GU **k**
chiuso a mezzogiorno (escluso i giorni festivi), lunedì ed agosto – **Pasto** (menu a sorpresa) 50000 bc.

X **Al 24,** via Montebello 24 ✉ 10124 🖉 8122981 – 𝔸𝔼 🔂 🖪 *VISA* ⁇
DX **c**
chiuso lunedì e martedì a mezzogiorno – **Pasto** carta 36/57000.

X Trattoria Abetone, corso Raffaello 0 ✉ 10126 🖉 655598, ⁇
CZ **v**

X **C'era una volta,** corso Vittorio Emanuele II 41 ✉ 10125 🖉 655498, Specialità piemontesi, prenotare – 🗏. 𝔸𝔼 🔂 ➀ 🖪 *VISA*
CZ **k**
chiuso a mezzogiorno, domenica ed agosto – **Pasto** 30/45000.

X **Spada Reale,** via Principe Amedeo 53 ✉ 10123 🖉 8171363 – 𝔸𝔼 🔂 ➀ 🖪 *VISA* 𝙅𝘾𝘽
DY **u**
chiuso domenica – **Pasto** carta 34/64000.

X **Da Mauro,** via Maria Vittoria 21 ✉ 10123 ✆ 8170604, Trattoria toscana d'habitués – ▤. ✗ DY **h**
chiuso lunedì e luglio – **Pasto** carta 28/46000.

X **Anaconda,** via Angiolino 16 (corso Potenza) ✉ 10143 ✆ 752903, Trattoria rustica, « Servizio estivo all'aperto » – P. AE S O E VISA BV **m**
chiuso venerdì sera, sabato ed agosto – **Pasto** 50000 bc.

X **Il Salsamentario,** via Santorre Santarosa 7/b ✉ 10131 ✆ 8195075 – S E VISA HT **h**
chiuso domenica sera, lunedì e dall'8 al 23 agosto – **Pasto** 35/40000.

X **Le Maschere,** via Vandalino 16 ✉ 10141 ✆ 728928 – ▤. AE S O E VISA FT **a**
chiuso domenica e mercoledì sera – **Pasto** carta 24/51000.

X **Osteria del Corso,** corso Regina Margherita 252 ✉ 10144 ✆ 480665 – S O E VISA BV **a**
chiuso sabato a mezzogiorno e dal 5 al 23 agosto – **Pasto** carta 24/39000.

X **Marinella,** via Verdi 33/g ✉ 10124 ✆ 8174324, Trattoria d'habitués – S O E VISA
chiuso giovedì e gennaio – **Pasto** carta 34/53000. DX **a**

X **Piero e Federico,** via Monte di Pietà 23 ✉ 10122 ✆ 535880, Specialità sarde – S O E VISA CX **e**
chiuso domenica e dal 15 agosto al 15 settembre – **Pasto** carta 33/60000.

X **Del Buongustaio,** corso Taranto 14 ✉ 10155 ✆ 2463284 – ▤. ✗ GT **z**
chiuso lunedì e dall'8 al 28 agosto – **Pasto** 20/35000.

X **Antiche Sere,** via Cenischia 9/b ✉ 10139 ✆ 3854347, 🏠, Osteria con specialità regionali AX **c**
chiuso a mezzogiorno, domenica ed agosto – **Pasto** carta 35/46000.

X **Vecchio Piemonte,** via Revel 2 ✉ 10121 ✆ 538338 – ⚡. AE S O VISA JCB BX **e**
chiuso domenica ed agosto – **Pasto** 25/30000.

X **Trattoria della Posta,** strada Mongreno 16 ✉ 10132 ✆ 8980193, Trattoria d'habitués con specialità formaggi piemontesi – ▤. ✗ HT **m**
chiuso domenica sera, lunedì e luglio o agosto – **Pasto** carta 38/54000.

X **Osteria Val Granda,** via Lanzo 88 ✉ 10148 ✆ 2264420, Fax 2266648, 🏠, Trattoria rustica con specialità piemontesi – S O VISA GT **a**
chiuso domenica e dal 10 al 30 agosto – **Pasto** carta 33/47000.

MICHELIN, corso Giulio Cesare 424 int. 15 (HT Torino p. 3) - ✉ 10156, ✆ **2624447, Fax 2622176.**

TORNELLO Pavia – Vedere Mezzanino.

TORNO **22020** Como 428 E 9, 219 ⑨ – **1 559 ab. alt. 225** – ☎ **031.**

Vedere Portale★ della chiesa di San Giovanni.

Roma 633 – Como 7 – Bellagio 23 – ♦Lugano 40 – ♦Milano 56.

🏨 **Villa Flora** ⛰, ✆ 419222, Fax 418318, ≤, 🏠, 🏊, 🚤, 🌳 – TV ☎ P. AE S E VISA. ✗
chiuso gennaio e febbraio – **Pasto** *(chiuso martedì escluso dal 15 giugno al 15 settembre)* carta 40/55000 – ☕ 13000 – **20 cam** 70/100000 – ½ P 85000.

XX **Vapore** ⛰ con cam, ✆ 419311, Fax 419031, ≤, « Servizio estivo in terrazza ombreggiata in riva al lago » – 🛗 TV ☎. E VISA. ✗ cam
chiuso gennaio e febbraio – **Pasto** *(chiuso mercoledì)* carta 35/59000 – ☕ 8000 – **12 cam** 60/80000 – ½ P 70000.

TORRE A MARE **70045** Bari 431 D 33 – ☎ **080.**

Roma 463 – ♦Bari 12 – ♦Brindisi 101 – ♦Foggia 144 – ♦Taranto 94.

🏨 **Apelusion,** ✆ 5700600, Fax 5700600, 🏠 – 🛗 ▤ TV ☎ P – 🅰 150. AE S E VISA. ✗ rist
Pasto 28/35000 – **51 cam** ☕ 110/140000 – ½ P 95/100000.

XX **Da Nicola,** via Principe di Piemonte 3 ✆ 5700043, Fax 5700043, ≤, 🏠, Specialità di mare – P. AE S O E VISA. ✗
chiuso lunedì e dal 20 dicembre al 20 gennaio – **Pasto** carta 30/55000 (15%).

TORREBELVICINO **36036** Vicenza 429 E 15 – **4 937 ab. alt. 260** – ☎ **0445.**

Roma 568 – ♦Verona 75 – Trento 70 – Vicenza 26.

XX **Elisa e Fausto,** a Pievebelvicino SE : 2 km ✆ 661302, Specialità di mare, Coperti limitati; prenotare – P. S E VISA. ✗
chiuso sabato a mezzogiorno, lunedì e dal 15 al 30 luglio – **Pasto** carta 50/72000.

TORRE BERETTI E CASTELLARO **27030** Pavia 988 ⑬, 428 G 8 – **650 ab. alt. 93** – ☎ **0384.**

Roma 602 – Alessandria 24 – ♦Milano 74 – Pavia 46 – ♦Torino 112.

X **Da Agostino,** via Stazione 43 ✆ 84194, solo su prenotazione – AE S. ✗
chiuso mercoledì, dal 7 al 20 gennaio ed agosto – **Pasto** 50000 (a mezzogiorno) 60000 (alla sera).

TORRE BOLDONE **24020** Bergamo – **7 684 ab. alt. 283** – ☎ **035.**

Roma 605 – ♦Bergamo 4,5 – ♦Milano 52.

X **Don Luis-da Enrica,** ✆ 341393, 🏠 – P. AE S O E VISA
chiuso lunedì sera, martedì ed agosto – **Pasto** carta 38/73000.

TORRE CANAVESE 10010 Torino 2️⃣1️⃣9️⃣ ⑭ – 597 ab. alt. 418 – 🟢 0124.

Roma 689 – ◆Torino 41 – Aosta 85 – Ivrea 18.

❌ **Italia,** 🏠 501076 – 🅿. 🆎 🔚 E 𝕍𝕀𝕊𝔸. 🛇
　　chiuso lunedì, dal 1° al 15 gennaio e dal 16 al 31 agosto – **Pasto** 35/50000.

TORRE CANNE 72010 Brindisi 9️⃣8️⃣8️⃣ ㉚, 4️⃣3️⃣1️⃣ E 34 – Stazione termale (marzo-ottobre), a.s. 20 giugno-agosto – 🟢 080.

Roma 517 – ◆Bari 67 – ◆Brindisi 48 – ◆Taranto 57.

🏩 **Del Levante** 🔽, 🏠 9329800, Telex 813881, Fax 720096, ≼, ⤬, 🐾, 🍃, ❌ – 🛗 🔲 📺 ☎ 🔥 🅿 – 🔬 100 a 300. 🆎 🔚 ⓞ E 𝕍𝕀𝕊𝔸. 🛇
　　Pasto 30/45000 – ⛉ 10000 – **149 cam** 150000 – ½ P 103/148000.

🏨 **Eden,** 🏠 9329822, Telex 813876, Fax 720330, « Terrazza-solarium con ⤬ », 🐾 – 🛗 🔲 ☎ 🔥 🅿 – 🔬 150. 🆎 🔚 ⓞ E 𝕍𝕀𝕊𝔸. 🛇
　　2 aprile-settembre – **Pasto** 30/35000 – ⛉ 15000 – **87 cam** 160000 – ½ P 85/130000.

TORRE DEL GRECO 80059 Napoli 9️⃣8️⃣8️⃣ ㉗, 4️⃣3️⃣1️⃣ E 25 – 101 350 ab. – a.s. maggio-15 ottobre – 🟢 081.

Vedere Scavi di Ercolano★★ NO : 3 km.

Dintorni Vesuvio★★★ NE : 13 km e 45 mn a piedi AR.

Roma 227 – ◆Napoli 15 – Caserta 40 – Castellammare di Stabia 17 – Salerno 43.

　　in prossimità casello autostrada A 3 :

🏩 **Sakura** 🔽, via De Nicola 26/28 ⊠ 80059 🏠 8493144, Fax 8491122, « Parco » – 🛗 🔲 📺 ☎ 🅿 – 🔬 140. 🆎 🔚 ⓞ E 𝕍𝕀𝕊𝔸. 🛇
　　Pasto carta 50/75000 – **65 cam** ⛉ 160/245000 – ½ P 155/210000.

🏨 **Marad,** via San Sebastiano 24 ⊠ 80059 🏠 8492168, Fax 8828716, ⤬, 🍃 – 🛗 🔲 📺 ☎ 🅿 – 🔬 30 a 120. 🆎 🔚 ⓞ E 𝕍𝕀𝕊𝔸. 🛇
　　Pasto 38/46000 – **79 cam** ⛉ 120/160000, 🔳 20000 – ½ P 110/160000.

TORRE DEL LAGO PUCCINI 55048 Lucca 4️⃣2️⃣8️⃣ 4️⃣3️⃣0️⃣ K 12 – a.s. Carnevale, Pasqua, 15 giugno-15 settembre e Natale – 🟢 0584.

Roma 369 – Pisa 14 – ◆Firenze 95 – Lucca 25 – Massa 31 – ◆Milano 260 – Viareggio 5.

❌❌ **Lombardi,** via Aurelia 127 🏠 341044, Specialità di mare – 🔳 🅿. 🆎 🔚 ⓞ E 𝕍𝕀𝕊𝔸. 🛇
　　chiuso lunedì sera e martedì – **Pasto** carta 33/60000.

❌❌ **La Bufalina,** via Aurelia 1 (S : 1 km) 🏠 869005, 🍃 – 🅿

　　al lago di Massaciuccoli E : 1 km :

❌ **Da Cecco,** ⊠ 55048 🏠 341022 – 🆎 🔚 E 𝕍𝕀𝕊𝔸
　　chiuso domenica sera, lunedì e dal 20 novembre al 15 dicembre – **Pasto** carta 32/46000.

❌ **Butterfly** con cam, ⊠ 55048 🏠 341024, Fax 341024, Specialità sarde, 🍃 – ☎ 🅿. 🆎 🔚 ⓞ E 𝕍𝕀𝕊𝔸. 🛇
　　chiuso dal 26 novembre al 10 dicembre – **Pasto** *(chiuso giovedì)* carta 28/48000 (10 %) – ⛉ 7000 – **10 cam** 48/70000 – ½ P 65/75000.

　　al mare O : 2 km :

❌❌ **Il Pescatore,** 🏠 340610, Specialità di mare – 🆎 🔚 ⓞ E 𝕍𝕀𝕊𝔸. 🛇
　　chiuso a mezzogiorno (escluso i week-end), mercoledì ed ottobre – **Pasto** carta 49/84000.

❌❌ **Calimero,** 🏠 340264, 🌿, Specialità di mare

TORRE DE' PICENARDI 26038 Cremona 4️⃣2️⃣8️⃣ 4️⃣2️⃣9️⃣ G 12 – 1 954 ab. alt. 39 – 🟢 0375.

Roma 498 – ◆Parma 48 – ◆Brescia 52 – Cremona 23 – Mantova 43.

❌❌ 🟢 **Italia,** 🏠 94108, Fax 394060 – 🆎 🔚 ⓞ E 𝕍𝕀𝕊𝔸 𝙹𝙲𝙱. 🛇
　　chiuso domenica sera, lunedì, dal 2 al 12 gennaio e dal 25 luglio al 15 agosto – **Pasto** carta 40/56000
　　Spec. Fiore di zucchina alla mousse di storione (estate), Marubini ai profumi dell'orto, Stufato di guanciale di manzo con polenta (autunno-inverno).

TORRE DI BARI' Nuoro 4️⃣3️⃣3️⃣ H 11 – Vedere Sardegna (Bari Sardo) alla fine dell'elenco alfabetico.

TORREGLIA 35038 Padova 4️⃣2️⃣9️⃣ F 17 – 5 712 ab. alt. 18 – 🟢 049.

Roma 486 – Abano Terme 5 – ◆Milano 251 – ◆Padova 17 – Rovigo 36 – ◆Venezia 54.

❌❌ **Antica Trattoria Ballotta,** O : 1 km 🏠 5212970, Fax 5211385, « Servizio estivo sotto un pergolato » – 🅿. 🆎 🔚 ⓞ E 𝕍𝕀𝕊𝔸
　　chiuso martedì e giovedì – **Pasto** carta 28/45000.

❌ **Al Castelletto-da Tàparo,** S : 1,5 km 🏠 5211060, « Servizio estivo sotto un pergolato », 🍃 – 🅿. 🆎 🔚 ⓞ E 𝕍𝕀𝕊𝔸
　　chiuso lunedì e dal 15 gennaio al 15 febbraio – **Pasto** carta 27/34000.

a Torreglia Alta SO : 2 km – alt. 300 – ✉ 35038 Torreglia :

XX Rifugio Monte Rua, S : 1 km *&* 5211049, Fax 5211049, « Servizio estivo in terrazza con ⩽ colli Euganei e pianura »

TORRE GRANDE Oristano 🖪🖪🖪 ㉝ – Vedere Sardegna (Oristano) alla fine dell'elenco alfabetico.

TORREGROTTA Messina 🖪🖪🖪 M 28 – Vedere Sicilia alla fine dell'elenco alfabetico.

TORRE LAPILLO Lecce 🖪🖪🖪 G 35 – Vedere Porto Cesareo.

TORREMAGGIORE 71017 Foggia 🖪🖪🖪 ㉘, 🖪🖪🖪 B 27 – 17 362 ab. alt. 169 – 🕿 0882.
Roma 325 – ◆Foggia 43 – ◆Bari 161 – ◆Pescara 159 – Termoli 67.

X **Da Alfonso**, via Costituente 66 *&* 391324, prenotare la sera – 🍴
chiuso lunedì sera, martedì e novembre – **Pasto** carta 21/31000 (15%).

TORRE PEDRERA Rimini 🖪🖪🖪 J 19 – Vedere Rimini.

TORRE PELLICE 10066 Torino 🖪🖪🖪 ⑫, 🖪🖪🖪 H 3 – 4 594 ab. alt. 516 – 🕿 0121.
Roma 708 – ◆Torino 58 – Cuneo 64 – ◆Milano 201 – Sestriere 71.

🏨 **Gilly**, corso Lombardini 1 *&* 932477, Fax 932924, ☎, 🔲, 🚗 – 🛗 📺 🕿 🅿 – 🔬 25 a 120.
🖭 🗄 ⓞ 🖻 🆅🆂🅰 🍴 rist
chiuso dal 20 dicembre al 10 gennaio – **Pasto** carta 45/76000 – 🖵 15000 – **50 cam**
160/180000, appartamento – ½ P 160000.

XX **Flipot**, corso Gramsci 17 *&* 91236, Fax 91236 – 🖭 🗄 ⓞ 🖻 🆅🆂🅰 🍴
chiuso martedì e dal 15 gennaio al 15 febbraio – **Pasto** carta 50/82000.

TORRE SAN GIOVANNI Lecce – ✉ 73059 Ugento – a.s. luglio-agosto – 🕿 0833.
Roma 652 – Gallipoli 24 – Lecce 62 – Otranto 50 – ◆Taranto 117.

🏨 Hyencos e Callyon, *&* 931088, Fax 931097, ⩽, 🔄, 🐎 – 🛗 🗏 📺 🕿 🅿 – 🔬 100
63 cam.

🏨 **Tito**, NO : 1,5 km *&* 931054, Fax 931225, ⩽, 🐎, 🚗 – 🛗 🗏 📺 🕿 🚗 🅿. 🖭 🗄 ⓞ 🖻
🆅🆂🅰 🍴 rist
aprile-ottobre – **Pasto** 34/40000 – 🖵 20000 – **40 cam** 100/110000 – ½ P 70/130000.

TORRETTE Ancona 🖪🖪🖪 L 22 – Vedere Ancona.

TORRE VADO Lecce 🖪🖪🖪 H 36 – ✉ 73040 Morciano di Leuca – 🕿 0833.
Roma 678 – Lecce 78 – ◆Taranto 137.

XX Il Milanese, con cam, *&* 741106, Fax 741236, 🍽 – 🅿
18 cam.

TORRIANA 47030 Rimini 🖪🖪🖪 🖪🖪🖪 K 19 – 1 012 ab. alt. 337 – 🕿 0541.
Roma 307 – Forlì 56 – ◆Ravenna 60 – Rimini 20.

X **Osteria del Povero Diavolo**, via Roma 30 *&* 675060, 🍽
chiuso a mezzogiorno, mercoledì e dal 5 al 20 gennaio – **Pasto** carta 29/44000.

TORRICELLA PELIGNA 66019 Chieti 🖪🖪🖪 P 24 – 1 823 ab. alt. 901 – 🕿 0872.
Roma 77 – ◆Pescara 75 – Isernia 78 – Sulmona 78.

X **La Sagrestia**, corso Umberto I 5 *&* 969237 – 🗄
chiuso martedì e dal 1º al 20 ottobre – **Pasto** carta 21/34000.

TORRI DEL BENACO 37010 Verona 🖪🖪🖪 ④, 🖪🖪🖪 🖪🖪🖪 F 14 – 2 473ab. alt. 68 – 🕿 045.
🚢 per Toscolano-Maderno giornalieri (30 mn) – a Toscolano Maderno, Navigazione Lago di Garda, Imbarcadero *&* 641389 – 🖪 via Gardesana 5 *&* 6296482, Fax 7226482.
Roma 535 – ◆Verona 37 – ◆Brescia 72 – Mantova 73 – ◆Milano 159 – Trento 81 – ◆Venezia 159.

🏨 **Gardesana**, *&* 7225411, Fax 7225771, ⩽ – 🛗 🗏 📺 🕿 👍 🅿. 🖭 🗄 ⓞ 🖻 🆅🆂🅰 🍴
chiuso dal 15 gennaio a febbraio e dal 2 novembre al 20 dicembre – **Pasto** (aprile-ottobre;
chiuso a mezzogiorno) carta 44/67000 – **34 cam** 🖵 90/180000.

🏨 **Galvani**, località Pontirola 5 *&* 7225103, Fax 6296618, ⩽, 🍽, 🔄, 🚗 – 🗏 cam 📺 🕿 🅿.
🗄 🖻 🆅🆂🅰 🍴
chiuso dal 6 gennaio al 15 febbraio – **Pasto** (chiuso martedì) carta 39/53000 – 🖵 16000 –
22 cam 90/115000 – ½ P 65/90000.

🏨 **Europa** 🦆, *&* 7225086, Fax 6296632, ⩽, « Parco-oliveto », 🔄 – 🕿 🅿. 🍴
Pasqua-10 ottobre – **18 cam** solo ½ P 77/105000.

🏠 **Al Castello**, *&* 7225065, Fax 7225065 – 🛗 📺 👍 🅿. 🗄 🖻 🆅🆂🅰 🍴
chiuso dal 7 al 31 gennaio – **Pasto** (chiuso lunedì da ottobre a marzo) carta 35/55000 –
23 cam 🖵 50/95000 – ½ P 70/75000.

XX **Al Caval** con cam, *&* 7225666, Fax 6296570 – 📺 🕿 🅿. 🗄 ⓞ 🖻 🆅🆂🅰 🍴 rist
chiuso dal 20 gennaio al 15 marzo e da novembre al 15 dicembre – **Pasto** (chiuso lunedì)
carta 36/54000 – **22 cam** 🖵 65/130000 – ½ P 75/88000.

ad Albisano NE : 4,5 km – ⊠ **37010** Torri del Benaco :

🏦 **Panorama,** 𝄐 7225102, Fax 6290162, ⩽ lago, 🏠 – ☎ 🅿 🕼 🖿 E *VISA*
Natale e aprile-ottobre – **Pasto** (chiuso lunedì da novembre a marzo) carta 30/42000 –
⊊ 11000 – **26 cam** 49/78000 – ½ P 55/68000.

TORRILE 43030 Parma 𝟜𝟚𝟠 𝟜𝟚𝟡 H 12 – 4 852 ab. alt. 32 – ✪ 0521.
Roma 470 – ♦Parma 13 – Mantova 51 – ♦Milano 134.

a San Polo SE : 4 km – ⊠ **43056** :

🏦 **Ducathotel,** via Achille Grandi 7 𝄐 819929, Fax 813482 – 🛗 🚾 🆀 ☎ 🅿 – 🏥 40. 🖭 🕼
🅾 E *VISA*, 🗱 rist
Pasto (chiuso a mezzogiorno e venerdì sera) 25/40000 – ⊊ 5000 – **18 cam** 65/90000,
🍽 7000 – ½ P 68/80000.

TORTOLÌ Nuoro 𝟡𝟠𝟠 ㉞, 𝟜𝟛𝟛 H 10 – Vedere Sardegna alla fine dell'elenco alfabetico.

TORTONA 15057 Alessandria 𝟡𝟠𝟠 ⑬, 𝟜𝟚𝟠 H 8 – 27 200 ab. alt. 114 – ✪ 0131.
Roma 567 – Alessandria 21 – ♦Genova 73 – ♦Milano 73 – Novara 71 – Pavia 52 – Piacenza 76 – ♦Torino 112.

🏨 **Villa Giulia,** corso Alessandria 3/A 𝄐 862396, Fax 868561, 🚝 – 🛗 🚾 🆀 ☎ ♿ 🅿 –
🏥 25. 🖭 🕼 🅾 E *VISA*. 🗱
Pasto (chiuso domenica) carta 42/70000 – ⊊ 18000 – **12 cam** 115/140000.

🏦 **Vittoria** senza rist, corso Romita 57 𝄐 861325, Fax 820714 – 🛗 🚾 ☎ 🚗 🅿 🖭 🕼 🅾 E
VISA. 🗱
⊊ 15000 – **26 cam** 60/100000.

ХХ **Cavallino San Marziano,** corso Romita 83 𝄐 862308, Fax 811485 – 🍽 🅿. E *VISA*
chiuso lunedì, dal 1° al 10 gennaio, dal 24 luglio al 24 agosto e Natale – **Pasto** carta 50/
88000.

Х **Il Portico,** corso Montebello 27 𝄐 822515, Rist. d'habitués – 🕼 🅾 E *VISA*. 🗱
chiuso dal 1° all'8 gennaio, dal 1° al 27 agosto e domenica – **Pasto** carta 25/45000.

sulla strada statale 35 S : 1,5 km

🏦 **Aurora-girarrosto** con cam, ⊠ 15057 𝄐 863033, Fax 821323 – 🛗 🚾 ☎ 🅿 – 🏥 60. 🖭
🕼 🅾 E *VISA*
Pasto (chiuso lunedì e dal 10 al 25 agosto) carta 45/70000 – **16 cam** ⊊ 90/120000.

ХХ **Montecarlo,** 𝄐 889114 – 🅿 – 🏥 100. 🗱
chiuso martedì ed agosto – **Pasto** carta 50/70000.

verso Sale NO : 6 km :

🏦 **Motel 2** senza rist, strada statale per Sale 14 ⊠ 15057 𝄐 881019, Fax 881020 – 🍽 🚾 ☎
🅿. 🖭 🕼 🅾 E *VISA* ᴊᴄʙ. 🗱
⊊ 12000 – **27 cam** 75/110000.

Х **Hostaria ai Due Gioghi,** ⊠ 15057 𝄐 881077 – 🅿. 🖭 🕼 🅾 E *VISA*. 🗱
chiuso lunedì, dal 1° all'8 gennaio e dal 7 al 22 agosto – **Pasto** carta 27/47000.

TORTORETO 64018 Teramo 𝟜𝟛𝟘 N 23 – 7 064 ab. alt. 227 – a.s. luglio-agosto – ✪ 0861.
Roma 215 – ♦Pescara 57 – ♦Ancona 108 – L'Aquila 106 – Ascoli Piceno 39 – Teramo 33.

a Tortoreto Lido E : 3 km – ⊠ **64019** :

🏦 **Costa Verde,** 𝄐 787096, Fax 786647, ⩽, 🏊, 🐚, 🚝 – 🛗 🍽 rist ☎ 🚗 🅿. 🗱 rist
maggio-settembre – **Pasto** 28/35000 – ⊊ 10000 – **50 cam** 90/120000 – P 80/120000.

🏨 **River,** 𝄐 786125, Fax 786126, 🐚 – 🛗 ☎ 🅿. 🗱
maggio-settembre – **Pasto** (solo per clienti alloggiati) – ⊊ 10000 – **27 cam** 60/95000 –
½ P 60/85000.

🏨 **Lady G,** via Amerigo Vespucci 21/23 𝄐 788008, Fax 788670, 🏊, 🐚 – 🛗 ☎ 🅿. 🗱
aprile-settembre – **Pasto** carta 37/47000 – ⊊ 10000 – **34 cam** 80/110000 – ½ P 77/92000.

TOR VAIANICA 00040 Roma 𝟜𝟛𝟘 R 19 – ✪ 06.
🛥 (chiuso lunedì) a Marina di Ardea ⊠ 00040 𝄐 9133250, Fax 9133592.
Roma 34 – Anzio 25 – Latina 50 – Lido di Ostia 20.

ХХ **Zi Checco,** lungomare delle Sirene 1 𝄐 9157157, ⩽, 🏠, Specialità di mare, 🐚 – 🅿.
🖭 🕼 🅾 E *VISA*. 🗱
chiuso giovedì e novembre – **Pasto** carta 33/61000.

TOSCANELLA Bologna 𝟜𝟛𝟘 I 16 – Vedere Dozza.

La carta Michelin n° 𝟜𝟚𝟡 ITALIA Nord-Est scala 1:400 000.

TOSCOLANO-MADERNO Brescia 988 ④, 428 429 F 13 – 6 663 ab. alt. 80 – a.s. Pasqua e luglio-15 settembre – 🕾 0365.

🚢 per Torri del Benaco giornalieri (30 mn) – Navigazione Lago di Garda, Imbarcadero 𝒫 641389.

🛈 a Maderno, via lungolago Zanardelli ⊠ 25080 𝒫 641330.

Roma 556 – ♦Brescia 39 – ♦Verona 44 – ♦Bergamo 93 – Mantova 95 – ♦Milano 134 – Trento 86.

    a Maderno – ⊠ 25080 :

🏠 **Milano,** 𝒫 540595, Fax 641223, ≤, « Giardino ombreggiato » – 📳 📺 ☎ 🅿. 🝙 𝗩𝗜𝗦𝗔, 𝒮𝒮 rist
    aprile-15 ottobre – **Pasto** 30000 – ⊑ 15000 – **38 cam** 95/120000 – ½ P 95000.

🏠 **Maderno,** 𝒫 641070, Fax 644277, « Giardino ombreggiato », ⌒, – 📳 📺 ☎ 🅿. 🝙 🅂 ⓪ 🝐 𝗩𝗜𝗦𝗔, 𝒮𝒮 rist
    aprile-settembre – **Pasto** 35/40000 – ⊑ 18000 – **33 cam** 75/120000 – ½ P 75/110000.

✗ **Vecchia Padella,** 𝒫 641042, Fax 541212, 🍽 – 🝙 🅂 ⓪ 🝐 𝗩𝗜𝗦𝗔
    chiuso dal 6 al 31 gennaio e mercoledì dal 28 settembre a maggio – **Pasto** carta 33/65000.

    a Cecina NE : 3,5 km – ⊠ **25088** Toscolano :

✗ La Sosta, 𝒫 644295, 🍽

    Wenn Sie ein ruhiges Hotel suchen,
    benutzen Sie zuerst die Karte in der Einleitung
    oder wählen Sie im Text ein Hotel mit dem Zeichen 🌲 oder 🌳.

TOSSIGNANO 40020 Bologna 429 430 J 16 – alt. 272 – 🕾 0542.

Roma 382 – ♦Bologna 51 – ♦Firenze 84 – Forlì 44 – ♦Ravenna 59.

✗✗✗ ❀ **Locanda della Colonna,** via Nuova 10/11 𝒫 91006, 🍽, Coperti limitati; prenotare, « Costruzione del 15° secolo » – 🝙 🅂 ⓪ 🝐 𝗩𝗜𝗦𝗔. 𝒮𝒮
    chiuso domenica, lunedì a mezzogiorno, dal 10 gennaio al 10 febbraio ed agosto – **Pasto** carta 50/80000
    Spec. Insalata di lingua di vitello alle spezie, Ravioli di sfoglia di patate al basilico, Faraona ai lardelli con verze.

TOVEL (Lago di) Trento 988 ④, 428 429 D 14 – Vedere Guida Verde.

TOVO DI SANT'AGATA 23030 Sondrio 428 D 12, 218 ⑰ – 525 ab. alt. 531 – 🕾 0342.

Roma 680 – Bormio 31 – Sondrio 34.

✗ **Franca,** 𝒫 770064 – 🅿. 🅂 𝗩𝗜𝗦𝗔. 𝒮𝒮
    chiuso domenica sera, martedì e dal 15 giugno al 6 luglio – **Pasto** carta 36/54000.

TRADATE 21049 Varese 428 E 8, 219 ⑱ – 15 875 ab. alt. 303 – 🕾 0331.

Roma 614 – Como 29 – ♦Milano 39 – Gallarate 12 – Varese 14.

✗✗ **Antico Ostello Lombardo,** via Vincenzo Monti 8 𝒫 842832, 🍽, Coperti limitati; prenotare – 𝒮𝒮
    chiuso sabato a mezzogiorno, lunedì, dal 1° al 12 gennaio ed agosto – **Pasto** carta 48/80000.

✗✗ **Tradate** con cam, via Volta 20 𝒫 811225, Fax 841401 – 🝙 🅂 ⓪ 🝐 𝗩𝗜𝗦𝗔 𝗝𝗖𝗕. 𝒮𝒮
    chiuso dal 24 dicembre al 5 gennaio ed agosto – **Pasto** *(chiuso domenica)* carta 50/75000 – ⊑ 7000 – **8 cam** 75/90000 – ½ P 115000.

TRAMIN AN DER WEINSTRASSE = Termeno sulla Strada del Vino.

TRANA 10090 Torino 428 G 4 – 3 081 ab. alt. 372 – 🕾 011.

Roma 685 – ♦Torino 32 – Briançon 90 – ♦Milano 167.

    a San Bernardino E : 3 km – ⊠ **10090** Trana :

✗✗✗ ❀ **La Betulla,** 𝒫 933106, prenotare – 🅿. 🅂 🝐 𝗩𝗜𝗦𝗔
    chiuso lunedì sera, martedì e gennaio – **Pasto** 40/50000 (a mezzogiorno) 55/65000 (alla sera) e carta 38/58000
    Spec. Ratatouille di verdure con filetto di branzino in salsa vellutata di sogliola (primavera-estate), Agnolotti al sugo d'arrosto, Capretto al timo.

TRANI 70059 Bari 988 ㉘, 431 D 31 – 50 489 ab. – 🕾 0883.

Vedere Cattedrale★★ – Giardino pubblico★.

🛈 piazza della Repubblica 𝒫 43295.

Roma 414 – ♦Bari 46 – Barletta 13 – ♦Foggia 97 – Matera 78 – ♦Taranto 132.

🏠 **Royal** senza rist, via De Robertis 29 𝒫 588777, Fax 582224 – 📳 🗏 📺 ☎ 🚗. 🝙 🅂 ⓪ 🝐 𝗩𝗜𝗦𝗔
    ⊑ 12000 – **42 cam** 98/165000.

🏠 **Trani,** corso Imbriani 137 𝒫 588010, Fax 587625 – 📳 📺 ☎ 🚗 – 🔏 160. 🝙 🅂 ⓪ 🝐 𝗩𝗜𝗦𝗔 𝒮𝒮
    Pasto carta 32/56000 – ⊑ 9000 – **50 cam** 68/107000 – ½ P 86/99000.

✗✗ Torrente Antico, via Fusco 3 𝒫 47911, Coperti limitati; prenotare – 🗏

✗ La Darsena, via Statuti Marittimi 98 𝒫 47333, 🍽

TRAPANI 🅿 988 ㊱, 432 M 19 – Vedere Sicilia alla fine dell'elenco alfabetico.

TRAVEDONA-MONATE 21028 Varese 428 E 8, 219 ⑦ – 3 340 ab. alt. 273 – ✆ 0332.

🛏 Villa La Motta (chiuso martedì e gennaio) 🖉 978101, Fax 977532.

Roma 638 – Stresa 39 – ♦Milano 61 – Varese 19.

🏚 Villa la Motta ⬔, via Martiri della Libertà 2 🖉 977518, Fax 977501, 🛖, « In un parco secolare con rist. in villa settecentesca », 🔟, 🛏 – ▯ 🖃 📺 ☎ ⟲ 🅿 – 🔏 200 stagionale – **70 cam.**

TRAVERSELLA 10080 Torino 428 F 5, 219 ⑩ – 455 ab. alt. 827 – ✆ 0125.

Roma 703 – Aosta 91 – ♦Milano 142 – ♦Torino 70.

XX **Miniere** ⬔, con cam, 🖉 749005, Fax 749195, ≤ vallata, 🚗 – ▯ ☎. 🆎 🔂 E 𝘝𝘐𝘚𝘈. 🛠 rist chiuso dal 6 gennaio al 6 febbraio – **Pasto** (chiuso lunedì) carta 35/53000 – 🖵 6000 – **25 cam** 40/80000 – ½ P 65000.

TRAVERSETOLO 43029 Parma 429 I 13 – 6 882 ab. alt. 170 – ✆ 0521.

Roma 448 – ♦Parma 20 – ♦La Spezia 125 – ♦Modena 50.

X **Colibrì,** 🖉 842585 – ⓪ chiuso giovedì ed agosto – **Pasto** carta 30/55000.

TREBBO DI RENO Bologna 429 430 I 15 – Vedere Castel Maggiore.

TREBIANO La Spezia – alt. 170 – ✉ 19030 Romito – ✆ 0187.

Roma 403 – ♦Livorno 79 – Lucca 69 – ♦La Spezia 12.

X Trattoria delle 7 Lune, salita al Castello 🖉 988566, ≤, « Servizio estivo in giardino »

TREBISACCE 87075 Cosenza 988 ㊴, 431 H 31 – 8 801 ab. – ✆ 0981.

Roma 484 – Castrovillari 40 – Catanzaro 183 – ♦Cosenza 90 – ♦Napoli 278 – ♦Taranto 115.

🏚 **Stellato,** 🖉 500440, Fax 500770, ≤, 🐾 – ▯ 📺 ☎ ⟲ 🅿. 🆎 🔂 ⓪ E 𝘝𝘐𝘚𝘈. 🛠 **Pasto** (chiuso lunedì) carta 31/44000 – 🖵 10000 – **21 cam** 80/120000 – ½ P 88000.

X **Trattoria del Sole,** via Piave 14 bis 🖉 51797, 🛖 – 🔂 E 𝘝𝘐𝘚𝘈 chiuso domenica escluso dal 15 giugno al 15 settembre – **Pasto** carta 23/37000.

TRECATE 28069 Novara 988 ③, 428 F 8 – 14 820 ab. alt. 136 – ✆ 0321.

Roma 621 – Stresa 62 – ♦Milano 47 – ♦Torino 102.

🏚 **Moderno,** via Mazzini 8 🖉 770130, Fax 770160 – ☎ 🅿 – 🔏 30. 🆎 🔂 ⓪ E 𝘝𝘐𝘚𝘈. 🛠 **Pasto** (chiuso martedì) carta 28/45000 – **13 cam** 🖵 45/80000 – ½ P 65000.

TREDOZIO 47019 Forlì 988 ⑮, 429 430 J 17 – 1 447 ab. alt. 334 – ✆ 0546.

Roma 327 – ♦Bologna 80 – ♦Firenze 89 – Forlì 43.

XX **Mulino San Michele,** via Perisauli 6 🖉 93677, Coperti limitati; prenotare – 🛠 chiuso a mezzogiorno, lunedì e dal 20 giugno al 15 luglio – **Pasto** 60/70000 bc.

TREGNAGO 37039 Verona 988 ④, 429 F 15 – 4 653 ab. alt. 317 – ✆ 045.

Roma 529 – ♦Verona 27 – ♦Brescia 95 – ♦Milano 182 – Trento 128.

X **Michelin,** 🖉 7808049 – 🛠 chiuso dal 1° al 15 agosto, lunedì e le sere di martedì, mercoledì e giovedì – **Pasto** carta 21/33000.

TREISO 12050 Cuneo – 709 ab. alt. 412 – ✆ 0173.

Roma 644 – Alba 6 – Alessandria 65 – Cuneo 68 – Savona 105 – ♦Torino 65.

XX **Tornavento,** piazza Baracco 7 🖉 638333, Fax 638352, 🛖 – 🔂 ⓪ E 𝘝𝘐𝘚𝘈. 🛠 chiuso martedì e dal 7 gennaio al 7 febbraio – **Pasto** carta 32/48000.

Per viaggiare in EUROPA, utilizzate :

Le carte Michelin scala 1/400 000 e 1/1 000 000 **Le Grandi Strade ;**

Le carte Michelin dettagliate ;

Le guide Rosse Michelin (alberghi e ristoranti) :
   Benelux, Deutschland, España Portugal, main cities **Europe, France, Great Britain and Ireland, Svizzera**

Le guide Verdi Michelin che descrivono le curiosità e gli itinerari di visita : musei, monumenti, percorsi turistici interessanti.

TREMEZZO 22019 Como 988 ③, 428 E 9 – 1 401 ab. alt. 245 – ✪ 0344.

Vedere Località★★★ – Villa Carlotta★★★ – Parco comunale★.

Dintorni Cadenabbia★★ : ≤★★ dalla cappella di San Martino (1 h e 30 mn a piedi AR).

🖪 (Pasqua-ottobre) via Regina 3 ℰ 40493.

Roma 655 – Como 31 – ◆Lugano 33 – Menaggio 5 – ◆Milano 78 – Sondrio 73.

🏨🏨 **Gd H. Tremezzo Palace,** ℰ 40446, Telex 320810, Fax 40201, ≤ lago, 斉, « Parco », ⊥ riscaldata – 墳 ▤ cam 📺 ☎ 🅿 – 益 70 a 300. 囷 🕄 ⑩ ⋿ ₩ЅА JCB. ℅ rist
chiuso dal 16 dicembre al 14 gennaio – **Pasto** carta 61/82000 – **100 cam** ⊊ 240/280000, 2 appartamenti – 1/2 P 180/240000.

🏠 **Villa Edy** ⑤, senza rist, località Bolvedro O : 1 km ℰ 40161, Fax 40015, ⊥, 斎, ℅ – 📺 ☎ 🅿. 🕄 ⋿ ₩ЅА ℅
aprile-ottobre – ⊊ 12000 – **12 cam** 70/100000.

🏠 **Rusall** ⑤, località Rogaro O : 1,5 km ℰ 40408, Fax 40447, ≤ lago e monti, 斎, ℅ – 🅿. 囷 🕄 ⑩ ⋿ ₩ЅА. ℅ rist
chiuso dal 2 gennaio al 19 marzo – **Pasto** *(chiuso mercoledì escluso dal 15 giugno al 15 settembre)* carta 30/50000 – ⊊ 12000 – **18 cam** 60/95000 – 1/2 P 80/85000.

🍴🍴 **Al Veluu,** località Rogaro O : 1,5 km ℰ 40510, ≤ lago e monti, 斉 – 🅿. 囷 🕄 ⋿ ₩ЅА
marzo-ottobre; chiuso martedì – **Pasto** carta 54/68000.

🍴 **La Fagurida,** località Rogaro O : 1,5 km ℰ 40676, 斉 – 🅿. 囷 🕄 ₩ЅА. ℅
chiuso lunedì e dal 25 dicembre al 15 febbraio – **Pasto** 60000.

Un conseil Michelin :

pour réussir vos voyages, préparez-les à l'avance.

Les cartes et guides Michelin, vous donnent toutes indications utiles sur :

itinéraires, visite des curiosités, logement, prix, etc.

TREMITI (Isole) Foggia 988 ㉘, 431 A 28 – 365 ab. alt. da 0 a 116 – a.s. agosto-13 novembre – ✪ 0882.
La limitazione d'accesso degli autoveicoli è regolata da norme legislative.

Vedere Isola di San Domino★ – Isola di San Nicola★.

🚢 per Termoli maggio-settembre giornalieri (1 h 30 mn) – Navigazione Libera del Golfo, al porto; per Termoli giornaliero (1 h 40 mn) – Adriatica di Navigazione-agenzia Domenichelli, via degli Abbati 10 ℰ 663008, Fax 663008.

🚤 per Termoli giornalieri (45 mn); per Ortona 20 giugno-15 settembre giornaliero (1 h 40 mn); per Rodi Garganico giugno-settembre giornaliero (50 mn); per Punta Penna di Vasto 15 giugno-15 settembre giornaliero (2 h 45 mn) – Adriatica di Navigazione-agenzia Domenichelli, via degli Abbati 10 ℰ663008, Fax 663008.

San Domino (Isola) – ⊠ **71040** San Nicola di Tremiti :

🏨🏨 **Kyrie** ⑤, ℰ 663241, Fax 663415, « In pineta », ⊥ – ☎. 🕄 ₩ЅА. ℅
aprile-settembre – **Pasto** carta 33/51000 – **64 cam** ⊊ 180/280000, 3 appartamenti – 1/2 P 95/195000.

🏨 **Gabbiano** ⑤, ℰ 663410, Fax 663428, ≤ mare e pinete, 斉 – ▤ 📺 ☎ – 益 50. 囷 🕄 ⑩ ₩ЅА. ℅ rist
Pasto carta 53/72000 – **40 cam** ⊊ 140/160000, ▤10000 – 1/2 P 100/120000.

🏨 **San Domino** ⑤, ℰ 663404, Fax 663221 – ☎. 🕄 ₩ЅА. ℅
Pasto 30/32000 – **26 cam** ⊊ 130000 – 1/2 P 105000.

TREMOSINE 25010 Brescia 428 429 E 14 – 1 861 ab. alt. 414 – a.s. Pasqua e luglio-15 settembre – ✪ 0365.

Roma 581 – ◆Brescia 64 – ◆Milano 159 – Riva del Garda 19 – Trento 69.

🏨🏨 **Le Balze** ⑤, a Campi-Voltino ℰ 917179, Fax 917033, ≤ lago e monte Baldo, ≈s, ⊠, 斎, ℅ – 墳 ☎ 🔥 🅿. 🕄 ⑩ ⋿ ₩ЅА. ℅ rist
28 marzo-4 novembre – **Pasto** carta 43/63000 – ⊊ 15000 – **69 cam** 80/127000 – 1/2 P 59/103000.

🏨 **Pineta Campi** ⑤, a Campi-Voltino ℰ 917158, Fax 917015, ≤ lago e monte Baldo, ≈s, ⊠, 斎, ℅ – 墳 ☎ 🅿. ℅
15 marzo-ottobre – **Pasto** carta 26/40000 – ⊊ 10000 – **66 cam** 60/100000 – 1/2 P 49/80000.

🏠 **Park Hotel Faver,** a Voltino ℰ 917017, Fax 917019, ≤, 🖪, ≈s, ⊠, 斎, ℅ – ☎ 🅿 – 益 80. ℅
26 dicembre-1° gennaio e 9 marzo-11 novembre – **Pasto** carta 24/38000 – ⊊ 9000 – **30 cam** 58/88000 – 1/2 P 52/78000.

🏠 **Lucia** ⑤, ad Arias ℰ 953088, Fax 953421, ≤ lago e monte Baldo, 🖪, ≈s, ⊥, 斎, ℅ – 📺 ☎ 🅿. ℅ rist
marzo-novembre – **Pasto** carta 30/47000 – ⊊ 9000 – **30 cam** 50/65000 – 1/2 P 48/65000.

🏠 **Benaco,** a Pieve ℰ 953001, Fax 953046, ≤ lago e monte Baldo – 墳 📺 ☎. 🕄 ⋿ ₩ЅА
Pasto 21000 e al Rist. **Miralago** *(chiuso giovedì escluso da aprile ad ottobre)* carta 27/34000 – ⊊ 10000 – **25 cam** 45/75000 – 1/2 P 60000.

Vedere Piazza del Duomo★ BZ : Duomo★, museo Diocesano★ M1 − Castello del Buon Consiglio★ BYZ − Palazzo Tabarelli★ BZ F − **Escursioni** Massiccio di Brenta★★★ per ⑤.

🛈 via Alfieri 4 ✆ 983880, Telex 400289, Fax 984508 − casello autostradale Trento.

A.C.I. via Pozzo 6 ✆ 986548.

Roma 588 ⑥ − ◆Bolzano 57 ⑥ − ◆Brescia 117 ⑤ − ◆Milano 230 ⑤ − ◆Verona 101 ⑥ − Vicenza 96 ③.

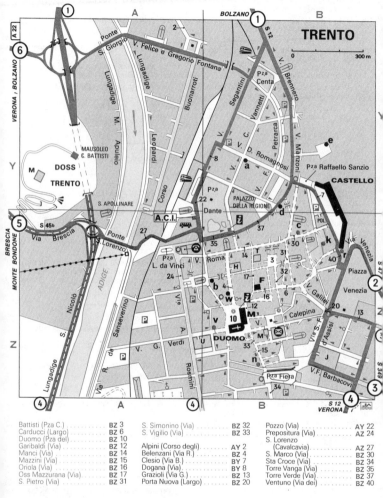

Battisti (Pza C.)	**BZ** 3	S. Simonino (Via) .... **BZ** 32	Pozzo (Via) .... **AY** 22
Carducci (Largo)	**BZ** 6	S. Vigilio (Via) .... **BZ** 33	Prepositura (Via) .... **AZ** 24
Duomo (Pza del)	**BZ** 10		S. Lorenzo
Garibaldi (Via)	**BZ** 12	Alpini (Corso degli) .... **AY** 2	(Cavalcavia) .... **AZ** 27
Manci (Via)	**BZ** 14	Belenzani (Via R.) .... **BZ** 4	S. Marco (Via) .... **BZ** 30
Mazzini (Via)	**BZ** 15	Clesio (Via B.) .... **BY** 7	Sta Croce (Via) .... **BZ** 34
Oriola (Via)	**BZ** 16	Dogana (Via) .... **BY** 8	Torre Vanga (Via) .... **BZ** 35
Oss Mazzurana (Via)	**BZ** 17	Grazioli (Via G.) .... **BZ** 13	Torre Verde (Via) .... **BZ** 37
S. Pietro (Via)	**BZ** 31	Porta Nuova (Largo) .... **BZ** 20	Ventuno (Via dei) .... **BZ** 40

🏨 **Buonconsiglio** senza rist, via Romagnosi 16/18 ✆ 980089, Telex 401179, Fax 980038 − ‖
≡ 📺 ☎ ⅙ − 🛓 40. 🖭 🖬 ⓘ 🗲 *VISA*
BY **a**
chiuso dal 16 al 31 agosto − 🖵 15000 − **45 cam** 155/210000, appartamento.

🏨 **Accademia,** vicolo Colico 4/6 ✆ 233600, Fax 230174, 🍽 − ‖ 📺 ☎ − 🛓 50. 🖭 🖬 ⓘ 🗲
VISA
BZ **b**
Pasto (chiuso domenica) 35/55000 − **41 cam** 🖵 175/245000, 2 appartamenti.

🏦 **Monaco** ⑤, via Torre d'Augusto 25 ✆ 983060 e rist. ✆ 985236, Fax 983681, ⅙, 🚗, 🔲
− ‖ 📺 ☎ ℗ − 🛓 25 a 50. 🖬 ⓘ 🗲 *VISA*. ⅙
BY **e**
chiuso agosto − **Pasto** 30/45000 e al Rist. *La Predara* (chiuso venerdì) carta 29/47000 −
50 cam 🖵 110/160000.

🏨 **America,** via Torre Verde 50 🖋 983010, Fax 230603 – |念| 🗐 🔟 ☎ 🅿 – 🛦 60. 🖭 🛐 ⑩ 🗲
VISA
　　　　　　　　　　　　　　　　　　　　　　　　　　　　　　　　　BYZ **d**
　　　　Pasto *(chiuso domenica)* carta 32/58000 – ☲ 12000 – **50 cam** 110/150000 – ½ P 100/
　　　　113000.

🏨 **Aquila d'Oro** senza rist, via Belenzani 76 🖋 986282, Fax 986282 – |念| 🔟 ☎. 🖭 🛐 ⑩ 🗲
VISA. ❤️⃠
　　　　　　　　　　　　　　　　　　　　　　　　　　　　　　　　BZ **w**
　　　　chiuso dal 23 al 31 dicembre – ☲ 25000 – **18 cam** 120/170000.

🍴🍴 **Chiesa,** via San Marco 64 🖋 238766 – 🖭 🛐 🗲 **VISA**　　　　　　　　　　　　BZ **k**
　　　　chiuso domenica e mercoledì sera – **Pasto** carta 49/72000.

🍴🍴 **Orso Grigio,** via degli Orti 19 🖋 984400, 🏠, Cucina francese – 🖭 🛐 🗲 **VISA** BZ **n**
　　　　chiuso martedì e dal 1° al 15 agosto – **Pasto** carta 43/65000.

🍴🍴 ✿ **Osteria a Le Due Spade,** via Don Rizzi 11 🖋 234343, Coperti limitati; prenotare – 🖭
　　　🛐 ⑩ 🗲 **VISA**　　　　　　　　　　　　　　　　　　　　　　　　　　　　BZ **v**
　　　　chiuso domenica, lunedì a mezzogiorno e dal 14 al 21 agosto – **Pasto** carta 50/67000
　　　　Spec. Pappardelle rustiche al rosmarino con crema di lepre e vèzzena piccante (autunno-inverno). Tagliata di Angus
　　　　alla griglia con salsa ghiotta, Semifreddo al formaggio magro.

🍴🍴 **Le Bollicine,** via dei Ventuno 1 🖋 983161, Rist. e piano-bar, Coperti limitati; prenotare –
　　　🗐. 🖭 🛐 🗲 **VISA**. ❤️⃠
　　　　　　　　　　　　　　　　　　　　　　　　　　　　　　　　　　BZ **r**
　　　　chiuso domenica ed agosto – **Pasto** carta 36/50000.

🍴🍴 **Antica Trattoria Due Mori,** via San Marco 11 🖋 984251 – 🗐. 🖭 🛐 ⑩ 🗲 **VISA**. ❤️⃠
　　　　chiuso domenica – **Pasto** carta 35/50000.　　　　　　　　　　　　　　BZ **c**

　　　a Ravina SO : 2,5 km AZ – ✉ 38040 :

🏨 **Castello** ⤬, 🖋 912593, 🏠 – 🗐 rist 🔟 ☎ 🅿. 🖭 🛐 ⑩ 🗲 **VISA**. ❤️⃠
　　　　Pasto *(chiuso domenica sera e lunedì)* carta 34/50000 – ☲ 10000 – **13 cam** 80/120000 –
　　　　½ P 82/102000.

　　　a Cognola per ② : 3 km – ✉ 38050 Cognola di Trento :

🏨 **Villa Madruzzo** ⤬, 🖋 986220, Fax 986361, ≼, « Villa ottocentesca in un parco ombreg-
　　　giato » – |念| 🔟 ☎ 🕭 🅿 – 🛦 80. 🖭 🛐 ⑩ 🗲 **VISA**. ❤️⃠
　　　　Pasto *(chiuso domenica)* carta 40/60000 – **51 cam** ☲ 100/150000 – ½ P 130000.

　　　a Mattarello per ④ : 5 km – ✉ 38060 :

🏨 **Adige,** N : 1 km 🖋 944545, Fax 944520, 🎜, ⇆ – |念| 🗐 🔟 ☎ 🚗 🅿 – 🛦 50 a 130. 🖭 🛐
　　　⑩ 🗲 **VISA**. ❤️⃠
　　　　Pasto carta 40/55000 – **71 cam** ☲ 110/160000 – ½ P 110/140000.

　　　a Civezzano per ② : 5,5 km – ✉ 38045 :

🍴🍴 **Maso Cantanghel,** O : 1 km 🖋 858714, Fax 859050, Coperti limitati; prenotare – 🅿. 🗲
VISA
　　　　chiuso sabato, domenica, dal 24 dicembre al 2 gennaio ed agosto – **Pasto** 45000.

　　　Vedere anche : *Bondone (Monte)* per ⑤ : 23 km.

TRENZANO 25030 Brescia 🔢🔢 🔢🔢 F 12 – 4 476 ab. alt. 108 – ✿ 030.
Roma 570 – ◆Brescia 19 – ◆Bergamo – 45 – ◆Milano 77.

🍴🍴 **Convento,** località Convento N : 2 km 🖋 9977598, 🏠, Specialità di mare, Coperti
　　　limitati; prenotare – 🖭 🛐 🗲 **VISA**. ❤️⃠
　　　　chiuso mercoledì e dal 5 al 25 agosto – **Pasto** carta 49/87000.

TREQUANDA 53020 Siena 🔢🔢🔢 M 17 – 1 369 ab. alt. 462 – ✿ 0577.
Roma 202 – Siena 55 – Arezzo 53 – ◆Perugia 77.

🍴 **Il Conte Matto,** 🖋 662079, prenotare – 🖭 🛐 🗲 **VISA**. ❤️⃠
　　　　*chiuso i mezzogiorno di lunedì e martedì da giugno a settembre, anche le sere di lunedì e
　　　　martedì negli altri mesi* – **Pasto** carta 26/45000.

TRESCORE BALNEARIO 24069 Bergamo 🔢🔢🔢 ③, 🔢🔢 🔢🔢 E 11 – 7 078 ab. alt. 271 – a.s. luglio-
agosto – ✿ 035.
Roma 593 – ◆Brescia 49 – ◆Bergamo 14 – Lovere 27 – ◆Milano 60.

🏨 **Della Torre,** piazza Cavour 26 🖋 941365, Fax 941365, 🏠, « Giardino » – 🔟 ☎ 🚗 🅿 –
　　　🛦 200. 🖭 🛐 ⑩ 🗲 **VISA**. ❤️⃠
　　　　Pasto *(chiuso luglio-agosto e domenica sera)* carta 34/68000 – **29 cam**
　　　　☲ 75/110000 – ½ P 90/100000.

TRESCORE CREMASCO 26017 Cremona 🔢🔢 F 10, 🔢🔢 ⑳ – 2 124 ab. alt. 86 – ✿ 0373.
Roma 554 – ◆Milano 42 – ◆Brescia 54 – Cremona 45 – Piacenza 45.

🍴🍴 ✿ **Trattoria del Fulmine,** 🖋 273103, Fax 273103, 🏠, Coperti limitati; prenotare – 🗐. 🖭
　　　🛐 ⑩ 🗲 **VISA**. ❤️⃠
　　　　chiuso domenica sera, lunedì, dal 1° al 10 gennaio ed agosto – **Pasto** carta 53/83000
　　　　Spec. Minestra di cotenne e fagioli (autunno-inverno), Anatra al profumo di spezie e vino rosso, Ossobuco in
　　　　gremolada con tortino di riso al salto.

🍴🍴 **Bistek,** 🖋 273046, Fax 273046, 🏠, prenotare – 🅿. 🖭 🛐 ⑩ 🗲 **VISA**. ❤️⃠
　　　　chiuso mercoledì, dal 2 all'11 gennaio e dal 17 luglio al 31 agosto – **Pasto** carta 34/53000.

Oristano 433 G 7 – Vedere Sardegna alla fine dell'elenco alfabetico.

TREVI 06039 Perugia 988 ⑯, 430 N 20 – 7 430 ab. alt. 412 – ✆ 0742.

Roma 150 – ◆Perugia 48 – Foligno 13 – Spoleto 21 – Terni 52.

ⅹ **L'Ulivo,** N : 3 km ℘ 78969, 🏤 – ❷. 🆀 🕃 ⓞ. ⅍
chiuso lunedì e martedì – **Pasto** (menu tipici suggeriti dal proprietario) 35/40000 bc.

Die Stadtpläne sind eingeordnet (Norden = oben).

TREVIGLIO 24047 Bergamo 988 ③, 428 F 10 – 25 329 ab. alt. 126 – ✆ 0363.

Roma 576 – ◆Milano 37 – ◆Bergamo 20 – ◆Brescia 57 – Cremona 62 – Piacenza 68.

🏨 **Treviglio,** piazza Verdi 7 ℘ 43744 – 🛗 🗏 📺 ☎ ❷. 🆀 🕃 ⓞ ℇ 𝘝𝘐𝘚𝘈
chiuso dal 26 dicembre al 10 gennaio e dal 7 al 29 agosto – **Pasto** carta 37/50000 – ☐ 10000 – **16 cam** 80/100000, 🖃 5000 – ½ P 85/95000.

ⅩⅩⅩ ✿ **San Martino,** viale Cesare Battisti 3 ℘ 49075, Fax 301572, prenotare – 🗏. 🆀 🕃 ⓞ ℇ 𝘝𝘐𝘚𝘈. ⅍
chiuso domenica sera, lunedì, dal 1° al 15 gennaio ed agosto – **Pasto** 50/90000 (a mezzogiorno) 70/90000 (alla sera) e carta 70/105000
Spec. Bouillabaisse "San Martino", Dentice croccante ai pomodori canditi, Filetto di vitello da latte agli scalogni caramellati.

ⅩⅩ **Taverna Colleoni,** via Portaluppi 75 ℘ 43384, prenotare – 🕃 ℇ 𝘝𝘐𝘚𝘈. ⅍
chiuso agosto, domenica sera, lunedì e a mezzogiorno da martedì a sabato – **Pasto** carta 45/77000.

TREVIGNANO ROMANO 00069 Roma 988 ㉖, 430 P 18 – 3 468 ab. alt. 166 – ✆ 06.

Roma 49 – Civitavecchia 63 – Terni 86 – Viterbo 45.

ⅹ **Villa Valentina** ॐ con cam, via della Rena 67 ℘ 9997647, Fax 9997647, ≤, « Servizio estivo all'aperto », 🐎 – 🕿 ❷. 🆀. ⅍ rist
chiuso novembre – **Pasto** (chiuso mercoledì) carta 37/66000 – ☐ 9000 – **21 cam** 80/100000.

ⅹ **La Grotta Azzurra,** piazza Vittorio Emanuele 18 ℘ 9999420, ≤, 🏤, prenotare, « Servizio estivo in giardino » – 🆀 𝘝𝘐𝘚𝘈. ⅍
chiuso martedì, dal 24 al 31 dicembre e settembre – **Pasto** carta 42/58000.

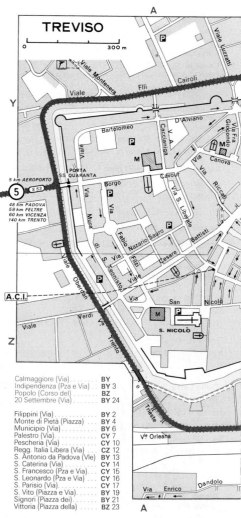

TREVISO

0 ————— 300 m

Calmaggiore (Via)	BY
Indipendenza (Pza e Via)	BY 3
Popolo (Corso del)	BZ
20 Settembre (Via)	BY 24
Filippini (Via)	BY 2
Monte di Pietà (Piazza)	BY 4
Municipio (Via)	BY 6
Palestro (Via)	CY 7
Pescheria (Via)	CY 10
Regg. Italia Libera (Via)	CZ 12
S. Antonio da Padova (Vle)	BY 13
S. Caterina (Via)	CY 14
S. Francesco (Pza e Via)	CY 15
S. Leonardo (Pza e Via)	CY 16
S. Parisio (Via)	CY 17
S. Vito (Piazza e Via)	BY 19
Signori (Piazza dei)	BY 21
Vittoria (Piazza della)	BZ 23

Roma 614 – Alessandria 34 – ◆Milano 87 – Pavia 78 – ◆Torino 79 – Vercelli 35.

✕ **Sauro e Donatella,** ✆ 487825, prenotare – **P.** 🕭 **E** *VISA*
chiuso mercoledì, venerdì a mezzogiorno ed agosto – **Pasto** 45/50000.

TREVISO 31100 **P** 988 ⑤, 429 E 18 – 83 315 ab. alt. 15 – ✆ 0422.

Vedere Piazza dei Signori★ BY 21 : palazzo dei Trecento★ **A**, affreschi★ nella chiesa di Santa Lucia **B** – Chiesa di San Nicolò★ AZ – Museo Civico Bailo★ AY **M**.

🔖 e 🔖 Villa Condulmer (chiuso lunedì) a Zerman ⊠ 21021 ✆ 457062, Fax 457202, per ④ : 13 km.

✈ San Giuseppe, SO : 5 km AZ ✆ 20393 – Alitalia, via Collalto 3 ✆ 410103.

🚃 via Toniolo 41 ✆ 547632, Fax 541397.

A.C.I. piazza San Pio X ✆ 547801.

Roma 541 ④ – ◆Venezia 30 ④ – ◆Bolzano 197 ⑤ – ◆Milano 264 ④ – ◆Padova 50 ④ – ◆Trieste 145 ②.

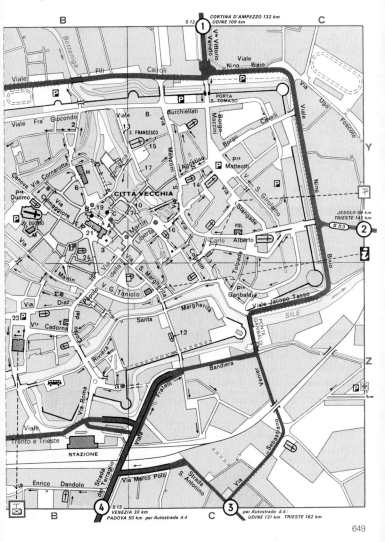

Cà del Galletto, via Santa Bona Vecchia 30 ☎ 432550, Fax 432510, – ▤ TV ☎ ♿ P – 25 a 200. AE ⑤ ● E VISA. per viale Luzzati AY
Pasto vedere rist **Da Marian** – **58 cam** 120/180000, 2 appartamenti.

Al Foghèr, viale della Repubblica 10 ☎ 432950 e rist ☎ 432970, Fax 430391 – ▤ TV ☎ P – 90. AE ⑤ ● E VISA per ⑤
chiuso agosto – **Pasto** *(chiuso domenica)* carta 35/50000 – **54 cam** 110/170000, appartamento – ½ P 120/145000.

Scala, viale Felissent 1 ☎ 307600, Fax 305048 – ▤ TV ☎ P – 30. AE ⑤ ● E VISA. rist per ①
Pasto *(chiuso dal 2 al 22 agosto)* carta 38/51000 – 12000 – **20 cam** 88/130000 – ½ P 110000.

Campeol, piazza Ancillotto 4 ☎ 540871, Fax 540871 – TV ☎. AE ⑤ ● E VISA.
Pasto vedere rist **Beccherie** – 6000 – **14 cam** 70/100000. BY **c**

XXX **Alfredo-Relais El Toulà,** via Collalto 26 ☎ 540275, Fax 540275 – ▤. AE ● VISA BZ **r**
chiuso domenica sera, lunedì e dall'8 al 24 agosto – **Pasto** carta 55/77000 (13%).

XX Al Bersagliere, via Barberia 21 ☎ 541988, Fax 51706, Coperti limitati; prenotare – ▤ BY **b**

XX **Beccherie,** piazza Ancillotto 10 ☎ 56601, Fax 540871, – ▤. AE ⑤ ● E VISA.
chiuso domenica sera, lunedì e dal 15 al 30 luglio – **Pasto** carta 45/60000. BY **c**

XX L'Incontro, largo Porta Altinia 13 ☎ 547717, Fax 547623 – ▤ BZ **a**

XX **Da Marian,** via Santa Bona Vecchia 30 ☎ 260372 – ▤ P. AE ⑤ ● E VISA
chiuso domenica sera, lunedì e dal 3 al 23 agosto – **Pasto** carta 23/54000. per viale Luzzatti AY

XX **All'Antica Torre,** via Inferiore 55 ☎ 53694, Trattoria con specialità di mare – ▤. AE ⑤ ● E VISA BY **a**
chiuso domenica ed agosto – **Pasto** carta 42/74000.

X **Al Portico,** via Santa Bona Nuova 178 ☎ 434848, – P. AE ⑤ ● E VISA. 3 km per viale Monfenera AY
chiuso lunedì, martedì, dal 7 al 12 gennaio e dal 1° al 20 luglio – **Pasto** carta 31/45000.

Vedere anche : ***Preganziol*** per ④ : 7 km.

TREZZANO SUL NAVIGLIO 20090 Milano 428 F 9, 219 ⑱ – 19 424 ab. alt. 116 – 02.
Roma 577 – Milano 13 – Novara 50 – Pavia 36.

X **El Negher,** via Vittorio Veneto 36 ☎ 4451113, – P. ⑤ E VISA.
chiuso sabato, dal 26 dicembre al 5 gennaio ed agosto – **Pasto** carta 48/80000 (12%).

TREZZO SULL'ADDA 20056 Milano 988 ③, 428 F 10 – 11 177 ab. alt. 187 – 02.
Roma 586 – Milano 37 – Bergamo 17 – Lecco 45.

XX **San Martino,** via Brasca 47 ☎ 9090218, Fax 9091978, Rist. e pizzeria – ▤ P. AE ⑤ ● E VISA.
chiuso lunedì – **Pasto** carta 44/79000.

TRIANA Grosseto 430 N 16 – Vedere Roccalbegna.

TRICASE 73039 Lecce 988 ㉚, 431 H 37 – 16 427 ab. alt. 97 – 0833.
Roma 670 – Brindisi 91 – Lecce 52 – Taranto 139.

Adriatico, via Tartini 34 ☎ 544737, – TV ☎ P. ⑤ E VISA
chiuso dal 10 al 20 settembre – **Pasto** *(chiuso domenica escluso da giugno a settembre)* 25/40000 – 7000 – **18 cam** 48/80000 – ½ P 53/60000.

Le guide Vert Michelin **ITALIE** (nouvelle présentation en couleurs) :
Paysages, Monuments
Routes touristiques
Géographie
Histoire, Art
Itinéraires de visite
Plans de villes et de monuments.

TRIESTE 34100 🅿 988 ⑥, 429 F 23 – 230 644 ab. – ✪ 040.

Vedere Colle San Giusto★★ AY – Piazza della Cattedrale★ AY : mosaico★★ nell'abside, ≤★ su Trieste dal campanile – Collezioni di armi antiche★ nel castello AY – Vasi greci★ e bronzetti★ nel museo di Storia e d'Arte AY **M1** – Piazza dell'Unità d'Italia★ AY – Museo del Mare★ AY : sezione della pesca★★.

Dintorni Castello di Miramare★ : giardino★ per ① : 8 km – ≤★★ su Trieste e il golfo dal Belvedere di Villa Opicina per ② : 9 km – ☀★★ dal santuario del Monte Grisa per ① : 10 km.

🏌 (chiuso martedì) 𝒫 226159, Fax 226159, per ② : 7 km.

✈ di Ronchi dei Legionari per ① : 32 km 𝒫 (0481) 773224, Telex 460220, Fax 474150 – Alitalia, Agenzia Cosulich, piazza Sant'Antonio 1 ✉ 34122 𝒫 631100.

🚢 via San Nicolò 20 ✉ 34121 𝒫 369881, Fax 369981 – Stazione Centrale ✉ 34132 𝒫 420182.

A.C.I. via Cumano 2 ✉34139 𝒫 393223.

Roma 669 ① – Ljubljana 100 ② – ◆Milano 408 ① – ◆Venezia 158 ① – ◆Zagreb 236 ②.

Pianta pagina seguente

🏨 **Duchi d'Aosta,** via dell'Orologio 2 ✉ 34121 𝒫 7351, Telex 460358, Fax 366092, « Servizio estivo all'aperto » – 📶 ↪ cam 🗎 📺 ☎ – 🛗 30. 🕮 🕄 ⓞ 🗲 𝘝𝘐𝘚𝘈.
℁ rist   AY **r**
Pasto al Rist. *Harry's Grill* carta 62/92000 – **50 cam** � 235/310000, 2 appartamenti.

🏨 **Jolly Hotel,** corso Cavour 7 ✉ 34132 𝒫 7694, Telex 460139, Fax 362699 – 📶 ↪ cam 🗎 📺 ☎ ♿ – 🛗 50 a 250. 🕮 🕄 ⓞ 🗲 𝘝𝘐𝘚𝘈 𝗝𝗖𝗕. ℁ rist   AX **c**
Pasto 50/70000 – **174 cam** ⊒ 260/300000, 4 appartamenti – ½ P 190/290000.

🏦 **Novo Hotel Impero** senza rist, via Sant'Anastasio 1 ✉ 34132 𝒫 364242, Fax 365023 –
📶 📺 ☎. 🕮 🕄 🗲 𝘝𝘐𝘚𝘈   AX **b**
48 cam ⊒ 140/170000, 2 appartamenti.

🏦 **San Giusto** senza rist, via Belli 3 ✉ 34137 𝒫 762661, Fax 7606585 – 📶 🗎 📺 ☎ 🚗. 🕮 🕄 ⓞ 🗲 𝘝𝘐𝘚𝘈   BZ **b**
62 cam ⊒ 120/170000.

🏦 **Colombia** senza rist, via della Geppa 18 ✉ 34132 𝒫 369333, Fax 369644 – 📶 🗎 📺 ☎ ♿. 🕮 🕄 ⓞ 🗲 𝘝𝘐𝘚𝘈   AX **a**
40 cam ⊒ 140/210000.

🏦 **Abbazia** senza rist, via della Geppa 20 ✉ 34132 𝒫 369464, Fax 369769 – 📶 📺 ☎. 🕮 🕄 ⓞ 🗲 𝘝𝘐𝘚𝘈   AX **a**
21 cam ⊒ 130/180000.

XX **Antica Trattoria Suban,** via Comici 2 ✉ 34128 𝒫 54368, Fax 579020, « Servizio estivo sotto un pergolato »   per via Giulia CX

XX **Ai Fiori,** piazza Hortis 7 ✉ 34124 𝒫 300633 – 🗎   AY **b**

XX **Città di Cherso,** via Cadorna 6 ✉ 34124 𝒫 366044, prenotare – 🕮 🕄 ⓞ 🗲 𝘝𝘐𝘚𝘈. ℁   AY **c**
chiuso martedì e luglio – **Pasto** carta 44/64000.

XX **Montecarlo,** via San Marco 10 ✉ 34144 𝒫 662545, ☂ – 🕄 🗲 𝘝𝘐𝘚𝘈   BZ **a**
chiuso lunedì ed ottobre – **Pasto** carta 30/45000.

XX **L'Ambasciata d'Abruzzo,** via Furlani 6 ✉ 34149 𝒫 395050, Specialità abruzzesi – 🅿.
🕮 🕄 🗲 𝘝𝘐𝘚𝘈   CZ **x**
chiuso lunedì ed agosto – **Pasto** carta 36/49000.

XX **Al Bragozzo,** via Nazario Sauro 22 ✉ 34123 𝒫 303001, ☂ – 🗎. 🕮 🕄 ⓞ 🗲 𝘝𝘐𝘚𝘈 𝗝𝗖𝗕   AY **a**
chiuso domenica, lunedì, dal 20 dicembre al 10 gennaio e dal 20 giugno al 10 luglio – **Pasto** carta 47/84000 (12 %).

XX **Al Granzo,** piazza Venezia 7 ✉ 34123 𝒫 306788, ☂ – 🕮 🕄 ⓞ 🗲 𝘝𝘐𝘚𝘈   AY **a**
chiuso domenica sera e mercoledì – **Pasto** carta 40/65000.

XX **Bandierette,** via Nazario Sauro 2 ✉ 34143 𝒫 300686, ☂ – 🗎. 🕮 🕄 ⓞ 🗲 𝘝𝘐𝘚𝘈 AY **d**
chiuso lunedì – **Pasto** carta 43/67000.

X **Taverna "Al Coboldo",** via del Rivo 3 ✉ 34137 𝒫 637342, « Servizio estivo sotto un pergolato » – 🕮 🕄 ⓞ 🗲 𝘝𝘐𝘚𝘈   BYZ **c**
chiuso domenica e dal 1° al 20 agosto – **Pasto** carta 31/43000.

Vedere anche : **Grignano** per ① : 8 km.
                        Villa Opicina N : 11 km.
                        Muggia per ③ : 11 m.
                        Pese per ② : 13 km.
                        Monrupino N : 16 km.
                        Duino Aurisina per ① : 22 km.

Carte Michelin n° 429 ITALIE Nord-Est au 1/400 000.

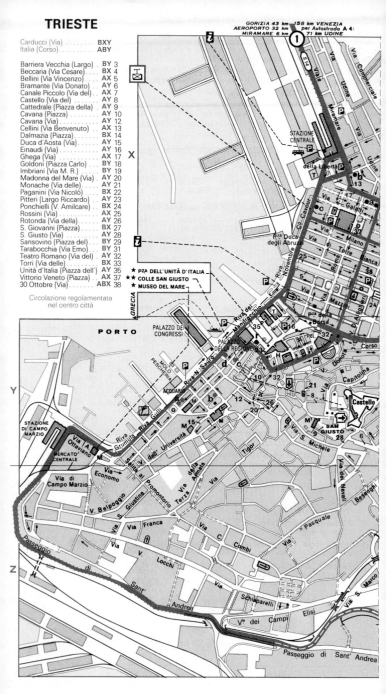

TRIESTE

★ PZA DELL'UNITÀ D'ITALIA
★★ COLLE SAN GIUSTO
★ MUSEO DEL MARE

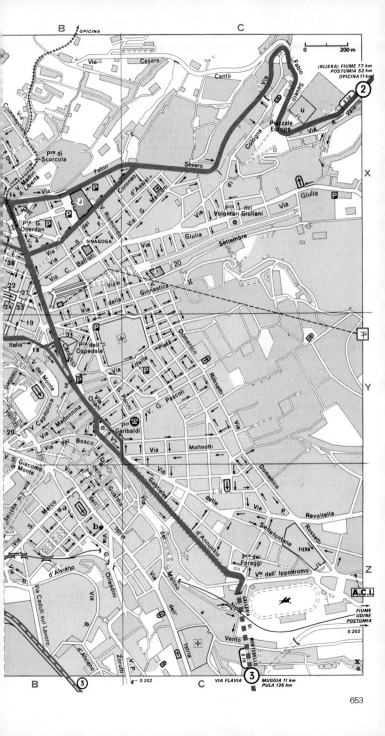

TRINITÀ D'AGULTU Sassari 988 ㉓, 433 E 8 – Vedere Sardegna alla fine dell'elenco alfabetico.

TRIORA 18010 Imperia 988 ⑫, 428 K 5 – 421 ab. alt. 776 – ✿ 0184.

Roma 661 – ♦Genova 162 – Imperia 45 – ♦Milano 285 – San Remo 37.

🏠 **Colomba d'Oro,** ℘ 94089, Fax 94089, ≼, prenotare, ⅊ – ☎
Pasto (chiuso lunedì, martedì e dall'8 gennaio a Pasqua) 25/30000 e carta 30/45000 – ☷ 6000 – **28 cam** (15 aprile-15 ottobre) 45/60000 – ½ P 55/60000.

TRISSINO 36070 Vicenza 429 F 16 – 7 395 ab. alt. 221 – ✿ 0445.

Roma 550 – ♦Verona 49 – ♦Milano 204 – Vicenza 21.

XXX ✿ **Cà Masieri** ⅁, con cam, O : 2 km ℘ 962100 e hotel ℘ 490122, Fax 490455, prenotare, « Servizio estivo all'aperto » – 🖵 ☎ 🅿. 亜 🖽 𝘝𝘐𝘚𝘈
chiuso dal 22 gennaio al 13 febbraio – **Pasto** (chiuso domenica e lunedì a mezzogiorno) 45000 e carta 55/94000 – ☷ 12000 – **7 cam** 95/130000, appartamento.
Spec. Insalata di funghi, gamberi e cappesante allo zenzero, Gargati (pasta) al sugo di piccione (autunno-inverno). Baccalà alla vicentina con polenta.

TRIVENTO 86029 Campobasso 988 ㉗, 430 Q 25, 431 B 25 – 5 272 ab. alt. 599 – ✿ 0874.

Roma 211 – ♦Foggia 148 – ♦Napoli 141 – ♦Pescara 124.

sulla Fondo Valle Trigno NE : 6 km :

XX Meo, ⊠ 86029 ℘ 871430, Fax 871430, ⅊ – ▤

TROFARELLO 10028 Torino 428 H 5 – 8 898 ab. alt. 276 – ✿ 011.

Roma 656 – ♦Torino 15 – Asti 46 – Cuneo 76.

Pianta d'insieme di Torino (Torino p. 3)

🏠 Park Hotel Villa Salzea ⅁, via Vicoforte 2 ℘ 6497809, Fax 6498549, 斎, « Villa settecentesca con parco ombreggiato », 𝕵 – 📳 🖵 ☎ 🚗 🅿 – 🛦 50 a 100
22 cam.   HU **m**

TROPEA 88038 Vibo Valentia 988 ㊲ ㊳, 431 K 29 – 6 863 ab. – ✿ 0963.

Vedere Cattedrale★.

Roma 636 – Catanzaro 92 – ♦Cosenza 121 – Gioia Tauro 77 – ♦Reggio di Calabria 140.

🏠 **La Pineta,** ℘ 61700, Fax 62265, XX – ▤ ☎ 🅿 – 🛦 60. 亜 𝘝𝘐𝘚𝘈. ⅙ rist
15 giugno-ottobre – **Pasto** carta 31/40000 – ☷ 7000 – **59 cam** 80/110000 – ½ P 90/110000.

XX **Pimm's,** ℘ 666105, Coperti limitati; prenotare – 🖽 🖽 𝘝𝘐𝘚𝘈. ⅙
chiuso dal 5 al 20 novembre e lunedì (escluso luglio-agosto) – **Pasto** carta 31/59000.

a San Nicolò di Ricadi SO : 9 km – ⊠ 88030 :

X **La Fattoria,** località Torre Ruffa ℘ 663070 – 🅿. 🖽 ⑩
giugno-settembre – **Pasto** carta 29/38000.

a Capo Vaticano SO : 10 km – ⊠ 88030 San Nicolò di Ricadi :

🏠 **Punta Faro** ⅁, ℘ 663139, Fax 663968, 𝕵, 🐝 – ☎ 🅿. 🖽 🖽 ⅙
giugno-settembre – **Pasto** 20/25000 – ☷ 10000 – **25 cam** 80/100000 – ½ P 50/93000.

TRULLI (Regione dei) Bari e Taranto 431 E 33 – Vedere Guida Verde.

TUBRE (TAUFERS IM MÜNSTERTAL) 39020 Bolzano 988 ④, 428 429 C 13 – 957 ab. alt. 1 230 – ✿ 0473.

Roma 728 – ♦Bolzano 91 – Merano 63 – ♦Milano 246 – Passo di Resia 37 – Trento 149.

🏠 **Agnello-Lamm,** ℘ 82168, Fax 82353, ≼, 🐝, 𝕵 – 📳 ☎ 🅿. 🖽 🖽 𝘝𝘐𝘚𝘈. ⅙ rist
chiuso dal 12 gennaio al 1° febbraio e dal 10 novembre al 20 dicembre – **Pasto** (chiuso mercoledì) carta 28/36000 – **29 cam** ☷ 59/110000 – ½ P 60/80000.

TUENNO 38019 Trento 428 D 15, 218 ⑲ – 2 219 ab. alt. 629 – a.s. dicembre-aprile – ✿ 0463.

Dintorni Lago di Tovel★★★ SO : 11 km.

Roma 621 – ♦Bolzano 66 – ♦Milano 275 – Trento 37.

🏠 **Tuenno,** ℘ 450454, Fax 451606 – 📳 🖵 ☎. 亜 🖽 𝘝𝘐𝘚𝘈. ⅙
chiuso dal 7 al 14 gennaio – **Pasto** carta 30/47000 – ☷ 7000 – **18 cam** 53/90000 – ½ P 85000.

TULVE (TULFER) Bolzano – Vedere Vipiteno.

TUORI Arezzo – Vedere Civitella in Val di Chiana.

TURCHINO (Passo del) Genova 428 I 8 – alt. 582.

Roma 533 – ♦Genova 28 – Alessandria 83.

X **Da Mario,** ⊠ 16010 Mele ℘ (010) 631232 – 🅿. 🖽
chiuso lunedì sera, martedì, gennaio e febbraio – **Pasto** carta 28/52000.

Vedere Chiesa di San Pietro★★ : cripta★★ – Chiesa di Santa Maria Maggiore★ : portali★★.

Roma 89 – Civitavecchia 44 – Orvieto 54 – Siena 144 – Tarquinia 25 – Viterbo 24.

XX ✿ **Al Gallo** ⤳ con cam, via del Gallo 22 ✆ 443388, Fax 435028 – 🛗 📺 ☎ 🅿. 🖭 🕃 ① **E**
　　VISA ✼ rist
　　Pasto *(chiuso dal 10 al 31 gennaio)* carta 38/62000 – ⌘ 9000 – **17 cam** 75/105000 –
　　½ P 80/90000
　　Spec. Tonnarelli con asparagi, zucchine, pomodoro e pecorino, Fagottini di pollo al tartufo nero con dadolata di
　　melanzane, Coniglio farcito con salsa ai funghi.

UDINE

UDINE 33100 ▣ 🔲 ⑥, ⓘ D 21 – 98 882 ab. alt. 114 – ✆ 0432.

Vedere Piazza della Libertà★★ AY **14** – Decorazioni interne★ nel Duomo ABY **B** – Affreschi★ nel palazzo Arcivescovile BY **A**.

Dintorni Passariano : Villa Manin★★ SO : 30 km.

🏌 (chiuso martedì) a Fagagna-Villaverde ✉ 33034 🖉 800418, Fax 800418, O : 15 km per via Martignacco AY.

✈ di Ronchi dei Legionari per ③ : 37 km 🖉 (0481) 773224, Telex 460220, Fax 474150 – Alitalia, Agenzia Boem e Paretti, via Cavour 1 🖉 510340.

🏢 piazza I Maggio 7 🖉 295972 Fax 504743.

A.C.I. viale Tricesimo 46 per ① 🖉 482565.

Roma 638 ④ – ◆Milano 377 ④ – ◆Trieste 71 ④ – ◆Venezia 127 ④.

Pianta pagina precedente

🏨🏨 **Astoria Hotel Italia,** piazza 20 Settembre 24 🖉 505091, Telex 450120, Fax 509070 – 📶
📼 📺 🕿 🕹 – 🔬 50 a 150. ⅋ 🕄 ⓞ ⋿ 𝘝𝘐𝘚𝘈, 🍽 rist   AZ **a**
Pasto carta 48/69000 – 🖵 18000 – **71 cam** 177/234000, 4 appartamenti.

🏨🏨 **Ambassador Palace,** via Carducci 46 🖉 503777, Telex 450538, Fax 503711 – 🚇 📺 🕿
🍽 – 🔬 100. ⅋ 🕄 ⓞ ⋿ 𝘝𝘐𝘚𝘈   BZ **b**
Pasto (chiuso domenica, lunedì a mezzogiorno ed agosto) carta 44/80000 – **87 cam** 🖵 165/215000, 2 appartamenti – ½ P 119/149000.

🏨 **Friuli,** viale Ledra 24 🖉 234351, Fax 234351 – 📶 🚇 📺 🕿 🕹 ❷ – 🔬 80. ⅋ 🕄 ⓞ ⋿ 𝘝𝘐𝘚𝘈
🍽 rist   AY **c**
Pasto (chiuso domenica) carta 35/51000 – 🖵 15000 – **76 cam** 93/147000, 9 appartamenti.

🏨 **Là di Moret,** viale Tricesimo 276 🖉 545096, Fax 545096, ⛲, 🏊, 🌳, 🍽 – 📶 🍴 🚇 cam
📺 🕿 ❷ – 🔬 45 a 200. ⅋ 🕄 ⓞ ⋿ 𝘝𝘐𝘚𝘈, 🍽 rist   per ①
Pasto (chiuso domenica sera e lunedì a mezzogiorno) carta 34/70000 – 🖵 10000 – **46 cam** 100/150000 – ½ P 110000.

🏨 **President** senza rist, via Duino 8 🖉 509905, Fax 507287 – 📶 🚇 📺 🕿 🕹 🚗 ❷ – 🔬 70.
⅋ 🕄 ⓞ ⋿ 𝘝𝘐𝘚𝘈, 🍽   BY **b**
🖵 12000 – **67 cam** 90/135000.

🏨 **San Giorgio,** piazzale Cella 4 🖉 505577, Fax 506110 – 📶 📺 🕿 ❷. ⅋ 🕄 ⓞ ⋿ 𝘝𝘐𝘚𝘈 𝗝𝗖𝗕.
🍽 rist   AZ **c**
Pasto (chiuso lunedì) carta 37/54000 – 🖵 15000 – **37 cam** 90/140000 – ½ P 110/125000.

🏨 **Continental,** viale Tricesimo 71 🖉 46969, Fax 526002 – 📶 📺 🕿 🕹 🚗 ❷ – 🔬 60. ⅋ 🕄
ⓞ ⋿ 𝘝𝘐𝘚𝘈, 🍽 rist   per ①
Pasto 40/45000 – 🖵 10000 – **60 cam** 90/130000 – ½ P 105000.

🏨 **Sport Hotel** senza rist, via Podgora 16 🖉 235612, Fax 235612 – 📶 📺 🕿 🕹 🚗 ❷. ⅋ 🕄
⋿ 𝘝𝘐𝘚𝘈   per ④
chiuso dal 19 dicembre al 6 gennaio – 🖵 12000 – **49 cam** 85/120000.

🏨 **Principe** senza rist, viale Europa Unita 51 🖉 506000, Fax 502221 – 📶 📺 🕿 ❷. ⅋ 🕄 ⓞ ⋿
𝘝𝘐𝘚𝘈 𝗝𝗖𝗕   BZ **u**
🖵 12000 – **29 cam** 90/130000.

🏨 **Quo Vadis** senza rist, piazzale Cella 28 🖉 21091, Fax 21092 – 📺 🕿. ⋿. 🍽   AZ **b**
🖵 7000 – **25 cam** 50/85000.

🍽🍽 **Antica Maddalena,** via Pellicceria 4 🖉 25111 – ⅋ 🕄 ⓞ ⋿ 𝘝𝘐𝘚𝘈 𝗝𝗖𝗕. 🍽   AY **e**
chiuso domenica, lunedì a mezzogiorno, dal 1° al 15 gennaio e dal 10 al 20 agosto – **Pasto** carta 40/57000.

🍽 **Vitello d'Oro,** via Valvason 4 🖉 508982, Fax 508982, 🌳 – 🚇. ⅋ 🕄 ⓞ ⋿ 𝘝𝘐𝘚𝘈
chiuso mercoledì e luglio – **Pasto** carta 38/60000 (12%).   AY **n**

🍽 **Alla Vedova,** via Tavagnacco 9 🖉 470291, Fax 470291, « Servizio estivo in giardino » –
❷. 𝘝𝘐𝘚𝘈   per ①
chiuso domenica sera, lunedì e dal 7 al 21 agosto – **Pasto** carta 36/56000.

ULIVETO TERME 56010 Pisa ⓘ ⓘ K 13 – alt. 8 – ✆ 050.

Roma 312 – Pisa 13 – ◆Firenze 66 – ◆Livorno 33 – Siena 104.

🍽🍽 **Osteria Vecchia Noce,** località Noce E : 1 km 🖉 788229, Fax 788229, 🌳 – ❷. ⅋ 🕄 ⓞ
chiuso martedì sera, mercoledì e dal 5 al 25 agosto – **Pasto** carta 36/53000.

ULTEN = Ultimo.

ULTIMO (ULTEN) Bolzano ⓘ ⓘ C 15, ⓘ ⑲ – 2 947 ab. alt. (frazione Santa Valburga) 1 190
– ✆ 0473.

Da Santa Valburga : Roma 680 – ◆Bolzano 46 – Merano 28 – ◆Milano 341 – Trento 102.

a San Nicolò (St. Nikolaus) SO : 8 km – alt. 1 256 – ✉ 39010 :

🏨 **Waltershof** 🐾, 🖉 790144, Fax 790387, ≼, ⛲, 🏊, 🌳, 🍽 – 🕿 ❷. 🕄 ⋿ 𝘝𝘐𝘚𝘈. 🍽 rist
20 dicembre-23 aprile e giugno-5 novembre – **Pasto** (solo per clienti alloggiati e chiuso a mezzogiorno) 35/45000 – **20 cam** 🖵 113/206000 – ½ P 103/119000.

a Santa Gertrude (St. Gertraud) SO : 13 km – alt. 1 501 – ⊠ **39010** :

%   **Genziana-Enzian** ⑤ con cam, al lago di Fontana Bianca O : 6 km, alt. 1 870, ℘ 790133, Fax 790422, ≤, 佘, Coperti limitati; prenotare – ℗
8 cam.

UMBERTIDE 06019 Perugia 988 ⑮, 430 M 18 – 14 379 ab. alt. 247 – ۞ 075.

Roma 200 – ◆Perugia 26 – Arezzo 63 – Siena 109.

🏨   **Rio**, strada statale S : 2 km ℘ 9415033, Fax 9417029 – 🗐 🖂 ☎ ⇔ ℗ – 🔏 100 a 700. 🖭
🖪 ⓪ 🗉 💳 🈴, ✀
Pasto *(chiuso lunedì)* carta 30/56000 – ☑ 12000 – **40 cam** 80/115000 – ½ P 70/90000.

URBINO 61029 Pesaro e Urbino 988 ⑮ ⑯, 429 430 K 19 – 15 111 ab. alt. 451 – a.s. luglio-settembre – ۞ 0722.

Vedere Palazzo Ducale★★★ : galleria nazionale delle Marche★★ **M** – Strada panoramica★★ : ≤★★ – Affreschi★ nella chiesa-oratorio di San Giovanni Battista **F** – Presepio★ nella chiesa di San Giuseppe **B** – Casa di Raffaello★ **A**.

🖪 via Puccinotti 35 ℘ 2613, Fax 2441.

Roma 270 ② – ◆Ancona 103 ① – Arezzo 107 ③ – Fano 47 ② – ◆Perugia 101 ② – Pesaro 36 ①.

URBINO

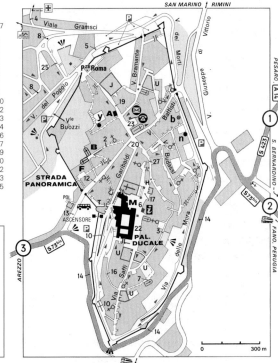

Non fate rumore
negli alberghi :
i vicini vi saranno
riconoscenti.

Ne faites pas de bruit
à l'hôtel,
vos voisins
vous en sauront gré.

🏨   **Bonconte** senza rist, via delle Mura 28 ℘ 2463, Fax 4782 – 🖂 📺 ☎. 🖭 🖪 ⓪ 🗉 💳   **n**
☑ 20000 – **23 cam** 130/200000, appartamento.

🏨   **Raffaello** ⑤, via Santa Margherita 40 ℘ 4896, Fax 328540, ≤ – 🛗 📺 ☎. 🖪 🗉 💳   **y**
chiuso dal 16 al 26 dicembre e dal 1° al 19 luglio – **Pasto** *(chiuso dal 27 dicembre a gennaio e luglio)* carta 30/52000 – ☑ 15000 – **18 cam** 120/170000.

%%   **Vecchia Urbino**, via dei Vasari 3/5 ℘ 4447, Fax 4447 – 🖭 🖪 ⓪ 🗉 💳. ✀   **b**
chiuso martedì escluso da aprile a settembre – **Pasto** carta 50/70000.

%   **Nenè**, via Crocicchia ℘ 2996, Fax 2996 – ℗. 🖭 🖪 ⓪ 🗉 💳. ✀   2,5 km per ③
chiuso lunedì e dal 7 al 26 gennaio – **Pasto** carta 23/43000.

sulla strada statale 73 bis SO : 6 km per ③ :

🏨 **Fontespino** 🦭, ✉ 61029 ℰ 57190, Гах 57190, ≼ campagna e Urbino, 🏤, 🕰 – 📺 ☎ 🅿, 🖪 🖻 *VISA*, 🛇
chiuso dal 15 al 30 novembre – **Pasto** *(chiuso martedì e novembre)* carta 25/45000 – ☲ 12000 – **15 cam** 100/120000 – ½ P 75/80000.

a Canavaccio SE : 8,5 km per ② :

🏨 **Locanda la Brombolona** 🦭, località Sant'Andrea E : 4 km ℰ 53501, Fax 53501, ≼, 🏤 – 🅿, 🖪 🖻 *VISA*, 🛇
Pasto *(chiuso lunedì in bassa stagione)* carta 31/48000 – ☲ 8000 – **12 cam** 45/80000 – ½ P 70/75000.

Vedere anche : *Fermignano* S : 6 km.

USMATE VELATE 20040 Milano 𝟜𝟚𝟠 F 10, 𝟚𝟙𝟡 ⑲ – 6 866 ab. alt. 231 – 🕲 039.
Roma 596 – Como 41 – ♦Milano 32 – ♦Bergamo 30 – Lecco 26 – Monza 9,5.

XX **Il Chiodo,** ℰ 674275, 🏤 – 🅿, *VISA*
chiuso lunedì e dal 10 al 20 agosto – **Pasto** carta 45/58000.

USSEAUX 10060 Torino – 232 ab. alt. 1 217 – a.s. luglio-agosto e Natale – 🕲 0121.
Roma 806 – Sestriere 18 – ♦Torino 79.

X **Lago Laux** 🦭 con cam, ℰ 83944, solo su prenotazione, « In riva ad un laghetto » – 🅿,
🖪 🖻 *VISA*, 🛇
chiuso ottobre – **Pasto** *(chiuso mercoledì)* carta 40/64000 – ☲ 10000 – **8 cam** 95/100000 –
½ P 90/95000.

UZZANO 51017 Pistoia – 4 023 ab. alt. 261 – 🕲 0572.
Roma 336 – Pisa 42 – ♦Firenze 59 – Lucca 20 – Montecatini Terme 9 – Pistoia 31.

XX **Mason,** località San Allucio ℰ 451363, Coperti limitati; prenotare – 🖩 🅿, 🖭 🖪 🖻 *VISA*
JCB, 🛇
chiuso mercoledì, sabato a mezzogiorno ed agosto – **Pasto** carta 40/70000 bc.

VADA 57018 Livorno 𝟜𝟛𝟘 L 13 – a.s. 15 giugno-15 settembre – 🕲 0586.
Roma 292 – Pisa 48 – ♦Firenze 143 – ♦Livorno 29 – Piombino 53 – Siena 101.

🏨 **Quisisana,** via di Marina 37 ℰ 788220, Fax 788441, 🕰 – 📺 ☎ 🅿, 🖪 🖻 *VISA*, 🛇 rist
chiuso novembre – **Pasto** 30000 – ☲ 8000 – **35 cam** 85/110000 – ½ P 75/105000.

XX **Il Ducale,** piazza Garibaldi 33 ℰ 788600, Specialità di mare, Coperti limitati; prenotare –
🅿, 🖭 🖪 🖻 *VISA*, 🛇
chiuso lunedì e dal 1° all'8 gennaio – **Pasto** carta 49/62000.

VAGGIO Firenze 𝟜𝟛𝟘 L 16 – Vedere Reggello.

VAGLIA 50030 Firenze 𝟜𝟚𝟡 𝟜𝟛𝟘 K 15 – 4 408 ab. alt. 308 – 🕲 055.
Roma 295 – ♦Firenze 18 – ♦Bologna 88 – ♦Milano 282.

🏨 **Padellino** 🦭, ℰ 407902, 🕰 – 🅿, 🖭 🖪 🖻 *VISA*, 🛇 rist
Pasto *(chiuso venerdì)* carta 28/41000 (12 %) – ☲ 10000 – **15 cam** 62/92000 – ½ P 76000.

VAGLIAGLI Siena – Vedere Siena.

VAGLIO Biella 𝟚𝟙𝟡 ⑮ – Vedere Biella.

VAHRN = Varna.

VALBREMBO 24030 Bergamo 𝟚𝟙𝟡 ⑳ – 3 293 ab. alt. 260 – 🕲 035.
Roma 606 – ♦Milano 47 – ♦Bergamo 8 – Lecco 29.

XX **Ponte di Briolo,** località Briolo O : 1,5 km ℰ 611197, Fax 615944, 🏤 – 🅿, 🖭 🖪 *VISA*
chiuso domenica sera, mercoledì, dal 1° al 10 gennaio ed agosto – **Pasto** carta 40/60000.

VALBREVENNA 16010 Genova 𝟜𝟚𝟠 I 29 – 688 ab. alt. 601 – 🕲 010.
Roma 527 – ♦Genova 40 – Alessandria 72 – Bobbio 86 – ♦La Spezia 133.

XX **Da Italo,** località Nenno SO : 3 km ℰ 9690959, Coperti limitati; prenotare – 🅿, 🖪 🖻 *VISA*
🛇
chiuso martedì e febbraio – **Pasto** carta 43/79000.

VALBRUNA Udine 𝟜𝟚𝟡 C 22 – Vedere Malborghetto.

VAL CANALI Trento – Vedere Fiera di Primiero.

VALDAGNO 36078 Vicenza 𝟜𝟚𝟡 F 15 – 27 451 ab. alt. 266 – 🕲 0445.
Roma 561 – ♦Verona 62 – ♦Vicenza 29 – Trento 86 – Vicenza 34.

🏨 Pasubio 🦭 senza rist, via dello Sport 6 ℰ 408042, Fax 402182 – 🛗 📺 ☎ 🕭 🅿 – **31 cam.**

X **Hostaria a le Bele,** località Maso O : 4 km ℰ 970270, prenotare, « Trattoria tipica » –
🅿, 🖪 🖲 *VISA*, 🛇
chiuso lunedì, martedì a mezzogiorno ed agosto – **Pasto** carta 35/45000.

VALDAORA (OLANG) 39030 Bolzano 429 B 18 – 2 596 ab. alt. 1 083 – Sport invernali : Plan de Corones : 1 083/2 273 m ≼ 19 ≼ 11, ⭍ – ✿ 0474.

🖫 a Valdaora di Mezzo-Palazzo del Comune ℰ 46277, Fax 48005.

Roma 726 – ◆Bolzano 88 – Brunico 11 – Cortina d'Ampezzo 50 – Dobbiaco 19 – ◆Milano 387 – Trento 148.

🏔 **Mirabell,** a Valdaora di Mezzo ℰ 496191, Fax 498227, ≼, Ⅰ₆, ⥱, ⬚, 🖵, ☜, ✖ – ≼ rist 🖭 ☎ ⬅ ⒫. ✦ rist
  20 dicembre-10 aprile e 20 maggio-10 ottobre – **Pasto** (solo per clienti alloggiati) 36/48000 – ⊐ 17000 – **32 cam** 98/175000 – ½ P 85/145000.

🏨 **Post,** a Valdaora di Sopra ℰ 46127, Fax 48019, ≼, « 🖵 riscaldata », ⥱ – 🖃 🖭 ☎ ⬅ ⒫
  2 dicembre-25 aprile e 20 maggio-25 ottobre – **Pasto** (chiuso mercoledì) carta 35/56000 – **36 cam** ⊐ 120/230000 – ½ P 80/140000.

🏨 **Messnerwirt,** a Valdaora di Sopra ℰ 496178, Fax 498087, Ⅰ₆, ⥱, ☜ – 🖭 ☎ ⒫. 🖫 ⓞ Ε 𝘝𝘐𝘚𝘈
  chiuso dal 7 novembre al 17 dicembre – **Pasto** carta 31/70000 – **19 cam** ⊐ 113/186000 – ½ P 70/108000.

🏨 **Berghotel Zirm** ⍋, a Sorafurcia, alt. 1 360 ℰ 592054, Fax 592051, ≼ vallata e monti, Ⅰ₆, ⥱, 🖵 – 🖭 ☎ ⬅ ⒫. 🖫. ✦ rist
  dicembre-20 aprile e giugno-20 ottobre – **Pasto** (solo per clienti alloggiati) 25/35000 – **23 cam** ⊐ 105/190000 – ½ P 90/150000.

🏨 **Markushof** ⍋, a Valdaora di Sopra ℰ 496250, Fax 498241, ≼ vallata e monte Plan de Corones, ⥱, ☜ – ≼ rist ☎ ⬅ ⒫. 🖫 Ε 𝘝𝘐𝘚𝘈. ✦ rist
  20 dicembre-21 aprile e 19 maggio-20 ottobre – **Pasto** (chiuso giovedì) 25/35000 – ⊐ 15000 – **26 cam** 60/120000 – ½ P 70/120000.

VALDERICE Trapani 432 M 19 – Vedere Sicilia alla fine dell'elenco alfabetico.

VALDIDENTRO 23038 Sondrio 428 429 C 12, 218 ⑰ – 3 714 ab. alt. (frazione Isolaccia) 1 345 – ✿ 0342.

🇬 (15 aprile-1° novembre) a Bormio ⊠ 23032 ℰ 910730 o ℰ903768, Fax 903790, SE : 8 km.

Roma 774 – Bormio 11 – ◆Milano 213 – Sondrio 75.

  ad Isolaccia – ⊠ **23038** Valdidentro :

🏚 **Cima Piazzi,** ℰ 985050, ≼ – ⬅ ⒫. ✦
  chiuso giugno – **Pasto** carta 29/45000 – ⊐ 5000 – **20 cam** 45/80000 – ½ P 53/70000.

  a Semogo O : 2 km – ⊠ **23030** :

🏨 **Del Cardo,** località San Carlo S : 1,5 km ℰ 927171, Fax 985898, ≼ – ☎ ⬅ ⒫. 🖭 🖫 𝘝𝘐𝘚𝘈. ✦ rist
  chiuso dal 16 maggio al 19 giugno e novembre – **Pasto** (chiuso mercoledì) 23/37000 – **28 cam** ⊐ 48/72000 – ½ P 47/80000.

  a Premadio E : 6 km – ⊠ **23038** Valdidentro :

✕✕ La Baita, ℰ 904258 – ⒫
  stagionale.

✕ Belvedere, ℰ 904146 – ⒫

VAL DI GENOVA Trento 988 ④.

Vedere Vallata★★★ – Cascata di Nardis★★.

Roma 636 – ◆Bolzano 106 – ◆Brescia 110 – Madonna di Campiglio 17 – ◆Milano 201 – Trento 66.

✕ **Cascata Nardis,** alt. 945 ⊠ 38080 Carisolo ℰ (0465) 51454, ≼ cascata, ☜ – ⒫. ✦
  20 aprile-20 ottobre – **Pasto** carta 33/55000.

VAL DI SOGNO Verona – Vedere Malcesine.

VALDOBBIADENE 31049 Treviso 988 ⑤, 429 E 17 – 10 708 ab. alt. 252 – Sport invernali : a Pianezze: 1 070/1 570 m ≼ 4 – ✿ 0423.

Roma 563 – Belluno 46 – ◆Milano 268 – Trento 105 – Treviso 36 – Udine 112 – ◆Venezia 66.

  a Bigolino S : 5 km – ⊠ **31030** :

✕✕ **Tre Noghere,** ℰ 980316, Fax 981333 – ⒫. 🖭 🖫 𝘝𝘐𝘚𝘈. ✦
  chiuso domenica sera, lunedì, dal 1° al 6 gennaio ed agosto – **Pasto** carta 35/50000.

VALEGGIO SUL MINCIO 37067 Verona 988 ④ ⑭, 428 429 F 14 – 9 331 ab. alt. 88 – ✿ 045.

Vedere Parco Giardino Sigurtà★★.

Roma 496 – ◆Verona 28 – ◆Brescia 56 – Mantova 25 – ◆Milano 143 – ◆Venezia 147.

✕✕ **Lepre,** via Marsala 5 ℰ 7950011, Fax 7950011 – 🖭 🖫 ⓞ Ε 𝘝𝘐𝘚𝘈
  chiuso mercoledì, giovedì a mezzogiorno e dal 15 al 31 gennaio – **Pasto** carta 36/64000.

✕✕ **Borsa,** via Goito 2 ℰ 7950093, Fax 7950776 – 🖃 ⒫. 🖫 Ε 𝘝𝘐𝘚𝘈. ✦
  chiuso martedì sera, mercoledì e dal 10 luglio al 10 agosto – **Pasto** carta 36/53000.

a Borghetto O : 1 km – alt. 68 – ⊠ **37067** Valeggio sul Mincio :

XX **Antica Locanda Mincio,** ℰ 7950059, « Servizio estivo in terrazza ombreggiata in riva al fiume » – 🝙 🗄 ⓞ 🄴 𝘝𝘐𝘚𝘈
chiuso mercoledì sera, giovedì, dal 1° al 15 febbraio e dal 2 al 16 novembre – **Pasto** carta 45/62000.

X **Gatto Moro,** ℰ 6370570, Fax 6370571, 🍽 – 🄿. 🝙 🗄 ⓞ 🄴 𝘝𝘐𝘚𝘈
chiuso martedì sera, mercoledì, dal 30 gennaio al 15 febbraio e dal 1° al 10 agosto – **Pasto** carta 37/47000.

a Santa Lucia dei Monti NE : 5 km – alt. 145 – ⊠ **37067** Valeggio sul Mincio :

X **Belvedere** ♨ con cam, ℰ 6301019, ≼, « Servizio estivo in giardino » – 🖿 cam ☎ 🄿. 🝙 🗄 🄴 𝘝𝘐𝘚𝘈. ✵
chiuso dal 25 gennaio al 10 febbraio e dal 15 giugno al 10 luglio – **Pasto** *(chiuso mercoledì e giovedì)* carta 31/43000 – 🖙 12000 – **7 cam** 65/80000, 🖿 8000 – ½ P 60/80000.

VAL FERRET Aosta 219 ① – Vedere Courmayeur.

VALGRAVEGLIA La Spezia – Vedere Riccò del Golfo di Spezia.

VALGRISENCHE 11010 Aosta 428 F 3, 219 ⑪ – 190 ab. alt. 1 664 – a.s. 9 gennaio-marzo e luglio-agosto – ✪ 0165.
Roma 776 – Aosta 30 – Courmayeur 39 – ♦Milano 215 – Colle del Piccolo San Bernardo 57.

X **Grande Sassière** ♨ con cam, frazione Gerbelle N : 1 km ℰ 97113, ≼ – 🄿. ✵ rist
Pasto *(chiuso lunedì)* carta 30/41000 – 🖙 10000 – **25 cam** 46/85000 – ½ P 60/72000.

a Planaval NE : 5 km – alt. 1 557 – ⊠ **11010** Valgrisenche :

🏠 **Paramont** ♨, ℰ 97106, ≼, 🥢 – 🚗 🄿. ✵
Pasto *(chiuso lunedì)* 25000 – 🖙 8000 – **20 cam** 50/80000 – ½ P 65/70000.

VALLADA AGORDINA 32020 Belluno – 594 ab. alt. 969 – ✪ 0437.
Roma 660 – Belluno 43 – ♦Bolzano 71 – ♦Milano 361 – Trento 115 – ♦Venezia 149.

X **Val Biois,** frazione Celat ℰ 591233, Fax 591233 – 🄿. 🝙 🗄 ⓞ 🄴 𝘝𝘐𝘚𝘈
chiuso ottobre, lunedì (escluso agosto), anche domenica sera da Pasqua a luglio e da settembre a Natale – **Pasto** carta 41/94000.

VALLE AURINA (AHRNTAL) 39030 Bolzano 429 B 17 – 5 263 ab. alt. 1457 – ✪ 0474.
Roma 726 – ♦Bolzano 94 – Dobbiaco 48 – Cortina d'Ampezzo 79.

🏨 Sporthotel Linderhof ♨, a Cadipietra ℰ 652190, Fax 652414, ≼, 🛋, ≊, 🏊, 🥢 – 🄣 ☎ 🄿 – **37 cam.**

VALLEBONA 18012 Imperia – 928 ab. alt. 149 – ✪ 0184.
Roma 654 – Imperia 43 – Monte Carlo 26.

X **Degli Amici,** ℰ 253526, 🍽
chiuso lunedì ed ottobre – **Pasto** carta 30/45000.

VALLECROSIA 18019 Imperia 428 K 4 – 7 463 ab. alt. 45 – ✪ 0184.
Roma 652 – Bordighera 2 – Cuneo 94 – Imperia 47 – Monte Carlo 26 – San Remo 14.

XX **Giappun,** via Maonaira 7 ℰ 250560, prenotare – 🖿. 🝙 🗄 ⓞ 🄴 𝘝𝘐𝘚𝘈
chiuso mercoledì e dal 1° al 20 luglio – **Pasto** carta 40/80000.

VALLE DI CADORE 32040 Belluno 429 C 18 – 2 016 ab. alt. 819 – ✪ 0435.
Roma 646 – Belluno 45 – ♦Bolzano 159 – Cortina d'Ampezzo 26.

XX **Il Portico,** ℰ 30236, Rist. e pizzeria – 🄿. 🝙 🗄 ⓞ 🄴 𝘝𝘐𝘚𝘈. ✵
chiuso dal 15 giugno al 10 luglio e lunedì sera-martedì da ottobre a marzo – **Pasto** carta 37/55000.

VALLE DI CASIES (GSIES) 39030 Bolzano 429 B 18 – 2 002 ab. – ✪ 0474.
Roma 746 – Brunico 31 – Cortina d'Ampezzo 56.

🏨 **Quelle** ♨, a Santa Maddalena alt. 1 398 ℰ 948002, Fax 948091, ≼, 🛋, ≊, 🏊, 🥢 – 🖿 ☎ 🕭 🄿. 🗄 🄴 𝘝𝘐𝘚𝘈. ✵ rist
chiuso dal 30 marzo al 21 maggio e dal 4 novembre al 15 dicembre – **Pasto** carta 34/48000 – 🖙 15000 – **31 cam** 60/104000 – ½ P 76/130000.

X **Durnwald,** a Planca di Sotto alt. 1 223 ℰ 76920 – 🄿
chiuso lunedì e dal 1° al 15 giugno – **Pasto** carta 25/48000.

VALLEDORIA Sassari 433 E 8 – Vedere Sardegna alla fine dell'elenco alfabetico.

VALLERANO 01030 Viterbo 430 O 18 – 2 443 ab. alt. 403 – ✪ 0761.
Roma 75 – Civitavecchia 83 – Terni 54 – Viterbo 20.

XX **Al Poggio,** via Janni 7 ℰ 751248, 🍽 – 🖿. 🗄 🄴 𝘝𝘐𝘚𝘈
chiuso martedì – **Pasto** carta 29/48000.

VALLESACCARDA 83050 Avellino 431 D 27 – 1 856 ab. alt. 600 – © 0827.
Roma 301 – Foggia 65 – Avellino 60 – ◆Napoli 115 – Salerno 96.

XX **Minicuccio** con cam, ℰ 97030, Fax 97030 – ▤ ☵ ☎ ℗ – ⚒ 150. 🖭 🗓 ⏻ ⋿ ‿‿. ⅏
chiuso dal 27 giugno al 14 luglio – **Pasto** (chiuso lunedì) carta 26/37000 – ⊆ 5000 – **10 cam**
50/70000 – ½ P 60000.

X **Oasis,** ℰ 97021 – 🖭 🗓 ⏻ ⋿ ‿‿. ⅏
chiuso giovedì e dal 20 al 31 luglio – **Pasto** carta 20/36000.

VALLE SAN FLORIANO Vicenza – Vedere Marostica.

VALLE TANARO Asti – Vedere Asti

VALLOMBROSA 50060 Firenze 988 ⑮, 430 K 16 – alt. 958 – © 055.
Roma 263 – ◆Firenze 35 – Arezzo 71 – Forlì 106 – ◆Milano 332 – Siena 81.

a Saltino O : 1 km – ⊠ 50060.

🅱 (15 giugno-15 ottobre) ℰ 862003 :

🏨 **Gd H. Vallombrosa** ⚭, ℰ 862012, ≼ vallata, « Parco ombreggiato » – 🕸 ⥮ ☎ ℗. ⅏
15 giugno-15 settembre – **Pasto** 50000 – ⊆ 20000 – **76 cam** 100/160000 – ½ P 175000.

🏨 **Croce di Savoia** ⚭, ℰ 862035, Fax 862035, ☞, ⅏ – 🕸 ⥮ ℗. 🖭 ⅏
15 giugno-15 settembre – **Pasto** 40000 – ⊆ 12000 – **82 cam** 80/115000 – ½ P 130000.

VALLONGA Trento – Vedere Vigo di Fassa.

VALMADRERA 22049 Lecco 428 E 10, 219 ⑨ – 10 633 ab. alt. 237 – © 0341.
Roma 633 – Como 26 – Lecco 3 – ◆Milano 56.

🏨 **Al Terrazzo,** via Parè 69 ℰ 583106, Fax 201118, « Servizio rist. estivo in terrazza sul
lago », ☞, ⅏ – 🕸 ☎ ℗ – ⚒ 30 a 60. 🖭 🗓 ⏻ ⋿ ‿‿
Pasto (chiuso dal 1° al 10 gennaio e dal 10 al 20 agosto) carta 66/89000 – ⊆ 15000 –
12 cam 99/150000 – ½ P 130/140000.

VALNONTEY Aosta 428 F 4 – Vedere Cogne.

VALSAVARENCHE 11010 Aosta 988 ① ②, 428 F 3 – 197 ab. alt. 1 540 – a.s. Pasqua, luglio-
agosto e Natale – © 0165.
Roma 776 – Aosta 29 – Courmayeur 42 – ◆Milano 214.

🏨 **Parco Nazionale,** località Degioz ℰ 905706, Fax 905805, ≼ – 🕸 ☎ ♿, 🗓 ⋿ ‿‿. ⅏
chiuso novembre – **Pasto** 28/40000 – ⊆ 15000 – **23 cam** 50/100000 – ½ P 90/95000.

a Eau Rousse S : 3 km Aosta – ⊠ 11010:

🏨 **A l' Hostellerie du Paradis** ⚭, ℰ 905972, Fax 905971, prenotare, « Caratteristico
borgo di montagna », ☎, ⬚ – ☵ ☎. 🖭 🗓 ⏻ ⋿ ‿‿. ⅏ rist
Pasto carta 28/55000 – ⊆ 10000 – **28 cam** 65/90000, 3 appartamenti – ½ P 95000.

a Pont S : 9 km – alt. 1 946 – ⊠ 11010 Valsavarenche :

🏨 **Genzianella** ⚭, ℰ 95393 e rist ℰ 95394, ≼ Gran Paradiso – ☎ ℗. ⅏ rist
15 giugno-20 settembre – **Pasto** carta 45/67000 – ⊆ 17000 – **25 cam** 65/100000 – ½ P 81/
93000.

VALSOLDA 22010 Como 428 D 9, 219 ⑧ – 1 906 ab. alt. (frazione San Mamete) 265 – © 0344.
Roma 664 – Como 41 – ◆Lugano 9,5 – Menaggio 18 – ◆Milano 87.

ad Albogasio :

X **Riviera** con cam, ℰ 68156, Fax 68156, « Servizio estivo in terrazza » – 🕸 ☎ ℗. 🖭 🗓 ⋿
‿‿
chiuso gennaio e febbraio – **Pasto** (chiuso mercoledì) carta 34/54000 – **20 cam** ⊆ 40/
100000 – ½ P 60/75000.

a San Mamete :

🏨 **Stella d'Italia,** ℰ 68139, Fax 68729, ≼, 🍽, « Terrazza-giardino sul lago », ⛵ – 🕸 ☎
⚓, 🖭 🗓 ⋿ ‿‿. ⅏ rist
aprile-10 ottobre – **Pasto** (chiuso mercoledì) 35000 – ⊆ 13000 – **35 cam** 65/116000 –
½ P 90/100000.

VALTINA (WALTEN) Bolzano 218 ⑩ – Vedere San Leonardo in Passiria.

VALTOURNENCHE 11028 Aosta 988 ②, 428 E 4 – 2 205 ab. alt. 1 524 – a.s. febbraio-Pasqua,
20 luglio-agosto e Natale – Sport invernali : 1 524/2 982 m ⚡1 ⚡9, ⚡ (anche sci estivo a
Breuil-Cervinia) – © 0166.

🅱 via Roma 48 ℰ 92029, Fax 92430.
Roma 740 – Aosta 44 – Breuil-Cervinia 9 – ◆Milano 178 – ◆Torino 107.

🏨 **Bijou,** ℰ 92109, Fax 92264, ≼ – 🕸 ☎ ℗. 🗓 ⋿ ‿‿. ⅏ rist
chiuso maggio ed ottobre – **Pasto** (chiuso lunedì in bassa stagione) carta 29/43000 –
⊆ 10000 – **20 cam** 52/90000 – ½ P 75/83000.

🏠 **Punta Margherita,** ℰ 92087, ≤ – 📶 ☎ 🅿. ℅ rist
dicembre-10 maggio e 20 giugno-20 settembre – **Pasto** *(chiuso giovedì in bassa stagione)*
26/30000 – ☲ 9000 – **18 cam** 50/80000 – ½ P 65/72000.

🏠 **Delle Alpi,** ℰ 92230, Fax 92053, ≤ – ☎ 🅿. 🛇 ⑩ E 𝘝𝘐𝘚𝘈. ℅ rist
chiuso dal 15 maggio al 15 giugno – **Pasto** *(chiuso giovedì)* 28000 – ☲ 10000 – **25 cam**
50/80000 – ½ P 65/75000.

✗ **Jaj Alaj,** ℰ 92185 – 🆎 🛇 ⑩ E 𝘝𝘐𝘚𝘈. ℅
chiuso dal 10 al 30 giugno e giovedì in bassa stagione – **Pasto** carta 34/53000.

sulla strada statale 406 N : 2,5 km :

✗ **Rascard,** con cam, ℰ 92204, 🎇 – 📺 ☎ 🚗 🅿
15 cam.

VAL VENY Aosta 𝟸𝟷𝟿 ① – Vedere Courmayeur.

VALVERDE Forlì 𝟺𝟹𝟶 J 19 – Vedere Cesenatico.

VARALLO 13019 Vercelli 𝟿𝟾𝟾 ②, 𝟺𝟸𝟾 E 6, 𝟸𝟷𝟿 ⑤ – 8 030 ab. alt. 451 – a.s. luglio-agosto e
Natale – 🅾 0163.
Vedere Sacro Monte★★.
🖪 corso Roma 38 ℰ 51280, Fax 53091.
Roma 679 – Stresa 43 – Biella 59 – ♦Milano 105 – Novara 59 – ♦Torino 121 – Vercelli 65.

🏨 **Ellebi Club Hotel** senza rist, ℰ 53992, Fax 53992 – 📶 📺 ☎ 🅿. 🛇 E 𝘝𝘐𝘚𝘈. ℅ rist
☲ 15000 – **38 cam** 100/130000.

✗ **Piane Belle,** località Pianebelle ℰ 51320, Trattoria di paese – 🅿. ℅
chiuso lunedì, martedì sera e dal 1° al 20 settembre – **Pasto** carta 30/52000.

a Crosa E : 3 km – ✉ **13019** Varallo :

✗ **Delzanno,** ℰ 51439, 🎇 – 🆎 🛇 ⑩ E 𝘝𝘐𝘚𝘈. ℅
chiuso lunedì e dal 1° al 10 settembre – **Pasto** carta 34/50000.

a Sacro Monte N : 4 km – ✉ **13019** Varallo :

🏠 **Sacro Monte** ⑧, ℰ 54254, Fax 51189, 🌫 – 📺 ☎ 🅿. 🆎 🛇 ⑩ E 𝘝𝘐𝘚𝘈. ℅ rist
marzo-novembre – **Pasto** *(chiuso lunedì escluso da maggio a settembre)* carta 31/55000 –
☲ 10000 – **24 cam** 65/110000 – ½ P 75/85000.

VARAZZE 17019 Savona 𝟿𝟾𝟾 ⑲, 𝟺𝟸𝟾 I 7 – 14 174 ab. – 🅾 019.
🖪 viale Nazioni Unite (Palazzo Municipio) ℰ 934609, Fax 97298.
Roma 534 – ♦Genova 36 – Alessandria 82 – Cuneo 112 – ♦Milano 158 – Savona 12 – ♦Torino 153.

🏨 **El Chico,** via Aurelia 63 (E : 1 km) ℰ 931388, Fax 932423, ≤, « Parco ombreggiato con
🏊 », ℩ₛ – 📺 ☎ 🅿 – 🔏 30 a 150. 🆎 🛇 ⑩ E 𝘝𝘐𝘚𝘈. ℅
chiuso dal 20 dicembre a gennaio – **Pasto** 43000 – ☲ 10000 – **41 cam** 80/160000 –
½ P 132000.

🏨 **Eden,** via Villagrande 1 ℰ 932888, Fax 96315 – 📶 🍽 📺 ☎ 🅿 – 🔏 30 a 60. 🆎 🛇 ⑩ E
𝘝𝘐𝘚𝘈 𝘫𝘤𝘣. ℅
Pasto *(15 giugno-15 settembre; solo per clienti alloggiati)* e vedere anche rist **Antico
Genovese** – ☲ 10000 – **45 cam** 100/150000 – ½ P 100/130000.

🏨 **Cristallo,** via Cilea 4 ℰ 97264, Fax 96392, 🦀 – 📶 🍽 📺 ☎ 🚗 🅿 – 🔏 25 a 60. 🆎
🛇 E 𝘝𝘐𝘚𝘈 𝘫𝘤𝘣. ℅ rist
Pasto carta 38/55000 – ☲ 12000 – **45 cam** 90/150000 – ½ P 100/120000.

🏠 **Royal,** via Cavour 25 ℰ 931166, Fax 96664, ≤ – 📶 🍽 📺 ☎ 🅿. 🆎 🛇 ⑩ E 𝘝𝘐𝘚𝘈 𝘫𝘤𝘣.
℅ rist
Pasto carta 44/67000 – **31 cam** ☲ 120/150000 – ½ P 60/120000.

🏠 **Manila,** via Villagrande 3 ℰ 934656, 🌫 – 📺 ☎ 🅿. 🆎 🛇 E 𝘝𝘐𝘚𝘈. ℅ rist
chiuso dal 20 settembre al 20 dicembre – **Pasto** carta 44/74000 – ☲ 10000 – **14 cam**
110/130000 – ½ P 90/100000.

✗✗ **Antico Genovese,** corso Colombo 70 ℰ 96482, Fax 95965, solo su prenotazione a
mezzogiorno – 🍽. 🆎 🛇 ⑩ E 𝘝𝘐𝘚𝘈 𝘫𝘤𝘣. ℅
chiuso dal 17 al 26 settembre e domenica sera (escluso da luglio a settembre) – **Pasto**
carta 54/80000.

✗✗ **Santa Caterina,** piazza Santa Caterina 4 ℰ 934672, 🎇 – 🍽. 🆎 🛇 ⑩ E 𝘝𝘐𝘚𝘈 𝘫𝘤𝘣.
chiuso lunedì e dall'8 novembre all'8 dicembre – **Pasto** carta 59/92000.

✗✗ **La Mola,** via Guglielmo Marconi 17 ℰ 932469, 🎇, Specialità di mare – 🆎 🛇 ⑩ E 𝘝𝘐𝘚𝘈
chiuso lunedì e dal 25 novembre al 15 dicembre – **Pasto** carta 36/61000.

✗ **Cavetto,** piazza Santa Caterina 7 ℰ 97311, 🎇, Specialità di mare, prenotare – 🆎 🛇 ⑩
E 𝘝𝘐𝘚𝘈
chiuso giovedì, dal 15 al 30 gennaio e dal 1° al 15 novembre – **Pasto** carta 38/72000.

✗ **Bri,** piazza Bovani 13 ℰ 934605 – 🆎 ⑩ E
chiuso mercoledì – **Pasto** carta 37/62000.

Vedere Giardini★★ di villa Monastero.

🚢 per Bellagio (30 mn) e Menaggio (15 mn), giornalieri – Navigazione Lago di Como, via La Riva ✆ 830270.

Roma 642 – Como 50 – ♦Bergamo 55 – Chiavenna 45 – Lecco 22 – ♦Milano 78 – Sondrio 60.

🏨 **Royal Victoria,** ✆ 830102, Fax 830722, ≤, 🛋, 🏖, 🌳 – 🛗 📺 ☎ – 🔼 90. 🖭 🕄 ➊ ⋿ 🚾. ✀
　 Pasto (chiuso lunedì) carta 49/82000 – **43 cam** ☲ 180/210000 – ½ P 110/150000.

🏨 **Du Lac** ﾐ, ✆ 830238, Fax 831081, ≤, 🛋 – 🛗 📺 ☎ ➾ ℗. 🖭 🕄 ➊ ⋿ 🚾. ✀ rist
　 chiuso gennaio e febbraio – **Pasto** (chiuso da novembre a marzo) 48000 – ☲ 18000 –
　 18 cam 125/225000, appartamento – ½ P 137/160000.

ℵ **Vecchia Varenna,** ✆ 830793, Fax 830793, « Servizio estivo in terrazza sul porticciolo
　 con ≤ lago e monti » – 🖭 🕄 ➊ ⋿ 🚾
　 chiuso gennaio, lunedì, anche martedì da febbraio al 10 marzo – **Pasto** carta 44/63000.

Dintorni Sacro Monte★★ : ≤★★ NO : 8 km – Campo dei Fiori★★ : ☀★★ NO : 10 km.

🛆 (chiuso lunedì) a Luvinate ⊠ 21020 ✆ 229302, Fax 222107, per ⑤ : 6 km.

🖪 via Carrobio 2 ✆ 283604 – viale Ippodromo 9 ✆ 284624, Fax 238093.

A.C.I. viale Milano 25 ✆ 285150.

Roma 633 ④ – Como 27 ② – Bellinzona 65 ② – ♦Lugano 32 ② – ♦Milano 56 ④ – Novara 53 ③ – Stresa 48 ③.

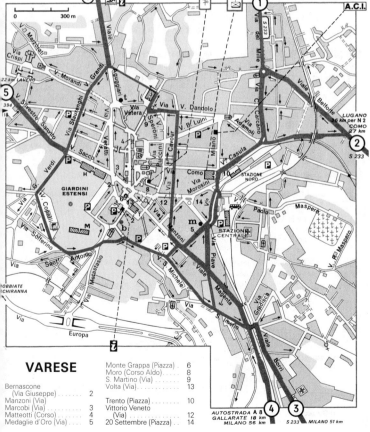

VARESE

Bernascone (Via Giuseppe)	2
Manzoni (Via)	
Marcobi (Via)	3
Matteotti (Corso)	4
Medaglie d'Oro (Via)	5
Monte Grappa (Piazza)	6
Moro (Corso Aldo)	8
S. Martino (Via)	9
Volta (Via)	13
Trento (Piazza)	10
Vittorio Veneto (Via)	12
20 Settembre (Piazza)	14

Palace Hotel ⊗, a Colle Campigli ✆ 312600, Telex 380163, Fax 312870, ≼, « Parco », ✖ – ⋈ 🖭 ☎ ❷ – ⛌ 25 a 250. ◪ 🖽 ❶ ☰ *VISA* . ⬧   per ⑤
Pasto carta 57/94000 – **112 cam** ⊐ 307/325000, appartamento – ½ P 190000.

City Hotel senza rist, via Medaglie d'Oro 35 ✆ 281304, Fax 232882 – ⋈ 🖭 ☎ ⅙ ⇌ – ⛌ 25 a 50. ◪ 🖽 ❶ ☰ *VISA* .   **m**
47 cam ⊐ 154/204000.

Acquario senza rist, via Giusti 7 ✆ 811600, Fax 811780 – ▤ 🖭 ☎ ❷ – ⛌ 50 a 200. ◪ 🖽 ❶ ☰ *VISA* – **41 cam** ⊐ 110/140000.   per ③

Europa, piazza Beccaria 1 ✆ 280170 e rist ✆ 234312, Fax 234325, ☞ – ⋈ 🖭 ☎ ❷. ◪ 🖽 ☰ *VISA*   **t**
Pasto 30/40000 e al Rist. *Da Vittorio (chiuso venerdì)* carta 36/62000 – **33 cam** ⊐ 95/120000 – ½ P 88/120000.

❀ Lago Maggiore, via Carrobbio 19 ✆ 231183, Fax 231183, Coperti limitati; prenotare – ▤. ◪ 🖽 ❶ ☰ *VISA* . ⬧   **b**
chiuso domenica, lunedì a mezzogiorno, 25-26 dicembre, 1° gennaio e luglio – **Pasto** carta 63/104000
Spec. Savarin di rombo in salsa al basilico, Risotto al Castelmagno e porri, Rognoncino di vitello con mele e scalogno brasato.

Montello, via Montello 8 ✆ 286181, ☞, ☞ – ❷. ◪ 🖽 ❶ ☰ *VISA*   per viale Aguggiari
chiuso lunedì – **Pasto** carta 40/65000.

Teatro, via Croce 3 ✆ 241124, Fax 280994 – ▤. ◪ 🖽 ❶ ☰ *VISA* . ⬧   **a**
chiuso martedì e dal 25 luglio al 25 agosto – **Pasto** carta 50/75000.

Al Vecchio Convento, viale Borri 348 ✆ 261005, Fax 810701 – ❷. ◪ 🖽 ❶ ☰ *VISA* . ⬧
chiuso lunedì, dal 1° al 7 gennaio e dal 10 al 20 agosto – **Pasto** carta 44/67000.   per ③

Medusa, via Giusti 7 ✆ 261380, Fax 261380, Rist. e pizzeria – ◪. ⬧   per ③
chiuso domenica, dal 26 dicembre al 7 gennaio ed agosto – **Pasto** carta 34/58000.

a Capolago SO : 5 km – ⊠ 21100 Varese :

Da Annetta, ✆ 490230, ☞ – ❷. ◪ 🖽 ❶ ☰ *VISA* . ⬧
chiuso martedì sera, mercoledì e dall'8 al 20 agosto – **Pasto** carta 37/52000.

VARESE LIGURE 19028 La Spezia 🖽🖽🖽 ⑬, 🖽🖽🖽 I 10 – 2 673 ab. alt. 353 – ✿ 0187.
Roma 457 – ◆Bologna 194 – ◆Genova 90 – ◆Milano 203 – ◆Parma 98 – Piacenza 139 – ◆La Spezia 59.

Amici, via Garibaldi 80 ✆ 842139, Fax 842168 – ☎ ❷. ◪ 🖽 ☰ *VISA*
chiuso dal 24 dicembre al 2 gennaio – **Pasto** *(chiuso mercoledì)* 26/32000 – ⊐ 8000 – **31 cam** 50/65000 – ½ P 50/55000.

VARIGOTTI 17029 Savona 🖽🖽🖽 J 7 – ✿ 019.
🖪 *(giugno-settembre)* via Aurelia 79 ✆ 698013.
Roma 567 – ◆Genova 68 – Imperia 58 – ◆Milano 191 – Savona 22.

Nik Mehari, via Aurelia 104 ✆ 698096, Fax 698292, ☞, ☞ – ⋈ ⇌ ▤ 🖭 ☎ ⇌ ❷. ◪ 🖽 ❶ ☰ *VISA* . ⬧ rist
Pasto carta 51/87000 – ⊐ 18000 – **40 cam** 100/160000 – ½ P 100/160000.

Borgovecchio, via al Capo 45 ✆ 698010, Fax 698559, ☞, ☞ – ☎ ❷.
stagionale – **28 cam**.

❀ Muraglia-Conchiglia d'Oro, via Aurelia 133 ✆ 698015, Specialità di mare – ❷. ◪ 🖽 ❶ ☰ *VISA* JCB. ⬧
chiuso dal 15 dicembre al 15 gennaio, mercoledì e da ottobre a maggio anche martedì – **Pasto** carta 58/88000
Spec. Misto di pesci e crostacei alla griglia, Zuppa di pesce, Burrida di branzino e gamberi.

La Caravella, via Aurelia 56 ✆ 698028, ≼, ✖ – ❷. 🖽 *VISA* . ⬧
chiuso lunedì ed ottobre – **Pasto** carta 43/67000.

VARNA **(VAHRN)** 39040 Bolzano 🖽🖽🖽 B 16 – 3 280 ab. alt. 670 – ✿ 0472.
Roma 683 – ◆Bolzano 47 – Cortina d'Ampezzo 107 – Trento 102.

Clara, ✆ 833777, Fax 835582, ≼, ⇌, ☞ – ⋈ 🖭 ☎ ❷. 🖽 ☰ *VISA* . ⬧ rist
chiuso dal 10 gennaio al 3 febbraio e dal 5 al 22 dicembre – **Pasto** carta 32/45000 – **30 cam** ⊐ 72/117000 – ½ P 71/80000.

VARZO 28039 Verbania 🖽🖽🖽 D 6, 🖽🖽🖽 ⑲ – 2 390 ab. alt. 568 – ✿ 0324.
Roma 711 – Stresa 45 – Domodossola 13 – Iselle 1355 – Novara◆Milano 104 – ◆Torino 176.

a San Domenico NO : 11 km – alt. 1 420 – ⊠ 28039 Varzo :

Cuccini ⊗, ✆ 7061, ≼, ☞ – ❷. ⬧
20 dicembre-10 aprile e giugno-settembre – **Pasto** *(chiuso mercoledì)* carta 30/51000 (10%) – ⊐ 10000 – **25 cam** 40/80000 – ½ P 60/65000.

VASANELLO 01030 Viterbo 🖽🖽🖽 O 19 – 3 563 ab. alt. 265 – ✿ 0761.
Roma 85 – ◆Perugia 106 – Terni 39 – Viterbo 36.

Il Sassolino, via Cesare Battisti 6 ✆ 409558, Rist. e rosticceria – ⬧
chiuso lunedì e dal 20 agosto al 10 settembre – **Pasto** carta 24/39000.

VASON Trento – Vedere Bondone (Monte).

VASTO 66054 Chieti 988 ㉗, 430 P 26 – 32 950 ab. alt. 144 – a.s. 20 giugno-6 agosto – ✪ 0873.

⛴ da Punta Penna per le Isole Tremiti 15 giugno-15 settembre giornaliero, 2 h 45 mn – Adriatica di Navigazione-agenzia Massacesi, piazza Diomede 3 ℰ 362680, Telex 600205, Fax 69380.

🇮 piazza del Popolo 18 ℰ 367312.

Roma 271 – ◆Pescara 70 – L'Aquila 166 – Campobasso 96 – Chieti 75 – ◆Foggia 118.

XX **Castello Aragona,** via San Michele 105 ℰ 69885, « Servizio estivo in terrazza con ⩽ mare » – **🅿**. 🆎 🕃 🕔 **E** 𝑽𝑰𝑺𝑨. ⫸
  chiuso lunedì – **Pasto** carta 33/70000.

X **Lo Scudo,** corso Garibaldi 39 ℰ 367782, Fax 367782, ⇪ – 🆎 🕃 🕔 **E** 𝑽𝑰𝑺𝑨
  chiuso dal 24 dicembre al 3 gennaio e martedì in bassa stagione – **Pasto** carta 45/60000.

VASTO (Marina di) 66055 Chieti 430 P 26 – a.s. 20 giugno-6 agosto – ✪ 0873.

🇮 (15 giugno-settembre) rotonda lungomare Dalmazia ℰ 801751.

Roma 275 – ◆Pescara 72 – Chieti 74 – Vasto 3.

🏠 **Baiocco,** viale Dalmazia 137 ℰ 801976, Fax 802376, ⚓₆ – 📺 ☎ **🅿**. 🆎 🕃 🕔 **E** 𝑽𝑰𝑺𝑨. ⫸ rist
  Pasto carta 27/38000 – � 8000 – **32 cam** 75/100000 – ½ P 75/90000.

🏠 **Caravel** senza rist, viale Dalmazia 124 ℰ 801477, ⚓₆ – 🛗 ☏ **🅿**. 🆎 🕃 🕔 **E** 𝑽𝑰𝑺𝑨. ⫸
  ⊒ 7000 – **18 cam** 65/85000.

XX **Delle Lame,** piazza Fiume 14 ℰ 802277, ⇪, Specialità di mare – 🆎 🕔 **E** 𝑽𝑰𝑺𝑨. ⫸
  chiuso mercoledì escluso luglio-agosto – **Pasto** carta 33/64000.

sulla strada statale 16 :

🏨 **Sabrina,** S : 1,5 km ⊠ 66055 ℰ 802020, Fax 802211, ⩽, ⚓₆ – 🛗 ⬛ rist 📺 ☎ **🅿**. 🆎 🕃 🕔 **E** 𝑽𝑰𝑺𝑨. ⫸ rist
  Pasto 20/25000 – ⊒ 8000 – **73 cam** 100000 – ½ P 90/95000.

🏨 **Sporting,** S : 2,5 km ⊠ 66055 ℰ 801908, Fax 801404, « Terrazza-giardino fiorita », ⫸ – 📺 ☎ ⇌ **🅿**. 🆎 🕃 🕔 **E** 𝑽𝑰𝑺𝑨. ⫸
  Pasto carta 35/54000 – ⊒ 7500 – **22 cam** 80/105000 – ½ P 82/88000.

🏠 **Rio,** S : 2 km ⊠ 66055 ℰ 801409, Fax 801960, ⩽, ⚓₆ – ⬛ rist 📺 ☎ **🅿** – 🔬 30 a 400. 🆎 🕃 🕔 **E** 𝑽𝑰𝑺𝑨. ⫸ rist
  Pasto 25/35000 – ⊒ 7000 – **58 cam** 70/100000 – ½ P 75/90000.

XXX **Villa Vignola** ⬙ con cam, località Vignola N : 6 km ⊠ 66054 Vasto ℰ 310050, Fax 310060, ⩽, ⇪, Specialità di mare, prenotare, ⇗ – 📺 ☎ **🅿**. 🆎 🕃 🕔 **E** 𝑽𝑰𝑺𝑨. ⫸
  chiuso dal 21 al 28 dicembre – **Pasto** carta 50/65000 – **4 cam** ⊒ 160/250000, appartamento 200/250000.

XX **Il Corsaro,** località Punta Penna-Porto di Vasto N : 8 km ⊠ 66054 Vasto ℰ 310113, ⩽, Specialità di mare, prenotare, « Servizio estivo in terrazza sul mare », ⚓₆ – **🅿**. 🆎 🕃 **E** 𝑽𝑰𝑺𝑨. ⫸
  chiuso lunedì (escluso da aprile ad ottobre) – **Pasto** carta 65/85000 (10%).

VEDELAGO 31050 Treviso 988 ⑤, 429 E 18 – 13 004 ab. alt. 43 – ✪ 0423.

Roma 534 – Bassano del Grappa 28 – Belluno 28 – Treviso 18.

🏨 **Antica Postumia,** via Monte Grappa 36 (NE : 4 km) ℰ 476278, Fax 476278 – 🛗 ⬛ 📺 ☎ ⬥ ⇌ **🅿** – 🔬 30 a 100. 🆎 🕃 🕔 **E** 𝑽𝑰𝑺𝑨 𝗝𝗖𝗕. ⫸
  Pasto *(chiuso mercoledì)* carta 30/40000 – **25 cam** ⊒ 75/100000 – ½ P 80/85000.

VEDOLE Parma – Vedere Colorno.

VELESO 22020 Como 428 E 9, 219 ⑨ – 236 ab. alt. 828 – ✪ 031.

Roma 649 – Como 23 – ◆Milano 72.

X **Bella Vista,** ℰ 917920, « Servizio estivo in terrazza con ⩽ su lago e monti » – **🅿**. ⫸
  chiuso martedì – **Pasto** carta 30/46000.

VELLETRI 00049 Roma 988 ㉖, 430 Q 20 – 43 410 ab. alt. 352 – ✪ 06.

Escursioni Castelli romani★★ NO per la via dei Laghi o per la strada S 7, Appia Antica (circuito di 60 km).

🇮 viale dei Volsci 8 ℰ 9630896.

Roma 36 – Anzio 43 – Frosinone 61 – Latina 29 – Terracina 63 – Tivoli 56.

XXX **Da Benito al Bosco** ⬙ con cam, contrada Morice 20 ℰ 9633991, Fax 9641414, ⇪, « Piccolo parco con ⤳ » – ⬛ rist 📺 ☎ **🅿**. 🆎 🕃 🕔 **E** 𝑽𝑰𝑺𝑨 𝗝𝗖𝗕. ⫸
  Pasto *(chiuso martedì da ottobre a marzo)* carta 33/41000 – ⊒ 6000 – **16 cam** 70/100000 – ½ P 80/100000.

XX **Da Benito,** via Lata 241 ℰ 9632220 – 🆎 🕃 🕔 **E** 𝑽𝑰𝑺𝑨. ⫸
  chiuso lunedì ed agosto – **Pasto** carta 32/52000.

VELLO Brescia – alt. 190 – ✉ **25054** Marone – 🕸 030.
Roma 591 – ◆Brescia 34 – ◆Milano 100.

X **Trattoria Glisenti,** 𝒫 987222, Specialità pesce di lago – 🛇
   chiuso giovedì e gennaio – **Pasto** carta 32/48000.

VENAFRO 86079 Isernia 🔢 ㉗, 🔢 R 24, 🔢 C 24 – 10 108 ab. alt. 220 – 🕸 0865.
Roma 147 – Avezzano 149 – Benevento 85 – Isernia 28 – ◆Napoli 86.

🏨 **Venafro Palace Hotel,** strada statale 85 (S : 1 km) 𝒫 900182, Fax 903709, 🛇 – 🛗 ▤ 📺
   ☎ 🅿 – 🔬 80. 🆎 🕄 ① 🗲 **VISA**. 🛇
   Pasto carta 51/74000 – **50 cam** ☲ 110/140000 – ½ P 100000.

VENEGAZZU 31040 Treviso – alt. 99 – 🕸 0423.
Roma 543 – Belluno 62 – ◆Padova 52 – Treviso 22 – Vicenza 5.

XX Da Celeste, 𝒫 620445, Fax 621050, 🏠 – ▤ 🅿

VENEGONO INFERIORE 21040 Varese 🔢 E 8, 🔢 ⑲ – 5 659 ab. alt. 327 – 🕸 0331.
Roma 618 – Como 23 – ◆Milano 42 – Varese 14.

XX Aero Club, all'aeroporto 𝒫 864292, ≼, prenotare – 🅿.

Venezia

30100 Ⓟ 988 ⑤, 429 F 19 – 309 041 ab. – ❀ 041

Vedere Piazza San Marco★★★ FGZ – Basilica★★★ GZ – Palazzo Ducale★★★ GZ – Campanile★★ : ☀★★ FGZ **F** – Procuratie★★ FZ – Libreria Vecchia★ GZ – Museo Correr★ FZ **M** – Torre dell'Orologio★ FZ **K** – Ponte dei Sospiri★ GZ.
Canal Grande★★★ :
Ponte di Rialto★ FY – Riva destra : Cà d'Oro★★★ : galleria Franchetti★★ EX – Palazzo Vendramin-Calergi★★ BT – Cà Loredan★★ EY **H** – Palazzo Grimani★★ EY – Palazzo Corner-Spinelli★★ BTU – Palazzo Grassi★★ BU – Riva sinistra : gallerie dell'Accademia★★★ BV – Palazzo Dario★★ BV **S** – Collezione Peggy Guggenheim★ nel palazzo Venier dei Leoni BV **M1** – Palazzo Rezzonico★★ : Museo del Settecento Veneziano★★ AU – Palazzo Querini-Stampalia★ GY – Palazzo Giustinian★★ AU **X** – Cà Foscari★★ AU **Y** – Palazzo Bernardo★★ BT – Palazzo dei Camerlenghi★★ FX **A** – Cà Pesaro★★ EX.
Chiese :
Santa Maria della Salute★★ : Nozze di Cana★★★ del Tintoretto BV – San Giorgio Maggiore★★ : ☀★★ dal campanile★★ CV – San Zanipolo★★ : polittico★★★ di San Vincenzo Ferrari, soffitto★★★ della cappella del Rosario GX – Santa Maria Gloriosa dei Frari★★ : opere★★★ di Tiziano AT – San Zaccaria★★ : pala★★★ del Bellini, pale★★ del Vivarini e di Ludovico da Forlí GZ – Decorazione interna★★ del Veronese nella chiesa di San Sebastiano AU – Dipinti★ del Guardi nella chiesa dell'Angelo Raffaele AU – Soffitto★ della chiesa di San Pantaleone AT – Santa Maria dei Miracoli★ GX – Madonna col Bambino★ del Bellini nella chiesa di San Francesco della Vigna DT – Madonna col Bambino★ nella chiesa del Redentore (isola della Giudecca) AV – Ghetto★ ABT.
Scuola di San Rocco★★★ AT – Scuola di San Giorgio degli Schiavoni★ : dipinti★★ del Carpaccio DT – Scuola dei Carmini : dipinti★★ del Tiepolo AU – Rio dei Mendicanti★ GX – Facciata★ della scuola di San Marco GX – Affreschi★ del Tiepolo nel palazzo Labia AT.
Lido★★ – Murano★★ : museo Vetrario★★★, chiesa dei Santi Maria e Donato★★ – Burano★★ – Torcello★★ : mosaici★★★ nella cattedrale di Santa Maria Assunta★★, portico esterno★★ e colonne★★ all'interno della chiesa di Santa Fosca★.
🖫 (chiuso lunedí) al Lido Alberoni ✉ 30011 ✆ 731333, Fax 731339, 15 mn di vaporetto e 9 km ;
🖫 e 🖫 Cá della Nave (chiuso martedí) a Martellago ✉ 30030 ✆ 5401555, Fax 5401926, NO : 12 km ;
🖫 e 🖫 Villa Condulmer (chiuso lunedí) a Zerman ✉ 21021 ✆ 457062, Fax 457202, N : 17 km.
✈ Marco Polo di Tessera, NE : 13 km ✆ 2609260 – Alitalia, San Marco-Bacino Orseolo 1166 ✉ 30124 ✆ 5216333.
⛴ da piazzale Roma (Tronchetto) per il Lido-San Nicolò giornalieri (35 mn) ; dal Lido Alberoni per l'Isola di Pellestrina-Santa Maria del Mare giornalieri (15 mn).
⛴ da Riva degli Schiavoni per Punta Sabbioni giornalieri (40 mn) ; da Punta Sabbioni per le Isole di Burano (30 mn), Torcello (40 mn), Murano (1 h 10 mn), giornalieri dalle Fondamenta Nuove per le Isole di Murano (10 mn), Burano (50 mn), Torcello (50 mn), giornalieri ; dalle Fondamenta Nuove per Treporti di Cavallino giornalieri (1 h 10 mn) ; da Treporti di Cavallino per Venezia-Fondamenta Nuove (1 h 10 mn) per le Isole di Murano (1 h), Burano (20 mn), Torcello (25 mn), giornalieri – Informazioni : ACTV-Azienda Consorzio Trasporti Veneziano, piazzale Roma ✉ 30135 ✆ 5287886, Fax 5207135.
🛈 San Marco Ascensione 71/c ✉ 30124 ✆ 5226356 – Stazione Santa Lucia ✉ 30121 ✆ 719078.
Roma 528 ① – ◆Bologna 152 ① – ◆Milano 267 ① – ◆Trieste 158 ①.

Piante pagine seguenti

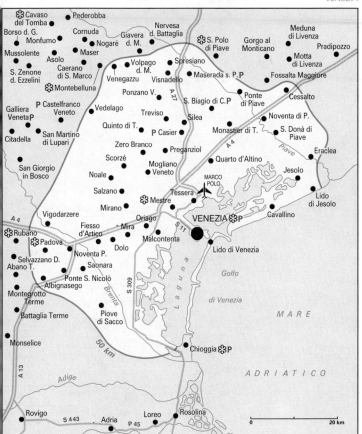

Cipriani 🦢, isola della Giudecca 10 ⊠ 30133 ℰ 5207744, Telex 410162, Fax 5203930, ≤, 🏛, « Giardino fiorito con 🏊 riscaldata », ≋, ℁ – 🛗 🍴 📺 ☎ – 🔬 100. ⚠ 🕙 ⑩ 🄴 𝐕𝐈𝐒𝐀.
℁ rist   CV **h**
chiuso dal 9 gennaio al 24 febbraio – **Pasto** carta 120/170000 – **92 cam** ⊇ 950/1050000,
5 appartamenti (**Palazzo Vendramin** 7 appartamenti).

Danieli, riva degli Schiavoni 4196 ⊠ 30122 ℰ 5226480, Telex 410077, Fax 5200208,
≤ canale di San Marco, « Hall in cortiletto stile veneziano e servizio rist. estivo in
terrazza panoramica » – 🛗 📺 ☎ – 🔬 70 a 150. ⚠ 🕙 ⑩ 🄴 𝐕𝐈𝐒𝐀 𝐉𝐂𝐁. ℁ rist GZ **a**
Pasto carta 114/185000 – **221 cam** ⊇ 442/669000, 9 appartamenti.

Gritti Palace, campo Santa Maria del Giglio 2467 ⊠ 30124 ℰ 794611, Telex 410125,
Fax 5200942, ≤ Canal Grande, « Servizio rist. estivo all'aperto sul Canal Grande » – 🛗 📺 ☎ & – 🔬 50. ⚠ 🕙 ⑩ 🄴 𝐕𝐈𝐒𝐀 𝐉𝐂𝐁. ℁ rist   EZ **a**
Pasto carta 96/140000 – ⊇ 31000 – **93 cam** 707000, 2 appartamenti.

Bauer Grünwald, campo San Moisè 1459 ⊠ 30124 ℰ 5207022, Telex 410075,
Fax 5207557, ≤ Canal Grande, 🏛 – 🛗 📺 ☎ – 🔬 25 a 180. ⚠ 🕙 ⑩ 🄴 𝐕𝐈𝐒𝐀
℁ rist   FZ **h**
Pasto carta 80/120000 – **214 cam** ⊇ 330/550000, 3 appartamenti.

Londra Palace, riva degli Schiavoni 4171 ⊠ 30122 ℰ 5200533, Telex 420681,
Fax 5225032, ≤ canale di San Marco – 🛗 📺 ☎ – 🔬 100. ⚠ 🕙 ⑩ 🄴 𝐕𝐈𝐒𝐀 𝐉𝐂𝐁.
℁ rist   GZ **t**
Pasto carta 89/136000 (Rist. elegante coperti limitati prenotare; *chiuso a mezzogiorno e martedì*) carta 89/136000 – **65 cam** ⊇ 310/410000.

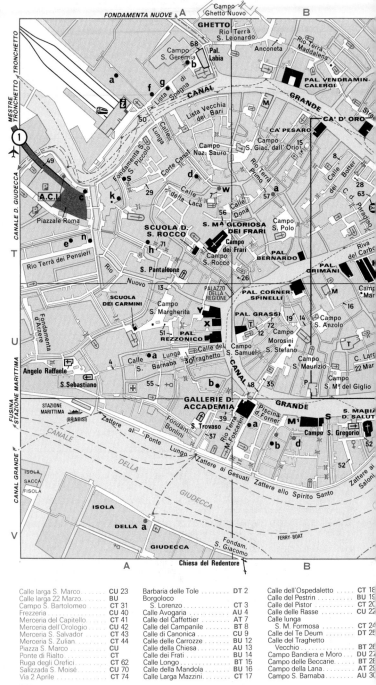

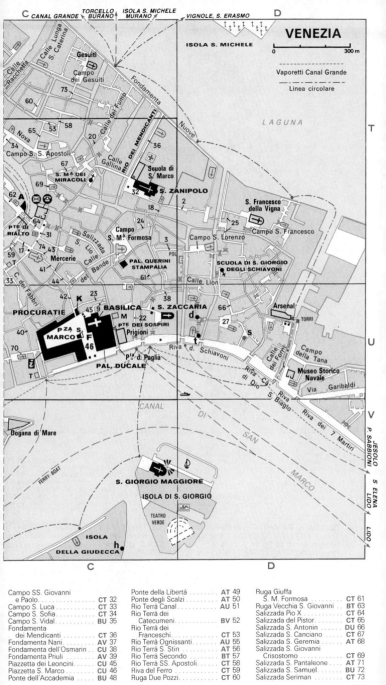

VENEZIA

0   300 m

- - - - - - Vaporetti Canal Grande
———— Linea circolare

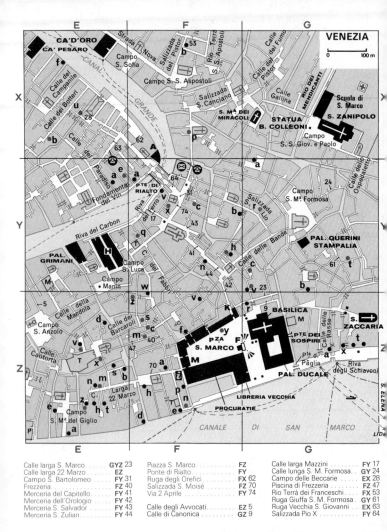

Europa e Regina Cigahotel, calle larga 22 Marzo 2159 ⊠ 30124 𝒫 5200477, Telex 410123, Fax 5231533, ≤ Canal Grande, « Servizio rist. estivo all'aperto sul Canal Grande » – 🛗 🗐 📺 ☎ 🕭 – 🛆 30 a 140. 🖭 🗗 ⑩ 🗉 🚾 🎹 🛠 rist   FZ **d**
Pasto 85/90000 – 🖙 24000 – **192 cam** 300/490000, 13 appartamenti.

Monaco e Grand Canal, calle Vallaresso 1325 ⊠ 30124 𝒫 5200211, Telex 410450, Fax 5200501, ≤ Canal Grande e Chiesa di Santa Maria della Salute, « Servizio rist. estivo all'aperto sul Canal Grande » – 🛗 🗐 📺 ☎ 🕭 – 🛆 40. 🖭 🗗 ⑩ 🗉 🚾 🎹   FZ **e**
Pasto al Rist. *Grand Canal* carta 90/138000 – **70 cam** 🖙 320/470000, 2 appartamenti.

Metropole, riva degli Schiavoni 4149 ⊠ 30122 𝒫 5205044, Telex 410340, Fax 5223679, ≤ canale di San Marco, « Collezioni di piccoli oggetti d'epoca » – 🛗 🗐 📺 ☎ – 🛆 40. 🖭 🗗 ⑩ 🗉 🚾 🎹   DU **t**
Pasto 45000 – **74 cam** 🖙 400/495000 – ½ P 290000.

Luna Hotel Baglioni, calle larga dell'Ascensione 1243 ⊠ 30124 𝒫 5289840, Telex 410236, Fax 5287160 – 🛗 ⅙⅓ cam 🗐 📺 ☎ – 🛆 30 a 150. 🖭 🗗 ⑩ 🗉 🚾 ⅙ rist   FZ **p**
Pasto 85/98000 e al Rist. *Canova* carta 70/105000 – **109 cam** 🖙 320/560000, 6 appartamenti.

DINTORNI DI VENEZIA CON RISORSE ALBERGHIERE

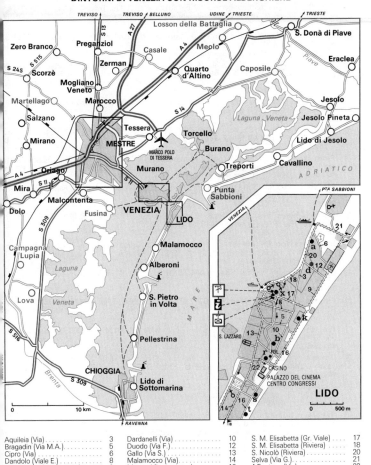

Sofitel, giardini Papadopoli ⊠ 30125 ℘ 710394, Telex 410310, Fax 710400 – 🛗 ⇌ cam
☰ 📺 ☎ – 🕍 60. 𝔸𝔼 🕄 ⓪ 𝔼 𝑉𝐼𝑆𝐴. 🕸 rist   AT **k**
Pasto carta 60/100000 – **100 cam** ⊇ 280/390000 – ½ P 350/530000.

Starhotel Splendid-Suisse, San Marco-Mercerie 760 ⊠ 30124 ℘ 5200755,
Telex 410590, Fax 5286498 – 🛗 ☰ 📺 ☎ – 🕍 80. 𝔸𝔼 🕄 ⓪ 𝔼 𝑉𝐼𝑆𝐴 𝐽𝐶𝐵. 🕸   FY **n**
Pasto (solo per clienti alloggiati) carta 50/70000 – **157 cam** ⊇ 380/540000 – ½ P 305/
415000.

Saturnia e International, calle larga 22 Marzo 2398 ⊠ 30124 ℘ 5208377,
Telex 410355, Fax 5207131, 🏠, « Palazzo patrizio del 14° secolo » – 🛗 ☰ 📺 ☎ – 🕍 60.
𝔸𝔼 🕄 ⓪ 𝔼 𝑉𝐼𝑆𝐴 𝐽𝐶𝐵. 🕸 rist   EZ **n**
Pasto vedere rist **La Caravella** – **95 cam** ⊇ 290/440000 – ½ P 250/290000.

Bellini senza rist, Cannaregio 116-Lista di Spagna ⊠ 30121 ℘ 5242488, Fax 715193 – 🛗
☰ 📺 ☎. 𝔸𝔼 🕄 ⓪ 𝔼 𝑉𝐼𝑆𝐴 𝐽𝐶𝐵. 🕸   AT **f**
67 cam ⊇ 250/360000, 3 appartamenti.

Amadeus, Lista di Spagna 227 ⊠ 30121 ℘ 715300, Telex 420811, Fax 5240841,
« Giardino » – 🛗 ☰ 📺 ☎ – 🕍 40 a 150. 𝔸𝔼 🕄 ⓪ 𝔼 𝑉𝐼𝑆𝐴 𝐽𝐶𝐵. 🕸   AT **b**
Pasto 30/45000 (a mezzogiorno) 40/55000 (alla sera) ed al Rist. **Il Papageno** (chiuso mercole-
dì escluso da maggio a settembre) carta 45/78000 (12%) – ⊇ 20000 – **63 cam** 250/340000.

🏨🏨 **Cavalletto,** calle del Cavalletto 1107 ✉ 30124 ℰ 5200955, Telex 410684, Fax 5238184,
≤ – 🛗 🍴 📺 ☎ 🅰🅴 📶 ⓞ Ε 𝘝𝘐𝘚𝘈 ⅌ rist   FZ **f**
Pasto carta 55/90000 (12%) – **96 cam** ⊇ 300/410000 – ½ P 245000.

🏨🏨 **La Fenice et des Artistes** senza rist, campiello de la Fenice 1936 ✉ 30124 ℰ 5232333,
Fax 5203721 – 🛗 🖿 📺 ☎ 🅰🅴 𝘝𝘐𝘚𝘈   EZ **v**
65 cam ⊇ 170/265000, 3 appartamenti.

🏨🏨 **Rialto,** riva del Ferro 5149 ✉ 30124 ℰ 5209166, Telex 420809, Fax 5238958, ≤ Ponte di
Rialto – 🖿 📺 ☎ 🅰🅴 📶 ⓞ Ε 𝘝𝘐𝘚𝘈   FY **v**
Pasto (chiuso giovedì e da novembre al 20 marzo) carta 37/75000 (12%) – **71 cam** ⊇ 210/
290000 – ½ P 180/245000.

🏨🏨 **Concordia** senza rist, calle larga San Marco 367 ✉ 30124 ℰ 5206866, Telex 411069,
Fax 5206775 – 🛗 🖿 📺 ☎ 🅰🅴 📶 ⓞ Ε 𝘝𝘐𝘚𝘈 𝘑𝘊𝘉   GZ **r**
55 cam ⊇ 275/410000.

🏨🏨 **Giorgione** senza rist, SS. Apostoli 4587 ✉ 30131 ℰ 5225810, Telex 420598, Fax 5239092
– 🛗 🖿 📺 🅰🅴 📶 ⓞ Ε 𝘝𝘐𝘚𝘈 𝘑𝘊𝘉 ⅌   FX **b**
– **70 cam** ⊇ 180/260000, 5 appartamenti.

🏨 **Flora** ⅏ senza rist, calle larga 22 Marzo 2283/a ✉ 30124 ℰ 5205844, Telex 410401,
Fax 5228217, « Piccolo giardino fiorito » – 🛗 🖿 ☎ 🅰🅴 📶 ⓞ Ε 𝘝𝘐𝘚𝘈 𝘑𝘊𝘉   EZ **t**
44 cam ⊇ 195/260000.

🏨 **Marconi** senza rist, San Polo 729 ✉ 30125 ℰ 5222068, Telex 410073, Fax 5229700 – 🖿
📺 ☎ 🅰🅴 📶 ⓞ Ε 𝘝𝘐𝘚𝘈 𝘑𝘊𝘉   FY **a**
26 cam ⊇ 195/290000.

🏨 **Santa Chiara** senza rist, Santa Croce 548 ✉ 30125 ℰ 5206955, Telex 420690,
Fax 5228799 – 🛗 🖿 📺 ☎ ⓟ 🅰🅴 📶 ⓞ Ε 𝘝𝘐𝘚𝘈 ⅌   AT **c**
28 cam ⊇ 180/265000.

🏨 **San Cassiano-Cà Favretto** senza rist, Santa Croce 2232 ✉ 30125 ℰ 5241768,
Telex 420810, Fax 721033, ≤ – 🖿 📺 ☎ 🅰🅴 📶 Ε 𝘝𝘐𝘚𝘈 𝘑𝘊𝘉   EX **f**
35 cam ⊇ 195/290000.

🏨 **Spagna** senza rist, lista di Spagna 184 ✉ 30121 ℰ 715011, Fax 715318 – 🛗 🖿 📺 ☎ 🅰🅴
📶 ⓞ Ε 𝘝𝘐𝘚𝘈 𝘑𝘊𝘉   AT **g**
19 cam ⊇ 180/260000.

🏨 **Firenze** senza rist, San Marco 1490 ✉ 30124 ℰ 5222858, Telex 410627, Fax 5202668 – 🛗
🖿 📺 ☎ 🅰🅴 📶 ⓞ Ε 𝘝𝘐𝘚𝘈 𝘑𝘊𝘉   FZ **a**
25 cam ⊇ 185/260000.

🏨 **Ala** senza rist, campo Santa Maria del Giglio 2494 ✉ 30124 ℰ 5208333, Telex 410275,
Fax 5206390 – 🛗 🖿 📺 ☎ 🅰🅴 📶 ⓞ Ε 𝘝𝘐𝘚𝘈   EZ **e**
85 cam ⊇ 160/220000.

🏨 **Panada** senza rist, San Marco-calle dei Specchieri 646 ✉ 30124 ℰ 5209088,
Telex 410153, Fax 5209619 – 🛗 🖿 📺 ☎ 🅰🅴 📶 ⓞ Ε 𝘝𝘐𝘚𝘈 𝘑𝘊𝘉 ⅌   GY **v**
48 cam ⊇ 180/260000.

🏨 **Pausania** senza rist, Dorsoduro 2824-fondamenta Gherardini ✉ 30123 ℰ 5222083,
Telex 420178 – 🖿 📺 ☎ 🅰🅴 📶 Ε 𝘝𝘐𝘚𝘈 𝘑𝘊𝘉   AU **a**
26 cam ⊇ 170/250000.

🏨 **Savoia e Jolanda,** riva degli Schiavoni 4187 ✉ 30122 ℰ 5206644, Telex 410620,
Fax 5207494, ≤ canale di San Marco, 🍴 – 🛗 🖿 📺 ☎ 🅰🅴 📶 ⓞ Ε 𝘝𝘐𝘚𝘈 ⅌ rist GZ **x**
Pasto (chiuso martedì) 40000 – **80 cam** ⊇ 185/250000 – ½ P 110/220000.

🏨 **Bisanzio** ⅏ senza rist, calle della Pietà 3651 ✉ 30122 ℰ 5203100, Telex 420099,
Fax 5204114 – 🛗 🖿 📺 ☎ 🅰🅴 📶 ⓞ Ε 𝘝𝘐𝘚𝘈 𝘑𝘊𝘉   DU **d**
39 cam ⊇ 190/260000.

🏨 **Santa Marina** senza rist, campo Santa Marina 6068 ✉ 30122 ℰ 5239202, Fax 5200907 –
🖿 📺 ☎ 🅰🅴 📶 ⓞ Ε 𝘝𝘐𝘚𝘈 𝘑𝘊𝘉   GXY **a**
19 cam ⊇ 190/270000.

🏨 **Castello** senza rist, Castello-calle Figher 4365 ✉ 30122 ℰ 5230217, Telex 420659,
Fax 5211023 – 🖿 📺 ☎ 🅰🅴 📶 ⓞ Ε 𝘝𝘐𝘚𝘈 ⅌   GY **b**
26 cam ⊇ 170/280000.

🏨 **Torino** senza rist, calle delle Ostreghe 2356 ✉ 30124 ℰ 5205222, Fax 5228227 – 🖿 ☎ 🅰🅴
📶 ⓞ Ε 𝘝𝘐𝘚𝘈   EZ **z**
19 cam ⊇ 145/220000.

🏨 **Gardena** senza rist, fondamenta dei Tolentini 239 ✉ 30135 ℰ 5235549, Fax 5220782 – 🛗
🖿 📺 ☎ 🅰🅴 📶 Ε 𝘝𝘐𝘚𝘈 𝘑𝘊𝘉 ⅌   AT **s**
22 cam ⊇ 155/225000.

🏨 **Do Pozzi,** calle larga 22 Marzo 2373 ✉ 30124 ℰ 5207855, Fax 5229413 – 🛗 🖿 📺 ☎ 🅰🅴
📶 ⓞ Ε 𝘝𝘐𝘚𝘈 𝘑𝘊𝘉   EZ **h**
Pasto vedere rist **Da Raffaele** – **29 cam** ⊇ 150/212000 – ½ P 136/180000.

🏨 **American** senza rist, San Vio 628 ✉ 30123 ℰ 5204733, Telex 410508, Fax 5204048 – 🖿
📺 ☎ 🅰🅴 📶 Ε 𝘝𝘐𝘚𝘈   BV **b**
29 cam ⊇ 180/270000.

🏨 **Kette** senza rist, San Marco-piscina San Moisè 2053 ✉ 30124 ℰ 5207766, Telex 420653,
Fax 5228964 – 🛗 🖿 📺 ☎ 🅰🅴 📶 ⓞ Ε 𝘝𝘐𝘚𝘈 ⅌   EZ **s**
44 cam ⊇ 170/250000.

🏨 **Olimpia** senza rist, Santa Croce 395-fondamenta delle Burchielle ⊠ 30135 *ℰ* 5226141, Telex 420847, Fax 5220945, ☞ – 🛗 🗏 📺 ☎. 🕮 🗗 ⓞ ⋿ 𝚅𝙸𝚂𝙰 🎴   AT **e**
31 cam � 170/230000.

🏨 **Abbazia** senza rist, calle Priuli 68 ⊠ 30121 *ℰ* 717333, Telex 420680, Fax 717949, ☞ – 🗏 📺. 🕮 🗗 ⓞ ⋿ 𝚅𝙸𝚂𝙰. ✆   AT **a**
39 cam ⊆ 170/220000.

🏨 **Arlecchino** senza rist, Santa Croce 390 ⊠ 30135 *ℰ* 5203065 – 🗏 📺 ☎. 🕮 🗗 ⓞ ⋿ 𝚅𝙸𝚂𝙰. ✆   AT **n**
21 cam ⊆ 170/230000.

🏨 **San Moisè** senza rist, San Marco 2058 ⊠ 30124 *ℰ* 5203755, Telex 420655, Fax 5210670 – 🗏 📺 ☎. 🕮 🗗 ⋿ 𝚅𝙸𝚂𝙰 🎴   EZ **b**
16 cam ⊆ 190/270000.

🏨 **Locanda Sturion** senza rist, San Polo-calle Sturion 679 ⊠ 30125 *ℰ* 5236243, Fax 5228378 – 🗏 📺 ☎. 🕮 🗗 ⋿ 𝚅𝙸𝚂𝙰 🎴   EY **a**
11 cam ⊆ 150/230000.

🏨 **Falier** senza rist, salizzada San Pantalon 130 ⊠ 30135 *ℰ* 5228882, Fax 5206554 – ☎. 🕮 🗗 ⋿ 𝚅𝙸𝚂𝙰. ✆   AT **h**
19 cam ⊆ 150/170000.

🏨 **Ateneo** senza rist, San Marco 1876-calle Minelli ⊠ 30124 *ℰ* 5200777, Fax 5228550 – 🗏 📺 ☎. 🕮 🗗 ⓞ ⋿ 𝚅𝙸𝚂𝙰 🎴   EZ **d**
20 cam ⊆ 198/284000.

🏨 **Canaletto** senza rist, Castello San Lio 5487 ⊠ 30122 *ℰ* 5220518, Fax 5229023 – 🗏 📺 🕮 🗗 ⋿ 𝚅𝙸𝚂𝙰   FY **b**
20 cam ⊆ 135/180000.

🏨 **Agli Alboretti,** Accademia 884 ⊠ 30123 *ℰ* 5230058, Fax 5210158, 🍽 – ☎. 🕮 🗗 ⋿ 𝚅𝙸𝚂𝙰   BV **a**
Pasto (chiuso a mezzogiorno, mercoledì, gennaio e dal 1° al 21 agosto) carta 48/73000 (10%) – **20 cam** ⊆ 120/180000 – ½ P 135/165000.

🏨 **San Zulian** senza rist, San Marco 535 ⊠ 30124 *ℰ* 5225872, Fax 5232265 – 🗏 📺 ☎. 🕮 🗗 ⓞ ⋿ 𝚅𝙸𝚂𝙰   FY **h**
18 cam ⊆ 130/180000.

🏨 **Paganelli** senza rist, riva degli Schiavoni 4687 ⊠ 30122 *ℰ* 5224324, Fax 5239267 – 🗏 ☎. 🕮 🗗 ⋿ 𝚅𝙸𝚂𝙰 ✆   GZ **t**
22 cam ⊆ 120/180000.

🏨 **Accademia** senza rist, Dorsoduro-fondamenta Bollani 1058 ⊠ 30123 *ℰ* 5237846, Fax 5239152, « Giardino » – 🗏 ☎. 🕮 🗗 ⓞ ⋿ 𝚅𝙸𝚂𝙰   AU **b**
27 cam ⊆ 140/212000.

🏨 **Basilea** senza rist, rio Marin 817 ⊠ 30135 *ℰ* 718477, Telex 420320, Fax 720851 – 📺 ☎. 🗗 𝚅𝙸𝚂𝙰 ✆   AT **d**
30 cam ⊆ 150/210000.

🏨 **Serenissima** senza rist, calle Goldoni 4486 ⊠ 30124 *ℰ* 5200011, Fax 5223292 – 🗏 ☎. 🕮 🗗 ⋿ 𝚅𝙸𝚂𝙰 🎴   FYZ **w**
20 febbraio-17 novembre – **34 cam** ⊆ 131/189000.

🏨 **Astoria** senza rist, calle Fiubera 951 ⊠ 30124 *ℰ* 5225381, Fax 5200771 – 📺 ☎. 🕮 🗗 ⓞ ⋿ 𝚅𝙸𝚂𝙰 🎴   FZ **v**
15 marzo-15 novembre – **28 cam** ⊆ 110/160000.

🍴🍴🍴🍴 **Caffè Quadri,** piazza San Marco 120 ⊠ 30124 *ℰ* 5289299, Fax 5208041 – 🕮 🗗 ⓞ ⋿ 𝚅𝙸𝚂𝙰 🎴 ✆   FZ **y**
chiuso lunedì – **Pasto** carta 84/141000.

🍴🍴🍴 **Antico Martini,** campo San Fantin 1983 ⊠ 30124 *ℰ* 5224121, Fax 5289857, 🍽 – 🗏. 🕮 🗗 ⓞ ⋿ 𝚅𝙸𝚂𝙰 🎴 ✆   EZ **x**
chiuso a mezzogiorno dal 24 novembre a marzo – **Pasto** carta 65/107000 (15%).

🍴🍴🍴 ❀ **Harry's Bar,** calle Vallaresso 1323 ⊠ 30124 *ℰ* 5285777, Fax 5208822, Rist.-american bar – 🗏. 🕮 🗗 ⓞ ⋿ 𝚅𝙸𝚂𝙰   FZ **n**
chiuso lunedì – **Pasto** carta 120/170000 (15%)
Spec. Risotto alle seppioline, Scampi alla Thermidor con riso pilaf, Pasticceria della casa.

🍴🍴🍴 ❀ **La Caravella** - Hotel Saturnia e International, calle larga 22 Marzo 2397 ⊠ 30124 *ℰ* 5208901, 🍽, Rist. caratteristico, Coperti limitati; prenotare – 🗏. 🕮 🗗 ⓞ ⋿ 𝚅𝙸𝚂𝙰 🎴 ✆   EZ **m**
chiuso mercoledì escluso da giugno a settembre – **Pasto** carta 81/126000
Spec. Antipasto "Tiziano" con granseola, Bigoli in salsa, Filetto di branzino alle erbe.

🍴🍴🍴 **La Colomba,** piscina di Frezzeria 1665 ⊠ 30124 *ℰ* 5221175, Fax 5221468, 🍽, « Raccolta di quadri d'arte contemporanea » – 🗏 – 🕭 60. 🕮 🗗 ⓞ ⋿ 𝚅𝙸𝚂𝙰 🎴 ✆   FZ **m**
chiuso mercoledì escluso maggio-giugno e settembre-ottobre – **Pasto** carta 72/125000 (15%).

🍴🍴🍴 **Taverna la Fenice,** campiello de la Fenice ⊠ 30124 *ℰ* 5223856, « Servizio estivo all'aperto » – 🕮 🗗 ⋿ 𝚅𝙸𝚂𝙰 ✆   EZ **v**
chiuso domenica, lunedì a mezzogiorno e dal 10 al 31 gennaio – **Pasto** 35/40000 (a mezzogiorno) 50/70000 (alla sera) e carta 49/89000 (15%).

🍴🍴🍴 **Al Campiello,** calle dei Fuseri 4346 ⊠ 30124 *ℰ* 5206396, Fax 5206396, Rist.-american-bar-soupers, Coperti limitati; prenotare – 🗏. 🕮 🗗 ⓞ ⋿ 𝚅𝙸𝚂𝙰   FZ **z**
chiuso lunedì ed agosto – **Pasto** 40/50000 (13%) carta 64/88000 (13%).

XX **Do Forni,** calle dei Specchieri 457/468 ⌧ 30124 ℘ 5237729, Fax 5288132 – 🔳. 🅰🅴 🆂 ⓞ
E 𝚅𝙸𝚂𝙰 𝙹𝙲𝙱 GY **c**
chiuso giovedì escluso da giugno ad ottobre – **Pasto** carta 60/85000 (12%).

XX **Harry's Dolci,** Giudecca 773 ⌧ 30133 ℘ 5224844, Fax 5222322, « Servizio estivo
all'aperto sul Canale della Giudecca » – 🔳. 🅰🅴 ⓞ E 𝚅𝙸𝚂𝙰 AV **a**
aprile-6 novembre; chiuso martedì – **Pasto** carta 72/83000 (12%).

XX **Osteria da Fiore,** San Polo-calle del Scaleter 2202/A ⌧ 30125 ℘ 721308, Fax 721343,
Specialità di mare, Coperti limitati, prenotare – 🔳. 🅰🅴 🆂 ⓞ E 𝚅𝙸𝚂𝙰 𝙹𝙲𝙱 BT **a**
chiuso domenica, lunedì, dal 23 dicembre all'11 gennaio ed agosto – **Pasto** carta 53/88000
(10%).

XX **Al Covo,** campiello della Pescaria 3968 ⌧ 30122 ℘ 5223812 – ⇖. 🅰🅴 🆂 E 𝚅𝙸𝚂𝙰.
𝒮𝒳 DU **s**
chiuso mercoledì, giovedì, gennaio e dal 7 al 21 agosto – **Pasto** carta 63/88000.

XX **Ai Gondolieri,** Dorsoduro-San Vio 366 ⌧ 30123 ℘ 5286396 – 🅰🅴 🆂 ⓞ E 𝚅𝙸𝚂𝙰.
𝒮𝒳 BV **d**
chiuso martedì – **Pasto** carta 56/72000 (10%).

XX Ai Mercanti, San Polo 1588 ⌧ 30125 ℘ 5240282 – 🔳 EX **u**

XX **Antico Pignolo,** calle dei Specchieri 451 ⌧ 30124 ℘ 5228123, Fax 5209007 – 🔳. 🅰🅴 🆂
ⓞ 𝚅𝙸𝚂𝙰 𝙹𝙲𝙱. 𝒮𝒳 GY **v**
chiuso martedì escluso maggio-giugno e settembre-ottobre – **Pasto** carta 43/91000 (12%).

XX **Cantinone Storico,** Dorsoduro-San Vio 660/661 ⌧ 30123 ℘ 5239577 – 🅰🅴 🆂 E 𝚅𝙸𝚂𝙰.
𝒮𝒳 BV **b**
chiuso domenica – **Pasto** carta 45/60000.

XX **Al Graspo de Ua,** calle dei Bombaseri 5094 ⌧ 30124 ℘ 5200150, Fax 5233917, Taverna
caratteristica – 🔳. 🅰🅴 🆂 ⓞ E 𝚅𝙸𝚂𝙰 FY **x**
chiuso lunedì, martedì, dal 20 dicembre al 13 gennaio e dal 1° al 18 agosto – **Pasto**
carta 54/86000 (16%).

XX **Fiaschetteria Toscana,** San Giovanni Crisostomo 5719 ⌧ 30121 ℘ 5285281,
Fax 5285281, 🍴 – 🔳. 🅰🅴 🆂 ⓞ E 𝚅𝙸𝚂𝙰 FX **p**
chiuso martedì e dal 6 luglio al 2 agosto – **Pasto** carta 40/64000 (12%).

XX **Caffè Orientale,** San Polo-calle del Caffettier 2426 ⌧ 30125 ℘ 719804, Fax 715167, 🍴
– 🅰🅴 🆂 ⓞ E 𝚅𝙸𝚂𝙰. 𝒮𝒳 AT **w**
chiuso domenica sera e lunedì – **Pasto** carta 52/88000 (15%).

XX **Vini da Gigio,** Cannaregio 3628/a - Fondamenta San Felice ⌧ 30131 ℘ 5285140,
Coperti limitati; prenotare – 🅰🅴 🆂 ⓞ E 𝚅𝙸𝚂𝙰 BT
chiuso domenica sera, lunedì, dal 7 al 21 gennaio e dal 7 al 21 agosto – **Pasto** carta 35/
60000.

XX **Da Mario-alla Fava,** San Bartolomeo-calle Stagneri 5242 ⌧ 30124 ℘ 5285147 – 🅰🅴 🆂
ⓞ E 𝚅𝙸𝚂𝙰 FY **c**
chiuso dal 7 al 31 gennaio, domenica in luglio-agosto e mercoledì negli altri mesi – **Pasto**
carta 40/66000 (12%).

XX **Da Ivo,** San Marco-calle dei Fuseri 1809 ⌧ 30124 ℘ 5285004, Fax 5205889, Coperti
limitati; prenotare – 🔳. 🅰🅴 🆂 ⓞ E 𝚅𝙸𝚂𝙰. 𝒮𝒳 FZ **s**
chiuso domenica e gennaio – **Pasto** carta 60/91000 (14%).

XX **Da Raffaele,** calle larga 22 Marzo 2347 ⌧ 30124 ℘ 5232317, 🍴, « Collezione di armi
antiche, ceramiche ed oggetti in rame » – 🔳. 🅰🅴 🆂 ⓞ E 𝚅𝙸𝚂𝙰 𝙹𝙲𝙱 EZ **z**
chiuso giovedì e dal 10 dicembre al 25 gennaio – **Pasto** carta 50/90000 (12%).

XX **Hostaria da Franz,** Castello-fondamenta San Isepo 754 ⌧ 30122 ℘ 5227505, Coperti
limitati; prenotare – 🆂 ⓞ E 𝚅𝙸𝚂𝙰 per Riva dei 7 Martiri DV
chiuso mercoledì e gennaio – **Pasto** carta 53/82000.

X **Agli Amici,** San Polo-calle Botteri 1544 ⌧ 30125 ℘ 5241309, Coperti limitati; prenotare
chiuso mercoledì – **Pasto** carta 36/53000 (10%). EX **b**

X **Trattoria alla Madonna,** calle della Madonna 594 ⌧ 30125 ℘ 5223824, Fax 5210167,
Trattoria veneziana – 🔳. 🅰🅴 🆂 𝚅𝙸𝚂𝙰 𝙹𝙲𝙱. 𝒮𝒳 EY **e**
chiuso mercoledì, dal 24 dicembre a gennaio e dal 4 al 17 agosto – **Pasto** carta 35/56000
(12%).

X Al Conte Pescaor, piscina San Zulian 544 ⌧ 30124 ℘ 5221483, Rist. rustico –
🔳 FY **h**

X **Antica Carbonera,** calle Bembo 4648 ⌧ 30124 ℘ 5225479, Trattoria veneziana – 🔳.
🆂 ⓞ E 𝚅𝙸𝚂𝙰 𝙹𝙲𝙱 FY **q**
*chiuso dall'8 gennaio al 2 febbraio, dal 20 luglio al 10 agosto, domenica in luglio-agosto e
martedì negli altri mesi* – **Pasto** carta 42/64000 (12%).

X **Da Bruno,** Castello-calle del Paradiso 5731 ⌧ 30122 ℘ 5221480 – 🔳. 🅰🅴 🆂 E
𝚅𝙸𝚂𝙰 GY **r**
chiuso martedì, dal 15 al 31 gennaio e dal 15 al 30 luglio – **Pasto** carta 33/45000.

% **Al Giardinetto-da Severino,** ruga Giuffa 4928 ✉ 30122 ☏ 5285332, « Servizio estivo all'aperto sotto un pergolato » – AE $ ⓓ E VISA JCB GY **t**
chiuso giovedì e dal 7 gennaio al 10 febbraio – **Pasto** carta 39/52000 (12 %).

% **Da Nico,** piscina di Frezzeria 1702 ✉ 30124 ☏ 5221543, Fax 5221543 – ▤. AE $ ⓓ E VISA FZ **c**
chiuso domenica, dal 10 gennaio al 10 febbraio e dal 30 luglio al 14 agosto – **Pasto** carta 46/76000 (12 %).

al Lido 15 mn di vaporetto da San Marco FZ – ✉ **30126** Venezia Lido.
Accesso consentito agli autoveicoli durante tutto l'anno da Piazzale Roma.

ℹ Gran Viale S. M. Elisabetta 6 ☏ 5265721 :

Excelsior, lungomare Marconi 41 ☏ 5260201, Telex 410023, Fax 5267276, ←, 🍴, ♨, 🏖, 🎾, 18 – |‡| ▤ TV ☎ ♿ 🚗 P – 🏛 40 a 600. AE $ E VISA. ✻ rist **s**
aprile-ottobre – **Pasto** carta 89/154000 – ☕ 50000 – **184 cam** 452/588000, 9 appartamenti – ½ P 407000.

Des Bains, lungomare Marconi 17 ☏ 5265921, Telex 410142, Fax 5260113, ←, 🍴, « Parco fiorito con ♨ riscaldata e 🎾 », ≘s, 🏖 – |‡| ▤ TV ☎ P – 🏛 90 a 380. AE $ ⓓ E VISA JCB. ✻ rist **k**
aprile-ottobre – **Pasto** 85/110000 – **191 cam** ☕ 415/518000, appartamento – ½ P 344/500000.

Villa Mabapa, riviera San Nicolò 16 ☏ 5260590, Telex 410357, Fax 5269441, « Servizio rist. estivo in giardino » – |‡| ▤ TV ☎ ♿ – 🏛 85. AE $ ⓓ E VISA JCB. ✻ rist **a**
chiuso dal 9 gennaio al 9 febbraio – **Pasto** carta 50/70000 – **61 cam** ☕ 200/330000 – ½ P 130/205000.

Quattro Fontane 🐦, via 4 Fontane 16 ☏ 5260227, Telex 411006, Fax 5260726, « Servizio estivo in giardino », 🎾 – ▤ TV ☎ P – 🏛 40. AE $ ⓓ E VISA. ✻ rist **r**
13 aprile-ottobre – **Pasto** carta 78/122000 – **62 cam** ☕ 240/340000 – ½ P 180/285000.

Le Boulevard senza rist, Gran Viale S. M. Elisabetta 41 ☏ 5261990, Telex 410185, Fax 5261917 – |‡| ▤ TV ☎ P – 🏛 60. AE $ ⓓ E VISA JCB **x**
45 cam ☕ 300/400000.

La Meridiana senza rist, via Lepanto 45 ☏ 5260343, Fax 5269240, 🌳 – |‡| ▤ TV ☎. AE $ ⓓ E VISA **b**
chiuso da novembre al 25 dicembre – **33 cam** ☕ 65/230000.

Petit Palais senza rist, lungomare Marconi 54 ☏ 5265993, Fax 5260781, ← – |‡| TV ☎. AE $ ⓓ E VISA **t**
chiuso dicembre e gennaio – **26 cam** ☕ 200/230000.

% **Trattoria Favorita,** via Francesco Duodo 33 ☏ 5261626, Fax 5267296, « Servizio estivo all'aperto » – AE $ ⓓ E VISA **d**
chiuso lunedì e dal 15 gennaio al 15 febbraio – **Pasto** carta 43/68000 (12 %).

% **Al Vecio Cantier,** località Alberoni S : 10 km ✉ 30011 Alberoni ☏ 5268130, 🍴, Specialità di mare, prenotare – AE $ E VISA
febbraio-ottobre; chiuso lunedì e martedì, da luglio a settembre aperto martedì sera – **Pasto** carta 37/83000.

% Trattoria da Ciccio, per via Malamocco S : 2 km ☏ 5265489, 🍴 – P

a Murano 10 mn di vaporetto da Fondamenta Nuove CT e 1 h 10 mn di vaporetto da Punta Sabbioni – ✉ **30121** :

% **Ai Frati,** ☏ 736694, 🍴, Trattoria marinara
chiuso giovedì e febbraio – **Pasto** carta 40/60000 (12 %).

a Burano 50 mn di vaporetto da Fondamenta Nuove CT e 32 mn di vaporetto da Punta Sabbioni – ✉ **30012** :

% **Al Gatto Nero-da Ruggero,** ☏ 730120, Fax 735570, 🍴, Trattoria tipica – AE $ ⓓ E VISA
chiuso lunedì, dal 30 gennaio al 10 febbraio e dal 30 ottobre al 15 novembre – **Pasto** carta 30/75000.

% **Galuppi,** ☏ 730081, 🍴 – AE $ E VISA
chiuso dal 15 gennaio al 15 febbraio e giovedì (escluso da aprile a settembre) – **Pasto** carta 39/58000 (10 %).

a Torcello 45 mn di vaporetto da Fondamenta Nuove CT e 37 mn di vaporetto da Punta Sabbioni – ✉ **30012** Burano :

%% **Locanda Cipriani,** ☏ 730150, Fax 735433, « Servizio estivo in giardino » – ▤. AE $ E VISA
19 marzo-10 novembre; chiuso martedì – **Pasto** carta 79/111000 (15 %).

%% **Ostaria al Ponte del Diavolo,** ☏ 730401, Fax 730250, « Servizio estivo all'aperto », 🌳 – AE $ E VISA JCB
chiuso gennaio, febbraio, giovedì e la sera (escluso sabato) – **Pasto** carta 58/86000 (10 %).

When visiting northern Italy *use* Michelin maps 428 *and* 429.

Roma 327 – ♦ Foggia 74 – ♦ Bari 128 – ♦ Napoli 139 – Potenza 68.

🏨 **Il Guiscardo**, via Accademia dei Rinascenti 106 ✆ 32362, Fax 32916 – 🔲 📺 ☎ 🅿 – 🛄 300
36 cam.

🏨 **Villa del Sorriso,** via Appia 135 ✆ 35975, Fax 35976 – 📺 ☎ 🚗 🅿 🔣 VISA
Pasto 18/30000 – 🖙 6000 – **29 cam** 50/70000 – ½ P 65000.

VENTIMIGLIA 18039 Imperia 988 ⑫, 428 K 4 – 25 317 ab. – ✆ 0184.

Dintorni Giardini Hanbury★★ a Mortola Inferiore O : 6 km.

Escursioni Riviera di Ponente★ Est.

🛈 via Cavour 59 ✆ 351183.

Roma 658 ① – Cuneo 89 ① – ♦ Genova 159 ① – ♦ Milano 282 ① – ♦ Nice 40 ① – San Remo 17 ②.

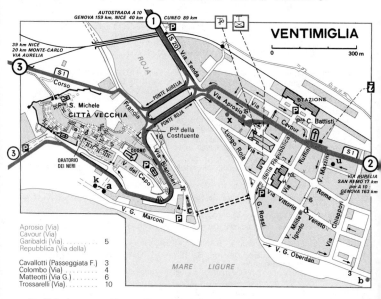

Aprosio (Via)
Cavour (Via)
Garibaldi (Via). 5
Repubblica (Via della)

Cavallotti (Passeggiata F.) 3
Colombo (Via) 4
Matteotti (Via G.) 6
Trossarelli (Via). 10

🏨 **Kaly**, lungomare Trento e Trieste 44 ✆ 295218, Fax 295218, ≼ – 🛗 📺 ☎ 🅿 AE 🔣 ⓞ E
VISA. ⌘   per via G. Oberdan
Pasto 35/45000 – 🖙 7500 – **27 cam** 65/95000 – ½ P 75/95000.

🏨 **Sole Mare,** via Marconi 12 ✆ 351854, Fax 230988, ≼ – 🛗 📺 ☎ 🕿. AE 🔣 ⓞ E VISA.
⌘   **a**
chiuso dal 5 novembre al 20 dicembre – **Pasto** al Rist. **Pasta e Basta** *(solo primi piatti) chiuso
a mezzogiorno (escluso sabato-domenica) e mercoledì* carta 16/26000 – 🖙 10000 –
28 cam 90/100000.

🏨 **Sea Gull** senza rist, via Marconi 13 ✆ 351726, Fax 231217, ≼ – 🛗 📺 ☎. AE 🔣 ⓞ E
VISA   **k**
🖙 8500 – **27 cam** 75/95000.

🏨 **Posta** senza rist, via Sottoconvento 15 ✆ 351218, Fax 231600 – 🛗 📺 ☎. 🔣 E VISA.
⌘   **u**
chiuso dal 7 gennaio al 20 marzo – **18 cam** 🖙 53/93000.

🍴🍴 **Marco Polo**, passeggiata Cavallotti ✆ 352678, Fax 355684, 🍽, 🐟 – AE 🔣 ⓞ E
VISA   **b**
chiuso dal 10 gennaio al 28 febbraio, domenica sera e lunedì (escluso luglio-agosto) – **Pasto**
carta 47/70000.

🍴🍴 **Ustaria d'a Porta Marina**, via Trossarelli 22 ✆ 351650, 🍽 – AE 🔣 ⓞ E VISA JCB   **c**
chiuso novembre e mercoledì (escluso luglio-agosto) – **Pasto** carta 38/65000 (15%).

🍴 **Nanni**, via Milite Ignoto 3/d ✆ 33230, Fax 33230, 🍽 – 🔣 ⓞ E VISA   **d**
chiuso domenica sera e lunedì (escluso luglio-agosto) – **Pasto** carta 39/63000.

🍴 **Cuneo**, via Aprosio 16 ✆ 33576 – 🔲   **x**
chiuso martedì sera, mercoledì e giugno – **Pasto** carta 41/73000 (10%).

🍴 **Bolognese,** via Aprosio 21/a ✆ 351779   **s**
chiuso la sera, lunedì e dal 10 dicembre al 20 gennaio – **Pasto** carta 32/50000.

a Castel d'Appio per ③ : 5 km – alt. 344 – ⊠ **18039** :

XX **La Riserva** ⓢ con cam, ♟ 229533, Fax 229712, ≤ mare e costa, « Servizio rist. estivo in terrazza panoramica », ☒ – ☷ ☎ ❷. ⚿ ⑤ ◍ 匚 ⅦⓈⒶ. ⅍
18 dicembre-6 gennaio e 10 aprile-20 settembre – **Pasto** carta 51/83000 (15%) – **25 cam** ⌓ 120/150000 – ½ P 120000.

verso la frontiera di Ponte San Ludovico :

XXX ⭐⭐ **Balzi Rossi,** alla frontiera per ③ : 8 km ⊠ 18039 Ventimiglia ♟ 38132, Fax 38532, Coperti limitati; prenotare, « Servizio estivo in terrazza con ≤ mare e costa » – ▤. ⚿ ⑤ ◍ 匚 ⅦⓈⒶ
chiuso dal 1° al 15 marzo, dal 13 novembre al 1° dicembre, lunedì, martedì a mezzogiorno ed in luglio-agosto anche domenica a mezzogiorno – **Pasto** 70000 bc (escluso sabato sera) 120000 e carta 90/150000
Spec. Composizione di pesce su insalata di fagiolini, Tortelli di nasello al pesto leggero con totanetti ripieni (dicembre-maggio), Misto di pesce alla griglia con insalatine di campo.

XXX ⭐ **Baia Beniamin** ⓢ con cam, località Grimaldi Inferiore per ③ : 6 m ⊠ 18039 Ventimiglia ♟ 38002, Fax 38002, ≤, 佘, Coperti limitati; prenotare, « In una piccola baia-terrazze fiorite digradanti verso il mare », 𝄞 – ☷ ☎ ❷. ⚿ ⑤ ◍ 匚 ⅦⓈⒶ. ⅍
chiuso dal 3 al 10 aprile e dal 6 al 20 novembre – **Pasto** (*chiuso domenica sera da ottobre a giugno, anche lunedì negli altri mesi*) 90000 carta 58/115000 – **6 cam** ⌓ 220/250000, 2 appartamenti.
Spec. Moscardini con fagioli bianchi di Conio e fagiolini verdi e bottarga, Pappardelle alla ligure con pinoli, fagiolini e patate, Filetti di pesce con patate e cipolle gratinate al forno.

▣ **VENUSIO** Matera ⒝⒤⒤ E 31 – Vedere Matera.

▣ **VERBANIA** ℙ ⒤⒤⒤ ②, ⒝⒝⒝ E 7 – 30 488 ab. alt. 197 (frazione Pallanza)11 km – ☯ 0323.

Vedere Pallanza★★ – Lungolago★★ – Villa Taranto★★.

Escursioni Isole Borromee★★★ (giro turistico : da Intra 25-50 mm di battello e da Pallanza 10-30 mm di battello).

⛳ Piandisole (aprile-novembre) a Premeno ⊠ 28057 ♟ 587100, Fax 587100, NE : 11 km.

⚓ da Intra per Laveno-Mombello giornalieri (20 mm); da Pallanza per le Isole Borromee giornalieri (da 10 a 30 mn) – Navigazione Lago Maggiore: a Intra ♟ 402321 e a Pallanza ♟ 503220.

🛈 a Pallanza, corso Zanitello 8 ♟ 503249, Fax 503249.

Roma 674 – Stresa 17 – Domodossola 38 – Locarno 42 – ◆Milano 95 – Novara 72 – ◆Torino 146.

a Pallanza – ⊠ **28048** :

🏨 **Majestic,** via Vittorio Veneto 32 ♟ 504305, Telex 223339, Fax 556379, ≤, « Giardino in riva al lago », ≋, ▨, 𝄞, ⅍ – ▯ ▤ rist ☷ ☎ ❷ – 𝄐 30 a 200. ⚿ ⑤ ◍ 匚 ⅦⓈⒶ JCB. ⅍ rist
Pasqua-ottobre – **Pasto** carta 60/86000 – **119 cam** ⌓ 180/270000 – ½ P 140/170000.

🏨 **Europalace,** viale delle Magnolie 16 ♟ 556441, Fax 556442, ≤ – ▯ ☎. ⚿ ⑤ ◍ 匚 ⅦⓈⒶ
Pasto vedere rist **La Cave** – ⌓ 15000 – **44 cam** 105/155000 – ½ P 95/120000.

🏨 **Belvedere,** piazza Imbarcadero ♟ 503202, Fax 504466, ≤ – ▯ ☎. ⚿ ⑤ ◍ 匚 ⅦⓈⒶ. ⅍ rist
marzo-ottobre – **Pasto** 39/56000 – ⌓ 12000 – **52 cam** 90/120000 – ½ P 85/100000.

🏨 **San Gottardo,** piazza Imbarcadero ♟ 504465, ≤ – ▯ ☎. ⚿ ⑤ ◍ 匚 ⅦⓈⒶ. ⅍ rist
marzo-ottobre – **Pasto** 39/56000 – ⌓ 12000 – **37 cam** 90/120000 – ½ P 85/100000.

XX **La Cave,** viale delle Magnolie 16 ♟ 503346, Fax 556442 – ⚿ ⑤ ◍ 匚 ⅦⓈⒶ. ⅍
chiuso mercoledì e gennaio o novembre – **Pasto** carta 42/60000 (10%).

XX **Il Torchio,** via Manzoni 20 ♟ 503352, Fax 503352, Coperti limitati; prenotare – ⚿ ⑤ ◍ 匚 ⅦⓈⒶ
chiuso lunedì e dal 20 giugno al 20 luglio – **Pasto** carta 46/70000.

XX **Paper Moons,** piazza Garibaldi 35 ♟ 556362, 佘, Coperti limitati; prenotare – ⚿ ⑤ ◍ 匚 ⅦⓈⒶ
chiuso lunedì e gennaio – **Pasto** carta 42/64000.

XX **Pace** con cam, via Cietti 1 ♟ 557207, Fax 557341, ≤ lago e monti – ▯ ☷ ☎ – 𝄐 60. ⚿ ⑤ 匚 ⅦⓈⒶ
Pasto (*chiuso martedì da ottobre a maggio*) carta 45/65000 – ⌓ 12500 – **9 cam** 115000 – ½ P 110000.

a Intra NE : 3 km – ⊠ **28044** :

🏨 **Ancora** senza rist, corso Mameli 65 ♟ 53951, Fax 53978, ≤ – ▯ ☷ ☎. ⚿ ⑤ ◍ 匚 ⅦⓈⒶ
⌓ 20000 – **21 cam** 130/180000, appartamento.

🏨 **Intra** senza rist, corso Mameli 135 ♟ 581393, Fax 581404 – ▯ ☷ ☎ 𝄐. ⑤ 匚 ⅦⓈⒶ
⌓ 15000 – **34 cam** 85/140000.

🏨 **Touring,** corso Garibaldi 26 ♟ 404040, Fax 519001 – ▤ rist ☷ ☎ ⟷ ❷. ⑤ 匚 ⅦⓈⒶ
chiuso dal 23 dicembre al 23 gennaio – **Pasto** (*chiuso domenica*) carta 27/39000 – ⌓ 10000 – **24 cam** 70/100000 – ½ P 75000.

a Fondotoce NO : 6 km – ⊠ 28040 :

XXX **Piccolo Lago** con cam, al lago di Mergozzo NO : 2 km 𝒫 496045, Fax 496313, ≤, « Servizio estivo in terrazza sul lago », ☂, ✿ – 🆃🆅 ☎ 🄿 🆀🅴 🅑 ➀ 🅔 *VISA*
Pasto *(chiuso gennaio e lunedì escluso da aprile ad ottobre)* carta 40/82000 (10%) – ☑ 10000 – **12 cam** *(aprile-ottobre)* 80/105000 – ½ P 100000.

a Mergozzo NO : 12 km – ⊠ 28040 :

X **La Quartina** con cam, via Pallanza 20 𝒫 80118, Fax 80743, « Servizio estivo in terrazza con ≤ lago » – 🆃🆅 ☎ 🄿 🆀🅴 🅑 ➀ 🅔 *VISA* 🄹🄲🄱
chiuso gennaio e febbraio – **Pasto** *(chiuso mercoledì escluso da giugno ad agosto)* carta 40/67000 – ☑ 12000 – **11 cam** 75/110000 – ½ P 80000.

Vedere anche : **Borromee (Isole)** SO : da 10 a 50 mm di battello.

VERBANO Vedere Lago Maggiore.

Avvertite immediatamente l'albergatore se non potete più
occupare la camera prenotata.

VERCELLI 13100 🅟 🄰🄰🄰 ② ⑫, 🄰🄰🄰 G 7 – 49 409 ab. alt. 131 – ✆ 0161.

🄴 viale Garibaldi 90 𝒫 58002, Fax 64632.
A.C.I. corso Fiume 73 𝒫 65032.
Roma 633 ⑤ – Alessandria 54 ③ – Aosta 121 ③ – ◆Milano 74 ③ – Novara 23 ① – Pavia 70 ① – ◆Torino 80 ③.

VERCELLI

Cavour (Piazza)	Borgogna (Via Antonio)	2
Dante Alighieri (Via)	Brigata Cagliari (Via)	3
Ferraris (Via G.)	Cagna (Via G. A.)	4
Libertà (Corso)	D'Angennes	
	(Piazza Alessandro)	8
	De Amicis (Via Edmondo)	10
	Fratelli Ponti (Via)	12
	Gastaldi (Corso)	13

Goito (Via)	15
Martiri della Libertà (Piazza)	16
Matteotti (Corso)	18
Mazzucchelli (Piazza)	19
Monte di Pietà (Via)	21
S. Eusebio (Piazza)	22
Vallotti (Via)	24
20 Settembre (Via)	25

XX **Giardinetto** con cam, via Sereno 3 ℰ 61558, Fax 62570, ⚞ – ▤ 🖵 ☎. 🆎 🅂 🅾 🅴 𝚅𝙸𝚂𝙰.
⚘
chiuso dal 6 al 21 agosto – **Pasto** *(chiuso lunedì)* carta 40/74000 – ☲ 13000 – **8 cam**
75/110000, ▤ 13000 – ½ P 105000.

XX **Il Paiolo,** viale Garibaldi 74 ℰ 250577 – 🆎 🅂 🅾 🅴 𝚅𝙸𝚂𝙰 𝙹𝙲𝙱   n
chiuso giovedì e dal 20 luglio al 20 agosto – **Pasto** carta 40/55000.

XX **Trattoria San Giovanni,** via Trino 49 ℰ 392073 – ▤ 🅿. ⚘   per ③
chiuso lunedì ed agosto – **Pasto** carta 24/49000.

VERDUNO 12060 Cuneo 🄰🄰🄱 I 5 – 431 ab. alt. 378 – ✪ 0172.
Roma 645 – ◆Torino 61 – Asti 45 – Cuneo 56 – ◆Milano 165 – Savona 98.

🏠 **Real Castello** ⑤, ℰ 470125, Fax 470298, ⚞ – 🅿. 🆎 🅂 🅾 🅴 𝚅𝙸𝚂𝙰. ⚘
marzo-novembre – **Pasto** (solo su prenotazione) carta 49/82000 – **11 cam** ☲ 140/170000, 2
appartamenti – ½ P 100/130000.

XX **Il Falstaff,** ℰ 470244, solo su prenotazione – 🆎 🅂 🅾 🅴 𝚅𝙸𝚂𝙰. ⚘
chiuso lunedì, gennaio e dal 1° al 15 agosto – **Pasto** 45/70000.

VERGHERETO 47028 Forlì 🄰🄰🄰 🄰🄰🄰 K 18 – 2 297 ab. alt. 812 – ✪ 0543.
Roma 287 – Arezzo 72 – ◆Firenze 97 – Forlì 72 – ◆Milano 354 – ◆Ravenna 96.

a Balze SE : 12,5 km – alt. 1 091 – ⊠ **47020** :

🏠 **Monte Fumaiolo** ⑤, NO : 1,5 km, alt. 1 227, ℰ 906614, Fax 906614, ≼, ⚞ – 🖵 ☎ 🅿 –
🕍 100. 𝚅𝙸𝚂𝙰. ⚘
aprile-ottobre – **Pasto** 25/30000 – **49 cam** ☲ 48/82000 – ½ P 50/78000.

🏠 **Paradiso** ⑤, NO : 3 km, alt. 1 408, ℰ 906653, Fax 906653, ≼, ⚞ – 🖵 ⇌ 🅿. ⚘
chiuso novembre – **Pasto** carta 40/55000 – ☲ 8000 – **12 cam** 90000 – ½ P 60/100000.

VERMEZZO 20081 Milano 🄰🄰🄰 ⑱ – 2 171 ab. alt. 116 – ✪ 02.
Roma 589 – ◆Milano 20 – Novara 36 – Pavia 33.

X **Cacciatori,** ℰ 9440312, 🏠, ⚞ – 🅿. 🆎. ⚘
chiuso giovedì ed agosto – **Pasto** carta 40/67000.

VERNAGO **(VERNAGT)** Bolzano 🄰🄰🄰 ⑨ – Vedere Senales.

VERNAZZA 19018 La Spezia 🄰🄰🄰 J 11 – 1 182 ab. – ✪ 0187.
Vedere Località★★.
Dintorni Regione delle Cinque Terre★★ SE e O per ferrovia.
Monterosso al Mare 5 mn di ferrovia – Riomaggiore 10 mn di ferrovia.
Roma 454 – ◆Genova 97 – ◆La Spezia 36.

X Gambero Rosso, ℰ 812265, ≼ porticciolo e costa, 🏠
X **Gianni Franzi,** ℰ 812228, Fax 812228, ≼ porticciolo e costa, 🏠 – 🆎 🅂 🅾 🅴 𝚅𝙸𝚂𝙰
chiuso dall'8 gennaio all'8 marzo e mercoledì (escluso da luglio al 15 settembre) – **Pasto**
carta 47/72000.

X **Al Castello,** ℰ 812296, 🏠
25 aprile-25 ottobre; chiuso mercoledì escluso luglio-agosto – **Pasto** carta 40/55000.

VERNOLE 73029 Lecce 🄰🄰🄰 G 36 – 7 787 ab. alt. 38 – ✪ 0832.
Roma 578 – ◆Brindisi 52 – ◆Taranto 123.

ad Acaia NO : 7 km – ⊠ **73029** :

X Locanda del Gallo, piazza Castello 1 ℰ 861102, 🏠
chiuso a mezzogiorno (esclusi i giorni festivi).

VEROLI 03029 Frosinone 🄰🄰🄰 ㉖, 🄰🄰🄰 Q 22 – 19 255 ab. alt. 570 – ✪ 0775.
Roma 97 – Avezzano 76 – Frosinone 14 – ◆Napoli 159.

sulla strada statale 214 :

🏠 Laura, località Giglio S : 6 km ⊠ 03020 Giglio ℰ 335045, Fax 335098 – 🛗 🖵 ☎ 🅿 –
🕍 100
37 cam.

LES GUIDES VERTS MICHELIN

Paysages, monuments
Routes touristiques
Géographie
Histoire, Art
Itinéraires de visite
Plans de villes et de monuments

Vedere Chiesa di San Zeno Maggiore★★ : porte★★★, trittico del Mantegna★★ AY – Piazza delle Erbe★★ CY – Piazza dei Signori★★ CY – Arche Scaligere★★ CYK – Arena★★ : ※★★ BCYZ – Castelvecchio★★ : museo d'Arte★★ BY – Ponte Scaligero★★ BY – Chiesa di Sant'Anastasia★ : affresco★★ di Pisanello CY F – ⩽★★ dalle terrazze di Castel San Pietro CY D – Teatro Romano★ CY **C** – Duomo★ CY **A** – Chiesa di San Fermo Maggiore★ CYZ **B**.

🎂 (chiuso martedì) a Sommacampagna ⊠ 37066 ℰ 510060, Fax 510242, O : 13 km.

✈ di Villafranca, per ③ : 12 km ℰ 8095666 – Alitalia, corso Porta Nuova 61 ⊠ 37122 ℰ 8035700 – 🚗 ℰ 590688 – 🛈 piazza delle Erbe 42 ⊠ 37121 ℰ 8030086 – via Leoncino 61 ⊠ 37121 ℰ 592828 – **A.C.I.** via della Valverde 34 ⊠ 37122 ℰ 595333.

Roma 503 ③ – ✦Milano 157 ③ – ✦Venezia 114 ②.

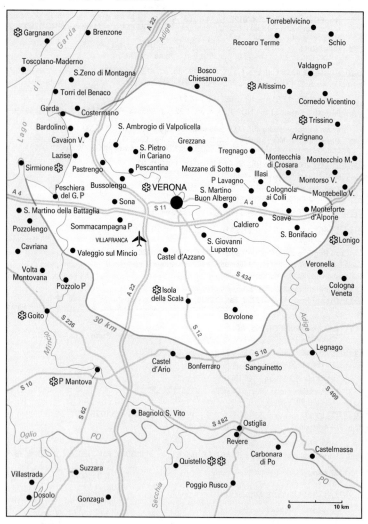

🏨 **Due Torri Baglioni**, piazza Sant'Anastasia 4 ⊠ 37121 ℰ 595044 e rist ℰ 595381, Telex 480524, Fax 8004130, « Elegante arredamento » – 🗐 📺 ☎ – 🛗 50 a 200. 🖭 🕄 ⑨ 🖻 ᵛᴵˢᴬ . ⁇ rist   CY **x**
Pasto 65/85000 ed al Rist. **L'Aquila** carta 65/85000 – **91 cam** ⊇ 320/510000, 10 appartamenti – ½ P 250/385000.

🏨 **Gabbia d'Oro** senza rist, corso Porta Borsari 4/a ⌷ 37121 ℰ 8003060, Fax 590293 – 🛗
📺 ☎. 🄰🄴 🄱 🄾 🄴 𝘝𝘐𝘚𝘈 ⇌ 38000 – **27 cam** 400000, 19 appartamenti 750000.　　CY **t**

🏨 **Montresor Hotel Palace**, via Galvani 19 ⌷ 37138 ℰ 575700, Telex 481810, Fax 578131
– 🛗 📺 ☎. 🔟 – 🛄 25 a 100. 🄰🄴 🄱 🄾 🄴 𝘝𝘐𝘚𝘈 🄹🄲🄱 ※　　　　　AY **x**
Pasto carta 35/60000 – **64 cam** ⇌ 200/300000 – ½ P 190/240000.

🏨 **Accademia**, via Scala 12 ⌷ 37121 ℰ 596222, Telex 480874, Fax 596222 – 🛗 📺 ☎ –
🛄 25 a 110. 🄰🄴 🄱 🄾 🄴 𝘝𝘐𝘚𝘈 ※　　　　　　　　　　　　　　　CY **d**
Pasto vedere rist **Accademia** – ⇌ 25000 – **93 cam** 200/305000, 4 appartamenti – ½ P 200/
270000.

🏨 **Montresor Hotel Giberti** senza rist, via Giberti 7 ⌷ 37122 ℰ 8006900, Telex 482210,
Fax 8010313 – 🛗 📺 ☎ ⇌ 🅟. 🄰🄴 🄱 🄾 🄴 𝘝𝘐𝘚𝘈 🄹🄲🄱 ※　　　　　BZ **e**
80 cam ⇌ 200/300000.

🏨 **Leopardi** senza rist, via Leopardi 16 ⌷ 37138 ℰ 8101444, Telex 482244, Fax 8100523 – 🛗
📺 ☎ ⇌ 🅟 – 🛄 30 a 80. 🄰🄴 🄱 🄾 🄴 𝘝𝘐𝘚𝘈 ※　　　　　　　　AY **a**
81 cam ⇌ 220/260000.

🏨 **Victoria** ⅏ senza rist, via Adua 6 ⌷ 37121 ℰ 590566, Telex 480531, Fax 590155, 𝔩ᵴ, ⇌
– 🛗 📺 ☎ ⇌. 🄰🄴 🄱 🄾 🄴 𝘝𝘐𝘚𝘈　　　　　　　　　　　　　BY **r**
⇌ 22000 – **38 cam** 160/240000, 2 appartamenti.

🏨 **San Marco** senza rist, via Longhena 42 ⌷ 37138 ℰ 569011, Telex 481562, Fax 572299,
⇌, 🔟 – 🛗 📺 ☎ ⇌ – 🛄 100. 🄰🄴 🄱 🄾 🄴 𝘝𝘐𝘚𝘈 ※　　　　　　AY **n**
62 cam ⇌ 200/300000.

🏨 **Grand Hotel** senza rist, corso Porta Nuova 105 ⌷ 37122 ℰ 595600, Fax 596385 – 🛗 📺
📺 ☎. 🄰🄴 🄱 🄾 🄴 𝘝𝘐𝘚𝘈 ※　　　　　　　　　　　　　　　BZ **b**
65 cam ⇌ 195/295000, 5 appartamenti.

🏨 **Colomba d'Oro** senza rist, via Cattaneo 10 ⌷ 37121 ℰ 595300, Telex 480872,
Fax 594974 – 🛗 📺 ☎ ⇌ – 🛄 50. 🄰🄴 🄱 🄾 🄴 𝘝𝘐𝘚𝘈 ※　　　　　BY **n**
⇌ 20000 – **49 cam** 180/300000, 2 appartamenti.

🏨 **Firenze** senza rist, corso Porta Nuova 88 ⌷ 37122 ℰ 8011510, Fax 8011510 – 🛗 📺 ☎
– 🛄 50. 🄰🄴 🄱 🄾 🄴 𝘝𝘐𝘚𝘈　　　　　　　　　　　　　　　　BZ **d**
⇌ 22000 – **57 cam** 170/210000, 2 appartamenti.

🏨 **Piccolo Hotel e Martini** senza rist, via Camuzzoni 3/b ⌷ 37138 ℰ 569128, Te-
lex 482036, Fax 577620 – 📺 ☎ ⇌. 🄰🄴 🄱 🄾 🄴 𝘝𝘐𝘚𝘈 ※　　　　　AZ **p**
80 cam ⇌ 175/210000.

🏨 **Giulietta e Romeo** senza rist, vicolo Tre Marchetti 3 ⌷ 37121 ℰ 8003554, Fax 8010862
– 🛗 📺 ☎ – 🛄 25. 🄰🄴 🄱 🄾 🄴 𝘝𝘐𝘚𝘈 🄹🄲🄱 ※　　　　　　CY **z**
30 cam ⇌ 120/168000.

🏨 **Mastino** senza rist, corso Porta Nuova 16 ⌷ 37131 ℰ 595388, Fax 597718 – 🛗 📺 ☎ –
🛄 25. 🄰🄴 🄱 🄾 🄴 𝘝𝘐𝘚𝘈　　　　　　　　　　　　　　　　　BZ **a**
33 cam ⇌ 155/197000.

🏨 **Montresor Hotel San Pietro** senza rist, via Santa Teresa 1 ⌷ 37135 ℰ 582600,
Telex 480523, Fax 582149 – 🛗 📺 ☎ ⅊ 🅟. 🄰🄴 🄱 🄾 🄴 𝘝𝘐𝘚𝘈 🄹🄲🄱. ※　1 km per ③
53 cam ⇌ 150/200000.

🏨 **San Luca** senza rist, vicolo Volto San Luca 8 ⌷ 37122 ℰ 591333, Telex 481464,
Fax 8002143 – 🛗 📺 ☎ ⇌. 🄰🄴 🄱 🄾 🄴 𝘝𝘐𝘚𝘈 ※　　　　　　　BZ **a**
chiuso dal 20 dicembre al 5 gennaio – **41 cam** ⇌ 150/260000.

🏨 **Bologna**, via Alberto Mario 18 ⌷ 37121 ℰ 8006830, Telex 480838, Fax 8010602 – 🛗
📺 ☎. 🄰🄴 🄱 🄾 🄴 𝘝𝘐𝘚𝘈 ※　　　　　　　　　　　　　　　BY **x**
Pasto vedere rist **Rubiani** – ⇌ 14000 – **33 cam** 132/168000 – ½ P 138/186000.

🏨 **Italia** senza rist, via Mameli 58/64 ⌷ 37126 ℰ 918088, Fax 8348028 – 🛗 📺 ☎ ⇌. 🄰🄴
🄱 🄾 🄴 𝘝𝘐𝘚𝘈 ※　　　　　　　　　　　　　　　　　　　BY **p**
⇌ 15000 – **51 cam** 132/168000.

🏨 **De' Capuleti** senza rist, via del Pontiere 26 ⌷ 37122 ℰ 8000154, Telex 482220,
Fax 8032970 – 🛗 📺 ☎ – 🛄 30. 🄰🄴 🄱 🄾 🄴 𝘝𝘐𝘚𝘈 ※　　　　　CZ **s**
chiuso dal 24 dicembre al 10 gennaio – ⇌ 16000 – **42 cam** 132/168000.

🏨 **Novo Hotel Rossi** senza rist, via delle Coste 2 ⌷ 37138 ℰ 569022, Fax 578297 – 🛗 📺
📺 ☎ ⅊ ⇌ 🅟. 🄰🄴 🄱 🄴 𝘝𝘐𝘚𝘈　　　　　　　　　　　　　AZ **a**
⇌ 15000 – **38 cam** 115/165000.

🏨 **Milano** senza rist, vicolo Tre Marchetti 11 ⌷ 37121 ℰ 596011, Fax 8011299 – 🛗 📺 ☎
⇌. 🄰🄴 🄱 🄾 𝘝𝘐𝘚𝘈　　　　　　　　　　　　　　　　　CY **z**
⇌ 15000 – **49 cam** 125/150000.

🏨 **Torcolo** senza rist, vicolo Listone 3 ⌷ 37121 ℰ 8007512, Fax 8004058 – 🛗 📺 ☎. 🄱 🄴
𝘝𝘐𝘚𝘈　　　　　　　　　　　　　　　　　　　　　　BY **s**
chiuso dal 15 al 30 gennaio – ⇌ 14000 – **19 cam** 90/115000.

🏨 **Maxim**, senza rist, via Belviglieri 42 ⌷ 37131 ℰ 8401800, Fax 8401818 – 🛗 📺 ☎ ⅊
⇌ 🅟 – 🛄 25 a 100　　　　　　　　　　　　　　　　　2 km per ②
146 cam.

🏨 **Cavour** senza rist, vicolo Chiodo 4 ⌷ 37121 ℰ 590166 – 📺 ⅏. ※　　　　BY **c**
⇌ 13000 – **17 cam** 102000, 📺 13000.

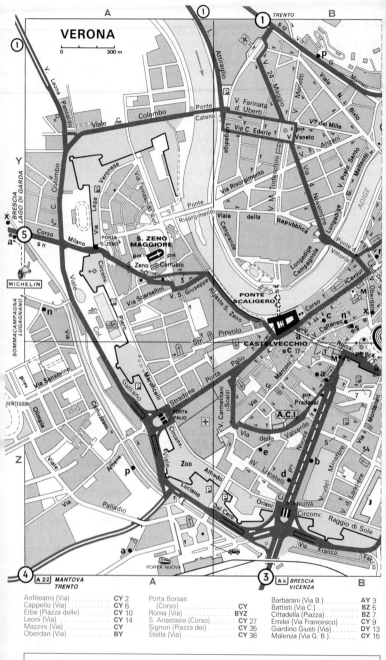

VERONA

Le **carte** stradali **Michelin** sono costantemente aggiornate.

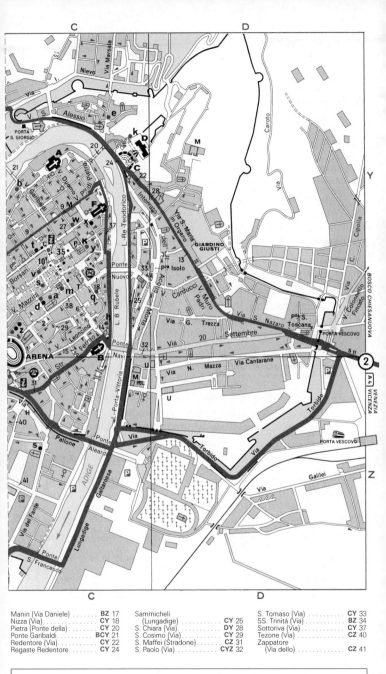

Les **cartes Michelin** sont constamment tenues à jour.

XXX ❀ **Il Desco,** via Dietro San Sebastiano 7 ✉ 37121 ℰ 595358, Fax 590236 – 🖹. 🆎 🅂 ⓞ
  E 𝘝𝘐𝘚𝘈 ᴊᴄʙ. ✺ CY **q**
  chiuso domenica, 25-26 dicembre, dal 1° al 7 gennaio, Pasqua e dal 17 al 30 giugno – **Pasto**
  70/110000 (15%) a mezzogiorno 80/120000 (15%) alla sera e carta 66/114000
  (15%)
  Spec. Tortelli di alici e ricotta in brodetto di pesce (autunno-primavera), Filetto di vitello allo zenzero con porri croccanti
  e cipolline glassate, Astice con patate e pomodoro.

XXX **12 Apostoli,** corticella San Marco 3 ✉ 37121 ℰ 596999, Fax 591530 – 🖹. 🆎 🅂 ⓞ E 𝘝𝘐𝘚𝘈
  ᴊᴄʙ CY **v**
  chiuso dal 2 all'8 gennaio, dal 15 giugno al 5 luglio, lunedì e domenica sera – **Pasto**
  carta 71/106000 (15%).

XXX **La Ginestra,** corso Milano 101 ✉ 37138 ℰ 575455, Fax 575455 – 🖹 🄿. 🆎 🅂 ⓞ E 𝘝𝘐𝘚𝘈
  ✺ AY **a**
  *chiuso dal 23 dicembre al 15 gennaio, lunedì in luglio-agosto, sabato a mezzogiorno e
  domenica negli altri mesi* – **Pasto** carta 46/64000.

XXX **Arche,** via Arche Scaligere 6 ✉ 37121 ℰ 8007415, Specialità di mare, Coperti limitati;
  prenotare – 🆎 🅂 ⓞ E 𝘝𝘐𝘚𝘈. ✺ CY **y**
  chiuso domenica, lunedì a mezzogiorno e gennaio – **Pasto** carta 67/97000 (16%).

XXX **Tre Corone,** piazza Brà 16 ✉ 37121 ℰ 8002462, Fax 8011810, 🍽 – 🆎 🅂 ⓞ E 𝘝𝘐𝘚𝘈
  ✺ BY **s**
  chiuso giovedì e dal 1° al 20 gennaio – **Pasto** carta 55/83000 (15%).

XXX **Maffei,** piazza delle Erbe 38 ✉ 37121 ℰ 8010015, Fax 8005124 – 🖹. 🆎 🅂 ⓞ E 𝘝𝘐𝘚𝘈 ᴊᴄʙ.
  ✺ CY **c**
  chiuso lunedì in luglio-agosto e domenica negli altri mesi – **Pasto** carta 44/82000 (15%).

XXX **Baracca,** via Legnago 120 ✉ 37134 ℰ 500013, 🍽, Specialità di mare, prenotare – 🄿.
  🅂 ⓞ E 𝘝𝘐𝘚𝘈 ᴊᴄʙ. ✺ 2,5 km per ③
  chiuso domenica – **Pasto** carta 42/71000.

XX **Accademia,** via Scala 10 ✉ 37121 ℰ 8006072, Fax 8006072 – 🖹. 🆎 🅂 ⓞ E
  𝘝𝘐𝘚𝘈 CY **d**
  chiuso domenica sera e mercoledì escluso luglio-agosto – **Pasto** carta 56/86000.

XX **El Cantinon,** via San Rocchetto 11 ✉ 37121 ℰ 595291, Fax 595291 – 🖹. 🆎 🅂 ⓞ E 𝘝𝘐𝘚𝘈
  ✺ CY **s**
  chiuso giovedì e febbraio – **Pasto** carta 43/72000.

XX **Re Teodorico,** piazzale Castel San Pietro ✉ 37129 ℰ 8349990, Fax 8349990, ≤ città e
  fiume Adige, « Servizio estivo in terrazza » – 🆎 🅂 ⓞ E 𝘝𝘐𝘚𝘈. ✺ CY **k**
  chiuso mercoledì e dal 7 al 31 gennaio – **Pasto** carta 47/73000 (15%).

XX **Torcolo,** via Cattaneo 11 ✉ 37121 ℰ 8030018, Fax 8011083 – 🖹. 🆎 🅂 E
  𝘝𝘐𝘚𝘈 BY **s**
  chiuso lunedì escluso luglio-agosto – **Pasto** carta 46/63000.

XX **Rubiani,** piazzetta Scalette Rubiani 3 ✉ 37121 ℰ 8006830, Fax 8010602, 🍽 – 🆎 🅂 ⓞ
  E 𝘝𝘐𝘚𝘈. ✺ BY **x**
  chiuso venerdì e dal 24 dicembre al 6 gennaio – **Pasto** carta 45/60000 (15%).

XX **Diga,** lungadige Attiraglio 65 ✉ 37124 ℰ 942942, 🍽 – 🄿. 🆎 🅂 ⓞ E 𝘝𝘐𝘚𝘈
  chiuso lunedì – **Pasto** carta 53/65000. 4,5 km per ①

XX **Trattoria Sant'Anastasia,** corso Sant'Anastasia 27 ✉ 37121 ℰ 8009177 – 🖹. 🆎 🅂 ⓞ
  E 𝘝𝘐𝘚𝘈 ᴊᴄʙ CY **w**
  *chiuso domenica e mercoledì a mezzogiorno da maggio a settembre, domenica sera e
  mercoledì negli altri mesi* – **Pasto** carta 38/54000.

XX **Locanda di Castelvecchio,** corso Cavour 49 ✉ 37121 ℰ 8030097, 🍽 – 🖹. 🆎 🅂 ⓞ E
  𝘝𝘐𝘚𝘈 ᴊᴄʙ. ✺ BY **a**
  *chiuso martedì, mercoledì a mezzogiorno, dal 26 dicembre al 4 gennaio e dal 25 giugno al
  10 luglio* – **Pasto** carta 40/50000.

XX **Greppia,** vicolo Samaritana 3 ✉ 37121 ℰ 8004577 – 🖹. 🆎 🅂 ⓞ E 𝘝𝘐𝘚𝘈 CY **m**
  chiuso lunedì e dal 15 al 30 giugno – **Pasto** carta 40/55000.

XX **Antica Trattoria-da l'Amelia,** lungadige Rubele 32 ✉ 37121 ℰ 8005526 – 🅂 E 𝘝𝘐𝘚𝘈
  ᴊᴄʙ. ✺ CY **h**
  chiuso domenica, dal 25 al 31 gennaio ed agosto – **Pasto** carta 34/55000.

X **Antica Trattoria alla Genovesa,** strada della Genovesa 44 ✉ 37135 ℰ 541122, 🍽,
  Cucina tradizionale veronese – 🖹 🄿 – 🛏 30. 🆎 5 km per ③
  chiuso dal 6 al 22 agosto, domenica dal 15 giugno al 15 settembre, lunedì negli altri mesi –
  Pasto carta 30/44000.

X **Alla Fiera-da Ruggero,** via Scopoli 9 ✉ 37136 ℰ 508808, 🍽, Specialità di mare –
  🛏 60 1 km per ③

X **Osteria la Fontanina,** Portichetti Fontanelle Santo Stefano 3 ✉ 37129 ℰ 913305,
  prenotare la sera – 🆎 🅂 E 𝘝𝘐𝘚𝘈 CY **e**
  chiuso domenica, lunedì a mezzogiorno e dall'8 al 31 agosto – **Pasto** carta 38/63000.

X **Tre Marchetti,** vicolo Tre Marchetti 19/b ⌧ 37121 ℰ 8030463 – 🆎 🅱 ⓪ 🇪 *VISA* 🇯🇨🇧
ℋℋ
CY **z**
chiuso dal 1° al 15 settembre e domenica (escluso luglio-agosto) – **Pasto** carta 44/59000
(12%).

X **Bottega del Vino,** via Scudo di Francia 3 ⌧ 37121 ℰ 8004535, Fax 8012273 – 🆎 🅱 ⓪
🇪 *VISA*. ℋℋ
CY **a**
chiuso martedì – **Pasto** carta 51/79000.

X **Alla Pergola,** piazzetta Santa Maria in Solaro 10 ⌧ 37121 ℰ 8004744 – ℋℋ   CY **b**
chiuso mercoledì ed agosto – **Pasto** carta 32/47000.

X **Osteria all'Oste Scuro,** vicolo San Silvestro 10 ⌧ 37122 ℰ 592650 – 🆎 🅱 ⓪ 🇪 *VISA*
🇯🇨🇧. ℋℋ
BZ **c**
*chiuso dal 25 dicembre al 3 gennaio, dal 7 al 20 agosto, sabato a mezzogiorno, domenica e
in luglio-agosto anche sabato sera* – **Pasto** carta 36/51000.

sulla strada statale 11 :

🏨 **Forte Agip,** via Unità d'Italia 346 (per ② : 4 km) ⌧ 37132 San Michele Extra ℰ 972033,
Telex 482064, Fax 972677 – 🛗 🍽 📺 ☎ 🄿 – 🔬 25 a 100. 🆎 🅱 ⓪ 🇪 *VISA* 🇯🇨🇧. ℋℋ rist
Pasto *(chiuso domenica)* 27/30000 – **116 cam** ⊊ 170000.

🏨 **Euromotel Crocebianca** senza rist, via Bresciana 2 (per ⑤ : 4 km) ⌧ 37139 Verona
ℰ 8903890, Fax 8903999 – 🛗 🍽 📺 ☎ 🕭 🄿. 🆎 🅱 ⓪ 🇪 *VISA*
⊊ 20000 – **71 cam** 155/198000.

🏨 **Gardenia,** via Unità d'Italia 350 (per ② : 4 km) ⌧ 37132 San Michele Extra ℰ 972122,
Fax 8920157 – 🛗 🍽 📺 ☎ 🕭 ⇔ 🄿. 🆎 🅱 ⓪ 🇪 *VISA*. ℋℋ
Pasto vedere rist **Gardenia** – **28 cam** ⊊ 105/150000 – ½ P 100/110000.

XX **Elefante** con cam, via Bresciana 27 (per ⑤ : 5 km) ⌧ 37139 Verona ℰ 8903700,
Fax 8903900, 🍃, 🎏 – 📺 ☎ 🄿. 🆎 🅱 ⓪ 🇪 *VISA*. ℋℋ
Pasto *(chiuso sabato sera, domenica e dal 12 al 27 agosto)* carta 37/52000 – ⊊ 15000 –
10 cam 80/110000 – ½ P 105/130000.

XX **Gardenia** con cam, via Unità d'Italia 350/A (per ② : 4 km) ⌧ 37132 San Michele Extra
ℰ 972122 – 🍽 🄿. 🆎 🅱 ⓪ 🇪 *VISA*. ℋℋ
Pasto *(chiuso domenica)* carta 32/48000 – **28 cam** ⊊ 90/120000 – ½ P 85/95000.

XX **Cà de l'Ebreo,** via Bresciana 48/B (per ⑤ : 5,5 km) ⌧ 37139 Verona ℰ 8510240,
Fax 8510033, 🍃 – 🄿. 🆎 🅱 ⓪ 🇪 *VISA*. ℋℋ
chiuso lunedì sera, martedì e dal 1° al 21 agosto – **Pasto** carta 35/50000.

in prossimità casello autostrada A 4-Verona Sud per ③ : 5 km :

🏨 **Ibis,** via Fermi 11/c ⌧ 37135 ℰ 8203720, Fax 8203720 – 🛗 🍽 📺 🕭 ⇔ 🄿 –
🔬 25 a 160. 🆎 🅱 ⓪ 🇪 *VISA*
Pasto carta 33/50000 – **145 cam** ⊊ 140/160000 – ½ P 102/115000.

🏨 **Sud Point Hotel** senza rist, via Fermi 13/b ⌧ 37135 ℰ 8200922, Fax 8200933 – 🛗 🍽 📺
☎ 🕭 ⇔ 🄿 – 🔬 25 a 50. 🆎 🅱 ⓪ 🇪 *VISA*. ℋℋ
chiuso dal 15 dicembre al 12 gennaio – **64 cam** ⊊ 110/150000.

XX **Al Palatino,** via Pacinotti 7 ⌧ 37135 ℰ 509364, 🍃 – 🍽 🄿. 🆎 🅱 ⓪ 🇪 *VISA*. ℋℋ
chiuso domenica, lunedì sera, dal 23 dicembre al 6 gennaio ed agosto – **Pasto** carta 56/
82000.

sulla strada statale 62 per ③ : 10 km :

XX **Cavour,** ⌧ 37062 Dossobuono ℰ 513038 – 🄿. 🆎 🅱 ⓪ 🇪 *VISA* 🇯🇨🇧. ℋℋ
*chiuso dal 13 al 29 agosto, domenica sera, mercoledì, in luglio-agosto chiuso solo domeni-
ca* – **Pasto** carta 39/56000.

▐ **VERONELLA** ▌ 37040 Verona 🗺 G 15 – 3 432 ab. alt. 22 – 😊 0442.
Roma 512 – ◆Verona 37 – Mantova 62 – ◆Milano 184 – ◆Padova 62 – Vicenza 38.

a San Gregorio NO : 2 km – ⌧ **37040** :

X **Bassotto,** ℰ 47177, 🍃, Specialità di mare – 🄿
chiuso domenica, lunedì e dal 1° al 15 luglio – **Pasto** carta 40/56000.

▐ **VERRÈS** ▌ 11029 Aosta 🗺 ②, 🗺 F 5 – 2 681 ab. alt. 395 – a.s. luglio-agosto – 😊 0125.
Roma 711 – Aosta 37 – Ivrea 35 – ◆Milano 149 – ◆Torino 78.

🏨 **Da Pierre,** via Martorey 73 ℰ 929376, Fax 920404, « Servizio estivo in giardino » –
⇔ rist 📺 ☎ 🄿. 🆎 🅱 ⓪ 🇪 *VISA* 🇯🇨🇧. ℋℋ
Pasto *(chiuso martedì escluso agosto)* carta 50/80000 – ⊊ 12000 – **12 cam** 60/100000 –
½ P 115000.

🏨 **Evançon,** via Circonvallazione 33 ℰ 929035, « Giardino » – 📺 📶 🄿 – 🔬 70. 🆎 🅱 ⓪ 🇪
VISA 🇯🇨🇧. ℋℋ
Pasto *(chiuso lunedì escluso dal 16 luglio al 15 settembre)* carta 30/56000 – ⊊ 9000 –
20 cam 70/98000 – ½ P 75/89000.

VERUCCHIO 47040 Rimini 988 ⑮, 429 430 K 19 – 7 426 ab. alt. 333 – ✆ 0541.

🛏 (chiuso gennaio e mercoledì da ottobre a marzo) ✆ 678122, Fax 678122.

Roma 351 – ♦Bologna 125 – Forlì 64 – ♦Milano 336 – ♦Ravenna 66 – Rimini 17.

　🍴　**La Rocca**, ✆ 679850, ≼ – 🅰🅴 ⓞ. 🕸
　　chiuso mercoledì e dicembre – **Pasto** carta 30/45000.

　　a Villa Verucchio NE : 3 km – ✉ **47040** :

　🍴　**Zanni**, ✆ 678449, 🛋, « Ambiente caratteristico » – ℗. 🅰🅴 🅸 ⓞ 🅴 🆅🅸🆂🅰. 🕸
　　chiuso martedì escluso da giugno al 15 settembre – **Pasto** carta 40/56000.

VERVÒ 38010 Trento 429 D 15, 218 ⑳ – 632 ab. alt. 886 – a.s. dicembre-aprile – ✆ 0463.

Roma 626 – ♦Bolzano 65 – ♦Milano 282 – Trento 42.

　　　a Predaia E : 3 km – alt. 1 250 – ✉ **38010** Vervò :

　🍴　**Rifugio Sores** 🦌 con cam, ✆ 463147, 🍽 – ☎ ℗. 🅸 🅴 🆅🅸🆂🅰. 🕸 rist
　　chiuso novembre – **Pasto** *(chiuso martedì)* carta 30/41000 – **22 cam** ⊑ 53/90000 – ½ P 50/
　　70000.

VERZUOLO 12039 Cuneo 988 ⑫, 428 I 4 – 6 005 ab. alt. 420 – ✆ 0175.

Roma 668 – Asti 82 – Cuneo 26 – Sestriere 92 – ♦Torino 58.

　🍴🍴　**La Scala**, via Provinciale Cuneo 4 ✆ 85194, Specialità di mare – 🅸 🅴 🆅🅸🆂🅰. 🕸
　　chiuso lunedì ed agosto – **Pasto** carta 34/51000.

VESCOVADO Siena 430 M 16 – alt. 317 – ✉ **53016** Murlo – ✆ 0577.

Roma 233 – Siena 24 – Grosseto 64.

　🏨　**Di Murlo**, ✆ 814033, Fax 814243, ≼, 🛋, 🔟, 🍴 – ☎ ℗. 🅰🅴 🅸 ⓞ 🅴 🆅🅸🆂🅰. 🕸
　　chiuso dal 7 gennaio a febbraio – **Pasto** *(chiuso lunedì a mezzogiorno)* carta 30/44000 (10 %)
　　– ⊑ 9000 – **24 cam** 75/90000 – ½ P 70/80000.

VESUVIO Napoli 988 ㉗, 431 E 25 – Vedere Guida Verde.

VETRIOLO TERME Trento 988 ④ – Vedere Levico Terme.

VEZZA D'ALBA 12040 Cuneo – 2 003 ab. alt. 353 – ✆ 0173.

Roma 641 – Asti 30 – Cuneo 68 – ♦Milano 170 – ♦Torino 54.

　🍴🍴🍴　**La Pergola**, località Borgonuovo ✆ 65178, Fax 65178, solo su prenotazione – 🅸 🅴 🆅🅸🆂🅰
　　chiuso martedì e dal 15 al 28 febbraio – **Pasto** 40/60000 e carta 49/73000.

VEZZANO (VEZZAN) Bolzano 428 429 D 14, 218 ⑱ ⑲ – Vedere Silandro.

VEZZANO 38070 Trento 988 ④ – 1 739 ab. alt. 385 – a.s. dicembre-aprile – ✆ 0461.

Vedere Lago di Toblino★ S : 4 km.

Roma 599 – ♦Bolzano 68 – ♦Brescia 104 – ♦Milano 197 – Trento 13.

　🍴🍴　**Fior di Roccia**, località Lon N : 2,5 km ✆ 864029, 🛋, prenotare – ℗. 🅰🅴 🅸 🅴
　　chiuso domenica sera e lunedì – **Pasto** carta 39/59000.

　🍴🍴　**Al Vecchio Mulino**, E : 2 km ✆ 864277, « Laghetto con pesca sportiva » – ℗. 🅰🅴 🅸 ⓞ
　　🅴 🆅🅸🆂🅰. 🕸
　　chiuso mercoledì e dall'8 al 30 gennaio – **Pasto** carta 30/49000.

VEZZANO SUL CROSTOLO 42030 Reggio nell'Emilia 428 429 430 I 13 – 3 357 ab. alt. 165 –
✆ 0522.

Roma 441 – ♦Parma 43 – ♦Milano 163 – Reggio nell'Emilia 14 – ♦La Spezia 114.

　🍴　**Antica Locanda Posta**, ✆ 601141 – 🅸 🅴 🆅🅸🆂🅰. 🕸
　　chiuso martedì e dall'8 al 25 agosto – **Pasto** carta 34/48000.

VEZZO 28040 Novara 428 E 7, 219 ⑥ ⑦ – alt. 530 – ✆ 0323.

🛏 Alpino (aprile-novembre; chiuso martedì escluso dal 28 giugno al 6 settembre) ✆ 20101,
Fax 20642, O : 2,5 km.

Roma 662 – Stresa 5 – ♦Milano 85 – Novara 61 – ♦Torino 139.

　🏨　**Bel Soggiorno** 🦌, ✆ 20226, Fax 20021 – ☎ ℗. 🅰🅴 🅸 🅴 🆅🅸🆂🅰. 🕸 rist
　　aprile-settembre – **Pasto** *(chiuso lunedì)* 26/35000 – ⊑ 15000 – **26 cam** 68/100000 –
　　½ P 70/80000.

VIADANA 46019 Mantova 988 ⑭, 428 429 H 13 – 15 978 ab. alt. 26 – ✆ 0375.

Roma 458 – ♦Parma 27 – Cremona 52 – Mantova 39 – ♦Milano 149 – ♦Modena 56 – Reggio nell'Emilia 33.

　🏨　**Europa**, vicolo Ginnasio 9 ✆ 780404, Fax 780404 – 🗏 rist 📺 ☎ ℗. 🅰🅴 🅸 ⓞ 🅴 🆅🅸🆂🅰. 🕸
　　chiuso dal 24 dicembre al 6 gennaio ed agosto – **Pasto** *(chiuso martedì e domenica sera)*
　　carta 36/58000 – **18 cam** ⊑ 70/105000 – ½ P 75/94000.

a Cicognara NO : 2 km – ⌧ **46015** :

🏠 **Vittoria,** 𝒫 790222, Fax 790232 – |⋕| ⬛ cam 📺 ☎ 🄿 – 🕏 60. 🄰🄴 🕃 ⓞ 🅴 ⱽⁱˢᴬ. ⅏
chiuso dal 1° al 15 gennaio – **Pasto** 25/30000 e al Rist. *Davide (chiuso mercoledì)* carta 32/55000 – ⇌5000 – **11 cam** 60/80000 – ½ P 65/85000.

VIANO 🔲 **42030** Reggio nell'Emilia 🕮🕮🕮 🕮🕮 I 13 – 2 660 ab. alt. 275 – ✪ 0522.

Roma 435 – ◆Parma 59 – ◆Milano 171 – ◆Modena 35 – Reggio nell'Emilia 22.

🟈🟈 **La Capannina,** 𝒫 988526 – 🄿
chiuso domenica, lunedì, dal 24 dicembre al 6 gennaio e dal 17 luglio al 23 agosto – **Pasto** carta 30/43000.

VIAREGGIO 🔲 **55049** Lucca 🕮🕮🕮 ⑭, 🕮🕮🕮 🕮🕮🕮 🕮🕮🕮 K 12 – 57 563 ab. – a.s. Carnevale, Pasqua, 15 giugno-15 settembre e Natale – ✪ 0584.

🅱 viale Carducci 10 𝒫 962233, Fax 47336.

Roma 371 ② – Pisa 21 – ◆Bologna 180 ② – ◆Firenze 97 ② – ◆Livorno 39 ③ – ◆La Spezia 55 ①.

Pianta pagina seguente

🏨🏨 **Astor,** viale Carducci 54 𝒫 50301, Telex 501031, Fax 55181, 🍴, 🎇, 🏊, 🔲 – |⋕| ⬛ 📺 ☎
     🕏 ⟺ – 🕏 40 a 120. 🄰🄴 🕃 ⓞ 🅴 ⱽⁱˢᴬ ᴊᴄʙ. ⅏   Y **f**
  Pasto 45/70000 – **50 cam** ⇌ 250/360000, 9 appartamenti – ½ P 165/220000.

🏨🏨 **Plaza** senza rist, piazza d'Azeglio 1 𝒫 44449, Fax 44081 – |⋕| ⬛ 📺 ☎ 🕏 – 🕏 90. 🄰🄴 🕃 ⓞ
  🅴 ⱽⁱˢᴬ   Z **t**
  49 cam ⇌ 235/320000, 3 appartamenti.

🏨🏨 **Excelsior,** viale Carducci 88 𝒫 50726, Fax 50729, ≤ – |⋕| ⬛ 📺 ☎ 🕏 ⟺. 🄰🄴 🕃 ⓞ 🅴 ⱽⁱˢᴬ.
  ⅏ rist   Y **b**
  aprile-ottobre – **Pasto** 40/63000 – **83 cam** ⇌ 180/260000, 6 appartamenti – ½ P 100/150000.

🏨🏨 **Principe di Piemonte,** piazza Puccini 1 𝒫 50122, Telex 501285, Fax 54183, ≤, 🍴, 🎇,
  🎇, 🔲 – |⋕| ⬛ rist 📺 ☎ 🄿. 🄰🄴 🕃 ⓞ 🅴 ⱽⁱˢᴬ. ⅏ rist   Y **a**
  aprile-ottobre – **Pasto** 50000 – ⇌ 25000 – **83 cam** 180/250000, 20 appartamenti –
  ½ P 200000.

🏨🏨 **Palace Hotel,** via Flavio Gioia 2 𝒫 46134 e rist 𝒫 31320, Telex 501044, Fax 47351,
  « Terrazza-solarium » – |⋕| ⬛ 📺 ☎ – 🕏 30 a 150. 🄰🄴 🕃 ⓞ 🅴 ⱽⁱˢᴬ. ⅏ rist   Z **k**
  Pasto 45000 e al Rist. *Il Cancello (chiuso lunedì in bassa stagione)* carta 50/76000 – **67 cam**
  ⇌ 200/270000, appartamento – ½ P 140/220000.

🏨 **Eden** senza rist, viale Manin 27 𝒫 30902, Fax 30905 – |⋕| ⬛ 📺 ☎. 🄰🄴 🕃 ⓞ 🅴 ⱽⁱˢᴬ   Z **p**
  42 cam ⇌ 105/175000.

🏨 London, senza rist, viale Manin 16 𝒫 49841, Fax 47522 – |⋕| 📺 ☎   Z **s**
  22 cam.

🏨 **Bristol** senza rist, viale Manin 14 𝒫 46442, Fax 46441 – |⋕| 📺 ☎. 🄰🄴 🕃 ⓞ 🅴 ⱽⁱˢᴬ ᴊᴄʙ
  32 cam ⇌ 100/150000.   Z **t**

🏠 **Lupori** senza rist, via Galvani 9 𝒫 962266, Fax 962267 – |⋕| ☎ ⟺. 🄰🄴 🕃 ⓞ 🅴 ⱽⁱˢᴬ. ⅏
  ⇌ 10000 – **19 cam** 64/98000.   Z **w**

🏠 Arcangelo, via Carrara 23 𝒫 47123, Fax 48386 – 📺 ☎   Y **x**
  stagionale – **19 cam.**

🟈🟈🟈 ✿ **L'Oca Bianca,** via Coppino 409 𝒫 388477, Fax 388477 – ⬛. 🕃 ⓞ 🅴 ⱽⁱˢᴬ ᴊᴄʙ   Z **a**
  chiuso dal 15 novembre al 15 dicembre, a mezzogiorno e lunedì (escluso luglio-agosto) –
  Pasto carta 60/91000
  Spec. Insalata tiepida di polpo su letto di carciofi e grana, Trofie ai frutti di mare e crostacei, Tagliata di mare ai porcini o
  alle verdure.

🟈🟈🟈 **Il Patriarca,** viale Carducci 79 𝒫 53126, Fax 54200, prenotare – ⬛. 🄰🄴 🕃 ⓞ 🅴 ⱽⁱˢᴬ Y **c**
  chiuso mercoledì, giovedì a mezzogiorno e dal 15 novembre al 15 dicembre – **Pasto**
  50/80000 bc (solo a mezzogiorno) e carta 60/90000.

🟈🟈🟈 **Tito del Molo,** lungomolo Corrado del Greco 3 𝒫 962016, 🍴 – 🕏 50 a 100. 🄰🄴 🕃 ⓞ 🅴
  ⱽⁱˢᴬ ᴊᴄʙ. ⅏   Z **z**
  chiuso mercoledì e gennaio – **Pasto** carta 65/90000 (18%).

🟈🟈🟈 ✿ **Romano,** via Mazzini 120 𝒫 31382, Fax 31382, prenotare – ⬛. 🄰🄴 🕃 ⓞ 🅴 ⱽⁱˢᴬ   Z **m**
  chiuso lunedì e dall'8 al 26 gennaio – **Pasto** carta 75/98000
  Spec. Calamaretti ripieni di verdure e crostacei, Bavettine agli scampi, Branzino al forno.

🟈🟈 **Gusmano,** via Regia 58/64 𝒫 31233, Fax 31233 – ⬛. 🄰🄴 🕃 ⓞ 🅴 ⱽⁱˢᴬ   Z **w**
  chiuso martedì e novembre – **Pasto** carta 40/65000.

🟈🟈 **Montecatini,** viale Manin 8 𝒫 962129, 🍴 – 🄰🄴 🕃 ⓞ 🅴 ⱽⁱˢᴬ   Z **t**
  chiuso lunedì escluso da luglio al 15 settembre – **Pasto** carta 60/80000.

🟈🟈 **Scintilla,** via Nicola Pisano 33 𝒫 387096, Specialità di mare – ⬛. 🄰🄴 🕃 ⓞ 🅴 ⱽⁱˢᴬ   Z **e**
  chiuso lunedì, Natale e dal 10 al 20 agosto – **Pasto** carta 55/70000.

🟈🟈 **Mirage** con cam, via Zanardelli 12/14 𝒫 48446 e hotel 𝒫 32222, Fax 30348 – |⋕| ⬛ 📺 ☎.
  🄰🄴 🕃 ⓞ 🅴 ⱽⁱˢᴬ   Z **s**
  Pasto *(chiuso martedì e gennaio)* carta 40/70000 – **10 cam** ⇌ 105/175000.

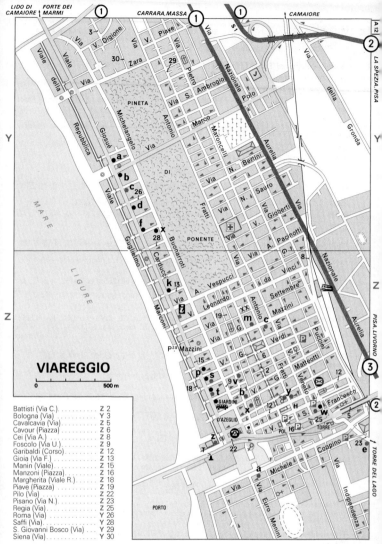

VIAREGGIO

0   500 m

XX **Il Garibaldino,** via Fratti 66 *ℰ* 961337, prenotare – AE ⑤ ⓪ E VISA   Z y
chiuso dal 12 al 28 ottobre, lunedì, in luglio ed agosto anche a mezzogiorno (escluso sabato-domenica) – **Pasto** carta 52/77000.

XX **Pino,** via Matteotti 18 *ℰ* 961356 – ▤. AE ⑤ ⓪ E VISA JCB. ⋘   Z b
chiuso mercoledì, giovedì a mezzogiorno e dal 20 dicembre al 20 gennaio – **Pasto** carta 46/77000.

X **Da Giorgio,** via Zanardelli 71 *ℰ* 44493 – AE ⑤ ⓪ E VISA. ⋘   Z v
chiuso mercoledì, dall'8 al 18 ottobre e dal 5 al 20 dicembre – **Pasto** carta 42/67000.

X **Bombetta,** via Fratti 27 *ℰ* 961380, Specialità di mare – AE ⑤ ⓪ E VISA. ⋘   Z y
chiuso lunedì sera, martedì e novembre – **Pasto** carta 50/70000.

X **Da Remo,** via Paolina Bonaparte 49 *ℰ* 48440 – ▤. AE ⑤ ⓪ E VISA. ⋘   Z x
chiuso lunedì e dal 15 al 30 novembre – **Pasto** carta 40/60000.

X **Il Puntodivino,** via Mazzini 229 *ℰ* 31046 – ⑤ ⓪ E VISA   Z c
chiuso lunedì e dal 25 dicembre al 25 gennaio – **Pasto** carta 32/50000.

VIBO VALENTIA 88018 🅿 🎵🎵🎵 ㊴, 🎵🎵🎵 K 30 – 34 764 ab. alt. 476 – ✪ 0963.

🚹 via Forgiari ℰ 42008.

Roma 613 – Catanzaro 69 – ♦Cosenza 98 – Gioia Tauro 40 – ♦Reggio di Calabria 106.

🏨 **501 Hotel,** via Madonnella ℰ 43951, Fax 43400, ≼, ⌇, – 🛗 ▦ 📺 ☎ 🅿 – 🕍 40 a 350. 🖭 🕄 𝖵𝖨𝖲𝖠
Pasto carta 34/56000 – **119 cam** ⇆ 128/198000, 5 appartamenti – ½ P 135/155000.

a Vibo Valentia Marina N : 10 km – ✉ 88019 :

✕✕ **L'Approdo,** ℰ 572640, Fax 572640, 🏤 – ▦. 🖭 🕄 ⑩ 🄴 𝖵𝖨𝖲𝖠
chiuso lunedì escluso dal 15 giugno al 15 settembre – **Pasto** carta 40/60000.

✕✕ Maria Rosa, ℰ 572538, 🏤

VICCHIO 50039 Firenze 🎵🎵🎵 K 16 – 6 290 ab. alt. 203 – ✪ 055.

Roma 301 – ♦Firenze 32 – ♦Bologna 96.

a Campestri S : 5 km – ✉ 50039 Vicchio :

🏨 **Villa Campestri** 🝐 ℰ 8490107, Fax 8490108, ⌇, 🖈 – 📺 ☎ 🅿 – 🕍 100. 🕄 🄴 𝖵𝖨𝖲𝖠. 🛠
aprile-dicembre – **Pasto** *(chiuso lunedì escluso luglio-agosto)* carta 39/53000 – **9 cam**
⇆ 160/200000 – ½ P 110/140000.

VICENO Verbania 🎵🎵🎵 ⑲ – Vedere Crodo.

VICENZA 36100 🅿 🎵🎵🎵 ④ ⑤, 🎵🎵🎵 F 16 – 107 318 ab. alt. 40 – ✪ 0444.

Vedere Teatro Olimpico★★ BY A : scena★★★ – Piazza dei Signori★★ BYZ**34** : Basilica★★ B, Torre
Bissara★ C, Loggia del Capitano★ D – Museo Civico★ BY M : Crocifissione★★ di Memling –
Battesimo di Cristo★★ del Bellini, Adorazione dei Magi★★ del Veronese, soffitto★ nella chiesa
della Santa Corona BY E – Corso Andrea Palladio★ ABYZ – Polittico★ nel Duomo AZ F – Villa
Valmarana "ai Nani"★★ : affreschi del Tiepolo★★★ per ④ : 2 km – La Rotonda★ del Palladio
per ④ : 2 km – Basilica di Monte Berico★ : 🛠★★ 2 km BZ.

🇫 Colli Berici (chiuso martedì) a Brendola ✉ 36040 ℰ 601780, Fax 501780;

🇫 (chiuso lunedì) a Creazzo ✉ 36051 ℰ 340448 , O : 7 km.

🚹 piazza Matteotti 12 ℰ 320854, Fax 320854.

A.C.I. viale della Pace 258/260 ℰ 510855.

Roma 523 ③ – ♦Milano 204 ⑤ – ♦Padova 32 ③ – ♦Verona 51 ⑤.

Pianta pagina seguente

🏨 **Campo Marzio,** viale Roma 21 ℰ 545700, Fax 320495 – 🛗 ▦ 📺 ☎ 🅿. 🖭 🕄 ⑩ 🄴 𝖵𝖨𝖲𝖠.
🛠 rist   AZ **a**
Pasto *(chiuso a mezzogiorno, sabato, domenica ed agosto)* carta 39/55000 – **35 cam**
⇆ 165/250000.

🏨 **Europa,** viale San Lazzaro 11 ℰ 564111, Fax 564382, 🕭 – 🛗 🛀 cam ▦ ☎ 🖧 🚗 🅿 –
🕍 40 a 200. 🖭 🕄 ⑩ 🄴 𝖵𝖨𝖲𝖠. 🛠 rist   2 km per ⑤
Pasto *(chiuso sabato)* carta 25/37000 – **120** ⇆ 140/250000, 6 appartamenti.

🏨 **Cristina** senza rist, corso SS. Felice e Fortunato 32 ℰ 323751, Fax 543656, ≋ – 🛗 ▦ 📺
☎ 🅿. 🖭 🕄 ⑩ 🄴 𝖵𝖨𝖲𝖠   AZ **r**
33 cam ⇆ 125/165000.

✕✕✕ ✿ **Cinzia e Valerio,** piazzetta Porta Padova 65/67 ℰ 505213, Fax 512796, Specialità di
mare – ▦. 🖭 🕄 ⑩ 🄴 𝖵𝖨𝖲𝖠. 🛠   BY **s**
chiuso lunedì, dal 1° al 7 gennaio ed agosto – **Pasto** carta 60/90000
Spec. Filetto di San Pietro all'aceto balsamico, Gargati (pasta) con astice e tartufo, Rombo al forno.

✕✕ **Scudo di Francia,** contrà Piancoli 4 ℰ 323322 – 🖭 🕄 ⑩ 🄴 𝖵𝖨𝖲𝖠. 🛠   BZ **c**
chiuso domenica sera, lunedì ed agosto – **Pasto** carta 47/64000.

✕✕ **Storione,** via Pasubio 62/64 ℰ 566506, 🏤, Specialità di mare – 🅿. 🖭 🕄 ⑩ 🄴 𝖵𝖨𝖲𝖠. 🛠
chiuso domenica – **Pasto** carta 52/81000.   2 km per ⑥

✕✕ **Agli Schioppi,** contrà del Castello 26 ℰ 543701 – 🖭 🕄 ⑩ 🄴 𝖵𝖨𝖲𝖠. 🛠   AZ **c**
chiuso sabato sera, domenica, dal 1° al 6 gennaio e dal 1° al 20 agosto – **Pasto** carta 35/
55000.

✕ **Tre Visi,** contrà Porti 6 ℰ 324868 – 🖭 🕄 ⑩ 🄴 𝖵𝖨𝖲𝖠 𝖩𝖢𝖡. 🛠   BY **h**
chiuso domenica sera, lunedì, dal 25 dicembre al 1° gennaio e da luglio al 1° agosto – **Pasto**
carta 47/74000 (10%).

✕ **Il Tinello,** corso Padova 181 ℰ 500325, Fax 500325 – ▦. 🖭 🕄 ⑩ 🄴 𝖵𝖨𝖲𝖠 𝖩𝖢𝖡
chiuso domenica sera, lunedì ed agosto – **Pasto** carta 28/60000.   2 km per ③

in prossimità casello autostrada A 4 - Vicenza Ovest per ⑤ : 3 km :

🏨 **Alfa Hotel,** via dell'Oreficeria 50 ✉ 36100 ℰ 565455 e rist ℰ 571577, Telex 483052,
Fax 566027, 🕭, ≋ – 🛗 ▦ 📺 ☎ 🖧 🅿 – 🕍 25 a 270. 🖭 🕄 ⑩ 🄴 𝖵𝖨𝖲𝖠. 🛠 rist
Pasto carta 30/55000 – **83 cam** ⇆ 190/242000, 2 appartamenti – ½ P 161000.

🏨 **Forte Agip,** viale degli Scaligeri 64 ✉ 36100 ℰ 564711, Telex 482111, Fax 566852 – 🛗
🛀 cam ▦ 📺 ☎ 🖧 🅿 – 🕍 100. 🖭 🕄 ⑩ 𝖵𝖨𝖲𝖠. 🛠 rist
Pasto 30/50000 – **132 cam** ⇆ 149/189000 – ½ P 124/175000.

691

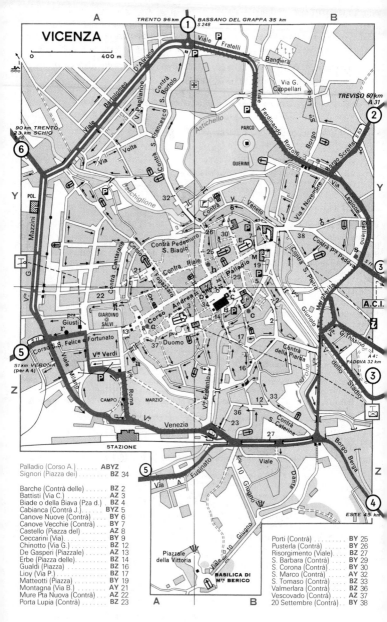

VICENZA

TRENTO 96 km BASSANO DEL GRAPPA 35 km
S 248

0   400 m

90 km TRENTO
23 km SCHIO

TREVISO 60 km
A 31

51 km VERONA
(per A 4)

A 4:
PADOVA 32 km

ESTE 45 km

STAZIONE

Piazzale della Vittoria

BASILICA DI M.ᵗᵃ BERICO

---

ad Olmo per ⑤ : 4 km – ✉ 36050 :

✗ **De Gobbi**, ✆ 520509 – ▣ ℗. ℀ 🅂 ℇ 𝖵𝖨𝖲𝖠. ⌖
chiuso venerdì, sabato a mezzogiorno e dal 1° al 25 agosto – **Pasto** carta 35/53000.

✗ **Story**, ✆ 521065 – ℗. ℀ 🅂 ⓪ ℇ 𝖵𝖨𝖲𝖠. ⌖
chiuso lunedì e dal 1° al 22 agosto – **Pasto** carta 35/53000.

sulla strada statale 11 per ③ : 5 km :

🏨 **Victoria** senza rist, ⊠ 36100 ℘ 912299, Fax 912570 – 🛗 🗏 📺 ☎ ሌ 🚗 🅿 – 🔬 100. 🆀
🖪 ⓞ 🗲 𝘝𝘐𝘚𝘈
⚌ 10000 – **57 cam** 105/160000.

✗✗ **Da Remo,** via Caimpenta 14 ⊠ 36100 ℘ 911007, Fax 911856, « Casa colonica con servizio estivo all'aperto » – 🅿. 🆀 🖪 ⓞ 🗲 𝘝𝘐𝘚𝘈
chiuso domenica sera, lunedì, dal 23 dicembre al 7 gennaio e dal 25 luglio al 20 agosto –
Pasto carta 32/50000.

in prossimità casello autostrada A 4-Vicenza Est per ③ : 7 km :

🏨 **Quality Inn Viest Motel** senza rist, via Pelosa 241 ⊠ 36100 ℘ 582677, Telex 481819, Fax 582434, ☞, ✘ – 🗏 📺 ☎ ሌ 🅿. 🆀 🖪 ⓞ 🗲 𝘝𝘐𝘚𝘈
⚌ 20000 – **61 cam** 150/200000.

a Cavazzale per ① : 7 km – ⊠ **36010** :

🏠 **Rizzi,** ℘ 946099, Fax 945669 – 🛗 🗏 rist 📺 ☎. 🆀 🖪 ⓞ 🗲 𝘝𝘐𝘚𝘈. ✘
Pasto 25/29000 e al Rist. *Da Giancarlo (chiuso martedì)* carta 25/42000 – ⚌ 8000 – **12 cam**
75/110000 – ½ P 65/85000.

✗ **Al Giardinetto,** ℘ 595044, 🏠 – 🅿. 🆀 🖪 ⓞ 🗲 𝘝𝘐𝘚𝘈. ✘
chiuso mercoledì, dal 25 gennaio al 6 febbraio e dal 20 luglio al 20 agosto – **Pasto**
carta 25/52000.

Vedere anche : *Arcugnano* S : 7 km.
Bolzano Vicentino NE : 9 km.

VICO EQUENSE 80069 Napoli ⑨⑧⑧ ㉗, ⑷③① F 25 – 19 009 ab. – a.s. luglio-settembre – ✆ 081.

Dintorni Monte Faito★★ : ※★★★ dal belvedere dei Capi e ※★★★ dallacappella di San Michele E : 14 km.

🛈 via San Ciro 16 ℘ 8015751.

Roma 248 – ◆Napoli 40 – Castellammare di Stabia 10 – Salerno 41 – Sorrento 9.

🏨 **Aequa,** ℘ 8015331, Fax 8015071, « Piacevole giardino con ⊐ », ☞ – 🛗 🗏 rist 📺 ☎
🚗 – 🔬 50 a 100. 🖪 𝘝𝘐𝘚𝘈. ✘ rist
Pasto 30/40000 – **57 cam** solo ½ P 90/150000.

🏨 **Sporting,** ℘ 8015186, Fax 8790465, ≤ mare, 🐾ₒ – 🛗 🗏 📺 ☎ 🅿 – 🔬 90
43 cam.

✗✗ **San Vincenzo,** località Montechiaro S : 3 km ℘ 8028001, ≤, 🏠 – 🅿. 🆀 🖪 🗲 𝘝𝘐𝘚𝘈. ✘
chiuso mercoledì escluso dal 16 giugno al 14 settembre – **Pasto** carta 43/83000.

a Marina Equa S : 2,5 km – ⊠ **80069** Vico Equense :

🏨 **Le Axidie** ॐ, ℘ 8028562, Fax 8028565, ≤, 🏠, ⊐, 🐾ₒ, ☞, ✘ – 🗏 📺 ☎ 🅿. 🆀 🖪 🗲
𝘝𝘐𝘚𝘈. ✘ rist
marzo-ottobre – **Pasto** 30/50000 – ⚌ 15000 – **29 cam** 220/240000 – ½ P 160/195000.

🏠 **Eden Bleu,** ℘ 8028550, Fax 8028574 – 🛗 ☎ 🅿. 🆀 ⓞ 🗲 𝘝𝘐𝘚𝘈. ✘ rist
15 aprile-15 ottobre – **Pasto** carta 40/65000 – ⚌ 12500 – **17 cam** 95/125000, 4 appartamenti
– ½ P 120000.

a Capo la Gala N : 3 km – ⊠ **80069** Vico Equense :

🏨 **Capo la Gala** ॐ, ℘ 8015758, Fax 8798747, ≤ mare, 🏠, « Sulla scogliera », ⊐, 🐾ₒ,
☞ – 🛗 📺 ☎ 🅿. 🆀 🖪 🗲 𝘝𝘐𝘚𝘈. ✘
aprile-ottobre – **Pasto** 60/80000 (18%) – **18 cam** ⚌ 155/220000 – ½ P 160/170000.

VIDICIATICO Bologna ⑷③⓪ J 14 – Vedere Lizzano in Belvedere.

VIESTE 71019 Foggia ⑨⑧⑧ ㉘, ⑷③① B 30 – 13 313 ab. – a.s. luglio-13 settembre – ✆ 0884.

Vedere ≤★ sulla cala di San Felice dalla Testa del Gargano S : 8 km.

Escursioni Strada panoramica★★ per Mattinata SO.

🛈 piazza Kennedy ℘ 708806, Fax 707130.

Roma 420 – ◆Foggia 92 – ◆Bari 179 – San Severo 101 – Termoli 127.

🏨 **Pizzomunno Vieste Palace Hotel** ॐ, ℘ 708741, Telex 810267, Fax 707325, ≤, 🏠,
« Giardino ombreggiato con ⊐ », 🎗, ⚖, 🐾ₒ, ✘ – 🛗 🗏 📺 ☎ 🅿 – 🔬 250 a 600. 🆀 🖪
ⓞ 🗲 𝘝𝘐𝘚𝘈. ✘ rist
12 aprile-settembre – **Pasto** carta 100/120000 – **183 cam** ⚌ 220/380000 – ½ P 190/390000.

🏨 **Degli Aranci,** piazza Santa Maria delle Grazie 10 ℘ 708557, Fax 707326, ⊐, 🐾ₒ – 🛗 🗏
📺 ☎ 🚗 🅿. 🖪 🗲 𝘝𝘐𝘚𝘈. ✘ rist
Pasto 28/37000 – ⚌ 8000 – **76 cam** 90/150000 – ½ P 130/158000.

🏨 **Seggio** ॐ, via Veste 7 ℘ 708123, Fax 708297, ≤, ⊐, 🐾ₒ – 🛗 ☎. 🆀 🖪 🗲 𝘝𝘐𝘚𝘈. ✘
aprile-ottobre – **Pasto** carta 30/46000 – **28 cam** ⚌ 70/90000 – ½ P 116000.

🏨 **Svevo** ॐ, via Fratelli Bandiera 10 ℘ 708830, Fax 708830, ≤ – 📺 ☎ 🅿. 🖪 🗲 𝘝𝘐𝘚𝘈. ✘
30 maggio-15 ottobre – **Pasto** (solo per clienti alloggiati) – **30 cam** ⚌ 100/160000.

%% **Al Dragone,** via Duomo 8 𝒫 701212, « In una grotta naturale » – 🍽. 💳 🅱 ⅇ 𝘝𝘐𝘚𝘈
aprile-10 ottobre – **Pasto** carta 29/57000 (10%).

% **San Michele,** viale 24 Maggio 72 𝒫 708143, 🏠 – 💳 ① ⅇ 𝘝𝘐𝘚𝘈
chiuso lunedì, gennaio e febbraio – **Pasto** carta 34/72000.

% Vecchia Vieste, via Mafrolla 32 𝒫 707083 – 🍽
stagionale.

% **Box 19,** via Santa Maria di Merino 19 𝒫 705229 – 🍽. 🅱 ⅇ 𝘝𝘐𝘚𝘈
chiuso lunedì in bassa stagione e novembre – **Pasto** carta 25/50000.

% **Taverna al Cantinone,** via Mafrolla 26 𝒫 707940 – 🅱 ① ⅇ 𝘝𝘐𝘚𝘈. ⁂
Pasqua-ottobre; chiuso venerdì sino a maggio – **Pasto** carta 24/49000 (10%).

a Lido di Portonuovo SE : 5 km – ✉ **71019** Vieste :

🏨 **Gargano,** 𝒫 700911, Fax 700912, ⩽ mare, isolotti e Vieste, ⅃, 🛥, ☞, ⁂ – 🛗 🍽 ☎ ℗.
⁂ rist
10 aprile-settembre – **Pasto** 30/35000 – **76 cam** ⊇ 240000 – ½ P 75/160000.

sulla strada litoranea NO : 10 km :

🏠 **Sfinalicchio,** ✉ 71019 𝒫 706529, Fax 706529, 🛥, ☞, ⁂ – ℗. 🅱 ⅇ 𝘝𝘐𝘚𝘈. ⁂
Pasqua-ottobre – **Pasto** carta 23/46000 – ⊇ 5000 – **24 cam** 90/140000 – ½ P 85/120000.

VIETRI SUL MARE 84019 Salerno 🔢 ㉗ ㉘, 🔢 E 26 – 9 376 ab. – a.s. Pasqua, giugno-settembre e Natale – ✪ 089.

Vedere ⩽⋆ sulla costiera amalfitana.

Roma 259 – ◆Napoli 50 – Amalfi 20 – Avellino 41 – Salerno 5.

% **La Sosta,** via Costiera 6 𝒫 211790, Specialità di mare – 💳 🅱 ① ⅇ 𝘝𝘐𝘚𝘈
chiuso mercoledì e gennaio – **Pasto** carta 26/41000 (12%).

a Raito O : 3 km – alt. 100 – ✉ **84010** :

🏨 **Raito** ⑤, 𝒫 210033, Telex 770125, Fax 211434, ⩽ golfo di Salerno, ⅃ – 🛗 🍽 📺 ☎ 🚗
℗ – 🔏 25 a 300. 💳 🅱 ① ⅇ 𝘝𝘐𝘚𝘈. ⁂ rist
Pasto carta 50/78000 – ⊇ 15000 – **50 cam** 180/280000 – ½ P 180/220000.

VIGANO 22060 Lecco 🔢 ⑲ – 1 567 ab. alt. 395 – ✪ 039.

Roma 607 – Como 30 – ◆Milano 38 – ◆Bergamo 33 – Lecco 20.

%%% ✿ **Pierino Penati,** 𝒫 956020, Fax 9211400, ⩽ – ℗ – 🔏 50. 💳 🅱 ①. ⁂
chiuso domenica sera, lunedì, dal 2 all'11 gennaio e dal 2 al 23 agosto – **Pasto** 50000 (a
mezzogiorno) 75000 (alla sera) e carta 31/80000
Spec. Frittelle di farina gialla alle erbe, Costoletta alla milanese, Sformato di amaretti e pesche (estate).

VIGARANO MAINARDA 44049 Ferrara 🔢 H 16 – 6 616 ab. alt. 11 – ✪ 0532.

Roma 435 – ◆Bologna 60 – ◆Ferrara 12 – ◆Milano 230 – ◆Modena 60 – ◆Padova 80.

% **Elsa** con cam, via Cento 318 𝒫 43222, 🏠, ☞ – ℗. 💳 🅱 ⅇ 𝘝𝘐𝘚𝘈. ⁂
Pasto (chiuso martedì escluso dal 15 giugno al 15 settembre) carta 24/57000 – ⊇ 5000 –
24 cam 40/70000 – ½ P 48000.

VIGEVANO 27029 Pavia 🔢 ③ ⑬, 🔢 G 8 – 60 321 ab. alt. 116 – ✪ 0381.

Vedere Piazza Ducale★★.

🚲 e 🚲 Santa Martretta (chiuso lunedì) 𝒫 346628, Fax 346091, SE : 3 km.

A.C.I. viale Mazzini 40 𝒫 85120.

Roma 601 – ◆Milano 35 – Alessandria 61 – Novara 27 – Pavia 37 – ◆Torino 106 – Vercelli 44.

🏨 **Europa** senza rist, via Trivulzio 8 𝒫 690483, Fax 87054 – 🛗 🍽 📺 ☎ 🚗 ℗ – 🔏 25. 🅱 ⅇ
𝘝𝘐𝘚𝘈
chiuso dal 23 dicembre al 1° gennaio – ⊇ 10000 – **42 cam** 130/170000.

%%% Da Maria, al Ponte sul Ticino NE : 3 km 𝒫 86001, « Servizio estivo in giardino ombreggiato » – 🍽 ℗

%% **I Castagni,** via Ottobiano 8/20 (S : 2 km) 𝒫 42860, Coperti limitati; prenotare, ☞ – 🍽
℗. 💳 🅱 ⅇ 𝘝𝘐𝘚𝘈. ⁂
chiuso domenica sera, lunedì, dal 28 gennaio al 3 febbraio ed agosto – **Pasto** carta 46/
81000.

% **Maiuccia da Pietro,** via Sacchetti 10 𝒫 83469, Specialità di mare, prenotare
chiuso domenica sera, lunedì ed agosto – **Pasto** carta 44/73000.

VIGGIANO 85059 Potenza 🔢 ㉘, 🔢 F 29 – 3 168 ab. alt. 975 – ✪ 0975.

Roma 389 – ◆Cosenza 184 – ◆Napoli 194 – Potenza 79.

🏨 **Kiris,** località Case Rosse O : 6 km 𝒫 311053, Fax 311053, ⅃ riscaldata, ⁂ – 🛗 🍽 📺 ☎
℗ – 🔏 1000. 💳 🅱 ① ⅇ 𝘝𝘐𝘚𝘈. ⁂ rist
Pasto carta 23/40000 – ⊇ 7000 – **60 cam** 60/70000 – ½ P 65/85000.

VIGHIZZOLO Brescia 🔢 🔢 F 13 – Vedere Montichiari.

VIGNA DI VALLE Roma 🔢 P 18 – Vedere Anguillara Sabazia.

VIGNOLA 41058 Modena 988 ⑭, 428 429 430 I 15 – 20 174 ab. alt. 125 – ✆ 059.

Roma 398 – ◆Bologna 43 – ◆Milano 192 – ◆Modena 22 – Pistoia 110 – Reggio nell'Emilia 47.

  ✗ **La Bolognese,** via Muratori 1 ✆ 771207 – 🅱 ⓄⒹ 🗲 *VISA*. ✛
    chiuso venerdì sera, sabato ed agosto – **Pasto** carta 35/47000.

VIGO DI CADORE 32040 Belluno 429 C 19 – 1 709 ab. alt. 951 – ✆ 0435.

🛈 (giugno-15 settembre) ✆ 77058.

Roma 658 – Belluno 57 – Cortina d'Ampezzo 44 – ◆Milano 400 – ◆Venezia 147.

  🏠 **Sporting** ⤢, a Pelos ✆ 77103, Fax 77103, ≤, 🗲 riscaldata, 🌴 – 📺 ☎ 🅿. ✛
    15 giugno-15 settembre – **Pasto** carta 36/52000 – ⊑ 15000 – **24 cam** 120/150000 –
    P 90/135000.

VIGO DI FASSA 38039 Trento 988 ④ ⑤, 429 C 17 – 934 ab. alt. 1 342 – a.s. febbraio-Pasqua,
agosto e Natale – Sport invernali : 1 382/2 100 m ≰1 ≰6, ≰ (vedere anche Pozza di Fassa) –
✆ 0462 – Vedere Guida Verde.

🛈 via Roma 2 ✆ 64093, Fax 64877.

Roma 676 – ◆Bolzano 36 – Canazei 13 – Passo di Costalunga 9 – ◆Milano 334 – Trento 94.

  🏨 **Park Hotel Corona,** ✆ 64211, Telex 400180, Fax 64777, ≤, ≘s, 🗲, 🐴, 🎾, ✗ – 🔁 ▤ rist 📺
    ☎ 🅿. ⒶⒺ. ✛ rist
    18 dicembre-11 aprile e 18 giugno-10 ottobre – **Pasto** (solo per clienti alloggiati) 40/75000 –
    70 cam ⊑ 170/250000, 10 appartamenti – ½ P 115/160000.

  🏨 **Catinaccio,** ✆ 64209, ≤, ≘s – 🔁 📺 ☎ 🅿. ✛
    dicembre-20 aprile e giugno-25 settembre – **Pasto** *(chiuso venerdì a mezzogiorno in bassa
    stagione)* 20/25000 – **22 cam** ⊑ 170000 – ½ P 80/120000.

  🏨 **Andes,** ✆ 64575, Fax 64598, ≤ – 🔁 ☎ ⟺ 🅿. ✛
    chiuso maggio e novembre – **Pasto** *(chiuso lunedì in bassa stagione)* carta 27/40000 –
    ⊑ 13000 – **31 cam** 85/148000 – ½ P 73/102000.

  🏨 **Olympic,** ✆ 64225, Fax 64636, ≤ – ↤ rist ☎ 🅿. ✛
    chiuso dal 15 al 30 giugno e novembre – **Pasto** *(chiuso lunedì a mezzogiorno)* carta 31/
    48000 – **27 cam** ⊑ 70/110000 – ½ P 49/90000.

  a Vallonga SO : 2,5 km – ✉ 38039 Vigo di Fassa :

  🏠 **Millefiori,** ✆ 769000, Fax 769119, ≤ Dolomiti e pinete, 🏫 – 📺 ☎ ⟺ 🅿. 🗲 *VISA*. ✛ rist
    chiuso dal 4 novembre al 4 dicembre e dal 25 maggio al 20 giugno – **Pasto** carta 24/40000 –
    14 cam ⊑ 50/100000 – ½ P 70/80000.

  a Tamion SO : 3,5 km – ✉ 38039 Vigo di Fassa :

  🏠 **Gran Mugon** ⤢, ✆ 64208, ≤, ≘s – ↤ rist ☎ 🅿. 🅱 🗲 *VISA*. ✛ rist
    20 dicembre-24 aprile e 25 giugno-15 ottobre – **Pasto** (solo per clienti alloggiati) 22/25000 –
    21 cam ⊑ 80/98000 – ½ P 60/90000.

VILLA Brescia – Vedere Gargnano.

VILLA ADRIANA Roma 988 ㉖, 430 Q 20 – Vedere Tivoli.

VILLA AGNEDO 38050 Trento – 668 ab. alt. 351 – a.s. dicembre-aprile – ✆ 0461.

Roma 591 – Belluno 71 – Trento 41 – Treviso 100 – Venezia 130.

  🏠 **Cà Bianca 2** ⤢, NE : 2 km ✆ 762788, Fax 763450, ≤ vallata, 🌴 – 📺 ☎ 🅿. ⒶⒺ 🅱 ⓄⒹ 🗲
    VISA. ✛
    Pasto carta 41/68000 – ⊑ 10000 – **15 cam** 50/90000 – ½ P 75/90000.

VILLA BANALE Trento – Vedere Stenico.

VILLABASSA (NIEDERDORF) 39039 Bolzano 429 B 18 – 1 235 ab. alt. 1 158 – ✆ 0474.

🛈 Palazzo del Comune ✆ 75136, Fax 75283.

Roma 738 – ◆Bolzano 100 – Brunico 23 – Cortina d'Ampezzo 36 – ◆Milano 399 – Trento 160.

  🏨 **Aquila-Adler,** ✆ 75128, Fax 75278, 🎣, ≘s, 🗲 – 🔁 📺 ☎ 🅿. ⒶⒺ 🅱 🗲 *VISA*. ✛
    chiuso dal 5 novembre al 18 dicembre – **Pasto** vedere rist **Aquila-Adler** – **45 cam**
    ⊑ 95/170000 – ½ P 75/125000.

  ✗✗ **Aquila-Adler** - Hotel Aquila-Adler, ✆ 75128 – 🅿. ⒶⒺ 🅱 🗲 *VISA*. ✛
    chiuso martedì e dal 5 novembre al 18 dicembre – **Pasto** carta 38/66000.

  ✗✗ **Friedlerhof,** ✆ 745003 – 🅿. 🅱 🗲 *VISA*. ✛
    chiuso martedì e giugno – **Pasto** carta 38/57000.

VILLA D'ALME' 24018 Bergamo 428 E 10 – 5 808 ab. alt. 289 – ✆ 035.

Roma 601 – ◆Bergamo 14 – Lecco 31 – ◆Milano 58.

  ✗✗ **Osteria della Brughiera,** via Brughiera 49 ✆ 638008, « Servizio estivo in giardino » –
    ⒶⒺ 🅱 🗲 *VISA*. ✛
    chiuso lunedì, martedì a mezzogiorno, dal 1° al 7 gennaio ed agosto – **Pasto** carta 33/57000.

VILLA DI CHIAVENNA 23029 Sondrio 428 C 10, 218 ⑭ – 1 137 ab. alt. 625 – ✆ 0343.
Roma 692 – Chiavenna 8 – ◆Milano 131 – Saint Moritz 41 – Sondrio 69.

XX **La Lanterna Verde,** a San Barnaba SE : 2 km ℘ 38588, Fax 38593, 佘 – ❹. ⓐ 🖼 🄴 ⱽᴵˢᴬ.
chiuso mercoledì, giovedì a mezzogiorno e dal 26 giugno al 7 luglio – **Pasto** carta 30/65000.

VILLAGRAZIA Palermo 432 M 21 – Vedere Sicilia (Carini) alla fine dell'elenco alfabetico.

VILLAMARINA Forlì 430 J 19 – Vedere Cesenatico.

VILLAMMARE 84070 Salerno 431 G 28 – a.s. luglio-agosto – ✆ 0973.
Roma 411 – ◆Napoli 205 – Salerno 154 – Sapri 4.

🏠 **Rivamare,** ℘ 365282, ≤, ▲ₛ, 佘 – ☎ ❹. ⅏
Pasto (13 giugno-15 settembre; solo per clienti alloggiati) – ⊵ 5000 – **20 cam** 55/65000 –
½ P 65/70000.

VILLANDRO (VILLANDERS) 39043 Bolzano 429 C 16 – 1 749 ab. alt. 880 – ✆ 0472.
Roma 669 – ◆Bolzano 28 – Bressanone 13 – Cortina d'Ampezzo 100 – Trento 88.

XX **Ansitz Steinbock** con cam, ℘ 843111, Fax 53111, ≤, « Ambiente tipico » – ☎ ❹. ⓐ 🖼
🄴 ⱽᴵˢᴬ. ⅏ cam
chiuso dal 6 gennaio al 5 marzo – **Pasto** (chiuso lunedì) carta 40/67000 – **18 cam** ⊵ 65/
110000 – ½ P 65/75000.

VILLANOVA Bologna 430 I 16 – Vedere Bologna.

VILLANOVA 65010 Pescara 430 O 24 – alt. 55 – ✆ 085.
Roma 199 – ◆Pescara 12 – L'Aquila 88 – Chieti 9.

XX **La Lanterna,** ℘ 9771700, Fax 9772400, 佘 – ▤ ❹ – ▲ 100. ⓐ 🖼 ⓞ ⱽᴵˢᴬ
chiuso domenica sera, lunedì, martedì e novembre – **Pasto** 60/130000.

VILLANOVA Pordenone – Vedere Prata di Pordenone.

VILLANOVAFORRU Cagliari 433 I 8 – Vedere Sardegna alla fine dell'elenco alfabetico.

VILLA OPICINA 34016 Trieste 988 ⑥, 429 E 23 – alt. 348 – ✆ 040.
Vedere ≤★★ su Trieste e il golfo – Grotta Gigante★ NO : 3 km.
Roma 664 – Gorizia 40 – ◆Milano 403 – ◆Trieste 11 – Udine 66 – ◆Venezia 153.

X **Daneu** con cam, ℘ 214214, « Servizio estivo all'aperto », 佘 – ▣ ☎ ❹. ⓐ 🖼 ⓞ 🄴 ⱽᴵˢᴬ.
⅏
Pasto (chiuso lunedì, dal 15 al 31 gennaio e dal 15 al 30 novembre) carta 31/53000 – ⊵ 5000
– **17 cam** 70/100000 – ½ P 70/80000.

VILLAR FOCCHIARDO 10050 Torino 428 G 3 – alt. 450 – ✆ 011.
Roma 703 – ◆Torino 42 – Susa 16.

XX **La Giaconera,** ℘ 9645000 – ❹. 🖼 🄴 ⱽᴵˢᴬ. ⅏
chiuso lunedì, martedì ed agosto – **Pasto** 65/75000 e carta 35/65000.

VILLA ROSA Teramo 430 N 23 – Vedere Martinsicuro.

VILLA SAN GIOVANNI 89018 Reggio di Calabria 988 ㊲ ㊳, 431 M 28 – 12 791 ab. alt. 21 –
✆ 0965.
Escursioni Costa Viola★ a Nord per la strada S 18.
🚗 ℘ 751026-int. 393.
🚢 per Messina giornalieri (35 mn) – Società Caronte, via Marina 30 ℘ 751413, e Stazione
Ferrovie Stato, piazza Stazione ℘ 758241.
Roma 653 – ◆Reggio di Calabria 14.

🏨 **Gd H. De la Ville,** via Ammiraglio Curzon prolungamento Sud ℘ 795600, Fax 795640 –
🛗 ⇄ cam ▤ ▣ ☎ 🚗 ❹. ⓐ 🖼 ⓞ 🄴 ⱽᴵˢᴬ. ⅏ rist
Pasto carta 46/77000 – **50 cam** ⊵ 210/275000, 10 appartamenti – ½ P 160/180000.

VILLASIMIUS Cagliari 988 ㉞, 433 J 10 – Vedere Sardegna alla fine dell'elenco alfabetico.

VILLASTRADA 46030 Mantova 428 429 H 13 – alt. 22 – ✆ 0375.
Roma 461 – ◆Parma 40 – ◆Verona 74 – Mantova 33 – ◆Milano 161 – ◆Modena 58 – Reggio nell'Emilia 38.

XX **Nizzoli,** ℘ 89150, Fax 89150 – ⓐ 🖼. ⅏
chiuso mercoledì e dal 24 al 29 dicembre – **Pasto** carta 50/60000.

VILLA VERUCCHIO Rimini 430 J 19 – Vedere Verucchio.

VILLE SUR SARRE Aosta 219 ② – Vedere Sarre.

VILLETTA BARREA 67030 L'Aquila 988 ㉗, 430 Q 23, 431 B 23 – 624 ab. alt. 990 – ✿ 0864.
Roma 179 – L'Aquila 151 – Isernia 50 – ◆Pescara 138.

🏨 **Il Pescatore**, via Roma ℰ 89347, Fax 89253 – 📺 ☎ 🅿 – 🔬 80. **E** 𝘝𝘐𝘚𝘈. ⋙
Pasto carta 29/38000 – **30 cam** ⇆ 30/70000 – ½ P 60/70000.

🏨 **Degli Olmi**, via Fossato 8/b ℰ 89159, Fax 89185 – 📺 ☎ 🅿 – **30 cam.**

🏨 **Il Vecchio Pescatore,** via Benedetto Virgilio ℰ 89274, Fax 89255 – 🛗 📺 ☎. 🆎 🆂 **E**
𝘝𝘐𝘚𝘈.
Pasto (solo per clienti alloggiati) carta 27/38000 – **12 cam** ⇆ 50/80000 – ½ P 60/70000.

✕ **Trattoria del Pescatore,** via Benedetto Virgilio 175 ℰ 89152, prenotare – 🆎 🆂 **E** 𝘝𝘐𝘚𝘈.
⋙
Pasto carta 26/37000.

VILLNÖSS = Funes.

VILPIAN = Vilpiano.

VILPIANO (**VILPIAN**) 39010 Bolzano 429 C 15, 218 ⑳ – alt. 264 – ✿ 0471.
Roma 650 – ◆Bolzano 14 – Merano 15 – ◆Milano 310 – Trento 71.

🏨 **Sparerhof,** via Nalles 2 ℰ 678671, Fax 678342, « Galleria d'arte contemporanea », ≦ₛ,
🔲 riscaldata, 🏖 – 🅿 🆂 𝘝𝘐𝘚𝘈 𝙅𝘊𝘉. ⋙ rist
Pasto (chiuso domenica, lunedì a mezzogiorno e da novembre a marzo) carta 29/45000 –
21 cam ⇆ 45/100000 – ½ P 60/65000.

VINCI 50059 Firenze 988 ⑭, 429 430 K 14 – 13 695 ab. alt. 98 – ✿ 0571.
Roma 304 – ◆Firenze 40 – Lucca 54 – ◆Livorno 72 – Pistoia 25.

🏨 **Alexandra** senza rist, via Dei Martiri 38 ℰ 56224, Fax 567972 – 🗐 📺 ☎ 🅿 – 🔬 30. 🆎 🆂
⓪ **E** 𝘝𝘐𝘚𝘈. ⋙ – ⇆ 10000 – **37 cam** 85/105000.

VIPITENO (**STERZING**) 39049 Bolzano 988 ④, 429 B 16 – 5 604 ab. alt. 948 – Sport invernali :
948/2 161 m – ⛷ 1 ⛷ 5, ⛷ – ✿ 0472 – Vedere Via Città Nuova★.
🖪 piazza Città 3 ℰ 765325, Fax 765441.
Roma 708 – ◆Bolzano 66 – Brennero 13 – Bressanone 30 – Merano 58 – ◆Milano 369 – Trento 130.

🏨🏨 **Aquila Nera-Schwarzer Adler,** ℰ 764064, Fax 766522, 𝑓ₛ, ≦ₛ, 🔲 – 📺 ☎ 🅿 – 🔬 30.
🆂 **E** 𝘝𝘐𝘚𝘈. ⋙ cam
chiuso dal 26 giugno al 13 luglio e dall'8 novembre al 20 dicembre – **Pasto** (chiuso lunedì)
carta 62/90000 – **41 cam** ⇆ 120/170000, 3 appartamenti – ½ P 130/140000.

a Casateia (Gasteig) SO : 2,5 km – alt. 970 – ✉ 39040 Racines :

🏨 **Gasteigerhof,** ℰ 765701, Fax 766943, ≤, 🍽, 𝑓ₛ, ≦ₛ, 🔲, 🏖 – 📺 ☎ 🅿. 🆂 ⓪ **E** 𝘝𝘐𝘚𝘈.
⋙ rist
chiuso dall'8 novembre al 18 dicembre – **Pasto** carta 42/90000 – **30 cam** ⇆ 85/160000 –
½ P 98/107000.

a Prati (Wiesen) E : 3 km – alt. 948 – ✉ 39049 Vipiteno :

🏨 **Wiesnerhof,** ℰ 765222, Fax 765703, ≤, ≦ₛ, 🔲, 🏖, ⋙ – 🛗 📺 ☎ 🅿. 🆂. ⋙ rist
chiuso dal 10 novembre al 20 dicembre – **Pasto** (chiuso lunedì) 26/60000 – **34 cam**
⇆ 80/160000 – ½ P 70/90000.

🏨 **Rose,** ℰ 764300, Fax 764639, 𝑓ₛ, ≦ₛ – 🛗 ☎ 🅿. ⋙ rist
Natale-Pasqua e 15 maggio-settembre – **Pasto** (solo per clienti alloggiati) 25/40000 –
22 cam ⇆ 75/140000 – ½ P 62/88000.

a Tulve (Tulfer) E : 8 km – alt. 1 280 – ✉ 39049 Vipiteno :

✕✕ **Pretzhof,** ℰ 764455, Fax 764455, ≤, 🍽, « Ambiente caratteristico » – 🅿. 🆂 **E** 𝘝𝘐𝘚𝘈
chiuso dal 15 al 24 dicembre, gennaio, dal 15 al 25 giugno, lunedì e martedì – **Pasto**
carta 36/54000.

a Calice (Kalch) SO : 10 km – alt. 1 443 – ✉ 39040 Racines :

🏨 **Kalcherhof** ⑊, ℰ 756615, Fax 756330, ≤ monti e vallata, ≦ₛ, 🔲 – 🛗 ☎ 🚐 🅿. 🆂 **E**
𝘝𝘐𝘚𝘈. ⋙ rist
chiuso da novembre al 15 dicembre – **Pasto** (chiuso giovedì) carta 33/54000 – **20 cam**
⇆ 80/124000 – ½ P 68/80000.

a Ridanna (Ridnaun) O : 12 km – alt. 1 342 – ✉ 39040 :

🏨 **Sonklarhof** ⑊, ℰ 66212, Fax 66224, ≤, 𝑓ₛ, ≦ₛ, 🔲, 🏖, ⋙ – 🔬 rist ☎ 🅿. ⋙ rist
20 dicembre-10 aprile e 15 maggio-27 ottobre – **Pasto** carta 37/54000 – **40 cam** ⇆ 210000
– ½ P 70/115000.

VISERBELLA Rimini 988 ⑮, 430 J 19 – Vedere Rimini.

VISNADELLO 31050 Treviso 429 E 18 – alt. 46 – ✿ 0422.
Roma 555 – ◆Venezia 41 – Belluno 67 – Treviso 11 – Vicenza 69.

✕✕ **Da Nano,** ℰ 928911, Specialità di mare – 🗐 🅿. 🆎 🆂 ⓪ **E** 𝘝𝘐𝘚𝘈
chiuso domenica sera, lunedì ed agosto – **Pasto** carta 50/80000.

VITERBO 01100 **P** 988 ㉕, 430 O 18 – 58 370 ab. alt. 327 – ✆ 0761.

Vedere Piazza San Lorenzo★★ Z – Palazzo dei Papi★★ Z – Quartiere San Pellegrino★★ Z.

Dintorni Villa Lante★★ a Bagnaia per ① : 5 km – Teatro romano★ di Ferento 9 km a Nord per viale Baracca Y – 🖪 piazzale dei Caduti 14 ✆ 304795, Fax 326206 – piazza Verdi 4/a ✆ 226666, Fax 346029.

A.C.I. via Marini 16 ✆ 324806.

Roma 104 ③ – Chianciano Terme 100 ④ – Civitavecchia 58 ③ – Grosseto 123 ③ – ◆Milano 508 ④ – Orvieto 45 ④ – ◆Perugia 127 ④ – Siena 143 ④ – Terni 62 ①.

VITERBO

Circolazione stradale regolamentata nel centro città

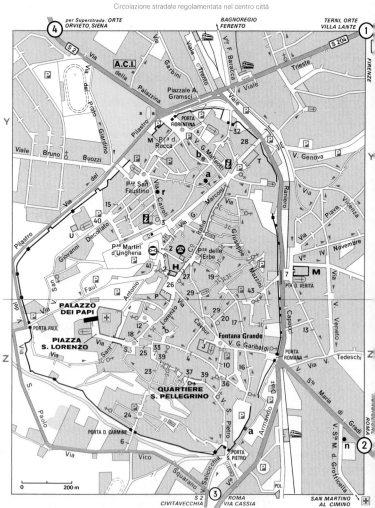

698

🏨 **Balletti Palace Hotel** senza rist, viale F Mulini 8 ℰ 344777, Fax 344777 – 🛗 📺 ☎ –
🅰 200. ⚠ 🚫 ⓪ 🄴 𝗩𝗜𝗦𝗔. ⚞⚟   Y
103 cam ⊆ 90/145000.

🏨 **Mini Palace Hotel** senza rist, via Santa Maria della Grotticella 2 ℰ 309742, Fax 344715
– 🛗 📺 ☎ ⇚ 🅿 – 🅰 25. ⚠ 🚫 ⓪ 🄴 𝗩𝗜𝗦𝗔. ⚞⚟   Z **n**
38 cam ⊆ 120/180000.

🏨 **Tuscia** senza rist, via Cairoli 41 ℰ 344400, Fax 345976 – 🛗 ☎. ⚠ 🚫 ⓪ 🄴 𝗩𝗜𝗦𝗔. ⚞⚟
⊆ 10000 – **43 cam** 70/110000.   Y **r**

🏨 **Milano 3**, senza rist, via del Pavone 23 ℰ 309848, Fax 303356 – 📺 ☎   Y **a**
15 cam.

🟌🟌 **Il Grottino**, via della Cava 7 ℰ 308188, Coperti limitati; prenotare – ▤. ⚠ ⓪.
⚞⚟   Y **b**
chiuso martedì e dal 20 giugno al 10 luglio – **Pasto** carta 49/69000.

🟌🟌 Aquila Nera, via delle Fortezze ℰ 344220, « Servizio estivo all'aperto »   Z **a**

a San Martino al Cimino S : 6,5 km Z – alt. 561 – ✉ 01030 :

🏨 **Balletti Park Hotel** ⤿, ℰ 3771, Telex 623059, Fax 379496, ≤, 🍴, 𝓘𝓼, ⚏, 🏊 riscaldata,
🍃, ⚒ – 🛗 📺 ☎ 🅿 – 🅰 30 a 350. ⚠ 🚫 ⓪ 🄴 𝗩𝗜𝗦𝗔. ⚞⚟
Pasto carta 39/58000 – **114 cam** ⊆ 105/220000, 26 appartamenti – ½ P 85/190000.

sulla strada statale 2 - via Cassia per ③ : 5 km :

🟌 **Il Portico**, ✉ 01100 ℰ 263041 – 🅿. 🚫 𝗩𝗜𝗦𝗔. ⚞⚟
chiuso lunedì, dal 7 al 20 gennaio e dal 1° al 20 luglio – **Pasto** carta 30/54000.

Vedere anche : *Bagnaia* per ① : 5 km.

☞ *Per l'iscrizione nelle sue guide,*
   Michelin non accetta
   né favori, né denaro!

VITICCIO Livorno – Vedere Elba (Isola d') : Portoferraio.

VITORCHIANO 01030 Viterbo 𝟺𝟹𝟶 O 18 – 2 561 ab. alt. 285 – ✿ 0761.
Roma 113 – Orvieto 45 – Terni 55 – Viterbo 9.

🟌🟌 **Al Pallone**, al quadrivio S : 3 km ℰ 370344, 🍴, 🍃 – 🅿. ⚠ 🚫 ⓪ 🄴 𝗩𝗜𝗦𝗔
chiuso domenica sera, mercoledì, dal 1° al 15 gennaio e dal 6 al 21 luglio – **Pasto**
carta 30/62000.

VITTORIA Ragusa 𝟺𝟹𝟸 Q 25 – Vedere Sicilia alla fine dell'elenco alfabetico.

VITTORIA (Santuario della) Genova – Vedere Mignanego.

VITTORIO VENETO 31029 Treviso 𝟿𝟪𝟪 ⑤, 𝟺𝟸𝟿 E 18 – 29 220 ab. alt. 136 – ✿ 0438.
Vedere Affreschi★ nella chiesa di San Giovanni.
⛰ Cansiglio (aprile-novembre) a Pian del Cansiglio ✉ 31029 Vittorio Veneto ℰ 585398,
NE : 21 km.
🛈 piazza del Popolo ℰ 57243, Fax 53629.
Roma 581 – Belluno 37 – Cortina d'Ampezzo 92 – ◆Milano 320 – Treviso 41 – Udine 80 – ◆Venezia 70.

🏨 **Terme**, via delle Terme 4 ℰ 554345, Fax 554347, 🍃 – 🛗 ▤ 📺 ☎ ⇚ – 🅰 200. ⚠ 🚫 🄴
𝗩𝗜𝗦𝗔. ⚞⚟
Pasto *(chiuso lunedì)* carta 42/67000 – ⊆ 15000 – **39 cam** 110/150000 – ½ P 130000.

🟌🟌 **Locanda al Postiglione**, via Cavour 39 ℰ 556924 – 🅿. ⚠ 🚫 ⓪ 🄴 𝗩𝗜𝗦𝗔. ⚞⚟
chiuso mercoledì e dal 20 luglio al 10 agosto – Pasto carta 28/42000.

🟌 **Leon d'Oro**, con cam, via Cavour 8 ℰ 940740 – 📺 ☎. ⚠ 🚫 🄴 𝗩𝗜𝗦𝗔
Pasto carta 30/43000 – **11 cam** ⊆ 75/95000 – ½ P 60/80000.

a San Giacomo di Veglia SE : 2,5 km – ✉ 31020 :

🏨 **Sanson** senza rist, ℰ 500161, Fax 500888 – 📺 ☎ 🅿. ⚠ 🚫 𝗩𝗜𝗦𝗔. ⚞⚟
⊆ 8000 – **28 cam** 45/95000.

VIVERONE 13040 Biella 𝟺𝟸𝟪 F 6, 𝟸𝟣𝟿 ⑮ – 1 349 ab. alt. 407 – a.s. luglio-13 settembre – ✿ 0161.
Roma 661 – ◆Torino 58 – Biella 23 – Ivrea 16 – ◆Milano 97 – Novara 51 – Vercelli 32.

🏨 **Marina** ⤿, frazione Comuna ℰ 987577, Fax 98689, ≤, 🍴, « Giardino in riva al lago »,
🏊, ⚓, ⚒ – 🛗 📺 ☎ 🅿 – 🅰 300. ⚠ 🚫 🄴 𝗩𝗜𝗦𝗔. ⚞⚟
Pasto carta 32/46000 – ⊆ 14000 – **41 cam** 90/130000 – ½ P 90/98000.

🏨 **Royal**, al lido ℰ 98142, Fax 987038, ≤, 🍃 – 🛗 ▤ 📺 ☎ ⇚ 🅿 – 🅰 40 a 300. ⚠ 🚫 ⓪ 🄴
𝗩𝗜𝗦𝗔 𝗝𝗖𝗕. ⚞⚟ rist
Pasto carta 31/49000 – **47 cam** 85/100000 – ½ P 85000.

VOBARNO 25079 Brescia 428 429 F 13 – 6 468 ab. alt. 246 – ✪ 0365.

Roma 555 – ◆Brescia 41 – ◆Milano 126 – Trento 96 – ◆Verona 69.

🏠 **Eureka,** località Carpeneda NO : 2 km ᵍ 61066 – 📺 ☎ 🄿
chiuso dal 7 al 30 gennaio – **Pasto** carta 24/43000 – 🖵 8000 – **17 cam** 60/79000 –
½ P 65000.

VODO CADORE 32040 Belluno 429 C 18 – 941 ab. alt. 901 – ✪ 0435.

Roma 654 – Belluno 49 – Cortinad'Ampezzo 22 – ◆Milano 392 – ◆Venezia 139.

XX **Al Capriolo,** ᵍ 489207 – 🄿. AE 🕄 ⓪ E 🗺
5 dicembre-20 aprile e 20 giugno-10 ottobre ; chiuso martedì – **Pasto** carta 43/59000.

VOGHERA 27058 Pavia 988 ⑬, 428 G 9 – 40 468 ab. alt. 93 – ✪ 0383.

Roma 574 – Alessandria 38 – ◆Genova 94 – ◆Milano 64 – Pavia 32 – Piacenza 64.

sulla strada statale 10 SO : 2 km :

🏠 **Rallye,** via Tortona 51 ✉ 27058 ᵍ 45321, Fax 49647, 🏖, 🛥 – 🗐 rist 📺 ☎ 🄿. AE 🕄 ⓪
E 🗺. 🛠 rist
chiuso dal 20 dicembre al 10 gennaio e dal 10 al 20 agosto – **Pasto** *(chiuso lunedì)*
carta 34/59000 – 🖵 15000 – **34 cam** 75/110000 – ½ P 70/80000.

VOGHIERA 44019 Ferrara 429 H 17 – 4 078 ab. alt. 7 – ✪ 0532.

Roma 444 – ◆Bologna 60 – ◆Ferrara 16 – ◆Ravenna 61.

XX **Trattoria del Belriguardo,** ᵍ 815503 – 🗐. AE 🕄 ⓪ E 🗺
chiuso mercoledì, dal 17 al 31 gennaio e dal 15 al 30 agosto – **Pasto** carta 31/51000.

XX Al Pirata, ᵍ 818281, Specialità di mare – 🗐

VOLPAGO DEL MONTELLO 31040 Treviso 429 E 18 – 8 537 ab. alt. 90 – ✪ 0423.

Roma 552 – Belluno 74 – Treviso 16 – Vicenza 54.

X **La Paesana,** ᵍ 620313, Fax 620313, 🏖 – 🄿. AE 🕄 ⓪ E 🗺 JCB. 🛠
chiuso mercoledì sera, giovedì e dal 23 luglio al 16 agosto – **Pasto** carta 26/43000.

VOLPEDO 15059 Alessandria 428 H 8 – 1 206 ab. alt. 182 – ✪ 0131.

Roma 578 – Alessandria 32 – ◆Genova 84 – Piacenza 87.

XX **La Palmana,** ᵍ 80222, 🏖 – AE 🕄 ⓪ E 🗺. 🛠
chiuso mercoledì e dal 7 al 31 gennaio – **Pasto** 25000 *(solo a mezzogiorno)* 40000 e
carta 40/60000.

VOLPIANO 10088 Torino 988 ⑫, 428 G 5 – 12 583 ab. alt. 219 – ✪ 011.

Roma 687 – ◆Torino 17 – Aosta 97 – ◆Milano 126.

🏠 **RestHotel Primevère,** via Brandizzo 115 ᵍ 9952369, Fax 9951992 – 🗐 📺 ☎ 🚗 🄿 –
🔬 40. AE 🕄 ⓪ E 🗺. 🛠
Pasto 28000 – **40 cam** 🖵 130/155000.

XX ❀ **La Noce,** corso Regina Margherita 19 ᵍ 9882383, Specialità di mare, solo su prenota-
zione – 🗐. AE 🕄 ⓪ E 🗺. 🛠
chiuso domenica, lunedì e dal 7 al 30 agosto – **Pasto** *(menu suggerito dal proprietario)*
60/75000 *(a mezzogiorno)* 80/95000 *(alla sera)*
Spec. Fantasia di mare dorata in crosta di semola, Filetto di pescatrice al lardo di Arnad, Rombo in cartoccio di patate e
salsa al basilico.

VÖLS AM SCHLERN = Fiè allo Sciliar.

VOLTAGGIO 15060 Alessandria 428 I 8 – 811 ab. alt. 342 – ✪ 010.

Roma 528 – ◆Genova 40 – Acqui Terme 56 – ◆Milano 112 – Savona 77 – ◆Torino 134.

X **La Filanda,** via Filanda 84 ᵍ 9601137, 🏖 – 🄿. AE 🕄 ⓪ E 🗺
chiuso lunedì e febbraio – **Pasto** 35/45000.

VOLTA MANTOVANA 46049 Mantova 428 429 G 13 – 5 861 ab. alt. 127 – ✪ 0376.

Roma 488 – ◆Verona 39 – ◆Brescia 60 – Mantova 25.

🏠 **Buca di Bacco,** via San Martino ᵍ 801277, Fax 801664 – 🔉 🗐 📺 ☎ 🄿. 🕄 E 🗺. 🛠
Pasto *(chiuso martedì)* carta 25/38000 – 🖵 7000 – **36 cam** 60/85000 – ½ P 58/65000.

Ferienreisen wollen gut vorbereitet sein.

Die Straßenkarten und Führer von Michelin

geben Ihnen Anregungen und praktische Hinweise zur Gestaltung Ihrer Reise :

Streckenvorschläge, Auswahl und Besichtigungsbedingungen

der Sehenswürdigkeiten, Unterkunft, Preise... u. a. m.

Vedere Piazza dei Priori★★ – Duomo★: Deposizione lignea★★ – Battistero★ A – ≼★★ dal viale dei Ponti – Museo Etrusco Guarnacci★ – Porta all'Arco★.

🛈 via Turazza 2 ℘ 86150.

Roma 287 ② – ◆Firenze 76 ② – Siena 50 ② – ◆Livorno 73 ③ – ◆Milano 377 ② – Pisa 64 ①.

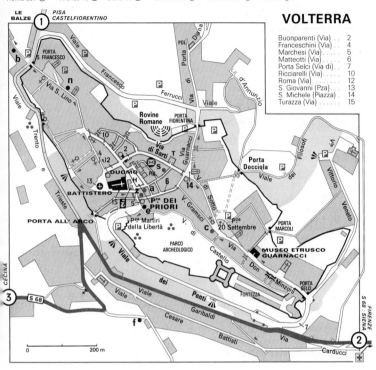

VOLTERRA

Buonparenti (Via)	2
Franceschini (Via)	4
Marchesi (Via)	5
Matteotti (Via)	6
Porta Selci (Via di)	7
Ricciarelli (Via)	10
Roma (Via)	12
S. Giovanni (Pza)	13
S. Michele (Piazza)	14
Turazza (Via)	15

Circolazione stradale regolamentata nel centro città

🏨 **San Lino,** via San Lino 26 ℘ 85250, Fax 80620, ⚓, – 劏 🗏 📺 ☎ ⟸, ஊ 🕄 ⓪ ㅌ 娲. ⅙
Pasto *(chiuso a mezzogiorno, mercoledì e dal 3 novembre a marzo)* carta 32/50000 –
44 cam � 100/160000 – ½ P 105/125000. **n**

🏨 **Sole** ⤬ senza rist, via dei Cappuccini 10 ℘ 84000, Fax 84000, ⚏ – 📺 ☎ 🅿 ㅌ 娲.
⤬ **f**
�️ 10000 – **10 cam** 80/100000.

🏨 **Villa Nencini** ⤬ senza rist, borgo Santo Stefano 55 ℘ 86386, Fax 80601, ≼, « Giardino
e boschetto con ⚓ » – ☎ 🅿. 🕄 ㅌ 娲 **b**
⊿ 10000 – **14 cam** 75/100000.

🏨 **Villa Rioddi** ⤬ senza rist, località Rioddi ℘ 88053, Fax 88074, ≼, ⚏ – 🗏 📺 ☎ 🅿. ஊ 🕄
⓪ ㅌ 娲. ⅙ 2 km per ③
chiuso dal 10 al 30 novembre – ⊿ 10000 – **9 cam** 90/100000.

🏨 **Nazionale,** via dei Marchesi 11 ℘ 86284, Fax 84097 – 劏 📺 ☎ ᕁ. 🕄 ⓪ ㅌ 娲.
⅙ rist **e**
Pasto *(chiuso venerdì)* carta 33/45000 (12%) – ⊿ 9000 – **36 cam** 75/100000 – ½ P 72/
85000.

🍴🍴 **Il Sacco Fiorentino,** piazza 20 Settembre 18 ℘ 88537 – ஊ 🕄 ⓪ ㅌ 娲 ᴊᴄʙ **c**
chiuso venerdì e febbraio – **Pasto** carta 30/60000.

🍴🍴 **Osteria dei Poeti,** via Matteotti 55/57 ℘ 86029 – ஊ 🕄 ⓪ ㅌ 娲 ᴊᴄʙ **z**
chiuso giovedì e dal 10 al 30 novembre – **Pasto** carta 27/61000 (10%).

🍴 **Da Beppino,** via delle Prigioni 15/19 ℘ 86051, Rist. e pizzeria – ஊ 🕄 ㅌ 娲 ᴊᴄʙ **s**
chiuso mercoledì e dal 10 al 20 gennaio – **Pasto** carta 28/38000 (10%).

🍴 **Biscondola,** strada statale 68 ℘ 85197, 🍽 – 🅿. ஊ 🕄 ⓪ 娲 2 km per ③
chiuso lunedì e dal 9 al 31 gennaio – **Pasto** carta 26/43000.

a Saline di Volterra SO : 9 km – ✉ **56047** :

Africa, ☎ 44193, Fax 44193 – TV ☎ P. AE S E VISA
Pasto *(chiuso domenica)* carta 26/38000 – ☕ 8000 – **11 cam** 65/74000 – ½ P 55/70000.

XX **Il Vecchio Mulino** con cam, ☎ 44060, Fax 44060, – TV ☎ P. AE S O E VISA.
chiuso venerdì, dal 26 gennaio al 9 febbraio e dal 16 al 30 novembre – **Pasto** carta 29/55000 (10%) – **5 cam** 70/100000.

VOZE Savona – Vedere Noli.

VULCANO (Isola) Messina 988 ㊲ ㊳, 431 432 L 26 – Vedere Sicilia (Eolie, isole) alla fine dell'elenco alfabetico.

WELSBERG = Monguelfo.

WELSCHNOFEN = Nova Levante.

WOLKENSTEIN IN GRÖDEN = Selva di Val Gardena.

ZADINA PINETA Forlì – Vedere Cesenatico.

ZAFFERANA ETNEA Catania 432 N 27 – Vedere Sicilia alla fine dell'elenco alfabetico.

ZERMAN Treviso – Vedere Mogliano Veneto.

ZERO BRANCO **31059** Treviso 429 F 18 – 7 733 ab. alt. 18 – ☎ 0422.
Roma 538 – ◆Venezia 29 – ◆Milano 271 – ◆Padova 35 – Treviso 13.

XXX **Cá Busatti,** N : 3 km ☎ 97629, Coperti limitati; prenotare – P.
chiuso domenica sera e lunedì – **Pasto** carta 40/60000.

XX **Da Sauro,** ☎ 97116, Fax 97116 – ▤. AE S VISA.
chiuso dal 21 luglio al 21 agosto, sabato-domenica da maggio a settembre, lunedì sera e martedì negli altri mesi – **Pasto** carta 32/51000.

ZIANO DI FIEMME **38030** Trento 429 D 16 – 1 354 ab. alt. 953 – a.s. 23 gennaio-Pasqua e Natale – ☎ 0462.
i piazza Italia ☎ 502890.
Roma 657 – ◆Bolzano 53 – Belluno 83 – Canazei 30 – ◆Milano 315 – Trento 75.

Al Polo, ☎ 571131, Fax 571833, – |\$| ▤ rist TV ☎ P. AE S O VISA.
18 dicembre-25 aprile e giugno-20 ottobre – **Pasto** *(chiuso giovedì)* carta 32/47000 – ☕ 10000 – **41 cam** 70/120000 – ½ P 70/100000.

ZIBELLO **43010** Parma 428 429 G 12 – 2 190 ab. alt. 35 – ☎ 0524.
Roma 493 – ◆Parma 36 – Cremona 28 – ◆Milano 103 – Piacenza 41.

X **Trattoria la Buca,** ☎ 99214, prenotare – P.
chiuso lunedì sera, martedì e dal 1° al 15 luglio – **Pasto** carta 44/64000.

ZIBIDO SAN GIACOMO **20080** Milano 428 F 9 – 4 051 ab. alt. 103 – ☎ 02.
Roma 559 – ◆Milano 15 – Alessandria 80 – Novara 60 – Pavia 21 – Vigevano 29.

XX **Antica Osteria di Moirago,** strada statale 35 ☎ 90002174, Fax 90003399, – P. AE S O E VISA JCB
chiuso domenica sera e lunedì – **Pasto** carta 50/83000.

ZINZULUSA (Grotta) Lecce 431 G 37 – Vedere Castro Marina.

ZOCCA **41059** Modena 428 429 430 I 14 – 4 225 ab. alt. 758 – a.s. luglio-agosto – ☎ 059.
Roma 385 – ◆Bologna 57 – ◆Milano 218 – ◆Modena 49 – Pistoia 84 – Reggio nell'Emilia 75.

Panoramic, via Tesi 690 ☎ 987010, <, – |\$| ☎ P. S O E VISA.
chiuso dal 15 gennaio al 15 febbraio – **Pasto** *(chiuso lunedì escluso da giugno al 15 settembre)* carta 27/45000 – ☕ 8000 – **28 cam** 70/100000 – ½ P 50/85000.

ZOGNO **24019** Bergamo 428 E 10 – 8 714 ab. alt. 334 – ☎ 0345.
Roma 619 – ◆Bergamo 18 – ◆Brescia 70 – Como 64 – ◆Milano 60 – San Pellegrino Terme 7.

ad Ambria NE : 2 km – ✉ **24019** Zogno :

X **Da Gianni** con cam, ☎ 91093, Fax 93675 – ☎ P. AE S E VISA
chiuso dal 1° al 20 settembre – **Pasto** *(chiuso lunedì dal 21 settembre al 15 giugno)* carta 27/48000 – ☕ 7000 – **9 cam** 40/70000 – ½ P 50/60000.

Pour être inscrit au ***guide Michelin***
– pas de piston,
– pas de pot-de-vin !

Roma 378 – ◆Bologna 12 – ◆Milano 209 – ◆Modena 33.

🏨 Zolahotel, senza rist, via Risorgimento 186 ✆ 751101, Fax 751101 – 🛗 🗏 📺 ☎ ⟵⟶ 🅿 –
🛠 50 a 250
108 cam ☞ 190/260000.

🍴 **Masetti,** via Gesso 70 ✆ 755131, � – 🅿. 🗛🖽 🕃 ⓘ 𝘝𝘐𝘚𝘈. ⚘
chiuso venerdì, sabato a mezzogiorno, dal 15 al 30 gennaio ed agosto – **Pasto** carta 32/
43000.

ZOLDO ALTO 32010 Belluno 429 C 18 – 1 316 ab. alt. (frazione Fusine) 1 177 – Sport invernali :
1 177/2 050 m ⚡1 ⚡10, ⚡ (vedere anche Alleghe) – ✿ 0437.

🚲 frazione Mareson ✆ 789145.

Roma 646 – Belluno 45 – Cortina d'Ampezzo 52 – ◆Milano 388 – Pieve di Cadore 39 – ◆Venezia 135.

🏨 **Sporting,** frazione Pecol, alt. 1 375 ✆ 789484, Fax 788616, ≼, 🕿 – 📺 ☎ ⟵⟶ 🅿. ⓘ 𝘝𝘐𝘚𝘈.
⚘
dicembre-Pasqua e luglio-15 settembre – **Pasto** (solo per clienti alloggiati) 40000 – ☞ 15000
– **24 cam** 100/150000 – ½ P 70/140000.

🏨 **Corona,** frazione Mareson, alt. 1 338 ✆ 789290, Fax 789490 – ☎ 🅿. ⚘
dicembre-Pasqua e 20 giugno-10 settembre – **Pasto** (solo per clienti alloggiati) 25000 –
40 cam ☞ 75/140000 – ½ P 65/95000.

🏠 **Bosco Verde** ⚘, frazione Pecol, alt. 1 375 ✆ 789151, Fax 788757 – 🍽 rist ☎ 🅿. 🗛🖽 🕃
ⓘ 🄴 𝘝𝘐𝘚𝘈. ⚘
giugno-ottobre – **Pasto** carta 31/59000 – **22 cam** ☞ 70/125000 – ½ P 66/98000.

🏠 **La Baita** ⚘ senza rist, frazione Pecol, alt. 1 375 ✆ 789445, ⚡ – ☎ 🅿. ⚘
12 cam ☞ 73/145000.

🏠 **Maè,** frazione Mareson, alt. 1 338 ✆ 789189, Fax 789117, ≼ – ☎ 🅿. ⓘ. ⚘
4 dicembre-15 aprile e luglio-15 settembre – **Pasto** (chiuso a mezzogiorno da ottobre a
marzo) 20/30000 – ☞ 10000 – **19 cam** 80/110000 – ½ P 50/110000.

ZOMPITTA Udine – Vedere Reana del Roiale.

ZORZINO Bergamo – Vedere Riva di Solto.

ZUCCARELLO 17039 Savona 428 J 6 – 298 ab. alt. 120 – ✿ 0182.

Roma 592 – Cuneo 91 – ◆Genova 93 – San Remo 60 – Savona 47.

🍴🍴 **La Cittadella,** ✆ 79056, Coperti limitati; prenotare
chiuso a mezzogiorno (escluso i giorni festivi) e lunedì – **Pasto** 95000.

ZWISCHENWASSER = Longega.

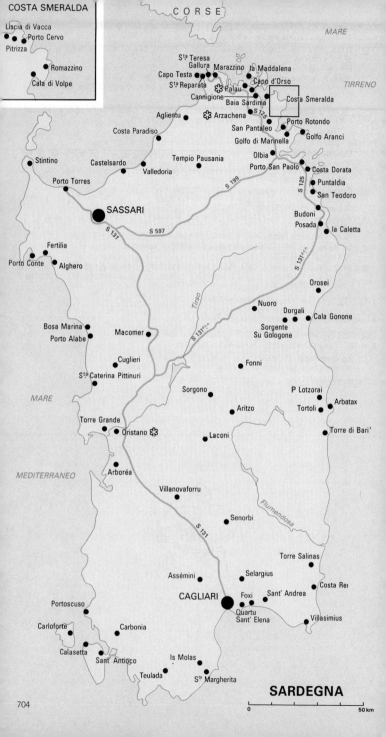

SARDEGNA

988 ㉓ ㉔ ㉝ ㉞, 433 – 1 646 771 ab. alt. da 0 a 1 834 (Punta La Marmora, monti del Gennargentu).

✈ **vedere** : Alghero, Cagliari, Olbia e Sassari.

⛴ **per la Sardegna vedere** : Civitavecchia, Genova, La Spezia, Livorno, Palermo, Trapani; **dalla Sardegna vedere** : Cagliari, Golfo Aranci, Olbia, Porto Torres, Tortolì (Arbatax).

AGLIENTU **07020** Sassari 433 D 9 – 1 097 ab. – ☎ 079.

♦Cagliari 253 – ♦Olbia 70 – ♦Sassari 88.

✗ **Lu Fraili,** ✆ 654369 – ▤. 🅂 E VISA. ✻
maggio-settembre; chiuso lunedì – **Pasto** carta 36/61000.

ALGHERO **07041** Sassari 988 ㉝, 433 F 6 – 39 056 ab. – a.s. 15 giugno-15 settembre – ☎ 079.

Vedere Città vecchia★.

Dintorni Grotta di Nettuno★★★ NO : 26,5 km – Strada per Capo Caccia ≤★★ – Nuraghe Palmavera★ NO : 10 km.

✈ di Fertilia NO : 11 km ✆935033.

🅸 piazza Porta Terra 9 ✆ 979054, Fax 974881.

♦Cagliari 227 – ♦Nuoro 136 – ♦Olbia 137 – Porto Torres 35 – ♦Sassari 35.

Calabona, località Calabona ✆ 975728, Telex 790242, Fax 981046, ≤, ⅃₆, ≘, ⛱, ▲ – |≑| ▤ 📺 ☎ 🅟 – 🅰 30 a 400. AE 🅂 ⓞ E VISA. ✻ rist
aprile-ottobre – **Pasto** 35/45000 – **110 cam** ☐ 150/200000 – ½ P 125/150000.

Rina, ✆ 984240, Telex 791021, Fax 984297, ⛱ – |≑| ▤ 📺 ☎ – 🅰 50 a 120. AE 🅂 ⓞ E VISA JCB. ✻
Pasto 40/55000 – ☐ 18000 – **80 cam** 164/193000 – ½ P 165/185000.

Villa Las Tronas ⛭, lungomare Valencia 1 ✆ 981818, Fax 981044, ≤ mare e scogliere, « Giardino », ⛱, ▲ – |≑| ▤ 📺 ☎ 🅟. AE 🅂 ⓞ E VISA. ✻
Pasto *(16 maggio-19 settembre)* 50/60000 – **30 cam** ☐ 180/280000 – ½ P 190/230000.

Florida, via Lido 15 ✆ 950535, Fax 985424, ≤, ⛱ – |≑| ▤ 📺 ☎ 🅟. 🅂 E VISA. ✻ rist
Pasto *(aprile-ottobre)* 25/40000 – ☐ 10000 – **78 cam** 110/140000 – ½ P 78/148000.

Continental senza rist, via Fratelli Kennedy 66 ✆ 975250, ⛱ – |≑| ☎ 🅟. AE 🅂 ⓞ E VISA
22 maggio-settembre – **32 cam** ☐ 92/124000.

✗✗ **La Lepanto,** via Carlo Alberto 135 ✆ 979116, ☂ – ▤. AE 🅂 ⓞ E VISA
chiuso lunedì escluso dal 16 giugno al 14 settembre – **Pasto** carta 37/59000.

✗✗ **Il Pavone,** piazza Sulis 3/4 ✆ 979584, ☂ – ▤. AE 🅂 ⓞ E VISA. ✻
chiuso mercoledì e dal 20 dicembre al 20 gennaio – **Pasto** carta 46/72000.

✗✗ **Al Tuguri,** via Maiorca 113/115 ✆ 976772 – ▤. AE 🅂 E VISA. ✻
chiuso domenica e dal 20 dicembre al 20 gennaio – **Pasto** carta 36/50000 (15 %).

✗ **Rafel,** via Lido 20 ✆ 950385, ≤ – 🅂 ⓞ E VISA. ✻
chiuso novembre e giovedì in bassa stagione – **Pasto** carta 45/70000.

a Fertilia NO : 6 km – ✉ **07040** :

Dei Pini ⛭, località Le Bombarde O : 3 km ✆ 930157, Telex 790057, Fax 930259, ≤ mare e pineta, « In pineta », ▲, ✗ – ▤ ☎ 🅟. AE 🅂 E VISA. ✻
aprile-ottobre – **Pasto** 35/70000 – ☐ 28000 – **91 cam** 180/200000 – ½ P 85/195000.

a Porto Conte NO : 13 km 433 F 6 – ✉ **07041** Alghero :

El Faro ⛭, ✆ 942010, Telex 790107, Fax 942030, ≤ golfo, ☂, ⛱, ▲, ✗ – |≑| ▤ ☎ 🅟 – 🅰 25 a 150. AE 🅂 ⓞ E VISA. ✻ rist
12 maggio-15 ottobre – **Pasto** 70000 – **92 cam** ☐ 165/260000, 5 appartamenti – ½ P 150/220000.

ARBATAX Nuoro 433 H 11 – Vedere Tortolì.

ARBOREA **09092** Oristano 988 ㉝, 433 H 7 – 3 801 ab. alt. 7 – a.s. luglio-13 settembre – ☎ 0783.

♦Cagliari 85 – ♦Olbia 210 – ♦Oristano 17 – Porto Torres 154.

al mare NO : 4,5 km :

Ala Birdi ⛭, ✉ 09092 ✆ 801084, Fax 801086, Villini nel verde, ⛱, ▲, ⛱, ✗ – ▤ rist ☎ 🅟 – 🅰 50 a 100. AE 🅂 ⓞ E VISA. ✻ rist
Pasto carta 39/75000 – **81 cam** ☐ 93/143000 – ½ P 142000.

ARITZO **08031** Nuoro 988 ㉝, 433 H 9 – 1 691 ab. alt. 796 – a.s. luglio-10 settembre – ☎ 0784.

Escursioni Monti del Gennargentu★★ NE – Strada per Villanova Tulo : ≤★★ sul lago di Flumendosa.

♦Cagliari 114 – ♦Nuoro 80 – ♦Olbia 184 – ♦Oristano 85 – Porto Torres 177.

Park Hotel, ✆ 629201, Fax 629318, ≤ – |≑| 📺 ☎. AE 🅂 E VISA. ✻
Pasto 27/41000 – ☐ 5000 – **20 cam** 45/80000 – ½ P 65/70000.

ARZACHENA 07021 Sassari 𝟵𝟴𝟴 ②, 𝟰𝟯𝟯 D 10 – 9 429 ab. alt. 83 – a.s. 15 giugno-15 settembre – ✪ 0789.

Dintorni Costa Smeralda★★ – Tomba dei Giganti di Li Muri★ SO : 10 km per la strada di Luogosanto.

🏌 Pevero (chiuso Natale e martedì da novembre a marzo) a Porto Cervo (Costa Smeralda) ✉ 07020, ℘ 96210, Fax 96572, NE : 18,5 km.

⛴ della Costa Smeralda : vedere Olbia.

🛈 piazza Risorgimento ℘ 82624, Fax 81090.

◆Cagliari 311 – ◆Olbia 26 – Palau 14 – Porto Torres 147 – ◆Sassari 129.

🏠 **Citti** senza rist, viale Costa Smeralda 197 ℘ 82662, Fax 81920, ⤼ – 📺 ☎ ↔ 🅿. ✻ ⤶ 6000 – **50 cam** 60/93000.

a Cannigione NE : 8,5 km – ✉ 07020 :

✗ **Del Porto**, con cam, ℘ 88011 – 🗏 📺 **14 cam.**

sulla strada per Baia Sardinia NE : 8,5 km :

✗✗✗ ❀ **Grazia Deledda** con cam, ✉ 07021 Arzachena ℘ 98988, Fax 98990, prenotare – 🗏 📺 ☎ 🅿. 🅰🅴 🕄 ⓸ 🅴 𝘝𝘐𝘚𝘈. ✻ *marzo-novembre* – **Pasto** carta 80/120000 – ⤶ 20000 – **11 cam** 169/230000 – ½ P 230/250000 **Spec.** Medaglioni d'aragosta al profumo di basilico, Cullurzones (ravioli) alla barbaricina, Porcellino da latte al profumo di mirto.

a Baia Sardinia NE : 16,5 km – ✉ 07021 Arzachena – a.s. 15 giugno-15 settembre :

🏨 **Club Hotel**, ℘ 99006, Telex 792108, Fax 99286, ⤢, ⤿ – 🛗 🗏 📺 ☎ 🅿. 🅰🅴 🕄 ⓸ 🅴 𝘝𝘐𝘚𝘈. ✻ rist *chiuso dal 3 gennaio a Pasqua* – **Pasto** al Rist. *Casablanca (maggio-settembre; chiuso a mezzogiorno)* carta 60/80000 – **85 cam** ⤶ 170/270000 – ½ P 195/255000.

🏨 **La Bisaccia** ⤲, ℘ 99002, Telex 790331, Fax 99162, ≤ arcipelago della Maddalena, 🌴, « Giardino », ⤼, ⤿ – 🛗 🗏 📺 ☎ 🅿 – 🔺 80. 🅰🅴 🕄 ⓸ 🅴 𝘝𝘐𝘚𝘈. ✻ rist *maggio-20 ottobre* – **Pasto** (solo per clienti alloggiati) 50/90000 – ⤶ 25000 – **49 cam** 170/320000, 7 appartamenti – ½ P 120/300000.

🏨 **Mon Repos**, ℘ 99011, Fax 99050, ⤢, ⤼, ⤿, 🌴 – 🗏 📺 ☎ 🅿. 🕄 𝘝𝘐𝘚𝘈. ✻ *Pasqua-15 ottobre* – **Pasto** 40/50000 – ⤶ 20000 – **46 cam** 130/150000.

🏨 **La Jacia**, ℘ 99810, Fax 99803, ⤼ – 📺 ☎ 🅿. 𝘝𝘐𝘚𝘈 𝘫𝘤𝘣. ✻ *maggio-settembre* – **Pasto** 35/40000 – **24 cam** ⤶ 156/240000 – ½ P 80/160000.

🏠 **Olimpia** ⤲ senza rist, ℘ 99191, Fax 99191, ⤼ – ☎ 🅿. 🅰🅴 ⓸ 𝘝𝘐𝘚𝘈 *10 maggio-settembre* – **17 cam** ⤶ 105/190000.

✗✗✗ **Casablanca**, ℘ 99006, 🌴, Rist.-piano bar, Coperti limitati; prenotare – 🅰🅴 🕄 ⓸ 🅴 𝘝𝘐𝘚𝘈. ✻ *10 maggio-2 ottobre; chiuso a mezzogiorno* – **Pasto** carta 74/95000.

✗ **Lu Narili**, ℘ 99678, 🌴 – 🅿. 🕄 𝘝𝘐𝘚𝘈 *chiuso domenica sera in bassa stagione* – **Pasto** carta 40/72000.

sulla Costa Smeralda – ✉ 07020 Porto Cervo – a.s. 15 giugno-15 settembre :

🏨 **Cala di Volpe** ⤲, a Cala di Volpe E : 16,5 km ℘ 96083, Telex 790274, Fax 96442, ≤ baia e porticciolo, 🌴, ⤼, ⤿, 🌴, ✻ – 🛗 🗏 📺 ☎ 🅿. 🅰🅴 🕄 ⓸ 🅴 𝘝𝘐𝘚𝘈. ✻ *12 maggio-ottobre* – **123 cam** solo ½ P 639000.

🏨 **Pitrizza** ⤲, a Pitrizza NE : 19 km ℘ 91500, Telex 792079, Fax 91629, ≤ baia, 🌴, « Ville indipendenti », ⤼, ⤿, 🌴 – 🗏 📺 ☎ 🅿 – 🔺 50. 🅰🅴 🕄 ⓸ 🅴 𝘝𝘐𝘚𝘈. ✻ *12 maggio-ottobre* – **51 cam** solo ½ P 701000.

🏨 **Romazzino** ⤲, a Romazzino E : 19 km ℘ 96020, Telex 790059, Fax 96258, ≤ mare ed isolotti, 🌴, « Giardino con ⤼ », ⤿, ✻ – 🗏 📺 ☎ 🅿. 🅰🅴 🕄 ⓸ 🅴 𝘝𝘐𝘚𝘈. ✻ *12 maggio-8 ottobre* – **90 cam** solo ½ P 628000, appartamento.

🏨 **Cervo** ⤲, a Porto Cervo NE : 18,5 km ℘ 92003, Telex 790037, Fax 92593, ⤢, 🌴, « Piccolo patio » – 🗏 📺 ☎. 🅰🅴 🕄 ⓸ 🅴 𝘝𝘐𝘚𝘈. ✻ *aprile-ottobre* – al Rist. *Cervo Grill (giugno-settembre)* carta 100/150000 – **90 cam** ⤶ 350000 – ½ P 393000.

🏨 **Le Ginestre** ⤲, verso Porto Cervo NE : 17 km ℘ 92030, Fax 94087, ⤢, 🌴, ⤼ riscaldata, ⤿, ✻ – 🗏 ☎ 🅿 – **Pasto** 60/90000 – **78 cam** ⤶ 400/500000, 2 appartamenti – ½ P 150/290000.

🏨 **Cervo Tennis Club** ⤲ senza rist, a Porto Cervo NE : 18,5 km ℘ 92244, Fax 94013, ⤢, 🏌, 🎾, ⤼, 🔲, ⤿, ✻ – 🗏 📺 ☎ 🅿 – 🔺 80 a 200. 🅰🅴 🕄 ⓸ 🅴 𝘝𝘐𝘚𝘈. ✻ **16 cam** ⤶ 371000.

✗✗ **Il Pescatore**, a Porto Cervo NE : 18,5 km ℘ 92296, « Servizio all'aperto sul porticciolo » *stagionale; chiuso a mezzogiorno.*

✗ **Dante**, località Sottovento E : 17,5 km ℘ 92432 – 🅿. 🅰🅴 🕄 ⓸ 🅴 𝘝𝘐𝘚𝘈 *15 marzo-settembre* – **Pasto** carta 40/60000 (10 %).

SARDEGNA

ASSEMINI 09032 Cagliari 🖼 ㉚, 🖼 J 8 – 20 531 ab. alt. 7 – ✆ 070.

♦Cagliari 14.

🏠 **Grillo,** via Carmine 132 ℰ 946350, Fax 946826 – 🖹 🗏 📺 ☎ 🚕 🅿 – 🔏 50 a 250. 🆀 🕃 🗉 ▥ 🆁 . ❀
chiuso agosto – **Pasto** (chiuso domenica da giugno a settembre) carta 23/44000 – ⌑ 8000 – **72 cam** 90/120000 – ½ P 115/170000.

BAIA SARDINIA Sassari 🖼 ㉙ ㉚, 🖼 D 10 – Vedere Arzachena.

BARI SARDO 08042 Nuoro 🖼 H 10 – 3 994 ab. alt. 50 – a.s. luglio-10 settembre – ✆ 0782.
♦Cagliari 130 – Muravera 66 – ♦Nuoro 106 – ♦Olbia 187 – Porto Torres 244 – ♦Sassari 226.

a Torre di Barì E : 4,5 km – ✉ **08042** Bari Sardo

🏠 **La Torre,** ℰ 28030, Fax 29577, 🏖, 🐟, 🌳, ❊ – 🗏 📺 ☎ 🅿 – 🔏 150
45 cam.

BOSA 08013 Nuoro 🖼 ㉚, 🖼 G 7 – 8 512 ab. alt. 10 – ✆ 0785.
Alghero 64 – ♦Cagliari 172 – ♦Nuoro 86 – ♦Olbia 151 – ♦Oristano 64 – Porto Torres 99 – ♦Sassari 99.

🏠 **Mannu,** viale Alghero ℰ 375306, Fax 375308 – 🗏 📺 ☎ 🅿. ❀ rist
Pasto (chiuso domenica sera o lunedì) carta 29/54000 – **28 cam** ⌑ 60/100000 – ½ P 70/90000.

a Bosa Marina SO : 2,5 km – ✉ **08013** – a.s. luglio-10 settembre :

🏠 **Al Gabbiano,** ℰ 374123, Fax 374123, ☂ – 🗏 rist 📺 ☎ 🅿. 🆀 🕃 🗉 ▥ . ❀
Pasto (chiuso da novembre a marzo) carta 34/52000 – ⌑ 10000 – **30 cam** 75/100000 – ½ P 65/105000.

I prezzi	Per ogni chiarimento sui prezzi riportati in guida, consultate le pagine dell'introduzione.

BUDONI 08020 Nuoro 🖼 E 11 – 3 647 ab. – a.s. luglio-10 settembre – ✆ 0784.
♦Cagliari 248 – ♦Nuoro 67 – ♦Olbia 37 – Porto Torres 154 – ♦Sassari 136.

🏠 **Isabella,** ℰ 844048, Fax 844409, 🌳, ❊ – 🗏 rist 📺 ☎ 🅿. 🆀 🕃 🕭 🗉 ▥
Pasto carta 29/40000 – **26 cam** ⌑ 70/95000 – ½ P 80/90000.

❌ **Il Portico,** ℰ 844450, ☂ – 🗏. 🆀 🕃 🗉 ▥
chiuso dal 10 ottobre al 20 novembre e lunedì in bassa stagione – **Pasto** carta 30/66000.

CAGLIARI 09100 🄿 🖼 ㉚, 🖼 J 9 – 202 944 ab. – ✆ 070.
Vedere Museo Nazionale Archeologico★ : bronzetti★★★ Y – ≤★★ dalla terrazza Umberto I Z – Pulpiti★★ nella Cattedrale Y – Torre di San Pancrazio★ Y – Torre dell'Elefante★ Y.
Escursioni Strada★★★ per Muravera per ①.
🛫 di Elmas per ② : 6 km ℰ 240079 – Alitalia, via Caprera 14 ✉ 09123 ℰ 60108.
🚢 per Civitavecchia giornaliero (13 h) e Genova 23 giugno-15 settembre mercoledì e domenica (20 h 45 mn); per Napoli 24 giugno-15 settembre mercoledì e venerdì, negli altri mesi mercoledì (15 h 45 mn); per Palermo sabato (14 h 30 mn) e Trapani domenica (11 h) – Tirrenia Navigazione-agenzia Agenave, via Campidano 1 ℰ 666065, Telex 790013, Fax 663853.
🛈 piazza Matteotti 9 ✉ 09123 ℰ 669255 – Aeroporto di Elmas ✉ 09132 ℰ 240200.
A.C.I. via Carboni Boi 2 ✉ 09129 ℰ 492882.
♦Nuoro 182 ② – Porto Torres 229 ② – ♦Sassari 211 ②.

Pianta pagina seguente

🏨 **Regina Margherita** senza rist, viale Regina Margherita 44 ✉ 09124 ℰ 670342, Fax 668325 – 🖹 🗏 📺 ☎ 🚕 – 🔏 30 a 350. 🆀 🕃 🕭 🗉 ▥ . ❀   Z **g**
99 cam ⌑ 200/250000.

🏨 **Mediterraneo,** lungomare Cristoforo Colombo 46 ✉ 09125 ℰ 301271, Telex 790180, Fax 301274, ≤, 🌳 – 🖹 🗏 📺 ☎ 🅿 – 🔏 50 a 650. 🆀 🕃 🕭 🗉 ▥ . ❀ rist   Z **s**
Pasto (chiuso domenica) 50000 e al Rist. **Al Golfo** carta 50/76000 – **124 cam** ⌑ 193/242000, 12 appartamenti.

🏨 **Panorama,** viale Armando Diaz 231 ✉ 09126 ℰ 307691, Fax 305413, 🏊 – 🖹 🗏 📺 ☎ 🚕 – 🔏 30 a 150. 🆀 🕃 🕭 🗉 ▥   Z
Pasto 40/66000 – **97 cam** ⌑ 170/200000 – ½ P 140/205000.

🏨 **Forte Agip,** circonvallazione Nuova ✉ 09134 Pirri ℰ 521373, Telex 792104, Fax 502222 – 🖹 🗏 📺 ☎ 🅿 – 🔏 200. 🆀 🕃 🕭 🗉 ▥ 🅹🅲🄱 . ❀   4 km per via Dante   Y
Pasto 30/60000 – **129 cam** ⌑ 159/189000.

🏨 **Sardegna,** via Lunigiana 50 ✉ 09122 ℰ 286245, Telex 792152, Fax 290469 – 🖹 🗏 📺 🅿 – 🔏 30 a 120. 🆀 🕃 🕭 🗉 ▥ . ❀ rist   2 km per viale Trieste   YZ
Pasto (chiuso dal 20 dicembre al 6 gennaio) carta 37/54000 (15%) – **90 cam** ⌑ 129/195000 – ½ P 89/158000.

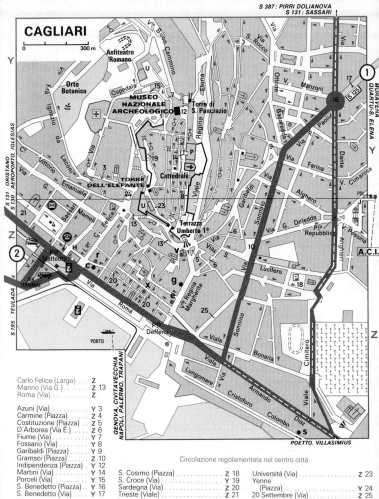

CAGLIARI

S 387 : PIRRI DOLIANOVA
S 131 : SASSARI

Circolazione regolamentata nel centro città

Carlo Felice (Largo)	Z
Manno (Via G.)	Z 13
Roma (Via)	Z

🏨 **Quadrifoglio,** via Peretti 8/10 - Circonvallazione Nuova (c/o Ospedale Civile) ⊠ 09047 Selargius ✆ 543093, Fax 543036 – 🛗 🗏 📺 ☎ 🅿 – ⚏ 30 a 60. 🆎 🛅 🗲 𝘝𝘐𝘚𝘈. ✍
Pasto (chiuso lunedì e dal 1° al 20 agosto) carta 35/55000 (10%) – **87 cam** ⌂ 84/119000.
per via Dante Y

🏨 Italia, senza rist, via Sardegna 31 ⊠ 09124 ✆ 660410, Fax 650240 – 🛗 🗏 📺 ☎ – ⚏ 50
113 cam.
Z c

🍴🍴🍴 **Dal Corsaro,** viale Regina Margherita 28 ⊠ 09124 ✆ 664318, Fax 653439 – 🗏. 🆎 🛅 ⓿ 𝘝𝘐𝘚𝘈. ✍
Z e
chiuso domenica, dal 23 dicembre al 6 gennaio ed agosto – **Pasto** carta 55/75000 (10%).

🍴🍴 **Antica Hostaria,** via Cavour 60 ⊠ 09124 ✆ 665870, « Collezione di quadri » – 🗏. 🆎 🛅 ⓿ 𝘝𝘐𝘚𝘈. ✍
Z x
chiuso domenica ed agosto – **Pasto** carta 45/60000 (12%).

🍴🍴 **St. Remy,** via Torino 16 ⊠ 09124 ✆ 657377 – 🗏. 🆎 🛅 ⓿ 🗲 𝘝𝘐𝘚𝘈. ✍
Z v
Pasto carta 39/72000 (10%).

🍴 **Italia,** via Sardegna 30 ⊠ 09124 ✆ 657987 – 🗏. 🆎 🛅 ⓿ 🗲 𝘝𝘐𝘚𝘈
Z r
chiuso domenica e Ferragosto – **Pasto** carta 29/44000 (12%).

al bivio per Capoterra per ② : 12 km :

XX **Sa Cardiga e Su Schironi,** ✉ 09012 Capoterra ✐ 71652, Fax 71613, Specialità di mare – 🔳 **Ⓟ**. ᴁ 🛐 ⓞ ᴇ 𝚅𝙸𝚂𝙰
chiuso lunedì e dal 10 al 30 novembre – **Pasto** carta 42/60000.

Vedere anche : *Quartu Sant'Elena* E : 7 km.

MICHELIN, a Sestu, strada statale 131 al km 7,200 per ② - ✉ 09028 Sestu, ✐ 22122, Fax 240722.

CALA GINEPRO Nuoro – Vedere Orosei.

CALA GONONE Nuoro 🆘🅱🅱 ㉞, 🅐🅱🅱 G 10 – Vedere Dorgali.

CALASETTA 09011 Cagliari 🆘🅱🅱 ㉝, 🅐🅱🅱 J 7 – 2 678 ab. alt. 10 – ✪ 0781.
🚢 per l'Isola di San Pietro-Carloforte giornalieri (30 mn) – Saremar-agenzia Ser.Ma.Sa., al porto ✐ 88430.
🚢 per l'Isola di San Pietro-Carloforte giornalieri (10 mn) – Saremar-agenzia Ser.Ma.Sa., al porto ✐ 88430.
♦Cagliari 105 – ♦Oristano 145.

🏨 **Stella del Sud,** località Spiaggia Grande ✐ 810188, Fax 810268, 🏊, 🄰⊝, X – 🔳 📺 🕿 **Ⓟ**. ᴁ 🛐 ⓞ 𝚅𝙸𝚂𝙰. X
chiuso dicembre – **Pasto** *(aprile-ottobre)* carta 35/55000 – **50 cam** ⇌ 128/197000 – ½ P 115/145000.

X **Bellavista** con cam, ✐ 88211, ≤, 🍴 – 🔳. 🛐. X
chiuso dal 4 novembre al 15 dicembre – **Pasto** *(chiuso lunedì da ottobre ad aprile)* carta 35/50000 – ⇌ 11000 – **12 cam** 80/105000, 🔳 5000 – P 98/126000.

CANNIGIONE Sassari 🅐🅱🅱 D 10 – Vedere Arzachena.

CAPO D'ORSO Sassari – Vedere Palau.

CAPO TESTA Sassari – Vedere Santa Teresa Gallura.

CARBONIA 09013 Cagliari 🆘🅱🅱 ㉝, 🅐🅱🅱 J 7 – 32 888 ab. alt. 100 – ✪ 0781.
♦Cagliari 71 – ♦Oristano 121.

X **Bovo-da Tonino,** via Costituente 18 ✐ 62217, 🍴 – 🔳. X
chiuso domenica e i giorni festivi – **Pasto** carta 30/52000.

CARLOFORTE Cagliari 🆘🅱🅱 ㉝, 🅐🅱🅱 J 6 – Vedere San Pietro (Isola di).

CASTELSARDO 07031 Sassari 🆘🅱🅱 ㉓, 🅐🅱🅱 E 8 – 5 239 ab. – a.s. 15 giugno-15 settembre – ✪ 079.
♦Cagliari 243 – ♦Nuoro 152 – ♦Olbia 100 – Porto Torres 34 – ♦Sassari 32.

🏨 **Riviera da Fofò,** ✐ 470143, Fax 470270, ≤ – |📱| 🔳 cam 📺 🕿 **Ⓟ** – 🛦 60. ᴁ 🛐 ⓞ ᴇ 𝚅𝙸𝚂𝙰. X rist
Pasto *(chiuso mercoledì da novembre ad aprile)* carta 34/72000 – ⇌ 10000 – **31 cam** 80/125000 – ½ P 90/115000.

XX **Sa Ferula,** località Lu Bagnu SO : 4 km ✐ 474049, Fax 474049, ≤, 🍴 – **Ⓟ**. ᴁ 🛐 ⓞ ᴇ 𝚅𝙸𝚂𝙰
chiuso mercoledì e dal 15 al 30 novembre – **Pasto** carta 31/46000.

COSTA DORATA Sassari 🅐🅱🅱 E 10 – Vedere Porto San Paolo.

COSTA PARADISO Sassari 🅐🅱🅱 D 8 – Vedere Trinità d'Agultu.

COSTA REI Cagliari 🅐🅱🅱 J 10 – Vedere Muravera.

COSTA SMERALDA Sassari 🆘🅱🅱 ㉓ ㉔, 🅐🅱🅱 D 10 – Vedere Arzachena.

CUGLIERI 09073 Oristano 🅐🅱🅱 G 7 – 3 383 ab. alt. 479 – ✪ 0785.
♦Cagliari 133 – Alghero 68 – ♦Oristano 40 – ♦Sassari 106.

X **La Meridiana,** ✐ 39400, 🍴
chiuso mercoledì, dal 15 al 30 gennaio e dal 15 al 30 ottobre – **Pasto** carta 26/65000.

DORGALI 08022 Nuoro 🆘🅱🅱 ㉞, 🅐🅱🅱 G 10 – 8 045 ab. alt. 387 – a.s. luglio-10 settembre – ✪ 0784.
Vedere Dolmen Motorra★ N : 4 km.
Dintorni Grotta di Ispinigoli : colonna★★ N : 8 km – Strada★★ per Cala Gonone E : 10 km – Nuraghi di Serra Orios★ NO : 10 km – Strada★★★ per Arbatax Sud.
♦Cagliari 213 – ♦Nuoro 32 – ♦Olbia 114 – Porto Torres 170 – ♦Sassari 152.

🏠 **Il Querceto**, NO : 1 km 𝒫 96509, Fax 95254, ☞, ※ – 📺 ☎ ℗, E *VISA*, ※ rist
2 aprile-ottobre – **Pasto** carta 30/51000 (10%) – ☲ 7500 – **20 cam** 80/110000 – ½ P 80/
100000.

✗ **Colibrì**, 𝒫 96054, 🏠 – ※
chiuso da dicembre a febbraio e domenica da ottobre a maggio – **Pasto** carta 40/55000.

a Cala Gonone E : 9 km – ✉ **08020** :

🏩 **Costa Dorada**, 𝒫 93332, Fax 93445, ≤ – ↳ rist 🗐 📺 ☎, 🕮 📶 ⓪ E *VISA*, ※ rist
Pasqua-ottobre – **Pasto** (solo per clienti alloggiati) 35/45000 – ☲ 10000 – **26 cam** 120/
160000, appartamento – ½ P 80/140000.

🏠 **Miramare**, 𝒫 93140, Fax 93469, ≤ – 📳 📺 ☎, 🕮 📶 ⓪ E *VISA*, ※ rist
aprile-10 ottobre – **Pasto** (chiuso sino a maggio e dal 1º al 10 ottobre) carta 28/50000 (10%)
– **35 cam** ☲ 85/120000 – ½ P 80/130000.

🏠 **L'Oasi** ⑤, 𝒫 93111, Fax 93444, ≤ mare e costa, 🏠, « Giardino fiorito a terrazze » – 🗐
☎ ℗ – 🕭 25 a 60. *VISA* ※
Pasqua-10 ottobre – **Pasto** (solo per clienti alloggiati) 22/25000 – ☲ 10000 – **32 cam**
73/85000, 🗐 10000 – ½ P 66/83000.

✗✗ **Aquarius**, 𝒫 93428, 🏠 – 🗐, 🕮 📶 E *VISA*
chiuso febbraio e giovedì (escluso da maggio a settembre) – **Pasto** carta 40/62000.

✗ Il Pescatore, 𝒫 93174, ≤, 🏠
stagionale.

🔲 **FERTILIA** Sassari 🔢 ㉓, 🔢 F 6 – Vedere Alghero.

🔲 **FONNI** 08023 Nuoro 🔢 ㉓, 🔢 G 9 – 4 652 ab. alt. 1 000 – ✪ 0784.

Escursioni Monti del Gennargentu★★ Sud.

◆Cagliari 161 – ◆Nuoro 33 – ◆Olbia 137 – Porto Torres 149 – ◆Sassari 131.

🏠 **Cualbu**, viale del Lavoro 21 𝒫 57054, Fax 58403 – 📳 ☎ ℗ – 🕭 200. ※
Pasto carta 28/42000 – ☲ 8000 – **60 cam** 60/75000 – ½ P 56/86000.

🔲 **FOXI** Cagliari 🔢 J 9 – Vedere Quartu Sant'Elena.

🔲 **GOLFO ARANCI** 07020 Sassari 🔢 ㉔, 🔢 E 10 – 1 977 ab. – a.s. 15 giugno-15 settembre –
✪ 0789.

🚢 per Livorno aprile-settembre giornalieri (9 h 15 mn) – Sardinia Ferries, molo Sud
𝒫 46780.

◆Cagliari 304 – ◆Olbia 19 – PortoTorres 140 – ◆Sassari 122 – Tempio Pausania 64.

🏠 **Margherita** senza rist, 𝒫 46906, Fax 46851, ≤, ☴, ☞ – 📳 🗐 📺 ☎ ℗, 🕮 📶 ⓪ E *VISA*
26 cam ☲ 175/220000.

🔲 **GOLFO DI MARINELLA** Sassari 🔢 D 10 – Vedere Olbia.

🔲 **IS MOLAS** Cagliari – Vedere Pula.

🔲 **LA CALETTA** Nuoro 🔢 F 11 – Vedere Siniscola.

🔲 **LACONI** 08034 Nuoro 🔢 ㉓, 🔢 H 9 – 2 466 ab. alt. 555 – ✪ 0782.

◆Cagliari 86 – ◆Nuoro 108 – ◆Olbia 212 – ◆Oristano 59 – Porto Torres 189 – ◆Sassari 171.

✗ **Sardegna**, 𝒫 869033, Fax 869033 – ※
Pasto carta 31/45000.

🔲 **LOTZORAI** 08040 Nuoro 🔢 H 10 – 2 466 ab. alt. 16 – a.s.luglio-10 settembre – ✪ 0782.

◆Cagliari 145 – Arbatax 9,5 – ◆Nuoro 91.

✗ **L'Isolotto**, 𝒫 669431, 🏠 – ℗, 🕮 📶 ⓪ E *VISA*
giugno-settembre; chiuso lunedì – **Pasto** carta 29/34000.

🔲 **MADDALENA (Arcipelago della)** Sassari 🔢 ㉓ ㉔, 🔢 D 10 – alt. da 0 a 212 (monte
Teialone).
La limitazione d'accesso degli autoveicoli è regolata da norme legislative.

Vedere Isola della Maddalena★★ – Isola di Caprera★ : casa-museo★ di Garibaldi.

🔲 **La Maddalena** Sassari 🔢 ㉓ ㉔, 🔢 D 10 – 10 989 ab. – ✉ **07024** – a.s. 15 giugno-
15 settembre – ✪ 0789.

🚢 per Palau giornalieri (15 mn) – Saremar-agenzia Contemar, via Amendola 15
𝒫 737660, Fax 736449.

🅱 via XX Settembre 24 𝒫 736321

🏩 Cala Lunga ⑤, a Porto Massimo N : 6 km 𝒫 734042, Fax 734033, ≤, ☴, 🐾 – 📳 ☎ ℗
stagionale – **71 cam.**

🏨 **Nido d'Aquila** ⟨⟩, O : 3 km ℰ 722130, Fax 722159, ≼ mare e costa – 📶 ▤ 📺 ☎ 🅿. 🆎 🅱 🄴 *VISA*. ⚟
chiuso dal 23 dicembre al 6 gennaio – **Pasto** (aprile-ottobre) carta 33/52000 – ⌑ 11000 –
38 cam 126/160000 – ½ P 96/152000.

🏨 **Garibaldi** ⟨⟩ senza rist, ℰ 737314, Fax 737314 – 📶 ▤ 📺 ☎. 🆎 🅱 ⓞ 🄴 *VISA*. ⚟
⌑ 12500 – **19 cam** 120/166000.

🍴🍴 **Mistral,** ℰ 738088, Fax 738088 – ▤. 🆎 🅱 ⓞ 🄴 *VISA*. ⚟
chiuso novembre e venerdi (escluso dal 12 aprile a settembre) – **Pasto** carta 36/74000.

🍴 **Mangana,** ℰ 738477 – ▤. 🆎 🅱 ⓞ 🄴 *VISA*. ⚟
chiuso dal 20 dicembre al 20 gennaio e mercoledì (escluso luglio-agosto) – **Pasto** carta 37/
61000.

MARAZZINO Sassari 🔢 D 9 – Vedere Santa Teresa Gallura.

MURAVERA 09043 Cagliari 🔢 ㉞, 🔢 I 10 – 4 366 ab. alt. 11 – ✪ 070.
Escursioni Strada★★★ per Cagliari SO.
🛈 via Europa 22 ℰ 9930760.
◆Cagliari 64 – ◆Nuoro 166 – ◆Olbia 253 – Porto Torres 288.

   a Costa Rei S : 31 km – ✉ 09043 Muravera.
   🛈 (giugno-ottobre) piazza Italia 12 ℰ 991350 :

🍴 **Sa Cardiga e Su Pisci,** ℰ 991108, 🍽 – ▤ 🅿. 🆎 🅱 ⓞ 🄴 *VISA*. ⚟
febbraio-ottobre; chiuso giovedì (escluso agosto) e a mezzogiorno da luglio a settembre –
Pasto carta 37/73000.

NETTUNO (Grotta di) Sassari 🔢 ㉒ ㉝, 🔢 F 6 – Vedere Guida Verde.

NUORO 08100 🅿 🔢 ㉝, 🔢 G 9 – 37 519 ab. alt. 553 – a.s. luglio-10 settembre – ✪ 0784.
Vedere Museo della vita e delle tradizioni popolari sarde★.
Dintorni Monte Ortobene★ E : 9 km.
🛈 piazza Italia 19 ℰ 30083, Fax 33432.
A.C.I. via Sicilia 39 ℰ 30034.
◆Cagliari 182 – ◆Sassari 120.

🏨 **Grillo,** via Monsignor Melas 14 ℰ 38678, Fax 32005 – 📶 📺 ☎. 🆎 🅱 ⓞ 🄴 *VISA*. ⚟ rist
Pasto carta 24/44000 (10%) – ⌑ 10000 – **46 cam** 70/92000 – ½ P 65/75000.

🍴🍴 **L'Ambasciata,** via Dessanay ℰ 202745 – 🆎
chiuso domenica – **Pasto** carta 32/59000.

🍴 **Canne al Vento,** viale Repubblica 66 ℰ 201762 – 🆎 🅱 🄴 *VISA*. ⚟
chiuso domenica, dal 20 dicembre al 6 gennaio e dal 7 al 23 agosto – **Pasto** carta 30/51000.

🍴 **Sa Bertula,** via Deffenu 119 ℰ 37690 – 🆎 🅱 🄴 *VISA*. ⚟
chiuso domenica e luglio – **Pasto** carta 31/52000.

🍴 **Il Rifugio,** vicolo del Pozzo 4 ℰ 232355 – 🆎 🅱
chiuso mercoledì – **Pasto** carta 27/41000.

OLBIA 07026 Sassari 🔢 ㉓ ㉞, 🔢 E 10 – 41 096 ab. – a.s. 15 giugno-15 settembre – ✪ 0789.
🛫 della Costa Smeralda SO : 4 km ℰ 52600 – Alisarda, corso Umberto 193 ℰ 66155.
🚢 da Golfo Aranci per Livorno aprile-ottobre giornalieri (9 h 15 mn) – Sardinia Ferries, corso
Umberto 4 ℰ 25200, Fax 24146; per Civitavecchia giornaliero (7 h 30 mn); per Genova
24 giugno-settembre giornalieri , negli altri mesi martedì, giovedì e sabato (13 h) e La Spezia
23 luglio-5 settembre giornaliero (11 h 30 mn) – Tirrenia Navigazione, corso Umberto I 17/19
ℰ 24691, Telex 790023, Fax 22688.
🛈 via Catello Piro 1 ℰ 21453,Fax 22221.
◆Cagliari 268 – ◆Nuoro 102 – ◆Sassari 103.

🏨 **Mediterraneo,** via Montello 3 ℰ 24173, Telex 792017, Fax 24162 – 📶 ▤ 📺 ☎ 🅿. 🆎 🅱
ⓞ 🄴 *VISA*. ⚟
Pasto 30000 – **74 cam** ⌑ 125/175000 – ½ P 88/155000.

🏨 **Centrale** senza rist, corso Umberto 85 ℰ 23017, Fax 26464 – ▤ 📺 ☎ 🅿. 🅱 🄴 *VISA*. ⚟
⌑ 10000 – **23 cam** 100/140000.

🍴🍴 **Leone e Anna,** via Barcellona 90 ℰ 26333 – ▤. 🆎 🅱 🄴 *VISA*
chiuso gennaio e mercoledì (escluso da maggio a settembre) – **Pasto** carta 47/78000.

🍴🍴 Bacchus, via Gabriele d'Annunzio ℰ 21612 – ▤

🍴🍴 **Gallura** con cam, corso Umberto 145 ℰ 24648, Fax 24629 – 📺 ☎ – 🔼 50. 🆎 🅱 🄴 *VISA*
chiuso dal 20 dicembre al 6 gennaio e dal 15 al 30 ottobre – **Pasto** (chiuso lunedì)
carta 65/80000 – **16 cam** ⌑ 80/110000 – ½ P 120/146000.

X **La Palma,** via del Castagno ℰ 51549, 🈺 – 🖭 🕄 ⓞ ∈ 𝗩𝗜𝗦𝗔. ℀
  chiuso domenica e dal 20 dicembre al 10 gennaio – **Pasto** carta 45/72000.

X **Canne al Vento,** via Vignola 33 ℰ 51609 – 🍽 🄿

  sulla via Panoramica NE : 4 km :

🏠 **Stefania,** località Pittulongu ✉ 07026 ℰ 39027, Fax 39186, ≤ mare, 🛴 – 📲 🍽 📺 ☎ 🄿
  🖭 🕄 ∈ 𝗩𝗜𝗦𝗔. ℀
  Pasto vedere rist **Da Nino's** – **28 cam** 🛏 210/290000 – ½ P 215/280000.

XX **Da Nino's,** località Pittulongu ✉ 07026 ℰ 39027 – 🄿. 🖭 🕄 ∈ 𝗩𝗜𝗦𝗔
  chiuso mercoledì escluso da giugno a settembre – **Pasto** carta 61/91000.

X **Trattoria Rossi,** località Pittulongu ✉ 07026 ℰ 39042, ≤ mare, 🈺 – 🍽. 🖭 🕄 ⓞ ∈ 𝗩𝗜𝗦𝗔
  ℀
  chiuso novembre e giovedì in bassa stagione – **Pasto** carta 50/80000.

  a Golfo di Marinella NE : 13 km – ✉ **07026** Olbia :

🏠 **Abi d'Oru** ⚓, ℰ 32001, Fax 32044, ≤ baia, 🈺, « Giardino fiorito con 🛴 », 🐾, ℀ – 📲
  🍽 🍽 📺 ☎ 🄿. 🖭 🕄 ⓞ ∈ 𝗩𝗜𝗦𝗔. ℀
  13 maggio-2 ottobre – **Pasto** 45/70000 – **103 cam** 🛏 315/550000, 9 appartamenti –
  ½ P 140/320000.

  a Porto Rotondo N : 15,5 km – ✉ **07020** :

🏠 **Sporting** ⚓, ℰ 34005, Telex 790113, Fax 34383, ≤ mare e costa, 🈺, 🛴, 🐾, 🈺 – 🍽
  📺 ☎ 🄿. 🖭 🕄 ⓞ ∈ 𝗩𝗜𝗦𝗔. ℀
  19 maggio-ottobre – **Pasto** (solo per clienti alloggiati) – **27 cam** solo ½ P 526000.

XX **Locanda da Giovannino,** ℰ 35280, 🈺 – 🍽. 🖭 𝗩𝗜𝗦𝗔
  chiuso gennaio e lunedì in bassa stagione – **Pasto** carta 90/100000.

  Vedere anche : **Porto San Paolo** SE : 15 km.
  Golfo Aranci NE : 19 km.
  San Pantaleo N :20 km.

  Un consiglio Michelin:

  per la buona riuscita di un viaggio, preparatelo in anticipo.

  Le carte e le guide Michelin vi danno tutte le indicazioni

  utili su: itinerari, curiosità, sistemazioni, prezzi, ecc.

OLIENA 08025 Nuoro 🗺️ ㉝ ㉞, 🗺️ G 10 – 7 710 ab. alt. 378 – a.s. luglio-10 settembre –
✿ 0784.

Dintorni Sorgente Su Gologone★ NE : 8 km.

◆Cagliari 193 – ◆Nuoro 12 – ◆Olbia 116 – Porto Torres 150.

X **Enis** ⚓, con cam, località Monte Maccione E : 4 km ℰ 288363, ≤ su Badda Manna e
  monte Ortobene, 🈺 – ☎ 🄿. ℀ rist
  Pasto carta 31/44000 – 🛏 5000 – **17 cam** 40/65000 – ½ P 40/60000.

  alla sorgente Su Gologone NE : 8 km :

XX **Su Gologone** ⚓, con cam, ✉ 08025 ℰ 287512, Telex 792110, Fax 287668, ≤, 🈺, 🛴, 🈺,
  ℀ – 🍽 📺 ☎ 🄿 – 🛴 50 a 200
  stagionale – **65 cam.**

ORISTANO 09170 🅿 🗺️ ㉝, 🗺️ H 7 – 31 048 ab. alt. 9 – ✿ 0783.

Vedere Opere d'arte★ nella chiesa di San Francesco – Basilica di Santa Giusta★ S : 3 km.

🄱 via Cagliari 278 ℰ 74191, Fax 302518.

A.C.I. via Cagliari 39 ℰ 212458.

Alghero 137 – ◆Cagliari 93 – Iglesias 97 – ◆Nuoro 92 – ◆Sassari 121.

🏠 **Mistral 2,** via 20 Settembre ℰ 210389, Fax 211000, 🛴 – 📲 🍽 📺 ☎ 🚗 – 🛴 350. 🖭 🕄
  ⓞ ∈ 𝗩𝗜𝗦𝗔. ℀ rist
  Pasto carta 34/53000 – 🛏 10000 – **132 cam** 85/127000 – ½ P 75/110000.

🏠 **Mistral,** via Martiri di Belfiore ℰ 212505, Fax 210058 – 📲 🍽 📺 ☎ 🄿 – 🛴 50. 🖭 🕄 ⓞ ∈
  𝗩𝗜𝗦𝗔. ℀ rist
  Pasto carta 31/55000 – 🛏 10000 – **48 cam** 58/94000 – ½ P 70/88000.

XXX ✿ **Il Faro,** via Bellini 25 ℰ 70002, Coperti limitati; prenotare – 🍽. 🕄 ∈ 𝗩𝗜𝗦𝗔. ℀
  chiuso domenica e dall'11 al 25 luglio – **Pasto** carta 45/74000 (15%)
  Spec. Tagliolini neri con cozze gamberi e basilico (aprile-settembre). Cappone di mare in salsa di pomodoro e
  zafferano. Zuppa alla crema di more di rovo (giugno-ottobre).

XX **La Forchetta d'Oro,** via Giovanni XXIII 8 ℰ 302731 – 🍽. 🖭 🕄 ∈ 𝗩𝗜𝗦𝗔. ℀
  chiuso mercoledì sera e domenica – **Pasto** carta 27/53000.

X **Da Salvatore,** vico Mariano 2 ℰ 71309 – 🍽. 🕄 𝗩𝗜𝗦𝗔. ℀
  chiuso domenica – **Pasto** carta 22/52000.

sulla strada statale 131 :

XX **Tucano,** al bivio per Arborea S : 5 km – ⊠ 09096 Santa Giusta ℘ 358105, Fax 358906 – ▤, ⅏
chiuso mercoledì sera e domenica – **Pasto** carta 32/46000.

a Torre Grande O : 8,5 km – ⊠ 09072 – a.s. luglio-agosto :

🏨 Del Sole, ℘ 22000, Fax 22217, ≤, ⤶, 🛥 – 🛗 ▤ rist ☎ ৬ 🅿 – 🛦 90 a 180
stagionale – **54 cam.**

OROSEI 08028 Nuoro ⁹⁸⁸ ㉚, ⁴³³ F 11 – 5 262 ab. alt. 19 – a.s. luglio-10 settembre – ✪ 0784.
Dorgali 18 – ◆Nuoro 40 – ◆Olbia 93.

🏨 **Maria Rosaria,** via Grazia Deledda 13 ℘ 98657, Fax 98596, ☞ – ▤ 📺 ☎ 🅿. ⅀ 🕃 ⋿
VISA. ⅏ rist
Pasto carta 30/50000 – ⊒ 10000 – **44 cam** 90/120000 – ½ P 80/100000.

a Cala Ginepro NE : 14 km – ⊠ 08028 Orosei :

🏨 **Club Hotel Torre Moresca** ⅍, ℘ 91230, Fax 91270, ⤶, ⅍ – ▤ 📺 ☎ 🅿 – 🛦 400. ⅀
🕃 ⋿ **VISA**. ⅏
maggio-ottobre – **Pasto** 35/60000 – ⊒ 12000 – **140 cam** 120/160000, ▤ 40000 – ½ P 80/
200000.

PALAU 07020 Sassari ⁹⁸⁸ ㉚, ⁴³³ D 10 – 3 155 ab. – a.s. 15 giugno-15 settembre – ✪ 0789.
Dintorni Arcipelago della Maddalena★★ – Costa Smeralda★★.

⚓ per La Maddalena giornalieri (15 mn) – Saremar-agenzia D'Oriano, piazza del Molo 2
℘ 709270, Fax 709270.

🛈 via Nazionale 94 ℘ 709570, Fax 709570.

◆Cagliari 325 – ◆Nuoro 144 – ◆Olbia 40 – Porto Torres 127 – ◆Sassari 117 – TempioPausania 48.

🏨 **Palau,** via Baragge ℘ 708468, Fax 709817, ≤ mare, ⤶ – ▤ 📺 ☎ 🅿 – 🛦 250. ⅀ 🕃 ⊙ ⋿
VISA. ⅏
aprile-ottobre – **Pasto** 25/60000 – **95 cam** ⊒ 170/280000 – ½ P 90/100000.

🏨 **Piccada** senza rist, ℘ 709344, Fax 709344 – ☜ 🚗. 🕃. ⅏
⊒ 10000 – **19 cam** 85/100000.

XXX ✿ **Da Franco,** ℘ 709558 – ▤. ⅀ 🕃 ⊙ ⋿ **VISA**. ⅏
chiuso dal 19 al 25 dicembre e lunedì (escluso da giugno a settembre) – **Pasto** 45/
60000 (15%) e carta 55/95000 (15%)
Spec. Ravioli di pesce al ragù di gamberi, Aragosta alla catalana (febbraio-ottobre), Pesce cappone al pomodoro patate
e fiori di zafferano.

XX **La Gritta,** ℘ 708045, ≤ mare e isole, 😇, ☞ – 🅿. ⅀ 🕃 ⊙ ⋿ **VISA**. ⅏
aprile-ottobre; chiuso mercoledì da aprile al 15 giugno – **Pasto** carta 58/78000.

XX **Faro,** località Porto Faro ℘ 709565, ≤ – 🕃 ⊙ ⋿. ⅏
giugno-settembre – **Pasto** carta 50/79000.

X **La Taverna,** ℘ 709289 – ▤. ⅀ 🕃 ⊙ ⋿ **VISA**. ⅏
marzo-novembre; chiuso martedì escluso da giugno a settembre – **Pasto** carta 56/84000.

a Capo d'Orso E : 5 km – ⊠ 07020 Palau :

🏨 **Capo d'Orso** ⅍, ℘ 702000, Telex 791124, Fax 702009, ≤, 😇, « In pineta », ⤶, 🛥, ⅍
– ▤ 📺 ☎ 🅿 – 🛦 150. ⅀ 🕃 **VISA**. ⅏
Pasqua-ottobre – **Pasto** *(chiuso a mezzogiorno)* 60000 e al Rist. **Paguro** carta 30/50000 –
62 cam ⊒ 500000 – P 300000.

PORTO ALABE Oristano ⁴³³ G 7 – Vedere Tresnuraghes.

PORTO CONTE Sassari ⁴³³ F 6 – Vedere Alghero.

PORTO ROTONDO Sassari ⁹⁸⁸ ㉔, ⁴³³ D 10 – Vedere Olbia.

PORTO SAN PAOLO Sassari ⁴³³ E 10 – ⊠ 07020 Vaccileddi – a.s. 15 giugno-15 settembre –
✪ 0789.

◆Cagliari 268 – ◆Nuoro 87 – ◆Olbia 15 – ◆Sassari 114.

🏨 **San Paolo,** ℘ 40001, Fax 40622, ≤ mare ed isola di Tavolara, 🛥, ☞ – 🅿. ⅀ 🕃 ⊙
⋿ **VISA**. ⅏
aprile-ottobre – **Pasto** carta 43/83000 – ⊒ 25000 – **39 cam** 150/240000 – ½ P 90/185000.

X Cala Junco, ℘ 40260 – ▤

a Costa Dorata SE : 1,5 km – ⊠ 07020 Vaccileddi :

🏨 **Don Diego** ⅍, ℘ 40007, Fax 40026, ≤ mare ed isola di Tavolara, « Villini indipendenti e
terrazze fiorite con ⤶ », 🛥, ⅍ – ▤ 📺 ☎ 🅿. ⅀ 🕃 ⊙. ⅏
maggio-settembre – **Pasto** 70000 – ⊒ 25000 – **61 cam** 300/500000, 6 appartamenti –
½ P 295000.

PORTOSCUSO 09010 Cagliari 988 ③, 433 J 7 – 5 865 ab. – ✆ 0781.

⚓ da Portovesme per l'Isola di San Pietro-Carloforte giornalieri (40 mn) – a Portovesme, Saremar-agenzia Ser.Ma.Sa., al porto ℘ 509065.

⚓ da Portovesme per l'Isola di San Pietro-Carloforte giornalieri (10 mn) – a Portovesme, Saremar-agenzia Ser.Ma.Sa., al porto ℘ 509065.

♦Cagliari 77 – ♦Oristano 119.

🏠 **Panorama** senza rist, via Giulio Cesare 42 ℘ 508077, Fax 509327, ≼ – 🛗 🗐 📺 ☎. 🖭 🕃 🗲 *VISA*. ⅏
⚏ 10000 – **37 cam** 65/90000.

XXX **La Ghinghetta** con cam, via Cavour 26 ℘ 508143, Fax 508144, ≼, Coperti limitati; prenotare – 🗐 📺 ☎. 🖭 🕃 ① 🗲 *VISA*. ⅏
maggio-settembre – **Pasto** *(chiuso domenica)* carta 53/74000 – **8 cam** ⚏ 140/170000 – ½ P 150/205000.

PORTO TORRES 07046 Sassari 988 ② ③, 433 E 7 – 21 231 ab. – a.s. 15 giugno-15 settembre – ✆ 079.

Vedere Chiesa di San Gavino★.

⚓ per Genova giornalieri (12 h 30 mn) – Tirrenia Navigazione, Stazione Marittima ℘ 514107, Telex 790019, Fax 514109.

Alghero 35 – ♦Sassari 19.

🏨 Torres, via Risorgimento 7 ℘ 501604, Fax 501605 – 🛗 🗐 📺 ☎ ᴞ ⇦ ❷ – 🔬 100
72 cam.

sulla strada statale 131 :

🏨 **Libyssonis,** SE : 2 km ⊠ 07046 ℘ 501613, Fax 501613, 🏊, ☞ – 🛗 📺 ☎ ❷. 🖭 🕃 *VISA*. ⅏
Pasto *(chiuso lunedì)* carta 40/55000 – ⚏ 10500 – **36 cam** 79/112000 – ½ P 100000.

XX **Li Lioni,** SE : 3 km ⊠ 07046 ℘ 502286, ⇞, ☞ – ᴞ❷. 🖭 🕃 ① 🗲 *VISA*. ⅏
chiuso mercoledì e ottobre o novembre – **Pasto** carta 42/60000.

POSADA 08020 Nuoro 433 F 11 – 2 063 ab. – ✆ 0784.

♦Nuoro 54 – ♦Olbia 47.

🏠 **Donatella,** via Gramsci ℘ 854145, Fax 854433 – 📺 ☎ ❷. 🕃 🗲 *VISA*. ⅏
chiuso dal 20 al 30 dicembre – **Pasto** carta 27/46000 – ⚏ 10000 – **19 cam** 70/90000 – ½ P 65/85000.

PULA 09010 Cagliari 988 ③, 433 J 9 – 5 855 ab. alt. 10 – ✆ 070.

⛳ Is Molas, Casella Postale 49 ⊠ 09010 Pula ℘ 9241013, Fax 9241015, SO : 6 km.

♦Cagliari 29 – ♦Nuoro 210 – ♦Olbia 314 – ♦Oristano 122 – Porto Torres 258.

🏨 **Nora Club Hotel** ⌸ senza rist, strada per Nora ℘ 9245450, Fax 9209129, 🏊, ☞ – 🗐 📺 ☎ ❷. 🖭 🕃 🗲 *VISA*
⚏ 15000 – **25 cam** 100/160000.

a Is Molas O : 4 km – ⊠ **09010** Pula :

🏩 **Is Molas Golf Hotel** ⌸, ℘ 9241006, Telex 791059, Fax 9241002, 🏊, ☞, ⛳ – 🗐 📺 ☎ ❷. 🖭 🕃 ① 🗲 *VISA*. ⅏
chiuso sino al 25 febbraio – **Pasto** 60000 – ⚏ 25000 – **84 cam** 180/280000 – ½ P 190/230000.

a Santa Margherita SO : 6 km – ⊠ **09010** Pula :

🏩 **Is Morus** ⌸, ℘ 921171, Telex 791053, Fax 921596, ≼, « In pineta », 🏊, ᴙ⊚, ⅏ – 🗐 ☎ ❷. 🖭 🕃 ① 🗲 *VISA*. ⅏
Pasqua-15 ottobre – **Pasto** 60/80000 – ⚏ 30000 – **77 cam** 280/420000 – ½ P 270/300000.

🏨 **Abamar** ⌸, ℘ 921555, Fax 921145, ≼, ⇞, « In pineta », 🏊, ᴙ⊚, ⅏ – 🛗 ☎ ❷. 🖭 🕃 🗲 rist
15 maggio-20 settembre – 35/40000 – ⚏ 12000 – **79 cam** 100/178000, 6 appartamenti – ½ P 152/173000.

X **Urru,** ℘ 921491, « Servizio estivo in terrazza », ☞ – ❷. 🖭 🕃 ① 🗲 *VISA*. ⅏
chiuso lunedì e dall'8 gennaio all'8 febbraio – **Pasto** carta 31/54000 (12%).

sulla strada statale 195-al Forte Village SO : 7 km :

🏰 **Villa del Parco,** ⊠ 09010 Pula ℘ 92171, Telex 790117, Fax 921246, 🏊, ⅏, ⅋ – 🗐 📺 ☎. 🖭 🕃 ① 🗲 *VISA*. ⅏
22 maggio-15 ottobre – **Pasto** 150/180000 – **43 cam** solo ½ P 420/695000.

🏰 **Le Dune,** ⊠ 09010 Pula ℘ 92171, Telex 790117, Fax 921246, 🏊, ⅏, ⅋ – 🗐 📺 ☎. 🖭 🕃 ① 🗲 *VISA*. ⅏
22 maggio-15 ottobre – **Pasto** 150/180000 – **34 cam** solo ½ P 500/780000.

Castello, ✉ 09010 Pula ☎ 92171, Telex 790117, Fax 921246, ⛱, 🎾, ⚓ – 📺 ☎. AE 🅂 ⓓ E VISA. ✂
aprile-ottobre – **Pasto** 150/180000 – **148 cam** solo ½ P 270/695000.

Pineta, ✉ 09010 Pula ☎ 92171, Telex 790117, Fax 921246, ⛱, 🎾, ⚓ – ▤ 📺 ☎. AE 🅂 ⓓ E VISA. ✂
22 maggio-15 ottobre – **Pasto** 150/180000 – **102 cam** solo ½ P 255/400000.

Forte Hotel Village, ✉ 09010 Pula ☎ 92171, Telex 790117, Fax 921246, ⛱, 🎾, ⚓ – 📺 ☎. AE 🅂 ⓓ E VISA. ✂
22 maggio-15 ottobre – **Pasto** 150/180000 – **247 cam** solo ½ P 220/330000.

PUNTALDIA Nuoro – Vedere San Teodoro.

QUARTU SANT'ELENA **09045** Cagliari 988 ㉝, 433 J 9 – 61 760 ab. alt. 6 – ☎ 070.
◆Cagliari 7 – ◆Nuoro 184 – ◆Olbia 288 – Porto Torres 232 – ◆Sassari 214.

a Foxi E : 6 km – ✉ **09045** Quartu Sant'Elena :

Califfo, ☎ 890131, Fax 890134, ⛱, 🏖, 🎾 – 🛗 ▤ 📺 ☎ ♿ 🅿 – 🏛 40 a 400. AE 🅂 ⓓ E VISA JCB. ✂
Pasto carta 30/40000 – **136 cam** ☕ 120/150000 – ½ P 90/120000.

a Sant'Andrea E : 8 km – ✉ **09045** Quartu Sant'Elena :

Su Meriagu con cam, ☎ 890842, 🌳 – ▤ 📺 ☎ 🅿. AE 🅂. ✂
Pasto *(chiuso martedì escluso da giugno a settembre)* carta 29/46000 – **6 cam** ☕ 90/160000 – ½ P 100/120000.

Sant'Andrea, ☎ 891319 – ▤ 🅿. AE 🅂 E VISA. ✂
chiuso lunedì escluso dal 16 giugno al 19 settembre – **Pasto** carta 40/62000.

SAN PANTALEO **07020** Sassari 433 D 10 – alt. 169 – a.s. 15 giugno-15 settembre – ☎ 0789.
◆Cagliari 306 – ◆Olbia 21 – ◆Sassari 124.

Rocce Sarde 🐦, SE : 3 km ☎ 65265, Fax 65268, ≤ costa Smeralda, ⛱, 🏖, 🎾 – ☎ 🅿. 🅂 E VISA. ✂
maggio-settembre – **Pasto** 35/50000 – **72 cam** ☕ 115/200000 – ½ P 110/140000.

SAN PIETRO (Isola di) Cagliari 988 ㉝, 433 J 6 – 6 629 ab. alt. da 0 a 211 (monte Guardia dei Mori) – ☎ 0781.

Carloforte 988 ㉝, 433 J 6 – ✉ **09014** – a.s. 25 giugno-7 settembre.

⛴ per Portovesme di Portoscuso (40 mn) e Calasetta (30 mn), giornalieri – Saremar-agenzia Ser.Ma.Sa., piazza Carlo Emanuele 20 ☎ 854005, Fax 855559.

🚤 per Portovesme di Portoscuso (10 mn) e Calasetta (10 mn), giornalieri – Saremar-agenzia Ser.Ma.Sa., piazza Carlo Emanuele 20 ☎ 854005, Fax 855559.

Hieracon, ☎ 854028, Fax 854893, ≤, 🏖 – 🛗 ▤ 📺 ☎. ✂ rist
Pasto carta 39/59000 – ☕ 6000 – **24 cam** 75/115000, 7 appartamenti – ½ P 98/112000.

Da Nicolo, ☎ 854048, 🌳 – AE 🅂 E VISA
chiuso dicembre e lunedì (escluso da luglio a settembre) – **Pasto** carta 34/58000.

Al Tonno di Corsa, ☎ 855106, 🌳 – AE 🅂 E VISA. ✂
chiuso lunedì e da ottobre al 10 novembre – **Pasto** carta 45/69000.

SANTA CATERINA PITTINURI Oristano 988 ㉝, 433 G 7 – ✉ **09073** Cuglieri – ☎ 0785.
◆Cagliari 118 – ◆Nuoro 106 – ◆Olbia 174 – ◆Oristano 25 – Porto Torres 135 – ◆Sassari 117.

La Baja 🐦 senza rist, ☎ 38105, Fax 38105, ≤ mare e costa – ☎ 🅿. ✂
☕ 10000 – **19 cam** 80/120000.

Pedras-Longas, strada statale 292 (NE : 8 km) ☎ 39993, ≤, 🌳 – 🅿. AE 🅂. ✂
chiuso martedì da ottobre a marzo – **Pasto** carta 32/53000 (10%).

SANTA MARGHERITA Cagliari 988 ㉝, 433 K 8 – Vedere Pula.

SANT'ANDREA Cagliari 433 J 9 – Vedere Quartu Sant'Elena.

SANT'ANTIOCO **09017** Cagliari 988 ㉝, 433 J 7 – 12 290 ab. – ☎ 0781.
Vedere Vestigia di Sulcis★ : tophet★, collezione di stele★ nel museo.
◆Cagliari 92 – Calasetta 9 – ◆Nuoro 224 – ◆Olbia 328 – Porto Torres 272 – ◆Sassari 254.

L'Eden, ☎ 840768, Fax 840768 – ▤. AE 🅂 VISA. ✂ rist
Pasto carta 30/69000 – **25 cam** ☕ 75/105000 – ½ P 88000.

Moderno con cam, ☎ 83105, 🌳 – 📺 ☎. AE 🅂 E VISA. ✂
chiuso dal 20 dicembre al 10 gennaio – **Pasto** *(chiuso domenica)* carta 36/53000 (10%) – ☕ 6000 – **10 cam** 60/80000 – ½ P 75000.

SANTA REPARATA Sassari 433 D 9 – Vedere Santa Teresa Gallura.

SARDEGNA

SANTA TERESA GALLURA 07028 Sassari 988 ②, 433 D 9 – 4 017 ab. – a.s. 15 giugno-
15 settembre – ✪ 0789.

Escursioni Arcipelago della Maddalena★★.

🛈 piazza Vittorio Emanuele 24 ℘ 754127, Fax 754185.

◆Olbia 61 – Porto Torres 105 – ◆Sassari 103.

🏨 **Li Nibbari** ⚲, località La Testa S : 2 km ℘ 754453, ⅃, 蒸, ℅ – ☜ ℗. ℅ rist
15 giugno-20 settembre – **Pasto** (solo per clienti alloggiati) 40000 – ☒ 12500 – **38 cam**
130/150000 – ½ P 130000.

🏨 **Bacchus,** ℘ 754556, 箭 – ▤ rist 📺 ⚛. 🕮 🕄 ⓞ ⋿ 𝗩𝗜𝗦𝗔 𝗝𝗖𝗕. ℅
chiuso dal 20 dicembre al 20 gennaio – **Pasto** *(chiuso lunedì)* carta 48/86000 – ☒ 12000 –
14 cam 70/90000 – ½ P 90/125000.

🏨 **Marinaro,** ℘ 754112, Fax 755817 – 📳 ▤ ☎. 🕮 🕄 ⋿ 𝗩𝗜𝗦𝗔. ℅
chiuso da febbraio al 15 marzo – **Pasto** *(chiuso venerdì)* carta 39/51000 – ☒ 10000 –
26 cam 75/90000 – ½ P 90/105000.

🏨 **Belvedere,** ℘ 754160, Fax 754937, ≼ – 📺 ⚛. 🕮 🕄 ⓞ ⋿ 𝗩𝗜𝗦𝗔. ℅
chiuso dal 20 dicembre al 20 gennaio – **Pasto** *(chiuso martedì)* carta 34/71000 – ☒ 10000 –
22 cam 80/90000 – ½ P 75/100000.

🏨 **Miramare** ⚲, ℘ 754103, ≼ mare e Corsica – ☜ ℗. 🕮 🕄 ⓞ ⋿ 𝗩𝗜𝗦𝗔. ℅
20 maggio-20 ottobre – **Pasto** 30/35000 – ☒ 10000 – **14 cam** 65/95000 – ½ P 65/100000.

℅℅ **Riva,** ℘ 754392 – ▤. 🕮 🕄 ⋿ 𝗩𝗜𝗦𝗔
chiuso mercoledì e dal 10 gennaio al 10 febbraio – **Pasto** carta 51/84000.

℅ **Canne al Vento-da Brancaccio** con cam, ℘ 754219, Fax 754948 – 📺 ☎. 🕄 ⋿ 𝗩𝗜𝗦𝗔. ℅
chiuso da ottobre al 20 dicembre e sabato in bassa stagione – **Pasto** carta 47/73000 (10%) –
☒ 10000 – **22 cam** 55/95000 – ½ P 85/95000.

a Santa Reparata O : 3 km – ✉ 07028 Santa Teresa Gallura :

℅℅ **S'Andira,** ℘ 754273, 箭, Specialità di mare, 蒸 – 🕮 🕄 ⋿ 𝗩𝗜𝗦𝗔. ℅
giugno-settembre – **Pasto** carta 48/74000.

a Capo Testa O : 4 km – ✉ 07028 Santa Teresa Gallura :

🏨 Capotesta e dei 2 Mari, ℘ 754333, Fax 754482, ≼ mare e Capo Testa, ⅃, ⚓⚲, 蒸, ℅ –
▤ rist ☎ ℗
stagionale – **112 cam.**

a Marazzino E : 5 km – ✉ 07028 Santa Teresa Gallura :

℅ **La Stalla,** ℘ 751514, 箭 – ℗. 🕮 🕄 ⓞ ⋿ 𝗩𝗜𝗦𝗔. ℅
giugno-settembre – **Pasto** carta 37/66000.

SAN TEODORO 08020 Nuoro 433 E 11 – 2 513 ab. – a.s. luglio-10 settembre – ✪ 0784.

🛐 Puntaldia (marzo-novembre; chiuso martedì escluso da giugno a settembre) ℘ 864477,
Fax 864017.

◆Cagliari 258 – ◆Nuoro 77 – ◆Olbia 29 – Porto Torres 146 – ◆Sassari 128.

🏨 **Hotel Bungalow** ⚲, ℘ 865713, Fax 865178, « Villini indipendenti fra il verde », ⅃,
⚓⚲, ℅ – ☜ ℗ – 🔬 200. 🕄 ⋿ 𝗩𝗜𝗦𝗔. ℅
6 maggio-settembre – **Pasto** (solo per clienti alloggiati) – **112 cam** ☒ 90/120000 – ½ P 95/
190000.

a Puntaldia N : 6 km – ✉ 08020 San Teodoro :

🏨 **Due Lune** ⚲, ℘ 864075, Telex 791043, Fax 864017, ≼ mare e golfo, ⅃, ⚓⚲, 蒸, ℅, 🛐
– ▤ 📺 ☎ ℗ – 🔬 180. 🕮 🕄 ⓞ ⋿ 𝗩𝗜𝗦𝗔. ℅
maggio-settembre – **Pasto** carta 50/86000 – ☒ 15000 – **65 cam** 450/650000 – ½ P 150/
390000.

SASSARI 07100 🅿 988 ②, 433 E 7 – 122 131 ab. alt. 225 – ✪ 079.

Vedere Museo Nazionale Sanna★ Z **M** – Facciata★ del Duomo Y.

Dintorni Chiesa della Santissima Trinità di Saccargia★★ per ③ : 15 km.

✈ di Alghero-Fertilia, SO : 30 km ℘ 935033 – Alitalia, Agenzia Sardaviaggi, via Cagliari 30
℘ 234498.

🛈 viale Caprera 36 ℘ 299579, Fax 299415 – viale Umberto 72 ℘ 233534, Fax 237585.

A.C.I. viale Adua 32 ℘ 271462.

◆Cagliari 211.

Pianta pagina seguente

🏨 **Leonardo da Vinci** senza rist, via Roma 79 ℘ 280744, Telex 630587, Fax 280744 – 📳 ▤
📺 ☎ ⟵ – 🔬 25 a 160. 🕮 🕄 ⓞ ⋿ 𝗩𝗜𝗦𝗔. ℅   Z **c**
☒ 15500 – **115 cam** 130/155000.

🏨 **Grazia Deledda,** viale Dante 47 ℘ 271235, Telex 790056, Fax 280884 – 📳 ▤ 📺 ☎ ⟵
℗ – 🔬 70 a 350. 🕄 ⋿ 𝗩𝗜𝗦𝗔. ℅ rist   Z **a**
Pasto *(chiuso domenica)* 32/40000 – **140 cam** ☒ 100/150000, 3 appartamenti – ½ P 121/
130000.

716

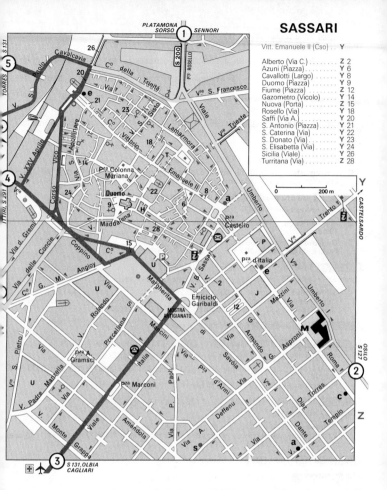

SASSARI

Vitt. Emanuele II (Cso) . . **Y**

Alberto (Via C.)	**Z** 2
Azuni (Piazza)	**Y** 6
Cavallotti (Largo)	**Y** 8
Duomo (Piazza)	**Y** 9
Fiume (Piazza)	**Z** 12
Gazometro (Vicolo)	**Y** 14
Nuova (Porta)	**Z** 15
Rosello (Via)	**Y** 18
Saffi (Via A.)	**Y** 20
S. Antonio (Piazza)	**Y** 21
S. Caterina (Via)	**Y** 22
S. Donato (Via)	**Y** 23
S. Elisabetta (Via)	**Y** 24
Sicilia (Viale)	**Y** 26
Turritana (Via)	**Z** 28

🏨 **Marini 2**, via Pietro Nenni 2 ℰ 277282, Fax 280300 – 🛗 ▦ 📺 ☎ 🕭 🅿 – 🔼 30 a 120   per ②
  72 cam.

🏠 **Giusy** senza rist, piazza Sant'Antonio 21 ℰ 233327, Fax 239490 – 🛗 ☎. ﹪   Y **e**
  24 cam ☲ 50/68000.

XX **Florian**, via Bellieni 27 ℰ 236251, Fax 236251 – ▦   Z **e**

XX **Trattoria del Giamaranto di Gianni e Amedeo**, via Alghero 69 ℰ 274598, prenotare –
  ▦. 🖭 🖪 ➀ 🖻 ☒ ﹪   Z **s**
  chiuso dal 22 luglio al 30 agosto, sabato sera e domenica da giugno a settembre – **Pasto**
  carta 41/60000.

XX **Castello**, piazza Castello 6/7 ℰ 232041, Fax 232041 – ▦. 🖪 🖻 ☒ ﹪   Y **a**
  chiuso mercoledì escluso giugno-settembre – **Pasto** carta 42/69000.

SELARGIUS 09047 Cagliari 4️⃣3️⃣3️⃣ J 9 – 23 323 ab. alt. 11 – 📞 070.

◆Cagliari 8 – ◆Oristano 98.

🏨 **Hinterland**, viale Vienna angolo viale Trieste ℰ 853009, Fax 853151, ⅀ – 🛗 ▦ 📺 ☎ 🅿
  – 🔼 50 a 250. 🖭 🖪 ➀ 🖻 ☒ ﹪ rist
  Pasto *(chiuso lunedì)* 50/70000 – ☲ 15000 – **60 cam** 128/150000 – ½ P 150000.

When visiting northern Italy use Michelin maps 4️⃣2️⃣8️⃣ *and* 4️⃣2️⃣9️⃣.

SENORBI' 09040 Cagliari 988 ㉝, 433 I 9 – 4 237 ab. alt. 204 – ☺ 070.

◆Cagliari 41 – ◆Oristano 75.

🏨 **Sporting Hotel Trexenda**, ℘ 9809384, Fax 9809383, ₭, ≘s, ⊒ – 🛏 🖭 🕾 🅿. 🝏 🕄.
⚘
Pasto 25/30000 e al Rist. **Da Severino** (chiuso lunedì) carta 30/50000 – **32 cam** ⊐ 65/100000, 2 appartamenti – ½ P 80/120000.

🗶🗶 **Da Severino,** ℘ 9808181, Fax 9808181, ₭, ≘s, ⊒ – 🛏 🖭 🅿. 🝏 🕄 🎗 🚾
chiuso lunedì – **Pasto** carta 35/50000.

SINISCOLA 08029 Nuoro 988 ㉞, 433 F 11 – 10 362 ab. alt. 42 – a.s. luglio-10 settembre –
☺ 0784.

◆Nuoro 47 – ◆Olbia 57.

a La Caletta NE : 6,5 km – ⊠ 08029 Siniscola :

🏨 **L'Aragosta** ⊗, ℘ 810129, Fax 810576, ☞ – 🖭 🕾 🅿 – 🔏 120. 🝏 🕄 ⓪ 🎗 🚾 ᴶᶜᴮ. ⚘
Pasto carta 30/50000 – **26 cam** ⊐ 100/130000 – ½ P 90/110000.

SORGONO 08038 Nuoro 988 ㉝, 433 G 9 – 2 064 ab. alt. 688 – ☺ 0784.

◆Cagliari 124 – ◆Nuoro 70 – ◆Olbia 174 – Porto Torres 155 – ◆Sassari 137.

🏨 Villa Fiorita ⊗, ℘ 60129, 🍽, ☞ – 🅿
19 cam.

🗶 **Da Nino** con cam, ℘ 60127, Fax 60127 – 🅿. ⚘
Pasto carta 38/50000 – **10 cam** ⊐ 50/80000 – ½ P 65/75000.

STINTINO 07040 Sassari 988 ㉝, 433 E 6 1 123 ab. – a.s. 15 giugno-15 settembre – ☺ 079.

Alghero 53 – ◆Cagliari 258 – ◆Nuoro 167 – ◆Olbia 150 – Porto Torres 29 – ◆Sassari 48.

🗶 **Silvestrino** con cam, ℘ 523007 – 🕾. 🝏 🕄 🎗 🚾. ⚘
chiuso dicembre e gennaio – **Pasto** (chiuso giovedì escluso da giugno a settembre)
carta 32/63000 – ⊐ 10000 – **10 cam** 55/90000 – ½ P 105/120000.

SU GOLOGONE Nuoro 433 G 10 – Vedere Oliena.

TEMPIO PAUSANIA 07029 Sassari 988 ㉝, 433 E 9 – 13 906 ab. alt. 566 – ☺ 079.

◆Cagliari 253 – ◆Nuoro 135 – ◆Olbia 45 – Palau 48 – Porto Torres 89 – ◆Sassari 69.

🏨 **Petit Hotel,** piazza De Gasperi 10 ℘ 631134, Fax 631760 – 🛏 🖭 🕾 ♿ ⇔. 🝏 🕄 ⓪ 🖃
🚾. ⚘
Pasto carta 29/51000 – ⊐ 8000 – **58 cam** 110/180000 – ½ P 108/140000.

TEULADA 09019 Cagliari 988 ㉝433 K 8 – 4 676 ab. alt. 50 – ☺ 070.

◆Cagliari 62 – ◆Oristano 141.

🗶 **Sebera** con cam, ℘ 9270020 – 🖃 rist 🖭 🕾. 🕄 🖃 🚾
Pasto (chiuso lunedì escluso da luglio a settembre) carta 31/42000 – ⊐ 6000 – **10 cam**
60/70000 – ½ P 68000.

TORRE DI BARI Nuoro 433 H 11 – Vedere Bari Sardo.

TORRE GRANDE Oristano 988 ㉝ – Vedere Oristano.

TORTOLI 08048 Nuoro 988 ㉞, 433 H 10 – 9 136 ab. alt. 15 – a.s. luglio-10 settembre – ☺ 0782.

Dintorni Strada per Dorgali★★★ Nord.

⚓ da Arbatax per: Civitavecchia 28 luglio-22 settembre martedì, venerdì e domenica, negli
altri mesi mercoledì e domenica (10 h 30 mn) e Genova giugno-settembre giovedì e sabato,
negli altri mesi martedì e sabato (18 h 30 mn) – Tirrenia Navigazione-agenzia Torchiani, via
Venezia 10 ℘ 667268, Telex 790168.

◆Cagliari 140 – Muravera 76 – ◆Nuoro 96 – ◆Olbia 177 – Porto Torres 234 – ◆Sassari 216.

🏨 **Victoria,** ℘ 623457, Fax 624116, ⊒ – 🛏 🖭 🕾 🅿 – 🔏 35. 🝏 🕄 ⓪ 🖃 🚾. ⚘
Pasto (chiuso domenica) carta 40/66000 – **60 cam** ⊐ 116/158000 – ½ P 105/120000.

ad Arbatax E : 5 km – ⊠ 08041 :

🏨 **La Bitta,** a Porto Frailis E : 1,5 km ℘ 667080, Fax 667228, ≼, 🍽 – 🛏 🖭 🕾 🅿
41 cam.

TRESNURAGHES 09079 Oristano 433 G 7 – 1 376 ab. alt. 257 – a.s. luglio-10 settembre –
☺ 0785.

◆Cagliari 144 – ◆Nuoro 83 – ◆Oristano 51 – ◆Sassari 88.

a Porto Alabe O : 5,5 km – ⊠ 09079 Tresnuraghes :

🏨 Porto Alabe, ℘ 359056, Fax 359080, ≼, 🗶 – 🕾 🅿
21 cam.

TRINITÀ D'AGULTU 07038 Sassari 988 ㉓, 433 E 8 – 1 971 ab. alt. 365 – a.s. 15 giugno-15 settembre – ✆ 079.

◆Cagliari 271 – ◆Nuoro 180 – ◆Olbia 73 – Porto Torres 62 – ◆Sassari 60.

sulla Costa Paradiso NE : 16 km :

🏨 **Li Rosi Marini** ⤵, ✉ 07038 ✆ 689731, Fax 689732, ≤ mare e scogliere, ⤱, ♨, ✕ – ☎ ℗. ✖ rist
Pasto *(chiuso martedì)* 30000 – **30 cam** ☲ 160000 – ½ P 75/128000.

VALLEDORIA 07038 Sassari 433 E 8 – 3 546 ab. alt. 16 – ✆ 079.

◆Cagliari 235 – ◆Olbia 81 – ◆Sassari 42.

✕✕ **Park Hotel,** con cam, ✆ 582800, Fax 582600, 🌤 – ☞ ☎ ℗. 🄱 ㊉ 🄴 *VISA*
Pasto *(chiuso mercoledì)* carta 32/77000 – ☲ 10000 – **7 cam** 70/90000 – ½ P 75/90000.

VILLANOVAFORRU 09020 Cagliari 433 I 8 – 743 ab. alt. 324 – ✆ 070.

◆Cagliari 62 – Iglesias 71 – ◆Nuoro 142 – ◆Olbia 246 – Porto Torres 190 – ◆Sassari 170.

✕✕ **Le Colline** ⤵, con cam, ✆ 9300123, Fax 9300134 – ▤ ☞ ☎ ℗. 🄰🄴 🄱 🄴 *VISA*. ✖
chiuso dal 20 al 27 dicembre – **Pasto** carta 34/50000 – ☲ 8000 – **20 cam** 58/90000 – ½ P 85000.

VILLASIMIUS 09049 Cagliari 988 ㉞, 433 J 10 – 2 605 ab. alt. 44 – ✆ 070.

◆Cagliari 49 – Muravera 43 – ◆Nuoro 225 – ◆Olbia 296 – Porto Torres 273 – ◆Sassari 255.

✕ **La Lanterna,** ✆ 791659 – 🄰🄴 🄱 🄴 *VISA*
aprile-novembre; chiuso lunedì – **Pasto** carta 30/50000.

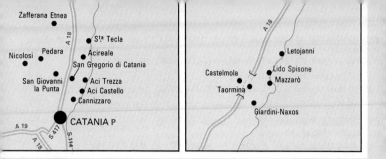

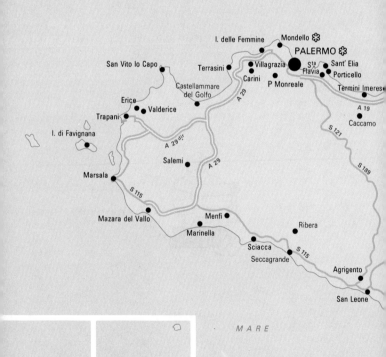

MARE

MARE

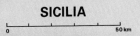

SICILIA

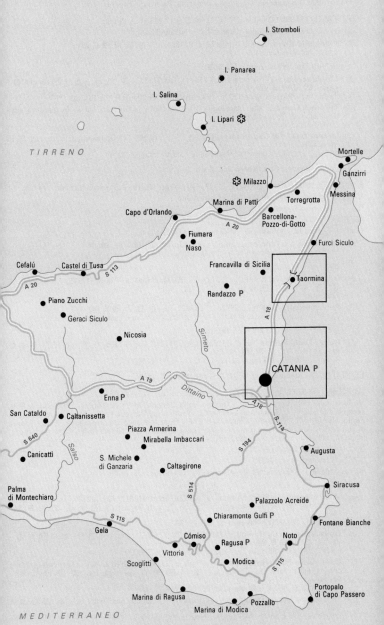

0   50 km

I. Stromboli

I. Panarea

I. Salina

I. Lipari ✿

TIRRENO

Mortelle

Ganzirri

✿ Milazzo

Marina di Patti

Torregrotta

Messina

Capo d'Orlando

Barcellona-
Pozzo-di-Gotto

A 20

Fiumara

Furci Siculo

Naso

Cefalú

Castel di Tusa

S 113

Francavilla di Sicilia

Taormina

A 20

Randazzo P

Piano Zucchi

A 18

Geraci Siculo

Simeto

Nicosia

A 19

Dittaino

CATANIA P

Enna P

San Cataldo

S 114

Caltanissetta

S 640

Piazza Armerina

Mirabella Imbaccari

S 194

Augusta

Canicatti

S. Michele
di Ganzaria

Caltagirone

S 514

Siracusa

Palma
di Montechiaro

Palazzolo Acreide

Fontane Bianche

S 115

Chiaramonte Gulfi P

Gela

Cómiso

Noto

Vittoria

Ragusa P

Scoglitti

Modica

S 115

Portopalo
di Capo Passero

Marina di Ragusa

Pozzallo

MEDITERRANEO

Marina di Modica

988 ㉟ ㊱ ㊲, 432 – 4 966 118 ab. alt. da 0 a 3 340 (monte Etna).

vedere : Catania, Lampedusa, Marsala, Palermo, Pantelleria, Trapani.

per la Sicilia vedere : Cagliari, Genova, Livorno, Napoli, Reggio di Calabria, Villa San Giovanni; **dalla Sicilia vedere** Isole Eolie, Messina, Palermo, Trapani.

ACI CASTELLO 95021 Catania 988 ㊲, 432 O 27 – 17 968 ab. – ☎ 095.

♦Catania 9 – Enna 92 – ♦Messina 95 – ♦Palermo 217 – ♦Siracusa 68.

XX **Villa delle Rose,** via XXI Aprile 79 ☎ 271024, ← – P. AE S O E VISA
chiuso lunedì – **Pasto** 40000 bc.

ad Aci Trezza NE : 2 km – ✉ **95026 :**

I Malavoglia, via Provinciale 3 ☎ 276711, Fax 276873, 🏖, 🏊, 🎾 – |♦| ▤ TV ☎ 🚗 P – 🎪 50. AE S O E VISA. ✻ rist
Pasto carta 39/61000 – ☕ 15000 – **83 cam** 130/170000 – ½ P 125/150000.

XX Holiday's Club, via dei Malavoglia 10 ☎ 7116811, « Servizio estivo in giardino subtropicale con 🏊 » – ▤ P
chiuso a mezzogiorno.

X **La Cambusa del Capitano,** via Marina 65 ☎ 276298, 🏖, Specialità di mare – ▤. AE S O E VISA
chiuso mercoledì e dal 1° al 20 dicembre – **Pasto** carta 52/70000.

Vedere anche : ***Cannizzaro*** SO : 2 km.

ACIREALE 95024 Catania 988 ㊲, 432 O 27 – 46 126 ab. alt. 161 – Stazione termale – ☎ 095.

Vedere Facciata★ della chiesa di San Sebastiano.

ℹ corso Umberto 179 ☎ 604521, Fax 604306.

A.C.I. via Mancini ☎ 7647777.

♦Catania 17 – Enna 100 – ♦Messina 86 – ♦Palermo 225 – ♦Siracusa 76.

XX **La Brocca d'u Cinc'oru,** corso Savoia 49/a ☎ 607196 – ▤. AE. ✻
chiuso domenica sera e lunedì – **Pasto** carta 37/57000.

sulla strada statale 114 :

Orizzonte Acireale Hotel, N : 2,5 km ✉ 95024 ☎ 886006, Telex 971515, Fax 886006, ←, 🏖, 🏊, 🌳 – |♦| ▤ TV ☎ P – 🎪 30 a 200
125 cam.

XX **Panoramico,** N : 3 km ✉ 95024 ☎ 885291, ← – P. AE S O E VISA. ✻
chiuso lunedì, dal 1° al 15 agosto e dal 1° al 15 novembre – **Pasto** carta 37/60000 (15%).

a Santa Tecla N : 3 km – ✉ **95020 :**

Santa Tecla Palace 🔇, ☎ 604933, Telex 971548, Fax 607705, ←, 🏊, 🏖, 🎾 – |♦| ▤ ☎ P – 🎪 30 a 400. AE S VISA. ✻ rist
Pasto 40/60000 – **215 cam** ☕ 180/230000 – ½ P 100/140000.

ACI TREZZA Catania 988 ㊲, 432 O 27 – Vedere Aci Castello.

AGRIGENTO 92100 P 988 ㊱, 432 P 22 – 56 273 ab. alt. 326 – ☎ 0922.

Vedere Valle dei Templi★★★ BY: Tempio della Concordia★★★ **A**, Tempio di Giunone★★ **B**, Tempio d'Ercole★★ **C**, Tempio di Giove★★ **D**, Tempio dei Dioscuri★★ **E** – Museo Archeologico Regionale★ BY **M1** – Oratorio di Falaride★ BY **F** – Quartiere ellenistico-romano★ BY **G** – Tomba di Terone★ BY **K** – Sarcofago romano★ e ←★ dalla chiesa di San Nicola BY **N** – Città moderna★ : bassorilievi★ nella chiesa di Santo Spirito BZ.

ℹ via Atenea 123 ☎ 20454, Fax 20246.

A.C.I. via Cimarra S.N. ☎ 604284.

♦Caltanissetta 58 ③ – ♦Palermo 128 ② – ♦Siracusa 212 ③ – ♦Trapani 175 ⑤.

Pianta pagina seguente

Villa Athena 🔇, via dei Templi ☎ 596288, Telex 910617, Fax 402180, ← Tempio della Concordia, 🏖, « Giardino-agrumeto con 🏊 » |♦| ⇔ rist ▤ TV ☎ P. AE S E VISA. ✻ BY **c**
Pasto carta 38/63000 – **40 cam** ☕ 150/250000.

Della Valle, via dei Templi ☎ 26966, Fax 26412, « Giardino con 🏊 » – |♦| ▤ TV ☎ P – 🎪 150. AE S O E VISA. ✻ rist BY **m**
Pasto 30/46000 – **90 cam** ☕ 200/260000 – ½ P 160/280000.

Colleverde Park Hotel, via dei Templi ☎ 29555, Fax 29012, 🏖, « Terrazza-giardino con ← sulla valle dei Templi » – |♦| ▤ TV ☎ ♿ P – 🎪 150. AE S O E VISA. ✻ rist BY **m**
Pasto carta 31/48000 – **48 cam** ☕ 180000 – ½ P 120000.

XX **Le Caprice,** strada Panoramica dei Templi 51 ☎ 26469, Fax 26469, ← – ▤. AE S O E VISA BY **e**
chiuso venerdì e dal 1° al 15 luglio – **Pasto** carta 34/52000 (15%).

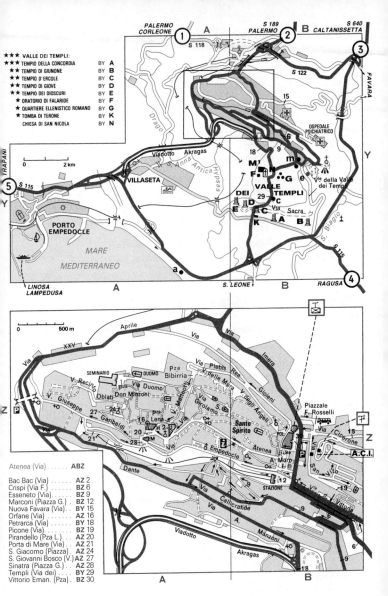

sulla strada statale 115 :

🏨 **Kaos,** ⊠ 92100 🖋 598622, Telex 911280, Fax 598770, ≤, « Giardino fiorito con 🏊 », 🎾
    – 🛗 ▤ 📺 ☎ 🅿 – 🔬 100 a 1000. 🆎 🇪 ⓘ 🇪 𝚅𝙸𝚂𝙰. 🐾
    Pasto carta 45/62000 – **105 cam** 🖃 180/200000 – ½ P 140000.
    AY **a**

🏨 **Jolly dei Templi,** per ④ : 8 km ⊠ 92100 🖋 606144, Telex 910086, Fax 606685, 🏊 – 🛗
    🍴 cam ▤ 📺 ☎ ὅ 🅿 – 🔬 50 a 400. 🆎 🇪 ⓘ 🇪 𝚅𝙸𝚂𝙰 𝙹𝙲𝙱. 🐾 rist
    Pasto carta 46/72000 – **146 cam** 🖃 180/230000, 2 appartamenti – ½ P 185/220000.

🏨 **Tre Torri,** per ④ : 8 km ⊠ 92100 🖋 606733, Telex 910546, Fax 607839, 🏊 – 🛗 ▤ 📺 ☎
    🅿 – 🔬 400. 🆎 🇪 🇪 𝚅𝙸𝚂𝙰. 🐾 cam
    Pasto 30/40000 – **118 cam** 🖃 120/160000 – ½ P 100/120000.

723

XX **Cioffi,** per ④ : 8 Km ⊠ 92100 ℰ 606333, 🍴 – 🗛 🕄 ⑪ 🗉 𝚅𝙸𝚂𝙰
   chiuso dal 1° al 14 novembre e lunedì (escluso da maggio a settembre) – **Pasto** carta 25/
   63000 (15%).

   a San Leone S : 7 km BY – ⊠ **92100** Agrigento :

🏠 **Pirandello Mare,** ℰ 412333, Fax 413693 – ▐𝕤▌ ▤ 📺 ☎ 🄿. 🕄 🗉 𝚅𝙸𝚂𝙰. ⅗ rist
   Pasto carta 35/55000 – **45 cam** ⧖ 80/140000 – ½ P 80/110000.

X **Leon d'Oro,** ℰ 414400, Fax 414400 – ▤. 🗛 🕄 ⑪ 🗉 𝚅𝙸𝚂𝙰
   chiuso lunedì e dal 20 ottobre al 15 novembre – **Pasto** carta 23/49000 (15%).

⬛ **ALCAMO** 91011 Trapani 𝟿𝟾𝟾 ㊳, 𝟺𝟹𝟸 N 20 – 42 625 ab. alt. 256 – 🌼 0924.

♦Agrigento 145 – ♦Catania 254 – ♦Messina 280 – ♦Palermo 46 – ♦Trapani 52.

X La Funtanazza, al Monte Bonifato S : 6 km ℰ 25314, ≤, 🍴, 🐖 – 🄿

⬛ **AUGUSTA** 96011 Siracusa 𝟿𝟾𝟾 ㊲, 𝟺𝟹𝟸 P 27 – 34 180 ab. – 🌼 0931.

♦Catania 42 – ♦Messina 139 – ♦Palermo 250 – Ragusa 103 – ♦Siracusa 32.

XX Donna Ina, località Faro Santa Croce E : 6,5 km ℰ 983422, Specialità di mare

⬛ **BARCELLONA POZZO DI GOTTO** 98051 Messina 𝟿𝟾𝟾 ㊲ ㊳, 𝟺𝟹𝟸 M 27 – 40 553 ab. alt. 60 –
   🌼 090.

♦Catania 130 – Enna 181 – ♦Messina 39 – Milazzo 12 – ♦Palermo 195 – Taormina 85.

🏨 **Conca d'Oro,** località Spinesante N : 3 km ℰ 9710128, Fax 9710618, 🍴 – ▤ 📺 ☎ 🄿.
   🗛 🕄 🗉 𝚅𝙸𝚂𝙰. ⅗
   chiuso novembre – **Pasto** *(chiuso lunedì)* carta 30/50000 – ⧖ 8000 – **13 cam** 65/100000,
   3 appartamenti – ½ P 65/85000.

⬛ **CACCAMO** 90012 Palermo 𝟿𝟾𝟾 ㊳, 𝟺𝟹𝟸 N 22 – 8 631 ab. alt. 521 – 🌼 091.

♦Agrigento 93 – ♦Palermo 43 – Termini Imerese 10.

🏠 **La Spiga d'Oro,** via Margherita 74 ℰ 8148968, Fax 8148968 – ▐𝕤▌ ▤ 📺 ☎ 🚗 🄿.
   🗛.
   Pasto *(chiuso mercoledì)* carta 24/30000 – **14 cam** ⧖ 55/85000 – ½ P 75/80000.

⬛ **CALTAGIRONE** 95041 Catania 𝟿𝟾𝟾 ㊳ ㊲, 𝟺𝟹𝟸 P 25 – 37 008 ab. alt. 608 – 🌼 0933.

🅱 Palazzo Libertini ℰ 53809, Fax 54610.

♦Agrigento 153 – ♦Catania 64 – Enna 75 – Ragusa 71 – ♦Siracusa 100.

🏩 **Gd H. Villa San Mauro** ⑤, via Portosalvo 10 ℰ 26500, Telex 971420, Fax 31661, ᴊ – ▐𝕤▌
   ▤ 📺 ☎ 🄿 – 🔏 300. 🗛 🕄 ⑪ 🗉 𝚅𝙸𝚂𝙰 𝙹𝙲𝙱. ⅗ rist
   Pasto 35000 – **92 cam** ⧖ 130/150000 – ½ P 145000.

XX San Giorgio, viale Regina Elena 15 ℰ 55228

⬛ **CALTANISSETTA** 93100 🄿 𝟿𝟾𝟾 ㊳, 𝟺𝟹𝟸 O 24 – 61 445 ab. alt. 588 – 🌼 0934.

🅱 viale Conte Testasecca 21 ℰ 21089, Fax 21239.

🄰.🄲.🄸. contrada Sant'Elia ℰ35911.

♦Catania 109 – ♦Palermo 127.

🏨 **San Michele,** via Fasci Siciliani ℰ 553750, Fax 598791, ≤, ᴊ – ▐𝕤▌ ▤ 📺 ☎ 🕭 🄿 –
   🔏 30 a 300. 🗛 🕄 ⑪ 🗉 𝚅𝙸𝚂𝙰. ⅗ rist
   Pasto carta 42/60000 – **122 cam** ⧖ 165000, 12 appartamenti – ½ P 110000.

🏠 **Plaza** senza rist, via Berengario Gaetani 5 ℰ 583877, Fax 583877 – ▐𝕤▌ ▤ 📺 ☎ 🕭 – 🔏 40.
   🗛 🕄 ⑪ 🗉 𝚅𝙸𝚂𝙰
   21 cam ⧖ 90/125000.

🏠 **Diprima,** via Kennedy 16 ℰ 584511, Fax 21688 – ▐𝕤▌ ▤ rist 📺 ☎ 🚗 – 🔏 30
   a 200
   115 cam.

XX **Cortese,** viale Sicilia 166 ℰ 591686 – ▤. 🕄 🗉 𝚅𝙸𝚂𝙰
   chiuso lunedì – **Pasto** carta 35/45000.

   Vedere anche : *San Cataldo* SO : 8 km.

⬛ **CANICATTÌ** 92024 Agrigento 𝟿𝟾𝟾 ㊳, 𝟺𝟹𝟸 O 23 – 32 343 ab. alt. 470 – 🌼 0922.

♦Agrigento 39 – ♦Caltanissetta 28 – ♦Catania 137 – Ragusa 133.

🏠 **Collina del Faro,** via La Marmora 30 ℰ 853062, Fax 851160, 🍴 – ▤ 📺 🕭 🄿. 🕄 ⑪ 🗉
   𝚅𝙸𝚂𝙰. ⅗
   Pasto *(chiuso lunedì e dal 10 al 22 agosto)* carta 23/50000 – ⧖ 7000 – **25 cam** 50/80000 –
   ½ P 70000.

CANNIZZARO 95020 Catania 🗺 O 27 – 🌣 095.

◆Catania 7 – Enna 90 – ◆Messina 97 – ◆Palermo 215 – ◆Siracusa 66.

🏨 **Sheraton Catania Hotel,** 🖉 271557, Telex 971438, Fax 271380, ≤, 🏤, 🖦, 🖀s, 🏊, 🏖, %️ – 🛊 🗐 🔟 🕿 🕭 🖛 – 🔬 50 a 900. 🖭 🗗 🗉 💟 🛠
Pasto carta 56/96000 – **166 cam** 🖙 275/320000, 2 appartamenti – ½ P 212/272000.

🏨 **Gd H. Baia Verde,** 🖉 491522, Telex 970285, Fax 494464, ≤, 🏤, « Sulla scogliera », 🏊, 🖦, 🖅, %️ 🕀 🗐 🔟 🕿 🖛 🕭 🅿 – 🔬 30 a 400. 🖭 🗗 🕦 💟 🛠
Pasto 55000 – **124 cam** 🖙 260/310000 – ½ P 265000.

🛠 **Selene,** via Mollica 24/26 🖉 494444, Fax 492209, ≤, Specialità di mare, « Servizio estivo in terrazza sul mare » – 🅿. 🖭 🕦 💟 🛠
chiuso martedì e dal 4 al 27 agosto – **Pasto** carta 40/65000 (15%).

CAPO D'ORLANDO 98071 Messina 🗺 ㊱ ㊲ ㊳, 🗺 M 26 – 11 936 ab. – 🌣 0941.

🖪 via Piave 71 A/B 🖉 912517, Fax 912517.

◆Catania 135 – Enna 143 – ◆Messina 88 – ◆Palermo 149 – Taormina 132.

🏨 **La Meridiana,** località Piana SO : 3 km 🖉 957713, Fax 957713, 🏤, 🖦, 🖀s, 🏊, 🖅 – 🛊 🗐 🔟 🕭 🔬 🛳 200. 🗗 🗉 💟 🛠
Pasto *(chiuso domenica da novembre a marzo)* carta 35/55000 – 🖙 10000 – **45 cam** 160000 – ½ P 75/125000.

🏨 **Il Mulino,** via Andrea Doria 46 🖉 902431, Fax 911614, ≤, 🏤 – 🛊 🗐 🔟 🕿. 🖭 🗗 🕦 🗉 💟 🛠
Pasto carta 36/54000 – 🖙 10000 – **70 cam** 100/160000, 6 appartamenti – ½ P 75/125000.

a Fiumara SE : 10 km – ✉ **98074** Naso :

🛠 **Bontempo,** 🖉 961188, Fax 961189, 🏤, prenotare – 🗐 🅿. 🖭 🗗 🕦 💟 🛠
chiuso lunedì – **Pasto** 43/80000.

CARINI 90044 Palermo 🗺 ㊳, 🗺 M 21 – 21 093 ab. alt. 181 – 🌣 091.

◆Catania 234 – ◆Messina 260 – ◆Palermo 26 – Punta Raisi 15 – ◆Trapani 88.

a Villagrazia NO : 7 km – ✉ **90040** :

🏨 **Residence Hotel Azzolini** 🖏, 🖉 8674755, Telex 910355, Fax 8675747, 🏊, 🖅, %️ – 🛊 🗐 🔟 🕿 🅿 – 🔬 30 a 300. 🖭 🗗 🕦 🗉 💟 🛠 rist
Pasto carta 39/67000 – **66 cam** 🖙 110/180000 – ½ P 90/130000.

CASTEL DI TUSA 98070 Messina 🗺 M 24 – alt. 6 – 🌣 0921.

◆ Agrigento 163 – Cefalù 23 – ◆ Messina 143 – ◆ Palermo 90.

🏨 **Gd H. Atelier sul Mare,** 🖉 34295, Fax 34283, ≤, « Museo di opere d'arte contemporanea », 🖦 – 🛊 🕿 🅿 🖭 💟 🛠 rist
marzo-ottobre – **Pasto** carta 34/54000 (10%) – 🖙 5000 – **38 cam** 105/160000 – ½ P 115/140000.

CASTELLAMMARE DEL GOLFO 91014 Trapani 🗺 ㊳, 🗺 M 20 – 13 522 ab. – 🌣 0924.

Dintorni Rovine di Segesta★★★ S : 16 km.

◆Agrigento 144 – ◆Catania 269 – ◆Messina 295 – ◆Palermo 61 – ◆Trapani 34.

🏨 **Al Madarig,** 🖉 33533, Fax 33790 – 🛊 🗐 🔟 🕿 – 🔬 90. 🖭 🗗 🕦 🗉 💟 🛠 cam
Pasto carta 31/57000 – 🖙 10000 – **33 cam** 95/150000 – ½ P 92/100000.

CASTELMOLA Messina – Vedere Taormina.

CATANIA 95100 🅿 🗺 ㊲, 🗺 O 27 – 333 485 ab. – 🌣 095.

Vedere Via Etnea★ : villa Bellini★ DXY – Piazza del Duomo★ DZ – Castello Ursino★ DZ.

Escursioni Etna★★★ Nord per Nicolosi.

✈ di Fontana Rossa S : 4 km BV 🖉 252111 – Alitalia, corso Sicilia 111 ✉ 95131 🖉 252333.

🖪 largo Paisiello 5 ✉ 95124 🖉 310888, Fax 316407 – Stazione Ferrovie Stato ✉ 95129 🖉 531802 – Aeroporto Civile Fontanarossa 🖉 341900.

A.C.I. via Sabotino 1 ✉ 95129 🖉 533380.

◆Messina 97 ① – ◆Siracusa 59 ③.

Piante pagine seguenti

🏨 **Excelsior,** piazza Verga 39 ✉ 95129 🖉 537071, Telex 972250, Fax 537015 – 🛊 🖦 cam 🗐 🔟 🕿 🕭 – 🔬 30 a 300   EX **c**
167 cam.

🏨 **Jolly,** piazza Trento 13 ✉ 95129 🖉 316933, Telex 970080, Fax 316832 – 🛊 🗐 🔟 🕿 🅿 – 🔬 30 a 180. 🖭 🗗 🕦 🗉 💟   EX **n**
Pasto carta 46/67000 – **159 cam** 🖙 180/230000 – ½ P 145/155000.

🏨 **Forte Agip** senza rist, via Messina 626 località Ognina 🖉 7122300, Telex 972379, Fax 7121856 – 🛊 🖦 🗐 🔟 🕿 🅿 – 🔬 50. 🖭 🗗 🕦 💟 🃏. 🛠   CU **a**
45 cam 🖙 149/179000.

CATANIA

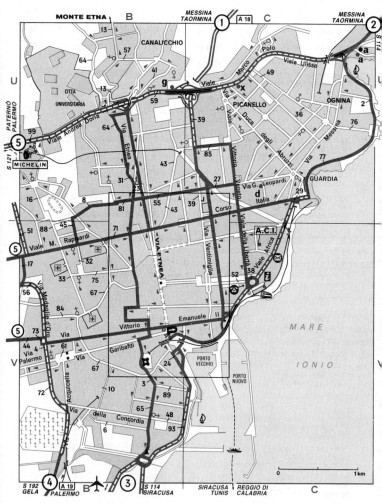

CATANIA

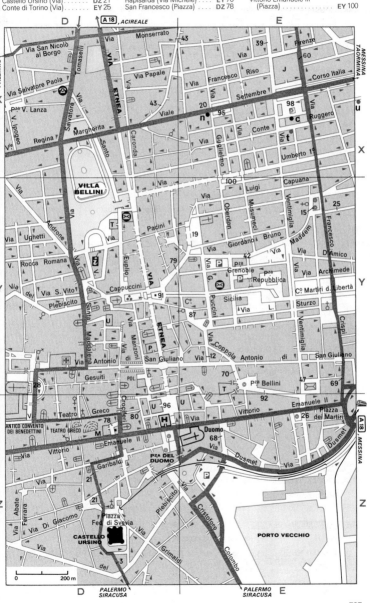

XX **Costa Azzurra,** via De Cristofaro 4 località Ognina ⊠ 95126 𝒫 494920, Fax 494920, ≼,
« Servizio estivo all'aperto » – **ⓟ** ﷼ ⓞ **E** ﷼ CU **a**
chiuso lunedì – **Pasto** carta 44/71000 (15%).

XX **La Siciliana,** viale Marco Polo 52/a ⊠ 95126 𝒫 376400, Fax 7221300, prenotare,
« Servizio estivo in giardino » – ﷼ ⓑ ⓞ **E** ﷼ CU **x**
chiuso dal 9 al 23 agosto, lunedì e la sera di domenica e dei giorni festivi – **Pasto**
carta 48/67000 (15%).

XX **Poggio Ducale** con cam, via Paolo Gaifami 5 ⊠ 95126 𝒫 330016, Fax 580103 – |⫴| ▤ 🖵
☎ ⓟ. ﷼ ⓑ ⓞ **E** ﷼ ⌸. ⅏ BU **b**
Pasto *(chiuso domenica sera e lunedì a mezzogiorno)* carta 40/65000 – **25 cam** ⇌ 110/
170000 – ½ P 160000.

X **La Lampara,** via Pasubio 49 ⊠ 95127 𝒫 383237 – ▤. ﷼. ⅏ CU **d**
chiuso mercoledì ed agosto – **Pasto** carta 37/53000 (15%).

X **Pagano,** via De Roberto 37 ⊠ 95129 𝒫 537045 – ▤. ﷼ ⓑ ⓞ **E** ﷼ EX **t**
chiuso sabato – **Pasto** carta 31/52000 (15%).

X **Da Rinaldo,** via Simili 59 ⊠ 95129 𝒫 532312, « Ambiente tipico » – ﷼ ⓑ ⓞ **E** ﷼
⅏ EX **u**
*chiuso dal 5 agosto al 10 settembre, martedì da ottobre a maggio e domenica negli altri
mesi* – **Pasto** carta 34/49000.

Vedere anche : **Cannizzaro** per ② : 7 km.

MICHELIN, a Misterbianco, per ⑤ : 5 km, corso Carlo Marx 71 - ⊠ 95045 Misterbianco,
𝒫 471133, Fax 7291123.

CEFALÙ 90015 Palermo ▦▦▦ ㊴, ▦▦▦ M 24 – 13 873 ab. – ✪ 0921.

Vedere Posizione pittoresca★★ – Cattedrale★★.

⛴ per le Isole Eolie giugno-settembre giovedì, venerdì e sabato (1 h 30 mn) – Aliscafi
SNAV-agenzia Barbaro, corso Ruggero 76 𝒫 21595, Telex 910205.

🛈 corso Ruggero 77 𝒫 21458, Fax 22386.

♦Agrigento 140 – ♦Caltanissetta 101 – ♦Catania 182 – Enna 107 – ♦Messina 166 – ♦Palermo 68.

🏨 **Carlton H. Riviera** ⌕, località Capo Plaia O : 6,5 km 𝒫 20004, Fax 20264, ≼, 🏤, ⏉, ▥⊸,
⅏ – |⫴| ▤ ☎ ⓟ – 🕭 40 a 250
stagionale – **144 cam.**

🏨 **Riva del Sole,** lungomare Colombo 𝒫 21230, Fax 21984, ≼, 🏤, ▱ – |⫴| ▤ 🖵 ⓐ ⇌
ⓟ – 🕭 100. ﷼ ﷼
chiuso novembre – **Pasto** carta 34/62000 (15%) – ⇌ 12000 – **28 cam** 95/105000, ▤ 15000
– ½ P 105000.

X **Vecchia Marina,** via Vittorio Emanuele 73 𝒫 20388, 🏤 – ﷼ ⓑ ⓞ **E** ﷼
chiuso lunedì – **Pasto** carta 34/47000.

X **La Brace,** via 25 Novembre 10 𝒫 23570, prenotare – ﷼ ⓞ **E** ﷼
chiuso lunedì e dal 15 dicembre al 15 gennaio – **Pasto** carta 28/50000.

X **Ostaria del Duomo,** via Seminario 5 𝒫 21838, « Servizio estivo sulla piazza » – ﷼ ⓑ **E**
﷼
chiuso dal 15 dicembre al 20 gennaio e lunedì (escluso da giugno a settembre) – **Pasto**
carta 34/52000.

sulla strada statale 113 O : 3 km :

XX **La Villa del Vescovo,** contrada Santa Lucia ⊠ 90015 Cefalù 𝒫 921803, ≼ Cefalù e
costa, 🏤, ▱ – ⓟ. ﷼ ﷼
chiuso lunedì – **Pasto** carta 40/70000.

CHIARAMONTE GULFI 97012 Ragusa ▦▦▦ ㊲, ▦▦▦ P 26 – 8 389 ab. alt. 668 – ✪ 0932.

♦Agrigento 133 – ♦Catania 88 – ♦Messina 185 – ♦Palermo 257 – Ragusa 20 – ♦Siracusa 77.

X **Majore,** 𝒫 928019 – ﷼ ⓑ
chiuso lunedì e luglio – **Pasto** carta 19/32000.

COMISO 97013 Ragusa ▦▦▦ ㊲, ▦▦▦ Q 25 – 28 866 ab. alt. 246 – ✪ 0932.

♦Agrigento 121 – ♦Catania 121 – ♦Siracusa 96 – ♦Palermo 250.

🏨 **Cordial Hotel** senza rist, strada statale 115 (O : 1 km) 𝒫 967866, Fax 967867 – |⫴| ▤ 🖵
☎ ⓟ – 🕭 90. ﷼ ﷼ ⓞ **E** ﷼. ⅏
⇌ 6000 – **37 cam** 55/90000.

X **Al Fico d'India,** strada statale 115 (O : 1 km) 𝒫 962371, 🏤 – ⓟ
Pasto carta 27/45000.

EGADI (Isole) Trapani 988 ③, 432 N 18 19 – 4 335 ab. alt. da 0a 686 (monte Falcone nell'isola di Marettimo) – ✿ 0923.

Vedere Favignana★ : Cave di Tufo★, Grotta Azzurra★ – Levanzo★ – Marettimo★ : porto★.

Favignana (Isola) 988 ③, 432 N 18 – ✉ 91023.

Vedere Cave di Tufo★, Grotta Azzurra★.

🚢 per Trapani giornalieri (da 1 h a 2 h 45 mn) – a Favignana, Siremar-agenzia Catalano, molo San Leonardo ✆ 921368, Fax 921368.

🚤 per Trapani giornalieri (da 15 mn a 1 h) – a Favignana, Siremar-agenzia Catalano, molo San Leonardo ✆ 921368, Fax 921368.

🏠 **Egadi**, ✆ 921232 – 🍴 cam 📺 ☎ ❄
  Pasto *(maggio-settembre; chiuso a mezzogiorno)* 50000 – 🍽 8000 – **11 cam** 60/85000 – ½ P 90/95000.

✗ **Rais**, ✆ 921233, 🌣
  chiuso mercoledì dal 15 settembre a maggio – **Pasto** carta 34/52000 (10%).

ENNA 94100 🅿 988 ③, 432 O 24 – 28 277 ab. alt. 942 – ✿ 0935.

Vedere Posizione pittoresca★★ – Castello★ : ☀★★★ – ≼★ dal belvedere.

🅱 via Roma 413 ✆ 500544, Fax 500720 – piazza Napoleone 6 ✆ 26119.

A.C.I. via Roma 200 ✆ 26299.

♦Agrigento 92 – ♦Caltanissetta 34 – ♦Catania 83 – ♦Messina 180 – ♦Palermo 133 – Ragusa 138 – ♦Siracusa 136 – ♦Trapani 237.

🏨 **Grande Albergo Sicilia** senza rist, piazza Colaianni 7 ✆ 500850, Fax 500488 – 📳 📺 ☎
  🚗 – 🏛 30 a 120. 🖭 ⓪
  🍽 9000 – **70 cam** 90/120000.

✗ **Centrale**, piazza 6 Dicembre 9 ✆ 500963 – 🖭 🅢 ⓪ 🗲 𝗩𝗜𝗦𝗔
  chiuso sabato – **Pasto** carta 25/45000 (10%).

EOLIE o LIPARI (Isole) Messina 988 ③ ③⑦ ③⑧, 431 K 26 27, 432 L 26 27 – 12 756 ab. alt. da 0 a 962 (monte Fossa delle Felci nell'isola di Salina) – ✿ 090.

Vedere Vulcano★★★ : gran cratere★★★ (2-3 h a piedi AR) – Stromboli★★★ – Lipari★★ : ☀★★★ dal belvedere di Quattrocchi, giro dell'isola in macchina★★, escursione in battello★★ lungo la costa SO, museo★.

🚢 per Milazzo giornalieri (da 1 h 30 mn a 4 h) e Napoli lunedì e giovedì, dal 15 giugno al 15 settembre lunedì mercoledì, giovedì, venerdì, sabato e domenica (14 h) – a Lipari, Siremar-agenzia Eolian Tours, via Amendola ✆ 9811312, Fax 9880170.

🚤 per Milazzo giornalieri (da 40 mn a 2 h 10 mn) – a Lipari, Siremar-agenzia Eolian Tours, via Amendola ✆ 9811312, Fax 9880170; Aliscafi SNAV-agenzia Eoltravel, via Vittorio Emanuele 116 ✆ 9811122, Fax 9880311; per Messina-Reggio di Calabria giornalieri (2 h), Cefalù giugno-settembre giovedì, venerdì e sabato (1 h 30 mn) e Palermo giugno-settembre giornaliero (1 h 50 mn); per Napoli giugno-settembre giornaliero (4 h) – a Lipari, Aliscafi SNAV-agenzia Eoltravel, via Vittorio Emanuele 116 ✆ 9811122, Fax 9880311.

Lipari (Isola) 988 ③⑦ ③⑧, 431 432 L 26 – 10 375 ab. – ✉ 98055.

La regolamentazione d'accesso degli autoveicoli è regolata da norme legislative.

🅱 via Vittorio Emanuele 202 ✆ 9880095, Telex 980133, Fax 9811190

🏨 **Carasco** ⌂, a Porto delle Genti ✆ 9811605, Telex 980095, Fax 9811828, ≤ mare e costa, « 🏊 su terrazza panoramica », 🐾, 🐎 – 📳 🍴 rist ☎ 🅿. 🖭 🅢 ⓪ 🗲 𝗩𝗜𝗦𝗔. ❄
  15 aprile-7 ottobre – **Pasto** carta 50/65000 – 🍽 20000 – **89 cam** 135/240000, 2 appartamenti – ½ P 170000.

🏨 **Meligunis**, via Marte ✆ 9812426, Telex 981117, Fax 9880149 – 📳 🍴 📺 ☎. 🖭 🅢 ⓪ 🗲 𝗩𝗜𝗦𝗔 ❄
  marzo-ottobre – **Pasto** carta 35/50000 – **32 cam** 🍽 225/300000 – ½ P 128/195000.

🏠 **Giardino sul Mare** ⌂, via Maddalena 65 ✆ 9811004, Fax 9880150, ≤ mare e costa, 🌣,
  « 🏊 su terrazza fiorita », 🐾 – 📳 🍴 ☎. 🖭 🅢 ⓪ 🗲 𝗩𝗜𝗦𝗔 ❄
  28 marzo-ottobre – **Pasto** 30/40000 – **30 cam** 🍽 160/260000 – ½ P 75/160000.

🏨 **Gattopardo Park Hotel** ⌂, via Diana ✆ 9811035, Telex 981030, Fax 9880207, « Terrazze fiorite », 🐎 – ☎. 🖭 🅢 ⓪ 🗲 𝗩𝗜𝗦𝗔 ❄
  marzo-ottobre – **Pasto** *(chiuso novembre)* carta 25/40000 – 🍽 8000 – **60 cam** 100/170000 – ½ P 75/150000.

🏠 **Oriente** senza rist, via Marconi 35 ✆ 9811493, Fax 9880198, « Giardino ombreggiato » –
  🍴 📺 🚗 🕭 🅿 – 🏛 60. 🖭 🅢 ⓪ 🗲 𝗩𝗜𝗦𝗔 𝗝𝗖𝗕
  Pasqua-ottobre – **32 cam** 🍽 100/150000, 6 appartamenti.

🏠 **La Filadelfia** senza rist, via Tronco ✆ 9812795, Fax 9812486 – 📳 ☎
  56 cam.

✗✗ ✿ **Filippino**, piazza Municipio ✆ 9811002, Fax 9812878, 🌣 – 🖭 🅢 ⓪ 🗲 𝗩𝗜𝗦𝗔 𝗝𝗖𝗕. ❄
  chiuso dal 10 novembre al 15 dicembre e lunedì (escluso da giugno a settembre) – **Pasto** 30/38000 (12%) e carta 47/74000 (12%)
  Spec. Ravioloni di cernia in salsa paesana (marzo-ottobre), Zuppa di pesce alla pescatora (marzo-ottobre), Cupolette di pesce spada.

XX **E Pulera,** via Diana ☞ 9811158, Fax 9811158, Cucina tipica isolana, prenotare, « Servizio estivo in giardino fiorito con pergolato » – 囲 🕏 Ⅰ VISA ⬝
giugno-ottobre; chiuso a mezzogiorno – **Pasto** carta 46/67000 (15%).

X **La Nassa,** via Franza 36 ☞ 9811319, Fax 9811617, 🛋 – 🔲 囲 🕏 ⓘ Ⅰ VISA JCB ⬝
chiuso giovedì, novembre, gennaio e febbraio – **Pasto** carta 35/60000.

Panarea (Isola) 988 ㉗ ㉘, 431 432 L 27 – ✉ 98050.
La limitazione d'accesso degli autoveicoli è regolata da norme legislative.

🏠 **Cincotta** ⬝, ☞ 983014, Fax 983211, ≤ mare ed isolotti, 🛋, 🏊, – ☎ 囲 🕏 Ⅰ VISA ⬝
Pasqua-settembre – **Pasto** carta 41/61000 (10%) – **29 cam** ⊐ 280/300000 – ½P 120/190000.

🏠 **La Piazza** ⬝, ☞ 983176, Fax 983003, ≤ mare ed isolotti, 🛋, 🏊, 🍽 – ☎ 囲 🕏 Ⅰ VISA ⬝
Pasqua-ottobre – **Pasto** carta 49/69000 (10%) – **25 cam** ⊐ 220/250000 – ½P 160/200000.

🏠 **Lisca Bianca** ⬝ senza rist, ☞ 983004, Fax 983291, ≤ mare ed isolotti – ☎ 🕏 Ⅰ VISA

Pasqua-ottobre – **25 cam** ⊐ 200000.

Salina (Isola) 988 ㉘ ㉗ ㉘, 431 432 L 26 – 2 381 ab.
🛈 (luglio-settembre) a Santa Marina ☞ 9843190

🏠 **Signum** ⬝, a Malfa ✉ 98050 Malfa ☞ 9844222, Fax 9844102, ≤ mare e costa, 🛋, 🍽 –
☎ 囲 🕏 Ⅰ VISA ⬝
Natale, Capodanno e Pasqua-ottobre – **Pasto** (solo per clienti alloggiati e *chiuso a mezzogiorno*) 30/50000 – ⊐ 25000 – **16 cam** 130/180000 – ½P 85/160000.

X **L'Ariana** con cam, Rinella ✉ 98050 Leni ☞ 9809075, Fax 9809250, ≤, 🛋 – ☎ 🕏 Ⅰ VISA ⬝ rist
Pasto (marzo-ottobre) carta 35/63000 – ⊐ 15000 – **15 cam** 60/120000 – ½P 75/130000.

X **Porto Bello,** a Santa Marina ✉ 98050 Leni ☞ 9843125, ≤, « Servizio estivo sotto un pergolato » – 囲 🕏 Ⅰ VISA ⬝
chiuso dal 1° al 30 novembre e mercoledì (escluso da giugno a settembre) – **Pasto** carta 39/51000.

Stromboli (Isola) 988 ㉗ ㉘, 431 432 K 27 – ✉ 98050.
La limitazione d'accesso degli autoveicoli è regolata da norme legislative.

🏠 **La Sirenetta-Park Hotel** ⬝, a Ficogrande ☞ 986025, Fax 986124, ≤, 🏊, 🏖 – ☎ 囲 🕏 Ⅰ VISA ⬝
aprile-ottobre – **Pasto** 40/65000 – **43 cam** ⊐ 140/260000 – ½P 98/170000.

Vulcano (Isola) 988 ㉗ ㉘, 431 432 L 26 – ✉ 98050.
La limitazione d'accesso degli autoveicoli è regolata da norme legislative.
🛈 (luglio-settembre) a Porto Levante ☞ 9852028

🏨 Les Sables Noires ⬝, a Porto Ponente ☞ 9852461, Telex 981168, Fax 9852454, ≤, 🛋, 🏊, 🏖, 🍽 – 🔲 📺 ☎
stagionale – **35 cam.**

🏠 **Eolian** ⬝, a Porto Ponente ☞ 9852151, Telex 980119, Fax 9852153, ≤, 🛋, 🏊 termale, 🍽 – 🔲 cam ☎ 🅿 囲 🕏 ⓘ 🄴 Ⅰ VISA ⬝
maggio-settembre – **Pasto** 49000 – **80 cam** ⊐ 148/244000 – ½P 100/181000.

🏠 **Conti** ⬝, ☞ 9852012, 🛋 – ☎ Ⅰ VISA ⬝ rist
maggio-20 ottobre – **Pasto** 25/40000 – ⊐ 10000 – **62 cam** 120/150000 – ½P 67/120000.

ERICE 91016 Trapani 988 ㉘, 432 M 19 – 29 426 ab. alt. 751 – ✪ 0923.
Vedere Posizione pittoresca★★★ – ≤★★ dal castello di Venere.
🛈 viale Conte Pepoli 11 ☞ 869388, Fax 869544.
◆Catania 304 – Marsala 45 – ◆Messina 330 – ◆Palermo 96 – ◆Trapani 14 .

🏠 **Elimo,** via Vittorio Emanuele 75 ☞ 869377, Fax 869252, ≤ – 📶 📺 ☎ 囲 🕏 ⓘ Ⅰ VISA ⬝
Pasto (chiuso gennaio) carta 35/65000 – **21 cam** ⊐ 120/190000 – ½P 100/130000.

🏠 **Moderno,** via Vittorio Emanuele 63 ☞ 869300, Fax 869139 – 📶 📺 ☎ 囲 🕏 ⓘ Ⅰ VISA ⬝ rist
Pasto carta 41/54000 – **40 cam** ⊐ 120/180000 – ½P 120/140000.

XX **Monte San Giuliano,** vicolo San Rocco 7 ☞ 869595, Fax 869595, ≤ – 囲 🕏 ⓘ Ⅰ VISA ⬝
chiuso lunedì e dal 10 gennaio al 20 febbraio – **Pasto** carta 39/59000.

XX **Cortile di Venere,** via Sales 31 ☞ 869362, « Servizio estivo in un caratteristico patio » – 囲 ⓘ
chiuso mercoledì – **Pasto** carta 35/61000.

ETNA Catania 988 ㉗, 432 N 26.
Vedere Guida Verde.

FAVIGNANA (Isola di) Trapani 988 ㉘, 432 N 18 – Vedere Egadi (Isole).

FIUMARA Messina – Vedere Capo d'Orlando.

FONTANE BIANCHE Siracusa 432 Q 27 – Vedere Siracusa.

FRANCAVILLA DI SICILIA 98034 Messina 988 ③⑦, 432 N 27 – 5 097 ab. alt. 330 – ✿ 0942.
🏠 Picciolo, contrada Rovitello ⊠ 95012 Castiglione di Sicilia ✆ 986252, Fax 986252, S : 10 km.
◆Catania 69 – ◆Messina 69 – ◆Palermo 238.

　X　D'Orange Alcantara con cam, ✆ 981374, Fax 981704, ⇌ – 🛗 ☎ – **30 cam.**

FURCI SICULO 98023 Messina 432 N 28 – 3 333 ab. – ✿ 0942.
◆Catania 65 – ◆Messina 34 – ◆Palermo 260 – Taormina 20.

　🏠　**Foti,** ✆ 791815, Telex 981066, Fax 793203, 🌣 – 🛗 🗏 📺 ☎ – 🔺 35. 🖭 🗗 ⓸ E 💳. ✖
　　　Pasto (chiuso lunedì) carta 34/50000 – **27 cam** ⊇ 80/120000 – ½ P 80/95000.

GELA 93012 Caltanissetta 988 ㊱, 432 P 24 – 72 532 ab. – ✿ 0933.
Vedere Fortificazioni greche★★ a Capo Soprano – Museo Archeologico Regionale★.
🚩 via Giacomo Navarra Bresmes 105 ✆ 911423, Fax 923268.
◆Agrigento 77 – ◆Caltanissetta 82 – ◆Catania 97 – ◆Messina 194 – ◆Palermo 206 – Ragusa 61 – ◆Siracusa 146.

　XX　**Gelone 2,** via Generale Cascino ✆ 913254 – 🗏. 🖭 🗗 ⓸ 💳. ✖
　　　chiuso lunedì ed agosto – **Pasto** carta 28/53000.

GERACI SICULO 90010 Palermo 432 N 24 – 2 274 ab. alt. 1 077 – ✿ 0921.
◆Agrigento 140 – Cefalù 44 – ◆Palermo 112.

　🏠　**Ventimiglia** 🦢, ✆ 43240, Fax 43678, ≤, ⇌ – ☎ ℗
　　　30 cam.

GIARDINI-NAXOS 98035 Messina 988 ③⑦, 432 N 27 – 8 640 ab. – ✿ 0942.
🚩 via Tysandros 54 ⊠ 98035 ✆ 51010, Fax 52848.
◆Catania 47 – ◆Messina 54 – ◆Palermo 257 – Taormina 5.

　🏠🏠　**Arathena Rocks** 🦢, via Calcide Eubea 55 ⊠ 98035 ✆ 51348, Fax 51690, ≤, 🌣, 🏊,
　　　🏖, – 🛗 ☎ ℗. 🖭 🗗 ⓸ E 💳. ✖
　　　10 aprile-20 ottobre – **37 cam** solo ½ P 95/99000.

　🏠🏠　**Hellenia Yachting Hotel,** via Jannuzzo 41 ⊠ 98035 ✆ 51737, Telex 980104, Fax 54310,
　　　≤, 🏊, 🏖, ⇌ – 🛗 📺 ☎ ℗ – 🔺 100. 🖭 🗗 ⓸ E 💳. ✖
　　　Pasto 50000 – ⊇ 25000 – **112 cam** 165/230000, 6 appartamenti – ½ P 130/180000.

　🏠🏠　Sant'Alfio Garden Hotel 🦢, via Recanati ⊠ 98030 ✆ 51383, Telex 981015, Fax 53934,
　　　🏊, 🏖 – 🛗 🗏 📺 ☎ ℗
　　　101 cam.

　🏠　Kalos Hotel 🦢, via Calcide Eubea 29 ⊠ 98030 ✆ 52116, Fax 52116, ≤, 🏖, ⇌ – 🛗 🗏 ☎
　　　℗
　　　stagionale – **27 cam.**

　🏠　**La Riva,** via Tysandros 24 ⊠ 98035 ✆ 51329, Fax 51329, ≤ – 🛗 📺 ☎ ⟵. ✖
　　　chiuso novembre – **Pasto** (solo per clienti alloggiati) 20/25000 – ⊇ 8000 – **38 cam** 60/80000
　　　– ½ P 64/78000.

　🏠　**La Sirenetta,** via Naxos 177 ⊠ 98035 ✆ 53637, Fax 53637, ≤ – 🗏 rist. 🖭 🗗 ⓸ E 💳.
　　　✖
　　　chiuso dal 20 novembre al 15 febbraio – **Pasto** 24/30000 – ⊇ 10000 – **14 cam** 50/75000 –
　　　½ P 60/72000.

　X　**La Cambusa,** lungomare Schisò 3 ⊠ 98030 ✆ 51437, ≤ mare e Taormina, 🌣 – 🖭 ⓸
　　　💳
　　　chiuso dall'11 gennaio al 10 febbraio e martedì (escluso da luglio a settembre) – **Pasto**
　　　carta 30/47000.

　X　**Sea Sound,** via Jannuzzo 37/A ⊠ 98030 ✆ 54330, 🌣 – 🖭 🗗 ⓸ E 💳
　　　maggio-ottobre – **Pasto** carta 39/53000.

ISOLA DELLE FEMMINE 90040 Palermo 432 M 21 – 4 696 ab. alt. 12 – ✿ 091.
◆Palermo 16 – Punta Raisi 17 – ◆Trapani 88.

　X　**Cutino,** via Palermo 10 ✆ 8677062, Specialità di mare – 🗏. 🖭 🗗 ⓸ E 💳
　　　chiuso martedì e dal 1° al 15 ottobre – **Pasto** 40/45000 bc.

LAMPEDUSA (Isola di) Agrigento 988 ㊱, 432 U 19 – 5 637 ab. alt. da 0 a 133 (Albero Sole) –
✿ 0922.

　　Lampedusa 432 U 19 – ⊠ 92010.
　　✈ ✆ 970006.

　🏠　**Martello** 🦢, ✆ 970025, Fax 971696, ≤ – 🛗 🗏 ☎. 🖭 🗗 E 💳. ✖
　　　marzo-novembre – **Pasto** 25/30000 – ⊇ 5000 – **24 cam** 65/110000 – ½ P 90/110000.

　🏠　**Guitgia Tommasino** 🦢, ✆ 970879, Fax 970316, ≤, 🌣 – 🗏 rist ☎ ℗. 🖭 💳. ✖
　　　15 marzo-novembre – **Pasto** carta 43/72000 – **28 cam** solo ½ P 120/180000.

　🏠　Cavalluccio Marino 🦢, ✆ 970053, Fax 970767, ≤, 🌣, ⇌ – 📺 ℗
　　　stagionale – **10 cam.**

XX **Gemelli,** ✆ 970699 – AE ⓢ E VISA. ✻
giugno-ottobre; chiuso a mezzogiorno in luglio-agosto – **Pasto** carta 41/68000.

XX **Lipadusa,** ✆ 971691 – ▤. AE ⓢ E VISA. ✻
aprile-ottobre – **Pasto** carta 36/55000.

LETOJANNI **98037** Messina 432 N 27 – 2 279 ab. – ✪ 0942.
◆Catania 53 – ◆Messina 47 – ◆Palermo 274 – Taormina 8.

Park Hotel Silemi ⑤, NE : 1 km ✆ 36228, Fax 652094, ≤, ⛱, ⛱, ⛱ – |‡| ▤ TV ☎ P. ⓢ E VISA. ✻ rist
15 marzo-novembre – **Pasto** carta 42/60000 – ☐ 15000 – **48 cam** 200/220000 – ½ P 100/160000.

XX **Paradise Beach Club,** ✆ 36944, ⛱, ⛱, ⛱, ⛱ – P. AE ⓢ ⓓ E VISA. ✻
giugno-ottobre; chiuso la sera escluso dal 15 luglio al 31 agosto – **Pasto** carta 40/83000.

X **Peppe** con cam, ✆ 36159, Fax 36843, ⛱, ⛱ – |‡| ▤ cam ☎. ⓢ E VISA
15 marzo-novembre – **Pasto** carta 42/56000 – **26 cam** ☐ 60/99000 – ½ P 70/80000.

LIDO DI SPISONE Messina – Vedere Taormina.

LIPARI (Isola) Messina 988 ㊲ ㊳, 431 432 L 26 – Vedere Eolie (Isole).

MARINELLA Trapani 988 ㉟, 432 O 20 – Vedere Selinunte.

MARSALA **91025** Trapani 988 ㉟, 432 N 19 – 80 235 ab. – ✪ 0923.
Vedere Relitto di una nave da guerra punica★ al museo Archeologico.
✈ di Birgi N : 15 km ✆ 841124 – Alitalia, Agenzia Ruggieri, via Mazzini 111 ✆ 951444.
🅸 via Garibaldi 45 ✆ 714097.
◆Agrigento 134 – ◆Catania 301 – ◆Messina 358 – ◆Palermo 124 – ◆Trapani 31.

President, via Nino Bixio 1 ✆ 999333, Fax 999115, ⛱ – |‡| ▤ TV ☎ ♿ P – 🏛 50 a 600. AE ⓢ ⓓ E VISA. ✻ rist
Pasto 32000 – ☐ 15000 – **84 cam** 90/145000 – ½ P 125/140000.

Cap 3000, via Trapani 161 ✆ 989055, Fax 989634, ⛱ – |‡| TV ☎ P. AE ⓢ ⓓ E VISA
Pasto carta 28/46000 – ☐ 9500 – **65 cam** 84/130000 – ½ P 90/110000.

XX **Delfino,** lungomare Mediterraneo S : 4 km ✆ 998188, Fax 998188, ⛱ – P – 🏛 200. AE ⓢ ⓓ E VISA
chiuso martedì escluso da giugno ad agosto – **Pasto** carta 38/59000.

MAZARA DEL VALLO **91026** Trapani 988 ㉟, 432 O 19 – 47 779 ab. – ✪ 0923.
🅸 piazza della Repubblica 9 ✆ 941727.
◆Agrigento 116 – ◆Catania 283 – Marsala 22 – ◆Messina 361 – ◆Palermo 127 – ◆Trapani 53.

XX Il Pescatore, via Castelvetrano 191 ✆ 947580, Fax 947580 – ▤ P

XX **Papaya,** via Ten. Gaspare Romano 1 ang. corso Umberto ✆ 946221 – ▤. AE ⓢ ⓓ E VISA JCB
chiuso mercoledì – **Pasto** carta 32/48000 (10%).

MAZZARÒ Messina 988 ㊲, 432 N 27 – Vedere Taormina.

MENFI **92013** Agrigento 988 ㉟, 432 O 20 – 13 236 ab. alt. 119 – ✪ 0925.
◆Agrigento 79 – ◆Palermo 122 – ◆Trapani 100.

in prossimità del bivio per Porto Palo SO : 4 km :

X **Il Vigneto** ✉ 92013 ✆ 71732, ⛱, « In campagna » – P
chiuso la sera (escluso venerdì e sabato) e il lunedì da ottobre a giugno – **Pasto** carta 30/44000 (10%).

MESSINA **98100** P 988 ㊲ ㊳, 431 432 M 28 – 231 819 ab. – ✪ 090.
Vedere Museo Regionale★ – Portale★ del Duomo e orologio astronomico★ sul campanile.
⛴ per Reggio di Calabria (45 mn) e Villa San Giovanni (35 mn), giornalieri – Stazione Ferrovie Stato, piazzale Don Blasco ✉ 98123 ✆ 675201 int. 552; per Villa San Giovanni giornalieri (20 mn) – Società Caronte Shipping, viale della Libertà ✉ 98121 ✆ 44982.
⛴ per Reggio di Calabria giornalieri (15 mn) e le Isole Eolie giornalieri (1 h 20 mn) – Aliscafi SNAV, via San Raineri 22 ✉ 98122 ✆ 7775, Telex 981163, Fax 717358.
🅸 via Calabria 301 bis ✉ 98122 ✆ 674236, Fax 601005 – piazza Cairoli 45 (4° piano) ✉ 98123 ✆ 2933541, Fax 694780.
A.C.I. via Manara, isol. 125/127 ✉ 98123 ✆ 2933031.
◆Catania 97 ④ – ◆Palermo 235 ⑤.

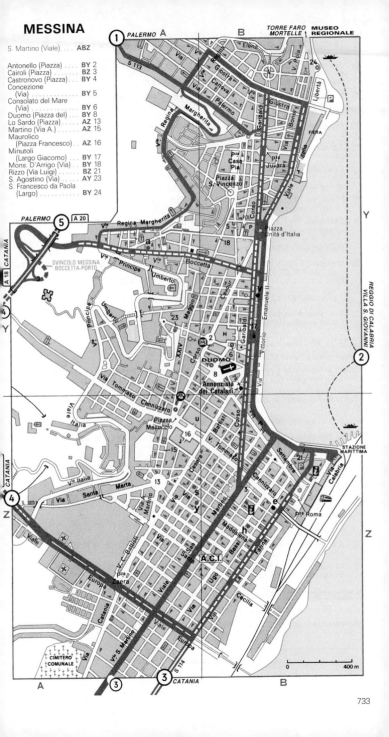

MESSINA

S. Martino (Viale). . . . **ABZ**

Royal Palace Hotel senza rist, via Tommaso Cannizzaro is. 224 ⊠ 98123 ℰ 6503, Telex 981080, Fax 2921075 – 🛗 🗐 📺 ☎ ⟺ – 🕭 400. 🖭 🕄 ⓘ 🗲 𝑉𝐼𝑆𝐴 𝐽𝐶𝐵. ⅍
⌁ 20000 – **86 cam** 180/223000, 5 appartamenti.   BZ **e**

Jolly, corso Garibaldi 126 ⊠ 98126 ℰ 363860, Telex 980074, Fax 5902526, ≼ – 🛗 🗐 📺
☎ – 🕭 150. 🖭 🕄 ⓘ 🗲 𝑉𝐼𝑆𝐴 𝐽𝐶𝐵. ⅍ rist   BY **v**
Pasto 46000 – **96 cam** ⌁ 180/210000 – ½ P 200/220000.

Paradis, via Consolare Pompea 441 ⊠ 98168 ℰ 310682 e rist ℰ 310006, Telex 981047, ≼
– 🛗 🗐 📺 ☎ ⓟ   N : 3 km per viale della Libertà   BY
92 cam.

𝖷𝖷𝖷 **Pippo Nunnari,** via Ugo Bassi is. 157 ⊠ 98123 ℰ 2938584 – 🖭 𝑉𝐼𝑆𝐴   BZ **h**
chiuso lunedì ed agosto – **Pasto** carta 40/64000.

𝖷𝖷 Agostino, via Maddalena 70 ⊠ 98123 ℰ 718396, Coperti limitati; prenotare –
🗐   BZ **b**

𝖷𝖷 **Giardino d'Inverno,** via Lascaris ⊠ 98122 ℰ 362413, Fax 362413 – 🖭 🕄 ⓘ 𝑉𝐼𝑆𝐴.
⅍   AY **a**
chiuso domenica – **Pasto** carta 32/57000.

𝖷𝖷 **Piero,** via Ghibellina 121 ⊠ 98123 ℰ 718365 – 🗐. 🖭 🗲 𝑉𝐼𝑆𝐴   AZ **s**
chiuso domenica ed agosto – **Pasto** carta 41/62000.

𝖷 **Orchidea,** via Risorgimento 106/108 ⊠ 98123 ℰ 771537 – 🗐. 🖭 🕄 🗲 𝑉𝐼𝑆𝐴. ⅍ AZ **y**
chiuso venerdì escluso agosto – **Pasto** carta 30/50000.

sulla strada statale 114 per ③ : 5,5 km :

Europa, ⊠ 98125 Pistunina ℰ 621601, Telex 980151, Fax 621768, 🔾, ⅍ – 🛗 🗐 📺 ☎ ⓟ
– 🕭 30 a 200. 🖭 🕄 ⓘ 🗲 𝑉𝐼𝑆𝐴. ⅍
Pasto carta 44/58000 – **115 cam** ⌁ 153/264000 – ½ P 203000.

a Mortelle NE : 12 km BY – ⊠ **98164**

𝖷𝖷𝖷 **Sporting-Alberto,** ℰ 321009, Fax 321009, ≼ – 🗐 ⓟ. 🖭 🕄 ⓘ 𝑉𝐼𝑆𝐴. ⅍
chiuso lunedì e dal 10 al 31 gennaio – **Pasto** carta 58/92000.

MILAZZO 98057 Messina 𝟿𝟪𝟪 ㊲ ㊳, 𝟺𝟹𝟤 M 27 – 31 562 ab. – ✪ 090.

Escursioni Isole Eolie★★★ per motonave o aliscafo.

🚢 per le Isole Eolie giornalieri (da 1 30 mn a 4 h) – Siremar-agenzia Alliatour, via dei Mille
ℰ 9283242, Fax 9283243.

🚤 per le Isole Eolie giornalieri (da 40 mn a 2 h 45 mn) – Siremar-agenzia Alliatour, via dei Mille
ℰ 9283242, Fax 9283243; Aliscafi SNAV-agenzia Delfo Viaggi, via Rizzo 9/10 ℰ 9287728, Fax
9281798.

◆Catania 130 – Enna 193 – ◆Messina 41 – ◆Palermo 209 – Taormina 85.

La Bussola, via XX Luglio 29 ℰ 9221244, Fax 9282955 – 🗐 📺 ☎ ⟺. 🖭 🕄 ⓘ 🗲 𝑉𝐼𝑆𝐴.
⅍ rist
Pasto 30/40000 – ⌁ 15000 – **16 cam** 80/110000 – ½ P 80/110000.

Jack's Hotel senza rist, via Colonnello Magistri 47 ℰ 9283300 – 🗐 📺 ☎. 🖭 🕄 ⓘ 🗲
𝑉𝐼𝑆𝐴.
⌁ 6000 – **14 cam** 75/110000, 🗐 5000.

𝖷𝖷𝖷 ✿ **Villa Esperanza,** via Baronia 191 ℰ 9222916, Fax 9222916, ≼, « Servizio estivo in
terrazza panoramica » – ⓟ. 🖭 🕄 ⓘ 𝑉𝐼𝑆𝐴. ⅍
chiuso lunedì e novembre – **Pasto** carta 63/93000
Spec. Linguine con vongole al pesto (aprile-settembre), Filetti di pesce ai profumi mediterranei, Cannolo aperto con
purea di mele e salsa di arance caramellate (ottobre-aprile).

𝖷𝖷 **Il Covo del Pirata,** via Marina Garibaldi ℰ 9284437 – 🗐. 🖭 🕄 ⓘ 🗲 𝑉𝐼𝑆𝐴. ⅍
chiuso mercoledì escluso agosto – **Pasto** carta 36/55000 (15%).

𝖷 **Al Pescatore,** via Marina Garibaldi 176 ℰ 9286595, 🍽 – 🖭 🕄 ⓘ 🗲 𝑉𝐼𝑆𝐴
chiuso giovedì (escluso dal 16 giugno al 14 settembre) – **Pasto** carta 35/59000 (10%).

MIRABELLA IMBACCARI 95040 Catania 𝟿𝟪𝟪 ㊱, 𝟺𝟹𝟤 P 25 – 9 424ab. alt. 520 – ✪ 0933.

◆Agrigento 162 – ◆Catania 73 – Ragusa 86 – ◆Siracusa 115.

𝖷𝖷 Paradise, contrada Cacicci ℰ 991168, 🍽 – 🗐 ⓟ.

L'EUROPE en une seule feuille Cartes Michelin :

– routière (pliée) : n° 𝟿𝟩𝟶
– politique (plastifiée) : n° 𝟿𝟩𝟹.

MODICA 97015 Ragusa 988 ③⑦, 432 Q 26 – 50 518 ab. alt. 381 – ✿ 0932.

♦Agrigento 153 – ♦Catania 119 – ♦Messina 216 – ♦Palermo 282 – Ragusa 15 – ♦Siracusa 71.

🏨 **Motel di Modica,** corso Umberto I ℰ 941022, Fax 941077 – 📺 ☎ 🚗 🅿. 延 🕄 ◑ 🗲 *VISA*.
Pasto carta 31/50000 – **36 cam** ⅏ 55/80000 – ½ P 50/75000.

✗ **Fattoria delle Torri,** a Modica Alta via Nativo 30 ℰ 751286, prenotare – 延 ◑. ✼
chiuso lunedì e dal 25 giugno al 15 luglio – **Pasto** carta 33/44000.

MODICA (Marina di) 97010 Ragusa – ✿ 0932.

Agrigento 155 – ♦Catania 121 – Ragusa 24.

✗ **Le Alghe,** piazza Mediterraneo 10 ℰ 902282, ≤, 🏮 – ▤
chiuso martedì e novembre – **Pasto** carta 33/51000.

Europe	Se il nome di un albergo è stampato in carattere magro, chiedete al vostro arrivo le condizioni che vi saranno praticate.

MONDELLO Palermo 988 ③⑤, 432 M 21 – ✉ Palermo – ✿ 091.

♦Catania 219 – Marsala 117 – ♦Messina 245 – ♦Palermo 11 – ♦Trapani 97.

Pianta di Palermo : pianta d'insieme

🏨🏨 **Mondello Palace,** viale Principe di Scalea 2 ✉ 90151 ℰ 450001, Fax 450657, « Piccolo parco con 🏊 », 🏖, – 🛗 ▤ 📺 ☎ 🅿 – 🔬 30 a 300. 延 🕄 ◑. ✼ rist   EU   **c**
Pasto 60000 – ⅏ 30000 – **77 cam** 170/240000, 8 appartamenti – ½ P 170/225000.

🏨🏨 **La Torre,** via Piano di Gallo 11 ✉ 90151 ℰ 450222, Telex 910183, Fax 450033, ≤, 🏮, 🏊, 🏖, ✼ – 🛗 ▤ 📺 ☎ 🅿 – 🔬 30 a 300. 延 🕄 ◑ 🗲 *VISA*. ✼ rist   EU   **z**
Pasto carta 43/55000 – **179 cam** ⅏ 152/179000 – ½ P 123/145000.

✗✗✗ ❀ **Charleston le Terrazze,** viale Regina Elena ✉ 90151 ℰ 450171, ≤, 🏮, « Terrazza sul mare » – 延 🕄 ◑ 🗲 *VISA*. ✼   EU   **v**
giugno-settembre – **Pasto** carta 70/100000
Spec. Insalata di mare "mille isole", Fettuccine all'ammiraglia, Ricciola all'acqua di mare.

✗ **Al Gabbiano,** via Piano Gallo 1 ✉ 90151 ℰ 450313, ≤, 🏮 – 延 🕄 ◑ 🗲 *VISA*. ✼ EU   **e**
chiuso mercoledì e gennaio – **Pasto** carta 35/49000 (15%).

✗ La Barcaccia, via Piano di Gallo 4/6 ✉ 90151 ℰ 454079 – ▤   EU   **a**

MONREALE 90046 Palermo 988 ③⑤, 432 M 21 – 26 246 ab. alt. 301 – ✿ 091.

Vedere Località★★★ – Duomo★★★ – Chiostro★★★ – ≤★★ dalle terrazze.

♦Agrigento 136 – ♦Catania 216 – Marsala 108 – ♦Messina 242 – ♦Palermo 8 – ♦Trapani 88.

✗ **Taverna del Pavone,** vicolo Pensato 18 ℰ 6406209, 🏮 – 延 🕄 ◑ 🗲 *VISA* JCB. ✼
chiuso lunedì e dal 26 settembre all'11 ottobre – **Pasto** carta 28/36000.

sulla strada statale 186 :

✗✗ **La Botte,** SO : 3 km ✉ 90046 ℰ 414051, solo su prenotazione a mezzogiorno, « Servizio estivo all'aperto » – 🅿. 延 🕄 ◑ 🗲 *VISA*. ✼
chiuso luglio, agosto, lunedì e a mezzogiorno (escluso domenica) – **Pasto** carta 38/52000.

✗ **Villa 3 Fontane,** NE : 2 km ✉ 90046 ℰ 6405400, Fax 6405206, ≤ – ▤ 🅿. 延 🕄 🗲 *VISA*
chiuso martedì e dal 10 al 25 agosto – **Pasto** carta 30/43000.

MORTELLE Messina 431 432 M 28 – Vedere Messina.

NASO 98074 Messina 988 ③⑦, 432 M 26 – 4 735 ab. alt. 497 – ✿ 0941.

♦Catania 163 – ♦Messina 97 – ♦Palermo 156.

sulla strada statale 116 NO : 6 km :

✗✗ Brucoli, ✉ 98074 ℰ 918940, 🏮 – 🅿

NICOLOSI 95030 Catania 988 ③⑦, 432 O 27 – 5 377 ab. alt. 698 – ✿ 095.

🅱 piazza Vittorio Emanuele 33 ℰ 914488.

♦Catania 15 – Enna 90 – ♦Messina 91 – ♦Palermo 217 – Taormina 46.

✗ **Grotta del Gallo,** strada per Mascalucia ℰ 911301, Fax 914719, 🏮 – ▤ 🅿. 延 ◑
chiuso lunedì escluso da aprile a settembre – **Pasto** carta 45/63000.

NICOSIA 94014 Enna 988 ③⑤, 432 N 25 – 15 013 ab. alt. 700 – ✿ 0935.

♦Catania 103 – Enna 48 – ♦Messina 174 – ♦Palermo 150.

🏨 **Pineta** 🏖, ℰ 647002, Fax 646927, ≤ – 🛗 📺 ☎ & 🅿 – 🔬 100. ✼ rist
Pasto carta 29/42000 – ⅏ 10000 – **48 cam** 60/80000 – ½ P 60/70000.

NOTO **96017** Siracusa 988 ㉗, 432 Q 27 – 21 722 ab. alt. 159 – ☎ 0931.

Vedere Corso Vittorio Emanuele★★ – Via Corrado Nicolaci★.

ℹ piazza XVI Maggio ☎ 836744.

♦Catania 91 – ♦Messina 188 – ♦Palermo 299 – Ragusa 53 – ♦Siracusa 32.

a Noto Marina SE : 8 km – ✉ **96017** Noto :

Hotel Club Helios, viale Lido ☎ 812366, Fax 812378, ←, ‹, ⛱, 🎾 – |♛| ▤ TV ☎ P – 🏃 50 a 500. AE ⓢ ⓓ E VISA. ⚜ rist
aprile-ottobre – **Pasto** 40/45000 – **150 cam** ☐ 150/200000 – ½ P 85/145000.

PALAZZOLO ACREIDE **96010** Siracusa 988 ㉗, 432 P 26 – 9 094 ab. alt. 697 – ☎ 0931.

♦Agrigento 220 – ♦Catania 90 – Enna 142 – Ragusa 40 – ♦Siracusa 49.

XX Valentino, via Galeno ang. Ronco Pisacane ☎ 881840 – ▤

sulla strada statale 287 SE : 7 km :

XX **La Trota,** ✉ 96010 ☎ 883433, Fax 875694, ⛱, « Prato con laghetto per la pesca sportiva » – ▤ P. AE ⓢ ⓓ E VISA

PALERMO **90100** P 988 ㉟, 432 M 22 – 698 141 ab. – ☎ 091.

Vedere Palazzo dei Normanni★★ : cappella Palatina★★★, mosaici★★★ AZ – Galleria Regionale della Sicilia★★ nel palazzo Abbatellis★ : affresco del Trionfo della Morte★★★ CY – Piazza Bellini★ BY : chiesa della Martorana★★, chiesa di San Cataldo★★ – Chiesa di San Giovanni degli Eremiti★★ AZ – Catacombe dei Cappuccini★★ EV – Piazza Pretoria★ BY : fontana★★ – Museo Archeologico★ : metope dei Templi di Selinunte★★, ariete★★ BY – Palazzo Chiaramonte★ : ficus magnolioides★★ nel giardino Garibaldi CY – Oratorio di San Lorenzo★ CY – Quattro Canti★ BY – Cattedrale★ AYZ – Palazzo Mirto★ CY – Villa Bonanno★ AZ – Palazzo della Zisa★ EV – Orto Botanico★ CDZ – Museo Internazionale delle Marionette★ CY – Carretti siciliani★ al museo Etnografico EU **M.**

Dintorni Monreale★★★ EV per ③ : 8 km – Monte Pellegrino★★ FU per ④ : 14 km.

✈ di Punta Raisi per ④ : 30 km ☎ 591690, Fax 595030 – Alitalia, via Mazzini 59 ✉ 90139 ☎ 6019333.

⛴ per Genova lunedì e mercoledì (22 h) e Livorno lunedì, mercoledì e venerdì (19 h) – Grandi Traghetti, via Mariano Stabile 53 ✉ 90141 ☎ 587939, Telex 910098, Fax 589629; per Napoli giornaliero (11 h), Genova 24 giugno-12 settembre lunedì, mercoledì, venerdì e domenica, negli altri mesi lunedì, mercoledì e venerdì (24 h) e Cagliari venerdì (14 h 30 mn) – Tirrenia Navigazione, calata Marinai d'Italia ✉ 90133 ☎ 333300, Fax 6021221.

⛴ per le Isole Eolie giugno-settembre giornaliero (1 h 50 mn) – Aliscafi SNAV-agenzia Barbaro, piazza Principe di Belmonte 51/55 ✉ 90139 ☎ 586533, Fax 584830.

ℹ piazza Castelnuovo 34 ✉ 90141 ☎ 583847, Telex 910179, Fax 331854 – Aeroporto Punta Raisi a Cinisi ☎ 591698 – piazza Giulio Cesare (Stazione Centrale) ✉ 90127 ☎ 6165914.

A.C.I. via delle Alpi 6 ✉ 90144 ☎ 300471.

♦Messina 235 ①.

Piante pagine seguenti

Villa Igiea Gd H., salita Belmonte 43 ✉ 90142 ☎ 543744, Telex 910092, Fax 547654, ←, ⛱, « Terrazze fiorite sul mare con ⛱ », 🌳, 🎾 – |♛| ▤ TV ☎ ♿ P – 🏃 50 a 400. AE ⓢ ⓓ E VISA. ⚜ rist FV **b**
Pasto 65000 – **110 cam** ☐ 210/330000, 6 appartamenti – ½ P 215000.

Astoria Palace, via Monte Pellegrino 62 ✉ 90142 ☎ 6371820, Telex 911045, Fax 6372178 – |♛| ▤ TV ☎ P – 🏃 30 a 800. AE ⓢ ⓓ E VISA. ⚜ FV **a**
Pasto 50/85000 – **325 cam** ☐ 173/244000, 2 appartamenti – ½ P 138/183000.

Jolly, Foro Italico 22 ✉ 90133 ☎ 6165090, Telex 910076, Fax 6161441, ⛱, ⛱, 🌳 – |♛| ▤ TV ☎ P – 🏃 50 a 300. AE ⓢ ⓓ VISA. ⚜ rist DY **s**
Pasto carta 48/74000 – **273 cam** ☐ 165/220000 – ½ P 140/230000.

Excelsior Palace, via Marchese Ugo 3 ✉ 90141 ☎ 6256176, Telex 911149, Fax 342139 – |♛| ▤ TV ☎ ♿ – 🏃 50 a 100. AE ⓢ ⓓ E VISA. ⚜ rist AX **c**
Pasto 40/50000 – **128 cam** ☐ 150/200000, 7 appartamenti – ½ P 130/180000.

President, via Crispi 230 ✉ 90139 ☎ 580733, Telex 910359, Fax 6111588, ←, « Rist. roof-garden » – |♛| ▤ TV ☎ P – 🏃 30 a 150. AE ⓢ ⓓ E VISA JCB. ⚜ BX **e**
Pasto carta 36/52000 – **129 cam** ☐ 140/180000 – ½ P 120/155000.

Politeama Palace, piazza Ruggero Settimo 15 ✉ 90139 ☎ 322777, Telex 911053, Fax 6111589 – |♛| ▤ TV ☎ – 🏃 50 a 130. AE ⓢ ⓓ E VISA. ⚜ AX **s**
Pasto carta 47/64000 – **102 cam** ☐ 150/200000 – ½ P 140000.

Forte Agip, viale della Regione Siciliana 2620 ✉ 90145 ☎ 552033, Telex 911196, Fax 408198 – |♛| ▤ TV ☎ P – 🏃 90. AE ⓢ ⓓ E VISA. ⚜ rist EV **y**
Pasto 25/40000 – **105 cam** ☐ 155/180000 – ½ P 115/160000.

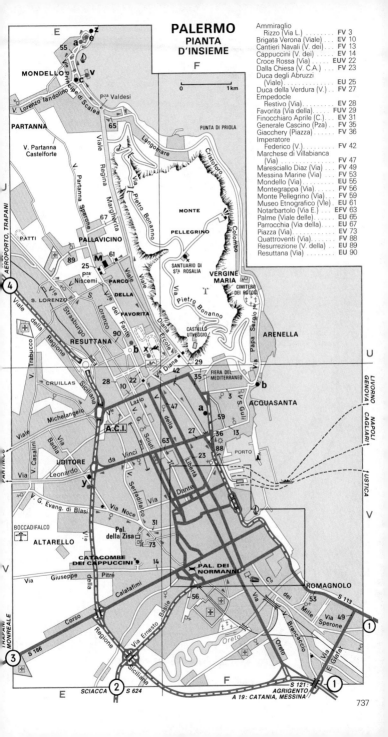

PALERMO
PIANTA D'INSIEME

0   1km

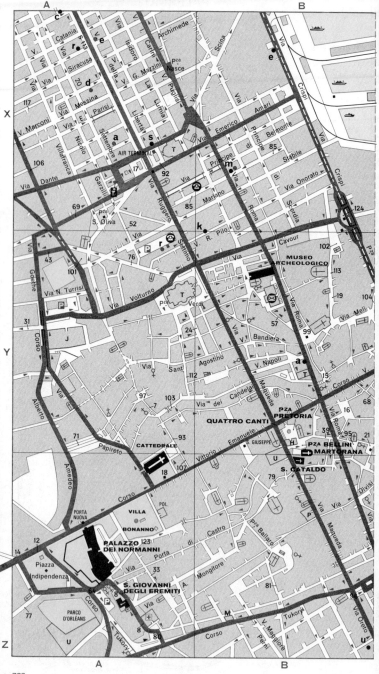

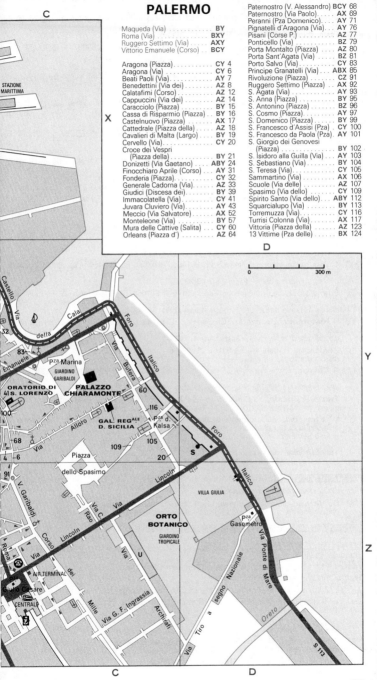

PALERMO

🏛 **Europa**, via Agrigento 3 ⊠ 90141 🖉 6256323, Fax 6256323 – 🛗 ▤ 📺 ☎ – 🔬 25. 🖭 🕃
　🖜 Ε 𝘝𝘐𝘚𝘈. 🦊　　　　　　　　　　　　　　　　　　　　　　　　AX　r
Pasto (solo per clienti alloggiati) 33000 – **73 cam** 🛏 100/150000 – ½ P 95/120000.

🏛 **Mediterraneo**, via Rosolino Pilo 43 ⊠ 90139 🖉 581133, Fax 586974 – 🛗 ▤ 📺 ☎ –
　🔬 25 a 100. 🖭 🕃 🖜 Ε 𝘝𝘐𝘚𝘈 𝗃𝖼𝖻. 🦊　　　　　　　　　　　　　　BX　k
Pasto 33000 – **105 cam** 🛏 100/150000 – ½ P 95/120000.

🏛 **Cristal Palace**, via Roma 477/d ⊠ 90139 🖉 6112580, Fax 6112589 – 🛗 ▤ 📺 ☎ – 🔬 80.
　🖭 🕃 🖜 Ε 𝘝𝘐𝘚𝘈 𝗃𝖼𝖻. 🦊　　　　　　　　　　　　　　　　　　　BX　m
Pasto 50000 – **90 cam** 🛏 125/190000 – ½ P 145000.

🏛 **Sausele** senza rist, via Vincenzo Errante 12 ⊠ 90127 🖉 6161308 – 🛗 ☜ 🚗. 🖭 🕃 🖜 Ε
　𝘝𝘐𝘚𝘈　　　　　　　　　　　　　　　　　　　　　　　　　　　BZ　u
🛏 9000 – **37 cam** 65/95000.

🏛 **Moderno** senza rist, via Roma 276 ⊠ 90133 🖉 588683 – 🛗 📺 ☜. 🖭 🕃 🖜 Ε
　𝘝𝘐𝘚𝘈　　　　　　　　　　　　　　　　　　　　　　　　　　　BY　a
🛏 4000 – **38 cam** 65/90000.

XXXX ⊛ **Charleston**, piazzale Ungheria 30 ⊠ 90141 🖉 321366, Fax 321347 – ▤. 🖭 🕃 🖜 Ε
　𝘝𝘐𝘚𝘈　　　　　　　　　　　　　　　　　　　　　　　　　　　AY　r
chiuso domenica e da giugno a settembre – **Pasto** carta 70/100000
Spec. Fusilli caserecci alla palermitana, Fagottino di vitello cerdese, Parfait di mandorle e salsa di cioccolato calda.

XXX ⊛ **L'Approdo Ristorante Renato**, via Messina Marine 224 ⊠ 90123 🖉 6302881, ≼,
　🍽, prenotare – 🖭 🕃 Ε 𝘝𝘐𝘚𝘈. 🦊　　　　　2 : km per ② 　FV
chiuso domenica e dal 10 al 25 agosto – **Pasto** carta 52/93000.
Spec. Bummi ca sarsa pipiráta, Cappone di galera alla siciliana, Pastizzu di jaddina.

XXX **Gourmand's**, via della Libertà 37/e ⊠ 90139 🖉 323431, Fax 322507 – ▤. 🖭 🕃 🖜 Ε
　𝘝𝘐𝘚𝘈. 🦊　　　　　　　　　　　　　　　　　　　　　　　AX　e
chiuso domenica e dal 5 al 25 agosto – **Pasto** carta 50/75000.

XXX **La Scuderia**, viale del Fante 9 ⊠ 90146 🖉 520323, Fax 520467 – ▤ 🅿. 🖭 🕃 🖜 Ε
　𝘝𝘐𝘚𝘈　　　　　　　　　　　　　　　　　　　　　　　　　　EU　x
chiuso domenica sera – **Pasto** carta 49/82000.

XX **Friend's Bar**, via Brunelleschi 138 ⊠ 90145 🖉 201066, 🍽, prenotare – ▤. 🖭 🕃 🖜 𝘝𝘐𝘚𝘈
　🦊　　　　　　　　　　　　　　　　　　per viale Michelangelo　EV
chiuso lunedì e dal 16 al 31 agosto – **Pasto** carta 44/60000.

XX **Il Ristorantino**, piazza De Gasperi 19 ⊠ 90146 🖉 512861, 🍽 – ▤. 🖭 🕃 🖜 Ε
　𝘝𝘐𝘚𝘈　　　　　　　　　　　　　　　　　　　　　　　　　　EU　b
chiuso lunedì e agosto – **Pasto** carta 42/69000.

XX **Regine**, via Trapani 4/a ⊠ 90141 🖉 586566 – ▤. 🖭 🕃 🖜 Ε 𝘝𝘐𝘚𝘈. 🦊　　　AX　d
chiuso domenica ed agosto – **Pasto** carta 38/51000.

XX **A Cuccagna**, via Principe Granatelli 21/a ⊠ 90139 🖉 587267 – ▤. 🖭 🕃 🖜 Ε 𝘝𝘐𝘚𝘈
　🦊　　　　　　　　　　　　　　　　　　　　　　　　　　　　BX　m
chiuso lunedì e dal 7 agosto al 1° settembre – **Pasto** carta 37/62000.

X **Trattoria Biondo**, via Carducci 15 ⊠ 90141 🖉 583662 – ▤. 🖭 🕃 🖜 Ε 𝘝𝘐𝘚𝘈. 🦊　AX　a
chiuso mercoledì e dal 15 luglio al 15 settembre – **Pasto** carta 30/42000 (15%).

X **U' Strascinu**, viale Regione Siciliana 2286 ⊠ 90145 🖉 401292, 🍽, Rist. pizzeria,
« Raccolta di oggetti d'artigianato locale » – 🖭 🖜　　　　　　EV　y
chiuso domenica – **Pasto** carta 25/31000 (10%).

Vedere anche : *Monreale* per ② : 8 km.
　　　　　　　Mondello N : 11 km EU.

PALMA DI MONTECHIARO 92020 Agrigento 𝟵𝟴𝟴 ㊱, 𝟰𝟯𝟮 P 23 – 24059 ab. alt. 165 – 🕿 0922.
♦Agrigento 25 – ♦Caltanissetta 53 – Ragusa 112.

X **Da Vittorio**, sulla strada statale 115 S : 1 km 🖉 968677 – 🅿
chiuso domenica e dal 16 al 31 agosto – **Pasto** carta 39/53000.

PANAREA (Isola) Messina 𝟵𝟴𝟴 ㊲ ㊳, 𝟰𝟯𝟭 𝟰𝟯𝟮 L 27 – Vedere Eolie (Isole).

PANTELLERIA (Isola di) Trapani 𝟵𝟴𝟴 ㊴, 𝟰𝟯𝟮 Q 18 – 7 423 ab. alt. da 0 a 836 (Montagna
Grande) – 🕿 0923.
Vedere ≼★★ a Sud dell'Isola – Montagna Grande★★ SE : 13 km.
Escursioni Giro dell'isola in macchina★★.
🛬 SE : 4 km 🖉 911398 – Alitalia, Agenzia La Cossira, via Borgo 🖉 911078.
🚢 per Trapani giornaliero (4 h 45 mn) – Siremar-agenzia Rizzo, via Borgo Italia 12 🖉 911104,
Telx 910109, Fax 911104.

　　Pantelleria 𝟰𝟯𝟮 Q 17 – ⊠ **91017**

🏛 **Khamma**, 🖉 912680, Fax 912570, ≼ – 🛗 ▤ 📺 ☎. 🖭 🕃 Ε 𝘝𝘐𝘚𝘈. 🦊
Pasto (solo per clienti alloggiati) – **39 cam** 🛏 90/140000 – ½ P 60/80000.

🏛 Port' Hotel, 🖉 911299, Fax 912203, ≼ – 🛗 ▤ 📺 ☎
– **43 cam**

PATTI (Marina di) 98060 Messina 988 ③⑦, 432 M 26 – ✿ 0941.

Dintorni Tindari : rovine★ SE : 10 km.

◆Catania 155 – ◆Messina 66 – ◆Palermo 174.

🏨 **La Playa**, ℰ 361326, Fax 361301, ≤, ⏃, ▲₀, ☞, ℀ – 🛊 ☜ ☻ 🔄 ☝ ① ☰ 🆅🆂🅰 ℀ rist
aprile-ottobre – **Pasto** carta 43/63000 – ☲ 12000 – **41 cam** 75/90000 – ½ P 105000.

🏨 **Park Philip Hotel**, via Capitano Zuccarello ℰ 361332, Fax 361184, ⏃ – 🛊 🗏 📺 ☎ –
🔺 120. 🔄 🔄 ① ☰ 🆅🆂🅰 ℀
Pasto carta 30/65000 – ☲ 15000 – **43 cam** 80/110000 – ½ P 70/100000.

℀℀ Cani Cani, con cam, località Saliceto ℰ 361022, ☞ – 🗏 cam 📺 ☻
15 cam.

PEDARA 95030 Catania 432 O 27 – 8 026 ab. alt. 610 – ✿ 095.

◆Catania 17 – Enna 93 – ◆Messina 84 – ◆Palermo 220 – Taormina 43.

℀ **La Bussola**, ℰ 7800250, Fax 7800250, ☞ – 🗏. 🔄 🔄 ① 🆅🆂🅰 ℀
chiuso lunedì escluso da giugno a settembre – **Pasto** carta 32/53000.

PIANO ZUCCHI Palermo 432 N 23 – alt. 1 105 – ✉ 90010 Isnello – ✿ 0921.

◆Agrigento 137 – ◆Caltanissetta 79 – ◆Catania 160 – ◆Messina 207 – ◆Palermo 80.

🏠 **La Montanina** ⑤, ℰ 62030, Fax 62752, ≤, ☞ – ☜ ☻. 🔄 ℀
Pasto carta 31/44000 – ☲ 8000 – **42 cam** 50/80000 – ½ P 75/80000.

℀ **Rifugio Orestano**, ℰ 62159, ≤ – ☻. 🔄 🆅🆂🅰 ℀
Pasto carta 30/44000.

a Piano Torre NO : 4 km – ✉ 90010 Isnello :

🏨 Park Hotel ⑤, ℰ 62671, Fax 62672, ⏃, ℀ – 🗏 ☎ ☻ – 🔺 300
26 cam.

PIAZZA ARMERINA 94015 Enna 988 ㊱, 432 O 25 – 22 347 ab. alt. 697 – ✿ 0935.

Dintorni Villa romana del Casale★★ SO : 6 km.

🅱 via Cavour 15 ℰ 680201, Fax 684565.

◆Caltanissetta 49 – ◆Catania 84 – Enna 34 – ◆Messina 181 – ◆Palermo 164 – Ragusa 103 – ◆Siracusa 134.

℀ **Bellia**, strada statale 117 bis (N : 1,5 km) ℰ 680622, ☞ – ☻. 🔄 🔄
chiuso mercoledì a mezzogiorno in agosto, tutto il giorno negli altri mesi – **Pasto** carta 27/
42000.

℀ **Da Battiato** con cam, contrada Casale O : 3,5 km ℰ 685453, Fax 685453 – ☻. 🔄 ☰ 🆅🆂🅰
℀
Pasto carta 25/35000 – ☲ 7000 – **13 cam** 40/60000 – ½ P 55000.

℀ **Pepito**, via Roma 138 ℰ 685737, Fax 685737, Rist. e pizzeria – 🔄 🔄 ☰ 🆅🆂🅰
chiuso martedì e dicembre – **Pasto** carta 26/38000.

PORTICELLO Palermo 432 M 22 – Vedere Santa Flavia.

PORTOPALO DI CAPO PASSERO 96010 Siracusa 432 Q 27 – 3 195 ab. alt. 20 – ✿ 0931.

◆Catania 121 – ◆Palermo 325 – Ragusa 56 – ◆Siracusa 58.

℀℀ Alta Marea, via Tasca ℰ 843081, ≤ – 🗏

℀ **Da Maurizio**, via Tagliamento 22 ℰ 842644 – 🔄 🔄 ① ☰ 🆅🆂🅰
chiuso martedì e dal 9 ottobre a novembre – **Pasto** carta 34/52000 (10%).

POZZALLO 97016 Ragusa 988 ③⑦, 432 Q 26 – 17 197 ab. – ✿ 0932.

◆Catania 120 – Ragusa 33 – ◆Siracusa 61.

🏠 **Villa Ada**, corso Vittorio Veneto 3 ℰ 954022, Fax 954022 – 🛊 📺 ☎ ☰ 🆅🆂🅰 ℀ rist
Pasto 22/24000 – ☲ 6000 – **21 cam** 55/85000 – ½ P 55/75000.

RAGUSA 97100 🄿 988 ③⑦, 432 Q 26 – 67 629 ab. alt. 498 – a.s. luglio-agosto – ✿ 0932.

Vedere ≤★★ sulla città vecchia dalla strada per Siracusa – Posizione pittoresca★ – Ragusa
Ibla★ : chiesa di San Giorgio★.

🅱 via Capitano Bocchieri 33-(Ibla) ℰ 621421, Fax 622288.

A.C.I. via G. Nicastro, 33 ℰ 642566.

◆Agrigento 138 – ◆Caltanissetta 143 – ◆Catania 104 – ◆Palermo 267 – ◆Siracusa 79.

🏨🏨 **Mediterraneo Palace** senza rist, via Roma 189 ℰ 621944, Fax 623799 – 🛊 🗏 📺 ☎ 🚗.
🔄 🔄 ① ☰ 🆅🆂🅰 ℀
91 cam ☲ 120/160000, appartamento.

🏨 **Rafael** senza rist, corso Italia 40 ℰ 654080, Fax 653418 – 🛊 🗏. 🔄 ① ☰. ℀
22 cam ☲ 60/80000.

🏨 **Montreal**, via San Giuseppe 6 ang. corso Italia ℰ 621133, Fax 621133 – 🛊 🗏 📺 ☎ 🚗.
🔄 🔄 ① 🆅🆂🅰
Pasto (chiuso domenica) 20/25000 – ☲ 9000 – **54 cam** 70/95000 – ½ P 65/75000.

XX **Il Barocco,** via Orfanatrofio 29 (Ibla) ℰ 652397
chiuso mercoledì – **Pasto** carta 30/35000 (10%).

XX **U' Saracinu,** via del Convento 9 (Ibla) ℰ 246976 – ▤ 🗚 🕃 E VISA
chiuso mercoledì e dal 5 al 20 luglio – **Pasto** carta 28/41000.

X **Orfeo,** via Sant'Anna 117 ℰ 621035 – ⋘
chiuso sabato sera, domenica e dal 1° al 15 agosto – **Pasto** carta 26/40000.

sulla strada provinciale per Marina di Ragusa SO : 5 km :

XX **Villa Fortugno,** ✉ 97100 ℰ 667134, 🌦, « In un'antica dimora nobiliare », 🐎 – ▤ 🅿 –
🛦 100. 🗚 ⋘
chiuso lunedì ed agosto – **Pasto** carta 29/54000.

RAGUSA (Marina di) 97010 Ragusa ████ ㉟ ㊲, ████ Q 25 – 🕲 0932.

◆Agrigento 131 – ◆Catania 128 – ◆Messina 225 – ◆Palermo 260 – Ragusa 24 – ◆Siracusa 93.

🏛 **Terraqua,** via delle Sirene 35 ℰ 615600, Fax 615580, 🎇, 🐜, ⋘ – 🛗 ▤ 📺 ☎ ㅊ 🅿 –
🛦 50 a 500. 🗚 🕃 ⓞ E ⋘
Pasto 35/50000 – **62 cam** ⊒ 135/196000, 15 appartamenti – ½ P 115/130000.

X **Alberto,** lungomare Doria 48 ℰ 239023, ⋞, 🌦, Specialità di mare – 🗚 VISA ⋘
chiuso novembre e mercoledì (escluso agosto) – **Pasto** carta 27/37000 (15%).

RANDAZZO **95036** Catania ████ ㊲, ████ N 26 – 11 550 ab. alt. 754 – 🕲 095.

◆Catania 69 – ◆Caltanissetta 133 – ◆Messina 88 – Taormina 45.

XX **Trattoria Veneziano,** via Romano 8 ℰ 7991353, prenotare – 🗚 🕃 ⓞ E VISA ⋘
chiuso domenica sera, lunedì, dal 25 al 31 dicembre e dal 1° al 20 luglio – **Pasto** carta 25/
40000.

RIBERA **92016** Agrigento ████ ㊳, ████ O 21 – 21 001 ab. alt. 230 – 🕲 0925.

◆Agrigento 53 – ◆Palermo 147 – Sciacca 23.

a Seccagrande S : 8 km – ✉ **92016** Ribera :

X **La Fattoria,** prossimità strada statale 115 ℰ 69111, 🌦 – 🅿

SALEMI **91018** Trapani ████ N 20 – 12 317 ab. alt. 410 – 🕲 0924.

◆Agrigento 113 – Marsala 38 – ◆Palermo 93 – ◆Trapani 43.

🏛 **Florence** 🦢, O : 2,5 km ℰ 68814, Fax 68944, ⋞, 🌦 – ▤ 📺 ☎ 🅿 – 🛦 200. 🗚 ⓞ
Pasto *(chiuso lunedì)* carta 28/44000 – ⊒ 6000 – **22 cam** 58/95000, ▤ 4000.

SALINA (Isola) Messina ████ ㊱ ㊲ ㊳, ████ ████ L 26 – Vedere Eolie (Isole).

SAN CATALDO **93017** Caltanissetta ████ ㊳, ████ O 23 – 22 475 ab. alt. 625 – 🕲 0934.

◆Messina 214 – ◆Agrigento 55 – Caltanissetta 8 – ◆Catania 117 – ◆Palermo 135.

🏢 **Helios,** contrada Zubi San Leonardo ℰ 574500, Fax 588208, ⋞ – ▤ 📺 ☎ 🅿. 🗚 🕃 VISA
⋘
Pasto carta 26/50000 – **38 cam** ⊒ 70/110000 – ½ P 65/75000.

SAN GIOVANNI LA PUNTA **95037** Catania ████ O 27 – 18 826 ab. alt. 355 – 🕲 095.

◆Catania 9 – Enna 92 – ◆Messina 88.

XX **Nuovo Calatino,** via della Regione 62 ℰ 7412005, 🌦 – 🅿

SAN GREGORIO DI CATANIA **95027** Catania ████ O 22 – 9 183 ab. alt. 336 – 🕲 095.

◆Catania 8,5.

XX **Al Rustico,** S : 1 km ℰ 7177434, 🌦 – 🅿

SAN LEONE Agrigento ████ P 22 – Vedere Agrigento.

SAN MICHELE DI GANZARIA **95040** Catania ████ P 25 – 4 783 ab. alt. 450 – 🕲 0933.

◆Agrigento 120 – ◆Catania 88 – Caltagirone 15 – Ragusa 78.

🏛 **Pomara,** ℰ 977090, Fax 976976, ⋞ – 🛗 ▤ 📺 ☎ 🅿 – 🛦 30 a 150. 🗚 🕃 ⓞ E VISA ⋘
Pasto carta 29/44000 – **42 cam** ⊒ 70/100000, ▤ 10000 – ½ P 65/95000.

SANTA FLAVIA **90017** Palermo ████ M 22 – 8 554 ab. – 🕲 091.

Vedere Rovine di Solunto★ : posizione pittoresca★★, ⋞★★ dalla cima del colle NO : 2,5 km –
Sculture★ di Villa Palagonia a Bagheria SO : 2,5 km.

◆Agrigento 130 – ◆Caltanissetta 116 – ◆Catania 197 – ◆Messina 223 – ◆Palermo 18.

X **La Grotta,** zona archeologica di Solunto ℰ 903213, Fax 900024, ⋞ Golfo, Solo piatti di
pesce, prenotare – 🅿. 🗚 🕃 ⓞ E VISA ⋘
chiuso mercoledì a mezzogiorno (escluso domenica) – **Pasto** carta 40/66000 (15%).

a Porticello NE : 1 km – ✉ **90010** :

XX **La Muciara-Nello el Greco,** ℰ 957868, Fax 958062, 🌦, Solo piatti di pesce – ▤. 🗚 🕃
E VISA ⋘
chiuso lunedì – **Pasto** carta 50/75000 (10%).

a Sant'Elia NE : 2 km – ✉ **90010** :

🏨 **Kafara** ⬙, 🏖 957377, Fax 957021, ≼, 🛋, « Terrazze fiorite con 🏊 », 🐾, 🖼, ✕ – 📶
🖥 🎏 ⓅⒶⒺ🅖 ⓞ Ⓔ *VISA*.
Pasto 60/80000 – **63 cam** ☲ 140/200000 – ½ P 160/180000.

SANT'AGATA DI MILITELLO 98076 Messina 988 ㉜, 432 M 25 – 12 797 ab. – ✪ 0941.
◆Catania 122 – Enna 126 – ◆Messina 102 – ◆Palermo 132 – Taormina 148.

🏨 **Roma Palace Hotel**, via Nazionale 🖊 703516, Fax 703519 – 📶 🖥 📺 ☎ Ⓟ Ⓐ🅔 🅖 ⓞ Ⓔ
VISA.
Pasto *(chiuso lunedì)* 35/40000 – ☲ 10000 – **48 cam** 90/120000 – ½ P 100/120000.

SANT'ALESSIO SICULO 98030 Messina 432 N 28 – 1 356 ab. – ✪ 0942.
◆Catania 60 – ◆Messina 40 – ◆Palermo 266 – Taormina 15.

🏨 **Kennedy**, 🖊 756060, Fax 750529, ≼, 🛋, 🐾 – 📶 🖥 ☎ Ⓟ Ⓐ🅔 🅖 ⓞ Ⓔ *VISA*. ✾ rist
marzo-ottobre – **Pasto** carta 35/45000 – ☲ 9000 – **79 cam** 75/130000 – ½ P 70/95000.

SANTA TECLA Catania 432 O 27 – Vedere Acireale.

SANT'ELIA Palermo 432 N 25 – Vedere Santa Flavia.

SAN VITO LO CAPO 91010 Trapani 988 ㉟, 432 M 20 – 3 597 ab. – ✪ 0923.
◆Palermo 108 – ◆Trapani 38.

🏨 **Capo San Vito**, 🖊 972122, Fax 972559, ≼, 🛋, 🐾 – 📶 🖥 ☎. Ⓐ🅔 🅖 Ⓔ *VISA*. ✾
Pasqua-settembre – **Pasto** 30/35000 – **35 cam** ☲ 125/190000 – ½ P 125/170000.

🏨 **Egitarso**, 🖊 972111, Fax 972062, ≼ – 🖥 ☎. Ⓐ🅔 ⓞ
Pasto carta 29/51000 (13 %) – ☲ 14000 – **17 cam** 90/120000 – P 100/140000.

🏨 **Miraspiaggia**, 🖊 972355, Fax 972009, ≼, 🛋, 🐾 – 🖥 cam ☎ Ⓟ. Ⓐ🅔 🅖 ⓞ Ⓔ *VISA*. ✾ rist
Pasqua-ottobre – **Pasto** carta 22/47000 (15 %) – ☲ 7000 – **19 cam** 80/90000 – ½ P 65/
100000.

🏨 **Riva del Sole**, 🖊 972629 – 🖥
9 cam.

✕✕ **Thaam**, 🖊 972836, Coperti limitati; prenotare – 🖥. Ⓐ🅔 ⓞ Ⓔ *VISA*. ✾
chiuso mercoledì escluso da giugno a settembre – **Pasto** carta 33/49000 (15 %).

✕✕ **Da Alfredo**, S : 1 km 🖊 972366, ≼, 🛋 – Ⓟ Ⓐ🅔 🅖 ⓞ Ⓔ *VISA*. ✾
chiuso lunedì e dal 20 ottobre a novembre – **Pasto** carta 28/60000.

SCIACCA 92019 Agrigento 988 ㉟, 432 O 21 – 38 260 ab. alt. 60 – Stazione termale (15 aprile-
15 novembre) – ✪ 0925.
🖪 corso Vittorio Emanuele 84 🖊 21182, Fax 84121.
◆Agrigento 63 – ◆Catania 230 – Marsala 71 – ◆Messina 327 – ◆Palermo 134 – ◆Trapani 112.

🏨 **Grande Alb. Terme**, lungomare Nuove Terme 🖊 23133, Fax 21746, ≼, 🏊 riscaldata, 🐾,
🏓 – 📶 ☎. Ⓐ🅔 🅖 ⓞ Ⓔ *VISA*. ✾
Pasto *(chiuso dicembre e gennaio)* 30000 – ☲ 6000 – **72 cam** 73/124000 – ½ P 78/96000.

verso San Calogero NE : 4 km :

✕✕ **Le Gourmet**, ✉ 92019 🖊 26460, 🛋 – 🖥 Ⓟ. Ⓐ🅔 🅖 Ⓔ *VISA*
chiuso novembre e martedì (escluso da giugno a settembre) – **Pasto** carta 29/61000 (10 %).

sulla strada statale 115 SE : 9 km :

🏨 **Club Hotel Torre Macauda** ⬙, ✉ 92019 🖊 997000, Telex 910108, Fax 997007, ≼, 🖰,
🏖, 🏊, 🛋, 🐾, ✕ – 📶 🖥 ☎ ♿ Ⓟ – 🔬 30 a 300. Ⓐ🅔 🅖 ⓞ *VISA*. ✾ rist
Pasqua-ottobre – **Pasto** 40/50000 – **297 cam** ☲ 120/180000 – ½ P 75/150000.

SCOGLITTI Ragusa 432 Q 25 – Vedere Vittoria.

SECCAGRANDE Agrigento 432 O 21 – Vedere Ribera.

SEGESTA Trapani 988 ㉟, 432 N 20 – alt. 318 (Ruderi di un'antica città ellenistica).
Vedere Rovine★★★ – Tempio★★★ – ≼★★ dalla strada per il Teatro – Teatro★.
◆Agrigento 146 – ◆Catania 283 – ◆Messina 305 – ◆Palermo 75 – ◆Trapani 35.

SELINUNTE Trapani 988 ㉟, 432 O 20 (Ruderi di un'antica città sorta attorno al 500 avanti
Cristo) – Vedere Rovine★★.
◆Agrigento 102 – ◆Catania 269 – ◆Messina 344 – ◆Palermo 114 – ◆Trapani 92.

a Marinella S : 1 km – ✉ **91020** :

🏨 **Garzia**, 🖊 (0924) 46024, Fax (0924) 46196, 🐾 – 📶 🖥 📺 ☎. 🅖 Ⓔ *VISA*. ✾
Pasto 25/35000 – ☲ 10000 – **70 cam** 95000 – ½ P 90/110000.

🏨 **Alceste**, 🖊 (0924) 46184, Fax (0924) 46143, 🛋 – 📶 📺 ☎ Ⓟ. Ⓐ🅔 🅖 ⓞ Ⓔ *VISA*. ✾ cam
marzo-15 ottobre – **Pasto** carta 34/50000 (10 %) – ☲ 10000 – **26 cam** 55/80000 – ½ P 80/
90000.

✕ **Pierrot**, 🖊 46205, ≼, 🛋, Rist. e pizzeria – Ⓐ🅔 🅖 ⓞ Ⓔ *VISA*
chiuso gennaio e febbraio – **Pasto** carta 30/50000 (12 %).

SIRACUSA 96100 🅿 🈐 ⑰, 🈯 P 27 – 125 972 ab. – 🕿 0931.

Vedere Zona archeologica★★★ AY : Teatro Greco★★★, Latomia del Paradiso★★★ L (Orecchio di Dionisio★★★ **B**, grotta dei Cordari★★ **G**), Anfiteatro Romano★ AY **C** – Museo Archeologico Nazionale★★ AY – Catacombe di San Giovanni★★ AY – Latomia dei Cappuccini★★ BY **F** – Città vecchia★★ BZ : Duomo★ **D**, Fonte Aretusa★ – Museo Regionale di palazzo Bellomo★ BZ **M1**.

Escursioni Passeggiata in barca sul fiume Ciane★★ fino a Fonte Ciane★ SO : 4 h di barca (a richiesta) o 8 km.

🛈 largo Paradiso (zona archeologica) 🖉 60510 – via San Sebastiano 45 🖉 67710, Fax 67803 – via Maestranza 33 🖉 65201, Fax 60204.

A.C.I. Foro Siracusano 27 🖉 66656.

◆Catania 59 ②.

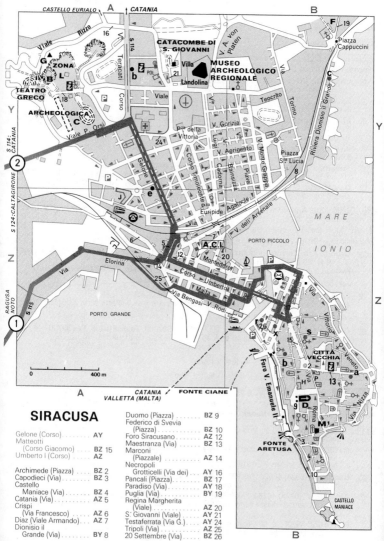

SIRACUSA

🏨🏨 **Jolly,** corso Gelone 45 ℰ 461111, Telex 970108, Fax 461126 – 📶 🗏 📺 ☎ **🅿** – � 100. 🖭
🛇 🛈 **E** 𝕍𝕀𝕊𝔸 𝕁𝕔𝕓. 🛠 rist AYZ **e**
Pasto carta 46/72000 – **100 cam** ⊆ 190/220000 – ½ P 150/230000.

🏨🏨 **Palace Hotel Helios,** viale Scala Greca 201 ℰ 491566, Fax 756612 – 📶 🗏 📺 ☎ **🅿** –
🚶A 60 a 250. 🖭 🛇 🛈 🛠 rist per ②
Pasto 35/50000 – **136 cam** ⊆ 160/180000 – ½ P 130/180000.

🏨🏨 **Forte Agip,** viale Teracati 30 ℰ 463232, Telex 972480, Fax 67115 – 📶 🗏 📺 ☎ & **🅿** –
🚶A 40 a 200. 🖭 🛇 🛈 **E** 𝕍𝕀𝕊𝔸. 🛠 AY **b**
Pasto 30/40000 – **86 cam** ⊆ 179/209000.

🏨 **Relax** 🦢, viale Epipoli 159 ℰ 740122, Fax 740933, 🏊, ☞ – 📶 🗏 📺 ☎ & **🅿**. 🖭 🛇 🛈
𝕍𝕀𝕊𝔸. 🛠 rist 2 km : per ②
Pasto 20000 – **40 cam** ⊆ 84/130000 – ½ P 88/108000.

🏛 **Panorama** senza rist, via Necropoli Grotticelle 33 ℰ 412188, Fax 412188 – 📶 📺 ☎ **🅿**. 🖭
🛇 **E** 𝕍𝕀𝕊𝔸 AY
⊆ 8000 – **51 cam** 65/95000.

XX **Minosse,** via Mirabella 6 ℰ 66366 – 🗏. 🖭 🛇 **E** 𝕍𝕀𝕊𝔸 BZ **s**
chiuso lunedì e dal 15 al 30 agosto – **Pasto** carta 38/60000.

XX **Dafne,** via Elorina ℰ 21616, Fax 21628, ☞ – 🗏. 🖭 🛇 𝕍𝕀𝕊𝔸. 🛠 1 km per ①
chiuso lunedì e novembre – **Pasto** carta 33/56000.

XX **Don Camillo,** via Maestranza 92/100 ℰ 67133 – 🗏. 🖭 🛇 🛈 **E** 𝕍𝕀𝕊𝔸 BZ **a**
chiuso domenica – **Pasto** carta 40/54000 (15%).

XX **Jonico-a Rutta e Ciauli,** riviera Dionisio il Grande 194 ℰ 65540, Cucina tipica siciliana,
« Servizio estivo in terrazza con ≤ mare e scogliera » – 🖭 🛇 🛈 **E** 𝕍𝕀𝕊𝔸 𝕁𝕔𝕓 BY **c**
chiuso martedì, Natale, Capodanno, Pasqua e Ferragosto – **Pasto** carta 50/70000 (15%).

XX **Archimede,** via Gemellaro 8 ℰ 69701 – 🗏. 🖭 🛇 🛈 **E** 𝕍𝕀𝕊𝔸. 🛠 BZ **b**
Pasto carta 30/45000 (10%).

XX **Darsena-da Ianuzzo,** riva Garibaldi 6 ℰ 66104, Fax 66104, ≤ – 🗏. 🖭 🛇 **E** 𝕍𝕀𝕊𝔸.
🛠 BZ **r**
chiuso mercoledì – **Pasto** carta 36/60000 (10%).

a Fontane Bianche per ① : 15 km – ✉ **96010** Cassibile :

🏛 Fontane Bianche, ℰ 790611, Fax 790571, 🏊, 🏖, 🛠 – 📶 🗏 ☎ **🅿** – 🚶A 40 a 500
stagionale – **128 cam.**

X **La Spiaggetta,** ℰ 790334, Fax 790317, ≤ – 🗏 **🅿**. 🖭 🛇 🛈 **E** 𝕍𝕀𝕊𝔸 𝕁𝕔𝕓. 🛠
chiuso martedì escluso da aprile a settembre – **Pasto** carta 36/51000.

STROMBOLI (Isola) Messina 988 ㊲ ㊳, 431 432 K 27 – Vedere Eolie (Isole).

TAORMINA 98039 Messina 988 ㊲, 432 N 27 – 10 115 ab. alt. 250 – ✪ 0942.

Vedere Località★★★ – Teatro Greco★★ : ≤★★★ B – Giardino pubblico★★ B – 🌤★★ dalla piazza 9
Aprile A **12** – Corso Umberto★ A – Belvedere★ B – Castello★ : ≤★ A.

Escursioni Etna★★★ SO per Linguaglossa.

🏌 Picciolo, contrada Rovitello ✉ 95012 Castiglione di Sicilia ℰ 986252, Fax 986252, O : 25 km.

🛈 largo Santa Caterina (Palazzo Corvaja) ℰ 23243, Telex 981167, Fax 24941.

♦Catania 52 ② – Enna 135 ② – ♦Messina 52 ① – ♦Palermo 255 ② – ♦Siracusa 111 ② – ♦Trapani 359 ②.

Pianta pagina seguente

🏨🏨🏨🏨 **San Domenico Palace** 🦢, piazza San Domenico 5 ℰ 23701, Telex 980013, Fax 625506,
🌤, « Convento del 15° secolo con giardino fiorito e ≤ mare, costa ed Etna », 🏊 riscal-
data – 📶 🗏 📺 ☎ – 🚶A 400. 🖭 🛇 **E** 𝕍𝕀𝕊𝔸. 🛠 rist A **m**
Pasto 95/120000 – **111 cam** ⊆ 350/620000, 15 appartamenti – ½ P 400/450000.

🏨🏨🏨 **Excelsior Palace** 🦢, via Toselli 8 ℰ 23975, Telex 980185, Fax 23978, ≤ mare, costa ed
Etna, « Piccolo parco e 🏊 riscaldata su terrazza panoramica » – 📶 🗏 📺 ☎ **🅿** – 🚶A 100.
🖭 🛇 🛈 **E** 𝕍𝕀𝕊𝔸. 🛠 rist A **v**
Pasto 65000 – **89 cam** ⊆ 170/240000 – ½ P 170000.

🏨🏨🏨 **Jolly Diodoro,** via Bagnoli Croci 75 ℰ 23312, Telex 980028, Fax 23391, ≤ mare, costa
ed Etna, « 🏊 su terrazza panoramica », 🏖, ☞ – 📶 🗏 📺 ☎ **🅿** – 🚶A 250. 🖭 🛇 🛈 **E** 𝕍𝕀𝕊𝔸
𝕁𝕔𝕓. 🛠 rist B **q**
Pasto carta 50/82000 – **102 cam** ⊆ 210/240000 – ½ P 130/225000.

🏨🏨 **Gd H. Miramare,** via Guardiola Vecchia 27 ℰ 23401, Fax 626223, ≤ mare e costa,
🏊 riscaldata, ☞, 🛠 – 📶 🗏 📺 ☎ **🅿** 🖭 🛇 🛈 **E** 𝕍𝕀𝕊𝔸. 🛠 rist B **c**
Pasto 65000 – ⊆ 35000 – **67 cam** 190/230000, appartamento – ½ P 160000.

🏨🏨 **Bristol Park Hotel,** via Bagnoli Croci 92 ℰ 23006, Telex 980005, Fax 24519, ≤ mare,
costa ed Etna, 🏊 – 📶 🗏 📺 ☎ 🚌. 🖭 🛇 🛈 **E** 𝕍𝕀𝕊𝔸. 🛠 rist B **r**
marzo-ottobre – **Pasto** 42/60000 – **50 cam** ⊆ 155/230000, 3 appartamenti – ½ P 100/
150000.

🏨🏨 **Monte Tauro** 🦢, via Madonna delle Grazie 3 ℰ 24402, Telex 980048, Fax 24403, ≤
mare e costa, 🏊 – 📶 🗏 📺 ☎ **🅿** – 🚶A 100. 🖭 🛇 🛈 **E** 𝕍𝕀𝕊𝔸 𝕁𝕔𝕓. 🛠 AB **u**
Pasto 35000 – **67 cam** ⊆ 210/270000 – ½ P 100/155000.

TAORMINA

Umberto (Corso) .... **A**

Cappuccini (Via) .... **A** 2	S. Antonio (Piazza) .... **A** 9
Crocifisso (Via) .... **A** 3	Vinci (V. Leonardo da) ..... **A** 10
Dionisio (Via) .... **A** 5	Vittorio Emanuele (Pza) ..... **B** 12
Duomo (Piazza) .... **A** 6	9 Aprile (Piazza) .... **A** 13

Circolazione regolamentata nel centro città da giugno a settembre

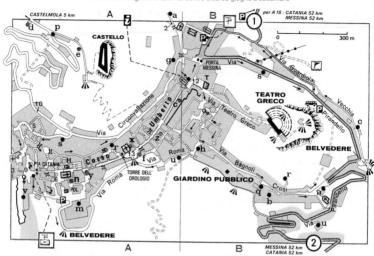

🏛 **Villa Paradiso,** via Roma 2 ☎ 23922, Fax 625800, ≤ mare, costa ed Etna – 🛗 ▤ 📺 ☎.
ㆍㅌ 🕥 ⑩ ㅌ 🎫. ※
    chiuso da novembre al 18 dicembre – **Pasto** carta 40/54000 – **35 cam** ⊆ 140/230000 –
½ P 90/150000.
    B **h**

🏛 **Villa Fiorita** senza rist, via Pirandello 39 ☎ 24122, Fax 625967, ≤ mare e costa, ⊡, ☞ –
🛗 ▤ 📺 ☎ ⟨ㅡ⟩. ㆍㅌ 🕥 ㅌ 🎫
24 cam ⊆ 125/140000.
    B **s**

🏛 **Villa Belvedere** senza rist, via Bagnoli Croci 79 ☎ 23791, Fax 625830, ≤ giardini, mare
ed Etna, « ⊡ su terrazza panoramica », ☞ – 🛗 ☎ 🅿. 🕥 ㅌ 🎫
    chiuso dal 15 gennaio al 5 marzo e dal 12 novembre al 17 dicembre – **44 cam** ⊆ 122/
197000.
    B **b**

🏛 **Villa Sirina,** contrada Sirina ☎ 51776, Fax 51671, ⊡, ☞ – ▤ ☎ 🅿. ㆍㅌ 🕥 ⑩ ㅌ 🎫.
※
    chiuso da novembre al 20 dicembre – **Pasto** (*solo per clienti alloggiati e chiuso a mezzogior-*
no) – **15 cam** ⊆ 168000 – ½ P 80/120000.   2 km per via Crocifisso   **A**

🏛 **Vello d'Oro,** via Fazzello 2 ☎ 23788, Telex 980186, Fax 626117, « Terrazza-solarium con
≤ mare e costa » – 🛗 ▤ ☎. ㆍㅌ 🕥 ⑩ ㅌ 🎫. ※
    15 marzo-ottobre – **Pasto** (*chiuso a mezzogiorno*) 25000 – **57 cam** ⊆ 90/170000 –
½ P 115000.
    A **r**

🏛 **Continental,** via Dionisio I n° 2/a ☎ 23805, Telex 981144, ☞, « Terrazza panoramica
con ≤ mare e costa », ☞ – 🛗 ☎ 🅿. ㆍㅌ 🕥 ⑩ ㅌ 🎫. ※ rist
    Pasto (*chiuso a mezzogiorno da maggio a settembre*) 35/50000 – ⊆ 15000 – **43 cam**
85/130000 – ½ P 80/110000.
    A **s**

🏛 **Villa Ducale** ⚛ senza rist, via Leonardo da Vinci 60 ☎ 28153, Fax 28154, ≤ mare, costa
ed Etna – 📺 ☎ 🅿 – 🔬 35. ㆍㅌ 🕥 ㅌ 🎫. ※
    chiuso dal 15 gennaio a febbraio – **10 cam** ⊆ 170/280000.
    A **p**

🏛 **Andromaco** senza rist, via Fontana Vecchia ☎ 23436, Fax 24985, ≤, ⊡ – ▤ 📺 ☎. ㆍㅌ 🕥
⑩ ㅌ 🎫. ※
16 cam ⊆ 70/130000.   per via Cappuccini   **A**

🏛 **La Campanella** senza rist, via Circonvallazione 3 ☎ 23381, ≤ – ※
12 cam ⊆ 75/120000.
    A **g**

🏛 **Villa Carlotta** senza rist, via Pirandello 81 ☎ 23732, Fax 23732, ≤ mare e costa, ☞ – ☎.
※
    15 marzo-ottobre – ⊆ 7500 – **21 cam** 71/100000.
    B **a**

🏚 **Condor,** via Dietro Cappuccini 25 𝒫 23124, Fax 625726, ≤ – ☎. 🔤 🗒 ⓞ Ε 𝑽𝑰𝑺𝑨   A **a**
15 dicembre-15 gennaio e Pasqua-ottobre – **Pasto** *(solo per clienti alloggiati e chiuso a
mezzogiorno)* carta 21/32000 – ⌕ 8000 – **12 cam** 70/100000 – ½ P 70/90000.

🏚 **Belsoggiorno,** via Pirandello 60 𝒫 23342, Fax 626298, ≤ mare e costa, 🍃 – ☎ 🅟. 🔤 🗒
ⓞ Ε 𝑽𝑰𝑺𝑨. 🎖 rist   B **u**
Pasto *(chiuso a mezzogiorno)* 25/30000 – ⌕ 5000 – **19 cam** 75/120000 – ½ P 75/95000.

XXXX **La Giara,** vico la Floresta 1 𝒫 23360, Fax 23233, Rist. e piano-bar – ▤. 🔤 🗒 ⓞ Ε 𝑽𝑰𝑺𝑨.
🎖   A **f**
chiuso a mezzogiorno e lunedì (escluso da giugno a settembre) – **Pasto** carta 48/74000.

XX **Al Castello da Ciccio,** via Madonna della Rocca 𝒫 28158, « Servizio estivo all'aperto
con ≤ Giardini-Naxos, mare ed Etna » – 🎖   A **e**
chiuso gennaio, domenica in luglio-agosto e mercoledì negli altri mesi – **Pasto** carta 35/
75000.

XX **La Griglia,** corso Umberto 54 𝒫 23980, Fax 626047 – ▤. 🔤 🗒 ⓞ Ε 𝑽𝑰𝑺𝑨. 🎖   A **c**
chiuso martedì e dal 20 novembre al 20 dicembre – **Pasto** carta 40/60000.

XX **Da Lorenzo,** via Michele Amari 4 𝒫 23480, 🍴 – 🔤 🗒 ⓞ Ε 𝑽𝑰𝑺𝑨   A **n**
chiuso dal 1° al 15 novembre e mercoledì (escluso da giugno a settembre) – **Pasto**
carta 26/57000.

X **A' Zammàra,** via Fratelli Bandiera 15 𝒫 24408, 🍴 – 🔤 🗒 ⓞ Ε 𝑽𝑰𝑺𝑨 𝐉𝐂𝐁. 🎖   A **z**
chiuso mercoledì e dal 5 al 20 gennaio – **Pasto** carta 37/54000.

X **Vicolo Stretto,** via Vicolo Stretto 𝒫 23849, 🍴 – ▤. 🔤 🗒 ⓞ Ε 𝑽𝑰𝑺𝑨. 🎖   A **x**
chiuso dal 15 novembre al 15 dicembre e lunedì (escluso dal 15 luglio a settembre) – **Pasto**
carta 30/71000.

X **La Chioccia d'Oro,** via Leonardo da Vinci 𝒫 28066, ≤   A **d**
chiuso giovedì e novembre – **Pasto** carta 26/38000.

X **Il Ciclope,** corso Umberto 𝒫 23263, 🍴 – ▤. 🔤 🗒 Ε 𝑽𝑰𝑺𝑨 𝐉𝐂𝐁   A **y**
chiuso mercoledì e dal 10 al 31 gennaio – **Pasto** carta 31/46000.

a Castelmola NO : 5 km A – alt. 550 – ✉ **98030** :

X **Il Faro,** contrada Petralia 𝒫 28193, ≤ mare e costa, 🍴, prenotare – 🅟
chiuso mercoledì – **Pasto** carta 25/37000.

a Mazzarò per ② : 5,5 km – ✉ **98030** :

🏯 **Mazzarò Sea Palace,** 𝒫 24004, Telex 980041, Fax 626237, ≤ piccola baia, 🍴, ⌛, 🛥
– 🕴 ▤ 📺 ⇔. 🔤 🗒 ⓞ Ε 𝑽𝑰𝑺𝑨. 🎖 rist
aprile-ottobre – **Pasto** carta 49/76000 – **84 cam** ⌕ 250/490000, 3 appartamenti – ½ P 290/
305000.

X **Il Pescatore,** 𝒫 23460, ≤ mare, scogliere ed Isolabella – 🅟. Ε 𝑽𝑰𝑺𝑨
chiuso dal 7 gennaio a febbraio e sabato-domenica da novembre al 6 gennaio – **Pasto**
carta 30/60000.

X **Il Delfino-da Angelo,** 𝒫 23004, ≤ piccola baia, 🍴 – 🔤 🗒 ⓞ Ε 𝑽𝑰𝑺𝑨
15 marzo-ottobre – **Pasto** carta 28/53000.

X **Da Giovanni,** 𝒫 23531, ≤ mare ed Isolabella – 🔤 🗒 ⓞ Ε 𝑽𝑰𝑺𝑨 𝐉𝐂𝐁. 🎖
chiuso lunedì e dal 7 gennaio al 7 febbraio – **Pasto** carta 43/74000.

a Lido di Spisone per ① : 7 km – ✉ **98030** Mazzarò :

🏯 **Lido Méditerranée,** 𝒫 24422, Telex 980175, Fax 24774, ≤, 🍴, 🛥 – 🕴 ▤ 📺 ☎ 🅟 –
🚗 100. 🔤 🗒 ⓞ Ε 𝑽𝑰𝑺𝑨. 🎖 rist
aprile-ottobre – **Pasto** 60000 – **72 cam** ⌕ 280/300000 – ½ P 120/200000.

Vedere anche : *Giardini-Naxos* per ② : 5 km.
                        Letojanni per ② : 8 km.

TERMINI IMERESE 90018 Palermo 🔢 ㊲, 🔢 N 23 – 26 603 ab. alt. 113 – ✪ 091.

♦ Agrigento 150 – ♦ Messina 202 – ♦ Palermo 36.

🏯 **Gd H. delle Terme,** piazza Bagni 2 𝒫 8113557, Fax 8113107, « Giardino fiorito con ⌛ e
terrazza panoramica con ≤ », 🛁, ⟵ – 🕴 ▤ 📺 ☎ 🔥 🅟 – 🚗 50 a 150. 🔤 🗒 ⓞ Ε 𝑽𝑰𝑺𝑨. 🎖
Pasto carta 50/72000 – **69 cam** ⌕ 160/220000, 11 appartamenti – ½ P 160/190000.

🏚 **Il Gabbiano** senza rist, via Libertà 221 𝒫 8113262, Fax 8114225 – ▤ 📺 ☎ 🅟 – 🚗 30. 🔤
🗒 Ε 𝑽𝑰𝑺𝑨. 🎖
20 cam ⌕ 75/108000.

TERRASINI 90049 Palermo 🔢 M 21 – 10 557 ab. alt. 35 – ✪ 091.
Vedere Museo del carretto siciliano★.

♦Palermo 29 – ♦Trapani 71.

🏚 **Azzolini Palm Beach,** 𝒫 8682033, Fax 8682618, ≤, 🛥, 🍃 – 🕴 ▤ 📺 ☎ 🅟 –
🚗 50 a 150. 🔤 🗒 ⓞ Ε 𝑽𝑰𝑺𝑨. 🎖
Pasto *(chiuso dal 22 al 31 dicembre)* 30/35000 – **34 cam** ⌕ 110/150000 – ½ P 80/120000.

in prossimità strada statale S : 6 km :

Perla del Golfo, ✉ 90049 ✆ 8695058, Telex 910634, Fax 8695072, ←, ☂, ⛱, ⛵, 🎾 – ▤ ☎ ⓟ – 🏃 30 a 500
stagionale – **161 cam.**

TORREGROTTA **98040** Messina **432** M 28 – 6 063 ab. alt. 48 – ☏ 090.

♦Catania 141 – ♦Messina 29 – ♦Palermo 215.

Thomas, località Scala ✆ 9981947 – TV ☎. ⓢ E VISA. ✂
chiuso dicembre – **Pasto** *(chiuso lunedì)* carta 28/48000 – ☕ 4500 – **18 cam** 50/75000 – ½ P 60/65000.

TRAPANI **91100** P **988** ㉟, **432** M 19 – 69 562 ab. – ☏ 0923.

Vedere Museo Pepoli★ Y **M** – Cappella della Madonna★ nel santuario dell'Annunziata Y.

Escursioni Isola di Pantelleria★★ Sud per motonave – Isole Egadi★ Ovest per motonave o aliscafo.

✈ di Birgi S : 15 km Y ✆ 841124 – Alitalia, Agenzia Salvo, corso Italia 52/56 ✆ 873636.

⛴ per Cagliari martedì (11 h) – Tirrenia Navigazione-agenzia Salvo, corso Italia 48/52 ✆ 21896, Telex 910132, Fax 28436; per le Isole Egadi giornalieri (da 1 h a 2 h 45 mn) e Pantelleria giornaliero (5 h 45 mn) – Siremar-agenzia Mare Viaggi, via Staiti 61/63 ✆ 540515, Telex 910132, Fax 20663.

🚤 per le Isole Egadi giornalieri (da 15 mn a 1 h) – Siremar-agenzia Mare Viaggi, via Staiti 61/63 ✆ 540515, Telex 910132, Fax 20663.

ℹ via Sorba 15 (Villa Aula) ✆ 27077, Fax 29430 – piazza Saturno ✆ 29000.

A.C.I. via Virgilio 71/78 ✆ 27292.

♦Palermo 104 ②.

TRAPANI

Fardella (Via G.B.) . . . . **BZ** 13
Vitt. Emanuele (C.) . . . . . . **AZ** 56

Bixio (Via Nino) . . . . **Y** 2
Ciaccio Montalto (Pza) . . . **BZ** 3
Crociferi (Via dei) . . . . **BZ** 6
Cuba (Via della) . . . . **AZ** 8
Duca d'Aosta (Viale) . . . . **AZ** 9
Madonna di Fatima (Via) . . **Y** 19
Mattarella (Via Piersanti) . . **Y** 21
Mercè (Via) . . . . **BZ** 25
Monte S. Giuliano (Via) . . . **Y** 27
Ninfe (Largo delle) . . . . . . **AZ** 28
Pepoli (V. Conte A.) . . . . . . **Y** 33
Portogalli (Largo) . . . . **BZ** 34
Procida (Via Giov. da) . . . . **AZ** 35
Regina Margherita (Vle) . . **BZ** 36
S. Francesco d'Assisi (V.) . **AZ** 37
S. Francesco di Paola (V.) . **BZ** 38
S. Giovanni Bosco (Via) . . **BZ** 39
Scalo d'Alaggio (Pza) . . . . **AZ** 40
Scarlatti (Piazza) . . . . **AZ** 41
Scio (Pza Generale) . . . . . . **AZ** 42
Scontrino (Via A.) . . . . **BZ** 44
Serisso (Via) . . . . **AZ** 45
Tartaglia (Via Giacomo) . . . **AZ** 48
Torre di Ligny (Viale) . . . . . **AZ** 49
Torrearsa (Via) . . . . **AZ** 50
Umberto I (Piazza) . . . . **BZ** 52
Vespri (Via) . . . . **Y** 55
Vittorio Veneto (Piazza) . . . **BZ** 57

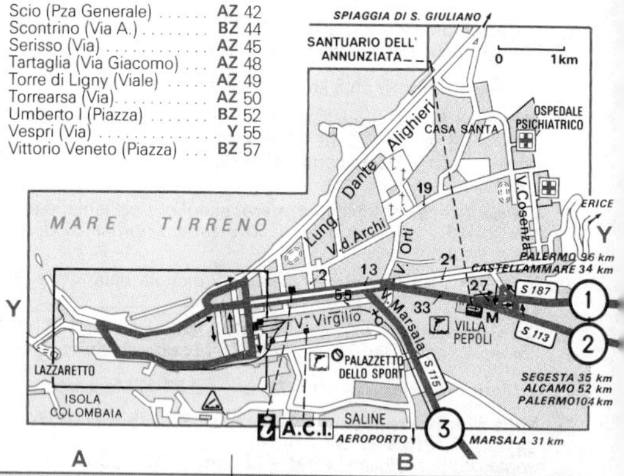

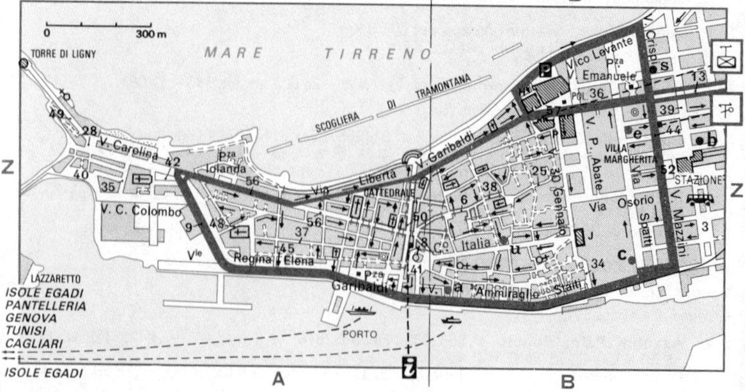

Crystal, via San Giovanni Bosco 17 ℰ 20000, Fax 25555 – 📶 🗐 📺 ☎ ♿ – 🔬 140. ⅍ 🕙 🎫 🗹 📠 ⌘ E VISA. 🛇
BZ **b**
Pasto *(chiuso venerdi)* carta 31/64000 – ⊑ 20000 – **68 cam** 165/200000, 2 appartamenti – ½ P 126000.

Vittoria senza rist, via Crispi 4 ℰ 873044, Fax 29870 – 📶 🗐 📺 ☎. 🎫 🗹 📠 ⌘ VISA BZ **s**
⊑ 8000 – **65 cam** 80/140000.

P e G, via Spalti 1 ℰ 547701, Coperti limitati; prenotare – 🗐. 🎫 🗹 📠 ⌘ E VISA.
🛇
BZ **e**
chiuso domenica, dal 27 dicembre al 1° gennaio ed agosto – **Pasto** carta 40/50000 (12 %).

Da Peppe, via Spalti 54 ℰ 28246, 🏮 – 🎫 🗹 📠 ⌘ E VISA JCB. 🛇 BZ **c**
chiuso lunedi – **Pasto** carta 37/51000.

Trattoria del Porto da Felice, via Ammiraglio Staiti 45 ℰ 547822, 🏮 – 🛇 BZ **a**
chiuso lunedi – **Pasto** carta 35/53000.

Del Corso, corso Italia 51 ℰ 23475, Fax 23475 – 🎫 🗹 📠 ⌘ E VISA JCB. 🛇 BZ **u**
chiuso domenica – **Pasto** carta 26/43000.

Vedere anche : *Erice* NE : 14 km.

VALDERICE 91019 Trapani ⌸⌸⌸ M 19 – 10 611 ab. alt. 250 – ✪ 0923.
◆Agrigento 99 – ◆Palermo 184 – ◆Trapani 9.

Baglio Santacroce 🦢, E : 2 km ℰ 891111, Fax 891192, 🏮, « Terrazze fiorite con
≤ mare e costa », 🛋 – 📺 🕸 📠. 🎫 🗹 ⌘ E VISA. 🛇
Pasto *(chiuso lunedi)* carta 33/51000 – ⊑ 10000 – **23 cam** 75/110000 – ½ P 95/115000.

Ericevalle, ℰ 891133, Fax 891133 – 🗐 📺 ☎ 🕸 📠. 🎫 🗹 📠 ⌘ E VISA. 🛇
Pasto *(chiuso martedi)* carta 33/51000 – ⊑ 10000 – **26 cam** 90/110000 – ½ P 95/115000.

VILLAGRAZIA Palermo ⌸⌸⌸ M 21 – Vedere Carini.

VITTORIA 97019 Ragusa ⌸⌸⌸ Q 25 – 55 303 ab. alt. 169 – ✪ 0932.
◆Agrigento 107 – ◆Catania 96 – Ragusa 26 – ◆Siracusa 104.

Grand Hotel senza rist, vico III Carlo Pisacane 53/B ℰ 863888, Fax 863888 – 📶 🗐 📺 ☎
🚗. 🎫 🗹 📠 ⌘ E VISA. 🛇
27 cam ⊑ 90/130000.

a Scoglitti SO : 13 km – ✉ 97010 :

Agathae, ℰ 980730, Fax 871500, 🛋 – 🗐 📺 ☎ 🚗 📠. 🎫 🗹 📠 ⌘ E VISA
Pasto *(chiuso lunedi)* carta 29/49000 – ⊑ 10000 – **27 cam** 60/100000, 🗐 10000 – ½ P 60/70000.

Al Gabbiano con cam, ℰ 980179, ≤, 🎣 – 🗐 📺 ☎ – 🔬 50. 🎫 🗹 📠 ⌘ E VISA
Pasto carta 33/58000 – ⊑ 5000 – **14 cam** 60/90000 – ½ P 90/100000.

VULCANO (Isola) Messina ⌸⌸⌸ ㊲ ㊳, ⌸⌸⌸ ⌸⌸⌸ L 26 – Vedere Eolie (Isole).

ZAFFERANA ETNEA 95019 Catania ⌸⌸⌸ N 27 – 7 380 ab. alt. 600 – ✪ 095.
◆Catania 24 – Enna 104 – ◆Messina 79 – ◆Palermo 231 – Taormina 35.

Airone, via Cassone 67 (O : 2 km) ℰ 7081819, Fax 7082142, ≤ mare e costa, 🌳 – 📶 📺
☎ 📠. 🎫 🗹 📠 ⌘ E VISA
Pasto carta 35/54000 – **48 cam** ⊑ 80/120000 – ½ P 75/90000.

Primavera dell'Etna, O : 1,5 km ℰ 7082348, Fax 7081695, ≤ mare e costa, 🌳, 🎾 – 📶
📺 ☎ 📠 – 🔬 150 a 400. 🎫 🗹 📠 ⌘ E VISA. 🛇
Pasto carta 25/45000 (15 %) – **57 cam** ⊑ 52/82000 – ½ P 60/76000.

LES GUIDES VERTS MICHELIN

Paysages, monuments
Routes touristiques
Géographie
Histoire, Art
Itinéraires de visite
Plans de villes et de monuments

Distanze
Distances – Entfernungen

QUALCHE CHIARIMENTO

Nel testo di ciascuna località troverete la distanza dalle città limitrofe e da Roma. Quando queste città sono quelle della tabella a lato, il loro nome è preceduto da una losanga ♦. Le distanze fra le città di questa tabella completano quelle indicate nel testo di ciascuna località.

La distanza da una località ad un'altra non è sempre ripetuta in senso inverso : guardate al testo dell'una o dell'altra. Utilizzate anche le distanze riportate a margine delle piante.

Le distanze sono calcolate a partire dal centro delle città e seguendo la strada più pratica, ossia quella che offre le migliori condizioni di viaggio ma che non è necessariamente la più breve.

QUELQUES PRÉCISIONS

Au texte de chaque localité vous trouverez la distance des villes environnantes et celle de Rome. Lorsque ces villes sont celles du tableau ci-contre, leur nom est précédé d'un losange noir ♦. Les distances intervilles de ce tableau complètent ainsi celles données au texte de chaque localité.

La distance d'une localité à une autre n'est pas toujours répétée en sens inverse : voyez au texte de l'une ou de l'autre. Utilisez aussi les distances portées en bordure des plans.

Les distances sont comptées à partir du centre-ville et par la route la plus pratique, c'est-à-dire celle qui offre les meilleures conditions de roulage, mais qui n'est pas nécessairement la plus courte.

EINIGE ERKLÄRUNGEN

In jedem Ortstext finden Sie Entfernungen zu größeren Städten in der Umgebung und nach Rom. Wenn diese Städte auf der nebenstehenden Tabelle aufgeführt sind, sind sie durch eine schwarze Raute ♦ gekennzeichnet. Die Kilometerangaben dieser Tabelle ergänzen somit die Angaben des Ortstextes.

Da die Entfernung von einer Stadt zu einer anderen nicht immer unter beiden Städten zugleich aufgeführt ist, sehen Sie bitte unter beiden entsprechenden Ortstexten nach. Eine weitere Hilfe sind die am Rande der Stadtpläne erwähnten Kilometerangaben.

Die Entfernungen gelten ab Stadtmitte unter Berücksichtigung der günstigsten (nicht immer kürzesten) Strecke.

COMMENTARY

The text on each town includes its distance from its immediate neighbours and from Rome. Those cited opposite are preceded by a diamond ♦ in the text. The kilometrage in the table completes that given under individual town headings for calculating total distances.

A town's distance from another is not necessarily repeated in the text under both names, you may have to look, therefore, under one or the other to find it. Note also that some distances appear in the margins of the town plans.

Distances are calculated from centres and along the best roads from a motoring point of view not necessarily the shortest.

Distanze tra le principali città
Distances entre principales villes
Entfernungen zwischen den grösseren Städten
Distances between major towns

SARDEGNA — Sassari, Oristano, Nuoro, Cagliari
SICILIA — Trapani, Siracusa, Palermo, Messina, Catania, Cattanissetta, Agrigento

	107 km
Bergamo - Lugano	

Città di riferimento (diagonale): Ancona, Bari, Bergamo, Bern, Bologna, Botzano, Brescia, Brindisi, Cosenza, Ferrara, Firenze, Foggia, Genève, Genova, Innsbruck, Livorno, Lugano, Milano, Modena, Napoli, Nice, Padova, Parma, Pescara, Perugia, Ravenna, Reggio di Calabria, Roma, La Spezia, Taranto, Torino, Trieste, Venezia, Verona, Zagreb, Zurich.

Tabella triangolare delle distanze (lettura per riga, città di partenza → distanze verso Ancona, Bari, Bergamo, …):

Da / From	Distanze (km)
Bari	466
Bergamo	450 · 905
Bern	678 · 1133 · 290
Bologna	217 · 671 · 234 · 462
Botzano	491 · 946 · 443 · 234 · 187
Brescia	403 · 858 · 49 · 335 · 186 · 274
Brindisi	580 · 114 · 1019 · 786 · 1060 · 1129 · 972
Cosenza	697 · 256 · 1247 · 867 · 1316 · 1041 · 159 · 264
Ferrara	224 · 679 · 1088 · 509 · 206 · 51 · 247 · 793 · 917
Firenze	264 · 662 · 206 · 550 · 322 · 101 · 275 · 250 · 777 · 151
Foggia	346 · 136 · 785 · 1013 · 826 · 552 · 363 · 250 · 765 · 360 · 556
Genève	742 · 1197 · 357 · 164 · 525 · 587 · 402 · 1311 · 1389 · 573 · 338 · 1077
Genova	508 · 899 · 194 · 437 · 291 · 115 · 408 · 1002 · 1014 · 338 · 236 · 793 · 378
Innsbruck	606 · 1060 · 349 · 405 · 389 · 177 · 232 · 1175 · 1243 · 302 · 478 · 250 · 556 · 523
Livorno	397 · 744 · 335 · 615 · 291 · 439 · 302 · 859 · 847 · 227 · 85 · 638 · 188 · 146 · 554
Lugano	504 · 959 · 107 · 245 · 152 · 97 · 146 · 1073 · 1142 · 335 · 376 · 839 · 218 · 295 · 240 · 351
Milano	424 · 878 · 52 · 207 · 146 · 97 · 40 · 1061 · 894 · 87 · 296 · 993 · 253 · 195 · 293 · 205 · 76
Modena	257 · 711 · 193 · 424 · 513 · 234 · 581 · 1199 · 826 · 40 · 129 · 826 · 489 · 454 · 348 · 511 · 391 · 169
Napoli	400 · 256 · 513 · 1019 · 464 · 570 · 832 · 370 · 315 · 620 · 173 · 705 · 253 · 947 · 454 · 391 · 319 · 598 · 890
Nice	681 · 1084 · 367 · 193 · 581 · 744 · 405 · 894 · 982 · 181 · 660 · 546 · 195 · 300 · 757 · 367 · 240 · 319 · 686 · 540
Padova	325 · 780 · 193 · 478 · 116 · 185 · 146 · 982 · 894 · 72 · 217 · 660 · 367 · 300 · 181 · 410 · 293 · 285 · 118 · 542 · 476
Parma	313 · 788 · 374 · 96 · 243 · 114 · 78 · 951 · 882 · 144 · 185 · 648 · 202 · 193 · 467 · 182 · 285 · 174 · 59 · 550 · 136 · 453
Pescara	142 · 566 · 252 · 473 · 114 · 426 · 352 · 681 · 370 · 150 · 468 · 202? · 439 · 358 · 279 · 491 · 365 · 1042 · 1098 · 219 · 485 · 300 · 115
Perugia	162 · 301 · 829 · 601 · 368 · 554 · 264 · 415 · 532 · 410 · 181 · 894 · 659 · 628 · 492 · 193 · 575 · 408 · 118 · 235 · 476 · 174 · 850
Roma	156 · 610 · 539 · 311 · 539 · 78 · 284 · 725 · 847 · 69 · 217 · 491 · 604 · 467 · 300 · 258 · 365 · 285 · 550 · 219 · 367 · 300 · 136 · 850
Ravenna	856 · 441 · 1235 · 1463 · 1276 · 1014 · 1188 · 448 · 521 · 912 · 1064 · 707 · 872 · 1149 · 1391 · 827 · 1289 · 1047 · 463 · 994 · 1334 · 1130 · 453
Reggio di Calabria	307 · 413 · 601 · 473 · 159 · 374 · 96 · 1064 · 894 · 185 · 912 · 478 · 504 · 305 · 279 · 365 · 200 · 219 · 618 · 689 · 485 · 300 · 419
Roma	428 · 812 · 258 · 537 · 211 · 252 · 243 · 681 · 370 · 144 · 267 · 306 · 110 · 101 · 473 · 258 · 200 · 174 · 232 · 310 · 295 · 101 · 417 · 289
La Spezia	542 · 996 · 987 · 1215 · 754 · 358 · 114 · 515 · 915 · 259 · 745 · 982 · 478 · 299 · 1143 · 827 · 564 · 794 · 755 · 863 · 689 · 564 · 349
Taranto	438 · 893 · 383 · 307 · 325 · 543 · 213 · 927 · 1160 · 267 · 218 · 715 · 168 · 138 · 523 · 346 · 219 · 138 · 372 · 310 · 295 · 367 · 1062
Torino	301 · 755 · 361 · 325 · 291 · 211 · 358 · 70 · 1157 · 372 · 745 · 535 · 110 · 174 · 342 · 409 · 174 · 208 · 661 · 863 · 175 · 367 · 1307
Trieste	354 · 809 · 228 · 400 · 314 · 314 · 78 · 1111 · 1024 · 247 · 394 · 773 · 402 · 464 · 467 · 334 · 276 · 327 · 282 · 708 · 575 · 82 · 662 · 175
Venezia	670 · 1122 · 114 · 137 · 181 · 181 · 1007 · 870 · 114 · 258 · 636 · 288 · 331 · 319 · 276 · 194 · 82 · 452 · 727 · 461 · 42 · 659 · 145 · 335
Verona	707 · 1161 · 588 · 100 · 151 · 67 · 923 · 1024 · 95 · 226 · 689 · 288 · 266 · 217 · 97 · 106 · 81 · 695 · 575 · 106 · 82 · 494 · 171 · 221 · 505
Zagreb	981 · 514 · 127 · 542 · 1236 · 472 · 689 · 1002 · 760 · 571 · 947 · 710 · 629 · 551 · 519 · 814 · 890 · 764 · 236 · 690 · 1205 · 891 · 139
Zurich	490 · 125 · 318 · 354 · 1276 · 537 · 1042 · 579 · 285 · 420 · 281 · 579 · 202 · 452 · 279 · 498 · 403 · 377 · 847 · 502 · 1244 · 568 · 377

SICILIA: Agrigento 59 · Cattanissetta 111, 91 · Catania 202, 131, 229 · Messina 91, 210, 251, 345 · Palermo 127, 53, 144, 95 · Siracusa 207, 152, 323, 304 · Trapani 162, 225 …

SARDEGNA: Cagliari 183 · Nuoro 282, 101 · Oristano 93, 91, 190 · Sassari 213, 122, 103, 121 …

751

	Genova	Milano	Torino	Venezia
Amsterdam	1218	1076	1136	1240
Barcelona	854	978	783	1234
Basel	488	347	407	601
Berlin	1179	1038	1136	1052
Bern	441	250	311	514
Birmingham	1440	1337	1310	1591
Bordeaux	1005	998	864	1262
Bristol	1432	1329	1302	1583
Bruxelles/Brussel	1032	890	909	1145
Burgos	1326	1449	1254	1706
Cherbourg	1264	1203	1127	1468
Clermont-Ferrand	665	635	501	900
Düsseldorf	1010	868	928	1032
Edinburgh	1858	1755	1728	2009
Frankfurt	816	675	735	838
Genève	378	317	247	581
Hamburg	1257	1115	1213	1249
Le Havre	1106	1045	969	1310
København	1568	1426	1524	1410
Lille	1060	985	930	1240
Lisboa	2090	2214	2019	2470
Liverpool	1598	1494	1467	1748
London	1240	1136	1110	1391
Luxembourg	823	681	701	936
Lyon	469	439	305	703
Madrid	1459	1583	1388	1839
Málaga	1811	1935	1740	2191
Marseille	385	508	374	765
München	638	496	594	458
Nantes	1077	1051	909	1315
Oslo	2765	2624	2722	2619
Paris	906	845	769	1109
Porto	1868	1992	1797	2248
Praha	1015	874	972	823
San Sebastián	1104	1228	1033	1484
Stockholm	2181	2039	2137	2023
Strasbourg	629	488	548	742
Toulouse	759	883	688	1139
Wien	965	839	965	583
Zagreb	760	629	764	379

Genova *Milano* *Torino* *Venezia*

Hamburg - Milano

1115 km

PRINCIPALI STRADE

Autostrada, doppia carreggiata di tipo autostradale ....

N° di strada statale......... S 10

Distanza chilometrica 20

Esercizi sulle autostrade :
– Motel........................ ■
– Self-Service o Ristorante ...... ■

Solo i motel sono citati nella guida

Città con carta dei dintorni ....

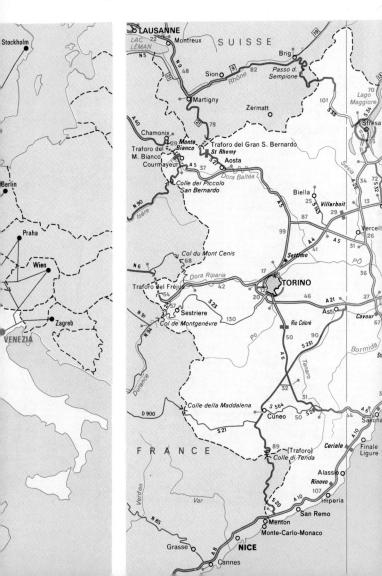

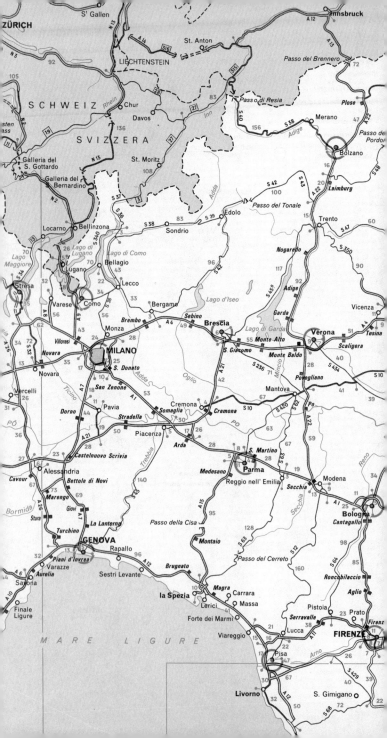

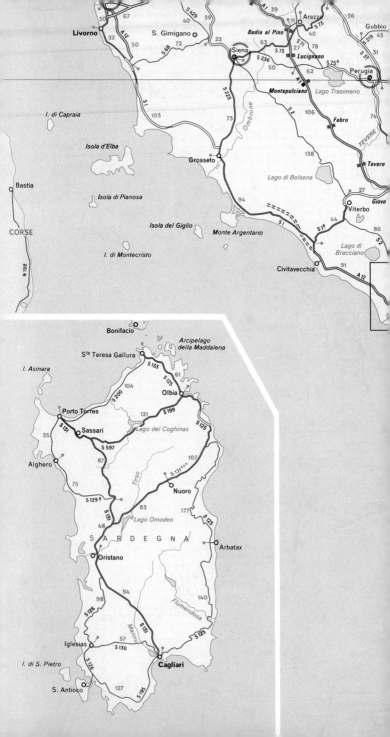

Indicativi telefonici dei paesi europei
Indicatifs téléphoniques européens
Telefon-Vorwahlnummern europäischer Länder
European dialling codes

		da	in	dall'		in
		de	en	de		en
		von	nach	von		nach
		from	to	from		to
A	Austria	040	Italia	0043		Austria
B	Belgio	0039	»	0032		Belgio
BG	Bulgaria	0039	»	00359		Bulgaria
DK	Danimarca	00939	»	0045		Danimarca
SF	Finlandia	99039	»	00358		Finlandia
F	Francia	1939	»	0033		Francia
D	Germania	0039	»	0049		Germania
GB	Gran Bretagna	01039	»	0044		Gran Bretagna
GR	Grecia	0039	»	0030		Grecia
IRL	Irlanda	1639	»	00353		Irlanda
YU	Jugoslavia	9939	»	0038		Jugoslavia
FL	Liechtenstein	0039	»	0041		Liechtenstein
L	Lussemburgo	0039	»	00352		Lussemburgo
M	Malta	039	»	00356		Malta
N	Norvegia	09539	»	0047		Norvegia
NL	Olanda	0939	»	0031		Olanda
PL	Polonia	8039	»	0048		Polonia
P	Portogallo	0039	»	00351		Portogallo
CZ	Repubblica Ceca	0039	»	0042		Repubblica Ceca
SK	Repubblica Slovacca	0039	»	0042		Repubblica Slovacca
E	Spagna	0739	»	0034		Spagna
S	Svezia	00939	»	0046		Svezia
CH	Svizzera	0039	»	0041		Svizzera
H	Ungheria	0039	»	0036		Ungheria

Importante : Per comunicare con l'Italia da un paese straniero non bisogna comporre lo zero (0) iniziale dell'indicativo interurbano.

Important : Pour les communications d'un pays étranger vers l'Italie, le zéro (0) initial de l'indicatif interurbain n'est pas à chiffrer.

Wichtig : Bei Gesprächen vom Ausland nach Italien darf die voranstehende Null (0) der Ortsnetzkennzahl nicht gewählt werden.

Note : When making an international call to Italy do not dial the first « 0 » of the city codes.

MANUFACTURE FRANÇAISE DES PNEUMATIQUES MICHELIN

Société en commandite par actions au capital de 2 000 000 000 de F.

Place des Carmes-Déchaux – 63 Clermont-Ferrand (France)

R.C.S. Clermont-Fd B 855 200 507

© Michelin et Cie, Propriétaires-Éditeurs 1995

Dépôt légal décembre 94 – ISBN 2-06-006759-6

Printed in Italia 12-94

Carte e piante disegnate dall' Ufficio Cartografico Michelin
Piante topografiche : autorizzazione I.G.M. Nr. 3 del 12-1-1994.
Controllato ai sensi della legge 2.2.1960 N. 68.
Nulla-osta alla diffusione n. 03 in data 12/01/1994.

Fotocomposizione : APS, 37000 Tours (Francia)
Stampa e rilegatura – Officine Grafiche de Agostini – Novara

FONTI DEI DISEGNI

p. 246 – 358 – 414 – 520 – 628 – 668 Illustration Rodolphe Corbel

LIBERATING
SOLUTIONS
to
Alcohol Problems

LIBERATING SOLUTIONS

to

Alcohol Problems

Treating Problem Drinkers Without Saying No

Douglas Cameron

M.B. Ch.B., F.R.C. Psych.

JASON ARONSON INC

Northvale, New Jersey
London

This book is derived from *Community Management of "Determined Drinkers,"* a thesis submitted to the University of Glasgow by the author for which he was awarded the degree of Doctor of Medicine in 1991. It describes an approach to the management of people with alcohol problems that is essentially pragmatic, that accepts that the majority of drinkers who present to specialist alcohol services choose, for better or worse, to go on drinking despite the risks and occasional or prolonged episodes of harm. The staff (all health or social care professionals) in Leicestershire, England, who use this approach neither condone nor condemn. Rather, they use their skills to assist their clients through a process of learning either to use alcohol in a less destructive way or to stop using it altogether. The author emphasizes that a program of this nature should be undertaken only by appropriately trained professionals.

This book was set in 10 point Bookman by TechType of Upper Saddle River, New Jersey, and printed and bound by Book-mart Press of North Bergen, New Jersey.

Library of Congress Cataloging-in-Publication Data

Cameron, Douglas.
    Liberating solutions to alcohol problems : treating
problem drinkers without saying no / by Douglas
Cameron.
        p. cm.
    Derived from a thesis submitted to the Univ. of Glasgow in 1991.
    Includes bibliographical references and index.
    ISBN 1-56821-462-6
    1. Controlled drinking. 2. Alcoholism—Treatment. 3. Controlled
drinking—England—Leicestershire—Case studies. 4. Alcoholism
counseling—Philosophy. I. Title.
    RC565.C365   1995
    616.86'10651—dc20   94-47466

Manufactured in the United States of America. Jason Aronson Inc. offers books and cassettes. For information and catalog write to Jason Aronson Inc., 230 Livingston Street, Northvale, New Jersey 07647.

Contents

Preface

Steve was 21 years old when he was referred to the Community Alcohol Services. He lived in a village in the northwest of the county of Leicestershire in the East Midlands of England and had worked since leaving school as a semi-skilled labourer in a local specialist brickworks. He was referred by his mother who visited the county's Alcohol Advice Centre by herself. She described her son as a shy, quiet boy whose main interests were listening to music and reading. She believed he saw himself as something of an "ugly duckling": he was very nearsighted and had worn glasses since the age of 2. He had been seriously ill at that age, and there were worries that he might not survive. Steve's mother thought that he had always had a very poor opinion of himself, particularly when he compared himself with his two elder brothers, Mark and Gary, whom she described as very attractive, married, and living in their own homes. Steve's mother felt very protective toward him.

At this time, her only complaint about Steve was that when he returned home after drinking with his friends on Friday or Saturday night, he would frequently wet the bed. He went out to the pub most evenings of the week but the bed-wetting seemed to be a problem mainly on the weekends. She saw the bed-wetting as a drink-related problem, and that was why she approached the Alcohol Advice Centre. She did not know how much Steve drank and she had never seen him drunk. She said that he used to come straight home after the pub closed (11 P. M.) and go straight to bed, and he never upset the domestic harmony.

It was agreed that a therapist from the Leicestershire Community Alcohol Services would write to Steve asking if he could visit him at home one evening, and in the meantime his mother would talk over with him the fact that she had sought help. Steve was agreeable to being seen. When the therapist met him he was anxious, restless, and above all acutely embarrassed about his bed-wetting.

The story he told was that he started drinking with his elder brothers and friends at the age of 16 and enjoyed it. Currently, he drank about five pints of beer most nights of the week and he thought that was acceptable. However, when he did not have to go to work next day, he would drink more, up to ten pints, and it was on those evenings that he might wet the bed. He did not think that forty pints of beer per week was excessive. He did on occasions feel shaky and sick in the morning and sometimes vomited, but he saw those disorders as unwanted by-products of his drinking. They were not problems, just facts of life. The only problem was the bed-wetting, which he reported as having started about two years previously.

The therapist felt that he had received Steve's permission to deal only with the bed-wetting. Steve provided a urine specimen, which showed no abnormality. So Steve and his therapist worked out some simple rules. First, on the evenings Steve wanted no more than five pints of beer no action was required. Second, if Steve wanted to drink more, he switched for the latter part of the drinking session to whisky. Third, when he drank whisky, he would not go straight to bed when he came home but would stay up watching the television until he felt like emptying his bladder. Only after emptying his bladder could he go to bed.

Steve's bed-wetting did not stop instantly, but over the next few months it became less frequent and then ceased completely.

It appeared to the therapist that Steve's mother was unable to "let go," and tended to smother him. The therapist thought that, in due course, he would need to tackle that relationship. But external events intervened. About a year after his first contact with the services, Steve got himself a girlfriend. He said that when he was with her he did not drink as much, and the bed-wetting stopped. As he was spending an increasing amount of time with her and started being out when the therapist called to see him, despite it being by prior arrangement, his case was closed.

The Leicestershire Community Alcohol Services did not hear from Steve again, and there would have been no further contact except that he happened to be a member of a cohort upon which the services were undertaking a ten-year follow-up study. So he was recontacted eleven years after his initial presentation. He was still working at the brickworks. He had married his girlfriend four years after they started going out together. They had set up home in the same village and had a 5-year-old son.

Over the decade, Steve's drinking had decreased considerably, and he said that it was because he "grew up." He cut down initially because he and his girlfriend were saving up money to get married, and after that he had "other things to spend my money on." He still went to the same village pub, but now only once a week. When there he would drink four or five pints of beer and that created no difficulties. He continued to describe himself in the same way as he always had—as a regular social drinker. The bed-wetting had completely stopped.

When asked whether he remembered his therapist, he said that he did, very clearly. His therapist, he said, was a good listener who gave good advice and did not shout at him, which was what his family were doing at that time. He thought that as a result of that approach, he had been "brought to my senses" and had found that very helpful.

What is notable about Steve's story is the way in which he was treated. He was not told that he was an alcoholic. He was not told to stop drinking. He was not even told to cut down his drinking. He was asked what he saw to be the problem with his drinking, and was given help to deal with that problem.

This book is about the services that treated Steve. It gives an account of the establishment, development, and delivery of the services in the county of Leicestershire (pronounced Lestershire) since 1976. When the Leicestershire Community Alcohol Services were set up, they were seen as a radical experiment. But as the years have gone by, other services in Britain have moved toward this way of working.

In United States terms, the Leicestershire services are still unusual because they treat people with alcohol problems but do not prohibit the use of alcohol and because the staff works predominantly in the clients' homes, functions without a specialist inpatient facility, and most importantly does not operate from a belief that the customers*

---

*The term "customer" is used throughout the book to denote a client of the Leicestershire Community Alcohol Services.

are suffering from a disease called "alcoholism" or from "the alcohol dependence syndrome." The staff believes that the drinkers who present to the services are sane, self-willed, and responsible. Service users are therefore active creators and participants in their own individualised programmes, and only a minority opt for stopping drinking.

This way of working makes the Leicestershire services notably different from those agencies, facilities, units, and self-help groups that try to convince clients that they have a disease. The Leicestershire services operate on a set of beliefs that are very different from those of Alcoholics Anonymous and the Minnesota model. In short, the Leicestershire services operate as if the disease concept of alcoholism did not exist. Recent speculation by Harold Mulford (1994) has suggested that if alcoholism had not been invented, "local communities nationwide [in the United States] might have taken commonsense actions to facilitate the natural rehabilitation process and provided more benefit to more alcoholics for less cost than treating alcoholism" (p. 517). It is the central contention of this book that that is exactly what has been attempted in Leicestershire.

In the history of the development of the Leicestershire services, timing was important. In the mid-1970s, there was much interest in "controlled" drinking as a treatment goal for problem drinkers, and numerous studies were undertaken in Australia, the United States, and the United Kingdom on the possibility of alcoholics being able to resume some form of problem-free drinking. Small-scale experiments by Lovibond and Caddy (1970), Pomerleau and colleagues (1978), and Sobell and Sobell (1973) showed promising results in the short term. These studies were comprehensively reviewed by Heather and Robertson (1981) in "Controlled Drinking." But researchers undertaking studies that enabled, or even actively encouraged, subjects to continue drinking were setting themselves up for confrontation with what has been called the "alcoholism movement," which began in the United States and has been exported all over the world. The degree of fervour with which it is supported outside the United States varies. In Britain, in the 1970s, belief in the disease of alcoholism was the dominant ideology of treatment agencies, but the voices of opposition created their own forum (New Directions in the Study of Alcohol Group) and supported each other in a way that did not seem to occur in the U.S. In part as a result of the activity of that group, a resumed-drinking option for clients who present with problems of alcohol use became much more commonplace in Britain than in the U.S. (Rosenberg et al. 1992) and remains an acceptable goal of treatment today. This is particularly so in the street-level Alcohol Advice Centres that are present in most British cities.

Despite the fact that many of the experiments and community studies that enabled resumed-drinking options to be advocated in Britain were originally undertaken in the U.S., the alcoholism movement has remained the carrier of the dominant ideology in its country of origin. The services described in this book would probably not have survived in the U.S. in the 1980s and early 1990s. The environment would have been too hostile. Threats of withdrawal of funding, legal action, and vilification would most likely have ensured that the staff within the services paid more than lip service to that dominant ideology. They would have lost an opportunity to try something different on sufficiently large numbers of people for a sufficiently long period of time to see whether there might be benefits to be had from a new approach. But away from the close scrutiny of the alcoholism movement, in a relatively unknown county in England, it was possible for such services to be developed and allowed to function without hindrance. They continue to operate today.

Now is a time of reappraisal of the health care system in the United States and in many other countries. Services for people with alcohol problems are included in that process. Questions are appropriately being asked about efficacy and about costs and benefits. Studies of these issues are being conducted, such as the one by Moos and colleagues (1990).

This book describes the development, ideology, methodology, and the results achieved by services that are the major specialist treatment resource for people with alcohol problems in a county in England with a population of nearly one million. Before describing the service, its clients, and its impact, it is necessary to understand why and how the Leicestershire services were established. Thus the state of knowledge in the mid-1970s will be reviewed. This is followed by an account of the processes of service development and a discussion of how useful this way of working might be for other communities.

Acknowledgments

I wish to thank the customers and staff of the Leicester-shire Community Alcohol Services, who sustained my interest, shared the ideas, the work, and the anxieties, and helped to develop what was once regarded as a maverick scheme into an established, credible community alcohol service.

I also owe a debt of gratitude to supportive mentors, friends, and colleagues upon whom I have depended, particularly in Dumfries and Leicestershire and in The New Directions in the Study of Alcohol Group.

1

Introduction

MAN IN RELATION TO ALCOHOL

Let us start by sparing a thought for the !Kung, a tribe of the Namibian Desert of South West Africa. For, within the last decade or so, the !Kung have done something that tribes have been doing for tens of thousands of years. They have settled; they have ceased nomadic hunter-gathering, and they have started brewing. The !Kung women have started producing what is a form of honey beer (Leakey 1981, p. 227).

The !Kung have done it. They have opened the Pandora's box of man in relation to alcohol. They have done it. There is no way back. Sooner or later, members of the !Kung will drink or behave when intoxicated in ways that are disapproved of by other !Kung people. Sooner or later the cry will go up, "Something must be done." Among those "somethings" that will be done are punishing those disapproved of, attempting to close the Pandora's box (prohibition), and controlling patterns of consumption by legal and fiscal means. Those "somethings" will not be a success, for they never have been a lasting success for others who have tried them. The history of man in relation to alcohol is full of stories of these failures.

Then, if the !Kung are still in existence, the tribe will decide that the disapproved-of drinkers cannot help themselves, that they are incapable of behaving more appropriately. So explanations of their failure will be sought. Perhaps they will try evil spirits. Perhaps they will claim that drink contains an ingredient that renders powerless some of its consumers—the "demon drink." Or perhaps they will claim that demonic possession explains the drinkers' conduct. And the combatting of demons needs powerful magic.

But if by this time the !Kung are more sophisticated or secular, then other kinds of explanations will be sought, explanations involving fundamental differences in bodily function between "wicked" drinkers and "good" drinkers, and a nonmoral definition of helpless will be used. These people will be called sick. Thus will the !Kung give birth to the disease concept.

I am not talking about diseases caused by certain patterns of alcohol use, such as cirrhosis of the liver, pancreatitis, or Korsakoff's amnestic state. Rather, I am talking of that global all-encompassing concept of the disease of inappropriate alcohol use—habitual drunkenness, dypsomania, alcoholism, alcohol dependence—which is meant to explain why some people break rules of drinking conduct.

Unless we export it to them long beforehand, sooner or later the !Kung will create for themselves the disease concept of alcoholism. They will arrive at the point we arrived at halfway through this century. It is from that point onward that I wish to pursue the story of man in relation to alcohol, with particular reference to systems of care for people who present with problems of alcohol use (Cameron 1982).

THE DISEASE CONCEPT OF ALCOHOLISM

In the 1950s, throughout the developed world, the disease concept of alcoholism was not just the leading theory in the treatment of alcoholism, it was regarded simply as the truth. That truth had been foisted upon us for the previous twenty years with a kind of evangelical zeal generated mostly in the United States. Deliberate attempts had been made in the corridors of political power to sell an entity as a disease and to search out and then diagnose sufferers in places other than in skid row, to forage for "respectable" sufferers. "In the 1950s AA members, the Yale Center, and NCA convinced state and local governments to form alcoholism agencies and persuaded the American Medical Association (AMA) to proclaim alcoholism a disease" (Levine 1991, p. 108). Also, the so-called signs and symptoms of the "disease" were described and validated by self-reports of a small number of such sufferers (Jellinek 1960). This in turn led to the production of a definition of the disease:

> Alcoholics are those excessive drinkers whose dependence on alcohol has attained such a degree that it shows a noticeable mental disturbance or an interference with their bodily and mental health, their personal relations and their smooth economic functioning, or who show the prodromal signs of such

development. They therefore need treatment. [World
Health Organisation 1952]

It now seems quite extraordinary that such a definition
should have been written and gone uncontested for such a
long time. Jellinek's caution in stating that his formulation
of "alcoholism" as a disease was simply a working hypoth-
esis that would serve until a better one was produced was
soon forgotten. The "disease" was quite simply a reality,
and contesting it had the quality not of scientific ques-
tioning but of heresy.

Even at a commonsense level, it was obvious that the
World Health Organization (WHO) (1952) definition was
flawed. It contained value judgements such as "exces-
sive," "noticeable," and "smooth" and used the term
dependence without attempting to clarify what was meant
by it. Objective criteria were absent and yet if people were
designated as having the "disease," they were deemed to
be in need of treatment. It is perhaps in those final four
words of the definition that its real purpose becomes clear.
If someone suffers from a disease such as carcinoma of the
lung, then the definition of the pathology would involve
malignant proliferation of the cells within the lung. It
would not contain a treatment rider. The need for treat-
ment would be, in the definitional context, irrelevant. Not
so with "alcoholism." The WHO (1952) definition was not
about science, it was about politics. Alcoholism as a con-
cept was said to have heuristic value, to enable nonstigma-
tising care and treatment to be provided for drinkers with
problems. If the disease concept were contested, then the
protagonists would also be contesting people's rights to
receive care; there would be a return to the bad old days of
the "moral model" by which was actually meant the
punishment of problem drinkers.

Another force of increasing power that was serving to inhibit questioning the validity of the disease concept was the self-help organisation Alcoholics Anonymous, which was formed in the United States in the aftermath of the failure of Prohibition and had much to do with reestablishing alcohol problems on the American agenda by the creation of a new deviant minority that effectively allowed the majority to get on with its drinking unfettered by the forces of temperance. But, eventually, it was contested. Despite the risk of being labeled "alcoholic" themselves and of suffering the wrath of the alcoholism movement, which by the 1960s had a stranglehold on treatment and research ideologies, still small voices were heard. At first, these voices did not contest the existence of the disease; rather, they questioned the absolute nature of some of the symptoms of the "disease." Therefore it is appropriate at this point to discuss these symptoms in more detail.

Because it was covertly recognised by practitioners that the WHO (1952) definition was so broad based as to be virtually useless, and because people who presented to treatment agencies tended to report or be encouraged to report similar stories, some of the so-called symptoms of "alcoholism" had become somewhat more recognised and were regarded as cornerstones of the disease concept. These cornerstones were described by Mansell Pattison (1976), who pointed out that not everybody would agree with his analysis but, apart from his use of the word *allergy* (which he placed in quotes), it would be difficult to argue with his elegant summary. If the disease concept was to be shown to be inadequate, then Pattison's propositions, elucidated by him for the purposes of individual scrutiny, had to be shown to be lacking in substance:

PROPOSITION 1: THE ALCOHOLIC IS ESSENTIALLY DIFFERENT FROM THE NONALCOHOLIC.

Corollary a) There are inborn genetic differences or developmental genetic differences.

Corollary b) These genetic differences lead to fundamental changes in the biochemical, endocrine, or physiologic systems of the alcoholic.

PROPOSITION 2: BECAUSE OF AN ORGANIC DIFFERENCE, THE ALCOHOLIC EXPERIENCES A DIFFERENT REACTION TO ALCOHOL THAN DOES THE NONALCOHOLIC.

Corollary a) The alcoholic develops an "allergy" to alcohol.

Corollary b) The allergic reaction creates untoward responses to alcohol, including a craving for alcohol, an inability to stop drinking and a loss of control over the use of alcohol.

PROPOSITION 3: THE ALCOHOLIC HAS NO CONTROL OVER THESE INEXORABLE PROCESSES WHICH ARE A DISEASE PROCESS.

Corollary a) The disease process will proceed in inexorable progression to ultimate deterioration and death.

Corollary b) The disease process is irreversible.

Corollary c) The disease process can be arrested but not cured.

PROPOSITION 4: THE ALCOHOLIC IS NOT PERSONALLY RESPONSIBLE FOR HIS ALCOHOLISM SINCE THE DISEASE PROCESS IS AN IMPERSONAL ILLNESS WITH WHICH HE IS AFFLICTED.

Corollary a) The alcoholic is relieved of social stigma for moral failure.

Corollary b) The alcoholic is relieved of personal guilt for his alcoholism.

Corollary c) The alcoholic is not blamed and punished for his alcoholism

Corollary d) Society has a responsibility to rehabilitate sick members of society, including sick alcoholics. [p. 410–411]

Our discussion of Pattison's propositions follows the same sequence as did he, uses some of the same data sources, and arrives at broadly similar conclusions. It is inevitably derived from his work but is not as complete a statement as his analysis, which, although written in the mid-1970s, still serves as an object lesson in clarity and precision (Pattison 1976).

DEMOLITION OF THE DISEASE CONCEPT

Pride of place for initiating the invalidation of the disease concept is normally given to the late David Davies (1962) for his paper, "Normal Drinking in Recovered Alcohol Addicts." In some ways it is now difficult to see why, although few would deny that that paper was a watershed. All Davies did was to report anecdotally that seven out of ninety-three patients treated for "alcoholism" at the Maudsley Hospital in London, England had, at up to seven years later, reported resuming problem-free drinking, and these reports were corroborated by spouses or others who the investigators deemed to be reliable. Davies was not the first to come up with this finding, nor was his study the largest. But he highlighted this phenomenon and regarded it as valid. Other investigators had tended to write off such patients as being on a somewhat less-steep slippery slope to ultimate disaster or "rock bottom" than were those who continued to drink and had overt problems. Davies was willing to stand behind his seven patients and assert that they disproved the cornerstone of the disease concept later expressed by Pattison in Proposition 3 (see above) as inexorability.

In fact, Davies' very modest conclusions might have been an overstatement. A recent long-term follow-up study on those seven has been undertaken by Griffith Edwards (1985), who managed to trace them or their corroborates twenty-five years after the original treatment. All is not well. While two of them continue to do well, two are heavy drinkers, another has become so, one is dead, and one is a chronic mental patient with Wernicke-Korsakoff's amnestic state. Three were ingesting large quantities of benzodiazepines or chlormethiazole and still are. But Davies' paper, however incomplete and anecdotal, had laid open to scientific scrutiny the proposition of inexorability and on its coattails the rest of Pattison's propositions. The paper was timely; it was the one that many in the field of alcohol studies had been waiting for. Since 1962 it has been possible to ask previously unaskable questions and to engage in laboratory experiments with so-called alcoholics that previously the alcoholism movement may well have regarded as unethical. Scientists, particularly behavioural psychologists, could now give alcohol to "alcoholics" and examine other cornerstones of the disease concept. Social scientists could ask different questions of the general population. Psychiatrists were now able to believe what some of their patients had been telling them for years. Davies had opened the floodgates.

Davies' study on treatment outcome was replicated, or rather investigators started looking anew at old results (Emrick 1974, 1975, Pattison 1966). The conclusion was much the same: about 10 percent of people treated for "alcoholism," told to abstain and threatened with ultimate deterioration and death if they did not do so, flew in the face of that advice and appeared to resume problem-free drinking. The folk-wisdom belief in inexorability was not being validated. That should not have been a surprise. Its scientific, as opposed to its lay, validity was derived from nothing more robust than a summary of a postal question-naire undertaken by Jellinek (1946) on ninety-eight adher-ents to Alcoholics Anonymous; it was uncontrolled and it was without corroboration.

General population surveys by social scientists (Ca-halan et al. 1969, Cahalan and Room 1974) were pro-ducing a different kind of evidence that was also refuting the belief in inexorability. They were showing that ordi-nary people who had never been construed by themselves or others as being "alcoholics" were reporting that they had experienced on occasion what had become recognised as symptoms of "alcoholism," such as alcohol amnesias–palimpsests, alcohol-related absenteeism, and (reversible) health problems. As a result of these studies, Pattison's Proposition 1 (fundamental differences) was beginning to look highly questionable. Perhaps there was no clear di-viding line; perhaps "alcoholics" were simply people who had been detected as having drinking problems, people with alcohol problems who had been "caught." Thus, practitioners started talking of the "hidden alcoholic in general practice" (Wilkins 1974).

There was even more uncomfortable information being reported in the literature. Not only were people in the general population reporting having had serious problems in the past they had now outgrown, not only were some patients defying the received wisdom of the treaters and their advice and resuming what appeared to be problem-free drinking, but they seemed to be doing so in very large numbers. Drew (1968) undertook an epidemiological study in Victoria, Australia that showed that about one-third of people who *had actually presented for treatment of "alcoholism"* would grow out of it in later life.

Over the next decade, numerous studies were undertaken that looked at the other cornerstones of the disease concept. They have been widely reviewed (Mello and Mendelson 1971, Pattison et al. 1977). A particularly succinct review of the phenomenon of loss of control (Pattison's Proposition 2b) by Mello (1972) came to these eight straightforward conclusions, as quoted by Pattison (1976):

1. No alcoholic subjects allowed to freely programme their ethanol intake showed loss of control or drank to oblivion.

2. No alcoholic subjects drank all alcohol available, even when freely offered.

3. Alcoholics allowed to drink for 30–60 days continuously often started and stopped during this experimental period.

4. Amount of alcohol consumed by alcoholics was shown to be a function of the amount of work or effort required to obtain alcohol.

5. With sufficient money or other social rewards, alcoholics will abstain even though alcohol is freely available.

6. Alcoholics demonstrate the ability to taper their drinking to avoid severe consequences of abrupt withdrawal.

7. Alcoholics display social drinking and periods of abstinence during the course of a drinking career.

8. Priming doses of alcohol do not lead to increased reported craving. [p. 422]

To these conclusions had to be added a negative one. Despite many years of research, the alcoholism movement had failed to find any substantial evidence to support Pattison's Proposition 1, Corollary a, that there are inborn genetic differences between "alcoholics" and normal social drinkers. The most that could be claimed was that there might be a genetic basis to a vulnerability or predisposition to "alcoholism" (Goodwin and Guze 1975). But there were now increasing data that drinking patterns were learned, starting in early childhood in the home (Jahoda and Cramond 1972, McKechnie et al. 1977, Ullman 1962).

By the mid-1970s it had become clear that the cornerstones of the classic disease concept had been substantially eroded; no convincing evidence had been produced to show that "an alcoholic was born and not made." "One drink, one drunk" was not necessarily so and it was not true to say, "Once an alcoholic always an alcoholic."

A number of workers in the field also commented that the disease concept of alcoholism contained within it the potential for self-fulfilling prophecy. If, for whatever reason, a person was labeled as an alcoholic, that in itself could increase the probability of abnormal drinking styles, particularly with regard to such behaviours as the inability to abstain and feeling states such as craving. This led to an interest in labeling theory.

Roman and Trice (1977) had expressed the conundrum in this way:

> The basic contention . . . is that the medio-disease concept of alcoholism and deviant drinking has led to the assignment of the labelling function to the medical authorities which in turn has led to the placement of alcoholics and deviant drinkers in "sick roles." The expectations surrounding these sick roles serve to further develop, legitimise and in some cases even

perpetuate the abnormal use of alcohol. . . . The sick
role assignment may legitimise deviant drinking pat-
terns since these patterns have been labelled results of
pathology rather than as inappropriate behaviour. . . .
[also] the labelling process may lead to secondary
deviance through a change in an individual's self
concept as well as change in the image or social
definition of him by the significant others in his social
life space. [p. 52]

In his characteristically unconventional way, Mulford
(1977) proposed an interesting model of the community
labeling process. He said that in his community in Iowa,
there were four common experiences that, if demon-
strated, would increase the probability of a person be-
coming labeled "alcoholic" or "problem drinker":

1. *Trouble due to drinking:* work or family com-
   plaints, police intervention, bodily harm, or fi-
   nancial difficulties.
2. *Personal effects drinking:* drinking for psycho-
   logical effect, for example, "It makes me less shy,
   more confident, more satisfied with myself."
3. *Preoccupied drinking:* preoccupation with the
   behaviour and with access to the substance, for
   example, "I worry about not being able to get a
   drink when I need one. . . . I sneak drinks. . . . I
   stay intoxicated for several days at a time."
4. *Uncontrolled drinking:* for example, "Without
   realising it, I end up drinking more than I
   planned to." [p. 565]

It is possible that someone could be labeled "alcoholic" on
the basis of just one of these experiences. But clearly the
probability increases progressively if an individual demon

strates more than one. Demonstration of all four makes the likelihood of being labeled "alcoholic" very high indeed. Mulford said that the experiences could present in any order, so he proposed a cumulative, nonsequential labeling process. This was very different from the usual view that "alcoholics" went in sequence through a series of predictable and definable stages, each stage with its own set of phenomena: prealcoholic, prodromal, crucial, and chronic. Thus the label "alcoholic" could even be applied after a single event. But regardless, once a person was so labeled, for whatever reasons, removal of such an attribution would be extremely difficult.

At that time, none of these authors denied the existence of alcoholism as an entity. Rather they were outlining the possible social consequences of being considered to suffer from it. They were not attempting to throw the (heuristic) baby out with the bathwater. In 1977, however, the alcoholism baby was declared dead (Nathan 1977).

The impact of this thinking on the field has been both spotty and marked, following in most ways the analysis of paradigm shift reported by Kuhn (1970). Many self- and other-attributed "alcoholics" simply contested the new findings, saying tautologously that people who could resume social drinking were not real alcoholics in the first place or they personified it, saying it might be true for others but it was not true for them. Similarly, some claimed that sooner or later these people would end up in a mess again; and they knew because they, too, had tried social drinking many times and found it to be impossible.

ALCOHOL DEPENDENCE SYNDROME

An interesting shift away from Kuhn's original analysis has been instigated by a number of highly authoritative researchers, notably Griffith Edwards and co-workers. They have attempted to define a new phenomenon, the alcohol dependence syndrome, which is not alcoholism, nor a complete resynthesis, nor a more precise refinement of the core disease concept. Undoubtedly there existed in the 1970s a conceptual vacuum. "Alcoholism" had been shown to be a seriously flawed model, but those researchers who had been responsible for highlighting its inadequacies had not provided the field with a new conceptual framework.

The first real attempt to reconceptualise both normal drinkers and those with overt problems of alcohol use was made by Griffith Edwards and some of his international collaborators, notably the late Milton Gross. They published a series of overlapping descriptions (Edwards 1977, Edwards and Gross 1976, WHO Expert Committee 1977) of a number of phenomena that they said clustered sufficiently closely and frequently to merit being proposed as a syndrome. By definition, not all syndromal components had to be present to diagnose a sufferer, and Edwards and colleagues had never stated whether, as in schizophrenia, there were pathognomonic first-rank phenomena.

The essential elements of the syndrome are described below. All sections in *italics* are taken from Edwards and Gross (1976, p. 1058).

Narrowing of the Drinking Repertoire

The drinking behaviour begins to become fixed and predictable. *"The dependent person begins to drink the same whether it is a work day, weekend or holiday: the nature of the company or his own mood makes less and less difference."*

Salience of Drink-Seeking Behaviour

"Alcohol acquisition and consumption is now one of the sufferer's major preoccupations, leading to a person becoming progressively less interested in other activities and the disapprobation of others."

Increased Tolerance to Alcohol

"Clinically, tolerance is shown by the dependent person being able to sustain an alcohol intake and go about his business at blood alcohol levels that would incapacitate the non-tolerant drinker."

Repeated Withdrawal Symptoms

"At first, symptoms are intermittent and mild and cause little incapacity, and one may be experienced without others. As dependence increases so do the frequency and the severity of the symptoms. . . . The spectrum of the symptoms is wide and includes tremor, nausea, sweating, hyperacusis, tinnitus, itching, muscle cramps, mood disturbance, sleep disturbance, perceptual distortion, hallucination, grand-mal seizures, and the fully developed picture of delirium tremens." But the four key symptoms of withdrawal are stated to be tremor, nausea, sweating, and mood disturbance.

Relief or Avoidance of Withdrawal Symptoms by Further Drinking

"Hair of the dog that bit you" drinking need not occur first thing in the morning; it can occur from in the middle of the night to anytime the next day by the sufferer who *"may well be aware that if he has to go three or four hours without a drink during the day the next drink is valued especially for its relief effect."*

Subjective Awareness of Compulsion to Drink

Edwards and Gross attempted to abandon those cornerstones of the disease concept of alcoholism, loss of control, and craving by likening those experiences to that of any psychological compulsion: *"The desire for a further drink is seen as irrational, the desire is resisted, but the further drink is taken."*

Reinstatement after Abstinence

Following resumption of drinking after cessation for a time, *"relapse into the previous stage of the dependence syndrome then follows an extremely variable time course."* For someone who is mildly dependent, this may take months; but for someone who is severely dependent, it may take a mere three days.

Having described these essential elements the authors then state that *"Each part of this syndrome relates in some way to each other part,"* but they make no attempt to clarify whether they mean that all the syndromal axes are separate and positively correlated or sequential with overlap, or even, as Mulford speculated, nonsequential and cumulative. Nor do they elucidate the relationship of dependent drinkers to others. Instead they opt for a plea for further research based upon acceptance of the essential correctness of their views.

We are suggesting, then, that a clinical syndrome of alcohol dependence can now be recognised fairly confidently. It is fully in accord with the development of medicine that a syndrome should occasionally be recognised considerably before its scientific basis can be determined. Very speculatively, we may suppose that here the abnormality involves both a biological process and aberrant learning.

RESPONSES TO THE PROPOSAL OF AN ALCOHOL DEPENDENCE SYNDROME

The notion of the alcohol dependence syndrome is arguably the most important and influential development in the field since Jellinek's work (Jellinek 1960). It is appropriate here to consider the alcohol dependence syndrome in some detail for three main reasons. First, it has been around long enough to stimulate informed debate and not a little controversy (Chick 1980, Heather and Robertson 1983, Shaw 1982). Second, as a result of the WHO deliberations the term *alcoholism* has been dropped from the International Classification of Diseases and replaced by *alcohol dependence syndrome*. Third, it has given rise to the description of a more broadly based drug dependence syndrome. [Raistrick and Davidson 1985, p. 16]

Through the 1960's and 1970's, the concept of alcoholism as a disease was under attack from psychologists, sociologists, epidemiologists, and psychiatrists. So many of the cornerstones were chipped away by a mass of experiments and observations of the general population that the whole edifice eventually collapsed. Practitioners responded to that collapse in many and varied ways. Some pretended that nothing had happened and continued to use tried and tested but predominantly poorly evaluated treatment. Some started rummaging in the rubble, trying to re-erect the old building, some started examining the individual bricks all over again and have begun to build a new structure very different in shape from the old. Some, however, have clung to a remnant of the old edifice; Griffith Edwards has clung to alcohol dependence and . . . attempts to convince readers of the supremacy of that remnant. Unfortunately, yet another response of practitioners to the collapse of the alcoholism edifice is to stand knee-high in rubble throwing broken bricks at each other. . . . Where do we go from here? Back to the building blocks, I'm afraid. [Cameron 1983a, p. 1647]

The statements above, both from practising clinicians, give a flavour of how workers in the field responded to the concept of the alcohol dependence syndrome following publication by Edwards and Gross of a provisional description. On the one hand, there was widespread acceptance and support; alcohol dependence filled a gap in the area of diagnosis. Patients did not need to be called alcoholics any more. They could now be called alcohol dependent, or given that there was room for a continuum of severity, severely alcohol dependent. The alcohol dependence syndrome, in the perception of many, rapidly became the new alcoholism. As had happened to Jellinek before them, Edwards and Gross's many caveats were widely disregarded. Their comments about the tentative nature of the description and pleas for further research were well submerged. Rather than examining the elements of the syndrome to elucidate the relevance and correlations of one component to another, much research time was expended on measuring the amount of dependence present in individuals as if it were beyond doubt that there was a discrete and quantifiable core phenomenon present (Stockwell et al. 1979, 1983). On the other hand, a smaller number of workers questioned the validity of the alcohol dependence syndrome philosophically, theoretically, and empirically.

Anthony Thorley (1985), another clinician, questioned whether the syndrome had any clinical usefulness:

> Perhaps there is a basic point to make here. Patients who become eventually to believe that their drinking problem centres on their own inability to control their consumption or behaviour, and have that cognitive set, will probably drink and lose control more often than those who view their behaviour and drinking from a less fatalistic or determinist stance. The use of concepts of dependence and implicit ideas of impairment of control may or may not have a validity in terms of explaining a cluster of life problems . . . and therefore it may be entirely valid . . . to take dependence right out of the clinical situation. [p. 81]

Stan Shaw (1979), a sociologist, criticised the syndrome on two grounds: first, that only part of the syndrome, the psychobiological alterations due to alcohol, could be confirmed by scientific study; and second, that its use in research and treatment would be at best superfluous but more probably misleading and confusing.

Nick Heather and Ian Robertson (1983) argued that it is not logical to describe both a model demonstrating a continuum of severity of alcohol dependence within the general and clinic-presenting populations and at the same time a specific syndrome deemed to be a very abnormal state indeed. They claimed that what was happening was that a disease concept was "simultaneously being rejected and objectified" (pp. 84–89).

These arguments are very basic. They question whether it is possible to have both a continuum model and a syndromal one, and if it is possible, is it either testable or useful?

Perhaps it is useful here to consider a medical metaphor, indeed the same metaphor considered by George Vaillant (1983), but here expanded. Hypertension (high blood pressure) is on a continuum. Some people are not at all hypertensive, some are mildly hypertensive, and some are severely hypertensive. Also, some severe hypertensives develop malignant hypertension, a vicious circle whereby the hypertension creates renal and other damage that further increases blood pressure. That is an example of a coexisting continuum and syndrome. The risk of hypertension-related illness, such as strokes, is positively correlated with the degree of hypertension and is very high indeed in (untreated) malignant hypertension. Alcohol dependence and the alcohol dependence syndrome would appear to be analogous to hypertension and malignant hypertension. But there are major differences. Unlike hypertension, alcohol dependence does not cause bodily damage. As I understand it, it does nothing other than increase the probability of an individual consuming alcohol. It is the alcohol that causes the bodily damage. And if there is not a high positive correlation between alcohol dependence and the quantities of alcohol consumed by individuals, then dependence might become an independent and perhaps irrelevant variable. Much work in this area remains to be done, for the relationship between consumption, dependence, and problems is not simple or straightforward (see Thorley 1982).

Another possibility is that dependence might be no more than a by-product of a particular pattern of alcohol consumption by particular individuals, a "cart" rather than a "horse." "The link is clear, namely, if you have dependence symptoms, you are likely to run into some other problems that may be ascribed to your drinking.

What is less clear . . . is whether the relation depends on consumption, that is, whether if you are simply *drinking enough* to be dependent on alcohol then you will run into other problems" (Chick 1985, p. 53). Also, unlike malignant hypertension, the alcohol dependence syndrome is not necessarily that malignant. It need not lead to spiraling self-damage without the control of the individual. Indeed it might be no more than a nuisance and temporally self-limiting.

But more worrying for the alcohol dependence syndrome protagonists was another finding by Chick (1980), using a structured interview on 109 men attending an alcoholism treatment unit, of a failure to demonstrate a single underlying dimension. Rather, he found that subjective awareness of compulsion to drink, salience of drink-seeking behaviour, and repeated withdrawal symptoms clustered. Narrowing of repertoire and those phenomena inferring impaired control were separate dimensions.

In another critique of the alcohol dependence syndrome, I attempted to highlight its theoretical and philosophical inadequacies (which are mentioned above), focusing on seeking an explanation of why it emerged as an idea when it did. Here is that explanation (Cameron 1985).

A DIMENSIONAL EXPLORATION OF MODELS OF ABNORMAL DRINKERS

At different times different ways have been used to understand and deal with persons designated as deviant drinkers. They have been punished, preached at, medicalised, and so forth. Teasing out from each other the various ways of looking at problem drinkers is no easy task since now, as ever, we do not operate a pure model but in a mixture of perspectives. At times we are preoccupied with the sickness aspects of a person's problems, at other times interested in a person's psychopathological processes, and at yet others determined to modify his or her drinking habits.

Thus, the exercise undertaken by Siegler, Osmond, and their colleagues, firstly on madness (Siegler and Osmond 1966), thence extending into other areas including "Alcoholism" (Siegler et al. 1968) will be used as the starting point for this section. These authors published a series of papers in which they attempted to unravel the various discrete philosophical models underpinning our beliefs about mental disturbance. Using much the same basic framework as they do, but abbreviated and somewhat changed, I have elicited what I believe to be six discrete models of problem drinkers. While I am indebted to these authors for the concepts and the framework, I have not adhered strictly to their view, since for reasons beyond the scope of this book I am particularly unhappy with their "Models of Alcoholism" paper. The framework and "my" six models are shown [Table 1–1].

We now examine these models in terms of four dimensions:

1. An abnormality of drinking dimension.
2. A personal abnormality dimension.
3. A personal culpability dimension.
4. An expertise dimension. (Do our "clients" or we "helpers" know best about the nature of problem drinking?)

Each dimension has been expressed as a five-point scale with at either end the absolute position, in the middle the balanced, equivocal position, and at the ¼ and ¾ points the "more" and "less" positions. When the models are individually fitted onto these dimensions, the result is the highly complex Figure 1–1.

If one starts at the left-hand side, the sickness model is absolutist on all four dimensions—the client's drinking is totally deviant; the client himself is diseased and thus totally abnormal; he is a hapless victim of his disease process so not responsible; and we, the (medical) experts, know about his status whereas he, the sufferer, does not. At the right-hand side the conspiracy (normal) model is similarly absolutist—positing that both the client and his drinking are absolutely normal, that he is totally responsible for his drinking behaviour, and that he knows he is normal, a view at variance with the views of those who would wish to modify his conduct for their own (sinister) reasons.

All the other models occupy in varying degrees less absolutist positions. For instance, according to the wicked model, the client's drinking is equivocal, neither normal nor abnormal, in fact irrelevant to the more important dimensions of *his* being abnormal (a criminal) but totally responsible for his conduct. Further, we (of law-abiding status) know how to deal with criminals and have the right to do it (punish them). Each of the other models is similar in its profile as can be seen in Figure 1–1.

Having elicited these profiles it is possible on the basis of only two assumptions to derive a consensual view. These are, firstly, that all models are of equal validity, which means that demonic possession is no less acceptable as an explanation than is biochemical or metabolic abnormality, and secondly, that simple summation of the models upon these dimensions is valid.

If one makes these two assumptions, adds up the total scores on each dimension and divides each by six, one ends up with the profile shown in Figure 1–2.

Table 1–1. Six Models of Abnormal Drinkers

Nature of disorder	Disease	Psychological disturbance	Bad habit	Wickedness (weakness, indulgence)	Spiritual problem	Normal (scapegoat)
Cause	Unknown (?genetic)	Scars of childhood	Faulty learning	Unknown but the person's fault	1. Demonic possession 2. Alienation from spirit	Nothing wrong, so no cause
Behaviour to be changed	Excess consumer. Disease process	Excess consumer. Underlying conflicts	Excess consumer	Excess consumer	Excess consumer	None
Method of changing	1. Medical care 2. Self-help (AA)	Psychotherapy	Behaviour therapy (relearning)	Punishment	Spiritual counseling and love	No change required
Personnel	1. Doctors, etc. 2. AA recovering alcoholics	Trained psychotherapists or analysts	Psychologists	Courts, police, prison	Priests, gurus	Deniers, drinker's companions, publicans, etc.

		Psychologically "mature"	Good habits	Reformed	"State of grace"	People leave him/her alone
Success, drinking nonproblematic since:	1. Cured 2. Abstinent, "arrested" since no cure					
Cause of failure	1. Denial, lack of cooperation 2. Denial, not at rock bottom	Lack of insight	Uncooperative	Incorrigible	"Infertile ground"	Society won't leave him/her alone
Duties of client	1. Come for sickness to be treated 2. Cooperate with AA	Cooperate with therapist	Cooperate with psychologist	None	To seek spiritual realisation	None
Duties of society	1. To provide medical care 2. To accept AA and to encourage it	To provide psychotherapy	To provide facilities for relearning	None	To make available spiritual guidance and resources	Not to scapegoat

Figure 1–1.

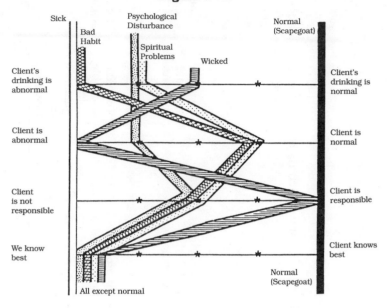

Figure 1–2 suggests that the consensual view is that the client's drinking is more towards abnormal than normal, that he himself is marginally more abnormal than normal, but that nonetheless he is more responsible for his behaviour than not. Further, we "experts" know more about his "problem drinking" than he does.

This view has been derived totally empirically from simple averaging of the six pure models and is, of course, *the profile of alcohol dependence*, which carries with it beliefs about the client's drinking being not exclusively but somewhat abnormal, about the clients having predispositions to become dependent, and about the substance (alcohol) being addictive in its own right.

I do not think that it is too farfetched to argue that the protagonists of the alcohol dependence syndrome have

Figure 1–2.

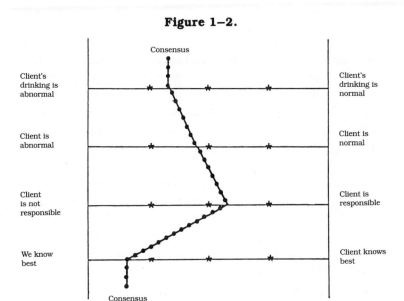

distilled out intuitively from our current beliefs what to them must appear "a nugget of gold," a real phenomenon, but what in fact is no more than a single frame of a long motion picture.

The model that appeared most recently was that of the conspiracy theorists (e.g., Szasz 1974), which really came into being only in the 1960s. The addition of this new model onto the existing five has had the effect of pulling the consensual view of the problem drinker away from the left-hand side of the four dimensions toward a more central position, i.e., away from "alcoholism" the disease toward the "alcohol dependence syndrome," a psychobiological reality.

That newly defined syndrome will remain a reality for just as long as it converges with the generally held philosophical beliefs about the nature of normal and abnormal problem drinkers and drinking. If and when those beliefs change, they will become yet another of yesterday's simpleminded conceptualisations. But at the present time it is new, increasingly determining the [definitions of deviant/non deviant] and increasingly being seen as the proper subject of research. Woebetide those of us who in the latter half of this century march to a different drum. [Cameron 1985]

These sometimes vehement debates about the presence or absence of or relevance to clinical practice of the alcohol dependence syndrome were not happening in isolation. There was a general shift away from categorical syndromal accounts of relevant phenomena toward dimensional views, and these had even pervaded what used to be called the abstinence syndrome. Changes in our understanding of the nature of withdrawal phenomena are outlined in the next section.

WITHDRAWAL AND TOLERANCE

Even if there were conceptual and operational uncertainties about the alcohol dependence syndrome, that did not mean that all of its components were similarly open to criticism. There is a mass of evidence to support the existence of one of the core components—alcohol withdrawal.

The seminal study by Isbell and colleagues (1955) put the matter beyond any reasonable doubt, although their methods would almost certainly now be regarded as unethical. The study could not be repeated today. What they did was to give normal volunteers the alcohol equivalent of three-quarters of a bottle of spirits per day for up to six weeks, and then abruptly discontinued it. The majority of their subjects who had stayed the course demonstrated symptoms from the entire spectrum of recognised withdrawal phenomena, which will be described in detail below. What was also interesting, however, was what happened to those subjects who dropped out of the study before the end. They also showed substantial disturbance, with sweating, shaking, insomnia, and anorexia. Understandably this study has been criticized. For one thing, the so-called normal volunteers happened to include some ex–heroin addicts. Nonetheless, the study suggests that consumption by anybody of a sufficient quantity of alcohol over a sufficient period of time causes physical addiction.

The classic description of withdrawal phenomena from alcohol defined the following states (Victor and Adams 1953):

1. *Tremulousness and irritability* (the "shakes"), which can occur after just a few days' drinking and after a few hours of withdrawal.
2. *Tremors and hallucinations* (initially auditory, later visual and tactile), which reach peak intensity 24 hours after cessation of drinking.
3. *Generalised convulsive seizures* ("rum fits"), usually of the grand mal type, which tend to occur on the second day, but may occur up to six weeks after stopping drinking.
4. *Delirium tremens* with clouding of the sensorium, tremors, agitation, nausea, vomiting, diarrhoea, sweating, and disturbances of perception. This tends to occur on the third or fourth day after cessation of drinking.

However, during the 1970s the phenomena were scrupulously reexamined. This major undertaking was the work of the late Milton Gross (1975), and many collaborators (pp. 367–372). There were two starting points. First, there was a recognition that more than half of the alcohol withdrawal cases did not fit the classic account; they were atypical. Second, there were degrees of severity of withdrawal. So Gross started by producing a rating scale that listed and quantified withdrawal phenomena. This was the Total Severity Assessment (TSA) Scale, which was administered to hundreds of people. A smaller scale, the Selected Severity Assessment (SSA) Scale was derived from it (Table 1–2). This scale allowed for people having a low score, showing mild withdrawal, or a high score, showing severe withdrawal. It was no longer necessary to attempt to fit the observed withdrawal phenomena into the old categories of Tremulousness and Irritability, or Delirium Tremens. Also, as the phenomena were separately defined, a cluster analysis could be undertaken to see which, if any, of these phenomena occurred together. It was a way of deriving empirically a new nosology. The analysis of the TSA led to a description of three clusters, called factors:

> *Factor I (hallucinogenic factor)*: nausea, vomiting, itchiness, muscle pain, tinnitus, visual disturbance, sleep disturbance, agitation, auditory and visual hallucinations, tactile hallucinations.
>
> *Factor II (affective factor)*: tremor, sweats, anxiety, depression.
>
> *Factor III (impaired level of consciousness factor)*: clouding of consciousness, impaired contact, disturbance of gait, nystagmus.

These factors are very interesting and like any new nosologies beg questions of aetiology. The similarities between

Table 1–2. Selected Severity Assessment

1. Eating disturbance	
Ate and enjoyed last meal	0
Ate nothing	7
2. Tremor	
None	0
Marked at rest	7
3. Paroxysmal sweats	
None	0
Constant and heavy	7
4. Clouding of sensorium	
None	0
Disoriented to time, place, and person	7
5. Hallucinations	
None	0
Auditory only	1
Visual only	2
Auditory and visual (nonfused)	3
Auditory and visual (fused)	4
6. Quality of contact (awareness of people around)	
Total	0
None	7
7. Agitation	
None	0
Paces back and forth during interview	7
8. Sleep disturbance	
Slept all night	0
No sleep at all	7
9. Temperature	
99.5°F or below	1
(1 point for every 0.5°F up to 103°F or above)	9
10. Pulse rate	
70–79 beats per minute	1
(1 point for every 10 beats per minute up to 150 + beats per minute)	9
11. Convulsions—noted but not scored	Range 2–71

Abbreviated from Gross 1975.

the effects of sleep deprivation and factor I and autonomic arousal and factor II are very clear and support some current theories of the causes of withdrawal phenomena. It is much more difficult to find a clear parallel to factor III.

Gross's work also raises another question. Given that withdrawal phenomena are not all-or-nothing but are on a continuum of severity, and given that they can occur after only one day's drinking, what, then, is a hangover? A hangover would appear to be made up of four separate components:

1. the direct toxic effects of alcohol on the gastrointestinal tract, leading to inflammation and giving rise to nausea, anorexia, diarrhoea, and vomiting;
2. dehydration;
3. positional alcohol nystagmus, that bizarre but well-documented phenomenon (Aschan et al. 1956) that gives rise to the spinning "whirling pit" sensation well known to drinkers;
4. minor withdrawal phenomena.

The view that a component of hangover is, indeed, withdrawal is not new. Swedish workers proposed that many years ago (Goldberg 1966). It is also not radical. It is simply another piece of evidence that in the area of alcohol problems, notions of continuum rather than of discrete and categorical entities were arising. Thus it is probable that withdrawal phenomena are widespread in the drinking community and therefore that many regular drinkers experience and know how to deal with their own withdrawal phenomena without professional intervention. No doubt many have acquired the skill described by Nancy Mello (1972): "Alcoholics demonstrate the ability to taper their drinking to avoid the severe consequences of abrupt withdrawal" (p. 12). Perhaps, then, it is not appropriate to give to many drinkers the extent of medical intervention in the withdrawal process that was customary in inpatient treatment or detoxification units. Perhaps we were medicalising and overzealously managing ordinary, everyday experiences.

Exactly the same argument applies to tolerance. It is well established that naive drinkers are more susceptible to the same dose, weight for weight, of alcohol than are regular drinkers. Thus regular drinkers, by inducing the appropriate liver enzymes and regularly exposing their nervous system cell membranes to alcohol, have developed a degree of tolerance (Goodwin et al. 1971). The more regular and heavier drinkers have developed tolerance to a greater extent than have irregular and light drinkers. If a heavy drinker reduces his consumption and becomes a light drinker, his tolerance goes down and vice versa. Tolerance is yet another example of the continuum of drinking experiences and not of a categorical difference.

CHANGES IN TREATMENT

Making Contact with the People with the Problems

The changes in the therapeutic goals for people who presented with alcohol problems were part of a general process of change in attitude toward drinkers. If the view was shifting away from the left-hand side of Figure 1–1, then a number of consequences occur. If these people did not suffer from a clearly defineable disease that required, if not medical intervention, then at least medical supervision, then other parts of the medical package would be redundant also, particularly inpatient care in specialist alcoholism treatment units. As late as 1973, the Standing Medical Advisory Committee of the English Department of Health and Social Security and the Welsh Office, in a report simply entitled "Alcoholism," stated: "There are at present 18 special alcoholism units with a total of 391 beds and a further 6 units are planned."

Within five years the Advisory Committee on Alcoholism (1978), with Professor Neil Kessel as chairperson, established by those selfsame governmental departments reported: "We do not recommend that other large treatment units of a regional character should be set up. We expect more people to come forward for treatment but a smaller proportion of them will require admission."

As it is so often the case, changes in attitude are more easily seen in retrospect. At the time, the debates were at a much more mundane level. Without appearing to question the underlying validity of the disease concept, questions were being asked about the efficacy of treatment in the alcoholism treatment units, about their costs, and about their impact on the prevalence of alcohol problems in the community.

The voluntary sector, which for many years had provided low-cost alternatives for people with alcohol problems, often for those seen as undesirable, such as the habitual drunken offender, the person of no fixed abode, and the unmotivated alcoholic, could provide, at lower cost, community care in night shelters, hostels, and day centres. The statutory services were encouraged to use these resources (FARE Working Party 1978).

In the heyday of alcohol treatment units, the model of treatment of people with alcohol problems used to be conceptually straightforward. However they presented, these patients were told that they were "alcoholics," that they suffered from an inexorable disease that could be arrested, not cured, and that the only hope of any worthwhile future for them depended upon an acceptance of that "fact" and that total abstinence for life was mandatory. Then they were separated from alcohol, usually by a hospital-based detoxification (drying-out) regime, and the goal of abstinence was reinforced, perhaps by group therapy, by aversive conditioning techniques, and/or by close liaison with the local Alcoholics Anonymous group. There were, of course, problems. Some patients refused to accept their diagnosis and thus demonstrated "denial." Some appeared to do well while in treatment, but relapsed soon after discharge. The uncomfortable truth was that despite the treatment, the majority of drinkers kept on drinking.

The responses to that perceived failure were many and varied. New, more sophisticated treatments were tried. Relaxation therapy, rational-emotive therapy, yoga, transcendental meditation, acupuncture, and "black boxes" all had their advocates. New wonder drugs came and went. Alcohol education became a mandatory part of some programmes, compulsory attendance at Alcoholics Anonymous of others. But the majority of drinkers kept on drinking.

Not only were the units not doing very well therapeutically, they also were not seeing very many people. The survey data suggesting that there were hundreds of thousands of "hidden alcoholics out there" were believed. So the staff of the units went looking for them. They started public relations work with the more community-based workers, such as general practitioners, social workers, and health visitors. They tried to get others to find clients for them by educating primary care workers. The messages were twofold, first, "how to spot one" and second, that the expertise on how to treat them existed in the specialist units. These forays in the community were not notably successful, which was fortunate, because if they had been, the units would have been overwhelmed. As it was, the majority of drinkers kept on drinking!

Major change was necessary, and it came in Britain as a result of the work of Terry Spratley, Alan Cartwright, and Stan Shaw, a psychiatrist, a medical sociologist/psychotherapist, and a sociologist, respectively. They were working on a project in Camberwell, South London, England that was designed to answer these questions:

> What was the size and nature of alcohol abuse in that district?
> What was the current response to alcohol abuse and what were its problems?
> How might the problems be overcome and a better comprehensive response developed?

Their results were reported in a monograph, "Designing a Comprehensive Community Response to Problems of Alcohol Abuse" (Cartwright et al. 1975) and later in a book, *Responding to Drinking Problems* (Shaw et al. 1978). These reports are written with such clarity and precision that it is possible to glean from just a few passages some useful information and an impression of the beliefs on which the authors were operating:

> It is believed that there is no small discrete group of people in the community who are "Alcoholics." Rather that there is in the community a large pool of problems from drinking effecting all areas of physical, social and psychological health in all degrees of severity. People [with alcohol problems] are quite prepared, when asked properly, to admit to these problems but they do not regard themselves as "problem drinkers" or "alcoholics."

During the study year 0.16% of the district's adult population was treated for alcoholism by a psychiatric service of any kind . . . only a minority (of those) attended the psychiatric alcoholism facilities. . . . it would . . . appear quite clear that their [Alcoholics Anonymous's and the psychiatric alcoholism services's] impact upon the total pool of problems in the community was very small.

There is a failure by community agents to recognise and diagnose the problem. Patients are only diagnosed, if at all, at a very late stage when treatment can be extremely difficult.

Although General Practitioners state that alcoholism is a disease they did not see it as clearly within their role. . . .

There is no statutory obligation for social workers to treat alcoholics and consequently they sometimes avoid doing so. . . .

[Community agents] lack the skills necessary to elicit an appropriate drinking history, to come to a correct understanding of the situation, and to establish a treatment contract with the patient.

The first possible solution is to massively increase the specialised psychiatric alcoholism facilities. This is not feasible in the present economic circumstances. Neither is it likely to be the best solution. Many alcohol abusers would refuse to attend and there is a doubt whether the psychiatric services are the best form of treatment for most of them.

The alternative approach to improving the situation would be to concentrate on improving the quality of care given by general practitioners, nurses and social workers already working in the community . . . [They] will not be able to perform these tasks without a great deal of help. They will need much more education, training in skills and much more support before they will be able to effectively recognise and treat drinkers themselves.

It has been suggested that in the district being

researched, a multidisciplinary medico-social team be formed, called a COMMUNITY ALCOHOL TEAM. . . .

The operating model of the Community Alcohol Team would not be that "alcoholism is a disease" but that excessive drinking leads to problems, and both the drinking and the problems need to be understood and responded to by the helpers, using the resources of the individual and his family. [Spratley 1977, pp. 384–385]

The Spratley, Cartwright, and Shaw model was quite radical. It suggested that rather than encouraging the drinkers to seek the assistance of the experts, the expertise should go out to the drinkers, and it should do so via preexisting general community agents. It was, so to speak, a "beacon" model. There would be in every district a beacon, radiating knowledge, skills, and confidence that would eventually enable those doing the work to do it competently and comfortably. The community alcohol team was to be that beacon. But the model still operated on a belief that expertise rested with psychiatric or related specialists. It still referred to the drinkers as "patients." It still accepted the notion of progression, and that the problem was excessive drinking (undefined). Also, at a time when in many areas of human service the voice of the consumer was becoming important, that voice was not involved in this model. Nonetheless, it was a major liberating force.

Over time, other problems have emerged. First, as Stephen Morley (1982) has pointed out, it takes a long time for community agents to gain sufficient supervised experience to feel competent in this unaccustomed role, and many of them do not stay in one place for more than two or three years. While the beacon may be blazing away, many of the workers will have moved too far away to continue to be influenced by it. Second, many community agents are not interested; they probably could do the job perfectly well but it is not regarded as a priority, either by them personally or more likely by the management of the agency that employs them (Clement 1986). They do not want advice and assistance; they want someone else to take these clients away. So, where experimental community alcohol teams have been set up on this model, the workers have found themselves having to engage in client contact so as to keep their skills developed, to increase the perceived credibility of the team, and because this work was initially what the community agents were requesting. Also, the demand for education and support tended not to be very great. Client contact was something to do.

In the late 1970s none of these issues was considered. Community Alcohol Teams were thought to be the way ahead. Although not mentioned by name, it was clear that the (English and Welsh) Advisory Committee on Alcoholism (the Kessel Committee) (1977) was thinking in these terms when it recommended, "First and foremost the function of these working at the secondary level of care should be to support and advise those working at the primary level. They should be readily accessible and be prepared to provide advice to those who need it regardless of their professional disciplines. The approach here, as at the primary level, should be multidisciplinary."

What Sort of Treatment Should Be Offered?

As already stated, treatment of people with alcohol problems, particularly in inpatient settings, has had low efficacy. If the expertise within such units is the basis of our advice to our primary care colleagues who were being encouraged to look after their own problem drinkers, then we had to be sure that we knew what advice to give and what styles of intervention to support. We knew what we were doing in inpatient settings, and at an anecdotal level we knew that we were meeting with some successes, but also with some failures. But we did not know what it was that we were doing that was useful; we did not know which components of our treatment programmes were beneficial.

Illuminating work in this area was undertaken by Ray Costello (1975a, b). This work was a major influence on the methods that I used in the system of intervention that this book discusses. Costello searched the literature for one-year treatment outcome reports. He found fifty-eight such studies, the majority from the United States, from 1951 to 1973. There were only three outcomes: success, meaning totally abstinent or (rarely) no problem drinking; problem drinking; or dead. There was also attrition, being lost to follow-up. Some of the studies, notably those with shifting baselines, or "floating n's" as Costello called them, were, if possible, recalculated to take account of attrition. He then did a cluster analysis of these fifty eight studies and discovered five outcome groups (Table 1–3).

Costello then asked a question that was remarkably seldom asked in health care at that time: Why are some programmes so much more successful than others?

The first answer concerned exclusion of potential

Table 1–3. Group Percentage Means for Each Outcome Index: One-Year Follow-Up Studies

Group	N	Dead	Problem Drinking	Success	Lost
Best	15	1	44	45	10
Good	11	1	27	35	37
Intermediate	12	2	47	30	21
Poor	13	0	79	18	3
Poorest	7	0	60	12	28

From Costello 1975a.

patients. Those units or agencies that had shown good results also made greater use of exclusion. In fact there was a perfect correlation between the two: 80% of the best, 45% of the good, 25% of the intermediate, 17% of the poor, and 14% of the poorest programmes reported the use of exclusion criteria. Exclusion criteria included psychosis, other obvious psychiatric problems, organic brain syndrome, inability to pay fees, physical disabilities, sociopathy, and contraindications for or unwillingness to take Antabuse. Also excluded were vagrants, the unmarried, people who had no contact with relatives in the past year, people who lived in certain geographical areas, and people with unresolved court cases.

So the first lesson from Costello is this: If you wish to report good results, do not accept "bad bet" clients! Then Costello looked at the components within the treatment programmes (Table 1–4). Inpatient care was the norm in all units; milieu means therapeutic milieu or therapeutic community concept. The poor and poorest programmes did not use the milieu approach, whereas a sizeable minority of the better outcome programmes did. Use of collaterals (spouse, relative, or employer) was positively

Table 1–4. Overview of Treatment Components Reported by Studies in Each Outcome Group—In Percents

Component	Best	Good	Intermediate	Poor	Poorest
Inpatient	80	55	100	83	67
Milieu	33	50	17	0	0
Group therapy	73	73	91	46	57
Collaterals	60	45	17	8	0
Antabuse	40	27	33	8	0
Behaviour mod.	27	18	25	0	14
Follow-through	67	64	50	0	0
Alcoholics Anonymous	26	64	58	8	29

From Costello 1975a.

linearly related to the successful outcome units, as was aggressive follow-up and the use of Antabuse (with one reversal). No linear trend was detected for reported use of group therapy, behaviour modification (by which Costello meant classical aversive conditioning techniques), or for close affiliation with Alcoholics Anonymous.

Costello also found that the more the facility offered, the more successful the programme was likely to be, and that people who had a job and a spouse to return to did better than those with only one or neither of those supports.

These findings are worth summarising. First, Costello found that the major determinant of outcome was the use of exclusion. Second, he found that the following components discriminated the good to poorest programmes linearly or approximately so: therapeutic community milieu, involvement of collaterals, use of Antabuse, and vigorous follow-up. The following components showed no such linearity: inpatient care (because most studies used it), group therapy, behavioural aversion, and close liaison with Alcoholics Anonymous. Third, he found that the client's domestic and employment situation influenced the outcome. However, it is those components of no proven efficacy that, at least in much of the English-speaking world, are usually provided by way of treatment for problem drinkers. Those components that Costello found did discriminate may or may not occur as incidental adjuncts to treatment. This topic will be returned to in Chapter 2.

Costello did not use control groups. He simply compared one treatment programme with another. In fact, he states baldly that in this field there is no such thing as a control group, for refusal of treatment is a form of intervention.

Two years after Costello's study Griffith Edwards and

his colleagues in London (Edwards, Orford, et al. 1977) did attempt, if not a controlled trial, then a comparison between comprehensive inpatient treatment and a minimal regime of advice and follow-up via the corroborate. This advice versus treatment study compared two randomly allocated groups of fifty male married "alcoholics." One group was offered the treatment programme of Maudsley Hospital; the other was given a long assessment and then simple advice that they were indeed alcoholics and had to abstain completely from drinking alcohol. They were also told that only they could do that, and that their wives would be contacted every month for the next year to see what progress was being made. The result was that there was no difference in outcome of the two groups at one year; the null hypothesis was not disproved. This result needs to be interpreted cautiously, however. The advice group received two of the components of successful outcomes elucidated by Costello, namely vigorous follow-up and involvement of collaterals. Also, the participants had spouses, which, as discussed above, is a positive factor for prognosis. Because this was a comparison of two programmes, one that included only components of established efficacy and the other that included established components and a number of components with no proven value delivered to people who carried a reasonable prognosis, it would have been a surprise had the null hypothesis been disproved.

The probable lack of efficacy of conventional inpatient treatment had also been highlighted in some major American reviews (Emrick 1974, 1975, Pattison 1966). The message was becoming clear. High-cost intensive treatment programmes did not seem to produce better results than minimal interventions. The best that could be claimed was that probably some treatment was better than none, and that which took place in a facilitative atmosphere, capitalising on family involvement and vigorous follow-up, was probably best.

The development of minimal interventions became quite an industry in the 1980s and early 1990s. To an extent they were spawned by the Edwards, Orford, and colleagues (1977) paper, despite the main finding in that paper being negative, failing to disprove the null hypothesis and not showing that more intensive intervention produced a better one-year outcome than a brief intervention. Nonetheless, the Holy Grail of short, sharp interventions leading to sustained changes in drinking behaviors was sought, and brief interventions were devised for various populations. Usually they involved some form of structured counseling, self-monitoring of consumption, and follow-up. Their success rates varied, depending on the population targeted and the techniques used. In the short-term they seemed to validate the view that some intervention was more effective than no intervention at all, and in many cases minimal intervention programmes were as effective as much more intensive ones.

The elements of effective brief interventions have recently been summarised using the acronym FRAME (Bien et al. 1993):

1. FEEDBACK of personal risk or impairment.
2. Emphasis on personal RESPONSIBILITY for change.
3. Clear ADVICE to change.
4. A MENU of alternative change options.
5. Therapeutic EMPATHY as a counseling style.
6. Enhancement of client SELF-EFFICACY or optimism.

Another theme in the treatment literature of the mid-1970s concerned the breadth of treatment offered. Broad-based treatment approaches had been shown to be more effective than narrow ones. Blunderbuss theory seemed to be the explanation. If there was a large number of treatment options available to the drinker, then it was common sense that he or she would be more likely to find an approach of some assistance than if there was only one modality available. Clearly, therefore, it would be helpful to drinkers and therapists alike if the randomness of the blunderbuss could be replaced by very precise provision by the agencies of that intervention approach most likely to benefit an individual drinker. Surely it would be wise to match the needs of the client with the services provided. Surprisingly, this was not done routinely by the treatment agencies, which tended to run essentially similar "package deals" for all clients. Fred Glaser (1978), an American psychiatrist, has been at the forefront of promoting this matching approach. He is proud of the simplicity of the concept and states the four underlying ideas:

1. People having difficulties in relation to alcohol and drugs are more different than they are alike.
2. As a result of these differences, different clients may require different treatment.
3. Current service delivery arrangements do not systematically take such differences into account.
4. Therefore, a treatment system that consistently takes client differences into account in differential treatment assignment should be implemented.

Glaser designed a core-shell model (Figure 1–3). He describes it thus:

Basically, it consists of two major elements, a "core" which subserves the function of primary care, assess-

Figure 1–3.

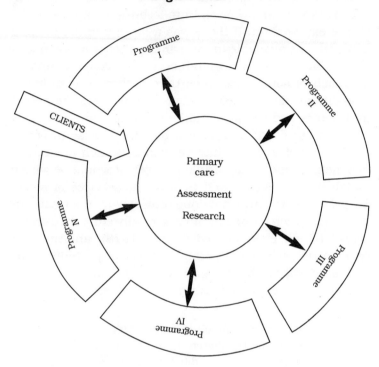

ment and research, surrounded by a shell of treatment programmes; hence it is commonly referred to as the Core-Shell Treatment system.

Access to the system is through the core and its functions, which are viewed as being required by all clients, as opposed to the more specialised shell services, which are likely to be utilised by some clients but not by all. A major feature of its design is the provision of a highly specialised and meticulous process of assessment of each client, which can lead in turn to the elaboration of an individualised treatment programme uniquely suited to his needs and able to draw with equal facility upon all available treatment resources. As noted above and elsewhere, the approach of *matching* patients to treatments would appear to be most promising. . . .

Because the system embodies a strong research component as an integral part of its clinical operation, it is capable of reviewing the results which it generates and, based on these results, readjusting the pattern of assignment of clients to treatment interventions in order to produce an increasingly better match. By this means, the system should generate more and more positive results as it gains experience. [Glaser 1978, pp. 29–43]

Despite the overwhelming logic of Glaser's case, there are great practical difficulties in initiating and maintaining his core-shell system. These involve a lack of cooperation from some of the agencies that could have been in the shell; they do not want to be seen as good for only a certain kind of client, particularly when their funding may depend upon filling their beds and because of the prolonged and meticulous nature of the assessment—many clients depart before its completion. As with the Spratley community alcohol team model, the service consumer is construed as a rather passive recipient of expert assessment and care. Demonstration by the core-shell model of the efficacy of the matching hypothesis has yet to be reported, and there are discordant voices (Edwards and Taylor 1994). The outcome of Project M(A)TCH, due in late 1995, may in part clarify this issue.

Since the 1970s, there have been other advances in assessment and matching. The work of Prochaska and di Clemente (1983) defined stages of change: precontemplation, contemplation, action, and maintenance. Their work has led to attempts to better assess what interventions are most efficacious at what point in a drinker's career, and has been seized upon by some with the kind of blind enthusiasm that characterises this field. Probably less ephemeral but related is the work of Bill Miller (1983) on motivational interviewing where "motivation is concep-tualised not as a personality trait but as an interpersonal process. The model deemphasises labeling and places heavy emphasis on individual responsibility and internal attribution of change. Cognitive dissonance is created by contrasting the ongoing problem behaviour with salient awareness of the behavior's negative consequences" (p. 147).

To Drink or Not to Drink?

The final major area of debate in the alcohol problems treatment field in the 1970s concerned the goals of inter-vention, and this probably was the most contentious area of all. Again, it was the liberating effect of the D. L. Davies (1962) paper and the development of learning theory and sociological studies of drinking patterns in the community at large that started off this debate. If there was in the general population a large number of people who had "bootstrapped" themselves out of severe problems of al-cohol use into harm-free consumption again, and if the same thing appeared to happen to a small minority of ex-patients, then surely it was possible to find out which clients could do that and how. That "how" could perhaps be turned into treatment techniques involving learning, which would allow resumed drinking as a therapeutic goal.

The problem was that this suggestion chiseled at three of the cornerstones of the disease concept of alcohol-ism. Were it possible to retrain people to consume alcohol in a harmless way, then Pattison's propositions of essential differences, different reaction, and inexorability would all become questionable. That would only leave Proposition 4 (disease process), which is only justified by the validity of the other three. So even to advocate resumed drinking as a therapeutic option was to question the essence of what the alcoholism movement had been trying to achieve for forty years.

It was discovered in retrospect (Pattison et al. 1977) that the first studies that had advocated resumed drinking as a therapeutic goal, rather than harmless drinking being observed as a transient by-product of abstinence-oriented treatment, had taken place in the mid-1960s, first in Japan (Musaka and Arikawa 1968, Musaka et al. 1964). A single psychoanalytic case study was reported, in South Africa (Lazarus 1965). However, the first study that gained world-wide interest was undertaken by an Australian psychologist, Sid Lovibond, who did something deceptively simple. In the late 1960s and early 1970s, there was some interest in measurement of intoxication (Bois and Vogel-Sprott 1974, Pryor 1966). It had been found possible to teach normal volunteers to know their own blood alcohol concentration by getting them to discern their bodily and mood state and then rapidly feed back to them their blood alcohol level as measured on a new instrument, a Breathalyser. After a relatively small number of training sessions, some subjects became quite good at this. So all that Lovibond did was to train some of his "alcoholic" subjects to do this, and then gave them electric shocks if their blood alcohol concentration exceeded 70 mg per 100 ml. Prior to any follow-up being undertaken, he presented a paper on this in 1970 at the International Conference on Alcohol and Drug Problems in Australia, and it caught the imagination of the field (Lovibond and Caddy 1970). It was eventually written up with an eighteen-month follow-up attached (Caddy and Lovibond 1976) when it appeared that ten out of the twenty-eight subjects were engaging in drinking, which involved rarely exceeding a blood alcohol concentration of 70 mg per 100 ml.

Other workers in other places also started experimenting on their "alcoholic" subjects, attempting to restitute for them what became known as controlled drinking. A variety of techniques were used; in the early days these involved some sort of aversive conditioning in a laboratory or mock bar setting.

In 1974 to 1975 Cameron and Spence undertook the first British outpatient study to be published in this area. It was different from other studies at the time because it took place in the community and involved no aversive conditioning. It was similar in that it was small scale, uncontrolled, and had short follow-up. Again it was a deceptively simple clinical experiment (Cameron 1977, Cameron and Spence 1976a). It established a therapeutic group in a community setting that met in the evening, which as well as engaging in the usual psychotherapeutic exploration also provided instruction and practice on moderating and monitoring of alcohol consumption. The treatment package consisted of regular group therapy sessions, daily at the beginning of the project, then twice weekly. These sessions also included didactic instruction on drinking behaviour using the behavioural observations of Sobell and colleagues (1972), personal intake goal setting, engineering change of peer group (in accordance with the social analysis of Bacon 1973), and social reinforcement (Hunt and Azrin 1973) using the group, the spouse, and a group-member drinking companion and group drinking sessions.

Group members kept a record of their consumption, which, when possible, was corroborated by the spouse. There were six subjects in the study; all were men, either married or cohabiting, between 22 and 49 years of age (mean 37.5). Two were unemployed. All reported serious problems with alcohol use for between nine months and twenty years (mean 4.66 years). Initially, we had attempted to recruit subjects from the general population by advertising. We thought that one of the reasons why problem drinkers appeared loath to present to agencies for treatment was the traditional abstinence goal. However, that recruitment technique was unsuccessful (Cameron and Spence 1976b). So, with consent, we recruited from general practitioner referrals to psychiatric services.

The reported consumption levels of the subjects for the first four months of the experiment are shown in Figure 1–4. It was expected that subjects remain abstinent in their own environment for one week prior to engaging in any attempt at moderated further drinking.

The modest conclusion drawn was that the study was of no greater validity than clinical observation and anecdote. There were no controls and the self-reported data on consumption (albeit corroborated by spouses) were of highly dubious validity. But in real-life community settings it was difficult to obtain more robust data. What was claimed was that self-reported consumption by most of these subjects fell substantially while they were in contact with the group.

What this study and subsequently a number of others like it did was to provide support for practitioners in Britain who had been accepting nonabstinence goals in individual patients. An aggregation of these practitioners took place where this study was undertaken (Dumfries) in 1976 that eventually became the New Directions in the Study of Alcohol Group, which has acted as a coherent counterbalance to the British alcoholism movement (Cameron 1992). However, by this time many people had started working with clients on controlled drinking programmes, particu-

Figure 1–4. Weekly Alcohol Intake of Controlled Drinkers

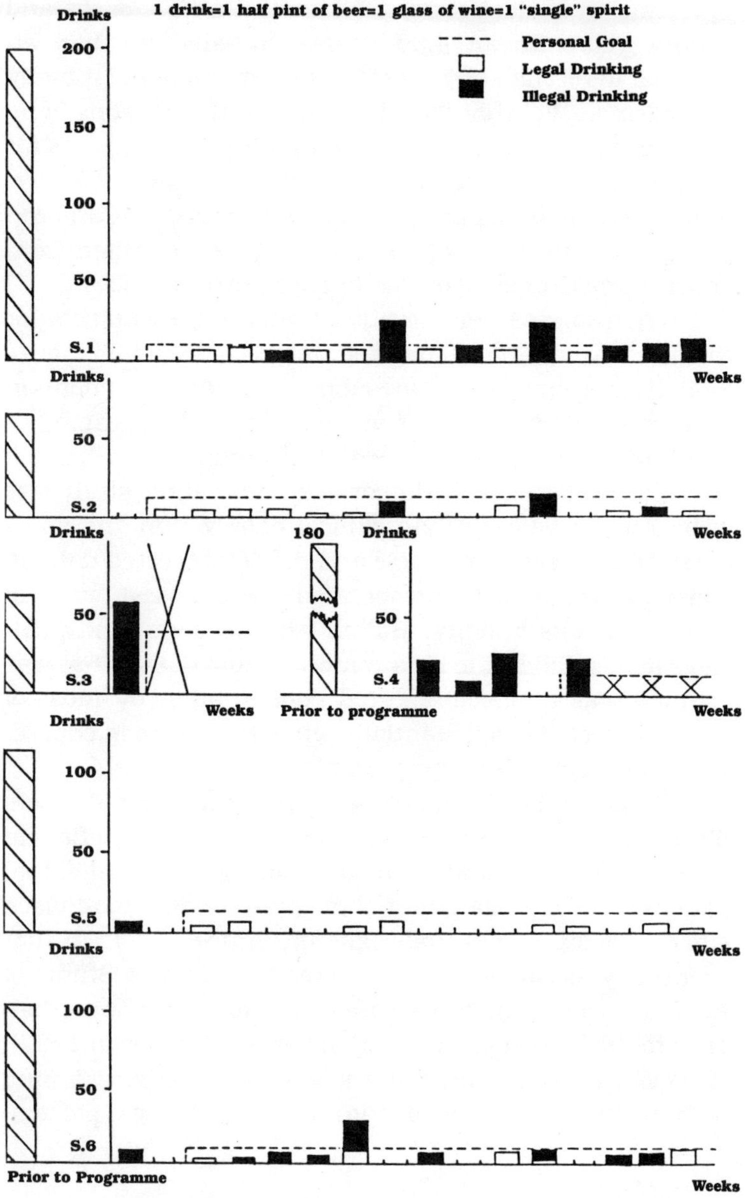

larly in the United States. These have been well reviewed (Pattison et al. 1977, Heather and Robertson 1981). Methods have varied greatly, from superbly designed individualised behavioural programmes (Sobell and Sobell 1973, 1976) to simple practical advice backed up with written material (Miller and Taylor 1980). The evidence that controlled drinking was a predictable outcome following, though not necessarily the result of, various interventions had become overwhelming. Alcohol problems were beginning to be seen as being more like other appetitive disorders than as some discrete and mysterious disease. In fact, both in the United States and in Britain there has even been a proliferation of do-it-yourself manuals on controlling drinking akin to those available for dieting (Chick and Chick 1984, Grant 1984, Miller and Munoz 1983, Robertson and Heather 1986).

But in the United States, the "alcoholism movement" struck back. Following the publication of a reappraisal of the original Sobell and Sobell's (1976) findings by Pendery and her colleagues (1982), the Sobells were accused of fraud, with preparations made for a lawsuit against them. Having moved to Canada and despite being vindicated by independent inquiry, the Sobells decided "several years ago not to pursue that line of research [and] to look at such issues as why some problem drinkers recover on their own without professional help." (Newbery 1982, pp. 4–5).

Abstinence-oriented treatment programmes such as those operating the Minnesota model burgeoned, and particularly in the United States twelve-step programmes became more pervasive, not only Alcoholics Anonymous, Al-Anon, and Adult Children of Alcoholics for people with alcohol problems but also Gamblers Anonymous, Narcotics Anonymous, Overeaters Anonymous, and many others.

> The developments of the last 10 years—the bur-
> geoning of new 12-step groups, especially the ACA
> [Adult Children of Alcoholics] movement and an in-
> creasing and explicit organisational identification by
> many groups as belonging to a 12-step "movement"—
> have received only sketchy attention and little analy-
> sis. Yet these developments in organisations, affilia-
> tion and self-help consciousness may well be among
> the more significant aspects of recent social changes in
> human services in America. [Room and Greenfield
> 1993]

Voices questioning the validity of self-help and treatment of addiction approaches to a wide variety of ordinary human problems were heard, such as in Herbert Finga-rette's (1988) book, *Heavy Drinking—The Myth of Alco-holism as a Disease* and Stanton Peele's (1989) *Diseasing of America*, and the debate continues.

But all of this was to come. In the mid-1970s, resumed drinking was seen as a therapeutic option and experiments were undertaken in many places on how best to help problem drinkers achieve this goal. These experiments, however, were undertaken on supervised, often self-selected, small samples of the problem-drinking popula-tion. What was not explored was what would happen if these new beliefs and techniques were to be operated by the main specialist alcohol treatment agencies serving a specific geographic area. That is the subject of this book.

THE QUESTION OF CONSUMPTION

It is self-evident from the data presented so far in this chapter that the study of alcohol problems in the 1970s was filled with conflict and uncertainty. While it appeared that there were more individuals than ever before getting into difficulties with their alcohol use, workers who attempted to help them no longer had a clear set of principles to govern their interventions. The disease concept had shown limited returns. Alcohol dependence was an all-encompassing, but vague, hybrid model, whose existence had not thus far led to the production of coherent therapeutic guidelines. It was hardly surprising, therefore, that as has happened many times before in our history, the focus moved away from individuals with problems back to the substance again. The "daemon drink" was the problem; if only people did not drink it, they would not get into bother and they would not require help.

As one might expect in the latter half of the twentieth century, that message came in a very sophisticated form. It was not the simple prohibitionist "Drink is an invention of the Devil and should be avoided," but a message from meticulous social scientists and epidemiologists (Bruun et al. 1975, de Lint 1977). In essence their argument was that they agreed with a French epidemiologist, Ledermann, that the consumption of alcohol in a community was lognormally distributed and that therefore the number of heavy consumers could be predicted if the gross consumption of the community was known. There was a very high correlation between the number of heavy consumers and the number of alcohol problems, so if the number of heavy consumers could be reduced then the number of alcohol problems would fall. The way to reduce the number of heavy consumers was to reduce the gross consumption of the whole population. These workers, among others, compared rates of such indicators of alcohol problems as hepatic cirrhosis, admissions to mental hospitals for "alcoholism," and drunkenness arrests in various countries, finding high correlations between these indicators and gross consumption.

Their findings were contested on statistical grounds (Duffy 1980, Miller and Agnew 1974) and on theoretical grounds (Tuck 1981), and a number of papers highlighting exceptions have appeared. Ron McKechnie (1977) showed that marked Scottish–English differences in morbidity and mortality existed despite essentially similar gross consumption. Mulford, as ever both parochial and provocative, found that in his state, Iowa, there had been a gradual increase in alcohol sales during the 1960s and 1970s with no similar increase in hepatic cirrhosis deaths or six survey indicators of problem drinking (Mulford and Fitzgerald 1983). An even more intriguing finding came from Sweden. Norstrom (1987) showed that following a change in control policy in that country, from spirits rationing to control by price, there was a dramatic rise in death rate from cirrhosis, which could not be explained by the gradual smooth rise in per capita consumption. He suggested that the shape of the lognormal distribution had been skewed by the change in control policy. These studies suggested that these consumption curves are much more plastic than the original protagonists supposed. But the reductionists also received substantial support from influential bodies (Royal College of Psychiatrists 1979, 1986, WHO 1980).

If this mass of studies shows anything, it is a variable but, if present, positive correlation between consumption and problems, which does not prove causality. Retrospective natural experiments have produced results that both show (Kendell et al. 1983) and fail to show (Mulford and Fitzgerald 1983, Smart 1987) that positive correlation. Nonetheless, in the late 1970s this public health approach was seen as a way of engineering a reduction in the number of people suffering from alcohol problems without using treatment techniques of highly questionable value.

More recently, however, studies have been published

that suggest that there may be community benefits to be had from the provision of services for people with alcohol problems. It has been suggested that the widespread availability of such treatment in Ontario may be reducing the number of cases of cirrhosis presenting to hospital in that province (Mann et al. 1988), and a paper from North Carolina suggests the same thing (Holder and Parker 1992). This book later provides what might be corroborative evidence from the United Kingdom for this view.

SUMMARY

1. The 1970s were times of considerable change in our understanding and beliefs about the nature of problem drinking.
2. The disease concept of alcoholism had been shown to have limited value and no validity. The hazards of inappropriate use of the *alcoholism* label have been highlighted.
3. There was no clear successor to the above concept, although the hybrid model of the alcohol dependence syndrome seemed to be the nearest there was to a consensual view. But it adhered to the older notion of inexorability, reexpressed as "restitution after abstinence," in spite of growing evidence of reversibility.
4. In an attempt to understand the conflicting views about the nature of problem drinkers, a method of examining current beliefs is presented.
5. Views about treatment have also changed.
6. Hospital-based treatment for problem drinkers had shown to be of limited value; minimal interventions appeared as effective.

7. The use of involvement of the spouse, therapeutic community milieu, Antabuse (for an abstinence goal), and vigorous follow-up differentiated more successful from less successful agencies.

8. Assessment procedures were believed to be of great importance, although the problem drinker tended to be seen as an object of study and not as a participant in the process whose views might also be of importance.

9. The logic of matching the needs of the problem drinker with services offered was advocated but had not been implemented systematically.

10. Multidisciplinary community-based services were suggested, but none has been established for long enough for evaluation of efficacy to be undertaken.

11. Abstinence was no longer regarded as the major criterion of successful treatment outcome.

12. Experimental controlled drinking programmes appeared to be promising.

13. No treatment system had been shown to make any impact on the prevalence of alcohol problems in a community. It was believed that gross per capita consumption of alcohol was the major modifiable influence on that prevalence.

2

An Alternative Style
of Response to
Alcohol Problems:
Client Demand-Led
Community Alcohol
Services

THE IDEOLOGY COMES FIRST

Service styles tend to reflect the beliefs of each service's staff. Services that ascribe to the notion of alcoholism as a disease are more likely to provide medical treatment for the "illness" in inpatient units and refer patients to Alcoholics Anonymous for follow-up. Service providers with different views are likely to develop intervention systems that reflect that view. The ideology comes first. This chapter describes a service that is based on the beliefs listed in the summary of Chapter 1.

By participating in staff selection, setting up regular in-service training, and involving myself in all components of the services, I established within the Leicestershire services a style of working that I believe to be appropriate. Two years after the inception of the integrated services, we described the services in a presentation to the 1981 Liverpool International Conference on Alcohol Related Problems (Cameron et al. 1981). I listed eleven articles of faith on which our services were established:

1. There is no such thing as alcoholism.
2. Alcohol dependence is unimportant.
3. People's drinking makes sense.
4. Presenters are different inasmuch as they present.
5. People present at times of crisis.
6. Rejection referral is the usual reason for specialist involvement.
7. Most conventional treatment modalities are useless.
8. Simple human caring skills are helpful.
9. Some therapists are better than others.
10. There is no generally accepted body of knowledge about alcohol problems.
11. Goals of intervention must be negotiated, appropriate, attainable, and meaningful.

There is much similarity between these items and the Chapter 1 summary of the state of knowledge in the alcohol field in the late 1970s. But there are also important differences that make it worthwhile to compare and contrast the two.

First, I am unwilling to accept that the concepts of alcoholism or alcohol dependence are operationally useful. This theme has been pursued at length in Chapter 1.

Second, these articles of faith express the view that drinking, even for problem drinkers, is functional and rational. (This view is at variance with the consensus view, which the protagonists of the alcohol dependence syndrome express succinctly.) Consequently, if problem drinkers are engaging in rational, goal-directed behaviour, then they are to be considered responsible for their actions and in no sense victims of some disorder over which they have no control. This view is at the other end of the responsibility dimension of Figure 1–1. It converges with the moral model and with the view described as the conspiracy (normal) model.

Third, there is in the fourth article a statement about presenting to services, suggesting that problem drinkers are no different from many other drinkers in the community. They have become different by the process of "getting caught"! That again is the view of the conspiracy theorists, and it has implications for the way in which responses to presenters are coloured. Rather than attempting to convince unwilling listeners that they are "alcoholics" or problem drinkers, one can respond by "starting where the client is."

To determine if the community alcohol team was achieving its objective of responding in a destigmatising way, a small pilot study on labeling was undertaken on the first forty-one clients seen by team members. The question asked three months after case closure was a Joseph Mc-Carthy–style question: "Are you now or have you ever been an alcoholic or a problem drinker?" Approximately 60 percent of the sample never bought the label (alcoholism) in the first place. About 33 percent initially thought they might have the "disease," but at follow-up they had given up that view of themselves, that is, they had been de-labeled. Only 7.3 percent still believed themselves to be suffering from "alcoholism." The (perceived) views of the corroborates, usually spouses, show the same general trend but not as marked. The problem-drinker status is rather different. Here, 63 percent of the sample thought they had been problem drinkers but were not anymore, a belief more or less concurring with that of their corroborates. A much smaller percentage (20 percent) thought they never were problem drinkers and 17 percent thought they still were, again a view more or less shared by their spouses. So, as an agency, we seem to be very successful at removing the "alcoholic" label or validating that they [clients] never had it in the first place. However, we seem to validate rather an ex–problem drinker's status, the inference being that even though they have had problems with alcohol, that situation does not obtain any longer (Cameron 1983b).

Fourth, it was accepted that the knowledge base in alcohol studies in the 1970s was unclear. Previously held self-evident truths had been called into question. Further, consumer rights and choice were receiving greater recognition in this field, as in other fields of medicine.

This set of beliefs, although somewhat more radical than the hybrid dependence model (Figure 1–2), was not simply a conspiracy theory. It differed in that it acknowledged some people do drink in socially inappropriate or physically harmful ways, not all the time but on occasion. It also did not accept that interventions in the field are part of a plot to stigmatise innocent people simply to maintain social norms. This model can therefore also be schematised on the dimensions of Figure 1–1 and is shown in Figure 2–1. It is also a hybrid model.

Finally, the articles of faith have comments about psychotherapeutic efficacy generally (8, 9) and about the need for rapid response (5). These issues were not discussed in Chapter 1, but are relevant to service delivery.

By the very nature of the beliefs that underpin them, client demand–based services must be ever changing. If they are not, they are not responding to the perceived needs of the clients or learning from the outcome data they generate. The services should be in a continual state of flux. The description of a client demand–based service for

Figure 2–1.

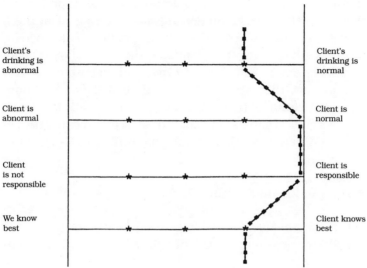

Client's drinking is abnormal			Client's drinking is normal
Client is abnormal			Client is normal
Client is not responsible			Client is responsible
We know best			Client knows best

people with alcohol problems presented in this chapter is how such a service could look at one point in time. If the service is reexamined a few months later, some aspects of it will have changed.

DESCRIPTION OF A MODEL COMMUNITY ALCOHOL SERVICE

Principle 1: The Clients Determine the Amount of Contact

If services for people with alcohol problems are to reflect the perceived needs of the clients, then it is important that the services allow the clients to have as little or as much contact as they require. People are wary of approaching services lest they end up getting more entangled in them (and therefore "labeled") than they intended. If all a person wants is advice over the telephone, then that should be all that is provided. If clients want to spend an hour or so with a counselor, they should get just that. If they need more intensive contact, they can always come back for more. The service organisation should therefore be tiered, reflecting different levels of engagement (Figure 2–2).

Principle 2: Assessment and Advice Come First

In this system (as operated in Leicestershire) the first "port of call" for customers, whether they have referred them-

Figure 2–2.

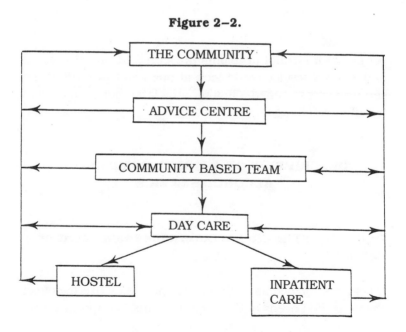

A MINIMAL INTERVENTION CARE SYSTEM

selves or been referred by others, is the Alcohol Advice Centre, a nonstatutory agency.

The Alcohol Advice Centre is located in a city office building, and its presence is kept low-key. There is a small sign (in a number of languages) on the door. A person walking into the office would not feel uncomfortable about attracting attention. The centre is open during normal office hours. It provides:

1. a common entry point into the services for all referrals,
2. a telephone counseling service,
3. assessment, advice, and counseling services,
4. educational services.

An advice centre need not be large. In Leicestershire it has only three full-time paid employees: a director, who also handles professional and public education; an administrator/ counselor, who is responsible for the day-to-day running of the centre; and a secretary. Trained volunteers man the telephone counseling service, which operates from 9 A.M. to 9 P.M. Also, on a daily rotation basis, there is a member of the community alcohol team (see below) at the centre to give advice and undertake assessment work.

People from the community can visit or call the advice centre. The telephone number of the Alcohol Advice Centre is the first listing under the Alcohol heading in the telephone book, and it is also given out by the Samaritans, the Citizen's Advice Bureau, and other helping agencies. If the callers require more than advice over the telephone, they are given an appointment to see a counselor/ therapist, usually within 72 hours. The initial appointment is for one hour, during which an initial assessment is undertaken using a standardised assessment interview. If a client cannot get to the advice centre because of transportation, child care, or physical or mental problems, assessment is undertaken at the customer's home or, for hospitalized patients, at the hospital. Assessments at the advice centre are undertaken by members of the community alcohol team. People visiting the center without an appointment are either seen immediately, if someone is available, or are given an appointment.

Assessment consists of a semi-structured interview using a questionnaire (Appendix 1) that elicits basic biographical data and information on previous interventions and current treatment; previous and present drinking patterns, including a retrospective drinking diary for the past week; intoxication and withdrawal problems; employment and marital history and history of a criminal record; and self concepts and appraisals of responsibility using analogue scales. At the heart of the assessment is a question on the client's perceived needs. Data from a sample of these interviews are presented in Chapter 3.

The assessment is taken into consideration in arriving at the service's immediate response to the customer's perceived needs. The response varies from straightforward advice on how to cut down one's drinking to the arrangement of emergency admission to a hospital. For the majority of clients, the immediate response is support, counseling, and/or referral to the community alcohol team for more intensive home-based intervention. Contact and advice session records are maintained at the centre.

If referral agents insist on medical assessment (assessment by a physician), it can be provided but there is a waiting time deliberately kept at about six weeks. The referrer is given the option of rapid multidisciplinary team involvement or an assessment by the author or other psychiatric colleague in six weeks. Very few referral agents recommend a medical assessment.

Principle 3: Disrupt People's Everyday Lives as Little as Possible

People with alcohol problems fluctuate in their degree of drinking without intervention, as a result of natural processes in themselves and in family and friends. The job of service providers is to work with those processes that are already working to minimise alcohol problems. Removal of problem drinkers from their home, work, and social environments isolates them from both the positive and the negative forces operating on them. That might be helpful in the short term. But unless the drinker learns to live in those environments with exposure to those forces and to respond differently to them, he or she is likely to resume the behaviour that led to the problems in the first place. Also, by working with people in their homes, it is easier to engage family members in the intervention, and perhaps thus modify some of the external forces operating on the drinker.

An easy way of organising services to work with the forces of positive change is to allocate substantial staffing into a multidisciplinary community-based team, a community alcohol team, which could provide:

1. assessment, management, and follow-up services in the community for problem drinkers and their families who present directly or are referred to the Alcohol Advice Centre and for whom advice sessions are not enough,
2. advocacy for the problem drinkers and their families,
3. support and education for primary care workers who wish to deal with their own problem drinkers,

    4. in-service training for medical, social work, psy-
       chology, and nursing students.

In Leicestershire, with its population of nearly 900,000, the community alcohol team has a membership of approximately twelve clinical staff members and two secretaries. The clinical staff includes six full-time and one half-time community psychiatric nurses, one full-time and one half-time psychologist, one full-time social worker, one full-time occupational therapist, and one full-time and one half-time psychiatrist. The half-time nurse and psychologist are senior staff who manage members of their disciplines and carry limited caseloads in both the alcohol and drug services, which are separate. Also, there are usually two students from different disciplines attached to the team. Multidisciplinary case records are maintained.

WHAT THE COMMUNITY ALCOHOL TEAM OFFERS

Unlike the Spratley, Cartwright, and Shaw model of a community alcohol team, the Leicestershire services provide primarily clinical services. The community alcohol team is a mobile treatment resource. Thus, it could be based anywhere. It provides interventions for drinkers with problems and teaching and training for primary care workers; it provides the local "beacon" (see Chapter 1). The teaching entails informing other professional workers about the services, conveying the services' theories about drinkers, describing the services' methodology, and discussing the support the services can give to primary care workers.

A consistent set of messages is conveyed:

1. There is nothing special about problem drinkers. They are simply people with problems who drink.
2. There is nothing special about what we do in these services. The skills possessed by primary care workers are the same as the skills that we use. This is a "specialist" service, not an "expert" service.
3. Therefore, there is no reason why primary care workers should not try this approach.

A flowchart of the services provided is shown in Figure 2–3.

If something more comprehensive than simple advice is sought at the initial interview, then the assessor presents the details of the assessment and his/her conclusions at the next community alcohol team allocation and review meeting. At that meeting the case is assigned to a member of the team, who becomes the prime therapist and is responsible for seeing the client through that episode of contact. Ideally, the assignment of primary therapist is made to match the needs of the client with the skills of the team member, but in practice caseload or geographical considerations play a part.

The primary therapist visits the client at home at the start of the intervention. If the assessor has recommended some procedure, such as home detoxication (see below), it is instituted then. The types of interventions, also called "packages" or "foci," are listed in Table 2–1. The number of packages regularly chosen is small. It is the equivalent of a Glaser shell (see Chapter 1). The primary therapist and the client negotiate the terms of the intervention. If some

Figure 2–3.

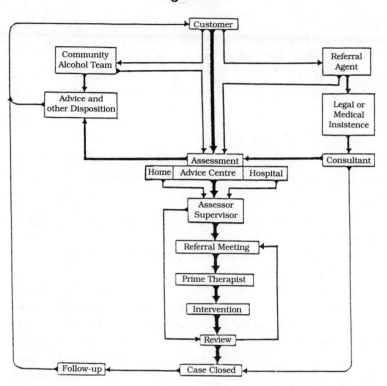

package does not appear to be having any benefit, another will be tried instead. The therapist is not tied to the decisions made at the initial assessment.

Primary therapists can recruit other members of the team as cotherapists. Other team members can also be consulted for advice or for a new perspective on a problem. There is no formal supervision hierarchy, except for students.

Six weeks after the start of the intervention, the initial assessor contacts the customer to appraise the interven-

Table 2–1. Intervention Packages

Detoxication
  Home-based
  Hospital-based
Abstinence training
Controlled drinking training
Education in alcohol
Time-out
  Day unit
  Hostel
  Hospital
General support and advice
Marital counseling
Sexual counseling
Family therapy
Individual therapy
Women's group therapy
Occupational therapy
Assertion training
Relaxation training
Desensitisation/flooding
Social skills training
Leisure counseling
Job counseling
Help with accommodation
Welfare rights counseling
Medical assessment
Psychological assessment
Medication, including Antabuse
Follow-up
Open contact
Referral to other agencies, e.g., Alcoholics
Anonymous

tion and to see if the service could be improved. This reassessment is discussed at a community alcohol team meeting. Clients are then reviewed every six weeks in team meetings until the intervention is completed.

Despite the fact that one of the functions of the daily team meetings is to allocate an appropriate therapist to the customer, there is on rare occasion a mismatch between team member and customer: the pairing just does not work. Discussion of the difficulties, and the reasons for them, takes place at a team meeting and a customer transfer may be suggested. If this seems appropriate, the consent of the customer is sought and if he/she is agreeable, a new prime therapist is allocated.

Re-referrals within six months of case closure are returned to the primary therapist. After that time, the customer has to re-enter the system via the Alcohol Advice Centre.

NOTES ON "PACKAGES"

Detoxication

Detoxication (detox) is carried out in the home or, if there is no social support, in a general psychiatric admission ward. In either setting the routine is the same. In Leicestershire, the customer is prescribed chlormethiazole (Heminevrin) capsules (192 mg base), and is supported in his/her resolve to cease drinking alcohol completely. If the drinker has been consuming a great deal over a long period, a ten-day detox is indicated. This treatment begins with three capsules three times per day, which is reduced by one capsule per day, leaving the nighttime doses the longest. A total of forty-five capsules are required for this. If the history of drinking and quantities consumed are not great, then a five-day detox, which uses only the second half of the ten-day schedule, is prescribed, which requires fifteen chlormethiazole capsules. If the regime is undertaken in the home, the customer's general practitioner is requested to prescribe the medication. He/she is informed that a team member will visit daily if necessary, that that team member will inform him/her if any difficulties arise and that the physician's supportive visits to his patient would be welcome. Vitamin supplements would be requested for the customer only if there is a history of dietary neglect. Because the customer has initiated the request for help in stopping drinking, there are very few instances of customers continuing to consume alcohol while on the detoxication regime, and a surprisingly low intensity of withdrawal phenomena has been noted.

The choice of drug for detoxication varies among physicians and chlormethiazole is not currently available in the United States. In Europe, where it is widely used, there are frequent reports of people having problems coming off the drug, of its being abused, and of interaction effects with alcohol and other basal narcotics leading to potentiation of its effects, with the ultimate risks of coma or death. The same is true of other agents that could be used, such as chlordiazepoxide (Librium) or diazepam (Valium). There is no such thing as a problem-free detoxication agent. The key to the success of home detoxication is customer compliance, with the customer initiating the request and prescribing only for a short time on a reducing schedule.

Approximately one in five customers referred to the service receive formal detoxication. Many others receive advice on tapering down their drinking, effectively using alcohol as its own detoxication agent.

Abstinence Training

Abstinence training involves supporting and validating the customer's decision to become totally abstinent. It might include advice on alternative beverages such as low- and zero-alcohol beers and wines and mineral waters, practical advice on how to deal with social occasions where alcohol is served, and advice on how to say no. It is sometimes reassuring to the customer to be told that they *will feel* better for not drinking. The customer's spouse may be enlisted actively to support the abstinence goal and to offer alternative activities. Such strategies may be more accept-able if there is evidence of alcohol-related physical illness. Abstinence training cannot be seen in isolation. If an abstinence goal is chosen, then other packages that are consistent with it, such as leisure counseling, must be implemented.

Controlled Drinking Training

Controlled drinking training involves the same strategies described in Chapter 1 (Cameron and Spence 1976a), but offered for individuals. Now there is more emphasis on self-monitoring with drinking diaries and validation of self-control than is advocated in those early studies. Gradual reshaping of behaviour, rather than a week's abstinence, followed by imposition of a completely new pattern of drinking is the norm.

Education in Alcohol

Education used to be provided regularly in the day unit and involved the usual information about units of alcohol, risks of physical harm, and the like. It has been superseded by simple provision of the English Health Education Council's (now Authority's) booklet "That's the Limit," which is also part of an information pack sent out on request from the Alcohol Advice Centre.

Medical Assessment

Some customers are worried about the harm they might have done to their physical health as a result of their drinking. Although medical assessments are only routinely undertaken on those few who are admitted to the hospital, medical assessment is available for community cases. Sometimes the customer will be referred back to their general practitioner; rarely will this be done by one of the psychiatrists in the Community Alcohol Team. More commonly, blood tests to ascertain liver function are undertaken, with particular note being taken of two liver enzymes.

γGT is Gamma Glutaryl Transferase. The normal range for men is 0–50 IU/L (International Units per Litre) and for women 0–35 IU/L. This liver enzyme is quite sensitive to—though not specific for—alcohol related liver damage.

ALT is Alanine Transferase. The normal range is 2–53 IU/L (both sexes). This is a more robust indicator of liver damage, less sensitive to acute alcohol related damage, but if deranged, evidence of more severe problems. Again, it is not alcohol damage-specific.

Giving the feedback of repeated liver function tests can be useful, so that customers can see evidence that their reduced alcohol intake, or its total cessation, has led to a quantifiable change in a biochemical marker of damage.

Medical assessment encompasses psychiatric assessment. This is particularly relevant where therapists find themselves dealing with a case of dual diagnosis, alcohol misuse, and psychiatric illness. Generally, such cases are managed within the services, for there is no shortage of psychiatric expertise.

Time-Out

Time-out involves provision of a temporary living arrangement away from the home, such as a hostel or a general psychiatric unit (see below), for a limited period of time. Unfortunately, it is not easy to convince staff in general psychiatric admission wards that the reason somebody is there is to be left alone!

Talking Therapies

The major modality of intervention in the services is talking with customers in their own homes. We could call this all sorts of sophisticated and complex names, but it would not be justified. General support and advice has varied from bereavement counseling to advice on what to do about greenfly on the garden roses! Some workers in the services take a special interest in working with couples and families, and the team's social worker has a particular role in surveillance of the welfare of children. Group therapy is used where appropriate. We have had single-sex groups, mixed-sex groups, couples' groups, and relatives' support groups. But group work is not a major activity in the service.

Accommodation

Apart from in the hostel, the services do not provide accommodation. Homeless clients are referred to other agencies, including the local night shelter and the local resettlement unit. There is in Leicestershire a shortage of accommodation for homeless women, so priority for entry to the hostel is given to them.

Specific Disciplinary Skills

People who ask for specific interventions, such as relaxation training or psychiatric assessment and treatment, can receive them by the primary therapist working with a member of the multidisciplinary team who is skilled in the intervention. Or the client may be referred elsewhere for the intervention, with the primary therapist maintaining overall case-management responsibility.

Antabuse

Antabuse (disulfiram) acts by blocking the breakdown of alcohol at the penultimate stage, thus releasing acetaldehyde into the bloodstream of patients who also consume alcohol. This process causes the patient to feel very sick and uncomfortable; thus, Antabuse acts as a powerful negative reinforcement of drinking. It is used sparingly in the services and only with the client's consent. It can be a useful adjunct to other treatment options. It should not be used alone.

Referral to Other Agencies

Referrals are made to accommodations agencies (see above), the Money Advice Centre, the Welfare Rights Centre, and the area Psychodynamic Psychotherapy Service. While the service refers some of its clients to Alcoholics Anonymous (A.A.), that organisation does not reciprocate because it does not believe in resumed drinking as a therapeutic goal. The Leicestershire Community Alcohol Services see A.A. as one of a range of services, whereas A.A. locally seems keen on influencing the style and goal of services provided by others.

Follow-Up

Although the majority of the clients are actively processed by the services within three months, a small number require long-term support, although not active intervention. Most team members keep in touch with a number of these long-term clients, usually by periodic visits. These visits can help prevent future crises and thus they represent one of the more rewarding parts of the job.

Open Contact

Open contact is generally offered to the client after the more active part of the intervention is over. The client is told, "I won't call you, you call me if you want to," meaning the service is always available to provide support and assistance.

Principle 4: Home Visits May Not Be Enough

Although the majority of customers choose to stay in their own homes, a small number will require more than home visits from the therapist. For those who are unemployed and living alone, a day unit may be useful—a place to come to during the day where company, professional support and guidance, and some activities are available. The Leicestershire services used to provide vigorous structured day programmes with daily group and occupational therapy and other staff-initiated activities. But it became clear that the real need for this particular group, mostly men, is for a ready-made social milieu apart from the pub!

Principle 5: Residential Accommodation Does Not Need To Be In Hospital

When people with alcohol problems present to services and are in need of temporary accommodation away from their home environment, there is a tendency in Britain to admit them to a National Health Service (NHS) hospital, providing either general, general psychiatric, or specialist services. For a small number this is appropriate but very often hospitalisation is used merely to provide accommodation with some degree of surveillance, either for detoxication or for asylum, when such needs can be met just as well and much less expensively in a specialist hostel.

In Leicestershire, the specialist hostel is a core and

cluster system with sixteen bed-sitting rooms in the main
building. The cluster consists of two three-bed group
homes; a unit especially for women and children, and
another for long-term chronic drinkers. Sharing as it does
the same ethos as other parts of the services, it is not a
"dry" house. Residents make their own decisions about
their drinking. While some elect to be abstinent, most wish
to drink moderately and nonproblematically. The max-
imum length of stay in the hostel is two years. The main
building is staffed 24 hours per day.

The hostel provides:

1. a residential setting with support and counseling
   for homeless problem drinkers,
2. emergency accommodation and support for
   problem drinkers who require time-out from their
   home environment,
3. second-stage housing,
4. continuing ready access to support for residents
   when they move on to their own accommodation.

The hostel has a warden, supported by residential care
staff and a secretary/administrator.

Principle 6: Hospitalisation Should Be Used Only As A Last Resort

Chapter 1 discussed the problems related to admitting
people with alcohol problems to the hospital. But hospital
care has its place. It is necessary to provide appropriate
treatment to patients with alcohol-related physical ill-
nesses who may or may not require admission to a general
hospital. Admission to a specialist alcohol addiction or

dependency unit or to a general psychiatric unit is a very different matter. Such care may undermine the clients' progress by forcing them into the "sick" role and thus removing from them responsibility for their own conduct, including their drinking conduct. It may lead to problems with stigmatisation and labeling. It may, by providing a caring "safety net," perpetuate a damaging or destructive drinking style. If clients know that if they get into a mess again they can always go back to hospital and be cared for, the incentive to address their problems will be reduced.

The three most frequent reasons for admission of someone with drinking problems to a psychiatric unit are gross intoxication, disruptive behaviour, and severe withdrawal phenomena. Gross intoxication, depending upon the degree, either will pass without any medical intervention or is evidence of acute alcohol poisoning, which should be treated in the emergency room like any other basal narcotic overdose. Disruptive behaviour, if threatening to others, is a matter for the police. Severe withdrawal states, particularly if disorientation or fits are involved, are a valid reason for admission to the hospital. However, quite severe withdrawal states can be managed in the home setting if there is domestic support and surveillance present.

SUMMARY

1. Differing models of service for problem drinkers reflect the differing beliefs of those who establish and run them.
2. If service providers believe that people who present with alcohol problems do have control over their behaviour, including their drinking

behaviour, then radical alternatives to conventional institutional facilities, which adhere to the disease concept of alcoholism, can be provided.

3. Such a service could be based on client demand, enabling the customer to negotiate the amount of contact and the goals of intervention, including whether or not to stop drinking.

4. A model of such a service, operating as a tiered minimal intervention system, was described.

5. Such services provide an ever-changing range of intervention options including advice, home-based interventions, day centres, and short-term and long-term residential care.

3

The Service Users and Their Management

The model of service delivery described in Chapter 2 has been developing and operating in Leicestershire since 1976. Over 10,000 people have referred themselves or been referred to the service between 1978 and 1993. The rates of referral to the Alcohol Advice Centre increased rapidly at first but now seem to have reached a steady level. The possible impact on the community of this type of service is discussed in Chapter 4. In this chapter the users of the service and the interventions undertaken are described, along with illustrative comments and case histories.

REFERRAL RATES

Referral data for the Leicestershire Alcohol Advice Centre are presented in Tables 3–1 to 3–5. The reporting year

Table 3–1.   Referrals into the Total Community Alcohol Services

	Total	CAT	AAC	Transfers	Rereferrals
1978–79	250	250			36
1979–80	460	371	125	36	16
1980–81	615	433	332	150	44
1981–82	730	504	730	485	70

Table 3–2.   Referrals to the Leicestershire Alcohol Advice Centre

	Total	Male (%)	Female (%)	M/F ratio
Jul 79–Mar 80	125*	76 (60.8)	49 (39.2)	1.55
Apr 80–Mar 81	332*	259 (78.0)	73 (22.0)	3.55
Apr 81–Mar 82	730	522 (71.5)	208 (28.5)	2.51
Apr 82–Mar 83	687	443 (64.5)	205 (29.8)	2.16 (N/K 39)
Apr 83–Mar 84	631	410 (65.0)	221 (35.0)	1.86
Apr 84–Mar 85	615	416 (67.6)	199 (32.4)	2.09
Apr 85–Mar 86	738	522 (70.7)	216 (29.3)	2.42
Apr 86–Mar 87	827	549 (66.4)	278 (33.6)	1.97
Apr 87–Mar 88	760	507 (66.7)	249 (32.8)	2.04 (N/K 4)
Apr 88–Mar 89	822	554 (67.4)	266 (32.4)	2.08 (N/K 2)

*The centre was not the main point of entry into the services.
N/K = Gender not known.

goes from April 1 to March 31 except for 1979–80, as the centre's activities began in July 1979.

Between 1976 and 1978, I ran an outpatient clinic for new referrals and follow-up groups for drinkers who had been admitted to the acute general psychiatry wards by colleagues. This follow-up was little more than the patients had received from the general psychiatrists.

The community alcohol team (CAT) came into exist-

Table 3–3. Referrals In and Out of the Leicestershire Alcohol Advice Centre

Year (%)	Referral Agent					Referred to CAT	
	Self	Relative or friend	Medical	Other	N/K	n	%
Jul 79–Mar 80	45 (36.0)	42 (33.6)	5 (4.0)	27 (21.6)	6 (4.8)	36	28.8
Apr 80–Mar 81	129 (38.9)	68 (20.5)	8 (2.4)	122 (36.7)	0 (0.0)	150	45.0
Apr 81–Mar 82	177 (24.2)	134 (18.4)	215 (29.4)	177 (24.2)	28 (3.8)	485	66.4
Apr 82–Mar 83	164 (23.9)	86 (12.5)	229 (33.3)	167 (24.3)	41 (6.0)	407	59.2
Apr 83–Mar 84	158 (25.0)	127 (20.1)	235 (37.2)	111 (17.6)	0 (0.0)	330	52.3
Apr 84–Mar 85	244 (39.7)	47 (7.6)	213 (34.6)	103 (16.7)	8 (1.3)	403	65.5
Apr 85–Mar 86	285 (38.5)	82 (11.1)	264 (35.8)	94 (12.8)	13 (1.8)	475	64.4
Apr 86–Mar 87	339 (40.3)	99 (11.4)	250 (30.0)	139 (17.8)	0 (0.0)	438	52.9
Apr 87–Mar 88	308 (40.5)	116 (15.3)	231 (30.4)	98 (13.0)	7 (0.7)	394	51.8
Apr 88–Mar 89	387 (47.1)	126 (15.3)	202 (24.6)	104 (12.7)	3 (0.4)	425	51.7

Table 3–4. Age of Referrals into the Leicestershire Alcohol Advice Centre

Age Year	<20 (%)	20–29 (%)	30–39 (%)	40–49 (%)	50–59 (%)	60+ (%)	N/K (%)
Jul 79–Mar 80	1 (0.8)	11 (8.8)	23 (18.4)	19 (15.2)	11 (8.8)	10 (8.0)	50 (40.0)
Apr 80–Mar 81	6 (1.8)	26 (7.8)	42 (12.7)	71 (21.4)	23 (6.9)	8 (2.4)	156 (47.0)
Apr 81–Mar 82	14 (1.9)	119 (16.3)	198 (27.1)	172 (23.6)	105 (14.4)	46 (6.3)	76 (10.4)
Apr 82–Mar 83	8 (1.2)	98 (14.3)	199 (29.0)	146 (21.3)	89 (12.5)	47 (6.5)	100 (14.5)
Apr 83–Mar 84	8 (1.3)	82 (13.0)	164 (26.0)	130 (20.6)	70 (11.1)	35 (5.5)	142 (22.5)
Apr 84–Mar 85	10 (1.6)	75 (12.2)	183 (29.7)	150 (24.4)	83 (13.5)	44 (7.2)	73 (11.9)
Apr 85–Mar 86	12 (1.6)	120 (16.3)	206 (27.9)	170 (23.0)	78 (10.6)	45 (6.1)	107 (14.5)
Apr 86–Mar 87	23 (2.8)	103 (12.4)	201 (24.3)	179 (21.7)	79 (9.5)	52 (6.3)	191 (23.1)
Apr 87–Mar 88	24 (3.1)	93 (12.2)	208 (27.4)	183 (24.1)	63 (8.3)	42 (5.5)	147 (19.3)
Apr 88–Mar 89	20 (2.4)	114 (13.9)	209 (25.4)	184 (22.4)	86 (10.5)	46 (5.6)	163 (19.8)

N/K–not known.

**Table 3–5. Employment Status of Referrals into the
Leicestershire Alcohol Advice Centre:
Number and Percent**

	Employed	Unemployed	Housewife	Other/N/K
Jul 79–Mar 80	39 (31.2)	37 (29.6)	20 (16.0)	29 (23.2)
Apr 80–Mar 81	123 (37.0)	153 (46.1)	41 (12.3)	15 (4.5)
Apr 81–Mar 82	226 (31.0)	345 (47.3)	30 (4.1)	129 (17.7)
Apr 82–Mar 83	181 (26.4)	313 (45.5)	31 (4.5)	162 (23.6)
Apr 83–Mar 84	189 (30.0)	214 (33.9)	14 (2.2)	214 (33.9)
Apr 84–Mar 85	170 (27.7)	249 (40.5)	36 (5.9)	160 (26.1)
Apr 85–Mar 86	181 (24.6)	313 (42.4)	41 (5.5)	203 (27.5)
Apr 86–Mar 87	209 (25.2)	256 (31.0)	23 (2.8)	339 (41.0)
Apr 87–Mar 88	242 (31.8)	241 (31.7)	10 (1.3)	267 (35.1)
Apr 88–Mar 89	310 (37.7)	181 (22.0)	28 (3.4)	303 (36.8)

ence in April 1978 and received referrals directly from
general practitioners and other primary care workers. Its
arrival marked a real increase in service provision, even
though it was relatively small in 1978 and 1979. The
referral numbers for the total services during the early
years are shown in Table 3–1.

The Alcohol Advice Centre (AAC) was established in
1979 and at first attracted its own clientele independently
of CAT. However, it always referred some clients to the
CAT (transfers). In 1981, it was agreed by both agencies
that all referrals would be diverted to the AAC, making
CAT a backup resource. Staring in 1981–82, the number
of referrals to the total service was the same as the number
of referrals to the AAC (730). In that year, most of them
(485) were referred for further care to the CAT. But the
number of people seen by CAT is rather larger (504). This
larger number contains some "personal" re-referrals
picked up directly by team members and a small number
of referrals made direct to me by primary care agents

requesting a medical opinion. The number of referrals to the AAC since that time represent the best estimate of service activity. To reflect the fact that the AAC was not the main point of entry into the services until April 1981, the totals reported for the early years are marked with an asterisk.

The seemingly very large increase in referrals in 1981, particularly of medical referrals (from general practitioners, health visitors, general hospitals, and psychiatrists) is explained by the decision to make the AAC the common entry point. Prior to that, medical referrals went straight to CAT. Self-referrals have shown an increase over the decade, but referrals from relatives and friends have been more constant. Other sources of referrals include social and probation services, voluntary organisations, hostels, employers, and the job centre. The general picture is of a sixfold increase in referrals in the first decade of this mode of service delivery.

Demographically, particularly during the earlier years, the clients were similar to presenters to alcohol services elsewhere in Britain. Compared with the 1965 Camberwell data (Edwards et al. 1973), then the most widely quoted source, the Leicestershire clients were somewhat younger and a higher proportion were women. In part this is because the Camberwell study contained a large number of vagrants (32.2%) compared with 24.2% in this sample for dwellers in hostels (including the resettlement unit) and institutions, and for those of no fixed abode—Leicestershire's equivalent of vagrants. The greater number of women presenting might be evidence of the service simply being more accessible to them, by undertaking telephone counseling and arranging for a therapist to visit the clients at home and at their convenience.

COMMUNITY ALCOHOL TEAM CLIENT CHARACTERISTICS

These data were extracted from the initial assessment questionnaire (Appendix 1), which was completed on 162 consecutive referrals to CAT during a formal evaluation project undertaken by Dr. Marilyn Christie between September 1981 and January 1982 (Christie et al 1982).* This is a profile of a sample of service users who at initial interview thought they required more than simply advice, a view shared by the assessor.

Demography of the Sample

There were 113 (69.8%) males and 49 (30.2%) females, yielding a male/female ratio of 2.3:1. The mean age of the total sample was 39.1 years (standard deviation 13.2) with a range of 79 years (16–95 years).

Place of birth of the subjects was as follows:

England	68.6%
Scotland	13.7%
Ireland	10.5%
Wales	0.7%
E. Europe	0.7%
Asia	5.9% (India or East Africa)

Marital status was as follows:

Single	31.5%
Married	29.6%

---

*This project was funded by the Brewers' Society, London.

Separated	16.0%
Divorced	17.9%
Widowed	4.9%

Cross-tabulations show a very stable married sample, with 92% of those married having been so for more than five years. Of clients who were divorced or separated, 77% had been so for five years or less.

In answer to the question, "With whom are you living?" the following responses were given:

Alone	18.5%
Spouse	29.6%
Children only	4.3%
Parents	12.3%
Other relative	1.9%
Residents/lodgers	25.9%
Cohabitee	7.4%

The large proportion of customers living with other residents or lodgers is a reflection of the close relationship at that time between the services and the local resettlement unit, which provided 100 beds for men "of an unsettled way of life."

The types of dwellings in which customers were living were as follows:

House	59.6%
Flat/bedsit (apartment/single room occupancy hotel)	10.5%
Lodgings (room in someone else's home)	4.3%
Hostel	21.7%
Institution	0.6%
Homeless	1.9%
Prison	1.2%

Their employment status was as follows:

Employed	
Full-time	24.2%
Casual (non-reported earnings)	1.8%
Self-employed	3.1%
Total in employment	29.1%
Housewife	7.3%
Education/training	0.6%
Retired	4.2%
Disability pension	3.6%
Unemployed	54.9%

Thus the users of the Community Alcohol Services manifested a wide spectrum on measures of social stability, but there was a higher proportion of unemployed persons and dwellers in hostels and bedsits than in the general population. The latter is accounted for, as previously stated, by the presence of the resettlement unit. The reasons for the higher rate of unemployment (compared with the 12.5% county figure for 1985) were not pursued, but it is a common finding in any group of presenters to health services, exacerbated in this sample by the resettlement unit men.

Comparisons between the subset of thirty clients who were to have their treatment studied in more detail (see below) and the main sample revealed no significant differences on main variables using Mann-Whitney U-tests and chi-square (x^2) tests. The subset could thus be regarded as truly random.

An analysis was done of the entire sample by breaking it down into three groups, Leicestershire-resident females, Leicestershire-resident males, and resettlement unit visitors (all male). This yielded predictable demographic results that will not be presented in detail here. From these multiple comparisons, the men-only resettlement unit sample was consistently less socially stable than their Leicestershire resident male counterparts in terms of marital status, housing, employment, and job stability. They tended to be single men from an unstable hostel-type setting who were chronically unemployed.

The differences between resident males and resident females were also significant, with the females tending to show a higher proportion of intact marriages, of those living in houses as opposed to lodgings, flats, and so on, and of those either employed or housewives.

Sources of referral were as follows:

Medical	
G.P.	21%
Hospital	15%
Other professionals	
Probation	7%
Social services	8%
Day centres	2%
Court	1%
Resettlement unit	17%
Self-referrals	21%
Nonprofessionals (relatives, etc.)	7%

Alcohol Use at Initial Assessment

Drinking Habits

Reported early drinking patterns revealed that clients started drinking between the ages of 14 and 18 years, with three-quarters of them having an initial beverage choice of beer; 13% started on wine and 14% on spirits. There were sex differences reported, with 51% of the women being initiated on wine or spirits as opposed to 86.6% of the men starting on beer.

Quantities consumed at the time of initial assessment were converted into British units of alcohol where 1 unit represents half a pint of beer or cider, 1 glass of wine, 1 small glass of sherry or other fortified wine, or 1 single measure of spirits. These all contain approximately 10 ml or 8 g of absolute alcohol. (Standard drinks, United States units, are approximately 50% larger, the equivalent of 1.5 British units.) (Miller et al. 1991.)

The mean for the whole sample was 26.9 units per drinking day (standard deviation 15.5, median 25.17, range 4–74 units), which is the equivalent of a standard (70 centilitre) bottle of spirits. There were highly significant differences between the resettlement unit sample and the Leicestershire-resident males ($z = -3.69$, $p < .0002$), with the resettlement unit males drinking a *minimum* of a bottle of spirits or equivalent per drinking day while only 53.5% of the Leicestershire-resident males consumed at that level or above. Leicestershire-resident females also differed from their male equivalents ($z = 3.157$, $p < .0016$). Only 18.4% of the females drank the equivalent of a bottle of spirits per day; the majority drank between 10 and 20 units per drinking day.

Frequency of drinking was as follows:

Daily	47.5%
Most days	15.0%
2–3 times weekly	9.4%
1 day per week	2.0%
Weekends only	2.0%
2–3 times monthly	0.6%
Binges	23.8%

Again there were differences between the resettlement unit visitors and the rest of the sample ($\chi^2 = 23.33$, $p < .0003$).

This was because 63% of the resettlement unit residents described themselves as binge drinkers, with only 22% drinking daily, whereas binge drinking accounted for only 6.5% of the Leicestershire resident males, with 57% drinking daily. There were no differences in frequency of drinking between male and female Leicestershire residents. Daily drinkers covered the whole range of consumption levels, whereas weekend-only drinkers tended to be heavy consumers at that time.

There were significant differences in beverage choice between the Leicestershire-resident females and males (z = −3.27, p < .0011), with females preferring sherry and spirits and males preferring spirits and beer. No women reported getting into difficulties with beer consumption, whereas 31.4% of the males did.

Reported time of day that drinking started showed that a total of 68% of the sample had started drinking, on drinking days, by 12 noon, with 42% drinking first thing in the morning. There were no male/female differences, but again the resettlement unit sample was significantly different from the Leicestershire-resident males (z = −2.599, p < .0093), with 74% reporting starting to drink first thing in the morning as opposed to 38.8% for the rest of the males. As one would anticipate, the resettlement unit men also reported significantly longer drinking sessions.

Men preferred drinking in pubs, with three-quarters of them drinking there, whereas women preferred drinking at home with 79.2% of them drinking there. That is again significant (χ^2 = 42.43, p < .0001). Only the resettlement unit men drank with any frequency (15.4%) in the open air (park benches, etc.).

Solitary drinking was the norm for both sexes, but with significant differences between them: 92% of women and 64% of men drank alone (χ^2 = 13.08, p < .0045).

These data and the data on site of drinking adhere to the stereotype of the solitary home-based female drinker. Her male equivalent is also drinking alone, but in a public drinking place.

Self-reports of physical withdrawal phenomena, complications, and associated problems were surprisingly infrequent, with a mean on the three checklists with maximum scores of 9, 9, and 9 being only 2.5, 2.0, and 1.9 respectively. (See Appendix 1, page 4.) These data were volunteered, not prompted. There is little doubt that higher scores would have been obtained if clients had been "fed" symptoms, but deliberately that was not done.

Perception of Problems

All clients were asked to rate the seriousness of their drinking on a ten-point scale (1 = not at all, 10 = extremely serious) according to how much it interfered with their lives: 25.5% rated their problem as not terribly serious, that is, a score of 5 or less, with 10% claiming it not to be a problem at all. But the majority said that drinking was a serious problem, with 42% scoring it as maximally problematic.

The clients' ideas of what was wrong with their drinking involved concepts such as "too much" and "can't stop," with 54.5% of the sample thinking that that was the problem. Only 9% said that it was interfering with their lives and only 6.9% reported that it demeaned them personally; 4.8% confessed that "it costs too much" and 4% thought it was a problem because it enabled them not to deal with problems of living.

When asked for how long they considered their drinking to have been problematic, 16% considered it to have been a problem for less than one year, 33% for between 1 and 5 years, 28% for 6 to 10 years, 19% for 11 to 20 years, and 4% for more than 20 years. Thus, not only did most of the customers believe they had a serious problem with alcohol, the vast majority considered that it had been a problem for at least a year (84% of the sample). Despite this, when asked why they had been referred, only 35.8% came for help because of internally oriented reasons. The other 64.2% admitted to being under external pressure to attend, as is shown below:

Internal	
"Just decided"	16.4%
Frightened, worried	10.1%
Health problems	6.3%
Shame/guilt	3.0%
Total	35.8%
External	
Medical pressure	26.4%
Other professional	15.7%
Family/spouse pressure	12.6%
Legal trouble	5.7%
Pressure from friends	2.5%
Employment problems	1.3%
Total	64.2%

We found that 68% of the sample had tried to stop drinking for more than one day since they recognised that they had a problem, and the majority succeeded for 1 to 6 months. But only 14% managed 7 to 12 months, 6% for 13 to 24 months, 3% for 25 to 36 months, and only 1% for more than 3 years.

The reasons given for attempting abstinence were as follows:

Dry environment	38.0%
(prison, hospital, etc.)	
Health reasons	11.0%
Lack of problems	10.0%
"I decided to"	30.0%
Social pressure	7.4%

Social pressure was from friends. Family pressures had no reported influence at all for any of the subjects.

Insight into Drinking

Customers were asked what alcohol tended to do for them, what triggered off a drinking session, and how responsible they felt about it. There were no differences between Leicestershire-resident men, women, or the resettlement unit visitors in these responses: 52% reported deriving some sort of positive effect from drinking, with 31.2% claiming an improvement in mood and/or social skills; 13.6% reported an anxiolytic effect; 48% reported negative effects, including 13.6% reporting depression, 4.5% sleepiness, and 15.6% verbal and/or physical aggression.

Only one person in the sample of 162 could not specify exactly what he got out of drinking in terms of effects on mood or behaviour, thus demonstrating that the sample showed a high degree of insight. The same was true about their description of the "triggers" or "cues" that initiated drinking sessions. Only 2.6% claimed to have "no reason"; 8% said it was simply habit; 74.4% attributed the start of a drinking session to internal factors, with 22% citing boredom and loneliness, 16% depression, and 7.7% anxiety. "To forget" was mentioned by 3.8%.

The 25.6% who claimed their drinking was externally triggered cited family or work pressures (15.4%), available cash (4.5%), and a specific time such as "opening time"

(3.2%). Nobody mentioned positive reasons, such as parties or celebrations, as cues relevant to resuming drinking.

Consistent with this high level of knowledge and understanding about their drinking was their feeling of responsibility for their problematic use of alcohol. Subjects were asked to rate their personal responsibility for drinking on a ten-point scale (1 = none, 10 = totally) and the results of this are shown as Figure 3–1: 54.1% claimed to be fully responsible and 26.3% mostly so. Of those who did not feel totally responsible, only 19.5% could think of anything or anybody else whom they would claim were responsible; 27.8% saw it as the result of a generally

Figure 3–1.

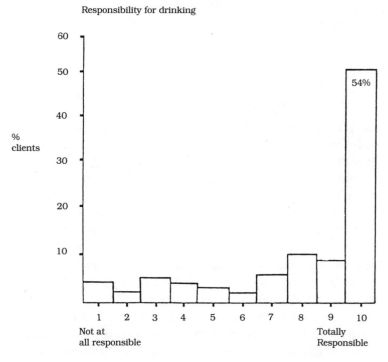

Responsibility for drinking

unsatisfactory life; 28.1% blamed domestic relationships and the rest (21.8%) blamed bad company, recent disappointment, or work pressures.

Problems of Living

Domestic Problems

Those in some form of domestic relationship were assessed by using rating scales to measure total quality of the relationship (1 = terrible, 10 = excellent), extent of conflict (1 = none, 10 = extreme), and the percentage of that conflict not related to drinking. There were no differences between men and women on these variables. The average for the total quality of the relationship was 6.2 (S.D. 3.0, median 7.1, mode 8). However, despite this satisfactory perception, the amount of conflict was also high, with a mean of 6.18 (median 6.9, mode 10) with 26% rating the conflict as maximal. This was attributed predominantly to their drinking habits, with 51% stating that they "never fight about anything else." Only 18% believed that their drinking was less than half the cause of the conflict.

Employment Problems

For the minority of the sample who were employed at the time of initial assessment, a ten-point rating scale on job satisfaction was used. A significant difference was found between men and women ($z = 2.593$, $p < .0095$). Men were very much more satisfied with their jobs, 91.4% rating it above 5, but women had lower satisfaction with only 50% rating it above 5; 87% of the total sample rated satisfaction with co-workers as very good or excellent on a similar ten-point scale.

Criminal Problems

As would be expected, more resettlement unit men had criminal records (81.5%) than did the Leicestershire-resident males (67.1%) or females (27.7%). The differences were all significant.

Self-Esteem

The whole sample tended to have negative self-esteem, showing ratings on a ten-point scale at a mean of 4.26, with 24% of the sample rating themselves at 1, the lowest point. Leicestershire-resident male/female differences emerged as not quite significant ($p < .0625$) with women having lower scores than men, but there were significant differences in the reasons given for the low self-esteem rating ($x^2 = 15.49$, $p < .033$). Men (22%) claimed more frequently than women (8%) to be having a bad effect on others, whereas women appraised themselves negatively because of general failure and underachievement. More women (13%) than men (3%) claimed that their drinking problems further reduced their self-esteem.

Perceived Needs

As has been stated previously, the Leicestershire Community Alcohol Services attempt to meet the needs of their clients. Therefore, a vital part of the initial assessment is to ask the client what they think would be helpful for the services to provide for them. These data are presented in Table 3–6. The most striking finding on asking such a question is that the users of the service had a very clear and often specific need that they believed the services would "be good for." Further, they did not transact only in terms of needs related to their alcohol use; they were equally able to define their life-related problems.

As over half the sample claimed that they were drinking too much or that it was out of control, it is no surprise to find controlled drinking training, followed by abstinence training, in great demand. Similarly, given the knowledge and understanding already demonstrated by customers about their alcohol use and problems, there were few requests for insight into their drinking ("I want to know why I do it") or for factual information about alcohol. Also of note is the low level of requests for help with physical problems related to alcohol use. This is consistent with their low level of complaint. The clients were not overly concerned with the physical problems related to their alcohol use even if they were aware of them.

There was also matching between the perceived problems of living and the help requested. General support and advice was sought by comments such as, "I just want someone to talk things over with." The relatively high level of requests for marital counseling appears to reflect the high levels of reported conflict, not the perceived underlying soundness of the marriages. Low levels of requests for skills training probably reflects the clients' unawareness of its availability. It was no surprise to hear the predictable response of the homeless men of the resettlement unit: "If I had a job and a flat, I would be fine!"

Between the sexes, there was a 75% convergence on identification of needs, with the drink-related needs differ-

Table 3–6. Perceived Needs of Service Users at Assessment

	Frequencies (%)		
Perceived Needs	Males	Females	Resettlement Unit
Drink Related			
None	7.0	4.1	0.0
Abstinence training	10.5	14.3	14.8
Controlled drinking	40.7	38.8	48.1
Insight into drinking	2.3	2.0	3.7
Detoxication			
Home	3.5	6.1	0.0
Hospital	8.1	0.0	0.0
Medication (chlormethiazole or disulfiram)	2.3	2.0	0.0
Dry-house accommodation	8.1	0.0	25.9
Education in alcohol	0.0	0.0	0.0
Life Related			
None	4.7	2.0	0.0
General support/ advice	25.6	12.2	11.1
Marital counseling	15.1	32.7	0.0
Job/financial counseling	8.1	14.3	33.3
Leisure counseling	5.8	10.2	3.7
Other medical help	5.8	2.0	0.0
Social skills/ assertiveness training	3.5	12.2	3.7
Problem-solving skills	5.8	2.0	0.0
Accommodation	5.8	10.2	51.9
Other psychiatric help	2.3	0.0	0.0

ences reflecting those interventions that involved leaving home: dry house accommodation ($z = 2.043$, $p < .041$) and hospital detoxication ($z = 2.043$, $p < .041$). Life-related needs differed in that more women than men sought marital counseling ($z = -2.38$, $p < .017$) and social skills/assertion training ($z = -1.95$, $p < .05$).

INTERVENTIONS AND SHORT-TERM OUTCOMES

What the Therapists Saw

As can be seen in Table 3–7, the staff of the Community Alcohol Services shows a high level of agreement with the clients on the identification of individual treatment needs. There were four areas of needs that showed significant discordance, and all of them were in the drink-related categories:

Abstinence training ($\chi^2 = 17.053$, $p < .001$)
Controlled drinking ($\chi^2 = 4.645$, $p < .031$)
Home detoxication ($\chi^2 = 12.071$, $p < .001$)
Dry-house accommodation ($\chi^2 = 8.45$, $p < .004$)

In the first two categories, more clients than therapists identified these needs, with all cases of discrepancy on abstinence training and 71% of cases on controlled drinking training being in the direction of the customer's perceiving it as necessary, a view not shared initially by the assessor. Thus, the therapists appeared not at all preoccupied with attempting to enforce cessation of drinking, and although they recommended controlled drinking for more of their clients, they were less likely to recom-

Table 3–7. Perceived Needs for Treatment at Initial Assessment vs. Treatment Programme

Perceived needs	Clients %Identified	Assessors %Identified	% Occurrence
Drink-related needs			
Abstinence training	12.3	0.6**	23
Controlled drinking	41.4	33.3*	33
Insight into drinking	2.5	3.7	13
Detoxication			
Home	3.7	12.3*	10
Hospital	4.3	3.7	10
Medication	1.9	1.2	7
Dry-house accommodation	8.6	17.3*	10
Education in alcohol	0.0	2.5	7
Life-related needs			
General support/advice	19.1	21.0	10
Marital counseling	17.9	21.0	47
Job/finance counseling	14.2	14.2	37
Leisure counseling	6.8	12.3	33
Other medical help	3.7	2.5	7
Social skills/assertiveness training	6.2	7.4	33
Problem-solving skills	3.2	2.5	7
Accommodation	14.8	9.8	20
Other psychiatric help	1.2	2.5	7

$**p < .01.$
$*p < .05.$

mend it as an *initial* need. The last two categories were in the opposite direction, with more staff than customers perceiving these needs, which may be explained by the therapists' greater knowledge of available resources.

Concordance at initial assessment on the appropriateness of each life-related need was 100%; that is, the therapists shared the customers' perceptions of their life problems.

Cross-tabulations were performed on the number of needs reported. For the customers, but not for the therapists, there was a negative relationship between drink-versus life-related needs ($\chi^2 = 18.2$, $p < .03$). The more drink-related needs a customer presented, the fewer life-related needs were initially presented, and vice versa.

What the Customers Received

A subset of 30 of the 162 clients was selected for study of treatment foci. It was not significantly different from the main sample (see above). McNemar tests of significant matching (Siegal 1956) were utilised and did not yield high results. They showed only 55% concordance between customer's *initially* perceived needs and the exact treatment package. But the concordance needed to be perfect. For instance, if abstinence was the customer's goal, then only abstinence training would be a match for it. Detoxication, which may well be an appropriate first step, would be regarded as a mismatch. Nonetheless, using even that narrow focus, there were significant findings. There was a higher rate of concordance between therapists' perception of customers' needs and what was actually provided (70%). Also, using McNemar tests, there was a 79% treatment rate for drink-related perceived needs and 62% rate for life-related ones. The corresponding treatment figures for customers' perceived needs were 61% and 42%, respectively.

However, when the full treatment programmes were examined, it was found that they comprised only 38% of the foci identified at initial assessment. Thus, almost two-thirds of the treatment was on specific foci that neither therapist nor customer identified at initial assessment. Despite this, 66% of customers (at follow-up) reported that they thought the treatment was totally appropriate! This reflects a process of gradual unfolding of needs and negotiation of treatment foci during the intervention. Spearman's rank correlation coefficient confirmed this by demonstrating a positive correlation between the number of weeks in contact and the number of drink-related foci ($p = +.712$, $p < .01$) and the number of life-related foci ($p < +.536$, $p < .01$). The longer customers were in contact, the more treatment "packages" they received.

Short-Term Treatment Efficacy

These data are the weakest in this part of the study because of a very high attrition rate. They comprise first reassessment data on a total of 77 (47.5%) customers at between four and twenty weeks after the initial assessment and on 61 (37.7%) at follow-up, which took place three months after closure of contact, that is, at approximately six months after initial assessment.

Those clients unavailable for second follow-up could be accounted for as follows:

Still in active contact or not yet closed for three months	41 (25.3%)
Left resettlement unit	23 (14.2%)
Dead	4 (2.5%)
In prison	7 (4.3%)
Moved and uncontactable	10 (6.2%)
Canceled visits	4 (2.5%)
Not in when visited	9 (5.6%)
Totally lost	2 (1.2%)

Thus, there is a marked bias away from the unstable resettlement unit residents, who tend to wander the country anyway, away from cases who became involved in more protracted interventions, and away from unstably-housed people. This was clearly a follow-up reserved for "good bets"! The results, however, are striking even taking account of those major biases, and show myriad significant changes.

Drinking

Consumption levels showed highly significant changes over the total measurement (x^2 = 52.69, p < .001), which were achieved during treatment (z = -6.56, p < .001) and maintained during follow-up (n.s., p < .976). The average number of units per drinking day fell from the initial assessment mean of 26.9 units to 10.72 at reassessment and 11.05 at follow-up.

Frequency of drinking sessions also declined with a 23% reduction in daily drinking, a 20% increase in drinking two to three times per week, and a 12% increase in those drinking two to three times per month. There was also a dramatic drop of binge drinkers from 23.8% at initial assessment to 5.3% at reassessment and 8% at follow-up. This can be accounted for by the high attrition rate of the resettlement unit residents.

Time of day of starting to drink moved to later in the day. Early morning drinking at follow-up was undertaken by 27% of the sample compared with 43% at initial assessment. During treatment, at reassessment the percentage was very low (5.3%) but rose again after its cessation. Almost half the sample at follow-up had shifted drinking to an early evening start.

Related to the previous finding, there was a significant reduction in length of drinking sessions (x^2 = 29.866, p < .001), which occurred during treatment (z = -5.164, p < .001), with sessions for 58.3% then lasting 1 to 4 hours.

Drinking site showed no significant changes, but

drinking company showed changes. There was a drop in solitary drinking from 73.5% at initial assessment to 57% at reassessment to 44.7% at follow-up. Concomitant with this, there was an increase of 16% in those drinking with friends (as opposed to "pub mates") and an increase of 15% in drinking predominantly with spouse and/or family.

Along with these changes, there was a significant reduction in reported physical withdrawal phenomena (x^2 = 20.074, p < .001), physical complications (x^2 = 30.787, p < .001), and associated phenomena (x^2 = 30.156, p < .001) over the study period. There appeared to be a virtual cessation of physical problems concomitant with the reduction in reported consumption.

In the light of the dramatic changes reported, it was not surprising that at reassessment 81.8% of the sample reported that their drinking patterns had changed (whether for the better or the worse) and that that change appeared relatively stable, for at follow-up the percentage remained 80.3%. Further, 65% claimed maintenance of a new stable pattern for between 2 and 6 months. However, there was a remaining 20% who noted absolutely no changes in their drinking.

Attempted abstinence was also commonly reported, with 82% reporting at least two days of abstinence by reassessment and 79.7% between then and follow-up. Reasons given included proof of self-control, that is, to prove to themselves or to others that they could do it; unavailability and absence of finance accounted for only 15% of the subjects; stable abstinence was reported by 40%, who were sober at reassessment and had been so for the previous week, although at follow-up, that figure had dropped to 24.4%.

Although there was a small increase in those reporting positive effects in mood, social performance, and self-concepts (12%) and a corresponding reported decrease in negative effects, such as depression and aggression, these were not significant. There was a shift in cues and triggers from internal to external, with the greatest increment between reassessment and follow-up. That is, it appears to be something that clients notice once left to their own devices. They report drinking not because of such phenomena as depression, loneliness, and anxiety but because of the presence of friends, as evidenced by an increase in external cueing from 1.9% to 24.9%. About the same percentage of people reported drinking in response to family or business pressures and to the availability of cash.

There were also dramatic changes in what clients still perceived to be wrong with their drinking. Perceived excessive drinking fell from 34.5% at initial assessment to 20.8% at reassessment to 11.9% at follow-up, and perceived loss of control from 26.2% at initial assessment to 3.9% at reassessment to 6.8% at follow-up.

Even though it started at a very high level, self-responsibility shifted to an even higher level ($\chi^2 = 10.99$, $p < .001$), which occurred during treatment ($z = -3.89$, $p < .001$) and remained present at follow-up. There was no change in the mean, simply a tighter clustering around the self-responsibility end of the rating scale. Of those few who still attributed responsibility to external factors, 13% continued to attribute their drinking to their spouse or family situation and 7.5% claimed that the change was the result of professional intervention.

Social Stability

There were no significant changes in these measures apart from those that can be attributed to the virtual absence of follow-up data from the resettlement unit men.

Problems of Living

There was no significant change in reported overall quality of domestic relationships, but they did start at a relatively high level. However, reported conflict did reduce significantly ($\chi^2 = 7.128$, $p < .028$). It was marked at reassessment ($z = -4.75$, $p < .001$), but increased again minimally by follow-up ($p > .211$). At initial assessment, only 43.3% of the sample rated conflict at less than 5 on the ten-point rating scale. At reassessment and follow-up that figure became 73.2% and 71.4%, respectively. Changes in employment status and in involvement with the law were insignificant.

There was a transient increase in self-esteem between initial assessment and reassessment ($z = -4.780$, $p < .001$), but it was not maintained until follow-up. Examination of the scores showed that the skew toward the negative end of the rating scale at initial assessment was replaced by a skew toward the positive end at reassessment and then a split into a bimodal distribution, with peaks at both ends of the scale at follow-up.

Customer's View of Treatment

Some 60% of the sample said at reassessment that they felt better than they did at initial assessment, but 14% reported no change and 26% said they felt worse. Reasons for changes in feelings were given as help from prime therapist (22.2%), drinking changes (15.6%), and changes in life events (15.6%).

The customers were also asked to rate the helpfulness of their prime therapist on a five-point scale and this yielded a positive score with a mean of 3.6 (median 3.65, mode 5). At least 70% of the follow-up sample rated the Community Alcohol Services as somewhat or very helpful.

For 20% the services were reported as somewhat unhelpful, and for the remaining 10% the services were reported as very unhelpful.

IN THEIR OWN WORDS

The previous section presented a categorical and numerical analysis of clients of the Community Alcohol Team and of the treatment it provides. By its very nature, such an analysis cannot convey the richness and diversity of the accounts given by clients of their alcohol use, their problems, their views of themselves, and the changes (if any) that they experienced during their time in contact with their therapists.

As can be seen in Appendices 1 and 2, clients were asked a number of open questions and encouraged to answer them in their own words. This section simply records a representative sample of those statements, which were obtained by examining all the assessment and reassessment forms of the 77 subjects who had completed both a first and a subsequent interview. Following that an analysis of what they said is fitted onto the dimensional model used elsewhere in this book, starting with Figure 1–1.

Initial Assessment

Behavioral/Mood Effects of Alcohol: What Do They Get Out of It?

I can't get going without it. I can't help it. Initially it lifts my spirits. I feel good for a few moments and awful afterward. It gets rid of anxiety and feelings of loneliness. I get nothing out of it; it's all in my mind. When I'm drinking, I'm permanently hazy. I feel more myself. It makes me more adventurous. It gives me Dutch courage to associate with people. It gives me confidence. It helps me to be among the crowd. I mix better. It blots out loneliness. It gives me more energy. It makes me feel marvelous, great. It makes problems go away. I get peace, I escape from the kids. It helps me unwind. It helps me relax. It's an antidepressant. It brings happiness. It helps me sleep. I achieve oblivion.

What is Wrong with Their Drinking, According to Them?

It's killing me. I can't stop when I start. I can't control it. I can't stop. Too much. Excessive. Too much in one go. Too much, too often. It's a bit more than moderate. It's no problem when I'm in company, it's uncontrolled when I'm alone. If it's there, I have to drink it. I like it but my family don't like me doing it. I'm not drinking socially. I can't cope without it, I can't control it. It makes me violent. I climbed the Clock Tower [Leicester's city centre landmark] and got into trouble with the police. It's a habit. It costs too much. It's a silly thing to do. I can't stand it anymore. It's secretive. It's no problem: it's moderate!

How Do They Feel about Themselves as a Person?

I'm worse than a very heavy drinker. I've reached very low standards, I don't care about other people, I've lost a lot of friends through drinking. I'm pretty rotten. I let people down. I'm a loner. I'm an alcoholic. I'm not an alcoholic, but I must be like it. I'm a problem drinker. I'm a morbid drinker. I'm not a

> normal person. I'm a drunkard. I'm a drunken chef.
> I'm disgusted. I'm fed up with myself. Drink is the
> only problem. I realised I couldn't go on like this.
> Bloody idiot. I'm ashamed: I'm not a proper mother.
> Someone else inside me wants to drink; another
> person takes me over. I can't understand why I have
> to drink. I'm a nuisance. I'm horrible when I'm drunk.
> I'm a disgrace. I hate drinking; it's a weakness. I'm a
> good guy. I'm too kind. I'm lost.

These comments illustrate that at the time of initial pre-
sentation, these people had very mixed feelings about their
drinking. Even though they were quite able to describe the
benefits they got out of it, they felt that there was some-
thing wrong with their drinking. They were also strikingly
self-deprecatory even though many of them did not feel in
control of their drinking behaviour. They felt both respon-
sible for and trapped by their drinking at the same time.
They did not describe themselves as sick or as victims.

Thus, if we consider their beliefs in terms of the
dimensions used in Figures 1–1 and 1–2, then they saw
their drinking as abnormal but rewarding. They saw them-
selves as abnormal but as noted earlier (Figure 3–1) they
felt responsible. By virtue of the fact that they had pre-
sented to the services, they were asking for assistance from
the experts, so it is reasonable to assume that they felt at
that point less competent to deal with their difficulties.

At Reassessment

What Does Your Present Drinking Do for You?

> For energy, for me it's a sort of food. I escape from
> reality for a short while. Total escape to the point of
> being practically unconscious. Just for company. It
> slows my head down. I can be depressed, I can be
> lively. It can give me confidence but then I'm a bitch.

Decreases boredom. I'm able to converse with others. It helps the stomach pains, it's medicinal, there's nothing wrong. I enjoy myself. Numbed out of boredom till next day.

What is Wrong with Your Present Drinking?

Nothing. Nothing, but I feel I'll go down again. It's still to excess at parties. I can't stop when I'm with friends. Too much when I'm alone. I still have the occasional silly craving. It's when I feel happy that I fancy a wee drink; I shouldn't feel like that. Spasmodic. It's just the same. It's making my health bad. I still drink after work to cope with stress. It makes me sick [this subject was pregnant]. Still too fast. I still need the liquid. I'm almost down to my target [four crates or 48 pints of Guinness per week!]. Still getting it under control.

How Do You Presently Feel about Yourself as a Person?

I'm trying harder. Normal sociable drinker. Social drinker. Scarcely a social drinker [means drinking trivially]. Ordinary drinker. Concerned drinker. I'm no longer an alcoholic, I'm a foolish drinker. Weak-willed. Lonely. Hopeless. Not quite normal. Determined. More in control. I realised what a bloody fool I was. A bit better. I'm afraid to drink again. Well and in control. T.T. [teetotal]. There's a little bit that I think I can't control. Now I'm a quiet drinker. Mild. I like myself a lot. Drinking no longer interferes with my life because it is my life. I'm beginning to wonder if I could drink on the odd occasion [currently abstinent]. I still might drink at moments of despair. My approach to drinking is wrong. Depressed when not drinking. I'm a rotten person in God's eyes. I don't feel guilty about my drinking, it's now a conscious decision on my part. Bored to tears. I'm cured, but not by you lot; it's just willpower. I just decided to overcome it; I want to stop smoking now!

These reassessment interviews took place between four and twenty weeks after initial assessment and not all customers had improved. At this point, they no longer gave such glowing accounts of the benefits of drink. Many reported that their drinking behaviour was now normal, but that did not mean that they also were normal. They still felt both vulnerable to further problematic drinking and responsible for it. Some who thought they were doing well believed that they had done it themselves by will-power or by recognition of "what a bloody fool I was."

Using the same dimensions again (as in Figure 1–1), it appeared that at reassessment clients were beginning to see their drinking as normal, themselves as not quite normal, as being still vulnerable. Also, they continued to feel totally responsible and were moving away from the "Experts, please help me!" position.

Thus, not surprisingly, these clients did not have a fixed, static view of their drinking, of themselves, or of the significance of their therapists to any changes that were taking place. Their views changed during the processes of intervention. This is illustrated in Figure 3–2.

ILLUSTRATIVE CASE HISTORIES

Case History 1

This is a straightforward account of an intervention leading to institution of stable moderate drinking. Martin

Figure 3–2.

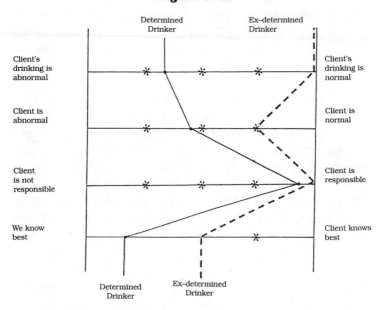

and his therapist worked out methods for him to control his drinking and he was presented with evidence that he could do it if he wanted to. That led to a successful outcome.

Martin is a 55-year-old architect. For 23 years, he and his partners have run their own business, doing mostly small projects, such as single houses and house conversions. They have done the occasional major project, including a city centre office complex. The business does reasonably well; there are occasional cash flow problems, but even through the recession there has been steady work. He has no real financial problems. He is married without children and lives in a comfortable suburb of the city. His house is self-designed and rather conspicuously elegant. He has a dilapidated vintage BMW convertible parked outside.

Martin started drinking beer at the age of 14 with his mates, and this was nonproblematic. His drinking gradually increased through school and university days, and when he and a partner started their own business, drinking became integral. Initially, his drinking was with clients as part of business life. He and his wife also had a full social life, with regular dinner parties. Martin particularly likes good red wines and considers them part of the pleasure of entertaining. He is knowledgeable about fine wines. His wife, Jenny, also drinks; her drinking is more moderate and she enjoys their social life.

Over a period of years Martin's drinking gradually increased, and he began drinking daily and secretly. He started drinking vodka in the office. His drinking was interfering with his work life and his social life. Jenny worried that he would become grossly intoxicated at social events, so she would make excuses for turning down invitations and they invited fewer and fewer people home. Jenny complained about his drinking, but apart from problems surrounding it they continue to get on well.

Martin recognised his drinking to be a problem approximately nine years ago, about a year before he presented to the services, but did not take any action until six months later, when he deliberately drank nothing for one week. He did it just to prove to Jenny, and to himself, that he could stop if he wanted to. During that week, he was irritable, tremulous, and slept badly, but it was not "too bad."

In the week before presentation, he was found collapsed in the office by his secretary and was taken to the local emergency room. He was allowed to leave after six hours. He knew he would need to do something about his drinking so he stopped drinking and one week later he phoned the Alcohol Advice Centre and referred himself.

At initial interview, he was sober, well dressed, and had been dry for twelve days. He admitted to having been drinking at least three-quarters of a bottle of vodka per day, along with beer, gin, and his beloved red wine. He had suffered from nausea and vomiting, tremulousness, blackouts, and poor appetite. He was anxious much of the time and sleeping poorly. He was aware that his work performance had been poor, that he had been missing deadlines and appointments, and recognised that he could not "get away with it" anymore. He saw his drinking problem as very serious (10 on the rating scale), described himself as a "heavy drinker" and felt completely responsible for his drinking.

He said that what he wanted to do was to control his drinking. He thought that if he could curtail his secretive spirit drinking, he could return to moderate drinking and would not have to give up his social life or his red wine. He was told that it would be a good idea for him to remain dry for the next two weeks (he was about to go abroad on holiday) after which he would be seen at home and further plans formulated.

Martin had resumed drinking immediately after his holiday, and was consuming approximately 80 units per week. His therapist established regular contact, and saw him a total of eighteen times over the next seven months.

At first, there was some discussion of his home and business life. It emerged that he had a real problem saying no to clients, who would phone him at home at any time. He had felt so pursued that he had a fantasy of retiring to Spain and thus escaping from his clients. Even when he went for a game of badminton, which he enjoyed, he would meet up with clients who would make demands upon him. He said that when on holiday, he would drink much less so he and the therapist came up with the idea of he and his wife taking weekends away from home occasionally, so that he would simply render himself unavailable. Despite this, his drinking remained entrenched, and he talked of himself in terms of being addicted.

The therapist received a phone call from Jenny, Martin's wife, at the end of the first month. She wanted to say that after every visit Martin was difficult and irritable with her for the next few days. Further, she said that Martin had told her that the therapist had suggested that he move to Spain! The therapist invited her to join in the sessions if Martin was happy with that, so that such misunderstandings could be avoided in the future.

At the next session, Martin was very unforthcoming. He said that he thought that contact might be making things worse, that he felt very guilty about needing to have contact with the therapist and that he had mixed feelings about continuing contact. He and the therapist compromised. The frequency of visits would be increased to weekly, but they would be short and involve discussion of drinking only. A goal of 50 units per week was agreed upon, with complete cessation of all workplace and weekday lunchtime drinking. Martin agreed to keep a drink diary.

Martin had failed to reach his target for that week. He had become quite drunk on Friday night and at a dinner party on Saturday night, and he continued drinking for most of Sunday. He had managed not to drink during the day while at work. He and the therapist discussed strategies to deal with this. Martin agreed to avoid alcohol at dinner parties until he was actually sitting down for the meal. He claimed he would be quite happy with tonic water while cooking or welcoming the guests. Although Martin had done well at the one dinner party the following week, he had still succeeded in drinking more than 50 units during the entire week, again with consumption predominantly occurring on the weekend.

The therapist then thought of another strategy: the double eggcup! The therapist noticed that Martin had in the kitchen an eggcup with two arms, which could hold two eggs. He suggested that Martin obtain 50 pennies, each to represent one unit of alcohol, and at the beginning of the week put them all into the left-hand cup. Every evening he was to transfer to the right-hand cup the number of units of alcohol he had consumed.

Martin was very pleased with himself at the next visit. He had consumed 46 units, and had managed a dinner party without any problems. A new goal of 40 units per week was set.

Over the next few weeks, erratically, Martin's consumption fell to about 42 units per week. The therapist offered to take a blood test looking for liver damage. The results were back the next week and showed somewhat elevated liver enzyme levels (TGT 122 IU/L, ALT 100 IU/L). A lower limit of 35 units per week was set. More pennies were removed from the double eggcup. Within two months, Martin was drinking between 30 and 35 units per week and his liver function tests had returned to normal. The therapist said he would visit again in three months.

All had gone well for most of the next three months except for a brief period when Martin sustained a wrist injury when playing badminton just prior to the therapist's visit. This meant that he could not play for three weeks. His weight increased, and so did his alcohol consumption: to 50 units per week. Martin was aware that he could "get into the vicious circle again" and he and the therapist discussed ways of getting exercise, even when not able to play badminton. Walking to work and into town were obvious strategies. Tethering back his consumption by "eggcup therapy" needed to be restituted for a time.

Martin was visited once more by the therapist. His consumption had settled down at about 35 units per week and he and his wife were happy with that. Blood was taken for further liver function tests and the therapist said he would visit again only if those results were abnormal. Martin gave the therapist a bottle of 10-year-old Burgundy when he left. "Drink that and you will understand why I didn't want to give up drinking," he said.

There has been no formal contact with Martin in the last seven years. His therapist received a wave from him some years ago, when he drove past him in the old BMW convertible with the top down. It had been recently restored.

Case History 2

In this case, of someone in the same profession as the case above, the opposite occurred. When it became clear to Dave's wife that he could "take drink or leave it" and that he was choosing to drink despite the consequences, she

decided to leave him. Since then he has seen no good
reason to modify his highly destructive drinking style and
has deteriorated physically, occupationally, and socially.
This study is also an object lesson in the difficulties
engendered by the staff of the Community Alcohol Ser-
vices both working in and living in local drinking cultures.
It is difficult to define and maintain professional bound-
aries, and the temptation to accept "quasi-referrals" is
high.

Dave is a 47-year-old architect who has the reputation
of being very artistic and talented. He specialises in
conversion and renovation of period dwellings. He is
self-employed and also teaches at a local university.
He lives in a beautifully converted stable block near
one of the community alcohol team therapists, and
they find themselves in each other's company quite
frequently, normally in a local pub.

Dave is known locally to be a very heavy drinker,
although nobody knows exactly how heavy. He is
frequently seen grossly intoxicated and those who
socialise with him are aware that he can easily drink
a bottle of spirits or equivalent per day. He drinks
mostly in a number of local pubs. He gets banned
from one or another intermittently because of bellig-
erent, sometimes physically violent, behaviour. Such
behaviour only manifests itself when he is grossly
intoxicated. When not in that state he can be percep-
tive, quick-witted, and charming. Dave has falls or
bumps into things when grossly intoxicated, which
often results in bruises and abrasions. On more than
one occasion he has fallen down stairs.

His retired parents were formerly hoteliers and
Dave was brought up in that environment. Dave's
mother, of his account, was a very heavy drinker

when running the hotel but since retirement her drinking has attenuated. She and Dave have a stormy relationship.

Dave is attractive to women and had a string of girlfriends, with some of whom he entered into cohabitations. He settled down with a beautiful girl, Carol, who was a hairdresser and the couple married in 1986. They have one son. At first, after the marriage, Dave moderated his consumption and his friends thought that with the aid of this "good woman," he would settle down. He and Carol set up a joint beautician business for her while he continued to teach and to undertake his private architectural business.

Soon after the marriage, Carol started to become the butt of Dave's belligerence and violence. She asked Dave's friends why they had not warned her about him and received the response that at that time, before the marriage, she would not have listened. Carol did not seek assistance from anybody, but she was known to be profoundly unhappy with her situation. On a number of occasions, she moved out of the house but usually returned after Dave had made some promise of reformation. Dave believed that he was fully in control of his drinking, but recognised that it was creating difficulties.

One evening in 1989, in the pub, Dave approached a community alcohol team therapist, whose occupation was known to him. He said that he did not want treatment but was somewhat worried about his drinking habits and was wondering whether he was doing himself harm with his current drinking style. He was not formally referring himself; rather, he was looking for confidential advice.

The therapist offered to do a blood test of liver function, give him the results, and then discuss what options were open to him. This was duly done and produced evidence of very substantial damage [ΥGT 365 IU/L, ALT 81 IU/L, but normal bilirubin, and a blood alcohol concentration (BAC) in the morning of 58 mg%]. The therapist was unequivocal. He said that probably Dave was never sober and was simply topping himself off all the time and that his drinking was leading to severe damage that would, if continued, result in a short and intoxicated life. It was agreed between the therapist and Dave that he would stop drinking completely and that after a month of abstinence, a retest would be undertaken. The therapist suggested that if Dave had difficulty stopping drinking, a formal detoxication would be required but that would mean that the intervention could no longer be covert.

Dave stopped drinking abruptly without any difficulty at all. Within a week, he was sprightly and fit. His work performance improved. He turned up for meetings and lectures on time and well prepared. He was cheerful and Carol was delighted. It was around this time that she became pregnant.

The repeat liver function tests were absolutely normal. After discussion with and the agreement of the therapist, Dave decided to resume moderate alcohol consumption. A target of 21 units per week was set for the next three months. Dave claimed to be maintaining himself at around 30 units per week but the therapist reported "on occasions I have seen him when he looks as if he has consumed thirty units that evening alone."

After three months, further liver function tests were performed. Before the results were at hand, Carol phoned the therapist to plead with him to tell lies: to claim that the results were abnormal so that a restitution of abstinence could be advised. She said that life had been so pleasant for her at that time, but had again reverted to the turbulence of before. The therapist said he could not do that. The liver function tests were again normal, so all the therapist felt able to do was to advise maintenance of current levels of consumption, knowing from informal knowledge that this was far in excess of that stated by Dave. In the hope of being able to assist Carol in future, he said he would retest in one year.

Carol gave birth to a son during the year. But the relationship between her and Dave improved only transiently. Dave's drinking became perpetual and chaotic. He had a car accident. His business went into sharp decline. Dave had virtually no work, and what he had he was very slow in delivering.

Contrary to the therapist's hopes, liver function tests repeated after that year were still in the normal range. Thus he felt that he had no option but to reiterate the previous advice of the acceptability of moderated consumption. After all, Dave had in the first place sought advice about whether his drinking pattern was damaging his health and now there was no evidence of continuing damage. Dave had been heard to report to a friend that the original ones were abnormal because he had had a fall and bruised his liver and that the cause of the damage was not alcohol at all.

Soon after this, Carol moved out permanently, taking her son with her. The couple had an acrimonious marital breakdown. Dave tried to recruit the support of a number of friends as go-betweens with Carol. It was all to no avail. Carol told one friend that the therapist's intervention had been partly causal in the breakup of the marriage. Because she knew that

Dave could stop drinking at any time he wanted, and because she pleaded with him to do just that and he would not, she came to the conclusion that she did not want to put up with his purposive intoxication and belligerent behaviour anymore.

Dave still sees the therapist in the local pubs. He says occasionally that he wants to do something about his drinking. The therapist responds that if he wants to, he can phone him up and come and see him. Dave never has, and is frequently angry and snide with the therapist.

Dave continues to deteriorate. Physically, he looks debauched. He is seldom seen sober. He has alienated most people in his social world, and thus tries to ingratiate himself upon newcomers into the locality. He has no work. There are many debts and he may well have to sell his home.

Much more can be learned from cases that have been failures rather than successes. The story of Dave is presented because it appears to be one where the services certainly did not help him, and may have made matters worse. The account contains many pieces of information that would not have been available to staff working in an outpatient or inpatient unit. It raises many questions:

At what point in the intervention were unhelpful decisions made, and could they have been avoided?

Right at the outset, was it justifiable to take Dave on in the informal way that occurred or should the therapist have refused any professional contact, awaiting his independent referral to the services?

If the latter approach had been taken, would Dave have presented at all?

Given that Dave originally approached the therapist to ascertain whether his drinking was damaging his body, was the therapist entitled to broaden the intervention beyond giving an answer to that question?

Would it have been justifiable to accede to Carol's request and lie to Dave about his liver function tests?

Given how happy Carol was when Dave was abstinent for that month, why did the therapist not try and insist on abstinence as a goal, and reinforce that by, for instance, prescribing Disulphiram?

Would it have been justifiable to place Dave in the sick role, in the hope of maintaining his marriage?

Thus this case history raises more basic questions, too:

Who is the customer?

If somebody wishes to pursue an economically, occupationally, socially, domestically and physically destructive drinking career, what services are appropriate for such an individual?

Is the role of services to try and contain maladaptive drinking behaviour, or is it to enhance personal choice and decision making?

If Carol had presented to Al-Anon, they too would have impressed upon her that Dave was responsible for his own drinking conduct and that she should not feel responsible for it or try to contain it. In that circumstance would her plea also have been, "Somebody, please stop Dave drinking so I can be happy with him," and would that have been answered by anybody?

Case History 3

This case is one where an accurate brief psychotherapeutic intervention dealt with the presenting problem, but left the drinking pattern unchanged. Moderation or cessation of drinking is often the required outcome of intervention, but not always.

Luther is a 39-year-old foreman in a small engineering firm. He came to Britain from the Caribbean when he was 12. He smokes twenty cigarettes a day and occasional marijuana and drinks cans of Red Stripe lager. Normally, he drinks between four and six cans per day and does not regard that as a problem. It was when he drank more than that that there was a problem because when grossly intoxicated he had assaulted, after minor provocation, those close to him, including his father. To get so intoxicated, he needed to drink twelve or more cans. This he tended to do only on special occasions, usually family gatherings. It was after such an assault that his wife suggested he contact his family doctor who in turn suggested that he contact the Community Alcohol Services.

Luther insisted that he must not miss work and therefore his therapist agreed to visit him at home in the evening. He was always very pleased to see the therapist but would often cancel appointments or be out at the time of the appointment. No other family members chose to be involved in the intervention. But his son and wife were sometimes in the house at the time of the visit.

He said that he started drinking at the age of 17 but that he did not enjoy it at that time. As a young man, he was interested in athletics, in which he competed at the regional level, and drinking would get in the way of his training schedule. His alcohol use became regular and heavy at the age of 23, when his newborn son contracted meningitis and subsequent brain damage. Luther and his wife cared for the child until he died at the age of 6. By then, Luther's drinking was an entrenched habit. But it was only the very heavy drinking with subsequent behavioural problems that worried him. It took him another nine years to present for help.

At initial presentation, Luther said that he did not feel responsible for his heavy drinking, that something inside himself just took him over and that there was nothing he could do about it. It was this "something" that would make him drink more than he planned and would also "escape," unleashing his violent behaviour.

The therapist listened and then with some trepidation asked, "Are you possessed?" This produced a beaming smile and a sigh of relief from Luther, who then recounted the story. He was brought up by his wealthy grandparents in Grenada in what he described as an idyllic existence, where he could have absolutely anything he wished. Suddenly, at the age of 11 he was told that he would have to go to England, to live with his parents whom he hardly knew in a country to which he had never been. He was playing in the fields with a cousin when a plane flew overhead. His cousin told him that that was the plane that would take him to England. So Luther picked up a stone and threw it at the plane. The stone landed in a nearby swamp that had sacred significance, and where people were expressly forbidden to visit. Immediately, he became acutely ill. He had difficulty describing the symptoms but they included partial paralysis, fever, and weakness. Both Western-trained doctors and

local healers tried to bring about relief, with no suc-
cess. Eventually, a decision was made to send him to
England, as arranged. When he arrived in England,
the symptoms cleared, but since that time Luther has
remained convinced that there is something pro-
foundly wrong with him, and when his son contracted
meningitis he was convinced that he was responsible
for it.

Over a number of sessions, the therapist intro-
duced Luther to a way of looking at himself called
"the community of selves." This entails personifying
as separate individuals those traits that exist within
him of which he was aware. Then the interactions
between the "selves" can be examined, and different
alliances and checks and balances instituted.

Luther understood the concept immediately and
found within him three "selves." These were the
devil-like violent man (the Devil) with whom he
thought he was possessed, a fun-loving "Jack-
the-lad," and a rather boring socially responsible
settled married man (Luther-settled). Luther's favou-
rite was Jack-the-lad; that was who he liked to be the
most. But there was a problem. Whenever Jack-
the-lad was in charge, he would indulge himself in
having fun until, if provoked, he would let out the
Devil, capable of destruction and violence. Luther-
settled would never behave so irresponsibly as to let
him out.

The therapist and Luther talked about how he
could reform alliances within himself. It was simple. If
Jack-the-lad found himself in difficulties, thwarted, or
upset, he should call upon Luther-settled. Luther-
settled would not behave impulsively or violently. He
would "keep his cool" and respond in a more appro-
priate and less explosive way.

The occasion for Luther to try out the new alliance within him did not arrive for some weeks. In the interim, with the aid of a drink diary, he monitored his consumption, which declined a little. He and the therapist discussed ways of channeling the energy to which the Devil clearly had access. Luther had curtailed his running career following an Achilles tendon injury and knew that he could no longer compete. Friends had asked him if he would coach the county juniors. He had always refused. But now he saw this as a way of keeping going with training himself and of reentering competitive athletics, even if it was by proxy.

There had been no family gatherings for some months during this time, and no occasions when Luther had exceeded six cans of Red Stripe in a day. Eventually, there was to be a family New Year's party. Luther and his wife both attended. Luther consumed a vast quantity of lager and rum. His wife was very anxious; she had been doing her best to avoid such events for some years. There was no problem. Luther got tired, and much earlier than usual announced that he had had enough and wanted to go home.

When next seen by the therapist, Luther said that he thought that he had acquired some kind of control over the behaviour that had been bothering him and did not see the need for further sessions. The therapist offered to see him again in the future if he changed his mind. He also told Luther's wife that she was equally free to contact him if she thought it appropriate. Thus far there has been no request for further contact.

Case History 4

This is a story of a straightforward but lengthy intervention where the client appeared to need long-term continuing support, what is called in the services a "coffee stop."

Judy is a 45-year-old single parent who runs her own small travel agency in a small town in the southwest of Leicestershire. She divorced at the age of 23. She originally referred herself to the Alcohol Advice Centre twelve years ago because she wanted support in controlling her drinking. She did not like the idea of stopping altogether because her circle of friends were all drinkers. Indeed, it was her friends who suggested to her that she go for help, and one of them accompanied her to the initial appointment.

Her domestic life was not easy. Although she enjoyed her job, there were cash flow problems in her business. Her widowed mother, who was a heavy, problematic drinker, was living with her "above the shop" and deteriorating, and she was bringing up her 8-year-old daughter with very little support. She was drinking at least a bottle of sherry and some table wine each evening. She did not drink through the day but drank every evening, usually alone at home until she "had enough." She would also drink in the company of her friends, all of whom were drinkers. She said that she drank to relax, that the solitary drinking started as a response to stress but that it had now become a habit.

Her drinking started late—at the age of 21. Initially, she drank lager, then port and lemon, and then whiskey, heavily and socially. She had never had periods of abstinence. But she said that she did not enjoy drinking much at that time. The quantities she was consuming gradually increased, and eventually she added solitary home-based sherry drinking to her social spirits drinking.

Prior to coming to the alcohol services, she had put herself onto a drinking diary and said that her immediate need was for someone objective with whom to talk who could advise on alcohol and its effects and act to help her to exert her own controls. By the time she was seen by her individual therapist, she had cut down her drinking by about half and was happy with this. Her therapist visited her monthly simply to monitor her drink diary. Her drinking increased at one point when she had to lay off a member of her staff, but rapidly restituted to a level with which she was comfortable. She found a new boyfriend and seemed settled. After nine visits, her case was closed.

Ten years later, Judy again presented to the Alcohol Advice Centre, this time on the advice of her family doctor. She had presented to him because she was drinking two to three bottles of sherry a day and had liver damage (γGT 695 IU/L). On the advice of her doctor, she had ceased drinking altogether for ten months but started again two months before presentation to the centre for no reason that was apparent to her. At this point she was drinking half a bottle of sherry a day and felt that it was escalating. "I can see it building up again and getting out of control. I want to do something about it before it takes over." She said that over the past ten years the majority of her drinking was fine and that her social drinking in particular was problem free. She did, however, always suffer from poor sleep, and had noted that her drinking was much greater at times of stress.

Her mother died of cancer two years previously. Judy had nursed her at home during her final illness. This, Judy believed, caused her drinking to become particularly heavy, but it had continued very heavily long after her mother's death. She felt that with the support of her boyfriend and her daughter, then aged 18, she had come to terms with her mother's death.

At this time, she wished to cut out all daytime drinking and drink only socially in the evening. Her previous therapist had left the service. Her new therapist took up where the previous one had left off; she asked Judy to maintain the drink diary and said that she would monitor her intake every few weeks. In the first week, Judy reduced from above 70 units to 37, but wished to do better than that.

Over the next few months, Judy's consumption first remained between 30 and 35 units per week, the higher totals being related to increased stress, mostly financial stresses associated with the business. But gradually, she reduced to a weekly intake of between 20 to 25 units with which she was quite happy. However, on holiday in Portugal in 1991, her consumption increased to between 40 and 50 units and she was worried that she would have difficulty tethering it back again. Over the next two weeks, she succeeded.

Judy's drinking is now very stable. She continued to keep her drink diary until 1993 and now "just knows" how much she consumes. She tends to drink rather more at Christmas and when on holiday. Otherwise she consumes between 20 to 25 units per week in the company of her boyfriend or with other friends, which she believes to be normal. Her therapist visits every couple of months and the interactions now have the quality of a chat between a couple of old friends.

Case History 5

This is another straightforward story. It is about an accountant who tried over a period of two years to tether back his alcohol consumption with considerable success. Two years later, he represented in trouble again and on that occasion made a decision to discontinue drinking completely. He has been totally abstinent since.

"Everybody says I drink too much, my partners do and my wife does," was the opening line of Ajit, a 49-year-old accountant who lived and worked in the city of Leicester. He and his three partners ran a business that provided accountancy services for a large number of small businesses run predominantly by members of the ethnic minorities.

"It all came to a head on Friday a week ago. I had the afternoon off. I'd been in and done all my work in the morning, then I had a few pints with my friends in the Catherine Street Club [one of the private drinking clubs patronised predominantly by ethnic minority men]. I don't know why I did it, but after having a few pints I went back to the office to tidy up some paperwork. I know it was a silly thing to do but I was caught there by one of the partners and sent home. You see, last year I had had a bit to drink at lunchtime and became a bit silly when I was interviewing some clients and they had complained. I promised that I would not drink during working hours, and up until last Friday I had been as good as my word. I know that two of the partners would like to get rid of me, but the other two are all right—they think I'm saveable!"

Ajit said that up until ten days before the initial assessment, he was drinking about two bottles of whiskey and countless bottles of strong lager. He said that most of the time his drinking was trouble free but occasionally, mostly at home alone, he would overdo it. "If I just had a double Scotch, then a bottle of lager, then another double and then another, I'd be all right. But after that much I get another, and another. Then

I become cantankerous and argumentative. Then I fall asleep." He often had no recall next morning of his abusive behaviour and it was normally his wife, who is English, who was the butt of his abuse, which often has racist content. He said that this was in part because he likes to stay up late at night whereas she likes to go to bed early and get up early in the morning, and he would prefer her to stay up and keep him company in the evening.

He suffered very few other ill-effects from his drinking. He had no withdrawal phenomena but did admit that his work was suffering.

Ajit was born in Delhi and had very little contact with alcohol in India despite being brought up in a very "anglicised" family. He remembered helping himself to a whiskey from his parents' drinks cabinet on New Year's Eve when he was 12, and feeling dizzy and going straight to bed. He remembers feeling ill next morning, too. His drinking remained minimal while he lived in India, but when he came to Britain as a qualified accountant at the age of 27 and started earning substantially more money his drinking gradually became heavy and daily. Marriage at the age of 30 did not change his drinking pattern. The marriage has not been particularly happy. His wife is the head of the science department in a city secondary school. She and Ajit lead independent lives and argue a lot about his drinking. Their daughter is away at college so there is no longer any buffer between them.

The therapist's initial impression was that Ajit had painted as good a picture as he could of what was probably very disruptive and damaging drinking, and that what he needed to do was to get Ajit and his wife together. Because the wife's school was nearby, the next session was arranged after school hours at the Alcohol Advice Centre. In the meantime, Ajit said that he would restrict his intake to no more than four units at a time and have no more than three such sessions per week—one midweek evening and Friday and Saturday.

Stephanie, his wife, corroborated the story at the next session and said that she was very pleased with Ajit's drinking over the last three weeks; he had been as good as his word. In his accountant-like way Ajit kept an immaculate record of his drinking, which he brought to every session. He and his wife both made quite clear that they did not want to engage in joint sessions. The therapist said he would be happy to see one or both of them at any further sessions, and would be equally happy if Stephanie wanted to phone or write detailing Ajit's progress. So a pattern was set. Ajit reported his intake on a regular basis to his therapist and often brought with him a note from Stephanie. Six weeks after the joint session, the note from Stephanie said that she was really pleased with Ajit's progress and that she thought moderate consumption was much more appropriate for him than total abstinence, which he had achieved before for six months, but during that time he was irritable and miserable.

For the next eighteen months, Ajit visited the therapist every two months. He and the therapist went through the diary and discussed strategies for avoiding excessive consumption. All this time, Ajit mostly contained his drinking satisfactorily, with just occasional excesses, such as when on holiday. He tended not to go away on holiday but to stay at home or go to watch Leicestershire play cricket, and he would always go to at least one of the major test matches each year. The beer tent contained irresistible temptation.

Ajit's drinking pattern was actually stable even

though he admitted that it felt like a struggle to keep it so. It was agreed that he did not need to come to see the therapist regularly anymore and he was placed on "open contact."

Two years later, Ajit telephoned the therapist at his home at the weekend. He said that he was in urgent need of help; he had been drinking a lot, but he had decided to stop completely, and he thought that he now needed "drying out." The therapist visited him on the Monday morning. Ajit was off work—most unusual for him—and said that when he tried to stop drinking, he became very anxious. The therapist told him that he was now drinking to stave off withdrawal phenomena and he instituted a home detoxication. The therapist visited daily during the week, and by the Friday Ajit was complaining of drowsiness. The detoxication was shortened and so by the next Monday, Ajit was abstinent and medication free. He said that even though he knew he could hold down his consumption, it involved much effort and he no longer thought it was worthwhile; he thought being totally abstinent would be easier.

The therapist resumed monthly contact, now aimed at "abstinence support." Ajit's moods varied. Sometimes he was happy and cheerful and at others he was disgruntled and full of complaints about Stephanie. At first, her behaviour did not change at all. Ajit appeared to be getting no rewards at all for abstinence and was wondering whether it was worthwhile. As the months went by, Ajit complained less about his wife and eventually began to talk consistently about his life as being "really quite comfortable." He thought that the time had come to discontinue seeing his therapist.

Again Ajit was placed on "open contact" and one year later has not recontacted his therapist.

Case History 6

This case history raises many questions about what intervention is and how immediately it has an effect. The initial contacts between Norman and the services did not appear to lead to any sustained change in the destructive nature of his drinking. But years later, when he decided to "do it myself," he used techniques that he had learned when being ineffectively managed by the services. He would say that the services were helpful to him, although on most objective criteria it would be difficult to agree with him.

Norman is a 50-year-old pharmacist. Until seven years ago, his life had been notably conventional. He left school at the age of 18 and went straight to the university where he obtained his pharmacy degree. He then worked for four years as an assistant pharmacist, during which time he married, before setting up his own business. He had his own pharmacy shop in a village in southeast Leicestershire, a pleasant detached house nearby, a wife, Susan, and a son, Jonothan, then aged 9. However, his pharmacy was rather unusual in Britain in that it was also the off-licence for wine and spirits sales in the village.

Norman's early drinking was also unexceptional. He started drinking beer at the age of 17 and remembers really liking it from the outset. At university, he drank very little because he could not afford it and even when he married at the age of 23 his drinking was trivial: he would drink two or three pints of beer (four to six units of alcohol) two evenings per week and at Sunday lunch. This all took place in the pub. He said that it was the ready access to wine and spirits in the shop that created the problem—he just helped himself. He started drinking spirits during working hours and was frequently noted by villagers to be clumsy and smelling of drink while dispensing. The shop was closed at lunchtime for longer and longer periods while Norman had beverage lunches in the local pub. He had difficulty retaining staff and the local family doctors became concerned.

Norman went to the Alcohol Advice Centre on one occasion and did not find the advice session helpful. He was admitted to the local general hospital with alcohol-induced hepatitis, but resumed drinking, despite the advice to abstain, within a few weeks of discharge. He was referred by one of the local doctors to the Community Alcohol Services and assessed just before Christmas 1987.

At initial assessment, Norman said that he had been trying to cut down and was now drinking approximately half a bottle of whiskey a day with occasional pints of beer at lunchtime. He tended to minimise the problems surrounding his drinking, denying that there were any problems of significance at work or at home. His wife had moved out for a week but she had returned and he claimed that a reconciliation had been achieved. He denied that he had any alcohol-related physical problems, but did report having had hepatitis and alcoholic tremulousness. He said that he now wanted to be completely abstinent and was requesting support in achieving that. Plans were made for him to be seen at home daily and for a home-based detoxication to be undertaken using a reducing dosage of chlormethiazole. He did say, however, that in due course he wanted to resume social beer drinking, which he much enjoyed. He arranged for another pharmacist to temporarily take over the running of his pharmacy.

Susan was furious with the alcohol services' response. She wanted Norman taken away from the family home, preferably to a hospital for a long time. While away for that week, she had instituted divorce proceedings and was hoping that Norman would be out of the way while the proceedings took place. As Norman was still in the family home, she decided to adhere to her lawyer's instruction to provide no care, meals, or companionship for him. In fact, she could not sustain that, and she and Norman did their best to give Jonothan a Christmas with some semblance of normality.

Within two weeks, Norman resumed drinking beer. He felt he was quite safe drinking four pints of beer per night and, despite the therapist's counseling him to the contrary, was adamant that he could no longer be harming himself. He became very tearful when talking about the impending divorce, recognising that he was likely to lose his wife, home, family, and job.

Around this time Susan also became very distressed, and support and counseling was provided by another (female) member of the community alcohol team specifically aimed at helping her and not aimed at reconciliation. She thought that Norman was drinking as much as ever and she had had enough of his broken promises.

Norman maintained that his drinking was acceptably moderate, two or three pints of beer per night, and that he and Susan were sorting out their problems; she was no longer filing for divorce. He started missing appointments with his therapist and eventually the therapist wrote to him asking him to contact him if he wanted further help. Norman made no response to that letter and his case was closed some months after that, in August 1988.

No more was heard from Norman until two years

later, when one Saturday night, he phoned his initial assessor at his home and requested instant help, by which he meant admission to hospital for detoxication. His initial assessor arranged instant admission, but Norman declined, preferring to be admitted on the Monday morning. He was now divorced, but still living in the unsold family home with Susan. He had sold his business. He had lost weight, over twenty pounds. He was drinking approximately one bottle of vodka and four or five pints of beer a day. He had undertaken some temporary work, but now, for the first time in his life, had no regular employment.

He was detoxicated without difficulty, showing little by way of withdrawal phenomena, just tremulousness and insomnia. He had moderately disturbed liver function tests. He was advised to abstain totally from alcohol and that he would be followed up as an outpatient. It was no surprise to his (new) therapist who was also his initial assessor that he failed to attend. His case was again closed. Six months later, the therapist received a phone call from Norman's probation officer to say that Norman was before the court for assault on Jonothan, his son. He had been placed in a hostel where he had an epileptic fit (probably related to alcohol withdrawal) and then left. He returned to the marital home from which he was banned by court injunction, was apprehended by the police, and was in custody pending trial. The therapist offered to see Norman as an outpatient if Norman contacted him. He did not. The court issued a probation order and the probation service arranged hostel accommodation and regular supervision.

Three months later, the therapist received a communication from the Royal Pharmaceutical Society, the profession's self-regulatory collegiate body. Norman had been drawn to their attention by the court appearance—they receive a record of all pharmacists who appear before the courts—and by a report of him being intoxicated while attempting to undertake temporary duties. It transpired that he had been similarly reported by a pharmaceutical inspector just prior to the initial presentation to the alcohol services in 1987. A disciplinary hearing was arranged and the society was seeking information from the therapist. For reasons of confidentiality, none was provided but the therapist contacted Norman, and after a discussion a strategy was formulated: Norman would not present for a disciplinary hearing but would voluntarily withdraw from the pharmaceutical register. However, the strategy failed: the hearing went ahead and Norman's name was erased from the register.

The therapist next saw Norman six months later, and that was informally. Norman, with bruised face and in intoxicated skid row company staggered down a city street toward him. He walked straight past, failing to acknowledge, perhaps even to recognise, his therapist.

Eighteen months after that, Norman sent a polite, typed letter to the therapist. He said that he wanted to reapply to become a registered pharmacist and that "I think you would see a considerable difference if you were to see me now." The therapist arranged to see him. Norman presented punctually; he was sober and well dressed. He gave a very clear account of what happened. When the divorce was finalised, Norman moved into a small flat in the City. The family home was sold and he had no contact with

Susan or Jonothan for a year. For six months, Norman continued to drink habitually and destructively, using money from the sale of the family home.

One morning, he woke up and said to himself, "Drinking is not the answer!" So he locked himself in his flat and stopped drinking abruptly. He did not eat for two weeks. He had diarrhoea and vomiting; he would vomit up even water. He was tremulous and had cold sweats. He had no sleep at all for three nights. He became aware that he could not judge distances and was unsteady on his feet. Eventually these withdrawal symptoms subsided, and he realised that he was an addict, that he was drinking to get rid of "the shakes" and to "get going in the morning." He recognised that prior to that time he needed alcohol. He tried Alcoholics Anonymous but found it to be of no use; he could not stand the religiousness. He said that the desire to drink first thing in the morning had gone away, but he recognised that without any difficulty he could return to all-day drinking and "get into the same mess again."

Thus, he had set for himself very firm rules about drinking:

1. No Vodka.
2. No home-based drinking of any sort.
3. No drinking except when in company—being by himself in a pub is not company.
4. Choose weak beer and lager.

For the seven days prior to being seen by his therapist, he had drunk no alcohol at all and had two pints of beer in the week before that. He said that was about normal for him now. On one occasion in the past year, he drank four pints in one session and regarded that as an occasion when he "let himself go." Mainly, he said, he drank milk. He was smoking forty cigarettes a day and thought "that might be the next problem."

He was unemployed and spent his time taking adult education courses in computer studies and foreign languages. An ex-colleague employed him occasionally as an (unlicensed) dispenser in a pharmacy and in this way he was acquainting himself with the new drugs and procedures. This friend was happy to give him a reference for the Pharmaceutical Society. He had reestablished contact with Susan, who now had a new partner, and sees Jonothan every Saturday afternoon.

He said that since he drastically curtailed his drinking, he now felt very guilty about it and remorseful about what his drinking did. He also felt that he has had to come to terms with himself as a sensitive, emotional person, easily brought to tears by pictures of war and famine on the television or even by a "weepie" film. He thought he had probably always been that kind of person and alcohol used to act as some kind of insulation against the distress.

The therapist took liver function tests, which showed marginal derangement, consistent with previous damage. He agreed to support Norman's application for re-registration. Norman was eventually reinstated.

The therapist saw Norman in Leicester city centre a year later. His drinking remained minimal. He had had only limited work as a temporary pharmacist. He was thinking of going to work as a volunteer in a Third World country.

Case History 7

This case is the opposite of the previous one. It concerns somebody who thought that the services were worse than useless. Right from the outset, those around him believed that Anthony suffered from a disease called "alcoholism" and tried to stop him drinking totally. Therefore he engaged in "denial" and secretive drinking. The services' view that he could moderate his drinking if he so chose was at marked variance with that of his father, his first wife, and his family doctor. It enabled Anthony to go on drinking, which was what he wanted to do. But he did not have to live with the consequences of his drinking—he was protected from them by those around him construing him as ill. The services could not remove that attribution nor get him to accept responsibility for his own behaviour. Eventually he defaulted from what had been manifestly an unsuccessful approach and he and his family sought help elsewhere. After five inpatient treatment episodes in facilities that adhered to the disease concept, he eventually accepted himself as having such a disease and has been successfully abstinent for many years. Domestically and occupationally, he remains unstable.

> Anthony, a married man who lived in a small house near his parents' home in a beautiful village in Rutland, the far east of the county, was 30 years old when he was referred to the Community Alcohol Services in 1981. He had been seen by a neurologist following an epileptic fit. The neurologist agreed with his family doctor's diagnosis of "Alcoholism" and reported "various suggestive features. He came late and his manner was a little odd. As soon as he sat down, he reached for eucalyptus tablets. On examination he was tremulous with a characteristic aroma. There were prominent

veins on the upper part of his chest but no spider nevi and I could not feel his liver. There were no neurological signs."

When interviewed by the assessor for the Community Alcohol Services (a clinical psychologist, on this occasion), Anthony presented in "an arrogant, know-it-all way." The story he gave was of pub-based drinking "with the boys" in his late teens, which was unexceptional. But gradually his consumption increased to include half a bottle of vodka at home afterward. This had consequences, and on one occasion he was admitted to a general hospital with acute alcohol poisoning and on another with alcoholic gastritis, which he denied. He had also lost his licence following a car accident when he was found to have a blood alcohol concentration of 222 mg per 100 ml. He claimed that it was that high because of "the stiff drink I had at home before being breathalysed." Nonetheless he was convicted and disqualified from driving for two years. He said that at that time he decided to stop drinking spirits and to drink wine instead. This he did, but now started drinking at lunchtime. He claimed to suffer from no sequelae related to his drinking, nor from withdrawal symptoms. He also smoked sixty cigarettes a day.

He worked in the family building business as a partner to his father and claimed that his marriage of five years was very happy even though he was very much the dominant partner. He said that what he wanted was to be able to drink socially without feeling that the alcohol was taking over.

His assessor believed hardly a word of the story he was told, thinking that his drinking was far in excess of that reported and suspecting much more social and domestic turbulence. He decided that he would do no more than monitor the situation and see what developed. What developed was nothing. Anthony defaulted from contact.

He was re-referred, this time by his family doctor, ten months later and assessed this time by a nurse. Again, he claimed few problems. He said he was drinking two and a half pints of cider a night. He admitted that his drinking (at this much-reduced level) was a serious problem, that there was major domestic discord, and that there were problems in the building firm. He said, however, that he enjoyed the work still "until the overwhelming claustrophobia from stress takes over." For this stress, he had been placed on Valium by his family doctor. He thought his drinking was "too much habitually" and he scored himself as 8 on the scale of responsibility (see Appendix 1).

He had three goals for himself: to get his driving licence back, to control his drinking, and get off of Valium. Over the next six months he was seen approximately every two weeks and his consumption dropped gradually, with less per drinking session and at least two abstinent days per week. He had one heavy drinking bout on discovering that his wife was having an affair and planned to leave him. Nonetheless, he still described himself as "an unqualified success."

His therapist thought the opinion of the psychiatrist in the team might be useful. He thought there was no evidence of formal mental illness and that the "overall clinical presentation is of a male hysteric. Everything is exaggerated into being absolute: the most depressed he has ever felt, the most overwhelmed he has ever been, the most frightened he has ever been. . . . He seems to be under some pressure to take on the family business, a task that he feels he is quite incapable of doing. But he seems unable to tell his father, who is obviously quite a powerful man, that he feels this way. He might benefit from some time out and psychotherapeutic exploration and for this reason an approach to [the local therapeutic community] will be made."

Anthony refused to go to the therapeutic community, so his case was placed on open contact. One year later, his therapist visited again at the request of Anthony's new girlfriend, who was concerned about his drinking. He was drinking at least four litres of strong lager daily. His girlfriend wanted him to abstain completely. He said he could easily control it. His therapist was unconvinced and offered to reestablish regular contact. She gave him an appointment for two weeks later. Anthony did not attend and did not reply to a further letter. His case was closed.

He is another person who is part of the ten-year follow-up study, and was thus contacted by an independent researcher. He had been totally abstinent for eight years. After breaking off contact with the Community Alcohol Services, he had three admissions to a private sector hospital, then a further two to a Minnesota-model concept house. There he became convinced that he was an alcoholic and has attended A.A. meetings two or three times a week since. He had married his girlfriend, had two children by her, and then left her for another woman. He did not join his father's firm but has tried to set up his own businesses.

He rated himself now as 1 on the 1 to 10 responsibility for drinking scale—not at all responsible. He said that he was fatalistic, that he had a spiritual belief that he is not in control of his own destiny. He knew that he would not drink that day but had no idea what would happen in the future. He saw himself as a recovering alcoholic. He believed that the Community Alcohol Services were worse than useless, that they simply prolonged the agony. He thought that the possibility of controlled drinking was an insane idea, and that the only people who could help were those who have experienced alcohol problems themselves. He suggested that the "Community Alcohol Team needed a male and female recovering alcoholic to work with people. Only they can empathise. They understand that I've got a killer disease and am always fighting it."

Again, because the services appear to have failed Anthony, his case merits close scrutiny. Anthony's view was that the services colluded with his wish to go on drinking, contrary to the wishes of those around him, and, in the end, of himself. Despite a continuing lack of occupational, domestic, and social stability, he now construes himself as a success, solely because he has stopped drinking alcohol.

What is collusion?

Even now in Leicestershire, many people adhere to the folk belief system which states that "alcoholism" is a disease and its solution is abstinence. The Leicestershire Community Alcohol Services, which operate from a different set of beliefs, can find themselves at variance with that view. But they also claim to try to "start where the customer is." In such circumstances, should the Services work within that folk belief system, particularly when it is being promulgated by family members and not by the drinker himself?

Thus, what is the definition of success?

It is well documented that the engagement of significant others into the intervention process enhances the chances of success. But if the only way to do that is to validate unsubstantiated folk beliefs, what would be the consequences of that?

And if there is a continuing conflict of belief systems, who suffers?

Part of the "glue" that holds together the fellowship of Alcoholics Anonymous (AA) is a belief that it can succeed where others, including many professionals, fail. The Leicestershire Community Alcohol Services recognise that AA has a small place in the total pattern and range of services. At what point, if ever, should the therapists in Anthony's case have referred him back to AA, whose approach he had tried in the past and found unhelpful?

Case History 8

This is a history of a number of therapists working over a period of years with one person, responding as best they could to the various crises and "hanging in" until other factors of maturation come into play to assist their efforts. It is another example of the impossibility of disentangling the intervention efforts from all else that was happening.

Cathy originally made contact with the Community Alcohol Services in 1981. At this time she was 18 years old. She had been living with her boyfriend, Mike, in a council flat in a rundown part of the city for two years and they had a 10-month-old son, Mark. She got the number of the Alcohol Advice Centre from Directory Assistance and referred herself, asking for a home visit. She was surprised when a member of the services arrived because she had no recall of having arranged a visit. Thus, she was understandably nervous at the beginning of the assessment, but she relaxed as time went by. The flat was clean and tidy and Mark appeared to the therapist to be well cared for and contented.

Cathy thought her drinking was very heavy and a serious problem, and was worried about her child-rearing competence. She would drink a cocktail of sherry, gin, strong beer (barley wine), ordinary lager, and cider—whatever she could get. She drank mostly in the evenings for the purpose of "getting drunk" after she had put Mark to bed. She was not good at defining quantities consumed but it appeared to be the equivalent of a bottle of spirits per drinking day. She knew that her drinking was making her nauseated and tremulous in the morning. She also had a poor appetite, slept poorly, and was irritable most of the time. She suffered from memory blackouts, particularly if she had been drinking all day—as she had when she phoned the advice centre.

She said that she drank because there was nothing else to do, that she felt "in a rut," and that there was not much right in her life. She said that she was unhappy in her relationship with Mike and thought that unless something changed, it would not last another two years. She did not want Mike to know about her contact with the services. She wanted help to "stay off the drink" and with restructuring her evenings, and she wanted to be seen at home in the afternoons, when Mike was out at work. She presented as a very determined, independent, intelligent, wilful young woman who wanted to do things her way. A further appointment was arranged.

She was not in at that next appointment, or at a subsequent one. She contacted the therapist to say that she had split up with Mike and after moving back with her mother briefly, she had moved into her own flat. When she was visited there, in January 1982, her drinking had declined a little: to four pints of cider per evening. She claimed now that she drank because she was lonely. Within six weeks, she had been encouraged to give up home-based drinking. She now only drank in pubs with friends and thought that her drinking was no longer a problem; she felt she was back in control. She did not want further contact.

Two years later, she was referred to the services again, this time by the staff of the day nursery. She had embarked on another cohabitation but George, her boyfriend, spent many months away from home, working on North Sea oil rigs, and when he was away she felt anxious and lonely. Her family doctor had placed her on Valium. She was taking a training course for employment as a secretary and that was why Mark (now aged 3) was in day nursery. She was back to home-based cider drinking, and had been doing so for the past six months. She wanted to cut down on her drinking, so she was advised to keep a drinking diary of quantities and beverages and where, why, and when. The therapist offered to visit again in two weeks.

On the next occasion, Cathy continued to complain about anxiety and loneliness. She kept the drinking diary for only three days. This time, the therapist was more directive, suggesting that she keep the diary properly and be totally abstinent for two days a week. Training on relaxation techniques would be offered at a subsequent visit. Cathy was out at the time of the next planned appointment and at the appointment after that said that she did not want further contact.

Three years later, in 1987, Cathy was referred to the services again, this time by her family doctor. She had moved to a more upscale part of the city and was still living with the same man and now had a 1-year-old daughter, Marie. Up until she gave birth to Marie, she was working in an office but was once again a full-time housewife and mother. During the pregnancy, she was totally abstinent but she was again drinking substantial amounts: a quarter of a bottle of vodka and three or four pints of lager or cider per night. This was as before—at home, alone, often secretly, and with the disapproval of George. They had many rows about her drinking. She now claimed her drinking was because of a lack of self-confidence. She was no longer on Valium. She wanted to stop drinking completely and wanted help in doing that. She was started on a short detoxication regime.

With the aid of the reducing doses of chlormethiazole, Cathy became totally abstinent but decided after a week that she wanted to resume moderate drinking and decided that the way to do that was to eliminate all home-based drinking. Two months later, she was drinking a quarter of a bottle of vodka twice or thrice a week and was quite happy with that. She said that her boyfriend was, as well. For her, the best news was that she had obtained work in a local shoe shop. As arranged, the therapist visited again on two further occasions, but both times Cathy was out. Her case was once again closed.

One year later, she was again referred by her family doctor. She had split up with George and was once again a single parent who was drinking vodka and cider most evenings. She was drinking about a bottle of spirits or equivalent a night and said it was because she was alone and bored, having had to give up her job when George left. Again, she was worried about child care: Mark was a problem child at school and Marie, now aged 2, was described as hyperactive. She had tried the local Alcoholics Anonymous group but found it no use at all.

With the help of her (new) therapist, she cut her drinking down to "a few glasses of cider" (1 litre!) and no vodka most evenings of the week and was really pleased about that. What she was really hoping was that George would come back to her. Yet again, she started not being in when the therapist called, so once again her case was closed.

Cathy has not been referred to the services again but happens to be one of the 1981 study sample described above. So she was contacted and interviewed by an independent researcher in 1992. She lives in the same house. George is back. They had a new baby, Martin, aged 3 months. Cathy's drinking has declined markedly. For the last few years, she would only drink wine, on Friday and Saturday night, in the pub with George. She said that after two or three glasses of wine, she would get "a bit merry" and then stop. When she was pregnant, she had only the occasional glass of wine during the entire nine months.

When asked about the intervention offered by the Community Alcohol Services, she said that she remembered the home visits and thought that the therapists tended to pry too much. Nonetheless they did make her realise that she had a problem and that she needed to "do it myself." She said that she would have benefited from more regular visits than she received at that time.

Case History 9

This case is of a relatively brief and successful interven-
tion; but what was it, if anything, about the intervention
that worked? Was it anything to do with the drinking or
with the smoking, or was it helping the person feel more
comfortable about having a "toyboy"?

Florence ("Flo") was 56 years old when she referred
herself to the Community Alcohol Services. She lived
and worked in the suburbs of the city. Her job was in
the local social security office as a secretary, which
she had held for ten years and which she claimed to
enjoy. She had been separated from her second hus-
band for five years and was in the process of obtaining
a divorce. She had four children, all in their twenties
and living away from home, but with whom she had
regular contact. She lived by herself but had a boy-
friend, Neville, a neighbour considerably younger
than herself. She felt "used" by him: he would drop in
when he pleased and be away for weeks without
contacting her. She felt emotionally "lost" and be-
moaned the fact that she did not have anyone reliable
to whom to give her affection.

At initial interview, Flo admitted to drinking at
least a bottle of sherry an evening at home alone. She
had been doing this for the last twelve months and
had noticed the amount she consumed each evening
increasing and was worried about the amount of
money she was spending on it. Her drinking, she said,
was to deal with loneliness. Her youngest daughter,
who had mild cerebral palsy, got married and left
home a year previously. Flo suffered from no with-
drawal phenomena or hangovers. Her drinking was
not interfering with her work and did help her to

sleep. However it also made her "stupid and depressed." She called herself a secret drinker and was very guilty about it.

Her drinking was unexceptional until one year before her presentation, but she had had previous contact with psychiatrists. She had a postnatal depression following the birth of her youngest daughter and a further depressive episode after the breakup of her first marriage. She had been on tranquillisers and antidepressants for many years.

Her perceived needs were that she wanted to control her drinking and to have male company, not necessarily for sex but "there must be affection." Because of the obvious risk of Flo falling in love with a male therapist, the community alcohol team provided her with a sympathetic female therapist. When first visited at home, Flo was very agitated, unable to settle and talked incessantly. She was always "doing something." Her life sounded very busy. Her job was hard and she admitted that she really hated it. When she was at home, her front doorbell was always being rung by neighbours wanting something, her family visited a lot, she helped out at a local youth club, and was secretary of the local tenants' association.

Flo and the therapist agreed that Flo would keep a drinking diary, try and halve her consumption of sherry, and one evening per week join a singles' club. She did not succeed at first. She only reduced her drinking to three-quarters of a bottle of sherry and she did not make it to the singles' club. She said it was because she had to look after a neighbour's dog, and there was a good film on television! Neville had not visited "for weeks" but she had met someone new. She was not attracted to him physically but did enjoy his company.

Two weeks later, Flo had cut her consumption further, to the original target of half a bottle of sherry per night. Her new boyfriend was behaving "very properly." He wrote to say how much he had enjoyed her company and asked if he could visit. Flo's answer was "Yes!" Neville had not reappeared. A new goal of two bottles of sherry per week was agreed to. If Flo used it all up in the middle of the week, she would have to do without for the rest of the week. But there was another problem. Flo's new boyfriend was a nonsmoker and objected to her thirty cigarettes a day, so she decided to stop smoking as well.

Two weeks later, Flo had a migraine when her therapist arrived, so the interview was cut short. She had reduced her smoking to less than five cigarettes a day when the boyfriend was not there, but her alcohol consumption was still half a bottle of sherry per night. Normally, when she got in from work she would have a drink and a smoke immediately. She was capable of delaying her drinking until after she had eaten but only by having a cigarette and a cup of coffee. Coming in from work and avoiding a cigarette meant that she resorted to the sherry instead.

Three weeks later, Flo said that things had changed again. She confronted her new boyfriend about his hostility to her smoking and said that she would smoke if she wanted to. She did this and stopped drinking completely. This coincided with the reappearance of Neville! She was still abstinent from alcohol and smoking when visited by her therapist one month later. She was delighted with the attention she was getting from Neville, and had become totally uninterested in the new boyfriend. She did not see the need for further contact with the therapist, so she was placed on open contact.

Flo was seen again as part of a follow-up study three months later. She had resumed moderate drinking. A bottle of sherry would last for two weeks and she was quite contented. Neville continued to visit intermittently but she no longer felt used by him. She knew what were the terms and conditions of the relationship and was getting what she wanted out of it, too. Being laid off at work was a real possibility, and she was keen to leave if she could.

Flo was interviewed again by an independent researcher, as part of the services' ten-year follow-up study. She was now 67 and had five grandchildren. She had been laid off ten years earlier and had made no attempt to find further paid work. Her physical health had deteriorated two years earlier. She had developed hypertension and had two small strokes from which she had recovered well. There was no mention anymore of boyfriends; she was pleased still to be able to live alone. Her drinking had remained trivial and problem-free since her contact with the Community Alcohol Services. One daughter always bought her a bottle of Bailey's Irish Cream at Christmas and this would last almost a year. She would have the occasional brandy when out with her family.

She remembered her contact with the services and said that, although they had been helpful, she saw herself as having been an easy target. It was easy for her therapist to help her then for she had wanted to change, because she had made up her mind not to become "an alcoholic, like my [first] husband." She had never told her therapist about her ex-husband, but she did tell the research worker that her eldest son had recently developed a problem with alcohol and at her suggestion approached the Community Alcohol

Services for help. Because of the different surname, the staff in the services had not made the connection.

SUMMARY

1. After the institution of an alternative style of service delivery in an English county, there was a sixfold increase in referral rate over the next decade.
2. The initial presenters to the service were similar to those who presented to services throughout Britain.
3. Customers, at the time of presentation to the services, appeared to show a high degree of insight into their drinking and other problems. Their view of themselves at that time was quite close to that of being dependent upon alcohol, but they felt more personally responsible for both their drinking and their problems than the dependency concept infers. They were "determined drinkers."
4. As outlined in Chapter 2, the intervention style was nonabstinence oriented, community based, and client demand generated.
5. A short-term uncontrolled follow-up study of a sample of users of the Leicestershire services was carried out. There was such a high rate of attrition from the study, particularly of homeless men, that any conclusions drawn must be circumspect. The study appeared to indicate that six months after cessation of contact, consumption of alcohol in a quarter of the sample had ceased. Continued drinking had declined to approximately half the reported intake at initial

assessment. Patterns of consumption had changed from all-day solitary drinking to drinking in the company of family and friends in the evening.

6. At six month follow-up, customers reported seeing themselves as "ex–problem drinkers," no longer dependent whether or not they were still drinking, and continuing to feel responsible for their conduct. They were "ex–determined drinkers."

7. Illustrative case histories described a range of customers, their community-based interventions, and the outcomes. It is clear that the intervention by the service is only one factor among many that influences outcome, and it may be a minor one.

4

The Impact of Community-Based Services for Alcohol Problems

INDICATORS OF ALCOHOL-RELATED HARM

What would happen if the new techniques described in the previous chapters were to be used by the main specialist alcohol treatment agencies serving a specific geographic area? A definitive answer is not possible because services do not operate in isolation. The size and style of a service is determined by social, political, and fiscal forces. If people with alcohol problems are viewed by a society as sick, the services provided will be medicalised. If they are seen as wicked, the services will be more coloured by the criminal justice aspects of containment and control. (These themes were elucidated in Chapter 1.) But if they are seen as deserving of help and care by the community, then greater resources will be provided for agencies to work with them than would be provided if they were seen as undeserving.

Alcohol services work in "open systems," and are but

one of the many social influences that impinge upon drinkers and their domestic and social environment. To some extent they reflect the views of the communities they serve. There is, however, substantial latitude. In the East Midlands of England there is sufficient demand for both the Leicestershire Community Alcohol Services and a private sector Minnesota-model clinic in Nottinghamshire, the adjacent county. They serve essentially similar client groups from similar communities. To some extent, their operation is "provider driven": both services have been reasonably successful at marketing themselves and their vision to potential clients. Also, people with drinking problems are a relatively unpopular client group among health care providers. Some providers feel that treating problem drinkers is not that important, so they are just as happy that somebody else is doing it.

Ideally, to examine the impact of a service one would look at the prevalence of the condition in a community and find a similar community with a similar prevalence to serve as a control. Then one would set up the new service in the target community and record how many cases the service treated and with what degree of success. One would also examine the prevalence of the condition in both the target and the control communities, and after a given period of time examine whether the target community differed from the control community in terms of service uptake, treatment efficacy, and prevalence of the condition. If a difference had occurred, one would then close down the new service and see if those variables, of prevalence and service uptake, returned to the level of the control community.

Unfortunately, the real world is not controllable in this way. Collecting meaningful comparative data on service efficacy is further confounded by the lack of general agreement about how to define a person with an alcohol problem. There is a widespread assumption that "there is a lot of it about" and that the majority of people with alcohol problems do not present to treatment agencies. So attempts have been made to estimate how much of "it" there is about by looking at more robustly defineable and measurable conditions. These are often referred to as indirect indicators of alcohol problems. But if there is no unitary "it," then they are indicators, not indirect indicators. The conditions usually measured are diseases, such as liver cirrhosis, pancreatitis, and carcinoma of oesophagus where a causal link with alcohol use is well established, and alcohol-related criminality.

As discussed in Chapter 1, the relationship between the level of consumption of alcohol in the general population and the prevalence of problems related to that consumption has been the subject of much interest over the past twenty years. The most widely held view is that the distribution of alcohol consumption in a population is lognormal (Kendell 1979), with the majority drinking a little and a decreasing minority drinking an increasing amount. Therefore, the more alcohol consumed in a community, the greater the number of heavy and problematic drinkers there will be (Bruun et al. 1975, Edwards et al. 1994).

Treatment systems for problem drinkers were not thought to influence the relationship between overall consumption and harm, in part because treatment is not particularly successful (Miller and Hester 1980) and in part because only a small minority of the problem-drinking population gets treated (Saunders 1985). Thus the provision of treatment services, however worthwhile for some individuals, was not thought to change the prevalence of alcohol problems in the whole community as estimated by indicators usually attributed to alcohol use. Simply, the more awash with alcohol a community is, the higher will be the frequency of these indices, regardless of the presence and efforts of specific alcohol treatment agencies. However, recent reports, one from Canada (Mann et al. 1988) and one from the United States (Holder and Parker 1992) have suggested that there may indeed be a treatment effect discernible in the prevalence of, or mortality from, hepatic cirrhosis.

The move away from inpatient care of problem drinkers toward community care has been generated in part by the perceived need to render services more accessible to people with drinking problems who were unable or unwilling to avail themselves of the existing, usually inpatient, services (Advisory Committee on Alcoholism 1978) and thus to reach deeper into the pool of such people. So, it could be hypothesised that in areas with comprehensive community-based treatment services, which appear as effective as other methods of intervention and do indeed reach many new drinkers (Stockwell and Clement 1989), there might be reductions in the prevalence of alcohol-related problems compared with areas with less-accessible services. Such community-based services could then be called preventive of such problems.

A setting where this hypothesis could be tested was the East Midlands of England, because three of the counties in that region are demographically very similar but had very different styles of alcohol services; thus, a "natural" experiment was occurring. A description of the East Midlands of England, the three counties concerned, their alcohol services, and data on drinking patterns follows. It was possible in these three counties to undertake a comparison of time patterns of rates of uptake of specialist services and indicators of alcohol problems. The styles of service were generic service alone, the alcohol treatment unit model, and an integrated community alcohol services model.

LEICESTERSHIRE AND THE EAST MIDLANDS
OF ENGLAND

Demography of Leicestershire

The map in Figure 4–1 shows the East Midlands of England. As can be seen, Leicestershire is a roughly diamond-shaped county. It is approximately 50 miles from east to west and 35 miles from north to south. Like the rest of the East Midlands, it is an area of gentle rolling countryside, three-quarters of which has been under predominantly arable cultivation since Domesday (1082). The City of Leicester, the county town, is centrally placed and market towns such as Melton Mowbray, Market Harborough, and Hinckley are located in a ring around the county approximately 15 miles from the city. The county has a good system of roads, and Leicester is on two main railway lines.

The population of Leicestershire is gradually increasing, from 845,000 in 1975 to 884,860 in 1985. Half the population lives in the city conurbation, which includes some suburbs. (The city itself has a population of 282,300.) The other half of the population lives in the market towns, which have populations of 20,000 to 50,000, or in small villages.

The city of Leicester is markedly multiracial, with proportions as follows:

White	214,355	(75.9%)
Asian	63,186	(22.4%)
West Indian	5,084	(1.8%)
Chinese	552	(0.2%)
Mixed	1,387	(0.5%)
Other	1,444	(0.5%)
Not stated	12	(0.0%)

Figure 4–1.   Map of East Midlands of England

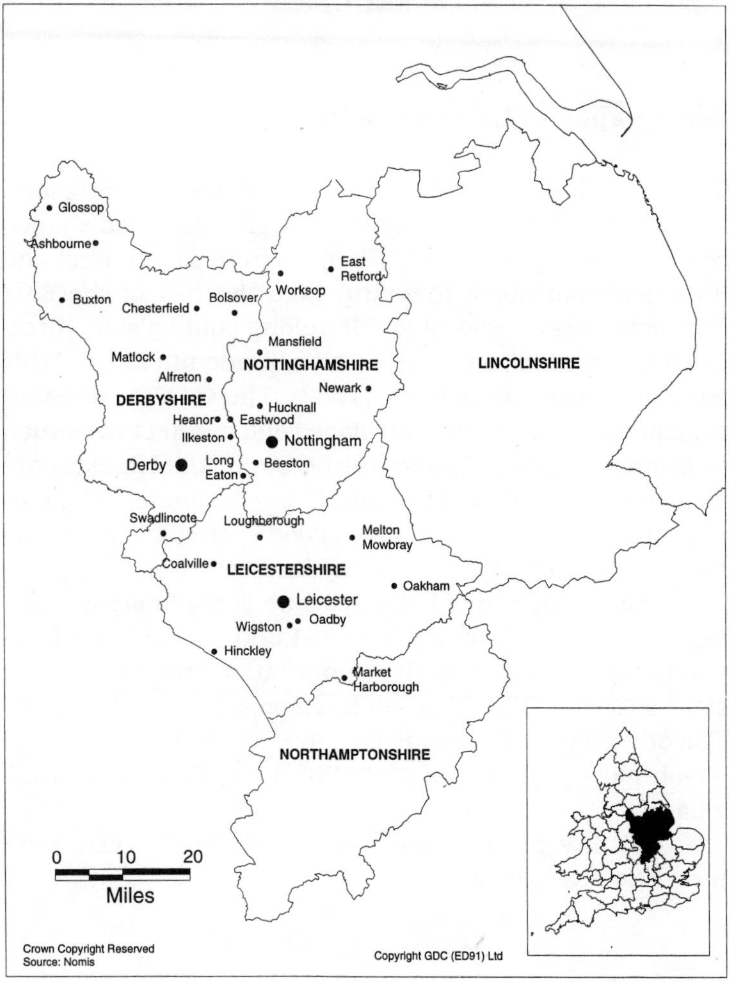

Crown Copyright Reserved
Source: Nomis

Copyright GDC (ED91) Ltd

The religious affiliations are similarly diverse:

Christian	188,923	(66.9%)
Hindu	39,743	(14.1%)
Sikh	10,808	(3.8%)
Muslim	12,434	(4.4%)
Jewish	471	(0.2%)
None	30,692	(10.9%)
Other	2,071	(0.7%)
Not Known	878	(0.3%)

(All data are from the Leicester City Council's 1985 survey.)

The largest ethnic minority group is of Indian subcontinental extraction. The group has increased in size gradually since the 1960s. Originally, these people came to Leicester either directly from India (particularly Gujerat) and Pakistan or via East Africa. There was a more abrupt increase in 1972–73 after many people of Indian extraction were ejected from Uganda (by Idi Amin). This population has thus been stably resident in Leicester since before this study period commenced. It is somewhat more youthful (82% < 45 years of age) than the white population (62% < 45 years of age).

Leicestershire has a buoyant mixed economy. Apart from farming it is predominantly an area of light industry: shoes, hosiery, knitwear, electronics, and machine tools. There were coal mines in the northwest of the county that have now closed down, but there is one new pit in the northeast of the county. Large numbers of Scots and "Geordies" (from Newcastle, in the northeast of England), moved to Leicestershire to work in the mines. The county has an unemployment rate below the national average (12.5% compared with 13.5%, as of 1985), and a large relatively low-paid female workforce. Double incomes are common, so despite relatively low wages, it is a county with high rates of home ownership and two-car families.

With regard to organisation of health care, Leicestershire, along with health districts in the counties of Derbyshire, Lincolnshire, Nottinghamshire, and South Yorkshire, is in the Trent NHS region. (Northamptonshire is in the adjacent Oxford Regional Health Authority.) Leicestershire's health care is provided by approximately 400 general practitioners, a few cottage hospitals, and three general teaching hospitals, one with a psychiatric department. There are also two large mental hospitals, both of which are scheduled for closure. There are 40.1 general hospital beds and 8.8 psychiatric beds (excluding for the mentally handicapped) per 10,000 of the population. There is at the University of Leicester a medical school that was established in the early 1970s, which led to a substantial increase in medical care in what used to be an area of very low provision. The private sector operates on a very small scale. There are no psychiatric beds for private patients in the county, although psychiatric patients do get admitted to the two small private general hospitals.

Comparison Counties

Indicators of alcohol problems in three counties are compared. They are Derbyshire (D), Leicestershire (L), and Nottinghamshire (N). As can be seen on the map they are adjacent. Each has an area of about one thousand square miles (D:1016; L:986; N: 836), a population of a little under a million (D: 910,700; L: 884,860; N: 995,300), a county town of about a quarter of a million (D: 217,000; L: 282,300; N:271,000) and an ethnic minority population (as of 1981–D: 3.35%; L: 8.89%; N: 4.24%). All three counties have large rural hinterlands and multiple market towns.

Between the 1971 and 1981 censuses, the populations of the three counties showed similar changes in sex and age distribution—M:F ratios (D: 1971, 0.9722; 1981, 0.9661; L: 1971, 0.9746; 1981, 0.9687; N:1971, 0.9712; 1981, 0.9632); age distribution changes (1971–81) were 0–15: D, −2.8%; L, −2.7%; N, −3.6%; 16–34: D, +2.7%; L, +2.6%; N, +2.7%; 35–pensionable age: D, −1.4%; L, −0.9%; N, −1.0%; of pensionable age: D, +1.5%; L, +1.0%; N, +1.9%.

All three counties are in the East Midlands of England, an area of below-average unemployment (12.5% compared with the national average of 13.5% as of 1985) but with the lowest average rates of pay in Britain. There is a good deal of agricultural work, but mostly the area is light industrial: shoes, hosiery, knitwear, and other light manufacturing (Central Statistical Office 1986). All three counties also had coal mines, mostly running down. They even had similarly good county cricket teams and the cities have similarly erratic soccer teams!

Hospital medical and psychiatric care is provided in the three counties in the usual mixture of settings: teaching hospitals (L and N); district general hospitals, psychiatric units in general hospitals, and large psychiatric hospitals (D,L, and N). The number of general hospital (excluding psychiatric) beds per 10,000 was as follows (for 1985): D: 33.84; L:40.09; N: 45.37.

Drinking in the East Midlands

In 1978, the Office of Population Censuses and Surveys undertook an inquiry on behalf of the Department of Health into drinking in England and Wales (Wilson 1980). In one part of this wide-ranging survey of drinking practices and problems, eleven areas were compared: North West, Inner London, North, Wales, South West, Outer London, West Midlands, South East (excluding Greater London), East Midlands, Yorkshire/Humberside, and East Anglia.

The East Midlands was consistently ranked low in-terms of alcohol consumption and problems. It was second lowest for level of male consumption, with a mean of 14.5 standard units per week, one unit being approximately 8.0 g of ethanol, compared with the national norm of 20.3 units (range 12.0–26.3). It was lowest for female consumption, with a mean of 3.8 units compared with the national norm of 7.2 units (range 3.8–9.4). (One British standard unit is approximately two-thirds of a U.S. standard drink [Miller et al. 1991].) Only 5% of the East Midlands men reported drinking more than 35 units per week compared with the national norm of 14%, and none of the women sampled reported drinking over 20 units compared with 3% of the total national female sample. Interestingly, none of the East Midlands men reported abstinence, compared with 6% nationally, and they drank more frequently in bars with their wives present (47%) than in any other region.

Between 1978 and 1987, mean per capita alcohol consumption in the East Midlands increased from 6.3 to 9.1 units per week. This represents an increase of 44.4% compared with an increase from 9.6 to 9.8 units (2.1%) for England as a whole (Goddard and Ikin 1988). These are, however, questionnaire responses from relatively small samples in national surveys.

Data from the Trent Regional Health Authority Life-style Survey are shown in Table 4–1. This study, con-ducted in 1991 (Roberts and Dengler 1992) showed the consumption patterns in the three counties. In this survey, safe limits for weekly consumption for men were defined as 21 (British) units and for women as 14. "Moderate" means consumption between 1 drink and the safe limits per week. In standard drinks (U.S.) that is approximately 14 for men and 10 for women per week. The differences between the three counties are not significant ($\chi^2 = 0.224$, d.f. = 4, n.s.).

In terms of problems in the year 1978, now with Inner and Greater London combined to produce ten regions, the East Midlands was second lowest in terms of deaths from liver cirrhosis (3.9 per 100,000, national range 3.4–5.9), and lowest on admissions to mental hospitals with a primary diagnosis of alcoholism or alcoholic psychosis (24 per 100,000, national range 24–50) and on drunkenness convictions (93 per 100,000, national range 93–672) (Wilson 1980).

Services for People with Alcohol Problems

There were changes in the services particularly toward the latter part of the study period; for instance, the development of Derby's day hospital in a psychiatric hospital for drinkers and of Nottingham's community alcohol and drugs team. During the majority of this study period, however, the services were as follows.

Derbyshire had very little by way of specialist alcohol services. In the early 1980s small alcohol advice centres were established in Derby and Chesterfield (total specialist staffing, all nonstatutory: 5.5). Very recently, advice centre counselors have been attached to health centres. Otherwise, services for problem drinkers were aggregated into general psychiatric or other services.

Nottinghamshire had, in the county town, a progres-

Table 4–1. Drinking in the East Midlands

County	N	Never	%	Moderate	%	> Safe limit	%
D	2030	299	14.7	1355	66.7	376	18.5
L	895	141	15.8	582	65.0	170	19.0
N	3121	483	15.5	2087	66.9	551	17.7

sive inpatient alcohol and drug dependency unit, which offered structured inpatient programmes with developing outpatient and community work. It also acted as a secondary service, with detoxication being undertaken on general medical and psychiatric wards. There was, also in the city, an active alcohol advisory service, which was a major educational resource, as well as a counseling service and a "dry house." In 1985, a community alcohol and drug team was established. Nottinghamshire's services were long established, and prior to the development of alcohol services in the other counties, the inpatient unit was the major health service resource in the region for problem drinkers and drug users (total specialist staffing—statutory: 14.5; nonstatutory: 3.5).

The Leicestershire services are described at length in Chapter 2.

Alcoholics Anonymous (AA) operates in these counties. Unlike in the US, where its impact on style and availability of services is major, in the United Kingdom it is far less pervasive, with, in 1986, an estimated 2,240 AA groups (39.5 per million) and 29,000 members (Makela 1991). In these three counties, AA manages to maintain one group per evening (in different sites) in Leicester and Nottingham, and thrice weekly meetings in Derby. There are weekly meetings in less than a dozen of the market towns. This is substantially below the 110.5 meetings that would be predicted for this population from the UK data. AA would not appear to be a major service provider locally.

Methods of Data Collection and Analysis

Collection

The data presented above were collated from the records and reports of the alcohol advisory services and community alcohol teams; hospital activity analysis (HAA), patient information system (PIS), and mortality records from the Trent Regional Health Authority; and criminal statistics obtained from the three county constabularies.

The International Classification of Diseases (ICD) (WHO 1974, 1978) was revised during the study period: ICD 8 covered the period 1975 to 1978, ICD 9 from 1979 on. From April 1987, the method of data collection within hospitals changed. Deaths in and discharges from hospitals (equivalent to hospital admissions but diagnostically more accurate) under the HAA system was replaced by finished consultant episodes, that is, diagnosis at death or final discharge under the PIS system. These changes occurred simultaneously in all three counties.

Statistical Analysis

The usual method of analysing time-series data such as these is by fitting ARIMA (autoregressive integrated moving average) models that allow for the possible auto-correlation of the observations between successive time points (Box and Jenkins 1976). However, ARIMA models require much longer time series than the sixteen points in this data set for accurate model fitting. Thus the statistical method employed was to assume that the rates followed a Poisson distribution with mean μ and that

$$\log (\mu) = \Sigma \beta x$$

where x is the vector of explanatory variables and β are regression coefficients. This model is the standard analysis for count data of this type (McCullagh and Nelder 1983). The GLIM (generalised linear interactive modeling) package was used for the analysis.

To further elucidate the time points where differences

occurred, pairwise comparisons between the three areas were made at each year using the MINITAB programme (Ryan et al. 1985). To allow for multiple testing, the significance level for each comparison was reduced to 0.001 so the overall significance level would remain around 5%.

CHANGES IN INDICATORS OF ALCOHOL PROBLEMS

Figure 4–2 shows the rates of referral to the alcohol advisory services or the community alcohol teams in the three counties. (All graphs show rates per 10,000 population, by place of residence, and, where possible, cover the 16-year period 1975–1990.) These data are for contacts by or on behalf of first referrals and re-referrals, some of which are single counseling sessions, not necessarily of the problem drinker him-or herself. The 1975 to 1979 figures from the Nottingham centre were not reliable; the service started in 1975 and was thus receiving zero referrals at the beginning of that year. Since 1979, accurate statistics have been maintained. From 1985 onward, the Nottingham-shire figures are those of the Alcohol Advice Centre and community alcohol team combined. The Derbyshire figures are a summation of contacts with the alcohol advice centres in Chesterfield (founded 1981) and in Derby (founded 1983). The 1978 Leicestershire figure is of referrals to the community alcohol team alone. Its Alcohol Advice Centre was established in 1979 and became the common entry point for the whole community response. There are highly significantly different time patterns between the three counties ($\chi^2 = 1212.3$, d.f. = 24, $p < .00001$). The contact rate for the Leicestershire services,

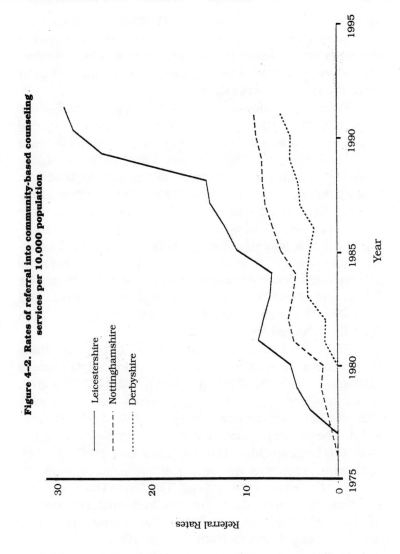

Figure 4-2. Rates of referral into community-based counseling services per 10,000 population

apart from a minor reversal in 1981–82 has risen inexorably, particularly steeply after 1985 and 1989, whereas in the other two counties it has risen more slowly and erratically, with Nottinghamshire generally having a higher referral rate than Derbyshire.

Figure 4–3 shows the rates of discharge and death from general hospitals for alcoholic psychosis, alcohol dependence, and nondependent alcohol abuse (ICD codes [8] 291, 303; [9] 291, 3050) at any point, so that a patient would be included if they were admitted with, for instance, acute pancreatitis secondary to alcohol dependence. There are significantly different time patterns between the three counties ($\chi^2 = 277.0$, d.f. = 28, $p < .0001$). The Nottinghamshire rate was significantly higher than the Leicestershire, rate for 1982, 1985, and 1987–90. The Derbyshire rate was significantly lower than the Leicestershire rate for 1978 and 1980–81, and then higher for 1982 and 1988–90. The Derbyshire rate was significantly lower than the Nottinghamshire rate for 1978–83.

Figure 4–4 shows the rates of discharge and death from general hospitals for hepatic cirrhosis and chronic liver disease (ICD [8] 571, 573; [9] 571, 572.2 to 572.8, 573, 573.3 to 573.9). Again the time patterns are significantly different between the counties ($\chi^2 = 85.0$, d.f. = 26, $p < .001$). The Nottinghamshire rate was significantly higher than the Leicestershire rate for 1976 and 1987–90. The Derbyshire rate was not significantly different from the Leicestershire rate for any year. The Derbyshire rate was significantly lower than the Nottinghamshire rate for 1976, 1980, 1982, and 1987–90. The Leicestershire rate shows a marked upturn from 1986 to 1989.

Figure 4–5 shows the mortality rates for hepatic cirrhosis and chronic liver disease. Overall the time patterns of the three counties are just below significance ($\chi^2 = 42.1$, d.f. = 30, $.1 > p > .05$). However, as can be clearly

Figure 4–3. Rates of death and discharge from general hospitals: alcohol dependence and alcoholic psychosis per 10,000 population

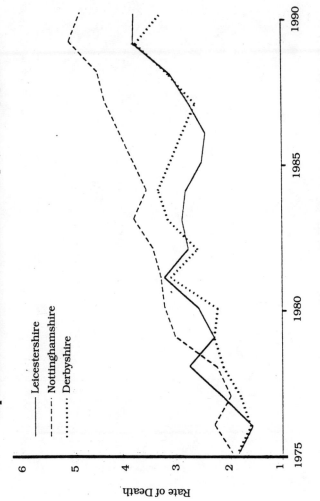

Figure 4–4. Rates of death and discharge from general hospitals: hepatic cirrhosis and chronic liver disease per 10,000 population

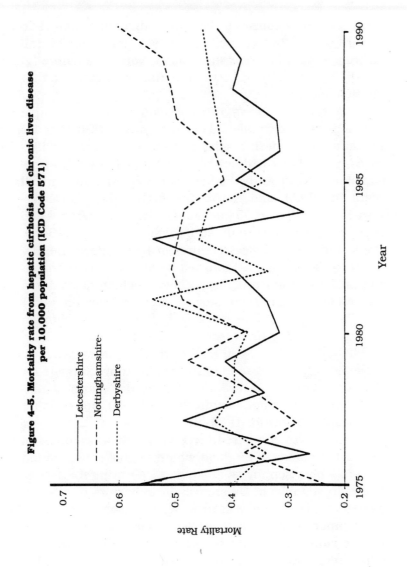

Figure 4–5. Mortality rate from hepatic cirrhosis and chronic liver disease per 10,000 population (ICD Code 571)

seen, the rates appear to be stably different from 1986 onward. From that year on, there is a significant overall difference, with Leicestershire below Nottinghamshire (χ^2 = 10.7, d.f. = 1, p < .005), but this is uncorrected for multiple tests.

Figure 4–6 shows rates of conviction for simple drunkenness and drunk and disorderly (Home Office codes 140 and 141). These results also show significant differences (χ^2 = 1710.1, d.f. = 23, p < .0001) with Nottinghamshire significantly higher than Leicestershire in all years (1976–90) and Derbyshire higher than Leicestershire from 1978 to 1985 (no data for Derbyshire from 1986 onward) and higher than Nottinghamshire for 1976–79, 1982, and 1985. (Leicestershire, in fact, follows the national trend but that is distorted by changes in metropolitan policing—the cautioning scheme—which has led to a marked decrease in nonmotoring offences from 1983 on.)

Figure 4–7 shows rates of conviction for drunken driving and failing to be tested (Home Office code 922) (χ^2 = 979.0, d.f. = 7, p < .0001). Derbyshire is consistently above Leicestershire and higher than Nottinghamshire for 1978–82, 1984, and 1985. Leicestershire starts significantly above Nottinghamshire for 1977–80 and ends up significantly below for 1982–87.

These data compared three very similar counties of the East Midlands of England where alcohol consumption has probably risen, by as much as 44% during the 1980s. There are significant differences in indicators of alcohol-related problems. Some of these were present prior to the development of alternative styles of alcohol services and some changed significantly during the study period. The Derbyshire and Nottinghamshire time patterns on these indicators have generally paralleled the probable increase of consumption of the East Midlands. But on every indicator compared with one or both of these neighbouring

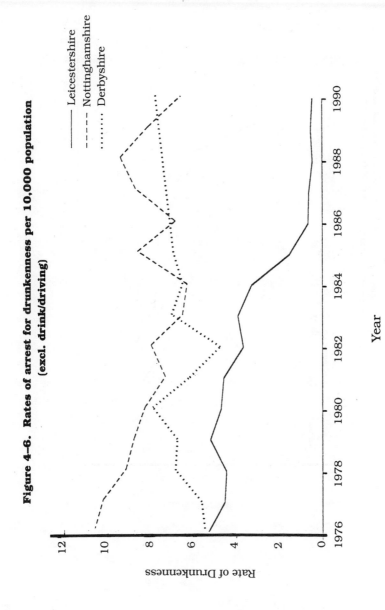

Figure 4–6. Rates of arrest for drunkenness per 10,000 population (excl. drink/driving)

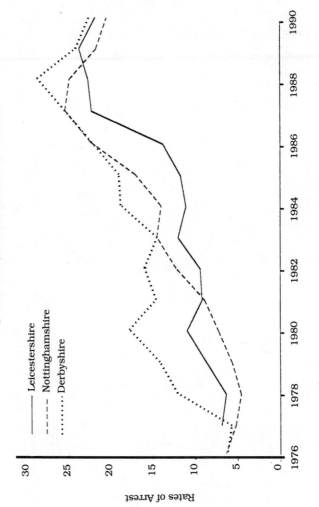

Figure 4-7. Rates of arrest for drink/driving and failing to produce a specimen per 10,000 population

counties, concomitant with a burgeoning usage of Leicestershire's Community Alcohol Services, there has been a less steep rise on these indicators of alcohol-related morbidity, mortality, and criminality. On some indicators, these trends continued into the 1990s, on others Leicestershire's rates have caught up with its neighbours. Possible explanations for these findings are:

1. Patterns of alcohol consumption have changed differently in Leicestershire compared with the other two counties. Unfortunately, the only data available are aggregated East Midlands data from The Office of Population Censuses and Surveys (OPCS) for 1978 and 1989 (Goddard and Ikin 1988, Wilson 1980), and the lifestyle survey conducted at the end of the study period (Roberts and Dengler 1992). It is feasible that Leicestershire's consumption patterns arrived at the 1991 point of no difference with the other two counties from a different baseline and by a different path.

2. Leicestershire hospital services are progressively refusing to admit drinkers despite the morbidity present. The total number of beds available for all medical and psychiatric purposes was remarkably constant over the study period. Were it true that admission for these patients was being selectively denied, it would be likely that the more recent death rates from hepatic cirrhosis in Leicestershire would be higher, not lower than the other two counties.

3. Leicestershire exports its problem drinkers with complications to other regions. In the south and west of the county, there is some "leakage," particularly of general medical and surgical admissions, toward the Oxfordshire and the West

Midlands Regional Health Authorities, but over the study period this leakage has progressively declined. If anything, this decline would operate against the trends shown in these data. Any exporting taking place among the study counties is accounted for by using "place of residence" data.

4. It is inevitable that there were changes in policing practices over the study period, for these practices are constantly being modified, contingent upon central governmental guidelines, local politics and priorities, and the particular enthusiasms of the chief constables. For instance, we are aware that in the mid-1980s, the Nottinghamshire constabulary operated a particularly vigorous anti-drinking and driving policy, and in the late 1980s Derbyshire Constabulary had organisational and staffing difficulties. These matters could clearly influence the criminal statistics. But we have no evidence of policy or practice that consistently differentiated one local constabulary from another. There is no reason to believe that the presence of any particular alcohol service per se had any impact upon policing practices in its county.

5. As has been suggested for the USA and Canada, this may be an Alcoholics Anonymous effect (Mann et al. 1991), not a specialist treatment effect. The low level of AA activity in these counties renders this explanation most unlikely.

The conclusion is that the differences between these indicators of alcohol problems in the three neighbouring and similar counties in the East Midlands of England are striking, as are the differences in rates of uptake into their community-based alcohol counseling services, with Leicestershire, with its well-used services, different from its neighbours. These results may suggest that if community-based counseling services do encourage large numbers of people to use them, they may be secondarily preventive of alcohol-related disabilities, at least in the short term.

The upturn in the hospitalisation rate for cirrhosis in Leicestershire to a level similar to that òf the neighbouring counties at the end of the study period may be a first indication that all that these community services have done is introduce a hiatus in what is an otherwise inexorable rise.

However, the rising parallel cirrhosis mortality rates in the three counties in the last five years of the study period may suggest something else: that the style and size of the treatment response in part determines that mortality rate: something nearer a "steady state" has been reached.

The differences presented here may be discernible only because this study took place in an area of relatively low consumption and problems in which there were major changes in the treatment response in the late 1970s, particularly in Leicestershire, and with little "background noise" from Alcoholics Anonymous.

It would, however, be indefensible to claim that these changes, whether transient or more lasting, were *definitely caused* by the presence of the treatments on offer. Correlations of the sort here demonstrated can do no more than infer that causality cannot be rejected. As stated earlier, treatment enterprises operate within "open systems": teasing out from all those myriad other variables operative a demonstrable treatment effect is likely always to be fraught with hazard. In the recent book *Alcohol Policy and the Public Good*, Edwards and colleagues (1994) state, "For treatment to achieve significant population benefit it must be widely available within the population, and its costs, complexity and acceptability must besuch as to make dissemination feasible" (p. 196). Even if treatment services meet all those criteria, as the Leicester-shire Community Alcohol Services may well do, those benefits, if present, are likely to remain difficult to see.

SUMMARY

1. A "natural" experiment comparing the possible impact of different services for problem drinkers was described.
2. Three demographically similar neighbouring counties of the East Midlands of England, with similarly rising levels of alcohol consumption, had for fifteen years different specialist treatment styles available. Nottinghamshire had an advice centre, a progressive inpatient alcohol treatment unit, and a "dry house." Derbyshire had two small advice centres. Leicestershire had a fully integrated non–abstinence-oriented community-based service.
3. Compared with one or both of its neighbours, Leicestershire showed a less steep rise in the rates of a number of indices of alcohol-related disabilities.
4. This experiment suggests that comprehensive community-based services, such as those described at length in this book, may be secondarily preventive of the sequelae of heavy alcohol consumption.

5

Lessons to be Learned

BELIEFS, MODELS, AND TREATMENT STYLES

The Leicestershire Community Alcohol Services do not deliver the model of care that I originally envisaged, because the services could not both start "where the client is" and operate the model conceptualised in Figure 2–1 if, at the time of presentation, the customer did not see himself in that way. Most customers felt that there was, indeed, something seriously wrong with much of their drinking and that they were abnormally under the influence of a force that led them toward excessive or out of control drinking. Nonetheless, as the model profiled in Figure 2–1 implies, they did believe themselves to be responsible, even if they were now seeking expert assistance. So the consensus view of the clients of the services was very close to the profile of alcohol dependence (Figure 1–2), differing only in the degree of perceived personal responsibility, in that they felt a greater burden of responsibility than the profile accounted for. They saw themselves therefore not so much as dependent drinkers but as wilfully excessive potential or actual problem drinkers. They saw themselves as "determined drinkers."

However, at reassessment, they saw themselves very differently again. They saw their drinking as once again back to normal, themselves as somewhat abnormal (the ex–problem drinker status), even more responsible (almost totally), and at a more equivocal midpoint with regard to who knows best. They had shifted to the right away from the "I'm in trouble, please help me!" passive position, where "doctor knows best." Just how far across they have moved could not be determined on the basis of the data available, and further work would need to be undertaken to clarify that. Some saw their "determined drinking" as a thing of the past. The profiles of these models of *determined drinker* and *ex–determined drinker* are shown in Figure 3–2.

At this point it does not matter whether these views held by the clients about themselves are true or false, reasonable or ridiculous. All that matters is that, for better or worse, the clients seem to hold them. Can these views be explained in terms of the framework of models shown in Table 1–1?

When the clients presented to a "permissive," nonjudgemental interviewer, the model that was presented was very close to that of the alcohol dependence model, the profile of which has already been derived from the pure models (see Chapter 1). The *ex–determined drinker* model, however, is very different. It is another hybrid model, not one of the existing models by another name. It is an entirely new one and it cannot be reproduced by combining the existing pure models, by assuming, for instance, that the clients have failed to incorporate into their belief systems the bad habit, faulty-learning model. The nearest one can get to this new model within the existing framework is a combination of conspiracy theory, psychological disturbance, and the moral (wicked) model. Interesting though that concept is, it does not fit closely enough. It is not sufficiently to the "right" of the figure. In particular, it does not profile current drinking as normal.

Apart from introducing some new assumption, such as discriminative weighting on the various models, which the philosophical rules of the exercise do not permit because it would then cease to have any predictive function, there is only one other possible explanation: there is a model missing.

To move from *determined drinker* to anything like the required profile would necessitate the existence of a model so outrageous that at first thought it would appear untenable. It would need to be an ultraconspiracy theory model, a model that portrayed drinkers as supernormal and extraordinary and drinking as life enhancing. It is the model of the enthusiastic drinker, which is so extreme that it would require redefinition of the right-hand boundary of the dimensional diagram. Surely such a model could not exist.

In fact, in the models of madness series of papers, there is one model described that is akin to this. It explicitly states that to be or to have been mad is to have been enriched, and therefore that the experiences of the mad are to be sought by the sane. Thus, members of society should learn from the mad. That is R. D. Laing's model of madness and has been termed the psychedelic model (Siegler et al. 1969) But that is the only recognisable equivalent of what would be required.

Perhaps it was because it is all around us and within us that I did not notice it earlier. Advertisements are full of it. It is the model that adds to the heroism of Ernest

Hemingway and Dylan Thomas and creates the legend of the holy drinker. It is that set of beliefs that many of us hold that states that drinking actually does make us feel and function better, that our self-confidence, enjoyment of music, religious understanding, and attractiveness are enhanced by intoxication. Many statements made about the effects of alcohol by the customers at initial assessment are consistent with this view.

It is hardly a surprise, then, that clients of the alcohol services, once they achieve some degree of reexposure to the feelings and beliefs of the drinking cultures whence they came, should become permeated with these powerful and entrenched cultural beliefs and leave behind their previous assumption of the sick or quasi-sick role. The implications are far-reaching. It might explain why inpatient units, which function on a set of beliefs far removed from the enthusiastic drinker model, have difficulty in maintaining the impact of their treatment efforts once their patients are discharged. Once discharged from an alcohol treatment unit their patients enter "another country." That may also explain the widely quoted defensive attitude of some Alcoholics Anonymous adherents that "Drinking is great, but not for me!"

How can eclectic community services, which claim to operate in this "other country," hope to help their customers to modify or cease their alcohol use? There is some assistance already coming from changes in our overall cultural attitudes to alcohol. Nonconsumers are increasingly accepted, even trendy. They do not drink, not because they are "diseased" but because they choose not to. Despite this gradual shift in public attitude, it appears that the mantle of diseased or dependent status is generally insufficient protection against the cultural climate.

It is now appropriate to compare and contrast alcohol dependence and determined drinking. The differences between these concepts appear slight, but they are crucial. They exist in two areas. The first is the issue of personal responsibility, with alcohol dependence maintaining a position of less implied culpability. The second concerns the core disease concept idea of inexorability. The alcohol dependence syndrome has within it the concept of reinstatement after abstinence, whereas *determined drinking* has no such concept. Admittedly, Edwards and Gross (1976) are very open minded about this, saying, "Relapse into the previous stage of the dependence syndrome then follows an extremely variable time course." *Determined drinking* is something that can be engaged in and then abandoned as internal and external determinants change. It is akin to a state of temporary and reversible alcohol dependence and is therefore a description of a psychological, social, or physical state.

This is not to argue that the *determined drinking* model is the right one and the others are wrong. There is no evidence to either support or refute that contention. The whole point is that those kinds of judgements are not made. However, as best it can be interpreted through the philosophical framework utilized here, this contention is what the users of the services are claiming about themselves, a claim that is not far from the existing consensus view in the alcohol field. Further, it is just as capable as alcohol dependence of generating hypotheses that can be tested.

From a practical point of view, *determined drinking* has the advantage of not undermining an individual's personal responsibility, which it is necessary to support and validate if an intervention is to be worthwhile. It does not require the therapeutic production of a mantle. Indeed, the issue of choice and control of personal conduct seems crucial. Very few (3.9% at reassessment, 6.8% at follow-up) of the customers of the Leicestershire services we were able to reach claimed after intervention to be still not controlling their drinking, regardless of their levels of consumption. The rest felt they were in charge. Whether that was a spurious feeling does not matter, for unless that feeling is engendered, change is less likely to occur. Individuals must feel that they are in charge and that they can, indeed, change things for themselves. This is called self-efficacy.

As the creator of ethos of the Leicestershire Community Alcohol Services, and in attempting to move away from the classic medical model, I stumbled unwittingly over the therapeutic value and client acceptability of enhancement of personal responsibility with its correlate of self-efficacy. This is consistent with the present North American and British cultural climate, and it is a view that currently thrives in this "other country."

CAN ANYTHING USEFUL BE LEARNED FROM THE LEICESTERSHIRE EXPERIENCE?

It would be easy to argue that because of the lack of a rigorous and sustained experimental design, no lessons can be learned. But that would be unreasonable. Rigorous experimental designs are flawed, too, inasmuch as they select limited, often nonrepresentative populations for the various study and control groups and maintain contact and compliance over finite periods of time. That is most unlike clinical practice in the real world, which is much more spontaneous and reactive. But the validity of transferring the knowledge acquired in these highly controlled settings to the real world is seldom questioned.

What is described in this book should be regarded

with appropriate circumspection and cynicism. But a few claims can be made, suitably considered with caveats.

The first claim, as I expressed it after my first controlled drinking group, is that nothing awful happened. Thus, over a period of over fifteen years, the Community Alcohol Services in Leicestershire have delivered to over ten thousand presenters an eclectic non–abstinence-oriented community-based service. They have formed an integrated service, linking statutory and nonstatutory agencies. The services appear to provide a reasonable degree of client satisfaction.

The second claim is that it is possible to develop and maintain an ethos within community-based services that facilitates some consistency of response. In brief, the Leicestershire Community Alcohol Services sees people with alcohol problems as responsible rather than as victim and as people who have episodes of trouble related to their use of alcohol. The job of the services is to minimise these episodes when they occur and increase the length of time between the episodes, ideally to an ongoing period of time.

The services do not see themselves as responsible for their customer's conduct, including drinking conduct. They do not try to control or stop a customer's drinking against his/her will. Therefore, the services can function in a community setting. Were the staff in the services attempting to suppress people's drinking against their wishes, they would fail. Even in inpatient alcohol treatment units (or indeed prisons!), if drinkers wish to go on drinking, they can usually find ways of doing that. In the community such suppression is clearly impossible. For the Leicestershire services, it is not even desirable. Thus the customers are empowered to make their own decisions, to exercise free choice, and to live with the consequences of so doing. The task of the therapists in this setting is thus rather different; they are supporters, advocates, information givers, arbitrators, and facilitators of change. The staff has to give people the right to make mistakes and not reject them if they do.

However, this perception of the clients does mean that these services do not appeal to all referring agents, some of whose lives would often be made much easier if the alcohol services got their clients to cease drinking absolutely and permanently. This area of conflict is most clear in two areas. First in the area of criminality—probation officers find that the services' unwillingness to take their clients on with a condition of treatment imposed by the courts reduces their disposition options. For them, medicalisation is more appropriate than criminalisation, a view not shared by the workers in the alcohol services. The second area is medical—general physicians have to deal with patients whose physical health has been seriously damaged by alcohol. Clearly, both they and workers in the alcohol services would agree that for these customers cessation of drinking is a totally appropriate goal. The differences in attitude lie in the means by which that end can be achieved and in the management of customers who reject that goal. Discovering for themselves that more illness follows resumed drinking is appropriate, though potentially costly, learning. Also, the services have instituted a system, used for very few customers, of planned six-monthly admission for detoxication. This is simply to give to these clients, who have not the slightest intention of changing their lifestyle, episodic respite from the effects of their drinking. It appears to be cost-effective inasmuch as it reduces emergency admissions. But it could be construed as collusion. It is enabling people to continue engaging in damaging drinking.

So, while such a style of service delivery is realisable and maintainable, its overall efficacy is very hard to evaluate, because alcohol use and alcohol problems are so intrinsic a part of everyday life that one would need to look at almost every aspect of the client's functioning.

The evaluation study on 162 "good bet" customers in 1981–82 presented in Chapter 3 shows short-term abstinence rates that are as good as those that abstinence-oriented programmes achieve. For those who opt for continued drinking, reduction by half of quantities consumed per drinking day still means that they are drinking well above the current consensus of what constitutes safe limits (Medical Royal Colleges 1988). Some of the services' clients who were regarded as successes will in due course, even if their current levels of consumption are maintained, develop long-term physical and other problems. But some will not; and it is arguable that if services of this type were not available, these clients would not have received even minimal intervention.

If these services were somehow responsible for the reported changes in the reported indices, then it is an encouraging finding in terms of offset costs on other parts of the local healthcare system. The reduction in numbers of these problems has great financial implications. For instance, on hepatic cirrhosis alone the offset savings can be roughly quantified. Start by assuming a figure of £20,000 for the total cost of medical management of hepatic cirrhosis from presentation to death in 1985, and that is a conservative estimate for Britain. Then note that according to bed availability, Leicestershire should be in the middle point, between Derbyshire and Nottinghamshire in 1985 on Figure 4–5. In fact, it is in lowest place, being 0.35 per 10,000 lower than that. That means that 31 people in the county did not start accruing medical costs, an offset saving of over £600,000 per annum. If that really did happen because of the presence of the Community Alcohol Services, then they have more than paid for themselves on that indicator alone. In the United States, where healthcare costs are higher, the savings would be even more striking than the $1,000,000 (approximately) based simply on the exchange rate.

Such economic arguments are, of course, highly contentious, for they put hard cash values on services whose impact is poorly evaluated to begin with. Also, when account is taken of lost earning capacity caused by premature death, the figures become truly spectacular. For instance, it has been estimated that every death on the road in Britain has an overall cost of over £200,000 ($300,000) (McDonnell and Maynard 1985). The assumptions upon which the economists base their econometric appraisals are, of their own account, highly questionable. Further, given that the levels of alcohol consumption of some of the Leicestershire services' successes remain potentially damaging, it is possible that all that these services have done is delayed for a while the development of consequential problems of alcohol use, with longer-term cost implications.

Nonetheless, it can be claimed that the Leicestershire services cost no more to run than more conventional services and do attempt to intervene in the lives of large numbers of their county's citizens. At that basic level of evaluation, they are a success. And if, by processes that are far from clear, they really do act in a secondarily preventive way, minimising the long-term harms caused by alcohol use in the whole community, they are a great success.

HOW GENERALISABLE IS THE EXPERIENCE IN LEICESTERSHIRE?

This book has described the development, ideology, methodology, and the results achieved by rather unusual services, which are the major specialist treatment resource for people with alcohol problems in an English county with a population of nearly one million, and their possible impact upon the prevalence of such problems in that area. After a decade of community-based alcohol services operating in Leicestershire, there may be the beginnings of a discernible treatment effect evidenced by a comparative reduction in the prevalence of alcohol-related problems in the county.

But there are also less remarkable findings. That the Leicestershire Community Alcohol Services were developed and are still operating is evident from these results and is, perhaps, worthy of comment. By the very fact of their continuing existence and of the ever-increasing demands being placed upon them some fifteen years after their inception, it could be argued that they must be providing a useful service. Of course, the fact that a service is being used is, in itself, no recommendation. Services are used where there is no alternative, where there is a third-party demand upon somebody to avail themselves of it, or where the user, at the point of contact, is unaware of the service's ineptitude. Further, all services, however "crackpot," will have some spectacular successes. As examples of the above, many people go to their nearest family doctor because they feel ill and there is no accessible medical alternative. (Indeed, some drinkers go to their local pub for the same reason!) Prisons have been known for a very long time to be somewhat worse than useless at rehabilitating offenders, and yet in Britain in the last quarter of the twentieth century, they have a larger population than ever before. Similarly, every fringe medical cult has its enthusiastic following.

Also, in these areas of human services, the "rule of one-third" would predict that regardless of the intervention, one-third would improve, one-third would remain unchanged, and one-third would deteriorate further. So, visible demand and some satisfied customers could be claimed as measures of success by almost any agency. Yet it tends to be at that basic level that many agencies, particularly in the voluntary sector, are judged. The statutory services are frequently not even subjected to that degree of evaluation and are allowed, for many reasons, including those mentioned above, to go on doing what they have always done.

The data presented in Chapter 3 do not represent a comprehensive evaluation of the work of the Leicestershire Community Alcohol Services during their existence. Rather, they represent a number of available "snapshots" that give some impressions of the services, which give an idea of what the style of clinical service described in Chapter 2 has and has not achieved.

The data on referral rates for the Alcohol Advisory Services were limited because they were not a true reflection of the work undertaken in the total community with drinkers in difficulty. It did not include the work of general practitioners, health visitors, community psychiatric nurses, social workers, probation officers, and nonstatutory counselors, including Alcoholics Anonymous. Also, it did not include the work undertaken with outpatients with alcohol problems, whether recognized as such or not, by general psychiatrists, which is not collated in an available way. Therefore, these data show only those who have contact with a designated problem drinkers' community resource. There is little doubt that many drinkers will choose to avoid contact with these agencies simply because they are so designated. Also, there are no readily available data to indicate how many clients of these agencies are also "on the books" of other services and are being recorded multiply. But they do provide corroboration for a statement in a recent review of community alcohol teams (CATs) commissioned by the (English) Department of Health: "In common with other forms of community team, a major success of CATs has been in making specialist services more accessible to people who need help. CATs have been quicker to respond and better at engaging clients in treatment than have hospital services" (Stockwell and Clement 1989). However, Stockwell and Clement then go on to say, "Again, in common with other community teams, CATs have created *new* business, both for themselves and existing hospital and psychiatric services."

The experience in Leicestershire has not conformed to that. While there has indeed been the creation by the services of new business for the services themselves, that does not seem to have led to greater demands upon existing inpatient generic psychiatric services, as can be seen in Figure 4–2. That might be a comment about the size and longevity of the Leicestershire services and about the prevalence in the county of alcohol problems. The Leicestershire Community Alcohol Team is the largest (Stockwell and Clement 1989) and oldest in Britain, and it operates in an area deemed to be comparatively low in alcohol consumption (Roberts and Dengler 1992) and possibly in the prevalence of alcohol problems. It may be that, because the service is relatively large and the level of problems relatively low, the Leicestershire services are able to deal rapidly and comprehensively with many of the problem drinkers that present to them without recourse to the services of other agencies, whereas in other areas the CATs may be able to do no more than find the clients in sufficiently large numbers to outstrip their domestic resources, a problem similar to that of nonstatutory alcohol advice centres (see below).

In Leicestershire, the high referral rate does not extend to the ethnic minorities, who underuse the services.

Only 5.9 percent of the 1981–1982 sample were of Asian extraction and nobody at all was of Afro-Caribbean origin.

On the basis of the numbers of these groups in Leicestershire, the services are attracting approximately half the number of ethnic minority clients that would be expected. This is a common finding, which occurs in other areas of health care. But it is possible that it is more marked in the area of alcohol problems for three reasons. First, there is actually less drinking going on. Certainly, observant Muslims are abstinent. But Muslims are a minority of those from the ethnic groups resident in Leicester (4.3% of the city's population). The majority group is Hindu, and they are drinkers. Second, alcohol problems may be more stigmatising in those cultures and are therefore maintained covertly for longer. Third, because the Community Alcohol Services are predominantly staffed by whites, they are not seen as an appropriate service for the alcohol problems of ethnic minority groups. There are no data available to clarify the issue, but an ethnic minority subset extracted from the Trent regional lifestyle study (Roberts and Dengler 1992) does show that both the Muslim and the Hindu communities drink less than the indigenous white population, with the Sikhs drinking about the same.

The Leicestershire data were somewhat different from the neighbouring comparable counties in that its alcohol advice centre is, in part, a storefront for a large, well-resourced NHS service that, as a matter of policy, does not accept direct referrals. In other areas, NHS services tend to accept direct referrals, particularly from general practitioners, rendering the alcohol advice centres more independent and more isolated.

The Leicestershire Alcohol Advice Centre, relative to others both in the neighbouring counties and elsewhere in the country, has a very high referral rate. The only way it can cope with that is with the support of the Community Alcohol Team, and the vast majority of the counseling work is done by that team away from the centre. Alcohol advisory services without such backup are likely to run into difficulties. To justify their existence, they need to demonstrate a high referral rate but if they succeed in encouraging that their resources are stretched and they respond less rapidly and less competently. They have the choice of being victims of either their own success or their own failure.

In 1985, for example, the Leicestershire services were contacted by only 0.158% of the general population in the catchment area, and not all those contacts became clients. That figure is of the same order of magnitude as the 0.16% of Camberwell's population who were reported as "being treated for alcoholism by a psychiatric service of any kind" in 1975 (Cartwright et al. 1975). Between-district comparisons at different times are likely to be misleading. Camberwell, containing as it does the Maudsley Hospital and the Institute of Psychiatry, is one of the best resourced areas of psychiatric provision in the country, whereas Leicestershire is one of the worst. The very low baselines from which the Leicestershire services grew are a reflection of that.

The Leicestershire Community Alcohol Services have become "major shareholders" in the business of responding to alcohol problems. They are not "monopoly shareholders"; the vast substructure of community agents and others undertaking work with people with alcohol problems remains intact. Nonetheless, over a longer time frame, the services have made contact with a large number of drinkers. By December 1989 the Alcohol Advice Centre had been contacted by 6,970 individual problem drinkers, that is 0.789% of the general population. Longitudinal studies in the United States have demonstrated that an individual's alcohol problems may take up to two decades to emerge and then run a stormy course for a decade or more before either resolving or fulminating. There is an argument about what proportions do what and when, but there is agreement that the time scales are very long (Vaillant 1983). That being so, it can be argued that if the 1985 referral rate was simply maintained (and it has been exceeded), the services will eventually be contacted by the majority of the 3.5% of the general population estimated to be "suffering from significant problems from drinking" (Cartwright et al. 1975) during the episode of problematic use.

Perhaps the major difficulty with the community alcohol team client characteristics is that these data are self-reported, subject to all the inherent problems of that manner of data collection. It is particularly relevant when descriptions of current drinking patterns are described. Biases work, however, in both directions. Some people wish to minimise the extent of their drinking and difficulties, whereas others wish to overemphasise them as a "ticket" into the services. It is not possible to discern at initial assessment if either bias occurs.

The sample of 162 subjects described at length was not completely representative of the total spectrum of users of the services. It consisted of people who wanted more than just advice or information, who wanted some form of intervention in their lives, however pressured they were by others. People whom the services had failed to contact and assess were not included. People could drop out before the initial interview. But as can be seen by comparing the data of those 162 with the data on all referrals to the advice centre, the profiles of the two populations are strikingly similar.

From these data it can be established that the Leicestershire Community Alcohol Team was dealing with a population of presenting drinkers who were notably ordinary. They were not mildly distressed moderate drinkers. Their reported mean level of consumption of the equivalent of a bottle of spirits per drinking day for men and a bottle of sherry for women, and the frequency of drinking days, meant that the majority of them were at substantial risk of developing harmful long-term sequelae of excessive consumption, and because of the all-encompassing nature of the definition of alcoholism they would all be diagnosed as "alcoholics" by service providers who believe in that concept.

These clients were isolated, internally driven drinkers; at initial assessment three-quarters of the sample claimed that their drinking was determined predominantly by internal negative feeling states and that they were solitary drinkers who on drinking days had started by noon. Also, in terms of age, sex, and social stability they were reasonable representatives of the kinds of people availing themselves of alcohol services in Britain at that time.

The high referral rate did not lead to the services being contacted by a greater proportion of younger people with shorter histories of alcohol problems. Penetration deeper into the pool of alcohol problems in this community revealed larger numbers of people with severe problems related to their alcohol use, more "custom." This is exactly the same conclusion reached by Stockwell and Clement (1989): "Nor is there any evidence that this extra custom is anything other than 'more of the same,' i.e., mainly from people with severe and long standing difficulties with alcohol. There does not appear to have been any advance in offering interventions at an *earlier* stage through CATs."

There are conceptualisation problems here. To believe in the need to find problem drinkers early is to believe in the concept of inexorability, unless some formal or informal intervention occurs. If the alcohol problems model was to have as a core component reversibility, then problems would be mild, moderate, or severe. They would not be early or late.

If the clients using the Leicestershire services appear unusual, it is because some of the questions asked of them were unusual. They revealed a high degree of insight into their drinking, its determinants, and its consequences, readily reporting both the positive and negative effects, and readily claiming, in most cases, to be responsible for it. They did not see themselves as victims of some serious disorder over which they had no control, but as responsible for their plight. They did, however, construe themselves as drinking too much or that their drinking was out of control. They gave no explanation for that apparent paradox.

Similarly, they had a very clear idea of what they thought would be helpful to them. The requests made were also very ordinary. Only one subject in the thousands that have been in contact with the services has asked for shares in a brewery! Despite being somewhat drink preoccupied at initial assessment, they also saw that other aspects of their lives were in need of attention. How much this was the consequence of the initial interview being undertaken by an agency specialising in alcohol problems is a matter of conjecture. It is now well established that the responses clients give at interview are related to the demeanour of the interviewer and the setting in which the interview is conducted (Davies 1992).

The data on customers' perceived needs and therapists' views of appropriate treatment show a small number of mismatches and suggest that the therapists adopted a much less drink-preoccupied position than did their clients. This could be a consequence of the training the staff received, leading to their adopting those attitudes expressed while the team ethos developed.

Fortunately, the therapists were also open to negotiating. They therefore ended up simply erring on the side of permissiveness. Again it is possible that the clients' views of their drinking at initial assessment were attempts to tell the assessors what they thought they wanted to hear—that their drinking was a mess and that they felt helpless to do anything about it. What they would say to their mates in the pub after the interview is a matter of conjecture.

The data on treatment efficacy represent the weakest of all the Leicestershire data presented in this book. The attrition rate was very high and selective. Only one resettlement unit subject was available for follow-up. Thus there is a bias away from these socially unstable bout-drinking men who tend to wander the country, away from cases who became involved in more protracted interventions, and away from unstably housed Leicestershire residents. This was clearly a follow-up reserved for quickly dealt-with "good bets" only!

There is also the question of the independence of the follow-up assessors. Even though they had had no previous involvement with the clients, they were clearly interested in the functioning of the community alcohol services, and as the majority of the follow-up sample appeared to have reduced its drinking and related problems, it would be likely that those customers would be appreciative of the services' efforts, even if the reported improvements had nothing to do with them. This is the same phenomenon that leads most people to think that their general practitioners are splendid, for many of the diseases that they "treat" are self-limiting anyway.

Thus these striking-looking results are perhaps best regarded as those of an uncontrolled trial of a minimal intervention on the stablest of clients by a drinking-permissive service. It is, perhaps, not the percentage of people who reported doing well at follow-up that is worthy of note, but the reported pattern of alcohol use at follow-up. Their claimed halved gross consumption was of more dilute beverages and was occurring in the same places, but later in the day, normally starting in the early evening. Also, it was occurring more frequently in the company of friends and/or family and drinking sessions were for a shorter length of time. In other words what they were reporting was a resumption of drinking behaviour much nearer normal social drinking, if normal is used in the statistical sense.

In his major survey of drinking in England and Wales, Wilson (1980) found, also as a result of self-report questionnaires, that men engaged in drinking in public places (66%) whereas women drank in their own or a friend's home (52%), mostly in the company of others (87% for men, 98% for women) and in the early evening (69% for men, 76% for women).

Where customers' drinking did remain abnormal was in reported levels of consumption, which were substantially higher than the norm. None of Wilson's East Midlands general population sample of women and only 20% of the men reported consumption above 20 units per week. There are no comparable data on beverage choice.

At follow-up, the Leicestershire services' clients' drinking could be construed as having become social again, inasmuch as they reported no longer drinking in response to internal determinants but now to external factors, such as the presence of friends.

The image given by these customers at the time of presentation to the services was one of being "in the grip" of a high drive state toward drinking. At follow-up, they no longer reported feeling that way about their drinking and saw themselves as being heavy but otherwise unexceptionable drinkers.

STAGES OF INNOVATIVE SERVICE DEVELOPMENT

Innovative service developments, whether they be in health care, social care, or any other sector, are, by definition, rare. If the service development is just more of the same existing mainstream provision, it is not innovative. Starting small and being different carries with it specialist status. The growth and development of new services feels organic—the service appears to have a life of its own. But it is not chaotic. There are stages to go through, tasks to be done. There is order.

Andrew Pettigrew (1975) has charted the development of specialist units in industry and found common routes and stages. These are illustrated diagrammatically in Figure 5-1.

The *conception phase* results from major changes within the umbrella organisation and is usually poorly formulated and whimsical, the wish of a powerful sponsor:

> The stimulus for the appearance of the new specialist unit was either a major political drama within the company, such as the loss and gain of a key director or directors, or a reaction to a major environmental change. . . . What is significant about the conception phase is not so much what happens as what does not happen. [p. 7]

During the *pioneering phase* the new team is established and shows great enthusiasm, involvement, and commitment to the task, and indifference to, even disdain of, the views of outsiders:

Figure 5-1.

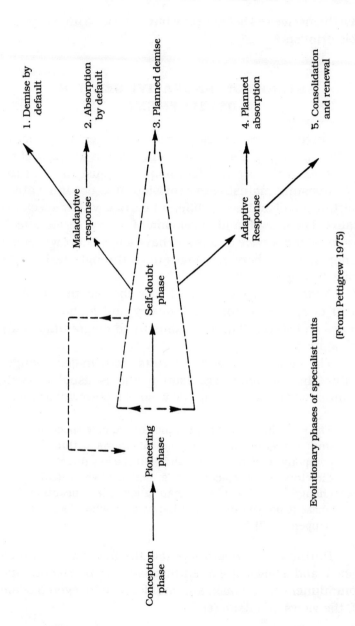

1. Demise by default

2. Absorption by default

3. Planned demise

4. Planned absorption

5. Consolidation and renewal

Maladaptive response

Adaptive Response

Self-doubt phase

Pioneering phase

Conception phase

Evolutionary phases of specialist units

(From Pettigrew 1975)

In all case study firms the specialist units wrapped themselves around the task with tremendous enthusiasm. Each of the units developed some of the characteristic values of innovative sub-systems: high involvement and commitment to the task and the unit's goals, high energy given to the solution of a novel problem or set of problems, a strong sense of group identity and spirit leading to extensive in-group social contacts in and out of the workplace, the development of group rituals often as ways of socialising new members, and unconventional styles of dress and language. The effect of these rituals and values is to increase the group's awareness of itself and its commitment to its task and, at the same time, to separate out the group from its environment. . . . The tendency of the group to separate itself out from its world may be reinforced by the early leadership style [characterised by the attitude] "I've collected this strange bunch of characters to do this important job so I'd better build a wall around them and protect them from outside interference, so they can get on with the job" . . . . In terms of political sponsorship the new unit is still safe, protected as it is by its founding sponsor and, as yet, with no tangible output to evaluate. [p. 8]

After about eighteen months, the unit enters a phase of *self-doubt*, which starts when the first efforts or products of the enterprise become public. This is a period of turbulence and factionalisation:

With the appearance of the unit's first tangible outcomes the specialists suddenly acquire a new visibility in the organisation. . . . there was a pronounced tendency to overperceive the threat [from management]. This experience of individual stress feeds into the processes already going on at group level. Lines of potential cleavage covered up by the high esprit de corps of the pioneering phase now receive more open expression. Subgroups begin to form more rigidly

than in the past, sometimes around hierarchical dif-
ference within the unit, sometimes around the missio-
nary–pragmatist axis, and sometimes about specific
work content and style issues. . . . Career anxieties
give an extra edge to some of these differences. . . .
Individuals who had thought little of their careers
during the hyperactivity of the pioneering phase now
begin to consider if the move out of the safe career
progression . . . was a wise move. Some of the early
pioneers of the unit decide to leave. [pp. 8–9]

Depending upon how the unit deals with self-doubt, there
are a number of options for progression out of that phase,
as seen in Figure 5–1.

A maladaptive strategy by a specialist unit to the
self-doubt phase involves reacting to the symptoms of
the problems they see and not the causes: with-
drawing from sources of pressure in their environment
rather than confronting them; living off their existing
capital of credibility within their environment rather
than taking some of the necessary risks to help de-
velop further capital, and producing a series of sin-
gular rather than a varied set of action plans to meet
environmental contingencies. Another major compo-
nent is . . . "defensive segmentation." This manifests
itself in a hardening of existing lines of association and
dissociation within the specialist group and between
the group and fellow groups of specialists and manag-
ers. Much energy is dissipated in stigmatising and
labelling groups and individuals in the immediate
environment rather than attending to processes of
understanding of differences and linking of inter-
ests. . . . The picture being painted is of a group of
people reacting to doubt by turning in on itself; of
being passive, letting the world happen to it rather
than trying to create its own world and, when the

group tries to initiate, doing it in a unilateral rather than cooperative fashion. . . . [p.10]

Adaptive responses are concerned with building processes and relationships whereby the causes of self-doubt and uncertainty are understood and confronted. Processes of adaptation recognise that the ways in which responses or strategies are formulated are as important as the appropriateness of the strategies themselves. . . . The central thrust of adaptive strategies is towards the diagnosis of the causes of self-doubt, real and imagined, and the formulation, implementation and continuous monitoring of these strategies in such a way that the specialist unit deals both with problems in its internal make-up and across the boundaries of the unit to the market-place of service it hopes to thrive in . . . in relation to the needs and experiences of its potential and actual clients. [p. 10]

Translated into operational topics, this should require the group to think through:

1. Its current *mix of project activity*, how this could be augmented and/or pruned to provide the group with a wider support base and the specification of the mechanisms and resources to make this happen.
2. Examine the current procedures for *monitoring the unit's outputs*. How well is the unit communicating with its environment? What image does the unit have in the company?
3. What *internal control procedures* exist to ensure that projects chosen have a payoff: to enable project teams to form and reform around activities which have a tomorrow potential and not a yesterday or today potential?
4. Recruitment and the *current staff mix*. Are we aiming sufficiently hard for credibility in, credi-

5. bility out, i.e., keeping our entry requirements high enough to ensure that we attract high calibre people in and have sufficient pull to place those same people in credible positions when they leave?
5. What mechanisms do we have to identify *present and future client needs* and the clients themselves? What will decisions about clients' needs mean in terms of project activity, monitoring and internal control procedures and staff mix? [p. 11]

The Leicestershire Community Alcohol Services did not appear overnight in the form described in Chapter 2. That mode of service delivery evolved gradually over a period of years; indeed it is still evolving. What was notable was how closely a specialist service provision in the public sector followed the same stages and processes described by Pettigrew in industry. Apart from one "looping back" from self-doubt to pioneering in 1981, the Leicestershire Community Alcohol Services seem to have followed the path from conception to an adaptive response pathway.

What was There First?

Prior to the development of the Community Alcohol Services in the county, there was no psychiatrist designated to work specifically with drinkers. But two psychiatrists had taken an interest and had developed a close liaison with the small local Alcoholics Anonymous group, which met weekly in one of the two large mental hospitals in the county. Apart from that, there was no specialist service of any sort. The Trent Regional Alcoholism and Drug Dependency Unit in Mapperley Hospital in Nottingham, some 30 miles from Leicester, was willing to admit Leicestershire residents but tended to do so for people from the north of Leicestershire only. With my appointment in Leicestershire as a consultant psychiatrist, this policy ceased. Thus, in 1976–77, the area was, as nearly as one could get in Britain, without a specialist service for people with alcohol problems.

These clients were either dealt with in the community by general practitioners, social workers, probation officers, or community-based nurses, or they received no professional help at all. Some were referred for general medical care, mostly for physical problems. Some were referred to catchment area general psychiatrists, from whom the usual treatment offered was inpatient detoxication followed by referral to and liaison with Alcoholics Anonymous. Outpatient follow-up was also offered, often at clinics near the patient's home.

Over the next three years, a new secondary tier of specialist services was developed incrementally, but the order in which the agencies arrived was determined by staff and premises availability, not by rational planning.

The Conception Phase

With the development of the medical school and a concomitant enhancement of health service resources, a gap in service provision for "alcoholism" was noted. The university department and the NHS Division of Psychiatry, who collaborate closely (the newly appointed professor of psychiatry was also chair of the NHS division at that time) recommended that a new post of consultant psychiatrist with special interest in "alcoholism" be created. I was appointed, taking up the post in September 1976. It was made clear that the shape and style of the alcohol services were my business, and thus the original sponsors handed the sponsorship role over to me early in the conception phase. It is unusual for the sponsor also to be a key member of a specialist unit. That convergence gave me a marked degree of autonomy (and a lack of accountability) which is rare in the public or the private sector. It enabled me to lay down, *de novo*, a template for service delivery without hindrance. My views determined the early modus operandi of the service, which, during the pioneering phase, became established as service norms. I decided to see what would happen if those new beliefs and ideas of the mid-1970s, sometimes ill-formulated and untested, and clearly not the current treatment model at that time, were operationalised into a major system of care for people with alcohol problems from a whole community.

The Pioneering Phase

This phase started with the aggregation of the multidisciplinary community alcohol team in April 1978. During the first week of its existence, I conveyed to other team members (two community psychiatric nurses, one social worker and his student, and one crafts instructor) the current views about the nature of people with alcohol problems and the nature of the responses that may be appropriate. As a result of this activity, Table 5–1 was produced. This is what would now be called a mission statement. Having determined its own aims, the Community Alcohol Team set about its pioneering task exactly as described by Pettigrew. I was highly protective and reinforcing of the team's efforts, and the team did not need to account for itself to anybody. Line managers were kept at a distance.

Table 5-1. The Aims of the Treatment Unit

To provide for our customers:

1. A consultative service to existing agencies within 24 hours.
2. Vigorous follow-up with groups, family casework, social support, occupational therapy, and help for the customers' children.
3. A community-based service that is visibly efficient.

To provide for the public at large:

1. General education on alcohol use and abuse.
2. Accurate information about our work.

To provide for ourselves:

1. An open egalitarian team where individual assets rather than accepted roles govern our job.
2. A situation in which it is fun to work.
3. Ongoing self-education and development of knowledge and skills.
4. Research opportunities.

Self-Doubt Phase

As Pettigrew would predict, the Community Alcohol Team entered the self-doubt phase about eighteen months after its inception. There were questions asked of the "Are we doing any good?" kind. New members of the team who had been gradually assimilated, however, attempted to maintain the esprit de corps and external scapegoats were readily found for the team's difficulties. But fault lines appeared. There was a split between the team's nurses and those in the other graduate disciplines (psychiatry, psychology, and social work). The nurses called themselves "worker bees" and became less willing to engage in the long hours of work that became the team norm. I vigorously fended off external threats and I maintained my active sponsorship role. Outcome data that the team could obtain were presented locally and nationally and led to the "worker bees" complaining that they did all the work while others went to conferences to talk about it.

Looping Back

As noted above, the first response to self-doubt was a looping back into a new pioneering phase by aggregating the community alcohol team, Hastings Hostel, and the Alcohol Advice Centre into one functioning unit—the Leicestershire Community Alcohol Services, which comprise the following units:

1. Drury House day unit (established May 1977): During its early months the day unit ran an aftercare support group. Drinkers who had been inpatients at the nearby mental hospital started attending the unit three times a week for an open-closed psychotherapeutic group run by a psychiatrist and a hospital-based social worker. An open-closed group is one which accepts new members in, or old members back, at any time. It therefore acts as an ongoing support system but does not develop the same intimacy as a closed group, which has the same members for a fixed number of sessions. Clients were encouraged to continue in contact with it after they had returned home. With the appointment of a crafts instructor in September 1977, the day unit

opened its doors five days a week and provided recreational activities.

2. Hastings Hostel (December 1977): This hostel was initially funded under a government initiative (Circular 21/73: Community Services for Alcoholics) with any deficit assured by Leicestershire County Council Social Services Department. It was called Hastings Hostel because it was in Lower Hastings Street. It was formed by merging three three-story terraced houses. It contains the only beds designated specifically for problem drinkers in the county. At the time of its opening, it had two full-time staff, who were nonresident.

3. Community Alcohol Team (April 1978): This was originally staffed by one psychiatrist, one social worker, and two community psychiatric nurses (CPNs). In September 1978, a clinical psychologist and another CPN were added. The health service posts were acquired as part of the general expansion of NHS provision, which occurred in the county in the mid- to late 1970s. As well as staffing the Drury House (where the team is based) day unit, the team started community-based work, visiting clients in their own homes. With the arrival of the Community Alcohol Team, a policy of avoiding psychiatric hospital admission if at all possible was instituted and the services now accepted all referrals of drinkers directly as opposed to the previous policy of being a secondary resource, only taking on clients whose immediate needs, usually detoxication in an inpatient setting, had already been provided by general psychiatrists. This policy reaped rapid dividends. There was a marked fall in the number

of problem drinkers in the acute admission wards at the local mental hospital, which meant that it was possible to transfer more nurses from the hospital to the Community Alcohol Team. There has been continuing incremental growth in the team such that it now has twelve members. An attempt is made to maintain the team mix consistent with the referral patterns, in terms of gender and ethnicity, but white female nurses tend to be overrepresented.

4. Alcohol Advice Centre (July 1979): This was established as the storefront for the services, again with a mixture of central government funding administered by the now-defunct National Council on Alcoholism, matched by financing from the local authority social services department. It has always been located in the city centre, although it has had to move twice because it had outgrown its premises. When it opened it had an ex–probation officer director and a part-time secretary. The services could accept self-referrals. It was always expected of the advice centre that it would be available for advice, not only on problems but also on general alcohol issues, such as "Where can I get a pint of . . .?" but in fact from the outset it has been used by the people of the county as a source of help with and for people with problems. Advice sessions and some ongoing counseling work was done on site by the director, but if a more intensive therapeutic approach was required, then a referral was made, usually to the community alcohol team.

5. These agencies have worked very closely together. I worked in the day unit and on the

Community Alcohol Team, and I was also on the management committees of the hostel and the advice centre. Customers were shared freely and the staff of the various agencies were in and out of each other's premises everyday. The Drury House day unit acted as a training base for staff of all the agencies and a period of regular attendance at the open-closed group, which became known as the core group, was perceived as a necessary component of that training. The core group thus became the ethos source for the whole service. As the service became more community-based, the core group became less popular with the customers and eventually the daily groups ceased. The day unit eventually functioned as a small unstructured "middle-aged youth club," predominantly for a small core of single unemployed people, mostly men. Later still, the Drury House day unit was closed altogether and replaced by a similar resource in Leicester city centre run as an outreach project by Hastings Hostel.

Consolidation and Renewal

The Services have not returned to that early, destructive self-doubt phase, because they have established more meaningful links with the outside world. Hastings Hostel is particularly well integrated into the nonstatutory housing sector. Links between the newly developed drugs services are very close, and I have maintained regular contact with general psychiatric services and with colleagues. With regard to Pettigrew's operational topics, I note the following points:

1. There is now a wide range of activities under-
   taken by staff in the much enlarged service. Less
   than half the work of the total services is one-
   to-one work with drinkers. There is much educa-
   tion, consultancy, intervention, protocol develop-
   ment for primary care workers, problem preven-
   tion (such as facilitating anti–drunk-driving cam-
   paigns and working with the licensed trade to
   improve the management of licensed premises),
   research, and publication. Indeed this book could
   be seen as part of the process of attempting to
   provide the group with a wider support base.
2. Data collection has always been a feature of the
   service. Appendices 1 and 2 are examples of that.
   Similarly, staff activity is monitored recurrently
   and short-term and long-term outcome studies
   are undertaken, including epidemiological stud-
   ies. Approximately 10 percent of the staffing is
   devoted to research and evaluation. Annual re-
   ports are issued.
3. The Leicestershire service is amoebic, always
   changing shape to meet the perceived needs of its
   customers, and they are no longer just the people
   with drinking problems and their families. Our
   work has gone beyond them into the realms of
   community action and primary prevention. This
   has been done as an act of faith, stemming from
   the ideology of the service. The internal control
   procedures are poor.
4. The staff mix is ever changing. Whenever a staff
   member leaves, there is a debate within the
   services about what kind of staff member the
   services require now. Generally, the shift has
   been away from homogeneity (all therapists),
   which was what the service was during its early

years, toward diversity, with therapists, preven-
tion officers, primary care facilitators, lecturers,
researchers, and internal management support.
That is also a function of our increasing size.

5. Present and future client needs are ascertained
only informally. The therapists come across clin-
ical populations that need new services and these
are developed, either by redeployment or by de-
velopment of new resources. For instance, there
is an unmet need for residential accommodation
for people with Korsakoff's amnestic state. This is
currently being explored by the team leader of
Hastings Hostel and by the clinical psychologist
clinical director of the services. There was also
defined a need for women who care for people
with drinking problems, a sort of nondisease
concept–based Alanon. This has been developed
in the Alcohol Advice Centre.

Services do not remain as they are. The process of change
and development never stops. There is an adage in the
Leicestershire services that "if we aren't growing, we're
dying." That may or may not be true, but it keeps the
services dynamic and flexible. Planned absorption is al-
ways a possibility, particularly with the development in
Leicestershire of generic community mental health teams,
which are attempting to operate on a model not dissimilar
to the community alcohol team.

At the time of writing this book (August 1995), the
Leicestershire Community Drug and Alcohol Services (as
they now are called) are very much alive. They employ
approximately forty-five staff members, are contacted by
about four thousand consumers of alcohol and other drugs
per year, and have a well-established place within the
county's health and social service organizations.

TWENTY ADVISORY SOUNDBITES

Developing and maintaining a new and different style of alcohol service, as I have done over a twenty-year period, teaches many lessons. There are pitfalls as well as rewards. The enterprise has an organic feel about it. The following is a list of topics that I have had to address. I offer my advice and comments.

Make Sense of Your Own Drinking

Think carefully about this. The more you understand your own drinking and its problems (yes, there will be some), the better you will be at understanding someone else's. Do not pretend that your drinking is fine and your client's is not; that is maintaining the counterproductive "alcoholic" and "normal social drinker" dichotomy.

There are Plenty of Allies Out There

There are more drinkers dissatisfied with existing alcohol services than there are satisfied clients. There are many drinkers who shy away from alcohol services because they do not accept their ideology. There are many drinkers who have tried abstinence and decided it is not for them. There are even more who have had serious alcohol problems and "bootstrapped" themselves out of bother without formal help.

There are workers in the field who have been using moderated consumption as a goal but dare not go public about it. They will be reassured by an agency validating their efforts. Clinical psychologists and social workers tend to be more eclectic than physicians and nurses.

There is a mass of research evidence to support a move away from conventional disease concept–oriented services. However, it seems that for every study in this field that shows a specific finding, it is possible to find another that shows the opposite.

There are Enemies Out There

Many long-term, dry, twelve-stepping ex-drinkers believe that they have found the truth. They might have, for them. But that truth does not necessarily have validity for others. Long-term successfully adjusted abstainers are a real minority among people who have developed alcohol problems. The way many of them talk would lead you to believe that their views are beyond question. Contesting faith with facts does not work. Agree to differ—it saves a lot of energy. Entering into dialogue with these folk is not useful. If your services do not advocate abstinence, you will be a target. You will be accused of colluding in denial, not understanding the nature of the disease, underestimating the seriousness and nature of alcohol problems, killing people. Plead guilty to the first two, give data on the prevalence of alcohol problems, and ask those who advocate abstinence-oriented services what mortality rates their interventions offer.

You will also be told that they have tried controlled drinking many times and it did not work. That might have been true for them, given the inherent self-fulfilling prophecy of the classical disease concept. However, for most drinkers who have an episode of problematic use, drifting out of problems without formal intervention is the norm.

Start Small

There is no point in trying to take on the whole health and welfare establishment of your area. Do your own thing, do not try to get others to do your thing for you. If your thing is a good thing, others will follow your example. If it isn't, it's better that they don't.

Listen to Your Clients

It is too easy to get into diagnostic mode when assessing somebody. See if you can get under your clients' skins and feel their experiences with them. They will teach you more about the nature of drinking problems than you will ever learn from a book (including this one).

Find and Cultivate Sponsors and Fellow Travelers

You need them and they need you. Paid employees of agencies tend to be more useful than elected representatives. The latter are less willing to take risks. Different people require different currency. Some are quite happy with the language of caring and therapy. Others require offset costs data. One of your tasks is to furnish your sponsors and fellow travelers with the currency they need.

Many Professionals Speak with Forked Tongue

A surprisingly large number of professionals adhere to the disease concept in word but not in deed. Although they claim to believe in the disease of alcoholism, their behaviour toward drinkers with problems gives the lie to that. They make moral judgements of the "they bring it on themselves" sort, and treat drinkers accordingly.

Those of us who choose to engage repetitively in pleasurable but potentially damaging activities (car driving, drinking, hang gliding, sex) are quite rightly the subject of moral scrutiny. Those behaviours are a matter of morality. Attempting to cloak ourselves in a "mantle of sickness" does not remove the moral dimension.

There is No Shortage of Trade

Do not get tied up doing prevalence studies. Funders often request this as a ploy for delaying the resourcing of a new agency. The population of drinkers is large, the number of those with problems is large. Assume the number of potential clients to be infinite. They are more likely to approach agencies that are accessible and known to be empathetic to their predicament.

Drinkers Talk to Each Other

Drinkers' grapevines will do much to spread the word about your new service. Your early successes, whose outcomes might well have been influenced by your initial enthusiasm and excitement, act as important ambassadors for your service.

Alcohol Problems Come and Go

The job of specialist alcohol-problem agencies is to minimise the problems related to the drinking at the time of presentation ("harm minimisation") and increase the length of time between the problem episodes ("relapse prevention"). It is a bonus if a client's harmful use of alcohol appears to be permanently resolved following intervention.

Collect Data

Your continued survival will depend upon convincing funders of the validity of your approach. Any numbers are better than no numbers. Follow up on your clients. They like the sustained declaration of interest. It is an important component of successful interventions and it is validating for the therapists to watch changes occurring over a longer time scale.

There will be Successes and Failures

It is easy to get dazzled by time-consuming failures. They are the minority. Those who do well tend to want to drop away from contact. That is fine; you do not want them to do other than get on with their lives. Professional ex-drunks are tedious.

Be Honest about Failures

What have you got to hide? All agencies have as many failures as they have successes. Your clientele will in part be drawn among those failures, and some of your failures will succeed with others. So what?

Re-referrals are not Failures

People engage in services only as far as they wish to at any time. Wanting more from a service can equally well be seen as evidence of previous usefulness. People will not willingly come back for more if what they got last time was of no use to them.

You Always have Something to Offer

If somebody presents for help, you can always think of something to offer, if only to listen for a while and to offer to see them again. That might be the first time it has ever happened to them. The only limits to your therapeutic options are the limitations of your imagination.

Do Not Worry about Being Very Practical

It is said that Abraham Lincoln chopped up people's logs when canvassing for votes! Never underestimate the value of the practical. People do need help with the simple things, too. That does not mean that you do them, but you acknowledge their importance. It is easy to get dazzled by the esoteric.

Do Not Overreact on Initial Contact

Most clients have had a decade of trouble with their drinking before they meet you. They know a lot of short-term solutions to their immediate problems with drink. If they work for them, let them use them. Your job is to deflect people away from repetitively problematic use. Another episode or two of problems can be used as a learning experience for both you and them.

You are Not Working in Isolation

Your drinkers live in the same part of the world as you do and are subject to some of the same environmental influences as you are. Everyday problems upset them, too! They will also have other therapists, formal and informal. Informal ones include family (including children), friends, lovers, bartenders, police, bank managers, probation officers, doctors, in fact anybody. Why should they listen to you rather than them? Probably, they will take from all of you what they need or want to hear at a particular time. Therapeutic alliances need not only be with the identified customer.

Your Intervention is Not That Important

This relates to not working in isolation. Our input is just one of the pebbles on the beach of people's lives. Because it is the only bit we experience, we tend to overestimate its importance. If you see someone for an hour twice a week, there are 166 hours when they are getting on with their lives without you.

Uncertainty is Mandatory

If ever workers in a service feel confident that they know how to deal with people with alcohol problems, the service has failed. It means that the workers have stopped exploring the true complexity of their clients and their worlds, are likely to be responding in a stereotypical way, and are no longer heeding the lessons from service successes and failures. Our clients deserve better than that.

SUMMARY

1. Drinkers do not have a static, fixed view of their drinking. Coinciding with contact with this particular style of alcohol problems agency, the clients changed their view of their drinking from believing that they were "caught in the grip" of drinking, that they were internally determined to believe that drinking was externally cued and responsive.

2. This change was reported whether the clients had ceased drinking or not. The clients' views of their drinking can be conceptualised using the dimensional modeling system.

3. Changing from *determined drinker* to *ex–determined drinker* requires reassimilation of an existing set of cultural beliefs of drinking enthusiasts.

4. Community services for drinkers with problems have to exist in a world where the benefits and pleasures of drinking are widely accepted and promulgated.

5. The limitations of the Leicestershire data were discussed.

6. It is possible that by being accessible, user friendly, and penetrative into the drinking community, the Leicestershire services have been

secondarily preventive of the long-term sequelae of heavy drinking. If so, this has implications for service providers elsewhere.

7. The stages through which specialist units in industry pass were described. After conception and pioneering, the service enters a period of self-doubt. The responses to self-doubt can be adaptive or maladaptive. A description of how closely Leicestershire's alcohol services emulated those phases was noted.

8. Twenty topics that the author has been required to think about and address while developing the alternative methods of service provision were listed and commented on.

Appendix 1

Initial Assessment Form—Alcohol

DATE: ASSESSOR: WHERE?:

FILE: AAC NO: D/Hse No:

PRIME THERAPIST: CO-OP SUPERVISOR:

NAME:

ADDRESS:

TEL. NO.:

Current Type of Accommodation _____

                How long at this address? _____

                How long in Leicestershire? _____

DOB (AGE):   PLACE OF BIRTH:

SEX (M/F):   MARITAL STATUS:

EMPLOYED: YES/NO

REFERRAL DETAILS

Who referred?   By: Tel./Letter/in person

Relationship to client:

Address:

Tel. No.:

MEDICAL DETAILS

GP (Name):

Surgery Address:

Tel. No.:

Knowledge of problem? YES/NO

Knowledge of referral?YES/NO

Can Services contact GP (if needed)? YES/NO

Current medical treatment(s) for drink-related problems (include ANY prescribed medication):

1 How would they describe their ethnic origin?

[ ] British/Irish   [ ] Other European

[ ] African   [ ] Caribbean

[ ] Indian   [ ] Pakistan

[ ]Bangladesh   [ ] East African Asian

[ ] Mixed   [ ] Other

[ ] Not known

2 a) What religion are they?

[ ] Christian   [ ] Hindu

[ ] Muslim   [ ] Sikh

[ ] Rastafarian   [ ] Other

[ ] Not relevant   [ ] Not known

  b) Are they still practising?

3 What is the main language spoken at home?

[ ] English   [ ] Other European

[ ] Bengali   [ ] Gujarati

[ ] Hindu   [ ] Punjabi

[ ] Urdu   [ ] Other

[ ] Not known

1 How much have they had to drink in the last 7 days? (Work backward with them from the day prior to assessment.)

QUANTITIES & TYPES BEVERAGE	Weekday: (e.g., Mon, Tues)	1	2	3	4	5	6	7 yesterday
	Morning							
	Afternoon							
	Evening							

2 Was this (above) a typical week for them in terms of their drinking? YES/NO

Comments:

Other Agencies contacted (for drink-related problems)

	DATES		DATES
[ ] GP	_____	[ ] Probation*	_____
[ ] Private Doctor	_____	[ ] Social Services*	_____
[ ] Alcohol Treatment Unit	_____	[ ] Voluntary Agency (specify, e.g., AA):	_____
[ ] Gen./Psychiatric Hosp. (specify):	_____	[ ] Prison	_____
[ ] Other (specify):	_____	[ ] None	

Details of above:

*Social Worker's Name:
  Area:

*Probation Officer's Name:
  Area:

PRESENTATION AT ASSESSMENT: (e.g., appearance, mood, intelligence; etc.)

PROBLEM-DRINKING PATTERNS
Preferred Beverages:

Frequency: How often do they typically drink? (please circle)
   DAILY/2–3 DAYS PER WEEK/EVERY WEEKDAY/WEEKENDS ONLY/BINGES

Type of user: (please circle)
            HABITUAL/REGULAR/OCCASIONAL—BINGER/RECREATIONAL

How long has this been problematic? _____ years/months/days (delete as
                                                            appropriate)
Amount (per day/week/month)on average? _____

Behavioural/mood effects of alcohol (i.e., what do they get out of it)?:

Where, and with whom (predominantly) are they drinking?:

What do they think triggers or cues them to drink (i.e., reasons for drinking)?:

When are they starting to drink (e.g., morning, evening)?

How long does a typical drinking session last?
          _____ Hours or _____ Days.

Is this their current drinking pattern?: YES/NO

If NO, give details:

WHY HAVE THEY PRESENTED FOR HELP NOW?
(e.g., circumstances and reasons for referral)

DRINKING HISTORY

What was their drinking like before it became problematic (e.g., age started, preferred beverage, early patterns, etc.):

Any periods of NONPROBLEMATIC DRINKING since problem started? YES/NO
If YES, describe:

Ever totally ABSTINENT since problem drinking began? YES/NO

When?

If YES, describe:

If problem drinking not continuous, why does problem drinking recur?:
(i.e., reasons, triggers, etc.)

Have they noticed any specific consequences (1) after stopping drinking, (2) while drinking? YES/NO

If YES, specify below (without prompting):

1	2		1	2	
( )	( )	Headaches	( )	( )	Disorientation
( )	( )	Nausea/vomiting	( )	( )	Paranoia
( )	( )	Stomach pains/cramps	( )	( )	Hallucinations
( )	( )	Shakes	( )	( )	Epileptic fits
( )	( )	Sweating	( )	( )	Weight problems (over or under)
( )	( )	Palpitations	( )	( )	Anxiety
( )	( )	Blackouts	( )	( )	Depression
( )	( )	Tingling (fingers, toes)	( )	( )	Sex problems
( )	( )	Positional alcohol nystagmus (whirling pits)	( )	( )	Frequent minor illnesses
( )	( )	Poor appetite	( )	( )	Phobias/fears
( )	( )	Poor sleep	( )	( )	Tinnitus (ringing/buzzing in ears)
( )	( )	Memory problems	( )	( )	Missing work/appointments
( )	( )	Disturbed perceptions	( )	( )	Accidents through drink (specify)
			( )	( )	Hypertension

OTHER(S):

COMMENTS:

HOME ENVIRONMENT

Marital Status: _____ For how long?:_____

With whom living?:_____

CURRENT RELATIONSHIPS

Number of children _____ Ages:

Are they living with client/with relatives/in care/other: (specify)

_____

Extent of marital/familial conflict:

None at all . . . . Extreme

1 2 3 4 5 6 7 8 9 10

How much of this conflict is *unrelated* to present drinking? _____ %
(i.e., other than drinking what is the conflict about?)

Comments:

Partner's/Significant Other's:

1) Alcohol/drug use? YES/NO   Details:

2) Knowledge of problem? YES/NO

3) Knowledge of referral? YES/NO

4) Willingness to help with therapy? YES/NO

5) Attitudes to client's drink problems:

discourages it . . . . encourages it

1 2 3 4 5 6 7 8 9 10

OVERALL QUALITY of marital/familial relationship:

poor . . . . excellent

1 2 3 4 5 6 7 8 9 10

COMMENTS:

_____

RISK FACTORS

Is anyone currently at risk? YES/NO. If YES, specify:

EMPLOYMENT

Job History: School leaving age:_____

No. of jobs over the last 12 months (include casual employment)_____

In the last 12 months for how long were they in employment? ___ weeks/months

CURRENT JOB STATUS: EMPLOYED/UNEMPLOYED   For how long?:_____

TRADE/PROFESSION: _____

Is this position likely to change? YES/NO. If YES, is it drink related? YES/NO

Generally speaking, how well did/do they get on with their co-workers?

very badly . . . . extremely well

$$\overline{1\ \ 2\ \ 3\ \ 4\ \ 5\ \ 6\ \ 7\ \ 8\ \ 9\ \ 10}$$

Overall job satisfaction:

poor . . . . excellent

$$\overline{1\ \ 2\ \ 3\ \ 4\ \ 5\ \ 6\ \ 7\ \ 8\ \ 9\ \ 10}$$

Summary of job stability:

unstable . . . . stable

$$\overline{1\ \ 2\ \ 3\ \ 4\ \ 5\ \ 6\ \ 7\ \ 8\ \ 9\ \ 10}$$

How much money do they spend on alcohol on average per week? _____

Can they afford this? YES/NO

LEGAL HISTORY

Nature of Offences: How dealt with:*

---

*court case pending—on bail/in custody

custodial sentence/probation order/care order/suspended sentence/deferred sentence/

community service order/fines pending/other/not known

Current legal involvement:

SELF-CONCEPTS/APPRAISALS
[The following scales are to be rated by the client him/herself and NOT to be estimated by the assessor unless *absolutely* necessary]

Perception of Problem
1) In terms of it interfering with their life, how serious does the client consider his/her drinking to be?

not very . . . . very
1 2 3 4 5 6 7 8 9 10

2) What is wrong with their drinking, according to them?

Locus of Control
3) To what extent do they feel responsible for their drinking?

not at all . . . . completely
1 2 3 4 5 6 7 8 9 10

4) How important are external factors to their drinking?

not at all . . . . completely
1 2 3 4 5 6 7 8 9 10

5) What are these external factors?:

Self-Esteem
6) In terms of their general self-esteem how do they presently feel about themselves?

negative . . . . positive
1 2 3 4 5 6 7 8 9 10

Explanation of above rating (self-esteem), i.e., why?:

8) What was their self-esteem prior to their drinking problem?

negative . . . . positive
1 2 3 4 5 6 7 8 9 10

Explain any difference between past and present scores:

GENERAL COMMENTS

CLIENT'S PERCEIVED NEEDS AND PROBLEM AREAS:

ASSESSMENT CONCLUSIONS AND SUGGESTED TREATMENT FOCI

I _____ do hereby give my consent for any information or records pertaining to me to be transferred within the Leicestershire Community Alcohol Services. The nature of these services have been explained to me to my satisfaction and I understand that such information will remain confidential within these services.

Signed: _____

Date: _____

Appendix 2

Reassessment Form—Alcohol

Interview ☐
Postal ☐
Phone ☐

Name _____   Address_____

Date _____   _____

1) In the last six weeks,

   Have you been in contact with any other agency for help with your drinking?

   If yes, which ones: YES/NO
                                                          (circle)

2) Current Drinking Pattern (past week only)

   Beverage type: NOTHING
                   BEER/LAGER
                   CIDER
   (circle)   WINE/SHERRY/VERMOUTH/BARLEY WINE
                   SPIRITS
                   METHS/SURGICAL/SPIRIT

   Frequency: EVERY DAY/2–3 DAYS PER WEEK/
               MOST DAYS/WEEKENDS ONLY/BINGES (circle the most appropriate)

Time of Day Starting to Drink:

     MORNINGS/MIDDAY/AFTERNOON/EVENINGS (circle)

Where Drinking?:

     PUBS/CLUBS/HOME/FRIENDS/WORK/PARKS/ANYWHERE (circle)

With whom?:

For how long per day: _____ hours

Amount per day: _____

What are the reasons for your drinking now?

What does your present drinking do for you?

How do you feel the next morning after drinking? (specify)

3) Current Relationships

Marital Status: S/Mar/Wid/Div/Sep (circle)

How well do you get on with the people you live with? (check)

extremely badly	badly	OK average	well	extremely well	not applicable
[ ]	[ ]	[ ]	[ ]	[ ]	[ ]

Has any one of your family or friends been involved in helping you with your drinking? (check)

     [ ] No
     [ ] Parents
     [ ] Partner
     [ ] Children
     [ ] Relatives
     [ ] Neighbour
     [ ] Friends
     [ ] Other (specify: _____)

4) Current Employment

Are you presently:
     [ ] Employed
     [ ] Unemployed
     [ ] Retired
     [ ] Houseworker
     [ ] Sick
     [ ] Student
     [ ] Other (specify: _____)

How happy are you in your present work circumstances? (check)

very unhappy	unhappy	OK average	happy	extremely happy
[ ]	[ ]	[ ]	[ ]	[ ]

5) Legal Status

Have you been involved with the law since I last saw you?   YES/NO (circle)

6) Self-Concepts

How much of a problem is your present drinking? (check)

extremely bad	very bad	bad	a bit	not at all
[ ]	[ ]	[ ]	[ ]	[ ]

What is wrong with your present drinking?

What sorts of things influence your drinking?

How do you presently feel about yourself as a person?

very negative . . . . very positive

1 2 3 4 5 6 7 8 9 10   (circle)

Compared to six weeks ago, do you feel that your present drinking is:

a lot worse	a bit worse	the same	a bit better	a lot better
[ ]	[ ]	[ ]	[ ]	[ ]

What do you think of the Drury House treatment approach to your problems relating to drinking?

very unhelpful	somewhat unhelpful	OK	somewhat helpful	very helpful
[ ]	[ ]	[ ]	[ ]	[ ]

How could we improve our services?

Any Other Comments

References

Advisory Committee on Alcoholism (Kessel, W. I. N., Chairman). (1978). *The Pattern and Range of Services for Problem Drinkers*. London: Department of Health and Social Security and the Welsh Office.

Aschan, G., Bergstedt, M., Goldberg, L., and Laurell, L. (1956). Positional nystagmus in man during and after alcohol intoxication. *Quarterly Journal of Studies on Alcohol* 17:381–405.

Bacon, S. D. (1973). The process of addiction to alcohol. *Quarterly Journal of Studies on Alcohol* 34:1–27.

Bien, T. H., Miller, W. R., and Tonigan, J. S. (1993). Brief interventions for alcohol problems: a review. *Addiction* 88:315–336.

Bois, C., and Vogel-Sprott, M. (1974). Discrimination of low blood alcohol levels and self-titration skills in social drinkers. *Quarterly Journal of Studies on Alcohol* 35:86–97.

Box, G. E. P., and Jenkins, G. M. (1976). *Time Series Analysis: Forecasting and Control.* (Revised edition.) San Francisco: Holden-Day.

Bruun, K., Edwards, G., Luncio, M., et al. (1975). *Alcohol Control Policies in Public Health Perspective.* Helsinki: The Finnish Foundation for Alcohol Studies.

Caddy, G. R., and Lovibond, S. H. (1976). Self-regulation and discriminated aversive conditioning in the modification of alcoholics' drinking behaviour. *Behaviour Therapy* 7:223–230.

Cahalan, D., Cisin, I. H., and Crossley, H. M. (1969). *American Drinking Practices: A National Survey of Behaviour and Attitudes.* Monograph No. 6. New Brunswick, NJ: Rutgers Center of Alcohol Studies.

Cahalan, D., and Room, R. (1974). *Problem Drinking Among American Men.* New Brunswick, NJ: Rutgers University Press.

Cameron, D. (1977). A pilot controlled drinking outpatient group. In *Alcoholism and Drug Dependence, A Multidisciplinary Approach*, ed. J. S. Madden, R. Walker, and W. H. Kenyon. London: Plenum.

——— (1982). *The need for treatment failure.* Paper presented at the Conference of the International Medical Advisory Panel of Brewers Societies, Stratford Upon Avon, England.

——— (1983a). Pushing alcohol dependence. *British Medical Journal* 2:1647.

——— (1983b). Self management of relapse prevention. In *Relapse in Alcoholism*, ed. D., Curson, H. Rankin, and E. Shepherd. Northampton, England: Alcohol Counseling and Information Service.

——— (1985). Why alcohol dependence—and why now? In *The Misuse of Alcohol: Crucial Issues in Dependence, Treatment and Prevention*, ed. N. Heather, I. Robertson, and P. Davies, on behalf of the New Directions in the Study of Alcohol Group. London: Croom Helm.

―――― (1986). *What happens if you allow freedom of choice following treatment?* Paper presented at the International Group for Comparative Alcohol Studies Conference: "Drinking Patterns and Drinking Problems," Zaborow, Poland.

―――― (1992). Minstrels of the dawn: personal recollections of the New Directions in the Study of Alcohol Group. *New Directions in the Study of Alcohol Booklet* 18:9–27.

Cameron, D., Coope, G., and Hopley, F. M. (1981). *A radical model for alcohol services—the Leicester experiment.* Paper presented at the Fifth International Conference on Alcohol Related Problems, Liverpool, England.

Cameron, D., and Spence, M. T. (1976a). Lessons from an outpatient controlled drinking group. *Journal of Alcoholism* 11(2):44–55.

―――― (1976b). Recruitment of problem drinkers. *British Journal of Psychiatry* 129:544–546.

Cartwright, A. J. K., Shaw, S. J., and Spratley, T. A. (1975). Designing a comprehensive community response to problems of alcohol abuse. *Report to the Department of Health and Social Security.* The Maudsley Alcohol Pilot Project.

Chick, J. (1980). Is there a unidimensional alcohol dependence syndrome? *British Journal of Addiction* 75:265–280.

―――― (1985). Some requirements of an alcohol dependence syndrome. In *The Misuse of Alcohol: Crucial Issues in Dependence, Treatment and Prevention,* ed. N. Heather, I. Robertson, and P. Davies, on behalf of the New Directions in the Study of Alcohol Group. London: Croom Helm.

Chick, J., and Chick, J. (1984). *Drinking Problems.* Patient Handbook Series, No. 19. Edinburgh: Churchill Livingstone.

Christie, M. M. (1983). *Clients' perceived needs for treatment.* Paper presented at the New Directions in the Study of Alcohol Group Annual Conference, North Berwick, Scotland. (Printed in New Directions Booklet Number 6.)

Christie, M. M., Cameron, D., and Hapley, F. M. (1982). *The Leicestershire Community Alcohol Team, an evaluation pilot study.* Unpublished report produced for the Brewers' Society, London.

Clement, S. (1986). The identification of alcohol problems by general practitioners. *British Journal of Addiction* 81:257–264.

Costello, R. M. (1975a). Alcoholism treatment and evaluation: in search of methods I. *International Journal of the Addictions* 10:251–275.

—— (1975b). Alcoholism treatment and evaluation. In search of methods II. Collation of two year follow-up studies. *International Journal of the Addictions* 10:857–867.

Davies, D. L. (1962). Normal drinking in recovered alcohol addicts. *Quarterly Journal of Studies on Alcohol* 23:64–104.

Davies, J. B. (1992). *The Myth of Addiction.* Chur: Harwood.

de Lint, J. (1977). Alcohol control policy as a strategy of prevention: a critical examination of the evidence. In *Alcoholism and Drug Dependence, A Multidisciplinary Approach,* ed. J. S. Madden, R. Walker, and W. H. Kenyon. London: Plenum.

Drew, L. R. H. (1968). Alcoholism as a self-limiting disease. *Quarterly Journal of Studies on Alcohol* 29:956–967.

Duffy, J. (1980). The association between per capita consumption of alcohol and the proportion of heavy consumers. *British Journal of Addiction* 75:147–152.

Edwards, G. (1977). The alcohol dependence syndrome: usefulness of an idea. In *Alcoholism: New Knowledge and New Responses,* ed. G. Edwards and M. Grant. London: Croom Helm.

_____ (1985). A later follow-up of a classic case series: D. L. Davies's 1962 report and its significance for the present. *Journal of Studies on Alcohol* 46:1004–1031.

Edwards, G., Anderson, P., Babor, T. F., et al. (1994). *Alcohol and the Public Good.* Oxford: Oxford University Press.

Edwards, G., and Gross, M. M. (1976). Alcohol dependence: provisional description of a clinical syndrome. *British Medical Journal* 1:1058–1061.

Edwards, G., Hawker, A., Hensman, C., et al. (1973). Alcoholics known or unknown to agencies: epidemiological studies in a London suburb. *British Journal of Psychiatry* 123:169–183.

Edwards, G., Keller, M., Moser, J., and Room, R. (1977). *Alcohol Related Disabilities.* WHO Offset Publication No. 32. Geneva: World Health Organisation.

Edwards, G., Orford, J., Egert, S., et al. (1977). Alcoholism—a controlled trial of treatment and advice. *Journal of Studies on Alcohol* 138:1004–1031.

Edwards, G., and Taylor, C. (1994). A test of the matching hypothesis: alcohol dependence, intensity of treatment and twelve month outcome. *Addiction* 89:553–562.

Emrick, C. D. (1974). A review of psychologically oriented treatment of alcoholism. I. The use and interrelationship of outcome criteria and drinking behaviour following treatment. *Quarterly Journal of Studies on Alcohol* 35:523–549.

_____ (1975). A review of psychologically oriented treatment of alcoholism. II. The relative effectiveness of different treatment approaches and the effectiveness of treatment versus no treatment. *Journal of Studies on Alcohol* 36:88–108.

FARE Working Party. (1978). *Community Services for Alcoholics*. London: Federation of Alcoholic Rehabilitation Establishments.

Fingarette, H. (1988). *Heavy Drinking—The Myth of Alcoholism as a Disease*. Berkeley: University of California Press.

Glaser, F. B. (1978). *The Phase Zero Report of the Core-Shell Treatment System Project: Early Working Papers*. Toronto: Addiction Research Foundation.

Goddard, E., and Ikin, C. (1988). *Drinking in England and Wales in 1987*. London: O. P. C. S., H. M. S. O.

Goldberg, L. (1966). Behavioral and physiological effects of alcohol on man. *Psychosomatic Medicine* 38,4, ii:570–595.

Goodwin, D. W., and Guze, S. B. (1975). Heredity and alcoholism. In *The Biology of Alcoholism*, vol. 3: *Clinical Pathology*, ed. B. Kissin and H. Begleiter. New York: Plenum.

Goodwin, D. W., Powell, B., and Stern, J. (1971). Behavioral tolerance to alcohol in moderate drinkers. *American Journal of Psychiatry* 127:1651–1653.

Grant, M. (1984). *Same Again, a Guide to Safer Drinking*. Harmondsworth, England: Penguin.

Gross, M. M., ed. (1975). *Advances in Experimental Medicine and Biology*, vol. 59: *Alcohol Intoxication and Withdrawal, Experimental Studies II*. New York: Plenum.

Heather, N., and Robertson, I. (1981, 1983). *Controlled Drinking*. London: Methuen.

_____ (1989). *Problem Drinking*, 2nd ed. Oxford: Oxford University Press.

Holder, H. D., and Parker, R. N. (1992). Effect of alcoholism treatment on cirrhosis mortality: a 20-year multivariate time-series analysis. *British Journal of Addiction* 87:1263–1272.

Hunt, G. M., and Azrin, N. H. (1973). The community-reinforcement approach to alcoholism. *Behaviour Research and Therapy* 11:91–104.

Isbell, H., Fraser, H. F., Wikler, A., et al. (1955). An experimental study of the etiology of "rum fits" and delirium tremens. *Quarterly Journal of Studies on Alcohol* 16:1–33.

Jahoda, G., and Cramond, J. (1972). *Children and Alcohol*. London: Her Majesty's Stationary Office.

Jellinek, E. M. (1946). Phases in the drinking history of alcoholics. Analysis of a survey conducted by the official organ of Alcoholics' Anonymous. *Quarterly Journal of Studies on Alcohol* 7:1–88.

———— (1960). *The Disease Concept of Alcoholism*. New Haven, CT: Hillhouse.

Kendell, R. E. (1979). Alcoholism, a medical or a political problem. *British Medical Journal* i:367–371.

Kendell, R. E., De Romanie, M., and Ritson, E. B. (1983). Effect of economic changes on Scottish drinking habits 1978–1982. *British Journal of Addiction* 78:365–379.

Kuhn, T. S. (1970). *The Structure of Scientific Revolutions*, 2nd. ed. Chicago: University of Chicago Press.

Lazarus, A. A. (1965). Towards the understanding and effective treatment of alcoholism. *South African Medical Journal* 39:736–741.

Leakey, R. E. (1981). *The Making of Mankind*. London: Michael Joseph.

Levine, H. D. (1991). *The Promise and Problems of Alcohol Sociology in Alcohol: The Development of Sociological Perspectives on Use and Abuse*, ed. P. M. Roman. New Brunswick, NJ: Rutgers Center of Alcohol Studies.

Lovibond, S. H., and Caddy, G. R. (1970). Discriminated

aversive control in the moderation of alcoholics' drinking behaviour. *Behaviour Therapy* 1:437–444.

Makela, K. (1991). Social and cultural preconditions of Alcoholics Anonymous (AA) and factors associated with the strength of AA. *British Journal of Addiction* 86:1405–1413.

Mann, R. E., Smart, R. G., Anglin, L., and Adlaf, E. M. (1991). Reductions in cirrhosis deaths in the United States: associations with per capita consumption and AA membership. *Journal of Studies on Alcohol* 52:361–365.

Mann, R. E., Smart, R. G., Anglin, L., and Rush, B. R. (1988). Are decreases in liver cirrhosis rates a result of increased treatment for alcoholism? *British Journal of Addiction* 83:683–688.

McCullagh, P., and Nelder, J. A. (1983). *Generalised Linear Models*. London: Chapman and Hall.

McDonnell, R., and Maynard, A. (1985). The costs of alcohol misuse. *British Journal of Addiction* 80:27–36.

McKechnie, R. J. (1977). How important is alcohol in alcoholism? In *Alcoholism and Drug Dependence, A Multidisciplinary Approach*, ed. J. S. Madden, R. Walker, and W. H. Kenyon. London: Plenum.

McKechnie, R. J., Cameron, D., Cameron, I. A., and Drewery, J. (1977). Teenage drinking in south-west Scotland. *British Journal of Addiction* 72:287–295.

Medical Royal Colleges of the United Kingdom (1988). A consensus statement on a better response to alcohol related problems prepared at a meeting held on 6 November 1987 at the Royal College of Psychiatrists. *Bulletin of The Royal College of Psychiatrists* 12:33–34.

Mello, N. K. (1972). Behavioral studies of alcoholism. In *The Biology of Alcoholism*, vol. 2, ed. B. Kissin and H. Begleiter. New York: Plenum.

Mello, N. K., and Mendelson, J. H. (1971). *Recent Advances in the Studies of Alcoholism*. Washington, DC: U.S. Government Printing Office.

Miller, G. H., and Agnew, M. (1974). The Ledermann model of alcohol consumption. *Quarterly Journal of Studies on Alcohol* 35:877–898.

Miller, W. R. (1983). Motivational interviewing with problem drinkers. *Behavioural Psychotherapy* 11:147–172.

Miller, W. R., Heather, N., and Hall, W. (1991). Calculating standard drink units: international comparisons. *British Journal of Addiction* 86:43–48.

Miller, W. R., and Hester, R. (1980). Treating the problem drinker: modern approaches. In *The Addictive Behaviours*, ed. W. R. Miller. New York: Pergamon.

Miller, W. R., and Munoz, R. (1983). *How To Control Your Drinking*. Englewood Cliffs, NJ: Prentice-Hall.

Miller, W. R., and Taylor, C. (1980). Relative effectiveness of bibliotherapy, individual and group self control training in the treatment of problem drinkers. *Addictive Behaviour* 5:13–24.

Moos, R. H., Finney, J., and Cronkite, R. (1990). *Alcoholism Treatment: Context, Process and Outcome*. New York: Oxford University Press.

Morley, S. (1982). *Getting it together with Shaw et al. or how to avoid seeing clients*. Paper presented at the New Directions in the Study of Alcohol Group Annual Conference, Bollington, England. (Printed in New Directions in the Study of Alcohol Group Booklet 4.)

Mulford, H. A. (1977). Stages in the alcoholic process: towards a cumulative nonsequential index. *Journal of Studies on Alcohol* 38:563–583.

_____ (1994). What if alcoholism had not been invented? The dynamics of American alcohol mythology. *Addiction* 89:517–520.

Mulford, H. A., and Fitzgerald, J. L. (1983). Changes in

alcohol sales and drinking problems in Iowa, 1961–1979. *Journal of Studies on Alcohol* 34:138–161.

Musaka, H., and Arikawa, K. (1968). A new double medication method for the treatment of alcoholism using the drug cyanamide. *Kurume Medical Journal* 15:137–143.

Musaka, H., Ichihara, T., and Eto, A. (1964). A new treatment of alcoholism with cyanamide (HNCN). *Kurume Medical Journal* 11:96–101.

Nathan, P. E. (1977). Public statement made at the N.A.T.O. Conference: Alcoholism: New Directions in Behavioral Research and Treatment, Bergen, Norway.

Newbery, L. (1982). Controlled alcoholism: the row rages on. *Toronto Star*, November 20, pp. 4–5.

Norstrom, T. (1987). The abolition of the Swedish rationing system: effects on consumption distribution and cirrhosis mortality. *British Journal of Addiction* 82:633–641.

Pattison, E. M. (1966). A critique of alcoholism treatment concepts with special reference to abstinence. *Quarterly Journal of Studies on Alcohol* 27:49–71.

_____ (1976). Non-abstinent drinking goals in the treatment of alcoholics. In *Research Advances in Alcohol and Drug Problems*, vol. 3, ed. R. J. Gibbins, Y. Israel, H. Kalant, et al. New York: John Wiley.

Pattison, E. M., Sobell, M. B., and Sobell, L. C. (1977). *Emerging Concepts of Alcohol Dependence*. New York: Springer.

Peele, S. (1989). *Diseasing of America*. Boston: Houghton Mifflin.

Pendery, M., Maltzman, V., and West, L. (1982). Controlled drinking by alcoholics, new findings and a reevaluation of a major affirmative study. *Science* 217:69–74.

Pettigrew, A. M. (1975). Strategic aspects of the management of specialist activity. *Personnel Review* 4:5–13.

Pomerleau, O. F., Pertshuk, M., Adkins, D., and Brady, J. P. (1978). A comparison of behavioral and traditional treatment for middle income problem drinkers. *Behavior Therapy* 9:84–97.

Prochaska, J. O., and di Clemente, C. C. (1983). Stages and processes of self-change of smoking: towards an integrated model of change. *Journal of Consulting and Clinical Psychology* 51:390–395.

Pryor, W. J. (1966). Social drinking and blood alcohol levels. *New Zealand Medical Journal* 65:689–690.

Raistrick, D., and Davidson, R. (1985). *Alcoholism and Drug Addiction*. Edinburgh: Churchhill Livingstone.

Roberts, H., and Dengler, R. (1992). *Trent Health Lifestyle Survey: Interim Report to Trent Regional Health Authority*. Nottingham: Department of Public Health Medicine and Epidemiology, University of Nottingham.

Robertson, I., and Heather, N. (1986). *Let's Drink to Your Health: A Self-Help Guide to Healthier Drinking*. Leicester: British Psychological Society.

Roman, P. M., and Trice, H. M. (1977). The sick role, labeling theory and the deviant drinker. In *Emerging Concepts of Alcohol Dependence*, ed. E. M. Pattison, M. B. Sobell, and L. C. Sobell. New York: Springer.

Room, R., and Greenfield, T. (1993). Alcoholics Anonymous, other 12-step movements and psychotherapy in the US population, 1990. *Addiction* 88:555–562.

Rosenberg, H. A., Melville, J., Levell, D., and Hodge, J. E. (1992). A 10-year follow-up survey of acceptability of controlled drinking in Britain. *Journal of Studies on Alcohol* 53:441–446.

Royal College of Psychiatrists (Special Committee, Chair: Edwards, G.). (1979). *Alcohol and Alcoholism*. London: Tavistock.

Royal College of Psychiatrists (Special Committee, Chair: Ritson, E. B.). (1986). *Alcohol, Our Favourite Drug.* London: Tavistock.

Ryan, B. F., Joiner, B. L., and Ryan, T. A. (1985). *Minitab Handbook*, 2nd ed. Boston: Duxbury.

Saunders, W. M. (1985). Treatment does not work: some criteria of failure. In *The Misuse of Alcohol*, ed. N. Heather, I. Robertson, and P. Davies, on behalf of the New Directions in the Study of Alcohol Group. London: Croom Helm.

Shaw, S.J. (1979). A critique of the concept of the alcohol dependence syndrome. *British Journal of Addiction* 74:339–348.

—— (1982). What is problem drinking. In *Drinking and Problem Drinking*, ed. M.A. Plant. London:Junction.

Shaw, S. J., Cartwright, A., Spratley, T. A., and Harwin, J. (1978). *Responding to Drinking Problems*. London: Croom Helm.

Siegal, S. (1956). *Nonparametric Statistics for the Behavioral Sciences*. New York: McGraw-Hill.

Siegler, M., and Osmond, H. (1966). Models of madness. *British Journal of Psychiatry* 122:1193–1203.

Siegler, M., Osmond, H., and Mann, H. (1969). Laing's model of madness. *British Journal of Psychiatry* 115:947–958.

Siegler, M., Osmond, H., and Newell, S. (1968). Models of alcoholism. *Quarterly Journal of Studies on Alcohol* 29:571–591.

Smart, R. G. (1987). Changes in alcohol problems as a result of changing alcohol consumption: a natural experiment. *Drug and Alcohol Dependence* 19:91–97.

Sobell, M. B., Schaefer, H. H., and Mills, K. C. (1972). Differences in baseline drinking behaviour between alcoholics and normal drinkers. *Behaviour Research and Therapy* 10:257–267.

Sobell, M. B., and Sobell, L. C. (1973). Individualised behaviour therapy for alcoholics. *Behaviour Therapy* 4:49–72.

____ (1976). Second-year treatment outcome of alcoholics treated by individualised behaviour therapy: results. *Behaviour Research and Therapy* 14:195–215.

Spratley, T. A., Cartwright, A. J. K., and Shaw, S. J. (1977). Planning for the future—developing a comprehensive response to alcohol abuse in an English health district. In *Alcoholism and Drug Dependence, A Multidisciplinary Approach*, ed. J. S. Madden, R. Walker, and W. H. Kenyon. London: Plenum.

Standing Medical Advisory Committee for the Central Health Services Council, the Secretary of State for Social Services and the Secretary of State for Wales. (1973). *Alcoholism*. London: Her Majesty's Stationary Office.

Stockwell, T. R., and Clement, S. (1989). *Community Alcohol Teams: A Review of Studies Evaluating Their Effectiveness with Special Reference to the Experience of Other Community Teams*. London: Department of Health.

Stockwell, T. R., Hodgson, R. J., Edwards, G., et al. (1979). The development of a questionnaire to measure severity of alcohol dependence. *British Journal of Addiction* 74: 79–87.

Stockwell, T. R., Murphy, D., and Hodgson, R. (1983). The severity of alcohol dependence questionnaire: its use, reliability and validity. *British Journal of Addiction* 78:145–155.

Szasz, T. S. (1974). *Ceremonial Chemistry: The Ritual Persecution of Drugs, Addicts and Pushers*. London: Routledge & Kegan Paul.

Thorley, A. (1982). The effects of alcohol. In *Drinking and Problem Drinking*, ed. M. A. Plant. London: Junction.

____ (1985). The limitations of the alcohol dependence

syndrome in multidisciplinary service development. In *The Misuse of Alcohol, Crucial Issues in Dependence, Treatment and Prevention*, ed. N. Heather, I. Robertson, and P. Davies, on behalf of the New Directions in the Study of Alcohol Group. London: Croom Helm.

Tuck, M. (1981). *Alcoholism and Social Policy: Are We on the Right Lines?* Home Office Research Study No. 65. London: Her Majesty's Stationary Office.

Ullman, A. D. (1962). First drinking experience as related to age and sex. In *Society, Culture and Drinking Patterns*, ed. D. J. Pittman and C. R. Snyder. New York: Wiley.

Vaillant, G. (1983). *The Natural History of Alcoholism*. Cambridge, MA: Harvard University Press.

Victor, M., and Adams, R. C. (1953). Effect of alcohol on the nervous system. In *Metabolic and Toxic Diseases of the Nervous System*, ed. H. H. Merritt and C. C. Hare. Baltimore: William and Wilkins.

WHO. (1974, 1978). *The International Classification of Diseases*, revisions 8 and 9. Geneva: World Health Organisation.

―――― (1977). *Alcohol Related Disabilities Offset Publication No. 32*. Geneva: World Health Organisation.

―――― (1980). *Problems Related to Alcohol Consumption*. Technical Report No. 650. Geneva: World Health Organisation.

WHO Expert Committe on Mental Health: Alcoholism Subcommitee. (1952). *Technical Report No. 48*. Geneva: World Health Organisation.

Wilkins, R. H. (1974). *The Hidden Alcoholic in General Practice*. London: Elek Science.

Wilson, P. (1980). *Drinking in England and Wales*. London: Her Majesty's Stationary Office.

Credits

The author gratefully acknowledges permission to reprint material from the following:

Advances in Experimental Medicine and Biology, vol. 59: *Alcohol Intoxication and Withdrawal, Experimental Studies II*, ed. M. M. Gross. Copyright © 1975 by Plenum Publishing Corp.

"Strategic Aspects of the Management of Specialist Activity," by Andrew M. Pettigrew, in *Personnel Review*, vol. 4, no. 1, pp. 5–13. Copyright © 1975 by MCB University Press Ltd.

"Alcohol Dependence: Provisional Description of a Clinical Syndrome," by Griffith Edwards and Milton M. Gross, in *British Medical Journal*, vol. 1, pp. 1058–1061. Copyright © 1976 by *British Medical Journal*.

"Lessons from an Outpatient Controlled Drinking Group," by Douglas Cameron and M. T. Spence, in *Journal of*

Index